MATEMÁTICAS FINITAS

Relaciones de negocios

Interés = (capital)(tasa)(tiempo)

Costo total = costo variable + costo fijo

Costo promedio por unidad = $\dfrac{\text{costo total}}{\text{cantidad}}$

Ingreso total = (precio unitario)(número de unidades vendidas)

Utilidad = ingreso total − costo total

$$P = S(1+r)^{-n}$$

$$r_e = \left(1 + \frac{r}{n}\right)^n - 1$$

$$S = Pe^{rt}$$

$$P = Se^{-rt}$$

$$r_e = e^r - 1$$

Fórmulas para anualidades ordinarias

$$A = R\frac{1 - (1+r)^{-n}}{r} = Ra_{\overline{n}|}r \qquad \text{(valor presente)}$$

$$S = R\frac{(1+r)^n - 1}{r} = Rs_{\overline{n}|}r \qquad \text{(valor futuro)}$$

Multiplicación de matrices

$$(AB)_{ik} = \sum_{j=1}^{n} A_{ij}B_{jk} = A_{i1}B_{1k} + A_{i2}B_{2k} + \cdots + A_{in}B_{nk}$$

$$(AB)^{\mathrm{T}} = B^{\mathrm{T}}A^{\mathrm{T}}$$

$$A^{-1}A = I = AA^{-1}$$

$$(AB)^{-1} = B^{-1}A^{-1}$$

Conteo

$$_nP_r = \frac{n!}{(n-r)!}$$

$$_nC_r = \frac{n!}{r!(n-r)!}$$

$$_nC_0 + {}_nC_1 + \cdots + {}_nC_{n-1} + {}_nC_n = 2^n$$

$$_nC_0 = 1 = {}_nC_n$$

$$_{n+1}C_{r+1} = {}_nC_r + {}_nC_{r+1}$$

Probabilidad

$$P(E) = \frac{\#(E)}{\#(S)}$$

$$P(E|F) = \frac{\#(E \cap F)}{\#(F)}$$

$$P(E \cup F) = P(E) + P(F) - P(E \cap F)$$

$$P(E') = 1 - P(E)$$

$$P(E \cap F) = P(E)P(F|E) = P(F)P(E|F)$$

Propiedades de los eventos

Donde E y F son eventos de un experimento con espacio muestral S

$$E \cup E = E$$
$$E \cap E = E$$
$$(E')' = E$$
$$E \cup E' = S$$
$$E \cap E' = \emptyset$$
$$E \cup S = S$$
$$E \cap S = E$$
$$E \cup \emptyset = E$$
$$E \cap \emptyset = \emptyset$$
$$E \cup F = F \cup E$$
$$E \cap F = F \cap E$$
$$(E \cup F)' = E' \cap F'$$
$$(E \cap F)' = E' \cup F'$$
$$E \cup (F \cup G) = (E \cup F) \cup G$$
$$E \cap (F \cap G) = (E \cap F) \cap G$$
$$E \cap (F \cup G) = (E \cap F) \cup (E \cap G)$$
$$E \cup (F \cap G) = (E \cup F) \cap (E \cup G)$$

Para una variable aleatoria discreta X con distribución f

$$\sum_x f(x) = 1$$

$$\mu = \mu(X) = E(X) = \sum_x xf(x)$$

$$\mathrm{Var}(X) = E((X - \mu)^2) = \sum_x (x - \mu)^2 f(x)$$

$$\sigma = \sigma(X) = \sqrt{\mathrm{Var}(X)}$$

Distribución binomial

$$f(x) = P(X = x) = {}_nC_x p^x q^{n-x}$$

$$\mu = np$$

$$\sigma = \sqrt{npq}$$

CÁLCULO

Gráficas de funciones elementales

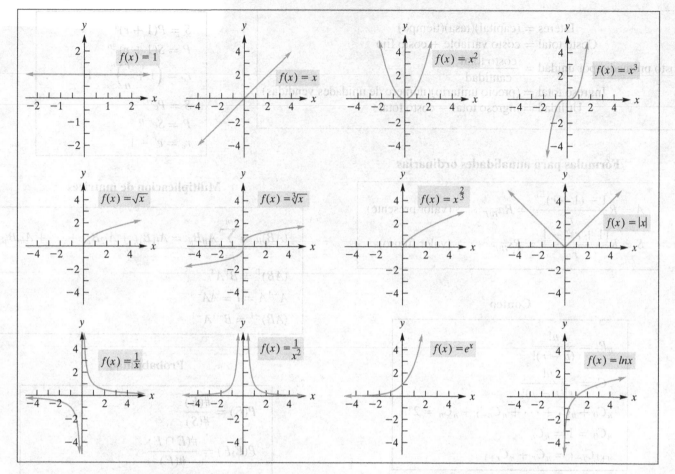

Definición de la derivada de $f(x)$

$$f'(x) = \frac{d}{dx}(f(x)) = \lim_{h \to 0} \frac{f(x+h) - f(x)}{h} = \lim_{z \to x} \frac{f(z) - f(x)}{z - x}$$

Fórmulas de diferenciación

$$\frac{d}{dx}(c) = 0 \qquad\qquad \frac{d}{dx}(u^a) = au^{a-1}\frac{du}{dx}$$

$$\frac{d}{dx}(x^a) = ax^{a-1} \qquad\qquad \frac{d}{dx}(\ln u) = \frac{1}{u}\frac{du}{dx}$$

$$\frac{d}{dx}(cf(x)) = cf'(x) \qquad\qquad \frac{d}{dx}(e^u) = e^u\frac{du}{dx}$$

$$\frac{d}{dx}(f(x) \pm g(x)) = f'(x) \pm g'(x) \qquad \frac{d}{dx}(\log_b u) = \frac{1}{(\ln b)u} \cdot \frac{du}{dx}$$

$$\frac{d}{dx}(f(x)g(x)) = f(x)g'(x) + g(x)f'(x) \qquad \frac{d}{dx}(b^u) = b^u(\ln b)\frac{du}{dx}$$

(regla del producto)

$$\frac{d}{dx}\left(\frac{f(x)}{g(x)}\right) = \frac{g(x)f'(x) - f(x)g'(x)}{(g(x))^2} \qquad \frac{d}{dx}(f^{-1}(x)) = \frac{1}{f'(f^{-1}(x))}$$

(regla del cociente)

$$\frac{dy}{dx} = \frac{dy}{du} \cdot \frac{du}{dx} \quad \text{(regla de la cadena)} \qquad \frac{dy}{dx} = \frac{1}{\dfrac{dx}{dy}}$$

Elasticidad de la demanda $q = q(p)$

$$\eta = \frac{p}{q} \cdot \frac{dq}{dp} = \frac{\dfrac{p}{q}}{\dfrac{dp}{dq}}$$

Fórmulas de integración

Se supone que u es una función diferenciable de x.

$$\int k \, dx = kx + C \qquad\qquad \int (f(x) \pm g(x)) \, dx = \int f(x) \, dx \pm \int g(x) \, dx$$

$$\int x^a \, dx = \frac{x^{a+1}}{a+1} + C, \ a \neq -1 \quad \int u^a \, du = \frac{u^{a+1}}{a+1} + C, \ a \neq 1$$

$$\int e^x \, dx = e^x + C \qquad\qquad \int e^u \, du = e^u + C$$

$$\int kf(x) \, dx = k \int f(x) \, dx \qquad\qquad \int \frac{1}{u} \, du = \ln|u| + C, \ u \neq 0$$

Excedente del consumidor para la demanda $p = f(q)$

$$\text{EC} = \int_0^{q_0} [f(q) - p_0] \, dq$$

Excedente del productor para la oferta $p = g(q)$

$$\text{EP} = \int_0^{q_0} [p_0 - g(q)] \, dq$$

Matemáticas para administración y economía

Matemáticas para administración y economía

Matemáticas para administración y economía

DECIMOTERCERA EDICIÓN

Ernest F. Haeussler, Jr.
The Pennsylvania State University

Richard S. Paul
The Pennsylvania State University

Richard J. Wood
Dalhousie University

TRADUCCIÓN
Jesús Elmer Murrieta Murrieta
Maestro en Investigación de Operaciones
Tecnológico de Monterrey, Campus Morelos

REVISIÓN TÉCNICA
Félix Fernández Méndez
Centro de Investigación y Docencia Económicas,
CIDE, México

Humberto Mondragón Suárez
Departamento de Física y Matemáticas
Universidad Iberoamericana, México

PEARSON

Datos de catalogación bibliográfica

HAEUSSLER, ERNEST F. JR.; PAUL, RICHARD S.; WOOD, RICHARD J.

Matemáticas para administración y economía

Decimotercera edición

PEARSON, México, 2015

ISBN: 978-607-32-2916-6
Área: Matemáticas

Formato: 21.5 × 27.5 cm   Páginas: 888

Authorized translation from the English language edition, entitled *Introductory Mathematical Analysis, 13th* Edition, by *ERNEST F. HAEUSSLER JR., RICHARD S. PAUL, RICHARD J. WOOD*, published by Pearson Education, Inc., Copyright © 2011. All rights reserved.
ISBN 9780321643728

Traducción autorizada de la edición en idioma inglés titulada *Introductory Mathematical Analysis, 13ª* edición, por *ERNEST F. HAEUSSLER JR., RICHARD S. PAUL, RICHARD J. WOOD*, publicada por Pearson Education, Inc., Copyright © 2011. Todos los derechos reservados.

Esta edición en español es la única autorizada.

Edición en español

Dirección General: Philip de la Vega
Dirección Educación Superior: Santiago Gutiérrez
Editoras Sponsor: Rosa Díaz Sandoval
                             e-mail: rosa.diaz@pearson.com
                             Gabriela López Ballesteros
                             e-mail: gabriela.lopezballesteros@pearson.com
Editor de Desarrollo: Bernardino Gutiérrez Hernández
Supervisor de Producción: José D. Hernández Garduño
Gerencia Editorial
  Educación Superior: Marisa de Anta

DECIMOTERCERA EDICIÓN, 2015

D.R. © 2015 por Pearson Educación de México, S.A. de C.V.
    Avenida Antonio Dovalí Jaime núm. 70
    Torre B, Piso 6, Colonia Zedec, Ed. Plaza Santa Fe
    Delegación Álvaro Obregón, México, Ciudad de México, C. P. 01210

Cámara Nacional de la Industria Editorial Mexicana. Reg. núm. 1031.

ISBN VERSIÓN IMPRESA: 978-607-32-2916-6
ISBN VERSIÓN E-BOOK: 978-607-32-2917-3
ISBN E-CHAPTER: 978-607-32-2918-0

La impresión y encuadernación se realizó en el mes de Noviembre del 2019 en los talleres de DRUKO INTERNATIONAL S.A. de C.V Calzada de chabacano #65-F Col. Asturias C.P. 06850 Del. Cuauhtémoc, CD de MX

Impreso en México. *Printed in Mexico.*
1 2 3 4 5 6 7 8 9 0 - 17 16 15 14

Para Thomas

Para Thomas

Contenido

PARTE II MATEMÁTICAS FINITAS

Prefacio

Esta nueva edición de *Matemáticas para Administración y Economía* continúa proporcionando los fundamentos matemáticos necesarios para que los estudiantes de estos campos resuelvan cualquier problema relacionado con esta especialidad. Inicia con temas previos al cálculo y de matemáticas finitas, como funciones, ecuaciones, matemáticas financieras, álgebra de matrices, programación lineal y probabilidad. Después atiende temas de cálculo, tanto de una como de varias variables, incluyendo variables aleatorias continuas. Las demostraciones técnicas, las condiciones y comparaciones se describen de manera suficiente pero sin extenderse demasiado. La filosofía que guía este texto incluye demostraciones y cálculos generales que den luz sobre la manera como se realizaron los cálculos correspondientes en los problemas aplicados. A menudo, también se ofrecen argumentos intuitivos informales.

Enfoque

Matemáticas para Administración y Economía tiene un enfoque único para la resolución de problemas. Como en las ediciones anteriores, se establece un énfasis en los cálculos algebraicos, lo que distingue a este texto de otros libros de matemáticas aplicadas a nivel introductorio. El proceso de cálculo con variables permite desarrollar habilidades en el modelado matemático y facilita el camino para el entendimiento del cálculo. Aquí no encontrará un esquema del tipo "definición-teorema-demostración", sino un esfuerzo sostenido para impartirle un verdadero tratamiento matemático a los problemas. El énfasis en el desarrollo de habilidades algebraicas se extiende a los ejercicios, donde muchos, incluso los más complejos, se presentan con coeficientes generales.

Además del enfoque general para la resolución de problemas, nuestro objetivo es trabajar por medio de ejemplos y explicaciones, conjuntando rigor y accesibilidad. Aunque el libro no es demasiado formal, ciertamente no carece de precisión. Así pues, podría decirse que se puede leer de forma relajada, sin sacrificar oportunidades de conducir a los estudiantes hacia un mayor nivel de comprensión a través de aplicaciones muy motivadoras. Además, hemos mejorado la organización de los textos con el fin de presentar el contenido de manera que propicie un aprendizaje óptimo.

Cambios en esta edición

En esta nueva edición hemos tratado de hacer que las nociones elementales presentadas en los primeros capítulos permitan una mejor comprensión de los temas más avanzados; un primer tratamiento de la notación de sumatoria, que se analiza con detalle más adelante, es sólo un ejemplo. En la sección 1.3 se introduce el tema de las desigualdades y se señala que $a \leq b$ es equivalente a "existe un número s no negativo tal que $a + s = b$". La idea no es profunda, pero el punto pedagógico es que las *variables de holgura*, claves para implementar el método simplex en el capítulo 7, deben resultar familiares y no entorpecer el entendimiento de material más técnico tratado en la programación lineal. Como otro ejemplo podemos mencionar el valor absoluto de la sección 1.4. Se sabe que $|a - b|$ proporciona la distancia de a a b. En el ejemplo 4e de la sección 1.4 señalamos que "x es menor que σ unidades de μ", lo cual se traduce como $|x - \mu| < \sigma$. En la sección 1.4, éste no es más que un ejercicio con la notación, como debe ser, pero lo importante aquí es que posteriormente, en el capítulo 9, μ será la media y σ la desviación estándar de una variable aleatoria. Una vez más hemos separado, por adelantado, una idea simple de una más avanzada. En el ejercicio 12 de los problemas 1.4, le pedimos al alumno obtener $|f(x) - L| < \epsilon$, expresión que tal vez un profesor de una clase más avanzada desee utilizar en el capítulo 10 donde se habla de límites.

Hemos aumentado la coherencia interna del libro y ampliado nuestro uso del señalamiento de temas previos, con fines de revisión, cuando esto resulta beneficioso.

También, implementamos varias mejoras en la organización del texto. Para resumir, en el capítulo 1 se añadió una nueva sección sobre sucesiones; la sección sobre funciones de varias variables, que antes se encontraba en el capítulo 17, se trasladó al capítulo 2 y se volvió a redactar para adaptarla a esa ubicación. En el capítulo 5 puede encontrar una sección sobre perpetuidades. Las secciones que tratan el área y el área entre curvas del capítulo 14 se combinaron en una sola sección y se adaptaron considerablemente. Hay muchas otras mejoras en el texto que implican un cambio menor que la revisión completa de una sección.

■ **Sección 1.6, Sucesiones aritméticas y geométricas:** La sección sobre sucesiones proporciona varias ventajas pedagógicas. La propia definición se establece de una manera que facilita el camino para la definición más importante y más básica de función que se da en el capítulo 2. Al sumar los términos de una sucesión es posible poner en práctica el uso de la notación de sumatoria introducido en la sección previa. El beneficio más obvio es que las "sucesiones" permiten una mejor organización para estudiar la sección de anualidades del capítulo 5. Tanto el valor presente como el valor futuro de una anualidad se obtienen mediante la suma de sucesiones geométricas (finitas). Más adelante, las sucesiones se presentan en la definición del número *e* en el capítulo 4, en las cadenas de Markov del capítulo 9 y en el método de Newton del capítulo 12, de modo que se obtiene una referencia unificadora útil.

Al estudiar la suma de los términos de una sucesión finita, es natural que se plantee la posibilidad de sumar los términos de una sucesión infinita. Éste es un ambiente que propicia una primera incursión en el mundo de los límites. Simplemente explicamos cómo ciertas sucesiones geométricas infinitas tienen sumas bien definidas y expresamos los resultados de modo que se obtenga un punto de apoyo para la presentación formal de los límites en el capítulo 10. Estas sumas infinitas particulares nos permiten introducir la idea de una perpetuidad, primero de manera informal en la sección de sucesiones y después con mayor detalle en una nueva sección posterior sobre perpetuidades, incluida en el capítulo 5.

■ **Sección 2.8, Funciones de varias variables:** La introducción a las funciones de varias variables, que en la edición anterior aparecían al inicio del capítulo 17, se ha trasladado (y reescrito) al capítulo 2. El tema de las funciones de varias variables debe aparecer mucho antes que el de cálculo. Una vez que se ha trabajado algo de cálculo, hay formas especiales de utilizarlo en el estudio de las funciones de varias variables, pero estos aspectos no deben confundirse con los conceptos básicos que utilizamos a lo largo del libro. Por ejemplo, "a ángulo de n en r" y "s ángulo de n en r", que se estudian en el capítulo 5, son funciones de dos variables.

■ **Sección 5.6, Perpetuidades:** La nueva sección 1.6 también nos permite introducir las perpetuidades en el capítulo de finanzas. La "perpetuidad" es un ejemplo agradable y práctico de una idea matemática bastante profunda que será de interés para los estudiantes de negocios.

■ **Sección 14.9, Área:** Se pensó que las dos secciones anteriores sobre el área eran un tanto repetitivas. La primera, llamada simplemente "Área", trataba el importante caso especial presentado en la segunda: "Área entre curvas", donde la curva inferior es el eje de las *x*. Al combinar estas secciones hemos ganado en unificación y en economía al presentar ambas sin sacrificar el detalle.

■ **Análisis insumo-producto de Leontief (sección 6.7):** En la sección sobre el análisis insumo-producto de Leontief hemos separado los diversos aspectos del problema total. Comenzamos con la descripción de lo que ahora llamamos la matriz de Leontief *A* como una codificación de las relaciones de insumos y productos entre los sectores de una economía. Puesto que esta matriz puede asumirse como constante, durante un periodo sustancial de tiempo comenzamos suponiendo que *A* es un hecho. El problema más sencillo consiste entonces en determinar la producción *X* que se requiere para satisfacer una demanda externa *D* en una economía cuya matriz de Leontief es *A*. Esto lo tomamos en cuenta cuidadosamente como la solución de $(I - A)X = D$. Como *A* puede suponerse fija mientras se investigan diversas demandas *D*, hay *cierta* justificación para calcular $(I - A)^{-1}$ para obtener $X = (I - A)^{-1} D$. Sin embargo, el uso de una matriz inversa no debe considerarse como parte esencial de la solución. Por último, se explica cómo puede encontrarse la matriz de Leontief a partir de una tabla de datos que podría estar disponible para un planificador.

■ **Probabilidad de cumpleaños (sección 8.4):** Como un tema nuevo dentro de la "probabilidad" se tiene un tratamiento del problema clásico consistente en la determinación de la probabilidad de que al menos 2 de *n* personas cumplan años el mismo día. Si bien este problema se presenta como ejemplo en muchos textos, la fórmula recursiva que proporcionamos para calcular la probabilidad como una función de *n* no es una característica común. Resulta razonable incluirla en esta edición porque las sucesiones definidas recursivamente aparecen de manera explícita en nuestra nueva sección llamada "Sucesiones".

■ **Diagramas de signos para una función (capítulo 10):** Los diagramas de signos que introdujimos en la edición anterior ahora aparecen en el capítulo 10. Nuestro punto es que estos diagramas pueden construirse para cualquier función real de una variable real y su ayuda en la representación gráfica de una función comienza antes de la introducción de las derivadas. Por supuesto que seguimos explotando su uso en el capítulo 13, donde, para cada función f, trazamos un diagrama de signos para cada f, f' y f'' interpretado para la propia f.

■ **Actualización de ejercicios:** Aproximadamente 20% de los ejercicios se han actualizado o son completamente nuevos.

■ **Actualización de nombres de elementos:** Se realizaron mejoras al etiquetado de una serie de elementos con el fin de clarificar su uso pedagógico para profesores y estudiantes. Las *aplicaciones prácticas* incluidas al final de los capítulos se denominan ahora *Explore y amplíe*; los ejercicios de *Principios en práctica*, ubicados junto a los ejemplos, ahora se refieren como ejercicios *Aplíquelo* y los *Apuntadores* que aparecían al margen de las páginas ahora se llaman *Para revisión*.

Características particulares y pedagógicas

■ **Aplicaciones:** En este libro incluimos una gran cantidad y variedad de aplicaciones; de modo que todo el tiempo puedan ver los estudiantes cómo se utilizan las matemáticas que están aprendiendo. Estas aplicaciones cubren áreas tan diversas como administración, economía, biología, medicina, sociología, psicología, ecología, estadística, ciencias de la tierra y arqueología, entre otras. Muchas de estas situaciones, de la vida cotidiana, se tomaron de la literatura existente y están documentadas mediante referencias, algunas de ellas de internet. En algunas aplicaciones se ofrecen los antecedentes y el contexto con el fin de estimular el interés del lector; sin embargo, el texto es virtualmente independiente en el sentido de que no supone un conocimiento previo de los conceptos sobre los cuales están basadas las aplicaciones. (Vea el ejemplo 2 de la sección 7.7 en la página 340).

■ *Aplíquelo:* Los ejercicios denominados *Aplíquelo*, anteriormente llamados *Principios en práctica*, proporcionan aún más aplicaciones. Estos ejercicios adicionales, ubicados al margen del texto, ofrecen ejemplos del mundo real y más oportunidades para ver en práctica el material del capítulo. Los problemas del tipo *Aplíquelo* que pueden resolverse mediante el uso de una calculadora gráfica se identifican mediante un icono. Las respuestas a estos problemas aparecen al final del capítulo y las soluciones completas puede encontrarlas, en inglés, en el Manual de soluciones. (Por ejemplo, el problema *Aplíquelo* 1 de la sección 8.3).

■ *Precaución:* A lo largo del libro se presentan señales de advertencia de manera similar a como un profesor lo haría con sus alumnos en su clase sobre los errores que se cometen con frecuencia. Estos textos de Precaución se reconocen por un icono, como el que aparece al margen, para ayudar a los estudiantes a evitar las confusiones más comunes. (Vea el ejemplo 2 de la sección 11.1 en la página 495).

■ **Las definiciones, los conceptos clave y las reglas y fórmulas importantes** se establecen y muestran de manera clara para que la navegación por el libro sea muy sencilla. (Vea la definición de la derivada en la sección 11.1, en la página 495).

■ **Las actividades *Explore y amplíe*,** llamadas anteriormente *Aplicaciones prácticas*, están colocadas estratégicamente al final de cada capítulo para reunir los múltiples conceptos matemáticos que se estudiaron en las secciones, dentro del contexto de una aplicación altamente relevante e interesante. Estas actividades pueden realizarse dentro o fuera de clase, en forma individual o en equipos. (Vea la página 574 en el capítulo 12).

■ **Material de repaso:** Cada capítulo (excepto el 0) tiene una sección de repaso con una lista de los términos y símbolos más importantes, un resumen del capítulo y una gran cantidad de problemas de repaso. Además, se hace referencia a ejemplos clave para cada grupo de términos y símbolos relevantes. (Vea la página 572 en el capítulo 12).

- **Respuestas al final del libro:** Las respuestas a los problemas con número impar aparecen al final del libro. Para muchos de los problemas de diferenciación las respuestas aparecen en forma "no simplificada" y "simplificada". (Por supuesto, "simplificada" es en cualquier caso un término subjetivo cuando se aplica a expresiones matemáticas que tienden a presuponer la naturaleza de los cálculos subsecuentes a realizar con tales expresiones). Esto permite a los estudiantes verificar con rapidez su trabajo. (Vea las respuestas para la sección 11.4).

- **Cadenas de Markov:** Al revisar la sección 9.3 sobre cadenas de Markov, nos dimos cuenta de que se obtiene una simplificación considerable para el problema de encontrar vectores de estado estable al escribir vectores de estado como columnas y no como filas. Esto requiere que una matriz de transición $\mathbf{T} = [t_{ij}]$ tenga una probabilidad $t_{ij} =$ de que el siguiente estado sea i dado un estado j, pero evita las transposiciones artificiales posteriores. (Vea la página 445).

- **Diagramas de signos:** En el capítulo 13 sobre trazado de curvas, se ha expandido en gran medida el uso de *diagramas de signos*. En particular, un diagrama de signos para una primera derivada siempre está acompañado por una línea adicional que interpreta los resultados para la función que será graficada. Así, en un intervalo donde se registra "$+$" para f también se registra "$/$" para f, y en un intervalo donde se registra "$-$" para f también se registra "$\backslash$" para f. Las cadenas resultantes de dichos elementos, por ejemplo $/\backslash/$, con adornos adicionales que se describen en el texto, proporcionan un bosquejo preliminar de la curva en cuestión. Reconocemos que ésta es una técnica de pizarrón usada por muchos profesores pero que aparece muy pocas veces en libros de texto. (Vea el primer diagrama de signos del capítulo 13 en la página 578).

Ejemplos y ejercicios

La mayoría de los estudiantes y profesores estarán de acuerdo en que la clave para tener un texto eficaz radica en la calidad y cantidad de ejemplos y series de ejercicios. Por eso, en este libro se resuelven con detalle más de 850 ejemplos; algunos de ellos incluyen un cuadro de *estrategia* diseñado para guiar al estudiante a través de los pasos generales de la solución, antes de que ésta sea obtenida de manera específica (vea el ejemplo 2 de la sección 14.3 en la página 638). Además, se incluye una gran cantidad de diagramas (casi 500) y de ejercicios (más de 5000). De los ejercicios, aproximadamente 20% se ha actualizado o son completamente nuevos. En cada serie de ejercicios, los problemas están agrupados en orden creciente de dificultad; y los problemas van desde los que demandan sólo habilidades básicas y que se resuelven en forma mecánica, hasta los más interesantes que obligan al estudiante a reflexionar.

Con base en la retroalimentación que hemos recibido de los usuarios, la diversidad de las aplicaciones proporcionadas, tanto en las series de ejercicios como en los ejemplos, es verdaderamente una de las ventajas de este libro. Se incluyen muchos problemas del mundo cotidiano con datos exactos, de modo que los estudiantes no necesitan buscar mucho para ver la forma en que las matemáticas que están aprendiendo se aplican a situaciones relacionadas con el trabajo. Se ha realizado un gran esfuerzo para alcanzar el balance apropiado entre los ejercicios de tipo mecánico y los problemas que requieren de la integración y la aplicación de los conceptos aprendidos. (Vea *Explore y amplíe*: capítulo 2, páginas 125-126; capítulo 3, página 172; ejemplo 1, sección 17.8, sobre líneas de regresión, páginas 787-788).

Tecnología

Con el propósito de que el estudiante aprecie el valor de la *tecnología* actual, a lo largo del texto aparece material opcional para calculadoras graficadoras, tanto en la exposición como en los ejercicios. Esto se incluye por varias razones: como herramienta matemática, para visualizar conceptos, como ayuda computacional y para reforzar conceptos. Aunque el análisis de la tecnología correspondiente está acompañado por las pantallas de una calculadora TI-83 Plus, el enfoque es lo suficientemente general como para que pueda aplicarse en otras calculadoras graficadoras. En las series de ejercicios, los problemas que se resuelven con calculadora están señalados por medio de un icono. Para dar flexibilidad en la planeación de asignaciones por parte del profesor, estos problemas están colocados al final de las series de ejercicios.

Planeación del curso

Uno de las ventajas de este libro es que existe una cantidad considerable de cursos que pueden utilizarlo. Dado que los profesores planifican el perfil del curso para que sirva a las necesidades individuales de una clase y un temario, no ofreceremos directrices detalladas; no obstante, para ayudarle a conformar su curso, la tabla de contenido se ha dividido en tres partes, lo cual no repercute en el flujo de un capítulo al siguiente.

Parte I: El álgebra universitaria se estudia en los capítulos 0 a 4 y cubre los temas centrales previos al cálculo.

Parte II: Las matemáticas finitas quedan cubiertas en los capítulos 5 a 9 y contienen una amplia variedad de temas entre los cuales pueden elegir los profesores.

Parte III. El tema de los capítulos restantes (10 a 17) corresponde al cálculo.

A continuación se presentan algunas notas adicionales que deben tenerse en cuenta al crear un temario o delinear un curso.

- **Cursos de dos semestres:** Las escuelas que tienen dos periodos académicos por año tienden a dedicar un periodo a las matemáticas finitas y otro al cálculo. Para estas escuelas recomendamos los capítulos 1 a 9 para el primer curso, iniciando donde lo permita la preparación de los estudiantes, y los capítulos 10 a 17 para el segundo curso —borrando la mayor parte del material opcional.

- **Cursos de tres cuatrimestres:** Para un programa que incluya tres cuatrimestres de matemáticas para estudiantes de administración bien preparados, puede iniciar un **primer curso** con el capítulo 1 y del capítulo 2 al 9 elegir cuáles temas son de interés. Un **segundo curso**, sobre cálculo diferencial, podría utilizar el capítulo 10, sobre límites y continuidad, seguido por tres capítulos sobre diferenciación: del 11 al 13. Aquí la sección 12.6 sobre el método de Newton puede omitirse sin perder continuidad, mientras que otros profesores pueden preferir revisar el capítulo 4, "Funciones exponenciales y logarítmicas", antes de su estudio como funciones diferenciales. Por último, con los capítulos 14 a 17 podría definirse un **tercer curso** sobre cálculo integral, con una introducción al cálculo multivariado. En un curso aplicado resulta conveniente enfatizar el uso de tablas para encontrar integrales y, por ende, las técnicas "por partes" y "de fracciones parciales", presentadas en las secciones 15.1 y 15.2, respectivamente, deben considerarse opcionales. El capítulo 16, ciertamente no es necesario para el capítulo 17, y la sección 15.7 sobre integrales impropias puede omitirse con seguridad si no se cubre el capítulo 16.

Suplementos (en inglés)

- El *Manual de soluciones para el profesor* (en inglés) tiene soluciones desarrolladas para todos los problemas, incluyendo los ejercicios del tipo *Aplíquelo* y las actividades de *Explore y amplíe*. Pregunte a su representante de Pearson cómo obtenerlo.

- *TestGen*® (en inglés) permite a los profesores construir, editar, imprimir y administrar exámenes utilizando un banco computarizado de preguntas desarrollado para cubrir todos los objetivos del texto. Con base en un algoritmo, permite a los profesores crear versiones múltiples pero equivalentes de la misma pregunta o del mismo examen con sólo hacer clic en un botón. Los profesores también pueden modificar el banco de preguntas para examen o añadir nuevas. TestGen® y el software necesario están disponibles para su descarga en el catálogo en línea de Pearson Education y en el Centro de recursos para el profesor.

Agradecimientos

Expresamos nuestro agradecimiento a los siguientes colegas que contribuyeron con valiosos comentarios y sugerencias para el desarrollo de este texto (los profesores marcados con un asterisco revisaron la decimotercera edición):

E. Adibi, *Chapman University*
R. M. Alliston, *Pennsylvania State University*
R. A. Alo, *University of Houston*
K. T. Andrews, *Oakland University*
M. N. de Arce, *University of Puerto Rico*
E. Barbut, *University of Idaho*
G. R. Bates, *Western Illinois University*
*S. Beck, *Navarro College*
D. E. Bennett, *Murray State University*
C. Bernett, *Harper College*
A. Bishop, *Western Illinois University*
P. Blau, *Shawnee State University*
R. Blute, *University of Ottawa*
S. A. Book, *California State University*
A. Brink, *St. Cloud State University*
R. Brown, *York University*
R. W. Brown, *University of Alaska*
S. D. Bulman-Fleming, *Wilfrid Laurier University*
D. Calvetti, *National College*
D. Cameron, *University of Akron*
K. S. Chung, *Kapiolani Community College*
D. N. Clark, *University of Georgia*
E. L. Cohen, *University of Ottawa*
J. Dawson, *Pennsylvania State University*
A. Dollins, *Pennsylvania State University*
*T. J. Duda, *Columbus State Community College*
G. A. Earles, *St. Cloud State University*
B. H. Edwards, *University of Florida*
J. R. Elliott, *Wilfrid Laurier University*
J. Fitzpatrick, *University of Texas at El Paso*
M. J. Flynn, *Rhode Island Junior College*
G. J. Fuentes, *University of Maine*
L. Gerber, *St. John's University*
T. G. Goedde, *The University of Findlay*
S. K. Goel, *Valdosta State University*
G. Goff, *Oklahoma State University*
J. Goldman, *DePaul University*
*E. Greenwood, *Tarrant County College, Northwest Campus*
J. T. Gresser, *Bowling Green State University*
L. Griff, *Pennsylvania State University*
*R. Grinnell, *University of Toronto at Scarborough*
F. H. Hall, *Pennsylvania State University*
V. E. Hanks, *Western Kentucky University*
R. C. Heitmann, *The University of Texas at Austin*
J. N. Henry, *California State University*
W. U. Hodgson, *West Chester State College*
B. C. Horne, Jr., *Virginia Polytechnic Institute and State University*
J. Hradnansky, *Pennsylvania State University*
P. Huneke, *The Ohio State University*
C. Hurd, *Pennsylvania State University*

J. A. Jiminez, *Pennsylvania State University*
W. C. Jones, *Western Kentucky University*
R. M. King, *Gettysburg College*
M. M. Kostreva, *University of Maine*
G. A. Kraus, *Gannon University*
J. Kucera, *Washington State University*
M. R. Latina, *Rhode Island Junior College*
*L. N. Laughlin, *University of Alaska, Fairbanks*
P. Lockwood-Cooke, *West Texas A&M University*
J. F. Longman, *Villanova University*
I. Marshak, *Loyola University of Chicago*
D. Mason, *Elmhurst College*
F. B. Mayer, *Mt. San Antonio College*
P. McDougle, *University of Miami*
F. Miles, *California State University*
E. Mohnike, *Mt. San Antonio College*
C. Monk, *University of Richmond*
R. A. Moreland, *Texas Tech University*
J. G. Morris, *University of Wisconsin-Madison*
J. C. Moss, *Paducah Community College*
D. Mullin, *Pennsylvania State University*
E. Nelson, *Pennsylvania State University*
S. A. Nett, *Western Illinois University*
R. H. Oehmke, *University of Iowa*
Y. Y. Oh, *Pennsylvania State University*
J. U. Overall, *University of La Verne*
A. Panayides, *William Patterson University*
D. Parker, *University of Pacific*
N. B. Patterson, *Pennsylvania State University*
V. Pedwaydon, *Lawrence Technical University*
E. Pemberton, *Wilfrid Laurier University*
M. Perkel, *Wright State University*
D. B. Priest, *Harding College*
J. R. Provencio, *University of Texas*
L. R. Pulsinelli, *Western Kentucky University*
M. Racine, *University of Ottawa*
N. M. Rice, *Queen's University*
A. Santiago, *University of Puerto Rico*
J. R. Schaefer, *University of Wisconsin-Milwaukee*
*S. Sehgal, *The Ohio State University*
W. H. Seybold, Jr., *West Chester State College*
G. Shilling, *The University of Texas at Arlington*
S. Singh, *Pennsylvania State University*
L. Small, *Los Angeles Pierce College*
E. Smet, *Huron College*
J. Stein, *California State University, Long Beach*
M. Stoll, *University of South Carolina*
T. S. Sullivan, *Southern Illinois University Edwardsville*
E. A. Terry, *St. Joseph's University*
A. Tierman, *Saginaw Valley State University*
B. Toole, *University of Maine*
J. W. Toole, *University of Maine*

D. H. Trahan, *Naval Postgraduate School*
J. P. Tull, *The Ohio State University*
L. O. Vaughan, Jr., *University of Alabama in Birmingham*
L. A. Vercoe, *Pennsylvania State University*
M. Vuilleumier, *The Ohio State University*
B. K. Waits, *The Ohio State University*
A. Walton, *Virginia Polytechnic Institute and State University*
H. Walum, *The Ohio State University*

E. T. H. Wang, *Wilfrid Laurier University*
A. J. Weidner, *Pennsylvania State University*
L. Weiss, *Pennsylvania State University*
N. A. Weigmann, *California State University*
S. K. Wong, *Ohio State University*
G. Woods, *The Ohio State University*
C. R. B. Wright, *University of Oregon*
C. Wu, *University of Wisconsin-Milwaukee*
B. F. Wyman, *The Ohio State University*
*D. Zhang, *Washington State University*

Algunos ejercicios se toman de los suplementos de problemas utilizados por los estudiantes de la Wilfrid Laurier University. Deseamos extender un agradecimiento especial al Departamento de Matemáticas de la Wilfrid Laurier University por conceder permiso a Prentice Hall para utilizar y publicar este material; a su vez, agradecemos a Prentice Hall que nos haya permitido hacer uso del mismo.

De nuevo, expresamos nuestra sincera gratitud a los profesores y coordinadores de cursos de la Ohio State University y de la Columbus State University, quienes mostraron un gran interés en ésta y anteriores ediciones, y ofrecieron una gran cantidad de valiosas sugerencias.

En especial, agradecemos a Cindy Trimble de C Trimble & Associates por la cuidadosa revisión que hizo de los manuales de solución. Su trabajo fue extraordinariamente detallado y útil para los autores. También agradecemos el cuidado con el que Paul Lorczak y Gary Williams verificaron la exactitud del texto y de los ejercicios.

Ernest F. Haeussler, Jr.
Richard S. Paul
Richard J. Wood

O Repaso de álgebra

L esley Griffith trabaja para una compañía de artículos de navegación en Antibes, Francia. Con frecuencia, necesita examinar recibos en los que sólo se reporta el pago total y después determinar la cantidad del total que representa el impuesto al valor agregado de Francia, conocido como el TVA por "Taxe à la Value Ajouté". La tasa del TVA francés es de 19.6%. Muchos de los negocios de Lesley son con proveedores o compradores italianos, por lo que debe tratar con un problema similar a partir de los recibos que contienen el impuesto italiano a las ventas, que es del 18 por ciento.

Un problema de este tipo parece requerir una fórmula, pero mucha gente es capaz de trabajar en un caso particular del problema, usando números específicos, sin conocer la fórmula. Así que si Lesley tiene un recibo francés de 200 euros, puede razonar de la siguiente manera: si el artículo cuesta 100 euros antes del impuesto, entonces el recibo final sería por 119.6 euros con un impuesto de 19.6 —y después con una regla de tres—, por lo tanto, *el impuesto en un recibo total de 200 es a 200 como 19.6 es a 119.6*. Establecido en forma matemática,

$$\frac{\text{Impuesto en } 200}{200} = \frac{19.6}{119.6} \approx 0.164 = 16.4\%$$

En este punto, es bastante claro que la cantidad de TVA en un recibo de 200 euros es de alrededor del 16.4% de 200 euros, lo cual da 32.8 euros. De hecho, ahora mucha gente podrá intuir que

$$\text{Impuesto en } R = R\left(\frac{p}{100 + p}\right)$$

da el impuesto en un recibo R cuando la tasa del impuesto es $p\%$. Así, si Lesley está conforme con su deducción, puede multiplicar sus recibos italianos por $\frac{18}{118}$ para determinar el impuesto que contienen.

Por supuesto, la mayoría de la gente no recuerda las fórmulas por mucho tiempo y no se siente cómoda si basa un cálculo monetario en una regla de tres. El propósito de este capítulo es revisar el álgebra necesaria para que el estudiante pueda construir sus propias fórmulas, *con toda confianza*, en cuanto las requiera. En particular, se obtendrá la fórmula de Lesley, sin realizar ninguna invocación misteriosa de la proporción, a partir de principios con los que todos estamos familiarizados. Este uso del álgebra aparecerá a lo largo del libro al hacer *cálculos generales con cantidades variables*.

En este capítulo se revisarán los números reales, las expresiones algebraicas y las operaciones básicas que pueden realizarse con ellos. Este capítulo está diseñado para dar un repaso breve sobre algunos términos y métodos del cálculo simbólico. Sin duda, usted ha estado expuesto a gran parte de este material con anterioridad. Sin embargo, como estos temas son importantes para el manejo de las matemáticas que vienen después, puede resultar benéfica una rápida exposición de los mismos. Destine el tiempo que sea necesario para estudiar las secciones en que necesita un repaso.

Objetivo

Familiarizarse con los conjuntos, la clasificación de los números reales y la recta de los números reales.

0.1 Conjuntos de números reales

Un **conjunto** es una colección de objetos. Por ejemplo, se puede hablar del conjunto de números pares que hay entre el 5 y el 11, a saber, 6, 8 y 10. Un objeto de un conjunto se denomina **elemento** de ese conjunto. Si esto suena un poco circular, no se preocupe. Las palabras *conjunto* y *elemento* son semejantes a *línea* y *punto* en geometría plana. No puede pedirse definirlos en términos más primitivos, es sólo con la práctica de su uso que resulta posible entender su significado. La situación es también parecida a la forma en que un niño aprende su primer idioma. Sin conocer ninguna palabra, un niño infiere el significado de unas cuantas palabras muy simples y al final las usa para construir un vocabulario funcional. Nadie necesita entender el mecanismo de este proceso para aprender a hablar. De la misma forma, es posible aprender matemáticas prácticas sin involucrarse con términos primitivos no definidos.

Una manera de especificar un conjunto es haciendo una lista de sus elementos, en cualquier orden, dentro de llaves. Por ejemplo, el conjunto anterior es $\{6, 8, 10\}$, el cual puede denotarse mediante una letra, como A, lo que nos permite escribir $A = \{6, 8, 10\}$. Observe que $\{8, 10, 6\}$ también denota el mismo conjunto, así como $\{6, 8, 10, 10\}$. *Un conjunto está determinado por sus elementos* y ni las repeticiones ni los reordenamientos de una lista lo afectan. Se dice que un conjunto A es un subconjunto de un conjunto B si, y sólo si, todo elemento de A también es un elemento de B. Por ejemplo, si $A = \{6, 8, 10\}$ y $B = \{6, 8, 10, 12\}$, entonces A es un subconjunto de B.

Ciertos conjuntos de números tienen nombres especiales. Los números 1, 2, 3, y así sucesivamente, forman el conjunto de los números **enteros positivos**:

$$\text{Conjunto de los enteros positivos} = \{1, 2, 3, ...\}$$

Los tres puntos significan que el listado de elementos continúa sin fin, aunque se sabe cuáles son esos elementos.

Los enteros positivos, junto con el 0 y los **números enteros negativos** $-1, -2, -3, ...$, forman el conjunto de los **enteros**:

$$\text{Conjunto de los enteros} = \{..., -3, -2, -1, 0, 1, 2, 3, ...\}$$

El conjunto de los **números racionales** consiste en números como $\frac{1}{2}$ y $\frac{5}{3}$, que pueden escribirse como un cociente de dos enteros. Esto es, un número racional es aquél que puede escribirse como $\frac{p}{q}$, donde p y q son enteros y $q \neq 0$. (El símbolo "$\neq$" se lee "no es igual a"). Por ejemplo, los números $\frac{19}{20}$, $\frac{-2}{7}$ y $\frac{-6}{-2}$ son racionales. Se hace la observación de que $\frac{2}{4}, \frac{1}{2}, \frac{3}{6}, \frac{-4}{-8}$, 0.5 y 50% representan todos al mismo número racional. El entero 2 es racional, puesto que $2 = \frac{2}{1}$. De hecho, todo entero es racional.

Todos los números racionales pueden representarse por medio de números decimales que *terminan*, como $\frac{3}{4} = 0.75$ y $\frac{3}{2} = 1.5$, o bien mediante *decimales repetidos que no terminan* (compuestos por un grupo de dígitos que se repiten sin fin), como $\frac{2}{3} = 0.666...$, $\frac{-4}{11} = -0.3636...$ y $\frac{2}{15} = 0.1333...$ Los números que se representan mediante decimales *no repetidos que no terminan* se conocen como **números irracionales**. Un número irracional no puede escribirse como un entero dividido entre un entero. Los números π (pi) y $\sqrt{2}$ son ejemplos de números irracionales. Juntos, los números racionales y los irracionales forman el conjunto de los **números reales**.

Los números reales pueden representarse por medio de puntos en una recta. Primero se selecciona un punto en la recta para representar el cero. Este punto se denomina *origen* (vea la figura 0.1). Después se elige una medida estándar de distancia, llamada *distancia unitaria*, y se marca sucesivamente en ambas direcciones a la derecha y a la izquierda del origen. Con cada punto sobre la recta se asocia una distancia dirigida, la cual depende de la posición del punto con respecto al origen. Las posiciones ubicadas a la derecha del origen se consideran positivas $(+)$ y las de la izquierda negativas $(-)$. Por ejemplo, al punto ubicado

!ADVERTENCIA!

La razón por la que $q \neq 0$ es que no se puede dividir entre cero.

Todo entero es un número racional.

Todo número racional es un número real.

Los números reales consisten en todos los números decimales.

Algunos puntos y sus coordenadas

FIGURA 0.1 La recta de los números reales.

a $\frac{1}{2}$ de unidad hacia la derecha del origen, le corresponde el número $\frac{1}{2}$, el cual se denomina **coordenada** de ese punto. En forma similar, la coordenada del punto situado a 1.5 unidades hacia la izquierda del origen es -1.5. En la figura 0.1 están marcadas las coordenadas de algunos puntos. La punta de la flecha indica que, a lo largo de la recta, la dirección que va hacia la derecha se considera como la dirección positiva.

A cada punto situado sobre la recta le corresponde un número real único, y a cada número real le corresponde un punto único de la recta. Existe una *correspondencia uno a uno* entre los puntos de la recta y los números reales. A esta recta se le llama **recta de los números reales**. Se tiene la libertad para tratar a los números reales como puntos sobre dicha recta y viceversa.

PROBLEMAS 0.1

En los problemas 1 a 12, clasifique los enunciados como verdaderos o falsos. Si un enunciado es falso, dé una razón para ello.

1. -13 es un entero.

2. $\dfrac{-2}{7}$ es racional.

3. -3 es un número entero positivo.

4. 0 no es racional.

5. $\sqrt{3}$ es racional.

6. $\dfrac{7}{0}$ es un número racional.

7. $\sqrt{25}$ no es un entero positivo.

8. $\sqrt{2}$ es un número real.

9. $\dfrac{0}{0}$ es racional.

10. π es un entero positivo.

11. -3 está a la derecha de -4 sobre la recta de los números reales.

12. Todo entero es un número positivo o negativo.

Objetivo

Nombrar, ilustrar y relacionar las propiedades de los números reales en términos de sus operaciones.

0.2 Algunas propiedades de los números reales

A continuación se establecerán algunas propiedades importantes de los números reales. Sean a, b y c números reales.

1. Propiedad transitiva de la igualdad

$$\text{Si } a = b \text{ y } b = c, \text{entonces } a = c.$$

Por lo tanto, dos números que sean iguales a un tercer número son iguales entre sí. Por ejemplo, si $x = y$ y $y = 7$, entonces $x = 7$.

2. Propiedad de cerradura de la suma y la multiplicación

Para todos números reales a y b, existen números reales únicos $a + b$ y ab.

Esto significa que cualesquiera dos números pueden sumarse o multiplicarse y el resultado en cada caso es un número real.

3. Propiedad conmutativa de la suma y la multiplicación

$$a + b = b + a \quad \text{y} \quad ab = ba$$

Esto significa que dos números pueden sumarse o multiplicarse en cualquier orden. Por ejemplo, $3 + 4 = 4 + 3$ y $(7)(-4) = (-4)(7)$.

4. Propiedad asociativa de la suma y la multiplicación

$$a + (b + c) = (a + b) + c \quad \text{y} \quad a(bc) = (ab)c$$

Esto significa que en la suma o la multiplicación, los números pueden agruparse en cualquier orden. Por ejemplo, $2 + (3 + 4) = (2 + 3) + 4$; en ambos casos la suma es 9. En forma semejante, $2x + (x + y) = (2x + x) + y$ y $6(\frac{1}{3} \cdot 5) = (6 \cdot \frac{1}{3}) \cdot 5$.

5. Propiedad de identidad

Existen dos números reales únicos denotados como 0 y 1 tales que, para todo número real a,

$$0 + a = a \quad \text{y} \quad 1a = a$$

6. Propiedad del inverso

Para cada número real a, existe un único número real denotado por $-a$ tal que

$$a + (-a) = 0$$

El número $-a$ se denomina el **negativo** de a.

Por ejemplo, como $6 + (-6) = 0$, el negativo de 6 es -6. El negativo de un número no necesariamente es un número negativo. Por ejemplo, el negativo de -6 es 6, puesto que $(-6) + (6) = 0$. Esto es, el negativo de -6 es 6, de modo que puede escribirse $-(-6) = 6$.

Para cada número real a, *excepto 0*, existe un único número real denotado por a^{-1} tal que

$$a \cdot a^{-1} = 1$$

El número a^{-1} se conoce como el **recíproco** de a.

¡ADVERTENCIA!

El cero no tiene un inverso multiplicativo porque no existe un número que, al multiplicarlo por 0, dé 1.

Por lo tanto, todos los números *excepto 0* tienen un recíproco. Como se recordará, a^{-1} puede escribirse como $\frac{1}{a}$. Por ejemplo, el recíproco de 3 es $\frac{1}{3}$, puesto que $3(\frac{1}{3}) = 1$. Por ende, $\frac{1}{3}$ es el recíproco de 3. El recíproco de $\frac{1}{3}$ es 3, puesto que $(\frac{1}{3})(3) = 1$. *El recíproco de 0 no está definido*.

7. Propiedad distributiva

$$a(b + c) = ab + ac \quad \text{y} \quad (b + c)a = ba + ca$$

Por ejemplo, aunque $2(3 + 4) = 2(7) = 14$, también puede escribirse

$$2(3 + 4) = 2(3) + 2(4) = 6 + 8 = 14$$

De manera similar,

$$(2 + 3)(4) = 2(4) + 3(4) = 8 + 12 = 20$$

y

$$x(z + 4) = x(z) + x(4) = xz + 4x$$

La propiedad distributiva puede ser extendida a la forma

$$a(b + c + d) = ab + ac + ad$$

De hecho, puede extenderse a sumas que involucran cualquier cantidad de términos.

La **resta** se define en términos de la suma:

$$a - b \quad \text{significa} \quad a + (-b)$$

donde $-b$ es el negativo de b. Así, $6 - 8$ significa $6 + (-8)$.

De manera semejante, se define la **división** en términos de la multiplicación. Si $b \neq 0$, entonces

$$a \div b \quad \text{significa} \quad a(b^{-1})$$

Por lo general, se escribe $\frac{a}{b}$ o a/b para denotar $a \div b$. Puesto que $b^{-1} = \frac{1}{b}$,

$$\frac{a}{b} = a(b^{-1}) = a\left(\frac{1}{b}\right)$$

$\frac{a}{b}$ significa a veces el recíproco de b.

Así, $\frac{3}{5}$ significa 3 veces $\frac{1}{5}$, donde $\frac{1}{5}$ es el recíproco de 5. Algunas veces se hace referencia a $\frac{a}{b}$ como la *razón* de a a b. Se observa que como 0 no tiene inverso multiplicativo, **la división entre 0 no está definida**.

Los ejemplos siguientes muestran algunas aplicaciones de las propiedades anteriores.

EJEMPLO 1   Aplicación de las propiedades de los números reales

a. $x(y - 3z + 2w) = (y - 3z + 2w)x$, por la propiedad conmutativa de la multiplicación.

b. Por la propiedad asociativa de la multiplicación, $3(4 \cdot 5) = (3 \cdot 4)5$. Por lo tanto, el resultado de multiplicar 3 por el producto de 4 y 5 es el mismo que el de multiplicar el producto de 3 y 4 por 5. En cualquier caso el resultado es 60.

c. *Muestre que* $a(b \cdot c) \neq (ab) \cdot (ac)$

Solución: Para mostrar que un enunciado general es falso, basta con proporcionar un *contraejemplo*. Si aquí se toma $a = 2$ y $b = 1 = c$, se observa que $a(b \cdot c) = 2$ mientras que $(ab) \cdot (ac) = 4$.

Ahora resuelva el problema 9 ◁

EJEMPLO 2   Aplicación de las propiedades de los números reales

a. Muestre que $2 - \sqrt{2} = -\sqrt{2} + 2$.

Solución: Por la definición de resta, $2 - \sqrt{2} = 2 + (-\sqrt{2})$. Sin embargo, por la propiedad conmutativa de la suma, $2 + (-\sqrt{2}) = -\sqrt{2} + 2$. Así, por la propiedad transitiva de la igualdad, $2 - \sqrt{2} = -\sqrt{2} + 2$. De manera semejante, resulta claro que, para cualesquiera a y b, se tiene que

$$a - b = -b + a$$

b. Muestre que $(8 + x) - y = 8 + (x - y)$.

Solución: Si se comienza por el lado izquierdo, se tiene que

$$(8 + x) - y = (8 + x) + (-y) \quad \text{definición de resta}$$
$$= 8 + [x + (-y)] \quad \text{propiedad asociativa}$$
$$= 8 + (x - y) \quad \text{definición de resta}$$

Entonces, por la propiedad transitiva de la igualdad,

$$(8 + x) - y = 8 + (x - y)$$

De manera semejante, para toda a, b y c, se tiene

$$(a + b) - c = a + (b - c)$$

c. Muestre que $3(4x + 2y + 8) = 12x + 6y + 24$.

Solución: Por la propiedad distributiva,

$$3(4x + 2y + 8) = 3(4x) + 3(2y) + 3(8)$$

Pero por la propiedad asociativa de la multiplicación,

$$3(4x) = (3 \cdot 4)x = 12x \quad \text{y de manera similar} \quad 3(2y) = 6y$$

Por lo tanto, $3(4x + 2y + 8) = 12x + 6y + 24$.

Ahora resuelva el problema 21 ◁

EJEMPLO 3   Aplicación de las propiedades de los números reales

a. Muestre que $\dfrac{ab}{c} = a\left(\dfrac{b}{c}\right)$ para $c \neq 0$.

Solución: Por la definición de división,

$$\frac{ab}{c} = (ab) \cdot \frac{1}{c} \quad \text{para } c \neq 0$$

Pero por la propiedad asociativa,

$$(ab) \cdot \frac{1}{c} = a\left(b \cdot \frac{1}{c}\right)$$

Sin embargo, por la definición de la división, $b \cdot \frac{1}{c} = \frac{b}{c}$. Así que,

$$\frac{ab}{c} = a\left(\frac{b}{c}\right)$$

También se puede mostrar que $\frac{ab}{c} = \left(\frac{a}{c}\right)b$.

b. Muestre que $\frac{a+b}{c} = \frac{a}{c} + \frac{b}{c}$ para $c \neq 0$.

Solución: Por la definición de la división y la propiedad distributiva,

$$\frac{a+b}{c} = (a+b)\frac{1}{c} = a \cdot \frac{1}{c} + b \cdot \frac{1}{c}$$

Sin embargo,

$$a \cdot \frac{1}{c} + b \cdot \frac{1}{c} = \frac{a}{c} + \frac{b}{c}$$

Por lo que,

$$\frac{a+b}{c} = \frac{a}{c} + \frac{b}{c}$$

Ahora resuelva el problema 27 ◁

El producto de varios números puede encontrarse sólo al considerar los productos de los números tomados de dos en dos. Por ejemplo, para encontrar el producto de x, y y z podría multiplicarse primero x por y y después multiplicar el producto resultante por z; esto es, encontrar $(xy)z$. O, de manera alternativa, multiplicar x por el producto de y y z; esto es, encontrar $x(yz)$. La propiedad asociativa de la multiplicación garantiza que ambos resultados serán idénticos, sin importar cómo se agrupen los números. Por lo tanto, no es ambiguo escribir xyz. Este concepto puede ampliarse a más de tres números y se aplica de igual manera a la suma.

No sólo se debe ser capaz de manipular los números reales, también debe tenerse cuidado y familiarizarse con el uso de la terminología involucrada.

La siguiente lista establece las propiedades importantes de los números reales que deben estudiarse a fondo. La capacidad de manejar los números reales resulta esencial para tener éxito en matemáticas. A cada propiedad le sigue un ejemplo numérico. **Se supone que todos los denominadores son diferentes de cero** (pero con el fin de enfatizarlo, hemos sido explícitos acerca de esta restricción).

Propiedad	*Ejemplo(s)*
1. $a - b = a + (-b)$	$2 - 7 = 2 + (-7) = -5$
2. $a - (-b) = a + b$	$2 - (-7) = 2 + 7 = 9$
3. $-a = (-1)(a)$	$-7 = (-1)(7)$
4. $a(b + c) = ab + ac$	$6(7 + 2) = 6 \cdot 7 + 6 \cdot 2 = 54$
5. $a(b - c) = ab - ac$	$6(7 - 2) = 6 \cdot 7 - 6 \cdot 2 = 30$
6. $-(a + b) = -a - b$	$-(7 + 2) = -7 - 2 = -9$
7. $-(a - b) = -a + b$	$-(2 - 7) = -2 + 7 = 5$
8. $-(-a) = a$	$-(-2) = 2$
9. $a(0) = 0$	$2(0) = 0$
10. $(-a)(b) = -(ab) = a(-b)$	$(-2)(7) = -(2 \cdot 7) = 2(-7) = -14$
11. $(-a)(-b) = ab$	$(-2)(-7) = 2 \cdot 7 = 14$
12. $\dfrac{a}{1} = a$	$\dfrac{7}{1} = 7,\ \dfrac{-2}{1} = -2$
13. $\dfrac{a}{b} = a\left(\dfrac{1}{b}\right)$ para $b \neq 0$	$\dfrac{2}{7} = 2\left(\dfrac{1}{7}\right)$

Propiedad	Ejemplo(s)

14. $\dfrac{a}{-b} = -\dfrac{a}{b} = \dfrac{-a}{b}$ para $b \neq 0$ $\qquad\qquad \dfrac{2}{-7} = -\dfrac{2}{7} = \dfrac{-2}{7}$

15. $\dfrac{-a}{-b} = \dfrac{a}{b}$ para $b \neq 0$ $\qquad\qquad \dfrac{-2}{-7} = \dfrac{2}{7}$

16. $\dfrac{0}{a} = 0$ para $a \neq 0$ $\qquad\qquad \dfrac{0}{7} = 0$

17. $\dfrac{a}{a} = 1$ para $a \neq 0$ $\qquad\qquad \dfrac{2}{2} = 1, \dfrac{-5}{-5} = 1$

18. $a\left(\dfrac{b}{a}\right) = b$ para $a \neq 0$ $\qquad\qquad 2\left(\dfrac{7}{2}\right) = 7$

19. $a \cdot \dfrac{1}{a} = 1$ para $a \neq 0$ $\qquad\qquad 2 \cdot \dfrac{1}{2} = 1$

20. $\dfrac{a}{b} \cdot \dfrac{c}{d} = \dfrac{ac}{bd}$ para $b, d \neq 0$ $\qquad\qquad \dfrac{2}{3} \cdot \dfrac{4}{5} = \dfrac{2 \cdot 4}{3 \cdot 5} = \dfrac{8}{15}$

21. $\dfrac{ab}{c} = \left(\dfrac{a}{c}\right)b = a\left(\dfrac{b}{c}\right)$ para $c \neq 0$ $\qquad\qquad \dfrac{2 \cdot 7}{3} = \dfrac{2}{3} \cdot 7 = 2 \cdot \dfrac{7}{3}$

22. $\dfrac{a}{bc} = \dfrac{a}{b} \cdot \dfrac{1}{c} = \dfrac{1}{b} \cdot \dfrac{a}{c}$ para $b, c \neq 0$ $\qquad\qquad \dfrac{2}{3 \cdot 7} = \dfrac{2}{3} \cdot \dfrac{1}{7} = \dfrac{1}{3} \cdot \dfrac{2}{7}$

23. $\dfrac{a}{b} = \dfrac{a}{b} \cdot \dfrac{c}{c} = \dfrac{ac}{bc}$ para $b, c \neq 0$ $\qquad\qquad \dfrac{2}{7} = \left(\dfrac{2}{7}\right)\left(\dfrac{5}{5}\right) = \dfrac{2 \cdot 5}{7 \cdot 5}$

24. $\dfrac{a}{b(-c)} = \dfrac{a}{(-b)(c)} = \dfrac{-a}{bc} =$ $\qquad\qquad \dfrac{2}{3(-5)} = \dfrac{2}{(-3)(5)} = \dfrac{-2}{3(5)} =$

$\qquad \dfrac{-a}{(-b)(-c)} = -\dfrac{a}{bc}$ para $b, c \neq 0$ $\qquad\qquad \dfrac{-2}{(-3)(-5)} = -\dfrac{2}{3(5)} = -\dfrac{2}{15}$

25. $\dfrac{a(-b)}{c} = \dfrac{(-a)b}{c} = \dfrac{ab}{-c} = 0$ $\qquad\qquad \dfrac{2(-3)}{5} = \dfrac{(-2)(3)}{5} = \dfrac{2(3)}{-5} =$

$\qquad \dfrac{(-a)(-b)}{-c} = -\dfrac{ab}{c}$ para $c \neq 0$ $\qquad\qquad \dfrac{(-2)(-3)}{-5} = -\dfrac{2(3)}{5} = -\dfrac{6}{5}$

26. $\dfrac{a}{c} + \dfrac{b}{c} = \dfrac{a+b}{c}$ para $c \neq 0$ $\qquad\qquad \dfrac{2}{9} + \dfrac{3}{9} = \dfrac{2+3}{9} = \dfrac{5}{9}$

27. $\dfrac{a}{c} - \dfrac{b}{c} = \dfrac{a-b}{c}$ para $c \neq 0$ $\qquad\qquad \dfrac{2}{9} - \dfrac{3}{9} = \dfrac{2-3}{9} = \dfrac{-1}{9}$

28. $\dfrac{a}{b} + \dfrac{c}{d} = \dfrac{ad+bc}{bd}$ para $b, d \neq 0$ $\qquad\qquad \dfrac{4}{5} + \dfrac{2}{3} = \dfrac{4 \cdot 3 + 5 \cdot 2}{5 \cdot 3} = \dfrac{22}{15}$

29. $\dfrac{a}{b} - \dfrac{c}{d} = \dfrac{ad-bc}{bd}$ para $b, d \neq 0$ $\qquad\qquad \dfrac{4}{5} - \dfrac{2}{3} = \dfrac{4 \cdot 3 - 5 \cdot 2}{5 \cdot 3} = \dfrac{2}{15}$

30. $\dfrac{\dfrac{a}{b}}{\dfrac{c}{d}} = \dfrac{a}{b} \div \dfrac{c}{d} = \dfrac{a}{b} \cdot \dfrac{d}{c} = \dfrac{ad}{bc}$ $\qquad\qquad \dfrac{\dfrac{2}{3}}{\dfrac{7}{5}} = \dfrac{2}{3} \div \dfrac{7}{5} = \dfrac{2}{3} \cdot \dfrac{5}{7} = \dfrac{2 \cdot 5}{3 \cdot 7} = \dfrac{10}{21}$

$\qquad$ para $b, c, d \neq 0$

31. $\dfrac{\dfrac{a}{b}}{c} = a \div \dfrac{b}{c} = a \cdot \dfrac{c}{b} = \dfrac{ac}{b}$ para $b, c \neq 0$ $\qquad\qquad \dfrac{\dfrac{2}{3}}{\dfrac{5}{5}} = 2 \div \dfrac{3}{5} = 2 \cdot \dfrac{5}{3} = \dfrac{2 \cdot 5}{3} = \dfrac{10}{3}$

32. $\dfrac{\dfrac{a}{b}}{c} = \dfrac{a}{b} \div c = \dfrac{a}{b} \cdot \dfrac{1}{c} = \dfrac{a}{bc}$ para $b, c \neq 0$ $\qquad\qquad \dfrac{\dfrac{2}{3}}{5} = \dfrac{2}{3} \div 5 = \dfrac{2}{3} \cdot \dfrac{1}{5} = \dfrac{2}{3 \cdot 5} = \dfrac{2}{15}$

La propiedad 23 podría llamarse el **principio fundamental de las fracciones**, el cual establece que *multiplicar o dividir tanto el numerador como el denominador de una fracción por el mismo número distinto de cero tiene como resultado una fracción que es igual a la fracción original.* Así,

$$\frac{\frac{7}{1}}{\frac{1}{8}} = \frac{7 \cdot 8}{\frac{1}{8} \cdot 8} = \frac{56}{1} = 56$$

Por las propiedades 28 y 23, se tiene que

$$\frac{2}{5} + \frac{4}{15} = \frac{2 \cdot 15 + 5 \cdot 4}{5 \cdot 15} = \frac{50}{75} = \frac{2 \cdot 25}{3 \cdot 25} = \frac{2}{3}$$

Este problema también puede resolverse al convertir $\frac{2}{5}$ y $\frac{4}{15}$ en fracciones equivalentes que tengan el mismo denominador y después utilizar la propiedad 26. Las fracciones $\frac{2}{5}$ y $\frac{4}{15}$ pueden escribirse con un denominador común de $5 \cdot 15$:

$$\frac{2}{5} = \frac{2 \cdot 15}{5 \cdot 15} \quad \text{y} \quad \frac{4}{15} = \frac{4 \cdot 5}{15 \cdot 5}$$

Sin embargo, 15 es el *menor* de dichos denominadores comunes, el cual se conoce como el *mínimo común denominador* (MCD) de $\frac{2}{5}$ y $\frac{4}{15}$. Por lo tanto,

$$\frac{2}{5} + \frac{4}{15} = \frac{2 \cdot 3}{5 \cdot 3} + \frac{4}{15} = \frac{6}{15} + \frac{4}{15} = \frac{6+4}{15} = \frac{10}{15} = \frac{2}{3}$$

De igual modo,

$$\frac{3}{8} - \frac{5}{12} = \frac{3 \cdot 3}{8 \cdot 3} - \frac{5 \cdot 2}{12 \cdot 2} \qquad \text{MCD} = 24$$

$$= \frac{9}{24} - \frac{10}{24} = \frac{9-10}{24}$$

$$= -\frac{1}{24}$$

PROBLEMAS 0.2

En los problemas 1 a 10, clasifique los enunciados como verdaderos o falsos.

1. Todo número real tiene un recíproco.

2. El recíproco de $\frac{7}{3}$ es $\frac{3}{7}$.

3. El negativo de 7 es $\frac{-1}{7}$.

4. $1(x \cdot y) = (1 \cdot x)(1 \cdot y)$

5. $-x + y = -y + x$

6. $(x + 2)(4) = 4x + 8$

7. $\frac{x+2}{2} = \frac{x}{2} + 1$

8. $3\left(\frac{x}{4}\right) = \frac{3x}{4}$

9. $2(x \cdot y) = (2x) \cdot (2y)$

10. $x(4y) = 4xy$

En los problemas 11 a 20, establezca cuál propiedad de los números reales se usa.

11. $2(x + y) = 2x + 2y$

12. $(x + 5) + y = y + (x + 5)$

13. $2(3y) = (2 \cdot 3)y$

14. $\frac{a}{b} = \frac{1}{b} \cdot a$

15. $5(b - a) = (a - b)(-5)$

16. $y + (x + y) = (y + x) + y$

17. $8 - y = 8 + (-y)$

18. $5(4 + 7) = 5(7 + 4)$

19. $(2 + a)b = 2b + ba$

20. $(-1)(-3 + 4) = (-1)(-3) + (-1)(4)$

En los problemas 21 a 26, muestre que los enunciados son verdaderos utilizando las propiedades de los números reales.

21. $2x(y - 7) = 2xy - 14x$

22. $(a - b) + c = a + (c - b)$

23. $(x + y)(2) = 2x + 2y$

24. $a[b + (c + d)] = a[(d + b) + c]$

25. $x[(2y + 1) + 3] = 2xy + 4x$

26. $(1 + a)(b + c) = b + c + ab + ac$

27. Muestre que $x(y - z + w) = xy - xz + xw$.

[Sugerencia: $b + c + d = (b + c) + d$].

Simplifique, si es posible, cada una de las siguientes expresiones.

28. $-2 + (-4)$ **29.** $-a + b$ **30.** $6 + (-4)$

31. $7 - 2$ **32.** $7 - (-4)$ **33.** $-5 - (-13)$

34. $-(-a) + (-b)$ **35.** $(-2)(9)$ **36.** $7(-9)$

37. $(-2)(-12)$ **38.** $19(-1)$ **39.** $\dfrac{-1}{\dfrac{-1}{a}}$

40. $-(-6 + x)$ **41.** $-7(x)$ **42.** $-12(x - y)$

43. $-[-6 + (-y)]$ **44.** $-3 \div 3a$ **45.** $-9 \div (-27)$

46. $(-a) \div (-b)$ **47.** $2(-6 + 2)$ **48.** $3[-2(3) + 6(2)]$

49. $(-a)(-b)(-1)$ **50.** $(-12)(-12)$ **51.** $X(1)$

52. $3(x - 4)$ **53.** $4(5 + x)$ **54.** $-(x - y)$

55. $0(-x)$ **56.** $8\left(\dfrac{1}{11}\right)$ **57.** $\dfrac{5}{1}$

58. $\dfrac{14x}{21y}$ **59.** $\dfrac{2x}{-2}$ **60.** $\dfrac{2}{3} \cdot \dfrac{1}{x}$

61. $\dfrac{a}{c}(3b)$ **62.** $(5a)\left(\dfrac{7}{5a}\right)$ **63.** $\dfrac{-aby}{-ax}$

64. $\dfrac{a}{b} \cdot \dfrac{1}{c}$ **65.** $\dfrac{2}{x} \cdot \dfrac{5}{y}$ **66.** $\dfrac{1}{2} + \dfrac{1}{3}$

67. $\dfrac{5}{12} + \dfrac{3}{4}$ **68.** $\dfrac{3}{10} - \dfrac{7}{15}$ **69.** $\dfrac{a}{b} + \dfrac{c}{b}$

70. $\dfrac{X}{\sqrt{5}} - \dfrac{Y}{\sqrt{5}}$ **71.** $\dfrac{3}{2} - \dfrac{1}{4} + \dfrac{1}{6}$ **72.** $\dfrac{2}{5} - \dfrac{3}{8}$

73. $\dfrac{\frac{6}{x}}{y}$ **74.** $\dfrac{\frac{l}{w}}{m}$ **75.** $\dfrac{\frac{-x}{y^2}}{xy}$

76. $\dfrac{7}{0}$ **77.** $\dfrac{0}{7}$ **78.** $\dfrac{0}{0}$

Objetivo

Repasar los exponentes enteros positivos, el exponente cero, los exponentes enteros negativos, los exponentes racionales, las raíces principales, los radicales y el procedimiento de racionalización del denominador.

¡ADVERTENCIA!⚠

Algunos autores dicen que 0^0 no está definido. Sin embargo, $0^0 = 1$ es una definición consistente y a menudo útil.

0.3 Exponentes y radicales

El producto de $x \cdot x \cdot x$, es decir 3 veces x, se abrevia x^3. En general, para un entero positivo n, x^n es la abreviatura del producto de n veces x. La letra n en x^n se denomina *exponente* y a x se le llama *base*. De manera más específica, si n es un número entero positivo, se tiene que

1. $x^n = \underbrace{x \cdot x \cdot x \cdot \cdots \cdot x}_{n \text{ factores}}$ 2. $x^{-n} = \dfrac{1}{x^n} = \dfrac{1}{\underbrace{x \cdot x \cdot x \cdot \cdots \cdot x}_{n \text{ factores}}}$ para $x \neq 0$

3. $\dfrac{1}{x^{-n}} = x^n$ para $x \neq 0$ 4. $x^0 = 1$

EJEMPLO 1 Exponentes

a. $\left(\dfrac{1}{2}\right)^4 = \left(\dfrac{1}{2}\right)\left(\dfrac{1}{2}\right)\left(\dfrac{1}{2}\right)\left(\dfrac{1}{2}\right) = \dfrac{1}{16}$

b. $3^{-5} = \dfrac{1}{3^5} = \dfrac{1}{3 \cdot 3 \cdot 3 \cdot 3 \cdot 3} = \dfrac{1}{243}$

c. $\dfrac{1}{3^{-5}} = 3^5 = 243$

d. $2^0 = 1, \pi^0 = 1, (-5)^0 = 1$

e. $x^1 = x$

Ahora resuelva el problema 5 ◁

Si $r^n = x$, donde n es un entero positivo, entonces r es una *raíz n-ésima* de x. Las segundas raíces, el caso $n = 2$, se llaman *raíces cuadradas*; y las raíces terceras, el caso $n = 3$, se llaman *raíces cúbicas*. Por ejemplo, $3^2 = 9$, así que 3 es una raíz cuadrada de 9. Como $(-3)^2 = 9$, -3 también es una raíz cuadrada de 9. De manera similar, -2 es una raíz cúbica de -8, puesto que $(-2)^3 = -8$, mientras que 5 es una raíz cuarta de 625 puesto que $5^4 = 625$.

Algunos números no tienen una raíz n-ésima que sea un número real. Por ejemplo, como el cuadrado de cualquier número real es no negativo, no existe un número real que sea raíz cuadrada de -4.

La **raíz n-ésima principal**[1] de x es la raíz n-ésima de x que sea positiva, si x es positiva, y negativa si x es negativa y n es impar. La raíz n-ésima principal de x la denotaremos mediante $\sqrt[n]{x}$. Así,

$$\sqrt[n]{x} \text{ es } \begin{cases} \text{positiva si } x \text{ es positiva.} \\ \text{negativa si } x \text{ es negativa y } n \text{ es impar.} \end{cases}$$

---

[1]El uso que hacemos aquí de "n-ésima raíz principal" no es coincidente con el que se aplica en textos avanzados.

Por ejemplo, $\sqrt[2]{9} = 3$, $\sqrt[3]{-8} = -2$ y $\sqrt[3]{\dfrac{1}{27}} = \dfrac{1}{3}$. Nosotros las definimos como $\sqrt[n]{0} = 0$.

El símbolo $\sqrt[n]{x}$ se denomina **radical**. Aquí n es el *índice*, x el *radicando* y $\sqrt{}$ el *signo de radical*. Con las raíces cuadradas principales, por lo regular se omite el índice y se escribe $\sqrt{x}$ en lugar de $\sqrt[2]{x}$. Por lo tanto, $\sqrt{9} = 3$.

Si x es positiva, la expresión $x^{p/q}$, donde p y q son enteros y q es positiva, se define como $\sqrt[q]{x^p}$. Por lo que,

$$x^{3/4} = \sqrt[4]{x^3}; \quad 8^{2/3} = \sqrt[3]{8^2} = \sqrt[3]{64} = 4$$

$$4^{-1/2} = \sqrt[2]{4^{-1}} = \sqrt{\frac{1}{4}} = \frac{1}{2}$$

A continuación se presentan las leyes básicas de los exponentes y radicales:[2]

Ley	*Ejemplo(s)*
1. $x^m \cdot x^n = x^{m+n}$	$2^3 \cdot 2^5 = 2^8 = 256$; $x^2 \cdot x^3 = x^5$
2. $x^0 = 1$	$2^0 = 1$
3. $x^{-n} = \dfrac{1}{x^n}$	$2^{-3} = \dfrac{1}{2^3} = \dfrac{1}{8}$
4. $\dfrac{1}{x^{-n}} = x^n$	$\dfrac{1}{2^{-3}} = 2^3 = 8$; $\dfrac{1}{x^{-5}} = x^5$
5. $\dfrac{x^m}{x^n} = x^{m-n} = \dfrac{1}{x^{n-m}}$	$\dfrac{2^{12}}{2^8} = 2^4 = 16$; $\dfrac{x^8}{x^{12}} = \dfrac{1}{x^4}$
6. $\dfrac{x^m}{x^m} = 1$	$\dfrac{2^4}{2^4} = 1$
7. $(x^m)^n = x^{mn}$	$(2^3)^5 = 2^{15}$; $(x^2)^3 = x^6$
8. $(xy)^n = x^n y^n$	$(2 \cdot 4)^3 = 2^3 \cdot 4^3 = 8 \cdot 64 = 512$
9. $\left(\dfrac{x}{y}\right)^n = \dfrac{x^n}{y^n}$	$\left(\dfrac{2}{3}\right)^3 = \dfrac{2^3}{3^3} = \dfrac{8}{27}$
10. $\left(\dfrac{x}{y}\right)^{-n} = \left(\dfrac{y}{x}\right)^n$	$\left(\dfrac{3}{4}\right)^{-2} = \left(\dfrac{4}{3}\right)^2 = \dfrac{16}{9}$
11. $x^{1/n} = \sqrt[n]{x}$	$3^{1/5} = \sqrt[5]{3}$
12. $x^{-1/n} = \dfrac{1}{x^{1/n}} = \dfrac{1}{\sqrt[n]{x}}$	$4^{-1/2} = \dfrac{1}{4^{1/2}} = \dfrac{1}{\sqrt{4}} = \dfrac{1}{2}$
13. $\sqrt[n]{x}\sqrt[n]{y} = \sqrt[n]{xy}$	$\sqrt[3]{9}\sqrt[3]{2} = \sqrt[3]{18}$
14. $\dfrac{\sqrt[n]{x}}{\sqrt[n]{y}} = \sqrt[n]{\dfrac{x}{y}}$	$\dfrac{\sqrt[3]{90}}{\sqrt[3]{10}} = \sqrt[3]{\dfrac{90}{10}} = \sqrt[3]{9}$
15. $\sqrt[m]{\sqrt[n]{x}} = \sqrt[mn]{x}$	$\sqrt[3]{\sqrt[4]{2}} = \sqrt[12]{2}$
16. $x^{m/n} = \sqrt[n]{x^m} = (\sqrt[n]{x})^m$	$8^{2/3} = \sqrt[3]{8^2} = (\sqrt[3]{8})^2 = 2^2 = 4$
17. $(\sqrt[m]{x})^m = x$	$(\sqrt[8]{7})^8 = 7$

EJEMPLO 2 **Exponentes y radicales**

a. Por la ley 1,

$$x^6 x^8 = x^{6+8} = x^{14}$$

$$a^3 b^2 a^5 b = a^3 a^5 b^2 b^1 = a^8 b^3$$

$$x^{11} x^{-5} = x^{11-5} = x^6$$

$$z^{2/5} z^{3/5} = z^1 = z$$

$$x x^{1/2} = x^1 x^{1/2} = x^{3/2}$$

---

[2]Aunque algunas leyes incluyen restricciones, éstas no son vitales para el presente estudio.

b. Por la ley 16,

$$\left(\frac{1}{4}\right)^{3/2} = \left(\sqrt{\frac{1}{4}}\right)^3 = \left(\frac{1}{2}\right)^3 = \frac{1}{8}$$

c. $\left(-\frac{8}{27}\right)^{4/3} = \left(\sqrt[3]{\frac{-8}{27}}\right)^4 = \left(\frac{\sqrt[3]{-8}}{\sqrt[3]{27}}\right)^4$ Leyes 16 y 14

$$= \left(\frac{-2}{3}\right)^4$$

$$= \frac{(-2)^4}{3^4} = \frac{16}{81}$$ Ley 9

d. $(64a^3)^{2/3} = 64^{2/3}(a^3)^{2/3}$ Ley 8

$$= (\sqrt[3]{64})^2 a^2$$ Leyes 16 y 17

$$= (4)^2 a^2 = 16a^2$$

Ahora resuelva el problema 39 ◁

La *racionalización del denominador* de una fracción es un procedimiento en el cual una fracción que tiene un radical en su denominador se expresa como una fracción equivalente sin radical en su denominador. En este libro se utiliza el principio fundamental de las fracciones como lo muestra el ejemplo 3.

EJEMPLO 3   **Racionalización de denominadores**

a. $\dfrac{2}{\sqrt{5}} = \dfrac{2}{5^{1/2}} = \dfrac{2 \cdot 5^{1/2}}{5^{1/2} \cdot 5^{1/2}} = \dfrac{2 \cdot 5^{1/2}}{5^1} = \dfrac{2\sqrt{5}}{5}$

b. $\dfrac{2}{\sqrt[6]{3x^5}} = \dfrac{2}{\sqrt[6]{3} \cdot \sqrt[6]{x^5}} = \dfrac{2}{3^{1/6}x^{5/6}} = \dfrac{2 \cdot 3^{5/6}x^{1/6}}{3^{1/6}x^{5/6} \cdot 3^{5/6}x^{1/6}}$ para $x \neq 0$

$$= \dfrac{2(3^5 x)^{1/6}}{3x} = \dfrac{2\sqrt[6]{3^5 x}}{3x}$$

Ahora resuelva el problema 63 ◁

Los ejemplos siguientes ilustran varias aplicaciones de las leyes de los exponentes y radicales. Se entiende que todos los denominadores son distintos de cero.

EJEMPLO 4   **Exponentes**

a. Elimine los exponentes negativos en $\dfrac{x^{-2}y^3}{z^{-2}}$ para $x \neq 0, z \neq 0$.

Solución: $\dfrac{x^{-2}y^3}{z^{-2}} = x^{-2} \cdot y^3 \cdot \dfrac{1}{z^{-2}} = \dfrac{1}{x^2} \cdot y^3 \cdot z^2 = \dfrac{y^3 z^2}{x^2}$

Al comparar esta respuesta con la expresión original, se concluye que puede llevarse un factor del numerador al denominador, y viceversa, cambiando el signo del exponente.

b. Simplifique $\dfrac{x^2 y^7}{x^3 y^5}$ para $x \neq 0, y \neq 0$.

Solución: $\dfrac{x^2 y^7}{x^3 y^5} = \dfrac{y^{7-5}}{x^{3-2}} = \dfrac{y^2}{x}$

c. Simplifique $(x^5 y^8)^5$.

Solución: $(x^5 y^8)^5 = (x^5)^5 (y^8)^5 = x^{25} y^{40}$

d. Simplifique $(x^{5/9}y^{4/3})^{18}$.

Solución:
$$(x^{5/9}y^{4/3})^{18} = (x^{5/9})^{18}(y^{4/3})^{18} = x^{10}y^{24}$$

e. Simplifique $\left(\dfrac{x^{1/5}y^{6/5}}{z^{2/5}}\right)^5$ para $z \neq 0$.

Solución:
$$\left(\frac{x^{1/5}y^{6/5}}{z^{2/5}}\right)^5 = \frac{(x^{1/5}y^{6/5})^5}{(z^{2/5})^5} = \frac{xy^6}{z^2}$$

f. Simplifique $\dfrac{x^3}{y^2} \div \dfrac{x^6}{y^5}$ para $x \neq 0, y \neq 0$.

Solución:
$$\frac{x^3}{y^2} \div \frac{x^6}{y^5} = \frac{x^3}{y^2} \cdot \frac{y^5}{x^6} = \frac{y^3}{x^3}$$

Ahora resuelva el problema 51 ◁

EJEMPLO 5   Exponentes

a. Para $x \neq 0$ y $y \neq 0$, elimine los exponentes negativos en $x^{-1} + y^{-1}$ y simplifique.

Solución:
$$x^{-1} + y^{-1} = \frac{1}{x} + \frac{1}{y} = \frac{y+x}{xy}$$

b. Simplifique $x^{3/2} - x^{1/2}$ usando la ley distributiva.

Solución:
$$x^{3/2} - x^{1/2} = x^{1/2}(x-1)$$

c. Para $x \neq 0$, elimine los exponentes negativos en $7x^{-2} + (7x)^{-2}$.

Solución:
$$7x^{-2} + (7x)^{-2} = \frac{7}{x^2} + \frac{1}{(7x)^2} = \frac{7}{x^2} + \frac{1}{49x^2}$$

d. Para $x \neq 0$ y $y \neq 0$, elimine los exponentes negativos en $(x^{-1} - y^{-1})^{-2}$.

Solución:
$$(x^{-1} - y^{-1})^{-2} = \left(\frac{1}{x} - \frac{1}{y}\right)^{-2} = \left(\frac{y-x}{xy}\right)^{-2}$$
$$= \left(\frac{xy}{y-x}\right)^2 = \frac{x^2y^2}{(y-x)^2}$$

e. Aplique la ley distributiva a $x^{2/5}(y^{1/2} + 2x^{6/5})$.

Solución:
$$x^{2/5}(y^{1/2} + 2x^{6/5}) = x^{2/5}y^{1/2} + 2x^{8/5}$$

Ahora resuelva el problema 41 ◁

EJEMPLO 6   Radicales

a. Simplifique $\sqrt[4]{48}$.

Solución:
$$\sqrt[4]{48} = \sqrt[4]{16 \cdot 3} = \sqrt[4]{16}\,\sqrt[4]{3} = 2\sqrt[4]{3}$$

b. Reescriba $\sqrt{2 + 5x}$ sin utilizar el signo de radical.

Solución:
$$\sqrt{2 + 5x} = (2 + 5x)^{1/2}$$

c. Racionalice el denominador de $\dfrac{\sqrt[5]{2}}{\sqrt[3]{6}}$ y simplifique.

Solución: $\dfrac{\sqrt[5]{2}}{\sqrt[3]{6}} = \dfrac{2^{1/5} \cdot 6^{2/3}}{6^{1/3} \cdot 6^{2/3}} = \dfrac{2^{3/15}6^{10/15}}{6} = \dfrac{(2^3 6^{10})^{1/15}}{6} = \dfrac{\sqrt[15]{2^3 6^{10}}}{6}$

d. Simplifique $\dfrac{\sqrt{20}}{\sqrt{5}}$.

Solución: $\dfrac{\sqrt{20}}{\sqrt{5}} = \sqrt{\dfrac{20}{5}} = \sqrt{4} = 2$

Ahora resuelva el problema 71 ◁

EJEMPLO 7   Radicales

a. Simplifique $\sqrt[3]{x^6 y^4}$.

Solución: $\sqrt[3]{x^6 y^4} = \sqrt[3]{(x^2)^3 y^3 y} = \sqrt[3]{(x^2)^3} \cdot \sqrt[3]{y^3} \cdot \sqrt[3]{y}$

$$= x^2 y \sqrt[3]{y}$$

b. Simplifique $\sqrt{\dfrac{2}{7}}$.

Solución: $\sqrt{\dfrac{2}{7}} = \sqrt{\dfrac{2 \cdot 7}{7 \cdot 7}} = \sqrt{\dfrac{14}{7^2}} = \dfrac{\sqrt{14}}{\sqrt{7^2}} = \dfrac{\sqrt{14}}{7}$

c. Simplifique $\sqrt{250} - \sqrt{50} + 15\sqrt{2}$.

Solución: $\sqrt{250} - \sqrt{50} + 15\sqrt{2} = \sqrt{25 \cdot 10} - \sqrt{25 \cdot 2} + 15\sqrt{2}$

$$= 5\sqrt{10} - 5\sqrt{2} + 15\sqrt{2}$$
$$= 5\sqrt{10} + 10\sqrt{2}$$

d. Si x es cualquier número real, simplifique $\sqrt{x^2}$.

Solución: $\sqrt{x^2} = \begin{cases} x & \text{si } x \geq 0 \\ -x & \text{si } x < 0 \end{cases}$

Por lo tanto, $\sqrt{2^2} = 2$ y $\sqrt{(-3)^2} = -(-3) = 3$.

Ahora resuelva el problema 75 ◁

PROBLEMAS 0.3

En los problemas 1 a 14, simplifique y exprese todas las respuestas en términos de exponentes positivos.

1. $(2^3)(2^2)$

2. $x^6 x^9$

3. $a^5 a^2$

4. $z^3 z z^2$

5. $\dfrac{x^3 x^5}{y^9 y^5}$

6. $(x^{12})^4$

7. $\dfrac{(a^3)^7}{(b^4)^5}$

8. $\left(\dfrac{w}{w^3}\right)^7$

9. $(2x^2 y^3)^3$

10. $\left(\dfrac{w^2 s^3}{y^2}\right)^2$

11. $\dfrac{x^9}{x^5}$

12. $\left(\dfrac{2a^4}{7b^5}\right)^6$

13. $\dfrac{(x^2)^5}{(x^3)^2 x^4}$

14. $\dfrac{(x^2)^3 (x^3)^2}{(x^3)^4}$

En los problemas 15 a 28, evalúe las expresiones.

15. $\sqrt{25}$

16. $\sqrt[4]{81}$

17. $\sqrt[7]{-128}$

18. $\sqrt[3]{0.027}$

19. $\sqrt[4]{\dfrac{1}{16}}$

20. $\sqrt[3]{-\dfrac{8}{27}}$

21. $(49)^{1/2}$

22. $(64)^{1/3}$

23. $27^{2/3}$

24. $(9)^{-5/2}$

25. $(32)^{-2/5}$

26. $(0.09)^{-1/2}$

27. $\left(\dfrac{1}{32}\right)^{4/5}$

28. $\left(-\dfrac{27}{64}\right)^{4/3}$

En los problemas 29 a 40, simplifique las expresiones.

29. $\sqrt{50}$

30. $\sqrt[3]{54}$

31. $\sqrt[3]{2x^3}$

32. $\sqrt{4x}$

33. $\sqrt{25y^6}$

34. $\sqrt[4]{\dfrac{x}{16}}$

35. $2\sqrt{8} - 5\sqrt{27} + \sqrt[3]{128}$

36. $\sqrt{\dfrac{3}{13}}$

37. $(9z^4)^{1/2}$

38. $(27x^6)^{4/3}$

39. $\left(\dfrac{27t^3}{8}\right)^{2/3}$

40. $\left(\dfrac{256}{x^{12}}\right)^{-3/4}$

En los problemas 41 a 52, escriba las expresiones únicamente en términos de exponentes positivos. Evite todos los radicales en la forma final. Por ejemplo:

$$y^{-1}\sqrt{x} = \dfrac{x^{1/2}}{y}$$

41. $\dfrac{a^5 b^{-3}}{c^2}$

42. $\sqrt[5]{x^2 y^3 z^{-10}}$

43. $2a^{-1} b^{-3}$

44. $x + y^{-1}$

45. $(3t)^{-2}$

46. $(3 - z)^{-4}$

47. $\sqrt[5]{5x^2}$

48. $(X^2 Y^{-2})^{-2}$

49. $\sqrt{x} - \sqrt{y}$

50. $\dfrac{u^{-2}v^{-6}w^3}{vw^{-5}}$ **51.** $x^2\sqrt[4]{xy^{-2}z^3}$ **52.** $\sqrt[4]{a^{-3}b^{-2}}a^5b^{-4}$

En los problemas 53 a 58, reescriba las formas exponenciales usando radicales.

53. $(a+b-c)^{2/3}$ **54.** $(ab^2c^3)^{3/4}$

55. $x^{-4/5}$ **56.** $2x^{1/2}-(2y)^{1/2}$

57. $3w^{-3/5}-(3w)^{-3/5}$ **58.** $((x^{-5})^{1/3})^{1/4}$

En los problemas 59 a 68, racionalice los denominadores.

59. $\dfrac{6}{\sqrt5}$ **60.** $\dfrac{3}{\sqrt[4]8}$ **61.** $\dfrac{4}{\sqrt{2x}}$

62. $\dfrac{y}{\sqrt{2y}}$ **63.** $\dfrac{1}{\sqrt[3]{2a}}$ **64.** $\dfrac{2}{3\sqrt[3]{y^2}}$

65. $\dfrac{\sqrt{12}}{\sqrt3}$ **66.** $\dfrac{\sqrt{18}}{\sqrt2}$ **67.** $\dfrac{\sqrt[5]2}{\sqrt[4]{a^2b}}$

68. $\dfrac{\sqrt3}{\sqrt[3]2}$

En los problemas 69 a 90, simplifique las expresiones. Exprese todas las respuestas en términos de exponentes positivos. Racionalice el denominador donde sea necesario para evitar la existencia de exponentes fraccionarios en el denominador.

69. $2x^2y^{-3}x^4$ **70.** $\dfrac{3}{u^{5/2}v^{1/2}}$

71. $\dfrac{\sqrt{243}}{\sqrt3}$ **72.** $\{[(3a^3)^2]^{-5}\}^{-2}$

73. $\dfrac{3^0}{(3^{-3}x^{1/3}y^{-3})^2}$ **74.** $\dfrac{\sqrt{s^5}}{\sqrt[3]{s^2}}$

75. $\sqrt[3]{x^2yz^3}\sqrt[3]{xy^2}$ **76.** $(\sqrt3)^8$

77. $3^2(32)^{-2/5}$ **78.** $(\sqrt[5]{a^2b})^{3/5}$

79. $(2x^{-1}y^2)^2$ **80.** $\dfrac{3}{\sqrt[3]y\sqrt[4]x}$

81. $\sqrt x\sqrt{x^2y^3}\sqrt{xy^2}$ **82.** $\sqrt{75k^4}$

83. $\dfrac{(a^2b^{-3}c^4)^5}{(a^{-1}c^{-2})^{-3}}$ **84.** $\sqrt[3]{7(49)}$

85. $\dfrac{(x^2)^3}{x^4}\div\left[\dfrac{x^3}{(x^3)^2}\right]^2$ **86.** $\sqrt{(-6)(-6)}$

87. $-\dfrac{8s^{-2}}{2s^3}$ **88.** $(x^3y^{-4}\sqrt z)^5$

89. $(3x^3y^2\div2y^2z^{-3})^4$ **90.** $\dfrac{1}{\left(\dfrac{\sqrt2x^{-2}}{\sqrt{16x^3}}\right)^2}$

Objetivo

Sumar, restar, multiplicar y dividir expresiones algebraicas. Definir un polinomio, utilizar productos especiales y emplear la división larga para dividir polinomios.

0.4 Operaciones con expresiones algebraicas

Si se combinan números, representados por símbolos, mediante una o más operaciones de suma, resta, multiplicación, división, exponenciación o extracción de raíces, entonces la expresión resultante se llama *expresión algebraica*.

EJEMPLO 1   Expresiones algebraicas

a. $\sqrt[3]{\dfrac{3x^3-5x-2}{10-x}}$ es una expresión algebraica en la variable x.

b. $10-3\sqrt y+\dfrac{5}{7+y^2}$ es una expresión algebraica en la variable y.

c. $\dfrac{(x+y)^3-xy}{y}+2$ es una expresión algebraica en las variables x y y.

◁

La expresión algebraica $5ax^3-2bx+3$ consta de tres *términos*: $+5ax^3$, $-2bx$ y $+3$. Algunos de los *factores* del primer término, $5ax^3$, son 5, a, x, x^2, x^3, $5ax$ y ax^2. También, $5a$ es el coeficiente de x^3 y 5 es el *coeficiente numérico* de ax^3. Si después de un análisis resulta que a y b representan números fijos, entonces a y b se denominan *constantes*.

Las expresiones algebraicas que tienen exactamente un término se denominan *monomios*. Aquellas que tienen exactamente dos términos son *binomios* y las que tienen exactamente tres términos son *trinomios*. Las expresiones algebraicas con más de un término se denominan *multinomios*. Así, el multinomio $2x-5$ es un binomio; el multinomio $3\sqrt y+2y-4y^2$ es un trinomio.

Un *polinomio en x* es una expresión algebraica de la forma[3]

$$c_nx^n+c_{n-1}x^{n-1}+\cdots+c_1x+c_0$$

donde n es un entero no negativo y los coeficientes c_0, c_1, ..., c_n son constantes con $c_n\neq0$. A n se le llama el *grado* del polinomio. Por lo tanto, $4x^3-5x^2+x-2$ es un polinomio

¡ADVERTENCIA! ⚠

Las palabras *polinomio* y *multinomio* no deben usarse de manera intercambiable. Un polinomio es un tipo especial de multinomio. Por ejemplo, $\sqrt x+2$ es un multinomio, pero no un polinomio. Por otro lado, $x+2$ es un polinomio y, por ende, un multinomio.

---

[3]Los tres puntos indican todos los demás términos que, se entiende, serán incluidos en la suma.

en x de grado 3 y $y^5 - 2$ es un polinomio en y de grado 5. Una constante distinta de cero es un polinomio de grado cero; entonces, 5 es un polinomio de grado cero. La constante 0 se considera como un polinomio; sin embargo, no se le asigna ningún grado.

En los ejemplos siguientes se ilustrarán operaciones con expresiones algebraicas.

EJEMPLO 2   **Suma de expresiones algebraicas**

Simplifique $(3x^2y - 2x + 1) + (4x^2y + 6x - 3)$.

Solución: Primero deben eliminarse los paréntesis. Después, usando la propiedad conmutativa de la suma, se agrupan todos los términos semejantes. *Términos semejantes* son aquellos que sólo difieren por sus coeficientes numéricos. En este ejemplo, $3x^2y$ y $4x^2y$ son semejantes, así como los pares $-2x$ y $6x$ y 1 y -3. Por lo tanto,

$$(3x^2y - 2x + 1) + (4x^2y + 6x - 3) = 3x^2y - 2x + 1 + 4x^2y + 6x - 3$$
$$= 3x^2y + 4x^2y - 2x + 6x + 1 - 3$$

Por la propiedad distributiva,

$$3x^2y + 4x^2y = (3 + 4)x^2y = 7x^2y$$

y

$$-2x + 6x = (-2 + 6)x = 4x$$

Por ende, $(3x^2y - 2x + 1) + (4x^2y + 6x - 3) = 7x^2y + 4x - 2$

Ahora resuelva el problema 3 ◁

EJEMPLO 3   **Resta de expresiones algebraicas**

Simplifique $(x^2y - 2x + 1) - (4x^2y + 6x - 3)$.

Solución: Aquí se aplican la definición de la resta y la propiedad distributiva:

$$(3x^2y - 2x + 1) - (4x^2y + 6x - 3)$$
$$= (3x^2y - 2x + 1) + (-1)(4x^2y + 6x - 3)$$
$$= (3x^2y - 2x + 1) + (-4x^2y - 6x + 3)$$
$$= 3x^2y - 2x + 1 - 4x^2y - 6x + 3$$
$$= 3x^2y - 4x^2y - 2x - 6x + 1 + 3$$
$$= (3 - 4)x^2y + (-2 - 6)x + 1 + 3$$
$$= -x^2y - 8x + 4$$

Ahora resuelva el problema 13 ◁

EJEMPLO 4   **Eliminación de símbolos de agrupación**

Simplifique $3\{2x[2x + 3] + 5[4x^2 - (3 - 4x)]\}$.

Solución: Primero deben eliminarse los símbolos de agrupación más internos (los paréntesis). Después se repite el proceso hasta eliminar todos los símbolos de agrupación —combinando los términos semejantes siempre que sea posible—. Se tiene

$$3\{2x[2x + 3] + 5[4x^2 - (3 - 4x)]\} = 3\{2x[2x + 3] + 5[4x^2 - 3 + 4x]\}$$
$$= 3\{4x^2 + 6x + 20x^2 - 15 + 20x\}$$
$$= 3\{24x^2 + 26x - 15\}$$
$$= 72x^2 + 78x - 45$$

Observe que los únicos símbolos de agrupamiento que se necesitan son paréntesis apareados en forma adecuada.

$$3\{2x[2x+3]+5[4x^2-(3-4x)]\}=3(2x(2x+3)+5(4x^2-(3-4x)))$$

En ocasiones, el uso opcional de corchetes y llaves aporta claridad.

Ahora resuelva el problema 15 ◁

La propiedad distributiva es la herramienta clave al multiplicar expresiones. Por ejemplo, para multiplicar $ax+c$ por $bx+d$, puede considerarse a $ax+c$ como un solo número y después utilizar la propiedad distributiva:

$$(ax+c)(bx+d)=(ax+c)bx+(ax+c)d$$

Usando nuevamente la propiedad distributiva, se tiene,

$$(ax+c)bx+(ax+c)d=abx^2+cbx+adx+cd$$
$$=abx^2+(ad+cb)x+cd$$

Por lo que, $(ax+c)(bx+d)=abx^2+(ad+cb)x+cd$. En particular, si $a=2, b=1, c=3$ y $d=-2$, entonces

$$(2x+3)(x-2)=2(1)x^2+[2(-2)+3(1)]x+3(-2)$$
$$=2x^2-x-6$$

A continuación se proporciona una lista de productos especiales que pueden obtenerse a partir de la propiedad distributiva y son útiles al multiplicar expresiones algebraicas.

Productos especiales

1. $x(y+z)=xy+xz$ propiedad distributiva
2. $(x+a)(x+b)=x^2+(a+b)x+ab$
3. $(ax+c)(bx+d)=abx^2+(ad+cb)x+cd$
4. $(x+a)^2=x^2+2ax+a^2$ cuadrado de una suma
5. $(x-a)^2=x^2-2ax+a^2$ cuadrado de una diferencia
6. $(x+a)(x-a)=x^2-a^2$ producto de suma y diferencia
7. $(x+a)^3=x^3+3ax^2+3a^2x+a^3$ cubo de una suma
8. $(x-a)^3=x^3-3ax^2+3a^2x-a^3$ cubo de una diferencia

EJEMPLO 5   **Productos especiales**

a. Por la regla 2,

$$(x+2)(x-5)=[x+2][x+(-5)]$$
$$=x^2+(2-5)x+2(-5)$$
$$=x^2-3x-10$$

b. Por la regla 3,

$$(3z+5)(7z+4)=3\cdot 7z^2+(3\cdot 4+5\cdot 7)z+5\cdot 4$$
$$=21z^2+47z+20$$

c. Por la regla 5,

$$(x-4)^2=x^2-2(4)x+4^2$$
$$=x^2-8x+16$$

d. Por la regla 6,

$$(\sqrt{y^2+1}+3)(\sqrt{y^2+1}-3) = (\sqrt{y^2+1})^2 - 3^2$$
$$= (y^2+1) - 9$$
$$= y^2 - 8$$

e. Por la regla 7,

$$(3x+2)^3 = (3x)^3 + 3(2)(3x)^2 + 3(2)^2(3x) + (2)^3$$
$$= 27x^3 + 54x^2 + 36x + 8$$

Ahora resuelva el problema 19 ◁

EJEMPLO 6   **Multiplicación de multinomios**

Encuentre el producto de $(2t-3)(5t^2+3t-1)$.

Solución: Se trata a $2t-3$ como un solo número y se aplica la propiedad distributiva dos veces:

$$(2t-3)(5t^2+3t-1) = (2t-3)5t^2 + (2t-3)3t - (2t-3)1$$
$$= 10t^3 - 15t^2 + 6t^2 - 9t - 2t + 3$$
$$= 10t^3 - 9t^2 - 11t + 3$$

Ahora resuelva el problema 35 ◁

En el ejemplo 3(b) de la sección 0.2, se mostró que $\dfrac{a+b}{c} = \dfrac{a}{c} + \dfrac{b}{c}$. De manera similar, $\dfrac{a-b}{c} = \dfrac{a}{c} - \dfrac{b}{c}$. Usando estos resultados, es posible dividir un multinomio entre un monomio si dividimos cada término del multinomio entre el monomio.

EJEMPLO 7   **División de un multinomio entre un monomio**

a. $\dfrac{x^3+3x}{x} = \dfrac{x^3}{x} + \dfrac{3x}{x} = x^2 + 3$

b. $\dfrac{4z^3 - 8z^2 + 3z - 6}{2z} = \dfrac{4z^3}{2z} - \dfrac{8z^2}{2z} + \dfrac{3z}{2z} - \dfrac{6}{2z}$

$$= 2z^2 - 4z + \dfrac{3}{2} - \dfrac{3}{z}$$

Ahora resuelva el problema 47 ◁

División larga

Para dividir un polinomio entre un polinomio, se usa la llamada división larga cuando el grado del divisor es menor o igual que el del dividendo, como se muestra en el ejemplo siguiente.

EJEMPLO 8   **División larga**

Divida $2x^3 - 14x - 5$ entre $x - 3$.

Solución: Aquí, $2x^3 - 14x - 5$ representa el *dividendo* y $x - 3$ es el *divisor*. Para evitar errores, es mejor escribir el dividendo como $2x^3 + 0x^2 - 14x - 5$. Observe que las potencias de x están en orden decreciente. Se tiene

$$
\begin{array}{r}
2x^2 + 6x + 4 \leftarrow \text{cociente} \\
\text{divisor} \rightarrow x - 3 \overline{)2x^3 + 0x^2 - 14x - 5} \leftarrow \text{dividendo} \\
\underline{2x^3 - 6x^2} \\
6x^2 - 14x \\
\underline{6x^2 - 18x} \\
4x - 5 \\
\underline{4x - 12} \\
7 \leftarrow \text{residuo}
\end{array}
$$

Observe que se dividió x (el primer término del divisor) entre $2x^3$ y se obtuvo $2x^2$. Después se multiplicó $2x^2$ por $x - 3$, obteniendo $2x^3 - 6x^2$. Luego de restar $2x^3 - 6x^2$ de $2x^3 + 0x^2$, se obtuvo $6x^2$ y entonces "se bajó" el término $-14x$. Este proceso continuó hasta llegar a 7, el *residuo*. Siempre se detendrá el proceso cuando el residuo sea 0 o un polinomio cuyo grado sea menor que el grado del divisor. La respuesta puede escribirse como

$$2x^2 + 6x + 4 + \frac{7}{x - 3}$$

Esto es, la respuesta a la pregunta

$$\frac{\text{dividendo}}{\text{divisor}} = ?$$

tiene la forma

$$\text{cociente} + \frac{\text{residuo}}{\text{divisor}}$$

Una manera de comprobar una división es verificar que

$$(\text{cociente})(\text{divisor}) + \text{residuo} = \text{dividendo}$$

El resultado del ejemplo puede verificarse mediante el uso de esta ecuación.

Ahora resuelva el problema 51 ◁

PROBLEMAS 0.4

Realice las operaciones indicadas y simplifique.

1. $(8x - 4y + 2) + (3x + 2y - 5)$

2. $(4a^2 - 2ab + 3) + (5c - 3ab + 7)$

3. $(8t^2 - 6s^2) + (4s^2 - 2t^2 + 6)$

4. $(\sqrt{x} + 2\sqrt{x}) + (\sqrt{x} + 3\sqrt{x})$

5. $(\sqrt{a} + 2\sqrt{3b}) - (\sqrt{c} - 3\sqrt{3b})$

6. $(3a + 7b - 9) - (5a + 9b + 21)$

7. $(7x^2 + 5xy + \sqrt{2}) - (2z - 2xy + \sqrt{2})$

8. $(\sqrt{x} + 2\sqrt{x}) - (\sqrt{x} + 3\sqrt{x})$

9. $(\sqrt{x} + \sqrt{2y}) - (\sqrt{x} + \sqrt{3z})$

10. $4(2z - w) - 3(w - 2z)$

11. $3(3x + 3y - 7) - 3(8x - 2y + 2)$

12. $(4s - 5t) + (-2s - 5t) + (s + 9)$

13. $5(x^2 - y^2) + x(y - 3x) - 4y(2x + 7y)$

14. $2 - [3 + 4(s - 3)]$

15. $2\{3[3(x^2 + 2) - 2(x^2 - 5)]\}$

16. $4\{3(t + 5) - t[1 - (t + 1)]\}$

17. $-2(3u^2(2u + 2) - 2(u^2 - (5 - 2u)))$

18. $-\{-3[2a + 2b - 2] + 5[2a + 3b] - a[2(b + 5)]\}$

19. $(x + 4)(x + 5)$

20. $(u + 2)(u + 5)$

21. $(w + 2)(w - 5)$

22. $(x - 4)(x + 7)$

23. $(2x + 3)(5x + 2)$

24. $(t - 5)(2t + 7)$

25. $(X + 2Y)^2$

26. $(2x - 1)^2$

27. $(7 - X)^2$

28. $(\sqrt{x} - 1)(2\sqrt{x} + 5)$

29. $(\sqrt{3x} + 5)^2$

30. $(\sqrt{y} - 3)(\sqrt{y} + 3)$

31. $(2s - 1)(2s + 1)$

32. $(a^2 + 2b)(a^2 - 2b)$

33. $(x^2 - 3)(x + 4)$

34. $(x + 1)(x^2 + x + 3)$

35. $(x^2 - 4)(3x^2 + 2x - 1)$

36. $(3y - 2)(4y^3 + 2y^2 - 3y)$

37. $t\{3(t + 2)(t - 4) + 5[3t(t - 7)]\}$

38. $[(2z + 1)(2z - 1)](4z^2 + 1)$

39. $(x + y + 2)(3x + 2y - 4)$

40. $(x^2 + x + 1)^2$

41. $(2a + 3)^3$

42. $(2a - 3)^3$

43. $(2x - 3)^3$

44. $(x + 2y)^3$

45. $\dfrac{z^2 - 18z}{z}$

46. $\dfrac{2x^3 - 7x + 4}{x}$

47. $\dfrac{6u^5 + 9u^3 - 1}{3u^2}$

48. $\dfrac{(3y - 4) - (9y + 5)}{3y}$

49. $(x^2 + 5x - 3) \div (x + 5)$

50. $(x^2 - 5x + 4) \div (x - 4)$

51. $(3x^3 - 2x^2 + x - 3) \div (x + 2)$

52. $(x^4 + 3x^2 + 2) \div (x + 1)$

53. $x^3 \div (x + 2)$

54. $(6x^2 + 8x + 1) \div (2x + 3)$

55. $(3x^2 - 4x + 3) \div (3x + 2)$

56. $(z^3 + z^2 + z) \div (z^2 - z + 1)$

Objetivo

Establecer las reglas básicas para factorizar y aplicarlas en la factorización de expresiones.

0.5 Factorización

Cuando multiplicamos entre sí dos o más expresiones, éstas reciben el nombre de *factores* del producto. Por lo que si $c = ab$, entonces a y b son factores del producto c. Al proceso por el cual una expresión se escribe como el producto de sus factores se le llama *factorización*.

A continuación se listan las reglas establecidas para la factorización de expresiones, la mayoría de las cuales surgen de los productos especiales vistos en la sección 0.4. El lado derecho de cada identidad es la forma factorizada de la que aparece a la izquierda.

Reglas para la factorización

1. $xy + xz = x(y + z)$ factor común

2. $x^2 + (a + b)x + ab = (x + a)(x + b)$

3. $abx^2 + (ad + cb)x + cd = (ax + c)(bx + d)$

4. $x^2 + 2ax + a^2 = (x + a)^2$ trinomio cuadrado perfecto

5. $x^2 - 2ax + a^2 = (x - a)^2$ trinomio cuadrado perfecto

6. $x^2 - a^2 = (x + a)(x - a)$ diferencia de dos cuadrados

7. $x^3 + a^3 = (x + a)(x^2 - ax + a^2)$ suma de dos cubos

8. $x^3 - a^3 = (x - a)(x^2 + ax + a^2)$ diferencia de dos cubos

---

Por lo general, cuando se factoriza un polinomio, se eligen factores que sean polinomios en sí mismos. Por ejemplo, $x^2 - 4 = (x + 2)(x - 2)$. Usualmente, no se escribirá $x - 4$ como $(\sqrt{x} + 2)(\sqrt{x} - 2)$ a menos que esto permita simplificar otros cálculos.

Siempre factorice tan completamente como se pueda. Por ejemplo,

$$2x^2 - 8 = 2(x^2 - 4) = 2(x + 2)(x - 2)$$

EJEMPLO 1 Factores comunes

a. Factorice completamente $3k^2x^2 + 9k^3x$.

Solución: Como $3k^2x^2 = (3k^2x)(x)$ y $9k^3x = (3k^2x)(3k)$, cada término de la expresión original contiene el factor común $3k^2x$. Así que, por la regla 1,

$$3k^2x^2 + 9k^3x = 3k^2x(x + 3k)$$

Observe que, aun cuando $3k^2x^2 + 9k^3x = 3(k^2x^2 + 3k^3x)$, no puede decirse que la expresión esté completamente factorizada, puesto que $k^2x^2 + 3k^3x$ todavía puede factorizarse.

b. Factorice completamente $8a^5x^2y^3 - 6a^2b^3yz - 2a^4b^4xy^2z^2$.

Solución:

$$8a^5x^2y^3 - 6a^2b^3yz - 2a^4b^4xy^2z^2 = 2a^2y(4a^3x^2y^2 - 3b^3z - a^2b^4xyz^2)$$

Ahora resuelva el problema 5 ◁

EJEMPLO 2 Factorización de trinomios

a. Factorice completamente $3x^2 + 6x + 3$.

Solución: Primero se elimina un factor común. Después se factoriza por completo la expresión resultante. Así, se tiene

$$3x^2 + 6x + 3 = 3(x^2 + 2x + 1)$$
$$= 3(x + 1)^2 \qquad \text{Regla 4}$$

b. Factorice completamente $x^2 - x - 6$.

Solución: Si este trinomio puede factorizarse en la forma $(x + a)(x + b)$, que es el producto de dos binomios, entonces deben determinarse los valores de a y de b. Como $(x + a)(x + b) = x^2 + (a + b)x + ab$, se sigue que

$$x^2 + (-1)x + (-6) = x^2 + (a + b)x + ab$$

Igualando los coeficientes correspondientes, se quiere obtener

$$a + b = -1 \quad \text{y} \quad ab = -6$$

Si $a = -3$ y $b = 2$, entonces ambas condiciones se cumplen y, por ende,

$$x^2 - x - 6 = (x - 3)(x + 2)$$

Como verificación, es recomendable multiplicar el lado derecho para ver si coincide con el izquierdo.

c. Factorice completamente $x^2 - 7x + 12$.

Solución: $\qquad x^2 - 7x + 12 = (x - 3)(x - 4)$

Ahora resuelva el problema 9 ◁

EJEMPLO 3 **Factorización**

Enseguida se presenta una variedad de expresiones completamente factorizadas. Los números entre paréntesis (a la derecha) hacen referencia a las reglas utilizadas.

a. $x^2 + 8x + 16 = (x + 4)^2$ (4)

b. $9x^2 + 9x + 2 = (3x + 1)(3x + 2)$ (3)

c. $6y^3 + 3y^2 - 18y = 3y(2y^2 + y - 6)$ (1)

$\qquad\qquad\qquad = 3y(2y - 3)(y + 2)$ (3)

d. $x^2 - 6x + 9 = (x - 3)^2$ (5)

e. $z^{1/4} + z^{5/4} = z^{1/4}(1 + z)$ (1)

f. $x^4 - 1 = (x^2 + 1)(x^2 - 1)$ (6)

$\qquad\qquad = (x^2 + 1)(x + 1)(x - 1)$ (6)

g. $x^{2/3} - 5x^{1/3} + 4 = (x^{1/3} - 1)(x^{1/3} - 4)$ (2)

h. $ax^2 - ay^2 + bx^2 - by^2 = a(x^2 - y^2) + b(x^2 - y^2)$ (1), (1)

$\qquad\qquad\qquad\qquad = (x^2 - y^2)(a + b)$ (1)

$\qquad\qquad\qquad\qquad = (x + y)(x - y)(a + b)$ (6)

i. $8 - x^3 = (2)^3 - (x)^3 = (2 - x)(4 + 2x + x^2)$ (8)

j. $x^6 - y^6 = (x^3)^2 - (y^3)^2 = (x^3 + y^3)(x^3 - y^3)$ (6)

$\qquad\qquad = (x + y)(x^2 - xy + y^2)(x - y)(x^2 + xy + y^2)$ (7), (8)

◁

En el ejemplo 3(f) observe que $x^2 - 1$ es factorizable, pero no así $x^2 + 1$. En el ejemplo 3(h), note que el factor común de $x^2 - y^2$ no fue evidente de inmediato.

PROBLEMAS 0.5

Factorice completamente las expresiones siguientes.

1. $5bx + 5b$

2. $6y^2 - 4y$

3. $10xy + 5xz$

4. $3x^2y - 9x^3y^3$

5. $8a^3bc - 12ab^3cd + 4b^4c^2d^2$

6. $5r^2st^2 + 10r^3s^2t^3 - 15r^2t^2$

7. $z^2 - 49$

8. $x^2 - x - 6$

9. $p^2 + 4p + 3$

10. $s^2 - 6s + 8$

11. $25y^2 - 4$

12. $x^2 + 2x - 24$

13. $a^2 + 12a + 35$

14. $4t^2 - 9s^2$

15. $x^2 + 6x + 9$

16. $t^2 - 18t + 72$

17. $5x^2 + 25x + 30$

18. $3t^2 + 12t - 15$

19. $3x^2 - 3$

20. $9y^2 - 18y + 8$

21. $5x^2 + 16x + 3$

22. $4x^2 - x - 3$

23. $12s^3 + 10s^2 - 8s$

24. $9z^2 + 30z + 25$

25. $u^{13/5}v - 4u^{3/5}v^3$

26. $4x^{6/5} - 1$

27. $2x^3 + 2x^2 - 12x$

28. $x^2y^2 - 4xy + 4$

29. $(4x + 2)^2$

30. $2x^2(2x - 4x^2)^2$

31. $x^3y^2 - 16x^2y + 64x$

32. $(5x^2 + 2x) + (10x + 4)$

33. $(x^3 - 4x) + (8 - 2x^2)$

34. $(x^2 - 1) + (x^2 - x - 2)$

35. $(y^4 + 8y^3 + 16y^2) - (y^2 + 8y + 16)$

36. $t^3u - 3tu + t^2w^2 - 3w^2$

37. $b^3 + 64$

38. $x^3 - 1$

39. $x^6 - 1$

40. $27 + 8x^3$

41. $(x + 4)^3(x - 2) + (x + 4)^2(x - 2)^2$

42. $(a + 5)^3(a + 1)^2 + (a + 5)^2(a + 1)^3$

43. $P(1 + r) + P(1 + r)r$

44. $(X - 3I)(3X + 5I) - (3X + 5I)(X + 2I)$

45. $x^4 - 16$

46. $256y^4 - z^4$

47. $y^8 - 1$

48. $t^4 - 4$

49. $X^4 + 4X^2 - 5$

50. $x^4 - 10x^2 + 9$

51. $a^4b - 8a^2b + 16b$

52. $4x^3 - 6x^2 - 4x$

Objetivo

Simplificar, sumar, restar, multiplicar y dividir fracciones algebraicas. Racionalizar el denominador de una fracción.

0.6 Fracciones

Los estudiantes deben poner un cuidado especial en el estudio de las *fracciones*. En la vida cotidiana, es común que se pierdan de vista las fracciones numéricas debido al uso de calculadoras. Sin embargo, la comprensión de cómo manipular las fracciones de expresiones algebraicas es un prerrequisito esencial para el cálculo, por lo que la mayoría de las calculadoras no son de mucha ayuda.

Simplificación de fracciones

Mediante el uso del principio fundamental de las fracciones (sección 0.2), es posible simplificar fracciones. Ese principio permite multiplicar o dividir el numerador y el denominador de una fracción entre una misma cantidad diferente de cero. La fracción resultante será equivalente a la original. Las fracciones que así se consideran, se asumen con denominadores distintos de cero. Por ende, se supone que en los ejemplos presentados aquí todos los factores de los denominadores son distintos de cero. Con frecuencia, esto significará que se excluyan ciertos valores para las variables que se encuentran en los denominadores.

> **EJEMPLO 1** **Simplificación de fracciones**

a. Simplifique $\dfrac{x^2 - x - 6}{x^2 - 7x + 12}$.

Solución: Primero se factoriza completamente el numerador y el denominador:

$$\frac{x^2 - x - 6}{x^2 - 7x + 12} = \frac{(x - 3)(x + 2)}{(x - 3)(x - 4)}$$

Al dividir el numerador y el denominador entre el factor común $x - 3$, se tiene

$$\frac{(x - 3)(x + 2)}{(x - 3)(x - 4)} = \frac{1(x + 2)}{1(x - 4)} = \frac{x + 2}{x - 4} \quad \text{para } x \neq 3$$

Por lo general, sólo se escribe

$$\frac{x^2 - x - 6}{x^2 - 7x + 12} = \frac{\overset{1}{\cancel{(x - 3)}}(x + 2)}{\underset{1}{\cancel{(x - 3)}}(x - 4)} = \frac{x + 2}{x - 4}$$

o

$$\frac{x^2 - x - 6}{x^2 - 7x + 12} = \frac{(x - 3)(x + 2)}{(x - 3)(x - 4)} = \frac{x + 2}{x - 4} \quad \text{para } x \neq 3$$

El proceso de eliminar el factor común, $x - 3$, se conoce comúnmente como "cancelación". Antes de este ejemplo se estableció un enunciado general por el cual se supone que todas las fracciones tienen denominadores distintos de cero y que esto requiere excluir ciertos valores para las variables. No obstante, observe que se ha escrito de manera explícita "para $x \neq 3$". Lo anterior se debe a que la expresión ubicada a la derecha del signo de igualdad, $\dfrac{x+2}{x-4}$, *está definida para* $x = 3$. Su valor es -5, pero debe quedar bastante claro que la expresión situada a la izquierda del signo de igualdad *no está definida para* $x = 3$.

b. Simplifique $\dfrac{2x^2 + 6x - 8}{8 - 4x - 4x^2}$.

Solución:
$$\frac{2x^2 + 6x - 8}{8 - 4x - 4x^2} = \frac{2(x^2 + 3x - 4)}{4(2 - x - x^2)} = \frac{2(x-1)(x+4)}{4(1-x)(2+x)}$$

$$= \frac{2(x-1)(x+4)}{2(2)[(-1)(x-1)](2+x)}$$

La expresión simplificada está definida para $x = 1$, pero como la expresión original no está definida para $x = 1$, este valor se excluye de manera explícita.

$$= \frac{x+4}{-2(2+x)} \quad \text{para } x \neq 1$$

Ahora resuelva el problema 3 ◁

Multiplicación y división de fracciones

La regla para multiplicar $\dfrac{a}{b}$ por $\dfrac{c}{d}$ es

$$\frac{a}{b} \cdot \frac{c}{d} = \frac{ac}{bd}$$

EJEMPLO 2 **Multiplicación de fracciones**

a. $\dfrac{x}{x+2} \cdot \dfrac{x+3}{x-5} = \dfrac{x(x+3)}{(x+2)(x-5)}$

b. $\dfrac{x^2 - 4x + 4}{x^2 + 2x - 3} \cdot \dfrac{6x^2 - 6}{x^2 + 2x - 8} = \dfrac{[(x-2)^2][6(x+1)(x-1)]}{[(x+3)(x-1)][(x+4)(x-2)]}$

Observe que se han excluido en forma explícita los valores que convierten en cero los "valores cancelados". Aunque la expresión final está definida para estos valores, la expresión original no lo está.

$$= \frac{6(x-2)(x+1)}{(x+3)(x+4)} \quad \text{para } x \neq 1, 2$$

Ahora resuelva el problema 9 ◁

Para dividir $\dfrac{a}{b}$ entre $\dfrac{c}{d}$, donde $b \neq 0$, $d \neq 0$ y $c \neq 0$, se tiene

En corto, para dividir entre una fracción se invierte el divisor y se multiplica.

$$\frac{a}{b} \div \frac{c}{d} = \frac{\dfrac{a}{b}}{\dfrac{c}{d}} = \frac{a}{b} \cdot \frac{d}{c}$$

EJEMPLO 3 **División de fracciones**

a. $\dfrac{x}{x+2} \div \dfrac{x+3}{x-5} = \dfrac{x}{x+2} \cdot \dfrac{x-5}{x+3} = \dfrac{x(x-5)}{(x+2)(x+3)}$

b. $\dfrac{\dfrac{x-5}{x-3}}{2x} = \dfrac{\dfrac{x-5}{x-3}}{\dfrac{2x}{1}} = \dfrac{x-5}{x-3} \cdot \dfrac{1}{2x} = \dfrac{x-5}{2x(x-3)}$

¿Por qué escribimos "para $x \neq 1$"?

c. $\dfrac{\dfrac{4x}{x^2-1}}{\dfrac{2x^2+8x}{x-1}} = \dfrac{4x}{x^2-1} \cdot \dfrac{x-1}{2x^2+8x} = \dfrac{4x(x-1)}{[(x+1)(x-1)][2x(x+4)]}$

$$= \frac{2}{(x+1)(x+4)} \quad \text{para } x \neq 1$$

Ahora resuelva el problema 11 ◁

Racionalización del denominador

Algunas veces el denominador de una fracción tiene dos términos e incluye raíces cuadradas, como $2 - \sqrt{3}$ o $\sqrt{5} + \sqrt{2}$. Entonces, el denominador puede racionalizarse al multiplicarlo por una expresión que lo convierta en una diferencia de dos cuadrados. Por ejemplo,

$$\frac{4}{\sqrt{5} + \sqrt{2}} = \frac{4}{\sqrt{5} + \sqrt{2}} \cdot \frac{\sqrt{5} - \sqrt{2}}{\sqrt{5} - \sqrt{2}}$$

$$= \frac{4(\sqrt{5} - \sqrt{2})}{(\sqrt{5})^2 - (\sqrt{2})^2} = \frac{4(\sqrt{5} - \sqrt{2})}{5 - 2}$$

La racionalización del *numerador* es un procedimiento similar.

$$= \frac{4(\sqrt{5} - \sqrt{2})}{3}$$

> **EJEMPLO 4**   **Racionalización de denominadores**
>
> **a.** $\dfrac{x}{\sqrt{2} - 6} = \dfrac{x}{\sqrt{2} - 6} \cdot \dfrac{\sqrt{2} + 6}{\sqrt{2} + 6} = \dfrac{x(\sqrt{2} + 6)}{(\sqrt{2})^2 - 6^2}$
>
> $\qquad = \dfrac{x(\sqrt{2} + 6)}{2 - 36} = -\dfrac{x(\sqrt{2} + 6)}{34}$
>
> **b.** $\dfrac{\sqrt{5} - \sqrt{2}}{\sqrt{5} + \sqrt{2}} = \dfrac{\sqrt{5} - \sqrt{2}}{\sqrt{5} + \sqrt{2}} \cdot \dfrac{\sqrt{5} - \sqrt{2}}{\sqrt{5} - \sqrt{2}}$
>
> $\qquad = \dfrac{(\sqrt{5} - \sqrt{2})^2}{5 - 2} = \dfrac{5 - 2\sqrt{5}\sqrt{2} + 2}{3} = \dfrac{7 - 2\sqrt{10}}{3}$

Ahora resuelva el problema 53 ◁

Suma y resta de fracciones

En el ejemplo 3(b) de la sección 0.2, se mostró que $\dfrac{a}{c} + \dfrac{b}{c} = \dfrac{a+b}{c}$. Esto es, cuando se suman dos fracciones que tienen un denominador común, el resultado será una fracción cuyo denominador es el denominador común. El numerador será la suma de los numeradores de las fracciones originales. De manera similar, $\dfrac{a}{c} - \dfrac{b}{c} = \dfrac{a-b}{c}$.

> **EJEMPLO 5**   **Suma y resta de fracciones**
>
> **a.** $\dfrac{p^2 - 5}{p - 2} + \dfrac{3p + 2}{p - 2} = \dfrac{(p^2 - 5) + (3p + 2)}{p - 2}$
>
> $\qquad = \dfrac{p^2 + 3p - 3}{p - 2}$
>
> **b.** $\dfrac{x^2 - 5x + 4}{x^2 + 2x - 3} - \dfrac{x^2 + 2x}{x^2 + 5x + 6} = \dfrac{(x-1)(x-4)}{(x-1)(x+3)} - \dfrac{x(x+2)}{(x+2)(x+3)}$
>
> $\qquad = \dfrac{x-4}{x+3} - \dfrac{x}{x+3} = \dfrac{(x-4) - x}{x+3} = -\dfrac{4}{x+3}$ para $x \neq -2, 1$
>
> **c.** $\dfrac{x^2 + x - 5}{x - 7} - \dfrac{x^2 - 2}{x - 7} + \dfrac{-4x + 8}{x^2 - 9x + 14} = \dfrac{x^2 + x - 5}{x - 7} - \dfrac{x^2 - 2}{x - 7} + \dfrac{-4}{x - 7}$
>
> $\qquad = \dfrac{(x^2 + x - 5) - (x^2 - 2) + (-4)}{x - 7}$
>
> $\qquad = \dfrac{x - 7}{x - 7} = 1$ para $x \neq 2$

¿Por qué escribimos "para $x \neq 2$"?

Ahora resuelva el problema 29 ◁

Para sumar (o restar) dos fracciones con denominadores *diferentes*, utilice el principio fundamental de las fracciones para reescribirlas como fracciones equivalentes que tengan el mismo denominador. Después proceda con la suma (o resta) utilizando el método que acabamos de describir.

Por ejemplo, para encontrar

$$\frac{2}{x^3(x-3)} + \frac{3}{x(x-3)^2}$$

es posible convertir la primera fracción en una fracción equivalente al multiplicar el numerador y el denominador por $x - 3$:

$$\frac{2(x-3)}{x^3(x-3)^2}$$

también la segunda fracción se puede convertir al multiplicar el numerador y el denominador por x^2:

$$\frac{3x^2}{x^3(x-3)^2}$$

Estas fracciones tienen el mismo denominador. Por lo tanto,

$$\frac{2}{x^3(x-3)} + \frac{3}{x(x-3)^2} = \frac{2(x-3)}{x^3(x-3)^2} + \frac{3x^2}{x^3(x-3)^2}$$

$$= \frac{3x^2 + 2x - 6}{x^3(x-3)^2}$$

Podríamos haber convertido las fracciones originales en fracciones equivalentes utilizando *cualquier* denominador común. Sin embargo, preferimos convertirlas en fracciones con el denominador $x^3(x-3)^2$. Éste es el **mínimo común denominador (MCD)** de las fracciones $2/[x^3(x-3)]$ y $3/[x(x-3)^2]$.

En general, para encontrar el MCD de dos o más fracciones, primero se factoriza completamente cada denominador. *El MCD es el producto de cada uno de los distintos factores que aparecen en los denominadores, elevado cada uno a la potencia más grande a la que se presenta en alguno de los denominadores.*

EJEMPLO 6 Suma y resta de fracciones

a. Reste: $\dfrac{t}{3t+2} - \dfrac{4}{t-1}$.

Solución: El MCD es $(3t+2)(t-1)$. Así, se tiene

$$\frac{t}{(3t+2)} - \frac{4}{t-1} = \frac{t(t-1)}{(3t+2)(t-1)} - \frac{4(3t+2)}{(3t+2)(t-1)}$$

$$= \frac{t(t-1) - 4(3t+2)}{(3t+2)(t-1)}$$

$$= \frac{t^2 - t - 12t - 8}{(3t+2)(t-1)} = \frac{t^2 - 13t - 8}{(3t+2)(t-1)}$$

b. Sume: $\dfrac{4}{q-1} + 3$.

Solución: El MCD es $q - 1$.

$$\frac{4}{q-1} + 3 = \frac{4}{q-1} + \frac{3(q-1)}{q-1}$$

$$= \frac{4 + 3(q-1)}{q-1} = \frac{3q+1}{q-1}$$

Ahora resuelva el problema 33 ◁

EJEMPLO 7   **Resta de fracciones**

$$\frac{x-2}{x^2+6x+9} - \frac{x+2}{2(x^2-9)}$$

$$= \frac{x-2}{(x+3)^2} - \frac{x+2}{2(x+3)(x-3)} \qquad [\text{MCD} = 2(x+3)^2(x-3)]$$

$$= \frac{(x-2)(2)(x-3)}{(x+3)^2(2)(x-3)} - \frac{(x+2)(x+3)}{2(x+3)(x-3)(x+3)}$$

$$= \frac{(x-2)(2)(x-3) - (x+2)(x+3)}{2(x+3)^2(x-3)}$$

$$= \frac{2(x^2-5x+6) - (x^2+5x+6)}{2(x+3)^2(x-3)}$$

$$= \frac{2x^2-10x+12 - x^2-5x-6}{2(x+3)^2(x-3)}$$

$$= \frac{x^2-15x+6}{2(x+3)^2(x-3)}$$

Ahora resuelva el problema 39 ◁

El ejemplo 8 es importante para trabajos posteriores. Observe que se ha supuesto explícitamente que $h \neq 0$.

EJEMPLO 8   **Operaciones combinadas con fracciones**

Simplifique $\dfrac{\dfrac{1}{x+h} - \dfrac{1}{x}}{h}$, donde $h \neq 0$.

Solución: Primero se combinan las fracciones en el numerador y se obtiene

$$\frac{\dfrac{1}{x+h} - \dfrac{1}{x}}{h} = \frac{\dfrac{x}{x(x+h)} - \dfrac{x+h}{x(x+h)}}{h} = \frac{\dfrac{x-(x+h)}{x(x+h)}}{h}$$

$$= \frac{\dfrac{-h}{x(x+h)}}{\dfrac{h}{1}} = \frac{-h}{x(x+h)h} = -\frac{1}{x(x+h)}$$

Ahora resuelva el problema 47 ◁

PROBLEMAS 0.6

En los problemas 1 a 6, simplifique las expresiones.

1. $\dfrac{a^2-9}{a^2-3a}$

2. $\dfrac{x^2-3x-10}{x^2-4}$

3. $\dfrac{x^2-9x+20}{x^2+x-20}$

4. $\dfrac{3x^2-27x+24}{2x^3-16x^2+14x}$

5. $\dfrac{15x^2+x-2}{3x^2+20x-7}$

6. $\dfrac{12x^2-19x+4}{6x^2-17x+12}$

En los problemas 7 a 48, realice las operaciones y simplifique tanto como sea posible.

7. $\dfrac{y^2}{y-3} \cdot \dfrac{-1}{y+2}$

8. $\dfrac{t^2-9}{t^2+3t} \cdot \dfrac{t^2}{t^2-6t+9}$

9. $\dfrac{ax-b}{x-c} \cdot \dfrac{c-x}{ax+b}$

10. $\dfrac{a^2-b^2}{a-b} \cdot \dfrac{a^2-2ab+b^2}{2a+2b}$

11. $\dfrac{2x-2}{x^2-2x-8} \div \dfrac{x^2-1}{x^2+5x+4}$

12. $\dfrac{x^2+2x}{3x^2-18x+24} \div \dfrac{x^2-x-6}{x^2-4x+4}$

13. $\dfrac{\dfrac{X^2}{8}}{\dfrac{X}{4}}$

14. $\dfrac{\dfrac{3x^2}{7x}}{\dfrac{x}{14}}$

15. $\dfrac{\dfrac{15u}{v^3}}{\dfrac{3u}{v^4}}$

16. $\dfrac{\dfrac{c+d}{c}}{\dfrac{c-d}{2c}}$

17. $\dfrac{\dfrac{4x}{3}}{2x}$

18. $\dfrac{\dfrac{4x}{3}}{2x}$

19. $\dfrac{-9x^3}{\dfrac{x}{3}}$

20. $\dfrac{\dfrac{21t^5}{t^2}}{-7}$

21. $\dfrac{x-3}{\dfrac{x^2-7x+12}{x-4}}$

22. $\dfrac{\dfrac{x^2+6x+9}{x}}{x+3}$

23. $\dfrac{\dfrac{10x^3}{x^2-1}}{\dfrac{5x}{x+1}}$

24. $\dfrac{\dfrac{x^2-x-6}{x^2-9}}{\dfrac{x^2-4}{x^2+2x-3}}$

43. $(x^{-1}-y)^{-1}$

44. $(a+b^{-1})^2$

45. $\dfrac{5+\dfrac{2}{x}}{3}$

46. $\dfrac{\dfrac{x+3}{x}}{x-\dfrac{9}{x}}$

25. $\dfrac{\dfrac{x^2+8x+12}{x^2+9x+18}}{\dfrac{x^2-3x-10}{x^2-2x-15}}$

26. $\dfrac{\dfrac{(x+3)^2}{4x-3}}{\dfrac{7x+21}{9-16x^2}}$

27. $\dfrac{\dfrac{4x^2-9}{x^2+3x-4}}{\dfrac{2x-3}{1-x^2}}$

47. $\dfrac{3-\dfrac{1}{2x}}{x+\dfrac{x}{x+2}}$

48. $\dfrac{\dfrac{x-1}{x^2+5x+6}-\dfrac{1}{x+2}}{3+\dfrac{x-7}{3}}$

28. $\dfrac{\dfrac{6x^2y+7xy-3y}{xy-x+5y-5}}{\dfrac{x^3y+4x^2y}{xy-x+4y-4}}$

29. $\dfrac{x^2}{x+3}+\dfrac{5x+6}{x+3}$

En los problemas 49 y 50, realice las operaciones indicadas, pero no racionalice los denominadores.

49. $\dfrac{3}{\sqrt[3]{x+h}}-\dfrac{3}{\sqrt[3]{x}}$

50. $\dfrac{x\sqrt{x}}{\sqrt{3+x}}+\dfrac{2}{\sqrt{x}}$

30. $\dfrac{-1}{x-1}+\dfrac{x}{x-1}$

31. $\dfrac{2}{t}+\dfrac{1}{3t}$

32. $\dfrac{9}{X^3}-\dfrac{1}{X^2}$

33. $1-\dfrac{x^3}{x^3-1}$

34. $\dfrac{4}{s+4}+s$

35. $\dfrac{1}{3x-1}+\dfrac{x}{x+1}$

En los problemas 51 a 60, simplifique y exprese su respuesta de manera que no aparezcan radicales en el denominador.

51. $\dfrac{1}{2+\sqrt{3}}$

52. $\dfrac{1}{1-\sqrt{2}}$

36. $\dfrac{x+1}{x-1}-\dfrac{x-1}{x+1}$

37. $\dfrac{1}{x^2-2x-3}+\dfrac{1}{x^2-9}$

53. $\dfrac{\sqrt{2}}{\sqrt{3}-\sqrt{6}}$

54. $\dfrac{5}{\sqrt{6}+\sqrt{7}}$

38. $\dfrac{4}{2x^2-7x-4}-\dfrac{x}{2x^2-9x+4}$

55. $\dfrac{2\sqrt{3}}{\sqrt{3}+\sqrt{5}}$

56. $\dfrac{2\sqrt{5}}{\sqrt{3}-\sqrt{7}}$

39. $\dfrac{4}{x-1}-3+\dfrac{-3x^2}{5-4x-x^2}$

57. $\dfrac{3}{t+\sqrt{7}}$

58. $\dfrac{x-3}{\sqrt{x}-1}+\dfrac{4}{\sqrt{x}-1}$

40. $\dfrac{x+1}{2x^2+3x-2}-\dfrac{x-1}{3x^2+5x-2}+\dfrac{1}{3x-1}$

59. $\dfrac{5}{2+\sqrt{3}}-\dfrac{4}{1-\sqrt{2}}$

60. $\dfrac{5}{\sqrt{x}+3}\cdot\dfrac{x^2}{4}$

41. $(1+x^{-1})^2$

42. $(x^{-1}+y^{-1})^2$

Objetivo

Analizar las ecuaciones equivalentes y desarrollar técnicas para resolver ecuaciones lineales, incluyendo ecuaciones con literales y ecuaciones fraccionarias y radicales que conducen a ecuaciones lineales.

0.7 Ecuaciones, en particular ecuaciones lineales

Ecuaciones

Una **ecuación** es una proposición que indica que dos expresiones son iguales. Las dos expresiones que forman una ecuación se conocen como sus **lados**. Estos lados están separados por el **signo de igualdad**, $=$.

EJEMPLO 1   **Ejemplos de ecuaciones**

a. $x+2=3$

b. $x^2+3x+2=0$

c. $\dfrac{y}{y-4}=6$

d. $w=7-z$

◁

En este ejemplo 1, cada ecuación contiene al menos una variable. Una **variable** es un símbolo que puede ser reemplazado por un número cualquiera de un conjunto de números diferentes. Los símbolos más comunes utilizados para identificar las variables son las últimas letras del alfabeto, x, y, z, w y t. Por lo tanto, se dice que las ecuaciones (a) y (c) son ecuaciones en las variables x y y, respectivamente. La ecuación (d) es una ecuación en las variables w y z. En la ecuación $x+2=3$, los números 2 y 3 se conocen como *constantes*. Las constantes son números fijos.

Aquí se analizan las restricciones sobre las variables.

Nunca se permite que en una ecuación haya una variable que tenga un valor para el cual esa ecuación no esté definida. Por ejemplo, en

$$\frac{y}{y-4} = 6$$

y no puede ser 4, porque provocaría que el denominador fuese cero; mientras que en

$$\sqrt{x-3} = 9$$

$x - 3$ no puede ser negativo porque no es posible obtener raíces cuadradas a partir de números negativos. En algunas ecuaciones los valores permisibles de una variable están restringidos por razones físicas. Por ejemplo, si la variable q representa una cantidad vendida, valores negativos de q no tienen sentido.

Resolver una ecuación significa encontrar todos los valores de sus variables para los cuales la ecuación es verdadera. Estos valores se conocen como *soluciones* de la ecuación y se dice que *satisfacen* la ecuación. Cuando sólo está involucrada una variable, una solución también se conoce como *raíz*. Al conjunto de todas las soluciones se le llama *conjunto solución* de la ecuación. En ocasiones, a una letra que representa una cantidad desconocida en una ecuación se le denomina simplemente como *incógnita*. A continuación se ilustran estos términos.

> **EJEMPLO 2**   **Terminología para las ecuaciones**

a. En la ecuación $x + 2 = 3$, la variable x es la incógnita. Evidentemente, el único valor de x que satisface la ecuación es 1. Por ende, 1 es una raíz y el conjunto solución es $\{1\}$.

b. -2 es una raíz de $x^2 + 3x + 2 = 0$ porque sustituir -2 por x hace que la ecuación sea verdadera: $(-2)^2 + 3(-2) + 2 = 0$. Así que -2 es un elemento del conjunto solución, pero en este caso no es el único. Existe uno más, ¿podría usted encontrarlo?

c. $w = 7 - z$ es una ecuación con dos incógnitas. Una solución es el par de valores $w = 4$ y $z = 3$. Sin embargo, existe un número infinito de soluciones. ¿Podría usted pensar en otra?

Ahora resuelva el problema 1 ◁

Ecuaciones equivalentes

Se dice que dos ecuaciones son *equivalentes* si tienen exactamente las mismas soluciones, lo cual significa, precisamente, que el conjunto solución de una es el conjunto solución de la otra. Resolver una ecuación puede implicar la realización de operaciones en ella. Es preferible que al aplicar cualquiera de tales operaciones se obtenga una ecuación equivalente. Existen tres operaciones que garantizan la equivalencia:

1. Sumar (o restar) el mismo polinomio a (de) ambos lados de una ecuación, donde el polinomio está en la misma variable que aparece en la ecuación.

   Por ejemplo, si $-5x = 5 - 6x$, entonces al sumar $6x$ en ambos lados se obtiene la ecuación equivalente $-5x + 6x = 5 - 6x + 6x$, o $x = 5$.

La equivalencia no está garantizada si ambos lados de la ecuación se multiplican o dividen mediante una expresión que involucra una variable.

2. Multiplicar (o dividir) ambos lados de una ecuación por la misma constante distinta de cero.

   Por ejemplo, si $10x = 5$, entonces al dividir ambos lados entre 10 se obtendrá la ecuación equivalente $\frac{10x}{10} = \frac{5}{10}$, o $x = \frac{1}{2}$.

3. Reemplazar cualquiera de los lados de una ecuación por una expresión equivalente.

   Por ejemplo, si $x(x + 2) = 3$, entonces al reemplazar el miembro izquierdo por la expresión equivalente $x^2 + 2x$ se obtendrá la ecuación equivalente $x^2 + 2x = 3$.

De nuevo: la aplicación de las operaciones 1 a 3 garantiza que la ecuación resultante sea equivalente a la original. Sin embargo, algunas veces, para resolver una ecuación es necesario aplicar otras operaciones distintas de éstas. Dichas otras operaciones *no* necesariamente resultan en ecuaciones equivalentes e incluyen las siguientes.

Operaciones que pueden no producir ecuaciones equivalentes

4. Multiplicar ambos lados de una ecuación por una expresión que involucre la variable.

5. Dividir ambos lados de una ecuación por una expresión que involucre la variable.

6. Elevar ambos lados de una ecuación al mismo exponente.

La operación 6 incluye la obtención de raíces en ambos lados.

Se ilustrarán las tres últimas operaciones. Por ejemplo, por inspección, la única raíz de $x - 1 = 0$ es 1. Al multiplicar cada miembro por x (operación 4) se obtiene $x^2 - x = 0$, que se satisface si x es 0 o 1 (verifique esto por sustitución). Pero 0 *no* satisface la ecuación *original*. Por lo tanto, las ecuaciones no son equivalentes.

De la misma forma, puede verificar que la ecuación $(x - 4)(x - 3) = 0$ se satisface cuando x es 4 o 3. Al dividir ambos lados entre $x - 4$ (operación 5) se obtiene $x - 3 = 0$, cuya única raíz es 3. Otra vez no se tiene una equivalencia, puesto que en este caso se ha "perdido" una raíz. Observe que cuando x es 4 la división entre $x - 4$ implica dividir entre 0, una operación que no es válida.

Por último, al elevar al cuadrado ambos lados de la ecuación $x = 2$ (operación 6) se obtiene $x^2 = 4$, la cual es verdadera si $x = 2$ o -2. Pero -2 no es raíz de la ecuación dada.

A partir de este análisis, resulta claro que cuando se realicen las operaciones 4, 5 y 6 es necesario ser cuidadosos acerca de las conclusiones concernientes a las raíces de una ecuación dada. Las operaciones 4 y 6 *pueden* producir una ecuación con más raíces. Por lo tanto, hay que verificar si la "solución" obtenida con estas operaciones satisface la ecuación *original*. La operación 5 *puede* producir una ecuación con menos raíces. En este caso, cualquier raíz "perdida" tal vez nunca pueda determinarse. Por ello, siempre que sea posible debe evitarse la operación 5.

En resumen, una ecuación puede pensarse como un conjunto de restricciones sobre cualquier variable de la ecuación. Las operaciones 4, 5 y 6 pueden aumentar o disminuir estas restricciones, lo cual produciría soluciones diferentes de las que pueden obtenerse a partir de la ecuación original. Por su parte, las operaciones 1, 2 y 3 nunca afectan las restricciones.

En general, para resolver las ecuaciones es posible que de un despeje a otro ya no sean equivalentes y en este sentido solo basta con comprobar en la ecuación original las respuestas encontradas para averiguar si son solución de la ecuación. En este proceso hay que cuidar no dividir ni multiplicar por funciones que se anulen en algún punto, como sucedió en la ecuación $x - 1 = 0$, descrita anteriormente, ya que eso arrojaría raíces extrañas.

Ecuaciones lineales

Los principios presentados hasta aquí se demostrarán ahora en la solución de una *ecuación lineal*.

Definición

Una *ecuación lineal* en la variable x es una ecuación equivalente a otra que puede escribirse en la forma

$$ax + b = 0 \qquad (1)$$

donde a y b son constantes y $a \neq 0$.

Una ecuación lineal también se conoce como ecuación de primer grado o ecuación de grado uno porque la potencia más alta de la variable que aparece en la ecuación (1) es la primera.

Para resolver una ecuación lineal, se realizan operaciones en ella hasta obtener una ecuación equivalente cuyas soluciones sean obvias. Esto significa lograr una expresión en la que la variable quede aislada en un lado de la ecuación, como lo muestran los ejemplos siguientes.

EJEMPLO 3   Resolución de una ecuación lineal

Resuelva $5x - 6 = 3x$.

Solución: Se empieza por colocar los términos que incluyen a x en un lado y las constantes en el otro lado. Luego se despeja x aplicando las operaciones matemáticas adecuadas. Se tiene que

$$5x - 6 = 3x$$

$$5x - 6 + (-3x) = 3x + (-3x) \qquad \text{sumando } -3x \text{ en ambos lados}$$

$$2x - 6 = 0 \qquad \text{simplificando, esto es, operación 3}$$

$$2x - 6 + 6 = 0 + 6 \qquad \text{sumando 6 en ambos lados}$$

$$2x = 6 \qquad \text{simplificando}$$

$$\frac{2x}{2} = \frac{6}{2} \qquad \text{dividiendo ambos lados entre 2}$$

$$x = 3$$

Resulta claro que 3 es la única raíz de la última ecuación. Como cada ecuación es equivalente a la anterior, se concluye que 3 debe ser la única raíz de $5x - 6 = 3x$. Entonces, el conjunto solución es $\{3\}$. El primer paso en la solución de una ecuación puede ser descrito como el acto de mover un término de un lado a otro cambiando su signo; esto se conoce comúnmente como *transposición*. Observe que, como la ecuación original puede escribirse en la forma $2x + (-6) = 0$, es una ecuación lineal.

Ahora resuelva el problema 23 ◁

EJEMPLO 4   Resolución de una ecuación lineal

Resuelva $2(p + 4) = 7p + 2$.

Solución: Primero, se quitan paréntesis. Después se agrupan los términos semejantes y se resuelve. Se tiene que

$$2(p + 4) = 7p + 2$$

$$2p + 8 = 7p + 2 \qquad \text{propiedad distributiva}$$

$$2p = 7p - 6 \qquad \text{restando 8 de ambos lados}$$

$$-5p = -6 \qquad \text{restando } 7p \text{ de ambos lados}$$

$$p = \frac{-6}{-5} \qquad \text{dividiendo ambos lados entre } -5$$

$$p = \frac{6}{5}$$

Ahora resuelva el problema 27 ◁

EJEMPLO 5   Resolución de una ecuación lineal

Resuelva $\dfrac{7x + 3}{2} - \dfrac{9x - 8}{4} = 6$.

Solución: Primero, se eliminan fracciones multiplicando *ambos* lados de la ecuación por el MCD, que es 4. Después se realizan varias operaciones algebraicas para obtener una solución. Así,

$$4\left(\frac{7x + 3}{2} - \frac{9x - 8}{4}\right) = 4(6)$$

¡ADVERTENCIA! ⚠

La propiedad distributiva requiere que *ambos* términos ubicados dentro del paréntesis sean multiplicados por 4.

$$4 \cdot \frac{7x + 3}{2} - 4 \cdot \frac{9x - 8}{4} = 24 \qquad \text{propiedad distributiva}$$

$$2(7x + 3) - (9x - 8) = 24 \qquad \text{simplificando}$$

$$14x + 6 - 9x + 8 = 24 \qquad \text{propiedad distributiva}$$

$$5x + 14 = 24 \qquad \text{simplificando}$$

$$5x = 10 \qquad \text{restando 14 de ambos lados}$$

$$x = 2 \qquad \text{dividiendo ambos lados entre 5}$$

Toda ecuación lineal tiene exactamente una raíz. La raíz de $ax + b = 0$ es $x = -\dfrac{b}{a}$.

Ahora resuelva el problema 31 ◁

Cada ecuación de los ejemplos 3 al 5 tiene una sola raíz. Esto es cierto para toda ecuación lineal en una variable.

Ecuaciones con literales

Ecuaciones en las que algunas de las constantes no están especificadas, pero sí están representadas por letras como a, b, c o d, se llaman **ecuaciones con literales** y las letras se conocen como **constantes literales**. Por ejemplo, en la ecuación con literales $x + a = 4b$, puede considerarse a a y b como constantes literales. Las fórmulas como $I = Prt$, que expresan una relación entre ciertas cantidades, pueden considerarse como ecuaciones con literales. Si se quiere expresar una letra en particular en términos de las otras literales, esta letra es considerada la incógnita.

EJEMPLO 6   Resolución de ecuaciones con literales

a. La ecuación $I = Prt$ es la fórmula utilizada para calcular el interés simple I sobre un capital P a una tasa de interés anual r en un periodo de t años. Exprese r en términos de I, P y t.

Solución: Aquí se considera que r es la incógnita. Para aislarla, se dividen ambos lados entre Pt. Se tiene que

$$I = Prt$$
$$\frac{I}{Pt} = \frac{Prt}{Pt}$$
$$\frac{I}{Pt} = r \text{ entonces } r = \frac{I}{Pt}$$

Cuando se dividen ambos lados entre Pt, se supone que $Pt \neq 0$ porque no es posible dividir entre 0. Se harán suposiciones semejantes al resolver otras ecuaciones con literales.

b. La ecuación $S = P + Prt$ es la fórmula utilizada para calcular el valor S de una inversión de un capital P a una tasa de interés anual simple r durante un periodo de t años. Resuelva para P.

Solución: $S = P + Prt$

$$S = P(1 + rt) \qquad \text{factorizando}$$
$$\frac{S}{1 + rt} = P \qquad \text{dividiendo ambos lados entre } 1 + rt$$

Ahora resuelva el problema 87 ◁

EJEMPLO 7   Resolución de una ecuación con literales

Resuelva $(a + c)x + x^2 = (x + a)^2$ para x.

Solución: Primero debe simplificarse la ecuación y después colocar todos los términos que incluyan a x en un lado:

$$(a + c)x + x^2 = (x + a)^2$$
$$ax + cx + x^2 = x^2 + 2ax + a^2$$
$$ax + cx = 2ax + a^2$$
$$cx - ax = a^2$$
$$x(c - a) = a^2$$
$$x = \frac{a^2}{c - a}$$

Ahora resuelva el problema 89 ◁

EJEMPLO 8   Resolución del problema del "impuesto en un recibo"

Recuerde el problema de Lesley Griffith que se mencionó en los primeros párrafos de este capítulo. Ahora se generalizará el problema para ilustrar con mayor profundidad el uso de ecuaciones con literales. Lesley tiene un recibo por una cantidad R y sabe que la tasa del impuesto sobre las ventas es p. Lesley desea saber la cantidad que fue pagada por concepto del impuesto sobre las ventas. Se sabe que

$$\text{precio} + \text{impuesto} = \text{ingreso} \tag{2}$$

Si se escribe P para denotar el precio (el cual todavía no se conoce), el impuesto es $(p/100)\,P$, de manera que se tiene

$$P + \frac{p}{100}P = R$$

$$P\left(1 + \frac{p}{100}\right) = R$$

$$P\left(\frac{100 + p}{100}\right) = R$$

$$P = \frac{100R}{100 + p}$$

Se deduce que el impuesto pagado es

$$R - P = R - \frac{100R}{100 + p} = R\left(1 - \frac{100}{100 + p}\right) = R\left(\frac{p}{100 + p}\right)$$

donde se debe comprobar el manejo de las fracciones proporcionando más detalles si fuera necesario. Recuerde que la tasa del impuesto francés es de 19.6% y el impuesto italiano es de 18%. Se concluye que Lesley sólo tiene que multiplicar un recibo francés por $\frac{19.6}{119.6} \approx 0.16388$ para determinar el impuesto que contiene, mientras que para un recibo italiano debe multiplicar la cantidad por $\frac{18}{118}$. Cabe señalar que, al trabajar a partir de la ecuación conceptual simple (2), es posible evitar los *supuestos* acerca de la proporcionalidad que se hicieron al principio de este capítulo.

Ahora resuelva el problema 107 ◁

Ecuaciones fraccionarias

Una **ecuación fraccionaria** es una ecuación en la que hay una incógnita en un denominador. En esta sección, se ilustrará que al resolver una ecuación no lineal puede obtenerse una ecuación lineal.

EJEMPLO 9   Resolución de una ecuación fraccionaria

Resuelva $\dfrac{5}{x-4} = \dfrac{6}{x-3}$.

Solución:

> **Estrategia** Primero se escribe la ecuación de manera que no tenga fracciones. Después se utilizan técnicas algebraicas estándar para resolver la ecuación lineal resultante.

Una solución alternativa que evita multiplicar ambos lados por el MCD es la siguiente:

$$\frac{5}{x-4} - \frac{6}{x-3} = 0$$

Al suponer que x no es 3 ni 4 y combinar fracciones, se obtiene

$$\frac{9-x}{(x-4)(x-3)} = 0$$

Una fracción puede ser 0 sólo cuando su numerador es 0 y su denominador no lo es. Así que $x = 9$.

Multiplicando ambos lados por el MCD, $(x-4)(x-3)$, se tiene

$$(x-4)(x-3)\left(\frac{5}{x-4}\right) = (x-4)(x-3)\left(\frac{6}{x-3}\right)$$

$$5(x-3) = 6(x-4) \qquad \text{ecuación lineal}$$

$$5x - 15 = 6x - 24$$

$$9 = x$$

En el primer paso, se multiplica cada lado por una expresión que incluya a la *variable x*. Como se mencionó anteriormente en esta sección, esto significa que no se tiene garantía de que la última ecuación sea equivalente a la *original*. Así que es necesario verificar si 9 satisface o no la ecuación *original*. Como

$$\frac{5}{9-4} = \frac{5}{5} = 1 \quad \text{y} \quad \frac{6}{9-3} = \frac{6}{6} = 1$$

se observa que 9 sí satisface la ecuación original.

Ahora resuelva el problema 55 ◁

Algunas ecuaciones que no son lineales no tienen solución. En ese caso, se deduce que el conjunto solución es el **conjunto vacío**, el cual se denota por Ø. En el ejemplo 10 se ilustra esta situación.

EJEMPLO 10 **Resolución de ecuaciones fraccionarias**

a. Resuelva $\dfrac{3x+4}{x+2} - \dfrac{3x-5}{x-4} = \dfrac{12}{x^2-2x-8}$.

Solución: Al observar los denominadores y notar que

$$x^2 - 2x - 8 = (x+2)(x-4)$$

se concluye que el MCD es $(x+2)(x-4)$. Multiplicando ambos lados por el MCD, se obtiene

$$(x+2)(x-4)\left(\frac{3x+4}{x+2} - \frac{3x-5}{x-4}\right) = (x+2)(x-4) \cdot \frac{12}{(x+2)(x-4)}$$

$$(x-4)(3x+4) - (x+2)(3x-5) = 12$$

$$3x^2 - 8x - 16 - (3x^2 + x - 10) = 12$$

$$3x^2 - 8x - 16 - 3x^2 - x + 10 = 12$$

$$-9x - 6 = 12$$

$$-9x = 18$$

$$x = -2 \tag{3}$$

Sin embargo, la ecuación *original* no está definida para $x = -2$ (no es posible dividir entre cero), de modo que no existen raíces. Así, el conjunto solución es Ø. Aunque -2 es una solución de la ecuación (3), no lo es de la ecuación *original*.

b. Resuelva $\dfrac{4}{x-5} = 0$.

Solución: La única manera en que una fracción puede ser igual a cero es cuando el numerador es cero (pero su denominador no es igual a cero). Como el numerador, 4, nunca es 0, el conjunto solución es Ø.

Ahora resuelva el problema 49 ◁

EJEMPLO 11 **Ecuación con literales**

Si $s = \dfrac{u}{au+v}$, exprese u en términos de las restantes letras; esto es, resuelva para u.

Solución:

Estrategia Como la incógnita, u, está en el denominador, primero se quitan las fracciones y después se resuelve para u.

$$s = \frac{u}{au+v}$$

$$s(au+v) = u \qquad \text{multiplicando ambos lados por } au+v$$

$$sau + sv = u$$

$$sau - u = -sv$$

$$u(sa-1) = -sv$$

$$u = \frac{-sv}{sa-1} = \frac{sv}{1-sa}$$

Ahora resuelva el problema 91 ◁

Ecuaciones con radicales

Una **ecuación con radicales** (ecuación radical) es aquella en la que aparece una incógnita en un radicando. Los dos ejemplos siguientes ilustran las técnicas empleadas para resolver ecuaciones de este tipo.

EJEMPLO 12   Resolución de una ecuación con radicales

Resuelva $\sqrt{x^2 + 33} - x = 3$.

Solución: Para resolver esta ecuación radical, se elevan ambos lados a la misma potencia para eliminar el radical. Esta operación *no* garantiza la equivalencia, de modo que es necesario verificar las "soluciones" resultantes. Se comienza por aislar el radical en un lado. Después se elevan al cuadrado ambos lados y se despeja utilizando técnicas estándar. Así,

$$\sqrt{x^2 + 33} = x + 3$$
$$x^2 + 33 = (x + 3)^2 \qquad \text{elevando al cuadrado ambos lados}$$
$$x^2 + 33 = x^2 + 6x + 9$$
$$24 = 6x$$
$$4 = x$$

Por sustitución, debe mostrarse que 4 es realmente una raíz.

Ahora resuelva el problema 79 ◁

Con algunas ecuaciones radicales, puede ser necesario elevar ambos lados a la misma potencia en más de una ocasión, como se muestra en el ejemplo 13.

EJEMPLO 13   Resolución de una ecuación con radicales

Resuelva $\sqrt{y - 3} - \sqrt{y} = -3$.

La razón por la que se desea un radical en cada lado es para eliminar elevando al cuadrado un binomio con dos radicales diferentes.

Solución: Cuando una ecuación tiene dos términos que involucran radicales, primero se escribe de modo que en cada lado haya un radical, si es posible. Después se eleva al cuadrado y se resuelve. Se tiene que

$$\sqrt{y - 3} = \sqrt{y} - 3$$
$$y - 3 = y - 6\sqrt{y} + 9 \qquad \text{elevando al cuadrado ambos lados}$$
$$6\sqrt{y} = 12$$
$$\sqrt{y} = 2$$
$$y = 4 \qquad \text{elevando al cuadrado ambos lados}$$

Al sustituir 4 en el lado izquierdo de la ecuación *original* se obtiene $\sqrt{1} - \sqrt{4}$, que es -1. Como este resultado no es igual al del lado derecho, -3, no existe solución. Es decir, el conjunto solución es Ø.

Ahora resuelva el problema 77 ◁

PROBLEMAS 0.7

En los problemas 1 a 6, determine por sustitución cuáles de los números dados satisfacen la ecuación, si es que alguno lo hace.

1. $9x - x^2 = 0; 1, 0$

2. $12 - 7x = -x^2; 4, 3$

3. $z + 3(z - 4) = 5; \frac{17}{4}, 4$

4. $x^2 + x - 6 = 0; 2, 3$

5. $x(6 + x) - 2(x + 1) - 5x = 4; -2, 0$

6. $x(x + 1)^2(x + 2) = 0; 0, -1, 2$

En los problemas 7 a 16, determine qué operaciones se aplicaron a la primera ecuación para obtener la segunda. Establezca si las operaciones garantizan o no que las ecuaciones sean equivalentes. No resuelva las ecuaciones.

7. $x - 5 = 4x + 10; x = 4x + 15$

8. $8x - 4 = 16; x - \frac{1}{2} = 2$

9. $x = 5; x^4 = 625$

10. $2x^2 + 4 = 5x - 7; x^2 + 2 = \dfrac{5}{2}x - \dfrac{7}{2}$

11. $x^2 - 2x = 0; x - 2 = 0$

12. $\dfrac{2}{x - 2} + x = x^2; 2 + x(x - 2) = x^2(x - 2)$

13. $\dfrac{x^2 - 1}{x - 1} = 3; x^2 - 1 = 3(x - 1)$

14. $(x + 2)(x + 1) = (x + 3)(x + 1); x + 2 = x + 3$

15. $\dfrac{2x(3x + 1)}{2x - 3} = 2x(x + 4); 3x + 1 = (x + 4)(2x - 3)$

16. $2x^2 - 9 = x; x^2 - \dfrac{1}{2}x = \dfrac{9}{2}$

En los problemas 17 a 80, resuelva las ecuaciones.

17. $4x = 10$

18. $0.2x = 7$

19. $7y^2 = 0$

20. $2x - 4x = -5$

21. $-8x = 12 - 20$

22. $4 - 7x = 3$

23. $5x - 3 = 9$

24. $\sqrt{3}x + 2 = 11$

25. $7x + 7 = 2(x + 1)$

26. $4s + 3s - 1 = 41$

27. $5(p - 7) - 2(3p - 4) = 3p$

28. $t = 2 - 2[2t - 3(1 - t)]$

29. $\dfrac{x}{7} = 3x + 5$

30. $\dfrac{5y}{7} - \dfrac{6}{7} = 2 - 4y$

31. $7 + \dfrac{4x}{9} = \dfrac{x}{2}$

32. $\dfrac{x}{3} - 4 = \dfrac{x}{5}$

33. $r = \dfrac{4}{3}r - 5$

34. $\dfrac{2x}{11} + \dfrac{11x}{2} = 4$

35. $3x + \dfrac{x}{5} - 5 = \dfrac{1}{5} + 5x$

36. $y - \dfrac{y}{2} + \dfrac{y}{3} - \dfrac{y}{4} = \dfrac{y}{5}$

37. $\dfrac{2y - 3}{4} = \dfrac{6y + 7}{3}$

38. $\dfrac{t}{4} + \dfrac{5}{3}t = \dfrac{7}{2}(t - 1)$

39. $t + \dfrac{t}{3} - \dfrac{t}{4} + \dfrac{t}{36} = 10$

40. $\dfrac{7 + 2(x + 1)}{3} = \dfrac{6x}{5}$

41. $\dfrac{x + 2}{3} - \dfrac{2 - x}{6} = x - 2$

42. $\dfrac{x}{5} + \dfrac{2(x - 4)}{10} = 7$

43. $\dfrac{9}{5}(3 - x) = \dfrac{3}{4}(x - 3)$

44. $\dfrac{2x - 7}{3} + \dfrac{8x - 9}{14} = \dfrac{3x - 5}{21}$

45. $\dfrac{4}{3}(5x - 2) = 7[x - (5x - 2)]$

46. $(2x - 5)^2 + (3x - 3)^2 = 13x^2 - 5x + 7$

47. $\dfrac{5}{x} = 25$

48. $\dfrac{4}{x - 1} = 2$

49. $\dfrac{5}{x + 3} = 0$

50. $\dfrac{3x - 5}{x - 3} = 0$

51. $\dfrac{3}{5 - 2x} = \dfrac{7}{2}$

52. $\dfrac{x + 3}{x} = \dfrac{2}{5}$

53. $\dfrac{q}{5q - 4} = \dfrac{1}{3}$

54. $\dfrac{5q}{3 - q} = 2$

55. $\dfrac{1}{p - 1} = \dfrac{2}{p - 2}$

56. $\dfrac{2x - 3}{4x - 5} = 6$

57. $\dfrac{1}{x} + \dfrac{1}{7} = \dfrac{3}{7}$

58. $\dfrac{2}{x - 1} = \dfrac{3}{x - 2}$

59. $\dfrac{2t + 1}{2t + 3} = \dfrac{3t - 1}{3t + 4}$

60. $\dfrac{x + 2}{x - 1} + \dfrac{x + 1}{3 - x} = 0$

61. $\dfrac{y - 6}{y} - \dfrac{6}{y} = \dfrac{y + 6}{y - 6}$

62. $\dfrac{y - 2}{y + 2} = \dfrac{y - 2}{y + 3}$

63. $\dfrac{-5}{2x - 3} = \dfrac{7}{3 - 2x} + \dfrac{11}{3x + 5}$

64. $\dfrac{1}{x + 1} + \dfrac{2}{x - 3} = \dfrac{-6}{3 - 2x}$

65. $\dfrac{9}{x - 3} = \dfrac{3x}{x - 3}$

66. $\dfrac{x}{x + 3} - \dfrac{x}{x - 3} = \dfrac{3x - 4}{x^2 - 9}$

67. $\sqrt{x + 5} = 4$

68. $\sqrt{z - 2} = 3$

69. $\sqrt{2x + 3} - 4 = 0$

70. $4 - \sqrt{3x + 1} = 0$

71. $\sqrt{\dfrac{x}{2} + 1} = \dfrac{2}{3}$

72. $(x + 6)^{1/2} = 7$

73. $\sqrt{4x - 6} = \sqrt{x}$

74. $\sqrt{x + 1} = \sqrt{2x - 3}$

75. $(x - 5)^{3/4} = 27$

76. $\sqrt{y^2 - 9} = 9 - y$

77. $\sqrt{y} + \sqrt{y + 2} = 3$

78. $\sqrt{x} - \sqrt{x + 1} = 1$

79. $\sqrt{a^2 + 2a} = 2 + a$

80. $\sqrt{\dfrac{1}{w}} - \sqrt{\dfrac{2}{5w - 2}} = 0$

En los problemas 81 a 92, exprese el símbolo indicado en términos de los símbolos restantes.

81. $I = Prt; r$

82. $P\left(1 + \dfrac{p}{100}\right) - R = 0; P$

83. $p = 8q - 1; q$

84. $p = 10 - 2q; q$

85. $S = P(1 + rt); r$

86. $r = \dfrac{2mI}{B(n + 1)}; I$

87. $A = \dfrac{R[1 - (1 + i)^{-n}]}{i}; R$

88. $S = \dfrac{R[(1 + i)^n - 1]}{i}; R$

89. $S = P(1 + r)^n; r$

90. $\dfrac{x - a}{b - x} = \dfrac{x - b}{a - x}; x$

91. $r = \dfrac{2mI}{B(n + 1)}; n$

92. $\dfrac{1}{p} + \dfrac{1}{q} = \dfrac{1}{f}; q$

93. Geometría Use la fórmula $P = 2l + 2w$ para encontrar la longitud l de un rectángulo cuyo perímetro P es de 660 m y cuyo ancho w mide 160 m.

94. Geometría Use la fórmula $V = \pi r^2 h$ para encontrar el radio r de una lata de bebida cuyo volumen V es de 355 ml y cuya altura h mide 16 cm.

95. Impuesto sobre ventas Un agente de ventas necesita calcular el costo de un artículo que tiene un impuesto de venta de 8.25%. Escriba una ecuación que represente el costo total c de un artículo que cuesta x cantidad de dinero.

96. Ingreso El ingreso mensual total de una guardería obtenido por el cuidado de x niños está dado por $r = 450x$ y sus costos mensuales totales están dados por $c = 380x + 3500$. ¿Cuántos niños necesitan estar inscritos mensualmente para llegar al punto de equilibrio? En otras palabras, ¿cuándo igualan los ingresos a los costos?

97. Depreciación lineal Si usted compra un artículo para uso empresarial, al preparar la declaración de impuestos puede repartir su costo entre toda la vida útil del artículo. Esto se denomina *depreciación*. Un método de depreciación es la *depreciación lineal*, en la cual la depreciación anual se calcula dividiendo el costo del artículo, menos su valor de rescate, entre su vida útil. Suponga que el costo es C, la vida útil es N años y no hay valor de rescate. Entonces el valor V (monetario) del artículo al final de n años está dado por

$$V = C\left(1 - \frac{n}{N}\right)$$

Si el mobiliario nuevo de una oficina se compró en \$3200, tiene una vida útil de 8 años y no tiene valor de rescate, ¿después de cuántos años tendrá un valor de \$2000?

98. Ondas de radar Cuando se utiliza un radar para determinar la velocidad de un automóvil en una carretera, una onda es enviada desde el radar y reflejada por el automóvil en movimiento. La diferencia F (en ciclos por segundo) de la frecuencia entre la onda original y la reflejada está dada por

$$F = \frac{vf}{334.8}$$

donde v es la velocidad del automóvil en millas por hora y f es la frecuencia de la onda original (en megaciclos por segundo).

Suponga que usted está manejando en una autopista que tiene un límite de velocidad de 65 millas por hora. Un oficial de policía dirige una onda de radar con una frecuencia de 2500 megaciclos por segundo hacia el automóvil de usted y observa que la diferencia en las frecuencias es de 495 ciclos por segundo. ¿El oficial puede reclamarle por conducir a exceso de velocidad?

99. Ahorros Bronwyn quiere comprar una casa, de manera que ha decidido ahorrar la cuarta parte de su salario. Bronwyn gana \$47.00 por hora y recibe un ingreso extra de \$28.00 a la semana por declinar las prestaciones de la compañía. Ella quiere ahorrar al menos \$550.00 cada semana. ¿Cuántas horas debe trabajar a la semana para lograr su meta?

100. Relación presa-depredador Para estudiar una relación presa-depredador, se realizó un experimento[4] en el que un sujeto con los ojos vendados, el "depredador", se puso frente a una mesa cuadrada de 3 pies por lado en la que se colocaron uniformemente distribuidos discos de papel de lija como "presa". Durante un minuto, el "depredador" buscó los discos dando golpecitos suaves con un dedo. Siempre que se encontraba con un disco lo retiraba y reanu-

daba la búsqueda. El experimento se repitió para varias densidades de discos (número de discos por 9 pies^2). Se estimó que si y es el número de discos retirados en 1 minuto cuando hay x discos sobre la mesa. Entonces

$$y = a(1 - by)x$$

donde a y b son constantes. Resuelva esta ecuación para y.

101. Densidad de presas En cierta área, el número y de larvas de polilla consumidas por un solo escarabajo a lo largo de un periodo determinado está dado por

$$y = \frac{1.4x}{1 + 0.09x}$$

donde x es la *densidad de presas* (el número de larvas por unidad de área). ¿Qué densidad de larvas le permitiría sobrevivir a un escarabajo si necesita consumir 10 larvas a lo largo del periodo dado?

102. Horas de servicio Suponga que la razón del número de horas que una tienda de video está abierta al número de clientes diarios es constante. Cuando la tienda está abierta 8 horas, el número de clientes es de 92 menos que el número máximo posible de clientes. Cuando la tienda está abierta 10 horas, el número de clientes es de 46 menos que dicho número máximo. Desarrolle una ecuación que describa esta situación y determine el número máximo de clientes diarios.

103. Tiempo de viaje El tiempo que le toma a un bote viajar una distancia dada río arriba (en contra de la corriente) puede calcularse dividiendo la distancia entre la diferencia de la velocidad del bote y la velocidad de la corriente. Escriba una ecuación para calcular el tiempo t que le toma a un bote, que se mueve a una velocidad r en contra de una corriente c, recorrer una distancia d. Resuelva su ecuación para c.

104. Torre inalámbrica Una torre inalámbrica tiene 100 metros de altura. Un ingeniero determina electrónicamente que la distancia desde la punta de la torre hasta una casa cercana es 2 metros mayor que la distancia horizontal desde la base de la torre hasta la casa. Determine la distancia que hay desde la base de la torre hasta la casa.

105. Derrape de un automóvil La policía ha usado la fórmula $s = \sqrt{30fd}$ para estimar la velocidad s (en millas por hora) de un automóvil si éste derrapó un tramo de d pies cuando se detuvo. La literal f es el coeficiente de fricción, determinado por la clase de camino (como concreto, asfalto, grava o brea) y si está húmedo o seco. En la tabla 0.1 se dan algunos valores de f. A 45 millas por hora, ¿aproximadamente cuántos pies derrapará un automóvil en un camino de concreto seco? Redondee su respuesta a la unidad más cercana.

Tabla 0.1		
	Concreto	Brea
Húmedo	0.4	0.5
Seco	0.8	1.0

106. Interés ganado Allison Bennett descubre que tiene \$1 257 en una cuenta de ahorros que no ha usado por un año. La tasa de interés fue de 7.3% compuesto anualmente. ¿Cuánto interés ganó Allison por esa cuenta a lo largo del último año?

[4]C. S. Holling, "Some Characteristics of Simple Types of Predation and Parasitism", *The Canadian Entomologist*, XCI, núm. 7 (1959), pp. 385-398.

107. Impuesto en un recibo En 2006, los consumidores de Nueva Escocia pagaban un HST (impuesto sobre ventas) de 15%. Tom Wood viajó desde Alberta, que aplica sólo el impuesto federal GST (por bienes y servicios) de 7%, hasta Nueva Escocia a una conferencia sobre química. Cuando solicitó su reembolso de gastos en Alberta, el contralor se encontró con el problema de que su multiplicador usual de $\frac{7}{107}$ para determinar los impuestos contenidos en un recibo no producía los resultados correctos. ¿Qué porcentaje de los recibos que trajo Tom de Nueva Escocia eran por el HST?

Objetivo

Resolver ecuaciones cuadráticas por medio de factorización o utilizando la fórmula cuadrática.

0.8 Ecuaciones cuadráticas

Para aprender cómo resolver problemas más complejos, se abordarán los métodos de solución de *ecuaciones cuadráticas*.

Definición

Una *ecuación cuadrática* en la variable x es una ecuación que puede escribirse de la forma

$$ax^2 + bx + c = 0 \tag{1}$$

donde a, b y c son constantes y $a \neq 0$.

Una ecuación cuadrática también se conoce como *ecuación de segundo grado* o *ecuación de grado dos* porque la potencia más grande que aparece en ella es la segunda. Mientras que una ecuación lineal sólo tiene una raíz, una ecuación cuadrática puede tener dos raíces diferentes.

Solución por factorización

Un método útil para resolver ecuaciones cuadráticas se basa en la factorización, como lo muestran los ejemplos siguientes.

EJEMPLO 1 **Resolución de ecuaciones cuadráticas por factorización**

a. Resuelva $x^2 + x - 12 = 0$.

Solución: El lado izquierdo se factoriza con facilidad:

$$(x - 3)(x + 4) = 0$$

Piense en esto como dos cantidades, $x - 3$ y $x + 4$, cuyo producto es cero. **Siempre que el producto de dos o más números sea *cero*, al menos uno de los números *debe* ser cero.** Esto significa que si

$$x - 3 = 0 \quad \text{o bien} \quad x + 4 = 0$$

Al resolver estas ecuaciones se tiene que $x = 3$ y $x = -4$, respectivamente. Por lo tanto, las raíces de la ecuación original son 3 y -4 y el conjunto solución es $\{-4, 3\}$.

b. Resuelva $6w^2 = 5w$.

Solución: La ecuación se escribe como

$$6w^2 - 5w = 0$$

de modo que un lado sea 0. Al factorizar se obtiene

$$w(6w - 5) = 0$$

Haciendo cada factor igual a cero, se tiene

$$w = 0 \quad \text{o} \quad 6w - 5 = 0$$
$$w = 0 \quad \text{o} \quad 6 \qquad w = 5$$

¡ADVERTENCIA!⚠

No se dividen ambos lados entre w (una variable) porque la equivalencia no está garantizada y puede "perderse" una raíz.

Por lo tanto, las raíces son $w = 0$ y $w = \frac{5}{6}$. Observe que si se hubiera dividido ambos miembros de $6w^2 = 5w$ entre w y obtenido $6w = 5$, la única solución sería $w = \frac{5}{6}$. Es decir, se habría perdido la raíz $w = 0$. Esto confirma el análisis de la operación 5 realizado en la sección 0.7 y clarifica el problema existente con la operación 5. Una forma de abordar las posibilidades para una cantidad variable, w, es observar que $w \neq 0$ *o bien* $w = 0$. En el primer caso se tiene la libertad de dividir entre w. *En este caso*, la ecuación original es *equivalente* a $6w = 5$, cuya única solución es $w = \frac{5}{6}$. Ahora, al considerar *el otro caso*, $w = 0$, se tiene la obligación de examinar si también es una solución de la ecuación original —y en *este* problema sí lo es.

Ahora resuelva el problema 3 ◁

EJEMPLO 2   Resolución de una ecuación cuadrática por factorización

Resuelva $(3x - 4)(x + 1) = -2$.

Solución: Primero se multiplican los factores del lado izquierdo:

$$3x^2 - x - 4 = -2$$

Al reescribir la ecuación de modo que 0 aparezca en un lado, se tiene

$$3x^2 - x - 2 = 0$$

$$(3x + 2)(x - 1) = 0$$

$$x = -\frac{2}{3}, \ 1$$

Ahora resuelva el problema 7 ◁

Algunas ecuaciones que no son cuadráticas pueden resolverse por factorización, como lo muestra el ejemplo 3.

EJEMPLO 3   Resolución de ecuaciones de grado superior por factorización

a. Resuelva $4x - 4x^3 = 0$.

Solución: A esta ecuación se le denomina *ecuación de tercer grado*. Se procede a resolverla como sigue:

$$4x - 4x^3 = 0$$

$$4x(1 - x^2) = 0 \qquad \text{factorizando}$$

$$4x(1 - x)(1 + x) = 0 \qquad \text{factorizando}$$

Al hacer cada uno de los factores igual a 0, se obtiene $4 = 0$ (lo cual es imposible), $x = 0$, $1 - x = 0$, o bien $1 + x = 0$. Así,

$$x = 0 \text{ o } x = 1 \text{ o } x = -1$$

de manera que el conjunto solución es $\{-1, 0, 1\}$.

b. Resuelva $x(x + 2)^2(x + 5) + x(x + 2)^3 = 0$.

Solución: Factorizando $x(x + 2)^2$ en ambos términos del lado izquierdo, se tiene

$$x(x + 2)^2[(x + 5) + (x + 2)] = 0$$

$$x(x + 2)^2(2x + 7) = 0$$

Por ende, $x = 0$, $x + 2 = 0$ o bien $2x + 7 = 0$, de lo cual se concluye que el conjunto solución es $\{-\frac{7}{2}, -2, 0\}$.

Ahora resuelva el problema 23 ◁

EJEMPLO 4   Una ecuación fraccionaria que conduce a una ecuación cuadrática

Resuelva

$$\frac{y + 1}{y + 3} + \frac{y + 5}{y - 2} = \frac{7(2y + 1)}{y^2 + y - 6} \tag{2}$$

¡ADVERTENCIA!

Un problema como éste debe abordarse con cuidado. Si el producto de dos cantidades es igual a -2, no es cierto que al menos una de las dos cantidades deba ser -2. ¿Por qué?

¡ADVERTENCIA!

No deje de considerar que factor x da lugar a una raíz.

Solución: Al multiplicar ambos lados por el MCD, $(y + 3)(y - 2)$, se obtiene

$$(y - 2)(y + 1) + (y + 3)(y + 5) = 7(2y + 1) \tag{3}$$

Como la ecuación (2) se multiplicó por una expresión que incluye a la variable y, recuerde (de la sección 0.7) que la ecuación (3) no es necesariamente equivalente a la (2). Después de simplificar la ecuación (3), se tiene

$$2y^2 - 7y + 6 = 0 \qquad \text{ecuación cuadrática}$$

$$(2y - 3)(y - 2) = 0 \qquad \text{factorizando}$$

Se ha mostrado que *si* y satisface la ecuación original *entonces* $y = \frac{3}{2}$ o $y = 2$. Por lo tanto, $\frac{3}{2}$ y 2 son *posibles* raíces de la ecuación dada. Pero 2 no puede ser raíz de la ecuación (2) puesto que la sustitución conduce a un denominador de 0. Sin embargo, debe comprobarse que $\frac{3}{2}$ en verdad satisface la ecuación *original* para concluir así que este valor es la única la raíz.

Ahora resuelva el problema 63 ◁

EJEMPLO 5 **Solución por factorización**

Resuelva $x^2 = 3$.

Solución:
$$x^2 = 3$$
$$x^2 - 3 = 0$$

Factorizando, se obtiene

$$(x - \sqrt{3})(x + \sqrt{3}) = 0$$

Por lo tanto, $x - \sqrt{3} = 0$ o bien $x + \sqrt{3} = 0$, de modo que $x = \pm\sqrt{3}$.

Ahora resuelva el problema 9 ◁

Una forma más general de la ecuación $x^2 = 3$ es $u^2 = k$. Igual que antes, puede mostrarse que

$$\text{Si } u^2 = k \qquad \text{entonces} \qquad u = \pm\sqrt{k}. \tag{4}$$

Fórmula cuadrática

Resolver ecuaciones cuadráticas por factorización puede ser muy difícil, como resulta evidente al tratar ese método en la ecuación $0.7x^2 - \sqrt{2}x - 8\sqrt{5} = 0$. Sin embargo, existe una fórmula llamada *fórmula cuadrática* que proporciona las raíces de cualquier ecuación cuadrática.

Fórmula cuadrática

Las raíces de la ecuación cuadrática $ax^2 + bx + c = 0$, donde a, b y c son constantes y $a \neq 0$, están dadas por

$$x = \frac{-b \pm \sqrt{b^2 - 4ac}}{2a}$$

En realidad, la fórmula cuadrática no es difícil de obtener si primero se escribe la ecuación cuadrática en la forma

$$x^2 + \frac{b}{a}x + \frac{c}{a} = 0$$

y después como

$$\left(x + \frac{b}{2a}\right)^2 - K^2 = 0$$

para un número K, que aún debe determinarse. Esto conduce a

$$\left(x + \frac{b}{2a} - K \right)\left(x + \frac{b}{2a} + K \right) = 0$$

lo que a su vez lleva a $x = -\frac{b}{2a} + K$ o bien $x = -\frac{b}{2a} - K$ por los métodos que ya están bajo consideración. No es difícil ver lo que debe ser K, pero se requiere un razonamiento más profundo para entender cómo puede descubrirse el valor de K sin conocer la respuesta por adelantado.

EJEMPLO 6   Una ecuación cuadrática con dos raíces reales

Resuelva $4x^2 - 17x + 15 = 0$ mediante la fórmula cuadrática.

Solución: Aquí $a = 4, b = -17$ y $c = 15$. Por lo tanto,

$$x = \frac{-b \pm \sqrt{b^2 - 4ac}}{2a} = \frac{-(-17) \pm \sqrt{(-17)^2 - 4(4)(15)}}{2(4)}$$

$$= \frac{17 \pm \sqrt{49}}{8} = \frac{17 \pm 7}{8}$$

Las raíces son $\frac{17 + 7}{8} = \frac{24}{8} = 3$ y $\frac{17 - 7}{8} = \frac{10}{8} = \frac{5}{4}$.

Ahora resuelva el problema 31 ◁

EJEMPLO 7   Una ecuación cuadrática con una raíz real

Resuelva $2 + 6\sqrt{2}y + 9y^2 = 0$ mediante la fórmula cuadrática.

Solución: Vea el acomodo de los términos. Aquí $a = 9, b = 6\sqrt{2}$ y $c = 2$. Así que,

$$y = \frac{-b \pm \sqrt{b^2 - 4ac}}{2a} = \frac{-6\sqrt{2} \pm \sqrt{0}}{2(9)}$$

Y por ende,

$$y = \frac{-6\sqrt{2} + 0}{18} = -\frac{\sqrt{2}}{3} \quad \text{o} \quad y = \frac{-6\sqrt{2} - 0}{18} = -\frac{\sqrt{2}}{3}$$

Por lo tanto, la única raíz es $-\frac{\sqrt{2}}{3}$.

Ahora resuelva el problema 33 ◁

EJEMPLO 8   Una ecuación cuadrática sin solución real

Resuelva $z^2 + z + 1 = 0$ mediante la fórmula cuadrática.

Solución: Aquí $a = 1, b = 1$ y $c = 1$. Las raíces son

$$z = \frac{-b \pm \sqrt{b^2 - 4ac}}{2a} = \frac{-1 \pm \sqrt{-3}}{2}$$

Ahora, $\sqrt{-3}$ denota un número cuyo cuadrado es -3. Sin embargo, tal número real no existe porque el cuadrado de cualquier número real es no negativo. Entonces, la ecuación no tiene raíces reales.[5]

Ahora resuelva el problema 37 ◁

---

[5] $\frac{-1 \pm \sqrt{-3}}{2}$ puede expresarse como $\frac{-1 \pm i\sqrt{3}}{2}$, donde $i = \sqrt{-1}$ se denomina *unidad imaginaria*. Debe enfatizarse que $i = \sqrt{-1}$ no es un número real. Los números complejos tienen la forma $a + ib$, con a y b reales, pero no se estudian en este libro.

Esto describe la naturaleza de las raíces de una ecuación cuadrática.

A partir de los ejemplos 6 al 8 puede verse que una ecuación cuadrática tiene ya sea dos diferentes raíces reales, exactamente una raíz real, o no tiene raíces reales, dependiendo de que $b^2 - 4ac$ sea positiva, cero o negativa, respectivamente.

Ecuación de forma cuadrática

Algunas veces una ecuación que no es cuadrática puede transformarse en cuadrática por medio de una sustitución adecuada. En este caso, se dice que la ecuación dada tiene **forma cuadrática**. El ejemplo siguiente lo ilustrará.

EJEMPLO 9   Resolución de una ecuación que tiene forma cuadrática

Resuelva $\dfrac{1}{x^6} + \dfrac{9}{x^3} + 8 = 0$.

Solución: Esta ecuación puede escribirse como

$$\left(\frac{1}{x^3}\right)^2 + 9\left(\frac{1}{x^3}\right) + 8 = 0$$

así es cuadrática en $1/x^3$, por lo que tiene forma cuadrática. Al sustituir la variable w por $1/x^3$ se obtiene una ecuación cuadrática en la variable w, la cual entonces ya puede resolverse:

$$w^2 + 9w + 8 = 0$$

$$(w + 8)(w + 1) = 0$$

$$w = -8 \quad \text{o} \quad w = -1$$

**¡ADVERTENCIA!**

No suponga que -8 y -1 son soluciones de la ecuación *original*.

Regresando a la variable x, se tiene

$$\frac{1}{x^3} = -8 \quad \text{o bien} \quad \frac{1}{x^3} = -1$$

Así,

$$x^3 = -\frac{1}{8} \text{ o bien } x^3 = -1$$

de donde se concluye que

$$x = -\frac{1}{2} \text{ o bien } x = -1$$

Al verificar, se encuentra que estos valores de x satisfacen la ecuación original.

Ahora resuelva el problema 49 ◁

PROBLEMAS 0.8

En los problemas 1 a 30, resuelva por factorización.

1. $x^2 - 4x + 4 = 0$

2. $t^2 + 3t + 2 = 0$

3. $t^2 - 6t + 8 = 0$

4. $x^2 + 3x - 10 = 0$

5. $x^2 - 2x - 3 = 0$

6. $x^2 - 16 = 0$

7. $u^2 - 13u = -36$

8. $2z^2 + 8z + 8 = 0$

9. $x^2 - 4 = 0$

10. $3u^2 - 6u = 0$

11. $t^2 - 5t = 0$

12. $x^2 + 9x = -14$

13. $9x^2 + 4 = -12x$

14. $2z^2 + 9z = 5$

15. $v(3v - 5) = -2$

16. $2 + x - 6x^2 = 0$

17. $-x^2 + 3x + 10 = 0$

18. $\dfrac{1}{5}u^2 = \dfrac{2}{5}u$

19. $2p^2 = 3p$

20. $-r^2 - r + 12 = 0$

21. $x(x + 4)(x - 1) = 0$

22. $(w - 3)^2(w + 1)^2 = 0$

23. $s^3 - 16s = 0$

24. $x^3 - 4x^2 - 5x = 0$

25. $6x^3 + 5x^2 - 4x = 0$

26. $(x + 1)^2 - 5x + 1 = 0$

27. $(x - 3)(x^2 - 4) = 0$

28. $7(z^2 - 3z - 4)(z + 7) = 0$

29. $p(p - 3)^2 - 4(p - 3)^3 = 0$

30. $x^4 - 3x^2 + 2 = 0$

En los problemas 31 a 44, encuentre todas las raíces reales usando la fórmula cuadrática.

31. $x^2 + 2x - 24 = 0$

32. $x^2 - 2x - 15 = 0$

33. $16x^2 - 40x + 25 = 0$

34. $q^2 - 5q = 0$

35. $p^2 - 2p - 7 = 0$

36. $2 - 2x + x^2 = 0$

37. $4 - 2n + n^2 = 0$

38. $u^2 - u = 1$

39. $4x^2 + 5x - 2 = 0$

40. $w^2 - 2w + 1 = 0$

41. $0.02w^2 - 0.3w = 20$ **42.** $0.01x^2 + 0.2x - 0.6 = 0$

43. $3x^2 + 2x = 6$ **44.** $-2x^2 - 6x + 5 = 0$

En los problemas 45 a 54, resuelva la ecuación en la forma cuadrática dada.

45. $x^4 - 5x^2 + 6 = 0$ **46.** $X^4 - 3X^2 - 10 = 0$

47. $\dfrac{3}{x^2} - \dfrac{7}{x} + 2 = 0$ **48.** $x^{-2} - x^{-1} - 6 = 0$

49. $x^{-4} - 9x^{-2} + 20 = 0$ **50.** $\dfrac{1}{x^4} - \dfrac{9}{x^2} + 8 = 0$

51. $(X - 5)^2 + 7(X - 5) + 10 = 0$

52. $(3x + 2)^2 - 5(3x + 2) = 0$

53. $\dfrac{1}{(x-4)^2} - \dfrac{7}{x-4} + 12 = 0$

54. $\dfrac{2}{(x+4)^2} + \dfrac{7}{x+4} + 3 = 0$

En los problemas 55 a 76, resuelva por cualquier método.

55. $x^2 = \dfrac{x+3}{2}$ **56.** $\dfrac{x}{2} = \dfrac{7}{x} - \dfrac{5}{2}$

57. $\dfrac{3}{x-4} + \dfrac{x-3}{x} = 2$ **58.** $\dfrac{1}{3x+1} + \dfrac{2}{x+1} = 3$

59. $\dfrac{3x+2}{x+1} - \dfrac{2x+1}{2x} = 1$ **60.** $\dfrac{6(w+1)}{2-w} + \dfrac{w}{w-1} = 3$

61. $\dfrac{2}{r-2} - \dfrac{r+1}{r+4} = 0$ **62.** $\dfrac{2x-3}{2x+5} + \dfrac{2x}{3x+1} = 1$

63. $\dfrac{t-1}{t-2} + \dfrac{t-3}{t-4} = \dfrac{t-5}{t^2 - 6t + 8}$

64. $\dfrac{2}{x+1} + \dfrac{3}{x} = \dfrac{4}{x+2}$

65. $\dfrac{2}{x^2-1} - \dfrac{1}{x(x-1)} = \dfrac{2}{x^2}$

66. $5 - \dfrac{3(x+3)}{x^2+3x} = \dfrac{1-x}{x}$ **67.** $\sqrt{2x-3} = x - 3$

68. $2\sqrt{x+1} = x + 3$ **69.** $q + 2 = 2\sqrt{4q-7}$

70. $x + \sqrt{4x} - 5 = 0$ **71.** $\sqrt{z+3} - \sqrt{3z} - 1 = 0$

72. $\sqrt{x} - \sqrt{2x-8} - 2 = 0$ **73.** $\sqrt{x} - \sqrt{3x+1} + 1 = 0$

74. $\sqrt{y-2} + 2 = \sqrt{2y+3}$ **75.** $\sqrt{x+3} + 1 = 3\sqrt{x}$

76. $\sqrt{\sqrt{t}+2} = \sqrt{3t-1}$

En los problemas 77 y 78 encuentre las raíces, redondee a dos posiciones decimales.

77. $0.04x^2 - 2.7x + 8.6 = 0$

78. $x^2 + (0.1)x - 0.2 = 0$

79. Geometría   El área de una pintura rectangular, cuyo ancho es 2 pulgadas menor que el largo, es de 48 pulgadas cuadradas. ¿Cuáles son las dimensiones de la pintura?

80. Temperatura   La temperatura se ha elevado X grados por día durante X días. Hace X días fue de 15 grados. Hoy es de 51 grados.

¿Cuánto se ha elevado la temperatura por día? ¿Durante cuántos días se ha estado elevando?

81. Economía   Una raíz de la ecuación económica

$$\overline{M} = \dfrac{Q(Q + 10)}{44}$$

es $-5 + \sqrt{25 + 44\overline{M}}$. Verifique esto utilizando la fórmula cuadrática para despejar Q en términos de $\overline{M}$. Aquí Q es el ingreso real y $\overline{M}$ es el nivel de oferta de dinero.

82. Dieta para ratas   Un grupo de biólogos estudió los efectos nutricionales en ratas alimentadas con una dieta que contenía 10% de proteínas.[6] La proteína estaba compuesta por levadura y harina de maíz. Al cambiar el porcentaje P (expresado como un decimal) de levadura en la mezcla de la proteína, el grupo estimó que el promedio de aumento de peso g (en gramos) de una rata, durante cierto periodo, estaba dado por

$$g = -200P^2 + 200P + 20$$

¿Cuál es el porcentaje de levadura que proporciona un aumento promedio de peso de 60 gramos?

83. Dosis de medicamento   Existen varias reglas para determinar las dosis de las medicinas para niños una vez especificadas las dosis de los adultos. Tales reglas pueden tener como base el peso, la altura, etc. Si A es la edad del niño, d es la dosis para adulto y c la dosis para niño, a continuación se presentan dos reglas:

$$\text{Regla de Young:} \qquad c = \dfrac{A}{A+12}d$$

$$\text{Regla de Cowling:} \qquad c = \dfrac{A+1}{24}d$$

¿A qué edad las dosis para niños son las mismas usando estas reglas? Redondee su respuesta al año más cercano. En forma supuesta, el niño se ha convertido en adulto cuando $c = d$. ¿A qué edad un niño se convierte en adulto de acuerdo con la regla de Cowling?, ¿de acuerdo con la regla de Young? Si usted sabe cómo graficar funciones, grafique tanto $Y(A) = \dfrac{A}{A+12}$ como $C(A) = \dfrac{A+1}{24}$ como funciones de A, para $A \geq 0$, en el mismo plano. Usando las gráficas, efectúe una comparación más informada de las reglas de Young y Cowling que la que se logra sólo con la edad en la que ambas coinciden.

84. Precio de envío de una mercancía   En un análisis acerca del precio de envío de una mercancía desde la fábrica hasta un cliente, DeCanio[7] plantea y resuelve las dos ecuaciones cuadráticas siguientes:

$$(2n - 1)v^2 - 2nv + 1 = 0$$

---

[6]Adaptado de R. Bressani, "The use of Yeast in Human Foods", en R. I. Mateles y S. R. Tannenbaum (eds.), *Single-Cell Protein* (Cambridg'e: MIT Press, 1968).

[7]S. J. DeCanio, "Delivered Pricing and Multiple Basing Point Equilibria: A Revolution", *Quarterly Journal of Economics*, XCIX, núm. 2 (1984), pp. 329-349.

y

$$nv^2 - (2n+1)v + 1 = 0$$

donde $n \geq 1$.

(a) Resuelva la primera ecuación para v.
(b) Resuelva la segunda ecuación para v si $v < 1$.

85. Movimiento   Suponga que la altura h de un objeto que se lanza verticalmente hacia arriba desde el piso está dada por

$$h = 39.2t - 4.9t^2$$

donde h está en metros y t es el tiempo transcurrido en segundos.

(a) ¿Después de cuántos segundos el objeto golpea el piso?
(b) ¿En qué momento el objeto se encuentra a una altura de 68.2 m?

Aplicaciones y más álgebra

En este capítulo se aplicarán las ecuaciones a diferentes situaciones cotidianas. Después se hará lo mismo con las desigualdades, que son proposiciones en las que una cantidad es menor que ($<$), mayor que ($>$), menor o igual que ($\le$) o mayor o igual que ($\ge$) alguna otra cantidad.

Una aplicación de las desigualdades es la regulación de equipamiento deportivo. En un juego típico de las ligas mayores de béisbol estadounidenses, se utilizan algunas docenas de pelotas de béisbol y no sería lógico esperar que todas pesasen exactamente $5\frac{1}{8}$ onzas. Pero es razonable pedir que cada una pese no menos de 5 onzas ni más de $5\frac{1}{4}$ onzas, tal como se lee en el punto 1.09 de las Reglas Oficiales de Béisbol de las Grandes Ligas. (Vea http://mlb.mlb.com y busque "reglas oficiales"). Observe que *no menos de* es un sinónimo de *mayor o igual que*, mientras que *no más de* es un sinónimo de *menor o igual que*. Al traducir los enunciados verbales a matemáticas, se procura evitar las palabras negativas como primer paso. De cualquier forma, se tiene

$$\text{peso de la pelota} \ge 5 \text{ onzas} \quad \text{y} \quad \text{peso de la pelota} \le 5\frac{1}{4} \text{ onzas}$$

lo cual puede combinarse para obtener

$$5 \text{ onzas} \le \text{peso de la pelota} \le 5\frac{1}{4} \text{ onzas}$$

que se lee de manera más sencilla diciendo que la pelota debe pesar entre 5 y $5\frac{1}{4}$ onzas (donde este *entre* incluye los valores extremos).

Otra desigualdad se aplica en el caso de los veleros utilizados en las carreras de la Copa América, la cual se efectúa cada tres o cuatro años. La America's Cup Class (ACC) para los yates se definió hasta el 30 de enero de 2009 como:

$$\frac{L + 1.25\sqrt{S} - 9.8\sqrt[3]{DSP}}{0.686} \le 24.000 \text{ m}$$

El símbolo "$\le$" significa que la expresión del lado izquierdo debe ser menor o igual a los 24 m del lado derecho. L, S y DSP también se especifican mediante complicadas fórmulas, pero, aproximadamente, L es la longitud, S es el área de las velas y DSP es el desplazamiento (el volumen del casco bajo la línea de flotación).

La fórmula de la ACC proporciona a los diseñadores de yates un poco de flexibilidad. Suponga que un yate tiene $L = 20.2$ m, $S = 282$ m^2 y $DSP = 16.4$ m^3. Como la fórmula es una desigualdad, el diseñador podría reducir el área de las velas mientras deja sin cambios la longitud y el desplazamiento. Sin embargo, los valores típicos de L, S y DSP se utilizan de modo que la expresión del lado izquierdo quede tan cercana como sea posible a 24 metros.

Además de analizar aplicaciones de ecuaciones y desigualdades lineales, en este capítulo se revisará el concepto de valor absoluto y se introducirán sucesiones y la notación de suma.

Objetivo

Modelar situaciones que se describen por medio de ecuaciones lineales o cuadráticas.

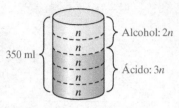

FIGURA 1.1   Solución química (ejemplo 1).

¡ADVERTENCIA!

Observe que la solución a una ecuación no es necesariamente la solución al problema dado.

1.1 Aplicaciones de ecuaciones

En la mayoría de los casos, para resolver problemas prácticos, las relaciones establecidas en los problemas deben traducirse a símbolos matemáticos. Esto se conoce como *modelado*. Los ejemplos siguientes ilustran técnicas y conceptos básicos. Examine cada uno de manera cuidadosa antes de pasar a los problemas.

EJEMPLO 1   Mezcla

Un químico debe preparar 350 ml de una solución compuesta por dos partes de alcohol y tres partes de ácido. ¿Cuánto debe utilizar de cada líquido?

Solución: Sea n el número de mililitros de cada líquido. En la figura 1.1 se muestra la situación. A partir del diagrama se tiene

$$2n + 3n = 350$$
$$5n = 350$$
$$n = \frac{350}{5} = 70$$

Pero $n = 70$ *no* es la respuesta al problema original; sino que cada *parte* tiene 70 ml. La cantidad de alcohol es $2n = 2(70) = 140$ y la cantidad de ácido es $3n = 3(70) = 210$. Así, el químico debe utilizar 140 ml de alcohol y 210 ml de ácido. Este ejemplo muestra cómo puede ser útil un diagrama para plantear un problema por escrito.

Ahora resuelva el problema 5 ◁

EJEMPLO 2   Plataforma de observación

Se construirá una plataforma rectangular de observación con vista a un pintoresco valle [vea la figura 1.2(a)]. Las dimensiones de la plataforma serán de 6 por 12 m. Un cobertizo rectangular de 40 m² de área estará en el centro de la plataforma. La parte no cubierta de la plataforma será un pasillo de anchura uniforme. ¿Cuál debe ser el ancho de este pasillo?

Solución: En la figura 1.2(b) se muestra un diagrama de la plataforma. Sea w el ancho (en metros) del pasillo. Por lo tanto, la parte de la plataforma destinada al cobertizo tendrá dimensiones de $12 - 2w$ por $6 - 2w$. Como su área debe ser de 40 m², donde área = (largo)(ancho), se tiene

$$(12 - 2w)(6 - 2w) = 40$$
$$72 - 36w + 4w^2 = 40 \quad \text{multiplicando}$$
$$4w^2 - 36w + 32 = 0$$
$$w^2 - 9w + 8 = 0 \quad \text{dividiendo ambos lados entre 4}$$
$$(w - 8)(w - 1) = 0$$
$$w = 8, 1$$

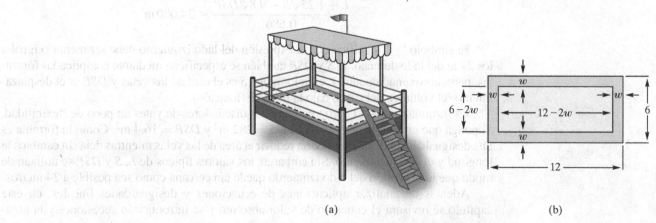

(a)   (b)

FIGURA 1.2   Pasillo en la plataforma (ejemplo 2).

Aunque 8 es una solución de la ecuación, *no* es una solución para el problema puesto que una de las dimensiones de la plataforma es de sólo 6 m. Así, la única solución posible es que el pasillo mida 1 m de ancho.

Ahora resuelva el problema 7 ◁

Las palabras clave introducidas aquí son *costo fijo*, *costo variable*, *costo total*, *ingreso total* y *utilidad*. Este es el momento de familiarizarse con dichos términos porque se utilizarán a lo largo del libro.

En el ejemplo siguiente se hace referencia a algunos términos de negocios relativos a una compañía manufacturera. **Costo fijo** es la suma de todos los costos que son independientes del nivel de producción, como renta, seguros, etc. Este costo debe pagarse independientemente de que la compañía produzca o no. **Costo variable** es la suma de todos los costos dependientes del nivel de producción, como mano de obra y materiales. **Costo total** es la suma de los costos variable y fijo:

$$\text{costo total} = \text{costo variable} + \text{costo fijo}$$

Ingreso total es el dinero que un fabricante recibe por la venta de su producción:

$$\text{ingreso total} = (\text{precio por unidad})(\text{número de unidades vendidas})$$

Utilidad es el ingreso total menos el costo total:

$$\text{utilidad} = \text{ingreso total} - \text{costo total}$$

EJEMPLO 3   Utilidad

La compañía Anderson fabrica un producto para el cual el costo variable por unidad es de $6 (dólares estadounidenses) y el costo fijo de $80 000. Cada unidad tiene un precio de venta de $10. Determine el número de unidades que deben venderse para obtener una utilidad de $60 000.

Solución: Sea q el número de unidades que deben venderse (en muchos problemas de administración de negocios, q representa la cantidad). Entonces, el costo variable (en dólares) es $6q$. Por lo tanto, el *costo total* será $6q + 80\,000$. El ingreso total por la venta de q unidades es $10q$. Como

$$\text{utilidad} = \text{ingreso total} - \text{costo total}$$

el modelo para este problema es

$$60\,000 = 10q - (6q + 80\,000)$$

Resolviendo se obtiene

$$60\,000 = 10q - 6q - 80\,000$$
$$4q = 140\,000$$
$$q = 35\,000$$

Por lo tanto, deben venderse 35 000 unidades para obtener una ganancia de $60 000.

Ahora resuelva el problema 9 ◁

EJEMPLO 4   Fijación de precios

Sportcraft produce ropa de mezclilla y está planeando vender su nueva línea de pantalones a minoristas. El costo al por menor será de $60 por un par de pantalones. Por conveniencia del minorista, Sportcraft colocará una etiqueta con el precio en cada par. ¿Qué cantidad debe ser marcada en las etiquetas de modo que el minorista pueda reducir este precio en 20% durante una venta y aún así obtener una ganancia de 15% sobre el costo?

Solución: Aquí se usa el hecho de que

Observe que precio = costo + utilidad.

$$\text{precio de venta} = \text{costo por par} + \text{utilidad por par}$$

Sea p el precio por par marcado en la etiqueta. Durante la venta, el minorista realmente recibe $p - 0.2p$. Esto debe ser igual al costo, 60, más la utilidad, $(0.15)(60)$. Por ende,

$$\text{precio de venta} = \text{costo} + \text{utilidad}$$
$$p - 0.2p = 60 + (0.15)(60)$$
$$0.8p = 69$$
$$p = 86.25$$

Sportcraft debe marcar las etiquetas con un precio de $86.25.

Ahora resuelva el problema 13 ◁

EJEMPLO 5 Inversión

Un total de $10 000 se invirtieron en acciones de dos compañías, A y B. Al final del primer año, A y B tuvieron rendimientos de 6 y $5\frac{3}{4}\%$, respectivamente, sobre las inversiones originales. ¿Cuál fue la cantidad original asignada a cada empresa si la utilidad total sumó $588.75?

Solución: Sea x la cantidad invertida al 6%. Entonces, $10\,000 - x$ se invirtieron al $5\frac{3}{4}\%$. El interés ganado en A fue de $(0.06)(x)$ y en B $(0.0575)(10\,000 - x)$, que en total asciende a $588.75. De ahí que,

$$(0.06)x + (0.0575)(10\,000 - x) = 588.75$$
$$0.06x + 575 - 0.0575x = 588.75$$
$$0.0025x = 13.75$$
$$x = 5500$$

Por lo tanto, se invirtieron $5500 al 6% y $10\,000 - \$5500 = \$4500$ se invirtieron al $5\frac{3}{4}$ por ciento.

Ahora resuelva el problema 11 ◁

EJEMPLO 6 Amortización de un bono

La mesa directiva de Maven Corporation acuerda amortizar algunos de sus bonos en dos años. En ese tiempo, se requerirán $1 102 500. Supongamos que en este momento reservan $1 000 000. ¿A qué tasa de interés anual, compuesto anualmente, debe tener invertido este dinero con el fin de que su valor futuro sea suficiente para amortizar los bonos?

Solución: Sea r la tasa de interés anual requerida. Al final del primer año, la cantidad acumulada será $1 000 000 más el interés, $1\,000\,000r$, para lograr un total de

$$1\,000\,000 + 1\,000\,000r = 1\,000\,000(1 + r)$$

Bajo interés compuesto, al final del segundo año la cantidad acumulada será $1\,000\,000(1 + r)$ más el interés de esto, que es $1\,000\,000(1 + r)r$. Así, el valor total cuando finalice el segundo año será de

$$1\,000\,000(1 + r) + 1\,000\,000(1 + r)r$$

Esto debe ser igual a $1 102 500:

$$1\,000\,000(1 + r) + 1\,000\,000(1 + r)r = 1\,102\,500 \tag{1}$$

Como $1\,000\,000(1 + r)$ es un factor común de ambos términos del lado izquierdo, se tiene que

$$1\,000\,000(1 + r)(1 + r) = 1\,102\,500$$
$$1\,000\,000(1 + r)^2 = 1\,102\,500$$
$$(1 + r)^2 = \frac{1\,102\,500}{1\,000\,000} = \frac{11\,025}{10\,000} = \frac{441}{400}$$
$$1 + r = \pm\sqrt{\frac{441}{400}} = \pm\frac{21}{20}$$
$$r = -1 \pm \frac{21}{20}$$

Así, $r = -1 + (21/20) = 0.05$ o $r = -1 - (21/20) = -2.05$. Aunque 0.05 y -2.05 son raíces de la ecuación (1), se rechaza -2.05 porque es necesario que r sea positiva. Por lo que $r = 0.05$, de modo que la tasa buscada es de 5 por ciento.

Ahora resuelva el problema 15 ◁

A veces puede haber más de una manera de modelar un problema por escrito, como lo muestra el ejemplo 7.

EJEMPLO 7   Renta de un departamento

Una compañía de bienes raíces es propietaria del conjunto de departamentos Parklane, el cual consiste en 96 departamentos, cada uno de los cuales puede ser rentado en $550 mensuales. Sin embargo, por cada $25 mensuales de aumento en la renta, se tendrán tres departamentos desocupados sin posibilidad de que se renten. La compañía quiere recibir $54 600 mensuales de rentas. ¿Cuál debe ser la renta mensual de cada departamento?

Solución:

Método I. Supongamos que r es la renta que se cobrará por cada departamento. Entonces el aumento sobre el nivel de $550 es $r - 550$. Así, el número de aumentos de $25 es $\dfrac{r - 550}{25}$. Como cada $25 de aumento causa que tres departamentos queden sin rentar, el número total de departamentos sin rentar será $3\left(\dfrac{r - 550}{25}\right)$. De modo que el número total de departamentos rentados será $96 - 3\left(\dfrac{r - 550}{25}\right)$. Como

renta total = (renta por departamento)(número de departamentos rentados)

se tiene

$$54\,600 = r\left(96 - \frac{3(r - 550)}{25}\right)$$
$$54\,600 = r\left(\frac{2400 - 3r + 1650}{25}\right)$$
$$54\,600 = r\left(\frac{4050 - 3r}{25}\right)$$
$$1\,365\,000 = r(4050 - 3r)$$

Por lo tanto,

$$3r^2 - 4050r + 1\,365\,000 = 0$$

Mediante la fórmula cuadrática,

$$r = \frac{4050 \pm \sqrt{(-4050)^2 - 4(3)(1\,365\,000)}}{2(3)}$$
$$= \frac{4050 \pm \sqrt{22\,500}}{6} = \frac{4050 \pm 150}{6} = 675 \pm 25$$

Así que la renta para cada departamento debe ser de $650 o $700.

Método II. Supongamos que n es el número de incrementos de $25. Entonces el aumento en la renta por departamento será $25n$ y habrá $3n$ departamentos por rentar. Como

renta total = (renta por departamento)(número de departamentos rentados)

se tiene

$$54\,600 = (550 + 25n)(96 - 3n)$$
$$54\,600 = 52\,800 + 750n - 75n^2$$
$$75n^2 - 750n + 1800 = 0$$
$$n^2 - 10n + 24 = 0$$
$$(n - 6)(n - 4) = 0$$

Así, $n = 6$ o $n = 4$. La renta que debe cobrarse es $550 + 25(6) = \$700$ o bien $550 + 25(4) = \$650$. Sin embargo, es fácil ver que la compañía de bienes raíces puede recibir $54 675 de rentas mensuales al cobrar $675 por cada departamento y que $54 675 es la cantidad *máxima* de rentas que puede recibir dadas las condiciones presentes del mercado. En cierto sentido, la compañía formuló la pregunta equivocada. Gran parte del trabajo de este libro se centrará en estudiar cómo formular una mejor pregunta que la que hizo esta compañía.

Ahora resuelva el problema 29 ◁

PROBLEMAS 1.1

1. Cercado   Una cerca de alambre se colocará alrededor de un terreno rectangular de modo que el área cercada sea de 800 pies² y el largo del terreno sea el doble de su ancho. ¿Cuántos pies de malla se utilizarán?

2. Geometría   El perímetro de un rectángulo es de 300 pies y su largo es 3 pies más que dos veces el ancho. Determine las dimensiones del rectángulo.

3. Oruga lagarta   Uno de los insectos defoliadores más dañinos es la oruga lagarta, la cual se alimenta de plantas de sombra, de bosque y de árboles frutales. Una persona vive en un área en la que la oruga se ha convertido en un problema. Esta persona desea rociar los árboles de su propiedad antes de que ocurra mayor defoliación. Necesita 145 onzas de una solución compuesta por 4 partes de insecticida *A* y 5 partes de insecticida *B*. Después de preparada la solución, se mezcla con agua. ¿Cuántas onzas de cada insecticida deben usarse?

4. Mezcla de concreto   Un constructor fabrica cierto tipo de concreto al mezclar 1 parte de cemento *portland* (hecho de cal y arcilla), 3 partes de arena y 5 partes de piedra pulverizada (en volumen). Si se necesitan 765 pies³ de concreto, ¿cuántos pies cúbicos de cada ingrediente necesita el constructor?

5. Acabado de muebles   De acuerdo con *The Consumer's Handbook* [Paul Fargis, ed. (Nueva York: Hawthorn, 1974)], un buen aceite para el acabado de muebles de madera contiene dos partes de aceite de linaza y una parte de aguarrás. Si debe prepararse una pinta (16 onzas líquidas) de este aceite, ¿cuántas onzas líquidas de aguarrás se necesitan?

6. Administración de bosques   Una compañía maderera posee un bosque que tiene forma rectangular de 1 por 2 mi. Si la compañía corta una franja uniforme de árboles a lo largo de los bordes exteriores de este bosque, ¿cuál debe ser el ancho de la franja para conservar $\frac{3}{4}$ de millas cuadradas de bosque?

7. Vereda de jardín   Un terreno cuadrado de 10 m por lado va a tener en el centro un jardín circular de 60 m² para plantar flores. Se decide poner una vereda de manera que los dueños del terreno puedan caminar alrededor del jardín de flores. ¿Cuál es el "ancho" mínimo de la superficie de la vereda? En otras palabras, ¿cuál es la menor distancia desde el jardín de flores hasta la orilla del terreno?

8. Conducto de ventilación   El diámetro de un conducto de ventilación es de 140 mm. Este conducto está unido a un conducto cuadrado como se muestra en la figura 1.3. Para asegurar un flujo suave de aire, las áreas de las secciones circular y cuadrada deben ser iguales. Redondeando al milímetro más cercano, ¿cuál debe ser la longitud *x* de un lado de la sección cuadrada?

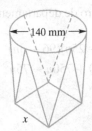

FIGURA 1.3   Conducto de ventilación (problema 8).

9. Utilidad   Una compañía de refinación de maíz produce gluten de maíz para alimento de ganado con un costo variable de $82 por

tonelada. Si los costos fijos son de $120 000 al mes y el alimento se vende en $134 la tonelada, ¿cuántas toneladas deben venderse al mes para que la compañía obtenga una utilidad mensual de $560 000?

10. Ventas   La administración de la compañía Smith quiere saber cuántas unidades de su producto necesita vender para obtener una utilidad de $150 000. Se cuenta con los siguientes datos: precio unitario de venta, $50; costo variable por unidad, $25; costo fijo total, $500 000. A partir de estos datos determine las unidades que deben venderse.

11. Inversión   Una persona desea invertir $20 000 en dos empresas de modo que el ingreso total por año sea de $1440. Una empresa paga 6% anual; la otra tiene mayor riesgo y paga $7\frac{1}{2}$% anual. ¿Cuánto debe invertirse en cada empresa?

12. Inversión   Cierta persona invirtió $120 000, una parte a una tasa de interés de 4% anual y el resto al 5% anual. El interés total al cabo de un año fue equivalente a una tasa de $4\frac{1}{2}$% anual sobre el total inicial de $120 000. ¿Cuánto se invirtió a cada tasa?

13. Fijación de precios   El costo de un producto al menudeo es de $3.40. Si el minorista desea obtener una ganancia del 20% sobre el precio de venta, ¿a qué precio debe vender el producto?

14. Retiro de bonos   En tres años, una compañía requerirá de $1 125 800 con el fin de retirar algunos bonos. Si ahora invierte $1 000 000 para este propósito, ¿cuál debe ser la tasa de interés, compuesta anualmente, que debe recibir sobre este capital para poder retirar los bonos?

15. Programa de expansión   En dos años, una compañía iniciará un programa de expansión. Ha decidido invertir $3 000 000 ahora de modo que en dos años el valor total de la inversión sea de $3 245 000, la cantidad requerida para la expansión. ¿Cuál es la tasa de interés anual, compuesta anualmente, que la compañía debe recibir para alcanzar su objetivo?

16. Negocios   Una compañía determina que si produce y vende *q* unidades de un producto, el ingreso total por las ventas será de $100\sqrt{q}$. Si el costo variable por unidad es de $2 y el costo fijo de $1200, encuentre los valores de *q* para los que

ingreso total por ventas = costo variable + costo fijo

(Es decir, la utilidad es igual a cero).

17. Sobreventa de asientos   Un avión de pasajeros tiene 81 asientos. En promedio, 90% de las personas que reservan un vuelo viajan en él. ¿Cuántos asientos debe reservar la aerolínea para ocupar el avión en su totalidad?

18. Encuestas   Un grupo de personas fue encuestado y el 20%, o 700, favoreció a un nuevo producto sobre la marca de mayor venta. ¿Cuántas personas fueron encuestadas?

19. Salario de una guardia de prisión   Se reportó que en cierta prisión para mujeres, el salario de las guardias era 30% menor ($200 menos) por mes que el de los hombres que ejercen el mismo trabajo. Determine el salario anual de un guardia masculino. Redondee su respuesta a la unidad más cercana.

20. Huelga de conductores   Hace pocos años en Estados Unidos, los transportistas de cemento estuvieron en huelga durante 46 días. Antes de la huelga recibían $7.50 por hora y trabajaban 260 días, 8 horas por jornada, durante un año. ¿Qué porcentaje de incremento en el ingreso anual fue necesario para compensar la pérdida de esos 46 días en un año?

21. Punto de equilibrio   Un fabricante de cartuchos para juegos de video vende cada cartucho en $21.95. El costo de fabricación de cada cartucho es de $14.92. Los costos fijos mensuales son de $8500. Durante el primer mes de ventas de un nuevo juego, ¿cuántos cartuchos debe vender el fabricante para llegar al punto de equilibrio (esto es, para que el ingreso total sea igual al costo total)?

22. Club de inversión   Un club de inversión compró un bono de una compañía petrolera por $5000. El bono da un rendimiento de 4% anual. El club ahora quiere comprar acciones de una compañía de suministros para molinos de viento. El precio de cada acción es de $20 y se gana un dividendo de $0.50 al año por acción. ¿Cuántas acciones debe comprar el club de modo que de su inversión total en acciones y bonos obtenga el 3% anual?

23. Cuidado de la vista   Como un beneficio complementario para sus empleados, una compañía estableció un plan de cuidado de la vista. Bajo este plan, cada año la compañía paga los primeros $35 de los gastos de cuidado de la vista y el 80% de todos los gastos adicionales de ese tipo, hasta cubrir un *total* máximo de $100. Para un empleado, determine los gastos anuales totales en cuidado de la vista cubiertos por este programa.

24. Control de calidad   Durante cierto periodo, el fabricante de una barra de dulce con centro de caramelo determinó que 3.1% de las barras fueron rechazadas por imperfecciones.
(a) Si en un año se fabrican c barras de dulce, ¿cuántas esperaría rechazar el fabricante?
(b) Este año, se proyecta que el consumo anual del dulce será de 600 millones de barras. Aproximadamente, ¿cuántas barras tendrá que producir el fabricante si toma en cuenta las rechazadas?

25. Negocios   Suponga que los clientes comprarán q unidades de un producto cuando el precio sea de $(80 - q)/4$ dólares *cada uno*. ¿Cuántas unidades deben venderse para que el ingreso por ventas sea de $400?

26. Inversión   ¿En cuánto tiempo se duplicará una inversión a interés simple con una tasa del 4.5% anual? [*Sugerencia:* Vea el ejemplo 6(a) de la sección 0.7 y exprese el 4.5% como 0.045].

27. Alternativas en los negocios   La banda de música Mongeese trató de vender su canción Kobra Klub a una pequeña marca, Epsilon Records, a un pago único de $50 000. Luego de estimar que las posibles ventas futuras después de un año de Kobra Klub son inexistentes, la gerencia de Epsilon revisa una propuesta alternativa para darle a Mongeese un pago único de $5000 más una regalía de $0.50 por cada disco vendido. ¿Cuántas unidades deben venderse el primer año para que esta alternativa sea tan económicamente atractiva para la banda como su propuesta original? [*Sugerencia*: Determine en qué momento el ingreso es el mismo bajo ambas propuestas].

28. Estacionamiento   Un estacionamiento es de 120 pies de largo por 80 pies de ancho. Debido a un incremento en el personal, se decidió duplicar el área del lote aumentando franjas de igual anchura en un extremo y en uno de los lados. Encuentre el ancho de cada franja.

29. Rentas   Usted es el asesor financiero en jefe de una compañía que posee un complejo con 50 oficinas. Cada oficina puede rentarse en $400 mensuales. Sin embargo, por cada incremento de $20 mensuales se quedarán dos vacantes sin posibilidad de ser ocupadas. La compañía quiere obtener un total de $20 240 mensuales por concepto de rentas en el complejo. Se le pide a usted determinar la renta que debe cobrarse por cada oficina. ¿Cuál es su respuesta?

30. Inversión   Hace seis meses, una compañía de inversiones tenía un portafolio de $3 100 000 que consistía en acciones de primera y acciones atractivas. Desde entonces, el valor de la inversión en acciones de primera aumentó en $\frac{1}{10}$, mientras que el valor de las acciones atractivas disminuyó en $\frac{1}{10}$. El valor actual del portafolio suma $3 240 000. ¿Cuál es el valor *actual* de la inversión en acciones de primera?

31. Ingreso   El ingreso mensual de cierta compañía está dado por $R = 800p - 7p^2$, donde p es el precio del producto que fabrica esa compañía. ¿A qué precio el ingreso será de $10 000 si el precio debe ser mayor de $50?

32. Razón precio-utilidad   La *razón precio-utilidad* (P/U) de una compañía es la razón que se obtiene de dividir el valor de mercado de una acción común en circulación entre las utilidades por acción. Si P/U se incrementa en 15% y los ingresos por acción disminuyen 20%, determine el cambio porcentual en el valor de mercado por acción para las acciones comunes.

33. Equilibrio de mercado   Cuando el precio de un producto es p por cada unidad, suponga que un fabricante suministrará $2p - 10$ unidades del producto al mercado y que los consumidores demandarán $200 - 3p$ unidades. En el valor de p para el cual la oferta es igual a la demanda, se dice que el mercado está en equilibrio. Encuentre ese valor de p.

34. Equilibrio de mercado   Repita el problema 33 para las condiciones siguientes: A un precio de p por unidad, la oferta es $2p^2 - 3p$ y la demanda es $20 - p^2$.

35. Cerca de seguridad   Por razones de seguridad, una compañía cercará un área rectangular de 11 200 pies^2 en la parte posterior de su planta. Un lado estará delimitado por el edificio y los otros tres lados por la cerca (vea la figura 1.4). Si se van a utilizar 300 pies de cerca, ¿cuáles serán las dimensiones del área rectangular?

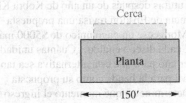

FIGURA 1.4 Cerca de seguridad (problema 35).

36. Diseño de empaque Una compañía está diseñando un empaque para su producto. Una parte del empaque será una caja abierta fabricada a partir de una pieza cuadrada de aluminio, de la que se cortará un cuadrado a 2 pulg desde cada esquina para así doblar hacia arriba los lados (vea la figura 1.5). La caja debe contener 50 pulg³. ¿Cuáles son las dimensiones de la pieza cuadrada de aluminio que debe usarse?

FIGURA 1.5 Construcción de una caja (problema 36).

37. Diseño de producto Una compañía de dulces fabrica la popular barra Henney's, cuyo principal ingrediente es chocolate. La barra de forma rectangular tiene 10 centímetros (cm) de largo, 5 cm de ancho y 2 cm de grosor (vea la figura 1.6). El precio del chocolate como materia prima ha *disminuido* en 60% y la compañía ha decidido premiar a sus clientes leales con un aumento del 50% en el volumen de la barra. El grosor será el mismo, pero el largo y el ancho se incrementarán en la misma cantidad. ¿Cuál será el largo y el ancho de la nueva barra?

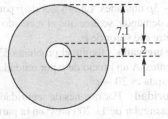

FIGURA 1.6 Barra de dulce (problema 37).

38. Diseño de producto Una compañía fabrica un dulce en forma de arandela (un dulce con un agujero en medio); vea la figura 1.7.

FIGURA 1.7 Dulce en forma de arandela (problema 38).

Debido a un incremento en los costos, la compañía reducirá el volumen del dulce en 22%. Para hacerlo, se conservarán el grosor y el radio exterior, pero el radio interno se hará mayor. En la actualidad, el grosor es de 2.1 milímetros (mm), el radio interno es de 2 mm y el radio exterior mide 7.1 mm. Encuentre el radio interno del dulce con el nuevo estilo. [*Sugerencia*: El volumen V de un disco sólido es $\pi r^2 h$, donde r es el radio y h el grosor del disco].

39. Saldo compensatorio Un *saldo compensatorio* se refiere a la práctica en la cual un banco requiere a quien solicita un crédito mantener en depósito cierta parte de un préstamo durante el plazo del mismo. Por ejemplo, si una compañía obtiene un préstamo de $100 000, el cual requiere un saldo compensatorio del 20%, tendría que dejar $20 000 en depósito y usar sólo $80 000. Para satisfacer los gastos de renovación de sus herramientas, la Barber Die Company debe pedir prestados $195 000. El Third National Bank, con el que no ha tenido tratos previos, requiere un saldo compensatorio del 16%. Aproximando a la unidad de millar más cercana, ¿cuál debe ser el monto total del préstamo para obtener los fondos necesarios? Ahora resuelva el problema general de determinar la cantidad L de un préstamo que se necesita para manejar gastos de tamaño E si el banco requiere un saldo compensatorio de p por ciento.

40. Plan de incentivos Una compañía de maquinaria tiene un plan de incentivos para sus agentes de ventas. Por cada máquina que venda un agente, la comisión es de $40. La comisión por *todas* las máquinas vendidas se incrementa en $0.04 por máquina siempre y cuando se vendan más de 600 unidades. Por ejemplo, la comisión sobre cada una de las 602 máquinas vendidas será de $40.08. ¿Cuántas máquinas tiene que vender un agente para obtener ingresos por $30 800?

41. Bienes raíces Una compañía fraccionadora compra una parcela en $7200. Después de vender todo, excepto 20 acres, con una ganancia de $30 por acre sobre su costo original, el costo total de la parcela se recuperó. ¿Cuántos acres se vendieron?

42. Margen de utilidad El *margen de utilidad* de una compañía es su ingreso neto dividido entre sus ventas totales. El margen de utilidad en cierta compañía aumentó en 0.02 con respecto al año pasado. El año pasado vendió su producto en $3.00 cada uno y tuvo un ingreso neto de $4500. Este año incrementó el precio de su producto en $0.50 por unidad, vendió 2000 más y tuvo un ingreso neto de $7140. La compañía nunca ha tenido un margen de utilidad mayor que 0.15. ¿Cuántos de sus productos vendió la compañía el año pasado y cuántos vendió este año?

43. Negocios Una compañía fabrica los productos A y B. El costo de producir cada unidad tipo A es $2 más que el de B. Los costos de producción de A y B son $1500 y $1000, respectivamente, y se hacen 25 unidades más de A que de B. ¿Cuántas unidades de cada producto se fabrican?

Objetivo

Resolver desigualdades lineales con una variable e introducir la notación de intervalos.

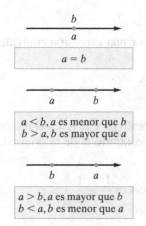

FIGURA 1.8 Posiciones relativas de dos puntos.

1.2 Desigualdades lineales

Suponga que a y b son dos puntos sobre la recta de los números reales. Entonces, puede ser que a y b coincidan, que a se encuentre a la izquierda de b o que a se encuentre a la derecha de b (vea la figura 1.8).

Si a y b coinciden, entonces $a = b$. Si a se encuentra a la izquierda de b, se dice que a es menor que b y se escribe $a < b$, donde el *símbolo de desigualdad* "<" se lee "es menor que". Por otro lado, si a se encuentra a la derecha de b, decimos que a es mayor que b y se escribe $a > b$. Los enunciados $a > b$ y $b < a$ son equivalentes.

Otro símbolo de desigualdad, "$\leq$", se lee "es menor o igual a" y se define como: $a \leq b$ si y sólo si $a < b$ o $a = b$. De manera semejante, el símbolo "$\geq$" está definido como: $a \geq b$ si y sólo si $a > b$ o $a = b$. En este caso, se dice que a es mayor o igual que b.

Con frecuencia, las expresiones *números reales* y *puntos* se utilizan de manera intercambiable, puesto que existe una correspondencia uno a uno entre los números reales y los puntos que están sobre una recta. Así, puede hablarse de los puntos $-5, -2, 0, 7$ y 9 y escribir $7 < 9, -2 > -5, 7 \leq 7$ y $7 \geq 0$. (Vea la figura 1.9). Resulta claro que si $a > 0$, entonces a es positiva; si $a < 0$, entonces a es negativa.

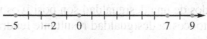

FIGURA 1.9 Puntos sobre la recta numérica.

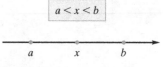

FIGURA 1.10 $a < x$ y $x < b$.

Suponga que $a < b$ y x está entre a y b. (Vea la figura 1.10). Entonces no sólo $a < x$, sino que también $x < b$. Esto se indica escribiendo $a < x < b$. Por ejemplo, $0 < 7 < 9$. (Vea de nuevo la figura 1.9).

Definición

Una **desigualdad** es un enunciado que establece que una cantidad es menor que, mayor que, menor o igual que o mayor o igual que otra cantidad.

Por supuesto, las desigualdades se representan por medio de símbolos de desigualdad. Si dos desigualdades tienen sus símbolos apuntando en la misma dirección, entonces se dice que tienen el *mismo sentido*; si no, se dice que tienen *sentidos opuestos* o que una tiene el *sentido contrario* de la otra. Por lo tanto, $a < b$ y $c < d$ tienen el mismo sentido, pero $a < b$ tiene el sentido contrario de $c > d$.

Resolver una desigualdad, como $2(x - 3) < 4$, significa encontrar todos los valores de la variable para los cuales dicha desigualdad es verdadera. Esto implica la aplicación de ciertas reglas que se establecen a continuación.

Reglas para las desigualdades

1. Si un mismo número se suma o resta en ambos lados de una desigualdad, la desigualdad resultante tendrá el mismo sentido que la original. En forma simbólica,

$$\text{Si } a < b, \text{ entonces } a + c < b + c \text{ y } a - c < b - c.$$

Por ejemplo, $7 < 10$, de modo que $7 + 3 < 10 + 3$.

2. Si ambos lados de una desigualdad se multiplican o dividen por el mismo número *positivo*, la desigualdad resultante va a tener el mismo sentido que la original. En forma simbólica,

$$\text{Si } a < b \text{ y } c > 0, \text{ entonces } ac < bc \text{ y } \frac{a}{c} < \frac{b}{c}.$$

Por ejemplo, $3 < 7$ y $2 > 0$, de modo que $3(2) < 7(2)$ y $\frac{3}{2} < \frac{7}{2}$.

Tenga en mente que las reglas también se aplican para $\leq, >$ y $\geq$.

3. Si ambos lados de una desigualdad se multiplican o dividen por el mismo número *negativo*, entonces la desigualdad resultante va a tener el sentido contrario al de la original. En forma simbólica,

$$\text{Si } a < b \text{ y } c < 0, \text{ entonces } a(c) > b(c) \text{ y } \frac{a}{c} > \frac{b}{c}.$$

¡ADVERTENCIA!

Al multiplicar o dividir una desigualdad por un número negativo, se obtiene una desigualdad con sentido opuesto.

Por ejemplo, $4 < 7$ y $-2 < 0$, entonces $4(-2) > 7(-2)$ y $\frac{4}{-2} > \frac{7}{-2}$.

4. Cualquier lado de una desigualdad puede reemplazarse por una expresión equivalente. En forma simbólica,

$$\text{Si } a < b \text{ y } a = c, \text{ entonces } c < b.$$

Por ejemplo, si $x < 2$ y $x = y + 4$, entonces $y + 4 < 2$.

5. Si los lados de una desigualdad son ambos positivos o negativos y se toma el recíproco de cada lado, entonces resulta otra desigualdad con sentido contrario al de la original. De manera simbólica,

$$\text{Si } 0 < a < b \text{ o bien } a < b < 0, \text{ entonces } \frac{1}{a} > \frac{1}{b}.$$

Por ejemplo, $2 < 4$, entonces $\frac{1}{2} > \frac{1}{4}$ y $-4 < -2$, por ende $\frac{1}{-4} > \frac{1}{-2}$.

6. Si ambos lados de una desigualdad son positivos y se eleva cada lado a la misma potencia positiva, entonces la desigualdad resultante tendrá el mismo sentido que la original. De manera simbólica,

$$\text{Si } 0 < a < b \text{ y } n > 0, \text{ entonces } a^n < b^n.$$

Para el entero positivo n, esta regla también establece,

$$\text{Si } 0 < a < b, \text{ entonces } \sqrt[n]{a} < \sqrt[n]{b}.$$

Por ejemplo, $4 < 9$, de modo que $4^2 < 9^2$ y $\sqrt{4} < \sqrt{9}$.

Se dice que un par de desigualdades es *equivalente* si tienen exactamente las *mismas soluciones*. Es fácil mostrar que cuando se aplica cualquiera de las reglas de la 1 a la 6 a una desigualdad, el resultado es una desigualdad equivalente.

Al expandirse a la terminología dada en la sección 0.1, resulta que un número a es *positivo* si $0 < a$ y *negativo* si $a < 0$. Con frecuencia resulta útil decir que a *no es* *negativo* si $0 \le a$. (También se podría decir que a *no es* *positivo* si $a \le 0$, pero esta terminología no se utiliza con frecuencia).

Observe a partir de la regla 1 que $a \le b$ es equivalente a "$b - a$ no es negativo". Otra observación simple es que $a \le b$ es equivalente a "existe un número s no negativo de modo que $a + s = b$". La s que hace el trabajo es justo $b - a$, pero la idea resulta útil cuando un lado de $a \le b$ contiene una incógnita.

Esta idea permite reemplazar una desigualdad con una igualdad —a expensas de introducir una variable—. En el capítulo 7, el poderoso método simplex construye reemplazos de desigualdades $a \le b$ con ecuaciones $a + s = b$ para s no negativa. En este contexto, s es conocida como la *variable de holgura* porque toma la "holgura" que hay entre a y b.

Ahora se aplicarán las reglas de la 1 a la 4 para una *desigualdad lineal*.

La definición también se aplica a $\le$, $>$ y $\ge$.

> **Definición**
>
> Una **desigualdad lineal** en la variable x es una desigualdad que puede escribirse en la forma
>
> $$ax + b < 0$$
>
> donde a y b son constantes y $a \ne 0$.
>
> Debe esperarse que la desigualdad sea verdadera para algunos valores de x y falsa para otros. Para **resolver** una desigualdad que involucra una variable deben encontrarse todos los valores de la variable para los cuales la desigualdad es verdadera.

APLÍQUELO ▶

1. Un vendedor tiene un ingreso mensual dado por $I = 200 + 0.8S$, donde S es el número de productos vendidos en un mes. ¿Cuántos productos debe vender para obtener al menos $4500 al mes?

$$x < 5$$

FIGURA 1.11   Todos los números reales menores que 5.

APLÍQUELO ▶

2. El veterinario de un zoológico puede comprar cuatro diferentes comidas para animal con distintos valores nutrimentales para los animales de pastoreo del zoológico. Sea x_1 el número de bolsas de comida 1, x_2 el número de bolsas de comida 2, y así sucesivamente. La cantidad necesaria de bolsas de cada comida puede describirse mediante las siguientes ecuaciones:

$$x_1 = 150 - x_4$$

$$x_2 = 3x_4 - 210$$

$$x_3 = x_4 + 60$$

A partir de estas ecuaciones, escriba cuatro desigualdades que involucren a x_4; para ello, suponga que ninguna variable puede ser negativa.

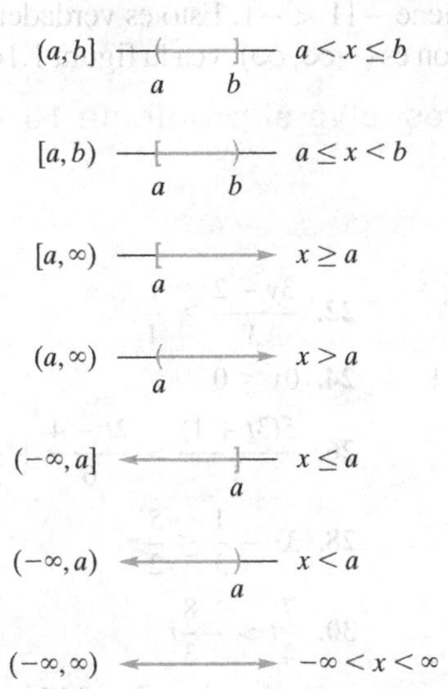

$$(a, b] \quad a < x \le b$$
$$\qquad a \quad b$$

$$[a, b) \quad a \le x < b$$
$$\qquad a \quad b$$

$$[a, \infty) \quad x \ge a$$
$$\qquad a$$

$$(a, \infty) \quad x > a$$
$$\qquad a$$

$$(-\infty, a] \quad x \le a$$
$$\qquad a$$

$$(-\infty, a) \quad x < a$$
$$\qquad a$$

$$(-\infty, \infty) \quad -\infty < x < \infty$$

FIGURA 1.13   Intervalos.

¡ADVERTENCIA!

Al dividir ambos lados entre -2 se invierte el sentido de la desigualdad.

EJEMPLO 1   **Resolución de una desigualdad lineal**

Resuelva $2(x - 3) < 4$.

Solución:

Estrategia   Es necesario reemplazar la desigualdad dada por desigualdades equivalentes hasta que la solución sea evidente.

$$2(x - 3) < 4$$
$$2x - 6 < 4 \qquad \text{Regla 4}$$
$$2x - 6 + 6 < 4 + 6 \qquad \text{Regla 1}$$
$$2x < 10 \qquad \text{Regla 4}$$
$$\frac{2x}{2} < \frac{10}{2} \qquad \text{Regla 2}$$
$$x < 5 \qquad \text{Regla 4}$$

Todas las desigualdades son equivalentes. Por lo tanto, la desigualdad original es verdadera para *todos* los números reales x tales que $x < 5$. Por ejemplo, la desigualdad es verdadera para $x = -10$, -0.1, 0, $\frac{1}{2}$ y 4.9. La solución puede escribirse simplemente como $x < 5$ y representarla de manera geométrica por medio de una semirrecta en la figura 1.11. El paréntesis indica que 5 *no está incluido* en la solución.

Ahora resuelva el problema 9 ◁

En el ejemplo 1, la solución consistió en un conjunto de números, a saber, todos números reales menores que 5. En general, es común utilizar el término **intervalo** para referirse a tales conjuntos. En el caso del ejemplo 1, el conjunto de todas las x tales que $x < 5$ puede indicarse mediante la *notación de intervalo* $(-\infty, 5)$. El símbolo $-\infty$ no es un número, sino sólo una convención para indicar que el intervalo incluye todos los números menores a 5.

Existen otros tipos de intervalos. Por ejemplo, el conjunto de todos los números x para los cuales $a \le x \le b$ se conoce como **intervalo cerrado** e incluye a los números a y b, los cuales se llaman *extremos* del intervalo. Este intervalo se denota mediante $[a, b]$ y se muestra en la figura 1.12(a). Los corchetes indican que a y b *están incluidos* en el intervalo. Por otra parte, el conjunto de todas las x para las que $a < x < b$ se llama **intervalo abierto** y se denota por (a, b). Los extremos *no están incluidos* en este conjunto. [Vea la figura 1.12(b)]. Para ampliar estos conceptos, se tienen los intervalos mostrados en la figura 1.13. Así como $-\infty$ no es un número, tampoco lo es ∞, pero (a, ∞) es una notación conveniente para el conjunto de todos los números reales x para los cuales $a < x$. De modo similar, $[a, \infty)$ denota todos los números x reales para los cuales $a \le x$. Es una extensión natural de esta notación escribir $(-\infty, \infty)$ *para el conjunto de todos los números reales y eso se hará en todo este libro.*

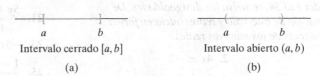

Intervalo cerrado $[a, b]$ Intervalo abierto (a, b)

(a)   (b)

FIGURA 1.12   Intervalos cerrado y abierto.

EJEMPLO 2   **Resolución de una desigualdad lineal**

Resuelva $3 - 2x \le 6$.

Solución:

$$3 - 2x \le 6$$
$$-2x \le 3 \qquad \text{Regla 1}$$
$$x \ge -\frac{3}{2} \qquad \text{Regla 3}$$

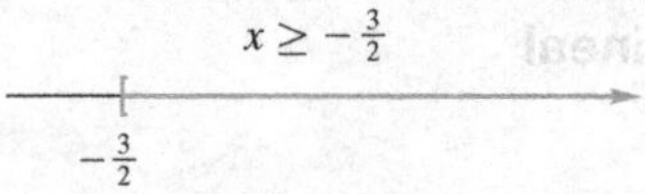

$$x \geq -\tfrac{3}{2}$$

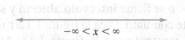

FIGURA 1.14   El intervalo $[-\tfrac{3}{2}, \infty)$.

La solución es $x \geq -\tfrac{3}{2}$, o, en notación de intervalo, $[-\tfrac{3}{2}, \infty)$. Esto se representa geométricamente en la figura 1.14.

Ahora resuelva el problema 7 ◁

EJEMPLO 3   **Resolución de una desigualdad lineal**

Resuelva $\tfrac{3}{2}(s-2) + 1 > -2(s-4)$.

Solución:

$$\frac{3}{2}(s-2) + 1 > -2(s-4)$$

$$2\left[\frac{3}{2}(s-2) + 1\right] > 2[-2(s-4)] \qquad \text{Regla 2}$$

$$3(s-2) + 2 > -4(s-4)$$

$$3s - 4 > -4s + 16$$

$$7s > 20 \qquad \text{Regla 1}$$

$$s > \frac{20}{7} \qquad \text{Regla 2}$$

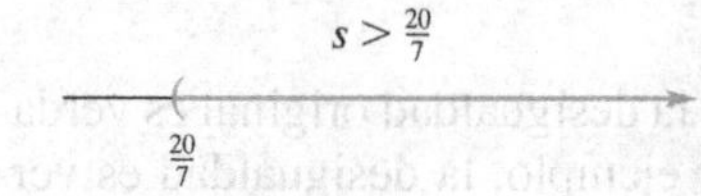

$$s > \tfrac{20}{7}$$

FIGURA 1.15   El intervalo $(\tfrac{20}{7}, \infty)$.

La solución es $(\tfrac{20}{7}, \infty)$; vea la figura 1.15.

Ahora resuelva el problema 19 ◁

EJEMPLO 4   **Resolución de desigualdades lineales**

a. Resuelva $2(x-4) - 3 > 2x - 1$.

Solución:

$$2(x-4) - 3 > 2x - 1$$

$$2x - 8 - 3 > 2x - 1$$

$$-11 > -1$$

Como nunca será cierto que $-11 > -1$, no existe solución y el conjunto solución es Ø (el conjunto sin elementos).

b. Resuelva $2(x-4) - 3 < 2x - 1$.

$$-\infty < x < \infty$$

FIGURA 1.16   El intervalo $(-\infty, \infty)$.

Solución: Si se procede como en el inciso (a), se obtiene $-11 < -1$. Esto es verdadero para todos los números reales x, de modo que la solución es $(-\infty, \infty)$; vea la figura 1.16.

Ahora resuelva el problema 15 ◁

PROBLEMAS 1.2

En los problemas del 1 al 34, resuelva las desigualdades. Dé su respuesta en notación de intervalo y represéntela en forma geométrica sobre la recta de los números reales.

1. $5x > 15$

2. $4x < -2$

3. $5x - 11 \leq 9$

4. $5x \leq 0$

5. $-4x \geq 2$

6. $3z + 2 > 0$

7. $5 - 7s > 3$

8. $4s - 1 < -5$

9. $3 < 2y + 3$

10. $4 \leq 3 - 2y$

11. $t + 6 \leq 2 + 3t$

12. $-3 \geq 8(2 - x)$

13. $3(2 - 3x) > 4(1 - 4x)$

14. $8(x + 1) + 1 < 3(2x) + 1$

15. $2(4x - 2) > 4(2x + 1)$

16. $5 - (x + 2) \leq 2(2 - x)$

17. $x + 2 < \sqrt{3} - x$

18. $\sqrt{2}(x + 2) > \sqrt{8}(3 - x)$

19. $\dfrac{5}{6}x < 40$

20. $-\dfrac{2}{3}x > 6$

21. $\dfrac{5y + 2}{4} \leq 2y - 1$

22. $\dfrac{3y - 2}{3} \geq \dfrac{1}{4}$

23. $-3x + 1 \leq -3(x - 2) + 1$

24. $0x \leq 0$

25. $\dfrac{1 - t}{2} < \dfrac{3t - 7}{3}$

26. $\dfrac{5(3t + 1)}{3} > \dfrac{2t - 4}{6} + \dfrac{t}{2}$

27. $2x + 13 \geq \dfrac{1}{3}x - 7$

28. $3x - \dfrac{1}{3} \leq \dfrac{5}{2}x$

29. $\dfrac{2}{3}r < \dfrac{5}{6}r$

30. $\dfrac{7}{4}t > -\dfrac{8}{3}t$

31. $y + \dfrac{y}{2} < \dfrac{y}{3} + \dfrac{y}{5}$

32. $9 - 0.1x \leq \dfrac{2 - 0.01x}{0.2}$

33. $0.1(0.03x + 4) \geq 0.02x + 0.434$

34. $\dfrac{3y - 1}{-3} < \dfrac{5(y + 1)}{-3}$

35. Ahorros   Cada mes del año pasado, Brittany ahorró más de $50 pero menos de $150. Si *S* representa sus ahorros totales del año, describa *S* usando desigualdades.

36. Mano de obra   Usando desigualdades, simbolice el enunciado siguiente: el número de horas de trabajo *x* necesarias para fabricar un producto no es menor que 3 ni mayor que 5.

37. Geometría   En un triángulo rectángulo, uno de los ángulos agudos *x* es menor que 3 veces el otro ángulo agudo más 10 grados. Resuelva para *x*.

38. Gasto   Una estudiante tiene $360 para gastar en un sistema estereofónico y algunos discos compactos. Si ella compra un estéreo que cuesta $219 y el costo de los discos es de $18.95 cada uno, determine el mayor número de discos que puede comprar.

Objetivo

Modelar situaciones de la vida cotidiana en términos de desigualdades.

1.3 Aplicaciones de las desigualdades

La resolución de problemas expresados con palabras algunas veces puede implicar desigualdades, tal como ilustran los ejemplos siguientes.

EJEMPLO 1   Utilidad

Para una compañía que fabrica calentadores para acuarios, el costo combinado de mano de obra y material es de $21 por calentador. Los costos fijos (costos en que se incurre en un periodo dado sin importar la producción) son de $70 000. Si el precio de venta de un calentador es $35, ¿cuántos deben venderse para que la compañía genere utilidades?

Solución:

> **Estrategia**   Recuerde que
>
> $$\text{utilidad} = \text{ingreso total} - \text{costo total}$$
>
> Primero deben encontrarse el ingreso y el costo total y después determinar cuándo es positiva su diferencia.

Sea *q* el número de calentadores que deben venderse. Entonces su costo es $21q$. Por lo tanto, el costo total para la compañía es $21q + 70\,000$. El ingreso total de la venta de *q* calentadores será $35q$. Ahora,

$$\text{utilidad} = \text{ingreso total} - \text{costo total}$$

y se desea una utilidad > 0. Así que,

$$\text{ingreso total} - \text{costo total} > 0$$
$$35q - (21q + 70\,000) > 0$$
$$14q > 70\,000$$
$$q > 5000$$

Como el número de calentadores debe ser un entero no negativo, se observa que deben venderse al menos 5001 calentadores para que la compañía genere utilidades.

Ahora resuelva el problema 1 ◁

EJEMPLO 2   Renta *versus* compra

Un constructor debe decidir entre rentar o comprar una máquina excavadora. Si fuese a rentar la máquina, el costo de la renta serían $3000 mensuales (sobre la base de un año) y el costo diario (gas, aceite y operador) sería de $180 por cada día que la máquina se utilice. Si fuese a comprarla, sus costos fijos anuales serían de $20 000 y los costos diarios de operación y mantenimiento serían de $230 por cada día que la máquina se utilizara. ¿Qué número mínimo de días al año tendría que utilizar el constructor la máquina para justificar la renta en lugar de la compra?

Solución:

Estrategia Se determinarán expresiones para el costo anual de la renta y el costo anual de la compra, así se encontrará cuándo es menor el costo de la renta que el de la compra.

Sea d el número de días de cada año que la máquina será utilizada. Si la máquina se renta, el costo total anual consiste en los gastos de la renta, que son $(12)(3000)$, y los costos diarios de $180d$. Si la máquina se compra, el costo por año es $20\,000 + 230d$. Se desea que

$$\text{costo}_{\text{renta}} < \text{costo}_{\text{compra}}$$

$$12(3000) + 180d < 20\,000 + 230d$$

$$36\,000 + 180d < 20\,000 + 230d$$

$$16\,000 < 50d$$

$$320 < d$$

Por lo tanto, el constructor debe utilizar la máquina al menos 321 días para justificar su renta.

Ahora resuelva el problema 3 ◁

EJEMPLO 3 **Razón de circulante**

La *razón de circulante* de un negocio es el cociente de sus activos circulantes (como efectivo, inventario de mercancías y cuentas por cobrar) sobre sus pasivos circulantes (como préstamos a corto plazo e impuestos).

Después de consultar con el contralor, el presidente de la Ace Sports Equipment Company decide pedir un préstamo a corto plazo para construir inventario. La compañía tiene activos circulantes por $350\,000 y pasivos circulantes por $80\,000. ¿Cuánto puede pedir prestado la compañía si quiere que su razón de activo no sea menor que 2.5? (*Nota:* Los fondos recibidos se consideran como activo circulante y el préstamo como pasivo circulante).

Solución: Sea x la cantidad que la compañía puede pedir prestada. Entonces sus activos circulantes serán $350\,000 + x$ y sus pasivos circulantes $80\,000 + x$. Así,

$$\text{razón de circulante} = \frac{\text{activo circulante}}{\text{pasivo circulante}} = \frac{350\,000 + x}{80\,000 + x}$$

Se quiere que

$$\frac{350\,000 + x}{80\,000 + x} \geq 2.5$$

Aunque la desigualdad que debe resolverse no es lineal, es equivalente a una desigualdad lineal.

Como x es positiva, también lo es $80\,000 + x$. Así que pueden multiplicarse ambos lados de la desigualdad por $80\,000 + x$ y su sentido permanecerá igual. Se tiene

$$350\,000 + x \geq 2.5(80\,000 + x)$$

$$150\,000 \geq 1.5x$$

$$100\,000 \geq x$$

En consecuencia, la compañía puede pedir prestado hasta $100\,000 y aún mantener una razón de activo mayor o igual que 2.5.

◁

EJEMPLO 4 **Publicaciones**

Una compañía editora determina que el costo por publicar cada ejemplar de cierta revista es de $1.50. El ingreso recibido de los distribuidores es $1.40 por revista. El ingreso por publicidad es 10% de los ingresos recibidos de los distribuidores por todos los ejemplares vendidos por arriba de 10 000. ¿Cuál es el número mínimo de revistas que deben venderse de modo que la compañía obtenga utilidades?

Solución:

> **Estrategia**   Se tiene que
>
> $$\text{utilidad} = \text{ingreso total} - \text{costo total}$$
>
> así que se encuentra una expresión para la utilidad y después se establece como mayor que 0.

Sea q el número de revistas vendidas. El ingreso recibido de los distribuidores es $1.40q$ y el recibido por publicidad es $(0.10)[(1.40)(q - 10\ 000)]$. El costo total de la publicación es $1.50q$. Así que,

$$\text{ingreso total} - \text{costo total} > 0$$
$$1.40q + (0.10)[(1.40)(q - 10\ 000)] - 1.50q > 0$$
$$1.4q + 0.14q - 1400 - 1.5q > 0$$
$$0.04q - 1400 > 0$$
$$0.04q > 1400$$
$$q > 35\ 000$$

Por lo tanto, el número total de revistas debe ser mayor que 35 000. Esto es, deben venderse al menos 35 001 ejemplares para garantizar utilidades.

Ahora resuelva el problema 5 ◁

PROBLEMAS 1.3

1. Utilidad   La compañía Davis fabrica un producto que tiene un precio unitario de venta de $20 y costo unitario de $15. Si los costos fijos son de $600 000, determine el número mínimo de unidades que deben venderse para que la compañía obtenga utilidades.

2. Utilidad   Para producir una unidad de un producto nuevo, una compañía determina que el costo del material es de $2.50 y el de mano de obra $4. El gasto general constante, sin importar el volumen de ventas, es de $5000. Si el precio para un mayorista es de $7.40 por unidad, determine el número mínimo de unidades que deben venderse para que la compañía obtenga utilidades.

3. Arrendamiento *versus* compra   Una mujer de negocios quiere determinar la diferencia entre el costo de poseer un automóvil y el de arrendarlo con opción a compra. Ella puede arrendar un automóvil por $420 al mes (con una base anual). Bajo este plan, el costo por milla (gasolina y aceite) es de $0.06. Si compra el automóvil, el gasto fijo anual sería de $4700 y otros costos ascenderían a $0.08 por milla. ¿Al menos cuántas millas tendría que conducir por año para que el arrendamiento no fuese más caro que la compra?

4. Fabricación de camisetas   Una fábrica de camisetas produce N camisetas con un costo de mano de obra total de $1.3N$ y costo total por material de $0.4N$. Los gastos generales constantes para la planta son de $6500. Si cada camiseta se vende en $3.50, ¿cuántas camisetas deben venderse para que la compañía obtenga utilidades?

5. Publicaciones   El costo unitario por la publicación de cada copia de una revista es de $1.30. Cada una se vende al distribuidor en $1.50 y la cantidad que se recibe por publicidad es el 20% de la cantidad recibida por todas las revistas vendidas arriba de 100 000. Encuentre el número mínimo de revistas que pueden editarse sin pérdida si se vende 80% del tiraje.

6. Asignación de producción   Una compañía produce relojes despertadores. Durante una semana normal de trabajo, el costo de mano de obra por producir un reloj es de $2.00. Sin embargo, si un reloj se produce en tiempo extra su costo asciende a $3.00. La administración ha decidido no gastar más de $25 000 por semana en mano de obra. La compañía debe producir 11 000 relojes esta semana. ¿Cuál es la cantidad mínima de relojes que deben producirse durante una semana normal de trabajo?

7. Inversión   Una compañía invierte un total de $30 000 de sus fondos excedentes a dos tasas de interés anual: 5% y $6\frac{3}{4}$%. Desea un rendimiento anual que no sea menor al $6\frac{1}{2}$%. ¿Cuál es la cantidad mínima que debe invertir a la tasa de $6\frac{3}{4}$%?

8. Razón de circulante   La razón de circulante de Precision Machine Products es 3.8. Si sus activos circulantes son de $570 000, ¿cuáles son sus pasivos circulantes? Para elevar sus fondos de reserva, ¿cuál es la cantidad máxima que puede pedir prestada a corto plazo si quiere que su razón de activo no sea menor que 2.6? (Vea el ejemplo 3 para consultar una explicación sobre la razón de circulante).

9. Asignación de ventas   En la actualidad, un fabricante tiene 2500 unidades de un producto en inventario. Hoy el precio unitario del producto es de $4 por unidad. El próximo mes el precio por unidad se incrementará en $0.50. El fabricante quiere que el ingreso total recibido por la venta de las 2500 unidades no sea menor que $10 750. ¿Cuál es el número máximo de unidades que pueden venderse este mes?

10. Ingresos   Suponga que los consumidores comprarán q unidades de un producto al precio de $\frac{200}{q} + 3$ por unidad. ¿Cuál es el número mínimo de unidades que deben venderse para que el ingreso por ventas sea mayor que $9000?

11. Sueldo por hora   A los pintores con frecuencia se les paga por hora o por obra determinada. El pago que reciben puede afectar su velocidad de trabajo. Por ejemplo, suponga que algunos pintores pueden trabajar por $9.00 la hora, o por $320 más $3 por cada hora por debajo de 40 si completan el trabajo en menos de 40 horas. Suponga que el trabajo les toma t horas. Si $t \geq 40$, resulta claro que el sueldo por hora es mejor. Si $t < 40$, ¿para qué valores de t el salario por hora es mejor?

12. Compensación   Suponga que una compañía le ofrece un puesto en ventas y que usted elige entre dos métodos para determinar su salario. Un método paga $35 000 más un bono del 3% sobre sus ventas anuales. El otro método paga una comisión directa del 5% sobre sus ventas. ¿Para qué nivel de ventas anuales es mejor seleccionar el primer método?

13. Razón de la prueba del ácido   La *razón de la prueba del ácido* (o *razón rápida*) de un negocio es la razón de sus activos líquidos —efectivo y valores más cuentas por cobrar— sobre sus pasivos circulantes. La razón mínima para que una compañía tenga unas finanzas sólidas es alrededor de 1.0; pero, por lo general, esto varía un poco de industria a industria. Si una compañía tiene $450 000 en efectivo y valores y $398 000 en pasivos circulantes, ¿cuánto necesita tener en cuentas por cobrar para mantener la razón rápida en 1.3 o por arriba de este valor?

Objetivo

Resolver ecuaciones y desigualdades que involucran valores absolutos.

El valor absoluto de un número real es el número obtenido cuando no se toma en cuenta su signo.

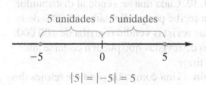

$|5| = |-5| = 5$

FIGURA 1.17   Valor absoluto.

1.4 Valor absoluto
Ecuaciones con valor absoluto

En la recta de los números reales, a la distancia desde el cero hasta un número x se le llama **valor absoluto** de x y se denota mediante $|x|$. Por ejemplo, $|5| = 5$ y $|-5| = 5$ porque tanto el 5 como el -5 están a 5 unidades del 0 (vea la figura 1.17). En forma similar, $|0| = 0$. Note que $|x|$ nunca puede ser negativo, esto es $|x| \geq 0$.

Si x es positiva o cero, entonces $|x|$ es simplemente la propia x, de modo que pueden omitirse las líneas verticales y escribir $|x| = x$. Por otra parte, considere el valor absoluto de un número negativo, como $x = -5$.

$$|x| = |-5| = 5 = -(-5) = -x$$

Por ende, si x es negativa, entonces $|x|$ es el número positivo $-x$. El signo menos indica que se ha cambiado el signo de x. La definición geométrica del valor absoluto como una distancia equivale a lo siguiente:

> **Definición**
>
> El *valor absoluto* de un número real x, escrito como $|x|$, se define mediante
>
> $$|x| = \begin{cases} x & \text{si } x \geq 0 \\ -x & \text{si } x < 0 \end{cases}$$

¡ADVERTENCIA!

$\sqrt{x^2}$ no necesariamente es x, sino $\sqrt{x^2} = |x|$. Por ejemplo, $\sqrt{(-2)^2} = |-2| = 2$ no es igual a -2. Esto concuerda con el hecho de que $\sqrt{(-2)^2} = \sqrt{4} = 2$.

Observe que $|-x| = |x|$ resulta a partir de la definición.

Aplicando la definición, se tiene $|3| = 3$, $|-8| = -(-8) = 8$ y $\left|\frac{1}{2}\right| = \frac{1}{2}$. También, $-|2| = -2$ y $-|-2| = -2$.

Además, $|-x|$ no necesariamente es x, así $|-x - 1|$ no es necesariamente $x + 1$.

Por ejemplo, si se hace $x = -3$, entonces $|-(-3)| \neq -3$, y

$$|-(-3) - 1| \neq -3 + 1$$

EJEMPLO 1 Resolución de ecuaciones con valor absoluto

a. Resuelva $|x - 3| = 2$.

Solución: Esta ecuación establece que $x - 3$ es un número que está a 2 unidades del 0. Por lo tanto,

$$x - 3 = 2 \quad \text{o bien} \quad x - 3 = -2$$

Resolviendo estas ecuaciones se obtiene $x = 5$ o $x = 1$.

b. Resuelva $|7 - 3x| = 5$.

Solución: Esta ecuación es verdadera si $7 - 3x = 5$ o si $7 - 3x = -5$. Al resolver estas ecuaciones se obtiene $x = \frac{2}{3}$ o $x = 4$.

c. Resuelva $|x - 4| = -3$.

Solución: El valor absoluto de un número nunca es negativo, de modo que el conjunto solución es $\varnothing$.

Ahora resuelva el problema 19 ◁

Puede interpretarse $|a - b| = |-(b - a)| = |b - a|$ como la distancia entre a y b. Por ejemplo, la distancia entre 5 y 9 puede calcularse con

$$\text{ya sea} \quad |9 - 5| = |4| = 4$$
$$\text{o} \quad |5 - 9| = |-4| = 4$$

En forma similar, la ecuación $|x - 3| = 2$ establece que la distancia entre x y 3 es de 2 unidades. Por lo tanto, x puede ser 1 o 5, tal como se muestra en el ejemplo 1(a) y en la figura 1.18.

FIGURA 1.18 La solución de $|x - 3| = 2$ es 1 o 5.

Desigualdades con valor absoluto

Ahora se estudiarán las desigualdades que incluyen valores absolutos. Si $|x| < 3$, entonces x está a menos de 3 unidades del 0. Por lo tanto, x debe estar entre -3 y 3, esto es, en el intervalo $-3 < x < 3$. [Vea la figura 1.19(a)]. Por otro lado, si $|x| > 3$, entonces x debe estar a más de 3 unidades del 0. Así que existen dos intervalos en la solución: ya sea $x < -3$ o $x > 3$. [Vea la figura 1.19(b)]. Estas ideas pueden ampliarse de la manera siguiente: si $|x| \le 3$, entonces $-3 \le x \le 3$; si $|x| \ge 3$, entonces $x \le -3$ o bien $x \ge 3$. En la tabla 1.1 se da un resumen de las soluciones para desigualdades con valor absoluto.

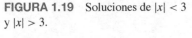

(a) Solución de $|x| < 3$

(b) Solución de $|x| > 3$

FIGURA 1.19 Soluciones de $|x| < 3$ y $|x| > 3$.

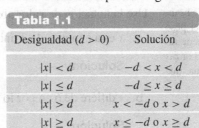

Tabla 1.1	
Desigualdad ($d > 0$)	Solución
$\lvert x \rvert < d$	$-d < x < d$
$\lvert x \rvert \le d$	$-d \le x \le d$
$\lvert x \rvert > d$	$x < -d$ o $x > d$
$\lvert x \rvert \ge d$	$x \le -d$ o $x \ge d$

EJEMPLO 2 Resolución de desigualdades con valor absoluto

a. Resuelva $|x - 2| < 4$.

Solución: El número $x - 2$ debe estar a menos de 4 unidades del 0. Del análisis anterior, esto significa que $-4 < x - 2 < 4$. Puede establecerse el procedimiento para resolver esta desigualdad como sigue:

$$-4 < x - 2 < 4$$
$$-4 + 2 < x < 4 + 2 \qquad \text{sumando 2 a cada miembro}$$
$$-2 < x < 6$$

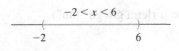

FIGURA 1.20 La solución de $|x - 2| < 4$ es el intervalo $(-2, 6)$.

Así, la solución es el intervalo abierto $(-2, 6)$. Esto significa que todos los números reales entre -2 y 6 satisfacen la desigualdad original. (Vea la figura 1.20).

b. Resuelva $|3 - 2x| \leq 5$.

Solución:
$$-5 \leq 3 - 2x \leq 5$$
$$-5 - 3 \leq -2x \leq 5 - 3 \qquad \text{restando 3}$$
$$-8 \leq -2x \leq 2$$
$$4 \geq x \geq -1 \qquad \text{dividiendo entre } -2$$
$$-1 \leq x \leq 4 \qquad \text{reescribiendo}$$

Observe que el sentido de la desigualdad original se *invirtió* al dividir entre un número negativo. La solución es el intervalo cerrado $[-1, 4]$.

Ahora resuelva el problema 29 ◁

EJEMPLO 3   **Resolución de desigualdades con valor absoluto**

a. Resuelva $|x + 5| \geq 7$.

Solución: Aquí $x + 5$ debe estar *al menos* a 7 unidades del 0. Así que, $x + 5 \leq -7$ *o bien* $x + 5 \geq 7$. Esto significa que $x \leq -12$ *o bien* $x \geq 2$. Por lo tanto, la solución consiste en dos intervalos: $(-\infty, -12]$ y $[2, \infty)$. Esta colección de números puede abreviarse escribiendo

$$(-\infty, -12] \cup [2, \infty)$$

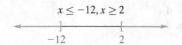

$$x \leq -12, x \geq 2$$

FIGURA 1.21   La unión $(-\infty, -12] \cup [2, \infty)$.

donde el símbolo de conexión $\cup$ es llamado símbolo de la *unión*. (Vea la figura 1.21). Formalmente, la **unión** de los conjuntos A y B es el conjunto que consiste en todos los elementos que están en A o en B (o en ambos).

b. Resuelva $|3x - 4| > 1$.

Solución: $3x - 4 < -1$ *o bien* $3x - 4 > 1$. Así que, $3x < 3$ *o bien* $3x > 5$. Por lo tanto, $x < 1$ *o bien* $x > \frac{5}{3}$, de modo que la solución consiste en todos los números incluidos en el conjunto $(-\infty, 1) \cup (\frac{5}{3}, \infty)$.

Ahora resuelva el problema 31 ◁

¡ADVERTENCIA!

Las desigualdades $x \leq -12$ o $x \geq 2$ en (a) y $x < 1$ *o bien* $x > \frac{5}{3}$ en (b) no dan lugar a un solo intervalo como en los ejemplos 2a y 2b.

APLÍQUELO ▶

3. Exprese el enunciado siguiente usando notación de valor absoluto: el peso real w de una caja de cereal puede tener una diferencia máxima de 0.3 onzas con el peso establecido en la caja, que es de 22 onzas.

EJEMPLO 4   **Notación de valor absoluto**

Use la notación de valor absoluto para expresar los enunciados siguientes:

a. x está a menos de 3 unidades de 5.

Solución: $\qquad\qquad\qquad |x - 5| < 3$

b. x difiere de 6 en por lo menos 7.

Solución: $\qquad\qquad\qquad |x - 6| \geq 7$

c. $x < 3$ y $x > -3$ de manera simultánea.

Solución: $\qquad\qquad\qquad |x| < 3$

d. x está a más de una unidad de -2.

Solución: $\qquad\qquad\qquad |x - (-2)| > 1$
$$|x + 2| > 1$$

e. x está a menos de σ (letra griega "sigma") unidades de μ (letra griega "mu").

Solución: $\qquad\qquad\qquad |x - \mu| < \sigma$

Ahora resuelva el problema 11 ◁

Propiedades del valor absoluto

Las siguientes son cinco propiedades básicas del valor absoluto:

1. $|ab| = |a| \cdot |b|$
2. $\left|\dfrac{a}{b}\right| = \dfrac{|a|}{|b|}$
3. $|a - b| = |b - a|$
4. $-|a| \le a \le |a|$
5. $|a + b| \le |a| + |b|$

Por ejemplo, la propiedad 1 establece que el valor absoluto del producto de dos números es igual al producto de los valores absolutos de esos números. La propiedad 5 se conoce como *desigualdad del triángulo*.

EJEMPLO 5   Propiedades del valor absoluto

a. $|(-7) \cdot 3| = |-7| \cdot |3| = 21$

b. $|4 - 2| = |2 - 4| = 2$

c. $|7 - x| = |x - 7|$

d. $\left|\dfrac{-7}{3}\right| = \dfrac{|-7|}{|3|} = \dfrac{7}{3}$; $\left|\dfrac{-7}{-3}\right| = \dfrac{|-7|}{|-3|} = \dfrac{7}{3}$

e. $\left|\dfrac{x - 3}{-5}\right| = \dfrac{|x - 3|}{|-5|} = \dfrac{|x - 3|}{5}$

f. $-|2| \le 2 \le |2|$

g. $|(-2) + 3| = |1| = 1 \le 5 = 2 + 3 = |-2| + |3|$

Ahora resuelva el problema 5 ◁

PROBLEMAS 1.4

En los problemas del 1 al 10, evalúe la expresión de valor absoluto.

1. $|-13|$

2. $|2^{-1}|$

3. $|8 - 2|$

4. $|(-3 - 5)/2|$

5. $|2(-\frac{7}{2})|$

6. $|3 - 5| - |5 - 3|$

7. $|x| < 4$

8. $|x| < 10$

9. $|3 - \sqrt{10}|$

10. $|\sqrt{5} - 2|$

11. Utilice el símbolo de valor absoluto para expresar cada uno de los siguientes enunciados:
(a) x está a menos de 3 unidades de 7.
(b) x difiere de 2 por menos de 3.
(c) x no está a más de 5 unidades de 7.
(d) La distancia entre 7 y x es 4.
(e) $x + 4$ está a menos de 2 unidades de 0.
(f) x está entre -3 y 3, pero no es igual a 3 ni a -3.
(g) $x < -6$ o $x > 6$.
(h) El número x de horas que una máquina funcionará de manera eficiente difiere de 105 en menos de 3.
(i) El ingreso promedio mensual x de una familia difiere de 850 por menos de 100.

12. Utilice la notación de valor absoluto para indicar que $f(x)$ y L difieren en no más de ϵ.

13. Utilice la notación de valor absoluto para indicar que los precios p_1 y p_2 de dos productos pueden diferir en no más de \$9.

14. Determine todos los valores de x tales que $|x - \mu| < 3\sigma$.

En los problemas del 15 al 36, resuelva la ecuación o desigualdad dada.

15. $|x| = 7$

16. $|-x| = 2$

17. $\left|\dfrac{x}{5}\right| = 7$

18. $\left|\dfrac{5}{x}\right| = 12$

19. $|x - 5| = 9$

20. $|4 + 3x| = 6$

21. $|5x - 2| = 0$

22. $|7x + 3| = x$

23. $|7 - 4x| = 5$

24. $|5 - 3x| = 7$

25. $|x| < M$ para $M > 0$

26. $|-x| < 3$

27. $\left|\dfrac{x}{4}\right| > 2$

28. $\left|\dfrac{x}{3}\right| > \dfrac{1}{2}$

29. $|x + 7| < 3$

30. $|2x - 17| < -4$

31. $\left|x - \dfrac{1}{2}\right| > \dfrac{1}{2}$

32. $|1 - 3x| > 2$

33. $|5 - 8x| \le 1$

34. $|3x - 2| \ge 0$

35. $\left|\dfrac{3x - 8}{2}\right| \ge 4$

36. $\left|\dfrac{x - 7}{3}\right| \le 5$

En los problemas 37 y 38, exprese el enunciado utilizando la notación de valor absoluto.

37. En un experimento científico, la medida de una distancia d es 35.2 m y es precisa en ± 20 cm.

38. La diferencia en temperatura entre dos sustancias químicas que se han mezclado no debe ser menor que 5 grados ni mayor que 10 grados.

39. Estadística   En el análisis estadístico, la desigualdad de Chebyshev establece que si x es una variable aleatoria, μ es su media σ su desviación estándar y $h > 0$, entonces

$$(\text{probabilidad de que } |x - \mu| > h\sigma) \geq \frac{1}{h^2}$$

Encuentre los valores de x tales que $|x - \mu| > h\sigma$.

40. Tolerancia en manufactura   En la fabricación de aparatos, la dimensión promedio de una pieza mide 0.01 cm. Utilizando el símbolo de valor absoluto, exprese el hecho de que una medida individual x de una pieza no debe diferir del promedio en más de 0.005 cm.

Objetivo

Escribir sumas en notación de sumatoria y evaluar dichas sumas.

1.5 Notación de sigma, suma o sumatoria

Hubo un tiempo en que los profesores hacían que sus estudiantes sumaran todos los enteros positivos de 1 a 105 (por ejemplo), tal vez como castigo por un comportamiento incorrecto mientras el profesor estaba fuera del salón de clases. En otras palabras, los estudiantes debían encontrar

$$1 + 2 + 3 + 4 + 5 + 6 + 7 + \cdots + 104 + 105 \tag{1}$$

Un ejercicio relacionado era encontrar

$$1 + 4 + 9 + 16 + \cdots + 81 + 100 + 121 \tag{2}$$

La notación de los tres puntos implica la idea de continuar la tarea, usando el mismo patrón, hasta que el último de los términos dados explícitamente haya sido sumado. Con esta notación no hay reglas firmes ni rápidas acerca de cuántos términos deben darse explícitamente al principio y al final. Quien la use debe proporcionar los términos que sean necesarios para asegurar que el lector no encuentre ambigua la expresión. Lo anterior es demasiado impreciso para muchas aplicaciones matemáticas.

Suponga que para cualquier entero positivo i se define $a_i = i^2$. Entonces, por ejemplo, $a_6 = 36$ y $a_8 = 64$. La instrucción, "Sume todos los números a_i, donde i toma los valores enteros desde 1 hasta el 11 inclusive" es un enunciado preciso de la ecuación (2). Sería preciso independientemente de la fórmula que define los valores a_i, y esto conduce a lo siguiente:

Definición

Si, para cada entero positivo i, se da un número único a_i, y m y n son enteros positivos con $m \leq n$, entonces *la suma de los números a_i, donde i toma sucesivamente todos los valores enteros incluidos en el intervalo $[m, n]$, se denota como*

$$\sum_{i=m}^{n} a_i$$

Así,

$$\sum_{i=m}^{n} a_i = a_m + a_{m+1} + a_{m+2} + \cdots + a_n \tag{3}$$

La $\sum$ es la letra griega sigma mayúscula que indica la "suma" o "sumatoria" de los términos a_i, por lo que la expresión $\sum_{i=m}^{n} a_i$ puede leerse como la suma o sumatoria de todos los números a_i, donde i va desde m hasta n (se entiende que a través de los enteros positivos). La descripción de a_i puede ser muy simple. Por ejemplo, en la ecuación (1) se tiene $a_i = i$ y

$$\sum_{i=1}^{105} i = 1 + 2 + 3 + \cdots + 105 \tag{4}$$

mientras que la ecuación (2) es

$$\sum_{i=1}^{11} i^2 = 1 + 4 + 9 + \cdots + 121 \tag{5}$$

Solamente se ha definido una notación, que se llama ***notación suma***. En la ecuación (3), i es el índice de *sigma* (*suma*) y m y n se llaman *cotas de la suma*. Es importante entender, a partir de esta explicación, que el nombre del índice de sigma (suma) puede reemplazarse por cualquier otro, de manera que se tiene

$$\sum_{i=m}^{n} a_i = \sum_{j=m}^{n} a_j = \sum_{\alpha=m}^{n} a_\alpha = \sum_{N=m}^{n} a_N$$

por ejemplo. En cada caso, al reemplazar el índice de sigma por los enteros positivos desde m hasta n y sumar se obtiene

$$a_m + a_{m+1} + a_{m+2} + \cdots + a_n$$

A continuación se ilustran estos conceptos mediante algunos ejemplos concretos.

EJEMPLO 1   Evaluación de sigma o sumas

Evalúe las sumas dadas.

a. $\displaystyle\sum_{n=3}^{7} (5n - 2)$

Solución:

$$\sum_{n=3}^{7} (5n - 2) = [5(3) - 2] + [5(4) - 2] + [5(5) - 2] + [5(6) - 2] + [5(7) - 2]$$

$$= 13 + 18 + 23 + 28 + 33$$

$$= 115$$

b. $\displaystyle\sum_{j=1}^{6} (j^2 + 1)$

Solución:

$$\sum_{j=1}^{6} (j^2 + 1) = (1^2 + 1) + (2^2 + 1) + (3^2 + 1) + (4^2 + 1) + (5^2 + 1) + (6^2 + 1)$$

$$= 2 + 5 + 10 + 17 + 26 + 37$$

$$= 97$$

Ahora resuelva el problema 5 ◁

EJEMPLO 2   Escritura de una suma usando notación de sigma

Escriba la suma $14 + 16 + 18 + 20 + 22 + \cdots + 100$ en notación de sigma.

Solución: Existen muchas formas de expresar esta suma en notación de sigma. Un método consiste en darse cuenta de que los valores que se suman son $2n$, para $n = 7$ hasta 50. Entonces la suma puede escribirse como

$$\sum_{n=7}^{50} 2n$$

Otro método consiste en ver que los valores que se suman son $2k + 12$, para $k = 1$ hasta 44. La suma puede representarse entonces como

$$\sum_{k=1}^{44}(2k + 12)$$

Ahora resuelva el problema 9 ◁

Como la notación de suma se usa para expresar la adición de términos, pueden usarse las propiedades de la suma cuando se realizan operaciones de adición escritas en notación de suma. Al aplicar estas propiedades, puede crearse una lista de propiedades y fórmulas para la notación de suma.

Por la propiedad distributiva de la suma,

$$ca_1 + ca_2 + \cdots + ca_n = c(a_1 + a_2 + \cdots + a_n)$$

Por lo tanto, en notación de suma

$$\sum_{i=m}^{n} ca_i = c\sum_{i=m}^{n} a_i \tag{6}$$

Observe que c debe ser constante con respecto a i para que la ecuación (6) pueda usarse.

Por la propiedad conmutativa de la suma,

$$a_1 + b_1 + a_2 + b_2 + \cdots + a_n + b_n = a_1 + a_2 + \cdots + a_n + b_1 + b_2 + \cdots + b_n$$

Entonces, se tiene

$$\sum_{i=m}^{n}(a_i + b_i) = \sum_{i=m}^{n} a_i + \sum_{i=m}^{n} b_i \tag{7}$$

Algunas veces se desea cambiar las cotas de la sigma.

$$\sum_{i=m}^{n} a_i = \sum_{i=p}^{p+n-m} a_{i+m-p} \tag{8}$$

Una suma de 37 términos puede verse como la suma de los primeros 17 términos más la suma de los siguientes 20. La siguiente regla generaliza esta observación.

$$\sum_{i=m}^{p-1} a_i + \sum_{i=p}^{n} a_i = \sum_{i=m}^{n} a_i \tag{9}$$

Además de estas cuatro reglas básicas, existen algunas otras reglas valiosas.

$$\sum_{i=1}^{n} 1 = n \tag{10}$$

Esto es porque $\sum_{i=1}^{n} 1$ es una suma de n términos, cada uno de los cuales es igual a 1. La siguiente regla surge a partir de combinar la ecuación (6) con la (10).

$$\sum_{i=1}^{n} c = cn \tag{11}$$

De manera similar, a partir de las ecuaciones (6) y (7) se obtiene

$$\sum_{i=m}^{n}(a_i - b_i) = \sum_{i=m}^{n} a_i - \sum_{i=m}^{n} b_i \tag{12}$$

El establecimiento de las siguientes tres fórmulas se realiza de mejor manera por medio de un método para demostrar que se llama inducción matemática, la cual no se construirá aquí.

$$\sum_{i=1}^{n} i = \frac{n(n+1)}{2} \tag{13}$$

$$\sum_{i=1}^{n} i^2 = \frac{n(n+1)(2n+1)}{6} \tag{14}$$

$$\sum_{i=1}^{n} i^3 = \frac{n^2(n+1)^2}{4} \tag{15}$$

Sin embargo, la ecuación (13) puede deducirse. Sumando las siguientes ecuaciones de manera "vertical", término por término,

$$\sum_{i=1}^{n} i = 1 + 2 + 3 + \cdots + n$$

$$\sum_{i=1}^{n} i = n + (n-1) + (n-2) + \cdots + 1$$

se obtiene

$$2\sum_{i=1}^{n} i = (n+1) + (n+1) + (n+1) + \cdots + (n+1)$$

y como existen n términos a la derecha, se concluye que

$$\sum_{i=1}^{n} i = \frac{n(n+1)}{2}$$

Observe que si el profesor asigna la tarea de calcular

$$1 + 2 + 3 + 4 + 5 + 6 + 7 + \cdots + 104 + 105$$

como un *castigo* y si él conoce la fórmula dada por la ecuación (13), entonces el trabajo de un estudiante puede revisarse de manera rápida mediante

$$\sum_{i=1}^{105} i = \frac{105(106)}{2} = 105 \cdot 53 = 5300 + 265 = 5565$$

> **EJEMPLO 3**   **Aplicación de las propiedades de la notación de suma**

Evalúe las sumas dadas.

a. $\displaystyle\sum_{j=30}^{100} 4$ **b.** $\displaystyle\sum_{k=1}^{100} (5k+3)$ **c.** $\displaystyle\sum_{k=1}^{200} 9k^2$

Soluciones:

a.

$$\sum_{j=30}^{100} 4 = \sum_{j=1}^{71} 4 \qquad \text{por la ecuación (8)}$$

$$= 4 \cdot 71 \qquad \text{por la ecuación (11)}$$

$$= 284$$

b.

$$\sum_{k=1}^{100} (5k+3) = \sum_{k=1}^{100} 5k + \sum_{k=1}^{100} 3 \qquad \text{por la ecuación (7)}$$

$$= 5\left(\sum_{k=1}^{100} k\right) + 3\left(\sum_{k=1}^{100} 1\right) \qquad \text{por la ecuación (6)}$$

$$= 5\left(\frac{100 \cdot 101}{2}\right) + 3(100) \qquad \text{por las ecuaciones (13) y (10)}$$

$$= 25\,250 + 300$$

$$= 25\,550$$

c.

$$\sum_{k=1}^{200} 9k^2 = 9\sum_{k=1}^{200} k^2 \qquad \text{por la ecuación (6)}$$

$$= 9\left(\frac{200 \cdot 201 \cdot 401}{6}\right) \qquad \text{por la ecuación (14)}$$

$$= 24\,180\,300$$

Ahora resuelva el problema 19 ◁

PROBLEMAS 1.5

En los problemas 1 y 2, proporcione las cotas y el índice de sigma para cada expresión.

1. $\displaystyle\sum_{t=12}^{17} (8t^2 - 5t + 3)$ **2.** $\displaystyle\sum_{m=3}^{450} (8m - 4)$

En los problemas del 3 al 6, evalúe las sumas dadas.

3. $\displaystyle\sum_{i=1}^{5} 3i$ **4.** $\displaystyle\sum_{p=0}^{4} 10p$

5. $\displaystyle\sum_{k=3}^{9} (10k + 16)$ **6.** $\displaystyle\sum_{n=7}^{11} (2n - 3)$

En los problemas del 7 al 12, exprese las sumas dadas en notación de sigma.

7. $36 + 37 + 38 + 39 + \cdots + 60$

8. $1 + 8 + 27 + 64 + 125$

9. $5^3 + 5^4 + 5^5 + 5^6 + 5^7 + 5^8$

10. $11 + 15 + 19 + 23 + \cdots + 71$

11. $2 + 4 + 8 + 16 + 32 + 64 + 128 + 256$

12. $10 + 100 + 1000 + \cdots + 100\,000\,000$

En los problemas del 13 al 26, evalúe las sumas dadas.

13. $\displaystyle\sum_{k=1}^{875} 10$ **14.** $\displaystyle\sum_{k=35}^{135} 2$

15. $\displaystyle\sum_{k=1}^{n}\left(5 \cdot \frac{1}{n}\right)$ **16.** $\displaystyle\sum_{k=1}^{200} (k - 100)$

17. $\displaystyle\sum_{k=51}^{100} 10k$ **18.** $\displaystyle\sum_{k=1}^{n} \frac{n}{n+1}k^3$

19. $\displaystyle\sum_{k=1}^{20} (5k^2 + 3k)$ **20.** $\displaystyle\sum_{k=1}^{100} \frac{3k^2 - 200k}{101}$

21. $\displaystyle\sum_{k=51}^{100} k^2$ **22.** $\displaystyle\sum_{k=1}^{50} (k + 50)^2$

23. $\displaystyle\sum_{k=1}^{9}\left\{\left[3 - \left(\frac{k}{10}\right)^2\right]\left(\frac{1}{10}\right)\right\}$

24. $\displaystyle\sum_{k=1}^{100}\left\{\left[4 - \left(\frac{2}{100}k\right)^2\right]\left(\frac{2}{100}\right)\right\}$

25. $\displaystyle\sum_{k=1}^{n}\left\{\left[5 - \left(\frac{3}{n} \cdot k\right)^2\right]\frac{3}{n}\right\}$

26. $\displaystyle\sum_{k=1}^{n} \frac{k^2}{(n+1)(2n+1)}$

Objetivo

Introducir las sucesiones, en particular las aritméticas y geométricas, así como sus sumas.

1.6 Sucesiones

Introducción

Considere la siguiente lista de cinco números:

$$2, \quad 2 + \sqrt{3}, \quad 2 + 2\sqrt{3}, \quad 2 + 3\sqrt{3}, \quad 2 + 4\sqrt{3} \tag{1}$$

Si se entiende que debe tomarse en cuenta el orden de los números, entonces una lista de este tipo se denomina **sucesión de longitud** 5 y se considera ser diferente de

$$2, \quad 2 + 3\sqrt{3}, \quad 2 + \sqrt{3}, \quad 2 + 4\sqrt{3}, \quad 2 + 2\sqrt{3} \tag{2}$$

que también es una sucesión de longitud 5. A su vez, ambas sucesiones son diferentes de

$$2, \quad 2, \quad 2+\sqrt{3}, \quad 2+2\sqrt{3}, \quad 2+3\sqrt{3}, \quad 2+4\sqrt{3} \tag{3}$$

que es una sucesión de longitud 6. Sin embargo, cada una de las sucesiones (1), (2) y (3) tiene todos los números del *conjunto* de 5 elementos

$$\{2, \quad 2+\sqrt{3}, \quad 2+2\sqrt{3}, \quad 2+3\sqrt{3}, \quad 2+4\sqrt{3}\}$$

¡ADVERTENCIA!

Tanto los reordenamientos como las repeticiones *afectan* a una sucesión.

En la sección 0.1 se enfatizó que "*un conjunto está determinado por sus elementos* y ni las repeticiones ni los reordenamientos de una lista lo afectan". Dado que tanto las repeticiones como los reordenamientos afectan a una sucesión, resulta que las sucesiones no son lo mismo que los conjuntos.

También se considerarán los listados como

$$2, \quad 2+\sqrt{3}, \quad 2+2\sqrt{3}, \quad 2+3\sqrt{3}, \quad 2+4\sqrt{3}, \quad \cdots, \quad 2+k\sqrt{3}, \quad \cdots \tag{4}$$

y

$$1, \quad -1, \quad 1, \quad -1, \quad 1, \quad \cdots, \quad (-1)^{k+1}, \quad \cdots \tag{5}$$

Ambos son ejemplos de lo que se denomina como una **sucesión infinita**. Sin embargo, observe que la sucesión infinita (4) involucra una cantidad infinita de números diferentes en el conjunto

$$\{2 + k\sqrt{3} \,|\, k \text{ un entero no negativo}\}$$

mientras que la sucesión infinita (5) involucra sólo a los números comprendidos en el conjunto finito

$$\{-1, 1\}$$

Para un entero positivo *n*, el tomar los primeros *n* números de una sucesión infinita resulta en una sucesión de longitud *n*. Por ejemplo, al tomar los primeros cinco números de la sucesión infinita (4) se obtiene la secuencia (1). Las siguientes definiciones más formales son útiles para comprender mejor la idea un tanto sutil acerca de una sucesión.

Definición

Para un entero positivo *n*, una **sucesión de longitud *n*** es una regla que asigna a cada elemento del conjunto $\{1, 2, 3, \cdots, n\}$ exactamente un número real. Al conjunto $\{1, 2, 3, \cdots, n\}$ se le denomina como el **dominio** de la sucesión de longitud *n*. Una **sucesión finita** es una sucesión de longitud *n* para algún entero positivo *n*.

Definición

Una **sucesión infinita** es una regla que asigna a cada elemento del conjunto de todos los enteros positivos $\{1, 2, 3, \cdots\}$ exactamente un número real. Al conjunto $\{1, 2, 3, \cdots\}$ se le llama **dominio** de la sucesión infinita.

En ambas definiciones, la palabra *regla* puede parecer vaga, pero el punto es que para cualquier sucesión debe haber una manera definida de especificar exactamente un número para cada uno de los elementos de su dominio. En una sucesión finita, la regla puede estar dada por el simple listado de los números incluidos en la sucesión. No hay necesidad de que exista un patrón discernible (aunque en la práctica muchas veces sí existe). Por ejemplo,

$$99, \quad -\pi, \quad \frac{3}{5}, \quad 102.7$$

es una sucesión perfectamente válida de longitud 4. En una sucesión infinita, debe haber algún tipo de procedimiento para la generación de sus números, uno después del otro. Sin embargo, el procedimiento puede no estar dado por una fórmula simple. La sucesión infinita

$$2, 3, 5, 7, 11, 13, 17, 19, 23, \cdots$$

es muy importante en la teoría de los números, pero su dominio no está dado por una simple fórmula. (¿Qué regla *aparenta* es la que da lugar a esta sucesión? En ese caso, ¿cuál es el siguiente número en esta sucesión después de los que se muestran?)

Con frecuencia se usan letras como a, b, c, etc., para nombrar las sucesiones. Si la sucesión se llama a, se escribe a_1 para el número asignado a 1, a_2 para el número asignado a 2, a_3 para el número asignado a 3, y así sucesivamente. En general, para k en el dominio de la sucesión, se escribe a_k para indicar el número asignado a k y se le denomina como el k-ésimo **término** de la sucesión. (Si usted ha estudiado la sección 1.5 sobre notación de suma, ya estará familiarizado con esta notación). De hecho, en lugar de listar todos los números de una sucesión mediante

$$a_1, a_2, a_3, \ldots, a_n$$

o añadir una indicación de todos los números como

$$a_1, a_2, a_3, \ldots, a_k, \ldots$$

una sucesión suele denotarse mediante (a_k). En ocasiones, se utiliza $(a_k)_{k=1}^{n}$ para indicar que la sucesión es finita, de longitud n, o se usa $(a_k)_{k=1}^{\infty}$ para destacar que la sucesión es infinita. El **rango** de una sucesión (a_k) es el *conjunto*

$$\{a_k | k \text{ está en el dominio de } a\}$$

Observe que

$$\{(-1)^{k+1} | k \text{ es un número entero positivo}\} = \{-1, 1\}$$

por lo que una sucesión infinita puede tener un rango finito. Si a y b son sucesiones, entonces, por definición, $a = b$ si y sólo si a y b tienen el mismo dominio y, para todo k en el dominio común, $a_k = b_k$.

APLÍQUELO ▶

4. Una cadena de cafeterías de moda tenía 183 puntos de venta en 2009. A partir de 2010 planeaba ampliar su número de establecimientos en 18 cada año durante cinco años. Si c_k es el número de puntos de venta existentes en el año k, medido desde 2008, liste los términos de la sucesión $(c_k)_{k=1}^{6}$.

EJEMPLO 1 Listado de términos en una sucesión

a. Liste los cuatro primeros términos de la sucesión infinita $(a_k)_{k=1}^{\infty}$ cuyo k-ésimo término está dado por $a_k = 2k^2 + 3k + 1$.

Solución: Se tiene $a_1 = 2(1^2) + 3(1) + 1 = 6$, $a_2 = 2(2^2) + 3(2) + 1 = 15$, $a_3 = 2(3^2) + 3(3) + 1 = 28$ y $a_4 = 2(4^2) + 3(4) + 1 = 45$. Así que los primeros cuatro términos son

$$6, \ 15, \ 28, \ 45$$

b. Liste los cuatro primeros términos de la sucesión infinita (e_k), donde $e_k = \left(\dfrac{k+1}{k}\right)^k$.

Solución: Se tiene $e_1 = \left(\dfrac{1+1}{1}\right)^1 = \left(\dfrac{2}{1}\right)^1 = 2$, $e_2 = \left(\dfrac{2+1}{2}\right)^2 = \left(\dfrac{3}{2}\right)^2 = \dfrac{9}{4}$,

$e_3 = \left(\dfrac{3+1}{3}\right)^3 = \left(\dfrac{4}{3}\right)^3 = \dfrac{64}{27}$, $e_4 = \left(\dfrac{4+1}{4}\right)^4 = \left(\dfrac{5}{4}\right)^4 = \dfrac{625}{256}$.

c. Despliegue la sucesión $\left(\dfrac{3}{2^{k-1}}\right)_{k=1}^{6}$.

Solución: Considerando que $2^0 = 1$, se tiene

$$3, \ \frac{3}{2}, \ \frac{3}{4}, \ \frac{3}{8}, \ \frac{3}{16}, \ \frac{3}{32}$$

Ahora resuelva el problema 3 ◁

APLÍQUELO ▶

5. Cierta cuenta bancaria inactiva que genera intereses a una tasa de 6% de interés compuesto anual muestra los siguientes saldos durante cuatro fines de año consecutivos: $9.57, $10.14, $10.75, $11.40. Escriba la sucesión de cantidades en la forma $(a_k)_{k=1}^{4}$.

EJEMPLO 2 Obtención de una fórmula para una sucesión

a. Escriba 41, 44, 47, 50, 53 en la forma $(a_k)_{k=1}^{5}$.

Solución: Cada término de la sucesión se obtiene sumando tres al término anterior. Dado que el primer término es 41, la sucesión puede escribirse como $(41 + (k-1)3)_{k=1}^{5}$. Tenga en cuenta que esta fórmula no es única. La sucesión también puede describirse mediante $(38 + 3k)_{k=1}^{5}$ y $(32 + (k+2)3)_{k=1}^{5}$, sólo por mencionar dos posibilidades más.

b. Escriba la sucesión de 1, 4, 9, 16, … en la forma (a_k).

Solución: *Al parecer* se trata de la sucesión de los cuadrados de los números enteros positivos, de modo que la mayor parte de las personas consideraría que (k^2) o (k^2) o $(k^2)_{k=1}^{\infty}$ es la respuesta correcta. Pero la sucesión descrita por $(k^4 - 10k^3 + 36k^2 - 50k + 24)$

también tiene como primeros cuatro términos a 1, 4, 9 y 16, inclusive su quinto término es 49. Los términos sexto y séptimo son 156 y 409, respectivamente. El punto que pretendemos destacar es que una sucesión infinita no puede determinarse sólo a partir de un número finito de valores.

Por otro lado, es correcto escribir

$$1, 4, 9, 16, \ldots, k^2, \ldots = (k^2)$$

porque el despliegue realizado en el lado izquierdo de la ecuación deja claro que el *término general* es k^2.

Ahora resuelva el problema 9 ◁

EJEMPLO 3   **Demostración de la igualdad de sucesiones**

Demuestre que las sucesiones $((i+3)^2)_{i=1}^{\infty}$ y $(j^2 + 6j + 9)_{j=1}^{\infty}$ son iguales.

Solución: Tanto $((i+3)^2)_{i=1}^{\infty}$ como $(j^2 + 6j + 9)_{j=1}^{\infty}$ están dadas explícitamente para tener el mismo dominio; a saber, $\{1, 2, 3, \ldots\}$, el conjunto infinito de todos los números enteros positivos. Los nombres i y j que se utilizan para nombrar a un elemento típico del dominio no son importantes. La primera sucesión contiene lo mismo que $((k+3)^2)_{k=1}^{\infty}$ y la segunda sucesión contiene lo mismo que $(k^2 + 6k + 9)_{k=1}^{\infty}$. La primera regla asigna el número $(k+3)^2$ a cualquier entero positivo k y la segunda asigna el número $k^2 + 6k + 9$ a cualquier entero positivo k. Sin embargo, para todo k, $(k+3)^2 = k^2 + 6k + 9$, de modo que por la definición de la igualdad de sucesiones, estas sucesiones son iguales.

Ahora resuelva el problema 13 ◁

Sucesiones definidas recursivamente

Suponga que a es una sucesión con

$$a_1 = 1 \text{ y, para cada entero positivo } k, \ a_{k+1} = (k+1)a_k \tag{6}$$

Tomando $k = 1$, se observa que $a_2 = (2)a_1 = (2)1 = 2$, mientras que con $k = 2$ se tiene $a_3 = (3)a_2 = (3)2 = 6$. Una sucesión cuya regla se define en términos de sí misma evaluada en valores más pequeños, y en algunos valores pequeños dados de forma explícita, se dice que está *definida recursivamente*. Por lo tanto, se puede decir que hay una sucesión a definida recursivamente por la expresión (6).

Otro ejemplo famoso de una sucesión definida recursivamente es la sucesión de Fibonacci:

$$F_1 = 1 \text{ y } F_2 = 1 \text{ y, para cada entero positivo } k, \ F_{k+2} = F_{k+1} + F_k \tag{7}$$

Tomando $k = 1$, se ve que $F_3 = F_2 + F_1 = 1 + 1 = 2$, $F_4 = F_3 + F_2 = 2 + 1 = 3$, $F_5 = F_4 + F_3 = 3 + 2 = 5$. De hecho, los diez primeros términos de (F_k) son

$$1, 1, 2, 3, 5, 8, 13, 21, 34, 55$$

EJEMPLO 4   **Aplicación de una definición recursiva**

a. Utilice la definición recursiva (6) para determinar a_5 (sin hacer referencia a cálculos anteriores).

Solución: Se tiene

$$a_5 = (5)a_4$$
$$= (5)(4)a_3$$
$$= (5)(4)(3)a_2$$
$$= (5)(4)(3)(2)a_1$$
$$= (5)(4)(3)(2)(1)$$
$$= 120$$

La notación estándar para a_k tal como se define en (6) es $k!$ y se lee "k factorial". También se define $0! = 1$.

b. Utilice la definición recursiva (7) para determinar F_6.

Solución:
$$
\begin{aligned}
F_6 &= F_5 + F_4 \\
&= (F_4 + F_3) + (F_3 + F_2) \\
&= F_4 + 2F_3 + F_2 \\
&= (F_3 + F_2) + 2(F_2 + F_1) + F_2 \\
&= F_3 + 4F_2 + 2F_1 \\
&= (F_2 + F_1) + 4F_2 + 2F_1 \\
&= 5F_2 + 3F_1 \\
&= 5(1) + 3(1) \\
&= 8
\end{aligned}
$$

Ahora resuelva el problema 17 ◁

En el ejemplo 4, deliberadamente se evitó hacer cualquier evaluación numérica hasta que *todos* los términos hubieran sido expresados utilizando sólo aquellos cuyos valores fueron dados explícitamente en la definición recursiva. Esto ayuda a ilustrar la estructura de la definición recursiva en cada caso.

Si bien las definiciones recursivas son muy útiles en las aplicaciones, los cálculos anteriores ponen de relieve que, para valores grandes de k, el cálculo del k-ésimo término puede llevar mucho tiempo. Es conveniente disponer de una fórmula simple para a_k que no haga referencia a a_l, para $l < k$. En ocasiones, es posible encontrar una fórmula *cerrada*. En el caso de (6) es fácil ver que $a_k = k \cdot (k-1) \cdot (k-2) \cdot \ldots \cdot 3 \cdot 2 \cdot 1$. Por otro lado, en el caso de (7), no es tan fácil deducir que

$$
F_k = \frac{1}{\sqrt{5}}\left(\frac{1+\sqrt{5}}{2}\right)^k - \frac{1}{\sqrt{5}}\left(\frac{1-\sqrt{5}}{2}\right)^k
$$

Sucesiones aritméticas y sucesiones geométricas

Definición

Una *sucesión aritmética* es una sucesión (b_k) definida recursivamente por

$$
b_1 = a \text{ y, para cada entero positivo } k, \ b_{k+1} = d + b_k \tag{8}
$$

para los números reales fijos a y d.

En palabras, la definición dice que la sucesión debe comenzar en a y obtener el *siguiente* término sumando d (sin importar qué término se encuentre actualmente bajo consideración). El número a es simplemente el primer término de la sucesión aritmética. Dado que la definición recursiva da $b_{k+1} - b_k = d$, para todo entero positivo k, se observa que el número d es la diferencia entre cualquier par de términos sucesivos. En consecuencia, a esto se le llama *diferencia común* de la sucesión aritmética. Cualquier par de números reales a y d determinan una sucesión aritmética infinita. Al restringir esto a un número finito de términos, se puede hablar de sucesiones aritméticas finitas.

APLÍQUELO ▶

6. En 2009, la matrícula en la escuela secundaria de Springfield fue de 1237 alumnos y los estudios demográficos sugieren que se reducirá anualmente en 12 alumnos durante los próximos siete años. Liste las matrículas proyectadas de la secundaria de Springfield.

EJEMPLO 5 **Listado de una sucesión aritmética**

Escriba explícitamente los términos de una sucesión aritmética de longitud 6 con el primer término $a = 1.5$ y una diferencia común $d = 0.7$.

Solución: Sea b_k la sucesión aritmética. Entonces

$$
\begin{aligned}
b_1 &= 1.5 \\
b_2 &= 0.7 + b_1 = 0.7 + 1.5 = 2.2 \\
b_3 &= 0.7 + b_2 = 0.7 + 2.2 = 2.9 \\
b_4 &= 0.7 + b_3 = 0.7 + 2.9 = 3.6 \\
b_5 &= 0.7 + b_4 = 0.7 + 3.6 = 4.3 \\
b_6 &= 0.7 + b_5 = 0.7 + 4.3 = 5.0
\end{aligned}
$$

Por lo tanto, la sucesión requerida es

$$1.5, \ 2.2, \ 2.9, \ 3.6, \ 4.3, \ 5.0$$

Ahora resuelva el problema 21 ◁

Definición

Una *sucesión geométrica* es una sucesión (c_k) definida recursivamente por

$$c_1 = a \text{ y, para cada entero positivo } k, \ c_{k+1} = c_k \cdot r \qquad (9)$$

para los números reales fijos a y r.

En palabras, la definición indica que la sucesión debe comenzar en a y el *siguiente* término se obtiene multiplicando por r (sin importar qué término se encuentre actualmente bajo consideración). El número a es simplemente el primer término de la sucesión geométrica. Puesto que la definición recursiva da $c_{k+1}/c_k = r$, para todo entero positivo k con $c_k \neq 0$, se observa que el número r es la razón entre cualquier par de términos sucesivos, con el primero de ellos distinto de 0. En consecuencia, se le llama *razón común* de la sucesión geométrica. Cualquier par de números reales a y r determina una sucesión geométrica infinita. Si esto se restringe a un número finito de términos, puede hablarse de sucesiones geométricas finitas.

APLÍQUELO ▶

7. La población de la zona rural que circunda a Springfield está disminuyendo como resultado del movimiento hacia el núcleo urbano. En 2009 fue de 23 500 habitantes y se esperaba que cada año, durante los siguientes cuatro años, fuese de sólo el 92% de la población del año anterior. Liste las cifras de población anuales previstas para el área rural.

EJEMPLO 6   Listado de una sucesión geométrica

Escriba explícitamente los términos de una sucesión geométrica de longitud 5 con el primer término $a = \sqrt{2}$ y una razón común $r = 1/2$.

Solución: Si (c_k) es la sucesión geométrica, entonces

$$
\begin{aligned}
c_1 &= \sqrt{2} \\
c_2 &= (c_1) \cdot 1/2 = (\sqrt{2})1/2 = \sqrt{2}/2 \\
c_3 &= (c_2) \cdot 1/2 = (\sqrt{2}/2)1/2 = \sqrt{2}/4 \\
c_4 &= (c_3) \cdot 1/2 = (\sqrt{2}/4)1/2 = \sqrt{2}/8 \\
c_5 &= (c_4) \cdot 1/2 = (\sqrt{2}/8)1/2 = \sqrt{2}/16
\end{aligned}
$$

Por lo tanto, la sucesión requerida es

$$\sqrt{2}, \ \sqrt{2}/2, \ \sqrt{2}/4, \ \sqrt{2}/8, \ \sqrt{2}/16$$

Ahora resuelva el problema 25 ◁

Se ha señalado que a veces es posible determinar una fórmula explícita para el k-ésimo término de una sucesión definida recursivamente. Éste es ciertamente el caso de las sucesiones aritméticas y geométricas.

EJEMPLO 7   Determinación del k-ésimo término de una sucesión aritmética

Encuentre una fórmula explícita para el k-ésimo término de una sucesión aritmética (b_k) con el primer término a y una diferencia común d.

Solución: Se tiene

$$
\begin{aligned}
b_1 &= a = 0d + a \\
b_2 &= d + (b_1) = d + a = 1d + a \\
b_3 &= d + (b_2) = d + (1d + a) = 2d + a \\
b_4 &= d + (b_3) = d + (2d + a) = 3d + a \\
b_5 &= d + (b_4) = d + (3d + a) = 4d + a
\end{aligned}
$$

Parece que, para cada entero positivo k, el k-ésimo término de una sucesión aritmética (b_k) con un primer término a y una diferencia común d está dado por

$$bk = (k-1)d + a \qquad (10)$$

Esto es cierto y se comprende fácilmente a través del método de demostración denominado inducción matemática, que no se mostrará aquí.

Ahora resuelva el problema 29 ◁

> **EJEMPLO 8** **Determinación del k-ésimo término de una sucesión geométrica**

Encuentre una fórmula explícita para el k-ésimo término de una sucesión geométrica (c_k) con el primer término a y una razón común r.

Solución: Se tiene

$$
\begin{aligned}
c_1 &= & a &= ar^0 \\
c_2 &= (c_1) \cdot r = & ar &= ar^1 \\
c_3 &= (c_2) \cdot r = ar^1 r &= ar^2 \\
c_4 &= (c_3) \cdot r = ar^2 r &= ar^3 \\
c_5 &= (c_4) \cdot r = ar^3 r &= ar^4
\end{aligned}
$$

Parece que, para cada entero positivo k, el k-ésimo término de una sucesión geométrica (c_k) con un primer término a y una diferencia común r está dado por

$$c_k = ar^{k-1} \tag{11}$$

Esto es cierto y también se comprende fácilmente a través de la inducción matemática.

Ahora resuelva el problema 31 ◁

Resulta claro que cualquier sucesión aritmética tiene un único primer término a y una única diferencia común d. Para una sucesión geométrica se debe ser un poco más cuidadoso. A partir de (11), vemos que si cualquier término c_k es 0, entonces $a = 0$ o bien $r = 0$. Si $a = 0$, entonces cada término de la sucesión geométrica es 0. En este caso, no hay una r determinada en forma única porque $r \cdot 0 = 0$, para *toda* r. Si $a \neq 0$, pero $r = 0$, entonces cada término, excepto el primero, es 0.

Sumas de sucesiones

Para cualquier sucesión (c_k), se puede hablar de la suma de los primeros k términos. A esta suma se le llamará s_k. Utilizando la notación de sigma introducida en la sección 1.5, se puede escribir

$$s_k = \sum_{i=1}^{k} c_i = c_1 + c_2 + \cdots + c_k \tag{12}$$

Es posible considerar a s_k como los términos de una nueva sucesión (s_k), de sumas, asociada a la sucesión original (s_k). Si una sucesión (c_k) es finita de longitud n, entonces s_n puede considerarse como *la suma de la sucesión*.

> **EJEMPLO 9** **Determinación de la suma de una sucesión aritmética**

Encuentre una fórmula para la suma s_n de los primeros n términos de una sucesión aritmética (b_k) con un primer término a y una diferencia común d.

Solución: Puesto que la sucesión aritmética (b_k) en cuestión tiene, por el ejemplo 7, $b_k = (k-1)d + a$, la suma requerida está dada por

$$s_n = \sum_{k=1}^{n} b_k = \sum_{k=1}^{n} ((k-1)d + a) = \sum_{k=1}^{n} (dk - (d-a)) = \sum_{k=1}^{n} dk - \sum_{k=1}^{n} (d-a)$$

$$= d \sum_{k=1}^{n} k - (d-a) \sum_{k=1}^{n} 1 \overset{\star}{=} d\frac{n(n+1)}{2} - (d-a)n = \frac{n}{2}((n-1)d + 2a)$$

Observe que la igualdad etiquetada con $\star$ utiliza tanto a (13) como a (10) de la sección 1.5. Se enfatiza que el último término bajo consideración en la suma es $b_n = (n-1)d + a$, de modo que en la fórmula para s_n el factor $((n-1)d + 2a)$ es el primer término más el último término $(n-1)d + a$. Si se escribe $z = (n-1)d + a$ para el último término, entonces se puede resumir con

$$s_n = \frac{n}{2}((n-1)d + 2a) = \frac{n}{2}(a+z) \tag{13}$$

Tenga en cuenta que también se podría haber encontrado (13) mediante la misma técnica que se utilizó para encontrar (13) en la sección 1.5. Aquí, se ha preferido realizar el cálculo usando la notación de la sumatoria. Por último, cabe resaltar que la suma (13) dada en la sección 1.5 es la sumatoria de los n primeros términos de la sucesión aritmética especial con $a = 1$ y $d = 1$.

Ahora resuelva el problema 33 ◁

APLÍQUELO ▶

9. La señora Simpson depositó para Bart $1000 en una cuenta especial cada uno de sus primeros 21 cumpleaños. La cuenta ganó intereses a una tasa del 7% anual compuesto. De ello, resulta (vea el capítulo 5) que la cantidad depositada en el cumpleaños número $(22 - k)$ de Bart tiene un valor de $1000(1.07)^{k-1}$ en el cumpleaños 21 de Bart. Encuentre el monto total registrado en la cuenta especial de Bart en su cumpleaños 21.

EJEMPLO 10   Determinación de la suma de una sucesión geométrica

Encuentre una fórmula para la suma s_n de los primeros n términos de una sucesión geométrica (c_k) con un primer término a y una razón común r.

Solución: Puesto que la sucesión geométrica (c_k) en cuestión tiene, por el ejemplo 8, $ck = ar^{k-1}$, la suma requerida está dada por

$$s_n = \sum_{k=1}^{n} c_k = \sum_{k=1}^{n} ar^{k-1} = a + ar + ar^2 + \cdots + ar^{n-1} \tag{14}$$

De ello se deduce que al multiplicar (14) por r se tiene

$$rs_n = r\sum_{k=1}^{n} c_k = r\sum_{k=1}^{n} ar^{k-1} = \sum_{k=1}^{n} ar^{k} = ar + ar^2 + \cdots + ar^{n-1} + ar^{n} \tag{15}$$

Si restamos (15) de (14) resulta

$$s_n - rs_n = a - ar^n \text{ de modo que } (1-r)s_n = a(1 - r^n)$$

Por ende, se tiene

$$s_n = \frac{a(1 - r^n)}{1 - r} \text{ para } r \neq 1 \tag{16}$$

(Note que si $r = 1$, entonces cada término de la suma es a y, puesto que hay n términos, la respuesta fácil en este caso es $s_n = na$).

Ahora resuelva el problema 37 ◁

Para *algunas* sucesiones infinitas $(c_k)_{k=1}^{\infty}$ la sucesión de sumas $(s_k)_{k=1}^{\infty} = \left(\sum_{i=1}^{k} c_i\right)_{k=1}^{\infty}$

parece acercarse a un número definido. Cuando éste es el caso, el número se escribe como $\sum_{i=1}^{\infty} c_i$. Aquí se considera sólo el caso de una sucesión geométrica. Como se observa en (16), si $c_k = ar^{k-1}$, entonces, para $r \neq 1$, $s_k = \frac{a(1 - r^k)}{1 - r}$. Observe que sólo el factor $1 - r^k$ depende de k. Si $|r| > 1$, entonces para valores grandes de k, $|r^k|$ se volverá grande, como también lo hará $|1 - r^k|$. De hecho, para $|r| > 1$ puede hacerse que los valores de $|1 - r^k|$ sean tan grandes como se quiera tomando k lo suficientemente grande. De ello se desprende que, para $|r| > 1$, las sumas $\frac{a(1 - r^k)}{1 - r}$ *no* se aproximen a un número definido. Si $r = 1$, entonces $s_k = ka$ y, de nuevo, las sumas no se aproximan a un *número* definido.

Sin embargo, para $|r| < 1$ (es decir, para $-1 < r < 1$), se puede hacer que los valores de r^k sean lo más cercano posible a 0, tomando una k lo suficientemente grande. (Asegúrese de quedar convencido acerca de que esto es cierto antes de seguir leyendo, porque el resto del análisis gira en torno a este punto). Por lo tanto, para $|r| < 1$, puede hacerse que los valores de $1 - r^k$ estén lo más cerca posible de 1, al tomar una k lo suficientemente grande. Por último, para $|r| < 1$, se puede hacer que los valores de $\frac{a(1 - r^k)}{1 - r}$ sean tan cercanos a $\frac{a}{1 - r}$ como se desee tomando una k lo suficientemente grande. Precisamente en este sentido, una sucesión geométrica infinita con $|r| < 1$ tiene una suma y se tiene

$$\text{para } |r| < 1, \quad \sum_{i=1}^{\infty} ar^{i-1} = \frac{a}{1 - r} \tag{17}$$

EJEMPLO 11 Determinación de la suma de una sucesión geométrica infinita

A una mujer rica le gustaría, a partir de ahora, legar $100 000 al año dividos por igual entre todos sus descendientes directos. Ella no pone ningún límite de tiempo sobre esta donación y puede invertir en un depósito de fondos a largo plazo al 2% compuesto anualmente. ¿Cuánto debe invertir ahora para cumplir con ese compromiso a largo plazo?

Solución: Se escribe $R = 100\,000$, el reloj se ajusta a 0 ahora mismo, y se mide el tiempo en años a partir de este momento. Con estas convenciones, se debe tener en cuenta el pago R en los tiempos 0, 1, 2, 3, ..., k, ... haciendo una única inversión ahora. (Tal sucesión de pagos se llama *perpetuidad*). El pago ahora simplemente le cuesta R. El pago al momento 1 tiene un *valor presente* de $R(1.02)^{-1}$. (Vea el capítulo 5). El pago en el momento 2 tiene un valor presente de $R(1.02)^{-2}$. El pago en el momento 3 tiene un valor presente de $R(1.02)^{-3}$ y, muy en general, el pago en el momento k tiene un valor presente de $R(1.02)^{-k}$. Su inversión de *ahora* debe cubrir exactamente el valor presente de *todos* estos pagos futuros. En otras palabras, la inversión debe ser igual a la suma

$$R + R(1.02)^{-1} + R(1.02)^{-2} + R(1.02)^{-3} + \cdots + R(1.02)^{-k} + \cdots$$

Se reconoce a la suma infinita como la suma de una serie geométrica, con un primer término $a = R = 100\,000$ y una razón común $r = (1.02)^{-1}$. Dado que $|r| = (1.02)^{-1} < 1$, se puede evaluar la inversión requerida como

$$\frac{a}{1-r} = \frac{100\,000}{1 - \dfrac{1}{1.02}} = \frac{100\,000}{\dfrac{0.02}{1.02}} = \frac{100\,000(1.02)}{0.02} = 5\,100\,000$$

En otras palabras, una inversión de apenas $5 100 000 ahora, le permitirá a la mujer dejar $100 000 al año a sus descendientes *para siempre*.

Ahora resuelva el problema 57 ◁

PROBLEMAS 1.6

En los problemas del 1 al 8, escriba el término indicado de la sucesión dada.

1. $a = \sqrt{2}$, $-\dfrac{3}{7}$, 2.3, 57; a_3

2. $b = 1$, 13, -0.9, $\dfrac{5}{2}$, 100, 39; b_6

3. $(a_k)_{k=1}^{7} = (3^k)$; a_4 **4.** $(c_k)_{k=1}^{9} = (3^k + k)$; c_4

5. $(a_k) = (2 + (k-1)3)$; a_{24} **6.** $(b_k) = (5 \cdot 2^{k-1})$; b_6

7. $(a_k) = (k^4 - 2k^2 + 1)$; a_2

8. $(a_k) = (k^3 + k^2 - 2k + 7)$; a_3

En los problemas del 9 al 12, encuentre un término general, (a_k), que se ajuste a los términos que aparecen en la sucesión dada.

9. -1, 2, 5, 8   **10.** 5, 3, 1, -1, ...

11. 2, -4, 8, -16

12. 5, $\dfrac{5}{3}$, $\dfrac{5}{9}$, $\dfrac{5}{27}$, ...

En los problemas del 13 al 16, determine si las sucesiones dadas son iguales entre sí.

13. $((i+3)^3)$ y $(j^3 - 9j^2 + 9j - 27)$

14. $(k^2 - 4)$ y $((k+2)(k-2))$

15. $\left(\pi \dfrac{1}{2^{k-1}}\right)_{k=1}^{\infty}$ y $\left(\dfrac{\pi}{2^k}\right)_{k=1}^{\infty}$

16. $(j^3 - 9j^2 + 27j - 27)_{j=1}^{\infty}$ y $((k-3)^3)_{k=1}^{\infty}$

En los problemas del 17 al 20, determine el término indicado de cada sucesión definida recursivamente.

17. $a_1 = 1$, $a_2 = 2$, $a_{k+2} = a_{k+1} \cdot a_k$; a_7

18. $a_1 = 1$, $a_{k+1} = a_{a_k}$; a_{17}

19. $b_1 = 1$, $b_{k+1} = \dfrac{b_k}{k}$; b_6

20. $a_1 = 1$, $a_{k+1} = (k+1) + a_k$; a_8

En los problemas del 21 al 24, escriba los primeros cinco términos de la sucesión aritmética, usando el primer término a y la diferencia común d que se proporcionan.

21. $a = 22.5, d = 0.9$ **22.** $a = 0, d = 1$

23. $a = 96, d = -1.5$ **24.** $a = A, d = D$

En los problemas del 25 al 28, escriba los primeros cinco términos de la sucesión geométrica, usando el primer término a y la razón común r que se proporcionan.

25. $a = -2, r = -0.5$ **26.** $a = 50, r = (1.06)^{-1}$

27. $a = 100, r = 1.05$ **28.** $a = 3, r = \dfrac{1}{3}$

En los problemas del 29 al 32, escriba el término indicado de la sucesión aritmética, con los parámetros a y d dados, o de la sucesión geométrica, con los parámetros a y r dados.

29. Vigesimoséptimo término, $a = 3, d = 2$

30. Noveno término, $a = 2.7, d = -0.3$

31. Decimoprimer término, $a = 1, r = 2$

32. Séptimo término, $a = 2, r = 10$

En los problemas del 33 al 40, encuentre las sumas requeridas.

33. $\displaystyle\sum_{k=1}^{7} ((k-1)3 + 5)$ **34.** $\displaystyle\sum_{k=1}^{9} (k \cdot 2 + 9)$

35. $\displaystyle\sum_{k=1}^{6}((k-1)0.5+2.3)$ **36.** $\displaystyle\sum_{k=1}^{34}((k-1)10+5)$

37. $\displaystyle\sum_{k=1}^{10}100(1/2)^{k-1}$ **38.** $\displaystyle\sum_{k=1}^{10}50(1.07)^{k-1}$

39. $\displaystyle\sum_{k=1}^{10}50(1.07)^{1-k}$ **40.** $\displaystyle\sum_{k=1}^{7}5\cdot 2^{k}$

En los problemas del 41 al 46, encuentre las sumas infinitas, si es posible, o en su caso explique por qué la suma no se puede obtener.

41. $\displaystyle\sum_{k=1}^{\infty}3\left(\frac{1}{2}\right)^{k-1}$ **42.** $\displaystyle\sum_{i=0}^{\infty}\left(\frac{1}{3}\right)^{i}$

43. $\displaystyle\sum_{k=1}^{\infty}\frac{1}{2}(17)^{k-1}$ **44.** $\displaystyle\sum_{k=1}^{\infty}\frac{2}{3}(1.5)^{k-1}$

45. $\displaystyle\sum_{k=1}^{\infty}50(1.05)^{1-k}$ **46.** $\displaystyle\sum_{j=1}^{\infty}75(1.09)^{1-j}$

47. Inventario Cada 30 días una tienda de comestibles compra 90 latas de sopa de fideos de elefante y, sorprendentemente, vende 3 latas cada día. Describa los niveles de inventario de sopa de fideos de elefante que hay al final de cada día, como una sucesión, y determine el nivel del inventario 19 días después del resurtido.

48. Inventario Si hoy la tienda de la esquina tiene a la venta 95 películas en DVD usadas y consigue vender 6 cada día, escriba los primeros siete términos de la sucesión del inventario diario de DVD de la tienda. ¿Cuántos DVD tendrá en inventario después de 10 días?

49. Cuenta de cheques Una cuenta corriente, que no gana ningún interés, contiene $125.00 y su poseedor la olvida. Sin embargo, está sujeta a un cargo de $5.00 al mes por concepto de servicios. El poseedor de la cuenta la recuerda después de 9 meses. ¿Qué cantidad contiene en ese momento la cuenta?

50. Cuenta de ahorros Una cuenta de ahorros, que genera intereses a una tasa del 5% anual compuesto, contiene $125.00 y su poseedor la olvida; después de 9 años, la recuerda. ¿Qué cantidad contiene la cuenta en ese momento?

51. Cambio poblacional Una ciudad con población de 50 000 habitantes en 2009 está creciendo a una tasa del 8% anual. En otras palabras, al final de cada año la población es 1.08 veces la registrada a finales del año anterior. Describa la sucesión de la población y determine cuál será la población a finales de 2020 si se mantiene este ritmo de crecimiento.

52. Cambio poblacional Cada año, 5% de los habitantes de una zona rural se desplaza a la ciudad. Si la población actual es de 24 000 habitantes y esta tasa de disminución continúa, desarrolle una fórmula para la población en k años a partir de ahora.

53. Ingresos Los ingresos diarios actuales en un restaurante de hamburguesas de un campus universitario suman $12 000. Durante los próximos siete días, se espera que los ingresos aumenten $1000 diariamente a medida que los estudiantes regresan para el semestre de otoño. ¿Cuáles son los ingresos totales proyectados para los ocho días en los que se tienen datos pronosticados?

54. Ingresos El departamento de finanzas de un concesionario de automóviles va a recibir pagos por $300 mensuales durante los próximos 60 meses, como pago del automóvil de Bart. El k-ésimo pago tiene un valor presente de $300(1.01)^{-k}$. La suma de los valores presentes de los 60 pagos debe ser igual al precio de venta del automóvil. Escriba una expresión para el precio de venta del automóvil y evalúelo utilizando su calculadora.

55. Valor futuro Dentro de seis años a partir de ahora, Nicole necesitará un nuevo tractor para su granja. A partir del próximo mes, ella depositará $100 en el banco cada mes como ahorro para la compra inevitable. En seis años a partir de ahora, el k-ésimo depósito bancario tendrá un valor de $100(1.005)^{72-k}$ (debido al interés compuesto). Escriba una fórmula para la cantidad acumulada de dinero por los 72 depósitos bancarios. Use su calculadora para determinar cuánto tendrá Nicole a su disposición para la compra del tractor.

56. Valor futuro Lisa acaba de cumplir siete años de edad. A ella le gustaría ahorrar un poco de dinero mensualmente, a partir del próximo mes, de modo que en su cumpleaños número 21 tenga $1000 en su cuenta bancaria. Marge le dijo que, con los tipos de interés actuales, su k-ésimo depósito tendrá un valor en su cumpleaños número 21 de $(1.004)^{168-k}$ veces la cantidad depositada. Lisa quiere depositar la misma cantidad cada mes. Escriba una fórmula para la cantidad que Lisa debe depositar cada mes con el fin de alcanzar su objetivo. Use su calculadora para evaluar la cantidad requerida.

57. Perpetuidad El testamento de Brad incluye una dotación para la Dalhousie University, dotación que consiste en otorgar cada año después de su muerte, y para siempre, un premio de $500 al mejor estudiante de la clase de matemáticas de negocios, MATH 1115. El patrimonio de Brad puede hacer una inversión al 5% compuesto anual para pagar esta dotación. Adapte la solución del ejemplo 11 para determinar cuánto le costará esta dotación al patrimonio de Brad.

58. Perpetuidad Resuelva de nuevo el problema 57 bajo el supuesto de que el patrimonio de Brad puede hacer una inversión al 10% compuesto anual.

59. La sucesión de Fibonacci, dada en la expresión (7), se define recursivamente usando la suma. ¿Es una sucesión aritmética? Explique.

60. La sucesión factorial dada en la expresión (6) se define recursivamente usando la multiplicación. ¿Es una sucesión geométrica? Explique.

61. La definición recursiva de una sucesión aritmética (b_k) implica iniciar con un número a y sumar un número fijo d a cada término para obtener el siguiente término. De igual modo, la definición recursiva para una sucesión geométrica (c_k) implica iniciar con un número a y multiplicar cada término por un número fijo r para obtener el siguiente término. Si en lugar de la suma o la multiplicación se utiliza la exponenciación, se tienen otras dos clases de sucesiones definidas recursivamente:

$$d_1 = a \text{ y, para cada entero positivo } k, \, d_{k+1} = (d_k)^p$$

para los números reales fijos a y p, y

$$e_1 = a \text{ y, para cada entero positivo } k, \, e_{k+1} = b^{e_k}$$

para los números reales fijos a y b. Con el fin de tener una idea sobre cómo puede crecer el tamaño de las sucesiones, tome cada uno de los parámetros a, d, r, p y b que aparecen en estas definiciones como el número 2 y escriba los primeros cinco términos de las sucesión aritmética (b_k), la sucesión geométrica (c_k) y las sucesiones (d_k) y (e_k) definidas líneas arriba.

Repaso del capítulo 1

Términos y símbolos importantes

		Ejemplos
Sección 1.1	**Aplicaciones de ecuaciones**	
	costo fijo costo variable costo total ingreso total utilidad	Ej. 3, p. 48
Sección 1.2	**Desigualdades lineales**	
	$a < b$ $a \leq b$ $a > b$ $a \geq b$ $a < x < b$	Ej. 1, p. 53
	desigualdad sentido de una desigualdad	Ej. 2, p. 53
	desigualdades equivalentes desigualdad lineal	Ej. 1, p. 53
	intervalo intervalo abierto intervalo cerrado extremos	
	(a, b) $[a, b]$ $(-\infty, b)$ $(-\infty, b]$ (a, ∞) $[a, \infty)$ $(-\infty, \infty)$	Ej. 3, p. 54
Sección 1.3	**Aplicaciones de las desigualdades**	
	renta *versus* compra	Ej. 2, p. 55
	activos circulantes pasivos circulantes razón de circulante	Ej. 3, p. 54
Sección 1.4	**Valor absoluto**	
	distancia valor absoluto, $|x|$ unión, $\cup$	Ej. 3, p. 60
Sección 1.5	**Notación de sigma o suma**	
	notación $\sum$ índice cotas	Ej. 1, p. 63
Sección 1.6	**Sucesiones**	
	sucesión aritmética	Ej. 5, p. 70
	sucesión geométrica	Ej. 6, p. 71
	suma de una sucesión aritmética	Ej. 9, p. 72
	suma de una sucesión geométrica	Ej. 10, p. 73

Resumen

Cuando un problema se ha expresado en palabras, no se puede proporcionar cualquier ecuación. Es posible que usted deba construir ecuaciones y desigualdades (con frecuencia más de una) traduciendo los enunciados verbales del problema en enunciados matemáticos. Este proceso es el *modelado matemático*. Es importante que primero se lea el problema más de una vez hasta que se entienda con claridad la información proporcionada y qué es lo que debe encontrarse. Después debe seleccionarse una letra para representar la cantidad desconocida que se desea determinar. Utilice las relaciones y los datos proporcionados en el problema y tradúzcalos en ecuaciones o desigualdades que involucren las variables. Por último, resuelva las ecuaciones (respetando las desigualdades) y vea si su solución responde a lo que se desea conocer. Algunas veces las soluciones a las *ecuaciones* no serán una respuesta para el *problema* (pero pueden ser útiles en la obtención de dicha respuesta).

Algunas relaciones básicas que se utilizan para resolver problemas de administración son las siguientes:

costo total = costo variable + costo fijo

ingreso total = (precio por unidad)(número de unidades vendidas)

utilidad = ingreso total − costo total

Los símbolos de desigualdad $<$, $\leq$, $>$ y $\geq$ se utilizan para representar una desigualdad, la cual es un enunciado en el que un número es, por ejemplo, menor que otro. Tres operaciones básicas que al aplicarse a una desigualdad garantizan obtener una desigualdad equivalente son:

1. Sumar (o restar) el mismo número a (o de) ambos lados.
2. Multiplicar (o dividir) ambos lados por el mismo número positivo.
3. Multiplicar (o dividir) ambos lados por el mismo número negativo e invertir el sentido de la desigualdad.

La definición algebraica de valor absoluto es:

$$|x| = x \text{ si } x \geq 0 \quad \text{y} \quad |x| = -x \text{ si } x < 0$$

Se interpreta $|a - b|$ o $|b - a|$ como la distancia entre a y b. Si $d > 0$, entonces la solución de la desigualdad $|x| < d$ es el intervalo $(-d, d)$. La solución a $|x| > d$ consiste en la unión de dos intervalos y está dada por $(-\infty, -d) \cup (d, \infty)$. Algunas propiedades básicas del valor absoluto son:

1. $|ab| = |a| \cdot |b|$ **2.** $\left|\dfrac{a}{b}\right| = \dfrac{|a|}{|b|}$

3. $|a - b| = |b - a|$

4. $-|a| \leq a \leq |a|$

5. $|a + b| \leq |a| + |b|$

La notación de suma proporciona una forma compacta y precisa de escribir sumas que tienen muchos términos. Las ecuaciones básicas de la notación de suma son sólo replanteamientos de las propiedades de la suma. Ciertas sumas en particular, como $\sum_{k=1}^{n} k$ y $\sum_{k=1}^{n} k^2$ son útiles y dignas de recordarse.

Las sucesiones aritméticas y geométricas tienen muchas aplicaciones, particularmente en los negocios. Las sumas de sucesiones, en especial las geométricas, serán importantes en el estudio de las matemáticas financieras del capítulo 5.

Problemas de repaso

En los problemas del 1 al 15, resuelva la ecuación o la desigualdad.

1. $3x - 1 \geq 2(x - 3)$ **2.** $2x - (7 + x) \leq x$

3. $-(5x + 2) < -(2x + 4)$ **4.** $-2(x + 6) > x + 4$

5. $3p(1 - p) > 3(2 + p) - 3p^2$ **6.** $2\left(6 - \dfrac{5}{2}p\right) < 7$

7. $\dfrac{x + 5}{3} - \dfrac{1}{2} \leq 2$ **8.** $\dfrac{x}{3} - \dfrac{x}{4} > \dfrac{x}{5}$

9. $\dfrac{1}{4}s - 3 \leq \dfrac{1}{8}(3 + 2s)$ **10.** $\dfrac{1}{3}(t + 2) \geq \dfrac{1}{4}t + 4$

11. $|4 - 3x| = 9$ **12.** $\left|\dfrac{5x - 6}{13}\right| = 0$

13. $|2z - 3| < 5$

14. $4 < \left|\dfrac{2}{3}x + 5\right|$

15. $|3 - 2x| \geq 4$

16. Evalúe $\displaystyle\sum_{k=1}^{8}(k + 3)^3$ primero elevando al cubo el binomio y después usando las ecuaciones (10), (13), (14) y (15) de la sección 1.5.

17. Evalúe $\displaystyle\sum_{i=4}^{11} i^3$ usando $\displaystyle\sum_{i=1}^{11} i^3 - \sum_{i=1}^{3} i^3$. Explique por qué funciona esto citando algunas ecuaciones de la sección 1.5 que puedan usarse. Explique por qué la respuesta es necesariamente la misma que en el problema 16.

18. Utilidad ¿A qué porcentaje de la utilidad sobre el costo es equivalente una utilidad del 40% sobre el precio de venta de un producto?

19. Intercambio de existencias En cierto día, se negociaron 1132 diferentes títulos en el mercado de acciones de Nueva York. Había 48 emisiones más que mostraban incremento de las que mostraban una disminución y ninguna emisión permaneció sin cambio. ¿Cuántas emisiones sufrieron bajas?

20. Impuesto a las ventas El impuesto sobre las ventas en cierto lugar es de 6%. Si durante un año hubo un total de $3039.29 en compras, incluyendo el impuesto, ¿cuánto corresponde al impuesto?

21. Asignación de producción Una compañía fabricará un total de 10 000 unidades de su producto en las plantas A y B. Los datos disponibles son los siguientes:

	Planta A	Planta B
Costo unitario por mano de obra y material	$5	$5.50
Costos fijos	$30 000	$35 000

Considerando las dos plantas, la compañía ha decidido asignar no más de $117 000 para costos totales. ¿Cuál es el número mínimo de unidades que debe producir la planta A?

22. Tanques de propano Una compañía va a reemplazar dos tanques de propano por un tanque nuevo. Los tanques viejos son cilíndricos, cada uno con 25 pies de altura. El primero tiene un radio de 10 pies y el otro un radio de 20 pies. El tanque nuevo es esencialmente esférico. Determine su radio si tendrá el mismo volumen que los dos tanques viejos juntos. [*Sugerencia:* El volumen V de un tanque cilíndrico es $V = \pi r^2 h$, donde r es el radio de la base circular y h es la altura del tanque. El volumen de un tanque esférico es $W = \frac{4}{3}\pi R^3$, donde R es el radio del tanque].

23. Razón operativa La *razón operativa* de un negocio de ventas al menudeo es la razón, expresada como un porcentaje, de los costos de operación (todo, desde gastos en publicidad hasta depreciación del equipo) sobre las ventas netas (es decir, ventas brutas menos devoluciones y rebajas). Una razón operativa menor al 100% indica una operación rentable, mientras que una razón operativa en el rango de 80 a 90% es extremadamente buena. Si una compañía tiene ventas netas por $236 460 en un periodo, escriba una desigualdad que describa los costos de operación que mantendrían la razón operativa por debajo de 90 por ciento.

24. Escriba los primeros cinco términos de la sucesión aritmética que tiene un primer término de 32 y diferencia común de 3.

25. Escriba los primeros cinco términos de la sucesión geométrica que tiene un primer término de 100 y razón común de 1.02.

26. Encuentre la suma de los primeros cinco términos de la sucesión aritmética que tiene un primer término de 32 y diferencia común de 3.

27. Encuentre la suma de los primeros cinco términos de la sucesión geométrica que tiene un primer término de 100 y razón común de 1.02.

⊙ EXPLORE Y AMPLÍE Grabación de calidad variable[1]

En la actualidad, existe una desconcertante variedad de equipo tecnológico que un usuario puede usar para grabar películas, programas de televisión, programas de computadora, juegos y canciones. Siendo el equipo un iPod, DVD, CD o incluso VHS, casi siempre es posible grabar a relaciones de compresión variables con calidad variable.

(Si usted está usando un dispositivo de cinta antiguo con diferentes *velocidades*, entonces la velocidad más rápida tiene una relación de 1 a 1 mientras que una velocidad más lenta —que permite almacenar r veces más material grabado— tiene

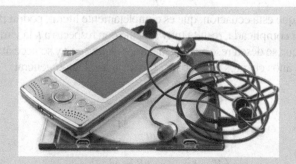

[1] Adaptado de Gregory N. Fiore, "An Application of Linear Equations to the VCR", *Mathematics Teacher* 81 (octubre de 1988), pp. 570-572. Con permiso del National Council of Teachers of Mathematics.

una compresión de r a 1. Por ejemplo, el estándar del VHS, SP, es 1 a 1, mientras que el estándar LP es 2 a 1 y el EP es 3 a 1).

El medio de almacenamiento puede ser un disco o una cinta (o algo que aún no se encuentra en el mercado), pero siempre existe cierta compensación inherente entre cantidad y calidad en cualquier dispositivo de grabación imaginable. Para cualquier medio, entre más información se almacene debido a una mayor compresión, se obtendrá menor calidad.

Suponga, por causa del argumento, que desea grabar una película de 210 minutos de duración en un DVD. Para lograr que toda cupiera en un solo disco a una relación de compresión fija, necesitaría la relación que permite obtener entre 3 y 4 horas de tiempo de grabado. La relación que se considera tiene la calidad necesaria para grabar una película permite sólo alrededor de 2 horas de grabación y, por lo tanto, su sólo uso no sería suficiente. Sin embargo, usted podría desear grabar tanto como fuera posible a la mejor calidad cambiando de una relación a otra en un tiempo calculado con anticipación.

Resolveremos el problema de encontrar el tiempo *de cambio* de un modo general que sea útil para todas las aplicaciones de este tipo. Deseamos almacenar M minutos de entretenimiento en un dispositivo que con una compresión de 1 a 1 almacenará m minutos. Tenemos relaciones de compresión disponibles de r a 1 y R a 1, digamos con $1 < r < R$, de manera que R corresponde a empaquetar más a una calidad menor. El número $\dfrac{M}{r}$ proporciona el número de 1 a 1 minutos que se necesitarán para almacenar M minutos a una relación de r a 1. Si el número $\dfrac{M}{r}$ es mayor que m, entonces no podremos almacenar todos los M minutos en nuestro dispositivo a una relación r. Suponiendo que $\dfrac{M}{R}$ *es* menor que m, deseamos encontrar el tiempo t en que será necesario cambiar de r a R para grabar todos los M minutos de entretenimiento.

Si se graban t minutos a la relación r, entonces se consumirán $\dfrac{t}{r}$ de los m minutos con relación 1 a 1 disponibles para tiempo de grabación. Los restantes $M - t$ minutos de entretenimiento consumirán otros $\dfrac{M - t}{R}$ de los m minutos disponibles 1 a 1 con relación R. Así, para usar *todo* el espacio de grabación disponible, debemos encontrar un tiempo t de modo que

$$\frac{t}{r} + \frac{M - t}{R} = m$$

Aunque esta ecuación, que es completamente literal, podría parecer complicada, resulta muy sencilla con respecto a t, la variable que se desea resolver. De hecho, es *lineal* en t y se necesitan sólo unos cuantos pasos para obtener una solución general.

$$\frac{t}{r} + \frac{M}{R} - \frac{t}{R} = m$$

$$\left(\frac{1}{r} - \frac{1}{R} \right) t = m - \frac{M}{R}$$

$$\left(\frac{R - r}{rR} \right) t = \frac{mR - M}{R}$$

$$t = \frac{mR - M}{R} \cdot \frac{rR}{R - r}$$

$$t = \frac{r(mR - M)}{R - r}$$

Observe que la fórmula no es simétrica con respecto a r y R. Nos dice cuántos minutos después de empezar a grabar a alta calidad debemos cambiar a la calidad más baja con la intención de completar la grabación en el espacio disponible. Si se deseara guardar el componente de calidad más alta para el *final* de la grabación, sería necesario ajustar la fórmula. Vea los problemas 1, 2, 3, 4 y 7. Debe enfatizarse que la fórmula no necesita memorizarse (a menos que se planee utilizarla con mucha frecuencia). El método es mucho más importante. La existencia de la solución general asegura que el método siempre funcionará.

En los problemas siguientes, trate de plantear y resolver los problemas específicos usando el método en vez de sustituir en la fórmula.

Para aprender más acerca de los esquemas de compresión de datos, visite `wikipedia.org` y busque "data compression" y términos relacionados.

Problemas

Una videograbadora que usa cinta estándar T-120 graba durante 2 horas en modo SP. Así que $m = 120$ para dicho equipo de grabación estándar. Utilice este valor en los problemas del 1 al 4.

1. Si los modos LP y SP se utilizan para grabar una película de $2\frac{1}{2}$ horas, ¿cuánto tiempo después de iniciada la película debe cambiarse *de* LP *a* SP?

2. Si los modos EP y SP se utilizan para grabar un programa en vivo de $2\frac{1}{2}$ horas, ¿cuántos minutos después de iniciado el programa debe cambiarse de EP a SP?

3. Si los modos LP y SP se utilizan en ese orden para grabar una película de M minutos de duración, ¿cuánto tiempo después de iniciada la película debe hacerse el cambio de LP a SP?

4. Los modos EP y SP se utilizan en ese orden para grabar una película de M minutos de duración, ¿cuánto tiempo después de iniciada la película debe hacerse el cambio de EP a SP?

5. Parea un disco compacto estándar, el valor de m es de alrededor de 74. Utilice la función Solver de una calculadora gráfica para resolver la ecuación

$$\frac{x}{12} + \frac{1080 - x}{20} = 74$$

Después, de una manera similar, resuelva la ecuación

$$\frac{x}{15} + \frac{1590 - x}{24} = 74$$

6. En el contexto de la grabación comprimida de audio en discos compactos, ¿qué representa la segunda ecuación en el problema 5?

7. Obtenga la fórmula general para encontrar el tiempo necesario para cambiar la relación de grabación si la calidad más alta (relación r) debe reservarse para el final de la grabación.

Funciones y gráficas

EXPLORE Y AMPLÍE

Una experiencia con los impuestos

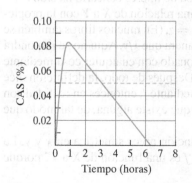

Suponga que un hombre de 180 libras bebe cuatro cervezas en rápida sucesión. Se sabe que su concentración de alcohol en la sangre, CAS, primero se eleva y después disminuye en forma paulatina hasta cero. Pero, ¿cuál es la mejor manera de describir qué tan rápido se eleva la CAS, en dónde alcanza su punto máximo y qué tan rápido disminuye de nuevo?

Si se obtienen los valores medidos de la CAS para este bebedor en particular, pueden mostrarse en una tabla, como sigue:

Tiempo (h)	1	2	3	4	5	6
CAS(%)	0.0820	0.0668	0.0516	0.0364	0.0212	0.0060

Sin embargo, una tabla sólo puede mostrar un número limitado de valores y en realidad no proporciona la imagen global.

En lugar de lo anterior, podría relacionarse la CAS con el tiempo t utilizando una combinación de ecuaciones lineales y cuadráticas (recuerde el capítulo 0):

$$CAS = -0.1025t^2 + 0.1844t \qquad \text{si } t \leq 0.97$$
$$CAS = -0.0152t + 0.0972 \qquad \text{si } t > 0.97$$

Sin embargo, tal como sucede con la tabla, resulta difícil ver las ecuaciones y entender rápidamente lo que ocurre con la CAS a lo largo del tiempo.

Quizá la mejor descripción de los cambios en la concentración de alcohol en la sangre a lo largo del tiempo sea una gráfica como la de la izquierda. Ahí, con facilidad se observa qué sucede. La concentración de alcohol en la sangre asciende rápidamente, tiene un máximo de 0.083% después de aproximadamente una hora, y luego disminuye de manera gradual durante las siguientes cinco horas y media. Observe que, por más de tres horas, la CAS de este bebedor está por arriba de 0.05%, el punto en que, por lo regular, las habilidades para conducir algún vehículo empiezan a declinar. La curva cambiará de un bebedor a otro, pero por lo general las mujeres se ven afectadas con mayor severidad que los hombres, no sólo por la diferencia de peso, también a consecuencia del diferente contenido de agua en el cuerpo de mujeres y hombres.

La relación entre el tiempo y el contenido de alcohol en la sangre es ejemplo de una función. En este capítulo se tratan a fondo las funciones y sus gráficas.

Objetivo

Entender lo que es una función
y determinar los dominios y
valores de una función.

2.1 Funciones

En el siglo XVII, Gottfried Wilhelm Leibniz, uno de los inventores del cálculo, introdujo el término *función* en el vocabulario matemático. El concepto de función es uno de los más básicos en todas las matemáticas y resulta esencial para el estudio del cálculo.

A diario, en los discursos de personas educadas escuchamos decir que "Las tasas de interés están en función de los precios del petróleo" o "El monto de la pensión está en función de los años trabajados" o "La concentración de alcohol en la sangre después de beber cerveza es una función del tiempo". Algunas veces dicho uso está en concordancia con el uso matemático, pero no siempre. Debemos ser más cuidadosos al usar la palabra *función* con el fin de que nos sea útil matemáticamente; sin embargo, hay otros ejemplos de su uso en la vida diaria que podrían resultar valiosos. En los siguientes tres párrafos se abordará la definición de dicho término.

Una idea clave es darse cuenta de que un **conjunto**, como se menciona al principio de la sección 0.1, no necesita tener números como **elementos**. Se puede hablar de un conjunto de tasas de interés, un conjunto de precios del petróleo, un conjunto de ingresos, etc. Si X y Y son conjuntos, en esa generalidad, y x es un elemento de X y y es un elemento de Y, entonces se puede escribir (x, y) para lo que se llama el **par ordenado** que consta de x y y en el orden mostrado. Por lo tanto, (y, x) es en general diferente de (x, y). De hecho, teniendo en cuenta dos pares ordenados (x, y) y (a, b), se tiene que $(x, y) = (a, b)$ si y sólo si $x = a$ y $y = b$. Se escribirá $X \times Y$ para describir el conjunto de todos los pares ordenados (x, y), donde x es un elemento de X y y es un elemento de Y. Por ejemplo, si x es el conjunto de los precios del petróleo y Y es el conjunto de las tasas de interés; entonces, un elemento de $X \times Y$ es un par (p, r), donde p es un precio del petróleo y r es una tasa de interés.

Una **relación** R de un conjunto X a un conjunto Y es un subconjunto de $X \times Y$. En la sección 0.1 se estableció que esto significa que cualquier elemento de R es también un elemento de $X \times Y$. Si sucede que (x, y) es un elemento de R, entonces se dice que x está relacionado con R a y y se escribe xRy. Cada uno de los símbolos $<, >, \leq$ y $\geq$ son relaciones del conjunto $(-\infty, \infty)$ de todos los números reales a sí mismo. Por ejemplo, se puede definir al símbolo $<$ como el subconjunto de $(-\infty, \infty) \times (-\infty, \infty)$ que consta de todo par ordenado (a, b) tal que $a < b$ es verdadera. El uso de xRy para denotar que "x está relacionado con y mediante R" se inspira en la notación de las desigualdades. Para dar otro ejemplo, sean P y L, respectivamente, el conjunto de todos los puntos y el conjunto de todas las líneas en un plano dado. Para un par ordenado (p, l) en $P \times L$, se da el caso de que "p está en l" o bien "p no está en l". Si se escribe $p \circ l$ para "p está en l", entonces $\circ$ es una relación de P a L en el sentido de este párrafo. De regreso a los precios y tasas, se podría decir que el precio del petróleo p está relacionado con la tasa de interés r mediante R, y se escribe pRr, si "ha habido un momento en el que tanto el precio del petróleo ha sido p como la tasa de interés bancario ha sido r".

Una **función** f de un conjunto X a un conjunto Y es una relación de X a Y con la propiedad especial de que si xfy y xfz son verdaderas, entonces $y = z$. (En muchos libros también se requiere que, para cada x en X, exista una y en Y de tal manera que xfy. Aquí no se impondrá esta condición adicional). El punto es que si x está relacionado con cualquier cosa mediante f, entonces esa cosa está determinada únicamente por x. Después de todo, la definición dice que si dos cosas, y y z, están ambas relacionadas con x mediante f, entonces en realidad son lo mismo, $y = z$. Se escribe $y = f(x)$ para la única y, si es que existe alguna, de tal modo que x esté relacionada con y mediante f.

Con esta definición, se observa que la noción de función no es simétrica en x y y. La notación $f: X \longrightarrow Y$ se utiliza a menudo para decir que "f es una función de X a Y" porque pone de manifiesto la direccionalidad del concepto.

Ahora se examinarán los ejemplos derivados del habla cotidiana. La relación R definida por pRr si "ha habido un momento en el que tanto el precio del petróleo ha sido p y la tasa de interés bancario ha sido r" *no* define una función de los precios del petróleo para con las tasas de interés. Muchos recordarán cuando el petróleo costaba \$30 por barril y la tasa de interés bancario era de 6% y, en otra ocasión, cuando el petróleo costaba \$30 por barril y la tasa de interés era de 1%. En otras palabras, tanto $(30, 6)$ como $(30, 1)$ son pares ordenados que pertenecen a la relación R, y puesto que $6 \neq 1$, R no es una función. Para que no se piense que podemos estar tratando de hacerlo al revés, escribiremos R° para describir la relación del conjunto de las tasas de interés para con el conjunto de los precios del petróleo dados por $rR°p$ si y sólo si pRr. Si usted puede recordar cuando la tasa de interés era de 6% y el precio del petróleo de \$30 por barril y cuando la tasa era de 6% y el petróleo costaba \$40 el barril, entonces tendrá tanto a $(6, 30)$ como a $(6, 40)$ en la relación $R°$. El hecho de que $30 \neq 40$ muestra que $R°$ tampoco es una función.

Por otra parte, suponga que una persona que acaba de beber cinco cervezas se somete a una prueba de concentración del alcohol en la sangre, a partir de ese momento y cada hora siguiente durante seis horas. Para cada uno de los valores de tiempo $\{0, 1, 2, 3, 4, 5, 6\}$, la medición de la concentración de alcohol en la sangre producirá *exactamente un valor*. Si se escribe T para el conjunto de todas las veces en que se hace la prueba, comenzando con la primera, y B para el conjunto de todos los valores de concentración de alcohol en la sangre, entonces la prueba de la persona en cuestión determinará una función $b: T \longrightarrow B$, donde para cualquier tiempo t en T, $b(t)$ es *la* concentración de alcohol en la sangre de la persona en el tiempo t.

No es cierto que "El monto de la pensión está en función de los años trabajados". Si el valor de los "años trabajados" es 25, el valor del "monto de la pensión" aún no puede determinarse. En la mayoría de las organizaciones, un director general y un gerente de sistemas tendrán pensiones de retiro muy diferentes después de 25 años de servicio. Sin embargo, en este ejemplo podría decirse que, *para cada descripción de trabajo en una organización en particular*, el monto de la pensión está en función de los años trabajados.

Si se invierten \$100 a una tasa de interés simple del 6%, entonces el interés ganado I es una función de la cantidad de tiempo t que el dinero permanece invertido. Estas cantidades están relacionadas por la fórmula

$$I = 100(0.06)t, \tag{1}$$

Aquí, para cada valor de t, existe exactamente un valor de I dado por la ecuación (1). En una situación como esta, con frecuencia se escribe $I(t) = 100(0.06)t$ para reforzar la idea de que el valor de I está determinado por el valor de t. Algunas veces se escribe $I = I(t)$ para expresar que I es una función de t aún si no se conoce una fórmula que lo especifique. La fórmula (1) asigna la salida 3 a la entrada $\frac{1}{2}$ y la salida 12 a la entrada 2. Puede tomarse a la fórmula (1) como la definición de una *regla*: multiplicar t por 100(0.06). La regla asigna a cada número de entrada t exactamente un número de salida I, el cual se simboliza mediante la siguiente notación con flechas:

$$t \longmapsto 100(0.06)t$$

Una fórmula proporciona un modo de describir una regla para cubrir potencialmente de manera infinita muchos casos, pero si existe sólo una cantidad finita de valores de la variable de entrada, como en el párrafo inicial del capítulo, entonces la *regla* tal como está dada por las observaciones registradas en la tabla no será parte de alguna *fórmula* reconocible. A continuación, se usará la palabra *regla* en lugar de *fórmula* para permitir captar esta útil generalidad. La siguiente definición es a veces más fácil de recordar que la descripción de una función como un tipo especial de relación.

Definición

Una *función* $f: X \longrightarrow Y$ es una regla que asigna a cada elemento x de X, como máximo, un elemento de Y. Si un elemento se asigna a x en X, se denota por $f(x)$. El subconjunto de X que consiste en todas las x para las cuales $f(x)$ está definida, se llama *dominio* de f. Al conjunto de todos los elementos contenidos en Y de la forma $f(x)$, para algunas x en X, se le llama *rango* de f.

Para la función del interés definida por la ecuación (1), el número de entrada t no puede ser negativo porque el tiempo negativo no tiene sentido en este ejemplo. Así, el dominio consiste en todos los números no negativos; esto es, todo $t \geq 0$, donde la variable proporciona el tiempo transcurrido desde el momento en que se hizo la inversión.

En ocasiones, a una variable que toma los valores presentes en el dominio de una función $f: X \longrightarrow Y$ se le llama **entrada** o **variable independiente** para f. A veces, a una variable que toma valores presentes en el rango de f se le llama **salida** o **variable dependiente** de f. Por lo tanto, para la fórmula de interés $I = 100(0.06)t$, la variable independiente es t, la variable dependiente es I, e I es una función de t.

Como otro ejemplo, la ecuación:

$$y = x + 2 \tag{2}$$

define a y como una función de x. La ecuación proporciona la regla: "Sumar 2 a x". Esta regla asigna a cada entrada x exactamente una salida $x + 2$, que es y. Si $x = 1$, entonces $y = 3$; si $x = -4$, entonces $y = -2$. La variable independiente es x y la variable dependiente es y.

No todas las ecuaciones en x y y definen a y como una función de x. Por ejemplo, sea $y^2 = x$. Si x es 9, entonces $y^2 = 9$, de modo que $y = \pm 3$. Por lo tanto, para la entrada 9 se asigna no uno, sino *dos* números de salida, 3 y -3. Esto viola la definición de una función, de modo que y **no** es una función de x.

Por otra parte, algunas ecuaciones en dos variables definen a cualquiera de las variables como una función de la otra variable. Por ejemplo, si $y = 2x$, entonces para cada entrada x existe exactamente una salida $2x$. Así que y es una función de x. Sin embargo, al despejar x de la ecuación se obtiene $x = y/2$. Para cada entrada y, existe exactamente una salida, $y/2$. En consecuencia, x es una función de y.

Por lo general, las letras f, g, h, F, G, etc., se usan para nombrar funciones. Por ejemplo, la ecuación (2), $y = x + 2$, define a y como una función de x, donde la regla es "sumar 2 a la entrada". Suponga que f representa esta regla. Entonces se dice que f es la función. Para indicar que f asigna a la entrada 1 la salida 3, se escribe $f(1) = 3$, que se lee "f de 1 es igual a 3". De manera similar, $f(-4) = -2$. En forma más general, si x es cualquier entrada, se tiene la notación siguiente:

$f(x)$, que se lee "f de x", representa el número de salida en el rango de f, el cual resulta cuando la regla f se aplica a la entrada x a partir del dominio de f.

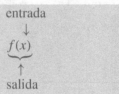

Así, la salida $f(x)$ es lo mismo que y. Pero como $y = x + 2$, puede escribirse $f(x) = y = x + 2$, o simplemente

$$f(x) = x + 2$$

Por ejemplo, para encontrar $f(3)$, que es la salida correspondiente a la entrada 3, se reemplaza con 3 cada x presente en $f(x) = x + 2$:

$$f(3) = 3 + 2 = 5$$

Los números de salida también se llaman **valores funcionales**.

En otro ejemplo, la ecuación $g(x) = x^3 + x^2$ define a la función g que asigna a cada número de entrada x el número de salida $x^3 + x^2$:

$$g: x \mapsto x^3 + x^2$$

En otras palabras, g suma el cubo de la entrada al cuadrado de la entrada. Algunos valores funcionales son:

$$g(2) = 2^3 + 2^2 = 12$$
$$g(-1) = (-1)^3 + (-1)^2 = -1 + 1 = 0$$
$$g(t) = t^3 + t^2$$
$$g(x + 1) = (x + 1)^3 + (x + 1)^2$$

La idea de *reemplazo* es muy importante en la determinación de los valores funcionales.

Observe que $g(x + 1)$ se encontró al reemplazar cada x en $x^3 + x^2$ por la entrada $x + 1$. Cuando se haga referencia a la función g definida por $g(x) = x^3 + x^2$, con toda libertad se dirá que "la función $g(x) = x^3 + x^2$" y, de manera análoga, "la función $y = x + 2$".

A menos que se establezca algo diferente, el dominio de una función $f : X \longrightarrow Y$ es el conjunto de todas las x incluidas en X para las cuales $f(x)$ tiene sentido como un elemento de Y. Cuando X y Y son $(-\infty, \infty)$, esta convención con frecuencia se refiere a restricciones aritméticas. Por ejemplo, suponga que

$$h(x) = \frac{1}{x - 6}$$

Aquí puede usarse cualquier número real para x excepto 6, porque el denominador es 0 cuando x es 6. De manera que se entiende que el dominio de h consiste en todos los números reales excepto 6. Una notación útil para ilustrar este conjunto es $(-\infty, \infty) - \{6\}$. De manera más general, si A y B son subconjuntos de un conjunto X, entonces se escribe $A - B$

para el conjunto de todas las x en X tales que x está en A pero x *no* está en B. También se observa que el rango de h es el conjunto de todos los números reales excepto 0. Cada salida de h es una fracción y la única manera de que una fracción pueda ser 0 es que su numerador sea 0. Si se tiene

$$\frac{1}{x-6} = \frac{c}{c(x-6)} \quad \text{para toda } c \neq 0$$

por el *principio fundamental de las fracciones* de la sección 0.2, se observa que 0 no es un valor funcional para h. Pero si y es cualquier número real distinto de cero, se puede resolver $\frac{1}{x-6} = y$ para x y obtener $x = 6 + \frac{1}{y}$ como la entrada (única) para la cual $h(x)$ es la y dada. Así, el rango es $(-\infty, \infty) - \{0\}$, el conjunto de todos los números reales distintos de 0.

Igualdad de funciones

> Decir que dos funciones $f, g : X \longrightarrow Y$ son iguales, denotado por $f = g$, es igual a decir que:
>
> 1.   El dominio de f es igual al dominio de g;
> 2.   Para toda x en el dominio de f y g, $f(x) = g(x)$.

El requisito 1 dice que un elemento x está en el dominio de f si y sólo si x está en el dominio de g. Por ende, si se tiene que $f(x) = x^2$, sin mención explícita del dominio, y $g(x) = x^2$ para $x \geq 0$, entonces $f \neq g$. Aquí, el dominio de f es toda la recta real $(-\infty, \infty)$ y el dominio de g es $[0, \infty)$. Por otro lado, si se tiene $f(x) = (x+1)^2$ y $g(x) = x^2 + 2x + 1$, entonces se entiende que tanto para f como para g el dominio es $(-\infty, \infty)$ y el criterio para decidir si $f = g$ consiste en saber si, para cada número real x, se tiene que $(x+1)^2 = x^2 + 2x + 1$. Pero esto es cierto; es un caso especial de 4 casos vistos en los productos especiales de la sección 0.4. De hecho, los libros de texto antiguos se refieren a los enunciados del tipo $(x+1)^2 = x^2 + 2x + 1$ como "identidades" para indicar que son ciertos para cualquier valor admisible de la variable y distinguirlos de los enunciados del tipo $(x+1)^2 = 0 \cdot$ que son verdaderas sólo para algunos valores de x.

Dadas las funciones f y g, se tiene que $f \neq g$ *si* el dominio de f es diferente del dominio de g o *si* existe alguna x para la cual $f(x) \neq g(x)$.

EJEMPLO 1   **Determinación de la igualdad de funciones**

Determine cuáles de las siguientes funciones son iguales.

a. $f(x) = \dfrac{(x+2)(x-1)}{(x-1)}$

b. $g(x) = x + 2$

c. $h(x) = \begin{cases} x+2 & \text{si } x \neq 1 \\ 0 & \text{si } x = 1 \end{cases}$

d. $k(x) = \begin{cases} x+2 & \text{si } x \neq 1 \\ 3 & \text{si } x = 1 \end{cases}$

Solución: El dominio de f es el conjunto de todos los números reales diferentes de 1, mientras que el de g es el conjunto de todos los números reales. (Para éstos se sigue la convención de que el dominio es el conjunto de todos los números reales para los cuales la regla tiene sentido). Se tendrá que decir más acerca de funciones como h y k que se definen por *casos* en el ejemplo 4 de la sección 2.2. Aquí se observa que tanto el dominio de h como el de k es $(-\infty, \infty)$, puesto que para ambos existe una regla que tiene sentido para todos los números reales. Los dominios de g, h y k son iguales entre sí, pero el de f es diferente. Entonces, por el requisito 1 para la igualdad de funciones $f \neq g$, $f \neq h$ y $f \neq k$. Por definición, $g(x) = h(x) = k(x)$ para toda $x \neq 1$, de manera que la igualdad de g, h y k depende de sus valores en 1. Como $g(1) = 3$, $h(1) = 0$ y $k(1) = 3$, se concluye que $g = k$ y $g \neq h$ (y $h \neq k$).

Aunque este ejemplo pudiera parecer artificial, es representativo de situaciones que surgen frecuentemente en el cálculo.

Ahora resuelva el problema 3 ◁

EJEMPLO 2   Determinación de dominios

Encuentre el dominio de cada función.

a. $f(x) = \dfrac{x}{x^2 - x - 2}$

Solución: No es posible dividir entre cero, así que deben encontrarse todos los valores de x que hacen que el denominador sea cero. Éstos *no pueden* ser números de entrada. Así que se iguala el denominador a cero y se resuelve para x:

$$x^2 - x - 2 = 0 \qquad \text{ecuación cuadrática}$$
$$(x - 2)(x + 1) = 0 \qquad \text{factorizando}$$
$$x = 2, -1$$

Por lo tanto, el dominio de f consiste en todos los números reales *excepto* 2 y -1.

b. $g(t) = \sqrt{2t - 1}$ como una función $g: (-\infty, \infty) \longrightarrow (-\infty, \infty)$

Solución: $\sqrt{2t - 1}$ es un número real si $2t - 1$ es mayor o igual a cero. Si $2t - 1$ es negativo, entonces $\sqrt{2t - 1}$ no es un número real, por ende se asume que

$$2t - 1 \geq 0$$
$$2t \geq 1 \qquad \text{sumando 1 en ambos lados}$$
$$t \geq \frac{1}{2} \qquad \text{dividiendo ambos lados entre 2}$$

Así, el dominio es el intervalo $[\frac{1}{2}, \infty)$.

Ahora resuelva el problema 7 ◁

EJEMPLO 3   Determinación del dominio y de los valores funcionales

Sea $g(x) = 3x^2 - x + 5$. Cualquier número real puede utilizarse como x, de modo que el dominio de g son todos los números reales.

a. Encuentre $g(z)$.

Solución: Al reemplazar cada x por z en $g(x) = 3x^2 - x + 5$ se obtiene

$$g(z) = 3(z)^2 - z + 5 = 3z^2 - z + 5$$

b. Encuentre $g(r^2)$.

Solución: Al reemplazar cada x por r^2 en $g(x) = 3x^2 - x + 5$ se obtiene

$$g(r^2) = 3(r^2)^2 - r^2 + 5 = 3r^4 - r^2 + 5$$

c. Encuentre $g(x + h)$.

Solución:

$$g(x + h) = 3(x + h)^2 - (x + h) + 5$$
$$= 3(x^2 + 2hx + h^2) - x - h + 5$$
$$= 3x^2 + 6hx + 3h^2 - x - h + 5$$

Ahora resuelva el problema 31(a) ◁

EJEMPLO 4   Determinación de un cociente de diferencias

Si $f(x) = x^2$, determine $\dfrac{f(x + h) - f(x)}{h}$.

Solución: La expresión $\dfrac{f(x + h) - f(x)}{h}$ se conoce como un **cociente de diferencias**. Aquí el numerador es una diferencia de valores funcionales. Se tiene que

$$\frac{f(x + h) - f(x)}{h} = \frac{(x + h)^2 - x^2}{h}$$

$$= \frac{x^2 + 2hx + h^2 - x^2}{h} = \frac{2hx + h^2}{h}$$

$$= \frac{h(2x + h)}{h}$$

$$= 2x + h \quad \text{para } h \neq 0$$

> El cociente de diferencias de una función es un concepto importante para el cálculo.

Si se considera al cociente de diferencias original como una función de h, entonces es diferente de $2x + h$ porque 0 no está en el dominio del cociente de diferencias original, sino que *está* en el dominio predeterminado de $2x + h$. Por esta razón, se tuvo que restringir la igualdad final.

Ahora resuelva el problema 35 ◁

En algunos casos, el dominio de una función está restringido por razones físicas o económicas. Por ejemplo, la función de interés estudiada con anterioridad, $I = 100(0.06)\,t$, tiene $t \geq 0$ porque t representa el tiempo transcurrido desde el momento en que se hizo la inversión. El ejemplo 5 proporciona otra ilustración.

APLÍQUELO ▶

3. Suponga que la función de demanda semanal de *pizzas* grandes en una pizzería local es $p = 26 - \dfrac{q}{40}$.

a. Si el precio actual es de \$18.50 por pizza, ¿cuántas pizzas se venden cada semana?
b. Si se venden 200 pizzas cada semana, ¿cuál es el precio actual?
c. Si el propietario desea duplicar el número de pizzas vendidas cada semana (a 400), ¿cuál debe ser el precio?

EJEMPLO 5   Función de demanda

Suponga que la ecuación $p = 100/q$ describe la relación entre el precio por unidad p de cierto producto y el número de unidades q del producto que los consumidores comprarán (demanda) por semana a ese precio. Esta ecuación se llama *ecuación de demanda* para el producto. Si q es un número de entrada, entonces para cada valor de q se asigna exactamente un número de salida p:

$$q \;\mapsto\; \frac{100}{q} = p$$

Por ejemplo,

$$20 \;\mapsto\; \frac{100}{20} = 5$$

esto es, cuando q es 20, p es 5. Así, el precio p es una función de la cantidad demandada, q. Esta función se llama **función de demanda**. La variable independiente es q y la variable dependiente es p. Como q no puede ser 0 (la división entre 0 no está definida) y no puede ser negativa (q representa una cantidad), el dominio son todos los valores de q tales que $q > 0$.

Ahora resuelva el problema 43 ◁

Se ha visto que una función es una regla que asigna exactamente una salida en el rango a cada número de entrada en el dominio. Para la regla dada por $f(x) = x^2$, en la figura 2.1 se ilustran algunas asignaciones de muestra por medio de flechas. El ejemplo siguiente analiza una regla dada por un listado finito en vez de una fórmula algebraica.

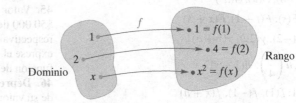

FIGURA 2.1   Algunos valores funcionales para $f(x) = x^2$.

APLÍQUELO ▶

4. Para la función de oferta que se da en la tabla siguiente, determine la función del ingreso semanal, suponiendo que se venden todas las unidades ofrecidas.

p Precio por unidad	q Cantidad ofrecida por semana
500	11
600	14
700	17
800	20

EJEMPLO 6 **Programa de oferta**

La tabla de Aplíquelo, punto 4, dada en esta página es *un programa de oferta*. Una tabla de este tipo lista para cada uno de los precios p de cierto producto, la cantidad q que los fabricantes ofrecerán por semana a ese precio. A cada precio le corresponde exactamente una cantidad, de modo que se muestra a q como una función de p.

Pero además, para cada cantidad, la tabla proporciona exactamente un precio, que también exhibe a p como una función de q. Si se escribe $q = f(p)$, entonces la tabla da

$$f(500) = 11 \quad f(600) = 14 \quad f(700) = 17 \quad f(800) = 20$$

Si se escribe $p = g(q)$, entonces la tabla da

$$g(11) = 500 \quad g(14) = 600 \quad g(17) = 700 \quad g(20) = 800$$

Observe que se tiene $g(f(p)) = p$, para todos los valores de p, y $f(g(q)) = q$ para todos los valores de q. Se abunda sobre los pares de funciones de este tipo en la sección 2.4. Las dos funciones determinadas por esta tabla se llaman **funciones de oferta**.

Ahora resuelva el problema 53 ◁

PROBLEMAS 2.1

En los problemas del 1 al 4, determine si las funciones dadas son iguales.

1. $f(x) = \sqrt{x^2}$; $g(x) = x$

2. $G(x) = (\sqrt{x+1})^2$; $H(x) = x + 1$

3. $h(x) = \dfrac{|x|}{x}$; $k(x) = \begin{cases} 1 & \text{si } x \geq 0 \\ -1 & \text{si } x < 0 \end{cases}$

4. $f(x) = \begin{cases} \dfrac{x^2 - 4x + 3}{x - 3} & \text{si } x \neq 3 \\ 2 & \text{si } x = 3 \end{cases}$;

$g(x) = x - 1$

En los problemas del 5 al 16, obtenga el dominio de cada función.

5. $f(x) = \dfrac{6}{x - 1}$

6. $g(x) = \dfrac{x}{5}$

7. $h(x) = \sqrt{x - 3}$

8. $K(z) = \dfrac{100}{\sqrt{z - 1}}$

9. $f(z) = 3z^2 + 2z - 4$

10. $H(x) = \dfrac{x^2}{x + 3}$

11. $f(x) = \dfrac{9x - 9}{2x + 7}$

12. $g(x) = \sqrt{4x + 3}$

13. $g(y) = \dfrac{4}{y^2 - 4y + 4}$

14. $\phi(x) = \dfrac{x + 5}{x^2 + x - 6}$

15. $h(s) = \dfrac{3 - x^2}{3x^2 - 5x - 2}$

16. $G(r) = \dfrac{2}{r^2 + 1}$

En los problemas del 17 al 28, determine los valores funcionales para cada una de las funciones.

17. $f(x) = 2x + 1$; $f(0)$, $f(3)$, $f(-4)$

18. $H(s) = 5s^2 - 3$; $H(4)$, $H(\sqrt{2})$, $H\left(\dfrac{2}{3}\right)$

19. $G(x) = 2 - x^2$; $G(-8)$, $G(u)$, $G(u^2)$

20. $F(x) = -7x + 1$; $F(s)$, $F(t + 1)$, $F(x + 3)$

21. $\gamma(u) = 2u^2 - u$; $\gamma(-2)$, $\gamma(2v)$, $\gamma(x + a)$

22. $h(v) = \dfrac{1}{\sqrt{v}}$; $h(16)$, $h\left(\dfrac{1}{4}\right)$, $h(1 - x)$

23. $f(x) = x^2 + 2x + 1$; $f(1)$, $f(-1)$, $f(x + h)$

24. $H(x) = (x + 4)^2$; $H(0)$, $H(2)$, $H(t - 4)$

25. $k(x) = \dfrac{x - 5}{x^2 + 1}$; $k(5)$, $k(2x)$, $k(x + h)$

26. $k(x) = \sqrt{x - 3}$; $k(4)$, $k(3)$, $k(x + 1) - k(x)$

27. $f(x) = x^{4/3}$; $f(0)$, $f(64)$, $f\left(\dfrac{1}{8}\right)$

28. $g(x) = x^{2/5}$; $g(32)$, $g(-64)$, $g(t^{10})$

En los problemas del 29 al 36, encuentre (a) $f(x + h)$ y (b) $\dfrac{f(x + h) - f(x)}{h}$; simplifique sus respuestas.

29. $f(x) = 4x - 5$

30. $f(x) = \dfrac{x}{3}$

31. $f(x) = x^2 + 2x$

32. $f(x) = 3x^2 - 2x - 1$

33. $f(x) = 3 - 2x + 4x^2$

34. $f(x) = x^3$

35. $f(x) = \dfrac{1}{x - 1}$

36. $f(x) = \dfrac{x + 8}{x}$

37. Si $f(x) = 5x + 3$, encuentre $\dfrac{f(3 + h) - f(3)}{h}$.

38. Si $f(x) = 2x^2 - x + 1$, encuentre $\dfrac{f(x) - f(2)}{x - 2}$.

En los problemas del 39 al 42, ¿es y una función de x? ¿Es x una función de y?

39. $9y - 3x - 4 = 0$

40. $x^4 - 1 + y = 0$

41. $y = 7x^2$

42. $x^2 + y^2 = 1$

43. La fórmula para calcular el área de un círculo de radio r es $A = \pi r^2$. ¿Es el área una función del radio?

44. Suponga que $f(b) = a^2 b^3 + a^3 b^2$. (a) Encuentre $f(a)$. (b) Encuentre $f(ab)$.

45. Valor de un negocio Un negocio con un capital original de $50 000 tiene ingresos y gastos semanales por $7200 y $4900, respectivamente. Si todas las utilidades se conservan en el negocio, exprese el valor V del negocio al final de t semanas como una función de t.

46. Depreciación Si una máquina de $30 000 se deprecia en 2% de su valor original cada año, determine una función f que exprese el valor V de la máquina después de transcurridos t años.

47. Función de utilidad Cuando se venden q unidades de cierto producto (q es no negativa), la utilidad P está dada por la ecuación $P = 1.25q$. ¿Es P una función de q? ¿Cuál es la variable dependiente y cuál la independiente?

48. Función de demanda Suponga que la función de demanda anual para que un actor particular protagonice una película es

$$p = \frac{1\,200\,000}{q},$$ donde q es el número de películas que el actor

protagoniza durante el año. Si el actor actualmente cobra \$600 000 por película, ¿cuántas películas protagoniza cada año? Si quiere protagonizar cuatro películas por año, ¿cuánto debería cobrar por esto?

49. Función de oferta Suponga que la función de oferta semanal

por una libra de café casero en un local de venta de café es $p = \dfrac{q}{48}$,

donde q es el número de libras de café que se ofrecen por semana. ¿Cuántas libras de café a la semana deben ofrecerse si el precio es de \$8.39 por libra? ¿Cuántas libras de café a la semana deben ofrecerse si el precio es de \$19.49 por libra? ¿Cómo cambia la cantidad ofrecida conforme se incrementa el precio?

50. Altas de un hospital Una compañía de seguros examinó los registros de un grupo de individuos hospitalizados por una enfermedad en particular. Se encontró que la proporción total de quienes habían sido dados de alta al final de t días de hospitalización está dada por

$$f(t) = 1 - \left(\frac{200}{200 + t}\right)^3.$$

Evalúe (a) $f(0)$, (b) $f(100)$ y (c) $f(800)$, (d) ¿Al cabo de cuántos días se habrá dado de alta a la mitad del grupo?

51. Psicología Se realizó un experimento para analizar la respuesta humana a descargas eléctricas.[1] Los sujetos recibieron una descarga de cierta intensidad. Se les pidió asignar una magnitud de 10 a esta descarga en particular, llamada estímulo estándar. Después se les aplicaron otras descargas (estímulos) de varias intensidades. Para cada una de éstas la respuesta R era un número que indicaba la magnitud percibida de la descarga en relación con la del estímulo estándar. Se encontró que R era una función de la intensidad I de la descarga (I en microamperes) y se estimó mediante

$$R = f(I) = \frac{I^{4/3}}{2500} \qquad 500 \le I \le 3500$$

Evalúe (a) $f(1000)$ y (b) $f(2000)$. (c) Suponga que I_0 y $2I_0$ están en el dominio de f. Exprese $f(2I_0)$ en términos de $f(I_0)$. ¿Qué efecto sobre la respuesta tiene el hecho de duplicar la intensidad?

52. Psicología En un experimento de aprendizaje por asociación de parejas,[2] la probabilidad de obtener una respuesta correcta como función del número n de intentos tiene la forma

$$P(n) = 1 - \frac{1}{2}(1 - c)^{n-1} \qquad n \ge 1$$

donde el valor estimado de c es 0.344. Usando este valor de c, determine $P(1)$ y $P(2)$.

53. Programa de demanda La tabla siguiente se conoce como *un programa de demanda*. Dicha tabla proporciona una correspondencia entre el precio p de un producto y la cantidad q que los consumidores demandarán (esto es, comprarán) a ese precio. (a) Si $p = f(q)$, liste los números en el dominio de f. Encuentre $f(2900)$ y $f(3000)$. (b) Si $q = g(p)$, liste los números en el dominio de g. Encuentre $g(10)$ y $g(17)$.

Precio por unidad, p	Cantidad demandada por semana, q
\$10	3000
12	2900
17	2300
20	2000

En los problemas del 54 al 57, utilice su calculadora para determinar los valores funcionales indicados para la función dada. Redondee las respuestas a dos decimales.

54. $f(x) = 2.03x^3 - 5.27x^2 - 13.71$; (a) $f(1.73)$, (b) $f(-5.78)$, (c) $f(\sqrt{2})$

55. $f(x) = \dfrac{14.7x^2 - 3.95x - 15.76}{24.3 - x^3}$; (a) $f(4)$, (b) $f(-17/4)$, (c) $f(\pi)$

56. $f(x) = (20.3 - 3.2x)(2.25x^2 - 7.1x - 16)^4$; (a) $f(0.3)$, (b) $f(-0.02)$, (c) $f(1.9)$

57. $f(x) = \sqrt{\dfrac{\sqrt{2}x^2 + 7.31(x + 1)}{5.03}}$; (a) $f(12.35)$, (b) $f(-123)$, (c) $f(0)$

Objetivo

Introducir los conceptos de función constante, función polinomial, función racional, función definida por partes, función valor absoluto y notación factorial.

2.2 Funciones especiales

En esta sección se verán funciones que tienen formas y representaciones especiales. Se iniciará con el tipo tal vez más sencillo de función que existe: una *función constante*.

EJEMPLO 1 **Función constante**

Sea $h: (-\infty, \infty) \longrightarrow (-\infty, \infty)$ dada por $h(x) = 2$. El dominio de h es $(-\infty, \infty)$, el conjunto de todos los números reales. Todos los valores funcionales son 2. Por ejemplo,

$$h(10) = 2 \qquad h(-387) = 2 \qquad h(x + 3) = 2$$

---

[1]Adaptado de H. Babkoff, "Magnitude Estimation of Short Electrocutaneous Pulses", *Psychological Research*, 39, núm. 1 (1976), pp. 39-49.

[2]D. Laming, *Mathematical Psychology* (Nueva York: Academia Press, 1983).

En una función polinomial, cada término es una constante o bien una constante por una potencia entera positiva de x.

A la función h se le denomina *función constante* porque todos los valores funcionales son iguales. En forma un tanto más general, se tiene la siguiente definición:

Una función de la forma $h(x) = c$, donde c es una *constante*, se llama **función constante**.

Ahora resuelva el problema 17 ◁

Una función constante pertenece a una clase más amplia de funciones llamadas *funciones polinomiales*. En general, una función de la forma

$$f(x) = c_n x^n + c_{n-1} x^{n-1} + \cdots + c_1 x + c_0$$

donde n es un entero no negativo y $c_n, c_{n-1}, \ldots, c_0$ son constantes, con $c_n \neq 0$, se llama **función polinomial** (en x). El número n se llama **grado** del polinomio y c_n es el **coeficiente principal**. Así,

$$f(x) = 3x^2 - 8x + 9$$

es una función polinomial de grado 2 con coeficiente principal de 3. De igual modo, $g(x) = 4 - 2x$ tiene grado 1 y coeficiente principal -2. Las funciones polinomiales de grado 1 o 2 son llamadas **funciones lineales** o **cuadráticas**, respectivamente. Por ejemplo, $g(x) = 4 - 2x$ es lineal y $f(x) = 3x^2 - 8x + 9$ es cuadrática. Observe que una función constante distinta de cero, como $f(x) = 5$ [la cual puede escribirse como $f(x) = 5x^0$], es una función polinomial de grado 0. La función constante $f(x) = 0$ también se considera ser una función polinomial, pero no tiene asignado ningún grado. El dominio de cualquier función polinomial son todos los números reales.

EJEMPLO 2   Funciones polinomiales

a. $f(x) = x^3 - 6x^2 + 7$ es una función polinomial de grado 3 con coeficiente principal de 1.

b. $g(x) = \dfrac{2x}{3}$ es una función lineal con coeficiente principal de $\dfrac{2}{3}$.

c. $f(x) = \dfrac{2}{x^3}$ *no* es una función polinomial. Como $f(x) = 2x^{-3}$ y el exponente para x no es un entero no negativo, esta función no tiene la forma propia de las funciones polinomiales. En forma similar, $g(x) = \sqrt{x}$ no es función polinomial porque $g(x) = x^{1/2}$.

Ahora resuelva el problema 3 ◁

Una función que es cociente de funciones polinomiales se llama **función racional**.

EJEMPLO 3   Funciones racionales

Toda función polinomial es una función racional.

a. $f(x) = \dfrac{x^2 - 6x}{x + 5}$ es una función racional porque el numerador y el denominador son funciones polinomiales. Observe que esta función racional no está definida para $x = -5$.

b. $g(x) = 2x + 3$ es una función racional porque $2x + 3 = \dfrac{2x + 3}{1}$. De hecho, toda función polinomial también es una función racional.

Ahora resuelva el problema 5 ◁

Algunas veces es necesaria más de una expresión para definir una función, como lo muestra el ejemplo 4.

EJEMPLO 4   Funciones definidas por partes

Sea

$$F(s) = \begin{cases} 1 & \text{si } -1 \leq s < 1 \\ 0 & \text{si } 1 \leq s \leq 2 \\ s - 3 & \text{si } 2 < s \leq 8 \end{cases}$$

Ésta se llama **función definida por partes**, puesto que la regla para su especificación está dada por reglas para cada uno de los diferentes casos que pueden presentarse. Aquí, s es la variable independiente y el dominio F es toda s tal que $-1 \leq s \leq 8$. El valor de s determina cuál expresión debe usarse.

Determine $F(0)$: como $-1 \leq 0 < 1$, se tiene $F(0) = 1$.

Determine $F(2)$: como $1 \leq 2 \leq 2$, se tiene $F(2) = 0$.

Determine $F(7)$: como $2 < 7 \leq 8$, se sustituye 7 por la s en $s - 3$.

$$F(7) = 7 - 3 = 4$$

Ahora resuelva el problema 19 ◁

EJEMPLO 5   Función valor absoluto

La función valor absoluto puede considerarse una función definida por partes.

La función $|-|(x) = |x|$ se denomina *función valor absoluto*. Recuerde que el **valor absoluto** de un número real x se denota mediante $|x|$ y se define por

$$|x| = \begin{cases} x & \text{si } x \geq 0 \\ -x & \text{si } x < 0 \end{cases}$$

Por lo tanto, el dominio de $|-|$ son todos los números reales. Algunos valores funcionales son

$$|16| = 16$$

$$\left|-\tfrac{4}{3}\right| = -\left(-\tfrac{4}{3}\right) = \tfrac{4}{3}$$

$$|0| = 0$$

Ahora resuelva el problema 21 ◁

En los ejemplos siguientes se utiliza la *notación factorial*.

El símbolo $r!$, con r como un entero positivo, se lee "r **factorial**". Representa el producto de los primeros r enteros positivos:

$$r! = 1 \cdot 2 \cdot 3 \cdots r$$

También se define

$$0! = 1$$

Para cada entero no negativo n, $(-)!(n) = n!$ determina un número único, de manera que puede decirse que $(-)!$ es una función cuyo dominio es el conjunto de los enteros no negativos.

EJEMPLO 6   Factoriales

a. $5! = 1 \cdot 2 \cdot 3 \cdot 4 \cdot 5 = 120$

b. $3!(6 - 5)! = 3! \cdot 1! = (3 \cdot 2 \cdot 1)(1) = (6)(1) = 6$

c. $\dfrac{4!}{0!} = \dfrac{1 \cdot 2 \cdot 3 \cdot 4}{1} = \dfrac{24}{1} = 24$

Ahora resuelva el problema 27 ◁

EJEMPLO 7 Genética

Los factoriales aparecen con frecuencia en la teoría de probabilidad.

Suponga que dos conejillos de indias negros se reproducen y tienen cinco descendientes. Bajo ciertas condiciones, puede mostrarse que la probabilidad P de que exactamente r de los descendientes sean de color café y los otros negros es una función de r, $P = P(r)$, donde

$$P(r) = \frac{5!\left(\frac{1}{4}\right)^r \left(\frac{3}{4}\right)^{5-r}}{r!(5-r)!} \qquad r = 0, 1, 2, \ldots, 5$$

La letra P en $P = P(r)$ se usa de dos formas. En el lado derecho, P representa la regla de la función; en el izquierdo representa la variable dependiente. El dominio de P son todos los enteros desde 0 hasta 5, inclusive. Determine la probabilidad de que exactamente tres conejillos de indias sean de color café.

Solución: Para encontrar $P(3)$, se tiene

$$P(3) = \frac{5!\left(\frac{1}{4}\right)^3 \left(\frac{3}{4}\right)^2}{3!2!} = \frac{120 \left(\frac{1}{64}\right)\left(\frac{9}{16}\right)}{6(2)} = \frac{45}{512}$$

Ahora resuelva el problema 35 ◁

PROBLEMAS 2.2

En los problemas del 1 al 4, determine si la función dada es una función polinomial.

1. $f(x) = x^2 - x^4 + 4$

2. $f(x) = \dfrac{x^3 + 7x - 3}{3}$

3. $g(x) = \dfrac{1}{x^2 + 2x + 1}$

4. $g(x) = 2^{-3}x^3$

En los problemas del 5 al 8, determine si la función dada es una función racional.

5. $f(x) = \dfrac{x^2 + x}{x^3 + 4}$

6. $f(x) = \dfrac{3}{2x + 1}$

7. $g(x) = \begin{cases} 1 & \text{si } x < 5 \\ 4 & \text{si } x \geq 5 \end{cases}$

8. $g(x) = 4x^{-4}$

En los problemas del 9 al 12, determine el dominio de cada función.

9. $k(z) = 26$

10. $f(x) = \sqrt{\pi}$

11. $f(x) = \begin{cases} 5x & \text{si } x > 1 \\ 4 & \text{si } x \leq 1 \end{cases}$

12. $f(x) = \begin{cases} 4 & \text{si } x = 3 \\ x^2 & \text{si } 1 \leq x < 3 \end{cases}$

En los problemas del 13 al 16, establezca (a) el grado y (b) el coeficiente principal de la función polinomial dada.

13. $F(x) = 7x^3 - 2x^2 + 6$

14. $g(x) = 9x^2 + 2x + 1$

15. $f(x) = \dfrac{1}{\pi} - 3x^5 + 2x^6 + x^7$

16. $f(x) = 9$

En los problemas del 17 al 22, determine los valores funcionales para cada función.

17. $f(x) = 8$; $f(2)$, $f(t+8)$, $f(-\sqrt{17})$

18. $g(x) = |x - 3|$; $g(10)$, $g(3)$, $g(-3)$

19. $F(t) = \begin{cases} 2 & \text{si } t > 1 \\ 0 & \text{si } t = 1 \\ -1 & \text{si } t < 1 \end{cases}$

$F(12)$, $F(-\sqrt{3})$, $F(1)$, $F\left(\dfrac{18}{5}\right)$

20. $f(x) = \begin{cases} 4 & \text{si } x \geq 0 \\ 3 & \text{si } x < 0 \end{cases}$;

$f(3), f(-4), f(0)$

21. $G(x) = \begin{cases} x - 1 & \text{si } x \geq 3 \\ 3 - x^2 & \text{si } x < 3 \end{cases}$;

$G(8), G(3), G(-1), G(1)$

22. $F(\theta) = \begin{cases} 2\theta - 5 & \text{si } \theta < 2 \\ \theta^2 - 3\theta + 1 & \text{si } \theta > 2 \end{cases}$;

$F(3), F(-3), F(2)$

En los problemas del 23 al 28, determine el valor de cada expresión.

23. $6!$

24. $(3 - 3)!$

25. $(4 - 2)!$

26. $6! \cdot 2!$

27. $\dfrac{n!}{(n-1)!}$

28. $\dfrac{8!}{5!(8-5)!}$

29. Viaje en tren Un boleto de viaje redondo en tren a la ciudad cuesta $2.50. Escriba el costo de un boleto de viaje redondo como función del ingreso del pasajero. ¿Qué tipo de función es ésta?

30. Geometría Un prisma rectangular tiene una longitud tres veces mayor que su ancho y su altura es una unidad menor que el doble del ancho. Escriba el volumen del prisma rectangular como una función del ancho. ¿Qué clase de función es ésta?

31. Función de costo En la fabricación de un componente para máquina, el costo inicial de un dado es de $850 y todos los otros costos adicionales son de $3 por unidad producida. (a) Exprese el costo total C como una función lineal del número q de unidades producidas. (b) ¿Cuántas unidades se producen si el costo total es de $1600?

32. Inversión Si un capital P se invierte a una tasa de interés simple anual r durante t años, exprese la cantidad total acumulada del capital y del interés como una función de t. ¿Su resultado es una función lineal de t?

33. Ventas Para alentar la venta en grupos grandes, un teatro cobra dos precios. Si el grupo es menor de 12, cada boleto cuesta $9.50; si el grupo es de 12 o más, cada boleto cuesta $8.75. Escriba una función definida por partes para representar el costo de comprar n boletos.

34. Factoriales La clase de matemáticas financieras ha elegido un comité de representación integrado por cinco personas para quejarse ante el magisterio por la introducción de la notación factorial en el curso. Estas personas decidieron que serían más eficaces si se etiquetaban como los miembros A, G, M, N y S, donde el miembro A gestionará ante los profesores que tienen apellidos que inician de la

A a la F, el miembro G con los profesores con apellidos de la G a la L, y así sucesivamente. ¿De cuántas formas puede el comité etiquetar a sus elementos de esta manera?

35. Genética Bajo ciertas condiciones, si dos padres con ojos de color café tienen exactamente tres hijos, la probabilidad P de que tengan exactamente r hijos con ojos azules está dada por la función $P = P(r)$, donde

$$P(r) = \frac{3!\left(\frac{1}{4}\right)^r\left(\frac{3}{4}\right)^{3-r}}{r!(3-r)!}, \qquad r = 0, 1, 2, 3$$

Determine la probabilidad de que exactamente dos de los hijos tengan los ojos azules.

36. Genética En el ejemplo 7, determine la probabilidad de que los cinco descendientes tengan ojos color café.

37. Crecimiento de bacterias En un cultivo están desarrollándose bacterias. El tiempo t (en horas) necesario para que el número de bacterias se duplique (tiempo de generación) es una función de la temperatura T (en °C) del cultivo. Si esta función está dada por[3]

$$t = f(T) = \begin{cases} \dfrac{1}{24}T + \dfrac{11}{4} & \text{si } 30 \le T \le 36 \\[2ex] \dfrac{4}{3}T - \dfrac{175}{4} & \text{si } 36 < T \le 39 \end{cases}$$

(a) determine el dominio de f y **(b)** encuentre $f(30)$, $f(36)$ y $f(39)$.

En los problemas del 38 al 41, use su calculadora para encontrar los valores funcionales indicados para la función dada. Redondee las respuestas a dos decimales.

38. $f(x) = \begin{cases} 0.19x^4 - 27.99 & \text{si } x \ge 5.99 \\ 0.63x^5 - 57.42 & \text{si } x < 5.99 \end{cases}$

(a) $f(7.98)$ **(b)** $f(2.26)$ **(c)** $f(9)$

39. $f(x) = \begin{cases} 29.5x^4 + 30.4 & \text{si } x < 3 \\ 7.9x^3 - 2.1x & \text{si } x \ge 3 \end{cases}$

(a) $f(2.5)$ **(b)** $f(-3.6)$ **(c)** $f(3.2)$

40. $f(x) = \begin{cases} 4.07x - 2.3 & \text{si } x < -8 \\ 19.12 & \text{si } -8 \le x < -2 \\ x^2 - 4x^{-2} & \text{si } x \ge -2 \end{cases}$

(a) $f(-5.8)$ **(b)** $f(-14.9)$ **(c)** $f(7.6)$

41. $f(x) = \begin{cases} x/(x+3) & \text{si } x < -5 \\ x(x-4)^2 & \text{si } -5 \le x < 0 \\ \sqrt{2.1x + 3} & \text{si } x \ge 0 \end{cases}$

(a) $f(-\sqrt{30})$ **(b)** $f(46)$ **(c)** $f(-2/3)$

Objetivo

Combinar funciones mediante la suma, resta, multiplicación, división, multiplicación por una constante y composición.

2.3 Combinaciones de funciones

Existen diferentes formas de combinar dos funciones para crear una nueva función. Suponga que f y g son las funciones dadas por

$$f(x) = x^2 \quad \text{y} \quad g(x) = 3x$$

Al sumar $f(x)$ y $g(x)$ se obtiene

$$f(x) + g(x) = x^2 + 3x$$

Esta operación define una nueva función llamada *suma* de f y g, que se denota por $f + g$. Su valor funcional en x es $f(x) + g(x)$. Esto es,

$$(f + g)(x) = f(x) + g(x) = x^2 + 3x$$

Por ejemplo,

$$(f + g)(2) = 2^2 + 3(2) = 10$$

En general, para cualesquiera funciones $f, g : X \longrightarrow (-\infty, \infty)$, se define la **suma** $f + g$, la **diferencia** $f - g$, el **producto** fg y el **cociente** $\dfrac{f}{g}$ como sigue:

$$(f + g)(x) = f(x) + g(x)$$
$$(f - g)(x) = f(x) - g(x)$$
$$(fg)(x) = f(x) \cdot g(x)$$
$$\frac{f}{g}(x) = \frac{f(x)}{g(x)} \quad \text{para } g(x) \ne 0$$

Para cada una de estas cuatro nuevas funciones, el dominio es el conjunto de todas las x que pertenecen al dominio de f y al dominio de g. Para el cociente, se restringe aún más el

---

[3]Adaptado de F. K. E. Imrie y A. J. Vlitos, "Production of Fungal Protein from Carob", en *Single-Cell Protein II*, ed. S. R. Tannenbaum y D. I. C. Wang (Cambridge: MIT Press, 1975).

dominio con el fin de excluir cualquier valor de x para el cual $g(x) = 0$. En cada una de las cuatro combinaciones se tiene una nueva función de X a $(-\infty, \infty)$. Por ejemplo, se tiene $f + g : X \longrightarrow (-\infty, \infty)$. Un caso especial de fg merece ser mencionado por separado. Para cualquier número real c y cualquier función f se define cf mediante

$$(cf)(x) = c \cdot f(x)$$

Este tipo restringido de producto se llama **producto escalar**. El producto escalar tiende a compartir algunas propiedades con las sumas (y las restas) que no suelen poseer los productos (y cocientes).

Para $f(x) = x^2$, $g(x) = 3x$ y $c = \sqrt{2}$ se tiene

$$(f + g)(x) = f(x) + g(x) = x^2 + 3x$$
$$(f - g)(x) = f(x) - g(x) = x^2 - 3x$$
$$(fg)(x) = f(x) \cdot g(x) = x^2(3x) = 3x^3$$
$$\frac{f}{g}(x) = \frac{f(x)}{g(x)} = \frac{x^2}{3x} = \frac{x}{3} \quad \text{para } x \neq 0$$
$$(cf)(x) = cf(x) = \sqrt{2}x^2$$

EJEMPLO 1   Combinación de funciones

Si $f(x) = 3x - 1$ y $g(x) = x^2 + 3x$, encuentre

a. $(f + g)(x)$

b. $(f - g)(x)$

c. $(fg)(x)$

d. $\dfrac{f}{g}(x)$

e. $\left(\dfrac{1}{2}f\right)(x)$

Solución

a. $(f + g)(x) = f(x) + g(x) = (3x - 1) + (x^2 + 3x) = x^2 + 6x - 1$

b. $(f - g)(x) = f(x) - g(x) = (3x - 1) - (x^2 + 3x) = -1 - x^2$

c. $(fg)(x) = f(x)g(x) = (3x - 1)(x^2 + 3x) = 3x^3 + 8x^2 - 3x$

d. $\dfrac{f}{g}(x) = \dfrac{f(x)}{g(x)} = \dfrac{3x - 1}{x^2 + 3x}$

e. $\left(\dfrac{1}{2}f\right)(x) = \dfrac{1}{2}(f(x)) = \dfrac{1}{2}(3x - 1) = \dfrac{3x - 1}{2}$

Ahora resuelva el problema 3(a) a (f) ◁

Composición

También pueden combinarse dos funciones aplicando primero una función a una entrada y después la otra función al resultado de la primera. Por ejemplo, suponga que $g(x) = 3x$, $f(x) = x^2$ y $x = 2$. Entonces $g(2) = 3 \cdot 2 = 6$. Así, g envía la entrada 2 a la salida 6:

$$2 \overset{g}{\mapsto} 6$$

Después, se hace que la salida 6 se convierta en la entrada para f:

$$f(6) = 6^2 = 36$$

De modo que f envía 6 al 36:

$$6 \overset{f}{\mapsto} 36$$

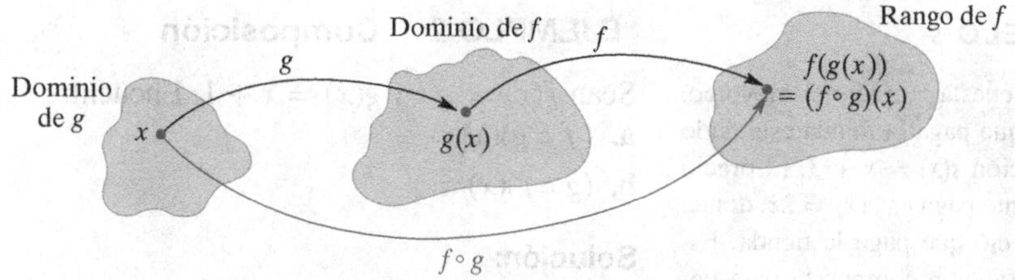

FIGURA 2.2   Composición de f con g.

Al aplicar primero g y después f, se envía el 2 al 36:

$$2 \overset{g}{\mapsto} 6 \overset{f}{\mapsto} 36$$

De manera más general, se reemplazará el 2 por x, donde x está en el dominio de g (vea la figura 2.2). Aplicando g a x, se obtiene el número $g(x)$, que debe suponerse está en el dominio de f. Al aplicar f a $g(x)$, se obtiene $f(g(x))$, que se lee "f de g de x", la cual se encuentra en el rango de f. Esta operación de aplicar g y después aplicar f al resultado se llama *composición* y la función resultante, denotada por $f \circ g$, se llama *función compuesta* de f con g. Esta función asigna al número de entrada x el número de salida $f(g(x))$. (Vea la flecha inferior en la figura 2.2). De esta manera, $(f \circ g)(x) = f(g(x))$.

Definición

Para las funciones $g : X \longrightarrow Y$ y $f : Y \longrightarrow Z$, la *composición de f con g es la función* $f \circ g : X \longrightarrow Z$ *definida por*

$$(f \circ g)(x) = f(g(x))$$

donde el dominio de $f \circ g$ es el conjunto de todas las x en el dominio de g tales que $g(x)$ esté en el dominio de f.

Para $f(x) = x^2$ y $g(x) = 3x$, puede obtenerse una forma sencilla para $f \circ g$:

$$(f \circ g)(x) = f(g(x)) = f(3x) = (3x)^2 = 9x^2$$

Por ejemplo, $(f \circ g)(2) = 9(2)^2 = 36$, como se vio anteriormente.

Cuando se trata con números reales y la operación de suma, 0 es un caso especial, para cualquier número real a, se tiene

$$a + 0 = a = 0 + a$$

El número 1 tiene una propiedad similar con respecto a la multiplicación. Para cualquier número real a, se tiene

$$a1 = a = 1a$$

Con propósitos de referencia, en la sección 2.4 se observa que la función I definida por $I(x) = x$ satisface, para cualquier función f,

$$f \circ I = f = I \circ f$$

donde se considera la igualdad de funciones tal como se definió en la sección 2.1. De hecho, para cualquier x,

$$(f \circ I)(x) = f(I(x)) = f(x) = I(f(x)) = (I \circ f)(x)$$

La función I se llama función *identidad*.

APLÍQUELO ▶

9. Un CD cuesta x precio al mayoreo. El precio que paga la tienda está dado por la función $s(x) = x + 3$. El precio que el cliente paga es $c(x) = 2x$, donde x es el precio que paga la tienda. Escriba una función compuesta para determinar el precio al cliente como una función del precio al mayoreo.

¡ADVERTENCIA!

Por lo general, $f \circ g$ y $g \circ f$ son muy diferentes. En el ejemplo 2,

$$(f \circ g)(x) = \sqrt{x + 1}$$

pero se tiene

$$(g \circ f)(x) = \sqrt{x} + 1$$

Observe que $(f \circ g)(1) = \sqrt{2}$, mientras que $(g \circ f)(1) = 2$. Tampoco debe confundirse $f(g(x))$ con $(fg)(x)$, esta última es el producto $f(x)g(x)$. Aquí,

$$f(g(x)) = \sqrt{x + 1}$$

pero

$$f(x)g(x) = \sqrt{x}(x + 1)$$

EJEMPLO 2 **Composición**

Sean $f(x) = \sqrt{x}$ y $g(x) = x + 1$. Encuentre
a. $(f \circ g)(x)$
b. $(g \circ f)(x)$

Solución:

a. $(f \circ g)(x)$ es $f(g(x))$. Ahora g suma 1 a x y f obtiene la raíz cuadrada del resultado. Así que,

$$(f \circ g)(x) = f(g(x)) = f(x + 1) = \sqrt{x + 1}$$

El dominio de g son todos los números reales x y el de f todos los números reales no negativos. De aquí que el dominio de la composición sean todas las x para las que $g(x) = x + 1$ sea no negativa. Esto es, el dominio son todas las $x \geq -1$ o, de manera equivalente, el intervalo $[-1, \infty)$.

b. $(g \circ f)(x)$ es $g(f(x))$. Ahora f toma la raíz cuadrada de x y g suma 1 al resultado. De esta manera, g suma 1 a $\sqrt{x}$ y se tiene

$$(g \circ f)(x) = g(f(x)) = g(\sqrt{x}) = \sqrt{x} + 1$$

El dominio de f son todas las $x \geq 0$ y el dominio de g son todos los números reales. Por ende, el dominio de la composición son todas las $x \geq 0$ para las cuales $f(x) = \sqrt{x}$ es real, a saber, toda $x \geq 0$.

Ahora resuelva el problema 7 ◁

La composición es *asociativa*, esto significa que para cualesquiera tres funciones f, g y h,

$$(f \circ g) \circ h = f \circ (g \circ h)$$

EJEMPLO 3 **Composición**

Si $F(p) = p^2 + 4p - 3$, $G(p) = 2p + 1$ y $H(p) = |p|$, encuentre
a. $F(G(p))$
b. $F(G(H(p)))$
c. $G(F(1))$

Solución:

a. $F(G(p)) = F(2p + 1) = (2p + 1)^2 + 4(2p + 1) - 3 = 4p^2 + 12p + 2 = (F \circ G)(p)$
b. $F(G(H(p))) = (F \circ (G \circ H))(p) = ((F \circ G) \circ H)(p) = (F \circ G)(H(p)) = (F \circ G)(|p|) = 4|p|^2 + 12|p| + 2 = 4p^2 + 12|p| + 2$
c. $G(F(1)) = G(1^2 + 4 \cdot 1 - 3) = G(2) = 2 \cdot 2 + 1 = 5$

Ahora resuelva el problema 9 ◁

En cálculo, a veces es necesario pensar en una función en particular como una composición de dos funciones más sencillas, como se muestra en el siguiente ejemplo.

APLÍQUELO ▶

10. Suponga que el área de un jardín cuadrado es $g(x) = (x + 3)^2$. Exprese g como una composición de dos funciones y explique lo que representa cada función.

EJEMPLO 4 **Expresión de una función como una composición**

Exprese $h(x) = (2x - 1)^3$ como una composición.

Solución:

Se observa que $h(x)$ se obtiene al encontrar $2x - 1$ y elevar al cubo el resultado. Suponga que se hace $g(x) = 2x - 1$ y $f(x) = x^3$. Entonces

$$h(x) = (2x - 1)^3 = (g(x))^3 = f(g(x)) = (f \circ g)(x)$$

lo cual resulta en h como una composición de dos funciones.

Ahora resuelva el problema 13 ◁

TECNOLOGÍA ▮▮▮▮▮

Dos funciones pueden combinarse usando una calculadora gráfica. Considere las funciones

$$f(x) = 2x + 1 \quad y \quad g(x) = x^2$$

que se introducen en la calculadora como Y_1 y Y_2, según muestra la figura 2.3. La suma de f y g está dada por $Y_3 = Y_1 + Y_2$ y la composición de $f \circ g$ por $Y_4 = Y_1(Y_2)$. Por ejemplo, $f(g(3))$ se obtiene al evaluar Y_4 en 3.

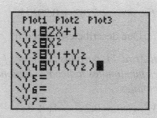

FIGURA 2.2 Y_3 y Y_4 son combinaciones de Y_1 y Y_2.

PROBLEMAS 2.3

1. Si $f(x) = x + 3$ y $g(x) = x + 5$, encuentre lo siguiente.

(a) $(f + g)(x)$ (b) $(f + g)(0)$ (c) $(f - g)(x)$

(d) $(fg)(x)$ (e) $(fg)(-2)$ (f) $\dfrac{f}{g}(x)$

(g) $(f \circ g)(x)$ (h) $(f \circ g)(3)$ (i) $(g \circ f)(x)$

(j) $(g \circ f)(3)$

2. Si $f(x) = 2x$ y $g(x) = 6 + x$, encuentre lo siguiente.

(a) $(f + g)(x)$ (b) $(f - g)(x)$ (c) $(f - g)(4)$

(d) $(fg)(x)$ (e) $\dfrac{f}{g}(x)$ (f) $\dfrac{f}{g}(2)$

(g) $(f \circ g)(x)$ (h) $(g \circ f)(x)$ (i) $(g \circ f)(2)$

3. Si $f(x) = x^2 - 1$ y $g(x) = x^2 + x$, encuentre lo siguiente.

(a) $(f + g)(x)$ (b) $(f - g)(x)$ (c) $(f - g)\left(-\frac{1}{2}\right)$

(d) $(fg)(x)$ (e) $\dfrac{f}{g}(x)$ (f) $\dfrac{f}{g}\left(-\dfrac{1}{2}\right)$

(g) $(f \circ g)(x)$ (h) $(g \circ f)(x)$ (i) $(g \circ f)(-3)$

4. Si $f(x) = x^2 + 1$ y $g(x) = 5$, encuentre lo siguiente.

(a) $(f + g)(x)$ (b) $(f + g)\left(\frac{2}{3}\right)$ (c) $(f - g)(x)$

(d) $(fg)(x)$ (e) $(fg)(7)$ (f) $\dfrac{f}{g}(x)$

(g) $(f \circ g)(x)$ (h) $(f \circ g)(12\ 003)$ (i) $(g \circ f)(x)$

5. Si $f(x) = 3x^2 + 6$ y $g(x) = 4 - 2x$, encuentre $f(g(2))$ y $g(f(2))$.

6. Si $f(p) = \dfrac{4}{p}$ y $g(p) = \dfrac{p - 2}{3}$, encuentre $(f \circ g)(p)$ y $(g \circ f)(p)$.

7. Si $F(t) = t^2 + 7t + 1$ y $G(t) = \dfrac{2}{t - 1}$, encuentre $(F \circ G)(t)$ y $(G \circ F)(t)$.

8. Si $F(t) = \sqrt{t}$ y $G(t) = 2t^2 - 2t + 1$, encuentre $(F \circ G)(t)$ y $(G \circ F)(t)$.

9. Si $f(v) = \dfrac{1}{v^2 + 1}$ y $g(v) = \sqrt{v + 2}$, encuentre $(f \circ g)(v)$ y $(g \circ f)(v)$.

10. Si $f(x) = x^2 + 2x - 1$, encuentre $(f \circ f)(x)$.

En los problemas del 11 al 16, determine las funciones f y g tales que $h(x) = f(g(x))$.

11. $h(x) = 11x - 7$

12. $h(x) = \sqrt{x^2 - 2}$

13. $h(x) = \dfrac{3}{x^2 + x + 1}$

14. $h(x) = (9x^3 - 5x)^3 - (9x^3 - 5x)^2 + 11$

15. $h(x) = \sqrt[4]{\dfrac{x^2 - 1}{x + 3}}$

16. $h(x) = \dfrac{2 - (3x - 5)}{(3x - 5)^2 + 2}$

17. Utilidad Un expendio de café vende una libra de café en \$9.75. Los gastos mensuales son de \$4500 más \$4.25 por cada libra de café vendida.

(a) Escriba una función $r(x)$ para el ingreso mensual total como una función del número de libras de café vendidas.

(b) Escriba una función $e(x)$ para los gastos mensuales totales como una función del número de libras de café vendidas.

(c) Escriba una función $(r - e)(x)$ para la utilidad mensual total como una función del número de libras de café vendidas.

18. Geometría Suponga que el volumen de una esfera es $v(x) = \frac{4}{3}\pi(3x - 1)^3$. Exprese v como una composición de dos funciones y explique lo que representa cada función.

19. Negocios Un fabricante determina que el número total de unidades de producción por día, q, es una función del número de empleados, m, donde

$$q = f(m) = \dfrac{(40m - m^2)}{4}$$

El ingreso total, r, que se recibe por la venta de q unidades está dado por la función g, donde $r = g(q) = 40q$. Determine $(g \circ f)(m)$. ¿Qué describe esta función compuesta?

20. Sociología Se han hecho estudios concernientes a la relación estadística entre posición social, educación e ingresos de una persona.[4] Sea S un valor numérico de la posición social con base en el ingreso anual I. Para cierto tipo de población, suponga

$$S = f(I) = 0.45(I - 1000)^{0.53}$$

---

[4]R. K. Leik y B. F. Meeker, *Mathematical Sociology* (Englewood Cliffs: Prentice-Hall, 1975).

Además, suponga que el ingreso I de una persona es una función del número de años de educación E, donde

$$I = g(E) = 7202 + 0.29E^{3.68}$$

Determine $(f \circ g)(E)$. ¿Qué describe esta función?

En los problemas del 21 al 24, para las funciones f y g dadas, determine los valores funcionales indicados. Redondee las respuestas a dos decimales.

⌐ **21.** $f(x) = (4x - 13)^2$, $g(x) = 0.2x^2 - 4x + 3$
(a) $(f + g)(4.5)$, (b) $(f \circ g)(-2)$

⌐ **22.** $f(x) = \sqrt{\dfrac{x - 3}{x + 1}}$, $g(x) = 11.2x + 5.39$
(a) $\dfrac{f}{g}(-2)$, (b) $(g \circ f)(-10)$

⌐ **23.** $f(x) = x^{4/5}$, $g(x) = x^2 - 8$
(a) $(fg)(7)$, (b) $(g \circ f)(3.75)$

⌐ **24.** $f(x) = \dfrac{5}{x + 3}$, $g(x) = \dfrac{2}{x^2}$
(a) $(f - g)(7.3)$, (b) $(f \circ g)(-4.17)$

Objetivo

Introducir las funciones inversas, sus propiedades y usos.

2.4 Funciones inversas

Dado que $-a$ es el número para el cual

$$a + (-a) = 0 = (-a) + a$$

y, para $a \neq 0$, a^{-1} es el número para el cual

$$aa^{-1} = 1 = a^{-1}a$$

entonces, dada una función $f: X \longrightarrow Y$, puede indagarse acerca de la existencia de una función g que satisface

$$f \circ g = I = g \circ f \tag{1}$$

donde I es la función identidad, introducida en la subsección titulada "Composición" de la sección 2.3 y dada por $I(x) = x$. Suponga que se tiene g como se ha señalado y una función h que también satisface las ecuaciones de (1) de manera que

$$f \circ h = I = h \circ f$$

Entonces

$$h = h \circ I = h \circ (f \circ g) = (h \circ f) \circ g = I \circ g = g$$

¡ADVERTENCIA!

No confunda f^{-1}, la inversa de f, con $\dfrac{1}{f}$, el recíproco multiplicativo de f.

Desafortunadamente, la nomenclatura empleada para describir las funciones inversas choca con el uso numérico de $(-)^{-1}$. Por lo general, $f^{-1}(x)$ es diferente de $\dfrac{1}{f}(x) = \dfrac{1}{f(x)}$. Por ejemplo, $I^{-1} = I$ (puesto que $I \circ I = I$), entonces $I^{-1}(x) = x$, pero $\dfrac{1}{I}(x) = \dfrac{1}{I(x)} = \dfrac{1}{x}$.

muestra que hay a lo más una función que satisface los requerimientos de g en (1). En la jerga matemática, g está determinada sólo por f y por lo tanto se le da un nombre, $g = f^{-1}$, que refleja su dependencia única de f. La función f^{-1} se lee como f **inversa** de f y se le llama **inversa** de f.

El inverso aditivo $-a$ existe para cualquier número a; el inverso multiplicativo a^{-1} existe precisamente si $a \neq 0$. La existencia de f^{-1} coloca un fuerte requisito sobre una función f. Puede mostrarse que f^{-1} existe si y sólo si, para toda a y b, siempre que $f(a) = f(b)$, entonces $a = b$. Puede ser útil pensar que una f así puede *cancelarse* (*a la izquierda*).

> Una función f que satisface
>
> $$\text{para toda } a \text{ y } b, \text{ si } \quad f(a) = f(b) \quad \text{ entonces } \quad a = b$$
>
> se llama función **uno a uno**.

De este modo, puede decirse que una función tiene una inversa precisamente si es uno a uno. Una forma equivalente de expresar la condición de uno a uno es:

$$\text{para toda } a \text{ y } b, \quad \text{si } a \neq b \quad \text{ entonces } \quad f(a) \neq f(b)$$

así que las entradas distintas dan lugar a salidas diferentes. Observe que esta condición no se cumple para muchas funciones simples. Por ejemplo, si $f(x) = x^2$, entonces $f(-1) = (-1)^2 = 1 = (1)^2 = f(1)$ y $-1 \neq 1$ muestra que la función cuadrática no es uno a uno. De manera similar, $f(x) = |x|$ no es una función uno a uno.

En general, el dominio de f^{-1} es el rango de f y el rango de f^{-1} es el dominio de f. Aquí debe hacerse notar que (1) es equivalente a

$$f^{-1}(f(x)) = x \quad \text{para toda } x \text{ en el dominio de } f. \tag{2}$$

y

$$f(f^{-1}(y)) = y \quad \text{para toda } y \text{ en el rango de } f \tag{3}$$

En general, el rango de f, que es igual al dominio de f^{-1}, puede ser muy diferente al dominio de f.

EJEMPLO 1   Inversas de funciones lineales

De acuerdo con la sección 2.2, una función de la forma $f(x) = ax + b$, donde $a \neq 0$, es una función lineal. Muestre que una función lineal es uno a uno. Encuentre la inversa de $f(x) = ax + b$ y muestre que también es lineal.

Solución: Suponga que $f(u) = f(v)$, esto es

$$au + b = av + b \tag{4}$$

Para mostrar que f es uno a uno, debe comprobarse que de esta suposición resulta que $u = v$. Al restar b en ambos lados de (4) se obtiene $au = av$, a partir de lo cual resulta que $u = v$ al dividir ambos lados entre a. (Se supone que $a \neq 0$). Como f está dada primero multiplicando por a y luego sumando b, podría esperarse que el efecto de f pueda eliminarse primero restando b y después dividiendo entre a. Entonces, considere $g(x) = \dfrac{x - b}{a}$. Se tiene

$$(f \circ g)(x) = f(g(x)) = a\frac{x - b}{a} + b = (x - b) + b = x$$

y

$$(g \circ f)(x) = g(f(x)) = \frac{(ax + b) - b}{a} = \frac{ax}{a} = x$$

Como g satisface los requisitos de la ecuación (1), se deduce que g es la inversa de f. Esto es, $f^{-1}(x) = \dfrac{x - b}{a} = \dfrac{1}{a}x + \dfrac{-b}{a}$ y la última igualdad muestra que f^{-1} también es una función lineal.

Ahora resuelva el problema 1 ◁

EJEMPLO 2   Identidades para las inversas

Muestre que

a. Si f y g son funciones uno a uno, la composición $f \circ g$ también es uno a uno y $(f \circ g)^{-1} = g^{-1} \circ f^{-1}$.

b. Si f es uno a uno, entonces $(f^{-1})^{-1} = f$.

Solución:

a. Suponga que $(f \circ g)(a) = (f \circ g)(b)$; esto es, $f(g(a)) = f(g(b))$. Como f es uno a uno, $g(a) = g(b)$. Dado que g es uno a uno, $a = b$ y esto muestra que $f \circ g$ es uno a uno. Las ecuaciones

$$(f \circ g) \circ (g^{-1} \circ f^{-1}) = f \circ (g \circ g^{-1}) \circ f^{-1} = f \circ I \circ f^{-1} = f \circ f^{-1} = I$$

y

$$(g^{-1} \circ f^{-1}) \circ (f \circ g) = g^{-1} \circ (f^{-1} \circ f) \circ g = g^{-1} \circ I \circ g = g^{-1} \circ g = I$$

muestran que $g^{-1} \circ f^{-1}$ es la inversa de $f \circ g$, lo cual, de manera simbólica, es el enunciado $g^{-1} \circ f^{-1} = (f \circ g)^{-1}$.

b. En las ecuaciones (2) y (3) reemplace f por f^{-1}. Al tomar g como f se muestra que las ecuaciones (1) están satisfechas y de esto de obtiene $(f^{-1})^{-1} = f$.

EJEMPLO 3 Inversas usadas para resolver ecuaciones

Muchas ecuaciones toman la forma $f(x) = 0$, donde f es una función. Si f es una función uno a uno, entonces la ecuación tiene $x = f^{-1}(0)$ como su única solución.

Solución: Si se aplica f^{-1} a ambos lados de $f(x) = 0$ se obtiene $f^{-1}(f(x)) = f^{-1}(0)$, y $f^{-1}(f(x)) = x$ muestra que $x = f^{-1}(0)$ es la única solución posible. Como $f(f^{-1}(0)) = 0$, $f^{-1}(0)$ de hecho es una solución.

◁

EJEMPLO 4 Restricción del dominio de una función

Puede suceder que una función f, cuyo dominio es el natural que consiste en todos los números para los cuales la regla de definición tiene sentido, no sea uno a uno y aún así pueda obtenerse una función g uno a uno restringiendo el dominio de f.

Solución: Por ejemplo, se ha mostrado que la función $f(x) = x^2$ no es uno a uno, pero que la función $g(x) = x^2$ *con el dominio explícito dado como* $[0, \infty)$ sí lo es. Como $(\sqrt{x})^2 = x$ y $\sqrt{x^2} = x$ para $x \geq 0$, se deduce que $\sqrt{}$ es la inversa de la función cuadrática restringida g. A continuación se presenta un ejemplo más artificial. Sea $f(x) = |x|$ (con su dominio natural). Sea $g(x) = |x|$ *con el dominio dado explícitamente como* $(-\infty, -1) \cup [0, 1]$. La función g es uno a uno y, por ende, tiene una inversa.

◁

EJEMPLO 5 Determinación de la inversa de una función

Para determinar la inversa de una función f uno a uno, resuelva la ecuación $y = f(x)$ para x en términos de y obteniendo $x = g(y)$. Entonces $f^{-1}(x) = g(x)$. Para ilustrarlo, encuentre $f^{-1}(x)$ si $f(x) = (x-1)^2$, para $x \geq 1$.

Solución: Sea $y = (x-1)^2$, para $x \geq 1$. Entonces $x - 1 = \sqrt{y}$ y, por lo tanto, $x = \sqrt{y} + 1$. Se deduce que $f^{-1}(x) = \sqrt{x} + 1$.

Ahora resuelva el problema 5 ◁

PROBLEMAS 2.4

En los problemas del 1 al 6, encuentre la inversa de la función dada.

1. $f(x) = 3x + 7$ **2.** $g(x) = 5x - 3$

3. $F(x) = \frac{1}{2}x - 7$ **4.** $f(x) = (4x - 5)^2$, para $x \geq \frac{5}{4}$

5. $A(r) = \pi r^2$, para $r \geq 0$ **6.** $V(r) = \frac{4}{3}\pi r^3$

En los problemas del 7 al 10, determine si la función es o no uno a uno.

7. $f(x) = 5x + 12$

8. $g(x) = (3x + 4)^2$

9. $h(x) = (5x + 12)^2$, para $x \geq -\frac{12}{5}$

10. $F(x) = |x - 9|$

En los problemas 11 y 12, resuelva cada ecuación mediante la determinación de una función inversa.

11. $(4x - 5)^2 = 23$, para $x \geq \frac{5}{4}$

12. $2x^3 + 1 = 129$

13. Función de demanda La función

$$p = p(q) = \frac{1\,200\,000}{q} \qquad q > 0$$

expresa el sueldo p de una actriz por película como una función del número q de películas en las que actúa. Exprese el número de películas en que actúa la actriz en términos de su sueldo por película. Muestre que la expresión es una función de p. Muestre que la función resultante es inversa a la función dada, p, en términos de q.

14. Función de oferta En una cafetería, la función de la oferta semanal para una libra de café de mezcla de la casa es

$$p = p(q) = \frac{q}{48} \quad q > 0$$

donde q es el número de libras de café ofertado por semana y p es el precio por libra. Exprese q como una función de p y demuestre la relación que hay entre las dos funciones.

15. ¿La función $f(x) = 2^x$ tiene una inversa?

Objetivo

Graficar ecuaciones y funciones en coordenadas rectangulares, determinar intersecciones, aplicar la prueba de la recta vertical y horizontal y determinar el dominio y rango de una función a partir de una gráfica.

2.5 Gráficas en coordenadas rectangulares

Un **sistema de coordenadas rectangulares** permite especificar y localizar puntos en un plano. También proporciona una manera geométrica útil para graficar ecuaciones de dos variables, en particular aquellas que surgen de las funciones.

En un plano, se trazan dos rectas de números reales, llamadas *ejes de coordenadas*, perpendiculares entre sí y de modo que sus orígenes coincidan, como en la figura 2.4. Su punto de intersección se llama *origen* del sistema de coordenadas. Por ahora, se llamará a la recta horizontal *eje x* y a la vertical *eje y*. La distancia unitaria sobre el eje *x* no necesariamente es la misma que la del eje *y*.

El plano sobre el cual están los ejes de coordenadas se llama *plano de coordenadas rectangulares* o, simplemente, *plano x, y*. En este plano puede marcarse cualquier punto para indicar su posición. Para marcar el punto *P* en la figura 2.5(a), se trazan líneas perpendiculares al eje *x* y al eje *y* que pasen por el punto *P*. Dichas líneas cruzan los ejes en 4 y 2, respectivamente. Por lo tanto, *P* determina dos números, 4 y 2, entonces se dice que las **coordenadas rectangulares** de *P* están dadas por el **par ordenado** (4, 2). Tal como se remarcó en la sección 2.1, la palabra *ordenado* es importante. En la terminología de la sección 2.1, los puntos del plano se marcaron con los elementos del conjunto $(-\infty, \infty) \times (-\infty, \infty)$. En la figura 2.5(b), el punto correspondiente a (4, 2) no es el mismo que para (2, 4):

$$(4, 2) \neq (2, 4)$$

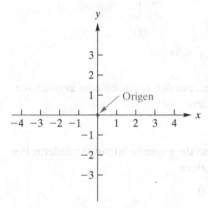

FIGURA 2.4   Ejes de coordenadas.

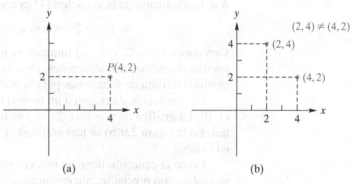

(a)   (b)

FIGURA 2.5   Coordenadas rectangulares.

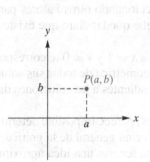

FIGURA 2.6   Coordenadas de *P*.

En general, si *P* es cualquier punto, entonces sus coordenadas rectangulares estarán dadas por un par ordenado en la forma (a, b). (Vea la figura 2.6). Se le llama *a* a la *coordenada x* de *P* y *b* a la *coordenada y* de *P*. Es cierto que la notación utilizada para describir un par ordenado de números reales es la misma que la utilizada para un intervalo abierto, pero esta práctica está muy arraigada y casi nunca se presta a confusión.

De esta manera, con cada punto marcado en un plano coordenado puede asociarse exactamente un par ordenado (a, b) de números reales. También debe quedar claro que con cada par ordenado (a, b) de números reales puede asociarse exactamente un punto en ese plano. Como existe una *correspondencia uno a uno* entre los puntos marcados en el plano y todos los pares ordenados de números reales, al punto *P* con coordenada-*x* *a* y coordenada-*y* *b* se le refiere simplemente como el punto (a, b), o como $P(a, b)$. Además, se usarán las palabras *punto* y *par ordenado* en forma intercambiable.

En la figura 2.7 están indicadas las coordenadas de varios puntos. Por ejemplo, el punto $(1, -4)$ está localizado una unidad a la derecha del eje *y* y cuatro unidades por debajo del eje *x*. El origen es $(0, 0)$. La coordenada *x* de todo punto situado en el eje *y* es 0 y la coordenada *y* de todo punto marcado sobre el eje *x* es 0.

Los ejes coordenados dividen al plano en cuatro regiones llamadas *cuadrantes* (figura 2.8). Por ejemplo, el cuadrante I consiste en todos los puntos (x_1, y_1) con $x_1 > 0$ y $y_1 > 0$. Los puntos que se marcan sobre los ejes no quedan en ningún cuadrante.

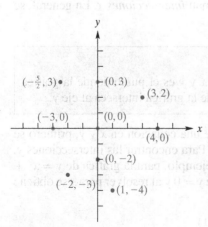

FIGURA 2.7   Coordenadas de puntos.

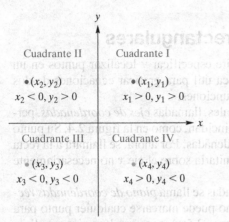

FIGURA 2.8 Cuadrantes.

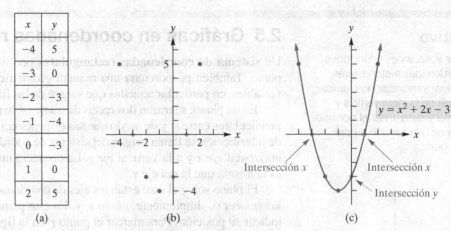

FIGURA 2.9 Graficación de $y = x^2 + 2x - 3$.

Utilizando un sistema de coordenadas rectangulares, pueden representarse geométricamente ecuaciones de dos variables. Por ejemplo, considere

$$y = x^2 + 2x - 3 \qquad (1)$$

Para esta ecuación, una solución es un valor de x y uno de y que la hagan verdadera. Por ejemplo, si $x = 1$, sustituyendo en la ecuación (1) se obtiene

$$y = 1^2 + 2(1) - 3 = 0$$

Así, una solución de la ecuación (1) es $x = 1$, $y = 0$. De manera similar,

$$\text{si } x = -2 \quad \text{entonces} \quad y = (-2)^2 + 2(-2) - 3 = -3$$

y entonces $x = -2$, $y = -3$ también es una solución. Seleccionando otros valores para x, pueden obtenerse más soluciones. [Vea la figura 2.9(a)]. Debe quedar claro que existe una cantidad infinita de soluciones para la ecuación (1).

Cada solución da origen a un punto (x, y). Por ejemplo, a $x = 1$ y $y = 0$ le corresponde $(1, 0)$. La **gráfica** de $y = x^2 + 2x - 3$ es la representación geométrica de todas sus soluciones. En la figura 2.9(b) se han graficado los puntos correspondientes a las soluciones dadas en la tabla.

Como la ecuación tiene un número infinito de soluciones, parece imposible determinar su gráfica con precisión. Sin embargo, sólo es de interés la forma general de la gráfica. Por esta razón se grafican suficientes puntos de modo que pueda tenerse una idea aproximada acerca de su forma. (Las técnicas de cálculo que se estudiarán en el capítulo 13 lograrán que esta "idea" sea mucho más acertada). Después se unen esos puntos por medio de una curva suave siempre que las condiciones lo permitan. Al hacer esto, se obtiene la curva de la figura 2.9(c). Por supuesto, entre más puntos se marquen, mejor será la gráfica. Aquí se supone que la gráfica se extiende de manera indefinida hacia arriba, lo cual se indica con la flechas.

El punto $(0, -3)$ donde la curva interseca al eje y se llama *intersección y*. Los puntos $(-3, 0)$ y $(1, 0)$ donde la curva interseca al eje x se llaman *intersecciones x*. En general, se tiene la definición siguiente.

Con frecuencia, sólo se dice que la intersección y es -3 y las intersecciones x son -3 y 1.

Definición

Una *intersección x* de la gráfica de una ecuación en x y y es el punto donde la gráfica interseca al eje x. Una *intersección y* es el punto donde la gráfica interseca al eje y.

Para encontrar las intersecciones x de la gráfica de una ecuación en x y y, primero se hace $y = 0$ y se resuelve para x la ecuación resultante. Para encontrar las intersecciones y, primero se hace $x = 0$ y luego se resuelve para y. Por ejemplo, para la gráfica de $y = x^2 + 2x - 3$, se desea determinar las intersecciones x. Se hace $y = 0$ y al resolver para x se obtiene

$$0 = x^2 + 2x - 3$$
$$0 = (x + 3)(x - 1)$$
$$x = -3, 1$$

Así, las intersecciones x son $(-3, 0)$ y $(1, 0)$, como se vio con anterioridad. Si $x = 0$, entonces

$$y = 0^2 + 2(0) - 3 = -3$$

De modo que $(0, -3)$ es la intersección y. Tenga en mente que para una intersección x su coordenada y es igual a 0, mientras que para una intersección y su coordenada x es igual a 0. Las intersecciones son útiles porque indican con precisión dónde cruza los ejes la gráfica.

APLÍQUELO ▶

11. Rachel ha ahorrado en el banco $7250 para gastos del colegio. Ella planea gastar $600 por mes de esta cuenta. Escriba una ecuación que represente la situación e identifique las intersecciones con los ejes.

EJEMPLO 1   Intersecciones y gráfica

Determine las intersecciones x y y de la gráfica de $y = 2x + 3$ y haga el bosquejo de su gráfica.

Solución: Si $y = 0$, entonces

$$0 = 2x + 3 \quad \text{de modo que} \quad x = -\frac{3}{2}$$

Así, la intersección x es $(-\frac{3}{2}, 0)$. Si $x = 0$, entonces

$$y = 2(0) + 3 = 3$$

De modo que la intersección y es $(0, 3)$. La figura 2.10 muestra una tabla de otros puntos sobre la gráfica y un bosquejo de ésta.

Ahora resuelva el problema 9 ◁

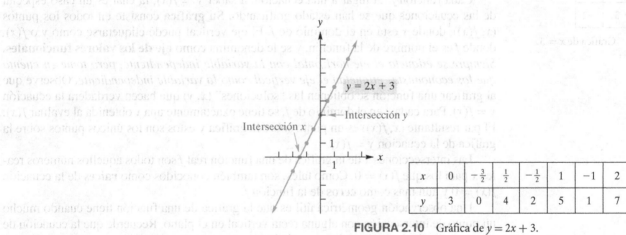

x	0	$-\frac{3}{2}$	$\frac{1}{2}$	$-\frac{1}{2}$	1	-1	2	-2
y	3	0	4	2	5	1	7	-1

FIGURA 2.10   Gráfica de $y = 2x + 3$.

APLÍQUELO ▶

12. El precio de admisión a un parque de diversiones es de $24.95. Este pago permite al cliente utilizar todas las atracciones del parque tantas veces como quiera. Escriba una ecuación que represente la relación que hay entre el número de recorridos, x, que el cliente hace y el costo de admisión, y, para ese cliente. Describa la gráfica de esta ecuación e identifique las intersecciones con los ejes. Suponga que $x > 0$.

EJEMPLO 2   Intersecciones y gráfica

Determine las intersecciones, si las hay, de la gráfica de $s = \dfrac{100}{t}$ y haga un bosquejo de la gráfica.

Solución: Para la gráfica, se marcará al eje horizontal con t y al eje vertical con s (figura 2.11). Como t no puede ser igual a 0 (la división entre 0 no está definida), no existe intersección con el eje s. Así, la gráfica no tiene un punto correspondiente a $t = 0$. Además, no existe intersección con el eje t porque si $s = 0$, entonces la ecuación

$$0 = \frac{100}{t}$$

no tiene solución. Recuerde, la única forma en que una fracción puede ser 0 es teniendo un numerador que valga 0. En la figura 2.11 se muestra la gráfica. En general, la gráfica de $s = k/t$, donde k es una constante diferente de 0, se conoce como *hipérbola rectangular*.

Ahora resuelva el problema 11 ◁

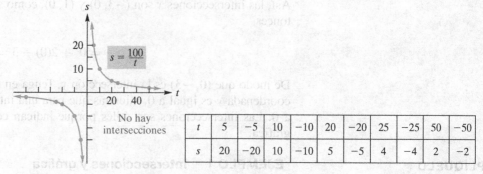

t	5	−5	10	−10	20	−20	25	−25	50	−50
s	20	−20	10	−10	5	−5	4	−4	2	−2

FIGURA 2.11   Gráfica de $s = \dfrac{100}{t}$.

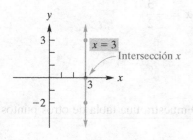

x	3	3	3
y	0	3	−2

FIGURA 2.12   Gráfica de $x = 3$.

EJEMPLO 3   Intersecciones y gráfica

Determine las intersecciones de la gráfica de $x = 3$ y bosqueje la gráfica.

Solución: Puede pensarse en $x = 3$ como una ecuación en las variables x y y si se escribe como $x = 3 + 0y$. Aquí y puede tomar cualquier valor, pero x debe ser igual a 3. Como $x = 3$ cuando $y = 0$, la intersección x es $(3, 0)$. No existe intersección y puesto que x no puede ser 0. (Vea la figura 2.12). La gráfica es una recta vertical.

Ahora resuelva el problema 13 ◁

Cada función f da lugar a una ecuación, a saber $y = f(x)$, la cual es un caso especial de las ecuaciones que se han estado graficando. Su **gráfica** consiste en todos los puntos $(x, f(x))$, donde x está en el dominio de f. El eje vertical puede etiquetarse como y o $f(x)$, donde f es el nombre de la función, y se le denomina como **eje de los valores funcionales**. *Siempre se etiqueta el eje horizontal con la variable independiente, pero tome en cuenta que los economistas etiquetan el eje vertical como la variable independiente*. Observe que al graficar una función se obtienen las "soluciones" (x, y) que hacen verdadera la ecuación $y = f(x)$. Para cada x en el dominio de f, se tiene exactamente una y obtenida al evaluar $f(x)$. El par resultante $(x, f(x))$ es un punto sobre la gráfica y éstos son los únicos puntos sobre la gráfica de la ecuación $y = f(x)$.

Las intersecciones x de la gráfica de una función real f son todos aquellos números reales x para los que $f(x) = 0$. Como tales, son también conocidos como **raíces** de la ecuación $f(x) = 0$ y aún más como **ceros** de la función f.

Una observación geométrica útil es que la gráfica de una función tiene cuando mucho un punto de intersección con alguna recta vertical en el plano. Recuerde que la ecuación de una recta vertical es necesariamente de la forma $x = a$, donde a es una constante. Si a no está en el dominio de la función f, entonces $x = a$ intersecará la gráfica de $y = f(x)$. Si a está en el dominio de la función f, entonces $x = a$ intersecará la gráfica de $y = f(x)$ en el punto $(a, f(a))$ y sólo ahí. De manera inversa, si un conjunto de puntos en el plano tiene la propiedad de que cualquier recta vertical interseca al conjunto al menos una vez, entonces el conjunto de puntos es en realidad la gráfica de una función. (El dominio de la función es el conjunto de todos los números reales a que tienen la propiedad de que la línea $x = a$ interseca el conjunto de puntos dado y de que para tal a el valor funcional correspondiente es la coordenada y del único punto de intersección de la línea $x = a$ y el conjunto de puntos dado). Ésta es la base de la **prueba de la recta vertical** que se analiza después del ejemplo 7.

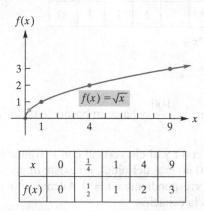

x	0	$\frac{1}{4}$	1	4	9
$f(x)$	0	$\frac{1}{2}$	1	2	3

FIGURA 2.13   Gráfica de $f(x) = \sqrt{x}$.

EJEMPLO 4   Gráfica de la función raíz cuadrada

Trace la gráfica de $f: (-\infty, \infty) \longrightarrow (-\infty, \infty)$ dada por $f(x) = \sqrt{x}$.

Solución: La gráfica se muestra en la figura 2.13. Se marca el eje vertical como $f(x)$. Recuerde que $\sqrt{x}$ denota la raíz cuadrada *principal* de x. Así, $f(9) = \sqrt{9} = 3$, no ± 3. Además, el dominio de f es $[0, \infty)$ porque sus valores se declaran como números reales. Ahora se considerarán las intersecciones. Si $f(x) = 0$, entonces $\sqrt{x} = 0$, de modo que $x = 0$. También, si $x = 0$, entonces $f(x) = 0$. Así, la intersección x y la intersección del eje vertical son lo mismo, a saber, $(0, 0)$.

Ahora resuelva el problema 29 ◁

Ahora resuelva el problema 29 ◁

EJEMPLO 5   Gráfica de la función valor absoluto

Grafique $p = G(q) = |q|$.

Solución: Se usa la variable independiente q para marcar el eje horizontal. El eje de los valores funcionales puede marcarse como $G(q)$ o p. (Vea la figura 2.14). Note que las intersecciones q y p están en el mismo punto, $(0, 0)$.

Ahora resuelva el problema 31 ◁

Ahora resuelva el problema 31 ◁

q	0	1	-1	3	-3	5	-5
p	0	1	1	3	3	5	5

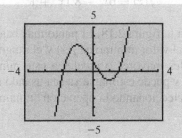

Nota: Esquina aguda en el origen

FIGURA 2.14   Gráfica de $p = |q|$.

TECNOLOGÍA ▮▮▮▮▮

Para resolver la ecuación $x^3 = 3x - 1$ con una calculadora gráfica, primero se expresa la ecuación en la forma $f(x) = 0$:

$$f(x) = x^3 - 3x + 1 = 0$$

Después se grafica f y luego se estiman las intersecciones x, ya sea utilizando el acercamiento y rastreo o por medio de la operación de extracción de raíces. (Vea la figura 2.15). Observe que se define la ventana para $-4 \leq x \leq 4$ y $-5 \leq y \leq 5$.

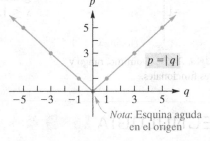

FIGURA 2.15   Las raíces de $x^3 - 3x + 1 = 0$ son aproximadamente $-1.88, 0.35$ y 1.53.

La figura 2.16 muestra la gráfica de una función $y = f(x)$. El punto $(x, f(x))$ implica que al número de entrada x en el eje horizontal le corresponde el número de salida $f(x)$ en el eje vertical, como lo indica la flecha. Por ejemplo, a la entrada 4 le corresponde la salida 3, de modo que $f(4) = 3$.

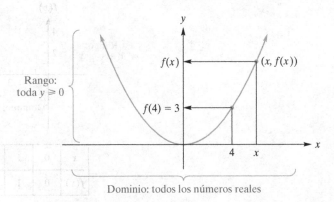

FIGURA 2.16   Dominio, rango y valores funcionales.

A partir de la forma de la gráfica, parece razonable suponer que para cualquier valor de x existe un número de salida, de modo que el dominio de f son todos los números reales. Observe que el conjunto de todas las coordenadas y de puntos en la gráfica es el conjunto de todos los números no negativos. Así, el rango de f es toda $y \geq 0$. Esto muestra que puede hacerse una deducción acertada acerca del dominio y del rango de una función viendo su gráfica. *En general, el dominio consiste en todos los valores x que están incluidos en la gráfica y el rango consiste en todos los valores y incluidos en esa gráfica.* Por ejemplo, la figura 2.13 implica que el dominio y el rango de $f(x) = \sqrt{x}$ son todos los números no negativos. En la figura 2.14 queda claro que el dominio de $p = G(q) = |q|$ son todos los números reales y que el rango es toda $p \geq 0$.

EJEMPLO 6   Dominio, rango y valores funcionales

En la figura 2.17 se muestra la gráfica de una función F. A la derecha de 4 se supone que la gráfica se repite indefinidamente. Entonces el dominio de F es toda $t \geq 0$. El rango es $-1 \leq s \leq 1$. Algunos valores funcionales son

$$F(0) = 0 \quad F(1) = 1 \quad F(2) = 0 \quad F(3) = -1$$

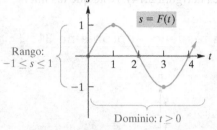

FIGURA 2.17   Dominio, rango y valores funcionales.

Ahora resuelva el problema 5 ◁

TECNOLOGÍA ▮▮▮▮▮

Utilizando una calculadora gráfica puede estimarse el rango de una función. La gráfica de

$$f(x) = 6x^4 - 8.1x^3 + 1$$

se muestra en la figura 2.18. El punto más bajo en la gráfica corresponde al valor mínimo de $f(x)$ y el rango son todos los números reales mayores o iguales a este mínimo. El valor mínimo para y puede estimarse ya sea usando rastreo y acercamiento o seleccionando la operación "mínimo".

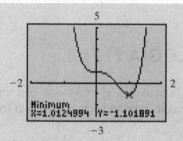

FIGURA 2.18   El rango de $f(x) = 6x^4 - 8.1x^3 + 1$ es aproximadamente $[-1.10, \infty)$.

APLÍQUELO ▶

14. Para alentar el ahorro, una compañía de gas cobra dos tarifas. Un cliente paga \$0.53 por termia para un consumo de 0 a 70 termias y \$0.74 por cada termia consumida por encima de 70. Grafique la función definida por partes que representa el costo mensual de t termias de gas.

EJEMPLO 7   Gráfica de una función definida por partes

Grafique la siguiente función definida por partes:

$$f(x) = \begin{cases} x & \text{si } 0 \leq x < 3 \\ x-1 & \text{si } 3 \leq x \leq 5 \\ 4 & \text{si } 5 < x \leq 7 \end{cases}$$

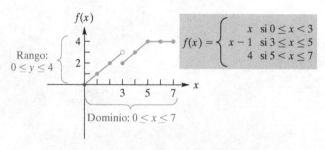

x	0	1	2	3	4	5	6	7
$f(x)$	0	1	2	2	3	4	4	4

FIGURA 2.19   Gráfica de una función definida por partes.

Solución: El dominio de f es $0 \leq x \leq 7$. La gráfica se muestra en la figura 2.19, donde el *punto hueco* significa que éste *no* está incluido en la gráfica. Observe que el rango de f son todos los números reales y tales que $0 \leq y \leq 4$.

Ahora resuelva el problema 35 ◁

Existe una manera fácil de determinar si una curva es o no la gráfica de una función. En la figura 2.20(a), observe que con la x dada existen asociados *dos* valores de y: y_1 y y_2. Así, la curva *no* es la gráfica de una función de x. Visto de otra manera, se tiene la siguiente regla general llamada **prueba de la recta vertical**. Si una recta *vertical L* puede dibujarse de modo que interseque a una curva en al menos dos puntos, entonces la curva *no* es la gráfica de una función de x. Cuando tal recta vertical no puede dibujarse de igual modo, la curva *sí* es la gráfica de una función de x. En consecuencia, las curvas de la figura 2.20 no representan funciones de x, pero las de la figura 2.21 sí.

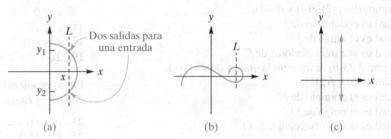

FIGURA 2.20 y no es una función de x.

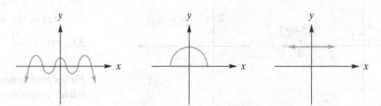

FIGURA 2.21   Funciones de x.

EJEMPLO 8   **Una gráfica que no representa una función de x**

Grafique $x = 2y^2$.

Solución: Aquí es más fácil seleccionar valores de y y después encontrar los correspondientes a x. En la figura 2.22 se muestra la gráfica. Por medio de la prueba de la recta vertical, la ecuación $x = 2y^2$ no define una función de x.

Ahora resuelva el problema 39 ◁

Después de haber determinado si una curva es la gráfica de una función, quizá usando la prueba de la recta vertical, existe una forma fácil de decir si tal función es uno a uno. En la figura 2.16 se observa que $f(4) = 3$ y, en apariencia, también $f(-4) = 3$.

x	0	2	2	8	8	18	18
y	0	1	-1	2	-2	3	-3

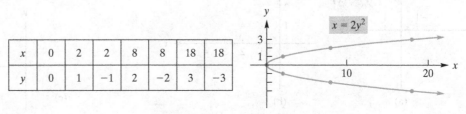

FIGURA 2.22   Gráfica de $x = 2y^2$.

Como los diferentes valores de entrada -4 y 4 producen la misma salida, la función no es uno a uno. Visto de otra manera, se tiene la siguiente regla general llamada **prueba de la recta horizontal**. Si puede dibujarse una recta *horizontal* L que interseque la gráfica de una función en al menos dos puntos, entonces la función *no* es uno a uno. Cuando no se puede dibujar tal recta horizontal, la función sí es uno a uno.

PROBLEMAS 2.5

En los problemas 1 y 2 localice y marque cada uno de los puntos dados y, si es posible, indique el cuadrante al que pertenece cada punto.

1. $(-2,-5), (3,-1), \left(-\dfrac{1}{3}, 4\right), (1,0)$

2. $(-4,5), (3,0), (1,1), (0,-6)$

3. En la figura 2.23(a) se muestra la gráfica de $y = f(x)$.
   (a) Estime $f(0), f(2), f(4)$ y $f(-2)$.
   (b) ¿Cuál es el dominio de f?
   (c) ¿Cuál es el rango de f?
   (d) ¿Cuál es una intersección x de f?

4. En la figura 2.23(b) se muestra la gráfica de $y = f(x)$.
   (a) Estime $f(0)$ y $f(2)$.
   (b) ¿Cuál es el dominio de f?
   (c) ¿Cuál es el rango de f?
   (d) ¿Cuál es una intersección x de f?

En los problemas del 7 al 20, determine las intersecciones de la gráfica de cada ecuación y bosqueje la gráfica. Con base en la gráfica que realice, ¿es y una función de x?, si es así, ¿es una función uno a uno?, ¿cuál es su dominio y cuál su rango?

7. $y = 2x$

8. $y = x + 1$

9. $y = 3x - 5$

10. $y = 3 - 2x$

11. $y = x^3 + x$

12. $y = \dfrac{2}{x^2}$

13. $x = 0$

14. $y = 4x^2 - 16$

15. $y = x^3$

16. $x = 3$

17. $x = -|y|$

18. $x^2 = y^2$

19. $2x + y - 2 = 0$

20. $x + y = 1$

En los problemas del 21 al 34, grafique cada función y determine su dominio y rango. También determine las intersecciones.

21. $u = f(v) = 2 + v^2$

22. $f(x) = 5 - 2x^2$

23. $y = h(x) = 3$

24. $g(s) = -17$

25. $y = h(x) = x^2 - 4x + 1$

26. $y = f(x) = -x^2 + x + 6$

27. $f(t) = -t^3$

28. $p = h(q) = 1 + 2q + q^2$

29. $s = f(t) = \sqrt{t^2 - 9}$

30. $F(r) = -\dfrac{1}{r}$

31. $f(x) = |3x + 2|$

32. $v = H(u) = |u - 3|$

33. $F(t) = \dfrac{16}{t^2}$

34. $y = f(x) = \dfrac{2}{x - 4}$

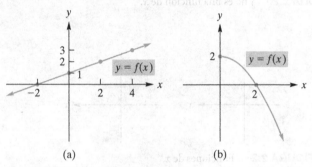

(a)   (b)

FIGURA 2.23   Diagrama para los problemas 3 y 4.

5. En la figura 2.24(a) se muestra la gráfica de $y = f(x)$.
   (a) Estime $f(0), f(1)$ y $f(-1)$.
   (b) ¿Cuál es el dominio de f?
   (c) ¿Cuál es el rango de f?
   (d) ¿Cuál es una intersección x de f?

6. En la figura 2.24(b) se muestra la gráfica de $y = f(x)$.
   (a) Estime $f(0), f(2), f(3)$ y $f(4)$.
   (b) ¿Cuál es el dominio de f?
   (c) ¿Cuál es el rango de f?
   (d) ¿Cuál es una intersección x de f?

En los problemas del 35 al 38, grafique cada función definida por partes y determine su dominio y rango.

35. $c = g(p) = \begin{cases} p + 1 & \text{si } 0 \le p < 7 \\ 5 & \text{si } p \ge 7 \end{cases}$

36. $\gamma(x) = \begin{cases} 3x & \text{si } 0 \le x < 2 \\ 10 - x^2 & \text{si } x \ge 2 \end{cases}$

37. $g(x) = \begin{cases} x + 6 & \text{si } x \ge 3 \\ x^2 & \text{si } x < 3 \end{cases}$

38. $f(x) = \begin{cases} x + 1 & \text{si } 0 < x \le 3 \\ 4 & \text{si } 3 < x \le 5 \\ x - 1 & \text{si } x > 5 \end{cases}$

39. ¿Cuáles de las gráficas de la figura 2.25 representan funciones de x?

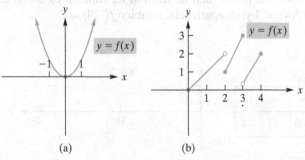

(a)   (b)

FIGURA 2.24   Diagrama para los problemas 5 y 6.

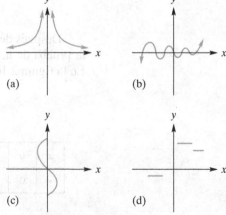

(a)   (b)

(c)   (d)

FIGURA 2.25   Diagrama para el problema 39.

40. ¿Cuáles de las gráficas mostradas en la figura 2.26 representan funciones de x uno a uno?

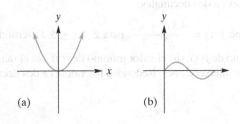

(a)   (b)

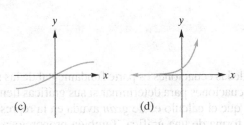

(c)   (d)

FIGURA 2.26   Diagrama para el problema 40.

41. Pagos de una deuda   Allison tiene cargos por $9200 en sus tarjetas de crédito. Ella planea pagarlos por medio de pagos mensuales de $325. Escriba una ecuación que represente el monto de la deuda, excluyendo los cargos financieros, después de haber realizado x pagos e identifique las intersecciones explicando su significado financiero, si es que existe.

42. Fijación de precios   Para alentar un flujo constante de clientes, un restaurante varía el precio de un platillo a lo largo del día. De 6 p.m. a 8 p.m., los clientes pagan el precio completo. En el almuerzo, de 10:30 a.m. a las 2:30 p.m., los clientes pagan la mitad del precio. De 2:30 p.m. a las 4:30 p.m., los clientes obtienen un dólar de descuento sobre el precio del almuerzo. De 4:30 p.m. a las 6 p.m., los clientes obtienen $5.00 de ahorro con respecto al precio de la cena. De 8 p.m. al cierre, a las 10 p.m., los clientes obtienen $5.00 de ahorro con respecto al precio de la cena. Grafique la función definida por partes para representar el costo de un platillo a lo largo del día para un precio de cena de $18.

43. Programa de oferta   Dado el siguiente programa de oferta (vea el ejemplo 6 de la sección 2.1), grafique cada pareja cantidad-precio seleccionando el eje horizontal para las cantidades posibles. Aproxime los puntos entre los datos por medio de una curva suave. El resultado es la *curva de oferta*. Con base en la gráfica, determine la relación entre el precio y la oferta (esto es, cuando se incrementa el precio, ¿qué le pasa a la cantidad ofrecida?) ¿El precio por unidad es una función de la cantidad ofrecida?

Cantidad ofrecida por semana, q	Precio por unidad, p
30	$10
100	20
150	30
190	40
210	50

44. Programa de demanda   La tabla siguiente se conoce como *programa de demanda*. Éste indica la cantidad de la marca X que los consumidores demandan (es decir, compran) cada semana a cierto precio por unidad. Grafique cada par precio-cantidad seleccionando el eje vertical para los precios posibles y una los puntos con una curva suave. De esta manera, se aproximan los puntos entre los datos dados. El resultado se llama *curva de demanda*. Con base en la gráfica, determine la relación entre el precio de la marca X y la cantidad que será demandada (esto es, cuando el precio disminuye, ¿qué le pasa a la cantidad demandada?) El precio por unidad, ¿es una función de la cantidad demandada?

Cantidad demandada, q	Precio por unidad, p
5	$20
10	10
20	5
25	4

45. Inventario   Haga un bosquejo de la gráfica de

$$y = f(x) = \begin{cases} -100x + 1000 & \text{si } 0 \le x < 7 \\ -100x + 1700 & \text{si } 7 \le x < 14 \\ -100x + 2400 & \text{si } 14 \le x < 21 \end{cases}$$

Una función como ésta podría describir el inventario y de una compañía en el tiempo x.

46. Psicología   En un experimento psicológico sobre información visual, un sujeto observó brevemente un arreglo de letras, después se le pidió recordar tantas letras del arreglo como le fuese posible. El procedimiento se repitió varias veces. Suponga que y es el número promedio de letras recordadas de arreglos con x letras. La gráfica de los resultados aproximadamente se ajusta a la gráfica de

$$y = f(x) = \begin{cases} x & \text{si } 0 \le x \le 4 \\ \frac{1}{2}x + 2 & \text{si } 4 < x \le 5 \\ 4.5 & \text{si } 5 < x \le 12 \end{cases}$$

Grafique esta función.[5]

En los problemas del 47 al 50, utilice una calculadora gráfica para determinar todas las raíces reales, si es que existen, de la ecuación dada. Redondee las respuestas a dos decimales.

47. $5x^3 + 7x = 3$

48. $x^2(x - 3) = 2x^4 - 1$

49. $(9x + 3.1)^2 = 7.4 - 4x^2$

50. $(x - 2)^3 = x^2 - 3$

En los problemas del 51 al 54, utilice una calculadora gráfica para determinar todas las intersecciones x de la gráfica de la función dada. Redondee las respuestas a dos decimales.

51. $f(x) = x^3 + 5x + 7$

52. $f(x) = 2x^4 - 1.5x^3 + 2$

53. $g(x) = x^4 - 1.7x^2 + 2x$

54. $g(x) = \sqrt{3}x^5 - 4x^2 + 1$

[5]Adaptado de G. R. Loftus y E. F. Loftus, *Human Memory: The Processing of Information* (Nueva York: Lawrence Erlbaum Associates, Inc., distribuido por Halsted Press. División de John Wiley & Sons, Inc., 1976).

En los problemas del 55 al 57, utilice una calculadora gráfica para determinar (a) el valor máximo de f(x) y (b) el valor mínimo de f(x) para los valores indicados de x. Redondee las respuestas a dos decimales.

55. $f(x) = x^4 - 4.1x^3 + x^2 + 10$ $1 \leq x \leq 4$

56. $f(x) = x(2.1x^2 - 3)^2 - x^3 + 1$ $-1 \leq x \leq 1$

57. $f(x) = \dfrac{x^2 - 4}{2x - 5}$ $3 \leq x \leq 5$

58. A partir de la gráfica de $f(x) = \sqrt{2}x^3 + 1.1x^2 + 4$, encuentre (a) el rango y (b) las intersecciones. Redondee los valores a dos decimales.

59. Con base en la gráfica de $f(x) = 1 - 4x^3 - x^4$, encuentre (a) el valor máximo de $f(x)$, (b) el rango de f y (c) los ceros reales de f. Redondee los valores a dos decimales.

60. Con base en la gráfica de $f(x) = \dfrac{x^3 + 1.1}{3.8 + x^{2/3}}$, encuentre (a) el rango de f y (b) las intersecciones. (c) ¿f tiene ceros reales? Redondee los valores a dos decimales.

61. Grafique $f(x) = \dfrac{4.1x^3 + \sqrt{2}}{x^2 - 3}$ para $2 \leq x \leq 5$. Determine (a) el valor máximo de $f(x)$, (b) el valor mínimo de $f(x)$, (c) el rango de f y (d) todas las intersecciones. Redondee los valores a dos decimales.

Objetivo

Estudiar la simetría con respecto al eje *x*, al eje *y* y al origen y aplicar la simetría en el trazado de curvas.

2.6 Simetría

Examinar el comportamiento gráfico de las ecuaciones es parte fundamental de las matemáticas. En esta sección se examinarán ecuaciones para determinar si sus gráficas tienen *simetría*. En un capítulo posterior, se verá que el cálculo es de *gran* ayuda en la representación gráfica porque permite determinar la forma de una gráfica. También proporciona técnicas muy poderosas para determinar si una curva se une o no de manera "suave" entre los puntos.

Considere la gráfica de $y = x^2$ que se muestra en la figura 2.27. La parte situada a la izquierda del eje *y* es el reflejo (o imagen de espejo) de la parte derecha del mismo eje, y viceversa. Con mayor precisión, si (a, b) es cualquier punto sobre la gráfica, entonces el punto $(-a, b)$ también debe pertenecer a la gráfica. Se dice que esta gráfica es *simétrica con respecto al eje y*.

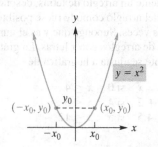

FIGURA 2.27   Simetría con respecto al eje *y*.

> ### Definición
> Una gráfica es *simétrica con respecto al eje y* si y sólo si $(-a, b)$ está en la gráfica cuando (a, b) lo está.

EJEMPLO 1   Simetría del eje y

Utilice la definición anterior para demostrar que la gráfica de $y = x^2$ es simétrica con respecto al eje *y*.

Solución: Suponga que (a, b) es *cualquier* punto de la gráfica de $y = x^2$. Entonces

$$b = a^2$$

Debe mostrarse que las coordenadas de $(-a, b)$ satisfacen $y = x^2$. Pero

$$(-a)^2 = a^2 = b$$

muestra que esto es cierto. Así se ha *probado* con álgebra simple lo que la imagen de la gráfica permitía suponer: la gráfica de $y = x^2$ *es* simétrica con respecto al eje *y*.

Ahora resuelva el problema 7 ◁

Cuando se prueba la simetría en el ejemplo 1, (a, b) puede ser cualquier punto sobre la gráfica. Por conveniencia, de aquí en adelante se escribirá (x, y) para referir cualquier punto de una gráfica. Esto significa que una gráfica es simétrica con respecto al eje *y* si, al reemplazar *x* por $-x$ en su ecuación, resulta una ecuación equivalente.

Otro tipo de simetría se muestra mediante la gráfica de $x = y^2$ en la figura 2.28. Ahí, la parte de la gráfica situada debajo del eje *x* es la reflexión, con respecto al eje *x*, de la parte

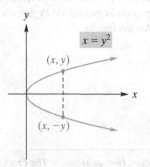

FIGURA 2.28   Simetría con respecto al eje *x*.

que se encuentra por arriba de éste, y viceversa. Si el punto (x, y) pertenece a la gráfica, entonces $(x, -y)$ también pertenece a la gráfica. Se dice que esta gráfica es *simétrica con respecto al eje x*.

Definición

Una gráfica es ***simétrica con respecto al eje x*** si y sólo si $(x, -y)$ está en la gráfica cuando (x, y) lo está.

Así, la gráfica de una ecuación en x y y tendrá simetría con respecto al eje x si al reemplazar y por $-y$ resulta una ecuación equivalente. Por ejemplo, aplicando esta prueba a la gráfica de $x = y^2$, se observa que $(-y)^2 = x$ si y sólo si $y^2 = x$, simplemente porque $(-y)^2 = y^2$. Por lo tanto, la gráfica de $x = y^2$ es simétrica con respecto al eje x.

Un tercer tipo de simetría, *simetría con respecto al origen*, se ilustra mediante la gráfica de $y = x^3$ (figura 2.29). Siempre que el punto (x, y) pertenezca a la gráfica, $(-x, -y)$ también pertenecerá a la gráfica.

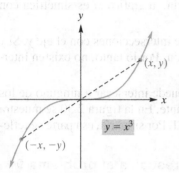

FIGURA 2.29 Simetría con respecto al origen.

Definición

Una gráfica es ***simétrica con respecto al origen*** si y sólo si $(-x, -y)$ está en la gráfica cuando (x, y) lo está.

Así, la gráfica de una ecuación en x y y tendrá simetría con respecto al origen si al reemplazar x por $-x$ y y por $-y$ resulta una ecuación equivalente. Por ejemplo, cuando se aplica esta prueba a la gráfica de $y = x^3$ mostrada en la figura 2.29, se obtiene

$$-y = (-x)^3$$
$$-y = -x^3$$
$$y = x^3$$

donde las tres ecuaciones son equivalentes, en particular la primera y la última. De acuerdo con esto, la gráfica es simétrica con respecto al origen.

En la tabla 2.1 se muestra un resumen de las pruebas para la simetría. Cuando se sabe que una gráfica tiene simetría, puede hacerse su bosquejo con menos puntos de los que, de otra manera, serían necesarios.

Tabla 2.1 Pruebas para la simetría

Simetría con respecto al eje x	Reemplace y por $-y$ en la ecuación dada. Hay simetría si se obtiene una ecuación equivalente.
Simetría con respecto al eje y	Reemplace x por $-x$ en la ecuación dada. Hay simetría si se obtiene una ecuación equivalente.
Simetría con respecto al origen	Reemplace x por $-x$ y y por $-y$ en la ecuación dada. Hay simetría si se obtiene una ecuación equivalente.

EJEMPLO 2 **Graficación con intersecciones y simetría**

Pruebe la simetría con respecto al eje x, al eje y y al origen de $y = \dfrac{1}{x}$. Después determine las intersecciones y haga el bosquejo de la gráfica.

Solución:

Simetría *Con respecto al eje x:* al reemplazar y por $-y$ en $y = 1/x$ se obtiene

$$-y = \frac{1}{x} \quad \text{esto equivale a} \quad y = -\frac{1}{x}$$

la cual no es equivalente a la ecuación dada. Por lo tanto, la gráfica *no* es simétrica con respecto al eje x.

Con respecto al eje y: al reemplazar x por $-x$ en $y = 1/x$ se obtiene

$$y = \frac{1}{-x} \quad \text{esto equivale a} \quad y = -\frac{1}{x}$$

la cual no es equivalente a la ecuación dada. De este modo, la gráfica *no* es simétrica con respecto al eje y.

Con respecto al origen: al reemplazar x por $-x$ y y por $-y$ en $y = 1/x$ se obtiene

$$-y = \frac{1}{-x} \quad \text{esto equivale a} \quad y = \frac{1}{x}$$

la cual es equivalente a la ecuación dada. En consecuencia, la gráfica *sí* es simétrica con respecto al origen.

Intersecciones   Como x no puede ser 0, la gráfica no tiene intersecciones con el eje y. Si y es 0, entonces $0 = 1/x$, pero esta ecuación no tiene solución. Por lo tanto, no existen intersecciones con el eje x.

Análisis   Como no existen intersecciones, la gráfica no puede intersecar a ninguno de los ejes. Si $x > 0$, sólo se obtienen puntos en el primer cuadrante. En la figura 2.30 se muestra una tabulación con los puntos de la gráfica en el cuadrante I. Por simetría, esa parte se refleja con respecto al origen para obtener toda la gráfica.

Ahora resuelva el problema 9 ◁

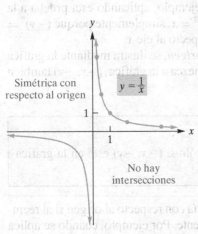

Simétrica con respecto al origen

$y = \dfrac{1}{x}$

No hay intersecciones

x	$\frac{1}{4}$	$\frac{1}{2}$	1	2	4
y	4	2	1	$\frac{1}{2}$	$\frac{1}{4}$

FIGURA 2.30   Gráfica de $y = \dfrac{1}{x}$.

> **EJEMPLO 3**   **Graficación con intersecciones y simetría**

Pruebe la simetría con respecto al eje x, al eje y y al origen de $y = f(x) = 1 - x^4$. Después encuentre las intersecciones y haga el bosquejo de la gráfica.

Solución:

Simetría   *Con el eje x:* al reemplazar y por $-y$ en $y = 1 - x^4$ se obtiene

$$-y = 1 - x^4 \quad \text{esto equivale a} \quad y = -1 + x^4$$

la cual no es equivalente a la ecuación dada. Así, la gráfica *no* es simétrica con respecto al eje x.

Con el eje y: al reemplazar x por $-x$ en $y = 1 - x^4$ se obtiene

$$y = 1 - (-x)^4 \quad \text{esto equivale a} \quad y = 1 - x^4$$

la cual es equivalente a la ecuación dada. Por ende, la gráfica *sí* es simétrica con respecto al eje y.

Con el origen: al reemplazar x por $-x$ y y por $-y$ en $y = 1 - x^4$ se obtiene

$$-y = 1 - (-x)^4 \quad \text{esto equivale a} \quad -y = 1 - x^4 \quad \text{o bien a} \quad y = -1 + x^4$$

lo cual no es equivalente a la ecuación dada. Así, la gráfica *no* es simétrica con respecto al origen.

Intersecciones   Para examinar las intersecciones con el eje x se hace $y = 0$ en $y = 1 - x^4$. Entonces

$$1 - x^4 = 0$$
$$(1 - x^2)(1 + x^2) = 0$$
$$(1 - x)(1 + x)(1 + x^2) = 0$$
$$x = 1 \quad \text{o} \quad x = -1$$

x	y
0	1
$\frac{1}{2}$	$\frac{15}{16}$
$\frac{3}{4}$	$\frac{175}{256}$
1	0
$\frac{3}{2}$	$-\frac{65}{16}$

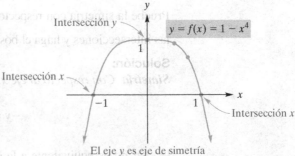

Intersección y

$y = f(x) = 1 - x^4$

Intersección x

Intersección x

El eje y es eje de simetría

FIGURA 2.31   Gráfica de $y = 1 - x^4$.

Por lo tanto, las intersecciones x son $(1, 0)$ y $(-1, 0)$. Para probar las intersecciones y, se establece $x = 0$. Entonces $y = 1$, por lo que $(0, 1)$ es la única intersección y.

Análisis Si se grafican las intersecciones y algunos puntos (x, y) a la derecha del eje y, puede hacerse el bosquejo de *toda* la gráfica utilizando la simetría con respecto al eje y (figura 2.31).

Ahora resuelva el problema 19 ◁

La función constante $f(x) = 0$, para toda x, puede identificarse fácilmente como simétrica con respecto al eje x. En el ejemplo 3, se mostró que la gráfica de $y = f(x) = 1 - x^4$ no tiene simetría con respecto al eje x. Para cualquier *función f*, suponga que la gráfica de $y = f(x)$ tiene simetría con el eje x. De acuerdo con la definición, esto significa que también se tiene que $-y = f(x)$. Lo anterior indica que para una x arbitraria en el dominio de f se tiene $f(x) = y$ y $f(x) = -y$. Puesto que para una función cada valor de x determina un solo valor de y, se debe tener $y = -y$ y esto implica $y = 0$. Como x es arbitraria, se deduce que si la gráfica de una *función* es simétrica con respecto al eje x, entonces la función debe ser la constante 0.

La única *función* cuya gráfica es simétrica con respecto al eje x es la función constante 0.

EJEMPLO 4   Graficación con intersecciones y simetría

Pruebe la gráfica $4x^2 + 9y^2 = 36$ para las intersecciones y simetrías. Haga el bosquejo de la gráfica.

Solución:

Intersecciones Si $y = 0$, entonces $4x^2 = 36$, de esta manera $x = \pm 3$. Por lo tanto, las intersecciones con el eje x son $(3, 0)$ y $(-3, 0)$. Si $x = 0$, entonces $9y^2 = 36$ y, de esta manera, $y = \pm 2$. Por lo tanto, las intersecciones con el eje y son $(0, 2)$ y $(0, -2)$.

Simetría *Con el eje x:* al reemplazar y por $-y$ en $4x^2 + 9y^2 = 36$ se obtiene

$$4x^2 + 9(-y)^2 = 36 \quad \text{esto equivale a} \quad 4x^2 + 9y^2 = 36$$

que es la ecuación original, por lo que existe simetría con respecto al eje x.

Con el eje y: al reemplazar x por $-x$ en $4x^2 + 9y^2 = 36$ se obtiene

$$4(-x)^2 + 9y^2 = 36 \quad \text{esto equivale a} \quad 4x^2 + 9y^2 = 36$$

que es la ecuación original, por lo que también existe simetría con respecto al eje y.

Con el origen: al reemplazar x por $-x$ y y por $-y$ en $4x^2 + 9y^2 = 36$ se obtiene

$$4(-x)^2 + 9(-y)^2 = 36 \quad \text{esto equivale a} \quad 4x^2 + 9y^2 = 36$$

que es la ecuación original, por lo que la gráfica también es simétrica con respecto al origen.

Análisis En la figura 2.32 se grafican las intersecciones y algunos puntos en el primer cuadrante. Después los puntos se unen por medio de una curva suave. Los puntos del cuarto cuadrante se obtienen por simetría con respecto al eje x. Después, por simetría con respecto al eje y, se determina toda la gráfica. Existen otras formas de graficar la ecuación utilizando la simetría. Por ejemplo, después de graficar las intersecciones y algunos puntos en el primer cuadrante, por simetría con respecto al origen, puede obtenerse el tercer cuadrante. Por simetría con respecto al eje x (o al eje y), puede obtenerse la gráfica completa.

Ahora resuelva el problema 23 ◁

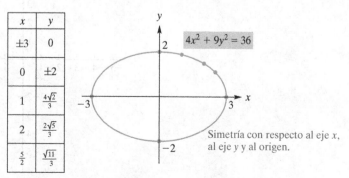

x	y
± 3	0
0	± 2
1	$\frac{4\sqrt{2}}{3}$
2	$\frac{2\sqrt{5}}{3}$
$\frac{5}{2}$	$\frac{\sqrt{11}}{3}$

Simetría con respecto al eje x, al eje y y al origen.

FIGURA 2.32   Gráfica de $4x^2 + 9y^2 = 36$.

Este hecho puede ayudar a ahorrar tiempo durante la verificación de la simetría.

En el ejemplo 4, la gráfica es simétrica con respecto al eje x, al eje y y al origen. Puede mostrarse que **para cualquier gráfica, si existen dos de los tres tipos de simetría, entonces también el tipo restante debe existir.**

EJEMPLO 5 **Simetría con respecto a la recta** $y = x$

> **Definición**
>
> Una gráfica es *simétrica con respecto a la recta* $y = x$ si y sólo si (b, a) está en la gráfica cuando (a, b) lo está.

Otra forma de establecer la definición es decir que al intercambiar los papeles de x y y en la ecuación dada se obtiene una ecuación equivalente.

Use la definición anterior para mostrar que $y^2 + x^2 = 1$ es simétrica con respecto a la recta $y = x$.

Solución: Al intercambiar los papeles de x y y se obtiene $y^2 + x^2 = 1$, lo cual es equivalente a $x^2 + y^2 = 1$. Así que $x^2 + y^2 = 1$ es simétrica con respecto a $y = x$.

◁

El punto con coordenadas (b, a) es la imagen de espejo en la recta $y = x$ del punto (a, b). Si f es una función uno a uno, $b = f(a)$ si y sólo si $a = f^{-1}(b)$. Así que la gráfica de f^{-1} es la imagen de espejo en la recta $y = x$ de la gráfica de f. Es interesante notar que para *cualquier* función f puede formarse la imagen de espejo de la gráfica de f. Sin embargo, la gráfica resultante no debe ser necesariamente la gráfica de una función. Para que esta imagen de espejo sea la gráfica de una función, debe pasar la prueba de la recta vertical. No obstante, las rectas verticales y horizontales son imágenes de espejo en la recta $y = x$, y se observa que para que la imagen de espejo de la gráfica de f pase la prueba de la recta vertical es porque la gráfica de f pasa la prueba de la gráfica horizontal. Esto último sucede precisamente si f es uno a uno, que a su vez sucede si y sólo si f tiene una inversa.

EJEMPLO 6 **Simetría y funciones inversas**

Bosqueje la gráfica de $g(x) = 2x + 1$ y su inversa en el mismo plano.

Solución: Tal como se estudiará con más detalle en el capítulo 3, la gráfica de g es la línea recta con pendiente 2 (vea la sección 3.1) e intersección con y en 1. Esta línea, la recta $y = x$, y la reflexión de $y = 2x + 1$ en $y = x$ se muestran en la figura 2.33.

Ahora resuelva el problema 27 ◁

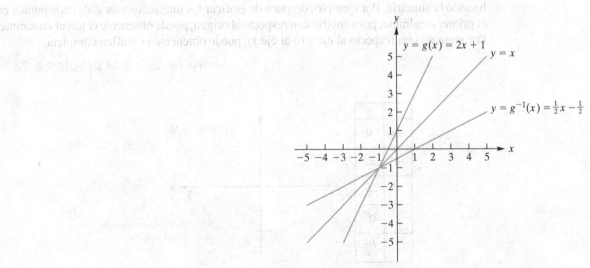

FIGURA 2.33 Gráfica de $y = g(x)$ y $y = g^{-1}(x)$.

PROBLEMAS 2.6

En los problemas del 1 al 16, determine las intersecciones con el eje x y con el eje y de las gráficas de las ecuaciones. También pruebe la simetría con respecto al eje x, al eje y y al origen. No haga el bosquejo de las gráficas.

1. $y = 5x$

2. $y = f(x) = x^2 - 4$

3. $2x^2 + y^2x^4 = 8 - y$

4. $x = y^3$

5. $25x^2 + 144y^2 = 169$

6. $y = 57$

7. $x = -2$

8. $y = |2x| - 2$

9. $x = -y^{-4}$

10. $y = \sqrt{x^2 - 36}$

11. $x - 4y - y^2 + 21 = 0$

12. $x^2 + xy + y^3 = 0$

13. $y = f(x) = \dfrac{x^3 - 2x^2 + x}{x^2 + 1}$

14. $x^2 + xy + y^2 = 0$

15. $y = \dfrac{2}{x^3 + 27}$

16. $y = \dfrac{x^4}{x + y}$

En los problemas del 17 al 24, determine las intersecciones con el eje x y con el eje y de las gráficas de las ecuaciones. También pruebe la simetría con respecto al eje x, al eje y, al origen y a la recta y = x. Después haga el bosquejo de las gráficas.

17. $3x + y^2 = 9$

18. $x - 1 = y^4 + y^2$

19. $y = f(x) = x^3 - 4x$

20. $2y = 5 - x^2$

21. $|x| - |y| = 0$

22. $x^2 + y^2 = 16$

23. $9x^2 + 4y^2 = 25$

24. $x^2 - y^2 = 4$

25. Pruebe que la gráfica de $y = f(x) = 5 - 1.96x^2 - \pi x^4$ es simétrica con respecto al eje *y* y después grafique la función. (a) Haga uso de la simetría en donde sea posible para encontrar todas las intersecciones. Determine (b) el valor máximo de $f(x)$ y (c) el rango de *f*. Redondee todos los valores a dos decimales.

26. Pruebe que la gráfica de $y = f(x) = 2x^4 - 7x^2 + 5$ es simétrica con respecto al eje *y* y después grafique la función. Determine todos los ceros reales de *f*. Redondee sus respuestas a dos decimales.

27. Bosqueje la gráfica de $f(x) = -3x + 2$ y su inversa en el mismo plano.

Objetivo

Familiarizarse con las formas de las gráficas de seis funciones básicas y considerar la traslación, la reflexión y el alargamiento o contracción verticales de la gráfica de una función.

2.7 Traslaciones y reflexiones

Hasta ahora, el enfoque de este texto con relación a las gráficas se ha basado en la graficación de puntos y en el uso de cualquier simetría que exista. Pero esta técnica no es necesariamente la preferida. Más adelante en este libro se analizarán gráficas utilizando otras técnicas. Sin embargo, como algunas funciones y sus gráficas asociadas aparecen con mucha frecuencia, resulta útil memorizarlas. En la figura 2.34 se muestran seis de tales funciones.

A veces, al modificar una función mediante una manipulación *algebraica*, la gráfica de la nueva función puede obtenerse a partir de la gráfica de la función original realizando una manipulación *geométrica*. Por ejemplo, puede utilizarse la gráfica de $f(x) = x^2$ para graficar $y = x^2 + 2$. Observe que $y = f(x) + 2$. Por lo tanto, para cada *x*, la ordenada correspondiente para la gráfica de $y = x^2 + 2$ es 2 unidades mayor que la ordenada para la gráfica de

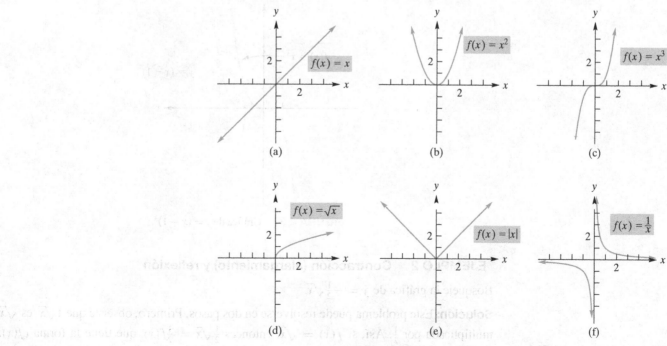

FIGURA 2.34 Funciones utilizadas con frecuencia.

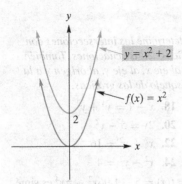

FIGURA 2.35 Gráfica de $y = x^2 + 2$.

$f(x) = x^2$. Esto significa que la gráfica de $y = x^2 + 2$ es simplemente la gráfica de $f(x) = x^2$ desplazada, o *trasladada*, 2 unidades hacia arriba. (Vea la figura 2.35). Se dice que la gráfica de $y = x^2 + 2$ es una *transformación* de la gráfica de $f(x) = x^2$. La tabla 2.2 presenta una lista de los tipos básicos de transformaciones.

Tabla 2.2 Transformaciones, $c > 0$

Ecuación	Cómo transformar la gráfica de $y = f(x)$ para obtener la gráfica de la ecuación
$y = f(x) + c$	Desplazar c unidades hacia arriba
$y = f(x) - c$	Desplazar c unidades hacia abajo
$y = f(x - c)$	Desplazar c unidades hacia la derecha
$y = f(x + c)$	Desplazar c unidades hacia la izquierda
$y = -f(x)$	Reflejar con respecto al eje x
$y = f(-x)$	Reflejar con respecto al eje y
$y = cf(x) \quad c > 1$	Alargar verticalmente alejándose del eje x por un factor c
$y = cf(x) \quad c < 1$	Contraer verticalmente hacia el eje x por un factor c

EJEMPLO 1 Traslación horizontal

Haga el bosquejo de la gráfica de $y = (x - 1)^3$.

Solución: Se observa que $(x - 1)^3$ es x^3 con x reemplazada por $x - 1$. Por lo tanto, si $f(x) = x^3$, entonces $y = (x - 1)^3 = f(x - 1)$, que tiene la forma $f(x - c)$, donde $c = 1$. Con base en la tabla 2.2, la gráfica de $y = (x - 1)^3$ es la gráfica de $f(x) = x^3$ desplazada una unidad a la derecha. (Vea la figura 2.36).

Ahora resuelva el problema 3 ◁

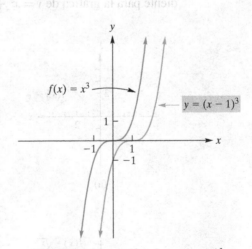

FIGURA 2.36 Gráfica de $y = (x - 1)^3$.

EJEMPLO 2 Contracción (alargamiento) y reflexión

Bosqueje la gráfica de $y = -\frac{1}{2}\sqrt{x}$.

Solución: Este problema puede resolverse en dos pasos. Primero, observe que $\frac{1}{2}\sqrt{x}$ es $\sqrt{x}$ multiplicada por $\frac{1}{2}$. Así, si $f(x) = \sqrt{x}$, entonces $\frac{1}{2}\sqrt{x} = \frac{1}{2}f(x)$, que tiene la forma $cf(x)$, donde $c = \frac{1}{2}$. De modo que la gráfica de $y = \frac{1}{2}\sqrt{x}$ es la gráfica de f comprimida verti-

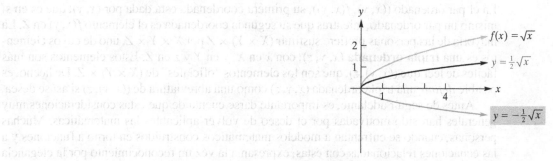

FIGURA 2.37   Para graficar $y = -\frac{1}{2}\sqrt{x}$, comprima $y = \sqrt{x}$ y refleje el resultado con respecto al eje x.

calmente hacia el eje x por un factor de $\frac{1}{2}$ (transformación 8, tabla 2.2; vea la figura 2.37). Segundo, el signo menos en $y = -\frac{1}{2}\sqrt{x}$ provoca una reflexión en la gráfica de $y = \frac{1}{2}\sqrt{x}$ con respecto al eje x (transformación 5, tabla 2.2; vea la figura 2.37).

Ahora resuelva el problema 5 ◁

PROBLEMAS 2.7

En los problemas del 1 al 12, utilice las gráficas de las funciones de la figura 2.34 y las técnicas de transformación para graficar las funciones dadas.

1. $y = x^3 - 1$

2. $y = -x^2$

3. $y = \dfrac{1}{x - 2}$

4. $y = -\sqrt{x - 2}$

5. $y = \dfrac{2}{3x}$

6. $y = |x| - 2$

7. $y = |x + 1| - 2$

8. $y = -\dfrac{1}{3}\sqrt{x}$

9. $y = 2 + (x + 3)^3$

10. $y = (x - 1)^2 + 1$

11. $y = \sqrt{-x}$

12. $y = \dfrac{5}{2 - x}$

En los problemas del 13 al 16, describa qué debe hacerse a la gráfica de $y = f(x)$ para obtener la gráfica de la ecuación dada.

13. $y = -2f(x + 3) + 2$

14. $y = 2(f(x - 1) - 4)$

15. $y = f(-x) - 5$

16. $y = f(3x)$

17. Grafique la función $y = \sqrt[3]{x} + k$ para $k = 0, 1, 2, 3, -1, -2$ y -3. Observe las traslaciones verticales comparadas con la primera gráfica.

18. Grafique la función $y = \sqrt[5]{x + k}$ para $k = 0, 1, 2, 3, -1, -2$ y -3. Observe las traslaciones horizontales comparadas con la primera gráfica.

19. Grafique la función $y = kx^3$ para $k = 1, 2, \frac{1}{2}$ y 3. Observe el alargamiento y la contracción verticales en comparación con la primera gráfica. Grafique la función para $k = -2$. Observe que la gráfica es la misma que la obtenida por medio de un alargamiento, en un factor de 2, de la reflexión de $y = x^3$ con respecto al eje x.

Objetivo

Analizar funciones de varias variables y calcular valores funcionales. Analizar coordenadas en tres dimensiones y hacer bosquejos de superficies simples.

2.8 Funciones de varias variables

Cuando se definió una *función* $f : X \longrightarrow Y$ de X a Y en la sección 2.1, se hizo para los *conjuntos* X y Y sin el requisito de que se tratara de conjuntos de números. Todavía no se ha utilizado con frecuencia esa generalidad. La mayoría de los ejemplos presentados en este texto han sido funciones de $(-\infty, \infty)$ a $(-\infty, \infty)$. También se vio en la sección 2.1 que, para los conjuntos X y Y, es posible construir la nueva serie $X \times Y$ cuyos elementos son pares ordenados (x, y) con x en X y y en Y. De ello se desprende que, para cualesquiera tres conjuntos X, Y y Z, la noción de una función $f : X \times Y \longrightarrow Z$ ya está contemplada en la definición básica. Tal f es simplemente una regla que asigna a cada elemento (x, y) presente en $X \times Y$ a lo sumo un elemento de Z, denotado por $f((x, y))$. Hay acuerdo general acerca de que, en esta situación, se debe eliminar una capa de paréntesis y escribir simplemente $f(x, y)$ para $f((x, y))$. Aquí tenga en cuenta que aún si X y Y son cada uno conjuntos de números, por ejemplo $X = (-\infty, \infty) = Y$, entonces $X \times Y$ definitivamente *no* es un conjunto de números. En otras palabras, *un par ordenado de números no es un número*.

La *gráfica* de una función $f : X \longrightarrow Y$ es el subconjunto de $X \times Y$ que consiste en todos los pares ordenados de la forma $(x, f(x))$, donde x está en el dominio de f. De esto se deduce que la gráfica de una función $f : X \times Y \longrightarrow Z$ es el subconjunto de $(X \times Y) \times Z$ que consiste en todos los pares ordenados de la forma $((x, y), f(x, y))$, donde (x, y) está en el dominio de f.

En el par ordenado $((x, y), f(x, y))$, su primera coordenada está dada por (x, y), que es en sí mismo un par ordenado, mientras que su segunda coordenada es el elemento $f(x, y)$ en Z. La mayoría de las personas prefiere sustituir $(X \times Y) \times Z$ por $X \times Y \times Z$, uno de cuyos elementos es una **tripla ordenada** (x, y, z), con x en X, y en Y y z en Z. Estos elementos son más fáciles de leer que $((x, y), z)$, que son los elementos "oficiales" de $(X \times Y) \times Z$. De hecho, es posible *definir* una tripla ordenada (x, y, z) como una abreviatura de $((x, y), z)$ si así se desea.

Antes de seguir adelante, es importante darse cuenta de que estas consideraciones muy generales han sido motivadas por el deseo de volver aplicables las matemáticas. Muchas personas, cuando se enfrentan a modelos matemáticos construidos en torno a funciones y a las ecuaciones relacionadas con éstas, expresan a la vez un reconocimiento por la elegancia de las ideas y cierto escepticismo sobre su valor práctico. Una queja común es que en la práctica existen "factores" que no son tomados en cuenta por un modelo matemático particular. Traducido en el contexto que se está desarrollando aquí, con frecuencia esta queja significa que las funciones tratadas en un modelo matemático deben involucrar más variables de las que el modelador ha contemplado originalmente. Un aspecto importante de la solidez que un modelo matemático debe poseer es la capacidad de poder añadir nuevas variables para tomar en cuenta fenómenos que antes se pensaba eran insignificantes. Cuando se sabe cómo pasar de una variable a dos variables, donde las "dos variables" pueden interpretarse como un par ordenado y, por lo tanto, como una única variable de un nuevo tipo, entonces es posible repetir el procedimiento y hacer frente a funciones de tantas variables como se desee.

Para los conjuntos $X_1, X_2, \ldots, X_n$ y Y, una función $f\colon X_1 \times X_2 \times \cdots \times X_n \longrightarrow Y$ en el sentido general proporciona la noción de una función valuada en Y de n variables. En este caso, un elemento del dominio de f es una n-**tupla ordenada** $(x_1, x_2, \cdots, x_n)$, con x_i en X_i para $i = 1, 2, \cdots, n$, para la cual $f(x_1, x_2, \cdots, x_n)$ está definida. La **gráfica** de f es el conjunto de todas las $n + 1$-tuplas ordenadas de la forma $(x_1, x_2, \cdots, x_n, f(x_1, x_2, \cdots, x_n))$, donde $(x_1, x_2, \cdots, x_n)$ está en el dominio de f.

Suponga que un fabricante produce dos artículos, X y Y. Entonces, el costo total depende de los niveles de producción *tanto de* X *como de* Y. En la tabla 2.3 se presenta un programa que indica el costo total para diferentes niveles. Por ejemplo, cuando se producen 5 unidades de X y 6 de Y, el costo total c es 17. En esta situación, parece natural asociar el número 17 con el *par ordenado* $(5, 6)$:

$$(5, 6) \mapsto 17$$

El primer elemento del par ordenado, 5, representa el número de unidades de X producidas, mientras que el segundo elemento, 6, representa el número de unidades producidas de Y. Para las otras situaciones de producción mostradas, se tiene

$$(5, 7) \mapsto 19$$

$$(6, 6) \mapsto 18$$

y

$$(6, 7) \mapsto 20$$

Tabla 2.3

Número de unidades de X producidas, x	Número de unidades de Y producidas, y	Costo total de producción, c
5	6	17
5	7	19
6	6	18
6	7	20

Este listado puede considerarse como la definición de una función $c\colon X \times Y \longrightarrow (-\infty, \infty)$, donde $X = \{5, 6\}$ y $Y = \{6, 7\}$.

$$c(5, 7) = 19 \quad c(6, 7) = 20$$
$$c(5, 6) = 17 \quad c(6, 6) = 18$$

Se dice que el programa de costo total puede describirse mediante $c = c(x, y)$, que es una función de las dos variables independientes x y y. Aquí usamos la letra c como la variable independiente y también como el nombre de la regla que define la función. Por supuesto, el rango de c es el subconjunto $\{17, 18, 19, 20\}$ de $(-\infty, \infty)$. Debido a que es poco probable que los costos negativos tengan algún sentido, es posible refinar c y construirla como una función $c : X \times Y \longrightarrow [0, \infty]$.

La mayoría de las personas se han familiarizado con ciertas funciones de dos variables incluso mucho antes de haber escuchado acerca de las funciones, como lo ilustra el siguiente ejemplo:

EJEMPLO 1   Funciones de dos variables

a. $a(x, y) = x + y$ es una función de dos variables. Algunos valores funcionales son

$$a(1, 1) = 1 + 1 = 2$$
$$a(2, 3) = 2 + 3 = 5$$

Se tiene $a : (-\infty, \infty) \times (-\infty, \infty) \longrightarrow (-\infty, \infty)$.

b. $m(x, y) = xy$ es una función de dos variables. Algunos valores funcionales son

$$m(2, 2) = 2 \cdot 2 = 4$$
$$m(3, 2) = 3 \cdot 2 = 6$$

El dominio tanto de a como de m es todo $(-\infty, \infty) \times (-\infty, \infty)$. Observe que si usted fuera a definir la división como una función $d : (-\infty, \infty) \times (-\infty, \infty) \longrightarrow (-\infty, \infty)$ con $d(x, y) = x \div y$, entonces el dominio de d es $(-\infty, \infty) \times ((-\infty, \infty) - \{0\})$, donde $(-\infty, \infty) - \{0\}$ es el conjunto de todos los números reales excepto 0.

◁

Ahora consideremos otra función de dos variables, se observa que la ecuación

$$z = \frac{2}{x^2 + y^2}$$

define a z como una función de x y y:

$$z = f(x, y) = \frac{2}{x^2 + y^2}$$

El dominio de f es el conjunto de todos los pares ordenados de números reales (x, y) para los cuales la ecuación tiene sentido cuando el primero y segundo elementos de (x, y) se sustituyen por x y y, respectivamente, en la ecuación. Así, el dominio de f es $(-\infty, \infty) \times (-\infty, \infty) - \{(0, 0)\}$, el conjunto de todos los pares ordenados excepto $(0, 0)$. Por ejemplo, para encontrar $f(2, 3)$, se sustituye $x = 2$ y $y = 3$ en la expresión $2/(x^2 + y^2)$. Se obtiene, $f(2, 3) = 2/(2^2 + 3^2) = 2/13$.

EJEMPLO 2   Funciones de dos variables

a. $f(x, y) = \dfrac{x + 3}{y - 2}$ es una función de dos variables. Como el denominador es cero cuando $y = 2$, el dominio de f son todos los pares ordenados (x, y) tales que $y \neq 2$. Algunos valores funcionales son

$$f(0, 3) = \frac{0 + 3}{3 - 2} = 3$$
$$f(3, 0) = \frac{3 + 3}{0 - 2} = -3$$

Observe que $f(0, 3) \neq f(3, 0)$.

b. $h(x, y) = 4x$ define a h como función de x y y. El dominio son todos los pares ordenados de números reales. Algunos valores funcionales son

$$h(2, 5) = 4(2) = 8$$
$$h(2, 6) = 4(2) = 8$$

Observe que los valores de la función son independientes del valor de y.

APLÍQUELO ▶

15. El costo por día de fabricar tazas de 12 y 20 onzas para café está dado por $c = 160 + 2x + 3y$, donde x es el número de tazas de 12 onzas y y el de tazas de 20 onzas. ¿Cuál es el costo por día de la fabricación de
a. 500 tazas de 12 onzas y 700 tazas de 20 onzas?
b. 1000 tazas de 12 onzas y 750 tazas de 20 onzas?

c. Si $z^2 = x^2 + y^2$ y $x = 3$ y $y = 4$, entonces $z^2 = 3^2 + 4^2 = 25$. En consecuencia, $z = \pm 5$. Entonces, con el par ordenado $(3, 4)$ *no es posible* asociar exactamente un solo número de salida. Por lo tanto, $z^2 = x^2 + y^2$ no define a z como una función de x y y.

Ahora resuelva el problema 1 ◁

EJEMPLO 3 **Índice de temperatura-humedad**

En días húmedos y cálidos mucha gente tiende a sentirse incómoda. El grado de incomodidad está dado numéricamente por el índice de temperatura-humedad, ITH, que es una función de dos variables, t_d y t_w:

$$\text{ITH} = f(t_d, t_w) = 15 + 0.4(t_d + t_w)$$

donde t_d es la temperatura de bulbo seco (en grados Fahrenheit) y t_w es la temperatura de bulbo húmedo (en grados Fahrenheit) del aire. Evalúe el ITH cuando $t_d = 90$ y $t_w = 80$.

Solución: Se desea encontrar $f(90, 80)$:

$$f(90, 80) = 15 + 0.4(90 + 80) = 15 + 68 = 83$$

Cuando el índice de temperatura-humedad es mayor que 75, la mayoría de la gente se siente incómoda. De hecho, el ITH solía llamarse antes "índice de incomodidad". Muchos dispositivos eléctricos responden a este índice y pueden anticipar la demanda de aire acondicionado en sus sistemas.

Ahora resuelva el problema 3 ◁

A partir del segundo párrafo de esta sección se deduce que una función $f: (-\infty, \infty) \times (-\infty, \infty) \longrightarrow (-\infty, \infty)$, donde se escribe $z = f(x, y)$, tendrá una gráfica consistente en triplas ordenadas de números reales. El conjunto de todas las triplas de números reales puede representarse en un **sistema coordenado rectangular en *tres* dimensiones**. Tal sistema se forma cuando tres ejes de números reales mutuamente perpendiculares en el espacio se intersecan en el origen de cada eje, como en la figura 2.38. Las tres rectas numéricas se llaman eje x, eje y y eje z y su punto de intersección recibe el nombre de origen del sistema. Las flechas indican las direcciones positivas de los ejes, mientras que las porciones negativas de los ejes se muestran con líneas punteadas.

A cada punto P en el espacio se le puede asignar una tripla ordenada única de números, llamada *coordenadas* de P. Para hacerlo [vea la figura 2.39(a)], desde P se construye una recta perpendicular al plano xy —esto es, al plano determinado por lo ejes x y y—. Sea Q el punto donde la línea interseca este plano. Desde Q se trazan rectas perpendiculares a los ejes x y y, las cuales intersecan a los ejes x y y en x_0 y y_0, respectivamente. Desde P se traza una perpendicular al eje z, que lo interseca en z_0. De este modo, se ha asignado a P la tripla ordenada (x_0, y_0, z_0). Debe ser también evidente que a cada tripla ordenada se le puede asignar un punto único en el espacio. Debido a esta correspondencia uno a uno entre puntos en el espacio y triplas ordenadas, a una tripla ordenada se le puede llamar punto. En

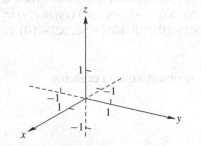

FIGURA 2.38 Sistema de coordenadas rectangulares en tres dimensiones.

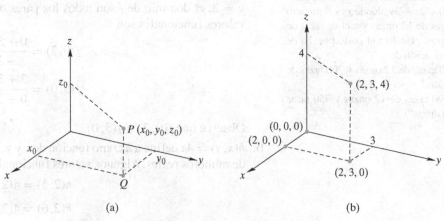

(a)   (b)

FIGURA 2.39 Puntos en el espacio.

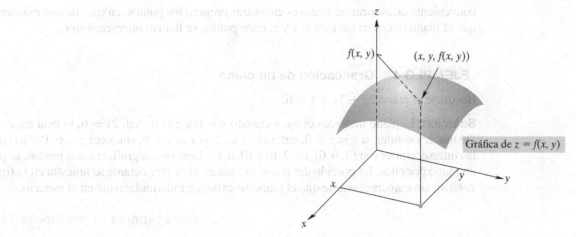

FIGURA 2.40 Gráfica de una función de dos variables.

la figura 2.39(b) se muestran los puntos $(2, 0, 0)$, $(2, 3, 0)$ y $(2, 3, 4)$. Observe que el origen corresponde a $(0, 0, 0)$. Por lo general, las porciones negativas de los ejes no se muestran a menos que sea necesario.

Es posible representar geométricamente una función de dos variables, $z = f(x, y)$ de la manera siguiente: a cada par ordenado (x, y) en el dominio de f, se le asigna el punto $(x, y, f(x, y))$. El conjunto de todos estos puntos se llama *gráfica* de f. Tal gráfica se muestra en la figura 2.40. Se puede considerar que $z = f(x, y)$ representa una *superficie en el espacio* de la misma forma que se ha considerado que $y = f(x)$ representa una *curva en el plano*. [No todas las funciones $y = f(x)$ describen curvas estéticamente agradables —de hecho, la mayoría no lo hace— y ocurre lo mismo con una superficie representada por funciones de este tipo].

Ahora se realizará un breve estudio acerca del bosquejo de superficies en el espacio. Iniciamos con planos que son paralelos a un plano coordenado. Por "plano coordenado" se entiende un plano que contiene dos ejes coordenados. Por ejemplo, el plano determinado por los ejes x y y es el **plano** xy. De manera similar, se habla del **plano** xz y del **plano** yz. Los planos coordenados dividen el espacio en ocho partes llamadas *octantes*. En particular, la parte que contiene todos los puntos (x, y, z), donde x, y y z son positivos, se llama **primer octante**.

Por lo general, a los siete octantes restantes no se les asignan nombres.

Suponga que S es un plano paralelo al plano x, y y pasa por el punto $(0, 0, 5)$. [Vea la figura 2.41(a)]. Entonces, el punto (x, y, z) estará en S si y sólo si $z = 5$; esto es, x y y pueden ser cualesquiera números reales, pero z debe ser igual a 5. Por esta razón, se dice que $z = 5$ es una ecuación de S. En forma similar, una ecuación del plano paralelo al plano x, z y que pasa por el punto $(0, 2, 0)$ es $y = 2$ [figura 2.41(b)]. La ecuación $x = 3$ es una ecuación del plano que pasa por $(3, 0, 0)$ y es paralelo al plano y, z [figura 2.41(c)]. Ahora se verán los planos en general.

En el espacio, la gráfica de una ecuación de la forma

$$Ax + By + Cz + D = 0$$

donde D es una constante y A, B y C son constantes no todas iguales a cero, es un plano. Como tres puntos distintos (no todos en la misma recta) determinan un plano, una manera

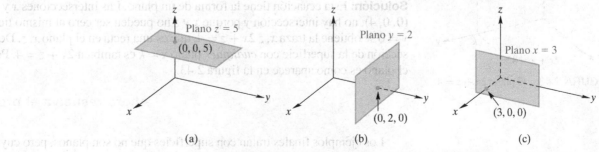

FIGURA 2.41 Planos paralelos a los planos coordenados.

conveniente de esbozar un plano es encontrar primero los puntos, en caso de que existan, en que el plano interseca los ejes x, y y z. Esos puntos se llaman *intersecciones*.

EJEMPLO 4 Graficación de un plano

Bosqueje el plano $2x + 3y + z = 6$.

Solución: El plano interseca el eje x cuando $y = 0$ y $z = 0$. Así, $2x = 6$, lo cual da $x = 3$. De manera similar, si $x = z = 0$, entonces $y = 2$; si $x = y = 0$, entonces $z = 6$. Por lo tanto, las intersecciones son $(3, 0, 0)$, $(0, 2, 0)$ y $(0, 0, 6)$. Después de graficar estos puntos, se pasa un plano por ellos. La porción del plano situada en el primer octante se muestra en la figura 2.42(a); sin embargo, nótese que el plano se extiende indefinidamente en el espacio.

Ahora resuelva el problema 19 ◁

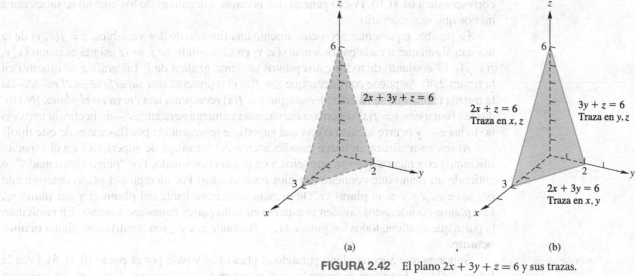

(a)   (b)

FIGURA 2.42   El plano $2x + 3y + z = 6$ y sus trazas.

Una superficie puede bosquejarse con ayuda de sus **trazas**. Éstas son las intersecciones de la superficie con los planos coordenados. A modo de ilustración, para el plano $2x + 3y + z = 6$ del ejemplo 4, la traza en el plano x, y se obtiene haciendo $z = 0$. Esto da $2x + 3y = 6$, que es la ecuación de una *recta* en el plano x, y. En forma similar, al establecer $x = 0$ se obtiene la traza en el plano y, z; la recta $3y + z = 6$. La traza x, z es la recta $2x + z = 6$. [Vea la figura 2.42(b)].

EJEMPLO 5 Bosquejo de una superficie

Bosqueje la superficie $2x + z = 4$.

Solución: Esta ecuación tiene la forma de un plano. Las intersecciones x y z son $(2, 0, 0)$ y $(0, 0, 4)$, no hay intersección y porque x y z no pueden ser cero al mismo tiempo. Haciendo $y = 0$ se obtiene la traza x, z $2x + z = 4$, que es una recta en el plano x, z. De hecho, la intersección de la superficie con *cualquier* plano $y = k$ es también $2x + z = 4$. Por consiguiente, el plano es como aparece en la figura 2.43.

Ahora resuelva el problema 21 ◁

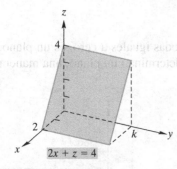

FIGURA 2.43   El plano $2x + z = 4$.

Los ejemplos finales tratan con superficies que no son planos, pero cuyas gráficas pueden obtenerse con facilidad.

Observe que esta ecuación no pone restricción sobre y.

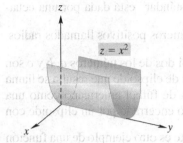

FIGURA 2.44   La superficie $z = x^2$.

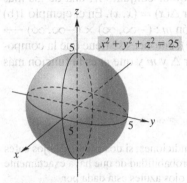

FIGURA 2.45   La superficie $x^2 + y^2 + z^2 = 25$.

EJEMPLO 6   Bosquejo de una superficie

Bosqueje la superficie $z = x^2$.

Solución: La traza x, z es la curva $z = x^2$, que es una parábola. De hecho, para *cualquier* valor fijo de y se obtiene $z = x^2$. Así, la gráfica es como en la figura 2.44.

Ahora resuelva el problema 25 ◁

EJEMPLO 7   Bosquejo de una superficie

Bosqueje la superficie $x^2 + y^2 + z^2 = 25$.

Solución: Haciendo $z = 0$ se obtiene la traza x, y $x^2 + y^2 = 25$, lo cual es un círculo de radio 5. De manera similar, las trazas y, z y x, z son los círculos $y^2 + z^2 = 25$ y $x^2 + z^2 = 25$, respectivamente. Observe también que como $x^2 + y^2 = 25 - z^2$, la intersección de la superficie con el plano $z = k$, donde $-5 \leq k \leq 5$, es un círculo. Por ejemplo, si $z = 3$, la intersección es el círculo $x^2 + y^2 = 16$. Si $z = 4$, la intersección es $x^2 + y^2 = 9$. Esto es, las secciones transversales de la superficie que son paralelas al plano x, y son círculos. La superficie se muestra en la figura 2.45; es una esfera.

Ahora resuelva el problema 27 ◁

Para una función $f \colon X \times Y \longrightarrow Z$, se ha visto que la gráfica de f, al ser un subconjunto de $X \times Y \times Z$, es tridimensional para los ejemplos numéricos. Es cierto que la construcción de una gráfica de este tipo en papel puede resultar un reto. Existe otra presentación gráfica de una función $z = f(x, y)$, para $f \colon (-\infty, \infty) \times (-\infty, \infty) \longrightarrow (-\infty, \infty)$, que es totalmente bidimensional. Sea l un número en el rango de f. La *ecuación* $f(x, y) = l$ tiene un gráfico en el plano x, y que, en principio, puede construirse y etiquetarse. Si se repite esta construcción en el mismo plano para otros valores, por ejemplo l_i, en el rango de f se tiene entonces un conjunto de curvas, llamadas **curvas de nivel**, que pueden proporcionar una visualización útil de f.

Por lo menos existen dos ejemplos de esta técnica que representan una experiencia cotidiana para muchas personas. Primero, considere una región geográfica que es lo suficientemente pequeña como para ser considerada plana y trazarla en coordenadas. (Una ciudad con un entramado rectangular de avenidas y calles numeradas puede considerarse útil para trazarla en coordenadas). En cualquier momento dado, la temperatura T en grados Fahrenheit es una función del lugar (x, y). Podría escribirse $T = T(x, y)$. En un mapa de la región podrían conectarse todos los lugares que actualmente tienen una temperatura de 70 °F con una curva. Esta es la curva de $T(x, y) = 70$. Si se colocan otras diversas curvas, como $T(x, y) = 68$ y $T(x, y) = 72$, en el mismo mapa, entonces se tiene el tipo de mapa que aparece en los informes meteorológicos televisados. En este caso las curvas se llaman *isotermas*; el prefijo *iso* proviene del griego *isos* que significa "igual". Como siguiente ejemplo, de nuevo relacionado con la geografía, observe que cada lugar (x, y) tiene una altura definida $A = A(x, y)$. Un mapa de una región montañosa con puntos de igual altura conectados por lo que se denominan *líneas de contorno* se denomina *mapa topográfico*, y el término genérico *curvas de nivel* es particularmente oportuno en este caso.

En el capítulo 7 se presentará una serie de funciones *lineales* de varias variables. Si se tiene $P = ax + by$, expresando el beneficio P como una función de la producción x de un producto X y la producción y de un producto Y, entonces las curvas de nivel $ax + by = l$ se llaman *líneas de isobeneficio*.

EJEMPLO 8   Curvas de nivel

Bosqueje una familia de al menos cuatro curvas de nivel para la función $z = x^2 + y^2$.

Solución: Para cualquier par (x, y), $x^2 + y^2 \geq 0$, por lo que el rango de $z = x^2 + y^2$ está contenido en $[0, \infty)$. Por otra parte, para cualquier $l \geq 0$ se puede escribir $l = (\sqrt{l})^2 + 0^2$, la cual muestra que el rango de $z = x^2 + y^2$ es el intervalo $[0, \infty)$. Para $l \geq 0$, se reconoce la gráfica de $x^2 + y^2 = l$ como un círculo de radio $\sqrt{l}$ con centro en el origen $(0, 0)$. Si l toma los valores 4, 9, 16 y 25, las curvas de nivel correspondientes son círculos concéntricos de

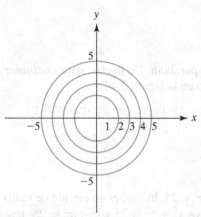

FIGURA 2.46   Curvas de nivel para $z = x^2 + y^2$.

radios 2, 3, 4 y 5, respectivamente. Vea la figura 2.46. Note que la "curva" de nivel $x^2 + y^2 = 0$ consiste en el punto $(0, 0)$ y en ningún otro.

Ahora resuelva el problema 29 ◁

Un ejemplo de una función de tres variables es $v = v(x, y, z) = xyz$, la cual proporciona el volumen de un "ladrillo" con longitudes laterales x, y y z si x, y y z tienen valores positivos.

Un *elipsoide* es una superficie que en su "posición estándar" está dada por una ecuación de la forma $\dfrac{x^2}{a^2} + \dfrac{y^2}{b^2} + \dfrac{z^2}{c^2} = 1$, donde a, b y c son números positivos llamados *radios*.

Ninguna de las variables es una función de las otras dos. Si dos de los números a, b y c son iguales y el tercero es más grande, entonces el tipo especial de elipsoide que resulta se llama *esferoide alargado*, del cual son ejemplos tanto un balón de fútbol americano como una pelota de rugby. En cualquier caso, el volumen del espacio encerrado por un elipsoide con radios a, b y c está dado por $V = V(a, b, c) = \dfrac{4}{3}\pi abc$; y éste es otro ejemplo de una función de tres variables (positivas).

En el contexto de las funciones de varias variables, también es interesante considerar funciones cuyos *valores* son pares ordenados. Para cualquier conjunto X, una de las más sencillas es la función *diagonal* $\Delta : X \longrightarrow X \times X$ dada por $\Delta(x) = (x, x)$. En el ejemplo 1(b) se mencionó que la multiplicación ordinaria es una función $m : (-\infty, \infty) \times (-\infty, \infty) \longrightarrow (-\infty, \infty)$. Si Δ denota la función diagonal para $(-\infty, \infty)$, entonces se tiene que la composición $m \circ \Delta$ es de las funciones más simples de imaginar Δ y m y que m es la función más interesante $y = x^2$.

PROBLEMAS 2.8

En los problemas 1 a 12, determine los valores funcionales indicados para las funciones dadas.

1. $f(x, y) = 4x - y^2 + 3$; $f(1, 2)$

2. $f(x, y) = 3x^2y - 4y$; $f(2, -1)$

3. $g(x, y, z) = 2x(3y + z)$; $g(3, 0, -1)$

4. $g(x, y, z) = x^2yz + xy^2z + xyz^2$; $g(3, 1, -2)$

5. $h(r, s, t, u) = \dfrac{rs}{t^2 - u^2}$; $h(-3, 3, 5, 4)$

6. $h(r, s, t, u) = ru$; $h(1, 5, 3, 1)$

7. $g(p_A, p_B) = 2p_A(p_A^2 - 5)$; $g(4, 8)$

8. $g(p_A, p_B) = p_A^2\sqrt{p_B} + 9$; $g(4, 9)$

9. $F(x, y, z) = 3$; $F(2, 0, -1)$

10. $F(x, y, z) = \dfrac{2x}{(y + 1)z}$; $F(1, 0, 3)$

11. $f(x, y) = (x + y)^2$; $f(a + h, b)$

12. $f(x, y) = x^2y - 3y^3$; $f(r + t, r)$

13. Ecología   Un método de muestreo ecológico para determinar las poblaciones de animales en un área dada implica marcar primero todos los animales obtenidos en una muestra de R animales del área y luego soltarlos de manera que puedan mezclarse con animales no marcados. En fecha posterior, se toma una segunda muestra de M animales y se anota el número de aquellos que ya están marcados, S. Con base en R, M y S, una estimación de la población total N de animales en el área muestreada está dada por

$$N = f(R, M, S) = \frac{RM}{S}$$

Encuentre $f(200, 200, 50)$. Este método se llama *procedimiento de marcaje y recaptura*.[6]

14. Genética   Bajo ciertas condiciones, si dos padres de ojos cafés tienen exactamente k hijos, la probabilidad de que haya exactamente entre los hijos r individuos con ojos azules está dada por

$$P(r, k) = \frac{k!\left(\frac{1}{4}\right)^r \left(\frac{3}{4}\right)^{k-r}}{r!(k - r)!}   \quad r = 0, 1, 2, \ldots, k$$

Encuentre la probabilidad de que de un total de cuatro hijos, exactamente tres tengan ojos azules.

En los problemas 15 a 18, encuentre las ecuaciones de los planos que satisfacen las condiciones dadas.

15. Paralelo al plano x, z que pasa por el punto $(0, 2, 0)$.

16. Paralelo al plano y, z que pasa por el punto $(-2, 0, 0)$.

17. Paralelo al plano x, y que pasa por el punto $(2, 7, 6)$.

18. Paralelo al plano y, z que pasa por el punto $(96, -2, 2)$.

En los problemas 19 a 28, bosqueje las superficies dadas.

19. $x + y + z = 1$

20. $2x + y + 2z = 6$

21. $3x + 6y + 2z = 12$

22. $2x + 3y + 5z = 1$

23. $3x + y = 6$

24. $y = 3z + 2$

25. $z = 4 - x^2$

26. $y = z^2$

27. $x^2 + y^2 + z^2 = 9$

28. $x^2 + 4y^2 = 1$

En los problemas 29 y 30, bosqueje al menos tres curvas de nivel para la función dada.

29. $z = 5x + 8y$

30. $z = x^2 - y^2$

---

[6]E. P. Odum, *Ecology* (Nueva York: Holt, Rinehart and Winston, 1966).

Repaso del capítulo 2

Términos y símbolos importantes

Ejemplos

Resumen

Una función f es una regla que asigna cuando mucho una salida $f(x)$ a cada posible entrada x. Por lo general, una función se especifica por medio de una ecuación que indica lo que debe hacerse a una entrada x para obtener $f(x)$. Para obtener un valor particular $f(a)$ de la función, se reemplaza cada x presente en la ecuación por a.

El dominio de una función $f : X \longrightarrow Y$ consiste en todas las entradas x para las cuales la regla define $f(x)$ como un elemento de Y; el rango consiste en todos los elementos de Y que tienen la forma $f(x)$.

Algunos tipos especiales de funciones son: funciones constantes, funciones polinomiales y funciones racionales. Una función que está definida por medio de más de una expresión, dependiendo del tipo de entrada, se denomina función definida por partes.

Una función tiene una inversa si y sólo si es uno a uno.

En economía, las funciones de oferta (y demanda) dan una correspondencia entre el precio p de un producto y el número de unidades q del producto que los productores (o consumidores) ofrecerán (o comprarán) a ese precio.

Dos funciones f y g pueden combinarse para formar una suma, diferencia, producto, cociente o composición como sigue:

$$
\begin{aligned}
(f+g)(x) &= f(x) + g(x) \\
(f-g)(x) &= f(x) - g(x) \\
(fg)(x) &= f(x)g(x) \\
\left(\frac{f}{g}\right)(x) &= \frac{f(x)}{g(x)} \\
(f \circ g)(x) &= f(g(x))
\end{aligned}
$$

Un sistema de coordenadas rectangulares permite representar de manera geométrica ecuaciones en dos variables (en particular aquellas que surgen de funciones). La gráfica de una ecuación en x y y consiste en todos los puntos (x, y) que corresponden a las soluciones de la ecuación. Se grafica un número suficiente de puntos y se conectan (donde sea apropiado) de modo que la forma básica de la gráfica sea evidente. Los puntos donde la gráfica interseca al eje x y al eje y se denominan intersección x e intersección y, respectivamente. Una intersección x se encuentra al hacer y igual a 0 y resolver para x; una intersección y se encuentra al hacer x igual a 0 y resolver para y.

La gráfica de una función f es la gráfica de la ecuación $y = f(x)$ y consiste en todos los puntos $(x, f(x))$ tales que x está en el dominio de f. Los ceros de f son los valores de x para los cuales $f(x) = 0$. Con base en la gráfica de una función, es fácil determinar el dominio y el rango.

Para verificar que una gráfica representa a una función se utiliza la prueba de la recta vertical. Una recta vertical no puede cortar a la gráfica de una función en más de un punto.

Para verificar que una función es uno a uno se utiliza la prueba de la recta horizontal. Una recta horizontal no puede cortar a la gráfica de una función uno a uno en más de un punto. Cuando una función pasa la prueba de la recta horizontal, puede obtenerse la gráfica de la inversa al reflejar la gráfica original en la recta $y = x$.

Cuando la gráfica de una ecuación tiene simetría, el efecto de imagen de espejo permite bosquejar la gráfica con menos puntos que de otra forma serían necesarios. Las pruebas para simetría son las siguientes:

Simetría con respecto al eje x	Reemplace y por $-y$ en la ecuación dada. Es simétrica si se obtiene una ecuación equivalente.
Simetría con respecto al eje y	Reemplace x por $-x$ en la ecuación dada. Es simétrica si se obtiene una ecuación equivalente.
Simetría con respecto al origen	Reemplace x por $-x$ y y por $-y$ en la ecuación dada. Es simétrica si se obtiene una ecuación equivalente.
Simetría con respecto a $y = x$	Intercambie x y y en la ecuación dada. Es simétrica si se obtiene una ecuación equivalente.

Algunas veces la gráfica de una función puede obtenerse a partir de una función conocida, por medio de un desplazamiento vertical hacia arriba o hacia abajo, un desplazamiento horizontal hacia la derecha o hacia la izquierda, una reflexión con respecto al eje x o al eje y, o bien mediante un alargamiento o una contracción vertical en dirección del eje x. Tales transformaciones están indicadas en la tabla 2.2 de la sección 2.7.

Una función de dos variables es una función cuyo dominio consiste en pares ordenados. Una función de n variables es una función cuyo dominio consiste en n-tuplas ordenadas. La gráfica de una función de dos variables con valores reales requiere un sistema de coordenadas tridimensional. Las curvas de nivel proporcionan otra técnica útil para visualizar funciones de dos variables.

Problemas de repaso

En los problemas del 1 al 6, proporcione el dominio de cada función.

1. $f(x) = \dfrac{x}{x^2 - 6x + 5}$

2. $g(x) = x^2 + 3|x + 2|$

3. $F(t) = 7t + 4t^2$

4. $G(x) = 18$

5. $h(x) = \dfrac{\sqrt{x}}{x - 1}$

6. $H(s) = \dfrac{\sqrt{s - 5}}{4}$

En los problemas del 7 al 14, encuentre los valores funcionales para la función dada.

7. $f(x) = 2x^2 - 3x + 5$; $f(0), f(-2), f(5), f(\pi)$

8. $h(x) = 7$; $h(4), h\left(\dfrac{1}{100}\right), h(-156), h(x + 4)$

9. $G(x) = \sqrt[4]{x - 3}$; $G(3), G(19), G(t + 1), G(x^3)$

10. $F(x) = \dfrac{x - 3}{x + 4}$; $F(-1), F(0), F(5), F(x + 3)$

11. $h(u) = \dfrac{\sqrt{u + 4}}{u}$; $h(5), h(-4), h(x), h(u - 4)$

12. $H(t) = \dfrac{(t - 2)^3}{5}$; $H(-1), H(0), H\left(\dfrac{1}{3}\right), H(x^2)$

13. $f(x) = \begin{cases} -3 & \text{si } x < 1 \\ 4 + x^2 & \text{si } x > 1 \end{cases}$;

$f(4), f(-2), f(0), f(1)$

14. $f(q) = \begin{cases} -q + 1 & \text{si } -1 \le q < 0 \\ q^2 + 1 & \text{si } 0 \le q < 5 \\ q^3 - 99 & \text{si } 5 \le q \le 7 \end{cases}$;

$f\left(-\dfrac{1}{2}\right), f(0), f\left(\dfrac{1}{2}\right), f(5), f(6)$

En los problemas del 15 al 18, encuentre (a) $f(x + h)$ y (b) $\dfrac{f(x + h) - f(x)}{h}$; simplifique sus respuestas.

15. $f(x) = 3 - 7x$

16. $f(x) = 11x^2 + 4$

17. $f(x) = 3x^2 + x - 2$

18. $f(x) = \dfrac{7}{x + 1}$

19. Si $f(x) = 3x - 1$ y $g(x) = 2x + 3$, encuentre lo siguiente:

(a) $(f + g)(x)$ **(b)** $(f + g)(4)$ **(c)** $(f - g)(x)$

(d) $(fg)(x)$ **(e)** $(fg)(1)$ **(f)** $\dfrac{f}{g}(x)$

(g) $(f \circ g)(x)$ **(h)** $(f \circ g)(5)$ **(i)** $(g \circ f)(x)$

20. Si $f(x) = -x^2$ y $g(x) = 3x + 2$, determine lo siguiente:

(a) $(f + g)(x)$ **(b)** $(f - g)(x)$ **(c)** $(f - g)(-3)$

(d) $(fg)(x)$ **(e)** $\dfrac{f}{g}(x)$ **(f)** $\dfrac{f}{g}(2)$

(g) $(f \circ g)(x)$ **(h)** $(g \circ f)(x)$ **(i)** $(g \circ f)(-4)$

En los problemas 21 al 24, encuentre $(f \circ g)(x)$ y $(g \circ f)(x)$.

21. $f(x) = \dfrac{1}{x^2}$, $g(x) = x + 1$

22. $f(x) = \dfrac{x - 2}{3}$, $g(x) = \dfrac{1}{\sqrt{x}}$

23. $f(x) = \sqrt{x + 2}$, $g(x) = x^3$

24. $f(x) = 2$, $g(x) = 3$

En los problemas 25 y 26, encuentre las intersecciones de la gráfica de cada ecuación y pruebe la simetría con respecto al eje x, al eje y, al origen y a $y = x$. No haga un bosquejo de las gráficas.

25. $y = 3x - x^3$

26. $\dfrac{x^2 y^2}{x^2 + y^2 + 1} = 4$

En los problemas 27 y 28, encuentre las intersecciones con el eje x y con el eje y de la gráfica de cada ecuación. También pruebe la simetría con respecto al eje x, al eje y y al origen. Después haga un bosquejo de las gráficas.

27. $y = 4 + x^2$

28. $y = 3x - 7$

En los problemas del 29 al 32, trace la gráfica de cada función y proporcione su dominio y rango. También determine las intersecciones.

29. $G(u) = \sqrt{u + 4}$

30. $f(x) = |x| + 1$

31. $y = g(t) = \dfrac{2}{|t - 4|}$

32. $v = \phi(u) = \sqrt{-u}$

33. Grafique la siguiente función definida por partes y proporcione su dominio y rango:

$$y = f(x) = \begin{cases} 2 & \text{si } x \leq 0 \\ 2 - x & \text{si } x > 0 \end{cases}$$

34. Utilice la gráfica de $f(x) = \sqrt{x}$ para hacer un bosquejo de la gráfica de $y = \sqrt{x - 2} - 1$.

35. Utilice la gráfica de $f(x) = x^2$ para hacer un bosquejo de la gráfica de $y = -\dfrac{1}{2}x^2 + 2$.

36. Ecuación de tendencia Las ventas anuales proyectadas de un producto nuevo están dadas por la ecuación $S = 150\,000 + 3000t$, donde t es el tiempo en años contados a partir de 2005. Tal ecuación se denomina *ecuación de tendencia*. Encuentre las ventas anuales proyectadas para 2010. ¿Es S una función de t?

37. En la figura 2.47, ¿cuáles gráficas representan funciones de x?

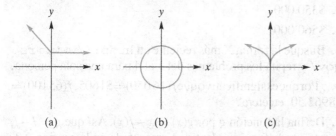

(a)   (b)   (c)

FIGURA 2.47 Diagrama para el problema 37.

38. Si $f(x) = (x^2 - x + 7)^3$, encuentre (a) $f(2)$ y (b) $f(1.1)$. Redondee sus respuestas a dos decimales.

39. Encuentre todas las raíces reales de la ecuación

$$5x^3 - 7x^2 = 4x - 2$$

Redondee sus respuestas a dos decimales.

40. Encuentre todas las raíces reales de la ecuación

$$x^4 - 4x^3 = (2x - 1)^2$$

Redondee sus respuestas a dos decimales.

41. Encuentre todos los ceros reales de

$$f(x) = x(2.1x^2 - 3)^2 - x^3 + 1$$

Redondee sus respuestas a dos decimales.

42. Determine el rango de

$$f(x) = \begin{cases} -2.5x - 4 & \text{si } x < 0 \\ 6 + 4.1x - x^2 & \text{si } x \geq 0 \end{cases}$$

43. Con base en la gráfica de $f(x) = -x^3 + 0.04x + 7$, encuentre (a) el rango y (b) las intersecciones. Redondee los valores a dos decimales.

44. Con base en la gráfica de $f(x) = \sqrt{x + 5}(x^2 - 4)$, encuentre (a) el valor mínimo de $f(x)$, (b) el rango de f y (c) todos los ceros reales de f. Redondee los valores a dos decimales.

45. Grafique $y = f(x) = x^2 + x^k$, para $k = 0, 1, 2, 3$ y 4. ¿Para cuáles valores de k la gráfica tiene (a) simetría con respecto al eje y, (b) simetría con respecto al origen?

46. Bosqueje la gráfica de $x + 2y + 3z = 6$.

47. Bosqueje la gráfica de $3x + y + 5z = 10$.

48. Construya tres curvas de nivel para $P = 5x + 7y$.

49. Construya tres curvas de nivel para $C = 2x + 10y$.

🔍 EXPLORE Y AMPLÍE   Una experiencia con los impuestos

De manera ocasional, usted escuchará a algún ciudadano estadounidense quejarse de que una fuente de ingresos inesperada lo *empujará* a la *siguiente clasificación en los impuestos*, con la subsecuente especulación de que esto significará una reducción en los *ingresos retenibles*. Es verdad que el impuesto federal sobre el ingreso se determina en Estados Unidos mediante funciones por partes (estas partes son llamadas frecuentemente *clasificaciones*), pero veremos que no hay *saltos* en el pago de impuestos como una función del ingreso. La creencia de que un incremento en el ingreso antes de impuestos significará una reducción en el ingreso retenido es una leyenda urbana.

Examinaremos las tasas de impuestos federales aplicadas en 2008 en Estados Unidos para un matrimonio que está llenando una solicitud de devolución. El documento relevante es la forma Y-1, que está disponible en `http://www.irs.gov/` y se presenta parcialmente en la figura 2.48

Forma Y-1 — Úsela si su clasificación en **2008** es **Casado clasificado en conjunto** o **Viudo(a) calificado(a)**

Si la línea 5 es:		El impuesto es:	
Mayor que	*Pero no mayor que*		*del monto sobre*
$0	$16 050	.... 10%	$0
16 050	65 100	$1 605.00 + 15%	16 050
65 100	131 450	8 962.50 + 25%	65 100
131 450	200 300	25 550.00 + 28%	131 450
200 300	357 700	44 828.00 + 33%	200 300
357 700	....	96 770.00 + 35%	357 700

FIGURA 2.48 Internal Revenue Service (oficina recaudadora de impuestos en Estados Unidos) 2008, forma Y-1.

La forma Y-1 define una función, llámela f, de ingreso x, para $x \geq 0$. De hecho, para cualquier $x \geq 0$, x pertenece a exactamente uno de los intervalos

$$[0, 16\,050]$$
$$(16\,050, 65\,100]$$
$$(65\,100, 131\,450]$$
$$(131\,450, 200\,300]$$
$$(200\,300, 357\,700]$$
$$(357\,700, \infty)$$

y en cuanto se determina el intervalo, existe una regla simple que se aplica para calcular un valor único $f(x)$.

Por ejemplo, para calcular $f(83\,500)$, los impuestos sobre un ingreso de \$83 500, observe primero que 83 500 pertenece al intervalo $(65\,100, 131\,450]$ y para dicha x la fórmula de impuestos es $f(x) = 8962.50 + 0.25(x - 65\,100)$, dado que $x - 65\,100$ es el ingreso por encima de \$65 100 y se graba a la tasa del $25\% = 0.25$.

Por lo tanto,

$$f(83,500) = 8\,962.50 + 0.25(83\,500 - 65\,100)$$
$$= 8\,962.50 + 0.25(18\,400)$$
$$= 8\,962.50 + 4\,600$$
$$= 13\,562.50$$

Con propósitos de ilustración, escribimos la forma Y-1 en una notación genérica para una función definida por partes.

$$f(x) = \begin{cases} 0.10x & \text{si } 0 \leq x \leq 16\,050 \\ 1\,605 + 0.15(x - 16\,050) & \text{si } 16\,050 < x \leq 65\,100 \\ 8\,962.50 + 0.25(x - 65\,100) & \text{si } 65\,100 < x \leq 131\,450 \\ 25\,550 + 0.28(x - 131\,450) & \text{si } 131\,450 < x \leq 200\,300 \\ 44\,828 + 0.33(x - 200\,300) & \text{si } 200\,300 < x \leq 357\,700 \\ 96\,770 + 0.35(x - 357\,700) & \text{si } x > 357\,700 \end{cases}$$

Con estas fórmulas, es posible representar geométricamente la función de impuesto al ingreso, como en la figura 2.49.

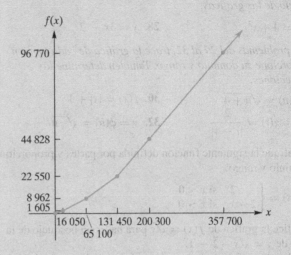

FIGURA 2.49 Función del impuesto con respecto al ingreso.

Problemas

Use la función anterior de impuesto al ingreso para determinar el impuesto sobre el ingreso gravable en 2008.

1. \$27 000

2. \$89 000

3. \$350 000

4. \$560 000

5. Busque la forma X más reciente en `http://www.irs.gov/` y repita los problemas del 1 al 4 para una sola persona.

6. ¿Por qué es significativo que $f(16\,050) = \$1605$, $f(65\,100) = \$8962.50$, etcétera?

7. Defina la función g por $g(x) = x - f(x)$. Así que $g = I - f$, donde I es la función identidad presentada en la sección 2.3. La función g da, para cada ingreso antes de impuestos, la cantidad que el contribuyente retiene de su ingreso y es, como f, una función definida por partes. Escriba una descripción completa para g, en términos de las clasificaciones, como se hizo para f.

8. Grafique la función g definida en el problema 7. Observe que si $a < b$, entonces $g(a) < g(b)$. Esto muestra que si se incrementa el ingreso antes de impuestos, entonces el ingreso retenible aumenta, sin importar cualquier salto a una clasificación más alta (con lo cual se derrumba una leyenda urbana).

3 Rectas, parábolas y sistemas de ecuaciones

Para el problema de la contaminación industrial, algunas personas recomiendan una solución basada en el mercado: dejar que los fabricantes contaminen, pero hacer que paguen por ese privilegio. Entre mayor contaminación mayor pago, o gravamen. La idea es que los fabricantes tengan un incentivo para no contaminar más de lo necesario.

¿Funciona este enfoque? En la figura que se muestra al final de esta página, la curva 1 representa el costo por tonelada de reducir la contaminación. Una compañía que contamina de manera indiscriminada casi siempre puede reducir en alguna forma su contaminación a un costo pequeño. Sin embargo, conforme la cantidad de contaminación se reduce, el costo por tonelada se eleva y en algún momento crece de manera indefinida. Esto se ilustra por medio de la curva 1 que se eleva indefinidamente conforme las toneladas totales de contaminación producidas se aproximan a 0. (Se recomienda al lector tratar de entender por qué este *modelo* es razonablemente exacto).

La recta 2 es un esquema de gravamen menos estricto con las operaciones que se realizan en forma limpia, pero que cobra una cantidad creciente por tonelada conforme la cantidad de contaminación total crece. En contraste, la recta 3 es un esquema en el que los fabricantes que contaminan poco pagan un gravamen alto por tonelada, mientras que los grandes contaminadores pagan menos por tonelada (pero más de manera global). En este punto surgen preguntas de justicia, ¿qué tan bien funcionará cada esquema como una medida de control de contaminación?

Al enfrentarse con un gravamen por contaminar, una compañía tiende a disminuir la contaminación *mientras ahorre más en costos de gravamen que en costos por reducción de contaminación*. Los esfuerzos de reducción continúan hasta que los costos por reducir la contaminación superan el ahorro en gravámenes.

En la segunda mitad de este capítulo se estudian los sistemas de ecuaciones. Aquí, la curva 1 y la recta 2 representan un sistema de ecuaciones, mientras que la curva 1 y la línea 3 representan otro. Una vez que usted haya aprendido cómo resolver sistemas de ecuaciones, puede regresar a esta página y verificar que el esquema de la recta 2 conduce a una reducción de contaminación de una cantidad A a una cantidad B, mientras que el esquema de la recta 3 no funciona como una medida de control de contaminación porque deja el nivel de contaminación en A.

---

[1] Técnicamente, este es el costo *marginal* por tonelada (vea la sección 11.3).

Objetivo

Desarrollar la noción de pendiente y formas diferentes de las ecuaciones de rectas.

3.1 Rectas

Pendiente de una recta

Muchas relaciones entre cantidades pueden representarse de manera adecuada por medio de rectas. Una característica de una recta es su "inclinación". Por ejemplo, en la figura 3.1 la recta L_1 crece más rápido, cuando va de izquierda a derecha, que la recta L_2. En este sentido, L_1 está más inclinada.

Para medir la inclinación de una recta se usa la noción de *pendiente*. En la figura 3.2, conforme nos desplazamos a lo largo de la recta L desde $(1, 3)$ hasta $(3, 7)$, la coordenada x aumenta de 1 a 3 y la coordenada y aumenta de 3 a 7. La tasa promedio de cambio de y con respecto a x es la razón

$$\frac{\text{cambio en } y}{\text{cambio en } x} = \frac{\text{cambio vertical}}{\text{cambio horizontal}} = \frac{7 - 3}{3 - 1} = \frac{4}{2} = 2$$

Esta razón de magnitud 2 significa que por cada unidad de aumento en x hay un *incremento* de 2 unidades en y. Debido a este aumento, la recta *se eleva* de izquierda a derecha. Puede demostrarse que sin importar cuáles puntos de L se elijan para calcular la razón del cambio en y sobre el cambio en x, el resultado siempre es 2, al cual se le llama *pendiente* de la recta.

Definición

Sean (x_1, y_1) y (x_2, y_2) dos puntos diferentes sobre una recta no vertical. La pendiente de la recta es

$$m = \frac{y_2 - y_1}{x_2 - x_1} \left(= \frac{\text{cambio vertical}}{\text{cambio horizontal}} \right) \tag{1}$$

Una recta vertical no tiene pendiente porque cualesquiera dos puntos ubicados en ella deben tener $x_1 = x_2$ [vea la figura 3.3(a)], lo que da un denominador de cero en la ecuación (1). Para una recta horizontal, cualesquiera dos puntos deben tener $y_1 = y_2$. [Vea la figura 3.3(b)]. Esto da un numerador de cero en la ecuación (1) y, por lo tanto, la pendiente de la recta es cero.

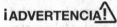

¡ADVERTENCIA!

No tener pendiente es distinto de tener una pendiente de cero.

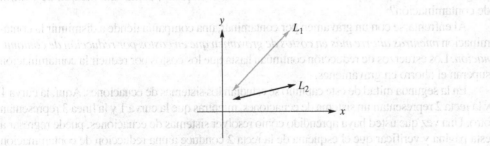

FIGURA 3.1 La recta L_1 está "más inclinada" que la recta L_2.

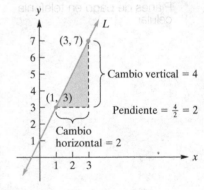

FIGURA 3.2 Pendiente de una recta.

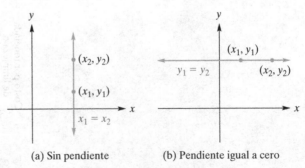

(a) Sin pendiente (b) Pendiente igual a cero

FIGURA 3.3 Rectas vertical y horizontal.

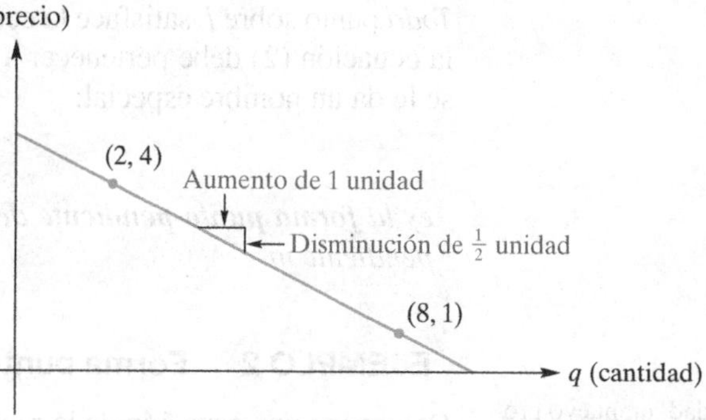

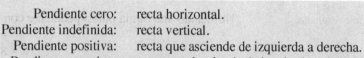

p (precio)

(2, 4)

Aumento de 1 unidad

Disminución de $\frac{1}{2}$ unidad

(8, 1)

q (cantidad)

FIGURA 3.4   Recta precio-cantidad.

Este ejemplo muestra cómo puede interpretarse la pendiente.

APLÍQUELO ▶

1. Un doctor compró un automóvil nuevo en 2001 por $32 000 (dólares estadounidenses). En 2004 lo vendió a un amigo en $26 000. Dibuje una recta que muestre la relación entre el precio de venta del automóvil y el año en que se vendió. Determine e interprete la pendiente.

EJEMPLO 1   **Relación precio-cantidad**

La recta de la figura 3.4 muestra la relación entre el precio *p* de un aparato y la cantidad *q* de aparatos (en miles) que los consumidores comprarán a ese precio. Encuentre e interprete la pendiente.

Solución: En la fórmula de la pendiente (1), se reemplaza *x* por *q* y *y* por *p*. En la figura 3.4, puede seleccionarse cualquier punto como (q_1, p_1). Si $(2, 4) = (q_1, p_1)$ y $(8, 1) = (q_2, p_2)$, se tiene que

$$m = \frac{p_2 - p_1}{q_2 - q_1} = \frac{1 - 4}{8 - 2} = \frac{-3}{6} = -\frac{1}{2}$$

La pendiente es negativa, $-\frac{1}{2}$. Esto significa que por cada unidad que aumente la cantidad (un millar de artículos), corresponde una **disminución** de $\frac{1}{2}$ (precio por artículo). Debido a esta disminución, la recta **desciende** de izquierda a derecha.

Ahora resuelva el problema 3 ◁

En resumen, la orientación de una recta puede caracterizarse por su pendiente:

Pendiente cero:	recta horizontal.
Pendiente indefinida:	recta vertical.
Pendiente positiva:	recta que asciende de izquierda a derecha.
Pendiente negativa:	recta que desciende de izquierda a derecha.

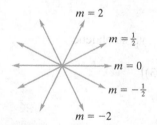

m = 2

m = $\frac{1}{2}$

m = 0

m = $-\frac{1}{2}$

m = -2

FIGURA 3.5   Pendientes de rectas.

En la figura 3.5 se muestran rectas con diferentes pendientes. Observe que *entre más cercana a 0 es la pendiente, más cerca está la recta de ser horizontal. Entre mayor valor absoluto tenga la pendiente, la recta estará más cercana a ser vertical.* Es necesario remarcar que dos rectas son paralelas si y sólo si tienen la misma pendiente o ambas son verticales.

Ecuaciones de rectas

Si se conoce un punto y la pendiente de una recta, es posible encontrar una ecuación cuya gráfica sea esa recta. Suponga que la recta *L* tiene pendiente *m* y pasa a través del punto (x_1, y_1). Si (x, y) es *cualquier* otro punto sobre *L* (vea la figura 3.6), puede encontrarse una relación algebraica entre *x* y *y*. Utilizando la fórmula de la pendiente con los puntos (x_1, y_1) y (x, y) se obtiene

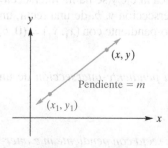

y

(*x*, *y*)

Pendiente = *m*

(x_1, y_1)

x

FIGURA 3.6   Recta que pasa por (x_1, y_1) con pendiente *m*.

$$\frac{y - y_1}{x - x_1} = m$$

$$y - y_1 = m(x - x_1) \tag{2}$$

Todo punto sobre L satisface la ecuación (2). También es cierto que *todo* punto que satisfaga la ecuación (2) debe pertenecer a L. Por lo tanto, la ecuación (2) es una ecuación para L y se le da un nombre especial:

$$y - y_1 = m(x - x_1)$$

*es la **forma punto-pendiente** de una ecuación de la recta que pasa por* (x_1, y_1) *y tiene pendiente m.*

APLÍQUELO ▶

2. En cierta universidad, un nuevo programa de matemáticas aplicadas aumentó su matrícula en 14 estudiantes por año durante los últimos cinco años. Si el programa tenía matriculados 50 estudiantes en su tercer año, ¿cuál es una ecuación correcta para el número de estudiantes S inscritos en el programa como una función del número de años T desde su inicio?

EJEMPLO 2   Forma punto-pendiente

Determine una ecuación de la recta que tiene pendiente 2 y pasa por el punto $(1, -3)$.

Solución: Utilizando una forma punto-pendiente con $m = 2$ y $(x_1, y_1) = (1, -3)$ se obtiene

$$y - y_1 = m(x - x_1)$$
$$y - (-3) = 2(x - 1)$$
$$y + 3 = 2x - 2$$

lo cual puede reescribirse como

$$2x - y - 5 = 0$$

Ahora resuelva el problema 9 ◁

Una ecuación de la recta que pasa por dos puntos dados se puede encontrar con facilidad, como lo muestra el ejemplo 3.

APLÍQUELO ▶

3. Determine una ecuación de la recta que pasa a través de los puntos dados. Una temperatura de 41 °F es equivalente a 5 °C y una de 77 °F es equivalente a 25 °C.

EJEMPLO 3   Determinación de una recta a partir de dos puntos

Encuentre una ecuación de la recta que pasa por $(-3, 8)$ y $(4, -2)$.

Solución:

Estrategia   Primero se determinará la pendiente de la recta a partir de los puntos dados. Después se sustituirá la pendiente y uno de los puntos en la forma punto-pendiente.

La recta tiene pendiente

$$m = \frac{-2 - 8}{4 - (-3)} = -\frac{10}{7}$$

Al seleccionar $(4, -2)$ como (x_1, y_1) se obtiene el mismo resultado.

Utilizando una forma punto-pendiente con $(-3, 8)$ como (x_1, y_1) se obtiene

$$y - 8 = -\frac{10}{7}[x - (-3)]$$
$$y - 8 = -\frac{10}{7}(x + 3)$$
$$7y - 56 = -10x - 30$$
$$10x + 7y - 26 = 0$$

Ahora resuelva el problema 13 ◁

Recuerde que un punto $(0, b)$ donde una gráfica interseca al eje y se llama intersección y (vea la figura 3.7). Si se conocen la pendiente m y la intersección y, b, de una recta, una ecuación para la recta es [mediante el uso de una forma punto-pendiente con $(x_1, y_1) = (0, b)$]

$$y - b = m(x - 0)$$

Al resolver para y se obtiene $y = mx + b$, llamada *forma pendiente-intersección* de una ecuación de la recta:

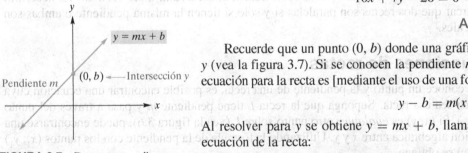

FIGURA 3.7   Recta con pendiente m e intersección y igual a b.

$$y = mx + b$$

*es la **forma pendiente-intersección** de una ecuación de la recta con pendiente m e intersección y igual a b.*

EJEMPLO 4   Forma pendiente-intersección

Encuentre una ecuación de la recta con pendiente 3 e intersección y igual a -4.

Solución: Utilizando la forma pendiente-intersección $y = mx + b$ con $m = 3$ y $b = -4$, se obtiene

$$y = 3x + (-4)$$
$$y = 3x - 4$$

Ahora resuelva el problema 17 ◁

Ahora resuelva el problema 17 ◁

APLÍQUELO ▶

4. Una fórmula para la dosis recomendada (en miligramos) de medicamento para un niño de t años de edad es

$$y = \frac{1}{24}(t + 1)a$$

donde a es la dosis para adultos. Un medicamento contra el dolor que no requiere prescripción médica tiene $a = 1000$. Determine la pendiente y la intersección y de esta ecuación.

EJEMPLO 5   Determinación de la pendiente y la intersección con el eje y de una recta

Determine la pendiente y la intersección y de la recta con ecuación $y = 5(3 - 2x)$.

Solución:

Estrategia Se reescribirá la ecuación de modo que tenga la forma pendiente-intersección $y = mx + b$. Entonces, la pendiente es el coeficiente de x y la intersección y es el término constante.

Se tiene

$$y = 5(3 - 2x)$$
$$y = 15 - 10x$$
$$y = -10x + 15$$

Por lo tanto, $m = -10$ y $b = 15$, de modo que la pendiente es -10 y la intersección y es 15.

Ahora resuelva el problema 25 ◁

Si una recta *vertical* pasa por (a, b) (vea la figura 3.8), entonces cualquier otro punto (x, y) pertenece a la recta si y sólo si $x = a$. La coordenada y puede tener cualquier valor. Por ende, una ecuación de la recta es $x = a$. En forma similar, una ecuación de la recta *horizontal* que pasa por (a, b) es $y = b$. (Vea la figura 3.9). Aquí la coordenada x puede tener cualquier valor.

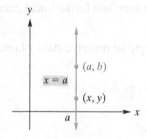

FIGURA 3.8 Recta vertical que pasa por (a, b).

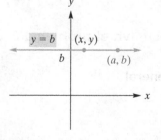

FIGURA 3.9 Recta horizontal que pasa por (a, b).

EJEMPLO 6   Ecuaciones de rectas horizontales y verticales

a. Una ecuación de la recta vertical que pasa por $(-2, 3)$ es $x = -2$. Una ecuación de la recta horizontal que pasa por $(-2, 3)$ es $y = 3$.

b. Los ejes x y y son las rectas horizontal y vertical, respectivamente. Como $(0, 0)$ pertenece a ambos ejes, una ecuación del eje x es $y = 0$ y una del eje y es $x = 0$.

Ahora resuelva los problemas 21 y 23 ◁

A partir del análisis previo puede demostrarse que toda línea recta es la gráfica de una ecuación de la forma $Ax + By + C = 0$, donde A, B y C son constantes y A y B no son ambas cero. A ésta se le llama **ecuación lineal general** (o *ecuación de primer grado*) **en las variables x y y** y se dice que x y y están **relacionadas linealmente**. Por ejemplo, una ecuación lineal general para $y = 7x - 2$ es $(-7)x + (1)y + (2) = 0$. En forma recíproca, la gráfica de una ecuación lineal general es una recta. En la tabla 3.1 se presentan las diferentes formas de ecuaciones de rectas.

Tabla 3.1 Formas de ecuaciones de rectas	
Forma punto-pendiente	$y - y_1 = m(x - x_1)$
Forma pendiente-intersección	$y = mx + b$
Forma lineal general	$Ax + By + C = 0$
Recta vertical	$x = a$
Recta horizontal	$y = b$

¡ADVERTENCIA!

No confunda las formas de las ecuaciones de las rectas horizontales y verticales. Recuerde cuál tiene la forma $x =$ constante y cuál tiene la forma $y =$ constante.

APLÍQUELO ▶

5. Determine una forma lineal general de la ecuación de conversión Fahrenheit-Celsius cuya forma pendiente-intersección es $F = \dfrac{9}{5}C + 32$.

¡ADVERTENCIA!

Esto ilustra que una forma lineal general de una recta no es única.

APLÍQUELO ▶

6. Haga un bosquejo de la gráfica de la ecuación de conversión Fahrenheit-Celsius que encontró en el recuadro de Aplíquelo anterior. ¿Cómo puede usar esta gráfica para convertir una temperatura Celsius a Fahrenheit?

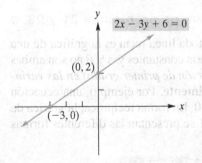

FIGURA 3.10 Gráfica de $2x - 3y + 6 = 0$.

El ejemplo 3 sugiere que podría añadirse otra entrada a la tabla. Para el caso en que se sabe que los puntos (x_1, y_1) y (x_2, y_2) son puntos sobre una recta, entonces la pendiente de esa recta es $m = \dfrac{y_2 - y_1}{x_2 - x_1}$ y podría decirse que $y - y_1 = \dfrac{y_2 - y_1}{x_2 - x_1}(x - x_1)$ *es la forma de dos puntos para una ecuación de una recta que pasa por los puntos* (x_1, y_1) *y* (x_2, y_2). La decisión de recordar muchas fórmulas o sólo unos cuantos principios para la resolución de problemas es, en gran medida, una elección personal.

EJEMPLO 7 **Conversión entre formas de ecuaciones de rectas**

a. Encuentre una forma lineal general de la recta cuya forma pendiente-intersección es

$$y = -\frac{2}{3}x + 4$$

Solución: Al igualar a 0 un lado de la ecuación, se tiene

$$\frac{2}{3}x + y - 4 = 0$$

que es la forma lineal general con $A = \frac{2}{3}$, $B = 1$ y $C = -4$. Una forma alternativa puede obtenerse eliminando las fracciones:

$$2x + 3y - 12 = 0$$

b. Encuentre la forma pendiente-intersección de la recta que tiene una forma lineal general $3x + 4y - 2 = 0$.

Solución: Se desea obtener la forma $y = mx + b$, de modo que se resuelve para y la ecuación dada. Se tiene

$$3x + 4y - 2 = 0$$
$$4y = -3x + 2$$
$$y = -\frac{3}{4}x + \frac{1}{2}$$

que es la forma pendiente-intersección. Note que la recta tiene pendiente de $-\frac{3}{4}$ e intersección y igual a $\frac{1}{2}$.

Ahora resuelva el problema 37 ◁

EJEMPLO 8 **Gráfica de una ecuación lineal general**

Haga un bosquejo de la gráfica $2x - 3y + 6 = 0$.

Solución:

Estrategia Como ésta es una ecuación lineal general, su gráfica es una línea recta. Por lo tanto, sólo es necesario determinar dos puntos diferentes para poder hacer el bosquejo. Se encontrarán las intersecciones.

Si $x = 0$, entonces $-3y + 6 = 0$, de modo que la intersección y es 2. Si $y = 0$, entonces $2x + 6 = 0$, de manera que la intersección x es -3. Ahora es posible dibujar la recta que pasa por $(0, 2)$ y $(-3, 0)$. (Vea la figura 3.10).

Ahora resuelva el problema 27 ◁

TECNOLOGÍA ▮▮▮▮▮

Para graficar la ecuación del ejemplo 8 con una calculadora gráfica, primero se expresa y en términos de x:

$$2x - 3y + 6 = 0$$

$$3y = 2x + 6$$

$$y = \frac{1}{3}(2x + 6)$$

En esencia, y se expresa como una función de x; la gráfica se muestra en la figura 3.11.

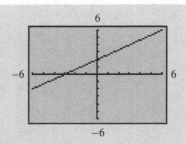

FIGURA 3.11 Gráfica de $2x - 3y + 6 = 0$ trazada en una calculadora gráfica.

Rectas paralelas y perpendiculares

Tal como se estableció previamente, existe una regla para describir las rectas paralelas:

Rectas paralelas *Dos rectas son paralelas si y sólo si tienen la misma pendiente o si ambas son verticales.*

De aquí resulta que cualquier recta es paralela a sí misma.

También existe una regla para rectas perpendiculares. Vea otra vez la figura 3.5 y observe que la recta con pendiente de $-\frac{1}{2}$ es perpendicular a la recta con pendiente 2. El hecho de que la pendiente de cada una de estas rectas sea el recíproco negativo de la pendiente de la otra recta no es coincidencia, como lo establece la siguiente regla.

Rectas perpendiculares *Dos rectas con pendientes m_1 y m_2 son perpendiculares entre sí si y sólo si*

$$m_1 = -\frac{1}{m_2}$$

Aún más, cualquier recta horizontal y cualquier recta vertical son perpendiculares entre sí.

En lugar de solamente recordar esta ecuación para la condición de perpendicularidad, se recomienda observar la razón por la que tiene sentido. Para que dos rectas sean perpendiculares, cuando ninguna de ellas es vertical, necesariamente una se elevará de izquierda a derecha mientras que la otra descenderá de izquierda a derecha. Así que las pendientes deben tener signos diferentes. También, si una recta está muy inclinada, entonces la otra será relativamente plana, lo cual sugiere la existencia de una relación como la proporcionada por los recíprocos.

APLÍQUELO ▶

7. Muestre que un triángulo con vértices en $A(0, 0)$, $B(6, 0)$ y $C(7, 7)$ no es un triángulo rectángulo.

EJEMPLO 9   Rectas paralelas y perpendiculares

La figura 3.12 muestra dos rectas que pasan por $(3, -2)$. Una es paralela y la otra es perpendicular a la recta $y = 3x + 1$. Determine las ecuaciones de estas rectas.

Solución: La pendiente de $y = 3x + 1$ es 3. Por lo tanto, la recta que pasa por $(3, -2)$, que es *paralela* a $y = 3x + 1$, también tiene pendiente 3. Utilizando la forma punto-pendiente, se obtiene

$$y - (-2) = 3(x - 3)$$

$$y + 2 = 3x - 9$$

$$y = 3x - 11$$

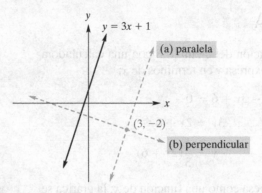

FIGURA 3.12 Rectas paralela y perpendicular a $y = 3x + 1$ (ejemplo 9).

La pendiente de la recta *perpendicular* a $y = 3x + 1$ debe ser $-\frac{1}{3}$ (el recíproco negativo de 3). Usando la forma punto-pendiente, se obtiene

$$y - (-2) = -\frac{1}{3}(x - 3)$$

$$y + 2 = -\frac{1}{3}x + 1$$

$$y = -\frac{1}{3}x - 1$$

Ahora resuelva el problema 55 ◁

PROBLEMAS 3.1

En los problemas del 1 al 8, encuentre la pendiente de la recta que pasa por los puntos dados.

1. $(3, 2), (7, 10)$ **2.** $(-2, 10), (5, 3)$

3. $(6, -2), (8, -3)$ **4.** $(2, -4), (3, -4)$

5. $(5, 3), (5, -8)$ **6.** $(0, -4), (3, 6)$

7. $(5, -2), (4, -2)$ **8.** $(1, -7), (9, 0)$

En los problemas del 9 al 24, encuentre una ecuación lineal general $(Ax + By + C = 0)$ de la recta que tiene las propiedades indicadas y haga el bosquejo de cada recta.

9. Pasa por $(-1, 7)$ y tiene pendiente -5.

10. Pasa por el origen y tiene pendiente 75.

11. Pasa por $(-5, 5)$ y tiene pendiente $-\frac{1}{2}$.

12. Pasa por $(-\frac{5}{2}, 5)$ y tiene pendiente $\frac{1}{3}$.

13. Pasa por $(-6, 1)$ y $(1, 4)$.

14. Pasa por $(5, 2)$ y $(6, -4)$.

15. Pasa por $(-3, -4)$ y $(-2, -8)$.

16. Pasa por $(0, 0)$ y $(-3, -2)$.

17. Tiene pendiente 2 y su intersección y es 4.

18. Tiene pendiente 5 y su intersección y es -7.

19. Tiene pendiente $-\frac{1}{2}$ y su intersección y es -3.

20. Tiene pendiente 0 y su intersección y es $-\frac{1}{2}$.

21. Es horizontal y pasa por $(-2, -5)$.

22. Es vertical y pasa por $(-1, -1)$.

23. Pasa por $(2, -3)$ y es vertical.

24. Pasa por el origen y es horizontal.

En los problemas del 25 al 34 encuentre, si es posible, la pendiente y la intersección y de la recta determinada por la ecuación y haga el bosquejo de la gráfica.

25. $y = 4x - 6$ **26.** $x + 9 = 2$

27. $3x + 5y - 9 = 0$ **28.** $y + 4 = 7$

29. $x = -5$ **30.** $x - 9 = 5y + 3$

31. $y = -2x$ **32.** $y - 7 = 3(x - 4)$

33. $y = 3$ **34.** $6y - 24 = 0$

En los problemas del 35 al 40, encuentre una forma lineal general y la forma pendiente-intersección de la ecuación dada.

35. $2x = 5 - 3y$ **36.** $5x - 2y = 10$

37. $4x + 9y - 5 = 0$ **38.** $3(x - 4) - 7(y + 1) = 2$

39. $-\frac{x}{2} + \frac{2y}{3} = -4\frac{3}{4}$ **40.** $y = \frac{1}{300}x + 8$

En los problemas del 41 al 50, determine si las rectas son paralelas, perpendiculares o de ninguna de las dos formas.

41. $y = -5x + 7, y = -5x - 3$

42. $y = 4x + 3, y = 5 + 4x$

43. $y = 5x + 2, -5x + y - 3 = 0$

44. $y = x, y = -x$

45. $x + 3y + 5 = 0, y = -3x$

46. $x + 2y = 0, x + 4y - 4 = 0$

47. $y = 3, x = -\frac{1}{3}$

48. $x = 3, x = -3$

49. $3x + y = 4, x - 3y + 1 = 0$

50. $x - 2 = 3, y = 2$

En los problemas del 51 al 60, encuentre una ecuación de la recta que satisfaga las condiciones dadas. Si es posible, dé la respuesta en la forma pendiente-intersección.

51. Pasa por $(2, 3)$ y es paralela a $y = 4x + 3$.

52. Pasa por $(2, -8)$ y es paralela a $x = -4$.

53. Pasa por $(2, 1)$ y es paralela a $y = 2$.

54. Pasa por $(3, -4)$ y es paralela a $y = 3 + 2x$.

55. Es perpendicular a $y = 3x - 5$ y pasa por $(3, 4)$.

56. Es perpendicular a $3x + 2y - 4 = 0$ y pasa por $(3, 1)$.

57. Pasa por $(5, 2)$ y es perpendicular a $y = -3$.

58. Pasa por $(4, -5)$ y es perpendicular a la recta
$$3y = -\frac{2x}{5} + 3.$$

59. Pasa por $(-7, -5)$ y es paralela a la recta $2x + 3y + 6 = 0$.

60. Pasa por $(-4, 10)$ y es paralela al eje y.

61. Una recta pasa por $(-1, -2)$ y por $(4, 1)$. Determine el punto que tiene coordenada x de 3 en dicha recta.

62. Una recta tiene pendiente 3 e interseca al eje y en $(0, 1)$. ¿El punto $(-1, -2)$ pertenece a la recta?

63. Acciones   En 1996, las acciones de una compañía productora de hardware se cotizaron en \$37 por acción. Sin embargo, en 2006 la compañía empezó a tener problemas y el precio de las acciones cayó a \$8 por acción. Dibuje una recta que muestre la relación entre el precio por acción y el año en que se comercializó para el intervalo de tiempo [1996, 2006], con los años en el eje x y el precio en el eje y. Encuentre una interpretación para la pendiente.

En los problemas 64 y 65 determine una ecuación de la recta que describe la información siguiente.

64. Cuadrangulares   En una temporada, un jugador de las ligas mayores de béisbol conectó 14 cuadrangulares al final del tercer mes y 20 cuadrangulares al final del quinto mes.

65. Negocios   La propietaria de una tienda de embutidos inicia su negocio con una deuda de \$100 000. Después de operar la tienda durante cinco años, acumula una utilidad de \$40 000.

66. Fecha de parto   La longitud, L, de un feto humano de más de 12 semanas puede estimarse por medio de la fórmula $L = 1.53t - 6.7$, donde L está en centímetros y t está en semanas a partir de la concepción. Un obstetra utiliza la longitud del feto, medido por ultrasonido, para determinar la edad aproximada del feto y establecer una fecha de parto para la madre. La fórmula debe reescribirse para tener como resultado una edad, t, dada la longitud fetal, L. Determine la pendiente y la intersección con el eje L de la ecuación.

67. Lanzamiento de disco   Un modelo matemático puede aproximar la distancia con que se ganó en el lanzamiento de disco en los Juegos Olímpicos mediante la fórmula $d = 184 + t$, donde d está en

pies y $t = 0$ corresponde al año 1948. Determine una forma lineal general de esta ecuación.

68. Mapa del campus   Un mapa coordenado de un campus universitario da las coordenadas (x, y) de tres edificios principales como sigue: centro de cómputo, $(3.5, -1.5)$; laboratorio de ingeniería, $(0.5, 0.5)$ y biblioteca $(-1, -2.5)$. Encuentre las ecuaciones (en la forma pendiente-intersección) de las trayectorias en línea recta que conectan (a) el laboratorio de ingeniería con el centro de cómputo y (b) el laboratorio de ingeniería con la biblioteca. ¿Estas dos trayectorias son perpendiculares entre sí?

69. Geometría   Muestre que los puntos $A(0, 0)$, $B(0, 4)$, $C(2, 3)$ y $D(2, 7)$ son los vértices de un paralelogramo (los lados opuestos de un paralelogramo son paralelos).

70. Ángulo de aproximación   Un pequeño avión está aterrizando en un aeropuerto con un ángulo de aproximación de 45 grados, o pendiente de -1. El avión inicia su descenso cuando tiene una elevación de 3600 pies. Determine la ecuación que describe la relación entre la altitud de la aeronave y la distancia recorrida, suponiendo que el ángulo de aproximación inicia en la distancia 0. Haga una gráfica de su ecuación en una calculadora gráfica. Si el aeropuerto está a 3800 pies desde donde el aeroplano inicia su aterrizaje, ¿qué información aporta la gráfica acerca de la aproximación?

71. Ecuación de costo   El costo diario promedio, C, de un cuarto en un hospital de la ciudad se elevó en \$59.82 por año durante la década de 1990 a 2000. Si el costo promedio en 1996 fue de \$1128.50, ¿cuál es una ecuación que describe el costo promedio durante esta década como una función del número de años, T, desde 1990?

72. Ecuación de ingreso   Un pequeño negocio pronostica que su ingreso crecerá de acuerdo con el método de la línea recta con una pendiente de \$50 000 por año. En su quinto año, el negocio tuvo ingresos por \$330 000. Encuentre una ecuación que describa la relación entre los ingresos, R, y el número de años, T, desde la apertura del negocio.

73. Grafique $y = -0.9x + 7.3$ y verifique si la intersección y es 7.3.

74. Grafique las rectas cuyas ecuaciones son
$$y = 1.5x + 1$$
$$y = 1.5x - 1$$
y
$$y = 1.5x + 2.5$$

¿Qué observa acerca de las orientaciones de estas rectas? ¿Por qué esperaría ese resultado a partir de las ecuaciones de las rectas?

75. Grafique la recta $y = 7.1x + 5.4$. Determine las coordenadas de cualesquiera dos puntos de la recta y utilícelas para estimar la pendiente. ¿Cuál es la pendiente real de la recta?

76. Demuestre que si una recta tiene una intersección x, a y una intersección y, b, ambas diferentes de 0, entonces $\frac{x}{a} + \frac{y}{b} = 1$ es una ecuación de la recta.

Objetivo

Desarrollar la noción de curvas de demanda y oferta e introducir las funciones lineales.

3.2 Aplicaciones y funciones lineales

En economía, muchas situaciones pueden describirse usando rectas, como lo evidencia el ejemplo 1.

> **EJEMPLO 1**   **Niveles de producción**

Suponga que un fabricante utiliza 100 libras de material para hacer los productos A y B, los cuales requieren de 4 y 2 libras de material por unidad, respectivamente. Si x y y denotan el número de unidades producidas de A y B, respectivamente, entonces todos los niveles de

APLÍQUELO ▶

8. Un fabricante de artículos deportivos asigna 1000 unidades de tiempo por día para fabricar esquíes y botas para esquiar. Si la fabricación de un esquí toma 8 unidades de tiempo y la de una bota toma 14, determine una ecuación que describa todos los posibles niveles de producción de los dos artículos.

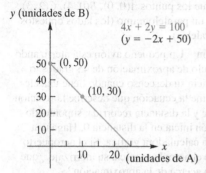

y (unidades de B)

$4x + 2y = 100$
$(y = -2x + 50)$

(0, 50)

(10, 30)

x (unidades de A)

FIGURA 3.13 Niveles de producción relacionados linealmente.

¡ADVERTENCIA!

De manera típica, una curva de demanda desciende de izquierda a derecha y una curva de oferta asciende de izquierda a derecha. Sin embargo, existen excepciones. Por ejemplo, la demanda de insulina podría representarse por medio de una recta vertical, ya que puede permanecer constante sin importar el precio.

producción están dados por las combinaciones de *x* y *y* que satisfacen la ecuación

$$4x + 2y = 100 \qquad \text{donde } x, y \geq 0$$

Por lo tanto, los niveles de producción de A y B están relacionados linealmente. Al despejar *y* se obtiene

$$y = -2x + 50 \qquad \text{(forma pendiente-intersección)}$$

de manera que la pendiente es -2. La pendiente refleja la tasa de cambio del nivel de producción de B con respecto al de A. Por ejemplo, si se produce una unidad adicional de A, se requerirán 4 libras más de material, de lo que resultan $\frac{4}{2} = 2$ unidades *menos* de B. De acuerdo con lo anterior, cuando *x* aumenta en una unidad, el valor correspondiente de *y* disminuye en 2 unidades. Para bosquejar la gráfica de $y = -2x + 50$, puede utilizarse la intersección con el eje *y* (0, 50) y el hecho de que cuando $x = 10$, $y = 30$. (Vea la figura 3.13).

Ahora resuelva el problema 21 ◁

Curvas de demanda y de oferta

Para cada nivel de precio de un producto existe una cantidad correspondiente de ese producto que los consumidores demandarán (esto es, comprarán) durante algún periodo. Por lo general, a mayor precio la cantidad demandada es menor; cuando el precio baja la cantidad demandada aumenta. Si el precio por unidad del producto está dado por *p* y la cantidad correspondiente (en unidades) está dada por *q*, entonces una ecuación que relaciona *p* y *q* se llama **ecuación de demanda**. Su gráfica es la **curva de demanda**. En la figura 3.14(a) se muestra una curva de demanda. De acuerdo con la práctica de la mayoría de los economistas, el eje horizontal es el eje *q* y el vertical es el eje *p*. Aquí se supondrá que el precio por unidad está dado en dólares y el periodo es una semana. Así, el punto (a, b) en la figura 3.14(a) indica que a un precio de *b* dólares por unidad, los consumidores demandarán *a* unidades por semana. Como los precios o las cantidades negativas no tienen sentido, *a* y *b* deben ser no negativos. Para la mayoría de los productos, un incremento en la cantidad demandada corresponde a una disminución en el precio. Así que, por lo general, una curva de demanda desciende de izquierda a derecha, como en la figura 3.14(a).

Como respuesta ante diferentes precios, existe una cantidad correspondiente de artículos que los *productores* están dispuestos a suministrar al mercado durante algún periodo. Por lo general, a mayor precio por unidad es mayor la cantidad que los productores están dispuestos a surtir; cuando el precio disminuye también lo hace la cantidad suministrada. Si *p* denota el precio por unidad y *q* la cantidad correspondiente, entonces una ecuación que relaciona *p* y *q* se llama **ecuación de oferta** y su gráfica es una **curva de oferta**. En la figura 3.14(b) se muestra una curva de oferta. Si *p* está en dólares y el periodo es una semana, entonces el punto (c, d) indica que a un precio de *d* dólares por unidad, los productores proveerán *c* unidades por semana. Igual que antes, *c* y *d* son no negativos. Una curva de oferta casi siempre asciende de izquierda a derecha, como en la figura 3.14(b). Esto indica que un fabricante suministrará más de un producto a precios mayores.

Observe que una función cuya gráfica desciende de izquierda a derecha o se eleva de izquierda a derecha *a lo largo de todo su dominio* pasará la prueba de la recta horizontal analizada en la sección 2.5. Puede afirmarse que tanto la curva de demanda como la curva de oferta de la figura 3.15 son intersecadas cuando mucho una sola vez por cualquier recta

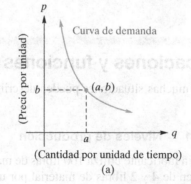

Curva de demanda

(Precio por unidad)

(a, b)

(Cantidad por unidad de tiempo)

(a)

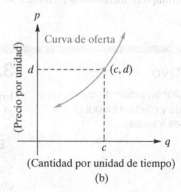

Curva de oferta

(Precio por unidad)

(c, d)

(Cantidad por unidad de tiempo)

(b)

FIGURA 3.14 Curvas de demanda y de oferta.

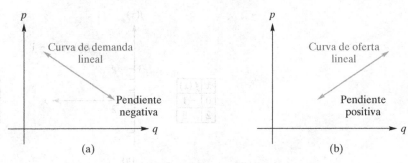

FIGURA 3.15 Curvas de demanda y de oferta lineales.

horizontal. Así, si la curva de demanda es la gráfica de una función $p = D(q)$, entonces D tendrá una inversa y es posible despejar q sólo para obtener $q = D^{-1}(p)$. De manera similar, si la curva de oferta es la gráfica de una función $p = S(q)$, entonces S también es uno a uno, tiene una inversa S^{-1} y es posible escribir $q = S^{-1}(p)$.

Ahora se prestará atención a las curvas de oferta y de demanda que son rectas (vea la figura 3.15); se les denomina curvas de oferta *lineal* y de demanda *lineal*. Estas curvas tienen ecuaciones en las que p y q se relacionan de manera lineal. Como por lo general una curva de demanda desciende de izquierda a derecha, una curva de demanda lineal tiene pendiente negativa [vea la figura 3.15(a)]. Sin embargo, la pendiente de una curva de oferta lineal es positiva, porque la curva asciende de izquierda a derecha [vea la figura 3.15(b)].

APLÍQUELO ▶

9. La demanda semanal de televisores de 26 pulgadas es de 1200 unidades cuando el precio es de $575 por unidad y de 800 unidades cuando el precio es de $725 por unidad. Determine la ecuación de demanda para los televisores suponiendo un comportamiento lineal.

EJEMPLO 2 Determinación de una ecuación de demanda

Suponga que la demanda de un producto es de 100 unidades por semana cuando el precio es de $58 por unidad y de 200 unidades a un precio de $51 cada una. Determine la ecuación de demanda suponiendo que es lineal.

Solución:

Estrategia Dado que la ecuación de demanda es lineal, la curva de demanda debe ser una recta. Se tiene que la cantidad q y el precio p se relacionan linealmente de modo que $p = 58$ cuando $q = 100$ y $p = 51$ cuando $q = 200$. Así, los datos proporcionados pueden representarse en un plano de coordenadas q, p [vea la figura 3.15 (a)] por los puntos (100, 58) y (200, 51). Con estos puntos es posible encontrar una ecuación de la recta —esto es, la ecuación de demanda.

La pendiente de la recta que pasa por (100, 58) y (200, 51) es

$$m = \frac{51 - 58}{200 - 100} = -\frac{7}{100}$$

Una ecuación de la recta (forma punto-pendiente) es

$$p - p_1 = m(q - q_1)$$

$$p - 58 = -\frac{7}{100}(q - 100)$$

Al simplificar, se obtiene la ecuación de demanda

$$p = -\frac{7}{100}q + 65 \qquad (1)$$

Por costumbre, una ecuación de demanda (así como una ecuación de oferta) expresa p en términos de q y realmente define una función de q. Por ejemplo, la ecuación (1) define a p como una función de q y por ello se le llama *función de demanda* para el producto. (Vea la figura 3.16).

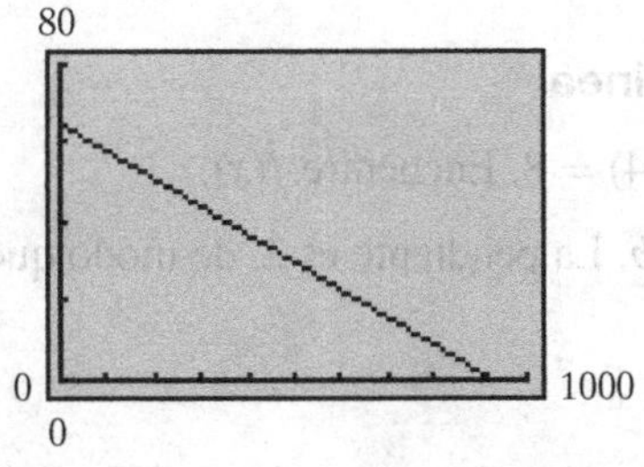

Ahora resuelva el problema 15 ◁

80

0

0   1000

FIGURA 3.16 Gráfica de la función de demanda $p = -\frac{7}{100}q + 65$.

Funciones lineales

En la sección 2.2 se describió una *función lineal* como una función polinomial de grado 1. A continuación se da una definición más explícita.

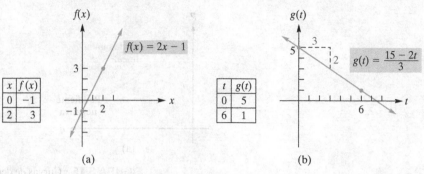

FIGURA 3.17 Gráficas de funciones lineales.

Definición

Una función f es una *función lineal* si y sólo si $f(x)$ puede escribirse en la forma $f(x) = ax + b$, donde a y b son constantes y $a \neq 0$.

Suponga que $f(x) = ax + b$ es una función lineal y que $y = f(x)$. Entonces $y = ax + b$, la cual es la ecuación de una recta con pendiente a e intersección y igual a b. Así, **la gráfica de una función lineal es una recta que no es vertical ni horizontal**. Se dice que la función $f(x) = ax + b$ tiene pendiente a.

APLÍQUELO ▶

10. Una compañía que se dedica a reparar computadoras cobra por cierto servicio una cantidad fija más una tarifa por hora. Si x es el número de horas necesarias para dar un servicio, el costo total se describe mediante la función $f(x) = 40x + 60$. Grafique la función encontrando y dibujando dos puntos.

EJEMPLO 3 **Gráficas de funciones lineales**

a. Grafique $f(x) = 2x - 1$.

Solución: Aquí f es una función lineal (con pendiente 2), de modo que su gráfica es una recta. Como dos puntos determinan una recta, sólo es necesario graficar dos puntos y después dibujar una recta que pase por esos puntos [vea la figura 3.17(a)]. Observe que uno de los puntos graficados es la intersección con el eje vertical, -1, que ocurre cuando $x = 0$.

b. Grafique $g(t) = \dfrac{15 - 2t}{3}$.

Solución: Observe que g es una función lineal porque puede expresarse en la forma $g(t) = at + b$.

$$g(t) = \frac{15 - 2t}{3} = \frac{15}{3} - \frac{2t}{3} = -\frac{2}{3}t + 5$$

La gráfica de g se muestra en la figura 3.17(b). Como la pendiente es $-\frac{2}{3}$, observe que cuando t aumenta en 3 unidades, $g(t)$ *disminuye* en 2.

Ahora resuelva el problema 3 ◁

APLÍQUELO ▶

11. La altura de los niños de entre 6 y 10 años de edad puede modelarse mediante una función lineal de la edad t en años. La altura de una niña cambia en 2.3 pulgadas por año y tiene una estatura de 50.6 pulgadas a la edad de 8 años. Encuentre una función que describa la altura de esta niña a la edad de t años.

EJEMPLO 4 **Determinación de una función lineal**

Suponga que f es una función lineal con pendiente 2 y $f(4) = 8$. Encuentre $f(x)$.

Solución: Como f es lineal, tiene la forma $f(x) = ax + b$. La pendiente es 2, de modo que $a = 2$ y se tiene

$$f(x) = 2x + b \tag{2}$$

Ahora se determina b. Como $f(4) = 8$, en la ecuación (2) se reemplaza x por 4 y se despeja b.

$$f(4) = 2(4) + b$$
$$8 = 8 + b$$
$$0 = b$$

Entonces, $f(x) = 2x$.

Ahora resuelva el problema 7 ◁

APLÍQUELO ▶

12. Se espera que un collar antiguo tenga un valor de $360 después de 3 años y de $640 luego de 7 años. Determine una función que describa el valor del collar después de x años.

EJEMPLO 5   Determinación de una función lineal

Si $y = f(x)$ es una función lineal tal que $f(-2) = 6$ y $f(1) = -3$, encuentre $f(x)$.

Solución:

Estrategia   Los valores de la función corresponden a puntos ubicados sobre la gráfica de f. Con estos puntos es posible determinar una ecuación de la recta y, por lo tanto, de la función lineal.

La condición $f(-2) = 6$ significa que cuando $x = -2$, entonces $y = 6$. Por lo tanto, $(-2, 6)$ pertenece a la gráfica de f, que es una recta. De manera similar, $f(1) = -3$ implica que $(1, -3)$ también pertenece a la recta. Si establecemos $(x_1, y_1) = (-2, 6)$ y $(x_2, y_2) = (1, -3)$, la pendiente de la recta está dada por

$$m = \frac{y_2 - y_1}{x_2 - x_1} = \frac{-3 - 6}{1 - (-2)} = \frac{-9}{3} = -3$$

Es posible encontrar una ecuación de la recta mediante el uso de la forma punto-pendiente:

$$y - y_1 = m(x - x_1)$$
$$y - 6 = -3[x - (-2)]$$
$$y - 6 = -3x - 6$$
$$y = -3x$$

Como $y = f(x)$, $f(x) = -3x$. Por supuesto, se obtiene el mismo resultado cuando se establece $(x_1, y_1) = (1, -3)$.

Ahora resuelva el problema 9 ◁

En muchos estudios, los datos se recopilan y grafican en un sistema de coordenadas. Un análisis de los resultados puede indicar que hay una relación funcional entre las variables involucradas. Por ejemplo, los datos pueden ser aproximados por puntos en una recta. Esto indicaría una relación funcional lineal, como en el ejemplo que se presenta a continuación.

EJEMPLO 6   Dieta para gallinas

En pruebas hechas en una dieta experimental para gallinas, se determinó que el peso promedio w (en gramos) de una gallina fue, según las estadísticas, una función lineal del número de días d después de que se inició la dieta, donde $0 \leq d \leq 50$. Suponga que el peso promedio de una gallina al inicio de la dieta fue de 40 gramos y 25 días después fue de 675 gramos.

a. Determine w como una función lineal de d.

w(peso)

675 ⬤ (25, 675)

40

25   50 d(días)

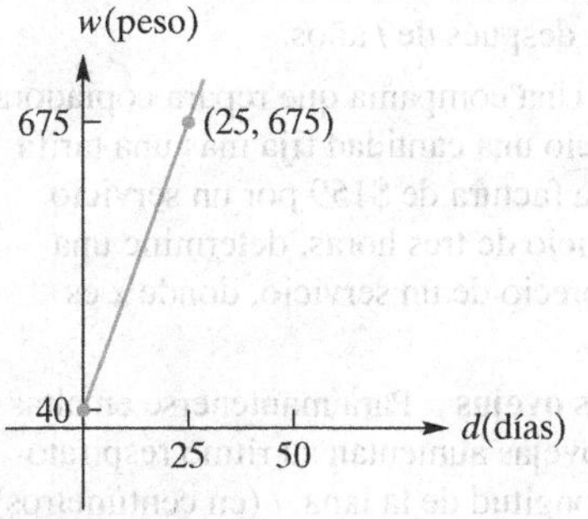

FIGURA 3.18 Función lineal que describe la dieta para gallinas.

Solución: Como w es una función lineal de d, su gráfica es una línea recta. Cuando $d = 0$ (al inicio de la dieta), $w = 40$. Por lo tanto, $(0, 40)$ pertenece a la gráfica. (Vea la figura 3.18). De manera similar, $(25, 675)$ pertenece a la gráfica. Si se establece $(d_1, w_1) = (0, 40)$ y $(d_2, w_2) = (25, 675)$, la pendiente de la recta es

$$m = \frac{w_2 - w_1}{d_2 - d_1} = \frac{675 - 40}{25 - 0} = \frac{635}{25} = \frac{127}{5}$$

Usando la forma punto-pendiente, se tiene

$$w - w_1 = m(d - d_1)$$
$$w - 40 = \frac{127}{5}(d - 0)$$
$$w - 40 = \frac{127}{5}d$$
$$w = \frac{127}{5}d + 40$$

que expresa w como una función lineal de d.

b. Determine el peso promedio de una gallina cuando $d = 10$.

Solución: Cuando $d = 10$, $w = \frac{127}{5}(10) + 40 = 254 + 40 = 294$. Así, el peso promedio de una gallina 10 días después de iniciar la dieta es de 294 gramos.

Ahora resuelva el problema 19 ◁

PROBLEMAS 3.2

En los problemas del 1 al 6, determine la pendiente y la intersección con el eje vertical de la función lineal y bosqueje la gráfica.

1. $y = f(x) = -4x$
2. $y = f(x) = x + 1$
3. $h(t) = 5t - 7$
4. $f(s) = 3(5 - s)$
5. $p(q) = \dfrac{5 - q}{3}$
6. $h(q) = 0.5q + 0.25$

En los problemas del 7 al 14, determine f(x) si f es una función lineal que tiene las propiedades dadas.

7. pendiente $= 4$, $f(2) = 8$
8. $f(0) = 3$, $f(4) = -5$
9. $f(1) = 2$, $f(-2) = 8$
10. pendiente $= -5$, $f(\frac{1}{4}) = 9$
11. pendiente $= -\frac{2}{3}$, $f(-\frac{2}{3}) = -\frac{2}{3}$
12. $f(1) = 1$, $f(2) = 2$
13. $f(-2) = -1$, $f(-4) = -3$
14. pendiente $= 0.01$, $f(0.1) = 0.01$

15. Ecuación de demanda   Suponga que los clientes demandarán 60 unidades de un producto cuando el precio es de \$15.30 por unidad y 35 unidades cuando el precio es de \$19.30 cada una. Encuentre la ecuación de la demanda suponiendo que es lineal. Determine el precio por unidad cuando se demandan 40 unidades.

16. Ecuación de demanda   La demanda semanal para un disco compacto es de 26 000 copias cuando el precio es de \$12 cada uno y de 10 000 copias cuando el precio es de \$18 cada uno. Encuentre una ecuación de demanda para el disco suponiendo que ésta es lineal.

17. Ecuación de oferta   Un fabricante de refrigeradores producirá 3000 unidades cuando el precio sea de \$940 y 2200 unidades cuando el precio sea de \$740. Suponga que el precio, p, y la cantidad producida, q, están relacionados de manera lineal. Encuentre la ecuación de oferta.

18. Ecuación de oferta   Suponga que un fabricante de zapatos colocará en el mercado 50 mil pares cuando el precio es de \$35 y 35 mil pares cuando el precio es de \$30. Encuentre la ecuación de oferta suponiendo que el precio p y la cantidad q se relacionan linealmente.

19. Ecuación de costo   Suponga que el costo por producir 10 unidades de un producto es de \$40 y el costo para 20 unidades es de \$70. Si el costo, c, se relaciona linealmente con la producción, q, encuentre el costo de producir 35 unidades.

20. Ecuación de costo   Un anunciante va con un impresor y éste le cobra \$89 por 100 copias de un volante y \$93 por 200 copias de otro volante. Este impresor cobra un costo fijo más un cargo por cada copia de volantes impresos por una sola cara. Determine una función que describa el costo de un trabajo de impresión si x es el número de copias que se hacen.

21. Tarifas de electricidad   Una compañía de electricidad cobra a clientes residenciales 12.5 centavos por kilowatt-hora más un cargo base mensual. La factura mensual de un cliente asciende a \$51.65 por 380 kilowatt-hora. Encuentre una función lineal que describa el monto total por concepto de electricidad si x es el número de kilowatt-hora utilizados en un mes.

22. Terapia con radiación   Un paciente con cáncer recibirá terapias mediante medicamentos y radiación. Cada centímetro cúbico de la medicina que será utilizada contiene 210 unidades curativas y cada minuto de exposición a la radiación proporciona 305 unidades curativas. El paciente requiere 2410 unidades curativas. Si se administran d centímetros cúbicos de droga y r minutos de radiación, determine una ecuación que relacione d y r. Grafique la ecuación para $d \geq 0$ y $r \geq 0$; etiquete el eje horizontal como d.

23. Depreciación   Suponga que el valor de una bicicleta de montaña disminuye cada año en 10% de su valor original. Si el valor original es de \$1800, encuentre una ecuación que exprese el valor v de la bicicleta t años después de su compra, donde $0 \leq t \leq 10$. Bosqueje la ecuación, seleccione t como el eje horizontal y v como el eje vertical. ¿Cuál es la pendiente de la recta resultante? Este método de considerar el valor del equipo se denomina *depreciación lineal*.

24. Depreciación   Una televisión nueva se deprecia \$120 por año y tiene un valor de \$340 después de cuatro años. Encuentre una función que describa el valor de esta televisión si x es la edad del aparato en años.

25. Apreciación   Una casa se vendió en \$1 183 000 seis años después de que se construyó y compró. Los propietarios originales calcularon que el edificio se apreciaba \$53 000 por año mientras ellos fueran los propietarios. Encuentre una función lineal que describa la apreciación del edificio, en miles, si x es el número de años desde la compra original.

26. Apreciación   Una casa comprada en \$245 000 se espera que duplique su valor en 15 años. Encuentre una ecuación lineal que describa el valor de la casa después de t años.

27. Cargos por reparación   Una compañía que repara copiadoras de negocios cobra por un servicio una cantidad fija más una tarifa por hora. Si un cliente tiene una factura de \$159 por un servicio de una hora y \$287 por un servicio de tres horas, determine una función lineal que describa el precio de un servicio, donde x es el número de horas del servicio.

28. Longitud de la lana de las ovejas   Para mantenerse en altas temperaturas ambientales, las ovejas aumentan su ritmo respiratorio, r (por minuto), cuando la longitud de la lana, l (en centímetros) disminuye.[2] Suponga que ovejas con una longitud de lana de 2 cm tienen un ritmo respiratorio (promedio) de 160 y ovejas con longitud de lana de 4 cm tienen un ritmo respiratorio de 125. Suponga que r y l se relacionan linealmente. (a) Encuentre una ecuación que proporcione r en términos de l. (b) Encuentre el ritmo respiratorio de una oveja que tiene una longitud de lana de 1 cm.

29. Línea de isocostos   En análisis de producción, una *línea de isocostos* es una recta cuyos puntos representan todas las combinaciones de dos factores de producción que pueden comprarse por el mismo monto. Suponga que un granjero tiene asignados \$20 000 para la compra de x toneladas de fertilizante (con un costo de \$200 por tonelada) y y acres de tierra (con un costo de \$2000 por acre). Encuentre una ecuación de la línea de isocostos que describa las distintas combinaciones que pueden

---
[2] Adaptado de G. E. Folk, Jr., *Textbook of Environmental Physiology*, 2a. ed. (Filadelfia: Lea & Febiger, 1974).

comprarse con $20 000. Tenga en cuenta que ni x ni y pueden ser negativas.

30. Línea de isoutilidad   Un fabricante produce los bienes X y Y para los cuales las ganancias por unidad son de $7 y $8, respectivamente. Si se venden x unidades de X y y unidades de Y, entonces la ganancia total P está dada por $P = P(x, y) = 7x + 8y$, con $x, y \geq 0$. (a) Bosqueje la gráfica de esta ecuación para $P = 260$. El resultado se conoce como *línea de isoutilidad* y sus puntos representan todas las combinaciones de ventas que producen una utilidad de $260. [Éste es un ejemplo de una *curva de nivel* para la función $P(x, y) = 7x + 8y$ de dos variables, como se presentó en la sección 2.8]. (b) Determine la pendiente para $P = 260$. (c) Si $P = 860$, determine la pendiente. (d) ¿Las rectas de isoutilidad son siempre paralelas?

31. Escala de calificaciones   Por razones de comparación, un profesor quiere cambiar la escala de las calificaciones de un conjunto de exámenes escritos, de manera que la calificación máxima siga siendo 100 pero el promedio sea 65 en lugar de 56. (a) Encuentre una ecuación lineal que haga esto. [*Sugerencia:* El profesor quiere que 56 se convierta en 65 y 100 permanezca como 100. Considere los puntos (56, 65) y (100, 100) y, de manera más general, (x, y), donde x es la calificación anterior y y la nueva. Encuentre la pendiente y utilice la forma punto-pendiente. Exprese y en términos de x]. (b) Si en la nueva escala 62 es la calificación más baja para acreditar, ¿cuál fue la calificación más baja para acreditar en la escala original?

32. Psicología   El resultado del experimento psicológico de Stemberg,[3] sobre la recuperación de información, es que el tiempo de reacción de una persona, R, en milisegundos y de acuerdo con las estadísticas, es una función lineal del tamaño del conjunto de memoria N de la manera siguiente:

$$R = 38N + 397$$

Bosqueje la gráfica para $1 \leq N \leq 5$. ¿Cuál es la pendiente?

33. Psicología   En cierto experimento de aprendizaje que involucra repetición y memoria,[4] se estimó que la proporción p de elementos recordados se relacionaba linealmente con un tiempo de estudio efectivo t (en segundos), donde t está entre 5 y 9. Para un tiempo de estudio efectivo de 5 segundos, la proporción de elementos

recordados fue de 0.32. Por cada segundo más en el tiempo de estudio, la proporción recordada aumentó en 0.059. (a) Encuentre una ecuación que dé p en términos de t. (b) ¿Qué proporción de elementos se recordaron con 9 segundos de tiempo efectivo de estudio?

34. Dieta para cerdos   En pruebas realizadas sobre una dieta experimental para cerdos, se determinó que el peso (promedio) w (en kilogramos) de un cerdo era estadísticamente una función lineal del número de días, d, después de haber iniciado la dieta, donde $0 \leq d \leq 100$. Si el peso de un cerdo al inicio de la dieta fue de 21 kg y a partir de ahí ganó 6.3 kg cada 10 días, determine w como una función de d y el peso de un cerdo 55 días después de iniciar la dieta.

35. Chirrido de grillos   Los biólogos han encontrado que el número de chirridos por minuto que emiten los grillos de cierta especie están relacionados con la temperatura. La relación es casi lineal. A 68 °F, los chirridos de los grillos son aproximadamente 124 por minuto. A 80 °F son de alrededor de 172 por minuto. (a) Encuentre una ecuación que proporcione la temperatura Fahrenheit, t, en términos del número de chirridos, c, por minuto. (b) Si se cuentan los chirridos sólo durante 15 segundos, ¿cómo puede estimarse rápidamente la temperatura?

Objetivo

Hacer bosquejos de parábolas que surgen de funciones cuadráticas.

3.3 Funciones cuadráticas

En la sección 2.2 se describió a *una función cuadrática* como una función polinomial de grado 2. En otras palabras,

> **Definición**
>
> Una función f es **función cuadrática** si y sólo si $f(x)$ puede escribirse en la forma $f(x) = ax^2 + bx + c$, donde a, b y c son constantes y $a \neq 0$.

Por ejemplo, las funciones $f(x) = x^2 - 3x + 2$ y $F(t) = -3t^2$ son cuadráticas. Sin embargo, $g(x) = \dfrac{1}{x^2}$ *no* es cuadrática porque no puede escribirse en la forma $g(x) = ax^2 + bx + c$.

[3] G. R. Loftus y E. F. Loftus, *Human Memory: The Processing of information* (Nueva York: Lawrence Erlbaum Asociates, Inc., distribuido por Halsted Press, división de John Wiley & Sons, Inc., 1976).

[4] D. L. Hintzman, "Repetition and Learning", en *The Psychology of Learning*, vol. 10, ed. G. H. Bower (Nueva York: Academic Press, Inc., 1976), p. 77.

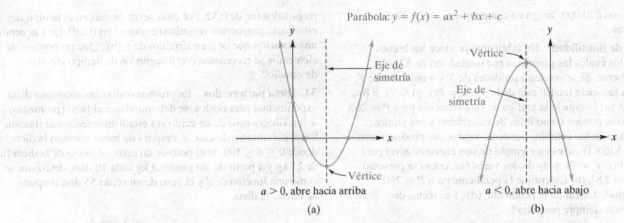

Parábola: $y = f(x) = ax^2 + bx + c$

a > 0, abre hacia arriba

(a)

a < 0, abre hacia abajo

(b)

FIGURA 3.19 Parábolas.

La gráfica de la función cuadrática $y = f(x) = ax^2 + bx + c$ se llama **parábola** y tiene una forma como la de las curvas de la figura 3.19. Si $a > 0$, la gráfica se extiende hacia arriba de manera indefinida y se dice que la parábola *abre hacia arriba* [figura 3.19(a)]. Si $a < 0$, entonces la parábola *abre hacia abajo* [figura 3.19(b)].

Cada parábola mostrada en la figura 3.19 es *simétrica* con respecto a una recta vertical llamada **eje de simetría** de la parábola. Esto es, si la página fuera doblada en una de estas rectas, entonces las dos mitades de la parábola correspondiente coincidirían. El eje (de simetría) *no* es parte de la parábola, pero resulta útil para bosquejarla.

En la figura 3.19 también se muestran puntos con la etiqueta de **vértice**, donde el eje corta a la parábola. Si $a > 0$, el vértice es el punto "más bajo" de la parábola. Esto significa que $f(x)$ tiene un valor mínimo en ese punto. Al realizar manipulaciones algebraicas sobre $ax^2 + bx + c$ (lo que se conoce como *completar el cuadrado*), no sólo puede determinarse este valor mínimo, sino también dónde ocurre. Se tiene

$$f(x) = ax^2 + bx + c = (ax^2 + bx) + c$$

Sumando y restando $\dfrac{b^2}{4a}$ se obtiene

$$f(x) = \left(ax^2 + bx + \frac{b}{4a}\right) + c - \frac{b}{4a}$$

$$= a\left(x^2 + \frac{b}{a}x + \frac{b^2}{4a^2}\right) + c - \frac{b^2}{4a}$$

de modo que

$$f(x) = a\left(x + \frac{b}{2a}\right)^2 + c - \frac{b^2}{4a}$$

Puesto que $\left(x + \dfrac{b}{2a}\right)^2 \geq 0$ y $a > 0$ y $a > 0$, resulta que $f(x)$ tiene un valor mínimo cuando $x + \dfrac{b}{2a} = 0$; esto es, cuando $x = -\dfrac{b}{2a}$. La coordenada y correspondiente a este valor de x es $f\left(-\dfrac{b}{2a}\right)$. Así, el vértice está dado por

$$\text{vértice} = \left(-\frac{b}{2a}, f\left(-\frac{b}{2a}\right)\right)$$

Éste es también el vértice de la parábola que abre hacia abajo ($a < 0$), pero en este caso $f\left(-\dfrac{b}{2a}\right)$ es el valor máximo de $f(x)$. [Vea la figura 3.19(b)].

Observe que una función cuya gráfica es una parábola no es uno a uno, ya sea que la parábola abra hacia arriba o hacia abajo, puesto que existen muchas líneas horizontales que cortarán la gráfica dos veces. Sin embargo, cuando se restringe el dominio de una función cuadrática a $\left[-\dfrac{b}{2a}, \infty\right)$ o $\left(-\infty, -\dfrac{b}{2a}\right]$, entonces la función restringida pasará la prueba de la recta horizontal y, por lo tanto, será uno a uno. (Existen muchas otras restricciones de una función cuadrática que son uno a uno; sin embargo, sus dominios consisten en más de un intervalo). Se deduce que dichas funciones cuadráticas restringidas tienen funciones inversas.

El punto donde la parábola $y = ax^2 + bx + c$ interseca al eje y (esto es, la intersección y) se da cuando $x = 0$. La coordenada y de este punto es c, de modo que la intersección con el eje y es c. En resumen, se tiene lo siguiente.

Gráfica de una función cuadrática

La gráfica de la función cuadrática $y = f(x) = ax^2 + bx + c$ es una parábola.

1. Si $a > 0$, la parábola abre hacia arriba. Si $a < 0$, abre hacia abajo.
2. El vértice es $\left(-\dfrac{b}{2a}, f\left(-\dfrac{b}{2a}\right)\right)$.
3. La intersección y es c.

Es posible hacer un bosquejo rápido de la gráfica de una función cuadrática localizando primero el vértice, la intersección y y unos cuantos puntos más, aquellos donde la parábola interseca al eje x. Las *intersecciones x* se encuentran al hacer $y = 0$ y resolver para x. Una vez que se calculan las intersecciones y el vértice, es relativamente fácil trazar la parábola apropiada a través de estos puntos. En el caso de que las intersecciones con el eje x estén muy cercanas al vértice o que no existan intersecciones con el eje x, se determina un punto en cada lado del vértice de modo que pueda hacerse un bosquejo razonable de la parábola. Tenga en cuenta que al trazar una recta vertical (con línea punteada) a través del vértice se obtiene el eje de simetría. Si se grafican puntos a un lado del eje, pueden obtenerse por simetría los correspondientes del otro lado.

APLÍQUELO ▶

13. Un vendedor de automóviles cree que su utilidad diaria por la venta de *minivans* está dada por $P(x) = -x^2 + 2x + 399$, donde x es el número de unidades vendidas. Determine el vértice de la función y sus intersecciones con los ejes y trace una gráfica de la función. Si su modelo es correcto, comente sobre la factibilidad de vender minivans.

EJEMPLO 1   Trazar una función cuadrática

Grafique la función cuadrática $y = f(x) = -x^2 - 4x + 12$.

Solución: Aquí $a = -1$, $b = -4$ y $c = 12$. Como $a < 0$, la parábola abre hacia abajo y, por lo tanto, tiene un punto más alto. La coordenada x del vértice es

$$-\frac{b}{2a} = -\frac{-4}{2(-1)} = -2$$

La coordenada y es $f(-2) = -(-2)^2 - 4(-2) + 12 = 16$. Así, el vértice es $(-2, 16)$, de modo que el valor máximo de $f(x)$ es 16. Como $c = 12$, la intersección y es 12. Para encontrar las intersecciones x, se hace y igual a 0 en $y = -x^2 - 4x + 12$ y se despeja x:

$$0 = -x^2 - 4x + 12$$
$$0 = -(x^2 + 4x - 12)$$
$$0 = -(x + 6)(x - 2)$$

Entonces, $x = -6$ o $x = 2$, de modo que las intersecciones x son -6 y 2. Ahora se traza el vértice, el eje de simetría y las intersecciones [vea la figura 3.20(a)]. Como $(0, 12)$ está *dos* unidades a la *derecha* del eje de simetría, existe un punto correspondiente *dos* unidades a la *izquierda* del eje con la misma coordenada y. Por lo tanto, se obtiene el punto $(-4, 12)$. Al unir todos los puntos, se traza una parábola que abre hacia abajo. [Vea la figura 3.20(b)].

Ahora resuelva el problema 15 ◁

EJEMPLO 2   Trazar una función cuadrática

Grafique $p = 2q^2$.

Solución: Aquí p es una función cuadrática de q, donde $a = 2$, $b = 0$ y $c = 0$. Como $a > 0$, la parábola abre hacia arriba y, por lo tanto, tiene un punto más bajo. La coordenada q

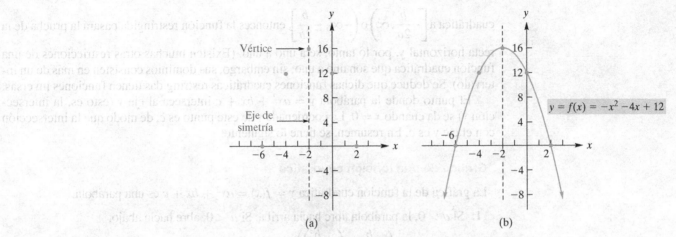

FIGURA 3.20   Gráfica de la parábola $y = f(x) = -x^2 - 4x + 12$.

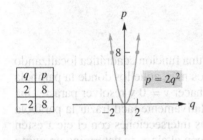

FIGURA 3.21   Gráfica de la parábola $p = 2q^2$.

En el ejemplo 3 se ilustra que la determinación de las intersecciones puede requerir el uso de la fórmula cuadrática.

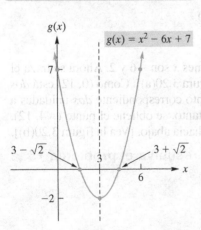

FIGURA 3.22   Gráfica de la parábola $g(x) = x^2 - 6x + 7$.

del vértice es

$$-\frac{b}{2a} = -\frac{0}{2(2)} = 0$$

y la coordenada p es $2(0)^2 = 0$. En consecuencia, el valor *mínimo* de p es 0 y el vértice es $(0, 0)$. En este caso, el eje p es el eje de simetría. Una parábola que abre hacia arriba con vértice en $(0, 0)$ no puede tener ninguna otra intersección. De modo que para hacer un buen bosquejo de esta parábola, se grafica un punto a cada lado del vértice. Si $q = 2$, entonces $p = 8$. Esto da el punto $(2, 8)$ y, por simetría, el punto $(-2, 8)$. (Vea la figura 3.21).

Ahora resuelva el problema 13 ◁

EJEMPLO 3   **Trazar una función cuadrática**

Grafique $g(x) = x^2 - 6x + 7$.

Solución: Aquí g es una función cuadrática, donde $a = 1$, $b = -6$ y $c = 7$. La parábola abre hacia arriba, porque $a > 0$. La coordenada x del vértice (el punto más bajo) es

$$-\frac{b}{2a} = -\frac{-6}{2(1)} = 3$$

y $g(3) = 3^2 - 6(3) + 7 = -2$, que es el valor mínimo de $g(x)$. Por lo tanto, el vértice es $(3, -2)$. Ya que $c = 7$, la intersección con el eje vertical es 7. Para encontrar las intersecciones x, se hace $g(x) = 0$.

$$0 = x^2 - 6x + 7$$

El lado derecho no puede factorizarse con facilidad, de modo que se usará la fórmula cuadrática para encontrar los valores de x:

$$x = \frac{-b \pm \sqrt{b^2 - 4ac}}{2a} = \frac{-(-6) \pm \sqrt{(-6)^2 - 4(1)(7)}}{2(1)}$$

$$= \frac{6 \pm \sqrt{8}}{2} = \frac{6 \pm \sqrt{4 \cdot 2}}{2} = \frac{6 \pm 2\sqrt{2}}{2}$$

$$= \frac{6}{2} \pm \frac{2\sqrt{2}}{2} = 3 \pm \sqrt{2}$$

Por lo tanto, las intersecciones x son $3 + \sqrt{2}$ y $3 - \sqrt{2}$. Después de graficar el vértice, las intersecciones y (por simetría) el punto $(6, 7)$, se dibuja una parábola que abre hacia arriba en la figura 3.22.

Ahora resuelva el problema 17 ◁

FIGURA 3.23   Gráfica de $y = f(x) = 2x^2 + 2x + 3$.

EJEMPLO 4   **Trazar una función cuadrática**

Grafique $y = f(x) = 2x^2 + 2x + 3$ y determine el rango de f.

Solución: Esta función es cuadrática con $a = 2$, $b = 2$ y $c = 3$. Como $a > 0$, la gráfica es una parábola que abre hacia arriba. La coordenada x del vértice es

$$-\frac{b}{2a} = -\frac{2}{2(2)} = -\frac{1}{2}$$

y la coordenada y es $2(-\frac{1}{2})^2 + 2(-\frac{1}{2}) + 3 = \frac{5}{2}$. Por ende, el vértice es $(-\frac{1}{2}, \frac{5}{2})$. Como $c = 3$, la intersección y es 3. Una parábola que abre hacia arriba y tiene vértice por encima del eje x no tiene intersecciones x. En la figura 3.23 se grafica la intersección y, el vértice y un punto adicional $(-2, 7)$ a la izquierda del vértice. Por simetría, también se obtiene el punto $(1, 7)$. Al trazar una parábola a través de estos puntos se obtiene la gráfica deseada. Con base en la figura, se ve que el rango de f es toda $y \geq \frac{5}{2}$; esto es, el intervalo $[\frac{5}{2}, \infty)$.

Ahora resuelva el problema 21 ◁

EJEMPLO 5   **Determinación y trazado de una inversa**

Para la parábola dada por la función

$$y = f(x) = ax^2 + bx + c$$

determine la inversa de la función restringida dada por $g(x) = ax^2 + bx + c$, para $x \geq -\dfrac{b}{2a}$. Grafique g y g^{-1} en el mismo plano, en el caso donde $a = 2$, $b = 2$ y $c = 3$.

Solución: Siguiendo el procedimiento descrito en el ejemplo 5 de la sección 2.4, se comienza por resolver $y = ax^2 + bx + c$, donde $x \geq -\dfrac{b}{2a}$, para x en términos de y. Esto se hace por medio de la aplicación de la fórmula cuadrática a $ax^2 + bx + c - y = 0$, de donde se obtiene $x = \dfrac{-b \pm \sqrt{b^2 - 4a(c - y)}}{2a} = \dfrac{-b}{2a} \pm \dfrac{\sqrt{b^2 - 4a(c - y)}}{2a}$. Siempre que $\sqrt{b^2 - 4a(c - y)}$ está definido (como un número real) su valor es no negativo. Por lo tanto, el signo de $\dfrac{\sqrt{b^2 - 4a(c - y)}}{2a}$ depende de a. Es no negativo cuando a es positiva, esto es, cuando la parábola abre hacia arriba; y es no positivo cuando a es negativa, esto es, cuando la parábola abre hacia abajo. Así, para satisfacer $x \geq -\dfrac{b}{2a}$ debe tomarse el $+$ presente en $\pm$ cuando $a > 0$ y la parábola abre hacia arriba y el $-$ incluido en $\pm$ cuando $a < 0$ y la parábola abre hacia abajo. Para ser definitivos, ahora se tratará el caso de $a > 0$. De regreso al procedimiento del ejemplo 5 dado en la sección 2.4, resulta que $g^{-1}(x) = \dfrac{-b + \sqrt{b^2 - 4a(c - x)}}{2a}$. El vértice de cualquier parábola tiene coordenada y dada por $f\left(-\dfrac{b}{2a}\right) = a\left(-\dfrac{b}{2a}\right)^2 + b\left(-\dfrac{b}{2a}\right) + c = -\dfrac{b^2 - 4ac}{4a}$. Por definición, el domi-

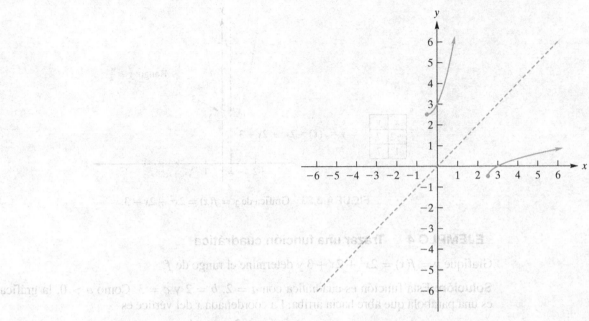

FIGURA 3.24 Gráfica de g y g^{-1}.

nio de g es $\left[-\dfrac{b}{2a}, \infty\right)$. Ahora resulta evidente que en el caso de la apertura hacia arriba,

el rango de g es $\left[-\dfrac{b^2 - 4ac}{4a}, \infty\right)$. Tal como se estableció en la sección 2.4, es un hecho

general que el dominio de g^{-1} es el rango de g. Ahora se verificará qué sucede en esta situa-

ción al considerar directamente el dominio de $\dfrac{-b + \sqrt{b^2 - 4a(c - x)}}{2a}$. El dominio es el

conjunto de todas las x para las cuales $b^2 - 4a(c - x) \geq 0$. Evidentemente, esta desigualdad

equivale a $b^2 - 4ac + 4ax \geq 0$, que a su vez equivale a $4ax \geq -(b^2 - 4ac)$. En otras pala-

bras, $x \geq -\dfrac{b^2 - 4ac}{4a}$ tal como se requirió.

Para completar el ejercicio, observe que en la figura 3.23 se proporciona la gráfica de $y = 2x^2 + 2x + 3$. Para la actividad a mano, se traza de nuevo la parte de la curva que cae a la derecha del eje de simetría. Esto proporciona la gráfica de g. Después se presenta una copia punteada de la recta $y = x$. Finalmente, se dibuja la imagen de espejo de g en la recta $y = x$ para obtener la gráfica de g^{-1} como en la figura 3.24.

Ahora resuelva el problema 27 ◁

EJEMPLO 6 **Ingreso máximo**

La función de demanda para el producto de un fabricante es $p = 1000 - 2q$, donde p es el precio por unidad cuando los consumidores demandan q unidades (por semana). Encuentre el nivel de producción que maximiza el ingreso total del productor y determine este ingreso.

Solución:

Estrategia Para maximizar el ingreso, debe determinarse la función de ingreso, $r = f(q)$. Utilizando la relación

$$\text{ingreso total} = (\text{precio})(\text{cantidad})$$

se tiene

$$r = pq$$

Si se usa la ecuación de demanda, p puede expresarse en términos de q, de modo que r será una función de q.

Se tiene

$$r = pq$$
$$= (1000 - 2q)q$$
$$r = 1000q - 2q^2$$

Observe que r es una función cuadrática de q, con $a = -2$, $b = 1000$ y $c = 0$. Como $a < 0$ (la parábola abre hacia abajo), r es máximo en el vértice (q, r), donde

$$q = -\frac{b}{2a} = -\frac{1000}{2(-2)} = 250$$

El valor máximo de r está dado por

$$r = 1000(250) - 2(250)^2$$
$$= 250\,000 - 125\,000 = 125\,000$$

Así, el ingreso máximo que el fabricante puede recibir es de \$125 000, el cual ocurre en un nivel de producción de 250 unidades. En la figura 3.25 se muestra la gráfica de la función de ingreso. Sólo se dibuja la parte para la que $q \geq 0$ y $r \geq 0$, puesto que la cantidad y el ingreso no pueden ser negativos.

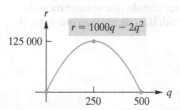

FIGURA 3.25   Gráfica de la función de ingreso.

Ahora resuelva el problema 29 ◁

PROBLEMAS 3.3

En los problemas del 1 al 8, establezca si la función es cuadrática o no.

1. $f(x) = 5x^2$

2. $g(x) = \dfrac{1}{2x^2 - 4}$

3. $g(x) = 7 - 6x$

4. $k(v) = 2v^2(2v^2 + 2)$

5. $h(q) = (3 - q)^2$

6. $f(t) = 2t(3 - t) + 4t$

7. $f(s) = \dfrac{s^2 - 9}{2}$

8. $g(t) = (t^2 - 1)^2$

En los problemas del 9 al 12, no incluya una gráfica.

9. (a) Para la parábola $y = f(x) = 3x^2 + 5x + 1$, encuentre el vértice.
(b) ¿El vértice corresponde al punto más bajo o al más alto de la gráfica?

10. Repita el problema 9 si $y = f(x) = 8x^2 + 4x - 1$.

11. Para la parábola $y = f(x) = x^2 + x - 6$, encuentre (a) la intersección y, (b) las intersecciones x y (c) el vértice.

12. Repita el problema 11 si $y = f(x) = 5 - x - 3x^2$.

En los problemas del 13 al 22, grafique cada función. Obtenga el vértice y las intersecciones y determine el rango.

13. $y = f(x) = x^2 - 6x + 5$

14. $y = f(x) = 9x^2$

15. $y = g(x) = -2x^2 - 6x$

16. $y = f(x) = x^2 - 4$

17. $s = h(t) = t^2 + 6t + 9$

18. $s = h(t) = 2t^2 + 3t - 2$

19. $y = f(x) = -5 + 3x - 3x^2$

20. $y = H(x) = 1 - x - x^2$

21. $t = f(s) = s^2 - 8s + 14$

22. $t = f(s) = s^2 + 6s + 11$

En los problemas del 23 al 26 establezca si f(x) tiene un valor máximo o mínimo y encuentre ese valor.

23. $f(x) = 49x^2 - 10x + 17$

24. $f(x) = -7x^2 - 2x + 6$

25. $f(x) = 4x - 50 - 0.1x^2$

26. $f(x) = x(x + 3) - 12$

En los problemas 27 y 28, restrinja la función cuadrática a aquellas x que satisfagan $x \geq v$, donde v es la coordenada x del vértice de la parábola. Determine la inversa de la función restringida. Grafique la función restringida y su inversa en el mismo plano.

27. $f(x) = x^2 - 2x + 4$

28. $f(x) = -x^2 + 4x - 3$

29. Ingreso   La función de demanda para el fabricante de un producto es $p = f(q) = 100 - 10q$, donde p es el precio por unidad cuando se demandan q unidades (por día). Encuentre el nivel de producción que maximiza el ingreso total del fabricante y determine este ingreso.

30. Ingreso   La función de demanda para una línea de reglas de plástico de una compañía de artículos de oficina es $p = 0.85 - 0.00045q$, donde p es el precio por unidad cuando los consumidores demandan q unidades (diarias). Determine el nivel de producción que maximizará el ingreso total del fabricante y calcule este ingreso.

31. Ingreso   La función de demanda para la línea de computadoras portátiles de una compañía de electrónica es $p = 2400 - 6q$, donde p es el precio por unidad cuando los consumidores demandan q unidades (semanales). Encuentre el nivel de producción que maximizará el ingreso total del fabricante y determine este ingreso.

32. Marketing   Una compañía de marketing estima que n meses después de la introducción de un nuevo producto de uno de sus clientes, $f(n)$ miles de familias lo usarán, donde

$$f(n) = \frac{10}{9}n(12 - n), \quad 0 \leq n \leq 12$$

Estime el número máximo de familias que usarán el producto.

33. Utilidad   La utilidad diaria por la venta de árboles en el departamento de jardinería de un almacén está dada por $P(x) = -x^2 + 18x + 144$, donde x es el número de árboles vendidos. Determine el vértice y las intersecciones de la función y grafíquela.

34. Psicología   Una predicción hecha por la psicología relaciona la magnitud de un estímulo, x, con la magnitud de una respuesta, y, lo cual se expresa mediante la ecuación $y = kx^2$, donde k es una constante del experimento. En un experimento sobre reconocimiento de patrones, $k = 3$. Determine el vértice de la función y trace la gráfica de su ecuación (suponga que no hay restricción sobre x).

35. Biología Ciertos biólogos estudiaron los efectos nutricionales sobre ratas que fueron alimentadas con una dieta que contenía 10% de proteína.[5] La proteína consistía en levadura y harina de maíz. Al variar el porcentaje P de levadura en la mezcla de proteína, el grupo de biólogos estimó que el peso promedio ganado (en gramos) por una rata en cierto periodo fue

$$f(P) = -\frac{1}{50}P^2 + 2P + 20, \quad 0 \le P \le 100$$

Encuentre el peso máximo ganado.

36. Altura de una pelota Suponga que la altura, s, de una pelota lanzada verticalmente hacia arriba desde el piso está dada por

$$s = -4.9t^2 + 62.3t + 1.8$$

donde s está en metros y t es el tiempo transcurrido en segundos (vea la figura 3.26) ¿Después de cuántos segundos alcanza la pelota su altura máxima? ¿Cuál es la altura máxima?

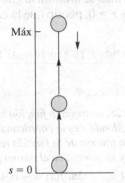

FIGURA 3.26 Pelota lanzada verticalmente hacia arriba (problema 36).

37. Arquería Un muchacho que está parado en una colina dispara una flecha directamente hacia arriba con una velocidad inicial de 85 pies por segundo. La altura, h, de la flecha en pies, t segundos después de que se le soltó, se describe mediante la función $h(t) = -16t^2 + 85t + 22$. ¿Cuál es la altura máxima alcanzada

por la flecha? ¿Cuántos segundos después de que se le suelta alcanza esta altura?

38. Lanzamiento de muñeca Una niña de 6 años de edad que está parada sobre una caja de juguetes lanza una muñeca directamente hacia arriba con una velocidad inicial de 16 pies por segundo. La altura h de la muñeca en pies, t segundos después de que se le lanzó, se describe mediante la función $h(t) = -16t^2 + 16t + 4$. ¿Cuánto tiempo le toma a la muñeca alcanzar su altura máxima? ¿Cuál es la altura máxima?

39. Lanzamiento de un cohete Un cohete de juguete se lanza verticalmente hacia arriba desde el techo de una cochera con una velocidad inicial de 90 pies por segundo. La altura, h, del cohete en pies, t segundos después de haber sido lanzado, se describe por medio de la función $h(t) = -16t^2 + 90t + 14$. Encuentre el vértice y las intersecciones de la función y grafíquela.

40. Área Exprese el área del rectángulo que se muestra en la figura 3.27 como una función cuadrática de x. ¿Para qué valor de x el área será máxima?

FIGURA 3.27 Diagrama para el problema 40.

41. Terreno cercado Un constructor de edificios quiere cercar un terreno rectangular adyacente a una carretera recta, utilizando la orilla de la carretera como un lado del área encerrada. (Vea la figura 3.28). Si el constructor tiene 500 pies de cerca, encuentre las dimensiones del área máxima que se puede encerrar.

FIGURA 3.28 Diagrama para el problema 41.

42. Encuentre dos números cuya suma es 78 y su producto es un máximo.

Objetivo

Resolver sistemas de ecuaciones lineales con dos y tres variables mediante la técnica de eliminación por adición o por sustitución (en el capítulo 6 se presentan otros métodos).

3.4 Sistemas de ecuaciones lineales

Sistemas con dos variables

Cuando una situación debe describirse matemáticamente, no es raro que surja un *conjunto* de ecuaciones. Por ejemplo, suponga que el administrador de una fábrica establece un plan de producción para dos modelos de un producto nuevo. El modelo A requiere de 4 resistores y 9 transistores; el modelo B requiere de 5 resistores y 14 transistores. De sus proveedores, la fábrica obtiene 335 resistores y 850 transistores cada día. ¿Cuántos productos de cada modelo se deben producir al día para que sean utilizados todos los transistores y resistores disponibles?

Una buena idea es construir una tabla que resuma la información importante. En la tabla 3.2 se muestra el número de resistores y transistores requeridos para cada modelo, así como el número total disponible.

Suponga que x es el número de artículos del modelo A fabricados cada día y y el número de artículos del modelo B. Entonces los artículos requieren de $4x + 5y$ resistores y $9x + 14y$

---

[5] Adaptado de R. Bressani, "The Use of Yeast in Human Foods", en *Single-Cell Protein*, ed. R. I. Mateles y S. R. Tannenbaum (Cambridge: MIT Press, 1968).

Tabla 3.2

	Modelo A	Modelo B	Total disponible
Resistores	4	5	335
Transistores	9	14	850

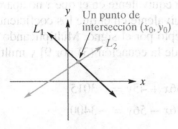

FIGURA 3.29 Sistema lineal (una solución).

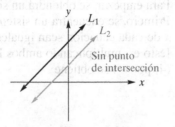

FIGURA 3.30 Sistema lineal (sin solución).

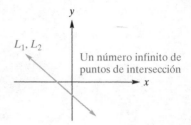

FIGURA 3.31 Sistema lineal (un número infinito de soluciones).

transistores. Como hay 335 resistores y 850 transistores disponibles, se tiene

$$\begin{cases} 4x + 5y = 335 & \text{(1)} \\ 9x + 14y = 850 & \text{(2)} \end{cases}$$

A este conjunto de ecuaciones se le llama **sistema** de dos ecuaciones lineales en las variables x y y. El problema es encontrar valores de x y y para los cuales *ambas* ecuaciones sean verdaderas de manera *simultánea*. A un par (x, y) de tales valores se le llama *solución* del sistema.

Como las ecuaciones (1) y (2) son lineales, sus gráficas son líneas rectas; llamadas L_1 y L_2. Ahora, las coordenadas de cualquier punto situado sobre una recta satisfacen la ecuación de esa recta; esto es, hacen que la ecuación sea verdadera. Por lo tanto, las coordenadas de cualquier punto de intersección de L_1 y L_2 satisfacen ambas ecuaciones. Esto significa que un punto de intersección proporciona una solución del sistema.

Si L_1 y L_2 se dibujan en el mismo plano, hay tres situaciones que podrían ocurrir:

1. L_1 y L_2 pueden intersecarse en exactamente un punto, por ejemplo (a, b). (Vea la figura 3.29). Así, el sistema tiene la solución $x = a$ y $y = b$.
2. L_1 y L_2 pueden ser paralelas y no tener puntos en común. (Vea la figura 3.30). En este caso no existe solución.
3. L_1 y L_2 pueden ser la misma recta. (Vea la figura 3.31). Aquí, las coordenadas de cualquier punto situado sobre la recta son una solución del sistema. En consecuencia, existe un número infinito de soluciones.

¡ADVERTENCIA!

Observe que *cada una* de las soluciones está dada por un *par* de valores.

El objetivo principal de esta sección es estudiar los métodos algebraicos utilizados para resolver un sistema de ecuaciones lineales. Se reemplazará de manera sucesiva un sistema por otro que tenga las mismas soluciones. Generalizando la terminología de la sección 0.7, en la subsección titulada "Ecuaciones equivalentes", se dice que dos sistemas son *equivalentes* si sus conjuntos de soluciones son iguales. Los sistemas de reemplazo tienen progresivamente formas más deseables para determinar la solución. En términos más precisos, se busca un sistema equivalente que contenga una ecuación en la que una de las variables no aparezca. (En este caso se dice que la variable ha sido *eliminada*). Al tratar con sistemas de ecuaciones *lineales*, el paso de un sistema a otro equivalente siempre se logra mediante uno de los siguientes procedimientos:

1. Intercambio de dos ecuaciones.
2. Multiplicación de una ecuación por una constante distinta de cero.
3. Reemplazo de una ecuación por sí misma más un múltiplo de otra ecuación.

Estos procedimientos se abordarán con más detalle en el capítulo 6. Por el momento, puesto que en este capítulo también se considerarán sistemas no lineales, es conveniente expresar las soluciones en términos de los principios muy generales de la sección 0.7 que garantizan la equivalencia de las ecuaciones.

El procedimiento de eliminación se ilustrará para el sistema del problema propuesto originalmente:

$$\begin{cases} 4x + 5y = 335 & (3) \\ 9x + 14y = 850 & (4) \end{cases}$$

Para empezar, se obtendrá un sistema equivalente en el que x no aparezca en una ecuación. Primero, se encuentra un sistema equivalente en el que los coeficientes de los términos en x de cada ecuación sean iguales excepto por el signo. Multiplicando la ecuación (3) por 9 [esto es, multiplicando ambos lados de la ecuación (3) por 9] y multiplicando la ecuación (4) por -4 se obtiene

$$\begin{cases} 36x + 45y = 3015 & (5) \\ -36x - 56y = -3400 & (6) \end{cases}$$

Los lados izquierdo y derecho de la ecuación (5) son iguales, de modo que cada lado puede *sumarse* al correspondiente de la ecuación (6). Esto resulta en

$$-11y = -385$$

que sólo tiene una variable, tal como se planeó. Al resolverla se obtiene

$$y = 35$$

así se obtiene el sistema equivalente

$$\begin{cases} 36x + 45y = 3015 & (7) \\ \quad\quad\quad y = 35 & (8) \end{cases}$$

Al reemplazar y en la ecuación (7) por 35, se obtiene

$$36x + 45(35) = 3015$$
$$36x + 1575 = 3015$$
$$36x = 1440$$
$$x = 40$$

Así, el sistema original es equivalente a

$$\begin{cases} x = 40 \\ y = 35 \end{cases}$$

Esta respuesta puede verificarse al sustituir $x = 40$ y $y = 35$ en *ambas* ecuaciones originales. En la ecuación (3) se obtiene $4(40) + 5(35) = 335$, o $335 = 335$. En la ecuación (4) se obtiene $9(40) + 14(35) = 850$, o bien, $850 = 850$. Por lo tanto, la solución es

$$x = 40 \quad \text{y} \quad y = 35$$

Cada día, el administrador debe planear la fabricación de 40 productos del modelo A y 35 del modelo B. El procedimiento efectuado se conoce como **eliminación por adición**. Aunque se eligió eliminar primero x, pudo haberse hecho lo mismo para y mediante un procedimiento similar.

APLÍQUELO ▶

16. Un consultor en computadoras tiene invertidos $200 000 para su retiro, parte al 9% y parte al 8%. Si el ingreso anual total por las inversiones es de $17 200, ¿cuánto está invertido a cada tasa?

EJEMPLO 1 **Método de eliminación por adición**

Utilice eliminación por adición para resolver el sistema siguiente.

$$\begin{cases} 3x - 4y = 13 \\ 3y + 2x = 3 \end{cases}$$

Solución: Por conveniencia, se alinean los términos en x y en y para obtener

$$\begin{cases} 3x - 4y = 13 & (9) \\ 2x + 3y = 3 & (10) \end{cases}$$

Para eliminar y, se multiplican la ecuación (9) por 3 y la ecuación (10) por 4:

$$\begin{cases} 9x - 12y = 39 & \text{(11)} \\ 8x + 12y = 12 & \text{(12)} \end{cases}$$

Al sumar la ecuación (11) a la (12) se obtiene $17x = 51$, de la cual $x = 3$. Se tiene el sistema equivalente

$$\begin{cases} 9x - 12y = 39 & \text{(13)} \\ \qquad\quad x = 3 & \text{(14)} \end{cases}$$

Al reemplazar x por 3 en la ecuación (13) se obtiene

$$9(3) - 12y = 39$$
$$-12y = 12$$
$$y = -1$$

de modo que el sistema original es equivalente a

$$\begin{cases} y = -1 \\ x = 3 \end{cases}$$

La solución es $x = 3$ y $y = -1$. En la figura 3.32 se muestra una gráfica del sistema.

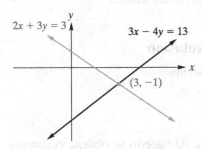

FIGURA 3.32   Sistema lineal del ejemplo 1: una solución.

Ahora resuelva el problema 1 ◁

El sistema del ejemplo 1,

$$\begin{cases} 3x - 4y = 13 & \text{(15)} \\ 2x + 3y = 3 & \text{(16)} \end{cases}$$

puede resolverse de otra manera. Primero, se elige una de las ecuaciones —por ejemplo la ecuación (15)— y se despeja una de las incógnitas en términos de la otra, digamos x en términos de y. Así, la ecuación (15) es equivalente a $3x = 4y + 13$, que a su vez equivale a

$$x = \frac{4}{3}y + \frac{13}{3}$$

y se obtiene

$$\begin{cases} x = \dfrac{4}{3}y + \dfrac{13}{3} & \text{(17)} \\ 2x + 3y = 3 & \text{(18)} \end{cases}$$

Sustituyendo el valor de x de la ecuación (17) en la ecuación (18) se obtiene

$$2\left(\frac{4}{3}y + \frac{13}{3}\right) + 3y = 3 \qquad \text{(19)}$$

De este modo ya se eliminó x. Resolviendo la ecuación (19), se tiene

$$\frac{8}{3}y + \frac{26}{3} + 3y = 3$$
$$8y + 26 + 9y = 9 \qquad \text{eliminando fracciones}$$
$$17y = -17$$
$$y = -1$$

Al reemplazar y en la ecuación (17) por -1 se obtiene $x = 3$, y el sistema original es equivalente a

$$\begin{cases} x = 3 \\ y = -1 \end{cases}$$

tal como resultó antes. Este método se llama **eliminación por sustitución**.

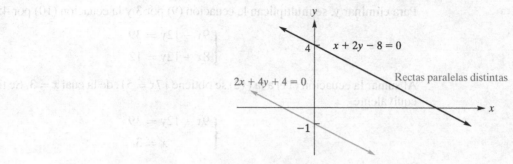

FIGURA 3.33   Sistema lineal del ejemplo 2; no hay solución.

APLÍQUELO ▶

17. Dos especies de ciervos, A y B, que viven en un refugio de vida salvaje comen alimento extra en invierno. Cada semana reciben 2 toneladas de alimento en forma de croqueta y 4.75 toneladas de heno. Cada ciervo de la especie A requiere 4 libras de croquetas y 5 libras de heno. Cada ciervo de la especie B requiere 2 libras de croquetas y 7 de heno. ¿Cuántos ciervos de cada especie se podrán sostener con el alimento de modo que cada semana se consuma toda la comida recibida?

EJEMPLO 2   Método de eliminación por sustitución

Utilice la eliminación por sustitución para resolver el sistema

$$\begin{cases} x + 2y - 8 = 0 \\ 2x + 4y + 4 = 0 \end{cases}$$

Solución: Es fácil resolver la primera ecuación para x. Al hacerlo se obtiene el sistema equivalente

$$\begin{cases} x = -2y + 8 \\ 2x + 4y + 4 = 0 \end{cases} \qquad (20) \\ (21)$$

Al sustituir $-2y + 8$ por x en la ecuación (21) se obtiene

$$2(-2y + 8) + 4y + 4 = 0$$

$$-4y + 16 + 4y + 4 = 0$$

Esta última ecuación se simplifica a $20 = 0$. Por lo tanto, se tiene el sistema

$$\begin{cases} x = -2y + 8 \\ 20 = 0 \end{cases} \qquad (22) \\ (23)$$

Como la ecuación (23) *nunca* es verdadera, **no existe solución** para el sistema original. La razón es clara si se observa que las ecuaciones originales pueden escribirse en la forma pendiente-intersección como

$$y = -\frac{1}{2}x + 4$$

y

$$y = -\frac{1}{2}x - 1$$

Estas ecuaciones representan líneas rectas que tienen pendientes de $-\frac{1}{2}$, pero diferentes intersecciones y, 4 y -1. Esto es, determinan rectas paralelas diferentes. (Vea la figura 3.33).

Ahora resuelva el problema 9 ◁

EJEMPLO 3   Sistema lineal con un número infinito de soluciones

Resuelva

$$\begin{cases} x + 5y = 2 \\ \frac{1}{2}x + \frac{5}{2}y = 1 \end{cases} \qquad (24) \\ (25)$$

Solución: Se comienza por eliminar x de la segunda ecuación. Multiplicando la ecuación (25) por -2, se tiene

$$\begin{cases} x + 5y = 2 \\ -x - 5y = -2 \end{cases} \qquad (26) \\ (27)$$

APLÍQUELO ▶

18. Dos especies de peces A y B se están criando en una granja piscícola, donde se les alimenta con dos suplementos vitamínicos. Cada día se reciben 100 gramos del primer suplemento y 200 gramos del segundo. Cada pez de la especie A requiere 15 mg del primer suplemento y 30 mg del segundo. Cada pez de la especie B requiere 20 mg del primer suplemento y 40 mg del segundo. ¿Cuántos peces de cada especie puede sostener la granja de modo que diariamente se consuman todos los suplementos?

Sumando la ecuación (26) a la (27) se obtiene

$$\begin{cases} x + 5y = 2 & (28) \\ 0 = 0 & (29) \end{cases}$$

Puesto que la ecuación (29) *siempre* es cierta, cualquier solución de la ecuación (28) es una solución del sistema. Ahora se verá cómo puede expresarse esta respuesta. De la ecuación (28) se tiene $x = 2 - 5y$, donde y puede ser cualquier número real, digamos r. Por lo tanto, puede escribirse $x = 2 - 5r$. La solución completa es

$$x = 2 - 5r$$
$$y = r$$

donde r es cualquier número real. En esta situación, a r se le denomina **parámetro** y se dice que hay una familia de soluciones con un parámetro. Cada valor de r determina una solución particular. Por ejemplo, si $r = 0$, entonces $x = 2$ y $y = 0$ es una solución; si $r = 5$, entonces $x = -23$ y $y = 5$ es otra solución. Es claro que el sistema tiene un número infinito de soluciones.

Resulta útil notar que al escribir las ecuaciones (24) y (25) en sus formas pendiente-intersección, se obtiene el sistema equivalente

$$\begin{cases} y = -\dfrac{1}{5}x + \dfrac{2}{5} \\ y = -\dfrac{1}{5}x + \dfrac{2}{5} \end{cases}$$

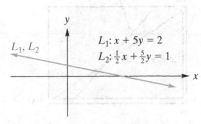

$L_1\colon x + 5y = 2$
$L_2\colon \frac{1}{2}x + \frac{5}{2}y = 1$

FIGURA 3.34 Sistema lineal del ejemplo 3; un número infinito de soluciones.

en el que ambas ecuaciones representan la misma recta. De modo que las rectas coinciden (vea la figura 3.34) y las ecuaciones (24) y (25) son equivalentes. La solución al sistema consiste en las parejas de coordenadas de todos los puntos ubicados sobre la recta $x + 5y = 2$, puntos que están dados por la solución paramétrica.

Ahora resuelva el problema 13 ◁

TECNOLOGÍA ▮▮▮▮

Resuelva de manera gráfica el sistema

$$\begin{cases} 9x + 4.1y = 7 \\ 2.6x - 3y = 18 \end{cases}$$

Solución: Primero se resuelve cada ecuación para y, de modo que cada ecuación tenga la forma $y = f(x)$.

$$y = \frac{1}{4.1}(7 - 9x)$$

$$y = -\frac{1}{3}(18 - 2.6x)$$

Luego se introducen estas funciones como Y_1 y Y_2 y se despliegan sobre el mismo rectángulo de visualización. (Vea la

figura 3.35). Por último, utilizando la característica de trazado y acercamiento, o bien la de intersección, se estima la solución como $x = 2.52$, $y = -3.82$.

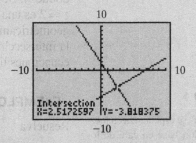

FIGURA 3.35 Solución gráfica del sistema.

EJEMPLO 4   Mezcla

Un fabricante de productos químicos debe surtir una orden de 500 litros de solución de ácido al 25% (veinticinco por ciento del volumen es ácido). Si en existencia hay disponibles soluciones al 30 y 18%, *¿cuántos litros de cada una debe mezclar para surtir el pedido?*

Solución: Sean x y y, respectivamente, el número de litros de las soluciones al 30 y 18% que deben mezclarse. Entonces

$$x + y = 500$$

Para ayudar a visualizar la situación, se dibuja el diagrama en la figura 3.36. En 500 litros de una solución al 25%, habrá 0.25(500) = 125 litros de ácido. Este ácido proviene de dos fuentes: 0.30x litros de la solución al 30% y 0.18y litros de la solución al 18%. Entonces,

$$0.30x + 0.18y = 125$$

Estas dos ecuaciones forman un sistema de dos ecuaciones lineales con dos incógnitas. Al resolver la primera para x se obtiene $x = 500 - y$. Sustituyendo en la segunda se obtiene

$$0.30(500 - y) + 0.18y = 125$$

Resolviendo ésta para y, se encuentra que $y = 208\frac{1}{3}$ litros. Así, $x = 500 - 208\frac{1}{3} = 291\frac{2}{3}$ litros. (Vea la figura 3.37).

Ahora resuelva el problema 25 ◁

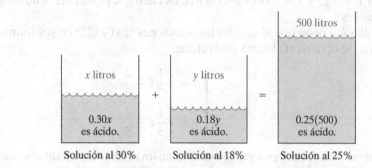

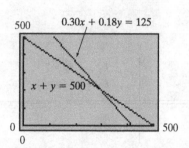

FIGURA 3.36   Problema de la mezcla.   **FIGURA 3.37**   Gráfica para el ejemplo 4.

Sistemas con tres variables

Los métodos para resolver un sistema de ecuaciones lineales con dos variables también pueden utilizarse para resolver sistemas de ecuaciones lineales con tres variables. Una **ecuación lineal general con tres variables** x, y y z es una ecuación que tiene la forma

$$Ax + By + Cz = D$$

donde A, B, C y D son constantes y A, B y C no son todas cero. Por ejemplo, $2x - 4y + z = 2$ es una de tales ecuaciones. Una ecuación lineal general con tres variables representa geométricamente un *plano* en el espacio, y una solución al sistema de tales ecuaciones es la intersección de los planos. En el ejemplo 5 se muestra cómo resolver un sistema de tres ecuaciones lineales con tres variables.

EJEMPLO 5   **Resolución de un sistema lineal con tres variables**

Resuelva

$$\begin{cases} 2x + y + z = 3 & (30) \\ -x + 2y + 2z = 1 & (31) \\ x - y - 3z = -6 & (32) \end{cases}$$

Solución: Este sistema consiste en tres ecuaciones lineales con tres variables. De la ecuación (32), $x = y + 3z - 6$. Al sustituir este valor para x en las ecuaciones (30) y (31), se obtiene

$$\begin{cases} 2(y + 3z - 6) + y + z = 3 \\ -(y + 3z - 6) + 2y + 2z = 1 \\ x = y + 3z - 6 \end{cases}$$

Simplificando, resulta

$$\begin{cases} 3y + 7z = 15 & (33) \\ y - z = -5 & (34) \\ x = y + 3z - 6 & (35) \end{cases}$$

Observe que x no aparece en las ecuaciones (33) y (34). Como cualquier solución del sistema original debe satisfacer las ecuaciones (33) y (34), primero debe considerarse su solución:

$$\begin{cases} 3y + 7z = 15 & (33) \\ y - z = -5 & (34) \end{cases}$$

De la ecuación (34), $y = z - 5$. Esto significa que puede reemplazarse la ecuación (33) por

$$3(z - 5) + 7z = 15, \quad \text{esto es,} \quad z = 3$$

Como z es 3, puede reemplazarse la ecuación (34) por $y = -2$. Así, el sistema anterior es equivalente a

$$\begin{cases} z = 3 \\ y = -2 \end{cases}$$

El sistema original se transforma en

$$\begin{cases} z = 3 \\ y = -2 \\ x = y + 3z - 6 \end{cases}$$

a partir de lo cual $x = 1$. La solución es $x = 1$, $y = -2$ y $z = 3$, que usted puede verificar.

Ahora resuelva el problema 15 ◁

De igual forma que un sistema de dos variables puede tener una familia de soluciones con un parámetro, un sistema con tres variables puede tener una familia de soluciones con uno o dos parámetros. Los dos ejemplos siguientes lo ilustran.

EJEMPLO 6 **Familia de soluciones con un parámetro**

Resuelva

$$\begin{cases} x - 2y = 4 & (35) \\ 2x - 3y + 2z = -2 & (36) \\ 4x - 7y + 2z = 6 & (37) \end{cases}$$

Solución: Observe que así como la ecuación (35) puede escribirse en la forma $x - 2y + 0z = 4$, las ecuaciones (35) a (37) pueden considerarse como un sistema de tres ecuaciones lineales en las variables x, y y z. A partir de la ecuación (35) se tiene $x = 2y + 4$. Usando esta ecuación y el método de sustitución puede eliminarse x de las ecuaciones (36) y (37):

$$\begin{cases} x = 2y + 4 \\ 2(2y + 4) - 3y + 2z = -2 \\ 4(2y + 4) - 7y + 2z = 6 \end{cases}$$

lo cual se simplifica hasta obtener,

$$\begin{cases} x = 2y + 4 & (38) \\ y + 2z = -10 & (39) \\ y + 2z = -10 & (40) \end{cases}$$

Multiplicando la ecuación (40) por -1 se obtiene

$$\begin{cases} x = 2y + 4 \\ y + 2z = -10 \\ -y - 2z = 10 \end{cases}$$

Al sumar la segunda ecuación a la tercera resulta

$$\begin{cases} x = 2y + 4 \\ y + 2z = -10 \\ 0 = 0 \end{cases}$$

Como la ecuación $0 = 0$ siempre es verdadera, el sistema es equivalente a

$$\begin{cases} x = 2y + 4 & \quad (41) \\ y + 2z = -10 & \quad (42) \end{cases}$$

Resolviendo la ecuación (42) para y, se tiene

$$y = -10 - 2z$$

la cual expresa a y en términos de z. También puede expresarse a x en términos de z. De la ecuación (41),

$$x = 2y + 4$$
$$= 2(-10 - 2z) + 4$$
$$= -16 - 4z$$

Por lo tanto, se tiene

$$\begin{cases} x = -16 - 4z \\ y = -10 - 2z \end{cases}$$

Como no hay restricciones sobre z, esto sugiere la existencia de una familia de soluciones paramétricas. Haciendo $z = r$, se tiene la familia de soluciones siguiente para el sistema dado:

$$x = -16 - 4r$$
$$y = -10 - 2r$$
$$z = r$$

Es posible obtener otras representaciones paramétricas de la solución.

donde r puede ser cualquier número real. Entonces, se ve que el sistema dado tiene un número infinito de soluciones. Por ejemplo, haciendo $r = 1$ se obtiene la solución particular $x = -20$, $y = -12$ y $z = 1$. No hay nada especial acerca del nombre del parámetro. De hecho, como $z = r$, podría considerarse a z como el parámetro.

Ahora resuelva el problema 19 ◁

EJEMPLO 7 Familia de soluciones con dos parámetros

Resuelva el sistema

$$\begin{cases} x + 2y + z = 4 \\ 2x + 4y + 2z = 8 \end{cases}$$

Solución: Este es un sistema de dos ecuaciones lineales con tres variables. Se eliminará x de la segunda ecuación al multiplicarla primero por $-\frac{1}{2}$:

$$\begin{cases} x + 2y + z = 4 \\ -x - 2y - z = -4 \end{cases}$$

Sumando la primera ecuación a la segunda se obtiene

$$\begin{cases} x + 2y + z = 4 \\ 0 = 0 \end{cases}$$

De la primera ecuación, resulta

$$x = 4 - 2y - z$$

Como no existe restricción sobre y o z, éstos pueden ser números reales arbitrarios, lo que proporciona una familia de soluciones con dos parámetros. Cuando se establecen $y = r$ y

$z = s$, tenemos que la solución del sistema es

$$x = 4 - 2r - s$$
$$y = r$$
$$z = s$$

donde r y s pueden ser cualesquiera números reales. Cada asignación de valores a r y a s proporciona una solución del sistema, de modo que existe un número infinito de soluciones. Por ejemplo, al hacer $r = 1$ y $s = 2$ se obtiene la solución particular $x = 0$, $y = 1$ y $z = 2$. Tal como sucedió en el último ejemplo, no hay nada especial acerca de los nombres de los parámetros. En particular, como $y = r$ y $z = s$, podría considerarse a y y z como los dos parámetros.

Ahora resuelva el problema 23 ◁

PROBLEMAS 3.4

En los problemas del 1 al 24, resuelva los sistemas algebraicamente.

1. $\begin{cases} x + 4y = 3 \\ 3x - 2y = -5 \end{cases}$

2. $\begin{cases} 4x + 2y = 9 \\ 5y - 4x = 5 \end{cases}$

3. $\begin{cases} 2x + 3y = 1 \\ x + 2y = 0 \end{cases}$

4. $\begin{cases} 2x - y = 1 \\ -x + 2y = 7 \end{cases}$

5. $\begin{cases} u + v = 5 \\ u - v = 7 \end{cases}$

6. $\begin{cases} 2p + q = 16 \\ 3p + 3q = 33 \end{cases}$

7. $\begin{cases} x - 2y = -7 \\ 5x + 3y = -9 \end{cases}$

8. $\begin{cases} 4x + 12y = 12 \\ 2x + 4y = 12 \end{cases}$

9. $\begin{cases} 4x - 3y - 2 = 3x - 7y \\ x + 5y - 2 = y + 4 \end{cases}$

10. $\begin{cases} 5x + 7y + 2 = 9y - 4x + 6 \\ \frac{21}{2}x - \frac{4}{3}y - \frac{11}{4} = \frac{3}{2}x + \frac{2}{3}y + \frac{5}{4} \end{cases}$

11. $\begin{cases} \frac{2}{3}x + \frac{1}{2}y = 2 \\ \frac{3}{8}x + \frac{5}{6}y = -\frac{11}{2} \end{cases}$

12. $\begin{cases} \frac{1}{2}z - \frac{1}{4}w = \frac{1}{6} \\ \frac{1}{2}z + \frac{1}{4}w = \frac{1}{6} \end{cases}$

13. $\begin{cases} 2p + 3q = 5 \\ 10p + 15q = 25 \end{cases}$

14. $\begin{cases} 5x - 3y = 2 \\ -10x + 6y = 4 \end{cases}$

15. $\begin{cases} 2x + y + 6z = 3 \\ x - y + 4z = 1 \\ 3x + 2y - 2z = 2 \end{cases}$

16. $\begin{cases} x + y + z = -1 \\ 3x + y + z = 1 \\ 4x - 2y + 2z = 0 \end{cases}$

17. $\begin{cases} x + 4y + 3z = 10 \\ 4x + 2y - 2z = -2 \\ 3x - y + z = 11 \end{cases}$

18. $\begin{cases} x + 2y + z = 4 \\ 2x - 4y - 5z = 26 \\ 2x + 3y + z = 10 \end{cases}$

19. $\begin{cases} x - 2z = 1 \\ y + z = 3 \end{cases}$

20. $\begin{cases} 2y + 3z = 1 \\ 3x - 4z = 0 \end{cases}$

21. $\begin{cases} x - y + 2z = 0 \\ 2x + y - z = 0 \\ x + 2y - 3z = 0 \end{cases}$

22. $\begin{cases} x - 2y - z = 0 \\ 2x - 4y - 2z = 0 \\ -x + 2y + z = 0 \end{cases}$

23. $\begin{cases} x - 3y + z = 5 \\ -2x + 6y - 2z = -10 \end{cases}$

24. $\begin{cases} 5x + y + z = 17 \\ 4x + y + z = 14 \end{cases}$

25. Mezcla Un fabricante de productos químicos desea surtir un pedido de 800 galones de una solución de ácido al 25%. En existencia tiene soluciones al 20 y 35%. ¿Cuántos galones de cada solución debe mezclar para surtir el pedido?

26. Mezcla Un jardinero tiene dos fertilizantes que contienen diferentes concentraciones de nitrógeno. Uno tiene 3% de nitrógeno y el otro 11% de nitrógeno. ¿Cuántas libras de cada fertilizante debe mezclar para obtener 20 libras con una concentración de 9 por ciento?

27. Telas Una fábrica de telas produce un tejido hecho a partir de diferentes fibras. Con base en algodón, poliéster y *nailon*, el propietario necesita producir una tela combinada que cueste $3.25 por libra fabricada. El costo por libra de estas fibras es de $4.00, $3.00 y $2.00, respectivamente. La cantidad de nailon debe ser la misma que la cantidad de poliéster. ¿Cuánto de cada fibra debe tener la tela final?

28. Impuesto Una compañía tiene ingresos gravables por $758 000. El impuesto federal es 35% de la parte restante después que el impuesto estatal ha sido pagado. El impuesto estatal es 15% de la parte restante después que el federal ha sido pagado. Determine los impuestos federal y estatal.

29. Velocidad de un avión Un avión recorre 900 millas en 2 horas y 55 minutos con viento a favor. Le toma 3 horas 26 minutos el viaje de regreso volando en contra del viento. Encuentre la velocidad del avión sin viento, calcule también la velocidad del viento.

30. Velocidad de una balsa En un viaje en balsa, recorrer 10 millas aguas abajo tomó media hora. El viaje de regreso tomó $\frac{3}{4}$ de hora. Encuentre la velocidad de la balsa con el agua en calma y calcule la velocidad de la corriente.

31. Venta de muebles Un fabricante de comedores produce dos estilos, Americano Antiguo y Contemporáneo. Por su experiencia, el administrador ha determinado que pueden venderse 20% más comedores Americano Antiguo que Contemporáneo. En cada venta de un Americano Antiguo hay una utilidad de $250, mientras que se gana $350 en cada Contemporáneo. Si para el año próximo el administrador desea obtener una ganancia total de $130 000, ¿cuántas unidades de cada estilo deben venderse?

32. Encuesta A Encuestas Nacionales se le concedió un contrato para realizar una encuesta de preferencia de producto para Crispy

Crackers. Un total de 250 personas fueron entrevistadas. Encuestas Nacionales informó que a 62.5% más de las personas entrevistadas les gustaba Crispy Crackers que a las que no les gustaba. Sin embargo, el informe no indicó que el 16% de las personas entrevistadas no habían contestado. ¿A cuántas de las personas entrevistadas les gustó Crispy Crackers? ¿A cuántas no? ¿Cuántas no contestaron?

33. Costo de igualación United Products Co., fabrica calculadoras y tiene plantas en las ciudades de Exton y Whyton. En la planta de Exton, los costos fijos son de $5000 por mes y el costo de producir cada calculadora es de $5.50. En la planta de Whyton, los costos fijos son de $6000 por mes y la producción de cada calculadora cuesta $4.50. El mes siguiente, United Products debe producir 1000 calculadoras. ¿Cuántas debe fabricar cada planta si el costo total en cada una debe ser el mismo?

34. Mezcla de café Para obtener 100 lb de café que vende a $2.40 por libra, un comerciante de café mezcla tres tipos del grano que cuestan $2.20, $2.30 y $2.60 por libra. Si el comerciante utiliza la misma cantidad de los dos cafés más caros, ¿cuánto de cada tipo debe utilizar en la mezcla?

35. Comisiones Una compañía paga a sus agentes de ventas con base en un porcentaje de los primeros $100 000 en ventas, más otro porcentaje sobre cualquier cantidad por encima de los $100 000. Si un agente recibió $8500 por ventas de $175 000 y otro recibió $14 800 por ventas de $280 000, encuentre los dos porcentajes respectivos.

36. Utilidades anuales En informes financieros, las utilidades de una compañía en el año en curso (T) con frecuencia se comparan con las del año anterior (L), pero los valores reales de T y L no siempre se dan. Este año, una compañía tuvo una utilidad de $25 millones más que el año pasado. Las utilidades fueron 30% mayores. A partir de estos datos determine T y L.

37. Empaque de frutas La compañía de productos orgánicos Ilovetiny.com tiene 3600 libras de duraznos que debe empacar en cajas. La mitad de las cajas se llenarán con duraznos sueltos, cada una conteniendo 20 lb de fruta, y las otras se llenarán con ocho contenedores plásticos de apertura rápida de 8 lb, cada uno de los cuales contendrá 2.2 lb de duraznos. Determine el número de cajas y el número de contenedores que se requerirán.

38. Inversiones Una persona tiene dos inversiones y el porcentaje de ganancia por año en cada una es el mismo. Del total de la cantidad invertida, 40% menos $1000 se invirtieron en una empresa de riesgo y, al final de un año, la persona recibió un

rendimiento de $400 de esa empresa. Si el rendimiento total después de un año fue de $1200, encuentre la cantidad total invertida.

39. Corrida de producción Una compañía produce tres tipos de muebles para patio: sillas, mecedoras y sillones reclinables. Cada tipo requiere de madera, plástico y aluminio, como se indica en la tabla siguiente. La compañía tiene en existencia 400 unidades de madera, 600 de plástico y 1500 de aluminio. Para la corrida de fin de temporada, la compañía quiere utilizar todo su inventario. Para esto, ¿cuántas sillas, mecedoras y sillones debe fabricar?

	Madera	Plástico	Aluminio
Silla	1 unidad	1 unidad	2 unidades
Mecedora	1 unidad	1 unidad	3 unidades
Sillón reclinable	1 unidad	2 unidades	5 unidades

40. Inversiones Un total de $35 000 se invirtieron a tres tasas de interés: 7, 8 y 9%. El interés en el primer año fue de $2830, que no se reinvirtió. El segundo año la cantidad invertida originalmente al 9% ganó 10% y las otras tasas permanecieron iguales. El interés total en el segundo año fue de $2960. ¿Cuánto se invirtió a cada tasa?

41. Contratación de trabajadores Una compañía paga a sus trabajadores calificados $16 por hora en su departamento de ensamblado. Los trabajadores semicalificados ganan $9.50 por hora en ese departamento. A los empleados de envíos se les pagan $10 por hora. A causa de un incremento en los pedidos, la compañía necesita contratar un total de 70 trabajadores en los departamentos de ensamblado y envíos. Pagará un total de $725 por hora a estos empleados. A causa de un contrato con el sindicato, debe emplearse el doble de trabajadores semicalificados que de calificados. ¿Cuántos trabajadores semicalificados, calificados y empleados de envíos debe contratar la compañía?

42. Almacenamiento de un solvente Un tanque de ferrocarril de 10 000 galones se llena con solvente a partir de dos tanques de almacenamiento, A y B. El solvente de A se bombea a una tasa de 25 gal/min y el solvente de B a 35 gal/min. Por lo general, ambas bombas operan al mismo tiempo. Sin embargo, a causa de un fusible fundido la bomba en A estuvo sin funcionar 5 minutos. Las dos bombas terminaron de operar al mismo tiempo. ¿Cuántos galones de cada tanque de almacenamiento se utilizaron para llenar el tanque de ferrocarril?

Objetivo

Utilizar la sustitución para resolver sistemas de ecuaciones no lineales.

3.5 Sistemas no lineales

Un sistema de ecuaciones en el que al menos una ecuación es no lineal se llama **sistema no lineal**. Con frecuencia, un sistema no lineal puede resolverse por sustitución, como se hizo con los sistemas lineales. Los ejemplos siguientes lo ilustran.

EJEMPLO 1   **Resolución de un sistema no lineal**

Resuelva

$$\begin{cases} x^2 - 2x + y - 7 = 0 & \text{(1)} \\ 3x - y + 1 = 0 & \text{(2)} \end{cases}$$

Solución:

> **Estrategia**   Si un sistema no lineal contiene una ecuación lineal, por lo general se despeja una de las variables de la ecuación lineal y se sustituye esa variable en la otra ecuación.

Cuando se despeja y de la ecuación (2) se obtiene

$$y = 3x + 1 \qquad \text{(3)}$$

Al sustituir en la ecuación (1) y simplificar, se obtiene

$$x^2 - 2x + (3x + 1) - 7 = 0$$
$$x^2 + x - 6 = 0$$
$$(x + 3)(x - 2) = 0$$
$$x = -3 \text{ o } x = 2$$

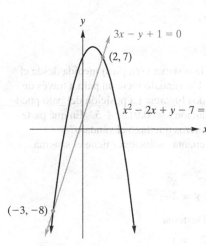

FIGURA 3.38   Sistema de ecuaciones no lineales.

Si $x = -3$, entonces la ecuación (3) implica que $y = -8$; si $x = 2$, entonces $y = 7$. Debe comprobarse que cada pareja de valores satisfaga el sistema dado. De aquí que las soluciones sean $x = -3$, $y = -8$ y $x = 2$, $y = 7$. La solución geométrica se presenta en la gráfica del sistema de la figura 3.38. Observe que la gráfica de la ecuación (1) es una parábola y la de la ecuación (2) una recta. Las soluciones corresponden a los puntos de intersección $(-3, -8)$ y $(2, 7)$.

Ahora resuelva el problema 1 ◁

EJEMPLO 2   **Resolución de un sistema no lineal**

Resuelva

$$\begin{cases} y = \sqrt{x + 2} \\ x + y = 4 \end{cases}$$

¡ADVERTENCIA!

Este ejemplo ilustra la necesidad de verificar todas las "soluciones".

Solución: Al despejar y de la segunda ecuación, que es lineal, se obtiene

$$y = 4 - x \qquad \text{(4)}$$

Al sustituir en la primera ecuación se obtiene

$$4 - x = \sqrt{x + 2}$$
$$16 - 8x + x^2 = x + 2 \qquad \text{elevando al cuadrado ambos lados}$$
$$x^2 - 9x + 14 = 0$$
$$(x - 2)(x - 7) = 0$$

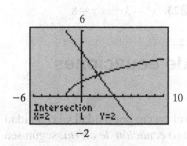

FIGURA 3.39   Sistema no lineal del ejemplo 2.

Por lo tanto, $x = 2$ o $x = 7$. De la ecuación (4), si $x = 2$, entonces $y = 2$; si $x = 7$, entonces $y = -3$. Como se realizó la operación de elevar al cuadrado en ambos lados, es necesario verificar los resultados. Aunque el par $x = 2$, $y = 2$ satisface ambas ecuaciones originales, éste no es el caso para $x = 7$, $y = -3$. Por lo tanto, la solución es $x = 2$, $y = 2$. (Vea la figura 3.39).

Ahora resuelva el problema 13 ◁

TECNOLOGÍA ▌▌▌▌▌

Resuelva gráficamente la ecuación $0.5x^2 + x = 3$, donde $x \geq 0$.

Solución: Para resolver la ecuación, podrían encontrarse los ceros de la función $f(x) = 0.5x^2 + x - 3$. De manera alterna, puede pensarse en este problema como la solución del sistema no lineal

$$y = 0.5x^2 + x$$
$$y = 3$$

En la figura 3.40, se estima que el punto de intersección es $x = 1.65$, $y = 3$. Observe que la gráfica de $y = 3$ es una recta horizontal. La solución de la ecuación dada es $x = 1.65$.

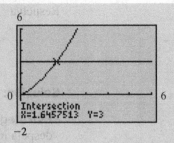

FIGURA 3.40   Solución de $0.5x^2 + x = 3$.

PROBLEMAS 3.5

En los problemas del 1 al 14, resuelva el sistema no lineal dado.

1. $\begin{cases} y = x^2 - 9 \\ 2x + y = 3 \end{cases}$

2. $\begin{cases} y = x^3 \\ x - 2y = 0 \end{cases}$

3. $\begin{cases} p^2 = 5 - q \\ p = q + 1 \end{cases}$

4. $\begin{cases} y^2 - x^2 = 28 \\ x - y = 14 \end{cases}$

5. $\begin{cases} x = y^2 \\ y = x^2 \end{cases}$

6. $\begin{cases} p^2 - q + 1 = 0 \\ 5q - 3p - 2 = 0 \end{cases}$

7. $\begin{cases} y = 4 + 2x - x^2 \\ y = x^2 + 1 \end{cases}$

8. $\begin{cases} x^2 + 4x - y = -4 \\ y - x^2 - 4x + 3 = 0 \end{cases}$

9. $\begin{cases} p = \sqrt{q} \\ p = q^2 \end{cases}$

10. $\begin{cases} z = 4/w \\ 3z = 2w + 2 \end{cases}$

11. $\begin{cases} x^2 = y^2 + 13 \\ y = x^2 - 15 \end{cases}$

12. $\begin{cases} x^2 + y^2 + 2xy = 1 \\ 2x - y = 2 \end{cases}$

13. $\begin{cases} x = y + 1 \\ y = 2\sqrt{x + 2} \end{cases}$

14. $\begin{cases} y = \dfrac{x^2}{x - 1} + 1 \\ y = \dfrac{1}{x - 1} \end{cases}$

15. Decoraciones   La forma de una serpentina suspendida por encima de una pista de baile puede describirse mediante la función $y = 0.01x^2 + 0.01x + 7$, donde y es la altura de la serpentina (en pies) por encima del piso y x es la distancia horizontal (en pies) desde el centro del salón. Una cuerda descrita por medio de la función $y = 0.01x + 8.0$ y que sujeta otra decoración toca a la serpentina. ¿En dónde toca la cuerda a la serpentina?

16. Marquesina   La forma de una marquesina decorativa sobre una fachada puede describirse por medio de la función $y = 0.06x^2 + 0.012x + 8$, donde y es la altura del borde de la marquesina (en pies) por encima de la acera y x es la distancia (en pies) medida desde el centro del portal de la tienda. Un vándalo mete un palo a través de la marquesina perforando en dos lugares. La posición del palo puede describirse por medio de la función $y = 0.912x + 5$. ¿En qué parte de la marquesina están los agujeros que hizo el vándalo?

⊠ 17.   Determine gráficamente cuántas soluciones tiene el sistema

$$\begin{cases} y = \dfrac{1}{x^2} \\ y = 2 - x^2 \end{cases}$$

⊠ 18.   Resuelva gráficamente el sistema

$$\begin{cases} 2y = x^3 \\ y = 8 - x^2 \end{cases}$$

con un decimal de precisión.

⊠ 19.   Resuelva gráficamente el sistema

$$\begin{cases} y = x^2 - 2x + 1 \\ y = x^3 + x^2 - 2x + 3 \end{cases}$$

con un decimal de precisión.

⊠ 20.   Resuelva gráficamente el sistema

$$\begin{cases} y = x^3 - x + 1 \\ y = 3x + 2 \end{cases}$$

con un decimal de precisión.

En los problemas del 21 al 23, resuelva gráficamente la ecuación tratándola como un sistema. Redondee las respuestas a dos decimales.

⊠ 21. $0.8x^2 + 2x = 6$ donde $x \geq 0$

⊠ 22. $-\sqrt{x + 3} = 1 - x$

⊠ 23. $x^3 - 3x^2 = x - 8$

Objetivo

Resolver sistemas que describen situaciones de equilibrio y puntos de equilibrio.

3.6 Aplicaciones de los sistemas de ecuaciones

Equilibrio

Recuerde de la sección 3.2 que una ecuación que relaciona el precio por unidad y la cantidad demandada (suministrada) se llama *ecuación de demanda* (o *ecuación de oferta*, según sea el caso). Suponga que para un producto Z la ecuación de demanda es

$$p = -\frac{1}{180}q + 12 \tag{1}$$

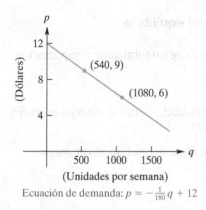

Ecuación de demanda: $p = -\frac{1}{180}q + 12$

FIGURA 3.41   Curva de demanda.

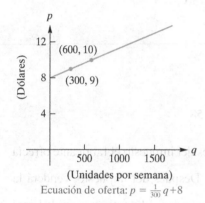

Ecuación de oferta: $p = \frac{1}{300}q + 8$

FIGURA 3.42   Curva de oferta.

y la ecuación de oferta es

$$p = \frac{1}{300}q + 8 \qquad (2)$$

donde $q, p \geq 0$. Las correspondientes curvas de demanda y oferta son las rectas de las figuras 3.41 y 3.42, respectivamente. Al analizar la figura 3.41, se observa que los clientes comprarán 540 unidades por semana cuando el precio sea de \$9 por unidad, 1080 unidades cuando el precio sea de \$6, y así sucesivamente. En la figura 3.42 se muestra que cuando el precio es de \$9 por unidad, los productores colocarán 300 unidades por semana en el mercado, a \$10 colocarán 600 unidades, y así sucesivamente.

Cuando las curvas de demanda y oferta de un producto se representan en el mismo plano de coordenadas, el punto (m, n) donde las curvas se intersecan se llama **punto de equilibrio**. (Vea la figura 3.43). El precio, n, llamado **precio de equilibrio**, es el precio al que los consumidores comprarán la misma cantidad de un producto que los productores ofrezcan a ese precio. En pocas palabras, n es el precio en que se da una estabilidad entre productor y consumidor. La cantidad m se llama **cantidad de equilibrio**.

Para determinar con precisión el punto de equilibrio, se resolverá el sistema formado por las ecuaciones de oferta y demanda. Esto se hará para los datos anteriores, es decir, el sistema

$$\begin{cases} p = -\dfrac{1}{180}q + 12 & \text{ecuación de demanda} \\[2mm] p = \dfrac{1}{300}q + 8 & \text{ecuación de oferta} \end{cases}$$

Al sustituir p por $\dfrac{1}{300}q + 8$ en la ecuación de demanda, se obtiene

$$\frac{1}{300}q + 8 = -\frac{1}{180}q + 12$$

$$\left(\frac{1}{300} + \frac{1}{180}\right)q = 4$$

$$q = 450 \qquad \text{cantidad de equilibrio}$$

Por lo tanto,

$$p = \frac{1}{300}(450) + 8$$

$$= 9.50 \qquad\qquad \text{precio de equilibrio}$$

y el punto de equilibrio es (450, 9.50). Por ende, al precio de \$9.50 por unidad, los fabricantes producirían exactamente la cantidad (450) de unidades por semana que los consumidores comprarían a ese precio. (Vea la figura 3.44).

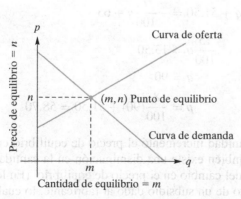

FIGURA 3.43   Equilibrio.

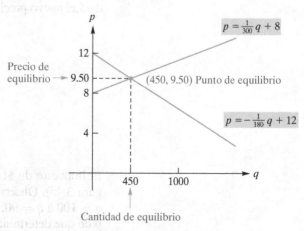

FIGURA 3.44   Equilibrio.

> **EJEMPLO 1**   **Efecto de los impuestos sobre el equilibrio**

Sea $p = \dfrac{8}{100}q + 50$ la ecuación de oferta para el producto de un fabricante y suponga que

la ecuación de demanda es $p = -\dfrac{7}{100}q + 65$.

a. Si al fabricante se le cobra un impuesto de \$1.50 por unidad, ¿cómo se afectará el precio de equilibrio original si la demanda permanece igual?

Solución: Antes del impuesto, el precio de equilibrio se obtiene resolviendo el sistema

$$\begin{cases} p = \dfrac{8}{100}q + 50 \\[2mm] p = -\dfrac{7}{100}q + 65 \end{cases}$$

Por sustitución,

$$-\frac{7}{100}q + 65 = \frac{8}{100}q + 50$$

$$15 = \frac{15}{100}q$$

$$100 = q$$

y

$$p = \frac{8}{100}(100) + 50 = 58$$

Por lo tanto, \$58 es el precio de equilibrio original. Antes del impuesto el fabricante ofrecía

q unidades a un precio de $p = \dfrac{8}{100}q + 50$ por unidad. Después del impuesto, venderá la

misma cantidad q de unidades con \$1.50 adicional por unidad. El precio por unidad será

$\left(\dfrac{8}{100}q + 50\right) + 1.50$, de modo que la nueva ecuación de oferta es

$$p = \frac{8}{100}q + 51.50$$

La resolución del sistema

$$\begin{cases} p = \dfrac{8}{100}q + 51.50 \\[2mm] p = -\dfrac{7}{100}q + 65 \end{cases}$$

dará el nuevo precio de equilibrio:

$$\frac{8}{100}q + 51.50 = -\frac{7}{100}q + 65$$

$$\frac{15}{100}q = 13.50$$

$$q = 90$$

$$p = \frac{8}{100}(90) + 51.50 = 58.70$$

El impuesto de \$1.50 por unidad incrementó el precio de equilibrio en \$0.70. (Vea la figura 3.45). Observe que también existe una disminución en la cantidad de equilibrio, de $q = 100$ a $q = 90$, a causa del cambio en el precio de equilibrio. (En los problemas, se le pide que determine el efecto de un subsidio dado al fabricante, lo cual reducirá el precio del producto).

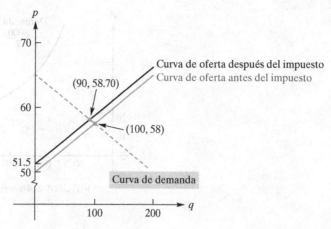

FIGURA 3.45 Equilibrio antes y después del impuesto.

Ahora resuelva el problema 15 ◁

b. Determine el ingreso total obtenido por el fabricante en el punto de equilibrio antes y después del impuesto.

Solución: Si se venden q unidades de un producto a un precio p cada una, entonces el ingreso total (TR) está dado por

$$y_{TR} = pq$$

Antes del impuesto, el ingreso en (100, 58) es

$$y_{TR} = (58)(100) = 5800$$

Después del impuesto, es

$$y_{TR} = (58.70)(90) = 5283$$

que es una disminución. ◁

EJEMPLO 2   Equilibrio con demanda no lineal

Encuentre el punto de equilibrio si las ecuaciones de oferta y demanda de un producto son
$p = \dfrac{q}{40} + 10$ y $p = \dfrac{8000}{q}$, respectivamente.

Solución: Aquí la ecuación de demanda no es lineal. Al resolver el sistema

$$\begin{cases} p = \dfrac{q}{40} + 10 \\ p = \dfrac{8000}{q} \end{cases}$$

por sustitución se obtiene

$$\frac{8000}{q} = \frac{q}{40} + 10$$

$$320\,000 = q^2 + 400q \qquad \text{multiplicando ambos lados por } 40q$$

$$q^2 + 400q - 320\,000 = 0$$

$$(q + 800)(q - 400) = 0$$

$$q = -800 \quad \text{o} \quad q = 400$$

Se descarta $q = -800$, puesto que q representa una cantidad. Al elegir $q = 400$, se tiene $p = (8000/400) = 20$, de modo que el punto de equilibrio es (400, 20). (Vea la figura 3.46).

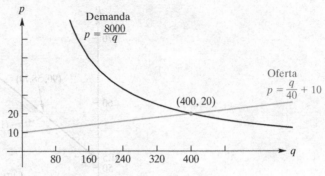

FIGURA 3.46 Equilibrio con demanda no lineal.

◁

Puntos de equilibrio

Suponga que un fabricante produce un producto A y lo vende a \$8 por unidad. Entonces, el ingreso total y_{TR} recibido por la venta de q unidades es

$$y_{TR} = 8q \qquad \text{ingreso total}$$

La diferencia entre el ingreso total recibido por q unidades y el costo total de q unidades es la utilidad del fabricante:

$$\textbf{utilidad} = \textbf{ingreso total} - \textbf{costo total}$$

(Si la utilidad es negativa, entonces se tendrá una pérdida). El **costo total**, y_{TC}, es la suma de los costos totales variables y_{VC} y los costos totales fijos y_{FC}:

$$y_{TC} = y_{VC} + y_{FC}$$

Los **costos fijos** son aquellos que bajo condiciones normales no dependen del nivel de producción; esto es, en algún periodo permanecen constantes durante todos los niveles de producción (ejemplos son la renta, el salario de los oficinistas y el mantenimiento normal). Los **costos variables** son aquellos que varían con el nivel de producción (como el costo de materiales, mano de obra, mantenimiento debido al uso y desgaste, etc.). Suponga que, para q unidades de producto A,

$$y_{FC} = 5000 \qquad \text{costo fijo}$$

y $y_{VC} = \dfrac{22}{9}q \qquad \text{costo variable}$

Entonces

$$y_{TC} = \frac{22}{9}q + 5000 \qquad \text{costo total}$$

En la figura 3.47 se presentan las gráficas de costo total e ingreso total. El eje horizontal representa el nivel de producción, q, y el eje vertical representa el valor total del ingreso o del costo. El **punto de equilibrio** es el punto en que el ingreso total es igual al costo total (TR = TC). Este punto ocurre cuando los niveles de producción y de ventas tienen como resultado cero pérdidas y cero utilidades. En el diagrama, llamado *gráfica del punto de equilibrio*, el punto de equilibrio es el punto (m, n) donde las gráficas de $y_{TR} = 8q$ y $y_{TC} = \frac{22}{9}q + 5000$ se intersecan. A m se le llama la **cantidad de equilibrio** y a n el **ingreso de equilibrio**. Cuando el costo total y el ingreso total están relacionados de manera lineal con la producción, como en este caso, para cualquier nivel de producción mayor que m, el ingreso total es mayor que el costo total, lo cual resulta en una utilidad. Sin embargo, en cualquier nivel menor de m unidades, el ingreso total es menor que el costo total y esto resulta en una pérdida. Para una producción de m unidades, la utilidad es cero. En el ejemplo siguiente se examinarán los datos con mayor detalle.

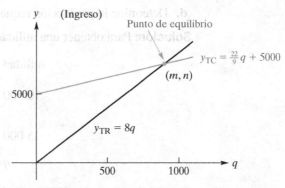

FIGURA 3.47   Gráfica del punto de equilibrio.

| **EJEMPLO 3** | **Punto de equilibrio, utilidad y pérdida** |

Un fabricante ofrece un producto a \$8 por unidad y vende todo lo que produce. El costo fijo es de \$5000 y el variable por unidad es de $\frac{22}{9}$ (dólares).

a. Encuentre la producción y el ingreso total en el punto de equilibrio.

Solución: A un nivel de producción de q unidades, el costo variable es $y_{\text{VC}} = \frac{22}{9}q$ y el ingreso total es $y_{\text{TR}} = 8q$. Por lo tanto,

$$y_{\text{TR}} = 8q$$

$$y_{\text{TC}} = y_{\text{VC}} + y_{\text{FC}} = \frac{22}{9}q + 5000$$

En el punto de equilibrio, el ingreso total es igual al costo total. Así, resolvamos el sistema formado por las ecuaciones anteriores. Como

$$y_{\text{TR}} = y_{\text{TC}}$$

tenemos

$$8q = \frac{22}{9}q + 5000$$

$$\frac{50}{9}q = 5000$$

$$q = 900$$

Así que la producción deseada es de 900 unidades, lo cual resulta en un ingreso total de

$$y_{\text{TR}} = 8(900) = 7200$$

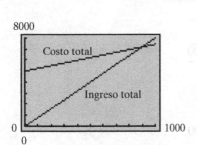

FIGURA 3.48   Punto de equilibrio (900, 7200).

(Vea la figura 3.48).

b. Determine la utilidad cuando se producen 1800 unidades.

Solución: Como utilidad = ingreso total − costo total, cuando $q = 1800$ se tiene

$$y_{\text{TR}} - y_{\text{TC}} = 8(1800) - \left[\frac{22}{9}(1800) + 5000\right]$$

$$= 5000$$

Cuando se producen y venden 1800 unidades, la utilidad es de \$5000.

c. Determine la pérdida cuando se producen 450 unidades.

Solución: Cuando $q = 450$,

$$y_{\text{TR}} - y_{\text{TC}} = 8(450) - \left[\frac{22}{9}(450) + 5000\right] = -2500$$

Cuando el nivel de producción es de 450 unidades, ocurre una pérdida de \$2500.

d. Determine la producción requerida para obtener una utilidad de $10 000.

Solución: Para obtener una utilidad de $10 000, se tiene

$$\text{utilidad} = \text{ingreso total} - \text{costo total}$$

$$10\,000 = 8q - \left(\frac{22}{9}q + 5000\right)$$

$$15\,000 = \frac{50}{9}q$$

$$q = 2700$$

Así, deben producirse 2700 unidades.

Ahora resuelva el problema 9 ◁

EJEMPLO 4   Cantidad de equilibrio

Determine la cantidad de equilibrio de XYZ Manufacturing Co., dada la información siguiente: costo fijo total, $1200; costo variable unitario, $2; ingreso total por vender q unidades, $y_{TR} = 100\sqrt{q}$.

Solución: Para q unidades de producción,

$$y_{TR} = 100\sqrt{q}$$

$$y_{TC} = 2q + 1200$$

Igualando el ingreso total con el costo total se obtiene

$$100\sqrt{q} = 2q + 1200$$

$$50\sqrt{q} = q + 600 \qquad \text{dividiendo ambos lados entre 2}$$

Elevando al cuadrado ambos lados, resulta

$$2500q = q^2 + 1200q + (600)^2$$

$$0 = q^2 - 1300q + 360\,000$$

Por medio de la fórmula cuadrática,

$$q = \frac{1300 \pm \sqrt{250\,000}}{2}$$

$$q = \frac{1300 \pm 500}{2}$$

$$q = 400 \quad \text{o} \quad q = 900$$

Aunque tanto $q = 400$ como $q = 900$ son cantidades de equilibrio, en la figura 3.49 observe que cuando $q > 900$, el costo total es mayor que el ingreso total, de modo que siempre se tendrá una pérdida. Esto ocurre porque aquí el ingreso total no está relacionado linealmente con la producción. Por lo tanto, producir más de la cantidad de equilibrio no necesariamente garantiza una utilidad.

Ahora resuelva el problema 21 ◁

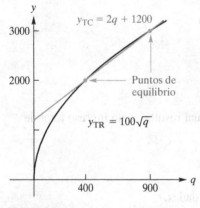

FIGURA 3.49   Dos puntos de equilibrio.

PROBLEMAS 3.6

En los problemas del 1 al 8 se proporciona una ecuación de oferta y una de demanda para un producto. Si p representa el precio por unidad y q el número de unidades por unidad de tiempo, encuentre el punto de equilibrio. En los problemas 1 y 2, bosqueje el sistema.

1. Oferta: $p = \frac{2}{100}q + 3$, Demanda: $p = -\frac{3}{100}q + 11$

2. Oferta: $p = \frac{1}{1500}q + 4$, Demanda: $p = -\frac{1}{2000}q + 9$

3. Oferta: $35q - 2p + 250 = 0$, Demanda: $65q + p - 537.5 = 0$

4. Oferta: $246p - 3.25q - 2460 = 0$, Demanda: $410p + 3q - 14{,}452.5 = 0$

5. Oferta: $p = 2q + 20$, Demanda: $p = 200 - 2q^2$

6. Oferta: $p = (q + 12)^2$, Demanda: $p = 644 - 6q - q^2$

7. Oferta: $p = \sqrt{q + 10}$, Demanda: $p = 20 - q$

8. Oferta: $p = \frac{1}{4}q + 6$, Demanda: $p = \frac{2240}{q + 12}$

En los problemas del 9 al 14, y_{TR} representa el ingreso total y y_{TC} el costo total para un fabricante. Si q representa tanto el número de unidades producidas como el número de unidades vendidas, determine la cantidad de equilibrio. En los problemas 9 y 10 bosqueje un diagrama de equilibrio.

9. $y_{TR} = 4q$
$y_{TC} = 2q + 5000$

10. $y_{TR} = 14q$
$y_{TC} = \frac{40}{3}q + 1200$

11. $y_{TR} = 0.02q$
$y_{TC} = 0.5q + 30$

12. $y_{TR} = 0.25q$
$y_{TC} = 0.16q + 360$

13. $y_{TR} = 90 - \dfrac{900}{q+3}$
$y_{TC} = 1.1q + 37.3$

14. $y_{TR} = 0.1q^2 + 9q$
$y_{TC} = 3q + 400$

15. Negocios   Las ecuaciones de oferta y demanda para cierto producto son

$$3q - 200p + 1800 = 0$$

y

$$3q + 100p - 1800 = 0$$

respectivamente, donde p representa el precio por unidad y q el número de unidades vendidas por periodo.
(a) Determine algebraicamente el precio de equilibrio y dedúzcalo mediante una gráfica.
(b) Determine el precio de equilibrio cuando se fija un impuesto de 27 centavos por unidad al proveedor.
16. Negocios   Un fabricante vende todo lo que produce. Su ingreso total está dado por $y_{TR} = 8q$ y el costo total por $y_{TC} = 7q + 500$, donde q representa el número de unidades producidas y vendidas.
(a) Encuentre el nivel de producción en el punto de equilibrio y dibuje la gráfica de equilibrio.
(b) Encuentre el nivel de producción en el punto de equilibrio si el costo total se incrementa en 4%.
17. Negocios   Un fabricante vende un producto en $8.35 por unidad y vende todo lo que produce. Los costos fijos son de $2116 y el costo variable es de $7.20 por unidad. ¿A qué nivel de producción existirán utilidades por $4600? ¿A qué nivel de producción habrá una pérdida de $1150? ¿A qué nivel de producción ocurre el punto de equilibrio?
18. Negocios   El punto de equilibrio de mercado para un producto ocurre cuando se producen 13 500 unidades a un precio de $4.50 por unidad. El productor no proveerá unidades a $1 y el consumidor no demandará unidades a $20. Encuentre las ecuaciones de oferta y demanda si ambas son lineales.
19. Negocios   Un fabricante de juguetes para niños alcanzará el punto de equilibrio en un volumen de ventas de $200 000. Los costos fijos son de $40 000 y cada unidad de producción se vende a $5. Determine el costo variable por unidad.
20. Negocios   La Bigfoot Sandal Co., fabrica sandalias para las que el costo del material es de $0.85 por par y el costo de mano de obra es $0.96 por par. Hay costos variables adicionales de $0.32 por par. Los costos fijos son de $70 500. Si cada par se vende a $2.63, ¿cuántos pares deben venderse para que la compañía llegue al equilibrio?

21. Negocios   **(a)** Encuentre el punto de equilibrio para la compañía X, que vende todo lo que produce, si el costo variable por unidad es de $3, los costos fijos de $2 y $y_{TR} = 5\sqrt{q}$, donde q es el número de unidades producidas.
(b) Grafique la curva de ingreso total y la curva de costo total en el mismo plano.
(c) Utilice su respuesta de **(a)** para reportar el intervalo de la cantidad en que ocurre la utilidad máxima.
22. Negocios   Una compañía determinó que la ecuación de demanda para su producto es $p = 1000/q$, donde p es el precio por unidad para q unidades producidas y vendidas en algún periodo. Determine la cantidad demandada cuando el precio por unidad es (a) $4, (b) $2 y (c) $0.50. Para cada uno de estos precios calcule el ingreso total que la compañía recibirá. ¿Cuál será el ingreso sin importar el precio? (*Sugerencia*: Encuentre el ingreso cuando el precio es p).
23. Negocios   Utilizando los datos del ejemplo 1, determine cómo se afectará el precio de equilibrio original si la compañía recibe un subsidio del gobierno de $1.50 por unidad.
24. Negocios   La compañía Monroe Forging vende un producto de acero corrugado a la compañía Standard Manufacturing y compite para hacer estas ventas con otros proveedores. El vicepresidente de ventas de Monroe cree que reduciendo el precio del producto se podría asegurar 40% de incremento en el volumen de unidades vendidas a Standard Manufacturing. Como administrador del departamento de costos y análisis, a usted se le ha consultado para que analice la propuesta del vicepresidente y exponga sus recomendaciones de si ésta es financieramente benéfica para la Monroe Forging Co. Se le pide que determine específicamente lo siguiente:
(a) Ganancia o pérdida neta con base en el precio propuesto.
(b) Volumen de ventas de unidades que, bajo el precio propuesto, se requieren para obtener las mismas utilidades de $40 000 que se reciben con el precio y volumen de ventas actuales.
Utilice la siguiente información en su análisis:

	Operaciones actuales	Propuesta del vicepresidente de ventas
Precio unitario	$2.50	$2.00
Volumen de ventas	200 000 unidades	280 000 unidades
Costo variable		
Total	$350 000	$490 000
Por unidad	$1.75	$1.75
Costo fijo	$110 000	$110 000
Utilidad	$40 000	?

25. Negocios   Suponga que los productos A y B tienen ecuaciones de oferta y demanda relacionadas entre sí. Si q_A y q_B son las cantidades producidas y vendidas de A y B, respectivamente, y p_A y p_B sus respectivos precios, las ecuaciones de demanda son

$$q_A = 7 - p_A + p_B$$

y

$$q_B = 24 + p_A - p_B$$

y las ecuaciones de oferta son

$$q_A = -3 + 4p_A - 2p_B$$

y

$$q_B = -5 - 2p_A + 4p_B$$

Elimine q_A y q_B para obtener los precios de equilibrio.

26. Negocios La ecuación de oferta para un producto es

$$p = q^2 - 10$$

y la ecuación de demanda es

$$p = \frac{20}{q - 2}$$

Aquí, p representa el precio por unidad y $q > 3.2$ es el número de unidades (en miles) por unidad de tiempo. Grafique ambas ecuaciones y a partir de su gráfica determine el precio y la cantidad de equilibrio a un decimal.

27. Negocios Para un fabricante, la ecuación de ingreso total es

$$y_{TR} = 20.5\sqrt{q + 4} - 41$$

y la ecuación de costo total es

$$y_{TC} = 0.02q^3 + 10.4$$

donde q representa (en miles) tanto el número de unidades producidas como el de unidades vendidas. Trace una gráfica de equilibrio y encuentre la cantidad de equilibrio.

Repaso del capítulo 3

Términos y símbolos importantes

Resumen

La orientación de una recta no vertical está caracterizada por su pendiente y la recta está dada por

$$m = \frac{y_2 - y_1}{x_2 - x_1}$$

donde (x_1, y_1) y (x_2, y_2) son dos puntos diferentes sobre la recta. La pendiente de una recta vertical no está definida y la pendiente de una recta horizontal es cero. Las rectas que ascienden de izquierda a derecha tienen pendiente positiva; las rectas que descienden de izquierda a derecha tienen pendiente negativa. Dos rectas son paralelas si y sólo si tienen la misma pendiente o son verticales. Dos rectas con pendientes distintas de cero, m_1 y m_2, son perpendiculares una a la otra si y sólo si $m_1 = -\dfrac{1}{m_2}$. Una recta horizontal y una vertical son perpendiculares entre sí.

Las formas básicas de las ecuaciones de rectas son las siguientes:

$y - y_1 = m(x - x_1)$	forma punto-pendiente
$y = mx + b$	forma pendiente-intersección
$x = a$	recta vertical
$y = b$	recta horizontal
$Ax + By + C = 0$	general

La función lineal

$$f(x) = ax + b \quad (a \neq 0)$$

tiene como gráfica una línea recta.

En economía, las funciones de oferta y demanda tienen la forma $p = f(q)$ y juegan un papel importante. Cada función proporciona una correspondencia entre el precio p de un producto y el número de unidades q del producto que los fabricantes (o consumidores) ofrecerán (o comprarán) a ese precio durante algún periodo.

Una función cuadrática tiene la forma

$$f(x) = ax^2 + bx + c \quad (a \neq 0)$$

La gráfica de f es una parábola que abre hacia arriba si $a > 0$ y abre hacia abajo si $a < 0$. El vértice es

$$\left(-\frac{b}{2a}, f\left(-\frac{b}{2a} \right) \right)$$

y c es la intersección y. El eje de simetría, así como las intersecciones x y y son útiles para hacer el bosquejo de la gráfica.

Un sistema de ecuaciones lineales puede resolverse con los métodos de eliminación por adición y eliminación por sustitución. Una solución puede incluir uno o más parámetros. La sustitución también es útil en la solución de sistemas no lineales.

La resolución de un sistema formado por las ecuaciones de oferta y demanda para un producto proporciona el punto de equilibrio, el cual indica el precio al que los clientes comprarán la misma cantidad de un producto que los productores desean vender a ese precio.

La utilidad es el ingreso total menos el costo total, donde el costo total es la suma de los costos fijos y los costos variables. El punto de equilibrio es el punto donde el ingreso total iguala al costo total.

Problemas de repaso

1. La pendiente de la recta que pasa por $(2, 5)$ y $(3, k)$ es 4. Encuentre k.

2. La pendiente de la recta que pasa por $(5, 4)$ y $(k, 4)$ es 0. Encuentre k.

En los problemas del 3 al 9, determine la forma pendiente-intersección y una forma general de una ecuación de la recta que tiene las propiedades indicadas.

3. Pasa por $(-2, 3)$ y tiene intersección y igual a -1.

4. Pasa por $(-1, -1)$ y es paralela a la recta $y = 3x - 4$.

5. Pasa por $(8, 3)$ y tiene pendiente 3.

6. Pasa por $(3, 5)$ y es vertical.

7. Pasa por $(-2, 4)$ y es horizontal.

8. Pasa por $(1, 2)$ y es perpendicular a la recta $-3y + 5x = 7$.

9. Tiene intersección y igual a -3 y es perpendicular a $2y + 5x = 2$.

10. Determine si el punto $(3, 11)$ pertenece a la recta que pasa por $(2, 7)$ y $(4, 13)$.

En los problemas del 11 al 16, determine si las rectas son paralelas, perpendiculares o de ninguna de las dos formas.

11. $x + 4y + 2 = 0$, $8x - 2y - 2 = 0$

12. $y - 2 = 2(x - 1)$, $2x + 4y - 3 = 0$

13. $x - 3 = 2(y + 4)$, $y = 4x + 2$

14. $2x + 7y - 4 = 0$, $6x + 21y = 90$

15. $y = 5x + 2$, $10x - 2y = 3$

16. $y = 7x$, $y = 7$

En los problemas del 17 al 20, escriba cada recta en la forma pendiente-intersección y haga un bosquejo de su gráfica. ¿Cuál es la pendiente de la recta?

17. $3x - 2y = 4$ **18.** $x = -3y + 4$

19. $4 - 3y = 0$ **20.** $3x - 5y = 0$

En los problemas del 21 al 30 grafique cada función. Para las funciones que sean lineales, también obtenga la pendiente y la intersección con el eje vertical. Para las cuadráticas obtenga todas las intersecciones y el vértice.

21. $y = f(x) = 17 - 5x$ **22.** $s = g(t) = 5 - 3t + t^2$

23. $y = f(x) = 9 - x^2$ **24.** $y = f(x) = 3x - 7$

25. $y = h(t) = 3 + 2t + t^2$ **26.** $y = k(t) = -3 - 3t$

27. $p = g(t) = -7t$ **28.** $y = F(x) = (2x - 1)^2$

29. $y = F(x) = -(x^2 + 2x + 3)$ **30.** $y = f(x) = 5x + 2$

En los problemas del 31 al 44, resuelva el sistema dado.

31. $\begin{cases} 2x - y = 6 \\ 3x + 2y = 5 \end{cases}$ **32.** $\begin{cases} 8x - 4y = 7 \\ y = 2x - 4 \end{cases}$

33. $\begin{cases} 7x + 5y = 5 \\ 6x + 5y = 3 \end{cases}$ **34.** $\begin{cases} 2x + 4y = 8 \\ 3x + 6y = 12 \end{cases}$

35. $\begin{cases} \frac{1}{2}x - \frac{1}{3}y = 2 \\ \frac{3}{4}x + \frac{1}{2}y = 3 \end{cases}$ **36.** $\begin{cases} \frac{1}{3}x - \frac{1}{4}y = \frac{1}{12} \\ \frac{4}{3}x + 3y = \frac{5}{3} \end{cases}$

37. $\begin{cases} 3x - 2y + z = -2 \\ 2x + y + z = 1 \\ x + 3y - z = 3 \end{cases}$ **38.** $\begin{cases} 2x + \frac{3y + x}{3} = 9 \\ y + \frac{5x + 2y}{4} = 7 \end{cases}$

39. $\begin{cases} x^2 - y + 5x = 2 \\ x^2 + y = 3 \end{cases}$ **40.** $\begin{cases} y = \frac{3}{x + 2} \\ x + y - 2 = 0 \end{cases}$

41. $\begin{cases} x + 2z = -2 \\ x + y + z = 5 \end{cases}$ **42.** $\begin{cases} x + y + z = 0 \\ x - y + z = 0 \\ x + z = 0 \end{cases}$

43. $\begin{cases} x - y - z = 0 \\ 2x - 2y + 3z = 0 \end{cases}$ **44.** $\begin{cases} 2x - 5y + 6z = 1 \\ 4x - 10y + 12z = 2 \end{cases}$

45. Suponga que a y b están relacionadas linealmente de modo que $a = 0$ cuando $b = -3$ y $a = 3$ cuando $b = -5$. Encuentre una forma lineal general de una ecuación que relacione a y b. También determine a cuando $b = 3$.

46. Temperatura y frecuencia cardiaca Cuando la temperatura T (en grados Celsius) de un gato se reduce, su frecuencia cardiaca r (en latidos por minuto) disminuye. Bajo condiciones de laboratorio, un gato a temperatura de 36 °C tuvo una frecuencia cardiaca de 206 y a temperatura de 30 °C su frecuencia cardiaca fue de 122. Si r se relaciona linealmente con T, donde T está entre 26 y 38, (a) determine una ecuación para r en términos de T y (b) determine la frecuencia cardiaca del gato a una temperatura de 27 °C.

47. Suponga que f es una función lineal tal que $f(1) = 5$ y $f(x)$ disminuye 4 unidades por cada incremento de 3 unidades en x. Encuentre $f(x)$.

48. Si f es una función lineal tal que $f(-1) = 8$ y $f(2) = 5$, encuentre $f(x)$.

49. Ingreso máximo La función de demanda para el fabricante de un producto es $p = f(q) = 200 - 2q$, donde p es el precio por unidad cuando se demandan q unidades. Encuentre el nivel de producción que maximiza el ingreso total del fabricante y determine este ingreso.

50. Impuesto sobre ventas La diferencia en el precio de dos artículos antes de pagar un impuesto de 7% sobre la venta es de \$2.00. La diferencia en el precio después del impuesto es de \$3.10. Demuestre que este escenario no es posible.

51. Precio de equilibrio Si las ecuaciones de oferta y demanda de cierto producto son $120p - q - 240 = 0$ y $100p + q - 1200 = 0$, respectivamente, encuentre el precio de equilibrio.

52. Psicología   En psicología, el término *memoria semántica* se refiere al conocimiento del significado y de las relaciones de las palabras, así como al significado con que se almacena y recupera tal información.[6] En un modelo de red de memoria semántica, hay una jerarquía de niveles en los que se almacena la información. En un experimento de Collins y Quillian basado en un modelo de redes, se obtuvieron datos sobre el tiempo de reacción para responder a preguntas sencillas acerca de sustantivos. La gráfica de los resultados muestra que, en promedio, el tiempo de reacción R (en milisegundos) es una función lineal del nivel, L, en el que una propiedad característica del sustantivo es almacenada. En el nivel 0, el tiempo de reacción es de 1310; en el nivel 2 el tiempo de reacción es de 1460. (a) Encuentre la función lineal. (b) Encuentre el tiempo de reacción en el nivel 1. (c) Encuentre la pendiente y determine su significado.

53. Punto de equilibrio   Un fabricante de cierto producto vende todo lo que produce. Determine el punto de equilibrio si el producto se vende en \$16 por unidad, el costo fijo es de \$10 000 y el costo variable está dado por $y_{VC} = 8q$, donde q es el número de unidades producidas (y_{VC} se expresa en dinero).

54. Conversión de temperatura   La temperatura Celsius, C, es una función lineal de la temperatura Fahrenheit, F. Use el hecho de que 32 °F es igual a 0 °C y que 212 °F es igual a 100 °C para encontrar esta función. También encuentre C cuando $F = 50$.

55. Contaminación   En una provincia de una nación en desarrollo, la contaminación del agua se analiza utilizando un modelo de oferta-

demanda. La *ecuación de oferta ambiental* $L = 0.0183 - \dfrac{0.0042}{p}$ describe el gravamen por tonelada, L, como una función de la contaminación total, p (en toneladas por kilómetro cuadrado), para $p \geq 0.2295$.

La *ecuación de demanda ambiental*, $L = 0.0005 + \dfrac{0.0378}{p}$ describe el costo por tonelada de disminución como una función de la contaminación total para $p > 0$. Encuentre el nivel de equilibrio esperado de la contaminación total y redondee a dos decimales.[7]

56. Resuelva gráficamente el sistema lineal

$$\begin{cases} 3x + 4y = 20 \\ 7x + 5y = 64 \end{cases}$$

57. Resuelva gráficamente el sistema lineal

$$\begin{cases} 0.3x - 0.4y = 2.5 \\ 0.5x + 0.7y = 3.1 \end{cases}$$

Redondee x y y a dos decimales.

58. Resuelva gráficamente el sistema no lineal

$$\begin{cases} y = \dfrac{3}{7x} \quad \text{donde } x > 0 \\ y = x^2 - 9 \end{cases}$$

Redondee x y y a dos decimales.

59. Resuelva gráficamente el sistema no lineal

$$\begin{cases} y = x^3 + 1 \\ y = 2 - x^2 \end{cases}$$

Redondee x y y a dos decimales.

60. Resuelva gráficamente la ecuación

$$x^2 + 4 = x^3 - 3x$$

tratándola como un sistema. Redondee x a dos decimales.

Ⓠ EXPLORE Y AMPLÍE   Planes de cobro en telefonía celular

La selección de un plan de telefonía celular puede ser bastante difícil. En la mayoría de las áreas urbanas existen muchos proveedores del servicio, cada uno de los cuales ofrece varios planes. Estos planes incluyen tarifas de accesos mensuales, minutos libres, cobros por tiempo aire adicional, tarifas por *roaming* regional, tarifa por *roaming* nacional, tarifas por horas pico y horas no pico y tarifas por larga distancia (sin mencionar costos por activación, gastos por cancelación y cargos de este tipo). Incluso si un consumidor tiene un muy buen conocimiento de su uso típico del teléfono celular, debe realizar docenas de cálculos para estar absolutamente seguro de obtener el mejor trato.

Con frecuencia, el modelado matemático implica tomar decisiones ordenadas acerca de cuáles factores presentes en un problema son menos importantes. Después, éstos se ignoran para obtener una solución aproximada razonablemente buena —en una cantidad de tiempo razonable—. Usted debe haber escuchado la expresión "simplificación de supuestos".

Existen muchas bromas acerca de este proceso. Por ejemplo, un apostador con mente matemática que está tratando de calcular los atributos de los caballos en cierta carrera probablemente no debería asumir que todos los caballos son perfectamente esféricos. Aquí se simplificará la comparación entre los planes de telefonía celular al considerar sólo el número de "minutos tiempo aire locales por mes" disponible para la "cuenta de acceso mensual" y el precio por minuto de "minutos adicionales". Muchos proveedores ofrecen planes en términos de estos parámetros básicos.

Al examinar las ofertas de Verizon para el área de Saddle River, Nueva Jersey, en la primavera de 2006, se encontraron los siguientes planes mensuales.

P_1: 450 minutos por \$39.99 más \$0.45 por minuto adicional

P_2: 900 minutos por \$59.99 más \$0.40 por minuto adicional

P_3: 1350 minutos por \$79.99 más \$0.35 por minuto adicional

---

[6] G. R. Loftus y E. F. Loftus, *Human Memory: The Processing of Information* (Nueva York: Laurence Erlbaum Associates, Inc., distribuido por Halsted Press, división de John Wiley and Sons, Inc., 1976).

[7] Vea Hua Wang y David Wheeler, "Pricing Industrial Pollution in China: An Economic Analysis of the Levy System", World Bank Policy Research, Investigación #1644, septiembre de 1996.

P_4: 2000 minutos por \$99.99 más \$0.25 por minuto adicional

P_5: 4000 minutos por \$149.99 más \$0.25 por minuto adicional

P_6: 6000 minutos por \$199.99 más \$0.20 por minuto adicional

donde se han agregado las etiquetas P_i, para $i = 1, 2, ..., 6$, para conveniencia posterior. Así, cada entrada anterior toma la forma:

P_i: M_i minutos por \$$C_i$ más \$$c_i$ por minuto adicional

donde, para el plan P_i, M_i es el número de minutos tiempo aire disponible para la cuenta de acceso mensual de C_i y cada minuto adicional cuesta c_i.

En la primavera de 2009, para la misma área, se encontró que Verizon tenía muchos planes nuevos. Sin embargo, había una agrupación que incluía planes similares a los primeros tres que se describen arriba, pero los últimos tres fueron reemplazados por un solo plan:

P_*: minutos ilimitados por \$99.99

Para representar matemáticamente estos planes, se escribirá el costo mensual total como una función del tiempo, para cada plan. De hecho, se escribirá $P_i(t)$ para el costo mensual de t minutos usando el plan P_i, para $i = 1 \cdots 6$. Para cada plan, la función resultante es una función definida por partes, con sólo dos casos a considerar. Para estos planes deben considerarse $t \leq M_i$ y $t > M_i$. Si $t \leq M_i$, entonces el costo es simplemente C_i, pero si $t > M_i$, entonces el número de minutos adicionales es $t - M_i$ y, como cada minuto adicional cuesta c_i, los minutos adicionales cuestan $c_i(t - M_i)$, produciendo en este caso un costo total de $C_i + c_i(t - M_i)$. También se tiene $P_*(t)$.

Al incorporar estos valores numéricos, se tienen las siguientes seis funciones:

$$P_1(t) = \begin{cases} 39.99 & \text{si } t \leq 450 \\ 39.99 + 0.45(t - 450) & \text{si } t > 450 \end{cases}$$

$$P_2(t) = \begin{cases} 59.99 & \text{si } t \leq 900 \\ 59.99 + 0.40(t - 900) & \text{si } t > 900 \end{cases}$$

$$P_3(t) = \begin{cases} 79.99 & \text{si } t \leq 1350 \\ 79.99 + 0.35(t - 1350) & \text{si } t > 1350 \end{cases}$$

$$P_4(t) = \begin{cases} 99.99 & \text{si } t \leq 2000 \\ 99.99 + 0.25(t - 2000) & \text{si } t > 2000 \end{cases}$$

$$P_5(t) = \begin{cases} 149.99 & \text{si } t \leq 4000 \\ 149.99 + 0.25(t - 4000) & \text{si } t > 4000 \end{cases}$$

$$P_6(t) = \begin{cases} 199.99 & \text{si } t \leq 6000 \\ 199.99 + 0.20(t - 6000) & \text{si } t > 6000 \end{cases}$$

$$P_*(t) = 99.99$$

La gráfica de cada función es fácil de describir. De hecho, para la función $P_i(t)$ genérica se tiene, en el primer cuadrante, un segmento de recta horizontal que inicia en $(0, C_i)$ y termina en (M_i, C_i). La gráfica continúa, a la derecha de (M_i, C_i) como un segmento de recta infinito que inicia en (M_i, C_i) con pendiente c_i. También se observa que $P_*(t)$ es una función constante.

Sin embargo, para ver cómo se comparan realmente las funciones, es necesario graficarlas todas en el mismo plano. Esto podría realizarse manualmente, pero aquí tenemos una buena oportunidad de utilizar la capacidad de una calculadora gráfica. Se introduce la función $P_1(t)$ como

$$Y1 = 39.99 + 0.45(X - 450)(X > 450)$$

El símbolo $>$ viene en el menú TEST y la expresión $(X > 450)$ es igual a 1 o 0, dependiendo si x es, o no, mayor que 450. Se introducen de manera similar las otras cinco funciones definidas por partes y la función constante P_* como

$$Y0 = 99.99$$

Graficándolas juntas, se obtiene la pantalla que se muestra en la figura 3.50.

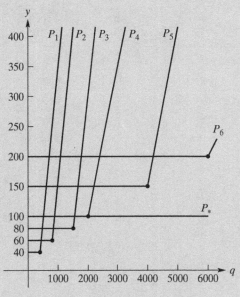

FIGURA 3.50 Costos de los diferentes planes.

Cuál plan es mejor depende de la cantidad de tiempo de llamadas, para cualquier tiempo aire mensual dado, el mejor plan es aquel cuya gráfica es la más baja en esa cantidad. Por si no resultara suficientemente claro, la gráfica evidencia por qué los planes P_4, P_5 y P_6 ya no se ofrecieron después de la introducción de P_*.

Para un tiempo muy breve de llamadas, el plan P_1 es mejor, pero incluso en 495 minutos mensuales de uso es más caro que el plan P_2 y permanece así para cualquier uso mensual mayor. Para encontrar exactamente el uso al cual los planes P_1 y P_2 cuestan lo mismo, por supuesto se resuelve

$$P_1(t) = P_2(t)$$

pero debido a que cada expresión es una función definida por partes, realmente se necesitan las gráficas para saber *dónde buscar la solución*. A partir de éstas resulta claro que la intersección de las curvas P_1 y P_2 ocurre cuando P_1 es definida por su segunda rama y P_2 es definida mediante su primera rama. Así, debe despejarse t de

$$39.99 + 0.45(t - 450) = 59.99$$

Con dos decimales, esto da $t = 494.44$.

De hecho, la gráfica sugiere que sería útil calcular $P_1(900)$ porque $P_2(900)$ aún es de \$59.99, aunque, por supuesto, el costo de P_2 se incrementa para toda $t > 900$. Se encuentra

$$P_1(900) = 39.99 + 0.45(900 - 450) = 39.99 + 0.45(450)$$

$$= 39.99 + 202.50 = 242.49$$

Para buscar planes de servicio de teléfonos celulares en diferentes áreas, visite www.point.com.

Problemas

1. Si una persona que realmente usa muchos minutos de tiempo aire al mes, por ejemplo 1351, se siente atraída por las tarifas de acceso mensual bajo, calcule cuánto perderá usando el plan P_1 en lugar del plan P_*.

2. Se ha visto que para usos mensuales menores a 494.44 minutos, el plan P_1 es mejor. Determine el intervalo de uso para el cual es mejor P_2 encontrando el valor de t para el cual $P_2(t) = P_3(t)$.

3. Repita el problema 2 para el plan P_3.

4

Funciones exponenciales y logarítmicas

De la misma forma que los virus biológicos se propagan a través del contacto entre organismos, también los virus de computadora se propagan cuando las computadoras interactúan vía Internet. Los científicos computacionales estudian cómo pelear contra los virus de computadora, que causan mucho daño por la forma en que borran o alteran archivos. Una de las cosas que hacen los científicos es diseñar modelos matemáticos de la rapidez con que se propagan los virus. Por ejemplo, el viernes 26 de marzo de 1999 se reportó el primer caso del virus conocido como Melissa; para el lunes 29 de marzo, Melissa había alcanzado a más de 100 000 computadoras.

Las funciones exponenciales, que se estudian con detalle en este capítulo, proporcionan un modelo recomendable. Considere un virus de computadora que se oculta en un archivo adjunto de correo electrónico y que, una vez que el archivo se descarga o baja de Internet, de manera automática se envía un mensaje con un archivo adjunto similar a todas las direcciones registradas en la libreta de direcciones de correo electrónico de la computadora anfitriona. Si una libreta de direcciones típica contiene 20 direcciones, y si el usuario común de computadora revisa su correo electrónico una vez por día, entonces un virus descargado en una sola máquina habrá infectado a 20 máquinas en un día, $20^2 = 400$ máquinas al cabo de dos días, $20^3 = 8000$ máquinas después de tres días y, en general, después de t días, el número N de computadoras infectadas estará dado por la función exponencial $N(t) = 20^t$.

Este modelo supone que todas las computadoras implicadas están ligadas unas con otras, a través de su libreta de direcciones, en un solo grupo bien conectado. Los modelos exponenciales son más precisos para pequeños valores de t, este modelo en particular no toma en cuenta el descenso que ocurre cuando la mayoría de los correos electrónicos comienzan a ir a computadoras que ya están infectadas; lo cual sucede cuando pasan varios días. Por ejemplo, el modelo desarrollado aquí indica que después de ocho días se infectará a $20^8 = 25.6$ mil millones de computadoras —¡más computadoras de las que existen en la actualidad!—. Pero a pesar de sus limitaciones, los modelos exponenciales explican el porqué con frecuencia los nuevos virus infectan a miles de máquinas antes de que los expertos en antivirus tengan tiempo de reaccionar.

Estudiar las funciones exponenciales y sus aplicaciones en temas como interés compuesto, crecimiento poblacional y decaimiento radiactivo.

4.1 Funciones exponenciales

Las funciones que tienen la forma $f(x) = b^x$, para una b constante, son importantes en matemáticas, administración, economía y otras áreas de estudio. Un excelente ejemplo es $f(x) = 2^x$. Las funciones de este tipo se llaman *funciones exponenciales*. De manera más precisa,

---

Definición

La función f definida por

$$f(x) = b^x$$

donde $b > 0$, $b \neq 1$, y el exponente x es cualquier número real, se llama *función exponencial* con base b.[1]

¡ADVERTENCIA!

No confunda la función exponencial $y = 2^x$ con la *función potencia* $y = x^2$, que tiene una base variable y un exponente constante.

Como en b^x el exponente puede ser cualquier número real, el lector podría desear saber cómo se le asigna un valor a algo como $2^{\sqrt{2}}$, donde el exponente es un número irracional. Simplemente se utilizan aproximaciones. Como $\sqrt{2} = 1.41421\ldots$, $2^{\sqrt{2}}$ es aproximadamente $2^{1.4} = 2^{7/5} = \sqrt[5]{2^7}$, que *sí* está definido. Las mejores aproximaciones son $2^{1.41} = 2^{141/100} = \sqrt[100]{2^{141}}$, y así sucesivamente. De esta manera, el significado de $2^{\sqrt{2}}$ se vuelve claro. El valor que da una calculadora para $2^{\sqrt{2}}$ es (aproximadamente) 2.66514.

Cuando se trabaja con funciones exponenciales, puede ser necesario aplicar las reglas de los exponentes. Estas reglas se presentan a continuación, donde x y y son números reales y b y c son positivos.

PARA REPASAR los exponentes, consulte la sección 0.3.

Reglas de los exponentes

1. $b^x b^y = b^{x+y}$ **5.** $\left(\dfrac{b}{c}\right)^x = \dfrac{b^x}{c^x}$

2. $\dfrac{b^x}{b^y} = b^{x-y}$ **6.** $b^1 = b$

3. $(b^x)^y = b^{xy}$ **7.** $b^0 = 1$

4. $(bc)^x = b^x c^x$ **8.** $b^{-x} = \dfrac{1}{b^x}$

Algunas funciones que no parecen tener la forma exponencial b^x pueden ponerse en esa forma aplicando las reglas anteriores. Por ejemplo, $2^{-x} = 1/(2^x) = \left(\frac{1}{2}\right)^x$ y $3^{2x} = (3^2)^x = 9^x$.

EJEMPLO 1   **Crecimiento de bacterias**

El número de bacterias presentes en un cultivo después de t minutos está dado por

$$N(t) = 300\left(\frac{4}{3}\right)^t$$

Observe que $N(t)$ es un múltiplo constante de la función exponencial $\left(\dfrac{4}{3}\right)^t$.

1. En un cultivo que duplica su número cada hora, el número de bacterias está dado por $N(t) = A \cdot 2^t$, donde A es el número presente al inicio y t es el número de horas que las bacterias se han estado duplicando. Utilice una calculadora para graficar esta función con diferentes valores de $A > 1$. ¿En qué se parecen las gráficas? ¿Cómo altera a la gráfica el valor de A?

---

[1] Si $b = 1$, entonces $f(x) = 1^x = 1$. Esta función ya se ha estudiado antes y se conoce como función constante.

a. ¿Cuántas bacterias están presentes al inicio?

Solución: Aquí se quiere determinar $N(t)$ cuando $t = 0$. Se tiene

$$N(0) = 300 \left(\frac{4}{3}\right)^0 = 300(1) = 300$$

Así que al inicio hay 300 bacterias presentes.

b. Aproximadamente, ¿cuántas bacterias están presentes después de 3 minutos?

Solución:

$$N(3) = 300 \left(\frac{4}{3}\right)^3 = 300 \left(\frac{64}{27}\right) = \frac{6400}{9} \approx 711$$

Por lo que, después de 3 minutos, hay aproximadamente 711 bacterias presentes.

Ahora resuelva el problema 31 ◁

Gráficas de funciones exponenciales

EJEMPLO 2 **Trazar funciones exponenciales con $b > 1$**

Grafique las funciones exponenciales $f(x) = 2^x$ y $f(x) = 5^x$.

Solución: Al graficar puntos y conectarlos se obtienen las gráficas de la figura 4.1. Para la gráfica de $f(x) = 5^x$, debido a la unidad de distancia seleccionada sobre el eje y, no se muestran los puntos $(-2, \frac{1}{25})$, $(2, 25)$ y $(3, 125)$.

Pueden hacerse algunas observaciones acerca de estas gráficas. El dominio de cada función es el conjunto de todos los números reales y el rango consiste en todos los números reales positivos. Cada gráfica tiene intersección y $(0, 1)$. Además, estas gráficas tienen la misma forma general. Cada una *asciende* de izquierda a derecha. Conforme aumenta x, $f(x)$ también aumenta. De hecho, $f(x)$ aumenta sin límite. Sin embargo, en el cuadrante I, la gráfica de $f(x) = 5^x$ asciende más rápido que $f(x) = 2^x$ porque la base en 5^x es *mayor* que la base en 2^x (esto es, $5 > 2$). En el cuadrante II, se observa que cuando x se hace más negativa, las gráficas de ambas funciones se aproximan al eje x.[2] Esto implica que los valores de las funciones se vuelvan muy cercanos a 0.

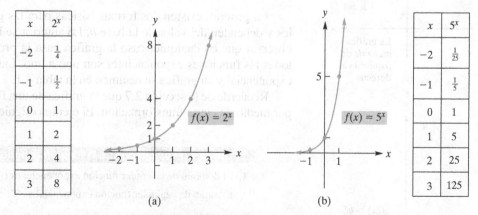

x	2^x
-2	$\frac{1}{4}$
-1	$\frac{1}{2}$
0	1
1	2
2	4
3	8

x	5^x
-2	$\frac{1}{25}$
-1	$\frac{1}{5}$
0	1
1	5
2	25
3	125

(a) (b)

FIGURA 4.1 Gráficas de $f(x) = 2^x$ y $f(x) = 5^x$.

Ahora resuelva el problema 1 ◁

---

[2] Se dice que el eje x es una *asíntota* para cada gráfica.

Las observaciones hechas en el ejemplo 2 son ciertas para todas las funciones exponenciales cuya base b es mayor que 1. En el ejemplo 3 se examinará el caso de una base entre 0 y 1 $(0 < b < 1)$.

EJEMPLO 3 Trazar funciones exponenciales con $0 < b < 1$

Grafique la función exponencial $f(x) = \left(\frac{1}{2}\right)^x$.

Solución: Al graficar puntos y conectarlos, se obtiene la gráfica de la figura 4.2. Observe que el dominio equivale a todos los números reales y el rango a todos los números reales positivos. La gráfica tiene intersección y $(0, 1)$. Comparando con las gráficas del ejemplo 2, se observa que aquí la gráfica *desciende* de izquierda a derecha. Esto es, conforme x aumenta $f(x)$ disminuye. Note que cuando x toma valores positivos cada vez más grandes, $f(x)$ toma valores muy cercanos a 0 y la gráfica se aproxima al eje x. Sin embargo, cuando x se vuelve muy negativa, los valores de la función no están acotados.

Ahora resuelva el problema 3 ◁

Existen dos formas básicas para las gráficas de las funciones exponenciales y dependen de la base involucrada.

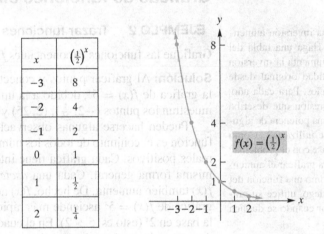

x	$\left(\frac{1}{2}\right)^x$
-3	8
-2	4
-1	2
0	1
1	$\frac{1}{2}$
2	$\frac{1}{4}$

FIGURA 4.2 Gráfica de $f(x) = \left(\frac{1}{2}\right)^x$.

En general, existen dos formas básicas para las gráficas de las funciones exponenciales y dependen del valor de la base b. Lo anterior se ilustra en la figura 4.3. Es importante observar que en cualquier caso la gráfica pasa la prueba de la línea horizontal. Por ende, todas las funciones exponenciales son uno a uno. Las propiedades básicas de una función exponencial y su gráfica se resumen en la tabla 4.1.

Recuerde de la sección 2.7 que la gráfica de una función puede ser relacionada con otra por medio de cierta transformación. El ejemplo siguiente se refiere a este concepto.

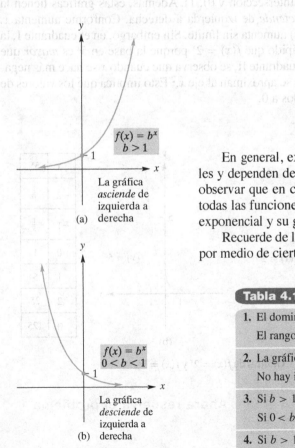

FIGURA 4.3 Formas generales de $f(x) = b^x$.

Tabla 4.1 Propiedades de la función exponencial $f(x) = b^x$
1. El dominio de cualquier función exponencial es $(-\infty, \infty)$. El rango de cualquier función exponencial es $(0, \infty)$.
2. La gráfica de $f(x) = b^x$ tiene intersección y $(0, 1)$. No hay intersección x.
3. Si $b > 1$, la gráfica *asciende* de izquierda a derecha. Si $0 < b < 1$, la gráfica *desciende* de izquierda a derecha.
4. Si $b > 1$, la gráfica se acerca al eje x conforme x se vuelve más y más negativa. Si $0 < b < 1$, la gráfica se acerca al eje x conforme x se vuelve más y más positiva.

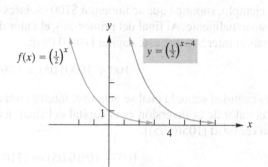

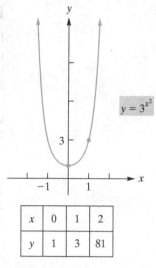

FIGURA 4.4   Gráfica de $y = 2^x - 3$.

FIGURA 4.5   Gráfica de $y = \left(\frac{1}{2}\right)^{x-4}$.

x	0	1	2
y	1	3	81

FIGURA 4.6   Gráfica de $y = 3^{x^2}$.

En el ejemplo 4 se hace uso de las transformaciones de la tabla 2.2. presentada en la sección 2.7.

APLÍQUELO ▶

4. Después de observar el crecimiento del dinero de su hermana durante tres años en un plan con tasa de interés de 8% anual, George abrió una cuenta de ahorros con el mismo plan. Si $y = 1.08^t$ representa el aumento multiplicativo en la cuenta de la hermana de George, escriba una ecuación que represente el aumento multiplicativo en la cuenta de George utilizando la misma referencia de tiempo. Si George tiene una gráfica de aumento multiplicativo del dinero de su hermana en el tiempo t desde que ella inició su ahorro, ¿cómo podría utilizarla él para proyectar el incremento en su dinero?

EJEMPLO 4   **Transformaciones de funciones exponenciales**

a. Use la gráfica de $y = 2^x$ para graficar $y = 2^x - 3$.

Solución: La función tiene la forma $f(x) - c$, donde $f(x) = 2^x$ y $c = 3$. Así que su gráfica se obtiene al recorrer la gráfica de $f(x) = 2^x$ tres unidades hacia abajo. (Vea la figura 4.4).

b. Use la gráfica de $y = \left(\frac{1}{2}\right)^x$ para trazar $y = \left(\frac{1}{2}\right)^{x-4}$.

Solución: La función tiene la forma $f(x - c)$, donde $f(x) = \left(\frac{1}{2}\right)^x$ y $c = 4$. Por lo tanto, su gráfica se obtiene al recorrer la gráfica de $f(x) = \left(\frac{1}{2}\right)^x$ cuatro unidades hacia la derecha. (Vea la figura 4.5).

Ahora resuelva el problema 7 ◁

EJEMPLO 5   **Gráfica de una función con base constante**

Grafique $y = 3^{x^2}$.

Solución: Aunque ésta no es una función exponencial, tiene una base constante. Se observa que al reemplazar x por $-x$ resulta la misma ecuación. Así, la gráfica es simétrica con respecto al eje y. Al graficar algunos puntos y utilizar la simetría se obtiene la gráfica de la figura 4.6.

Ahora resuelva el problema 5 ◁

TECNOLOGÍA ▮▮▮▮▮

Si $y = 4^x$, considere el problema de encontrar x cuando $y = 6$. Una forma de resolverlo es encontrar la intersección de las gráficas de $y = 6$ y $y = 4^x$. En la figura 4.7 se muestra que x es aproximadamente igual a 1.29.

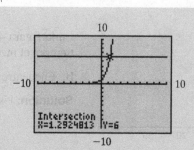

FIGURA 4.7   Resolución de la ecuación $6 = 4^x$.

Interés compuesto

Las funciones exponenciales están implicadas en el **interés compuesto**, en el cual el interés que genera una cantidad de dinero invertida (o **capital**), se invierte nuevamente de modo que también genere intereses. Esto es, el interés se convierte (o *compone*) en capital y, por lo tanto, hay "interés sobre interés".

Por ejemplo, suponga que se invierten $100 (dólares estadounidenses) a una tasa de 5% compuesto anualmente. Al final del primer año, el valor de la inversión es el capital original ($100) más el interés sobre este capital [100(0.05)]:

$$100 + 100(0.05) = \$105$$

Esta es la cantidad sobre la cual se genera el interés para el segundo año. Al final del segundo año, el valor de la inversión es el capital del final del primer año ($105) más el interés sobre esa cantidad [105(0.05)]:

$$105 + 105(0.05) = \$110.25$$

Así, cada año el capital se incrementa en 5%. Los $110.25 representan el capital original más todo el interés acumulado; esta cantidad se denomina **monto acumulado** o **monto compuesto**. La diferencia entre el monto compuesto y el capital original se conoce como **interés compuesto**. Aquí, el interés compuesto es $110.25 - 100 = 10.25$.

De manera más general, si un capital P se invierte a una tasa de $100r$ por ciento compuesto anualmente (por ejemplo, a 5%, r es 0.05), la cantidad compuesta después de un año es $P + Pr$ o, factorizando, $P(1 + r)$. Al final del segundo año, la cantidad compuesta es

$$P(1 + r) + [P(1 + r)]r = P(1 + r)[1 + r] \qquad \text{factorizando}$$
$$= P(1 + r)^2$$

En realidad, el cálculo anterior que usa factorización no es necesario para mostrar que el monto compuesto después de dos años es $P(1 + r)^2$. Como *cualquier* monto P vale $P(1 + r)$ un año después, se deduce que el monto $P(1 + r)$ vale $P(1 + r)(1 + r) = P(1 + r)^2$ un año más tarde y que, luego de otro año, el monto $P(1 + r)^2$ valdrá $P(1 + r)^2(1 + r) = P(1 + r)^3$.

Este patrón continúa. Después de cuatro años la cantidad compuesta es $P(1 + r)^4$. En general, el **monto compuesto** S **del capital** P **al final de** n **años a una tasa de** r **compuesta anualmente** está dado por

$$S = P(1 + r)^n \tag{1}$$

Dada la ecuación (1), observe que para un capital y una tasa dados, S es una función de n. De hecho, S es un múltiplo constante de la función exponencial con base $1 + r$.

EJEMPLO 6   Monto compuesto e interés compuesto

Suponga que se invierten $1000 durante 10 años al 6% compuesto anualmente.

a. Encuentre el monto compuesto.

Solución: Se utiliza la ecuación (1) con $P = 1000$, $r = 0.06$ y $n = 10$:

$$S = 1000(1 + 0.06)^{10} = 1000(1.06)^{10} \approx \$1790.85$$

En la figura 4.8 se muestra la gráfica de $S = 1000(1.06)^n$. Observe que conforme pasa el tiempo, el monto compuesto crece en forma impresionante.

b. Encuentre el interés compuesto.

Solución: Usando los resultados del inciso (a), se tiene

$$\text{interés compuesto} = S - P$$
$$= 1790.85 - 1000 = \$790.85$$

Ahora resuelva el problema 19 ◁

APLÍQUELO ▶

5. Suponga que se invierten $2000 al 13% compuesto anualmente. Encuentre el valor de la inversión después de cinco años. Determine el interés ganado durante los primeros cinco años.

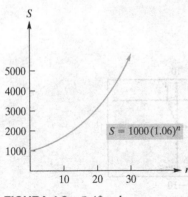

FIGURA 4.8   Gráfica de $S = 1000(1.06)^n$.

Suponga que el capital de $1000 indicado en el ejemplo 6 se invierte durante 10 años, como se hizo antes, pero esta vez se compone cada tres meses (esto es, *cuatro veces al año*) a una tasa de $1\frac{1}{2}\%$ *por trimestre*. Entonces hay cuatro **periodos de interés** por año y en 10 años son $10(4) = 40$ periodos de interés. Así, el monto compuesto con $r = 0.015$ ahora es

$$1000(1.015)^{40} \approx \$1814.02$$

y el interés compuesto es $814.02. En general, la tasa de interés por periodo de capitalización se establece como una tasa anual. Aquí se hablaría de una tasa anual de 6% compuesta trimestralmente, de modo que la tasa del interés en cada periodo, o **tasa periódica**, es de 6%/4 = 1.5%. Esta tasa anual *cotizada* de 6% se llama **tasa nominal** o **tasa de porcentaje anual (TPA)**. A menos que se indique algo distinto, todas las tasas de interés se supondrán tasas anuales (nominales). Así, una tasa de 15% compuesta mensualmente corresponde a una tasa periódica de 15%/12 = 1.25%.

La abreviatura TPA es de uso común y se encuentra en los contratos de tarjetas de crédito y en la publicidad.

Con base en el análisis anterior, puede generalizarse la ecuación (1). La fórmula

$$S = P(1 + r)^n \tag{2}$$

proporciona **el monto acumulado S de un capital P al final de n periodos de interés a una tasa periódica de r**.

¡ADVERTENCIA!

Una tasa nominal de 6% no significa necesariamente que una inversión aumente en 6% cada año. El incremento depende de la frecuencia de la capitalización.

Se ha visto que un capital de $1000, a una tasa nominal de 6% en un periodo de 10 años, compuesto anualmente tiene como resultado un interés compuesto de $790.85 y compuesto trimestralmente da un interés de $814.02. Es común que para una tasa nominal dada, entre más frecuentemente se componga, mayor será el interés compuesto. Sin embargo, a medida que aumenta la frecuencia compuesta, siempre aumenta la cantidad del interés ganado y el efecto no está acotado. Por ejemplo, con una composición semanal el interés compuesto es

$$1000\left(1 + \frac{0.06}{52}\right)^{10(52)} - 1000 \approx \$821.49$$

y compuesto diariamente es

$$1000\left(1 + \frac{0.06}{365}\right)^{10(365)} - 1000 \approx \$822.03$$

En ocasiones, la frase "valor del dinero" se usa para expresar una tasa de interés anual. Por ende, al decir que el dinero vale 6% compuesto trimestralmente, se hace referencia a una tasa anual (nominal) de 6% compuesto cada trimestre.

Crecimiento poblacional

La ecuación (2) puede aplicarse no sólo al aumento del dinero, sino también a otros tipos de crecimiento, como al de la población. Por ejemplo, suponga que la población P de un pueblo con 10 000 habitantes crece a una tasa de 2% por año. Entonces P es una función del tiempo t, en años. Es común indicar esta dependencia funcional mediante

$$P = P(t)$$

Aquí la letra P se utiliza en dos formas: en el lado derecho, P representa la función; en el lado izquierdo, P representa la variable dependiente. A partir de la ecuación (2), se tiene

$$P(t) = 10\,000(1 + 0.02)^t = 10\,000(1.02)^t$$

APLÍQUELO ▶

6. Una compañía nueva con cinco empleados espera que el número de empleados crezca a una tasa de 120% anual. Determine el número de empleados dentro de cuatro años.

EJEMPLO 7 **Crecimiento poblacional**

La población de un pueblo de 10 000 habitantes crece a razón de 2% anual. Encuentre la población dentro de tres años.

Solución: Del análisis anterior,

$$P(t) = 10\,000(1.02)^t$$

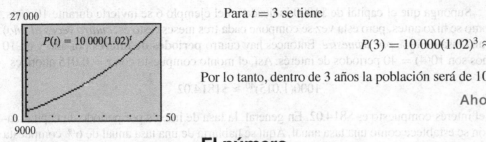

FIGURA 4.9 Gráfica de la función de población $P(t) = 10\,000(1.02)^t$.

Para $t = 3$ se tiene

$$P(3) = 10\,000(1.02)^3 \approx 10\,612$$

Por lo tanto, dentro de 3 años la población será de 10 612 habitantes. (Vea la figura 4.9).

Ahora resuelva el problema 15 ◁

El número e

Es útil realizar un "experimento de razonamiento", con base en el análisis que siguió al ejemplo 6, para presentar un número importante. Suponga que se invierte un solo dólar durante un año con una TPA de 100% compuesto anualmente (recuerde que este es un experimento de razonamiento). Entonces, el monto compuesto S al final del año está dado por

$$S = 1(1 + 1)^1 = 2^1 = 2$$

Sin cambiar ninguno de los otros datos, ahora se considerará el efecto de aumentar el número de periodos de interés por año. Si hay n periodos de interés por año, entonces el monto compuesto está dado por

$$S = 1\left(1 + \frac{1}{n}\right)^n = \left(\frac{n+1}{n}\right)^n$$

En la tabla 4.2 se proporcionan valores aproximados de $\left(\dfrac{n+1}{n}\right)^n$ para algunos valores de n.

n	$\left(\dfrac{n+1}{n}\right)^n$
Tabla 4.2 Aproximaciones de e	
1	$\left(\frac{2}{1}\right)^1 = 2.00000$
2	$\left(\frac{3}{2}\right)^2 = 2.25000$
3	$\left(\frac{4}{3}\right)^3 \approx 2.37037$
4	$\left(\frac{5}{4}\right)^4 \approx 2.44141$
5	$\left(\frac{6}{5}\right)^5 \approx 2.48832$
10	$\left(\frac{11}{10}\right)^{10} \approx 2.59374$
100	$\left(\frac{101}{100}\right)^{100} \approx 2.70481$
1000	$\left(\frac{1001}{1000}\right)^{1000} \approx 2.71692$
10 000	$\left(\frac{10\,001}{10\,000}\right)^{10\,000} \approx 2.71815$
100 000	$\left(\frac{100\,001}{100\,000}\right)^{100\,000} \approx 2.71827$
1 000 000	$\left(\frac{1\,000\,001}{1\,000\,000}\right)^{1\,000\,000} \approx 2.71828$

Resulta evidente que los números $\left(\dfrac{n+1}{n}\right)^n$ aumentan conforme lo hace n. Sin embargo, no se incrementan en forma no acotada. Por ejemplo, es posible demostrar que para cualquier entero positivo n, $\left(\dfrac{n+1}{n}\right)^n < 3$. En términos del experimento de razonamiento, esto significa que si se inicia con una inversión de \$1.00 al 100%, no importa cuántos periodos de interés haya por año, siempre se tendrán menos de \$3.00 al final del año. Existe un mínimo número real que es mayor que todos los números $\left(\dfrac{n+1}{n}\right)^n$. Se denota mediante la letra e, en honor al matemático suizo Leonhard Euler (1707-1783). El número e es irracional porque su expansión decimal no se repite, como en π y $\sqrt{2}$ que se mencionaron en la sección 0.1.

Sin embargo, cada uno de los valores numéricos de $\left(\dfrac{n+1}{n}\right)^n$ puede considerarse como una aproximación decimal de e. El valor aproximado $(\frac{1\,000\,001}{1\,000\,000})^{1\,000\,000} \approx 2.71828$ proporciona una aproximación de e que es correcta hasta el quinto decimal. La aproximación correcta de e hasta 12 decimales es $e \approx 2.718281828459$.

Función exponencial con base e

El número e proporciona la base más importante para una función exponencial. De hecho, la función exponencial con base e *se* conoce como **función exponencial natural** e incluso se le llama *la* **función exponencial** para enfatizar su importancia.

Aunque e puede parecer una base extraña, la función exponencial natural tiene una propiedad importante en cálculo (como se verá más adelante en otro capítulo), lo cual justifica el nombre. También surge en el análisis económico y en problemas que implican crecimiento o decaimiento, como estudios poblacionales, interés compuesto y decaimiento radiactivo. En la mayoría de las calculadoras pueden encontrarse valores aproximados de e^x con sólo presionar una tecla. La gráfica de $y = e^x$ se muestra en la figura 4.10. La tabla adjunta a la figura indica los valores de y con dos decimales. Por supuesto, la gráfica tiene la forma general de una función exponencial con base mayor que 1.

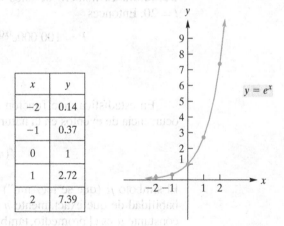

x	y
-2	0.14
-1	0.37
0	1
1	2.72
2	7.39

La gráfica de la función exponencial natural de la figura 4.10 es importante.

FIGURA 4.10   Gráfica de la función exponencial natural.

APLÍQUELO ▶

7. La disminución multiplicativa en el poder de compra P después de t años de inflación al 6% puede modelarse mediante $P = e^{-0.06t}$. Grafique la disminución del poder de compra como una función de t años.

EJEMPLO 8   **Gráficas de funciones que incluyen a e**

a. Grafique $y = e^{-x}$.

Solución: Como $e^{-x} = \left(\dfrac{1}{e}\right)^x$ y $0 < \dfrac{1}{e} < 1$, la gráfica es la de una función exponencial que desciende de izquierda a derecha. (Vea la figura 4.11). En forma alternativa, puede considerarse la gráfica de $y = e^{-x}$ como una transformación de la gráfica de $f(x) = e^x$. Como $e^{-x} = f(-x)$, la gráfica de $y = e^{-x}$ sólo es la reflexión de la gráfica de f con respecto al eje y. (Compare las gráficas de las figuras 4.10 y 4.11).

b. Grafique $y = e^{x+2}$.

Solución: La gráfica de $y = e^{x+2}$ está relacionada con la de $f(x) = e^x$. Como e^{x+2} es $f(x + 2)$, puede obtenerse la gráfica de $y = e^{x+2}$ mediante un desplazamiento horizontal de la gráfica de $f(x) = e^x$ dos unidades a la izquierda. (Vea la figura 4.12).

◁

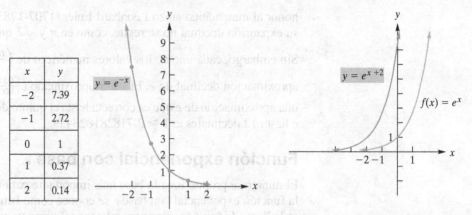

x	y
-2	7.39
-1	2.72
0	1
1	0.37
2	0.14

FIGURA 4.11   Gráfica de $y = e^{-x}$.

FIGURA 4.12   Gráfica de $y = e^{x+2}$.

EJEMPLO 9   **Crecimiento poblacional**

La población proyectada, P, de una ciudad está dada por

$$P = 100\,000e^{0.05t}$$

donde t es el número de años después de 1990. Prediga la población para 2010.

Solución: El número de años desde 1990 hasta 2010 es 20, de modo que se establece $t = 20$. Entonces

$$P = 100\,000e^{0.05(20)} = 100\,000e^1 = 100\,000e \approx 271\,828$$

Ahora resuelva el problema 35 ◁

En estadística, una función importante que se utiliza como modelo para describir la ocurrencia de eventos en la naturaleza es la **función de distribución de Poisson**:

$$f(n) = \frac{e^{-\mu}\mu^n}{n!} \quad n = 0, 1, 2, \ldots$$

El símbolo μ (que se lee "mu") es una letra griega. En ciertas situaciones $f(n)$ da la probabilidad de que exactamente n eventos ocurran en un intervalo de tiempo o espacio. La constante μ es el promedio, también llamado *media*, del número de eventos que tienen lugar en dicho intervalo. El ejemplo siguiente ilustra la distribución de Poisson.

EJEMPLO 10   **Hemocitómetro y células**

Un hemocitómetro es una cámara de conteo dividida en cuadrados que se utiliza para estudiar el número de estructuras microscópicas presentes en un líquido. En un experimento muy conocido,[3] células de levadura se diluyeron y mezclaron completamente en un líquido y la mezcla se colocó en un hemocitómetro. Con ayuda de un microscopio se contaron las células de levadura existentes en cada cuadrado. Se encontró que la probabilidad de que hubiera exactamente n células en cada cuadrado del hemocitómetro se ajustaba a una distribución de Poisson con $\mu = 1.8$. Encuentre la probabilidad de hallar exactamente cuatro células en un cuadrado en particular.

Solución: Se usa la función de distribución de Poisson con $\mu = 1.8$ y $n = 4$:

$$f(n) = \frac{e^{-\mu}\mu^n}{n!}$$

$$f(4) = \frac{e^{-1.8}(1.8)^4}{4!} \approx 0.072$$

---

[3]R. R. Sokal y F. J. Rohlf, *Introduction to Biostatistics* (San Francisco: W. H. Freeman and Company, 1973).

Por ejemplo, esto significa que en 400 cuadrados se *esperaría* que $400(0.072) \approx 29$ cuadrados contuvieran exactamente 4 células. (En el experimento, en 400 cuadrados el número real observado fue de 30).

◁

Decaimiento radiactivo

Los elementos radiactivos tienen la particularidad de que su cantidad disminuye con respecto al tiempo. Se dice que un elemento radiactivo *decae*. Si N es la cantidad en el tiempo t, entonces puede demostrarse que

$$N = N_0 e^{-\lambda t} \tag{3}$$

donde N_0 y λ (una letra griega que se lee "lambda") son constantes positivas. Observe que N incluye una función exponencial de t. Se dice que N sigue una **ley de decaimiento exponencial**. Si $t = 0$, entonces $N = N_0 e^0 = N_0 \cdot 1 = N_0$. Así, la constante N_0 representa la cantidad del elemento presente en el tiempo $t = 0$ y se le llama la **cantidad inicial**. La constante λ depende del elemento particular involucrado y se llama **constante de decaimiento**.

Como N disminuye conforme pasa el tiempo, suponga que T es el tiempo que tarda el elemento en disminuir a la mitad de su cantidad inicial. Entonces en el tiempo $t = T$, se tiene $N = N_0/2$. La ecuación (3) implica que

$$\frac{N_0}{2} = N_0 e^{-\lambda T}$$

Ahora se utilizará este hecho para demostrar que en *cualquier* intervalo de longitud T, la mitad de la cantidad del elemento decae. Considere el intervalo desde el tiempo t hasta $t + T$, que tiene longitud T. En el tiempo t, la cantidad de elemento es $N_0 e^{-\lambda t}$, y en el tiempo $t + T$ es

$$N_0 e^{-\lambda(t+T)} = N_0 e^{-\lambda t} e^{-\lambda T} = (N_0 e^{-\lambda T})e^{-\lambda t}$$
$$= \frac{N_0}{2} e^{-\lambda t} = \frac{1}{2}(N_0 e^{-\lambda t})$$

que es la mitad de la cantidad presente en el tiempo t. Esto significa que si la cantidad inicial presente N_0 fuera de 1 gramo, en el tiempo T habría $\frac{1}{2}$ gramo, en el tiempo $2T$ habría $\frac{1}{4}$ de gramo, y así sucesivamente. Este valor de T se conoce como la **vida media** del elemento radiactivo. En la figura 4.13 se muestra una gráfica de decaimiento radiactivo.

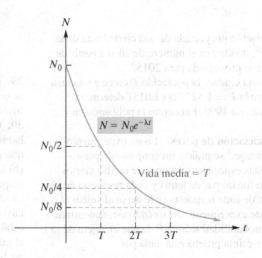

FIGURA 4.13 Decaimiento radiactivo.

EJEMPLO 11   **Decaimiento radiactivo**

Un elemento radiactivo decae de modo que después de t días el número de miligramos presentes está dado por

$$N = 100e^{-0.062t}$$

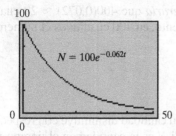

FIGURA 4.14   Gráfica de la función de decaimiento radiactivo $N = 100e^{-0.062t}$.

a. ¿Cuántos miligramos están presentes inicialmente?

Solución: Esta ecuación tiene la forma de la ecuación (3), $N = N_0 e^{-\lambda t}$, donde $N_0 = 100$ y $\lambda = 0.062$. N_0 es la cantidad inicial y corresponde a $t = 0$. Así que, en un inicio, están presentes 100 miligramos. (Vea la figura 4.14).

b. ¿Cuántos miligramos están presentes después de 10 días?

Solución: Cuando $t = 10$,

$$N = 100e^{-0.062t(10)} = 100e^{-0.62} \approx 53.8$$

Por lo tanto, después de 10 días están presentes aproximadamente 53.8 miligramos.

Ahora resuelva el problema 47 ◁

PROBLEMAS 4.1

En los problemas del 1 al 12, grafique cada función.

1. $y = f(x) = 4^x$

2. $y = f(x) = 3^x$

3. $y = f(x) = \left(\frac{1}{3}\right)^x$

4. $y = f(x) = \left(\frac{1}{4}\right)^x$

5. $y = f(x) = 2^{(x-1)^2}$

6. $y = f(x) = 3(2)^x$

7. $y = f(x) = 3^{x+2}$

8. $y = f(x) = 2^{x-1}$

9. $y = f(x) = 3^x - 2$

10. $y = f(x) = 3^{x-1} - 1$

11. $y = f(x) = 3^{-x}$

12. $y = f(x) = \frac{1}{2}(2^{x/2})$

Los problemas 13 y 14 se refieren a la figura 4.15, que muestra las gráficas de $y = 0.4^x$, $y = 2^x$ y $y = 5^x$.

13. De las curvas A, B y C, ¿cuál es la gráfica de $y = 5^x$?

14. De las curvas A, B y C, ¿cuál es la gráfica de $y = 2^x$?

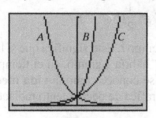

FIGURA 4.15

15. Población   La población proyectada de una ciudad está dada por $P = 125\,000(1.11)^{t/20}$, donde t es el número de años a partir de 1995. ¿Cuál es la población proyectada para 2015?

16. Población   Para cierta ciudad, la población P crece a una tasa de 1.5% por año. La fórmula $P = 1\,527\,000(1.015)^t$ determina la población t años después de 1998. Encuentre la población en (a) 1999 y (b) 2000.

17. Aprendizaje por asociación de pares   En un experimento psicológico sobre aprendizaje,[4] se pidió a un conjunto de personas proporcionar respuestas específicas después de recibir ciertos estímulos. Cada estímulo fue un par de letras y cada respuesta era un dígito, 1 o 2. Después de cada respuesta se le decía al sujeto la respuesta correcta. En este experimento de aprendizaje, denominado *asociación de pares*, la probabilidad teórica P de que el sujeto dé la respuesta correcta en la n-ésima prueba está dada por

$$P = 1 - \frac{1}{2}(1 - c)^{n-1}, \quad n \geq 1, \quad 0 < c < 1$$

donde c es una constante. Tome $c = \frac{1}{2}$ y encuentre P cuando $n = 1$, $n = 2$ y $n = 3$.

18. Exprese $y = 2^{3x}$ como una función exponencial de base 8.

En los problemas del 19 al 27, encuentre (a) el monto compuesto y (b) el interés compuesto para la inversión y la tasa anual dadas.

19. $2000 durante 5 años a 3% compuesto anualmente.

20. $5000 durante 20 años a 5% compuesto anualmente.

21. $700 durante 15 años a 7% compuesto semestralmente.

22. $4000 durante 12 años a $7\frac{1}{2}$% compuesto semestralmente.

23. $3000 durante 16 años a $8\frac{3}{4}$% compuesto trimestralmente.

24. $6000 durante 2 años a 8% compuesto trimestralmente.

25. $5000 durante $2\frac{1}{2}$ años a 9% compuesto mensualmente.

26. $500 durante 5 años a 11% compuesto semestralmente.

27. $8000 durante 3 años a $6\frac{1}{4}$% compuesto diariamente. (Suponga el año de 365 días).

28. Inversiones   Suponga que $900 se colocan en una cuenta de ahorros que gana intereses a una tasa de 4.5% compuesto semestralmente. (a) ¿Cuál es el valor de la cuenta al final de cinco años? (b) Si la cuenta hubiera generado intereses a una tasa de 4.5% compuesto anualmente, ¿cuál sería su valor después de cinco años?

29. Inversión   Un certificado de depósito se compra por $6500 y se conserva durante tres años. Si el certificado gana 2% compuesto trimestralmente, ¿cuál es su valor al cabo de tres años?

30. Crecimiento poblacional   La población de un pueblo de 5000 habitantes crece a razón de 3% anual. (a) Determine una ecuación que proporcione la población después de t años a partir de ahora. (b) Determine la población que habrá dentro de 3 años. Obtenga la respuesta para (b) al entero más cercano.

31. Crecimiento de bacterias   En un cultivo crecen bacterias cuyo número se incrementa a razón de 5% cada hora. Al inicio estaban presentes 400 bacterias. (a) Determine una ecuación que dé el número, N, de bacterias presentes después de t horas. (b) ¿Cuántas bacterias están presentes después de 1 hora? (c) ¿Después de 4 horas? Proporcione sus respuestas a (b) y (c) al entero más cercano.

32. Reducción de bacterias   Cierta medicina reduce las bacterias presentes en una persona en 10% cada hora. Actualmente, están presentes 100 000 bacterias. Construya una tabla de valores para el

[4]D. Laming, *Mathematical Psychology* (Nueva York: Academic Press, Inc., 1973).

número de bacterias presentes en cada hora, desde 0 hasta 4 horas. Para cada hora, escriba una expresión para el número de bacterias como un producto de 100 000 y una potencia de $\frac{9}{10}$. Utilice las expresiones para construir una entrada en su tabla para el número de bacterias después de t horas. Escriba una función N para el número de bacterias después de t horas.

33. Reciclaje   Suponga que la cantidad de plástico a ser reciclado aumenta 30% cada año. Haga una tabla del factor por el cual aumenta el reciclaje sobre la cantidad original desde 0 hasta 3 años. Para cada año, escriba una expresión para el aumento como una potencia de alguna base. ¿Qué base utilizó? ¿Cómo se relaciona esa base con el problema? Utilice su tabla para graficar el aumento multiplicativo como una función de los años; use su gráfica para determinar cuándo se triplica el reciclaje.

34. Crecimiento poblacional   En la actualidad, las ciudades A y B tienen poblaciones de 270 000 y 360 000 habitantes, respectivamente. La ciudad A crece a razón de 6% anual y B crece a razón de 4% anual. Determine cuál es la mayor población al final de cinco años y por cuánto difiere de la otra población. Redondee su respuesta al entero más cercano.

Los problemas 35 y 36 involucran una población que decae. Si una población disminuye a una tasa de r por periodo, entonces la población P después de t periodos está dada por

$$P = P_0(1-r)^t$$

donde P_0 es la población inicial (la población cuando $t = 0$).

35. Población   A causa de una recesión económica, la población de cierta área urbana disminuye a razón de 1.5% anual. Al inicio, la población era de 350 000 habitantes. ¿Cuál es la población después de tres años? Redondee su respuesta al entero más cercano.

36. Inscripciones   Después de un cuidadoso análisis demográfico, una universidad pronostica que las inscripciones de estudiantes se reducirán a una tasa de 3% anual durante los próximos 12 años. Si en la actualidad la universidad tiene 14 000 estudiantes, ¿cuántos estudiantes tendrá dentro de 12 años?

En los problemas del 37 al 40, utilice una calculadora para encontrar el valor (redondeado a cuatro decimales) de cada expresión.

37. $e^{1.5}$ **38.** $e^{3.4}$ **39.** $e^{-0.8}$ **40.** $e^{-2/3}$

En los problemas 41 y 42 grafique las funciones.

41. $y = -e^{-(x+1)}$ **42.** $y = 2e^x$

43. Llamadas telefónicas   La probabilidad de que un operador de teléfonos reciba exactamente x llamadas durante cierto periodo está dada por

$$P = \frac{e^{-3}3^x}{x!}$$

Encuentre la probabilidad de que el operador reciba exactamente tres llamadas. Redondee su respuesta a cuatro decimales.

44. Distribución normal   Una función importante utilizada en economía y decisiones de negocios es *la función de densidad de la distribución normal*, cuya forma estándar es

$$f(x) = \frac{1}{\sqrt{2\pi}}e^{-(\frac{1}{2})x^2}$$

Evalúe $f(0), f(1)$ y $f(2)$. Redondee sus respuestas a tres decimales.

45. Exprese e^{kt} en la forma b^t.   **46.** Exprese $\dfrac{1}{e^x}$ en la forma b^x.

47. Decaimiento radiactivo   De cierto elemento radiactivo se conservan N gramos después de t horas, donde

$$N = 12e^{-0.031t}$$

(a) ¿Cuántos gramos están presentes inicialmente? (b) A la décima de gramo más cercana, ¿cuántos gramos permanecen después de

10 horas? (c) ¿Y de 44 horas? (d) Con base en su respuesta al inciso (c), ¿cuál es su estimación de la vida media del elemento?

48. Decaimiento radiactivo   A cierto tiempo, hay 75 miligramos de una sustancia radiactiva. Ésta decae de modo que después de t años el número de miligramos presentes, N, está dado por

$$N = 75e^{-0.045t}$$

¿Cuántos miligramos están presentes después de 10 años? Dé su respuesta al miligramo más cercano.

49. Decaimiento radiactivo   Si una sustancia radiactiva tiene vida media de 9 años, ¿cuánto tiempo es necesario para que un gramo de la sustancia decaiga a $\frac{1}{8}$ de gramo?

50. Marketing   Una compañía de ventas por correo se anuncia en una revista de circulación nacional. La compañía determina que de todas las ciudades pequeñas, el porcentaje (dado como un decimal) en el que exactamente x personas respondan a un anuncio se ajusta a una distribución de Poisson con $\mu = 0.5$. ¿En qué porcentaje de ciudades pequeñas puede esperar la compañía que respondan exactamente dos personas? Redondee su respuesta a cuatro decimales.

51. Admisión en la sala de emergencias   Suponga que el número de pacientes admitidos en una sala de emergencias de un hospital durante cierta hora del día tiene una distribución de Poisson con media igual a 4. Encuentre la probabilidad de que durante esa hora haya exactamente dos pacientes de urgencia. Redondee su respuesta a cuatro decimales.

52. Grafique $y = 17^x$ y $y = \left(\frac{1}{17}\right)^x$ en la misma pantalla. Determine el punto de intersección.

53. Sea $a > 0$ una constante. Grafique $y = 2^x$ y $y = 2^a \cdot 2^x$ en la misma pantalla para valores constantes $a = 2$ y $a = 3$. Parece que la gráfica de $y = 2^a \cdot 2^x$ es la gráfica de $y = 2^x$ recorrida a unidades hacia la izquierda. Pruebe algebraicamente que esto es cierto.

54. Para $y = 5^x$, encuentre x si $y = 3$. Redondee su respuesta a dos decimales.

55. Para $y = 2^x$, determine x si $y = 9$. Redondee su respuesta a dos decimales.

56. Crecimiento de células   En un cultivo de células, su número se incrementa a razón de 7% por hora. Al inicio están presentes 1000 células. ¿Después de cuántas horas completas habrá al menos 3000 células?

57. Crecimiento de bacterias   Con referencia al ejemplo 1, ¿cuánto tiempo es necesario para que estén presentes 1000 bacterias? Redondee su respuesta a la décima de minuto más cercana.

58. Ecuación de demanda   La ecuación de demanda para un juguete nuevo es

$$q = 10\,000(0.95123)^p$$

(a) Evalúe q al entero más cercano cuando $p = 10$.

(b) Convierta la ecuación de demanda a la forma

$$q = 10\,000e^{-xp}$$

(*Sugerencia:* Encuentre un número x tal que $0.95123 \approx e^{-x}$.)

(c) Utilice la ecuación del inciso (b) para evaluar q al entero más cercano cuando $p = 10$. Sus respuestas en los incisos (a) y (c) deben ser iguales.

59. Inversión   Si se invierten $2000 en una cuenta de ahorros que genera interés a 9.9% compuesto anualmente, ¿después de cuántos años completos la cantidad al menos se duplicará?

Objetivo

Introducir las funciones logarítmicas y sus gráficas. Las propiedades de los logaritmos se estudiarán en la sección 4.3.

PARA REPASAR las funciones inversas, vaya a la sección 2.4.

4.2 Funciones logarítmicas

Debido a que todas las funciones exponenciales pasan la prueba de la recta horizontal, todas son funciones uno a uno. De esto se deduce que cada función exponencial tiene una inversa. Estas funciones inversas a las funciones exponenciales se llaman *funciones logarítmicas*.

De manera más precisa, si $f(x) = b^x$, que es la función exponencial base b (donde $0 < b < 1$ o $1 < b$), entonces la función inversa $f^{-1}(x)$ se llama *función logarítmica base b* y se denota como $\log_b x$. A partir del comentario general acerca de las funciones inversas presentado en la sección 2.4, resulta que

$$y = \log_b x \quad \text{si y sólo si} \quad b^y = x$$

y se tienen las siguientes ecuaciones fundamentales:

$$\log_b b^x = x \tag{1}$$

y

$$b^{\log_b x} = x \tag{2}$$

donde la ecuación (1) se aplica para toda x en $(-\infty, \infty)$ y la ecuación (2) se aplica para toda x en $(0, \infty)$. Recuerde que $(-\infty, \infty)$ es el dominio de la función exponencial base b y que $(0, \infty)$ es el rango de la función exponencial base b. De aquí se deduce que $(0, \infty)$ es el dominio de la función logarítmica base b y que $(-\infty, \infty)$ es el rango de la función logarítmica base b.

Dicho de otra forma, dada x positiva, $\log_b x$ es el número único con la propiedad de que $b^{\log_b x} = x$. Las generalidades sobre las funciones inversas también permiten deducir de inmediato cómo se ve una función logarítmica.

En la figura 4.16 se muestra la gráfica de la función exponencial particular $y = f(x) = 2^x$, cuya forma general es típica de las funciones exponenciales $y = b^x$ para las cuales la base b satisface $1 < b$. Se ha agregado una copia (punteada) de la recta $y = x$. La gráfica de $y = f^{-1}(x) = \log_2 x$ se obtiene como la imagen de espejo de $y = f(x) = 2^x$ en la línea $y = x$.

En la tabla 4.3 se han tabulado los valores funcionales que aparecen como las coordenadas y de los puntos en la figura 4.16.

Tabla 4.3 Valores seleccionados de la función

x	2^x	x	$\log_2 x$
-2	$\frac{1}{4}$	$\frac{1}{4}$	-2
-1	$\frac{1}{2}$	$\frac{1}{2}$	-1
0	1	1	0
1	2	2	1
2	4	4	2
3	8	8	3

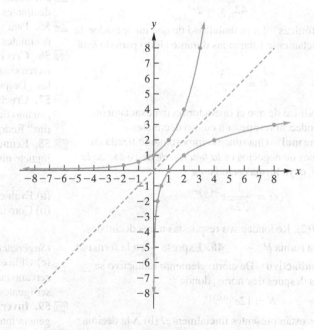

FIGURA 4.16   Gráficas de $y = 2^x$ y $y = \log_2 x$.

Resulta claro que la función exponencial base 2 y la función logarítmica base 2 "deshacen" sus efectos entre sí. Entonces, para toda x en el dominio de 2^x [que es $(-\infty, \infty)$], se tiene

$$\log_2 2^x = x$$

Formas logarítmica
y exponencial

Logaritmo   Exponente
$\log_2 8 = \boxed{3}$ $2^{\boxed{3}} = 8$
base   base

FIGURA 4.17   Un logaritmo puede considerarse como un exponente.

y, para toda x en el dominio de $\log_2 x$ [que es el rango de 2^x, el cual es $(0, \infty)$], se tiene

$$2^{\log_2 x} = x$$

A menudo se dice que

$$y = \log_b x \quad \text{significa} \quad b^y = x$$

y de manera inversa

$$b^y = x \quad \text{significa} \quad y = \log_b x$$

En este sentido, el *logaritmo de un número*: $\log_b x$ es la potencia a la cual debe elevarse b para obtener x. Por ejemplo,

$$\log_2 8 = 3 \quad \text{porque} \quad 2^3 = 8$$

Se dice que $\log_2 8 = 3$ es la **forma logarítmica** de la **forma exponencial** $2^3 = 8$. (Vea la figura 4.17).

APLÍQUELO ▶

8. Si ciertas bacterias se han estado duplicando cada hora y la cantidad actual es 16 veces la cantidad contada al inicio, entonces la situación puede representarse por $16 = 2^t$. Represente esta ecuación en forma logarítmica. ¿Qué representa t?

EJEMPLO 1   Conversión de forma exponencial a forma logarítmica

Forma exponencial		*Forma logarítmica*
a. Como	$5^2 = 25$	se deduce que	$\log_5 25 = 2$
b. Como	$3^4 = 81$	se deduce que	$\log_3 81 = 4$
c. Como	$10^0 = 1$	se deduce que	$\log_{10} 1 = 0$

Ahora resuelva el problema 1 ◁

APLÍQUELO ▶

9. Un terremoto que midió 8.3 en la escala Richter puede representarse mediante $8.3 = \log_{10}\left(\frac{I}{I_0}\right)$, donde I es la intensidad del sismo e I_0 es la intensidad de un sismo de nivel cero. Represente esta ecuación en forma exponencial.

EJEMPLO 2   Conversión de forma logarítmica a forma exponencial

Forma logarítmica		*Forma exponencial*
a. $\log_{10} 1000 = 3$	significa	$10^3 = 1000$
b. $\log_{64} 8 = \frac{1}{2}$	significa	$64^{1/2} = 8$
c. $\log_2 \frac{1}{16} = -4$	significa	$2^{-4} = \frac{1}{16}$

Ahora resuelva el problema 3 ◁

APLÍQUELO ▶

10. Suponga que una planta de reciclaje encontró que la cantidad de material para reciclar ha aumentado 50% cada año desde el primer año de operación de la planta. Haga la gráfica de cada año como una función del aumento multiplicativo en el reciclado desde el primer año. Etiquete la gráfica con el nombre de la función.

EJEMPLO 3   Gráfica de una función logarítmica con $b > 1$

Examine de nuevo la gráfica de $y = \log_2 x$ en la figura 4.16. Esta gráfica es típica para una función logarítmica con $b > 1$.

Ahora resuelva el problema 9 ◁

EJEMPLO 4　**Gráfica de una función logarítmica con** $0 < b < 1$

Grafique $y = \log_{1/2} x$.

Solución: Para graficar los puntos, se usa la forma exponencial equivalente $y = \left(\frac{1}{2}\right)^x$ y se refleja la gráfica en la recta $y = x$. (Vea la figura 4.18).

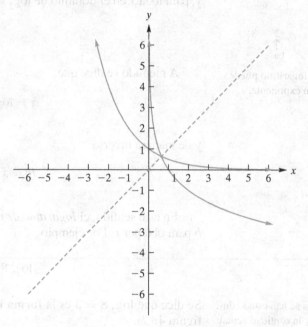

FIGURA 4.18　Gráficas de $y = \left(\frac{1}{2}\right)^x$ y $y = \log_{1/2} x$

A partir de la gráfica, puede verse que el dominio de $y = \log_{1/2} x$ es el conjunto de todos los números reales positivos, que es el rango de $y = \left(\frac{1}{2}\right)^x$, y que el rango de $y = \log_{1/2} x$ es el conjunto de todos los números reales, el cual a su vez es el dominio de $y = \left(\frac{1}{2}\right)^x$. La gráfica desciende de izquierda a derecha. Los números entre 0 y 1 tienen logaritmos base $\frac{1}{2}$ positivos y, entre más cerca están del 0, mayor es su logaritmo base $\frac{1}{2}$. Los números mayores que 1 tienen logaritmos base $\frac{1}{2}$ negativos. El logaritmo de 1 es 0, *sin importar la base b*, y corresponde a la intersección x (1, 0). Esta gráfica es típica para una función logarítmica con $0 < b < 1$.

Ahora resuelva el problema 11 ◁

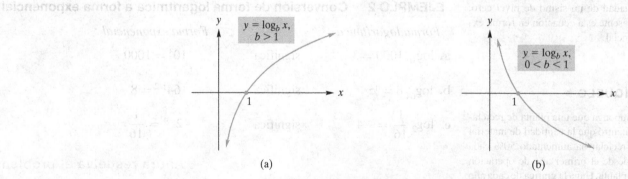

$y = \log_b x,$
$b > 1$

$y = \log_b x,$
$0 < b < 1$

(a)　　　　(b)

FIGURA 4.19　Formas generales de $y = \log_b x$.

En resumen, a partir de los resultados de los ejemplos 3 y 4, puede decirse que la gráfica de una función logarítmica tiene una de dos formas generales, dependiendo de si $b > 1$ o $0 < b < 1$. (Vea la figura 4.19). Para $b > 1$, la gráfica asciende de izquierda a derecha; conforme x se acerca a 0, los valores de la función disminuyen sin una cota y la gráfica se aproxima cada vez más al eje y. Para $0 < b < 1$, la gráfica desciende de izquierda a derecha; conforme x se acerca a 0, los valores de la función crecen sin cota y la gráfica se acerca al eje y. En cada caso, observe que:

1. El dominio de una función logarítmica es el intervalo $(0, \infty)$. Por lo tanto, el logaritmo de un número no positivo no existe.

2. El rango es el intervalo $(-\infty, \infty)$.

3. El logaritmo de 1 es 0, lo cual corresponde a la intersección x $(1, 0)$.

Los logaritmos de base 10 son llamados **logaritmos comunes**. Se utilizaban con frecuencia con propósitos computacionales antes de la época de las calculadoras. En general, se omite el subíndice 10 de la notación:

$$\log x \quad \text{significa} \quad \log_{10} x$$

Los logaritmos de base e son importantes en el cálculo y se conocen como **logaritmos naturales**. Para estos logaritmos se usa la notación "ln":

$$\ln x \quad \text{significa} \quad \log_e x$$

El símbolo $\ln x$ puede leerse como "logaritmo natural de x". La mayoría de las calculadoras dan valores aproximados para los logaritmos naturales y comunes. Por ejemplo, compruebe que $\ln 2 \approx 0.69315$. Esto significa que $e^{0.69315} \approx 2$. En la figura 4.20 se muestra la gráfica de $y = \ln x$. Como $e > 1$, la gráfica tiene la forma general de una función logarítmica con $b > 1$ [vea la figura 4.19 (a)] y asciende de izquierda a derecha. Aunque las convenciones acerca de log, sin subíndice, y ln están bien establecidas en los libros elementales, debe tenerse cuidado al leer textos avanzados. En ese tipo de libros, por lo general $\log x$ significa $\log_e x$ y no se utiliza ln, mientras que los logaritmos base 10 se escriben de manera explícita como $\log_{10} x$.

La gráfica del logaritmo natural mostrada en la figura 4.20 es también importante.

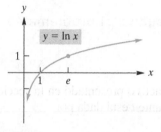

FIGURA 4.20 Gráfica de la función logaritmo natural.

EJEMPLO 5   Cálculo de logaritmos

a. Encuentre $\log 100$.

Solución: Aquí la base es 10. Así que $\log 100$ es el exponente al que debe elevarse 10 para obtener 100. Como $10^2 = 100$, $\log 100 = 2$.

b. Encuentre $\ln 1$.

Solución: Aquí la base es e. Como $e^0 = 1$, $\ln 1 = 0$.

c. Encuentre $\log 0.1$.

Solución: Como $0.1 = \frac{1}{10} = 10^{-1}$, $\log 0.1 = -1$.

d. Encuentre $\ln e^{-1}$.

Solución: Como $\ln e^{-1}$ es el exponente al que debe elevarse e para obtener e^{-1}, es claro que $\ln e^{-1} = -1$.

e. Encuentre $\log_{36} 6$.

Solución: Como $36^{1/2} (=\sqrt{36})$ es 6, $\log_{36} 6 = \frac{1}{2}$.

Ahora resuelva el problema 17 ◁

APLÍQUELO ▶

12. El número de años que le toma a una cantidad invertida a una tasa anual de r, compuesta de manera continua, cuadruplicar su valor es una función de la tasa anual r dada por $t(r) = \dfrac{\ln 4}{r}$. Use una calculadora y encuentre la tasa necesaria para cuadruplicar una inversión en 10 años.

Recuerde la forma en que un logaritmo es un exponente.

Muchas ecuaciones que incluyen formas logarítmica o exponencial pueden resolverse para una cantidad desconocida transformando primero desde la forma logarítmica a la exponencial o viceversa. El ejemplo 6 ilustra esta acción.

EJEMPLO 6   Resolución de ecuaciones logarítmicas y exponenciales

a. Resuelva $\log_2 x = 4$.

Solución: Puede obtenerse una expresión explícita para x escribiendo la ecuación en forma exponencial. Resulta

$$2^4 = x$$

de modo que $x = 16$.

APLÍQUELO ▶

13. El aumento multiplicativo m de un monto invertido a una tasa anual de r, capitalizable de manera continua durante un tiempo t, está dado por $m = e^{rt}$. ¿Qué tasa anual es necesaria para triplicar la inversión en 12 años?

b. Resuelva $\ln(x + 1) = 7$.

Solución: La forma exponencial da $e^7 = x + 1$. Así, $x = e^7 - 1$.

c. Resuelva $\log_x 49 = 2$.

Solución: En la forma exponencial, $x^2 = 49$, de modo que $x = 7$. Se rechaza $x = -7$ porque un número negativo no puede ser base de una función logarítmica.

d. Resuelva $e^{5x} = 4$.

Solución: Puede obtenerse una expresión explícita para x escribiendo la ecuación en forma logarítmica. Se tiene

$$\ln 4 = 5x$$

$$x = \frac{\ln 4}{5}$$

Ahora resuelva el problema 49 ◁

Decaimiento radiactivo y vida media

A partir del estudio sobre decaimiento de un elemento radiactivo presentado en la sección 4.1, se sabe que la cantidad del elemento presente en el instante t está dada por

$$N = N_0 e^{-\lambda t} \tag{3}$$

donde N_0 es la cantidad inicial (la cantidad en el instante $t = 0$) y λ es la constante de decaimiento. Ahora se determinará la vida media T del elemento. En el instante T, está presente la mitad de la cantidad inicial. Esto es, cuando $t = T$, $N = N_0/2$. Así, de la ecuación (3), se tiene

$$\frac{N_0}{2} = N_0 e^{-\lambda T}$$

Resolviendo para T se obtiene

$$\frac{1}{2} = e^{-\lambda T}$$

$$2 = e^{\lambda T} \qquad \text{tomando recíprocos de ambos lados}$$

Con el fin de obtener una expresión explícita para T, se convierte a la forma logarítmica. Esto resulta en

$$\lambda T = \ln 2$$

$$T = \frac{\ln 2}{\lambda}$$

En resumen, se tiene lo siguiente:

> *Si un elemento radiactivo tiene una constante de decaimiento λ, entonces la vida media del elemento está dada por*
>
> $$T = \frac{\ln 2}{\lambda} \tag{4}$$

EJEMPLO 7 Determinación de la vida media

Una muestra de 10 miligramos de polonio radiactivo 210 (que se denota por ^{210}Po) decae de acuerdo con la ecuación

$$N = 10e^{-0.00501t}$$

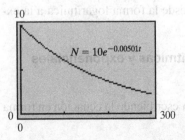

FIGURA 4.21 Función de decaimiento radiactivo $N = 10e^{-0.00501t}$.

donde N es el número de miligramos presentes después de t días. (Vea la figura 4.21). Determine la vida media del ^{210}Po.

Solución: Aquí la constante de decaimiento λ es 0.00501. Según la ecuación (4), la vida media está dada por:

$$T = \frac{\ln 2}{\lambda} = \frac{\ln 2}{0.00501} \approx 138.4 \text{ días}$$

Ahora resuelva el problema 63 ◁

PROBLEMAS 4.2

En los problemas del 1 al 8, exprese cada forma logarítmica de manera exponencial y cada forma exponencial de manera logarítmica.

1. $10^4 = 10\ 000$ **2.** $2 = \log_{12} 144$

3. $\log_2 1024 = 10$ **4.** $8^{2/3} = 4$

5. $e^3 \approx 20.0855$ **6.** $e^{0.33647} \approx 1.4$

7. $\ln 3 \approx 1.09861$ **8.** $\log 7 \approx 0.84509$

En los problemas del 9 al 16, grafique las funciones.

9. $y = f(x) = \log_3 x$ **10.** $y = f(x) = \log_4 2x$

11. $y = f(x) = \log_{1/4} x$ **12.** $y = f(x) = \log_{1/5} x$

13. $y = f(x) = \log_2 (x + 4)$ **14.** $y = f(x) = \log_2 (-x)$

15. $y = f(x) = -2 \ln x$ **16.** $y = f(x) = \ln (x + 2)$

En los problemas del 17 al 28, evalúe la expresión.

17. $\log_6 36$ **18.** $\log_2 512$ **19.** $\log_3 27$

20. $\log_{16} 4$ **21.** $\log_7 7$ **22.** $\log 10\ 000$

23. $\log 0.0001$ **24.** $\log_2 \sqrt[3]{2}$ **25.** $\log_5 1$

26. $\log_5 \frac{1}{25}$ **27.** $\log_2 \frac{1}{8}$ **28.** $\log_3 \sqrt[5]{3}$

En los problemas del 29 al 48, encuentre x.

29. $\log_3 x = 4$ **30.** $\log_2 x = 8$

31. $\log_5 x = 3$ **32.** $\log_4 x = 0$

33. $\log x = -3$ **34.** $\ln x = 1$

35. $\ln x = -3$ **36.** $\log_x 25 = 2$

37. $\log_x 8 = 3$ **38.** $\log_x 4 = \frac{1}{3}$

39. $\log_x \frac{1}{6} = -1$ **40.** $\log_x y = 1$

41. $\log_3 x = -3$ **42.** $\log_x (2x - 3) = 1$

43. $\log_x (12 - x) = 2$ **44.** $\log_8 64 = x - 1$

45. $2 + \log_2 4 = 3x - 1$ **46.** $\log_3 (x + 2) = -2$

47. $\log_x (2x + 8) = 2$ **48.** $\log_x (16 - 4x - x^2) = 2$

En los problemas del 49 al 52, encuentre x y exprese su respuesta en términos de logaritmos naturales.

49. $e^{3x} = 2$ **50.** $0.1e^{0.1x} = 0.5$

51. $e^{2x-5} + 1 = 4$ **52.** $6e^{2x} - 1 = \frac{1}{2}$

En los problemas del 53 al 56, utilice su calculadora para encontrar el valor aproximado de cada expresión. Redondee su respuesta a cinco decimales.

53. $\ln 11$ **54.** $\ln 4.27$

55. $\ln 7.39$ **56.** $\ln 9.98$

57. Apreciación Suponga que cierta antigüedad gana en valor 10% cada año. Haga una gráfica del número de años que se retiene como una función del aumento multiplicativo de su valor original. Marque la gráfica con el nombre de la función.

58. Ecuación de costo Para una compañía, el costo por producir q unidades de un producto está dado por la ecuación

$$c = (5q \ln q) + 15$$

Evalúe el costo cuando $q = 12$. (Redondee su respuesta a dos decimales).

59. Ecuación de oferta La ecuación de oferta de un fabricante es

$$p = \log \left(10 + \frac{q}{2}\right)$$

donde q es el número de unidades ofrecidas con el precio p por unidad. ¿A qué precio el fabricante ofrecerá 1980 unidades?

60. Terremoto La magnitud, M, de un terremoto y su energía, E, están relacionadas por la ecuación[5]

$$1.5M = \log \left(\frac{E}{2.5 \times 10^{11}}\right)$$

donde M está dada en términos de la escala de Richter de 1958 y E está en ergios. Resuelva la ecuación para E.

61. Biología Para cierta población de células, el número de células en el instante t está dado por $N = N_0(2^{t/k})$, donde N_0 es el número de células en $t = 0$ y k es una constante positiva. (a) Encuentre N cuando $t = k$. (b) ¿Cuál es el significado de k? (c) Demuestre que el tiempo necesario para tener una población de N_1 puede escribirse como

$$t = k \log_2 \frac{N_1}{N_0}$$

62. Bienes secundarios En un análisis de bienes secundarios, Persky[6] resuelve una ecuación de la forma

$$u_0 = A \ln (x_1) + \frac{x_2^2}{2}$$

para x_1, donde x_1 y x_2 son cantidades de dos productos, u_0 es una medida de la utilidad y A es una constante positiva. Determine x_1.

63. Decaimiento radiactivo Una muestra de un gramo de plomo 211 radiactivo (^{211}Pb) decae de acuerdo con la ecuación $N = e^{-0.01920t}$, donde N es el número de gramos presentes después de t minutos. ¿Cuánto tiempo tomará para que sólo queden 0.25 gramos? Exprese su respuesta a la décima de minuto más cercana.

---

[5]K. E. Bullen, *An Introduction to the Theory of Seismology* (Cambridge, Reino Unido: Cambridge at the University Press, 1963).

[6]A. L. Persky, "An Inferior Good and a Novel Indifference Map", *The American Economist*, XXIX, núm. 1 (primavera de 1985).

64. Decaimiento radiactivo Una muestra de 100 miligramos de actinio 277 radiactivo (^{227}Ac) decae de acuerdo con la ecuación

$$N = 100e^{-0.03194t}$$

donde N *es* el número de miligramos presentes después de t años. Encuentre la vida media del ^{227}Ac a la décima de año más cercana.

65. Si $\log_y x = 3$ y $\log_z x = 2$, encuentre una fórmula para z como una función explícita que dependa sólo de y.

66. Despeje a y como una función explícita de x si

$$x + 3e^{2y} - 8 = 0$$

67. Suponga que $y = f(x) = x \ln x$. (a) ¿Para qué valores de x es $y < 0$? (*Sugerencia:* Determine cuándo está la gráfica por debajo del eje x). (b) Determine el rango de f.

68. Encuentre la intersección con el eje x de $y = x^3 \ln x$.

69. Use la gráfica de $y = e^x$ para estimar $\ln 3$. Redondee su respuesta a dos decimales.

70. Utilice la gráfica de $y = \ln x$ para estimar e^2. Redondee su respuesta a dos decimales.

71. Determine los valores en x de los puntos de intersección de las gráficas de $y = (x - 2)^2$ y $y = \ln x$. Redondee sus respuestas a dos decimales.

Objetivo

Estudiar las propiedades básicas de las funciones logarítmicas.

4.3 Propiedades de los logaritmos

La función logarítmica tiene muchas propiedades importantes. Por ejemplo,

> **1.** $\log_b(mn) = \log_b m + \log_b n$

la cual dice que el logaritmo del producto de dos números es la suma de los logaritmos de esos números. Esta propiedad puede probarse deduciendo la forma exponencial a partir de la ecuación:

$$b^{\log_b m + \log_b n} = mn$$

Usando primero una regla conocida para los exponentes, se tiene

$$b^{\log_b m + \log_b n} = b^{\log_b m} b^{\log_b n}$$
$$= mn$$

donde la segunda igualdad usa dos instancias de la ecuación fundamental (2) presentada en la sección 4.2. Las dos propiedades siguientes no se probarán, porque sus demostraciones son similares a las de la propiedad 1.

> **2.** $\log_b \dfrac{m}{n} = \log_b m - \log_b n$

Esto es, el logaritmo de un cociente es la diferencia del logaritmo del numerador menos el logaritmo del denominador.

> **3.** $\log_b m^r = r \log_b m$

Esto es, el logaritmo de una potencia de un número es el exponente multiplicado por el logaritmo del número.

Tabla 4.4 Logaritmos comunes

x	$\log x$	x	$\log x$
2	0.3010	7	0.8451
3	0.4771	8	0.9031
4	0.6021	9	0.9542
5	0.6990	10	1.0000
6	0.7782	e	0.4343

En la tabla 4.4 se dan los valores de algunos logaritmos comunes. La mayoría de las entradas son aproximadas. Por ejemplo, $\log 4 \approx 0.6021$, que significa $10^{0.6021} \approx 4$. Para ilustrar el uso de las propiedades de los logaritmos, se usará esta tabla en algunos de los ejemplos siguientes.

EJEMPLO 1 Determinación de logaritmos utilizando la tabla 4.4

a. Encuentre log 56.

Solución: Log 56 no está en la tabla. Pero puede escribirse 56 como el producto de 8 · 7. Así, por la propiedad 1,

$$\log 56 = \log(8 \cdot 7) = \log 8 + \log 7 \approx 0.9031 + 0.8451 = 1.7482$$

Aunque los logaritmos del ejemplo 1 pueden encontrarse con una calculadora, se hará uso de las propiedades de los logaritmos.

b. Encuentre $\log \dfrac{9}{2}$.

Solución: Por la propiedad 2,

$$\log \frac{9}{2} = \log 9 - \log 2 \approx 0.9542 - 0.3010 = 0.6532$$

c. Encuentre $\log 64$.

Solución: Como $64 = 8^2$, por la propiedad 3,

$$\log 64 = \log 8^2 = 2 \log 8 \approx 2(0.9031) = 1.8062$$

d. Encuentre $\log \sqrt{5}$.

Solución: Por la propiedad 3, se tiene

$$\log \sqrt{5} = \log 5^{1/2} = \frac{1}{2} \log 5 \approx \frac{1}{2}(0.6990) = 0.3495$$

e. Encuentre $\log \dfrac{16}{21}$.

Solución:

$$\log \frac{16}{21} = \log 16 - \log 21 = \log(4^2) - \log(3 \cdot 7)$$

$$= 2 \log 4 - [\log 3 + \log 7]$$

$$\approx 2(0.6021) - [0.4771 + 0.8451] = -0.1180$$

Ahora resuelva el problema 3 ◁

EJEMPLO 2   **Reescritura de expresiones logarítmicas**

a. Exprese $\log \dfrac{1}{x^2}$ en términos de $\log x$.

Solución:

$$\log \frac{1}{x^2} = \log x^{-2} = -2 \log x \qquad \text{Propiedad 3}$$

Aquí se ha supuesto que $x > 0$. Aunque $\log(1/x^2)$ está definido para $x \neq 0$, la expresión $-2 \log x$ sólo está definida si $x > 0$. Observe que se tiene

$$\log \frac{1}{x^2} = \log x^{-2} = -2 \log |x|$$

para toda $x \neq 0$.

b. Exprese $\log \dfrac{1}{x}$ en términos de $\log x$, para $x > 0$.

Solución: Por la propiedad 3,

$$\log \frac{1}{x} = \log x^{-1} = -1 \log x = -\log x$$

Ahora resuelva el problema 21 ◁

A partir del ejemplo 2(b), se observa que $\log(1/x) = -\log x$. Generalizando se obtiene la propiedad siguiente:

4. $\log_b \dfrac{1}{m} = -\log_b m$

Esto es, el logaritmo del recíproco de un número es el negativo del logaritmo del número.

Por ejemplo, $\log \dfrac{2}{3} = -\log \dfrac{3}{2}$.

EJEMPLO 3 **Escritura de logaritmos en términos de logaritmos más simples**

Manipulaciones como las del ejemplo 3 se utilizan con frecuencia en cálculo.

a. Escriba $\ln \dfrac{x}{zw}$ en términos de $\ln x$, $\ln z$ y $\ln w$.

Solución:

$$\ln \frac{x}{zw} = \ln x - \ln (zw) \qquad \text{Propiedad 2}$$

$$= \ln x - (\ln z + \ln w) \qquad \text{Propiedad 1}$$

$$= \ln x - \ln z - \ln w$$

b. Escriba $\ln \sqrt[3]{\dfrac{x^5(x-2)^8}{x-3}}$ en términos de $\ln x$, $\ln(x-2)$ y $\ln(x-3)$.

Solución:

$$\ln \sqrt[3]{\frac{x^5(x-2)^8}{x-3}} = \ln \left[\frac{x^5(x-2)^8}{x-3} \right]^{1/3} = \frac{1}{3} \ln \frac{x^5(x-2)^8}{x-3}$$

$$= \frac{1}{3} \{ \ln [x^5(x-2)^8] - \ln (x-3) \}$$

$$= \frac{1}{3} [\ln x^5 + \ln (x-2)^8 - \ln (x-3)]$$

$$= \frac{1}{3} [5 \ln x + 8 \ln (x-2) - \ln (x-3)]$$

Ahora resuelva el problema 29 ◁

APLÍQUELO ▶

14. La medida de un terremoto en la escala Richter está dada por $R = \log \left(\dfrac{I}{I_0} \right)$, donde I es la intensidad del terremoto e I_0 es la intensidad de un terremoto de nivel cero. ¿Cuántas veces es mayor, en la escala Richter, un terremoto con intensidad de 900 000 veces la intensidad de un terremoto de nivel cero que un terremoto con intensidad de 9000 veces la intensidad de un terremoto de nivel cero? Escriba la respuesta como una expresión que incluya logaritmos. Simplifique la expresión combinando logaritmos y después evalúe la expresión resultante.

EJEMPLO 4 **Combinación de logaritmos**

a. Escriba $\ln x - \ln (x+3)$ como un solo logaritmo.

Solución:

$$\ln x - \ln (x+3) = \ln \frac{x}{x+3} \qquad \text{Propiedad 2}$$

b. Escriba $\ln 3 + \ln 7 - \ln 2 - 2 \ln 4$ como un solo logaritmo.

Solución:

$$\ln 3 + \ln 7 - \ln 2 - 2 \ln 4$$

$$= \ln 3 + \ln 7 - \ln 2 - \ln (4^2) \qquad \text{Propiedad 3}$$

$$= \ln 3 + \ln 7 - [\ln 2 + \ln (4^2)]$$

$$= \ln (3 \cdot 7) - \ln (2 \cdot 4^2) \qquad \text{Propiedad 1}$$

$$= \ln 21 - \ln 32$$

$$= \ln \frac{21}{32} \qquad \text{Propiedad 2}$$

Ahora resuelva el problema 37 ◁

Como $b^0 = 1$ y $b^1 = b$, al convertir a formas logarítmicas se tienen las propiedades siguientes:

5. $\log_b 1 = 0$

6. $\log_b b = 1$

APLÍQUELO ▶

15. Si un terremoto es 10 000 veces más intenso que un terremoto de nivel cero, ¿cuál es su medida en la escala Richter? Escriba la respuesta como una expresión logarítmica y simplifíquela. (Para obtener la fórmula, vea el recuadro anterior de Aplíquelo).

EJEMPLO 5   Simplificación de expresiones logarítmicas

a. Encuentre $\ln e^{3x}$.

Solución: Por la ecuación fundamental (1) de la sección 4.2 con $b = e$, se tiene $\ln e^{3x} = 3x$.

b. Encuentre $\log 1 + \log 1000$.

Solución: Por la propiedad 5, $\log 1 = 0$. Por lo tanto,

$$\log 1 + \log 1000 = 0 + \log 10^3$$
$$= 0 + 3 \qquad \text{Ecuación fundamental (1) de}$$
$$= 3 \qquad\qquad \text{la sección 4.2 con } b = 10$$

c. Encuentre $\log_7 \sqrt[9]{7^8}$.

Solución:
$$\log_7 \sqrt[9]{7^8} = \log_7 7^{8/9} = \frac{8}{9}$$

d. Encuentre $\log_3 \left(\frac{27}{81}\right)$.

Solución:
$$\log_3 \left(\frac{27}{81}\right) = \log_3 \left(\frac{3^3}{3^4}\right) = \log_3 (3^{-1}) = -1$$

e. Encuentre $\ln e + \log \frac{1}{10}$.

Solución:
$$\ln e + \log \frac{1}{10} = \ln e + \log 10^{-1}$$
$$= 1 + (-1) = 0$$

Ahora resuelva el problema 15 ◁

No confunda $\ln x^2$ con $(\ln x)^2$. Se tiene

$$\ln x^2 = \ln(x \cdot x)$$

pero

$$(\ln x)^2 = (\ln x)(\ln x)$$

Algunas veces $(\ln x)^2$ se escribe como $\ln^2 x$. Ésta no es una nueva fórmula sino sólo una notación. Más generalmente, algunas personas escriben $f^2(x)$ para $(f(x))^2$. Se recomienda evitar la notación $f^2(x)$.

EJEMPLO 6   Uso de la ecuación (2) de la sección 4.2

a. Encuentre $e^{\ln x^2}$.

Solución: Por la ecuación (2) con $b = e$, $e^{\ln x^2} = x^2$.

b. Resuelva $10^{\log x} = 25$ para x.

Solución:
$$10^{\log x^2} = 25$$
$$x^2 = 25 \qquad \text{Por la ecuación (2) de la sección 4.2}$$
$$x = \pm 5$$

Ahora resuelva el problema 45 ◁

EJEMPLO 7   Evaluación de logaritmos de base 5

Utilice una calculadora para encontrar $\log_5 2$.

Solución: Las calculadoras comunes tienen teclas para logaritmos de base 10 y base e, pero no para base 5. Sin embargo, es posible convertir logaritmos de una base a otra. Ahora se convertirá de base 5 a base 10. Primero, se hace $x = \log_5 2$. Entonces $5^x = 2$. Tomando los logaritmos comunes de ambos lados de $5^x = 2$ se obtiene

$$\log 5^x = \log 2$$
$$x \log 5 = \log 2$$
$$x = \frac{\log 2}{\log 5} \approx 0.4307$$

Si se hubieran tomado logaritmos naturales de ambos lados, el resultado sería $x = (\ln 2)/(\ln 5) \approx 0.4307$, igual que antes.

◁

Generalizando el método utilizado en el ejemplo 7, se obtiene la llamada fórmula de *cambio de base*:

Fórmula de cambio de base

7. $\log_b m = \dfrac{\log_a m}{\log_a b}$

Algunos estudiantes encuentran la fórmula para el cambio de base más fácil de recordar cuando se expresa en la forma

$$(\log_a b)(\log_b m) = \log_a m$$

en la cual aparentemente se cancelan las dos instancias de b. Ahora se verá cómo probar esta identidad, porque la capacidad para ver la verdad de dichos enunciados mejora la habilidad de usarlos en aplicaciones prácticas. Como $\log_a m = y$ precisamente si $a^y = m$, esta tarea equivale a mostrar que

$$a^{(\log_a b)(\log_b m)} = m$$

y se tiene que

$$a^{(\log_a b)(\log_b m)} = \left(a^{\log_a b}\right)^{\log_b m}$$
$$= b^{\log_b m}$$
$$= m$$

usando una regla para exponentes y la ecuación fundamental (2) dos veces.

La fórmula de cambio de base permite la conversión de logaritmos de base a a base b.

EJEMPLO 8   Fórmula de cambio de base

Exprese $\log x$ en términos de logaritmos naturales.

Solución: Debe transformarse de base 10 a base e, por lo que se utiliza la fórmula de cambio de base (propiedad 7) con $b = 10$, $m = x$ y $a = e$.

$$\log x = \log_{10} x = \frac{\log_e x}{\log_e 10} = \frac{\ln x}{\ln 10}$$

Ahora resuelva el problema 49 ◁

TECNOLOGÍA ▍▍▍▍▍

Problema: Despliegue la gráfica de $y = \log_2 x$.

Solución: Para introducir la función, primero se convierte a la base e o a la base 10. Se elige la base e. Por la propiedad 7,

$$y = \log_2 x = \frac{\log_e x}{\log_e 2} = \frac{\ln x}{\ln 2}$$

Ahora se grafica $y = (\ln x)/(\ln 2)$, lo cual se muestra en la figura 4.22.

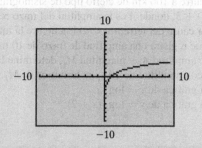

FIGURA 4.22 Gráfica de $y = \log_2 x$.

PROBLEMAS 4.3 ▍▍▍▍▍▍

En los problemas del 1 al 10, sean $\log 2 = a$, $\log 3 = b$ *y* $\log 5 = c$. *Exprese el logaritmo indicado en términos de a, b y c.*

1. $\log 30$ **2.** $\log 1024$ **3.** $\log \dfrac{2}{3}$ **4.** $\log \dfrac{5}{2}$

5. $\log \dfrac{8}{3}$ **6.** $\log \dfrac{6}{25}$ **7.** $\log 100$ **8.** $\log 0.00003$

9. $\log_2 3$ **10.** $\log_3 5$

En los problemas del 11 al 20, determine el valor de la expresión sin usar una calculadora.

11. $\log_7 7^{48}$ **12.** $\log_{11} (11\sqrt[3]{11})^7$ **13.** $\log 0.0000001$

14. $10^{\log 3.4}$ **15.** $\ln e^{5.01}$ **16.** $\ln e$ **17.** $\ln \dfrac{1}{\sqrt{e}}$

18. $\log_3 81$ **19.** $\log \frac{1}{10} + \ln e^3$ **20.** $e^{\ln \pi}$

En los problemas del 21 al 32, escriba la expresión en términos de $\ln x$, $\ln (x + 1)$ *y* $\ln (x + 2)$.

21. $\ln (x(x + 1)^2)$

22. $\ln \dfrac{\sqrt[5]{x}}{(x + 1)^3}$

23. $\ln \dfrac{x^2}{(x + 1)^3}$

24. $\ln (x(x + 1))^3$

25. $\ln \left(\dfrac{x + 1}{x + 2} \right)^4$

26. $\ln \sqrt{x(x + 1)(x + 2)}$

27. $\ln \dfrac{x(x + 1)}{x + 2}$

28. $\ln \dfrac{x^2(x + 1)}{x + 2}$

29. $\ln \dfrac{\sqrt{x}}{(x + 1)^2(x + 2)^3}$

30. $\ln \dfrac{x}{(x + 1)(x + 2)}$

31. $\ln \left(\dfrac{1}{x + 2} \sqrt[5]{\dfrac{x^2}{x + 1}} \right)$

32. $\ln \sqrt[4]{\dfrac{x^2(x + 2)^3}{(x + 1)^5}}$

En los problemas del 33 al 40, exprese cada una de las formas dadas como un solo logaritmo.

33. $\log 6 + \log 4$

34. $\log_3 10 - \log_3 5$

35. $\log_2 (2x) - \log_2 (x + 1)$

36. $2 \log x - \dfrac{1}{2} \log (x - 2)$

37. $7 \log_3 5 + 4 \log_3 17$

38. $5(2 \log x + 3 \log y - 2 \log z)$

39. $2 + 10 \log 1.05$

40. $\dfrac{1}{2} (\log 215 + 8 \log 6 - 3 \log 169)$

En los problemas del 41 al 44, determine los valores de las expresiones sin utilizar una calculadora.

41. $e^{4 \ln 3 - 3 \ln 4}$

42. $\log_3 (\ln (\sqrt{7 + e^3} + \sqrt{7}) + \ln (\sqrt{7 + e^3} - \sqrt{7}))$

43. $\log_6 54 - \log_6 9$

44. $\log_3 \sqrt{3} - \log_2 \sqrt[3]{2} - \log_5 \sqrt[4]{5}$

En los problemas del 45 al 48, encuentre x.

45. $e^{\ln (2x)} = 5$ **46.** $4^{\log_4 x + \log_4 2} = 3$

47. $10^{\log (x^2 + 2x)} = 3$ **48.** $e^{3 \ln x} = 8$

En los problemas del 49 al 53, escriba cada expresión en términos de logaritmos naturales.

49. $\log_2 (2x + 1)$ **50.** $\log_3 (x^2 + 2x + 2)$

51. $\log_3 (x^2 + 1)$ **52.** $\log_7 (x^2 + 1)$

53. Si $e^{\ln z} = 7e^y$, resuelva para y en términos de z.

54. Estadística En estadística, la ecuación de regresión $y = ab^x$ se reduce a una forma lineal tomando logaritmos en ambos lados. Exprese $\log y$ en términos de x, $\log a$ y $\log b$ y explique el significado de que la expresión resultante sea lineal.

55. Remuneración militar En un estudio sobre reclutamiento militar, Brown[7] considera la remuneración militar total C como la suma de la remuneración militar básica B (que incluye el valor de la asignación para gastos, las exenciones fiscales y el salario base) y las prestaciones de educación E. Así, $C = B + E$. Brown establece que

$$\ln C = \ln B + \ln \left(1 + \frac{E}{B} \right)$$

Verifique esto.

---

[7]C. Brown, "Military Enlistments: What Can We Learn from Geographic Variation?", *The American Economic Review*, 75, núm. 1 (1985), pp. 228-234.

56. Terremoto De acuerdo con Richter,[8] la magnitud M de un terremoto que ocurre a 100 km de cierto tipo de sismógrafo está dada por $M = \log(A) + 3$, donde A es la amplitud del trazo registrado (en milímetros) por causa del terremoto. (a) Encuentre la magnitud de un terremoto que registra una amplitud de trazo de 10 mm. (b) Si un terremoto tiene amplitud A_1 y magnitud M_1, determine la magnitud de un temblor con amplitud de $10A_1$ en términos de M_1.

57. Muestre la gráfica de $y = \log_4 x$.

58. Muestre la gráfica de $y = \log_4 (x + 2)$.

59. Muestre las gráficas de $y = \log x$ y $y = \dfrac{\ln x}{\ln 10}$ en la misma pantalla. Parecen ser idénticas. ¿Por qué?

60. En la misma pantalla, despliegue las gráficas de $y = \ln x$ y $y = \ln(4x)$. Parece que la gráfica de $y = \ln(4x)$ es la de $y = \ln x$ recorrida hacia arriba. Determine de manera algebraica el valor de este desplazamiento.

61. En la misma pantalla, exhiba las gráficas de $y = \ln(2x)$ y $y = \ln(6x)$. Parece que la gráfica de $y = \ln(6x)$ es la de $y = \ln(2x)$ recorrida hacia arriba. Determine algebraicamente el valor de este desplazamiento.

Objetivo

Desarrollar técnicas para la resolución de ecuaciones logarítmicas y exponenciales.

4.4 Ecuaciones logarítmicas y exponenciales

Aquí se resolverán *ecuaciones logarítmicas* y *exponenciales*. Una **ecuación logarítmica** es una ecuación que incluye al logaritmo de una expresión que contiene una incógnita. Por ejemplo, $2 \ln(x + 4) = 5$ es una ecuación logarítmica. Por otro lado, una **ecuación exponencial** tiene una incógnita que aparece en un exponente, como en $2^{3x} = 7$.

Para resolver algunas ecuaciones logarítmicas, es conveniente usar el hecho de que para cualquier base b, la función $y = \log_b x$ es uno a uno. Por supuesto, esto significa que

$$\text{si} \quad \log_b m = \log_b n, \quad \text{entonces} \quad m = n$$

Esto proviene del hecho de que la función $y = \log_b x$ tiene una inversa y resulta evidente de manera visual cuando se inspeccionan las dos formas posibles de $y = \log_b x$ que se muestran en la figura 4.19. En cualquiera de los casos, es claro que la función pasa la prueba de la línea horizontal de la sección 2.5. Para resolver ecuaciones logarítmicas y exponenciales, también son útiles las ecuaciones fundamentales (1) y (2) de la sección 4.2.

EJEMPLO 1   Composición de oxígeno

Un experimento sobre cierto tipo particular de animal pequeño fue llevado a cabo.[9] En dicho experimento se determinó el logaritmo de la cantidad de oxígeno consumido por hora por distintos animales y se gráfico en comparación con el logaritmo de su peso. Se encontró que

$$\log y = \log 5.934 + 0.885 \log x$$

donde y fue el número de microlitros de oxígeno consumidos por hora y x el peso del animal (en gramos). Resuelva para y.

Solución: Primero se combinan los términos del lado derecho en un solo logaritmo:

$$\log y = \log 5.934 + 0.885 \log x$$
$$= \log 5.934 + \log x^{0.885} \qquad \text{Propiedad 3 de la sección 4.3}$$
$$\log y = \log(5.934 x^{0.885}) \qquad \text{Propiedad 1 de la sección 4.3}$$

Como los logaritmos son uno a uno, se tiene

$$y = 5.934 x^{0.885}$$

Ahora resuelva el problema 1 ◁

EJEMPLO 2   Solución de una ecuación exponencial

Determine x si $(25)^{x+2} = 5^{3x-4}$.

Solución: Como $25 = 5^2$, ambos lados de la ecuación pueden expresarse como potencias de 5:

$$(25)^{x+2} = 5^{3x-4}$$
$$(5^2)^{x+2} = 5^{3x-4}$$
$$5^{2x+4} = 5^{3x-4}$$

---

[8]C. F. Richter, *Elementary Seismology* (San Francisco: W. H. Freeman and Company, 1958).

[9]R. W. Poole, *An Introduction to Quantitative Ecology* (Nueva York: McGraw-Hill, 1974).

Como 5^x es una función uno a uno,

$$2x + 4 = 3x - 4$$
$$x = 8$$

Ahora resuelva el problema 7 ◁

Algunas ecuaciones exponenciales pueden resolverse tomando el logaritmo de ambos lados después que la ecuación se escribe en una forma adecuada. El ejemplo siguiente lo ilustra.

APLÍQUELO ▶

17. El gerente de ventas de una cadena de comida rápida determina que las ventas del desayuno empiezan a disminuir al terminar una campaña promocional. Las ventas líquidas como una función del número de días d después de que termina la campaña están dadas por $S = 800\left(\dfrac{4}{3}\right)^{-0.1d}$. Si el gerente no quiere que las ventas caigan por debajo de 450 diarias antes de iniciar una nueva campaña, ¿cuándo debe iniciar esa nueva campaña?

EJEMPLO 3   **Uso de logaritmos para resolver una ecuación exponencial**

Resuelva $5 + (3)4^{x-1} = 12$.

Solución: Primero se aísla la expresión exponencial 4^{x-1} en un lado de la ecuación:

$$5 + (3)4^{x-1} = 12$$
$$(3)4^{x-1} = 7$$
$$4^{x-1} = \frac{7}{3}$$

Ahora se toma el logaritmo natural de ambos lados:

$$\ln 4^{x-1} = \ln 7 - \ln 3$$

Al simplificar se obtiene

$$(x-1)\ln 4 = \ln 7 - \ln 3$$
$$x - 1 = \frac{\ln 7 - \ln 3}{\ln 4}$$
$$x = \frac{\ln 7 - \ln 3}{\ln 4} + 1 \approx 1.61120$$

Ahora resuelva el problema 13 ◁

En el ejemplo 3, se utilizaron logaritmos naturales para resolver la ecuación dada. Sin embargo, pueden emplearse logaritmos de cualquier base. Si se utilizaran logaritmos comunes se obtendría

$$x = \frac{\log 7 - \log 3}{\log 4} + 1 \approx 1.61120$$

TECNOLOGÍA ▮▮▮▮▯

En la figura 4.23 se muestra una solución gráfica de la ecuación $5 + (3)4^{x-1} = 12$ del ejemplo 3. Esta solución ocurre en la intersección de las gráficas de $y = 5 + (3)4^{x-1}$ y $y = 12$.

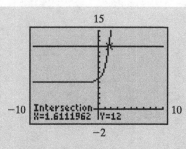

FIGURA 4.23   La solución de $5 + (3)4^{x-1} = 12$ es aproximadamente igual a 1.61120.

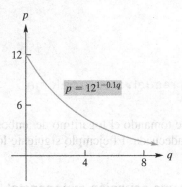

FIGURA 4.24 Gráfica de la ecuación de demanda $p = 12^{1-0.1q}$.

EJEMPLO 4 Ecuación de demanda

La ecuación de demanda para un producto es $p = 12^{1-0.1q}$. Utilice logaritmos comunes para expresar q en términos de p.

Solución: En la figura 4.24 se muestra la gráfica de esta ecuación de demanda para $q \geq 0$. Como es típico para una ecuación de demanda, la gráfica desciende de izquierda a derecha. Es necesario resolver la ecuación para q. Tomando los logaritmos comunes de ambos lados de $p = 12^{1-0.1q}$ se obtiene

$$\log p = \log(12^{1-0.1q})$$

$$\log p = (1 - 0.1q)\log 12$$

$$\frac{\log p}{\log 12} = 1 - 0.1q$$

$$0.1q = 1 - \frac{\log p}{\log 12}$$

$$q = 10\left(1 - \frac{\log p}{\log 12}\right)$$

Ahora resuelva el problema 43 ◁

Para resolver algunas ecuaciones exponenciales que incluyen la base e o la base 10, como $10^{2x} = 3$, el proceso de tomar logaritmos de ambos lados puede combinarse con la identidad $\log_b b^r = r$ [ecuación fundamental (1) de la sección 4.2] para transformar la ecuación en una forma logarítmica. En este caso se tiene

$$10^{2x} = 3$$

$$2x = \log 3 \qquad \text{forma logarítmica}$$

$$x = \frac{\log 3}{2} \approx 0.2386$$

EJEMPLO 5 Relación depredador-presa

En un artículo que concierne a presas y depredadores, Holling[10] hace referencia a una ecuación de la forma

$$y = K(1 - e^{-ax})$$

donde x es la densidad de presas, y es el número de presas atacadas y K y a son constantes. Verifique la afirmación de Holling de que

$$\ln \frac{K}{K - y} = ax$$

Solución: Para encontrar ax, primero se resuelve la ecuación dada para e^{-ax}:

$$y = K(1 - e^{-ax})$$

$$\frac{y}{K} = 1 - e^{-ax}$$

$$e^{-ax} = 1 - \frac{y}{K}$$

$$e^{-ax} = \frac{K - y}{K}$$

[10]C. S. Holling, "Some Characteristics of Simple Types of Predation and Parasitism", *The Canadian Entomologist*, 91, núm. 7 (1959), pp. 385-398.

Ahora se convierte a la forma logarítmica:

$$\ln \frac{K-y}{K} = -ax$$

$$-\ln \frac{K-y}{K} = ax$$

$$\ln \frac{K}{K-y} = ax \qquad \text{Propiedad 4 de la sección 4.3}$$

tal como se quería demostrar.

Ahora resuelva el problema 9 ◁

Algunas ecuaciones logarítmicas pueden resolverse al escribirlas nuevamente en formas exponenciales.

APLÍQUELO ▶

18. La medida en la escala Richter para un terremoto está dada por $R = \log\left(\dfrac{I}{I_0}\right)$, donde I es la intensidad del terremoto e I_0 es la intensidad de un terremoto de nivel cero. Un terremoto que es 675 000 veces tan intenso como un terremoto de nivel cero, tiene una magnitud en la escala Richter que es 4 veces mayor que otro terremoto. ¿Cuál es la intensidad de este otro terremoto?

EJEMPLO 6   Solución de una ecuación logarítmica

Resuelva $\log_2 x = 5 - \log_2(x + 4)$.

Solución: Aquí, primero debe suponerse que x y $x + 4$ son positivos, de modo que sus logaritmos estén definidos. Ambas condiciones se satisfacen cuando $x > 0$. Para resolver la ecuación, primero se colocan todos los logaritmos en un lado de la ecuación para que puedan combinarse:

$$\log_2 x + \log_2(x + 4) = 5$$

$$\log_2[x(x + 4)] = 5$$

En la forma exponencial, se tiene

$$x(x + 4) = 2^5$$

$$x^2 + 4x = 32$$

$$x^2 + 4x - 32 = 0 \qquad \text{ecuación cuadrática}$$

$$(x - 4)(x + 8) = 0$$

$$x = 4 \quad \text{o} \quad x = -8$$

Ya que debemos tener $x > 0$, la única solución es 4, tal como puede verificarse sustituyendo en la ecuación original. De hecho, al reemplazar x por 4 en $\log_2 x$ se obtiene $\log_2 4 = \log_2 2^2 = 2$, mientras que al reemplazar x por 4 en $5 - \log_2(x + 4)$ se obtiene $5 - \log_2(4 + 4) = 5 - \log_2(8) = 5 - \log_2 2^3 = 5 - 3 = 2$. Como los resultados son iguales, 4 es una solución de la ecuación.

Al resolver una ecuación logarítmica, es una buena idea verificar las soluciones extrañas.

Ahora resuelva el problema 5 ◁

PROBLEMAS 4.4

En los problemas del 1 al 36, encuentre x. Redondee sus respuestas a tres decimales.

1. $\log(5x + 1) = \log(4x + 2)$ **2.** $\log x - \log 5 = \log 7$

3. $\log 7 - \log(x - 1) = \log 4$ **4.** $\log_2 x + 3\log_2 2 = \log_2 \frac{2}{x}$

5. $\ln(-x) = \ln(x^2 - 6)$ **6.** $\ln(x + 3) + \ln 4 = 2\ln x$

7. $e^{2x} \cdot e^{5x} = e^{14}$ **8.** $(e^{3x-2})^3 = e^3$ **9.** $(81)^{4x} = 9$

10. $(27)^{2x+1} = \dfrac{1}{3}$ **11.** $e^{5x} = 7$ **12.** $e^{4x} = \dfrac{3}{4}$

13. $2e^{5x+2} = 17$ **14.** $5e^{2x-1} - 2 = 23$ **15.** $10^{4/x} = 6$

16. $\dfrac{2(10)^{0.3x}}{7} = 5$ **17.** $\dfrac{5}{10^{2x}} = 7$

18. $2(10)^x + (10)^{x+1} = 4$ **19.** $2^x = 5$

20. $7^{2x+3} = 9$ **21.** $5^{7x+5} = 2$

22. $4^{x/2} = 20$

23. $2^{-2x/3} = \dfrac{4}{5}$

24. $5(3^x - 6) = 10$

25. $(4)5^{3-x} - 7 = 2$

26. $\dfrac{5}{2^x} = 11$

27. $\log(x - 3) = 3$

28. $\log_2(x + 1) = 4$

29. $\log_4(9x - 4) = 2$

30. $\log_4(2x + 4) - 3 = \log_4 3$

31. $\ln(x - 2) + \ln(2x + 1) = 5$

32. $\log(x - 3) + \log(x - 5) = 1$

33. $\log_2(5x + 1) = 4 - \log_2(3x - 2)$

34. $\log(x + 2)^2 = 2$, donde $x > 0$

35. $\log_2\left(\dfrac{2}{x}\right) = 3 + \log_2 x$

36. $\log(x + 5) = \log(3x + 2) + 1$

37. Plantas arraigadas En un estudio sobre plantas arraigadas en cierta región geográfica,[11] se determinó que en terrenos de tamaño A (en metros cuadrados), el número promedio de especies encontradas era S. Cuando log S fue graficada como una función de log A, se obtuvo una línea recta dada por

$$\log S = \log 12.4 + 0.26 \log A$$

Resuelva para S.

38. Producto nacional bruto En un artículo, Taagepera y Hayes hacen referencia a una ecuación de la forma

$$\log T = 1.7 + 0.2068 \log P - 0.1334 \, (\log P)^2$$

Aquí T es el porcentaje del producto nacional bruto (PNB) de un país correspondiente al comercio exterior (exportaciones más importaciones) y P es la población del país (en unidades de 100 000).[12] Verifique la afirmación de que

$$T = 50P^{(0.2068-0.1334 \log P)}$$

Puede suponer que log $50 = 1.7$. También verifique si, para cualquier base b, $(\log_b x)^2 = \log_b (x^{\log_b x})$.

39. Radiactividad El número de miligramos presentes de una sustancia radiactiva después de t años está dado por

$$Q = 100e^{-0.035t}$$

(a) ¿Cuántos miligramos estarán presentes después de 0 años?

(b) ¿Después de cuántos años estarán presentes 20 miligramos? Dé su respuesta al año más cercano.

40. Muestra de sangre En la superficie de un portaobjetos está una retícula que divide la superficie en 225 cuadrados iguales. Suponga que una muestra de sangre que contiene N células rojas se esparce en el portaobjetos y las células se distribuyen aleatoriamente. El número de cuadrados que no tienen células está dado (de manera aproximada) por $225e^{-N/225}$. Si 100 de los cuadrados no tienen células, estime el número de células que contenía la muestra.

41. Población En Springfield, la población P crece a razón de 3% por año. La ecuación $P = 1\,500\,000(1.03)^t$ da la población t años después de 2009. Encuentre el valor de t para el que la población es de 2 000 000. Redondee su respuesta a la décima más cercana.

42. Penetración de mercado En un estudio sobre penetración en el mercado de nuevos productos, Hurter y Rubenstein[13] hacen referencia a la función

$$F(t) = \frac{q - pe^{-(t+C)(p+q)}}{q[1 + e^{(t+C)(p+q)}]}$$

donde p, q y C son constantes. Ellos aseguran que si $F(0) = 0$, entonces

$$C = -\frac{1}{p+q} \ln \frac{q}{p}$$

Demuestre que su afirmación es cierta.

43. Ecuación de demanda La ecuación de demanda para un producto es $q = 80 - 2^p$. Resuelva para p y exprese su respuesta en términos de logaritmos comunes como en el ejemplo 4. Evalúe p con dos decimales cuando $q = 60$.

44. Inversión La ecuación $A = P(1.105)^t$ da el valor A al final de t años de una inversión P compuesta anualmente a una tasa de interés de 10.5%. ¿Cuántos años tomará para que una inversión se duplique? Dé su respuesta al año más cercano.

45. Ventas Después de t años, el número de unidades de un producto vendidas por año está dado por $q = 1000 \left(\frac{1}{2}\right)^{0.8^t}$. Tal ecuación se llama *ecuación de Gompertz*, la cual describe el crecimiento natural en muchas áreas de estudio. Resuelva esta ecuación para t en la misma forma que en el ejemplo 4 y muestre que

$$t = \frac{\log \left(\dfrac{3 - \log q}{\log 2}\right)}{\log 0.8}$$

También, para cualquier A y alguna b y a apropiadas, resuelva $y = Ab^{a^x}$ para x y explique por qué la solución previa es un caso especial.

46. Ecuación de aprendizaje Suponga que la producción diaria de unidades de un nuevo producto en el t-ésimo día de una corrida de producción está dada por

$$q = 100(1 + e^{-0.1t})$$

Tal ecuación se llama *ecuación de aprendizaje* e indica que conforme pase el tiempo, la producción por día aumentará. Esto puede deberse a un aumento en la habilidad de los trabajadores. Determine a la unidad completa más cercana la producción en (a) el primer día y (b) en el décimo día después del inicio de una producción. (c) ¿Después de cuántos días se alcanzará una producción diaria de 80 unidades? Redondee sus respuestas al día más cercano.

47. Verifique si 4 es la única solución de la ecuación logarítmica del ejemplo 6 graficando la función

$$y = 5 - \log_2(x + 4) - \log_2 x$$

y observando cuándo $y = 0$.

48. Resuelva $2^{3x+0.5} = 17$. Redondee su respuesta a dos decimales.

49. Resuelva $\ln (x + 2) = 5 - x$. Redondee su respuesta a dos decimales.

50. Grafique la ecuación $3(2)^y + 4x = 5$. (*Sugerencia:* Despeje y como una función de x).

[11]R. W. Poole, *An Introduction to Quantitative Ecology* (Nueva York: McGraw-Hill, 1974).

[12]R. Taagepera y J. P. Hayes, "How Trade/GNP Ratio Decreases with Country Size", *Social Science Research*, 6 (1977), pp. 108-132.

[13]A. P. Hurter, Jr., A. H. Rubenstein *et al.*, "Market Penetration by New Innovations: The Technological Literature", *Technological Forecasting and Social Change*, 11 (1978), pp. 197-221.

Repaso del capítulo 4

Términos y símbolos importantes

		Ejemplos
Sección 4.1	**Funciones exponenciales**	
	función exponencial, b^x, para $b > 1$ y para $0 < b < 1$	Ejs. 2 y 3, pp. 175-176
	interés compuesto capital monto compuesto	Ej. 6, p. 178
	periodo de interés tasa periódica tasa nominal	
	e función exponencial natural, e^x	Ej. 8, p. 181
	ley de decaimiento exponencial cantidad inicial	
	constante de decaimiento vida media	Ej. 11, p. 183
Sección 4.2	**Funciones logarítmicas**	
	función logarítmica, $\log_b x$ logaritmo común, $\log x$	Ej. 5, p. 189
	logaritmo natural, $\ln x$	Ej. 5, p. 189
Sección 4.3	**Propiedades de los logaritmos**	
	fórmula de cambio de base	Ej. 8, p. 196
Sección 4.4	**Ecuaciones logarítmicas y exponenciales**	
	ecuación logarítmica ecuación exponencial	Ej. 1, p. 198

Resumen

Una función exponencial tiene la forma $f(x) = b^x$. La gráfica de $y = b^x$ tiene una de dos formas generales, dependiendo del valor de la base b. (Vea la figura 4.3). La fórmula de interés compuesto:

$$S = P(1 + r)^n$$

expresa el monto futuro compuesto S de un capital P, a la tasa periódica r, como una función exponencial del número n de periodos de interés.

El número irracional $e \approx 2.71828$ proporciona la base más importante para una función exponencial. Esta base aparece en el análisis económico y en muchas situaciones que implican crecimiento de poblaciones o decaimiento de elementos radiactivos. Los elementos radiactivos siguen la ley de decaimiento exponencial,

$$N = N_0 e^{-\lambda t}$$

donde N es la cantidad presente en el tiempo t, N_0 la cantidad inicial y λ la constante de decaimiento. El tiempo necesario para que la mitad de la cantidad del elemento decaiga se conoce como vida media.

La función logarítmica es la función inversa de la función exponencial, y viceversa. La función logarítmica de base b se denota por $\log_b$ y $y = \log_b x$ si y sólo si $b^y = x$. La gráfica de $y = \log_b x$ tiene una de dos formas generales, dependiendo del valor de la base b. (Vea la figura 4.19). Los logaritmos de base e se llaman logaritmos naturales y se denotan por $\ln$, los de

base 10 se llaman logaritmos comunes y se denotan por $\log$. La vida media T de un elemento radiactivo puede expresarse en términos de un logaritmo natural y de la constante de decaimiento: $T = (\ln 2)/\lambda$.

Algunas propiedades importantes de los logaritmos son las siguientes:

$$\log_b (mn) = \log_b m + \log_b n$$
$$\log_b \frac{m}{n} = \log_b m - \log_b n$$
$$\log_b m^r = r \log_b m$$
$$\log_b \frac{1}{m} = -\log_b m$$
$$\log_b 1 = 0$$
$$\log_b b = 1$$
$$\log_b b^r = r$$
$$b^{\log_b m} = m$$
$$\log_b m = \frac{\log_a m}{\log_a b}$$

Además, si $\log_b m = \log_b n$, entonces $m = n$. De manera similar, si $b^m = b^n$, entonces $m = n$. Muchas de estas propiedades se utilizan en la solución de ecuaciones logarítmicas y exponenciales.

Problemas de repaso

En los problemas del 1 al 6, escriba cada una de las formas exponenciales de manera logarítmica y cada forma logarítmica de manera exponencial.

1. $3^5 = 243$ **2.** $\log_5 625 = 4$ **3.** $\log_{81} 3 = \frac{1}{4}$

4. $10^5 = 100\,000$ **5.** $e^7 \approx 1096.63$ **6.** $\log_9 9 = 1$

En los problemas del 7 al 12, determine el valor de la expresión sin utilizar una calculadora.

7. $\log_5 125$ **8.** $\log_4 16$ **9.** $\log_3 \frac{1}{81}$

10. $\log_{1/5} \frac{1}{625}$ **11.** $\log_{1/3} 9$ **12.** $\log_4 2$

En los problemas del 13 al 18, encuentre x sin utilizar una calculadora.

13. $\log_5 625 = x$ **14.** $\log_x \frac{1}{81} = -4$ **15.** $\log_2 x = -10$

16. $\ln \frac{1}{e} = x$ **17.** $\ln (2x + 3) = 0$ **18.** $e^{\ln (x+4)} = 7$

En los problemas 19 y 20, sean log 2 = *a y* log 3 = *b. Exprese el logaritmo dado en términos de a y de b.*

19. log 8000

20. $\log \dfrac{1024}{\sqrt[5]{3}}$

En los problemas del 21 al 26, escriba cada expresión como un solo logaritmo.

21. $3\log 7 - 2\log 5$

22. $5\ln x + 2\ln y + \ln z$

23. $2\ln x + \ln y - 3\ln z$

24. $\log_6 2 - \log_6 4 - 9\log_6 3$

25. $\frac{1}{3}\ln x + 3\ln(x^2) - 2\ln(x-1) - 3\ln(x-2)$

26. $4\log x + 2\log y - 3(\log z + \log w)$

En los problemas del 27 al 32, escriba la expresión en términos de ln *x,* ln *y y* ln *z.*

27. $\ln \dfrac{x^3 y^2}{z^{-5}}$

28. $\ln \dfrac{\sqrt{x}}{(yz)^2}$

29. $\ln \sqrt[3]{xyz}$

30. $\ln\left(\dfrac{x^4 y^3}{z^2}\right)^5$

31. $\ln\left[\dfrac{1}{x}\sqrt{\dfrac{y}{z}}\right]$

32. $\ln\left[\left(\dfrac{x}{y}\right)^2 \left(\dfrac{x}{z}\right)^3\right]$

33. Escriba $\log_3(x+5)$ en términos de logaritmos naturales.

34. Escriba $\log_2(7x^3 + 5)$ en términos de logaritmos comunes.

35. Se tiene $\log_2 37 \approx 5.20945$ y $\log_2 7 \approx 2.80735$. Encuentre $\log_7 37$.

36. Utilice logaritmos naturales para determinar el valor de $\log_4 5$.

37. Si $\ln 3 = x$ y $\ln 4 = y$, exprese $\ln(16\sqrt{3})$ en términos de x y de y.

38. Exprese $\log \dfrac{x^2 \sqrt[3]{x+1}}{\sqrt[5]{x^2+2}}$ en términos de $\log x$, $\log(x+1)$ y $\log(x^2+2)$.

39. Simplifique $10^{\log x} + \log 10^x + \log 10$.

40. Simplifique $\log \dfrac{1}{1000} + \log 1000$.

41. Si $\ln y = x^2 + 2$, despeje y.

42. Bosqueje las gráficas de $y = 3^x$ y $y = \log_3 x$.

43. Bosqueje la gráfica de $y = 2^{x+3}$.

44. Bosqueje la gráfica de $y = -2\log_2 x$.

En los problemas del 45 al 52, despeje x.

45. $\log(6x-2) = \log(8x-10)$

46. $\log 3x + \log 3 = 2$

47. $3^{4x} = 9^{x+1}$

48. $4^{3-x} = \frac{1}{16}$

49. $\log x + \log(10x) = 3$

50. $\ln\left(\frac{x-5}{x-1}\right) = \ln 6$

51. $\ln(\log_x 3) = 2$

52. $\log_2 x + \log_4 x = 3$

En los problemas del 53 al 58, encuentre x. Redondee sus respuestas a tres decimales.

53. $e^{3x} = 14$

54. $10^{3x/2} = 5$

55. $5(e^{x+2} - 6) = 10$

56. $7e^{3x-1} - 2 = 1$

57. $4^{x+3} = 7$

58. $3^{5/x} = 2$

59. Inversiones   Si \$2600 se invierten durante $6\frac{1}{2}$ años a 6% compuesto trimestralmente, determine (a) el monto compuesto y (b) el interés compuesto.

60. Inversiones   Encuentre el monto compuesto de una inversión de \$2000 durante cinco años a una tasa de 12% compuesto mensualmente.

61. Encuentre la tasa nominal que corresponde a una tasa periódica de $1\frac{1}{6}\%$ mensual.

62. Crecimiento de bacterias   En un cultivo de bacterias su número aumenta a razón de 5% por hora. Al inicio, había 600 bacterias. (a) Determine una ecuación que dé el número, N, de bacterias después de t horas. (b) ¿Cuántas bacterias están presentes después de una hora? (c) ¿Después de cinco horas? Dé la respuesta del inciso (c) al entero más cercano.

63. Crecimiento poblacional   La población de un pequeño pueblo *crece* a razón de -0.5% anual porque la emigración de la gente a ciudades cercanas en busca de trabajo excede la tasa de natalidad. En 2006 la población era de 6000. (a) Determine una ecuación que dé la población, P, después de t años a partir de 2006. (b) Encuentre la población en el año 2016 (tenga cuidado de expresar su respuesta como un número entero).

64. Ingreso   Debido a una campaña de publicidad ineficaz, la compañía de rasuradoras Kleer-Kut encuentra que sus ingresos anuales han sufrido una reducción drástica. Por otra parte, el ingreso anual R al final de t años de negocios satisface la ecuación $R = 200\,000e^{-0.2t}$. Encuentre el ingreso anual al final de dos y tres años.

65. Radiactividad   Una sustancia radiactiva decae de acuerdo con la fórmula

$$N = 10e^{-0.41t}$$

donde N es el número de miligramos presentes después de t horas: (a) Determine la cantidad de sustancia presente en un inicio. (b) Al décimo de miligramo más cercano, determine la cantidad presente después de 1 hora y (c) después de 5 horas. (d) Al décimo de hora más cercana, determine la vida media de la sustancia y (e) el número de horas para que queden 0.1 miligramos.

66. Radiactividad   Si una sustancia radiactiva tiene una vida media de 10 días, ¿en cuántos días habrá $\frac{1}{8}$ de la cantidad inicial?

67. Mercadotecnia   Una compañía de investigación de mercado necesita determinar cuántas personas se adaptan al sabor de unas nuevas pastillas para la tos. En un experimento, a una persona se le dio una pastilla para la tos y se le pidió que periódicamente asignara un número, en escala de 0 a 10, al sabor percibido. Este número fue llamado *magnitud de la respuesta*. El número 10 fue asignado al sabor inicial. Después de llevar a cabo el experimento varias veces, la compañía estimó que la magnitud de la respuesta, R, está dada por

$$R = 10e^{-t/40}$$

donde t es el número de segundos después que la persona tomó la pastilla para la tos. (a) Encuentre la magnitud de la respuesta después de 20 segundos. Redondee su respuesta al entero más cercano. (b) ¿Después de cuántos segundos la persona tiene una magnitud de respuesta de 5? Aproxime su respuesta al segundo más cercano.

68. Sedimento en el agua   En un lago del Medio Oeste estadounidense, el agua contiene un sedimento cuya presencia reduce la transmisión de la luz a través del líquido. Los experimentos indican que la intensidad de la luz se reduce en 10% al pasar a través de 20 cm de agua. Suponga que el lago es uniforme con respecto a la cantidad de sedimento contenido. Un instrumento de medición puede detectar luz hasta una intensidad de 0.17% de la luz solar total. Este instrumento se sumerge en el lago. ¿A qué profundidad dejará inicialmente de registrar la presencia de luz? Aproxime su respuesta a los 10 cm más cercanos.

69. Enfriamiento de cuerpos   En un estudio sobre la velocidad de enfriamiento de partes aisladas de un cuerpo cuando se expone a bajas temperaturas, aparece la siguiente ecuación[14]

$$T_t - T_e = (T_t - T_e)_o e^{-at}$$

donde T_t es la temperatura de la parte del cuerpo en el instante t, T_e es la temperatura del medio ambiente, el subíndice o se refiere a la diferencia de temperaturas iniciales y a es una constante. Muestre que

$$a = \frac{1}{t} \ln \frac{(T_t - T_e)_o}{T_t - T_e}$$

70. Depreciación   Una alternativa para la depreciación lineal es la depreciación por *saldo decreciente*. Este método supone que un artículo pierde su valor más rápido al inicio de su vida que posteriormente. Un porcentaje fijo del valor se resta cada año. Suponga que el costo inicial de un artículo es C y su vida útil es de N meses. Entonces el valor V del artículo al final de n meses está dado por

$$V = C \left(1 - \frac{1}{N}\right)^n$$

donde cada mes acumula una depreciación de $\frac{100}{N}$ por ciento. (Esto se denomina *depreciación sencilla por saldo decreciente*: si la depreciación anual fuera de $\frac{200}{N}$ por ciento, sería depreciación doble por saldo decreciente). Si una computadora portátil nueva se compró en $1500, tiene vida útil de 36 meses y acumula depreciación por saldo decreciente, ¿después de cuántos meses su valor cae por debajo de $500?

71. Si $y = f(x) = \dfrac{\ln x}{x}$, determine el rango de f. Redondee los valores a dos decimales.

72. Determine los puntos de intersección de las gráficas de $y = \ln (x + 2)$ y $y = x^2 - 7$. Redondee sus respuestas a dos decimales.

73. Resuelva $\ln x = 6 - 2x$. Redondee su respuesta a dos decimales.

74. Resuelva $6^{3-4x} = 15$. Redondee su respuesta a dos decimales.

75. Bases   Se ha visto que existen dos tipos de bases b para las funciones exponenciales y logarítmicas: aquellas con b en $(0, 1)$ y las de b en $(1, \infty)$. Podría suponerse que hay *más* del segundo tipo, pero éste no es el caso. Considere la función $f: (0, 1) \longrightarrow (1, \infty)$ dada por $f(x) = 1/x$.

(a) Muestre que el dominio de f puede tomarse como $(0, 1)$.

(b) Muestre que con el dominio $(0, 1)$, el rango de f es $(1, \infty)$.

(c) Muestre que f tiene una inversa g y determine una fórmula para $g(x)$.

El ejercicio muestra que los números comprendidos en $(0, 1)$ están en correspondencia de uno a uno con los números incluidos en $(1, \infty)$, por lo que cualquier *base* de cualquier tipo corresponde exactamente a una base del otro tipo. ¿Quién lo hubiera pensado? "$(1, \infty)$ —tantos números; $(0, 1)$— tan poco espacio".

76. Despliegue la gráfica de la ecuación $(6)5^y + x = 2$. (*Sugerencia:* Despeje y como una función explícita de x).

77. Grafique $y = 3^x$ y $y = \dfrac{3^x}{9}$ en la misma pantalla. Parece que la gráfica de $y = \dfrac{3^x}{9}$ es la gráfica de $y = 3^x$ recorrida dos unidades a la derecha. Pruebe de manera algebraica que esto es realmente cierto.

⊘ EXPLORE Y AMPLÍE   Dosis de medicamento[15]

La determinación y prescripción de la dosis de medicamento son aspectos extremadamente importantes en la profesión médica. Con mucha frecuencia se debe tener precaución acerca de posibles efectos secundarios o tóxicos de las medicinas.

Muchas medicinas son utilizadas por el cuerpo humano de tal manera que la cantidad presente sigue una *ley de decaimiento exponencial* como se estudió en la sección 4.1. Esto es, si $N(t)$ es la cantidad de medicamento presente en el cuerpo en el instante t, entonces

$$N = N_0 e^{-kt} \tag{1}$$

donde k es una constante positiva y N_0 es la cantidad presente en el instante $t = 0$. Si H es la *vida media* del medicamento,

que significa el tiempo H para el cual $N(H) = N_0/2$, entonces nuevamentea partir de la sección 4.2,

$$H = (\ln 2)/k \tag{2}$$

Observe que H determina por completo la constante k puesto que la ecuación (2) puede escribirse de nuevo como $k = (\ln 2)/H$.

Suponga que usted quiere analizar el caso en que se administran dosis iguales a un paciente cada I unidades de tiempo hasta que se alcance un nivel terapéutico y después reducir la dosis lo suficiente como para mantener dicho nivel. La razón para mantener dosis *reducidas* se relaciona frecuentemente con los efectos tóxicos de las medicinas.

---

[14]R. W. Stacy *et al.*, *Essentials of Biological and Medical Physics* (Nueva York: McGraw-Hill, 1955).

[15]Este estudio está adaptado de Gerald M. Armstrong y Calvin P. Midgley, "The Exponential-Decay Law Applied to Medical Dosages", *The Mathematics Teacher*, 80, núm. 3 (febrero de 1987), pp. 110-113. Con permiso del National Council of Teachers of Mathematics.

En particular, suponga que

(i)   Hay d dosis de P unidades cada una;

(ii) Una dosis se da en los tiempos $t = 0, I, 2I, \ldots$ y $(d-1)I$; y que

(iii) El nivel terapéutico, T, se alcanza en $t = dI$ (el cual ocurre un intervalo de tiempo después de administrar la última dosis).

Ahora se determinará una fórmula que proporciona el nivel terapéutico, T. En el instante $t = 0$ el paciente recibe las primeras P unidades, de modo que la cantidad de medicamento presente en su cuerpo es P. En el instante $t = I$, la cantidad presente de la primera dosis es Pe^{-kI} [por la ecuación (1)]. Además, en $t = I$ se suministran las segundas P unidades. Así que la cantidad *total* de medicamento presente es

$$P + Pe^{-kI}$$

En el instante $t = 2I$, la cantidad que queda de la primera dosis es Pe^{-2kI}; de la segunda dosis, que ha estado en el sistema sólo durante un intervalo de tiempo, la cantidad presente es Pe^{-kI}. También, en $t = 2I$ se suministra la tercera dosis de P unidades, de modo que la cantidad total presente es

$$P + Pe^{-kI} + Pe^{-2kI}$$

Continuando de esta manera, la cantidad de medicamento presente en el sistema en el tiempo $(d-1)I$, el instante de la última dosis, es

$$P + Pe^{-kI} + Pe^{-2kI} + \cdots + Pe^{-(d-1)\cdot kI}$$

Así que para un intervalo de tiempo después, en el instante dI, cuando no se administra una dosis de P pero es cuando se alcanza el nivel terapéutico, se tiene

$$T = Pe^{-kI} + Pe^{-2kI} + \cdots + Pe^{-dkI} \tag{3}$$

ya que cada término de la expresión anterior decae en un factor de e^{-kI}. Ésta es una buena oportunidad de usar la *notación de suma* presentada en la sección 1.5 y volver a escribir la ecuación (3) como

$$T = P \sum_{i=1}^{d} e^{-ikI} \tag{4}$$

La suma es en realidad la de los primeros d términos de una sucesión geométrica como las estudiadas en la sección 1.6. Tanto el primer término de la sucesión geométrica como su razón común están dados por e^{-kI}. A partir de la ecuación 16 de la sección 1.6, se deduce que la ecuación (4) se convierte en

$$T = \frac{Pe^{-kI}(1 - e^{-dkI})}{1 - e^{-kI}} \tag{5}$$

la cual, al multiplicar el numerador y el denominador por e^{kI}, resulta en

$$T = \frac{P(1 - e^{-dkI})}{e^{kI} - 1} \tag{6}$$

La ecuación (6) expresa el nivel terapéutico, T, en términos de la dosis, P; los intervalos de tiempo de longitud I; el número de dosis, d, y la vida media, H, de la medicina [ya que $k = (\ln 2)/H$]. Es fácil resolver la ecuación (6) para P si se conocen T, H, I y d. También es posible resolver la ecuación para d si T, H, I y P son conocidas. [La resolución de la ecuación (6) para H o I en términos de las otras cantidades puede resultar bastante complicada].

Ahora el objetivo es mantener el nivel terapéutico en el paciente. Para hacer esto, se suministra una dosis reducida R en los instantes $t = dI$, $(d+1)I$, $(d+2)I$ y así sucesivamente. Puede determinarse una fórmula para R de la manera siguiente.

En el instante $t = (d+1)I$, pero antes de suministrar la segunda dosis reducida, la cantidad de medicamento en el sistema proveniente de la primera dosis reducida es Re^{-kI}, y la cantidad que permanece del nivel terapéutico es Te^{-kI}. Suponga que se requiere que la suma de estas cantidades sea el nivel terapéutico, T; esto es,

$$T = Re^{-kI} + Te^{-kI}$$

Al resolver para R se obtiene

$$Re^{-kI} = T - Te^{-kI}$$

$$R = T(1 - e^{-kI})e^{kI}$$

Al reemplazar T por el lado derecho de la ecuación (5) se obtiene

$$R = \frac{Pe^{-kI}(1 - e^{-dkI})}{1 - e^{-kI}}(1 - e^{-kI})e^{kI}$$

que se simplifica como,

$$R = P(1 - e^{-dkI}) \qquad (7)$$

Al continuar administrando las dosis reducidas a intervalos de tiempo de longitud I, se asegura que el nivel terapéutico nunca esté por debajo de T después del tiempo $(d + 1)$ I. Además, dado que $-dkI < 0$, entonces $0 < e^{-dkI} < 1$. En consecuencia, el factor $1 - e^{-dkI}$ en la ecuación (7) está entre 0 y 1. Esto asegura que R sea menor que P; de modo que R es en realidad una dosis *reducida*.

Es interesante observar que Armstrong y Midgley establecen que "la cantidad terapéutica T debe seleccionarse a partir de un rango de valores determinados de manera empírica. El juicio y la experiencia médica son necesarios para seleccionar los intervalos apropiados y su duración al administrar un medicamento. Incluso la vida media de éste puede variar un poco entre pacientes". En www.fda.gov/cder puede encontrarse información adicional sobre drogas médicas y su uso seguro.

Problemas

1. De la ecuación (6), despeje (a) P y (b) d.

2. Muestre que si I es igual a la vida media del medicamento, la ecuación (6) puede escribirse como

$$T = \left(1 - \frac{1}{2^d}\right)P$$

Observe que $0 < 1 - (1/2^d) < 1$ para $d > 0$. Esta ecuación implica que cuando se administran dosis de P unidades a intervalos de tiempo iguales a la vida media de la droga, en un intervalo de tiempo después de que cualquier dosis es administrada, pero antes de que se suministre la siguiente dosis, el nivel total de medicamento en el sistema del paciente es menor que P.

3. La Teofilina es un medicamento utilizado en el tratamiento del asma bronquial, tiene vida media de 8 horas en el sistema de un paciente relativamente sano y no fumador. Suponga que tal paciente alcanza el nivel terapéutico deseado en 12 horas cuando se le suministran 100 miligramos cada 4 horas. Aquí $d = 3$. A causa de la toxicidad, la dosis debe reducirse más adelante. Al miligramo más cercano, determine (a) el nivel terapéutico y (b) la dosis reducida.

4. Utilice una calculadora gráfica para generar una gráfica de la concentración de medicamento y verifique si la ecuación (7) proporciona de manera correcta la dosis de mantenimiento. Introduzca en la calculadora $0.5 \longrightarrow$ K, $3 \longrightarrow$ D, $1 \longrightarrow$ I y $1 \longrightarrow$ P. Después introduzca Y1 = P(1 − e^ − (D*K*I)) para representar R. Por último, introduzca Y2 = Pe^(−K X) + Pe^ (−K(X − I))*(X ≥ I) + P e^(− K(X − 2I))*(X ≥ 2I) + Y1 e^(− K(X − 3I))*(X ≥ 3I) + Y1 e^(− K(X − 4I))*(X ≥ 4I). Después, sólo seleccione Y2 para que sea graficada y grafique la función. Experimente con diferentes valores para K, D, I y P. ¿Qué ajuste es necesario en la expresión para Y2 a medida que cambia D?

5 Matemáticas financieras

Q EXPLORE Y AMPLÍE

Bonos del tesoro

Para las personas que gustan de los automóviles y pueden permitirse comprar un buen vehículo, un viaje a una concesionaria puede ser muy divertido. Sin embargo, comprar un automóvil también tiene un lado que puede ser poco placentero: la negociación. El "regateo" verbal con el vendedor resulta especialmente difícil cuando el comprador está planeando comprar mediante un plan a plazos y no comprende los números que se están cotizando.

Por ejemplo, ¿el hecho de que el vendedor esté ofreciendo el automóvil en $12 800 (dólares estadounidenses) cómo se traduce en pagos mensuales de $281.54? La respuesta es la amortización. El término proviene del francés, de la raíz latina *mort-*, que significa "muerte"; de ésta derivan también *mortal* y *mortificado*. Una deuda que se paga gradualmente, al final "se mata" y el plan de pagos para hacer esto se denomina plan de amortización. El plan está determinado por una fórmula que usted aprenderá en la sección 5.4 y aplicará en la sección 5.5.

Mediante dicha fórmula, es posible calcular el pago mensual para comprar un automóvil. Si se hace un pago inicial de $900 sobre un automóvil de $12 800 y el resto se paga en un plazo de cuatro años al 4.8% de interés anual compuesto mensualmente, el pago mensual para el capital y el interés sólo debe ser de $272.97. Si el pago es mayor que esto, podría contener cargos adicionales, como impuestos sobre la venta, gastos de registro o primas de seguros, acerca de los cuales el comprador debe preguntar puesto que algunos podrían ser opcionales. La comprensión de las matemáticas financieras puede ayudar al consumidor a tomar decisiones más convenientes acerca de compras e inversiones.

Objetivo

Ampliar la noción de interés compuesto para incluir tasas efectivas y resolver problemas de interés cuya solución requiere el uso de logaritmos.

5.1 Interés compuesto

En este capítulo se estudiarán temas de finanzas que tratan acerca del valor del dinero en el tiempo, como inversiones, préstamos, etc. En los capítulos posteriores, cuando se hayan aprendido más matemáticas, se revisarán y ampliarán algunos de estos temas.

Primero se revisarán algunos tópicos de la sección 4.1, donde se introdujo la noción de interés compuesto. Bajo interés compuesto, al final de cada periodo de interés, el interés generado en ese periodo se agrega al *capital* (monto invertido), de modo que también genere interés en el siguiente periodo de interés. La fórmula básica para calcular el valor (o *monto compuesto*) de una inversión después de *n* periodos de interés compuesto es como sigue:

Fórmula del interés compuesto

Para un capital original de *P*, la fórmula

$$S = P(1 + r)^n \qquad (1)$$

proporciona el **monto compuesto** *S* al final de *n periodos de interés* a una *tasa periódica r*.

Al monto compuesto se le llama también *monto acumulado*, y la diferencia entre el monto compuesto y el capital original, $S - P$, se llama *interés compuesto*.

Recuerde que una tasa de interés generalmente se establece como una *tasa anual*, llamada *tasa nominal* o *tasa porcentual anual* (TPA). La tasa periódica (o tasa por periodo de interés) se obtiene al dividir la tasa nominal entre el número de periodos de interés por año.

Por ejemplo, se calculará el monto total cuando se invierten $1000 durante cinco años a la tasa nominal de 8% compuesto trimestralmente. La *tasa por periodo* es de 0.08/4 y el número de periodos de interés es 5 × 4.

De la ecuación (1), se tiene

Tenga a mano una calculadora mientras lee este capítulo.

$$S = 1000\left(1 + \frac{0.08}{4}\right)^{5 \times 4}$$

$$= 1000(1 + 0.02)^{20} \approx \$1485.95$$

APLÍQUELO ▶

1. Suponga que usted deja una cantidad inicial de $518 en una cuenta de ahorros durante tres años. Si el interés se capitaliza diariamente (365 veces por año), utilice una calculadora gráfica para graficar el monto compuesto *S* como una función de la tasa de interés nominal. Con base en la gráfica, estime la tasa de interés nominal de modo que haya $600 después de tres años.

EJEMPLO 1   Interés compuesto

Suponga que $500 aumentan a $588.38 en una cuenta de ahorros después de tres años. Si el interés se compone semestralmente, encuentre la tasa de interés nominal, compuesta semestralmente, ganada por el dinero.

Solución: Sea *r* la tasa semestral. Existen 2 × 3 = 6 periodos de interés. De la ecuación (1),

$$500(1 + r)^6 = 588.38$$

$$(1 + r)^6 = \frac{588.38}{500}$$

$$1 + r = \sqrt[6]{\frac{588.38}{500}}$$

$$r = \sqrt[6]{\frac{588.38}{500}} - 1 \approx 0.0275$$

Por lo tanto, la tasa semestral fue de 2.75%, así que la tasa nominal fue de $5\frac{1}{2}\%$ compuesta semestralmente.

◁

EJEMPLO 2 **Duplicación del dinero**

¿A qué tasa de interés nominal, compuesta anualmente, el dinero se duplicará en 8 años?

Solución: Sea r la tasa a la cual un capital de P se duplica en ocho años. Entonces el monto total es $2P$. De la ecuación (1),

$$P(1 + r)^8 = 2P$$

$$(1 + r)^8 = 2$$

$$1 + r = \sqrt[8]{2}$$

$$r = \sqrt[8]{2} - 1 \approx 0.0905$$

Observe que la tasa de duplicación es independiente del capital P.

Por lo tanto, la tasa deseada es de 9.05%.

◁

Es posible determinar cuánto tiempo toma el que un capital dado ascienda a un monto particular utilizando logaritmos, como se muestra en el ejemplo 3.

APLÍQUELO ▶

2. Suponga que usted deja un monto inicial de $520 en una cuenta de ahorros a una tasa anual de 5.2% compuesto diariamente (365 días por año). Utilice una calculadora gráfica para graficar la cantidad compuesta S como una función de los periodos de interés. Con base en la gráfica, estime cuánto tiempo pasa para que la cantidad se convierta en $750.

EJEMPLO 3 **Interés compuesto**

¿Cuánto tiempo tendrá que pasar para que $600 se conviertan en $900 a una tasa anual de 6% compuesto trimestralmente?

Solución: La tasa periódica es $r = 0.06/4 = 0.015$. Sea n el número de periodos de interés que le toma a un capital de $P = 600$ ascender a $S = 900$. Entonces, de la ecuación (1),

$$900 = 600(1.015)^n \qquad (2)$$

$$(1.015)^n = \frac{900}{600}$$

$$(1.015)^n = 1.5$$

Para despejar n, primero se toma el logaritmo natural de ambos lados:

$$\ln(1.015)^n = \ln 1.5$$

$$n \ln 1.015 = \ln 1.5 \qquad \text{puesto que } \ln m^r = r \ln m$$

$$n = \frac{\ln 1.5}{\ln 1.015} \approx 27.233$$

El número de años que corresponden a 27.233 periodos de interés trimestral es $27.233/4 \approx 6.8083$, que es alrededor de 6 años y 9 meses y medio. En realidad, el capital no llega a los $900 sino hasta pasados 7 años, ya que el interés se compone trimestralmente.

Ahora resuelva el problema 20 ◁

Tasa efectiva

Si se invierte una cantidad P a una tasa nominal de 10% compuesto trimestralmente, durante un año, el capital ganará más de 10% en ese año. De hecho, el interés compuesto es

$$S - P = P\left(1 + \frac{0.10}{4}\right)^4 - P = [(1.025)^4 - 1]P$$

$$\approx 0.103813P$$

que es alrededor de 10.38% de P. Esto es, 10.38% es la tasa aproximada de interés compuesto *anualmente* que realmente se genera, la cual se conoce como **tasa efectiva** de interés. La tasa efectiva es independiente de P. En general, la tasa efectiva de interés sólo es la tasa de interés *simple* generado durante un periodo de un año. Por lo tanto, se ha mostrado que la tasa nominal de 10% compuesta cada trimestre es equivalente a una tasa efectiva de 10.38%. Siguiendo el procedimiento anterior, es posible generalizar el resultado:

Tasa efectiva

La **tasa efectiva** r_e que es equivalente a una tasa nominal de r compuesta n veces durante un año está dada por

$$r_e = \left(1 + \frac{r}{n}\right)^n - 1 \tag{3}$$

APLÍQUELO ▶

3. Una inversión se capitaliza mensualmente. Utilice una calculadora gráfica para graficar la tasa efectiva r_e como una función de la tasa nominal r. Después utilice la gráfica para encontrar la tasa nominal que es equivalente a una tasa efectiva de 8 por ciento.

EJEMPLO 4   Tasa efectiva

¿Qué tasa efectiva es equivalente a una tasa nominal de 6% compuesta (a) semestralmente y (b) trimestralmente?

Solución:

a. De la ecuación (3), la tasa efectiva es

$$r_e = \left(1 + \frac{0.06}{2}\right)^2 - 1 = (1.03)^2 - 1 = 0.0609 = 6.09\%$$

b. La tasa efectiva es

$$r_e = \left(1 + \frac{0.06}{4}\right)^4 - 1 = (1.015)^4 - 1 \approx 0.061364 = 6.14\%$$

Ahora resuelva el problema 9 ◁

En el ejemplo 4 se ilustra que, para una tasa nominal dada r, la tasa efectiva aumenta conforme se incrementa el número de periodos de interés por año (n). Sin embargo, en la sección 5.3 se muestra que, sin importar qué tan grande sea n, la máxima tasa efectiva que puede obtenerse es $e^r - 1$.

EJEMPLO 5   Tasa efectiva

¿A qué monto ascenderán $12 000 acumulados en 15 años si se invierten a una tasa efectiva de 5 por ciento?

Solución: Como una tasa efectiva es la tasa que se compone anualmente, se tiene

$$S = 12\,000(1.05)^{15} \approx \$24\,947.14$$

Ahora resuelva el problema 15 ◁

EJEMPLO 6   Duplicación de dinero

¿Cuántos años tendrán que pasar para que el dinero se duplique a la tasa efectiva de r?

Solución: Sea n el número de años que pasan para que un capital de P se duplique. Entonces el monto compuesto es $2P$. Por lo tanto,

$$2P = P(1 + r)^n$$
$$2 = (1 + r)^n$$
$$\ln 2 = n \ln(1 + r) \qquad \text{tomando logaritmos de ambos lados}$$

Así que,

$$n = \frac{\ln 2}{\ln(1 + r)}$$

Por ejemplo, si $r = 0.06$, el número de años que deben pasar para que un capital se duplique es

$$\frac{\ln 2}{\ln 1.06} \approx 11.9 \text{ años}$$

Ahora resuelva el problema 11 ◁

Se destaca que cuando existen tasas alternativas de interés disponibles para un inversionista, se utilizan tasas efectivas para compararlas —es decir, para determinar cuál de las tasas es la "mejor"—. Esto se ilustra en el ejemplo siguiente.

APLÍQUELO ▶

4. Suponga que usted tiene dos oportunidades de inversión. Puede invertir $10 000 al 11% compuesto mensualmente o $9700 al 11.25% compuesto trimestralmente. ¿Cuál inversión tiene la mejor tasa efectiva de interés? ¿Cuál es la mejor inversión en un periodo de 20 años?

EJEMPLO 7   Comparación de tasas de interés

Si un inversionista tiene la opción de invertir dinero al 6% compuesto diariamente o bien al $6\frac{1}{8}$% compuesto trimestralmente, ¿cuál será la mejor opción?

Solución:

Estrategia   Primero se determina la tasa de interés efectiva equivalente para cada tasa nominal y después se comparan los resultados.

Las respectivas tasas efectivas de interés son

$$r_e = \left(1 + \frac{0.06}{365}\right)^{365} - 1 \approx 6.18\%$$

y

$$r_e = \left(1 + \frac{0.06125}{4}\right)^4 - 1 \approx 6.27\%$$

Como la segunda opción es la que da la mayor tasa efectiva, será la mejor elección (a pesar de que la capitalización diaria puede parecer psicológicamente más atractiva).

Ahora resuelva el problema 21 ◁

PROBLEMAS 5.1

En los problemas 1 y 2, encuentre (a) el monto compuesto y (b) el interés compuesto para la inversión y tasa dadas.

1. $6000 durante ocho años a una tasa efectiva de 8 por ciento.

2. $750 durante 12 meses a una tasa efectiva de 7 por ciento.

En los problemas 3 a 6, encuentre la tasa efectiva que corresponda a la tasa nominal dada. Redondee las respuestas a tres decimales.

3. 3% compuesto semestralmente.

4. 5% compuesto trimestralmente.

5. 3.5% compuesto diariamente.

6. 6% compuesto diariamente.

7. Encuentre la tasa efectiva de interés (redondeada a tres decimales) que es equivalente a una tasa nominal de 10% compuesta

(a) anualmente,   **(b)** semestralmente,
(c) trimestralmente,   **(d)** mensualmente,
(e) diariamente.

8. Encuentre (i) el interés compuesto (redondeado a dos decimales) y (ii) la tasa efectiva (redondeada a tres decimales) si se invierten $1000 durante cinco años a una tasa anual de 7% compuesto

(a) trimestralmente,   **(b)** mensualmente,
(c) semanalmente,   **(d)** diariamente.

9. Durante un periodo de cinco años, un capital original de $2000 ascendió a $2950 en una cuenta donde el interés era compuesto trimestralmente. Determine la tasa efectiva de interés redondeada a dos decimales.

10. Suponga que durante un periodo de seis años, $1000 ascendieron a $1959 en un certificado de inversión donde el interés era compuesto trimestralmente. Encuentre la tasa nominal de interés, compuesta trimestralmente, que se ganó. Redondee su respuesta a dos decimales.

En los problemas 11 y 12, encuentre cuántos años tomaría duplicar un capital a la tasa efectiva dada. Proporcione su respuesta con un decimal.

11. 9%   **12.** 5%

13. Un certificado de depósito de $6000 se compra en $6000 y se mantiene durante siete años. Si el certificado gana una tasa efectiva de 8%, ¿cuál es su valor al final de ese periodo?

14. ¿Cuántos años tendrán que pasar para que el dinero se triplique a la tasa efectiva de r?

15. Costo de la universidad   Suponga que asistir a cierta universidad costó $25 500 en el año escolar 2009-2010. Este precio incluye matrícula, habitación, alimentación, libros y otros gastos. Suponiendo una tasa efectiva de inflación de 3% para estos costos, determine cuáles serán los costos universitarios en el año escolar 2015-2016.

16. Costo de la universidad Repita el problema 15 para una tasa de inflación de 2% compuesta trimestralmente.

17. Cargo financiero Una compañía importante de tarjetas de crédito tiene un cargo financiero del $1\frac{1}{2}\%$ mensual sobre el saldo no pagado. (a) ¿Cuál es la tasa nominal compuesta mensualmente? (b) ¿Cuál es la tasa efectiva?

18. ¿Cuánto tiempo deberá pasar para que un capital P se duplique si el valor del dinero es 12% compuesto mensualmente? Dé su respuesta al mes más cercano.

19. ¿A cuánto ascenderán $2000 en ocho años si se invirtieron a una tasa efectiva de 6% durante los primeros cuatro años y de ahí en adelante al 6% compuesto semestralmente?

20. ¿Cuánto tiempo deberá pasar para que $100 asciendan a $1000 si se invierten al 6% compuesto mensualmente? Exprese su respuesta en años y redondee a dos decimales.

21. Un inversionista tiene la opción de invertir una cantidad de dinero al 8% compuesto anualmente o bien al 7.8% compuesto semestralmente. ¿Cuál es la mejor de las dos tasas?

22. ¿Cuál es la tasa nominal de interés compuesta mensualmente que corresponde a una tasa efectiva de 4.5 por ciento?

23. Cuenta de ahorros Un banco anuncia que paga interés sobre las cuentas de ahorro a la tasa de $4\frac{3}{4}\%$ compuesto diariamente. Encuentre la tasa efectiva si para determinar la *tasa diaria* el banco

supone que un año consta de (a) 360 días o (b) 365 días. Suponga que la capitalización ocurre 365 veces en un año y redondee su respuesta a dos decimales.

24. Cuenta de ahorros Suponga que en una cuenta de ahorros $700 ascienden a $801.06 después de dos años. Si el interés se capitalizó trimestralmente, encuentre la tasa nominal de interés, compuesta trimestralmente, que fue ganada por el dinero.

25. Inflación Como una protección contra la inflación, un inversionista compró un Gran Torino 1972 en 1990 en $90 000. El automóvil se vendió en el año 2000 en $250 000. ¿Cuál es la tasa efectiva en que se apreció el valor del automóvil? Exprese la respuesta como un porcentaje redondeado a tres decimales.

26. Inflación Si la tasa de inflación de ciertos bienes es del $7\frac{1}{4}\%$ compuesto diariamente, ¿cuántos años deberán pasar para que el precio promedio de tales bienes se duplique?

27. Bono de cupón cero Un *bono de cupón cero* es un bono que se vende por menos de su valor nominal (es decir, es *descontado*) y no tiene pagos periódicos de interés. En lugar de eso, el bono se redime según su valor nominal a su vencimiento. Por lo tanto, en este sentido, el interés se paga al vencimiento. Suponga que un bono de cupón cero se vende en $420 y puede redimirse dentro de 14 años según su valor nominal de $1000. ¿A qué tasa nominal compuesta semestralmente gana interés el bono?

28. Fondos perdidos Suponga que se colocan $1000 en una cuenta de cheques sin intereses y después se olvidan. Cada año, el banco impone un cargo por manejo de 1%. Después de 20 años, ¿cuánto queda de los $1000? [*Sugerencia*: Considere la ecuación (1) con $r = -0.01$].

29. Soluciones generales La ecuación (1) puede resolverse para cada una de las variables en términos de las otras tres. Encuentre las variables P, r y n de esta manera. (No es necesario memorizar ninguna de las tres nuevas fórmulas que resulten. El punto a considerar aquí es que al demostrar que existen fórmulas generales, se gana confianza en la capacidad para manejar cualquier caso en particular).

Objetivo

Estudiar el valor presente y resolver problemas que incluyan el valor del dinero en el tiempo usando la ecuación de valor. Introducir el valor presente neto de flujos de efectivo.

5.2 Valor presente

Suponga que se depositan $100 en una cuenta de ahorros que paga 6% compuesto anualmente. Entonces, al final de dos años la cuenta vale

$$100(1.06)^2 = 112.36$$

Para describir esta relación, se dice que el monto compuesto de $112.36 es el *valor futuro* de los $100 y que $100 es el *valor presente* de los $112.36. En general, hay veces que puede conocerse el valor futuro de una inversión y se desea encontrar su valor presente. Con el fin de obtener una fórmula para esto, se resuelve la ecuación $S = P(1 + r)^n$ para P. El resultado es $P = S/(1 + r)^n = S(1 + r)^{-n}$.

Valor presente

El capital P que debe invertirse a la tasa periódica r durante n periodos de interés de modo que el monto total sea S está dado por

$$P = S(1 + r)^{-n} \tag{1}$$

y se llama el **valor presente** de S.

EJEMPLO 1   Valor presente

Encuentre el valor presente de $1000 que deben pagarse dentro de tres años si la tasa de interés es de 9% compuesto mensualmente.

Solución: Se usa la ecuación (1) con $S = 1000$, $r = 0.09/12 = 0.0075$ y $n = 3(12) = 36$:

$$P = 1000(1.0075)^{-36} \approx 764.15$$

Esto significa que $764.15 deben invertirse al 9% compuesto cada mes para tener $1000 dentro de tres años.

Ahora resuelva el problema 1 ◁

Si la tasa de interés del ejemplo 1 fuera de 10% compuesto mensualmente, el valor presente sería

$$P = 1000 \left(1 + \frac{0.1}{12}\right)^{-36} \approx 741.74$$

el cual es menor que el anterior. Es común que el valor presente para un valor futuro dado disminuya conforme crece la tasa de interés por periodo de capitalización.

EJEMPLO 2   Pago único a un fondo de inversión

Se contrata un fondo de inversión para financiar la educación de un niño y se establece que será por medio de un solo pago de modo que al final de 15 años haya $50 000. Si el fondo gana interés a una tasa de 7% compuesto semestralmente, ¿cuánto dinero debe pagarse al fondo?

Solución: Se desea saber el valor presente de $50 000 que se pagarán dentro de 15 años. A partir de la ecuación (1) con $S = 50\,000$, $r = 0.07/2 = 0.035$ y $n = 15(2) = 30$, se tiene

$$P = 50\,000(1.035)^{-30} \approx 17\,813.92$$

Entonces, deben pagarse al fondo $17 813.92.

Ahora resuelva el problema 13 ◁

Ecuaciones de valor

Suponga que el señor Smith debe al señor Jones dos cantidades de dinero: $1000 pagaderos dentro de dos años y $600 pagaderos dentro de cinco años. Si el señor Smith desea saldar ahora la deuda total por medio de un solo pago, ¿de cuánto debe ser el pago? Suponga una tasa de interés de 8% compuesta trimestralmente.

El pago único x pagado ahora debe ser tal que crezca y al final pague las deudas en el momento que les corresponde. Esto es, debe ser igual a la suma de los valores presentes de los pagos futuros. Tal como se muestra en la línea de tiempo de la figura 5.1, se tiene

$$x = 1000(1.02)^{-8} + 600(1.02)^{-20} \tag{2}$$

Esta ecuación se llama *ecuación de valor*. Se determina que

$$x \approx 1257.27$$

Por lo tanto, el pago único ahora debe ser de $1257.27. Enseguida se analizará la situación con mayor detalle. Hay dos métodos diferentes de pago de la deuda: un solo pago ahora o dos pagos diferentes en el futuro. Observe que la ecuación (2) indica que el valor *actual* de todos los pagos realizados bajo un método debe ser igual al valor *actual* de todos los pagos hechos bajo el otro método. En general, esto es cierto no sólo en el *momento actual* sino en *cualquier momento*. Por ejemplo, si se multiplican ambos lados de la ecuación (2) por $(1.02)^{20}$, se obtiene la siguiente ecuación de valor

La figura 5.1 es una herramienta útil para visualizar el valor del dinero en el tiempo. Para establecer una ecuación de valor, dibuje siempre una línea de tiempo.

$$x(1.02)^{20} = 1000(1.02)^{12} + 600 \tag{3}$$

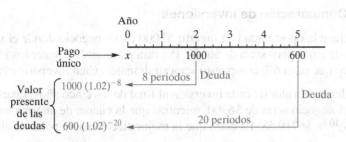

FIGURA 5.1   Reemplazo de dos pagos futuros por un solo pago ahora.

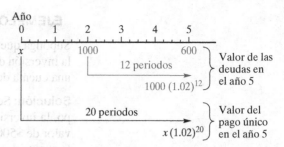

FIGURA 5.2   Diagrama para ilustrar la ecuación de valor.

El lado izquierdo de la ecuación (3) da el valor a cinco años a partir de ahora del pago único (vea la figura 5.2), mientras que el lado derecho da el valor a cinco años a partir de ahora de todos los pagos contemplados bajo el otro método. Al resolver la ecuación (3) para x se obtiene el mismo resultado, $x \approx 1257.27$. En general, una **ecuación de valor** ilustra que cuando se consideran dos métodos para pagar una deuda (u otra transacción), en *cualquier momento* el valor de todos los pagos considerados bajo uno de los métodos debe ser igual al valor de todos los pagos considerados bajo el otro método.

En ciertas situaciones, una ecuación de valor puede ser más conveniente que la otra, como se ilustra en el ejemplo 3.

EJEMPLO 3   Ecuación de valor

Una deuda de $3000 se debiera pagar dentro de seis años, pero en lugar de eso va a ser saldada por medio de tres pagos: $500 ahora, $1500 dentro de tres años y un pago final al término de cinco años. ¿Cuál será este pago final si se considera un interés de 6% compuesto anualmente?

Solución: Sea x el pago final a los cinco años. Por conveniencia de los cálculos, se establece una ecuación de valor para representar la situación al final de ese tiempo de tal manera que el coeficiente de x sea 1, como se ve en la figura 5.3. Observe que en el año 5 se calculan los valores futuros de $500, $1500 y el valor presente de $3000. La ecuación de valor es

$$500(1.06)^5 + 1500(1.06)^2 + x = 3000(1.06)^{-1}$$

así que

$$x = 3000(1.06)^{-1} - 500(1.06)^5 - 1500(1.06)^2$$

$$\approx 475.68$$

Por lo tanto, el pago final será de $475.68.

Ahora resuelva el problema 15 ◁

Cuando se está considerando elegir entre dos inversiones, debe realizarse una comparación de los valores de cada inversión en cierto tiempo, como se muestra en el ejemplo 4.

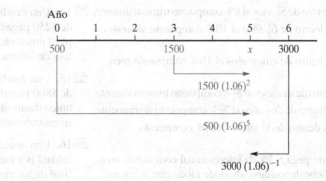

FIGURA 5.3   Valores de los pagos en el tiempo para el ejemplo 3.

EJEMPLO 4   Comparación de inversiones

Suponga que usted tiene la oportunidad de invertir $5000 en un negocio donde el valor de la inversión después de cinco años sería de $6300. Por otra parte, podría poner los $5000 en una cuenta de ahorros que paga 6% compuesto semestralmente. ¿Cuál inversión es mejor?

Solución: Se considerará el valor de cada inversión al final de los cinco años. En ese tiempo, la inversión en el negocio sería de $6300, mientras que la cuenta de ahorros tendrá un valor de $5000(1.03)^{10} \approx $6719.58. Es claro que la mejor elección será poner el dinero en la cuenta de ahorros.

Ahora resuelva el problema 21 ◁

Valor presente neto

Si una inversión inicial producirá pagos en el futuro, los pagos se denominan **flujos de efectivo**. El **valor presente neto**, denotado como VPN, de los flujos de efectivo se define como la suma de los valores presentes de los flujos de efectivo menos la inversión inicial. Si VPN > 0, entonces la inversión es redituable; si VPN < 0, la inversión no es redituable.

EJEMPLO 5   Valor presente neto

Año	Flujo de efectivo
2	10 000
3	8000
5	6000

Suponga que usted puede invertir $20 000 en un negocio que le garantiza flujos de efectivo al final de los años 2, 3 y 5, tal como se indica en la tabla de la izquierda. Suponga una tasa de interés de 7% compuesto anualmente y encuentre el valor presente neto de los flujos de efectivo.

Solución: Al restar la inversión inicial a la suma de los valores presentes de los flujos de efectivo se obtiene

$$\text{VPN} = 10\ 000(1.07)^{-2} + 8000(1.07)^{-3} + 6000(1.07)^{-5} - 20\ 000$$

$$\approx -457.31$$

Como el VPN < 0, el negocio no es redituable si se considera el valor del dinero en el tiempo. Sería mejor invertir los $20 000 en un banco que pague 7%, puesto que el negocio es equivalente a invertir sólo $20 000 − $457.31 = $19 542.69.

Ahora resuelva el problema 19 ◁

PROBLEMAS 5.2

En los problemas del 1 al 10, encuentre el valor presente de los pagos futuros dados a la tasa de interés especificada.

1. $6000 pagaderos dentro de 20 años al 5% compuesto anualmente.

2. $3500 pagaderos dentro de ocho años al 6% efectivo.

3. $4000 pagaderos dentro de 12 años al 7% compuesto semestralmente.

4. $1950 pagaderos dentro de tres años al 16% compuesto mensualmente.

5. $9000 pagaderos dentro de $5\frac{1}{2}$ años al 8% compuesto trimestralmente.

6. $6000 pagaderos dentro de $6\frac{1}{2}$ años al 10% compuesto semestralmente.

7. $8000 pagaderos dentro de cinco años al 10% compuesto mensualmente.

8. $500 pagaderos dentro de tres años al $8\frac{3}{4}$% compuesto trimestralmente.

9. $5000 pagaderos dentro de dos años al $7\frac{1}{2}$% compuesto diariamente.

10. $1250 pagaderos dentro de $1\frac{1}{2}$ años al $13\frac{1}{2}$% compuesto semanalmente.

11. Un cuenta bancaria paga 5.3% de interés anual compuesto mensualmente. ¿Cuánto debe depositarse ahora de modo que la cuenta tenga exactamente $12 000 al final de un año?

12. Repita el problema 11 para una tasa nominal de 7.1% compuesto semestralmente.

13. **Fondo de inversión** Se contrata un fondo de inversión para un niño que ahora tiene 10 años de edad y se especifica que será por medio de un pago único, de modo que cuando cumpla 21 años reciba $27 000. Encuentre de cuánto debe ser el pago si se supone una tasa de interés de 6% compuesto semestralmente.

14. Una deuda de $750 que debe pagarse dentro de 10 años y otra de $250 pagadera dentro de 12 años se saldarán por medio de un pago único ahora. Encuentre de cuánto es el pago si se supone una tasa de interés de 8% compuesto trimestralmente.

15. Una deuda de $600 que debe pagarse dentro de tres años y otra de $800 pagadera en cuatro años se saldarán por medio de un pago único dentro de dos años. Si la tasa de interés es de 8% compuesto semestralmente, ¿de cuánto será el pago?

16. Una deuda de $7000 que debe pagarse dentro de cinco años se saldará por medio de un pago de $3000 ahora y un segundo pago al final de los cinco años. ¿De cuánto debe ser el segundo pago si la tasa de interés es de 8% compuesto mensualmente?

17. Una deuda de $5000 que debe pagarse dentro de cinco años y otra de $5000 pagadera en 10 años serán saldadas mediante un pago de $2000 dentro de dos años, un pago de $4000 dentro de cuatro años y un pago final al término de seis años. Si la tasa de interés es de 2.5% compuesto anualmente, ¿de cuánto será el pago final?

18. Una deuda de $3500 pagadera dentro de cuatro años y otra de $5000 que debe pagarse en seis años serán saldadas mediante un pago de $1500 ahora y tres pagos iguales a realizarse en años consecutivos a partir del próximo. Si la tasa de interés es de 7% compuesto anualmente, ¿de cuánto será cada uno de los pagos iguales?

19. Flujos de efectivo Una inversión inicial de $25 000 en un negocio garantiza los siguientes flujos de efectivo:

Año	Flujo de efectivo
5	$13 000
6	$14 000
7	$15 000
8	$16 000

Suponga una tasa de interés de 4% compuesto trimestralmente.
(a) Encuentre el valor presente neto de los flujos de efectivo.
(b) ¿Es redituable la inversión?

20. Flujos de efectivo Repita el problema 19 para la tasa de interés de 6% compuesto semestralmente.

21. Toma de decisión Suponga que una persona tiene las siguientes opciones para invertir $10 000:
(a) Colocar el dinero en una cuenta de ahorros que paga 6% compuesto semestralmente.
(b) Invertir en un negocio donde el valor de la inversión después de ocho años es de $16 000.
¿Cuál es la mejor elección?

22. A le debe a B dos cantidades de dinero: $1000 más interés al 7% compuesto anualmente, que será pagada dentro de cinco años, y $2000 más interés al 8% compuesto semestralmente, pagadera a siete años. Si ambas deudas se saldarán en un solo pago al final de seis años, encuentre el monto del pago si el valor del dinero es de 6% compuesto trimestralmente.

23. Incentivo de compras Una joyería anuncia que por cada $1000 de compras de alhajas con diamantes, el comprador recibe un bono de $1000 absolutamente sin costo. En realidad, los $1000 son el valor al vencimiento de un bono de cupón cero (vea el problema 27 de los problemas 5.1), que la tienda de joyas compra a un precio extremadamente reducido. Si el bono devenga interés a la tasa de 7.5% compuesto trimestralmente y vence después de 20 años, ¿cuánto le cuesta a la joyería?

24. Encuentre el valor presente de $10 000 pagaderos dentro de 10 años a una tasa bancaria de 10% compuesto diariamente. Suponga que el banco utiliza 360 días para determinar la tasa diaria y que hay 365 días en un año; esto es, la capitalización ocurre 365 veces en un año.

25. Pagaré Un *pagaré* es un convenio por escrito para pagar una cantidad de dinero, ya sea por una petición o a un tiempo futuro definido. Cuando un pagaré se compra por el monto de su valor presente a una tasa de interés dada, se dice que se *descuenta* y la tasa de interés se denomina *tasa de descuento*. Suponga que un pagaré de $10 000 debe pagarse dentro de ocho años y se vende a una institución financiera por $4700. ¿Cuál es la tasa de descuento nominal con capitalización trimestral?

26. Pagaré **(a)** Repita el problema 25 con una capitalización mensual. **(b)** Sea r la tasa de descuento nominal del problema 25 y s la tasa de descuento nominal para el inciso (a). Pruebe, sin hacer referencia al valor futuro ni al valor presente del pagaré, que

$$s = 12\left(\sqrt[3]{1 + \frac{r}{4}} - 1\right)$$

Objetivo

Extender la noción de interés compuesto a la situación en donde el interés se capitaliza continuamente. Desarrollar, en este caso, fórmulas para calcular el monto total compuesto y el valor presente.

5.3 Interés compuesto continuamente

Hasta el momento, se ha visto que cuando el dinero se invierte a una tasa anual dada, el interés ganado cada año depende de la frecuencia con que se capitaliza el interés. Por ejemplo, se gana más interés si la capitalización es mensual que semestral. Puede obtenerse más interés capitalizándolo cada semana, diario, cada hora, y así sucesivamente. Sin embargo, hay un interés máximo que puede ganarse, el cual examinaremos a continuación.

Suponga que cierto capital, P, se invierte durante t años a una tasa anual r. Si el interés se capitaliza k veces en un año, entonces la tasa por periodo de conversión es r/k y hay kt periodos. De la sección 4.1, recordada en la sección 5.1, el monto total S está dado por

$$S = P\left(1 + \frac{r}{k}\right)^{kt}$$

Si k, el número de periodos de interés por año, se aumenta de manera indefinida, como se hizo en el "experimento de razonamiento" de la sección 4.1 para introducir el número e, entonces la longitud de cada periodo se aproxima a 0 y se dice que el interés es **compuesto continuamente**. Esto puede hacerse de modo más preciso. De hecho, mediante un poco de álgebra es posible relacionar el monto compuesto con el número e. Sea $m = k/r$, de manera que

$$P\left(1 + \frac{r}{k}\right)^{kt} = P\left(\left(1 + \frac{1}{k/r}\right)^{k/r}\right)^{rt} = P\left(\left(1 + \frac{1}{m}\right)^{m}\right)^{rt} = P\left(\left(\frac{m+1}{m}\right)^{m}\right)^{rt}$$

En la sección 4.1 se observó que, para el entero positivo n, los números $\left(\dfrac{n+1}{n}\right)^n$ se incrementan conforme n aumente pero que, no obstante, están acotados. [Por ejemplo, puede demostrarse que todos los números $\left(\dfrac{n+1}{n}\right)^n$ son menores que 3]. Se *definió* a e como el mínimo número real que es mayor que todos los valores $\left(\dfrac{n+1}{n}\right)^n$, donde n es un entero positivo. Se deduce (aunque está fuera del ámbito de este libro) que no es necesario exigir que n sea entero. Para cualquier número arbitrario positivo m, los números $\left(\dfrac{m+1}{m}\right)^m$ se incrementan conforme m aumenta pero permanecen acotados y el número e, según se definió en la sección 4.1, es el mínimo número real mayor que todos los valores $\left(\dfrac{m+1}{m}\right)^m$.

En el caso que tenemos a la mano, para una r fija, los números $m = k/r$ se incrementan conforme k (un entero) aumenta, pero los $m = k/r$ no son necesariamente enteros. Sin embargo, si se acepta que el párrafo anterior es cierto, entonces resulta que el monto compuesto $P\left(\left(\dfrac{m+1}{m}\right)^m\right)^{rt}$ se aproxima al valor Pe^{rt} conforme k, y por ende m, aumenta de modo indefinido y se tiene lo siguiente:

Monto compuesto bajo interés continuo

La fórmula

$$S = Pe^{rt} \qquad\qquad (1)$$

proporciona el monto compuesto S de un capital P después de t años a una tasa de interés anual r compuesta continuamente.

El interés de $5.13 es el monto máximo de interés compuesto que puede generarse a una tasa anual de 5 por ciento.

EJEMPLO 1 **Monto compuesto**

Si se invierten $100 a una tasa anual de 5% capitalizado continuamente, encuentre el monto total al término de

a. 1 año.
b. 5 años.

Solución:

a. Aquí $P = 100$, $r = 0.05$ y $t = 1$, de modo que

$$S = Pe^{rt} = 100e^{(0.05)(1)} \approx 105.13$$

Este valor puede compararse con el valor registrado después de un año por una inversión de $100 invertidos a una tasa de 5% compuesto semestralmente —a saber, $100(1.025)^2 \approx 105.06$.

b. Aquí $P = 100$, $r = 0.05$ y $t = 5$, de modo que

$$S = 100e^{(0.05)(5)} = 100e^{0.25} \approx 128.40$$

Ahora resuelva el problema 1 ◁

Puede encontrarse una expresión que dé la tasa efectiva que corresponda a una tasa anual r compuesta continuamente. (De la sección 5.1, la tasa efectiva es la tasa compuesta anualmente que produce el mismo interés en un año que el generado por el esquema de tasa y capitalización que estamos considerando). Si r_e es la correspondiente tasa efectiva, entonces después de un año el capital P se convierte en $P(1 + r_e)$. Esto debe ser igual a la cantidad que se acumulaba bajo interés continuo, Pe^r. Por lo tanto, $P(1 + r_e) = Pe^r$, de lo cual resulta $1 + r_e = e^r$, así que $r_e = e^r - 1$.

Tasa efectiva bajo interés compuesto continuamente

La tasa efectiva correspondiente a una tasa anual de r compuesta continuamente es

$$r_e = e^r - 1$$

EJEMPLO 2   Tasa efectiva

Encuentre la tasa efectiva que corresponda a una tasa anual de 5% compuesta continuamente.

Solución: La tasa efectiva es

$$e^r - 1 = e^{0.05} - 1 \approx 0.0513$$

que es 5.13 por ciento.

Ahora resuelva el problema 5 ◁

Si se despeja P de $S = Pe^{rt}$, se obtiene $P = S/e^{rt} = Se^{-rt}$. En esta fórmula, P es el capital que debe invertirse ahora a una tasa anual r compuesta continuamente de modo que al final de t años el monto compuesto sea S. Se le llama P al **valor presente** de S.

Valor presente bajo interés continuo

La fórmula

$$P = Se^{-rt}$$

da el valor presente P de S dinero que se debe pagar al final de t años a una tasa anual r compuesta continuamente.

EJEMPLO 3   Fondo de inversión

Un fondo de inversión se establece por medio de un solo pago de modo que al final de 20 años haya $25 000 en el fondo. Si el interés se capitaliza continuamente a una tasa anual de 7%, ¿cuánto dinero (aproximado a la unidad más cercana) debe pagarse inicialmente al fondo?

Solución: Se desea saber el valor presente de $25 000 pagaderos dentro de 20 años. Por lo tanto,

$$P = Se^{-rt} = 25\,000e^{-(0.07)(20)}$$
$$= 25\,000e^{-1.4} \approx 6165$$

Así que deben pagarse $6165 inicialmente.

Ahora resuelva el problema 13 ◁

PROBLEMAS 5.3

En los problemas 1 y 2, encuentre el monto total y el interés compuesto si se invierten $4000 durante seis años y el interés se capitaliza continuamente a la tasa anual dada.

1. $6\frac{1}{4}\%$ **2.** 9%

En los problemas 3 y 4, encuentre el valor presente de $2500 pagaderos dentro de ocho años si el interés es compuesto continuamente a la tasa anual dada.

3. $1\frac{1}{2}\%$ **4.** 8%

En los problemas del 5 al 8, encuentre la tasa efectiva de interés que corresponde a la tasa anual dada compuesta continuamente.

5. 4%   **6.** 8%   **7.** 3%   **8.** 11%

9. Inversión   Si se depositan $100 en una cuenta de ahorros que gana interés a una tasa anual de $4\frac{1}{2}\%$ compuesta continuamente, ¿cuál será el valor de la cantidad al final de dos años?

10. Inversión   Si se invierten $1000 a una tasa anual de 3% compuesta continuamente, encuentre el monto total al final de ocho años.

11. Redención de acciones   La mesa directiva de una compañía acuerda redimir algunas de sus acciones preferentes en cinco años. En ese tiempo, se requerirá $1 000 000. Si la compañía puede invertir dinero a una tasa de interés anual de 5% compuesta continuamente, ¿cuánto debe invertir en este momento de modo que el valor futuro sea suficiente para redimir las acciones?

12. Fondo de inversión Un fondo de inversión se establece por un solo pago de modo que al final de 30 años haya $50 000 en el fondo. Si el interés se capitaliza continuamente a una tasa anual de 6%, ¿cuánto dinero debe pagarse al fondo en un inicio?

13. *Fondo de inversión* Como un regalo para el cumpleaños 21 de su hija recién nacida, los Smith quieren darle una cantidad de dinero que tenga el mismo poder adquisitivo que $21 000 en la fecha de su nacimiento. Para hacerlo, realizan un solo pago inicial a un fondo de inversión establecido específicamente para tal propósito.
(a) Suponga que la tasa de inflación efectiva anual es de 3.5%. Dentro de 21 años, ¿cuál suma tendrá el mismo poder adquisitivo que $21 000 actuales?
(b) ¿Cuál debe ser la cantidad de pago único inicial al fondo si el interés se capitaliza continuamente a una tasa anual de 3.5 por ciento?

14. Inversión En la actualidad, los Smith tienen $50 000 para invertir durante 18 meses. Tienen dos opciones para ello:
(a) Invertir el dinero en un certificado que paga interés a la tasa nominal de 5% compuesto trimestralmente.
(b) Invertir el dinero en una cuenta de ahorros que genera interés a la tasa anual de 4.5% compuesta continuamente.
Con cada opción, ¿cuánto dinero tendrán dentro de 18 meses?

15. ¿Qué tasa anual compuesta de manera continua es equivalente a una tasa efectiva de 5 por ciento?

16. ¿Qué tasa anual r compuesta de manera continua es equivalente a una tasa nominal de 6% compuesto semestralmente?

17. Si un interés es compuesto continuamente a una tasa anual de 0.07, ¿cuántos años le tomaría a un capital P triplicarse? Redondee su respuesta al año más cercano.

18. Si un interés es compuesto continuamente, ¿a qué tasa anual un capital de P se cuadruplicará en 20 años? Dé su respuesta como un porcentaje corregido a dos decimales.

19. Opciones de ahorro El 1 de julio de 2001, el señor Green tenía $1000 en una cuenta de ahorros en el First National Bank. Esta cuenta ganaba interés a una tasa anual de 3.5% compuesto continuamente. Un banco de la competencia intentó atraer nuevos clientes ofreciendo añadir de manera inmediata $20 a cualquier cuenta nueva que se abriera con un depósito mínimo de $1000 y que la nueva cuenta generaría interés a la tasa anual de 3.5% compuesto semestralmente. El señor Green decidió elegir una de las siguientes tres opciones el 1 de julio de 2001:
(a) Dejar el dinero en el First National Bank.
(b) Cambiar el dinero al banco competidor.

(c) Dejar la mitad del dinero en el First National Bank y cambiar la otra mitad al banco competidor.
Para cada una de estas tres opciones, determine el monto acumulado del señor Green el 1 de julio de 2003.

20. Inversión **(a)** El 1 de noviembre de 1996, la señora Rodgers invirtió $10 000 en un certificado de depósito a 10 años que pagaba interés a la tasa anual de 4% compuesto continuamente. Cuando el certificado maduró el 1 de noviembre de 2006, ella reinvirtió el monto total acumulado en bonos corporativos, los cuales ganan interés a la tasa de 5% compuesto anualmente. Al entero más cercano, ¿cuál será el monto acumulado de la señora Rodgers el 1 de noviembre de 2011?
(b) Si la señora Rodgers hubiera hecho una sola inversión de $10 000 en 1996 cuya maduración fuera en 2011 con una tasa efectiva de interés de 4.5%, ¿el monto acumulado sería mayor o menor que el del inciso (a)?, ¿por cuánto (al entero más cercano)?

21. Estrategia de inversión Suponga que usted tiene $9000 para invertir.
(a) Si los invierte con el First National Bank a la tasa nominal de 5% compuesto trimestralmente, determine el monto acumulado al final de un año.
(b) El First National Bank también ofrece certificados en los que paga 5.5% compuesto continuamente. Sin embargo, se requiere un mínimo de $10 000 de inversión. Como usted sólo tiene $9000, el banco está dispuesto a darle un préstamo por un año por la cantidad adicional de $1000 que usted necesita. El interés para este préstamo es una tasa efectiva de 8% y tanto el capital como el interés se pagan al final del año. Determine si esta estrategia es preferible o no a la estrategia del inciso (a).

22. Si un interés se capitaliza continuamente a una tasa anual del 3%, ¿en cuántos años se duplicará el capital? Redondee la respuesta a dos decimales.

23. Soluciones generales En el problema 29 de la sección 5.1 se señaló que la fórmula del monto capitalizado *discretamente*, $S = P(1 + r)^n$, puede resolverse para cada una de las variables en términos de las otras tres. Realice la misma deducción para la fórmula del monto capitalizado continuamente, $S = Pe^{rt}$. (Una vez más, no hay necesidad de memorizar ninguna de las tres fórmulas que resulten, aunque ya se conozca una de ellas. Al ver que las soluciones generales son fáciles, se sabe que todas las soluciones particulares también son sencillas).

Objetivo

Introducir las nociones de anualidades ordinarias y anualidades anticipadas. Utilizar series geométricas para modelar el valor presente y valor futuro de una anualidad. Determinar pagos que se depositarán en un fondo de amortización.

5.4 Anualidades

Anualidades

La mejor forma de definir una **anualidad** es como una sucesión de pagos realizados por periodos fijos a lo largo de un intervalo de tiempo. Los periodos fijos de tiempo que se consideran aquí siempre serán iguales en longitud y a esa longitud de tiempo se le llamará **periodo de pago**. El intervalo de tiempo dado es el **plazo** de la anualidad. Los pagos que se considerarán siempre serán de igual valor. Ejemplo de una anualidad es el depósito de $100 en una cuenta de ahorros cada tres meses durante un año.

La palabra *anualidad* proviene del latín *annus*, que significa "año", y es probable que el primer uso de este término fuera describir una secuencia de pagos anuales. Es preciso hacer hincapié en que el periodo de pago puede ser de cualquier longitud acordada. Las definiciones informales de *anualidad* proporcionadas por las compañías de seguros en su publicidad sugieren que una anualidad es una sucesión de pagos del tipo de un ingreso por pensión. Sin embargo, una sucesión de pagos de un alquiler, un automóvil o una hipoteca es la que

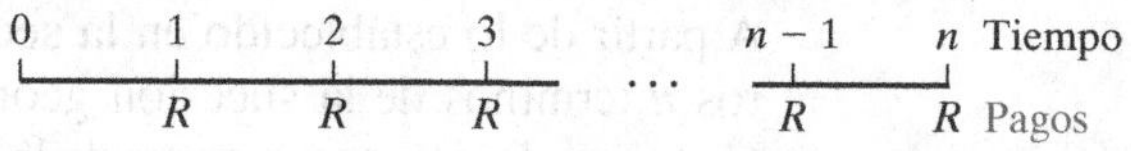

$$\underset{R \quad R \quad R \qquad\qquad R \quad R}{\overline{\begin{array}{ccccccc} 0 & 1 & 2 & 3 & \cdots & n-1 & n \end{array}}} \begin{array}{l} \text{Tiempo} \\ \text{Pagos} \end{array}$$

FIGURA 5.4   Anualidad ordinaria.

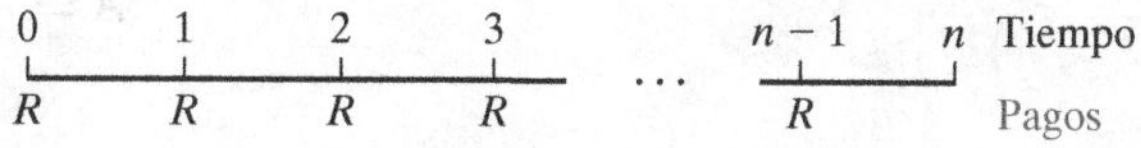

$$\underset{R \quad R \quad R \quad R \qquad\qquad R}{\overline{\begin{array}{ccccccc} 0 & 1 & 2 & 3 & \cdots & n-1 & n \end{array}}} \begin{array}{l} \text{Tiempo} \\ \text{Pagos} \end{array}$$

FIGURA 5.5   Anualidad anticipada.

se ajusta a las matemáticas que se quieren describir aquí, por lo que la definición dada no informa sobre la finalidad de los pagos.

Cuando se trate de anualidades, es conveniente marcar el tiempo en unidades de periodos de pago sobre una línea de tiempo, donde el *ahora*, es decir el presente, sea considerado como 0. La anualidad genérica constará de n pagos, cada uno por un valor R. Con referencia a esa línea de tiempo (vea la figura 5.4), suponga que los n pagos (cada uno por una cantidad R) se producen en los momentos 1, 2, 3, ..., n. En este caso, hablamos de una **anualidad ordinaria**. A menos que se especifique lo contrario, se supone que una anualidad es una anualidad ordinaria. De nuevo con referencia a la línea de tiempo (vea la figura 5.5), suponga ahora que los n pagos iguales se producen en los momentos 0, 1, 2, ..., $n-1$. En este caso, hablamos de una **anualidad anticipada**. Observe que, en cualquier caso, los $n+1$ diferentes tiempos 0, 1, 2, ..., $n-1$, n, definen n intervalos de tiempo consecutivos (cada uno con la longitud del periodo de pago). Puede considerarse que los pagos de una anualidad ordinaria se encuentran al *final* de cada periodo de pago, mientras que los de una anualidad anticipada son al comienzo de cada periodo de pago. Es probable que una sucesión de pagos de alquiler forme una anualidad anticipada porque la mayoría de los arrendadores exigen el alquiler del primer mes cuando menos para el momento en que el inquilino se muda. Por el contrario, la sucesión de los pagos de salarios que el empleador hace a un empleado regular de tiempo completo es probable que forme una anualidad ordinaria porque, generalmente, los salarios se pagan por el trabajo *realizado* en lugar de por el trabajo *previsto*.

De ahora en adelante, suponga que el interés es a una tasa r por periodo de pago. Para cualquier tipo de anualidad, un pago, o monto R, realizado en el momento k, para uno de los momentos 0, 1, 2, ..., $n-1$, n, tiene un valor en el tiempo 0 y un valor en el tiempo n. El valor en el tiempo 0 es el *valor presente* de los pagos hechos en el momento k. En la sección 5.2, se observa que el valor presente del pago en el momento k es $R(1 + r)^{-k}$. El valor en el tiempo n es el *valor futuro* del pago hecho en el momento k. En la sección 5.1, se observa que el valor futuro del pago realizado en el momento k es $R(1 + r)^{n-k}$.

Valor presente de una anualidad

El **valor presente de una anualidad** es la suma de los *valores presentes* de todos los n pagos. Representa el monto que debe invertirse *ahora* para comprar todos los pagos n. Consideremos el caso de una anualidad ordinaria y sea A su valor presente. En el párrafo anterior y en la figura 5.6, se observa que el valor presente está dado por

$$A = R(1 + r)^{-1} + R(1 + r)^{-2} + \cdots + R(1 + r)^{-n}$$

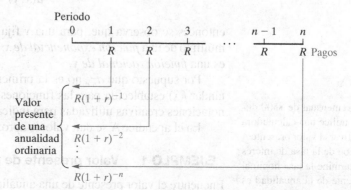

FIGURA 5.6   Valor presente de una anualidad ordinaria.

A partir de lo establecido en la sección 1.6, se reconoce esta suma como la de los primeros n términos de la sucesión geométrica con primer término $R(1 + r)^{-1}$ y razón común $(1 + r)^{-1}$. Por lo que, a partir de la ecuación (16) de la sección 1.6 se obtiene

$$A = \frac{R(1 + r)^{-1}(1 - (1 + r)^{-n})}{1 - (1 + r)^{-1}}$$

$$= \frac{R(1 - (1 + r)^{-n})}{(1 + r)(1 - (1 + r)^{-1})}$$

$$= \frac{R(1 - (1 + r)^{-n})}{(1 + r) - 1}$$

$$= R \cdot \frac{1 - (1 + r)^{-n}}{r}$$

donde la simplificación principal resulta de reemplazar el factor $(1 + r)^{-1}$ en el numerador de la primera línea por $(1 + r)$ en el denominador de la segunda línea.

Valor presente de una anualidad

La fórmula

$$A = R \cdot \frac{1 - (1 + r)^{-n}}{r} \tag{1}$$

da el **valor presente** A de una anualidad ordinaria R por periodo de pago durante n periodos a una tasa de interés de r por periodo.

A la expresión $(1 - (1 + r)^{-n})/r$ en la ecuación (1) se le da una notación un tanto extraña en matemáticas financieras, a saber $a_{\overline{n}|r}$, de modo que se tiene, *por definición*,

$$a_{\overline{n}|r} = \frac{1 - (1 + r)^{-n}}{r}$$

Con esta notación, la ecuación (1) puede escribirse como:

$$A = Ra_{\overline{n}|r} \tag{2}$$

Si dejamos $R = 1$ en la ecuación (2), entonces se observa que $\$a_{\overline{n}|r}$ representa el valor presente de una anualidad de $\$1$ por cada periodo de pago durante n periodos de pago a una tasa de interés de r por periodo de pago. El símbolo $a_{\overline{n}|r}$ se lee en ocasiones como "a ángulo de n en r".

Si se escribe

$$a_{\overline{n}|r} = a(n, r) = \frac{1 - (1 + r)^{-n}}{r}$$

Siempre que un valor deseado de $a_{\overline{n}|r}$ no aparezca en el apéndice A, se usará una calculadora para obtenerlo.

se observa que $a_{\overline{n}|r}$ es sólo una función de dos variables, como las estudiadas en la sección 2.8. De hecho, si se tuviera que escribir

$$a(x, y) = \frac{1 - (1 + y)^{-x}}{y}$$

entonces se observa que, para una y fija, la función señalada es una constante menos un múltiplo de una *función exponencial de x*. Para una x entera positiva fija, la función señalada es una *función racional de y*.

Por supuesto que $a_{\overline{n}|r}$ no es la primera desviación que se hace de la nomenclatura estándar $f(x)$ establecida para las funciones. Ya se ha visto que $\sqrt{x}$, $|x|$, $n!$ y $\log_2 x$ son otras notaciones creativas utilizadas para indicar funciones particulares comunes.

En el apéndice A se dan valores aproximados seleccionados de $a_{\overline{n}|r}$.

APLÍQUELO ▶

5. Dado un pago mensual de $500 durante seis años, utilice una calculadora gráfica para graficar el valor presente A como una función de la tasa de interés mensual, r. Determine la tasa nominal si el valor presente de la anualidad es de $30 000.

EJEMPLO 1   **Valor presente de una anualidad**

Encuentre el valor presente de una anualidad de $100 por mes durante $3\frac{1}{2}$ años a una tasa de interés de 6% compuesto mensualmente.

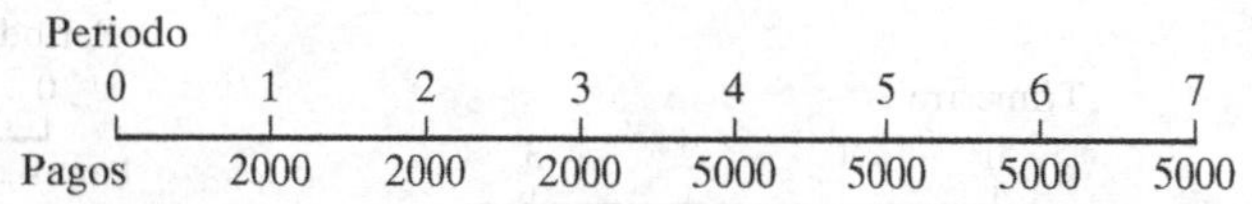

Periodo

FIGURA 5.7   Anualidad del ejemplo 2.

Solución: Al sustituir en la ecuación (2), se establece $R = 100$, $r = 0.06/12 = 0.005$ y $n = \left(3\frac{1}{2}\right)(12) = 42$. Por lo tanto,

$$A = 100a_{\overline{42}|0.005}$$

Del apéndice A, $a_{\overline{42}|0.005} \approx 37.798300$. De modo que,

$$A \approx 100(37.798300) = 3779.83$$

Por lo tanto, el valor presente de la anualidad es \$3779.83.

Ahora resuelva el problema 5 ◁

EJEMPLO 2   Valor presente de una anualidad

Dada una tasa de interés de 5% compuesto anualmente, encuentre el valor presente de una anualidad generalizada de \$2000 que vencen al final de cada año durante tres años y \$5000 pagaderos de ahí en adelante al final de cada año durante cuatro años. (Vea la figura 5.7).

Solución: El valor presente se obtiene sumando los valores presentes de todos los pagos:

$$2000(1.05)^{-1} + 2000(1.05)^{-2} + 2000(1.05)^{-3} + 5000(1.05)^{-4}$$
$$+ 5000(1.05)^{-5} + 5000(1.05)^{-6} + 5000(1.05)^{-7}$$

En lugar de evaluar esta expresión, es posible simplificar el trabajo considerando que los pagos serán una anualidad de \$5000 durante siete años menos una anualidad de \$3000 durante tres años, de modo que los tres primeros pagos serán de \$2000 cada uno. Así, el valor presente es

$$5000a_{\overline{7}|0.05} - 3000a_{\overline{3}|0.05}$$
$$\approx 5000(5.786373) - 3000(2.723248)$$
$$\approx 20\,762.12$$

Ahora resuelva el problema 17 ◁

EJEMPLO 3   Pago periódico de una anualidad

Si se utilizan \$10 000 para comprar una anualidad que consiste en pagos iguales al final de cada año durante los siguientes cuatro años y la tasa de interés es de 6% compuesto anualmente, encuentre el monto de cada pago.

Solución: Aquí $A = \$10\,000$, $n = 4$, $r = 0.06$ y se desea encontrar R. De la ecuación (2), tenemos

$$10\,000 = Ra_{\overline{4}|0.06}$$

Resolviendo para R se obtiene

$$R = \frac{10\,000}{a_{\overline{4}|0.06}} \approx \frac{10\,000}{3.465106} \approx 2885.91$$

En general, la fórmula

$$R = \frac{A}{a_{\overline{n}|r}}$$

da el pago periódico R de una anualidad ordinaria cuyo valor presente es A.

Ahora resuelva el problema 19 ◁

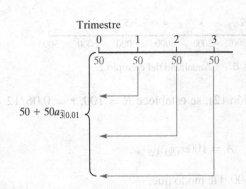

FIGURA 5.8 Anualidad anticipada (valor presente).

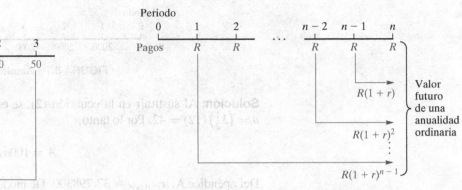

FIGURA 5.9 Valor futuro de una anualidad ordinaria.

APLÍQUELO ▶

8. Un hombre hace pagos de su casa por $1200 al inicio de cada mes. Si esta persona desea liquidar por anticipado un año de pagos, ¿cuánto deberá pagar dado que la tasa de interés es de 6.8% compuesto mensualmente?

Un ejemplo de una situación que involucra una anualidad anticipada es la renta de un departamento para el que el primer pago se hace de manera inmediata.

EJEMPLO 4 **Anualidad anticipada**

Las primas sobre una póliza de seguros son de $50 por trimestre, pagaderos al inicio de cada trimestre. Si el asegurado desea pagar 1 año de primas por adelantado, ¿cuánto debe pagar suponiendo que la tasa de interés es de 4% compuesto trimestralmente?

Solución: Se desea saber el valor presente de una anualidad de $50 por periodo durante cuatro periodos a una tasa de 1% por periodo. Sin embargo, cada pago se realiza al *inicio* de un periodo de pago, de tal modo que se tenga una anualidad anticipada. La anualidad dada puede pensarse como un pago inicial de $50 seguido por una anualidad ordinaria de $50 durante tres periodos. (Vea la figura 5.8). Por lo tanto, el valor presente es

$$50 + 50a_{\overline{3}|0.01} \approx 50 + 50(2.940985) \approx 197.05$$

Se destaca que la fórmula general para el **valor presente de una anualidad anticipada** es $A = R + Ra_{\overline{n-1}|r}$; esto es

$$A = R(1 + a_{\overline{n-1}|r})$$

Ahora resuelva el problema 9 ◁

Valor futuro de una anualidad

El **valor futuro de una anualidad** es la suma de los *valores futuros* de todos los n pagos. Consideremos el caso de una anualidad ordinaria y sea S su valor futuro. Por las consideraciones anteriores y la figura 5.9, se observa que el valor futuro está dado por

$$S = R + R(1 + r) + R(1 + r)^2 + \cdots + R(1 + r)^{n-1}$$

Nuevamente, a partir de la sección 1.6, esto se reconoce como la suma de los primeros n términos de una sucesión geométrica con R como primer término y la razón común $1 + r$. Por lo tanto, utilizando la ecuación (16) de la sección 1.6, se obtiene

$$S = \frac{R(1 - (1 + r)^n)}{1 - (1 + r)} = R \cdot \frac{1 - (1 + r)^n}{-r} = R \cdot \frac{(1 + r)^n - 1}{r}$$

Valor futuro de una anualidad

La fórmula

$$S = R \cdot \frac{(1 + r)^n - 1}{r} \tag{3}$$

da el **valor futuro** S de una anualidad ordinaria de R (dinero) por periodo de pago durante n periodos a una tasa de interés r por periodo.

La expresión $((1 + r)^n - 1)/r$ se escribe $s_{\overline{n}|r}$ para tener, *por definición*,

$$s_{\overline{n}|r} = \frac{(1 + r)^n - 1}{r}$$

y en el apéndice A se dan algunos valores aproximados de $s_{\overline{n}|r}$. Por lo tanto,

$$S = Rs_{\overline{n}|r} \qquad (4)$$

Se deduce que $\$s_{\overline{n}|r}$ es el monto de una anualidad ordinaria de \$1 por periodo de pago, durante n periodos, a una tasa de interés r por periodo. Igual que $a_{\overline{n}|r}$, $s_{\overline{n}|r}$ también es una función de dos variables.

APLÍQUELO ▶

9. Suponga que usted invierte en un fondo IRA (fondos de retiro) depositando \$2000 al final de cada año fiscal durante los siguientes 15 años. Si la tasa de interés es de 5.7% compuesto anualmente, ¿cuánto tendrá al final de los 15 años?

EJEMPLO 5   Valor futuro de una anualidad

Encuentre el valor futuro de una anualidad que consiste en pagos de \$50 al final de cada tres meses durante tres años a la tasa de 6% compuesto trimestralmente. Además, encuentre el interés compuesto.

Solución: Para encontrar el monto de la anualidad se utiliza la ecuación (4) con $R = 50$, $n = 4(3) = 12$ y $r = 0.06/4 = 0.015$:

$$S = 50s_{\overline{12}|0.015} \approx 50(13.041211) \approx 652.06$$

El interés compuesto es la diferencia entre el monto de la anualidad y la suma de los pagos, a saber,

$$652.06 - 12(50) = 652.06 - 600 = 52.06$$

Ahora resuelva el problema 11 ◁

APLÍQUELO ▶

10. Suponga que usted invierte en un fondo IRA depositando \$2000 al inicio de cada año fiscal durante cada uno de los siguientes 15 años. Si la tasa de interés es de 5.7% compuesto anualmente, ¿cuánto tendrá al final de los 15 años?

EJEMPLO 6   Valor futuro de una anualidad anticipada

Al inicio de cada trimestre, se depositan \$50 en una cuenta de ahorros que paga 6% compuesto trimestralmente. Determine el saldo en la cuenta al final de tres años.

Solución: Como los depósitos se hacen al inicio de un periodo de pago, se desea saber el monto de una *anualidad anticipada* como se definió en el ejemplo 4. (Vea la figura 5.10). La anualidad dada puede pensarse como una anualidad ordinaria de \$50 durante 13 periodos menos el pago final de \$50. Por lo tanto, el monto es

$$50s_{\overline{13}|0.015} - 50 \approx 50(14.236830) - 50 \approx 661.84$$

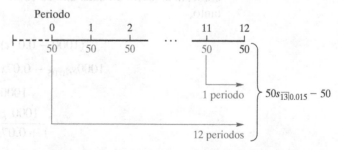

FIGURA 5.10   Valor futuro de una anualidad anticipada.

La fórmula para el **valor futuro de una anualidad anticipada** es $S = Rs_{\overline{n+1}|r} - R$, que es

$$S = R(s_{\overline{n+1}|r} - 1)$$

Ahora resuelva el problema 15 ◁

Fondo de amortización

Los ejemplos finales involucran la noción de *fondo de amortización*.

EJEMPLO 7 **Fondo de amortización**

Un **fondo de amortización** es un fondo al cual se le hacen pagos periódicos para satisfacer una obligación futura. Suponga que una máquina que cuesta $7000 será reemplazada al final de ocho años, tiempo en el cual tendrá un valor de salvamento de $700. Con el fin de disponer de dinero en ese momento para comprar una nueva máquina con el mismo costo, se establece un fondo de amortización. La cantidad depositada en el fondo en ese momento será la diferencia entre el costo de reemplazo y el valor de salvamento. Si se colocan pagos iguales al final de cada trimestre y el fondo gana 8% compuesto trimestralmente, ¿de cuánto debe ser cada pago?

Solución: La cantidad necesaria después de ocho años es $7000 - 700 = \$6300$. Sea R el pago trimestral. Los pagos al fondo de amortización forman una anualidad con $n = 4(8) = 32$, $r = 0.08/4 = 0.02$ y $S = 6300$. Por lo tanto, de la ecuación (4) se tiene

$$6300 = Rs_{\overline{32}|0.02}$$

$$R = \frac{6300}{s_{\overline{32}|0.02}} \approx \frac{6300}{44.227030} \approx 142.45$$

En general, la fórmula

$$R = \frac{S}{s_{\overline{n}|r}}$$

proporciona el pago periódico R de una anualidad que debe ascender a S.

Ahora resuelva el problema 23 ◁

EJEMPLO 8 **Fondo de amortización**

Una compañía arrendadora estima que si compra una máquina, ésta rendirá una ganancia neta anual de $1000 durante seis años, después de los cuales la máquina quedará sin valor. ¿Cuánto debe pagar la compañía por la máquina si quiere ganar 7% anualmente sobre su inversión y también establecer un fondo de amortización para reemplazar el precio de compra? Para el fondo, suponga pagos anuales y una tasa de 5% compuesto anualmente.

Solución: Sea x el precio de compra. Cada año el rendimiento sobre la inversión es de $0.07x$. Como la máquina da una ganancia de $1000 anuales, la cantidad restante que se colocará en el fondo cada año es $1000 - 0.07x$. Estos pagos deben acumularse a x. Por lo tanto,

$$(1000 - 0.07x)s_{\overline{6}|0.05} = x$$

$$1000s_{\overline{6}|0.05} - 0.07xs_{\overline{6}|0.05} = x$$

$$1000s_{\overline{6}|0.05} = x(1 + 0.07s_{\overline{6}|0.05})$$

$$\frac{1000s_{\overline{6}|0.05}}{1 + 0.07s_{\overline{6}|0.05}} = x$$

$$x \approx \frac{1000(6.801913)}{1 + 0.07(6.801913)}$$

$$\approx 4607.92$$

Otra manera de enfocar el problema es como sigue: cada año los $1000 deben proporcionar un rendimiento de $0.07x$ y también un pago de $\dfrac{x}{s_{\overline{6}|0.05}}$ al fondo de amortización.

Así que se tiene $1000 = 0.07x + \dfrac{x}{s_{\overline{6}|0.05}}$, que al resolverse da el mismo resultado.

Ahora resuelva el problema 25 ◁

PROBLEMAS 5.4

En los problemas del 1 al 4, utilice el apéndice A y encuentre el valor de la expresión dada.

1. $a_{\overline{35}|0.04}$ **2.** $a_{\overline{15}|0.07}$ **3.** $s_{\overline{8}|0.0075}$ **4.** $s_{\overline{12}|0.0125}$

En los problemas del 5 al 8, encuentre el valor presente de la anualidad (ordinaria) dada.

5. $600 por año durante seis años a la tasa de 6% compuesto anualmente.

6. $1000 cada seis meses durante cuatro años a la tasa de 10% compuesto semestralmente.

7. $2000 por trimestre durante $4\frac{1}{2}$ años a la tasa de 8% compuesto cada trimestre.

8. $1500 por mes durante 15 meses a la tasa de 9% compuesto mensualmente.

En los problemas 9 y 10, determine el valor presente de la anualidad anticipada dada.

9. $900 pagaderos al inicio de cada seis meses durante siete años a la tasa de 8% compuesto semestralmente.

10. $150 pagaderos al inicio de cada mes durante cinco años a la tasa de 7% compuesto mensualmente.

En los problemas del 11 al 14, determine el valor futuro de la anualidad (ordinaria) dada.

11. $2000 por mes durante tres años a la tasa de 15% compuesto mensualmente.

12. $600 por trimestre durante cuatro años a la tasa de 8% compuesto trimestralmente.

13. $5000 por año durante 20 años a la tasa de 7% compuesto anualmente.

14. $2500 cada mes durante cuatro años a la tasa de 6% compuesto mensualmente.

En los problemas 15 y 16, encuentre el valor futuro de la anualidad anticipada dada.

15. $1200 cada año durante 12 años a la tasa de 8% compuesto anualmente.

16. $600 cada trimestre durante $7\frac{1}{2}$ años a la tasa de 10% compuesto trimestralmente.

17. Para una tasa de interés de 4% compuesto mensualmente, encuentre el valor presente de una anualidad de $150 al final de cada mes durante ocho meses y de $175 de ahí en adelante al final de cada mes durante dos años.

18. Arrendamiento de espacio para oficinas Una compañía desea arrendar temporalmente un espacio para oficinas durante un periodo de seis meses. El pago de la renta es de $1500 mensuales por adelantado. Suponga que la compañía quiere realizar un pago total, al inicio del periodo de renta, para cubrir la renta de los seis meses. Si el valor del dinero es de 9% compuesto mensualmente, ¿de cuánto debe ser el pago?

19. Una anualidad que consiste en pagos iguales al final de cada trimestre durante tres años será comprada por $15 000. Si la tasa de interés es de 4% compuesto trimestralmente, ¿de cuánto es cada pago?

20. Compra de equipo Una máquina se compra por $3000 de enganche y pagos de $250 al final de cada seis meses durante seis

años. Si el interés es de 8% compuesto semestralmente, encuentre el precio total de contado de la máquina.

21. Suponga que se colocan $50 en una cuenta de ahorros al final de cada mes durante cuatro años. Si no se hacen depósitos posteriores, (a) ¿cuánto habrá en la cuenta después de seis años?, (b) ¿cuánto de esto es interés compuesto? Suponga que la cuenta de ahorros paga 6% compuesto mensualmente.

22. Opciones de liquidación de seguro El beneficiario de una póliza de seguro tiene la opción de recibir un pago global de $275 000 o 10 pagos anuales iguales, donde el primer pago se da de inmediato. Si el interés es de 3.5% compuesto anualmente, encuentre el monto de los pagos anuales.

23. Fondo de amortización En 10 años, una máquina de $40 000 tendrá un valor de salvamento de $4000. Se espera que en ese momento una máquina nueva cueste $52 000. Con el fin de disponer de fondos para cubrir la diferencia entre el costo de reemplazo y el valor de salvamento, se establece un fondo de amortización en el que se colocan pagos iguales al final de cada año. Si el fondo gana 7% compuesto anualmente, ¿de cuánto debe ser el pago?

24. Fondo de amortización Una compañía papelera está considerando la compra de un bosque que se estima puede dar una ganancia anual de $60 000 durante ocho años, después de lo cual no tendrá valor. La compañía desea tener un rendimiento de 6% sobre su inversión y también establecer un fondo de amortización para reemplazar el precio de compra. Si el dinero se coloca en el fondo al final de cada año y gana 6% compuesto anualmente, encuentre el precio que la compañía deberá pagar por el bosque. Redondee su respuesta a la centena más cercana.

25. Fondo de amortización Con el propósito de reemplazar una máquina en el futuro, cierta compañía está depositando pagos iguales en un fondo de amortización al final de cada año de modo que después de 10 años el monto del fondo sea de $25 000. El fondo gana 6% compuesto anualmente. Después de seis años, la tasa de interés aumenta de manera que el fondo paga 7% compuesto anualmente. A causa de la alta tasa de interés, la compañía disminuye la cantidad de los pagos restantes. Encuentre el monto de los nuevos pagos. Redondee su respuesta al entero más cercano.

26. A pide prestada a B la cantidad de $5000 y acuerda pagarle $1000 al final de cada año durante cinco años y un pago al final del sexto año. ¿De cuánto debe ser el último pago si el interés es de 8% compuesto anualmente?

En los problemas del 27 al 35, utilice las fórmulas siguientes.

$$a_{\overline{n}|r} = \frac{1 - (1+r)^{-n}}{r}$$

$$s_{\overline{n}|r} = \frac{(1+r)^n - 1}{r}$$

$$R = \frac{A}{a_{\overline{n}|r}} = \frac{Ar}{1 - (1+r)^{-n}}$$

$$R = \frac{S}{s_{\overline{n}|r}} = \frac{Sr}{(1+r)^n - 1}$$

27. Encuentre $s_{\overline{60}|0.017}$ con cinco decimales.

28. Encuentre $a_{\overline{9}|0.052}$ con cinco decimales.

29. Encuentre $250a_{\overline{180}|0.0235}$ con dos decimales.

30. Encuentre $1000s_{\overline{120}|0.01}$ con dos decimales.

31. En una cuenta de ahorros se depositarán pagos iguales al final de cada trimestre durante cinco años de modo que al final de ese tiempo haya $3000. Si el interés es al $5\frac{1}{2}\%$ compuesto trimestralmente, encuentre el pago trimestral.

32. Beneficios de seguros Suponga que los beneficios de un seguro de $25 000 se usan para comprar una anualidad de pagos iguales al final de cada mes durante cinco años. Si el interés es a la tasa de 10% compuesto mensualmente, encuentre el monto de cada pago.

33. Lotería Mary Jones ganó una lotería estatal por $4 000 000 y recibirá un cheque por $200 000 ahora y uno similar cada año durante los siguientes 19 años. Para garantizar estos 20 pagos, la Comisión Estatal de Loterías compró una anualidad anticipada a la tasa de interés de 10% compuesto anualmente. ¿Cuánto le costó la anualidad a la Comisión?

34. Opciones de plan de pensión Suponga que un empleado se jubila y puede elegir entre dos opciones de beneficios de acuerdo con el plan de pensiones de su compañía. La opción A consiste en un pago garantizado de $2100 al final de cada mes durante 20 años. De manera alternativa, con la opción B el empleado recibe un solo pago que es igual al valor presente de los pagos descritos en la opción A.
(a) Encuentre la suma de los pagos de la opción A.
(b) Encuentre el pago total de la opción B usando una tasa de interés de 6% compuesto mensualmente. Redondee su respuesta al entero más cercano.

35. Inicio temprano de las inversiones Una agente de seguros ofrece servicios a quienes están preocupados acerca de su plan financiero personal para el retiro. Con el fin de enfatizar las ventajas

de un comienzo temprano de las inversiones, ella destaca que una persona de 25 años que ahorre $2000 anuales durante 10 años (y no haga más contribuciones después de la edad de 34 años) ganará más que si espera 10 años para ahorrar $2000 anuales desde la edad de 35 años hasta su jubilación, a los 65 (un total de 30 contribuciones). Encuentre la utilidad neta (monto acumulado menos la contribución total) a la edad de 65 años para ambas situaciones. Suponga una tasa anual efectiva de 7% y que los depósitos se realizan al inicio de cada año. Redondee las respuestas al entero más cercano.

36. Anualidad continua Una anualidad en la que se paga R (cantidad de dinero) cada año mediante pagos uniformes que son pagables continuamente se llama *anualidad continua*. El valor presente de una anualidad continua para t años es

$$R \cdot \frac{1 - e^{-rt}}{r}$$

donde r es la tasa de interés anual compuesta continuamente. Encuentre el valor presente de una anualidad continua de $100 al año durante 20 años al 5% compuesto continuamente.

37. Utilidad Suponga que un negocio tiene una utilidad anual de $40 000 para los próximos cinco años y que las utilidades se generan continuamente a lo largo de cada año. Entonces puede pensarse en las utilidades como en una anualidad continua. (Vea el problema 36). Si el valor del dinero es de 4% compuesto continuamente, encuentre el valor presente de las utilidades.

Objetivo

Aprender cómo amortizar un préstamo y establecer un programa de amortización.

5.5 Amortización de préstamos

Suponga que un banco hace un préstamo por $1500 y cobra un interés a la tasa nominal de 12% compuesto mensualmente. Los $1500 y el interés se liquidarán en pagos iguales, R, al final de cada mes durante tres meses. Podría decirse que al pagar al prestatario $1500, el banco está comprando una anualidad de tres pagos R cada uno. Usando la fórmula del ejemplo 3 de la sección anterior, se encuentra que el pago mensual R está dado por

$$R = \frac{A}{a_{\overline{n}|r}} = \frac{1500}{a_{\overline{3}|0.01}} \approx \frac{1500}{2.940985} \approx \$510.0332$$

Se redondeará el pago a $510.03, que puede resultar en un pago final ligeramente mayor. Sin embargo, no es raro que un banco redondee *hacia arriba* al centavo más cercano, en cuyo caso el pago final puede ser menor que los otros pagos.

El banco puede considerar cada pago como si consistiera en dos partes: (1) interés sobre el saldo insoluto y (2) el pago de parte del préstamo. Esto se llama **amortización**. Un préstamo es **amortizado** cuando una parte de cada pago se utiliza para pagar el interés y la parte restante para reducir el saldo insoluto. Como cada pago reduce el saldo insoluto, la parte del interés de un pago disminuye conforme el tiempo avanza. Ahora se analizará el préstamo descrito anteriormente.

Al final del primer mes el deudor paga $510.03. El interés sobre el saldo insoluto es 0.01($1500) = $15. El saldo del pago, $510.03 − $15 = $495.03, se aplica entonces para reducir el adeudo. De aquí, el saldo insoluto es $1500 − $495.03 = $1004.97. Al final del segundo mes, el interés será de 0.01($1004.97) ≈ $10.05. Por lo tanto, la cantidad del préstamo saldada será $510.03 − $10.05 = $499.98 y el saldo insoluto será de $1004.97 − $499.98 = $504.99. El interés a pagar al final del tercer mes será de 0.01($504.99) ≈ $5.05, de modo que el monto del préstamo saldado es $510.03 − $5.05 = $504.98. Esto dejaría un saldo de 504.99 − 504.98 = $0.01, de modo que el último pago será de $510.04 y la deuda estará saldada. Como se dijo antes, el pago final se ajusta para compensar los errores de redondeo. El análisis de cómo se maneja cada pago del préstamo puede darse en

Muchos estados de cuenta anuales de una hipoteca se emiten en la forma de una tabla de amortización.

un cuadro llamado **tabla de amortización**. (Vea la tabla 5.1). El interés total pagado es de $30.10, al cual con frecuencia se le llama **cargo financiero**.

Tabla 5.1 Tabla de amortización

Periodo	Saldo insoluto al inicio del periodo	Interés para el periodo	Pago al final del periodo	Capital pagado al final del periodo
1	$1500	$15	$510.03	$495.03
2	1004.97	10.05	510.03	499.98
3	504.99	5.05	510.04	504.99
Total		30.10	1530.10	1500.00

Cuando se está amortizando un préstamo, al inicio de cualquier periodo el principal adeudado es el valor presente de los pagos restantes. Usando este hecho junto con el desarrollo previo estudiado en este capítulo, se obtuvieron las fórmulas de la tabla 5.2 que describen la amortización de un préstamo, A, a una tasa de r por periodo mediante n pagos iguales, R, cada uno y que se hacen al final de cada periodo. En particular, note que la fórmula 1 para el pago periódico R involucra $a_{\overline{n}|r}$ el cual, como recordará, está definido como $(1 - (1 + r)^{-n})/r$.

Tabla 5.2 Fórmulas de amortización

1. Pago periódico: $R = \dfrac{A}{a_{\overline{n}|r}} = A \cdot \dfrac{r}{1 - (1 + r)^{-n}}$

2. Saldo insoluto al inicio del k-ésimo periodo:

$$Ra_{\overline{n-k+1}|r} = R \cdot \frac{1 - (1 + r)^{-n+k-1}}{r}$$

3. Interés en el k-ésimo pago: $Rra_{\overline{n-k+1}|r}$

4. Capital contenido en el k-ésimo pago: $R(1 - ra_{\overline{n-k+1}|r})$

5. Interés total pagado: $R(n - a_{\overline{n}|r}) = nR - A$

EJEMPLO 1   **Amortización de un préstamo**

Una persona amortiza un préstamo de $170 000 para una casa nueva por medio de una hipoteca a 20 años y a una tasa de 7.5% compuesto mensualmente. Encuentre (a) el pago mensual, (b) los cargos totales por intereses y (c) el capital restante después de cinco años.

Solución:

a. El número de periodos de pago es $n = 12(20) = 240$, la tasa de interés por periodo es $r = 0.075/12 = 0.00625$ y $A = 170\,000$. Con base en la fórmula 1 de la tabla 5.2, el pago mensual R es $170\,000/a_{\overline{240}|0.00625}$. Como $a_{\overline{240}|0.00625}$ no está en el apéndice A, se utiliza la siguiente fórmula equivalente y una calculadora:

$$R = 170\,000 \left(\frac{0.00625}{1 - (1.00625)^{-240}} \right)$$

$$\approx 1369.51$$

b. Con base en la fórmula 5, los cargos totales por interés son

$$240(1369.51) - 170\,000 = 328\,682.40 - 170\,000$$

$$= 158\,682.40$$

Esto es casi tanto como el propio préstamo.

c. Después de cinco años es el inicio del periodo 61. Por medio de la fórmula 2 con $n - k + 1 = 240 - 61 + 1 = 180$, se encuentra que el capital restante es

$$1369.51 \left(\frac{1 - (1.00625)^{-180}}{0.00625} \right) \approx 147\,733.74$$

Ahora resuelva el problema 1 ◁

En cierto tiempo, un tipo muy común de pago de un préstamo involucraba el "método aditivo" para determinar el cargo financiero. Con este método, el cargo financiero se encontraba aplicando una tasa anual de interés simple (esto es, no compuesto) al monto del préstamo. El cargo se añadía entonces al capital y ese total se dividía entre el número de *meses* del préstamo para determinar el pago mensual. En préstamos de este tipo, el deudor no puede darse cuenta de inmediato que la tasa anual verdadera es mucho mayor que la tasa nominal, como lo muestra el siguiente ejemplo con tecnología.

TECNOLOGÍA ▌▌▌▐▐

Problema: Se toma un préstamo de $1000 durante un año a una tasa de 9% de interés bajo el método aditivo. Estime la tasa de interés verdadera si se supone una capitalización mensual.

Solución: Como se emplea el método aditivo, los pagos se harán cada mes. El cargo financiero para $1000 al 9% de interés simple durante un año es $0.09(1000) = 90. Sumando esto al monto del préstamo se obtiene $1000 + 90 = 1090. Por lo tanto, el pago mensual es de $1090/12 \approx 90.83. Así, se tiene un préstamo de $1000 con 12 pagos iguales de $90.83. A partir de la fórmula 1 dada en la tabla 5.2 se tiene,

$$R = \frac{A}{a_{\overline{n}|r}}$$

$$\frac{1090}{12} = \frac{1000}{a_{\overline{12}|r}}$$

$$a_{\overline{12}|r} = \frac{1000(12)}{1090} \approx 11.009174$$

Ahora se resolverá $a_{\overline{12}|r} = 11.009174$ para la tasa mensual r. Se tiene

$$\frac{1 - (1+r)^{-12}}{r} = 11.009174$$

Graficando

$$Y_1 = (1 - (1 + X) \wedge -12)/X$$
$$Y_2 = 11.009174$$

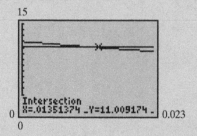

FIGURA 5.11 Solución de $a_{\overline{12}|r} = 11.009174$.

y encontrando la intersección (vea la figura 5.11) se obtiene

$$r \approx 0.01351374$$

que corresponde a una tasa anual de

$$12(0.01351374) \approx 0.1622 = 16.22\%$$

Así, la tasa anual verdadera es de 16.22%. Las regulaciones federales en Estados Unidos, concernientes a la Ley de Veracidad en los Préstamos, virtualmente han convertido en obsoleto el método aditivo.

La fórmula de anualidad

$$A = R \cdot \frac{1 - (1+r)^{-n}}{r}$$

no puede resolverse para r en una forma cerrada y simple, es por eso que el ejemplo anterior se presenta como un ejemplo de tecnología. Por otra parte, la resolución de la fórmula de anualidad para n con el propósito de obtener el número de periodos de un préstamo es un asunto sencillo. Se tiene

$$\frac{Ar}{R} = 1 - (1+r)^{-n}$$

$$(1+r)^{-n} = 1 - \frac{Ar}{R} = \frac{R - Ar}{R}$$

$$-n\ln(1+r) = \ln(R - Ar) - \ln(R) \qquad \text{tomando logaritmos de ambos lados}$$

$$n = -\frac{\ln(R - Ar) - \ln(R)}{\ln(1 + r)}$$

de donde se obtiene

$$n = \frac{\ln(R) - \ln(R - Ar)}{\ln(1 + r)} \qquad (1)$$

EJEMPLO 2   **Periodos de un préstamo**

Muhammar Smith compró recientemente una computadora por $1500 y acordó pagarla en abonos mensuales de $75. Si el almacén cobra un interés de 12% compuesto cada mes, ¿cuántos meses le tomará a Smith saldar la deuda?

Solución: De la ecuación (1),

$$n = \frac{\ln(75) - \ln(75 - 1500(0.01))}{\ln(1.01)} \approx 22.4$$

Por lo tanto, Smith necesitará 23 meses para pagar el crédito (con un pago final menor que $75).

Ahora resuelva el problema 11 ◁

PROBLEMAS 5.5

1. Una persona pide prestados $9000 a un banco y acuerda liquidarlos en pagos iguales al final de cada mes durante tres años. Si el interés es de 13.2% compuesto mensualmente, ¿de cuánto será cada pago?

2. Una persona desea pedir un préstamo a tres años y puede realizar pagos de $50 al final de cada mes. Si el interés es de 12% compuesto mensualmente, ¿cuánto puede pedir prestado esta persona?

3. Cargo financiero   Determine el cargo financiero sobre un préstamo automotriz a 36 meses de $8000 con pagos mensuales si el interés es a la tasa de 4% compuesto mensualmente.

4. Para un préstamo a un año de $500 a una tasa de 15% compuesto mensualmente, encuentre (a) el pago mensual y (b) el cargo financiero.

5. Préstamo automotriz   Una persona está amortizando un préstamo automotriz de $7500 a 36 meses con interés a la tasa de 4% compuesto mensualmente. Encuentre (a) el pago mensual, (b) el interés en el primer mes y (c) el capital saldado con el primer pago.

6. Préstamos para bienes inmuebles   Una persona está amortizando un préstamo de $65 000 a 48 meses para el terreno de una casa. Si la tasa de interés es de 7.2% compuesto mensualmente, encuentre (a) el pago mensual, (b) el interés en el primer pago y (c) el capital saldado en el primer pago.

En los problemas del 7 al 10, construya tablas de amortización para las deudas indicadas. Ajuste los pagos finales si es necesario.

7. $5000 saldados en cuatro pagos anuales iguales con interés de 7% compuesto anualmente.

8. $9000 saldados en ocho pagos semestrales iguales con interés del 9.5% compuesto semestralmente.

9. $900 saldados en cinco pagos trimestrales iguales con interés de 10% compuesto trimestralmente

10. $10 000 saldados en cinco pagos mensuales iguales con interés de 9% compuesto mensualmente.

11. Un préstamo de $1300 se va a saldar en pagos trimestrales de $110. Si el interés es de 6% compuesto trimestralmente, ¿cuántos pagos *completos* se realizarán?

12. Un préstamo de $2000 se va a amortizar en 48 meses a una tasa de interés de 12% compuesto mensualmente. Encuentre
(a) el pago mensual;
(b) el saldo insoluto al inicio del mes 36;
(c) el interés en el pago número 36;
(d) el capital en el pago número 36;
(e) el interés total pagado.

13. Una deuda de $18 000 se va a saldar en 15 pagos semestrales iguales, con el primer pago dentro de seis meses. La tasa de interés es de 7% compuesto semestralmente. Sin embargo, después de dos años la tasa de interés aumentará al 8% compuesto semestralmente. Si la deuda debe pagarse en la fecha que se acordó originalmente, encuentre el nuevo pago anual. Dé su respuesta aproximada al entero más cercano.

14. Una persona pide prestados $2000 y los liquidará en pagos iguales al final de cada mes durante cinco años. Si el interés es de 16.8% compuesto mensualmente, ¿de cuánto será cada pago?

15. Hipoteca   Una hipoteca de $245 000 a 25 años para una nueva casa se obtiene a la tasa de 9.2% compuesto mensualmente. Determine (a) el pago mensual, (b) el interés en el primer pago, (c) el capital liquidado en el primer pago y (d) el cargo financiero.

16. Préstamo automotriz   Un préstamo automotriz de $23 500 será amortizado en 60 meses a una tasa de interés de 7.2% compuesto mensualmente. Encuentre, (a) el pago mensual y (b) el cargo financiero.

17. Préstamo para muebles   Una persona compra muebles por $2000 y acepta pagar este monto en pagos mensuales de $100. Si el interés aplicado es de 18% compuesto mensualmente, ¿cuántos pagos *completos* habrá?

18. Encuentre el pago mensual de un préstamo a cinco años por $9500 si el interés es de 9.24% compuesto mensualmente.

19. Hipoteca Bob y Mary Rodgers quieren comprar una casa nueva y creen que pueden cumplir con pagos hipotecarios de $600 mensuales. Ellos son capaces de obtener una hipoteca a 30 años a una tasa de 7.6% (compuesto mensualmente), pero deben hacer un pago inicial de 25% del costo de la casa. Suponiendo que tienen ahorros suficientes para el pago inicial, ¿qué tan cara es la casa que pueden pagar? Dé su respuesta aproximada al entero más cercano.

20. Hipoteca Suponga que tiene que elegir entre tomar una hipoteca de $240 000 al 6%, compuesto mensualmente, ya sea a 15 o a 25 años. ¿Cuánto se ahorraría en el cargo financiero si eligiera la hipoteca a 15 años?

21. En un préstamo de $45 000 a cuatro años, ¿cuánto se ahorraría en cada pago mensual si la tasa fuera de 8.4% compuesta mensualmente en lugar de 9.6% compuesta cada mes?

22. Préstamo para casa El gobierno federal tiene un programa para ayudar a los propietarios de casa con bajos ingresos en áreas urbanas. Este programa permite que ciertos propietarios calificados obtengan préstamos a bajos intereses para mejorar su propiedad. Cada préstamo se procesa por medio de un banco comercial. El banco realiza préstamos para mejoras de casas a una tasa anual del $9\frac{1}{4}$% compuesto mensualmente. Sin embargo, el gobierno subsidia al banco, de modo que el préstamo a los propietarios es a la tasa anual de 4% compuesto mensualmente. Si el pago mensual a la tasa de 4% es por x cantidad (x es el pago mensual del propietario) y el pago mensual a la tasa mensual de $9\frac{1}{4}$% es por y cantidad (y es el pago mensual que el banco debe recibir), entonces cada mes el gobierno completa la diferencia $y - x$ al banco. Desde un punto de vista práctico, el gobierno no quiere molestarse con los pagos *mensuales*. En lugar de eso, al inicio del préstamo paga el valor presente de tales diferencias a la tasa anual de $9\frac{1}{4}$% compuesto mensualmente.

Si un propietario de casa calificado obtiene un préstamo de $5000 a cinco años, determine el pago que el gobierno hace al banco al inicio del préstamo.

Objetivo

Introducir la noción de perpetuidad y los límites simples de sucesiones.

5.6 Perpetuidades

Perpetuidades

En esta sección se examinará brevemente la posibilidad de tener una sucesión *infinita* de pagos. De igual modo que en la sección 5.4, se medirá el tiempo en periodos de pago a partir de *ahora* —es decir, en el tiempo 0— y se considerarán pagos, cada uno por la cantidad R, en los tiempos 1, 2, …, k, …. La última secuencia de puntos indica que los pagos deben continuar indefinidamente. Esto puede visualizarse en una línea de tiempo como la de la figura 5.12. A una sucesión infinita de pagos como ésta se le llama **perpetuidad**.

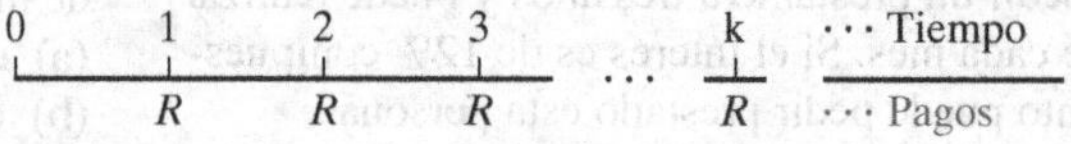

FIGURA 5.12 Perpetuidad.

Dado que no hay un último pago, no tiene sentido considerar el valor futuro de una sucesión infinita de pagos. Sin embargo, si la tasa de interés por periodo de pago es r, se sabe que el *valor presente* de los pagos en el tiempo k es $R(1 + r)^{-k}$. Si se desea atribuir un valor presente a toda la perpetuidad, es posible guiarse por esta observación y por la figura 5.13 para definirlo como

$$A = R(1+r)^{-1} + R(1+r)^{-2} + R(1+r)^{-3} + \cdots + R(1+r)^{-k} + \cdots$$

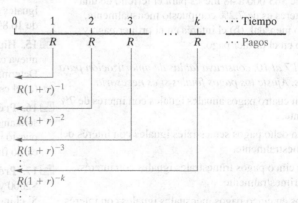

FIGURA 5.13 Valor presente de una perpetuidad.

Con el beneficio de la sección 1.6, se reconoce esta suma como la de una sucesión geométrica infinita con primer término $R(1 + r)^{-1}$ y razón común $(1 + r)^{-1}$. La ecuación (17) de la sección 1.6 da

$$A = \sum_{k=1}^{\infty} R(1 + r)^{-k} = \frac{R(1 + r)^{-1}}{1 - (1 + r)^{-1}} = \frac{R}{r}$$

siempre que $|(1 + r)^{-1}| < 1$. Si la tasa r es positiva, entonces $1 < 1 + r$ de manera que $0 < (1 + r)^{-1} = \dfrac{1}{1 + r} < 1$ y la condición se satisface.[1]

En términos prácticos, esto significa que si una cantidad R/r se invierte en el momento 0 en una cuenta que devenga intereses a la tasa de r por periodo de pago, entonces R puede retirarse en los tiempos $1, 2, \ldots, k, \ldots$ de manera indefinida. Es fácil ver que esto tiene sentido porque si R/r se invierte en el tiempo 0, entonces en el tiempo 1 vale (R/r) $(1 + r) = R/r + R$. Si, en el momento 1, se retira R, entonces se conserva $R/r + R - R = R/r$ y este proceso puede continuar indefinidamente, de manera que en cualquier momento k, el monto después del k-ésimo retiro sigue siendo R/r. En otras palabras, el retiro R es tal que sólo consume los intereses devengados desde el último retiro y el principal se mantiene intacto. Los fondos de amortización bien administrados funcionan de esta manera. La cantidad retirada cada año para financiar una beca, por ejemplo, no debe exceder la cantidad que se gana en intereses durante el año anterior.

EJEMPLO 1   Valor presente de una perpetuidad

La Universidad Dalhousie quiere establecer una beca por valor de $15 000 que se otorgará al estudiante de primer año de administración que alcance la calificación más alta en MATH 1115, Matemáticas Comerciales. La adjudicación se hará cada año y el vicepresidente de finanzas considera que, en el futuro previsible, la universidad será capaz de ganar al menos 2% anual sobre las inversiones. ¿Cuál es el capital necesario para garantizar la viabilidad de la beca?

Solución: La universidad necesita financiar una perpetuidad con pagos $R = 15\ 000$ y tasa de interés anual $r = 0.02$. De esto se desprende que es necesario un total de $15\ 000/0.02 = \$750\ 000$.

Ahora resuelva el problema 5 ◁

Límites

Una suma infinita, como $\sum_{k=1}^{\infty} R(1 + r)^{-k}$, que se ha planteado aquí, deriva su significado a partir de las sumas parciales *finitas* asociadas. Aquí, la enésima suma parcial es $\sum_{k=1}^{n} R(1 + r)^{-k}$, la cual se reconoce como $Ra_{\overline{n}|r}$, el valor presente de la anualidad que consiste en n pagos iguales de R a una tasa de interés r por periodo de pago.

Sea $(c_k)_{k=1}^{\infty}$ una sucesión infinita como en la sección 1.6. Se dice que la sucesión tiene **límite** L y se escribe

$$\lim_{k \to \infty} c_k = L$$

si *es posible acercar los valores c_k tanto como se desee a L tomando una k lo suficientemente grande*. La ecuación puede leerse como "el límite de c_k cuando k tiende a infinito es igual a L". Es posible que una sucesión no tenga límite, pero puede tener (o marcarse) como máximo un límite de manera que sea posible hablar de "el límite".

Ya se tiene un ejemplo importante de este concepto. En la sección 4.1 se definió el número e como el número real más pequeño que es mayor que todos los números reales $e_n = \left(\dfrac{n + 1}{n}\right)^n$ para cualquier entero positivo n. De hecho, también se tiene

$$\lim_{n \to \infty} e_n = e$$

[1] La condición también se cumple para $r < -2$.

Una sucesión infinita general $(c_k)_{k=1}^{\infty}$ determina una nueva sucesión $(s_n)_{n=1}^{\infty}$, donde $s_n = \displaystyle\sum_{k=1}^{n} c_k$. Se define

$$\sum_{k=1}^{\infty} c_k = \lim_{n \to \infty} s_n = \lim_{n \to \infty} \sum_{k=1}^{n} c_k$$

Esto concuerda con lo que se ha dicho acerca de la suma de una sucesión geométrica infinita, en la sección 1.6, y es importante darse cuenta de que las cantidades que surgen de los valores presentes de las anualidades y perpetuidades son sólo casos especiales de las sumas de sucesiones geométricas.

Sin embargo, debe hacerse una observación simple mediante la combinación de algunas de las igualdades de esta sección:

$$\frac{R}{r} = \sum_{k=1}^{\infty} R(1+r)^{-k} = \lim_{n \to \infty} \sum_{k=1}^{n} R(1+r)^{-k} = \lim_{n \to \infty} Ra_{\overline{n}|r}$$

y, tomando $R = 1$, se obtiene

$$\lim_{n \to \infty} a_{\overline{n}|r} = \frac{1}{r}$$

Esta observación puede verificarse de manera directa. En la ecuación de definición

$$a_{\overline{n}|r} = \frac{1 - (1+r)^{-n}}{r}$$

sólo $(1+r)^{-n} = 1/(1+r)^n$ depende de n. Debido a que $1 + r > 1$, es posible hacer los valores de $(1+r)^n$ tan grandes como se desee tomando una n lo suficientemente grande. De ello se deduce que los valores $1/(1+r)^n$ pueden hacerse tan cercanos a 0 como se desee tomando una n lo suficientemente grande. De aquí resulta que, en la definición de $a_{\overline{n}|r}$, es posible hacer que el numerador sea tan cercano a 1 como se desee tomando una n lo suficientemente grande y, por lo tanto, toda la fracción se puede hacer tan cercana a $1/r$ como se desee tomando una n lo suficientemente grande.

EJEMPLO 2 Límite de una sucesión

Encuentre $\displaystyle\lim_{n \to \infty} \frac{2n^2 + 1}{3n^2 - 5}$.

Solución: Primero se reescribe la fracción $2n^2 + 1/3n^2 - 5$.

$$\lim_{n \to \infty} \frac{2n^2 + 1}{3n^2 - 5} = \lim_{n \to \infty} \frac{\dfrac{2n^2 + 1}{n^2}}{\dfrac{3n^2 - 5}{n^2}}$$

$$= \lim_{n \to \infty} \frac{\dfrac{2n^2}{n^2} + \dfrac{1}{n^2}}{\dfrac{3n^2}{n^2} - \dfrac{5}{n^2}}$$

$$= \lim_{n \to \infty} \frac{2 + \dfrac{1}{n^2}}{3 - \dfrac{5}{n^2}}$$

Hasta aquí sólo se ha utilizado la notación de "límite". Ahora se observa que debido a que es posible hacer los valores de n^2 tan grandes como se desee, tomando una n lo suficientemente grande, $1/n^2$ y $5/n^2$ pueden hacerse tan cercanos a 0 como se desee tomando una n lo suficientemente grande. De ello resulta que es posible hacer que el numerador de la fracción principal sea tan cercano a 2 como se desee y que el denominador de la fracción principal sea tan cercano a 3 como se desee tomando una n lo suficientemente grande.

En forma simbólica,

$$\lim_{n\to\infty} \frac{2n^2+1}{3n^2-5} = \lim_{n\to\infty} \frac{2+\dfrac{1}{n^2}}{3-\dfrac{5}{n^2}} = \frac{2}{3}$$

Ahora resuelva el problema 7 ◁

PROBLEMAS 5.6

En los problemas del 1 al 4, encuentre el valor presente de la perpetuidad dada.

1. $60 por mes a una tasa de 1.5% mensual.

2. $5000 por mes a una tasa de 0.5% mensual.

3. $60 000 por año a una tasa de 8% anual.

4. $4000 por año a una tasa de 10% anual.

5. **Financiamiento de un premio**   La Sociedad de Comercio quiere otorgar un premio anual de $120 al estudiante que haya exhibido mayor espíritu de clase. La Sociedad confía en que puede invertir indefinidamente a una tasa de interés de al menos 2.5% anual. ¿Cuánto necesita invertir la Sociedad de Comercio en el financiamiento de su premio?

6. **Planeación para el retiro**   Mediante 10 pagos anuales que iniciarían dentro de un año, Pierre quisiera poner en una cuenta de retiro suficiente dinero para que, transcurridos 11 años a partir

de ahora, pueda retirar $30 000 anuales hasta su muerte. Pierre está convencido de que su dinero puede ganar 8% anual durante los próximos 10 años, pero supone que sólo será capaz de obtener 5% anual después de eso. (a) ¿Cuánto debe pagar Pierre cada año durante los primeros 10 años con el fin de hacer los retiros planeados? (b) El testamento de Pierre dice que, después de su muerte, el dinero que quede en su cuenta de retiro deberá donarse al Departamento de Matemáticas de Princeton. Si muere inmediatamente después de recibir su decimoséptimo pago, ¿cuánto heredará el Departamento de Matemáticas de Princeton?

En los problemas del 7 al 10, encuentre el límite.

7. $\displaystyle\lim_{n\to\infty} \frac{n^2+3n-6}{n^2+4}$

8. $\displaystyle\lim_{n\to\infty} \frac{n+5}{3n^2+2n-7}$

9. $\displaystyle\lim_{k\to\infty} \left(\frac{k+1}{k}\right)^{2k}$

10. $\displaystyle\lim_{n\to\infty} \left(\frac{n}{n+1}\right)^{n}$

Repaso del capítulo 5

Términos y símbolos importantes

Ejemplos

Resumen

El concepto de interés compuesto es una parte fundamental de cualquier estudio que trate con el valor del dinero en el tiempo —esto es, el valor presente del dinero que será pagado en el futuro o el valor futuro del dinero invertido en el presente—. A una tasa de interés compuesto, el interés se convierte en capital y genera interés. Las fórmulas básicas de interés compuesto son:

$$S = P(1+r)^{n} \qquad \text{valor futuro}$$
$$P = S(1+r)^{-n} \qquad \text{valor presente}$$

donde S = monto compuesto (valor futuro)

P = capital (valor presente)

r = tasa periódica

n = número de periodos de interés.

Las tasas de interés, por lo general, se expresan como una tasa anual llamada tasa nominal. La tasa periódica se obtiene dividiendo la tasa nominal entre el número de periodos de capitalización por año. La tasa efectiva es la tasa de interés simple anual, que es equivalente a la tasa nominal de r capitalizada n veces durante un año y está dada por

$$r_e = \left(1 + \frac{r}{n}\right)^n - 1 \qquad \text{tasa efectiva}$$

Las tasas efectivas se emplean para comparar diferentes tasas de interés.

Si el interés se compone continuamente, entonces

$$S = Pe^{rt} \qquad \text{valor futuro}$$
$$P = Se^{-rt} \qquad \text{valor presente}$$

donde $S =$ monto compuesto (valor futuro)

$P =$ capital (valor presente)

$r =$ tasa anual

$t =$ número de años

y la tasa efectiva está dada por

$$r_e = e^r - 1 \qquad \text{tasa efectiva}$$

Una anualidad es una sucesión de pagos realizados en periodos fijos durante cierto tiempo. La base matemática para las fórmulas que tratan con anualidades es la noción de suma de una sucesión geométrica —esto es,

$$s = \sum_{i=0}^{n-1} ar^i = \frac{a(1 - r^n)}{1 - r} \qquad \begin{array}{l}\text{suma de una sucesión} \\ \text{geométrica}\end{array}$$

donde $s =$ suma,

$a =$ primer término

$r =$ razón común

$n =$ número de términos

Una anualidad ordinaria es aquella en la que cada pago se realiza al *final* del periodo de pago, mientras que una anualidad anticipada es cuando el pago se realiza al *inicio* del periodo de pago. Las fórmulas básicas que involucran anualidades ordinarias son

$$A = R \cdot \frac{1 - (1 + r)^{-n}}{r} = Ra_{\overline{n}|r} \qquad \text{valor presente}$$
$$S = R \cdot \frac{(1 + r)^n - 1}{r} = Rs_{\overline{n}|r} \qquad \text{valor futuro}$$

donde $A =$ valor presente de la anualidad

$S =$ monto de la anualidad (valor futuro)

$R =$ monto de cada pago

$n =$ número de periodos de pago

$r =$ tasa periódica

Para una anualidad anticipada, las fórmulas correspondientes son

$$A = R(1 + a_{\overline{n-1}|r}) \qquad \text{valor presente}$$
$$S = R(s_{\overline{n+1}|r} - 1) \qquad \text{valor futuro}$$

Un préstamo, tal como una hipoteca, se amortiza cuando parte de cada pago se utiliza para pagar el interés y la parte restante se aplica para reducir el capital. Un análisis completo de cada pago se presenta en una tabla de amortización. Las fórmulas siguientes tratan sobre la amortización de un préstamo A, a la tasa periódica r, por medio de n pagos iguales R de manera que el pago se realice al final de cada periodo.

Pago periódico:

$$R = \frac{A}{a_{\overline{n}|r}} = A \cdot \frac{r}{1 - (1 + r)^{-n}}$$

Saldo insoluto al inicio del k-ésimo periodo:

$$Ra_{\overline{n-k+1}|r} = R \cdot \frac{1 - (1 + r)^{-n+k-1}}{r}$$

Interés en el k-ésimo pago:

$$Rra_{\overline{n-k+1}|r}$$

Capital contenido en el k-ésimo pago:

$$R(1 - ra_{\overline{n-k+1}|r})$$

Interés total pagado:

$$R(n - a_{\overline{n}|r}) = nR - A$$

Una perpetuidad es una sucesión infinita de pagos efectuados en periodos fijos. La base matemática de la fórmula para calcular una perpetuidad es la noción de suma de una sucesión geométrica infinita —esto es,

$$s = \sum_{i=0}^{\infty} ar^i = \frac{a}{1 - r} \qquad \begin{array}{l}\text{suma de una sucesión geométrica} \\ \text{infinita}\end{array}$$

donde $s =$ suma

$a =$ primer término

$r =$ razón común con $|r| < 1$

La fórmula básica de las perpetuidades es

$$A = \frac{R}{r} \qquad \text{valor presente}$$

donde $A =$ valor presente de la perpetuidad

$R =$ monto de cada pago

$r =$ tasa periódica

Una suma infinita se define como el límite de la sucesión de sumas parciales.

Problemas de repaso

1. Encuentre el número de periodos de capitalización necesarios para que un capital se duplique cuando la tasa de interés es r por periodo.

2. Encuentre la tasa efectiva que corresponde a una tasa nominal de 5% compuesto mensualmente.

3. Un inversionista tiene que elegir entre invertir una suma de dinero al 8.5% compuesto anualmente o bien al 8.2% compuesto semestralmente. ¿Cuál es la mejor opción?

4. Flujos de efectivo Determine el valor presente de los flujos de efectivo siguientes que pueden comprarse por medio de una inversión inicial de $7000:

Año	Flujo de efectivo
2	$3400
4	3500

Suponga que el interés es de 7% compuesto semestralmente.

5. Una deuda de $1500 pagaderos dentro de cinco años y $2000 pagaderos dentro de siete años se saldará mediante un pago de $2000 ahora y un segundo pago dentro de tres años. ¿De cuánto debe ser el segundo pago si el interés es de 3% compuesto anualmente?

6. Determine el valor presente de una anualidad de $250 al final de cada mes durante cuatro años si el interés es de 6% compuesto mensualmente.

7. Para una anualidad de $200 al final de cada seis meses durante $6\frac{1}{2}$ años, determine (a) el valor presente y (b) el valor futuro a una tasa de interés de 8% compuesto semestralmente.

8. Encuentre el monto de una anualidad anticipada que consiste en 13 pagos anuales de $150 si la tasa de interés es de 4% compuesto anualmente.

9. Suponga que inicialmente se depositan $200 en una cuenta de ahorros y $200 se depositan al final de cada mes durante el siguiente año. Si el interés es de 8% compuesto mensualmente, ¿cuánto habrá en la cuenta al final del año?

10. Una cuenta de ahorros paga interés a la tasa de 2% compuesto semestralmente. ¿Qué cantidad debe depositarse ahora de modo que puedan retirarse $350 al final de cada seis meses durante los siguientes 15 años?

11. Fondo de amortización Una compañía pide prestados $5000 sobre los cuales pagará al final de cada año la tasa anual de 11%. Además, se establece un fondo de amortización de modo que los $5000 puedan pagarse al final de cinco años. Al final de cada año, se colocan pagos iguales en el fondo, el cual genera intereses a la tasa efectiva de 6%. Encuentre el pago anual realizado en el fondo de amortización.

12. Préstamo para un automóvil Un deudor debe amortizar un préstamo automotriz de $7000 por medio de pagos iguales al final de cada mes durante 36 meses. Si el interés es al 4% compuesto mensualmente, determine (a) el monto de cada pago y (b) el cargo financiero.

13. Una persona tiene deudas por $500 pagaderos en tres años con interés de 5% compuesto anualmente y de $500 pagaderos en cuatro años con interés de 6% compuesto semestralmente. El deudor quiere liquidar estas deudas mediante dos pagos: el primer pago ahora y el segundo, que será el doble del primero, al final del tercer año. Si el dinero tiene un valor de 7% compuesto anualmente, ¿de cuánto es el primer pago?

14. Construya una tabla de amortización para un préstamo de $3500 que se saldará por medio de tres pagos mensuales con interés al 16.5% compuesto mensualmente.

15. Construya una tabla de amortización para un préstamo de $15 000 que se saldará por medio de cinco pagos mensuales con interés de 9% compuesto mensualmente.

16. Encuentre el valor presente de una anualidad ordinaria de $460 cada mes durante nueve años a la tasa de 6% compuesto mensualmente.

17. Préstamo para un automóvil Determine el cargo financiero para un préstamo de $11 000 a 48 meses, para la compra de un automóvil, con pagos mensuales a la tasa de 5.5% compuesto mensualmente.

◯ EXPLORE Y AMPLÍE **Bonos del tesoro**

En Estados Unidos, el tipo de inversión más seguro y sencillo está en las emisiones de valores del tesoro. Éstos pagan rendimientos fijos en un plan predeterminado que puede extenderse a periodos tan breves como tres meses o tan largos como treinta años. La fecha de terminación se denomina fecha de maduración.

Aunque los bonos del tesoro inicialmente los vende el gobierno, se comercian en el mercado abierto. Como los precios son libres de subir o bajar, las tasas de rendimiento de estos valores pueden cambiar con el tiempo. Por ejemplo, considere una letra del tesoro pagadera en seis meses, o *T-bill*, que tiene un valor nominal de $10 000 y se compra en la fecha de emisión por $9832.84. Las *T-bill* no pagan intereses antes de la fecha de maduración, pero entonces el gobierno las redime por el monto de su valor nominal. Esta letra o *T-bill*, si se conserva durante los seis meses, pagará $\frac{10\,000}{9832.84} \approx 101.7\%$ de la inversión original por una tasa de retorno efectiva anual de $1.017^2 - 1 \approx 3.429\%$. Sin embargo, si la misma letra se vende a la mitad del plazo en $9913.75, el nuevo propietario adquiere un posible rendimiento anualizado de $\left(\frac{10,000}{9913.75}\right)^4 - 1 \approx 3.526\%$ en los tres meses restantes.

Igual que las *T-bill*, los pagarés y bonos del tesoro se redimen a su valor nominal en la fecha de maduración. Además, los pagarés y bonos pagan interés dos veces al año de acuerdo con una tasa nominal fija.[2] Un pagaré a siete años por $20 000 y pagos de 6.5% paga $0.065(20\,000) = \$1300$ cada seis me-

---

[2] En este contexto, *tasa nominal* no se refiere a la tasa con porcentaje anual. La primera es constante, mientras que la última cambia junto con el rendimiento.

ses. Al final de siete años, el tenedor recibe el pago del interés final más el valor nominal para obtener un total de $21 300.

Matemáticamente, es más fácil calcular el valor presente de un pagaré o de un bono con un rendimiento supuesto que encontrar el rendimiento dado de un valor presente supuesto (o precio). Los pagarés y los bonos sólo difieren en los tiempos de maduración: de uno a 10 años para los pagarés y de 10 a 30 años para los bonos. Cada pagaré o bono es garantía de una suma en una fecha futura más una anualidad hasta entonces. Por lo tanto, el valor presente de un pagaré o bono es la suma del valor presente de la cantidad futura que se recibirá y el valor presente de la anualidad. Se supondrá que los pagarés y bonos se evalúan en los tiempos en que el siguiente pago de interés es exactamente en seis meses; de esa manera es posible utilizar la fórmula dada en la sección 5.4 para el valor presente de una anualidad.

Con capitalización semestral, un rendimiento anual de r corresponde a un pago de interés de $\sqrt{1+r}-1$ cada seis meses. Haciendo la sustitución adecuada en las fórmulas de las secciones 5.2 y 5.4, se obtiene la fórmula general siguiente para el valor presente de un pagaré o bono del tesoro.

$$P = S(1+\sqrt{1+r}-1)^{-2n} + R \cdot \frac{1-(1+\sqrt{1+r}-1)^{-2n}}{\sqrt{1+r}-1}$$

que se simplifica como,

$$P = S(1+r)^{-n} + R \cdot \frac{1-(1+r)^{-n}}{\sqrt{1+r}-1}$$

donde S es el valor nominal, r es la tasa de rendimiento anual supuesta y n es el número de años necesarios para la maduración (de modo que $2n$ es el número de periodos de seis meses). R es el monto del pago semestral de interés, esto es, S veces la mitad de la tasa nominal del bono (por ejemplo, $R = 0.03S$ para un bono de 6%).

Dado que es posible tratar una letra del tesoro como un pagaré a corto plazo con tasa nominal de 0%, esta fórmula cubre también aquellas *T-bill* en las cuales no hay componente de anualidad.

Para ilustrar esto, si se está buscando una tasa efectiva de 7.4% sobre una nueva emisión de letras del tesoro de $30 000 a un año (para la cual $R = 0$), se debe estar dispuesto a pagar

$$30\,000(1.074)^{-1} \approx \$27\,932.96.$$

Pero si se está buscando una tasa efectiva de 7.4% sobre un bono de $30 000 al 5.5% que le restan 17 años para la maduración (aquí $R = 0.0275 \cdot 30\,000 = 825$), se debe estar dispuesto a pagar sólo

$$30\,000(1.074)^{-17} + 825 \cdot \frac{1-(1.074)^{-17}}{\sqrt{1.074}-1} \approx 24\,870.66$$

Por supuesto, puede suceder que las expectativas de rendimiento no sean reales y que ningún bono esté a la venta en el precio que se calculó. En ese caso, podría ser necesario ver en los precios de mercado y considerar si es posible aceptar los rendimientos correspondientes. Pero, ¿cómo se encuentra la tasa efectiva de rendimiento r de un valor a partir de su pre-cio de mercado? Para las letras del tesoro, el segundo término del lado derecho de la fórmula de valor presente se elimina y puede despejarse a r de la fórmula simplificada para obtener

$$r = \left(\frac{S}{P}\right)^{1/n} - 1$$

Los cálculos para letras del tesoro a tres y seis meses utilizan $n = \frac{1}{4}$ y $n = \frac{1}{2}$ (por ejemplo, tal como hicimos en los cálculos del segundo párrafo de esta sección de Explore y amplíe).

Por otro lado, el cálculo de la tasa efectiva de rendimiento de un pagaré o un bono incluye resolver las ecuaciones completas del valor presente para r en términos de S, P y n —y esto no se puede realizar algebraicamente—. Sin embargo, puede hacerse por medio de una calculadora gráfica. Se establece Y_1 igual al lado izquierdo de la ecuación, Y_2 igual al lado derecho y se determina dónde son iguales Y_1 y Y_2. Por ejemplo, suponga que un bono de $26 000 al 6.8% se vende en $26 617.50 a 11 años de su maduración. Cada uno de los 22 pagos de interés ascenderá a $R = 0.034(26\,000) = \$884$. Para encontrar la tasa efectiva, se hace

$$Y_1 = 26\,617.50$$

y

$$Y_2 = 26\,000(1+X)^\wedge - 11$$

$$+ 884(1 - (1+X)^\wedge - 11)/(\sqrt{(1+X)}-1)$$

Después, se construye la gráfica de Y_1 y Y_2 y se encuentra dónde se intersecan las dos gráficas (figura 5.14).

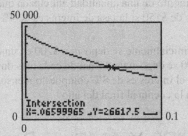

FIGURA 5.14 Determinación de la tasa efectiva.

Las gráficas se intersecan en X $\approx$ 0.0660, lo cual significa que la tasa efectiva es de 6.6 por ciento.

La gráfica que describe las tasas efectivas actuales de los valores del tesoro como función del tiempo de maduración se denomina *curva de rendimiento*. Los economistas mantienen una observación diaria sobre esta curva; usted puede monitorearla por sí mismo en Internet. De manera típica, la curva de rendimiento es parecida a la que se muestra en la figura 5.15 (en la que el eje horizontal del tiempo se ha escalado).

Usted puede ver que entre mayor es el tiempo para la maduración, el rendimiento es también mayor. La explicación usual para este patrón es que tener invertido dinero en una inversión a largo plazo significa que se pierde la flexibilidad a corto plazo de la liquidez. Para atraer a los compradores, por lo general, los rendimientos de los valores a largo plazo deben ser ligeramente superiores que los rendimientos de los valores a plazos más cortos.

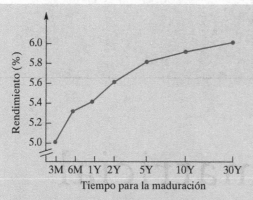

FIGURA 5.15   Curva de rendimiento típica.

Problemas

1. Encuentre el valor presente de un bono de $25 000 a 25 años y 8.5%, suponiendo una tasa efectiva anual de 8.25 por ciento.

2. Encuentre el rendimiento de un pagaré de $10 000 al 6.5%, el cual se vende en $10 389 cuando faltan siete años para su maduración.

3. A finales de diciembre de 2000, la curva de rendimiento para los valores del tesoro tenía la forma atípica que se muestra en la figura 5.16.

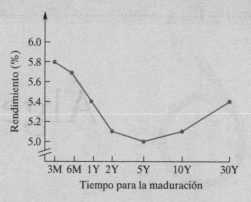

FIGURA 5.16   Curva de rendimiento atípica.

Las letras del tesoro estaban ganando rendimientos más altos que los pagarés a cinco años, lo cual es opuesto a lo que podría esperarse. ¿Cómo podrían explicar las expectativas del inversionista las posibles ganancias futuras de esta curva de rendimiento?

6

Álgebra matricial

Las matrices, el tema de este capítulo, son simplemente arreglos de números. Las matrices y el álgebra matricial tienen una aplicación potencial siempre que la información numérica pueda acomodarse de manera significativa en bloques rectangulares.

Un área de aplicación del álgebra matricial son las gráficas por computadora. En un sistema de coordenadas, un objeto puede representarse utilizando una matriz que contenga las coordenadas de cada vértice o esquina. Por ejemplo, podría configurarse un esquema de conexión por puntos en el que el rayo mostrado en la gráfica esté representado mediante la matriz incluida a su derecha.

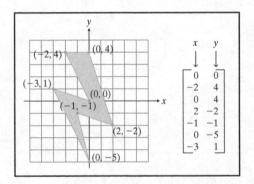

Las gráficas trazadas por computadora con frecuencia muestran objetos que giran en el espacio. De manera computacional, la rotación se realiza por medio de una multiplicación de matrices. El rayo gira 52 grados en el sentido de las manecillas del reloj alrededor del origen por multiplicación de matrices, lo cual implica una matriz cuyas entradas son las funciones t_{11}, t_{12}, t_{21} y t_{22}[1] del ángulo de rotación:

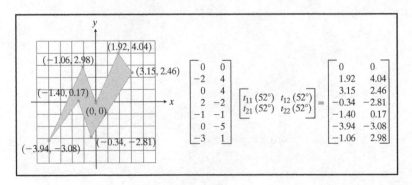

[1] En realidad, $t_{11} = t_{22}$ y $t_{12} = -t_{21}$, pero no se pretende entrar en detalles.

6.1 Matrices

En matemáticas y economía, la determinación de formas útiles para describir muchas situaciones conduce al estudio de arreglos rectangulares de números. Por ejemplo, considere el sistema de ecuaciones lineales

$$\begin{cases} 3x + 4y + 3z = 0 \\ 2x + \ y - \ z = 0 \\ 9x - 6y + 2z = 0 \end{cases}$$

Si la notación está organizada y se mantienen las x en la primera columna, las y en la segunda columna, etc., entonces lo que caracteriza a este sistema son los coeficientes numéricos involucrados en las ecuaciones, junto con sus posiciones relativas. Por esta razón, el sistema puede describirse mediante los arreglos rectangulares

$$\begin{bmatrix} 3 & 4 & 3 \\ 2 & 1 & -1 \\ 9 & -6 & 2 \end{bmatrix} \quad y \quad \begin{bmatrix} 0 \\ 0 \\ 0 \end{bmatrix}$$

uno para cada *lado* de las ecuaciones; a cada arreglo se le denomina *matriz* (en plural: *matrices*). Tales arreglos rectangulares se consideran objetos en sí mismos; se acostumbra encerrarlos entre corchetes, aunque también es común que se utilicen paréntesis. En la representación simbólica de matrices se usarán letras mayúsculas como A, B, C, etcétera.

En economía, a menudo resulta conveniente utilizar matrices en la formulación de problemas y para desplegar datos. Por ejemplo, un fabricante que manufactura los productos X, Y y Z podría representar las unidades de mano de obra y material involucradas en una semana de producción de estos artículos, como se muestra en la tabla 6.1. De manera más sencilla, estos datos pueden representarse por medio de la matriz

Tabla 6.1

	Producto		
	X	Y	Z
Mano de obra	10	12	16
Material	5	9	7

$$A = \begin{bmatrix} 10 & 12 & 16 \\ 5 & 9 & 7 \end{bmatrix}$$

Los renglones horizontales de una matriz se numeran en forma consecutiva de arriba hacia abajo y las columnas verticales se numeran de manera consecutiva de izquierda a derecha. Para la matriz A anterior, se tiene

$$\begin{array}{c} \text{columna 1} \quad \text{columna 2} \quad \text{columna 3} \\ \begin{array}{c} \text{renglón 1} \\ \text{renglón 2} \end{array} \begin{bmatrix} 10 & 12 & 16 \\ 5 & 9 & 7 \end{bmatrix} = A \end{array}$$

Como A tiene dos renglones y tres columnas, se dice que A tiene *tamaño* 2×3 (se lee "2 por 3") o que A *es* de 2×3, donde el número de renglones se especifica primero. De manera similar, las matrices

$$B = \begin{bmatrix} 1 & 6 & -2 \\ 5 & 1 & -4 \\ -3 & 5 & 0 \end{bmatrix} \quad y \quad C = \begin{bmatrix} 1 & 2 \\ -3 & 4 \\ 5 & 6 \\ 7 & -8 \end{bmatrix}$$

tienen tamaño 3×3 y 4×2, respectivamente.

Los números presentes en una matriz se conocen como sus **entradas**. Para denotar las entradas de una matriz A de tamaño 2×3, se utiliza el nombre de la matriz, con *subíndices dobles* para indicar *posición*, en forma consistente con las convenciones anteriores:

$$\begin{bmatrix} A_{11} & A_{12} & A_{13} \\ A_{21} & A_{22} & A_{23} \end{bmatrix}$$

Para la entrada A_{12} (se lee "A sub uno-dos" o sólo "A uno-dos"), el primer subíndice, 1, especifica el renglón y el segundo, 2, la columna en que aparece la entrada. De manera similar, la entrada A_{23} (se lee "A dos-tres") es la que se encuentra en el segundo renglón y la tercera columna. En general, se dice que el símbolo A_{ij} denota la entrada que aparece en el renglón i y en la columna j. De hecho, una matriz A es una función de dos variables con $A(i, j) = A_{ij}$. Si A es una función $m \times n$, se escribe $\bar{m}$ para el conjunto $\{1, 2, \dots m\}$. Entonces el dominio de A es de $\bar{m} \times \bar{n}$, el conjunto de todos los pares ordenados (i, j) con i en $\bar{m}$ y j en $\bar{n}$, mientras que el rango es un subconjunto del conjunto de los números reales $(-\infty, \infty)$.

La atención en este capítulo se concentra en la manipulación y aplicación de varios tipos de matrices. Para completar la exposición, enseguida se da una definición formal de matriz.

Definición

Un arreglo rectangular de números A que consiste en m renglones y n columnas como el siguiente,

$$\begin{bmatrix} A_{11} & A_{12} & \cdots & A_{1n} \\ A_{21} & A_{22} & \cdots & A_{2n} \\ \cdot & \cdot & \cdots & \cdot \\ \cdot & \cdot & \cdots & \cdot \\ \cdot & \cdot & \cdots & \cdot \\ A_{m1} & A_{m2} & \cdots & A_{mn} \end{bmatrix}$$

se conoce como una ***matriz*** de $m \times n$ y $m \times n$ es el ***tamaño*** de A. Para la entrada A_{ij}, el subíndice del renglón es i y el subíndice de la columna es j.

El número de entradas en una matriz de $m \times n$ es mn. Por brevedad, una matriz de $m \times n$ puede denotarse por el símbolo $[A_{ij}]_{m \times n}$ o, de manera más simple, como $[A_{ij}]$, cuando el tamaño se entiende a partir del contexto.

Una matriz que tiene exactamente un renglón, como la matriz de 1×4

$$A = [1 \quad 7 \quad 12 \quad 3]$$

se llama **vector renglón**. Una matriz que consiste en una sola columna, como la matriz de 5×1

$$\begin{bmatrix} 1 \\ -2 \\ 15 \\ 9 \\ 16 \end{bmatrix}$$

se llama **vector columna**. Observe que una matriz es 1×1 si y sólo si es al mismo tiempo un vector renglón y un vector columna. Es seguro tratar a las matrices 1×1 como simples números. En otras palabras, puede escribirse $[7] = 7$ y, de manera más general, $[a] = a$, para cualquier número real a.

EJEMPLO 1   Tamaño de una matriz

a. La matriz $[1 \quad 2 \quad 0]$ tiene tamaño 1×3.

b. La matriz $\begin{bmatrix} 1 & -6 \\ 5 & 1 \\ 9 & 4 \end{bmatrix}$ tiene tamaño 3×2.

c. La matriz $[7]$ tiene tamaño 1×1.

d. La matriz $\begin{bmatrix} 1 & 3 & 7 & -2 & 4 \\ 9 & 11 & 5 & 6 & 8 \\ 6 & -2 & -1 & 1 & 1 \end{bmatrix}$ tiene tamaño 3×5 y $(3)(5) = 15$ entradas.

Ahora resuelva el problema 1a ◁

EJEMPLO 2   Construcción de matrices

a. Construya una matriz columna A de tres entradas tal que a $A_{21} = 6$ y $A_{i1} = 0$ en los demás casos.

Solución: Como $A_{11} = A_{31} = 0$, la matriz es

$$A = \begin{bmatrix} 0 \\ 6 \\ 0 \end{bmatrix}$$

b. Si $[A_{ij}]$ es de 3×4 y $A_{ij} = i + j$, encuentre A.

Solución: Aquí $i = 1, 2, 3$ y $j = 1, 2, 3, 4$, y A tiene $(3)(4) = 12$ entradas. Como $A_{ij} = i + j$, la entrada del renglón i y la columna j se obtiene sumando los números i y j. Entonces, $A_{11} = 1 + 1 = 2$, $A_{12} = 1 + 2 = 3$, $A_{13} = 1 + 3 = 4$, etc. Por lo tanto,

$$A = \begin{bmatrix} 1+1 & 1+2 & 1+3 & 1+4 \\ 2+1 & 2+2 & 2+3 & 2+4 \\ 3+1 & 3+2 & 3+3 & 3+4 \end{bmatrix} = \begin{bmatrix} 2 & 3 & 4 & 5 \\ 3 & 4 & 5 & 6 \\ 4 & 5 & 6 & 7 \end{bmatrix}$$

c. Construya la matriz I de 3×3, dado que $I_{11} = I_{22} = I_{33} = 1$ e $I_{ij} = 0$ en los demás casos.

Solución: La matriz está dada por:

$$I = \begin{bmatrix} 1 & 0 & 0 \\ 0 & 1 & 0 \\ 0 & 0 & 1 \end{bmatrix}$$

Ahora resuelva el problema 11 ◁

Igualdad de matrices

Ahora se define lo que significa decir que dos matrices son *iguales*.

> **Definición**
>
> Las matrices A y B son *iguales* si y sólo si tienen el mismo tamaño y $A_{ij} = B_{ij}$ para cada i y cada j (esto es, las entradas correspondientes son iguales).

Por lo tanto,

$$\begin{bmatrix} 1+1 & \frac{2}{2} \\ 2 \cdot 3 & 0 \end{bmatrix} = \begin{bmatrix} 2 & 1 \\ 6 & 0 \end{bmatrix}$$

pero

$$[1 \quad 1] \neq \begin{bmatrix} 1 \\ 1 \end{bmatrix} \quad \text{y} \quad [1 \quad 1] \neq [1 \quad 1 \quad 1] \qquad \text{diferentes tamaños}$$

Una ecuación matricial puede definir un sistema de ecuaciones. Por ejemplo, suponga que

$$\begin{bmatrix} x & y+1 \\ 2z & 5w \end{bmatrix} = \begin{bmatrix} 2 & 7 \\ 4 & 2 \end{bmatrix}$$

Al igualar las entradas correspondientes, se debe tener

$$\begin{cases} x = 2 \\ y + 1 = 7 \\ 2z = 4 \\ 5w = 2 \end{cases}$$

Al resolver se obtiene $x = 2$, $y = 6$, $z = 2$ y $w = \frac{2}{5}$.

Transpuesta de una matriz

Si A es una matriz, la matriz que se forma a partir de A mediante el intercambio de sus renglones con sus columnas se conoce como *transpuesta* de A.

Definición

La **transpuesta** de una matriz A de $m \times n$, denotada como A^T, es la matriz de $n \times m$ cuyo i-ésimo renglón es la i-ésima columna de A.

EJEMPLO 3   **Transpuesta de una matriz**

Si $A = \begin{bmatrix} 1 & 2 & 3 \\ 4 & 5 & 6 \end{bmatrix}$, encuentre A^T.

Solución: La matriz A es de 2×3, de modo que A^T es de 3×2. La columna 1 de A se convierte en el renglón 1 de A^T, la columna 2 se convierte en el renglón 2 y la columna 3 se convierte en el renglón 3. Por lo tanto,

$$A^T = \begin{bmatrix} 1 & 4 \\ 2 & 5 \\ 3 & 6 \end{bmatrix}$$

Ahora resuelva el problema 19 ◁

Observe que las columnas de A^T son los renglones de A. Asimismo, si se toma la transpuesta de esta respuesta, se obtendrá la matriz original A. Esto es, la operación transpuesta tiene la propiedad de que

$$(A^T)^T = A$$

Matrices especiales

Cierto tipo de matrices desempeñan funciones importantes en la teoría de matrices. Ahora se considerarán algunos de estos tipos especiales.

Una matriz de $m \times n$ cuyas entradas son todas iguales a 0 se conoce como **matriz cero** de $m \times n$ y se denota por $0_{m \times n}$ o, de manera más simple, por 0 si se sobreentiende su tamaño. Así, la matriz cero de 2×3 es

$$0 = \begin{bmatrix} 0 & 0 & 0 \\ 0 & 0 & 0 \end{bmatrix}$$

y, en general, se tiene

$$0 = \begin{bmatrix} 0 & 0 & \cdots & 0 \\ 0 & 0 & \cdots & 0 \\ \cdot & \cdot & \cdots & \cdot \\ \cdot & \cdot & \cdots & \cdot \\ \cdot & \cdot & \cdots & \cdot \\ 0 & 0 & \cdots & 0 \end{bmatrix}$$

Una matriz que tiene el mismo número de columnas que de renglones —por ejemplo n renglones y n columnas— se llama **matriz cuadrada** de orden n. Esto es, una matriz $m \times n$ es cuadrada si y sólo si $m = n$. Por ejemplo, las matrices

$$\begin{bmatrix} 2 & 7 & 4 \\ 6 & 2 & 0 \\ 4 & 6 & 1 \end{bmatrix} \quad \text{y} \quad [3]$$

son cuadradas con órdenes 3 y 1, respectivamente.

En una matriz cuadrada A de orden n, las entradas $A_{11}, A_{22}, A_{33}, \ldots, A_{nn}$, están sobre la diagonal que se extiende desde la esquina superior izquierda hasta la esquina inferior derecha de la matriz y se dice que constituyen la **diagonal principal**. Así, en la matriz

$$\begin{bmatrix} 1 & 2 & 3 \\ 4 & 5 & 6 \\ 7 & 8 & 9 \end{bmatrix}$$

la diagonal principal (vea la región sombreada) consiste en $A_{11} = 1$, $A_{22} = 5$ y $A_{33} = 9$.

Una matriz cuadrada A se denomina **matriz diagonal** si todas las entradas que se encuentran fuera de la diagonal principal son cero —esto es, si $A_{ij} = 0$ para $i \neq j$. Ejemplos de matrices diagonales son

$$\begin{bmatrix} 1 & 0 \\ 0 & 1 \end{bmatrix} \quad \text{y} \quad \begin{bmatrix} 3 & 0 & 0 \\ 0 & 6 & 0 \\ 0 & 0 & 9 \end{bmatrix}$$

Se dice que una matriz cuadrada A es una **matriz triangular superior** si todas las entradas que están *debajo* de la diagonal principal son cero —esto es, si $A_{ij} = 0$ para $i > j$. De manera similar, se dice que una matriz A es una **matriz triangular inferior** si todas las entradas ubicadas *por arriba* de la diagonal principal son cero —esto es, si $A_{ij} = 0$ para $i < j$. Cuando una matriz es triangular superior o triangular inferior se conoce como una **matriz triangular**. Así, las matrices

Se deduce que una matriz es diagonal si y sólo si es tanto triangular superior como triangular inferior.

$$\begin{bmatrix} 5 & 1 & 1 \\ 0 & -3 & 7 \\ 0 & 0 & 4 \end{bmatrix} \quad \text{y} \quad \begin{bmatrix} 7 & 0 & 0 & 0 \\ 3 & 2 & 0 & 0 \\ 6 & 5 & -4 & 0 \\ 1 & 6 & 0 & 1 \end{bmatrix}$$

son matrices triangular superior y triangular inferior, respectivamente, y por lo tanto son matrices triangulares.

PROBLEMAS 6.1

1. Sean

$$A = \begin{bmatrix} 1 & -6 & 2 \\ -4 & 2 & 1 \end{bmatrix} \quad B = \begin{bmatrix} 1 & 2 & 3 \\ 4 & 5 & 6 \\ 7 & 8 & 9 \end{bmatrix} \quad C = \begin{bmatrix} 1 & 1 \\ 2 & 2 \\ 3 & 3 \end{bmatrix}$$

$$D = \begin{bmatrix} 1 & 0 \\ 2 & 3 \end{bmatrix} \quad E = \begin{bmatrix} 1 & 2 & 3 & 4 \\ 0 & 1 & 6 & 0 \\ 0 & 0 & 2 & 0 \\ 0 & 0 & 6 & 1 \end{bmatrix} \quad F = \begin{bmatrix} 6 & 2 \end{bmatrix}$$

$$G = \begin{bmatrix} 5 \\ 6 \\ 1 \end{bmatrix} \quad H = \begin{bmatrix} 1 & 6 & 2 \\ 0 & 0 & 0 \\ 0 & 0 & 0 \end{bmatrix} \quad J = \begin{bmatrix} 4 \end{bmatrix}$$

(a) Establezca el tamaño de cada matriz.

(b) ¿Cuáles matrices son cuadradas?

(c) ¿Cuáles matrices son triangulares superiores?, ¿triangulares inferiores?

(d) ¿Cuáles son vectores renglón?

(e) ¿Cuáles son vectores columna?

Para los problemas del 2 al 9, sea

$$A = [A_{ij}] = \begin{bmatrix} 7 & -2 & 14 & 6 \\ 6 & 2 & 3 & -2 \\ 5 & 4 & 1 & 0 \\ 8 & 0 & 2 & 0 \end{bmatrix}$$

2. ¿Cuál es el orden de A?

Encuentre las entradas siguientes.

3. A_{21} **4.** A_{42} **5.** A_{32} **6.** A_{34} **7.** A_{44} **8.** A_{55}

9. ¿Cuáles son las entradas del tercer renglón?

10. Escriba la matriz triangular superior de orden 4, dado que todas las entradas que no se requiere sean 0 son iguales a la suma de sus subíndices. (Por ejemplo, $A_{23} = 2 + 3 = 5$).

11. **(a)** Construya una matriz $A = [A_{ij}]$ si A es 2×3 y $A_{ij} = -i + 2j$.

(b) Construya la matriz C de $2 \times 4 = [(i+j)^2]$.

12. **(a)** Construya la matriz $B = [B_{ij}]$ si B es de 2×2 y $B_{ij} = (-1)^{i-j}(i^2 - j^2)$.

(b) Construya la matriz D de $2 \times 3 = [(-1)i(j^3)]$.

13. Si $A = [A_{ij}]$ es de 12×10, ¿cuántas entradas tiene A? Si $A_{ij} = 1$ para $i = j$ y $A_{ij} = 0$ para $i \neq j$, encuentre $A_{33}, A_{52}, A_{10,10}$ y $A_{12,10}$.

14. Liste la diagonal principal de

(a) $\begin{bmatrix} 2 & 4 & -2 & 9 \\ 7 & 5 & 0 & -1 \\ -4 & 6 & -3 & 1 \\ 2 & 5 & 7 & 1 \end{bmatrix}$ **(b)** $\begin{bmatrix} x^2 & 1 & 2y \\ 9 & \sqrt{y} & 3 \\ y & z & 1 \end{bmatrix}$

15. Escriba la matriz cero de orden (a) 4 y (b) 6.

16. Si A es una matriz de 7×9, ¿cuál es el tamaño de A^T?

En los problemas del 17 al 20, encuentre A^T.

17. $A = \begin{bmatrix} 6 & -3 \\ 2 & 4 \end{bmatrix}$

18. $A = \begin{bmatrix} 2 & 4 & 6 & 8 \end{bmatrix}$

19. $A = \begin{bmatrix} 2 & 5 & -3 & 0 \\ 0 & 3 & 6 & 2 \\ 7 & 8 & -2 & 1 \end{bmatrix}$

20. $A = \begin{bmatrix} 2 & -1 & 0 \\ -1 & 5 & 1 \\ 0 & 1 & 3 \end{bmatrix}$

21. Sean

$$A = \begin{bmatrix} 7 & 0 \\ 0 & 6 \end{bmatrix} \qquad B = \begin{bmatrix} 1 & 0 & 0 \\ 0 & 2 & 0 \\ 0 & 10 & -3 \end{bmatrix}$$

$$C = \begin{bmatrix} 0 & 0 & 0 \\ 0 & 0 & 0 \\ 0 & 0 & 0 \end{bmatrix} \qquad D = \begin{bmatrix} 2 & 0 & -1 \\ 0 & 4 & 0 \\ 0 & 0 & 6 \end{bmatrix}$$

(a) ¿Cuáles son matrices diagonales?
(b) ¿Cuáles son matrices triangulares?
22. Una matriz es *simétrica* si $A^T = A$. ¿La matriz del problema 19 es simétrica?
23. Si

$$A = \begin{bmatrix} 1 & 0 & -1 \\ 7 & 0 & 9 \end{bmatrix}$$

verifique la propiedad general de que $(A^T)^T = A$ encontrando A^T y después $(A^T)^T$.

En los problemas del 24 al 27, resuelva la ecuación matricial.

24. $\begin{bmatrix} 3x & 2y-1 \\ z & 5w \end{bmatrix} = \begin{bmatrix} 9 & 6 \\ 7 & 15 \end{bmatrix}$ **25.** $\begin{bmatrix} 6 & 3 \\ x & 7 \\ 3y & 2z \end{bmatrix} = \begin{bmatrix} 6 & 2 \\ 6 & 7 \\ 2 & 7 \end{bmatrix}$

26. $\begin{bmatrix} 4 & 2 & 1 \\ 3x & y & 3z \\ 0 & w & 7 \end{bmatrix} = \begin{bmatrix} 4 & 2 & 1 \\ 6 & 7 & 9 \\ 0 & 9 & 8 \end{bmatrix}$

27. $\begin{bmatrix} 2x & 7 \\ 7 & 2y \end{bmatrix} = \begin{bmatrix} y & 7 \\ 7 & y \end{bmatrix}$

28. Inventario   Una tienda vendió 125 latas de sopa de tomate, 275 latas de frijoles y 400 latas de atún. Escriba un vector renglón que proporcione el número de artículos vendidos de cada tipo. Si cada uno de los artículos se vende a $0.95, $1.03 y $1.25, respectivamente, escriba esta información como un vector columna.

29. Análisis de ventas   La compañía Widget tiene sus reportes de ventas mensuales dados por medio de matrices cuyos renglones, en orden, representan el número de modelos regular, de lujo y de extra lujo vendidos, mientras que las columnas dan el número de unidades rojas, blancas, azules y púrpuras vendidas. Las matrices para enero y febrero son

$$J = \begin{bmatrix} 1 & 4 & 5 & 0 \\ 3 & 5 & 2 & 7 \\ 4 & 1 & 3 & 2 \end{bmatrix} \qquad F = \begin{bmatrix} 2 & 5 & 7 & 7 \\ 2 & 4 & 4 & 6 \\ 0 & 0 & 1 & 2 \end{bmatrix}$$

respectivamente. (a) ¿Cuántas unidades de los modelos de extra lujo blancos se vendieron en enero? (b) ¿Cuántos modelos de lujo azules se vendieron en febrero? (c) ¿En qué mes se vendieron más modelos regulares púrpuras? (d) ¿De qué modelo y color se vendió el mismo número de unidades en ambos meses? (e) ¿En qué mes se vendieron más modelos de lujo? (f) ¿En qué mes se vendieron más artículos rojos? (g) ¿Cuántos artículos se vendieron en enero?

30. Matriz de insumo-producto   Las matrices de insumo-producto, desarrolladas por W. W. Leontief, indican las interrelaciones que existen entre los diferentes sectores de una economía durante algún periodo. Un ejemplo hipotético para una economía simplificada está dado por la matriz M que se presenta al final de este problema. Los sectores consumidores son los mismos que los productores y pueden considerarse como fabricantes, gobierno, acero, agricultura, doméstico, etc. Cada renglón muestra cómo el producto de un sector dado es consumido por los cuatro sectores. Por ejemplo, del total de la producción de la industria A, 50 unidades fueron para la propia industria A, 70 para la B, 200 para C y 360 para todos los demás consumidores. La suma de las entradas en el renglón 1 —a saber, 680— da la producción total de A para un periodo dado. Cada columna da la producción de cada sector que consume un sector dado. Por ejemplo, en la producción de 680 unidades, la industria A consume 50 unidades de A, 90 de B, 120 de C y 420 de todos los demás productores. Para cada columna, encuentre la suma de las entradas. Haga lo mismo con cada renglón. ¿Qué observa al comparar esos totales? Suponga que el sector A aumenta su producción en 20%, es decir, en 136 unidades. Si se supone que esto resulta en un aumento uniforme de 20% en todos sus insumos, ¿en cuántas unidades aumentará su producción el sector B? Responda la misma pregunta para C y para todos los demás productores.

CONSUMIDORES

PRODUCTORES	Industria A	Industria B	Industria C	Todos los demás consumidores
Industria A	50	70	200	360
Industria B	90	30	270	320
Industria C	120	240	100	1050
Todos los demás productores	420	370	940	4960

$M = $

31. Encuentre todos los valores de x para los cuales

$$\begin{bmatrix} x^2 + 2000x & \sqrt{x^2} \\ x^2 & \ln(e^x) \end{bmatrix} = \begin{bmatrix} 2001 & -x \\ 2001 - 2000x & x \end{bmatrix}$$

En los problemas 32 y 33, encuentre A^T.

32. $A = \begin{bmatrix} 3 & -4 & 5 \\ -2 & 1 & 6 \end{bmatrix}$

33. $A = \begin{bmatrix} 3 & 1 & 4 & 2 \\ 1 & 7 & 3 & 6 \\ 1 & 4 & 1 & 2 \end{bmatrix}$

Objetivo

Definir la suma de matrices y la multiplicación por un escalar y considerar las propiedades relacionadas con estas operaciones.

6.2   Suma de matrices y multiplicación por un escalar

Suma de matrices

Considere un comerciante de vehículos para nieve que vende dos modelos: Deluxe y Super. Cada modelo está disponible en uno de dos colores, rojo y azul. Suponga que las ventas para enero y febrero están representadas por las matrices de ventas

$$\begin{array}{cc} \text{Deluxe} & \text{Super} \end{array}$$

$$J = \begin{array}{c} \text{rojo} \\ \text{azul} \end{array} \begin{bmatrix} 1 & 2 \\ 3 & 5 \end{bmatrix} \quad F = \begin{bmatrix} 3 & 1 \\ 4 & 2 \end{bmatrix}$$

respectivamente. Cada renglón de J y F proporciona el número vendido de cada modelo para un color dado. Cada columna proporciona el número vendido de cada color para un modelo dado. Una matriz que represente las ventas totales para cada modelo y color durante los dos meses, puede obtenerse sumando las entradas correspondientes en J y F:

$$\begin{bmatrix} 4 & 3 \\ 7 & 7 \end{bmatrix}$$

Esta situación nos proporciona la oportunidad de introducir la operación de suma de matrices para dos matrices del mismo orden.

Definición

Si A y B son matrices de $m \times n$, entonces la **suma** $A + B$ es la matriz de $m \times n$ que se obtiene al sumar las entradas correspondientes de A y B; de modo que $(A + B)_{ij} = A_{ij} + B_{ij}$. Si el tamaño de A es diferente del tamaño de B, entonces $A + B$ no está definida.

Por ejemplo, sean

$$A = \begin{bmatrix} 3 & 0 & -2 \\ 2 & -1 & 4 \end{bmatrix} \quad y \quad B = \begin{bmatrix} 5 & -3 & 6 \\ 1 & 2 & -5 \end{bmatrix}$$

Como A y B son del mismo tamaño (2×3), su suma está definida. Se tiene

$$A + B = \begin{bmatrix} 3+5 & 0+(-3) & -2+6 \\ 2+1 & -1+2 & 4+(-5) \end{bmatrix} = \begin{bmatrix} 8 & -3 & 4 \\ 3 & 1 & -1 \end{bmatrix}$$

APLÍQUELO ▶

3. Una compañía de muebles para oficina fabrica escritorios y mesas en dos plantas, A y B. La matriz J representa la producción de las dos plantas en enero y la matriz F representa la producción de las dos plantas en febrero. Escriba una matriz que represente la producción total en las dos plantas para los dos meses, donde:

$$J = \begin{array}{c} \text{escritorios} \\ \text{mesas} \end{array} \begin{array}{c} A \quad\;\; B \\ \begin{bmatrix} 120 & 80 \\ 105 & 130 \end{bmatrix} \end{array}$$

$$F = \begin{array}{c} \text{escritorios} \\ \text{mesas} \end{array} \begin{bmatrix} 110 & 140 \\ 85 & 125 \end{bmatrix}$$

Estas propiedades de la suma de matrices son semejantes a las propiedades correspondientes de la suma de números reales.

EJEMPLO 1   Suma de matrices

a. $\begin{bmatrix} 1 & 2 \\ 3 & 4 \\ 5 & 6 \end{bmatrix} + \begin{bmatrix} 7 & -2 \\ -6 & 4 \\ 3 & 0 \end{bmatrix} = \begin{bmatrix} 1+7 & 2-2 \\ 3-6 & 4+4 \\ 5+3 & 6+0 \end{bmatrix} = \begin{bmatrix} 8 & 0 \\ -3 & 8 \\ 8 & 6 \end{bmatrix}$

b. $\begin{bmatrix} 1 & 2 \\ 3 & 4 \end{bmatrix} + \begin{bmatrix} 2 \\ 1 \end{bmatrix}$ no está definida porque las matrices no son del mismo tamaño.

Ahora resuelva el problema 7 ◁

Si A, B, C y O tienen el mismo tamaño, entonces las propiedades siguientes se cumplen para la suma de matrices:

Propiedades para la suma de matrices

1. $A + B = B + A$ propiedad conmutativa
2. $A + (B + C) = (A + B) + C$ propiedad asociativa
3. $A + O = A = O + A$ propiedad de identidad

La propiedad 1 establece que las matrices pueden sumarse en cualquier orden, y la propiedad 2 permite que las matrices se agrupen para la operación de suma. La propiedad 3 establece que la matriz cero desempeña la misma función en la suma de matrices que el número 0 en la suma de números reales. Estas propiedades se ilustran en el ejemplo siguiente.

EJEMPLO 2   Propiedades de la suma de matrices

Sean

$$A = \begin{bmatrix} 1 & 2 & 1 \\ -2 & 0 & 1 \end{bmatrix} \quad B = \begin{bmatrix} 0 & 1 & 2 \\ 1 & -3 & 1 \end{bmatrix}$$

$$C = \begin{bmatrix} -2 & 1 & -1 \\ 0 & -2 & 1 \end{bmatrix} \quad O = \begin{bmatrix} 0 & 0 & 0 \\ 0 & 0 & 0 \end{bmatrix}$$

a. Muestre que $A + B = B + A$.

Solución:

$$A + B = \begin{bmatrix} 1 & 3 & 3 \\ -1 & -3 & 2 \end{bmatrix} \quad B + A = \begin{bmatrix} 1 & 3 & 3 \\ -1 & -3 & 2 \end{bmatrix}$$

Por lo tanto, $A + B = B + A$.

b. Muestre que $A + (B + C) = (A + B) + C$.

Solución:

$$A + (B + C) = A + \begin{bmatrix} -2 & 2 & 1 \\ 1 & -5 & 2 \end{bmatrix} = \begin{bmatrix} -1 & 4 & 2 \\ -1 & -5 & 3 \end{bmatrix}$$

$$(A + B) + C = \begin{bmatrix} 1 & 3 & 3 \\ -1 & -3 & 2 \end{bmatrix} + C = \begin{bmatrix} -1 & 4 & 2 \\ -1 & -5 & 3 \end{bmatrix}$$

c. Muestre que $A + O = A$.

Solución:

$$A + O = \begin{bmatrix} 1 & 2 & 1 \\ -2 & 0 & 1 \end{bmatrix} + \begin{bmatrix} 0 & 0 & 0 \\ 0 & 0 & 0 \end{bmatrix} = \begin{bmatrix} 1 & 2 & 1 \\ -2 & 0 & 1 \end{bmatrix} = A$$

Ahora resuelva el problema 1 ◁

EJEMPLO 3 Vectores de demanda para una economía

Considere una economía hipotética simplificada que tiene tres industrias: carbón, electricidad y acero y tres consumidores 1, 2 y 3. Suponga que cada consumidor puede utilizar parte de la producción de cada industria y cada industria utiliza parte de la producción de cada una de las otras industrias. Entonces, las necesidades de cada consumidor y de cada industria pueden representarse mediante un vector (renglón) de demanda cuyas entradas, en orden, constituyan la cantidad de carbón, electricidad y acero necesarios para el consumidor o industria en las unidades de medida convenientes. Por ejemplo, los vectores de demanda para los consumidores podrían ser:

$$D_1 = [3 \quad 2 \quad 5] \qquad D_2 = [0 \quad 17 \quad 1] \qquad D_3 = [4 \quad 6 \quad 12]$$

y para las industrias podrían ser:

$$D_C = [0 \quad 1 \quad 4] \qquad D_E = [20 \quad 0 \quad 8] \qquad D_S = [30 \quad 5 \quad 0]$$

donde los subíndices C, E y S son para carbón, electricidad y acero, respectivamente. La demanda total de los consumidores para estos bienes está dada por la suma

$$D_1 + D_2 + D_3 = [3 \quad 2 \quad 5] + [0 \quad 17 \quad 1] + [4 \quad 6 \quad 12] = [7 \quad 25 \quad 18]$$

La demanda industrial total está dada por la suma

$$D_C + D_E + D_S = [0 \quad 1 \quad 4] + [20 \quad 0 \quad 8] + [30 \quad 5 \quad 0] = [50 \quad 6 \quad 12]$$

Por lo tanto, la demanda global total está dada por

$$[7 \quad 25 \quad 18] + [50 \quad 6 \quad 12] = [57 \quad 31 \quad 30]$$

Así, la industria del carbón vende un total de 57 unidades, el total de unidades de electricidad vendidas es de 31 y el total de unidades de acero que se vendieron es de 30.[2]

Ahora resuelva el problema 41 ◁

---

[2]Este ejemplo, así como algunos otros de este capítulo, es de John G. Kemeny, J. Laurie Snell y Gerald L. Thompson, *Introduction to Finite Mathematics*, 3a. ed., © 1974. Reimpreso con permiso de Prentice-Hall, Inc., Englewood Cliffs, Nueva Jersey.

Multiplicación por un escalar

De regreso al caso del vendedor de vehículos para nieve, recuerde que en febrero las ventas estaban dadas por la matriz

$$F = \begin{bmatrix} 3 & 1 \\ 4 & 2 \end{bmatrix}$$

Si en marzo el vendedor duplica las ventas de febrero de cada modelo y color de vehículos para nieve, la matriz de ventas para marzo podría obtenerse multiplicando cada entrada de F por 2, de donde resulta

$$M = \begin{bmatrix} 2(3) & 2(1) \\ 2(4) & 2(2) \end{bmatrix}$$

Parece razonable escribir esta operación como

$$M = 2F = 2 \begin{bmatrix} 3 & 1 \\ 4 & 2 \end{bmatrix} = \begin{bmatrix} 2 \cdot 3 & 2 \cdot 1 \\ 2 \cdot 4 & 2 \cdot 2 \end{bmatrix} = \begin{bmatrix} 6 & 2 \\ 8 & 4 \end{bmatrix}$$

que se considera como la multiplicación de una matriz por un número real. En el contexto de las matrices, los números reales suelen llamarse *escalares*. De hecho, se tiene la definición siguiente.

Definición

Si A es una matriz de $m \times n$ y k es un número real, entonces empleamos kA para denotar la matriz $m \times n$ que se obtiene al multiplicar cada entrada de A por k de modo que $(kA)_{ij} = kA_{ij}$. Esta operación se llama *multiplicación por un escalar* y kA se denomina *múltiplo escalar* de A.

Por ejemplo,

$$-3 \begin{bmatrix} 1 & 0 & -2 \\ 2 & -1 & 4 \end{bmatrix} = \begin{bmatrix} -3(1) & -3(0) & -3(-2) \\ -3(2) & -3(-1) & -3(4) \end{bmatrix} = \begin{bmatrix} -3 & 0 & 6 \\ -6 & 3 & -12 \end{bmatrix}$$

EJEMPLO 4   Multiplicación por un escalar

Sean

$$A = \begin{bmatrix} 1 & 2 \\ 4 & -2 \end{bmatrix} \qquad B = \begin{bmatrix} 3 & -4 \\ 7 & 1 \end{bmatrix} \qquad O = \begin{bmatrix} 0 & 0 \\ 0 & 0 \end{bmatrix}$$

Calcule lo siguiente.

a. $5A$

Solución:

$$5A = 5 \begin{bmatrix} 1 & 2 \\ 4 & -2 \end{bmatrix} = \begin{bmatrix} 5(1) & 5(2) \\ 5(4) & 5(-2) \end{bmatrix} = \begin{bmatrix} 5 & 10 \\ 20 & -10 \end{bmatrix}$$

b. $-\dfrac{2}{3}B$

Solución:

$$-\frac{2}{3}B = \begin{bmatrix} -\frac{2}{3}(3) & -\frac{2}{3}(-4) \\ -\frac{2}{3}(7) & -\frac{2}{3}(1) \end{bmatrix} = \begin{bmatrix} -2 & \frac{8}{3} \\ -\frac{14}{3} & -\frac{2}{3} \end{bmatrix}$$

c. $\dfrac{1}{2}A + 3B$

Solución:

$$\frac{1}{2}A + 3B = \frac{1}{2}\begin{bmatrix} 1 & 2 \\ 4 & -2 \end{bmatrix} + 3\begin{bmatrix} 3 & -4 \\ 7 & 1 \end{bmatrix}$$

$$= \begin{bmatrix} \frac{1}{2} & 1 \\ 2 & -1 \end{bmatrix} + \begin{bmatrix} 9 & -12 \\ 21 & 3 \end{bmatrix} = \begin{bmatrix} \frac{19}{2} & -11 \\ 23 & 2 \end{bmatrix}$$

d. $0A$

Solución:

$$0A = 0 \begin{bmatrix} 1 & 2 \\ 4 & -2 \end{bmatrix} = \begin{bmatrix} 0 & 0 \\ 0 & 0 \end{bmatrix} = 0$$

e. $k0$

Solución:

$$k0 = k \begin{bmatrix} 0 & 0 \\ 0 & 0 \end{bmatrix} = \begin{bmatrix} 0 & 0 \\ 0 & 0 \end{bmatrix} = 0$$

Ahora resuelva el problema 5 ◁

Si A y B son del mismo tamaño, entonces, para cualesquiera escalares k y l, se tienen las propiedades siguientes de la multiplicación por un escalar:

Propiedades de la multiplicación por un escalar

1. $k(A + B) = kA + kB$

2. $(k + l)A = kA + lA$

3. $k(lA) = (kl)A$

4. $0A = 0$

5. $k0 = 0$

Las propiedades 4 y 5 se ilustraron en los ejemplos 4(d) y (e); las otras se ilustrarán en los problemas.

También se tienen las propiedades siguientes de la operación de transposición, donde A y B son del mismo tamaño y k es cualquier escalar:

$$(A + B)^{\mathrm{T}} = A^{\mathrm{T}} + B^{\mathrm{T}}$$
$$(kA)^{\mathrm{T}} = kA^{\mathrm{T}}$$

La primera propiedad establece que *la transpuesta de una suma es la suma de las transpuestas*.

Sustracción de matrices

Si A es cualquier matriz, entonces el múltiplo escalar $(-1)A$ se escribe simplemente como $-A$ y se denomina **negativo de** A:

$$-A = (-1)A$$

Por lo tanto, si

$$A = \begin{bmatrix} 3 & 1 \\ -4 & 5 \end{bmatrix}$$

entonces

$$-A = (-1) \begin{bmatrix} 3 & 1 \\ -4 & 5 \end{bmatrix} = \begin{bmatrix} -3 & -1 \\ 4 & -5 \end{bmatrix}$$

Observe que $-A$ es la matriz resultante de multiplicar cada entrada de A por -1.

La sustracción de matrices se define en términos de la suma de matrices:

De manera más sencilla, para encontrar $A - B$, se puede restar cada entrada de B de la entrada correspondiente de A.

Definición

Si A y B tienen el mismo tamaño, entonces $A - B$ quiere decir $A + (-B)$.

APLÍQUELO ▶

3. Una fabricante de puertas, ventanas y armarios escribe su utilidad anual (en miles) para cada categoría en un vector columna como $P = \begin{bmatrix} 248 \\ 319 \\ 532 \end{bmatrix}$. Sus costos fijos de producción pueden describirse por medio del vector $C = \begin{bmatrix} 40 \\ 30 \\ 60 \end{bmatrix}$.

Esta fabricante calcula que, con una nueva estructura de precios que genere un ingreso de 80% del ingreso de su competidor, puede duplicar su utilidad suponiendo que sus costos fijos permanezcan constantes. Este cálculo puede representarse por medio de

$$0.8 \begin{bmatrix} x_1 \\ x_2 \\ x_3 \end{bmatrix} - \begin{bmatrix} 40 \\ 30 \\ 60 \end{bmatrix} = 2 \begin{bmatrix} 248 \\ 319 \\ 532 \end{bmatrix}$$

Resuelva para x_1, x_2 y x_3, las cuales representan los ingresos del competidor para cada categoría.

EJEMPLO 5 Sustracción de matrices

a. $\begin{bmatrix} 2 & 6 \\ -4 & 1 \\ 3 & 2 \end{bmatrix} - \begin{bmatrix} 6 & -2 \\ 4 & 1 \\ 0 & 3 \end{bmatrix} = \begin{bmatrix} 2 & 6 \\ -4 & 1 \\ 3 & 2 \end{bmatrix} + (-1) \begin{bmatrix} 6 & -2 \\ 4 & 1 \\ 0 & 3 \end{bmatrix}$

$= \begin{bmatrix} 2 & 6 \\ -4 & 1 \\ 3 & 2 \end{bmatrix} + \begin{bmatrix} -6 & 2 \\ -4 & -1 \\ 0 & -3 \end{bmatrix}$

$= \begin{bmatrix} 2-6 & 6+2 \\ -4-4 & 1-1 \\ 3+0 & 2-3 \end{bmatrix} = \begin{bmatrix} -4 & 8 \\ -8 & 0 \\ 3 & -1 \end{bmatrix}$

b. Si $A = \begin{bmatrix} 6 & 0 \\ 2 & -1 \end{bmatrix}$ y $B = \begin{bmatrix} 3 & -3 \\ 1 & 2 \end{bmatrix}$, entonces

$$A^T - 2B = \begin{bmatrix} 6 & 2 \\ 0 & -1 \end{bmatrix} - \begin{bmatrix} 6 & -6 \\ 2 & 4 \end{bmatrix} = \begin{bmatrix} 0 & 8 \\ -2 & -5 \end{bmatrix}$$

Ahora resuelva el problema 17 ◁

EJEMPLO 6 Ecuación matricial

Resuelva la ecuación $2 \begin{bmatrix} x_1 \\ x_2 \end{bmatrix} - \begin{bmatrix} 3 \\ 4 \end{bmatrix} = 5 \begin{bmatrix} 5 \\ -4 \end{bmatrix}$.

Solución:

Estrategia   Primero se escribe cada lado de la ecuación como una sola matriz. Después, por la igualdad de matrices, se igualan las entradas correspondientes.

Se tiene

$$2 \begin{bmatrix} x_1 \\ x_2 \end{bmatrix} - \begin{bmatrix} 3 \\ 4 \end{bmatrix} = 5 \begin{bmatrix} 5 \\ -4 \end{bmatrix}$$

$$\begin{bmatrix} 2x_1 \\ 2x_2 \end{bmatrix} - \begin{bmatrix} 3 \\ 4 \end{bmatrix} = \begin{bmatrix} 25 \\ -20 \end{bmatrix}$$

$$\begin{bmatrix} 2x_1 - 3 \\ 2x_2 - 4 \end{bmatrix} = \begin{bmatrix} 25 \\ -20 \end{bmatrix}$$

Por la igualdad de matrices, se debe tener $2x_1 - 3 = 25$, que da $x_1 = 14$; a partir de $2x_2 - 4 = -20$, se obtiene $x_2 = -8$.

Ahora resuelva el problema 35 ◁

PROBLEMAS 6.2

En los problemas del 1 al 12, realice las operaciones indicadas.

1. $\begin{bmatrix} 2 & 0 & -3 \\ -1 & 4 & 0 \\ 1 & -6 & 5 \end{bmatrix} + \begin{bmatrix} 2 & -3 & 4 \\ -1 & 6 & 5 \\ 9 & 11 & -2 \end{bmatrix}$

2. $\begin{bmatrix} 2 & -7 \\ -6 & 4 \end{bmatrix} + \begin{bmatrix} 7 & -4 \\ -2 & 1 \end{bmatrix} + \begin{bmatrix} 2 & 7 \\ 7 & 2 \end{bmatrix}$

3. $\begin{bmatrix} 2 & -3 \\ 5 & -9 \\ -4 & 9 \end{bmatrix} - \begin{bmatrix} 5 & 1 \\ 0 & 0 \\ -2 & 3 \end{bmatrix}$

4. $\frac{1}{2} \begin{bmatrix} 4 & -2 & 6 \\ 2 & 10 & -12 \\ 0 & 0 & 7 \end{bmatrix}$

5. $2[2 \quad -1 \quad 3] + 4[-2 \quad 0 \quad 1] - 0[2 \quad 3 \quad 1]$

6. $[7 \quad 7] + 66$

7. $\begin{bmatrix} 1 & 2 \\ 3 & 4 \end{bmatrix} + \begin{bmatrix} 7 \\ 2 \end{bmatrix}$

8. $\begin{bmatrix} 5 & 3 \\ -2 & 6 \end{bmatrix} + 7\begin{bmatrix} 0 & 0 \\ 0 & 0 \end{bmatrix}$ **9.** $-6\begin{bmatrix} 2 & -6 & 7 & 1 \\ 7 & 1 & 6 & -2 \end{bmatrix}$

10. $\begin{bmatrix} 1 & -1 \\ 2 & 0 \\ 3 & -6 \\ 4 & 9 \end{bmatrix} - 3\begin{bmatrix} -6 & 9 \\ 2 & 6 \\ 1 & -2 \\ 4 & 5 \end{bmatrix}$

11. $\begin{bmatrix} 1 & -5 & 0 \\ -2 & 7 & 0 \\ 4 & 6 & 10 \end{bmatrix} + \frac{1}{5}\begin{bmatrix} 10 & 0 & 30 \\ 0 & 5 & 0 \\ 5 & 20 & 25 \end{bmatrix}$

12. $3\begin{bmatrix} 1 & 0 & 0 \\ 0 & 1 & 0 \\ 0 & 0 & 1 \end{bmatrix} - 3\left(\begin{bmatrix} 1 & 2 & 0 \\ 0 & -2 & 1 \\ 0 & 0 & 1 \end{bmatrix} - \begin{bmatrix} 4 & -2 & 2 \\ -3 & 21 & -9 \\ 0 & 1 & 0 \end{bmatrix}\right)$

En los problemas del 13 al 24, calcule las matrices requeridas si

$$A = \begin{bmatrix} 2 & 1 \\ 3 & -3 \end{bmatrix} \quad B = \begin{bmatrix} -6 & -5 \\ 2 & -3 \end{bmatrix} \quad C = \begin{bmatrix} -2 & -1 \\ -3 & 3 \end{bmatrix} \quad 0 = \begin{bmatrix} 0 & 0 \\ 0 & 0 \end{bmatrix}$$

13. $-2C$

14. $-(A - B)$

15. $2(0)$

16. $A - B + C$

17. $3(2A - 3B)$

18. $0(2A + 3B - 5C)$

19. $3(A - C) + 6$

20. $A + (C + B)$

21. $2B - 3A + 2C$

22. $3C - 2B$

23. $\frac{1}{3}A + 3(2B + 5C)$

24. $\frac{1}{2}A - 5(B + C)$

En los problemas del 25 al 28, verifique las ecuaciones para las matrices A, B y C anteriores.

25. $3(A + B) = 3A + 3B$

26. $(2 + 3)A = 2A + 3A$

27. $k_1(k_2A) = (k_1k_2)A$

28. $k(A - 2B + C) = kA - 2kB + kC$

En los problemas del 29 al 34, sean

$$A = \begin{bmatrix} 1 & 2 \\ 0 & -1 \\ 7 & 0 \end{bmatrix} \quad B = \begin{bmatrix} 1 & 3 \\ 4 & -1 \end{bmatrix} \quad C = \begin{bmatrix} 1 & 0 \\ 1 & 2 \end{bmatrix}$$

$$D = \begin{bmatrix} 1 & 2 & -1 \\ 1 & 0 & 2 \end{bmatrix}$$

Calcule las matrices indicadas, si esto es posible.

29. $3A + D^T$

30. $(B - C)^T$

31. $2B^T - 3C^T$

32. $2B + B^T$

33. $A + D^T - B$

34. $(D - 2A^T)^T$

35. Exprese la ecuación matricial

$$x\begin{bmatrix} 3 \\ 2 \end{bmatrix} - y\begin{bmatrix} -4 \\ 7 \end{bmatrix} = 3\begin{bmatrix} 2 \\ 4 \end{bmatrix}$$

como un sistema de ecuaciones lineales y resuélvalo.

36. En forma inversa a la que utilizó en el problema 35, escriba el sistema

$$\begin{cases} 2x - 4y = 16 \\ 5x + 7y = -3 \end{cases}$$

como una ecuación matricial.

En los problemas del 37 al 40, resuelva las ecuaciones matriciales.

37. $3\begin{bmatrix} x \\ y \end{bmatrix} - 3\begin{bmatrix} -2 \\ 4 \end{bmatrix} = 4\begin{bmatrix} 6 \\ -2 \end{bmatrix}$

38. $5\begin{bmatrix} x \\ 3 \end{bmatrix} - 6\begin{bmatrix} 2 \\ -2y \end{bmatrix} = \begin{bmatrix} -4x \\ 3y \end{bmatrix}$ **39.** $\begin{bmatrix} 2 \\ 4 \\ 6 \end{bmatrix} + 2\begin{bmatrix} x \\ y \\ 4z \end{bmatrix} = \begin{bmatrix} -10 \\ -24 \\ 14 \end{bmatrix}$

40. $x\begin{bmatrix} 2 \\ 0 \\ 2 \end{bmatrix} + 2\begin{bmatrix} -1 \\ 0 \\ 6 \end{bmatrix} + y\begin{bmatrix} 0 \\ 2 \\ -5 \end{bmatrix} = \begin{bmatrix} 10 \\ 6 \\ 2x + 12 - 5y \end{bmatrix}$

41. Producción Una compañía de partes automotrices fabrica distribuidores, bujías y magnetos en dos plantas, I y II. La matriz X representa la producción de las dos plantas para el minorista X y la matriz Y representa la producción de las dos plantas para el minorista Y. Escriba una matriz que represente la producción total alcanzada en las dos plantas para ambos minoristas, donde

$$X = \begin{array}{c} \\ \text{BUJ} \\ \text{SPG} \\ \text{MAG} \end{array}\begin{array}{cc} \text{I} & \text{II} \\ \begin{bmatrix} 30 & 50 \\ 800 & 720 \\ 25 & 30 \end{bmatrix} \end{array} \quad Y = \begin{array}{c} \\ \text{BUJ} \\ \text{SPG} \\ \text{MAG} \end{array}\begin{array}{cc} \text{I} & \text{II} \\ \begin{bmatrix} 15 & 25 \\ 960 & 800 \\ 10 & 5 \end{bmatrix} \end{array}$$

42. Ventas Sea A la matriz que representa las ventas (en miles) de una compañía de juguetes para tres ciudades, en 2007, y sea B la matriz que representa las ventas para las mismas ciudades en 2009, donde

$$A = \begin{array}{c} \text{Acción} \\ \text{Educativo} \end{array}\begin{bmatrix} 400 & 350 & 150 \\ 450 & 280 & 850 \end{bmatrix}$$

$$B = \begin{array}{c} \text{Acción} \\ \text{Educativo} \end{array}\begin{bmatrix} 380 & 330 & 220 \\ 460 & 320 & 750 \end{bmatrix}$$

Si la compañía compra a un competidor y en 2010 duplica las ventas que consiguió en 2009, ¿cuál es el cambio de las ventas entre 2007 y 2010?
43. Suponga que el precio de los productos A, B y C está dado, en ese orden, por el vector renglón de precios

$$P = [p_A \quad p_B \quad p_C \quad p_D]$$

Si los precios se incrementan en 16%, el vector de los nuevos precios puede obtenerse multiplicando P, ¿por qué escalar?
44. Demuestre que $(A - B)^T = A^T - B^T$. (*Sugerencia:* Utilice la definición de sustracción y las propiedades de la operación de transposición).

En los problemas del 45 al 47, calcule las matrices dadas si

$$A = \begin{bmatrix} 3 & -4 & 5 \\ -2 & 1 & 6 \end{bmatrix} \quad B = \begin{bmatrix} 1 & 4 & 2 \\ 4 & 1 & 2 \end{bmatrix} \quad C = \begin{bmatrix} -1 & 1 & 3 \\ 2 & 6 & -6 \end{bmatrix}$$

45. $4A + 3B$ **46.** $-3(A + 2B) + C$ **47.** $2(3C - A) + 2B$

Objetivo

Definir la multiplicación de matrices y considerar las propiedades asociadas. Expresar un sistema como una sola ecuación matricial por medio de la multiplicación de matrices.

6.3 Multiplicación de matrices

Además de las operaciones de suma de matrices y multiplicación por un escalar, puede definirse el producto AB de las matrices A y B bajo ciertas circunstancias, a saber, *que el número de columnas de A sea igual al número de renglones de B*. Aunque la siguiente definición de *multiplicación de matrices* no parece ser muy natural, un estudio más minucioso de las matrices lo convencerán de que esta definición es apropiada y extremadamente práctica para las aplicaciones.

Definición

Sea A una matriz de $m \times n$ y B una matriz $n \times p$. Entonces el producto AB es la matriz de $m \times p$ cuya entrada $(AB)_{ik}$ se obtiene mediante

$$(AB)_{ik} = \sum_{j=1}^{n} A_{ij}B_{jk} = A_{i1}B_{1k} + A_{i2}B_{2k} + \cdots + A_{in}b_{nk}$$

En palabras, $(AB)_{ik}$ se obtiene sumando los productos formados al multiplicar, en orden, cada entrada del renglón i de A por la entrada correspondiente de la columna k de B. Si el número de columnas de A no es igual al número de renglones de B, entonces el producto AB no está definido.

Observe que la definición es aplicable cuando A es un vector renglón con n entradas y B es un vector columna con n entradas. En este caso A es de $1 \times n$, B es de $n \times 1$ y AB es de 1×1. (En la sección 6.1 se especificó que la matriz de 1×1 es sólo un *número*). De hecho,

$$\text{Si} \quad A = \begin{bmatrix} A_1 & A_2 & \cdots & A_n \end{bmatrix} \quad \text{y} \quad B = \begin{bmatrix} B_1 \\ B_2 \\ \vdots \\ B_n \end{bmatrix}$$

$$\text{entonces} \quad AB = \sum_{j=1}^{n} A_j B_j = A_1 B_1 + A_2 B_2 + \cdots + A_n B_n$$

De regreso a la definición general, ahora es claro que el *número* $(AB)_{ik}$ es el producto del i-ésimo renglón de A y la k-ésima columna de B. Esto resulta muy útil cuando se realizan cálculos reales.

Tres puntos concernientes a la definición anterior de AB deben comprenderse en su totalidad. Primero, el número de columnas de A debe ser igual al número de renglones de B. Segundo, el producto AB tendrá tantos renglones como A y tantas columnas como B.

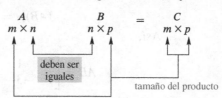

Tercero, la definición se refiere al producto AB, *en ese orden*; A es el factor izquierdo y B el factor derecho. Para AB, se dice que B se *premultiplica* por A, o bien que A se *posmultiplica* por B.

Para aplicar la definición, encontremos el producto de

$$AB = \begin{bmatrix} 2 & 1 & -6 \\ 1 & -3 & 2 \end{bmatrix} \begin{bmatrix} 1 & 0 & -3 \\ 0 & 4 & 2 \\ -2 & 1 & 1 \end{bmatrix}$$

La matriz A tiene tamaño 2×3 ($m \times n$) y la matriz B tiene tamaño 3×3 ($n \times p$). El número de columnas de A es igual al número de renglones de B ($n = 3$), de modo que el producto AB está definido y será una matriz de 2×3 ($m \times p$); esto es,

$$AB = \begin{bmatrix} (AB)_{11} & (AB)_{12} & (AB)_{13} \\ (AB)_{21} & (AB)_{22} & (AB)_{23} \end{bmatrix}$$

La entrada $(AB)_{11}$ se obtiene sumando los productos de cada entrada en el renglón 1 de A y la entrada correspondiente en la columna 1 de B. Así, entradas del renglón 1 de A

$$c_{11} = (2)(1) + (1)(0) + (-6)(-2) = 14.$$

entradas de la columna 1 de B

En este paso, se tiene

$$\begin{bmatrix} 2 & 1 & -6 \\ 1 & -3 & 2 \end{bmatrix} \begin{bmatrix} 1 & 0 & -3 \\ 0 & 4 & 2 \\ -2 & 1 & 1 \end{bmatrix} = \begin{bmatrix} 14 & c_{12} & c_{13} \\ c_{21} & c_{22} & c_{23} \end{bmatrix}$$

Aquí puede verse que $(AB)_{11}$ es el producto del primer renglón de A y la primera columna de B. De manera similar, para $(AB)_{12}$, usamos las entradas del renglón 1 de A y las entradas de la columna 2 de B:

entradas del renglón 1 de A

$$c_{12} = (2)(0) + (1)(4) + (-6)(1) = -2.$$

entradas de la columna 2 de B

Ahora se tiene

$$\begin{bmatrix} 2 & 1 & -6 \\ 1 & -3 & 2 \end{bmatrix} \begin{bmatrix} 1 & 0 & -3 \\ 0 & 4 & 2 \\ -2 & 1 & 1 \end{bmatrix} = \begin{bmatrix} 14 & -2 & c_{13} \\ c_{21} & c_{22} & c_{23} \end{bmatrix}$$

Para las restantes entradas de AB, se obtiene

$$(AB)_{13} = (2)(-3) + (1)(2) + (-6)(1) = -10$$
$$(AB)_{21} = (1)(1) + (-3)(0) + (2)(-2) = -3$$
$$(AB)_{22} = (1)(0) + (-3)(4) + (2)(1) = -10$$
$$(AB)_{23} = (1)(-3) + (-3)(2) + (2)(1) = -7$$

Así,

$$AB = \begin{bmatrix} 2 & 1 & -6 \\ 1 & -3 & 2 \end{bmatrix} \begin{bmatrix} 1 & 0 & -3 \\ 0 & 4 & 2 \\ -2 & 1 & 1 \end{bmatrix} = \begin{bmatrix} 14 & -2 & -10 \\ -3 & -10 & -7 \end{bmatrix}$$

Observe que si se invierte el orden de los factores, entonces el producto

$$BA = \begin{bmatrix} 1 & 0 & -3 \\ 0 & 4 & 2 \\ -2 & 1 & 1 \end{bmatrix} \begin{bmatrix} 2 & 1 & -6 \\ 1 & -3 & 2 \end{bmatrix}$$

no está definido, ya que el número de columnas de B *no* es igual al número de renglones de A. Esto muestra que la multiplicación de matrices no es conmutativa. De hecho, para cualesquiera matrices A y B, incluso cuando ambos productos están definidos, en general AB y BA son diferentes. De modo que *el orden en que las matrices estén escritas en un producto es extremadamente importante.*

¡ADVERTENCIA!⚠

La multiplicación de matrices no es conmutativa.

EJEMPLO 1   Tamaños de matrices y su producto

Sean A una matriz de 3×5 y B una matriz de 5×3. Entonces AB está definida y es una matriz de 3×3. Además, BA también está definida y es una matriz de 5×5.

Si C es una matriz de 3×5 y D una matriz de 7×3, entonces CD no está definida, pero DC sí está definida y es una matriz de 7×5.

Ahora resuelva el problema 7 ◁

EJEMPLO 2   Producto de matrices

Calcule el producto de matrices

$$AB = \begin{bmatrix} 2 & -4 & 2 \\ 0 & 1 & -3 \end{bmatrix} \begin{bmatrix} 2 & 1 \\ 0 & 4 \\ 2 & 2 \end{bmatrix}$$

Solución: Como A es de 2×3 y B es de 3×2, el producto AB está definido y tendrá un tamaño de 2×2. Desplazando simultáneamente el dedo índice de la mano izquierda a lo largo de los renglones de A y el dedo índice de la mano derecha a lo largo de las columnas de B, no debe ser difícil determinar mentalmente las entradas del producto. Con esto, se obtiene

$$\begin{bmatrix} 2 & -4 & 2 \\ 0 & 1 & -3 \end{bmatrix} \begin{bmatrix} 2 & 1 \\ 0 & 4 \\ 2 & 2 \end{bmatrix} = \begin{bmatrix} 8 & -10 \\ -6 & -2 \end{bmatrix}$$

Ahora resuelva el problema 19 ◁

EJEMPLO 3   Producto de matrices

APLÍQUELO ▶

5. Una librería tiene 100 diccionarios, 70 libros de cocina y 90 catálogos en existencia. Si el valor de cada diccionario es de \$28, de cada libro de cocina \$22 y de cada catálogo \$16, utilice un producto de matrices para determinar el valor total del inventario de la librería.

a. Calcule $\begin{bmatrix} 1 & 2 & 3 \end{bmatrix} \begin{bmatrix} 4 \\ 5 \\ 6 \end{bmatrix}$.

Solución: El producto tiene tamaño de 1×1:

$$\begin{bmatrix} 1 & 2 & 3 \end{bmatrix} \begin{bmatrix} 4 \\ 5 \\ 6 \end{bmatrix} = \begin{bmatrix} 32 \end{bmatrix}$$

b. Calcule $\begin{bmatrix} 1 \\ 2 \\ 3 \end{bmatrix} \begin{bmatrix} 1 & 6 \end{bmatrix}$.

Solución: El producto tiene tamaño de 3×2:

$$\begin{bmatrix} 1 \\ 2 \\ 3 \end{bmatrix} \begin{bmatrix} 1 & 6 \end{bmatrix} = \begin{bmatrix} 1 & 6 \\ 2 & 12 \\ 3 & 18 \end{bmatrix}$$

c. $\begin{bmatrix} 1 & 3 & 0 \\ -2 & 2 & 1 \\ 1 & 0 & -4 \end{bmatrix} \begin{bmatrix} 1 & 0 & 2 \\ 5 & -1 & 3 \\ 2 & 1 & -2 \end{bmatrix} = \begin{bmatrix} 16 & -3 & 11 \\ 10 & -1 & 0 \\ -7 & -4 & 10 \end{bmatrix}$

d. $\begin{bmatrix} a_{11} & a_{12} \\ a_{21} & a_{22} \end{bmatrix} \begin{bmatrix} b_{11} & b_{12} \\ b_{21} & b_{22} \end{bmatrix} = \begin{bmatrix} a_{11}b_{11} + a_{12}b_{21} & a_{11}b_{12} + a_{12}b_{22} \\ a_{21}b_{11} + a_{22}b_{21} & a_{21}b_{12} + a_{22}b_{22} \end{bmatrix}$

Ahora resuelva el problema 25 ◁

¡ADVERTENCIA!

En el ejemplo 4 se muestra que aunque los productos matriciales AB y BA estén definidos y tengan el mismo tamaño, no necesariamente son iguales.

EJEMPLO 4   Producto de matrices

Calcule AB y BA si

$$A = \begin{bmatrix} 2 & -1 \\ 3 & 1 \end{bmatrix} \quad \text{y} \quad B = \begin{bmatrix} -2 & 1 \\ 1 & 4 \end{bmatrix}.$$

Solución: Se tiene

$$AB = \begin{bmatrix} 2 & -1 \\ 3 & 1 \end{bmatrix} \begin{bmatrix} -2 & 1 \\ 1 & 4 \end{bmatrix} = \begin{bmatrix} -5 & -2 \\ -5 & 7 \end{bmatrix}$$

$$BA = \begin{bmatrix} -2 & 1 \\ 1 & 4 \end{bmatrix} \begin{bmatrix} 2 & -1 \\ 3 & 1 \end{bmatrix} = \begin{bmatrix} -1 & 3 \\ 14 & 3 \end{bmatrix}$$

Observe que aunque ambos productos AB y BA están definidos, y son del mismo tamaño, AB y BA no son iguales.

Ahora resuelva el problema 37 ◁

EJEMPLO 5 **Vector de costos**

Suponga que los precios (por unidad) para los productos A, B y C están representados por el vector de precios

$$\begin{array}{c} \text{Precio de} \\ \text{A} \quad \text{B} \quad \text{C} \end{array}$$
$$P = [2 \quad 3 \quad 4]$$

Si las cantidades (en unidades) de A, B y C que se compran están dadas por el vector columna

$$Q = \begin{bmatrix} 7 \\ 5 \\ 11 \end{bmatrix} \begin{array}{l} \text{unidades de A} \\ \text{unidades de B} \\ \text{unidades de C} \end{array}$$

entonces, el costo total de las compras está dado por la entrada en el vector de costos

$$PQ = [2 \quad 3 \quad 4] \begin{bmatrix} 7 \\ 5 \\ 11 \end{bmatrix} = [(2 \cdot 7) + (3 \cdot 5) + (4 \cdot 11)] = [73]$$

Ahora resuelva el problema 27 ◁

EJEMPLO 6 **Utilidad para una economía**

En el ejemplo 3 de la sección 6.2, suponga que en la economía hipotética el precio del carbón es de \$10 000 por unidad, el de la electricidad de \$20 000 por unidad y el del acero de \$40 000 por unidad. Estos precios pueden representarse mediante el vector (columna) de precios:

$$P = \begin{bmatrix} 10\,000 \\ 20\,000 \\ 40\,000 \end{bmatrix}$$

Considere la industria del acero. En total vende 30 unidades de acero en \$40 000 por unidad y, por lo tanto, su ingreso total es de \$1 200 000. Sus costos para los diferentes bienes están dados por el producto matricial

$$D_S P = [30 \quad 5 \quad 0] \begin{bmatrix} 10\,000 \\ 20\,000 \\ 40\,000 \end{bmatrix} = [400\,000]$$

De modo que la ganancia de la industria del acero es \$1 200 000 − \$400 000 = \$800 000.

Ahora resuelva el problema 67 ◁

La multiplicación de matrices satisface las propiedades siguientes, pero siempre y cuando todas las sumas y productos estén definidos:

Propiedades de la multiplicación de matrices
1. $A(BC) = (AB)C$ propiedad asociativa
2. $A(B + C) = AB + AC$,   propiedades distributivas
    $(A + B)C = AC + BC$

EJEMPLO 7 **Propiedad asociativa**

Si

$$A = \begin{bmatrix} 1 & -2 \\ -3 & 4 \end{bmatrix} \qquad B = \begin{bmatrix} 3 & 0 & -1 \\ 1 & 1 & 2 \end{bmatrix} \qquad C = \begin{bmatrix} 1 & 0 \\ 0 & 2 \\ 1 & 1 \end{bmatrix}$$

calcule ABC de dos maneras.

Solución: Agrupando BC se obtiene

$$A(BC) = \begin{bmatrix} 1 & -2 \\ -3 & 4 \end{bmatrix} \left(\begin{bmatrix} 3 & 0 & -1 \\ 1 & 1 & 2 \end{bmatrix} \begin{bmatrix} 1 & 0 \\ 0 & 2 \\ 1 & 1 \end{bmatrix} \right)$$

$$= \begin{bmatrix} 1 & -2 \\ -3 & 4 \end{bmatrix} \begin{bmatrix} 2 & -1 \\ 3 & 4 \end{bmatrix} = \begin{bmatrix} -4 & -9 \\ 6 & 19 \end{bmatrix}$$

De manera alternativa, al agrupar AB resulta

$$(AB)C = \left(\begin{bmatrix} 1 & -2 \\ -3 & 4 \end{bmatrix} \begin{bmatrix} 3 & 0 & -1 \\ 1 & 1 & 2 \end{bmatrix} \right) \begin{bmatrix} 1 & 0 \\ 0 & 2 \\ 1 & 1 \end{bmatrix}$$

$$= \begin{bmatrix} 1 & -2 & -5 \\ -5 & 4 & 11 \end{bmatrix} \begin{bmatrix} 1 & 0 \\ 0 & 2 \\ 1 & 1 \end{bmatrix}$$

$$= \begin{bmatrix} -4 & -9 \\ 6 & 19 \end{bmatrix}$$

Observe que $A(BC) = (AB)C$.

◁

EJEMPLO 8   Propiedad distributiva

Verifique que $A(B + C) = AB + AC$ si

$$A = \begin{bmatrix} 1 & 0 \\ 2 & 3 \end{bmatrix} \qquad B = \begin{bmatrix} -2 & 0 \\ 1 & 3 \end{bmatrix} \qquad C = \begin{bmatrix} -2 & 1 \\ 0 & 2 \end{bmatrix}$$

Solución: En el lado izquierdo se tiene

$$A(B + C) = \begin{bmatrix} 1 & 0 \\ 2 & 3 \end{bmatrix} \left(\begin{bmatrix} -2 & 0 \\ 1 & 3 \end{bmatrix} + \begin{bmatrix} -2 & 1 \\ 0 & 2 \end{bmatrix} \right)$$

$$= \begin{bmatrix} 1 & 0 \\ 2 & 3 \end{bmatrix} \begin{bmatrix} -4 & 1 \\ 1 & 5 \end{bmatrix} = \begin{bmatrix} -4 & 1 \\ -5 & 17 \end{bmatrix}$$

En el lado derecho,

$$AB + AC = \begin{bmatrix} 1 & 0 \\ 2 & 3 \end{bmatrix} \begin{bmatrix} -2 & 0 \\ 1 & 3 \end{bmatrix} + \begin{bmatrix} 1 & 0 \\ 2 & 3 \end{bmatrix} \begin{bmatrix} -2 & 1 \\ 0 & 2 \end{bmatrix}$$

$$= \begin{bmatrix} -2 & 0 \\ -1 & 9 \end{bmatrix} + \begin{bmatrix} -2 & 1 \\ -4 & 8 \end{bmatrix} = \begin{bmatrix} -4 & 1 \\ -5 & 17 \end{bmatrix}$$

Por lo tanto, $A(B + C) = AB + AC$.

Ahora resuelva el problema 69 ◁

EJEMPLO 9   Materia prima y costos

Suponga que un contratista ha aceptado pedidos para cinco casas estilo rústico, siete estilo moderno y 12 estilo colonial. Entonces, sus pedidos pueden representarse mediante el vector renglón

$$Q = \begin{bmatrix} 5 & 7 & 12 \end{bmatrix}$$

Además, suponga que las "materias primas" que se utilizan en cada tipo de casa son acero, madera, vidrio, pintura y mano de obra. Las entradas de la matriz R siguiente dan el número de unidades de cada materia prima que se utiliza en cada tipo de casa (las entradas no necesariamente reflejan la realidad, pero se eligieron así por conveniencia):

$$
\begin{array}{ccccc}
& \text{Acero} & \text{Madera} & \text{Vidrio} & \text{Pintura} & \text{Mano de obra}
\end{array}
$$

$$
\begin{array}{c}
\text{Rústico} \\
\text{Moderno} \\
\text{Colonial}
\end{array}
\begin{bmatrix}
5 & 20 & 16 & 7 & 17 \\
7 & 18 & 12 & 9 & 21 \\
6 & 25 & 8 & 5 & 13
\end{bmatrix} = R
$$

Cada renglón indica la cantidad de materia prima necesaria para un tipo dado de casa; cada columna indica la cantidad que se requiere de una materia prima dada para cada tipo de casa. Ahora suponga que el contratista desea calcular la cantidad de cada materia prima necesaria para satisfacer todos sus pedidos. Entonces, tal información está dada por la matriz

$$
QR = [5 \quad 7 \quad 12]
\begin{bmatrix}
5 & 20 & 16 & 7 & 17 \\
7 & 18 & 12 & 9 & 21 \\
6 & 25 & 8 & 5 & 13
\end{bmatrix}
$$

$$
= [146 \quad 526 \quad 260 \quad 158 \quad 388]
$$

Así, el contratista debe ordenar 146 unidades de acero, 526 de madera, 260 de vidrio, etcétera.

Al contratista le interesa también conocer los costos que tendrá que pagar por estos materiales. Suponga que el acero cuesta $2500 por unidad, la madera $1200 por unidad y el vidrio, la pintura y la mano de obra cuestan $800, $150 y $1500 por unidad, respectivamente. Estos datos pueden escribirse como el vector columna de costo

$$
C = \begin{bmatrix}
2500 \\
1200 \\
800 \\
150 \\
1500
\end{bmatrix}
$$

Entonces el costo de cada tipo de casa está dado por la matriz

$$
RC = \begin{bmatrix}
5 & 20 & 16 & 7 & 17 \\
7 & 18 & 12 & 9 & 21 \\
6 & 25 & 8 & 5 & 13
\end{bmatrix}
\begin{bmatrix}
2500 \\
1200 \\
800 \\
150 \\
1500
\end{bmatrix} =
\begin{bmatrix}
75\,850 \\
81\,550 \\
71\,650
\end{bmatrix}
$$

En consecuencia, el costo de los materiales para la casa rústica es de $75 850, para la casa estilo moderno $81 550 y para la de estilo colonial $71 650.

El costo total de la materia prima para todas las casas está dado por

$$
QRC = Q(RC) = [5 \quad 7 \quad 12]
\begin{bmatrix}
75\,850 \\
81\,550 \\
71\,650
\end{bmatrix} = [1\,809\,900]
$$

El costo total es de $1 809 900.

Ahora resuelva el problema 65 ◁

Otra propiedad de las matrices incluye la multiplicación por un escalar y la multiplicación de matrices. Si k es un escalar y el producto AB está definido, entonces

$$
k(AB) = (kA)B = A(kB)
$$

El producto $k(AB)$ puede escribirse simplemente como kAB. Así,

$$
kAB = k(AB) = (kA)B = A(kB)
$$

Por ejemplo,

$$3 \begin{bmatrix} 2 & 1 \\ 0 & -1 \end{bmatrix} \begin{bmatrix} 1 & 3 \\ 2 & 0 \end{bmatrix} = \left(3 \begin{bmatrix} 2 & 1 \\ 0 & -1 \end{bmatrix} \right) \begin{bmatrix} 1 & 3 \\ 2 & 0 \end{bmatrix}$$

$$= \begin{bmatrix} 6 & 3 \\ 0 & -3 \end{bmatrix} \begin{bmatrix} 1 & 3 \\ 2 & 0 \end{bmatrix}$$

$$= \begin{bmatrix} 12 & 18 \\ -6 & 0 \end{bmatrix}$$

Existe una propiedad interesante que concierne a la transpuesta de un producto de matrices:

$$(AB)^T = B^T A^T$$

De manera verbal, la transpuesta de un producto de matrices es igual al producto de sus transpuestas en orden *inverso*.

Esta propiedad puede extenderse para el caso de más de dos factores. Por ejemplo,

Aquí se utiliza el hecho de que
$(A^T)^T = A$.

$$(A^T B C)^T = C^T B^T (A^T)^T = C^T B^T A$$

EJEMPLO 10 Transpuesta de un producto

Sean

$$A = \begin{bmatrix} 1 & 0 \\ 1 & 2 \end{bmatrix} \quad y \quad B = \begin{bmatrix} 1 & 2 \\ 1 & 0 \end{bmatrix}$$

Muestre que $(AB)^T = B^T A^T$.

Solución: Se tiene que

$$AB = \begin{bmatrix} 1 & 2 \\ 3 & 2 \end{bmatrix} \quad \text{de modo que} \quad (AB)^T = \begin{bmatrix} 1 & 3 \\ 2 & 2 \end{bmatrix}$$

Ahora,

$$A^T = \begin{bmatrix} 1 & 1 \\ 0 & 2 \end{bmatrix} \quad y \quad B^T = \begin{bmatrix} 1 & 1 \\ 2 & 0 \end{bmatrix}$$

Así,

$$B^T A^T = \begin{bmatrix} 1 & 1 \\ 2 & 0 \end{bmatrix} \begin{bmatrix} 1 & 1 \\ 0 & 2 \end{bmatrix} = \begin{bmatrix} 1 & 3 \\ 2 & 2 \end{bmatrix} = (AB)^T$$

por lo que $(AB)^T = B^T A^T$.

◁

Así como la matriz cero desempeña una función importante como identidad en la suma de matrices, existe una matriz especial, llamada *matriz identidad*, que desempeña una función equivalente en la multiplicación de matrices.

La **matriz identidad** de $n \times n$, denotada por I_n, es la matriz diagonal cuyas entradas en la diagonal principal son números 1.

Por ejemplo, las matrices identidad I_3 e I_4 son

$$I_3 = \begin{bmatrix} 1 & 0 & 0 \\ 0 & 1 & 0 \\ 0 & 0 & 1 \end{bmatrix} \quad e \quad I_4 = \begin{bmatrix} 1 & 0 & 0 & 0 \\ 0 & 1 & 0 & 0 \\ 0 & 0 & 1 & 0 \\ 0 & 0 & 0 & 1 \end{bmatrix}$$

Cuando el tamaño de una matriz identidad se dé por entendido, se omitirá el subíndice y la matriz sólo se denotará mediante I. Debe quedar claro que

$$I^T = I$$

La matriz identidad desempeña la misma función en la multiplicación de matrices que el número 1 en la multiplicación de números reales. Esto es, así como el producto de un número real por 1 es igual al mismo número, el producto de una matriz por la matriz identidad es la propia matriz. Por ejemplo,

$$\begin{bmatrix} 2 & 4 \\ 1 & 5 \end{bmatrix} I = \begin{bmatrix} 2 & 4 \\ 1 & 5 \end{bmatrix} \begin{bmatrix} 1 & 0 \\ 0 & 1 \end{bmatrix} = \begin{bmatrix} 2 & 4 \\ 1 & 5 \end{bmatrix}$$

e

$$I \begin{bmatrix} 2 & 4 \\ 1 & 5 \end{bmatrix} = \begin{bmatrix} 1 & 0 \\ 0 & 1 \end{bmatrix} \begin{bmatrix} 2 & 4 \\ 1 & 5 \end{bmatrix} = \begin{bmatrix} 2 & 4 \\ 1 & 5 \end{bmatrix}$$

En general, si I es de $n \times n$ y A tiene n columnas, entonces $AI = A$. Si B tiene n renglones, entonces $IB = B$. Además, si A es de $n \times n$, entonces

$$AI = A = IA$$

EJEMPLO 11 Operaciones con matrices que incluyen a I y a 0

Si

$$A = \begin{bmatrix} 3 & 2 \\ 1 & 4 \end{bmatrix} \qquad B = \begin{bmatrix} \frac{2}{5} & -\frac{1}{5} \\ -\frac{1}{10} & \frac{3}{10} \end{bmatrix}$$

$$I = \begin{bmatrix} 1 & 0 \\ 0 & 1 \end{bmatrix} \qquad 0 = \begin{bmatrix} 0 & 0 \\ 0 & 0 \end{bmatrix}$$

calcule cada una de las matrices siguientes.

a. $I - A$

Solución:

$$I - A = \begin{bmatrix} 1 & 0 \\ 0 & 1 \end{bmatrix} - \begin{bmatrix} 3 & 2 \\ 1 & 4 \end{bmatrix} = \begin{bmatrix} -2 & -2 \\ -1 & -3 \end{bmatrix}$$

b. $3(A - 2I)$

Solución:

$$3(A - 2I) = 3 \left(\begin{bmatrix} 3 & 2 \\ 1 & 4 \end{bmatrix} - 2 \begin{bmatrix} 1 & 0 \\ 0 & 1 \end{bmatrix} \right)$$

$$= 3 \left(\begin{bmatrix} 3 & 2 \\ 1 & 4 \end{bmatrix} - \begin{bmatrix} 2 & 0 \\ 0 & 2 \end{bmatrix} \right)$$

$$= 3 \begin{bmatrix} 1 & 2 \\ 1 & 2 \end{bmatrix} = \begin{bmatrix} 3 & 6 \\ 3 & 6 \end{bmatrix}$$

c. $A0$

Solución:

$$A0 = \begin{bmatrix} 3 & 2 \\ 1 & 4 \end{bmatrix} \begin{bmatrix} 0 & 0 \\ 0 & 0 \end{bmatrix} = \begin{bmatrix} 0 & 0 \\ 0 & 0 \end{bmatrix} = 0$$

En general, si $A0$ y $0A$ están definidos, entonces

$$A0 = 0 = 0A$$

d. AB

Solución:

$$AB = \begin{bmatrix} 3 & 2 \\ 1 & 4 \end{bmatrix} \begin{bmatrix} \frac{2}{5} & -\frac{1}{5} \\ -\frac{1}{10} & \frac{3}{10} \end{bmatrix} = \begin{bmatrix} 1 & 0 \\ 0 & 1 \end{bmatrix} = I$$

Ahora resuelva el problema 55 ◁

Si A es una matriz cuadrada, puede hablarse de una *potencia* de A:

> Si A es una matriz cuadrada y p es un entero positivo, entonces la p-ésima potencia de A, que se escribe A^p, es el producto de p factores de A:
>
> $$A^p = \underbrace{A \cdot A \cdots A}_{p \text{ factores}}$$
>
> Si A es de tamaño $n \times n$, se define $A^0 = I_n$.

Se hace notar que $I^p = I$.

EJEMPLO 12   Potencia de una matriz

Si $A = \begin{bmatrix} 1 & 0 \\ 1 & 2 \end{bmatrix}$, calcule A^3.

Solución: Como $A^3 = (A^2)A$ y

$$A^2 = \begin{bmatrix} 1 & 0 \\ 1 & 2 \end{bmatrix}\begin{bmatrix} 1 & 0 \\ 1 & 2 \end{bmatrix} = \begin{bmatrix} 1 & 0 \\ 3 & 4 \end{bmatrix}$$

se tiene

$$A^3 = A^2A = \begin{bmatrix} 1 & 0 \\ 3 & 4 \end{bmatrix}\begin{bmatrix} 1 & 0 \\ 1 & 2 \end{bmatrix} = \begin{bmatrix} 1 & 0 \\ 7 & 8 \end{bmatrix}$$

Ahora resuelva el problema 45 ◁

Ecuaciones matriciales

Los sistemas de ecuaciones lineales pueden representarse por medio de la multiplicación de matrices. Por ejemplo, considere la ecuación matricial

$$\begin{bmatrix} 1 & 4 & -2 \\ 2 & -3 & 1 \end{bmatrix}\begin{bmatrix} x_1 \\ x_2 \\ x_3 \end{bmatrix} = \begin{bmatrix} 4 \\ -3 \end{bmatrix} \tag{1}$$

El producto del lado izquierdo tiene orden 2×1, así que es una matriz columna. Por lo tanto,

$$\begin{bmatrix} x_1 + 4x_2 - 2x_3 \\ 2x_1 - 3x_2 + x_3 \end{bmatrix} = \begin{bmatrix} 4 \\ -3 \end{bmatrix}$$

Por la igualdad de matrices, las entradas correspondientes deben ser iguales, de modo que se obtiene el sistema

$$\begin{cases} x_1 + 4x_2 - 2x_3 = 4 \\ 2x_1 - 3x_2 + x_3 = -3 \end{cases}$$

De modo que este sistema de ecuaciones lineales puede definirse mediante la ecuación matricial (1). En general, la ecuación (1) se describe diciendo que tiene la forma

$$AX = B$$

donde A es la matriz obtenida a partir de los coeficientes de las variables, X es una matriz columna obtenida a partir de las variables y B es una matriz columna obtenida de las constantes. La matriz A se denomina *matriz de coeficientes* del sistema.

En la ecuación matricial $AX = B$, observe que la *variable* es el vector columna X. En el ejemplo actual, X es un vector columna de 3×1. Una *solución* única de $AX = B$ es un vector columna C, *del mismo tamaño que X*, con la propiedad de que $AC = B$. En el presente ejemplo, una solución única que es un vector columna de 3×1 es lo mismo que una tripla ordenada de números. En efecto, si C es un vector columna de $n \times 1$, entonces C^T es un vector renglón de $1 \times n$, lo cual concuerda con la noción de una n-tupla de números. Para un sistema que consta de m ecuaciones lineales con n incógnitas, su representación en la forma $AX = B$ tendrá A, $m \times n$ y B, $m \times 1$. La variable X será entonces un vector columna de

PARA REPASAR las *n*-tuplas, vea la sección 2.8.

$n \times 1$ y una solución única C será un vector columna de $n \times 1$ completamente determinado por una n-tupla de números.

APLÍQUELO ▶

7. Escriba el siguiente par de rectas en forma matricial, para ello use la multiplicación de matrices.
$$y = -\frac{8}{5}x + \frac{8}{5}, y = -\frac{1}{3}x + \frac{5}{3}$$

EJEMPLO 13 **Forma matricial de un sistema utilizando la multiplicación de matrices**

Escriba el sistema

$$\begin{cases} 2x_1 + 5x_2 = 4 \\ 8x_1 + 3x_2 = 7 \end{cases}$$

en forma matricial utilizando la multiplicación de matrices.

Solución: Si

$$A = \begin{bmatrix} 2 & 5 \\ 8 & 3 \end{bmatrix} \qquad X = \begin{bmatrix} x_1 \\ x_2 \end{bmatrix} \qquad B = \begin{bmatrix} 4 \\ 7 \end{bmatrix}$$

entonces el sistema dado es equivalente a la ecuación matricial

$$AX = B$$

esto es,

$$\begin{bmatrix} 2 & 5 \\ 8 & 3 \end{bmatrix} \begin{bmatrix} x_1 \\ x_2 \end{bmatrix} = \begin{bmatrix} 4 \\ 7 \end{bmatrix}$$

Ahora resuelva el problema 59 ◁

PROBLEMAS 6.3

Si $A = \begin{bmatrix} 1 & 3 & -2 \\ -2 & 1 & -1 \\ 0 & 4 & 3 \end{bmatrix}$, $B = \begin{bmatrix} 0 & -2 & 3 \\ -2 & 4 & -2 \\ 3 & 1 & -1 \end{bmatrix}$ y

$AB = C = [C_{ij}]$, encuentre lo siguiente.

1. C_{11} **2.** C_{21} **3.** C_{32}

4. C_{33} **5.** C_{31} **6.** C_{12}

Si A es de 2×3, B de 3×1, C de 2×5, D de 4×3, E de 3×2, y F de 2×3, encuentre el tamaño y número de entradas en cada uno de los siguientes ejercicios.

7. AB **8.** DE **9.** EC

10. DB **11.** FB **12.** BE

13. $EE^{\mathrm{T}}B$ **14.** $E(AE)$ **15.** $E(FB)$

16. $(F + A)B$

Escriba la matriz identidad que tiene el orden siguiente:

17. 5   **18.** 6

En los problemas del 19 al 36, realice las operaciones indicadas.

19. $\begin{bmatrix} 2 & -4 \\ 3 & 2 \end{bmatrix} \begin{bmatrix} 4 & 0 \\ -1 & 3 \end{bmatrix}$ **20.** $\begin{bmatrix} -1 & 1 \\ 0 & 4 \\ 2 & 1 \end{bmatrix} \begin{bmatrix} 1 & -2 \\ 3 & 4 \end{bmatrix}$

21. $\begin{bmatrix} 2 & 0 & 3 \\ -1 & 4 & 5 \end{bmatrix} \begin{bmatrix} 1 \\ 4 \\ 7 \end{bmatrix}$ **22.** $\begin{bmatrix} 2 & 5 & 0 & 1 \end{bmatrix} \begin{bmatrix} 0 \\ 1 \\ 0 \\ -2 \end{bmatrix}$

23. $\begin{bmatrix} 1 & 4 & -1 \\ 0 & 0 & 2 \\ -2 & 1 & 1 \end{bmatrix} \begin{bmatrix} 2 & 1 & 0 \\ 0 & -1 & 1 \\ 1 & 1 & 2 \end{bmatrix}$

24. $\begin{bmatrix} 4 & 2 & -2 \\ 3 & 10 & 0 \\ 1 & 0 & 2 \end{bmatrix} \begin{bmatrix} 3 & 1 & 1 & 0 \\ 0 & 0 & 0 & 0 \\ 0 & 1 & 0 & 1 \end{bmatrix}$

25. $\begin{bmatrix} 1 & -2 & 5 \end{bmatrix} \begin{bmatrix} 1 & 5 & -2 & -1 \\ 0 & 0 & 2 & 1 \\ -1 & 0 & 1 & -3 \end{bmatrix}$

26. $\begin{bmatrix} 1 & -4 \end{bmatrix} \begin{bmatrix} -2 & 1 \\ 0 & 1 \\ 5 & 0 \end{bmatrix}$ **27.** $\begin{bmatrix} 1 \\ 4 \\ -2 \end{bmatrix} \begin{bmatrix} 0 & 1 & -3 \end{bmatrix}$

28. $\begin{bmatrix} 0 & 1 \\ 2 & 3 \end{bmatrix} \left(\begin{bmatrix} 1 & 0 & 1 \\ 1 & 1 & 0 \end{bmatrix} + \begin{bmatrix} 0 & 1 & 0 \\ 0 & 0 & 1 \end{bmatrix} \right)$

29. $3 \left(\begin{bmatrix} -2 & 0 & 2 \\ 3 & -1 & 1 \end{bmatrix} + 2 \begin{bmatrix} -1 & 0 & 2 \\ 1 & 1 & -2 \end{bmatrix} \right) \begin{bmatrix} 1 & 2 \\ 3 & 4 \\ 5 & 6 \end{bmatrix}$

30. $\begin{bmatrix} 1 & -1 \\ 0 & 3 \end{bmatrix} \begin{bmatrix} -1 & 0 & -1 & 0 & 0 \\ 2 & 1 & 2 & 1 & 1 \end{bmatrix}$

31. $\begin{bmatrix} 1 & 2 \\ 3 & 4 \end{bmatrix} \left(\begin{bmatrix} 2 & 0 & 1 \\ 1 & 0 & -2 \end{bmatrix} \begin{bmatrix} 1 & -2 \\ 2 & 1 \\ 3 & 0 \end{bmatrix} \right)$

32. $2 \begin{bmatrix} 3 & 1 \\ -2 & 0 \end{bmatrix} - 5 \left(\begin{bmatrix} 2 & 4 \\ 6 & 2 \end{bmatrix} \begin{bmatrix} 1 & 0 \\ 0 & 1 \end{bmatrix} \right)$

33. $\begin{bmatrix} 0 & 0 & 1 \\ 0 & 1 & 0 \\ 1 & 0 & 0 \end{bmatrix} \begin{bmatrix} x \\ y \\ z \end{bmatrix}$ **34.** $\begin{bmatrix} a_{11} & a_{12} \\ a_{21} & a_{22} \end{bmatrix} \begin{bmatrix} x_1 \\ x_2 \end{bmatrix}$

35. $\begin{bmatrix} 2 & 1 & 3 \\ 4 & 9 & 7 \end{bmatrix} \begin{bmatrix} x_1 \\ x_2 \\ x_3 \end{bmatrix}$ **36.** $\begin{bmatrix} 2 & -3 \\ 0 & 1 \\ 2 & 1 \end{bmatrix} \begin{bmatrix} x_1 \\ x_2 \end{bmatrix}$

En los problemas del 37 al 44, calcule las matrices requeridas si

$$A = \begin{bmatrix} 1 & -2 \\ 0 & 3 \end{bmatrix} \qquad B = \begin{bmatrix} -2 & 3 & 0 \\ 1 & -4 & 1 \end{bmatrix} \qquad C = \begin{bmatrix} -1 & 1 \\ 0 & 3 \\ 2 & 4 \end{bmatrix}$$

$$D = \begin{bmatrix} 1 & 0 & 0 \\ 0 & 1 & 1 \\ 1 & 2 & 1 \end{bmatrix} \qquad E = \begin{bmatrix} 3 & 0 & 0 \\ 0 & 6 & 0 \\ 0 & 0 & 3 \end{bmatrix} \qquad F = \begin{bmatrix} \frac{1}{3} & 0 & 0 \\ 0 & \frac{1}{6} & 0 \\ 0 & 0 & \frac{1}{3} \end{bmatrix}$$

$$I = \begin{bmatrix} 1 & 0 & 0 \\ 0 & 1 & 0 \\ 0 & 0 & 1 \end{bmatrix}$$

37. $F - \frac{1}{2}DI$ **38.** DD **39.** $3A - 2BC$
40. $B(D + E)$ **41.** $3I - \frac{2}{3}FE$ **42.** $CB(D - I)$
43. $(DC)A$ **44.** $A(BC)$

En los problemas del 45 al 58, calcule la matriz requerida, si existe, dado que

$$A = \begin{bmatrix} 1 & -1 & 0 \\ 0 & 1 & 1 \end{bmatrix} \qquad B = \begin{bmatrix} 0 & 0 & -1 \\ 2 & -1 & 0 \\ 0 & 0 & 2 \end{bmatrix} \qquad C = \begin{bmatrix} 1 & 0 \\ 2 & -1 \\ 0 & 1 \end{bmatrix}$$

$$I = \begin{bmatrix} 1 & 0 & 0 \\ 0 & 1 & 0 \\ 0 & 0 & 1 \end{bmatrix} \qquad 0 = \begin{bmatrix} 0 & 0 & 0 \\ 0 & 0 & 0 \\ 0 & 0 & 0 \end{bmatrix}$$

45. A^2 **46.** $A^T A$ **47.** B^4
48. $A(B^T)^2 C$ **49.** $(AIC)^T$ **50.** $A^T(2C^T)$
51. $(BA^T)^T$ **52.** $(3A)^T$ **53.** $(2I)^2 - 2I^2$
54. $(A^T C^T B)^0$ **55.** $A(I - 0)$ **56.** $I^T 0$
57. $(AC)(AC)^T$ **58.** $B^2 - 3B + 2I$

En los problemas del 59 al 61, represente el sistema dado por medio de la multiplicación de matrices.

59. $\begin{cases} 3x + y = 6 \\ 2x - 9y = 5 \end{cases}$ **60.** $\begin{cases} 3x + y + z = 2 \\ x - y + z = 4 \\ 5x - y + 2z = 12 \end{cases}$

61. $\begin{cases} 2r - s + 3t = 9 \\ 5r - s + 2t = 5 \\ 3r - 2s + 2t = 11 \end{cases}$

62. Mensajes secretos Los mensajes secretos pueden codificarse por medio de un código y una matriz de codificación. Suponga que se tiene el código siguiente:

a	b	c	d	e	f	g	h	i	j	k	l	m
1	2	3	4	5	6	7	8	9	10	11	12	13

n	o	p	q	r	s	t	u	v	w	x	y	z
14	15	16	17	18	19	20	21	22	23	24	25	26

Sea $E = \begin{bmatrix} 1 & 1 \\ 2 & 1 \end{bmatrix}$ la matriz de codificación. Entonces es posible codificar un mensaje al tomar cada vez dos letras del mensaje, convertirlas a sus números correspondientes para crear una matriz de 2×1 y luego multiplicar cada matriz por E. Utilice este código para codificar el mensaje en inglés: "play/it/again/sam", dejando las diagonales para separar las palabras.

63. Inventario Una tienda de mascotas tiene 6 gatitos, 10 perritos y 7 loros en exhibición. Si el valor de un gatito es de $55, el de cada perrito de $150 y el de cada loro de $35, por medio de la multiplicación de matrices encuentre el valor total del inventario de la tienda de mascotas.

64. Acciones Un agente de bolsa vendió a un cliente 200 acciones tipo A, 300 tipo B, 500 tipo C y 250 tipo D. Los precios por acción de A, B, C y D son $100, $150, $200 y $300, respectivamente. Escriba un vector renglón que represente el número de acciones compradas de cada tipo. Escriba un vector columna que represente el precio por acción de cada tipo. Utilizando la multiplicación de matrices, encuentre el costo total de las acciones.

65. Costo de construcción En el ejemplo 9, suponga que el contratista debe construir cinco casas estilo rústico, dos estilo moderno y cuatro estilo colonial. Utilizando la multiplicación de matrices, calcule el costo total de la materia prima.

66. Costos En el ejemplo 9 suponga que el contratista desea tomar en cuenta el costo de transportar la materia prima al lugar de la construcción, así como el costo de compra. Suponga que los costos están dados en la matriz siguiente:

	Compra	Transporte	
$C =$	3500	50	Acero
	1500	50	Madera
	1000	100	Vidrio
	250	10	Pintura
	3500	0	Mano de obra

(a) A partir del cálculo de RC, encuentre una matriz cuyas entradas proporcionen los costos de compra y de transporte de los materiales para cada tipo de casa.

(b) Encuentre la matriz QRC cuya primera entrada dé el precio de compra total y cuya segunda entrada dé el costo total de transporte.

(c) Sea $Z = \begin{bmatrix} 1 \\ 1 \end{bmatrix}$, calcule $QRCZ$, la cual proporciona el costo total de materiales y transporte para todas las casas que serán construidas.

67. Realice los siguientes cálculos para el ejemplo 6.

(a) Calcule la cantidad que cada industria y cada consumidor deben pagar por los bienes que reciben.

(b) Calcule la utilidad recibida por cada industria.

(c) Encuentre la cantidad total de dinero que es pagada por todas las industrias y todos los consumidores.

(d) Encuentre la proporción de la cantidad total de dinero que se determinó en (c) y es pagada por las industrias. Encuentre la proporción de la cantidad total de dinero que se determinó en (c) que es pagada por los consumidores.

68. Demuestre que si $AB = BA$, entonces $(A + B)(A - B) = A^2 - B^2$.

69. Muestre que si

$$A = \begin{bmatrix} 1 & 2 \\ 1 & 2 \end{bmatrix} \qquad y \qquad B = \begin{bmatrix} 2 & -3 \\ -1 & \frac{3}{2} \end{bmatrix}$$

entonces $AB = 0$. Observe que como ni A ni B son la matriz cero, la regla algebraica para los números reales "si $ab = 0$, entonces $a = 0$ o $b = 0$" no se cumple para las matrices. También puede demostrarse que la ley de cancelación tampoco es cierta para las matrices. Esto es, si $AB = AC$, entonces no necesariamente es cierto que $B = C$.

70. Sean D_1 y D_2 dos matrices diagonales arbitrarias de 3×3. Calcule $D_1 D_2$ y $D_2 D_1$ y muestre que:

(a) $D_1 D_2$ y $D_2 D_1$ son matrices diagonales.

(b) D_1 y D_2 *conmutan*, lo cual significa que $D_1 D_2 = D_2 D_1$.

En los problemas del 71 al 74, calcule las matrices requeridas, dado que

$$A = \begin{bmatrix} 3.2 & -4.1 & 5.1 \\ -2.6 & 1.2 & 6.8 \end{bmatrix} \quad B = \begin{bmatrix} 1.1 & 4.8 \\ -2.3 & 3.2 \\ 4.6 & -1.4 \end{bmatrix} \quad C = \begin{bmatrix} -1.2 & 1.5 \\ 2.4 & 6.2 \end{bmatrix}$$

71. $A(2B)$ **72.** $-3.1(CA)$ **73.** $3CA(-B)$ **74.** C^3

Objetivo

Mostrar cómo se reduce una matriz y utilizar la reducción de matrices para resolver un sistema lineal.

6.4 Resolución de sistemas mediante reducción de matrices

En esta sección se ilustrará un método por el cual pueden utilizarse matrices para resolver un sistema de ecuaciones lineales. En el desarrollo del *método de reducción*, primero se resolverá un sistema por medio del método usual de eliminación. Después se obtendrá la misma solución utilizando matrices.

Considere el sistema

$$\begin{cases} 3x - y = 1 & \text{(1)} \\ x + 2y = 5 & \text{(2)} \end{cases}$$

que consiste en dos ecuaciones lineales con dos incógnitas, x y y. Aunque este sistema puede resolverse por varios métodos algebraicos, aquí se resolverá mediante uno que es adaptable con facilidad a las matrices.

Por razones que más adelante serán obvias, se comienza por reemplazar la ecuación (1) por la ecuación (2) y la ecuación (2) por la (1), así se obtiene el sistema equivalente, 3, es decir, sólo se intercambian las ecuaciones y esto obviamente no cambia la solución del sistema,[3]

$$\begin{cases} x + 2y = 5 & \text{(3)} \\ 3x - y = 1 & \text{(4)} \end{cases}$$

Al multiplicar ambos lados de la ecuación (3) por -3 se obtiene $-3x - 6y = -15$. Sumando los lados izquierdo y derecho de esta ecuación a los correspondientes de la ecuación (4), se obtiene un sistema equivalente en el que x se elimina de la segunda ecuación:

$$\begin{cases} x + 2y = 5 & \text{(5)} \\ 0x - 7y = -14 & \text{(6)} \end{cases}$$

Ahora se eliminará y de la primera ecuación. Multiplicando ambos lados de la ecuación (6) por $-\frac{1}{7}$ se obtiene el sistema equivalente,

$$\begin{cases} x + 2y = 5 & \text{(7)} \\ 0x + y = 2 & \text{(8)} \end{cases}$$

De la ecuación (8), $y = 2$ y, por lo tanto, $-2y = -4$. Sumando los lados de $-2y = -4$ a los correspondientes de la ecuación (7), se obtiene el sistema equivalente,

$$\begin{cases} x + 0y = 1 \\ 0x + y = 2 \end{cases}$$

Por lo tanto, $x = 1$ y $y = 2$, de modo que el sistema original está resuelto.

Observe que en la resolución del sistema original se estuvo reemplazando de manera sucesiva a éste por un sistema equivalente, el cual se obtenía al realizar una de las tres operaciones siguientes (llamadas *operaciones elementales*) que dejan la solución sin cambio:

1. Intercambio de dos ecuaciones.
2. Multiplicación de una ecuación por una constante distinta de cero.
3. Suma de un múltiplo constante de los lados de una ecuación a los correspondientes lados de otra ecuación.

Antes de mostrar un método matricial para resolver el sistema original,

$$\begin{cases} 3x - y = 1 \\ x + 2y = 5 \end{cases}$$

primero es necesario definir algunos términos. Recuerde de la sección 6.3 que la matriz

$$\begin{bmatrix} 3 & -1 \\ 1 & 2 \end{bmatrix}$$

---

[3]Recuerde de la sección 3.4 que dos o más sistemas son equivalentes si tienen el mismo conjunto de soluciones.

es la **matriz de coeficientes** de este sistema. En la primera columna, las entradas corresponden a los coeficientes de las *x* en las ecuaciones. Por ejemplo, la entrada en el primer renglón y la primera columna corresponde al coeficiente de *x* en la primera ecuación, y la entrada en el segundo renglón y la primera columna corresponde al coeficiente de *x* en la segunda ecuación. En forma análoga, las entradas en la segunda columna corresponden a los coeficientes de las *y*.

Otra matriz asociada con este sistema es la llamada **matriz de coeficientes aumentada** y está dada por

$$\begin{bmatrix} 3 & -1 & | & 1 \\ 1 & 2 & | & 5 \end{bmatrix}$$

La primera y segunda columnas son la primera y segunda columnas, respectivamente, de la matriz de coeficientes. Las entradas en la tercera columna corresponden a los términos constantes del sistema: la entrada en el primer renglón de esta columna es el término constante de la primera ecuación, mientras que la entrada en el segundo renglón es el término constante de la segunda ecuación. Aunque no es necesario incluir la línea vertical en la matriz de coeficientes aumentada, sirve para recordar que el 1 y el 5 son los términos constantes que aparecen en el lado derecho de las ecuaciones. La matriz de coeficientes aumentada describe por completo el sistema de ecuaciones.

El procedimiento que se utilizó para resolver el sistema original involucra varios sistemas equivalentes. A cada uno de estos sistemas se le puede asociar su matriz de coeficientes aumentada. A continuación se listan los sistemas implicados junto con sus correspondientes matrices de coeficientes aumentadas, mismas que se han marcado como *A*, *B*, *C*, *D* y *E*:

$$\begin{cases} 3x - y = 1 \\ x + 2y = 5 \end{cases} \qquad \begin{bmatrix} 3 & -1 & | & 1 \\ 1 & 2 & | & 5 \end{bmatrix} = A$$

$$\begin{cases} x + 2y = 5 \\ 3x - y = 1 \end{cases} \qquad \begin{bmatrix} 1 & 2 & | & 5 \\ 3 & -1 & | & 1 \end{bmatrix} = B$$

$$\begin{cases} x + 2y = 5 \\ 0x - 7y = -14 \end{cases} \qquad \begin{bmatrix} 1 & 2 & | & 5 \\ 0 & -7 & | & -14 \end{bmatrix} = C$$

$$\begin{cases} x + 2y = 5 \\ 0x + y = 2 \end{cases} \qquad \begin{bmatrix} 1 & 2 & | & 5 \\ 0 & 1 & | & 2 \end{bmatrix} = D$$

$$\begin{cases} x + 0y = 1 \\ 0x + y = 2 \end{cases} \qquad \begin{bmatrix} 1 & 0 & | & 1 \\ 0 & 1 & | & 2 \end{bmatrix} = E$$

Ahora se verá cómo están relacionadas estas matrices.

La matriz *B* puede obtenerse a partir de *A* al intercambiar el primero y segundo renglones de *A*. Esta operación corresponde al intercambio de dos ecuaciones en el sistema original.

La matriz *C* puede obtenerse a partir de *B* sumando, a cada entrada del segundo renglón de *B*, −3 veces la entrada correspondiente del primer renglón de *B*:

$$C = \begin{bmatrix} 1 & 2 & | & 5 \\ 3 + (-3)(1) & -1 + (-3)(2) & | & 1 + (-3)(5) \end{bmatrix}$$

$$= \begin{bmatrix} 1 & 2 & | & 5 \\ 0 & -7 & | & -14 \end{bmatrix}$$

Esta operación se describe como la suma de −3 veces el primer renglón de *B* con el segundo renglón de *B*.

La matriz *D* puede obtenerse a partir de *C* multiplicando cada entrada del segundo renglón de *C* por $-\frac{1}{7}$. Esta operación se describe como la multiplicación del segundo renglón de *C* por $-\frac{1}{7}$.

La matriz *E* puede obtenerse a partir de *D* sumando −2 veces el segundo renglón de *D* al primer renglón de *D*.

Observe que E, que proporciona la solución, se obtuvo a partir de A al realizar de manera sucesiva una de tres operaciones matriciales, llamadas **operaciones elementales con renglones**:

Operaciones elementales con renglones

1. Intercambio de dos renglones de una matriz.
2. Multiplicación de un renglón de una matriz por un número distinto de cero.
3. Suma de un múltiplo de un renglón de una matriz a un renglón diferente de esa matriz.

Estas operaciones elementales con renglones corresponden a las tres operaciones elementales utilizadas en el método algebraico de eliminación. Cuando una matriz pueda obtenerse a partir de otra mediante una o más de las operaciones elementales con renglones, se dice que las matrices son **equivalentes**. Así, A y E son equivalentes (también podría obtenerse A a partir de E realizando operaciones similares con renglones en el sentido opuesto, de modo que el término *equivalente* es apropiado). Cuando se describen operaciones elementales con renglones particulares, por conveniencia se utilizará la notación siguiente:

Notación	Operación con renglón correspondiente
$R_i \leftrightarrow R_j$	Intercambiar los renglones R_i y R_j.
kR_i	Multiplicar el renglón R_i por la constante k distinta de cero.
$kR_i + R_j$	Sumar k veces el renglón R_i al renglón R_j (pero el renglón R_i permanece sin cambio).

Por ejemplo, escribir

$$\begin{bmatrix} 1 & 0 & -2 \\ 4 & -2 & 1 \\ 5 & 0 & 3 \end{bmatrix} \xrightarrow{-4R_1 + R_2} \begin{bmatrix} 1 & 0 & -2 \\ 0 & -2 & 9 \\ 5 & 0 & 3 \end{bmatrix}$$

significa que la segunda matriz se obtuvo a partir de la primera al sumar -4 veces el renglón 1 al renglón 2. Observe que puede escribirse $(-k)R_i$ como $-kR_i$.

Ahora es posible describir un procedimiento matricial para resolver un sistema de ecuaciones lineales. Primero, se forma la matriz de coeficientes aumentada del sistema; después, por medio de operaciones elementales con renglones, se determina una matriz equivalente que indique claramente la solución. Especificando con mayor precisión lo que quiere decirse con una matriz que *indique claramente la solución*, ésta es una matriz, llamada *matriz reducida*, que se definirá más adelante en esta misma página. Es conveniente definir primero un **renglón cero** de una matriz como un renglón que consiste *completamente* en ceros. Un renglón que no es un renglón cero, lo cual significa que contiene *al menos una* entrada distinta de cero, se llamará **renglón diferente de cero**. La primera entrada distinta de cero en un renglón diferente de cero se llama **entrada principal**.

Matriz reducida

Se dice que una matriz es una **matriz reducida** cuando todas las afirmaciones siguientes son ciertas:

1. Todos los renglones cero están en la parte inferior de la matriz.
2. Para cada renglón diferente de cero, la entrada principal es 1 y todas las otras entradas en la *columna* donde aparece la entrada principal son ceros.
3. La entrada principal en cada renglón está a la derecha de la entrada principal de cualquier renglón que esté arriba de él.

Puede mostrarse que cada matriz es equivalente a *exactamente una* matriz reducida. Para resolver el sistema, es necesario encontrar *la* matriz reducida tal que la matriz de coeficientes aumentada del sistema sea equivalente a ella. En el estudio previo de operaciones elementales con renglones, la matriz

$$E = \left[\begin{array}{cc|c} 1 & 0 & 1 \\ 0 & 1 & 2 \end{array} \right]$$

es una matriz reducida.

EJEMPLO 1   Matrices reducidas

Para cada una de las matrices que se muestran a continuación, determine si es reducida o no.

a. $\begin{bmatrix} 1 & 0 \\ 0 & 3 \end{bmatrix}$
   b. $\begin{bmatrix} 1 & 0 & 0 \\ 0 & 1 & 0 \end{bmatrix}$
   c. $\begin{bmatrix} 0 & 1 \\ 1 & 0 \end{bmatrix}$

d. $\begin{bmatrix} 0 & 0 & 0 \\ 0 & 0 & 0 \end{bmatrix}$
   e. $\begin{bmatrix} 1 & 0 & 0 \\ 0 & 0 & 0 \\ 0 & 1 & 0 \end{bmatrix}$
   f. $\begin{bmatrix} 0 & 1 & 0 & 3 \\ 0 & 0 & 1 & 2 \\ 0 & 0 & 0 & 0 \end{bmatrix}$

Solución:

a. No es una matriz reducida porque la entrada principal en el segundo renglón no es 1.

b. Es una matriz reducida.

c. No es una matriz reducida porque la entrada principal en el segundo renglón no se encuentra a la derecha de la entrada principal del primer renglón.

d. Es una matriz reducida.

e. No es una matriz reducida porque el segundo renglón, que es un renglón cero, no está en la parte inferior de la matriz.

f. Es una matriz reducida.

Ahora resuelva el problema 1 ◁

EJEMPLO 2   Reducción de una matriz

Reduzca la matriz

$$\begin{bmatrix} 0 & 0 & 1 & 2 \\ 3 & -6 & -3 & 0 \\ 6 & -12 & 2 & 11 \end{bmatrix}$$

> **Estrategia**   Para reducir la matriz, debe hacerse que la entrada principal sea 1 en el primer renglón, 1 en el segundo renglón y así sucesivamente hasta llegar a un renglón cero, si lo hay. Además, debe trabajarse de izquierda a derecha porque la entrada principal de cada renglón debe encontrarse a la *izquierda* de todas las otras entradas principales en los renglones de *abajo*.

Solución: Como no existen renglones cero para desplazarlos a la parte inferior, se procederá a encontrar la primera columna que tenga una entrada distinta de cero; resulta ser la columna 1. Esto significa que, en la matriz reducida, el 1 inicial en el primer renglón estará en la columna 1. Para empezar, se intercambiarán los primeros dos renglones de modo que la entrada diferente de cero esté en el primer renglón de la columna 1:

$$\begin{bmatrix} 0 & 0 & 1 & 2 \\ 3 & -6 & -3 & 0 \\ 6 & -12 & 2 & 11 \end{bmatrix} \xrightarrow{R_1 \leftrightarrow R_2} \begin{bmatrix} 3 & -6 & -3 & 0 \\ 0 & 0 & 1 & 2 \\ 6 & -12 & 2 & 11 \end{bmatrix}$$

Ahora se multiplica el renglón 1 por $\frac{1}{3}$ de modo que la entrada principal sea un 1:

$$\xrightarrow{\frac{1}{3}R_1} \begin{bmatrix} 1 & -2 & -1 & 0 \\ 0 & 0 & 1 & 2 \\ 6 & -12 & 2 & 11 \end{bmatrix}$$

Ahora, como deben tenerse ceros abajo (y arriba) de cada entrada principal, se suma -6 veces el renglón 1 al renglón 3:

$$\xrightarrow{-6R_1 + R_3} \begin{bmatrix} 1 & -2 & -1 & 0 \\ 0 & 0 & 1 & 2 \\ 0 & 0 & 8 & 11 \end{bmatrix}$$

Después, se avanza hacia la derecha de la columna 1 para encontrar la primera columna que tenga una entrada diferente de cero en el renglón 2, o bien debajo de él; se trata de la columna 3. Esto significa que, en la matriz reducida, el 1 inicial en el segundo renglón debe estar en la columna 3. La matriz anterior ya tiene el 1 ahí. Así, todo lo que se necesita para obtener ceros abajo y arriba del 1 es sumar una vez el renglón 2 al renglón 1 y sumar -8 veces el renglón 2 al renglón 3:

$$\xrightarrow[-8R_2 + R_3]{(1)R_2 + R_1} \begin{bmatrix} 1 & -2 & 0 & 2 \\ 0 & 0 & 1 & 2 \\ 0 & 0 & 0 & -5 \end{bmatrix}$$

De nuevo, se avanza hacia la derecha para encontrar la primera columna que tenga una entrada diferente de cero en el renglón 3; resulta ser la columna 4. Para hacer la entrada principal igual a 1, se multiplica el renglón 3 por $-\frac{1}{5}$:

$$\xrightarrow{-\frac{1}{5}R_3} \begin{bmatrix} 1 & -2 & 0 & 2 \\ 0 & 0 & 1 & 2 \\ 0 & 0 & 0 & 1 \end{bmatrix}$$

Por último, para hacer todas las demás entradas de la columna 4 iguales a cero, se suma -2 veces el renglón 3 a los renglones 1 y 2:

$$\xrightarrow[-2R_3 + R_2]{-2R_3 + R_1} \begin{bmatrix} 1 & -2 & 0 & 0 \\ 0 & 0 & 1 & 0 \\ 0 & 0 & 0 & 1 \end{bmatrix}$$

La última matriz está en forma reducida.

Ahora resuelva el problema 9 ◁

El método de reducción descrito para resolver el sistema original puede generalizarse a sistemas de m ecuaciones lineales con n incógnitas. Resolver un sistema como

$$\begin{cases} A_{11}x_1 + A_{12}x_2 + \cdots + A_{1n}x_n = B_1 \\ A_{21}x_1 + A_{22}x_2 + \cdots + A_{2n}x_n = B_2 \\ \quad \cdot \qquad \cdot \qquad \qquad \cdot \qquad \cdot \\ \quad \cdot \qquad \cdot \qquad \qquad \cdot \qquad \cdot \\ \quad \cdot \qquad \cdot \qquad \qquad \cdot \qquad \cdot \\ A_{m1}x_1 + A_{m2}x_2 + \cdots + A_{mn}x_n = B_m \end{cases}$$

implica:

1. determinar la matriz de coeficientes aumentada del sistema, que es

$$\begin{bmatrix} A_{11} & A_{12} & \cdots & A_{1n} & B_1 \\ A_{21} & A_{22} & \cdots & A_{2n} & B_2 \\ \cdot & \cdot & & \cdot & \cdot \\ \cdot & \cdot & & \cdot & \cdot \\ \cdot & \cdot & & \cdot & \cdot \\ A_{m1} & A_{m2} & \cdots & A_{mn} & B_m \end{bmatrix}$$

y

2. determinar *la* matriz reducida tal que la matriz de coeficientes aumentada sea equivalente.

Con frecuencia, el paso 2 es llamado *reducción de la matriz de coeficientes aumentada*.

EJEMPLO 3 Resolución de un sistema por reducción

Utilizando la reducción de matrices, resuelva el sistema

$$\begin{cases} 2x + 3y = -1 \\ 2x + y = 5 \\ x + y = 1 \end{cases}$$

APLÍQUELO ▶

8. Una compañía de inversiones ofrece tres portafolios de acciones: A, B y C. El número de bloques de cada tipo de acciones en cada uno de estos portafolios se resume en la tabla siguiente:

		Portafolio	
		A	B	C
	Alto	6	1	3
Riesgo:	Moderado	3	2	3
	Bajo	1	5	3

Un cliente quiere 35 bloques de acciones de alto riesgo, 22 bloques de riesgo moderado y 18 bloques de acciones de bajo riesgo. ¿Cuántos bloques de acciones de cada portafolio deben sugerirse?

Solución: Al reducir la matriz de coeficientes aumentada del sistema, se tiene

$$\begin{bmatrix} 2 & 3 & -1 \\ 2 & 1 & 5 \\ 1 & 1 & 1 \end{bmatrix} \xrightarrow{R_1 \leftrightarrow R_3} \begin{bmatrix} 1 & 1 & 1 \\ 2 & 1 & 5 \\ 2 & 3 & -1 \end{bmatrix}$$

$$\xrightarrow{-2R_1 + R_2} \begin{bmatrix} 1 & 1 & 1 \\ 0 & -1 & 3 \\ 2 & 3 & -1 \end{bmatrix}$$

$$\xrightarrow{-2R_1 + R_3} \begin{bmatrix} 1 & 1 & 1 \\ 0 & -1 & 3 \\ 0 & 1 & -3 \end{bmatrix}$$

$$\xrightarrow{(-1)R_2} \begin{bmatrix} 1 & 1 & 1 \\ 0 & 1 & -3 \\ 0 & 1 & -3 \end{bmatrix}$$

$$\xrightarrow{-R_2 + R_1} \begin{bmatrix} 1 & 0 & 4 \\ 0 & 1 & -3 \\ 0 & 1 & -3 \end{bmatrix}$$

$$\xrightarrow{-R_2 + R_3} \begin{bmatrix} 1 & 0 & 4 \\ 0 & 1 & -3 \\ 0 & 0 & 0 \end{bmatrix}$$

La última matriz está reducida y corresponde al sistema

$$\begin{cases} x + 0y = 4 \\ 0x + y = -3 \\ 0x + 0y = 0 \end{cases}$$

Como el sistema original es equivalente a este sistema, tiene una solución única, a saber

$$x = 4$$
$$y = -3$$

Ahora resuelva el problema 13 ◁

APLÍQUELO ▶

9. Un servicio de *spa* cuida la salud de sus clientes personalizando la dieta y los suplementos vitamínicos de cada uno de ellos. El *spa* ofrece tres diferentes suplementos vitamínicos, cada uno con diferentes porcentajes de la cantidad diaria recomendada (CDR) de vitaminas A, C y D. Una tableta de suplemento X proporciona 40% de la CDR de A, 20% de la CDR de C y 10% de la CDR de D. Una tableta de suplemento Y proporciona 10% de la CDR de A, 10% de la CDR de C y 30% de la CDR de D. Una tableta de suplemento Z proporciona 10% de la CDR de A, 50% de la CDR de C y 20% de la CDR de D. El personal del *spa* determina que una cliente debe tomar 180% de la CDR de vitamina A, 200% de CDR de la vitamina C y 190% de la CDR de la vitamina D, diariamente. ¿Cuántas tabletas de cada suplemento debe tomar la cliente cada día?

EJEMPLO 4 **Solución de un sistema por reducción**

Utilice la reducción de matrices para resolver

$$\begin{cases} x + 2y + 4z - 6 = 0 \\ 2z + y - 3 = 0 \\ x + y + 2z - 1 = 0 \end{cases}$$

Solución: Al escribir nuevamente el sistema de modo que las variables estén alineadas y los términos constantes aparezcan en los lados derechos de las ecuaciones, se tiene

$$\begin{cases} x + 2y + 4z = 6 \\ y + 2z = 3 \\ x + y + 2z = 1 \end{cases}$$

Reduciendo la matriz aumentada, se obtiene

$$\begin{bmatrix} 1 & 2 & 4 & 6 \\ 0 & 1 & 2 & 3 \\ 1 & 1 & 2 & 1 \end{bmatrix} \xrightarrow{-R_1 + R_3} \begin{bmatrix} 1 & 2 & 4 & 6 \\ 0 & 1 & 2 & 3 \\ 0 & -1 & -2 & -5 \end{bmatrix}$$

$$\xrightarrow[\;(1)R_2 + R_3\;]{-2R_2 + R_1} \begin{bmatrix} 1 & 0 & 0 & 0 \\ 0 & 1 & 2 & 3 \\ 0 & 0 & 0 & -2 \end{bmatrix}$$

$$\xrightarrow{-\frac{1}{2}R_3} \begin{bmatrix} 1 & 0 & 0 & | & 0 \\ 0 & 1 & 2 & | & 3 \\ 0 & 0 & 0 & | & 1 \end{bmatrix}$$

$$\xrightarrow{-3R_3 + R_2} \begin{bmatrix} 1 & 0 & 0 & | & 0 \\ 0 & 1 & 2 & | & 0 \\ 0 & 0 & 0 & | & 1 \end{bmatrix}$$

La última matriz está reducida y corresponde a

$$\begin{cases} x = 0 \\ y + 2z = 0 \\ 0 = 1 \end{cases}$$

Como $0 \neq 1$, no existen valores de x, y y z para los cuales todas las ecuaciones sean satisfechas de manera simultánea. Por lo tanto, el sistema original no tiene solución.

Ahora resuelva el problema 15 ◁

Cada vez que se obtenga un renglón con ceros en el lado izquierdo de la línea vertical y una entrada diferente de cero a la derecha, no existe solución.

APLÍQUELO ▶

10. Una veterinaria zootecnista puede comprar alimento para animales de cuatro diferentes tipos: A, B, C y D. Cada alimento viene en el mismo tamaño de bolsa y la cantidad de gramos de cada uno de tres nutrimentos incluidos en cada bolsa se resume en la tabla siguiente:

		Alimento			
		A	B	C	D
	N_1	5	5	10	5
Nutrimento	N_2	10	5	30	10
	N_3	5	15	10	25

Para cierto animal, la veterinaria determina que necesita combinar las bolsas para obtener 10 000 g de N_1, 20 000 g de N_2 y 20 000 g de N_3. ¿Cuántas bolsas de cada tipo de alimento debe ordenar?

EJEMPLO 5   Forma paramétrica de una solución

Utilice la reducción de matrices para resolver

$$\begin{cases} 2x_1 + 3x_2 + 2x_3 + 6x_4 = 10 \\ x_2 + 2x_3 + x_4 = 2 \\ 3x_1 - 3x_3 + 6x_4 = 9 \end{cases}$$

Solución: Al reducir la matriz de coeficientes aumentada, se tiene

$$\begin{bmatrix} 2 & 3 & 2 & 6 & | & 10 \\ 0 & 1 & 2 & 1 & | & 2 \\ 3 & 0 & -3 & 6 & | & 9 \end{bmatrix} \xrightarrow{\frac{1}{2}R_1} \begin{bmatrix} 1 & \frac{3}{2} & 1 & 3 & | & 5 \\ 0 & 1 & 2 & 1 & | & 2 \\ 3 & 0 & -3 & 6 & | & 9 \end{bmatrix}$$

$$\xrightarrow{-3R_1 + R_3} \begin{bmatrix} 1 & \frac{3}{2} & 1 & 3 & | & 5 \\ 0 & 1 & 2 & 1 & | & 2 \\ 0 & -\frac{9}{2} & -6 & -3 & | & -6 \end{bmatrix}$$

$$\xrightarrow[\frac{9}{2}R_2 + R_3]{-\frac{3}{2}R_2 + R_1} \begin{bmatrix} 1 & 0 & -2 & \frac{3}{2} & | & 2 \\ 0 & 1 & 2 & 1 & | & 2 \\ 0 & 0 & 3 & \frac{3}{2} & | & 3 \end{bmatrix}$$

$$\xrightarrow{\frac{1}{3}R_3} \begin{bmatrix} 1 & 0 & -2 & \frac{3}{2} & | & 2 \\ 0 & 1 & 2 & 1 & | & 2 \\ 0 & 0 & 1 & \frac{1}{2} & | & 1 \end{bmatrix}$$

$$\xrightarrow[-2R_3 + R_2]{2R_3 + R_1} \begin{bmatrix} 1 & 0 & 0 & \frac{5}{2} & | & 4 \\ 0 & 1 & 0 & 0 & | & 0 \\ 0 & 0 & 1 & \frac{1}{2} & | & 1 \end{bmatrix}$$

Esta matriz está reducida y corresponde al sistema

$$\begin{cases} x_1 + \frac{5}{2}x_4 = 4 \\ x_2 = 0 \\ x_3 + \frac{1}{2}x_4 = 1 \end{cases}$$

Por lo tanto,

$$x_1 = 4 - \tfrac{5}{2}x_4 \qquad (9)$$

$$x_2 = 0 \qquad (10)$$

$$x_3 = 1 - \tfrac{1}{2}x_4 \qquad (11)$$

El sistema no impone restricciones sobre x_4, de manera que esta variable puede tomar *cualquier* valor real. Si se agrega

$$x_4 = x_4 \qquad (12)$$

a las ecuaciones anteriores, entonces se habrán expresado las cuatro incógnitas en términos de x_4 y esto es la solución *general* del sistema original.

Para cualquier valor particular de x_4, las ecuaciones de la (9) a la (12) determinan una solución *particular* para el sistema original. Por ejemplo, si $x_4 = 0$, entonces una solución *particular* es

$$x_1 = 4 \qquad x_2 = 0 \qquad x_3 = 1 \qquad x_4 = 0$$

Si $x_4 = 2$, entonces

$$x_1 = -1 \qquad x_2 = 0 \qquad x_3 = 0 \qquad x_4 = 2$$

es otra solución particular. Como hay una cantidad infinita de posibilidades para x_4, existe un número infinito de soluciones para el sistema original.

Recuerde (vea los ejemplos 3 y 6 de la sección 3.4) que, si se desea, es posible escribir $x_4 = r$ y hacer referencia a esta nueva variable r como un *parámetro*. (Sin embargo, no hay nada especial acerca del nombre r de manera que podría considerarse a x_4 como el parámetro del cual dependen *todas* las variables originales. Observe que es posible escribir $x_2 = 0 + 0x_4$ y $x_4 = 0 + 1x_4$). Si se denota el parámetro mediante r, la solución del sistema original está dada por

$$x_1 = 4 - \tfrac{5}{2}r$$

$$x_2 = 0 + 0r$$

$$x_3 = 1 - \tfrac{1}{2}r$$

$$x_4 = 0 + 1r$$

donde r es cualquier número real y se dice que se tiene una *familia* de soluciones *con un parámetro*. Ahora, con el conocimiento de la suma de matrices y la multiplicación por un escalar, se puede decir un poco más acerca de tales familias. Observe que

$$\begin{bmatrix} x_1 \\ x_2 \\ x_3 \\ x_4 \end{bmatrix} = \begin{bmatrix} 4 \\ 0 \\ 1 \\ 0 \end{bmatrix} + r \begin{bmatrix} -\tfrac{5}{2} \\ 0 \\ -\tfrac{1}{2} \\ 1 \end{bmatrix}$$

Los lectores familiarizados con la geometría analítica verán que las soluciones forman una

recta en el espacio $x_1x_2x_3x_4$, la cual pasa a través del *punto* $\begin{bmatrix} 4 \\ 0 \\ 1 \\ 0 \end{bmatrix}$ y en la *dirección* del seg-

mento de recta que une a $\begin{bmatrix} 0 \\ 0 \\ 0 \\ 0 \end{bmatrix}$ y $\begin{bmatrix} -\tfrac{5}{2} \\ 0 \\ -\tfrac{1}{2} \\ 1 \end{bmatrix}$.

Ahora resuelva el problema 17 ◁

Los ejemplos del 3 al 5 ilustran el hecho de que un sistema de ecuaciones lineales puede tener una solución única, ninguna solución o un número infinito de soluciones.

PROBLEMAS 6.4

En los problemas del 1 al 6, determine si la matriz es reducida o no.

1. $\begin{bmatrix} 1 & 2 \\ 7 & 0 \end{bmatrix}$
   2. $\begin{bmatrix} 1 & 0 & 0 & 3 \\ 0 & 0 & 1 & 2 \end{bmatrix}$
   3. $\begin{bmatrix} 1 & 0 & 0 \\ 0 & 1 & 0 \\ 0 & 0 & 1 \end{bmatrix}$

4. $\begin{bmatrix} 1 & 1 \\ 0 & 1 \\ 0 & 0 \\ 0 & 0 \end{bmatrix}$
   5. $\begin{bmatrix} 0 & 0 & 0 & 0 \\ 0 & 1 & 0 & 0 \\ 0 & 0 & 1 & 0 \\ 0 & 0 & 0 & 0 \end{bmatrix}$
   6. $\begin{bmatrix} 0 & 0 & 1 \\ 1 & 0 & 0 \\ 0 & 1 & 0 \\ 0 & 0 & 0 \end{bmatrix}$

En los problemas del 7 al 12, reduzca la matriz dada.

7. $\begin{bmatrix} 1 & 3 \\ 4 & 0 \end{bmatrix}$
   8. $\begin{bmatrix} 0 & -3 & 0 & 2 \\ 1 & 5 & 0 & 2 \end{bmatrix}$
   9. $\begin{bmatrix} 2 & 4 & 6 \\ 1 & 2 & 3 \\ 1 & 2 & 3 \end{bmatrix}$

10. $\begin{bmatrix} 2 & 3 \\ 1 & -6 \\ 4 & 8 \\ 1 & 7 \end{bmatrix}$
    11. $\begin{bmatrix} 2 & 3 & 4 & 1 \\ 1 & 7 & 2 & 3 \\ -1 & 4 & 2 & 0 \\ 0 & 1 & 1 & 0 \end{bmatrix}$
    12. $\begin{bmatrix} 0 & 0 & 2 \\ 2 & 0 & 3 \\ 0 & -1 & 0 \\ 0 & 4 & 1 \end{bmatrix}$

Resuelva los sistemas de los problemas del 13 al 26 por el método de reducción.

13. $\begin{cases} 2x - 7y = 50 \\ x + 3y = 10 \end{cases}$

14. $\begin{cases} x - 3y = -11 \\ 4x + 3y = 9 \end{cases}$

15. $\begin{cases} 3x + y = 4 \\ 12x + 4y = 2 \end{cases}$

16. $\begin{cases} 3x + 2y - z = 1 \\ -x - 2y - 3z = 1 \end{cases}$

17. $\begin{cases} x + 2y + z - 4 = 0 \\ 3x + 2z - 5 = 0 \end{cases}$

18. $\begin{cases} x + 3y + 2z - 1 = 0 \\ x + y + 5z - 10 = 0 \end{cases}$

19. $\begin{cases} x_1 - 3x_2 = 0 \\ 2x_1 + 2x_2 = 3 \\ 5x_1 - x_2 = 1 \end{cases}$

20. $\begin{cases} x_1 + 4x_2 = 9 \\ 3x_1 - x_2 = 6 \\ x_1 - x_2 = 2 \end{cases}$

21. $\begin{cases} x + 3y = 2 \\ 2x + 7y = 4 \\ x + 5y + z = 5 \end{cases}$

22. $\begin{cases} x + y - z = 7 \\ 2x - 3y - 2z = 4 \\ x - y - 5z = 23 \end{cases}$

23. $\begin{cases} 2x - 4z = 8 \\ x - 2y - 2z = 14 \\ x + y - 2z = -1 \\ 3x + y + z = 0 \end{cases}$

24. $\begin{cases} x + 3z = -1 \\ 3x + 2y + 11z = 1 \\ x + y + 4z = 1 \\ 2x - 3y + 3z = -8 \end{cases}$

25. $\begin{cases} x_1 - x_2 - x_3 - x_4 - x_5 = 0 \\ x_1 + x_2 - x_3 - x_4 - x_5 = 0 \\ x_1 + x_2 + x_3 - x_4 - x_5 = 0 \\ x_1 + x_2 + x_3 + x_4 - x_5 = 0 \end{cases}$

26. $\begin{cases} x_1 + x_2 + x_3 + x_4 = 0 \\ x_1 + x_2 + x_3 - x_4 = 0 \\ x_1 + x_2 - x_3 - x_4 = 0 \\ x_1 - x_2 - x_3 + x_4 = 0 \end{cases}$

Resuelva los problemas del 27 al 33 utilizando la reducción de matrices

27. Impuestos   Una compañía tiene ingresos gravables por $312 000. El impuesto federal es 25% de la parte que resta después de pagar el impuesto estatal. El impuesto estatal es 10% de la parte que resta después de pagar el impuesto federal. Encuentre el monto de los impuestos federal y estatal de la compañía.

28. Toma de decisiones   Un fabricante elabora dos productos, A y B. Por cada unidad que vende de A la ganancia es de $8 y por cada unidad que vende de B la ganancia es de $11. Con base en la experiencia, se ha encontrado que puede venderse 25% más de A que de B. Para el año próximo, el fabricante desea una ganancia total de $42 000. ¿Cuántas unidades de cada producto debe vender?

29. Programa de producción   Un fabricante produce tres artículos: A, B y C. La utilidad por cada unidad vendida de A, B y C es $1, $2 y $3, respectivamente. Los costos fijos son de $17 000 por año y los costos de producción por cada unidad son $4, $5 y $7, respectivamente. El año siguiente se producirán y venderán un total de 11 000 unidades entre los tres productos y se obtendrá una utilidad total de $25 000. Si el costo total será de $80 000, ¿cuántas unidades de cada producto deberán producirse el año siguiente?

30. Asignación de producción   La compañía Escritorios Nacionales tiene plantas para la producción de escritorios en la costa Este y en la costa Oeste de Estados Unidos. En la planta de la costa Este, los costos fijos son de $20 000 por año y el costo de producción de cada escritorio es de $90. En la planta de la costa Oeste, los costos fijos son de $18 000 por año y el costo de producción de cada escritorio es de $95. El año próximo, la compañía quiere producir un total de 800 escritorios. Determine la orden de producción para cada una de las plantas el siguiente año si el costo total para cada planta debe ser el mismo.

31. Vitaminas   A una persona el doctor le prescribió tomar 10 unidades de vitamina A, 9 unidades de vitamina D y 19 unidades de vitamina E diariamente. La persona puede elegir entre tres marcas de píldoras vitamínicas. La marca X contiene 2 unidades de vitamina A, 3 de vitamina D y 5 de vitamina E; la marca Y tiene 1, 3 y 4 unidades, respectivamente; la marca Z tiene 1 unidad de vitamina A, ninguna de vitamina D y 1 unidad de vitamina E.

(a) Encuentre todas las combinaciones posibles de píldoras que proporcionen de manera exacta las cantidades requeridas.
(b) Si cada píldora de la marca X cuesta 1 centavo; de la marca Y 6 centavos y de la marca Z 3 centavos, ¿existe alguna combinación del inciso (a) que cueste exactamente 15 centavos por día?
(c) ¿Cuál es la combinación menos cara del inciso (a)? ¿La más cara?

32. Producción   Una compañía produce tres artículos. A, B y C, que requiere se procesen en tres máquinas I, II y III. El tiempo en horas requerido para el procesamiento de cada producto por las tres máquinas está dado en la tabla siguiente:

	A	B	C
I	3	1	2
II	1	2	1
III	2	4	1

La máquina I está disponible 440 horas, la II durante 310 horas y la III 560 horas. Encuentre cuántas unidades de cada artículo deben producirse para utilizar todo el tiempo disponible de las máquinas.

33. Inversiones   Una compañía de inversiones vende tres tipos de fondos de inversión, estándar (E), de lujo (D) y Gold Star (G). Cada unidad de E tiene 12 acciones tipo A, 16 tipo B y 8 tipo C. Cada unidad de D tiene 20 acciones tipo A, 12 tipo B y 28 de C. Cada unidad de G tiene 32 acciones tipo A, 28 tipo B y 36 de C.

Suponga que un inversionista desea comprar exactamente 220 acciones tipo A, 176 tipo B y 264 tipo C combinando unidades de los tres fondos.

(a) Determine las combinaciones de unidades E, D y G que satisfagan exactamente los requerimientos del inversionista.

(b) Suponga que cada unidad de E cuesta al inversionista $300, cada unidad D $400 y cada unidad G $600. ¿Cuál de las combinaciones del inciso (a) minimizará el costo total del inversionista?

Objetivo

Centrar la atención en sistemas no homogéneos que incluyan más de un parámetro en su solución general, así como resolver y considerar la teoría de los sistemas homogéneos.

6.5 Resolución de sistemas mediante reducción de matrices (*continuación*)

Tal como se vio en la sección 6.4, un sistema de ecuaciones lineales puede tener una solución única, ninguna solución o un número infinito de soluciones. Cuando existe un número infinito de soluciones, la solución general se expresa en términos de al menos un parámetro. En el ejemplo 5, la solución general se dio en términos del parámetro r:

$$x_1 = 4 - \tfrac{5}{2}r$$
$$x_2 = 0$$
$$x_3 = 1 - \tfrac{1}{2}r$$
$$x_4 = r$$

En ocasiones, es necesario más de un parámetro,[4] como lo muestra el ejemplo siguiente.

EJEMPLO 1   Familia de soluciones con dos parámetros

Utilizando la reducción de matrices, resuelva

$$\begin{cases} x_1 + 2x_2 + 5x_3 + 5x_4 = -3 \\ x_1 + \ x_2 + 3x_3 + 4x_4 = -1 \\ x_1 - \ x_2 - \ x_3 + 2x_4 = \ \ 3 \end{cases}$$

Solución: La matriz de coeficientes aumentada es

$$\begin{bmatrix} 1 & 2 & 5 & 5 & -3 \\ 1 & 1 & 3 & 4 & -1 \\ 1 & -1 & -1 & 2 & 3 \end{bmatrix}$$

cuya forma reducida es

$$\begin{bmatrix} 1 & 0 & 1 & 3 & 1 \\ 0 & 1 & 2 & 1 & -2 \\ 0 & 0 & 0 & 0 & 0 \end{bmatrix}$$

De aquí, se tiene que

$$\begin{cases} x_1 + \ x_3 + 3x_4 = \ \ 1 \\ x_2 + 2x_3 + \ x_4 = -2 \end{cases}$$

a partir de lo cual

$$x_1 = \ \ 1 - \ x_3 - 3x_4$$
$$x_2 = -2 - 2x_3 - \ x_4$$

Como no hay restricción sobre x_3 ni sobre x_4, pueden ser cualesquiera números reales, lo que resulta es una familia paramétrica de soluciones. Haciendo $x_3 = r$ y $x_4 = s$, puede obtenerse

---

[4]Vea el ejemplo 7 de la sección 3.4.

la solución del sistema dado como

$$x_1 = 1 - r - 3s$$
$$x_2 = -2 - 2r - s$$
$$x_3 = r$$
$$x_4 = s$$

donde los parámetros r y s pueden ser cualquier número real. Asignando valores específicos a r y s, se obtienen soluciones particulares. Por ejemplo, si $r = 1$ y $s = 2$, entonces la solución particular correspondiente es $x_1 = -6$, $x_2 = -6$, $x_3 = 1$ y $x_4 = 2$. Igual que en el caso de un parámetro, es posible profundizar más y escribir

$$\begin{bmatrix} x_1 \\ x_2 \\ x_3 \\ x_4 \end{bmatrix} = \begin{bmatrix} 1 \\ -2 \\ 0 \\ 0 \end{bmatrix} + r \begin{bmatrix} -1 \\ -2 \\ 1 \\ 0 \end{bmatrix} + s \begin{bmatrix} -3 \\ -1 \\ 0 \\ 1 \end{bmatrix}$$

que puede mostrarse para exhibir la familia de soluciones como un *plano* a través de $\begin{bmatrix} 1 \\ -2 \\ 0 \\ 0 \end{bmatrix}$ en el espacio $x_1x_2x_3x_4$.

Ahora resuelva el problema 1 ◁

Es común clasificar a un sistema de ecuaciones lineales como *homogéneo* o *no homogéneo*, dependiendo de si todos los términos constantes son o no iguales a cero.

Definición

El sistema

$$\begin{cases} A_{11}x_1 + A_{12}x_2 + \cdots + A_{1n}x_n = B_1 \\ A_{21}x_1 + A_{22}x_2 + \cdots + A_{2n}x_n = B_2 \\ \quad \vdots \qquad\qquad \vdots \qquad\qquad\qquad \vdots \\ A_{m1}x_1 + A_{m2}x_2 + \cdots + A_{mn}x_n = B_m \end{cases}$$

se llama **sistema homogéneo** si $B_1 = B_2 = \cdots = B_m = 0$. El sistema es un **sistema no homogéneo** si al menos una de las B_i no es igual a 0.

EJEMPLO 2   **Sistemas no homogéneos y homogéneos**

El sistema

$$\begin{cases} 2x + 3y = 4 \\ 3x - 4y = 0 \end{cases}$$

es no homogéneo debido al 4 de la primera ecuación. El sistema

$$\begin{cases} 2x + 3y = 0 \\ 3x - 4y = 0 \end{cases}$$

es homogéneo.

◁

Si el sistema homogéneo

$$\begin{cases} 2x + 3y = 0 \\ 3x - 4y = 0 \end{cases}$$

se resolviera por el método de reducción, la matriz aumentada se escribiría primero como:

$$\left[\begin{array}{cc|c} 2 & 3 & 0 \\ 3 & -4 & 0 \end{array}\right]$$

Observe que la última columna consiste sólo en ceros. Esto es común en la matriz de coeficientes aumentada de cualquier sistema homogéneo. Esta matriz se reduciría utilizando las operaciones elementales con renglones:

$$\left[\begin{array}{cc|c} 2 & 3 & 0 \\ 3 & -4 & 0 \end{array}\right] \rightarrow \cdots \rightarrow \left[\begin{array}{cc|c} 1 & 0 & 0 \\ 0 & 1 & 0 \end{array}\right]$$

La última columna de la matriz reducida también contiene sólo ceros. Esto no ocurre por casualidad. Cuando cualquiera de las operaciones elementales con renglones se realiza sobre una matriz que tiene una columna consistente sólo en ceros, también la columna correspondiente de la matriz resultante tiene solamente ceros. Cuando se resuelve un sistema homogéneo por reducción de matrices, por conveniencia, se acostumbra eliminar la última columna de la matriz involucrada. Esto es, se reducirá sólo la *matriz de coeficientes* del sistema. Para el sistema anterior se tendría

$$\left[\begin{array}{cc} 2 & 3 \\ 3 & -4 \end{array}\right] \rightarrow \cdots \rightarrow \left[\begin{array}{cc} 1 & 0 \\ 0 & 1 \end{array}\right]$$

Aquí, la matriz reducida, llamada *matriz de coeficientes reducida*, corresponde al sistema:

$$\begin{cases} x + 0y = 0 \\ 0x + y = 0 \end{cases}$$

de modo que la solución es $x = 0$ y $y = 0$.

Ahora se considerará el número de soluciones del sistema homogéneo

$$\begin{cases} A_{11}x_1 + A_{12}x_2 + \cdots + A_{1n}x_n = 0 \\ A_{21}x_1 + A_{22}x_2 + \cdots + A_{2n}x_n = 0 \\ \quad \vdots \qquad \quad \vdots \qquad \qquad \quad \vdots \\ A_{m1}x_1 + A_{m2}x_2 + \cdots + A_{mn}x_n = 0 \end{cases}$$

Cuando $x_1 = 0, x_2 = 0, \ldots, x_n = 0$, siempre ocurre una solución puesto que cada ecuación se satisface para estos valores. Esta solución, llamada **solución trivial**, es una solución de *todo* sistema homogéneo y se deduce de la ecuación matricial.

$$A0_n = 0_m$$

donde 0_n es el vector columna de $n \times 1$ (y 0_m es el vector columna de $m \times 1$).

Existe un teorema que permite determinar si un sistema homogéneo tiene una solución única (la solución trivial) o un número infinito de soluciones. El teorema está basado en el número de renglones diferentes de cero que aparecen en la matriz reducida del sistema. Recuerde que un *renglón diferente de cero* es un renglón que no consiste sólo en ceros.

Teorema

Sea A la matriz de coeficientes *reducida* de un sistema homogéneo de m ecuaciones lineales con n incógnitas. Si A tiene exactamente k renglones diferentes de cero, entonces $k \leq n$. Además,

1. si $k < n$, el sistema tiene un número infinito de soluciones y

2. si $k = n$, el sistema tiene una solución única (la solución trivial).

Si un sistema homogéneo consiste en m ecuaciones con n incógnitas, entonces la matriz de coeficientes del sistema tiene un tamaño de $m \times n$. Por lo tanto, si $m < n$ y k es el número de renglones diferentes de cero en la matriz de coeficientes reducida, entonces $k \leq m$ y, por consiguiente, $k < n$. Por el teorema precedente, el sistema debe tener un número infinito de soluciones. En consecuencia, se tiene el siguiente corolario.

Corolario

Un sistema homogéneo de ecuaciones lineales con menos ecuaciones que incógnitas tiene un número infinito de soluciones.

¡ADVERTENCIA!

El teorema y el corolario anteriores sólo se aplican a sistemas **homogéneos** de ecuaciones lineales. Por ejemplo, considere el sistema

$$\begin{cases} x + y - 2z = 3 \\ 2x + 2y - 4z = 4 \end{cases}$$

el cual consiste en dos ecuaciones lineales con tres incógnitas. **No es posible** concluir que este sistema tiene un número infinito de soluciones, puesto que no es homogéneo. De hecho, debe comprobarse que este sistema no tiene solución.

APLÍQUELO ▶

11. En el espacio tridimensional, un plano puede escribirse como $ax + by + cz = d$. Es posible determinar las intersecciones probables que tengan esta forma escribiéndolas como sistemas de ecuaciones lineales y empleando la reducción para resolverlas. Si en cada ecuación $d = 0$, entonces se tiene un sistema homogéneo con solución única o con un número infinito de soluciones. Determine si la intersección de los planos

$$5x + 3y + 4z = 0$$
$$6x + 8y + 7z = 0$$
$$3x + 1y + 2z = 0$$

tiene solución única o un número infinito de soluciones; después resuelva el sistema.

EJEMPLO 3   Número de soluciones de un sistema homogéneo

Determine si el sistema

$$\begin{cases} x + y - 2z = 0 \\ 2x + 2y - 4z = 0 \end{cases}$$

tiene solución única o un número infinito de soluciones.

Solución: Hay dos ecuaciones en este sistema homogéneo y este número es menor que el número de incógnitas (tres). Así, por el corolario anterior, el sistema tiene un número infinito de soluciones.

Ahora resuelva el problema 9 ◁

EJEMPLO 4   Resolución de sistemas homogéneos

Determine si los sistemas homogéneos siguientes tienen solución única o un número infinito de soluciones, después resuelva los sistemas.

a. $\begin{cases} x - 2y + z = 0 \\ 2x - y + 5z = 0 \\ x + y + 4z = 0 \end{cases}$

Solución: Al reducir la matriz de coeficientes, se tiene

$$\begin{bmatrix} 1 & -2 & 1 \\ 2 & -1 & 5 \\ 1 & 1 & 4 \end{bmatrix} \rightarrow \cdots \rightarrow \begin{bmatrix} 1 & 0 & 3 \\ 0 & 1 & 1 \\ 0 & 0 & 0 \end{bmatrix}$$

El número de renglones diferentes de cero, 2, que hay en la matriz de coeficientes reducida es menor que el número de incógnitas, 3, presentes en el sistema. Por el teorema anterior, concluimos que existe un número infinito de soluciones.

Como la matriz de coeficientes reducida corresponde a

$$\begin{cases} x + 3z = 0 \\ y + z = 0 \end{cases}$$

la solución puede estar dada en forma paramétrica por

$$x = -3r$$
$$y = -r$$
$$z = r$$

donde r es cualquier número real.

b. $\begin{cases} 3x + 4y = 0 \\ x - 2y = 0 \\ 2x + y = 0 \\ 2x + 3y = 0 \end{cases}$

Solución: Reduciendo la matriz de coeficientes, se tiene

$$\begin{bmatrix} 3 & 4 \\ 1 & -2 \\ 2 & 1 \\ 2 & 3 \end{bmatrix} \rightarrow \cdots \rightarrow \begin{bmatrix} 1 & 0 \\ 0 & 1 \\ 0 & 0 \\ 0 & 0 \end{bmatrix}$$

El número de renglones diferentes de cero (2) que hay en la matriz de coeficientes reducida es igual al número de incógnitas presentes en el sistema. Por el teorema, el sistema debe tener solución única, a saber, la solución trivial $x = 0$, $y = 0$.

Ahora resuelva el problema 13 ◁

PROBLEMAS 6.5

En los problemas del 1 al 8, resuelva los sistemas por reducción de matrices.

1. $\begin{cases} w + x - y - 9z = -3 \\ 2w + 3x + 2y + 15z = 12 \\ 2w + x + 2y + 5z = 8 \end{cases}$

2. $\begin{cases} 2w + x + 10y + 15z = -5 \\ w - 5x + 2y + 15z = -10 \\ w + x + 6y + 12z = 9 \end{cases}$

3. $\begin{cases} 3w - x - 3y - z = -2 \\ 2w - 2x - 6y - 6z = -4 \\ 2w - x - 3y - 2z = -2 \\ 3w + x + 3y + 7z = 2 \end{cases}$

4. $\begin{cases} w + x + 5z = 1 \\ w + y + 2z = 1 \\ w - 3x + 4y - 7z = 1 \\ x - y + 3z = 0 \end{cases}$

5. $\begin{cases} w - 3x + y - z = 5 \\ w - 3x - y + 3z = 1 \\ 3w - 9x + y + z = 11 \\ 2w - 6x - y + 4z = 4 \end{cases}$

6. $\begin{cases} w + x + y + 2z = 4 \\ 2w + x + 2y + 2z = 7 \\ w + 2x + y + 4z = 5 \\ 3w - 2x + 3y - 4z = 7 \\ 4w - 3x + 4y - 6z = 9 \end{cases}$

7. $\begin{cases} 4x_1 - 3x_2 + 5x_3 - 10x_4 + 11x_5 = -8 \\ 2x_1 + x_2 + 5x_3 + 3x_5 = 6 \end{cases}$

8. $\begin{cases} x_1 + 3x_3 + x_4 + 4x_5 = 1 \\ x_2 + x_3 - 2x_4 = 0 \\ 2x_1 - 2x_2 + 3x_3 + 10x_4 + 15x_5 = 10 \\ x_1 + 2x_2 + 3x_3 - 2x_4 + 2x_5 = -2 \end{cases}$

Para los problemas del 9 al 14, determine si el sistema tiene un número infinito de soluciones o solamente la solución trivial. No resuelva los sistemas.

9. $\begin{cases} 1.06x + 2.3y - 0.05z = 0 \\ 1.055x - 0.6y + 0.09z = 0 \end{cases}$

10. $\begin{cases} 5w + 7x - 2y - 5z = 0 \\ 7w - 6x + 9y - 5z = 0 \end{cases}$

11. $\begin{cases} 3x - 4y = 0 \\ x + 5y = 0 \\ 4x - y = 0 \end{cases}$

12. $\begin{cases} 2x + 3y + 12z = 0 \\ 3x - 2y + 5z = 0 \\ 4x + y + 14z = 0 \end{cases}$

13. $\begin{cases} x + y + z = 0 \\ x - z = 0 \\ x - 2y - 5z = 0 \end{cases}$

14. $\begin{cases} 3x + 2y - 2z = 0 \\ 2x + 2y - 2z = 0 \\ -4y + 5z = 0 \end{cases}$

Resuelva cada uno de los siguientes sistemas.

15. $\begin{cases} 2x + 3y = 0 \\ 5x - 7y = 0 \end{cases}$

16. $\begin{cases} 2x - 5y = 0 \\ 8x - 20y = 0 \end{cases}$

17. $\begin{cases} x + 6y - 2z = 0 \\ 2x - 3y + 4z = 0 \end{cases}$

18. $\begin{cases} 4x + 7y = 0 \\ 2x + 3y = 0 \end{cases}$

19. $\begin{cases} x + y = 0 \\ 3x - 4y = 0 \\ 5x - 8y = 0 \end{cases}$

20. $\begin{cases} 2x + y + z = 0 \\ x - y + 2z = 0 \\ x + y + z = 0 \end{cases}$

21. $\begin{cases} x + y + z = 0 \\ -7y - 14z = 0 \\ -2y - 4z = 0 \\ -5y - 10z = 0 \end{cases}$

22. $\begin{cases} x + y + 7z = 0 \\ x - y - z = 0 \\ 2x - 3y - 6z = 0 \\ 3x + y + 13z = 0 \end{cases}$

23. $\begin{cases} w + x + y + 4z = 0 \\ w + x + 5z = 0 \\ 2w + x + 3y + 4z = 0 \\ w - 3x + 2y - 9z = 0 \end{cases}$

24. $\begin{cases} w + x + 2y + 7z = 0 \\ w - 2x - y + z = 0 \\ w + 2x + 3y + 9z = 0 \\ 2w - 3x - y + 4z = 0 \end{cases}$

Objetivo

Determinar la inversa de una matriz invertible y utilizar las inversas para resolver sistemas.

6.6 Inversas

Se ha visto que el método de reducción es muy útil para resolver sistemas de ecuaciones lineales. Pero eso no significa que sea el único método que utiliza matrices. En esta sección, se estudiará un método diferente que se aplica a *ciertos* sistemas de n ecuaciones lineales con n incógnitas.

En la sección 6.3, se mostró cómo puede escribirse un sistema de ecuaciones lineales en forma matricial como una sola ecuación matricial $AX = B$, donde A es la matriz de coeficientes. Por ejemplo, el sistema

$$\begin{cases} x_1 + 2x_2 = 3 \\ x_1 - x_2 = 1 \end{cases}$$

puede escribirse en la forma matricial $AX = B$, donde

$$A = \begin{bmatrix} 1 & 2 \\ 1 & -1 \end{bmatrix} \qquad X = \begin{bmatrix} x_1 \\ x_2 \end{bmatrix} \qquad B = \begin{bmatrix} 3 \\ 1 \end{bmatrix}$$

Una motivación para lo que ahora estamos considerando proviene de la inspección del procedimiento de solución de la ecuación algebraica $ax = b$. La última ecuación se resuelve simplemente al multiplicar ambos lados por el inverso multiplicativo de a. [Recuerde que el inverso multiplicativo de un número a diferente de cero está denotado por a^{-1} (que es $1/a$) y tiene la propiedad de que $a^{-1}a = 1$]. Por ejemplo, si $3x = 11$, entonces

$$3^{-1}(3x) = 3^{-1}(11) \quad \text{de modo que} \quad x = \frac{11}{3}$$

Si se puede aplicar un procedimiento similar a la ecuación *matricial*

$$AX = B \tag{1}$$

entonces se necesita un inverso multiplicativo de A —esto es, una matriz C tal que $CA = I$—. Si se tiene esa C, entonces basta con multiplicar ambos lados de la ecuación (1) por C para obtener

$$C(AX) = CB$$
$$(CA)X = CB$$
$$IX = CB$$
$$X = CB$$

Esto muestra que *si* existe una solución de $AX = B$, *entonces* la única solución posible es la matriz CB. Puesto que se sabe que una ecuación matricial puede no tener soluciones, tener una sola solución o tener un número infinito de soluciones, se observa inmediatamente que esta estrategia no puede funcionar a menos que la matriz tenga una solución única. Para que CB sea realmente una solución, se requiere que $A(CB) = B$, lo cual es igual a exigir que $(AC)B = B$. Sin embargo, como la multiplicación de matrices no es conmutativa, el supuesto de que $CA = I$ no indica que $AC = I$. Consideremos, por ejemplo, los productos matriciales siguientes:

$$\begin{bmatrix} 1 & 0 \end{bmatrix} \begin{bmatrix} 1 \\ 0 \end{bmatrix} = [1] = I_1 \qquad \text{pero} \qquad \begin{bmatrix} 1 \\ 0 \end{bmatrix} \begin{bmatrix} 1 & 0 \end{bmatrix} = \begin{bmatrix} 1 & 0 \\ 0 & 0 \end{bmatrix} \neq I_2$$

Sin embargo, si A y C son matrices cuadradas del mismo orden n, puede probarse que $AC = I_n$ se deduce de $CA = I_n$ por lo que, *en este caso*, es posible terminar el argumento anterior y concluir que CB es una solución, necesariamente la única, de $AX = B$. Para una matriz cuadrada A, cuando existe una matriz C que satisface $CA = I$, necesariamente C también es cuadrada y del mismo tamaño que A y se dice que es una *matriz inversa* (o simplemente una *inversa*) de A.

APLÍQUELO ▶

12. Los mensajes secretos pueden codificarse por medio de un código y una matriz de codificación. Suponga que se tiene el código siguiente:

a	b	c	d	e	f	g	h	i	j	k	l	m
1	2	3	4	5	6	7	8	9	10	11	12	13

n	o	p	q	r	s	t	u	v	w	x	y	z
14	15	16	17	18	19	20	21	22	23	24	25	26

Sea E la matriz de codificación. Entonces es posible codificar un mensaje al tomar cada vez dos letras del mensaje, convertirlas a sus números correspondientes creando una matriz de 2×1 y luego multiplicar cada matriz por E. El mensaje puede descifrarse mediante una matriz de decodificación que es la inversa de la matriz de codificación —esto es, E^{-1}—. Determine si las matrices de codificación

$$\begin{bmatrix} 1 & 3 \\ 2 & 4 \end{bmatrix} \quad \text{y} \quad \begin{bmatrix} -2 & 1.5 \\ 1 & -0.5 \end{bmatrix}$$

son inversas entre sí.

> **Definición**
>
> Si A es una matriz cuadrada y existe una matriz C tal que $CA = I$, entonces C se denomina como una *inversa* de A y se dice que A es *invertible*.

EJEMPLO 1   Inversa de una matriz

Sean $A = \begin{bmatrix} 1 & 2 \\ 3 & 7 \end{bmatrix}$ y $C = \begin{bmatrix} 7 & -2 \\ -3 & 1 \end{bmatrix}$. Como

$$CA = \begin{bmatrix} 7 & -2 \\ -3 & 1 \end{bmatrix} \begin{bmatrix} 1 & 2 \\ 3 & 7 \end{bmatrix} = \begin{bmatrix} 1 & 0 \\ 0 & 1 \end{bmatrix} = I$$

la matriz C es una inversa de A.   ◁

Puede demostrarse que una matriz invertible tiene una y sólo una inversa; esto es, la inversa es única. Así, en el ejemplo 1, la matriz C es la *única* matriz tal que $CA = I$.

Por esta razón, puede hablarse de *la* inversa de una matriz invertible A, la cual se denota por el símbolo A^{-1}. De acuerdo con esto, $A^{-1}A = I$. Además, aunque la multiplicación matricial por lo general no es conmutativa, es un hecho que A^{-1} *conmuta con* A:

$$A^{-1}A = I = AA^{-1}$$

De regreso a la ecuación matricial $AX = B$, a partir de la ecuación (1) puede establecerse lo siguiente:

Si A es una matriz invertible, entonces la ecuación matricial $AX = B$ tiene la solución única $X = A^{-1}B$.

Es probable que la idea de una matriz inversa le deje a usted la impresión de ya haberla visto. En la sección 2.4 se estudiaron las funciones inversas, las cuales podrían usarse para entender a mayor profundidad las matrices inversas. Sea $\mathbf{R}^n$ el conjunto de matrices columna de $n \times 1$ (y $\mathbf{R}^m$ el conjunto de matrices columna de $m \times 1$). Si A es una matriz de $m \times n$, entonces $f(X) = AX$ define una función $f : \mathbf{R}^n \longrightarrow \mathbf{R}^m$. Si $m = n$, puede mostrarse que la función dada por $f(X) = AX$ tiene una inversa, en el sentido de la sección 2.4, si y sólo si A tiene una matriz inversa A^{-1}, en cuyo caso $f^{-1}(X) = A^{-1}X$.

Sólo hay una precaución que debe tomarse aquí. En general, para que una función f tenga una inversa, digamos g, se requiere que *tanto* $g \circ f = I$ *como* $f \circ g = I$, donde I es la función identidad. Es un hecho bastante especial acerca de las matrices que $CA = I$ implique $AC = I$.

¡ADVERTENCIA!

Para las *funciones* en general, $g \circ f = I$ no implica que $f \circ g = I$.

Si f es una función que tiene una inversa, entonces cualquier ecuación de la forma $f(x) = b$ tiene una solución única, a saber, $x = f^{-1}(b)$.

APLÍQUELO ▶

13. Suponga que la matriz de codificación $E = \begin{bmatrix} 1 & 3 \\ 2 & 4 \end{bmatrix}$ se utilizó para codificar un mensaje. Utilice el código del recuadro aplíquelo 1 y la inversa $E^{-1} = \begin{bmatrix} -2 & 1.5 \\ 1 & -0.5 \end{bmatrix}$ para decodificar el mensaje que está dividido en las siguientes partes:

28, 46, 65, 90

61, 82

59, 88, 57, 86

60, 84, 21, 34, 76, 102

EJEMPLO 2 **Uso de la inversa para resolver un sistema**

Resuelva el sistema

$$\begin{cases} x_1 + 2x_2 = 5 \\ 3x_1 + 7x_2 = 18 \end{cases}$$

Solución: En forma matricial, se tiene $AX = B$, donde

$$A = \begin{bmatrix} 1 & 2 \\ 3 & 7 \end{bmatrix} \qquad X = \begin{bmatrix} x_1 \\ x_2 \end{bmatrix} \qquad B = \begin{bmatrix} 5 \\ 18 \end{bmatrix}$$

En el ejemplo 1, se mostró que

$$A^{-1} = \begin{bmatrix} 7 & -2 \\ -3 & 1 \end{bmatrix}$$

Por lo tanto,

$$X = A^{-1}B = \begin{bmatrix} 7 & -2 \\ -3 & 1 \end{bmatrix} \begin{bmatrix} 5 \\ 18 \end{bmatrix} = \begin{bmatrix} -1 \\ 3 \end{bmatrix}$$

de modo que $x_1 = -1$ y $x_2 = 3$.

Ahora resuelva el problema 19 ◁

Con el fin de aplicar el método del ejemplo 2 a un sistema, se deben cumplir dos condiciones:

1. El sistema debe tener el mismo número de ecuaciones que de incógnitas.
2. La matriz de coeficientes debe ser invertible.

En lo que concierne a la condición 2, es necesario tener en cuenta que no todas las matrices cuadradas (*distintas de la matriz cero*) son invertibles. Por ejemplo, si

$$A = \begin{bmatrix} 0 & 1 \\ 0 & 1 \end{bmatrix}$$

entonces

$$\begin{bmatrix} a & b \\ c & d \end{bmatrix} \begin{bmatrix} 0 & 1 \\ 0 & 1 \end{bmatrix} = \begin{bmatrix} 0 & a+b \\ 0 & c+d \end{bmatrix} \neq \begin{bmatrix} 1 & 0 \\ 0 & 1 \end{bmatrix}$$

para *cualesquiera* valores de a, b, c y d. De modo que no existe matriz que posmultiplicada por A produzca la matriz identidad. Por lo tanto, A no es invertible.

Existe un procedimiento mecánico interesante que permite determinar de manera simultánea si una matriz es invertible o no y encontrar su inversa si es que ésta existe. El procedimiento se basa en una observación cuya demostración puede llegar demasiado lejos. Primero, recuerde que para una matriz A existe una sucesión $E_1, E_2, ..., E_k$ de operaciones elementales con renglones que, cuando se aplican sobre A, producen una matriz reducida. En otras palabras, se tiene

$$A \xrightarrow{E_1} A_1 \xrightarrow{E_2} A_2 \longrightarrow \cdots \xrightarrow{E_k} A_k$$

donde A_k es una matriz reducida. También recuerde que A_k es única y está determinada sólo por A (aunque puede haber muchas sucesiones de longitud variable de operaciones elementales con renglones que conduzcan a esta reducción). Si A es cuadrada, por ejemplo de $n \times n$, entonces se *puede* tener que $A_k = I_n$, la matriz identidad de $n \times n$.

> **Teorema**
>
> Para las matrices cuadradas A y A_k tal como se definieron previamente, A es invertible si y sólo si $A_k = I$. Aún más, si $E_1, E_2, ..., E_k$ es una sucesión de operaciones elementales con renglones que convierte a A en I, entonces la propia sucesión convierte a I en A^{-1}.

EJEMPLO 3   Determinación de si una matriz es invertible

Aplique el teorema previo para determinar si la matriz

$$A = \begin{bmatrix} 1 & 0 \\ 2 & 2 \end{bmatrix}$$

es invertible.

Estrategia   Se *aumentará* A con una copia de la matriz identidad de 2×2 (de igual manera que se ha aumentado una matriz mediante un vector columna). El resultado será una matriz de 2×4. Se aplicarán operaciones elementales con renglones a toda la matriz de 2×4 hasta que las primeras n columnas formen una matriz reducida. Si el resultado es I, entonces, por el teorema, A es invertible; pero debido a que se han aplicado las operaciones elementales a toda la matriz de 2×4, las últimas n columnas se transformarán, también por el teorema, de I a A^{-1}, en el caso de que A sea invertible.

Solución: Se tiene

$$[A \mid I] = \begin{bmatrix} 1 & 0 & 1 & 0 \\ 2 & 2 & 0 & 1 \end{bmatrix} \xrightarrow{-2R_1 + R_2} \begin{bmatrix} 1 & 0 & 1 & 0 \\ 0 & 2 & -2 & 1 \end{bmatrix}$$

$$\xrightarrow{\frac{1}{2}R_2} \begin{bmatrix} 1 & 0 & 1 & 0 \\ 0 & 1 & -1 & \frac{1}{2} \end{bmatrix} = [I \mid B]$$

Como $[A \mid I]$ se transforma con I a la izquierda de la barra de aumento, la matriz A es invertible y la matriz B situada a la derecha de la barra de aumento es A^{-1}. De manera específica, se concluye que

$$A^{-1} = \begin{bmatrix} 1 & 0 \\ -1 & \frac{1}{2} \end{bmatrix}$$

Ahora resuelva el problema 1 ◁

De hecho, este procedimiento es general.

Para el lector interesado, se remarca que en el método descrito la matriz *B* es invertible en cualquier caso y siempre se tiene $BA = R$.

> **Método para encontrar la inversa de una matriz**
>
> *Si A es una matriz de n × n, forme la matriz de n × (2n), [A | I], después realice operaciones elementales con renglones hasta que las primeras n columnas formen una matriz reducida. Suponga que el resultado es [R | B] de manera que se tiene*
>
> $$[A \mid I] \to \cdots \to [R \mid B]$$
>
> *Si R = I, entonces A es invertible y $A^{-1} = B$. Si $R \neq I$, entonces A no es invertible, lo cual significa que A^{-1} no existe (y la matriz B no tiene un interés en particular para los temas tratados aquí).*

EJEMPLO 4   Determinación de la inversa de una matriz

Determine A^{-1} si *A* es invertible.

a. $A = \begin{bmatrix} 1 & 0 & -2 \\ 4 & -2 & 1 \\ 1 & 2 & -10 \end{bmatrix}$

Solución: Siguiendo el procedimiento anterior, se tiene

$$[A \mid I] \; D \; \begin{bmatrix} 1 & 0 & -2 & 1 & 0 & 0 \\ 4 & -2 & 1 & 0 & 1 & 0 \\ 1 & 2 & -10 & 0 & 0 & 1 \end{bmatrix}$$

$$\xrightarrow[-1R_1 + R_3]{-4R_1 + R_2} \begin{bmatrix} 1 & 0 & -2 & 1 & 0 & 0 \\ 0 & -2 & 9 & -4 & 1 & 0 \\ 0 & 2 & -8 & -1 & 0 & 1 \end{bmatrix}$$

$$\xrightarrow{-\frac{1}{2}R_2} \begin{bmatrix} 1 & 0 & -2 & 1 & 0 & 0 \\ 0 & 1 & -\frac{9}{2} & 2 & -\frac{1}{2} & 0 \\ 0 & 2 & -8 & -1 & 0 & 1 \end{bmatrix}$$

$$\xrightarrow{-2R_2 + R_3} \begin{bmatrix} 1 & 0 & -2 & 1 & 0 & 0 \\ 0 & 1 & -\frac{9}{2} & 2 & -\frac{1}{2} & 0 \\ 0 & 0 & 1 & -5 & 1 & 1 \end{bmatrix}$$

$$\xrightarrow[\frac{9}{2}R_3 + R_2]{2R_3 + R_1} \begin{bmatrix} 1 & 0 & 0 & -9 & 2 & 2 \\ 0 & 1 & 0 & -\frac{41}{2} & 4 & \frac{9}{2} \\ 0 & 0 & 1 & -5 & 1 & 1 \end{bmatrix}$$

Las tres primeras columnas de la última matriz forman a *I*. Por lo tanto, *A* es invertible y

$$A^{-1} = \begin{bmatrix} -9 & 2 & 2 \\ -\frac{41}{2} & 4 & \frac{9}{2} \\ -5 & 1 & 1 \end{bmatrix}$$

b. $A = \begin{bmatrix} 3 & 2 \\ 6 & 4 \end{bmatrix}$

Solución: Se tiene

$$[A \mid I] = \begin{bmatrix} 3 & 2 & 1 & 0 \\ 6 & 4 & 0 & 1 \end{bmatrix} \xrightarrow{-2R_1 + R_2} \begin{bmatrix} 3 & 2 & 1 & 0 \\ 0 & 0 & -2 & 1 \end{bmatrix}$$

$$\xrightarrow{\frac{1}{3}R_1} \begin{bmatrix} 1 & \frac{2}{3} & \frac{1}{3} & 0 \\ 0 & 0 & -2 & 1 \end{bmatrix}$$

APLÍQUELO ▶

14. El esquema de codificación utilizado en el recuadro de aplíquelo 1 podría ampliarse a una matriz de 3 × 3 al codificar tres letras del mensaje a la vez. Encuentre las inversas de las siguientes matrices de codificación de 3 × 3:

$E = \begin{bmatrix} 3 & 1 & 2 \\ 2 & 2 & 2 \\ 2 & 1 & 3 \end{bmatrix} \quad F = \begin{bmatrix} 2 & 1 & 2 \\ 3 & 2 & 3 \\ 4 & 3 & 4 \end{bmatrix}$

Las primeras dos columnas de la última matriz forman una matriz reducida diferente de I. Por lo tanto, A no es invertible.

Ahora resuelva el problema 7 ◁

Ahora se resolverá un sistema utilizando la inversa.

EJEMPLO 5   Uso de la inversa para resolver un sistema

Resuelva el sistema

$$\begin{cases} x_1 & -\ 2x_3 = \ 1 \\ 4x_1 - 2x_2 + \ \ x_3 = \ 2 \\ x_1 + 2x_2 - 10x_3 = -1 \end{cases}$$

por medio de la determinación de la inversa de la matriz de coeficientes.

Solución: En forma matricial, el sistema es $AX = B$, donde

$$A = \begin{bmatrix} 1 & 0 & -2 \\ 4 & -2 & 1 \\ 1 & 2 & -10 \end{bmatrix}$$

es la matriz de coeficientes. Del ejemplo 4(a),

$$A^{-1} = \begin{bmatrix} -9 & 2 & 2 \\ -\frac{41}{2} & 4 & \frac{9}{2} \\ -5 & 1 & 1 \end{bmatrix}$$

La solución está dada por $X = A^{-1}B$:

$$\begin{bmatrix} x_1 \\ x_2 \\ x_3 \end{bmatrix} = \begin{bmatrix} -9 & 2 & 2 \\ -\frac{41}{2} & 4 & \frac{9}{2} \\ -5 & 1 & 1 \end{bmatrix} \begin{bmatrix} 1 \\ 2 \\ -1 \end{bmatrix} = \begin{bmatrix} -7 \\ -17 \\ -4 \end{bmatrix}$$

de modo que $x_1 = -7, x_2 = -17$ y $x_3 = -4$.

Ahora resuelva el problema 27 ◁

Puede demostrarse que un sistema de n ecuaciones lineales con n incógnitas tiene solución única si y sólo si la matriz de coeficientes es invertible. De hecho, en el ejemplo anterior la matriz de coeficientes es invertible y existe una solución única para el sistema. Cuando la matriz de coeficientes no es invertible, el sistema tiene un número infinito de soluciones o no tiene solución.

Aunque la solución de un sistema usando una matriz inversa es muy elegante, es necesario tomar una precaución. Dado $AX = B$, el trabajo de cálculo requerido para encontrar A^{-1} es mayor que el requerido para reducir $[A \mid B]$. Si usted tiene varias ecuaciones por resolver, todas con la misma matriz de coeficientes pero lados derechos variables, por ejemplo, $AX = B_1, AX = B_2, \ldots, AX = B_k$, entonces para una k lo suficientemente grande *podría* ser más rápido calcular A^{-1} que hacer k reducciones, pero en la mayoría de los casos, un análisis numérico lo convencerá en favor de las reducciones. No olvide que aún con A^{-1} a la mano, es necesario calcular $A^{-1}B$, además, si el orden de A es grande, esto requiere también de un tiempo considerable.

¡ADVERTENCIA!

El método de reducción analizado en las secciones 6.4 y 6.5 es un cálculo más rápido que el de encontrar una matriz inversa.

EJEMPLO 6   Matriz de coeficientes que no es invertible

Resuelva el sistema

$$\begin{cases} x - 2y + \ z = 0 \\ 2x - \ y + 5z = 0 \\ x + \ y + 4z = 0 \end{cases}$$

Solución: La matriz de coeficientes es

$$\begin{bmatrix} 1 & -2 & 1 \\ 2 & -1 & 5 \\ 1 & 1 & 4 \end{bmatrix}$$

Como

$$\left[\begin{array}{ccc|ccc} 1 & -2 & 1 & 1 & 0 & 0 \\ 2 & -1 & 5 & 0 & 1 & 0 \\ 1 & 1 & 4 & 0 & 0 & 1 \end{array}\right] \rightarrow \cdots \rightarrow \left[\begin{array}{ccc|ccc} 1 & 0 & 3 & -\frac{1}{3} & \frac{2}{3} & 0 \\ 0 & 1 & 1 & -\frac{2}{3} & \frac{1}{3} & 0 \\ 0 & 0 & 0 & 1 & -1 & 1 \end{array}\right]$$

la matriz de coeficientes no es invertible. De modo que el sistema *no puede* resolverse por medio de inversas. En este caso debe utilizarse otro método. En el ejemplo 4(a) de la sección 6.5, la solución que se determinó fue $x = -3r$, $y = -r$ y $z = r$, donde r es cualquier número real (esto proporciona un número infinito de soluciones).

Ahora resuelva el problema 31 ◁

PROBLEMAS 6.6

En los problemas del 1 al 18, si la matriz dada es invertible, encuentre su inversa.

1. $\begin{bmatrix} 6 & 1 \\ 7 & 1 \end{bmatrix}$

2. $\begin{bmatrix} 2 & 4 \\ 3 & 6 \end{bmatrix}$

3. $\begin{bmatrix} 2 & 2 \\ 2 & 2 \end{bmatrix}$

4. $\begin{bmatrix} 1 & a \\ 0 & 1 \end{bmatrix}$ a en $(-\infty, \infty)$

5. $\begin{bmatrix} 1 & 0 & 0 \\ 0 & -3 & 0 \\ 0 & 0 & 4 \end{bmatrix}$

6. $\begin{bmatrix} 2 & 0 & 8 \\ -1 & 4 & 0 \\ 2 & 1 & 0 \end{bmatrix}$

7. $\begin{bmatrix} 1 & 2 & 3 \\ 0 & 0 & 4 \\ 0 & 0 & 5 \end{bmatrix}$

8. $\begin{bmatrix} 2 & 0 & 0 \\ 0 & 0 & 0 \\ 0 & 0 & -4 \end{bmatrix}$

9. $\begin{bmatrix} 1 & 0 \\ 0 & 0 \\ 0 & 1 \end{bmatrix}$

10. $\begin{bmatrix} 0 & 0 & 0 \\ 0 & 0 & 0 \\ 0 & 0 & 0 \end{bmatrix}$

11. $\begin{bmatrix} 1 & 2 & 3 \\ 0 & 1 & 2 \\ 0 & 0 & 1 \end{bmatrix}$

12. $\begin{bmatrix} 1 & 2 & -1 \\ 0 & 1 & 4 \\ 1 & -1 & 2 \end{bmatrix}$

13. $\begin{bmatrix} 7 & 0 & -2 \\ 0 & 1 & 0 \\ -3 & 0 & 1 \end{bmatrix}$

14. $\begin{bmatrix} 2 & -3 & 1 \\ 2 & 0 & 1 \\ 4 & -6 & 1 \end{bmatrix}$

15. $\begin{bmatrix} 2 & 1 & 0 \\ 4 & -1 & 5 \\ 1 & -1 & 2 \end{bmatrix}$

16. $\begin{bmatrix} -1 & 2 & -3 \\ 2 & 1 & 0 \\ 4 & -2 & 5 \end{bmatrix}$

17. $\begin{bmatrix} 1 & 2 & 3 \\ 1 & 3 & 5 \\ 1 & 5 & 12 \end{bmatrix}$

18. $\begin{bmatrix} 2 & -1 & 3 \\ 0 & 2 & 0 \\ 2 & 1 & 1 \end{bmatrix}$

19. Resuelva $AX = B$ si

$$A^{-1} = \begin{bmatrix} 2 & 3 \\ 1 & 5 \end{bmatrix} \quad y \quad B = \begin{bmatrix} 3 \\ 7 \end{bmatrix}$$

20. Resuelva $AX = B$ si

$$A^{-1} = \begin{bmatrix} 1 & 0 & 1 \\ 0 & 3 & 0 \\ 2 & 0 & 4 \end{bmatrix} \quad y \quad B = \begin{bmatrix} 10 \\ 2 \\ -1 \end{bmatrix}$$

Para los problemas del 21 al 34, si la matriz de coeficientes del sistema es invertible, resuelva el sistema utilizando la inversa. Si no es así, resuelva por el método de reducción.

21. $\begin{cases} 6x + 5y = 2 \\ x + y = -3 \end{cases}$

22. $\begin{cases} 2x + 4y = 5 \\ -x + 3y = -2 \end{cases}$

23. $\begin{cases} 3x + y = 5 \\ 3x - y = 7 \end{cases}$

24. $\begin{cases} 6x + y = 2 \\ 7x + y = 7 \end{cases}$

25. $\begin{cases} 2x + 6y = 2 \\ 3x + 9y = 3 \end{cases}$

26. $\begin{cases} 2x + 6y = 8 \\ 3x + 9y = 7 \end{cases}$

27. $\begin{cases} x + 2y + z = 4 \\ 3x + z = 2 \\ x - y + z = 1 \end{cases}$

28. $\begin{cases} x + y + z = 6 \\ x - y + z = -1 \\ x - y - z = 4 \end{cases}$

29. $\begin{cases} x + y + z = 3 \\ x + y - z = 4 \\ x - y - z = 5 \end{cases}$

30. $\begin{cases} 2x + 8z = 8 \\ -x + 4y = 36 \\ 2x + y = 9 \end{cases}$

31. $\begin{cases} x + 3y + 3z = 7 \\ 2x + y + z = 4 \\ x + y + z = 4 \end{cases}$

32. $\begin{cases} x + 3y + 3z = 7 \\ 2x + y + z = 4 \\ x + y + z = 3 \end{cases}$

33. $\begin{cases} w + 2y + z = 4 \\ w - x + 2z = 12 \\ 2w + x + z = 12 \\ w + 2x + y + z = 12 \end{cases}$

34. $\begin{cases} x - 3y - z = -1 \\ w + y = 0 \\ -w + 2x - 2y - z = 6 \\ y + z = 4 \end{cases}$

En los problemas 35 y 36, encuentre $(I - A)^{-1}$ para la matriz A dada.

35. $A = \begin{bmatrix} 5 & -2 \\ 1 & 2 \end{bmatrix}$

36. $A = \begin{bmatrix} -3 & 2 \\ 4 & 3 \end{bmatrix}$

37. Producción de automóviles   Resuelva los problemas siguientes utilizando la inversa de la matriz implicada.

(a) Una fábrica de automóviles produce dos modelos, A y B. El modelo A requiere 1 hora de mano de obra para pintarlo y $\frac{1}{2}$ hora de mano de obra para pulirlo; el modelo B requiere de 1 hora de mano de obra para cada uno de los dos procesos. Durante cada hora que la línea de ensamblado está funcionando, existen 100 horas de mano de obra disponibles para pintura y 80 horas de mano de obra para pulido. ¿Cuántos automóviles de cada modelo pueden terminarse cada hora si se utilizan todas las horas de mano de obra disponibles?

(b) Suponga que cada modelo A requiere 10 piezas del tipo 1 y 14 del tipo 2, mientras que cada modelo B requiere 7 piezas tipo 1 y 10 tipo 2. La fábrica puede obtener 800 piezas tipo 1 y 1130 del tipo 2 cada hora. ¿Cuántos automóviles de cada modelo se producen cuando se utilizan todas las piezas disponibles?

38. Si $A = \begin{bmatrix} a & 0 & 0 \\ 0 & b & 0 \\ 0 & 0 & c \end{bmatrix}$, donde $a, b, c \neq 0$, demuestre que

$$A^{-1} = \begin{bmatrix} 1/a & 0 & 0 \\ 0 & 1/b & 0 \\ 0 & 0 & 1/c \end{bmatrix}$$

39. (a) Si A y B son matrices invertibles con el mismo orden, demuestre que $(AB)^{-1} = B^{-1}A^{-1}$. [*Sugerencia:* Considere que $(B^{-1}A^{-1})(AB)$].
(b) Si

$$A^{-1} = \begin{bmatrix} 1 & 3 \\ 2 & 4 \end{bmatrix} \quad \text{y} \quad B^{-1} = \begin{bmatrix} 1 & 1 \\ 1 & 5 \end{bmatrix}$$

encuentre $(AB)^{-1}$.
40. Si A es invertible, puede demostrarse que $(A^{T})^{-1} = (A^{-1})^{T}$. Verifique esta identidad para

$$A = \begin{bmatrix} 1 & 0 \\ 1 & 2 \end{bmatrix}$$

41. Se dice que una matriz P es *ortogonal* si $P^{-1} = P^{T}$. ¿La matriz $P = \dfrac{1}{5}\begin{bmatrix} 3 & -4 \\ 4 & 3 \end{bmatrix}$ es ortogonal?

42. Mensaje secreto Un amigo le ha enviado a usted un mensaje secreto que consiste en tres matrices renglón de números como sigue:

$$R_1 = [33 \quad 87 \quad 70] \qquad R_2 = [57 \quad 133 \quad 20]$$
$$R_3 = [38 \quad 90 \quad 33]$$

Entre los dos han diseñado la siguiente matriz (utilizada por su amigo para codificar el mensaje):

$$A = \begin{bmatrix} 1 & 2 & -1 \\ 2 & 5 & 2 \\ -1 & -2 & 2 \end{bmatrix}$$

Descifre el mensaje procediendo de la manera siguiente:
(a) Calcule los tres productos matriciales $R_1 A^{-1}$, $R_2 A^{-1}$ y $R_3 A^{-1}$.
(b) Suponga que las letras del alfabeto corresponden a los números del 1 al 26, reemplace los números en estas tres matrices por letras y determine el mensaje.
43. Inversión Un grupo de inversionistas decide invertir $500 000 en las acciones de tres compañías. La compañía D vende en $60 una acción y tiene un rendimiento esperado de 16% anual. La compañía E vende en $80 cada acción y tiene un rendimiento esperado de 12% anual. La compañía F vende cada acción en $30 y tiene un rendimiento esperado de 9% anual. El grupo planea comprar cuatro veces más acciones de la compañía F que de la compañía E. Si la meta del grupo es obtener 13.68% de rendimiento anual, ¿cuántas acciones de cada compañía deben comprar los inversionistas?
44. Inversión Los inversionistas del problema 43 deciden probar con una nueva estrategia de inversión con las mismas compañías. Ellos desean comprar el doble de acciones de la compañía F que de la compañía E y tienen la meta de 14.52% de rendimiento anual. ¿Cuántas acciones de cada tipo deben comprar?

Objetivo

Utilizar los métodos de este capítulo para analizar la producción de los sectores de una economía.

6.7 Análisis insumo-producto de Leontief

Las matrices de insumo-producto, desarrolladas por Wassily W. Leontief,[5] indican las interrelaciones que se dan entre la oferta y la demanda en los diferentes sectores de una economía durante algún periodo. La frase *insumo-producto* se utiliza porque las matrices muestran los valores de los productos de cada industria que son vendidos como insumo tanto a las industrias como a los consumidores finales.

Ecuación básica

Suponga que una economía simple tiene tres sectores interrelacionados, que se etiquetan como 1, 2 y 3. Éstos pueden ser, por ejemplo, agricultura, energía y manufactura. Para cualquier sector j, la producción de una unidad de producto de j requerirá por lo general insumos de todos los sectores de la economía, incluyendo del propio j. Si se expresa con A_{ij} el número de unidades del insumo proveniente del sector i requeridas para producir una unidad de producto del sector j, entonces los números A_{ij} determinan una matriz A de 3×3. Por ejemplo, suponga que

$$A = \begin{bmatrix} \frac{2}{5} & \frac{1}{2} & \frac{3}{10} \\ \frac{1}{5} & \frac{1}{10} & \frac{1}{10} \\ \frac{1}{5} & \frac{1}{5} & \frac{1}{10} \end{bmatrix}$$

---

[5]Leontief ganó el Premio Nobel de Economía en 1973 por el desarrollo del método de "insumo-producto" y sus aplicaciones a problemas económicos.

Al leer hacia abajo la primera columna de A, se observa que producir una unidad de producto del sector 1 requiere $\frac{2}{5}$ de una unidad de insumo del sector 1, $\frac{1}{5}$ de una unidad de insumo del sector 2 y $\frac{1}{5}$ de una unidad de insumo del sector 3. De manera similar, los requisitos para los sectores 2 y 3 pueden leerse a partir de las columnas 2 y 3, respectivamente. Es posible que haya *demandas externas* sobre la economía, esto equivale a decir que, para cada sector, habrá una demanda por cierto número de unidades de producto que no se usarán como insumos para ninguno de los sectores 1, 2 y 3. Tales demandas pueden tomar la forma de exportaciones o necesidades del consumidor. Desde el punto de vista de este modelo, el único atributo de las demandas externas que importa es que no se sobreponen con las demandas descritas por la matriz A.

Suponga además que existe una demanda externa de 80 unidades de producto del sector 1, 160 unidades del producto del sector 2 y 240 unidades de producto del sector 3. Se escribirá

$$D = \begin{bmatrix} 80 \\ 160 \\ 240 \end{bmatrix}$$

para esta demanda externa de modo que, como se muestra, la entrada en el renglón i es la demanda externa para el sector i. Una pregunta clave que surge ahora se relaciona con la determinación de los niveles de producción para los sectores 1, 2 y 3 que puedan satisfacer la demanda externa D. Se debe tener en cuenta que la producción debe satisfacer no sólo la demanda externa, sino también los requisitos impuestos por los datos que conforman la matriz A. Para cada sector, una parte de su producción debe destinarse a ser insumo para los tres sectores de la economía (incluyéndose a sí mismo) y otra parte debe destinarse al componente correspondiente de D. Lo anterior conduce a la importante ecuación conceptual:

$$\textbf{producción} = \textbf{demanda interna} + \textbf{demanda externa} \qquad (1)$$

Sea X_i, para $i = 1, 2, 3$, la producción requerida del sector i que satisface la ecuación (1). Entonces, la producción puede representarse mediante la matriz

$$X = \begin{bmatrix} X_1 \\ X_2 \\ X_3 \end{bmatrix}$$

y la ecuación (1) se convierte en

$$X = \textbf{demanda interna} + D \qquad (2)$$

Para entender la *demanda interna* habría que empezar por darse cuenta de que tendrá tres componentes, por ejemplo C_1, C_2 y C_3, donde C_i es la cantidad de producción del sector i consumida por la producción de X. Si se escribe C para denotar la matriz de 3×1 cuyo i-ésimo renglón es C_i, la ecuación (2) se convierte ahora en

$$X = C + D \qquad (3)$$

Observe que C_1 deberá tomar en cuenta la producción del sector que se ha usado en la producción de X_1 unidades del producto del sector 1 más X_2 unidades del producto del sector 2 más X_3 unidades del producto del sector 3. Se requieren $A_{11}X_1$ unidades de 1 para producir una unidad de 1, por lo que la producción de X_1 unidades de 1 requiere $A_{11}X_1$ unidades de 1. Se necesitan A_{12} unidades de 1 para producir una unidad de 2, por lo que la producción de X_2 unidades de 2 requiere $A_{12}X_2$ unidades de 1. Se necesitan A_{13} unidades de 1 para producir una unidad de 3, así que la producción de X_3 unidades de 3 requiere $A_{13}X_3$ unidades de 1. De ello, se deduce que debe tenerse

$$C_1 = A_{11}X_1 + A_{12}X_2 + A_{13}X_3$$

Con argumentos similares para C_2 y C_3, se deduce

$$C_2 = A_{21}X_1 + A_{22}X_2 + A_{23}X_3$$

$$C_3 = A_{31}X_1 + A_{32}X_2 + A_{33}X_3$$

y las últimas tres igualdades se combinan fácilmente para obtener

$$C = AX$$

Al sustituir $C = AX$ en la ecuación (3), se obtiene la siguiente ecuación y sus equivalentes:

$$X = AX + D$$

$$X - AX = D$$

$$IX - AX = D$$

$$(I - A)X = D$$

La última ecuación mostrada tiene la forma $MX = D$, por lo que para determinar la producción X sólo es necesario reducir la matriz aumentada $[I - A \mid D]$.

Aunque no está del todo estandarizado, en este análisis se hará referencia a la matriz A como la *matriz de Leontief*. La matriz $I - A$ es la *matriz de coeficientes* del sistema cuya solución proporciona la producción X necesaria para satisfacer la demanda externa D.

EJEMPLO 1 **Análisis insumo-producto**

Para la matriz de Leontief A y la demanda externa D de esta sección, complete la determinación numérica de la producción necesaria para satisfacer D.

Solución: Sólo debe escribirse la matriz aumentada de la ecuación $(I - A)X = D$, la cual es, evidentemente,

$$\begin{bmatrix} \frac{3}{5} & -\frac{1}{2} & -\frac{3}{10} & 80 \\ -\frac{1}{5} & \frac{9}{10} & -\frac{1}{10} & 160 \\ -\frac{1}{5} & -\frac{1}{5} & \frac{9}{10} & 240 \end{bmatrix}$$

y reducirla. Si se utilizan las técnicas de la sección 6.4, se tiene

$$\longrightarrow \begin{bmatrix} 6 & -5 & -3 & 800 \\ -2 & 9 & -1 & 1600 \\ -2 & -2 & 9 & 2400 \end{bmatrix} \longrightarrow \begin{bmatrix} 2 & 2 & -9 & -2400 \\ 0 & 11 & -10 & -800 \\ 0 & -11 & 24 & 8000 \end{bmatrix} \longrightarrow \begin{bmatrix} 2 & 2 & -9 & -2400 \\ 0 & 11 & -10 & -80 \\ 0 & 0 & 14 & 7200 \end{bmatrix}$$

de donde es posible deducir que $X \approx \begin{bmatrix} 719.84 \\ 394.81 \\ 514.29 \end{bmatrix}$. Aquí se debe remarcar que, aunque la

respuesta está redondeada, a partir de la última matriz aumentada que se mostró puede deducirse que el sistema tiene una solución única.

Ahora resuelva el problema 1 ◁

Una aplicación de la matriz inversa

En el ejemplo 1 la solución es única, lo cual es típico de ejemplos que implican una matriz de Leontief realista, A. En otras palabras, es común que la matriz de coeficientes $I - A$ sea invertible. Así, la solución normalmente única de

$$(I - A)X = D$$

por lo general puede obtenerse como

$$X = (I - A)^{-1}D$$

En la sección 6.6 se advirtió que, en cuanto al número de cálculos, la determinación de la inversa de una matriz de coeficientes no suele ser una forma eficiente de resolver un sistema de ecuaciones lineales. También se dijo que, al existir varios sistemas por resolver, todos con la misma matriz de coeficientes, el cálculo de la inversa *puede* resultar útil. Esta posibilidad se presenta mediante el modelo de Leontief.

Para una subdivisión dada de una economía en n sectores, es razonable esperar que la matriz de Leontief de $n \times n$ permanezca constante durante un intervalo de tiempo razonable. De ello se deduce que la matriz de coeficientes $I - A$ también se mantendrá constante durante el mismo periodo. Durante este intervalo de tiempo, es posible que los planeadores quieran explorar una variedad de demandas $D_1, D_2, ..., D_k$ y determinar, para cualquiera de éstas, la producción X_l requerida para satisfacer D_l. Con $(I - A)^{-1}$ a mano, el planificador sólo debe *calcular*

$$X_l = (I - A)^{-1}D_l$$

(en lugar de *resolver* $(I - A)X_l = D_l$ mediante la reducción de $[I - A \mid D_l]$).

Determinación de la matriz de Leontief

Con frecuencia, la matriz de Leontief se determina a partir de datos del tipo que se presenta a continuación. Se dará un ejemplo hipotético para una economía muy simplificada de dos sectores. Igual que antes, se puede considerar que los dos sectores pertenecen a la agricultura, energía, manufactura, el acero, carbón, etc. El renglón de los *otros factores de producción* consiste en los costos para los respectivos sectores, como la mano de obra, utilidad, etc. Aquí, la entrada de la *demanda externa* podría ser de consumo doméstico y exportaciones. La matriz que se considerará primero es un poco más grande que la matriz de Leontief:

	Consumidores (insumo)			
Productores (producto):	Sector 1	Sector 2	Demanda externa	Totales
Sector 1	240	500	460	1200
Sector 2	360	200	940	1500
Otros factores de producción	600	800	—	
Totales	1200	1500		

Cada sector aparece en un renglón y en una columna. El renglón de un sector muestra las compras del producto del sector por parte de todos los sectores y por la *demanda externa*. Las entradas representan los valores de los productos y podrían estar en unidades de millón. Por ejemplo, de la producción total del sector 1, 240 fueron como insumo para el propio sector 1 (para uso interno), 500 fueron para el sector 2 y 460 directamente para la demanda externa. La producción total del sector 1 es la suma de las demandas de los sectores y de la demanda externa: $(240 + 500 + 460 = 1200)$.

La columna de cada sector da el valor de lo que éste compró como insumo de cada uno de los sectores (incluido él mismo), así como lo gastado por otros conceptos. Por ejemplo, con el fin de producir 1200 unidades, el sector 1 compró 240 unidades de su producto, 360 de la producción de B y tiene gastos de mano de obra y otros por 600 unidades.

Observe que para cada sector, la suma de las entradas en su renglón es igual a la suma de las entradas en su columna. Por ejemplo, el valor de la producción total de 1 (1200) es igual al valor de los insumos totales del sector 1.

Un supuesto importante del análisis insumo-producto es que la estructura básica de la economía permanece igual en intervalos razonables de tiempo. Esta estructura se encuentra en los montos relativos de insumos que se usan para realizar una unidad de producto. Lo anterior se encuentra en las tablas particulares del tipo mostrado anteriormente, como se describe a continuación. Para producir 1200 unidades de producto, el sector 1 compra 240 unidades del sector 1, 360 del sector 2 y gasta 600 unidades en otros conceptos. Así, *por cada unidad de producción*, el sector 1 gasta $\frac{240}{1200} = \frac{1}{5}$ en el sector 1, $\frac{360}{1200} = \frac{3}{10}$ en el sector 2 y $\frac{600}{1200} = \frac{1}{2}$ en otros conceptos. Al combinar estas razones fijas del sector 1 con las del sector 2, pueden obtenerse los requerimientos de insumos por unidad de producción para cada sector:

$$
\begin{array}{c} \\ 1 \\ 2 \\ Otro \end{array}
\begin{bmatrix}
\dfrac{240}{1200} & \dfrac{500}{1500} \\[2mm]
\dfrac{360}{1200} & \dfrac{200}{1500} \\[2mm]
\dfrac{600}{1200} & \dfrac{800}{1500}
\end{bmatrix}
=
\begin{bmatrix}
\dfrac{1}{5} & \dfrac{1}{3} \\[2mm]
\dfrac{3}{10} & \dfrac{2}{15} \\[2mm]
\dfrac{1}{2} & \dfrac{8}{15}
\end{bmatrix}
\begin{array}{c} \\ 1 \\ 2 \\ Otro \end{array}
$$

La suma de cada columna es 1 y, debido a esto, no se requiere el último renglón. Cada entrada en el renglón inferior puede obtenerse al sumar las entradas ubicadas encima y restar el resultado a 1. Si se borra el último renglón, entonces la ij-ésima entrada de la matriz resultante es el número de unidades de producto del sector i necesarias para producir *una* unidad de producto del sector j. Se deduce que *esta matriz,*

$$
A = \begin{bmatrix} \dfrac{1}{5} & \dfrac{1}{3} \\[2mm] \dfrac{3}{10} & \dfrac{2}{15} \end{bmatrix}
$$

es la matriz de Leontief para la economía.

Ahora, suponga que el valor de la demanda externa cambia de 460 a 500 para el sector 1 y de 940 a 1200 para el sector 2. Sería deseable estimar cómo cambiaría la producción para satisfacer estas nuevas demandas externas. Pero ya se ha visto cómo determinar los niveles de producción necesarios para satisfacer una demanda externa dada D cuando se conoce la matriz de Leontief A. Ahora con

$$
D = \begin{bmatrix} 500 \\ 1200 \end{bmatrix}
$$

solamente debe resolverse $(I - A)X = D$, que en el presente caso se efectuará al reducir

$$
A = \begin{bmatrix} \dfrac{4}{5} & -\dfrac{1}{3} & \bigg| & 500 \\[2mm] -\dfrac{3}{10} & \dfrac{13}{15} & \bigg| & 1200 \end{bmatrix}
$$

o, como A sólo es de 2×2, al calcular $X = (I - A)^{-1}D$ usando una calculadora gráfica. Con una calculadora TI-83 Plus,

$$
X = (I - A)^{-1}D = \begin{bmatrix} 1404.49 \\ 1870.79 \end{bmatrix}
$$

se obtiene con facilidad. Observe que también es posible actualizar los datos iniciales del renglón de "otros factores de producción". A partir del renglón descartado con los datos relativizados, se sabe que $\frac{1}{2}$ de la producción del sector 1 y $\frac{8}{15}$ de la producción del sector 2 deben dirigirse a los otros factores de producción, por lo que los datos relativizados ahora serán

$$
\left[\frac{1}{2}(1404.49),\ \frac{8}{15}(1870.79) \right] \approx [702.25, 997.75]
$$

El aspecto de la eficiencia computacional puede ser muy serio. Mientras que aquí se estudia este tema del análisis insumo-producto con ejemplos de economías divididas en dos o tres sectores, un modelo más realista podría consistir en 20 sectores —en cuyo caso la matriz de Leontief tendría 400 entradas.

EJEMPLO 2   Análisis de insumo-producto

Dada la siguiente matriz de insumo-producto,

	Sector			Demanda externa
	1	2	3	
Sector: 1	240	180	144	36
2	120	36	48	156
3	120	72	48	240
Otros	120	72	240	—

suponga que la demanda final cambia a 77 para 1, a 154 para 2 y a 231 para 3. Encuentre la producción necesaria para satisfacer la nueva demanda externa. (Las entradas están en millones).

Estrategia   Al examinar los datos se observa que producir 600 unidades de 1 requiere 240 unidades de 1, 120 unidades de 2 y 120 unidades de 3. Se deduce que para producir *una* unidad de 1 se requieren $\frac{240}{600} = \frac{2}{5}$ unidades de 1, $\frac{120}{600} = \frac{1}{5}$ unidades de 2 y $\frac{120}{600} = \frac{1}{5}$ unidades de 3. Los elementos $\frac{2}{5}, \frac{1}{5}$ y $\frac{1}{5}$ constituyen, en ese orden, la primera *columna* de la matriz de Leontief.

Solución: Se suman por separado las entradas en los primeros tres renglones. Los valores totales de producción para los sectores 1, 2 y 3 son 600, 360 y 480, respectivamente. Para obtener la matriz de Leontief A, se dividen las entradas de los sectores ubicados en cada columna entre el valor total de la producción señalada para ese sector:

$$A = \begin{bmatrix} \frac{240}{600} & \frac{180}{360} & \frac{144}{480} \\ \frac{120}{600} & \frac{36}{360} & \frac{48}{480} \\ \frac{120}{600} & \frac{72}{360} & \frac{48}{480} \end{bmatrix} = \begin{bmatrix} \frac{2}{5} & \frac{1}{2} & \frac{3}{10} \\ \frac{1}{5} & \frac{1}{10} & \frac{1}{10} \\ \frac{1}{5} & \frac{1}{5} & \frac{1}{10} \end{bmatrix}$$

La matriz de demanda externa es

$$D = \begin{bmatrix} 77 \\ 154 \\ 231 \end{bmatrix}$$

El resultado de evaluar $(I - A)^{-1}D$ en una calculadora TI-83 Plus es

$$\begin{bmatrix} 692.5 \\ 380 \\ 495 \end{bmatrix}$$

Ahora resuelva el problema 7 ◁

PROBLEMAS 6.7

1. Una economía muy simple consiste en dos sectores: agricultura y molienda. Para producir una unidad de productos agrícolas se requieren $\frac{1}{3}$ de unidad de productos agrícolas y $\frac{1}{4}$ de unidad de productos de molienda. Para producir una unidad de productos de molienda se requieren $\frac{3}{4}$ de unidad de productos agrícolas y ninguna unidad de productos de molienda. Determine los niveles de producción necesarios para satisfacer una demanda externa de 300 unidades de agricultura y 500 unidades de productos de molienda.

2. Una economía consiste en tres sectores: carbón, acero y trenes. Para producir una unidad de carbón se requiere $\frac{1}{10}$ de unidad de carbón, $\frac{1}{10}$ de unidad de acero y $\frac{1}{10}$ de unidad de servicio de trenes. Para producir una unidad de acero se requiere $\frac{1}{3}$ de unidad de carbón, $\frac{1}{10}$ de unidad de acero y una unidad de servicio de trenes. Para producir

una unidad de servicio de trenes se requiere $\frac{1}{4}$ de unidad de carbón, $\frac{1}{3}$ de unidad de acero y $\frac{1}{10}$ de unidad de servicio de trenes. Determine los niveles de producción necesarios para satisfacer una demanda externa de 300 unidades de carbón, 200 unidades de acero y 500 unidades de servicios de tren.

3. Suponga que una economía simple consiste en tres sectores: agricultura (A), manufactura (M) y transporte (T). Los economistas han determinado que para producir una unidad de A se requieren $\frac{1}{18}$ unidades de A, $\frac{1}{9}$ unidades de M y $\frac{1}{9}$ unidades de T; mientras que la producción de una unidad de M necesita $\frac{3}{16}$ unidades de A, $\frac{1}{4}$ unidades de M y $\frac{3}{16}$ unidades de T; asimismo, la producción de una unidad de T requiere $\frac{1}{15}$ unidades de A, $\frac{1}{3}$ unidades de M y $\frac{1}{6}$ unidades de T. Existe una demanda externa de 40 unidades de A, 30 unidades de M

y ninguna unidad de T. Determine los niveles de producción necesarios para satisfacer la demanda externa.

4. Dada la siguiente matriz de insumo-producto,

Industria		Acero	Carbón	Demanda Final
Industria:	Acero	200	500	500
	Carbón	400	200	900
	Otros	600	800	—

encuentre la matriz de producción si la demanda final cambia a 600 para el acero y 805 para el carbón. Encuentre el valor total de los otros costos de producción que esto implica.

5. Dada la siguiente matriz de insumo-producto,

Industria		Educación	Gobierno	Demanda final
Industria:	Educación	40	120	40
	Gobierno	120	90	90
	Otros	40	90	—

encuentre la matriz de producción si la demanda final cambia a (a) 200 educación y 300 para gobierno; (b) 64 para educación y 64 para gobierno.

6. Dada la siguiente matriz de insumo-producto,

Industria		Grano	Fertilizante	Ganado	Demanda final
Industria:	Grano	15	30	45	10
	Fertilizante	25	30	60	5
	Ganado	50	40	60	30
	Otros	10	20	15	—

encuentre la matriz de producción (con entradas redondeadas a dos decimales) si la demanda final cambia a (a) 15 para grano, 10 para fertilizante y 35 para ganado; (b) 10 para grano, 10 para fertilizante y 10 para ganado.

7. Dada la matriz de insumo—producto

Industria		Agua	Electricidad	Agricultura	Demanda final
Industria:	Agua	100	400	240	260
	Electricidad	100	80	480	140
	Agricultura	300	160	240	500
	Otros	500	160	240	—

encuentre la matriz de producción si la demanda final cambia a 500 para agua, 150 para electricidad y 700 para agricultura. Redondee sus entradas a dos decimales.

8. Dada la matriz de insumo-producto

Industria		Gobierno	Agricultura	Manufactura	Demanda final
Industria:	Gobierno	400	200	200	200
	Agricultura	200	400	100	300
	Manufactura	200	100	300	400
	Otros	200	300	400	—

con entradas en miles de millones, encuentre la matriz de producción para la economía si la demanda final cambia a 300 para gobierno, 350 para agricultura y 450 para manufactura. Redondee las entradas al millar de millones más cercano.

9. Dada la matriz de insumo-producto del problema 8, encuentre la matriz de producción para la economía si la demanda final cambia a 250 para gobierno, 300 para agricultura y 350 para manufactura. Redondee las entradas al millar de millones más cercano.

10. Dada la matriz de insumo-producto del problema 8, determine la matriz de producción para la economía si la demanda final cambia a 300 para gobierno, 400 para agricultura y 500 para manufactura. Redondee las entradas al millar de millones más cercano.

Repaso del capítulo 6

Términos y símbolos importantes   Ejemplos

Sección 6.1	**Matrices**	
	matriz tamaño entrada, A_{ij} vector renglón vector columna	Ej. 1, p. 242
	igualdad de matrices transpuesta de una matriz, A^T matriz cero, 0	Ej. 3, p. 244
Sección 6.2	**Suma de matrices y multiplicación por un escalar**	
	suma y resta de matrices multiplicación por un escalar	Ej. 4, p. 249
Sección 6.3	**Multiplicación de matrices**	
	multiplicación de matrices matriz identidad, I potencia de una matriz	Ej. 12, p. 261
	ecuación matricial, $AX = B$	Ej. 13, p. 262
Sección 6.4	**Resolución de sistemas mediante reducción de matrices**	
	matriz de coeficientes matriz de coeficientes aumentada	Ej. 3, p. 268
	operación elemental con renglones matrices equivalentes matriz reducida	Ej. 4, p. 269
	parámetro	Ej. 5, p. 270
Sección 6.5	**Resolución de sistemas mediante reducción de matrices (*continuación*)**	
	sistema homogéneo sistema no homogéneo solución trivial	Ej. 4, p. 276

Sección 6.6 **Inversas**
matriz inversa   matriz invertible   Ej. 1, p. 278

Sección 6.7 **Análisis insumo-producto de Leontief**
matriz de insumo-producto   matriz de Leontief   Ej. 1, p. 286

Resumen

Una matriz es un arreglo rectangular de números encerrados entre corchetes. Hay algunos tipos especiales de matrices, como las matrices cero, matrices identidad, matrices cuadradas y matrices diagonales. Además de la operación básica de multiplicación por un escalar, están definidas las operaciones de suma y resta de matrices, las cuales se aplican a matrices del mismo tamaño. El producto AB está definido cuando el número de columnas de A es igual al número de renglones de B. Aunque la suma de matrices es conmutativa, la multiplicación no lo es. Utilizando la multiplicación matricial es posible expresar un sistema de ecuaciones lineales como la ecuación matricial $AX = B$.

Un sistema de ecuaciones lineales puede tener una solución única, ninguna solución o un número infinito de soluciones. El método principal para resolver un sistema de ecuaciones lineales usando matrices consiste en la aplicación de las tres operaciones elementales con renglones a la matriz de coeficientes aumentada del sistema hasta que se obtiene una matriz reducida equivalente. La matriz reducida hace que la solución o soluciones para el sistema sean obvias y permite la detección de la no existencia de soluciones. Si existe un número infinito de soluciones, la solución general implica al menos un parámetro.

En ocasiones, resulta útil encontrar la inversa de una matriz (cuadrada). La inversa (si existe) de una matriz cuadrada A se encuentra aumentando A con I y aplicando operaciones elementales con renglones a $[A \mid I]$ hasta que A sea reducida resultando en $[R \mid B]$ (con R reducida). Si $R = I$, entonces A es invertible y $A^{-1} = B$. Si $R \neq I$, entonces A no es invertible, lo cual significa que A^{-1} no existe. Si la inversa de una matriz A de $n \times n$ existe, entonces la solución única de $AX = B$ está dada por $X = A^{-1}B$. Si A no es invertible, el sistema no tiene solución o tiene un número infinito de soluciones.

La aplicación final de matrices trata las relaciones que existen entre los diferentes sectores de una economía, lo cual se conoce como análisis insumo-producto de Leontief.

Problemas de repaso

En los problemas del 1 al 8, simplifique.

1. $2\begin{bmatrix} 3 & 4 \\ -5 & 1 \end{bmatrix} - 3\begin{bmatrix} 1 & 0 \\ 2 & 4 \end{bmatrix}$

2. $5\begin{bmatrix} -3 & 1 \\ 0 & 4 \end{bmatrix} - 3\begin{bmatrix} 2 & -1 \\ 1 & 0 \end{bmatrix}$

3. $\begin{bmatrix} 1 & 7 \\ 2 & -3 \\ 1 & 0 \end{bmatrix}\begin{bmatrix} 1 & 0 & -2 \\ 0 & 6 & 1 \end{bmatrix}$

4. $\begin{bmatrix} 2 & 3 & 7 \end{bmatrix}\begin{bmatrix} 2 & 3 \\ 0 & -1 \\ 5 & 2 \end{bmatrix}$

5. $\begin{bmatrix} 2 & 3 \\ -1 & 3 \end{bmatrix}\left(\begin{bmatrix} 2 & 3 \\ 7 & 6 \end{bmatrix} - \begin{bmatrix} 1 & 8 \\ 4 & 4 \end{bmatrix}\right)$

6. $-\left(\begin{bmatrix} 2 & 0 \\ 7 & 8 \end{bmatrix} + 2\begin{bmatrix} 0 & -5 \\ 6 & -4 \end{bmatrix}\right)$

7. $3\begin{bmatrix} 2 & 0 \\ 2 & 1 \end{bmatrix}^2 \begin{bmatrix} 3 & 4 \end{bmatrix}^{\mathrm{T}}$

8. $\frac{1}{3}\begin{bmatrix} 3 & 0 \\ 3 & 6 \end{bmatrix}\left(\begin{bmatrix} 1 & 0 \\ 1 & 3 \end{bmatrix}^{\mathrm{T}}\right)^2$

En los problemas del 9 al 12, calcule la matriz requerida si

$$A = \begin{bmatrix} 1 & 1 \\ -1 & 2 \end{bmatrix} \qquad B = \begin{bmatrix} 1 & 0 \\ 0 & 2 \end{bmatrix}$$

9. $(2A)^{\mathrm{T}} - 3I^2$ **10.** $A(2I) - A0^{\mathrm{T}}$ **11.** $B^3 + I^5$

12. $(ABBA)^{\mathrm{T}} - A^{\mathrm{T}}B^{\mathrm{T}}B^{\mathrm{T}}A^{\mathrm{T}}$

En los problemas 13 y 14, resuelva para x y para y.

13. $\begin{bmatrix} 5 \\ 7 \end{bmatrix}[x] = \begin{bmatrix} 15 \\ y \end{bmatrix}$ **14.** $\begin{bmatrix} 1 & x \\ 2 & y \end{bmatrix}\begin{bmatrix} 2 & 1 \\ x & 3 \end{bmatrix} = \begin{bmatrix} 3 & 4 \\ 3 & y \end{bmatrix}$

En los problemas del 15 al 18, reduzca las matrices dadas.

15. $\begin{bmatrix} 1 & 4 \\ 5 & 8 \end{bmatrix}$ **16.** $\begin{bmatrix} 0 & 0 & 7 \\ 0 & 5 & 9 \end{bmatrix}$

17. $\begin{bmatrix} 3 & 1 & 2 \\ 1 & 2 & 5 \\ 4 & 0 & 1 \end{bmatrix}$ **18.** $\begin{bmatrix} 0 & 0 & 0 & 1 \\ 0 & 0 & 0 & 0 \\ 1 & 0 & 0 & 0 \end{bmatrix}$

En los problemas del 19 al 22, resuelva cada uno de los sistemas por el método de reducción.

19. $\begin{cases} 2x - 5y = 0 \\ 4x + 3y = 0 \end{cases}$ **20.** $\begin{cases} x - y + 2z = 3 \\ 3x + y + z = 5 \end{cases}$

21. $\begin{cases} x + y + 2z = 1 \\ 3x - 2y - 4z = -7 \\ 2x - y - 2z = 2 \end{cases}$ **22.** $\begin{cases} 3x + y + 2z = 0 \\ x + 2y + 5z = 1 \\ 4x + z = 0 \end{cases}$

En los problemas del 23 al 26, encuentre las inversas de las matrices.

23. $\begin{bmatrix} 1 & 5 \\ 3 & 9 \end{bmatrix}$ **24.** $\begin{bmatrix} 0 & 1 \\ 1 & 0 \end{bmatrix}$

25. $\begin{bmatrix} 1 & 3 & -2 \\ 4 & 1 & 0 \\ 3 & -2 & 2 \end{bmatrix}$ **26.** $\begin{bmatrix} 5 & 0 & 0 \\ -5 & 2 & 1 \\ -5 & 1 & 3 \end{bmatrix}$

En los problemas 27 y 28, resuelva el sistema dado utilizando la inversa de la matriz de coeficientes.

27. $\begin{cases} 2x + y + 3z = 2 \\ x + 2z = 1 \\ y + z = 4 \end{cases}$ **28.** $\begin{cases} 5x = 3 \\ -5x + 2y + z = 0 \\ -5x + y + 3z = 2 \end{cases}$

29. Sea $\begin{bmatrix} 0 & 1 & 1 \\ 0 & 0 & 1 \\ 0 & 0 & 0 \end{bmatrix}$. Encuentre las matrices A^2, A^3, A^{1000} y A^{-1} (si es que existe la inversa).

30. $A = \begin{bmatrix} 2 & 0 \\ 0 & 4 \end{bmatrix}$, muestre que $(A^T)^{-1} = (A^{-1})^T$.

31. Un consumidor desea completar su consumo vitamínico en *exactamente* 13 unidades de vitamina A, 22 de vitamina B y 31 de vitamina C por semana. Hay disponibles tres marcas de cápsulas vitamínicas. La marca I contiene 1 unidad de cada una de las vitaminas A, B y C por cápsula; la marca II contiene 1 unidad de vitamina A, 2 de B y 3 de C, la marca III contiene 4 unidades de A, 7 de B y 10 de C.
(a) ¿Qué combinaciones de cápsulas de las marcas I, II y III producirán *exactamente* las cantidades deseadas?
(b) Si las cápsulas de la marca I cuestan 5 centavos cada una, de la marca II, 7 centavos cada una y de la marca III, 20 centavos cada una, ¿qué combinación minimizará su costo semanal?
32. Suponga que A es una matriz invertible de $n \times n$.
(a) Demuestre que A^n es invertible para cualquier entero positivo n.
(b) Demuestre que si B y C son matrices de $n \times n$ tales que $ABA = ACA$, entonces $B = C$.
(c) Si $A^2 = A$ (se dice que A es *idempotente*), encuentre A.
33. Si $A = \begin{bmatrix} 10 & -3 \\ 4 & 7 \end{bmatrix}$ y $B = \begin{bmatrix} 8 & 6 \\ -7 & -3 \end{bmatrix}$, encuentre $3AB - 4B^2$.

34. Resuelva el sistema

$$\begin{cases} 7.9x - 4.3y + 2.7z = 11.1 \\ 3.4x + 5.8y - 7.6z = 10.8 \\ 4.5x - 6.2y - 7.4z = 15.9 \end{cases}$$

utilizando la inversa de la matriz de coeficientes. Redondee sus respuestas a dos decimales.

35. Dada la matriz de insumo-producto

	Industria A	Industria B	Demanda final
Industria: A	10	20	4
B	15	14	10
Otros	9	5	—

encuentre la matriz de producción si la demanda final cambia a 10 para A y 5 para B. (Los datos están en decenas de miles de millones de dólares).

EXPLORE Y AMPLÍE Requerimientos de insulina como un proceso lineal[6]

Una posada vacacional ubicada en las montañas del estado de Washington tiene una bien merecida reputación por la atención que brinda a las necesidades especiales de salud de sus huéspedes. La semana próxima, el administrador de la posada espera recibir cuatro huéspedes diabéticos dependientes de insulina. Estos huéspedes planean permanecer en la posada durante 7, 14, 21 y 28 días, respectivamente.

La posada se encuentra muy alejada de la farmacia más cercana, de modo que antes de que lleguen los huéspedes, el administrador planea obtener la cantidad total de insulina que se necesitará. Se requieren tres tipos diferentes de insulina: lenta, semilenta y ultralenta. El administrador almacenará la insulina y después el personal de la posada administrará la dosis diaria de los tres tipos a cada uno de los huéspedes.

Los requerimientos diarios de los cuatro huéspedes son:

Huésped 1	20 unidades de insulina semilenta, 30 de lenta y 10 de ultralenta.
Huésped 2	40 unidades de insulina semilenta, 0 de lenta y 0 de ultralenta.
Huésped 3	30 unidades de insulina semilenta, 10 de lenta y 30 de ultralenta.
Huésped 4	10 unidades de insulina semilenta, 10 de lenta y 50 de ultralenta.

Esta información se representa en la siguiente matriz de "requerimientos" A:

$A = [A_{ij}]_{3 \times 4}$ donde A está dada por

	Huésped 1	Huésped 2	Huésped 3	Huésped 4
Insulina semilenta	20	40	30	10
Insulina lenta	30	0	10	10
Insulina ultralenta	10	0	30	50

Recuerde que el huésped 1 permanecerá 7 días, el 2 estará 14 días, el 3 estará 21 días y el huésped 4, 28 días. Usted puede hacer que el vector columna T represente el tiempo, en días, que cada huésped permanecerá en la posada:

$$T = \begin{bmatrix} 7 \\ 14 \\ 21 \\ 28 \end{bmatrix}$$

Para determinar las cantidades totales de los tres tipos de insulina necesarios para los cuatro huéspedes, calcule el producto matricial AT.

$$AT = \begin{bmatrix} 20 & 40 & 30 & 10 \\ 30 & 0 & 10 & 10 \\ 10 & 0 & 30 & 50 \end{bmatrix} \begin{bmatrix} 7 \\ 14 \\ 21 \\ 28 \end{bmatrix}$$

[6]Adaptado de Richard F. Baum, "Insulin Requirements as a Linear Process", en R. M. Thrall, J. A. Mortimer, K. R. Rebman y R. F. Baum (eds.), *Some Mathematical Models in Biology*, ed. rev. Reporte 40241-R-7. Preparado en la University of Michigan, 1967.

$$= 10(7) \begin{bmatrix} 2 & 4 & 3 & 1 \\ 3 & 0 & 1 & 1 \\ 1 & 0 & 3 & 5 \end{bmatrix} \begin{bmatrix} 1 \\ 2 \\ 3 \\ 4 \end{bmatrix}$$

$$= 70 \begin{bmatrix} 23 \\ 10 \\ 30 \end{bmatrix} = \begin{bmatrix} 1610 \\ 700 \\ 2100 \end{bmatrix} = B$$

El vector $B(= AT)$ indica que los cuatro huéspedes requerirán un total de 1610 unidades de insulina semilenta, 700 unidades de insulina lenta y 2100 unidades de insulina ultralenta.

Ahora, el problema cambiará un poco. Suponga que cada huésped decidió duplicar su tiempo de estancia original. El vector resultante que da la cantidad total de insulina necesaria de los tipos semilenta, lenta y ultralenta es

$$A(2T) = 2(AT) = 2B = \begin{bmatrix} 3220 \\ 1400 \\ 4200 \end{bmatrix}$$

De hecho, si cada huésped planeó extender por un factor k su tiempo original de estancia en la posada (esto es, el huésped 1 planeó permanecer durante $k \cdot 7$ días, el huésped 2 planeó $k \cdot 14$ días, y así sucesivamente), entonces los requerimientos de insulina serán

$$A(kT) = k(AT) = kB = \begin{bmatrix} k \cdot 1610 \\ k \cdot 700 \\ k \cdot 2100 \end{bmatrix}$$

De manera similar, si los huéspedes decidieran agregar 1, 3, 4 y 6 días, respectivamente, a los tiempos que originalmente proyectaron permanecer, entonces las cantidades de insulina requeridas serían

$$A(T + T_1) = AT + AT_1, \quad \text{donde } T_1 = \begin{bmatrix} 1 \\ 3 \\ 4 \\ 6 \end{bmatrix}$$

Con base en los resultados obtenidos hasta aquí, es obvio que la siguiente ecuación matricial generaliza la situación.

$$AX = B$$

esto es,

$$\begin{bmatrix} 20 & 40 & 30 & 10 \\ 30 & 0 & 10 & 10 \\ 10 & 0 & 30 & 50 \end{bmatrix} \begin{bmatrix} x_1 \\ x_2 \\ x_3 \\ x_4 \end{bmatrix} = \begin{bmatrix} b_1 \\ b_2 \\ b_3 \end{bmatrix}$$

lo cual representa el sistema lineal

$$\begin{cases} 20x_1 + 40x_2 + 30x_3 + 10x_4 = b_1 \\ 30x_1 \qquad + 10x_3 + 10x_4 = b_2 \\ 10x_1 \qquad + 30x_3 + 50x_4 = b_3 \end{cases}$$

donde x_i es el número de días que el huésped i permanece en la posada y b_1, b_2 y b_3 dan, respectivamente, el número total de unidades de insulina semilenta, lenta y ultralenta necesarias para los cuatro huéspedes durante su estancia completa en la posada.

Por último, suponga una vez más que el vector T representa el número de días que cada huésped planeó permanecer originalmente en la posada. Además, suponga que el vector C proporciona el costo (en centavos) por unidad de insulina de los tres tipos, donde

$$C = \begin{bmatrix} 9 \\ 8 \\ 10 \end{bmatrix} = \text{matriz de costo}$$

Esto es, una unidad de insulina semilenta cuesta 9 centavos, una unidad de lenta cuesta 8 centavos y una unidad de ultralenta cuesta 10 centavos. Entonces la cantidad total pagada por la posada por toda la insulina necesaria para los cuatro huéspedes es

$$C^T(AT) = C^T B = [9 \quad 8 \quad 10] \begin{bmatrix} 1610 \\ 700 \\ 2100 \end{bmatrix} = [41\,090]$$

es decir, 41 090 centavos o \$410.90.

Problemas

1. Suponga que el huésped 1 permanecerá en la posada por 7 días, el huésped 2 durante 10 días, el huésped 3 por 7 días y el huésped 4 por 5 días. Asuma que los requerimientos diarios de los cuatro y la matriz de costo son los mismos que los dados en el análisis anterior. Encuentre la cantidad total que la posada debe pagar por toda la insulina necesaria para los huéspedes.

2. Suponga que los requerimientos de insulina de los cuatro huéspedes asciende a 1180 unidades de insulina semilenta, 580 de lenta y 1500 de ultralenta. Asuma que los requerimientos diarios para los cuatro huéspedes son los mismos que en el análisis anterior. Utilizando el método de la matriz inversa en una calculadora gráfica, determine la duración de la estancia de cada huésped si el número total de días para los cuatro huéspedes es de 52.

3. Suponga que los requerimientos diarios de los cuatro huéspedes y la matriz de costo son los mismos que los dados en el análisis anterior. Dada solamente la cantidad total que la posada deba pagar por toda la insulina requerida, ¿es posible determinar la duración de la estancia de cada huésped? ¿Por qué sí o por qué no?

7 Programación lineal

EXPLORE Y AMPLÍE

Terapias con medicamentos y radiación

La frase programación lineal suena como algo que implica la escritura de un código para computadora. Pero aunque la programación lineal con frecuencia se realiza en computadoras, la parte de "programación" del nombre en realidad proviene de la terminología militar de la era de la Segunda Guerra Mundial, durante la cual el entrenamiento, el abastecimiento y los planes de despliegue de unidades eran llamados programas. Cada programa era una solución a un problema de asignación de recursos.

Por ejemplo, suponga que las unidades militares de un frente de combate necesitaban combustible diesel. Cada unidad tiene cierto número de tanques, camiones y otros vehículos; cada unidad utiliza sus vehículos para realizar una misión asignada y cada misión de la unidad tiene alguna relación con la meta global de ganar la campaña. ¿Qué programa de distribución de combustible contribuirá mejor a la victoria global?

Resolver este problema requiere de cuantificar sus diferentes elementos. Calcular el número de galones de combustible y el número de cada tipo de vehículos es fácil, como también lo es la conversión de galones de combustible a las millas que un vehículo puede recorrer. Realizar la cuantificación de la relación entre millas por vehículo y unidades de misión, incluye identificar las restricciones involucradas: el máximo de galones por carga que un camión tanque puede llevar, el número mínimo de millas que cada unidad debe recorrer para alcanzar su objetivo de combate, y así sucesivamente. Los factores cuantitativos adicionales incluyen probabilidades, como las oportunidades de que una unidad gane un combate clave, si realiza maniobras a lo largo de una ruta de viaje en lugar de otra.

La cuantificación de problemas complicados de la vida real con este enfoque es competencia de la llamada investigación de operaciones. La programación lineal, una de las herramientas de investigación de operaciones más antiguas y todavía de las más importantes, se utiliza cuando un problema puede describirse utilizando ecuaciones y desigualdades que son lineales en su totalidad.

Objetivo

Representar en forma geométrica la solución de una desigualdad lineal con dos variables y ampliar esta representación a un sistema de desigualdades lineales.

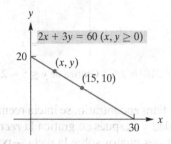

FIGURA 7.1 Recta de presupuesto.

7.1 Desigualdades lineales con dos variables

Suponga que un consumidor recibe un ingreso fijo de $60 semanales que utiliza *por completo* en la compra de los productos A y B. Si A cuesta $2 por kilogramo, B cuesta $3 por kilogramo y el consumidor compra x kilogramos de A y y kilogramos de B, su costo será $2x + 3y$. Puesto que utiliza en su totalidad los $60, x y y deben satisfacer

$$2x + 3y = 60, \quad \text{donde} \quad x, y \geq 0$$

Las soluciones de esta ecuación, llamada *ecuación de presupuesto*, dan las posibles combinaciones de A y B que pueden comprarse con $60. La gráfica de esta ecuación es la *recta de presupuesto* de la figura 7.1. Observe que $(15, 10)$ pertenece a la recta. Esto significa que si se compran 15 kg de A, entonces deben comprarse 10 kg de B para tener un costo total de $60.

Por otro lado, suponga que el consumidor no necesariamente desea gastar todos los $60. En este caso, las posibles combinaciones están descritas por la desigualdad

$$2x + 3y \leq 60, \quad \text{donde} \quad x, y \geq 0 \tag{1}$$

Cuando se estudiaron las desigualdades con una variable en el capítulo 1, su solución se representó geométricamente por medio de *intervalos* sobre la recta de los números reales. Sin embargo, para una desigualdad con dos variables, como la desigualdad (1), regularmente la solución está representada por una *región* en el plano coordenado. Se encontrará la región correspondiente a la desigualdad (1) después de considerar a las desigualdades en general.

> **Definición**
>
> Una **desigualdad lineal** con las variables x y y puede escribirse en una de las siguientes formas:
>
> $$ax + by + c < 0 \quad ax + by + c \leq 0 \quad ax + by + c > 0 \quad ax + by + c \geq 0$$
>
> donde a, b y c son constantes y a y b no son ambas cero.

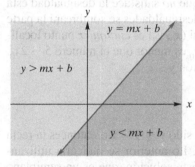

FIGURA 7.2 Una recta no vertical determina dos semiplanos.

En forma geométrica, la solución (o gráfica) de una desigualdad lineal en x y y consiste en todos los puntos (x, y) ubicados en el plano cuyas coordenadas satisfacen dicha desigualdad. Por ejemplo, una solución de $x + 3y < 20$ es el punto $(-2, 4)$, puesto que la sustitución da

$$-2 + 3(4) < 20,$$

$$10 < 20, \quad \text{lo cual es verdadero}$$

Es claro que existe un número infinito de soluciones, esto es común para toda desigualdad lineal.

Para considerar a las desigualdades lineales en general, primero note que la gráfica de una recta no vertical $y = mx + b$ separa al plano en tres partes distintas (vea la figura 7.2):

1. La propia recta consiste en todos los puntos (x, y) cuyas coordenadas satisfacen la ecuación $y = mx + b$.
2. La región ubicada *por encima* de la recta consiste en todos los puntos (x, y) cuyas coordenadas satisfacen la desigualdad $y > mx + b$ (esta región se conoce como *semiplano abierto*).
3. El semiplano abierto situado *por debajo* de la recta consiste en todos los puntos (x, y) cuyas coordenadas satisfacen la desigualdad $y < mx + b$.

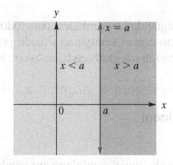

FIGURA 7.3 Una recta vertical determina dos semiplanos.

En la situación donde la desigualdad estricta "<" se reemplaza por "≤", la solución de $y \leq mx + b$ consiste en la recta $y = mx + b$ así como en el semiplano situado por debajo de dicha recta. En este caso, se dice que la solución es un *semiplano cerrado*. Se puede hacer una afirmación semejante cuando ">" se reemplaza por "≥". Para una recta vertical $x = a$ (vea la figura 7.3), se habla de un semiplano a la derecha ($x > a$) de la recta o a la izquierda ($x < a$). Como cualquier desigualdad lineal (con dos variables) puede expresarse en una de las formas que se han analizado y puede decirse que *la solución de una desigualdad lineal debe ser un semiplano*.

Para aplicar estos hechos, resolvamos la desigualdad lineal

$$2x + y < 5$$

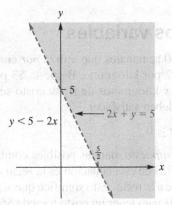

FIGURA 7.4 Gráfica de $2x + y < 5$.

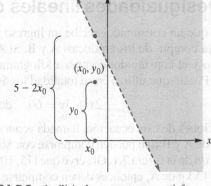

FIGURA 7.5 Análisis de un punto que satisface $y < 5 - 2x$.

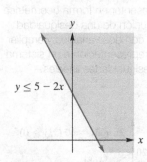

FIGURA 7.6 Gráfica de $y \leq 5 - 2x$.

En forma geométrica, la solución de una desigualdad lineal con una variable es un intervalo sobre la recta, pero la solución de una desigualdad lineal con *dos* variables es una *región* en el plano.

Del análisis previo se sabe que la solución es un semiplano. Para encontrarlo, se inicia reemplazando el símbolo de desigualdad por un signo de igualdad y después se grafica la *recta* resultante, $2x + y = 5$. Esto es fácil de hacer al seleccionar dos puntos sobre la recta —por ejemplo, las intersecciones de la recta con los ejes coordenados o bien otros dos puntos (x, y) que satisfagan la igualdad $(\frac{5}{2}, 0)$ y $(0, 5)$. (Vea la figura 7.4). Debido a que los puntos sobre la recta no satisfacen la desigualdad "<", se utiliza una línea *punteada* para indicar que la recta no forma parte de la solución. Ahora debe determinarse si la solución es el semiplano situado por *encima* de la recta o el semiplano por *debajo* de la recta. Esto puede hacerse resolviendo la desigualdad para y. Una vez que y esté aislada, el semiplano "solución" apropiado será evidente. Se tiene que

$$y < 5 - 2x$$

A partir del enunciado 3 ya mencionado, se concluye que la solución consiste en el semiplano situado por *debajo* de la recta. La parte de la región que *no* satisface la desigualdad está sombreada en la figura 7.4. A partir de aquí, al graficar desigualdades se sombreará la parte de la región que *no* satisfaga la condición. Por lo tanto, si (x_0, y_0) es *cualquier* punto localizado en la región no sombreada, entonces su ordenada y_0 es menor que el número $5 - 2x_0$. (Vea la figura 7.5). Por ejemplo, $(-2, -1)$ está en la región y

$$-1 < 5 - 2(-2)$$
$$-1 < 9$$

Si, en lugar de esto, la desigualdad original hubiera sido $y \leq 5 - 2x$, entonces la recta $y = 5 - 2x$ también se habría incluido en la solución. Lo anterior se indicaría utilizando una línea continua en lugar de una línea punteada. Esta solución, que es un semiplano que incluye a la recta, se muestra en la figura 7.6. Tenga en mente que **una recta continua *está* incluida en la solución mientras que una recta punteada *no lo está***.

EJEMPLO 1 **Resolución de una desigualdad lineal**

Encuentre la región definida por la desigualdad $y \leq 5$.

Solución: Debido a que x no aparece, se supone que la desigualdad es verdadera para todos los valores de x. La región consiste en la recta $y = 5$ junto con el semiplano situado por debajo de ella. (Vea la figura 7.7, donde la solución es la región *no* sombreada junto con la línea).

Ahora resuelva el problema 7 ◁

EJEMPLO 2 **Resolución de una desigualdad lineal**

Resuelva la desigualdad $2(2x - y) < 2(x + y) - 4$.

Solución: Primero se resuelve la desigualdad para y de modo que el semiplano apropiado sea obvio. La desigualdad es equivalente a

$$4x - 2y < 2x + 2y - 4$$
$$4x - 4y < 2x - 4$$

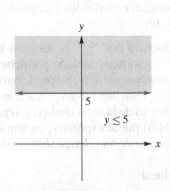

FIGURA 7.7 Gráfica de $y \leq 5$.

$$-4y < -2x - 4$$
$$y > \frac{x}{2} + 1 \qquad \text{al dividir ambos lados entre } -4 \text{ e invertir el sentido de la desigualdad}$$

Mediante una recta punteada, ahora se hace el bosquejo de $y = (x/2) + 1$ señalando que sus intersecciones con los ejes coordenados son $(0, 1)$ y $(-2, 0)$. Debido a que el símbolo de la desigualdad es $>$, se sombrea el semiplano por debajo de la recta. Piense en el área sombreada como un tachado de los puntos que no desea. (Vea la figura 7.8). Cada punto de la región no sombreada es una solución.

Ahora resuelva el problema 1 ◁

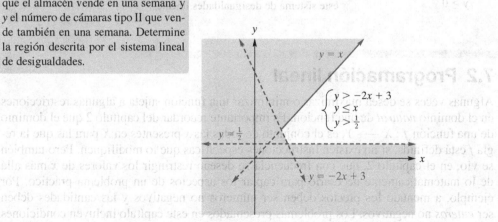

FIGURA 7.8   Gráfica de $y > \frac{x}{2} + 1$.

Sistemas de desigualdades

La solución de un *sistema* de desigualdades consiste en todos los puntos cuyas coordenadas satisfacen de manera simultánea todas las desigualdades dadas. En forma geométrica, es la región común para todas las regiones determinadas por las desigualdades dadas. Por ejemplo, resuelva el sistema

$$\begin{cases} 2x + y > 3 \\ x \geq y \\ 2y - 1 > 0 \end{cases}$$

Primero, se escribe de nuevo cada desigualdad de modo que y esté aislada. Esto da el sistema equivalente

$$\begin{cases} y > -2x + 3 \\ y \leq x \\ y > \frac{1}{2} \end{cases}$$

¡ADVERTENCIA!

El punto donde la gráfica de $y = x$ se interseca con la de $y = -2x + 3$ no está incluido en la solución. ¿Por qué?

Enseguida, se hace el bosquejo de las rectas correspondientes $y = -2x + 3$, $y = x$ y $y = \frac{1}{2}$, usando rectas punteadas para la primera y tercera y una línea continua para la segunda. Después se sombrea la región que está por debajo de la primera recta, la región que está sobre la segunda línea y la región que está por debajo de la tercera recta. La región no sombreada (vea la figura 7.9) junto con cualquier línea continua que delimite una región son puntos comprendidos en la solución del sistema de desigualdades.

APLÍQUELO ▶

2. Una tienda vende dos tipos de cámara fotográfica. Para cubrir los gastos generales, debe vender al menos 50 cámaras por semana y, para satisfacer los requerimientos de la distribución, debe vender al menos el doble del tipo I que del tipo II. Escriba un sistema de desigualdades para representar la situación. Sea x el número de cámaras tipo I que el almacén vende en una semana y y el número de cámaras tipo II que vende también en una semana. Determine la región descrita por el sistema lineal de desigualdades.

EJEMPLO 3   Resolución de un sistema de desigualdades lineales

Resuelva el sistema

$$\begin{cases} y \geq -2x + 10 \\ y \geq x - 2 \end{cases}$$

Solución: La solución consiste en todos los puntos que están simultáneamente sobre o por encima de la recta $y = -2x + 10$ y sobre o por encima de la recta $y = x - 2$. Es la región no sombreada en la figura 7.10.

Ahora resuelva el problema 9 ◁

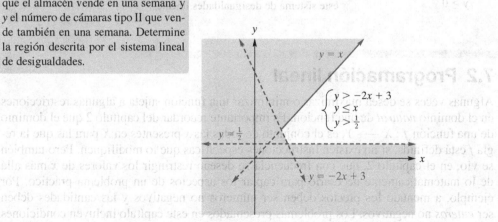

FIGURA 7.9   Solución de un sistema de desigualdades lineales.

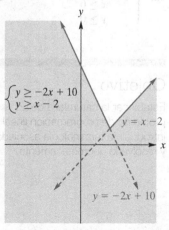

FIGURA 7.10   Solución de un sistema de desigualdades lineales.

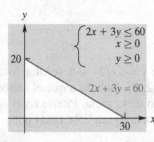

FIGURA 7.11 Solución de un sistema de desigualdades lineales.

EJEMPLO 4 **Solución de un sistema de desigualdades lineales**

Encuentre la región descrita por

$$\begin{cases} 2x + 3y \le 60 \\ x \ge 0 \\ y \ge 0 \end{cases}$$

Solución: Este sistema se relaciona con la desigualdad (1) del inicio de esta sección. La primera desigualdad es equivalente a $y \le -\frac{2}{3}x + 20$. Las últimas dos desigualdades restringen la solución a los puntos que están sobre o a la derecha del eje y, y al mismo tiempo, sobre o por encima del eje x. La región deseada es la que no está sombreada en la figura 7.11.

Ahora resuelva el problema 17 ◁

PROBLEMAS 7.1

En los problemas del 1 al 24, resuelva las desigualdades.

1. $3x + 4y > 2$

2. $3x - 2y \ge 12$

3. $3x - 5y \le 11$

4. $y > 6 - 2x$

5. $-x \le 2y - 4$

6. $3x + 5y \ge 12$

7. $3x + y < 0$

8. $5x + 2y < 76$

9. $\begin{cases} 3x - 2y < 6 \\ x - 3y > 9 \end{cases}$

10. $\begin{cases} 2x + 3y > -6 \\ 3x - y < 6 \end{cases}$

11. $\begin{cases} 2x + 3y \le 6 \\ x \ge 0 \end{cases}$

12. $\begin{cases} 2y - 3x < 6 \\ x < 0 \end{cases}$

13. $\begin{cases} 2x + y \le 10 \\ x + y \le 5 \end{cases}$

14. $\begin{cases} x - y < 1 \\ y - x < 1 \end{cases}$

15. $\begin{cases} 2x - 2 \ge y \\ 2x \le 3 - 2y \end{cases}$

16. $\begin{cases} 2y < 4x + 2 \\ y < 2x + 1 \end{cases}$

17. $\begin{cases} x - y > 4 \\ x < 2 \\ y > -5 \end{cases}$

18. $\begin{cases} x + 2y \le 10 \\ 3x + 2y \le 14 \\ x \ge 1 \\ y \ge 2 \end{cases}$

19. $\begin{cases} y < 2x + 4 \\ x \ge -2 \\ y < 1 \end{cases}$

20. $\begin{cases} 2x + y \ge 6 \\ x \le y \\ y \le 5x + 2 \end{cases}$

21. $\begin{cases} x + y > 1 \\ 3x - 5 \le y \\ y < 2x \end{cases}$

22. $\begin{cases} 2x - 3y > -12 \\ 3x + y > -6 \\ y > x \end{cases}$

23. $\begin{cases} 3x + y \le 6 \\ x + y \le 4 \\ x \ge 0 \\ y \ge 0 \end{cases}$

24. $\begin{cases} 5y - 2x \le 10 \\ 4x - 6y \le 12 \\ y \ge 0 \end{cases}$

Si un consumidor no quiere gastar más de P en la compra de las cantidades x y y de dos productos que tienen precios de p_1 y p_2 por unidad, respectivamente, entonces $p_1x + p_2y \le P$, donde x, y $\ge$ 0. En los problemas 25 y 26, encuentre geométricamente las posibles combinaciones de dichas compras determinando la solución de este sistema para los valores dados de p_1, p_2 y P.

25. $p_1 = 6, p_2 = 4, P = 20$.

26. $p_1 = 7, p_2 = 3, P = 25$.

27. Si un fabricante desea comprar un *total* de no más de 100 libras de producto Z de los proveedores A y B, establezca un sistema de desigualdades que describa las combinaciones posibles de las cantidades que pueden comprarse a cada proveedor. Haga el bosquejo de la solución en el plano de coordenadas.

28. **Manufactura** La compañía Cherry produce dos modelos de computadoras portátiles: el modelo Bing de 8.9 pulgadas y el modelo Lambert de 10.1 pulgadas. Sea x el número de modelos Bing y y el número de modelos Lambert producidos a la semana en la fábrica Halifax. Si la fábrica puede producir semanalmente a lo más 750 modelos Bing y Lambert en forma combinada, escriba las desigualdades que describen esta situación.

29. **Manufactura** Una compañía de sillas produce dos modelos de silla. El modelo Secuoya requiere 3 horas de trabajo para ensamblarlo y $\frac{1}{2}$ hora de trabajo para pintarlo. El modelo Saratoga requiere 2 horas de trabajo para ensamblarlo y 1 hora de trabajo para pintarlo. El número máximo de horas de trabajo disponibles para ensamblar sillas es de 240 por día y el máximo de horas de trabajo disponibles para pintar sillas es de 80 diarias. Escriba un sistema de desigualdades lineales para describir la situación. Sea x el número de modelos Secuoya producidos en un día y y el número de modelos Saratoga producidos en un día. Determine la región descrita por este sistema de desigualdades lineales.

Objetivo

Establecer la naturaleza de un problema de programación lineal, introducir la terminología asociada y resolverlo geométricamente.

7.2 Programación lineal

Algunas veces se desea maximizar o minimizar una función sujeta a algunas restricciones en el dominio *natural* de una función. Es importante recordar del capítulo 2 que el dominio de una función $f : X \longrightarrow Y$, es el conjunto de todas las x presentes en X para las que la regla f está definida, si no existen instrucciones específicas que lo modifiquen. Pero también se vio, en el capítulo 2, que con frecuencia se desean restringir los valores de x más allá de lo matemáticamente necesario para captar los aspectos de un problema práctico. Por ejemplo, a menudo los precios deben ser números no negativos y las cantidades deben ser *enteros* no negativos. Los problemas presentados en este capítulo incluyen condiciones adicionales en el dominio, llamadas *restricciones*, las cuales en este capítulo se establecerán como *desigualdades lineales* en el sentido que se estudió en la última sección. Por ejemplo, un fabricante puede desear maximizar una función de utilidad sujeta a las restricciones de producción impuestas por las limitaciones en el uso de maquinaria y mano de obra, donde esta última se encuentra determinada por desigualdades lineales.

Ahora se considerará cómo resolver tales problemas cuando la función que será maximizada o minimizada es *lineal*. Una **función lineal en** x **y** y tiene la forma

$$P = P(x, y) = ax + by$$

donde a y b son constantes. En primer lugar, debe señalarse que una función lineal en x y y sólo es una función de dos variables, como las presentadas en la sección 2.8, y que el dominio natural para tal función es el conjunto $(-\infty, \infty) \times (-\infty, \infty)$ de todos los pares ordenados (x, y) con x y y en $(-\infty, \infty)$. Sin embargo, dado el tipo de aplicaciones que se tienen en mente, el dominio se restringe de inmediato a $[0, \infty) \times [0, \infty)$, lo cual significa que inmediatamente se restringe a $x \geq 0$ y $y \geq 0$. Pronto se darán ejemplos de restricciones lineales adicionales que aparecen en lo que se denomina *problemas de programación lineal*.

En un problema de programación lineal, la función que debe ser maximizada o minimizada se llama **función objetivo**. Su dominio se define como el conjunto de soluciones del sistema de restricciones lineales dadas en el problema. Al conjunto de todas las soluciones del sistema de restricciones lineales se le llama conjunto de **puntos factibles**. Por lo general, existe un número infinito de puntos factibles (puntos en el dominio), pero el objetivo del problema es encontrar un punto que optimice el valor de la función objetivo. Optimizar es **maximizar** o bien **minimizar**, dependiendo de la naturaleza del problema.

Ahora se dará un enfoque geométrico de la programación lineal. En la sección 7.4 se presentará un enfoque matricial que permitirá trabajar con más de dos variables y, por lo tanto, con mayor variedad de problemas.

Considere el problema siguiente. Una compañía produce dos tipos de abrelatas, manuales y eléctricos. Cada uno requiere para su fabricación del uso de tres máquinas, A, B y C. En la tabla 7.1 se proporciona la información relacionada con la fabricación de estos abrelatas. Cada abrelatas manual requiere del uso de la máquina A durante 2 horas, de la máquina B por 1 hora y de la máquina C otra hora. Un abrelatas eléctrico requiere 1 hora de la máquina A, 2 horas de la B y 1 hora de la C. Además, suponga que el número máximo de horas disponibles por mes para el uso de las máquinas A, B y C es de 180, 160 y 100, respectivamente. La utilidad por cada abrelatas manual es de \$4 y por cada eléctrico de \$6. Si la compañía vende todos los abrelatas que puede producir, ¿cuántos de cada tipo debe producir con el fin de maximizar la utilidad mensual?

Tabla 7.1

	Manual	Eléctrico	Horas disponibles
A	2 hr	1 hr	180
B	1 hr	2 hr	160
C	1 hr	1 hr	100
Utilidad por unidad	\$4	\$6	

Para resolver el problema, considere que x y y denotan el número de abrelatas manuales y eléctricos, respectivamente, fabricados en un mes. Como el número de artículos producidos no es negativo,

$$x \geq 0 \quad \text{y} \quad y \geq 0$$

Para la máquina A, el tiempo necesario para trabajar en x abrelatas manuales es $2x$ horas y el tiempo para trabajar en y abrelatas eléctricos es $1y$ horas. La suma de estos tiempos no puede ser mayor que 180, de modo que

$$2x + y \leq 180$$

De manera similar, las restricciones para las máquinas B y C dan

$$x + 2y \leq 160 \quad \text{y} \quad x + y \leq 100$$

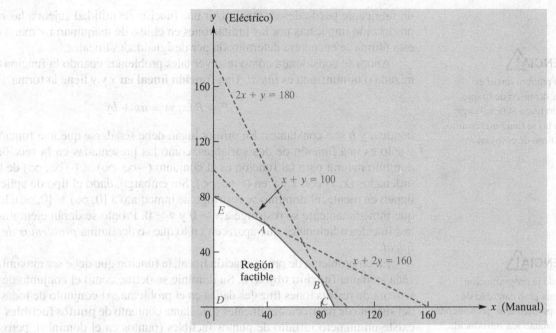

FIGURA 7.12 Región factible.

La utilidad es una función de x y y, está dada por la *función de utilidad*

$$P = 4x + 6y$$

En resumen, se desea maximizar la *función objetivo*

$$P = 4x + 6y \tag{1}$$

sujeta a las condiciones de que x y y deben ser soluciones del sistema de restricciones:

$$\begin{cases} 2x + y \leq 180 & (2) \\ x + 2y \leq 160 & (3) \\ x + y \leq 100 & (4) \\ x \geq 0 & (5) \\ y \geq 0 & (6) \end{cases}$$

Por lo tanto, se tiene un problema de programación lineal. Las restricciones (5) y (6) se llaman **condiciones de no negatividad**. La región que satisface de manera simultánea las restricciones (2) a (6) *no* está sombreada en la figura 7.12. Cada punto de esta región representa un punto factible y al conjunto de todos los puntos factibles se le llama **región factible**. Así, *región factible* es sólo otra terminología útil para denominar el *dominio* de la función objetivo en el contexto de los problemas de programación lineal. Aunque existe un número infinito de puntos factibles, debe encontrarse uno en el que la función objetivo asuma un valor máximo.

Como la función objetivo, $P = 4x + 6y$, es equivalente a

$$y = -\frac{2}{3}x + \frac{P}{6}$$

define una familia de rectas paralelas, para cada posible valor de P, cada una con pendiente de $-2/3$ e intersección y $(0, P/6)$. Por ejemplo, si $P = 600$, entonces se obtiene la recta

$$y = -\frac{2}{3}x + 100$$

que se muestra en la figura 7.13. Esta recta, llamada **línea de isoutilidad**, es ejemplo de una curva de nivel como las presentadas en la sección 2.8. Ésta proporciona todas las combinaciones posibles (x, y) con las que se obtiene la utilidad, $600. Observe que esta línea de isoutilidad no tiene puntos en común con la región factible, mientras que la línea de isoutilidad para $P = 300$ tiene un número infinito de puntos en común con la región factible. Ahora se buscará un elemento de la familia de rectas paralelas que tenga un punto factible y cuyo valor de P sea máximo. *Éste será la recta cuya intersección y sea la más lejana del origen*

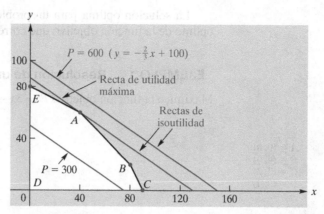

FIGURA 7.13   Rectas de isoutilidad y región factible.

(lo que da un valor máximo de P) y que al mismo tiempo tenga al menos un punto en común con la región factible. No es difícil observar que tal recta contendrá al *vértice A*. Cualquier recta de isoutilidad con una utilidad mayor no contendrá puntos de la región factible.

A partir de la figura 7.12, observamos que A pertenece a las rectas $x + y = 100$ y $x + 2y = 160$. Así, sus coordenadas pueden hallarse resolviendo el sistema

$$\begin{cases} x + y = 100 \\ x + 2y = 160 \end{cases}$$

Esto da $x = 40$ y $y = 60$. Sustituyendo estos valores en $P = 4x + 6y$, se encuentra que la utilidad máxima sujeta a las restricciones es de \$520, la cual se obtiene al producir 40 abrelatas manuales y 60 eléctricos cada mes.

Cuando una región factible puede estar contenida dentro de un círculo, como la región de la figura 7.13, se denomina **región factible acotada**. De otra manera es **no acotada**. Cuando una región factible contiene al menos un punto, se dice que es **no vacía**; en caso contrario es **vacía**. Así, la región de la figura 7.13 es una región factible acotada no vacía.

Puede demostrarse que:

> Una función lineal definida sobre una región factible acotada no vacía tiene un valor máximo (mínimo) que puede hallarse en un vértice.

Este enunciado proporciona una forma de encontrar una solución óptima sin tener que dibujar las rectas de isoutilidad, como se hizo antes. Basta con evaluar la función objetivo en cada uno de los vértices de la región factible y después seleccionar un vértice en el que la función sea óptima.

Por ejemplo, en la figura 7.13 los vértices son A, B, C, D y E. Se encuentra, como antes, que A es (40, 60). Para encontrar B, a partir de la figura 7.12 observamos que debe resolverse de manera simultánea $2x + y = 180$ y $x + y = 100$. Esto da el punto $B = (80, 20)$. De manera similar, se obtienen todos los siguientes vértices:

$$A = (40, 60) \qquad B = (80, 20) \qquad C = (90, 0)$$
$$D = (0, 0) \qquad E = (0, 80)$$

Ahora se evalúa la función objetivo $P = 4x + 6y$ en cada uno de los puntos:

$$P(A) = 4(40) + 6(60) = 520$$
$$P(B) = 4(80) + 6(20) = 440$$
$$P(C) = 4(90) + 6(0) = 360$$
$$P(D) = 4(0) + 6(0) = 0$$
$$P(E) = 4(0) + 6(80) = 480$$

Así, P tiene un valor máximo de 520 en A, donde $x = 40$ y $y = 60$.

La solución óptima para un problema de programación lineal está dada por el valor óptimo de la función objetivo que corresponde al punto donde ocurre dicho valor.

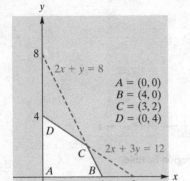

FIGURA 7.14 *A*, *B*, *C* y *D* son puntos vértice de la región factible.

EJEMPLO 1 **Resolución de un problema de programación lineal**

Maximice la función objetivo $P = 3x + y$ sujeta a las restricciones

$$2x + y \leq 8$$
$$2x + 3y \leq 12$$
$$x \geq 0$$
$$y \geq 0$$

Solución: En la figura 7.14 la región factible es no vacía y acotada. Así que P es máxima en uno de los cuatro vértices. Las coordenadas de A, B y D son evidentes por inspección. Para determinar las coordenadas de C, resolvemos de manera simultánea las ecuaciones $2x + y = 8$ y $2x + 3y = 12$, que dan $x = 3$, $y = 2$. Así,

$$A = (0,0) \quad B = (4,0) \quad C = (3,2) \quad D = (0,4)$$

Evaluando P en estos puntos, se obtiene

$$P(A) = 3(0) + 0 = 0$$
$$P(B) = 3(4) + 0 = 12$$
$$P(C) = 3(3) + 2 = 11$$
$$P(D) = 3(0) + 4 = 4$$

De modo que el valor máximo de P, sujeto a las restricciones, sea 12 y ocurra cuando $x = 4$ y $y = 0$.

Ahora resuelva el problema 1 ◁

Región factible vacía

El ejemplo siguiente ilustra una situación en la que no existe solución óptima.

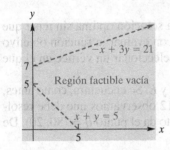

FIGURA 7.15 Región factible vacía.

EJEMPLO 2 **Región factible vacía**

Minimice la función objetivo $Z = 8x - 3y$ sujeta a las restricciones

$$-x + 3y = 21$$
$$x + y \leq 5$$
$$x \geq 0$$
$$y \geq 0$$

Solución: Observe que la primera restricción, $-x + 3y = 21$, es una *igualdad*. En la figura 7.15 se muestra la parte de las rectas $-x + 3y = 21$ y $x + y = 5$ para las cuales $x \geq 0$ y $y \geq 0$. Un punto factible (x, y) debe tener $x \geq 0$ y $y \geq 0$, además debe estar sobre la recta superior y sobre o por debajo de la recta inferior (porque $y \leq 5 - x$). Sin embargo, no existen tales puntos. De modo que la región factible está *vacía* y, por lo tanto, este problema *no* tiene solución óptima.

Ahora resuelva el problema 5 ◁

La situación del ejemplo 2 puede hacerse más general:

Siempre que la región factible de un problema de programación lineal esté vacía, no existe solución óptima.

Región factible no acotada

Suponga que la región factible está definida por:

$$y = 2$$
$$x \geq 0$$
$$Z \geq 0$$

Esta región es la parte de la recta horizontal $y = 2$ indicada en la figura 7.16. Como la región no puede estar contenida dentro de un círculo, es *no acotada*. Considere maximizar

$$Z = x + y$$

sujeta a las restricciones precedentes. Como $y = 2$, entonces $Z = x + 2$. Es claro que cuando x aumenta sin límite, lo hace también Z. Por lo tanto, ningún punto factible maximiza Z, de modo que no existe solución óptima. En este caso, se dice que la solución es "no acotada". Por otra parte, suponga que se quiere *minimizar* $Z = x + y$ sobre la misma región. Como $Z = x + 2$, será mínima cuando x sea lo más pequeña posible, esto es, cuando $x = 0$. Esto da un valor mínimo de $Z = x + y = 0 + 2 = 2$, y la solución óptima es el vértice $(0, 2)$.

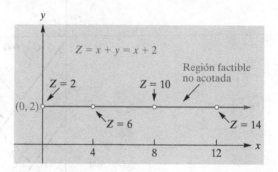

FIGURA 7.16 Región factible no acotada en la que Z no tiene máximo.

En general, puede demostrarse que:

Si una región factible es no acotada, y *si* la función objetivo tiene un valor máximo (o mínimo), entonces el valor ocurre en un vértice.

EJEMPLO 3 Región factible no acotada

Un agricultor va a comprar fertilizante que contiene tres nutrientes: A, B y C. Los mínimos necesarios son 160 unidades de A, 200 unidades de B y 80 unidades de C. En el mercado existen dos marcas muy aceptadas de fertilizantes. Crece Rápido cuesta $8 una bolsa, contiene 3 unidades de A, 5 unidades de B y 1 unidad de C. Crece Fácil cuesta $6 cada bolsa y contiene 2 unidades de cada nutrimento. Si el agricultor desea minimizar el costo mientras se satisfacen los requerimientos de nutrimentos, ¿cuántas bolsas de cada marca debe comprar? La información se resume como sigue:

	Crece Rápido	Crece Fácil	Unidades requeridas
A	3 unidades	2 unidades	160
B	5 unidades	2 unidades	200
C	1 unidad	2 unidades	80
Costo por bolsa	$8	$6	

Solución: Sea x el número de bolsas de Crece Rápido que se comprarán y y el número de bolsas de Crece Fácil que también se comprarán. Entonces, se desea *minimizar* la función de costo

$$C = 8x + 6y \qquad (7)$$

sujeta a las restricciones

$$3x + 2y \geq 160 \tag{8}$$

$$5x + 2y \geq 200 \tag{9}$$

$$x + 2y \geq 80 \tag{10}$$

$$x \geq 0 \tag{11}$$

$$y \geq 0 \tag{12}$$

La región factible que satisface las restricciones (8) a (12) no está sombreada en la figura 7.17, junto con las *rectas de isocosto* para $C = 400$ y $C = 600$. La región factible es no acotada.

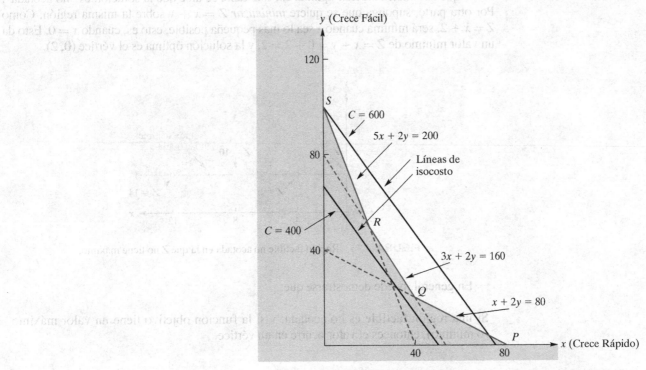

FIGURA 7.17 Costo mínimo en el vértice Q de la región factible no acotada.

El miembro de la familia de rectas $C = 8x + 6y$ que da un costo mínimo, sujeto a las restricciones, interseca a la región factible en el vértice Q. Aquí se elige la línea de isocosto cuya intersección con el eje *y* fue *más cercana* al origen y tiene al menos un punto en común con la región factible. Las coordenadas de B se encuentran al resolver el sistema

$$\begin{cases} 3x + 2y = 160 \\ x + 2y = 80 \end{cases}$$

Por lo tanto, $x = 40$ y $y = 20$ dan un costo mínimo de \$440. El agricultor debe comprar 40 bolsas de Crece Rápido y 20 de Crece Fácil.

Ahora resuelva el problema 15 ◁

En el ejemplo 3, se encuentra que la función $C = 8x + 6y$ tiene un valor mínimo en un vértice de la región factible no acotada. Por otra parte, suponga que se quiere *maximizar* C en esa región y para ello se considera la opción de evaluar C en todos los vértices. Estos puntos son:

$$P = (80, 0) \quad Q = (40, 20) \quad R = (20, 50) \quad S = (0, 100)$$

de lo cual se obtiene

$$C(P) = 8(80) + 6(0) = 640$$
$$C(Q) = 8(40) + 6(20) = 440$$
$$C(R) = 8(20) + 6(50) = 460$$
$$C(S) = 8(0) + 6(100) = 600$$

¡ADVERTENCIA!

Cuando se trabaja con una región factible no acotada, no se concluye simplemente que una solución óptima existe en un vértice, puesto que podría no haber solución óptima.

Una conclusión apresurada sería que el valor máximo de C es 640. Esto es *falso*. *No* existe valor máximo porque las líneas de isocosto con valores arbitrariamente grandes de C intersecan a la región factible.

PROBLEMAS 7.2

1. Maximizar

$$P = 5x + 7y$$

sujeta a

$$2x + 3y \leq 45$$
$$x - 3y \geq 2$$
$$x, y \geq 0$$

2. Maximizar

$$P = 3x + 2y$$

sujeta a

$$x + y \leq 70$$
$$x + 3y \leq 240$$
$$x + 3y \leq 90$$
$$x, y \geq 0$$

3. Maximizar

$$Z = 4x - 6y$$

sujeta a

$$y \leq 7$$
$$3x - y \leq 3$$
$$x + y \geq 5$$
$$x, y \geq 0$$

4. Minimizar

$$Z = x + y$$

sujeta a

$$x - y \geq 0$$
$$4x + 3y \geq 12$$
$$9x + 11y \leq 99$$
$$x \leq 8$$
$$x, y \geq 0$$

5. Maximizar

$$Z = 4x - 10y$$

sujeta a

$$x - 4y \geq 4$$

$$2x - y \leq 2$$
$$x, y \geq 0$$

6. Minimizar

$$Z = 20x + 30y$$

sujeta a

$$2x + y \leq 10$$
$$3x + 4y \leq 24$$
$$8x + 7y \geq 56$$
$$x, y \geq 0$$

7. Minimizar

$$C = 5x + y$$

sujeta a

$$2x - y \geq -2$$
$$4x + 3y \leq 12$$
$$x - y = -1$$
$$x, y \geq 0$$

8. Maximizar

$$Z = 0.4x - 0.2y$$

sujeta a

$$2x - 5y \geq -3$$
$$2x - y \leq 5$$
$$3x + y = 6$$
$$x, y \geq 0$$

9. Minimizar

$$C = 3x + 2y$$

sujeta a

$$2x + y \geq 5$$
$$3x + y \geq 4$$
$$x + 2y \geq 3$$
$$x, y \geq 0$$

10. Minimizar

$$C = 2x + 2y$$

sujeta a

$$x + 2y \geq 80$$

$$3x + 2y \geq 160$$

$$5x + 2y \geq 200$$

$$x, y \geq 0$$

11. Maximizar

$$Z = 10x + 2y$$

sujeta a

$$x + 2y \geq 4$$

$$x - 2y \geq 0$$

$$x, y \geq 0$$

12. Minimizar

$$Z = -2x + y$$

sujeta a

$$x \geq 2$$

$$3x + 5y \geq 15$$

$$x - y \geq -3$$

$$x, y \geq 0$$

13. Producción para utilidad máxima   Un fabricante de juguetes prepara un programa de producción para dos nuevos juguetes, camiones y perinolas, con base en la información concerniente a sus tiempos de producción dados en la tabla que sigue:

	Máquina A	Máquina B	Acabado
Camión	2 hr	3 hr	5 hr
Perinola	1 hr	1 hr	1 hr

Por ejemplo, cada camión requiere de 2 horas en la máquina A. Las horas disponibles empleadas por semana son: para operación de la máquina A, 80 horas; para la B, 50 horas; para acabado, 70 horas. Si las utilidades obtenidas por cada camión y cada perinola son de $7 y $2, respectivamente, ¿cuántos juguetes de cada tipo debe producir por semana el fabricante con el fin de maximizar la utilidad? ¿Cuál es esta utilidad máxima?

14. Producción para utilidad máxima   Un fabricante produce dos tipos de reproductores de video: Vista y Xtreme. Para su producción, los aparatos requieren del uso de dos máquinas, A y B. El número de horas necesarias para ambos está indicado en la tabla siguiente:

	Máquina A	Máquina B
Vista	1 hr	2 hr
Xtreme	3 hr	2 hr

Si cada máquina puede utilizarse 24 horas por día y las utilidades en los modelos Vista y Xtreme son de $50 y $80, respectivamente, ¿cuántos reproductores de cada tipo deben producirse por día para obtener una utilidad máxima? ¿Cuál es la utilidad máxima?

15. Formulación de dieta   Una dieta debe contener al menos 16 unidades de carbohidratos y 20 de proteínas. El alimento A contiene 2 unidades de carbohidratos y 4 de proteínas; el alimento B contiene 2 unidades de carbohidratos y una unidad de proteínas. Si el alimento A cuesta $1.20 por unidad y el B $0.80 por unidad, ¿cuántas unidades de cada alimento deben comprarse para minimizar el costo? ¿Cuál es el costo mínimo?

16. Nutrientes en fertilizantes   Un agricultor comprará fertilizantes que contienen tres nutrientes: A, B y C. Los requerimientos mínimos semanales de éstos son 80 unidades de A, 120 de B y 240 de C. Existen dos mezclas de fertilizantes de gran aceptación en el mercado. La mezcla I cuesta $8 por bolsa y contiene 2 unidades de A, 6 de B y 4 de C. La mezcla II cuesta $10 por bolsa, con 2 unidades de A, 2 de B y 12 de C. ¿Cuántas bolsas de cada mezcla debe comprar el agricultor a la semana para minimizar el costo de satisfacer sus requerimientos de nutrientes?

17. Extracción de minerales   Una compañía extrae minerales de dos menas. El número de libras de los minerales A y B que pueden extraerse por cada tonelada de las menas I y II se dan en la tabla siguiente junto con los costos por tonelada de las menas:

	Mena I	Mena II
Mineral A	80 lb	160 lb
Mineral B	140 lb	40 lb
Costo por tonelada	$60	$80

Si la compañía debe producir al menos 4000 lb de A y 2000 lb de B, ¿cuántas toneladas de cada mena deben procesarse con el objetivo de minimizar el costo? ¿Cuál es el costo mínimo?

18. Programación de producción   Una compañía petrolera que tiene dos refinerías necesita al menos 8000, 14 000 y 5000 barriles de petróleo de grados bajo, medio y alto, respectivamente. Cada día, la refinería I produce 2000 barriles de grado bajo, 3000 barriles de grado medio y 1000 barriles de grado alto, mientras que la refinería II produce 1000 barriles de cada uno de los grados alto y bajo y 2000 barriles de petróleo de grado medio. Si operar la refinería I cuesta $25 000 por día y operar la refinería II $20 000 diarios, ¿cuántos días debe operarse cada refinería para satisfacer los requerimientos de producción a un costo mínimo? ¿Cuál es el costo mínimo? (Suponga que existe un costo mínimo).

19. Costo de construcción   Una compañía química está diseñando una planta para producir dos tipos de polímeros, P_1 y P_2. La planta debe tener una capacidad de producción de al menos 100 unidades de P_1 y 420 unidades de P_2 cada día. Existen dos posibles diseños para las cámaras principales de reacción que se incluirán en la planta. Cada cámara de tipo A cuesta $600 000 y es capaz de producir 10 unidades de P_1 y 20 unidades de P_2 por día; el tipo B es un diseño más económico, cuesta $300 000 y es capaz de producir 4 unidades de P_1 y 30 unidades de P_2 por día. Debido a los costos de operación, es necesario tener al menos cuatro cámaras de cada tipo en la planta. ¿Cuántas cámaras de cada tipo deben incluirse para minimizar el costo de construcción y satisfacer el programa de producción requerido? (Suponga que existe un costo mínimo).

20. Control de la contaminación   Debido a nuevas reglamentaciones federales sobre contaminación, una compañía química ha introducido en sus plantas un nuevo y más caro proceso con el fin de complementar o reemplazar un proceso anterior para la fabricación de un producto químico en particular. El proceso anterior descarga 25 gramos de dióxido de carbono y 50 gramos de partículas a la atmósfera por cada litro de producto químico producido. El nuevo proceso descarga 15 gramos de dióxido de carbono y 40 gramos de partículas a la atmósfera por cada litro producido. La compañía obtiene una utilidad de $0.40 y $0.15 (centavos) por litro en los procesos anterior y nuevo, respectivamente. Si el gobierno le permite a la planta descargar no más de 12 525 gramos de dióxido de carbono y no más de 20 000 gramos de partículas a la atmósfera cada día, ¿cuántos litros de producto químico deben producirse diariamente, por cada uno de los procesos, para maximizar la utilidad diaria? ¿Cuál es la máxima utilidad diaria?

21. Descuento en la construcción   El departamento de carreteras ha decidido añadir exactamente 300 kilómetros de carreteras y exactamente 200 de autopistas a su sistema carretero en este año. El precio estándar para construcción de caminos es de $2 millones por kilómetro de carretera y de $8 millones por kilómetro de autopista. Sólo dos contratistas, las compañías A y B, pueden realizar esta clase de construcción, así que los 500 km de camino deben ser construidos por estas compañías. Sin embargo, la compañía A puede construir a lo más 400 km de camino (carretera y autopista) y la compañía B puede construir a lo más 300 km. Por razones políticas, a cada compañía debe adjudicársele un contrato de al menos $300 millones (antes de descuentos). La compañía A ofrece un descuento de $2000 por kilómetro de carretera y de $6000 por kilómetro de autopista; la compañía B ofrece un descuento de $3000 por kilómetro de carretera y $5000 por kilómetro de autopista.
(a)   Si x y y representan el número de kilómetros de carretera y autopista, respectivamente, adjudicados a la compañía A, demuestre que el descuento total recibido a partir de ambas compañías está dado por

$$D = 1900 - x + y$$

donde D está en miles.
(b)   El departamento de carreteras desea maximizar el descuento total, D. Demuestre que este problema es equivalente al problema de programación lineal dado a continuación, detallando exactamente cómo surgen las primeras seis restricciones:

Maximizar $D = 1900 - x + y$

sujeta a

$$x + y \leq 400$$
$$x + y \geq 500$$

$$2x + 8y \geq 300$$
$$2x + 8y \leq 1900$$
$$x \leq 300$$
$$y \leq 200$$
$$x, y \geq 0$$

(c)   Encuentre los valores de x y y que maximizan a D.

En los problemas 22 a 25, redondee sus respuestas a dos decimales.
22.   Maximizar

$$Z = 4x + y$$

sujeta a

$$6x + 2y \leq 12$$
$$2x + 3y \geq 6$$
$$x, y \geq 0$$

23.   Maximizar

$$Z = 14x - 3y$$

sujeta a

$$y \geq 12.5 - 4x$$
$$y \leq 9.3 - x$$
$$y \geq 4.7 + 0.8x$$
$$x, y \geq 0$$

24.   Minimizar

$$Z = 5.1y - 3.5x$$

sujeta a

$$7.5x + 2y \geq 35$$
$$2.5x + y \leq 7.4$$
$$0.6x - y \geq -0.8$$
$$x, y \geq 0$$

25.   Minimizar

$$Z = 17.3x - 14.4y$$

sujeta a

$$0.73x - y \leq -2.4$$
$$1.22x - y \geq -5.1$$
$$0.45x - y \geq -12.4$$
$$x, y \geq 0$$

Objetivo

Considerar situaciones en las que los problemas de programación lineal tienen más de una solución óptima.

7.3 Soluciones óptimas múltiples[1]

A veces una función objetivo alcanza su valor óptimo en más de un punto factible, en cuyo caso se dice que existen **soluciones óptimas múltiples**. Esto se ilustrará en el ejemplo 1.

---

[1] Esta sección puede omitirse.

3. Suponga que un distribuidor de televisores tiene los almacenes A y B y las bodegas C y D. El costo de enviar un televisor de C a A es de $18, de C a B de $9, de D a A es de $24 y de D a B es de $15. Suponga que el almacén A ordena 25 televisores y el almacén B 30. También suponga que la bodega C tiene 45 televisores y la bodega D tiene 40 televisores disponibles. Determine la mejor manera de minimizar costos y encuentre el costo mínimo. (*Sugerencia*: Sea *x* el número de televisores enviados de C a A y *y* el número de televisores enviados de C a B. Entonces 25 − *x* es el número de televisores enviados de D a A y 30 − *y* el número de televisores enviados de D a B).

EJEMPLO 1 **Soluciones óptimas múltiples**

Maximice $Z = 2x + 4y$ sujeta a las restricciones

$$x - 4y \leq -8$$
$$x + 2y \leq 16$$
$$x, y \geq 0$$

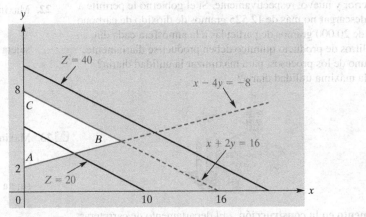

FIGURA 7.18 $Z = 2x + 4y$ se maximiza en cada punto del segmento de recta $\overline{BC}$.

Solución: La región factible aparece en la figura 7.18. Como la región no está vacía y es acotada, Z tiene valor máximo en un vértice. Los vértices son $A = (0, 2)$, $B = (8, 4)$ y $C = (0, 8)$. Al evaluar la función objetivo en:

$$A = (0, 2) \quad B = (8, 4) \quad C = (0, 8)$$

se obtiene

$$Z(A) = 2(0) + 4(2) = 8$$
$$Z(B) = 2(8) + 4(4) = 32$$
$$Z(C) = 2(0) + 4(8) = 32$$

Así, el valor máximo de Z sobre la región es 32 y ocurre en *dos* vértices, B y C. De hecho, este valor máximo también ocurre en *todos* los puntos ubicados sobre el segmento de recta que *une* los puntos B y C, por la siguiente razón. Cada miembro de la familia de rectas $Z = 2x + 4y$ tiene pendiente de $-\frac{1}{2}$. Además, la recta de la restricción $x + 2y = 16$, que contiene a B y C, también tiene pendiente de $-\frac{1}{2}$ y, por consiguiente, es paralela a cada miembro de $Z = 2x + 4y$. La figura 7.18 muestra rectas para $Z = 20$ y $Z = 40$. Observe que el miembro de la familia que maximiza Z contiene no sólo a B y C, sino también a todos los puntos del segmento de recta $\overline{BC}$. Por esta razón, tiene un número infinito de puntos en común con la región factible. De modo que este problema de programación lineal tiene un número infinito de soluciones óptimas. De hecho, puede mostrarse que

Si (x_1, y_1) y (x_2, y_2) son dos vértices en los cuales la función objetivo es óptima, entonces la función también será óptima en todos los puntos (x, y) donde

$$x = (1 - t)x_1 + tx_2$$
$$y = (1 - t)y_1 + ty_2$$

y

$$0 \leq t \leq 1$$

En este caso, si $(x_1, y_1) = B = (8, 4)$ y $(x_2, y_2) = C = (0, 8)$, entonces Z es máximo en cualquier punto (x, y), donde

$$x = (1 - t)8 + t \cdot 0 = 8(1 - t)$$

$$y = (1 - t)4 + t \cdot 8 = 4(1 + t)$$

$$\text{para} \quad 0 \le t \le 1$$

Estas ecuaciones dan las coordenadas de cualquier punto situado sobre el segmento de recta $\overline{BC}$. En particular, si $t = 0$, entonces $x = 8$ y $y = 4$, lo cual da el vértice $B = (8, 4)$. Si $t = 1$, se obtiene el vértice $C = (0, 8)$. El valor $t = \frac{1}{2}$ da el punto $(4, 6)$. Observe que en $(4, 6)$, $Z = 2(4) + 4(6) = 32$, que es el valor máximo de Z.

Ahora resuelva el problema 1 ◁

PROBLEMAS 7.3

1. Minimizar

$$Z = 6x + 14y$$

sujeta a

$$14x + 7y \ge 43$$

$$3x + 7y \ge 21$$

$$-x + y \ge -5$$

$$x, y \ge 0$$

2. Maximizar

$$Z = 2x + 2y$$

sujeta a

$$2x - y \ge -4$$

$$x - 2y \le 4$$

$$x + y = 6$$

$$x, y \ge 0$$

3. Maximizar

$$Z = 14x + 21y$$

sujeta a

$$2x + 3y \le 12$$

$$x + 5y \le 8$$

$$x, y \ge 0$$

4. Minimizar costo   Suponga que un vendedor de automóviles tiene salas de exhibición en Atherton y Berkeley y bodegas en Concord y Dublín. El costo de enviar un automóvil de Concord a Atherton es de \$60, de Concord a Berkeley de \$45, de Dublín a Atherton de \$50 y de Dublín a Berkeley de \$35. Suponga que la sala de exhibición de Atherton ordena siete automóviles y la sala de exhibición de Berkeley ordena cuatro. También suponga que en Concord la bodega tiene seis automóviles y que en Dublín hay ocho automóviles disponibles. Encuentre la mejor manera de minimizar el costo y determine el costo mínimo. (*Sugerencia:* Sea x el número de automóviles enviados de Concord a Atherton y y el número de automóviles enviados de Concord a Berkeley. Entonces $7 - x$ es el número de automóviles enviados de Dublín a Atherton y $4 - y$ es el número de automóviles enviados de Dublín a Berkeley).

Objetivo

Mostrar cómo se utiliza el método simplex para resolver un problema de programación lineal estándar. Este método le permitirá resolver problemas que no pueden resolverse de manera geométrica.

7.4 Método simplex

Hasta ahora, se han resuelto problemas de programación lineal por un método geométrico. Este método no resulta práctico cuando el número de variables aumenta a tres y, desde luego, no es posible usarlo si las variables son más de tres. Ahora se verá una técnica diferente —el **método simplex**— cuyo nombre está ligado, en estudios más avanzados, a un objeto geométrico al que se denomina simplex.

El método simplex empieza con una solución factible y prueba si el valor de la función objetivo es o no óptimo. Si no lo es, con este método se procede a obtener una solución mejor. Se dice "mejor" en el sentido de que la nueva solución esté más cerca de la optimización de la función objetivo.[2] Si esta nueva solución no es óptima, entonces se repite el procedimiento. En algún momento, el método simplex conduce a una solución óptima, si es que existe.

Además de ser eficiente, el método simplex tiene otras ventajas. Es completamente mecánico. Utiliza matrices, operaciones elementales con renglones y aritmética básica. Además, no es necesario dibujar gráficas; esto permite resolver problemas de programación lineal que tengan cualquier número de restricciones y variables.

---

[2] En la mayoría de los casos es cierto. Sin embargo, en algunas situaciones la nueva solución puede ser "tan buena" como la previa. El ejemplo 2 ilustrará esto.

En esta sección, sólo se considerarán los llamados **problemas estándar de programación lineal**. Éstos pueden expresarse en la forma siguiente.

Problema estándar de programación lineal

Maximizar la función lineal $Z = c_1 x_1 + c_2 x_2 + \cdots + c_n x_n$ sujeta a las restricciones

$$
\left.
\begin{aligned}
a_{11} x_1 + a_{12} x_2 + \cdots + a_{1n} x_n &\leq b_1 \\
a_{21} x_1 + a_{22} x_2 + \cdots + a_{2n} x_n &\leq b_2 \\
&\vdots \\
a_{m1} x_1 + a_{m2} x_2 + \cdots + a_{mn} x_n &\leq b_m
\end{aligned}
\right\}
\qquad (1)
$$

donde $x_1, x_2, \ldots, x_n$ y $b_1, b_2, \ldots, b_m$ son no negativas.

Resulta útil formular el problema en notación matricial de manera que su estructura sea más fácil de recordar. Sean

$$
C = \begin{bmatrix} c_1 & c_2 & \cdots & c_n \end{bmatrix}
\qquad \text{y} \qquad
X = \begin{bmatrix} x_1 \\ x_2 \\ \vdots \\ \vdots \\ x_n \end{bmatrix}
$$

Entonces la función objetivo puede escribirse como

$$
Z = CX
$$

Ahora, si se escribe

$$
A = \begin{bmatrix}
a_{11} & a_{12} & \cdots & a_{1n} \\
a_{21} & a_{22} & \cdots & a_{2n} \\
\vdots & \vdots & & \vdots \\
\vdots & \vdots & & \vdots \\
a_{m1} & a_{m2} & \cdots & a_{mn}
\end{bmatrix}
\qquad \text{y} \qquad
B = \begin{bmatrix} b_1 \\ b_2 \\ \vdots \\ \vdots \\ b_m \end{bmatrix}
$$

entonces es posible decir que un problema de programación lineal es aquél que puede ponerse en la forma

---

¡ADVERTENCIA!

Observe que $B \geq 0$ es una condición que rige sobre los datos del problema y no una constante impuesta sobre la variable X.

$$
\begin{aligned}
\text{Maximizar} \qquad & Z = CX \\
\text{sujeta a} \qquad & \begin{cases} AX \leq B \\ X \geq 0 \end{cases} \\
\text{donde} \qquad & B \geq 0
\end{aligned}
$$

(Las desigualdades matriciales deben entenderse como igualdades de matrices. Las comparaciones se refieren a matrices del mismo tamaño y la desigualdad se requiere para contener todas las entradas correspondientes).

En las secciones 7.6 y 7.7 se estudiarán otros tipos de problemas de programación lineal.

Observe que un punto factible para un problema *estándar* de programación lineal siempre es $x_1 = 0$, $x_2 = 0$, $\ldots$, $x_n = 0$ y que en este punto factible el valor de la función Z es 0.

Ahora se aplicará el método simplex al problema del ejemplo 1 de la sección 7.2, que puede escribirse como

El procedimiento que se sigue aquí será descrito más adelante en esta sección.

$$\text{maximizar } Z = 3x_1 + x_2$$

sujeta a las restricciones

$$2x_1 + x_2 \le 8 \tag{2}$$

y

$$2x_1 + 3x_2 \le 12 \tag{3}$$

y

$$x_1 \ge 0, \quad x_2 \ge 0$$

Este problema es de la forma estándar. Se comienza por escribir las restricciones (2) y (3) como ecuaciones. En (2), $2x_1 + x_2$ será *igual* a 8 si se suma algún número no negativo s_1 a $2x_1 + x_2$, de forma que,

$$2x_1 + x_2 + s_1 = 8 \quad \text{para alguna } s_1 \ge 0$$

En la sección 1.2 se mencionaron las variables de "holgura" en el proceso de presentación de las desigualdades.

A s_1 se le llama **variable de holgura** porque completa la "holgura" existente del lado izquierdo de (2), de modo que se tenga una igualdad. De manera similar, la desigualdad (3) puede expresarse como una ecuación utilizando la variable de holgura s_2; se tiene

$$2x_1 + 3x_2 + s_2 = 12 \quad \text{para alguna } s_2 \ge 0$$

Las variables x_1 y x_2 son llamadas **variables de decisión**.

Ahora es posible replantear el problema en términos de ecuaciones:

$$\text{Maximizar } Z = 3x_1 + x_2 \tag{4}$$

sujeta a

$$2x_1 + x_2 + s_1 = 8 \tag{5}$$

y

$$2x_1 + 3x_2 + s_2 = 12 \tag{6}$$

donde x_1, x_2, s_1 y s_2 son no negativas.

De la sección 7.2, se sabe que la solución óptima ocurre en un vértice de la región factible de la figura 7.19. En cada uno de estos puntos, al menos *dos* de las variables x_1, x_2, s_1 y s_2 son 0, como lo indica el listado siguiente:

1. En A, se tiene $x_1 = 0$ y $x_2 = 0$.

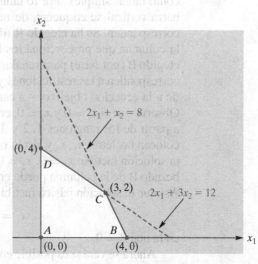

FIGURA 7.19 La solución óptima debe ocurrir en un vértice de la región factible.

2. En B, $x_1 = 4$ y $x_2 = 0$. Pero de la ecuación (5), $2(4) + 0 + s_1 = 8$. Entonces, $s_1 = 0$.

3. En C, $x_1 = 3$ y $x_2 = 2$. Pero de la ecuación (5), $2(3) + 2 + s_1 = 8$. Por lo tanto, $s_1 = 0$. De la ecuación (6), $2(3) + 3(2) + s_2 = 12$. Por lo tanto, $s_2 = 0$.

4. En D, $x_1 = 0$ y $x_2 = 4$. De la ecuación (6), $2(0) + 3(4) + s_2 = 12$. Por lo tanto, $s_2 = 0$.

También puede demostrarse que cualquier solución de las ecuaciones (5) y (6), con tal de que al menos *dos* de las cuatro variables x_1, x_2, s_1 y s_2 sean cero, corresponde a un vértice. Cualquier solución donde al menos dos de las variables sean cero se llama **solución básica factible** (SBF). Este número, 2, está determinado por el número n de variables de decisión, en este ejemplo dicho número es 2. Para cualquier SBF, las dos variables que toman el valor de cero se llaman **variables no básicas**, mientras que las otras se llaman **variables básicas** para esa solución básica factible. Como hay un total de $n + m$ variables, el número de variables básicas presentes en el sistema general que surge de la función lineal presentada en (1) es m, que es el número de restricciones (diferentes a las que expresan no negatividad). Así, para la SBF correspondiente al punto 3 del listado anterior, s_1 y s_2 son las variables no básicas y x_1 y x_2 son las variables básicas, pero para la SBF correspondiente al punto 4, las variables no básicas son x_1 y s_2 y las variables básicas son x_2 y s_1.

Primero se encontrará una solución básica factible inicial y, por lo tanto, un vértice inicial, y después se determinará si el valor correspondiente de Z puede incrementarse con una SBF diferente. Como $x_1 = 0$ y $x_2 = 0$ es un punto factible para este problema estándar de programación lineal, inicialmente se encuentra la SBF donde las variables de decisión x_1 y x_2 son no básicas y, por ende, las variables de holgura s_1 y s_2 son básicas. Esto es, se elige $x_1 = 0$ y $x_2 = 0$ y se encuentran los correspondientes valores para s_1, s_2 y Z. Esto puede hacerse de manera más adecuada por medio de técnicas matriciales, basadas en los métodos desarrollados en el capítulo 6.

Si se escribe la ecuación (4) como $-3x_1 - x_2 + Z = 0$, entonces las ecuaciones (5), (6) y (4) forman el sistema lineal

$$\begin{cases} 2x_1 + x_2 + s_1 & = 8 \\ 2x_1 + 3x_2 + s_2 & = 12 \\ -3x_1 - x_2 + Z & = 0 \end{cases}$$

con las variables x_1, x_2, s_1, s_2 y Z. Así, en general, cuando se agrega la función objetivo al sistema que proporciona las restricciones, se tienen $m + 1$ ecuaciones con $n + m + 1$ incógnitas. En términos de una matriz de coeficientes aumentada, llamada **tabla simplex inicial**, se tiene

$$
\begin{array}{c}
\text{B} \\
s_1 \\
s_2 \\
Z
\end{array}
\begin{array}{cccccc}
x_1 & x_2 & s_1 & s_2 & Z & \text{R} \\
\left[\begin{array}{ccccc|c}
2 & 1 & 1 & 0 & 0 & 8 \\
2 & 3 & 0 & 1 & 0 & 12 \\
\hline
-3 & -1 & 0 & 0 & 1 & 0
\end{array}\right]
\end{array}
$$

Es conveniente mostrarse generosos con las etiquetas para las matrices que se utilizarán como tablas simplex. Por lo tanto, las columnas ubicadas en la matriz a la izquierda de la barra vertical se etiquetan, de manera natural y suficiente, con las variables a las cuales corresponden. Se ha elegido R (del término en inglés *right*, derecha) como una marca para la columna que proporciona los lados derechos del sistema de ecuaciones. También se ha elegido B (por *base*) para señalar la lista de marcas de renglón. Los primeros dos renglones corresponden a las restricciones y el último renglón, llamado **renglón objetivo**, corresponde a la ecuación objetivo —a esto se debe la línea horizontal que separa a ese renglón—. Observe que si $x_1 = 0$ y $x_2 = 0$, entonces los valores de s_1, s_2 y Z pueden leerse directamente a partir de los renglones 1, 2 y 3: $s_1 = 8$, $s_2 = 12$ y $Z = 0$. Ésta es la razón por la cual se colocan las letras s_1, s_2 y Z a la izquierda de los renglones. Es necesario recordar que, para la solución factible $x_1 = 0$, $x_2 = 0$, s_1 y s_2 son las variables básicas. De manera que el encabezado B de la columna puede entenderse como la representación de las variables Básicas. Así que la solución básica factible inicial es:

$$x_1 = 0 \quad x_2 = 0 \quad s_1 = 8 \quad s_2 = 12$$

en la que $Z = 0$.

Ahora se verá si es posible encontrar una solución básica factible que dé un valor mayor de Z. Las variables x_1 y x_2 son no básicas en la SBF anterior. Ahora se buscará una SBF en la que una de estas variables sea básica mientras las otras permanecen como no básicas. ¿Cuál debe elegirse como la variable básica? Examinemos las posibilidades. Del renglón Z de la matriz anterior, $Z = 3x_1 + x_2$. Si a x_1 se le permite volverse básica, entonces x_2 permanecerá como cero y $Z = 3x_1$; así, por cada unidad de aumento en x_1, Z aumenta en tres unidades. Por otra parte, si a x_2 se le permite ser básica, entonces x_1 seguirá siendo cero y $Z = x_2$; así, por cada aumento unitario de x_2, Z aumenta en una unidad. En consecuencia, se obtiene un aumento *mayor* en el valor de Z si se toma a x_1, como básica en lugar de x_2. En este caso, a x_1 se le llama **variable entrante**. Así, en términos de la tabla simplex mostrada a continuación (que es la misma de la matriz anterior salvo por algunas marcaciones adicionales), la variable entrante puede encontrarse buscando el "más negativo" de los números encerrados por la llave incluida en el renglón Z. (*Más negativo* quiere decir: el indicador negativo que tiene la mayor magnitud). Como ese número es -3 y aparece en la columna de x_1, entonces x_1 es la variable entrante. Los números encerrados en la llave se denominan **indicadores**.

$$
\begin{array}{c}
\text{variable} \\
\text{entrante} \\
\downarrow
\end{array}
$$

$$
\begin{array}{c}
B \\
\\
s_1 \\
s_2 \\
Z
\end{array}
\begin{array}{c}
x_1 \quad x_2 \quad s_1 \quad s_2 \quad Z \qquad R \\
\left[
\begin{array}{ccccc|c}
2 & 1 & 1 & 0 & 0 & 8 \\
2 & 3 & 0 & 1 & 0 & 12 \\
\underbrace{-3 \quad -1} & 0 & 0 & 1 & 0
\end{array}
\right]
\end{array}
$$

$$\text{indicadores}$$

En resumen, la información que puede obtenerse de esta tabla es la siguiente. Proporciona una solución básica factible, donde s_1 y s_2 son las variables básicas y x_1 y x_2 son las no básicas. La SBF es $s_1 = 8$ (al extremo derecho del renglón de s_1), $s_2 = 12$ (al extremo derecho del renglón de s_2), $x_1 = 0$ y $x_2 = 0$. El -3 ubicado en la columna x_1 del renglón de Z indica que si x_2 permanece como 0, entonces Z aumenta tres unidades por cada unidad que aumente x_1. El -1 situado en la columna x_2 del renglón Z indica que si x_1 permanece como 0, entonces Z aumenta en una unidad por cada unidad de aumento en x_2. La columna en la que se encuentra el indicador más negativo, -3, proporciona la variable entrante x_1 esto es, la variable que debe convertirse en básica en la siguiente solución básica factible.

En la nueva solución básica factible, a mayor incremento en x_1 (a partir de $x_1 = 0$), mayor aumento en Z. Ahora, ¿en cuánto puede aumentarse x_1? Como x_2 aún se mantendrá en 0, de los renglones 1 y 2 de la tabla simplex anterior se deduce que

$$s_1 = 8 - 2x_1$$

y

$$s_2 = 12 - 2x_1$$

Como s_1 y s_2 son no negativas, se tiene

$$8 - 2x_1 \geq 0$$

y

$$12 - 2x_1 \geq 0.$$

De la primera desigualdad, $x_1 \leq \frac{8}{2} = 4$, de la segunda, $x_1 \leq \frac{12}{2} = 6$. Por lo tanto, x_1 debe ser menor o igual al más pequeño de los cocientes $\frac{8}{2}$ y $\frac{12}{2}$, que es $\frac{8}{2}$. De aquí que x_1 pueda aumentar, cuando mucho, hasta 4. Sin embargo, en una solución básica factible, dos variables deben ser 0. Ya se tiene que $x_2 = 0$. Como $s_1 = 8 - 2x_1$, s_1 debe ser igual a 0 para $x_1 = 4$. Así que se tiene una nueva SBF, donde x_1 reemplaza a s_1 como una variable básica. Esto es, s_1 *saldrá* de la categoría de variables básicas obtenida en la solución básica factible anterior y será no básica en la nueva SBF. Se dice que s_1 es la **variable saliente** para la SBF previa. En resumen, para la nueva solución básica factible, se quiere a x_1 y s_2 como variables básicas, con $x_1 = 4$, y a x_2 y s_1 como variables no básicas ($x_2 = 0$, $s_1 = 0$). Estos requerimientos conducen a $s_2 = 12 - 2x_1 = 12 - 2(4) = 4$.

Antes de continuar, se actualizará la tabla. A la derecha de la tabla siguiente se indican los cocientes $\frac{8}{2}$ y $\frac{12}{2}$:

variable entrante
(indicador más negativo)
↓

B	x_1	x_2	s_1	s_2	Z		R	Cocientes
variable ← s_1	2	1	1	0	0		8	$8 \div 2 = 4$
saliente s_2	2	3	0	1	0		12	$12 \div 2 = 6$
(cociente más pequeño) Z	−3	−1	0	0	1		0	

Estos cocientes se obtuvieron al dividir cada entrada de los primeros dos renglones de la columna de R, entre la entrada del renglón correspondiente de la columna de la variable entrante, que es la columna x_1. Observe que la variable saliente está en el mismo renglón que el cociente *más pequeño*, $8 \div 2$.

Como x_1 y s_2 serán variables básicas en la nueva solución básica factible, sería conveniente cambiar la tabla anterior por medio de operaciones elementales con renglones en forma tal que los valores de x_1, s_2 y Z puedan leerse con facilidad (de la misma forma que fue posible hacerlo con la solución correspondiente a $x_1 = 0$ y $x_2 = 0$). Para hacer esto, se quiere encontrar una matriz equivalente a la tabla anterior, pero que tenga la forma

B	x_1	x_2	s_1	s_2	Z		R
x_1	1	?	?	0	0		?
s_2	0	?	?	1	0		?
Z	0	?	?	0	1		?

donde los signos de interrogación representan números que serán determinados. Observe aquí que si $x_2 = 0$ y $s_1 = 0$, entonces x_1 es igual al número que está en el renglón x_1 de la columna R, s_2 es igual al número del renglón s_2 de la columna R y Z es el número situado en el renglón Z de la columna R. Por lo tanto, es necesario transformar la tabla

variable
entrante
↓

B	x_1	x_2	s_1	s_2	Z		R
variable ← s_1	2	1	1	0	0		8
saliente s_2	2	3	0	1	0		12
Z	−3	−1	0	0	1		0

(7)

en una matriz equivalente que tenga un 1 donde la entrada aparece "sombreada" y ceros en las demás entradas en la columna de x_1. La entrada sombreada se llama **entrada pivote** —y está en la columna de la variable entrante (llamada *columna pivote*) y en el renglón de la variable saliente (llamado *renglón pivote*)—. Por medio de operaciones elementales con renglones, se tiene:

$$
\begin{array}{ccccc}
x_1 & x_2 & s_1 & s_2 & Z
\end{array}
$$

$$
\begin{bmatrix}
2 & 1 & 1 & 0 & 0 & 8 \\
2 & 3 & 0 & 1 & 0 & 12 \\
-3 & -1 & 0 & 0 & 1 & 0
\end{bmatrix}
$$

$$
\xrightarrow{\frac{1}{2}R_1}
\begin{bmatrix}
1 & \frac{1}{2} & \frac{1}{2} & 0 & 0 & 4 \\
2 & 3 & 0 & 1 & 0 & 12 \\
-3 & -1 & 0 & 0 & 1 & 0
\end{bmatrix}
$$

$$
\xrightarrow[3R_1 + R_3]{-2R_1 + R_2}
\begin{bmatrix}
1 & \frac{1}{2} & \frac{1}{2} & 0 & 0 & 4 \\
0 & 2 & -1 & 1 & 0 & 4 \\
0 & \frac{1}{2} & \frac{3}{2} & 0 & 1 & 12
\end{bmatrix}
$$

Así, se forma una nueva tabla simplex:

$$
\begin{array}{c}
\begin{array}{ccccccc}
\text{B} & x_1 & x_2 & s_1 & s_2 & Z & R
\end{array} \\
\begin{array}{c} x_1 \\ s_2 \\ Z \end{array}
\left[\begin{array}{ccccc|c}
1 & \frac{1}{2} & \frac{1}{2} & 0 & 0 & 4 \\
0 & 2 & -1 & 1 & 0 & 4 \\
\hline
0 & \frac{1}{2} & \frac{3}{2} & 0 & 1 & 12
\end{array}\right]
\end{array}
\qquad (8)
$$

$$\underbrace{}_{\text{indicadores}}$$

Para $x_2 = 0$ y $s_1 = 0$, a partir del primer renglón se tiene que $x_1 = 4$; del segundo, se obtiene $s_2 = 4$. Estos valores dan una nueva solución básica factible. Observe que se reemplazó la s_1 localizada a la izquierda de la tabla inicial (7) por x_1 en la nueva tabla (8), por lo que s_1 *salió* y x_1 *entró*. Del renglón 3, para $x_2 = 0$ y $s_1 = 0$, se obtiene $Z = 12$, un valor mayor al que se tenía antes ($Z = 0$).

En la solución básica factible actual, x_2 y s_1 son variables no básicas ($x_2 = 0$, $s_1 = 0$). Suponga que se busca otra SBF que dé un valor mayor para Z de tal modo que una de las dos, x_2 o s_1, sea básica. La ecuación correspondiente al renglón de Z está dada por $\frac{1}{2}x_2 + \frac{3}{2}s_1 + Z = 12$, lo cual puede reescribirse como:

$$
Z = 12 - \frac{1}{2}x_2 - \frac{3}{2}s_1
\qquad (9)
$$

Si x_2 se convierte en básica y, por lo tanto, s_1 permanece no básica, entonces,

$$
Z = 12 - \frac{1}{2}x_2 \quad \text{(ya que } s_1 = 0\text{)}
$$

Aquí, cada unidad de aumento en x_2 *disminuye* a Z en $\frac{1}{2}$ unidad. Así que cualquier aumento en x_2 haría que Z fuera más pequeña que antes. Por otra parte, si s_1 se convierte en básica y x_2 permanece como no básica, entonces, por la ecuación (9),

$$
Z = 12 - \frac{3}{2}s_1 \quad \text{(ya que } x_2 = 0\text{)}
$$

Aquí cada unidad de aumento en s_1 *disminuye* a Z en $\frac{3}{2}$ unidades. Por lo tanto, cualquier aumento en s_1 haría a Z más pequeña que antes. En consecuencia, no es posible desplazarse hacia una mejor solución básica factible. En resumen, ninguna otra SBF proporciona un valor mayor de Z que la SBF $x_1 = 4$, $s_2 = 4$, $x_2 = 0$ y $s_1 = 0$ (lo que da $Z = 12$).

De hecho, como $x_2 \geq 0$ y $s_1 \geq 0$, y en la ecuación (9) los coeficientes de x_2 y s_1 son negativos, Z es máxima cuando $x_2 = 0$ y $s_1 = 0$. Esto es, en (8), *tener todos los indicadores no negativos significa que se tiene una solución óptima.*

En términos del problema original, si

$$
Z = 3x_1 + x_2
$$

sujeta a

$$
2x_1 + x_2 \leq 8 \quad 2x_1 + 3x_2 \leq 12 \quad x_1, x_2 \geq 0
$$

entonces Z es máxima cuando $x_1 = 4$ y $x_2 = 0$ y el valor máximo de Z es 12. (Esto confirma el resultado del ejemplo 1 visto en la sección 7.2). Observe que los valores de s_1 y s_2 no tienen que aparecer aquí.

Ahora se dará una descripción general del método simplex para un problema estándar de programación lineal con tres variables de decisión y cuatro restricciones, sin contar las condiciones de no negatividad. Esta descripción señala cómo funciona el método simplex para cualquier número de variables de decisión y de restricciones.

Método simplex

Problema:

$$\text{Maximizar } Z = c_1 x_1 + c_2 x_2 + c_3 x_3$$

sujeta a

$$a_{11} x_1 + a_{12} x + a_{13} x_3 \le b_1$$

$$a_{21} x_1 + a_{22} x + a_{23} x_3 \le b_2$$

$$a_{31} x_1 + a_{32} x + a_{33} x_3 \le b_3$$

$$a_{41} x_1 + a_{42} x + a_{43} x_3 \le b_4$$

donde x_1, x_2, x_3 y b_1, b_2, b_3, b_4, son no negativos.

Método:

1. Configure la tabla simplex inicial:

B	x_1	x_2	x_3	s_1	s_2	s_3	s_4	Z	R
s_1	a_{11}	a_{12}	a_{13}	1	0	0	0	0	b_1
s_2	a_{21}	a_{22}	a_{23}	0	1	0	0	0	b_2
s_3	a_{31}	a_{32}	a_{33}	0	0	1	0	0	b_3
s_4	a_{41}	a_{42}	a_{43}	0	0	0	1	0	b_4
Z	$-c_1$	$-c_2$	$-c_3$	0	0	0	0	1	0

indicadores

Existen cuatro variables de holgura, s_1, s_2, s_3 y s_4, una por cada restricción.

2. Si en el último renglón todos los indicadores son no negativos, entonces Z tiene un valor máximo con la lista actual de variables básica y el valor actual de Z. (En el caso de la tabla simplex inicial $x_1 = 0$, $x_2 = 0$ y $x_3 = 0$, con un valor máximo de $Z = 0$). Si existen indicadores negativos, localice la columna en la que aparezca el indicador más negativo. Esta *columna pivote* proporciona la variable entrante. (Si más de una columna tiene el indicador más negativo, la elección de la columna pivote se hace de manera arbitraria).

3. Divida cada entrada *positiva*[3] localizada por encima del renglón objetivo en la columna de la variable entrante entre *con* el correspondiente valor de la columna R.

4. Marque la entrada en la columna pivote que corresponda al cociente más pequeño del paso 3. Ésta es la entrada pivote y el renglón en el que se encuentra es el *renglón pivote*. La variable saliente es aquella que marca el renglón pivote.

5. Utilice operaciones elementales con renglones para transformar la tabla en una tabla nueva equivalente que tenga un 1 en donde estaba la entrada pivote y 0 en las otras entradas de esa columna.

6. En las etiquetas de la columna B de esta tabla, la variable entrante reemplaza a la variable saliente.

7. Si los indicadores de la nueva tabla son todos no negativos, se tiene una solución óptima. El valor máximo de Z es la entrada en el último renglón y la última columna. Esto ocurre cuando las variables básicas que se encuentran en la columna de etiquetas, B, son iguales a las entradas correspondientes en la columna R. Todas las demás variables son iguales a 0. Si al menos uno de los indicadores es negativo, repita el proceso empezando con el paso 2 aplicado a la nueva tabla.

Para entender el método simplex, debemos ser capaces de interpretar ciertas entradas de una tabla. Supongamos que se obtiene una tabla cuyo último renglón es como se indica

---

[3] Esto se estudiará después del ejemplo 1.

a continuación.

$$
\begin{array}{c}
\begin{array}{cccccccccc}
B & x_1 & x_2 & x_3 & s_1 & s_2 & s_3 & s_4 & Z & R
\end{array}\\
\begin{array}{c}
\\ \\ \\ Z
\end{array}
\left[
\begin{array}{cccccccc|c}
\cdot & \cdot & \cdot & \cdot & & \cdot & & & \cdot \\
\cdot & \cdot & \cdot & \cdot & & \cdot & & & \cdot \\
\cdot & \cdot & \cdot & \cdot & & \cdot & & & \cdot \\
a & b & c & d & e & f & g & 1 & h
\end{array}
\right]
\end{array}
$$

La entrada b, por ejemplo, puede interpretarse como sigue: si x_2 es no básica y fuera a convertirse en básica, entonces, por cada aumento de 1 unidad en x_2,

$$\text{si } b < 0, \quad Z \text{ } aumenta \text{ en } |b| \text{ unidades,}$$

$$\text{si } b > 0, \quad Z \text{ } disminuye \text{ en } |b| \text{ unidades,}$$

$$\text{si } b = 0, \quad \text{no hay cambio en } Z.$$

EJEMPLO 1   El método simplex

Maximizar $Z = 5x_1 + 4x_2$ sujeta a

$$x_1 + x_2 \le 20$$
$$2x_1 + x_2 \le 35$$
$$-3x_1 + x_2 \le 12$$

y $x_1, x_2 \ge 0$.

Solución: Este problema de programación lineal ya está en la forma estándar. La tabla simplex inicial es:

variable
entrante
$\downarrow$

$$
\begin{array}{c}
\begin{array}{ccccccccc}
B & x_1 & x_2 & s_1 & s_2 & s_3 & Z & & R
\end{array}\\
\begin{array}{c}
s_1 \\ \\ s_2 \\ \\ s_3 \\ Z
\end{array}
\left[
\begin{array}{cccccc|c}
1 & 1 & 1 & 0 & 0 & 0 & 20 \\
2 & 1 & 0 & 1 & 0 & 0 & 35 \\
-3 & 1 & 0 & 0 & 1 & 0 & 12 \\
-5 & -4 & 0 & 0 & 0 & 1 & 0
\end{array}
\right]
\end{array}
$$

variable ← saliente (para s_2)

Cociente
$20 \div 1 = 20$
$35 \div 2 = \frac{35}{2}$
no hay cociente, $-3 \not> 0$

indicadores

El indicador más negativo, -5, aparece en la columna de x_1. Así que x_1 es la variable entrante. El cociente más pequeño es $\frac{35}{2}$, de modo que s_2 es la variable saliente. La entrada pivote es 2. Utilizando operaciones elementales con renglones, se obtiene un 1 en la posición del pivote y ceros en las demás entradas de esa columna, entonces se tiene:

$$
\begin{array}{c}
\begin{array}{cccccc}
x_1 & x_2 & s_1 & s_2 & s_3 & Z
\end{array}\\
\left[
\begin{array}{cccccc|c}
1 & 1 & 1 & 0 & 0 & 0 & 20 \\
2 & 1 & 0 & 1 & 0 & 0 & 35 \\
-3 & 1 & 0 & 0 & 1 & 0 & 12 \\
-5 & -4 & 0 & 0 & 0 & 1 & 0
\end{array}
\right]
\end{array}
$$

$$
\xrightarrow{\frac{1}{2}R_2}
\left[
\begin{array}{cccccc|c}
1 & 1 & 1 & 0 & 0 & 0 & 20 \\
1 & \frac{1}{2} & 0 & \frac{1}{2} & 0 & 0 & \frac{35}{2} \\
-3 & 1 & 0 & 0 & 1 & 0 & 12 \\
-5 & -4 & 0 & 0 & 0 & 1 & 0
\end{array}
\right]
$$

$$\xrightarrow[\substack{3R_2 + R_3 \\ 5R_2 + R_4}]{-1R_2 + R_1} \begin{bmatrix} 0 & \frac{1}{2} & 1 & -\frac{1}{2} & 0 & 0 & \bigm| & \frac{5}{2} \\ 1 & \frac{1}{2} & 0 & \frac{1}{2} & 0 & 0 & \bigm| & \frac{35}{2} \\ 0 & \frac{5}{2} & 0 & \frac{3}{2} & 1 & 0 & \bigm| & \frac{129}{2} \\ 0 & -\frac{3}{2} & 0 & \frac{5}{2} & 0 & 1 & \bigm| & \frac{175}{2} \end{bmatrix}$$

La nueva tabla es

variable
entrante
↓

B	x_1	x_2	s_1	s_2	s_3	Z	R	Cocientes
variable ← s_1	0	$\frac{1}{2}$	1	$-\frac{1}{2}$	0	0	$\frac{5}{2}$	$\frac{5}{2} \div \frac{1}{2} = 5$
saliente $\quad x_1$	1	$\frac{1}{2}$	0	$\frac{1}{2}$	0	0	$\frac{35}{2}$	$\frac{35}{2} \div \frac{1}{2} = 35$
s_3	0	$\frac{5}{2}$	0	$\frac{3}{2}$	1	0	$\frac{129}{2}$	$\frac{129}{2} \div \frac{5}{2} = 25\frac{4}{5}$
Z	0	$-\frac{3}{2}$	0	$\frac{5}{2}$	0	1	$\frac{175}{2}$	

indicadores

Observe que en la columna B, que mantiene registro de cuáles variables son básicas, x_1 reemplazó a s_2. Puesto que aún se tiene un indicador negativo, $-\frac{3}{2}$, debemos continuar el proceso. Evidentemente, $-\frac{3}{2}$ es el indicador más negativo y la variable que entra es ahora x_2. El cociente más pequeño es 5. Por lo tanto, s_1 es la variable que sale y $\frac{1}{2}$ es la entrada pivote. Si ahora se aplican operaciones elementales con renglones, se tiene:

$$\begin{bmatrix} x_1 & x_2 & s_1 & s_2 & s_3 & Z & & R \\ 0 & \frac{1}{2} & 1 & -\frac{1}{2} & 0 & 0 & \bigm| & \frac{5}{2} \\ 1 & \frac{1}{2} & 0 & \frac{1}{2} & 0 & 0 & \bigm| & \frac{35}{2} \\ 0 & \frac{5}{2} & 0 & \frac{3}{2} & 1 & 0 & \bigm| & \frac{129}{2} \\ 0 & -\frac{3}{2} & 0 & \frac{5}{2} & 0 & 1 & \bigm| & \frac{175}{2} \end{bmatrix}$$

$$\xrightarrow[\substack{-5R_1 + R_3 \\ 3R_1 + R_4}]{-1R_1 + R_2} \begin{bmatrix} 0 & \frac{1}{2} & 1 & -\frac{1}{2} & 0 & 0 & \bigm| & \frac{5}{2} \\ 1 & 0 & -1 & 1 & 0 & 0 & \bigm| & 15 \\ 0 & 0 & -5 & 4 & 1 & 0 & \bigm| & 52 \\ 0 & 0 & 3 & 1 & 0 & 1 & \bigm| & 95 \end{bmatrix}$$

$$\xrightarrow{2R_1} \begin{bmatrix} 0 & 1 & 2 & -1 & 0 & 0 & \bigm| & 5 \\ 1 & 0 & -1 & 1 & 0 & 0 & \bigm| & 15 \\ 0 & 0 & -5 & 4 & 1 & 0 & \bigm| & 52 \\ 0 & 0 & 3 & 1 & 0 & 1 & \bigm| & 95 \end{bmatrix}$$

La nueva tabla es

B	x_1	x_2	s_1	s_2	s_3	Z	R
x_2	0	1	2	-1	0	0	5
x_1	1	0	-1	1	0	0	15
s_3	0	0	-5	4	1	0	52
Z	0	0	3	1	0	1	95

indicadores

donde x_2 reemplazó a s_1 en la columna B. Como todos los indicadores son no negativos, el valor máximo de Z es 95 y ocurre cuando $x_2 = 5$ y $x_1 = 15$ (y $s_3 = 52$, $s_1 = 0$ y $s_2 = 0$).

Ahora resuelva el problema 1 ◁

Es interesante ver cómo los valores de Z obtenían de manera progresiva una "mejora" en las tablas sucesivas del ejemplo 1. Estos valores son las entradas del último renglón y de la última columna de cada tabla simplex. En la tabla inicial se tenía $Z = 0$. De ahí se obtuvo $Z = \frac{175}{2} = 87\frac{1}{2}$ y después $Z = 95$, el valor máximo.

En el ejemplo 1, podría sorprender que ningún cociente sea considerado en el tercer renglón de la tabla inicial. La solución básica factible para esta tabla es:

$$s_1 = 20, \quad s_2 = 35, \quad s_3 = 12, \quad x_1 = 0, \quad x_2 = 0$$

donde x_1 es la variable que entra. Los cocientes 20 y $\frac{35}{2}$ reflejan que, para la siguiente SBF, se tiene $x_1 \leq 20$ y $x_1 \leq \frac{35}{2}$. Como el tercer renglón representa la ecuación $s_3 = 12 + 3x_1 - x_2$, y $x_2 = 0$, resulta que $s_3 = 12 + 3x_1$. Pero $s_3 \geq 0$, entonces $12 + 3x_1 \geq 0$, lo cual implica que $x_1 \geq -\frac{12}{3} = -4$. Por lo tanto, se tiene

$$x_1 \leq 20, \quad x_1 \leq \frac{35}{2} \quad \text{y} \quad x_1 \geq -4$$

De aquí que pueda aumentarse x_1 hasta en $\frac{35}{2}$. La condición $x_1 \geq -4$ no influye en la determinación del aumento máximo en x_1. Esto es porque el cociente $12/(-3) = -4$ no está considerado en el renglón 3. En general, *no se considera el cociente para un renglón si la entrada en la columna de la variable entrante es negativa* (o, por supuesto, 0).

Aunque el procedimiento simplex desarrollado en esta sección se aplica sólo a problemas de programación lineal de la forma estándar, pueden adaptarse otras formas para que se ajusten a ésta. Suponga que una restricción tiene la forma

$$a_1 x_1 + a_2 x_2 + \cdots + a_n x_n \geq -b$$

donde $b > 0$. Aquí el símbolo de desigualdad es "$\geq$" y la constante del lado derecho es *negativa*. Por lo tanto, la restricción no está en la forma estándar. Sin embargo, multiplicando ambos miembros por -1 se obtiene

$$-a_1 x_1 - a_2 x_2 - \cdots - a_n x_n \leq b$$

que *tiene* la forma apropiada. De acuerdo con esto, puede ser necesario escribir de nuevo una restricción antes de proceder con el método simplex.

En una tabla simplex, varios indicadores pueden "empatar" como los más negativos. En este caso, seleccione cualquiera de estos indicadores para obtener la columna de la variable entrante. De igual modo, puede haber varios cocientes que "empaten" como los más pequeños. Puede seleccionar cualquiera de estos cocientes para obtener la variable que sale y la entrada pivote. El ejemplo 2 ilustrará esto. Cuando existe un empate para el cociente más pequeño, entonces, además de las variables no básicas, una solución básica factible tendrá una variable básica igual a 0. En este caso, se dice que la SBF es *degenerada* o que el problema de programación lineal tiene una *degeneración*. En la sección 7.5 se dirá más acerca de esto.

EJEMPLO 2 El método simplex

Maximizar $Z = 3x_1 + 4x_2 + \frac{3}{2}x_3$ sujeta a

$$-x_1 - 2x_2 \qquad \geq -10 \tag{10}$$
$$2x_1 + 2x_2 + x_3 \leq 10$$
$$x_1, x_2, x_3 \geq 0$$

Solución: La restricción (10) no se ajusta a la forma estándar. Sin embargo, al multiplicar ambos lados de la desigualdad (10) por -1 se obtiene

$$x_1 + 2x_2 \leq 10$$

APLÍQUELO ▶

4. La compañía Toones tiene $30 000 para la compra de materiales para fabricar tres tipos de reproductores de MP3. La compañía tiene asignadas un total de 1200 horas de tiempo para ensamblar y 180 horas para empaquetar los aparatos. La tabla siguiente da el costo, el número de horas y la utilidad por aparato para cada tipo:

	Tipo 1	Tipo 2	Tipo 3
Costo por aparato	$300	$300	$400
Horas de ensamblado por aparato	15	15	10
Horas de empaque por aparato	2	2	3
Utilidad	$150	$250	$200

Encuentre el número de aparatos de cada tipo que la compañía debe producir para maximizar la utilidad.

que *tiene* la forma apropiada. De esta manera, la tabla simplex inicial es la tabla I:

TABLA SIMPLEX I

variable
entrante
↓

	B	x_1	x_2	x_3	s_1	s_2	Z		R	*Cocientes*
variable ←	s_1	1	2	0	1	0	0		10	$10 \div 2 = 5$
saliente	s_2	2	2	1	0	1	0		10	$10 \div 2 = 5$
	Z	−3	−4	$-\frac{3}{2}$	0	0	1		0	

indicadores

La variable entrante es x_2. Como existe empate para el cociente más pequeño, puede seleccionarse a s_1 o a s_2 como la variable saliente. Se elige s_1. La entrada pivote aparece sombreada. Al aplicar operaciones elementales con renglones se obtiene la tabla II:

TABLA SIMPLEX II

variable
entrante
↓

	B	x_1	x_2	x_3	s_1	s_2	Z		R	*Cocientes*
	x_2	$\frac{1}{2}$	1	0	$\frac{1}{2}$	0	0		5	no hay cociente porque $0 \not> 0$
variable ←	s_2	1	0	1	−1	1	0		0	$0 \div 1 = 0$
saliente	Z	−1	0	$-\frac{3}{2}$	2	0	1		20	

indicadores

La tabla II corresponde a una solución básica factible, en la que una variable básica, s_2, es cero. Por lo tanto, la SBF es degenerada. Como existen indicadores negativos, continuamos. La variable que entra ahora es x_3, la variable que sale es s_2 y el pivote aparece sombreado. Al aplicar operaciones elementales con renglones se obtiene la tabla III:

TABLA SIMPLEX III

	B	x_1	x_2	x_3	s_1	s_2	Z		R
	x_2	$\frac{1}{2}$	1	0	$\frac{1}{2}$	0	0		5
	x_3	1	0	1	−1	1	0		0
	Z	$\frac{1}{2}$	0	0	$\frac{1}{2}$	$\frac{3}{2}$	1		20

indicadores

Como todos los indicadores son no negativos, Z es máxima cuando $x_2 = 5$, $x_3 = 0$ y $x_1 = s_1 = s_2 = 0$. El valor máximo es $Z = 20$. Observe que este valor es el mismo que el correspondiente de Z en la tabla II. En problemas degenerados, es posible llegar al mismo valor de Z en varias etapas del método simplex. En el problema 7, se le pedirá que lo resuelva utilizando a s_2 como la variable que sale en la tabla inicial.

Ahora resuelva el problema 7 ◁

Debido a su naturaleza mecánica, el método simplex se adapta con facilidad a computadoras para resolver problemas de programación lineal que incluyan muchas variables y restricciones.

PROBLEMAS 7.4

Utilice el método simplex para resolver los problemas siguientes.

1. Maximizar

$$Z = x_1 + 2x_2$$

sujeta a

$$2x_1 + x_2 \leq 8$$
$$2x_1 + 3x_2 \leq 12$$
$$x_1, x_2 \geq 0$$

2. Maximizar

$$Z = 2x_1 + x_2$$

sujeta a

$$-x_1 + x_2 \leq 4$$
$$x_1 + x_2 \leq 6$$
$$x_1, x_2 \geq 0$$

3. Maximizar

$$Z = -x_1 + 2x_2$$

sujeta a

$$3x_1 + 2x_2 \leq 5$$
$$-x_1 + 3x_2 \leq 3$$
$$x_1, x_2 \geq 0$$

4. Maximizar

$$Z = 4x_1 + 7x_2$$

sujeta a

$$2x_1 + 3x_2 \leq 9$$
$$x_1 + 5x_2 \leq 10$$
$$x_1, x_2 \geq 0$$

5. Maximizar

$$Z = 2x_1 + x_2$$

sujeta a

$$x_1 - x_2 \leq 1$$
$$5x_1 + 4x_2 \leq 20$$
$$x_1 + 2x_2 \leq 8$$
$$x_1, x_2 \geq 0$$

6. Maximizar

$$Z = 2x_1 - 6x_2$$

sujeta a

$$x_1 - x_2 \leq 4$$
$$-x_1 + x_2 \leq 4$$
$$x_1 + x_2 \leq 6$$
$$x_1, x_2 \geq 0$$

7. Resuelva el problema del ejemplo 2 seleccionando a s_2 como la variable saliente en la tabla I.

8. Maximizar

$$Z = 2x_1 - x_2 + x_3$$

sujeta a

$$2x_1 + x_2 - x_3 \leq 4$$
$$x_1 + x_2 + x_3 \leq 2$$
$$x_1, x_2, x_3 \geq 0$$

9. Maximizar

$$Z = 2x_1 + x_2 - x_3$$

sujeta a

$$x_1 + x_2 \leq 1$$
$$x_1 - 2x_2 - x_3 \geq -2$$
$$x_1, x_2, x_3 \geq 0$$

10. Maximizar

$$Z = -5x_1 + 2x_2$$

sujeta a

$$x_1 + x_2 \leq 2$$
$$x_1 - x_2 \leq 3$$
$$x_1 - x_2 \geq -3$$
$$x_1 \leq 4$$
$$x_1, x_2 \geq 0$$

11. Maximizar

$$Z = x_1 + x_2$$

sujeta a

$$2x_1 - x_2 \leq 4$$
$$-x_1 + 2x_2 \leq 6$$
$$5x_1 + 3x_2 \leq 20$$
$$2x_1 + x_2 \leq 10$$
$$x_1, x_2 \geq 0$$

12. Maximizar

$$W = 2x_1 + x_2 - 2x_3$$

sujeta a

$$-2x_1 + x_2 + x_3 \geq -2$$
$$x_1 - x_2 + x_3 \leq 4$$
$$x_1 + x_2 + 2x_3 \leq 6$$
$$x_1, x_2, x_3 \geq 0$$

13. Maximizar

$$W = x_1 - 12x_2 + 4x_3$$

sujeta a

$$4x_1 + 3x_2 - x_3 \leq 1$$
$$x_1 + x_2 - x_3 \geq -2$$
$$-x_1 + x_2 + x_3 \geq -1$$
$$x_1, x_2, x_3 \geq 0$$

14. Maximizar

$$W = 4x_1 + 0x_2 - x_3$$

sujeta a

$$x_1 + x_2 + x_3 \leq 6$$
$$x_1 - x_2 + x_3 \leq 10$$
$$x_1 - x_2 - x_3 \leq 4$$
$$x_1, x_2, x_3 \geq 0$$

15. Maximizar

$$Z = 50x_1 + 0x_2 + 80x_3 + 0x_4$$

sujeta a

$$x_1 - x_3 \leq 2$$
$$x_1 + x_4 \leq 3$$
$$x_2 + x_3 \leq 2$$
$$x_3 - x_4 \leq 4$$
$$x_1, x_2, x_3, x_4 \geq 0$$

16. Maximizar

$$Z = 3x_1 + 2x_2 - 2x_3 - x_4$$

sujeta a

$$x_1 + x_3 - x_4 \leq 3$$
$$x_1 - x_2 + x_4 \leq 6$$
$$x_1 + x_2 - x_3 + x_4 \leq 5$$
$$x_1, x_2, x_3, x_4 \geq 0$$

17. Envíos de carga Una compañía de fletes maneja los envíos de dos corporaciones, A y B, que están ubicadas en la misma ciudad. La corporación A envía cajas que pesan 3 lb cada una y tienen un volumen de 2 pies^3; B envía cajas de 1 pie^3 que pesan 5 lb cada una. Ambas corporaciones envían al mismo destino. El costo de transporte para cada caja de A es de \$0.75 y para B es de \$0.50. La compañía de fletes tiene un camión con capacidad volumétrica de 2400 pies^3 y capacidad máxima de carga de 36 800 lb. En un acarreo, ¿cuántas cajas desde cada corporación debe transportar este camión de modo que el ingreso de la compañía de fletes sea máximo? ¿Cuál es el ingreso máximo?

18. Producción Una compañía fabrica tres productos X, Y y Z. Cada producto requiere tiempo de máquina y tiempo de acabado como se muestra en la tabla siguiente:

	Tiempo de máquina	Tiempo de acabado
X	1 hr	4 hr
Y	2 hr	4 hr
Z	3 hr	8 hr

El número de horas de tiempo de máquina y el tiempo de acabado disponibles por mes son 900 y 5000, respectivamente. La utilidad unitaria sobre X, Y y Z es de \$6, \$8 y \$12, respectivamente. ¿Cuál es la utilidad máxima por mes que puede obtenerse?

19. Producción Una compañía fabrica tres tipos de muebles para patio: sillas, mecedoras y sillones. Cada tipo requiere madera, plástico y aluminio como se muestra en la tabla siguiente:

	Madera	Plástico	Aluminio
Silla	1 unidad	1 unidad	2 unidades
Mecedora	1 unidad	1 unidad	3 unidades
Sillón	1 unidad	2 unidades	5 unidades

La compañía tiene disponibles 400 unidades de madera, 500 de plástico y 1450 de aluminio. Cada silla, mecedora y sillón se venden en \$21, \$24 y \$36, respectivamente. Suponiendo que todos los muebles pueden venderse, determine la producción necesaria para que el ingreso total sea máximo. ¿Cuál es el ingreso máximo?

Objetivo

Considerar el método simplex en relación con la degeneración, las soluciones no acotadas y las soluciones óptimas múltiples.

7.5 Degeneración, soluciones no acotadas y soluciones múltiples[4]

Degeneración

En la sección anterior se estableció que una solución básica factible se denomina **degenerada** si, además de contener las de las variables no básicas, una de las variables básicas es 0. Suponga que en una solución básica factible degenerada, x_1, x_2, x_3 y x_4 son las variables, donde x_1 y x_2 son básicas con $x_1 = 0$, x_3 y x_4 son no básicas y x_3 es la variable entrante. La tabla simplex correspondiente tiene la forma

---

[4] Esta sección puede omitirse.

Así, la SBF es:

$$x_1 = 0, \quad x_2 = a, \quad x_3 = 0, \quad x_4 = 0$$

Suponga que $a_{13} > 0$. Entonces, el cociente más pequeño es 0 y puede elegirse a a_{13} como la entrada pivote. Así, x_1 es la variable que sale. Mediante operaciones elementales con renglones se obtiene la tabla siguiente, donde los símbolos de interrogación representan números por determinar:

B	x_1	x_2	x_3	x_4	Z	R
x_3	?	0	1	?	0	0
x_2	?	1	0	?	0	a
Z	?	0	0	?	1	d_3

Para la solución básica factible correspondiente a esta tabla, x_3 y x_2 son variables básicas y x_1 y x_4 son no básicas. La SBF, es:

$$x_3 = 0, \quad x_2 = a, \quad x_1 = 0, \quad x_4 = 0$$

que es la misma SBF de antes. En la práctica, se les considera soluciones básicas factibles diferentes, aunque la única distinción es que x_1 es básica en la primera SBF mientras que en la segunda es no básica. El valor de Z para ambas soluciones es el mismo, d_3. Así, no se obtuvo "mejora" en Z.

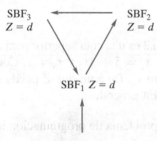

FIGURA 7.20 Ciclo.

En una situación de degeneración, pueden presentarse algunos problemas en el método simplex. Es posible obtener una secuencia de tablas que correspondan a las soluciones básicas factibles que dan el mismo valor de Z. Además, en un momento dado puede regresarse a la primera tabla de la secuencia. En la figura 7.20 se llega a la SBF_1, se prosigue hacia la SBF_2, después a la SBF_3 y, finalmente, de vuelta a la SBF_1. Esto es llamado *ciclo*. Cuando ocurre un ciclo, es posible que nunca se obtenga el valor óptimo de Z. Este fenómeno se encuentra muy pocas veces en problemas de programación lineal prácticos; sin embargo, existen técnicas (que no se analizarán en este texto) para resolver tales dificultades.

Una solución básica factible degenerada ocurrirá cuando empaten dos cocientes de la tabla simplex con los cocientes más pequeños. Por ejemplo, considere la tabla siguiente (parcial):

B	x_3	R	*Cocientes*
x_1	q_1	p_1	p_1/q_1
x_2	q_2	p_2	p_2/q_2

Aquí x_1 y x_2 son variables básicas. Suponga que x_3 es no básica y entrante y que $p_1/q_1 = p_2/q_2$ son los cocientes más pequeños. Al seleccionar q_1 como la entrada pivote, mediante operaciones elementales con renglones, se obtiene

B	x_3	R
x_3	1	p_1/q_1
x_2	0	$p_2 - q_2\frac{p_1}{q_1}$

Como $p_1/q_1 = p_2/q_2$, se tiene que $p_2 - q_2(p_1/q_1) = 0$. Por lo que la solución básica factible correspondiente a esta tabla tiene $x_2 = 0$, lo que da una SBF *degenerada*. Aunque esta SBF puede producir un ciclo, no se encontrarán muchas situaciones de tal tipo en este libro. Sin embargo, si está interesado en resolver uno, vea el ejercicio 11 en los problemas 7.5.

Soluciones no acotadas

Ahora se pondrá atención en los "problemas no acotados". En la sección 7.2, se vio que un problema de programación lineal puede no tener un valor máximo, cuando la región factible es tal que en ella la función objetivo puede volverse arbitrariamente grande. En este caso, se dice que el problema tiene una **solución no acotada**. Ésta es una forma específica de decir que no existe solución óptima. Tal situación ocurre cuando en una tabla simplex no existen cocientes posibles para una variable que entra. Por ejemplo, considere la tabla siguiente:

variable
entrante
↓

$$
\begin{array}{c|cccccc|c}
B & x_1 & x_2 & x_3 & x_4 & Z & R & \\
\hline
x_1 & 1 & -3 & 0 & 2 & 0 & & 5 \\
x_3 & 0 & 0 & 1 & 4 & 0 & & 1 \\
\hline
Z & 0 & -5 & 0 & -2 & 1 & & 10
\end{array}
$$

no hay cociente
no hay cociente

$\underbrace{\qquad\qquad\qquad}_{\text{indicadores}}$

Aquí x_2 es la variable que entra y por cada aumento de una unidad en x_2, Z aumenta en 5. Como no existen entradas positivas en los primeros dos renglones de la columna x_2, no existe cociente alguno. A partir de los renglones 1 y 2 se obtiene

$$x_1 = 5 + 3x_2 - 2x_4$$

y

$$x_3 = 1 - 4x_4$$

Si se intenta pasar a la siguiente solución básica factible, ¿cuál es una cota superior para x_2? En esa SBF, x_4 permanecerá como no básica ($x_4 = 0$). Así, $x_1 = 5 + 3x_2$ y $x_3 = 1$. Como $x_1 \geq 0$, $x_2 \geq -\frac{5}{3}$. Por lo tanto, no existe cota superior sobre x_2. De aquí que Z pueda ser arbitrariamente grande y se tenga una solución no acotada. En general,

si no existen cocientes en una tabla simplex, entonces el problema de programación lineal tiene una solución no acotada.

EJEMPLO 1   Solución no acotada

Maximizar $Z = x_1 + 4x_2 - x_3$ sujeta a

$$-5x_1 + 6x_2 - 2x_3 \leq 30$$
$$-x_1 + 3x_2 + 6x_3 \leq 12$$
$$x_1, x_2, x_3 \geq 0$$

Solución: La tabla simplex inicial es

variable
entrante
↓

B	x_1	x_2	x_3	s_1	s_2	Z	R	*Cocientes*
s_1	-5	6	-2	1	0	0	30	$30 \div 6 = 5$
variable ← s_2	-1	3	6	0	1	0	12	$12 \div 3 = 4$
saliente Z	-1	-4	1	0	0	1	0	

$\underbrace{\qquad\qquad\qquad}_{\text{indicadores}}$

La segunda tabla es

variable
entrante
↓

B	x_1	x_2	x_3	s_1	s_2	Z	R	
s_1	-3	0	-14	1	-2	0	6	no hay cociente
x_2	$-\frac{1}{3}$	1	2	0	$\frac{1}{3}$	0	4	no hay cociente
Z	$-\frac{7}{3}$	0	9	0	$\frac{4}{3}$	1	16	

$\underbrace{\qquad\qquad\qquad}_{\text{indicadores}}$

Aquí la variable entrante es x_1. Como en los primeros dos renglones de la columna x_1 las entradas son negativas, no existen cocientes. De aquí que el problema tenga una solución no acotada.

Ahora resuelva el problema 3 ◁

Soluciones óptimas múltiples

Se concluye esta sección con un estudio de "soluciones óptimas múltiples". Suponga que

$$x_1 = a_1 \quad x_2 = a_2 \quad \cdots \quad x_n = a_n$$

y

$$x_1 = b_1 \quad x_2 = b_2 \quad \cdots \quad x_n = b_n$$

son dos soluciones básicas factibles *diferentes* para las cuales un problema de programación lineal es óptimo. Por "soluciones básicas factibles diferentes" se entiende que $a_i \neq b_i$ para alguna i, donde $1 \leq i \leq n$. Puede demostrarse que los valores

$$
\begin{aligned}
x_1 &= (1 - t)a_1 + tb_1 \\
x_2 &= (1 - t)a_2 + tb_2 \\
&\;\;\vdots \\
x_n &= (1 - t)a_n + tb_n
\end{aligned}
\tag{1}
$$

$$\text{para cualquier } t \text{ de tal forma que } 0 \leq t \leq 1$$

también dan una solución óptima (aunque no necesariamente será una SBF). Así, existen *soluciones (óptimas) múltiples* para el problema.

La posibilidad de hallar soluciones óptimas múltiples puede determinarse a partir de una tabla simplex que dé una solución óptima, como en la tabla (parcial) que se muestra a continuación:

$$
\begin{array}{c|cccc|c|c}
B & x_1 & x_2 & x_3 & x_4 & Z & R \\
\hline
x_1 & & & & & & p_1 \\
x_2 & & & & & & q_1 \\
Z & \underbrace{0 & 0 & a & 0}_{\text{indicadores}} & 1 & r
\end{array}
$$

Aquí a debe ser no negativa. La correspondiente solución básica factible es:

$$x_1 = p_1 \quad x_2 = q_1 \quad x_3 = 0 \quad x_4 = 0$$

y el valor máximo de Z es r. Si x_4 se convirtiese en básica, el indicador 0 situado en la columna x_4 significaría que por cada aumento unitario en x_4, Z no cambiaría. Así que puede encontrarse una SBF en la que x_4 es básica y el correspondiente valor de Z es el mismo que antes. Esto se realiza tratando a x_4 como la variable entrante en la tabla anterior. Si, por ejemplo, x_1 es la variable que sale, entonces el elemento pivote será el ubicado en el renglón x_1 y la columna x_4. La nueva SBF tendrá la forma:

$$x_1 = 0 \quad x_2 = q_2 \quad x_3 = 0 \quad x_4 = p_2$$

donde q_2 y p_2 son números que resultan del proceso de pivoteo. Si esta SBF es diferente de la anterior, entonces existen soluciones múltiples. De hecho, a partir de las ecuaciones (1), una solución óptima está dada por cualesquiera valores de x_1, x_2, x_3 y x_4, tales que

$$
\begin{aligned}
x_1 &= (1 - t)p_1 + t \cdot 0 = (1 - t)p_1 \\
x_2 &= (1 - t)q_1 + tq_2 \\
x_3 &= (1 - t) \cdot 0 + t \cdot 0 = 0 \\
x_4 &= (1 - t) \cdot 0 + tp_2 = tp_2 \\
&\text{donde } 0 \leq t \leq 1
\end{aligned}
$$

Observe que cuando $t = 0$, se obtiene la primera SBF óptima; cuando $t = 1$, se obtiene la segunda. Por supuesto, puede ser posible repetir el procedimiento utilizando la tabla correspondiente a la última solución básica factible y obtener soluciones óptimas con base en las ecuaciones (1).

En general,

en una tabla que da una solución óptima, un indicador igual a cero para una variable no básica sugiere la posibilidad de soluciones óptimas múltiples.

EJEMPLO 2 **Soluciones múltiples**

Maximizar $Z = -x_1 + 4x_2 + 6x_3$ sujeta a

$$x_1 + 2x_2 + 3x_3 \leq 6$$
$$-2x_1 - 5x_2 + x_3 \leq 10$$
$$x_1, x_2, x_3 \geq 0$$

Solución: La tabla simplex inicial es

variable entrante
↓

B	x_1	x_2	x_3	s_1	s_2	Z	R	Cocientes
variable ← s_1	1	2	3	1	0	0	6	$6 \div 3 = 2$
saliente s_2	−2	−5	1	0	1	0	10	$10 \div 1 = 10$
Z	1	−4	−6	0	0	1	0	

indicadores

Como hay un indicador negativo, se continúa para obtener

variable entrante
↓

B	x_1	x_2	x_3	s_1	s_2	Z	R	Cocientes
variable ← x_3	$\frac{1}{3}$	$\frac{2}{3}$	1	$\frac{1}{3}$	0	0	2	$2 \div \frac{2}{3} = 3$
saliente s_2	$-\frac{7}{3}$	$-\frac{17}{3}$	0	$-\frac{1}{3}$	1	0	8	no hay cociente
Z	3	0	0	2	0	1	12	

indicadores

Todos los indicadores son no negativos: por lo tanto, ocurre una solución óptima para la solución básica factible:

$$x_3 = 2 \quad s_2 = 8 \quad x_1 = 0 \quad x_2 = 0 \quad s_1 = 0$$

y el valor máximo de Z es 12. Sin embargo, como x_2 es una variable no básica y su indicador es 0, verificamos si existen soluciones múltiples. Tratando a x_2 como una variable entrante, se obtiene la tabla siguiente:

B	x_1	x_2	x_3	s_1	s_2	Z	R
x_2	$\frac{1}{2}$	1	$\frac{3}{2}$	$\frac{1}{2}$	0	0	3
s_2	$\frac{1}{2}$	0	$\frac{17}{2}$	$\frac{5}{2}$	1	0	25
Z	3	0	0	2	0	1	12

Aquí la solución básica factible es:

$$x_2 = 3, \quad s_2 = 25, \quad x_1 = 0, \quad x_3 = 0, \quad s_1 = 0$$

(para la cual $Z = 12$, como antes) y es diferente de la anterior. Así que existen soluciones múltiples. Como sólo estamos interesados en los valores de las variables de decisión, se tiene una solución óptima

$$x_1 = (1 - t) \cdot 0 + t \cdot 0 = 0$$
$$x_2 = (1 - t) \cdot 0 + t \cdot 3 = 3t$$
$$x_3 = (1 - t) \cdot 2 + t \cdot 0 = 2(1 - t)$$

para cada valor de t de tal forma que $0 \le t \le 1$. (Por ejemplo, si $t = \frac{1}{2}$, entonces $x_1 = 0$, $x_2 = \frac{3}{2}$ y $x_3 = 1$ es una solución óptima).

En la última solución básica factible, x_3 no es básica y su indicador es 0. Sin embargo, de repetir el proceso para determinar otras soluciones óptimas, se regresaría a la segunda tabla. Por lo tanto, el procedimiento no da otras soluciones óptimas.

Ahora resuelva el problema 5 ◁

PROBLEMAS 7.5

En los problemas 1 y 2, ¿el problema de programación lineal asociado con la tabla dada tiene una degeneración? Si la tiene, ¿por qué?

1.

B	x_1	x_2	s_1	s_2	Z	R
x_1	1	2	4	0	0	6
s_2	0	1	1	1	0	3
Z	0	−3	−2	0	1	10

indicadores

2.

B	x_1	x_2	x_3	s_1	s_2	Z	R
s_1	2	0	2	1	1	0	4
x_2	3	1	1	0	1	0	0
Z	−5	0	1	0	−3	1	2

indicadores

En los problemas del 3 al 10, utilice el método simplex.

3. Maximizar

$$Z = 2x_1 + 7x_2$$

sujeta a

$$4x_1 - 3x_2 \le 4$$
$$3x_1 - x_2 \le 6$$
$$5x_1 \le 8$$
$$x_1, x_2 \ge 0$$

4. Maximizar

$$Z = 5x_1 + x_2$$

sujeta a

$$x_1 - 2x_2 \le 2$$
$$-x_1 + 2x_2 \le 8$$
$$6x_1 + 5x_2 \le 30$$
$$5x_1 + x_2 \le 5$$
$$x_1, x_2 \ge 0$$

5. Maximizar

$$Z = -4x_1 + 8x_2$$

sujeta a

$$2x_1 - 2x_2 \le 4$$
$$-x_1 + 2x_2 \le 4$$
$$3x_1 + x_2 \le 6$$
$$x_1, x_2 \ge 0$$

6. Maximizar

$$Z = 8x_1 + 2x_2 + 4x_3$$

sujeta a

$$x_1 - x_2 + 4x_3 \le 6$$
$$x_1 - x_2 - x_3 \ge -4$$
$$x_1 - 6x_2 + x_3 \le 8$$
$$x_1, x_2, x_3 \ge 0$$

7. Maximizar

$$Z = 5x_1 + 6x_2 + x_3$$

sujeta a

$$9x_1 + 3x_2 - 2x_3 \le 5$$
$$4x_1 + 2x_2 - x_3 \le 2$$
$$x_1 - 4x_2 + x_3 \le 3$$
$$x_1, x_2, x_3 \ge 0$$

8. Maximizar

$$Z = 2x_1 + x_2 - 4x_3$$

sujeta a

$$6x_1 + 3x_2 - 3x_3 \le 10$$
$$x_1 - x_2 + x_3 \le 1$$
$$2x_1 - x_2 + 2x_3 \le 12$$
$$x_1, x_2, x_3 \ge 0$$

9. Maximizar

$$Z = 5x_1 + 2x_2 + 2x_3$$

sujeta a

$$3x_1 + x_2 + 2x_3 \le 9$$
$$-2x_1 - x_2 \ge -8$$
$$x_1, x_2, x_3 \ge 0$$

10. Maximizar

$$P = x_1 + 2x_2 + x_3 + 2x_4$$

sujeta a

$$x_1 - x_2 \le 2$$
$$x_2 - x_3 \le 3$$
$$x_2 - 3x_3 + x_4 \le 4$$
$$x_1, x_2, x_3, x_4 \ge 0$$

11. Producción   Una compañía fabrica tres tipos de muebles para patio: sillas, mecedoras y sillones. Cada tipo requiere madera, plástico y aluminio, como se indica en la tabla que sigue.

	Madera	Plástico	Aluminio
Silla	1 unidad	1 unidad	2 unidades
Mecedora	1 unidad	1 unidad	3 unidades
Sillón	1 unidad	2 unidades	5 unidades

La compañía tiene disponibles 400 unidades de madera, 600 de plástico y 1500 de aluminio. Cada silla, mecedora y sillón se venden en $24, $32 y $48, respectivamente. Suponiendo que todos los muebles pueden venderse, ¿cuál es el ingreso máximo total que puede obtenerse? Determine las posibles órdenes de producción que generarán ese ingreso.

Objetivo

Usar variables artificiales para manejar problemas de maximización que no están en la forma estándar.

7.6 Variables artificiales

Para iniciar el uso del método simplex se requiere de una *solución básica factible*, SBF (Se comienza algebraicamente en un *vértice* usando la tabla simplex inicial y cada tabla subsecuente conduce a otro vértice hasta que se llega al punto que representa una solución óptima). Para un problema de programación lineal *estándar*, se empieza con la SBF en la que todas las variables de decisión son cero. Sin embargo, para un problema de maximización que no esté en la forma estándar, tal SBF, podría no existir. En esta sección se presentará la forma en que se utiliza el método simplex en tales situaciones.

Considere el problema siguiente:

$$\text{Maximizar } Z = x_1 + 2x_2$$

sujeta a

$$x_1 + x_2 \leq 9 \tag{1}$$

$$x_1 - x_2 \geq 1 \tag{2}$$

$$x_1, x_2 \geq 0$$

Dado que la restricción (2) no puede escribirse como $a_1 x_1 + a_2 x_2 \leq b$, donde b es no negativa, este problema no puede ser puesto en la forma estándar. Observe que $(0, 0)$ no es un punto factible puesto que no satisface la restricción (2). (Debido a que $0 - 0 = 0 \geq 1$ es *falso*). Para resolver este problema, se comienza por escribir las restricciones (1) y (2) como ecuaciones. La restricción (1) se convierte en

$$x_1 + x_2 + s_1 = 9 \tag{3}$$

donde $s_1 \geq 0$ es una variable de holgura. Para la restricción (2), $x_1 - x_2$ será igual a 1 si se *resta* una variable de holgura no negativa s_2 de $x_1 - x_2$. Esto es, restando s_2 se completa el "excedente" sobre el lado izquierdo de (2) de modo que se obtiene la igualdad. De esta manera

$$x_1 - x_2 - s_2 = 1 \tag{4}$$

donde $s_2 \geq 0$. Ahora, el problema puede replantearse como:

$$\text{Maximizar } Z = x_1 + 2x_2 \tag{5}$$

sujeta a

$$x_1 + x_2 + s_1 = 9 \tag{6}$$

$$x_1 - x_2 - s_2 = 1 \tag{7}$$

$$x_1, x_2, s_1, s_2 \geq 0$$

Como $(0, 0)$ no está en la región factible, no se tiene una solución básica factible en la que $x_1 = x_2 = 0$. De hecho, si $x_1 = 0$ y $x_2 = 0$ se sustituyen en la ecuación (7), entonces $0 - 0 - s_2 = 1$, lo que da $s_2 = -1$, pero ahora el problema es que esto contradice la condición de que $s_2 \geq 0$.

Para iniciar el método simplex, se necesita una SBF inicial. Aunque ninguna es obvia, existe un método ingenioso para llegar a una en forma *artificial*. Requiere considerar un problema de programación lineal relacionado que se conoce como *problema artificial*. Primero, se forma una nueva ecuación sumando una variable no negativa t al lado izquierdo de la ecuación en la que el coeficiente de la variable de holgura es -1. La variable t se llama **variable artificial**. En este caso, se reemplaza la ecuación (7) por $x_1 - x_2 - s_2 + t = 1$. Así, las ecuaciones (6) y (7) se convierten en

$$x_1 + x_2 + s_1 = 9 \tag{8}$$

$$x_1 - x_2 - s_2 + t = 1 \tag{9}$$

$$x_1, x_2, s_1, s_2, t \geq 0$$

Una solución obvia para las ecuaciones (8) y (9) se encuentra al considerar x_1, x_2 y s_2 iguales a 0. Esto da

$$x_1 = x_2 = s_2 = 0 \quad s_1 = 9 \quad t = 1$$

Observe que estos valores no satisfacen la ecuación (7). Sin embargo, es claro que cualquier solución de las ecuaciones (8) y (9) *para la cual* $t = 0$ dará una solución para las ecuaciones (6) y (7), y de manera inversa.

En *algún momento*, puede forzarse que t sea 0 si se altera la función objetivo original. Se define la **función objetivo artificial** como

$$W = Z - Mt = x_1 + 2x_2 - Mt \tag{10}$$

donde la constante M es un número positivo muy grande. No hay necesidad de preocuparse por el valor particular de M y puede procederse a maximizar W aplicando el método simplex. Como hay $m = 2$ restricciones (excluyendo las condiciones de no negatividad) y $n = 5$ variables en las ecuaciones (8) y (9), cualquier SBF debe tener al menos $n - m = 3$ variables iguales a 0. Se comienza con la siguiente solución básica factible:

$$x_1 = x_2 = s_2 = 0 \quad s_1 = 9 \quad t = 1 \tag{11}$$

En esta SBF inicial, las variables no básicas son las variables de decisión y la variable de "holgura" s_2. El correspondiente valor de W es $W = x_1 + 2x_2 - Mt = -M$, lo cual es un número "extremadamente" negativo dado que se supuso que M era un número positivo muy grande. Una mejora significativa de W ocurrirá si es posible encontrar otra SBF para la cual $t = 0$. Como el método simplex busca mejorar los valores de W en cada etapa, se aplicará hasta llegar a tal solución básica factible, si es posible. Esa solución será una SBF inicial para el problema original.

Para aplicar el método simplex al problema artificial, primero se escribe la ecuación (10) como

$$-x_1 - 2x_2 + Mt + W = 0 \tag{12}$$

La matriz de coeficientes aumentada de las ecuaciones (8), (9) y (12) es

$$
\begin{array}{cccccc}
x_1 & x_2 & s_1 & s_2 & t & W \\
\end{array}
$$

$$\left[\begin{array}{cccccc|c}
1 & 1 & 1 & 0 & 0 & 0 & 9 \\
1 & -1 & 0 & -1 & 1 & 0 & 1 \\
-1 & -2 & 0 & 0 & M & 1 & 0
\end{array} \right] \tag{13}$$

Una solución básica factible inicial está dada por (11). Observe que, a partir del renglón s_1, cuando $x_1 = x_2 = s_2 = 0$, puede leerse directamente el valor de s_1, a saber, $s_1 = 9$. Del renglón, 2 se obtiene $t = 1$. Del renglón 3, $Mt + W = 0$. Como $t = 1$, entonces $W = -M$. Pero en una tabla simplex se desea que el valor de W aparezca en el último renglón y en la última columna. Esto no es así en (13) y, por lo tanto, esa matriz debe modificarse.

Para hacer esto, se transforma (13) en una matriz equivalente cuyo último renglón tiene la forma

$$
\begin{array}{cccccc}
x_1 & x_2 & s_1 & s_2 & t & W \\
? & ? & 0 & ? & 0 & 1 & | \quad ?
\end{array}
$$

Esto es, la M de la columna t es reemplazada por 0. Como resultado, si $x_1 = x_2 = s_2 = 0$, entonces W es igual a la última entrada. Procediendo para obtener dicha matriz, al pivotear el elemento sombreado en la columna t, se obtiene:

$$
\begin{array}{ccccccc}
x_1 & x_2 & s_1 & s_2 & t & W & R \\
\end{array}
$$

$$
\left[
\begin{array}{ccccccc|c}
1 & 1 & 1 & 0 & 0 & 0 & 9 \\
1 & -1 & 0 & -1 & 1 & 0 & 1 \\
\hline
-1 & -2 & 0 & 0 & M & 1 & 0
\end{array}
\right]
$$

$$
\begin{array}{ccccccc}
& x_1 & x_2 & s_1 & s_2 & t & W & R \\
\end{array}
$$

$$
\xrightarrow{-MR_2 + R_3}
\left[
\begin{array}{ccccccc|c}
1 & 1 & 1 & 0 & 0 & 0 & 9 \\
1 & -1 & 0 & -1 & 1 & 0 & 1 \\
\hline
-1-M & -2+M & 0 & M & 0 & 1 & -M
\end{array}
\right]
$$

Ahora se revisarán algunas cosas. Si $x_1 = 0$, $x_2 = 0$ y $s_2 = 0$, entonces del renglón 1 se obtiene $s_1 = 9$, del renglón 2, $t = 1$; del renglón 3, $W = -M$. Así, ahora se tiene la tabla simplex inicial I:

TABLA SIMPLEX I

variable
entrante
↓

B	x_1	x_2	s_1	s_2	t	W	R	Cocientes
s_1	1	1	1	0	0	0	9	$9 \div 1 = 9$
t ←	1	-1	0	-1	1	0	1	$1 \div 1 = 1$
W	$-1-M$	$-2+M$	0	M	0	1	$-M$	

variable ← (fila t)
saliente

↑ indicadores

A partir de aquí pueden utilizarse los procedimientos de la sección 7.4. Como M es un número positivo grande, el indicador más negativo es $-1 - M$. De este modo, la variable que entra es x_1. A partir de los cocientes, se selecciona a t como la variable que sale. La entrada pivote está sombreada. Al aplicar operaciones elementales con renglones para obtener 1 en la posición del pivote y 0 en todas las demás entradas de esa columna, se obtiene la tabla simplex II:

TABLA SIMPLEX II

variable
entrante
↓

B	x_1	x_2	s_1	s_2	t	W	R	Cocientes
s_1 ←	0	2	1	1	-1	0	8	$8 \div 2 = 4$
x_1	1	-1	0	-1	1	0	1	no hay cociente
W	0	-3	0	-1	$1+M$	1	1	

variable ←
saliente

↑ indicadores

De la tabla II, se tiene la siguiente solución básica factible:

$$s_1 = 8, \quad x_1 = 1, \quad x_2 = 0, \quad s_2 = 0, \quad t = 0$$

Como $t = 0$, los valores $s_1 = 8$, $x_1 = 1$, $x_2 = 0$ y $s_2 = 0$ forman una SBF inicial para el problema *original*. La variable artificial ha cumplido su propósito. Para las tablas siguientes se eliminará la columna t (porque se desea resolver el problema original) y se cambiarán las W por Z (puesto que $W = Z$ para $t = 0$). A partir de la tabla II, la variable entrante es x_2, la variable que sale es s_1 y la entrada pivote está sombreada. Al aplicar operaciones elementales con renglones (omitiendo la columna t), se obtiene la tabla III:

TABLA SIMPLEX III

B	x_1	x_2	s_1	s_2	Z	R
x_2	0	1	$\frac{1}{2}$	$\frac{1}{2}$	0	4
x_1	1	0	$\frac{1}{2}$	$-\frac{1}{2}$	0	5
Z	0	0	$\frac{3}{2}$	$\frac{1}{2}$	1	13

↑ indicadores

Aquí se presenta un resumen del procedimiento que involucra variables artificiales.

Como todos los indicadores son no negativos, el valor máximo de Z es 13. Esto ocurre cuando $x_1 = 5$ y $x_2 = 4$.

Es útil revisar los pasos que se realizaron para resolver el problema:

$$\text{Maximizar } Z = x_1 + 2x_2$$

sujeta a

$$x_1 + x_2 \leq 9 \tag{14}$$
$$x_1 - x_2 \geq 1 \tag{15}$$
$$x_1, x_2 \geq 0$$

Se escribe la desigualdad (14) como:

$$x_1 + x_2 + s_1 = 9 \tag{16}$$

Como la desigualdad (15) involucra al símbolo $\geq$ y la constante situada al lado derecho no es negativa, se escribe la desigualdad (15) en una forma que tiene tanto una variable de excedencia como una variable artificial:

$$x_1 - x_2 - s_2 + t = 1 \tag{17}$$

La ecuación objetivo artificial a considerar es $W = x_1 + 2x_2 - Mt$ o, de manera equivalente,

$$-x_1 - 2x_2 + Mt + W = 0 \tag{18}$$

La matriz de coeficientes aumentada del sistema formado por las ecuaciones (16) a (18) es

$$\begin{array}{c} \\ s_1 \\ t \\ W \end{array} \begin{array}{cccccccc} B & x_1 & x_2 & s_1 & s_2 & t & W & R \\ \left[\begin{array}{ccccccc} 1 & 1 & 1 & 0 & 0 & 0 & 9 \\ 1 & -1 & 0 & -1 & 1 & 0 & 1 \\ \hline -1 & -2 & 0 & 0 & M & 1 & 0 \end{array}\right] \end{array}$$

Ahora, se elimina M de la columna de la variable artificial y se reemplaza con 0 usando operaciones elementales con renglones. La tabla simplex I resultante corresponde a la solución básica factible inicial del problema artificial, en el que las variables de decisión x_1 y x_2 y la variable de excedencia s_2 son cada una igual a 0:

TABLA SIMPLEX I

$$\begin{array}{c} \\ s_1 \\ t \\ W \end{array} \begin{array}{cccccccc} B & x_1 & x_2 & s_1 & s_2 & t & W & R \\ \left[\begin{array}{ccccccc} 1 & 1 & 1 & 0 & 0 & 0 & 9 \\ 1 & -1 & 0 & -1 & 1 & 0 & 1 \\ \hline -1-M & -2+M & 0 & M & 0 & 1 & -M \end{array}\right] \end{array}$$

Las variables básicas s_1 y t ubicadas en la columna B de la tabla corresponden a las variables de no decisión de las ecuaciones (16) y (17) que tienen coeficientes positivos. Ahora, se aplicará el método simplex hasta que se obtenga una solución básica factible en la que la variable artificial, t, sea igual a 0. Después se podrá eliminar la columna de la variable artificial, cambiar las W por Z, y continuar el procedimiento hasta obtener el valor máximo de Z.

EJEMPLO 1   Variables artificiales

Utilice el método simplex para maximizar $Z = 2x_1 + x_2$ sujeta a

$$x_1 + x_2 \leq 12 \tag{19}$$
$$x_1 + 2x_2 \leq 20 \tag{20}$$
$$-x_1 + x_2 \geq 2 \tag{21}$$
$$x_1, x_2 \geq 0$$

Solución: Las ecuaciones (19), (20) y (21) involucrarán dos variables de holgura, s_1 y s_2, para las dos restricciones $\leq$, además de una variable de excedencia s_3 y una variable artifi-

APLÍQUELO ▶

6. La compañía GHI fabrica dos modelos de tablas para nieve, estándar y de lujo, en dos diferentes plantas de manufactura. La producción máxima en la planta I es de 1200 tablas mensuales, mientras que la producción máxima en la planta II es de 1000 al mes. Debido a las obligaciones contractuales, el número de modelos de lujo producidos en la planta I no puede exceder el número de modelos estándar producidos en la misma planta I en más de 200 piezas. La utilidad por la fabricación de tablas para nieve de los modelos estándar y de lujo en la planta I es de \$40 y \$60, respectivamente, mientras que para la planta II es de \$45 y \$50, respectivamente. Este mes, GHI recibió un pedido por 1000 tablas para nieve del modelo estándar y 800 tablas del modelo de lujo. Determine cuántas tablas de cada modelo deben producirse en cada planta para satisfacer el pedido y maximizar la utilidad. [*Sugerencia:* Sea x_1 el número de modelos estándar producidos y x_2 el número de modelos de lujo fabricados en la planta I].

cial t para la restricción $\geq$. Entonces, se tiene

$$x_1 + x_2 + s_1 \qquad\qquad = 12 \tag{22}$$

$$x_1 + 2x_2 \qquad + s_2 \qquad = 20 \tag{23}$$

$$-x_1 + x_2 \qquad\qquad - s_3 + t = 2 \tag{24}$$

Se considera a $W = Z - Mt = 2x_1 + x_2 - Mt$ como la ecuación objetivo artificial o, de manera equivalente,

$$-2x_1 - x_2 + Mt + W = 0 \tag{25}$$

donde M es un número positivo grande. Ahora construyamos la matriz aumentada de las ecuaciones (22) a la (25):

$$
\begin{array}{ccccccc}
x_1 & x_2 & s_1 & s_2 & s_3 & t & W \\
\end{array}
$$
$$
\left[\begin{array}{ccccccc|c}
1 & 1 & 1 & 0 & 0 & 0 & 0 & 12 \\
1 & 2 & 0 & 1 & 0 & 0 & 0 & 20 \\
-1 & 1 & 0 & 0 & -1 & 1 & 0 & 2 \\
\hline
-2 & -1 & 0 & 0 & 0 & M & 1 & 0
\end{array}\right]
$$

Para obtener la tabla simplex I, se reemplaza la M de la columna de la variable artificial con un 0 sumando $(-M)$ veces el renglón 3 al renglón 4:

TABLA SIMPLEX I

variable
entrante
↓

B	x_1	x_2	s_1	s_2	s_3	t	W	R	Cocientes
s_1	1	1	1	0	0	0	0	12	$12 \div 1 = 12$
s_2	1	2	0	1	0	0	0	20	$20 \div 2 = 10$
t	-1	1	0	0	-1	1	0	2	$2 \div 1 = 2$
W	$-2+M$	$-1-M$	0	0	M	0	1	$-2M$	

variable ← saliente (junto a t)

└──────── indicadores ────────┘

Las variables s_1, s_2 y t de la columna B —esto es, las variables básicas— son las variables que no son de decisión y tienen coeficientes positivos en las ecuaciones (22) a la (24). Como M es un número positivo grande, $(-M)$ es el indicador más negativo. La variable entrante es x_2, la variable saliente es t y la entrada pivote está sombreada. Se continúa para obtener la tabla II:

TABLA SIMPLEX II

variable
entrante
↓

B	x_1	x_2	s_1	s_2	s_3	t	W	R	Cocientes
s_1	2	0	1	0	1	-1	0	10	$10 \div 2 = 5$
s_2	3	0	0	1	2	-2	0	16	$16 \div 3 = 5\frac{1}{3}$
x_2	-1	1	0	0	-1	1	0	2	
W	-3	0	0	0	-1	$1+M$	1	2	

variable ← saliente (junto a s_1)

└──────── indicadores ────────┘

La solución básica factible correspondiente a la tabla II tiene $t = 0$. Por eso se elimina la columna t y se cambian las W por Z en las tablas siguientes. A continuación se obtiene la tabla III:

TABLA SIMPLEX III

B	x_1	x_2	s_1	s_2	s_3	Z	R
x_1	1	0	$\frac{1}{2}$	0	$\frac{1}{2}$	0	5
s_2	0	0	$-\frac{3}{2}$	1	$\frac{1}{2}$	0	1
x_2	0	1	$\frac{1}{2}$	0	$-\frac{1}{2}$	0	7
Z	0	0	$\frac{3}{2}$	0	$\frac{1}{2}$	1	17

$\underbrace{\hspace{4cm}}$
indicadores

Todos los indicadores son no negativos. Por lo tanto, el valor máximo de Z es 17. Esto ocurre cuando $x_1 = 5$ y $x_2 = 7$.

Ahora resuelva el problema 1 ◁

Restricciones de igualdad

Cuando ocurre una restricción de *igualdad* de la forma

$$a_1x_1 + a_2x_2 + \cdots + a_nx_n = b, \quad \text{donde } b \geq 0$$

en un problema de programación lineal, se utilizan variables artificiales en el método simplex. Para ilustrarlo, considere el siguiente problema:

$$\text{Maximizar } Z = x_1 + 3x_2 - 2x_3$$

sujeta a

$$x_1 + x_2 - x_3 = 6 \tag{26}$$

$$x_1, x_2, x_3 \geq 0$$

La restricción (26) ya está expresada como una ecuación, de modo que no es necesaria una variable de holgura. Como $x_1 = x_2 = x_3 = 0$ no es una solución factible, no se tiene un punto de inicio evidente para usar el método simplex. Por lo tanto, se crea un problema artificial añadiendo primero una variable artificial t al lado izquierdo de la ecuación (26):

$$x_1 + x_2 - x_3 + t = 6$$

Aquí, una solución básica factible obvia es $x_1 = x_2 = x_3 = 0$, $t = 6$. La función objetivo artificial es

$$W = Z - Mt = x_1 + 3x_2 - 2x_3 - Mt$$

donde M es un número positivo grande. El método simplex se aplica a este problema artificial hasta que se obtenga una SBF en la que $t = 0$. Esta solución dará una SBF inicial para el problema original y, entonces, se procederá como antes.

En general, el método simplex puede utilizarse para

$$\text{maximizar } Z = c_1x_1 + c_2x_2 + \cdots + c_nx_n$$

sujeta a

$$\left.\begin{array}{l} a_{11}x_1 + a_{12}x_2 + \cdots + a_{1n}x_n\{\leq, \geq, =\} b_1 \\ a_{21}x_1 + a_{22}x_2 + \cdots + a_{2n}x_n\{\leq, \geq, =\} b_2 \\ \vdots \qquad \vdots \qquad \qquad \vdots \qquad \quad \vdots \\ a_{m1}x_1 + a_{m2}x_2 + \cdots + a_{mn}x_n\{\leq, \geq, =\} b_m \end{array}\right\} \tag{27}$$

y $x_1 \geq 0, x_2 \geq 0, ..., x_n \geq 0$. El simbolismo $\{\leq, \geq, =\}$ significa que existe una de las relaciones "$\leq$", "$\geq$" o "$=$" para una restricción.

Para cada $b_i < 0$, se multiplica la desigualdad correspondiente por -1 (lo cual cambia el sentido de la desigualdad). Si, con todas las $b_i \geq 0$, todas las restricciones incluyen "$\leq$", el problema está en la forma estándar y se aplican directamente las técnicas simplex de las secciones anteriores. Si, *con todas las* $b_i \geq 0$, alguna restricción incluye "$\geq$" o "$=$", se empieza con un problema artificial que se obtiene como sigue.

Cada restricción que contenga "$\leq$" se escribe como una ecuación que incluya una variable de holgura s_i (con coeficiente $+1$):

$$a_{i1}x_1 + a_{i2}x_2 + \cdots + a_{in}x_n + s_i = b_i$$

Cada restricción que contenga "$\geq$" se escribe como una ecuación que incluya una variable de holgura s_j (con coeficiente -1) y una variable artificial t_j:

$$a_{j1}x_1 + a_{j2}x_2 + \cdots + a_{jn}x_n - s_j + t_j = b_j$$

Cada restricción que contenga "$=$" se reescribe como una ecuación con una variable artificial t_k insertada:

$$a_{k1}x_1 + a_{k2}x_2 + \cdots + a_{kn}x_n + t_k = b_k$$

Las variables artificiales incluidas en este problema serán, por ejemplo, t_1, t_2 y t_3, entonces la función objetivo artificial es

$$W = Z - Mt_1 - Mt_2 - Mt_3$$

donde M es un número positivo grande. Una solución básica factible inicial ocurre cuando $x_1 = x_2 = \cdots = x_n = 0$ y cada variable *de excedencia* es igual a 0.

Después de obtener una tabla simplex inicial, se aplica el método simplex hasta llegar a una tabla que corresponda a una SBF en la que *todas* las variables artificiales sean iguales a 0. Después se eliminan las columnas de las variables artificiales, se cambian las W por Z y se procede a aplicar los procedimientos de las secciones anteriores.

EJEMPLO 2 Restricción de igualdad

Utilice el método simplex para maximizar $Z = x_1 + 3x_2 - 2x_3$ sujeta a

$$-x_1 - 2x_2 - 2x_3 = -6 \tag{28}$$

$$-x_1 - x_2 + x_3 \leq -2 \tag{29}$$

$$x_1, x_2, x_3 \geq 0 \tag{30}$$

Solución: Las restricciones (28) y (29) tendrán las formas indicadas en (27) (esto es, las *b* positivas) si se multiplican ambos miembros de cada restricción por -1:

$$x_1 + 2x_2 + 2x_3 = 6 \tag{31}$$

$$x_1 + x_2 - x_3 \geq 2 \tag{32}$$

Como las restricciones (31) y (32) involucran "$=$" y "$\geq$", tendrán lugar dos variables artificiales, t_1 y t_2. Las ecuaciones para el problema artificial son

$$x_1 + 2x_2 + 2x_3 \qquad + t_1 \qquad = 6 \tag{33}$$

y

$$x_1 + x_2 - x_3 - s_2 \qquad + t_2 = 2 \tag{34}$$

Aquí el subíndice 2 en s_2 refleja el orden de las ecuaciones. La función objetivo artificial es $W = Z - Mt_1 - Mt_2$ o, de manera equivalente,

$$-x_1 - 3x_2 + 2x_3 + Mt_1 + Mt_2 + W = 0 \tag{35}$$

donde M es un número positivo grande. La matriz de coeficientes aumentada de las ecuaciones (33) a la (35) es

$$
\begin{array}{ccccccc}
x_1 & x_2 & x_3 & s_2 & t_1 & t_2 & W \\
\end{array}
$$

$$
\left[
\begin{array}{ccccccc|c}
1 & 2 & 2 & 0 & 1 & 0 & 0 & 6 \\
1 & 1 & -1 & -1 & 0 & 1 & 0 & 2 \\
\hline
-1 & -3 & 2 & 0 & M & M & 1 & 0 \\
\end{array}
\right]
$$

Ahora se usan operaciones elementales con renglones para eliminar las M de *todas* las columnas de variables artificiales. Sumando $-M$ veces el renglón 1 al renglón 3 y $-M$ veces el renglón 2 al renglón 3, se obtiene la tabla simplex inicial I:

TABLA SIMPLEX I

variable
entrante
↓

B	x_1	x_2	x_3	s_2	t_1	t_2	W	R	Cocientes
t_1	1	2	2	0	1	0	0	6	$6 \div 2 = 3$
t_2	1	1	-1	-1	0	1	0	2	$2 \div 1 = 2$
W	$-1-2M$	$-3-3M$	$2-M$	M	0	0	1	$-8M$	

variable ← (en t_2)
saliente

indicadores

A continuación, se obtienen las tablas simplex II y III:

TABLA SIMPLEX II

variable
entrante
↓

B	x_1	x_2	x_3	s_2	t_1	t_2	W	R	Cocientes
t_1	-1	0	4	2	1	-2	0	2	$2 \div 4 = \frac{1}{2}$
x_2	1	1	-1	-1	0	1	0	2	
W	$2+M$	0	$-1-4M$	$-3-2M$	0	$3+3M$	1	$6-2M$	

variable ← (en t_1)
saliente

indicadores

TABLA SIMPLEX III

variable
entrante
↓

B	x_1	x_2	x_3	s_2	t_1	t_2	W	R	Cocientes
x_3	$-\frac{1}{4}$	0	1	$\frac{1}{2}$	$\frac{1}{4}$	$-\frac{1}{2}$	0	$\frac{1}{2}$	$\frac{1}{2} \div \frac{1}{2} = 1$
x_2	$\frac{3}{4}$	1	0	$-\frac{1}{2}$	$\frac{1}{4}$	$\frac{1}{2}$	0	$\frac{5}{2}$	
W	$\frac{7}{4}$	0	0	$-\frac{5}{2}$	$\frac{1}{4}+M$	$\frac{5}{2}+M$	1	$\frac{13}{2}$	

variable ← (en x_3)
saliente

indicadores

Para la solución básica factible correspondiente a la tabla III, las variables artificiales t_1 y t_2 son 0. Ahora pueden eliminarse las columnas t_1 y t_2 y cambiar las W por Z. A continuación, se obtiene la tabla simplex IV:

TABLA SIMPLEX IV

B	x_1	x_2	x_3	s_2	Z	R
s_2	$-\frac{1}{2}$	0	2	1	0	1
x_2	$\frac{1}{2}$	1	1	0	0	3
Z	$\frac{1}{2}$	0	5	0	1	9

indicadores

Como todos los indicadores son no negativos, se ha llegado a la tabla final. El valor máximo de Z es 9 y ocurre cuando $x_1 = 0$, $x_2 = 3$ y $x_3 = 0$.

Ahora resuelva el problema 5 ◁

Regiones factibles vacías

Es posible que el método simplex termine y no todas las variables artificiales sean iguales a 0. Puede demostrarse que en esta situación *la región factible del problema original está vacía* y, en consecuencia, *no existe solución óptima*. El ejemplo siguiente lo ilustrará.

EJEMPLO 3   Región factible vacía

Utilice el método simplex para maximizar $Z = 2x_1 + x_2$ sujeta a

$$-x_1 + x_2 \geq 2 \tag{36}$$

$$x_1 + x_2 \leq 1$$

$$x_1, x_2 \geq 0 \tag{37}$$

y $x_1, x_2 \geq 0$.

Solución: Como la restricción (36) es de la forma $a_{11}x_1 + a_{12}x_2 \geq b_1$, donde $b_1 \geq 0$, aparecerá una variable artificial. Las ecuaciones por considerar son

$$-x_1 + x_2 - s_1 + t_1 = 2 \tag{38}$$

y

$$x_1 + x_2 + s_2 = 1 \tag{39}$$

donde s_1 es una variable de excedencia, s_2 es una variable de holgura y t_1 es artificial. La función objetivo artificial es $W = Z - Mt_1$ o, de manera equivalente,

$$-2x_1 - x_2 + Mt_1 + W = 0 \tag{40}$$

La matriz de coeficientes aumentada de las ecuaciones (38) a la (40) es

$$
\begin{array}{cccccc}
x_1 & x_2 & s_1 & s_2 & t_1 & W \\
\end{array}
$$
$$
\left[
\begin{array}{cccccc|c}
-1 & 1 & -1 & 0 & 1 & 0 & 2 \\
1 & 1 & 0 & 1 & 0 & 0 & 1 \\
\hline
-2 & -1 & 0 & 0 & M & 1 & 0
\end{array}
\right]
$$

Las tablas simplex son como sigue:

TABLA SIMPLEX I

variable
entrante
↓

B	x_1	x_2	s_1	s_2	t_1	W	R	Cocientes
t_1	-1	1	-1	0	1	0	2	$2 \div 1 = 2$
s_2	1	**1**	0	1	0	0	1	$1 \div 1 = 1$
W	$-2+M$	$-1-M$	M	0	0	1	$-2M$	

variable ← saliente

indicadores

TABLA SIMPLEX II

B	x_1	x_2	s_1	s_2	t_1	W	R
t_1	-2	0	-1	-1	1	0	1
x_2	1	1	0	1	0	0	1
W	$-1+2M$	0	M	$1+M$	0	1	$1-M$

indicadores

Como M es un número positivo grande, en la tabla simplex II los indicadores son no negativos, de modo que el método simplex termina. El valor de la variable artificial t_1 es 1. Por lo tanto, como se estableció antes, la región factible del problema original está vacía y, entonces, no existe solución. Este resultado puede obtenerse de manera geométrica. En la figura 7.21 se muestran las gráficas de $-x_1 + x_2 = 2$ y $x_1 + x_2 = 1$ para $x_1, x_2 \geq 0$. Puesto

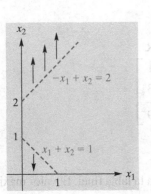

FIGURA 7.21 Región factible vacía (no existe solución).

que no existe un punto (x_1, x_2) que al mismo tiempo esté por encima de la recta $-x_1 + x_2 = 2$ y por debajo de $x_1 + x_2 = 1$, de tal forma que $x_1, x_2 \geq 0$, la región factible está vacía y, por lo tanto, no existe solución.

Ahora resuelva el problema 9 ◁

En la siguiente sección se usará el método simplex para resolver problemas de minimización.

PROBLEMAS 7.6

Utilice el método simplex para resolver los siguientes problemas.

1. Maximizar
$$Z = 2x_1 + x_2$$
sujeta a
$$x_1 + x_2 \leq 6$$
$$-x_1 + x_2 \geq 4$$
$$x_1, x_2 \geq 0$$

2. Maximizar
$$Z = 3x_1 + 4x_2$$
sujeta a
$$x_1 + 2x_2 \leq 8$$
$$x_1 + 6x_2 \geq 12$$
$$x_1, x_2 \geq 0$$

3. Maximizar
$$Z = x_1 + 2x_2 + 3x_3$$
sujeta a
$$x_1 + 2x_2 + 2x_3 \leq 6$$
$$x_1 - x_2 - x_3 \geq 1$$
$$x_1, x_2, x_3 \geq 0$$

4. Maximizar
$$Z = x_1 - x_2 + 4x_3$$
sujeta a
$$x_1 + x_2 + x_3 \leq 9$$
$$x_1 - 2x_2 + x_3 \geq 6$$
$$x_1, x_2, x_3 \geq 0$$

5. Maximizar
$$Z = 3x_1 + 2x_2 + x_3$$
sujeta a
$$x_1 + x_2 + x_3 \leq 10$$
$$x_1 - x_2 - x_3 = 6$$
$$x_1, x_2, x_3 \geq 0$$

6. Maximizar
$$Z = 2x_1 + x_2 + 3x_3$$
sujeta a
$$x_2 - 2x_3 \geq 5$$
$$x_1 + x_2 + x_3 = 7$$
$$x_1, x_2, x_3 \geq 0$$

7. Maximizar
$$Z = x_1 - 10x_2$$
sujeta a
$$x_1 - x_2 \leq 1$$
$$x_1 + 2x_2 \leq 8$$
$$x_1 + x_2 \geq 5$$
$$x_1, x_2 \geq 0$$

8. Maximizar
$$Z = x_1 + 4x_2 - x_3$$
sujeta a
$$x_1 + x_2 - x_3 \geq 5$$
$$x_1 + x_2 + x_3 \leq 3$$
$$x_1 - x_2 + x_3 = 7$$
$$x_1, x_2, x_3 \geq 0$$

9. Maximizar
$$Z = 3x_1 - 2x_2 + x_3$$
sujeta a
$$x_1 + x_2 + x_3 \leq 1$$
$$x_1 - x_2 + x_3 \geq 2$$
$$x_1 - x_2 - x_3 \leq -6$$
$$x_1, x_2, x_3 \geq 0$$

10. Maximizar
$$Z = x_1 + 4x_2$$
sujeta a
$$x_1 + 2x_2 \leq 8$$
$$x_1 + 6x_2 \geq 12$$
$$x_2 \geq 2$$
$$x_1, x_2 \geq 0$$

11. Maximizar
$$Z = -3x_1 + 2x_2$$
sujeta a
$$x_1 - x_2 \leq 4$$
$$-x_1 + x_2 = 4$$
$$x_1 \geq 6$$
$$x_1, x_2 \geq 0$$

12. Maximizar

$$Z = 2x_1 - 8x_2$$

sujeta a

$$x_1 - 2x_2 \geq -12$$

$$-x_1 + x_2 \geq 2$$

$$x_1 + x_2 \geq 10$$

$$x_1, x_2 \geq 0$$

13. Producción Una compañía fabrica dos tipos de escritorios: Estándar y Ejecutivo. Cada tipo requiere de los tiempos de ensamblado y acabado que se dan en la tabla siguiente:

	Tiempo de ensamblado	Tiempo de acabado	Utilidad por unidad
Estándar	1 hr	2 hr	$40
Ejecutivo	2 hr	3 hr	$50

La utilidad sobre cada unidad también está indicada. El número de horas disponibles por semana en el departamento de ensamblado es de 200 y en el departamento de acabado de 500. A consecuencia de un contrato con el sindicato, al departamento de acabado se le garantizan al menos 300 horas de trabajo a la semana. ¿Cuántas unidades a la semana de cada tipo de escritorio debe producir la compañía para maximizar la utilidad?

14. Producción Una compañía fabrica tres productos: X, Y y Z. Cada producto requiere el uso de tiempo en las máquinas A y B que se da en la tabla siguiente:

	Máquina A	Máquina B
Producto X	1 hr	1 hr
Producto Y	2 hr	1 hr
Producto Z	2 hr	2 hr

El número de horas por semana que A y B están disponibles para la producción son 40 y 30, respectivamente. La utilidad por unidad de X, Y y Z es de $50, $60 y $75, respectivamente. La siguiente semana deben producirse al menos cinco unidades de Z. ¿Cuál debe ser el plan de producción en ese periodo para alcanzar la utilidad máxima? ¿Cuál es la utilidad máxima?

15. Inversiones El folleto informativo de un fondo de inversión establece que todo el dinero está invertido en bonos que están considerados como A, AA y AAA; no más de 30% de la inversión total está en bonos A y AA y al menos 50% está en bonos AA y AAA. Los bonos A, AA y AAA obtienen, respectivamente, 8, 7 y 6% anual. Determine los porcentajes de la inversión total que serán comprometidos a cada tipo de bono de modo que el fondo maximice el rendimiento anual. ¿Cuál es ese rendimiento?

Objetivo

Mostrar cómo resolver un problema de minimización cambiando la función objetivo de modo que resulte en un problema de maximización.

7.7 Minimización

Hasta aquí se ha utilizado el método simplex para *maximizar* funciones objetivo. En general, para *minimizar* una función es suficiente con maximizar su negativo. Para entender por qué, considere la función $f(x) = x^2 - 4$. En la figura 7.22(a), observe que el valor mínimo de f es -4 y ocurre cuando $x = 0$. En la figura 7.22(b) se muestra la gráfica de $g(x) = -f(x) = -(x^2 - 4)$. Esta gráfica es la reflexión con respecto al eje x de la gráfica de f. Observe que el valor máximo de g es 4 y ocurre cuando $x = 0$. Por lo tanto, el valor mínimo de $x^2 - 4$, es el negativo del valor máximo de $-(x^2 - 4)$. Esto es,

$$\text{mín } f = -\text{máx}(-f)$$

De manera alternativa, piense en un punto C ubicado sobre la mitad positiva de la recta numérica que se desplaza hacia la izquierda. Conforme esto sucede, el punto $-C$ se desplaza

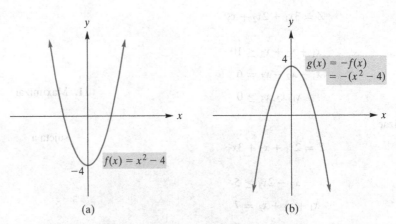

FIGURA 7.22 El valor mínimo de $f(x)$ es igual al negativo del valor máximo de $-f(x)$.

hacia la derecha. Es claro que si, por alguna razón, C se detiene, lo hace en el mínimo valor que encuentra. Si C se detiene, también lo hace $-C$, en el máximo valor que encuentra. Como este valor de $-C$ es aún el negativo del valor de C, se observa que

$$\text{mín } C = -\text{máx}(-C)$$

El problema del ejemplo 1 se resolverá de manera más eficiente en el ejemplo 4 de la sección 7.8.

EJEMPLO 1   Minimización

Utilice el método simplex para minimizar $Z = x_1 + 2x_2$ sujeta a

$$-2x_1 + x_2 \geq 1 \qquad (1)$$

$$-x_1 + x_2 \geq 2 \qquad (2)$$

$$x_1, x_2 \geq 0 \qquad (3)$$

Solución: Para minimizar Z se puede maximizar $-Z = -x_1 - 2x_2$. Observe que cada una de las restricciones (1) y (2) tiene la forma $a_1x_1 + a_2x_2 \geq b$, donde $b \geq 0$. Por lo tanto, sus ecuaciones involucran dos variables de excedencia s_1 y s_2, cada una con coeficiente de -1, y dos variables artificiales t_1 y t_2:

$$-2x_1 + x_2 - s_1 + t_1 = 1 \qquad (4)$$

$$-x_1 + x_2 - s_2 + t_2 = 2 \qquad (5)$$

Como hay *dos* variables artificiales, se maximiza la función objetivo

$$W = (-Z) - Mt_1 - Mt_2$$

donde M es un número positivo grande. En forma equivalente,

$$x_1 + 2x_2 + Mt_1 + Mt_2 + W = 0 \qquad (6)$$

La matriz de coeficientes aumentada de las ecuaciones (4) a la (6) es:

$$
\begin{array}{ccccccc}
x_1 & x_2 & s_1 & s_2 & t_1 & t_2 & W \\
\end{array}
$$
$$
\left[
\begin{array}{ccccccc|c}
-2 & 1 & -1 & 0 & 1 & 0 & 0 & 1 \\
-1 & 1 & 0 & -1 & 0 & 1 & 0 & 2 \\
\hline
1 & 2 & 0 & 0 & M & M & 1 & 0 \\
\end{array}
\right]
$$

A continuación, se obtienen las tablas simplex I, II y III:

TABLA SIMPLEX I

variable
entrante
↓

	B	x_1	x_2	s_1	s_2	t_1	t_2	W	R	Cocientes
variable ←	t_1	-2	1	-1	0	1	0	0	1	$1 \div 1 = 1$
saliente	t_2	-1	1	0	-1	0	1	0	2	$2 \div 1 = 2$
	W	$1 + 3M$	$2 - 2M$	M	M	0	0	1	$-3M$	

indicadores

TABLA SIMPLEX II

variable
entrante
↓

B	x_1	x_2	s_1	s_2	t_1	t_2	W	R	
x_2	-2	1	-1	0	1	0	0	1	*Cocientes*
t_2	1	0	1	-1	-1	1	0	1	$1 \div 1 = 1$
W	$5-M$	0	$2-M$	M	$-2+2M$	0	1	$-2-M$	

variable ← t_2
saliente

$\underbrace{\hspace{7cm}}_{\text{indicadores}}$

TABLA SIMPLEX III

B	x_1	x_2	s_1	s_2	t_1	t_2	W	R
x_2	-1	1	0	-1	0	1	0	2
s_1	1	0	1	-1	-1	1	0	1
W	3	0	0	2	M	$-2+M$	1	-4

$\underbrace{\hspace{6cm}}_{\text{indicadores}}$

La solución básica factible correspondiente a la tabla III tiene ambas variables artificiales iguales a 0. De este modo, las columnas t_1 y t_2 ya no son necesarias. Sin embargo, en las columnas x_1, x_2, s_1 y s_2 los indicadores son no negativos y, en consecuencia, una solución óptima ha sido alcanzada. Como $W = -Z$ cuando $t_1 = t_2 = 0$, el valor máximo de $-Z$ es -4. Por lo tanto, el valor *mínimo* de Z es $-(-4) = 4$. Esto ocurre cuando $x_1 = 0$ y $x_2 = 2$.

Ahora resuelva el problema 1 ◁

Aquí se presenta un ejemplo interesante que trata sobre controles ambientales.

EJEMPLO 2 **Reducción de emisiones de polvo**

Una planta de cemento produce 2 500 000 barriles de cemento por año. Los hornos emiten 2 lb de polvo por cada barril producido. Una dependencia gubernamental para protección del ambiente requiere que la planta reduzca sus emisiones de polvo a no más de 800 000 lb anuales. Existen dos dispositivos de control de emisiones disponibles, A y B. El dispositivo A reduce las emisiones a $\frac{1}{2}$ lb por barril y su costo es de \$0.20 por barril de cemento producido. Con el dispositivo B, las emisiones son reducidas a $\frac{1}{5}$ de libra por barril y el costo es de \$0.25 por barril de cemento producido. Determine el plan de acción más económico que la planta debe asumir de modo que cumpla con el requerimiento gubernamental y a la vez mantenga su producción anual de 2 500 000 barriles de cemento.[5]

Solución: Se debe minimizar el costo anual del control de emisiones. Sean x_1, x_2 y x_3 el número anual de barriles de cemento producidos en hornos que utilizan el dispositivo A,

---

[5] Este ejemplo está adaptado a partir de Robert E. Kohn, "A Mathematical Model for Air Pollution Control", *School Science and Mathematics*, 69 (1969), pp. 487-494.

el B y los que no usan dispositivo, respectivamente. Entonces $x_1, x_2, x_3 \geq 0$ y el costo anual del control de emisiones es:

$$C = \tfrac{1}{5}x_1 + \tfrac{1}{4}x_2 + 0x_3 \tag{7}$$

Como se producen 2 500 000 barriles de cemento cada año,

$$x_1 + x_2 + x_3 = 2\ 500\ 000 \tag{8}$$

El número de libras de polvo emitidas anualmente por los hornos que utilizan el dispositivo A, el dispositivo B y sin dispositivo son $\tfrac{1}{2}x_1, \tfrac{1}{5}x_2$ y $2x_3$, respectivamente. Como el número total de libras de emisión de polvo no debe ser mayor que 800 000,

$$\tfrac{1}{2}x_1 + \tfrac{1}{5}x_2 + 2x_3 \leq 800\ 000 \tag{9}$$

Para minimizar C sujeta a las restricciones (8) y (9), donde $x_1, x_2, x_3 \geq 0$, primero se maximiza $-C$ utilizando el método simplex. Las ecuaciones por considerar son

$$x_1 + x_2 + x_3 + t_1 = 2\ 500\ 000 \tag{10}$$

y

$$\frac{1}{2}x_1 + \frac{1}{5}x_2 + 2x_3 + s_2 = 800\ 000 \tag{11}$$

donde t_1 y s_2 son la variable artificial y la variable de holgura, respectivamente. La ecuación objetivo artificial es $W = (-C) - Mt_1$ o, en forma equivalente,

$$\tfrac{1}{5}x_1 + \tfrac{1}{4}x_2 + 0x_3 + Mt_1 + W = 0 \tag{12}$$

donde M es un número positivo grande. La matriz de coeficientes aumentada de las ecuaciones (10) a la (12) es:

$$
\begin{array}{cccccc}
x_1 & x_2 & x_3 & s_2 & t_1 & W \\
\end{array}
$$
$$
\left[
\begin{array}{cccccc|c}
1 & 1 & 1 & 0 & 1 & 0 & 2\ 500\ 000 \\
\tfrac{1}{2} & \tfrac{1}{5} & 2 & 1 & 0 & 0 & 800\ 000 \\
\hline
\tfrac{1}{5} & \tfrac{1}{4} & 0 & 0 & M & 1 & 0
\end{array}
\right]
$$

Después de determinar la tabla simplex inicial, se obtiene (luego de tres tablas adicionales) la tabla final:

$$
\begin{array}{c}
\begin{array}{ccccccc}
\text{B} & x_1 & x_2 & x_3 & s_2 & -C & \text{R} \\
\end{array} \\
\begin{array}{c}
x_2 \\
x_1 \\
-C
\end{array}
\left[
\begin{array}{ccccc|c}
0 & 1 & -5 & -\tfrac{10}{3} & 0 & 1\ 500\ 000 \\
1 & 0 & 6 & \tfrac{10}{3} & 0 & 1\ 000\ 000 \\
\hline
0 & 0 & \tfrac{1}{20} & \tfrac{1}{6} & 1 & -575\ 000
\end{array}
\right]
\end{array}
$$

$$\underbrace{\hspace{4cm}}_{\text{indicadores}}$$

Observe que W es reemplazada por $-C$ cuando $t_1 = 0$. El valor máximo de $-C$ es $-575\ 000$ y ocurre cuando $x_1 = 1\ 000\ 000$, $x_2 = 1\ 500\ 000$ y $x_3 = 0$. Por lo tanto, el costo anual *mínimo* del control de emisiones debe ser $-(-575\ 000) = \$575\ 000$. El dispositivo A debe instalarse en hornos que produzcan 1 000 000 barriles de cemento anuales y el dispositivo B en hornos que produzcan 1 500 000 barriles anuales.

Ahora resuelva el problema 11 ◁

PROBLEMAS 7.7

Use el método simplex para resolver los problemas siguientes.

1. Minimizar

$$Z = 2x_1 + 5x_2$$

sujeta a

$$x_1 - x_2 \geq 7$$
$$2x_1 + x_2 \geq 9$$
$$x_1, x_2 \geq 0$$

2. Minimizar

$$Z = 4x_1 + 3x_2$$

sujeta a

$$x_1 + 2x_2 \geq 4$$
$$2x_1 + x_2 \geq 4$$
$$x_1, x_2 \geq 0$$

3. Minimizar

$$Z = 12x_1 + 6x_2 + 3x_3$$

sujeta a

$$x_1 - x_2 - x_3 \geq 18$$
$$x_1, x_2, x_3 \geq 0$$

4. Minimizar

$$Z = x_1 + x_2 + 2x_3$$

sujeta a

$$x_1 + 2x_2 - x_3 \geq 4$$
$$x_1, x_2, x_3 \geq 0$$

5. Minimizar

$$Z = 2x_1 + 3x_2 + x_3$$

sujeta a

$$x_1 + x_2 + x_3 \leq 6$$
$$x_1 - x_3 \leq -4$$
$$x_2 + x_3 \leq 5$$
$$x_1, x_2, x_3 \geq 0$$

6. Minimizar

$$Z = 5x_1 + x_2 + 3x_3$$

sujeta a

$$3x_1 + x_2 - x_3 \leq 4$$
$$2x_1 + 2x_3 \leq 5$$
$$x_1 + x_2 + x_3 \geq 2$$
$$x_1, x_2, x_3 \geq 0$$

7. Minimizar

$$Z = -x_1 - 3x_2 + x_3$$

sujeta a

$$2x_1 + x_2 + x_3 = 4$$
$$x_1 + x_2 = 1$$
$$x_1 + x_3 \leq 6$$
$$x_1, x_2, x_3 \geq 0$$

8. Minimizar

$$Z = x_1 - x_2$$

sujeta a

$$-x_1 + x_2 \geq 4$$
$$x_1 + x_2 = 1$$
$$x_1, x_2 \geq 0$$

9. Minimizar

$$Z = x_1 + 8x_2 + 5x_3$$

sujeta a

$$x_1 + x_2 + x_3 \geq 8$$
$$-x_1 + 2x_2 + x_3 \geq 2$$
$$x_1, x_2, x_3 \geq 0$$

10. Minimizar

$$Z = 4x_1 + 4x_2 + 6x_3$$

sujeta a

$$x_1 - x_2 - x_3 \leq 3$$
$$x_1 - x_2 + x_3 \geq 3$$
$$x_1, x_2, x_3 \geq 0$$

11. Control de emisiones Una planta de cemento produce 3 300 000 barriles de cemento por año. Los hornos emiten 2 libras de polvo por cada barril producido. La planta debe reducir sus emisiones a no más de 1 000 000 libras anuales. Hay dos dispositivos de control disponibles, A y B. El dispositivo A reducirá las emisiones a $\frac{1}{2}$ libra por barril y el costo es de \$0.25 por barril de cemento producido. Con el dispositivo B, las emisiones son reducidas a $\frac{1}{4}$ de libra por barril y el costo es de \$0.40 por barril de cemento producido. Determine el plan de acción más económico que la planta debe asumir de modo que mantenga su producción anual de exactamente 3 300 000 barriles de cemento.

12. Lotes de construcción Un desarrollador puede comprar lotes por \$300 000 en la Avenida Baltic y por \$400 000 en Park Place. En cada lote de la Avenida Baltic puede construir un edificio de apartamentos de seis pisos y en cada lote de Park Place puede construir un edificio de apartamentos de cuatro pisos. El ayuntamiento exige que su desarrollo añada 24 pisos de apartamentos en el vecindario y, también, requiere que cada desarrollo aporte por lo menos ocho puntos de embellecimiento a la ciudad. El desarrollador ganará un punto por cada lote de la Avenida Baltic y dos puntos por cada lote de Park Place. ¿Cuántos lotes debe comprar el desarrollador en la Avenida Baltic y en Park Place para minimizar sus costos y cuál es su costo mínimo?

13. Costos de transportación Un vendedor tiene tiendas en Columbus y Dayton y bodegas en Akron y Springfield. Cada tienda requiere del envío de exactamente 150 reproductores de video. En la bodega de Akron hay 200 reproductores de video y en la de Springfield hay 150.

Los costos de transportación para enviar reproductores de video desde los almacenes hasta las tiendas están dados en la tabla siguiente:

	Columbus	Dayton
Akron	\$5	\$7
Springfield	\$3	\$2

Por ejemplo, el costo para enviar un reproductor desde Akron a la tienda de Columbus es de \$5. ¿Cómo debe pedir el vendedor los reproductores de modo que los requerimientos de las tiendas se satisfagan y los costos totales de transportación se minimicen? ¿Cuál es el costo mínimo de transportación?

14. Compra de piezas Un fabricante de automóviles compra alternadores de dos proveedores, X y Y. El fabricante tiene dos plantas, A y B, y requiere exactamente de 7000 alternadores para la planta A y de exactamente 5000 para la planta B. El proveedor X cobra $300 y $320 por los alternadores (incluyendo costos de transporte) A y B, respectivamente. Para estos precios, X requiere que el fabricante de automóviles ordene al menos un total de 3000 unidades; sin embargo, X no puede proveer más de 5000 unidades. El proveedor Y cobra $340 y $280 por cada alternador, A y B, respectivamente, y requiere una orden mínima de 7000 piezas. Determine cómo debe hacer los pedidos de alternadores el fabricante de automóviles para que su costo total sea mínimo. ¿Cuál es el costo mínimo?

15. Producción de papel para envoltura Una compañía de papel almacena su papel para envoltura en rollos de 48 pulgadas de ancho, llamados rollos de almacenamiento, y los corta en anchos más pequeños dependiendo de los pedidos de los clientes. Suponga que se recibe un pedido de 50 rollos de papel de 15 pulgadas de ancho y de 60 rollos de 10 pulgadas de ancho. A partir de un rollo de almacenamiento, la compañía puede cortar tres rollos de 15 pulgadas de ancho y un rollo de 3 pulgadas de ancho. (Vea la figura 7.23). Como el rollo de 3 pulgadas de ancho no puede

utilizarse en este pedido, es el recorte que se desperdicia de este rollo.

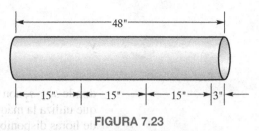

FIGURA 7.23

De igual modo, a partir de un rollo de almacenamiento se pueden cortar dos rollos de 15 pulgadas de ancho, un rollo de 10 pulgadas de ancho y otro de 8 pulgadas de ancho. En este caso, el desperdicio sería de 8 pulgadas. La tabla siguiente indica el número de rollos de 15 y 10 pulgadas, junto con el desperdicio, que pueden cortarse a partir de un rollo de almacenamiento:

Ancho del rollo	15 pulg	3	2	1	—
	10 pulg	0	1	—	—
Desperdicio		3	8	—	—

(a) Complete las últimas dos columnas de la tabla. (b) Suponga que la compañía tiene suficientes rollos de almacenamiento para cubrir la orden y que *al menos* 50 rollos de 15 pulgadas de ancho y *al menos* 60 rollos de 10 pulgadas de ancho de papel para envoltura serán cortados. Si x_1, x_2, x_3 y x_4 son los números de rollos de almacenamiento que se cortan en una de las formas descritas en las columnas 1 a 4 de la tabla, respectivamente, determine los valores de las x en tal forma que se minimice el desperdicio total. (c) ¿Cuál es la cantidad mínima de desperdicio total?

<h2>Objetivo</h2>

Presentar de manera informal y luego definir formalmente el dual de un problema de programación lineal.

7.8 Dual

Existe un principio fundamental, llamado *dualidad*, que permite resolver un problema de maximización al resolver un problema de minimización relacionado. A continuación, se ilustrará esto.

Tabla 7.2

	Máquina A	Máquina B	Utilidad por unidad
Manual	1 h	1 h	$10
Eléctrico	2 h	4 h	$24
Horas disponibles	120	180	

Suponga que una compañía fabrica dos tipos de podadoras para jardín, manuales y eléctricas, y cada una requiere el uso de las máquinas A y B para su producción. En la tabla 7.2 se indica que una podadora manual requiere del uso de A durante 1 hora y de B durante otra hora. Las podadoras eléctricas requieren de A durante 2 horas y de B durante 4 horas. Los números máximos de horas disponibles por mes para las máquinas A y B son de 120 y 180, respectivamente. La utilidad por una podadora manual es de $10 y por una eléctrica es de $24. Suponiendo que la compañía puede vender todas las podadoras que produce, determine la utilidad mensual máxima. Si x_1 y x_2 son los números de podadoras manuales y eléctricas que se producen por mes, respectivamente, entonces se desea maximizar la función de utilidad mensual

$$P = 10x_1 + 24x_2$$

sujeta a

$$x_1 + 2x_2 \leq 120 \tag{1}$$

$$x_1 + 4x_2 \leq 180 \tag{2}$$

$$x_1, x_2 \geq 0$$

Al escribir las restricciones (1) y (2) como ecuaciones, se tiene

$$x_1 + 2x_2 + s_1 = 120 \tag{3}$$

y

$$x_1 + 4x_2 + s_2 = 180$$

donde s_1 y s_2 son variables de holgura. En la ecuación (3), $x_1 + 2x_2$ es el número de horas que utiliza la máquina A. Como hay disponibles 120 horas para A, entonces s_1 es el número de horas disponibles que *no* se utilizan para la producción. Esto es, s_1 representa para A la capacidad no usada (en horas). De igual modo, s_2 representa la capacidad no utilizada para B. Al resolver este problema por el método simplex, se encuentra que la tabla final es:

$$(4)$$

B	x_1	x_2	s_1	s_2	P	R
x_1	1	0	2	-1	0	60
x_2	0	1	$-\frac{1}{2}$	$\frac{1}{2}$	0	30
P	0	0	8	2	1	1320

$$\underbrace{\qquad\qquad\qquad}_{\text{indicadores}}$$

Así, la utilidad máxima mensual es de \$1320 y ocurre cuando $x_1 = 60$ y $x_2 = 30$.

Ahora, se verá la situación desde un punto de vista diferente. Suponga que la compañía desea rentar sus máquinas A y B. ¿Cuál es la renta mensual mínima que debe cobrar? Ciertamente, si el cobro es muy alto, nadie le rentará las máquinas. Por otra parte, si el cobro es muy bajo, no le convendría rentarlas todo el tiempo. Es obvio que la renta mínima debe ser de \$1320. Esto es, el mínimo que la compañía debe cobrar es la utilidad que podría tener utilizando ella misma las máquinas. Podemos llegar a este costo de renta mínimo de manera directa, resolviendo un problema de programación lineal.

Sea F el costo de la renta mensual. Para determinar F, se supone que la compañía asigna valores monetarios a cada hora de capacidad ocupada en las máquinas A y B. Sean estos valores y_1 y y_2, respectivamente, donde $y_1, y_2 \geq 0$. Entonces, el valor mensual de la máquina A es $120y_1$ y el de la máquina B es $180y_2$. Por lo tanto,

$$F = 120y_1 + 180y_2$$

El valor total del tiempo de máquina para producir una serie de podadoras manuales es $1y_1 + 1y_2$. Esto debe ser al menos igual a los \$10 de utilidad que la compañía puede recibir por producir dichas podadoras. Si no, la compañía podría ganar más dinero utilizando el tiempo de la máquina para producir una serie de podadoras manuales. De acuerdo con esto,

$$1y_1 + 1y_2 \geq 10$$

De igual modo, el valor total del tiempo de máquina para producir una podadora eléctrica debe ser al menos de \$24:

$$2y_1 + 4y_2 \geq 24$$

Por lo tanto, la compañía desea

$$\text{minimizar } F = 120y_1 + 180y_2$$

sujeta a

$$y_1 + y_2 \geq 10 \tag{5}$$

$$2y_1 + 4y_2 \geq 24 \tag{6}$$

$$y_1, y_2 \geq 0$$

Para minimizar F, se maximiza $-F$. Como las restricciones (5) y (6) tienen la forma $a_1y_1 + a_2y_2 \geq b$, donde $b \geq 0$, se considerará un problema artificial. Si r_1 y r_2 son variables de excedencia t_1 y t_2 son variables artificiales, entonces se quiere maximizar

$$W = (-F) - Mt_1 - Mt_2$$

donde M es un número positivo grande, tal que

$$y_1 + y_2 - r_1 + t_1 = 10$$

$$2y_1 + 4y_2 - r_2 + t_2 = 24$$

y las y, r y t son no negativas. La tabla simplex final para este problema (con las columnas de las variables artificiales eliminadas y W cambiada a $-F$) es:

$$
\begin{array}{c|cccc|c|c}
B & y_1 & y_2 & r_1 & r_2 & -F & R \\
\hline
y_1 & 1 & 0 & -2 & \frac{1}{2} & 0 & 8 \\
y_2 & 0 & 1 & 1 & -\frac{1}{2} & 0 & 2 \\
\hline
-F & 0 & 0 & 60 & 30 & 1 & -1320
\end{array}
$$

$$\underbrace{\qquad\qquad\qquad}_{\text{indicadores}}$$

Como el valor máximo de $-F$ es -1320, el valor *mínimo* de F es $-(-1320) = \$1320$ (como se anticipó). Esto ocurre cuando $y_1 = 8$ y $y_2 = 2$. Por lo tanto, se ha determinado el valor óptimo de un problema de programación lineal (maximización de utilidad) encontrando el valor óptimo de otro problema de programación lineal (minimización del costo de la renta).

Los valores $y_1 = 8$ y $y_2 = 2$ podrían haberse anticipado a partir de la tabla final del problema de maximización. En (4), el indicador 8 de la columna s_1 significa que en el nivel óptimo de producción, si s_1 aumenta una unidad, entonces la utilidad P *disminuye* en 8. Esto es, 1 hora de capacidad sin uso de A disminuye la utilidad máxima en \$8. Entonces, 1 hora de capacidad de A tiene un valor monetario de \$8. Se dice que el **precio sombra** de 1 hora de capacidad de A es de \$8. Ahora, recuerde que en el problema de la renta y_1 es el valor de 1 hora de capacidad de A. Así, y_1 debe ser igual a 8 en la solución óptima para ese problema. De manera similar, como en la columna s_2 el indicador es 2, el precio sombra de 1 hora de capacidad de B es de \$2, el cual es el valor de y_2 en la solución óptima del problema de la renta.

Ahora se analizará la estructura de los dos problemas de programación lineal:

Maximizar	Minimizar
$P = 10x_1 + 24x_2$	$F = 120y_1 + 180y_2$
sujeta a	sujeta a

$$\left. \begin{array}{l} x_1 + 2x_2 \leq 120 \\ x_1 + 4x_2 \leq 180 \end{array} \right\} \quad (7) \qquad\qquad \left. \begin{array}{l} y_1 + y_2 \geq 10 \\ 2y_1 + 4y_2 \geq 24 \end{array} \right\} \quad (8)$$

$$y\ x_1, x_2 \geq 0. \qquad\qquad\qquad\qquad\qquad y\ y_1, y_2 \geq 0.$$

Observe que en (7) las desigualdades son todas $\leq$, pero en (8) son todas $\geq$. En el problema de minimización, los coeficientes de la función objetivo son los términos constantes en (7). Los términos constantes en (8) son los coeficientes de la función objetivo del problema de maximización. Los coeficientes de las y_1 en (8) son los coeficientes de x_1 y x_2 en la primera restricción de (7); los coeficientes de las y_2 en (8) son los coeficientes de x_1 y x_2 en la segunda restricción de (7). El problema de minimización es llamado el *dual* del problema de maximización y viceversa.

En general, es posible asociar cualquier problema dado de programación lineal con otro problema de programación lineal llamado su **dual**. El problema dado se llama **primal**. Si el primal es un problema de maximización, entonces su dual es un problema de minimización. De manera similar, si el problema primal implica minimización, su dual implica maximización.

Cualquier problema primal de maximización puede escribirse en la forma indicada en la tabla 7.3. Observe que no existen restricciones sobre las b.[6] El correspondiente problema

---

[6] Si una restricción de desigualdad incluye $\geq$, al multiplicar ambos lados por -1 se obtiene una desigualdad que incluye $\leq$. Si una restricción es una igualdad, puede reescribirse en términos de dos desigualdades: una que involucre $\leq$ y otra que involucre $\geq$.

dual de minimización puede escribirse en la forma indicada en la tabla 7.4. De manera similar, cualquier problema primal de minimización puede escribirse en la forma de la tabla 7.4 y su dual es el problema de maximización que se da en la tabla 7.3.

Tabla 7.3 Primal (dual)

Maximizar $Z = c_1x_1 + c_2x_2 + \cdots + c_nx_n$
sujeta a

$$\left.\begin{array}{c}
a_{11}x_1 + a_{12}x_2 + \cdots + a_{1n}x_n \leq b_1 \\
a_{21}x_1 + a_{22}x_2 + \cdots + a_{2n}x_n \leq b_2 \\
\cdot \qquad\qquad \cdot \qquad\qquad \cdot \\
\cdot \qquad\qquad \cdot \qquad\qquad \cdot \\
\cdot \qquad\qquad \cdot \qquad\qquad \cdot \\
a_{m1}x_1 + a_{m2}x_2 + \cdots + a_{mn}x_n \leq b_m
\end{array}\right\} \qquad (9)$$

y $x_1, x_2, \ldots, x_n \geq 0$

Tabla 7.4 Dual (primal)

Minimizar $W = b_1y_1 + b_2y_2 + \cdots + b_my_m$
sujeta a

$$\left.\begin{array}{c}
a_{11}y_1 + a_{21}y_2 + \cdots + a_{m1}y_m \geq c_1 \\
a_{12}y_1 + a_{22}y_2 + \cdots + a_{m2}y_m \geq c_2 \\
\cdot \qquad\qquad \cdot \qquad\qquad \cdot \\
\cdot \qquad\qquad \cdot \qquad\qquad \cdot \\
\cdot \qquad\qquad \cdot \qquad\qquad \cdot \\
a_{1n}y_1 + a_{2n}y_2 + \cdots + a_{mn}y_m \geq c_n
\end{array}\right\} \qquad (10)$$

y $y_1, y_2, \ldots, y_m \geq 0$

Ahora se comparará el primal y su dual en las tablas 7.3 y 7.4. Por conveniencia, cuando aquí se habla de restricciones, se hace referencia a aquéllas mostradas en (9) o (10); no se incluirán las condiciones de no negatividad. Observe que si todas las restricciones del problema primal involucran $\leq$ ($\geq$), entonces todas las restricciones en su dual involucran $\geq$ ($\leq$). En la función objetivo del dual, los coeficientes son los términos constantes de las restricciones del primal. De manera similar, los términos constantes en las restricciones del dual son los coeficientes de la función objetivo del primal. La matriz de coeficientes de los lados izquierdos de las restricciones del dual es la *transpuesta* de la matriz de coeficientes de los lados izquierdos de las restricciones del primal. Esto es,

$$\begin{bmatrix}
a_{11} & a_{12} & \cdots & a_{1n} \\
a_{21} & a_{22} & \cdots & a_{2n} \\
\cdot & \cdot & & \cdot \\
\cdot & \cdot & & \cdot \\
\cdot & \cdot & & \cdot \\
a_{m1} & a_{m2} & \cdots & a_{mn}
\end{bmatrix}^T = \begin{bmatrix}
a_{11} & a_{21} & \cdots & a_{m1} \\
a_{12} & a_{22} & \cdots & a_{m2} \\
\cdot & \cdot & & \cdot \\
\cdot & \cdot & & \cdot \\
\cdot & \cdot & & \cdot \\
a_{1n} & a_{2n} & \cdots & a_{mn}
\end{bmatrix}$$

Si el primal involucra n variables de decisión y m variables de holgura, entonces el dual involucra m variables de decisión y n variables de holgura. Debe observarse que el dual del *dual* es el primal.

Existe una relación importante entre el primal y el dual:

Si el primal tiene una solución óptima, también la tiene el dual, y el valor óptimo de la función objetivo del primal es *el mismo* valor óptimo que el del dual.

Además, suponga que la función objetivo del primal es

$$Z = c_1x_1 + c_2x_2 + \cdots + c_nx_n$$

Entonces,

si s_1 es la variable de holgura asociada con la i-ésima restricción del dual, entonces el indicador de la columna s_i de la tabla simplex final del dual es el valor de x_i en la solución óptima del primal.

Por eso es que puede resolverse el problema primal con sólo resolver el dual. En ocasiones, esto es más conveniente que resolver de manera directa el primal. El vínculo entre el primal y el dual puede expresarse en forma muy sucinta usando notación matricial. Sean

$$C = \begin{bmatrix} c_1 & c_2 & \cdots & c_n \end{bmatrix} \quad y \quad X = \begin{bmatrix} x_1 \\ x_2 \\ \cdot \\ \cdot \\ \cdot \\ x_n \end{bmatrix}$$

Entonces la función objetivo del problema primal puede escribirse como

$$Z = CX$$

Además, si se escribe

$$A = \begin{bmatrix} a_{11} & a_{12} & \cdots & a_{1n} \\ a_{21} & a_{22} & \cdots & a_{2n} \\ \cdot & \cdot & & \cdot \\ \cdot & \cdot & & \cdot \\ \cdot & \cdot & & \cdot \\ a_{m1} & a_{m2} & \cdots & a_{mn} \end{bmatrix} \quad y \quad B = \begin{bmatrix} b_1 \\ b_2 \\ \cdot \\ \cdot \\ \cdot \\ b_m \end{bmatrix}$$

entonces el sistema de restricciones para el problema primal se transforma en

$$AX \leq B \quad y \quad X \geq 0$$

donde se entiende que $\leq$ ($\geq$), entre matrices del mismo tamaño, significa que la desigualdad abarca cada par de entradas correspondientes. Ahora sea

$$Y = \begin{bmatrix} y_1 \\ y_2 \\ \cdot \\ \cdot \\ \cdot \\ y_m \end{bmatrix}$$

El problema dual tiene una función objetivo dada por,

$$W = B^{\mathrm{T}} Y$$

y su sistema de restricciones es:

$$A^{\mathrm{T}} Y \geq C^{\mathrm{T}} \quad y \quad Y \geq 0$$

EJEMPLO 1   Determinación del dual de un problema de maximización

Encuentre el dual de:

$$\text{Maximizar } Z = 3x_1 + 4x_2 + 2x_3$$

sujeta a

$$x_1 + 2x_2 + 0x_3 \leq 10$$
$$2x_1 + 2x_2 + x_3 \leq 10$$

y $x_1, x_2, x_3 \geq 0$.

Solución: El primal tiene la forma de la tabla 7.3. Así, el dual es

$$\text{minimizar } W = 10y_1 + 10y_2$$

sujeta a

$$y_1 + 2y_2 \geq 3$$
$$2y_1 + 2y_2 \geq 4$$
$$0y_1 + y_2 \geq 2$$

y $y_1, y_2 \geq 0$.

Ahora resuelva el problema 1 ◁

EJEMPLO 2   Determinación del dual de un problema de minimización

Encuentre el dual de la siguiente función:

$$\text{Minimizar } Z = 4x_1 + 3x_2$$

sujeta a

$$3x_1 - x_2 \geq 2 \tag{11}$$
$$x_1 + x_2 \leq 1 \tag{12}$$
$$-4x_1 + x_2 \leq 3 \tag{13}$$

y $x_1, x_2 \geq 0$.

Solución: Como el primal es un problema de minimización, se desea que las restricciones (12) y (13) involucren $\geq$. (Vea la tabla 7.4). Multiplicando ambos lados de (12) y (13) por -1, se obtiene $-x_1 - x_2 \geq -1$ y $4x_1 - x_2 \geq -3$. De este modo, las restricciones (11) a la (13) se convierten en

$$3x_1 - x_2 \geq 2$$
$$-x_1 - x_2 \geq -1$$
$$4x_1 - x_2 \geq -3$$

El dual es

$$\text{maximizar } W = 2y_1 - y_2 + 3y_3$$

sujeta a

$$3y_1 - y_2 + 4y_3 \leq 4$$
$$-y_1 - y_2 - y_3 \leq 3$$

y $y_1, y_2, y_3 \geq 0$.

Ahora resuelva el problema 3 ◁

EJEMPLO 3   Aplicación del método simplex al dual

Utilice el dual y el método simplex para

$$\text{maximizar } Z = 4x_1 - x_2 - x_3$$

sujeta a

$$3x_1 + x_2 - x_3 \leq 4$$
$$x_1 + x_2 + x_3 \leq 2$$

y $x_1, x_2, x_3 \geq 0$.

Solución: El dual es

$$\text{minimizar } W = 4y_1 + 2y_2$$

sujeta a

$$3y_1 + y_2 \geq 4 \qquad (14)$$

$$y_1 + y_2 \geq -1 \qquad (15)$$

$$-y_1 + y_2 \geq -1 \qquad (16)$$

y y_1, $y_2 \geq 0$. Para utilizar el método simplex se deben tener constantes no negativas en (15) y (16). Al multiplicar ambos lados de estas ecuaciones por -1, se obtiene:

$$-y_1 - y_2 \leq 1 \qquad (17)$$

$$y_1 - y_2 \leq 1 \qquad (18)$$

Como (14) involucra $\geq$, se requiere de una variable artificial. Las ecuaciones correspondientes de (14), (17) y (18) son, respectivamente,

$$3y_1 + y_2 - s_1 + t_1 = 4$$

$$-y_1 - y_2 + s_2 \quad = 1$$

y

$$y_1 - y_2 + s_3 = 1$$

donde t_1 es una variable artificial, s_1 es una variable de excedenci s_2 y s_3 son variables de holgura. Para minimizar W, se maximiza $-W$. La función objetivo artificial es $U = (-W) - Mt_1$, donde M es un número positivo grande. Después de hacer los cálculos, encontramos que la tabla simplex final es:

B	y_1	y_2	s_1	s_2	s_3	$-W$	R
y_2	0	1	$-\frac{1}{4}$	0	$-\frac{3}{4}$	0	$\frac{1}{4}$
s_2	0	0	$-\frac{1}{2}$	1	$-\frac{1}{2}$	0	$\frac{5}{2}$
y_1	1	0	$-\frac{1}{4}$	0	$\frac{1}{4}$	0	$\frac{5}{4}$
$-W$	0	0	$\frac{3}{2}$	0	$\frac{1}{2}$	1	$-\frac{11}{2}$

indicadores

El valor máximo de $-W$ es $-\frac{11}{2}$, de modo que el valor *mínimo* de W es $\frac{11}{2}$. De aquí que el valor máximo de Z sea también $\frac{11}{2}$. Note que los indicadores de las columnas s_1, s_2 y s_3 son $\frac{3}{2}$, 0 y $\frac{1}{2}$, respectivamente. Por lo tanto, el valor máximo de Z ocurre cuando $x_1 = \frac{3}{2}$, $x_2 = 0$ y $x_3 = \frac{1}{2}$.

Ahora resuelva el problema 11 ◁

En el ejemplo 1 de la sección 7.7 se usó el método simplex para

$$\text{minimizar } Z = x_1 + 2x_2$$

sujeta a:

$$-2x_1 + x_2 \geq 1$$

$$-x_1 + x_2 \geq 2$$

Este estudio muestra la ventaja de resolver el problema dual.

y x_1, $x_2 \geq 0$. La tabla simplex inicial tiene 24 entradas e involucra dos variables artificiales. La tabla del dual sólo tiene 18 entradas y *ninguna variable artificial* y es más fácil de manipular, como lo mostrará el ejemplo 4. Por lo tanto, puede ser una clara ventaja resolver el dual para determinar la solución del primal.

EJEMPLO 4 **Uso del dual y del método simplex**

Utilice el dual y el método simplex para

$$\text{minimizar } Z = x_1 + 2x_2$$

sujeta a

$$-2x_1 + x_2 \geq 1$$
$$-x_1 + x_2 \geq 2$$

y $x_1, x_2 \geq 0$.

Solución: El dual es

$$\text{maximizar } W = y_1 + 2y_2$$

sujeta a

$$-2y_1 - y_2 \leq 1$$
$$y_1 + y_2 \leq 2$$

y $y_1, y_2 \geq 0$. La tabla simplex inicial es la tabla I:

TABLA SIMPLEX I

variable
entrante
↓

B	y_1	y_2	s_1	s_2	W	R	*Cocientes*
s_1	-2	-1	1	0	0	1	
variable ← s_2	1	1	0	1	0	2	$2 \div 1 = 2$
saliente W	-1	-2	0	0	1	0	

indicadores

Después se obtiene la tabla II.

TABLA SIMPLEX II

B	y_1	y_2	s_1	s_2	W	R
s_1	-1	0	1	1	0	3
y_2	1	1	0	1	0	2
W	1	0	0	2	1	4

indicadores

Como en la tabla II todos los indicadores son no negativos, el valor máximo de W es 4. De aquí que el valor mínimo de Z sea también 4. Los indicadores 0 y 2 ubicados en las columnas s_1 y s_2 de la tabla II, significan que el valor mínimo de Z ocurre cuando $x_1 = 0$ y $x_2 = 2$.

Ahora resuelva el problema 9 ◁

PROBLEMAS 7.8

En los problemas del 1 al 8, encuentre los duales. No los resuelva.

1. Maximizar

$$Z = 2x_1 + 3x_2$$

sujeta a

$$3x_1 - x_2 \leq 4$$
$$2x_1 + 3x_2 \leq 5$$
$$x_1, x_2 \geq 0$$

2. Maximizar

$$Z = 2x_1 + x_2 - x_3$$

sujeta a

$$2x_1 + 2x_2 \leq 3$$
$$-x_1 + 4x_2 + 2x_3 \leq 5$$
$$x_1, x_2, x_3 \geq 0$$

3. Minimizar

$$Z = x_1 + 8x_2 + 5x_3$$

sujeta a

$$x_1 + x_2 + x_3 \geq 8$$
$$-x_1 + 2x_2 + x_3 \geq 2$$
$$x_1, x_2, x_3 \geq 0$$

4. Minimizar

$$Z = 8x_1 + 12x_2$$

sujeta a

$$2x_1 + 2x_2 \geq 1$$
$$x_1 + 3x_2 \geq 2$$
$$x_1, x_2 \geq 0$$

5. Maximizar

$$Z = x_1 - x_2$$

sujeta a

$$-x_1 + 2x_2 \leq 13$$

$$-x_1 + x_2 \leq 3$$

$$x_1 + x_2 \geq 11$$

$$x_1, x_2 \geq 0$$

6. Maximizar

$$Z = 2x_1 + 5x_2 - 2x_3$$

sujeta a

$$2x_1 - 3x_2 + x_3 \leq 7$$

$$3x_1 - 4x_2 - x_3 \geq -1$$

$$x_1, x_2, x_3 \geq 0$$

7. Minimizar

$$Z = 4x_1 + 4x_2 + 6x_3$$

sujeta a

$$x_1 - x_2 - x_3 \leq 3$$

$$x_1 - x_2 + x_3 \geq 3$$

$$x_1, x_2, x_3 \geq 0$$

8. Minimizar

$$Z = 5x_1 + 4x_2$$

sujeta a

$$-4x_1 + 3x_2 \geq -10$$

$$8x_1 - 10x_2 \leq 80$$

$$x_1, x_2 \geq 0$$

En los problemas 9 a 14, resuelva utilizando los duales y el método simplex.

9. Minimizar

$$Z = 2x_1 + 2x_2 + 5x_3$$

sujeta a

$$x_1 - x_2 + 2x_3 \geq 2$$

$$-x_1 + 2x_2 + x_3 \geq 3$$

$$x_1, x_2, x_3 \geq 0$$

10. Minimizar

$$Z = 2x_1 + 2x_2$$

sujeta a

$$x_1 + 4x_2 \geq 28$$

$$2x_1 - x_2 \geq 2$$

$$-3x_1 + 8x_2 \geq 16$$

$$x_1, x_2 \geq 0$$

11. Maximizar

$$Z = 5x_1 + 4x_2$$

sujeta a

$$2x_1 + 3x_2 \leq 6$$

$$x_1 + 4x_2 \leq 10$$

$$x_1, x_2 \geq 0$$

12. Maximizar

$$Z = 2x_1 + 6x_2$$

sujeta a

$$3x_1 + x_2 \leq 12$$

$$x_1 + x_2 \leq 8$$

$$x_1, x_2 \geq 0$$

13. Minimizar

$$Z = 6x_1 + 4x_2$$

sujeta a

$$-x_1 + x_2 \leq 1$$

$$x_1 + x_2 \geq 3$$

$$x_1, x_2 \geq 0$$

14. Minimizar

$$Z = 2x_1 + x_2 + x_3$$

sujeta a

$$2x_1 - x_2 - x_3 \leq 2$$

$$-x_1 - x_2 + 2x_3 \geq 4$$

$$x_1, x_2, x_3 \geq 0$$

15. Publicidad Una compañía está comparando los costos de publicidad en dos medios —periódico y radio—. La tabla siguiente muestra el número de personas, por grupo de ingresos, que alcanza cada uno de estos medios por cada unidad monetaria de publicidad.

	Menos de $40 000	Más de $40 000
Periódico	40	100
Radio	50	25

La compañía quiere captar al menos 80 000 personas con ingresos menores de $40 000 y al menos 60 000 con ingresos de $40 000 o más. Utilice el dual y el método simplex para determinar las cantidades que la compañía debe gastar en publicidad en periódico y en radio de modo que capte este número de personas con un costo mínimo. ¿Cuál es el costo mínimo de publicidad?

16. Programación para camiones de entrega Debido al incremento de las ventas, un servicio de comidas considera que debe alquilar camiones de entrega adicionales. Las necesidades mínimas son de 12 unidades con espacio refrigerado y no refrigerado. En el mercado de alquiler, se dispone de dos tipos estándar de camiones. El tipo A tiene 2 unidades de espacio refrigerado y 1 unidad de espacio no refrigerado. El tipo B tiene 2 unidades de espacio refrigerado y 3 unidades de espacio no refrigerado. Los costos por milla son de $0.40 para A y de $0.60 para B. Use el dual y el método simplex para encontrar el costo total mínimo por milla y el número necesario de camiones de cada tipo para alcanzar dicho objetivo.

17. Costos de mano de obra Una compañía paga a sus trabajadores calificados y semicalificados de su departamento de ensamblado $14 y $8 por hora, respectivamente. En el departamento de embarques, a los empleados se les paga $9 por hora y a los aprendices $7.25 por hora. La compañía requiere al menos de 90 trabajadores en el departamento de ensamblado y 60 empleados en el de embarques. Debido a acuerdos sindicales, deben emplearse al menos el doble de trabajadores semicalificados que de calificados. También, deben contratarse al menos el doble de los empleados de embarques que de aprendices. Utilice el dual y el método simplex para determinar el número de trabajadores de cada tipo que la compañía debe emplear de modo que el total de salarios por hora sea mínimo. ¿Cuál es el costo mínimo en salarios por hora?

Repaso del capítulo 7

Términos y símbolos importantes   Ejemplos

Resumen

La solución para un sistema de desigualdades lineales consiste en todos los puntos cuyas coordenadas satisfacen de manera simultánea todas las desigualdades. En forma geométrica, es la intersección de todas las regiones determinadas por las desigualdades.

La programación lineal involucra la maximización o minimización de una función lineal (la función objetivo) sujeta a un sistema de restricciones, las cuales son desigualdades lineales o ecuaciones lineales. Uno de los métodos útiles para encontrar una solución óptima para una región factible no vacía es el método de los vértices. En éste, la función objetivo se evalúa en cada uno de los vértices de la región factible y se selecciona un vértice en el que dicha función sea óptima.

Para un problema que involucre más de dos variables, el método de los vértices es poco práctico o imposible. En su lugar se utiliza un método matricial conocido como método simplex que es eficiente y completamente mecánico.

Problemas de repaso

En los problemas del 1 al 10, resuelva la desigualdad o el sistema de desigualdades.

1. $-3x + 2y > -6$

2. $5x - 2y + 10 \geq 0$

3. $3x \leq -5$

4. $-x < 2$

5. $\begin{cases} y - 3x < 6 \\ x - y > -3 \end{cases}$

6. $\begin{cases} x - 2y > 4 \\ x + y > 1 \end{cases}$

7. $\begin{cases} 2x + y \leq 2 \\ -2x - y \leq 2 \end{cases}$

8. $\begin{cases} x > y \\ x + y < 0 \end{cases}$

9. $\begin{cases} 4x + 2y > -6 \\ 3x - 2y > -7 \\ x \geq 0 \end{cases}$

10. $\begin{cases} 2x - y > 5 \\ x < 3 \\ y < 7 \end{cases}$

En los problemas del 11 al 18, no utilice el método simplex.

11. Maximizar

$$Z = x - 2y$$

sujeta a

$$y - x \leq 2$$
$$x + y \leq 4$$
$$x \leq 3$$
$$x, y \geq 0$$

12. Maximizar

$$Z = 3x + y$$

sujeta a

$$2x + y \leq 8$$
$$x \leq 3$$
$$y \geq 1$$
$$x, y \geq 0$$

13. Minimizar

$$Z = 2x - y$$

sujeta a

$$x - y \geq -2$$
$$x + y \geq 1$$
$$x - 2y \leq 2$$
$$x, y \geq 0$$

14. Minimizar

$$Z = x + y$$

sujeta a

$$x + 2y \leq 12$$
$$4x + 3y \leq 15$$
$$x - 6y \leq 0$$
$$x, y \geq 0$$

15. Minimizar

$$Z = 2x + 3y$$

sujeta a

$$x + y \leq 5$$
$$2x + 5y \leq 10$$
$$5x + 8y \geq 20$$
$$x, y \geq 0$$

[7]**16.** Minimizar

$$Z = 2x + 2y$$

sujeta a

$$x + y \geq 4$$
$$-x + 3y \leq 18$$
$$x \leq 6$$
$$x, y \geq 0$$

[7]**17.** Maximizar

$$Z = 4x + 8y$$

sujeta a

$$x + 2y \leq 8$$
$$3x + 2y \leq 12$$
$$x, y \geq 0$$

18. Maximizar

$$Z = 4x + y$$

sujeta a

$$x + 2y \geq 16$$
$$3x + 2y \geq 24$$
$$x, y \geq 0$$

En los problemas del 19 al 28, utilice el método simplex.

19. Maximizar

$$Z = 4x_1 + 5x_2$$

sujeta a

$$x_1 + 6x_2 \leq 12$$
$$x_1 + 2x_2 \leq 8$$
$$x_1, x_2 \geq 0$$

20. Maximizar

$$Z = 18x_1 + 20x_2$$

sujeta a

$$2x_1 + 3x_2 \leq 18$$
$$4x_1 + 3x_2 \leq 24$$
$$x_2 \leq 5$$
$$x_1, x_2 \geq 0$$

---

[7] Los problemas 16 y 17 se refieren a la sección 7.3.

21. Minimizar

$$Z = 3x_1 + 2x_2 + x_3$$

sujeta a

$$x_1 + 2x_2 + 3x_3 \geq 5$$
$$x_1, x_2, x_3 \geq 0$$

22. Minimizar

$$Z = 3x_1 + 5x_2$$

sujeta a

$$2x_1 + 4x_2 \geq 2$$
$$2x_1 + 5x_2 \geq 4$$
$$x_1, x_2 \geq 0$$

23. Maximizar

$$Z = x_1 + 2x_2$$

sujeta a

$$x_1 + x_2 \leq 12$$
$$x_1 + x_2 \geq 5$$
$$x_1 \leq 10$$
$$x_1, x_2 \geq 0$$

24. Minimizar

$$Z = 2x_1 + x_2$$

sujeta a

$$x_1 + 2x_2 \leq 6$$
$$x_1 + x_2 \geq 1$$
$$x_1, x_2 \geq 0$$

25. Minimizar

$$Z = x_1 + 2x_2 + x_3$$

sujeta a

$$x_1 - x_2 - x_3 \leq -1$$
$$6x_1 + 3x_2 + 2x_3 = 12$$
$$x_1, x_2, x_3 \geq 0$$

26. Maximizar

$$Z = 2x_1 + 3x_2 + 5x_3$$

sujeta a

$$x_1 + x_2 + 3x_3 \geq 5$$
$$2x_1 + x_2 + 4x_3 \leq 5$$
$$x_1, x_2, x_3 \geq 0$$

[8]**27.** Maximizar

$$Z = 5x_1 + 2x_2 + 7x_3$$

sujeta a

$$4x_1 - x_2 \leq 2$$
$$-8x_1 + 2x_2 + 5x_3 \leq 2$$
$$x_1, x_2, x_3 \leq 0$$

[8]**28.** Minimizar

$$Z = x_1 + x_2$$

sujeta a

$$x_1 + x_2 + 2x_3 \leq 4$$
$$x_3 \geq 1$$
$$x_1, x_2, x_3 \geq 0$$

Resuelva los problemas 29 y 30 utilizando duales y el método simplex.

29. Minimizar

$$Z = 2x_1 + 7x_2 + 8x_3$$

sujeta a

$$x_1 + 2x_2 + 3x_3 \geq 35$$
$$x_1 + x_2 + x_3 \geq 25$$
$$x_1, x_2, x_3 \geq 0$$

30. Maximizar

$$Z = x_1 - 2x_2$$

sujeta a

$$x_1 - x_2 \leq 3$$
$$x_1 + 2x_2 \leq 4$$
$$4x_1 + x_2 \geq 2$$
$$x_1, x_2 \geq 0$$

31. Orden de producción Una compañía fabrica tres productos: X, Y y Z. Cada producto requiere del uso de tiempo de las máquinas A y B, como se indica en la tabla siguiente:

	Máquina A	Máquina B
Producto X	1 hr	1 hr
Producto Y	2 hr	1 hr
Producto Z	2 hr	2 hr

El número de horas por semana que A y B están disponibles para la producción son 40 y 34, respectivamente. La utilidad por unidad sobre X, Y y Z es de \$10, \$15 y \$22, respectivamente. ¿Cuál debe ser la orden de producción semanal para obtener la utilidad máxima? ¿Cuál es la utilidad máxima?

32. Repita el problema 31 si la compañía debe producir al menos un total de \$300 unidades por semana.

33. Transportación de petróleo Una compañía petrolera tiene instalaciones de almacenamiento para combustible de calefacción en las ciudades A, B, C y D. Las ciudades C y D necesitan cada una exactamente 500 000 galones de combustible. La compañía determina que A y B pueden proveer cada una un máximo de 600 000 galones para satisfacer las necesidades de C y D. La tabla que se muestra a continuación proporciona los costos por galón para transportar el combustible entre las ciudades:

Hasta	Desde	
	C	D
A	$0.01	$0.02
B	0.02	0.04

¿Cómo debe distribuirse el combustible para minimizar el costo total del transporte? ¿Cuál es el costo mínimo de transporte?

34. Utilidad Jason opera un negocio desde su casa vendiendo dos juegos para computadoras: "Space Traders" y "Green Dwarf". Tres amigos, Nicole, Hillary y Katie, instalan estos juegos para Jason y cada uno de ellos debe hacer parte del trabajo en la instalación de cada juego. El tiempo que cada amigo invierte en cada juego se da en la tabla siguiente:

	Nicole	Hillary	Katie
Space Traders	30 min	20 min	10 min
Green Dwarf	10 min	10 min	50 min

Los amigos de Jason tienen otro trabajo que hacer, pero determinan que cada mes pueden invertir hasta 300, 200 y 500 minutos, respectivamente, para trabajar en los juegos de Jason. Éste obtiene una utilidad de $5 en cada venta de Space Traders y $9 en cada venta de Green Dwarf. ¿Cuántos juegos de cada tipo debe vender Jason cada mes para maximizar la utilidad, y cuál será esta utilidad máxima?

35. Formulación de una dieta En un zoológico, un técnico debe formular una dieta para cierto grupo de animales con base en dos productos comerciales, el alimento A y el alimento B. Cada 200 gramos del alimento A contienen 16 gramos de grasa, 32 gramos de carbohidratos y 4 gramos de proteína. Cada 200 gramos del alimento B contienen 8 gramos de grasa, 64 gramos de carbohidratos

y 10 gramos de proteína. Los requerimientos mínimos diarios son 176 gramos de grasa, 1024 gramos de carbohidratos y 200 gramos de proteína. Si el alimento A cuesta 8 centavos por cada 100 gramos y el alimento B cuesta 22 centavos por cada 100 gramos, ¿cuántos gramos de cada alimento deben utilizarse para cumplir con los requerimientos diarios al menor costo? (Suponga que existe un costo mínimo).

En los problemas 36 y 37, no utilice el método simplex. Redondee sus respuestas a dos decimales.

36. Minimizar

$$Z = 4.2x - 2.1y$$

sujeta a

$$y \leq 3.4 + 1.2x$$
$$y \leq -7.6 + 3.5x$$
$$y \leq 18.7 - 0.6x$$
$$x, y \geq 0$$

37. Maximizar

$$Z = 12.4x + 8.3y$$

sujeta a

$$1.4x + 1.7y \leq 15.9$$
$$-3.6x + 2.6y \leq -10.7$$
$$-1.3x + 4.3y \leq -5.2$$
$$x, y \geq 0$$

Q EXPLORE Y AMPLÍE Terapias con medicamentos y radiación[9]

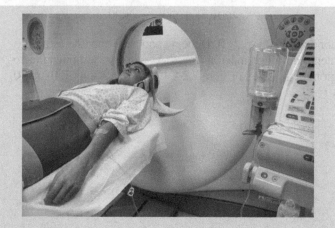

Con frecuencia existen formas alternativas de tratamiento para pacientes a los que se les diagnostica una enfermedad compleja en particular. Cada tratamiento puede tener no sólo efectos positivos en el paciente, sino también efectos negativos como toxicidad o malestar. Un médico debe saber hacer la mejor elección de un tratamiento o la mejor combinación de diversos tratamientos. Esta elección dependerá no sólo de los efectos curativos, sino también de los efectos tóxicos y del malestar.

Suponga que usted es un médico que tiene un paciente de cáncer bajo su cuidado y existen dos posibles tratamientos disponibles: administración de medicamentos y terapia con radiación. Suponga que la eficacia de los tratamientos está expresada en unidades comunes, por ejemplo, unidades curativas. La medicina contiene 1000 unidades curativas por onza y la radiación proporciona 1000 unidades curativas por minu-

[9] Adaptado de R. S. Ledley y L. B. Lusted, "Medical Diagnosis and Modern Decision Making", *Proceedings of Symposia in Applied Mathematics*, vol. XIV; *Mathematical Problems in the Biological Sciences* (American Mathematical Society, 1962).

to. Sus análisis indican que el paciente debe recibir al menos 3000 unidades curativas.

Sin embargo, en cada tratamiento está implícito un grado de toxicidad. Suponga que los efectos tóxicos de cada tratamiento están medidos en una unidad común de toxicidad, por ejemplo, una unidad tóxica. La medicina contiene 400 unidades tóxicas por onza y la radiación produce 1000 unidades tóxicas por minuto. Con base en sus estudios, usted cree que el paciente no debe recibir más de 2000 unidades tóxicas.

Además, cada tratamiento implica un grado de malestar para el paciente. La medicina provoca el triple de malestar por onza que la radiación por minuto.

La tabla 7.5 presenta un resumen de esta información. El problema que se plantea es determinar las dosis de medicina y radiación que pueden satisfacer los requerimientos curativos y de toxicidad y, al mismo tiempo, minimizar el malestar del paciente.

Tabla 7.5

	Unidades curativas	Unidades tóxicas	Malestar relativo
Medicina (por onza)	1000	400	3
Radiación (por minuto)	1000	1000	1
Requerimiento	≥ 3000	≤ 2000	

Sea x_1 el número de onzas de la medicina y x_2 el número de minutos de radiación a ser administrados. Entonces, usted quiere minimizar el malestar D dado por

$$D = 3x_1 + x_2$$

sujeta a la condición curativa

$$1000x_1 + 1000x_2 \geq 3000$$

y a la condición de toxicidad

$$400x_1 + 1000x_2 \leq 2000$$

donde $x_1 \geq 0$ y $x_2 \geq 0$. Debe reconocerse que éste es un problema de programación lineal. Al graficar, se obtiene la región factible de la figura 7.24. Los vértices son $(3, 0)$, $(5, 0)$ y $(\frac{5}{3}, \frac{4}{3})$.

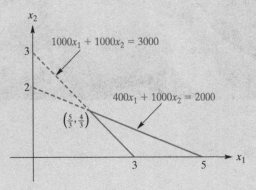

FIGURA 7.24 Región factible para el problema de la terapia con medicamentos y radiación.

Al evaluar D en cada vértice se obtiene lo siguiente:

$$\text{en } (3, 0) \quad D = 3(3) + 0 = 9$$

$$\text{en } (5, 0) \quad D = 3(5) + 0 = 15$$

y

$$\text{en } \left(\frac{5}{3}, \frac{4}{3}\right) \quad D = 3\left(\frac{5}{3}\right) + \frac{4}{3} = \frac{19}{3} \approx 6.3$$

Como D es mínimo en $(\frac{5}{3}, \frac{4}{3})$, usted debe prescribir un tratamiento de $\frac{5}{3}$ de onza de la medicina y $\frac{4}{3}$ minutos de radiación. Así, al resolver un problema de programación lineal, ha determinado el "mejor" tratamiento para el paciente.

El Instituto Nacional de Salud de Estados Unidos tiene un sitio en internet, www.nih.gov/health, que contiene información actualizada en diversas áreas relacionadas con la salud.

Usted podría querer buscar también en Internet sitios que utilicen aplicaciones digitales para demostrar el método simplex. Sólo introduzca "método simplex" y "applet" en cualquier buscador de internet.

Problemas

1. Suponga que hay disponibilidad de tratamientos medicinales y por radiación para un paciente. Cada onza de medicamento contiene 500 unidades curativas y 400 unidades tóxicas. Cada minuto de radiación proporciona 1000 unidades curativas y 600 unidades tóxicas. El paciente requiere al menos de 2000 unidades curativas y puede tolerar no más de 1400 unidades tóxicas. Si cada onza de la medicina provoca el mismo malestar que cada minuto de radiación, determine las dosis apropiadas de medicamento y radiación de modo que se minimice el malestar del paciente. Use el método geométrico en una calculadora gráfica si tiene alguna disponible.

2. Suponga que el medicamento A, el B y la terapia con radiación son tratamientos disponibles para un paciente. Cada onza de la medicina A contiene 600 unidades curativas y 500 tóxicas. Cada onza de la medicina B contiene 500 unidades curativas y 100 tóxicas. Cada minuto de radiación proporciona 1000 unidades curativas y 1000 tóxicas. El paciente requiere al menos de 3000 unidades curativas y puede tolerar no más de 2000 unidades tóxicas. Si cada onza de A y cada minuto de radiación provocan el mismo malestar, y cada onza de B provoca dos veces más malestar que cada onza de A, determine las dosis apropiadas de medicamentos y radiación de modo que se minimice el malestar del paciente. Utilice el método simplex.

3. ¿Cuál método cree usted que es más fácil de ejecutar en programación lineal, el método simplex o un método geométrico asistido con tecnología? Dé razones que apoyen su respuesta.

8

Introducción a la probabilidad y la estadística

La teoría de la probabilidad moderna comenzó con un problema muy *práctico*. Si un juego entre dos apostadores se interrumpe, el jugador que lleva ventaja seguramente tiene derecho a más de la mitad de la suma de dinero apostada. Pero no a todo el monto. ¿Cómo debería dividirse la apuesta? Este problema se mantuvo sin resolver hasta 1654, cuando un conde francés lo compartió con Blaise Pascal.

La solución implica probabilidad. Si un jugador tiene 30% de oportunidad de ganar $150 (dólares estadounidenses), el valor presente de la situación del jugador es de $0.30(\$150) = \$45$. ¿Por qué?, porque un jugador que en forma repetida se encuentra con 30% de oportunidad de ganar $150, a largo plazo, ganará tanto dinero si permanece en el juego como si se saliera de la apuesta por $45 en cualquier momento. Entonces, cada jugador obtendría una parte proporcional a su probabilidad, justo antes de la interrupción, de ganar el juego si éste se prolongara hasta su finalización.

Pero, ¿cómo se calcula esa probabilidad? Trabajando juntos, Pascal y Pierre de Fermat establecieron el siguiente resultado. Suponga que un juego consiste en una serie de "rondas" que involucran posibilidades, como lanzamientos de monedas donde cada moneda tiene la misma posibilidad de ganar, y que el ganador final es aquél que sea el primero en ganar cierto número de rondas. Si, en la interrupción, el ganador necesitara r rondas más para ganar, mientras que el jugador 2 requiriera s rondas más para ganar, entonces, para el jugador 1, la probabilidad de ganar es

$$\sum_{k=0}^{s-1} \frac{{}_nC_k}{2^n}$$

donde $n = r + s - 1$ es el número máximo de rondas que le podrían faltar al juego. Para el jugador 2, la probabilidad de ganar es 1 menos la probabilidad de ganar del jugador 1. La notación ${}_nC_k$, que se lee "combinaciones de n en k", puede resultarle poco familiar, pero en este capítulo aprenderá a usarla. (La notación Σ denota notación de suma, tal como se definió en la sección 1.5). Una vez que usted haya entendido la fórmula, será capaz de verificar que si el jugador 1 está a una ronda de ser ganador y el jugador 2 está a tres rondas de serlo, entonces el jugador 1 debería obtener $\frac{7}{8}$ de la apuesta mientras que el jugador 2 obtendría $\frac{1}{8}$. Posteriormente en este capítulo, se mostrará cómo llegaron a esta respuesta Pascal y Fermat. Con la práctica, usted será capaz de responder preguntas como ésta por sí mismo.

El término *probabilidad* resulta familiar para la mayoría de las personas. Es común escuchar frases como "la probabilidad de precipitación", "la probabilidad de inundación" y "la probabilidad de obtener 10 en un curso". Hablando de manera libre, la probabilidad se refiere al número que indica el grado de posibilidad de que algún evento futuro tenga un resultado particular. Por ejemplo, antes de lanzar una moneda bien balanceada, no se sabe con certidumbre si el resultado será cara o cruz. Sin embargo, no existe duda al considerar estos resultados como igualmente posibles. Esto significa que la mitad de los lanzamientos resultará en cara. Por lo tanto, se dice que la probabilidad de que ocurra una cara en cualquier lanzamiento es de $\frac{1}{2}$, o de 50 por ciento.

Cabe destacar que la probabilidad de que suceda un evento determinado es un número entre 0 y 1; es decir, si el evento no sucede (nunca) entonces tiene probabilidad 0; por otro lado si el evento es seguro que ocurra tendrá una probabilidad de 1. El campo de la probabilidad forma la base del estudio de la estadística. En estadística, se pretende realizar una inferencia —esto es, una predicción o decisión— acerca de una población (un gran conjunto de objetos bajo consideración) mediante el uso de una muestra de datos seleccionados de entre la población. En otras palabras, en estadística se hace una inferencia acerca de una población con base en una muestra conocida. Por ejemplo, al seleccionar una muestra de unidades de una línea de ensamblado, se puede hacer una inferencia estadística sobre *todas* las unidades presentes en una corrida de producción. Sin embargo, en el estudio de la probabilidad, se trabaja con una población conocida y se considera la posibilidad (o probabilidad) de seleccionar una muestra particular de la población. Por ejemplo, si se reparten cinco cartas de un mazo, se puede tener interés en conocer la probabilidad de que en el grupo de cartas haya un "par", es decir, que contenga dos (pero no tres) cartas de la misma denominación. La probabilidad de tener un par es

$$\frac{\text{el número de pares posibles}}{\text{el número de manos de cinco cartas posibles}}$$

Es evidente que se debe tener la capacidad de manejar ciertos cálculos de la forma "el número de …". Tales cálculos pueden ser más sutiles de lo que podrían parecer al principio. Se llaman problemas de conteo y con ellos iniciamos este estudio de probabilidad.

Objetivo

Desarrollar y aplicar un principio básico de conteo y ampliarlo a las permutaciones.

8.1 Principio básico de conteo y permutaciones

Principio básico de conteo

Más adelante, se observará que el cálculo de una probabilidad puede requerir la determinación del número de elementos incluidos en un conjunto. Debido a que el conteo de los elementos en forma individual puede ser tedioso en extremo (e incluso poco recomendable), se dedicará algún tiempo a desarrollar técnicas de conteo eficientes. Comenzaremos enunciando el *principio básico de conteo*, que es útil en la resolución de una amplia variedad de problemas.

Suponga que un fabricante desea producir cafeteras con capacidades de 2, 8 y 10 tazas y que cada una de las capacidades esté disponible en los colores blanco, beige, rojo y verde. ¿Cuántos tipos de cafeteras debe producir el fabricante? Para responder la pregunta, no es necesario contar todos los pares de capacidad y color uno por uno (como 2-blanco y 8-beige). Como existen tres capacidades y para cada capacidad hay cuatro colores, el número de tipos es el producto $3 \cdot 4 = 12$. Se pueden listar sistemáticamente los diferentes tipos usando el **diagrama**

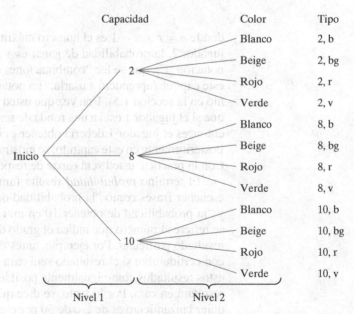

FIGURA 8.1   Diagrama de árbol de dos niveles para tipos de cafetera.

de árbol de la figura 8.1. Desde el punto inicial, existen tres ramas que indican las capacidades posibles. A partir de cada una de estas ramas hay otras cuatro que indican los colores posibles. Este árbol determina 12 rutas, cada una de las cuales comienza en el punto inicial y finaliza en la punta de la rama. Cada ruta determina un tipo diferente de cafetera. Se dice que este diagrama es un árbol de *dos niveles*: existe un nivel para la capacidad y otro para el color.

Se puede considerar al listado de los tipos de cafetera como un procedimiento de dos etapas. En la primera etapa se indica una capacidad y en la segunda un color. El número de tipos de cafetera es el número de formas en que puede ocurrir la primera etapa (3), multiplicado por el número de formas en que puede ocurrir la segunda etapa (4), lo cual resulta en $3 \cdot 4 = 12$. Supongamos además que el fabricante decide hacer todos los modelos disponibles con una opción de cronómetro que permite al consumidor despertar con café recién preparado. Asumiendo esta opción como real, de manera que la cafetera puede venir con cronómetro o sin él, el conteo de tipos de cafetera se convierte entonces en un procedimiento de tres etapas. Ahora existen $3 \cdot 4 \cdot 2 = 24$ tipos de cafetera.

Este procedimiento de multiplicación puede generalizarse en el principio básico de conteo:

> ### Principio básico de conteo
>
> Suponga que un procedimiento implica una secuencia de k etapas. Sea n_1 el número de formas en que puede ocurrir la primera etapa y n_2 el número de formas en que puede ocurrir la segunda etapa. Continuando de esta forma, sea n_k el número de formas en que puede ocurrir la k-ésima etapa. Entonces, el número total de formas diferentes en que puede tener lugar el procedimiento es
>
> $$n_1 \cdot n_2 \cdots n_k$$

EJEMPLO 1 Rutas de viaje

Existen dos caminos que conectan las ciudades A y B, cuatro que conectan a B y C y cinco que conectan a C y D. (Vea la figura 8.2). Para manejar de A a B, a C y luego a la ciudad D, ¿cuántas rutas diferentes son posibles?

Solución: Aquí se tiene un procedimiento de tres etapas. La primera etapa ($A \to B$) tiene dos posibilidades, la segunda ($B \to C$) tiene cuatro y la tercera ($C \to D$) tiene cinco. Por el principio básico de conteo, el número total de rutas es $2 \cdot 4 \cdot 5 = 40$.

Ahora resuelva el problema 1 ◁

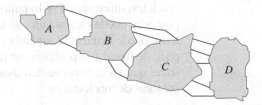

FIGURA 8.2   Caminos que conectan a las ciudades A, B, C, D.

EJEMPLO 2 Lanzamiento de monedas y un dado

Cuando se lanza una moneda, puede resultar una cara (C) o una cruz (X). Si se lanza un dado, se puede obtener 1, 2, 3, 4, 5 o 6. Suponga que se lanza una moneda dos veces y a continuación se lanza un dado y se anota el resultado de los lanzamientos (por ejemplo C en el primer lanzamiento, X en el segundo y 4 en el tercero). ¿Cuántos resultados diferentes pueden ocurrir?

Solución: El lanzamiento de una moneda dos veces y de un dado una vez puede considerarse un procedimiento de tres etapas. Cada una de las primeras dos etapas (lanzamientos de la moneda) tiene dos resultados posibles. La tercera etapa (lanzamiento del dado) tiene seis resultados posibles. Por el principio básico de conteo, el número de resultados diferentes para el procedimiento es

$$2 \cdot 2 \cdot 6 = 24$$

Ahora resuelva el problema 3 ◁

EJEMPLO 3 **Respuestas a un examen rápido**

¿De cuántas formas diferentes puede responderse un examen rápido bajo cada una de las siguientes condiciones?

a. El examen consiste en tres preguntas de opción múltiple con cuatro opciones para cada pregunta.

Solución: La respuesta sucesiva a las tres preguntas es un procedimiento de tres etapas. La primera pregunta puede responderse en cualquiera de las cuatro formas. Asimismo, cada una de las otras dos preguntas puede responderse de cuatro formas. Por el principio básico de conteo, el número de formas en que se puede responder el examen es

$$4 \cdot 4 \cdot 4 = 4^3 = 64$$

b. El examen consiste en tres preguntas de opción múltiple (con cuatro opciones para cada una) y cinco preguntas tipo verdadero-falso.

Solución: La resolución del examen puede considerarse un procedimiento de dos etapas. Primero pueden responderse las preguntas de opción múltiple (primera etapa) y después las preguntas tipo verdadero-falso (segunda etapa). A partir del inciso (a), las preguntas de opción múltiple pueden responderse en $4 \cdot 4 \cdot 4$ formas. Cada una de las preguntas verdadero-falso tienen dos opciones ("verdadero" o "falso"), de manera que el número total de formas para contestar las cinco preguntas de este tipo es $2 \cdot 2 \cdot 2 \cdot 2 \cdot 2$. Por el principio básico de conteo, el número de formas de responder todo el examen es

$$\underbrace{(4 \cdot 4 \cdot 4)}_{\substack{\text{opción} \\ \text{múltiple}}} \underbrace{(2 \cdot 2 \cdot 2 \cdot 2 \cdot 2)}_{\text{verdadero-falso}} = 4^3 \cdot 2^5 = 2048$$

Ahora resuelva el problema 5 ◁

EJEMPLO 4 **Disposición de letras**

De las cinco letras A, B, C, D y E, ¿cuántas disposiciones horizontales de tres letras (llamadas "palabras") es posible realizar si no se puede repetir ninguna letra? (No es necesario que las "palabras" tengan sentido). Por ejemplo, BDE y DEB son dos palabras aceptables, pero CAC no es aceptable.

Solución: Para formar una palabra, deben llenarse sucesivamente las posiciones __ __ __ con letras diferentes. Por lo tanto, se tiene un procedimiento de tres etapas. Para la primera posición, puede elegirse una de las cinco letras. Después de llenar esa posición con alguna letra, puede llenarse la segunda posición con cualquiera de las cuatro letras restantes. Después de llenar esa posición, se puede llenar la tercera posición con cualquiera de las tres letras que todavía no se han usado. Por el principio básico de conteo, el número total de palabras de tres letras es

Cuando se permiten las repeticiones, el número de palabras es $5 \cdot 5 \cdot 5 = 125$.

$$5 \cdot 4 \cdot 3 = 60$$

Ahora resuelva el problema 7 ◁

Permutaciones

En el ejemplo 4 fueron seleccionadas tres letras diferentes de entre cinco letras y se dispusieron en cierto *orden*. Cada resultado se llama *permutación de cinco letras tomadas tres a la vez*. De manera más general, se tiene la siguiente definición.

Definición

Una selección ordenada de r objetos, sin repetición, tomada a partir de n objetos distintos se llama *permutación de n objetos tomados r a la vez*. El número de dichas permutaciones se denota como $_nP_r$.

Así, en el ejemplo 4, se encuentra que

$$_5P_3 = 5 \cdot 4 \cdot 3 = 60$$

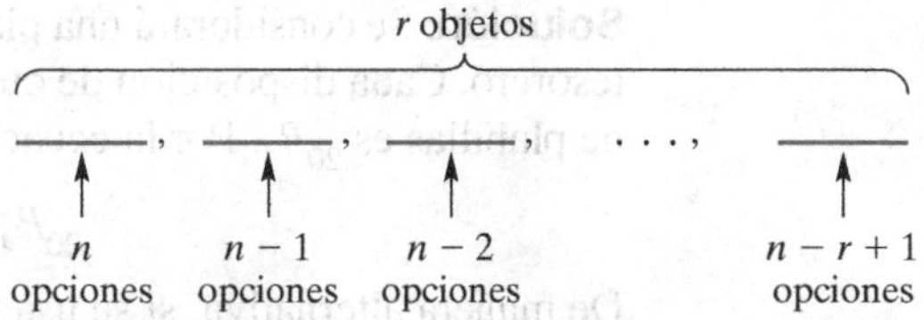

r objetos

$$\underbrace{\underset{\substack{\uparrow \\ n \\ \text{opciones}}}{\rule{1cm}{0.4pt}}, \underset{\substack{\uparrow \\ n-1 \\ \text{opciones}}}{\rule{1cm}{0.4pt}}, \underset{\substack{\uparrow \\ n-2 \\ \text{opciones}}}{\rule{1cm}{0.4pt}}, \cdots, \underset{\substack{\uparrow \\ n-r+1 \\ \text{opciones}}}{\rule{1cm}{0.4pt}}}$$

FIGURA 8.3 Disposición ordenada de r objetos seleccionados a partir de n objetos.

Mediante un análisis similar, ahora se encontrará una fórmula general para $_nP_r$. Al realizar una disposición ordenada de r objetos a partir de n objetos, para ocupar la primera posición se puede elegir cualquiera de los n objetos. (Vea la figura 8.3). Después de haber llenado la primera posición, restan $n-1$ objetos que pueden elegirse para ocupar la segunda posición. Después de haber llenado esa posición, hay $n-2$ objetos que pueden elegirse para ocupar la tercera posición. Continuando de esta forma y usando el principio básico de conteo, se llega a la siguiente fórmula:

El número de permutaciones de n objetos tomados r a la vez está dado por

$$_nP_r = \underbrace{n(n-1)(n-2)\cdots(n-r+1)}_{r\ \text{factores}} \tag{1}$$

PARA REPASAR la definición de factorial, vea la sección 2.2.

La fórmula para $_nP_r$ puede expresarse en términos de factoriales. Al multiplicar el lado derecho de la ecuación (1) por

$$\frac{(n-r)(n-r-1)\cdots(2)(1)}{(n-r)(n-r-1)\cdots(2)(1)}$$

se obtiene

$$_nP_r = \frac{n(n-1)(n-2)\cdots(n-r+1)\cdot(n-r)(n-r-1)\cdots(2)(1)}{(n-r)(n-r-1)\cdots(2)(1)}$$

El numerador es simplemente $n!$, y el denominador es $(n-r)!$. Por lo tanto, se tiene el resultado siguiente:

El número de permutaciones de n objetos tomados r a la vez está dado por

$$_nP_r = \frac{n!}{(n-r)!} \tag{2}$$

Por ejemplo, a partir de la ecuación (2) se tiene

$$_7P_3 = \frac{7!}{(7-3)!} = \frac{7!}{4!} = \frac{7\cdot6\cdot5\cdot4\cdot3\cdot2\cdot1}{4\cdot3\cdot2\cdot1} = 210$$

En muchas calculadoras puede calcularse directamente $_nP_r$.

Este cálculo puede obtenerse con facilidad mediante una calculadora usando la tecla de factorial. De manera alternativa, puede escribirse convenientemente

$$\frac{7!}{4!} = \frac{7\cdot6\cdot5\cdot4!}{4!} = 7\cdot6\cdot5 = 210$$

Observe que $7!$ se escribió de manera que se pudiera cancelar $4!$.

EJEMPLO 5 Puestos en un club

Un club tiene 20 miembros, deben llenarse los puestos de presidente, vicepresidente, secretario y tesorero y ningún miembro puede ocupar más de un puesto. ¿Cuántas planillas diferentes de candidatos es posible crear?

Solución: Se considerará una planilla en el orden de presidente, vicepresidente, secretario y tesorero. Cada disposición de cuatro miembros constituye una planilla, entonces el número de planillas es $_{20}P_4$. Por la ecuación (1),

$$_{20}P_4 = 20 \cdot 19 \cdot 18 \cdot 17 = 116\,280$$

De manera alternativa, si se usa la ecuación (2), se obtiene

$$_{20}P_4 = \frac{20!}{(20-4)!} = \frac{20!}{16!} = \frac{20 \cdot 19 \cdot 18 \cdot 17 \cdot 16!}{16!}$$
$$= 20 \cdot 19 \cdot 18 \cdot 17 = 116\,280$$

Observe el gran número de planillas que es posible realizar.

Ahora resuelva el problema 11 ◁

EJEMPLO 6   Cuestionario político

Un político envía un cuestionario a sus votantes para determinar sus intereses acerca de seis asuntos de importancia nacional: desempleo, medio ambiente, impuestos, tasas de interés, defensa nacional y seguridad social. Los votantes deben seleccionar cuatro asuntos de interés personal y ordenarlos colocando un número 1, 2, 3 o 4 después de cada asunto para indicar el grado de interés, donde 1 indica el mayor interés y 4 el menor. ¿En cuántas formas puede un votante responder al cuestionario?

Solución: Un votante debe clasificar cuatro de los seis asuntos. Así, se puede considerar la respuesta como un arreglo ordenado de seis elementos tomados cuatro a la vez, donde el primer elemento es el asunto con la clasificación 1, el segundo elemento es el asunto con la clasificación 2, y así sucesivamente. Por lo tanto, se tiene un problema de permutación y el número de respuestas posibles es

$$_6P_4 = \frac{6!}{(6-4)!} = \frac{6!}{2!} = \frac{6 \cdot 5 \cdot 4 \cdot 3 \cdot 2!}{2!} = 6 \cdot 5 \cdot 4 \cdot 3 = 360$$

Ahora resuelva el problema 21 ◁

En el caso de que se desee encontrar el número de permutaciones de n objetos tomados todos a la vez, se establece $r = n$ en la ecuación (2) y se obtiene

Por definición, $0! = 1$.

$$_nP_n = \frac{n!}{(n-n)!} = \frac{n!}{0!} = \frac{n!}{1} = n!$$

Cada una de estas permutaciones se llama simplemente **permutación de n objetos**.

> El número de permutaciones de n objetos es $n!$

Por ejemplo, el número de permutaciones de letras que hay en la palabra SET es 3!, o 6. Estas permutaciones son

$$\text{SET} \quad \text{STE} \quad \text{EST} \quad \text{ETS} \quad \text{TES} \quad \text{TSE}$$

EJEMPLO 7   Nombre de un bufete jurídico

Los abogados Smith, Jones, Jacobs y Bell quieren formar un bufete jurídico y lo nombrarán usando sus cuatro apellidos. ¿Cuántos posibles nombres pueden existir?

Solución: Como el orden es importante, debe encontrarse el número de permutaciones de los cuatro apellidos, que es

$$4! = 4 \cdot 3 \cdot 2 \cdot 1 = 24$$

Así que existen 24 nombres posibles para el bufete.

Ahora resuelva el problema 19 ◁

PROBLEMAS 8.1

1. Proceso de producción En un proceso de producción, un artículo pasa por una de las líneas de ensamblado A, B o C y después pasa por alguna de las líneas de acabado D o E. Dibuje un diagrama de árbol que indique las posibles rutas de fabricación para una unidad del producto. ¿Cuántas rutas de fabricación es posible trazar?

2. Modelos de acondicionadores de aire Un fabricante produce acondicionadores de aire con capacidades de 6000, 8000 y 10 000 BTU. Cada capacidad está disponible con ventiladores de una o dos velocidades. Dibuje un diagrama de árbol que represente todos los tipos de modelos. ¿Cuántos tipos existen?

3. Lanzamiento de dados Se lanza un dado rojo y después uno verde. Dibuje un diagrama de árbol para indicar los resultados posibles. ¿Cuántos resultados posibles pueden existir?

4. Lanzamiento de moneda Una moneda se lanza cuatro veces. Dibuje un diagrama de árbol para indicar los resultados posibles. ¿Cuántos resultados posibles pueden existir?

En los problemas del 5 al 10, use el principio básico de conteo.

5. Selección de curso Un estudiante debe tomar un curso de matemáticas, uno de laboratorio de ciencias y uno de humanidades. Las clases de matemáticas que están disponibles son teoría de categorías, teoría de la medida y análisis real. Las posibilidades para el laboratorio de ciencias son astronomía, biología, química, geología y física. En humanidades, los cursos disponibles son arte clásico, inglés, francés e historia. ¿Cuántas selecciones de tres cursos puede hacer el estudiante?

6. Rutas de automóvil Una persona vive en una ciudad A y se traslada en automóvil a la ciudad B. Existen cinco caminos que conectan A con B. (a) ¿Cuántas rutas es posible trazar para un viaje redondo? (b) ¿Cuántas rutas de viaje redondo son posibles si se debe usar una ruta distinta para el viaje de regreso?

7. Selecciones de comida En un restaurante, una comida completa consiste en una entrada, un plato fuerte, un postre y una bebida. Las elecciones para la entrada son sopa y ensalada; para el plato fuerte, las opciones son pollo, pescado, bistec y cordero; para el postre, las opciones son fiesta de cerezas, mosaico de durazno fresco, pastel de trufa de chocolate y rollo de moras azules; para la bebida, las opciones son café, té y leche. ¿Cuántos tipos de comida completa pueden pedirse?

8. Examen de opción múltiple ¿En cuántas formas es posible responder un examen de opción múltiple con seis preguntas si cada pregunta tiene cuatro opciones (y se debe elegir una opción para cada pregunta)?

9. Examen tipo verdadero-falso ¿En cuántas formas es posible responder un examen del tipo verdadero-falso que contiene 10 preguntas?

10. Códigos postales canadienses Un código postal canadiense consiste en una cadena de seis caracteres de los cuales tres son letras y tres son dígitos, comienza con una letra y cada letra está seguida por un solo dígito. (Para que sea más fácil de leer, la cadena se rompe en cadenas de tres. Por ejemplo, B3H 3J5 es un código postal válido). ¿Cuántos códigos postales canadienses es posible formar? ¿Qué porcentaje de estos códigos comienzan con B3H?

En los problemas del 11 al 16, determine los valores.

11. $_6P_3$ **12.** $_{95}P_1$ **13.** $_6P_6$

14. $_9P_4$ **15.** $_6P_3 \cdot _4P_3$ **16.** $\dfrac{_{99}P_5}{_{99}P_4}$

17. Calcule 1000!/999! sin usar una calculadora. Ahora resuelva con su calculadora usando la función de factorial.

18. Determine $\dfrac{_nP_r}{n!}$.

En los problemas del 19 al 42, use cualquier método de conteo apropiado.

19. Nombre de una compañía Flynn, Peters y Walters están formando una compañía de publicidad y acuerdan nombrarla con sus tres apellidos. ¿Cuántos nombres es posible formar para la compañía?

20. Softbol Si una liga de softbol tiene seis equipos, ¿cuántas clasificaciones de final de temporada son posibles? Suponga que no hay empates.

21. Concurso ¿En cuántas formas puede un juez otorgar el primero, segundo y tercer premio en un concurso que tiene ocho participantes?

22. Examen de relacionar En un examen de historia, cada uno de los seis elementos de una columna debe relacionarse con exactamente uno de los ocho elementos que forman otra columna. Ningún elemento de la segunda columna puede seleccionarse más de una vez. En cuántas formas pueden hacerse las relaciones.

23. Lanzamiento de dado Un dado (con seis caras) se lanza cuatro veces y se anota el resultado de cada lanzamiento. ¿Cuántos resultados son posibles?

24. Lanzamiento de moneda Una moneda se lanza ocho veces. ¿Cuántos resultados son posibles si se toma en cuenta el orden de los lanzamientos?

25. Asignación de problema En una clase de matemáticas con 10 estudiantes, el profesor quiere asignar los problemas para tarea 1, 3 y 5 que están en el pizarrón a cuatro estudiantes diferentes. ¿En cuántas formas puede el instructor asignar los problemas?

26. Combinación de cerradura Una cerradura de combinación tiene 26 letras diferentes y para que se abra debe seleccionarse una sucesión de tres letras diferentes. ¿Cuántas combinaciones son posibles?

27. Cuestionario para estudiantes Una universidad entrega un cuestionario donde los estudiantes deben clasificar cuatro aspectos con los que están más insatisfechos. Estos aspectos son

colegiaturas	profesores
cuotas de estacionamiento	comida de la cafetería
cuartos de dormitorio	tamaño de los grupos

La clasificación debe indicarse mediante los números 1, 2, 3 y 4, donde el 1 indica el aspecto con mayor insatisfacción y el 4 el de menor insatisfacción. ¿En cuántas formas puede un estudiante responder el cuestionario?

28. Lanzamiento de dado Un dado se lanza tres veces. ¿Cuántos resultados son posibles si se toma en cuenta el orden de los lanzamientos y el segundo lanzamiento produce un número menor que 3?

29. Disposición de letras ¿Cuántas palabras de seis letras pueden formarse a partir de la palabra MEADOW si no puede repetirse ninguna letra?

30. Disposición de letras Usando las letras de la palabra DISCO, ¿cuántas palabras de cuatro letras pueden formarse si no puede repetirse ninguna letra?

31. Disposición de libros ¿En cuántas formas pueden disponerse cinco de siete libros en una repisa? ¿De cuántas maneras pueden disponerse los siete libros en la repisa?

32. Sala de lectura Una sala de lectura tiene cinco puertas. De cuántas formas puede un estudiante entrar a la sala por una puerta y
(a) ¿salir por una puerta diferente?,
(b) ¿salir por cualquier puerta?

33. Mano de pókar Una mano de pókar consiste en cinco cartas escogidas de entre un mazo de 52 cartas en juego. Se dice que la mano es una "cuarteta" si cuatro de las cartas tienen el mismo valor. Por ejemplo, las manos con cuatro números 10 o cuatro sotas o cuatro números 2 son cuartetas. ¿Cuántas manos de este tipo es posible formar?

34. Opciones en catálogo En un catálogo de ventas, un estante para discos compactos está disponible en los colores negro, rojo, amarillo, gris y azul. Cuando un cliente desea pedir un estante, debe indicar su primera y segunda opciones de color. ¿De cuántas formas puede hacerse esto?

35. Orden de comida rápida Seis estudiantes van a un restaurante de comida rápida y ordenan una hamburguesa, una hamburguesa con queso, un hot dog, una hamburguesa de pollo, una hamburguesa con tocino y una orden grande de papas a la francesa (una orden por cada estudiante). Cuando la mesera regresa con la comida, olvida qué estudiante ordenó cada comida y simplemente coloca un pedido enfrente de cada estudiante. ¿En cuántas formas puede hacer esto la mesera?

36. Fotografía grupal ¿En cuántas formas pueden tres hombres y dos mujeres alinearse para una fotografía en grupo? ¿En cuántas formas pueden alinearse si una mujer debe estar en cada extremo?

37. Puestos en un club Un club tiene 12 miembros.
(a) ¿En cuántas formas pueden llenarse los puestos de presidente, vicepresidente, secretario y tesorero si ningún miembro puede ocupar más de un puesto?
(b) ¿De cuántas maneras pueden ocuparse los cuatro puestos si el presidente y el vicepresidente deben ser miembros diferentes?

38. Nombres de fraternidad Suponga que una fraternidad se nombra con tres letras griegas. (Existen 24 letras en el alfabeto griego).
(a) ¿Cuántos nombres son posibles?
(b) ¿Cuántos nombres son posibles si ninguna letra puede usarse más de una vez?

39. Básquetbol En cuántas formas puede un entrenador de básquetbol asignar posiciones a su equipo de básquetbol de cinco elementos si dos de los elementos están calificados para ocupar la posición de centro y los cinco están calificados para las otras posiciones.

40. Nombres de automóviles Un fabricante automotriz europeo tiene tres series de automóviles A, E y R. Cada unidad que se fabrica tiene potencialmente un paquete de ajuste de lujo (L) o deportivo (S), ya sea con un sistema de transmisión automático (A) o manual (M) y con un motor de 2, 3 o 5 litros. Con esto, el fabricante asigna nombres como RSM5 y ELA3. ¿Cuántos modelos puede nombrar el fabricante con estos criterios?

41. Béisbol Un mánager de béisbol determina que, de sus nueve elementos del equipo, tres son bateadores fuertes y seis son débiles. Si el mánager quiere que los bateadores fuertes ocupen las tres primeras posiciones en el orden de bateo, ¿cuántos órdenes de bateo se pueden realizar?

42. Banderas de señalización Cuando al menos una de cuatro banderas coloreadas en rojo, verde, amarillo y azul se ordenan verticalmente en un asta bandera, el resultado indica una señal (o mensaje). Las diferentes disposiciones dan señales diferentes.
(a) ¿Cuántas señales diferentes son posibles de formar si se usan las cuatro banderas?
(b) ¿Cuántas señales diferentes son posibles si se usa al menos una bandera?

Objetivo

Analizar combinaciones, permutaciones con objetos repetidos y asignaciones a celdas.

8.2 Combinaciones y otros principios de conteo

Combinaciones

El estudio de los métodos de conteo continúa con la consideración de lo siguiente. En un club con 20 miembros, deben llenarse los puestos de presidente, vicepresidente, secretario y tesorero y ningún miembro puede ocupar más de un puesto. Si estos puestos, en el orden dado, se ocupan con los miembros A, B, C y D, respectivamente, entonces esta planilla puede representarse mediante

ABCD

Una planilla diferente es

BACD

Estas dos planillas representan diferentes permutaciones de 20 miembros tomados cuatro a la vez. Ahora, como una situación diferente, considere *comités* de cuatro personas que pueden formarse a partir de los 20 miembros. En ese caso, las dos disposiciones

ABCD y BACD

representan el *mismo* comité. Aquí, *el orden del listado de miembros no tiene importancia*. Se considera que estas dos disposiciones dan la misma *combinación* de A, B, C y D.

La frase importante aquí es: *sin importar el orden*, puesto que el orden implica una permutación en lugar de una combinación.

> **Definición**
>
> Una selección de r objetos, sin tomar en cuenta el orden y sin repetición, seleccionados a partir de n objetos distintos se llama *combinación de n objetos tomados r a la vez*. El número de combinaciones de este tipo se denota como ${}_nC_r$, que puede leerse "combinaciones de n en r".

EJEMPLO 1   Comparación de combinaciones con permutaciones

Liste todas las combinaciones y todas las permutaciones de las cuatro letras

$$A, \quad B, \quad C \quad \text{y} \quad D$$

cuando se toman tres a la vez.

Solución: Las combinaciones son

$$\text{ABC} \quad \text{ABD} \quad \text{ACD} \quad \text{BCD}$$

Existen cuatro combinaciones, entonces ${}_4C_3 = 4$. Las permutaciones son

ABC	ABD	ACD	BCD
ACB	ADB	ADC	BDC
BAC	BAD	CAD	CBD
BCA	BDA	CDA	CDB
CAB	DAB	DAC	DBC
CBA	DBA	DCA	DCB

Existen 24 permutaciones.

Ahora resuelva el problema 1 ◁

En el ejemplo 1, observe que cada columna consiste en todas las permutaciones posibles para la misma combinación de letras. Con esta observación, es posible determinar una fórmula para ${}_nC_r$ —el número de combinaciones de n objetos tomados r a la vez—. Suponga que una de esas combinaciones es

$$x_1 x_2 \cdots x_r$$

El número de permutaciones de estos r objetos es $r!$. Si se listan todas las combinaciones de este tipo y después se listan todas las permutaciones de estas combinaciones, se obtendría una lista completa de permutaciones de n objetos tomados r a la vez. Así, por el principio básico de conteo,

$$ {}_nC_r \cdot r! = {}_nP_r $$

Al despejar ${}_nC_r$ se obtiene

$$ {}_nC_r = \frac{{}_nP_r}{r!} = \frac{\dfrac{n!}{(n-r)!}}{r!} = \frac{n!}{r!(n-r)!} $$

Muchas calculadoras pueden calcular directamente ${}_nC_r$.

> El número de combinaciones de n objetos, tomados r a la vez, está dado por
>
> $$ {}_nC_r = \frac{n!}{r!(n-r)!} $$

EJEMPLO 2   Selección de comité

Si un club tiene 20 miembros, ¿cuántos comités diferentes de cuatro miembros es posible constituir?

Solución: El orden no es importante porque, independientemente de cómo se dispongan los elementos del comité, se tiene el mismo comité. Por lo tanto, simplemente se tiene que calcular el número de combinaciones de 20 objetos tomados cuatro a la vez, $_{20}C_4$:

$$_{20}C_4 = \frac{20!}{4!(20-4)!} = \frac{20!}{4!16!}$$

Observe que 20! se escribe de manera que pueda cancelarse 16!.

$$= \frac{20 \cdot 19 \cdot 18 \cdot 17 \cdot 16!}{4 \cdot 3 \cdot 2 \cdot 1 \cdot 16!} = 4845$$

Existen 4845 posibles combinaciones.

Ahora resuelva el problema 9 ◁

Es importante recordar que cuando se hace una selección de objetos y *el orden sí importa*, entonces deben considerarse las *permutaciones*. Si el *orden no importa*, considere las *combinaciones*. Una forma de recordar esto es que $_nP_r$ es el número de plantillas ejecutivas con r puestos que pueden elegirse para n personas, mientras que $_nC_r$ es el número de comités con r miembros que pueden elegirse para n personas. Una planilla ejecutiva puede pensarse como un comité en el cual cada individuo se ha clasificado. Existen $r!$ formas de clasificar los elementos de un comité de r elementos. Así que, si se piensa en la formación de una planilla ejecutiva como un procedimiento de dos etapas, usando el principio básico de conteo de la sección 8.1, de nuevo se obtiene

$$_nP_r = {_nC_r} \cdot r!$$

EJEMPLO 3   Mano de pókar

Una **mano de pókar** consiste en 5 cartas repartidas de un mazo ordinario de 52 cartas. ¿Cuántas manos de pókar distintas existen?

Solución: Una mano posible es

> 2 de corazones,   3 de diamantes,   6 de tréboles,
> 4 de espadas,   rey de corazones

que pueden abreviarse como

> 2C   3D   6T   4E   RC

El orden en que se reparten las cartas no importa, por lo tanto, esta mano es la misma que

> RC   4E   6T   3D   2C

Así, el número de manos posibles es el número de formas en que 5 objetos pueden seleccionarse de entre 52, sin importar el orden. Este es un problema de combinaciones. Se tiene

$$_{52}C_5 = \frac{52!}{5!(52-5)!} = \frac{52!}{5!47!}$$

$$= \frac{52 \cdot 51 \cdot 50 \cdot 49 \cdot 48 \cdot 47!}{5 \cdot 4 \cdot 3 \cdot 2 \cdot 1 \cdot 47!}$$

$$= \frac{52 \cdot 51 \cdot 50 \cdot 49 \cdot 48}{5 \cdot 4 \cdot 3 \cdot 2} = 2\ 598\ 960$$

Ahora resuelva el problema 11 ◁

EJEMPLO 4   Decisión por mayoría y suma de combinaciones

En una escuela, un comité para organizar la graduación consta de cinco miembros. En cuántas formas puede el comité lograr una decisión por mayoría a favor de un tipo de graduación.

Estrategia   Una decisión por mayoría favorable se logra si, y sólo si,

> exactamente tres de los miembros votan favorablemente
> o exactamente cuatro miembros votan favorablemente
> o cuando los cinco miembros votan favorablemente

Para determinar el número total de formas en que puede lograrse una decisión favorable por mayoría, se *suma* el número de maneras en que puede ocurrir cada uno de los votos anteriores.

Solución: Suponga que exactamente tres miembros votan en forma favorable. El orden de los miembros no tiene importancia, entonces puede pensarse que estos elementos forman una combinación. Por lo tanto, el número de formas en que tres de los cinco miembros pueden votar de manera favorable es $_5C_3$. De manera similar, el número de maneras en que exactamente cuatro miembros pueden votar favorablemente es $_5C_4$ y el número de formas en que los cinco miembros pueden votar de manera favorable es $_5C_5$ (que, por supuesto, es 1). Así, el número de formas en que se puede lograr una decisión por mayoría a favor de un tipo de graduación es

$$_5C_3 + _5C_4 + _5C_5 = \frac{5!}{3!(5-3)!} + \frac{5!}{4!(5-4)!} + \frac{5!}{5!(5-5)!}$$

$$= \frac{5!}{3!2!} + \frac{5!}{4!1!} + \frac{5!}{5!0!}$$

$$= \frac{5 \cdot 4 \cdot 3!}{3! \cdot 2 \cdot 1} + \frac{5 \cdot 4!}{4! \cdot 1} + 1$$

$$= 10 + 5 + 1 = 16$$

Ahora resuelva el problema 15 ◁

Combinaciones y conjuntos

El ejemplo anterior conduce de manera muy natural a algunas propiedades de las combinaciones que son bastante útiles en el estudio de la probabilidad. Por ejemplo, se mostrará que

$$_5C_0 + _5C_1 + _5C_2 + _5C_3 + _5C_4 + _5C_5 = 2^5$$

y, para cualquier entero no negativo n,

$$_nC_0 + _nC_1 + \cdots + _nC_{n-1} + _nC_n = 2^n \tag{1}$$

Se puede construir sobre la última ecuación del ejemplo 4 para verificar la primera de estas ecuaciones:

$$_5C_0 + _5C_1 + _5C_2 + _5C_3 + _5C_4 + _5C_5 = _5C_0 + _5C_1 + _5C_2 + 16$$

$$= \frac{5!}{0!(5-0)!} + \frac{5!}{1!(5-1)!} + \frac{5!}{2!(5-2)!} + 16$$

$$= \frac{5!}{0!5!} + \frac{5!}{1!4!} + \frac{5!}{2!3!} + 16$$

$$= 1 + \frac{5 \cdot 4!}{4!} + \frac{5 \cdot 4 \cdot 3!}{2 \cdot 3!} + 16$$

$$= 1 + 5 + 10 + 16$$

$$= 32$$

$$= 2^5$$

Sin embargo, este cálculo no es ilustrativo y podría resultar impráctico si se tuviera que adaptar para valores de n mucho mayores que 5.

Hasta ahora, en el contexto de los números, se ha tratado primordialmente con *conjuntos*. En los ejemplos del estudio sobre la probabilidad, es común ver cosas como conjuntos de cartas de juego, conjuntos de lanzamientos de dados, conjuntos de pares ordenados de lanzamientos de dados y cosas por el estilo. En forma típica, estos conjuntos son finitos. Si un conjunto S tiene n elementos, se puede, en principio, listar sus elementos. Por ejemplo, se podría escribir

$$S = \{s_1, s_2, \ldots, s_n\}$$

Un *subconjunto* E de S es un conjunto con la propiedad de que *todo elemento de E también es un elemento de S*. Cuando éste es el caso, se escribe $E \subseteq S$. De manera formal,

$E \subseteq S$ si y sólo si, para toda x, cuando x es un elemento de E
entonces x es un elemento de S.

Para cualquier conjunto S, siempre se tiene $\emptyset \subseteq S$ y $S \subseteq S$. Si un conjunto S tiene n elementos, entonces cualquier subconjunto de S tiene r elementos, donde $0 \le r \le n$. El conjunto vacío, ∅, es el único subconjunto de S que tiene 0 elementos. El conjunto completo, S, es el único subconjunto de S que tiene n elementos. ¿Qué es un subconjunto general de S, que contiene r elementos, donde $0 \leq r \leq n$? De acuerdo con la definición previa de *combinación*, tal subconjunto es exactamente una combinación de n objetos tomada r a la vez y el número de tales combinaciones se denota por $_nC_r$. Así, también se puede pensar en $_nC_r$ como *el número de subconjuntos de r elementos tomados de un conjunto de n elementos*.

Para cualquier conjunto S, se puede formar el conjunto de *todos* los subconjuntos de S. A esto se le llama *conjunto potencia* de S y algunas veces se denota por 2^S. Se afirma que si S tiene n elementos, entonces 2^S tiene 2^n elementos. Esto puede verse con facilidad. Si

$$S = \{s_1, s_2, \cdots, s_n\}$$

entonces la especificación de un subconjunto E de S puede pensarse como un procedimiento que involucra n etapas. La primera etapa consiste en hacer la pregunta: "¿Es s_1 un elemento de E?"; la segunda etapa consiste en preguntar: "¿Es s_2 un elemento de E?". Se continúan formulando estas preguntas hasta llegar a la n-ésima etapa —la última etapa—: "¿Es s_n un elemento de E?". Observe que cada una de estas preguntas puede contestarse de exactamente dos formas; a saber, sí o no. De acuerdo con el principio básico de conteo de la sección 8.1, el número total de formas en que puede ocurrir la especificación de un subconjunto de S es

$$\underbrace{2 \cdot 2 \cdots \cdot 2}_{n \text{ factores}} = 2^n$$

Se deduce que existen 2^n subconjuntos de un conjunto de n elementos. Resulta conveniente escribir $\#(S)$ para el número de elementos del conjunto S. Así, se tiene

$$\#(2^S) = 2^{\#(S)} \tag{2}$$

Si $\#(S) = n$, entonces, para cada E en 2^S, se tiene $\#(E) = r$, para alguna r que satisface $0 \leq r \leq n$. Para cada una de estas r, se escribe $\mathcal{S}_r$ para el subconjunto de 2^S que consiste en todos los elementos E con $n(E) = r$. Por lo tanto, $\mathcal{S}_r$ es el conjunto de todos los subconjuntos de r elementos del conjunto S de n elementos. A partir de las observaciones hechas en el último párrafo, se concluye que

$$\#(\mathcal{S}_r) = {}_nC_r \tag{3}$$

Ahora, se afirma que

$$\#(\mathcal{S}_0) + \#(\mathcal{S}_1) + \cdots + \#(\mathcal{S}_{n-1}) + \#(\mathcal{S}_n) = \#(2^S) \tag{4}$$

puesto que cualquier elemento E de 2^S está en *exactamente* uno de los conjuntos $\mathcal{S}_r$. Al sustituir la ecuación (3), para cada $0 \leq r \leq n$, y la ecuación (2) en la ecuación (4), se tiene la ecuación (1).

EJEMPLO 5 Identidad combinatoria básica

Construya la identidad

$$_nC_r + {}_nC_{r+1} = {}_{n+1}C_{r+1}$$

Solución 1: Se puede calcular usando $_nC_r = \dfrac{n!}{r!(n-r)!}$:

$$
\begin{aligned}
_nC_r + {}_nC_{r+1} &= \frac{n!}{r!(n-r)!} + \frac{n!}{(r+1)!(n-r-1)!} \\
&= \frac{(r+1)n! + (n-r)n!}{(r+1)!(n-r)!} \\
&= \frac{((r+1) + (n-r))n!}{(r+1)!(n-r)!} \\
&= \frac{(n+1)n!}{(r+1)!((n+1)-(r+1))!} \\
&= \frac{(n+1)!}{(r+1)!((n+1)-(r+1))!} \\
&= {}_{n+1}C_{r+1}
\end{aligned}
$$

Solución 2: Es posible razonar usando la idea de que $_nC_r$ es el número de subconjuntos que tienen r elementos de un conjunto que tiene n elementos. Sea S un conjunto con n elementos que no contiene a s_* como elemento. Entonces $S \cup \{s_*\}$ es un conjunto de $(n+1)$ elementos. Ahora los subconjuntos de $S \cup \{s_*\}$ son de dos tipos independientes:

1. aquellos que contienen a s_* como un elemento;
2. aquellos que no contienen a s_* como un elemento.

Ahora se escribirá $\mathcal{S}_*$ para los subconjuntos que tienen $(r+1)$ elementos de $\mathcal{S} \cup \{s_*\}$ que contienen a s_* y $\mathcal{S}$ para los subconjuntos con $(r+1)$ elementos de $S \cup [s_*\}$ que no contienen a s_*. Entonces

$$_{n+1}C_{r+1} = \#(\mathcal{S}_*) + \#(\mathcal{S})$$

debido a que cada subconjunto con $r+1$ elementos de $S \cup \{s_*\}$ está en exactamente uno de $\mathcal{S}_*$ o $\mathcal{S}$. Ahora, los subconjuntos con $(r+1)$ elementos de $S \cup \{s_*\}$ que contienen s_* están en una correspondencia uno a uno con los subconjuntos de r elementos de S, entonces se tiene

$$\#(\mathcal{S}_*) = {_nC_r}$$

Por otro lado, los subconjuntos con $(r+1)$ elementos de $S \cup \{s_*\}$ que no contienen s_* están en correspondencia uno a uno con los subconjuntos de $(r+1)$ elementos de S, por lo que

$$\#(\mathcal{S}) = {_nC_{r+1}}$$

Ensamblando las últimas tres ecuaciones desplegadas se obtiene

$$_{n+1}C_{r+1} = {_nC_r} + {_nC_{r+1}}$$

como se necesitaba.

◁

La primera solución es una buena práctica de cálculo, pero la segunda solución es ilustrativa de las ideas y argumentos que a menudo son útiles en el estudio de la probabilidad. La identidad que se acaba de establecer junto con

$$_nC_0 = 1 = {_nC_n}$$

para toda n, permite generar el *triángulo de Pascal*:

$$
\begin{array}{ccccccccccc}
 & & & & & 1 & & & & & \\
 & & & & 1 & & 1 & & & & \\
 & & & 1 & & 2 & & 1 & & & \\
 & & 1 & & 3 & & 3 & & 1 & & \\
 & 1 & & 4 & & 6 & & 4 & & 1 & \\
1 & & 5 & & 10 & & 10 & & 5 & & 1
\end{array}
$$

$$\cdot$$
$$\cdot$$
$$\cdot$$

Usted debe convencerse de que la $(r+1)$-ésima entrada en el $(n+1)$-ésimo renglón del triángulo de Pascal es $_nC_r$.

Permutaciones con objetos repetidos

En la sección 8.1, se discutieron permutaciones de objetos que eran diferentes entre sí. Ahora examinaremos el caso donde algunos de los objetos son iguales (o están *repetidos*). Por ejemplo, considere la determinación del número de diferentes permutaciones de las siete letras de la palabra

SUCCESS

Aquí las letras C y S están repetidas. Si las dos C se intercambiaran, la permutación resultante no podría distinguirse de SUCCESS. Así, el número de permutaciones distintas no es 7!, como lo sería con 7 objetos diferentes. Para determinar el número de permutaciones distintas, se usa un enfoque que involucra combinaciones.

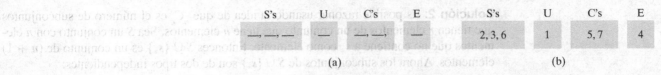

FIGURA 8.4 Permutaciones con objetos repetidos.

En la figura 8.4(a) se muestran cuadros que representan las diferentes letras contenidas en la palabra SUCCESS. En estos cuadros se colocan los enteros del 1 al 7. Se colocan tres enteros en el cuadro de las S (porque hay tres S), uno en el cuadro de la U, dos en el cuadro de las C y uno en el cuadro de la E. En la figura 8.4(b) se indica una colocación típica. Esa colocación puede considerarse como indicativa de una permutación de las siete letras de SUCCESS, a saber, la permutación en la que (yendo de izquierda a derecha) las S están en la segunda, tercera y sexta posición, la U está en la primera posición, y así sucesivamente. Por lo tanto, la figura 8.4(b) corresponde a la permutación

$$USSECSC$$

Para contar el número de permutaciones distintas es suficiente con determinar el número de formas en que los enteros del 1 al 7 pueden colocarse en los cuadros. Como el orden en que se colocan en un cuadro no es importante, el cuadro de las S puede llenarse de $_7C_3$ maneras. Después, el cuadro de la U puede llenarse con uno de los restantes cuatro enteros en $_4C_1$ formas. Luego, el cuadro de las C puede llenarse con dos de los tres enteros restantes de $_3C_2$ maneras. Finalmente, el cuadro de la E puede llenarse con el entero restante en $_1C_1$ formas. Como se tiene un procedimiento de cuatro etapas, por el principio básico de conteo el número total de formas en que pueden llenarse los cuadros o, de manera equivalente, el número de permutaciones distinguibles de las letras contenidas en SUCCESS es

$$_7C_3 \cdot {}_4C_1 \cdot {}_3C_2 \cdot {}_1C_1 = \frac{7!}{3!4!} \cdot \frac{4!}{1!3!} \cdot \frac{3!}{2!1!} \cdot \frac{1!}{1!0!}$$

$$= \frac{7!}{3!1!2!1!}$$

$$= 420$$

En resumen, la palabra SUCCESS tiene cuatro tipos de letras: S, U, C y E. Existen tres S, una U, dos C y una E y el número de permutaciones distinguibles de las siete letras es

$$\frac{7!}{3!1!2!1!}$$

Por inspección de las formas del numerador y del denominador, se puede hacer la siguiente generalización:

Permutaciones con objetos repetidos

El número de permutaciones distinguibles de n objetos tales que n_1 son de un tipo, n_2 son de un segundo tipo, …, y n_k son de un k-ésimo tipo, donde $n_1 + n_2 + \cdots + n_k = n$, es

$$\frac{n!}{n_1!n_2!\cdots n_k!} \tag{5}$$

En los problemas de este tipo, con frecuencia existe un número de soluciones muy diferentes para el mismo problema. Una solución que parece directa para una persona puede parecer complicada para otra. De acuerdo con esto, presentamos otra solución al problema de contar el número, N, de permutaciones diferentes de las letras de

$$SUCCESS$$

Se comenzará por marcar las letras de manera que sean distinguibles, así se obtiene

$$S_1U_1C_1C_2E_1S_2S_3$$

Dar una permutación de estas siete letras "diferentes" puede describirse como un procedimiento de múltiples etapas. Se puede comenzar permutando como si no se pudieran ver los subíndices y, por definición, existen N formas de completar esta tarea. Para cada una de estas formas, existen 3! maneras de permutar las tres S, 1! forma de permutar la U, 2! maneras de permutar las dos C y 1! forma de permutar la E. De acuerdo con el principio básico de conteo de la sección 8.1, existen

$$N \cdot 3! \cdot 1! \cdot 2! \cdot 1!$$

maneras de permutar las siete letras "diferentes" de $S_1 U_1 C_1 C_2 E_1 S_2 S_3$. Por otra parte, ya se sabe que existen

$$7!$$

permutaciones de siete letras diferentes, entonces se debe tener

$$N \cdot 3! \cdot 1! \cdot 2! \cdot 1! = 7!$$

A partir de esto, se encuentra que

$$N = \frac{7!}{3!1!2!1!}$$

en concordancia con el descubrimiento anterior.

> **EJEMPLO 6**   **Disposición de letras con y sin repetición**

Para cada una de las siguientes palabras, ¿cuántas permutaciones distinguibles de las letras pueden formarse?

a. APOLLO

Solución: La palabra APOLLO tiene seis letras con repetición. Se tiene una A, una P, dos O y dos L. Usando la ecuación (5), se encuentra que el número de permutaciones es

$$\frac{6!}{1!1!2!2!} = 180$$

b. GERM

Solución: Ninguna de las cuatro letras de GERM está repetida, entonces el número de permutaciones es

$$_4P_4 = 4! = 24$$

Ahora resuelva el problema 17 ◁

> **EJEMPLO 7**   **Nombre de un bufete jurídico**

Un grupo de cuatro abogados, Smith, Jones, Smith y Bell (los Smith son primos), quiere formar un bufete jurídico y nombrarlo usando sus apellidos. ¿Cuántos posibles nombres pueden formarse?

Solución: Cada permutación diferente de los cuatro apellidos es un posible nombre para el bufete. Existen dos Smith, un Jones y un Bell. De la ecuación (5), el número de nombres distinguibles es

$$\frac{4!}{2!1!1!} = 12$$

Ahora resuelva el problema 19 ◁

Celdas

En ocasiones, se desea encontrar el número de formas en las que pueden colocarse objetos en "compartimentos" o *celdas*. Por ejemplo, suponga que de entre un grupo de cinco personas deben asignarse tres en una habitación A y dos en una habitación B. ¿De cuántas

A   B

2, 3, 5   1, 4

FIGURA 8.5 Asignación de personas en habitaciones.

formas puede hacerse esto? En la figura 8.5 se muestra una asignación de este tipo, donde los números 1, 2, ..., 5 representan a las personas. Obviamente, el orden en que las personas son asignadas a las habitaciones no tiene importancia. Los cuadros (o celdas) se parecen a los de la figura 8.4(b), y, mediante un análisis similar al del estudio de las permutaciones con objetos repetidos, el número de formas en que se pueden asignar las personas es

$$\frac{5!}{3!2!} = \frac{5 \cdot 4 \cdot 3!}{3!2!} = 10$$

En general, se tiene el siguiente principio:

Asignación a celdas

Suponga que n objetos distintos deben asignarse a k celdas ordenadas con n_i objetos en la celda $i(i = 1, 2, ..., k)$ y que el orden en que se asignan los objetos a la celda i no es importante. El número de todas estas asignaciones es

$$\frac{n!}{n_1!n_2!\cdots n_k!} \tag{6}$$

donde $n_1 + n_2 + \cdots + n_k = n$.

En otras palabras, existen $_{n_1+n_2+\cdots+n_k}C_{n_1}$ formas de elegir n_1 objetos para colocar en la primera celda y para cada una de estas formas existen $_{n_2+n_3+\cdots+n_k}C_{n_2}$ maneras de elegir n_2 objetos y colocarlos en la segunda celda, y así sucesivamente, de donde resulta, por el principio básico de conteo de la sección 8.1,

$$(_{n_1+n_2+\cdots+n_k}C_{n_1})(_{n_2+n_3+\cdots+n_k}C_{n_2})\ldots(_{n_{k-1}+n_k}C_{n_{k-1}})(_{n_k}C_{n_k})$$

$$= \frac{(n_1 + n_2 + \cdots + n_k)!}{n_1!(n_2 + n_3 + \cdots + n_k)!} \cdot \frac{(n_2 + n_3 + \cdots + n_k)!}{n_2!(n_3 + n_4 + \cdots + n_k)!} \cdots \frac{(n_{k-1} + n_k)!}{n_{k-1}!n_k!} \cdot \frac{n_k!}{n_k!0!}$$

$$= \frac{(n_1 + n_2 + \cdots + n_k)!}{n_1!n_2!\cdots n_k!}$$

que es el número encontrado en (6).

EJEMPLO 8   Asignación de jugadores a vehículos

Un entrenador debe asignar 15 jugadores a tres vehículos para transportarlos a un juego que se llevará a cabo fuera de la ciudad: 6 en un vehículo tipo van, 5 en una vagoneta y 4 en una SUV. ¿De cuántas maneras puede hacerse esto?

Solución: Aquí, se colocan 15 personas en tres celdas (vehículos): 6 en la celda 1, 5 en la celda 2 y 4 en la celda 3. Por la ecuación (2), el número de formas en que puede hacerse esto es

$$\frac{15!}{6!5!4!} = 630\,630$$

Ahora resuelva el problema 23 ◁

En el ejemplo 9 se mostrarán tres enfoques diferentes para un problema de conteo. Como ya se dijo, muchos problemas de conteo tienen métodos alternativos de solución.

EJEMPLO 9   Exhibición de arte

Una artista ha creado 20 pinturas originales y debe exhibir algunas en tres galerías. Se enviarán cuatro pinturas a la galería A, cuatro a la galería B y tres a la galería C. ¿En cuántas formas puede hacerse esto?

Solución:
Método 1 La artista debe enviar $4 + 4 + 3 = 11$ pinturas a las galerías y puede considerarse que las 8 que no se envían se quedan en el estudio. Entonces, podemos pensar en

esta situación como en colocar 20 pinturas en cuatro celdas:

4 en la galería A
4 en la galería B
3 en la galería C
9 en el estudio de la artista

A partir de la ecuación (6), el número de formas en que puede hacerse esto es

$$\frac{20!}{4!4!3!9!} = 1\,939\,938\,000$$

Método 2   Es posible manejar el problema en términos de un procedimiento de dos etapas y usar el principio básico de conteo. Primero, se seleccionan 11 pinturas para exhibir. Después, se dividen en tres grupos (celdas) correspondientes a las tres galerías. Se procede de la manera siguiente.

La selección de 11 de las 20 pinturas para exhibir (el orden no importa) puede hacerse en $_{20}C_{11}$ formas. Después de hacer la selección, cuatro de las pinturas van a una celda (galería A), cuatro a una segunda celda (galería B) y tres a una tercera celda (galería C). Por la ecuación (6), esto puede hacerse en $\dfrac{11!}{4!4!3!}$ formas. Aplicando el principio básico de conteo, se obtiene el número de formas en que la artista puede enviar las pinturas a las galerías:

$$_{20}C_{11} \cdot \frac{11!}{4!4!3!} = \frac{20!}{11!9!} \cdot \frac{11!}{4!4!3!} = 1\,939\,938\,000$$

Método 3   Otro enfoque para este problema es en términos de un procedimiento de tres etapas. Primero, se eligen 4 de las 20 pinturas para enviarlas a la galería A. Esto puedo hacerse en $_{20}C_4$ formas. Después, de las restantes 16 pinturas, el número de formas en que 4 pueden seleccionarse para la galería B es $_{16}C_4$. Finalmente, el número de formas en que 3 pinturas pueden enviarse a la galería C de las 12 que aún no se han seleccionado es $_{12}C_3$. Por el principio básico de conteo, el procedimiento completo puede hacerse en

$$_{20}C_4 \cdot _{16}C_4 \cdot _{12}C_3 = \frac{20!}{4!16!} \cdot \frac{16!}{4!12!} \cdot \frac{12!}{3!9!} = \frac{20!}{4!4!3!9!}$$

formas, lo cual da la respuesta anterior, tal como se esperaba.

Ahora resuelva el problema 27 ◁

PROBLEMAS 8.2

En los problemas del 1 al 6, determine los valores.

1. $_6C_4$ **2.** $_6C_2$ **3.** $_{100}C_{100}$

4. $_{1\,000\,001}C_1$ **5.** $_5P_3 \cdot _4C_2$ **6.** $_4P_2 \cdot _5C_3$

7. Verifique si $_nC_r = _nC_{n-r}$.   **8.** Determine $_nC_n$.

9. Comité   ¿En cuántas formas puede constituirse un comité de cinco miembros a partir de un grupo de 19 personas?

10. Carrera de caballos   En una carrera de caballos, se dice que un caballo *termina con dinero* si finaliza en primero, segundo o tercer lugar. Para una carrera de ocho caballos, ¿de cuántas formas pueden terminar con dinero los caballos? Suponga que no hay empates.

11. Examen de matemáticas   En un examen de matemáticas con 13 preguntas, un estudiante debe responder cualesquiera 9 preguntas. ¿De cuántas maneras pueden elegirse las 9 preguntas (sin importar el orden)?

12. Cartas   En un mazo común de 52 cartas de juego, ¿cuántas manos de 4 cartas existen que estén compuestas sólo de cartas rojas?

13. Control de calidad   Un técnico de control de calidad debe seleccionar una muestra de 10 vestidos de entre un lote de producción de 74 vestidos de alta costura. ¿Cuántas muestras diferentes son posibles? Exprese su repuesta en términos de factoriales.

14. Empacado   Un productor de bebidas energéticas hace siete tipos de bebidas energéticas. El productor embala cajas de tres bebidas, en las cuales no hay dos bebidas del mismo tipo. Para identificar las tres cadenas nacionales a través de las cuales se distribuyen las bebidas, el productor usa tres colores de banda que envuelven los conjuntos de bebidas. ¿Cuántos tipos de cajas de tres bebidas es posible formar?

15. Calificación en un examen   En un examen de 10 preguntas, cada pregunta vale 10 puntos y se califica como correcta o incorrecta. Considerando las preguntas individuales, ¿en cuántas formas puede un estudiante obtener 80 puntos o más?

16. Resultados de equipo   Un equipo deportivo juega 11 partidos. ¿En cuántas formas pueden los resultados de los partidos ser de cuatro victorias, cinco derrotas y dos empates?

17. Disposición de letras   ¿Cuántas disposiciones distinguibles de todas las letras de la palabra MISSISSAUGA son posibles?

18. Disposiciones de letras   ¿Cuántas disposiciones distinguibles de todas las letras de la palabra STREETSBORO son posibles?

19. Lanzamiento de moneda   Si una moneda se lanza seis veces y se anota el resultado de cada lanzamiento, ¿en cuántas formas pueden ocurrir dos caras y cuatro cruces?

20. Lanzamiento de dado Un dado se lanza seis veces y se toma en cuenta el orden de los lanzamientos. ¿De cuántas maneras pueden ocurrir dos números 2, tres 3 y un 4?

21. Programa de reparación Un técnico en electrodomésticos debe salir a atender seis llamadas de servicio. ¿De cuántas formas puede arreglar su programa de reparaciones?

22. Béisbol Un equipo de béisbol de ligas pequeñas tiene 12 elementos y debe jugar un partido de visitante. Para la transportación se usarán tres automóviles. ¿De cuántas maneras puede el mánager asignar los elementos en vehículos específicos si cada automóvil puede llevar a cuatro elementos?

23. Asignación de proyecto El director de investigación y desarrollo de una compañía tiene nueve científicos que están igualmente calificados para trabajar en los proyectos A, B y C. ¿De cuántas maneras puede el director asignar tres científicos a cada proyecto?

24. Hermanos idénticos Un conjunto de cuatrillizos idénticos, uno de trillizos idénticos y tres conjuntos de gemelos idénticos posan para una fotografía grupal. ¿De cuántas maneras pueden estos individuos acomodarse de manera que se distingan en la fotografía?

25. Examen tipo verdadero-falso Un profesor de biología incluye varias preguntas del tipo verdadero-falso en sus exámenes rápidos. Con base en su experiencia, un estudiante cree que la mitad de las preguntas son verdaderas y la mitad falsas. Si hay 10 preguntas tipo verdadero-falso en el siguiente examen, ¿en cuántas formas puede el estudiante contestar la mitad de ellas "verdadero" y la otra mitad "falso"?

26. Orden de comida Un mesero toma la siguiente orden en una mesa con siete personas: tres hamburguesas, dos hamburguesas con queso y dos sándwiches de carne. Al regresar con la comida, olvida quién ordenó cada cosa y simplemente coloca un plato enfrente de cada persona. ¿En cuántas formas puede hacer esto el mesero?

27. Asignación de trabajo social Una oficina de servicios sociales tiene 15 nuevos clientes. El supervisor quiere asignar 5 clientes a cada uno de tres trabajadores sociales específicos. ¿En cuántas formas puede hacerse esto?

28. Hockey Cierto equipo de hockey tiene 11 elementos y todos menos uno, el portero, están calificados para desempeñar las otras cinco posiciones. ¿En cuántas formas puede el entrenador formar una alineación?

29. Familias numerosas Las familias numerosas dan lugar a un gran número de *relaciones* dentro de la familia que surgen al crecer con muchos hermanos cualitativamente diferentes, en comparación con la vida en familias más pequeñas. Dentro de cualquier familia, los hemanos tendrán una relación de algún tipo que afecta la vida de toda la familia. En las familias más grandes, tres hermanos o cuatro hermanos tenderán a tener una relación de tres o cuatro maneras, respectivamente, que también afecta la dinámica familiar. Janet Braunstein es la tercera en una familia de 12 hermanos: Claire, Barbie, Janet, Paul, Glenn, Mark, Martha, Laura, Julia, Carrie, Emily y Jim. Si se define una relación entre hermanos como cualquier subconjunto del conjunto de hermanos con un tamaño mayor o igual a dos, ¿cuántas relaciones entre hermanos hay en la familia de Janet? ¿Cuántas relaciones entre hermanos hay en una familia de tres hermanos?

30. Contratación El director de personal de una compañía debe contratar a seis personas: cuatro para el departamento de ensamblado y dos para el departamento de embarque. Existen 10 solicitantes que están igualmente calificados para trabajar en cada uno de los departamentos. ¿En cuántas formas puede el director de personal llenar las vacantes?

31. Portafolio financiero Un consultor financiero desea crear un portafolio consistente en ocho acciones y cuatro bonos. Si existen 12 acciones y siete bonos aceptables para el portafolio, ¿de cuántas maneras puede crearse el portafolio?

32. Serie mundial Un equipo de béisbol gana la serie mundial si es el primer equipo participante en la serie que gana cuatro juegos. Por lo tanto, una serie puede tener de cuatro a siete juegos. Por ejemplo, un equipo que gana los primeros cuatro juegos sería campeón. Asimismo, un equipo que pierde los primeros tres juegos y después gana los siguientes cuatro sería el campeón. ¿En cuántas formas puede un equipo ganar la serie mundial?

33. Subcomité Un comité tiene siete miembros, tres de los cuales son hombres y cuatro son mujeres. ¿En cuántas formas puede seleccionarse un subcomité si debe consistir exactamente en
(a) tres hombres?
(b) cuatro mujeres?
(c) dos hombres y dos mujeres?

34. Subcomité Un comité tiene como miembros tres hombres y cinco mujeres. ¿En cuántas formas puede seleccionarse un subcomité de cuatro elementos si al menos dos mujeres deben estar en él?

35. Mano de pókar Una mano de pókar consiste en cinco cartas tomadas de un mazo de 52 cartas de juego. La mano es un "full" si tiene tres cartas de una denominación y dos cartas de otra. Por ejemplo, tres 10 y dos sotas forman un full. ¿Cuántas manos de full son posibles?

36. Mano de pókar En el pókar, dos cartas de la misma denominación forman un "par". Por ejemplo, dos números 8 forman un par. Se dice que una mano de pókar (cinco cartas tomadas de un mazo de 52 cartas de juego) es una mano de "dos pares" si contiene dos pares y existen tres diferentes valores involucrados en las cinco cartas. Por ejemplo, un par de números 3, un par de números 8 y un 10 constituyen una mano de dos pares. ¿Cuántas manos de dos pares pueden formarse con un mazo común?

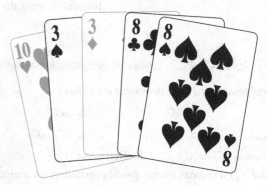

37. Carga de tranvía En una atracción turística, dos tranvías llevan visitantes a la cima de una pintoresca montaña. Un tranvía puede llevar a siete personas y el otro a ocho. Llega un autobús con 18 turistas y los dos tranvías están al pie de la montaña. Obviamente, sólo 15 turistas pueden subir a la montaña de inmediato. ¿De cuántas maneras puede el guía subir a 15 turistas en los dos tranvías?

38. Grupos de discusión Un profesor de historia desea dividir una clase de 10 estudiantes en tres grupos de discusión. Un grupo consistirá en cuatro estudiantes y analizará el tema A. Los grupos segundo y tercero analizarán los temas B y C, respectivamente, y constan de tres estudiantes cada uno.
(a) ¿En cuántas formas puede el profesor formar los grupos?
(b) Si el profesor designa un líder y un secretario (estudiantes distintos) para cada grupo, ¿en cuántas formas puede dividirse la clase?

Objetivo

Determinar un espacio muestral y considerar eventos asociados con él. Representar un espacio muestral y eventos mediante un diagrama de Venn. Introducir las nociones de complemento, unión e intersección.

8.3 Espacios muestrales y eventos

Espacios muestrales

En cualquier análisis de probabilidad es inherente la realización de un experimento (procedimiento) en el cual un evento particular, o *resultado*, involucra probabilidad. Por ejemplo, considere el experimento de lanzar una moneda. Existen sólo dos formas en que puede caer la moneda, una cara (C) o una cruz (X), pero el resultado real se determina por medio de la probabilidad. (Se supone que la moneda no puede caer sobre su borde). El conjunto de resultados posibles,

$$\{C, X\}$$

se llama *espacio muestral* para el experimento y a C y X se les denomina *puntos muestrales*.

Definición

Un *espacio muestral S* para un experimento es el conjunto de todos los resultados posibles del experimento. Los elementos de S son llamados *puntos muestrales*. Si existe un número finito de puntos muestrales, ese número se denota como $\#(S)$, y se dice que S es un *espacio muestral finito*.

Cuando se determinan los "resultados posibles" de un experimento, se debe estar seguro de que éstos reflejen la situación de interés. Por ejemplo, considere el experimento de lanzar un dado y observar la cara superior. Se podría decir que un espacio muestral es

$$S_1 = \{1, 2, 3, 4, 5, 6\}$$

El orden en que se listan los puntos muestrales en un espacio muestral no tiene importancia.

donde los resultados posibles son el número de puntos anotados en la cara superior. Sin embargo, otros resultados posibles son

aparece un número impar de puntos   (impar)
y   aparece un número par de puntos   (par)

Por lo tanto, el conjunto

$$S_2 = \{\text{impar, par}\}$$

es también un espacio muestral para el experimento, así que un experimento puede tener más de un espacio muestral.

Si ocurre un resultado en S_1, entonces se sabe cuál es el resultado para S_2, pero lo inverso no es cierto. Para describir esta asimetría, se dice que S_1 es un espacio muestral **más primitivo** que S_2. Por lo general, entre más primitivo sea el espacio muestral, más preguntas pertinentes al experimento permite contestar. Por ejemplo, con S_1, se pueden contestar preguntas como

"¿Ocurrió un 3"?
"¿Ocurrió un número mayor que 2?"
"¿Ocurrió un número menor que 4?"

Pero con S_2 no es posible responder estas preguntas. Como regla empírica, tenemos que entre más primitivo es un espacio muestral, más elementos tiene y más detalles indica. A menos que se indique otra cosa, cuando un experimento tenga más de un espacio muestral, en este texto la práctica será considerar sólo el espacio muestral que dé los suficientes detalles como para contestar todas las preguntas pertinentes relativas a un experimento. Por ejemplo, para el experimento de lanzar un dado y observar la cara superior, se entenderá tácitamente que se está observando el número de puntos. Así, se considerará que el espacio muestral es

$$S_1 = \{1, 2, 3, 4, 5, 6\}$$

y se le referirá como el espacio muestral *usual* para el experimento.

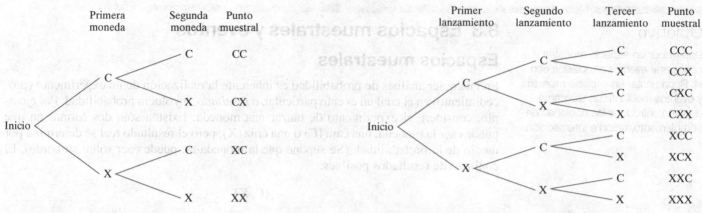

FIGURA 8.6 Diagrama de árbol para el lanzamiento de dos monedas.

FIGURA 8.7 Diagrama de árbol para tres lanzamientos de una moneda.

EJEMPLO 1   Espacio muestral: lanzamiento de dos monedas

Se lanzan dos monedas diferentes y se observa el resultado (C o X) para cada moneda. Determine un espacio muestral.

Solución: Un resultado posible es una cara en la primera moneda y una cara en la segunda moneda, el cual puede indicarse mediante el par ordenado (C, C) o, de manera más simple, CC. De modo similar, se indica una cara en la primera moneda y una cruz en la segunda, mediante CX, y así sucesivamente. Un espacio muestral es

$$S = \{CC, CX, XC, XX\}$$

En la figura 8.6 se presenta un diagrama de árbol que ilustra aún más este espacio muestral. Se destaca que S también es un espacio muestral para el experimento de lanzar una sola moneda dos veces sucesivamente. De hecho, estos dos experimentos pueden considerarse iguales. Aunque pueden contemplarse otros espacios muestrales, se toma a S como el espacio muestral *usual* para estos experimentos.

Ahora resuelva el problema 3 ◁

APLÍQUELO ▶

1. Una tienda de videos tiene 400 diferentes películas para rentar. Un cliente desea rentar 3 películas, si elige los videos de manera aleatoria, ¿cuántas selecciones de 3 películas (puntos muestrales) puede obtener?

EJEMPLO 2   Espacio muestral: tres lanzamientos de una moneda

Una moneda se lanza tres veces y se observa el resultado de cada lanzamiento. Describa un espacio muestral y determine el número de puntos muestrales.

Solución: Como hay tres lanzamientos, un punto muestral será una *tripleta* ordenada, como CCX, donde cada componente es C o X. Por el principio básico de conteo, el número total de puntos muestrales es $2 \cdot 2 \cdot 2 = 8$. Un espacio muestral (el *usual*) es

$$S = \{CCC, CCX, CXC, CXX, XCC, XCX, XXC, XXX\}$$

y el diagrama de árbol se presenta en la figura 8.7. Observe que no es necesario listar todo el espacio muestral para determinar el número de puntos muestrales que contiene.

Ahora resuelva el problema 9 ◁

EJEMPLO 3   Espacio muestral: caramelos en una bolsa

Una bolsa contiene cuatro caramelos: uno rojo, uno amarillo, uno negro y uno blanco. (Vea la figura 8.8).

a. Un caramelo se retira de manera aleatoria, se anota su color y se regresa a la bolsa. Luego, de nuevo se retira un caramelo y se anota su color. Describa un espacio muestral y determine el número de puntos muestrales.

FIGURA 8.8 Cuatro caramelos de colores en una bolsa.

Solución: En este experimento, se dice que los dos caramelos se retiran **con reemplazo**. Considere que R, A, N y B denotan el retiro de un caramelo, rojo, amarillo, negro y blanco, respectivamente. Entonces el espacio muestral consiste en los puntos muestrales RB, AN, RN, BB, etc., donde (por ejemplo) RB representa un resultado en el que el primer caramelo retirado es rojo y el segundo es blanco. Existen cuatro posibilidades para el primer retiro y, como el caramelo se coloca de nuevo en la bolsa, también hay cuatro posibilidades para el segundo. Por el principio básico de conteo, el número de puntos muestrales es $4 \cdot 4 = 16$.

b. Determine el número de puntos muestrales contenidos en el espacio muestral si dos caramelos son seleccionados de manera sucesiva **sin reemplazo** y se anotan los colores.

Solución: El primer caramelo retirado puede tener cualquiera de los cuatro colores. Como *no* se regresa a la bolsa, el segundo caramelo retirado puede tener cualquiera de los *tres* colores restantes. Así, el número de puntos muestrales es $4 \cdot 3 = 12$. De manera alternativa, existen ${}_4P_2 = 12$ puntos muestrales.

Ahora resuelva el problema 7 ◁

EJEMPLO 4   **Espacio muestral: mano de pókar**

De un mazo de 52 cartas de juego, se reparte una mano de pókar. Describa un espacio muestral y determine el número de puntos muestrales.

Solución: Un espacio muestral consiste en todas las combinaciones de 52 cartas tomadas cinco a la vez. Del ejemplo 3 de la sección 8.2, tenemos que el número de puntos muestrales es ${}_{52}C_5 = 2\,598\,960$.

Ahora resuelva el problema 13 ◁

EJEMPLO 5   **Espacio muestral: lanzamiento de dos dados**

Un par de dados se lanza una vez y, para cada dado, se observa el número que resulta. Describa un espacio muestral.

Solución: Piense en los dados como distinguibles, por ejemplo, si uno fuera rojo y el otro verde. Cada dado puede caer en seis formas, entonces se puede tomar un punto muestral como un par ordenado en el cual cada componente es un entero entre 1 y 6, inclusive. Por ejemplo, (4, 6), (3, 2) y (2, 3) son tres puntos muestrales diferentes. Por el principio básico de conteo, el número de puntos muestrales es $6 \cdot 6$, o 36.

Ahora resuelva el problema 11 ◁

Eventos

En ocasiones, se tiene interés en los resultados de un experimento que satisface una condición particular. Por ejemplo, se puede tener interés en si el resultado de lanzar un solo dado es un número par. Esta condición puede considerarse como el conjunto de resultados $\{2, 4, 6\}$, el cual es un subconjunto del espacio muestral

$$S = \{1, 2, 3, 4, 5, 6\}$$

En general, cualquier subconjunto de un espacio muestral se llama *evento* para el experimento. Así,

$$\{2, 4, 6\}$$

es el evento de que salga un número par, que también puede describirse como

$$\{x \text{ en } S \,|\, x \text{ es un número par}\}$$

Observe que aun cuando un evento es un conjunto, puede ser posible describirlo de manera verbal como se acaba de hacer. A menudo, un evento se denota mediante una E. Cuando hay varios eventos involucrados en un análisis, pueden denotarse mediante E, F, G, H, etc., o como E_1, E_2, E_3, y así sucesivamente.

> **Definición**
>
> Para un experimento, un *evento E* es un subconjunto del espacio muestral determinado para el experimento. Si el resultado del experimento es un punto muestral contenido en *E*, entonces se dice que *ocurre* el evento *E*.

En el experimento anterior de lanzar un dado, se observó que {2, 4, 6} es un evento. Por lo tanto, si el resultado es un 2, entonces ocurre ese evento. Algunos otros eventos son

$$E = \{1, 3, 5\} = \{x \text{ en } S | x \text{ es un número impar}\}$$
$$F = \{3, 4, 5, 6\} = \{x \text{ en } S | x \geq 3\}$$
$$G = \{1\}$$

Un espacio muestral es un subconjunto de sí mismo, por lo que también es un evento y se llama **evento seguro**; debe ocurrir sin importar cuál sea el resultado. Un evento, como {1}, que consta de un solo punto muestral se llama **evento simple**. También puede considerarse como un evento {*x* en *S* | *x* = 7}, que puede verbalizarse como "ocurre un 7". Este evento no contiene puntos muestrales, por lo tanto es el conjunto vacío Ø (el conjunto que no contiene elementos). De hecho, a Ø se le llama **evento imposible** porque nunca puede ocurrir.

EJEMPLO 6 **Eventos**

Una moneda se lanza tres veces y se anota el resultado de cada lanzamiento. El espacio muestral usual (de acuerdo con el ejemplo 2) es

$$\{CCC, CCX, CXC, CXX, XCC, XCX, XXC, XXX\}$$

Determine los siguientes eventos

a. *E* = {una cara y dos cruces}.

Solución: $E = \{CXX, XCX, XXC\}$

b. *F* = {al menos dos caras}.

Solución: $F = \{CCC, CCX, CXC, XCC\}$

c. *G* = {sólo caras}.

Solución: $G = \{CCC\}$

d. *I* = {cara en el primer lanzamiento}.

Solución: $I = \{CCC, CCX, CXC, CXX\}$

Ahora resuelva el problema 15 ◁

Algunas veces resulta conveniente representar un espacio muestral *S* y un evento *E* mediante un *diagrama de Venn*, como en la figura 8.9. La región localizada dentro del rectángulo representa los puntos muestrales contenidos en *S*. (Los puntos muestrales no se representan de manera específica). Los puntos muestrales contenidos en *E* están representados mediante los puntos que aparecen dentro del círculo. Como *E* es un subconjunto de *S*, la región circular no puede extenderse fuera del rectángulo.

Con los diagramas de Venn es fácil ver cómo los eventos registrados para un experimento pueden usarse para formar otros eventos. En la figura 8.10 se muestra el espacio muestral *S* y el evento *E*. La región sombreada dentro del rectángulo, pero fuera del círculo, representa el conjunto de todos los puntos contenidos en *S* que no están en *E*. Este conjunto es un evento llamado *complemento de E* y se denota por *E'*. En la figura 8.11(a) se muestran dos eventos, *E* y *F*. La región sombreada representa el conjunto de todos los puntos muestrales contenidos en *E*, en *F*, o tanto en *E* como en *F*. Este conjunto es un evento llamado *unión* de *E* y *F* y se denota mediante *E* ∪ *F*. La región sombreada en la figura 8.11(b) representa el evento que consiste en todos los puntos muestrales que son comunes tanto a *E* como a *F*.

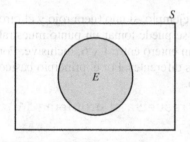
FIGURA 8.9 Diagrama de Venn para el espacio muestral *S* y el evento *E*.

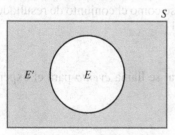
E' es la región sombreada

FIGURA 8.10 Diagrama de Venn para el complemento de *E*.

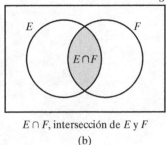

$E \cup F$, unión de E y F

(a)

$E \cap F$, intersección de E y F

(b)

FIGURA 8.11 Representación de $E \cup F$ y $E \cap F$.

Este evento se llama *intersección* de E y F y se denota por $E \cap F$. En resumen, se tienen las siguientes definiciones.

Definiciones

Sea S un espacio muestral para un experimento con eventos E y F. El **complemento** de E, denotado por E', es el evento consistente en todos los puntos muestrales en S que no están en E. La **unión** de E y F, denotada por $E \cup F$, es el evento consistente en todos los puntos muestrales que están en E, en F, o tanto en E como en F. La **intersección** de E y F, denotada por $E \cap F$, es el evento consistente en todos los puntos muestrales que son comunes tanto a E como a F.

Observe que si un punto muestral está en el evento $E \cup F$, entonces el punto se localiza en al menos uno de los conjuntos E y F. Así, para que ocurra el evento $E \cup F$, debe ocurrir *al menos uno* de los eventos E y F, y viceversa. Por otro lado, si ocurre el evento $E \cap F$, entonces deben ocurrir *tanto E como F*, y viceversa. Si ocurre el evento E', entonces *no* ocurre el evento E, y viceversa.

EJEMPLO 7   Complemento, unión, intersección

Dado el espacio muestral usual

$$S = \{1, 2, 3, 4, 5, 6\}$$

para el lanzamiento de un dado, sean E, F y G los eventos

$$E = \{1, 3, 5\} \quad F = \{3, 4, 5, 6\} \quad G = \{1\}$$

Determine cada uno de los siguientes eventos.

a. E'

Solución: El evento E' consiste en los puntos muestrales contenidos en S que no están en E, por lo tanto

$$E' = \{2, 4, 6\}$$

Se observa que E' es el evento en que aparece un número par.

b. $E \cup F$

Solución: Se requieren los puntos muestrales contenidos en E, en F, o en ambos espacios. Así,

$$E \cup F = \{1, 3, 4, 5, 6\}$$

c. $E \cap F$

Solución: Los puntos muestrales comunes tanto a E como a F son 3 y 5, por lo que

$$E \cap F \{3, 5\}$$

d. $F \cap G$

Solución: Como F y G no tienen puntos muestrales en común,

$$F \cap G = \emptyset$$

e. $E \cup E'$

Solución: Usando el resultado del inciso (a), se tiene

$$E \cup E' = \{1, 3, 5\} \cup \{2, 4, 6\} = \{1, 2, 3, 4, 5, 6\} = S$$

f. $E \cap E'$

Solución:

$$E \cap E' = \{1, 3, 5\} \cap \{2, 4, 6\} = \emptyset$$

Ahora resuelva el problema 17 ◁

Los resultados de los ejemplos 7(e) y 7(f) pueden generalizarse de la manera siguiente:

Si E es cualquier evento para un experimento con espacio muestral S, entonces

$$E \cup E' = S \quad y \quad E \cap E' = \emptyset$$

Por lo tanto, la unión de un evento con su complemento constituye el espacio muestral; la intersección de un evento con su complemento constituye el conjunto vacío. En la tabla 8.1 se listan éstas y otras propiedades de los eventos.

Tabla 8.1 Propiedades de los eventos

Si E y F son cualesquiera eventos para un experimento con espacio muestral S, entonces

1. $E \cup E = E$	
2. $E \cap E = E$	
3. $(E')' = E$	(el complemento del complemento de un evento es el evento)
4. $E \cup E' = S$	
5. $E \cap E' = \emptyset$	
6. $E \cup S = S$	
7. $E \cap S = E$	
8. $E \cup \emptyset = E$	
9. $E \cap \emptyset = \emptyset$	
10. $E \cup F = F \cup E$	(propiedad conmutativa de la unión)
11. $E \cap F = F \cap E$	(propiedad conmutativa de la intersección)
12. $(E \cup F)' = E' \cap F'$	(el complemento de una unión es la intersección de los complementos)
13. $(E \cap F)' = E' \cup F'$	(el complemento de una intersección es la unión de los complementos)
14. $E \cup (F \cup G) = (E \cup F) \cup G$	(propiedad asociativa de la unión)
15. $E \cap (F \cap G) = (E \cap F) \cap G$	(propiedad asociativa de la intersección)
16. $E \cap (F \cup G) = (E \cap F) \cup (E \cap G)$	(propiedad distributiva de la intersección sobre la unión)
17. $E \cup (F \cap G) = (E \cup F) \cap (E \cup G)$	(propiedad distributiva de la unión sobre la intersección)

Cuando dos eventos E y F no tienen ningún punto muestral en común, esto es,

$$E \cap F = \emptyset$$

se llaman eventos *mutuamente excluyentes* o *separados*. Por ejemplo, en el lanzamiento de un dado, los eventos

$$E = \{2, 4, 6\} \quad y \quad F = \{1\}$$

son mutuamente excluyentes (vea la figura 8.12).

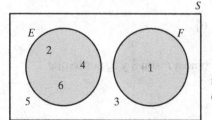

FIGURA 8.12 Eventos mutuamente excluyentes.

Definiciones

Se dice que los eventos E y F son *mutuamente excluyentes* si y sólo si $E \cap F = \emptyset$.

Cuando dos eventos son mutuamente excluyentes, la ocurrencia de un evento significa que el otro evento no puede ocurrir; esto es, los dos eventos no pueden ocurrir de manera simultánea. Un evento y su complemento son mutuamente excluyentes, puesto que $E \cap E' = \emptyset$.

EJEMPLO 8   Eventos mutuamente excluyentes

Si E, F y G son eventos para un experimento y F y G son mutuamente excluyentes, muestre que los eventos $E \cap F$ y $E \cap G$ también son mutuamente excluyentes.

Solución: Dado que $F \cap G = \emptyset$, se debe mostrar que la intersección de $E \cap F$ y $E \cap G$ es el conjunto vacío. Usando las propiedades de la tabla 8.1, se tiene

$$
\begin{aligned}
(E \cap F) \cap (E \cap G) &= (E \cap F \cap E) \cap G && \text{propiedad 15}\\
&= (E \cap E \cap F) \cap G && \text{propiedad 11}\\
&= (E \cap F) \cap G && \text{propiedad 2}\\
&= E \cap (F \cap G) && \text{propiedad 15}\\
&= E \cap \emptyset && \text{dado}\\
&= \emptyset && \text{propiedad 9}
\end{aligned}
$$

Ahora resuelva el problema 31 ◁

PROBLEMAS 8.3

En los problemas del 1 al 6, determine un espacio muestral para el experimento dado.

1. Selección de carta   Se escoge una carta de un mazo de cuatro cartas que son el 9 de diamantes, el 9 de corazones, el 9 de bastos y el 9 de espadas.

2. Lanzamiento de moneda   Una moneda se lanza cuatro veces de manera sucesiva, y se observan las caras resultantes.

3. Lanzamiento de dado y de moneda   Se lanza un dado y después se lanza dos veces una moneda en sucesión.

4. Lanzamientos de dados   Se lanzan dos dados y se observa la suma de los números resultantes.

5. Selección de dígitos   Se seleccionan sucesivamente dos dígitos diferentes de entre los que forman el número "64901".

6. Género de los hijos   Se anotan el género del primero, segundo, tercero y cuarto hijo de una familia con cuatro niños. (Considere, por ejemplo, que HMMH denota que el primero, segundo, tercero y cuarto hijo son hombre, mujer, mujer y hombre, respectivamente).

7. Selección de caramelos   Una bolsa contiene tres caramelos de colores: uno rojo, uno blanco y uno azul. Determine un espacio muestral si (a) se seleccionan dos caramelos con reemplazo y (b) se seleccionan dos caramelos sin reemplazo.

8. Proceso de manufactura   Una compañía fabrica un producto que pasa por tres procesos durante su manufactura. El primer proceso es una línea de ensamblado, el segundo una línea de acabado y el tercero una línea de inspección. Existen cuatro líneas de ensamblado (A, B, C y D), dos líneas de acabado (E y F) y dos líneas de inspección (G y H). Para cada proceso, la compañía elige una línea de manera aleatoria. Determine un espacio muestral.

En los problemas del 9 al 14, describa la naturaleza de un espacio muestral para el experimento dado y determine el número de puntos muestrales.

9. Lanzamiento de moneda   Una moneda se lanza seis veces de manera sucesiva y se observan las caras resultantes.

10. Lanzamiento de dados   Se lanzan cinco dados y se observan los números resultantes.

11. Carta y dado   Se toma una carta de un mazo ordinario de 52 cartas y después se lanza un dado.

12. Selección de conejo   De un sombrero que contiene nueve conejos, se sacan sucesivamente cuatro conejos sin reemplazo.

13. Repartición de cartas   Se reparte una mano de cuatro cartas tomadas de un mazo de 52 cartas.

14. Selección de letras   Se forma una "palabra" de cuatro letras seleccionando, en forma sucesiva, cualesquiera cuatro letras del alfabeto, con reemplazo.

Suponga que $S = \{1, 2, 3, 4, 5, 6, 7, 8, 9, 10\}$ es el espacio muestral para un experimento con los eventos

$$
E = \{1, 3, 5\} \quad F = \{3, 5, 7, 9\} \quad G = \{2, 4, 6, 8\}
$$

En los problemas del 15 al 22, determine los eventos indicados.

15. $E \cup F$ **16.** G'

17. $E' \cap F$ **18.** $E' \cup G'$

19. F' **20.** $(E \cup F)'$

21. $(F \cap G)'$ **22.** $(E \cup G) \cap F'$

23. De los siguientes eventos, ¿cuáles pares son mutuamente excluyentes?

$$
E_1 = \{1, 2, 3\} \quad E_2 = \{3, 4, 5\}
$$
$$
E_3 = \{1, 2\} \quad E_4 = \{6, 7\}
$$

24. Selección de cartas   De un mazo estándar con 52 cartas de juego, se eligen dos cartas sin reemplazo. Suponga que E_J es el evento en que ambas cartas son sotas, E_C es el evento en que ambas cartas son bastos y E_3 es el evento en que ambas cartas son números 3. ¿Qué pares de estos eventos son mutuamente excluyentes?

25. Selección de cartas   De un mazo estándar con 52 cartas de juego, se selecciona una carta. ¿Cuáles de los siguientes pares de eventos son mutuamente excluyentes?

$$E = \{\text{diamante}\}$$
$$F = \{\text{carta con cara}\}$$
$$G = \{\text{negra}\}$$
$$H = \{\text{roja}\}$$
$$I = \{\text{as de diamantes}\}$$

26. Dados   Se lanza un dado verde y un dado rojo y se anotan los números resultantes en cada uno. ¿Cuáles de los siguientes pares de eventos son mutuamente excluyentes?

$$E = \{\text{ambos son pares}\}$$
$$F = \{\text{ambos son impares}\}$$
$$G = \{\text{la suma es 2}\}$$
$$H = \{\text{la suma es 4}\}$$
$$I = \{\text{la suma es mayor que 10}\}$$

27. Lanzamiento de moneda   Una moneda se lanza tres veces de manera sucesiva y se observan los resultados. Determine lo siguiente:

(a) El espacio muestral usual S.
(b) El evento E_1 en el que ocurre al menos una cara.
(c) El evento E_2 en el que ocurre al menos una cruz.
(d) $E_1 \cup E_2$
(e) $E_1 \cap E_2$
(f) $(E_1 \cup E_2)'$
(g) $(E_1 \cap E_2)'$

28. Género de los hijos   Un matrimonio tiene tres hijos. El hecho de que el primer hijo es hombre, el segundo es mujer y el tercero es mujer puede representarse como HMM.

Determine lo siguiente:
(a) El espacio muestral que describe todos los órdenes de género posibles de los hijos.
(b) El evento en el que al menos un hijo es mujer.
(c) El evento en el que al menos un hijo es hombre.
(d) ¿El evento del inciso (c) es el complemento del evento del inciso (b)?

29. Llegadas   Las personas A, B y C entran a un edificio en momentos diferentes. El resultado en el que A llega primero, B segundo y C tercero puede indicarse mediante ABC. Determine lo siguiente:
(a) El espacio muestral implicado para las llegadas.
(b) El evento de que A llegue primero.
(c) El evento de que A no llegue primero.

30. Selección de proveedor   Una tienda de alimentos puede ordenar frutas y verduras a los proveedores U, V y W; carne a los proveedores U, V, X y Y; y alimentos deshidratados a los proveedores V, W, X y Z. La tienda selecciona un proveedor para cada tipo de artículo. El resultado en el que U se selecciona para las frutas y vegetales, V para la carne y W para los alimentos deshidratados puede representarse como UVW.
(a) Determine un espacio muestral.
(b) Determine el evento E en el que un proveedor suministra todos los requerimientos de la tienda.
(c) Determine E' y proporcione una descripción verbal de este evento.

31. Si E y F son eventos para un experimento, pruebe que los eventos $E \cap F$ y $E \cap F'$ son mutuamente excluyentes.

32. Si E y F son eventos para un experimento, muestre que

$$(E \cap F) \cup (E \cap F') = E$$

Observe que para el problema 31, $E \cap F$ y $E \cap F'$ son eventos mutuamente excluyentes. Así, la ecuación anterior expresa a E como una unión de eventos mutuamente excluyentes. (*Sugerencia*: Haga uso de una propiedad distributiva).

Objetivo

Definir lo que significa la probabilidad de un evento. Desarrollar fórmulas que se usan en el cálculo de probabilidades. Hacer hincapié en los espacios equiprobables.

8.4 Probabilidad

Espacios equiprobables

Ahora se introducen los conceptos básicos subyacentes al estudio de la probabilidad. Considere el lanzamiento de un dado bien balanceado y la observación del número que resulta. El espacio muestral usual para el experimento es

$$S = \{1, 2, 3, 4, 5, 6\}$$

Antes de realizar el experimento, no se puede predecir con certidumbre cuál de los seis resultados posibles (puntos muestrales) ocurrirá. Pero parece razonable esperar que cada resultado tenga la misma posibilidad de ocurrir; esto es, los resultados son *igualmente probables*. Esto no significa que, en seis lanzamientos, cada número deba resultar una vez. En lugar de esto, significa que si el experimento se realiza muchas veces, cada resultado debe ocurrir alrededor de $\frac{1}{6}$ de las veces.

Para ser más específico, considere que el experimento se hace n veces. Cada realización de un experimento se llama **ensayo**. Suponga que se tiene interés en el evento de obtener 1 (esto es, el evento simple consistente en el punto muestral 1). Si ocurre un 1 en k de estos n ensayos, entonces la proporción de veces que ocurre 1 es k/n. Esta relación se llama **frecuencia relativa** del evento. Debido a que obtener un 1 es sólo uno de seis posibles resultados igualmente probables, se espera que a largo plazo ocurrirá un 1 en $\frac{1}{6}$ de las veces. Esto es, cuando n se vuelve muy grande, se espera que la frecuencia relativa k/n se aproxime a $\frac{1}{6}$. El número $\frac{1}{6}$ se toma como la probabilidad de obtener un 1 en el lanzamiento de un dado bien balanceado, la cual se denota como $P(1)$. Así, $P(1) = \frac{1}{6}$. De manera similar, $P(2) = \frac{1}{6}$, $P(3) = \frac{1}{6}$, y así sucesivamente.

En este experimento, se consideró que la ocurrencia de todos los eventos simples en el espacio muestral (aquellos que consisten en exactamente un punto muestral) es igualmente posible. Para describir esta posibilidad idéntica, se dice que S es un *espacio equiprobable*.

Definición

Un espacio muestral S se llama *espacio equiprobable* si y sólo si la ocurrencia de todos los eventos simples es igualmente posible.

Es necesario mencionar que además de la frase *igualmente posible*, existen otras palabras y frases que se usan en el contexto de un espacio equiprobable, tales como *bien balanceado*, *justo*, *no sesgado* y *aleatorio*. Por ejemplo, se puede tener un dado *bien balanceado* (como se dijo anteriormente), una moneda *justa*, un dado *no sesgado*, o se puede seleccionar *aleatoriamente* un caramelo de una bolsa.

A continuación se generaliza el análisis del experimento del dado a otros espacios equiprobables (finitos).

Definición

Si S es un espacio muestral equiprobable con N puntos muestrales (o resultados) s_1, s_2, ..., s_N, entonces la *probabilidad del evento simple* $\{s_i\}$ está dada por

$$P(s_i) = \frac{1}{N}$$

para $i = 1, 2, ..., N$. Por supuesto, $P(s_i)$ es una abreviación de $P(\{s_i\})$.

Se destaca que $P(s_i)$ puede interpretarse como la frecuencia relativa de $\{s_i\}$ que ocurre en el largo plazo.

También se pueden asignar probabilidades a eventos que no son simples. Por ejemplo, en el experimento del dado, considere el evento E en el que resulta un 1 o un 2:

$$E = \{1, 2\}$$

Como el dado está bien balanceado, se espera que en n ensayos (donde n es grande) debiera resultar un 1 en aproximadamente $\frac{1}{6}$ de las veces y que un 2 debiera salir en aproximadamente $\frac{1}{6}$ de las veces. Así, un 1 o un 2 resultarán en aproximadamente $\frac{1}{6} + \frac{1}{6}$ de las veces, o $\frac{2}{6}$ de las veces. Por lo tanto, es razonable suponer que a largo plazo la frecuencia relativa de E es $\frac{2}{6}$. Por esta razón, se define a $\frac{2}{6}$ como la probabilidad de E y se le denota mediante $P(E)$.

$$P(E) = \frac{1}{6} + \frac{1}{6} = \frac{2}{6}$$

Observe que $P(E)$ es simplemente la suma de las probabilidades de los eventos simples que forman o constituyen a E. De manera equivalente, $P(E)$ es la relación del número de puntos muestrales contenidos en E (dos) sobre el número de puntos muestrales existentes en el espacio muestral (seis).

Definición

Si S es un espacio finito equiprobable para un experimento y $E = \{s_1, s_2, ..., s_j\}$ es un evento, entonces la *probabilidad de E* está dada por

$$P(E) = P(s_1) + P(s_2) + \cdots + P(s_j)$$

En forma equivalente,

$$P(E) = \frac{\#(E)}{\#(S)}$$

donde $\#(E)$ es el número de resultados en E y $\#(S)$ es el número de resultados en S.

Observe que se puede pensar en P como una función que asocia a cada evento E con la probabilidad de E, a saber, $P(E)$. La probabilidad de E puede interpretarse como la frecuencia relativa de E que ocurre a largo plazo. Así, en n ensayos, se esperaría que E ocurriera aproximadamente $n \cdot P(E)$ veces, siempre y cuando n sea grande.

EJEMPLO 1   Lanzamiento de moneda

Se lanzan dos monedas balanceadas. Determine la probabilidad de que

a. ocurran dos caras.
b. ocurra al menos una cara.

Solución: El espacio muestral usual es

$$S = \{CC, CX, XC, XX\}$$

Como los cuatro resultados son igualmente posibles, S es equiprobable y $\#(S) = 4$.

a. Si $E = \{CC\}$, entonces E es un evento simple, por lo tanto

$$P(E) = \frac{\#(E)}{\#(S)} = \frac{1}{4}$$

b. Sea $F = \{$al menos una cara$\}$. Entonces,

$$F = \{CC, CX, XC\}$$

la cual tiene tres resultados. Así que,

$$P(F) = \frac{\#(F)}{\#(S)} = \frac{3}{4}$$

De manera alternativa,

$$P(F) = P(CC) + P(CX) + P(XC)$$
$$= \frac{1}{4} + \frac{1}{4} + \frac{1}{4} = \frac{3}{4}$$

En consecuencia, luego de 1000 ensayos de este experimento, se esperaría que F ocurriera aproximadamente $1000 \cdot \frac{3}{4} = 750$ veces.

Ahora resuelva el problema 1 ◁

EJEMPLO 2   Cartas

De un mazo ordinario de 52 cartas de juego, se seleccionan aleatoriamente 2 cartas sin reemplazo. Si E es el evento en el que una carta es un 2 y la otra es un 3, encuentre $P(E)$.

Solución: El orden en que se seleccionan las dos cartas puede no tomarse en cuenta. Se elige como el espacio muestral S al conjunto de todas las combinaciones de las 52 cartas tomadas 2 a la vez. Así, S es equiprobable y $\#(S) = {}_{52}C_2$. Para encontrar $\#(E)$, se observa que como hay cuatro signos (palos) en las cartas, un 2 puede ser elegido en cuatro formas y un 3 también puede elegirse de cuatro maneras. Por lo tanto, un 2 y un 3 pueden seleccionarse en $4 \cdot 4$ formas, entonces

$$P(E) = \frac{\#(E)}{\#(S)} = \frac{4 \cdot 4}{{}_{52}C_2} = \frac{16}{1326} = \frac{8}{663}$$

Ahora resuelva el problema 7 ◁

EJEMPLO 3   Mano de pókar con full

Encuentre la probabilidad de que le repartan un full en un juego de pókar. Un full consiste en tres cartas de un tipo y dos de otro, como tres reinas y dos números 10. Exprese su respuesta en términos de ${}_nC_r$.

Solución: El conjunto de todas las combinaciones de 52 cartas tomadas 5 a la vez es un espacio muestral equiprobable. (El orden en que se reparten las cartas no es importante). Así, $\#(S) = {}_{52}C_5$. Ahora se debe encontrar $\#(E)$, donde E es el evento de recibir un full. Cada uno de los cuatro signos tiene 13 cartas, por lo que tres cartas de un tipo pueden repartirse en

$13 \cdot {}_4C_3$ formas. Para cada uno de estos signos, existen $12 \cdot {}_4C_2$ formas de repartir dos cartas de otro tipo. Por lo tanto, un full puede repartirse en $13 \cdot {}_4C_3 \cdot 12 \cdot {}_4C_2$ formas y se tiene

$$P(\text{full}) = \frac{\#(E)}{\#(S)} = \frac{13 \cdot {}_4C_3 \cdot 12 \cdot {}_4C_2}{{}_{52}C_5} = \frac{13 \cdot 12 \cdot 6 \cdot 4}{49 \cdot 24 \cdot 17 \cdot 13 \cdot 10} = \frac{6}{49 \cdot 17 \cdot 5}$$

que es aproximadamente 0.144 por ciento.

Ahora resuelva el problema 13 ◁

EJEMPLO 4   **Selección de un subcomité**

De un comité de tres hombres y cuatro mujeres, debe seleccionarse aleatoriamente un subcomité de cuatro integrantes. Encuentre la probabilidad de que el subcomité consista en dos hombres y dos mujeres.

Solución: Como el orden de selección no es importante, el número de subcomités de cuatro que puede seleccionarse de entre los siete miembros es ${}_7C_4$. Los dos hombres pueden seleccionarse en ${}_3C_2$ formas y las dos mujeres de ${}_4C_2$ maneras. Por el principio básico de conteo, el número de subcomités de dos hombres y dos mujeres es ${}_3C_2 \cdot {}_4C_2$. Así,

$$P(\text{dos hombres y dos mujeres}) = \frac{{}_3C_2 \cdot {}_4C_2}{{}_7C_4}$$

$$= \frac{\dfrac{3!}{2!1!} \cdot \dfrac{4!}{2!2!}}{\dfrac{7!}{4!3!}} = \frac{18}{35}$$

Ahora resuelva el problema 21 ◁

Propiedades de la probabilidad

Ahora se desarrollarán algunas propiedades de la probabilidad. Sea S un espacio muestral equiprobable con N resultados; esto es, $\#(S) = N$. (A lo largo de esta sección, se supone un espacio muestral finito). Si E es un evento, entonces $0 \le \#(E) \le N$. Dividiendo cada miembro entre $\#(S) = N$ se obtiene

$$0 \le \frac{\#(E)}{\#(S)} \le \frac{N}{N}$$

Pero $\dfrac{\#(E)}{\#(S)} = P(E)$, por lo que se tiene la siguiente propiedad:

$$\boxed{0 \le P(E) \le 1}$$

Es decir, la probabilidad de que ocurra un evento es un número localizado entre 0 y 1, inclusive.

Además, $P(\emptyset) = \dfrac{\#(\emptyset)}{\#(S)} = \dfrac{0}{N} = 0$. Por lo tanto,

$$\boxed{P(\emptyset) = 0}$$

También, $P(S) = \dfrac{\#(S)}{\#(S)} = \dfrac{N}{N} = 1$, entonces

$$\boxed{P(S) = 1}$$

De acuerdo con esto, la probabilidad del evento imposible es 0 y la probabilidad del evento seguro es 1.

Como $P(S)$ es la suma de las probabilidades de los resultados en el espacio muestral, se concluye que, para un espacio muestral, la suma de las probabilidades de ocurrencia de todos los eventos simples es 1.

Ahora se estudiará la probabilidad de que exista la unión de dos eventos E y F. El evento $E \cup F$ tiene lugar sí y sólo si ocurre *al menos* uno de los eventos (E o F). Así, $P(E \cup F)$ es la probabilidad de que ocurra *al menos* uno de los eventos E y F. Se sabe que

$$P(E \cup F) = \frac{\#(E \cup F)}{\#(S)}$$

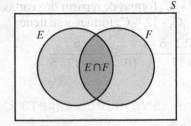

FIGURA 8.13 $E \cap F$ está contenida tanto en E como en F.

Observe que aun cuando se obtuvo la ecuación 2 para un espacio muestral equiprobable, de hecho el resultado es general.

Ahora

$$\#(E \cup F) = \#(E) + \#(F) - \#(E \cap F) \tag{1}$$

porque $\#(E) + \#(F) = \#(E \cup F) + \#(E \cap F)$. Para constatar la veracidad de la última afirmación, observe la figura 8.13 y note que $E \cap F$ está contenida *tanto* en E *como* en F.

Al dividir ambos lados de la ecuación 1 para $\#(E \cup F)$ entre $\#(S)$ obtenemos el siguiente resultado:

Probabilidad de una unión de eventos

Si E y F son eventos, entonces

$$P(E \cup F) = P(E) + P(F) - P(E \cap F) \tag{2}$$

Por ejemplo, considere que se lanza un dado balanceado, que $E = \{1, 3, 5\}$ y $F = \{1, 2, 3\}$. Entonces $E \cap F = \{1, 3\}$, por lo tanto

$$P(E \cup F) = P(E) + P(F) - P(E \cap F)$$

$$= \frac{3}{6} + \frac{3}{6} - \frac{2}{6} = \frac{2}{3}$$

De manera alternativa, $E \cup F = \{1, 2, 3, 5\}$, por lo que $P(E \cup F) = \frac{4}{6} = \frac{2}{3}$.

Si E y F son eventos mutuamente excluyentes, entonces $E \cap F = \emptyset$ por lo que $P(E \cap F) = P(\emptyset) = 0$. Por lo tanto, de la ecuación (2) se obtiene la siguiente ley:

Ley de la suma para eventos mutuamente excluyentes

Si E y F son eventos *mutuamente excluyentes*, entonces

$$P(E \cup F) = P(E) + P(F)$$

Por ejemplo, considere que se lanza un dado balanceado, que $E = \{2, 3\}$ y $F = \{1, 5\}$. Entonces $E \cap F = \emptyset$, por lo tanto

$$P(E \cup F) = P(E) + P(F) = \frac{2}{6} + \frac{2}{6} = \frac{2}{3}$$

La ley de la suma puede extenderse a más de dos eventos mutuamente excluyentes.[1] Por ejemplo, si los eventos E, F y G son mutuamente excluyentes, entonces

$$P(E \cup F \cup G) = P(E) + P(F) + P(G)$$

Un evento y su complemento son mutuamente excluyentes, por lo que, debido a la ley de la suma,

$$P(E \cup E') = P(E) + P(E')$$

Pero $P(E \cup E') = P(S) = 1$. Entonces,

$$1 = P(E) + P(E')$$

de manera que

$$P(E') = 1 - P(E)$$

Con el fin de encontrar la probabilidad de un evento, algunas veces resulta más conveniente encontrar primero la probabilidad de su complemento y luego restar el resultado de 1. Vea, en especial, el ejemplo 6.

o, en forma equivalente,

$$P(E) = 1 - P(E')$$

En concordancia, si se conoce la probabilidad de un evento, entonces la probabilidad de su complemento puede encontrarse con facilidad, y viceversa. Por ejemplo, si $P(E) = \frac{1}{4}$, entonces $P(E') = 1 - \frac{1}{4} = \frac{3}{4}$. $P(E')$ es la probabilidad de que E no ocurra.

---

[1] Dos o más eventos son **mutuamente excluyentes** si y sólo si ningún par de ellos puede ocurrir al mismo tiempo. Esto es, dado alguno de los eventos, su intersección debe estar vacía. Por ejemplo, decir que los eventos E, F y G son mutuamente excluyentes significa que

$$E \cap F = E \cap G = F \cap G = \emptyset$$

| EJEMPLO 5 | Control de calidad |

De una corrida de producción de 5000 focos luminosos, 2% de los cuales están defectuosos, se selecciona un foco de manera aleatoria. ¿Cuál es la probabilidad de que el foco sea defectuoso? ¿Cuál es la probabilidad de que no lo sea?

Solución: En cierto sentido, esta es una pregunta capciosa porque la afirmación de que "2% están defectuosos" significa que "$\frac{2}{100}$ son defectuosos", lo cual a su vez significa que la posibilidad de obtener un foco defectuoso es "de 2 en 100", de manera equivalente, que la probabilidad de obtener un foco defectuoso es 0.02. Sin embargo, para reforzar las ideas que se han considerado hasta ahora, se dirá que el espacio muestral S consiste en 5000 focos. Como se selecciona un foco de manera aleatoria, los resultados posibles tienen la misma posibilidad de ocurrir. Sea E el evento de seleccionar un foco defectuoso. El número de resultados en E es $0.02 \cdot 5000 = 100$. Así,

$$P(E) = \frac{\#(E)}{\#(S)} = \frac{100}{5000} = \frac{1}{50} = 0.02$$

De manera alternativa, como la probabilidad de seleccionar un foco particular es $\frac{1}{5000}$ y E contiene 100 puntos muestrales, al sumar las probabilidades se tiene

$$P(E) = 100 \cdot \frac{1}{5000} = 0.02$$

El evento en que el foco seleccionado *no* estaría defectuoso es E'. Por lo tanto,

$$P(E') = 1 - P(E) = 1 - 0.02 = 0.98$$

Ahora resuelva el problema 17 ◁

El siguiente ejemplo es un uso célebre de la regla $P(E) = 1 - P(E')$. Se trata de un caso en el que $P(E)$ es difícil de calcular directamente, pero $P(E')$ sí resulta sencilla de calcular. La mayoría de las personas encuentran el resultado bastante sorprendente.

| EJEMPLO 6 | Sorpresa de cumpleaños |

Para una colección aleatoria de n personas, con $n \le 365$, para fines de simplificación suponga que todos los años se componen de 365 días y calcule la probabilidad de que al menos dos de las n personas celebren su cumpleaños el mismo día. Encuentre el valor más pequeño de n para el cual esta probabilidad es mayor que 50%. ¿Qué sucede si $n > 365$?

Solución: El espacio muestral es el conjunto S de todas las formas en que pueden surgir los cumpleaños de n personas. Es conveniente suponer que las personas están etiquetadas. Hay 365 posibilidades para el cumpleaños de la persona 1 y para cada una de las personas hay 365 posibilidades para el cumpleaños de la persona 2. Por cada una de estas 365^2 posibilidades para los cumpleaños de las personas 1 y 2, hay 365 posibilidades para el cumpleaños de la persona 3. Mediante el uso iterado del principio básico de conteo, es fácil ver que $\#S = 365^n$. Sea E_n el evento de que al menos 2 de las n personas tienen su cumpleaños el mismo día. No es fácil contar E_n, pero para $(E_n)'$, que es el evento de que *todas las n personas tienen su cumpleaños en diferentes días*, vemos que hay 365 posibilidades para el cumpleaños de la persona 1 y por cada una de las demás personas hay 364 posibilidades para el cumpleaños de la persona 2, luego, por cada una de las personas hay 363 posibilidades para el cumpleaños de la persona 3, y así sucesivamente. De este modo, $\#(E_n)' = {}_{365}P_n$ y ahora resulta que

$$P(E_n) = 1 - \frac{{}_{365}P_n}{365^n}$$

Se deja como ejercicio que el estudiante tabule $P(E_n)$ con ayuda de una calculadora programable. Para ello, es útil tener en cuenta la recursividad:

$$P((E_2)') = \frac{364}{365} \quad y \quad P((E_{n+1})') = P((E_n)') \cdot \frac{365 - n}{365}$$

de la que se tiene

$$P(E_2) = \frac{1}{365} \quad y \quad P(E_{n+1}) = \frac{n + P(E_n)(365 - n)}{365}$$

Si esta fórmula recursiva se introduce en una calculadora programable, es posible demostrar que $P(E_{22}) \approx 0.475695$ de manera que

$$P(E_{23}) = \frac{22 + P(E_{22})(365 - 22)}{365} \approx \frac{22 + 0.475695(343)}{365} \approx 0.507297 = 50.7297\%$$

Entonces 23 es el número n más pequeño para el cual $P(E_n) > 50$ por ciento.

Se observa que si $n > 365$, hay más personas que días en el año. En este caso, al menos dos personas deben compartir su cumpleaños. Así, para $n > 365$, se tiene que $P(E_n) = 1$.

Ahora resuelva el problema 45 ◁

EJEMPLO 7 Dados

Se lanza un par de dados bien balanceados y se anota el número resultante en cada dado. Determine la probabilidad de que la suma de los números resultantes sea (a) 7, (b) 7 u 11 y (c) mayor que 3.

Solución: Como cada dado puede caer en una de seis formas diferentes, por el principio básico de conteo el número de resultados posibles es $6 \cdot 6 = 36$. El espacio muestral consiste en los siguientes pares ordenados:

$$\begin{array}{cccccc}
(1,1) & (1,2) & (1,3) & (1,4) & (1,5) & (1,6) \\
(2,1) & (2,2) & (2,3) & (2,4) & (2,5) & (2,6) \\
(3,1) & (3,2) & (3,3) & (3,4) & (3,5) & (3,6) \\
(4,1) & (4,2) & (4,3) & (4,4) & (4,5) & (4,6) \\
(5,1) & (5,2) & (5,3) & (5,4) & (5,5) & (5,6) \\
(6,1) & (6,2) & (6,3) & (6,4) & (6,5) & (6,6)
\end{array}$$

Los resultados son igualmente posibles, por lo que la probabilidad de cada resultado es $\frac{1}{36}$. Hay muchos caracteres presentes en la lista anterior, puesto que cada uno de los 36 pares ordenados involucra cinco (un par de paréntesis, una coma y 2 dígitos) para un total de $36 \cdot 5 = 180$ caracteres. La misma información puede transmitirse mediante los siguientes cuadros coordenados, que requieren sólo 12 caracteres y 14 líneas.

	1	2	3	4	5	6
1						
2						
3						
4						
5						
6						

a. Sea E_7 el evento en el que la suma de los números que aparecen es 7. Entonces,

$$E_7 = \{(1,6),(2,5),(3,4),(4,3),(5,2),(6,1)\}$$

que tiene seis resultados (y puede verse como la diagonal ascendente en los cuadros coordenados). Así,

$$P(E_7) = \frac{6}{36} = \frac{1}{6}$$

b. Sea $E_{7\,u\,11}$ el evento en que la suma es 7 u 11. Si E_{11} es el evento en que la suma es 11, entonces

$$E_{11} = [(5,6),(6,5)]$$

el cual tiene dos resultados. Como $E_{7\,u\,11} = E_7 \cup E_{11}$ y E_7 y E_{11} son mutuamente excluyentes, se tiene

$$P(E_{7\,u\,11}) = P(E_7) + P(E_{11}) = \frac{6}{36} + \frac{2}{36} = \frac{8}{36} = \frac{2}{9}$$

De manera alternativa, puede determinarse $P(E_{7\,u\,11})$ contando el número de resultados presentes en $E_{7\,u\,11}$. Se obtiene,

$$E_{7\,u\,11} = \{(1,6),(2,5),(3,4),(4,3),(5,2),(6,1),(5,6),(6,5)\}$$

que tiene ocho resultados. Por lo tanto,

$$P(E_{7 \text{ u } 11}) = \frac{8}{36} = \frac{2}{9}$$

c. Sea E el evento en que la suma es mayor que 3. El número de resultados en E es relativamente grande. Así, para determinar $P(E)$, es más fácil encontrar E', en lugar de E, y después usar la fórmula $P(E) = 1 - P(E')$. Aquí E' es el evento en que la suma es 2 o 3. Se tiene

$$E' = \{(1, 1), (1, 2), (2, 1)\}$$

el cual consta de tres resultados. Por lo tanto,

$$P(E) = 1 - P(E') = 1 - \frac{3}{36} = \frac{11}{12}$$

Ahora resuelva el problema 27 ◁

EJEMPLO 8	Juego interrumpido

Obtenga la solución de Pascal y Fermat para el problema de dividir el premio entre dos apostadores en un juego de azar interrumpido, como se describió en la introducción a este capítulo. Recuerde que cuando el juego fue interrumpido, el jugador 1 necesitaba r "rondas" más para ganar el premio y el jugador 2 requería s rondas más para ganar. Se acordó que el premio debía dividirse de manera que cada jugador obtuviera el valor del premio multiplicado por la probabilidad de que hubiera ganado el juego en caso de que el juego no se hubiera interrumpido.

Solución: Sólo es necesario calcular la probabilidad de que el jugador 1 hubiera ganado, si ésta es p, entonces la probabilidad de que el jugador 2 hubiera ganado es $1 - p$. Ahora el juego puede tener cuando mucho $r + s - 1$ rondas más. Para verificar esto, observe que cada ronda produce exactamente un ganador y sea a el número de las $r + s - 1$ rondas ganadas por el jugador 1 y b el número de las $r + s - 1$ rondas ganadas por el jugador 2. Por lo tanto, $r + s - 1 = a + b$. Si ni el jugador 1 ni el 2 han ganado, entonces $a \leq r - 1$ y $b \leq s - 1$. Pero en este caso se tiene

$$r + s - 1 = a + b \leq (r - 1) + (s - 1) = r + s - 2$$

lo cual es imposible. Resulta claro que, después de $r + s - 2$ *podría* no haber todavía un ganador final, por lo que es necesario considerar $r + s - 1$ rondas adicionales posibles a partir del momento de la interrupción. Sea $n = r + s - 1$. Ahora el jugador 1 ganará si el jugador 2 gana k de las n rondas adicionales posibles, donde $0 \leq k \leq s - 1$. Sea E_k el evento en que el jugador 2 gana *exactamente* k de las siguientes n rondas. Como los eventos E_k, para $k = 0, 1, \cdots s-1$, son mutuamente excluyentes, la probabilidad de que el jugador 1 gane está dada por

$$P(E_0 \cup E_1 \cup \cdots \cup E_{s-1}) = P(E_0) + P(E_1) + \cdots + P(E_{s-1}) = \sum_{k=0}^{s-1} P(E_k) \qquad \textbf{(3)}$$

Falta determinar $P(E_k)$. Debe suponerse también que una ronda consiste en el lanzamiento de una moneda con resultados C y X. Además se considera que el jugador 2 gana una ronda si el resultado de ésta es X. Así que el jugador 2 ganará exactamente k de las siguientes rondas si exactamente k de las siguientes n rondas son X. Por supuesto, el número de resultados posibles para las siguientes n rondas es 2^n, por el principio de la multiplicación. El número de estos resultados que consta exactamente de k X es el número de formas en que puede elegirse k de entre n. Se deduce que $P(E_k) = \dfrac{{}_nC_k}{2^n}$ y, sustituyendo este valor en la ecuación (3), se obtiene

$$\sum_{n=0}^{s-1} \frac{{}_nC_k}{2^n}$$

Ahora resuelva el problema 29 ◁

Funciones de probabilidad en general

Muchas propiedades de los espacios equiprobables se cumplen para espacios muestrales que no son equiprobables. Para ilustrar esto, considere el experimento de lanzar dos monedas balanceadas y observar el número de caras resultantes. Las monedas pueden caer en una de cuatro formas, a saber,

$$CC \quad CX \quad XC \quad XX$$

que corresponden a dos caras, una cara, una cara y cero caras, respectivamente. Como se tiene interés en el número de caras, el espacio muestral puede escogerse como

$$S = \{0, 1, 2\}$$

Sin embargo, en S los eventos simples *no* son igualmente posibles de ocurrir debido a las cuatro formas posibles en que pueden caer las monedas: dos de estas formas corresponden al resultado de una cara, mientras que sólo una corresponde al resultado de dos caras y sólo otra corresponde al resultado de cero caras. A largo plazo, es razonable esperar que los ensayos repetidos resulten en una cara alrededor de $\frac{2}{4}$ de las veces, cero caras en aproximadamente $\frac{1}{4}$ del tiempo y dos caras alrededor de $\frac{1}{4}$ de las veces. Si se asignan probabilidades a estos eventos simples, es natural tener

$$P(0) = \frac{1}{4} \quad P(1) = \frac{2}{4} = \frac{1}{2} \quad P(2) = \frac{1}{4}$$

Aunque S no es equiprobable, estas probabilidades están entre 0 y 1, inclusive, y su suma es 1. Esto es consistente con lo que se estableció para un espacio equiprobable.

Con base en el análisis previo, puede considerarse ahora una *función de probabilidad* que se relaciona con los espacios muestrales en general.

Definición

Sea $S = \{s_1, s_2, \ldots, s_N\}$ un espacio muestral para un experimento. A la función P se le llama *función de probabilidad* si las dos afirmaciones siguientes son ciertas:

1. $0 \leq P(s_i) \leq 1$ para $i = 1$ a N
2. $P(s_1) + P(s_2) + \cdots + P(s_N) = 1$

Si E es un evento, entonces $P(E)$ es la suma de las probabilidades de los puntos muestrales contenidos en E. Se define $P(\emptyset)$ como 0.

Desde un punto de vista matemático, cualquier función P que satisfaga las condiciones 1 y 2 es una función de probabilidad para un espacio muestral. Por ejemplo, considere el espacio muestral para el experimento anterior de lanzar dos monedas balanceadas y observar el número de caras:

$$S = \{0, 1, 2\}$$

Se pueden asignar las siguientes probabilidades:

$$P(0) = 0.1 \quad P(1) = 0.2 \quad P(2) = 0.7$$

Aquí, P satisface las dos condiciones 1 y 2 y, por lo tanto, es una función de probabilidad válida. Sin embargo, esta asignación no refleja la interpretación a largo plazo de la probabilidad y, en consecuencia, no sería aceptable desde un punto de vista práctico.

En general, para cualquier función de probabilidad definida sobre un espacio muestral (finito o infinito), se cumplen las siguientes propiedades:

$$P(E') = 1 - P(E)$$

$$P(S) = 1$$

$$P(E_1 \cup E_2) = P(E_1) + P(E_2) \quad \text{si } E_1 \cap E_2 = \emptyset$$

Probabilidad empírica

Se ha visto lo fácil que es asignar probabilidades a eventos simples cuando se tiene un espacio muestral equiprobable. Por ejemplo, cuando se lanza una moneda balanceada, se tiene

$S = \{C, X\}$ y $P(C) = P(X) = \frac{1}{2}$. Estas probabilidades se determinan mediante la naturaleza intrínseca del experimento —a saber, existen dos resultados posibles que deben tener la misma probabilidad porque son igualmente posibles—. Las probabilidades de este tipo se llaman *probabilidades teóricas*. Sin embargo, suponga que la moneda no está balanceda. ¿Cómo pueden asignarse las probabilidades? Si se lanza la moneda cierto número de veces, se pueden determinar las frecuencias relativas de la ocurrencia de caras y cruces. Por ejemplo, suponga que en 1000 lanzamientos, ocurren caras 517 veces y cruces 483 veces. Entonces, las frecuencias relativas de la ocurrencia de caras y cruces es $\frac{517}{1000}$ y $\frac{483}{1000}$, respectivamente. En esta situación, la asignación $P(C) = 0.517$ y $P(X) = 0.483$ sería bastante razonable. Las probabilidades asignadas de esta forma se llaman *probabilidades empíricas*. En general, las probabilidades basadas en datos muestrales o empíricos son empíricas. Ahora suponga que la moneda fue lanzada 2000 veces y que la frecuencia relativa para la ocurrencia de caras y cruces fue $\frac{1023}{2000} = 0.5115$ y $\frac{977}{2000} = 0.4885$, respectivamente. Entonces, en este caso, sería aceptable la asignación $P(C) = 0.5115$ y $P(X) = 0.4885$. En cierto sentido, las últimas probabilidades pueden ser más indicativas de la verdadera naturaleza de la moneda que las probabilidades asociadas con 1000 lanzamientos.

En el siguiente ejemplo, se asignan probabilidades (empíricas) con base en datos muestrales.

EJEMPLO 9   Sondeo de opinión

Se realizó un sondeo de opinión con una muestra de 150 residentes adultos de un pueblo. A cada persona se le preguntó su opinión acerca de la emisión de un bono para construir una piscina en la comunidad. Los resultados se resumen en la tabla 8.2.

Suponga que los residentes adultos del pueblo se seleccionan de manera aleatoria. Sea M el evento en que "se selecciona un residente masculino" y F el evento en que "la persona seleccionada favorece la emisión del bono". Encuentre lo siguiente:

a. $P(M)$

b. $P(F)$

c. $P(M \cap F)$

d. $P(M \cup F)$

Estrategia   Se supondrá que las proporciones que se aplican a la muestra también son válidas para la población adulta del pueblo.

Solución:

a. De las 150 personas incluidas en la muestra, 80 son del sexo masculino. Por lo tanto, para la población adulta del pueblo (el espacio muestral), se supone que $\frac{80}{150}$ son del sexo masculino. Por lo tanto, la probabilidad (empírica) de seleccionar un hombre es

$$P(M) = \frac{80}{150} = \frac{8}{15}$$

b. De las 150 personas de la muestra, 100 están a favor de la emisión del bono. Por lo tanto,

$$P(F) = \frac{100}{150} = \frac{2}{3}$$

Tabla 8.2 Sondeo de opinión

	A favor	En contra	Total
Masculino	60	20	80
Femenino	40	30	70
Total	100	50	150

c. La tabla 8.2 indica que 60 hombres favorecen la emisión del bono. Entonces,

$$P(M \cap F) = \frac{60}{150} = \frac{2}{5}$$

d. Para encontrar $P(M \cup F)$, se usa la ecuación (1):

$$P(M \cup F) = P(M) + P(F) - P(M \cap F)$$

$$= \frac{80}{150} + \frac{100}{150} - \frac{60}{150} = \frac{120}{150} = \frac{4}{5}$$

Ahora resuelva el problema 33 ◁

Posibilidades

La probabilidad de un evento se expresa en términos de *posibilidades*, especialmente en situaciones de juego.

Definición

Las *posibilidades* a favor de la ocurrencia de un evento E están dadas por la relación

$$\frac{P(E)}{P(E')}$$

siempre que $P(E') \neq 0$. Las posibilidades se expresan generalmente como la relación $\frac{p}{q}$ (o $p : q$) de dos enteros positivos, que se lee "p a q".

EJEMPLO 10   Apuestas para un 10 en un examen

Un estudiante cree que la probabilidad de obtener un 10 en el siguiente examen de matemáticas es 0.2. ¿Cuáles son las posibilidades (a favor) de que esto ocurra?

Solución: Si $E =$ "obtener un 10", entonces $P(E) = 0.2$ y $P(E') = 1 - 0.2 = 0.8$. Por lo tanto, las posibilidades de obtener un 10 son

$$\frac{P(E)}{P(E')} = \frac{0.2}{0.8} = \frac{2}{8} = \frac{1}{4} = 1 : 4$$

Esto es, las posibilidades son de 1 a 4. (Se destaca que las posibilidades *en contra* de obtener un 10 son de 4 a 1).

◁

Si las posibilidades de que ocurra el evento E son $a : b$, entonces la probabilidad de E puede determinarse fácilmente. Se sabe que

$$\frac{P(E)}{1 - P(E)} = \frac{a}{b}$$

Al despejar $P(E)$ se obtiene

$$bP(E) = (1 - P(E))a \qquad \text{eliminando fracciones}$$

$$aP(E) + bP(E) = a$$

$$(a + b)P(E) = a$$

$$P(E) = \frac{a}{a + b}$$

Determinación de probabilidad a partir de posibilidades

Si las posibilidades de que ocurra el evento E son $a : b$, entonces

$$P(E) = \frac{a}{a + b}$$

A largo plazo, si las posibilidades de que ocurra E son $a : b$, entonces, en promedio, E debe ocurrir a veces en cada $a + b$ ensayos del experimento.

EJEMPLO 11   Probabilidad de ganar un premio

Un bono de ahorro de $1000 es uno de los premios listados en un folleto de concurso que se recibe por correo. Se establece que las posibilidades a favor de ganar el bono son $1 : 10\,000$. ¿Cuál es la probabilidad de ganar este premio?

Solución: Aquí $a = 1$ y $b = 10\,000$. De la regla anterior,

$$P(\text{ganar precio}) = \frac{a}{a + b}$$

$$= \frac{1}{1 + 10\,000} = \frac{1}{10\,001}$$

Ahora resuelva el problema 35 ◁

PROBLEMAS 8.4

1. En 4000 ensayos de un experimento, ¿cuántas veces se esperaría que ocurra el evento E si $P(E) = 0.125$?

2. En 3000 ensayos de un experimento, ¿cuántas veces se esperaría que ocurra el evento E si $P(E') = 0.45$?

3. Si $P(E) = 0.2$, $P(F) = 0.3$ y $P(E \cap F) = 0.1$, encuentre (a) $P(E')$ y (b) $P(E \cup F)$.

4. Si $P(E) = \frac{1}{4}$, $P(F) = \frac{1}{2}$ y $P(E \cap F) = \frac{1}{8}$, encuentre (a) $P(E')$ y (b) $P(E \cup F)$.

5. Si $P(E \cap F) = 0.831$, ¿son E y F mutuamente excluyentes?

6. Si $P(E) = \frac{1}{4}$, $P(E \cup F) = \frac{1}{2}$ y $P(E \cap F) = \frac{1}{12}$, encuentre $P(F)$.

7. Dados   Se lanzan dos dados bien balanceados. Encuentre la probabilidad de que la suma de los números sea (a) 8; (b) 2 o 3; (c) 3, 4 o 5; (d) 12 o 13; (e) un número par; (f) un número impar; (g) menor que 10.

8. Dados   Se lanza un par de dados bien balanceados. Determine la probabilidad de que al menos un dado muestre un 2 o un 3.

9. Selección de carta   Una carta se selecciona en forma aleatoria de un mazo estándar de 52 cartas de juego. Determine la probabilidad de que la carta sea (a) el rey de corazones, (b) un diamante, (c) una sota, (d) roja, (e) un corazón o un basto, (f) un basto y un 4, (g) un basto o un 4, (h) roja y un rey e (i) una espada y un corazón.

10. Moneda y dado   Se lanzan una moneda y un dado bien balanceados. Encuentre la probabilidad de que resulte (a) una cara y un 5, (b) una cara, (c) un 3, (d) una cara y un número par.

11. Moneda, dado y carta   Se lanzan una moneda y un dado bien balanceados y se selecciona una carta en forma aleatoria de un mazo estándar de 52 cartas de juego. Determine la probabilidad de que la moneda, el dado y la carta, muestren, respectivamente (a) una cara, un 6 y un as de espadas; (b) una cara, un 3 y una reina; (c) una cara, un 2 o un 3 y una reina; (d) una cara, un número impar y un diamante.

12. Monedas   Se lanzan tres monedas bien balanceadas. Encuentre la probabilidad de que (a) resulten tres caras, (b) resulte exactamente una cruz, (c) resulten no más de dos caras y (d) resulte no más de una cruz.

13. Selección de cartas   De manera sucesiva y aleatoria, se eligen tres cartas de un mazo de 52 cartas de juego sin reemplazo. Encuentre la probabilidad de que (a) las tres cartas sean reyes y (b) las tres cartas sean corazones.

14. Selección de cartas   De manera sucesiva y aleatoria, se eligen dos cartas de un mazo de 52 cartas de juego con reemplazo. Encuen-

tre la probabilidad de que (a) ambas cartas sean reyes y (b) una carta sea un rey y la otra sea un corazón.

15. Género de los hijos   Suponiendo que el género de una persona se determina de manera aleatoria, determine la probabilidad de que una familia con tres hijos tenga (a) tres niñas, (b) exactamente un niño, (c) ninguna niña y (d) al menos una niña.

16. Selección de caramelo   Se toma un caramelo de manera aleatoria de una bolsa que contiene cinco caramelos rojos, nueve blancos y dos azules. Encuentre la probabilidad de que el caramelo (a) sea azul, (b) no sea rojo, (c) sea rojo o blanco, (d) no sea rojo ni azul, (e) sea amarillo y (f) sea rojo o amarillo.

17. Selección de acciones   Se selecciona de manera aleatoria una acción de entre 60 títulos distintos, 48 de los cuales tienen un dividendo anual de 6% o más. Encuentre la probabilidad de que la acción pague un dividendo anual de (a) 6% o más, (b) menos de 6 por ciento.

18. Inventario   Una tienda de ropa mantiene su inventario de corbatas de manera que 40% sean de seda 100% pura. Al seleccionar una corbata de manera aleatoria, ¿cuál es la probabilidad de que (a) sea de seda 100% pura?, (b) ¿no sea de seda 100% pura?

19. Calificaciones de examen   En un examen aplicado a 40 estudiantes, 10% obtuvieron un 10, 25% un 9, 35% un 8, 25% un 7 y 5% un 5. Al seleccionar un estudiante de manera aleatoria, ¿cuál es la probabilidad de que (a) haya obtenido un 10?, (b) ¿haya obtenido un 10 o un 9?, (c) ¿no haya obtenido ni 7 ni 5?, (d) ¿no haya obtenido un 5? (e) Responda las preguntas (a) a (d) si se desconoce el número de estudiantes a los que se aplicó el examen.

20. Selección de caramelos   Dos bolsas contienen caramelos de colores. La bolsa 1 contiene tres caramelos rojos y dos verdes y la bolsa 2 contiene cuatro caramelos rojos y cinco verdes. Se selecciona un caramelo en forma aleatoria de cada una de las bolsas. Encuentre la probabilidad de que (a) ambos caramelos sean rojos y (b) un caramelo sea rojo y el otro verde.

21. Selección de comité   De un grupo de tres mujeres y cuatro hombres, se seleccionan dos personas de manera aleatoria para formar un comité. Encuentre la probabilidad de que el comité conste sólo de mujeres.

22. Selección de comité   Para la selección del comité del problema 21, encuentre la probabilidad de que el comité conste de un hombre y una mujer.

23. Calificación de examen   Un estudiante responde al azar un examen con 10 preguntas del tipo verdadero o falso. Si cada pregunta vale 10 puntos, ¿cuál es la probabilidad de que el estudiante obtenga (a) 100 puntos? y (b) ¿90 o más puntos?

24. Examen de opción múltiple En un examen de opción múltiple hay ocho preguntas, cada pregunta tiene cuatro opciones y sólo una de las opciones es correcta. Si un estudiante responde cada pregunta de manera aleatoria, encuentre la probabilidad de que el estudiante conteste (a) todas las preguntas correctamente y (b) exactamente cuatro preguntas correctamente.

25. Mano de pókar Encuentre la probabilidad de que a usted le repartan cuatro cartas del mismo tipo en una mano de pókar. Esto significa simplemente cuatro cartas de un tipo y una de otra clase, por ejemplo, cuatro reinas y un 10. Exprese su respuesta usando el símbolo $_nC_r$.

26. Suponga que $P(E) = \frac{1}{5}$, $P(E \cup F) = \frac{41}{105}$ y $P(E \cap F) = \frac{1}{7}$.

(a) Encuentre $P(F)$ **(b)** Encuentre $P(E' \cup F)$

[*Sugerencia*:

$$F = (E \cap F) \cup (E' \cap F)$$

donde $E \cap F$ y $E' \cap F$ son mutuamente excluyentes].

27. Comité del magisterio La clasificación del magisterio en una universidad es como se indica en la tabla 8.3. Al seleccionar al azar un comité de tres miembros del magisterio, ¿cuál es la probabilidad de que conste de (a) sólo mujeres?; (b) ¿un profesor y dos profesores asociados?

Tabla 8.3 Clasificación del magisterio

	Hombre	Mujer	Total
Profesor	12	3	15
Profesor asociado	15	9	24
Profesor asistente	18	8	26
Instructor	20	15	35
Total	65	35	100

28. Dado sesgado Un dado está sesgado de manera que $P(1) = \frac{3}{10}$, $P(2) = P(5) = \frac{2}{10}$ y $P(3) = P(4) = P(6) = \frac{1}{10}$. Si el dado se lanza, encuentre P(número par).

29. Juego interrumpido Un par de apostadores están lanzando una moneda y prediciendo el resultado de manera que sólo uno de ellos gana cada lanzamiento. Hay un premio de $25 que acordaron obtendría el primero que ganara 10 lanzamientos. Sus madres llegan a la escena y les ordenan detener el juego cuando Shiloh ha ganado 7 lanzamientos y Caitlin ha ganado 5. Luego, Shiloh y Caitlin dividen el dinero de acuerdo con la fórmula de Pascal y Fermat. ¿Qué parte del dinero le tocó a Shiloh?

30. Juego interrumpido Repita el problema 30 para la siguiente reunión de Shiloh y Caitlin cuando la policía interrumpe su juego de 10 lanzamientos por $50, donde Shiloh había ganado 5 lanzamientos y Caitlin sólo 2.

31. Dado sesgado Cuando se lanza un dado sesgado, las probabilidades de obtener 1 y 2 son iguales. Las probabilidades de obtener 3 y 4 también son iguales, pero son dos veces mayores que las de obtener 1 y 2. Las probabilidades de obtener 5 y 6 son las mismas, pero son tres veces mayores a las de 1 y 2. Determine $P(1)$.

32. Para el espacio muestral $\{a, b, c, d, e, f, g\}$, suponga que las probabilidades de a, b, c, d y e son las mismas y que las probabilidades de f y g son iguales entre sí. ¿Es posible determinar $P(f)$? Si también se sabe que $P(\{a, f\}) = \frac{1}{3}$, ¿qué más podría decirse?

33. Incremento en los impuestos Un cuerpo legislativo está considerando un incremento en los impuestos para apoyar la educación. Se realizó una encuesta a 100 votantes registrados y los resultados se indican en la tabla 8.4. Suponga que la encuesta refleja la opinión de la población votante. Si una persona de esa población se selecciona de manera aleatoria, determine cada una de las siguientes probabilidades (empíricas).

(a) P(esté a favor del aumento)

(b) P(esté en contra del aumento)

(c) P(sea un republicano sin opinión)

Tabla 8.4 Encuesta sobre aumento de impuestos

	A favor	En contra	Sin opinión	Total
Demócrata	32	26	2	60
Republicano	15	17	3	35
Otro	4	1	0	5
Total	51	44	5	100

34. Ventas de cámaras de video Una cadena de tiendas de departamentos tiene almacenes en las ciudades de Exton y Whyton. Cada tienda vende tres tipos de cámaras, A, B y C. El año pasado se determinó el promedio de las ventas unitarias mensuales y los resultados son los que se indican en la tabla 8.5. Suponga que las ventas futuras siguen el patrón indicado en la tabla.

(a) Determine la probabilidad de que el próximo mes la venta de una cámara sea del tipo B.

(b) El próximo mes, si una venta se hace en la tienda de Exton, encuentre la probabilidad de que sea del tipo C.

Tabla 8.5 Ventas unitarias por mes

	A	B	C
Exton	25	40	30
Whyton	20	25	30

En los problemas del 35 al 38, para la probabilidad dada, encuentre las posibilidades de que ocurra E.

35. $P(E) = \frac{4}{5}$ **36.** $P(E) = \frac{2}{7}$

37. $P(E) = 0.7$ **38.** $P(E) = 0.001$

En los problemas del 39 al 42, se dan las posibilidades de que ocurra E. Encuentre P(E).

39. $7:5$ **40.** $100:1$ **41.** $3:7$ **42.** $a:a$

43. Pronóstico del clima Un anunciador del clima por televisión reportó 75% de probabilidad de que llueva mañana. ¿Cuáles son las posibilidades de que llueva mañana?

44. Si las posibilidades de que el evento E *no* ocurra son $3:5$, ¿cuáles son las posibilidades de que E ocurra? Responda de nuevo la pregunta considerando que las posibilidades de que el evento E *no* ocurra son $a:b$.

45. Sorpresa de cumpleaños Para E_n como en el ejemplo 6, calcule $P(E_{25})$ como porcentaje redondeado a un decimal.

46. Sorpresa de cumpleaños Para E_n como en el ejemplo 6, calcule $P(E_{30})$ como porcentaje redondeado a un decimal.

Objetivo

Analizar la probabilidad condicional a través de un espacio muestral reducido así como del espacio original. Analizar un proceso estocástico mediante la ayuda de un árbol de probabilidad. Desarrollar la ley general de la multiplicación para $P(E \cap F)$.

8.5 Probabilidad condicional y procesos estocásticos

Probabilidad condicional

La probabilidad de un evento podría verse afectada cuando se conoce información adicional relacionada con el experimento. Por ejemplo, si usted trata de adivinar la respuesta a una pregunta de opción múltiple que tiene cinco opciones, la probabilidad de obtener la respuesta correcta es $\frac{1}{5}$. Sin embargo, si usted sabe que las respuestas A y B son erróneas y por lo tanto pueden descartarse, la probabilidad de adivinar la respuesta correcta se incrementa a $\frac{1}{3}$. En esta sección, se consideran situaciones similares en las que se busca la probabilidad de un evento E cuando se conoce la ocurrencia de otro evento F. Esto se llama **probabilidad condicional** y se denota por $P(E|F)$, que se lee como "la probabilidad condicional de E dado F". Por ejemplo, en la situación que involucra a la pregunta de opción múltiple, se tiene

$$P(\text{adivinar la respuesta correcta}|\text{A y B están eliminadas}) = \frac{1}{3}$$

Para investigar sobre la noción de probabilidad condicional, se considera la siguiente situación. Se lanza un dado balanceado y se tiene interés en conocer la probabilidad del evento

$$E = \{\text{resulta un número par}\}$$

El espacio muestral equiprobable usual para este experimento es

$$S = \{1, 2, 3, 4, 5, 6\}$$

entonces,

$$E = \{2, 4, 6\}$$

Por lo tanto,

$$P(E) = \frac{\#(E)}{\#(S)} = \frac{3}{6} = \frac{1}{2}$$

Ahora se cambia un poco la situación. Suponga que el dado se lanza a escondidas y después se informa que ocurrió un número mayor que 3. A la luz de esta información adicional, ¿cuál es ahora la probabilidad de obtener un número par? Para responder esa pregunta, se razona de la manera siguiente. El evento F de un número más grande que 3 es

$$F = \{4, 5, 6\}$$

Como F ya ocurrió, el conjunto de resultados posibles ya no es S, sino F. Es decir, F se vuelve el nuevo espacio muestral, llamado **espacio muestral reducido** o *subespacio* de S. En F los resultados son igualmente posibles y, de éstos, sólo 4 y 6 son favorables a E; esto es,

$$E \cap F = \{4, 6\}$$

Como dos de los tres resultados probables en el espacio muestral reducido son favorables a la ocurrencia de un número par, se dice que $\frac{2}{3}$ es *la probabilidad condicional de obtener un número par, dado que ocurrió un número mayor que 3*:

$$P(E|F) = \frac{\#(E \cap F)}{\#(F)} = \frac{2}{3} \tag{1}$$

El diagrama de Venn de la figura 8.14 ilustra la situación.

Al comparar la probabilidad condicional $P(E|F) = \frac{2}{3}$ con la probabilidad "no condicional" $P(E) = \frac{1}{2}$, se observa que $P(E|F) > P(E)$. Esto significa que cuando se sabe que ha ocurrido un número mayor que 3, *aumenta* la probabilidad de que ocurra un número par. Sin embargo, existen situaciones en las que las probabilidades condicional y no condicional son iguales. Esto se analiza en la siguiente sección.

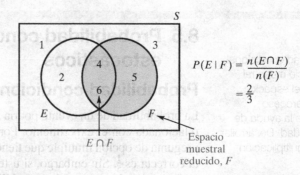

FIGURA 8.14 Diagrama de Venn para la probabilidad condicional.

En resumen, se tiene la siguiente generalización de la ecuación (1):

> **Fórmula para calcular una probabilidad condicional**
>
> Si E y F son eventos asociados con un espacio muestral equiprobable y $F \neq \emptyset$, entonces
>
> $$P(E|F) = \frac{\#(E \cap F)}{\#(F)} \qquad (2)$$

Como $E \cap F$ y $E' \cap F$ son eventos separados cuya unión es F, es fácil ver que

$$P(E|F) + P(E'|F) = 1$$

de lo cual se obtiene

$$P(E'|F) = 1 - P(E|F)$$

EJEMPLO 1   **Caramelos en una bolsa**

Una bolsa contiene dos caramelos azules (digamos, A_1 y A_2) y dos caramelos blancos (B_1 y B_2). Si se toman dos caramelos de manera aleatoria de la bolsa, sin reemplazo, encuentre la probabilidad de que el segundo caramelo extraído sea blanco, dado que el primero es azul. (Vea la figura 8.15).

Solución: Para este espacio muestral equiprobable, se toman todos los pares ordenados, como (A_1, B_2) y (B_2, B_1), cuyos componentes indican los caramelos seleccionados en el primero y segundo turnos. Sean A y B los eventos

$$A = \{\text{azul en el primer turno}\}$$
$$B = \{\text{blanco en el segundo turno}\}$$

Selección de dos caramelos sin reemplazo.

FIGURA 8.15 Dos caramelos blancos y dos azules en una bolsa.

Se tiene interés en

$$P(B|A) = \frac{\#(B \cap A)}{\#(A)}$$

El espacio muestral reducido B consiste en todos los resultados en que se selecciona primero un caramelo azul:

$$A = \{(A_1, A_2), (A_1, B_1), (A_1, B_2), (A_2, B_1), (A_2, B_1), (A_2, B_2)\}$$

El evento $B \cap A$ consiste en los resultados obtenidos en A para los cuales el segundo caramelo es blanco:

$$B \cap A = \{(A_1, B_1), (A_1, B_2), (A_2, B_1), (A_2, B_2)\}$$

Como $\#(A) = 6$ y $\#(B \cap A) = 4$, se tiene

$$P(B|A) = \frac{4}{6} = \frac{2}{3}$$

Ahora resuelva el problema 1 ◁

En el ejemplo 1 se mostró lo eficiente que puede ser el uso de un espacio muestral reducido. Observe que no fue necesario listar todos los resultados del espacio muestral original ni del evento B. Aunque se listaron los resultados probables en A, se podría haber encontrado $\#(A)$ usando métodos de conteo.

Existen dos formas en las que el primer caramelo puede ser azul y quedan tres posibilidades para elegir el segundo caramelo, que puede ser el caramelo azul restante o uno de los dos caramelos blancos. Así $\#(A) = 2 \cdot 3 = 6$.

El número $\#(B \cap A)$ también podría encontrarse por métodos de conteo.

EJEMPLO 2   Encuesta

En una encuesta de 150 personas, se le preguntó a cada persona su estatus marital y su opinión acerca de la emisión de un bono para construir una piscina en cierta comunidad. Los resultados se muestran en la tabla 8.6. Si una de esas personas se selecciona de manera aleatoria, encuentre cada una de las siguientes probabilidades condicionales.

Tabla 8.6 Encuesta

	A favor (F)	En contra (F')	Total
Casado (M)	60	20	80
Soltero (M')	40	30	70
Total	100	50	150

a. La probabilidad de que la persona esté a favor de la emisión del bono, dado que está casada.

Solución: Se tiene interés en $P(F|M)$. El espacio muestral reducido (M) contiene 80 personas casadas, de las cuales 60 están a favor de la emisión del bono. Así,

$$P(F|M) = \frac{\#(F \cap M)}{\#(M)} = \frac{60}{80} = \frac{3}{4}$$

b. La probabilidad de que la persona esté casada, dado que está a favor de la emisión del bono.

Solución: Se desea encontrar $P(M|F)$. El espacio muestral reducido (F) contiene 100 personas que están a favor de la emisión del bono. De éstas, 60 son casadas. Por lo tanto,

$$P(M|F) = \frac{\#(M \cap F)}{\#(F)} = \frac{60}{100} = \frac{3}{5}$$

Observe que aquí $P(M|F) \neq P(F|M)$. La igualdad es posible precisamente si $P(M) = P(F)$, suponiendo que $P(M)$, $P(F)$ y $P(M \cap F)$ no son iguales a cero.

◁

Otro método útil para calcular una probabilidad condicional es por medio de una fórmula que involucra *probabilidades* con respecto al espacio muestral *original*. Antes de establecer la fórmula, se le proporcionará al lector cierta motivación de manera que esto le parezca razonable. (El análisis que sigue está simplificado en el sentido de que se hacen algunos supuestos de manera tácita).

Para considerar $P(E|F)$, se supondrá que el evento F tiene una probabilidad $P(F)$ y el evento $E \cap F$ una probabilidad $P(E \cap F)$. El experimento asociado con este problema se repite n veces, donde n es muy grande. Entonces, el número de ensayos en los que F ocurre es aproximadamente $n \cdot P(F)$. De estos ensayos, el número de ensayos en los que *también* ocurre E es de aproximadamente $n \cdot P(E \cap F)$. Para una n grande, se estima $P(E|F)$ mediante la frecuencia relativa del número de ocurrencias de $E \cap F$ con respecto al número de ocurrencias de F, que es aproximadamente

$$\frac{n \cdot P(E \cap F)}{n \cdot P(F)} = \frac{P(E \cap F)}{P(F)}$$

Este resultado sugiere la fórmula que aparece en la siguiente definición formal de probabilidad condicional. (La definición se aplica para cualquier espacio muestral, sea o no equiprobable).

Definición

La *probabilidad condicional* de un evento E, dado que ha ocurrido el evento F, se denota como $P(E|F)$ y se define mediante

$$P(E|F) = \frac{P(E \cap F)}{P(F)} \qquad \text{si } P(F) \neq 0 \qquad (3)$$

De manera similar,

$$P(F|E) = \frac{P(F \cap E)}{P(E)} \qquad \text{si } P(E) \neq 0 \qquad (4)$$

Es necesario enfatizar que **en las ecuaciones (3) y (4), las probabilidades se refieren al espacio muestral original**. Aquí *no* se trata directamente con un espacio muestral reducido.

EJEMPLO 3   Control de calidad

Después de completar la corrida de producción inicial de un nuevo estilo de escritorio de metal, un técnico en control de calidad encontró que 40% de los escritorios tienen un problema de alineación y 10% tienen tanto un defecto en la pintura como un problema de alineación. Al seleccionar en forma aleatoria un escritorio de esta corrida y observar que tiene un problema de alineación, ¿cuál es la probabilidad de que también tenga un defecto en la pintura?

Solución: Sean A y D los eventos

$$A = \{\text{problema de alineación}\}$$

$$D = \{\text{defecto en la pintura}\}$$

Se tiene interés en conocer $P(D|A)$, la probabilidad de encontrar un defecto en la pintura dado un problema de alineación. De los datos dados, se tiene $P(A) = 0.4$ y $P(D \cap A) = 0.1$. Al sustituir en la ecuación (3) se tiene

$$P(D|A) = \frac{P(D \cap A)}{P(A)} = \frac{0.1}{0.4} = \frac{1}{4}$$

Para resolver este problema, es conveniente usar la ecuación (3) porque se dan probabilidades en lugar de información acerca del espacio muestral.

Ahora resuelva el problema 7 ◁

EJEMPLO 4   **Género de la descendencia**

Si una familia tiene dos hijos, encuentre la probabilidad de que ambos sean hombres dado que uno de estos hijos es niño. Suponga que un descendiente de cualquier género es igualmente posible y que, por ejemplo, tener primero una niña y después un varón es tan probable como tener primero un niño y después una niña.

Solución: Sean E y F los eventos

$$E = \{\text{ambos hijos son niños}\}$$

$$F = \{\text{al menos uno de los hijos es un niño}\}$$

Se tiene interés en conocer $P(E|F)$. Considere que la letra B denota a un niño (*boy*) y G a una niña (*girl*), y utilice el espacio muestral equiprobable

$$S = \{BB, BG, GG, GB\}$$

donde, en cada resultado, el orden de las letras indica el orden en que nacieron los hijos. Así,

$$E = \{BB\} \quad F = \{BB, BG, GB\} \quad y \quad E \cap F = \{BB\}$$

A partir de la ecuación (3),

$$P(E|F) = \frac{P(E \cap F)}{P(F)} = \frac{\frac{1}{4}}{\frac{3}{4}} = \frac{1}{3}$$

De manera alternativa, este problema puede resolverse usando el espacio muestral reducido F:

$$P(E|F) = \frac{\#(E \cap F)}{\#(F)} = \frac{1}{3}$$

Ahora resuelva el problema 9 ◁

Las ecuaciones (3) y (4) pueden reescribirse en términos de productos eliminando fracciones. Esto da,

$$P(E \cap F) = P(F)P(E|F)$$

y

$$P(F \cap E) = P(E)P(F|E)$$

Por la ley conmutativa, $P(E \cap F) = P(F \cap E)$, entonces podemos combinar las ecuaciones para obtener una ley importante:

Ley general de la multiplicación

$$P(E \cap F) = P(E)P(F|E) \tag{5}$$
$$= P(F)P(E|F)$$

La ley general de la multiplicación establece que si se tienen dos eventos, la probabilidad de que *ambos* ocurran es igual a la probabilidad de que ocurra uno multiplicada por la probabilidad condicional de que el otro ocurra, dado que ha ocurrido el primero.

EJEMPLO 5   **Publicidad**

Una compañía de *hardware* de computadora coloca un anuncio de su nuevo módem en una popular revista de computación. La compañía cree que el anuncio será leído por 32% de los lectores de la revista y que 2% de quienes lean el anuncio comprarán el módem. Suponga que esto es cierto y encuentre la probabilidad de que un lector de la revista lea el anuncio y compre el módem.

Solución: Considerando que L denota el evento "lee el anuncio" y C denota "compra el módem", se tiene interés en conocer $P(L \cap C)$. Se tiene que $P(L) = 0.32$. El hecho de que 2% de los lectores del anuncio comprarán el módem puede escribirse como $P(C|L) = 0.02$. Por la ley general de la multiplicación, ecuación (5), tenemos

$$P(L \cap C) = P(L)P(C|L) = (0.32)(0.02) = 0.0064$$

Ahora resuelva el problema 11 ◁

Procesos estocásticos

A la ley general de la multiplicación también se le llama **ley de probabilidad compuesta**. La razón es que resulta extremadamente útil cuando se aplica a un experimento que puede expresarse como una *sucesión* (o composición) de dos o más experimentos distintos, llamados **ensayos** o **etapas**. Al experimento original se le llama **experimento compuesto** y la sucesión de ensayos es un **proceso estocástico**. Las probabilidades de ocurrencia de los eventos asociados con cada ensayo (después del primero) podrían depender de los eventos ocurridos en los ensayos previos, de manera que son probabilidades condicionales.

Cuando se analiza un experimento compuesto, un diagrama de árbol resulta ser extremadamente útil porque mantiene a la vista el rastro de los resultados posibles en cada etapa. Una ruta completa desde el inicio hasta el final del árbol proporciona un resultado del experimento.

La noción de un experimento compuesto se analiza con detalle en el siguiente ejemplo. Léalo con cuidado. Aunque el análisis es largo porque se busca desarrollar una nueva idea, el cálculo real toma poco tiempo.

EJEMPLO 6   Cartas y árbol de probabilidad

Se toman dos cartas sin reemplazo de un mazo estándar de cartas. Encuentre la probabilidad de que la segunda carta sea roja.

Solución: El experimento de tomar dos cartas sin reemplazo puede pensarse como un experimento compuesto consistente en una sucesión de dos ensayos: el primer ensayo consiste en seleccionar una carta y el segundo en seleccionar una segunda carta después de que se ha tomado la primera. El primer ensayo tiene dos resultados posibles:

$$R_1 = \{\text{carta roja}\} \quad \text{o} \quad B_1 = \{\text{carta negra}\}$$

(Aquí el subíndice "1" se refiere al primer ensayo). En la figura 8.16, estos resultados se representan mediante dos ramas trazadas en el primer nivel del árbol. Tenga en cuenta que estos resultados son mutuamente excluyentes y *exhaustivos* en el sentido de que no hay otras posibilidades. Como en el mazo hay 26 cartas de cada color, se tiene

$$P(R_1) = \frac{26}{52} \quad \text{y} \quad P(B_1) = \frac{26}{52}$$

Estas probabilidades *no condicionales* se escriben a lo largo de las ramas correspondientes. El nombre apropiado de la figura 8.16 es **árbol de probabilidad**.

Ahora, si se obtiene una carta roja en el primer ensayo, entonces, de las 51 cartas restantes, 25 son rojas y 26 son negras. La carta seleccionada en el segundo ensayo puede ser roja (R_2) o negra (B_2). Así, en el árbol, la horquilla localizada en R_1 tiene dos ramas: roja y negra. Las probabilidades *condicionales* $P(R_2|R_1) = \frac{25}{51}$ y $P(B_2|R_1) = \frac{26}{51}$ se colocan a lo largo de estas ramas. De manera similar, si se obtiene una carta negra en el primer ensayo, entonces, de las 51 cartas restantes, 26 son rojas y 25 son negras. Por lo tanto, $P(R_2|B_1) = \frac{26}{51}$ y $P(B_2|B_1) = \frac{25}{51}$, como se indica a lo largo de las dos ramas que salen de B_1. El árbol completo tiene dos niveles (uno por cada ensayo) y cuatro rutas (una por cada uno de los eventos mutuamente excluyentes y exhaustivos del experimento compuesto).

Observe que a lo largo de las ramas, desde el vértice "Inicio" hasta R_1 y B_1, la suma de probabilidades es igual a 1:

$$\frac{26}{52} + \frac{26}{52} = 1$$

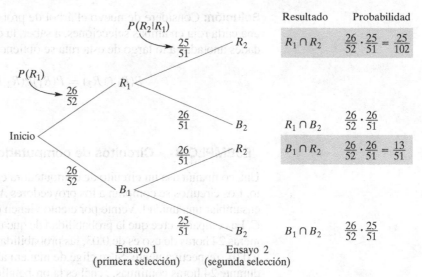

Resultado	Probabilidad
$R_1 \cap R_2$	$\frac{26}{52} \cdot \frac{25}{51} = \frac{25}{102}$
$R_1 \cap B_2$	$\frac{26}{52} \cdot \frac{26}{51}$
$B_1 \cap R_2$	$\frac{26}{52} \cdot \frac{26}{51} = \frac{13}{51}$
$B_1 \cap B_2$	$\frac{26}{52} \cdot \frac{25}{51}$

FIGURA 8.16   Árbol de probabilidad para el experimento compuesto.

En general, la suma de probabilidades a lo largo de todas las ramas que salen de un solo vértice hacia un resultado de ese ensayo debe ser igual a 1. Así, para el vértice en R_1,

$$\frac{25}{51} + \frac{26}{51} = 1$$

y para el vértice en B_1,

$$\frac{26}{51} + \frac{25}{51} = 1$$

Ahora, consideremos la ruta del extremo superior. Esta ruta representa el evento "roja en la primera selección y roja en la segunda selección". Por la ley general de la multiplicación,

$$P(R_1 \cap R_2) = P(R_1)P(R_2|R_1) = \frac{26}{52} \cdot \frac{25}{51} = \frac{25}{102}$$

Esto es, *la probabilidad de un evento se obtiene multiplicando las probabilidades anotadas en las ramas de la ruta trazada para ese evento*. Las probabilidades para las otras tres rutas también se indican en el árbol.

De regreso a la pregunta original, se observa que dos rutas dan una carta roja en la segunda selección, a saber, las rutas para $R_1 \cap R_2$ y $B_1 \cap R_2$. Por lo tanto, el evento "segunda carta roja" es la unión de dos eventos mutuamente excluyentes. Por la ley de la suma, la probabilidad del evento es la suma de las probabilidades anotadas para las dos rutas:

$$P(R_2) = \frac{26}{52} \cdot \frac{25}{51} + \frac{26}{52} \cdot \frac{26}{51} = \frac{25}{102} + \frac{13}{51} = \frac{1}{2}$$

Observe lo fácil que fue encontrar $P(R_2)$ usando un árbol de probabilidad.

A continuación se presenta un resumen de lo realizado:

$$R_2 = (R_1 \cap R_2) \cup (B_1 \cap R_2)$$

$$P(R_2) = P(R_1 \cap R_2) + P(B_1 \cap R_2)$$

$$= P(R_1)P(R_2|R_1) + P(B_1)P(R_2|B_1)$$

$$= \frac{26}{52} \cdot \frac{25}{51} + \frac{26}{52} \cdot \frac{26}{51} = \frac{25}{102} + \frac{13}{51} = \frac{1}{2}$$

Ahora resuelva el problema 29 ◁

EJEMPLO 7   **Cartas**

Dos cartas se toman sin reemplazo de un mazo estándar de cartas. Encuentre la probabilidad de que ambas cartas sean rojas.

Solución: Considere de nuevo el árbol de probabilidad de la figura 8.16. Sólo una ruta da una carta roja en ambas selecciones, a saber, la de $R_1 \cap R_2$. Así, al multiplicar las probabilidades anotadas a lo largo de esta ruta se obtiene la probabilidad deseada:

$$P(R_1 \cap R_2) = P(R_1)P(R_2|R_1) = \frac{26}{52} \cdot \frac{25}{51} = \frac{25}{102}$$

Ahora resuelva el problema 33 ◁

EJEMPLO 8   Circuitos de computadora defectuosos

Una compañía usa un circuito de computadora en el ensamble de cada unidad de un producto. Los circuitos se compran a los proveedores *A*, *B* y *C* y se toman de manera aleatoria para ensamblar una unidad. Veinte por ciento vienen de *A*, 30% de *B* y los restantes provienen de *C*. La compañía cree que la probabilidad de que un circuito de *A* resulte defectuoso en las primeras 24 horas de uso es de 0.03, las probabilidades correspondientes para *B* y *C* son de 0.04 y 0.01, respectivamente. Si se elige de manera aleatoria una unidad ensamblada y se prueba durante 24 horas continuas, ¿cuál es la probabilidad de que el circuito resulte defectuoso?

Solución: En este problema, hay una sucesión de dos ensayos: la selección de un circuito (*A*, *B*, *C*) y después probar el circuito seleccionado [defectuoso (*D*) o no defectuoso (*D'*)]. Se proporcionan las probabilidades no condicionales

$$P(A) = 0.2 \quad \text{y} \quad P(B) = 0.3$$

Como *A*, *B* y *C* son mutuamente excluyentes y exhaustivos,

$$P(C) = 1 - (0.2 + 0.3) = 0.5$$

A partir del planteamiento del problema, también se tienen las probabilidades condicionales

$$P(D|A) = 0.03 \quad P(D|B) = 0.04 \quad P(D|C) = 0.01$$

Se desea encontrar $P(D)$. Para comenzar, se construye el árbol de probabilidad de dos niveles que se muestra en la figura 8.17. Se observa que las rutas que dan un circuito defectuoso son las trazadas para los eventos

$$A \cap D \quad B \cap D \quad C \cap D$$

Como estos eventos son mutuamente excluyentes,

$$P(D) = P(A \cap D) + P(B \cap D) + P(C \cap D)$$
$$= P(A)P(D|A) + P(B)P(D|B) + P(C)P(D|C)$$
$$= (0.2)(0.03) + (0.3)(0.04) + (0.5)(0.01) = 0.023$$

Ahora resuelva el problema 47 ◁

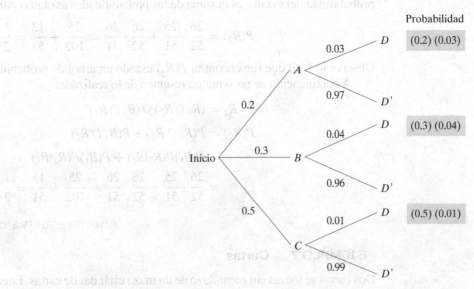

FIGURA 8.17   Árbol de probabilidad para el ejemplo 8.

La ley general de la multiplicación puede extenderse de manera que se aplique a más de dos eventos. Para *n* eventos, se tiene

$$P(E_1 \cap E_2 \cap \cdots \cap E_n)$$

$$= P(E_1)P(E_2|E_1)P(E_3|E_1 \cap E_2) \cdots P(E_n|E_1 \cap E_2 \cap \cdots \cap E_{n-1})$$

(Se supone que todas las probabilidades condicionales están definidas). En palabras, la probabilidad de que dos o más eventos ocurran es igual a la probabilidad de que ocurra uno de esos eventos multiplicada por la probabilidad condicional de que ocurra un segundo evento dado que el primero ya ocurrió, multiplicada por la probabilidad condicional de que ocurra un tercer evento, dado que ya ocurrieron los primeros dos, y así sucesivamente. Por ejemplo, en la forma del ejemplo 7, la probabilidad de tomar sin reemplazo tres cartas de un mazo es

$$P(R_1 \cap R_2 \cap R_3) = P(R_1)P(R_2|R_1)P(R_3|R_1 \cap R_2) = \frac{26}{52} \cdot \frac{25}{51} \cdot \frac{24}{50}$$

EJEMPLO 9   Caramelos en una bolsa

La bolsa I contiene un caramelo negro y dos rojos y la bolsa II contiene un caramelo amarillo. (Vea la figura 8.18). Una bolsa se selecciona al azar. Después se toma de manera aleatoria un caramelo de la bolsa seleccionada y se coloca en la otra bolsa. Luego se toma de manera aleatoria un caramelo de esta última bolsa. Encuentre la probabilidad de que el caramelo sea amarillo.

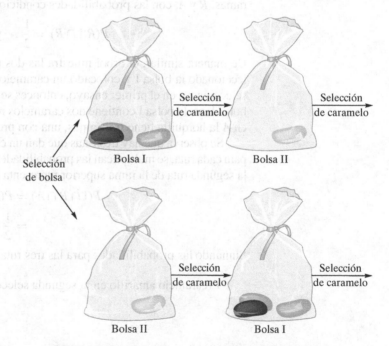

FIGURA 8.18   Selecciones de caramelos contenidos en bolsas.

Solución: Este es un experimento compuesto con tres ensayos:

a. Se selecciona una bolsa.
b. Se escoge un caramelo de la bolsa.
c. Se pone el caramelo en la otra bolsa y, de ésta, se toma un caramelo.

Deseamos encontrar P(caramelo amarillo en la segunda selección). Se analiza la situación construyendo un árbol de probabilidad de tres niveles. (Vea la figura 8.19). El primer ensayo tiene dos resultados posibles igualmente probables, "bolsa I" y "bolsa II", de manera que cada resultado tiene probabilidad de $\frac{1}{2}$.

Si se selecciona la bolsa I, el segundo ensayo tiene dos resultados posibles, "rojo" (R) o "negro" (N), con probabilidades condicionales $P(R|\text{I}) = \frac{2}{3}$ y $P(N|\text{I}) = \frac{1}{3}$. De seleccionar la bolsa II, hay un resultado posible, "amarillo" (A), de manera que $P(A|\text{II}) = 1$. Así, el segundo nivel del árbol tiene tres ramas.

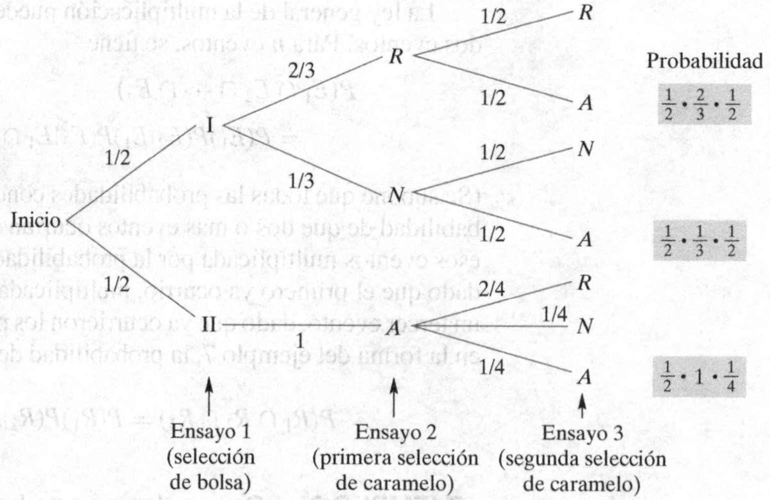

FIGURA 8.19 Árbol de probabilidad de tres niveles.

Ahora se pasa al tercer ensayo. Si fue seleccionada la bolsa I y se tomó un caramelo rojo de ahí para colocarlo en la bolsa II, entonces la bolsa II contiene un caramelo rojo y uno amarillo. Por lo tanto, al final del segundo ensayo, en el vértice R la horquilla tiene dos ramas, R y A, con las probabilidades condicionales

$$P(R|I \cap R) = \frac{1}{2} \quad y \quad P(A|I \cap R) = \frac{1}{2}$$

De manera similar, el árbol muestra las dos posibilidades de que en un inicio se haya seleccionado la bolsa I y colocado un caramelo negro en la bolsa II. Ahora, si la bolsa II fue seleccionada en el primer ensayo, entonces se tomó el caramelo amarillo y se le colocó en la bolsa I, así la bolsa I contiene dos caramelos rojos, uno negro y uno amarillo. De este modo, en A la horquilla tiene *tres* ramas, una con probabilidad de $\frac{2}{4}$ y dos con probabilidad de $\frac{1}{4}$.

Se observa que hay tres rutas que dan un caramelo amarillo en el tercer ensayo, entonces, para cada ruta, se multiplican las probabilidades anotadas a lo largo de sus ramas. Por ejemplo, la segunda ruta de la rama superior representa I $\rightarrow$ R $\rightarrow$ A; la probabilidad de este evento es

$$P(I \cap R \cap A) = P(I)P(R|I)P(A|I \cap R)$$
$$= \frac{1}{2} \cdot \frac{2}{3} \cdot \frac{1}{2}$$

Sumando las probabilidades para las tres rutas se obtiene

$$P(\text{caramelo amarillo en la segunda selección}) = \frac{1}{2} \cdot \frac{2}{3} \cdot \frac{1}{2} + \frac{1}{2} \cdot \frac{1}{3} \cdot \frac{1}{2} + \frac{1}{2} \cdot 1 \cdot \frac{1}{4}$$
$$= \frac{1}{6} + \frac{1}{12} + \frac{1}{8} = \frac{3}{8}$$

Ahora resuelva el problema 43 ◁

PROBLEMAS 8.5

1. Dado el espacio muestral equiprobable
$$S = \{1, 2, 3, 4, 5, 6, 7, 8, 9\}$$
y los eventos
$$E = \{1, 3\}$$
$$F = \{1, 2, 4, 5, 6\}$$
$$G = \{5, 6, 7, 8, 9\}$$
encuentre las siguientes probabilidades.

(a) $P(E|F)$ **(b)** $P(E'|F)$ **(c)** $P(E|F')$

(d) $P(F|E)$ **(e)** $P(E|F \cap G)$

2. Dado el espacio muestral equiprobable
$$S = \{1, 2, 3, 4, 5\}$$
y los eventos
$$E = \{1, 2\}$$
$$F = \{3, 4\}$$
$$G = \{1, 2, 3\}$$
encuentre las siguientes probabilidades.

(a) $P(E)$ **(b)** $P(E|F)$ **(c)** $P(E|G)$

(d) $P(G|E)$ **(e)** $P(G|F')$ **(f)** $P(E'|F')$

3. Si $P(E) > 0$, encuentre $P(E|E)$.

4. Si $P(E) > 0$, encuentre $P(\emptyset|E)$.

5. Si $P(E'|F) = 0.62$, encuentre $P(E|F)$.

6. Si F y G son eventos mutuamente excluyentes con probabilidades dadas, encuentre $P(F|G)$.

7. Si $P(E) = \frac{1}{4}$, $P(F) = \frac{1}{3}$ y $P(E \cap F) = \frac{1}{6}$, encuentre las siguientes probabilidades:

(a) $P(E|F)$ **(b)** $P(F|E)$

8. Si $P(E) = \frac{1}{4}$, $P(F) = \frac{1}{3}$ y $P(E|F) = \frac{3}{4}$, encuentre $P(E \cup F)$. [*Sugerencia:* Use la ley de la suma para encontrar $P(E \cup F)$].

9. Si $P(E) = \frac{1}{4}$, $P(E \cup F) = \frac{7}{12}$ y $P(E \cap F) = \frac{1}{6}$, encuentre las siguientes probabilidades:

(a) $P(F|E)$ **(b)** $P(F)$ **(c)** $P(E|F)$

(d) $P(E|F')$ [*Sugerencia:* Encuentre $P(E \cap F')$ usando la identidad $P(E) = P(E \cap F) + P(E \cap F')$].

10. Si $P(E) = \frac{4}{5}$, $P(F) = \frac{3}{10}$ y $P(E \cup F) = \frac{7}{10}$, encuentre $P(F|E)$.

11. Polilla gitana Debido a que tres grandes áreas densamente pobladas por árboles han sido infestadas con polilla gitana, se está considerando el rociado aéreo para destruir las larvas. Se realizó un sondeo con 200 residentes de estas áreas para determinar si están a favor o no del rociado. Los datos resultantes se muestran en la tabla 8.7. Suponga que se selecciona al azar un residente. Sea I el evento en que "el residente es del área I", y así sucesivamente. Encuentre las siguientes probabilidades:

(a) $P(F)$ **(b)** $P(F|II)$ **(c)** $P(O|I)$

(d) $P(III)$ **(e)** $P(III|O)$ **(f)** $P(II|N')$

Tabla 8.7

	Área I	Área II	Área III	Total
A favor (F)	46	35	44	125
Opuesto (O)	22	15	10	47
No dio opinión (N)	10	8	10	28
Total	78	58	64	200

12. Selección de universidad e ingreso familiar Un sondeo entre 175 estudiantes resultó en los datos que se muestran en la tabla 8.8, los cuales indican el tipo de universidad al que asisten los estudiantes y el nivel de ingresos de la familia del estudiante. Suponga que se selecciona al azar un estudiante del sondeo.

(a) Encuentre la probabilidad de que el estudiante asista a una universidad pública, dado que proviene de una familia de ingresos medios.

(b) Encuentre la probabilidad de que el estudiante sea de una familia de altos ingresos, dado que asiste a una universidad privada.

(c) Si el estudiante viene de una familia de altos ingresos, encuentre la probabilidad de que asista a una universidad privada.

(d) Encuentre la probabilidad de que el estudiante asista a una universidad pública o venga de una familia de bajos ingresos.

Tabla 8.8

Ingresos	Universidad		
	Privada	Pública	Total
Altos	14	11	25
Medios	25	55	80
Bajos	10	60	70
Total	49	126	175

13. Preferencia de bebidas de cola Se realizó un sondeo entre consumidores de bebidas de cola para ver cuál de las dos marcas más populares preferían. Se encontró que a 45% les gustaba la marca A, 40% preferían la marca B y a 20% les gustaban ambas. Suponga que una persona del sondeo se selecciona de manera aleatoria.

(a) Encuentre la probabilidad de que a la persona le guste la marca A, dado que le gusta la marca B.

(b) Encuentre la probabilidad de que a la persona le guste la marca B, dado que le gusta la marca A.

14. Control de calidad De los reproductores MP3 fabricados por una compañía famosa, 19% tienen auriculares defectuosos y 13% tienen auriculares defectuosos y pantallas rayadas. Si se selecciona al azar un reproductor MP3 de un embarque y el aparato tiene auriculares defectuosos, ¿cuál es la probabilidad de que tenga la pantalla rayada?

En los problemas 15 y 16, suponga que un hijo de cualquier género es igualmente posible y que, por ejemplo, tener a una niña primero y después a un niño es tan probable como tener a un niño primero y a una niña después.

15. Género de la descendencia Si una familia tiene dos hijos, ¿cuál es la probabilidad de que uno de ellos sea niño, dado que al menos uno de ellos es niña?

16. Género de la descendencia Si una familia tiene tres hijos, encuentre lo siguiente.

(a) La probabilidad de que tenga dos niñas, dado que al menos uno de los hijos es un niño.

(b) La probabilidad de que tenga al menos dos niñas, dado que el hijo mayor es una niña.

17. Lanzamiento de moneda Si se lanza una moneda balanceada tres veces de manera sucesiva, encuentre lo siguiente.

(a) La probabilidad de obtener exactamente dos cruces, dado que el segundo lanzamiento es una cruz.

(b) La probabilidad de obtener exactamente dos cruces dado que el segundo lanzamiento es una cara.

18. Lanzamiento de moneda Si se lanza una moneda balanceada cuatro veces de manera sucesiva, encuentre las posibilidades de obtener cuatro cruces, dado que el primer lanzamiento es una cruz.

19. Lanzamiento de dado Si se lanza un dado balanceado, encuentre la probabilidad de obtener un número menor que 4, dado que el número es impar.

20. Cartas Si una carta se toma al azar de un mazo estándar, encuentre la probabilidad de obtener una espada, ya que la carta es negra.

21. Lanzamiento de dados Si se lanzan dos dados, encuentre la probabilidad de que ocurran dos números 1, dado que al menos uno de los dados muestra un 1.

22. Lanzamiento de dados Si se lanzan dos dados balanceados, uno rojo y otro verde, encuentre la probabilidad de que la suma de resultados sea mayor que 9, dado que el dado rojo muestra un 5.

23. Lanzamiento de dados Si se lanzan dos dados balanceados, uno rojo y otro verde, encuentre la probabilidad de obtener un total de 7, dado que el dado verde muestra un número par.

24. Lanzamiento de dados Un dado balanceado se lanza dos veces de manera sucesiva.

(a) Encuentre la probabilidad de que la suma sea 6, dado que el segundo lanzamiento no es 2 ni 4.

(b) Encuentre la probabilidad de que la suma sea 6 y que el segundo lanzamiento no sea 2 ni 4.

25. Lanzamiento de dados Si, de manera sucesiva, se lanza dos veces un dado balanceado, encuentre la probabilidad de obtener un total mayor que 8, dado que el primer lanzamiento es mayor que 2.

26. Moneda y dado Si se lanzan una moneda y un dado balanceados, encuentre la probabilidad de que la moneda muestre una cruz, dado que el número obtenido en el dado es impar.

27. Cartas Si una carta se toma de manera aleatoria de un mazo de 52 cartas, encuentre la probabilidad de que sea un rey, dado que es una carta de corazones.

28. Cartas Si una carta se toma de manera aleatoria de un mazo de 52 cartas, encuentre la probabilidad de que sea de corazones, dado que es una carta con figura (sota, reina o rey).

29. Cartas Si dos cartas se toman de manera aleatoria y sin reemplazo de un mazo estándar, encuentre la probabilidad de que la segunda carta no sea con figura, dado que la primera es una carta con figura (sota, reina o rey).

En los problemas del 30 al 35, considere que el experimento es compuesto.

30. Cartas Si dos cartas se toman de manera aleatoria de un mazo estándar, encuentre la probabilidad de que ambas sean ases si:
(a) las cartas se seleccionan sin reemplazo.
(b) las cartas se seleccionan con reemplazo.

31. Cartas Si tres cartas se seleccionan de manera aleatoria y sin reemplazo de un mazo estándar, encuentre la probabilidad de obtener un rey, una reina y una sota en ese orden.

32. Cartas Si tres cartas se seleccionan de manera aleatoria y sin reemplazo de un mazo estándar, encuentre la probabilidad de obtener el as de espadas, el as de corazones y el as de diamantes en ese orden.

33. Cartas Si tres cartas se seleccionan de manera aleatoria y sin reemplazo de un mazo estándar, encuentre la probabilidad de que las tres cartas sean sotas.

34. Cartas Si dos cartas se seleccionan de manera aleatoria y sin reemplazo de un mazo estándar, encuentre la probabilidad de que la segunda carta sea de corazones.

35. Cartas Si dos cartas se seleccionan de manera aleatoria y sin reemplazo de un mazo estándar, encuentre la probabilidad de obtener dos sotas, dado que la primera carta es una figura.

36. Llamada-despertador Barbara Smith, una representante de ventas, está pasando la noche en un hotel y tiene una reunión en la que desayunará con un cliente importante la mañana siguiente. Pide en la recepción del hotel que le hagan una llamada para despertarla a las 7 a.m. con el propósito de estar lista para la reunión. La probabilidad de que le hagan la llamada es 0.9. Si recibe la llamada, la probabilidad de que esté a tiempo en la reunión es 0.9. Si no recibe la llamada, la probabilidad de que esté a tiempo en la reunión es 0.4. Encuentre la probabilidad de que llegue a tiempo a la reunión.

37. Sondeo a contribuyentes En cierto distrito escolar, se envió un cuestionario a todos los contribuyentes propietarios en relación con la construcción o no de una escuela secundaria. De aquellos que respondieron, 60% estuvieron a favor de la construcción, 30% se oponían y 10% no dieron su opinión. Un análisis posterior de los datos en relación con el área donde viven los contribuyentes dio los resultados de la tabla 8.9.

Tabla 8.9

	Urbana	Suburbana
A favor	45%	55%
En contra	55%	45%
Sin opinión	35%	65%

(a) Si uno de los contribuyentes del sondeo se selecciona de manera aleatoria, ¿cuál es la probabilidad de que viva en un área urbana?
(b) Si uno de los contribuyentes del sondeo se selecciona de manera aleatoria, use el resultado del inciso (a) para encontrar la probabilidad de que el contribuyente esté a favor de la construcción de la escuela, dado que esa persona vive en un área urbana.

38. Marketing Una agencia de viajes tiene un teléfono computarizado que selecciona de manera aleatoria números telefónicos para anunciar viajes espaciales suborbitales. El teléfono marca automáticamente el número seleccionado y reproduce un mensaje pregrabado a quien recibe la llamada. La experiencia ha mostrado que 2% de quienes reciben la llamada muestran interés y contactan a la agencia. Sin embargo, de éstos, sólo 1.4% compra un viaje.
(a) Encuentre la probabilidad de que una persona que recibió la llamada contacte a la agencia y compre un viaje.
(b) Si 100 000 personas reciben la llamada, ¿cuántas se espera que contacten a la agencia y compren un viaje?

39. Conejos en un sombrero de copa Un sombrero de copa contiene tres conejos amarillos y dos rojos.
(a) Si dos conejos se sacan de manera aleatoria y sin reemplazo del sombrero, encuentre la probabilidad de que el segundo conejo sacado sea amarillo, dado que el primero es rojo.
(b) Repita el inciso (a), pero suponga que el primer conejo se reemplaza antes de sacar el segundo.

40. Caramelos en una bolsa La bolsa 1 contiene cinco caramelos verdes y dos rojos, y la bolsa 2 contiene dos caramelos verdes, dos blancos y tres rojos. Se toma un caramelo de manera aleatoria de la bolsa 1 y se coloca en la bolsa 2. Si después se toma al azar un caramelo de la bolsa 2, encuentre la probabilidad de que el caramelo sea verde.

41. Pelotas en una caja La caja 1 contiene tres pelotas rojas y dos blancas. La caja 2 contiene dos pelotas rojas y dos blancas. De manera aleatoria, se elige una caja y después se selecciona al azar una pelota de esa caja. ¿Cuál es la probabilidad de que la pelota sea blanca?

42. Pelotas en una caja La caja 1 contiene dos pelotas rojas y tres blancas. La caja 2 contiene tres pelotas rojas y cuatro blancas. La caja 3 contiene dos pelotas rojas, dos blancas y dos verdes. De manera aleatoria, se elige una caja y después se selecciona al azar una pelota de esa caja.
(a) Encuentre la probabilidad de que la pelota sea blanca.
(b) Encuentre la probabilidad de que la pelota sea roja.
(c) Encuentre la probabilidad de que la pelota sea verde.

43. Caramelos en una bolsa La bolsa 1 contiene un caramelo verde y otro rojo, y la bolsa 2 contiene un caramelo blanco y otro rojo. Se elige una bolsa de manera aleatoria. Luego se toma al azar un caramelo de dicha bolsa y se coloca en la otra. Después se selecciona en forma aleatoria un caramelo de esta última bolsa. Encuentre la probabilidad de que este caramelo sea blanco.

44. Baterías descargadas Durante el paso del huracán Juan por Halifax, las luces de la señora Wood se apagaron y en la oscuridad de su cocina ella tomó de un cajón 4 baterías para su lámpara de emergencia. En el cajón había 10 baterías, pero 5 estaban descargadas (la señora Wood debió haberlas desechado). Encuentre la probabilidad de que las 4 baterías que tomó la señora Wood del cajón estén descargadas.

45. Control de calidad Un productor de bebidas refrescantes requiere el uso de un dispensador para llenar latas en cada una de sus dos líneas de producto. La línea Yellow Cow produce 36 000 latas al día y la línea Half Throttle produce 60 000 latas diarias. En cierto periodo, se ha encontrado que el dispensador de Yellow Cow no llena por completo el 2% de sus latas, mientras que el dispensador de Half Throttle no llena por completo 1% de sus latas. Al final del día, una lata se seleccionó de manera aleatoria de entre la producción total. Encuentre la probabilidad de que la lata no esté completamente llena.

46. Programa de juegos El conductor de un programa televisivo de juegos presenta la siguiente situación a un concursante. Sobre una mesa hay tres cajas idénticas, una de las cuales contiene dos sobres idénticos. En uno de los sobres está un cheque por $5000 y en el otro hay un cheque por $1. Otra caja contiene dos sobres con un cheque por $5000 en cada uno y seis sobres con un cheque por $1 en cada uno. La caja restante contiene un sobre con un cheque por $5000 adentro y cinco sobres con un cheque por $1 en cada uno. Si el concursante debe seleccionar una caja de manera aleatoria y después tomar al azar un sobre de esa caja, encuentre la probabilidad de que el sobre contenga un cheque por $5000.

47. Control de calidad   Una compañía usa un circuito de computadora al ensamblar cada unidad de un producto. Los circuitos se compran a los proveedores *A*, *B* y *C* y se toman de manera aleatoria para ensamblar una unidad. Diez por ciento vienen de A, 20% de B y los restantes provienen de C. La probabilidad de que un circuito de A resulte defectuoso en las primeras 24 horas de uso es 0.06, y las probabilidades correspondientes para B y C son 0.04 y 0.05, respectivamente. Si una unidad ensamblada se elige de manera aleatoria y se prueba durante 24 horas continuas, ¿cuál es la probabilidad de que el circuito esté defectuoso?

48. Control de calidad   Un fabricante de artículos electrónicos tiene cuatro líneas de ensamble: A, B, C y D. Los porcentajes de producción por línea son 30, 20, 35 y 15%, respectivamente, y los porcentajes de unidades defectuosas por línea son 6, 3, 2 y 5%. Si uno de estos artículos se elige de manera aleatoria del inventario, ¿cuál es la probabilidad de que resulte defectuoso?

49. Votación   En cierto pueblo, 40% de los votantes elegibles son demócratas registrados, 35% son republicanos y los restantes son independientes. En la última elección primaria, votaron 15% de los demócratas, 20% de los republicanos y 10% de los independientes.
(a) Si un votante elegible se selecciona de manera aleatoria, ¿cuál es la probabilidad de que sea un demócrata que votó?
(b) Si un votante elegible se selecciona de manera aleatoria, ¿cuál es la probabilidad de que haya votado?

50. Solicitantes de empleo   Un restaurante tiene cuatro puestos para meseros. Suponga que Allison, Lesley, Alan, Tom, Danica, Bronwen, Ellie y Richard son los únicos solicitantes de estos trabajos y todos están igualmente calificados. Si cuatro de ellos se contratan de manera aleatoria, encuentre la probabilidad de que Allison, Lesley, Tom y Bronwen hayan sido contratados, dado que Ellie y Richard no lo fueron.

51. Selección de comité   Suponga que, en cierto campus, seis mujeres y cinco hombres desean ocupar un puesto de tres que hay vacantes en el comité estudiantil sobre diversidad cultural. Si tres de los estudiantes son seleccionados al azar para el comité, encuentre la probabilidad de que los tres sean mujeres, dado que al menos uno es mujer.

8.6 Eventos independientes

Objetivo

Desarrollar la noción de eventos independientes y aplicar la ley especial de la multiplicación.

En el análisis previo sobre probabilidad condicional, vimos que la probabilidad de un evento puede verse afectada por el conocimiento de que ha ocurrido otro evento. En esta sección, se considera el caso en que la información adicional no tiene efecto. Esto es, la probabilidad condicional $P(E \mid F)$ y la probabilidad no condicional $P(E)$ son iguales. En este análisis se supone que $P(E) \neq 0 \neq P(F)$.

Cuando $P(E \mid F) = P(E)$, se dice que E es independiente de F. Si E es independiente de F, se deduce que F es independiente de E (y viceversa). Para probar esto, suponga que $P(E \mid F) = P(E)$. Entonces

$$P(F \mid E) = \frac{P(E \cap F)}{P(E)} = \frac{P(F)P(E \mid F)}{P(E)} = \frac{P(F)P(E)}{P(E)} = P(F)$$

lo cual significa que F es independiente de E. Así, para probar la independencia es suficiente con mostrar que $P(E \mid F) = P(E)$, o bien que $P(F \mid E) = P(F)$, y cuando una de estas igualdades es cierta, simplemente se dice que E y F son *eventos independientes*.

¡ADVERTENCIA!

La independencia de dos eventos se define mediante probabilidades, no por medio de relaciones causales.

Definición

Sean E y F eventos con probabilidades *dadas*. Entonces se dice que E y F son *eventos independientes* si

$$P(E \mid F) = P(E) \tag{1}$$

o bien

$$P(F \mid E) = P(F) \tag{2}$$

Si E y F no son independientes, se dice que son *eventos dependientes*.

Por lo tanto, con eventos dependientes, la ocurrencia de uno de los eventos *afecta* la probabilidad del otro. Si E y F son eventos independientes, puede mostrarse que los eventos descritos en cada uno de los siguientes pares también son independientes:

$$E \text{ y } F' \quad E' \text{ y } F \quad E' \text{ y } F'$$

EJEMPLO 1 **Demostración de que dos eventos son independientes**

Una moneda legal se lanza dos veces. Sean E y F los eventos

$$E = \{\textit{cara en el primer lanzamiento}\}$$

$$F = \{\textit{cara en el segundo lanzamiento}\}$$

Determine si E y F son eventos independientes o no.

Solución: Se sospecha que son independientes porque el lanzamiento de una moneda no debería influir en el resultado del otro lanzamiento. Para confirmar esta sospecha, se compara $P(E)$ con $P(E \mid F)$. Para el espacio muestral equiprobable $S = \{CC, CX, XC, XX\}$, se tiene $E = \{CC, CX\}$ y $F = \{CC, XC\}$. Así,

$$P(E) = \frac{\#(E)}{\#(S)} = \frac{2}{4} = \frac{1}{2}$$

$$P(E \mid F) = \frac{\#(E \cap F)}{\#(F)} = \frac{\#(\{CC\})}{\#(F)} = \frac{1}{2}$$

Como $P(E \mid F) = P(E)$, los eventos E y F son independientes.

Ahora resuelva el problema 7 ◁

En el ejemplo 1 se sospechaba el resultado, y de hecho existen otras situaciones en que se intuye si dos eventos son independientes o no. Por ejemplo, cuando se lanzan un dado rojo y otro verde se espera (y en realidad es cierto) que los eventos "que salga 3 en el dado rojo" y "que salga 6 en el dado verde" sean independientes, ya que el resultado de un dado no tiene por qué verse influido por el resultado del otro dado. De manera similar, cuando se seleccionan dos cartas *con reemplazo* de un mazo de cartas, se podría suponer que los eventos "la primera carta es una sota" y "la segunda carta es una sota" son independientes. Sin embargo, suponga que las cartas se seleccionan *sin reemplazo*. Como la carta que se selecciona primero no se regresa al mazo, eso debería tener algún efecto en el resultado de la segunda selección, así que se espera que los eventos sean dependientes. En muchos problemas, la noción intuitiva de independencia o el contexto del problema pueden aclarar si es posible suponer independencia o no. Más allá de la intuición personal (que puede resultar equivocada), el único modo de determinar si los eventos E y F son independientes (o dependientes) es demostrando que la ecuación (1) o la ecuación (2) es verdadera (o que no lo es).

EJEMPLO 2 **Tabaquismo y sinusitis**

En un estudio sobre tabaquismo y sinusitis, se analizaron 4000 personas y los resultados se muestran en la tabla 8.10. Suponga que una persona del estudio se selecciona de manera aleatoria. Con base en los datos, determine si los eventos "tiene sinusitis" (L) y "fuma" (S) son independientes.

Tabla 8.10 Tabaquismo y sinusitis			
	Fumador	No fumador	Total
Sinusitis	432	1018	1450
Sin sinusitis	528	2022	2550
Total	960	3040	4000

Solución: Se comparará $P(L)$ con $P(L \mid S)$. El número $P(L)$ es la proporción de las personas estudiadas que tienen sinusitis:

$$P(L) = \frac{1450}{4000} = \frac{29}{80} = 0.3625$$

Para $P(L \mid S)$, el espacio muestral se reduce a 960 fumadores, de los cuales 432 tienen sinusitis:

$$P(L \mid S) = \frac{432}{960} = \frac{9}{20} = 0.45$$

Como $P(L \mid S) \neq P(L)$, tener sinusitis y fumar son eventos dependientes.

Ahora resuelva el problema 9 ◁

La ley general de la multiplicación adquiere un carácter extremadamente importante para los eventos independientes. Recuerde la ley:

$$P(E \cap F) = P(E)P(F \mid E)$$
$$= P(F)P(E \mid F)$$

Si los eventos E y F son independientes, entonces $P(F \mid E) = P(F)$, así que la sustitución en la primera ecuación resulta en

$$P(E \cap F) = P(E)P(F)$$

El mismo resultado se obtiene a partir de la segunda ecuación. Así, se tiene la siguiente ley:

Ley especial de la multiplicación

Si E y F son *eventos independientes*, entonces

$$P(E \cap F) = P(E)P(F) \tag{3}$$

La ecuación (3) establece que si E y F son eventos independientes, entonces la probabilidad de que ocurran tanto E como F es la probabilidad de que ocurra E multiplicada por la probabilidad de que ocurra F. Tenga en cuenta que la ecuación (3) *no* es válida cuando E y F son dependientes.

EJEMPLO 3 **Tasas de sobrevivencia**

Suponga que la probabilidad del evento "Bob vive 20 años más" (B) es 0.8 y la probabilidad del evento "Doris vive 20 años más" (D) es 0.85. Suponga que B y D son eventos independientes.

a. Encuentre la probabilidad de que tanto Bob como Doris vivan 20 años más.

Solución: Se tiene interés en $P(B \cap D)$. Como B y D son eventos independientes, se aplica la ley especial de la multiplicación:

$$P(B \cap D) = P(B)P(D) = (0.8)(0.85) = 0.68$$

b. Encuentre la probabilidad de que al menos uno de ellos viva 20 años más.

Solución: Aquí se quiere $P(B \cup D)$. Por la ley de la suma,

$$P(B \cup D) = P(B) + P(D) - P(B \cap D)$$

Del inciso (a), $P(B \cap D) = 0.68$, por lo tanto,

$$P(B \cup D) = 0.8 + 0.85 - 0.68 = 0.97$$

c. Encuentre la probabilidad de que exactamente uno de ellos viva 20 años más.

Solución: Primero se expresa el evento

$$E = \{\text{exactamente uno de ellos vive 20 años más}\}$$

en términos de los eventos dados, B y D. Ahora, el evento E puede ocurrir en una o dos formas *mutuamente excluyentes*: Bob vive 20 años más pero Doris no ($B \cap D'$), o Doris vive 20 años más pero Bob no ($B' \cap D$). Así,

$$E = (B \cap D') \cup (B' \cap D)$$

Por la ley de la suma (para eventos mutuamente excluyentes),

$$P(E) = P(B \cap D') + P(B' \cap D) \qquad (4)$$

Para calcular $P(B \cap D')$, se observa que, como B y D son independientes, también lo son B y D' (por el enunciado anterior al ejemplo 1). De acuerdo con esto, se puede usar la ley de la multiplicación y la regla para los complementos:

$$P(B \cap D') = P(B)P(D')$$

$$= P(B)(1 - P(D)) = (0.8)(0.15) = 0.12$$

De manera similar,

$$P(B' \cap D) = P(B')P(D) = (0.2)(0.85) = 0.17$$

Al sustituir en la ecuación (4) se obtiene

$$P(E) = 0.12 + 0.17 = 0.29$$

Ahora resuelva el problema 25 ◁

En el ejemplo 3, se supuso que los eventos B y D eran independientes. Sin embargo, si Bob y Doris están relacionados de alguna manera, es bastante posible que la sobrevivencia de uno de ellos influya en la sobrevivencia del otro. En ese caso, el supuesto de independencia no se justifica y no podría emplearse la ley especial de la multiplicación, ecuación (3).

EJEMPLO 4   Cartas

En un examen de matemáticas, una estudiante debe resolver el siguiente problema en dos partes. Una carta se selecciona de manera aleatoria de un mazo de 52 cartas. Sean H, K y R los eventos

$$H = \{\textit{selección de una carta de corazones}\}$$

$$K = \{\textit{selección de un rey}\}$$

$$R = \{\textit{selección de una carta roja}\}$$

Encuentre $P(H \cap K)$ y $P(H \cap R)$.

Para la primera parte, la estudiante escribió

$$P(H \cap K) = P(H)P(K) = \frac{13}{52} \cdot \frac{4}{52} = \frac{1}{52}$$

y para la segunda parte, escribió

$$P(H \cap R) = P(H)P(R) = \frac{13}{52} \cdot \frac{26}{52} = \frac{1}{8}$$

La respuesta fue correcta para $P(H \cap K)$, pero no para $P(H \cap R)$. ¿Por qué?

Solución: La razón es que la estudiante supuso independencia en *ambas* partes usando la ley especial de la multiplicación para multiplicar probabilidades no condicionales cuando, de hecho, tal supuesto *no* debería haberse formulado. Ahora se examinará la primera parte del problema en lo relativo a la independencia. Se verá si $P(H)$ y $P(H \mid K)$ son iguales. Se tiene

$$P(H) = \frac{13}{52} = \frac{1}{4}$$

y

$$P(H \mid K) = \frac{1}{4} \qquad \text{un corazón de entre los cuatro reyes}$$

Como $P(H) = P(H \mid K)$, los eventos H y K son independientes, por lo que el procedimiento de la estudiante es válido. (La estudiante tuvo suerte). Para la segunda parte, de nuevo se tiene $P(H) = \frac{1}{4}$, pero

$$P(H \mid R) = \frac{13}{26} = \frac{1}{2} \qquad \text{13 corazones en 26 cartas rojas}$$

Como $P(H \mid R) \neq P(H)$, los eventos H y R son dependientes, de manera que la estudiante no debería haber multiplicado las probabilidades no condicionales. (La estudiante no tuvo suerte). Sin embargo, la estudiante pudo asegurar una respuesta correcta usando la ley *ge-*

neral de la multiplicación, esto es,

$$P(H \cap R) = P(H)P(R \mid H) = \frac{13}{52} \cdot 1 = \frac{1}{4}$$

o bien

$$P(H \cap R) = P(R)P(H \mid R) = \frac{26}{52} \cdot \frac{13}{26} = \frac{1}{4}$$

De manera más simple, observe que $H \cap R = H$, por lo tanto

$$P(H \cap R) = P(H) = \frac{13}{52} = \frac{1}{4}$$

Ahora resuelva el problema 33 ◁

A menudo, la ecuación (3) se usa como un medio alternativo para definir eventos independientes y aquí se considerará como tal:

Los eventos E y F son independientes si y sólo si

$$P(E \cap F) = P(E)P(F) \qquad (3)$$

Uniendo las partes, puede decirse que para probar que los eventos E y F, con probabilidades distintas de cero, son independientes, sólo debe demostrarse una de las siguientes relaciones:

$$P(E \mid F) = P(E) \qquad (1)$$

o

$$P(F \mid E) = P(F) \qquad (2)$$

o

$$P(E \cap F) = P(E)P(F) \qquad (3)$$

En otras palabras, si alguna de estas ecuaciones es verdadera, entonces todas son verdaderas; si alguna es falsa, entonces todas son falsas y E y F son dependientes.

EJEMPLO 5   Dados

Se lanzan dos dados balanceados, uno rojo y otro verde, y se anotan los números que aparecen en las caras superiores. Sean E y F los eventos

$$E = \{\boldsymbol{\textit{el número del dado rojo es par}}\}$$

$$F = \{\boldsymbol{\textit{la suma es 7}}\}$$

Pruebe si $P(E \cap F) = P(E)P(F)$ para determinar si E y F son independientes.

Solución: El espacio muestral usual para el lanzamiento de dos dados tiene $6 \cdot 6 = 36$ resultados igualmente posibles. Para el evento E, el dado rojo puede caer en una de tres formas y el dado verde en una de seis formas, entonces E consta de $3 \cdot 6 = 18$ resultados. Así, $P(E) = \frac{18}{36} = \frac{1}{2}$. El evento F tiene seis resultados:

$$F = \{(1, 6), (2, 5), (3, 4), (4, 3), (5, 2), (6, 1)\} \qquad (5)$$

donde, por ejemplo, se considera que $(1, 6)$ significa "1" en el dado rojo y "6" en el dado verde. Por lo tanto, $P(F) = \frac{6}{36} = \frac{1}{6}$, y entonces

$$P(E)P(F) = \frac{1}{2} \cdot \frac{1}{6} = \frac{1}{12}$$

Ahora, el evento $E \cap F$ consiste en todos los resultados en que el dado rojo es par y la suma es 7. Usando la ecuación (5) como una ayuda, se ve que

$$E \cap F = \{(2, 5), (4, 3), (6, 1)\}$$

Así,

$$P(E \cap F) = \frac{3}{36} = \frac{1}{12}$$

Como $P(E \cap F) = P(E)P(F)$, los eventos E y F son independientes. Este hecho puede no ser obvio antes de resolver el problema.

Ahora resuelva el problema 17 ◁

EJEMPLO 6 **Género de la descendencia**

Para una familia con al menos dos hijos, sean E y F los eventos

$$E = \{cuando\ mucho\ un\ niño\}$$

$$F = \{al\ menos\ un\ hijo\ de\ cada\ género\}$$

Suponga que un hijo de cualquier género es igualmente posible y que, por ejemplo, tener una niña primero y después un niño es tan posible como tener un niño primero y después una niña. Determine si E y F son independientes en cada una de las siguientes situaciones:

a. La familia tiene exactamente dos hijos.

Solución: Se usará el espacio muestral equiprobable

$$S = \{BB,\ BG,\ GG,\ GB\}$$

y se probará si $P(E \cap F) = P(E)P(F)$. Se tiene

$$E = \{BG,\ GB,\ GG\} \quad F = \{BG,\ GB\} \quad E \cap F = \{BG,\ GB\}$$

Así, $P(E) = \frac{3}{4}$, $P(F) = \frac{2}{4} = \frac{1}{2}$ y $P(E \cap F) = \frac{2}{4} = \frac{1}{2}$. Se desea saber si

$$P(E \cap F) \stackrel{?}{=} P(E)P(F)$$

y se observa que

$$\frac{1}{2} \neq \frac{3}{4} \cdot \frac{1}{2} = \frac{3}{8}$$

por lo tanto, E y F son eventos dependientes.

b. La familia tiene exactamente tres hijos.

Solución: Con base en el resultado del inciso (a), usted podría intuir que E y F son dependientes. No obstante, es necesario probar esta conjetura. Para tres hijos, se usa el espacio muestral equiprobable

$$S = \{BBB,\ BBG,\ BGB,\ BGG,\ GBB,\ GBG,\ GGB,\ GGG\}$$

De nuevo, se prueba si $P(E \cap F) = P(E)P(F)$. Se tiene

$$E = \{BGG,\ GBG,\ GGB,\ GGG\}$$

$$F = \{BBG,\ BGB,\ BGG,\ GBB,\ GBG,\ GGB\}$$

$$E \cap F = \{BGG,\ GBG,\ GGB\}$$

Por lo tanto, $P(E) = \frac{4}{8} = \frac{1}{2}$, $P(F) = \frac{6}{8} = \frac{3}{4}$ y $P(E \cap F) = \frac{3}{8}$, entonces

$$P(E)P(F) = \frac{1}{2} \cdot \frac{3}{4} = \frac{3}{8} = P(E \cap F)$$

Así, se llega al *inesperado* resultado de que los eventos E y F son independientes. (*Moraleja:* No siempre se puede confiar en la intuición).

Ahora resuelva el problema 27 ◁

A continuación generalizamos el análisis de independencia para el caso de más de dos eventos.

> **Definición**
>
> Se dice que los eventos $E_1, E_2, \ldots, E_n$ son *independientes* si y sólo si, para cada conjunto de dos o más de los eventos, la probabilidad de intersección de los eventos del conjunto es igual al producto de las probabilidades de los eventos contenidos en ese conjunto.

Por ejemplo, se aplicará la definición al caso de tres eventos ($n = 3$). Se dice que E, F y G son eventos independientes si la ley especial de la multiplicación es verdadera para esos eventos tomados de dos en dos y de tres en tres. Es decir, cada una de las siguientes ecuaciones debe ser verdadera:

$$\left. \begin{array}{l} P(E \cap F) = P(E)P(F) \\ P(E \cap G) = P(E)P(G) \\ P(F \cap G) = P(F)P(G) \end{array} \right\} \text{De dos en dos}$$

$$P(E \cap F \cap G) = P(E)P(F)P(G) \} \text{ De tres en tres}$$

Como otro ejemplo, si los eventos E, F, G y H son independientes, entonces se puede afirmar lo siguiente

$$P(E \cap F \cap G \cap H) = P(E)P(F)P(G)P(H)$$

$$P(E \cap G \cap H) = P(E)P(G)P(H)$$

y

$$P(F \cap H) = P(F)P(H)$$

Puede llegarse a conclusiones similares si cualesquiera de los eventos se reemplazan con sus complementos.

EJEMPLO 7   Cartas

Cuatro cartas se seleccionan de manera aleatoria, con reemplazo, de un mazo de 52 cartas. Encuentre la probabilidad de que las cartas seleccionadas, en este orden, sean un rey (K), una reina (Q), una sota (J) y una carta de corazones (H).

Solución: Como hay reemplazo, lo que suceda con una selección no afecta al resultado de cualquier otra selección, entonces se puede suponer independencia y multiplicar las probabilidades no condicionales. Se obtiene

$$P(K \cap Q \cap J \cap H) = P(K)P(Q)P(J)P(H)$$

$$= \frac{4}{52} \cdot \frac{4}{52} \cdot \frac{4}{52} \cdot \frac{13}{52} = \frac{1}{8788}$$

Ahora resuelva el problema 35 ◁

EJEMPLO 8   Prueba de aptitud

Personal Temporal —una agencia de empleos temporales— requiere que cada solicitante de empleo realice la prueba de aptitud de la compañía, la cual tiene una precisión de 80 por ciento.

a. Encuentre la probabilidad de que la prueba sea precisa para los siguientes tres solicitantes que serán examinados.

Solución: Sean A, B y C los eventos en que la prueba será precisa para los solicitantes A, B y C, respectivamente. Se tiene interés en

$$P(A \cap B \cap C)$$

Como la precisión de la prueba para un solicitante no debería afectar la precisión para cualquiera de los otros, parece razonable suponer que A, B y C son independientes. Así, pueden multiplicarse las probabilidades:

$$P(A \cap B \cap C) = P(A)P(B)P(C)$$
$$= (0.8)(0.8)(0.8) = (0.8)^3 = 0.512$$

b. Encuentre la probabilidad de que la prueba sea precisa para al menos dos de los siguientes tres solicitantes que serán examinados.

Solución: Aquí, *al menos dos* significa "exactamente dos o tres". En el primer caso, las formas posibles de elegir dos pruebas que sean precisas son

$$A \text{ y } B \quad A \text{ y } C \quad B \text{ y } C$$

En cada una de estas tres posibilidades, la prueba para el solicitante restante no es precisa. Por ejemplo, al elegir A y B se obtiene el evento $A \cap B \cap C'$, cuya probabilidad es

$$P(A)P(B)P(C') = (0.8)(0.8)(0.2) = (0.8)^2(0.2)$$

Se debe comprobar que la probabilidad para cada una de las otras dos posibilidades también es $(0.8)^2(0.2)$. Al sumar las tres probabilidades, se obtiene

$$P(\text{exactamente dos pruebas precisas}) = 3[(0.8)^2(0.2)] = 0.384$$

Usando este resultado y el del inciso (a), se tiene

$$P(\text{al menos dos pruebas precisas}) = P(\text{exactamente dos pruebas precisas}) + P(\text{tres pruebas precisas})$$
$$= 0.384 + 0.512 = 0.896$$

De manera alternativa, el problema podría resolverse al calcular

$$1 - [P(\text{ninguna prueba precisa}) + P(\text{exactamente una prueba precisa})]$$

¿Por qué?

Ahora resuelva el problema 21 ◁

Concluimos con una nota de advertencia: **no confunda eventos independientes con eventos mutuamente excluyentes**. El concepto de independencia se define en términos de probabilidad y la exclusividad mutua no se define así. Cuando dos eventos son independientes, la ocurrencia de uno no afecta la probabilidad del otro. Sin embargo, cuando dos eventos son mutuamente excluyentes, no pueden ocurrir de manera simultánea. Aunque estos dos conceptos no son iguales, se pueden precisar algunas conclusiones acerca de su relación. Si E y F son eventos mutuamente excluyentes con *probabilidades dadas*, entonces

$$P(E \cap F) = 0 \neq P(E)P(F) \quad \text{puesto que } P(E) > 0 \text{ y } P(F) > 0$$

lo cual demuestra que E y F son dependientes. En pocas palabras, los *eventos mutuamente excluyentes con probabilidades dadas deben ser dependientes.* Otra forma de decir esto es que *los eventos independientes con probabilidades dadas no son mutuamente excluyentes.*

PROBLEMAS 8.6

1. Si los eventos E y F son independientes, con $P(E) = \frac{1}{3}$ y $P(F) = \frac{3}{4}$, encuentre las siguientes probabilidades.

(a) $P(E \cap F)$ **(b)** $P(E \cup F)$ **(c)** $P(E \mid F)$ **(d)** $P(E' \mid F)$

(e) $P(E \cap F')$ **(f)** $P(E \cup F')$ **(g)** $P(E \mid F')$

2. Si los eventos E, F y G son independientes, con $P(E) = 0.1$, $P(F) = 0.3$ y $P(G) = 0.6$, encuentre las siguientes probabilidades.

(a) $P(E \cap F)$ **(b)** $P(F \cap G)$ **(c)** $P(E \cap F \cap G)$

(d) $P(E \mid (F \cap G))$ **(e)** $P(E' \cap F \cap G')$

3. Si los eventos E y F son independientes, con $P(E) = \frac{2}{7}$ y $P(E \cap F) = \frac{1}{9}$, encuentre $P(F)$.

4. Si los eventos E y F son independientes, con $P(E' \mid F') = \frac{1}{4}$, encuentre $P(E)$.

En los problemas 5 y 6, los eventos E y F satisfacen las condiciones dadas. Determine si E y F son independientes o dependientes.

5. $P(E) = \frac{3}{4}, P(F) = \frac{8}{9}, P(E \cap F) = \frac{2}{3}$

6. $P(E) = 0.28, P(F) = 0.15, P(E \cap F) = 0.038$

7. Agentes de bolsa Fueron encuestados 600 inversionistas para determinar si una persona que usa un servicio completo de agente de bolsa tiene mejor desempeño en su portafolio de inversión que quien utiliza un corredor de descuento. Por lo general, los corredores de descuento no ofrecen consejos de inversión a sus clientes, mientras que el servicio completo de agentes de bolsa ofrece ayuda al seleccionar acciones pero cobra comisiones más caras. Los datos, que se basan en los últimos 12 meses, se proporcionan en la tabla 8.11. Determine si el evento de tener un servicio completo de agente de bolsa y el evento de tener un incremento en el valor del portafolio son independientes o dependientes.

Tabla 8.11 Valor de portafolio			
	Incremento	Disminución	Total
Servicio completo	320	80	400
Descuento	160	40	200
Total	480	120	600

8. Faltas de educación en el cine   Una observación de 175 asistentes a una sala de cine resultó en los datos que se muestran en la tabla 8.12. La tabla presenta tres tipos de faltas de educación cometidas por asistentes hombres y mujeres. Los masticadores incluyen a consumidores ruidosos de palomitas y otras golosinas y a sorbedores de bebidas frías. Determine si el evento de ser un hombre y el evento de ser un masticador son independientes o dependientes. (Vea en la página 5D del número de *USA TODAY* del 21 de julio de 1991, el artículo "Pests Now Appearing at a Theater Near You").

Tabla 8.12 Asistentes al cine			
	Hombre	Mujer	Total
Habladores	60	10	70
Masticadores	55	25	80
Pateadores de asientos	15	10	25
Total	130	45	175

9. Dados   Se lanzan dos dados balanceados, uno rojo y otro verde, y se anotan los números que muestran las caras superiores. Sea el evento E "el número en el dado rojo no es 2 ni 3" y el evento F "la suma es 7". Determine si E y F son independientes o dependientes.

10. Cartas   Se selecciona una carta al azar de un mazo ordinario de 52 cartas. Sean E y F los eventos "selección de una carta negra" y "selección de un 2, 3 o 4", respectivamente. Determine si E y F son independientes o dependientes.

11. Monedas   Si se lanzan dos monedas legales, sea E el evento "cuando mucho una cara" y F el evento "exactamente una cara". Determine si E y F son independientes o dependientes.

12. Monedas   Si se lanzan tres monedas legales, sea E el evento "cuando mucho una cara" y F el evento "al menos una cara y una cruz". Determine si E y F son independientes o dependientes.

13. Chips en un recipiente   Un recipiente contiene siete chips numerados del 1 al 7. Se seleccionan de manera aleatoria y con reemplazo dos chips. Sean E, F y G los eventos:

$$E = 3 \text{ en la primera selección}$$

$$F = 3 \text{ en la segunda selección}$$

$$G = \text{la suma es impar}$$

(a) Determine si E y F son independientes o dependientes.
(b) Determine si E y G son independientes o dependientes.
(c) Determine si F y G son independientes o dependientes.
(d) ¿Son E, F y G independientes?

14. Chips en un recipiente   Un recipiente contiene seis chips numerados del 1 al 6. Se seleccionan de manera aleatoria dos chips. Sea E el evento de retirar dos chips con números pares y F el evento de sacar dos chips con números impares.
(a) ¿Son E y F mutuamente excluyentes?
(b) ¿Son E y F independientes?

En los problemas 15 y 16, los eventos E y F satisfacen las condiciones dadas. Determine si E y F son independientes o dependientes.

15. $P(E \mid F) = 0.5, P(E \cap F) = 0.3, P(F \mid E) = 0.4$

16. $P(E \mid F) = \frac{2}{3}, P(E \cup F) = \frac{17}{18}, P(E \cap F) = \frac{5}{9}$

En los problemas del 17 al 37, use su intuición acerca de la independencia de los eventos en caso de que no se especifique nada al respecto.

17. Dados   Se seleccionan dos dados balanceados, uno rojo y otro verde. Encuentre la probabilidad de que el dado rojo sea un 4 y el dado verde sea un número mayor que 4.

18. Dado   Si un dado balanceado se lanza tres veces, encuentre la probabilidad de que cada vez resulte un 2 o un 3.

19. Clases de acondicionamiento físico   En cierto centro de acondicionamiento físico, la probabilidad de que un miembro asista regularmente a una clase de ejercicios aeróbicos es de $\frac{1}{4}$. Si se seleccionan dos miembros de manera aleatoria, encuentre la probabilidad de que ambos asistan a la clase en forma regular. Suponga independencia.

20. Monopolio   En el juego de Monopolio, un jugador lanza dos dados balanceados. Una situación especial que puede surgir es que los números de las caras superiores sean iguales (por ejemplo, dos números 3). Este resultado se llama un "doble" y cuando sucede, el jugador continúa con su turno y lanza los dados de nuevo. Este patrón continúa a menos que el jugador corra con la mala suerte que obtener tres dobles consecutivos. En ese caso, el jugador va a la cárcel. Encuentre la probabilidad de que un jugador vaya a la cárcel de esta manera.

21. Cartas   Tres cartas se seleccionan de manera aleatoria y con reemplazo de un mazo ordinario de 52 cartas. Encuentre la probabilidad de que las cartas elegidas sean, en este orden, un as, una carta con figura (sota, reina o rey) y una carta de espadas.

22. Dado   Si un dado balanceado se lanza siete veces, encuentre lo siguiente.
(a) La probabilidad de obtener un número mayor que 4 en cada lanzamiento.
(b) La probabilidad de obtener un número menor que 4 en cada lanzamiento.

23. Calificaciones en un examen   En un curso de sociología, la probabilidad de que Bill obtenga un 10 en el examen final es $\frac{3}{4}$ y para Jim y Linda las probabilidades son $\frac{1}{2}$ y $\frac{4}{5}$, respectivamente. Suponga independencia y encuentre lo siguiente.
(a) La probabilidad de que los tres obtengan un 10 en el examen.
(b) La probabilidad de que ninguno obtenga un 10 en el examen.
(c) La probabilidad de que, de los tres, sólo Linda obtenga un 10.

24. Dado   Si un dado balanceado se lanza cuatro veces, encuentre la probabilidad de obtener al menos un 1.

25. Tasas de sobrevivencia   La probabilidad de que la persona A sobreviva 15 años más es $\frac{2}{3}$ y la probabilidad de que la persona B

sobreviva 15 años más es $\frac{3}{5}$. Suponga independencia para encontrar la probabilidad de cada una de las siguientes situaciones.
(a) Tanto A como B sobreviven 15 años.
(b) B sobrevive 15 años, pero A no.
(c) Exactamente uno de entre A y B sobrevive 15 años.
(d) Al menos uno de entre A y B sobrevive 15 años.
(e) Ni A ni B sobreviven 15 años.

26. Relacionar En su escritorio, una secretaria tiene un cajón que contiene una mezcla de dos tamaños de papel (A y B) y otro cajón que contiene una mezcla de sobres de dos tamaños correspondientes. Los porcentajes de cada tamaño de papel y tamaño de sobre que hay en los cajones se dan en la tabla 8.13. Si una pieza de papel y un sobre se seleccionan de manera aleatoria, encuentre la probabilidad de que sean del mismo tamaño.

Tabla 8.13 Papel y sobres

Tamaño	Cajones	
	Papel	Sobres
A	63%	57%
B	37%	43%

27. Caramelos en una bolsa Una bolsa contiene cinco caramelos rojos, siete blancos y seis verdes. Si se toman de manera aleatoria y con reemplazo dos caramelos, encuentre lo siguiente.
(a) La probabilidad de que el primer caramelo sea blanco y el segundo sea verde.
(b) La probabilidad de que un caramelo sea rojo y el otro sea blanco.

28. Dados Suponga que dos dados balanceados se lanzan dos veces. Encuentre la probabilidad de obtener un total de 7 en uno de los lanzamientos y un total de 12 en el otro.

29. Caramelos en una bolsa Una bolsa contiene tres caramelos rojos, dos blancos, cuatro azules y dos verdes. Si dos caramelos se retiran de manera aleatoria y con reemplazo, encuentre la probabilidad de que sean del mismo color.

30. Dado Encuentre la probabilidad de obtener el mismo número en tres lanzamientos de un dado balanceado.

31. Boletos en un sombrero Veinte boletos numerados del 1 al 20 se colocan en un sombrero. Si dos boletos se seleccionan de manera aleatoria y con reemplazo, encuentre la probabilidad de que la suma sea 35.

32. Monedas y dados Suponga que se lanzan dos monedas legales y después dos dados balanceados. Encuentre lo siguiente.
(a) La probabilidad de que ocurran dos cruces y dos números 3.
(b) La probabilidad de que ocurran dos caras, un 4 y un 6.

33. Juego de carnaval En un juego de carnaval, una rueda bien balanceada y tipo ruleta tiene 12 ranuras espaciadas uniformemente y numeradas del 1 al 12. La rueda se gira y una bola se desplaza a lo largo del aro de la rueda. Cuando la rueda se detiene, el número de la ranura donde finalmente se detiene la bola se considera el resultado del giro. Si la rueda se gira tres veces, encuentre lo siguiente.
(a) La probabilidad de que el primer número sea 4 y tanto el segundo como el tercer número sean 5.

(b) La probabilidad de obtener un número par y dos números impares.

34. Cartas Tres cartas se seleccionan de manera aleatoria y con reemplazo de un mazo ordinario de 52 cartas. Encuentre lo siguiente.

(a) La probabilidad de elegir, en este orden, una carta de corazones, una de espadas y una reina roja.
(b) La probabilidad de elegir exactamente tres ases.
(c) La probabilidad de elegir una reina roja, una carta de espadas y un as rojo.
(d) La probabilidad de elegir exactamente un as.

35. Examen de opción múltiple Un examen rápido contiene cinco problemas de opción múltiple. Cada problema tiene cuatro opciones para la respuesta, pero sólo una de las opciones es correcta. Suponga que un estudiante responde al azar todos los problemas. Encuentre las siguientes probabilidades suponiendo que las respuestas son independientes.
(a) La probabilidad de que el estudiante obtenga exactamente cuatro respuestas correctas.
(b) La probabilidad de que el estudiante obtenga al menos cuatro respuestas correctas.
(c) La probabilidad de que el estudiante obtenga tres o más respuestas correctas.

36. Sala de tiro En una sala de tiro, suponga que Bill, Jim y Linda hacen un tiro cada uno a un blanco móvil. La probabilidad de que Bill acierte al blanco es 0.5 y, para Jim y Linda, las probabilidades son 0.4 y 0.7, respectivamente. Suponga independencia y encuentre lo siguiente.
(a) La probabilidad de que ninguno de ellos acierte al blanco.
(b) La probabilidad de que Linda sea la única en acertarle al blanco.
(c) La probabilidad de que exactamente uno de ellos acierte al blanco.
(d) La probabilidad de que exactamente dos de ellos acierten al blanco.
(e) La probabilidad de que todos acierten al blanco.

37. Toma de decisiones[2] El presidente de la compañía Construcciones Zeta debe decidir cuál de dos acciones realizar, a saber, rentar o comprar un costoso equipo de excavación. La probabilidad de que el vicepresidente haga un análisis erróneo y, por ende, recomiende la decisión equivocada al presidente es 0.04. Para enfrentar esto, el presidente contrata dos consultores que estudian el problema de manera independiente y hacen sus recomendaciones. Después de haberlos observado mientras trabajaban, el presidente estima que el primer consultor tiene una probabilidad de 0.05 de recomendar la decisión errónea y que el segundo tiene una probabilidad de 0.1. Entonces decide realizar la acción recomendada por la mayoría de las tres opiniones que recibe. ¿Cuál es la probabilidad de que tome una decisión errónea?

[2] Samuel Goldberg, *Probability, an Introduction* (Prentice-Hall, Inc., 1960, Dover Publications, Inc., 1986), p. 113. Adaptado con autorización del autor.

Objetivo

Resolver un problema de Bayes.
Desarrollar la fórmula de Bayes.

8.7 Fórmula de Bayes

En esta sección se tratará con un experimento de dos etapas en el cual se conoce el resultado de la segunda etapa y se tiene interés en la probabilidad de que haya ocurrido un resultado particular en la primera etapa.

Para ilustrar esto, suponga que se cree que de la población total (espacio muestral), 8% tiene una enfermedad particular. Imagine también que hay una nueva prueba de sangre para detectar la enfermedad y que los investigadores han evaluado su efectividad. Los datos resultantes de ensayos extensos muestran que la prueba no es perfecta: no sólo da positivo para 95% de quienes tienen la enfermedad, sino que también da positivo para 3% de quienes no la tienen. Suponga que una persona de la población se selecciona de manera aleatoria y se le realiza la prueba de sangre. Si el resultado es positivo, ¿cuál es la probabilidad de que la persona tenga la enfermedad?

Para analizar este problema, se consideran los siguientes eventos:

$$D_1 = \{\text{tener la enfermedad}\}$$

$$D_2 = \{\text{no tener la enfermedad}\}$$

$$T_1 = \{\text{prueba positiva}\}$$

$$T_2 = \{\text{prueba negativa}\}$$

Del planteamiento del problema, se tiene que

$$P(D_1) = 0.08$$

entonces,

$$P(D_2) = 1 - 0.08 = 0.92$$

puesto que D_1 y D_2 son complementos. Resulta razonable suponer que T_1 y T_2 también son complementos; en ese caso, se tienen las probabilidades condicionales

$$P(T_1 \mid D_1) = 0.95 \qquad P(T_2 \mid D_1) = 1 - 0.95 = 0.05$$
$$P(T_1 \mid D_2) = 0.03 \qquad P(T_2 \mid D_2) = 1 - 0.03 = 0.97$$

En la figura 8.20 se muestra un árbol de probabilidad de dos etapas que refleja esta información. La primera etapa toma en cuenta si la persona tiene o no la enfermedad, la segunda etapa muestra los posibles resultados de la prueba.

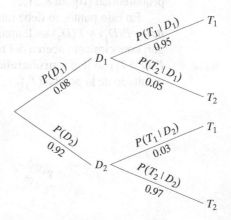

FIGURA 8.20   Árbol de probabilidad de dos etapas.

Se tiene interés en conocer la probabilidad de que una persona, cuya prueba sea positiva, tenga la enfermedad. Esto es, se desea encontrar la probabilidad condicional de que haya ocurrido D_1 en la primera etapa, dado que ocurrió T_1 en la segunda etapa:

$$P(D_1 \mid T_1)$$

Es importante que se entienda la diferencia entre las probabilidades condicionales $P(D_1 | T_1)$ y $P(T_1 | D_1)$. La probabilidad $P(T_1 | D_1)$, que *se proporciona como dato*, es una probabilidad condicional "típica" en la que se trata con la probabilidad de obtener un resultado en la segunda etapa *después* de que ha ocurrido un resultado en la primera etapa. Sin embargo, con $P(D_1 | T_1)$, se tiene una situación "inversa". Aquí se debe encontrar la probabilidad de un resultado en la *primera* etapa, dado que ha ocurrido cierto resultado en la segunda etapa. En cierto sentido, se tiene "la carreta antes del caballo" porque esta probabilidad no se ajusta al patrón usual (y más natural) de una probabilidad condicional típica. Por fortuna, se tienen todas las herramientas necesarias para encontrar $P(D_1 | T_1)$. Se procede como sigue.

A partir de la definición de probabilidad condicional,

$$P(D_1 | T_1) = \frac{P(D_1 \cap T_1)}{P(T_1)} \tag{1}$$

Considere el numerador. Al aplicar la ley general de la multiplicación, se obtiene

$$P(D_1 \cap T_1) = P(D_1)P(T_1 | D_1)$$

$$= (0.08)(0.95) = 0.076$$

lo cual se indica en la ruta que pasa por D_1 y T_1 en la figura 8.21. El denominador, $P(T_1)$, es la suma de las probabilidades anotadas para todas las rutas del árbol que terminan en T_1. Así,

$$P(T_1) = P(D_1 \cap T_1) + P(D_2 \cap T_1)$$

$$= P(D_1)P(T_1 | D_1) + P(D_2)P(T_1 | D_2)$$

$$= (0.08)(0.95) + (0.92)(0.03) = 0.1036$$

Por lo tanto,

$$P(D_1 | T_1) = \frac{P(D_1 \cap T_1)}{P(T_1)}$$

$$= \frac{\text{probabilidad de la ruta que pasa por } D_1 \text{ y } T_1}{\text{suma de probabilidades de todas las rutas hasta } T_1}$$

$$= \frac{0.076}{0.1036} = \frac{760}{1036} = \frac{190}{259} \approx 0.734$$

Entonces la probabilidad de que la persona tenga la enfermedad, dado que la prueba dio positivo, es aproximadamente 0.734. En otras palabras, alrededor de 73.4% de las personas que dan positivo en la prueba tienen realmente la enfermedad. Esta probabilidad fue relativamente fácil de encontrar usando principios básicos [ecuación (1)] y un árbol de probabilidad (figura 8.21).

En este punto, se debe introducir cierta terminología. Las probabilidades *no condicionales* $P(D_1)$ y $P(D_2)$ se llaman **probabilidades a priori**, ya que se dan *antes* de tener algún conocimiento acerca del resultado de la prueba de sangre. La probabilidad condicional $P(D_1 | T_1)$ se llama **probabilidad a posteriori** porque se encuentra después de conocer el resultado de la prueba (T_1).

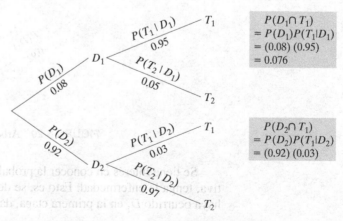

FIGURA 8.21 Árbol de probabilidad para determinar $P(D_1 | T_1)$.

A partir de la respuesta encontrada para $P(D_1 \mid T_1)$, es posible encontrar con facilidad la probabilidad *a posteriori* de no tener la enfermedad dado que se obtuvo un resultado positivo:

$$P(D_2 \mid T_1) = 1 - P(D_1 \mid T_1) = 1 - \frac{190}{259} = \frac{69}{259} \approx 0.266$$

Desde luego, esto puede encontrarse también usando el árbol de probabilidad:

$$P(D_2 \mid T_1) = \frac{\text{probabilidad de la ruta que pasa por } D_2 \text{ y } T_1}{\text{suma de probabilidades de todas las rutas hasta } T_1}$$

$$= \frac{(0.92)(0.03)}{0.1036} = \frac{0.0276}{0.1036} = \frac{276}{1036} = \frac{69}{259} \approx 0.266$$

En realidad, no es necesario usar un árbol de probabilidad para encontrar $P(D_1 \mid T_1)$. En lugar de eso, puede desarrollarse una fórmula. Se sabe que

$$P(D_1 \mid T_1) = \frac{P(D_1 \cap T_1)}{P(T_1)} = \frac{P(D_1)P(T_1 \mid D_1)}{P(T_1)} \tag{2}$$

Aunque se usó un árbol de probabilidad para expresar $P(T_1)$ de manera conveniente como una suma de probabilidades, la suma puede encontrarse de otra forma. Tome nota de que los eventos D_1 y D_2 tienen dos propiedades: son mutuamente excluyentes y su unión es el espacio muestral S. Tales eventos se llaman de manera colectiva una **partición** de S. Usando esta partición, es posible dividir el evento T_1 en "pedazos" mutuamente excluyentes:

$$T_1 = T_1 \cap S = T_1 \cap (D_1 \cup D_2)$$

Entonces, por las leyes distributiva y conmutativa,

$$T_1 = (D_1 \cap T_1) \cup (D_2 \cap T_1) \tag{3}$$

Como D_1 y D_2 son mutuamente excluyentes, también lo son los eventos $D_1 \cap T_1$ y $D_2 \cap T_1$.[3] Así, T_1 se ha expresado como una unión de eventos mutuamente excluyentes. En esta forma, se puede encontrar $P(T_1)$ sumando probabilidades. Al aplicar la ley de la suma para eventos mutuamente excluyentes a la ecuación (3), se obtiene

$$P(T_1) = P(D_1 \cap T_1) + P(D_2 \cap T_1)$$
$$= P(D_1)P(T_1 \mid D_1) + P(D_2)P(T_1 \mid D_2)$$

Sustituyendo en la ecuación (2), resulta

$$P(D_1 \mid T_1) = \frac{P(D_1)P(T_1 \mid D_1)}{P(D_1)P(T_1 \mid D_1) + P(D_2)P(T_1 \mid D_2)} \tag{4}$$

que es una fórmula para calcular $P(D_1 \mid T_1)$.

La ecuación (4) es un caso especial (a saber, para una partición de S en dos eventos) de la siguiente fórmula general, llamada **fórmula de Bayes**,[4] la cual ha tenido una amplia aplicación en la toma de decisiones.

Fórmula de Bayes

Suponga que F_1, F_2, ..., F_n son n eventos que parten un espacio muestral S. Esto es, los eventos F_i son mutuamente excluyentes y su unión es S. Además, suponga que E es cualquier evento contenido en S, donde $P(E) > 0$. Entonces, la probabilidad condicional de F_i dado que ha ocurrido el evento E se expresa por

$$P(F_i \mid E) = \frac{P(F_i)P(E \mid F_i)}{P(F_1)P(E \mid F_1) + P(F_2)P(E \mid F_2) + \cdots + P(F_n)P(E \mid F_n)}$$

para cada valor de i, donde $i = 1, 2, ..., n$.

---

[3] Vea el ejemplo 8 de la sección 8.3.

[4] Por Thomas Bayes (1702-1761), el ministro inglés del siglo XVIII quien descubrió la fórmula.

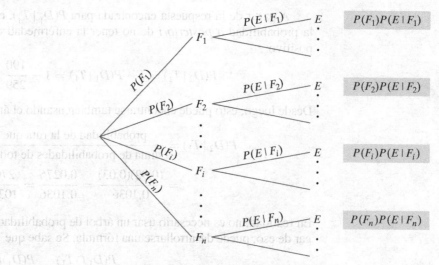

FIGURA 8.22 Árbol de probabilidad para $P(F_i \mid E)$.

En lugar de memorizar la fórmula, puede usarse un árbol de probabilidad para obtener $P(F_i \mid E)$. Usando el árbol de la figura 8.22, se tiene

$$P(F_i \mid E) = \frac{\text{probabilidad para la ruta que pasa por } F_i \text{ y } E}{\text{suma de todas las probabilidades para las rutas hasta } E}$$

EJEMPLO 1 Control de calidad

Una fabricante de cámaras *digitales* utiliza un microchip en el ensamble de cada cámara que produce. Los microchips se compran a los proveedores A, B y C y se seleccionan de manera aleatoria para ensamblar cada cámara. Veinte por ciento de los microchips vienen de A, 35% vienen de B y el porcentaje restante proviene de C. Con base en la experiencia, el fabricante cree que la probabilidad de que un microchip de A resulte defectuoso es de 0.03 y las probabilidades correspondientes para B y C son 0.02 y 0.01, respectivamente. Una cámara se selecciona de manera aleatoria a partir de la producción de un día y se encuentra que su microchip está defectuoso. Determine la probabilidad de que haya sido suministrado (a) por A, (b) por B y (c) por C. (d) ¿Cuál proveedor tiene mayor probabilidad de haber producido el microchip?

Solución: Se definen los siguientes eventos:

$$S_1 = \{\text{proveedor } A\}$$
$$S_2 = \{\text{proveedor } B\}$$
$$S_3 = \{\text{proveedor } C\}$$
$$D = \{\text{microchip defectuoso}\}$$

Se tiene

$$P(S_1) = 0.2 \quad P(S_2) = 0.35 \quad P(S_3) = 0.45$$

y las probabilidades condicionales

$$P(D \mid S_1) = 0.03 \quad P(D \mid S_2) = 0.02 \quad P(D \mid S_3) = 0.01$$

las cuales están reflejadas en el árbol de probabilidad de la figura 8.23. Observe que la figura muestra solamente la parte del árbol de probabilidad completo que se relaciona con el evento D. En realidad, esto es todo lo que se necesita mostrar y esta forma abreviada se llama comúnmente *árbol de probabilidad de Bayes*.

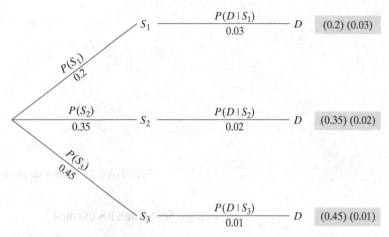

FIGURA 8.23   Árbol de probabilidad de Bayes para el ejemplo 1.

Para el inciso (a), se desea encontrar la probabilidad de S_1 dado que ha ocurrido D. Esto es,

$$P(S_1 \mid D) = \frac{\text{probabilidad de la ruta que pasa por } S_1 \text{ y } D}{\text{suma de las probabilidades de todas las rutas hasta } D}$$

$$= \frac{(0.2)(0.03)}{(0.2)(0.03) + (0.35)(0.02) + (0.45)(0.01)}$$

$$= \frac{0.006}{0.006 + 0.007 + 0.0045}$$

$$= \frac{0.006}{0.0175} = \frac{60}{175} = \frac{12}{35}$$

Esto significa que aproximadamente 34.3% de los microchips defectuosos vienen del proveedor A.

Para el inciso (b), se tiene

$$P(S_2 \mid D) = \frac{\text{probabilidad de la ruta que pasa por } S_2 \text{ y } D}{\text{suma de las probabilidades de todas las rutas hasta } D}$$

$$= \frac{(0.35)(0.02)}{0.0175} = \frac{0.007}{0.0175} = \frac{70}{175} = \frac{14}{35}$$

Para el inciso (c)

$$P(S_3 \mid D) = \frac{\text{probabilidad de la ruta que pasa por } S_3 \text{ y } D}{\text{suma de las probabilidades de todas las rutas hasta } D}$$

$$= \frac{(0.45)(0.01)}{0.0175} = \frac{0.0045}{0.0175} = \frac{45}{175} = \frac{9}{35}$$

Para el inciso (d), el mayor de entre $P(S_1 \mid D)$, $P(S_2 \mid D)$ y $P(S_3 \mid D)$ es $P(S_2 \mid D)$. Así que el microchip defectuoso tiene más probabilidad de haber sido suministrado por B.

Ahora resuelva el problema 9 ◁

EJEMPLO 2   **Caramelos en una bolsa**

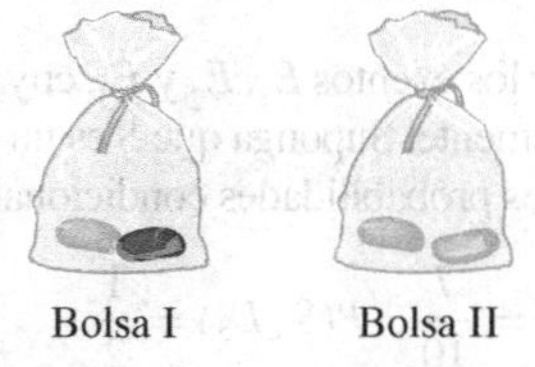

Dos bolsas idénticas, bolsa I y bolsa II, están sobre una mesa. La bolsa I contiene un caramelo rojo y otro negro; la bolsa II contiene dos caramelos rojos. (Vea la figura 8.24). Una bolsa se selecciona al azar y de ahí se toma un caramelo de manera aleatoria. El caramelo es rojo. ¿Cuál es la probabilidad de que el otro caramelo restante dentro de la bolsa seleccionada sea rojo?

Solución: Como el otro caramelo podría ser rojo o negro, se podría concluir de manera apresurada que la respuesta es $\frac{1}{2}$. Esto es falso. La pregunta puede replantearse de la manera siguiente: encuentre la probabilidad de que el caramelo provenga de la bolsa II, dado

FIGURA 8.24   Diagrama para el ejemplo 2.

Bolsa I   Bolsa II

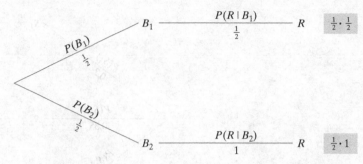

FIGURA 8.25 Árbol de probabilidad de Bayes para el ejemplo 2.

que es rojo. Se definen los eventos

$$B_1 = \{\text{selección de la bolsa I}\}$$
$$B_2 = \{\text{selección de la bolsa II}\}$$
$$R = \{\text{selección de caramelo rojo}\}$$

Se desea encontrar $P(B_2 \mid R)$. Como se selecciona una bolsa de manera aleatoria. $P(B_1) = P(B_2) = \frac{1}{2}$. A partir de la figura 8.24, se concluye que

$$P(R \mid B_1) = \frac{1}{2} \quad y \quad P(R \mid B_2) = 1$$

Se presentarán dos métodos para resolver este problema, el primero con un árbol de probabilidad y el segundo con la fórmula de Bayes.

Método 1: Árbol de probabilidad   En la figura 8.25 se muestra un árbol de probabilidad de Bayes para este problema. Como todas las rutas terminan en R,

$$P(B_2 \mid R) = \frac{\text{probabilidad para la ruta que pasa por } B_2 \text{ y } R}{\text{suma de las probabilidades de todas las rutas}}$$

$$= \frac{\left(\frac{1}{2}\right)(1)}{\left(\frac{1}{2}\right)\left(\frac{1}{2}\right) + \left(\frac{1}{2}\right)(1)} = \frac{\frac{1}{2}}{\frac{3}{4}} = \frac{2}{3}$$

Observe que la probabilidad no condicional de elegir la bolsa II, a saber, $P(B_2) = \frac{1}{2}$, se incrementa a $\frac{2}{3}$, dado que se tomó un caramelo rojo. Un incremento es razonable, puesto que sólo hay caramelos rojos en la bolsa II y la selección de un caramelo rojo haría más probable que proviniera de la bolsa II.

Método 2: Fórmula de Bayes   Como B_1 y B_2 parten al espacio muestral, por la fórmula de Bayes se tiene

$$P(B_2 \mid R) = \frac{P(B_2)P(R \mid B_2)}{P(B_1)P(R \mid B_1) + P(B_2)P(R \mid B_2)}$$

$$= \frac{\left(\frac{1}{2}\right)(1)}{\left(\frac{1}{2}\right)\left(\frac{1}{2}\right) + \left(\frac{1}{2}\right)(1)} = \frac{\frac{1}{2}}{\frac{3}{4}} = \frac{2}{3}$$

Ahora resuelva el problema 7 ◁

PROBLEMAS 8.7

1. Suponga que los eventos E y F parten un espacio muestral S, donde E y F tienen las probabilidades

$$P(E) = \frac{2}{5} \quad P(F) = \frac{3}{5}$$

Si D es un evento de tal forma que

$$P(D \mid E) = \frac{1}{10} \quad P(D \mid F) = \frac{1}{5}$$

encuentre las probabilidades $P(E \mid D)$ y $P(F \mid D')$.

2. Un espacio muestral es partido por los eventos E_1, E_2 y E_3, cuyas probabilidades son $\frac{1}{5}$, $\frac{3}{10}$ y $\frac{1}{2}$, respectivamente. Suponga que S es un evento para el que se cumplen las siguientes probabilidades condicionales:

$$P(S \mid E_1) = \frac{2}{5} \quad P(S \mid E_2) = \frac{7}{10} \quad P(S \mid E_3) = \frac{1}{2}$$

Encuentre las probabilidades $P(E_1 \mid S)$ y $P(E_3 \mid S')$.

3. Votación   En cierto distrito electoral, 42% de los votantes elegibles son demócratas registrados, 33% son republicanos y el resto son independientes. Durante la última elección primaria, votaron 45% de los demócratas, 37% de los republicanos y 35% de los independientes. Encuentre la probabilidad de que una persona que votó sea demócrata.

4. Neumáticos importados contra nacionales Se tienen 3000 neumáticos en el almacén de un distribuidor, 2000 son del país y 1000 son importados. Entre los neumáticos nacionales, 40% son para toda temporada; de los importados, 10% son para toda temporada. Si una llanta se selecciona de manera aleatoria y es para toda temporada, ¿cuál es la probabilidad de que sea importada?

5. Pruebas para detectar una enfermedad Una nueva prueba se desarrolló para detectar la enfermedad Gamma, que se cree afecta a 3% de la población. Los resultados de pruebas extensivas indican que 86% de las personas que tienen la enfermedad tendrán una reacción positiva a la prueba, mientras que 7% de quienes no tienen la enfermedad también presentarán una reacción positiva.

(a) ¿Cuál es la probabilidad de que una persona seleccionada de manera aleatoria, y que tiene una reacción positiva a la prueba, en realidad tenga la enfermedad Gamma?

(b) ¿Cuál es la probabilidad de que una persona seleccionada de manera aleatoria, y que tiene una reacción negativa a la prueba, en realidad tenga la enfermedad Gamma?

6. Ganancias y dividendos De las compañías ubicadas en un sector particular de la economía, se cree que un tercio tendrá un aumento en sus ganancias trimestrales. De entre las que se espera tengan incremento, el porcentaje que declara un dividendo es 60%. De entre las que no tendrán aumento, el porcentaje que declara un dividendo es 10%. ¿Qué porcentaje de las compañías que declaran un dividendo tendrán un incremento en las ganancias trimestrales?

7. Caramelos en una bolsa Una bolsa contiene cuatro caramelos rojos y dos verdes y una segunda bolsa contiene dos caramelos rojos y tres verdes. Una bolsa se selecciona al azar y de ésta se toma un caramelo de manera aleatoria. El caramelo es rojo. ¿Cuál es la probabilidad de que provenga de la primera bolsa mencionada?

8. Pelotas en un tazón El tazón I contiene tres pelotas rojas, dos blancas y cinco verdes. El tazón II contiene tres pelotas rojas, seis blancas y nueve verdes. El tazón III contiene seis pelotas rojas, dos blancas y dos verdes. Un tazón se elige de manera aleatoria y de éste se selecciona al azar una pelota. La pelota es roja. Encuentre la probabilidad de que provenga del tazón II.

9. Control de calidad Un proceso de manufactura requiere el uso de una soldadora robótica en cada una de sus dos líneas de ensamble A y B, las cuales producen 300 y 500 unidades al día, respectivamente. Con base en la experiencia, se cree que en A la soldadora produce 2% de unidades defectuosas, mientras que la soldadora en B produce 5% de unidades defectuosas. Al final de un día, se seleccionó una unidad de manera aleatoria de la producción total y se encontró que estaba defectuosa. ¿Cuál es la probabilidad de que proviniera de la línea A?

10. Control de calidad Un fabricante de automóviles tiene cuatro plantas: A, B, C y D. Los porcentajes de la producción total diaria que generan las cuatro plantas son 35, 20, 30 y 15%, respectivamente. Los porcentajes de unidades defectuosas que se producen en las cuatro plantas se estiman en 2, 5, 3 y 4%, respectivamente.

Suponga que un automóvil, en el lote de un distribuidor, se selecciona de manera aleatoria y se encuentra que está defectuoso. ¿Cuál es la probabilidad de que provenga de la planta (a) A, (b) B, (c) C y (d) D?

11. Llamada-despertador Barbara Smith, una representante de ventas, está pasando la noche en un hotel y tiene una reunión en la que desayunará con un cliente importante la mañana siguiente. Pide en la recepción del hotel que le hagan una llamada para despertarla a las 7 a.m., esa mañana, con el propósito de estar lista para la reunión. La probabilidad de que le hagan la llamada es 0.95. Si recibe la llamada, la probabilidad de que esté a tiempo en la reunión es 0.9. Si no recibe la llamada, la probabilidad de que esté a tiempo en la reunión es 0.75. Si Barbara llega a tiempo a la reunión, ¿cuál es la probabilidad de que le hayan hecho la llamada?

12. Dispensador de golosinas En un anaquel hay dos frascos opacos idénticos que contienen 50 racimos de pasas cada uno. En uno de los frascos los racimos están hechos con chocolate oscuro. En el otro frasco, 20 racimos están hechos con chocolate oscuro y 30 con chocolate blanco. (Los racimos están bien mezclados). Bob Jones, quien tiene un antojo súbito por comer chocolate, toma de manera aleatoria un racimo de pasas de uno de los frascos. Si el racimo está hecho con chocolate oscuro, ¿cuál es la probabilidad de que haya sido tomado del frasco que sólo contiene chocolate oscuro?

13. Actividad física La semana del Día Nacional de la Salud y el Ejercicio para el Empleado, a los trabajadores de una gran compañía se les pidió hacer ejercicio un mínimo de tres veces esa semana durante al menos 20 minutos por sesión. El propósito era generar "millas de ejercicio". Todos los participantes que completaron este requerimiento recibieron un certificado reconociendo su contribución. Los ejercicios reportados fueron caminata, ciclismo y carrera. De todos los participantes, $\frac{1}{3}$ reportó caminata, $\frac{1}{2}$ reportó ciclismo y $\frac{1}{6}$ reportó carrera. Suponga que la probabilidad de que un participante que hizo caminata complete el requerimiento es $\frac{9}{10}$ y para el ciclismo y la carrera son $\frac{2}{3}$ y $\frac{1}{3}$, respectivamente. ¿Qué porcentaje de las personas que completaron el requerimiento se espera que hayan reportado caminata? (Suponga que cada participante realiza ejercicio en una sola actividad).

14. Confiabilidad de batería Cuando el clima es extremadamente frío, un conductor puede cargar la batería de su automóvil durante la noche para mejorar la probabilidad de que el vehículo encienda temprano la mañana siguiente. Si no la carga, la probabilidad de que el automóvil no encienda es $\frac{4}{5}$. Si la carga, la probabilidad de que el automóvil no encienda es $\frac{1}{8}$. La experiencia muestra que la probabilidad de que recuerde cargar la batería es $\frac{9}{10}$. Una mañana, durante una helada, no pudo encender su automóvil. ¿Cuál es la probabilidad de que haya olvidado cargar la batería?

15. Encuesta sobre satisfacción de automóvil En una encuesta de satisfacción del cliente, $\frac{3}{5}$ de los encuestados tienen un automóvil hecho en Japón, $\frac{1}{10}$ uno fabricado en Europa y $\frac{3}{10}$ un automóvil estadounidense. Del primer grupo, 85% dijo que compraría un vehículo fabricado en el mismo lugar, de los otros dos grupos los porcentajes correspondientes son 50 y 40%. ¿Cuál es la probabilidad de que una persona que dijo compraría un automóvil hecho en el mismo lugar tenga uno fabricado en Japón?

16. Perforaciones de prueba de mineral Un geólogo cree que la probabilidad de que un raro mineral terrestre llamado dalosio esté presente en una región particular del país es 0.005. Si el dalosio está presente en esa región, las perforaciones de prueba del geólogo tendrán un resultado positivo 80% de las veces. Sin embargo, si el dalosio no está presente, ocurrirá un resultado negativo 85% de las veces.

(a) Si una prueba es positiva en un sitio de la región, encuentre la probabilidad de que haya dalosio.

(b) Si una prueba es negativa en un sitio de la región, encuentre la probabilidad de que haya dalosio.

17. Examen de física Después de aplicar un examen de física, resultó que sólo 75% de la clase respondió todas las preguntas. De aquellos que lo hicieron, 80% aprobó, pero de entre los que no respondieron todas las preguntas, sólo 50% aprobó. Si un estudiante aprobó el examen, ¿cuál es la probabilidad de que haya contestado todas las preguntas? (P.D. Finalmente, el profesor se dio cuenta de que el examen era demasiado largo y ajustó la curva de calificaciones para mostrarse justo y piadoso).

18. Dejar de fumar En un sondeo realizado a fumadores en 2004, 50% predijeron que continuarían fumando cinco años después. Pasados cinco años, 80% de quienes predijeron que seguirían fumando ya no fumaban, y de aquellos que predijeron que dejarían el cigarro, 95% ya no fumaban. ¿Qué porcentaje de quienes ya no fuman predijeron que seguirían fumando?

19. Comunicación extraterrestre B. G. Cosmos, un científico, cree que hay una probabilidad de $\frac{2}{5}$ de que extraterrestres de una civilización avanzada del Planeta X estén tratando de comunicarse con nosotros mediante el envío de mensajes de alta frecuencia hacia la Tierra. Cosmos desea captar estas señales usando equipo sofisticado. El fabricante del equipo, Trekee, Inc., declara que si los extraterrestres realmente están enviando señales, la probabilidad de que el equipo las detecte es $\frac{3}{5}$. Sin embargo, si los extraterrestres no están enviando señales, la probabilidad de que el equipo parezca detectar dichas señales es $\frac{1}{10}$. Si el equipo detecta señales, ¿cuál es la probabilidad de que en realidad las estén enviando los extraterrestres?

20. Calificaciones en Cálculo En una clase de Cálculo I, 60% de los estudiantes tenía un promedio de 10 a mitad del semestre. De éstos, 70% terminaron con un promedio de 10 al final del curso, y de aquellos que no tenían 10 a mitad del semestre, 60% terminaron el curso con una calificación de 10. Si uno de los estudiantes se selecciona al azar y resulta tener un 10 de calificación final, ¿cuál es la probabilidad de que no haya tenido 10 a mitad del semestre?

21. Crítica de cine Un par de famosos e influyentes críticos de cine tienen un popular programa de televisión en el que revisan los nuevos lanzamientos de películas y los videos más recientes. En los pasados 10 años, han dado el "visto bueno" a 70% de las películas que resultaron ser un éxito y han "reprobado" a 80% de las películas que probaron no tener éxito. Una película nueva, *Math Wizard*, cuyo lanzamiento es inminente, ha sido calificada favorablemente por otras personas de la industria que ya la han visto; de hecho, le dan una probabilidad de éxito *a priori* de $\frac{8}{10}$. Encuentre la probabilidad de que sea un éxito, dado que la pareja de críticos de televisión le dieron el "visto bueno" después de haberla analizado. Suponga que todas las películas reciben ya sea el "visto bueno" o la "reprobación".

22. Pelotas en un tazón El tazón 1 contiene cinco pelotas verdes y cuatro rojas y el tazón 2 contiene tres pelotas verdes, una blanca y tres rojas. Una pelota se selecciona de manera aleatoria del tazón 1 y se coloca en el tazón 2. Después se selecciona al azar una pelota del tazón 2. Si la pelota es verde, encuentre la probabilidad de que se haya tomado una pelota verde del tazón 1.

23. Préstamo riesgoso En el departamento de préstamos del Banco de Montreal, la experiencia indica que 25% de las solicitudes de préstamo son consideradas por los analistas del banco como de clase "sub-estándar" y no deben aprobarse. Sin embargo, el revisor de préstamos del banco, el señor Blackwell, es laxo en ocasiones y

concluye que una solicitud no es de clase sub-estándar cuando sí lo es y viceversa. Suponga que 15% de las solicitudes que en realidad son sub-estándar no se consideran como tales por Blackwell y que 10% de las solicitudes que no son sub-estándar son consideradas así por Blackwell y, por ende, no son aprobadas.

(a) Encuentre la probabilidad de que Blackwell considere que una solicitud es sub-estándar.

(b) Encuentre la probabilidad de que una solicitud sea sub-estándar, dado que Blackwell considera que es sub-estándar.

(c) Encuentre la probabilidad de que Blackwell cometa un error al calificar una solicitud. (Un error ocurre cuando la solicitud no es sub-estándar pero se considera como tal, o cuando la solicitud es sub-estándar pero se considera como si no lo fuera).

24. Monedas en cofres Cada uno de tres cofres idénticos tiene dos cajones. El primer cofre contiene una moneda de oro en cada cajón. El segundo cofre contiene una moneda de plata en cada cajón y el tercer cofre contiene una moneda de plata en un cajón y una moneda de oro en el otro. Se selecciona un cofre al azar y de éste se abre un cajón en forma aleatoria. En el cajón hay una moneda de oro. ¿Cuál es la probabilidad de que la moneda del otro cajón de ese cofre sea de plata?

25. Identificación de producto después de una inundación[5] Después de una inundación severa, se encuentra que un almacén de distribución está lleno de cajas a prueba de agua que contienen fuegos artificiales, de las cuales se han deslavado las etiquetas de identificación. Hay tres tipos de fuegos artificiales: de calidad baja, de calidad media y de calidad alta, cada uno empacado en unidades de 100 en cajas idénticas. Ninguno de los fuegos artificiales individuales tiene marcas, pero se cree que, en todo el almacén, la proporción de cajas con fuegos artificiales de calidad baja, media y alta es 0.25, 0.25 y 0.5, respectivamente. Como la detonación de un fuego artificial lo destruye, las pruebas extensivas no resultan prácticas. En lugar de esto, el distribuidor decide que se probarán dos fuegos artificiales de cada caja. Así, la calidad se decidirá con base en cuántos de esos dos fuegos artificiales resulta defectuoso. El fabricante, con base en su experiencia, estima las probabilidades condicionales que se dan en la tabla 8.14. Suponga que dos fuegos artificiales se seleccionan de una caja y son probados, encontrándose que ambos detonan de manera satisfactoria. Sean B, M y A los eventos en que la caja contiene fuegos artificiales de calidad baja, media y alta, respectivamente. Además, sea E el evento observado en el que ninguno de los fuegos artificiales probados resultó defectuoso.

Tabla 8.14 Probabilidades condicionales de encontrar x fuegos artificiales defectuosos, dado que se probaron dos pertenecientes a una caja de calidad conocida

Número de defectos x	Calidad de los fuegos artificiales		
	Baja	Media	Alta
0	0.49	0.64	0.81
1	0.44	0.32	0.18
2	0.07	0.04	0.01

(a) Encuentre la probabilidad $P(B \mid E)$, la probabilidad de que la caja contenga fuegos artificiales de baja calidad, dado E.

(b) Encuentre la probabilidad de que la caja contenga fuegos artificiales de calidad media, dado E.

---

[5] Samuel Goldberg, *Probability, An Introduction* (Prentice-Hall, Inc. 1960, Dover Publications, Inc., 1986), pp. 97-98. Adaptado con autorización del autor.

(c) Encuentre la probabilidad de que la caja contenga fuegos artificiales de alta calidad, dado E.
(d) ¿Cuál es la calidad de fuegos artificiales contenidos en la caja que es más probable, dado E?

26. Identificación de producto después de inundación
(a) Repita el problema 25 si E es el evento observado en el que exactamente uno de los fuegos artificiales probados resultó defectuoso.
(b) Repita el problema 25 si E es el evento observado en el que los dos fuegos artificiales probados resultaron defectuosos.

27. Pronóstico del clima[6]   J. B. Smith, quien ha vivido en la misma ciudad muchos años, asigna una probabilidad *a priori* de 0.4 a que el clima de hoy será inclemente. (Él piensa que el clima será bueno con una probabilidad de 0.6). Smith escucha un pronóstico del clima temprano por la mañana para obtener información sobre el clima del día. El reportero del clima realiza una de tres

predicciones: clima bueno, clima inclemente o clima incierto. Smith ha hecho estimaciones de probabilidades condicionales de las diferentes condiciones, dado el clima del día, como lo muestra la tabla 8.15. Por ejemplo, Smith cree que, de los días buenos, 70% se pronostican correctamente, 20% se pronostican como inclementes y 10% como inciertos. Suponga que Smith escucha que el reportero del clima predice buen clima. ¿Cuál es la probabilidad *a posteriori* de clima bueno?

Tabla 8.15 Clima y pronóstico

	Pronóstico		
Clima del día	Bueno	Inclemente	Incierto
Bueno	0.7	0.2	0.1
Inclemente	0.3	0.6	0.1

Repaso del capítulo 8

Términos y símbolos importantes

Ejemplos

Resumen

Es importante conocer el número de formas en que puede ocurrir un procedimiento. Suponga que un procedimiento involucra una secuencia de k etapas. Sea n_1 el número de formas en que puede ocurrir la primera etapa y n_2 el número de formas en que puede ocurrir la segunda etapa, y así sucesivamente,

con n_k como el número de formas en que puede ocurrir la k-ésima etapa. Entonces, el número de formas en que puede ocurrir un procedimiento es

$$n_1 \cdot n_2 \cdots n_k$$

[6] Samuel Goldberg, *Probability, An Introduction* (Prentice-Hall, Inc., 1960, Dover Publications, Inc., 1986), pp. 99-100. Adaptado con permiso del autor.

Este resultado se llama principio básico de conteo.

Una selección ordenada de r objetos, sin repetición, tomados de entre n objetos distintos se llama permutación de n objetos tomados r a la vez. El número de estas permutaciones se denota como $_nP_r$ y está dado por

$$_nP_r = \underbrace{n(n-1)(n-2)\cdots(n-r+1)}_{r \text{ factores}} = \frac{n!}{(n-r)!}$$

Si la selección se hace sin importar el orden, entonces es simplemente un subconjunto de r elementos de un conjunto con n elementos y se llama combinación de n objetos tomados r a la vez. El número de estas combinaciones se denota como $_nC_r$ y está dado por

$$_nC_r = \frac{n!}{r!(n-r)!}$$

Cuando algunos de los objetos están repetidos, el número de permutaciones distinguibles de n objetos tales que n_1 sean de un tipo, n_2 sean de un segundo tipo, etc., y n_k sean del k-ésimo tipo, es

$$\frac{n!}{n_1!n_2!\cdots n_k!} \tag{5}$$

donde $n_1 + n_2 + \cdots + n_k = n$.

La expresión de la ecuación (5) también puede usarse para determinar el número de asignaciones de objetos a celdas. Si n objetos distintos se colocan en k celdas ordenadas, con n_i objetos en la celda i, para $i = 1, 2, \ldots, k$, entonces el número de tales asignaciones es

$$\frac{n!}{n_1!n_2!\cdots n_k!}$$

donde $n_1 + n_2 + \cdots + n_k = n$.

Un espacio muestral para un experimento es un conjunto S de todos los resultados posibles del experimento. Estos resultados se llaman puntos muestrales. Un subconjunto E de S se llama evento. Existen dos eventos especiales que forman el espacio muestral, uno es el evento seguro y el otro es el conjunto vacío, que es un evento imposible. Un evento que consiste de un solo punto muestral se llama evento simple. Se dice que dos eventos son mutuamente excluyentes cuando no tienen ningún punto muestral en común.

Un espacio muestral cuyos resultados son igualmente posibles se llama espacio equiprobable. Si E es un evento para un espacio equiprobable finito S, entonces la probabilidad de que E ocurra está dada por

$$P(E) = \frac{\#(E)}{\#(S)}$$

Si F también es un evento en S, se tiene

$$P(E \cup F) = P(E) + P(F) - P(E \cap F)$$
$$P(E \cup F) = P(E) + P(F) \text{ si } E \text{ y } F \text{ son mutuamente}$$
$$\text{excluyentes}$$
$$P(E') = 1 - P(E)$$
$$P(S) = 1$$
$$P(\emptyset) = 0$$

Para un evento E, la relación

$$\frac{P(E)}{P(E')} = \frac{P(E)}{1 - P(E)}$$

proporciona las posibilidades de que E ocurra. De manera inversa, si las posibilidades de que E ocurra son $a : b$, entonces

$$P(E) = \frac{a}{a+b}$$

La probabilidad de que ocurra un evento E, dado que ocurrió el evento F, se llama probabilidad condicional. Se denota por $P(E \mid F)$ y puede calcularse considerando un espacio muestral equiprobable reducido y usando la fórmula

$$P(E \mid F) = \frac{\#(E \cap F)}{\#(F)}$$

o bien, a partir de la fórmula

$$P(E \mid F) = \frac{P(E \cap F)}{P(F)}$$

que involucra probabilidades con respecto al espacio muestral original.

Para encontrar la probabilidad de que ocurran dos eventos, se puede usar la ley general de la multiplicación:

$$P(E \cap F) = P(E)P(F \mid E) = P(F)P(E \mid F)$$

Aquí se multiplica la probabilidad de que ocurra uno de los eventos por la probabilidad condicional de que ocurra el otro evento, dado que ha ocurrido el primer evento. Para más de dos eventos, la ley correspondiente es

$$P(E_1 \cap E_2 \cap \cdots \cap E_n)$$
$$= P(E_1)P(E_2 \mid E_1)P(E_3 \mid E_1 \cap E_2) \cdots$$
$$P(E_n \mid E_1 \cap E_2 \cap \cdots \cap E_{n-1})$$

A la ley general de la multiplicación también se le llama ley de probabilidad compuesta, ya que es útil cuando se aplica a un experimento compuesto —el cual puede expresarse como una sucesión de dos o más experimentos distintos llamados ensayos o etapas.

Cuando se analiza un experimento compuesto, un árbol de probabilidad resulta extremadamente útil para mantener el rastro de los resultados posibles para cada ensayo del experimento. Una ruta es una sucesión completa de ramas desde el inicio hasta la punta del árbol. Cada ruta representa un resultado del experimento compuesto y la probabilidad de esa ruta es el producto de las probabilidades para las ramas de la ruta.

Los eventos E y F son independientes cuando la ocurrencia de uno no afecta la probabilidad del otro; esto es,

$$P(E \mid F) = P(E) \quad \text{o bien} \quad P(F \mid E) = P(F)$$

Los eventos que no son independientes son dependientes.

Si E y F son independientes, la ley general de la multiplicación se simplifica en la ley especial de la multiplicación:

$$P(E \cap F) = P(E)P(F)$$

Aquí, la probabilidad de que ocurran tanto E como F es la probabilidad de E multiplicada por la probabilidad de F. La ecuación anterior representa la base de una definición alternativa de independencia: los eventos E y F son independientes si y sólo si

$$P(E \cap F) = P(E)P(F)$$

Tres o más eventos son independientes si y sólo si para cada conjunto de dos o más de los eventos, la probabilidad de la intersección de los eventos contenidos en ese conjunto es igual al producto de las probabilidades de los eventos.

Una partición divide un espacio muestral en eventos mutuamente excluyentes. Si E es un evento y $F_1, F_2, \ldots, F_n$ es una partición, entonces, para encontrar la probabilidad condicional del evento F, dado E, cuando se conocen las probabilidades *a priori* y condicional, puede usarse la fórmula de Bayes:

$$P(F_i \mid E) = \frac{P(F_i)P(E \mid F_i)}{P(F_1)P(E \mid F_1) + P(F_2)P(E \mid F_2) + \cdots + P(F_n)P(E \mid F_n)}$$

Un problema del tipo Bayes también puede resolverse con ayuda de un árbol de probabilidad de Bayes.

Problemas de repaso

En los problemas del 1 al 4, determine los valores.

1. $_8P_3$ **2.** $_nP_1$ **3.** $_9C_7$ **4.** $_{12}C_5$

5. Placa de licencia Una placa de licencia de seis caracteres consiste en tres letras seguidas por tres números. ¿Cuántas placas de licencia diferentes son posibles de formular?

6. Comida En un restaurante, una comida completa consiste en una entrada, un plato fuerte y un postre. Las opciones para la entrada son sopa y ensalada; para el plato fuerte, pollo, bistec, langosta y ternera; para el postre, las opciones son helado, pay y budín. ¿Cuántos tipos de comida completa pueden pedirse?

7. Puerta de garage El transmisor de un sistema eléctrico para la apertura de la puerta de un garage es una señal codificada para un receptor. El código está determinado por cinco interruptores, cada uno de los cuales está en la posición de "encendido" o "apagado". Determine el número de códigos diferentes que pueden transmitirse.

8. Béisbol Un entrenador de béisbol debe determinar un orden del bateo para sus nueve miembros del equipo. ¿Cuántos órdenes de bateo es posible formular?

9. Softbol Una liga de softbol tiene siete equipos. En términos de primero, segundo y tercer lugar, ¿de cuántas formas puede terminar la temporada? Suponga que no hay empates.

10. Trofeos En una vitrina, se colocarán nueve trofeos distintos —dos en la repisa superior, tres en la de en medio y cuatro en la repisa inferior—. Considerando el orden de disposición en cada repisa, ¿de cuántas maneras pueden colocarse los trofeos en la vitrina?

11. Grupos Once pasajeros anotados en la lista de espera de un avión necesitan pases de abordar, pero sólo hay seis pases de abordar disponibles. ¿Cuántos grupos diferentes de pasajeros pueden abordar?

12. Cartas De un mazo común de 52 cartas de juego se reparte una mano de cinco cartas. ¿En cuántas formas pueden tres de las cartas tener el mismo valor y otras dos un valor diferente? (A esa mano se le llama full).

13. Focos Una caja contiene 24 focos, uno de los cuales está defectuoso. (a) ¿En cuántas formas pueden seleccionarse tres focos? (b) ¿En cuántas formas pueden seleccionarse tres focos si uno está defectuoso?

14. Examen de opción múltiple Cada pregunta de un examen de opción múltiple con 10 preguntas tiene un valor de 10 puntos y presenta cuatro opciones, sólo una de las cuales es correcta. Al azar, ¿en cuántas formas es posible obtener una calificación de 90 o mejor?

15. Disposición de letras ¿Cuántas disposiciones horizontales distinguibles de las letras de MISSISSIPPI son posibles?

16. Señales de bandera Ciertas banderas dispuestas verticalmente en un asta bandera indican una señal (o un mensaje). ¿Cuántas señales diferentes son posibles si se usan dos banderas rojas, tres verdes y cuatro blancas?

17. Agencia de personal Una agencia proveedora de personal proporciona profesores de matemáticas de manera temporal a universidades que están cortas de personal. El gerente tiene disponible un grupo de nueve profesores y debe enviar cuatro a Dalhousie University y tres a St. Mary. ¿En cuántas formas puede el gerente hacer las asignaciones?

18. Operador de viajes Un operador de viajes tiene tres camionetas y cada una puede llevar a siete turistas. Suponga que 14 personas llegan para realizar una excursión turística por la ciudad y el operador usará sólo dos camionetas. ¿En cuántas formas pueden asignarse las personas a las camionetas?

19. Suponga que $S = \{1, 2, 3, 4, 5, 6, 7, 8\}$ es el espacio muestral y $E_1 = \{1, 2, 3, 4, 5, 6\}$ y $E_2 = \{4, 5, 6, 7\}$ son los eventos para un experimento. Encuentre (a) $E_1 \cup E_2$, (b) $E_1 \cap E_2$, (c) $E_1' \cup E_2$, (d) $E_1 \cap E_1'$ y (e) $(E_1 \cap E_2')'$. (f) ¿Son E_1 y E_2 mutuamente excluyentes?

20. Dado y moneda Se lanza un dado y después una moneda. (a) Determine un espacio muestral para este experimento. Determine los eventos en los que (b) resulta un 2 y (c) resulta una cara y un número par.

21. Bolsas de caramelos Tres bolsas etiquetadas 1, 2 y 3 contienen dos caramelos cada una, un caramelo es rojo y el otro verde. Se selecciona un caramelo al azar de cada bolsa. (a) Determine un espacio muestral para este experimento. Determine los eventos en los que (b) exactamente dos de los caramelos son rojos y (c) los caramelos son del mismo color.

22. Suponga que E_1 y E_2 son eventos para un experimento con un número finito de puntos muestrales. Si $P(E_1) = 0.5$, $P(E_1 \cup E_2) = 0.6$ y $P(E_1 \cap E_2) = 0.2$, encuentre $P((E_2)')$.

23. Control de calidad Un fabricante de chips de computadora empaca 10 chips en una caja. Para el control de calidad, se seleccionan al azar dos chips de cada caja y se prueban. Si cualquiera de los chips probados resulta defectuoso, la caja entera de chips se rechaza y no se pone a la venta. Para una caja que contiene exactamente un chip defectuoso, ¿cuál es la probabilidad de que la caja sea rechazada?

24. Medicamentos 100 ratas blancas fueron inyectadas con uno de cuatro medicamentos A, B, C o D. El medicamento A se le dio a 35% de las ratas, el B a 25% y el C a 15%. Si se elige al azar una rata, determine la probabilidad de que haya sido elegida con C o D. Si el experimento se repite en un grupo más grande de 300 ratas, pero con los medicamentos dados en la misma proporción, ¿cuál es el efecto en la probabilidad anterior?

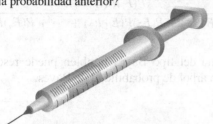

25. Examen de opción múltiple Un examen con cinco preguntas de opción múltiple tiene cuatro opciones en cada pregunta, sólo una de las cuales es correcta. Si un estudiante responde cada pregunta de manera aleatoria, ¿cuál es la probabilidad de que responda exactamente dos preguntas en forma correcta?

26. Preferencia de bebida Para determinar la preferencia nacional de los consumidores de bebida de cola, una agencia de publicidad condujo una encuesta entre 200 consumidores. Se involucraron dos marcas de bebidas, A y B. Los resultados de la encuesta se muestran en la tabla 8.16. Si un bebedor de cola se selecciona de manera aleatoria, determine la probabilidad (empírica) de que a la persona:
(a) le guste tanto A como B.
(b) le guste A, pero no B.

Tabla 8.16 Preferencia de bebida de cola

Le gusta sólo A	70
Le gusta sólo B	80
Le gusta tanto A como B	35
No le gusta A ni B	15
Total	200

27. Caramelos en una bolsa Una bolsa contiene cinco caramelos rojos y siete verdes.
(a) Si dos caramelos se seleccionan de manera aleatoria y sucesiva con reemplazo, determine la probabilidad de que ambos sean rojos.
(b) Si la selección se hace sin reemplazo, determine la probabilidad de que ambos caramelos sean rojos.

28. Dados Se lanza un par de dados balanceados. Determine la probabilidad de que la suma de los números sea (a) 2 o 7, (b) un múltiplo de 3, (c) no menor que 7.

29. Cartas Tres cartas se seleccionan de manera aleatoria de un mazo estándar con 52 cartas de juego, la selección se hace de manera sucesiva y con reemplazo. Determine la probabilidad de que (a) las tres cartas sean negras, (b) dos cartas sean negras y la otra sea una carta de diamantes.

30. Cartas Dos cartas se seleccionan de manera aleatoria de un mazo estándar con 52 cartas de juego, la selección se hace de manera sucesiva y sin reemplazo. Determine la probabilidad de que (a) ambas cartas sean de corazones y (b) una sea un as y la otra un rey rojo.

En los problemas 31 y 32, para el valor dado de P(E), encuentre las posibilidades de que ocurra E.

31. $P(E) = \frac{3}{8}$ **32.** $P(E) = 0.84$

En los problemas 33 y 34, se dan las posibilidades de que ocurra E. Encuentre P(E).

33. 6 : 1   **34.** 3 : 4

35. Cartas Si una carta se selecciona de manera aleatoria de un mazo normal de 52 cartas, encuentre la probabilidad de que no sea una carta con figura (sota, reina o rey), dado que es una carta de corazones.

36. Dados Si se lanzan dos dados balanceados, encuentre la probabilidad de que la suma sea menor que 7, dado que aparece un 6 en al menos uno de los dados.

37. Novela y película para la televisión La probabilidad de que una novela en particular sea exitosa es 0.65 y, si es exitosa, la probabilidad de que los derechos sean comprados para hacer una película para la televisión es de 0.8. Encuentre la probabilidad de que la novela sea exitosa y convertida en una película para la televisión.

38. Cartas Tres cartas se seleccionan al azar de un mazo estándar de cartas. Encuentre la probabilidad de que las cartas sean, en este orden, una reina, una carta de corazones y el as de bastos si son elegidas con reemplazo.

39. Dados Si se lanzan dos dados, encuentre lo siguiente.
(a) La probabilidad de obtener un total de 7, dado que ocurrió un 4 en al menos un dado.
(b) La probabilidad de obtener un total de 7 y que haya ocurrido un 4 en al menos un dado.

40. Dado Un dado balanceado se lanza dos veces en sucesión. Encuentre la probabilidad de que el primer lanzamiento sea menor que 4, dado que el total es mayor que 8.

41. Dado Si un dado balanceado se lanza dos veces en sucesión, encuentre la probabilidad de que el primer lanzamiento sea menor o igual que el segundo número, dado que el segundo número es menor que 3.

42. Cartas Se seleccionan cuatro cartas sin reemplazo de un mazo estándar de juego. Encuentre la probabilidad de que la cuarta carta sea de corazones.

43. Sondeo sobre condimento Se realizó un sondeo a 600 adultos para determinar si les gustaba o no el sabor de un condimento nuevo. Los resultados se muestran en la tabla 8.17.

Tabla 8.17 Sondeo sobre condimento

	Le gusta	No le gusta	Total
Masculino	80	40	120
Femenino	320	160	480
Total	400	200	600

(a) Si una persona del sondeo se selecciona de manera aleatoria, encuentre la probabilidad de que no le guste el condimento (L'), dado que la persona es del sexo femenino (F).
(b) Determine si los eventos L = {le gusta el condimento} y M = {es del sexo masculino} son independientes o dependientes.

44. Chips Un recipiente contiene seis chips numerados del 1 al 6. Se seleccionan de manera aleatoria y con reemplazo dos chips. Sea E el evento en el que se obtiene un chip marcado con un 4 la primera vez y sea F el evento de obtener un chip también con un 4 la segunda vez.
(a) ¿Son E y F mutuamente excluyentes?
(b) ¿Son E y F independientes?

45. Universidad e ingreso familiar Un sondeo de 175 estudiantes resultó en los datos que se muestran en la tabla 8.18. La tabla muestra el tipo de universidad al que asisten los estudiantes y el nivel de ingreso familiar del estudiante. Si un estudiante del sondeo se selecciona al azar, determine si el evento de asistir a una universidad pública y el evento de provenir de una familia de clase media son independientes o dependientes.

Tabla 8.18 Sondeo a estudiantes

Ingreso	Universidad		
	Privada	Pública	Total
Alto	15	10	25
Medio	25	55	80
Bajo	10	60	70
Total	50	125	175

46. Si $P(E) = \frac{1}{4}$, $P(F) = \frac{1}{3}$ y $P(E \mid F) = \frac{1}{6}$, encuentre $P(E \cup F)$.

47. Arbustos Cuando cierto tipo de arbusto se planta, la probabilidad de que enraíce es 0.8. Si se plantan cinco arbustos, encuentre lo siguiente. Suponga independencia.

(a) La probabilidad de que todos enraícen.

(b) La probabilidad de que exactamente tres enraícen.

(c) La probabilidad de que al menos tres enraícen.

48. Antibiótico Cierto antibiótico es efectivo para 75% de las personas que lo toman. Suponga que cuatro personas toman este medicamento. ¿Cuál es la probabilidad de que sea efectivo para al menos tres de ellas? Suponga independencia.

49. Bolsas de caramelos La bolsa I contiene tres caramelos verdes y dos rojos y la bolsa II contiene cuatro caramelos rojos, dos verdes y dos blancos. Un caramelo se selecciona de manera aleatoria de la bolsa I y se coloca en la bolsa II. Si después se selecciona al azar un caramelo de la bolsa II, encuentre la probabilidad de que el caramelo sea rojo.

50. Bolsas de caramelos La bolsa I contiene cuatro caramelos rojos y dos blancos. La bolsa II contiene dos caramelos rojos y tres blancos. Una bolsa se selecciona de manera aleatoria y de ahí se toma un caramelo al azar.

(a) ¿Cuál es la probabilidad de que el caramelo sea blanco?

(b) Si el caramelo es blanco, ¿cuál es la probabilidad de que haya sido tomado de la bolsa II?

51. Distribución de calificaciones El último semestre, se analizó la distribución de calificaciones para cierta clase que toma un curso de nivel superior. Se encontró que la proporción de estudiantes que obtuvieron un 10 fue 0.4 y la proporción de quienes obtuvieron 10 y se graduaron fue 0.1. Si un estudiante de esta clase se selecciona de manera aleatoria y se encuentra que obtuvo un 10, encuentre la probabilidad de que el estudiante se haya graduado.

52. Reunión de alumnos Al más reciente Día del Alumno celebrado en Alpha University asistieron 723 personas. De éstas, 609 vivían dentro del estado y 44% asistían por primera vez. Entre los alumnos que vivían fuera del estado, 78% asistían por primera vez. Ese día se realizó un sorteo y la persona que ganó también había ganado el año pasado. Encuentre la probabilidad de que el ganador sea de fuera del estado.

53. Control de calidad Una compañía de música graba discos compactos en dos turnos. El primer turno produce 3000 discos diarios y el segundo produce 5000. Por experiencia, se cree que en el primero y segundo turnos se producen 1 y 2% de discos rayados, respectivamente. Al final del día, se seleccionó al azar un disco de entre la producción total.

(a) Encuentre la probabilidad de que el disco compacto esté rayado.

(b) Si el disco está rayado, encuentre la probabilidad de que provenga del primer turno.

54. Prueba de aptitud En el pasado, una compañía ha contratado sólo personal con experiencia para su departamento de procesamiento de palabras. Debido a una escasez en este campo, la compañía ha decidido contratar personas sin experiencia que serán entrenadas en el trabajo. La compañía proporcionó a una agencia de empleo una nueva prueba de aptitud que ha sido diseñada para los solicitantes que desean esta posición de entrenamiento. De aquellos que han tomado la prueba recientemente, 35% pasaron. Con el propósito de medir la efectividad de la prueba, todos los que realizaron la prueba se aceptaron en el programa de entrenamiento. De aquellos que pasaron la prueba, 80% se desempeñaron de manera satisfactoria, mientras que, de aquellos que no pasaron la prueba, sólo 30% trabajaron satisfactoriamente. Si uno de los solicitantes en entrenamiento se selecciona de manera aleatoria y se encuentra que tiene un desempeño satisfactorio, ¿cuál es la probabilidad de que haya pasado la prueba?

⊘ EXPLORE Y AMPLÍE **Probabilidad y autómatas celulares**[7]

Los sistemas de una, dos o tres ecuaciones son buenos para modelar procesos simples, como la trayectoria de un objeto lanzado o la acumulación de interés en la cuenta de un banco. Pero, ¿cómo se modela algo complicado e irregular, como el relámpago de un rayo o el esparcimiento de un rumor? Para esto, en lugar de tratar de escribir y resolver un sistema de ecuaciones, se puede usar una técnica de modelado diferente: autómatas celulares.

Los autómatas celulares representan fenómenos grandes y complejos usando colecciones de muchas entidades pequeñas, donde cada entidad sigue unas cuantas reglas simples. El sistema de autómatas celulares más conocido es el juego llamado LIFE y desarrollado por John Conway a finales de la década de 1970. Puede jugarse a mano en un tablero, pero si se usa una computadora es más rápido y fácil. En Internet pueden encontrarse programas gratuitos descargables. (Vaya a cualquier dispositivo de rastreo y busque "LIFE" y "Conway").

Si bien LIFE resulta interesante, no es particularmente bueno para modelar procesos de la vida real. Para tal tarea, son mejores los autómatas celulares cuyas reglas contienen

[7] Adaptado de L. Charles Biehl, "Forest Fires, Oil Spills, and Fractal Geometry, Part 1: Cellular Automata and Modeling Natural Phenomena", *The Mathematics Teacher*, 91 (noviembre de 1988), pp. 682-687. Con autorización del National Council of Teachers of Mathematics.

un elemento de aleatoriedad. A continuación se presenta un ejemplo. Se modelará la filtración de un derrame de petróleo en el subsuelo. El modelo del suelo seguirá un patrón de celdas encimadas como ladrillos (figura 8.26).

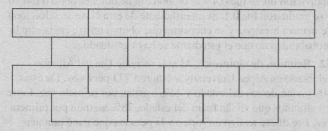

FIGURA 8.26 Celdas para el modelo de un derrame de petróleo.

Cada celda representa un poro en el suelo, un espacio entre las partículas de polvo. Todas las celdas inician en el estado "vacía". Para simular un derrame de petróleo, se cambia toda la capa superior de celdas (la superficie del suelo) de vacías a "llenas". Dependiendo de la microestructura del arreglo de poros, el petróleo podría fluir de un poro a los dos poros de abajo, o sólo al izquierdo, o sólo al derecho, o a ninguno de los dos. Se modelará esto suponiendo que en cualquier unión que haya entre una celda llena y una vacía localizada por debajo de la llena, se tiene una probabilidad P de que la celda vacía cambie a llena.

Para una calculadora gráfica TI-83 Plus, el siguiente programa modela el proceso:

```
PROGRAM:OIL
:Input "P?", P
:ClrDraw
:AxesOff
:0 → X : 0 → N
:For(Y,0,46)
:Pxl–On(X,2Y + N)
:Pxl–On(X,2Y + N + 1)
:End
:For(X,1,62)
:X–2iPart(X/2) → N
:For(Y,0,46)
:If ((pxl–Test(X–1, 2Y + N) and rand < P) or
    (pxl–Test(X–1,2Y + N + 1) and rand < P))
:Then
:Pxl–On(X,2Y + N)
:Pxl–On(X,2Y + N + 1)
:End:End:End
```

Después de introducir este programa, establezca la ventana de visualización estándar y corra el programa. En la pregunta P?, introduzca algún valor entre 0 y 1. Después, observe cómo se llena la pantalla con la simulación de un derrame de petróleo que se cuela hacia abajo a través del suelo. Se encontrará que para $P < 0.55$, tarde o temprano el petróleo detiene su descenso, que para $P > 0.75$, el petróleo no presenta signos de desaceleración; y que para $0.55 < P < 0.75$, el derrame muestra un patrón muy irregular, como el de la figura 8.27.

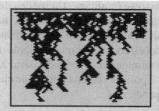

FIGURA 8.27 Derrame de petróleo con $P = 0.6$.

El modelo de derrame de petróleo es unidimensional en el sentido de que, en cualquier instante, sólo un renglón de celdas está en transición. Otros sistemas de autómatas celulares corren en dos dimensiones. Es posible usar un esquema como el del juego LIFE para modelar la propagación de una moda —anillos de humor (1975-1977) o patines plegables de metal (1999-2000)—. Una moda es, por naturaleza, un fenómeno transitorio: las personas que adoptan una moda se cansan pronto de ella o se vuelven "inmunes". La propagación de una moda es algo parecido a la dispersión de un incendio forestal, donde los árboles se queman y transmiten el fuego a otros árboles antes de consumirse.

El proceso de propagación de una moda puede modelarse en una cuadrícula, donde cada cuadro representa una persona en uno de tres estados: *pre-moda*, *en-moda* y *pos-moda*. Un cuadro en pre-moda que comparte un lado con un cuadro en-moda tiene una probabilidad P de ser "infectado" y convertirse en una celda en-moda. El estado de en-moda sólo dura un ciclo, seguido por un estado permanente de pos-moda.

Este modelo sería difícil de implementar en una calculadora gráfica, pero se puede hacer con rapidez usando un sistema algebraico por computadora, como Maple o *Mathematica*. Los resultados son análogos a los del derrame de petróleo: para $P < 0.4$, la moda se acaba; para $P > 0.6$, la moda se propaga casi uniformemente a través de la población; y para $0.4 < P < 0.6$, la moda se propaga en forma de un patrón irregular e impredecible (figura 8.28).

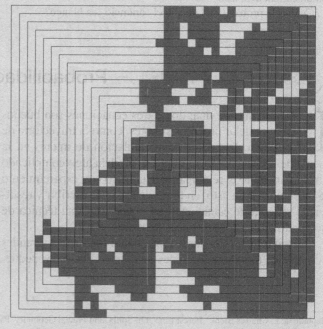

FIGURA 8.28 Propagación de una moda con $P = 0.5$.

El resultado interesante aquí es que la diferencia entre una moda que se dispersa ampliamente y otra que perece con rapidez puede ser muy pequeña. Una moda que pasa de amigo a amigo con una probabilidad de 0.45 puede nunca funcionar en realidad, mientras que una moda transmitida con una probabilidad de 0.55 tiene una buena oportunidad de convertirse en una locura importante. Por supuesto, el modelo usado es bastante simple. Un modelo más sofisticado podría considerar el hecho de que algunas personas tienen más amigos que otras, que algunas amistades son más proclives a la transmisión de modas que otras, etcétera.

Problemas

1. Mediante corridas repetidas en una calculadora gráfica, estime el valor crítico de P al cual, en la simulación, el derrame de petróleo comienza a penetrar profundamente en el suelo. Esto es, ¿cuál es el valor más pequeño de P para el cual el derrame no disminuye de manera significativa entre la parte media y baja de la pantalla?

2. ¿Qué otro fenómeno podría modelarse usando autómatas celulares? ¿Cómo serían las reglas?

9 Temas adicionales de probabilidad

Tal como se vio al inicio del capítulo 8, la probabilidad puede usarse para resolver el problema de dividir una apuesta de dinero entre dos jugadores cuando su juego es interrumpido. Ahora, la pregunta emergente es: ¿cuáles son las posibilidades de que un juego sea interrumpido?

Por supuesto, la respuesta depende de los detalles. Si los jugadores saben de antemano que jugarán un número fijo de rondas —con la "interrupción" programada por adelantado—, entonces podría calcularse con facilidad la probabilidad de que el tiempo se acabe antes de terminar el juego. O, si se desconoce la cantidad de tiempo disponible, se podría calcular la *duración esperada* de un juego completo y un *tiempo esperado* antes de la siguiente interrupción. Entonces, si la duración esperada del juego resulta estar muy por debajo del tiempo esperado hasta la siguiente interrupción, podría decirse que la probabilidad de tener que interrumpir el juego es baja. Pero cuando se desea dar una respuesta numérica más exacta, se tendrán que realizar cálculos más complicados.

El tipo de problema encontrado aquí no se presenta sólo en los juegos. En la industria, los fabricantes necesitan saber qué tan probable es tener que interrumpir un ciclo de producción debido a fallas en el equipo. Una forma en que mantienen baja esta probabilidad consiste en registrar las horas de uso de cada máquina para reemplazarla cuando estas horas se aproximan al "tiempo medio de falla" —valor esperado del número de horas en uso que proporciona la máquina en su tiempo de servicio—. Los investigadores médicos enfrentan un problema relacionado cuando consideran la posibilidad de tener que interrumpir un experimento debido a que demasiados sujetos de prueba se retiran. Para mantener esta probabilidad baja, con frecuencia calculan por adelantado un número esperado de abandonos e incluyen esta cantidad, más un amortiguador, en el número de personas reclutadas para realizar un estudio.

La idea del valor esperado para un número —el tiempo que transcurre hasta que algo sucede o el número de personas que abandonan un estudio— es uno de los conceptos clave analizados en este capítulo.

Objetivo

Desarrollar la distribución de probabilidad de una variable aleatoria y representar geométricamente esa distribución mediante una gráfica o un histograma. Calcular la media, la varianza y la desviación estándar de una variable aleatoria.

9.1 Variables aleatorias discretas y valor esperado

En algunos experimentos, se tiene interés en conocer eventos asociados con números. Por ejemplo, si se lanzan dos monedas, el interés estará en el *número* de caras que ocurran. Así, consideremos los eventos

$$\{0\} \quad \{1\} \quad \{2\}$$

Si X es una variable que representa el número de caras que ocurren, entonces los únicos valores que puede asumir X son 0, 1 y 2. El valor de X está determinado por el resultado del experimento y, en consecuencia, por la probabilidad. En general, una variable cuyos valores dependen del resultado de un proceso aleatorio se llama **variable aleatoria**. Usualmente, las variables aleatorias se denotan mediante letras mayúsculas como X, Y o Z, y los valores que asumen estas variables pueden denotarse por medio de las letras minúsculas correspondientes (x, y o z). Así, para el número de caras (X) que ocurren al lanzar dos monedas, los valores posibles pueden indicarse escribiendo

$$X = x, \quad \text{donde } x = 0, 1, 2$$

o, de manera más simple,

$$X = 0, 1, 2$$

EJEMPLO 1   Variables aleatorias

a. Suponga que se lanza un dado y X es el número que resulta en la cara superior del dado. Entonces X es una variable aleatoria y $X = 1, 2, 3, 4, 5, 6$.

b. Suponga que una moneda se lanza de manera sucesiva hasta que aparece una cara. Si Y es el número de lanzamientos, entonces Y es una variable aleatoria y

$$Y = y, \quad \text{donde } y = 1, 2, 3, 4, \ldots$$

Observe que Y puede asumir un número infinito de valores.

c. Un estudiante está realizando un examen con límite de tiempo de una hora. Si X es el número de minutos necesarios para completar el examen, entonces X es una variable aleatoria. Los valores que puede asumir X forman el intervalo (0, 60]. Esto es, $0 < X \leq 60$.

Ahora resuelva el problema 7 ◁

A una variable aleatoria se le llama **variable aleatoria discreta** si puede asumir sólo un número finito de valores o si sus valores pueden colocarse en correspondencia uno a uno con los enteros positivos. En los ejemplos 1(a) y 1(b), X y Y son variables aleatorias discretas. A una variable aleatoria se le llama **variable aleatoria continua** cuando asume todos los valores contenidos en algún intervalo o intervalos, como X en el ejemplo 1(c). En este capítulo, se pondrá atención en las variables aleatorias discretas; en el capítulo 16 se abordarán las variables aleatorias continuas.

Si X es una variable aleatoria, la probabilidad del evento en el que X asume el valor de x se denota como $P(X = x)$. De manera similar, se pueden considerar las probabilidades de eventos como $X \leq x$ y $X > x$. Si X es discreta, entonces la función f que asigna el número $P(X = x)$ a cada valor posible de X se llama **función de probabilidad** o **distribución** de la variable aleatoria X. Así,

$$f(x) = P(X = x)$$

Puede resultar útil verbalizar esta ecuación de la manera siguiente: "$f(x)$ es la probabilidad de que X asuma el valor x".

EJEMPLO 2   Distribución de una variable aleatoria

Suponga que X es el número de caras que aparecen en el lanzamiento de dos monedas bien balanceadas. Determine la distribución de X.

Solución: Se deben encontrar las probabilidades de los eventos $X = 0$, $X = 1$ y $X = 2$. El espacio muestral equiprobable es

$$S = \{CC, CX, XC, XX\}$$

Por lo tanto,

el evento $X = 0$ es $\{XX\}$

el evento $X = 1$ es $\{CX, XC\}$

el evento $X = 2$ es $\{CC\}$

Tabla de probabilidad	
x	$P(X = x)$
0	1/4
1	2/4
2	1/4

Para cada uno de estos eventos, la probabilidad está dada en la **tabla de probabilidad** mostrada al margen. Si f es la distribución para X, esto es, $f(x) = P(X = x)$, entonces

$$f(0) = \frac{1}{4} \quad f(1) = \frac{1}{2} \quad f(2) = \frac{1}{4}$$

En el ejemplo 2, se indicó la distribución f al listar

$$f(0) = \frac{1}{4} \quad f(1) = \frac{1}{2} \quad f(2) = \frac{1}{4}$$

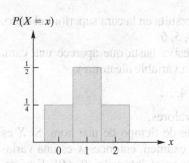

FIGURA 9.1 Gráfica de la distribución de X.

Sin embargo, la tabla de probabilidad para X da la misma información y es una manera aceptable de expresar la distribución de X. Otra forma es mediante la gráfica de la distribución, como la que muestra la figura 9.1. Las líneas verticales que parten desde el eje x hacia los puntos marcados en la gráfica sólo enfatizan la altura de los puntos. Otra representación de la distribución de X es el diagrama de rectángulos de la figura 9.2, llamado **histograma de probabilidad** para X. Aquí se centra un rectángulo sobre cada valor de X. El rectángulo trazado encima de x tiene anchura de 1 y altura de $P(X = x)$. Así, su área es la probabilidad $1 \cdot P(X = x) = P(X = x)$. Esta interpretación de la probabilidad como un área es importante en el capítulo 16.

Observe en el ejemplo 2 que la suma de $f(0)$, $f(1)$ y $f(2)$ es 1:

$$f(0) + f(1) + f(2) = \frac{1}{4} + \frac{1}{2} + \frac{1}{4} = 1$$

FIGURA 9.2 Histograma de probabilidad para X.

Esto debe ser así, ya que los eventos $X = 0$, $X = 1$ y $X = 2$ son mutuamente excluyentes y la unión de los tres constituye el espacio muestral [y $P(S) = 1$]. La suma $f(0) + f(1) + f(2)$ puede indicarse en forma conveniente por medio de la notación de suma

$$\sum_x f(x)$$

PARA REPASAR la notación de suma, vea la sección 1.5.

Este uso es un poco diferente al de la sección 1.5, en el que las cotas superior e inferior de la notación de suma no se dan de manera explícita. Aquí $\sum_x f(x)$ significa que se van a sumar todos los términos puestos en la forma $f(x)$, dados *todos* los valores de x bajo consideración (que en este caso son 0, 1 y 2). Así,

$$\sum_x f(x) = f(0) + f(1) + f(2)$$

En general, para cualquier distribución f, se tiene $0 \leq f(x) \leq 1$ para toda x y la suma de todos los valores de la función es igual a 1. Por lo tanto,

$$\sum_x f(x) = 1$$

Esto significa que en cualquier histograma de probabilidad, la suma de las áreas de los rectángulos es 1.

Para una variable aleatoria X, la distribución proporciona las frecuencias relativas de los valores de X a largo plazo. Sin embargo, a menudo resulta útil determinar el valor "promedio" de X a largo plazo. Así, en el ejemplo 2, suponga que las dos monedas se lanzaron n veces, de donde resultó que $X = 0$ ocurrió k_0 veces, $X = 1$ ocurrió k_1 veces y $X = 2$ ocurrió k_2 veces. Entonces el valor promedio de X para estos n lanzamientos es

$$\frac{0 \cdot k_0 + 1 \cdot k_1 + 2 \cdot k_2}{n} = 0 \cdot \frac{k_0}{n} + 1 \cdot \frac{k_1}{n} + 2 \cdot \frac{k_2}{n}$$

Pero las fracciones k_0/n, k_1/n y k_2/n son las frecuencias relativas de los eventos $X = 0$, $X = 1$ y $X = 2$, respectivamente, que ocurren en n lanzamientos. Si n es muy grande, entonces estas frecuencias relativas se aproximan a las probabilidades de los eventos $X = 0$, $X = 1$, $X = 2$. Por ende, parece razonable que el valor promedio de X a largo plazo sea

$$0 \cdot f(0) + 1 \cdot f(1) + 2 \cdot f(2) = 0 \cdot \frac{1}{4} + 1 \cdot \frac{1}{2} + 2 \cdot \frac{1}{4} = 1 \qquad (1)$$

Esto significa que si las monedas se lanzan muchas veces, el número promedio de caras que aparecerán por lanzamiento será muy cercano a 1. La suma de la ecuación (1) se define como la *media* de X. También se le llama *valor esperado* de X y *expectación* de X. Con frecuencia, la media de X se denota por $\mu = \mu(X)$ (μ es la letra griega "mu") y también como $E(X)$. Observe que, a partir de la ecuación (1), μ tiene la forma $\sum_x xf(x)$. En general, se tiene la siguiente definición.

Definición

Si X es una variable aleatoria discreta con distribución f, entonces la *media* de X está dada por

$$\mu = \mu(X) = E(X) = \sum_x xf(x)$$

La media de X puede interpretarse como el valor promedio de X a largo plazo. De hecho, si los valores que toma X son $x_1, x_2, \ldots, x_n$ y éstos son equiprobables de forma que $f(x_i) = \dfrac{1}{n}$, para $i = 1, 2, \ldots, n$, entonces

$$\mu = \sum_x xf(x) = \sum_{i=1}^{n} x_i \frac{1}{n} = \frac{\sum_{i=1}^{n} x_i}{n}$$

que es el promedio *en el sentido usual de la palabra* de los números $x_1, x_2, \ldots, x_n$. En el caso general, resulta útil pensar en la media, μ, como un *promedio ponderado* donde las ponderaciones están dadas por las probabilidades, $f(x)$. Se enfatiza que la media no tiene que ser necesariamente resultado del experimento. En otras palabras, μ puede ser diferente de todos los valores x que realmente asume la variable aleatoria X. Esto se ilustrará en el siguiente ejemplo.

EJEMPLO 3   Ganancia esperada

Una compañía de seguros ofrece a los propietarios de cierto tipo de casa una póliza de seguro contra incendios por $180\,000$. La póliza proporciona protección en el caso de que una casa de este tipo sea totalmente destruida por un incendio en un periodo de un año. La compañía ha determinado que la probabilidad de dicho evento es 0.002. Si la prima anual de la póliza es de 379, encuentre la ganancia esperada por póliza para la compañía.

Estrategia   Si una casa asegurada no sufre ningún incendio, la compañía gana $379. Sin embargo, si ocurre un incendio, la compañía pierde $180\,000 - \$379$ (valor asegurado de la casa menos la prima), o $179\,621$. Si X es la ganancia (en dólares) para la compañía, entonces X es una variable aleatoria que puede asumir los valores 379 y $-179\,621$. (Una pérdida se considera como una ganancia negativa). La ganancia esperada por póliza para la compañía es el valor esperado de X.

Solución: Si f es la función de probabilidad para X, entonces

$$f(-179\,621) = P(X = -179\,621) = 0.002$$

y

$$f(379) = P(X = 379) = 1 - 0.002 = 0.998$$

El valor esperado de X está dado por

$$E(X) = \sum_x xf(x) = -179\ 621f(-179\ 621) + 379f(379)$$

$$= -179\ 621(0.002) + 379(0.998) = 19$$

Por ende, si la compañía vende muchas pólizas, se podría esperar que gane aproximadamente $19 por póliza, los cuales podrían aplicarse a gastos de publicidad, gastos fijos y utilidad.

Ahora resuelva el problema 19 ◁

Como $E(X)$ es el valor promedio de X a largo plazo, es una medida de lo que podría llamarse la *tendencia central* de X. Sin embargo, $E(X)$ no indica la *dispersión* o esparcimiento a largo plazo de X con respecto a la media. Por ejemplo, en la figura 9.3 se muestran las gráficas de dos distribuciones, f y g, para las variables aleatorias X y Y. Puede demostrarse con facilidad que tanto X como Y tienen la misma media: $E(X) = 2$ y $E(Y) = 2$. (Se recomienda que el lector verifique esta afirmación). Pero en la figura 9.3, X tiene más posibilidades de asumir los valores 1 o 3 de las que tiene Y, porque $f(1)$ y $f(3)$ son iguales a $\frac{2}{5}$, mientras que $g(1)$ y $g(3)$ son iguales a $\frac{1}{5}$. Así, X tiene mayor probabilidad de asumir valores diferentes a la media de la que tiene Y, por lo que a largo plazo existe más dispersión para X.

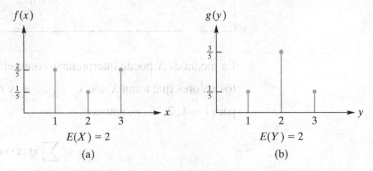

FIGURA 9.3 Distribuciones de probabilidad.

Existen varias formas de medir la dispersión para una variable aleatoria X. Una forma consiste en determinar el promedio a largo plazo de los valores absolutos de la desviación con respecto a la media μ —esto es, $E(|X - \mu|)$, que es la media de la variable aleatoria derivada $|X - \mu|$. De hecho, si g es una función adecuada y X es una variable aleatoria, entonces $Y = g(X)$ es otra variable aleatoria. Además, puede mostrarse que si $Y = g(X)$, entonces $E(Y) = \sum_x g(x)f(x)$, donde f es la función de probabilidad para X. Por ejemplo, si $Y = |X - \mu|$, entonces

$$E(|X - \mu|) = \sum_x |x - \mu|f(x)$$

Sin embargo, aunque $E(|X - \mu|)$ podría parecer una medida de dispersión obvia, no se usa con mucha frecuencia.

Existen muchas otras medidas de dispersión que pueden considerarse, pero dos son las más ampliamente aceptadas. Una de estas dos medidas es la *varianza* y la otra es la *desviación estándar*. La varianza de X, que se denota por Var(X), es el promedio a largo plazo de los *cuadrados* de las desviaciones de X con respecto a μ. En otras palabras, para la varianza se considera la variable aleatoria $Y = (X - \mu)^2$ y se tiene

Varianza de X

$$\text{Var}(X) = E((X - \mu)^2) = \sum_x (x - \mu)^2 f(x) \tag{2}$$

Como $(X - \mu)^2$ está incluido en Var(X) y tanto μ como X tienen las mismas unidades de medición, las unidades para Var(X) son las de X^2. Así, en el ejemplo 3, X está en dólares; entonces, Var(X) tiene unidades de dólares cuadrados. Resulta conveniente tener una medida de dispersión en las mismas unidades que X. Tal medida es $\sqrt{\text{Var}(X)}$, la cual se llama *desviación estándar de X* y se denota por $\sigma = \sigma(X)$ (σ es la letra griega minúscula "sigma").

Desviación estándar de X

$$\sigma = \sigma(X) = \sqrt{\text{Var}(X)}$$

Note que σ tiene la propiedad de que

$$\sigma^2 = \text{Var}(X)$$

Tanto $\text{Var}(X) = \sigma^2$ como σ son medidas de la dispersión de X. Entre más grande sea el valor de $\text{Var}(X)$, o de σ, más grande será la dispersión. Un resultado de un teorema famoso, *la desigualdad de Chebyshev*, es que la probabilidad de X que se encuentra entre dos desviaciones estándar de la media es de al menos $\frac{3}{4}$. Esto significa que la probabilidad de que X se encuentre en el intervalo $(\mu - 2\sigma, \mu + 2\sigma)$ es mayor o igual que $\frac{3}{4}$. De manera más general, para $k > 1$, la desigualdad de Chebyshev dice que

$$P(X \in (\mu - k\sigma, \mu + k\sigma)) \geq \frac{k^2 - 1}{k^2}$$

Para ilustrar aún más, con $k = 4$, esto significa que, para cualquier experimento probabilístico, al menos $\frac{4^2 - 1}{4^2} = \frac{15}{16} = 93.75\%$ de los valores de los datos pertenecen al intervalo $(\mu - 4\sigma, \mu + 4\sigma)$. Pertenecer al intervalo $(\mu - 4\sigma, \mu + 4\sigma)$ significa estar "dentro de cuatro desviaciones estándar desde la media".

La fórmula para la varianza dada en la ecuación (2) puede escribirse de manera diferente. Lo anterior implica un buen ejercicio con la notación de suma.

$$\text{Var}(X) = \sum_x (x - \mu)^2 f(x)$$

$$= \sum_x (x^2 - 2x\mu + \mu^2) f(x)$$

$$= \sum_x (x^2 f(x) - 2x\mu f(x) + \mu^2 f(x))$$

$$= \sum_x x^2 f(x) - 2\mu \sum_x x f(x) + \mu^2 \sum_x f(x)$$

$$= \sum_x x^2 f(x) - 2\mu(\mu) + \mu^2(1) \quad \left(\text{puesto que } \sum_x x f(x) = \mu \ \text{y} \ \sum_x f(x) = 1\right)$$

Así, se tiene

$$\text{Var}(X) = \sigma^2 = \left(\sum_x x^2 f(x)\right) - \mu^2 = E(X^2) - E(X)^2 \tag{3}$$

Esta fórmula para la varianza resulta bastante útil porque normalmente simplifica los cálculos.

EJEMPLO 4   Media, varianza y desviación estándar

Una canasta contiene 10 pelotas, cada una de las cuales muestra un número. Cinco pelotas muestran el número 1, *dos muestran* el 2 y tres muestran el 3. Se elige una pelota de manera aleatoria. Si X es el número que muestra la pelota elegida, determine μ, $\text{Var}(X)$ y σ.

Solución: El espacio muestral consiste en 10 resultados igualmente posibles (las pelotas). Los valores que puede asumir X son 1, 2 y 3. Los eventos $X = 1$, $X = 2$ y $X = 3$ contienen 5, 2 y 3 puntos muestrales, respectivamente. Entonces, si f es la función de probabilidad para X,

$$f(1) = P(X = 1) = \frac{5}{10} = \frac{1}{2}$$

$$f(2) = P(X = 2) = \frac{2}{10} = \frac{1}{5}$$

$$f(3) = P(X = 3) = \frac{3}{10}$$

El cálculo de la media da

$$\mu = \sum_x xf(x) = 1 \cdot f(1) + 2 \cdot f(2) + 3 \cdot f(3)$$

$$= 1 \cdot \frac{5}{10} + 2 \cdot \frac{2}{10} + 3 \cdot \frac{3}{10} = \frac{18}{10} = \frac{9}{5}$$

Para encontrar Var(X), puede usarse la ecuación (2) o la ecuación (3). Aquí se usarán ambas de manera que se puedan comparar los cálculos aritméticos involucrados. Mediante la ecuación (2),

$$\text{Var}(X) = \sum_x (x - \mu)^2 f(x)$$

$$= \left(1 - \frac{9}{5}\right)^2 f(1) + \left(2 - \frac{9}{5}\right)^2 f(2) + \left(3 - \frac{9}{5}\right)^2 f(3)$$

$$= \left(-\frac{4}{5}\right)^2 \cdot \frac{5}{10} + \left(\frac{1}{5}\right)^2 \cdot \frac{2}{10} + \left(\frac{6}{5}\right)^2 \cdot \frac{3}{10}$$

$$= \frac{16}{25} \cdot \frac{5}{10} + \frac{1}{25} \cdot \frac{2}{10} + \frac{36}{25} \cdot \frac{3}{10}$$

$$= \frac{80 + 2 + 108}{250} = \frac{190}{250} = \frac{19}{25}$$

Con la ecuación (3),

$$\text{Var}(X) = \left(\sum_x x^2 f(x)\right) - \mu^2$$

$$= (1^2 \cdot f(1) + 2^2 \cdot f(2) + 3^2 \cdot f(3)) - \left(\frac{9}{5}\right)^2$$

$$= 1 \cdot \frac{5}{10} + 4 \cdot \frac{2}{10} + 9 \cdot \frac{3}{10} - \frac{81}{25}$$

$$= \frac{5 + 8 + 27}{10} - \frac{81}{25} = \frac{40}{10} - \frac{81}{25}$$

$$= 4 - \frac{81}{25} = \frac{19}{25}$$

Observe que la ecuación (2) involucra a $(x - \mu)^2$, pero la ecuación (3) incluye a x^2. Debido a esto, a menudo es más fácil calcular varianzas mediante la ecuación (3) que por medio de la ecuación (2).

Como $\sigma^2 = \text{Var}(X) = \frac{19}{25}$, la desviación estándar es

$$\sigma = \sqrt{\text{Var}(X)} = \sqrt{\frac{19}{25}} = \frac{\sqrt{19}}{5}$$

Ahora resuelva el problema 1 ◁

PROBLEMAS 9.1

En los problemas del 1 al 4, se da la distribución de la variable aleatoria X. Determine μ, Var(X) y σ. En el problema 1, construya el histograma de probabilidad. En el problema 2, grafique la distribución.

1. $f(0) = 0.2, f(1) = 0.3, f(2) = 0.3, f(3) = 0.2$

2. $f(4) = 0.4, f(5) = 0.6$

3. Vea la figura 9.4.

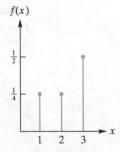

FIGURA 9.4

4. Vea la figura 9.5.

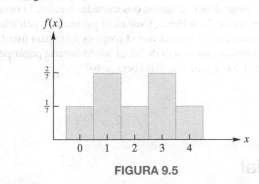

FIGURA 9.5

5. La variable aleatoria X tiene la siguiente distribución:

x	$P(X = x)$
3	
5	0.3
6	0.2
7	0.4

(a) Encuentre $P(X = 3)$; **(b)** Encuentre μ; **(c)** Encuentre σ^2.

6. La variable aleatoria X tiene la siguiente distribución:

x	$P(X = x)$
2	0.1
4	$5a$
6	$4a$

(a) Encuentre $P(X = 4)$ y $P(X = 6)$; **(b)** Encuentre μ.

En los problemas del 7 al 10, determine $E(X)$, σ^2 y σ para la variable aleatoria X.

7. Lanzamiento de moneda Se lanzan tres monedas legales. Sea X el número de caras que ocurren.

8. Pelotas en una canasta Una canasta contiene seis pelotas, cada una de las cuales muestra un número. Cuatro pelotas presentan un 1 y dos muestran un 2. Una pelota se selecciona de manera aleatoria y se observa el número, X, que presenta.

9. Comité A partir de un grupo de dos mujeres y tres hombres, se seleccionan dos personas de manera aleatoria para formar un comité. Sea X el número de hombres incluidos en el comité.

10. Caramelos en un frasco Un frasco contiene dos caramelos rojos y tres verdes. Dos caramelos se sacan de manera aleatoria, sucesivamente y con reemplazo, y se observa el número, X, de caramelos rojos.

11. Canicas en una bolsa Una bolsa contiene cinco canicas rojas y tres blancas. Dos canicas se retiran de manera aleatoria, sucesivamente y sin reemplazo. Sea $X =$ el número de canicas rojas retiradas. Encuentre la distribución f para X.

12. Subcomité A partir de un comité del gobierno estatal que consiste en cuatro miembros liberales y seis conservadores, debe seleccionarse en forma aleatoria un subcomité de tres integrantes. Sea X el número de liberales incluidos en el subcomité. Encuentre una fórmula general, en términos de combinaciones, que proporcione $P(X = x)$, donde $x = 0, 1, 2, 3$.

13. Rifa Una organización caritativa realiza una rifa por un solo premio de $5000. Cada boleto de la rifa cuesta $2 y se han vendido 8000 boletos.
(a) Encuentre la ganancia esperada para el comprador de un solo boleto.
(b) Encuentre la ganancia esperada para el comprador de dos boletos.

14. Juego con monedas Considere el siguiente juego. Usted lanza tres monedas legales. Si resultan tres caras o tres cruces, su compañero de juego le paga $10. Si resultan una o dos caras, usted debe pagarle a su compañero $6. ¿Cuáles son sus ganancias o pérdidas esperadas por juego?

15. Ganancias Un jardinero gana $200 por día cuando está trabajando y pierde $30 al día cuando no está trabajando. Si la probabilidad de trabajar cualquier día es $\frac{4}{7}$, encuentre las ganancias diarias esperadas para el jardinero.

16. Restaurante de comida rápida Una cadena de restaurantes de comida rápida estima que si abre un restaurante en un centro comercial, la probabilidad de que el restaurante sea exitoso es 0.72. Un restaurante exitoso obtiene una utilidad anual de $120 000; un restaurante que no es exitoso pierde $36 000 al año. ¿Cuál es la ganancia esperada para la cadena si abre un restaurante en un centro comercial?

17. Seguros Una compañía de seguros ofrece una póliza de hospitalización para los individuos de cierto grupo. En un periodo de un año, la compañía pagará $100 al día, hasta un máximo de cinco días, por cada día que el poseedor de la póliza esté hospitalizado. La compañía estima que la probabilidad de que cualquier persona incluida en este grupo sea hospitalizada durante exactamente un día es 0.001; para exactamente dos días es 0.002; para exactamente tres días es 0.003; para exactamente cuatro días es 0.004 y para cinco o más días es 0.008. Encuentre la ganancia esperada por póliza para la compañía si la prima anual es de $10.

18. Demanda La tabla siguiente proporciona la probabilidad de que x automóviles se renten diariamente en una pequeña compañía de alquiler:

x	0	1	2	3	4	5	6	7	8
$P(X = x)$	0.05	0.10	0.15	0.20	0.15	0.15	0.10	0.05	0.05

Determine la demanda diaria esperada para sus automóviles.

19. Prima de seguro En el ejemplo 3, si la compañía desea considerar una ganancia de $50 por póliza, determine la prima anual.

20. Ruleta   En el juego de la ruleta, hay una rueda con 37 ranuras numeradas con los números enteros del 0 al 36, inclusive. Un jugador apuesta $1 (por ejemplo) y elige un número. La rueda se gira y una bola se desplaza sobre la rueda. Si la bola cae en la ranura que muestra el número seleccionado, el jugador recibe la apuesta de $1 más $35. De otra manera, el jugador pierde la apuesta de $1. Suponga que todos los números son igualmente probables y determine la ganancia o pérdida esperada por juego.

21. Juego con monedas   Suponga que usted paga $2.50 para participar en un juego donde se lanzan dos monedas legales. Si ocurren *n* caras, usted recibe 2*n* dólares. ¿Cuál es su ganancia (o pérdida) esperada en cada juego? Se dice que el juego es *justo* para usted cuando su ganancia esperada es de $0. ¿Cuánto debería pagar por participar en el juego para que éste fuera justo?

Objetivo

Desarrollar la distribución binomial y relacionarla con el teorema binomial.

9.2 Distribución binomial

Teorema binomial

Posteriormente en esta sección se verá que los términos involucrados en la expansión de una potencia de un binomio son útiles para describir las distribuciones de ciertas variables aleatorias. Por lo tanto, resulta lógico analizar primero el *teorema binomial*, que es una fórmula para expandir $(a + b)^n$, donde *n* es un entero positivo.

Independientemente de *n*, en la expansión de $(a + b)^n$ existen patrones. Para ilustrar esto, consideremos el cubo del binomio $a + b$. Al aplicar sucesivamente la ley distributiva, se tiene

$$
\begin{aligned}
(a + b)^3 &= [(a + b)(a + b)](a + b) \\
&= [a(a + b) + b(a + b)](a + b) \\
&= [aa + ab + ba + bb](a + b) \\
&= aa(a + b) + ab(a + b) + ba(a + b) + bb(a + b) \\
&= aaa + aab + aba + abb + baa + bab + bba + bbb
\end{aligned}
\tag{1}
$$

de manera que

$$
(a + b)^3 = a^3 + 3a^2b + 3ab^2 + b^3 \tag{2}
$$

Se pueden hacer tres observaciones acerca del lado derecho de la ecuación (2). Primero, observe que el número de términos es cuatro, el cual es uno más que la potencia a la que se elevó $a + b$ (3). Segundo, los términos primero y último son los *cubos* de *a* y *b*; las potencias de *a* *disminuyen* de izquierda a derecha (de 3 a 0), mientras que las potencias de *b* *aumentan* (de 0 a 3). Tercero, para cada término, la suma de los exponentes de *a* y *b* es 3, que es la potencia a la cual se elevó $a + b$.

Ahora se pondrá atención en los coeficientes de los términos incluidos en la ecuación (2). Considere el coeficiente del término ab^2. Es el número de términos incluidos en la ecuación (1) que involucran exactamente dos *b*, a saber, 3. Pero ahora se verá *por qué* existen tres términos que involucran dos *b*. En la ecuación (1), observe que cada término es el producto de tres números, cada uno de los cuales es *a* o *b*. Por la ley distributiva, cada uno de los tres factores $a + b$ incluidos en $(a + b)^3$ contribuye con una *a* o una *b* al término. Así, el número de términos que involucran una *a* y dos *b* es igual al número de formas en que pueden elegirse dos de los tres factores para proporcionar una *b*, a saber, $_3C_2 = \dfrac{3!}{2!1!} = 3$. De manera similar,

el coeficiente del término a^3 es $_3C_0$

el coeficiente del término a^2b es $_3C_1$

y

el coeficiente del término b^3 es $_3C_3$

Al generalizar las observaciones anteriores, se obtiene una fórmula para expandir $(a + b)^n$, llamada *teorema binomial*.

Teorema binomial

Si n es un entero positivo, entonces

$$(a + b)^n = {}_nC_0a^n + {}_nC_1a^{n-1}b + {}_nC_2a^{n-2}b^2 + \cdots + {}_nC_{n-1}ab^{n-1} + {}_nC_nb^n$$

$$= \sum_{i=0}^{n} {}_nC_ia^{n-i}b^i$$

Por esta razón, los números ${}_nC_r$ también se llaman **coeficientes binomiales**.

EJEMPLO 1   Teorema binomial

Use el teorema binomial para expandir $(q + p)^4$.

Solución: Aquí $n = 4$, $a = q$ y $b = p$. Por lo tanto,

$$(q + p)^4 = {}_4C_0q^4 + {}_4C_1q^3p + {}_4C_2q^2p^2 + {}_4C_3qp^3 + {}_4C_4p^4$$

$$= \frac{4!}{0!4!}q^4 + \frac{4!}{1!3!}q^3p + \frac{4!}{2!2!}q^2p^2 + \frac{4!}{3!1!}qp^3 + \frac{4!}{4!0!}p^4$$

Al recordar que $0! = 1$, se tiene

$$(q + p)^4 = q^4 + 4q^3p + 6q^2p^2 + 4qp^3 + p^4$$

◁

Ahora recuerde la representación del *triángulo de Pascal* vista en la sección 8.2, la cual proporciona una forma de memorizar la generación de coeficientes binomiales. Por ejemplo, los números del renglón $(4 + 1)$ del triángulo de Pascal, 1 4 6 4 1, son los coeficientes encontrados en el ejemplo 1.

Distribución binomial

Ahora examinaremos los ensayos repetidos de un experimento en el cual el resultado de cualquier ensayo no afecta el resultado de otro ensayo. Éstos se conocen como **ensayos independientes**. Por ejemplo, cuando un dado balanceado se lanza cinco veces, el resultado de un lanzamiento no afecta el resultado de cualquier otro lanzamiento. Aquí se tienen cinco ensayos independientes del lanzamiento de un dado. Juntos, estos cinco ensayos pueden considerarse un experimento compuesto de cinco etapas que involucra eventos independientes, de manera que se puede usar la ley especial de la multiplicación de la sección 8.6 para determinar la probabilidad de obtener resultados específicos en los ensayos.

Para ilustrar esto, se encontrará la probabilidad de obtener dos números 4 en los cinco lanzamientos del dado. Se considerará la obtención de un 4 como un *éxito* (E) y la obtención de cualquiera de los otros cinco números como un *fracaso* (F). Por ejemplo, la sucesión

EEFFF

denota la obtención de

4, 4, seguidos por otros tres números

Esta sucesión puede considerarse como la intersección de cinco eventos independientes: éxito en el primer ensayo, éxito en el segundo, fracaso en el tercero, y así sucesivamente. Como la probabilidad de éxito en cualquier ensayo es $\frac{1}{6}$ y la probabilidad de fracaso es $1 - \frac{1}{6} = \frac{5}{6}$, por la ley especial de la multiplicación para la intersección de eventos independientes, la probabilidad de ocurrencia de la sucesión EEFFF es

$$\frac{1}{6} \cdot \frac{1}{6} \cdot \frac{5}{6} \cdot \frac{5}{6} \cdot \frac{5}{6} = \left(\frac{1}{6}\right)^2\left(\frac{5}{6}\right)^3$$

De hecho, ésta es la probabilidad para *cualquier* orden particular de los dos E y tres F. Ahora se determinará de cuántas maneras puede formarse una sucesión de dos E y tres F. En cinco ensayos, el número de maneras en que se pueden elegir dos ensayos para el éxito es $_5C_2$. Otra forma de ver este problema es como si se estuvieran contando *permutaciones con objetos repetidos* —como en la sección 8.2— de la "palabra" EEFFF. Existen $\dfrac{5!}{2! \cdot 3!} = {_5C_2}$ de estas permutaciones. Entonces la probabilidad de obtener exactamente dos números 4 en los cinco lanzamientos es

$$_5C_2 \left(\frac{1}{6}\right)^2 \left(\frac{5}{6}\right)^3 \tag{3}$$

Si se denota la probabilidad de éxito mediante p y la probabilidad de fracaso mediante $q(=1-p)$, entonces (3) toma la forma

$$_5C_2 p^2 q^3$$

que es el término que involucra a p^2 en la expansión de $(q + p)^5$.

De manera más general, considere la probabilidad de obtener exactamente x números 4 en n lanzamientos del dado. Entonces $n - x$ de los lanzamientos deben ser algún otro número. Para un orden particular, la probabilidad es

$$p^x q^{n-x}$$

El número de órdenes posibles es $_nC_x$, que de nuevo puede verse como la pregunta de encontrar el número de permutaciones de n símbolos, donde x de esos símbolos son E (éxito) y los restantes $n - x$ son F (fracaso). De acuerdo con el resultado de la sección 8.2, sobre *permutaciones con objetos repetidos*, existen

$$\frac{n!}{x! \cdot (n - x)!} = {_nC_x}$$

de permutaciones y, por lo tanto,

$$P(X = x) = {_nC_x} p^x q^{n-x}$$

que es una expresión general para los términos incluidos en $(q + p)^n$. En resumen, la distribución para X (la cantidad de números 4 que ocurren en n lanzamientos) está dada por los términos incluidos en $(q + p)^n$.

Siempre que se tienen n ensayos independientes de un experimento en el que cada ensayo sólo tiene dos posibles resultados (éxito y fracaso) y la probabilidad de éxito en cada ensayo permanece igual, a los ensayos se les llama **ensayos de Bernoulli**. Como la distribución del número de éxitos corresponde a la expansión de una potencia de un binomio, el experimento se llama **experimento binomial** y la distribución del número de éxitos se llama **distribución binomial**.

Distribución binomial

Si X es el número de éxitos posibles en n ensayos independientes de un experimento binomial con probabilidad p de éxito y q de fracaso en cualquier ensayo, entonces la distribución f para X está dada por

$$f(x) = P(X = x) = {_nC_x} p^x q^{n-x}$$

donde x es un entero tal que $0 \le x \le n$ y $q = 1 - p$. Cualquier variable aleatoria que tenga esta distribución se llama **variable aleatoria binomial** y se dice que tiene una **distribución binomial**. La media y la desviación estándar de X están dadas, respectivamente, por

$$\mu = np \quad \sigma = \sqrt{npq}$$

APLÍQUELO ▶

1. Sea X el número de personas de entre cuatro solicitantes de trabajo que son contratadas. Si para cualquier solicitante la probabilidad de ser contratado es 0.3, encuentre la distribución de X.

EJEMPLO 2 **Distribución binomial**

Suponga que X es una variable aleatoria binomial con $n = 4$ y $p = \frac{1}{3}$. Encuentre la distribución para X.

Solución: Aquí $q = 1 - p = 1 - \frac{1}{3} = \frac{2}{3}$. Entonces se tiene

$$P(X = x) = {_nC_x} p^x q^{n-x} \qquad x = 0, 1, 2, 3, 4$$

Por lo tanto,

$$P(X=0) = {}_4C_0 \left(\frac{1}{3}\right)^0 \left(\frac{2}{3}\right)^4 = \frac{4!}{0!4!} \cdot 1 \cdot \frac{16}{81} = 1 \cdot 1 \cdot \frac{16}{81} = \frac{16}{81}$$

$$P(X=1) = {}_4C_1 \left(\frac{1}{3}\right)^1 \left(\frac{2}{3}\right)^3 = \frac{4!}{1!3!} \cdot \frac{1}{3} \cdot \frac{8}{27} = 4 \cdot \frac{1}{3} \cdot \frac{8}{27} = \frac{32}{81}$$

$$P(X=2) = {}_4C_2 \left(\frac{1}{3}\right)^2 \left(\frac{2}{3}\right)^2 = \frac{4!}{2!2!} \cdot \frac{1}{9} \cdot \frac{4}{9} = 6 \cdot \frac{1}{9} \cdot \frac{4}{9} = \frac{8}{27}$$

$$P(X=3) = {}_4C_3 \left(\frac{1}{3}\right)^3 \left(\frac{2}{3}\right)^1 = \frac{4!}{3!1!} \cdot \frac{1}{27} \cdot \frac{2}{3} = 4 \cdot \frac{1}{27} \cdot \frac{2}{3} = \frac{8}{81}$$

$$P(X=4) = {}_4C_4 \left(\frac{1}{3}\right)^4 \left(\frac{2}{3}\right)^0 = \frac{4!}{4!0!} \cdot \frac{1}{81} \cdot 1 = 1 \cdot \frac{1}{81} \cdot 1 = \frac{1}{81}$$

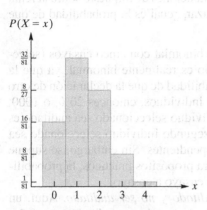

FIGURA 9.6 Distribución binomial, $n=4, p=\frac{1}{3}$.

En la figura 9.6 se presenta el histograma de probabilidad para X. Observe que la media μ para X es $np = 4\left(\frac{1}{3}\right) = \frac{4}{3}$ y la desviación estándar es

$$\sigma = \sqrt{npq} = \sqrt{4 \cdot \frac{1}{3} \cdot \frac{2}{3}} = \sqrt{\frac{8}{9}} = \frac{2\sqrt{2}}{3}$$

Ahora resuelva el problema 1 ◁

EJEMPLO 3   Al menos dos caras en ocho lanzamientos de moneda

Una moneda legal se lanza ocho veces. Encuentre la probabilidad de obtener al menos dos caras.

Solución: Si X es el número de caras que ocurren, entonces X tiene una distribución binomial con $n=8$, $p=\frac{1}{2}$ y $q=\frac{1}{2}$. Para simplificar el trabajo, se usa el hecho de que

$$P(X \geq 2) = 1 - P(X < 2)$$

Ahora,

$$P(X < 2) = P(X=0) + P(X=1)$$

$$= {}_8C_0 \left(\frac{1}{2}\right)^0 \left(\frac{1}{2}\right)^8 + {}_8C_1 \left(\frac{1}{2}\right)^1 \left(\frac{1}{2}\right)^7$$

$$= 1 \cdot 1 \cdot \frac{1}{256} + 8 \cdot \frac{1}{2} \cdot \frac{1}{128} = \frac{9}{256}$$

Por lo tanto,

$$P(X \geq 2) = 1 - \frac{9}{256} = \frac{247}{256}$$

En la figura 9.7 se muestra un histograma de probabilidad para X.

Ahora resuelva el problema 17 ◁

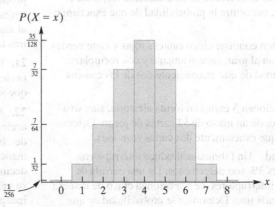

FIGURA 9.7 Distribución binomial, $n=8, p=\frac{1}{2}$.

EJEMPLO 4 **Auditoría al impuesto sobre la renta**

Para un grupo particular de individuos, 20% de sus declaraciones de impuesto sobre la renta se auditan cada año. De cinco individuos elegidos al azar, ¿cuál es la probabilidad de que exactamente dos sean auditados en sus declaraciones?

Solución: Se considerará esto como un experimento binomial con cinco ensayos (selección de un individuo). En realidad, el experimento no es realmente binomial, ya que la selección de un individuo de este grupo afecta la probabilidad de que la declaración de otro individuo sea auditada. Por ejemplo, si existen 5000 individuos, entonces 20%, o 1000, serán auditados. La probabilidad de que el primer individuo seleccionado sea auditado es $\frac{1000}{5000}$. Si ese evento ocurre, la probabilidad de que el segundo individuo seleccionado sea auditado es $\frac{999}{4999}$. Por lo tanto, los eventos no son independientes. Sin embargo, se supone que el número de individuos es grande, por lo que, para propósitos prácticos, la probabilidad de auditar a un individuo permanece constante de ensayo a ensayo.

Para cada ensayo, los dos resultados son *ser auditado* y *no ser auditado*. Aquí, un éxito se define como ser auditado. Si X es el número de declaraciones auditadas, $p = 0.2$ y $q = 1 - 0.2 = 0.8$, se tiene

$$P(X = 2) = {}_5C_2(0.2)^2(0.8)^3 = \frac{5!}{2!3!}(0.04)(0.512)$$

$$= 10(0.04)(0.512) = 0.2048$$

Ahora resuelva el problema 15 ◁

PROBLEMAS 9.2

En los problemas del 1 al 4, determine la distribución f para la variable aleatoria binomial X si el número de ensayos es n y la probabilidad de éxito en cualquier ensayo es p. También, encuentre μ y σ.

1. $n = 2, p = \frac{1}{5}$ 　　　**2.** $n = 3, p = \frac{1}{2}$

3. $n = 3, p = \frac{2}{3}$ 　　　**4.** $n = 4, p = 0.4$

En los problemas del 5 al 10, determine la probabilidad dada si X es una variable aleatoria binomial, n es el número de ensayos y p es la probabilidad de éxito en cualquier ensayo.

5. $P(X = 3)$; 　$n = 4, p = \frac{1}{3}$ 　**6.** $P(X = 2)$; 　$n = 5, p = \frac{1}{3}$

7. $P(X = 2)$; 　$n = 4, p = \frac{4}{5}$ 　**8.** $P(X = 4)$; 　$n = 7, p = 0.2$

9. $P(X < 2)$; 　$n = 5, p = \frac{1}{2}$ 　**10.** $P(X \geq 3)$; 　$n = 4, p = \frac{4}{5}$

11. Moneda Una moneda legal se lanza 11 veces. ¿Cuál es la probabilidad de que ocurran exactamente ocho caras?

12. Examen de opción múltiple Cada pregunta de un examen de opción múltiple con seis preguntas tiene cuatro opciones de respuesta, sólo una de las cuales es correcta. Si un estudiante responde al azar las seis preguntas, encuentre la probabilidad de que exactamente tres sean correctas.

13. Canicas Un frasco contiene cinco canicas rojas y siete verdes. Cuatro canicas se retiran al azar, sucesivamente y con reemplazo. Determine la probabilidad de que exactamente dos de las canicas retiradas sean verdes.

14. Cartas Se seleccionan 3 cartas en forma aleatoria, sucesivamente y con reemplazo, de un mazo de 52 cartas de juego. Determine la probabilidad de que exactamente dos cartas sean ases.

15. Control de calidad Un fabricante produce interruptores eléctricos, de los cuales 3% son defectuosos. De una corrida de producción de 60 000 interruptores, se seleccionan cinco de manera aleatoria y se prueba cada uno. Determine la probabilidad de que la muestra contenga exactamente tres interruptores defectuosos.

Redondee su respuesta a tres decimales. Suponga que los cuatro ensayos son independientes y que el número de interruptores defectuosos contenidos en la muestra tiene una distribución binomial.

16. Moneda Una moneda está sesgada de manera que $P(C) = 0.2$ y $P(X) = 0.8$. Si X es el número de caras obtenidas en tres lanzamientos, determine una fórmula para $P(X = x)$.

17. Moneda Una moneda sesgada se lanza tres veces de manera sucesiva. La probabilidad de obtener cara en cualquier lanzamiento es $\frac{1}{4}$. Encuentre la probabilidad de que (a) ocurran exactamente dos caras y (b) ocurran dos o tres caras.

18. Cartas Siete cartas se seleccionan en forma aleatoria, sucesivamente y con reemplazo, de un mazo de 52 cartas de juego. Encuentre la probabilidad de que haya (a) exactamente cuatro cartas de corazones y (b) al menos cuatro cartas de corazones.

19. Control de calidad En un gran lote de producción de dispositivos electrónicos, se cree que una quinta parte son defectuosos. De seleccionarse al azar una muestra de seis dispositivos, determine la probabilidad de que no más de uno sea defectuoso.

20. Internet de alta velocidad Para cierta población grande, la probabilidad de que una persona seleccionada de manera aleatoria tenga acceso a Internet de alta velocidad es de 0.8. De seleccionar al azar cuatro personas, encuentre la probabilidad de que al menos tres tengan acceso a Internet de alta velocidad.

21. Béisbol La probabilidad de que cierto jugador de béisbol conecte un tiro imparable es de 0.300. Encuentre la probabilidad de que si el jugador batea cuatro veces conecte al menos un imparable.

22. Acciones Un consultor financiero afirma que 60% de las acciones que recomienda comprar aumentan su valor. De una lista de 200 acciones recomendadas, un cliente selecciona cuatro de manera aleatoria. Determine la probabilidad, redondeada a dos decimales, de que al menos dos de las acciones elegidas aumenten su valor. Suponga que las selecciones de las acciones son ensayos independientes y que el número de acciones que incrementan su valor tiene una distribución binomial.

23. Género de los hijos   Si una familia tiene cinco hijos, encuentre la probabilidad de que al menos dos sean niñas. (Suponga que la probabilidad de que un hijo sea niña es $\frac{1}{2}$).

24. Si X es una variable aleatoria binomialmente distribuida con $n = 50$ y $p = \frac{2}{5}$, encuentre σ^2.

25. Suponga que X es una variable aleatoria binomialmente distribuida en forma tal que $\mu = 2$ y $\sigma^2 = \frac{3}{2}$. Encuentre $P(X = 2)$.

26. Control de calidad   En un proceso de producción, la probabilidad de obtener una unidad defectuosa es 0.06. Suponga que se selecciona al azar una muestra de 15 unidades. Sea X el número de unidades defectuosas.

(a) Encuentre el número esperado de unidades defectuosas.

(b) Encuentre Var(X).

(c) Encuentre $P(X \leq 1)$. Redondee su respuesta a dos decimales.

Objetivo

Desarrollar las nociones de una cadena de Markov y la matriz de transición asociada. Encontrar vectores de estado y el vector de estado estable.

9.3 Cadenas de Markov

Este capítulo concluye con el análisis de un tipo especial de proceso estocástico llamado *cadena de Markov*.[1]

> **Cadena de Markov**
>
> Una **cadena de Markov** es una sucesión de ensayos de un experimento en el cual los resultados posibles de cada ensayo permanecen iguales de un ensayo al siguiente, son finitos en número y tienen probabilidades que dependen sólo del resultado de la prueba anterior.

Para ilustrar una cadena de Markov, consideremos la siguiente situación. Imagine que un pueblo pequeño sólo tiene dos estaciones de servicio automotriz —digamos estaciones 1 y 2— que atienden las necesidades de servicio de los propietarios de automóviles que hay en el pueblo. (Estos clientes forman la población bajo consideración). Cada vez que un cliente necesita servicio para su automóvil, debe tomar una *decisión* acerca de cuál estación utilizar.

Así, cada cliente puede colocarse en una categoría de acuerdo con cuál de las dos estaciones eligió más recientemente. Un cliente y las estaciones pueden verse como un *sistema*. Si un cliente eligió más recientemente la estación 1, dicha situación se refiere como *estado* 1 del sistema. De manera similar, si la elección más reciente de un cliente fue la estación 2, se dice que en la actualidad el sistema está en el estado 2. Por lo tanto, en cualquier tiempo dado, el sistema está en uno de sus dos estados. Por supuesto, en determinado periodo, el sistema puede cambiar de un estado al otro. Por ejemplo, la sucesión 1, 2, 2, 1 indica que en cuatro servicios sucesivos dados a un automóvil, el sistema cambió del estado 1 al estado 2, permaneció en el estado 2 y después cambió al estado 1.

Esta situación puede entenderse como una sucesión de pruebas de un experimento (elección de una estación de servicio) en la cual los resultados posibles para cada prueba son los dos estados (estación 1 y estación 2). Cada prueba involucra la observación del estado del sistema en ese momento.

Cuando se conoce el estado presente del sistema, nos damos cuenta de que no es posible asegurar qué estado presentará en la siguiente observación. Sin embargo, se puede saber la *posibilidad* de que esté en un estado particular. Por ejemplo, suponga que si un cliente usó más recientemente la estación 1, entonces la probabilidad de que dicho cliente use la estación 1 la próxima vez es de 0.7. (Esto significa que, de los clientes que usaron la estación 1 más recientemente, 70% continuarán usando la estación 1 la vez siguiente y 30% cambiarán a la estación 2). Suponga también que si un cliente usó la estación 2 más recientemente, la probabilidad de que el mismo cliente vuelva a usar la estación 2 la vez siguiente es de 0.8. Estas probabilidades deben reconocerse como probabilidades *condicionales*. Esto es,

$$P(\text{permanezca en el estado 1} \mid \text{actualmente está en el estado 1}) = 0.7$$

$$P(\text{cambie al estado 2} \mid \text{actualmente está en el estado 1}) = 0.3$$

$$P(\text{permanezca en el estado 2} \mid \text{actualmente está en el estado 2}) = 0.8$$

$$P(\text{cambie al estado 1} \mid \text{actualmente está en el estado 2}) = 0.2$$

Estas cuatro probabilidades pueden organizarse en una matriz cuadrada $T = [T_{ij}]$, donde la entrada T_{ij} representa la probabilidad de que un cliente esté en el estado siguiente del

---

[1] En honor al matemático ruso Andrei Markov (1856-1922).

sistema i dado que actualmente se encuentra en el estado j. Así

$$T_{ij} = P(\text{estar en el estado } i \mid \text{actualmente está en el estado } j)$$

y en este caso específico se tiene

	Siguiente estado	Estado actual Estado 1	Estado 2
$T =$	Estado 1	0.7	0.2
	Estado 2	0.3	0.8

A la matriz T se le denomina *matriz de transición* porque i indica las probabilidades de transición de un estado a otro en *un paso* —esto es, cuando se pasa de un periodo de observación al siguiente—. Las entradas se llaman *probabilidades de transición*. Es necesario enfatizar que la *matriz de transición permanece igual en cada etapa de la sucesión de observaciones*. Observe que todas las entradas de la matriz están en el intervalo [0, 1], ya que son probabilidades. Aún más, en cada columna la suma de las entradas debe ser 1 porque, para cada estado presente, las probabilidades toman en cuenta todas las transiciones posibles.

Por ejemplo, la suma de las entradas de la columna 1 de T es $0.7 + 0.3 = 1$.

A continuación, hagamos un resumen de la situación de las estaciones de servicio hasta este punto. Se tiene una sucesión de ensayos en la cual los resultados (o estados) posibles son los mismos de un ensayo al siguiente y son finitos en número (dos). La probabilidad de que el sistema esté en un estado particular para un ensayo dado depende sólo del estado del ensayo anterior. Así, tenemos lo que se llama una *cadena de Markov de dos estados*. Una cadena de Markov determina una matriz cuadrada T llamada matriz de transición.

Matriz de transición

Una **matriz de transición** para una cadena de Markov de k estados es una matriz $T = [T_{ij}]$ de $k \times k$ en la que la entrada T_{ij} es la probabilidad, de un ensayo al siguiente, de pasar del estado i al estado j. Todas las entradas pertenecen al intervalo [0, 1] y en cada columna la suma de las entradas es 1. Puede decirse que

$$T_{ij} = P(\text{próximo estado sea } i \mid \text{el estado actual es } j)$$

Suponga que cuando se hacen las observaciones iniciales, 60% de todos los clientes usaron la estación 1 más recientemente y 40% usaron la estación 2. Esto significa que, antes de considerar algún ensayo adicional (servicio al automóvil), las probabilidades de que un cliente esté en el estado 1 o 2 son 0.6 y 0.4, respectivamente. Estas probabilidades se llaman *probabilidades de estado inicial* y, de manera colectiva, se conocen como *distribución inicial*. Pueden representarse mediante un vector columna, llamado **vector de estado inicial**, el cual se denota como X_0. En este caso,

Se usa un subíndice 0 para indicar el vector de estado inicial.

$$X_0 = \begin{bmatrix} 0.6 \\ 0.4 \end{bmatrix}$$

Se desea encontrar el vector que da las probabilidades de estado para la *siguiente* visita de un cliente a una estación de servicio. Este vector de estado se denota mediante X_1. De manera más general, un vector de estado se define de la siguiente manera:

Vector de estado

El **vector de estado** X_n para una cadena de Markov de k estados es un vector columna de k entradas en el que la entrada x_j representa la probabilidad de estar en el estado j después del n-ésimo ensayo.

Las entradas para X_1 pueden encontrarse a partir del árbol de probabilidad de la figura 9.8. Se observa que la probabilidad de estar en el estado 1 después de la siguiente visita al servicio es la suma

$$(0.7)(0.6) + (0.2)(0.4) = 0.5 \tag{1}$$

y la probabilidad de estar en el estado 2 es

$$(0.3)(0.6) + (0.8)(0.4) = 0.5 \tag{2}$$

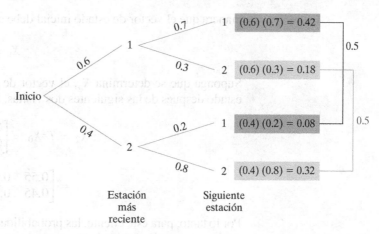

FIGURA 9.8 Árbol de probabilidad para una cadena de Markov de dos estados.

Entonces,

$$X_1 = \begin{bmatrix} 0.5 \\ 0.5 \end{bmatrix}$$

Las sumas de los productos localizados en los lados izquierdos de las ecuaciones (1) y (2) nos recuerdan a la multiplicación de matrices. De hecho, estas sumas son las entradas de la matriz TX_0 obtenida al multiplicar por la izquierda el vector de estado inicial por la matriz de transición:

$$X_1 = TX_0 = \begin{bmatrix} 0.7 & 0.2 \\ 0.3 & 0.8 \end{bmatrix} \begin{bmatrix} 0.6 \\ 0.4 \end{bmatrix} = \begin{bmatrix} 0.5 \\ 0.5 \end{bmatrix}$$

Este patrón consistente en tomar el producto de un vector de estado y la matriz de transición para obtener el siguiente vector de estado sigue permitiendo encontrar probabilidades de estado para observaciones futuras. Por ejemplo, para encontrar X_2, el vector de estado que proporciona las probabilidades para cada estado después de dos ensayos (que siguen a la observación inicial), se tiene

$$X_2 = TX_1 = \begin{bmatrix} 0.7 & 0.2 \\ 0.3 & 0.8 \end{bmatrix} \begin{bmatrix} 0.5 \\ 0.5 \end{bmatrix} = \begin{bmatrix} 0.45 \\ 0.55 \end{bmatrix}$$

Así, la probabilidad de estar en el estado 1 después de dos servicios al automóvil es de 0.45. Observe que, como $X_1 = TX_0$, se puede escribir

$$X_2 = T(TX_0)$$

de manera que

$$X_2 = T^2 X_0$$

En general, el n-ésimo vector de estado X_n puede encontrarse al multiplicar por la izquierda el vector de estado previo X_{n-1} por T.

Si T es la matriz de transición para una cadena de Markov, entonces el vector de estado X_n para el n-ésimo ensayo está dado por

$$X_n = TX_{n-1}$$

De manera equivalente, X_n puede encontrarse utilizando sólo el vector columna de estado inicial X_0 y la matriz de transición T:

$$X_n = T^n X_0 \tag{3}$$

Aquí se encuentra X_n mediante el uso de potencias de T.

Ahora consideremos la situación en la cual se conoce el estado inicial del sistema. Por ejemplo, tomemos el caso de observar al inicio que un cliente ha elegido más recientemente la estación 1. Esto significa que la probabilidad de que el sistema esté en el estado 1 es 1, de manera que el vector de estado inicial debe ser

$$X_0 = \begin{bmatrix} 1 \\ 0 \end{bmatrix}$$

Suponga que se determina X_2, el vector de estado que proporciona las probabilidades de estado después de las siguientes dos visitas. Lo anterior está dado por

$$X_2 = T^2 X_0 = \begin{bmatrix} 0.7 & 0.2 \\ 0.3 & 0.8 \end{bmatrix}^2 \begin{bmatrix} 1 \\ 0 \end{bmatrix}$$

$$= \begin{bmatrix} 0.55 & 0.30 \\ 0.45 & 0.70 \end{bmatrix} \begin{bmatrix} 1 \\ 0 \end{bmatrix} = \begin{bmatrix} 0.55 \\ 0.45 \end{bmatrix}$$

Por lo tanto, para este cliente, las probabilidades de usar la estación 1 o la estación 2 después de 2 pasos son de 0.55 y 0.45, respectivamente. Observe que estas probabilidades forman la *primera columna* de T^2. Por otro lado, si el sistema estuviera inicialmente en el estado 2, entonces el vector de estado después de dos pasos sería

$$T^2 \begin{bmatrix} 0 \\ 1 \end{bmatrix} = \begin{bmatrix} 0.55 & 0.30 \\ 0.45 & 0.70 \end{bmatrix} \begin{bmatrix} 0 \\ 1 \end{bmatrix} = \begin{bmatrix} 0.30 \\ 0.70 \end{bmatrix}$$

Entonces, para este cliente, las probabilidades de usar la estación 1 o la estación 2 después de dos pasos son de 0.30 y 0.70, respectivamente. Observe que estas probabilidades forman la *segunda columna* de T^2. Con base en estas observaciones, ahora se tiene una forma de interpretar T^2. Las entradas en

$$T^2 = \begin{matrix} & 1 & 2 \\ 1 \\ 2 \end{matrix} \begin{bmatrix} 0.55 & 0.30 \\ 0.45 & 0.70 \end{bmatrix}$$

proporcionan las probabilidades de cambiar de un estado a otro en *dos* pasos. En general, se tiene lo siguiente:

Esto proporciona el significado de las entradas en T^n.

> Si T es una matriz de transición, entonces, para T^n, la entrada en la fila i y la columna j proporciona la probabilidad de estar en el estado i después de n pasos habiendo iniciado en el estado j.

EJEMPLO 1   Demografía

Cierto lugar está dividido en tres regiones demográficas. La investigación indica que cada año 20% de los residentes de la región 1 se desplazan a la región 2 y 10% se desplazan a la región 3. (Los restantes permanecen en la región 1). De los residentes ubicados en la región 2, 10% se trasladan a la región 1 y 10% a la región 3. De los residentes de la región 3, 20% pasan a la región 1 y 10% a la región 2.

a. Encuentre la matriz de transición T para esta situación.

> **Solución:** Se tiene

$$\begin{matrix} & & A\ la & De\ la\ región & \\ & & región & 1 \quad 2 \quad 3 \\ T = & \begin{matrix} 1 \\ 2 \\ 3 \end{matrix} & & \begin{bmatrix} 0.7 & 0.1 & 0.2 \\ 0.2 & 0.8 & 0.1 \\ 0.1 & 0.1 & 0.7 \end{bmatrix} \end{matrix}$$

Observe que para encontrar T_{11}, se resta de 1 la suma de las otras dos entradas localizadas en la primera columna. Las entradas T_{22} y T_{33} se encuentran de manera similar.

b. Encuentre la probabilidad de que un residente de la región 1 este año sea residente de la región 1 al año siguiente y dentro de dos años.

> **Solución:** A partir de la entrada T_{11} de la matriz de transición T, la probabilidad de que un residente de la región 1 permanezca en la región 1 después de un año es de 0.7. Las

probabilidades de mudarse de una región a otra en dos pasos están dadas por T^2:

$$T^2 = \begin{array}{c} 1 \\ 2 \\ 3 \end{array} \begin{bmatrix} 0.53 & 0.17 & 0.29 \\ 0.31 & 0.67 & 0.19 \\ 0.16 & 0.16 & 0.52 \end{bmatrix}$$

Así, la probabilidad de que un residente de la región 1 esté en la región 1 después de dos años es de 0.53.

c. Para este año, suponga que 40% de los residentes del lugar en cuestión viven en la región 1, 30% viven en la región 2 y 30% viven en la región 3. Encuentre la probabilidad de que un residente del lugar viva en la región 2 después de tres años.

Solución: El vector de estado inicial es

$$X_0 = \begin{bmatrix} 0.40 \\ 0.30 \\ 0.30 \end{bmatrix}$$

La distribución de la población después de tres años está dada por el vector de estado X_3. A partir de la ecuación (3) con $n = 3$, se tiene

$$X_3 = T^3 X_0 = TT^2 X_0$$

$$= \begin{bmatrix} 0.7 & 0.1 & 0.2 \\ 0.2 & 0.8 & 0.1 \\ 0.1 & 0.1 & 0.7 \end{bmatrix} \begin{bmatrix} 0.53 & 0.17 & 0.29 \\ 0.31 & 0.67 & 0.19 \\ 0.16 & 0.16 & 0.52 \end{bmatrix} \begin{bmatrix} 0.40 \\ 0.30 \\ 0.30 \end{bmatrix}$$

$$= \begin{bmatrix} 0.3368 \\ 0.4024 \\ 0.2608 \end{bmatrix}$$

Por supuesto, X_3 puede obtenerse con facilidad usando una calculadora gráfica. Introduzca X_0 y T y después evalúe directamente $T^3 X_0$.

Este resultado significa que en tres años, 33.68% de los residentes del lugar viven en la región 1, 40.24% viven en la región 2 y 26.08% viven en la región 3. Por lo tanto, la probabilidad de que un residente viva en la región 2 dentro de tres años es 0.4024.

◁

Vectores de estado estable

De regreso al problema de las estaciones de servicio automotriz. Recuerde que si el vector de estado inicial es

$$X_0 = \begin{bmatrix} 0.6 \\ 0.4 \end{bmatrix}$$

entonces

$$X_1 = \begin{bmatrix} 0.5 \\ 0.5 \end{bmatrix}$$

$$X_2 = \begin{bmatrix} 0.45 \\ 0.55 \end{bmatrix}$$

Algunos vectores de estado después del segundo son

$$X_3 = TX_2 = \begin{bmatrix} 0.7 & 0.2 \\ 0.3 & 0.8 \end{bmatrix} \begin{bmatrix} 0.45 \\ 0.55 \end{bmatrix} = \begin{bmatrix} 0.425 \\ 0.575 \end{bmatrix}$$

$$X_4 = TX_3 = \begin{bmatrix} 0.7 & 0.2 \\ 0.3 & 0.8 \end{bmatrix} \begin{bmatrix} 0.425 \\ 0.575 \end{bmatrix} = \begin{bmatrix} 0.4125 \\ 0.5875 \end{bmatrix}$$

$$X_5 = TX_4 = \begin{bmatrix} 0.7 & 0.2 \\ 0.3 & 0.8 \end{bmatrix} \begin{bmatrix} 0.4125 \\ 0.5875 \end{bmatrix} = \begin{bmatrix} 0.40625 \\ 0.59375 \end{bmatrix}$$

$$\vdots$$

$$X_{10} = TX_9 \approx \begin{bmatrix} 0.40020 \\ 0.59980 \end{bmatrix}$$

Estos resultados sugieren fuertemente, y así es en este caso, que, conforme aumenta el número de ensayos, las entradas de los vectores de estado tienden a estar más y más cerca de las entradas correspondientes en el vector

$$Q = \begin{bmatrix} 0.40 \\ 0.60 \end{bmatrix}$$

(De manera equivalente, puede mostrarse que las entradas de cada columna de T^n se aproximan a las entradas correspondientes de Q conforme n se incrementa). El vector Q tiene una propiedad especial. Observe el resultado de multiplicar por la izquierda a Q por la matriz de transición T:

$$TQ = \begin{bmatrix} 0.7 & 0.2 \\ 0.3 & 0.8 \end{bmatrix} \begin{bmatrix} 0.40 \\ 0.60 \end{bmatrix} = \begin{bmatrix} 0.40 \\ 0.60 \end{bmatrix} = Q$$

Entonces se tiene que

$$TQ = Q$$

lo cual muestra que *Q permanece sin cambio de un ensayo al siguiente.*

En resumen, conforme el número de ensayos se incrementa, los vectores de estado se acercan más y más a Q, el cual permanece sin cambio de un ensayo al siguiente. La distribución de la población entre las estaciones de servicio se estabiliza. Esto es, a largo plazo, aproximadamente 40% de la población llevará sus automóviles a recibir servicio en la estación 1 y 60% en la estación 2. Para describir esto, se dice que Q es el vector de **estado estable** de este proceso. Puede demostrarse que el vector de estado estable es único. (Existe sólo un vector de este tipo). Aún más, Q no depende del vector de estado inicial X_0 sino que depende sólo de la matriz de transición T. Por esta razón, se dice que Q es el *vector de estado estable para T.*

El vector de estado estable es único y no depende de la distribución inicial.

Lo que se necesita ahora es un procedimiento para encontrar el vector de estado estable Q sin tener que calcular vectores de estado para valores grandes de n. Por fortuna, puede usarse la propiedad establecida con anterioridad de que $TQ = Q$ para encontrar Q. Si $Q = \begin{bmatrix} q_1 \\ q_2 \end{bmatrix}$, se tiene que

$$TQ = Q = IQ$$

$$TQ - IQ = 0$$

$$(T - I)Q = 0$$

$$\left(\begin{bmatrix} 0.7 & 0.2 \\ 0.3 & 0.8 \end{bmatrix} - \begin{bmatrix} 1 & 0 \\ 0 & 1 \end{bmatrix} \right) \begin{bmatrix} q_1 \\ q_2 \end{bmatrix} = \begin{bmatrix} 0 \\ 0 \end{bmatrix}$$

$$\begin{bmatrix} -0.3 & 0.2 \\ 0.3 & -0.2 \end{bmatrix} \begin{bmatrix} q_1 \\ q_2 \end{bmatrix} = \begin{bmatrix} 0 \\ 0 \end{bmatrix}$$

lo cual sugiere que Q puede encontrarse al resolver el sistema de ecuaciones lineales resultante, que en este caso surge en forma matricial. Usando las técnicas estudiadas en el capítulo 6, se observa de inmediato que la matriz de coeficientes de la última ecuación se reduce a

$$\begin{bmatrix} 3 & -2 \\ 0 & 0 \end{bmatrix}$$

lo cual sugiere que existe una cantidad infinita de posibilidades para el vector de estado estable Q. Sin embargo, las entradas de un vector de estado deben sumar 1, de manera que debe agregarse al sistema la ecuación adicional $q_1 + q_2 = 1$. Se llega entonces a que

$$\begin{bmatrix} 3 & -2 \\ 1 & 1 \end{bmatrix} \begin{bmatrix} q_1 \\ q_2 \end{bmatrix} = \begin{bmatrix} 0 \\ 1 \end{bmatrix}$$

donde puede verse fácilmente que el sistema tiene la solución única

$$Q = \begin{bmatrix} q_1 \\ q_2 \end{bmatrix} = \begin{bmatrix} 0.4 \\ 0.6 \end{bmatrix}$$

que confirma la sospecha previa.

Es necesario puntualizar que para las cadenas de Markov en general, los vectores de estado no siempre se aproximan a un vector de estado estable. Sin embargo, puede demostrarse que, en efecto, existe un vector de estado estable para T siempre que T sea *regular*:

> Una matriz de transición T es **regular** si existe una potencia entera positiva n para la cual todas las entradas de T^n son (estrictamente) positivas.

En esta sección sólo se considerarán matrices de transición regulares. Una cadena de Markov cuya matriz de transición es regular se llama **cadena de Markov regular**.

En resumen, se tiene lo siguiente:

> Suponga que T es la matriz de transición de $k \times k$ para una cadena de Markov regular. Entonces el vector columna de estado estable
>
> $$Q = \begin{bmatrix} q_1 \\ q_2 \\ \vdots \\ q_k \end{bmatrix}$$
>
> es la solución a las ecuaciones matriciales
>
> $$[1 \quad 1 \quad \cdots \quad 1]Q = 1 \tag{4}$$
>
> $$(T - I_k)Q = 0 \tag{5}$$
>
> donde, en la ecuación (4), el coeficiente (matriz) de Q es el vector renglón que consiste en k entradas todas las cuales son 1.

Las ecuaciones (4) y (5) siempre pueden combinarse en una ecuación matricial sencilla:

$$T^*Q = 0^*$$

donde T^* es la matriz de $(k+1) \times k$ obtenida al pasar el renglón $[1 \quad 1 \quad \cdots \quad 1]$ a la parte superior de la matriz $k \times k$ de $T - I_k$ (donde I_k es la matriz identidad de $k \times k$) y 0^* es el vector columna de $k + 1$ obtenido al pasar un 1 a la parte superior del vector columna cero de k elementos. Entonces, se puede encontrar Q al reducir la matriz aumentada $[T^* \,|\, 0^*]$. Estos conceptos se ilustrarán en el siguiente ejemplo.

EJEMPLO 2 **Vector de estado estable**

Para el problema sobre demografía del ejemplo 1, a largo plazo, ¿qué porcentaje de los residentes del lugar vivirá en cada región?

Solución: La distribución de la población a largo plazo está dada por el vector de estado estable Q, el cual se determinará a continuación. Se mostró que la matriz T para este ejemplo es

$$\begin{bmatrix} 0.7 & 0.1 & 0.2 \\ 0.2 & 0.8 & 0.1 \\ 0.1 & 0.1 & 0.7 \end{bmatrix}$$

de manera que $T - I$ es

$$\begin{bmatrix} -0.3 & 0.1 & 0.2 \\ 0.2 & -0.2 & 0.1 \\ 0.1 & 0.1 & -0.3 \end{bmatrix}$$

y $[T^* \mid 0^*]$ es

$$\left[\begin{array}{rrr|r} 1 & 1 & 1 & 1 \\ -0.3 & 0.1 & 0.2 & 0 \\ 0.2 & -0.2 & 0.1 & 0 \\ 0.1 & 0.1 & -0.3 & 0 \end{array}\right]$$

lo cual se reduce a

$$\left[\begin{array}{rrr|r} 1 & 0 & 0 & 5/16 \\ 0 & 1 & 0 & 7/16 \\ 0 & 0 & 1 & 1/4 \\ 0 & 0 & 0 & 0 \end{array}\right]$$

mostrando que el vector de estado estable $Q = \begin{bmatrix} 5/16 \\ 7/16 \\ 1/4 \end{bmatrix} = \begin{bmatrix} 0.3125 \\ 0.4375 \\ 0.2500 \end{bmatrix}$. Por lo tanto, a lar-

go plazo, los porcentajes de residentes del lugar que vivirán en las regiones 1, 2 y 3 serán 31.25, 43.75 y 25%, respectivamente.

Ahora resuelva el problema 37 ◁

PROBLEMAS 9.3

En los problemas del 1 al 6, ¿puede la matriz dada ser una matriz de transición para una cadena de Markov?

1. $\begin{bmatrix} \frac{1}{2} & \frac{2}{3} \\ -\frac{3}{2} & \frac{1}{3} \end{bmatrix}$

2. $\begin{bmatrix} 0.1 & 1 \\ 0.9 & 0 \end{bmatrix}$

3. $\begin{bmatrix} \frac{1}{2} & \frac{1}{8} & \frac{1}{3} \\ -\frac{1}{4} & \frac{5}{8} & \frac{1}{3} \\ \frac{3}{4} & \frac{1}{4} & \frac{1}{3} \end{bmatrix}$

4. $\begin{bmatrix} 0.2 & 0.6 & 0.5 \\ 0.7 & 0.2 & 0.1 \\ 0.1 & 0.2 & 0.2 \end{bmatrix}$

5. $\begin{bmatrix} 0.4 & 0 & 0.5 \\ 0.2 & 0.1 & 0.3 \\ 0.4 & 0.9 & 0.2 \end{bmatrix}$

6. $\begin{bmatrix} 0.5 & 0.1 & 0.3 \\ 0.4 & 0.3 & 0.3 \\ 0.6 & 0.6 & 0.4 \end{bmatrix}$

En los problemas del 7 al 10 se da una matriz de transición para una cadena de Markov. Determine los valores de las entradas representadas con letras.

7. $\begin{bmatrix} \frac{2}{3} & b \\ a & \frac{1}{4} \end{bmatrix}$

8. $\begin{bmatrix} a & b \\ \frac{5}{12} & a \end{bmatrix}$

9. $\begin{bmatrix} 0.1 & a & a \\ a & 0.2 & b \\ 0.2 & b & c \end{bmatrix}$

10. $\begin{bmatrix} a & a & a \\ a & b & b \\ a & \frac{1}{4} & c \end{bmatrix}$

En los problemas del 11 al 14, determine si el vector dado podría ser un vector de estado para una cadena de Markov.

11. $\begin{bmatrix} 0.4 \\ 0.6 \end{bmatrix}$

12. $\begin{bmatrix} 1 \\ 0 \end{bmatrix}$

13. $\begin{bmatrix} 0.2 \\ 0.7 \\ 0.5 \end{bmatrix}$

14. $\begin{bmatrix} 0.1 \\ 1.1 \\ 0.2 \end{bmatrix}$

En los problemas del 15 al 20 se dan una matriz de transición T y un vector de estado inicial X_0. Calcule los vectores de estado X_1, X_2 y X_3.

15. $T = \begin{bmatrix} \frac{2}{3} & 1 \\ \frac{1}{3} & 0 \end{bmatrix}$

$X_0 = \begin{bmatrix} \frac{1}{4} \\ \frac{3}{4} \end{bmatrix}$

16. $T = \begin{bmatrix} \frac{1}{2} & \frac{1}{4} \\ \frac{1}{2} & \frac{3}{4} \end{bmatrix}$

$X_0 = \begin{bmatrix} \frac{1}{2} \\ \frac{1}{2} \end{bmatrix}$

17. $T = \begin{bmatrix} 0.3 & 0.5 \\ 0.7 & 0.5 \end{bmatrix}$

$X_0 = \begin{bmatrix} 0.4 \\ 0.6 \end{bmatrix}$

18. $T = \begin{bmatrix} 0.1 & 0.9 \\ 0.9 & 0.1 \end{bmatrix}$

$X_0 = \begin{bmatrix} 0.2 \\ 0.8 \end{bmatrix}$

19. $T = \begin{bmatrix} 0.2 & 0.1 & 0.4 \\ 0.1 & 0.5 & 0.2 \\ 0.7 & 0.4 & 0.4 \end{bmatrix}$

$X_0 = \begin{bmatrix} 0.2 \\ 0.1 \\ 0.7 \end{bmatrix}$

20. $T = \begin{bmatrix} 0.4 & 0.1 & 0.2 & 0.1 \\ 0 & 0.1 & 0.3 & 0.3 \\ 0.4 & 0.7 & 0.4 & 0.4 \\ 0.2 & 0.1 & 0.1 & 0.2 \end{bmatrix}$

$X_0 = \begin{bmatrix} 0.1 \\ 0.3 \\ 0.4 \\ 0.2 \end{bmatrix}$

En los problemas del 21 al 24 se da una matriz de transición T.
(a) Calcule T^2 y T^3.
(b) ¿Cuál es la probabilidad de ir al estado 2 desde el estado 1 después de dos pasos?
(c) ¿Cuál es la probabilidad de ir al estado 1 desde el estado 2 después de tres pasos?

21. $\begin{bmatrix} \frac{1}{4} & \frac{3}{4} \\ \frac{3}{4} & \frac{1}{4} \end{bmatrix}$

22. $\begin{bmatrix} \frac{1}{3} & \frac{1}{2} \\ \frac{2}{3} & \frac{1}{2} \end{bmatrix}$

23. $\begin{bmatrix} 0 & 0.5 & 0.3 \\ 1 & 0.4 & 0.3 \\ 0 & 0.1 & 0.4 \end{bmatrix}$

24. $\begin{bmatrix} 0.2 & 0.1 & 0.4 \\ 0.1 & 0.5 & 0.2 \\ 0.7 & 0.4 & 0.4 \end{bmatrix}$

En los problemas del 25 al 30, encuentre el vector de estado estable para la matriz de transición dada.

25. $\begin{bmatrix} \frac{1}{2} & \frac{2}{3} \\ \frac{1}{2} & \frac{1}{3} \end{bmatrix}$ **26.** $\begin{bmatrix} \frac{1}{2} & \frac{1}{4} \\ \frac{1}{2} & \frac{3}{4} \end{bmatrix}$

27. $\begin{bmatrix} \frac{1}{5} & \frac{3}{5} \\ \frac{4}{5} & \frac{2}{5} \end{bmatrix}$ **28.** $\begin{bmatrix} \frac{1}{4} & \frac{1}{3} \\ \frac{3}{4} & \frac{2}{3} \end{bmatrix}$

29. $\begin{bmatrix} 0.2 & 0.1 & 0.4 \\ 0.1 & 0.5 & 0.2 \\ 0.7 & 0.4 & 0.4 \end{bmatrix}$ **30.** $\begin{bmatrix} 0.1 & 0.4 & 0.3 \\ 0.2 & 0.2 & 0.3 \\ 0.7 & 0.4 & 0.4 \end{bmatrix}$

31. Propagación de gripe Una gripe se ha propagado en el dormitorio de un colegio que tiene 200 estudiantes. Suponga que la probabilidad de que un estudiante con gripe aún la tenga dentro de 4 días es 0.1. Por otro lado, para un estudiante que no tiene gripe, la probabilidad de tenerla dentro de 4 días es de 0.2.
(a) Encuentre una matriz de transición para esta situación.
(b) Si en este momento hay 120 estudiantes que tienen gripe, ¿cuántos estudiantes (al entero más cercano) puede esperarse tengan gripe dentro de 8 días?, ¿dentro de 12 días?

32. Entrenamiento físico Un centro de entrenamiento físico ha encontrado que, de los miembros que realizan ejercicio de alto impacto en una visita, 55% harán lo mismo en su próxima visita y 45% harán ejercicio de bajo impacto. De aquellos que realizan entrenamiento de bajo impacto en una visita, 75% harán lo mismo en la siguiente visita y 25% harán ejercicio de alto impacto. En la última visita, suponga que 65% de los miembros hicieron ejercicio de alto impacto y 35% de bajo impacto. Después de dos visitas más, ¿qué porcentaje de los miembros estarán realizando ejercicio de alto impacto?

33. Periódicos En cierta área pueden comprarse dos periódicos distintos. Se ha encontrado que si un cliente compra el periódico A un día, la probabilidad de cambiar al otro periódico al siguiente día es de 0.3. Si un cliente compra el periódico B un día, la probabilidad de que compre el mismo periódico al siguiente día es de 0.6.
(a) Encuentre la matriz de transición para esta situación.
(b) Encuentre la probabilidad de que una persona que compró A el lunes compre A el miércoles.

34. Rentas de videos Una tienda de renta de videos tiene tres ubicaciones en una ciudad. Un video puede rentarse en cualquiera de las tres ubicaciones y regresarse también en cualquiera. Los estudios muestran que los videos se rentan en una ubicación y se regresan a un sitio de acuerdo con las probabilidades dadas en la siguiente matriz:

Regresado en	Rentado en 1	2	3
1	0.7	0.1	0.1
2	0.2	0.9	0.1
3	0.1	0	0.8

Suponga que 30% de los videos se rentan inicialmente en la ubicación 1, 30% en la 2 y 40% en la 3. Encuentre los porcentajes de videos que puede esperarse regresen a cada ubicación:
(a) Después de esta renta.
(b) Después de la siguiente renta.

35. Votación En cierta región, se analizó el registro de votantes de acuerdo con su afiliación partidista: demócrata, republicana u otra. Se encontró que, anualmente, la probabilidad de que un votante cambie su registro de demócrata a republicano es de 0.1; de demó-

crata a otro 0.1; de republicano a demócrata 0.1; de republicano a otro 0.1; de otro a demócrata, 0.3 y de otro a republicano, 0.2.
(a) Encuentre una matriz de transición para esta situación.
(b) ¿Cuál es la probabilidad de que un votante registrado como republicano en la actualidad se registre como demócrata dentro de dos años?
(c) Si 40% de los votantes actuales son demócratas y 40% son republicanos, ¿qué porcentaje puede esperarse que sean republicanos dentro de un año?

36. Demografía Los residentes de cierta región se clasifican como urbanos (U), suburbanos (S) o rurales (R). Una compañía de mercadotecnia ha encontrado que a través de periodos sucesivos de 5 años, los residentes cambian de una clasificación a otra de acuerdo con las probabilidades dadas por la siguiente matriz:

$$\begin{array}{c} \\ U \\ S \\ R \end{array} \begin{array}{ccc} U & S & R \\ \begin{bmatrix} 0.7 & 0.1 & 0.1 \\ 0.1 & 0.8 & 0.1 \\ 0.2 & 0.1 & 0.8 \end{bmatrix} \end{array}$$

(a) Encuentre la probabilidad de que un residente suburbano sea residente rural dentro de 15 años.
(b) Suponga que la población inicial de la región es 50% urbana, 25% suburbana y 25% rural. Determine la distribución de población esperada dentro de 15 años.

37. Servicio telefónico de larga distancia Una importante compañía telefónica de larga distancia (compañía A) ha estudiado la tendencia de los usuarios telefónicos a cambiarse de un proveedor del servicio a otro. La compañía cree que a través de periodos sucesivos de seis meses, la probabilidad de que un cliente que usa el servicio de A cambie a un servicio competidor es de 0.2 y la probabilidad de que un cliente de cualquier servicio competidor cambie a A es de 0.3.
(a) Encuentre una matriz de transición para esta situación.
(b) Si en la actualidad A controla 70% del mercado, ¿qué porcentaje puede esperarse controle dentro de seis meses?
(c) ¿Qué porcentaje del mercado puede esperarse que controle A en el largo plazo?

38. Compras de automóviles En cierta región se hizo un estudio de propietarios de automóviles. Se determinó que si una persona posee actualmente un Ford, la probabilidad de que el siguiente automóvil que compre dicha persona sea también un Ford es de 0.75. Si una persona en la actualidad no posee un Ford, la probabilidad de que dicha persona adquiera un Ford en su próxima compra de automóvil es de 0.35.
(a) Encuentre la matriz de transición para esta situación.
(b) A largo plazo, ¿qué proporción de compras de automóviles en la región puede esperarse que sean de Ford?

39. Ratones de laboratorio Suponga que 100 ratones están en una caja con dos compartimientos y tienen la libertad de moverse entre los compartimientos. A intervalos regulares, se observa el número de ratones presentes en cada compartimiento. Se ha encontrado que si un ratón está en el compartimiento 1 en una observación, la probabilidad de que el mismo ratón esté en el compartimiento 1 en la siguiente observación es $\frac{3}{5}$. Si un ratón está en el compartimiento 2 en una observación, la probabilidad de que esté en el compartimiento 2 en la siguiente observación es $\frac{2}{5}$. Suponga que en un inicio se colocan 50 ratones en cada compartimiento.
(a) Encuentre la matriz de transición para esta situación.
(b) Después de dos observaciones, ¿qué porcentaje de los ratones (redondeado a dos decimales) puede esperarse que esté en cada compartimiento?
(c) A largo plazo, ¿qué porcentaje de los ratones puede esperarse que esté en cada compartimiento?

40. Máquinas expendedoras Una queja típica de los estudiantes en las escuelas es: "¡No pongas tu dinero en esa máquina de refrescos; yo lo intenté y la máquina no funciona!" Suponga que si una máquina expendedora está funcionando adecuadamente en algún momento, la probabilidad de que funcione bien la próxima vez es de 0.8. Por otro lado, suponga que si la máquina no está funcionando apropiadamente una vez, la probabilidad de que no funcione bien la próxima vez es de 0.9.

(a) Encuentre la matriz de transición para esta situación.

(b) Suponga que cuatro personas hacen fila en una máquina de refrescos. Si la primera persona recibe un refresco, ¿cuál es la probabilidad de que la cuarta persona también lo reciba? (Suponga que nadie hace más de un intento).

(c) Si existen 42 máquinas expendedoras de este tipo en el campus de una universidad, ¿cuántas máquinas puede esperarse que funcionen adecuadamente a largo plazo?

41. Publicidad Una cadena de supermercados vende pan de las panaderías A y B. En la actualidad, A cuenta con el 50% de las ventas diarias de pan en la cadena. Para incrementar las ventas, A lanza una campaña de publicidad. La panadería cree que el cambio en las ventas de pan se basará en la siguiente matriz de transición:

$$
\begin{array}{cc}
 & \begin{array}{cc} A & B \end{array} \\
\begin{array}{c} A \\ B \end{array} & \begin{bmatrix} \frac{3}{4} & \frac{1}{2} \\ \frac{1}{4} & \frac{1}{2} \end{bmatrix}
\end{array}
$$

(a) Encuentre el vector de estado estable.

(b) A largo plazo, ¿en qué porcentaje puede esperar A aumentar sus ventas presentes en la cadena? Suponga que las ventas diarias totales de pan en la cadena permanecen iguales.

42. Sucursales bancarias Un banco que tiene tres sucursales, A, B y C, encuentra que usualmente sus clientes regresan a la misma sucursal para satisfacer sus necesidades bancarias. Sin embargo, a veces un cliente puede ir a una sucursal diferente debido al cambio de alguna circunstancia. Por ejemplo, una persona que por lo general va a la sucursal A puede desviarse algunas veces e ir a la sucursal B porque tiene negocios que realizar en las cercanías de esta sucursal. Para los clientes de la sucursal A, suponga que 80% regresan a A en su próxima visita, 10% van a B y 10% van a C. Para los clientes de la sucursal B, suponga que 70% regresan a B en su próxima visita, 20% van a A y 10% van a C. Para los clientes de la sucursal C, suponga que 70% regresan a C en su próxima visita, 20% van a A y 10% van a B.

(a) Encuentre una matriz de transición para esta situación.

(b) Si un cliente fue más recientemente a la sucursal B, ¿cuál es la probabilidad de que regrese a B dentro de dos visitas bancarias?

(c) Suponga que en un inicio 200 clientes van a A, 200 a B y 100 a C. En su próxima visita, ¿cuántos clientes puede esperarse que vayan a A?, ¿a B? y ¿a C?

(d) De los 500 clientes iniciales, ¿cuántos puede esperarse que en el largo plazo vayan a A?, ¿a B? y ¿a C?

43. Muestre que la matriz de transición $T = \begin{bmatrix} \frac{1}{2} & 1 \\ \frac{1}{2} & 0 \end{bmatrix}$ es regular.

(*Sugerencia*: Examine las entradas de T^2).

44. Muestre que la matriz de transición $T = \begin{bmatrix} 0 & 0 & 1 \\ 0 & 1 & 0 \\ 1 & 0 & 0 \end{bmatrix}$ no es regular.

Repaso del capítulo 9

Términos y símbolos importantes

		Ejemplos
Sección 9.1	**Variables aleatorias discretas y valor esperado**	
	variable aleatoria discreta función de probabilidad histograma	Ej. 2, p. 433
	media, μ valor esperado, $E(X)$	Ej. 3, p. 435
	varianza, $\text{Var}(X)$ desviación estándar, σ	Ej. 4, p. 437
Sección 9.2	**Distribución binomial**	
	teorema binomial coeficientes binomiales	Ej. 1, p. 441
	ensayos de Bernoulli experimento binomial distribución binomial	Ej. 2, p. 442
Sección 9.3	**Cadenas de Markov**	
	cadena de Markov matriz de transición, T vector de estado, X_n	Ej. 1, p. 448
	matriz de transición regular vector de estado estable, Q	Ej. 2, p. 451

Resumen

Si X es una variable aleatoria discreta y f es la función tal que $f(x) = P(X = x)$, entonces f se llama función, o distribución, de probabilidad de X. En general,

$$\sum_x f(x) = 1$$

La media, o valor esperado, de X es el promedio a largo plazo de X y se denota mediante μ o $E(X)$:

$$\mu = E(X) = \sum_x x f(x)$$

La media puede interpretarse como una medida de la tendencia central de X a largo plazo. Una medida de la dispersión de X es la varianza, denotada como $\text{Var}(X)$, y está dada por

$$\text{Var}(X) = \sum_x (x - \mu)^2 f(x)$$

de manera equivalente, por

$$\text{Var}(X) = \left(\sum_x x^2 f(x)\right) - \mu^2$$

Otra medida de la dispersión de X es la desviación estándar σ:

$$\sigma = \sqrt{\text{Var}(X)}$$

Si un experimento se repite varias veces, entonces cada realización del experimento se llama ensayo. Los ensayos son independientes cuando el resultado de cualquier ensayo individual no afecta el resultado de ningún otro. Si existen sólo dos resultados posibles (éxito y fracaso) para cada ensayo independiente, y las probabilidades de éxito y fracaso no cambian de ensayo a ensayo, entonces el experimento se llama binomial. Para un experimento de este tipo, si X es el número de éxitos en n ensayos, entonces a la distribución f de X se le llama distribución binomial, y

$$f(x) = P(X = x) = {}_nC_x p^x q^{n-x}$$

donde p es la probabilidad de éxito en cualquier ensayo y $q = 1 - p$ es la probabilidad de fracaso. La media μ y la desviación estándar σ de *esta* X están dadas por

$$\mu = np \quad \text{y} \quad \sigma = \sqrt{npq}$$

Una distribución binomial está íntimamente conectada con el teorema binomial, que es la fórmula para expandir la n-ésima potencia de un binomio, a saber,

$$(a + b)^n = \sum_{i=0}^{n} {}_nC_i a^{n-i} b^i$$

donde n es un entero positivo.

Una cadena de Markov es una sucesión de ensayos de un experimento en el cual los resultados posibles de cada ensayo, que se llaman estados, permanecen iguales de ensayo a ensayo, son finitos en número y tienen probabilidades que dependen sólo del resultado del ensayo previo. Para una cadena de Markov de k-estados, si la probabilidad de cambiar al estado i desde el estado j de un ensayo al siguiente se representa me-

diante T_{ij}, entonces a la matriz $T = [T_{ij}]$ de $k \times k$ se le denomina matriz de transición para la cadena de Markov. Las entradas de la n-ésima potencia de T representan también probabilidades; la entrada situada en el i-ésimo renglón y j-ésima columna de T^n da la probabilidad de cambiar al estado i desde el estado j en n pasos. Un vector columna de k entradas, donde la entrada x_j es la probabilidad de estar en el estado j después del n-ésimo ensayo, se llama vector de estado y se denota como X_n. Las probabilidades del estado inicial se representan por medio del vector de estado inicial X_0. El vector de estado X_n puede encontrarse multiplicando el vector de estado previo X_{n-1} por la izquierda por la matriz de transición T:

$$X_n = TX_{n-1}$$

De manera alternativa, X_n puede encontrarse al multiplicar el vector de estado inicial X_0 por T^n:

$$X_n = T^n X_0$$

Si la matriz de transición T es regular (esto es, si hay un entero positivo n tal que todas las entradas de T^n sean positivas), entonces, conforme aumenta el número de ensayos n, X_n se acerca más y más al vector Q, llamado vector de estado estable de T. Si

$$Q = \begin{bmatrix} q_1 \\ q_2 \\ \vdots \\ q_k \end{bmatrix}$$

entonces las entradas de Q indican la distribución de probabilidad de los estados a largo plazo. El vector Q puede encontrarse al resolver la ecuación matricial

$$T^* Q = 0^*$$

donde T^* es la matriz de $(k + 1) \times k$ obtenida al pasar el renglón $[1 \quad 1 \quad \cdots \quad 1]$ a la parte superior de la matriz $T - I_k$ de $k \times k$ (donde I_k es la matriz identidad de $k \times k$) y 0^* es el vector de $k + 1$ columnas obtenido al pasar un 1 a la parte superior del vector columna cero de tamaño k. Así, se construye y reduce

$$\begin{bmatrix} 1 \cdots 1 & 1 \\ T - I & 0 \end{bmatrix}$$

de donde, si T es regular, se obtiene

$$\begin{bmatrix} I & Q \\ 0 & 0 \end{bmatrix}$$

Problemas de repaso

En los problemas 1 y 2, se da la distribución para la variable aleatoria X. Construya el histograma de probabilidad y determine μ, $\text{Var}(X)$ y σ.

1. $f(1) = 0.7, f(2) = 0.1, f(3) = 0.2$

2. $f(0) = \frac{1}{6}, f(1) = \frac{1}{2}, f(2) = \frac{1}{3}$

3. Moneda y dado Se lanzan una moneda y un dado balanceados. Sea X el número de puntos en el dado más el número de caras resultantes. Determine (a) la distribución f para X y (b) $E(X)$.

4. Cartas Dos cartas se seleccionan de manera aleatoria, sucesivamente y sin reemplazo, de un mazo estándar de 52 cartas de juego y se observa el número X de ases obtenidos. Determine (a) la distribución f para X y (b) $E(X)$.

5. Juego de cartas En un juego, un jugador paga $0.25 por tomar al azar, y con reemplazo, 2 cartas de un mazo estándar de 52 cartas de juego. Por cada 10 que aparezca, el jugador recibe $1. ¿Cuál es la ganancia o pérdida esperada del jugador? Redondee su respuesta al centavo más cercano.

6. Utilidades de una gasolinera Una compañía petrolera determina que la probabilidad de que una gasolinera ubicada al margen de una carretera interestatal sea exitosa es 0.45. Una gasolinera exitosa obtiene una utilidad anual de $40 000; una gasolinera no exitosa pierde $10 000 al año. ¿Cuál es la ganancia esperada para la compañía si abre una gasolinera al margen de una carretera interestatal?

7. Computadoras ordenadas por correo Una compañía que vende computadoras ordenadas por correo ofrece una garantía por 30 días o la devolución del dinero a cualquier cliente que no esté completamente satisfecho con su producto. La compañía obtiene una utilidad de $200 por cada computadora vendida, pero incurre en una pérdida de $100 por el embarque y manejo de cada unidad regresada. La probabilidad de que una unidad sea regresada es 0.08.
(a) ¿Cuál es la ganancia esperada por cada unidad embarcada?
(b) Si el distribuidor embarca 400 unidades por año, ¿cuál es la utilidad anual esperada?

8. Lotería En un juego de lotería usted paga $4.00 por elegir una combinación de números de entre 41 millones de combinaciones posibles. Si esa combinación es la ganadora, usted recibe $50 millones. ¿Cuál es su ganancia (o pérdida) esperada cada vez que juega?

En los problemas 9 y 10, determine la distribución f para la variable aleatoria binomial X si el número de ensayos es n y la probabilidad de éxito en cualquier ensayo es p. También, encuentre μ y σ.

9. $n = 4, p = 0.15$ **10.** $n = 5, p = \dfrac{1}{3}$

En los problemas 11 y 12, determine la probabilidad dada si X es una variable aleatoria binomial, n es el número de ensayos y p es la probabilidad de éxito en cualquier ensayo.

11. $P(X \le 1); n = 5, p = \dfrac{3}{4}$ **12.** $P(X > 2); n = 6, p = \dfrac{2}{3}$

13. Dado Un dado balanceado se lanza cinco veces. Encuentre la probabilidad de que exactamente tres de los lanzamientos resulten en una suma de 7.

14. Éxito de siembra La probabilidad de que cierto tipo de arbusto sobreviva después de haber sido sembrado es 0.9. Si se siembran cuatro arbustos, ¿cuál es la probabilidad de que todos mueran?

15. Moneda Una moneda sesgada se lanza cinco veces. La probabilidad de que ocurra una cara en cualquier lanzamiento es $\frac{2}{5}$. Encuentre la probabilidad de que ocurran al menos dos caras.

16. Caramelos Una bolsa contiene dos caramelos rojos, tres verdes y cinco negros. Se seleccionan cinco caramelos de manera aleatoria, sucesivamente y con reemplazo. Encuentre la probabilidad de que al menos dos de los caramelos sean rojos.

En los problemas 17 y 18 se da una matriz de transición para una cadena de Markov. Determine los valores de a, b y c.

17. $\begin{bmatrix} 0.1 & 2a & a \\ a & b & b \\ 0.6 & b & c \end{bmatrix}$ **18.** $\begin{bmatrix} a & a & a \\ b & b & a \\ 0.4 & c & b \end{bmatrix}$

En los problemas 19 y 20 se dan una matriz de transición T y un vector de estado inicial X_0 para una cadena de Markov. Calcule los vectores de estado X_1, X_2 y X_3.

19. $T = \begin{bmatrix} 0.1 & 0.3 & 0.1 \\ 0.2 & 0.4 & 0.1 \\ 0.7 & 0.3 & 0.8 \end{bmatrix}$ **20.** $T = \begin{bmatrix} 0.4 & 0.1 & 0.1 \\ 0.2 & 0.6 & 0.5 \\ 0.4 & 0.3 & 0.4 \end{bmatrix}$

$X_0 = \begin{bmatrix} 0.5 \\ 0 \\ 0.5 \end{bmatrix}$ $X_0 = \begin{bmatrix} 0.1 \\ 0.3 \\ 0.6 \end{bmatrix}$

En los problemas 21 y 22 se da una matriz de transición T para una cadena de Markov.
(a) Calcule T^2 y T^3.
(b) ¿Cuál es la probabilidad de pasar al estado 1 a partir del estado 2 después de dos pasos?
(c) ¿Cuál es la probabilidad de pasar al estado 2 a partir del estado 1 después de tres pasos?

21. $\begin{bmatrix} \frac{1}{7} & \frac{3}{7} \\ \frac{6}{7} & \frac{4}{7} \end{bmatrix}$ **22.** $\begin{bmatrix} 0 & 0.4 & 0.3 \\ 0 & 0.3 & 0.5 \\ 1 & 0.3 & 0.2 \end{bmatrix}$

En los problemas 23 y 24, encuentre el vector de estado estable para la matriz de transición dada para una cadena de Markov.

23. $\begin{bmatrix} \frac{1}{4} & \frac{1}{3} \\ \frac{3}{4} & \frac{2}{3} \end{bmatrix}$ **24.** $\begin{bmatrix} 0.4 & 0.4 & 0.3 \\ 0.3 & 0.2 & 0.3 \\ 0.3 & 0.4 & 0.4 \end{bmatrix}$

25. Mercado automotriz Para un segmento particular del mercado automotriz, los resultados de una encuesta indican que 80% de las personas que poseen un automóvil japonés comprarían otro vehículo japonés la próxima vez y 20% comprarían un automóvil no japonés. De los dueños de unidades no japonesas, 40% comprarían un automóvil no japonés la siguiente vez y 60% adquirirían un vehículo japonés.
(a) De aquellos que en la actualidad poseen un vehículo japonés, ¿qué porcentaje comprará un automóvil japonés dentro de dos compras?
(b) Si 60% de este segmento del mercado posee automóviles japoneses y 40% tiene no japoneses, ¿cuál será la distribución para este segmento del mercado dentro de dos compras de automóvil?
(c) ¿Cómo estará distribuido este segmento a largo plazo?

26. Votación Suponga que las probabilidades de votar por partidos particulares en una elección futura depende de los patrones de votación en la elección previa. Para cierta región donde hay un sistema político con tres partidos, suponga que estas probabilidades están contenidas en la matriz

$$T = [T_{ij}] = \begin{bmatrix} 0.7 & 0.4 & 0.1 \\ 0.2 & 0.5 & 0.1 \\ 0.1 & 0.1 & 0.8 \end{bmatrix}$$

donde T_{ij} representa la probabilidad de que un elector vote por el partido i en la elección siguiente si votó por el partido j en la elección pasada.
(a) En la elección pasada, 50% del electorado votó por el partido 1, 30% por el partido 2 y 20% por el partido 3. ¿Cuál es la distribución porcentual esperada de los votos para la siguiente elección?
(b) A largo plazo, ¿cuál es la distribución porcentual de los votos? Redondee sus respuestas al punto porcentual más cercano.

Q EXPLORE Y AMPLÍE Cadenas de Markov en la teoría de juegos

L a teoría de juegos es el estudio matemático sobre cómo se comportan las personas en situaciones competitivas y cooperativas. Cada situación se representa mediante una tabla que muestra las opciones para los jugadores y sus recompensas para diferentes resultados. En la figura 9.9 se muestra un famoso juego, llamado el "Dilema del prisionero". Cada jugador elige entre "cooperar" y "desertar". Las recompensas subsecuentes de los jugadores están en la celda situada a la derecha de la elección del jugador 1 y debajo de la elección del jugador 2. El jugador obtiene la recompensa que se encuentra en la esquina inferior izquierda de la celda, el jugador 2 obtiene el pago que está en la esquina superior derecha de la celda.

Jugador 2

	Cooperar	Desertar
Cooperar	4 / 4	5 / 1
Desertar	1 / 5	2 / 2

FIGURA 9.9 Dilema del prisionero.

La mayoría de las personas que han estudiado el juego piensan que la opción racional para un jugador que trata de maximizar su recompensa es desertar —un movimiento que, si ambos jugadores lo hacen, conduce a una recompensa de 2 para cada uno—. La paradoja es que ambos jugadores mejorarían (recompensa de 4) con la opción supuestamente irracional: cooperar. Se recomienda que el lector estudie el juego unos cuantos minutos y exprese lo que piensa al respecto.

El juego obtuvo su nombre a partir de una fábula acerca de dos prisioneros, aunque surge el mismo problema cuando dos personas acuerdan hacerse un favor una a la otra pero no tienen forma de vigilarse entre sí. Ambas se benefician si cooperan, pero cada una está tentada a engañar. A una escala más grande, las votaciones y el reciclaje voluntario de basura son comportamientos cooperativos en un "Dilema del prisionero" con muchos participantes, donde los jugadores son los miembros de una comunidad.

Los teóricos de los juegos han tenido problemas por mucho tiempo debido a la aparente irracionalidad de cooperar. Tratando de entender la forma en que esto podría tener sentido, después de todo, los teóricos han estudiado escenarios en los que el "Dilema del prisionero" no sólo se juega una vez, sino de manera repetida. En este iterativo "Dilema del prisionero", son posibles más de dos estrategias porque el movimiento de un jugador en una ronda dada puede basarse en lo que pasó en la ronda previa.

Una estrategia muy discutida, llamada esto-por-eso, consiste en cooperar inicialmente y de ahí en adelante hacer cualquier cosa que haya hecho el otro jugador en la ronda anterior. Si el otro jugador desertó en la ronda n, esto-por-eso deserta en la ronda $n + 1$; si el otro jugador cooperó en la ronda n, esto-por-eso coopera en la ronda $n + 1$. Por supuesto, también existen las opciones de "siempre cooperar" y "siempre desertar". Sin embargo, "esto-por-eso" modela una forma más sofisticada de pensar:

el jugador está preparado para cooperar pero no está dispuesto a ser repetidamente explotado por las deserciones del otro.

La sucesión de rondas en el "Dilema del prisionero" iterativo es una cadena de Markov con cuatro estados, donde cada estado representa una combinación de las elecciones de los jugadores. Considere los siguientes estados: ambos jugadores cooperan = estado 1; el jugador 1 coopera/el jugador 2 deserta = estado 2; el jugador 1 deserta/el jugador 2 coopera = estado 3; ambos jugadores desertan = estado 4. Las transiciones entre estados están completamente determinadas por las estrategias de elección de los jugadores. Si ambos están jugando esto-por-eso, entonces el estado 1 conduce al estado 1, el estado 2 conduce al estado 3, el estado 3 conduce al estado 2 y el estado 4 conduce al estado 4. Tómese su tiempo para convencerse de esto. La matriz de transición luce de la manera siguiente:

$$T = \begin{array}{c} \\ 1 \\ 2 \\ 3 \\ 4 \end{array} \overset{\begin{array}{cccc} 1 & 2 & 3 & 4 \end{array}}{\begin{bmatrix} 1 & 0 & 0 & 0 \\ 0 & 0 & 1 & 0 \\ 0 & 1 & 0 & 0 \\ 0 & 0 & 0 & 1 \end{bmatrix}}$$

Con esta matriz, el curso del juego depende crucialmente de la elección con la que inicien los dos jugadores. Si en un inicio el jugador 1 coopera y el jugador 2 deserta, entonces los vectores de estado sucesivos son los siguientes:

$$X_0 = \begin{bmatrix} 0 \\ 1 \\ 0 \\ 0 \end{bmatrix}, TX_0 = \begin{bmatrix} 0 \\ 0 \\ 1 \\ 0 \end{bmatrix}, T^2X_0 = \begin{bmatrix} 0 \\ 1 \\ 0 \\ 0 \end{bmatrix}, T^3X_0 = \begin{bmatrix} 0 \\ 0 \\ 1 \\ 0 \end{bmatrix} \cdots$$

Los jugadores oscilan de un lado a otro entre los estados 2 y 3. Por otra parte, los estados 1 y 4 son "trampas": si dos jugadores de esto-por-eso inician cooperando, ambos cooperarán por siempre, pero si ambos comienzan desertando, de ahí en adelante continuarán con ese patrón.

Es lamentable que dos jugadores de esto-por-eso, ambos dispuestos a cooperar, puedan quedarse encerrados en el ciclo de deserción. ¿Qué pasaría si se modifica un poco la estrategia esto-por-eso, de manera que ocasionalmente se olvide la deserción y se coopere en la siguiente ronda, como una especie de ofrecimiento de paz? Esto puede modelarse otorgando a cada lado, digamos, 10% de oportunidad de cooperar después de que el otro ha desertado. En ese caso, la matriz de transición sería la siguiente:

$$T = \begin{array}{c} \\ 1 \\ 2 \\ 3 \\ 4 \end{array} \overset{\begin{array}{cccc} 1 & \quad 2 & \quad 3 & \quad 4 \end{array}}{\begin{bmatrix} 1 & 0.1 & 0.1 & 0.01 \\ 0 & 0 & 0.9 & 0.09 \\ 0 & 0.9 & 0 & 0.09 \\ 0 & 0 & 0 & 0.81 \end{bmatrix}}$$

Si ambos desertan (estado 4), hay una probabilidad de $0.9 \times 0.9 = 0.81$ de que los dos deserten en la siguiente ronda (estado 4 de nuevo), una probabilidad de $0.9 \times 0.1 = 0.09$ de que el jugador 1 coopere y el jugador 2 deserte (estado 2), y así sucesivamente. Asegúrese de entender cómo se obtienen las probabilidades en la matriz.

Ahora los jugadores de esto-por-eso pueden escapar del estado 4 y establecerse de manera permanente en el estado 1. ¿Cuánto tiempo pasará para que suceda esto? En principio, el juego podría estar en el estado 4 por largo tiempo, pero tarde o temprano encontrará su camino hacia el estado 1. ¿Cuántas iteraciones son necesarias antes de que haya al menos 0.50 de probabilidad de que los jugadores opten por la cooperación mutua? Formalmente, si $X_0 = \begin{bmatrix} 0 \\ 0 \\ 0 \\ 1 \end{bmatrix}$, ¿qué valor de n hace a la primera entrada del vector de estado $X_n = T^n X_0$ mayor o igual que 0.5? La respuesta es 12:

$$T^{12}X_0 = \begin{bmatrix} 0.5149 \\ 0.2027 \\ 0.2027 \\ 0.0798 \end{bmatrix}$$

Por lo tanto, si un juego entre jugadores de esto-por-eso modificado tiene 100 rondas, es muy probable que la mayoría de estas rondas tengan resultados cooperativos, incluso si el juego comenzara con una desconfianza mutua. En las simulaciones de computadora que involucran la interacción entre muchas estrategias diferentes, esto-por-eso surge generalmente como bastante rentable —más provechoso incluso que

la estrategia de siempre desertar—. Es reconfortante descubrir que la cooperación, después de todo, no es tan irracional.

Para aprender más en Internet, visite un dispositivo de búsqueda e introduzca "Dilema del prisionero iterativo".

Problemas

1. Use una calculadora gráfica para modelar el juego entre dos jugadores de esto-por-eso modificado, donde uno inicie con cooperación y el otro con deserción. ¿Cuántas rondas se necesitan para lograr al menos 0.50 de probabilidad de cooperación mutua?

2. Compruebe que $\begin{bmatrix} 1 \\ 0 \\ 0 \\ 0 \end{bmatrix}$ es el vector de estado estable para un juego entre dos jugadores de esto-por-eso modificado.

3. Suponga que todos los estados son posibles en un inicio, pero al comenzar la segunda ronda, el jugador 2 adopta la estrategia de siempre desertar, siempre cooperar o la estrategia regular de esto-por-eso. ¿Cuál es la matriz de transición para cada uno de estos tres juegos si el jugador 1 usa en todos los casos la estrategia esto-por-eso modificada?

4. Use los resultados del problema 3 para describir qué pasará a largo plazo con cada juego.

10 Límites y continuidad

Q EXPLORE Y AMPLÍE
    Deuda nacional

El filósofo Zenón de Elea era aficionado a las paradojas acerca del movimiento, la más famosa de las cuales iba más o menos así: el guerrero Aquiles acepta competir en una carrera contra una tortuga. Aquiles puede correr 10 metros por segundo y la tortuga sólo 1 metro por segundo, por eso a la tortuga se le da una ventaja de 10 metros desde la línea de salida. Como Aquiles es mucho más rápido, aún así debería ganar. Pero para el momento en que haya cubierto los primeros 10 metros y llegado al lugar en donde la tortuga inició, la tortuga ya habrá avanzado 1 metro y aún lleva la delantera. Luego, después de que Aquiles haya cubierto ese metro, la tortuga habrá avanzado 0.1 metros y aún llevará la delantera; cuando Aquiles haya cubierto ese 0.1 de metro, la tortuga habrá avanzado 0.01 metros y aún llevará la delantera, y así sucesivamente. Por lo tanto, Aquiles estaría cada vez más cerca de la tortuga pero nunca la alcanzaría.

Por supuesto que la audiencia de Zenón sabía que algo estaba mal en el argumento. La posición de Aquiles en el tiempo t después de haber iniciado la carrera es $(10 \text{ m/s})t$. La posición de la tortuga en el mismo tiempo t es $(1 \text{ m/s})t + 10 \text{ m}$. Cuando estas posiciones son iguales, Aquiles y la tortuga están uno al lado de la otra. Al despejar t de la ecuación resultante

$$(10 \text{ m/s})t = (1 \text{ m/s})t + 10 \text{ m}$$

se encuentra el tiempo en el que Aquiles empareja a la tortuga.

La solución es $t = 1\frac{1}{9}$ segundos, tiempo en el que Aquiles ha corrido $\left(1\frac{1}{9}\text{ s}\right)(10 \text{ m/s}) = 11\frac{1}{9}$ metros.

Lo que desconcertaba a Zenón y a quienes lo escuchaban era cómo podría ser que

$$10 + 1 + \frac{1}{10} + \frac{1}{100} + \cdots = 11\frac{1}{9}$$

donde el lado izquierdo representa una *suma infinita* y el lado derecho es un resultado finito. La solución moderna a este problema consiste en el concepto de límite, que es el tema principal de este capítulo. El lado izquierdo de la ecuación es una serie geométrica infinita. Si se utiliza la notación de límite y la fórmula de la sección 1.6 para la suma de una sucesión geométrica finita, se escribe

$$\lim_{k \to \infty} \sum_{n=0}^{k} 10^{1-n} = \lim_{k \to \infty} \frac{10\left(1 - \left(\frac{1}{10}\right)^{k+1}\right)}{1 - \frac{1}{10}} = \frac{100}{9} = 11\frac{1}{9}$$

y se encuentra la suma de esta sucesión geométrica infinita particular. (En la sección 1.6 se demostró que, para una secuencia infinita con un primer término a y radio común r, existe la suma de la secuencia infinita y está dada por $\frac{a}{1-r}$, *siempre que* $|r| < 1$).

Objetivo

Estudiar los límites y sus propiedades básicas.

10.1 Límites

Quizá usted ha estado en un estacionamiento en el que puede "aproximarse" al automóvil de enfrente, pero no quiere golpearlo y ni siquiera rozarlo. Esta noción de estar cada vez más cerca de algo, pero sin tocarlo, es muy importante en matemáticas y está implícita en el concepto de *límite*, en el cual se sustentan los fundamentos del cálculo. Básicamente, se hará que una variable "se aproxime" a un valor particular y se examinará el efecto que tiene sobre los valores de una función.

Por ejemplo, considere la función

$$f(x) = \frac{x^3 - 1}{x - 1}$$

Aunque esta función no está definida en $x = 1$, podría ser interesante observar el comportamiento de los valores de la función cuando x se acerca mucho a 1. En la tabla 10.1 se dan algunos valores de x que son un poco menores y otros un poco mayores que 1 y sus correspondientes valores funcionales. Observe que, a medida que x asume valores más y más próximos a 1, sin importar si x se aproxima *por la izquierda* ($x < 1$) o *por la derecha* ($x > 1$), los valores correspondientes de $f(x)$ se acercan cada vez más a un solo número, a saber, el 3. Esto también resulta claro en la gráfica de f en la figura 10.1. Observe que aunque la función no está definida en $x = 1$ (como lo indica el pequeño círculo vacío), los valores de la función se acercan cada vez más a 3 conforme x se acerca más y más a 1. Para expresar esto, se dice que el **límite** de $f(x)$ cuando x se aproxima a 1 es 3 y se escribe

$$\lim_{x \to 1} \frac{x^3 - 1}{x - 1} = 3$$

Se puede hacer $f(x)$ tan cercana a 3 como se desee, y mantenerla así de cerca, al seleccionar un valor de x lo suficientemente cercano a 1, pero diferente de 1. El límite existe en 1, aunque 1 no se encuentre en el dominio de f.

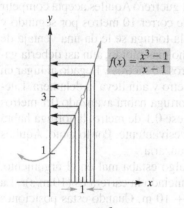

$f(x) = \dfrac{x^3 - 1}{x - 1}$

FIGURA 10.1 $\lim\limits_{x \to 1} \dfrac{x^3 - 1}{x - 1} = 3.$

Tabla 10.1			
$x < 1$		$x > 1$	
x	$f(x)$	x	$f(x)$
0.8	2.44	1.2	3.64
0.9	2.71	1.1	3.31
0.95	2.8525	1.05	3.1525
0.99	2.9701	1.01	3.0301
0.995	2.985025	1.005	3.015025
0.999	2.997001	1.001	3.003001

También puede considerarse el límite de una función cuando x se aproxima a un número que está en el dominio. A continuación se examinará el límite de $f(x) = x + 3$ cuando x se aproxima a 2:

$$\lim_{x \to 2} (x + 3)$$

Obviamente, si x está cercana a 2 (pero no es igual a 2), entonces $x + 3$ está cercano a 5. Esto también resulta claro en la tabla y en la gráfica de la figura 10.2. Por lo tanto,

$$\lim_{x \to 2} (x + 3) = 5$$

Dada una función f y un número a, *puede* haber dos formas de asociar un número con el par (f, a). Una manera consiste en la *evaluación de f en a*, a saber, $f(a)$. Ésta *existe* precisamente cuando a está en el dominio de f. Por ejemplo, si $f(x) = \dfrac{x^3 - 1}{x - 1}$, como en el primer ejemplo, entonces $f(1)$ no *existe*. Otra forma de asociar un número con el par (f, a) es *el límite de*

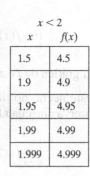

| x < 2 | | | x > 2 | |
x	f(x)		x	f(x)
1.5	4.5		2.5	5.5
1.9	4.9		2.1	5.1
1.95	4.95		2.05	5.05
1.99	4.99		2.01	5.01
1.999	4.999		2.001	5.001

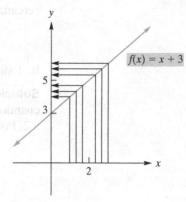

FIGURA 10.2 $\lim\limits_{x \to 2}(x+3)=5.$

$f(x)$ *cuando x se aproxima a a*, lo cual se denota por $\lim_{x \to a} f(x)$. Se han dado dos ejemplos, a continuación se presenta el caso general.

Definición

El límite de f(x) cuando x se aproxima a a es el número *L*, que se escribe

$$\lim_{x \to a} f(x) = L$$

siempre y cuando los valores de $f(x)$ puedan volverse tan cercanos a *L* como se desee, y mantenerse así de cercanos, al asumir una *x* lo suficientemente cercana pero diferente de *a*. Si tal número no existe, se dice que el límite de $f(x)$ *no existe*.

Debe enfatizarse que cuando es necesario encontrar un límite, no estamos interesados en lo que pasa con $f(x)$ cuando *x* es igual a *a*, sino solamente en lo que le sucede a $f(x)$ cuando *x* es cercana a *a*. De hecho, aun cuando el valor $f(a)$ *existiera*, la definición anterior lo elimina de manera explícita. En el segundo ejemplo, $f(x) = x + 3$, se tiene $f(2) = 5$ y también $\lim_{x \to 2}(x + 3) = 5$, pero es muy posible tener una función f y un número *a* para los cuales existen tanto $f(a)$ como $\lim_{x \to a} f(x)$ y son números diferentes. Además, un límite debe ser independiente de la manera en que *x* se aproxima a *a*. Esto es, el límite debe ser el mismo ya sea que *x* se acerque a *a* por la izquierda o por la derecha (para $x < a$ o $x > a$, respectivamente).

EJEMPLO 1   Estimación de un límite a partir de una gráfica

a. Estime $\lim_{x \to 1} f(x)$, donde la gráfica de f está dada en la figura 10.3(a).

Solución: Si se observan en la gráfica los valores de *x* cercanos a 1, se advierte que $f(x)$ está cercana a 2. Además, cuando *x* se aproxima cada vez más a 1, $f(x)$ parece estar cada vez más

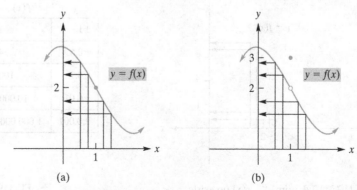

(a)   (b)

FIGURA 10.3   Investigación de $\lim_{x \to 1} f(x)$.

cercana a 2. Así, se estima que

$$\lim_{x \to 1} f(x) = 2$$

b. Estime $\lim_{x \to 1} f(x)$, donde la gráfica de f está dada en la figura 10.3(b).

Solución: Aunque $f(1) = 3$, este hecho no tiene importancia en cuanto al límite de $f(x)$ cuando x se aproxima a 1. Se observa que cuando x se aproxima a 1, $f(x)$ parece aproximarse a 2. Por lo tanto, se estima que

$$\lim_{x \to 1} f(x) = 2$$

Ahora resuelva el problema 1 ◁

Hasta ahora, todos los límites considerados existen efectivamente. A continuación, se verán algunas situaciones en las que no existe un límite.

1. Los cajeros utilizan a diario la función mayor entero, que se denota como $f(x) = [x]$, al dar cambio a los clientes. Esta función proporciona la cantidad de dinero necesario para cada monto de cambio que se debe entregar (por ejemplo, si a un cliente se le deben $1.25 (dólares estadounidenses) de cambio, recibirá un billete de $1; por lo tanto $[1.25] = 1$). Formalmente, $[x]$ se define como el mayor entero que es menor o igual a x. Haga la gráfica de f, la cual algunas veces se denomina función escalonada, en su calculadora gráfica en el rectángulo de visualización estándar (esta función se encuentra en el menú de números y se denomina "integer part"). Explore esta gráfica con el comando TRACE. Determine si existe $\lim_{x \to a} f(x)$.

EJEMPLO 2   Límites que no existen

a. Estime $\lim_{x \to -2} f(x)$, si es que existe, donde la gráfica de f está dada en la figura 10.4.

Solución: Cuando x se aproxima a -2 por la izquierda ($x < -2$), los valores de $f(x)$ parecen más cercanos a 1. Pero cuando x se aproxima a -2 por la derecha ($x > -2$), $f(x)$ parece más cercana a 3. Por lo tanto, cuando x tiende a -2, los valores de la función no se acercan a un solo número. Se concluye que

$$\lim_{x \to -2} f(x) \text{ no existe}$$

Observe que el límite no existe aunque la función está definida en $x = -2$.

b. Estime $\lim_{x \to 0} \dfrac{1}{x^2}$ si es que existe.

Solución: Sea $f(x) = 1/x^2$. La tabla de la figura 10.5 proporciona los valores de $f(x)$ para algunos valores de x cercanos a 0. Cuando x se acerca más y más a 0, los valores de $f(x)$ se hacen cada vez más grandes sin cota alguna. Esto también es claro en la gráfica. Como los valores de $f(x)$ no se acercan a un *número* cuando x se aproxima a 0,

$$\lim_{x \to 0} \frac{1}{x^2} \text{ no existe}$$

Ahora resuelva el problema 3 ◁

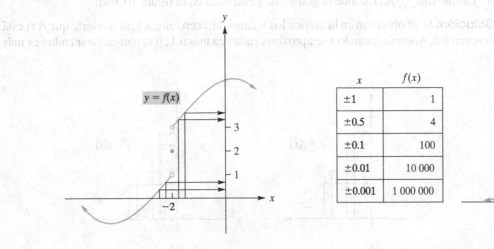

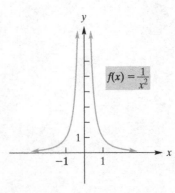

x	$f(x)$
± 1	1
± 0.5	4
± 0.1	100
± 0.01	10 000
± 0.001	1 000 000

FIGURA 10.4 $\lim_{x \to -2} f(x)$ no existe.

FIGURA 10.5 $\lim_{x \to 0} \dfrac{1}{x^2}$ no existe.

TECNOLOGÍA ▮▮▮▮▮▮

Problema: Estime $\lim_{x \to 2} f(x)$ si

$$f(x) = \frac{x^3 + 2.1x^2 - 10.2x + 4}{x^2 + 2.5x - 9}$$

Solución: Un método útil para encontrar el límite consiste en construir una tabla de valores de la función $f(x)$ cuando x es cercana a 2. A partir de la figura 10.6, se estima que el límite es 1.57. De manera alternativa, puede estimarse el límite a partir de la gráfica de f. En la figura 10.7 se muestra la gráfica de f en la ventana estándar de $[-10, 10] \times [-10, 10]$. Primero se hacen varios acercamientos alrededor de $x = 2$ y se obtiene lo que se muestra en la figura 10.8. Después de asignar valores alrededor de $x = 2$, se estima que el límite es 1.57.

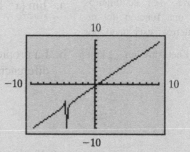

FIGURA 10.7 Gráfica de $f(x)$ en la ventana estándar.

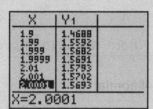

FIGURA 10.6 $\lim_{x \to 2} f(x) \approx 1.57$.

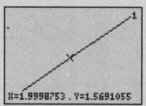

FIGURA 10.8 El acercamiento y trazado alrededor de $x = 2$ proporciona $\lim_{x \to 2} f(x) \approx 1.57$.

Propiedades de los límites

Para determinar límites, no siempre deseamos calcular los valores de la función o hacer el bosquejo de una gráfica. De manera alternativa, existen también varias propiedades de los límites que se pueden emplear. Las siguientes pueden parecerle razonables:

1. Si $f(x) = c$ es una función constante, entonces

$$\lim_{x \to a} f(x) = \lim_{x \to a} c = c$$

2. $\lim_{x \to a} x^n = a^n$, para cualquier entero positivo n.

EJEMPLO 3   Aplicación de las propiedades 1 y 2 de los límites

a. $\lim_{x \to 2} 7 = 7; \lim_{x \to -5} 7 = 7$

b. $\lim_{x \to 6} x^2 = 6^2 = 36$

c. $\lim_{t \to -2} t^4 = (-2)^4 = 16$

Ahora resuelva el problema 9 ◁

Algunas otras propiedades de los límites son las siguientes:

Si $\lim_{x \to a} f(x)$ y $\lim_{x \to a} g(x)$ existen, entonces

3. $$\lim_{x \to a} [f(x) \pm g(x)] = \lim_{x \to a} f(x) \pm \lim_{x \to a} g(x)$$

Esto es, el límite de una suma o diferencia es la suma o diferencia, respectivamente, de los límites.

4. $$\lim_{x \to a} [f(x) \cdot g(x)] = \lim_{x \to a} f(x) \cdot \lim_{x \to a} g(x)$$

Esto es, el límite de un producto es el producto de los límites.

5. $$\lim_{x \to a} [cf(x)] = c \cdot \lim_{x \to a} f(x), \text{ donde } c \text{ es una constante.}$$

Esto es, el límite de una constante por una función es la constante por el límite de la función.

APLÍQUELO ▶

2. El volumen de helio contenido en un globo esférico (en centímetros cúbicos), como una función del radio r en centímetros, está dado por $V(r) = \dfrac{4}{3}\pi r^3$. Encuentre $\lim_{r \to 1} V(r)$.

EJEMPLO 4　Aplicación de las propiedades de los límites

a.
$$\lim_{x \to 2} (x^2 + x) = \lim_{x \to 2} x^2 + \lim_{x \to 2} x \qquad \text{Propiedad 3}$$
$$= 2^2 + 2 = 6 \qquad\qquad \text{Propiedad 2}$$

b. La propiedad 3 puede aplicarse por extensión al límite de un número finito de sumas y diferencias. Por ejemplo,

$$\lim_{q \to -1} (q^3 - q + 1) = \lim_{q \to -1} q^3 - \lim_{q \to -1} q + \lim_{q \to -1} 1$$
$$= (-1)^3 - (-1) + 1 = 1$$

c.
$$\lim_{x \to 2} [(x+1)(x-3)] = \lim_{x \to 2}(x+1) \cdot \lim_{x \to 2}(x-3) \qquad \text{Propiedad 4}$$
$$= \left(\lim_{x \to 2} x + \lim_{x \to 2} 1 \right) \cdot \left(\lim_{x \to 2} x - \lim_{x \to 2} 3 \right)$$
$$= (2+1) \cdot (2-3) = 3(-1) = -3$$

d.
$$\lim_{x \to -2} 3x^3 = 3 \cdot \lim_{x \to -2} x^3 \qquad \text{Propiedad 5}$$
$$= 3(-2)^3 = -24$$

Ahora resuelva el problema 11 ◁

APLÍQUELO ▶

3. La función de ingreso para cierto producto está dada por $R(x) = 500x - 6x^2$. Determine $\lim_{x \to 8} R(x)$.

EJEMPLO 5　Límite de una función polinomial

Sea $f(x) = c_n x^n + c_{n-1} x^{n-1} + \cdots + c_1 x + c_0$ una función polinomial. Entonces

$$\lim_{x \to a} f(x) = \lim_{x \to a} (c_n x^n + c_{n-1} x^{n-1} + \cdots + c_1 x + c_0)$$
$$= c_n \cdot \lim_{x \to a} x^n + c_{n-1} \cdot \lim_{x \to a} x^{n-1} + \cdots + c_1 \cdot \lim_{x \to a} x + \lim_{x \to a} c_0$$
$$= c_n a^n + c_{n-1} a^{n-1} + \cdots + c_1 a + c_0 = f(a)$$

Por lo tanto, se tiene la propiedad siguiente:

Si f es una función polinomial, entonces

$$\lim_{x \to a} f(x) = f(a)$$

En otras palabras, si f es un polinomio y a es cualquier número, entonces las dos formas de asociar un número con el par (f, a), a saber, la evaluación y la formación del límite, existen y son iguales.

Ahora resuelva el problema 13 ◁

El resultado del ejemplo 5 permite encontrar muchos límites simplemente por evaluación. Por ejemplo, puede encontrarse

$$\lim_{x \to -3} (x^3 + 4x^2 - 7)$$

al sustituir -3 por x porque $x^3 + 4x^2 - 7$ es una función polinomial:

$$\lim_{x \to -3} (x^3 + 4x^2 - 7) = (-3)^3 + 4(-3)^2 - 7 = 2$$

De igual modo,

$$\lim_{h \to 3} (2(h - 1)) = 2(3 - 1) = 4$$

Es necesario especificar que los límites no se calculan mediante una simple evaluación a menos que exista alguna regla que lo justifique. Fue posible encontrar los dos límites anteriores por sustitución directa porque se tiene una regla que se aplica a límites de funciones polinomiales. Sin embargo, el uso indiscriminado de la evaluación puede conducir a resultados erróneos. Para ilustrarlo, en el ejemplo l(b) se tiene $f(1) = 3$, que no es el $\lim_{x \to 1} f(x)$; en el ejemplo 2(a), $f(-2) = 2$, que no es el $\lim_{x \to -2} f(x)$.

Las siguientes dos propiedades de límites tienen que ver con cocientes y raíces.

Si $\lim_{x \to a} f(x)$ y $\lim_{x \to a} g(x)$ existen, entonces

6.
$$\lim_{x \to a} \frac{f(x)}{g(x)} = \frac{\lim_{x \to a} f(x)}{\lim_{x \to a} g(x)} \quad \text{si} \quad \lim_{x \to a} g(x) \neq 0$$

Esto es, el límite de un cociente es el cociente de los límites, siempre que el denominador no tenga un límite de 0.

7.
$$\lim_{x \to a} \sqrt[n]{f(x)} = \sqrt[n]{\lim_{x \to a} f(x)} \qquad \text{Vea la nota 1 a pie de página}$$

EJEMPLO 6   Aplicación de las propiedades 6 y 7 de los límites

a. $\displaystyle\lim_{x \to 1} \frac{2x^2 + x - 3}{x^3 + 4} = \frac{\lim_{x \to 1}(2x^2 + x - 3)}{\lim_{x \to 1}(x^3 + 4)} = \frac{2 + 1 - 3}{1 + 4} = \frac{0}{5} = 0$

b. $\displaystyle\lim_{t \to 4} \sqrt{t^2 + 1} = \sqrt{\lim_{t \to 4}(t^2 + 1)} = \sqrt{17}$

c. $\displaystyle\lim_{x \to 3} \sqrt[3]{x^2 + 7} = \sqrt[3]{\lim_{x \to 3}(x^2 + 7)} = \sqrt[3]{16} = \sqrt[3]{8 \cdot 2} = 2\sqrt[3]{2}$

Ahora resuelva el problema 15 ◁

Límites y manipulación algebraica

Ahora se considerarán límites para los cuales no son aplicables las propiedades de los límites y que no pueden determinarse mediante evaluación. Un resultado fundamental es el siguiente:

Si f y g son dos funciones para las cuales $f(x) = g(x)$, para toda $x \neq a$, entonces

$$\lim_{x \to a} f(x) = \lim_{x \to a} g(x)$$

(lo cual significa que si alguno de los límites existe, entonces el otro también existe y los dos son iguales).

El resultado surge directamente a partir de la definición de *límite*, puesto que el valor de $\lim_{x \to a} f(x)$ depende sólo de los valores de $f(x)$ para x que están muy cerca de a. De nuevo: la evaluación de f en a, $f(a)$, o su no existencia, es irrelevante en la determinación de $\lim_{x \to a} f(x)$ a menos que se tenga una regla específica que sea aplicable, como en el caso donde f es un polinomio.

EJEMPLO 7   Determinación de un límite

Determine $\displaystyle\lim_{x \to -1} \frac{x^2 - 1}{x + 1}$.

Solución: Cuando $x \to -1$, tanto el numerador como el denominador se aproximan a cero. Debido a que el límite del denominador es 0, *no es posible* utilizar la propiedad 6. Sin embargo, como lo que le suceda al cociente cuando x es igual a -1 no tiene interés, puede suponerse que $x \neq -1$ y simplificar la fracción:

$$\frac{x^2 - 1}{x + 1} = \frac{(x + 1)(x - 1)}{x + 1} = x - 1 \quad \text{para } x \neq -1$$

---

¹Si n es par, se requiere que $\lim_{x \to a} f(x)$ sea no negativo.

¡ADVERTENCIA!

Observe que en el ejemplo 6(a) el numerador y el denominador de la función son polinomios. En general, puede determinarse el límite de una función racional mediante evaluación, siempre que el denominador no sea 0 en a.

¡ADVERTENCIA!

La condición para la igualdad de los límites no excluye la posibilidad de que $f(a) = g(a)$. La condición sólo concierne a $x \neq a$.

APLÍQUELO ▶

4. La tasa de cambio de la productividad p (en número de unidades producidas por hora) aumenta con el tiempo de trabajo de acuerdo con la función

$$p(t) = \frac{50(t^2 + 4t)}{t^2 + 3t + 20}$$

Encuentre $\lim_{t \to 2} p(t)$.

Esta manipulación algebraica (factorización y cancelación) de la función original $\dfrac{x^2-1}{x+1}$ da lugar a una nueva función $x-1$, que es igual a la función original para $x \neq -1$. Por lo tanto, es aplicable el resultado fundamental desplegado en el recuadro del comienzo de esta subsección y se tiene

$$\lim_{x \to -1} \frac{x^2-1}{x+1} = \lim_{x \to -1}(x-1) = -1-1 = -2$$

Observe que, aunque la función original no está definida en -1, *tiene* un límite cuando $x \to -1$.

Ahora resuelva el problema 21 ◁

En el ejemplo 7, el método para encontrar un límite mediante evaluación no funciona. Al reemplazar x por -1 se obtiene $0/0$, lo cual carece de significado. Cuando surge la forma indeterminada $0/0$, la manipulación algebraica (como en el ejemplo 7) puede resultar en una función que concuerde con la función original, excepto en el valor limitante. En el ejemplo 7 la nueva función, $x-1$, es un polinomio y su límite *puede* determinarse mediante sustitución.

Al inicio de esta sección, se encontró que

$$\lim_{x \to 1} \frac{x^3-1}{x-1}$$

por inspección de una tabla de valores de la función $f(x) = (x^3-1)/(x-1)$ y también después de considerar la gráfica de f. Este límite tiene la forma $0/0$. Ahora determinaremos el límite mediante la técnica descrita en el ejemplo 7.

Cuando tanto $f(x)$ como $g(x)$ se aproximan a 0 a medida que $x \to a$, entonces se dice que el límite

$$\lim_{x \to a} \frac{f(x)}{g(x)}$$

tiene la *forma* $0/0$. De manera similar, se habla de la *forma* $k/0$, para $k \neq 0$, si $f(x)$ se aproxima a $k \neq 0$ a medida que $x \to a$ pero $g(x)$ se aproxima a 0 cuando $x \to a$.

¡ADVERTENCIA! ⚠

Con frecuencia existe confusión acerca de cuál es el principio que se usa en este ejemplo y en el ejemplo 7. El principio es:

Si $f(x) = g(x)$ para $x \neq a$,

entonces $\lim\limits_{x \to a} f(x) = \lim\limits_{x \to a} g(x)$.

APLÍQUELO ▶

5. La longitud de un material aumenta cuando se calienta el material de acuerdo con la ecuación $l = 125 + 2x$. La rapidez con la que se incrementa la longitud está dada por

$$\lim_{h \to 0} \frac{125 + 2(x+h) - (125 + 2x)}{h}$$

Calcule este límite.

EJEMPLO 8 **Forma 0/0**

Encuentre $\lim\limits_{x \to 1} \dfrac{x^3-1}{x-1}$.

Solución: Cuando $x \to 1$, tanto el numerador como el denominador se aproximan a 0. De esta manera, se tratará de expresar el cociente en una forma diferente para $x \neq 1$. Al factorizar, se tiene

$$\frac{x^3-1}{x-1} = \frac{(x-1)(x^2+x+1)}{(x-1)} = x^2+x+1 \qquad \text{para } x \neq 1$$

(De manera alternativa, la división larga daría el mismo resultado). Por lo tanto,

$$\lim_{x \to 1} \frac{x^3-1}{x-1} = \lim_{x \to 1}(x^2+x+1) = 1^2+1+1 = 3$$

como se mostró antes.

Ahora resuelva el problema 23 ◁

EJEMPLO 9 **Forma 0/0**

Si $f(x) = x^2 + 1$, encuentre $\lim\limits_{h \to 0} \dfrac{f(x+h) - f(x)}{h}$.

Solución:

$$\lim_{h \to 0} \frac{f(x+h) - f(x)}{h} = \lim_{h \to 0} \frac{[(x+h)^2 + 1] - (x^2+1)}{h}$$

Aquí se trata a x como una constante porque h cambia, no x. Cuando $h \to 0$, tanto el numerador como el denominador se aproximan a 0. Por lo tanto, se tratará de expresar el cociente en una forma distinta, para $h \neq 0$. Se tiene

$$\lim_{h \to 0} \frac{[(x+h)^2 + 1] - (x^2+1)}{h} = \lim_{h \to 0} \frac{[x^2 + 2xh + h^2 + 1] - x^2 - 1}{h}$$

$$= \lim_{h \to 0} \frac{2xh + h^2}{h}$$

La expresión

$$\frac{f(x + h) - f(x)}{h}$$

se llama *cociente de diferencias*. El límite del cociente de diferencias se encuentra en el corazón del cálculo diferencial. Encontrará tales límites en el capítulo 11.

$$= \lim_{h \to 0} \frac{h(2x + h)}{h}$$

$$= \lim_{h \to 0} (2x + h)$$

$$= 2x$$

Nota: En la cuarta igualdad anterior, $\lim_{h \to 0} \dfrac{h(2x + h)}{h} = \lim_{h \to 0} (2x + h)$, se usa el resultado fundamental. Cuando $\dfrac{h(2x + h)}{h}$ y $2x + h$ se consideran como *funciones de h*, se ven como iguales, para toda $h \neq 0$. Se deduce que sus límites son iguales cuando h se aproxima a 0.

Ahora resuelva el problema 35 ◁

Un límite especial

Se concluye esta sección con una nota concerniente a uno de los límites más importantes, a saber

$$\lim_{x \to 0} (1 + x)^{1/x}$$

En la figura 10.9 se muestra la gráfica de $f(x) = (1 + x)^{1/x}$. Aunque $f(0)$ no existe, cuando $x \to 0$ resulta claro que el límite de $(1 + x)^{1/x}$ sí existe. Es aproximadamente 2.71828 y se denota por la letra e. Ésta, como usted recordará, es la base del sistema de los logaritmos naturales. El límite

Este límite se utilizará en el capítulo 12.

$$\lim_{x \to 0} (1 + x)^{1/x} = e$$

puede realmente considerarse como la definición de e. Puede mostrarse que esto concuerda con la definición de e que se dio en la sección 4.1.

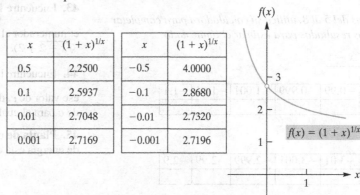

x	$(1 + x)^{1/x}$	x	$(1 + x)^{1/x}$
0.5	2.2500	−0.5	4.0000
0.1	2.5937	−0.1	2.8680
0.01	2.7048	−0.01	2.7320
0.001	2.7169	−0.001	2.7196

FIGURA 10.9 $\lim_{x \to 0} (1 + x)^{1/x} = e$.

PROBLEMAS 10.1

En los problemas del 1 al 4, utilice la gráfica de f para estimar cada límite, si es que existe.

1. La gráfica de f aparece en la figura 10.10.

(a) $\lim_{x \to 0} f(x)$ **(b)** $\lim_{x \to 1} f(x)$ **(c)** $\lim_{x \to 2} f(x)$

2. La gráfica de f aparece en la figura 10.11.

(a) $\lim_{x \to -1} f(x)$ **(b)** $\lim_{x \to 0} f(x)$ **(c)** $\lim_{x \to 1} f(x)$

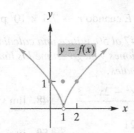

FIGURA 10.10

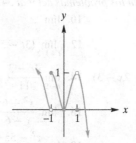

FIGURA 10.11

3. La gráfica de f aparece en la figura 10.12.

(a) $\lim_{x \to -1} f(x)$ (b) $\lim_{x \to 1} f(x)$ (c) $\lim_{x \to 2} f(x)$

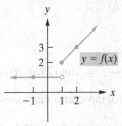

FIGURA 10.12

4. La gráfica de f aparece en la figura 10.13.

(a) $\lim_{x \to -1} f(x)$ (b) $\lim_{x \to 0} f(x)$ (c) $\lim_{x \to 1} f(x)$

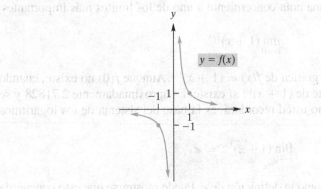

FIGURA 10.13

En los problemas del 5 al 8, utilice su calculadora para completar la tabla y use los resultados para estimar el límite dado.

5. $\lim_{x \to -1} \dfrac{3x^2 + 2x - 1}{x + 1}$

x	−0.9	−0.99	−0.999	−1.001	−1.01	−1.1
$f(x)$						

6. $\lim_{x \to -3} \dfrac{x^2 - 9}{x + 3}$

x	−3.1	−3.01	−3.001	−2.999	−2.99	−2.9
$f(x)$						

7. $\lim_{x \to 0} |x|^{|x|}$

x	−0.00001	0.00001	0.0001	0.001	0.01	0.1
$f(x)$						

8. $\lim_{h \to 0} \dfrac{\sqrt{1 + h} - 1}{h}$

h	−0.1	−0.01	−0.001	0.001	0.01	0.1
$f(x)$						

Encuentre los límites en los problemas del 9 al 34.

9. $\lim_{x \to 2} 16$

10. $\lim_{x \to 3} 2x$

11. $\lim_{t \to -5} (t^2 - 5)$

12. $\lim_{t \to 1/2} (3t - 5)$

13. $\lim_{x \to -2} (3x^3 - 4x^2 + 2x - 3)$

14. $\lim_{r \to 9} \dfrac{4r - 3}{11}$

15. $\lim_{t \to -3} \dfrac{t - 2}{t + 5}$

16. $\lim_{x \to -6} \dfrac{x^2 + 6}{x - 6}$

17. $\lim_{t \to 0} \dfrac{t}{t^3 - 4t + 3}$

18. $\lim_{z \to 0} \dfrac{z^2 - 5z - 4}{z^2 + 1}$

19. $\lim_{p \to 4} \sqrt{p^2 + p + 5}$

20. $\lim_{y \to 15} \sqrt{y + 3}$

21. $\lim_{x \to -2} \dfrac{x^2 + 2x}{x + 2}$

22. $\lim_{x \to -1} \dfrac{x^2 - 1}{x^2 - 1}$

23. $\lim_{x \to 2} \dfrac{x^2 - x - 2}{x - 2}$

24. $\lim_{t \to 0} \dfrac{t^3 + 3t^2}{t^3 - 4t^2}$

25. $\lim_{x \to 3} \dfrac{x^2 - x - 6}{x - 3}$

26. $\lim_{t \to 2} \dfrac{t^2 - 4}{t - 2}$

27. $\lim_{x \to -4} \dfrac{x + 4}{x^2 - 16}$

28. $\lim_{x \to 0} \dfrac{x^2 - 2x}{x}$

29. $\lim_{x \to 4} \dfrac{x^2 - 9x + 20}{x^2 - 3x - 4}$

30. $\lim_{x \to -3} \dfrac{x^4 - 81}{x^2 + 8x + 15}$

31. $\lim_{x \to 2} \dfrac{3x^2 - x - 10}{x^2 + 5x - 14}$

32. $\lim_{x \to 3} \dfrac{x^2 - 2x - 3}{x^2 + 2x - 15}$

33. $\lim_{h \to 0} \dfrac{(2 + h)^2 - 2^2}{h}$

34. $\lim_{x \to 0} \dfrac{(x + 2)^2 - 4}{x}$

35. Encuentre $\lim_{h \to 0} \dfrac{(x + h)^2 - x^2}{h}$ trate a x como una constante.

36. Encuentre $\lim_{h \to 0} \dfrac{3(x + h)^2 + 7(x + h) - 3x^2 - 7x}{h}$ trate a x como una constante.

En los problemas del 37 al 42, encuentre $\lim_{h \to 0} \dfrac{f(x + h) - f(x)}{h}$.

37. $f(x) = 5 + 2x$

38. $f(x) = 2x + 3$

39. $f(x) = x^2 - 3$

40. $f(x) = x^2 + x + 1$

41. $f(x) = x^3 - 4x^2$

42. $f(x) = 2 - 5x + x^2$

43. Encuentre $\lim_{x \to 6} \dfrac{\sqrt{x - 2} - 2}{x - 6}$. (*Sugerencia:* Primero racionalice el numerador al multiplicar el numerador y el denominador por $\sqrt{x - 2} + 2$).

44. Encuentre la constante c tal que $\lim_{x \to 3} \dfrac{x^2 + x + c}{x^2 - 5x + 6}$ exista. Para ese valor de c, determine el límite. (*Sugerencia:* Encuentre el valor de c para el cual $x - 3$ es un factor del numerador).

45. Planta de energía   La eficiencia teórica máxima de una planta de energía está dada por

$$E = \frac{T_h - T_c}{T_h}$$

donde T_h y T_c son las temperaturas absolutas respectivas del depósito más caliente y del más frío, respectivamente. Encuentre (a) $\lim_{T_c \to 0} E$ y (b) $\lim_{T_c \to T_h} E$.

46. Satélite   Cuando un satélite de 3200 libras gira alrededor de la Tierra en una órbita circular de radio r pies, la energía total mecánica E del sistema Tierra-satélite está dada por

$$E = -\frac{7.0 \times 10^{17}}{r} \text{ pie-lb}$$

Encuentre el límite de E cuando $r \to 7.5 \times 10^7$ pies.

En los problemas del 47 al 50, utilice una calculadora graficadora para graficar las funciones y luego estime los límites. Redondee sus respuestas a dos decimales.

47. $\lim_{x \to 3} \dfrac{x^4 - 2x^3 + 2x^2 - 2x - 3}{x^2 - 9}$

48. $\lim_{x \to 0} x^x$

49. $\lim_{x \to 9} \dfrac{x - 10\sqrt{x} + 21}{3 - \sqrt{x}}$

50. $\lim_{x \to 1} \dfrac{x^3 + x^2 - 5x + 3}{x^3 + 2x^2 - 7x + 4}$

51. Purificación de agua El costo de purificar agua está dado por $C = \dfrac{50\,000}{p} - 6500$, donde p es el porcentaje de impurezas que quedan después de la purificación. Grafique esta función en su calculadora gráfica y determine $\lim_{p \to 0} C$. Analice el significado de dicho límite.

52. Función de utilidad La función de utilidad para cierto negocio está dada por $P(x) = 225x - 3.2x^2 - 700$. Grafique esta función en su calculadora gráfica y use la función de evaluación para determinar $\lim_{x \to 40.2} P(x)$, utilice la regla acerca del límite de una función polinomial.

10.2 Límites (*continuación*)

Objetivo

Estudiar los límites laterales, límites infinitos y límites al infinito.

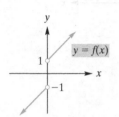

FIGURA 10.14 El $\lim_{x \to 0} f(x)$ no existe.

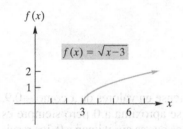

FIGURA 10.15 $\lim_{x \to 3^+} \sqrt{x - 3} = 0$.

Límites laterales

En la figura 10.14 se muestra la gráfica de un función f. Observe que $f(x)$ no está definida cuando $x = 0$. Cuando x se aproxima a 0 *por la derecha*, $f(x)$ se aproxima a 1. Esto se escribe como

$$\lim_{x \to 0^+} f(x) = 1$$

Por otra parte, cuando x se aproxima a 0 *por la izquierda*, $f(x)$ se aproxima a -1 y se escribe

$$\lim_{x \to 0^-} f(x) = -1$$

Los límites de este tipo se conocen como **límites unilaterales**. Como se mencionó en la sección anterior, el límite de una función a medida que $x \to a$ es independiente del modo en que x se aproxima a a. Por lo tanto, el límite existirá si y sólo si ambos límites existen y son iguales. Entonces se concluye que

$$\lim_{x \to 0^-} f(x) \text{ no existe}$$

Como otro ejemplo de un límite unilateral, considere $f(x) = \sqrt{x - 3}$ cuando x se aproxima a 3. Como f está definida sólo cuando $x \geq 3$, puede hablarse del límite de $f(x)$ cuando x se aproxima a 3 por la derecha. Si x es un poco mayor que 3, entonces $x - 3$ es un número positivo cercano a 0 y de este modo $\sqrt{x - 3}$ es cercano a 0. Se concluye que

$$\lim_{x \to 3^+} \sqrt{x - 3} = 0$$

Este límite también es evidente si se observa la figura 10.15.

Límites infinitos

En la sección anterior se consideraron límites de la forma 0/0 —esto es, límites en los que el numerador y el denominador se aproximan a 0—. Ahora se examinarán límites en los cuales el denominador se aproxima a 0, pero el numerador se aproxima a un número diferente de 0. Por ejemplo, considere

$$\lim_{x \to 0} \frac{1}{x^2}$$

Aquí, cuando x se aproxima a 0, el denominador se aproxima a 0 y el numerador se aproxima a 1. A continuación se investigará el comportamiento de $f(x) = 1/x^2$ cuando x es cercana a 0. El número x^2 es positivo y también cercano a 0. Por lo tanto, al dividir 1 entre tal número da como resultado un número muy grande. De hecho, entre más cercana a 0 esté x, mayor es el valor de $f(x)$. Por ejemplo, vea la tabla de valores de la figura 10.16, la cual también muestra la gráfica de f. Es claro que cuando $x \to 0$ tanto por la izquierda como por la derecha, $f(x)$ aumenta indefinidamente. De aquí que no exista el límite en 0. Se dice que cuando $x \to 0$, $f(x)$ se vuelve infinito positivamente y, en forma simbólica, se expresa este "límite infinito" al escribir

$$\lim_{x \to 0} \frac{1}{x^2} = +\infty = \infty$$

Si $\lim_{x \to a} f(x)$ no existe, es posible que la razón no sea que los valores de $f(x)$ se vuelvan arbitrariamente grandes cuando x se acerca a a. Por ejemplo, vea de nuevo la situación del ejemplo 2(a) de la sección 10.1. Aquí se tiene que

$$\lim_{x \to -2} f(x) \text{ no existe, pero } \lim_{x \to -2} f(x) \neq \infty$$

x	$f(x)$
± 1	1
± 0.5	4
± 0.1	100
± 0.01	10 000
± 0.001	1 000 000

FIGURA 10.16 $\lim_{x \to 0} \dfrac{1}{x^2} = \infty$.

Ahora considere la gráfica de $y = f(x) = 1/x$ para $x \neq 0$. (Vea la figura 10.17). Cuando x se aproxima a 0 por la derecha, $1/x$ se vuelve positivamente infinito; cuando x se aproxima a 0 por la izquierda, $1/x$ se vuelve negativamente infinito. En forma simbólica, estos límites infinitos se escriben como

$$\lim_{x \to 0^+} \frac{1}{x} = \infty \qquad \text{y} \qquad \lim_{x \to 0^-} \frac{1}{x} = -\infty$$

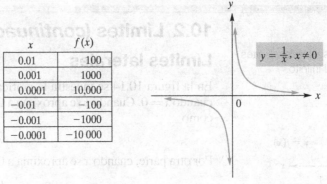

x	$f(x)$
0.01	100
0.001	1000
0.0001	10,000
−0.01	−100
−0.001	−1000
−0.0001	−10 000

FIGURA 10.17 $\displaystyle\lim_{x \to 0} \frac{1}{x}$ no existe.

Cualquiera de estos dos hechos implica que

$$\lim_{x \to 0} \frac{1}{x} \text{ no existe.}$$

EJEMPLO 1   Límites infinitos

Encuentre el límite (si existe).

a. $\displaystyle\lim_{x \to -1^+} \frac{2}{x + 1}$

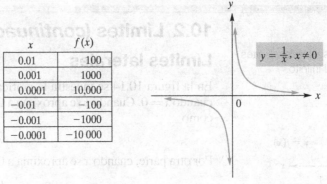

FIGURA 10.18 $x \to -1^+$.

Solución: Cuando x se aproxima a -1 por la derecha (piense en valores de x como -0.9, -0.99, etc., como se muestra en la figura 10.18), $x + 1$ se aproxima a 0 pero siempre es positivo. Como estamos dividiendo 2 entre números positivos que se aproximan a 0, los resultados, $2/(x + 1)$, son números positivos que se vuelven arbitrariamente grandes. Por lo tanto,

$$\lim_{x \to -1^+} \frac{2}{x + 1} = \infty$$

y el límite no existe. Mediante un análisis similar, usted debe ser capaz de demostrar que

$$\lim_{x \to -1^-} \frac{2}{x + 1} = -\infty$$

b. $\displaystyle\lim_{x \to 2} \frac{x + 2}{x^2 - 4}$

Solución: Cuando $x \to 2$, el numerador tiende a 4 y el denominador se aproxima a 0. Por lo tanto, se dividen números cercanos a 4 entre números cercanos a 0. Los resultados son números que se vuelven arbitrariamente grandes en magnitud. En esta fase, puede escribirse

$$\lim_{x \to 2} \frac{x + 2}{x^2 - 4} \text{ no existe}$$

Sin embargo, se evaluará si es posible utilizar el símbolo ∞ o $-\infty$ para ser más específicos acerca del "no existe". Observe que

$$\lim_{x \to 2} \frac{x + 2}{x^2 - 4} = \lim_{x \to 2} \frac{x + 2}{(x + 2)(x - 2)} = \lim_{x \to 2} \frac{1}{x - 2}$$

Puesto que

$$\lim_{x \to 2^+} \frac{1}{x - 2} = \infty \qquad \text{y} \qquad \lim_{x \to 2^-} \frac{1}{x - 2} = -\infty$$

$$\lim_{x \to 2} \frac{x + 2}{x^2 - 4} \text{ no es } \infty \text{ ni } -\infty.$$

Ahora resuelva el problema 31 ◁

En el ejemplo 1 se consideraron límites de la forma $k/0$, donde $k \neq 0$. Es importante que se distinga la forma $k/0$ de la forma $0/0$, la cual se estudió en la sección 10.1. Las dos formas se manejan de muy diferente manera.

EJEMPLO 2   Determinación de un límite

Encuentre $\lim\limits_{t \to 2} \dfrac{t-2}{t^2-4}$.

Solución: Cuando $t \to 2$, *tanto* el numerador *como* el denominador se aproximan a 0 (forma $0/0$). Así, primero se simplifica la fracción, para $t \neq 2$, como se hizo en la sección 10.1, y luego se toma el límite:

$$\lim_{t \to 2} \frac{t-2}{t^2-4} = \lim_{t \to 2} \frac{t-2}{(t+2)(t-2)} = \lim_{t \to 2} \frac{1}{t+2} = \frac{1}{4}$$

Ahora resuelva el problema 37 ◁

Límites al infinito

Ahora se examinará la función

$$f(x) = \frac{1}{x}$$

Usted debe ser capaz de obtener

$$\lim_{x \to \infty} \frac{1}{x} \quad \text{y} \quad \lim_{x \to -\infty} \frac{1}{x}$$

sin ayuda de una gráfica o de una tabla. Al dividir 1 entre un número positivo grande, se obtiene como resultado un número positivo pequeño y cuando el divisor se vuelve arbitrariamente grande, los cocientes se vuelven arbitrariamente pequeños. Es posible formular un argumento similar para el límite cuando $x \to -\infty$.

cuando x se vuelve infinito, primero en sentido positivo y después en sentido negativo. En la tabla 10.2 puede verse que cuando x aumenta indefinidamente al tomar valores positivos, los valores de $f(x)$ se aproximan a 0. De la misma forma, cuando x disminuye indefinidamente al tomar valores negativos, los valores de $f(x)$ se aproximan a 0. Estas observaciones son claras al ver la gráfica de la figura 10.17. Allí, cuando usted se desplaza hacia la derecha sobre la curva y toma valores positivos de x, los correspondientes valores de y se aproximan a 0 a través de valores positivos. De manera similar, cuando se desplaza hacia la izquierda a lo largo de la curva a través de valores negativos de x, los correspondientes valores de y se aproximan a 0 a través de valores negativos. En forma simbólica, se escribe

$$\lim_{x \to \infty} \frac{1}{x} = 0 \quad \text{y} \quad \lim_{x \to -\infty} \frac{1}{x} = 0$$

Estos límites se conocen como *límites al infinito*.

Tabla 10.2 Comportamiento de $f(x)$ cuando $x \to \pm\infty$

x	$f(x)$	x	$f(x)$
1000	0.001	−1000	−0.001
10 000	0.0001	−10 000	−0.0001
100 000	0.00001	−100 000	−0.00001
1 000 000	0.000001	−1 000 000	−0.000001

EJEMPLO 3   Límites al infinito

Encuentre el límite (si existe).

a. $\lim\limits_{x \to \infty} \dfrac{4}{(x-5)^3}$

Solución: Cuando x se vuelve muy grande, también se incrementa $x - 5$. Como el cubo de un número grande también es grande, $(x-5)^3 \to \infty$. Al dividir 4 entre números muy grandes se tiene como resultado números cercanos a 0. Por lo tanto,

$$\lim_{x \to \infty} \frac{4}{(x-5)^3} = 0$$

b. $\lim\limits_{x \to -\infty} \sqrt{4-x}$

Solución: Cuando x se vuelve negativamente infinita, $4 - x$ se vuelve positivamente infinito. Debido a que la raíz cuadrada de números grandes son números grandes, se concluye que

$$\lim_{x \to -\infty} \sqrt{4-x} = \infty$$

En el siguiente análisis se necesitará de cierto límite, a saber, $\lim_{x \to \infty} 1/x^p$, donde $p > 0$. Conforme x se vuelve muy grande, también se incrementa x^p. Al dividir 1 entre números grandes se tiene como resultado números cercanos a 0. Así, $\lim_{x \to \infty} 1/x^p = 0$. En general,

$$\lim_{x \to \infty} \frac{1}{x^p} = 0 \qquad \text{y} \qquad \lim_{x \to -\infty} \frac{1}{x^p} = 0$$

donde $p > 0$.[2] Por ejemplo,

$$\lim_{x \to \infty} \frac{1}{\sqrt[3]{x}} = \lim_{x \to \infty} \frac{1}{x^{1/3}} = 0$$

Ahora se encontrará el límite de la función racional

$$f(x) = \frac{4x^2 + 5}{2x^2 + 1}$$

cuando $x \to \infty$. (Recuerde que en la sección 2.2 se mencionó que una función racional es un cociente de polinomios). A medida que x se vuelve cada vez más grande, *tanto* el numerador *como* el denominador de cualquier función racional se vuelven infinitos en valor absoluto. Sin embargo, la forma del cociente puede modificarse de modo que sea posible obtener una conclusión de si tiene o no límite. Para hacer esto, el numerador y el denominador se dividen entre la mayor potencia de x que aparezca en el denominador. En este caso es x^2. Esto da

$$\lim_{x \to \infty} \frac{4x^2 + 5}{2x^2 + 1} = \lim_{x \to \infty} \frac{\dfrac{4x^2 + 5}{x^2}}{\dfrac{2x^2 + 1}{x^2}} = \lim_{x \to \infty} \frac{\dfrac{4x^2}{x^2} + \dfrac{5}{x^2}}{\dfrac{2x^2}{x^2} + \dfrac{1}{x^2}}$$

$$= \lim_{x \to \infty} \frac{4 + \dfrac{5}{x^2}}{2 + \dfrac{1}{x^2}} = \frac{\lim_{x \to \infty} 4 + 5 \cdot \lim_{x \to \infty} \dfrac{1}{x^2}}{\lim_{x \to \infty} 2 + \lim_{x \to \infty} \dfrac{1}{x^2}}$$

Como $\lim_{x \to \infty} 1/x^p = 0$ para $p > 0$,

$$\lim_{x \to \infty} \frac{4x^2 + 5}{2x^2 + 1} = \frac{4 + 5(0)}{2 + 0} = \frac{4}{2} = 2$$

De manera similar, el límite cuando $x \to -\infty$ es 2. Estos límites son claros si se observa la gráfica de f en la figura 10.19.

Para la función anterior, hay una manera más sencilla de encontrar $\lim_{x \to \infty} f(x)$. Para valores *grandes* de x, el término que incluye la potencia más grande de x en el numerador, a saber $4x^2$, domina la suma $4x^2 + 5$, y el término dominante en el denominador, $2x^2 + 1$, es $2x^2$. Por lo tanto, cuando $x \to \infty$, $f(x)$ puede aproximarse mediante $(4x^2)/(2x^2)$. Como resultado, para determinar el límite de $f(x)$, basta determinar el límite de $(4x^2)/(2x^2)$. Esto es,

$$\lim_{x \to \infty} \frac{4x^2 + 5}{2x^2 + 1} = \lim_{x \to \infty} \frac{4x^2}{2x^2} = \lim_{x \to \infty} 2 = 2$$

como se vio antes. En general, se tiene la regla siguiente:

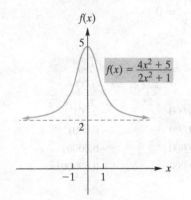

FIGURA 10.19 $\lim_{x \to \infty} f(x) = 2$ y $\lim_{x \to -\infty} f(x) = 2$.

En la gráfica: $f(x) = \dfrac{4x^2 + 5}{2x^2 + 1}$

Límites al infinito de funciones racionales

Si $f(x)$ es una *función racional* y $a_n x^n$ y $b_m x^m$ son los términos en el numerador y el denominador, respectivamente, que tienen las mayores potencias de x, entonces

$$\lim_{x \to \infty} f(x) = \lim_{x \to \infty} \frac{a_n x^n}{b_m x^m}$$

y

$$\lim_{x \to -\infty} f(x) = \lim_{x \to -\infty} \frac{a_n x^n}{b_m x^m}$$

---

[2]Para $\lim_{x \to -\infty} 1/x^p$, se supone que p es tal que $1/x^p$ está definida para $x < 0$.

Ahora se aplicará esta regla a la situación donde el grado del numerador es mayor que el grado del denominador. Por ejemplo,

$$\lim_{x\to-\infty} \frac{x^4 - 3x}{5 - 2x} = \lim_{x\to-\infty} \frac{x^4}{-2x} = \lim_{x\to-\infty} \left(-\frac{1}{2}x^3\right) = \infty$$

(Observe que en el último paso, cuando x se vuelve muy negativa, también lo hace x^3; además, $-\frac{1}{2}$ por un número muy negativo resulta ser muy positivo). De manera similar,

$$\lim_{x\to\infty} \frac{x^4 - 3x}{5 - 2x} = \lim_{x\to\infty} \left(-\frac{1}{2}x^3\right) = -\infty$$

A partir de esta ilustración, se llega a la conclusión siguiente:

> Si el grado del numerador de una *función racional* es mayor que el grado del denominador, entonces la función no tiene límite cuando $x \to \infty$ y no tiene límite cuando $x \to -\infty$.

EJEMPLO 4   Límites al infinito para funciones racionales

Encuentre el límite (si existe).

a. $\lim\limits_{x\to\infty} \dfrac{x^2 - 1}{7 - 2x + 8x^2}$

Solución:
$$\lim_{x\to\infty} \frac{x^2 - 1}{7 - 2x + 8x^2} = \lim_{x\to\infty} \frac{x^2}{8x^2} = \lim_{x\to\infty} \frac{1}{8} = \frac{1}{8}$$

b. $\lim\limits_{x\to-\infty} \dfrac{x}{(3x - 1)^2}$

Solución:
$$\lim_{x\to-\infty} \frac{x}{(3x - 1)^2} = \lim_{x\to-\infty} \frac{x}{9x^2 - 6x + 1} = \lim_{x\to-\infty} \frac{x}{9x^2}$$

$$= \lim_{x\to-\infty} \frac{1}{9x} = \frac{1}{9} \cdot \lim_{x\to-\infty} \frac{1}{x} = \frac{1}{9}(0) = 0$$

c. $\lim\limits_{x\to\infty} \dfrac{x^5 - x^4}{x^4 - x^3 + 2}$

Solución: Como el grado del numerador es mayor que el del denominador, no existe el límite. Con mayor precisión,

$$\lim_{x\to\infty} \frac{x^5 - x^4}{x^4 - x^3 + 2} = \lim_{x\to\infty} \frac{x^5}{x^4} = \lim_{x\to\infty} x = \infty$$

Ahora resuelva el problema 21 ◁

Para encontrar $\lim\limits_{x\to 0} \dfrac{x^2 - 1}{7 - 2x + 8x^2}$, no se puede simplemente determinar el límite de $\dfrac{x^2}{8x^2}$. Esta simplificación se aplica sólo en el caso $x \to \infty$ o $x \to -\infty$. En lugar de eso, se tiene

$$\lim_{x\to 0} \frac{x^2 - 1}{7 - 2x + 8x^2} = \frac{\lim_{x\to 0} x^2 - 1}{\lim_{x\to 0} 7 - 2x + 8x^2} = \frac{0 - 1}{7 - 0 + 0} = -\frac{1}{7}$$

Ahora se considerará el límite de la función polinomial $f(x) = 8x^2 - 2x$ cuando $x \to \infty$:

$$\lim_{x\to\infty} (8x^2 - 2x)$$

Debido a que un polinomio es una función racional con denominador 1, se tiene

$$\lim_{x\to\infty} (8x^2 - 2x) = \lim_{x\to\infty} \frac{8x^2 - 2x}{1} = \lim_{x\to\infty} \frac{8x^2}{1} = \lim_{x\to\infty} 8x^2$$

Es decir, el límite de $8x^2 - 2x$ cuando $x \to \infty$ es el mismo que el límite del término que incluye a la mayor potencia de x, a saber, $8x^2$. Cuando x se vuelve muy grande, también se incrementa $8x^2$. Por lo tanto,

$$\lim_{x\to\infty} (8x^2 - 2x) = \lim_{x\to\infty} 8x^2 = \infty$$

¡ADVERTENCIA! ⚠

La técnica anterior sólo se aplica a límites *al infinito* de funciones racionales.

En general, se tiene lo siguiente:

> Cuando $x \to \infty$ (o $x \to -\infty$), el límite de una *función polinomial* es igual al de su término que involucra la mayor potencia de x.

APLÍQUELO ▶

8. El costo C de producir x unidades de cierto producto está dado por $C(x) = 50\,000 + 200x + 0.3x^2$. Utilice su calculadora gráfica para explorar $\lim_{x \to \infty} C(x)$ y determine lo que esto significa.

EJEMPLO 5   Límites al infinito para funciones polinomiales

a. $\lim_{x \to -\infty} (x^3 - x^2 + x - 2) = \lim_{x \to -\infty} x^3$. Cuando x se vuelve muy negativa, también lo hace x^3. Por lo tanto,

$$\lim_{x \to -\infty} (x^3 - x^2 + x - 2) = \lim_{x \to -\infty} x^3 = -\infty$$

b. $\lim_{x \to -\infty} (-2x^3 + 9x) = \lim_{x \to -\infty} -2x^3 = \infty$, porque -2 por un número muy negativo es un número positivo muy grande.

Ahora resuelva el problema 9 ◁

La técnica de enfocarse en los términos dominantes para encontrar los límites cuando $x \to \infty$ o $x \to -\infty$ es válida para *funciones racionales*, pero no necesariamente es válida para otros tipos de funciones. Por ejemplo, considere

No utilice los términos dominantes cuando una función no es racional.

$$\lim_{x \to \infty} \left(\sqrt{x^2 + x} - x \right) \tag{1}$$

Observe que $\sqrt{x^2 + x} - x$ no es una función racional. Es *incorrecto* inferir que como x^2 domina en $x^2 + x$, el límite en (1) es el mismo que

$$\lim_{x \to \infty} \left(\sqrt{x^2} - x \right) = \lim_{x \to \infty} (x - x) = \lim_{x \to \infty} 0 = 0$$

Puede demostrarse (vea el problema 62) que en (1) el límite no es 0, sino $\frac{1}{2}$.

Las ideas presentadas en esta sección se aplicarán ahora a una función definida por partes.

EJEMPLO 6   Límites para una función definida por partes

APLÍQUELO ▶

9. Un plomero cobra $100 por la primera hora de trabajo a domicilio y $75 por cada hora (o fracción) posterior. La función de lo que cuesta una visita de x horas es

$$f(x) = \begin{cases} \$100 & \text{si } 0 < x \leq 1 \\ \$175 & \text{si } 1 < x \leq 2 \\ \$250 & \text{si } 2 < x \leq 3 \\ \$325 & \text{si } 3 < x \leq 4 \end{cases}$$

Encuentre $\lim_{x \to 1} f(x)$ y $\lim_{x \to 2.5} f(x)$.

Si $f(x) = \begin{cases} x^2 + 1 & \text{si } x \geq 1 \\ 3 & \text{si } x < 1 \end{cases}$, encuentre el límite (si existe).

a. $\lim_{x \to 1^+} f(x)$

Solución: Aquí, x se acerca a 1 por la derecha. Para $x > 1$, se tiene $f(x) = x^2 + 1$. Por lo que,

$$\lim_{x \to 1^+} f(x) = \lim_{x \to 1^+} (x^2 + 1)$$

Si x es mayor que 1, pero cercano a 1, entonces $x^2 + 1$ se acerca a 2. Por lo tanto,

$$\lim_{x \to 1^+} f(x) = \lim_{x \to 1^+} (x^2 + 1) = 2$$

b. $\lim_{x \to 1^-} f(x)$

Solución: Aquí x se acerca a 1 por la izquierda. Para $x < 1, f(x) = 3$. De modo que,

$$\lim_{x \to 1^-} f(x) = \lim_{x \to 1^-} 3 = 3$$

c. $\lim_{x \to 1} f(x)$

Solución: Se quiere encontrar el límite cuando x se aproxima a 1. Sin embargo, la regla de la función dependerá de si $x \geq 1$ o $x < 1$. Así, deben considerarse los límites unilaterales. El límite cuando x se aproxima a 1 existirá si y sólo si ambos límites unilaterales existen y son iguales. A partir de los incisos (a) y (b),

$$\lim_{x \to 1^+} f(x) \neq \lim_{x \to 1^-} f(x) \qquad \text{ya que } 2 \neq 3$$

Por lo tanto,

$$\lim_{x \to 1} f(x) \qquad \text{no existe}$$

d. $\lim_{x\to\infty} f(x)$

Solución: Para valores muy grandes de x, se tiene $x \geq 1$, de modo que $f(x) = x^2 + 1$. Así,

$$\lim_{x\to\infty} f(x) = \lim_{x\to\infty} (x^2 + 1) = \lim_{x\to\infty} x^2 = \infty$$

e. $\lim_{x\to-\infty} f(x)$

Solución: Para valores muy negativos de x, se tiene $x < 1$, de modo que $f(x) = 3$. Por lo que,

$$\lim_{x\to-\infty} f(x) = \lim_{x\to-\infty} 3 = 3$$

Todos los límites de los incisos (a) a (c) deben quedar claros a partir de la gráfica de f que se presenta en la figura 10.20.

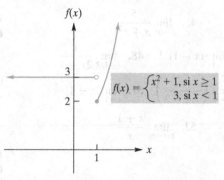

$$f(x) = \begin{cases} x^2 + 1, & \text{si } x \geq 1 \\ 3, & \text{si } x < 1 \end{cases}$$

FIGURA 10.20   Gráfica de una función definida por partes.

Ahora resuelva el problema 57 ◁

PROBLEMAS 10.2

1. Para la función f dada en la figura 10.21, encuentre los límites siguientes. Si el límite no existe, indíquelo así o utilice el símbolo ∞ o $-\infty$ donde sea apropiado.

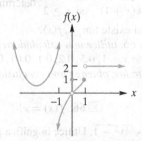

FIGURA 10.21

(a) $\lim_{x\to-\infty} f(x)$ **(b)** $\lim_{x\to-1^-} f(x)$ **(c)** $\lim_{x\to-1^+} f(x)$
(d) $\lim_{x\to-1} f(x)$ **(e)** $\lim_{x\to0^-} f(x)$ **(f)** $\lim_{x\to0^+} f(x)$
(g) $\lim_{x\to0} f(x)$ **(h)** $\lim_{x\to1^-} f(x)$ **(i)** $\lim_{x\to1^+} f(x)$
(j) $\lim_{x\to1} f(x)$ **(k)** $\lim_{x\to\infty} f(x)$

2. Para la función f dada en la figura 10.22, encuentre los límites siguientes. Si el límite no existe, indíquelo así o utilice el símbolo ∞ o $-\infty$ donde sea apropiado.

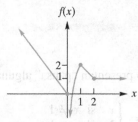

FIGURA 10.22

(a) $\lim_{x\to0^-} f(x)$ **(b)** $\lim_{x\to0^+} f(x)$ **(c)** $\lim_{x\to0} f(x)$
(d) $\lim_{x\to-\infty} f(x)$ **(e)** $\lim_{x\to1} f(x)$ **(f)** $\lim_{x\to\infty} f(x)$
(g) $\lim_{x\to2^+} f(x)$

En cada problema del 3 al 54, encuentre el límite. Si el límite no existe indíquelo así o utilice el símbolo ∞ o $-\infty$ donde sea apropiado.

3. $\lim_{x\to3^+} (x-2)$ **4.** $\lim_{x\to-1^+} (1-x^2)$ **5.** $\lim_{x\to-\infty} 5x$

6. $\lim_{x\to-\infty} -6$ **7.** $\lim_{x\to0^-} \dfrac{6x}{x^4}$ **8.** $\lim_{x\to2} \dfrac{7}{x-1}$

9. $\lim_{x\to-\infty} x^2$ **10.** $\lim_{t\to\infty} (t-1)^3$ **11.** $\lim_{h\to1^+} \sqrt{h-1}$

12. $\lim_{h\to5^-} \sqrt{5-h}$ **13.** $\lim_{x\to-2^-} \dfrac{-3}{x+2}$ **14.** $\lim_{x\to0^-} 2^{1/2}$

15. $\lim_{x\to1^+} (4\sqrt{x-1})$ **16.** $\lim_{x\to2^-} (x\sqrt{4-x^2})$ **17.** $\lim_{x\to\infty} \sqrt{x+10}$

18. $\lim_{x\to-\infty} -\sqrt{1-10x}$ **19.** $\lim_{x\to\infty} \dfrac{3}{\sqrt{x}}$

20. $\lim_{x\to\infty} \dfrac{-6}{5x\sqrt[3]{x}}$ **21.** $\lim_{x\to\infty} \dfrac{x-5}{2x+1}$ **22.** $\lim_{x\to\infty} \dfrac{2x-4}{3-2x}$

23. $\lim_{x\to-\infty} \dfrac{x^2-1}{x^3+4x-3}$ **24.** $\lim_{r\to\infty} \dfrac{r^3}{r^2+1}$

25. $\lim_{t\to\infty} \dfrac{3t^3+2t^2+9t-1}{5t^2-5}$ **26.** $\lim_{x\to\infty} \dfrac{4x^2}{3x^3-x^2+2}$

27. $\lim_{x\to\infty} \dfrac{7}{2x+1}$ **28.** $\lim_{x\to-\infty} \dfrac{2}{(4x-1)^3}$

29. $\lim_{x\to\infty} \dfrac{3-4x-2x^3}{5x^3-8x+1}$ **30.** $\lim_{x\to-\infty} \dfrac{3-2x-2x^3}{7-5x^3+2x^2}$

31. $\lim\limits_{x\to 3^+} \dfrac{x+3}{x^2-9}$ **32.** $\lim\limits_{x\to -3^-} \dfrac{3x}{9-x^2}$ **33.** $\lim\limits_{w\to\infty} \dfrac{2w^2-3w+4}{5w^2+7w-1}$

34. $\lim\limits_{x\to\infty} \dfrac{4-3x^3}{x^3-1}$ **35.** $\lim\limits_{x\to\infty} \dfrac{6-4x^2+x^3}{4+5x-7x^2}$

36. $\lim\limits_{x\to -\infty} \dfrac{2x-x^2}{x^2+19x-64}$ **37.** $\lim\limits_{x\to -3^-} \dfrac{5x^2+14x-3}{x^2+3x}$

38. $\lim\limits_{t\to 3} \dfrac{t^2-4t+3}{t^2-2t-3}$ **39.** $\lim\limits_{x\to 1} \dfrac{x^2-3x+1}{x^2+1}$

40. $\lim\limits_{x\to -1} \dfrac{3x^3-x^2}{2x+1}$ **41.** $\lim\limits_{x\to 2^-} \left(2-\dfrac{1}{x-2}\right)$

42. $\lim\limits_{x\to -\infty} -\dfrac{x^5+2x^3-1}{x^5-4x^2}$ **43.** $\lim\limits_{x\to -7^-} \dfrac{x^2+1}{\sqrt{x^2-49}}$

44. $\lim\limits_{x\to -2^+} \dfrac{x}{\sqrt{16-x^4}}$ **45.** $\lim\limits_{x\to 0^+} \dfrac{5}{x+x^2}$

46. $\lim\limits_{x\to -\infty} \left(x^2+\dfrac{1}{x}\right)$ **47.** $\lim\limits_{x\to 1} x(x-1)^{-1}$ **48.** $\lim\limits_{x\to 1/2} \dfrac{1}{2x-1}$

49. $\lim\limits_{x\to 1^+} \left(\dfrac{-5}{1-x}\right)$ **50.** $\lim\limits_{x\to 3} \left(-\dfrac{7}{x-3}\right)$ **51.** $\lim\limits_{x\to 1} |x-1|$

52. $\lim\limits_{x\to 0} \left|\dfrac{1}{x}\right|$ **53.** $\lim\limits_{x\to -\infty} \dfrac{x+1}{x}$

54. $\lim\limits_{x\to\infty} \left(\dfrac{3}{x}-\dfrac{2x^2}{x^2+1}\right)$

En los problemas del 55 al 58, encuentre los límites indicados. Si el límite no existe, indíquelo así o utilice el símbolo ∞ o $-\infty$ donde sea apropiado.

55. $f(x) = \begin{cases} 2 & \text{si } x \le 2 \\ 1 & \text{si } x > 2 \end{cases}$

(a) $\lim\limits_{x\to 2^+} f(x)$ **(b)** $\lim\limits_{x\to 2^-} f(x)$ **(c)** $\lim\limits_{x\to 2} f(x)$

(d) $\lim\limits_{x\to\infty} f(x)$ **(e)** $\lim\limits_{x\to -\infty} f(x)$

56. $f(x) = \begin{cases} 2-x & \text{si } x \le 3 \\ -1+3x-x^2 & \text{si } x > 3 \end{cases}$

(a) $\lim\limits_{x\to 3^+} f(x)$ **(b)** $\lim\limits_{x\to 3^-} f(x)$ **(c)** $\lim\limits_{x\to 3} f(x)$

(d) $\lim\limits_{x\to\infty} f(x)$ **(e)** $\lim\limits_{x\to -\infty} f(x)$

57. $g(x) = \begin{cases} x & \text{si } x < 0 \\ -x & \text{si } x > 0 \end{cases}$

(a) $\lim\limits_{x\to 0^+} g(x)$ **(b)** $\lim\limits_{x\to 0^-} g(x)$ **(c)** $\lim\limits_{x\to 0} g(x)$

(d) $\lim\limits_{x\to\infty} g(x)$ **(e)** $\lim\limits_{x\to -\infty} g(x)$

58. $g(x) = \begin{cases} x^2 & \text{si } x < 0 \\ -x & \text{si } x > 0 \end{cases}$

(a) $\lim\limits_{x\to 0^+} g(x)$ **(b)** $\lim\limits_{x\to 0^-} g(x)$ **(c)** $\lim\limits_{x\to 0} g(x)$

(d) $\lim\limits_{x\to\infty} g(x)$ **(e)** $\lim\limits_{x\to -\infty} g(x)$

59. Costo promedio   Si c es el costo total de producir q unidades de cierto artículo, entonces el costo promedio por unidad para una producción de q unidades está dado por $\bar{c} = c/q$. Por lo tanto, si la ecuación de costo total es $c = 5000 + 6q$, entonces

$$\bar{c} = \frac{5000}{q} + 6$$

Por ejemplo, el costo total para la producción de 5 unidades es de $5030 y el costo promedio por unidad en este nivel de producción es de $1006. Por medio de la determinación de $\lim\limits_{q\to\infty} \bar{c}$, demuestre que el costo promedio se aproxima a un nivel de estabilidad si el productor aumenta de manera continua la producción. ¿Cuál es el valor límite del costo promedio? Haga un bosquejo de la gráfica de la función costo promedio.

60. Costo promedio   Repita el problema 59, considerando que el costo fijo es de $12 000 y que el costo variable está dado por la función $c_v = 7q$.

61. Población   Se pronostica que dentro de t años la población de cierta ciudad pequeña será

$$N = 40\ 000 - \frac{5000}{t+3}$$

Determine la población a largo plazo, esto es, determine $\lim\limits_{t\to\infty} N$.

62. Demuestre que

$$\lim_{x\to\infty} \left(\sqrt{x^2+x} - x\right) = \frac{1}{2}$$

(*Sugerencia:* Racionalice el numerador al multiplicar la expresión $\sqrt{x^2+x} - x$ por

$$\frac{\sqrt{x^2+x}+x}{\sqrt{x^2+x}+x}$$

Después exprese el denominador en una forma tal que x sea un factor).

63. Relación huésped-parásito   Para una relación particular huésped-parásito, se determinó que cuando la densidad del huésped (número de huéspedes por unidad de área) es x, el número de huéspedes parasitados en cierto periodo es

$$y = \frac{900x}{10+45x}$$

Si la densidad del huésped aumentara indefinidamente, ¿a qué valor se aproximaría y?

64. Si $f(x) = \begin{cases} \sqrt{2-x} & \text{si } x < 2 \\ x^3+k(x+1) & \text{si } x \ge 2 \end{cases}$, determine el valor de la constante k para la cual existe $\lim\limits_{x\to 2} f(x)$.

En los problemas 65 y 66, utilice una calculadora para evaluar la función dada cuando $x = 1, 0.5, 0.2, 0.1, 0.01, 0.001$ y 0.0001. Con base en sus resultados, obtenga una conclusión acerca de $\lim\limits_{x\to 0^+} f(x)$.

65. $f(x) = x^{2x}$ **66.** $f(x) = e^{1/x}$

67. Grafique $f(x) = \sqrt{4x^2-1}$. Utilice la gráfica para estimar $\lim\limits_{x\to 1/2^+} f(x)$.

68. Grafique $f(x) = \dfrac{\sqrt{x^2-9}}{x+3}$. Utilice la gráfica para estimar $\lim\limits_{x\to -3^-} f(x)$ si existe. Utilice el símbolo ∞ o $-\infty$ cuando sea apropiado.

69. Grafique $f(x) = \begin{cases} 2x^2+3 & \text{si } x < 2 \\ 2x+5 & \text{si } x \ge 2 \end{cases}$. Utilice la gráfica para estimar cada uno de los límites siguientes, si existen.

(a) $\lim\limits_{x\to 2^-} f(x)$ **(b)** $\lim\limits_{x\to 2^+} f(x)$ **(c)** $\lim\limits_{x\to 2} f(x)$

Objetivo

Estudiar la continuidad y encontrar puntos de discontinuidad para una función.

10.3 Continuidad

Muchas funciones tienen la propiedad de que no presentan "pausa" alguna en sus gráficas. Por ejemplo, compare las funciones

$$f(x) = x \quad \text{y} \quad g(x) = \begin{cases} x & \text{si } x \ne 1 \\ 2 & \text{si } x = 1 \end{cases}$$

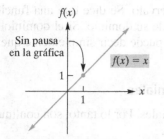

FIGURA 10.23   Es continua en 1.

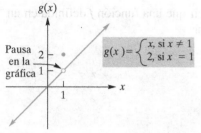

FIGURA 10.24   Es discontinua en 1.

cuyas gráficas aparecen en las figuras 10.23 y 10.24, respectivamente. La gráfica de f no tiene pausa, pero la gráfica de g tiene una pausa en $x = 1$. Dicho de otra forma, si usted fuera a trazar ambas gráficas con un lápiz, tendría que despegar el lápiz del papel en la gráfica de g cuando $x = 1$, pero no tendría que despegarlo en la gráfica de f. Estas situaciones pueden expresarse mediante límites. Compare el límite de cada función con el valor de la función en $x = 1$ cuando x se aproxima a 1:

$$\lim_{x \to 1} f(x) = 1 = f(1)$$

mientras que

$$\lim_{x \to 1} g(x) = 1 \neq 2 = g(1)$$

En la sección 10.1 se puntualizó que dada una función f y un número a, existen dos formas importantes de asociar un número al par (f, a). Una es la simple evaluación, $f(a)$, la cual *existe* precisamente si a está en el dominio de f. La otra forma es $\lim_{x \to a} f(x)$, cuya existencia y determinación puede ser más desafiante. Para las funciones f y g anteriores, el límite de f a medida que $x \to 1$ es igual a $f(1)$, pero el límite de g conforme $x \to 1$ *no* es igual a $g(1)$. Por estas razones, se dice que f es *continua* en 1 y que g es *discontinua* en 1.

Definición

Una función f es **continua** en a si y sólo si se cumplen las siguientes tres condiciones:

1. $f(a)$ existe.

2. $\lim_{x \to a} f(x)$ existe.

3. $\lim_{x \to a} f(x) = f(a)$.

Si f no es continua en a, entonces se dice que f es **discontinua** en a y a se denomina **punto de discontinuidad** de f.

EJEMPLO 1   Aplicación de la definición de continuidad

a. Muestre que $f(x) = 5$ es continua en 7.

Solución: Debe verificarse que las tres condiciones se cumplan. Primero, $f(7) = 5$, de modo que f está definida en $x = 7$. Segundo,

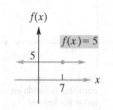

FIGURA 10.25 f es continua en 7.

$$\lim_{x \to 7} f(x) = \lim_{x \to 7} 5 = 5$$

Por ende, f tiene un límite cuando $x \to 7$. Tercero,

$$\lim_{x \to 7} f(x) = 5 = f(7)$$

Por lo tanto, f es continua en 7. (Vea la figura 10.25).

b. Demuestre que $g(x) = x^2 - 3$ es continua en -4.

Solución: La función g está definida en $x = -4$; $g(-4) = 13$. También,

$$\lim_{x \to -4} g(x) = \lim_{x \to -4} (x^2 - 3) = 13 = g(-4)$$

Por lo tanto, g es continua en -4. (Vea la figura 10.26).

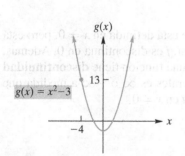

FIGURA 10.26 g es continua en -4.

Ahora resuelva el problema 1 ◁

Se dice que una función es *continua en un intervalo* si es continua en cada punto de ese intervalo. En esta situación, la gráfica de la función se conecta en todo el intervalo. Por ejemplo, $f(x) = x^2$ es continua en el intervalo $[2, 5]$. De hecho, en el ejemplo 5 de la sección 10.1, se mostró que para *cualquier* función polinomial f, para cualquier número a, $\lim_{x \to a} f(x) = f(a)$. Esto significa que

Una función polinomial es continua en todo punto.

Se concluye que tal función es continua en cualquier intervalo. Se dice que una función es **continua en su dominio** si es continua en cada punto de su dominio. Si el dominio de tal función es el conjunto de todos los números reales, se puede decir simplemente que la función es continua.

EJEMPLO 2   Continuidad de funciones polinomiales

Las funciones $f(x) = 7$ y $g(x) = x^2 - 9x + 3$ son polinomiales. Por lo tanto, son continuas en su dominio respectivo. Por ejemplo, son continuas en 3.

Ahora resuelva el problema 13 ◁

¿Cuándo es discontinua una función? Se puede decir que una función f definida en un intervalo abierto que contenga a a es discontinua en a, si

1. f no tiene límite cuando $x \to a$

o

2. cuando $x \to a$, f tiene un límite diferente de $f(a)$.

Si f no está definida en a, también se dirá, en ese caso, que f es discontinua en a. En la figura 10.27 pueden encontrarse, por inspección, puntos de discontinuidad.

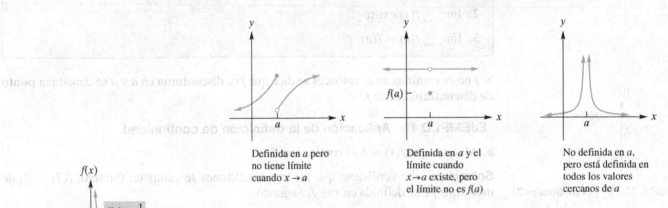

Definida en a pero no tiene límite cuando $x \to a$

Definida en a y el límite cuando $x \to a$ existe, pero el límite no es $f(a)$

No definida en a, pero está definida en todos los valores cercanos de a

FIGURA 10.27   Discontinuidades en a.

EJEMPLO 3   Discontinuidades

a. Sea $f(x) = 1/x$. (Vea la figura 10.28). Observe que f no está definida en $x = 0$, pero está definida para cualquier otro valor de x cercano a 0. Así, f es discontinua en 0. Además, $\lim_{x \to 0^+} f(x) = \infty$ y $\lim_{x \to 0^-} f(x) = -\infty$. Se dice que una función tiene **discontinuidad infinita** en a cuando al menos uno de los límites laterales es ∞ o $-\infty$ a medida que $x \to a$. De aquí que f tenga una *discontinuidad infinita* en $x = 0$.

b. Sea $f(x) = \begin{cases} 1 & \text{si } x > 0 \\ 0 & \text{si } x = 0. \\ -1 & \text{si } x < 0 \end{cases}$

(Vea la figura 10.29). Aunque f está definida en $x = 0$, $\lim_{x \to 0} f(x)$ no existe. Por lo tanto, f es discontinua en 0.

Ahora resuelva el problema 29 ◁

La propiedad siguiente indica dónde ocurren las discontinuidades de una función racional.

Discontinuidades de una función racional

Una función racional es discontinua en los puntos donde el denominador es 0 y es continua en cualquier otra parte. Así, una función racional es continua en su dominio.

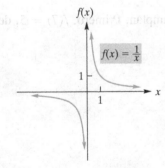

$f(x) = \dfrac{1}{x}$

FIGURA 10.28   Discontinuidad infinita en 0.

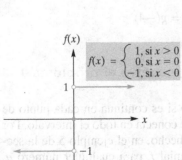

$f(x) = \begin{cases} 1, \text{si } x > 0 \\ 0, \text{si } x = 0 \\ -1, \text{si } x < 0 \end{cases}$

FIGURA 10.29   Función discontinua definida por partes.

La función racional $f(x) = \dfrac{x+1}{x+1}$ es continua en su dominio, pero no está definida en -1. Es discontinua en -1. La gráfica de f es una línea recta horizontal en $y = 1$ con un "hoyo" en la coordenada $(-1, 1)$.

EJEMPLO 4   Localización de discontinuidades para funciones racionales

Para cada una de las siguientes funciones, encuentre todos los puntos de discontinuidad.

a. $f(x) = \dfrac{x^2 - 3}{x^2 + 2x - 8}$

Solución: Esta función racional tiene denominador

$$x^2 + 2x - 8 = (x + 4)(x - 2)$$

que es 0 cuando $x = -4$ o $x = 2$. Así, f sólo es discontinua en -4 y 2.

b. $h(x) = \dfrac{x+4}{x^2 + 4}$

Solución: Para esta función racional, el denominador nunca es 0. (Siempre es positivo). De este modo, h no tiene discontinuidad.

Ahora resuelva el problema 19 ◁

EJEMPLO 5   Localización de discontinuidades en funciones definidas por partes

Para cada una de las funciones siguientes, encuentre todos los puntos de discontinuidad.

a. $f(x) = \begin{cases} x + 6 & \text{si } x \geq 3 \\ x^2 & \text{si } x < 3 \end{cases}$

Solución: Las partes que definen la función están dadas por polinomios que son continuos, entonces el único lugar en el que podría haber discontinuidad es en $x = 3$, donde ocurre la separación de las partes. Se sabe que $f(3) = 3 + 6 = 9$. Y puesto que

$$\lim_{x \to 3^+} f(x) = \lim_{x \to 3^+} (x + 6) = 9$$

y

$$\lim_{x \to 3^-} f(x) = \lim_{x \to 3^-} x^2 = 9$$

se puede concluir que $\lim_{x \to 3} f(x) = 9 = f(3)$ y la función no tiene puntos de discontinuidad. Se puede obtener la misma conclusión por inspección de la gráfica de f en la figura 10.30.

b. $f(x) = \begin{cases} x + 2 & \text{si } x > 2 \\ x^2 & \text{si } x < 2 \end{cases}$

Solución: Como f no está definida en $x = 2$, es discontinua en 2. Sin embargo, observe que

$$\lim_{x \to 2^-} f(x) = \lim_{x \to 2^-} x^2 = 4 = \lim_{x \to 2^+} x + 2 = \lim_{x \to 2^+} f(x)$$

demuestra que $\lim_{x \to 2} f(x)$ existe. (Vea la figura 10.31).

Ahora resuelva el problema 31 ◁

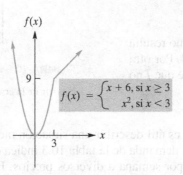

FIGURA 10.30 Función continua definida por partes.

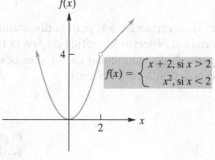

FIGURA 10.31 Función discontinua en 2.

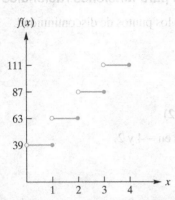

FIGURA 10.32 Función de servicio postal.

EJEMPLO 6 Función del servicio postal

La función de servicio postal

$$c = f(x) = \begin{cases} 39 & \text{si } 0 < x \leq 1 \\ 63 & \text{si } 1 < x \leq 2 \\ 87 & \text{si } 2 < x \leq 3 \\ 111 & \text{si } 3 < x \leq 4 \end{cases}$$

da el costo c (en centavos) de enviar por primera clase un paquete de peso x (onzas), para $0 < x \leq 4$, en julio de 2006. En su gráfica de la figura 10.32, es claro que f tiene discontinuidades en 1, 2 y 3 y que es constante para valores de x ubicados entre discontinuidades sucesivas. Tal función se conoce como *función escalón* debido a la apariencia de su gráfica.

Ahora resuelva el problema 35 ◁

Hay otra manera de expresar la continuidad aparte de la dada en la definición. Si se toma el enunciado

$$\lim_{x \to a} f(x) = f(a)$$

y se reemplaza x por $a + h$, entonces cuando $x \to a$, se tiene que $h \to 0$; y cuando $h \to 0$ tiene que $x \to a$. Se deduce que $\lim_{x \to a} f(x) = \lim_{h \to 0} f(a + h)$, dado que los límites existen (figura 10.33). Por lo tanto, el enunciado

$$\lim_{h \to 0} f(a + h) = f(a)$$

Este método para expresar la continuidad en a se utiliza con frecuencia en demostraciones matemáticas.

suponiendo que ambos lados existen, también define continuidad en a.

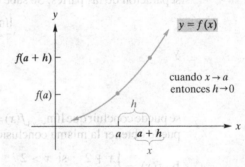

FIGURA 10.33 Diagrama para ilustrar la continuidad en a.

TECNOLOGÍA ■■■■■

Mediante la observación de la gráfica de una función, se tiene la capacidad de determinar dónde ocurre una discontinuidad. Sin embargo, existe la posibilidad de equivocarse. Por ejemplo, la función

$$f(x) = \frac{x - 1}{x^2 - 1}$$

es discontinua en ± 1, pero la discontinuidad en 1 no resulta obvia al observar la gráfica de f en la figura 10.34. Por otra parte, la discontinuidad en -1 sí es obvia. Observe que f no está definida en -1 ni en 1.

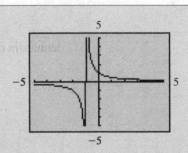

FIGURA 10.34 La discontinuidad en 1 no resulta evidente a partir de la gráfica de $f(x) = \dfrac{x - 1}{x^2 - 1}$.

A menudo es útil describir una situación mediante una función continua. Por ejemplo, el programa de demanda de la tabla 10.3 indica el número de unidades de un producto que se demandará por semana a diversos precios. Esta información puede proporcionarse de manera gráfica, como en la figura 10.35(a), trazando cada par cantidad-precio como un

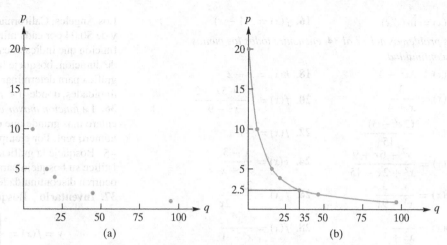

Tabla 10.3 Programa de demanda	
Precio por unidad, p	Cantidad por semana, q
$20	0
10	5
5	15
4	20
2	45
1	95

(a)   (b)

FIGURA 10.35 Visualización de datos por medio de una función continua.

punto. Es claro que esta gráfica no representa una función continua. Además, no proporciona información del precio al cual, digamos, serán demandadas 35 unidades. Sin embargo, cuando se conectan los puntos de la figura 10.35(a) por medio de una curva suave [vea la figura 10.35(b)], se obtiene lo que se conoce como una curva de demanda. A partir de esta curva, podría estimarse que a un precio de aproximadamente $2.50 por unidad, se demandarían 35 unidades.

Con frecuencia es posible y útil describir una gráfica por medio de una ecuación que define una función continua f, como en la figura 10.35(b). Tal función no sólo proporciona una ecuación de demanda, $p = f(q)$, para anticipar los precios correspondientes a las cantidades demandadas, también permite efectuar un análisis matemático conveniente acerca de la naturaleza y las propiedades básicas de la demanda. Por supuesto que se debe tener cuidado al trabajar con ecuaciones como $p = f(q)$. Matemáticamente, f puede estar definida cuando $q = \sqrt{37}$, pero desde un punto de vista práctico, una demanda de $\sqrt{37}$ unidades podría no tener significado para esta situación particular. Por ejemplo, si una unidad es un huevo, entonces una demanda de $\sqrt{37}$ huevos, no tiene sentido.

Se destaca que las funciones de la forma $f(x) = x^a$, para una a fija, son continuas en sus dominios. En particular, las funciones de raíz (cuadrada) son continuas. También las funciones exponenciales y logarítmicas son continuas en sus dominios. Así, las funciones exponenciales no tienen discontinuidades, mientras que una función logarítmica tiene sólo una discontinuidad en 0 (que es una discontinuidad infinita). Se dan muchos más ejemplos de funciones continuas al observar que si f y g son continuas en sus dominios, entonces la función compuesta $f \circ g$, dada por $f \circ g(x) = f(g(x))$, es continua en su dominio. Por ejemplo, la función

$$f(x) = \sqrt{\ln\left(\frac{x^2 + 1}{x - 1}\right)}$$

Es continua en su dominio. Por supuesto, es posible que esto involucre la determinación del dominio de tal función.

PROBLEMAS 10.3

En los problemas del 1 al 6, utilice la definición de continuidad para mostrar que la función dada es continua en el punto indicado.

1. $f(x) = x^3 - 5x; x = 2$

2. $f(x) = \dfrac{x - 3}{5x}; x = -3$

3. $g(x) = \sqrt{2 - 3x}; x = 0$

4. $f(x) = \dfrac{x}{8}; x = 2$

5. $h(x) = \dfrac{x + 3}{x - 3}; x = -3$

6. $f(x) = \sqrt[3]{x}; x = -1$

En los problemas del 7 al 12, determine si la función es continua en los puntos dados.

7. $f(x) = \dfrac{x + 4}{x - 2}; -2, 0$

8. $f(x) = \dfrac{x^2 - 4x + 4}{6}; 2, -2$

9. $g(x) = \dfrac{x - 3}{x^2 - 9}; 3, -3$

10. $h(x) = \dfrac{3}{x^2 + 9}; 3, -3$

11. $f(x) = \begin{cases} x + 2 & \text{si } x \geq 2 \\ x^2 & \text{si } x < 2 \end{cases}; 2, 0$

12. $f(x) = \begin{cases} \dfrac{1}{x} & \text{si } x \neq 0 \\ 0 & \text{si } x = 0 \end{cases}; 0, -1$

En los problemas del 13 al 16, proporcione una razón del por qué la función es continua en su dominio.

13. $f(x) = 2x^2 - 3$

14. $f(x) = \dfrac{2 + 3x - x^2}{5}$

15. $f(x) = \ln(\sqrt[3]{x})$ **16.** $f(x) = x(1 - x)$

En los problemas del 17 al 34, encuentre todos los puntos de discontinuidad.

17. $f(x) = 3x^2 - 3$ **18.** $h(x) = x - 2$

19. $f(x) = \dfrac{3}{x + 4}$ **20.** $f(x) = \dfrac{x^2 + 5x - 2}{x^2 - 9}$

21. $g(x) = \dfrac{(2x^2 - 3)^3}{15}$ **22.** $f(x) = -1$

23. $f(x) = \dfrac{x^2 + 6x + 9}{x^2 + 2x - 15}$ **24.** $g(x) = \dfrac{x - 3}{x^2 + x}$

25. $h(x) = \dfrac{x - 3}{x^3 - 9x}$ **26.** $f(x) = \dfrac{2x - 3}{3 - 2x}$

27. $p(x) = \dfrac{x}{x^2 + 1}$ **28.** $f(x) = \dfrac{x^4}{x^4 - 1}$

29. $f(x) = \begin{cases} 1 & \text{si } x \geq 0 \\ -1 & \text{si } x < 0 \end{cases}$ **30.** $f(x) = \begin{cases} 3x + 5 & \text{si } x \geq -2 \\ 2 & \text{si } x < -2 \end{cases}$

31. $f(x) = \begin{cases} 0 & \text{si } x \leq 1 \\ x - 1 & \text{si } x > 1 \end{cases}$ **32.** $f(x) = \begin{cases} x - 3 & \text{si } x > 2 \\ 3 - 2x & \text{si } x < 2 \end{cases}$

33. $f(x) = \begin{cases} x^2 + 1 & \text{si } x > 2 \\ 8x & \text{si } x < 2 \end{cases}$ **34.** $f(x) = \begin{cases} \dfrac{16}{x^2} & \text{si } x \geq 2 \\ 3x - 2 & \text{si } x < 2 \end{cases}$

35. Tarifas telefónicas Suponga que la tarifa telefónica de larga distancia para una llamada hecha desde Hazleton, Pennsylvania, a

Los Ángeles, California, es de \$0.08 por el primer minuto o fracción y de \$0.04 por cada minuto o fracción adicional. Si $y = f(t)$ es una función que indica el cargo total y por una llamada de t minutos de duración, bosqueje la gráfica de f para $0 < t \leq 3\frac{1}{2}$. Utilice esta gráfica para determinar los valores de t en los cuales ocurren discontinuidades, donde $0 < t \leq 3\frac{1}{2}$.

36. La *función mayor entero*, $f(x) = \lfloor x \rfloor$, está definida como el entero más grande que es menor o igual a x, donde x es cualquier número real. Por ejemplo, $\lfloor 3 \rfloor = 3$, $\lfloor 1.999 \rfloor = 1$, $\lfloor \frac{1}{4} \rfloor = 0$ y $\lfloor -4.5 \rfloor = -5$. Bosqueje la gráfica de esta función para $-3.5 \leq x \leq 3.5$. Utilice su bosquejo para determinar los valores de x en los cuales ocurren discontinuidades.

37. Inventario Bosqueje la gráfica de

$$y = f(x) = \begin{cases} -100x + 600 & \text{si } 0 \leq x < 5 \\ -100x + 1100 & \text{si } 5 \leq x < 10 \\ -100x + 1600 & \text{si } 10 \leq x < 15 \end{cases}$$

Una función como la anterior podría describir el inventario y de una compañía en el instante x; ¿f es continua en 2?, ¿en 5?, ¿en 10?

38. Grafique $g(x) = e^{-1/x^2}$. Debido a que g no está definida en $x = 0$, g es discontinua en 0. Con base en la gráfica de g,

$$f(x) = \begin{cases} e^{-1/x^2} & \text{si } x \neq 0 \\ 0 & \text{si } x = 0 \end{cases}$$

¿es continua en 0?

Objetivo

Desarrollar técnicas para resolver desigualdades no lineales.

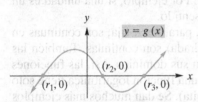

FIGURA 10.36 r_1, r_2 y r_3 son raíces de $g(x) = 0$.

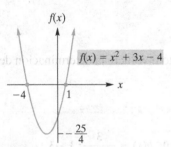

FIGURA 10.37 -4 y 1 son raíces de $f(x) = 0$.

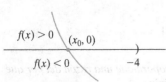

FIGURA 10.38 Cambio de signo para una función continua.

10.4 Continuidad aplicada a desigualdades

En la sección 1.2 se resolvieron desigualdades lineales. Ahora se verá cómo puede aplicarse la noción de continuidad para resolver una desigualdad no lineal, como $x^2 + 3x - 4 < 0$. Esta habilidad será importante en nuestro estudio sobre el cálculo.

Recuerde (tal y como se mencionó en la sección 2.5) que las intersecciones x de la gráfica de una función g son precisamente las raíces de la ecuación $g(x) = 0$. Por lo tanto, a partir de la gráfica de $y = g(x)$ mostrada en la figura 10.36, se concluye que r_1, r_2 y r_3 son raíces de $g(x) = 0$ y cualesquiera otras raíces darán lugar a las intersecciones de x (más allá de lo que realmente se muestra en la gráfica). Suponga que efectivamente se muestran todas las raíces de $g(x) = 0$, y por ende todas las intersecciones x. Note además, en la misma figura 10.36, que las tres raíces determinan cuatro intervalos abiertos sobre el eje x:

$$(-\infty, r_1) \quad (r_1, r_2) \quad (r_2, r_3) \quad (r_3, \infty)$$

Para resolver $x^2 + 3x - 4 > 0$, se hace

$$f(x) = x^2 + 3x - 4 = (x + 4)(x - 1)$$

Debido a que f es una función polinomial, es continua. Las raíces de $f(x) = 0$ son -4 y 1; de modo que la gráfica de f tiene intersecciones con el eje x $(-4, 0)$ y $(1, 0)$. (Vea la figura 10.37). Las raíces determinan tres intervalos sobre el eje x:

$$(-\infty, -4) \quad (-4, 1) \quad (1, \infty)$$

Considere el intervalo $(-\infty, -4)$. Como f es continua en este intervalo, se afirma que $f(x) > 0$, o bien, $f(x) < 0$ *en todo* el intervalo. Si no fuera éste el caso, entonces $f(x)$ realmente cambiaría de signo en el intervalo. Debido a la continuidad de f, habría un punto donde la gráfica intersecaría al eje x —por ejemplo, en $(x_0, 0)$—. (Vea la figura 10.38). Pero entonces x_0 sería una raíz de $f(x) = 0$. Sin embargo, esto no puede ser porque no hay raíces de f menores que -4. De modo que $f(x)$ debe ser estrictamente positiva o estrictamente negativa en $(-\infty, -4)$. Se puede enunciar un argumento similar para cada uno de los otros intervalos.

Para determinar el signo de $f(x)$ en cualquiera de los tres intervalos, es suficiente con determinarlo en *cualquier* punto del intervalo. Por ejemplo, -5 está en $(-\infty, -4)$ y

$$f(-5) = 6 > 0 \qquad \text{Entonces, } f(x) > 0 \text{ en } (-\infty, -4)$$

$$f(x) > 0 \qquad\qquad f(x) < 0 \qquad\qquad f(x) > 0$$

$$\underset{-4}{\times} \qquad\qquad\qquad \underset{1}{\times}$$

FIGURA 10.39   Diagrama de signos simple para $x^2 + 3x - 4$.

De manera similar, 0 está en $(-4, 1)$ y

$$f(0) = -4 < 0 \qquad\qquad \text{Entonces, } f(x) < 0 \text{ en } (-4, 1)$$

Por último, 3 está en $(1, \infty)$ y

$$f(3) = 14 > 0 \qquad\qquad \text{Entonces, } f(x) > 0 \text{ en } (1, \infty)$$

(Vea el "diagrama de signos" en la figura 10.39). Por lo tanto,

$$x^2 + 3x - 4 > 0 \ \text{ en } \ (-\infty, -4) \text{ y } (1, \infty)$$

de modo que se ha resuelto la desigualdad. Estos resultados son obvios a partir de la gráfica de la figura 10.37. La gráfica está por arriba del eje x, esto significa que $f(x) > 0$ en $(-\infty, -4)$ y en $(1, \infty)$.

En ejemplos más complicados, será útil explotar la naturaleza multiplicativa de los signos. Se observa que $f(x) = x^2 + 3x - 4 = (x + 4)(x - 1)$. Cada uno de los términos $x + 4$ y $x - 1$ tiene un diagrama de signos más simple que el de $x^2 + 3x - 4$. Considere el "diagrama de signos" de la figura 10.40. Igual que antes, se colocaron las raíces de $f(x) = 0$ en orden ascendente, de izquierda a derecha, con el fin de subdividir $(-\infty, \infty)$ en tres intervalos abiertos. Esto forma la línea superior de la tabla. Directamente debajo de la línea superior se determinaron los signos de $x + 4$ en los tres subintervalos. Se sabe que para la función lineal $x + 4$ hay exactamente una raíz de la ecuación $x + 4 = 0$, es decir -4. Se le colocó un 0 a -4 en el renglón etiquetado como $x + 4$. Por el argumento que se ilustra en la figura 10.38, se deduce que el signo de la función $x + 4$ es constante en $(-\infty, -4)$ y en $(-4, \infty)$ y dos evaluaciones de $x + 4$ establecen la distribución de signos para $x + 4$. A partir de $(-5) + 4 = -1 < 0$, se tiene que $x + 4$ es *negativa* en $(-\infty, -4)$, por lo que se ingresó un signo $-$ en el espacio $(-\infty, -4)$ del renglón $x + 4$. A partir de $(0) + 4 = 4 > 0$, se tiene que $x + 4$ es *positiva* en $(-4, \infty)$. Puesto que $(-4, \infty)$ se ha subdividido en 1, se introduce un signo $+$ en cada uno de los espacios $(-4, 1)$ y $(1, \infty)$ del renglón $x + 4$. De manera similar se construyó el renglón etiquetado como $x - 1$.

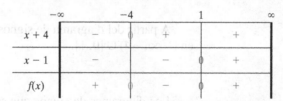

	$-\infty$		-4		1		∞
$x + 4$		$-$	0	$+$		$+$	
$x - 1$		$-$		$-$	0	$+$	
$f(x)$		$+$	0	$-$	0	$+$	

FIGURA 10.40   Diagrama de signos para $x^2 + 3x - 4$.

Ahora se obtiene el renglón inferior tomando, para cada componente, el producto de las entradas previas. Por lo tanto, se tiene $(x + 4)(x - 1) = f(x), (-)(-) = +, 0(\text{cualquier número}) = 0, (+)(-) = -, (\text{cualquier número})0 = 0$ y $(+)(+) = +$. Los diagramas de signos de este tipo son útiles siempre que una función continua se pueda expresar como un producto de varias funciones continuas más simples, cada una de las cuales tiene un diagrama de signos simple. En el capítulo 13 se aplicarán más extensivamente dichos diagramas de signos.

EJEMPLO 1   **Resolución de una desigualdad cuadrática**

Resuelva $x^2 - 3x - 10 > 0$.

Solución: Si $f(x) = x^2 - 3x - 10$, entonces f es una función polinomial (cuadrática) y, por lo tanto, continua en todas partes. Para encontrar las raíces reales de $f(x) = 0$, se tiene

$$x^2 - 3x - 10 = 0$$

$$(x + 2)(x - 5) = 0$$

$$x = -2, 5$$

	$-\infty$		-2		5		∞
$x+2$		$-$	0	$+$		$+$	
$x-5$		$-$		$-$	0	$+$	
$f(x)$		$+$	0	$-$	0	$+$	

FIGURA 10.41 Diagrama de signos para $x^2 - 3x - 10$.

Las raíces -2 y 5 determinan tres intervalos:

$$(-\infty, -2) \quad (-2, 5) \quad (5, \infty)$$

Igual que en el ejemplo anterior, se construye el diagrama de signos de la figura 10.41. Se encuentra que $x^2 - 3x - 10 > 0$ en $(-\infty, -2) \cup (5, \infty)$.

Ahora resuelva el problema 1 ◁

EJEMPLO 2 **Resolución de una desigualdad polinomial**

Resuelva $x(x - 1)(x + 4) \leq 0$.

Solución: Si $f(x) = x(x - 1)(x + 4)$, entonces f es una función polinomial y, por lo tanto, continua en todas partes. Las raíces de $f(x) = 0$ son (en orden ascendente) -4, 0 y 1 y pueden verse en el diagrama de signos de la figura 10.42.

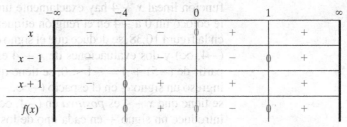

FIGURA 10.42 Diagrama de signos para $x(x - 1)(x + 4)$.

A partir del diagrama de signos, se anotan los puntos requeridos, $x(x - 1)(x + 4) \leq 0$ en $(-\infty, -4] \cup [0, 1]$.

Ahora resuelva el problema 11 ◁

Los diagramas de signos que se han descrito no se limitan, por cierto, a la resolución de desigualdades polinomiales. El lector habrá notado que se utilizan líneas verticales más gruesas en los puntos finales, $-\infty$ y ∞, del diagrama. Estos símbolos no denotan números reales, sino puntos solos en el dominio de una función. Se amplía la convención de la línea gruesa vertical para señalar los números reales aislados que no están en el dominio de la función en cuestión. Lo anterior se ilustrará en el siguiente ejemplo.

EJEMPLO 3 **Resolución de una desigualdad con funciones racionales**

Resuelva $\dfrac{x^2 - 6x + 5}{x} \geq 0$.

Solución: Sea

$$f(x) = \frac{x^2 - 6x + 5}{x} = \frac{(x - 1)(x - 5)}{x}$$

Para una función racional $f = g/h$, la desigualdad se resuelve considerando los intervalos determinados tanto por las raíces de $g(x) = 0$ como por las raíces de $h(x) = 0$. Observe que las raíces de $g(x) = 0$ son las raíces de $f(x) = 0$ debido a que la única manera de que una fracción sea 0 es que su numerador sea 0. Por otro lado, las raíces de $h(x) = 0$ son precisa-

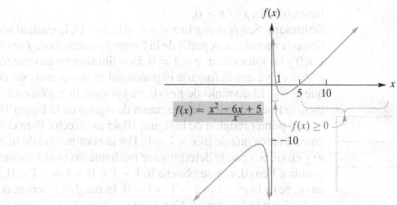

FIGURA 10.43   Gráfica de signos para $\dfrac{(x-1)(x-5)}{x}$.

FIGURA 10.44   Gráfica de $f(x) = \dfrac{x^2 - 6x + 5}{x}$.

mente los puntos en los que f no está definida y éstos también son precisamente los puntos en los que f es discontinua. El signo de f puede cambiar en una raíz y puede cambiar en una discontinuidad. Aquí las raíces del numerador son 1 y 5 y la raíz del denominador es 0. En orden ascendente, esto resulta en 0, 1 y 5, lo que determina los intervalos abiertos

$$(-\infty, 0) \quad (0, 1) \quad (1, 5) \quad (5, \infty)$$

Éstos, junto con la observación de que $1/x$ es un *factor* de f, conducen al diagrama de signos mostrado en la figura 10.43.

Aquí, los dos primeros renglones del diagrama de signos se construyen como antes. En el tercer renglón se ha colocado un signo $\times$ en 0 para indicar que el factor $1/x$ no está definido en 0. El renglón inferior, como antes, se construye tomando los productos de las entradas previas. Observe que un producto no está definido en ningún punto en el que cualquiera de sus factores no esté definido. De ahí que también se tenga una entrada $\times$ en 0 en el renglón inferior.

A partir de la última fila del diagrama de signos se puede leer que la solución de $\dfrac{(x-1)(x-5)}{x} \geq 0$ es $(0, 1] \cup [5, \infty]$. Observe que 1 y 5 están en la solución y 0 no lo está.

En la figura 10.44 se ha graficado $f(x) = \dfrac{x^2 - 6x + 5}{x}$ y se puede confirmar visualmente que la solución de la desigualdad $f(x) \geq 0$ es precisamente el conjunto de todos los números reales en los que la gráfica se encuentra en o por encima del eje x.

Ahora resuelva el problema 17 ◁

No siempre es necesario un diagrama de signos, como se muestra en el siguiente ejemplo.

EJEMPLO 4   Resolución de desigualdades no lineales

a. Resuelva $x^2 + 1 > 0$.

Solución: La ecuación $x^2 + 1 = 0$ no tiene raíces reales. Por lo tanto, la función continua $f(x) = x^2 + 1$ no tiene intersecciones en x. De esto se deduce que $f(x)$ siempre es positiva o siempre es negativa. Pero x^2 siempre es positiva o cero, de modo que $x^2 + 1$ siempre es positiva. Por lo tanto, la solución de $x^2 + 1 > 0$ es $(-\infty, \infty)$.

b. Resuelva $x^2 + 1 < 0$.

Solución: Con base en el inciso (a), $x^2 + 1$ siempre es positiva, de modo que $x^2 + 1 < 0$ no tiene solución, lo cual significa que el conjunto de soluciones es ϕ, el conjunto vacío.

Ahora resuelva el problema 7 ◁

Se concluye con un ejemplo no racional. La importancia de la función que presentamos será más clara en los capítulos posteriores.

EJEMPLO 5   Resolución de una desigualdad con funciones racionales

Resuelva $x \ln x - x \geq 0$.

Solución: Sea $f(x) = x \ln x - x = x(\ln x - 1)$, la cual, al ser un producto de funciones continuas, es continua. A partir de la forma *factorizada* de f se observa que las raíces de $f(x) = 0$ son 0 y las raíces de $\ln x - 1 = 0$. Esto último es equivalente a $\ln x = 1$, que es equivalente a $e^{\ln x} = e^1$, ya que la función exponencial es uno a uno. Sin embargo, la última igualdad dice que $x = e$. El dominio de f es $(0, \infty)$ porque $\ln x$ sólo está definida para $x > 0$. El dominio dicta la línea superior del diagrama de signos de la figura 10.45.

El primer renglón de la figura 10.45 es directo. Para el segundo renglón, se coloca un 0 en e, la única raíz de $\ln x - 1 = 0$. Por la continuidad de $\ln x - 1$, el signo de $\ln x - 1$ en $(0, e)$ y en (e, ∞) puede determinarse mediante las evaluaciones adecuadas. Para el primero, se evalúa a 1 en $(0, e)$ y se obtiene $\ln 1 - 1 = 0 - 1 = -1 < 0$. Para el segundo, se evalúa a e^{-2} en (e, ∞) y $\ln e^2 - 1 = 2 - 1 = 1 > 0$. El renglón inferior, como de costumbre, se determina multiplicando los demás. Con base en el renglón inferior de la figura 10.45, la solución de $x \ln x - x \geq 0$ es evidentemente $[e, \infty)$.

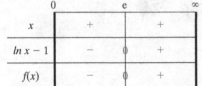

FIGURA 10.45   Diagrama de signos para $x \ln x - x$.

Ahora resuelva el problema 35 ◁

PROBLEMAS 10.4

En los problemas del 1 al 26, resuelva las desigualdades por medio de la técnica estudiada en esta sección.

1. $x^2 - 3x - 4 > 0$
2. $x^2 - 8x + 15 > 0$
3. $x^2 - 3x - 10 \leq 0$
4. $15 - 2x - x^2 \geq 0$
5. $2x^2 + 11x + 14 < 0$
6. $x^2 - 4 < 0$
7. $x^2 + 4 < 0$
8. $2x^2 - x - 2 \leq 0$
9. $(x + 1)(x - 2)(x + 7) \leq 0$
10. $(x + 5)(x + 2)(x - 7) \leq 0$
11. $-x(x - 5)(x + 4) > 0$
12. $(x + 2)^2 > 0$
13. $x^3 + 4x \geq 0$
14. $(x + 3)^2(x^2 - 4) < 0$
15. $x^3 + 8x^2 + 15x \leq 0$
16. $x^3 + 6x^2 + 9x < 0$
17. $\dfrac{x}{x^2 - 9} < 0$
18. $\dfrac{x^2 - 1}{x} < 0$
19. $\dfrac{3}{x + 1} \geq 0$
20. $\dfrac{3}{x^2 - 5x + 6} > 0$
21. $\dfrac{x^2 - x - 6}{x^2 + 4x - 5} \geq 0$
22. $\dfrac{x^2 + 4x - 5}{x^2 + 3x + 2} \leq 0$
23. $\dfrac{3}{x^2 + 6x + 5} \leq 0$
24. $\dfrac{3x + 2}{(x - 1)^2} \leq 0$
25. $x^2 + 2x \geq 2$
26. $x^4 - 16 \geq 0$

27. Ingresos   Suponga que los consumidores compran q unidades de un producto cuando el precio de *cada* unidad es de $28 - 0.2q$. ¿Cuántas unidades deben venderse para que el ingreso sea al menos de $750?

28. Administración forestal   Una compañía maderera posee un bosque cuya forma es rectangular y mide 1×2 millas. La compañía quiere cortar una franja uniforme de árboles a lo largo de los lados

externos del bosque. ¿Qué tan ancha debe ser la franja si se quiere conservar al menos $1\frac{5}{16}$ mi^2 de bosque?

29. Diseño de contenedor   Un fabricante de contenedores desea hacer una caja sin tapa y para ello corta un cuadrado de 3 por 3 pulgadas en cada esquina de una hoja cuadrada de aluminio y luego dobla hacia arriba los lados. La caja debe contener al menos 192 pulg^3. Encuentre las dimensiones de la hoja de aluminio más pequeña que pueda utilizarse.

30. Participación en talleres   Imperial Education Services (IES) ofrece un curso de procesamiento de datos al personal clave de la compañía Zeta. El precio por persona es de $50 y la compañía Zeta garantiza que al menos habrá 50 asistentes. Suponga que el IES ofrece reducir el costo para *todos* en $0.50 por cada persona que asista después de las primeras 50. ¿Cuál es el límite del tamaño del grupo que el IES aceptará de modo que el ingreso total nunca sea menor que lo recibido por 50 personas?

31. Grafique $f(x) = x^3 + 7x^2 - 5x + 4$. Utilice la gráfica para determinar la solución de
$$x^3 + 7x^2 - 5x + 4 \leq 0$$

32. Grafique $f(x) = \dfrac{3x^2 - 0.5x + 2}{6.2 - 4.1x}$. Utilice la gráfica para determinar la solución de
$$\dfrac{3x^2 - 0.5x + 2}{6.2 - 4.1x} > 0$$

Una manera novedosa de resolver una desigualdad no lineal como $f(x) > 0$ es por inspección de la gráfica de $g(x) = f(x)/|f(x)|$, cuyo rango consiste sólo en 1 y −1:

$$g(x) = \frac{f(x)}{|f(x)|} = \begin{cases} 1 & \text{si } f(x) > 0 \\ -1 & \text{si } f(x) < 0 \end{cases}$$

La solución de f(x) > 0 consiste en todos los intervalos para los cuales g(x) = 1. Resuelva las desigualdades de los problemas 33 y 34 con esta técnica.

33. $6x^2 - x - 2 > 0$

34. $\dfrac{x^2 + x - 1}{x^2 + x - 6} < 0$

35. Grafique $x \ln x - x$. ¿La función parece ser continua? ¿Apoya la gráfica las conclusiones del ejemplo 5? ¿En qué valor la función parece tener un mínimo?

36. Grafique e^{-x^2}. ¿La función parece ser continua? ¿La conclusión puede confirmarse mediante la invocación de hechos sobre las funciones continuas? ¿En qué valor la función parece tener un máximo?

Repaso del capítulo 10

Términos y símbolos importantes

Ejemplos

Sección 10.1 **Límites**
$\lim_{x \to a} f(x) = L$

Ej. 8, p. 466

Sección 10.2 **Límites (*continuación*)**
$\lim_{x \to a^-} f(x) = L \qquad \lim_{x \to a^+} f(x) = L \qquad \lim_{x \to a} f(x) = \infty$
$\lim_{x \to \infty} f(x) = L \qquad \lim_{x \to -\infty} f(x) = L$

Ej. 1, p. 470
Ej. 3, p. 471

Sección 10.3 **Continuidad**
continua en a discontinua en a
continua en un intervalo continua en su dominio

Ej. 3, p. 478
Ej . 4, p. 479

Sección 10.4 **Continuidad aplicada a desigualdades**
diagrama de signos

Ej. 1, p. 483

Resumen

La noción de límite es el fundamento del cálculo. Decir que $\lim_{x \to a} f(x) = L$ significa que los valores de $f(x)$ pueden acercarse mucho al número L cuando se selecciona una x lo suficientemente cerca, pero diferente, de a. Si $\lim_{x \to a} f(x)$ y $\lim_{x \to a} g(x)$ existen y c es una constante, entonces:

1. $\lim_{x \to a} c = c$

2. $\lim_{x \to a} x^n = a^n$

3. $\lim_{x \to a} [f(x) \pm g(x)] = \lim_{x \to a} f(x) \pm \lim_{x \to a} g(x)$

4. $\lim_{x \to a} [f(x) \cdot g(x)] = \lim_{x \to a} f(x) \cdot \lim_{x \to a} g(x)$

5. $\lim_{x \to a} [cf(x)] = c \cdot \lim_{x \to a} f(x)$

6. $\lim_{x \to a} \dfrac{f(x)}{g(x)} = \dfrac{\lim_{x \to a} f(x)}{\lim_{x \to a} g(x)}$ si $\lim_{x \to a} g(x) \neq 0,$

7. $\lim_{x \to a} \sqrt[n]{f(x)} = \sqrt[n]{\lim_{x \to a} f(x)}$

8. Si f es una función polinomial, entonces
$\lim_{x \to a} f(x) = f(a).$

La propiedad 8 significa que el límite de una función polinomial, cuando $x \to a$, puede encontrarse con sólo evaluar el polinomio en a. Sin embargo, con otras funciones f, la evaluación en a puede conducir a la forma indeterminada 0/0. En tales casos, mediante operaciones algebraicas como factorización y cancelación, puede producirse una función g que concuerde con f, para $x \neq a$, y para la cual sea posible determinar el límite.

Si $f(x)$ se aproxima a L cuando x se aproxima a a por la derecha, entonces se escribe $\lim_{x \to a^+} f(x) = L$. Si $f(x)$ se aproxima a L cuando x se aproxima a a por la izquierda, entonces se escribe $\lim_{x \to a^-} f(x) = L$. Estos límites se llaman límites unilaterales.

El símbolo de infinito ∞, que no representa un número, se utiliza para describir límites. El enunciado

$$\lim_{x \to \infty} f(x) = L$$

significa que cuando x crece indefinidamente, los valores de $f(x)$ se aproximan al número L. Una proposición similar se aplica cuando $x \to -\infty$, lo cual significa que x disminuye indefinidamente. En general, si $p > 0$, entonces

$$\lim_{x \to \infty} \frac{1}{x^p} = 0 \qquad y \qquad \lim_{x \to -\infty} \frac{1}{x^p} = 0$$

Si $f(x)$ aumenta indefinidamente cuando $x \to a$, entonces se escribe $\lim_{x \to a} f(x) = \infty$. De manera similar, si $f(x)$ disminuye indefinidamente, se tiene $\lim_{x \to a} f(x) = -\infty$. Decir que el límite de una función es ∞ (o $-\infty$) no significa que el límite exista; es una manera de decir que el límite no existe y decir *por qué* no hay límite.

Existe una regla para evaluar el límite de una función racional (cociente de polinomios) cuando $x \to \infty$ o $-\infty$. Si $f(x)$ es una función racional y $a_n x^n$ y $b_m x^m$ son los términos en el numerador y el denominador, respectivamente, que tienen las potencias más grandes de x, entonces

$$\lim_{x \to \infty} f(x) = \lim_{x \to \infty} \frac{a_n x^n}{b_m x^m}$$

y

$$\lim_{x \to -\infty} f(x) = \lim_{x \to -\infty} \frac{a_n x^n}{b_m x^m}$$

En particular, cuando $x \to \infty$ o $-\infty$, el límite de un polinomio es el mismo que el límite del término que tiene la potencia más grande de x. Esto significa que para un polinomio no constante, cuando $x \to \infty$ o $-\infty$ el límite es ∞ o bien $-\infty$.

Una función f es continua en a si y sólo si

1. $f(a)$ existe.

2. $\lim_{x \to a} f(x)$ existe.

3. $\lim_{x \to a} f(x) = f(a)$.

De manera geométrica, esto significa que la gráfica de f no se interrumpe cuando $x = a$. Si una función no es continua

en a, entonces se dice que es discontinua en a. Las funciones polinomiales y las funciones racionales son continuas en sus dominios. Por lo tanto, las funciones polinomiales no tienen discontinuidades y las funciones racionales son discontinuas sólo en los puntos donde su denominador es cero.

Para resolver la desigualdad $f(x) > 0$ (o $f(x) < 0$), primero se encuentran las raíces reales de $f(x) = 0$ y los valores de x para los cuales f es discontinua. Estos valores determinan intervalos y, en cada intervalo, $f(x)$ siempre es positiva o siempre es negativa. Para encontrar el signo en cualquiera de estos intervalos, basta con determinar el signo de $f(x)$ en cualquier punto del intervalo. Después que los signos se determinan para todos los intervalos y se ensamblan en un diagrama de signos, es fácil dar la solución de $f(x) > 0$ (o $f(x) < 0$).

Problemas de repaso

En los problemas del 1 al 28, encuentre los límites, si existen. Si el límite no existe, indíquelo así o utilice el símbolo ∞ o $-\infty$ donde sea apropiado.

1. $\lim_{x \to -1} (2x^2 + 6x - 1)$

2. $\lim_{x \to 0} \dfrac{2x^2 - 3x + 1}{2x^2 - 2}$

3. $\lim_{x \to 4} \dfrac{x^2 - 16}{x^2 - 4x}$

4. $\lim_{x \to -4} \dfrac{2x + 3}{x^2 - 4}$

5. $\lim_{h \to 0} (x + h)$

6. $\lim_{x \to 2} \dfrac{x^2 - 4}{x^2 - 3x + 2}$

7. $\lim_{x \to -4} \dfrac{x^3 + 4x^2}{x^2 + 2x - 8}$

8. $\lim_{x \to 2} \dfrac{x^2 - 7x + 10}{x^2 + x - 6}$

9. $\lim_{x \to \infty} \dfrac{2}{x + 1}$

10. $\lim_{x \to \infty} \dfrac{x^2 + 1}{2x^2}$

11. $\lim_{x \to 0} \dfrac{2x + 5}{7x - 4}$

12. $\lim_{x \to -\infty} \dfrac{1}{x^4}$

13. $\lim_{t \to 4} \dfrac{3t - 4}{t - 4}$

14. $\lim_{x \to -\infty} \dfrac{x^6}{x^5}$

15. $\lim_{x \to -\infty} \dfrac{x + 3}{1 - x}$

16. $\lim_{x \to 4} \sqrt[3]{64}$

17. $\lim_{x \to 0} \dfrac{x^2 - 1}{(3x + 2)^2}$

18. $\lim_{x \to 5} \dfrac{x^2 - 2x - 15}{x - 5}$

19. $\lim_{x \to 3^-} \dfrac{x + 3}{x^2 - 9}$

20. $\lim_{x \to 2} \dfrac{2 - x}{x - 2}$

21. $\lim_{x \to \infty} \sqrt{3x}$

22. $\lim_{y \to 5^+} \sqrt{y - 5}$

23. $\lim_{x \to \infty} \dfrac{x^{100} + (1/x^4)}{e - x^{96}}$

24. $\lim_{x \to -\infty} \dfrac{ex^2 - x^4}{31x - 2x^3}$

25. $\lim_{x \to 1} f(x)$ si $f(x) = \begin{cases} x^2 & \text{si } 0 \le x < 1 \\ x & \text{si } x > 1 \end{cases}$

26. $\lim_{x \to 3} f(x)$ si $f(x) = \begin{cases} x + 5 & \text{si } x < 3 \\ 6 & \text{si } x \ge 3 \end{cases}$

27. $\lim_{x \to 4^+} \dfrac{\sqrt{x^2 - 16}}{4 - x}$ (*Sugerencia:* Para $x > 4$,

$\sqrt{x^2 - 16} = \sqrt{x - 4}\sqrt{x + 4}$).

28. $\lim_{x \to 3^+} \dfrac{x^2 + x - 12}{\sqrt{x - 3}}$ (*Sugerencia:* Para $x > 3$, $\dfrac{x - 3}{\sqrt{x - 3}} = \sqrt{x - 3}$).

29. Si $f(x) = 8x - 2$, encuentre $\lim_{h \to 0} \dfrac{f(x + h) - f(x)}{h}$.

30. Si $f(x) = 2x^2 - 3$, encuentre $\lim_{h \to 0} \dfrac{f(x + h) - f(x)}{h}$.

31. Relación huésped-parásito Para una relación particular huésped-parásito, se determinó que cuando la densidad del huésped (número de huéspedes por unidad de área) es x, entonces el número de parásitos presentes a lo largo de cierto periodo es

$$y = 23\left(1 - \dfrac{1}{1 + 2x}\right)$$

Si la densidad del huésped aumentara indefinidamente, ¿a qué valor se aproximaría y?

32. Relación presa-depredador Para una relación particular de presa-depredador, se determinó que el número y de presas consumidas por un depredador a lo largo de cierto periodo fue una función de la densidad de presas x (el número de presas por unidad de área). Suponga que

$$y = f(x) = \dfrac{10x}{1 + 0.1x}$$

Si la densidad de presas aumentara indefinidamente, ¿a qué valor se aproximaría y?

33. Mediante la definición de *continuidad*, demuestre que la función $f(x) = x + 3$ es continua en $x = 2$.

34. Mediante la definición de *continuidad*, demuestre que la función $f(x) = \dfrac{x - 5}{x^2 + 2}$ es continua en $x = 5$.

35. Establezca si $f(x) = x^2/5$ es continua en cada número real. Dé una razón para su respuesta.

36. Establezca si $f(x) = x^2 - 2$ es continua en todas partes. Dé una razón para su respuesta.

En los problemas del 37 al 44, encuentre los puntos de discontinuidad (si los hay) para cada función.

37. $f(x) = \dfrac{x^2}{x + 3}$

38. $f(x) = \dfrac{0}{x^2}$

39. $f(x) = \dfrac{x - 1}{2x^2 + 3}$

40. $f(x) = (2 - 3x)^3$

41. $f(x) = \dfrac{4 - x^2}{x^2 + 3x - 4}$

42. $f(x) = \dfrac{2x + 6}{x^3 + x}$

43. $f(x) = \begin{cases} 2x + 3 & \text{si } x > 2 \\ 3x + 5 & \text{si } x \le 2 \end{cases}$

44. $f(x) = \begin{cases} 1/x & \text{si } x < 1 \\ 1 & \text{si } x \ge 1 \end{cases}$

En los problemas del 45 al 52, resuelva las desigualdades dadas.

45. $x^2 + 4x - 12 > 0$

46. $3x^2 - 3x - 6 \le 0$

47. $x^5 \le 7x^4$

48. $x^3 + 9x^2 + 14x < 0$

49. $\dfrac{x+5}{x^2-1} < 0$

50. $\dfrac{x(x+5)(x+8)}{3} < 0$

51. $\dfrac{x^2+3x}{x^2+2x-8} \ge 0$

52. $\dfrac{x^2-9}{x^2-16} \le 0$

53. Grafique $f(x) = \dfrac{x^3 + 3x^2 - 19x + 18}{x^3 - 2x^2 + x - 2}$. Utilice la gráfica para estimar $\lim_{x \to 2} f(x)$.

54. Grafique $f(x) = \dfrac{\sqrt{x+3} - 2}{x - 1}$. A partir de la gráfica, estime $\lim_{x \to 1} f(x)$.

55. Grafique $f(x) = x \ln x$. Con base en la gráfica, estime el límite unilateral $\lim_{x \to 0^+} f(x)$.

56. Grafique $f(x) = \dfrac{e^x - 1}{(e^x + 1)(e^{2x} - e^x)}$. Utilice la gráfica para estimar $\lim_{x \to 0} f(x)$.

57. Grafique $f(x) = x^3 - x^2 + x - 6$. Utilice la gráfica para determinar la solución de

$$x^3 - x^2 + x - 6 \ge 0$$

58. Grafique $f(x) = \dfrac{x^5 - 4}{x^3 + 1}$. Utilice la gráfica para determinar la solución de

$$\frac{x^5 - 4}{x^3 + 1} \le 0$$

EXPLORE Y AMPLÍE   **Deuda nacional**

El tamaño de la deuda nacional de Estados Unidos es de gran interés para muchas personas y con frecuencia constituye un tema sobre el cual se habla en las noticias. La magnitud de la deuda afecta la confianza en la economía de Estados Unidos tanto de inversionistas nacionales como de extranjeros, funcionarios empresariales y líderes políticos. Hay quienes creen que, para reducir su deuda, el gobierno debería disminuir los gastos, lo cual afectaría los programas de gobierno; o bien aumentar sus ingresos, posiblemente a través de un aumento en los impuestos.

Suponga que es posible reducir esta deuda continuamente a una tasa anual fija. Esto es similar al concepto de interés compuesto continuamente, como se estudió antes en el capítulo 5, salvo que en lugar de agregar interés a una cantidad a cada instante, se restaría la deuda a cada instante. A continuación se estudiará cómo podría modelarse esta situación.

Suponga que la deuda D_0 se reduce a una tasa anual r en el instante $t = 0$. Además, suponga que hay k periodos de igual extensión en un año. Al final del primer periodo, la deuda original se reduce en $D_0\left(\dfrac{r}{k}\right)$, de modo que la nueva deuda es

$$D_0 - D_0\left(\frac{r}{k}\right) = D_0\left(1 - \frac{r}{k}\right)$$

Al final del segundo periodo, esta deuda se reduce en $D_0\left(1 - \dfrac{r}{k}\right)\dfrac{r}{k}$ de modo que la nueva deuda es

$$D_0\left(1 - \frac{r}{k}\right) - D_0\left(1 - \frac{r}{k}\right)\frac{r}{k}$$
$$= D_0\left(1 - \frac{r}{k}\right)\left(1 - \frac{r}{k}\right)$$
$$= D_0\left(1 - \frac{r}{k}\right)^2$$

El patrón continúa. Al final del tercer periodo la deuda es $D_0\left(1 - \dfrac{r}{k}\right)^3$, y así sucesivamente. Al término de t años, el número de periodos es kt y la deuda es $D_0\left(1 - \dfrac{r}{k}\right)^{kt}$. Si la deuda se redujera a cada instante, entonces $k \to \infty$. Así, se desea encontrar

$$\lim_{k \to \infty} D_0\left(1 - \frac{r}{k}\right)^{kt}$$

que puede reescribirse como

$$D_0\left[\lim_{k \to \infty}\left(1 - \frac{r}{k}\right)^{-k/r}\right]^{-rt}$$

Si establecemos $x = -r/k$, entonces la condición $k \to \infty$ implica que $x \to 0$. De modo que el límite dentro de los corchetes tiene la forma $\lim_{x \to 0}(1 + x)^{1/x}$, que, tal como se estudió en la sección 10.1, es e. Por lo tanto, si en el instante $t = 0$ la deuda D_0 se reduce continuamente a una tasa anual r, entonces t años después la deuda D está dada por

$$D = D_0 e^{-rt}$$

Por ejemplo, suponga que Estados Unidos tenía una deuda de \$11 195 mil millones (redondeada al millar de millones más cercano) a mediados de abril de 2009 y una tasa de reducción continua de 3% anual. Entonces, dentro de t años contados a partir de ahora, la deuda está dada por

$$D = 11\ 195 e^{-0.03t}$$

en la cual D está en miles de millones. Esto significa que dentro de 10 años, la deuda será de $11\ 195 e^{-0.03} \approx \$8293$ mil millones. En la figura 10.46 se muestra la gráfica de $D = 11\ 195 e^{-rt}$ para varias tasas r. Por supuesto, entre mayor sea el valor de r, más rápida será la reducción de la deuda. Observe que para $r = 0.03$, al final de 30 años la deuda aún es considerable (aproximadamente $4552 mil millones).

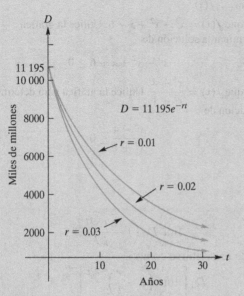

FIGURA 10.46   Presupuesto de deuda reducida de manera continua.

Es interesante observar que los elementos radiactivos que decaen también siguen el modelo de reducción continua de la deuda $D = D_0 e^{-rt}$.

Para investigar sobre la situación actual de la deuda nacional de Estados Unidos, visite uno de los seguidores de esta deuda en Internet. Teclee "national debt clock" en un buscador web.

Problemas

En los problemas siguientes, suponga una deuda estadounidense actual de $11 195 mil millones.

1. Si la deuda se redujera a $10 000 miles de millones dentro de un año, ¿qué tasa anual de reducción continua de la deuda estaría implicada? Redondee su respuesta al porcentaje más cercano.

2. Para una reducción continua de deuda a una tasa anual de 3%, determine el número de años necesarios, contados a partir de ahora, para que la deuda se reduzca a la mitad. Redondee su respuesta al año más cercano.

3. ¿Qué supuestos fundamentan un modelo de reducción de deuda que utiliza una función exponencial?

11 Diferenciación

Q EXPLORE Y AMPLÍE

Propensión marginal al consumo

Por lo general, en una zona de pesca, las regulaciones del gobierno limitan el número de peces que pueden pescar los barcos de pesca comerciales por temporada. Esto evita la pesca excesiva, que agota la población de peces y deja, a la larga, pocos peces que capturar.

Desde una perspectiva estrictamente comercial, la regulación ideal permitiría obtener un máximo en el número de peces disponibles cada año para la pesca. La clave para determinar las regulaciones ideales es la función matemática llamada curva de reproducción. Para un hábitat de peces, esta función estima la población de peces de un año al siguiente, $P(n + 1)$, con base en la población actual, $P(n)$, suponiendo que no hay intervención externa como pesca o influencia de depredadores.

La figura que se presenta abajo a la izquierda muestra una curva común de reproducción; en la figura también está graficada la recta $P(n + 1) = P(n)$, a lo largo de la cual las poblaciones $P(n)$ y $P(n + 1)$ serían iguales. Observe la intersección de la curva con la recta en el punto A. Éste es el punto donde, a consecuencia de la gran aglomeración que hay en el hábitat, la población alcanza su tamaño máximo sostenible. Una población que tiene este tamaño en un año, tendrá el mismo tamaño el año siguiente.

Para cualquier punto situado en el eje horizontal, la distancia entre la curva de reproducción y la recta $P(n + 1) = P(n)$ representa la pesca sostenible: el número de peces que pueden ser atrapados, después que las crías han crecido hasta madurar, de modo que al final la población regrese al mismo tamaño que tenía un año antes.

Desde el punto de vista comercial, el tamaño de población óptimo es aquél donde la distancia entre la curva de reproducción y la recta $P(n + 1) = P(n)$ es máxima. Esta condición se cumple donde las pendientes de la curva de reproducción y la recta $P(n + 1) = P(n)$ son iguales. [Por supuesto, la pendiente de $P(n + 1) = P(n)$ es 1]. Así, para una cosecha de peces máxima año tras año, las regulaciones deben tener como objetivo mantener la población de peces muy cerca de P_0.

Aquí, una idea central es la de la pendiente de una curva en un punto dado. Esta idea es la piedra angular del presente capítulo.

En este momento iniciaremos nuestro estudio del cálculo. Las ideas involucradas en cálculo son totalmente diferentes a las de álgebra y geometría. La fuerza e importancia de estas ideas y de sus aplicaciones se aclararán más adelante en el libro. En este capítulo se introducirá la *derivada* de una función, así como las reglas importantes para encontrar derivadas. También se analizará el uso de la derivada para analizar la razón de cambio de una cantidad, tal como la razón a la cual cambia la posición de un cuerpo.

Objetivo

Desarrollar la idea de una recta que es tangente a una curva, definir la pendiente de una curva, definir una derivada y darle una interpretación geométrica. Calcular derivadas mediante el uso de la definición de límite.

11.1 La derivada

El problema principal del cálculo diferencial consiste en encontrar la pendiente de la *recta tangente* en un punto situado sobre una curva. Quizá en la clase de geometría de bachillerato vio usted que una recta tangente, o *tangente*, a un círculo es una recta que toca al círculo en un solo punto exacto (figura 11.1). Sin embargo, esta idea de una tangente no es muy útil en otras clases de curvas. Por ejemplo, en la figura 11.2a), las rectas L_1 y L_2 intersecan a la curva en exactamente un solo punto, P. Aunque L_2 no se vería como la tangente en este punto, parece natural que L_1 sí lo sea. En la figura 11.2b) se podría considerar de manera intuitiva que L_3 es la tangente en el punto P, aunque L_3 interseca a la curva en otros puntos.

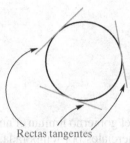

FIGURA 11.1   Rectas tangentes a un círculo.

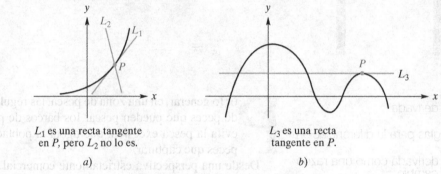

L_1 es una recta tangente en P, pero L_2 no lo es.

a)

L_3 es una recta tangente en P.

b)

FIGURA 11.2   Recta tangente en un punto.

En los ejemplos anteriores, puede verse que la idea de que una tangente es simplemente una línea que interseca una curva en sólo un punto resulta inadecuada. Para obtener una definición conveniente de recta tangente, se utiliza el concepto de límite y la noción geométrica de *recta secante*. Una **recta secante** es una línea que interseca una curva en dos o más puntos.

Observe la gráfica de la función $y = f(x)$ en la figura 11.3. Se desea definir la recta tangente en el punto P. Si Q es un punto diferente sobre la curva, la línea PQ es una recta secante. Si Q se desplaza a lo largo de la curva y se acerca a P por la derecha (vea la figura 11.4), PQ', PQ'', etc., son rectas secantes características. Si Q se acerca a P por la izquierda, PQ_1, PQ_2, etc., son las secantes. *En ambos casos, las rectas secantes se acercan a la misma posición límite*. Esta posición límite común de las rectas secantes se define como la **recta tangente** a la curva en P. Esta definición parece razonable y se aplica a las curvas en general, no sólo a los círculos.

Una curva no necesariamente tiene una recta tangente en cada uno de sus puntos. Por ejemplo, la curva $y = |x|$ no tiene una tangente en $(0, 0)$. Como se puede ver en la figura 11.5, una recta secante que pasa por $(0, 0)$ y un punto cercano a su derecha en la curva, siempre será la recta $y = x$. Así, la posición límite de tales rectas secantes es también la recta

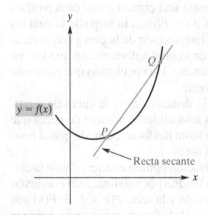

FIGURA 11.3   Recta secante PQ.

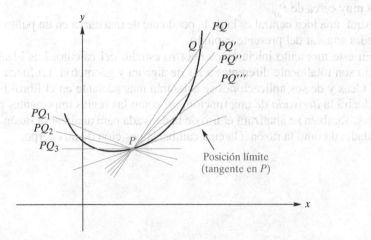

FIGURA 11.4   La recta tangente es una posición límite de las rectas secantes.

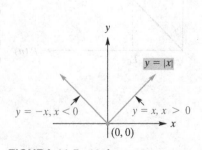

FIGURA 11.5   No hay recta tangente para la gráfica de $y = |x|$ en $(0, 0)$.

$y = x$. Sin embargo, una recta secante que pase por $(0, 0)$ y un punto cercano a su izquierda sobre la curva, siempre será la recta $y = -x$. Entonces, la posición límite de tales rectas secantes es también la recta $y = -x$. Como no existe una posición límite común, no hay una recta tangente en $(0, 0)$.

Ahora que se tiene una definición conveniente de la tangente a una curva en un punto, puede definirse la *pendiente de una curva* en un punto.

Definición

La **pendiente de una curva** en un punto P es la pendiente, en caso de que exista, de la recta tangente en P.

Como la tangente en P es una posición límite de las rectas secantes PQ, consideremos ahora la pendiente de la tangente como el valor límite de las pendientes de las rectas secantes conforme Q se aproxima a P. Por ejemplo, considere la curva $f(x) = x^2$ y las pendientes de algunas rectas secantes PQ, donde $P = (1, 1)$. Para el punto $Q = (2.5, 6.25)$, la pendiente de PQ (vea la figura 11.6) es

$$m_{PQ} = \frac{\text{elevación}}{\text{desplazamiento}} = \frac{6.25 - 1}{2.5 - 1} = 3.5$$

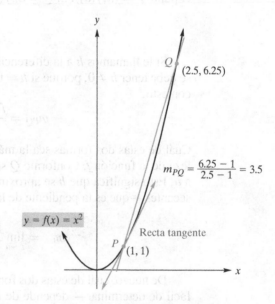

FIGURA 11.6   Recta secante a $f(x) = x^2$ que pasa por $(1, 1)$ y $(2.5, 6.25)$.

En la tabla 11.1 se incluyen otros puntos Q situados sobre la curva, así como las correspondientes pendientes de PQ. Observe que conforme Q se aproxima a P, las pendientes de las rectas secantes parecen aproximarse al valor 2. Entonces, puede esperarse que la pendiente de la recta tangente indicada en $(1, 1)$ sea 2. Esto se confirmará más adelante en el ejemplo 1. Pero primero deseamos generalizar el procedimiento.

Tabla 11.1 Pendientes de rectas secantes a la curva $f(x) = x^2$ en $P = (1, 1)$	
Q	Pendiente de PQ
$(2.5, 6.25)$	$(6.25 - 1)/(2.5 - 1) = 3.5$
$(2, 4)$	$(4 - 1)/(2 - 1) = 3$
$(1.5, 2.25)$	$(2.25 - 1)/(1.5 - 1) = 2.5$
$(1.25, 1.5625)$	$(1.5625 - 1)/(1.25 - 1) = 2.25$
$(1.1, 1.21)$	$(1.21 - 1)/(1.1 - 1) = 2.1$
$(1.01, 1.0201)$	$(1.0201 - 1)/(1.01 - 1) = 2.01$

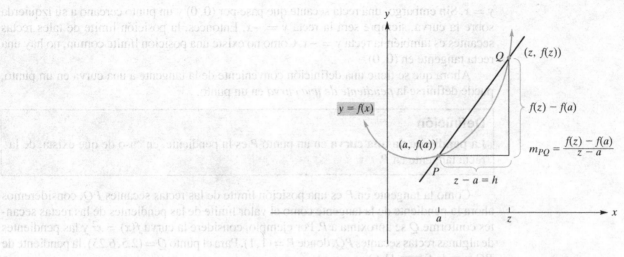

FIGURA 11.7   Recta secante que pasa por P y Q.

Para la curva $y = f(x)$ de la figura 11.7, se encontrará una expresión para la pendiente en el punto $P = (a, f(a))$. Si $Q = (z, f(z))$, la pendiente de la recta secante PQ es

$$m_{PQ} = \frac{f(z) - f(a)}{z - a}$$

Si le llamamos h a la diferencia $z - a$, entonces podemos escribir z como $a + h$. Aquí se debe tener $h \neq 0$, porque si $h = 0$, entonces $z = a$ y no existirá recta secante. De acuerdo con esto,

$$m_{PQ} = \frac{f(z) - f(a)}{z - a} = \frac{f(a + h) - f(a)}{h}$$

Cuál de estas dos formas sea la más conveniente para expresar m_{PQ} depende de la naturaleza de la función f. Conforme Q se desplaza a lo largo de la curva hacia P, z se aproxima a a. Esto significa que h se aproxima a cero. El valor límite de las pendientes de las rectas secantes —que es la pendiente de la recta tangente en $(a, f(a))$— es

$$m_{\tan} = \lim_{z \to a} \frac{f(z) - f(a)}{z - a} = \lim_{h \to 0} \frac{f(a + h) - f(a)}{h} \tag{1}$$

De nuevo, cuál de estas dos formas sea la más conveniente —cuál de los límites es más fácil de determinar— depende de la naturaleza de la función f. En el ejemplo 1, se usará este límite para confirmar la conclusión anterior de que la pendiente de la recta tangente a la curva $f(x)^2 = x^2$ en $(1, 1)$ es igual a 2.

EJEMPLO 1   Determinación de la pendiente de una recta tangente

Encuentre la pendiente de la recta tangente a la curva $y = f(x) = x^2$ en el punto $(1, 1)$.

Solución: La pendiente es el límite en la ecuación (1) con $f(x) = x^2$ y $a = 1$:

$$\lim_{h \to 0} \frac{f(1 + h) - f(1)}{h} = \lim_{h \to 0} \frac{(1 + h)^2 - (1)^2}{h}$$

$$= \lim_{h \to 0} \frac{1 + 2h + h^2 - 1}{h} = \lim_{h \to 0} \frac{2h + h^2}{h}$$

$$= \lim_{h \to 0} \frac{h(2 + h)}{h} = \lim_{h \to 0} (2 + h) = 2$$

Por lo tanto, la recta tangente a $y = x^2$ en $(1, 1)$ tiene pendiente igual a 2. (Vea la figura 11.6).

Ahora resuelva el problema 1 ◁

Es posible generalizar la ecuación (1) de manera que sea aplicable a cualquier punto $(x, f(x))$ ubicado sobre una curva. Si se reemplaza a por x se obtiene una función, llamada *derivada* de f, cuya entrada es x y cuya salida es la pendiente de la recta tangente a la curva en $(x, f(x))$, siempre que la recta tangente *exista* y *tenga* una pendiente. (Si la recta tangente existe pero es *vertical*, entonces no tiene pendiente). Así, se tiene la definición siguiente que constituye la base del cálculo diferencial:

Definición

La **derivada** de una función f es la función denotada como f' (se lee "f prima") y definida por

$$f'(x) = \lim_{z \to x} \frac{f(z) - f(x)}{z - x} = \lim_{h \to 0} \frac{f(x + h) - f(x)}{h} \tag{2}$$

siempre que este límite exista. Si $f'(a)$ puede encontrarse (quizá no todas las $f'(x)$ puedan encontrarse), se dice que f es **diferenciable** en a y a $f'(a)$ se le llama derivada de f en a o derivada de f con respecto a x en a. El proceso de encontrar la derivada se llama **diferenciación**.

En la definición de la derivada, la expresión

$$\frac{f(z) - f(x)}{z - x} = \frac{f(x + h) - f(x)}{h}$$

donde $z = x + h$, se llama **cociente de diferencias**. Así, $f'(x)$ es el límite de un cociente de diferencias.

EJEMPLO 2   Uso de la definición para encontrar la derivada

Si $f(x) = x^2$, encuentre la derivada de f.

Solución: Al aplicar la definición de una derivada se obtiene

$$f'(x) = \lim_{h \to 0} \frac{f(x + h) - f(x)}{h}$$

$$= \lim_{h \to 0} \frac{(x + h)^2 - x^2}{h} = \lim_{h \to 0} \frac{x^2 + 2xh + h^2 - x^2}{h}$$

$$= \lim_{h \to 0} \frac{2xh + h^2}{h} = \lim_{h \to 0} \frac{h(2x + h)}{h} = \lim_{h \to 0} (2x + h) = 2x$$

> Para calcular una derivada por medio de la definición, se requiere precisión. Por lo general, el cociente de diferencias requiere de una manipulación considerable antes de realizar el paso del límite. Esto demanda que cada paso escrito vaya precedido por "$\lim_{h \to 0}$" para indicar que el paso del límite aún sigue pendiente. Observe que después de realizar el paso del límite, h ya no está presente.

Observe que, al obtener el límite, se trata a x como una constante porque es h y no x la que está cambiando. Observe también que $f'(x) = 2x$ define una función de x, lo cual puede interpretarse como la pendiente de la recta tangente a la gráfica de f en $(x, f(x))$. Por ejemplo, si $x = 1$, entonces la pendiente es $f'(1) = 2 \cdot 1 = 2$, lo que confirma el resultado del ejemplo 1.

Ahora resuelva el problema 3 ◁

Además de la notación $f'(x)$, otras formas usadas para denotar a la derivada de $y = f(x)$ en x son

> **¡ADVERTENCIA!** ⚠
>
> La notación $\frac{dy}{dx}$, que se denomina *notación de Leibniz*, **no** debe considerarse como una fracción, aunque lo parezca. Es sólo un símbolo para representar una derivada. Aún no le hemos dado un significado a símbolos individuales como dy y dx.

$\dfrac{dy}{dx}$	se lee "de y, de x"
$\dfrac{d}{dx}(f(x))$	"de $f(x)$, de x"
y'	"y prima"
$D_x y$	("de x de y")
$D_x(f(x))$	("de x de $f(x)$")

Como la derivada proporciona la pendiente de la recta tangente, $f'(a)$ es la pendiente de la recta tangente para la gráfica de $y = f(x)$ en $(a, f(a))$.

Otras dos notaciones para la derivada de f en a son

$$\left.\frac{dy}{dx}\right|_{x=a} \quad \text{y} \quad y'(a)$$

EJEMPLO 3   **Determinación de una ecuación de una recta tangente**

Si $f(x) = 2x^2 + 2x + 3$, encuentre una ecuación de la recta tangente a la gráfica de f en $(1, 7)$.

Solución:

Estrategia   Primero se determinará la pendiente de la recta tangente calculando la derivada y evaluándola en $x = 1$. Mediante el uso de este resultado y del punto $(1, 7)$ en la forma punto-pendiente se obtiene una ecuación de la recta tangente.

Se tiene,

$$f'(x) = \lim_{h \to 0} \frac{f(x+h) - f(x)}{h}$$

$$= \lim_{h \to 0} \frac{(2(x+h)^2 + 2(x+h) + 3) - (2x^2 + 2x + 3)}{h}$$

$$= \lim_{h \to 0} \frac{2x^2 + 4xh + 2h^2 + 2x + 2h + 3 - 2x^2 - 2x - 3}{h}$$

$$= \lim_{h \to 0} \frac{4xh + 2h^2 + 2h}{h} = \lim_{h \to 0} (4x + 2h + 2)$$

Por lo que,

$$f'(x) = 4x + 2$$

y

$$f'(1) = 4(1) + 2 = 6$$

Así, la recta tangente a la gráfica en $(1, 7)$ tiene pendiente de 6. Una forma punto-pendiente de esta tangente es

$$y - 7 = 6(x - 1)$$

cuya forma pendiente-intersección es

$$y = 6x + 1$$

Ahora resuelva el problema 25 ◁

En el ejemplo 3 *no* es correcto decir que, como la derivada es $4x + 2$, la recta tangente en $(1, 7)$ es $y - 7 = (4x + 2)(x - 1)$. (Esta ni siquiera es la ecuación de una recta). La derivada debe **evaluarse** en el punto de tangencia para determinar la pendiente de la recta tangente.

EJEMPLO 4   **Determinación de la pendiente de una curva en un punto**

Encuentre la pendiente de la curva $y = 2x + 3$ en el punto donde $x = 6$.

Solución: La pendiente de la curva es la pendiente de la recta tangente. Si hacemos $y = f(x) = 2x + 3$, tenemos

$$\frac{dy}{dx} = \lim_{h \to 0} \frac{f(x+h) - f(x)}{h} = \lim_{h \to 0} \frac{(2(x+h) + 3) - (2x + 3)}{h}$$

$$= \lim_{h \to 0} \frac{2h}{h} = \lim_{h \to 0} 2 = 2$$

Como $dy/dx = 2$, cuando $x = 6$, o de hecho en cualquier punto, la pendiente es 2. Observe que la curva es una línea recta que tiene la misma pendiente en cada punto.

Ahora resuelva el problema 19 ◁

EJEMPLO 5   **Una función con una recta tangente vertical**

Encuentre $\dfrac{d}{dx}(\sqrt{x})$.

Solución: Al hacer $f(x) = \sqrt{x}$, se tiene

$$\frac{d}{dx}(\sqrt{x}) = \lim_{h \to 0} \frac{f(x+h) - f(x)}{h} = \lim_{h \to 0} \frac{\sqrt{x+h} - \sqrt{x}}{h}$$

Para calcular límites, con frecuencia es útil racionalizar los numeradores o denominadores de las fracciones.

Cuando $h \to 0$, tanto el numerador como el denominador tienden a cero. Esto puede evitarse racionalizando el *numerador*:

$$\frac{\sqrt{x+h}-\sqrt{x}}{h} = \frac{\sqrt{x+h}-\sqrt{x}}{h} \cdot \frac{\sqrt{x+h}+\sqrt{x}}{\sqrt{x+h}+\sqrt{x}}$$

$$= \frac{(x+h)-x}{h(\sqrt{x+h}+\sqrt{x})} = \frac{h}{h(\sqrt{x+h}+\sqrt{x})}$$

Por lo tanto,

$$\frac{d}{dx}(\sqrt{x}) = \lim_{h \to 0} \frac{h}{h(\sqrt{x+h}+\sqrt{x})} = \lim_{h \to 0} \frac{1}{\sqrt{x+h}+\sqrt{x}} = \frac{1}{\sqrt{x}+\sqrt{x}} = \frac{1}{2\sqrt{x}}$$

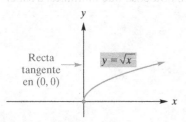

FIGURA 11.8   Recta tangente vertical en $(0, 0)$.

Observe que la función original, $\sqrt{x}$, está definida para $x \geq 0$, pero su derivada $1/(2\sqrt{x})$, está definida sólo cuando $x > 0$. La razón para esto resulta evidente a partir de la gráfica de $y = \sqrt{x}$ mostrada en la figura 11.8. Cuando $x = 0$, la tangente es una recta vertical, por lo que su pendiente no está definida.

Ahora resuelva el problema 17 ◁

En el ejemplo 5 se vio que la función $y = \sqrt{x}$ no es diferenciable cuando $x = 0$, ya que la recta tangente es vertical en ese punto. Vale la pena mencionar que $y = |x|$ tampoco es diferenciable cuando $x = 0$, pero por una razón diferente: *no* existe recta tangente en ese punto. (Vea la figura 11.5). Ambos ejemplos muestran que el dominio de f' debe estar estrictamente contenido en el dominio de f.

Con frecuencia, resulta más natural utilizar variables diferentes a x y y en los problemas aplicados. El tiempo, denotado por t, la cantidad, por q, y el precio, por p, son ejemplos obvios. Lo anterior se ilustra en el ejemplo 6.

Con frecuencia, la notación de Leibniz es útil para indicar una derivada porque hace énfasis en las variables independiente y dependiente implicadas. Por ejemplo, si la variable p es una función de la variable q, se habla de la derivada de p con respecto a q, que se escribe como dp/dq.

EJEMPLO 6   Determinación de la derivada de p con respecto a q

Si $p = f(q) = \dfrac{1}{2q}$, encuentre $\dfrac{dp}{dq}$.

Solución: Este problema se resolverá primero usando el límite $h \to 0$ (el único que se ha utilizado hasta ahora) y después se empleará $r \to q$ para ilustrar la otra variante del límite.

$$\frac{dp}{dq} = \frac{d}{dq}\left(\frac{1}{2q}\right) = \lim_{h \to 0} \frac{f(q+h)-f(q)}{h}$$

$$= \lim_{h \to 0} \frac{\dfrac{1}{2(q+h)} - \dfrac{1}{2q}}{h} = \lim_{h \to 0} \frac{\dfrac{q-(q+h)}{2q(q+h)}}{h}$$

$$= \lim_{h \to 0} \frac{q-(q+h)}{h(2q(q+h))} = \lim_{h \to 0} \frac{-h}{h(2q(q+h))}$$

$$= \lim_{h \to 0} \frac{-1}{2q(q+h)} = -\frac{1}{2q^2}$$

También se tiene

$$\frac{dp}{dq} = \lim_{r \to q} \frac{f(r)-f(q)}{r-q}$$

$$= \lim_{r \to q} \frac{\dfrac{1}{2r} - \dfrac{1}{2q}}{r-q} = \lim_{r \to q} \frac{\dfrac{q-r}{2rq}}{r-q}$$

$$= \lim_{r \to q} \frac{-1}{2rq} = \frac{-1}{2q^2}$$

Se deja a criterio del lector decidir cuál de las dos formas conduce al cálculo más simple del límite en este caso.

Observe que cuando $q = 0$ la función no está definida, así que la derivada tampoco está definida cuando $q = 0$.

Ahora resuelva el problema 15 ◁

Tenga en mente que la derivada de $y = f(x)$ en x no es otra cosa que un límite, a saber

$$\lim_{h \to 0} \frac{f(x + h) - f(x)}{h}$$

de manera equivalente

$$\lim_{z \to x} \frac{f(z) - f(x)}{z - x}$$

cuyo uso acabamos de ilustrar. Aunque la derivada puede interpretarse como una función que da la pendiente de la recta tangente a la curva $y = f(x)$ en el punto $(x, f(x))$, esta interpretación sólo es una convención geométrica que nos ayuda a entender su significado. El límite anterior puede existir independientemente de cualquier consideración geométrica. Como se verá después, existen otras interpretaciones útiles de la derivada.

En la sección 11.4, se hará uso técnico de la siguiente relación entre diferenciabilidad y continuidad. Sin embargo, es de importancia fundamental y necesita entenderse desde el principio.

> Si f es diferenciable en a, entonces f es continua en a.

Para establecer este resultado, se supondrá que f es diferenciable en a. Entonces $f'(a)$ existe y

$$\lim_{h \to 0} \frac{f(a + h) - f(a)}{h} = f'(a)$$

Considere el numerador $f(a + h) - f(a)$ cuando $h \to 0$. Se tiene

$$\lim_{h \to 0} (f(a + h) - f(a)) = \lim_{h \to 0} \left(\frac{f(a + h) - f(a)}{h} \cdot h \right)$$

$$= \lim_{h \to 0} \frac{f(a + h) - f(a)}{h} \cdot \lim_{h \to 0} h$$

$$= f'(a) \cdot 0 = 0$$

Por lo tanto, $\lim_{h \to 0}(f(a + h)) - f(a)) = 0$. Esto significa que $f(a + h) - f(a)$ tiende a 0 cuando $h \to 0$. En consecuencia,

$$\lim_{h \to 0} f(a + h) = f(a)$$

Como se estableció en la sección 10.3, esta condición significa que f es continua en a. Entonces, lo anterior prueba que f es continua en a cuando f es diferenciable ahí. De manera más simple, se dice que la **diferenciabilidad en un punto implica continuidad en dicho punto**.

Si una función no es continua en un punto, entonces no puede tener una derivada ahí. Por ejemplo, la función de la figura 11.9 es discontinua en a. La curva no tiene tangente en ese punto, por lo tanto la función no es diferenciable ahí.

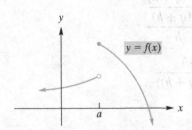

FIGURA 11.9 f no es continua en a, entonces f no es diferenciable en a.

EJEMPLO 7   Continuidad y diferenciabilidad

a. Sea $f(x) = x^2$. La derivada, $2x$, está definida para todos los valores de x, de manera que $f(x) = x^2$ debe ser continua para todos los valores de x.

b. La función $f(p) = \dfrac{1}{2p}$ no es continua en $p = 0$ porque f no está definida ahí. Así que la derivada no existe en $p = 0$.

◁

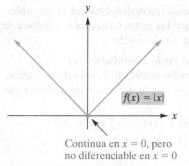

$f(x) = |x|$

Continua en $x = 0$, pero
no diferenciable en $x = 0$

FIGURA 11.10   La continuidad no
implica diferenciabilidad.

La inversión del enunciado de que la diferenciabilidad implica continuidad es *falsa*. Es decir, la continuidad no implica diferenciabilidad. En el ejemplo 8 se verá una función que es continua en un punto, pero que no es diferenciable ahí.

> **EJEMPLO 8   Continuidad no implica diferenciabilidad**
>
> La función $y = f(x) = |x|$ es continua en $x = 0$. (Vea la figura 11.10). Como se mencionó antes, no existe una recta tangente en $x = 0$. Por lo tanto, no existe derivada ahí. Esto muestra que la continuidad *no* implica diferenciabilidad.
>
> ◁

Por último, es importante hacer la observación de que mientras que la diferenciabilidad de f en a implica continuidad de f en a, la función derivada, f', no es necesariamente continua en a. Desafortunadamente, el ejemplo clásico está construido a partir de una función que no se considera en este libro.

PROBLEMAS 11.1

En los problemas 1 y 2, se da una función f y un punto P sobre su gráfica.

(a) *Encuentre la pendiente de la recta secante PQ para cada punto $Q = (x, f(x))$ cuyo valor x está dado en la tabla. Redondee sus respuestas a cuatro decimales.*

(b) *Use sus resultados del inciso (a) para estimar la pendiente de la recta tangente en P.*

1. $f(x) = x^3 + 3, P = (-2, -5)$

Valor x de Q	-3	-2.5	-2.2	-2.1	-2.01	-2.001
m_{PQ}						

2. $f(x) = e^x, P = (0, 1)$

Valor x de Q	1	0.5	0.2	0.1	0.01	0.001
m_{PQ}						

En los problemas del 3 al 18, emplee la definición de la derivada para encontrarla en cada caso.

3. $f'(x)$ si $f(x) = x$

4. $f'(x)$ si $f(x) = 4x - 1$

5. $\dfrac{dy}{dx}$ si $y = 3x + 5$

6. $\dfrac{dy}{dx}$ si $y = -5x$

7. $\dfrac{d}{dx}(3 - 2x)$

8. $\dfrac{d}{dx}\left(1 - \dfrac{x}{2}\right)$

9. $f'(x)$ si $f(x) = 3$

10. $f'(x)$ si $f(x) = 7.01$

11. $\dfrac{d}{dx}(x^2 + 4x - 8)$

12. y' si $y = x^2 + 3x + 2$

13. $\dfrac{dp}{dq}$ si $p = 3q^2 + 2q + 1$

14. $\dfrac{d}{dx}(x^2 - x - 3)$

15. y' si $y = \dfrac{6}{x}$

16. $\dfrac{dC}{dq}$ si $C = 7 + 2q - 3q^2$

17. $f'(x)$ si $f(x) = \sqrt{2x}$

18. $H'(x)$ si $H(x) = \dfrac{3}{x - 2}$

19. Encuentre la pendiente de la curva $y = x^2 + 4$ en el punto $(-2, 8)$.

20. Encuentre la pendiente de la curva $y = 1 - x^2$ en el punto $(1, 0)$.

21. Encuentre la pendiente de la curva $y = 4x^2 - 5$ cuando $x = 0$.

22. Encuentre la pendiente de la curva $y = \sqrt{2x}$ cuando $x = 18$.

En los problemas del 23 al 28, encuentre la ecuación de la recta tangente a la curva en el punto dado.

23. $y = x + 4; (3, 7)$

24. $y = 3x^2 - 4; (1, -1)$

25. $y = x^2 + 2x + 3; (1, 6)$

26. $y = (x - 7)^2; (6, 1)$

27. $y = \dfrac{4}{x + 1}; (3, 1)$

28. $y = \dfrac{5}{1 - 3x}; (2, -1)$

29. Bancos   Algunas ecuaciones pueden incluir derivadas de funciones. En un artículo sobre desregulación de la tasa de interés, Christofi y Agapos[1] resuelven la ecuación

$$r = \left(\frac{\eta}{1 + \eta}\right)\left(r_L - \frac{dC}{dD}\right)$$

para η (letra griega "eta"). Aquí r es la tasa de depósito pagada por los bancos comerciales, r_L es la tasa ganada por estos bancos, C es el costo administrativo de transformar los depósitos en activos que pagan rendimiento, D es el nivel de los depósitos de ahorro y η es la elasticidad de los depósitos con respecto a la tasa de depósito. Encuentre η.

En los problemas 30 y 31, utilice la función "derivada numérica" de su calculadora gráfica para estimar las derivadas de las funciones en los valores indicados. Redondee sus respuestas a tres decimales.

30. $f(x) = \sqrt{2x^2 + 3x}; x = 1, x = 2$

31. $f(x) = e^x(4x - 7); x = 0, x = 1.5$

En los problemas 32 y 33, utilice el enfoque del "límite del cociente de diferencias" para estimar $f'(x)$ en los valores indicados de x. Redondee sus respuestas a tres decimales.

32. $f(x) = x \ln x - x; x = 1, x = 10$

33. $f(x) = \dfrac{x^2 + 4x + 2}{x^3 - 3}; x = 2, x = -4$

---

[1]A. Christofi y A. Agapos, "Interest Rate Deregulation: An Empirical Justification", *Review of Business and Economic Research*, XX, núm. 1 (1984), pp. 39-49.

34. Encuentre una ecuación de la recta tangente a la curva $f(x) = x^2 + x$ en el punto $(-2, 2)$. Grafique la curva y la recta tangente. Observe que la recta tangente es una buena aproximación a la curva cerca del punto de tangencia.

35. La derivada de $f(x) = x^3 - x + 2$ es $f'(x) = 3x^2 - 1$. Grafique f y su derivada f'. Observe que hay dos puntos sobre la gráfica de f donde la recta tangente es horizontal. Para los valores x de esos puntos, ¿cuáles son los valores correspondientes de $f'(x)$? ¿Por qué se esperan esos resultados? Observe los intervalos en los que $f'(x)$ es positiva. Note que las rectas tangentes a la gráfica de f

tienen pendientes positivas en esos intervalos. Observe el intervalo donde $f'(x)$ es negativa. Note que las rectas tangentes a la gráfica de f tienen pendientes negativas en este intervalo.

En los problemas 36 y 37, verifique la identidad $(z - x)$ $\left(\sum_{i=0}^{n-1} x^i z^{n-1-i}\right) = z^n - x^n$ *para los valores indicados de n y calcule la derivada usando la forma* $z \to x$ *de la definición de derivada que se dio en la ecuación (2).*

36. $n = 4, n = 3, n = 2;$ $f'(x)$ si $f(x) = 2x^4 + x^3 - 3x^2$

37. $n = 5, n = 3;$ $f'(x)$ si $f(x) = 4x^5 - 3x^3$

Objetivo

Desarrollar las reglas básicas para la diferenciación de funciones constantes y funciones de potencia, así como las reglas combinadas para diferenciar un múltiplo constante de una función y la suma de dos funciones.

11.2 Reglas para la diferenciación

La diferenciación de una función mediante el uso directo de la definición de la derivada puede ser tediosa. Sin embargo, si una función está construida a partir de funciones más simples, entonces la derivada de la función más complicada puede ser construida a partir de las derivadas de funciones más simples. En última instancia, sólo es necesario conocer las derivadas de algunas funciones básicas y las maneras de ensamblar derivadas de funciones construidas a partir de las derivadas de sus componentes. Por ejemplo, si las funciones f y g tienen derivadas de f' y g', respectivamente, entonces $f + g$ tiene una derivada dada por $(f + g)' = f' + g'$. Sin embargo, algunas *reglas* son menos intuitivas. Por ejemplo, si $f \cdot g$ denota la función cuyo valor en x está dado por $(f \cdot g)(x) = f(x) \cdot g(x)$, entonces $(f \cdot g)' = f' \cdot g + f \cdot g'$. En este capítulo se estudia la mayoría de estas reglas de combinación y algunas reglas básicas para calcular derivadas de ciertas funciones básicas.

Primero se mostrará que la derivada de una función constante es cero. Recuerde que la gráfica de una función constante $f(x) = c$ es una línea horizontal (vea la figura 11.11), la cual tiene pendiente nula en todo punto. Esto significa que $f'(x) = 0$, independientemente del valor de x. Como prueba formal de este resultado, se aplica la definición de la derivada a $f(x) = c$:

$$f'(x) = \lim_{h \to 0} \frac{f(x + h) - f(x)}{h} = \lim_{h \to 0} \frac{c - c}{h}$$

$$= \lim_{h \to 0} \frac{0}{h} = \lim_{h \to 0} 0 = 0$$

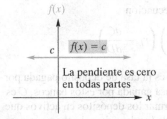

FIGURA 11.11 La pendiente de una función constante es 0.

De esta manera, se tiene la primera regla:

> **REGLA BÁSICA 0   Derivada de una constante**
>
> Si c es una constante, entonces
>
> $$\frac{d}{dx}(c) = 0$$
>
> Esto es, la derivada de una función constante es cero.

EJEMPLO 1   Derivadas de funciones constantes

a. $\dfrac{d}{dx}(3) = 0$ porque 3 es una función constante.

b. Si $g(x) = \sqrt{5}$, entonces $g'(x) = 0$ porque g es una función constante. Por ejemplo, la derivada de g cuando $x = 4$ es $g'(4) = 0$.

c. Si $s(t) = (1\,938\,623)^{807.4}$, entonces $ds/dt = 0$.

Ahora resuelva el problema 1 ◁

La siguiente regla da una fórmula para la derivada de "x elevada a una potencia constante" —esto es, la derivada de $f(x) = x^a$, donde a es un número real arbitrario—. Una función que tenga esta forma se llama **función potencia**. Por ejemplo, $f(x) = x^2$ es una función potencia. Aunque la regla enunciada es válida para todo número real a, se establecerá sólo para el caso en que a es un entero positivo, n. La regla es tan importante para el cálculo diferencial que justifica un desarrollo detallado —sólo en el caso donde a es un entero positivo, n—. Ya sea que se use la forma $h \to 0$ de la definición de derivada o la forma $z \to x$, el cálculo de $\dfrac{dx^n}{dx}$ resulta muy instructivo y proporciona una buena práctica con la notación de suma (notación sigma), cuyo uso es más esencial en capítulos posteriores. Se proporciona un cálculo para cada posibilidad. Como veremos, para usar la forma $h \to 0$ de la ecuación 2 de la sección 11.1, es necesario expandir $(x + h)^n$, y para emplear la forma $z \to x$, debe factorizarse $z^n - x^n$.

Para la primera de estas opciones se recuerda el *teorema binomial* de la sección 9.2:

$$(x + h)^n = \sum_{i=0}^{n} {}_nC_i x^{n-i} h^i$$

donde las ${}_nC_i$ son los coeficientes binomiales, cuyas descripciones precisas, excepto para ${}_nC_0 = 1$ y ${}_nC_1 = n$, no son necesarias aquí (pero están dadas en la sección 8.2). Para la segunda opción se tiene

$$(z - x)\left(\sum_{i=0}^{n-1} x^i z^{n-1-i} \right) = z^n - x^n$$

que se verifica de manera sencilla realizando la multiplicación y usando las reglas que se dieron en la sección 1.5 para manipular notaciones de suma. De hecho, se tiene

$$(z - x)\left(\sum_{i=0}^{n-1} x^i z^{n-1-i} \right) = z \sum_{i=0}^{n-1} x^i z^{n-1-i} - x \sum_{i=0}^{n-1} x^i z^{n-1-i}$$

$$= \sum_{i=0}^{n-1} x^i z^{n-i} - \sum_{i=0}^{n-1} x^{i+1} z^{n-1-i}$$

$$= \left(z^n + \sum_{i=1}^{n-1} x^i z^{n-i} \right) - \left(\sum_{i=0}^{n-2} x^{i+1} z^{n-1-i} + x^n \right)$$

$$= z^n - x^n$$

donde se deja al lector la verificación de que las notaciones de suma desde el segundo hasta el último renglón realmente se cancelan como se muestra.

REGLA BÁSICA 1 Derivada de x^a

Si a es cualquier número real, entonces

$$\frac{d}{dx}(x^a) = ax^{a-1}$$

Esto es, la derivada de una potencia constante de x es igual al exponente multiplicado por x elevada a una potencia menor en una unidad que la de la potencia dada.

¡ADVERTENCIA!

En el cálculo, existe mucho más que esta regla.

Para una n que es un entero positivo, si $f(x) = x^n$, la definición de la derivada da

$$f'(x) = \lim_{h \to 0} \frac{f(x + h) - f(x)}{h} = \lim_{h \to 0} \frac{(x + h)^n - x^n}{h}$$

De acuerdo con el desarrollo anterior de $(x + h)^n$,

$$f'(x) = \lim_{h \to 0} \frac{\displaystyle\sum_{i=0}^{n} {}_nC_i x^{n-i} h^i - x^n}{h}$$

$$\overset{(1)}{=} \lim_{h \to 0} \frac{\displaystyle\sum_{i=1}^{n} {}_nC_i x^{n-i} h^i}{h}$$

$$\stackrel{(2)}{=} \lim_{h \to 0} \frac{h \sum_{i=1}^{n} {}_nC_i x^{n-i} h^{i-1}}{h}$$

$$\stackrel{(3)}{=} \lim_{h \to 0} \sum_{i=1}^{n} {}_nC_i x^{n-i} h^{i-1}$$

$$\stackrel{(4)}{=} \lim_{h \to 0} \left(nx^{n-1} + \sum_{i=2}^{n} {}_nC_i x^{n-i} h^{i-1} \right)$$

$$\stackrel{(5)}{=} nx^{n-1}$$

donde los pasos faltantes se justifican de la manera siguiente:

(1) En la notación de suma, el término $i = 0$ es ${}_nC_0 x^n h^0 = x^n$, de manera que se cancela con el último término separado: $-x^n$.

(2) Es posible extraer un factor común de h a partir de cada término de la suma.

(3) Este es el paso crucial. Las expresiones separadas por el signo de igual son límites, cuando $h \to 0$, de funciones de h que son iguales para $h \neq 0$.

(4) En la notación de suma, el término $i = 1$ es ${}_nC_1 x^{n-1} h^0 = nx^{n-1}$. Es el único que no contiene un factor de h y se separa de los otros términos.

(5) Por último, en la determinación del límite se utiliza el hecho de que el término aislado es independiente de h; mientras que los otros términos contienen a h como un factor y, por lo tanto, tienen límite igual a 0 cuando $h \to 0$.

Ahora, usando el límite $z \to x$ para la definición de la derivada y $f(x) = x^n$, se tiene

$$f'(x) = \lim_{z \to x} \frac{f(z) - f(x)}{z - x} = \lim_{h \to 0} \frac{z^n - x^n}{z - x}$$

Por el estudio previo sobre la factorización de $z^n - x^n$, se tiene

$$f'(x) = \lim_{z \to x} \frac{(z - x) \left(\sum_{i=0}^{n-1} x^i z^{n-1-i} \right)}{z - x}$$

$$\stackrel{(1)}{=} \lim_{z \to x} \sum_{i=0}^{n-1} x^i z^{n-1-i}$$

$$\stackrel{(2)}{=} \sum_{i=0}^{n-1} x^i x^{n-1-i}$$

$$\stackrel{(3)}{=} \sum_{i=0}^{n-1} x^{n-1}$$

$$\stackrel{(4)}{=} nx^{n-1}$$

donde, ahora, los pasos faltantes se justifican de la manera siguiente:

(1) Aquí, el paso crucial se da primero. Las expresiones separadas por el signo de igual son límites cuando $z \to x$ de funciones de z que son iguales para $z \neq x$.

(2) El límite se da por evaluación porque la expresión es un polinomio en la variable z.

(3) Se emplea una regla obvia de los exponentes.

(4) Cada término de la suma es x^{n-1}, independiente de i, y hay n de esos términos.

EJEMPLO 2   **Derivadas de potencias de** x

a. Según la regla básica 1, $\dfrac{d}{dx}(x^2) = 2x^{2-1} = 2x$.

b. Si $F(x) = x = x^1$, entonces $F'(x) = 1 \cdot x^{1-1} = 1 \cdot x^0 = 1$. Así, la derivada de x con respecto a x es 1.

c. Si $f(x) = x^{-10}$, entonces $f'(x) = -10x^{-10-1} = -10x^{-11}$.

Ahora resuelva el problema 3 ◁

Cuando se aplica una regla de diferenciación a una función, algunas veces, la función debe reescribirse primero de manera que tenga la forma apropiada para esa regla. Por ejemplo, para diferenciar $f(x) = \dfrac{1}{x^{10}}$ primero debe escribirse f como $f(x) = x^{-10}$ y luego proceder como en el ejemplo 2(c).

EJEMPLO 3   **Reescribir funciones en la forma** x^a

a. Para diferenciar $y = \sqrt{x}$, se escribe $\sqrt{x}$ como $x^{1/2}$ de modo que tenga la forma x^n. Así,

$$\frac{dy}{dx} = \frac{1}{2}x^{(1/2)-1} = \frac{1}{2}x^{-1/2} = \frac{1}{2\sqrt{x}}$$

la cual coincide con el cálculo del límite del ejemplo 5 visto en la sección 11.1.

b. Sea $h(x) = \dfrac{1}{x\sqrt{x}}$. Para aplicar la regla básica 1, debe reescribirse $h(x)$ como $h(x) = x^{-3/2}$ de modo que tenga la forma x^n. Se tiene

$$h'(x) = \frac{d}{dx}(x^{-3/2}) = -\frac{3}{2}x^{(-3/2)-1} = -\frac{3}{2}x^{-5/2}$$

Ahora resuelva el problema 39 ◁

¡ADVERTENCIA!⚠

En el ejemplo 3(b), no reescriba $\dfrac{1}{x\sqrt{x}}$ como $\dfrac{1}{x^{3/2}}$ y después sólo derive el denominador.

Ahora que puede decirse inmediatamente que la derivada de x^3 es $3x^2$, surge la pregunta de qué hacer con la derivada de un *múltiplo* de x^3, como $5x^3$. La siguiente regla trata sobre la diferenciación de una constante por una función.

REGLA COMBINADA 1   Regla del factor constante

Si f es una función diferenciable y c una constante, entonces $cf(x)$ es diferenciable y

$$\frac{d}{dx}(cf(x)) = cf'(x)$$

Esto es, la derivada de una constante por una función es igual a la constante por la derivada de la función.

Demostración. Si $g(x) = cf(x)$, al aplicar la definición de la derivada de g se obtiene

$$g'(x) = \lim_{h \to 0} \frac{g(x+h) - g(x)}{h} = \lim_{h \to 0} \frac{cf(x+h) - cf(x)}{h}$$

$$= \lim_{h \to 0} \left(c \cdot \frac{f(x+h) - f(x)}{h} \right) = c \cdot \lim_{h \to 0} \frac{f(x+h) - f(x)}{h}$$

Pero $\lim\limits_{h \to 0} \dfrac{f(x+h) - f(x)}{h}$ es $f'(x)$; por lo que $g'(x) = cf'(x)$.

EJEMPLO 4 Diferenciación de una constante por una función

Diferencie las siguientes funciones.

a. $g(x) = 5x^3$

Solución: Aquí g es una constante (5) por una función (x^3). Así,

$$\frac{d}{dx}(5x^3) = 5\frac{d}{dx}(x^3) \qquad \text{Regla combinada 1}$$

$$= 5(3x^{3-1}) = 15x^2 \qquad \text{Regla básica 1}$$

b. $f(q) = \dfrac{13q}{5}$

Solución:

> **Estrategia** Primero se reescribe f como una constante por una función y después se aplica la regla básica 1.

Como $\dfrac{13q}{5} = \dfrac{13}{5}q$, f es la constante $\dfrac{13}{5}$ por la función q. Así,

$$f'(q) = \frac{13}{5}\frac{d}{dq}(q) \qquad \text{Regla combinada 1}$$

$$= \frac{13}{5} \cdot 1 = \frac{13}{5} \qquad \text{Regla básica 1}$$

c. $y = \dfrac{0.25}{\sqrt[5]{x^2}}$

Solución: y puede expresarse como una constante por una función:

$$y = 0.25 \cdot \frac{1}{\sqrt[5]{x^2}} = 0.25x^{-2/5}$$

De modo que,

$$y' = 0.25\frac{d}{dx}(x^{-2/5}) \qquad \text{Regla combinada 1}$$

$$= 0.25\left(-\frac{2}{5}x^{-7/5}\right) = -0.1x^{-7/5} \qquad \text{Regla básica 1}$$

Ahora resuelva el problema 7 ◁

¡ADVERTENCIA!⚠

Para diferenciar $f(x) = (4x)^3$, la regla básica 1 no se puede aplicar de manera directa. Se aplica a una potencia de la variable x, *no* a una potencia de una expresión que incluya a x, como $4x$. Para aplicar estas reglas, se escribe $f(x) = (4x)^3 = 4^3x^3 = 64x^3$. Así,

$$f'(x) = 64\frac{d}{dx}(x^3) = 64(3x^2) = 192x^2.$$

La regla siguiente se refiere a la derivada de sumas y diferencias de funciones.

> ### REGLA COMBINADA 2 Regla de una suma o una diferencia
> Si f y g son funciones diferenciables, entonces $f + g$ y $f - g$ son diferenciables y
>
> $$\frac{d}{dx}(f(x) + g(x)) = f'(x) + g'(x)$$
>
> y
>
> $$\frac{d}{dx}(f(x) - g(x)) = f'(x) - g'(x)$$
>
> Esto es, la derivada de la suma (o diferencia) de dos funciones es la suma (o diferencia) de sus derivadas.

Demostración. Para el caso de una suma, si $F(x) = f(x) + g(x)$, al aplicar la definición de la derivada de F se obtiene

$$F'(x) = \lim_{h \to 0} \frac{F(x+h) - F(x)}{h}$$

$$= \lim_{h \to 0} \frac{(f(x+h) + g(x+h)) - (f(x) + g(x))}{h}$$

$$= \lim_{h \to 0} \frac{(f(x+h) - f(x)) + (g(x+h) - g(x))}{h} \quad \text{reagrupación}$$

$$= \lim_{h \to 0} \left(\frac{f(x+h) - f(x)}{h} + \frac{g(x+h) - g(x)}{h} \right)$$

Como el límite de una suma es la suma de los límites,

$$F'(x) = \lim_{h \to 0} \frac{f(x+h) - f(x)}{h} + \lim_{h \to 0} \frac{g(x+h) - g(x)}{h}$$

Pero estos dos límites son $f'(x)$ y $g'(x)$. Entonces,

$$F'(x) = f'(x) + g'(x)$$

La demostración para la derivada de una diferencia de dos funciones es similar.

La regla combinada 2 puede extenderse a la derivada de cualquier número de sumas y diferencias de funciones. Por ejemplo,

$$\frac{d}{dx}[f(x) - g(x) + h(x) + k(x)] = f'(x) - g'(x) + h'(x) + k'(x)$$

APLÍQUELO ▶

2. Si la función de ingreso para cierto producto es $r(q) = 50q - 0.3q^2$, determine la derivada de esta función, también conocida como ingreso marginal.

EJEMPLO 5   **Diferenciación de sumas y diferencias de funciones**

Diferencie las siguientes funciones.

a. $F(x) = 3x^5 + \sqrt{x}$

Solución: Aquí F es la suma de las dos funciones $3x^5$ y $\sqrt{x}$. Por lo tanto,

$$F'(x) = \frac{d}{dx}(3x^5) + \frac{d}{dx}(x^{1/2}) \qquad \text{Regla combinada 2}$$

$$= 3\frac{d}{dx}(x^5) + \frac{d}{dx}(x^{1/2}) \qquad \text{Regla combinada 1}$$

$$= 3(5x^4) + \frac{1}{2}x^{-1/2} = 15x^4 + \frac{1}{2\sqrt{x}} \qquad \text{Regla básica 1}$$

b. $f(z) = \dfrac{z^4}{4} - \dfrac{5}{z^{1/3}}$

Solución: Para aplicar las reglas, se reescribe $f(z)$ en la forma $f(z) = \frac{1}{4}z^4 - 5z^{-1/3}$. Como f es la diferencia de dos funciones,

$$f'(z) = \frac{d}{dz}\left(\frac{1}{4}z^4\right) - \frac{d}{dz}(5z^{-1/3}) \qquad \text{Regla combinada 2}$$

$$= \frac{1}{4}\frac{d}{dz}(z^4) - 5\frac{d}{dz}(z^{-1/3}) \qquad \text{Regla combinada 1}$$

$$= \frac{1}{4}(4z^3) - 5\left(-\frac{1}{3}z^{-4/3}\right) \qquad \text{Regla básica 1}$$

$$= z^3 + \frac{5}{3}z^{-4/3}$$

c. $y = 6x^3 - 2x^2 + 7x - 8$

Solución

$$\frac{dy}{dx} = \frac{d}{dx}(6x^3) - \frac{d}{dx}(2x^2) + \frac{d}{dx}(7x) - \frac{d}{dx}(8)$$

$$= 6\frac{d}{dx}(x^3) - 2\frac{d}{dx}(x^2) + 7\frac{d}{dx}(x) - \frac{d}{dx}(8)$$

$$= 6(3x^2) - 2(2x) + 7(1) - 0$$

$$= 18x^2 - 4x + 7$$

Ahora resuelva el problema 47 ◁

En los ejemplos 6 y 7 es necesario reescribir la función dada de una forma en la que se apliquen las reglas de diferenciación.

EJEMPLO 6 Determinación de una derivada

Encuentre la derivada de $f(x) = 2x(x^2 - 5x + 2)$ cuando $x = 2$.

Solución: Se multiplica y después se diferencia cada término:

$$f(x) = 2x^3 - 10x^2 + 4x$$
$$f'(x) = 2(3x^2) - 10(2x) + 4(1)$$
$$= 6x^2 - 20x + 4$$
$$f'(2) = 6(2)^2 - 20(2) + 4 = -12$$

Ahora resuelva el problema 75 ◁

EJEMPLO 7 Determinación de una ecuación de una recta tangente

Encuentre una ecuación de la recta tangente a la curva

$$y = \frac{3x^2 - 2}{x}$$

cuando $x = 1$.

Solución:

> **Estrategia** Primero se encuentra $\dfrac{dy}{dx}$, que da la pendiente de la recta tangente en cualquier punto. Al evaluar $\dfrac{dy}{dx}$ en $x = 1$, se obtiene la pendiente de la recta tangente requerida. Después se determina la coordenada y del punto sobre la curva cuando $x = 1$. Por último, se sustituyen la pendiente y ambas coordenadas del punto en la forma punto-pendiente para obtener la ecuación de la recta tangente.

Si se reescribe y como una diferencia de dos funciones, se tiene

$$y = \frac{3x^2}{x} - \frac{2}{x} = 3x - 2x^{-1}$$

Por lo que,

$$\frac{dy}{dx} = 3(1) - 2((-1)x^{-2}) = 3 + \frac{2}{x^2}$$

La pendiente de la recta tangente a la curva cuando $x = 1$ es

$$\left.\frac{dy}{dx}\right|_{x=1} = 3 + \frac{2}{1^2} = 5$$

Para encontrar la coordenada y del punto sobre la curva en $x = 1$, se evalúa $y = \dfrac{3x^2 - 2}{x}$ en $x = 1$. Esto da como resultado

$$y = \frac{3(1)^2 - 2}{1} = 1$$

¡ADVERTENCIA!

Para obtener el valor de y del punto sobre la curva cuando $x = 1$, se evalúa la función *original* en $x = 1$.

De modo que el punto $(1, 1)$ está tanto sobre la curva como sobre la recta tangente. Entonces, una ecuación de la recta tangente es

$$y - 1 = 5(x - 1)$$

En la forma pendiente-intersección, se tiene

$$y = 5x - 4$$

Ahora resuelva el problema 81 ◁

PROBLEMAS 11.2

En los problemas del 1 al 74, diferencie las funciones.

1. $f(x) = \pi$

2. $f(x) = \left(\frac{6}{7}\right)^{2/3}$

3. $y = x^6$

4. $f(x) = x^{21}$

5. $y = x^{80}$

6. $y = x^{2.1}$

7. $f(x) = 9x^2$

8. $y = 4x^3$

9. $g(w) = 8w^7$

10. $v(x) = x^e$

11. $y = \frac{3}{5}x^6$

12. $f(p) = \sqrt{3}\,p^4$

13. $f(t) = \frac{t^7}{25}$

14. $y = \frac{x^7}{7}$

15. $f(x) = x + 3$

16. $f(x) = 5x - e$

17. $f(x) = 4x^2 - 2x + 3$

18. $F(x) = 5x^2 - 9x$

19. $g(p) = p^4 - 3p^3 - 1$

20. $f(t) = -13t^2 + 14t + 1$

21. $y = x^4 - \sqrt[3]{x}$

22. $y = -8x^4 + \ln 2$

23. $y = -13x^3 + 14x^2 - 2x + 3$

24. $V(r) = r^8 - 7r^6 + 3r^2 + 1$

25. $f(x) = 2(13 - x^4)$

26. $\psi(t) = e(t^7 - 5^3)$

27. $g(x) = \frac{13 - x^4}{3}$

28. $f(x) = \frac{5(x^4 - 6)}{2}$

29. $h(x) = 4x^4 + x^3 - \frac{9x^2}{2} + 8x$

30. $k(x) = -2x^2 + \frac{5}{3}x + 11$

31. $f(x) = \frac{5}{7}x^9 + \frac{3}{5}x^7$

32. $p(x) = \frac{x^7}{7} + \frac{2x}{3}$

33. $f(x) = x^{3/5}$

34. $f(x) = 2x^{-14/5}$

35. $y = x^{3/4} + 2x^{5/3}$

36. $y = 4x^2 - x^{-3/5}$

37. $y = 11\sqrt{x}$

38. $y = \sqrt{x^7}$

39. $f(r) = 6\sqrt[3]{r}$

40. $y = 4\sqrt[8]{x^2}$

41. $f(x) = x^{-6}$

42. $f(s) = 2s^{-3}$

43. $f(x) = x^{-3} + x^{-5} - 2x^{-6}$

44. $f(x) = 100x^{-3} + 10x^{1/2}$

45. $y = \frac{1}{x}$

46. $f(x) = \frac{3}{x^4}$

47. $y = \frac{8}{x^5}$

48. $y = \frac{1}{4x^5}$

49. $g(x) = \frac{4}{3x^3}$

50. $y = \frac{1}{x^2}$

51. $f(t) = \frac{3}{5t^3}$

52. $g(x) = \frac{7}{9x}$

53. $f(x) = \frac{x}{7} + \frac{7}{x}$

54. $\Phi(x) = \frac{x^3}{3} - \frac{3}{x^3}$

55. $f(x) = -9x^{1/3} + 5x^{-2/5}$

56. $f(z) = 5z^{3/4} - 6^2 - 8z^{1/4}$

57. $q(x) = \frac{1}{\sqrt[3]{8x^2}}$

58. $f(x) = \frac{3}{\sqrt[4]{x^3}}$

59. $y = \frac{2}{\sqrt{x}}$

60. $y = \frac{1}{2\sqrt{x}}$

61. $y = x^3\sqrt[3]{x}$

62. $f(x) = (2x^3)(4x^2)$

63. $f(x) = x(3x^2 - 10x + 7)$

64. $f(x) = x^3(3x^6 - 5x^2 + 4)$

65. $f(x) = x^3(3x^2)^2$

66. $s(x) = \sqrt{x}(\sqrt[5]{x} + 7x + 2)$

67. $v(x) = x^{-2/3}(x + 5)$

68. $f(x) = x^{3/5}(x^2 + 7x + 11)$

69. $f(q) = \frac{3q^2 + 4q - 2}{q}$

70. $f(w) = \frac{w - 5}{w^5}$

71. $f(x) = (x - 1)(x + 2)$

72. $f(x) = x^2(x - 2)(x + 4)$

73. $w(x) = \frac{x^2 + x^3}{x^2}$

74. $f(x) = \frac{7x^3 + x}{6\sqrt{x}}$

Para cada curva descrita en los problemas del 75 al 78, encuentre las pendientes en los puntos indicados.

75. $y = 3x^2 + 4x - 8; (0, -8), (2, 12), (-3, 7)$

76. $y = 3 + 5x - 3x^3; (0, 3), (\frac{1}{2}, \frac{41}{8}), (2, -11)$

77. $y = 4;$ cuando $x = -4, x = 7, x = 22$

78. $y = 3x - 4\sqrt{x};$ cuando $x = 4, x = 9, x = 25$

En los problemas del 79 al 82, encuentre una ecuación de la recta tangente a la curva en el punto indicado.

79. $y = 4x^2 + 5x + 6; (1, 15)$

80. $y = \frac{1 - x^2}{5}; (4, -3)$

81. $y = \frac{1}{x^2}; (2, \frac{1}{4})$

82. $y = -\sqrt[3]{x}; (8, -2)$

83. Encuentre una ecuación de la recta tangente a la curva

$$y = 3 + x - 5x^2 + x^4$$

cuando $x = 0$.

84. Repita el problema 83 para la curva

$$y = \frac{\sqrt{x}(2 - x^2)}{x}$$

cuando $x = 4$.

85. Encuentre todos los puntos sobre la curva

$$y = \frac{5}{2}x^2 - x^3$$

en los que la recta tangente es horizontal.

86. Repita el problema 85 para la curva

$$y = \frac{x^6}{6} - \frac{x^2}{2} + 1$$

87. Encuentre todos los puntos sobre la curva

$$y = x^2 - 5x + 3$$

en los que la pendiente es 1.

88. Repita el problema 87 para la curva

$$y = x^4 - 31x + 11$$

89. Si $f(x) = \sqrt{x} + \frac{1}{\sqrt{x}}$, evalúe la expresión

$$\frac{x - 1}{2x\sqrt{x}} - f'(x)$$

90. Economía   Eswaran y Kotwal[2] estudian economías agrarias en las que hay dos tipos de trabajadores, permanentes y eventuales. Los trabajadores permanentes son empleados que tienen contratos a largo plazo y pueden recibir prestaciones como vacaciones y atención médica. Los trabajadores eventuales se contratan por día y realizan trabajos menores y rutinarios como deshierbado, recolección y trillado. La diferencia z en el costo del valor presente de contratar a un trabajador permanente y a uno eventual está dada por

$$z = (1 + b)w_p - bw_c$$

donde w_p y w_c son los salarios de trabajo permanente y eventual, respectivamente, b es una constante y w_p es una función de w_c.

Eswaran y Kotwal afirman que

$$\frac{dz}{dw_c} = (1 + b)\left[\frac{dw_p}{dw_c} - \frac{b}{1 + b}\right]$$

Verifique esta afirmación.

91. Encuentre la ecuación de la recta tangente a la gráfica de $y = x^3 - 2x + 1$ en el punto $(1, 0)$. Grafique la función y la recta tangente sobre la misma pantalla.

92. Encuentre una ecuación de la recta tangente a la gráfica de $y = \sqrt[3]{x}$ en el punto $(-8, -2)$. Grafique la función y la recta tangente sobre la misma pantalla. Observe que la línea pasa por $(-8, -2)$ y parece ser tangente a la curva.

Objetivo

Explicar la tasa instantánea de cambio de una función por medio de la velocidad e interpretar la derivada como una tasa instantánea de cambio. Desarrollar el concepto "marginal" que se utiliza con frecuencia en administración y economía.

11.3 La derivada como una razón de cambio

Se ha dado una interpretación geométrica de la derivada como la pendiente de la recta tangente a una curva en un punto. Históricamente, una aplicación importante de la derivada implica el movimiento de un objeto que viaja en línea recta. Esto proporciona una manera conveniente de interpretar la derivada como una *razón de cambio*.

Para denotar el cambio en una variable como x, comúnmente se usa el símbolo Δx (se lee "delta x"). Por ejemplo, si x cambia de 1 a 3, entonces el cambio en x es $\Delta x = 3 - 1 = 2$. El nuevo valor de $x(= 3)$ es el valor previo más el cambio, que es $1 + \Delta x$. De manera similar, si t se incrementa en Δt, el nuevo valor es $t + \Delta t$. Se usará la notación Δ en el análisis siguiente.

Suponga que un objeto se desplaza a lo largo de la recta numérica de la figura 11.12 de acuerdo con la ecuación

$$s = f(t) = t^2$$

FIGURA 11.12   Movimiento a lo largo de una recta numérica.

donde s es la posición del objeto en el tiempo t. Esta ecuación se llama **ecuación de movimiento** y f se denomina *función de posición*. Suponga que t está en segundos y s en metros. En $t = 1$, la posición es $s = f(1) = 1^2 = 1$, y en $t = 3$ la posición es $s = f(3) = 3^2 = 9$. En este intervalo de 2 segundos el objeto tuvo un cambio de posición, o *desplazamiento*, de $9 - 1 = 8$ metros y la *velocidad promedio* del objeto se define como

$$v_{\text{prom}} = \frac{\text{desplazamiento}}{\text{longitud del intervalo de tiempo}} \tag{1}$$

$$= \frac{8}{2} = 4 \text{ m/s}$$

Decir que la velocidad promedio es de 4 m/s desde $t = 1$ hasta $t = 3$ significa que, *en promedio*, la posición del objeto cambia 4 m hacia la derecha cada segundo durante ese intervalo de tiempo. Sean Δs y Δt los cambios en los valores s y t, respectivamente. Entonces la velocidad promedio está dada por

$$v_{\text{prom}} = \frac{\Delta s}{\Delta t} = 4 \text{ m/s} \quad \text{(para el intervalo de } t = 1 \text{ a } t = 3)$$

La razón $\Delta s/\Delta t$ se llama también **razón de cambio promedio de s con respecto a t** en el intervalo de $t = 1$ a $t = 3$.

Ahora, consideremos que el intervalo de tiempo es de sólo 1 segundo (esto es, $\Delta t = 1$). Entonces, para el intervalo *más corto* de $t = 1$ a $t = 1 + \Delta t = 2$, se tiene $f(2) = 2^2 = 4$, por lo que

$$v_{\text{prom}} = \frac{\Delta s}{\Delta t} = \frac{f(2) - f(1)}{\Delta t} = \frac{4 - 1}{1} = 3 \text{ m/s}$$

[2]M. Eswaran y A. Kotwal, "A Theory of Two-Tier Labor Markets in Agrarian Economies", *The American Economic Review*, 75, núm. 1 (1985), pp. 162-177.

Tabla 11.2

Duración del intervalo Δt	Intervalo de tiempo $t = 1$ a $t = 1 + \Delta t$	Velocidad promedio $\dfrac{\Delta s}{\Delta t} = \dfrac{f(1 + \Delta t) - f(1)}{\Delta t}$
0.1	$t = 1$ a $t = 1.1$	2.1 m/s
0.07	$t = 1$ a $t = 1.07$	2.07 m/s
0.05	$t = 1$ a $t = 1.05$	2.05 m/s
0.03	$t = 1$ a $t = 1.03$	2.03 m/s
0.01	$t = 1$ a $t = 1.01$	2.01 m/s
0.001	$t = 1$ a $t = 1.001$	2.001 m/s

De manera más general, en el intervalo de $t = 1$ a $t = 1 + \Delta t$, el objeto se desplaza a partir de la posición $f(1)$ hasta la posición $f(1 + \Delta t)$. Entonces, su desplazamiento es

$$\Delta s = f(1 + \Delta t) - f(1)$$

Como el intervalo de tiempo tiene una duración Δt, la velocidad promedio del objeto está dada por

$$v_{\text{prom}} = \frac{\Delta s}{\Delta t} = \frac{f(1 + \Delta t) - f(1)}{\Delta t}$$

Si Δt se volviera cada vez más pequeño, la velocidad promedio en el intervalo de $t = 1$ a $t = 1 + \Delta t$ sería cercana a lo que podría llamarse *velocidad instantánea* en el tiempo $t = 1$; esto es, la velocidad registrada en un *punto* en el tiempo ($t = 1$), en oposición a la velocidad registrada en un *intervalo* de tiempo. Para algunos valores representativos de Δt entre 0.1 y 0.001, se obtuvieron las velocidades promedio mostradas en la tabla 11.2, las cuales usted puede verificar.

La tabla sugiere que conforme la duración del intervalo de tiempo se aproxima a 0, la velocidad promedio tiende al valor de 2 m/s. En otras palabras, cuando Δt tiende a 0, $\Delta s/\Delta t$ se aproxima 2 m/s. El límite de la velocidad promedio, cuando $\Delta t \to 0$, se define como la **velocidad instantánea** (o simplemente la **velocidad**), v, en el tiempo $t = 1$. A este límite se le llama también la **razón de cambio instantánea** de s con respecto a t en $t = 1$:

$$v = \lim_{\Delta t \to 0} v_{\text{prom}} = \lim_{\Delta t \to 0} \frac{\Delta s}{\Delta t} = \lim_{\Delta t \to 0} \frac{f(1 + \Delta t) - f(1)}{\Delta t}$$

Si se piensa en Δt como h, entonces el límite a la derecha es simplemente la derivada de s con respecto a t en $t = 1$. Así, la velocidad instantánea del objeto en $t = 1$ es justo ds/dt en $t = 1$. Como $s = t^2$ y

$$\frac{ds}{dt} = 2t$$

la velocidad en $t = 1$ es

$$v = \left.\frac{ds}{dt}\right|_{t=1} = 2(1) = 2 \text{ m/s}$$

lo cual confirma la conclusión previa.

En resumen, si $s = f(t)$ es la función posición de un objeto que se desplaza en línea recta, entonces la velocidad promedio del objeto en el intervalo de tiempo $[t, t + \Delta t]$ está dada por

$$v_{\text{prom}} = \frac{\Delta s}{\Delta t} = \frac{f(t + \Delta t) - f(t)}{\Delta t}$$

y la velocidad en el tiempo t está dada por

$$v = \lim_{\Delta t \to 0} \frac{f(t + \Delta t) - f(t)}{\Delta t} = \frac{ds}{dt}$$

En forma selectiva, al combinar las ecuaciones para v, se tiene

$$\frac{ds}{dt} = \lim_{\Delta t \to 0} \frac{\Delta s}{\Delta t}$$

que proporciona la explicación para la notación de Leibniz, la cual sin esta justificación podría parecer extraña. (Después de todo, Δ es la letra griega [mayúscula] correspondiente a d).

Determinación de la velocidad promedio y la velocidad

Suponga que la función de posición de un objeto que se desplaza a lo largo de una recta numérica está dada por $s = f(t) = 3t^2 + 5$, donde t está en segundos y s en metros.

a. Encuentre la velocidad promedio en el intervalo $[10, 10.1]$.
b. Encuentre la velocidad cuando $t = 10$.

Solución:

a. Aquí $t = 10$ y $\Delta t = 10.1 - 10 = 0.1$. Se tiene

$$v_{\text{prom}} = \frac{\Delta s}{\Delta t} = \frac{f(t + \Delta t) - f(t)}{\Delta t}$$

$$= \frac{f(10 + 0.1) - f(10)}{0.1}$$

$$= \frac{f(10.1) - f(10)}{0.1}$$

$$= \frac{311.03 - 305}{0.1} = \frac{6.03}{0.1} = 60.3 \text{ m/s}$$

b. La velocidad en el tiempo t está dada por

$$v = \frac{ds}{dt} = 6t$$

Cuando $t = 10$, la velocidad es

$$\left. \frac{ds}{dt} \right|_{t=10} = 6(10) = 60 \text{ m/s}$$

Observe que la velocidad promedio en el intervalo $[10, 10.1]$ es cercana a la velocidad en $t = 10$. Esto era de esperarse porque la duración del intervalo es pequeña.

Ahora resuelva el problema 1 ◁

El análisis de la razón de cambio de s con respecto a t se aplica a *cualquier* función $y = f(x)$. Así, puede enunciarse lo siguiente:

Si $y = f(x)$, entonces

$$\frac{\Delta y}{\Delta x} = \frac{f(x + \Delta x) - f(x)}{\Delta x} = \begin{cases} \text{tasa promedio de cambio} \\ \text{de } y \text{ con respecto a } x \\ \text{en el intervalo de} \\ x \text{ a } x + \Delta x \end{cases}$$

y

$$\frac{dy}{dx} = \lim_{\Delta x \to 0} \frac{\Delta y}{\Delta x} = \begin{cases} \text{tasa instantánea de cambio} \\ \text{de } y \text{ con respecto a } x. \end{cases} \qquad (2)$$

Como la razón instantánea de cambio de $y = f(x)$ en un punto es una derivada, es también *la pendiente de la recta tangente* a la gráfica de $y = f(x)$ en ese punto. Por conveniencia, a la razón de cambio instantánea se le llama simplemente **razón de cambio**. La interpretación de una derivada como una razón de cambio es extremadamente importante.

Ahora se interpretará el significado de la razón de cambio de y con respecto a x. A partir de la ecuación (2), si Δx (un cambio en x) es cercano a 0, entonces $\Delta y/\Delta x$ está próximo a dy/dx. Esto es,

$$\frac{\Delta y}{\Delta x} \approx \frac{dy}{dx}$$

Por lo tanto,

$$\Delta y \approx \frac{dy}{dx}\Delta x \qquad (3)$$

Es decir, si x cambia en Δx, entonces el cambio en y, Δy, es aproximadamente dy/dx por el cambio en x. En particular,

$$\text{si } x \text{ cambia en 1, una estimación del cambio en } y \text{ es } \frac{dy}{dx}$$

APLÍQUELO ▶

3. Suponga que la utilidad de P, obtenida mediante la venta de cierto producto a un precio p por unidad, está dada por $P = f(p)$ y la tasa de cambio de esa utilidad con respecto al cambio en el precio es $\dfrac{dP}{dp} = 5$ en $p = 25$. Estime el cambio en la utilidad P si el precio cambia de 25 a 25.5.

EJEMPLO 2   Estimación de Δy mediante el uso de dy/dx

Suponga que $y = f(x)$ y $\dfrac{dy}{dx} = 8$ cuando $x = 3$. Estime el cambio en y si x cambia de 3 a 3.5.

Solución: Se tiene $dy/dx = 8$ y $\Delta x = 3.5 - 3 = 0.5$. El cambio en y está dado por Δy y, a partir de la ecuación (3),

$$\Delta y \approx \frac{dy}{dx}\Delta x = 8(0.5) = 4$$

Se destaca que, como $\Delta y = f(3.5) - f(3)$, se tiene $f(3.5) = f(3) + \Delta y$. Por ejemplo, si $f(3) = 5$, entonces $f(3.5)$ puede estimarse como $5 + 4 = 9$.

◁

APLÍQUELO ▶

4. La posición de un objeto que se lanza hacia arriba a una velocidad de 16 pies/seg desde una altura de 0 pies está dada por $y(t) = 16t - 16t^2$. Determine la tasa de cambio de y con respecto a t y evalúela cuando $t = 0.5$. Utilice su calculadora gráfica para graficar $y(t)$. Emplee la gráfica para interpretar el comportamiento del objeto cuando $t = 0.5$.

EJEMPLO 3   Determinación de una razón de cambio

Encuentre la razón de cambio de $y = x^4$ con respecto a x y evalúela cuando $x = 2$ y cuando $x = -1$. Interprete los resultados.

Solución: La razón de cambio es

$$\frac{dy}{dx} = 4x^3$$

Cuando $x = 2$, $dy/dx = 4(2)^3 = 32$. Esto significa que si x aumenta a partir de 2 en una cantidad pequeña, entonces y aumenta aproximadamente 32 veces esa cantidad. O en forma más sencilla, se dice que cuando $x = 2$, y está creciendo 32 veces más rápido que x. Cuando $x = -1$, $dy/dx = 4(-1)^3 = -4$. El significado del signo menos en -4 es que, cuando $x = -1$, y está *decreciendo* a un ritmo 4 veces más rápido que el aumento de x.

Ahora resuelva el problema 11 ◁

EJEMPLO 4   Razón de cambio del precio con respecto a la cantidad

Sea $p = 100 - q^2$ la función de demanda del producto de un fabricante. Encuentre la razón de cambio del precio p por unidad con respecto a la cantidad q. ¿Qué tan rápido está cambiando el precio con respecto a q cuando $q = 5$?

Solución: La razón de cambio de p con respecto a q es

$$\frac{dp}{dq} = \frac{d}{dq}(100 - q^2) = -2q$$

Así,

$$\left.\frac{dp}{dq}\right|_{q=5} = -2(5) = -10$$

Esto significa que cuando se demandan 5 unidades, un *incremento* de una unidad extra demandada corresponde a una disminución de aproximadamente 10 dólares en el precio por unidad que los consumidores están dispuestos a pagar.

◁

EJEMPLO 5   **Razón de cambio de volumen**

Un globo esférico está siendo inflado. Encuentre la razón de cambio de su volumen con respecto a su radio. Evalúe esta razón de cambio cuando el radio es de 2 pies.

Solución: La fórmula para calcular el volumen V de una esfera de radio r es $V = \frac{4}{3}\pi r^3$. La razón de cambio de V con respecto a r es

$$\frac{dV}{dr} = \frac{4}{3}\pi(3r^2) = 4\pi r^2$$

Cuando $r = 2$ pies, la razón de cambio es

$$\left.\frac{dV}{dr}\right|_{r=2} = 4\pi(2)^2 = 16\pi\,\frac{\text{pie}^3}{\text{pie}}$$

Esto significa que cuando el radio es de 2 pies, al cambiar el radio en 1 pie, el volumen cambiará aproximadamente en 16π pies^3.

◁

EJEMPLO 6   **Razón de cambio de inscripciones**

Un sociólogo estudia varios programas que pueden ayudar en la educación de niños de edad preescolar en cierta ciudad. El sociólogo cree que x años después de iniciado un programa particular, $f(x)$ miles de niños estarán inscritos, donde

$$f(x) = \frac{10}{9}(12x - x^2)   0 \le x \le 12$$

¿Cuál es la razón a la que cambiaría la matrícula (a) después de tres años de iniciado el programa y (b) después de nueve años?

Solución: La razón de cambio de $f(x)$ es

$$f'(x) = \frac{10}{9}(12 - 2x)$$

a. Después de tres años, la razón de cambio es

$$f'(3) = \frac{10}{9}(12 - 2(3)) = \frac{10}{9} \cdot 6 = \frac{20}{3} = 6\frac{2}{3}$$

Así, las inscripciones estarían creciendo a razón de $6\frac{2}{3}$ mil niños por año.

b. Después de nueve años, la razón de cambio es

$$f'(9) = \frac{10}{9}(12 - 2(9)) = \frac{10}{9}(-6) = -\frac{20}{3} = -6\frac{2}{3}$$

Así, las inscripciones estarían *decreciendo* a razón de $6\frac{2}{3}$ mil niños por año.

Ahora resuelva el problema 9 ◁

Aplicaciones de la razón de cambio a la economía

La **función de costo total** de un fabricante, $c = f(q)$, proporciona el costo total c de producir y comerciar q unidades de un producto. La razón de cambio de c con respecto a q se llama **costo marginal**. Así,

$$\text{costo marginal} = \frac{dc}{dq}$$

Por ejemplo, suponga que $c = f(q) = 0.1q^2 + 3$ es una función de costo, donde c está en dólares y q en libras. Entonces.

$$\frac{dc}{dq} = 0.2q$$

El costo marginal cuando se producen 4 libras es dc/dq, evaluado cuando $q = 4$:

$$\left.\frac{dc}{dq}\right|_{q=4} = 0.2(4) = 0.80$$

Esto significa que si la producción se incrementa en 1 libra, desde 4 hasta 5 libras, entonces el cambio en el costo es aproximadamente de \$0.80. Es decir, la libra adicional cuesta casi \$0.80. En general, *se interpreta el costo marginal como el costo aproximado de una unidad adicional producida*. Después de todo, la diferencia $f(q + 1) - f(q)$ puede verse como un cociente de diferencias

$$\frac{f(q + 1) - f(q)}{1}$$

(el caso donde $h = 1$). Cualquier cociente de diferencias puede verse como una aproximación de la derivada correspondiente y, de manera inversa, cualquier derivada puede considerarse como una aproximación de cualquiera de sus cocientes de diferencias correspondientes. Así, para cualquier función f de q siempre se puede ver a $f'(q)$ y $f(q + 1) - f(q)$ como aproximaciones una de la otra. En economía, esto último puede verse como el valor exacto del costo —o de la utilidad, dependiendo de la función— del $(q + 1)$-ésimo artículo cuando se produce q. Con frecuencia, la derivada es más fácil de calcular que el valor exacto. [En el caso estudiado aquí, el costo real de producir una libra después de 4 lb es $f(5) - f(4) = 5.5 - 4.6 = \$0.90$].

Si c es el costo total de producir q unidades de un producto, entonces el **costo promedio por unidad** $\overline{c}$ es

$$\overline{c} = \frac{c}{q} \tag{4}$$

Por ejemplo, si el costo total de 20 unidades es de \$100, entonces el costo promedio por unidad es $\overline{c} = 100/20 = \$5$. Multiplicando ambos lados de la ecuación (4) por q se obtiene,

$$c = q\overline{c}$$

Esto es, el costo total es el producto del número de unidades producidas multiplicado por el costo promedio unitario.

EJEMPLO 7   Costo marginal

Si la ecuación del costo promedio de un fabricante es

$$\overline{c} = 0.0001q^2 - 0.02q + 5 + \frac{5000}{q}$$

encuentre la función de costo marginal. ¿Cuál es el costo marginal cuando se producen 50 unidades?

Solución:

Estrategia: La función de costo marginal es la derivada de la función de costo total c. Por lo que primero se encuentra c multiplicando $\overline{c}$ por q. Se tiene

$$c = q\overline{c}$$
$$= q\left(0.0001q^2 - 0.02q + 5 + \frac{5000}{q}\right)$$
$$c = 0.0001q^3 - 0.02q^2 + 5q + 5000$$

Al diferenciar c, se obtiene la función de costo marginal:

$$\frac{dc}{dq} = 0.0001(3q^2) - 0.02(2q) + 5(1) + 0$$

$$= 0.0003q^2 - 0.04q + 5$$

El costo marginal cuando se producen 50 unidades es

$$\left.\frac{dc}{dq}\right|_{q=50} = 0.0003(50)^2 - 0.04(50) + 5 = 3.75$$

Si la producción se incrementa en 1 unidad, digamos de $q = 50$ a $q = 51$, entonces el costo c de la unidad adicional es aproximadamente de \$3.75. Si la producción se incrementa en $\frac{1}{3}$ de unidad a partir de $q = 50$, el costo de la producción adicional es aproximadamente de $\left(\frac{1}{3}\right)(3.75) = \$1.25$.

Ahora resuelva el problema 21 ◁

Suponga que $r = f(q)$ es la **función de ingreso total** para un fabricante. La ecuación $r = f(q)$ establece que el valor monetario total recibido al vender q unidades de un producto es r. El **ingreso marginal** se define como la razón de cambio del valor total recibido con respecto al número total de unidades vendidas. Por consiguiente, el ingreso marginal es solamente la derivada de r con respecto a q:

$$\text{ingreso marginal} = \frac{dr}{dq}$$

El ingreso marginal indica la rapidez a la que cambia el ingreso con respecto a las unidades vendidas. Se interpreta como el *ingreso aproximado recibido al vender una unidad adicional de producción*.

EJEMPLO 8 **Ingreso marginal**

Suponga que un fabricante vende un producto a \$2 por unidad. Si se venden q unidades, el ingreso total está dado por

$$r = 2q$$

La función de ingreso marginal es

$$\frac{dr}{dq} = \frac{d}{dq}(2q) = 2$$

que es una función constante. Entonces, el ingreso marginal es igual a 2 sin importar el número de unidades vendidas. Esto es lo que se esperaría, puesto que el fabricante recibe \$2 por cada unidad vendida.

Ahora resuelva el problema 23 ◁

Razones de cambio relativa y porcentual

Para la función de ingreso total del ejemplo 8, a saber, $r = f(q) = 2q$, se tiene

$$\frac{dr}{dq} = 2$$

Esto significa que el ingreso está cambiando a razón de \$2 por unidad, sin importar el número de unidades vendidas. Aunque ésta es una información valiosa, puede ser más significativa cuando se compara con la propia r. Por ejemplo, si $q = 50$, entonces $r = 2(50) = 100$. Así, la razón de cambio del ingreso es $2/100 = 0.02$ *de r*. Por otra parte, si $q = 5000$, entonces $r = 2(5000) = \$10\,000$, de modo que la razón de cambio de r es $2/10\,000 = 0.0002$ *de r*.

Aunque r cambia a la misma razón en cada nivel, al compararla con la propia r, esta razón es relativamente menor cuando $r = 10\,000$ que cuando $r = 100$. Considerando el cociente

$$\frac{dr/dq}{r}$$

se tiene un medio de comparar la razón de cambio de r con la propia r. Esta razón se llama *razón de cambio relativa* de r. Ya vimos que la razón de cambio relativa cuando $q = 50$ es

$$\frac{dr/dq}{r} = \frac{2}{100} = 0.02$$

y cuando $q = 5000$, es

$$\frac{dr/dq}{r} = \frac{2}{10\,000} = 0.0002$$

¡ADVERTENCIA!

Los porcentajes pueden ser confusos. Recuerde que *porcentaje* significa "por cien". Entonces $100\% = \frac{100}{100} = 1$, $2\% = \frac{2}{100} = 0.02$, etcétera.

Al multiplicar las razones relativas por 100% se obtienen las *razones de cambio porcentuales*. La razón de cambio porcentual cuando $q = 50$ es $(0.02)(100\%) = 2\%$; cuando $q = 5000$, es $(0.0002)(100\%) = 0.02\%$. Así, por ejemplo, si se vende una unidad adicional a 50, el ingreso aumenta aproximadamente en 2 por ciento.

En general, para cualquier función f, se tiene la siguiente definición:

Definición

La *razón de cambio relativa* de $f(x)$ es

$$\frac{f'(x)}{f(x)}$$

La *razón de cambio porcentual* de $f(x)$ es

$$\frac{f'(x)}{f(x)} \cdot 100\%$$

APLÍQUELO ▶

5. El volumen V de un contenedor en forma de cápsula con altura cilíndrica de 4 pies y radio r está dado por

$$V(r) = \frac{4}{3}\pi r^3 + 4\pi r^2$$

Determine las tasas de cambio relativa y porcentual del volumen con respecto al radio cuando el radio es de 2 pies.

EJEMPLO 9   Razones de cambio relativa y porcentual

Determine las razones de cambio relativa y porcentual de

$$y = f(x) = 3x^2 - 5x + 25$$

cuando $x = 5$.

Solución: Aquí

$$f'(x) = 6x - 5$$

Como $f'(5) = 6(5) - 5 = 25$ y $f(5) = 3(5)^2 - 5(5) + 25 = 75$, la razón de cambio relativa de y cuando $x = 5$ es

$$\frac{f'(5)}{f(5)} = \frac{25}{75} \approx 0.333$$

Al multiplicar 0.333 por 100% se obtiene la razón de cambio porcentual: $(0.333)(100\%) = 33.3$ por ciento.

Ahora resuelva el problema 35 ◁

PROBLEMAS 11.3

1. Suponga que la función de posición de un objeto que se desplaza a lo largo de una línea recta es $s = f(t) = 2t^2 + 3t$, donde t está en segundos y s en metros. Encuentre la velocidad promedio $\Delta s/\Delta t$ para el intervalo $[1, 1 + \Delta t]$, donde Δt está dado en la tabla siguiente:

Δt	1	0.5	0.2	0.1	0.01	0.001
$\Delta s/\Delta t$						

Con base en sus resultados, estime la velocidad cuando $t = 1$. Verifique sus cálculos usando diferenciación.

2. Si $y = f(x) = \sqrt{2x + 5}$, encuentre la razón de cambio promedio de y con respecto a x en el intervalo $[3, 3 + \Delta x]$, donde Δx está dado en la tabla siguiente:

Δx	1	0.5	0.2	0.1	0.01	0.001
$\Delta y / \Delta x$						

Con base en sus resultados, estime la razón de cambio de y con respecto a x cuando $x = 3$.

En cada uno de los problemas del 3 al 8, se da una función de posición, donde t está en segundos y s en metros.

(a) *Encuentre la posición en el valor dado de t.*
(b) *Encuentre la velocidad promedio para el intervalo dado.*
(c) *Encuentre la velocidad en el valor dado de t.*

3. $s = 2t^2 - 4t; [7, 7.5]; t = 7$

4. $s = \dfrac{1}{2}t + 1; [2, 2.1]; t = 2$

5. $s = 5t^3 + 3t + 24; [1, 1.01]; t = 1$

6. $s = -3t^2 + 2t + 1; [1, 1.25]; t = 1$

7. $s = t^4 - 2t^3 + t; [2, 2.1]; t = 2$

8. $s = 3t^4 - t^{7/2}; [0, \frac{1}{4}]; t = 0$

9. Ingreso-educación   Los sociólogos han estudiado la relación entre el ingreso y el número de años de educación en miembros de un grupo urbano particular. Encontraron que una persona con x años de educación, antes de buscar empleo regular puede esperar recibir un ingreso anual medio y anual, donde

$$y = 5x^{5/2} + 5900 \qquad 4 \le x \le 16$$

Encuentre la razón de cambio del ingreso con respecto al número de años de educación. Evalúela cuando $x = 9$.

10. Encuentre la razón de cambio del volumen V de una pelota, con respecto a su radio r, cuando $r = 1.5$ m. El volumen V de una pelota como una función de su radio r está dado por

$$V = V(r) = \frac{4}{3}\pi r^3$$

11. Temperatura de la piel   La temperatura aproximada T de la piel en términos de la temperatura T_e del medio ambiente está dada por

$$T = 32.8 + 0.27(T_e - 20)$$

donde T y T_e están en grados Celsius.[3] Encuentre la razón de cambio de T con respecto a T_e.

12. Biología   El volumen V de una célula esférica está dado por $V = V(r) = \dfrac{4}{3}\pi r^3$, donde r es el radio. Encuentre la razón de cambio del volumen con respecto al radio cuando $r = 6.3 \times 10^{-4}$ centímetros.

En los problemas del 13 al 18 se dan funciones de costo, donde c es el costo de producir q unidades de cierto artículo. Para cada caso, encuentre la función de costo marginal. ¿Cuál es el costo marginal para el valor o valores dados de q?

13. $c = 500 + 10q; q = 100$

14. $c = 5000 + 6q; q = 36$

15. $c = 0.2q^2 + 4q + 50; q = 10$

16. $c = 0.1q^2 + 3q + 2; q = 3$

17. $c = q^2 + 50q + 1000; q = 15, q = 16, q = 17$

18. $c = 0.04q^3 - 0.5q^2 + 4.4q + 7500; q = 5, q = 25, q = 1000$

En los problemas del 19 al 22, $\bar{c}$ representa el costo promedio por unidad, que es una función del número q de unidades producidas. Encuentre la función de costo marginal y el costo marginal para los valores indicados de q.

19. $\bar{c} = 0.01q + 5 + \dfrac{500}{q}; q = 50, q = 100$

20. $\bar{c} = 5 + \dfrac{2000}{q}; q = 25, q = 250$

21. $\bar{c} = 0.00002q^2 - 0.01q + 6 + \dfrac{20\,000}{q}; q = 100, q = 500$

22. $\bar{c} = 0.002q^2 - 0.5q + 60 + \dfrac{7000}{q}; q = 15, q = 25$

En los problemas del 23 al 26, r representa el ingreso total y es una función del número q de unidades vendidas. Encuentre la función de ingreso marginal y el ingreso marginal para los valores indicados de q.

23. $r = 0.8q; q = 9, q = 300, q = 500$

24. $r = q\left(15 - \frac{1}{30}q\right); q = 5, q = 15, q = 150$

25. $r = 240q + 40q^2 - 2q^3; q = 10; q = 15; q = 20$

26. $r = 2q(30 - 0.1q); q = 10, q = 20$

27. Fábrica de calcetas   La función de costo total de una fábrica de calcetas es estimada por Dean[4] como

$$c = -10\,484.69 + 6.750q - 0.000328q^2$$

donde q es la producción en docenas de pares y c el costo total. Encuentre la función de costo marginal y evalúela cuando $q = 2000$.

28. Planta de luz y energía   La función de costo total para una planta de luz y energía eléctrica es estimada por Nordin[5] como

$$c = 32.07 - 0.79q + 0.02142q^2 - 0.0001q^3 \qquad 20 \le q \le 90$$

donde q es la producción total en ocho horas (como porcentaje de la capacidad) y c el costo monetario total del combustible. Encuentre la función de costo marginal y evalúela cuando $q = 70$.

29. Concentración urbana   Suponga que las 100 ciudades más grandes de Estados Unidos en 1920 se clasificaron de acuerdo con su extensión (área de cada ciudad). Según Lotka,[6] la siguiente relación se cumple de manera aproximada:

$$PR^{0.93} = 5\,000\,000$$

Aquí, P es la población de la ciudad con la clasificación R respectiva. Esta relación se llama *ley de la concentración urbana* para 1920. Despeje P en términos de R y luego encuentre qué tan rápido cambia la población con respecto a la clasificación.

30. Depreciación   Según el método de depreciación lineal, el valor v de cierta máquina después de t años está dado por

$$v = 120\,000 - 15\,500t$$

donde $0 \le t \le 6$. ¿Qué tan rápido cambia v con respecto a t cuando $t = 2?$, ¿cuando $t = 4?$, ¿en cualquier momento?

---

[3]R. W. Stacy *et al.*, *Essentials of Biological and Medical Physics* (Nueva York: McGraw-Hill Book Company, 1955).

[4]J. Dean, "Statistical Cost Functions of a Hosiery Mill", *Studies in Business Administration*, XI, núm. 4 (Chicago: University of Chicago Press, 1941).

[5]J. A. Nordin, "Note on a Light Plant's Cost Curves". *Econometrica*, 15 (1947), pp. 231-235.

[6]A. J. Lotka, *Elements of Mathematical Biology* (Nueva York: Dover Publications, Inc., 1956).

31. Polilla de invierno   En Nueva Escocia se realizó un estudio sobre la polilla de invierno (adaptado de Embree).[7] Las larvas de la polilla caen al pie de los árboles huésped. A una distancia de x pies de la base del árbol, la densidad de larvas (número de larvas por pie cuadrado de suelo) fue de y, donde

$$y = 59.3 - 1.5x - 0.5x^2 \quad 1 \leq x \leq 9$$

(a) ¿Con qué rapidez cambia la densidad de larvas con respecto a la distancia desde la base del árbol cuando $x = 6$?
(b) ¿Para qué valor de x disminuye la densidad de larvas a razón de 6 larvas por pie cuadrado por pie?

32. Función de costo   Para la función de costo

$$c = 0.4q^2 + 4q + 5$$

encuentre la razón de cambio de c con respecto a q cuando $q = 2$. Además, ¿qué valor tiene $\Delta c/\Delta q$ en el intervalo $[2, 3]$?

En los problemas del 33 al 38, encuentre **(a)** *la razón de cambio y con respecto a x y* **(b)** *la razón de cambio relativa de y. En el valor dado de x, encuentre* **(c)** *la razón de cambio de y,* **(d)** *la razón de cambio relativa de y y* **(e)** *la razón de cambio porcentual de y.*

33. $y = f(x) = x + 4; x = 5$ **34.** $y = f(x) = 7 - 3x; x = 6$

35. $y = 2x^2 + 5; x = 10$ **36.** $y = 5 - 3x^3; x = 1$

37. $y = 8 - x^3; x = 1$ **38.** $y = x^2 + 3x - 4; x = -1$

39. Función de costo   Para la función de costo

$$c = 0.3q^2 + 3.5q + 9$$

¿qué tan rápido cambia c con respecto a q cuando $q = 10$? Determine la razón de cambio porcentual de c con respecto a q cuando $q = 10$.

40. Materia orgánica/diversidad de especies   En un estudio reciente sobre las aguas de mares poco profundos, Odum[8] afirma que en tales aguas la materia orgánica total y (en miligramos por litro) es una función de la diversidad x de las especies (en número de especies por cada mil individuos). Si $y = 100/x$, ¿con qué rapidez estará cambiando la materia orgánica total con respecto a la diversidad de especies cuando $x = 10$? ¿Cuál es la razón de cambio porcentual cuando $x = 10$?

41. Ingreso   Para cierto fabricante, el ingreso obtenido al vender q unidades de un producto está dado por

$$r = 30q - 0.3q^2$$

(a) ¿Qué tan rápido cambia r con respecto a q? Cuando $q = 10$,
(b) encuentre la razón de cambio relativo de r y **(c)** encuentre la razón de cambio porcentual de r, redondeada al punto porcentual más cercano.

42. Ingreso   Repita el problema 43 para la función de ingreso dada por $r = 10q - 0.2q^2$ y $q = 25$.

43. Peso de una rama   El peso de la rama de un árbol está dado por $W = 2t^{0.432}$, donde t es el tiempo. Encuentre la razón de cambio relativa de W con respecto a t.

44. Respuesta a un choque eléctrico   Se realizó un experimento[9] psicológico para analizar la respuesta humana a choques eléctricos (estímulos). Las personas recibieron descargas eléctricas de varias intensidades. La respuesta R a una descarga de intensidad I (en microamperes) debía ser un número que indicase la magnitud percibida con relación a la de una descarga "estándar". A la descarga estándar se le asignó una magnitud de 10. Dos grupos de personas fueron objeto del estudio bajo condiciones ligeramente diferentes. Las respuestas R_1 y R_2 de los grupos primero y segundo a una descarga de intensidad I estuvieron dadas por

$$R_1 = \frac{I^{1.3}}{1855.24} \quad 800 \leq I \leq 3500$$

y

$$R_2 = \frac{I^{1.3}}{1101.29} \quad 800 \leq I \leq 3500$$

(a) Para cada grupo, determine la razón de cambio relativa de la respuesta con respecto a la intensidad.
(b) ¿Cómo son esos cambios comparados entre sí?
(c) En general, si $f(x) = C_1 x^n$ y $g(x) = C_2 x^n$, donde C_1 y C_2 son constantes, ¿cómo son las razones de cambio relativas de f y g comparadas entre sí?

45. Costo   Un fabricante de bicicletas de montaña determinó que cuando se producen 20 bicicletas por día, el costo promedio es de $200 y el costo marginal de $150. Con base en esta información, determine el costo total de producir 21 bicicletas por día.

46. Costos marginal y promedio   Suponga que la función de costo para cierto producto es $c = f(q)$. Si la razón de cambio relativa de c (con respecto a q) es $\dfrac{1}{q}$, demuestre que la función de costo marginal y la función de costo promedio son iguales.

En los problemas 47 y 48, utilice la capacidad de su calculadora gráfica para derivar de manera numérica.

47. Si la función de costo total para un fabricante está dada por

$$c = \frac{5q^2}{\sqrt{q^2 + 3}} + 5000$$

donde c representa el costo, encuentre el costo marginal cuando se producen 10 unidades. Redondee su respuesta al centavo más cercano.

48. La población de una ciudad dentro de t años está dada por

$$P = 250\,000e^{0.04t}$$

Encuentre la razón de cambio de la población con respecto al tiempo t dentro de tres años. Redondee su respuesta al entero más cercano.

---

[7]D. G. Embree, "The Population Dynamics of the Winter Moth in Nova Scotia. 1954-1962", *Memoirs of the Entomological Society of Canada*, núm. 46 (1965).
[8]H. T. Odum, "Biological Circuits and the Marine System of Texas", en *Pollution and Marine Biology*, T. A. Olsen y F. J. Burgess, eds. (Nueva York: Interscience Publishers, 1967).
[9]H. Babkoff, "Magnitude Estimation of Short Electrocutaneous Pulses", *Psychological Research*, 39, núm. 1 (1976), pp. 39-49.

Objetivo

Encontrar derivadas mediante la aplicación de las reglas del producto y del cociente y desarrollar los conceptos de propensión marginal al consumo y propensión marginal al ahorro.

11.4 Regla del producto y regla del cociente

La ecuación $F(x) = (x^2 + 3x)(4x + 5)$ expresa $F(x)$ como un producto de dos funciones: $x^2 + 3x$ y $4x + 5$. Para encontrar $F'(x)$ usando sólo las reglas previas, se multiplican primero las funciones. Después se diferencia el resultado término por término:

$$F(x) = (x^2 + 3x)(4x + 5) = 4x^3 + 17x^2 + 15x$$

$$F'(x) = 12x^2 + 34x + 15 \tag{1}$$

Sin embargo, en muchos problemas que implican diferenciar un producto de funciones, la multiplicación no es tan sencilla como en este caso. En ocasiones, ni siquiera resulta práctico intentarlo. Por fortuna, existe una regla para diferenciar un producto que evita tener que efectuar tales multiplicaciones. Como la derivada de una suma de funciones es la suma de las derivadas, podría pensarse en una regla similar para los productos. No obstante, la situación es bastante sutil.

REGLA COMBINADA 3   La regla del producto

Si f y g son funciones diferenciables, entonces el producto fg es diferenciable y

$$\frac{d}{dx}(f(x)g(x)) = f'(x)g(x) + f(x)g'(x)$$

Esto es, la derivada del producto de dos funciones es la derivada de la primera función por la segunda, más la primera función por la derivada de la segunda.

$$\frac{d}{dx}(\text{producto}) = \left(\begin{array}{c}\text{derivada de}\\\text{la primera}\end{array}\right)(\text{segunda}) + (\text{primera})\left(\begin{array}{c}\text{derivada de}\\\text{la segunda}\end{array}\right)$$

Demostración. Si $F(x) = f(x)g(x)$, entonces, por la definición de la derivada de F,

$$F'(x) = \lim_{h \to 0} \frac{F(x+h) - F(x)}{h}$$

$$= \lim_{h \to 0} \frac{f(x+h)g(x+h) - f(x)g(x)}{h}$$

Ahora se emplea un "truco". Sumando y restando $f(x)g(x+h)$ en el numerador, se tiene

$$F'(x) = \lim_{h \to 0} \frac{f(x+h)g(x+h) - f(x)g(x) + f(x)g(x+h) - f(x)g(x+h)}{h}$$

Reagrupando se obtiene

$$F'(x) = \lim_{h \to 0} \frac{(f(x+h)g(x+h) - f(x)g(x+h)) + (f(x)g(x+h) - f(x)g(x))}{h}$$

$$= \lim_{h \to 0} \frac{(f(x+h) - f(x))g(x+h) + f(x)(g(x+h) - g(x))}{h}$$

$$= \lim_{h \to 0} \frac{(f(x+h) - f(x))g(x+h)}{h} + \lim_{h \to 0} \frac{f(x)(g(x+h) - g(x))}{h}$$

$$= \lim_{h \to 0} \frac{f(x+h) - f(x)}{h} \cdot \lim_{h \to 0} g(x+h) + \lim_{h \to 0} f(x) \cdot \lim_{h \to 0} \frac{g(x+h) - g(x)}{h}$$

Como se ha supuesto que f y g son diferenciables,

$$\lim_{h \to 0} \frac{f(x+h) - f(x)}{h} = f'(x)$$

y

$$\lim_{h \to 0} \frac{g(x+h) - g(x)}{h} = g'(x)$$

La diferenciabilidad de g implica que g es continua, por lo que, con base en la sección 10.3,

$$\lim_{h \to 0} g(x+h) = g(x)$$

Entonces,

$$F'(x) = f'(x)g(x) + f(x)g'(x)$$

EJEMPLO 1   Aplicación de la regla del producto

Si $F(x) = (x^2 + 3x)(4x + 5)$, encuentre $F'(x)$.

Solución: Se considerará a F como un producto de dos funciones:

$$F(x) = \underbrace{(x^2 + 3x)}_{f(x)}\underbrace{(4x + 5)}_{g(x)}$$

Por lo tanto, es posible aplicar la regla del producto:

$$F'(x) = f'(x)g(x) + f(x)g'(x)$$

$$= \underbrace{\frac{d}{dx}(x^2 + 3x)}_{\substack{\text{Derivada de}\\\text{la primera}}}\underbrace{(4x + 5)}_{\text{Segunda}} + \underbrace{(x^2 + 3x)}_{\text{Primera}}\underbrace{\frac{d}{dx}(4x + 5)}_{\substack{\text{Derivada de}\\\text{la segunda}}}$$

$$= (2x + 3)(4x + 5) + (x^2 + 3x)(4)$$

$$= 12x^2 + 34x + 15 \qquad\qquad \text{simplificación}$$

Esto concuerda con nuestro resultado previo. [Vea la ecuación (1)]. Aunque aquí la regla del producto no parece tener mucha utilidad práctica, se verá que en ocasiones resulta impráctico evitarla.

Ahora resuelva el problema 1 ◁

¡ADVERTENCIA! ⚠

Vale la pena repetir que la derivada del producto de dos funciones es algo sutil. Resista la tentación de intentar desarrollar una regla más simple.

EJEMPLO 2   Aplicación de la regla del producto

Si $y = (x^{2/3} + 3)(x^{-1/3} + 5x)$, encuentre dy/dx.

Solución: Al aplicar la regla del producto se obtiene

$$\frac{dy}{dx} = \frac{d}{dx}(x^{2/3} + 3)(x^{-1/3} + 5x) + (x^{2/3} + 3)\frac{d}{dx}(x^{-1/3} + 5x)$$

$$= \left(\frac{2}{3}x^{-1/3}\right)(x^{-1/3} + 5x) + (x^{2/3} + 3)\left(\frac{-1}{3}x^{-4/3} + 5\right)$$

$$= \frac{25}{3}x^{2/3} + \frac{1}{3}x^{-2/3} - x^{-4/3} + 15$$

De manera alternativa, se podría haber encontrado la derivada sin la regla del producto al determinar primero el producto $(x^{2/3} + 3)(x^{-1/3} + 5x)$ para después diferenciar el resultado término por término.

Ahora resuelva el problema 15 ◁

APLÍQUELO ▶

6. Un puesto de tacos vende, por lo general, 225 tacos por día a \$2 cada uno. La investigación de un estudiante de administración dice que por cada \$0.15 de disminución en el precio, el puesto vendería 20 tacos más por día. La función de ingreso para el puesto de tacos es $R(x) = (2 - 0.15x)(225 + 20x)$, donde x es el número de reducciones de \$0.15 en el precio. Encuentre $\dfrac{dR}{dx}$.

EJEMPLO 3   Diferenciación de un producto de tres factores

Si $y = (x + 2)(x + 3)(x + 4)$, encuentre y'.

Solución:

Estrategia Sería deseable utilizar la regla del producto, pero ésta se aplica sólo cuando se tienen *dos* factores. Considerando los primeros dos factores como uno solo, puede tratarse a y como un producto de dos funciones:

$$y = [(x + 2)(x + 3)](x + 4)$$

La regla del producto da

$$y' = \frac{d}{dx}[(x + 2)(x + 3)](x + 4) + [(x + 2)(x + 3)]\frac{d}{dx}(x + 4)$$

$$= \frac{d}{dx}[(x + 2)(x + 3)](x + 4) + [(x + 2)(x + 3)](1)$$

Aplicando de nuevo la regla del producto, se tiene

$$y' = \left(\frac{d}{dx}(x+2)(x+3) + (x+2)\frac{d}{dx}(x+3) \right)(x+4) + (x+2)(x+3)$$

$$= [(1)(x+3) + (x+2)(1)](x+4) + (x+2)(x+3)$$

Después de simplificar, se obtiene

$$y' = 3x^2 + 18x + 26$$

Otras dos maneras de encontrar la derivada son:

1. Multiplicar los primeros dos factores de y para obtener

$$y = (x^2 + 5x + 6)(x+4)$$

y luego aplicar la regla del producto.

2. Multiplicar los tres factores para obtener

$$y = x^3 + 9x^2 + 26x + 24$$

y luego diferenciar término por término.

Ahora resuelva el problema 19 ◁

En ocasiones resulta útil recordar las reglas de diferenciación con una notación más eficiente. Por ejemplo,

$$(fg)' = f'g + fg'$$

es una igualdad de funciones correcta que expresa la regla del producto. Entonces, es posible calcular

$$(fgh)' = ((fg)h)'$$
$$= (fg)'h + (fg)h'$$
$$= (f'g + fg')h + (fg)h'$$
$$= f'gh + fg'h + fgh'$$

No se sugiere que el estudiante trate de memorizar reglas de la derivada, tales como

$$(fgh)' = f'gh + fg'h + fgh'$$

Dado que $f'g + fg' = gf' + fg'$, usando la conmutatividad del producto de funciones, se puede expresar la regla del producto con las derivadas como segundos factores:

$$(fg)' = gf' + fg'$$

y usando la conmutatividad de la suma

$$(fg)' = fg' + gf'$$

Hay quien prefiere utilizar estas formas.

7. Una hora después de que a una persona se le dan x miligramos de cierto medicamento, el cambio en la temperatura del cuerpo, $T(x)$, en grados Fahrenheit, está dado de manera aproximada por $T(x) = x^2\left(1 - \frac{x}{3}\right)$. La razón a la cual cambia T con respecto al tamaño de la dosis x, $T'(x)$, se denomina *sensibilidad* del cuerpo a la dosis. Determine la sensibilidad cuando la dosis es de 1 miligramo. No utilice la regla del producto.

EJEMPLO 4 **Uso de la regla del producto para encontrar la pendiente**

Encuentre la pendiente de la gráfica de $f(x) = (7x^3 - 5x + 2)(2x^4 + 7)$ cuando $x = 1$.

Solución:

Estrategia La pendiente se encuentra al evaluar la derivada en $x = 1$. Como f es un producto de dos funciones, es posible encontrar la derivada usando la regla del producto.

Se tiene

$$f'(x) = (7x^3 - 5x + 2)\frac{d}{dx}(2x^4 + 7) + (2x^4 + 7)\frac{d}{dx}(7x^3 - 5x + 2)$$

$$= (7x^3 - 5x + 2)(8x^3) + (2x^4 + 7)(21x^2 - 5)$$

Puesto que se debe calcular $f'(x)$ cuando $x = 1$, *no hay necesidad de simplificar $f'(x)$ antes de evaluarla*. Al sustituir en $f'(x)$, se obtiene

$$f'(1) = 4(8) + 9(16) = 176$$

Ahora resuelva el problema 49 ◁

Por lo general, no se usa la regla del producto cuando es obvio que se puede aplicar un procedimiento más sencillo. Por ejemplo, si $f(x) = 2x(x + 3)$, entonces resulta más rápido escribir $f(x) = 2x^2 + 6x$, a partir de lo cual $f'(x) = 4x + 6$. De manera similar, no suele emplearse la regla del producto para diferenciar $y = 4(x^2 - 3)$. Como el 4 es un factor constante, según la regla del factor constante se sabe que $y' = 4(2x) = 8x$.

La regla siguiente se usa para diferenciar un *cociente* de dos funciones.

La regla del producto (y la regla del cociente que se muestra enseguida) no debe aplicarse cuando esté disponible un método más directo y eficiente.

> **REGLA COMBINADA 4   Regla del cociente**
>
> Si f y g son funciones diferenciables y $g(x) \neq 0$, entonces el cociente f/g es también diferenciable y
>
> $$\frac{d}{dx}\left(\frac{f(x)}{g(x)}\right) = \frac{g(x)f'(x) - f(x)g'(x)}{(g(x))^2}$$
>
> Con el entendimiento de que el denominador no debe ser 0, es posible escribir
>
> $$\left(\frac{f}{g}\right)' = \frac{gf' - fg'}{g^2}$$
>
> Esto es, la derivada del cociente de dos funciones es el denominador por la derivada del numerador menos el numerador por la derivada del denominador, todo ello dividido entre el cuadrado del denominador.
>
> $$\frac{d}{dx}(\text{cociente})$$
> $$= \frac{(\text{denominador})\left(\begin{array}{c}\text{derivada}\\\text{del numerador}\end{array}\right) - (\text{numerador})\left(\begin{array}{c}\text{derivada}\\\text{del denominador}\end{array}\right)}{(\text{denominator})^2}$$

Demostración. Si $F(x) = \dfrac{f(x)}{g(x)}$, entonces

$$F(x)g(x) = f(x)$$

Por la regla del producto,

$$F(x)g'(x) + g(x)F'(x) = f'(x)$$

Al despejar $F'(x)$, se obtiene

$$F'(x) = \frac{f'(x) - F(x)g'(x)}{g(x)}$$

Pero $F(x) = f(x)/g(x)$. Así,

$$F'(x) = \frac{f'(x) - \dfrac{f(x)g'(x)}{g(x)}}{g(x)}$$

Al simplificar [10] se obtiene

$$F'(x) = \frac{g(x)f'(x) - f(x)g'(x)}{(g(x))^2}$$

¡ADVERTENCIA! ⚠

La derivada del cociente de dos funciones es aún más complicada que la regla del producto. Es necesario recordar dónde va el signo menos.

---

[10]La demostración dada supone la existencia de $F'(x)$. Sin embargo, esta regla puede demostrarse sin dicho supuesto.

EJEMPLO 5   Aplicación de la regla del cociente

Si $F(x) = \dfrac{4x^2 + 3}{2x - 1}$, encuentre $F'(x)$.

Solución:

> **Estrategia**   Se considera a F como un cociente y se aplica la regla del cociente.

Sea $f(x) = 4x^2 + 3$ y $g(x) = 2x - 1$. Entonces

$$F'(x) = \frac{g(x)f'(x) - f(x)g'(x)}{(g(x))^2}$$

$$= \frac{\overbrace{(2x-1)}^{\text{Denominador}}\ \overbrace{\dfrac{d}{dx}(4x^2+3)}^{\substack{\text{Derivada del} \\ \text{denominador}}} - \overbrace{(4x^2+3)}^{\text{Numerador}}\ \overbrace{\dfrac{d}{dx}(2x-1)}^{\substack{\text{Derivada del} \\ \text{numerador}}}}{\underbrace{(2x-1)^2}_{\substack{\text{Cuadrado del} \\ \text{denominador}}}}$$

$$= \frac{(2x-1)(8x) - (4x^2+3)(2)}{(2x-1)^2}$$

$$= \frac{8x^2 - 8x - 6}{(2x-1)^2} = \frac{2(2x+1)(2x-3)}{(2x-1)^2}$$

Ahora resuelva el problema 21 ◁

EJEMPLO 6   Reescribir antes de diferenciar

Diferenciemos $y = \dfrac{1}{x + \dfrac{1}{x+1}}$.

Solución:

> **Estrategia**   Para simplificar la diferenciación, se reescribirá la función de manera que ninguna fracción aparezca en el denominador.

Se tiene

$$y = \frac{1}{x + \dfrac{1}{x+1}} = \frac{1}{\dfrac{x(x+1)+1}{x+1}} = \frac{x+1}{x^2+x+1}$$

$$\frac{dy}{dx} = \frac{(x^2+x+1)(1) - (x+1)(2x+1)}{(x^2+x+1)^2} \qquad \text{regla del cociente}$$

$$= \frac{(x^2+x+1) - (2x^2+3x+1)}{(x^2+x+1)^2}$$

$$= \frac{-x^2 - 2x}{(x^2+x+1)^2} = -\frac{x^2+2x}{(x^2+x+1)^2}$$

Ahora resuelva el problema 45 ◁

Aunque una función puede tener la forma de un cociente, esto no implica necesariamente que se deba usar la regla del cociente para encontrar su derivada. El ejemplo siguiente ilustra algunas situaciones típicas donde, aunque puede emplearse la regla del cociente, se dispone de un procedimiento más sencillo y eficiente.

EJEMPLO 7   **Diferenciación de cocientes sin usar la regla del cociente**

Diferenciemos las funciones siguientes.

a. $f(x) = \dfrac{2x^3}{5}$

Solución: Se reescribe la función para tener $f(x) = \frac{2}{5}x^3$. Por la regla del factor constante,

$$f'(x) = \frac{2}{5}(3x^2) = \frac{6x^2}{5}$$

b. $f(x) = \dfrac{4}{7x^3}$

Solución: Se reescribe la función para tener $f(x) = \frac{4}{7}(x^{-3})$. Entonces,

$$f'(x) = \frac{4}{7}(-3x^{-4}) = -\frac{12}{7x^4}$$

c. $f(x) = \dfrac{5x^2 - 3x}{4x}$

¡ADVERTENCIA!

Para diferenciar $f(x) = \dfrac{1}{x^2 - 2}$, se podría intentar reescribir primero el cociente como $(x^2 - 2)^{-1}$. Por ahora sería un error hacerlo ya que por el momento no se tiene una regla para diferenciar esa forma. En resumen, no hay otra opción más que utilizar la regla del cociente. Sin embargo, en la sección siguiente se desarrollará una regla que permitirá diferenciar $(x^2 - 2)^{-1}$ de manera directa y eficiente.

Solución: Se reescribe la función y se tiene $f(x) = \dfrac{1}{4}\left(\dfrac{5x^2 - 3x}{x}\right) = \dfrac{1}{4}(5x - 3)$ para $x \neq 0$. Por lo que,

$$f'(x) = \frac{1}{4}(5) = \frac{5}{4} \quad \text{para } x \neq 0$$

Como la función f no está definida para $x = 0$, f' tampoco está definida para $x = 0$.

Ahora resuelva el problema 17 ◁

EJEMPLO 8   **Ingreso marginal**

Si la ecuación de demanda para el producto de un fabricante es

$$p = \frac{1000}{q + 5}$$

donde p es el valor monetario, encuentre la función de ingreso marginal y evalúela cuando $q = 45$.

Solución:

Estrategia   Primero se debe encontrar la función de ingreso. El ingreso r recibido por vender q unidades cuando el precio por unidad es p está dado por

$$\textbf{ingreso} = (\textbf{precio})(\textbf{cantidad}); \quad \text{esto es,} \quad r = pq$$

Usando la ecuación de demanda, se expresará r sólo en términos de q. Luego se diferencia para encontrar la función de ingreso marginal, dr/dq.

La función de ingreso es

$$r = \left(\frac{1000}{q + 5}\right)q = \frac{1000q}{q + 5}$$

Así, la función de ingreso marginal está dada por

$$\frac{dr}{dq} = \frac{(q + 5)\dfrac{d}{dq}(1000q) - (1000q)\dfrac{d}{dq}(q + 5)}{(q + 5)^2}$$

$$= \frac{(q + 5)(1000) - (1000q)(1)}{(q + 5)^2} = \frac{5000}{(q + 5)^2}$$

y

$$\frac{dr}{dq}\bigg|_{q=45} = \frac{5000}{(45+5)^2} = \frac{5000}{2500} = 2$$

Esto significa que vender una unidad adicional por arriba de 45 resulta en aproximadamente $2 más de ingreso.

Ahora resuelva el problema 59 ◁

Función de consumo

Una función que desempeña un papel importante en el análisis económico es la **función de consumo**. Esta función, $C = f(I)$, expresa una relación entre el ingreso nacional total, I, y el consumo nacional total, C. Por lo general, tanto I como C se expresan en miles de millones e I se restringe a cierto intervalo. La *propensión marginal al consumo* se define como la razón de cambio del consumo con respecto al ingreso. Es simplemente la derivada de C con respecto a I:

$$\text{Propensión marginal al consumo} = \frac{dC}{dI}$$

Si asumimos que la diferencia entre el ingreso I y el consumo C es el ahorro S, entonces

$$S = I - C$$

Al diferenciar ambos lados de la ecuación con respecto a I se obtiene

$$\frac{dS}{dI} = \frac{d}{dI}(I) - \frac{d}{dI}(C) = 1 - \frac{dC}{dI}$$

Se define dS/dI como la **propensión marginal al ahorro**. Así, la propensión marginal al ahorro indica qué tan rápido cambia el ahorro con respecto al ingreso, y

$$\begin{array}{c} \text{Propensión marginal} \\ \text{al ahorro} \end{array} = 1 - \begin{array}{c} \text{Propensión marginal} \\ \text{al consumo} \end{array}$$

EJEMPLO 9   Determinación de las propensiones marginales al consumo y al ahorro

Si la función de consumo está dada por

$$C = \frac{5(2\sqrt{I^3} + 3)}{I + 10}$$

determine la propensión marginal al consumo y al ahorro cuando $I = 100$.

Solución:

$$\frac{dC}{dI} = 5\left(\frac{(I+10)\frac{d}{dI}(2I^{3/2}+3) - (2\sqrt{I^3}+3)\frac{d}{dI}(I+10)}{(I+10)^2}\right)$$

$$= 5\left(\frac{(I+10)(3I^{1/2}) - (2\sqrt{I^3}+3)(1)}{(I+10)^2}\right)$$

Cuando $I = 100$, la propensión marginal al consumo es

$$\frac{dC}{dI}\bigg|_{I=100} = 5\left(\frac{1297}{12\,100}\right) \approx 0.536$$

La propensión marginal al ahorro cuando $I = 100$ es $1 - 0.536 = 0.464$. Esto significa que si un ingreso actual de $100 000 millones aumenta en $1000 millones, la nación consume aproximadamente el 53.6% (536/1000) y ahorra 46.4% (464/1000) de ese incremento.

Ahora resuelva el problema 69 ◁

PROBLEMAS 11.4

En los problemas del 1 al 48, diferencie las funciones.

1. $f(x) = (4x + 1)(6x + 3)$ **2.** $f(x) = (3x - 1)(7x + 2)$

3. $s(t) = (5 - 3t)(t^3 - 2t^2)$ **4.** $Q(x) = (x^2 + 3x)(7x^2 - 5)$

5. $f(r) = (3r^2 - 4)(r^2 - 5r + 1)$

6. $C(I) = (2I^2 - 3)(3I^2 - 4I + 1)$

7. $f(x) = x^2(2x^2 - 5)$ **8.** $f(x) = 3x^3(x^2 - 2x + 2)$

9. $y = (x^2 + 5x - 7)(6x^2 - 5x + 4)$

10. $\phi(x) = (3 - 5x + 2x^2)(2 + x - 4x^2)$

11. $f(w) = (w^2 + 3w - 7)(2w^3 - 4)$

12. $f(x) = (3x - x^2)(3 - x - x^2)$

13. $y = (x^2 - 1)(3x^3 - 6x + 5) - 4(4x^2 + 2x + 1)$

14. $h(x) = 5(x^7 + 4) + 4(5x^3 - 2)(4x^2 + 7x)$

15. $F(p) = \frac{3}{2}(5\sqrt{p} - 2)(3p - 1)$

16. $g(x) = (\sqrt{x} + 5x - 2)(\sqrt[3]{x} - 3\sqrt{x})$

17. $y = 7 \cdot \frac{2}{3}$ **18.** $y = (x - 1)(x - 2)(x - 3)$

19. $y = (5x + 3)(2x - 5)(7x + 9)$

20. $y = \frac{2x - 3}{4x + 1}$ **21.** $f(x) = \frac{5x}{x - 1}$

22. $H(x) = \frac{-5x}{5 - x}$ **23.** $f(x) = \frac{-13}{3x^5}$

24. $f(x) = \frac{3(5x^2 - 7)}{4}$ **25.** $y = \frac{x + 2}{x - 1}$

26. $h(w) = \frac{3w^2 + 5w - 1}{w - 3}$ **27.** $h(z) = \frac{6 - 2z}{z^2 - 4}$

28. $z = \frac{2x^2 + 5x - 2}{3x^2 + 5x + 3}$ **29.** $y = \frac{4x^2 + 3x + 2}{3x^2 - 2x + 1}$

30. $f(x) = \frac{x^3 - x^2 + 1}{x^2 + 1}$ **31.** $y = \frac{x^2 - 4x + 3}{2x^2 - 3x + 2}$

32. $F(z) = \frac{z^4 + 4}{3z}$ **33.** $g(x) = \frac{1}{x^{100} + 7}$

34. $y = \frac{-8}{7x^6}$ **35.** $u(v) = \frac{v^3 - 8}{v}$

36. $y = \frac{x - 5}{8\sqrt{x}}$ **37.** $y = \frac{3x^2 - x - 1}{\sqrt[3]{x}}$

38. $y = \frac{x^{0.3} - 2}{2x^{2.1} + 1}$ **39.** $y = 1 - \frac{5}{2x + 5} + \frac{2x}{3x + 1}$

40. $q(x) = 2x^3 + \frac{5x + 1}{3x - 5} - \frac{2}{x^3}$

41. $y = \frac{x - 5}{(x + 2)(x - 4)}$ **42.** $y = \frac{(9x - 1)(3x + 2)}{4 - 5x}$

43. $s(t) = \frac{t^2 + 3t}{(t^2 - 1)(t^3 + 7)}$ **44.** $f(s) = \frac{17}{s(4s^3 + 5s - 23)}$

45. $y = 3x - \dfrac{\frac{2}{x} - \frac{3}{x - 1}}{x - 2}$ **46.** $y = 3 - 12x^3 + \dfrac{1 - \frac{5}{x^2 + }}{x^2 + 5}$

47. $f(x) = \frac{a + x}{a - x}$, donde a es una constante.

48. $f(x) = \frac{x^{-1} + a^{-1}}{x^{-1} - a^{-1}}$, donde a es una constante.

49. Encuentre la pendiente de la curva $y = (2x^2 - x + 3)(x^3 + x + 1)$ en $(1, 12)$.

50. Encuentre la pendiente de la curva $y = \frac{x^3}{x^4 + 1}$ en $(-1, -\frac{1}{2})$.

En los problemas del 51 al 54, encuentre una ecuación de la recta tangente a la curva en el punto dado.

51. $y = \frac{6}{x - 1}$; $(3, 3)$ **52.** $y = \frac{x + 5}{x^2}$; $(1, 6)$

53. $y = (2x + 3)[2(x^4 - 5x^2 + 4)]$; $(0, 24)$

54. $y = \frac{x - 1}{x(x^2 + 1)}$; $(2, \frac{1}{10})$

En los problemas 55 y 56, determine la razón de cambio relativa de y con respecto a x para el valor dado de x.

55. $y = \frac{x}{2x - 6}$; $x = 1$ **56.** $y = \frac{1 - x}{1 + x}$; $x = 5$

57. Movimiento   La función de posición de un objeto que se desplaza en línea recta es

$$s = \frac{2}{t^3 + 1}$$

donde t está en segundos y s en metros. Encuentre la posición y la velocidad del objeto en $t = 1$.

58. Movimiento   La función de posición de un objeto que se desplaza en línea recta es

$$s = \frac{t + 3}{t^2 + 7}$$

donde t está en segundos y s en metros. Encuentre el o los valores positivos de t para los cuales la velocidad del objeto es 0.

En los problemas del 59 al 62, cada ecuación representa una función de demanda para cierto producto, donde p denota el precio por unidad para q unidades. En cada caso, encuentre la función de ingreso marginal. Recuerde que ingreso = pq.

59. $p = 80 - 0.02q$ **60.** $p = 500/q$

61. $p = \frac{108}{q + 2} - 3$ **62.** $p = \frac{q + 750}{q + 50}$

63. Función de consumo   Para Estados Unidos (1922-1942), la función de consumo se estimó por medio de la ecuación[11]

$$C = 0.672I + 113.1$$

Encuentre la propensión marginal al consumo.

64. Función de consumo   Repita el problema 63 para $C = 0.836I + 127.2$.

En los problemas del 65 al 68, cada ecuación representa una función de consumo. Encuentre la propensión marginal al consumo y al ahorro para el valor dado de I.

65. $C = 3 + \sqrt{I} + 2\sqrt[3]{I}$; $I = 1$

66. $C = 6 + \frac{3I}{4} - \frac{\sqrt{I}}{3}$; $I = 25$

[11]T. Haavelmo, "Methods of Measuring the Marginal Propensity to Consume", *Journal of the American Statistical Association*, XLII (1947), pp. 105-122.

67. $C = \dfrac{16\sqrt{I} + 0.8\sqrt{I^3} - 0.2I}{\sqrt{I} + 4}; I = 36$

68. $C = \dfrac{20\sqrt{I} + 0.5\sqrt{I^3} - 0.4I}{\sqrt{I} + 5}; I = 100$

69. Función de consumo Suponga que la función de consumo de un país está dada por

$$C = \frac{9\sqrt{I} + 0.8\sqrt{I^3} - 0.3I}{\sqrt{I}}$$

donde C e I se expresan en miles de millones.

(a) Encuentre la propensión marginal al ahorro cuando el ingreso es de $25 000 millones.

(b) Determine la razón de cambio relativa de C con respecto a I cuando el ingreso es de $25 000 millones.

70. Propensiones marginales a consumir y ahorrar Suponga que la función de ahorro de un país es

$$S = \frac{I - 2\sqrt{I} - 8}{\sqrt{I} + 2}$$

donde el ingreso nacional (I) y el ahorro nacional (S) se miden en miles de millones. Encuentre la propensión marginal del país a consumir y su propensión marginal al ahorro cuando el ingreso nacional es de $150 000 millones. (*Sugerencia:* Puede ser útil factorizar primero el numerador).

71. Costo marginal Si la función de costo total de un fabricante está dada por

$$c = \frac{6q^2}{q + 2} + 6000$$

encuentre la función de costo marginal.

72. Costo marginal y costo promedio Dada la función de costo $c = f(q)$, demuestre que si $\dfrac{d}{dq}(\bar{c}) = 0$, entonces la función de costo marginal y la de costo promedio son iguales.

73. Relación huésped-parásito Para una relación particular huésped-parásito, se determinó que cuando la densidad de huésped (número de huéspedes por unidad de área) es x, el número de huéspedes que tienen parásitos es y, donde

$$y = \frac{900x}{10 + 45x}$$

¿A qué razón está cambiando el número de huéspedes que tienen parásitos con respecto a la densidad de huésped cuando $x = 2$?

74. Acústica La persistencia del sonido en un recinto después de que la fuente del sonido se ha apagado se llama *reverberación*. El *tiempo de reverberación* RT del recinto es el periodo necesario para que el nivel de intensidad del sonido caiga a 60 decibeles. En el diseño acústico de un auditorio, puede utilizarse la fórmula siguiente para calcular el RT del recinto:[12]

$$RT = \frac{0.05V}{A + xV}$$

Aquí V es el volumen del recinto, A la absorción total de éste y x el coeficiente de absorción del aire. Suponiendo que A y x son constantes positivas, demuestre que la razón de cambio de RT con respecto al V siempre es positiva. Si el volumen total del recinto se incrementa en una unidad, ¿aumenta o disminuye el tiempo de reverberación?

75. Depredador-presa En un experimento[13] que estudió la relación depredador-presa, se determinó de manera estadística que el número de presas consumidas, y, por un depredador individual es una función de la densidad x de presas (el número de presas por unidad de área), donde

$$y = \frac{0.7355x}{1 + 0.02744x}$$

Determine la razón de cambio de las presas consumidas con respecto a su densidad.

76. Beneficios de seguridad social En un estudio sobre los beneficios de la seguridad social, Feldstein[14] diferencia una función de la forma

$$f(x) = \frac{a(1 + x) - b(2 + n)x}{a(2 + n)(1 + x) - b(2 + n)x}$$

donde a, b y n son constantes. Feldstein determina que

$$f'(x) = \frac{-1(1 + n)ab}{(a(1 + x) - bx)^2(2 + n)}$$

Verifique esto. (*Sugerencia:* Por conveniencia, haga $2 + n = c$). Después observe que la función f de Feldestein tiene la forma

$$g(x) = \frac{A + Bx}{C + Dx}, \quad \text{donde } A, B, C \text{ y } D \text{ son constantes}$$

Demuestre que $g'(x)$ es una constante dividida entre una función no negativa de x. ¿Qué significa esto?

77. Negocios El fabricante de un producto encontró que cuando se producen 20 unidades por día, el costo promedio es de $150 y el costo marginal de $125. ¿Cuál es la razón de cambio relativa del costo promedio con respecto a la cantidad cuando $q = 20$?

78. Utilice el resultado $(fgh)' = f'gh + fg'h + fgh'$ para encontrar dy/dx si

$$y = (3x + 1)(2x - 1)(x - 4)$$

Objetivo

Introducir y aplicar la regla de la cadena, derivar un caso especial de la regla de la cadena y desarrollar el concepto de producto del ingreso marginal como una aplicación de la regla de la cadena.

11.5 Regla de la cadena

La siguiente regla, *regla de la cadena*, es una de las más importantes para obtener derivadas. Implica una situación en la que y es una función de la variable u, pero u es una función de x

[12]L. L. Doelle, *Environmental Acoustics* (Nueva York: McGraw-Hill Book Company, 1972).

[13]C. S. Holling, "Some Characteristics of Simple Types of Predation and Parasitism", *The Canadian Entomologist*, XCI, núm. 7 (1959), pp. 385-398.

[14]M. Feldstein, "The Optimal Level of Social Security Benefits", *The Quarterly Journal of Economics*, C, núm. 2 (1985), pp. 303-320.

y se desea encontrar la derivada de y con respecto a x. Por ejemplo, las ecuaciones

$$y = u^2 \quad \text{y} \quad u = 2x + 1$$

definen a y como una función de u y a u como una función de x. Si se sustituye u por $2x + 1$ en la primera ecuación, se puede considerar a y como una función de x:

$$y = (2x + 1)^2$$

Para encontrar dy/dx, primero se desarrolla $(2x + 1)^2$:

$$y = 4x^2 + 4x + 1$$

Entonces

$$\frac{dy}{dx} = 8x + 4$$

En este ejemplo, puede verse que encontrar dy/dx efectuando primero una sustitución puede ser bastante complicado. Por ejemplo, si se hubiera tenido $y = u^{100}$ en vez de $y = u^2$, ni siquiera se intentaría efectuar la sustitución. Por fortuna, la regla de la cadena permite manejar tales situaciones con facilidad.

> **REGLA COMBINADA 5 Regla de la cadena**
>
> Si y es una función diferenciable de u y u es una función diferenciable de x, entonces y es una función diferenciable de x y
>
> $$\frac{dy}{dx} = \frac{dy}{du} \cdot \frac{du}{dx}$$

Se puede mostrar por qué la regla de la cadena es razonable considerando razones de cambio. Suponga

$$y = 8u + 5 \quad \text{y} \quad u = 2x - 3$$

Si x cambia en una unidad, ¿cómo cambia u? Para responder esta pregunta, se deriva y se encuentra que $du/dx = 2$. Pero para *cada* cambio de una unidad en u hay un cambio en y de $dy/du = 8$. Por lo tanto, ¿cuál es el cambio en y si x cambia en una unidad?; esto es, ¿qué valor tiene dy/dx? La respuesta es $8 \cdot 2$, que es $\dfrac{dy}{du} \cdot \dfrac{du}{dx}$. Así, $\dfrac{dy}{dx} = \dfrac{dy}{du} \cdot \dfrac{du}{dx}$.

Ahora se utilizará la regla de la cadena para volver a resolver el problema planteado al principio de esta sección. Si

$$y = u^2 \quad \text{y} \quad u = 2x + 1$$

entonces

$$\frac{dy}{dx} = \frac{dy}{du} \cdot \frac{du}{dx} = \frac{d}{du}(u^2) \cdot \frac{d}{dx}(2x + 1)$$
$$= (2u)2 = 4u$$

Al reemplazar u por $2x + 1$ se obtiene

$$\frac{dy}{dx} = 4(2x + 1) = 8x + 4$$

lo cual concuerda con el resultado previo.

EJEMPLO 1 Uso de la regla de la cadena

a. Si $y = 2u^2 - 3u - 2$ y $u = x^2 + 4$, encuentre dy/dx.

Solución: Por la regla de la cadena,

$$\frac{dy}{dx} = \frac{dy}{du} \cdot \frac{du}{dx} = \frac{d}{du}(2u^2 - 3u - 2) \cdot \frac{d}{dx}(x^2 + 4)$$
$$= (4u - 3)(2x)$$

Se puede escribir la respuesta sólo en términos de x reemplazando u por $x^2 + 4$.

$$\frac{dy}{dx} = [4(x^2 + 4) - 3](2x) = [4x^2 + 13](2x) = 8x^3 + 26x$$

b. Si $y = \sqrt{w}$ y $w = 7 - t^3$, encuentre dy/dt.

Solución: Aquí, y es una función de w y w es una función de t, por lo que se puede considerar a y como una función de t. Por la regla de la cadena,

$$\frac{dy}{dt} = \frac{dy}{dw} \cdot \frac{dw}{dt} = \frac{d}{dw}(\sqrt{w}) \cdot \frac{d}{dt}(7 - t^3)$$

$$= \left(\frac{1}{2}w^{-1/2}\right)(-3t^2) = \frac{1}{2\sqrt{w}}(-3t^2)$$

$$= -\frac{3t^2}{2\sqrt{w}} = -\frac{3t^2}{2\sqrt{7 - t^3}}$$

Ahora resuelva el problema 1 ◁

EJEMPLO 2   Uso de la regla de la cadena

Si $y = 4u^3 + 10u^2 - 3u - 7$ y $u = 4/(3x - 5)$, encuentre dy/dx cuando $x = 1$.

Solución: Por la regla de la cadena,

$$\frac{dy}{dx} = \frac{dy}{du} \cdot \frac{du}{dx} = \frac{d}{du}(4u^3 + 10u^2 - 3u - 7) \cdot \frac{d}{dx}\left(\frac{4}{3x - 5}\right)$$

$$= (12u^2 + 20u - 3) \cdot \frac{(3x - 5)\dfrac{d}{dx}(4) - 4\dfrac{d}{dx}(3x - 5)}{(3x - 5)^2}$$

$$= (12u^2 + 20u - 3) \cdot \frac{-12}{(3x - 5)^2}$$

Cuando x se reemplaza por a, $u = u(x)$ debe reemplazarse por $u(a)$.

Aun cuando dy/dx está en términos de x y u, se puede evaluar cuando $x = 1$ si se determina el valor correspondiente de u. Cuando $x = 1$,

$$u = \frac{4}{3(1) - 5} = -2$$

Por lo tanto,

$$\left.\frac{dy}{dx}\right|_{x=1} = [12(-2)^2 + 20(-2) - 3] \cdot \frac{-12}{[3(1) - 5]^2}$$

$$= 5 \cdot (-3) = -15$$

Ahora resuelva el problema 5 ◁

La regla de la cadena establece que si $y = f(u)$ y $u = g(x)$, entonces

$$\frac{dy}{dx} = \frac{dy}{du} \cdot \frac{du}{dx}$$

En realidad, la regla de la cadena se aplica a una composición de funciones, ya que

$$y = f(u) = f(g(x)) = (f \circ g)(x)$$

Así y, como una función de x, es $f \circ g$. Esto significa que se puede utilizar la regla de la cadena para diferenciar una función cuando se identifica a la función como una composición. Sin embargo, primero es necesario descomponer la función.

Por ejemplo, para diferenciar

$$y = (x^3 - x^2 + 6)^{100}$$

se piensa en la función como una composición. Sea

$$y = f(u) = u^{100} \quad \text{y} \quad u = g(x) = x^3 - x^2 + 6$$

Entonces $y = (x^3 - x^2 + 6)^{100} = (g(x))^{100} = f(g(x))$. Ahora que se tiene una composición, es posible diferenciarla. Como $y = u^{100}$ y $u = x^3 - x^2 + 6$, por la regla de la cadena se tiene

$$\frac{dy}{dx} = \frac{dy}{du} \cdot \frac{du}{dx}$$

$$= (100u^{99})(3x^2 - 2x)$$

$$= 100(x^3 - x^2 + 6)^{99}(3x^2 - 2x)$$

Se acaba de utilizar la regla de la cadena para diferenciar $y = (x^3 - x^2 + 6)^{100}$, que es una potencia de una *función* de x, no simplemente una potencia de x. La regla siguiente, llamada **regla de la potencia**, generaliza el resultado y es un caso especial de la regla de la cadena.

Regla de la potencia $\dfrac{d}{dx}(u^a) = au^{a-1}\dfrac{du}{dx}$

---

donde se entiende que u es una función diferenciable de x y a es un número real.

Demostración. Sea $y = u^a$. Como y es una función diferenciable de u y u es una función diferenciable de x, la regla de la cadena da

$$\frac{dy}{dx} = \frac{dy}{du} \cdot \frac{du}{dx}$$

Pero $dy/du = au^{a-1}$. Por lo que,

$$\frac{dy}{dx} = au^{a-1}\frac{du}{dx}$$

que es la regla de la potencia.

EJEMPLO 3   Uso de la regla de la potencia

Si $y = (x^3 - 1)^7$, encuentre y'.

Solución: Como y es una potencia de una *función* de x, es aplicable la regla de la potencia. Al hacer $u(x) = x^3 - 1$ y $a = 7$, se tiene

$$y' = a[u(x)]^{a-1}u'(x)$$

$$= 7(x^3 - 1)^{7-1}\frac{d}{dx}(x^3 - 1)$$

$$= 7(x^3 - 1)^6(3x^2) = 21x^2(x^3 - 1)^6$$

Ahora resuelva el problema 9 ◁

EJEMPLO 4   Uso de la regla de la potencia

Si $y = \sqrt[3]{(4x^2 + 3x - 2)^2}$, encuentre dy/dx cuando $x = -2$.

Solución: Como $y = (4x^2 + 3x - 2)^{2/3}$, se utiliza la regla de la potencia con

$$u = 4x^2 + 3x - 2$$

y $a = \frac{2}{3}$. Se tiene

$$\frac{dy}{dx} = \frac{2}{3}(4x^2 + 3x - 2)^{(2/3)-1}\frac{d}{dx}(4x^2 + 3x - 2)$$

$$= \frac{2}{3}(4x^2 + 3x - 2)^{-1/3}(8x + 3)$$

$$= \frac{2(8x + 3)}{3\sqrt[3]{4x^2 + 3x - 2}}$$

Así,

$$\frac{dy}{dx}\bigg|_{x=-2} = \frac{2(-13)}{3\sqrt[3]{8}} = -\frac{13}{3}$$

Ahora resuelva el problema 19 ◁

EJEMPLO 5 **Uso de la regla de la potencia**

La técnica usada en el ejemplo 5 se utiliza con frecuencia cuando el numerador de un cociente es una constante y el denominador no lo es.

Si $y = \dfrac{1}{x^2 - 2}$, encuentre $\dfrac{dy}{dx}$.

Solución: Aunque aquí puede emplearse la regla del cociente, un procedimiento más eficiente consiste en tratar el lado derecho como la potencia $(x^2 - 2)^{-1}$ y utilizar la regla de la potencia. Sea $u = x^2 - 2$. Entonces $y = u^{-1}$ y

$$\frac{dy}{dx} = (-1)(x^2 - 2)^{-1-1}\frac{d}{dx}(x^2 - 2)$$

$$= (-1)(x^2 - 2)^{-2}(2x)$$

$$= -\frac{2x}{(x^2 - 2)^2}$$

Ahora resuelva el problema 27 ◁

EJEMPLO 6 **Diferenciación de una potencia de un cociente**

Si $z = \left(\dfrac{2s + 5}{s^2 + 1}\right)^4$, encuentre $\dfrac{dz}{ds}$.

Aquí el problema es reconocer la forma de la función que se va a diferenciar. En este caso, es una potencia, no un cociente.

Solución: Como z es una potencia de una función, primero se utiliza la regla de la potencia:

$$\frac{dz}{ds} = 4\left(\frac{2s + 5}{s^2 + 1}\right)^{4-1}\frac{d}{ds}\left(\frac{2s + 5}{s^2 + 1}\right)$$

Ahora se emplea la regla del cociente:

$$\frac{dz}{ds} = 4\left(\frac{2s + 5}{s^2 + 1}\right)^3\left(\frac{(s^2 + 1)(2) - (2s + 5)(2s)}{(s^2 + 1)^2}\right)$$

Al simplificar, se obtiene

$$\frac{dz}{ds} = 4 \cdot \frac{(2s + 5)^3}{(s^2 + 1)^3}\left(\frac{-2s^2 - 10s + 2}{(s^2 + 1)^2}\right)$$

$$= -\frac{8(s^2 + 5s - 1)(2s + 5)^3}{(s^2 + 1)^5}$$

Ahora resuelva el problema 41 ◁

EJEMPLO 7 **Diferenciación de un producto de potencias**

Si $y = (x^2 - 4)^5(3x + 5)^4$, encuentre y'.

Solución: Como y es un producto, se aplica primero la regla del producto:

$$y' = (x^2 - 4)^5\frac{d}{dx}((3x + 5)^4) + (3x + 5)^4\frac{d}{dx}((x^2 - 4)^5)$$

Ahora se emplea la regla de la potencia:

$$y' = (x^2 - 4)^5(4(3x + 5)^3(3)) + (3x + 5)^4(5(x^2 - 4)^4(2x))$$

$$= 12(x^2 - 4)^5(3x + 5)^3 + 10x(3x + 5)^4(x^2 - 4)^4$$

Al diferenciar un producto en el que al menos un factor es una potencia, la simplificación de la derivada implica, por lo general, factorizar.

Para simplificar, primero se eliminan los factores comunes:

$$y' = 2(x^2 - 4)^4(3x + 5)^3[6(x^2 - 4) + 5x(3x + 5)]$$

$$= 2(x^2 - 4)^4(3x + 5)^3(21x^2 + 25x - 24)$$

Ahora resuelva el problema 39 ◁

Usualmente, se usaría la regla de la potencia para diferenciar $y = [u(x)]^n$. Aunque una función como $y = (x^2 + 2)^2$ puede escribirse como $y = x^4 + 4x^2 + 4$ y diferenciarse con facilidad, este procedimiento no es práctico para una función como $y = (x^2 + 2)^{1000}$. Como $y = (x^2 + 2)^{1000}$ es de la forma $y = [u(x)]^n$, se tiene que

$$y' = 1000(x^2 + 2)^{999}(2x)$$

Producto del ingreso marginal

Ahora se utilizará lo aprendido en cálculo para desarrollar un concepto de importancia en el estudio de la economía. Suponga que un fabricante emplea m personas para producir un total de q unidades de cierto artículo por día. Se puede pensar que q es una función de m. Si r es el ingreso total que el fabricante recibe al vender esas unidades, entonces r también puede considerarse como una función de m. Así, podemos ver a dr/dm como la razón de cambio del ingreso con respecto al número de empleados. La derivada dr/dm se llama **producto del ingreso marginal**. Es aproximadamente igual al cambio en el ingreso que resulta cuando un fabricante emplea un trabajador adicional.

> **EJEMPLO 8   Producto del ingreso marginal**

Un fabricante determina que m empleados producirán un total de q unidades de cierto artículo por día, donde

$$q = \frac{10m^2}{\sqrt{m^2 + 19}} \tag{1}$$

Si la ecuación de demanda para el producto es $p = 900/(q + 9)$, determine el producto del ingreso marginal cuando $m = 9$.

Solución: Es necesario encontrar dr/dm, donde r es el ingreso. Observe que por la regla de la cadena,

$$\frac{dr}{dm} = \frac{dr}{dq} \cdot \frac{dq}{dm}$$

Así, se debe encontrar dr/dq y dq/dm cuando $m = 9$. Se comienza con dr/dq. La función de ingreso está dada por

$$r = pq = \left(\frac{900}{q + 9}\right)q = \frac{900q}{q + 9}$$

por lo que, a partir de la regla del cociente,

$$\frac{dr}{dq} = \frac{(q + 9)(900) - 900q(1)}{(q + 9)^2} = \frac{8100}{(q + 9)^2}$$

Para evaluar esta expresión cuando $m = 9$, se utiliza primero la ecuación $q = 10m^2/\sqrt{m^2 + 19}$ para encontrar el valor correspondiente de q:

$$q = \frac{10(9)^2}{\sqrt{9^2 + 19}} = 81$$

De modo que,

$$\left.\frac{dr}{dq}\right|_{m=9} = \left.\frac{dr}{dq}\right|_{q=81} = \frac{8100}{(81 + 9)^2} = 1$$

Ahora se calcula dq/dm. A partir de las reglas del cociente y la potencia se tiene

$$\frac{dq}{dm} = \frac{d}{dm}\left(\frac{10m^2}{\sqrt{m^2 + 19}}\right)$$

$$= \frac{(m^2 + 19)^{1/2}\frac{d}{dm}(10m^2) - (10m^2)\frac{d}{dm}[(m^2 + 19)^{1/2}]}{[(m^2 + 19)^{1/2}]^2}$$

$$= \frac{(m^2 + 19)^{1/2}(20m) - (10m^2)[\frac{1}{2}(m^2 + 19)^{-1/2}(2m)]}{m^2 + 19}$$

por lo que

$$\left.\frac{dq}{dm}\right|_{m=9} = \frac{(81 + 19)^{1/2}(20 \cdot 9) - (10 \cdot 81)[\frac{1}{2}(81 + 19)^{-1/2}(2 \cdot 9)]}{81 + 19}$$

$$= 10.71$$

Una fórmula directa para obtener el producto del ingreso marginal es

$$\frac{dr}{dm} = \frac{dq}{dm}\left(p + q\frac{dp}{dq}\right)$$

Entonces, por la regla de la cadena,

$$\left.\frac{dr}{dm}\right|_{m=9} = (1)(10.71) = 10.71$$

Esto significa que al emplear a un décimo trabajador, el ingreso aumentará en aproximadamente \$10.71 por día.

Ahora resuelva el problema 80 ◁

PROBLEMAS 11.5

En los problemas del 1 al 8, utilice la regla de la cadena.

1. Si $y = u^2 - 2u$ y $u = x^2 - x$, encuentre dy/dx.

2. Si $y = 2u^3 - 8u$ y $u = 7x - x^3$, encuentre dy/dx.

3. Si $y = \dfrac{1}{w}$ y $w = 3x - 5$, encuentre dy/dx.

4. Si $y = \sqrt[4]{z}$ y $z = x^5 - x^4 + 3$, encuentre dy/dx.

5. Si $w = u^3$ y $u = \dfrac{t - 1}{t + 1}$, encuentre dw/dt cuando $t = 1$.

6. Si $z = u^2 + \sqrt{u} + 9$ y $u = 2s^2 - 1$, encuentre dz/ds cuando $s = -1$.

7. Si $y = 3w^2 - 8w + 4$ y $w = 2x^2 + 1$, encuentre dy/dx cuando $x = 0$.

8. Si $y = 2u^3 + 3u^2 + 5u - 1$ y $u = 3x + 1$, encuentre dy/dx cuando $x = 1$.

En los problemas del 9 al 52, encuentre y'.

9. $y = (3x + 2)^6$

10. $y = (x^2 - 4)^4$

11. $y = (3 + 2x^3)^5$

12. $y = (x^2 + x)^4$

13. $y = 5(x^3 - 3x^2 + 2x)^{100}$

14. $y = \dfrac{(2x^2 + 1)^4}{2}$

15. $y = (x^2 - 2)^{-3}$

16. $y = (2x^3 - 8x)^{-12}$

17. $y = 2(x^2 + 5x - 2)^{-5/7}$

18. $y = 3(5x - 2x^3)^{-5/3}$

19. $y = \sqrt{5x^2 - x}$

20. $y = \sqrt{3x^2 - 7}$

21. $y = \sqrt[4]{2x - 1}$

22. $y = \sqrt[3]{8x^2 - 1}$

23. $y = 4\sqrt[7]{(x^2 + 1)^3}$

24. $y = 7\sqrt[3]{(x^5 - 3)^5}$

25. $y = \dfrac{6}{2x^2 - x + 1}$

26. $y = \dfrac{3}{x^4 + 2}$

27. $y = \dfrac{1}{(x^2 - 3x)^2}$

28. $y = \dfrac{1}{(3 + 5x)^3}$

29. $y = \dfrac{4}{\sqrt{9x^2 + 1}}$

30. $y = \dfrac{3}{(3x^2 - x)^{2/3}}$

31. $y = \sqrt[3]{7x} + \sqrt[3]{7x}$

32. $y = \sqrt{2x} + \dfrac{1}{\sqrt{2x}}$

33. $y = x^3(2x + 3)^7$

34. $y = x(x + 4)^4$

35. $y = 4x^2\sqrt{5x + 1}$

36. $y = 4x^3\sqrt{1 - x^2}$

37. $y = (x^2 + 2x - 1)^3(5x)$

38. $y = x^4(x^4 - 1)^5$

39. $y = (8x - 1)^3(2x + 1)^4$

40. $y = (3x + 2)^5(4x - 5)^2$

41. $y = \left(\dfrac{x - 3}{x + 2}\right)^{12}$

42. $y = \left(\dfrac{2x}{x + 2}\right)^4$

43. $y = \sqrt{\dfrac{x + 1}{x - 5}}$

44. $y = \sqrt[3]{\dfrac{8x^2 - 3}{x^2 + 2}}$

45. $y = \dfrac{2x - 5}{(x^2 + 4)^3}$

46. $y = \dfrac{(4x - 2)^4}{3x^2 + 7}$

47. $y = \dfrac{(8x - 1)^5}{(3x - 1)^3}$

48. $y = \sqrt[3]{(x - 3)^3(x + 5)}$

49. $y = 6(5x^2 + 2)\sqrt{x^4 + 5}$

50. $y = 6 + 3x - 4x(7x + 1)^2$

51. $y = 8t + \dfrac{t - 1}{t + 4} - \left(\dfrac{8t - 7}{4}\right)^2$

52. $y = \dfrac{(2x^3 + 6)(7x - 5)}{(2x + 4)^2}$

En los problemas 53 y 54, utilice las reglas del cociente y de la potencia para encontrar y'. No simplifique su respuesta.

53. $y = \dfrac{(3x + 2)^3(x + 1)^4}{(x^2 - 7)^3}$

54. $y = \dfrac{\sqrt{x + 2}(4x^2 - 1)^2}{9x - 3}$

55. Si $y = (5u + 6)^3$ y $u = (x^2 + 1)^4$, encuentre dy/dx cuando $x = 0$.

56. Si $z = 2y^2 - 4y + 5$, $y = 6x - 5$ y $x = 2t$, encuentre dz/dt cuando $t = 1$.

57. Encuentre la pendiente de la curva $y = (x^2 - 7x - 8)^3$ en el punto $(8, 0)$.

58. Encuentre la pendiente de la curva $y = \sqrt{x + 2}$ en el punto $(7, 3)$.

En los problemas del 59 al 62, encuentre una ecuación de la recta tangente a la curva en el punto dado.

59. $y = \sqrt[3]{(x^2 - 8)^2}$; $(3, 1)$ **60.** $y = (x + 3)^3$; $(-1, 8)$

61. $y = \dfrac{\sqrt{7x + 2}}{x + 1}$; $\left(1, \dfrac{3}{2}\right)$ **62.** $y = \dfrac{-3}{(3x^2 + 1)^3}$; $(0, -3)$

En los problemas 63 y 64, determine la razón de cambio porcentual de y con respecto a x para el valor dado de x.

63. $y = (x^2 + 1)^4$; $x = 1$ **64.** $y = \dfrac{1}{(x^2 - 1)^3}$; $x = 2$

En los problemas del 65 al 68, q es el número total de unidades producidas al día por m empleados de un fabricante y p es el precio de venta por unidad en el que se venden las q unidades. En cada caso, encuentre el producto del ingreso marginal para el valor dado de m.

65. $q = 5m$, $p = -0.4q + 50$; $m = 6$

66. $q = (200m - m^2)/20$, $p = -0.1q + 70$; $m = 40$

67. $q = 10m^2/\sqrt{m^2 + 9}$, $p = 525/(q + 3)$; $m = 4$

68. $q = 50m/\sqrt{m^2 + 11}$, $p = 100/(q + 10)$; $m = 5$

69. Ecuación de demanda   Suponga que $p = 100 - \sqrt{q^2 + 20}$ es una ecuación de demanda para el producto de un fabricante.
(a) Encuentre la razón de cambio de p con respecto a q.
(b) Calcule la razón de cambio relativa de p con respecto a q.
(c) Determine la función de ingreso marginal.

70. Producto de ingreso marginal   Si $p = k/q$, donde k es una constante, es la ecuación de demanda para el producto de un fabricante y $q = f(m)$ define una función que da el número total de unidades producidas al día por m empleados, demuestre que el producto del ingreso marginal es siempre igual a 0.

71. Función de costo   El costo c de producir q unidades de un producto está dado por

$$c = 5500 + 12q + 0.2q^2$$

Si el precio de p unidades está dado por la ecuación

$$q = 900 - 1.5p$$

utilice la regla de la cadena para encontrar la razón de cambio del costo con respecto al precio unitario cuando $p = 85$.

72. Altas de hospital   Una dependencia gubernamental de salud examinó los registros de un grupo de individuos que estuvieron hospitalizados por una enfermedad específica. Se encontró que la cantidad total de personas que fueron dadas de alta al final de t días de hospitalización estaba dada por

$$f(t) = 1 - \left(\frac{250}{250 + t}\right)^3$$

Encuentre $f'(100)$ e interprete su respuesta.

73. Costo marginal   Si la función de costo total para un fabricante está dada por

$$c = \frac{4q^2}{\sqrt{q^2 + 2}} + 6000$$

encuentre la función de costo marginal.

74. Salario y educación   Para cierta población, si E es el número de años de educación de una persona y S representa el salario anual promedio, entonces para $E \geq 7$,

$$S = 340E^2 - 4360E + 42\,800$$

(a) ¿Qué tan rápido estará cambiando el salario con respecto a la educación cuando $E = 16$?
(b) ¿A qué nivel educativo la tasa de cambio del salario es igual a \$5000 por año de educación?

75. Biología   El volumen de una célula esférica está dado por $V = \frac{4}{3}\pi r^3$, donde r es el radio. En un tiempo de t segundos, el radio (en centímetros) está dado por

$$r = 10^{-8}t^2 + 10^{-7}t$$

Use la regla de la cadena para encontrar dV/dt cuando $t = 10$.

76. Presión en tejidos vivos   Bajo ciertas condiciones, la presión p desarrollada en los tejidos vivos por la radiación ultrasónica está dada como una función de la intensidad de la radiación mediante la ecuación[15]

$$p = (2\rho V I)^{1/2}$$

donde ρ (letra griega que se lee "ro") es la densidad del tejido afectado y V la velocidad de propagación de la radiación. Aquí ρ y V son constantes. **(a)** Encuentre la razón de cambio de p con respecto a I.
(b) Encuentre la razón de cambio relativa de p con respecto a I.

77. Demografía   Suponga que para cierto grupo de 20 000 nacimientos, el número de personas que alcanzan a vivir x años es

$$l_x = -0.000354x^4 + 0.00452x^3 + 0.848x^2 - 34.9x + 20\,000$$
$$0 \leq x \leq 95.2$$

(a) Encuentre la razón de cambio de l_x con respecto a x y evalúe su respuesta para $x = 65$.
(b) Encuentre la razón de cambio relativa y la razón de cambio porcentual de l_x cuando $x = 65$. Redondee sus respuestas a tres decimales.

78. Contracción muscular   Un músculo tiene la capacidad de contraerse al estar sometido a una carga impuesta, por ejemplo, un peso. La ecuación

$$(P + a)(v + b) = k$$

se llama "ecuación fundamental de la contracción muscular".[16]
Aquí, P es la carga impuesta al músculo, v es la velocidad de contracción de las fibras musculares y a, b y k son constantes positivas. Exprese v como una función de P. Utilice su resultado para encontrar dv/dP.

79. Economía   Suponga que $pq = 100$ es la ecuación de demanda para el producto de un fabricante. Sea c el costo total y suponga que el costo marginal es 0.01 cuando $q = 200$. Utilice la regla de la cadena para encontrar dc/dp cuando $q = 200$.

80. Producto del ingreso marginal   Un empresario que emplea m trabajadores encuentra que ellos producen

$$q = 2m(2m + 1)^{3/2}$$

unidades de cierto artículo diariamente. El ingreso total r está dado por

$$r = \frac{50q}{\sqrt{1000 + 3q}}$$

---

[15]R. W. Stacy *et al.*, *Essentials of Biological and Medical Physics* (Nueva York: McGraw-Hill Book Company, 1955).
[16]*Ibid.*

(a) ¿Cuál es el precio por unidad (al centavo más cercano) cuando hay 12 trabajadores?

(b) Determine el ingreso marginal cuando hay 12 trabajadores.

(c) Determine el producto del ingreso marginal cuando $m = 12$.

81. Suponga que $y = f(x)$, donde $x = g(t)$. Dado que $g(2) = 3, g'(2) = 4, f(2) = 5, f'(2) = 6, g(3) = 7, g'(3) = 8,$ $f(3) = 9$ y $f'(3) = 10$, determine el valor de $\dfrac{dy}{dt}\Big|_{t=2}$.

82. Negocios Un fabricante determinó que, para su producto, el costo promedio diario (en cientos) está dado por

$$\overline{c} = \frac{324}{\sqrt{q^2 + 35}} + \frac{5}{q} + \frac{19}{18}$$

(a) Conforme la producción diaria crece, el costo promedio se aproxima a una cantidad constante. ¿Cuál es esta cantidad?

(b) Determine el costo marginal del fabricante cuando se producen 17 unidades por día.

(c) El fabricante determina que si la producción y las ventas se incrementaran a 18 unidades diarias, el ingreso crecería a $275. ¿Deberá realizar este aumento? ¿Por qué?

83. Si

$$y = (u + 2)\sqrt{u + 3}$$

y

$$u = x(x^2 + 3)^3$$

encuentre dy/dx cuando $x = 0.1$. Redondee su respuesta a dos decimales.

84. Si

$$y = \frac{2u + 3}{u^3 - 2}$$

y

$$u = \frac{x + 4}{(2x + 3)^3}$$

encuentre dy/dx cuando $x = -1$. Redondee su respuesta a dos decimales.

Repaso del capítulo 11

Términos y símbolos importantes

Ejemplos

Sección 11.1 **La derivada**
recta secante   recta tangente   pendiente de una curva   Ej. 1, p. 494
derivada $\displaystyle\lim_{h\to 0}\frac{f(x + h) - f(x)}{h}$ $\displaystyle\lim_{z\to x}\frac{f(z) - f(x)}{z - x}$ Ej. 2, p. 495

cociente de diferencias $f'(x)$ y' $\dfrac{d}{dx}(f(x))$ $\dfrac{dy}{dx}$ Ej. 4, p. 496

Sección 11.2 **Reglas para la diferenciación**
función potencia   regla del factor constante   regla de la suma o la diferencia   Ej. 5, p. 505

Sección 11.3 **La derivada como una razón de cambio**
función de posición Δx velocidad   razón de cambio   Ej. 1, p. 510
función de costo total   costo marginal   costo promedio   Ej. 7, p. 513
función de ingreso total   ingreso marginal   Ej. 8, p. 514
razón de cambio relativa   razón de cambio porcentual   Ej. 9, p. 515

Sección 11.4 **Regla del producto y regla del cociente**
regla del producto   regla del cociente   Ej. 5, p. 522
función de consumo   propensión marginal al consumo y al ahorro   Ej. 9, p. 524

Sección 11.5 **Regla de la cadena**
regla de la cadena   regla de la potencia   producto del ingreso marginal   Ej. 8, p. 531

Resumen

La recta tangente (o tangente) a una curva en el punto P es la posición límite de las rectas secantes PQ cuando Q se acerca a P a lo largo de la curva. La pendiente de la tangente en P se llama pendiente de la curva en P.

Si $y = f(x)$, la derivada de f en x es la función $f'(x)$ definida por el límite de la ecuación

$$f'(x) = \lim_{h\to 0}\frac{f(x + h) - f(x)}{h}$$

En forma geométrica, la derivada proporciona la pendiente de la curva $y = f(x)$ en el punto $(x, f(x))$. Una ecuación de la recta tangente en un punto particular $(a, f(a))$ se obtiene evaluando $f'(a)$, que es la pendiente de la recta tangente, y utilizando la

forma punto-pendiente de una recta: $y - f(a) = f'(a)(x - a)$. Cualquier función que es diferenciable en un punto, también debe ser continua ahí.

Hasta ahora, las reglas analizadas para encontrar derivadas son las siguientes, para las cuales se supone que todas las funciones son diferenciables:

$\dfrac{d}{dx}(c) = 0$, donde c es cualquier constante.

$\dfrac{d}{dx}(x^a) = ax^{a-1}$, donde a es cualquier número real.

$\dfrac{d}{dx}(cf(x)) = cf'(x)$, donde c es una constante.

$$\frac{d}{dx}(f(x)+g(x)) = f'(x)+g'(x)$$

$$\frac{d}{dx}(f(x)-g(x)) = f'(x)-g'(x)$$

$$\frac{d}{dx}(f(x)g(x)) = f'(x)g(x)+f(x)g'(x)$$

$$\frac{d}{dx}\left(\frac{f(x)}{g(x)}\right) = \frac{g(x)f'(x)-f(x)g'(x)}{(g(x))^2}$$

$$\frac{dy}{dx} = \frac{dy}{du}\cdot\frac{du}{dx},\text{ donde } y \text{ es una función de } u \text{ y } u \text{ es una función de } x.$$

$$\frac{d}{dx}(u^a) = au^{a-1}\frac{du}{dx},\text{ donde } u \text{ es una función de } x \text{ y } a \text{ es cualquier número real.}$$

La derivada dy/dx también puede interpretarse como dar la razón de cambio (instantánea) de y con respecto a x:

$$\frac{dy}{dx} = \lim_{\Delta x\to 0}\frac{\Delta y}{\Delta x} = \lim_{\Delta x\to 0}\frac{\text{cambio en } y}{\text{cambio en } x}$$

En particular, si $s = f(t)$ es una función de posición, donde s es la posición en el tiempo t, entonces

$$\frac{ds}{dt} = \text{velocidad en el tiempo } t$$

En economía, el término *marginal* se utiliza para describir derivadas de tipos específicos de funciones. Si $c = f(q)$ es una función de costo total (c es el costo total de q unidades de un producto), entonces la razón de cambio

$$\frac{dc}{dq}\text{ se llama costo marginal}$$

El costo marginal se interpreta como el costo aproximado de una unidad adicional de producción. (El costo promedio por unidad, $\bar{c}$, está relacionado con el costo total c mediante $\bar{c} = c/q$, o, de manera equivalente, $c = \bar{c}q$).

Una función de ingreso total $r = f(q)$ proporciona el ingreso r de un fabricante al vender q unidades de un producto. (El ingreso r y el precio p se relacionan mediante $r = pq$). La razón de cambio

$$\frac{dr}{dq}\text{ se llama ingreso marginal}$$

y se interpreta como el ingreso aproximado que se obtiene al vender una unidad adicional de producto.

Si r es el ingreso que un fabricante recibe cuando se vende la producción total de sus m empleados, entonces la derivada $dr/dm = dr/dq \cdot dq/dm$ se llama producto del ingreso marginal y proporciona el cambio aproximado que resulta en el ingreso cuando el fabricante contrata un empleado extra.

Si $C = f(I)$ es una función de consumo, donde I es el ingreso nacional y C es el consumo nacional, entonces

$$\frac{dC}{dI}\text{ es la propensión marginal al consumo}$$

y

$$1 - \frac{dC}{dI}\text{ es la propensión marginal al ahorro}$$

Para cualquier función, la razón de cambio relativa de $f(x)$ es

$$\frac{f'(x)}{f(x)}$$

que compara la razón de cambio de $f(x)$ con la propia función $f(x)$. La razón de cambio porcentual es

$$\frac{f'(x)}{f(x)}\cdot 100\%$$

Problemas de repaso

En los problemas del 1 al 4, utilice la definición de derivada para encontrar $f'(x)$.

1. $f(x) = 2 - x^2$

2. $f(x) = 5x^3 - 2x + 1$

3. $f(x) = \sqrt{3x}$

4. $f(x) = \dfrac{2}{1+4x}$

En los problemas del 5 al 38, diferencie.

5. $y = 7^4$

6. $y = ex$

7. $y = \pi x^4 - \sqrt{2}x^3 + 2x^2 + 4$

8. $y = 4(x^2+5) - 7x$

9. $f(s) = s^2(s^2+2)$

10. $y = \sqrt{x+3}$

11. $y = \dfrac{x^2+1}{5}$

12. $y = -\dfrac{1}{nx^n}$

13. $y = (x^3+7x^2)(x^3-x^2+5)$

14. $y = (x^2+1)^{100}(x-6)$

15. $f(x) = (2x^2+4x)^{100}$

16. $f(w) = w\sqrt{w} + w^2$

17. $y = \dfrac{c}{ax+b}$

18. $y = \dfrac{5x^2-8x}{2x}$

19. $y = (8+2x)(x^2+1)^4$

20. $g(z) = (2z)^{3/5} + 5$

21. $f(z) = \dfrac{z^2-1}{z^2+4}$

22. $y = \dfrac{ax+b}{cx+d}$

23. $y = \sqrt[3]{4x-1}$

24. $f(x) = (1+2^3)^{12}$

25. $y = \dfrac{1}{\sqrt{1-x^2}}$

26. $y = \dfrac{x(x+1)}{2x^2+3}$

27. $h(x) = (ax+b)^m(cx+d)^n$

28. $y = \dfrac{(x+3)^5}{x}$

29. $y = \dfrac{5x-4}{x+6}$

30. $f(x) = 5x^3\sqrt{3+2x^4}$

31. $y = 2x^{-3/8} + (2x)^{-3/8}$

32. $y = \sqrt{\dfrac{x}{a}} + \sqrt{\dfrac{a}{x}}$

33. $y = \dfrac{x^2+6}{\sqrt{x^2+5}}$

34. $y = \sqrt[3]{(7-3x^2)^2}$

35. $y = (x^3+6x^2+9)^{3/5}$

36. $z = 0.4x^2(x+1)^{-3} + 0.5$

37. $g(z) = \dfrac{-3z}{(z-2)^{-3}}$

38. $g(z) = \dfrac{-3}{4(z^5+2z-5)^4}$

En los problemas del 39 al 42, encuentre una ecuación de la recta tangente a la curva en el punto correspondiente al valor dado de x.

39. $y = x^2 - 6x + 4$, $x = 1$ **40.** $y = -2x^3 + 6x + 1$, $x = 2$

41. $y = \sqrt[3]{x}$, $x = 8$ **42.** $y = \dfrac{x^2}{x - 10}$, $x = 11$

43. Si $f(x) = 4x^2 + 2x + 8$, encuentre las razones de cambio relativa y porcentual de $f(x)$ cuando $x = 1$.

44. Si $f(x) = x/(x + 4)$, encuentre las razones de cambio relativa y porcentual de $f(x)$ cuando $x = 1$.

45. Ingreso marginal Si $r = q(20 - 0.1q)$ es una función de ingreso total, encuentre la función de ingreso marginal.

46. Costo marginal Si

$$c = 0.0001q^3 - 0.02q^2 + 3q + 6000$$

es una función de costo total, encuentre el costo marginal cuando $q = 100$.

47. Función de consumo Si

$$C = 9 + 0.7I - 0.2\sqrt{I}$$

es una función de consumo, encuentre la propensión marginal al consumo y al ahorro cuando $I = 25$.

48. Ecuación de demanda Si $p = \dfrac{q + 12}{q + 5}$ es una ecuación de demanda, encuentre la razón de cambio del precio p con respecto a la cantidad q.

49. Ecuación de demanda Si $p = -0.1q + 500$ es una ecuación de demanda, encuentre la función de ingreso marginal.

50. Costo promedio Si $\bar{c} = 0.03q + 1.2 + \dfrac{3}{q}$ es una función de costo promedio, encuentre el costo marginal cuando $q = 100$.

51. Función de costo en una planta de energía La función de costo total de una planta de energía eléctrica se estima mediante la ecuación[17]

$$c = 16.68 + 0.125q + 0.00439q^2 \qquad 20 \le q \le 90$$

donde q es la producción total en 8 horas (como porcentaje de la capacidad) y c es el costo total del combustible. Encuentre la función de costo marginal y evalúela cuando $q = 70$.

52. Producto del ingreso marginal Un fabricante determina que m empleados producirán un total de q unidades por día, donde

$$q = m(60 - m)$$

Si la función de demanda está dada por

$$p = -0.02q + 12$$

encuentre el producto del ingreso marginal cuando $m = 10$.

53. Polilla de invierno En un estudio relativo a la polilla de invierno realizado en Nueva Escocia,[18] se determinó que el número promedio, y, de huevecillos en una polilla hembra es una función de su ancho abdominal x (en milímetros), donde

$$y = f(x) = 14x^3 - 17x^2 - 16x + 34$$

y $1.5 \le x \le 3.5$. ¿A qué razón cambia el número de huevecillos con respecto al ancho abdominal cuando $x = 2$?

54. Relación huésped-parásito Para una relación particular huésped-parásito, se encontró que cuando la densidad de huésped (número de huéspedes por unidad de área) es x, el número de huéspedes con parásitos es

$$y = 12\left(1 - \dfrac{1}{1 + 3x}\right) \qquad x \ge 0$$

¿Para qué valor de x la derivada dy/dx es igual a $\frac{1}{3}$?

55. Crecimiento de bacterias En cierto cultivo se tienen bacterias en crecimiento. El tiempo t (en horas) necesario para que el número de bacterias se duplique (tiempo de generación) es una función de la temperatura T (en grados Celsius) del cultivo y está dado por

$$t = f(T) = \begin{cases} \frac{1}{24}T + \frac{11}{4} & \text{si } 30 \le T \le 36 \\ \frac{4}{3}T - \frac{175}{4} & \text{si } 36 < T \le 39 \end{cases}$$

Encuentre dt/dT cuando (a) $T = 38$ y (b) $T = 35$.

56. Movimiento La función de posición de una partícula que se desplaza en línea recta es

$$s = \dfrac{9}{2t^2 + 3}$$

donde t está en segundos y s en metros. Encuentre la velocidad de la partícula en $t = 1$.

57. Razón de cambio El volumen de una esfera está dado por $V = \frac{1}{6}\pi d^3$, donde d es el diámetro. Encuentre la razón de cambio de V con respecto a d cuando $d = 2$ pies.

58. Movimiento La función de posición para una pelota lanzada verticalmente hacia arriba desde el suelo es

$$s = 218t - 16t^2$$

donde s es la altura en pies desde el suelo después de t segundos. ¿Para qué valor o valores de t la velocidad es igual a 64 pies/ segundo?

59. Encuentre la función de costo marginal si la función de costo promedio es

$$\bar{c} = 2q + \dfrac{10\,000}{q^2}$$

60. Encuentre una ecuación de la recta tangente a la curva

$$y = \dfrac{(x^3 + 2)\sqrt{x + 1}}{x^4 + 2x}$$

en el punto sobre la curva donde $x = 1$.

61. Un fabricante encontró que con m empleados trabajando, el número de unidades producidas por día es

$$q = 10\sqrt{m^2 + 4900} - 700$$

La ecuación de demanda para el producto es

$$8q + p^2 - 19\,300 = 0$$

donde p es el precio de venta cuando la demanda para el producto es de q unidades por día.

[17]J. A. Nordin, "Note on a Light Plant's Cost Curves", *Econometrica*, 15 (1947), pp. 231-255.

[18]D. G. Embree, "The Population Dynamics of the Winter Moth in Nova Scotia, 1954-1962", *Memoirs of the Entomological Society of Canada*, núm. 46 (1965).

(a) Determine el producto de ingreso marginal del fabricante cuando $m = 240$.

(b) Encuentre la razón de cambio relativa del ingreso con respecto al número de empleados cuando $m = 240$.

(c) Suponga que al fabricante le costaría $400 más por día contratar un empleado adicional. ¿Aconsejaría usted al fabricante contratar al empleado número 241? ¿Por qué sí o por qué no?

62. Si $f(x) = xe^{-x}$, utilice la definición de derivada ("límite de un cociente de diferencias") para estimar $f'(1)$. Redondee su respuesta a tres decimales.

63. Si $f(x) = \sqrt[3]{x^2 + 3x - 4}$, utilice la función de derivación numérica de su calculadora gráfica para estimar la derivada cuando $x = 10$. Redondee su respuesta a tres decimales.

64. La función de costo total para un fabricante está dada por

$$c = \frac{5q^2 + 4}{\sqrt{q^2 + 6}} + 2500$$

Utilice la función de derivación numérica de su calculadora gráfica para estimar el costo marginal cuando se producen 15 unidades. Redondee su respuesta al centavo más cercano.

65. Demuestre que la regla básica 0 es en realidad una consecuencia de la regla combinada 1 y el caso en que $a = 0$ de la regla básica 1.

66. Demuestre que la regla básica 1 *para los enteros positivos* es una consecuencia de la regla combinada 3 (la regla del producto) y el caso en que $a = 1$ de la regla básica 1.

⊖ EXPLORE Y AMPLÍE Propensión marginal al consumo

Una función de consumo puede definirse ya sea para una nación, como en la sección 11.4, o para una familia individual. En cualquier caso, la función relaciona el consumo total con el ingreso total. Una función de ahorro, de manera análoga, relaciona el ahorro total con el ingreso total, ya sea en una nación o a nivel familiar.

Los datos acerca del ingreso, consumo y ahorro para Estados Unidos como un todo pueden encontrarse en las tablas de Cuentas del Producto e Ingreso Nacional (NIPA, por sus siglas en inglés) recopiladas por la oficina de Análisis Económicos, una división del Departamento de Comercio de Estados Unidos. Las tablas pueden descargarse de www.bea.gov. Para los años 1959 a 1999, la función de consumo nacional se indica por medio del diagrama de dispersión de la figura 11.13.

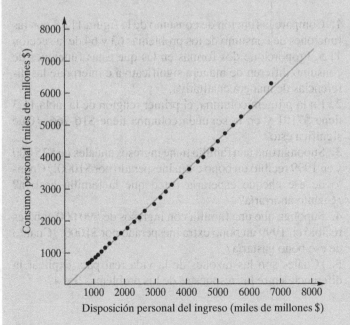

FIGURA 11.13 Función del consumo nacional para Estados Unidos.

Observe que los puntos están ubicados más o menos a lo largo de una línea recta. Una regresión lineal da la ecuación para esta recta como $y = 0.9314x - 99.1936$.

La propensión marginal al consumo derivada de esta gráfica es simplemente la pendiente de la recta, esto es, alrededor de 0.931 o 93.1%. Entonces, a nivel nacional, un incremento de mil millones de dólares en el ingreso total disponible produce un incremento de $931 millones en el consumo. Y de suponer que el resto se ahorra, existe un aumento de $69 millones en ahorros totales.[19]

Quizá algo más sencillo para relacionar, por los números más pequeños involucrados, es la función de consumo para una familia. Esta función está documentada en Encuestas de Gastos del Consumidor llevadas a cabo por la Oficina de Estadísticas de Trabajo, que es parte del Departamento de Trabajo de Estados Unidos. Los resultados de las encuestas para cada año pueden descargarse de www.bls.gov/cex/.

La encuesta de cada año proporciona información para cinco quintiles, donde un quintil representa un quinto de las familias de Estados Unidos. Los quintiles se ordenan de acuerdo con el ingreso, de modo que el quintil inferior representa al 20% más pobre de las familias de Estados Unidos y el quintil superior representa al 20% más rico.

Tabla 11.3 Ingresos y gastos familiares de Estados Unidos, 1999

Ingreso después de impuestos	Gastos totales
$7101	$16 766
$17 576	$24 850
$30 186	$33 078
$48 607	$46 015
$98 214	$75 080

Para el año 1999, el ingreso y el consumo son como se muestra en la tabla 11.3. Los números son valores promedio

---

[19]En realidad, también deben tomarse en cuenta los pagos de intereses y otros gastos no contabilizados como consumos. Pero de ahora en adelante se ignorará esta complicación.

dentro de cada quintil. Si estos datos se grafican por medio de una calculadora gráfica, los puntos caen en un patrón que podría aproximarse de manera razonable a una línea recta, pero podría aproximarse mejor mediante la forma de una curva —cualitativamente, parecida a una función raíz cuadrada (figura 11.14).

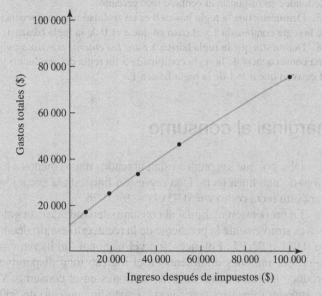

FIGURA 11.14 Función del consumo familiar (Estados Unidos).

La mayoría de las calculadoras gráficas no tienen una función de regresión para una función de tipo raíz cuadrada. Sin embargo, sí tienen una función de regresión cuadrática —y la inversa de una función cuadrática es una función de tipo raíz cuadrada—. (Las funciones inversas se definieron en la sección 2.4). Así que se procede como sigue. Primero, se utilizan las capacidades estadísticas de una calculadora para introducir los números de la *segunda* columna de la tabla 11.3 como valores de x y los de la *primera* columna como valores de y. Segundo, se realiza una regresión cuadrática. La función obtenida está dada por

$$y = (4.4627 \times 10^{-6})x^2 + 1.1517x - 13\,461$$

Tercero, se intercambian las listas de los valores de x y y en preparación para la gráfica. Cuarto, se reemplaza y por x y x por y en la ecuación de regresión cuadrática, enseguida se despeja y (usando la fórmula cuadrática) para obtener la ecuación

$$y = \frac{-1.1517 \pm \sqrt{1.1517^2 - 4(4.4627 \times 10^{-6})(-13\,461 - x)}}{2(4.4627 \times 10^{-6})}$$

o, de manera más simple,

$$y = -129\,036 \pm \sqrt{1.9667 \times 10^{10} + 224\,080x}$$

Por último, se introduce la mitad superior de la curva (que corresponde a la parte + del signo ±) como una función para graficar; luego se despliega junto con una gráfica de los datos. El resultado se parece al que se muestra en la figura 11.15.

Para encontrar el consumo marginal para un ingreso dado, ahora se usa la función dy/dx. Por ejemplo, para encontrar el consumo marginal en \$50 000, se selecciona dy/dx y luego se introduce 50000. La calculadora regresa el valor 0.637675, el cual representa un consumo marginal de alrededor del 63.8%. En otras palabras, una familia con ingresos de \$50 000 anuales, si tiene un ingreso adicional de \$1000, gastaría \$638 de estos últimos y el resto lo ahorraría.

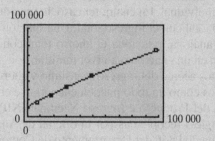

FIGURA 11.15 Gráfica de la curva de regresión.

Problemas

1. Compare la función de consumo de la figura 11.13 con las funciones de consumo de los problemas 63 y 64 de la sección 11.5. Proporcione dos formas en las que estas funciones de consumo difieren de manera significativa e interprete las diferencias de manera cualitativa.

2. En la primera columna, el primer renglón de la tabla 11.3 tiene \$7101 y en la segunda columna tiene \$16 766. ¿Qué significa esto?

3. Suponga que una familia tiene ingresos anuales de \$25 000 y en 1999 recibió un bono extra inesperado por \$1000. ¿Cuánto de ese cheque esperaría usted que la familia gastara? ¿Cuánto ahorraría?

4. Suponga que una familia con ingresos de \$90 000 anuales recibió en 1999 un bono extra inesperado por \$1000. ¿Cuánto de ese bono gastaría?

5. ¿Cuáles son las razones de la vida real para explicar la diferencia entre las respuestas de los problemas 3 y 4?

12 Temas adicionales de diferenciación

Después de un incómodo viaje en un vehículo, en ocasiones los pasajeros describen la travesía como un viaje con "jalones". Pero, de manera más precisa, ¿qué es el "jaloneo"?, ¿qué significa esto para, digamos, un ingeniero que diseña un nuevo sistema de transporte?

Viajar en línea recta a una velocidad constante se denomina *movimiento uniforme* y no existe jaloneo alguno. Pero si la trayectoria o la velocidad cambian, el viaje puede tener jalones. El cambio en la velocidad con respecto al tiempo, formalmente, es la derivada de la velocidad. Llamada aceleración, el cambio en la velocidad es la *segunda derivada* de la posición con respecto al tiempo —la derivada de la derivada de la posición—. Uno de los conceptos importantes que se tratan en este capítulo es el de derivadas de orden superior, de las cuales la aceleración es un ejemplo.

Pero, ¿es la aceleración la responsable de los jalones? La sensación de jaloneo hacia delante y hacia atrás percibida en una montaña rusa sí está relacionada con la aceleración. Por otra parte, las revistas de automóviles con frecuencia elogian autos que tienen una aceleración *suave*. De modo que al parecer la aceleración tiene algo que ver con el jaloneo, pero no es en sí lo que la causa.

La derivada de la aceleración es la *tercera* derivada de la posición con respecto al tiempo. Cuando esta tercera derivada es grande, la aceleración está cambiando con rapidez. En una montaña rusa, durante una vuelta uniforme a la izquierda, se experimenta una aceleración uniforme hacia la izquierda. Pero cuando la montaña rusa cambia de manera abrupta de una vuelta hacia la izquierda a una vuelta hacia la derecha, la aceleración cambia de dirección —y los pasajeros experimentan un jalón—. La tercera derivada de la posición es, en efecto, muy adecuada para medir el jaloneo, el cual se acostumbra denominar como *jalón*, de igual modo que la segunda derivada se denomina aceleración.

El jalón tiene implicaciones no sólo en cuanto a la comodidad de los pasajeros que viajan en un vehículo, sino también en cuanto a la confiabilidad de los equipos. Por ejemplo, los ingenieros diseñan equipos para naves espaciales siguiendo directrices acerca del máximo jalón que los equipos deben ser capaces de soportar sin que se dañen sus componentes internos.

Desarrollar una fórmula de diferenciación para $y = \ln u$, aplicar la fórmula y utilizarla para diferenciar una función logarítmica para una base diferente de e.

12.1 Derivadas de funciones logarítmicas

Hasta el momento, las únicas derivadas que se han podido calcular pertenecen a funciones construidas a partir de funciones de potencias utilizando la multiplicación por una constante, operaciones aritméticas y la composición. (Como se señaló en el problema 65 de la sección 11.6, la derivada de una función constante c puede calcularse al escribir $c = cx^0$; entonces

$$\frac{d}{dx}(c) = \frac{d}{dx}(cx^0) = c\frac{d}{dx}(x^0) = c \cdot 0x^{-1} = 0$$

Por lo tanto, hasta el momento sólo se tiene en realidad una sola fórmula *básica* de diferenciación). Las funciones logarítmicas $\log_b x$ y las funciones exponenciales b^x *no se pueden* construir a partir de funciones de potencias utilizando la multiplicación por una constante, operaciones aritméticas y la composición. De ello se desprende la necesidad de contar por lo menos con otra fórmula de diferenciación verdaderamente *básica*.

En esta sección, se desarrollan fórmulas para la diferenciación de funciones logarítmicas. Se iniciará con la derivada de $\ln x$ y se harán más comentarios sobre los pasos numerados al final del cálculo.

$$\frac{d}{dx}(\ln x) \overset{(1)}{=} \lim_{h \to 0} \frac{\ln(x+h) - \ln x}{h} \qquad \text{definición de derivada}$$

$$\overset{(2)}{=} \lim_{h \to 0} \frac{\ln\left(\dfrac{x+h}{x}\right)}{h} \qquad \text{puesto que } \ln m - \ln n = \ln(m/n)$$

$$\overset{(3)}{=} \lim_{h \to 0} \left(\frac{1}{h}\ln\left(1 + \frac{h}{x}\right)\right) \qquad \text{álgebra}$$

$$\overset{(4)}{=} \lim_{h \to 0} \left(\frac{1}{x} \cdot \frac{x}{h}\ln\left(1 + \frac{h}{x}\right)\right) \qquad \text{al escribir } \frac{1}{h} = \frac{1}{x} \cdot \frac{x}{h}$$

$$\overset{(5)}{=} \lim_{h \to 0} \left(\frac{1}{x}\ln\left(1 + \frac{h}{x}\right)^{x/h}\right) \qquad \text{puesto que } r\ln m = \ln m^r$$

$$\overset{(6)}{=} \frac{1}{x} \cdot \lim_{h \to 0} \left(\ln\left(1 + \frac{h}{x}\right)^{x/h}\right) \qquad \text{por la propiedad límite 1 de la sección 10.1}$$

$$\overset{(7)}{=} \frac{1}{x} \cdot \ln\left(\lim_{h \to 0}\left(1 + \frac{h}{x}\right)^{x/h}\right) \qquad \ln \text{ es continua}$$

$$\overset{(8)}{=} \frac{1}{x} \cdot \ln\left(\lim_{h/x \to 0}\left(1 + \frac{h}{x}\right)^{x/h}\right) \qquad \text{para } x > 0 \text{ fija}$$

$$\overset{(9)}{=} \frac{1}{x} \cdot \ln\left(\lim_{k \to 0}(1 + k)^{1/k}\right) \qquad \text{al establecer } k = h/x$$

$$\overset{(10)}{=} \frac{1}{x} \cdot \ln(e) \qquad \text{como se muestra en la sección 10.1}$$

$$\overset{(11)}{=} \frac{1}{x} \qquad \text{puesto que } \ln e = 1$$

El cálculo es largo, pero cuando se sigue paso a paso permite revisar muchas ideas importantes. El paso (1) es la definición clave presentada en la sección 11.1. Los pasos (2), (5) y (11) implican propiedades que se encuentran en la sección 4.3. En el paso (3), etiquetado simplemente como álgebra, se utilizan las propiedades de las fracciones que se dieron al principio en la sección 0.2. Se admite que el paso (4) es, sin duda, un truco cuyo descubrimiento requiere experiencia. Tome en cuenta que necesariamente $x \neq 0$, puesto que x está en el dominio de ln, que es $(0, \infty)$. Para entender la justificación del paso (6), se debe observar que x y, por ende, $1/x$ son constantes con respecto a la variable límite h. Ya se ha comentado en la sección 10.3 que las funciones logarítmicas son continuas y esto es lo que permite intercambiar los procesos de aplicación de la función ln y tener un límite en (7). En (8), el punto es que, para $x > 0$ fija, h/x tiende a 0 cuando h tiende a 0 y, de manera inversa, h tiende a 0 cuando h/x tiende a 0. Por lo tanto, h/x se puede considerar como una nueva variable límite, k, y esto se hace en el paso (9).

En conclusión, se ha deducido lo siguiente:

REGLA BÁSICA 2   Derivada de $\ln x$

$$\frac{d}{dx}(\ln x) = \frac{1}{x} \quad \text{para } x > 0$$

Se requiere tener cierto cuidado con esta regla porque mientras el lado izquierdo está definido sólo para $x > 0$, el lado derecho está definido para toda $x \neq 0$. Para $x < 0$, el $\ln(-x)$ está definido y, por la regla de la cadena, se tiene

$$\frac{d}{dx}(\ln(-x)) = \frac{1}{-x}\frac{d}{dx}(-x) = \frac{-1}{-x} = \frac{1}{x} \quad \text{para } x < 0$$

Las dos últimas ecuaciones se pueden combinar usando la función absoluta para obtener

$$\frac{d}{dx}(\ln|x|) = \frac{1}{x} \quad \text{para } x \neq 0 \tag{1}$$

EJEMPLO 1   Diferenciación de funciones que contienen $\ln x$

a. Diferencie $f(x) = 5\ln x$.

Solución: Aquí f es una constante (5) que multiplica a una función $(\ln x)$; así que, por la regla básica 2, se tiene

$$f'(x) = 5\frac{d}{dx}(\ln x) = 5 \cdot \frac{1}{x} = \frac{5}{x} \quad \text{para } x > 0$$

b. Diferencie $y = \dfrac{\ln x}{x^2}$.

Solución: Por la regla del cociente y la regla básica 2,

$$y' = \frac{x^2 \dfrac{d}{dx}(\ln x) - (\ln x)\dfrac{d}{dx}(x^2)}{(x^2)^2}$$

$$= \frac{x^2\left(\dfrac{1}{x}\right) - (\ln x)(2x)}{x^4} = \frac{x - 2x\ln x}{x^4} = \frac{1 - 2\ln x}{x^3} \quad \text{para } x > 0$$

Ahora resuelva el problema 1 ◁

A continuación, se extenderá la ecuación (1) para considerar una clase más amplia de funciones. Sea $y = \ln|u|$, donde u es una función diferenciable de x. Por la regla de la cadena,

La regla de la cadena se utiliza para desarrollar la fórmula de diferenciación para $\ln|u|$.

$$\frac{d}{dx}(\ln|u|) = \frac{dy}{du} \cdot \frac{du}{dx} = \frac{d}{du}(\ln|u|) \cdot \frac{du}{dx} = \frac{1}{u} \cdot \frac{du}{dx} \quad \text{para } u \neq 0$$

Por lo que,

$$\frac{d}{du}(\ln|u|) = \frac{1}{u} \cdot \frac{du}{dx} \quad \text{para } u \neq 0 \tag{2}$$

Por supuesto, la ecuación (2) da $\dfrac{d}{du}(\ln u) = \dfrac{1}{u} \cdot \dfrac{du}{dx}$ para $u > 0$.

APLÍQUELO ▶

1. La oferta de q unidades de un producto al precio p por unidad está dada por $q(p) = 25 + 2\ln(3p^2 + 4)$. Encuentre la razón de cambio de la oferta con respecto al precio, $\dfrac{dq}{dp}$.

EJEMPLO 2   Diferenciación de funciones que contienen $\ln u$

a. Diferencie $y = \ln(x^2 + 1)$.

Solución: Esta función tiene la forma $\ln u$ con $u = x^2 + 1$ y, como $x^2 + 1 > 0$, para toda x, $y = \ln(x^2 + 1)$ está definida para toda x. Al usar la ecuación (2), se tiene

$$\frac{dy}{dx} = \frac{1}{x^2 + 1}\frac{d}{dx}(x^2 + 1) = \frac{1}{x^2 + 1}(2x) = \frac{2x}{x^2 + 1}$$

b. Diferencie $y = x^2 \ln(4x + 2)$.

Solución: Usando la regla del producto se obtiene

$$\frac{dy}{dx} = x^2 \frac{d}{dx}(\ln(4x + 2)) + (\ln(4x + 2))\frac{d}{dx}(x^2)$$

Por la ecuación (2) con $u = 4x + 2$,

$$\frac{dy}{dx} = x^2 \left(\frac{1}{4x + 2}\right)(4) + (\ln(4x + 2))(2x)$$

$$= \frac{2x^2}{2x + 1} + 2x\ln(4x + 2) \quad \text{para } 4x + 2 > 0$$

Como $4x + 2 > 0$ exactamente cuando $x > -1/2$, se tiene

$$\frac{d}{dx}(x^2 \ln(4x + 2)) = \frac{2x^2}{2x + 1} + 2x\ln(4x + 2) \quad \text{para } x > -1/2$$

c. Diferencie $y = \ln|\ln|x||$.

Solución: Esta función tiene la forma $y = \ln|u|$ con $u = \ln|x|$. Usando la ecuación (2), se obtiene

$$y' = \frac{1}{\ln|x|}\frac{d}{dx}(\ln|x|) = \frac{1}{\ln|x|}\left(\frac{1}{x}\right) = \frac{1}{x\ln|x|} \quad \text{para } x, u \neq 0$$

Como $\ln|x| = 0$ cuando $x = -1, 1$, se tiene

$$\frac{d}{dx}(\ln|\ln|x||) = \frac{1}{x\ln|x|} \quad \text{para } x \neq -1, 0, 1$$

Ahora resuelva el problema 9 ◁

Con frecuencia, es posible reducir el trabajo implicado en diferenciar el logaritmo de un producto, cociente o potencia utilizando las propiedades de los logaritmos para reescribir el logaritmo *antes* de diferenciar. Esto lo ilustra el ejemplo siguiente.

EJEMPLO 3 **Reescritura de funciones logarítmicas antes de diferenciarlas**

a. Encuentre $\frac{dy}{dx}$ si $y = \ln(2x + 5)^3$.

Solución: Aquí se tiene el logaritmo de una potencia. Primero se simplifica el lado derecho usando las propiedades de los logaritmos. Luego se diferencia para obtener

$$y = \ln(2x + 5)^3 = 3\ln(2x + 5) \quad \text{para } 2x + 5 > 0$$

$$\frac{dy}{dx} = 3\left(\frac{1}{2x + 5}\right)(2) = \frac{6}{2x + 5} \quad \text{para } x > -5/2$$

Al comparar ambos métodos, se nota que el más sencillo consiste en simplificar primero para después diferenciar.

En forma alternativa, si la simplificación no se realizara primero, se escribiría

$$\frac{dy}{dx} = \frac{1}{(2x + 5)^3}\frac{d}{dx}((2x + 5)^3)$$

$$= \frac{1}{(2x + 5)^3}(3)(2x + 5)^2(2) = \frac{6}{2x + 5}$$

b. Encuentre $f'(p)$ si $f(p) = \ln((p + 1)^2(p + 2)^3(p + 3)^4)$.

Solución: Se simplifica el lado derecho y luego se diferencia:

$$f(p) = 2\ln(p + 1) + 3\ln(p + 2) + 4\ln(p + 3)$$

$$f'(p) = 2\left(\frac{1}{p + 1}\right)(1) + 3\left(\frac{1}{p + 2}\right)(1) + 4\left(\frac{1}{p + 3}\right)(1)$$

$$= \frac{2}{p + 1} + \frac{3}{p + 2} + \frac{4}{p + 3}$$

Ahora resuelva el problema 5 ◁

EJEMPLO 4   **Diferenciación de funciones que contienen logaritmos**

a. Encuentre $f'(w)$ si $f(w) = \ln\sqrt{\dfrac{1+w^2}{w^2-1}}$.

Solución: Se simplifica usando las propiedades de los logaritmos y luego se diferencia:

$$f(w) = \frac{1}{2}(\ln(1+w^2) - \ln(w^2-1))$$

$$f'(w) = \frac{1}{2}\left(\frac{1}{1+w^2}(2w) - \frac{1}{w^2-1}(2w)\right)$$

$$= \frac{w}{1+w^2} - \frac{w}{w^2-1} = -\frac{2w}{w^4-1}$$

b. Encuentre $f'(x)$ si $f(x) = \ln^3(2x+5)$.

Solución: El exponente 3 se refiere al cubo de $\ln(2x+5)$. Esto es,

$$f(x) = \ln^3(2x+5) = [\ln(2x+5)]^3$$

Por la regla de la potencia,

$$f'(x) = 3(\ln(2x+5))^2 \frac{d}{dx}(\ln(2x+5))$$

$$= 3(\ln(2x+5))^2\left(\frac{1}{2x+5}(2)\right)$$

$$= \frac{6}{2x+5}(\ln(2x+5))^2$$

¡ADVERTENCIA!

No confunda $\ln^3(2x+5)$ con $\ln(2x+5)^3$, que apareció en el ejemplo 3(a). Se recomienda escribir $\ln^3(2x+5)$ explícitamente como $[\ln(2x+5)]^3$ y evitar $\ln^3(2x+5)$.

Ahora resuelva el problema 39 ◁

Derivadas de funciones logarítmicas con base b

Para diferenciar una función logarítmica con base diferente a e, se puede convertir primero el logaritmo a logaritmos naturales por medio de la fórmula del cambio de base y luego diferenciar la expresión resultante. Por ejemplo, considere $y = \log_b u$, donde u es una función diferenciable de x. Según la fórmula del cambio de base,

$$y = \log_b u = \frac{\ln u}{\ln b} \quad \text{para } u > 0$$

Al diferenciar, se tiene

¡ADVERTENCIA!

Observe que $\ln b$ es sólo una constante.

$$\frac{d}{dx}(\log_b u) = \frac{d}{dx}\left(\frac{\ln u}{\ln b}\right) = \frac{1}{\ln b}\frac{d}{dx}(\ln u) = \frac{1}{\ln b}\cdot\frac{1}{u}\frac{du}{dx}$$

En resumen,

$$\frac{d}{dx}(\log_b u) = \frac{1}{(\ln b)u}\cdot\frac{du}{dx} \quad \text{para } u > 0$$

En vez de memorizar esta regla, se sugiere recordar el procedimiento utilizado para obtenerla.

Procedimiento para diferenciar $\log_b u$

Convierta $\log_b u$ a logaritmos naturales para obtener $\dfrac{\ln u}{\ln b}$ y luego diferencie.

> ### EJEMPLO 5 Diferenciación de una función logarítmica con base 2
>
> Diferencie $y = \log_2 x$.
>
> **Solución:** De acuerdo con el procedimiento anterior, se tiene
>
> $$\frac{d}{dx}(\log_2 x) = \frac{d}{dx}\left(\frac{\ln x}{\ln 2}\right) = \frac{1}{\ln 2}\frac{d}{dx}(\ln x) = \frac{1}{(\ln 2)x}$$
>
> Vale la pena mencionar que la respuesta puede escribirse en términos de la base original. Debido a que
>
> $$\frac{1}{\ln b} = \frac{1}{\frac{\log_b b}{\log_b e}} = \frac{\log_b e}{1} = \log_b e$$
>
> es posible expresar $\dfrac{1}{(\ln 2)x}$ como $\dfrac{\log_2 e}{x}$. En forma más general, $\dfrac{d}{dx}(\log_b u) = \dfrac{\log_b e}{u} \cdot \dfrac{du}{dx}$.
>
> Ahora resuelva el problema 15 ◁

APLÍQUELO ▶

2. La intensidad de un sismo se mide en la escala Richter. La lectura está dada por $R = \log \dfrac{I}{I_0}$, donde I es la intensidad e I_0 es una intensidad mínima estándar. Si $I_0 = 1$, encuentre $\dfrac{dR}{dI}$, la razón de cambio de la lectura en la escala Richter con respecto a la intensidad.

> ### EJEMPLO 6 Diferenciación de una función logarítmica con base 10
>
> Si $y = \log(2x + 1)$, encuentre la razón de cambio de y con respecto a x.
>
> **Solución:** La razón de cambio es dy/dx y la base implicada es 10. Por lo tanto, se tiene
>
> $$\frac{dy}{dx} = \frac{d}{dx}(\log(2x+1)) = \frac{d}{dx}\left(\frac{\ln(2x+1)}{\ln 10}\right)$$
>
> $$= \frac{1}{\ln 10} \cdot \frac{1}{2x+1}(2) = \frac{2}{\ln 10(2x+1)}$$

PROBLEMAS 12.1

En los problemas del 1 al 44, diferencie las funciones. Si es posible, utilice primero las propiedades de los logaritmos para simplificar la función dada.

1. $y = a \ln x$

2. $y = \dfrac{5 \ln x}{9}$

3. $y = \ln(3x - 7)$

4. $y = \ln(5x - 6)$

5. $y = \ln x^2$

6. $y = \ln(5x^3 + 3x^2 + 2x + 1)$ **7.** $y = \ln(1 - x^2)$

8. $y = \ln(-x^2 + 6x)$

9. $f(X) = \ln(4X^6 + 2X^3)$

10. $f(r) = \ln(2r^4 - 3r^2 + 2r + 1)$

11. $f(t) = t \ln t - t$

12. $y = x^2 \ln x$

13. $y = x^3 \ln(2x + 5)$

14. $y = (ax + b)^3 \ln(ax + b)$

15. $y = \log_3(8x - 1)$

16. $f(w) = \log(w^2 + 2w + 1)$

17. $y = x^2 + \log_2(x^2 + 4)$

18. $y = x^2 \log_2 x$

19. $f(z) = \dfrac{\ln z}{z}$

20. $y = \dfrac{x^2}{\ln x}$

21. $y = \dfrac{x^4 + 3x^2 + x}{\ln x}$

22. $y = \ln x^{100}$

23. $y = \ln(x^2 + 4x + 5)^3$

24. $y = 6 \ln \sqrt[3]{x}$

25. $y = 9 \ln \sqrt{1 + x^2}$

26. $f(t) = \ln\left(\dfrac{t^4}{1 + 6t + t^2}\right)$

27. $f(l) = \ln\left(\dfrac{1 + l}{1 - l}\right)$

28. $y = \ln\left(\dfrac{2x + 3}{3x - 4}\right)$

29. $y = \ln \sqrt[4]{\dfrac{1 + x^2}{1 - x^2}}$

30. $y = \ln \sqrt[3]{\dfrac{x^3 - 1}{x^3 + 1}}$

31. $y = \ln[(ax^2 + bx + c)^p (hx^2 + kx + l)^q]$

32. $y = \ln[(5x + 2)^4 (8x - 3)^6]$ **33.** $y = 13 \ln\left(x^2 \sqrt[3]{5x + 2}\right)$

34. $y = 6 \ln \dfrac{x}{\sqrt{2x + 1}}$

35. $y = (x^2 + 1) \ln(2x + 1)$

36. $y = (ax^2 + bx + c) \ln(hx^2 + kx + l)$

37. $y = \ln x^3 + \ln^3 x$

38. $y = x^{\ln 2}$

39. $y = \ln^4(ax)$

40. $y = \ln^2(2x + 11)$

41. $y = \ln \sqrt{f(x)}$

42. $y = \ln\left(x^3 \sqrt[4]{2x + 1}\right)$

43. $y = \sqrt{4 + 3 \ln x}$

44. $y = \ln\left(x + \sqrt{1 + x^2}\right)$

45. Encuentre una ecuación de la recta tangente a la curva
$$y = \ln(x^2 - 3x - 3)$$
cuando $x = 4$.

46. Encuentre una ecuación de la recta tangente a la curva
$$y = x \ln x - x$$
en el punto donde $x = 1$.

47. Encuentre la pendiente de la curva $y = \dfrac{x}{\ln x}$ cuando $x = 3$.

48. Ingreso marginal   Encuentre la función de ingreso marginal si la función de demanda es $p = 25/\ln(q + 2)$.

49. Costo marginal   Una función de costo total está dada por
$$c = 25 \ln(q + 1) + 12$$
Encuentre el costo marginal cuando $q = 6$.

50. Costo marginal   La función del costo promedio de un fabricante está dada por

$$\bar{c} = \frac{500}{\ln{(q+20)}}$$

Encuentre el costo marginal (redondeado a dos decimales) cuando $q = 50$.

51. Cambio en la oferta   La oferta de q unidades de un producto al precio p por unidad está dada por $q(p) = 27 + 11\ln(2p+1)$.

Encuentre la tasa de cambio de la oferta con respecto al precio, $\frac{dq}{dp}$.

52. Percepción de sonido   El nivel de un sonido L, medido en decibeles, percibido por el oído humano depende de los niveles de intensidad I de acuerdo con $L = 10\log\frac{I}{I_0}$, donde I_0 es el umbral de audibilidad estándar. Si $I_0 = 17$, encuentre $\frac{dL}{dI}$, la razón de cambio del nivel del sonido con respecto a la intensidad.

53. Biología   En cierto experimento con bacterias, se observó que la actividad relativa de una colonia particular de bacterias está descrita por

$$A = 6\ln\left(\frac{T}{a-T} - a\right)$$

donde a es una constante y T es la temperatura del medio ambiente. Encuentre la razón de cambio de A con respecto a T.

54. Demuestre que la razón de cambio relativa de $y = f(x)$ con respecto a x es igual a la derivada de $y = \ln f(x)$.

55. Demuestre que $\frac{d}{dx}(\log_b u) = \frac{1}{u}(\log_b e)\frac{du}{dx}$.

En los problemas 56 y 57, use las reglas de diferenciación para encontrar $f'(x)$. Luego use su calculadora gráfica para encontrar todas las raíces de $f'(x) = 0$. Redondee sus respuestas a dos decimales.

56. $f(x) = x^3\ln x$ **57.** $f(x) = \dfrac{\ln(x^2)}{x^2}$

Objetivo

Desarrollar una fórmula de diferenciación para $y = e^u$, aplicar la fórmula y utilizarla para diferenciar una función exponencial con base diferente a e.

12.2 Derivadas de funciones exponenciales

Tal como señalamos en la sección 12.1, las funciones exponenciales no se pueden construir a partir de funciones de potencias utilizando la multiplicación por una constante, operaciones aritméticas y la composición. Sin embargo, las funciones b^x, para $b > 0$ y $b \neq 1$, son inversas a las funciones $\log_b(x)$ y, si una función invertible f es diferenciable, resulta bastante fácil ver que su inversa también es diferenciable. La idea clave es que la gráfica de la inversa de una función se obtiene mediante la reflexión de la gráfica de la función original en la recta $y = x$. Este proceso de reflexión conserva la suavidad de modo que si la gráfica de una función invertible es suave, entonces también lo es la gráfica de su inversa. Al diferenciar $f(f^{-1}(x)) = x$, resulta

$$\frac{d}{dx}(f(f^{-1}(x))) = \frac{d}{dx}(x)$$

$$f'(f^{-1}(x))\frac{d}{dx}(f^{-1}(x)) = 1 \qquad \text{Regla de la cadena}$$

$$\frac{d}{dx}(f^{-1}(x)) = \frac{1}{f'(f^{-1}(x))}$$

Así, se tiene

REGLA COMBINADA 6   Regla de la función inversa
Si f es una función invertible y diferenciable, entonces f^{-1} es diferenciable y

$$\frac{d}{dx}(f^{-1}(x)) = \frac{1}{f'(f^{-1}(x))}$$

Igual que con la regla de la cadena, la notación de Leibniz es muy adecuada para las funciones inversas. De hecho, si $y = f^{-1}(x)$, entonces $\frac{dy}{dx} = \frac{d}{dx}(f^{-1}(x))$ y ya que $f(y) = x$, $f'(y) = \frac{dx}{dy}$. Cuando se sustituyen estas ecuaciones en la regla combinada 6, se obtiene

$$\frac{dy}{dx} = \frac{d}{dx}(f^{-1}(x)) = \frac{1}{f'(f^{-1}(x))} = \frac{1}{f'(y)} = \frac{1}{\dfrac{dx}{dy}}$$

de modo que la regla combinada 6 se puede reescribir como

$$\frac{dy}{dx} = \frac{1}{\dfrac{dx}{dy}} \tag{1}$$

En el caso inmediato de interés, con $y = e^x$ tal que $x = \ln y$ y $dx/dy = 1/y = 1/e^x$, se tiene

$$\frac{d}{dx}(e^x) = \frac{1}{\dfrac{1}{e^x}} = e^x$$

lo cual se registra como

$$\frac{d}{dx}(e^x) = e^x \qquad (2)$$

Cuando u es una función diferenciable de x, una aplicación de la regla de la cadena da

$$\frac{d}{dx}(e^u) = e^u \frac{du}{dx} \qquad (3)$$

EJEMPLO 1   Diferenciación de funciones que contienen e^x

a. Encuentre $\dfrac{d}{dx}(3e^x)$. Como 3 es un factor constante,

$$\begin{aligned}
\frac{d}{dx}(3e^x) &= 3\frac{d}{dx}(e^x) \\
&= 3e^x \qquad \text{por la ecuación (2)}
\end{aligned}$$

Si un cociente puede reescribirse con facilidad como un producto, entonces es posible usar la regla del producto que, en cierta forma, es más sencilla que la regla del cociente.

b. Si $y = \dfrac{x}{e^x}$, encuentre $\dfrac{dy}{dx}$.

Solución: Se podría utilizar primero la regla del cociente y luego la ecuación (2), pero es un poco más fácil reescribir primero la función como $y = xe^{-x}$ y usar la regla del producto y la ecuación (3):

$$\frac{dy}{dx} = e^{-x}\frac{d}{dx}(x) + x\frac{d}{dx}(e^{-x}) = e^{-x}(1) + x(e^{-x})(-1) = e^{-x}(1-x) = \frac{1-x}{e^x}$$

c. Si $y = e^2 + e^x + \ln 3$, encuentre y'.

Solución: Como e^2 y $\ln 3$ son constantes, $y' = 0 + e^x + 0 = e^x$.

Ahora resuelva el problema 1 ◁

EJEMPLO 2   Diferenciación de funciones que contienen e^u

a. Encuentre $\dfrac{d}{dx}\left(e^{x^3+3x}\right)$.

$\dfrac{d}{dx}(e^u) = e^u \dfrac{du}{dx}$. No olvide $\dfrac{du}{dx}$.

Solución: La función tiene la forma e^u con $u = x^3 + 3x$. De la ecuación (2),

$$\begin{aligned}
\frac{d}{dx}\left(e^{x^3+3x}\right) &= e^{x^3+3x}\frac{d}{dx}(x^3 + 3x) = e^{x^3+3x}(3x^2 + 3) \\
&= 3(x^2 + 1)e^{x^3+3x}
\end{aligned}$$

b. Encuentre $\dfrac{d}{dx}(e^{x+1}\ln(x^2 + 1))$.

Solución: De acuerdo con la regla del producto,

$$\begin{aligned}
\frac{d}{dx}(e^{x+1}\ln(x^2 + 1)) &= e^{x+1}\frac{d}{dx}(\ln(x^2 + 1)) + (\ln(x^2 + 1))\frac{d}{dx}(e^{x+1}) \\
&= e^{x+1}\left(\frac{1}{x^2 + 1}\right)(2x) + (\ln(x^2 + 1))e^{x+1}(1) \\
&= e^{x+1}\left(\frac{2x}{x^2 + 1} + \ln(x^2 + 1)\right)
\end{aligned}$$

Ahora resuelva el problema 3 ◁

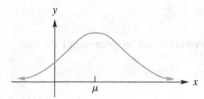

FIGURA 12.1 Función de densidad de la distribución normal.

EJEMPLO 3 Función de densidad de la distribución normal

Una función importante utilizada en las ciencias sociales es la **función de densidad de la distribución normal**

$$y = f(x) = \frac{1}{\sigma\sqrt{2\pi}}e^{-(1/2)((x-\mu)/\sigma)^2}$$

donde σ (letra griega "sigma") y μ (letra griega "mu") son constantes. La gráfica de esta función, llamada curva normal, tiene forma de campana (vea la figura 12.1). Determine la razón de cambio de y con respecto a x cuando $x = \mu + \sigma$.

Solución: La razón de cambio de y con respecto a x es dy/dx. Se observa que el factor $\frac{1}{\sigma\sqrt{2\pi}}$ es una constante y que el segundo factor tiene la forma e^u, donde

$$u = -\frac{1}{2}\left(\frac{x-\mu}{\sigma}\right)^2$$

Así,

$$\frac{dy}{dx} = \frac{1}{\sigma\sqrt{2\pi}}\left(e^{-(1/2)((x-\mu)/\sigma)^2}\right)\left(-\frac{1}{2}(2)\left(\frac{x-\mu}{\sigma}\right)\left(\frac{1}{\sigma}\right)\right)$$

Al evaluar dy/dx cuando $x = \mu + \sigma$, se obtiene

$$\frac{dy}{dx}\bigg|_{x=\mu+\sigma} = \frac{1}{\sigma\sqrt{2\pi}}\left(e^{-(1/2)((\mu+\sigma-\mu)/\sigma)^2}\right)\left(-\frac{\mu+\sigma-\mu}{\sigma}\right)\left(\frac{1}{\sigma}\right)$$

$$= \frac{1}{\sigma\sqrt{2\pi}}\left(e^{-(1/2)}\right)\left(-\frac{1}{\sigma}\right)$$

$$= \frac{-e^{-(1/2)}}{\sigma^2\sqrt{2\pi}} = \frac{-1}{\sigma^2\sqrt{2\pi e}}$$

◁

Diferenciación de funciones exponenciales con base b

Ahora que ya nos resulta familiar la derivada e^u, consideremos la derivada de la función exponencial más general b^u. Como $b = e^{\ln b}$, es posible expresar b^u como una función exponencial con base e, una forma que puede diferenciarse. Se tiene,

$$\frac{d}{dx}(b^u) = \frac{d}{dx}((e^{\ln b})^u) = \frac{d}{dx}(e^{(\ln b)u})$$

$$= e^{(\ln b)u}\frac{d}{dx}((\ln b)u)$$

$$= e^{(\ln b)u}(\ln b)\left(\frac{du}{dx}\right)$$

$$= b^u(\ln b)\frac{du}{dx} \quad \text{puesto que } e^{(\ln b)u} = b^u$$

En resumen,

$$\frac{d}{dx}(b^u) = b^u(\ln b)\frac{du}{dx} \tag{4}$$

Observe que si $b = e$, entonces el factor $\ln b$ de la ecuación (4) es igual a 1. Por lo tanto, si se usan funciones exponenciales con base e, se tendrá una fórmula de diferenciación más sencilla con la cual trabajar. Esta es una de las razones por las que las funciones exponenciales naturales se usan tan ampliamente en cálculo. En vez de memorizar la ecuación (4), se le sugiere recordar el procedimiento seguido para obtenerla.

> **Procedimiento para diferenciar b^u**
>
> Convierta b^u en una función exponencial natural aprovechando la propiedad de que $b = e^{\ln b}$ y luego diferencie.

El ejemplo siguiente ilustra el procedimiento.

EJEMPLO 4 **Diferenciación de una función exponencial con base 4**

Encuentre $\dfrac{d}{dx}(4^x)$.

Solución: Empleando el procedimiento anterior, se tiene

$$
\begin{aligned}
\frac{d}{dx}(4^x) &= \frac{d}{dx}((e^{\ln 4})^x) \\
&= \frac{d}{dx}\big(e^{(\ln 4)x}\big) \qquad \text{forma}: \frac{d}{dx}(e^u) \\
&= e^{(\ln 4)x}(\ln 4) \qquad \text{según la ecuación (2)} \\
&= 4^x(\ln 4)
\end{aligned}
$$

Verifique el resultado usando de manera directa la ecuación (4).

Ahora resuelva el problema 15 ◁

EJEMPLO 5 **Diferenciación de formas distintas**

Encuentre $\dfrac{d}{dx}\big(e^2 + x^e + 2^{\sqrt{x}}\big)$.

Solución: Aquí deben diferenciarse tres formas distintas; ¡no las confunda! La primera (e^2) es una base constante elevada a una potencia constante, por lo que es en sí misma una constante. Así, su derivada es igual a cero. La segunda (x^e) es una base variable elevada a una potencia constante, por lo que se aplica la regla de la potencia. La tercera $(2^{\sqrt{x}})$ es una base constante elevada a una potencia variable, de modo que se debe diferenciar una función exponencial. Reuniendo todo, se tiene

$$
\begin{aligned}
\frac{d}{dx}\big(e^2 + x^e + 2^{\sqrt{x}}\big) &= 0 + ex^{e-1} + \frac{d}{dx}\big[e^{(\ln 2)\sqrt{x}}\big] \\
&= ex^{e-1} + \big[e^{(\ln 2)\sqrt{x}}\big](\ln 2)\left(\frac{1}{2\sqrt{x}}\right) \\
&= ex^{e-1} + \frac{2^{\sqrt{x}}\ln 2}{2\sqrt{x}}
\end{aligned}
$$

Ahora resuelva el problema 17 ◁

EJEMPLO 6 **De nuevo, diferenciación de funciones de potencia**

A menudo se ha usado la regla $d/dx(x^a) = ax^{a-1}$, pero sólo se ha *probado* cuando a es un entero positivo y en algunos otros casos especiales. Al menos para $x > 0$, ahora podemos mejorar la comprensión de las funciones de potencia usando la ecuación (2).

Para $x > 0$, se puede escribir $x^a = e^{a\ln x}$. Por lo tanto, se tiene

$$
\frac{d}{dx}(x^a) = \frac{d}{dx}e^{a\ln x} = e^{a\ln x}\frac{d}{dx}(a\ln x) = x^a(ax^{-1}) = ax^{a-1}
$$

Ahora resuelva el problema 19 ◁

PROBLEMAS 12.2

En los problemas del 1 al 28, diferencie las funciones.

1. $y = 5e^x$

2. $y = \dfrac{ae^x}{b}$

3. $y = e^{2x^2+3}$

4. $y = e^{2x^2+5}$

5. $y = e^{9-5x}$

6. $f(q) = e^{-q^3+6q-1}$

7. $f(r) = e^{4r^3+5r^2+2r+6}$

8. $y = e^{x^2+6x^3+1}$

9. $y = xe^x$

10. $y = 3x^4e^{-x}$

11. $y = x^2e^{-x^2}$

12. $y = xe^{ax}$

13. $y = \dfrac{e^x + e^{-x}}{3}$

14. $y = \dfrac{e^x - e^{-x}}{e^x + e^{-x}}$

15. $y = 5^{2x^3}$

16. $y = 2^x x^2$

17. $f(w) = \dfrac{e^{aw}}{w^2 + w + 1}$

18. $y = e^{x-\sqrt{x}}$

19. $y = e^{1+\sqrt{x}}$

20. $y = (e^{2x} + 1)^3$

21. $y = x^5 - 5^x$

22. $f(z) = e^{1/z}$

23. $y = \dfrac{e^x - 1}{e^x + 1}$

24. $y = e^{2x}(x + 6)$

25. $y = \ln e^x$

26. $y = e^{-x} \ln x$

27. $y = x^x$

28. $y = \ln e^{4x+1}$

29. Si $f(x) = ee^x e^{x^2}$, encuentre $f'(-1)$.

30. Si $f(x) = 5^{x^2 \ln x}$, encuentre $f'(1)$.

31. Encuentre una ecuación de la recta tangente a la curva $y = e^x$ cuando $x = -2$.

32. Encuentre una ecuación de la recta tangente a la curva $y = e^x$ en el punto $(1, e)$. Demuestre que esta recta tangente pasa por $(0, 0)$ y que es la única recta tangente a $y = e^x$ que pasa por $(0, 0)$.

Para cada una de las ecuaciones de demanda presentadas en los problemas 33 y 34, encuentre la razón de cambio del precio p con respecto a la cantidad q. ¿Cuál es la razón de cambio para el valor indicado de q?

33. $p = 15e^{-0.001q}$; $q = 500$

34. $p = 9e^{-5q/750}$; $q = 300$

En los problemas 35 y 36, $\bar{c}$ es el costo promedio de producir q unidades de cierto artículo. Encuentre la función de costo marginal y el costo marginal para los valores dados de q.

35. $\bar{c} = \dfrac{7000e^{q/700}}{q}$; $q = 350$, $q = 700$

36. $\bar{c} = \dfrac{850}{q} + 4000\dfrac{e^{(2q+6)/800}}{q}$; $q = 97$, $q = 197$

37. Si $w = e^{x^2}$ y $x = \dfrac{t+1}{t-1}$, encuentre $\dfrac{dw}{dt}$ cuando $t = 2$.

38. Si $f'(x) = x^3$ y $u = e^x$, demuestre que

$$\frac{d}{dx}[f(u)] = e^{4x}$$

39. Determine el valor de la constante positiva c si

$$\frac{d}{dx}(c^x - x^c)\bigg|_{x=1} = 0$$

40. Calcule la razón de cambio relativa de

$$f(x) = 10^{-x} + \ln(8 + x) + 0.01e^{x-2}$$

cuando $x = 2$. Redondee su respuesta a cuatro decimales.

41. **Corrida de producción**   Para una empresa, la producción diaria en el día t de una corrida de producción está dada por

$$q = 500(1 - e^{-0.2t})$$

Encuentre la razón de cambio de la producción q con respecto a t en el décimo día.

42. **Función de densidad normal**   Para la función de densidad normal

$$f(x) = \frac{1}{\sqrt{2\pi}}e^{-x^2/2}$$

encuentre $f'(-1)$.

43. **Población**   La población, en millones, del área más grande de Seattle dentro de t años, contados a partir de 1970, se estima por medio de $P = 1.92e^{0.0176t}$. Demuestre que $dP/dt = kP$, donde k es una constante. Esto significa que, en cualquier momento, la razón de cambio de la población es proporcional a la población existente en dicho momento.

44. **Penetración de mercado**   En un análisis de la difusión de un nuevo proceso en un mercado, Hurter y Rubenstein[1] se refieren a una ecuación de la forma

$$Y = k\alpha^{\beta^t}$$

donde Y es el nivel acumulado de difusión del nuevo proceso en el tiempo t, y k, α y β son constantes positivas. Verifique la afirmación de que

$$\frac{dY}{dt} = k\alpha^{\beta^t}(\beta^t \ln \alpha) \ln \beta$$

45. **Finanzas**   Después de t años, el valor S de un capital P que se invierte a una tasa anual r compuesta continuamente está dado por $S = Pe^{rt}$. Demuestre que la razón de cambio relativa de S con respecto a t es r.

46. **Relación depredador-presa**   En un artículo sobre depredadores y presas, Holling[2] se refiere a una ecuación de la forma

$$y = K(1 - e^{-ax})$$

donde x es la densidad de presas, y el número de presas atacadas y K y a son constantes. Verifique la afirmación de que

$$\frac{dy}{dx} = a(K - y)$$

47. **Sismos**   De acuerdo con la escala Richter,[3] el número de temblores de magnitud M o superiores por cada unidad de tiempo está dado por $N = 10^A 10^{-bM}$, donde A y b son constantes. Encuentre dN/dM.

[1]A. P. Hurter, Jr., A. H. Rubenstein *et al.*, "Market Penetration by New Innovations: The Technological Literature", *Technological Forecasting and Social Change*, 11 (1978), pp. 197-221.

[2]C. S. Holling, "Some Characteristics of Simple Types of Predation and Parasitism", *The Canadian Entomologist*, XCI, núm. 7 (1959), pp. 385-398.

[3]C. F. Richter, *Elementary Seismology* (San Francisco: W. H. Freeman and Company, Publishers, 1958).

48. Psicología La retención a corto plazo fue estudiada por Peterson y Peterson.[4] Los dos investigadores analizaron un procedimiento en el que un experimentador daba verbalmente a una persona una sílaba de tres letras consonantes, por ejemplo, CHJ, seguida de un número de tres dígitos, como 309. La persona repetía entonces el número y contaba hacia atrás restando cada vez tres unidades, esto es, 309, 306, 303, ... Después de cierto tiempo, se le pedía a la persona, por medio de una luz, recitar la sílaba de tres constantes. El intervalo de tiempo comprendido entre la terminación de la enunciación de la última consonante por el experimentador hasta la aparición de la luz se denominó *intervalo de evocación*. Al tiempo transcurrido entre la aparición de la luz y la terminación del enunciado de la respuesta se denominó *latencia*. Después de muchos ensayos, se determinó que para un intervalo de evocación de t segundos, la proporción aproximada de recuerdos correctos con latencia inferior a 2.83 segundos fue igual a

$$p = 0.89[0.01 + 0.99(0.85)^t]$$

(a) Encuentre dp/dt e interprete su resultado.

(b) Evalúe dp/dt para $t = 2$. Redondee su respuesta a dos decimales.

49. Medicina Suponga que un indicador radiactivo, por ejemplo un tinte colorante, se inyecta instantáneamente al corazón en el tiempo $t = 0$ y se mezcla en forma uniforme con la sangre dentro del corazón. Sea C_0 la concentración inicial del indicador en el corazón y suponga que el corazón tiene un volumen constante V. También suponga que conforme fluye sangre fresca hacia el corazón, la mezcla diluida de sangre e indicador salen a una razón constante positiva de r. Entonces, en el instante t, la concentración del indicador en el corazón está dada por

$$C(t) = C_0 e^{-(r/V)t}$$

Demuestre que $dC/dt = (-r/V)C(t)$.

50. Medicina En el problema 49, suponga que el indicador radiactivo se inyecta a una razón constante R. Entonces la concentración en el instante t es

$$C(t) = \frac{R}{r}\left[1 - e^{-(r/V)t}\right]$$

(a) Encuentre $C(0)$.

(b) Demuestre que $\dfrac{dC}{dt} = \dfrac{R}{V} - \dfrac{r}{V}C(t)$.

51. Esquizofrenia Se han usado varios modelos para analizar el tiempo de permanencia en un hospital. Para un grupo particular de esquizofrénicos, uno de estos modelos es[5]

$$f(t) = 1 - e^{-0.008t}$$

donde $f(t)$ es la proporción del grupo dado de alta al final de t días de hospitalización. Encuentre la razón de altas (proporción de altas por día) al final de 100 días. Redondee su respuesta a cuatro decimales.

52. Ahorro y consumo El ahorro S de un país (en miles de millones) está relacionado con el ingreso nacional I (en miles de millones) mediante la ecuación

$$S = \ln\frac{3}{2 + e^{-I}}$$

(a) Encuentre la propensión marginal al consumo como una función del ingreso.

(b) Al millón más cercano, ¿cuál es el ingreso nacional cuando la propensión marginal al ahorro es de $\dfrac{1}{7}$?

En los problemas 53 y 54, utilice las reglas de diferenciación para encontrar $f'(x)$. Luego use su calculadora gráfica para encontrar todas las raíces reales de $f'(x)$. Redondee sus respuestas a dos decimales.

53. $f(x) = e^{2x^3 + x^2 - 3x}$ **54.** $f(x) = x + e^{-x}$

Objetivo

Proporcionar un análisis matemático del concepto económico de elasticidad.

12.3 Elasticidad de la demanda

La *elasticidad de la demanda* es un medio por el cual los economistas miden cómo afecta un cambio en el precio de un producto la cantidad demandada. Esto es, se refiere a la respuesta del consumidor frente al cambio de precio. En términos informales, la elasticidad de la demanda es la razón del cambio porcentual en la cantidad demandada que resulta en un cambio porcentual dado en el precio:

$$\frac{\text{cambio porcentual en la cantidad}}{\text{cambio porcentual en el precio}}$$

Por ejemplo, si para un incremento de 5% en el precio la cantidad demandada disminuye en 2%, se podría decir que la elasticidad de la demanda es $-2/5$.

En forma más general, suponga que $p = f(q)$ es la función de demanda para un producto. Los consumidores demandarán q unidades a un precio de $f(q)$ por unidad y demandarán $q + h$ unidades a un precio de $f(q + h)$ por unidad (figura 12.2). El cambio *porcentual* en la cantidad demandada a partir de q hasta $q + h$ es

$$\frac{(q + h) - q}{q} \cdot 100\% = \frac{h}{q} \cdot 100\%$$

El cambio porcentual correspondiente en el precio por unidad es

$$\frac{f(q + h) - f(q)}{f(q)} \cdot 100\%$$

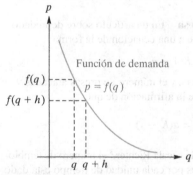

FIGURA 12.2 Cambio en la demanda.

---

[4]L. R. Peterson y M. J. Peterson, "Short-Term Retention of Individual Verbal Items", *Journal of Experimental Psychology*, 58 (1959), pp. 193-198.

[5]W. W. Eaton y G. A. Whitmore, "Length of Stay as a Stochastic Process: A General Approach and Application to Hospitalization for Schizophrenia", *Journal of Mathematical Sociology*, 5 (1977), pp. 273-292.

La razón de esos cambios porcentuales es

$$\frac{\dfrac{h}{q} \cdot 100\%}{\dfrac{f(q+h)-f(q)}{f(q)} \cdot 100\%} = \frac{h}{q} \cdot \frac{f(q)}{f(q+h)-f(q)}$$

$$= \frac{f(q)}{q} \cdot \frac{h}{f(q+h)-f(q)}$$

$$= \frac{\dfrac{f(q)}{q}}{\dfrac{f(q+h)-f(q)}{h}} \qquad\qquad (1)$$

Si f es diferenciable, entonces cuando $h \to 0$, el límite de $[f(q+h)-f(q)]/h$ es $f'(q) = dp/dq$. Así, el límite de (1) es

$$\frac{\dfrac{f(q)}{q}}{f'(q)} = \frac{\dfrac{p}{q}}{\dfrac{dp}{dq}} \qquad \text{puesto que } p = f(q)$$

la cual se llama *elasticidad puntual de la demanda*.

> **Definición**
>
> Si $p = f(q)$ es una función de demanda diferenciable, la ***elasticidad puntual de la demanda***, denotada por la letra griega η (eta), en (q, p) está dada por
>
> $$\eta = \eta(q) = \frac{\dfrac{p}{q}}{\dfrac{dp}{dq}}$$

¡ADVERTENCIA!

Como p es una función de q, dp/dq es una función de q y entonces la razón que define η es una función de q. Es por ello que se escribe $\eta = \eta(q)$.

A manera de ilustración, se encontrará la elasticidad puntual de la demanda para la función de demanda $p = 1200 - q^2$. Se tiene

$$\eta = \frac{\dfrac{p}{q}}{\dfrac{dp}{dq}} = \frac{\dfrac{1200-q^2}{q}}{-2q} = -\frac{1200-q^2}{2q^2} = -\left(\frac{600}{q^2} - \frac{1}{2}\right) \qquad (2)$$

Por ejemplo, si $q = 10$, entonces $\eta = -\left((600/10^2) - \frac{1}{2}\right) = -5\frac{1}{2}$. Como

$$\eta \approx \frac{\text{cambio porcentual en la demanda}}{\text{cambio porcentual en el precio}}$$

se tiene

(cambio porcentual en el precio)$(\eta) \approx$ cambio porcentual en la demanda

Por lo tanto, si el precio se incrementa en 1% cuando $q = 10$, entonces la cantidad demandada cambiaría en aproximadamente

$$(1\%)\left(-5\frac{1}{2}\right) = -5\frac{1}{2}\%$$

Esto es, la demanda disminuiría en $5\frac{1}{2}\%$. De manera análoga, una disminución en el precio de $\frac{1}{2}\%$ cuando $q = 10$ resulta en un cambio aproximado en la demanda de

$$\left(-\frac{1}{2}\%\right)\left(-5\frac{1}{2}\right) = 2\frac{3}{4}\%$$

De modo que la demanda se incrementa en $2\frac{3}{4}\%$.

Note que cuando se evalúa la elasticidad, no interviene unidad alguna —es tan sólo un número real—. De hecho, los 100% provenientes de la palabra *porcentaje* se cancelan, por lo tanto la elasticidad es realmente una aproximación de la razón

$$\frac{\text{cambio relativo en la cantidad}}{\text{cambio relativo en el precio}}$$

y cada uno de los cambios relativos no es más que un número real. Para un comportamiento común de la demanda, un incremento (disminución) en el precio corresponde a una disminución (incremento) en la cantidad. Esto significa que si el precio se grafica como una función de la cantidad, entonces la gráfica tendrá una pendiente negativa en cada punto. Así, de manera típica, dp/dq será negativa y, como p y q son positivas, η será negativa también. Algunos economistas no toman en cuenta el signo menos; en la situación anterior ellos considerarían la elasticidad igual a $5\frac{1}{2}$. Aquí no se adoptará esta práctica.

Hay tres categorías de elasticidad:

1. Cuando $|\eta| > 1$, la demanda es *elástica*.
2. Cuando $|\eta| = 1$, la demanda tiene *elasticidad unitaria*.
3. Cuando $|\eta| < 1$, la demanda es *inelástica*.

Por ejemplo, en la ecuación (2), como $|\eta| = 5\frac{1}{2}$ cuando $q = 10$, la demanda es elástica. Si $q = 20$, entonces $|\eta| = \left| -\left[(600/20^2) - \frac{1}{2} \right] \right| = 1$, por lo que la demanda tiene elasticidad unitaria. Si $q = 25$, entonces $|\eta| = \left| -\frac{23}{50} \right|$ y la demanda es inelástica.

En términos informales, para un cambio porcentual dado en el precio, hay un cambio porcentual mayor en la cantidad demandada si la demanda es elástica, un cambio porcentual menor si la demanda es inelástica y un cambio porcentual igual si la demanda tiene elasticidad unitaria. Para entender mejor la elasticidad, resulta útil pensar en ejemplos típicos. La demanda para un bien esencial como la electricidad tiende a ser inelástica para un amplio rango de precios. Si los precios de la electricidad se incrementan 10%, se puede esperar que los consumidores reduzcan su consumo de alguna forma, pero una reducción del 10% no puede ser posible si la mayor parte de la electricidad que usan es para cubrir necesidades esenciales de la vida como calefacción y preparación de comida. Por otro lado, la demanda para bienes de lujo tiende a ser bastante elástica. Por ejemplo, un incremento de 10% en el precio de la joyería puede resultar en 50% de disminución en la demanda.

EJEMPLO 1 Determinación de la elasticidad puntual de la demanda

Determine la elasticidad puntual de la ecuación de demanda

$$p = \frac{k}{q}, \quad \text{donde } k > 0 \text{ y } q > 0$$

Solución: A partir de la definición, se tiene

$$\eta = \frac{\dfrac{p}{q}}{\dfrac{dp}{dq}} = \frac{\dfrac{k}{q^2}}{\dfrac{-k}{q^2}} = -1$$

Así, la demanda tiene elasticidad unitaria para toda $q > 0$. La gráfica de $p = k/q$ se llama *hipérbola equilátera* y suele encontrarse en textos de economía en los análisis de elasticidad. (Vea en la figura 2.11 una gráfica de tal curva).

Ahora resuelva el problema 1 ◁

Si se tiene que $p = f(q)$ para la ecuación de demanda, como en el análisis realizado hasta ahora, entonces casi siempre resulta directo calcular $dp/dq = f'(q)$. Sin embargo, cuando en lugar de esto se tiene q como una función de p, entonces se tendrá $q = f^{-1}(p)$ y, con base en la sección 12.2,

$$\frac{dp}{dq} = \frac{1}{\dfrac{dq}{dp}}$$

Se deduce que

$$\eta = \frac{\dfrac{p}{q}}{\dfrac{dp}{dq}} = \frac{p}{q} \cdot \frac{dq}{dp} \qquad (3)$$

lo que proporciona otra expresión útil para η. Observe también que si $q = g(p)$, entonces

$$\eta = \eta(p) = \frac{p}{q} \cdot \frac{dq}{dp} = \frac{p}{g(p)} \cdot g'(p) = p \cdot \frac{g'(p)}{g(p)}$$

y, por lo tanto,

elasticidad = precio · razón de cambio relativa
de la cantidad como una función del precio   (4)

EJEMPLO 2   Determinación de la elasticidad puntual de la demanda

Determine la elasticidad puntual de la ecuación de demanda

$$q = p^2 - 40p + 400, \quad \text{donde } q > 0$$

Solución: Aquí, se tiene q dada como una función de p y es fácil ver que $dq/dp = 2p - 40$. Así,

$$\eta(p) = \frac{p}{q} \cdot \frac{dq}{dp} = \frac{p}{q(p)}(2p - 40)$$

Por ejemplo, si $p = 15$, entonces $q = q(15) = 25$; por lo tanto, $\eta(15) = (15(-10))/25 = -6$, por lo que la demanda es elástica para $p = 15$.

Ahora resuelva el problema 13 ◁

Aquí se analiza la elasticidad para una demanda lineal.

La elasticidad puntual para una ecuación de demanda lineal es muy interesante. Suponga que la ecuación tiene la forma

$$p = mq + b, \quad \text{donde } m < 0 \text{ y } b > 0$$

(Vea la figura 12.3). Se supone que $q > 0$; así, $p < b$. La elasticidad puntual de la demanda es

$$\eta = \frac{\dfrac{p}{q}}{\dfrac{dp}{dq}} = \frac{\dfrac{p}{q}}{m} = \frac{p}{mq} = \frac{p}{p - b}$$

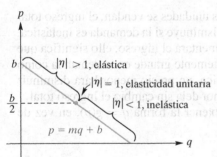

FIGURA 12.3   Elasticidad para la demanda lineal.

Al considerar $d\eta/dp$, se demostrará que η es una función decreciente de p. Por la regla del cociente,

$$\frac{d\eta}{dp} = \frac{(p - b) - p}{(p - b)^2} = -\frac{b}{(p - b)^2}$$

Como $b > 0$ y $(p - b)^2 > 0$, entonces $d\eta/dp < 0$, lo cual significa que la gráfica de $\eta = \eta(p)$ tiene una pendiente negativa. Por lo tanto, cuando el precio p se incrementa, la elasticidad η disminuye. Sin embargo, p varía entre 0 y b y en el punto medio del intervalo, $b/2$,

$$\eta = \eta(b) = \frac{\dfrac{b}{2}}{\dfrac{b}{2} - b} = \frac{\dfrac{b}{2}}{-\dfrac{b}{2}} = -1$$

Por lo tanto, si $p < b/2$, entonces $\eta > -1$; si $p > b/2$, entonces $\eta < -1$. Como de manera típica se tiene $\eta < 0$, estos factores pueden establecerse de una forma diferente: cuando $p < b/2$, $|\eta| < 1$ y la demanda es inelástica; cuando $p = b/2$, $|\eta| = 1$ y la demanda tiene elasticidad unitaria; cuando $p > b/2$, $|\eta| > 1$ y la demanda es elástica. Esto muestra que la pendiente de una curva de demanda no es una medida de la elasticidad. En la figura 12.3, la pendiente de la recta es m en todas partes, pero la elasticidad varía con el punto sobre la recta. Por supuesto, lo anterior está de acuerdo con la ecuación (4).

Elasticidad e ingreso

Aquí se analiza la relación entre la elasticidad y la tasa de cambio del ingreso.

Pasando a una situación diferente, se puede establecer cómo afecta la elasticidad de la demanda a los cambios en el ingreso (ingreso marginal). Si $p = f(q)$ es la función de demanda de un fabricante, el ingreso total está dado por

$$r = pq$$

Para encontrar el ingreso marginal, dr/dq, se diferencia r usando la regla del producto:

$$\frac{dr}{dq} = p + q\frac{dp}{dq} \tag{5}$$

Al factorizar el lado derecho de la ecuación (5), se tiene

$$\frac{dr}{dq} = p\left(1 + \frac{q}{p}\frac{dp}{dq}\right)$$

Pero

$$\frac{q}{p}\frac{dp}{dq} = \frac{\dfrac{dp}{dq}}{\dfrac{p}{q}} = \frac{1}{\eta}$$

Por lo que,

$$\frac{dr}{dq} = p\left(1 + \frac{1}{\eta}\right) \tag{6}$$

Si la demanda es elástica, entonces $\eta < -1$, por lo que $1 + \dfrac{1}{\eta} > 0$. Si la demanda es inelástica, entonces $\eta > -1$, por lo que $1 + \dfrac{1}{\eta} < 0$. Suponga que $p > 0$. De la ecuación (6) se puede concluir que $dr/dq > 0$ en los intervalos donde la demanda es elástica. Tal como se verá pronto, una función es creciente en intervalos para los cuales su derivada es positiva y es decreciente en los intervalos donde su derivada es negativa. Por lo tanto, el ingreso total r es creciente en los intervalos donde la demanda es elástica y es decreciente en los intervalos donde la demanda es inelástica.

Así, del análisis anterior se concluye que entre más unidades se vendan, el ingreso total de un fabricante crece si la demanda es elástica, pero disminuye si la demanda es inelástica. Esto es, si la demanda es elástica, un precio menor aumentará el ingreso, ello significa que un precio menor ocasionará un incremento lo suficientemente grande en la demanda como para hacer crecer el ingreso. Si la demanda es inelástica, un precio menor hará disminuir el ingreso. Para una elasticidad unitaria, un precio menor deja sin cambio el ingreso total.

Si se resuelve la ecuación de la demanda para obtener la forma $q = g(p)$, en vez de $p = f(q)$, entonces un análisis similar da

$$\frac{dr}{dp} = q(1 + \eta) \tag{7}$$

y las conclusiones del último párrafo se deducen de manera aún más directa.

PROBLEMAS 12.3

En los problemas del 1 al 14, encuentre la elasticidad puntual de las ecuaciones de demanda para los valores indicados de q o p y determine si la demanda es elástica, inelástica o tiene elasticidad unitaria.

1. $p = 40 - 2q$; $q = 5$

2. $p = 10 - 0.04q$; $q = 100$

3. $p = \dfrac{3000}{q}$; $q = 300$

4. $p = \dfrac{500}{q^2}$; $q = 52$

5. $p = \dfrac{500}{q + 2}$; $q = 104$

6. $p = \dfrac{800}{2q + 1}$; $q = 24$

7. $p = 150 - e^{q/100}$; $q = 100$

8. $p = 250e^{-q/50}$; $q = 50$

9. $q = 1200 - 150p$; $p = 4$

10. $q = 100 - p$; $p = 50$

11. $q = \sqrt{500 - p}$; $p = 400$

12. $q = \sqrt{2500 - p^2}$; $p = 20$

13. $q = (p - 50)^2$; $p = 10$

14. $q = p^2 - 50p + 850$; $p = 20$

15. Para la ecuación de demanda lineal $p = 13 - 0.05q$, verifique si la demanda es elástica cuando $p = 10$, inelástica cuando $p = 3$ y si tiene elasticidad unitaria cuando $p = 6.50$.

16. ¿Para qué valor (o valores) de q las siguientes ecuaciones de demanda tienen elasticidad unitaria?

(a) $p = 36 - 0.25q$
(b) $p = 300 - q^2$

17. La ecuación de demanda para un producto es

$$q = 500 - 40p + p^2$$

donde p es el precio por unidad y q es la cantidad de unidades demandadas (en miles). Encuentre la elasticidad puntual de la demanda cuando $p = 15$. Si este precio de 15 se incrementa en $\frac{1}{2}$%, ¿cuál es el cambio aproximado en la demanda?

18. La ecuación de la demanda para cierto producto es

$$q = \sqrt{3000 - p^2}$$

Encuentre la elasticidad puntual de la demanda cuando $p = 40$ y use este valor para calcular el cambio porcentual aproximado de la demanda si el precio de \$40 (dólares estadounidenses) aumenta en 7 por ciento.

19. Para la ecuación de demanda $p = 500 - 2q$, verifique si la demanda es elástica y el ingreso total es creciente para $0 < q < 125$. Compruebe que la demanda es inelástica y el ingreso total es decreciente para $125 < q < 250$.

20. Verifique si $\dfrac{dr}{dq} = p\left(1 + \dfrac{1}{\eta}\right)$ si $p = 50 - 3q$.

21. Repita el problema 20 para $p = \dfrac{1000}{q^2}$.

22. Suponga que $p = mq + b$ es una ecuación de demanda lineal, donde $m \neq 0$ y $b > 0$.
(a) Demuestre que $\lim_{p \to b^-} = -\infty$.
(b) Demuestre que $\eta = 0$ cuando $p = 0$.

23. La ecuación de demanda para el producto de un fabricante es

$$q = a\sqrt{b - cp^2}$$

donde a, b y c son constantes positivas.
(a) Demuestre que la elasticidad no depende de a.
(b) Determine el intervalo de precios para el que la demanda es elástica.
(c) ¿Para qué precio existe elasticidad unitaria?

24. Dada la ecuación de demanda $q^2(1 + p)^2 = p$, determine la elasticidad puntual de la demanda cuando $p = 9$.

25. La ecuación de demanda para un producto es

$$q = \frac{60}{p} + \ln(65 - p^3)$$

(a) Determine la elasticidad puntual de la demanda cuando $p = 4$ y clasifique la demanda como elástica, inelástica o de elasticidad unitaria a este nivel de precio.
(b) Si el precio disminuye en 2% (de \$4.00 a \$3.92), use la respuesta al inciso (a) para estimar el cambio porcentual correspondiente en la cantidad vendida.
(c) ¿Resultarán los cambios del inciso (b) en un incremento o en una disminución en el ingreso? Explique su respuesta.

26. La ecuación de demanda para el producto de un fabricante es

$$p = 50(151 - q)^{0.02\sqrt{q+19}}$$

(a) Encuentre el valor de dp/dq cuando se demandan 150 unidades.
(b) Con el resultado del inciso (a), determine la elasticidad puntual de la demanda cuando se demandan 150 unidades. A este nivel, ¿es la demanda elástica, inelástica o de elasticidad unitaria?
(c) Use el resultado del inciso (b) para estimar el precio por unidad si la demanda disminuye de 150 a 140 unidades.
(d) Si la demanda actual es de 150 unidades, ¿debe el fabricante aumentar o disminuir el precio para incrementar su ingreso? (Justifique su respuesta).

27. Un fabricante de puertas de aluminio puede vender actualmente 500 puertas por semana a un precio de \$80 por unidad. Si el precio se reduce a \$75 por unidad, podrían venderse 50 puertas adicionales por semana. Estime la elasticidad actual de la demanda para las puertas y también el valor actual de la función de ingreso marginal del fabricante.

28. Dada la ecuación de demanda

$$p = 2000 - q^2$$

donde $5 \leq q \leq 40$, ¿para qué valor de q es $|\eta|$ un máximo? ¿Para qué valor es un mínimo?

29. Repita el problema 28 para

$$p = \frac{200}{q + 5}$$

tal que $5 \leq q \leq 95$.

Objetivo

Estudiar la noción de una función definida de manera implícita y determinar derivadas por medio de la diferenciación implícita.

12.4 Diferenciación implícita

La diferenciación implícita es una técnica utilizada para diferenciar funciones que no están dadas en la forma usual $y = f(x)$ [ni en la forma $x = g(y)$]. Para introducir esta técnica, se encontrará la pendiente de una recta tangente a un círculo. Considere el círculo de radio 2 cuyo centro está en el origen (figura 12.4). Su ecuación es

$$x^2 + y^2 = 4$$
$$x^2 + y^2 - 4 = 0 \tag{1}$$

El punto $(\sqrt{2}, \sqrt{2})$ se encuentra sobre el círculo. Para encontrar la pendiente en este punto es necesario encontrar dy/dx ahí. Hasta ahora, se ha tenido a y en forma explícita (directa) en términos de x antes de determinar y'; esto es, en la forma $y = f(x)$ [o en la forma $x = g(y)$]. En la ecuación (1) de esta sección, esto no es así. Se dice que la ecuación (1) tiene la forma $F(x, y) = 0$, donde $F(x, y)$ denota una función de dos variables como la introducida en la sección 2.8. Parece obvio que debe despejarse y de la ecuación (1) en términos de x:

$$x^2 + y^2 - 4 = 0$$
$$y^2 = 4 - x^2$$
$$y = \pm\sqrt{4 - x^2} \tag{2}$$

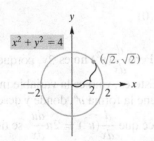

FIGURA 12.4 El círculo $x^2 + y^2 = 4$.

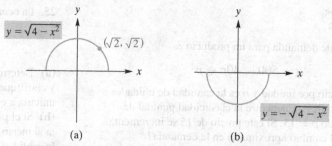

FIGURA 12.5 $x^2 + y^2 = 4$ da lugar a dos funciones diferentes.

Ahora se presenta un problema: la ecuación (2) puede dar dos valores de y para un solo valor de x. No define a y de manera explícita en función de x. Sin embargo, se puede suponer que la ecuación (1) define a y como una de dos funciones diferentes de x,

$$y = +\sqrt{4 - x^2} \quad \text{y} \quad y = -\sqrt{4 - x^2}$$

cuyas gráficas se muestran en la figura 12.5. Como el punto $(\sqrt{2}, \sqrt{2})$ se encuentra sobre la gráfica de $y = \sqrt{4 - x^2}$, se debe diferenciar esa función:

$$y = \sqrt{4 - x^2}$$

$$\frac{dy}{dx} = \frac{1}{2}(4 - x^2)^{-1/2}(-2x)$$

$$= -\frac{x}{\sqrt{4 - x^2}}$$

Entonces

$$\left.\frac{dy}{dx}\right|_{x=\sqrt{2}} = -\frac{\sqrt{2}}{\sqrt{4-2}} = -1$$

Así que la pendiente del círculo $x^2 + y^2 - 4 = 0$ ubicada en el punto $(\sqrt{2}, \sqrt{2})$ es igual a -1.

A continuación se resumen las dificultades que se han presentado. Primero, y no se dio al principio de manera explícita en términos de x. Segundo, después de que se trató de encontrar alguna relación, se terminó con más de una función de x. De hecho, dependiendo de la ecuación dada, puede ser complicado o incluso imposible encontrar una expresión explícita para y. Por ejemplo, sería difícil despejar a y de la ecuación $ye^x + \ln(x + y) = 0$. Ahora se considerará un método que evita todas estas dificultades.

Una ecuación de la forma $F(x, y) = 0$, como la que se tenía originalmente, expresa a y como función de x en forma *implícita*. La palabra *implícita* se usa puesto que y no está dada de manera explícita como función de x. Sin embargo, se supone o queda *implícito* que la ecuación define a y por lo menos como una función diferenciable de x. Asumimos entonces que la ecuación (1), $x^2 + y^2 - 4 = 0$, define alguna función diferenciable de x, digamos, $y = f(x)$. A continuación, se trata a y como una función de x y se diferencian ambos lados de la ecuación (1) con respecto a x. Por último, se despeja dy/dx del resultado. Al aplicar este procedimiento, se obtiene

$$\frac{d}{dx}(x^2 + y^2 - 4) = \frac{d}{dx}(0)$$

$$\frac{d}{dx}(x^2) + \frac{d}{dx}(y^2) - \frac{d}{dx}(4) = \frac{d}{dx}(0) \tag{3}$$

Se sabe que $\frac{d}{dx}(x^2) = 2x$ y que tanto $\frac{d}{dx}(4)$ y $\frac{d}{dx}(0)$ son 0. Pero $\frac{d}{dx}(y^2)$ **no** es $2y$, porque se está diferenciando con respecto a x y no con respecto a y. Esto es, y no es la variable independiente. Como se supone que y es una función de x, y^2 tiene la forma u^n, donde y desempeña el papel de u. Así como la regla de la potencia establece que $\frac{d}{dx}(u^2) = 2u\frac{du}{dx}$, se tiene que $\frac{d}{dx}(y^2) = 2y\frac{dy}{dx}$. De modo que la ecuación (3) se transforma en

$$2x + 2y\frac{dy}{dx} = 0$$

Al despejar dy/dx, resulta

$$2y\frac{dy}{dx} = -2x$$

$$\frac{dy}{dx} = -\frac{x}{y} \quad \text{para } y \neq 0 \tag{4}$$

Observe que la expresión para dy/dx contiene tanto la variable y como la variable x. Esto significa que para encontrar dy/dx en un punto, ambas coordenadas del punto deben sustituirse en dy/dx. Así,

$$\left.\frac{dy}{dx}\right|_{(\sqrt{2},\sqrt{2})} = -\frac{\sqrt{2}}{\sqrt{2}} = -1$$

como antes. Este método para encontrar dy/dx se llama **diferenciación implícita**. Se observa que la ecuación (4) no está definida cuando $y = 0$. De manera geométrica, esto es claro, puesto que la recta tangente al círculo en $(2, 0)$ o $(-2, 0)$ es vertical y, por lo tanto, la pendiente no está definida.

A continuación se dan los pasos a seguir para diferenciar de manera implícita:

Procedimiento de diferenciación implícita
Para una ecuación que supuestamente define a y de manera implícita como una función diferenciable de x, la derivada $\dfrac{dy}{dx}$ puede encontrarse como sigue:

1. Diferencie ambos lados de la ecuación con respecto a x.
2. Agrupe todos los términos que contengan $\dfrac{dy}{dx}$ en un lado de la ecuación y agrupe los demás términos en el otro lado.
3. Obtenga $\dfrac{dy}{dx}$ como factor común en el lado que contenga los términos $\dfrac{dy}{dx}$.
4. Despeje $\dfrac{dy}{dx}$, tomando en cuenta cualesquiera restricciones.

EJEMPLO 1   Diferenciación implícita

Encuentre $\dfrac{dy}{dx}$ por diferenciación implícita si $y + y^3 - x = 7$.

Solución: Aquí y no está dada como función explícita de x [esto es, no está en la forma $y = f(x)$]. Por lo anterior, se supone que y es una función implícita (diferenciable) de x y se aplica el procedimiento previo de cuatro pasos:

1. Al diferenciar ambos lados con respecto a x, se tiene

$$\frac{d}{dx}(y + y^3 - x) = \frac{d}{dx}(7)$$

$$\frac{d}{dx}(y) + \frac{d}{dx}(y^3) - \frac{d}{dx}(x) = \frac{d}{dx}(7)$$

Ahora, $\dfrac{d}{dx}(y)$ puede escribirse como $\dfrac{dy}{dx}$, y $\dfrac{d}{dx}(x) = 1$. Por la regla de la potencia,

$$\frac{d}{dx}(y^3) = 3y^2\frac{dy}{dx}$$

Por consiguiente, se obtiene

$$\frac{dy}{dx} + 3y^2\frac{dy}{dx} - 1 = 0$$

2. Al agrupar todos los términos $\dfrac{dy}{dx}$ en el lado izquierdo y los demás en el lado derecho, resulta

$$\frac{dy}{dx} + 3y^2\frac{dy}{dx} = 1$$

¡ADVERTENCIA!
La derivada de y^3 con respecto a x es $3y^2\dfrac{dy}{dx}$, no $3y^2$.

3. Al factorizar $\dfrac{dy}{dx}$ en el lado izquierdo, se tiene

$$\frac{dy}{dx}(1 + 3y^2) = 1$$

4. Se despeja $\dfrac{dy}{dx}$ dividiendo ambos lados entre $1 + 3y^2$:

$$\frac{dy}{dx} = \frac{1}{1 + 3y^2}$$

En un problema de diferenciación implícita, se tiene la capacidad de encontrar la derivada de una función sin conocer la función.

Debido a que frecuentemente el paso 4 del proceso implica la división entre una expresión que contiene a las variables, la respuesta obtenida debe restringirse para excluir aquellos valores de las variables que harían al denominador igual a cero. Aquí, el denominador siempre es mayor o igual que 1, de manera que no hay restricción.

Ahora resuelva el problema 3 ◁

EJEMPLO 2 Diferenciación implícita

Encuentre $\dfrac{dy}{dx}$ si $x^3 + 4xy^2 - 27 = y^4$.

Solución: Como y no está dada de manera explícita en términos de x, se utiliza el método de diferenciación implícita:

1. Al suponer que y es una función de x y diferenciar ambos lados con respecto a x, resulta

$$\frac{d}{dx}(x^3 + 4xy^2 - 27) = \frac{d}{dx}(y^4)$$

$$\frac{d}{dx}(x^3) + 4\frac{d}{dx}(xy^2) - \frac{d}{dx}(27) = \frac{d}{dx}(y^4)$$

Para encontrar $\dfrac{d}{dx}(xy^2)$, se utiliza la regla del producto:

$$3x^2 + 4\left[x\frac{d}{dx}(y^2) + y^2\frac{d}{dx}(x)\right] - 0 = 4y^3\frac{dy}{dx}$$

$$3x^2 + 4\left[x\left(2y\frac{dy}{dx}\right) + y^2(1)\right] = 4y^3\frac{dy}{dx}$$

$$3x^2 + 8xy\frac{dy}{dx} + 4y^2 = 4y^3\frac{dy}{dx}$$

2. Al agrupar los términos $\dfrac{dy}{dx}$ en el lado izquierdo y los otros términos en el lado derecho, se obtiene

$$8xy\frac{dy}{dx} - 4y^3\frac{dy}{dx} = -3x^2 - 4y^2$$

3. Factorizando $\dfrac{dy}{dx}$ en el lado izquierdo resulta

$$\frac{dy}{dx}(8xy - 4y^3) = -3x^2 - 4y^2$$

4. Al despejar $\dfrac{dy}{dx}$, se tiene

$$\frac{dy}{dx} = \frac{-3x^2 - 4y^2}{8xy - 4y^3} = \frac{3x^2 + 4y^2}{4y^3 - 8xy}$$

lo cual da el valor de dy/dx en los puntos (x, y) para el cual $4y^3 - 8xy \neq 0$.

Ahora resuelva el problema 11 ◁

APLÍQUELO ▶

4. Suponga que P, la proporción de gente afectada por cierta enfermedad, se describe por medio de $\ln\left(\dfrac{P}{1-P}\right) = 0.5t$, donde t es el tiempo en meses. Encuentre $\dfrac{dP}{dt}$, la razón a la cual crece P con respecto al tiempo.

APLÍQUELO ▶

5. El volumen V contenido en un globo esférico de radio r está dado por la ecuación $V = \frac{4}{3}\pi r^3$. Si el radio está creciendo a una velocidad de 5 pulgadas por minuto (esto es, $\frac{dr}{dt} = 5$), entonces encuentre $\frac{dV}{dt}\Big|_{r=12}$, la razón de aumento del volumen del globo, cuando el radio es de 12 pulgadas.

EJEMPLO 3   Diferenciación implícita

Encuentre la pendiente de la curva $x^3 = (y - x^2)^2$ en $(1, 2)$.

Solución: La pendiente en $(1, 2)$ es el valor de dy/dx en ese punto. Para encontrar dy/dx por diferenciación implícita, se tiene

$$\frac{d}{dx}(x^3) = \frac{d}{dx}[(y - x^2)^2]$$

$$3x^2 = 2(y - x^2)\left(\frac{dy}{dx} - 2x\right)$$

$$3x^2 = 2\left(y\frac{dy}{dx} - 2xy - x^2\frac{dy}{dx} + 2x^3\right)$$

$$3x^2 = 2y\frac{dy}{dx} - 4xy - 2x^2\frac{dy}{dx} + 4x^3$$

$$3x^2 + 4xy - 4x^3 = 2y\frac{dy}{dx} - 2x^2\frac{dy}{dx}$$

$$3x^2 + 4xy - 4x^3 = 2\frac{dy}{dx}(y - x^2)$$

$$\frac{dy}{dx} = \frac{3x^2 + 4xy - 4x^3}{2(y - x^2)} \quad \text{para } y - x^2 \neq 0$$

Para el punto $(1, 2)$, $y - x^2 = 2 - 1^2 = 1 \neq 0$. Así, la pendiente de la curva en $(1, 2)$ es

$$\frac{dy}{dx}\Big|_{(1,2)} = \frac{3(1)^2 + 4(1)(2) - 4(1)^3}{2(2 - (1)^2)} = \frac{7}{2}$$

Ahora resuelva el problema 25 ◁

APLÍQUELO ▶

6. Una escalera de 10 pies de largo está recargada en una pared vertical. Suponga que la parte inferior de la escalera se desliza alejándose de la pared a una velocidad constante de 3 pies/s. (Esto es, $\frac{dx}{dt} = 3$). ¿Qué tan rápido se desliza hacia abajo la parte superior de la escalera cuando esa parte se encuentra a 8 pies del suelo (es decir, cuando $\frac{dy}{dt}$)? (Utilice el teorema de Pitágoras para calcular triángulos rectángulos, $x^2 + y^2 = z^2$, donde x y y son los catetos del triángulo y z es la hipotenusa).

EJEMPLO 4   Diferenciación implícita

Si $q - p = \ln q + \ln p$, encuentre dq/dp.

Solución: Se supone que q es una función de p y se diferencian ambos lados de la ecuación con respecto a p:

$$\frac{d}{dp}(q) - \frac{d}{dp}(p) = \frac{d}{dp}(\ln q) + \frac{d}{dp}(\ln p)$$

$$\frac{dq}{dp} - 1 = \frac{1}{q}\frac{dq}{dp} + \frac{1}{p}$$

$$\frac{dq}{dp} - \frac{1}{q}\frac{dq}{dp} = \frac{1}{p} + 1$$

$$\frac{dq}{dp}\left(1 - \frac{1}{q}\right) = \frac{1}{p} + 1$$

$$\frac{dq}{dp}\left(\frac{q - 1}{q}\right) = \frac{1 + p}{p}$$

$$\frac{dq}{dp} = \frac{(1 + p)q}{p(q - 1)} \quad \text{para } p(q - 1) \neq 0$$

Ahora resuelva el problema 19 ◁

PROBLEMAS 12.4

En los problemas del 1 al 24, encuentre dy/dx mediante diferenciación implícita.

1. $x^2 + 4y^2 = 4$

2. $3x^2 + 6y^2 = 1$

3. $2y^3 - 7x^2 = 5$

4. $5y^2 - 2x^2 = 10$

5. $\sqrt[3]{x} + \sqrt[3]{y} = 3$

6. $x^{1/5} + y^{1/5} = 4$

7. $x^{3/4} + y^{3/4} = 5$

8. $y^3 = 4x$

9. $xy = 36$

10. $x^2 + xy - 2y^2 = 0$

11. $xy - y - 11x = 5$

12. $x^3 - y^3 = 3x^2y - 3xy^2$

13. $2x^3 + y^3 - 12xy = 0$

14. $5x^3 + 6xy + 7y^3 = 0$

15. $x = \sqrt{y} + \sqrt[4]{y}$

16. $x^3y^3 + x = 9$

17. $5x^3y^4 - x + y^2 = 25$

18. $y^2 + y = \ln x$

19. $\ln(xy) = e^{xy}$

20. $\ln(xy) + x = 4$

21. $xe^y + y = 13$

22. $4x^2 + 9y^2 = 16$

23. $(1 + e^{3x})^2 = 3 + \ln(x + y)$ **24.** $e^{x-y} = \ln(x - y)$

25. Si $x + xy + y^2 = 7$, encuentre dy/dx en $(1, 2)$.

26. Si $x\sqrt{y + 1} = y\sqrt{x + 1}$, encuentre dy/dx en $(3, 3)$.

27. Encuentre la pendiente de la curva $4x^2 + 9y^2 = 1$ en el punto $\left(0, \frac{1}{3}\right)$; en el punto (x_0, y_0).

28. Encuentre la pendiente de la curva $(x^2 + y^2)^2 = 4y^2$ en el punto $(0, 2)$.

29. Encuentre ecuaciones de las rectas tangentes a la curva

$$x^3 + xy + y^3 = -1$$

en los puntos $(-1, -1)$, $(-1, 0)$ y $(-1, 1)$.

30. Repita el problema 29 para la curva

$$y^2 + xy - x^2 = 5$$

en el punto $(4, 3)$.

Para las ecuaciones de demanda presentadas en los problemas del 31 al 34, encuentre la razón de cambio de q con respecto a p.

31. $p = 100 - q^2$

32. $p = 400 - \sqrt{q}$

33. $p = \dfrac{20}{(q + 5)^2}$

34. $p = \dfrac{3}{q^2 + 1}$

35. Radiactividad La actividad relativa I/I_0 de un elemento radiactivo varía con el tiempo transcurrido de acuerdo con la ecuación

$$\ln\left(\frac{I}{I_0}\right) = -\lambda\, t$$

donde λ (letra griega "lambda") es la constante de desintegración e I_0 es la intensidad inicial (una constante). Encuentre la razón de cambio de la intensidad I con respecto al tiempo transcurrido t.

36. Sismos La magnitud M de un sismo y su energía E están relacionadas por la ecuación[6]

$$1.5M = \log\left(\frac{E}{2.5 \times 10^{11}}\right)$$

Aquí M está dada en términos de la escala preferida de Richter de 1958 y E está en ergios. Determine la razón de cambio de la energía con respecto a la magnitud y la razón de cambio de la magnitud con respecto a la energía.

37. Escala física La relación entre la velocidad (v), la frecuencia (f) y la longitud de onda (λ) de cualquier onda está dada por

$$v = f\lambda$$

Encuentre $df/d\lambda$ por diferenciación implícita. (Trate a v como una constante). Luego demuestre que se obtiene el mismo resultado si primero se despeja f y enseguida se diferencia con respecto a λ.

38. Biología La ecuación $(P + a)(v + b) = k$ se llama "ecuación fundamental de la contracción muscular".[7] Aquí P es la carga impuesta al músculo, v la velocidad del acortamiento de las fibras del músculo y a, b y k son constantes positivas. Use diferenciación implícita para mostrar que, en términos de P,

$$\frac{dv}{dP} = -\frac{k}{(P + a)^2}$$

39. Propensión marginal al consumo Los ahorros S de un país se definen implícitamente en términos de su ingreso nacional I por medio de la ecuación

$$S^2 + \frac{1}{4}I^2 = SI + I$$

donde S e I están en miles de millones. Encuentre la propensión marginal al consumo cuando $I = 16$ y $S = 12$.

40. Sustitución tecnológica Con frecuencia, las tecnologías o productos nuevos tienden a reemplazar a los viejos equipamientos. Por ejemplo, la mayoría de las aerolíneas comerciales usan actualmente motores a chorro en vez de motores de propulsión. En su análisis de pronósticos de la sustitución tecnológica, Hurter y Rubenstein[8] se refieren a la ecuación

$$\ln\frac{f(t)}{1 - f(t)} + \sigma\frac{1}{1 - f(t)} = C_1 + C_2 t$$

donde $f(t)$ es la participación en el mercado de un artículo sustituto en un tiempo t y C_1, C_2 y σ ("sigma") son constantes. Verifique la afirmación de que la razón de sustitución es

$$f'(t) = \frac{C_2 f(t)[1 - f(t)]^2}{\sigma f(t) + [1 - f(t)]}$$

Objetivo

Describir el método de diferenciación logarítmica y mostrar cómo diferenciar una función de la forma u^v.

12.5 Diferenciación logarítmica

Existe una técnica llamada **diferenciación logarítmica** que con frecuencia simplifica la diferenciación de $y = f(x)$ cuando $f(x)$ contiene productos, cocientes o potencias. El proce-

---

[6]K. E. Bullen, *An Introduction to the Theory of Seismology* (Cambridge, Reino Unido: Cambridge University Press, 1963).

[7]R. W. Stacy *et al.*, *Essentials of Biological and Medical Physics* (Nueva York: McGraw-Hill Book Company, 1955).

[8]A. P. Hurter, Jr., A. H. Rubenstein *et al.*, "Market Penetration by New Innovations: The Technological Literature", *Technological Forecasting and Social Change*, 11 (1978), pp. 197-221.

dimiento es como sigue:

Diferenciación logarítmica

Para diferenciar $y = f(x)$,

1. Obtenga el logaritmo natural de ambos lados de la ecuación. Esto resulta en

$$\ln y = \ln(f(x))$$

2. Simplifique $\ln(f(x))$ usando las propiedades de los logaritmos.

3. Diferencie ambos lados con respecto a x.

4. Despeje $\dfrac{dy}{dx}$.

5. Exprese la respuesta sólo en términos de x. Esto requiere sustituir $f(x)$ por y.

Existe un par de puntos útiles. Primero, independientemente de cualquier simplificación, el procedimiento produce

$$\frac{y'}{y} = \frac{d}{dx}(\ln(f(x)))$$

de manera que

$$\frac{dy}{dx} = y\frac{d}{dx}(\ln(f(x)))$$

es una fórmula que puede memorizarse, si usted lo prefiere. Segundo, la cantidad $\dfrac{f'(x)}{f(x)}$, que resulta de diferenciar $\ln(f(x))$, es lo que se llama *tasa relativa de cambio de $f(x)$* en la sección 11.3.

El ejemplo siguiente ilustra este procedimiento.

EJEMPLO 1   Diferenciación logarítmica

Encuentre y' si $y = \dfrac{(2x-5)^3}{x^2\sqrt[4]{x^2+1}}$.

Solución: La diferenciación de esta función en la manera usual resulta engorrosa porque implica las reglas del cociente, de la potencia y del producto. La diferenciación logarítmica simplifica el trabajo.

1. Se obtiene el logaritmo natural en ambos lados

$$\ln y = \ln\frac{(2x-5)^3}{x^2\sqrt[4]{x^2+1}}$$

2. Al simplificar mediante las propiedades de los logaritmos, se tiene

$$\ln y = \ln(2x-5)^3 - \ln\left(x^2\sqrt[4]{x^2+1}\right)$$

$$= 3\ln(2x-5) - (\ln x^2 + \ln(x^2+1)^{1/4})$$

$$= 3\ln(2x-5) - 2\ln x - \frac{1}{4}\ln(x^2+1)$$

3. Al diferenciar con respecto a x, resulta

$$\frac{y'}{y} = 3\left(\frac{1}{2x-5}\right)(2) - 2\left(\frac{1}{x}\right) - \frac{1}{4}\left(\frac{1}{x^2+1}\right)(2x)$$

$$= \frac{6}{2x-5} - \frac{2}{x} - \frac{x}{2(x^2+1)}$$

4. Al despejar y' se obtiene

$$y' = y\left(\frac{6}{2x-5} - \frac{2}{x} - \frac{x}{2(x^2+1)}\right)$$

¡ADVERTENCIA!

Como y es una función de x, al diferenciar $\ln y$ con respecto a x se obtiene $\dfrac{y'}{y}$.

5. Al sustituir la expresión inicial para y se obtiene y' sólo en términos de x:

$$y' = \frac{(2x-5)^3}{x^2\sqrt[4]{x^2+1}}\left[\frac{6}{2x-5} - \frac{2}{x} - \frac{x}{2(x^2+1)}\right]$$

Ahora resuelva el problema 1 ◁

La diferenciación logarítmica puede usarse también para diferenciar funciones de la forma $y = u^v$, donde u y v son funciones diferenciables de x. Como la base y el exponente no necesariamente son constantes, aquí no se aplican las técnicas de diferenciación para u^n y a^u.

EJEMPLO 2   Diferenciación de la forma u^v

Diferencie $y = x^x$ usando la diferenciación logarítmica.

Solución: Este ejemplo es un buen candidato para aplicar la *fórmula* que aproxima la diferenciación logarítmica.

$$y' = y\frac{d}{dx}(\ln x^x) = x^x\frac{d}{dx}(x\ln x) = x^x\left((1)(\ln x) + (x)\left(\frac{1}{x}\right)\right) = x^x(\ln x + 1)$$

Vale la pena mencionar que una técnica alternativa para diferenciar una función de la forma $y = u^v$ es convertirla en una función exponencial con base e. A manera de ilustración, para la función de este ejemplo, se tiene

$$y = x^x = (e^{\ln x})^x = e^{x\ln x}$$

$$y' = e^{x\ln x}\left(1\ln x + x\frac{1}{x}\right) = x^x(\ln x + 1)$$

Ahora resuelva el problema 15 ◁

EJEMPLO 3   Tasa relativa de cambio de un producto

Demuestre que la tasa relativa de cambio de un producto es la suma de las tasas relativas de cambio de sus factores. Use este resultado para expresar la tasa porcentual de cambio de los ingresos en términos de la tasa porcentual de cambio en el precio.

Solución: Recuerde que la tasa relativa de cambio de una función r es $\frac{r'}{r}$. Se demostrará que si $r = pq$, entonces $\frac{r'}{r} = \frac{p'}{p} + \frac{q'}{q}$. A partir de $r = pq$ se tiene $\ln r = \ln p + \ln q$, lo cual, al diferenciar ambos lados resulta en

$$\frac{r'}{r} = \frac{p'}{p} + \frac{q'}{q}$$

como se requería. Cuando se multiplican ambos lados por 100% se obtiene una expresión para la tasa porcentual de cambio de r en términos de las tasas de p y q:

$$\frac{r'}{r}100\% = \frac{p'}{p}100\% + \frac{q'}{q}100\%$$

Si p es el *precio* por artículo y q es la *cantidad* vendida, entonces $r = pq$ es el *ingreso* total. En este caso se toma la diferenciación con respecto a p y observe que ahora $\frac{q'}{q} = \eta\frac{p'}{p}$, donde η es la elasticidad de la demanda tal como vimos en la sección 12.3. Se deduce que, en este caso, se tiene

$$\frac{r'}{r}100\% = (1+\eta)\frac{p'}{p}100\%$$

expresando la tasa porcentual de cambio del ingreso en términos de la tasa porcentual de cambio en el precio. Por ejemplo, si a un precio y a una cantidad dados, $\eta = -5$, entonces un aumento de 1% en el precio resultará en un incremento de $(1-5)\% = -4\%$ en el ingreso, que es igual a decir 4% de *disminución* en el ingreso, mientras que una disminución de 3% en el precio —es decir, un *aumento* de -3% en el precio— resultará en un aumento de $(1-5)(-3)\% = 12\%$ en el ingreso. También resulta claro que en los puntos donde existe elasticidad unitaria ($\eta = -1$), cualquier cambio porcentual en el precio no produce ningún cambio porcentual en el ingreso.

Ahora resuelva el problema 29 ◁

EJEMPLO 4   Diferenciación de la forma u^v

Encuentre la derivada de $y = (1 + e^x)^{\ln x}$.

Solución: Esto tiene la forma $y = u^v$, donde $u = 1 + e^x$ y $v = \ln x$. Mediante diferenciación logarítmica, se tiene

$$\ln y = \ln((1 + e^x)^{\ln x})$$

$$\ln y = (\ln x)\ln(1 + e^x)$$

$$\frac{y'}{y} = \left(\frac{1}{x}\right)(\ln(1 + e^x)) + (\ln x)\left(\frac{1}{1 + e^x} \cdot e^x\right)$$

$$\frac{y'}{y} = \frac{\ln(1 + e^x)}{x} + \frac{e^x \ln x}{1 + e^x}$$

$$y' = y\left(\frac{\ln(1 + e^x)}{x} + \frac{e^x \ln x}{1 + e^x}\right)$$

$$y' = (1 + e^x)^{\ln x}\left(\frac{\ln(1 + e^x)}{x} + \frac{e^x \ln x}{1 + e^x}\right)$$

Ahora resuelva el problema 17 ◁

De manera alternativa, se puede diferenciar incluso una función general de la forma $y = u(x)^{v(x)}$ con $u(x) > 0$ usando la ecuación

$$u^v = e^{v \ln u}$$

De hecho, si $y = u(x)^{v(x)} = e^{v(x)\ln u(x)}$ para $u(x) > 0$, entonces

$$\frac{dy}{dx} = \frac{d}{dx}\left(e^{v(x)\ln u(x)}\right) = e^{v(x)\ln u(x)}\frac{d}{dx}(v(x)\ln u(x)) = u^v\left(v'(x)\ln u(x) + v(x)\frac{u'(x)}{u(x)}\right)$$

que puede resumirse como

$$(u^v)' = u^v\left(v'\ln u + v\frac{u'}{u}\right)$$

Tal como a menudo es el caso, no se sugiere memorizar la fórmula anterior. El punto relevante aquí es la demostración de que *cualquier* función de la forma u^v puede diferenciarse usando la ecuación $u^v = e^{v \ln u}$. Este mismo resultado se obtendría usando diferenciación logarítmica:

$$\ln y = \ln(u^v)$$

$$\ln y = v \ln u$$

$$\frac{y'}{y} = v'\ln u + v\frac{u'}{u}$$

$$y' = y\left(v'\ln u + v\frac{u'}{u}\right)$$

$$(u^v)' = u^v\left(v'\ln u + v\frac{u'}{u}\right)$$

Después de terminar esta sección, usted deberá entender cómo diferenciar las siguientes formas:

$$y = \begin{cases} (f(x))^a & \textbf{(a)} \\ b^{f(x)} & \textbf{(b)} \\ (f(x))^{g(x)} & \textbf{(c)} \end{cases}$$

Para el tipo (a), puede utilizar la regla de la potencia. Para el tipo (b), utilice la fórmula de diferenciación para funciones exponenciales [si $b \neq e$, convierta primero $b^{f(x)}$ en una función e^u]. Para el tipo (c), utilice diferenciación logarítmica o convierta primero la función en una función e^u. No emplee una regla en situaciones en que no sea aplicable. Por ejemplo, la regla de la potencia no puede aplicarse a x^x.

PROBLEMAS 12.5

En los problemas del 1 al 12, encuentre y' por medio de diferenciación logarítmica.

1. $y = (x + 1)^2(x - 2)(x^2 + 3)$

2. $y = (3x + 4)(8x - 1)^2(3x^2 + 1)^4$

3. $y = (3x^3 - 1)^2(2x + 5)^3$ **4.** $y = (2x^2 + 1)\sqrt{8x^2 - 1}$

5. $y = \sqrt{x + 1}\sqrt{x - 1}\sqrt{x^2 + 1}$ **6.** $y = (2x+1)\sqrt{x^3 + 2}\sqrt[3]{2x + 5}$

7. $y = \dfrac{\sqrt{1 - x^2}}{1 - 2x}$ **8.** $y = \sqrt{\dfrac{x^2 + 5}{x + 9}}$

9. $y = \dfrac{(2x^2 + 2)^2}{(x + 1)^2(3x + 2)}$ **10.** $y = \dfrac{x^2(1 + x^2)}{\sqrt{x^2 + 4}}$

11. $y = \sqrt{\dfrac{(x + 3)(x - 2)}{2x - 1}}$ **12.** $y = \sqrt[3]{\dfrac{6(x^3 + 1)^2}{x^6 e^{-4x}}}$

En los problemas del 13 al 20, determine y'.

13. $y = x^{x^2+1}$ **14.** $y = (2x)^{\sqrt{x}}$

15. $y = x^{\sqrt{x}}$ **16.** $y = \left(\dfrac{3}{x^2}\right)^x$

17. $y = (3x + 1)^{2x}$ **18.** $y = (x^2 + 1)^{x+1}$

19. $y = 4e^x x^{3x}$ **20.** $y = (\sqrt{x})^x$

21. Si $y = (4x - 3)^{2x+1}$, encuentre dy/dx cuando $x = 1$.

22. Si $y = (\ln x)^{\ln x}$, encuentre dy/dx cuando $x = e$.

23. Encuentre una ecuación de la recta tangente a

$$y = (x + 1)(x + 2)^2(x + 3)^2$$

en el punto donde $x = 0$.

24. Encuentre una ecuación de la recta tangente a la gráfica de

$$y = x^x$$

en el punto donde $x = 1$.

25. Encuentre una ecuación de la recta tangente a la gráfica de

$$y = x^x$$

en el punto donde $x = e$.

26. Si $y = x^x$, encuentre la tasa relativa de cambio de y con respecto a x, cuando $x = 1$.

27. Si $y = (3x)^{-2x}$, determine el valor de x para el que la tasa de cambio *porcentual* de y con respecto a x es 60.

28. Suponga que $f(x)$ es una función positiva diferenciable, que g es una función diferenciable y que $y = (f(x))^{g(x)}$. Utilice diferenciación logarítmica para demostrar que

$$\frac{dy}{dx} = (f(x))^{g(x)} \left(f'(x)\frac{g(x)}{f(x)} + g'(x)\ln(f(x))\right)$$

29. La ecuación de demanda para un disco compacto es

$$q = 500 - 40p + p^2$$

Si el precio de \$15 se incrementa en $1/2\%$, encuentre el cambio porcentual correspondiente en el ingreso.

30. Repita el problema 29, con la misma información, pero ahora considere 5% de *disminución* en el precio.

Objetivo

Aproximar las raíces reales de una ecuación por medio del cálculo. El método que se muestra es adecuado para usarlo en calculadoras.

12.6 Método de Newton

Es muy fácil resolver ecuaciones de la forma $f(x) = 0$ cuando f es una función lineal o cuadrática. Por ejemplo, puede resolverse $x^2 + 3x - 2 = 0$ por medio de la fórmula cuadrática. Sin embargo, cuando $f(x)$ tiene un grado mayor que 2 (o no es un polinomio), puede resultar difícil o incluso imposible encontrar soluciones (o raíces) de $f(x) = 0$ por los métodos usuales. Es por ello que se recurre a soluciones aproximadas que pueden obtenerse de varias maneras eficientes. Por ejemplo, puede utilizarse una calculadora gráfica para estimar las raíces reales de $f(x) = 0$. Con tal fin, en esta sección se aprenderá cómo usar la derivada (siempre que f sea diferenciable). El procedimiento que se desarrollará, llamado *método de Newton*, es muy apropiado para usarse con una calculadora o computadora.

El método de Newton requiere que se haga una estimación inicial para una raíz de $f(x) = 0$. Una manera de obtener este valor inicial aproximado consiste en hacer un bosquejo de la gráfica de $y = f(x)$ y estimar la raíz a partir de la gráfica. Un punto en la gráfica donde $y = 0$ es una intersección x y el valor x de este punto es una raíz de $f(x) = 0$. Otra manera de localizar una raíz se basa en el hecho siguiente:

> Si f es continua en el intervalo $[a, b]$ y $f(a)$ y $f(b)$ tienen signos opuestos, entonces la ecuación $f(x) = 0$ tiene al menos una raíz real entre a y b.

En la figura 12.6 se muestra esta situación. La intersección x entre a y b corresponde a una raíz de $f(x) = 0$ y puede usarse a o b para aproximar esta raíz.

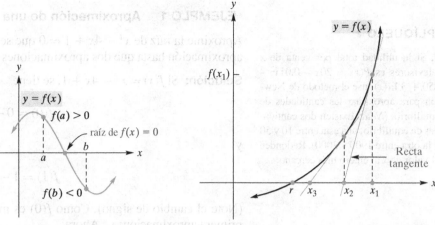

FIGURA 12.6 Raíz de $f(x) = 0$ entre a y b, donde $f(a)$ y $f(b)$ tienen signos opuestos.

FIGURA 12.7 Mejora en la aproximación de la raíz por medio de la recta tangente.

Al suponer que se tiene un valor estimado (pero incorrecto) para una raíz, se verá cómo obtener una mejor aproximación de este valor. En la figura 12.7 se puede ver que $f(r) = 0$, por lo que r es una raíz de la ecuación $f(x) = 0$. Suponga que x_1 es una aproximación inicial a r (una que sea cercana a r). Observe que en $(x_1, f(x_1))$, la recta tangente a la curva interseca al eje x en el punto $(x_2, 0)$ y que x_2 es una mejor aproximación a r que x_1.

Se puede encontrar x_2 a partir de la ecuación de la recta tangente. La pendiente de la recta tangente es $f'(x_1)$, entonces una forma punto-pendiente para esta recta es

$$y - f(x_1) = f'(x_1)(x - x_1) \tag{1}$$

Como $(x_2, 0)$ está sobre la recta tangente, sus coordenadas deben satisfacer la ecuación (1). Esto da

$$0 - f(x_1) = f'(x_1)(x_2 - x_1)$$

$$-\frac{f(x_1)}{f'(x_1)} = x_2 - x_1 \qquad \text{si } f'(x_1) \neq 0$$

Por lo que

$$x_2 = x_1 - \frac{f(x_1)}{f'(x_1)} \tag{2}$$

Para obtener una mejor aproximación a r, se realiza de nuevo el procedimiento ya descrito, pero esta vez se usa x_2 como punto de partida. Esto da la aproximación

$$x_3 = x_2 - \frac{f(x_2)}{f'(x_2)} \tag{3}$$

Al repetir (o *iterar*) este proceso varias veces, se espera obtener mejores aproximaciones en el sentido de que la sucesión de valores

$$x_1, x_2, x_3, \ldots$$

aproximará a r. En la práctica, el proceso termina cuando se alcanza cierto grado de exactitud deseado.

Si se analizan las ecuaciones (2) y (3), puede verse cómo se obtiene x_2 a partir de x_1 y cómo resulta x_3 partiendo de x_2. En general, x_{n+1} se obtiene a partir de x_n utilizando la siguiente fórmula general, llamada **método de Newton**:

Método de Newton

$$x_{n+1} = x_n - \frac{f(x_n)}{f'(x_n)} \qquad n = 1, 2, 3, \ldots \tag{4}$$

PARA REPASAR las sucesiones definidas recursivamente, vea la sección 1.6.

Una fórmula, como la ecuación (4), que indica la manera en que, en una sucesión, se obtiene un número a partir del número precedente, se llama **fórmula recursiva** o *ecuación iterativa*.

APLÍQUELO ▶

7. Si la utilidad total por venta de x televisores es $P(x) = 20x - 0.01x^2 - 850 + 3\ln(x)$, use el método de Newton para aproximar las cantidades de equilibrio. (*Nota*: Existen dos cantidades de equilibrio; una está entre 10 y 50 y la otra entre 1900 y 2000). Redondee el valor de x al entero más cercano.

En el caso de que una raíz caiga entre a y b y $f(a)$ y $f(b)$ sean igualmente cercanas a 0, se elige a a o a b como la primera aproximación.

EJEMPLO 1 Aproximación de una raíz por el método de Newton

Aproxime la raíz de $x^4 - 4x + 1 = 0$ que se encuentra entre 0 y 1. Continúe el proceso de aproximación hasta que dos aproximaciones sucesivas difieran en menos de 0.0001.

Solución: Si $f(x) = x^4 - 4x + 1$, se tiene

$$f(0) = 0 - 0 + 1 = 1$$

y

$$f(1) = 1 - 4 + 1 = -2$$

(Note el cambio de signo). Como $f(0)$ es más cercana a 0 que $f(1)$, se elige a 0 como la primera aproximación, x_1. Ahora,

$$f'(x) = 4x^3 - 4$$

de modo que

$$f(x_n) = x_n^4 - 4x_n + 1 \quad \text{y} \quad f'(x_n) = 4x_n^3 - 4$$

Al sustituir en la ecuación (4), se obtiene la fórmula recursiva

$$x_{n+1} = x_n - \frac{f(x_n)}{f'(x_n)} = x_n - \frac{x_n^4 - 4x_n + 1}{4x_n^3 - 4}$$

$$= \frac{4x_n^4 - 4x_n - x_n^4 + 4x_n - 1}{4x_n^3 - 4}$$

así

$$x_{n+1} = \frac{3x_n^4 - 1}{4x_n^3 - 4}$$

Como $x_1 = 0$, hacer $n = 1$ en la ecuación (5) resulta

$$x_2 = \frac{3x_1^4 - 1}{4x_1^3 - 4} = \frac{3(0)^4 - 1}{4(0)^3 - 4} = 0.25$$

Al hacer $n = 2$ en la ecuación (5) resulta

$$x_3 = \frac{3x_2^4 - 1}{4x_2^3 - 4} = \frac{3(0.25)^4 - 1}{4(0.25)^3 - 4} \approx 0.25099$$

Al hacer $n = 3$ en la ecuación (5) resulta

$$x_4 = \frac{3x_3^4 - 1}{4x_3^3 - 4} = \frac{3(0.25099)^4 - 1}{4(0.25099)^3 - 4} \approx 0.25099$$

Los datos obtenidos hasta ahora se muestran en la tabla 12.1. Como los valores de x_3 y x_4 difieren en menos de 0.0001, se considera que la raíz es igual a 0.25099 (esto es, x_4).

Ahora resuelva el problema 1 ◁

Tabla 12.1		
n	x_n	x_{n+1}
1	0.00000	0.25000
2	0.25000	0.25099
3	0.25099	0.25099

EJEMPLO 2 Aproximación de una raíz por el método de Newton

Aproxime la raíz de $x^3 = 3x - 1$ que se encuentra entre -1 y -2. Continúe el proceso hasta que dos aproximaciones sucesivas difieran en menos de 0.0001.

Solución: Al hacer $f(x) = x^3 - 3x + 1$ [es necesario tener la forma $f(x) = 0$], resulta que

$$f(-1) = (-1)^3 - 3(-1) + 1 = 3$$

y

$$f(-2) = (-2)^3 - 3(-2) + 1 = -1$$

(Note el cambio en el signo). Como $f(-2)$ es más cercana a 0 que $f(-1)$, se elige a -2 como la primera aproximación, x_1. Ahora,

$$f'(x) = 3x^2 - 3$$

de modo que

$$f(x_n) = x_n^3 - 3x_n + 1 \quad y \quad f'(x_n) = 3x_n^2 - 3$$

Al sustituir en la ecuación (4), se obtiene la fórmula recursiva

$$x_{n+1} = x_n - \frac{f(x_n)}{f'(x_n)} = x_n - \frac{x_n^3 - 3x_n + 1}{3x_n^2 - 3}$$

así

$$x_{n+1} = \frac{2x_n^3 - 1}{3x_n^2 - 3} \tag{6}$$

Como $x_1 = -2$, al hacer $n = 1$ en la ecuación (6) resulta

$$x_2 = \frac{2x_1^3 - 1}{3x_1^2 - 3} = \frac{2(-2)^3 - 1}{3(-2)^2 - 3} \approx -1.88889$$

Al continuar de esta manera, se obtiene la tabla 12.2. Como los valores de x_3 y x_4 difieren en 0.00006, que es menor a 0.0001, se considera que la raíz es -1.87939 (esto es, x_4).

Ahora resuelva el problema 3 ◁

Tabla 12.2

n	x_n	x_n+1
1	−2.00000	−1.88889
2	−1.88889	−1.87945
3	−1.87945	−1.87939

Si la elección de x_1 tiene $f'(x_1) = 0$, entonces el método de Newton no servirá para producir un valor de x_2. Esto ocurre en los problemas 2 y 8 de la serie de problemas 12.6. Cuando esto sucede, debe rechazarse la elección de x_1 y elegir un número diferente que sea cercano a la raíz deseada para x_1. Una gráfica de f puede ser útil en esta situación. Por último, se debe mencionar que hay casos en los que la sucesión de aproximaciones no tiende hacia la raíz. Un análisis de tales casos queda fuera del alcance de este libro.

TECNOLOGÍA ▮▮▮▰

En la figura 12.8 se presenta un programa corto del método de Newton para la calculadora TI-83 Plus. Antes de ejecutar el programa, la primera aproximación a la raíz de $f(x) = 0$ se almacena como X y $f(x)$ y $f'(x)$ se almacenan como Y_1 y Y_2, respectivamente.

Al ser ejecutado, el programa calcula la primera iteración y se detiene. Las iteraciones subsiguientes se obtienen oprimiendo sucesivamente la tecla ENTER. En la figura 12.9 se muestran las iteraciones obtenidas para el problema del ejemplo 2.

```
PROGRAM:NEWTON
:Lbl A
:X-Y₁(X)/Y₂(X)
:Ans→X
:Disp X
:Pause
:Goto A▮
```

FIGURA 12.8 Programa de calculadora para el método de Newton.

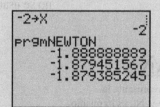

FIGURA 12.9 Iteraciones para el problema del ejemplo 2.

PROBLEMAS 12.6 ▬▬▬

En los problemas del 1 al 10, utilice el método de Newton para estimar la raíz que se indica de la ecuación dada. Continúe el procedimiento hasta que la diferencia de dos aproximaciones sucesivas sea menor que 0.0001.

🖩 **1.** $x^3 - 5x + 1 = 0$; raíz entre 0 y 1.

🖩 **2.** $x^3 + 2x^2 - 1 = 0$; raíz entre 0 y 1.

🖩 **3.** $x^3 - x - 1 = 0$; raíz entre 1 y 2.

🖩 **4.** $x^3 - 9x + 6 = 0$; raíz entre 2 y 3.

🖩 **5.** $x^3 + x + 1 = 0$; raíz entre −1 y 0.

🖩 **6.** $x^3 = 2x + 6$; raíz entre 2 y 3.

🖩 **7.** $x^4 = 3x - 1$; raíz entre 0 y 1.

🖩 **8.** $x^4 + 4x - 1 = 0$; raíz entre −2 y −1.

🖩 **9.** $x^4 - 2x^3 + x^2 - 3 = 0$; raíz entre 1 y 2.

⌨ **10.** $x^4 - x^3 + x - 2 = 0$; raíz entre 1 y 2.

⌨ **11.** Estime, con precisión de tres decimales, la raíz cúbica de 73. [*Sugerencia*: Demuestre que el problema es equivalente a encontrar una raíz de $f(x) = x^3 - 73 = 0$]. Elija 4 como aproximación inicial. Continúe el proceso hasta que dos aproximaciones sucesivas, redondeadas a tres decimales, sean iguales.

⌨ **12.** Estime $\sqrt[4]{19}$ con precisión de dos decimales. Use 2 como aproximación inicial.

⌨ **13.** Encuentre, con precisión de dos decimales, todas las soluciones reales de la ecuación $e^x = x + 5$. (*Sugerencia*: Con un bosquejo de las gráficas de $y = e^x$ y $y = x + 5$, debe ser claro cuántas soluciones existen. Use valores enteros cercanos para sus estimaciones iniciales).

⌨ **14.** Encuentre, con precisión de tres decimales, todas las soluciones reales de la ecuación $\ln x = 5 - x$.

⌨ **15. Cantidad del punto de equilibrio** El costo de fabricar q toneladas de un producto está dado por

$$c = 250 + 2q - 0.1q^3$$

y el ingreso obtenido al vender las q toneladas está dado por

$$r = 3q$$

Aproxime, con precisión de dos decimales, la cantidad del punto de equilibrio. (*Sugerencia*: Aproxime una raíz de $r - c = 0$, elija el 13 como su aproximación inicial).

⌨ **16. Cantidad del punto de equilibrio** El costo total de fabricar q cientos de lápices está dado por c, donde

$$c = 50 + 4q + \frac{q^2}{1000} + \frac{1}{q}$$

El ciento de lápices se vende a \$8.

(a) Demuestre que la cantidad del punto de equilibrio es una solución de la ecuación

$$f(q) = \frac{q^3}{1000} - 4q^2 + 50q + 1 = 0$$

(b) Utilice el método de Newton para estimar la solución de $f(q) = 0$, donde $f(q)$ está dada en el inciso (*a*). Use 10 como aproximación inicial y escriba su respuesta con precisión de dos decimales.

⌨ **17. Equilibrio** Dada la ecuación de oferta $p = 2q + 5$ y la ecuación de demanda $p = \dfrac{100}{q^2 + 1}$, use el método de Newton para estimar la cantidad de equilibrio del mercado. Escriba su respuesta con tres decimales de precisión.

⌨ **18. Equilibrio** Dada la ecuación de oferta

$$p = 0.2q^3 + 0.5q + 2$$

y la ecuación de demanda $p = 10 - q$, use el método de Newton para estimar la cantidad de equilibrio del mercado y encuentre el precio de equilibrio correspondiente. Tome 5 como aproximación inicial para el valor requerido de q y escriba su respuesta con dos decimales de precisión.

⌨ **19.** Use el método de Newton para aproximar (con dos decimales de precisión) un valor crítico de la función

$$f(x) = \frac{x^3}{3} - x^2 - 5x + 1$$

en el intervalo [3, 4].

Objetivo

Encontrar derivadas de orden superior tanto en forma explícita como implícita.

12.7 Derivadas de orden superior

Se sabe que la derivada de una función $y = f(x)$ es en sí misma una función, $f'(x)$. Cuando se diferencia $f'(x)$, la función resultante se llama **segunda derivada** de f con respecto a x. Ésta se denota como $f''(x)$, lo cual se lee como "f doble prima de x". De manera similar, la derivada de la segunda derivada se llama **tercera derivada** y se escribe $f'''(x)$. Continuando de esta manera, se obtienen *derivadas de orden superior*. En la tabla 12.3 aparecen algunos de los símbolos utilizados para representarlas. Para evitar notaciones confusas, las primas no se usan para derivadas de orden superior al tercero.

Tabla 12.3

Primera derivada:	y'	$f'(x)$	$\dfrac{dy}{dx}$	$\dfrac{d}{dx}(f(x))$	$D_x y$
Segunda derivada:	y''	$f''(x)$	$\dfrac{d^2y}{dx^2}$	$\dfrac{d^2}{dx^2}(f(x))$	$D_x^2 y$
Tercera derivada:	y'''	$f'''(x)$	$\dfrac{d^3y}{dx^3}$	$\dfrac{d^3}{dx^3}(f(x))$	$D_x^3 y$
Cuarta derivada:	$y^{(4)}$	$f^{(4)}(x)$	$\dfrac{d^4y}{dx^4}$	$\dfrac{d^4}{dx^4}(f(x))$	$D_x^4 y$

¡ADVERTENCIA!

El símbolo d^2y/dx^2 representa la segunda derivada de y. No es lo mismo que $(dy/dx)^2$, que es el cuadrado de la primera derivada de y.

EJEMPLO 1 **Determinación de derivadas de orden superior**

a. Si $f(x) = 6x^3 - 12x^2 + 6x - 2$, encuentre todas sus derivadas de orden superior.

Solución: Al diferenciar $f(x)$ resulta

$$f'(x) = 18x^2 - 24x + 6$$

Al diferenciar $f'(x)$ se obtiene

$$f''(x) = 36x - 24$$

De manera similar,

$$f'''(x) = 36$$

$$f^{(4)}(x) = 0$$

Todas las derivadas subsecuentes también son iguales a 0: $f^{(5)}(x) = 0$, y así sucesivamente.

b. Si $f(x) = 7$, encuentre $f''(x)$.

Solución:

$$f'(x) = 0$$

$$f''(x) = 0$$

Ahora resuelva el problema 1 ◁

APLÍQUELO ▶

8. La altura $h(t)$ de una piedra que se deja caer desde un edificio de 200 pies de alto está dada por $h(t) = 200 - 16t^2$, donde t es el tiempo medido en segundos. Encuentre $\dfrac{d^2h}{dt^2}$, la aceleración de la piedra en el tiempo t.

EJEMPLO 2   Determinación de una derivada de segundo orden

Si $y = e^{x^2}$, encuentre $\dfrac{d^2y}{dx^2}$.

Solución:

$$\frac{dy}{dx} = e^{x^2}(2x) = 2xe^{x^2}$$

Por la regla del producto,

$$\frac{d^2y}{dx^2} = 2(x(e^{x^2})(2x) + e^{x^2}(1)) = 2e^{x^2}(2x^2 + 1)$$

Ahora resuelva el problema 5 ◁

EJEMPLO 3   Evaluación de una derivada de segundo orden

APLÍQUELO ▶

9. Si el costo de producir q unidades de cierto artículo es

$$c(q) = 7q^2 + 11q + 19$$

y la función de costo marginal es $c'(q)$, encuentre la razón de cambio de la función de costo marginal con respecto a q cuando $q = 3$.

Si $y = f(x) = \dfrac{16}{x+4}$, encuentre $\dfrac{d^2y}{dx^2}$ y evalúela cuando $x = 4$.

Solución: Como $y = 16(x+4)^{-1}$, la regla de la potencia da

$$\frac{dy}{dx} = -16(x+4)^{-2}$$

$$\frac{d^2y}{dx^2} = 32(x+4)^{-3} = \frac{32}{(x+4)^3}$$

Si se evalúa cuando $x = 4$, resulta

$$\frac{d^2y}{dx^2}\bigg|_{x=4} = \frac{32}{8^3} = \frac{1}{16}$$

La segunda derivada que se evalúa en $x = 4$ también se denota como $f''(4)$ o $y''(4)$.

Ahora resuelva el problema 21 ◁

EJEMPLO 4   Determinación de la razón de cambio de $f''(x)$

Si $f(x) = x \ln x$, encuentre la razón de cambio de $f''(x)$.

La razón de cambio de $f''(x)$ es $f'''(x)$.

Solución: Para encontrar la razón de cambio de cualquier función, es necesario encontrar su derivada. Así, se desea obtener la derivada de $f''(x)$, que es $f'''(x)$. De acuerdo con esto,

$$f'(x) = x\left(\frac{1}{x}\right) + (\ln x)(1) = 1 + \ln x$$

$$f''(x) = 0 + \frac{1}{x} = \frac{1}{x}$$

$$f'''(x) = \frac{d}{dx}(x^{-1}) = (-1)x^{-2} = -\frac{1}{x^2}$$

Ahora resuelva el problema 17 ◁

Diferenciación implícita de orden superior

Ahora se encontrará una derivada de orden superior por medio de la diferenciación implícita. Recuerde el supuesto de que y es una función de x.

EJEMPLO 5   Diferenciación implícita de orden superior

Encuentre $\dfrac{d^2y}{dx^2}$ si $x^2 + 4y^2 = 4$.

Solución: Al diferenciar ambos lados con respecto a x, se obtiene

$$2x + 8y\frac{dy}{dx} = 0$$

$$\frac{dy}{dx} = \frac{-x}{4y} \tag{1}$$

$$\frac{d^2y}{dx^2} = \frac{4y\frac{d}{dx}(-x) - (-x)\frac{d}{dx}(4y)}{(4y)^2}$$

$$= \frac{4y(-1) - (-x)\left(4\frac{dy}{dx}\right)}{16y^2}$$

$$= \frac{-4y + 4x\frac{dy}{dx}}{16y^2}$$

$$\frac{d^2y}{dx^2} = \frac{-y + x\frac{dy}{dx}}{4y^2} \tag{2}$$

Aunque se ha encontrado una expresión para d^2y/dx^2, la respuesta involucra la derivada dy/dx. Se acostumbra expresar la respuesta sin la derivada, esto es, sólo en términos de x y y. Esto se hace con facilidad. A partir de la ecuación (1), $\dfrac{dy}{dx} = \dfrac{-x}{4y}$, por lo que al sustituir este valor en la ecuación (2), se obtiene

$$\frac{d^2y}{dx^2} = \frac{-y + x\left(\dfrac{-x}{4y}\right)}{4y^2} = \frac{-4y^2 - x^2}{16y^3} = -\frac{4y^2 + x^2}{16y^3}$$

En el ejemplo 5, no es rara la simplificación de d^2y/dx^2 utilizando la ecuación original.

Esta respuesta puede simplificarse aún más. Como $x^2 + 4y^2 = 4$ (ecuación original),

$$\frac{d^2y}{dx^2} = -\frac{4}{16y^3} = -\frac{1}{4y^3}$$

Ahora resuelva el problema 23 ◁

EJEMPLO 6   Diferenciación implícita de orden superior

Encuentre $\dfrac{d^2y}{dx^2}$ si $y^2 = e^{x+y}$.

Solución: Al diferenciar ambos lados con respecto a x se obtiene

$$2y\frac{dy}{dx} = e^{x+y}\left(1 + \frac{dy}{dx}\right)$$

Si se despeja dy/dx, resulta

$$2y\frac{dy}{dx} = e^{x+y} + e^{x+y}\frac{dy}{dx}$$

$$2y\frac{dy}{dx} - e^{x+y}\frac{dy}{dx} = e^{x+y}$$

$$(2y - e^{x+y})\frac{dy}{dx} = e^{x+y}$$

$$\frac{dy}{dx} = \frac{e^{x+y}}{2y - e^{x+y}}$$

Como $y^2 = e^{x+y}$ (ecuación original),

$$\frac{dy}{dx} = \frac{y^2}{2y - y^2} = \frac{y}{2 - y}$$

$$\frac{d^2y}{dx^2} = \frac{(2 - y)\frac{dy}{dx} - y\left(-\frac{dy}{dx}\right)}{(2 - y)^2} = \frac{2\frac{dy}{dx}}{(2 - y)^2}$$

Ahora se expresará la respuesta sin dy/dx. Como $\dfrac{dy}{dx} = \dfrac{y}{2 - y}$,

$$\frac{d^2y}{dx^2} = \frac{2\left(\dfrac{y}{2 - y}\right)}{(2 - y)^2} = \frac{2y}{(2 - y)^3}$$

Ahora resuelva el problema 31 ◁

PROBLEMAS 12.7

En los problemas del 1 al 20, encuentre las derivadas que se indican.

1. $y = 4x^3 - 12x^2 + 6x + 2,\ y'''$

2. $y = x^5 + x^4 + x^3 + x^2 + x + 1,\ y'''$

3. $y = 8 - x,\ \dfrac{d^2y}{dx^2}$

4. $y = -x - x^2,\ \dfrac{d^2y}{dx^2}$

5. $y = x^3 + e^x,\ y^{(4)}$

6. $F(q) = \ln(q + 1),\ \dfrac{d^3F}{dq^3}$

7. $f(x) = x^3 \ln x,\ f'''(x)$

8. $y = \dfrac{1}{x},\ y'''$

9. $f(q) = \dfrac{1}{2q^4},\ f'''(q)$

10. $f(x) = \sqrt{x},\ f''(x)$

11. $f(r) = \sqrt{9 - r},\ f''(r)$

12. $y = e^{ax^2},\ y''$

13. $y = \dfrac{1}{2x + 3},\ \dfrac{d^2y}{dx^2}$

14. $y = (3x + 7)^5,\ y''$

15. $y = \dfrac{x + 1}{x - 1},\ y''$

16. $y = 2x^{1/2} + (2x)^{1/2},\ y''$

17. $y = \ln[x(x + a)],\ y''$

18. $y = \ln\dfrac{(2x + 5)(5x - 2)}{x + 1},\ y''$

19. $f(z) = z^2 e^z,\ f''(z)$

20. $y = \dfrac{x}{e^x},\ \dfrac{d^2y}{dx^2}$

21. Si $y = e^{2x} + e^{3x}$, encuentre $\left.\dfrac{d^5y}{dx^5}\right|_{x=0}$.

22. Si $y = e^{2\ln(x^2+1)}$, encuentre y'' cuando $x = 1$.

En los problemas del 23 al 32, encuentre y''.

23. $x^2 + 4y^2 - 16 = 0$

24. $x^2 - y^2 = 16$

25. $y^2 = 4x$

26. $9x^2 + 16y^2 = 25$

27. $a\sqrt{x} + b\sqrt{y} = c$

28. $y^2 - 6xy = 4$

29. $xy + y - x = 4$

30. $x^2 + 2xy + y^2 = 1$

31. $y = e^{x+y}$

32. $e^x + e^y = x^2 + y^2$

33. Si $x^2 + 3x + y^2 = 4y$, encuentre d^2y/dx^2 cuando $x = 0$ y $y = 0$.

34. Demuestre que la ecuación

$$f''(x) + 4f'(x) + 4f(x) = 0$$

se satisface cuando $f(x) = (3x - 5)e^{-2x}$.

35. Encuentre la razón de cambio de $f'(x)$ si $f(x) = (5x - 3)^4$.

36. Encuentre la razón de cambio de $f''(x)$ si

$$f(x) = 6\sqrt{x} + \frac{1}{6\sqrt{x}}$$

37. **Costo marginal**   Si $c = 0.2q^2 + 2q + 500$ es una función de costo, ¿qué tan rápido está cambiando el costo marginal cuando $q = 97.357$?

38. **Ingreso marginal**   Si $p = 400 - 40q - q^2$ es una ecuación de demanda, ¿qué tan rápido está cambiando el ingreso marginal cuando $q = 4$?

39. Si $f(x) = x^4 - 6x^2 + 5x - 6$, determine los valores de x para los cuales $f''(x) = 0$.

40. Suponga que $e^y = y^2 e^x$. (a) Determine dy/dx y exprese su respuesta sólo en términos de y. (b) Determine d^2y/dx^2 y exprese su respuesta sólo en términos de y.

En los problemas 41 y 42, determine $f''(x)$. Luego use su calculadora gráfica para encontrar todas las raíces reales de $f''(x) = 0$. Redondee sus respuestas a dos decimales.

41. $f(x) = 6e^x - x^3 - 15x^2$

42. $f(x) = \dfrac{x^5}{20} + \dfrac{x^4}{12} + \dfrac{5x^3}{6} + \dfrac{x^2}{2}$

Repaso del capítulo 12

Términos y símbolos importantes   Ejemplos

Sección 12.1 **Derivadas de funciones logarítmicas**
derivada de $\ln x$ y de $\log_b u$ Ej. 5, p. 544

Sección 12.2 **Derivadas de funciones exponenciales**
derivada de e^x y de b^u Ej. 4, p. 548

Sección 12.3 **Elasticidad de la demanda**
elasticidad puntual de la demanda, η elástica   elasticidad unitaria   inelástica   Ej. 2, p. 553

Sección 12.4 **Diferenciación implícita**
función implícita   Ej. 1, p. 557

Sección 12.5 **Diferenciación logarítmica**
diferenciación logarítmica   razón de cambio relativa del ingreso   Ej. 3, p. 562

Sección 12.6 **Método de Newton**
fórmula recursiva, $x_{n+1} = x_n - \dfrac{f(x_n)}{f'(x_n)}$ Ej. 1, p. 566

Sección 12.7 **Derivadas de orden superior**
derivadas de orden superior, $f''(x)$, $\dfrac{d^3y}{dx^3}$, $\dfrac{d^4}{dx^4}[f(x)], \ldots$ Ej. 1, p. 569

Resumen

Las fórmulas utilizadas para derivar logaritmos naturales y funciones exponenciales son

$$\frac{d}{dx}(\ln u) = \frac{1}{u}\frac{du}{dx}$$

y

$$\frac{d}{dx}(e^u) = e^u\frac{du}{dx}$$

Para diferenciar funciones logarítmicas y exponenciales con base diferente a e, primero transforme la función a base e y luego diferencie el resultado. De manera alternativa, pueden aplicarse las fórmulas de diferenciación

$$\frac{d}{dx}(\log_b u) = \frac{1}{(\ln b)u}\cdot\frac{du}{dx}$$

$$\frac{d}{dx}(b^u) = b^u(\ln b)\cdot\frac{du}{dx}$$

La elasticidad puntual de la demanda es una función que mide cómo un cambio en el precio afecta la demanda del consumidor. Está dada por

$$\eta = \frac{p}{q}\frac{dq}{dp}$$

donde p es el precio por unidad al que se demandan q unidades. Las tres categorías de elasticidad son las siguientes:

$|\eta(p)| > 1$ la demanda es elástica.

$|\eta(p)| = 1$ elasticidad unitaria.

$|\eta(p)| < 1$ la demanda es inelástica.

Para un cambio porcentual dado en el precio, si existe un cambio porcentual más grande (respectivamente más pequeño) en la cantidad demandada, entonces la demanda es elástica (respectivamente inelástica) y viceversa.

Dos relaciones entre la elasticidad y la razón de cambio del ingreso están dadas por

$$\frac{dr}{dq} = p\left(1 + \frac{1}{\eta}\right) \qquad \frac{dr}{dp} = q(1 + \eta)$$

Si una ecuación define de manera implícita a y como función de x [en vez de definirla explícitamente en la forma $y = f(x)$], entonces dy/dx puede encontrarse por diferenciación implícita. Con este método, se trata a y como una función de x y se diferencian ambos lados de la ecuación con respecto a x. Al hacer esto, recuerde que

$$\frac{d}{dx}(y^n) = ny^{n-1}\frac{dy}{dx}$$

y, de manera más general, que

$$\frac{d}{dx}(f(y)) = f'(y)\frac{dy}{dx}$$

Por último, se despeja dy/dx de la ecuación resultante.

Suponga que $f(x)$ consiste en productos, cocientes o potencias. Para diferenciar $y = \log_b(f(x))$, puede ser conveniente usar las propiedades de los logaritmos para reescribir $\log_b(f(x))$ en términos de logaritmos más simples y luego diferenciar esa forma. Para diferenciar $y = f(x)$, donde $f(x)$ consiste en productos, cocientes o potencias, puede utilizarse el método de diferenciación logarítmica. En este método, se toma el logaritmo natural de ambos lados de $y = f(x)$ para obtener $\ln y = \ln(f(x))$. Después de simplificar $\ln(f(x))$ por medio de las propiedades de los logaritmos, se diferencian ambos miembros de $\ln y = \ln(f(x))$ con respecto a x y después se despeja y'. La diferenciación logarítmica se utiliza también para diferenciar $y = u^v$, donde tanto u como v son funciones de x.

Método de Newton es el nombre dado a la fórmula siguiente, la cual se usa para aproximar las raíces de la ecuación $f(x) = 0$, siempre y cuando f sea diferenciable:

$$x_{n+1} = x_n - \frac{f(x_n)}{f'(x_n)}, \quad n = 1, 2, 3, \ldots$$

En la mayoría de los casos se encontrará que la aproximación mejora conforme n se incrementa.

Como la derivada $f'(x)$ de una función $y = f(x)$ es en sí misma una función, puede diferenciarse de manera sucesiva para obtener la segunda derivada $f''(x)$, la tercera derivada $f'''(x)$ y otras derivadas de orden superior.

Problemas de repaso

En los problemas del 1 al 30, diferencie las funciones dadas.

1. $y = 3e^x + e^2 + e^{x^2} + x^{e^2}$

2. $f(w) = we^w + w^2$

3. $f(r) = \ln(7r^2 + 4r + 5)$

4. $y = e^{\ln x}$

5. $y = e^{x^2 + 4x + 5}$

6. $f(t) = \log_6 \sqrt{t^2 + 1}$

7. $y = e^x(x^2 + 2)$

8. $y = 2^{3x^2}$

9. $y = \sqrt{(x - 6)(x + 5)(9 - x)}$

10. $f(t) = e^{1/t}$

11. $y = \dfrac{\ln x}{e^x}$

12. $y = \dfrac{e^x + e^{-x}}{x^2}$

13. $f(q) = \ln[(q + a)^m(q + b)^n]$

14. $y = (x + 2)^3(x + 1)^4(x - 2)^2$

15. $y = 2^{2x^2 + 2x - 5}$

16. $y = (e + e^2)^0$

17. $y = \dfrac{4e^{3x}}{xe^{x-1}}$

18. $y = \dfrac{\ln x}{e^x}$

19. $y = \log_2(8x + 5)^2$

20. $y = \ln\left(\dfrac{5}{x^2}\right)$

21. $f(l) = \ln(1 + l + l^2 + l^3)$

22. $y = (x^2)^{x^2}$

23. $y = (x^2 + 1)^{x+1}$

24. $y = \dfrac{1 + e^x}{1 - e^x}$

25. $\phi(t) = \ln(t\sqrt{4 - t^2})$

26. $y = (x + 3)^{\ln x}$

27. $y = \dfrac{(x^2 + 1)^{1/2}(x^2 + 2)^{1/3}}{(2x^3 + 6x)^{2/5}}$

28. $y = (\ln x)\sqrt{x}$

29. $y = (x^x)^x$

30. $y = x^{(x^x)}$

En los problemas del 31 al 34, evalúe y' en el valor dado de x'

31. $y = (x + 1)\ln x^2, x = 1$

32. $y = \dfrac{e^{x^2 + 1}}{\sqrt{x^2 + 1}}, x = 1$

33. $y = (1/x)^x, x = e$

34. $y = \left[\dfrac{2^{5x}(x^2 - 3x + 5)^{1/3}}{(x^2 - 3x + 7)^3}\right]^{-1}, x = 0$

En los problemas 35 y 36, encuentre una ecuación de la recta tangente a la curva en el punto correspondiente al valor dado de x.

35. $y = 3e^x, x = \ln 2$

36. $y = x + x^2 \ln x, x = 1$

37. Encuentre la intersección con el eje y de la recta tangente a la gráfica de $y = x(2^{2-x^2})$ en el punto donde $x = 1$.

38. Si $w = 2^x + \ln(1 + x^2)$ y $x = \ln(1 + t^2)$, encuentre w y dw/dt cuando $t = 0$.

En los problemas del 39 al 42, encuentre la derivada indicada en el punto dado.

39. $y = e^{x^2 - 2x + 1}, y'', (1, 1)$

40. $y = x^2 e^x, y''', (1, e)$

41. $y = \ln(2x), y''', (1, \ln 2)$

42. $y = x \ln x, y'', (1, 0)$

En los problemas del 43 al 46, encuentre dy/dx.

43. $x^2 + 2xy + y^2 = 4$

44. $x^3 y^3 = 3$

45. $\ln(xy^2) = xy$

46. $y^2 e^{y \ln x} = e^2$

En los problemas 47 y 48, encuentre d^2y/dx^2 en el punto dado.

47. $x + xy + y = 5, (2, 1)$

48. $x^2 + xy + y^2 = 1, (0, -1)$

49. Si y está definida implícitamente por $e^y = (y + 1)e^x$, determine dy/dx y d^2y/dx^2 sólo como funciones explícitas de y.

50. Si $\sqrt{x} + \sqrt{y} = 1$, encuentre $\dfrac{d^2y}{dx^2}$.

51. Esquizofrenia Se han usado varios modelos para analizar el tiempo de permanencia en un hospital. Para un grupo particular de esquizofrénicos, uno de tales modelos es[9]

$$f(t) = 1 - (0.8e^{-0.01t} + 0.2e^{-0.0002t})$$

donde $f(t)$ es la proporción del grupo que fue dado de alta al final de t días de hospitalización. Determine la razón de altas (proporción de altas por día) al término de t días.

52. Sismos De acuerdo con la escala Richter,[10] el número N de sismos de magnitud M o superiores por unidad de tiempo está dado por $\log N = A - bM$, donde A y b son constantes. Richter afirma que

$$\log\left(-\frac{dN}{dM}\right) = A + \log\left(\frac{b}{q}\right) - bM$$

donde $q = \log e$. Verifique esta afirmación.

53. Si $f(x) = e^{x^4 - 10x^3 + 36x^2 - 2x}$, encuentre todas las raíces reales de $f'(x) = 0$. Redondee sus respuestas a dos decimales.

54. Si $f(x) = \dfrac{x^5}{10} + \dfrac{x^4}{6} + \dfrac{2x^3}{3} + x^2 + 1$, encuentre todas las raíces reales de $f''(x) = 0$. Redondee sus respuestas a dos decimales.

[9]Adaptado de W. W. Eaton y G. A. Whitmore, "Length of Stay as a Stochastic Process: A General Approach and Application to Hospitalization for Schizophrenia", *Journal of Mathematical Sociology*, 5 (1977), pp. 273-292.
[10]C. F. Richter, *Elementary Seismology* (San Francisco: W. H. Freeman and Company, Publishers, 1958).

Para las ecuaciones de demanda presentadas en los problemas del 55 al 57, determine si la demanda es elástica, inelástica o si tiene elasticidad unitaria para el valor indicado de q.

55. $p = \dfrac{500}{q}$; $q = 200$ **56.** $p = 900 - q^2$; $q = 10$

57. $p = 18 - 0.02q$; $q = 600$

58. La ecuación de demanda para un producto es

$$q = \left(\dfrac{20 - p}{2}\right)^2 \quad \text{para } 0 \le p \le 20$$

(a) Encuentre la elasticidad puntual de la demanda cuando $p = 8$.
(b) Encuentre todos los valores de p para los cuales la demanda es elástica.

59. La ecuación de la demanda de un producto es

$$q = \sqrt{2500 - p^2}$$

Encuentre la elasticidad puntual de la demanda cuando $p = 30$. Si el precio de 30 disminuye en $\frac{2}{3}\%$, ¿cuál es el cambio aproximado en la demanda?

60. La ecuación de la demanda para un producto es

$$q = \sqrt{100 - p}, \quad \text{donde } 0 < p < 100$$

(a) Encuentre todos los precios que corresponden a la demanda elástica.
(b) Calcule la elasticidad puntual de la demanda cuando $p = 40$. Use su respuesta para estimar el aumento o la disminución porcentuales de la demanda cuando el precio aumenta 5% hasta $p = 42$.

61. La ecuación $x^3 - 2x - 2 = 0$ tiene una raíz entre 1 y 2. Use el método de Newton para estimar la raíz. Continúe con el procedimiento de aproximación hasta que la diferencia de dos aproximaciones sucesivas sea menor que 0.0001. Redondee su respuesta a cuatro decimales.

62. Encuentre, con precisión de tres decimales, todas las soluciones reales a la ecuación $e^x = 3x$.

EXPLORE Y AMPLÍE   Cantidad económica del pedido

En administración de inventarios, la cantidad económica del pedido es el tamaño más eficiente, en términos de costo, determinado para surtir nuevamente los pedidos. Con el fin de determinar este tamaño óptimo, es necesario tener una idea de cómo evolucionan las disminuciones y el reabastecimiento, además de saber cuál es el costo resultante.

A continuación se listan los supuestos más representativos:
1. El inventario está disminuyendo debido a compras ocurridas a una tasa constante D, la cual se mide en unidades por año.
2. Todos los pedidos de reabastecimiento son del mismo tamaño y cada uno llega en un envío, justo como las existencias van saliendo.
3. Además de los costos por artículo, cada pedido también incluye un costo fijo por orden, F.
4. Cada unidad en existencia tiene un valor constante, V, medido en términos monetarios.
5. El costo de almacenar el inventario es una fracción fija, R, del valor total presente del inventario. Este factor de costo por mantener inventario se mide en términos monetarios de unidad por año.

Los supuestos 1 y 2 dan origen a una gráfica del inventario con respecto al tiempo como la que se observa en la figura 12.10.

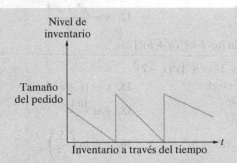

FIGURA 12.10   Inventario a través del tiempo.

Ahora se desea minimizar el costo, por año, de manejar el inventario en la forma que describe la figura 12.10. Si el reabastecimiento se pide en lotes de q unidades por lote, entonces existen $\dfrac{D}{q}$ pedidos por año, para representar un costo anual por pedidos de $\dfrac{FD}{q}$. (El gasto anual debido al costo por artículo no puede ajustarse mediante el cambio del tamaño del pedido, de modo que este costo no se toma en cuenta en los cálculos que se presentan aquí). Con un nivel de inventario promedio de $\dfrac{q}{2}$, el costo anual por mantener inventario es $\dfrac{RVq}{2}$. Entonces, el costo anual relacionado con el inventario, C, es la suma del costo de los pedidos y el costo por mantener inventario:

$$C = C(q) = \dfrac{FD}{q} + \dfrac{RVq}{2}$$

Resulta claro que esta función C crece, tanto cuando q se hace grande como cuando q se aproxima a 0. A partir de argumentos que se estudiarán con detalle en el capítulo siguiente, se deduce que existe un único valor de q donde $\dfrac{dC}{dq}$ es igual a 0, entonces este valor de q proporcionará un valor mínimo de C. A continuación se encontrará esta q.

$$\frac{dC}{dq} = \frac{-FD}{q^2} + \frac{RV}{2} = 0$$

$$q^2 = \frac{2FD}{RV}$$

$$q = \sqrt{\frac{2FD}{RV}}$$

Esta ecuación se llama fórmula de Wilson para el tamaño del lote, en honor de un consultor industrial que popularizó su uso. Al sustituir F = \$10 por pedido, D = 1500 unidades por año, R = \$0.10 por unidad monetaria por año y V = \$10, entonces q resulta que

$$q = \sqrt{\frac{2(10)(1500)}{(0.10)(10)}} \approx 173.2$$

El tamaño de pedido más eficiente en costo es de 173 unidades.

Las variaciones de la fórmula de Wilson hacen más flexibles uno o más de los cinco supuestos en los que se basa. Un supuesto que puede relajarse es el número 5. Suponga que el costo por mantener inventario como un porcentaje del valor del inventario se eleva cuando el inventario es bajo. (Piense en un gran almacén que se queda casi vacío). Se modelará esto reemplazando R con $R(1 + ke^{-sq})$. R es el costo anual de mantener inventarios por unidad monetaria para niveles de inventario grandes; el término ke^{-sq} ($k, s > 0$) eleva el costo para niveles bajos de inventario. El costo anual total del costo del inventario ahora se convierte en

$$C = \frac{FD}{q} + \frac{RVq(1 + ke^{-sq})}{2}$$

De nuevo, se desea minimizar esta cantidad y otra vez C se hace grande cuando q crece y cuando q se aproxima a 0. El mínimo es donde

$$\frac{dC}{dq} = \frac{-FD}{q^2} + \frac{RV(1 + ke^{-sq} - ksqe^{-sq})}{2} = 0$$

Suponga que $k = 1, s = \dfrac{\ln 2}{1000} \approx 0.000693$. Entonces el costo monetario de mantener inventarios es el doble para un inventario pequeño que para uno grande y se encuentra en medio de dos costos obtenidos en un nivel de inventario de 1000 piezas. Si se conservan F, D, R y V igual que antes y se utiliza una calculadora gráfica u otra técnica de solución numérica, se encuentra que $\dfrac{dC}{dq} = 0$ cuando $q \approx 127.9$. El tamaño óptimo del pedido es de 128 unidades. Observe que aunque los supuestos incluyen ahora economías de escala, el costo por mantener inventarios es mayor en todos los niveles de inventario y ha conducido a una cantidad económica de pedido más pequeña.

Problemas

1. Utilice la fórmula de Wilson para el tamaño del lote y encuentre la cantidad económica del pedido para un artículo que tiene un valor de \$36.50, cuesta 5% de su valor almacenarlo por año, se vende a razón de 3400 unidades por año y se le compra a un proveedor que cobra \$25 por procesar cada pedido.

2. Suponga que los supuestos 1, 3, 4 y 5 se mantienen, pero que el 2 se modifica: un administrador nunca permite que un inventario caiga al nivel de 0, en lugar de eso mantiene un margen de seguridad de cierto número de unidades. ¿Qué diferencia produce esto en los cálculos de la cantidad económica del pedido?

3. ¿Qué otros supuestos, además del 2 y del 5, podrían relajarse de manera realista? Explique su respuesta.

13 Trazado de curvas

A mediados de la década de 1970, el economista Arthur Laffer explicaba su visión de los impuestos a un político. Para ilustrar su argumento, Laffer tomó una servilleta e hizo un bosquejo de la gráfica que ahora lleva su nombre: curva de Laffer.

La curva de Laffer describe el ingreso total del gobierno proveniente de los impuestos como una función de la tasa de impuestos. Es obvio que si la tasa de impuestos es 0, el gobierno no obtiene ingresos. Pero si la tasa de impuestos fuese de 100%, el ingreso también sería igual a 0, ya que no hay incentivo para generar dinero si todo éste se esfuma. Puesto que una tasa de entre 0 y 100% debe generar ingresos, razonó Laffer, la curva que relaciona los ingresos con los impuestos debe verse, en forma cualitativa, más o menos como la que se muestra en la figura del final de esta página.

El argumento de Laffer no pretendía mostrar que la tasa óptima de impuestos fuese de 50%, sino probar que, bajo ciertas circunstancias, a saber, cuando la tasa de impuestos está a la derecha del máximo de la curva, es posible *aumentar el ingreso del gobierno bajando los impuestos*. Éste fue un argumento clave para implementar la reducción de impuestos aprobada por el Congreso estadounidense durante el primer periodo de la presidencia de Reagan.

Dado que la curva de Laffer sólo es un dibujo cualitativo, en realidad no proporciona una tasa de impuestos óptima. Los argumentos con base en los ingresos para reducir los impuestos incluyen la hipótesis de que el punto del máximo de ingresos está a la izquierda, en el eje horizontal, del esquema de impuestos actual. De igual manera, quienes argumentan por una elevación en los impuestos para aumentar los ingresos del gobierno, suponen que o bien existe una relación diferente entre impuestos e ingresos o una localización diferente en el máximo de la curva.

Entonces, la curva de Laffer es en sí misma demasiado abstracta como para ser de mucha ayuda en la determinación de la tasa óptima de impuestos. Pero incluso un bosquejo muy simple de curvas, como las curvas de oferta y demanda y la curva de Laffer, pueden ayudar a los economistas a describir los factores causales que dirigen una economía. En este capítulo, se estudiarán técnicas para el trazado y la interpretación de curvas.

Objetivo

Encontrar cuándo es creciente o decreciente una función, determinar valores críticos, localizar máximos y mínimos relativos y establecer la prueba de la primera derivada. Asimismo, hacer el bosquejo de la gráfica de una función usando la información obtenida de la primera derivada.

13.1 Extremos relativos

Naturaleza creciente o decreciente de una función

El análisis del comportamiento gráfico de las funciones es una parte básica de las matemáticas y tiene aplicaciones en muchas áreas de estudio. Cuando se hace el bosquejo de una curva, si sólo se colocan puntos quizá no se obtenga información suficiente acerca de su forma. Por ejemplo, los puntos $(-1, 0)$, $(0, -1)$ y $(1, 0)$ satisfacen la función dada por $y = (x + 1)^3(x - 1)$. Con base en estos puntos, podría concluirse a la ligera que la gráfica debe tener la forma que se muestra en la figura 13.1(a), pero de hecho, la forma verdadera es la que se ilustra en la figura 13.1(b). En este capítulo se explorará la gran utilidad de la diferenciación en el análisis de una función, de manera que se pueda determinar su forma verdadera y el comportamiento de su gráfica.

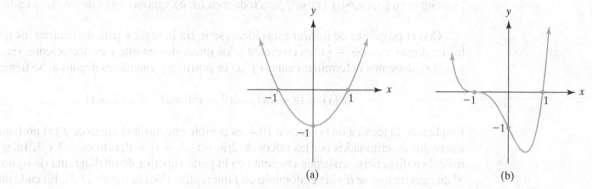

FIGURA 13.1   Curvas que pasan por los puntos $(-1, 0)$, $(0, -1)$ y $(1, 0)$.

Se comenzará por analizar la gráfica de la función $y = f(x)$ de la figura 13.2. Observe que conforme x aumenta (de izquierda a derecha) en el intervalo I_1, entre a y b, los valores de $f(x)$ también aumentan y la curva asciende. En forma matemática, esta observación significa que si x_1 y x_2 son dos puntos cualesquiera en I_1, tales que $x_1 < x_2$, entonces $f(x_1) < f(x_2)$. Aquí se dice que f es una *función creciente* en I_1. Por otra parte, conforme x aumenta en el intervalo I_2, entre c y d, la curva desciende. En este intervalo, $x_3 < x_4$ implica que $f(x_3) > f(x_4)$ y se dice que f es una *función decreciente* en I_2. Estas observaciones se resumen en la definición siguiente.

Definición

Se dice que una función f es **creciente** en el intervalo I cuando, para cualesquiera dos números x_1, x_2 incluidos en I, si $x_1 < x_2$, entonces $f(x_1) < f(x_2)$. Una función f es **decreciente** en el intervalo I cuando, para cualesquiera dos números x_1, x_2 incluidos en I, si $x_1 < x_2$, entonces $f(x_1) > f(x_2)$.

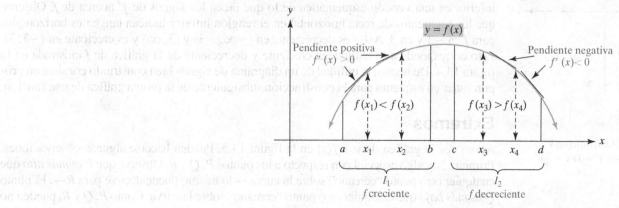

FIGURA 13.2   Naturaleza creciente o decreciente de una función.

En términos de la gráfica de la función, f es creciente en I si la curva se eleva hacia la derecha y f es decreciente en I si la curva cae hacia la derecha. Recuerde que una línea recta con pendiente positiva se eleva hacia la derecha y una recta con pendiente negativa cae hacia la derecha.

De regreso a la figura 13.2, se nota que en el intervalo I_1, las rectas tangentes a la curva tienen pendientes positivas, por lo que $f'(x)$ debe ser positiva para toda x en I_1. Una derivada positiva implica que la curva está elevándose. En el intervalo I_2, las rectas tangentes tienen pendientes negativas, por lo que $f'(x) < 0$ para toda x en I_2. La curva desciende donde la derivada es negativa. Así, se tiene la siguiente regla que permite usar la derivada para determinar cuándo una función es creciente o decreciente:

Regla 1 Criterios para funciones crecientes o decrecientes

Sea f diferenciable en el intervalo (a, b). Si $f'(x) > 0$ para toda x en (a, b), entonces f es creciente en (a, b). Si $f'(x) < 0$ para toda x en (a, b), entonces f es decreciente en (a, b).

Con el propósito de ilustrar estas ideas, se usará la regla 1 para determinar los intervalos en donde $y = 18x - \frac{2}{3}x^3$ es creciente y los intervalos en que y es decreciente. Haciendo $y = f(x)$, debemos determinar cuándo $f'(x)$ es positiva y cuándo es negativa. Se tiene

$$f'(x) = 18 - 2x^2 = 2(9 - x^2) = 2(3 + x)(3 - x)$$

Empleando la técnica de la sección 10.4, es posible encontrar el signo de $f'(x)$ probando los intervalos determinados por las raíces de $2(3 + x)(3 - x) = 0$, esto es, -3 y 3. Tales valores deben disponerse en orden creciente en la parte superior de un diagrama de signos para f' de manera que se divida el dominio en f intervalos. (Vea la figura 13.3). En cada intervalo, el signo de $f'(x)$ está determinado por los signos de sus factores:

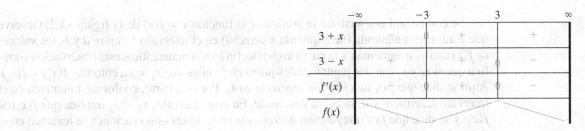

FIGURA 13.3 Diagrama de signos para $f'(x) = 18 - 9x^2$ y su interpretación para $f(x)$.

Si $x < -3$,   entonces el signo $(f'(x)) = 2(-)(+) = -$, por lo que f es *decreciente*.
Si $-3 < x < 3$,   entonces el signo $(f'(x)) = 2(+)(+) = +$, por lo que f es *creciente*.
Si $x > 3$,   entonces el signo $(f'(x)) = 2(+)(-) = -$, por lo que f es *decreciente*.

Estos resultados se indican en el diagrama de signos dado en la figura 13.3, donde la línea inferior es una versión esquemática de lo que dicen los signos de f' acerca de f. Observe que los segmentos de recta horizontal en el renglón inferior indican tangentes horizontales para f en -3 y en 3. Así, f es decreciente en $(-\infty, -3)$ y $(3, \infty)$ y es creciente en $(-3, 3)$. Esto corresponde a la naturaleza creciente y decreciente de la gráfica de f mostrada en la figura 13.4. De hecho, la utilidad de un diagrama de signos bien construido consiste en proporcionar un esquema para la construcción subsiguiente de la propia gráfica de una función.

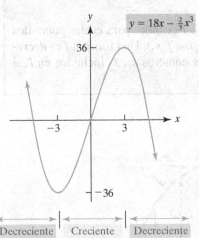

FIGURA 13.4 Crecimiento y decrecimiento para $y = 18x - \frac{2}{3}x^3$.

Extremos

Ahora vea la gráfica de $y = f(x)$ en la figura 13.5. Pueden hacerse algunas observaciones. Primero, hay algo especial con respecto a los puntos P, Q y R. Observe que P es *más alto* que cualquier otro punto "cercano" sobre la curva —lo mismo puede decirse para R—. El punto Q es *más bajo* que cualquier otro punto "cercano" sobre la curva. Como P, Q y R, pueden no ser necesariamente los puntos más altos o más bajos en *toda* la curva, se dice que la gráfica

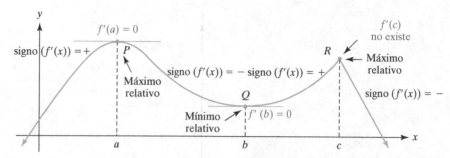

FIGURA 13.5 Máximos y mínimos relativos.

de *f* tiene un *máximo relativo* en *a* y en *c* y un *mínimo relativo* en *b*. La función *f* tiene valores máximos relativos de *f(a)* en *a* y *f(c)* en *c* y tiene un valor mínimo relativo de *f(b)* en *b*. También se dice que (*a*, *f(a)*) y (*c*, *f(c)*) son *puntos máximos relativos* y que (*b*, *f(b)*) *es un punto mínimo relativo en la gráfica de f*.

De regreso a la gráfica, se observa que hay un *máximo absoluto* (el punto más alto en toda la curva) en *a*, pero no un *mínimo absoluto* (el punto más bajo en toda la curva) porque se supone que la curva se prolonga de manera indefinida hacia abajo. De manera más precisa, estos nuevos términos se definen como sigue:

Definición

Una función *f* tiene un ***máximo relativo*** en *a* si existe un intervalo abierto que contenga a *a* sobre el cual $f(a) \geq f(x)$ para toda *x* incluida en el intervalo. El valor máximo relativo es *f(a)*. Una función *f* tiene un ***mínimo relativo*** en *a* si existe un intervalo abierto que contenga a *a* sobre el cual $f(a) \leq f(x)$ para toda *x* incluida en el intervalo. El valor mínimo relativo es *f(a)*.

Definición

Una función *f* tiene un ***máximo absoluto*** en *a* si $f(a) \geq f(x)$ para toda *x* en el dominio de *f*. El máximo absoluto es *f(a)*. Una función *f* tiene un ***mínimo absoluto*** en *a* si $f(a) \leq f(x)$ para toda *x* incluida en el dominio de *f*. El valor mínimo absoluto es *f(a)*.

Cuando se haga referencia a un máximo o un mínimo relativo se le llamará **extremo relativo**. De manera análoga, se aludirá a los **extremos absolutos**.

Al tratar con extremos relativos, se compara el valor que tenga la función en un punto con el valor que tenga en puntos cercanos; sin embargo, al tratar con extremos absolutos, se compara el valor de la función en un punto con todos los otros valores determinados por el dominio. Así, los extremos relativos son *locales* por naturaleza, mientras que los extremos absolutos son *globales*.

Con referencia a la figura 13.5, se observa que en un extremo relativo la derivada puede no estar definida (por ejemplo, cuando *x* = *c*). Pero siempre que esté definida en un extremo relativo, es igual a 0 (por ejemplo, en *x* = *a* y en *x* = *b*), por lo que la recta tangente es horizontal. Se puede establecer lo siguiente:

Regla 2   Una condición necesaria para extremos relativos

Si *f* tiene un extremo relativo en *a*, entonces $f'(a) = 0$ o bien $f'(a)$ no existe.

La implicación de la regla 2 sólo es válida en una dirección:

$$\left.\begin{array}{c} \text{extremo relativo} \\ \text{en } a \end{array}\right\} \text{ implica } \left\{\begin{array}{c} f'(a) = 0 \\ \text{o} \\ f'(a) \text{ no existe} \end{array}\right.$$

La regla 2 *no* dice que si $f'(a)$ es 0 o $f'(a)$ no existe, entonces debe existir un extremo relativo en *a*. De hecho, es posible que no exista ninguno. Por ejemplo, en la figura 13.6a, $f'(a)$

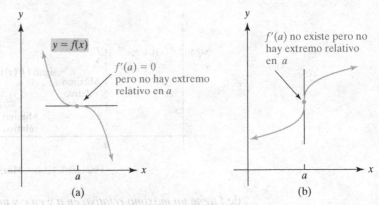

FIGURA 13.6 No hay extremo relativo en a.

es 0 porque la recta tangente es horizontal en a, pero no se tiene un extremo relativo ahí. En la figura 13.6b, $f'(a)$ no existe porque la recta tangente es vertical en a, pero de nuevo no se tiene un extremo relativo ahí.

Pero si se desea encontrar todos los extremos relativos de una función —y esta es una tarea importante— lo que la regla 2 *sí* dice es que la búsqueda puede limitarse a aquellos valores de x incluidos en el dominio de f para los cuales $f'(x) = 0$ *o bien* $f'(x)$ no existe. En forma típica, durante las aplicaciones, lo anterior reduce la búsqueda de extremos relativos a partir del número infinito de x para las cuales f está definida hasta un pequeño número finito de *posibilidades*. Como estos valores de x son tan importantes para localizar los extremos relativos de f, se llaman *valores críticos* para f y si a es un valor crítico para f, también puede decirse que $(a, f(a))$ es un *punto crítico* sobre la gráfica de f. Así, en la figura 13.5, los números a, b y c son valores críticos y P, Q y R son puntos críticos.

Definición

Para una a en el dominio de f, si $f'(a) = 0$ o bien $f'(a)$ no existe, entonces a se denomina ***valor crítico*** para f. Si a es un valor crítico, entonces el punto $(a, f(a))$ se denomina ***punto crítico*** para f.

En un punto crítico, puede haber un máximo relativo, un mínimo relativo o ninguno de éstos. Además, a partir de la figura 13.5, se observa que cada extremo relativo ocurre en un punto alrededor del cual el signo de $f'(x)$ está cambiando. Para el máximo relativo en a, el signo de $f'(x)$ va desde $+$ para $x < a$ hasta $-$ para $x > a$, *en tanto x esté cerca de a*. Para el mínimo relativo en b, el signo de $f'(x)$ va de $-$ a $+$ y, para el máximo relativo en c, va nuevamente de $+$ a $-$. Entonces, *alrededor de máximos relativos, f es creciente y luego decreciente y, para los mínimos relativos, es cierta la proposición inversa*. Con más precisión, se tiene la regla siguiente:

Regla 3 Criterios para extremos relativos

Suponga que f es continua en un intervalo abierto I que contiene el valor crítico a y que f es diferenciable en I, excepto posiblemente en a.

1. Si $f'(x)$ cambia de positiva a negativa cuando x aumenta al pasar por a, entonces f tiene un máximo relativo en a.

2. Si $f'(x)$ cambia de negativa a positiva cuando x aumenta al pasar por a, entonces f tiene un mínimo relativo en a.

Para ilustrar la regla 3 con un ejemplo concreto, vea de nuevo la figura 13.3, el diagrama de signos para $f'(x) = 18 - 2x^2$. El renglón marcado por $f'(x)$ muestra claramente que $f(x) = 18x - \frac{2}{3}x^2$ tiene un mínimo relativo en -3 y un máximo relativo en 3. El renglón que proporciona la interpretación de la gráfica para f, marcado como $f(x)$, se deduce inmediatamente a partir del renglón que está arriba de él. La importancia del renglón de $f(x)$ es

Se hace énfasis de nuevo en que no a todo valor crítico le corresponde un extremo relativo. Por ejemplo, si $y = f(x) = x^3$, entonces $f'(x) = 3x^2$. Como $f'(0) = 0$, 0 es un valor crítico. Pero si $x < 0$, entonces $3x^2 > 0$ y, si $x > 0$, entonces $3x^2 > 0$. Como $f'(x)$ no cambia de signo en 0, no existe un extremo relativo ahí. De hecho, como $f'(x) \geq 0$ para toda x, la gráfica de f no desciende nunca y se dice que f es *no decreciente*. (Vea la figura 13.8).

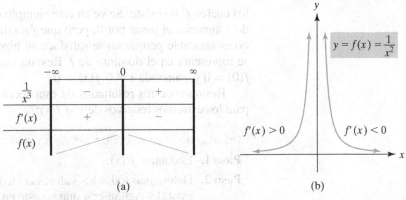

FIGURA 13.7 $f'(0)$ no está definida, pero 0 no es un valor crítico porque 0 no está en el dominio de f.

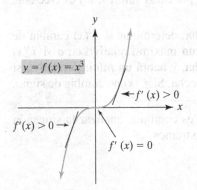

FIGURA 13.8   El 0 es un valor crítico, pero no proporciona un extremo relativo.

que proporciona un paso intermedio en el trazado real de la gráfica de f. En este renglón se establece, de manera visual, que f tiene un mínimo relativo en -3 y un máximo relativo en 3.

Cuando se buscan los extremos de una función f, debe tenerse cuidado con las a que no están en el dominio de f pero tienen valores cercanos en el dominio de f. Considere el siguiente ejemplo. Si

$$y = f(x) = \frac{1}{x^2}, \quad \text{entonces} \quad f'(x) = -\frac{2}{x^3}$$

Aunque $f'(x)$ no exista en 0, 0 no es un valor crítico porque no está en el dominio de f. Así, un extremo relativo no puede ocurrir en 0. Sin embargo, la derivada puede cambiar de signo alrededor de cualquier valor de x en que $f'(x)$ no esté definida, por lo que tales valores son importantes en la determinación de los intervalos sobre los que f es creciente o decreciente. En particular, dichos valores deben incluirse en un diagrama de signos para f'. Vea la figura 13.7(a) y la gráfica anexa 13.7(b).

Observe que la barra vertical en el 0 del diagrama sirve para indicar que 0 no está en el dominio de f. Aquí no existen extremos de ningún tipo.

En la regla 3, debe satisfacerse la hipótesis, o la conclusión no es necesariamente válida. Por ejemplo, considere el caso de la función definida por partes

$$f(x) = \begin{cases} \dfrac{1}{x^2} & \text{si } x \neq 0 \\ 0 & \text{si } x = 0 \end{cases}$$

Aquí, 0 está explícitamente en el dominio de f pero f no es continua en 0. En la sección 11.1 se vio que si una función f no es continua en a, entonces f no es diferenciable en a, lo cual significa que $f'(a)$ no existe. Así, $f'(0)$ no existe y 0 es un valor crítico que debe incluirse en el diagrama de signos para f' que se muestra en la figura 13.9(a). Se extienden las convenciones del diagrama de signos al indicar con un símbolo $\times$ aquellos valores para

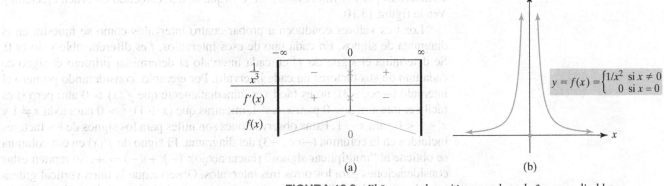

FIGURA 13.9   El 0 es un valor crítico, pero la regla 3 no es aplicable.

los cuales f' no existe. Se ve en este ejemplo que $f'(x)$ cambia de positiva a negativa cuando x aumenta al pasar por 0, pero que f *no* tiene un máximo relativo en 0. Aquí la regla 3 no es aplicable porque no se satisface su hipótesis de continuidad. En la figura 13.9(b), 0 se representa en el dominio de f. Resulta claro que f es un *mínimo* absoluto en 0 porque $f(0) = 0$ y, para toda $x \neq 0, f(x) > 0$.

Resumiendo los resultados de esta sección, se tiene la prueba de la primera derivada para los extremos relativos de $y = f(x)$:

Prueba de la primera derivada para los extremos relativos

Paso 1. Encontrar $f'(x)$.

Paso 2. Determinar todos los valores críticos de f [aquellas a donde $f'(a) = 0$ o $f'(a)$ no exista] y cualquier a que no esté en el dominio de f pero tenga valores cercanos en el dominio de f, y construir entonces un diagrama de signos que muestre, para cada uno de los intervalos determinados por estos valores, si f es creciente ($f'(x) > 0$) o decreciente ($f'(x) < 0$).

Paso 3. Para cada valor crítico a en que f es continua, determinar si $f'(x)$ cambia de signo cuando x crece al pasar por a. Habrá un máximo relativo en a si $f'(x)$ cambia de $+$ a $-$, al ir de izquierda a derecha, y habrá un mínimo relativo si $f'(x)$ cambia de $-$ a $+$ al ir de izquierda a derecha. Si $f'(x)$ no cambia de signo, no habrá un extremo relativo en a.

Paso 4. Para los valores críticos a en los cuales f no es continua, analizar la situación usando directamente las definiciones de los extremos.

EJEMPLO 1   Prueba de la primera derivada

APLÍQUELO ▶

1. La ecuación de costo para un puesto de salchichas está dada por $c(q) = 2q^3 - 21q^2 + 60q + 500$, donde q es el número de bocadillos vendidos y $c(q)$ es el costo por unidad. Utilice la prueba de la primera derivada para determinar dónde ocurren los extremos relativos.

Si $y = f(x) = x + \dfrac{4}{x+1}$, para $x \neq -1$, para $x \neq -1$ utilice la prueba de la primera derivada para encontrar dónde se presentan los extremos relativos.

Solución:

Paso 1. $f(x) = x + 4(x+1)^{-1}$, por lo que

$$f'(x) = 1 + 4(-1)(x+1)^{-2} = 1 - \frac{4}{(x+1)^2}$$

$$= \frac{(x+1)^2 - 4}{(x+1)^2} = \frac{x^2 + 2x - 3}{(x+1)^2}$$

$$= \frac{(x+3)(x-1)}{(x+1)^2} \quad \text{para } x \neq -1$$

Observe que $f'(x)$ se expresó como un cociente con el numerador y el denominador completamente factorizados. Esto permite determinar con facilidad, en el paso 2, dónde $f'(x)$ es 0 o no existe, así como los signos de f'.

Paso 2. Haciendo $f'(x) = 0$, resulta $x = -3, 1$. El denominador de $f'(x)$ es 0 cuando x es -1. Se observa que -1 no está en el dominio de f pero que todos los valores cercanos a -1 sí están en el dominio de f. Se construye un diagrama de signos, encabezado por los valores $-3, -1$ y 1 (que se han colocado en orden creciente). Vea la figura 13.10.

Los tres valores conducen a probar cuatro intervalos como se muestra en el diagrama de signos. En cada uno de esos intervalos, f es diferenciable y no es 0. Se determina el signo de f' en cada intervalo al determinar primero el signo de cada uno de sus factores en cada intervalo. Por ejemplo, considerando primero el intervalo $(-\infty, -3)$, no es fácil ver inmediatamente que $f'(x) > 0$ ahí; pero sí es fácil ver que $x + 3 < 0$ para $x < -3$, mientras que $(x+1)^{-2} > 0$ para toda $x \neq 1$ y $x - 1 < 0$ para $x < 1$. Estas observaciones son útiles para los signos de los factores incluidos en la columna $(-\infty, -3)$ del diagrama. El signo de $f'(x)$ en esa columna se obtiene al "multiplicar signos" (hacia abajo): $(-)(+)(-) = +$. Se repiten estas consideraciones para los otros tres intervalos. Observe que la línea vertical gruesa trazada en el -1 del diagrama indica que -1 no está en el dominio de f y, por ende,

	$-\infty$		-3		-1		1		∞
$x+3$	$-$		0	$+$		$+$		$+$	
$(x+1)^{-2}$	$+$			$+$		$+$		$+$	
$x-1$	$-$			$-$		$-$		0	$+$
$f'(x)$	$+$		0	$-$				0	$+$
$f(x)$									

FIGURA 13.10   Diagrama de signos para $f'(x) = \dfrac{(x+3)(x-1)}{(x+1)^2}$.

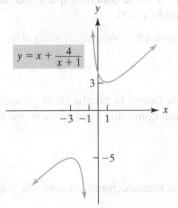

$y = x + \dfrac{4}{x+1}$

FIGURA 13.11   Gráfica de
$y = x + \dfrac{4}{x+1}$.

no puede dar lugar a ningún extremo. En el renglón inferior del diagrama de signos se registra, de manera gráfica, la naturaleza de las líneas tangentes a $f(x)$ en cada intervalo y en los valores donde f' es 0.

Paso 3. Sólo a partir del diagrama de signos se concluye que en -3 hay un máximo relativo (puesto que $f'(x)$ cambia de $+$ a $-$ en -3). Además del diagrama, se calcula $f(-3) = -3 + (4/-2) = -5$ y esto da el valor máximo relativo de -5 en -3. A partir del diagrama, también se concluye que existe un mínimo relativo en 1 [porque $f'(x)$ cambia de $-$ a $+$ en 1]. Puesto que $f(1) = 1 + 4/2 = 3$, se ve que en 1 el valor mínimo relativo es 3.

Paso 4. No existen valores críticos en los puntos donde f no es continua, por lo que las consideraciones anteriores proporcionan la visión completa de los extremos relativos de $f(x)$, cuya gráfica se da en la figura 13.11. Observe que la forma general de la gráfica, de hecho, fue pronosticada por el renglón inferior del diagrama de signos (figura 13.10).

Ahora resuelva el problema 37 ◁

EJEMPLO 2   **Un extremo relativo donde $f'(x)$ no existe**

Pruebe $y = f(x) = x^{2/3}$ para los extremos relativos.

Solución: Se tiene

$$f'(x) = \frac{2}{3}x^{-1/3}$$

$$= \frac{2}{3\sqrt[3]{x}}$$

	$-\infty$		0		∞
$(x)^{-1/3}$	$-$		$\times$	$+$	
$f'(x)$	$-$		$\times$	$+$	
$f(x)$					

FIGURA 13.12   Diagrama de signos para $f'(x) = \dfrac{2}{3\sqrt[3]{x}}$.

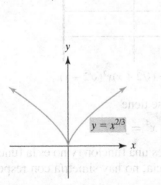

$y = x^{2/3}$

FIGURA 13.13   La derivada no existe en 0 y hay un mínimo en 0.

y el diagrama de signos es el que se muestra en la figura 13.12. De nuevo, se usa el símbolo $\times$ en la línea vertical de 0 para indicar que el factor $x^{-1/3}$ no existe en 0. Por lo tanto, $f'(0)$ no existe. Como f es continua en 0, a partir de la regla 3 se concluye que f tiene un mínimo relativo en 0 de $f(0) = 0$ y que no existen otros extremos relativos. Además, se observa mediante inspección que f tiene un mínimo *absoluto* en 0. La gráfica de f se comporta como se muestra en la figura 13.13. Note que se pudo haber predicho su forma a partir de la línea inferior del diagrama de signos de la figura 13.12, donde se muestra que no puede haber una tangente con pendiente en 0. (Por supuesto, la tangente sí existe en 0, pero es una recta vertical).

Ahora resuelva el problema 41 ◁

EJEMPLO 3   **Determinación de extremos relativos**

Pruebe $y = f(x) = x^2 e^x$ para los extremos relativos.

Solución: Por la regla del producto,

$$f'(x) = x^2 e^x + e^x(2x) = xe^x(x+2)$$

	$-\infty$		-2		0		∞
$x + 2$		$-$	0	$+$		$+$	
x		$-$		$-$	0	$+$	
e^x		$+$		$+$		$+$	
$f'(x)$		$+$	0	$-$	0	$+$	
$f(x)$							

FIGURA 13.14   Diagrama de signos para $f'(x) = x(x + 2)e^x$.

APLÍQUELO ▶

2. Un medicamento se inyecta en el torrente sanguíneo de un paciente. La concentración del medicamento en el torrente sanguíneo t horas después de haberse inyectado se aproxima por medio de $C(t) = \dfrac{0.14t}{t^2 + 4t + 4}$. Encuentre los extremos relativos para $t > 0$ y utilícelos para determinar cuándo está el medicamento en su máxima concentración.

Después de observar que e^x siempre es positiva, se obtienen los valores críticos 0 y -2. A partir del diagrama de signos de $f'(x)$ dado en la figura 13.14, se concluye que existe un máximo relativo cuando $x = -2$ y un mínimo relativo cuando $x = 0$.

Ahora resuelva el problema 49 ◁

Trazado de una curva

En el ejemplo siguiente se muestra la forma en que puede usarse la prueba de la primera derivada, junto con los conceptos de intersección y simetría, como una ayuda para trazar la gráfica de una función.

EJEMPLO 4   **Trazado de una curva**

Trace la gráfica de $y = f(x) = 2x^3 - x^4$ con ayuda de las intersecciones, la simetría y la prueba de la primera derivada.

Solución:

Intersecciones   Si $x = 0$, entonces $f(x) = 0$, de modo que la intersección y es $(0, 0)$. A continuación, observe que

$$f(x) = 2x^2 - x^4 = x^2(2 - x^2) = x^2\left(\sqrt{2} + x\right)\left(\sqrt{2} - x\right)$$

De manera que si $y = 0$, entonces $x = 0, \pm\sqrt{2}$ y las intersecciones x son $(-\sqrt{2}, 0)$, $(0, 0)$, y $(\sqrt{2}, 0)$. Se tiene el diagrama de signos *para la propia f* (figura 13.15), el cual muestra los intervalos sobre los que la gráfica de $y = f(x)$ está por encima del eje x $(+)$ y los intervalos sobre los que la gráfica de $y = f(x)$ está por debajo del eje x $(-)$.

	$-\infty$		$-\sqrt{2}$		0		$\sqrt{2}$		∞
$\sqrt{2} + x$		$-$		$+$		$+$		$+$	
x^2		$+$		$+$	0	$+$		$+$	
$\sqrt{2} - x$		$+$		$+$		$+$		$-$	
$f(x)$		$-$		$+$	0	$+$		$-$	

FIGURA 13.15   Diagrama de signos para $f(x) = (\sqrt{2} + x)x^2(\sqrt{2} - x)$.

Simetría   Al investigar la simetría con respecto al eje y, se tiene

$$f(-x) = 2(-x)^2 - (-x)^4 = 2x^2 - x^4 = f(x)$$

Por lo que se tiene simetría con respecto al eje y. Como y es una función (y no es la función 0), no hay simetría con respecto al eje x y, en consecuencia, no hay simetría con respecto al origen.

Prueba de la primera derivada

Paso 1. $y' = 4x - 4x^3 = 4x(1 - x^2) = 4x(1 + x)(1 - x)$.

Paso 2.   Al hacer $y' = 0$ se obtienen los valores críticos $x = 0, \pm 1$. Como f es un polinomio, está definido y es diferenciable para toda x. Así que los únicos valores que encabezan el diagrama de signos para f' son $-1, 0, 1$ (en orden creciente) y el diagrama de signos se da en la figura 13.16. Como se tiene interés en determinar una gráfica,

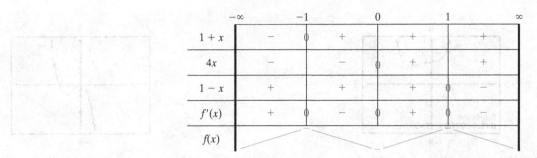

FIGURA 13.16 Diagrama de signos de $y' = (1 + x)4x(1 - x)$.

los *puntos* críticos adquieren mucha importancia. Sustituyendo los valores críticos en la ecuación *original*, $y = 2x^2 - x^4$, se obtienen las coordenadas y de esos puntos. Se encuentra que los puntos críticos son $(-1, 1)$, $(0, 0)$ y $(1, 1)$.

Paso 3. A partir del diagrama de signos y de las evaluaciones realizadas en el paso 2, es claro que f tiene máximos relativos en $(-1, 1)$ y $(1, 1)$ y un mínimo relativo en $(0, 0)$. (El paso 4 no es aplicable aquí).

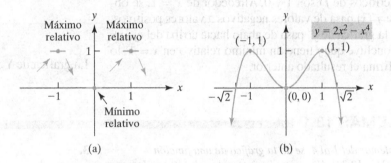

FIGURA 13.17 Reunión de la información para determinar la gráfica de $y = 2x^2 - x^4$.

Análisis En la figura 13.17(a), se han indicado las tangentes horizontales en los puntos máximo y mínimo relativos. Se sabe que la curva asciende desde la izquierda, tiene un máximo relativo, luego desciende, tiene un mínimo relativo, después se eleva hacia un máximo relativo y de ahí en adelante desciende. Por simetría, es suficiente con trazar la gráfica en un lado del eje y y luego construir una imagen en espejo en el otro lado. También se conocen, a partir del diagrama de signos construido para f, los puntos donde la gráfica cruza y toca al eje x, lo cual agrega aún más precisión al bosquejo que se muestra en la figura 13.17(b).

Como un simple comentario, puede observarse que ocurren máximos *absolutos* en $x = \pm 1$. Vea la figura 13.17(b). No existe mínimo absoluto.

Ahora resuelva el problema 59 ◁

TECNOLOGÍA ▮▮▮▮▮

Una calculadora gráfica es una poderosa herramienta útil para investigar los extremos relativos. Por ejemplo, considere la función

$$f(x) = 3x^4 - 4x^3 + 4$$

cuya gráfica se muestra en la figura 13.18. Parece que hay un mínimo relativo cerca de $x = 1$. Este mínimo puede localizarse usando la técnica "dibuje y amplifique" o (en la TI-83 Plus) la característica de "mínimo". Este último procedimiento se muestra en la figura 13.19. Se estima que el punto mínimo relativo es $(1.00, 3)$.

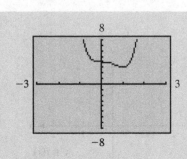

FIGURA 13.18 Gráfica de $f(x) = 3x^4 - 4x^3 + 4$.

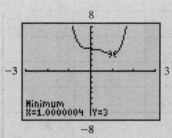

FIGURA 13.19 Mínimo relativo en (1.00, 3).

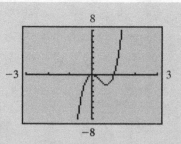

FIGURA 13.20 Gráfica de $f'(x) = 12x^3 - 12x^2$.

Ahora se verá que la gráfica de f' indica cuándo ocurren los extremos. Se tiene

$$f'(x) = 12x^3 - 12x^2$$

cuya gráfica se muestra en la figura 13.20. Parece que $f'(x)$ es 0 en dos puntos. Usando "dibuje y amplifique" o el dispositivo para encontrar "ceros", se estima que los ceros de f' (valores críticos de f) son 1 y 0. Alrededor de $x = 1$, se observa que $f'(x)$ pasa de valores negativos a valores positivos. (Esto es, la gráfica de f' pasa de abajo hacia arriba del eje x). Así, se concluye que f tiene un mínimo relativo en $x = 1$, lo cual confirma el resultado anterior.

Alrededor del valor crítico $x = 0$, los valores de $f'(x)$ son negativos. Como $f'(x)$ no cambia de signo, se concluye que no existe un extremo relativo en $x = 0$. Esto es también evidente en la gráfica de la figura 13.18.

Vale la pena mencionar que la gráfica de f' se puede aproximar sin determinar la propia $f'(x)$. Para ello, se hace uso de la característica "nDeriv". Primero se introduce la función f como Y_1. Luego se establece

$$Y_2 = \text{nDeriv}(Y_1, X, X)$$

La gráfica de Y_2 aproxima la gráfica de $f'(x)$.

PROBLEMAS 13.1

En los problemas del 1 al 4, se da la gráfica de una función (figuras 13.21 a 13.24). Encuentre los intervalos abiertos en los que la función está creciendo o decreciendo, así como las coordenadas de todos los extremos relativos.

1.

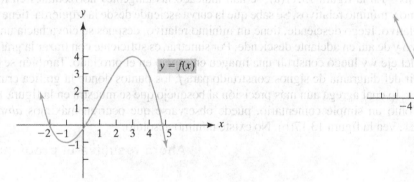

FIGURA 13.21

2.

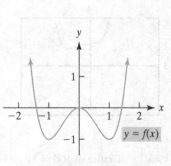

FIGURA 13.22

3.

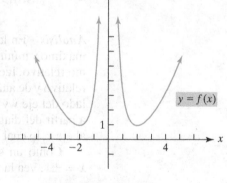

FIGURA 13.23

4.

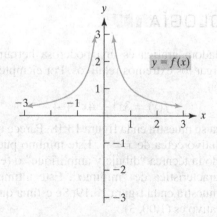

FIGURA 13.24

En los problemas del 5 al 8 se da la derivada de una función continua f. Encuentre los intervalos abiertos en los que f es (a) *creciente,* (b) *decreciente y* (c) *encuentre los valores de x de todos los extremos relativos.*

5. $f'(x) = (x+3)(x-1)(x-2)$

6. $f'(x) = 2x(x-1)^3$

7. $f'(x) = (x+1)(x-3)^2$ **8.** $f'(x) = \dfrac{x(x+2)}{x^2+1}$

En los problemas del 9 al 52, determine cuándo la función es (a) *creciente,* (b) *decreciente y* (c) *determine dónde ocurren los extremos relativos. No trace la gráfica.*

9. $y = -x^3 - 1$

10. $y = x^2 + 4x + 3$

11. $y = x - x^2 + 2$

12. $y = x^3 - \dfrac{5}{2}x^2 - 2x + 6$

13. $y = -\dfrac{x^3}{3} - 2x^2 + 5x - 2$ **14.** $y = -\dfrac{x^4}{4} - x^3$

15. $y = x^4 - 2x^2$

16. $y = -3 + 12x - x^3$

17. $y = x^3 - \dfrac{7}{2}x^2 + 2x - 5$ **18.** $y = x^3 - 6x^2 + 12x - 6$

19. $y = 2x^3 - \dfrac{19}{2}x^2 + 10x + 2$ **20.** $y = -5x^3 + x^2 + x - 7$

21. $y = \dfrac{x^3}{3} - 5x^2 + 22x + 1$ **22.** $y = \dfrac{9}{5}x^5 - \dfrac{47}{3}x^3 + 10x$

23. $y = 3x^5 - 5x^3$

24. $y = 3x - \dfrac{x^6}{2}$ (Observación: $x^4 + x^3 + x^2 + x + 1 = 0$ no tiene raíces reales).

25. $y = -x^5 - 5x^4 + 200$ **26.** $y = \dfrac{3x^4}{2} - 4x^3 + 17$

27. $y = 8x^4 - x^8$ **28.** $y = \dfrac{4}{5}x^5 - \dfrac{13}{3}x^3 + 3x + 4$

29. $y = (x^2 - 4)^4$ **30.** $y = \sqrt[3]{x}(x-2)$

31. $y = \dfrac{5}{x-1}$ **32.** $y = \dfrac{3}{x}$

33. $y = \dfrac{10}{\sqrt{x}}$ **34.** $y = \dfrac{ax+b}{cx+d}$
(a) para $ad - bc > 0$
(b) para $ad - bc < 0$

35. $y = \dfrac{x^2}{2-x}$ **36.** $y = 4x^2 + \dfrac{1}{x}$

37. $y = \dfrac{x^2 - 3}{x + 2}$ **38.** $y = \dfrac{2x^2}{4x^2 - 25}$

39. $y = \dfrac{ax^2 + b}{cx^2 + d}$ para $d/c < 0$ **40.** $y = \sqrt[3]{x^3 - 9x}$
(a) para $ad - bc > 0$
(b) para $ad - bc < 0$

41. $y = (x-1)^{2/3}$ **42.** $y = x^2(x+3)^4$

43. $y = x^3(x-6)^4$ **44.** $y = (1-x)^{2/3}$

45. $y = e^{-\pi x} + \pi$ **46.** $y = x \ln x$

47. $y = x^2 - 9 \ln x$ **48.** $y = x^{-1}e^x$

49. $y = e^x - e^{-x}$ **50.** $y = e^{-x^2/2}$

51. $y = x \ln x - x$ **52.** $y = (x^2 + 1)e^{-x}$

En los problemas del 53 al 64, determine los intervalos en los que la función es creciente o decreciente, los extremos relativos, la simetría y aquellas intersecciones que se pueden obtener de manera conveniente. Después bosqueje la gráfica.

53. $y = x^2 - 3x - 10$ **54.** $y = 2x^2 + x - 10$

55. $y = 3x - x^3$ **56.** $y = x^4 - 16$

57. $y = 2x^3 - 9x^2 + 12x$ **58.** $y = 2x^3 - x^2 - 4x + 4$

59. $y = x^4 - 2x^2$ **60.** $y = x^6 - \dfrac{6}{5}x^5$

61. $y = (x-1)^2(x+2)^2$ **62.** $y = \sqrt{x}(x^2 - x - 2)$

63. $y = 2\sqrt{x} - x$ **64.** $y = x^{5/3} - 2x^{2/3}$

65. Haga el bosquejo de la gráfica de una función continua f tal que $f(2) = 2, f(4) = 6, f'(2) = f'(4) = 0, f'(x) < 0$ para $x < 2, f'(x) > 0$ para $2 < x < 4, f$ tenga un máximo relativo en 4 y $\lim_{x \to \infty} f(x) = 0$.

66. Haga el bosquejo de la gráfica de una función continua f tal que $f(1) = 2, f(4) = 5, f'(1) = 0, f'(x) \geq 0$ para $x < 4, f$ tenga un máximo relativo cuando $x = 4$ y tenga una recta tangente vertical en $x = 4$.

67. Costo promedio   Si $c_f = 25\,000$ es una función de costo fijo, demuestre que la función de costo fijo promedio $\overline{cf} = c_f/q$ es una función decreciente para $q > 0$. Por lo que, cuando la producción q crece una unidad, se reduce la porción unitaria de costo fijo.

68. Costo marginal   Si $c = 3q - 3q^2 + q^3$ es una función de costo, ¿cuándo es creciente el costo marginal?

69. Ingreso marginal   Dada la función de demanda

$$p = 500 - 5q$$

encuentre cuándo es creciente el costo marginal.

70. Función de costo   Para la función de costo $c = \sqrt{q}$, demuestre que los costos marginal y promedio son siempre decrecientes para $q > 0$.

71. Ingreso   Para el producto de un fabricante, la función de ingreso está dada por $r = 240q + 57q^2 - q^3$. Determine la producción necesaria para obtener un ingreso máximo.

72. Mercados de trabajo   Eswaran y Kotwal[1] estudian economías agrarias en las que hay dos tipos de trabajadores, permanentes y eventuales. Los trabajadores permanentes son empleados bajo contrato a largo plazo y pueden recibir prestaciones como vacaciones y atención médica. Los eventuales son empleados por día y efectúan tareas rutinarias como deshierbe, cosecha y trillado. La diferencia z en el costo a valor presente de contratar a un trabajador permanente y a un eventual está dada por

$$z = (1 + b)w_p - bw_c$$

donde w_p y w_c son los salarios de trabajo permanente y eventual, respectivamente, b es una constante positiva y w_p es una función de w_c.
(a) Demuestre que

$$\frac{dz}{dw_c} = (1 + b)\left[\frac{dw_p}{dw_c} - \frac{b}{1+b}\right]$$

(b) Si $dw_p/dw_c < b/(1 + b)$, demuestre que z es una función decreciente de w_c.

[1]M. Eswaran y A. Kotwal, "A Theory of Two-Tier Labor Markets in Agrarian Economics", *The American Economic Review*, 75, núm. 1 (1985), pp. 162-177.

73. Contaminación térmica En el análisis de Shonle acerca de la contaminación térmica,[2] la eficiencia de una planta de energía se mide por

$$E = 0.71 \left(1 - \frac{T_c}{T_h}\right)$$

donde T_h y T_c son las temperaturas absolutas correspondientes a las reservas de agua que tienen temperaturas más elevadas y temperaturas más frías, respectivamente. Suponga que T_c es una constante positiva y que T_h es positiva. Por medio del cálculo, demuestre que la eficiencia aumenta conforme se incrementa T_h.

74. Servicio telefónico En un análisis de precio del servicio telefónico local, Renshaw[3] determina que el ingreso total r está dado por

$$r = 2F + \left(1 - \frac{a}{b}\right)p - p^2 + \frac{a^2}{b}$$

donde p es un precio indexado por llamada y a, b y F son constantes. Determine el valor de p que maximiza el ingreso.

75. Costos de almacenamiento y envío En su modelo de costos de almacenamiento y envío de materiales para un proceso de manufactura, Lancaster[4] obtiene la siguiente función de costo

$$C(k) = 100 \left(100 + 9k + \frac{144}{k}\right) \quad 1 \leq k \leq 100$$

donde $C(k)$ es el costo total de almacenamiento y transporte para 100 días de operación si una carga de k toneladas de material se traslada cada k días.
(a) Encuentre $C(1)$.
(b) ¿Para qué valor de k tiene $C(k)$ un mínimo?
(c) ¿Cuál es el valor mínimo?

76. Fisiología (aeroembolismo) Cuando un buzo sufre descompresión o un piloto vuela a gran altura, el nitrógeno empieza a burbujear en la sangre, ocasionando lo que se denomina *aeroembo-*

lismo. Suponga que el porcentaje P de gente que sufre este efecto a una altura de h miles de pies está dado por[5]

$$P = \frac{100}{1 + 100\,000e^{-0.36h}}$$

¿Es P una función creciente de h?

En los problemas del 77 al 80, con base en la gráfica de la función, encuentre las coordenadas de todos los extremos relativos. Redondee sus respuestas a dos decimales.

77. $y = 0.3x^2 + 2.3x + 5.1$ **78.** $y = 3x^4 - 4x^3 - 5x + 1$

79. $y = \dfrac{8.2x}{0.4x^2 + 3}$ **80.** $y = \dfrac{e^x(3 - x)}{7x^2 + 1}$

81. Grafique la función

$$f(x) = [x(x - 2)(2x - 3)]^2$$

en la ventana $-1 \leq x \leq 3$, $-1 \leq y \leq 3$. A primera vista, podría parecer que esta función tiene dos puntos mínimos relativos y un máximo relativo. Sin embargo, en realidad tiene tres puntos mínimos relativos y dos máximos relativos. Determine los valores x de esos puntos. Redondee sus respuestas a dos decimales.

82. Si $f(x) = 3x^3 - 7x^2 + 4x + 2$, exhiba las gráficas de f y f' en la misma pantalla. Note que es en $f'(x) = 0$ donde ocurren los extremos relativos de f.

83. Sea $f(x) = 6 + 4x - 3x^2 - x^3$. (a) Encuentre $f'(x)$. (b) Grafique $f'(x)$. (c) Observe dónde es positiva $f'(x)$ y dónde es negativa. Proporcione los intervalos (redondeados a dos decimales) en que f es creciente y decreciente. (d) Grafique f y f' en la misma pantalla y verifique sus resultados del inciso (c).

84. Si $f(x) = x^4 - x^2 - (x + 2)^2$, encuentre $f'(x)$. Determine los valores críticos de f. Redondee sus respuestas a dos decimales.

Objetivo

Encontrar los valores extremos en un intervalo cerrado.

13.2 Extremos absolutos en un intervalo cerrado

Si una función f es *continua* en un intervalo *cerrado* $[a, b]$, puede demostrarse que entre *todos* los valores de $f(x)$ de la función de x en $[a, b]$ debe haber un valor máximo absoluto y un valor mínimo absoluto. Esos dos valores se llaman **valores extremos** de f en ese intervalo. Esta importante propiedad de las funciones continuas se llama *teorema del valor extremo*.

> **Teorema del valor extremo**
>
> Si una función es continua en un intervalo cerrado, entonces la función tiene *tanto* un valor máximo *como* un valor mínimo en ese intervalo.

Por ejemplo, en la figura 13.25 cada función es continua en el intervalo cerrado $[1, 3]$. En forma geométrica, el teorema del valor extremo asegura que sobre este intervalo cada gráfica tiene un punto de altura máxima y otro de altura mínima.

En el teorema del valor extremo, es importante que haya una situación en la que se tenga

1. un intervalo cerrado y
2. una función continua sobre ese intervalo.

---

[2]J. I. Shonle, *Environmental Applications of General Physics* (Reading Mass.: Addison-Wesley Publishing Company, Inc., 1975).

[3]E. Renshaw, "A Note of Equity and Efficiency in the Pricing of Local Telephone Services", *The American Economic Review*, 75, núm. 3 (1985), pp. 515-518.

[4]P. Lancaster, *Mathematics: Models of the Real World* (Englewood Cliffs, NJ: Prentice-Hall, Inc., 1976).

[5]Adaptado de G. E. Folk, Jr., *Textbook of Environmental Physiology*, 2a. ed. (Filadelfia: Lea & Febiger, 1974).

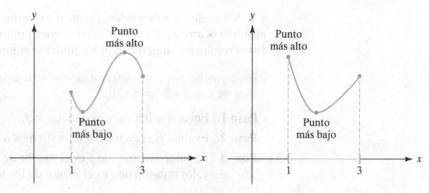

FIGURA 13.25 Ilustración del teorema de los valores extremos.

Si cualquiera de las dos condiciones anteriores (1 o 2) no se cumple, entonces los valores extremos no están garantizados. Por ejemplo, en la figura 13.26(a) se muestra la gráfica de la función continua $f(x) = x^2$ en el intervalo *abierto* $(-1, 1)$. Usted puede ver que f no tiene un valor máximo en el intervalo (aunque tenga ahí un valor mínimo). Ahora considere la función $f(x) = 1/x^2$ en el intervalo cerrado $[-1, 1]$. Aquí, f *no es continua* en 0. En la gráfica de f de la figura 13.26(b), puede verse que f no tiene un valor máximo (aunque sí tiene un valor mínimo).

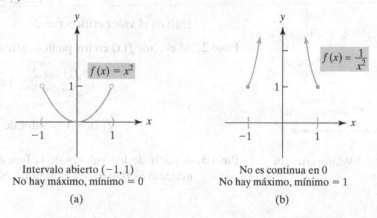

Intervalo abierto $(-1, 1)$
No hay máximo, mínimo = 0
(a)

No es continua en 0
No hay máximo, mínimo = 1
(b)

FIGURA 13.26 El teorema de los valores extremos no es aplicable.

En la sección anterior, se puso énfasis en los extremos relativos. Ahora la atención estará centrada en los extremos absolutos y se hará uso del teorema del valor extremo donde sea posible. Si el dominio de una función es un intervalo cerrado, para determinar extremos *absolutos* se debe examinar la función no sólo en los valores críticos, sino también en los puntos extremos. Por ejemplo, en la figura 13.27 se muestra la gráfica de la función continua $y = f(x)$ en $[a, b]$. El teorema del valor extremo garantiza extremos absolutos en el intervalo. Es claro que los puntos importantes sobre la gráfica se presentan en $x = a, b, c$

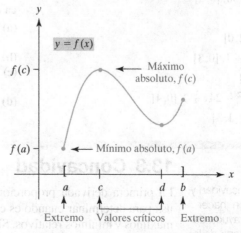

FIGURA 13.27 Extremos absolutos.

y d, los cuales corresponden a puntos extremos o a valores críticos. Note que el máximo absoluto ocurre en el valor crítico c y que el mínimo absoluto ocurre en el punto extremo a. Estos resultados sugieren el procedimiento siguiente:

Procedimiento para encontrar los extremos absolutos de una función f que es continua en $[a, b]$

Paso 1. Encontrar los valores críticos de f.

Paso 2. Evaluar $f(x)$ en los puntos extremos a y b y en los valores críticos en (a, b).

Paso 3. El valor máximo de f es el mayor de los valores encontrados en el paso 2. El valor mínimo de f es el menor de los valores encontrados en el paso 2.

EJEMPLO 1 Determinación de los valores extremos en un intervalo cerrado

Encuentre los extremos absolutos para $f(x) = x^2 - 4x + 5$ en el intervalo cerrado $[1, 4]$.

Solución: Como f es continua sobre $[1, 4]$, el procedimiento anterior es aplicable aquí.

Paso 1. Para encontrar los valores críticos de f, primero se encuentra f':

$$f'(x) = 2x - 4 = 2(x - 2)$$

Esto da el valor crítico $x = 2$.

Paso 2. Al evaluar $f(x)$ en los puntos extremos 1 y 4 y en el valor crítico 2, se tiene

$$\begin{array}{l} f(1) = 2 \\ f(4) = 5 \end{array} \quad \text{valores de } f \text{ en los extremos}$$

y

$$f(2) = 1 \quad \text{valor de } f \text{ en el valor crítico 2 en } (1, 4)$$

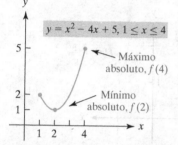

FIGURA 13.28 Valores extremos para el ejemplo 1.

Paso 3. A partir de los valores de la función evaluados en el paso 2, se concluye que el máximo es $f(4) = 5$ y el mínimo es $f(2) = 1$. (Vea la figura 13.28).

Ahora resuelva el problema 1 ◁

PROBLEMAS 13.2

En los problemas del 1 al 14, encuentre los extremos absolutos de la función dada en el intervalo indicado.

1. $f(x) = x^2 - 2x + 3, [0, 3]$

2. $f(x) = -2x^2 - 6x + 5, [-3, 2]$

3. $f(x) = \frac{1}{3}x^3 + \frac{1}{2}x^2 - 2x + 1, [-1, 0]$

4. $f(x) = \frac{1}{4}x^4 - \frac{3}{2}x^2, [0, 1]$

5. $f(x) = x^3 - 5x^2 - 8x + 50, [0, 5]$

6. $f(x) = x^{2/3}, [-8, 8]$

7. $f(x) = -3x^5 + 5x^3, [-2, 0]$

8. $f(x) = \frac{7}{3}x^3 + 2x^2 - 3x + 1, [0, 3]$

9. $f(x) = 3x^4 - x^6, [-1, 2]$

10. $f(x) = x^4 - 8x^3 + 22x^2 - 24x + 2, [0, 4]$

11. $f(x) = x^4 - 9x^2 + 2, [-1, 3]$

12. $f(x) = \dfrac{x}{x^2 + 1}, [0, 2]$

13. $f(x) = (x - 1)^{2/3}, [-26, 28]$

14. $f(x) = 0.2x^3 - 3.6x^2 + 2x + 1, [-1, 2]$

15. Considere la función

$$f(x) = x^4 + 8x^3 + 21x^2 + 20x + 9$$

en el intervalo $[-4, 9]$.

(a) Determine el o los valores (redondeados a dos decimales) de x en que f alcanza un valor mínimo.

(b) ¿Cuál es el valor mínimo (redondeado a dos decimales) de f?

(c) Determine el o los valores de x en que f alcanza un valor máximo.

(d) ¿Cuál es el valor máximo de f?

Objetivo

Probar una función por concavidad y puntos de inflexión. También, hacer el bosquejo de curvas con ayuda de la información obtenida a partir de la primera y segunda derivadas.

13.3 Concavidad

La primera derivada proporciona mucha información útil para el trazado de gráficas. Se usa para determinar cuándo es creciente o decreciente una función y para la localización de máximos y mínimos relativos. Sin embargo, para conocer la verdadera forma de una curva se necesita más información. Por ejemplo, considere la curva $y = f(x) = x^2$. Como $f'(x) = 2x$,

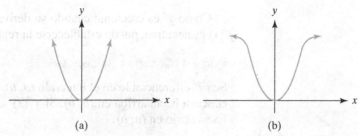

FIGURA 13.29 Dos funciones con $f'(x) < 0$ para $x < 0$ y $f'(x) > 0$ para $x > 0$.

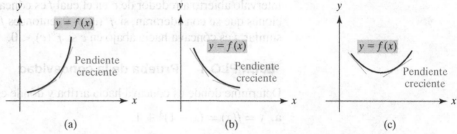

FIGURA 13.30 Cada una de las curvas es cóncava hacia arriba.

$x = 0$ es un valor crítico. Si $x < 0$, entonces $f'(x) < 0$ y f es decreciente; si $x > 0$, entonces $f'(x) > 0$ y f es creciente. Por lo tanto, se tiene un mínimo relativo cuando $x = 0$. En la figura 13.29 ambas curvas satisfacen las condiciones anteriores. Pero, ¿cuál gráfica describe verdaderamente la curva $y = x^2$? Esta pregunta se contesta con facilidad usando la segunda derivada y la noción de *concavidad*.

En la figura 13.30, observe que cada curva $y = f(x)$ se "flexiona" (o abre) hacia arriba. Esto significa que si se trazan rectas tangentes a cada curva, las curvas quedarán *por arriba* de las tangentes. Además, las pendientes de las rectas tangentes *crecen* en valor al aumentar x: en la parte (a), las pendientes van de valores positivos pequeños a valores mayores; en la parte (b), son negativas y se acercan a 0 (por ende son crecientes); en la parte (c), pasan de valores negativos a positivos. Como $f'(x)$ proporciona la pendiente en un punto, una pendiente creciente significa que f' debe ser una función creciente. Para describir esta propiedad, se dice que cada curva (o función f) de la figura 13.30 es *cóncava hacia arriba*.

En la figura 13.31, puede observarse que cada curva se encuentra por debajo de las rectas tangentes y que las curvas se flexionan hacia abajo. Cuando x aumenta, las pendientes de las rectas tangentes son *decrecientes*. Entonces, aquí f' debe ser una función decreciente y se dice que es *cóncava hacia abajo*.

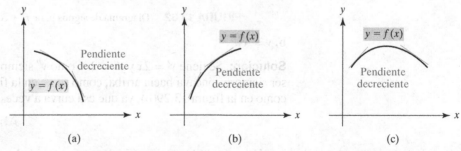

FIGURA 13.31 Cada una de las curvas es cóncava hacia abajo.

¡ADVERTENCIA!

La concavidad se refiere a si f', no f, es creciente o decreciente. En la figura 13.30(b), note que f es cóncava hacia arriba y decreciente; sin embargo, en la figura 13.31(a), f es cóncava hacia abajo y decreciente.

Definición

Sea f diferenciable en el intervalo (a, b). Entonces, se dice que f es **cóncava hacia arriba** [**cóncava hacia abajo**] en (a, b) si f' es creciente [decreciente] sobre (a, b). (Tome en cuenta que en economía se acostumbra llamar *funciones convexas* a aquellas que son cóncavas hacia arriba y *funciones cóncavas* a las funciones que son cóncavas hacia abajo).

Recuerde: Si f es cóncava hacia arriba en un intervalo, entonces, desde el punto de vista geométrico, ahí su gráfica se flexiona hacia arriba. Si f es cóncava hacia abajo, su gráfica se flexiona hacia abajo.

Como f' es creciente cuando su derivada $f'(x)$ es positiva y f' es decreciente cuando $f'(x)$ es negativa, puede establecerse la regla siguiente:

Regla 1 Criterios de concavidad

Sea f' diferenciable en el intervalo (a, b). Si $f'(x) > 0$ para toda x en (a, b), entonces f es cóncava hacia arriba en (a, b). Si $f''(x) < 0$ para toda x en (a, b), entonces f es cóncava hacia abajo en (a, b).

También se dice que una función f es cóncava hacia arriba en un punto c si existe un intervalo abierto alrededor de c en el cual f es cóncava hacia arriba. De hecho, para las funciones que se considerarán, si $f''(c) > 0$, entonces f es cóncava hacia arriba en c. En forma similar, f es cóncava hacia abajo en c si $f''(c) < 0$.

EJEMPLO 1 Prueba de la concavidad

Determine dónde es cóncava hacia arriba y dónde es cóncava hacia abajo la función dada.

a. $y = f(x) = (x-1)^3 + 1$.

Solución: Para aplicar la regla 1, se deben examinar los signos de y''. Ahora, $y' = 3(x-1)^2$, por lo que

$$y'' = 6(x-1)$$

Así, f es cóncava hacia arriba cuando $6(x-1) > 0$; esto es, cuando $x > 1$. Y f es cóncava hacia abajo cuando $6(x-1) < 0$; esto es, cuando $x < 1$. A continuación se usa un diagrama de signos para f'' (junto con un renglón de interpretación de f) con el fin de organizar las conclusiones a que hemos llegado. (Vea la figura 13.32).

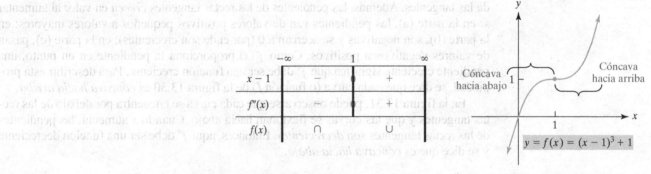

FIGURA 13.32 Diagrama de signos para f'' y concavidad para $f(x) = (x-1)^3 + 1$.

b. $y = x^2$.

Solución: Se tiene $y' = 2x$ y $y'' = 2$. Como y'' siempre es positiva, la gráfica de $y = x^2$ debe ser siempre cóncava hacia arriba, como se ve en la figura 13.29(a). La gráfica no puede ser como en la figura 13.29(b), ya que esa curva a veces es cóncava hacia abajo.

Ahora resuelva el problema 1 ◁

Un punto sobre una gráfica cuya concavidad cambia de ser cóncava hacia abajo a ser cóncava hacia arriba, o viceversa, como el punto $(1, 1)$ de la figura 13.32, se llama *punto de inflexión*. Alrededor de tal punto, el signo de $f''(x)$ debe pasar de $-$ a $+$ o de $+$ a $-$. De manera más precisa, se tiene la siguiente definición:

Definición

La definición de un punto de inflexión implica que a está en el dominio de f.

Una función f tiene un *punto de inflexión* en a si y sólo si f es continua en a y cambia de concavidad en a.

Para determinar la concavidad de una función y sus puntos de inflexión, encuentre primero los valores de x donde $f''(x)$ es 0 o no está definida. Esos valores de x determinan intervalos. En cada intervalo, determine si $f''(x) > 0$ (f es cóncava hacia arriba) o $f''(x) < 0$ (f es cóncava hacia abajo). Si la concavidad cambia alrededor de uno de esos valores de x y f es continua ahí, entonces f tiene un punto de inflexión en ese valor de x. El requisito de continuidad implica que el valor x debe estar en el dominio de la función. En breve, un *candidato* a punto de inflexión debe satisfacer dos condiciones:

1. f'' debe ser 0 o no existir en ese punto.
2. f debe ser continua en ese punto.

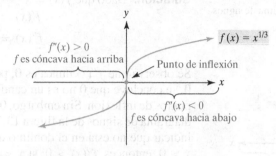

FIGURA 13.33   Punto de inflexión para $f(x) = x^{1/3}$.

El candidato *será* un punto de inflexión si la concavidad cambia a su alrededor. Por ejemplo, si $f(x) = x^{1/3}$, entonces $f'(x) = \frac{1}{3}x^{-2/3}$ y

$$f''(x) = -\frac{2}{9}x^{-5/3} = -\frac{2}{9x^{5/3}}$$

Como f'' no existe en 0, pero f es continua en 0, se tiene un candidato a punto de inflexión en 0. Si $x > 0$, entonces $f''(x) < 0$, por lo que f es cóncava hacia abajo para $x > 0$; si $x < 0$, entonces $f''(x) > 0$, por lo que f es cóncava hacia arriba para $x < 0$. Como la concavidad cambia en 0, ahí se tiene un punto de inflexión. (Vea la figura 13.33).

EJEMPLO 2   Concavidad y puntos de inflexión

Pruebe la concavidad y los puntos de inflexión de $y = 6x^4 - 8x^3 + 1$.

Solución: Se tiene

$$y' = 24x^3 - 24x^2$$
$$y'' = 72x^2 - 48x = 24x(3x - 2)$$

	$-\infty$		0		2/3		∞
x		$-$	0	$+$		$+$	
$3x - 2$		$-$		$-$	0	$+$	
y''		$+$	0	$-$	0	$+$	
y		$\cup$		$\cap$		$\cup$	

FIGURA 13.34   Diagrama de signos de $y'' = 24x(3x - 2)$ para $y = 6x^4 - 8x^3 + 1$.

Para encontrar cuándo $y'' = 0$, se iguala a 0 cada factor incluido en y''. Esto da $x = 0, \frac{2}{3}$. También se observa que y'' nunca deja de estar definida. Así, hay tres intervalos por considerar, tal como se registra en la parte superior del diagrama de signos de la figura 13.34. Como y es continua en 0 y en $\frac{2}{3}$, esos puntos son candidatos a puntos de inflexión. Después de completar el diagrama de signos, se observan los cambios de concavidad en 0 y $\frac{2}{3}$. Así que estos candidatos son en efecto puntos de inflexión. (Vea la figura 13.35). En resumen, la curva es cóncava hacia arriba en $(-\infty, 0)$ y $(\frac{2}{3}, \infty)$ y es cóncava hacia abajo en $(0, \frac{2}{3})$. Los puntos de inflexión ocurren en 0 y en $\frac{2}{3}$. Estos puntos son $(0, y(0)) = (0, 1)$ y $(\frac{2}{3}, y(\frac{2}{3})) = (\frac{2}{3}, -\frac{5}{27})$.

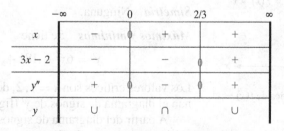

FIGURA 13.35   Gráfica de $y = 6x^4 - 8x^3 + 1$.

Ahora resuelva el problema 13 ◁

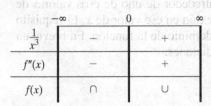

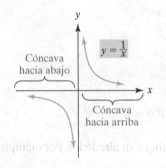

FIGURA 13.36 Diagrama de signos para $f''(x)$.

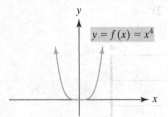

FIGURA 13.37 Gráfica de $y = \dfrac{1}{x}$.

¡ADVERTENCIA!

Un candidato a punto de inflexión no tiene que ser necesariamente un punto de inflexión. Por ejemplo, si $f(x) = x^4$, entonces $f''(x) = 12x^2$ y $f''(0) = 0$. Pero, $f''(x) > 0$ tanto cuando $x < 0$ como cuando $x > 0$. Así que la concavidad no cambia y no se tienen puntos de inflexión. (Vea la figura 13.38).

FIGURA 13.38 Gráfica de $f(x) = x^4$.

Tal como se hizo en el análisis de las gráficas crecientes y decrecientes, en la concavidad debe considerarse el estudio de aquellos puntos a que no están en el dominio de f pero son puntos cercanos en el dominio de f. Esto se ilustrará en el ejemplo siguiente.

EJEMPLO 3   **Cambio en la concavidad sin punto de inflexión**

Analice la concavidad y encuentre todos los puntos de inflexión de $f(x) = \dfrac{1}{x}$.

Solución: Dado que $f(x) = x^{-1}$ para $x \neq 0$,

$$f'(x) = -x^{-2} \quad \text{para } x \neq 0$$
$$f''(x) = 2x^{-3} = \frac{2}{x^3} \quad \text{para } x \neq 0$$

Se observa que $f''(x)$ nunca es 0, pero no está definida en $x = 0$. Como f no es continua en 0, se concluye que 0 no es un candidato a punto de inflexión. Así, la función dada no tiene puntos de inflexión. Sin embargo, 0 debe considerarse en el análisis de la concavidad. Vea el diagrama de signos de la figura 13.36; observe que se ha trazado una línea vertical en 0 para indicar que no está en el dominio de f y no puede corresponder a un punto de inflexión. Si $x > 0$, entonces $f''(x) > 0$; si $x < 0$, entonces $f''(x) < 0$. Por lo tanto, f es cóncava hacia arriba en $(0, \infty)$ y cóncava hacia abajo en $(-\infty, 0)$. (Vea la figura 13.37). Aunque la concavidad cambia alrededor de $x = 0$, ahí no existe punto de inflexión porque f no es continua en 0 (ni está definida ahí).

Ahora resuelva el problema 23 ◁

Trazado de una curva

EJEMPLO 4   **Trazado de una curva**

Trace la gráfica de $y = 2x^3 - 9x^2 + 12x$.

Solución:

Intersecciones   Si $x = 0$, entonces $y = 0$. Haciendo $y = 0$, resulta que $0 = x(2x^2 - 9x + 12)$. Claramente, $x = 0$ es una solución y, al utilizar la fórmula cuadrática en $2x^2 - 9x + 12 = 0$, se encuentra que no tiene raíces reales. Por lo tanto, la única intersección es $(0, 0)$. De hecho, como $2x^2 - 9x + 12$ es una función continua cuyo valor en 0 es $2 \cdot 0^2 - 9 \cdot 0 + 12 = 12 > 0$, se concluye que $2x^2 - 9x + 12 > 0$ para toda x, lo cual da el diagrama de signos de la figura 13.39 para y.

Observe que este diagrama indica que la gráfica de $y = 2x^3 - 9x^2 + 12x$ está confinada al tercero y cuarto cuadrantes del plano xy.

Simetría   Ninguna.

Máximos y mínimos   Se tiene

$$y' = 6x^2 - 18x + 12 = 6(x^2 - 3x + 2) = 6(x - 1)(x - 2)$$

Los valores críticos son $x = 1, 2$, de manera que éstos y los factores $x - 1$ y $x - 2$ determinan el diagrama de signos de y' (figura 13.40).

A partir del diagrama de signos para y' vemos que existe un máximo relativo en 1 y un mínimo relativo en 2. Observe también que la línea inferior de la figura 13.40, junto con la de la figura 13.39, ayuda a determinar una gráfica precisa de $y = 2x^3 - 9x^2 + 12x$. Por

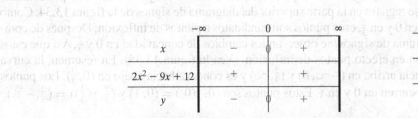

FIGURA 13.39 Diagrama de signos para y.

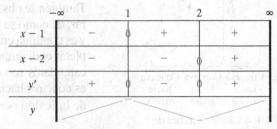

FIGURA 13.40 Diagrama de signos de $y' = 6(x - 1)(x - 2)$.

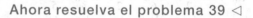

	−∞		3/2		∞
$2x-3$		−	0	+	
y''		−	0	+	
y		∩		∪	

FIGURA 13.41   Diagrama de signos de y''.

supuesto, ayudará también a conocer el máximo relativo $y(1) = 5$, el cual ocurre en 1, y el mínimo relativo $y(2) = 4$, que ocurre en 2, de manera que además de la intersección $(0, 0)$ también se graficará $(1, 5)$ y $(2, 4)$.

Concavidad

$$y'' = 12x - 18 = 6(2x - 3)$$

Al hacer $y'' = 0$, resulta un punto de inflexión posible en $x = \frac{3}{2}$, a partir del cual se construye el diagrama de signos para y'' mostrado en la figura 13.41.

Como la concavidad cambia en $x = \frac{3}{2}$, en cuyo punto f es ciertamente continua, existe un punto de inflexión en $\frac{3}{2}$.

Análisis   Se conocen las coordenadas de tres de los puntos importantes de la gráfica. Desde nuestra perspectiva, el otro único punto importante es el punto de inflexión y, como $y(3/2) = 2(3/2)^3 - 9(3/2)^2 + 12(3/2) = 9/2$, el punto de inflexión es $(3/2, 9/2)$.

Se grafican los cuatro puntos indicados anteriormente y se observa, a partir de los tres diagramas de signos en conjunto, que la curva crece a través del tercer cuadrante y pasa por $(0, 0)$, siendo cóncava hacia abajo hasta que alcanza un máximo relativo en $(1, 5)$. Después la curva cae hasta llegar a un mínimo relativo en $(2, 4)$. Sin embargo, en ese transcurso la concavidad cambia en $(3/2, 9/2)$ de cóncava hacia abajo a cóncava hacia arriba y permanece así por el resto de la curva. Después de $(2, 4)$ la curva es creciente a través del primer cuadrante. La gráfica se presenta en la figura 13.42.

Ahora resuelva el problema 39 ◁

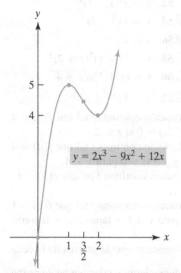

FIGURA 13.42   Gráfica de $y = 2x^3 - 9x^2 + 12x$.

TECNOLOGÍA ▮▮▮▮▮

Suponga que usted desea encontrar los puntos de inflexión para

$$f(x) = \frac{1}{20}x^5 - \frac{17}{16}x^4 + \frac{273}{32}x^3 - \frac{4225}{128}x^2 + \frac{750}{4}$$

La segunda derivada de f está dada por

$$f''(x) = x^3 - \frac{51}{4}x^2 + \frac{819}{16}x - \frac{4225}{64}$$

Aquí las raíces de $f'' = 0$ no son obvias. Por ello, se graficará f'' utilizando una calculadora gráfica. (Vea la figura 13.43). Se encuentra que las raíces de $f'' = 0$ son aproximadamente 3.25 y 6.25. Alrededor de $x = 6.25$, $f''(x)$ pasa de valores negativos a positivos. Así, en $x = 6.25$ se tiene un punto de inflexión. Alrededor de $x = 3.25$, $f''(x)$ no cambia de signo, por lo que no existe punto de inflexión en $x = 3.25$. Al comparar estos resultados con la gráfica de f mostrada en la figura 13.44, se ve que todo concuerda.

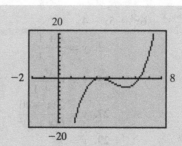

FIGURA 13.43   Gráfica de f''; las raíces de $f'' = 0$ son aproximadamente 3.25 y 6.25.

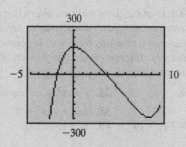

FIGURA 13.44   Gráfica de f; punto de inflexión en $x = 6.25$, pero no en $x = 3.25$.

PROBLEMAS 13.3

En los problemas del 1 al 6, se da una función y su segunda derivada. Determine la concavidad de f y los valores de x en los que se presentan los puntos de inflexión.

1. $f(x) = x^4 - 3x^3 - 6x^2 + 6x + 1; f''(x) = 6(2x+1)(x-2)$

2. $f(x) = \frac{x^5}{20} + \frac{x^4}{4} - 2x^2; f''(x) = (x-1)(x+2)^2$

3. $f(x) = \frac{2 + x - x^2}{x^2 - 2x + 1}; f''(x) = \frac{2(7-x)}{(x-1)^4}$

4. $f(x) = \frac{x^2}{(x-1)^2}; f''(x) = \frac{2(2x+1)}{(x-1)^4}$

5. $f(x) = \frac{x^2+1}{x^2-2}; f''(x) = \frac{6(3x^2+2)}{(x^2-2)^3}$

6. $f(x) = x\sqrt{a^2 - x^2}; f''(x) = \frac{x(2x^2 - 3a^2)}{(a^2 - x^2)^{3/2}}$

En los problemas del 7 al 34, determine la concavidad y los valores de x en los que se presentan los puntos de inflexión. No trace las gráficas.

7. $y = -2x^2 + 4x$ **8.** $y = -74x^2 + 19x - 37$

9. $y = 4x^3 + 12x^2 - 12x$ **10.** $y = x^3 - 6x^2 + 9x + 1$

11. $y = ax^3 + bx^2 + cx + d$ **12.** $y = x^4 - 8x^2 - 6$

13. $y = 2x^4 - 48x^2 + 7x + 3$ **14.** $y = -\frac{x^4}{4} + \frac{9x^2}{2} + 2x$

15. $y = 2x^{1/5}$ **16.** $y = \frac{a}{x^3}$

17. $y = \frac{x^4}{2} + \frac{19x^3}{6} - \frac{7x^2}{2} + x + 5$

18. $y = -\frac{5}{2}x^4 - \frac{1}{6}x^3 + \frac{1}{2}x^2 + \frac{1}{3}x - \frac{2}{5}$

19. $y = \frac{1}{20}x^5 - \frac{1}{4}x^4 + \frac{1}{6}x^3 - \frac{1}{2}x - \frac{2}{3}$

20. $y = \frac{1}{10}x^5 - 3x^3 + 17x + 43$

21. $y = \frac{1}{30}x^6 - \frac{7}{12}x^4 + 6x^2 + 5x - 4$

22. $y = x^6 - 3x^4$ **23.** $y = \frac{x+1}{x-1}$

24. $y = 1 - \frac{1}{x^2}$ **25.** $y = \frac{x^2}{x^2+1}$

26. $y = \frac{ax^2}{x+b}$ **27.** $y = \frac{21x+40}{6(x+3)^2}$

28. $y = 3(x^2 - 2)^2$ **29.** $y = 5e^x$

30. $y = e^x - e^{-x}$ **31.** $y = axe^x$

32. $y = xe^{x^2}$ **33.** $y = \frac{\ln x}{2x}$ **34.** $y = \frac{x^2+1}{3e^x}$

En los problemas del 35 al 62, determine los intervalos en los que la función es creciente, decreciente, cóncava hacia arriba y cóncava hacia abajo; los máximos y mínimos relativos; los puntos de inflexión; la simetría y las intersecciones que puedan obtenerse de manera conveniente. Después bosqueje la gráfica.

35. $y = x^2 - x - 6$ **36.** $y = x^2 + a$ para $a > 0$

37. $y = 5x - 2x^2$ **38.** $y = x - x^2 + 2$

39. $y = x^3 - 9x^2 + 24x - 19$ **40.** $y = x^3 - 25x^2$

41. $y = \frac{x^3}{3} - 5x$ **42.** $y = x^3 - 6x^2 + 9x$

43. $y = x^3 - 3x^2 + 3x - 3$ **44.** $y = 2x^3 + \frac{5}{2}x^2 + 2x$

45. $y = 4x^3 - 3x^4$ **46.** $y = -x^3 + 8x^2 - 5x + 3$

47. $y = -2 + 12x - x^3$ **48.** $y = (3 + 2x)^3$

49. $y = 2x^3 - 6x^2 + 6x - 2$ **50.** $y = \frac{x^5}{100} - \frac{x^4}{20}$

51. $y = 16x - x^5$ **52.** $y = x^2(x-1)^2$

53. $y = 3x^4 - 4x^3 + 1$ **54.** $y = 3x^5 - 5x^3$

55. $y = 4x^2 - x^4$ **56.** $y = x^2e^x$

57. $y = x^{1/3}(x-8)$ **58.** $y = (x-1)^2(x+2)^2$

59. $y = 4x^{1/3} + x^{4/3}$ **60.** $y = (x+1)\sqrt{x+4}$

61. $y = 2x^{2/3} - x$ **62.** $y = 5x^{2/3} - x^{5/3}$

63. Bosqueje la gráfica de una función continua f tal que $f(2) = 4$, $f'(2) = 0$, $f'(x) < 0$ si $x < 2$ y $f''(x) > 0$ si $x > 2$.

64. Bosqueje la gráfica de una función continua f tal que $f(4) = 4$, $f'(4) = 0$, $f''(x) < 0$ para $x < 4$ y $f''(x) > 0$ para $x > 4$.

65. Bosqueje la gráfica de un función continua f tal que $f(1) = 1$, $f'(1) = 0$ y $f''(x) < 0$ para toda x.

66. Bosqueje la gráfica de una función continua f tal que $f(1) = 1$, tanto $f'(x) < 0$ como $f''(x) < 0$ para $x < 1$, y tanto $f(x) > 0$ como $f''(x) < 0$ para $x > 1$.

67. Ecuación de demanda Demuestre que la gráfica de la ecuación de demanda $p = \dfrac{100}{q+2}$ es decreciente y cóncava hacia arriba para $q > 0$.

68. Costo promedio Para la función de costo

$$c = q^2 + 2q + 1$$

demuestre que la gráfica de la función de costo promedio $\bar{c}$ siempre es cóncava hacia arriba para $q > 0$.

69. Especies de plantas El número de especies de plantas incluidas en un lote puede depender del tamaño del lote. Por ejemplo, en la figura 13.45, se ve que en lotes de 1 m² hay tres especies (A, B y C en el lote izquierdo; A, B y D en el lote derecho) y que en un lote de 2 m² hay cuatro especies (A, B, C y D).

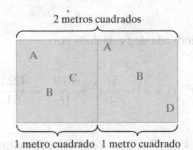

FIGURA 13.45

En un estudio acerca de las plantas con raíz de cierta región geográfica,[6] se determinó que el número promedio de especies, S, que se

---

[6]Adaptado de R. W. Poole, *An Introduction to Quantitative Ecology* (Nueva York: McGraw-Hill Book Company, 1974).

presentan en lotes de tamaño A (en metros cuadrados) está dado por

$$S = f(A) = 12\sqrt[4]{A} \quad 0 \le A \le 625$$

Bosqueje la gráfica de f. (*Nota:* Su gráfica debe ser creciente y cóncava hacia abajo. Por ello, el número de especies es creciente con respecto al área, pero a una razón decreciente).

70. Artículo inferior   En un análisis de un artículo inferior, Persky[7] considera una función de la forma

$$g(x) = e^{(U_0/A)} e^{-x^2/(2A)}$$

donde x es determinada cantidad del artículo, U_0 es una constante que representa la utilidad y A es una constante positiva. Persky afirma que la gráfica de g es cóncava hacia abajo para $x > \sqrt{A}$ y cóncava hacia arriba para $x > \sqrt{A}$. Verifique esto.

71. Psicología   En un experimento psicológico que implicaba respuestas condicionadas,[8] varias personas escucharon cuatro tonos, denotados como 0, 1, 2 y 3. Inicialmente, las personas se condicionaron al tono 0 al recibir un choque eléctrico siempre que lo oían. Luego, cuando cada uno de los cuatro tonos (estímulos) se escucharon sin choques eléctricos, la respuesta del sujeto se registró por medio de un dispositivo rastreador que medía la reacción galvánica de la piel. Se determinó la respuesta media para cada estímulo (sin choque eléctrico) y los resultados se graficaron en un plano coordenado, donde los ejes x y y representan el estímulo (0, 1, 2 y 3) y la respuesta galvánica promedio, respectivamente. También se determinó que los puntos se ajustan a una curva dada aproximadamente por la gráfica de

$$y = 12.5 + 5.8(0.42)^x$$

Demuestre que esta función es decreciente y cóncava hacia arriba.

72. Entomología   En un estudio sobre los efectos de la privación de alimento en condiciones de hambre,[9] un insecto fue alimentado hasta que su apetito estuvo completamente satisfecho. Después fue privado de alimento durante t horas (periodo de privación). Al final de este periodo, el insecto de nuevo fue alimentado hasta que su apetito estuvo completamente satisfecho. Se encontró estadísticamente que el peso H (en gramos) del alimento que se consumió en este tiempo era una función de t, donde

$$H = 1.00[1 - e^{-(0.0464t + 0.0670)}]$$

Aquí H es una medida del hambre. Demuestre que H es creciente con respecto a t y cóncava hacia abajo.

73. Dispersión de insectos   En un experimento sobre la dispersión de un insecto específico,[10] se coloca un gran número de insectos en un punto de liberación en un campo abierto. Alrededor de este punto hay trampas dispuestas según un arreglo circular concéntrico a distancias de 1 m, 2 m, 3 m, etc., del punto de liberación. Veinticuatro horas después de que se liberan, se cuenta el número de insectos contenidos en cada trampa. Se determinó que a una distancia de r metros del punto en que se ponen en libertad, el número promedio de insectos contenidos en una trampa es

$$n = f(r) = 0.1 \ln (r) + \frac{7}{r} - 0.8 \quad 1 \le r \le 10$$

(a) Demuestre que la gráfica de f es siempre decreciente y cóncava hacia arriba. (b) Bosqueje la gráfica de f. (c) Cuando $r = 5$, ¿a qué razón está decreciendo el número promedio de insectos contenidos en una trampa con respecto a la distancia?

74. Grafique $y = -0.35x^3 - 4.1x^2 + 8.3x - 7.4$ y, con base en la gráfica, determine el número de (a) puntos máximos relativos, (b) puntos mínimos relativos y (c) puntos de inflexión.

75. Grafique $y = x^5(x - 2.3)$ y, con base en la gráfica, determine el número de puntos de inflexión. Ahora, pruebe que para cualquier $a \ne 0$, la curva $y = x^5(x - a)$ tiene dos puntos de inflexión.

76. Grafique $y = xe^{-x}$ y determine el número de puntos de inflexión, primero usando una calculadora gráfica y después por medio de las técnicas de este capítulo. Si una ecuación de demanda tiene la forma $q = q(p) = Qe^{-Rp}$ para las constantes Q y R, relacione la gráfica de la función de ingreso resultante con la de la función graficada anteriormente considerando a $Q = 1 = R$.

77. Grafique la curva $y = x^3 - 2x^2 + x + 3$ y también la recta tangente a la curva en $x = 2$. Alrededor de $x = 2$, ¿está la curva arriba o debajo de la recta tangente? Con base en su apreciación, determine la concavidad en $x = 2$.

78. Si $f(x) = 2x^3 + 3x^2 - 6x + 1$, encuentre $f'(x)$ y $f''(x)$. Observe que donde f' tiene un mínimo relativo, f cambia la dirección de su flexión (convexidad). ¿Por qué?

79. Si $f(x) = x^6 + 3x^5 - 4x^4 + 2x^2 + 1$, encuentre los valores x (redondeados a dos decimales) de los puntos de inflexión de f.

80. Si $f(x) = \dfrac{x + 1}{x^2 + 1}$, determine los valores x (redondeados a dos decimales) de los puntos de inflexión de f.

Objetivo

Localizar extremos relativos mediante aplicación de la prueba de la segunda derivada.

13.4 Prueba de la segunda derivada

La segunda derivada puede usarse para probar si ciertos valores críticos corresponden a valores extremos relativos. En la figura 13.46, observe que se tiene una tangente horizontal en a; esto es, $f'(a) = 0$. Además, alrededor de a la función es cóncava hacia arriba [esto es, $f''(a) > 0$]. Lo anterior lleva a concluir que habrá un mínimo relativo en a. Por otra parte, alrededor de b la función es cóncava hacia abajo [esto es, $f''(b) < 0$]. Como la recta tangente

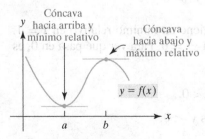

FIGURA 13.46   Relación de la concavidad con los extremos relativos.

[7]A. L. Persky, "An Inferior Good and a Novel Indifference Map", *The American Economist* XXIX, núm. 1 (1985), pp. 67-69.

[8]Adaptado de C. I. Hovland, "The Generalization of Conditioned Responses: I. The Sensory Generalization of Conditioned Responses with Varying Frequencies of Tone", *Journal of General Psychology*, 17 (1937), pp. 125-148.

[9]C. S. Holling, "The Functional Response of Invertebrate Predators to Prey Density", *Memoirs of the Entomological Society of Canada*, núm. 48 (1966).

[10]Adaptado de Poole, *op. cit.*

es horizontal en b, se concluye que ahí existe un máximo relativo. Esta técnica de examinar la segunda derivada en puntos donde la primera derivada es 0 se llama *prueba de la segunda derivada* para extremos relativos.

Prueba de la segunda derivada para extremos relativos

Suponga que $f'(a) = 0$.

   Si $f''(a) < 0$, entonces f tiene un máximo relativo en a.

   Si $f''(a) > 0$, entonces f tiene un mínimo relativo en a.

Se debe enfatizar que la *prueba de la segunda derivada* no *es aplicable cuando* $f''(a) = 0$. Si tanto $f'(a) = 0$ como $f''(a) = 0$, entonces puede existir un máximo relativo, un mínimo relativo o ninguno de éstos en a. En esos casos debe usarse la prueba de la primera derivada para analizar qué está sucediendo en a. [Además, la prueba de la segunda derivada no es aplicable cuando $f'(a)$ no existe].

EJEMPLO 1   Prueba de la segunda derivada

Analice las siguientes funciones en relación con sus máximos y mínimos relativos. De ser posible, utilice la prueba de la segunda derivada.

a. $y = 18x - \frac{2}{3}x^3$.

Solución:

$$y' = 18 - 2x^2 = 2(9 - x^2) = 2(3 + x)(3 - x)$$

$$y'' = -4x \qquad \text{tomando } \frac{d}{dx} \text{ de } 18 - 2x^2$$

Al resolver $y' = 0$ se obtienen los valores críticos $x = \pm 3$.

$$\text{Si } x = 3, \quad \text{entonces } y'' = -4(3) = -12 < 0.$$

Existe un máximo relativo cuando $x = 3$.

$$\text{Si } x = -3, \quad \text{entonces } y'' = -4(-3) = 12 > 0.$$

Existe un mínimo relativo cuando $x = -3$. (Consulte la figura 13.4).

b. $y = 6x^4 - 8x^3 + 1$.

Solución:

$$y' = 24x^3 - 24x^2 = 24x^2(x - 1)$$

$$y'' = 72x^2 - 48x$$

Al resolver $y' = 0$, se obtienen los valores críticos $x = 0, 1$. Se observa que

$$\text{si } x = 0, \quad \text{entonces } y'' = 0$$

y

$$\text{si } x = 1, \quad \text{entonces } y'' > 0$$

De acuerdo con la prueba de la segunda derivada, se tiene un mínimo relativo en $x = 1$. No se puede aplicar la prueba cuando $x = 0$ porque ahí $y'' = 0$. Para ver qué pasa en 0, es necesario realizar la prueba de la primera derivada:

$$\text{Si } x < 0, \quad \text{entonces } y' < 0.$$

$$\text{Si } 0 < x < 1, \quad \text{entonces } y' < 0.$$

Por lo tanto, no existe máximo ni mínimo en $x = 0$. (Consulte la figura 13.35).

¡ADVERTENCIA!

Aunque la prueba de la segunda derivada puede ser muy útil, se recomienda no depender por completo de ella. Esta prueba puede no ser aplicable y, además, en ocasiones podría resultar muy complicado encontrar la segunda derivada.

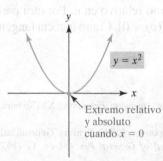

FIGURA 13.47 Exactamente un extremo relativo implica un extremo absoluto.

Ahora resuelva el problema 5 ◁

Si una función continua tiene *exactamente un* extremo relativo en un intervalo, puede demostrarse que el extremo relativo también debe ser un extremo *absoluto* en el intervalo. Para ilustrar esto, en la figura 13.47 la función $y = x^2$ tiene un mínimo relativo cuando $x = 0$ y no hay otros extremos relativos. Como $y = x^2$ es continua, este mínimo relativo es también un mínimo absoluto para la función.

> **EJEMPLO 2**   **Extremos absolutos**

Si $y = f(x) = x^3 - 3x^2 - 9x + 5$, determine dónde ocurren los extremos absolutos en el intervalo $(0, \infty)$.

Solución: Se tiene

$$f'(x) = 3x^2 - 6x - 9 = 3(x^2 - 2x - 3)$$
$$= 3(x + 1)(x - 3)$$

El único valor crítico existente en el intervalo $(0, \infty)$ es 3. Al aplicar la prueba de la segunda derivada en este punto, se obtiene

$$f''(x) = 6x - 6$$
$$f''(3) = 6(3) - 6 = 12 > 0$$

Así, existe un mínimo relativo en 3. Como éste es el único extremo relativo en $(0, \infty)$ y f es continua ahí, se concluye a partir del análisis previo que, en realidad, hay un valor mínimo *absoluto* en 3; este valor es $f(3) = -22$. (Vea la figura 13.48).

Ahora resuelva el problema 3 ◁

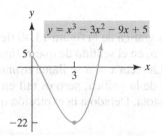

FIGURA 13.48   En $(0, \infty)$, existe un mínimo absoluto en 3.

PROBLEMAS 13.4

En los problemas del 1 al 14, realice la prueba para máximos y mínimos. En caso de ser posible, use la prueba de la segunda derivada. En los problemas del 1 al 4 establezca si los extremos relativos son también extremos absolutos.

1. $y = x^2 - 5x + 6$

2. $y = 3x^2 + 12x + 14$

3. $y = -4x^2 + 2x - 8$

4. $y = 3x^2 - 5x + 6$

5. $y = \frac{1}{3}x^3 + 2x^2 - 5x + 1$

6. $y = x^3 - 12x + 1$

7. $y = 2x^3 - 3x^2 - 36x + 17$

8. $y = x^4 - 2x^2 + 4$

9. $y = 7 - 2x^4$

10. $y = -2x^7$

11. $y = 81x^5 - 5x$

12. $y = 15x^3 + x^2 - 15x + 2$

13. $y = (x^2 + 7x + 10)^2$

14. $y = -x^3 + 3x^2 + 9x - 2$

Objetivo

Determinar asíntotas horizontales y verticales para una curva y bosquejar las gráficas de funciones que tienen asíntotas.

13.5 Asíntotas

Asíntotas verticales

En esta sección, se concluye el análisis de los procedimientos utilizados para el trazado de curvas mediante la investigación de las funciones que tienen *asíntotas*. Una asíntota es una recta a la que una curva se acerca cada vez más. (También existen asíntotas curvilíneas: una asíntota curvilínea es una curva a la que la gráfica de una función se acerca cada vez más). Por ejemplo, en cada inciso de la figura 13.49, la línea punteada $x = a$ es una asíntota.

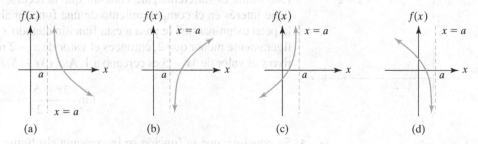

(a)   (b)   (c)   (d)

FIGURA 13.49   Asíntotas verticales $x = a$.

Para dar más precisión a esto, es necesario hacer uso de los límites infinitos. En la figura 13.49(a), observe que cuando $x \to a^+$, $f(x)$ se vuelve positivamente infinita:

$$\lim_{x \to a^+} f(x) = \infty$$

En la figura 13.49(b), cuando $x \to a^+$, $f(x)$ se vuelve negativamente infinita:

$$\lim_{x \to a^+} f(x) = -\infty$$

En las figuras 13.49(c) y (d), se tiene

$$\lim_{x \to a^-} f(x) = \infty \qquad y \qquad \lim_{x \to a^-} f(x) = -\infty$$

respectivamente.

Hablando de manera informal, se puede decir que cada gráfica de la figura 13.49 tiene una "explosión" alrededor de la línea vertical punteada $x = a$, en el sentido de que el límite de $f(x)$ desde alguno de sus lados en a es ∞ o bien $-\infty$. La recta $x = a$ se llama *asíntota vertical* de la gráfica. Una asíntota vertical no forma parte de la gráfica, pero es útil en el trazado de ésta porque parte de la gráfica se acerca a la asíntota. Debido a la explosión que ocurre alrededor de $x = a$, la función *no* es continua en a.

Definición

La recta $x = a$ es una ***asíntota vertical*** para la gráfica de la función si y sólo si se cumple al menos uno de los enunciados siguientes:

$$\lim_{x \to a^+} f(x) = \pm\infty$$

o

$$\lim_{x \to a^-} f(x) = \pm\infty$$

Para determinar asíntotas verticales, se deben encontrar valores de x alrededor de los cuales $f(x)$ aumente o disminuya sin cota alguna. Para una función racional (cociente de dos polinomios) *expresada en los términos mínimos (mínima expresión)*, esos valores de x son precisamente aquéllos para los que el denominador se hace 0 pero el numerador no se hace 0. Por ejemplo, considere la función racional

$$f(x) = \frac{3x - 5}{x - 2}$$

Cuando x es 2, el denominador es 0, pero el numerador no. Si x es ligeramente mayor que 2, entonces el valor de $x - 2$ resulta cercano a 0 y positivo y el valor de $3x - 5$ es cercano a 1. Así, $(3x - 5)/(x - 2)$ es muy grande, por lo que

$$\lim_{x \to 2^+} \frac{3x - 5}{x - 2} = \infty$$

Este límite es suficiente para concluir que la recta $x = 2$ es una asíntota vertical. Como se tiene interés en el comportamiento de una función alrededor de una asíntota vertical, vale la pena examinar qué le pasa a esta función cuando x se acerca a 2 por la izquierda. Si x es ligeramente menor que 2, entonces el valor de $x - 2$ resulta ser muy cercano a 0 pero negativo y el valor de $3x - 5$ es cercano a 1. Así, $(3x - 5)/(x - 2)$ es "muy negativo", por lo que

$$\lim_{x \to 2^-} \frac{3x - 5}{x - 2} = -\infty$$

Se concluye que la función se incrementa sin límite cuando $x \to 2^+$ y decrece sin límite cuando $x \to 2^-$. La gráfica se muestra en la figura 13.50.

¡ADVERTENCIA!

Para verificar que la condición acerca de los *términos mínimos* es necesaria, observe que

$$f(x) = \frac{3x - 5}{x - 2} = \frac{(3x - 5)(x - 2)}{(x - 2)^2}$$

de manera que $x = 2$ es una asíntota vertical de $\dfrac{(3x - 5)(x - 2)}{(x - 2)^2}$, y aquí 2 iguala a 0 *tanto* al denominador *como* al numerador.

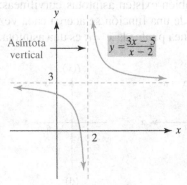

FIGURA 13.50 Gráfica de $y = \dfrac{3x - 5}{x - 2}$

En resumen, se tiene una regla para las asíntotas verticales.

Regla de las asíntotas verticales para funciones racionales

Suponga que

$$f(x) = \frac{P(x)}{Q(x)}$$

donde P y Q son funciones polinomiales y el cociente está en los términos mínimos. La recta $x = a$ es una asíntota vertical para la gráfica de f si y sólo si $Q(a) = 0$ y $P(a) \neq 0$.

[Aquí podría pensarse que con "términos mínimos" se elimina la posibilidad de obtener un valor que haga *tanto* al denominador *como* al numerador iguales a 0, pero considere la función racional $\dfrac{(3x - 5)(x - 2)}{(x - 2)}$. En este caso no es posible dividir el numerador y el denominador entre $x - 2$, para obtener el polinomio $3x - 5$, porque el dominio de dicho polinomio no es igual al dominio de la ecuación original].

EJEMPLO 1   Determinación de asíntotas verticales

Determine las asíntotas verticales para la gráfica de

$$f(x) = \frac{x^2 - 4x}{x^2 - 4x + 3}$$

Solución: Como f es una función racional, aquí es aplicable la regla de las asíntotas verticales. Si se escribe

$$f(x) = \frac{x(x - 4)}{(x - 3)(x - 1)} \quad \text{factorizando}$$

resulta claro que el denominador es 0 cuando x es 3 o 1. Ninguno de esos valores hace que el numerador sea igual a 0. Así que las rectas $x = 3$ y $x = 1$ son asíntotas verticales. (Vea la figura 13.51).

Ahora resuelva el problema 1 ◁

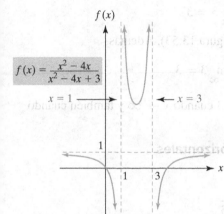

FIGURA 13.51 Gráfica de $f(x) = \dfrac{x^2 - 4x}{x^2 - 4x + 3}$.

Aunque la regla de la asíntota vertical garantiza que las rectas $x = 3$ y $x = 1$ son asíntotas verticales, no indica la naturaleza precisa de la "explosión" ocurrida alrededor de estas rectas. Un análisis preciso requiere del uso de los límites laterales.

Asíntotas horizontales y oblicuas

Una curva $y = f(x)$ puede tener otro tipo de asíntota. En la figura 13.52(a), conforme x se incrementa sin límite ($x \to \infty$), la gráfica se acerca a la recta horizontal $y = b$. Esto es,

$$\lim_{x \to \infty} f(x) = b$$

En la figura 13.52(b), cuando x tiende a infinito negativamente, la gráfica se acerca a la recta horizontal $y = b$. Esto es,

$$\lim_{x \to -\infty} f(x) = b$$

En cada caso, la línea punteada $y = b$ se llama *asíntota horizontal* de la gráfica. Ésta es una recta horizontal hacia la cual "tiende" la gráfica cuando $x \to \infty$ o cuando $x \to -\infty$.

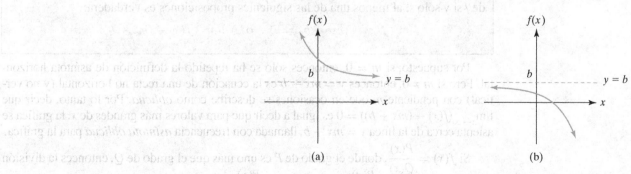

FIGURA 13.52 Asíntotas horizontales $y = b$.

En resumen, se tiene la definición siguiente:

Definición

Sea f una función no lineal. La recta $y = b$ es una *asíntota horizontal* de la gráfica de f si y sólo si, por lo menos, uno de los siguientes enunciados es cierto:

$$\lim_{x \to \infty} f(x) = b \quad \text{o} \quad \lim_{x \to -\infty} f(x) = b$$

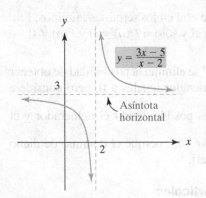

FIGURA 13.53 Gráfica de $f(x) = \dfrac{3x - 5}{x - 2}$.

Para determinar las asíntotas horizontales, primero se deben encontrar los límites de $f(x)$ cuando $x \to \infty$ y cuando $x \to -\infty$. A manera de ilustración, de nuevo se considera

$$f(x) = \frac{3x - 5}{x - 2}$$

Como ésta es una función racional, pueden usarse los procedimientos de la sección 10.2 para encontrar los límites. Como el término dominante del numerador es $3x$ y el término dominante en el denominador es x, se tiene

$$\lim_{x \to \infty} \frac{3x - 5}{x - 2} = \lim_{x \to \infty} \frac{3x}{x} = \lim_{x \to \infty} 3 = 3$$

Así, la recta $y = 3$ es una asíntota horizontal. (Vea la figura 13.53). Además,

$$\lim_{x \to -\infty} \frac{3x - 5}{x - 2} = \lim_{x \to -\infty} \frac{3x}{x} = \lim_{x \to -\infty} 3 = 3$$

Por lo tanto, la gráfica tiende a la recta horizontal $y = 3$ cuando $x \to \infty$ y también cuando $x \to -\infty$.

EJEMPLO 2 **Determinación de asíntotas horizontales**

Encuentre las asíntotas horizontales para la gráfica de

$$f(x) = \frac{x^2 - 4x}{x^2 - 4x + 3}$$

Solución: Se tiene

$$\lim_{x \to \infty} \frac{x^2 - 4x}{x^2 - 4x + 3} = \lim_{x \to \infty} \frac{x^2}{x^2} = \lim_{x \to \infty} 1 = 1$$

Por lo tanto, la recta $y = 1$ es una asíntota horizontal. El mismo resultado se obtiene cuando $x \to -\infty$. (Consulte la figura 13.51).

Ahora resuelva el problema 11 ◁

Las asíntotas horizontales que surgen de límites como $\lim_{t \to \infty} f(t) = b$, donde t significa *tiempo*, pueden ser importantes en aplicaciones de negocios como expresiones del comportamiento a largo plazo. Por ejemplo, en la sección 9.3 se analizó la participación de mercado a largo plazo.

Si se reescribe $\lim_{x \to \infty} f(x) = b$ cuando $\lim_{x \to \infty} (f(x) - b) = 0$, entonces es posible sugerir otra posibilidad. Podría ser que el comportamiento a largo plazo de f, aunque no fuera constante, sea lineal. Esto conduce a lo siguiente:

Definición

Sea f una función no lineal. La recta $y = mx + b$ es una *asíntota oblicua* para la gráfica de f si y sólo si al menos una de las siguientes proposiciones es verdadera:

$$\lim_{x \to \infty} (f(x) - (mx + b)) = 0 \quad \text{o} \quad \lim_{x \to -\infty} (f(x) - (mx + b)) = 0$$

Por supuesto, si $m = 0$, entonces sólo se ha repetido la definición de asíntota horizontal. Pero si $m \neq 0$, entonces $y = mx + b$ es la ecuación de una recta no horizontal (y no vertical) con pendiente m que en ocasiones se describe como *oblicua*. Por lo tanto, decir que $\lim_{x \to \infty} (f(x) - (mx + b)) = 0$ es igual a decir que para valores más grandes de x, la gráfica se asienta cerca de la línea $y = mx + b$, llamada con frecuencia *asíntota oblicua* para la gráfica.

Si $f(x) = \dfrac{P(x)}{Q(x)}$, donde el grado de P es uno más que el grado de Q, entonces la división larga permite escribir $\dfrac{P(x)}{Q(x)} = (mx + b) + \dfrac{R(x)}{Q(x)}$, donde $m \neq 0$ y donde $R(x)$ es el polinomio

0 o bien el grado de R es estrictamente menor que el grado de Q. En este caso, $y = mx + b$ será una asíntota oblicua para la gráfica de f. Esto se ilustra mediante el siguiente ejemplo.

EJEMPLO 3 Localización de una asíntota oblicua

Encuentre la asíntota oblicua para la gráfica de la función racional

$$y = f(x) = \frac{10x^2 + 9x + 5}{5x + 2}$$

Solución: Como el grado del numerador es 2, uno más grande que el grado del denominador, se usa la división larga para expresar

$$f(x) = \frac{10x^2 + 9x + 5}{5x + 2} = 2x + 1 + \frac{3}{5x + 2}$$

Así,

$$\lim_{x \to \pm\infty} (f(x) - (2x + 1)) = \lim_{x \to \pm\infty} \frac{3}{5x + 2} = 0$$

lo cual muestra que $y = 2x + 1$ es una asíntota oblicua, de hecho es la única asíntota no vertical, como se explica líneas abajo. Por otra parte, resulta claro que $x = -\dfrac{2}{5}$ es una asíntota vertical —y la única—. (Vea la figura 13.54).

Ahora resuelva el problema 35 ◁

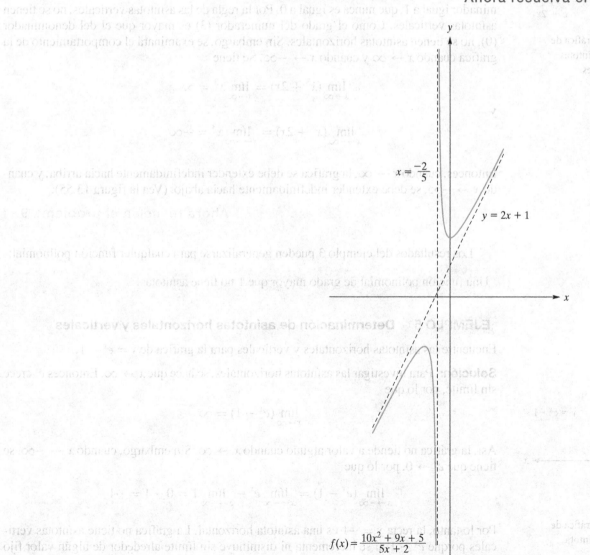

$$x = \frac{-2}{5}$$

$$y = 2x + 1$$

$$f(x) = \frac{10x^2 + 9x + 5}{5x + 2}$$

FIGURA 13.54 La gráfica de $f(x) = \dfrac{10x^2 + 9x + 5}{5x + 2}$ tiene una asíntota oblicua.

Ahora es apropiado hacer algunos comentarios sobre las asíntotas. Con las asíntotas verticales se examina el comportamiento de una gráfica alrededor de valores específicos de x. Sin embargo, con las asíntotas no verticales se analiza la gráfica cuando x aumenta sin límite. Aunque una gráfica puede tener numerosas asíntotas verticales, puede tener a lo más dos asíntotas no verticales diferentes —posiblemente una para $x \to \infty$ y una para $x \to -\infty$—. Si, por ejemplo, la gráfica tiene dos asíntotas horizontales, entonces no puede tener asíntotas oblicuas.

En la sección 10.2 se vio que cuando el numerador de una función racional tiene un grado mayor que el denominador, no existe un límite cuando $x \to \infty$ o cuando $x \to -\infty$. De esta observación se concluye que *siempre que el grado del numerador de una función racional sea mayor que el grado del denominador, la gráfica de la función no puede tener una asíntota horizontal*. De manera similar, puede mostrarse que si el grado del numerador de una función racional es mayor que el grado del denominador, la función no puede tener una asíntota oblicua.

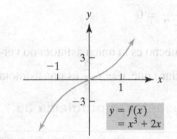

FIGURA 13.55 La gráfica de $y = x^3 + 2x$ no tiene asíntotas horizontales ni verticales.

EJEMPLO 4   Determinación de asíntotas verticales y horizontales

Encuentre las asíntotas verticales y horizontales para la gráfica de la función polinomial

$$y = f(x) = x^3 + 2x$$

Solución: Se comienza con las asíntotas verticales. Ésta es una función racional con denominador igual a 1, que nunca es igual a 0. Por la regla de las asíntotas verticales, no se tienen asíntotas verticales. Como el grado del numerador (3) es mayor que el del denominador (0), no se tienen asíntotas horizontales. Sin embargo, se examinará el comportamiento de la gráfica cuando $x \to \infty$ y cuando $x \to -\infty$. Se tiene

$$\lim_{x\to\infty} (x^3 + 2x) = \lim_{x\to\infty} x^3 = \infty$$

y

$$\lim_{x\to-\infty} (x^3 + 2x) = \lim_{x\to-\infty} x^3 = -\infty$$

Entonces, cuando $x \to \infty$, la gráfica se debe extender indefinidamente hacia arriba, y cuando $x \to -\infty$, se debe extender indefinidamente hacia abajo. (Vea la figura 13.55).

Ahora resuelva el problema 9 ◁

Los resultados del ejemplo 3 pueden generalizarse para cualquier función polinomial:

> Una función polinomial de grado mayor que 1 no tiene asíntotas.

EJEMPLO 5   Determinación de asíntotas horizontales y verticales

Encuentre las asíntotas horizontales y verticales para la gráfica de $y = e^x - 1$.

Solución: Para investigar las asíntotas horizontales, se hace que $x \to \infty$. Entonces e^x crece sin límite, por lo que

$$\lim_{x\to\infty} (e^x - 1) = \infty$$

Así, la gráfica no tiende a valor alguno cuando $x \to \infty$. Sin embargo, cuando $x \to -\infty$, se tiene que $e^x \to 0$, por lo que

$$\lim_{x\to-\infty} (e^x - 1) = \lim_{x\to-\infty} e^x - \lim_{x\to-\infty} 1 = 0 - 1 = -1$$

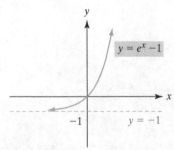

FIGURA 13.56 La gráfica de $y = e^x - 1$ tiene una asíntota horizontal.

Por lo tanto, la recta $y = -1$ es una asíntota horizontal. La gráfica no tiene asíntotas verticales porque $e^x - 1$ ni se incrementa ni disminuye sin límite alrededor de algún valor fijo de x. (Vea la figura 13.56).

Ahora resuelva el problema 23 ◁

Trazado de curvas

En esta sección se muestra cómo graficar una función empleando todas las herramientas que se han desarrollado para el trazado de curvas.

> **EJEMPLO 6**   **Trazado de una curva**

Bosqueje la gráfica de $y = \dfrac{1}{4 - x^2}$.

Solución:

Intersecciones   Cuando $x = 0$, $y = \frac{1}{4}$. Si $y = 0$, entonces $0 = 1/(4 - x^2)$, que no tiene solución. Así $(0, \frac{1}{4})$ es la única intersección. Sin embargo, la factorización

$$y = \frac{1}{4 - x^2} = \frac{1}{(2 + x)(2 - x)}$$

permite construir el siguiente diagrama de signos para y, figura 13.57, mostrando dónde es que la gráfica está por debajo del eje x ($-$) y dónde está por arriba del eje x ($+$).

	$-\infty$	-2	2	∞
$\dfrac{1}{2 + x}$		$-$	$+$	$+$
$\dfrac{1}{2 - x}$		$+$	$+$	$-$
y		$-$	$+$	$-$

FIGURA 13.57   Diagrama de signos para $y = \dfrac{1}{4 - x^2}$.

Simetría   Existe simetría con respecto al eje y:

$$y(-x) = \frac{1}{4 - (-x)^2} = \frac{1}{4 - x^2} = y(x)$$

Como y es una función de x (y no la función constante 0), no puede haber simetría alrededor del eje x y, por ende, no hay simetría con respecto al origen. Como x no es una función de y (y y es una función de x), tampoco puede existir simetría con respecto a $y = x$.

Asíntotas   En la factorización de y anterior, se observa que $x = -2$ y $x = 2$ son asíntotas verticales. Al probar por asíntotas horizontales, se tiene

$$\lim_{x \to \pm\infty} \frac{1}{4 - x^2} = \lim_{x \to \pm\infty} \frac{1}{-x^2} = -\lim_{x \to \pm\infty} \frac{1}{x^2} = 0$$

Así, $y = 0$ (el eje x) es la única asíntota no vertical.

Máximos y mínimos   Como $y = (4 - x^2)^{-1}$,

$$y' = -1(4 - x^2)^{-2}(-2x) = \frac{2x}{(4 - x^2)^2}$$

Se observa que y' es 0 cuando $x = 0$ y que y' no está definida cuando $x = \pm 2$. Sin embargo, sólo 0 es un valor crítico, dado que y no está definida en ± 2. A continuación se presenta el diagrama de signos para y'. (Vea la figura 13.58).

	$-\infty$	-2	0	2	∞
$2x$		$-$	$-$	0	$+$	$+$
$\dfrac{1}{(4 - x^2)^2}$		$+$	$+$	$+$	$+$
y'		$-$	0	$+$	$+$
y					

FIGURA 13.58   Diagrama de signos para $y' = \dfrac{2x}{(4 - x^2)^2}$.

El diagrama de signos muestra claramente que la función es decreciente en $(-\infty, -2)$ y $(-2, 0)$ y creciente en $(0, 2)$ y $(2, \infty)$, además existe un mínimo relativo en $x = 0$.

Concavidad

$$y'' = \frac{(4 - x^2)^2(2) - (2x)2(4 - x^2)(-2x)}{(4 - x^2)^4}$$

$$= \frac{2(4 - x^2)[(4 - x^2) - (2x)(-2x)]}{(4 - x^2)^4} = \frac{2(4 + 3x^2)}{(4 - x^2)^3}$$

Al hacer $y'' = 0$, no se obtienen raíces reales. Sin embargo, y'' no está definida cuando $x = \pm 2$. Aunque la concavidad puede cambiar alrededor de esos valores de x, éstos no corresponden a puntos de inflexión porque no están en el dominio de la función. Hay tres intervalos donde se debe probar la concavidad. (Vea la figura 13.59).

El diagrama de signos muestra que la gráfica es cóncava hacia arriba en $(-2, 2)$ y cóncava hacia abajo en $(-\infty, -2)$ y $(2, \infty)$.

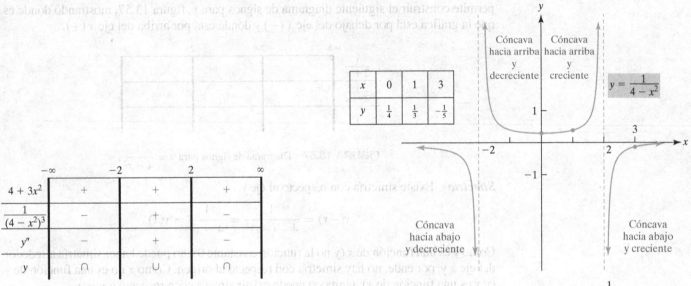

FIGURA 13.59 Análisis de concavidad.

FIGURA 13.60 Gráfica de $y = \dfrac{1}{4 - x^2}$.

Análisis Sólo un punto sobre la curva, $(0, 1/4)$, ha surgido como un punto especial que debe graficarse (porque es una intersección y al mismo tiempo un mínimo local). Se podría desear graficar unos cuantos puntos más de la tabla en la figura 13.60, pero note que cualquiera de esos puntos extra sólo son valiosos si están en el mismo lado del eje y (debido a la simetría). Tomando en cuenta toda la información recopilada, se obtiene la gráfica de la figura 13.60.

Ahora resuelva el problema 31 ◁

EJEMPLO 7 **Trazado de una curva**

Trace la gráfica de $y = \dfrac{4x}{x^2 - 1}$.

Solución:

Intersecciones Cuando $x = 0$, $y = 0$; cuando $y = 0$, $x = 0$. Así, $(0, 0)$ es la única intersección. Como el denominador de y es siempre positivo, se observa que el signo de y es el de x. Aquí se evita la construcción de un diagrama de signos para y. A partir de las observaciones realizadas hasta ahora, se deduce que la gráfica va del tercer cuadrante (x negativa y y negativa) hacia $(0, 0)$ y hasta el cuadrante positivo (x positiva y y positiva).

Simetría Existe simetría con respecto al origen:

$$y(-x) = \frac{4(-x)}{(-x)^2 + 1} = \frac{-4x}{x^2 + 1} = -y(x)$$

No existe ninguna otra simetría.

Asíntotas   El denominador de esta función racional nunca es 0, de manera que no hay asíntotas verticales. Al investigar las asíntotas horizontales, se tiene

$$\lim_{x \to \pm\infty} \frac{4x}{x^2 + 1} = \lim_{x \to \pm\infty} \frac{4x}{x^2} = \lim_{x \to \pm\infty} \frac{4}{x} = 0$$

Así, $y = 0$ (el eje x) es una asíntota horizontal y la única asíntota no vertical.

Máximos y mínimos   Se tiene

$$y' = \frac{(x^2 + 1)(4) - 4x(2x)}{(x^2 + 1)^2} = \frac{4 - 4x^2}{(x^2 + 1)^2} = \frac{4(1 + x)(1 - x)}{(x^2 + 1)^2}$$

Los valores críticos son $x = \pm 1$, por lo que hay tres intervalos a considerar en el diagrama de signos. (Vea la figura 13.61).

Se observa que y es decreciente en $(-\infty, -1)$ y en $(1, \infty)$, creciente en $(-1, 1)$, con un mínimo relativo en -1 y un máximo relativo en 1. El mínimo relativo es $(-1, y(-1)) = (-1, -2)$; el máximo relativo es $(1, y(1)) = (1, 2)$.

	$-\infty$		-1		1		∞
$1 + x$		$-$	0	$+$		$+$	
$1 - x$		$+$		$+$	0	$-$	
$\dfrac{1}{(x^2 + 1)^2}$		$+$		$+$		$+$	
y'		$-$	0	$+$	0	$-$	
y							

FIGURA 13.61   Diagrama de signos para y'.

Concavidad   Como $y' = \dfrac{4 - 4x^2}{(x^2 + 1)^2}$,

$$y'' = \frac{(x^2 + 1)^2(-8x) - (4 - 4x^2)(2)(x^2 + 1)(2x)}{(x^2 + 1)^4}$$

$$= \frac{8x(x^2 + 1)(x^2 - 3)}{(x^2 + 1)^4} = \frac{8x(x + \sqrt{3})(x - \sqrt{3})}{(x^2 + 1)^3}$$

Al hacer $y'' = 0$, se concluye que los puntos de inflexión posibles se presentan cuando $x = \pm\sqrt{3}, 0$. Hay cuatro intervalos a considerar en el diagrama de signos. (Vea la figura 13.62).

	$-\infty$		$-\sqrt{3}$		0		$\sqrt{3}$		∞
$x + \sqrt{3}$		$-$	0	$+$		$+$		$+$	
x		$-$		$-$	0	$+$		$+$	
$x - \sqrt{3}$		$-$		$-$		$-$	0	$+$	
$\dfrac{1}{(x^2 + 1)^3}$		$+$		$+$		$+$		$+$	
y''		$-$	0	$+$	0	$-$	0	$+$	
y		$\cap$		$\cup$		$\cap$		$\cup$	

FIGURA 13.62   Análisis de concavidad para $y = \dfrac{4x}{x^2 + 1}$.

Los puntos de inflexión ocurren en $x = 0$ y $\pm\sqrt{3}$. Los puntos de inflexión son

$$(-\sqrt{3}, y(\sqrt{3})) = (-\sqrt{3}, -\sqrt{3}) \quad (0, y(0)) = (0, 0) \quad (\sqrt{3}, y(\sqrt{3})) = (\sqrt{3}, \sqrt{3})$$

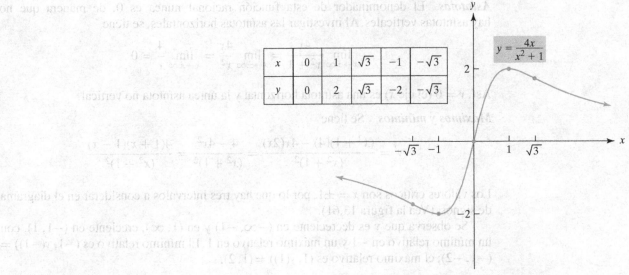

x	0	1	$\sqrt{3}$	-1	$-\sqrt{3}$
y	0	2	$\sqrt{3}$	-2	$-\sqrt{3}$

FIGURA 13.63 Gráfica de $y = \dfrac{4x}{x^2 + 1}$.

Análisis Después de considerar toda la información obtenida, se llega a la gráfica de $y = 4x/(x^2 + 1)$ que se muestra en la figura 13.63 junto con una tabla de puntos importantes.

Ahora resuelva el problema 39 ◁

PROBLEMAS 13.5

En los problemas del 1 al 24, encuentre las asíntotas verticales y no verticales para las gráficas de las funciones. No trace las gráficas.

1. $y = \dfrac{x}{x - 1}$

2. $y = \dfrac{x + 1}{x}$

3. $f(x) = \dfrac{x + 5}{2x + 7}$

4. $y = \dfrac{2x + 1}{2x + 1}$

5. $y = \dfrac{4}{x}$

6. $y = 1 - \dfrac{2}{x^2}$

7. $y = \dfrac{1}{x^2 - 1}$

8. $y = \dfrac{x}{x^2 - 9}$

9. $y = x^2 - 5x + 5$

10. $y = \dfrac{x^4}{x^3 - 4}$

11. $f(x) = \dfrac{2x^2}{x^2 + x - 6}$

12. $f(x) = \dfrac{x^3}{5}$

13. $y = \dfrac{15x^2 + 31x + 1}{x^2 - 7}$

14. $y = \dfrac{2x^3 + 1}{3x(2x - 1)(4x - 3)}$

15. $y = \dfrac{2}{x - 3} + 5$

16. $f(x) = \dfrac{x^2 - 1}{2x^2 - 9x + 4}$

17. $f(x) = \dfrac{3 - x^4}{x^3 + x^2}$

18. $y = \dfrac{5x^2 + 7x^3 + 9x^4}{3x^2}$

19. $y = \dfrac{x^2 - 3x - 4}{1 + 4x + 4x^2}$

20. $y = \dfrac{x^4 + 1}{1 - x^4}$

21. $y = \dfrac{9x^2 - 16}{2(3x + 4)^2}$

22. $y = \dfrac{2}{5} + \dfrac{2x}{12x^2 + 5x - 2}$

23. $y = 5e^{x-3} - 2$

24. $f(x) = 12e^{-x}$

En los problemas del 25 al 46, determine los intervalos en los que la función es creciente, decreciente, cóncava hacia arriba y cóncava hacia abajo; los máximos y mínimos relativos; los puntos de inflexión; la simetría; las asíntotas verticales y no verticales

y aquellas intersecciones que puedan obtenerse de manera conveniente. Después trace la gráfica de la curva.

25. $y = \dfrac{3}{x}$

26. $y = \dfrac{2}{2x - 3}$

27. $y = \dfrac{x}{x - 1}$

28. $y = \dfrac{50}{\sqrt{3x}}$

29. $y = x^2 + \dfrac{1}{x^2}$

30. $y = \dfrac{3x^2 - 5x - 1}{x - 2}$

31. $y = \dfrac{1}{x^2 - 1}$

32. $y = \dfrac{1}{x^2 + 1}$

33. $y = \dfrac{2 + x}{3 - x}$

34. $y = \dfrac{1 + x}{x^2}$

35. $y = \dfrac{x^2}{7x + 4}$

36. $y = \dfrac{x^3 + 1}{x}$

37. $y = \dfrac{9}{9x^2 - 6x - 8}$

38. $y = \dfrac{4x^2 + 2x + 1}{2x^2}$

39. $y = \dfrac{3x + 1}{(3x - 2)^2}$

40. $y = \dfrac{3x + 1}{(6x + 5)^2}$

41. $y = \dfrac{x^2 - 1}{x^3}$

42. $y = \dfrac{3x}{(x - 2)^2}$

43. $y = 2x + 1 + \dfrac{1}{x - 1}$

44. $y = \dfrac{3x^4 + 1}{x^3}$

45. $y = \dfrac{-3x^2 + 2x - 5}{3x^2 - 2x - 1}$

46. $y = 3x + 2 + \dfrac{1}{3x + 2}$

47. Trace la gráfica de una función f tal que $f(0) = 0$ tenga una asíntota horizontal $y = 1$ para $x \to \pm\infty$, una asíntota vertical $x = 2$, tanto $f'(x) < 0$ como $f''(x) < 0$ para $x < 2$ y tanto $f'(x) < 0$ como $f''(x) > 0$ para $x > 2$.

48. Trace la gráfica de una función f tal que $f(0) = -4$ y $f(4) = -2$ tenga una asíntota horizontal $y = -3$ para $x \to \pm\infty$, una asíntota vertical $x = 2$, tanto $f'(x) < 0$ como $f''(x) < 0$ para $x < 2$ y tanto $f'(x) < 0$ como $f''(x) > 0$ para $x > 2$.

49. Trace la gráfica de una función f tal que $f(0) = 0$ tenga una asíntota horizontal $y = 0$ para $x \to \pm\infty$, asíntotas verticales $x = -1$ y $x = 2$, $f'(x) < 0$ para $x < -1$ y para $-1 < x < 2$, además de $f''(x) < 0$ para $x > 2$.

50. Trace la gráfica de una función f tal que $f(-2) = 2, f(0) = 0$, $f(2) = 0$ tenga una asíntota horizontal $y = 1$ para $x \to \pm\infty$, asíntotas verticales $x = -1$ y $x = 1$, $f''(x) > 0$ para $x < -1$ y $f'(x) < 0$ para $-1 < x < 1$ y $f''(x) < 0$ para $1 < x$.

51. Poder de compra   Al analizar el patrón temporal de compras, Mantell y Sing[11] utilizan la curva

$$y = \frac{x}{a + bx}$$

como un modelo matemático. Encuentre las asíntotas para su modelo.

52. Trace las gráficas de $y = 6 - 3e^{-x}$ y $y = 6 + 3e^{-x}$. Demuestre que son asintóticas a la misma recta. ¿Cuál es la ecuación de esta recta?

53. Mercado para un producto   Para un producto nuevo, el número anual de miles de paquetes vendidos y, después de t años contados a partir de su introducción al mercado, se estima que está dado por

$$y = f(t) = 250 - 83e^{-t}$$

Demuestre que $y = 250$ es una asíntota horizontal para la gráfica de esta ecuación. Lo cual revela que una vez que el producto se ha establecido entre los consumidores, el mercado tiende a ser constante.

54. Grafique $y = \dfrac{x^2 - 2}{x^3 + \frac{7}{2}x^2 + 12x + 1}$. Con base en la gráfica, localice las asíntotas horizontales y verticales.

55. Grafique $y = \dfrac{6x^3 - 2x^2 + 6x - 1}{3x^3 - 2x^2 - 18x + 12}$. A partir de la gráfica, localice las asíntotas horizontales y verticales.

56. Grafique $y = \dfrac{\ln(x + 4)}{x^2 - 8x + 5}$ en la pantalla estándar. La gráfica sugiere que hay dos asíntotas verticales de la forma $x = k$, donde $k > 0$. También, parece que la gráfica "comienza" cerca de $x = -4$. Cuando $x \to -4^+$, $\ln(x + 4) \to -\infty$ y $x^2 - 8x + 5 \to 53$. Así, $\lim_{x \to 4^+} y = -\infty$. Esto proporciona la asíntota vertical $x = -4$. De modo que, en realidad, existen *tres* asíntotas verticales. Utilice la característica de acercamiento para hacer clara la asíntota $x = -4$ en la pantalla.

57. Grafique $y = \dfrac{0.34e^{0.7x}}{4.2 + 0.71e^{0.7x}}$, donde $x > 0$. A partir de la gráfica, determine una ecuación de la asíntota horizontal examinando los valores de y cuando $x \to \infty$. Para confirmar esta ecuación de manera algebraica, encuentre el $\lim_{x \to \infty} y$ dividiendo primero tanto el numerador como el denominador entre $e^{0.7x}$.

Objetivo

Modelar situaciones que involucran la maximización o minimización de cantidades.

13.6 Aplicaciones de máximos y mínimos

Mediante el uso de los procedimientos vistos en este capítulo, es posible resolver problemas que impliquen maximizar o minimizar una cantidad. Por ejemplo, se podría desear la maximización de una ganancia o la minimización de un costo. La parte crucial consiste en expresar la cantidad que se debe maximizar o minimizar como función de alguna variable contenida en el problema. Luego se diferencia y se prueban los valores críticos resultantes. Para esto, pueden usarse las pruebas de la primera o de la segunda derivadas, aunque a partir de la naturaleza del problema puede ser obvio si un valor crítico representa o no una respuesta apropiada. Como el interés estriba en los máximos y mínimos *absolutos*, a veces será necesario examinar los puntos extremos del dominio de la función. (Con mucha frecuencia, la función usada para modelar la situación de un problema será la restricción a un intervalo cerrado de una función que tiene un dominio natural más grande. Tales limitaciones del *mundo real* tienden a generar puntos extremos).

El objetivo de este ejemplo es establecer una función de costo a partir de la cual se pueda minimizar el costo.

EJEMPLO 1   Minimización del costo de una cerca

Con el propósito de tener mayor seguridad, un fabricante planea cercar un área de almacenamiento rectangular de 10 800 pies² adyacente a un edificio que se utilizará como uno de los lados del área cercada. La cerca paralela al edificio da a una carretera y costará $3 (dólares estadounidenses) por pie instalado, mientras que la cerca de los otros dos lados costará $2 por pie instalado. Encuentre la cantidad de cada tipo de cerca de manera que el costo total sea mínimo. ¿Cuál es el costo mínimo?

Solución: Como primer paso en un problema de este tipo, es una buena idea dibujar un diagrama que refleje la situación. En la figura 13.64, se llama x a la longitud del lado paralelo al edificio y y a las longitudes de los otros dos lados, donde x y y están en pies.

Como se desea minimizar el costo, el siguiente paso es determinar una función que proporcione el costo. Es obvio que el costo depende de cuánta cerca se ponga a lo largo de la carretera y cuánta a lo largo de los otros dos lados. A lo largo de la carretera, el costo por

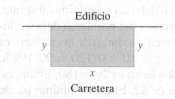

FIGURA 13.64   Problema de la cerca del ejemplo 1.

---

[11]L. H. Mantell y F. P. Sing, *Economics for Business Decisions* (Nueva York: McGraw-Hill Book Company, 1972), p. 107.

pie es de $3, por lo que el costo total de esa cerca es $3x$. De manera similar, a lo largo de *cada uno* de los otros dos lados, el costo es $2y$. Así, el costo total C de la cerca está dado por la función de costo

$$C = 3x + 2y + 2y$$

es decir,

$$C = 3x + 4y \tag{1}$$

Es necesario encontrar el valor mínimo absoluto de C. Para hacerlo, se usan las técnicas analizadas en este capítulo; es decir, se examina a C en sus valores críticos (y en cualesquiera puntos extremos) incluidos en el dominio. Sin embargo, para diferenciar, primero se necesita expresar C en función de sólo una variable. [La ecuación (1) proporciona a C como una función de *dos* variables, x y y]. Esto se puede lograr encontrando primero una relación entre x y y. En el enunciado del problema, se observa que el área de almacenamiento, que es xy, debe ser igual a 10 800:

$$xy = 10\,800 \tag{2}$$

Con esta ecuación, se puede expresar una variable (por ejemplo y) en términos de la otra (x). Entonces, al sustituir en la ecuación (1) se tendrá a C como función de sólo una variable. Al despejar y de la ecuación (2) se obtiene

$$y = \frac{10\,800}{x} \tag{3}$$

Al sustituir en la ecuación (1), resulta

$$C = C(x) = 3x + 4\left(\frac{10\,800}{x}\right)$$

$$C(x) = 3x + \frac{43\,200}{x} \tag{4}$$

Dada la naturaleza física del problema, el dominio de C es $x > 0$.

Ahora se encuentra dC/dx, se iguala a 0 y se despeja x. Se tiene

$$\frac{dC}{dx} = 3 - \frac{43\,200}{x^2} \qquad \frac{d}{dx}(43\,200x^{-1}) = -43\,200x^{-2}$$

$$3 - \frac{43\,200}{x^2} = 0$$

$$3 = \frac{43\,200}{x^2}$$

de lo cual se deduce que

$$x^2 = \frac{43\,200}{3} = 14\,400$$

$$x = 120 \qquad\qquad \text{puesto que } x > 0$$

Así, 120 es el *único* valor crítico y no hay puntos extremos que considerar. Para probar este valor, se usará la prueba de la segunda derivada.

$$\frac{d^2C}{dx^2} = \frac{86\,400}{x^3}$$

Cuando $x = 120$, $d^2C/dx^2 > 0$, entonces puede concluirse que $x = 120$ da un mínimo relativo. Sin embargo, como 120 es el único valor crítico incluido en el intervalo abierto $(0, \infty)$ y C es continua en ese intervalo, dicho mínimo relativo también debe ser un mínimo absoluto.

Pero el ejercicio aún no está terminado. Todas las preguntas del problema deben contestarse. Para tener un costo mínimo, el número de pies de cerca a lo largo de la carretera es de 120. Cuando $x = 120$, a partir de la ecuación (3) se tiene $y = 10\,800/120 = 90$. Por lo tanto, el número de pies de cerca necesarios para los otros dos lados es $2y = 180$. Entonces, se requieren 120 pies de cerca de $3 y 180 pies de la cerca de $2. El costo mínimo puede obtenerse a partir de la función de costo dada por la ecuación (4) y es

$$C(120) = 3x + \frac{43\,200}{x}\bigg|_{x=120} = 3(120) + \frac{43\,200}{120} = 720$$

Ahora resuelva el problema 3 ◁

Con base en el ejemplo 1, la siguiente guía puede ser útil en la resolución de problemas prácticos sobre máximos y mínimos:

Guía para la resolución de problemas de aplicación de máximos y mínimos

Paso 1. Cuando sea apropiado, dibuje un diagrama que refleje la información dada en el problema.

Paso 2. Formule una expresión para la cantidad que se quiera maximizar o minimizar.

Paso 3. Escriba la expresión del paso 2 como una función de una sola variable y señale el dominio de esa función. El dominio puede estar implícito en la naturaleza del problema.

Paso 4. Encuentre los valores críticos de la función. Después de probar cada valor crítico, determine cuál proporciona el valor extremo absoluto que se busca. Si el dominio de la función incluye puntos extremos, asegúrese de examinar también los valores de la función en esos puntos.

Paso 5. Con base en los resultados del paso 4, responda las preguntas que se formularon en el enunciado del problema.

EJEMPLO 2 **Maximización del ingreso**

Este ejemplo implica la maximización del ingreso cuando se conoce una ecuación de demanda.

La ecuación de demanda para el producto de un fabricante es

$$p = \frac{80 - q}{4} \quad 0 \le q \le 80$$

donde q es el número de unidades y p el precio por unidad. ¿Para qué valor de q se tendrá un ingreso máximo? ¿Cuál es el ingreso máximo?

Solución: Sea r el ingreso total, que es la cantidad a maximizar. Como

$$\text{ingreso} = (\text{precio})(\text{cantidad})$$

se tiene

$$r = pq = \frac{80 - q}{4} \cdot q = \frac{80q - q^2}{4} = r(q)$$

donde $0 \le q \le 80$. Al hacer $dr/dq = 0$, resulta

$$\frac{dr}{dq} = \frac{80 - 2q}{4} = 0$$

$$80 - 2q = 0$$

$$q = 40$$

Así, 40 es el único valor crítico. Ahora se verá si este valor da un máximo. Examinando la primera derivada para $0 \le q < 40$, se tiene $dr/dq > 0$, por lo que r es creciente. Si $q > 40$, entonces $dr/dq < 0$, por lo que r es decreciente. Dado que que r es creciente a la izquierda de 40 y r es decreciente a la derecha de 40, se concluye que $q = 40$ da el ingreso máximo *absoluto*, a saber

$$r(40) = (80)(40) - (40)^2/4 = 400$$

Ahora resuelva el problema 7 ◁

EJEMPLO 3 **Minimización del costo promedio**

Este ejemplo implica la minimización del costo promedio cuando se conoce la función de costo.

La función de costo total de un fabricante está dada por

$$c = c(q) = \frac{q^2}{4} + 3q + 400$$

donde c es el costo total de producir q unidades. ¿Para qué nivel de producción será mínimo el costo promedio por unidad? ¿Cuál es este mínimo?

Solución: La cantidad a minimizar es el costo promedio $\bar{c}$. La función de costo promedio es

$$\bar{c} = \bar{c}(q) = \frac{c}{q} = \frac{\dfrac{q^2}{4} + 3q + 400}{q} = \frac{q}{4} + 3 + \frac{400}{q} \qquad (5)$$

Aquí q debe ser positiva. Para minimizar $\bar{c}$, se diferencia:

$$\frac{d\bar{c}}{dq} = \frac{1}{4} - \frac{400}{q^2} = \frac{q^2 - 1600}{4q^2}$$

Para obtener los valores críticos, se resuelve $d\bar{c}/dq = 0$:

$$q^2 - 1600 = 0$$
$$(q - 40)(q + 40) = 0$$
$$q = 40 \quad \text{puesto que } q > 0$$

Para determinar si este nivel de producción da un mínimo relativo, se usará la prueba de la segunda derivada. Se tiene

$$\frac{d^2\bar{c}}{dq^2} = \frac{800}{q^3}$$

que es positiva para $q = 40$. Así, $\bar{c}$ tiene un mínimo relativo cuando $q = 40$. Se observa que $\bar{c}$ es continua para $q > 0$. Como $q = 40$ es el único extremo relativo, se concluye que este mínimo relativo es en efecto un mínimo absoluto. Al sustituir $q = 40$ en la ecuación (5) se obtiene el costo promedio mínimo $\bar{c}(40) = \dfrac{40}{4} + 3 + \dfrac{400}{40} = 23$.

Ahora resuelva el problema 5 ◁

EJEMPLO 4   Maximización aplicada a enzimas

Este ejemplo es una aplicación biológica que implica la maximización de la rapidez a la que se forma una enzima. La ecuación involucrada es una ecuación literal.

Una enzima es una proteína que actúa como catalizador para incrementar la velocidad de una reacción química que ocurre en las células. En cierta reacción, una enzima se convierte en otra enzima llamada el producto. Éste actúa como catalizador para su propia formación. La velocidad R a la que el producto se forma (con respecto al tiempo) está dada por

$$R = kp(l - p)$$

donde l es la cantidad inicial total de ambas enzimas, p la cantidad de la enzima producto y k una constante positiva. ¿Para qué valor de p se tendrá una R máxima?

Solución: Se puede escribir $R = k(pl - p^2)$. Al hacer $dR/dp = 0$ y despejar p se obtiene

$$\frac{dR}{dp} = k(l - 2p) = 0$$
$$p = \frac{l}{2}$$

Ahora, $d^2R/dp^2 = -2k$. Como $k > 0$, la segunda derivada es siempre negativa. De modo que $p = 1/2$ da un máximo relativo. Además, como R es una función continua de p, se concluye que hay un máximo absoluto en $p = l/2$.

◁

El cálculo puede aplicarse a decisiones relativas a inventarios, como se verá en el ejemplo siguiente.

EJEMPLO 5   Tamaño económico del lote

Este ejemplo implica la determinación del número de unidades en una corrida de producción para minimizar ciertos costos.

Una empresa produce y vende anualmente 10 000 unidades de un artículo. Las ventas están distribuidas uniformemente a lo largo del año. La empresa desea determinar el número de unidades que deben fabricarse en cada periodo de producción para minimizar los costos totales anuales de operación y los costos por mantener inventario. Se producen el mismo número de unidades en cada periodo. Este número se denomina **tamaño económico del lote o cantidad económica del pedido**. El costo de producir cada unidad es de $20 y los costos por mantener inventarios (seguro, interés, almacenamiento, etc.) se estiman iguales al 10% del valor promedio del inventario. Los costos de operación por periodo de producción son de $40. Encuentre el tamaño económico del lote.

Solución: Sea q el número de unidades en una corrida de producción. Como las ventas están distribuidas a razón uniforme, se supondrá que el inventario varía uniformemente de q a 0 entre periodos de producción. Así, se toma el inventario promedio igual a $q/2$ unidades. Los costos de producción son de $20 por unidad, por lo que el valor promedio del inventario es de $20(q/2)$. Los costos por mantener inventarios son el 10% de este valor:

$$0.10(20)\left(\frac{q}{2}\right)$$

El número de corridas de producción por año es de $10\,000/q$. Entonces, los costos totales de operación son

$$40\left(\frac{10\,000}{q}\right)$$

Por lo tanto, el total de los costos de inventario y operación está dado por

$$C = 0.10(20)\left(\frac{q}{2}\right) + 40\left(\frac{10\,000}{q}\right)$$

$$= q + \frac{400\,000}{q} \qquad\qquad q > 0$$

$$\frac{dC}{dq} = 1 - \frac{400\,000}{q^2} = \frac{q^2 - 400\,000}{q^2}$$

Al hacer $dC/dq = 0$, se obtiene

$$q^2 = 400\,000$$

Como $q > 0$,

$$q = \sqrt{400\,000} = 200\sqrt{10} \approx 632.5$$

Para determinar si este valor de q minimiza a C, se examinará la primera derivada. Si $0 < q < \sqrt{400\,000}$, entonces $dC/dq < 0$. Si $q > \sqrt{400\,000}$, entonces $dC/dq > 0$. Se concluye que hay un mínimo *absoluto* en $q = 632.5$. El número de periodos de producción es de $10\,000/632.5 \approx 15.8$. Para propósitos prácticos, serían 16 lotes, cada uno con tamaño económico del lote igual a 625 unidades.

Ahora resuelva el problema 29 ◁

EJEMPLO 6 **Maximización del ingreso de una empresa de televisión por cable**

La intención de este ejemplo es establecer una función de ingreso a partir de la cual se maximice el ingreso sobre un intervalo cerrado.

La empresa Vista TV Cable tiene actualmente 100 000 suscriptores que pagan una cuota mensual de $40. Una encuesta reveló que se tendrían 1000 suscriptores más por cada $0.25 de disminución en la cuota. ¿Para qué cuota se obtendrá el ingreso máximo y cuántos suscriptores se tendrían con dicha cuota?

Solución: Sea x el número de disminuciones de $0.25. La cuota mensual es entonces de $40 - 0.25x$, donde $0 \le x \le 160$ (la cuota no puede ser negativa) y el número de suscriptores nuevos es $1000x$. Por lo tanto, el número total de suscriptores es $100\,000 + 1000x$. Se desea maximizar el ingreso, que está dado por

$$r = (\text{número de suscriptores})(\text{cuota por suscriptor})$$

$$= (100\,000 + 1000x)(40 - 0.25x)$$

$$= 1000(100 + x)(40 - 0.25x)$$

$$= 1000(4000 + 15x - 0.25x^2)$$

Haciendo $r' = 0$ y despejando x, resulta

$$r' = 1000(15 - 0.5x) = 0$$

$$x = 30$$

Como el dominio de r es el intervalo cerrado $[0, 160]$, el valor máximo absoluto de r debe ocurrir en $x = 30$ o en uno de los puntos extremos del intervalo. Ahora se calculará r en esos tres puntos:

$$r(0) = 1000(4000 + 15(0) - 0.25(0)^2) = 4\,000\,000$$

$$r(30) = 1000(4000 + 15(30) - 0.25(30)^2) = 4\,225\,000$$

$$r(160) = 1000(4000 + 15(160) - 0.25(160)^2) = 0$$

De acuerdo con esto, el ingreso máximo ocurre cuando $x = 30$. Lo anterior corresponde a 30 disminuciones de 0.25, para una disminución total de 7.50; esto es, la cuota mensual es de $40 - 7.50 = 32.50$. El número de suscriptores con esa cuota es $100\,000 + 30(1000) = 130\,000$.

Ahora resuelva el problema 19 ◁

> **EJEMPLO 7** **Maximización del número de beneficiarios de servicios de salud**

Aquí se maximiza una función sobre un intervalo cerrado.

Un artículo publicado en una revista de sociología afirma que si ahora se iniciase un programa específico de servicios de salud, al cabo de t años, n miles de personas ancianas recibirían beneficios directos, donde

$$n = \frac{t^3}{3} - 6t^2 + 32t \quad 0 \le t \le 12$$

¿Para qué valor de t es máximo el número de beneficiarios?

Solución: Al hacer $dn/dt = 0$, se tiene

$$\frac{dn}{dt} = t^2 - 12t + 32 = 0$$

$$(t - 4)(t - 8) = 0$$

$$t = 4 \quad \text{o} \quad t = 8$$

Como el dominio de n es el intervalo cerrado $[0, 12]$, el valor máximo absoluto de n debe ocurrir en $t = 0, 4, 8$ o 12:

$$n(0) = \frac{0^3}{3} - 6(0^2) + 32(0) = 0$$

$$n(4) = \frac{4^3}{3} - 6(4^2) + 32(4) = \frac{160}{3}$$

$$n(8) = \frac{8^3}{3} - 6(8^2) + 32(8) = \frac{128}{3}$$

$$n(12) = \frac{12^3}{3} - 6(12^2) + 32(12) = \frac{288}{3} = 96$$

Así, se tiene un máximo absoluto en $t = 12$. En la figura 13.65 se muestra una gráfica de la función.

FIGURA 13.65 Gráfica de $n = \dfrac{t^3}{3} - 6t^2 + 32t$ en $[0, 12]$.

Ahora resuelva el problema 15 ◁

¡ADVERTENCIA!

El ejemplo anterior ilustra que no deben ignorarse los puntos extremos cuando se determinan extremos absolutos en un intervalo cerrado.

En el ejemplo siguiente se usa la palabra *monopolista*. En una situación de monopolio, sólo hay un vendedor de un producto para el cual no existen sustitutos similares y el vendedor —es decir el monopolista— controla el mercado. Considerando la ecuación de demanda para el producto, el monopolista puede fijar el precio (o el volumen de producción) de manera que se obtenga una utilidad máxima.

Este ejemplo implica la maximización de la utilidad cuando se conocen las funciones de demanda y de costo promedio. En la última parte, se impone un impuesto al monopolio y se analiza una nueva función de utilidad.

> **EJEMPLO 8** **Maximización de la utilidad**

Suponga que la ecuación de demanda para el producto de un monopolista es $p = 400 - 2q$ y que la función de costo promedio es $\bar{c} = 0.2q + 4 + (400/q)$, donde q es el número de unidades y tanto p como $\bar{c}$ se expresan en dólares por unidad.

a. Determine el nivel de producción en el que se maximiza la utilidad.

b. Determine el precio que garantiza la utilidad máxima.

c. Determine la utilidad máxima.

d. Si, como una medida reguladora, el gobierno impone un impuesto de \$22 por unidad al monopolista, ¿cuál es el nuevo precio que maximiza la utilidad?

Solución: Se sabe que

$$\text{utilidad} = \text{ingreso total} - \text{costo total}$$

Como el ingreso total r y el costo total c están dados por

$$r = pq = 400q - 2q^2$$

y

$$c = q\bar{c} = 0.2q^2 + 4q + 400$$

la utilidad es

$$P = r - c = 400q - 2q^2 - (0.2q^2 + 4q + 400)$$

de manera que

$$P(q) = 396q - 2.2q^2 - 400 \quad \text{para } q > 0$$

a. Para maximizar la utilidad, se hace $dP/dq = 0$:

$$\frac{dP}{dq} = 396 - 4.4q = 0$$

$$q = 90$$

Ahora, $d^2P/dq^2 = -4.4$ siempre es negativa, por lo que es negativa en el valor crítico $q = 90$. De acuerdo con la prueba de la segunda derivada, se tiene ahí un máximo relativo. Como $q = 90$ es el único valor crítico en $(0, \infty)$, se debe tener ahí un máximo absoluto.

b. El precio que garantiza la utilidad máxima se obtiene haciendo $q = 90$ en la ecuación de demanda:

$$p = 400 - 2(90) = 220$$

c. La utilidad máxima se obtiene evaluando $P(90)$. Se tiene

$$P(90) = 396(90) - 2.2(90)^2 - 400 = 17\,420$$

d. El impuesto de \$22 por unidad implica que para q unidades el costo total aumenta en $22q$. La nueva función de costo es $c_1 = 02q^2 + 4q + 400 + 22q$ y la nueva utilidad está dada por

$$P_1 = 400q - 2q^2 - (0.2q^2 + 4q + 400 + 22q)$$

$$= 374q - 2.2q^2 - 400$$

Al hacer $dP_1/dq = 0$, resulta

$$\frac{dP_1}{dq} = 374 - 4.4q = 0$$

$$q = 85$$

Como $d^2P_1/dq^2 = -4.4 < 0$, se concluye que, para maximizar la utilidad, el monopolista debe restringir la producción a 85 unidades a un precio mayor de $p_1 = 400 - 2(85) = 230. Como este precio es sólo \$10 mayor que antes, parte del impuesto se ha cargado al consumidor y el monopolista debe pagar la diferencia. La utilidad es ahora de \$15 495, lo cual es menor que la ganancia anterior.

Ahora resuelva el problema 13 ◁

Este análisis conduce al principio económico de que cuando la utilidad es máxima, el ingreso marginal es igual al costo marginal.

Esta sección concluye usando el cálculo para desarrollar un principio muy importante en economía. Suponga que $p = f(q)$ es la función de demanda para el producto de una empresa, donde p es el precio por unidad y q el número de unidades producidas y vendidas. Entonces, el ingreso total está dado por $r = qp = qf(q)$, que es una función de q. Sea $c = g(q)$ la función de costo total para producir q unidades. Así, la utilidad total, que es igual a ingreso total − costo total, es también una función de q, a saber,

$$P(q) = r - c = qf(q) - g(q)$$

Considere la producción más favorable para la empresa. Si no se toman en cuenta los casos especiales, se sabe que la utilidad es máxima cuando $dP/dq = 0$ y $d^2P/dq^2 < 0$. Se tiene,

$$\frac{dP}{dq} = \frac{d}{dq}(r - c) = \frac{dr}{dq} - \frac{dc}{dq}$$

En consecuencia, $dP/dq = 0$ cuando

$$\frac{dr}{dq} = \frac{dc}{dq}$$

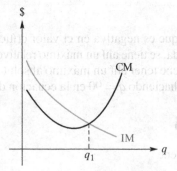

FIGURA 13.66 En la utilidad máxima, el ingreso marginal es igual al costo marginal.

Esto es, al nivel de la utilidad máxima, la pendiente de la tangente a la curva de ingreso total debe ser igual a la pendiente de la tangente a la curva de costo total (figura 13.66). Pero dr/dq es el ingreso marginal IM y dc/dq es el costo marginal CM. Así, bajo condiciones comunes, para maximizar la utilidad es necesario que

$$IM = CM$$

Para que esto corresponda realmente a un máximo, es necesario que $d^2P/dq^2 < 0$:

$$\frac{d^2P}{dq^2} = \frac{d^2}{dq^2}(r - c) = \frac{d^2r}{dq^2} - \frac{d^2c}{dq^2} < 0 \quad \text{o, de manera equivalente,} \quad \frac{d^2r}{dq^2} < \frac{d^2c}{dq^2}$$

Esto es, para tener una utilidad máxima cuando IM = CM, la pendiente de la curva del ingreso marginal deber ser menor que la pendiente de la curva del costo marginal.

La condición de que $d^2P/dq^2 < 0$ cuando $dP/dq = 0$ puede verse de otra manera. En forma equivalente, para que IM = CM corresponda a un máximo, dP/dq debe pasar de + a −; esto es, debe ir de $dr/dq - dc/dq > 0$ a $dr/dq - dc/dq < 0$. Por lo tanto, cuando la producción aumenta, se debe tener IM > CM y luego IM < CM. Esto significa que en el punto q_1 de utilidad máxima, *la curva de costo marginal debe cortar a la curva de ingreso marginal desde abajo* (figura 13.67). Para una producción de hasta q_1, el ingreso proveniente de la producción adicional sería mayor que el costo de tal producción y la utilidad total aumentaría. Para una producción mayor a q_1, CM > IM y cada unidad de producción agregaría un tanto más a los costos totales que al ingreso total. Por lo tanto, las utilidades totales se reducirían.

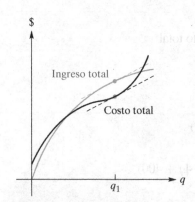

FIGURA 13.67 En la utilidad máxima, la curva de costo marginal corta a la curva de ingreso marginal desde abajo.

PROBLEMAS 13.6

En esta serie de problemas, a menos que se especifique otra cosa, p es el precio por unidad y q el nivel de producción. Los costos fijos se refieren a costos que permanecen constantes bajo todo nivel de producción en un periodo dado (un ejemplo es la renta).

1. Encuentre dos números cuya suma sea 82 y cuyo producto sea el más grande posible.

2. Encuentre dos números no negativos cuya suma sea 20 y para los cuales el producto de dos veces uno de los números por el cuadrado del otro sea un máximo.

3. Cercado Una empresa dispone de $9000 para cercar una porción rectangular del terreno adyacente a un río y al río lo usará como un lado del área cercada. El costo de la cerca paralela al río es de $15 por pie instalado y el costo para los dos lados restantes es de $9 por pie instalado. Encuentre las dimensiones del área máxima cercada.

4. Cercado El propietario del Vivero Laurel quiere cercar un terreno que tiene forma rectangular y área de 1400 pies² con el fin de usarlo para plantar diferentes tipos de arbustos. El terreno será dividido en seis lotes iguales con cinco cercas paralelas al mismo par de lados, como se muestra en la figura 13.68. ¿Cuál es el número mínimo de pies de cerca necesarios?

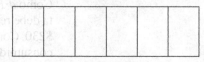

FIGURA 13.68

5. Costo promedio Un fabricante determina que el costo total, c, de producir un artículo está dado por la función de costo

$$c = 0.05q^2 + 5q + 500$$

¿Para qué nivel de producción será mínimo el costo promedio por unidad?

6. Gastos de un automóvil   El costo por hora de operar un automóvil está dado por

$$C = 0.12s - 0.0012s^2 + 0.08 \qquad 0 \le s \le 60$$

donde s es la velocidad en millas por hora. ¿A qué velocidad es mínimo el costo por hora?

7. Ingreso   La ecuación de demanda para el producto de un monopolista es

$$p = -5q + 30$$

¿A qué precio se maximizará el ingreso?

8. Ingreso   Suponga que la función de demanda para el producto de un monopolista es

$$q = Ae^{-Bp}$$

para constantes positivas A y B. En términos de A y B, encuentre el valor de p para el cual se obtiene el ingreso máximo. ¿Puede explicar por qué su respuesta no depende de A?

9. Ganancia de peso   Un grupo de biólogos estudió los efectos nutricionales producidos en ratas a las que se les administró una dieta que contenía 10% de proteína.[12] La proteína consistió en levadura y harina de semilla de algodón. Al variar el porcentaje p de levadura en la mezcla de proteína, el grupo de biólogos encontró que el aumento de peso (promedio en gramos) de una rata en cierto periodo fue de

$$f(p) = 170 - p - \frac{1600}{p + 15} \qquad 0 \le p \le 100$$

Encuentre (a) el aumento máximo de peso y (b) el aumento mínimo de peso.

10. Dosis de un medicamento   La severidad de la reacción del cuerpo humano a una dosis inicial D de un medicamento está dada por[13]

$$R = f(D) = D^2 \left(\frac{C}{2} - \frac{D}{3} \right)$$

donde la constante C denota la cantidad máxima de medicamento que puede administrarse. Demuestre que R tiene una *razón de cambio* máxima cuando $D = C/2$.

11. Utilidad   Para el producto de un monopolista, la función de demanda es

$$p = 85 - 0.05q$$

y la función de costo es

$$c = 600 + 35q$$

¿A qué nivel de producción se maximiza la utilidad? ¿A qué precio ocurre esto y cuál es la utilidad?

12. Utilidad   Para un monopolista, el costo por unidad de producir un artículo es de $3 y la ecuación de demanda es

$$p = \frac{10}{\sqrt{q}}$$

¿Qué precio dará la utilidad máxima?

13. Utilidad   Para el producto de un monopolista, la ecuación de demanda es

$$p = 42 - 4q$$

y la función de costo promedio es

$$\bar{c} = 2 + \frac{80}{q}$$

Encuentre el precio que maximiza la utilidad.

14. Utilidad   Para el producto de un monopolista, la función de demanda es

$$p = \frac{50}{\sqrt{q}}$$

y la función de costo promedio es

$$\bar{c} = \frac{1}{4} + \frac{2500}{q}$$

Encuentre el precio que maximiza la utilidad.

15. Utilidad   Un fabricante puede producir cuando mucho 120 unidades de cierto artículo cada año. La ecuación de demanda para ese producto es

$$p = q^2 - 100q + 3200$$

y la función de costo promedio del fabricante es

$$\bar{c} = \frac{2}{3}q^2 - 40q + \frac{10\,000}{q}$$

Determine la producción q que maximiza la utilidad y la utilidad máxima correspondiente.

16. Costo   Un fabricante ha determinado que para cierto producto, el costo unitario promedio está dado por

$$\bar{c} = 2q^2 - 42q + 228 + \frac{210}{q}$$

donde $3 \le q \le 12$.

(a) ¿A qué nivel dentro del intervalo [3, 12] debe fijarse la producción para minimizar el costo total? ¿Cuál es el costo total mínimo?
(b) Si la producción tuviese que encontrarse dentro del intervalo [7, 12], ¿qué valor de q minimizaría el costo total?

17. Utilidad   Los costos totales fijos de la empresa XYZ son de $1200, los costos combinados de material y mano de obra son de $2 por unidad y la ecuación de demanda es

$$p = \frac{100}{\sqrt{q}}$$

¿Qué nivel de producción maximizará la utilidad? Demuestre que esto ocurrirá cuando el ingreso marginal sea igual al costo marginal. ¿Cuál es el precio cuando la utilidad es máxima?

18. Ingreso   Una empresa de bienes raíces posee 100 departamentos tipo jardín. Cada departamento puede rentarse en $400 por mes. Sin embargo, por cada $10 mensuales de incremento habrá dos departamentos vacíos sin posibilidad de ser rentados. ¿Qué renta por departamento maximizará el ingreso mensual?

---

[12]Adaptado de R. Bressani, "The Use of Yeast in Human Foods", en *Single-Cell Protein*, R. I. Mateles y S. R. Tannenbaum, eds. (Cambridge, Mass.: MIT Press, 1968).

[13]R. M. Thrall, J. A. Mortimer, K. R. Rebman y R. F. Baum, eds., *Some Mathematical Models in Biology*, edición revisada, reporte núm. 40241-R-7. Preparado en la Universidad de Michigan, 1967.

19. Ingreso Una empresa de televisión por cable tiene 6400 suscriptores que pagan cada uno $24 mensuales y puede conseguir 160 suscriptores más por cada reducción de $0.50 en la cuota mensual. ¿Cuál será la cuota que maximice el ingreso y cuál será este ingreso?

20. Utilidad Un fabricante de cierto producto encuentra que para las primeras 600 unidades que produce y vende la utilidad es de $40 por unidad. La utilidad por cada unidad producida más allá de 600 disminuye en $0.05 por cada unidad adicional. Por ejemplo, la utilidad total cuando produce y vende 602 unidades es 600(40) + 2(39.90). ¿Qué nivel de producción maximizará la utilidad?

21. Diseño de un recipiente Un fabricante de recipientes está diseñando una caja rectangular sin tapa y con base cuadrada que debe tener un volumen de 32 pies^3. ¿Qué dimensiones debe tener la caja si se requiere utilizar la menor cantidad de material?

22. Diseño de un recipiente Una caja sin tapa y de base cuadrada va a construirse con 192 pies^2 de material. ¿Qué dimensiones debe tener para que su volumen sea máximo? ¿Cuál es el volumen máximo?

23. Diseño de un recipiente Una caja sin tapa va a fabricarse cortando cuadrados iguales de cada esquina de una lámina cuadrada de L pulgadas de lado, doblando luego hacia arriba los lados. Encuentre la longitud del lado del cuadrado que debe recortarse para que el volumen de la caja sea máximo. ¿Cuál es el volumen máximo? (Vea la figura 13.69).

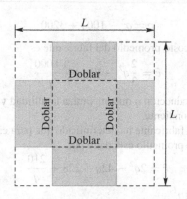

FIGURA 13.69

24. Diseño de un cartel Un cartel rectangular de cartón debe tener 720 pulg^2 para el material impreso, márgenes de 5 pulgadas a cada lado y de 4 pulgadas arriba y abajo. Encuentre las dimensiones del cartel de manera que la cantidad de cartón que se use sea mínima. (Vea la figura 13.70).

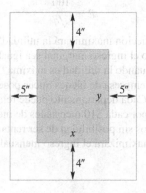

FIGURA 13.70

25. Diseño de un recipiente Una lata cilíndrica sin tapa debe tener un volumen fijo K. Demuestre que al usar la cantidad mínima

de material el radio y la altura serán iguales a $\sqrt[3]{K/\pi}$. (Vea la figura 13.71).

Volumen = $\pi r^2 h$
Área superficial = $2\pi r h + \pi r^2$

Abierta en la parte superior

FIGURA 13.71

26. Diseño de un recipiente Una lata cilíndrica sin tapa va a fabricarse con una cantidad fija de material, K. Para que el volumen sea máximo, demuestre que el radio y la altura deben ser iguales a $\sqrt{K/(3\pi)}$. (Vea la figura 13.71).

27. Utilidad La ecuación de demanda para el producto de un monopolista es

$$p = 600 - 2q$$

y la función de costo total es

$$c = 0.2q^2 + 28q + 200$$

Encuentre la producción y el precio que maximizan la utilidad y determine la utilidad correspondiente. Si el gobierno impone un impuesto de $22 por unidad al fabricante, ¿cuáles serían entonces la producción y el precio que maximizan la utilidad? ¿Cuál sería entonces la utilidad?

28. Utilidad Utilice los datos *originales* del problema 27 y suponga que el gobierno impone una cuota por licencia de $1000 al fabricante. Ésta es una cantidad global independiente de la producción. Demuestre que el precio y la producción que maximizan la utilidad permanecen iguales. Sin embargo, demuestre que se tendrá una utilidad menor.

29. Tamaño económico del lote Un fabricante debe producir anualmente 3000 unidades de un producto que se vende a una razón uniforme durante el año. El costo de producción de cada unidad es de $12 y los costos por mantener inventarios (seguro, interés, almacenamiento, etc.) se estiman iguales al 19.2% del valor promedio del inventario. Los gastos de operación por periodo de producción son de $54. Encuentre el tamaño económico del lote.

30. Utilidad Para el producto de un monopolista, la función de costo es

$$c = 0.004q^3 + 20q + 5000$$

y la función de demanda es

$$p = 450 - 4q$$

Encuentre la producción que maximiza la utilidad.

31. Asistencia a un taller La empresa Imperial Educational Services (IES) está considerando ofrecer un taller sobre asignación de recursos a directivos de la Compañía Acme. Para que el ofrecimiento sea económicamente factible, IES considera que por lo menos 30 personas deben inscribirse y cubrir un costo de $50 cada una. Además, IES acepta reducir la cuota *a todos* en $1.25 por cada persona adicional a las primeras 30. ¿Cuántas personas deben inscribirse para que el ingreso de IES sea máximo? Suponga que el número máximo de asistentes se limita a 40 personas.

32. Costo de alquilar un motor La compañía Kiddie Toy planea alquilar un motor eléctrico del cual utilizará 80 000 caballos de fuerza-hora por año en su proceso de manufactura. Un caballo de fuerza-hora es el trabajo hecho en 1 hora por un motor de un caballo de fuerza. El costo anual de alquilar el motor es de $200 más $0.40 por caballo de fuerza. El costo por caballo de fuerza-hora de operar el motor es de $0.008/N, donde N es el número de caballos de fuerza. ¿Qué tamaño de motor, en caballos de fuerza, debe alquilarse para minimizar el costo?

33. Costo de transporte   El costo de operar un camión sobre una autopista (excluyendo el salario del chofer) es

$$0.165 + \frac{s}{200}$$

por milla, donde s es la velocidad (estable) del camión en millas por hora. El salario del chofer es de $18 por hora. ¿A qué velocidad debe manejar el chofer para que un viaje de 700 millas resulte lo más económico posible?

34. Costo   Para un productor, el costo de fabricar un artículo es de $30 por mano de obra y de $10 por material; los gastos indirectos son de $20 000 por semana. Si se fabrican más de 5000 artículos por semana, la mano de obra se eleva a $45 por artículo para las unidades que excedan de 5000. ¿Para qué nivel de producción será mínimo el costo promedio por artículo?

35. Utilidad   La señora Jones tiene una agencia de seguros pequeña que vende pólizas para una gran compañía de seguros. Por cada póliza vendida, la señora Jones, que no vende por sí misma las pólizas, recibe una comisión de $50 de la compañía de seguros. De experiencias pasadas, la señora Jones ha determinado que cuando emplea m vendedores puede vender

$$q = m^3 - 15m^2 + 92m$$

pólizas por semana. Ella paga a cada uno de los vendedores un salario semanal de $1000 y sus gastos fijos por semana son de $3000. Su oficina actual sólo puede tener cabida para ocho vendedores. Determine el número de vendedores que la señora Jones debe contratar para maximizar su utilidad semanal. ¿Cuál es la utilidad máxima correspondiente?

36. Utilidad   Una compañía manufacturera vende sacos de alta calidad a una cadena de tiendas. La ecuación de demanda para esos sacos es

$$p = 400 - 50q$$

donde p es el precio de venta (por saco) y q la demanda (en miles de sacos). Si la función de costo marginal de la compañía está dada por

$$\frac{dc}{dq} = \frac{800}{q + 5}$$

demuestre que existe una utilidad máxima y determine el número de sacos que deben venderse para obtener esta utilidad máxima.

37. Producción química   Una empresa fabrica diariamente x toneladas del producto químico A ($x \leq 4$) y

$$y = \frac{24 - 6x}{5 - x}$$

toneladas del producto químico B. La utilidad con A es de $2000 por tonelada y con B es de $1000 por tonelada. ¿Cuántas toneladas

de A deben producirse al día para maximizar la utilidad? Responda la misma pregunta si la utilidad con A es de P por tonelada y con B es de P/2 por tonelada.

38. Tasa de rendimiento   Para construir un edificio de oficinas, los costos fijos son de $1.44 millones e incluyen el precio del terreno, los honorarios del arquitecto, la cimentación, la estructura, etc. Si se construyen x pisos, el costo (excluyendo los costos fijos) es

$$c = 10x[120\ 000 + 3000(x - 1)]$$

El ingreso por mes es de $60 000 por piso. ¿Cuántos pisos darán una tasa máxima de rendimiento sobre la inversión? (Tasa de rendimiento = ingreso total/costo total).

39. Marcha y potencia desarrollada por un animal   En un modelo planteado por Smith,[14] la potencia desarrollada por un animal a una velocidad dada en función de su movimiento o *marcha*, j, resulta ser

$$P(j) = Aj\frac{L^4}{V} + B\frac{V^3L^2}{1 + j}$$

donde A y B son constantes, j es una medida de "inconstancia" de la marcha, L es una constante que representa una dimensión lineal y V una velocidad constante hacia adelante.

Suponga que P es mínima cuando $dP/dj = 0$. Demuestre que cuando esto ocurre,

$$(1 + j)^2 = \frac{BV^4}{AL^2}$$

Como un comentario al margen, Smith señala que "a velocidad máxima, j es 0 para un elefante, 0.3 para un caballo y 1 para un galgo de carreras, aproximadamente".

40. Flujo de vehículos   En un modelo de flujo de vehículos sobre un carril de una autopista, el número de automóviles que pueden circular por el carril por unidad de tiempo está dado mediante[15]

$$N = \frac{-2a}{-2at_r + v - \frac{2al}{v}}$$

donde a es la aceleración de un automóvil al detenerse ($a < 0$), t_r es el tiempo de reacción para comenzar a frenar, v es la velocidad promedio de los automóviles y l es la longitud de un automóvil. Suponga que a, t_r y l son constantes. Para encontrar el mayor número de automóviles que pueden circular por un carril, es necesario calcular la velocidad v que maximiza a N. Para maximizar N, es suficiente con minimizar el denominador

$$-2at_r + v - \frac{2al}{v}$$

[14]J. M. Smith, *Mathematical Ideas in Biology* (Londres: Cambridge University Press, 1968).

[15]J. I. Shonle, *Environmental Applications of General Physics* (Reading, Mass.: Addison-Wesley Publishing Co., 1975).

(a) Encuentre el valor de v que minimiza al denominador.

(b) Evalúe su respuesta en (a) cuando $a = -19.6$ (pies/s^2), $l = 20$ (pies) y $t_r = 0.5$ (s). Dé su respuesta en pies por segundo.

(c) Encuentre el valor correspondiente de N con un decimal. Su respuesta estará en automóviles por segundo; conviértala a automóviles por hora.

(d) Encuentre el cambio relativo N que resulta cuando l se reduce de 20 pies a 15 pies para el valor de v que maximiza.

41. Costo promedio Durante la temporada navideña, una empresa promocional compra calcetines baratos de fieltro rojo, les pega imitación de piel blanca y lentejuelas y los empaca para su distribución. El costo total de producir q cajas de estos calcetines está dado por

$$c = 3q^2 + 50q - 18q \ln q + 120$$

Encuentre el número de cajas que deben prepararse para minimizar el costo promedio por caja. Determine (con dos decimales) este costo promedio mínimo.

42. Utilidad La ecuación de demanda de un monopolista está dada por

$$p = q^2 - 20q + 160$$

donde p es el precio de venta (en miles) por tonelada cuando se venden q toneladas del producto. Suponga que el costo fijo es de $50 000 y que producir cada tonelada cuesta $30 000. Si la maquinaria actual tiene una capacidad máxima de producción de 12 toneladas, use la gráfica de la función de utilidad para determinar a qué nivel de producción se tiene la utilidad máxima. Encuentre la utilidad máxima correspondiente y el precio de venta por tonelada.

Repaso del capítulo 13

Términos y símbolos importantes

Ejemplos

Sección 13.1 **Extremos relativos**
función creciente   función decreciente   Ej. 1, p. 582
máximo relativo   mínimo relativo   Ej. 2, p. 583
extremos relativos   extremos absolutos   Ej. 3, p. 583
valor crítico   punto crítico   prueba de la primera derivada   Ej. 4, p. 584

Sección 13.2 **Extremos absolutos en un intervalo cerrado**
teorema del valor extremo   Ej. 1, p. 590

Sección 13.3 **Concavidad**
cóncava hacia arriba   cóncava hacia abajo   punto de inflexión   Ej. 1, p. 592

Sección 13.4 **Prueba de la segunda derivada**
prueba de la segunda derivada   Ej. 1, p. 598

Sección 13.5 **Asíntotas**
asíntota vertical   asíntota horizontal   Ej. 1, p. 601
asíntota oblicua   Ej. 3, p. 603

Sección 13.6 **Aplicaciones de máximos y mínimos**
tamaño económico del lote   Ej. 5, p. 612

Resumen

El cálculo es de gran ayuda para bosquejar la gráfica de una función. La primera derivada se usa para determinar cuándo una función es creciente o decreciente y para localizar los máximos y mínimos relativos. Si $f'(x)$ es positiva en todo un intervalo, entonces en ese intervalo f es creciente y su gráfica asciende (de izquierda a derecha). Si $f'(x)$ es negativa en todo un intervalo, entonces f es decreciente y su gráfica desciende.

Un punto $(a, f(a))$ sobre la gráfica en el que $f'(x)$ es 0 o no está definida es un candidato a representar un extremo relativo y a se llama valor crítico. Para que se presente en a un extremo relativo, la primera derivada debe cambiar de signo alrededor de a. El procedimiento siguiente es la prueba de la primera derivada para los extremos relativos de $y = f(x)$:

Prueba de la primera derivada para extremos relativos

Paso 1. Encuentre $f'(x)$.

Paso 2. Determine todos los valores de a en que $f'(a) = 0$ o $f'(a)$ no está definida.

Paso 3. En los intervalos definidos por los valores del paso 2, determine si f es creciente ($f'(x) > 0$) o decreciente ($f'(x) < 0$).

Paso 4. Para cada valor crítico a en que f es continua, determine si $f'(x)$ cambia de signo al aumentar x y pasar por a. Se tiene un máximo relativo en a si $f'(x)$ cambia de $+$ a $-$ y un mínimo relativo si $f'(x)$ cambia de $-$ a $+$. Si $f'(x)$ no cambia de signo, entonces no se tiene un extremo relativo en a.

Bajo ciertas condiciones, se puede asegurar que una función tiene extremos absolutos. El teorema del valor extremo establece que si f es continua en un intervalo cerrado, entonces f tiene un valor máximo absoluto y un valor mínimo absoluto en el intervalo. Para localizar los extremos absolutos, puede emplearse el siguiente procedimiento:

La segunda derivada se usa para determinar la concavidad y los puntos de inflexión. Si $f'(x) > 0$ en todo un intervalo, entonces *f* es cóncava hacia arriba en ese intervalo y su gráfica se flexiona hacia arriba. Si $f''(x) < 0$ en un intervalo, entonces *f* es cóncava hacia abajo en ese intervalo y su gráfica se flexiona hacia abajo. El punto de una gráfica donde *f* es continua y su concavidad cambia es un punto de inflexión. El punto $(a, f(a))$ de una gráfica es un posible punto de inflexión si $f''(a)$ es 0 o no está definida y *f* es continua en *a*.

La segunda derivada proporciona también un medio para probar si ciertos valores críticos son extremos relativos:

Las asíntotas también son útiles para el trazado de curvas. Las gráficas "explotan" cerca de las asíntotas verticales y "se asientan" cerca de las asíntotas horizontales y las asíntotas oblicuas. La recta $x = a$ es una asíntota vertical para la gráfica de una función *f* si lím $f(x) = \infty$ o $-\infty$ cuando *x* tiende a *a* por la derecha $(x \to a^+)$ o por la izquierda $(x \to a^-)$. En el caso de una función racional, $f(x) = P(x)/Q(x)$ en términos mínimos, es posible encontrar las asíntotas verticales sin evaluar los límites. Si $Q(a) = 0$ pero $P(a) \neq 0$, entonces la recta $x = a$ es una asíntota vertical.

La recta $y = b$ es una asíntota horizontal para la gráfica de una función no lineal *f* si al menos una de las proposiciones siguientes es verdadera:

$$\lim_{x \to \infty} f(x) = b \quad \text{o} \quad \lim_{x \to -\infty} f(x) = b$$

La recta $y = mx + b$ es una asíntota oblicua para la gráfica de una función *f* si al menos una de las proposiciones siguientes es verdadera:

$$\lim_{x \to \infty} (f(x) - (mx+b)) = 0 \quad \text{o} \quad \lim_{x \to -\infty} (f(x) - (mx+b)) = 0$$

En particular, una función polinomial de grado mayor que 1 no tiene asíntotas. Además, una función racional cuyo numerador tiene un grado mayor que el del denominador no tiene una asíntota horizontal y una función racional cuyo numerador tenga un grado mayor por más de uno que el del denominador no tiene una asíntota oblicua.

Aplicaciones de máximos y mínimos

Desde un punto de vista práctico, la fuerza del cálculo reside en que permite maximizar o minimizar cantidades. Por ejemplo, en el área de la economía se puede maximizar la utilidad o minimizar el costo. Algunas relaciones importantes que se usan en problemas económicos son las siguientes:

$$\bar{c} = \frac{c}{q} \quad \text{costo promedio por unidad} = \frac{\text{costo total}}{\text{cantidad}}$$

$$r = pq \quad \text{ingreso} = (\text{precio})(\text{cantidad})$$

$$P = r - c \quad \text{utilidad} = \text{ingreso total} - \text{costo total}$$

Problemas de repaso

En los problemas del 1 al 4, encuentre las asíntotas horizontales y verticales.

1. $y = \dfrac{3x^2}{x^2 - 16}$

2. $y = \dfrac{x+3}{9x - 3x^2}$

3. $y = \dfrac{5x^2 - 3}{(3x+2)^2}$

4. $y = \dfrac{4x+1}{3x-5} - \dfrac{3x+1}{2x-11}$

En los problemas del 5 al 8, encuentre los valores críticos.

5. $f(x) = \dfrac{3x^2}{9 - x^2}$

6. $f(x) = 8(x-1)^2(x+6)^4$

7. $f(x) = \dfrac{\sqrt[3]{x+1}}{3 - 4x}$

8. $f(x) = \dfrac{13xe^{-5x/6}}{6x + 5}$

En los problemas del 9 al 12, encuentre los intervalos donde la función es creciente o decreciente.

9. $f(x) = -\frac{5}{3}x^3 + 15x^2 + 35x + 10$

10. $f(x) = \dfrac{3x^2}{(x+2)^2}$

11. $f(x) = \dfrac{6x^4}{x^2 - 3}$

12. $f(x) = 4\sqrt[3]{5x^3 - 7x}$

En los problemas del 13 al 18, encuentre los intervalos donde la función es cóncava hacia arriba o cóncava hacia abajo.

13. $f(x) = x^4 - x^3 - 14$

14. $f(x) = \dfrac{x-2}{x+2}$

15. $f(x) = \dfrac{1}{3x+2}$

16. $f(x) = x^3 + 2x^2 - 5x + 2$

17. $f(x) = (2x+1)^3(3x+4)$

18. $f(x) = (x^2 - x - 1)^2$

En los problemas del 19 al 24, pruebe para los extremos relativos.

19. $f(x) = 2x^3 - 9x^2 + 12x + 7$

20. $f(x) = \dfrac{ax+b}{x^2}$ para $a > 0$ y $b > 0$

21. $f(x) = \dfrac{x^{10}}{10} + \dfrac{x^5}{5}$

22. $f(x) = \dfrac{x^2}{x^2 - 4}$

23. $f(x) = x^{2/3}(x+1)$

24. $f(x) = x^3(x-2)^4$

En los problemas del 25 al 30, encuentre los valores de x en los que se presentan puntos de inflexión.

25. $y = 3x^5 + 20x^4 - 30x^3 - 540x^2 + 2x + 3$

26. $y = \dfrac{x^2 + 2}{5x}$

27. $y = 4(3x - 5)(x^4 + 2)$

28. $y = x^2 + 2\ln(-x)$ **29.** $y = \dfrac{x^3}{e^x}$

30. $y = (x^2 - 5)^3$

En los problemas del 31 al 34, efectúe la prueba para los extremos absolutos en el intervalo indicado.

31. $f(x) = 3x^4 - 4x^3, [0, 2]$

32. $f(x) = 2x^3 - 15x^2 + 36x, [0, 3]$

33. $f(x) = \dfrac{x}{(5x - 6)^2}, [-2, 0]$

34. $f(x) = (x + 1)^2(x - 1)^{2/3}, [2, 3]$

35. Sea $f(x) = x\ln x$.
(a) Determine los valores de x en los que se presentan los máximos y mínimos relativos, en caso de que existan.
(b) Determine el o los intervalos donde la gráfica de f es cóncava hacia arriba y encuentre las coordenadas de todos los puntos de inflexión, si es que existen.

36. Sea $f(x) = \dfrac{x}{x^2 - 1}$.
(a) Determine si la gráfica de f es simétrica con respecto al eje x, al eje y o al origen.
(b) Encuentre el o los intervalos donde f es creciente.
(c) Encuentre las coordenadas de todos los extremos relativos de f.
(d) Determine $\lim_{x \to -\infty} f(x)$ y $\lim_{x \to \infty} f(x)$.
(e) Bosqueje la gráfica de f.
(f) Establezca los valores máximo y mínimo absolutos de $f(x)$ (en caso de que existan).

En los problemas del 37 al 48 indique los intervalos donde la función es creciente, decreciente, cóncava hacia arriba o cóncava hacia abajo; indique los puntos máximos y mínimos relativos, los puntos de inflexión, las asíntotas horizontales, las asíntotas verticales, la simetría y aquellas intersecciones que puedan obtenerse de manera conveniente. Después bosqueje la gráfica.

37. $y = x^2 - 2x - 24$

38. $y = 2x^3 + 15x^2 + 36x$

39. $y = x^3 - 12x + 20$

40. $y = e^{1/x}$

41. $y = x^3 - x$

42. $y = \dfrac{x + 2}{x - 3}$

43. $f(x) = \dfrac{100(x + 5)}{x^2}$

44. $y = \dfrac{x^2 - 4}{x^2 - 1}$

45. $y = \dfrac{x}{(x - 1)^3}$

46. $y = 6x^{1/3}(2x - 1)$

47. $f(x) = \dfrac{e^x + e^{-x}}{2}$

48. $f(x) = 1 - \ln(x^3)$

49. ¿Son ciertos o falsos los siguientes enunciados?
(a) Si $f'(x_0) = 0$, entonces f debe tener un extremo relativo en x_0.
(b) Como la función $f(x) = 1/x$ es decreciente en los intervalos $(-\infty, 0)$ y $(0, \infty)$, es imposible encontrar x_1 y x_2 en el dominio de f de manera que $x_1 < x_2$ y $f(x_1) < f(x_2)$.
(c) En el intervalo $(-1, 1]$, la función $f(x) = x^4$ tiene un máximo absoluto y un mínimo absoluto.
(d) Si $f''(x_0) = 0$, entonces $(x_0, f(x_0))$ debe ser un punto de inflexión.
(e) Una función f definida en el intervalo $(-2, 2)$ con exactamente un máximo relativo debe tener un máximo absoluto.

50. Una función importante en la teoría de la probabilidad es la función de densidad normal estándar

$$f(x) = \frac{1}{\sqrt{2\pi}} e^{-x^2/}$$

(a) Determine si la gráfica de f es simétrica con respecto al eje x, al eje y o al origen.
(b) Encuentre los intervalos donde f es creciente y donde es decreciente.
(c) Encuentre las coordenadas de todos los extremos relativos de f.
(d) Encuentre $\lim_{x \to -\infty} f(x)$ y $\lim_{x \to \infty} f(x)$.
(e) Encuentre los intervalos donde la gráfica de f es cóncava hacia arriba y donde es cóncava hacia abajo.
(f) Encuentre las coordenadas de todos los puntos de inflexión.
(g) Bosqueje la gráfica de f.
(h) Encuentre todos los extremos absolutos.

51. Costo marginal Si $c = q^3 - 6q^2 + 12q + 18$ es una función de costo total, ¿para qué valores de q es creciente el costo marginal?

52. Ingreso marginal Si $r = 320q^{3/2} - 2q^2$ es la función de ingreso para el producto de un fabricante, determine los intervalos en los que la función de ingreso marginal es creciente.

53. Función de ingreso La ecuación de demanda para el producto de un fabricante es

$$p = 200 - \frac{\sqrt{q}}{5} \quad \text{donde} \quad q > 0$$

Demuestre que la gráfica de la función de ingreso es cóncava hacia abajo dondequiera que esté definida.

54. Anticoncepción En un modelo sobre el efecto de los anticonceptivos en la tasa de nacimientos,[16] la ecuación

$$R = f(x) = \frac{x}{4.4 - 3.4x} \quad 0 \le x \le 1$$

evalúa la reducción proporcional R en la tasa de nacimientos como función de la eficiencia x de un método anticonceptivo. Una eficiencia de 0.2 (o 20%) significa que la probabilidad de resultar embarazada es 80% de la probabilidad de resultar embarazada sin el anticonceptivo. Encuentre la reducción (en porcentaje) cuando la eficiencia es (a) 0, (b) 0.5 y (c) 1. Encuentre dR/dx y d^2R/dx^2, luego dibuje la gráfica de la ecuación.

55. Aprendizaje y memoria Si usted fuese a citar los miembros de una categoría, por ejemplo la de los animales cuadrúpedos, las palabras que citaría se presentarían probablemente en "grupos" con distintas pausas entre tales grupos. Por ejemplo, usted podría citar las siguientes palabras para la categoría de los cuadrúpedos:

> perro, gato, ratón, rata,
> (pausa)
> caballo, burro, mula,
> (pausa)
> aca, cerdo, cabra, cordero,
> etcétera.

Las pausas pueden presentarse porque las personas tienen que buscar mentalmente las subcategorías (animales domésticos, bestias de carga, animales de granja, etcétera).

---

[16]R. K. Leik y B. F. Meeker, *Mathematical Sociology* (Englewood Cliffs, NJ: Prentice-Hall, Inc., 1975).

El tiempo transcurrido entre los conjuntos de palabras sucesivas se llama *tiempo entre respuestas*. Se ha usado una función para analizar la duración de las pausas y el tamaño de los grupos (número de palabras incluidas en un grupo).[17] Esta función f es tal que

$$f(t) = \begin{cases} \text{el número promedio de palabras} \\ \text{que se presentan en sucesión con} \\ \text{tiempo entre respuestas menor que } t \end{cases}$$

La gráfica de f tiene una forma similar a la mostrada en la figura 13.72 y se ajusta bastante bien por medio de un polinomio de tercer grado, tal como

$$f(t) = At^3 + Bt^2 + Ct + D$$

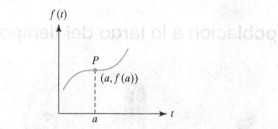

FIGURA 13.72

El punto P tiene un significado especial. Es tal que el valor a separa los tiempos entre respuestas ocurridos *dentro* de los grupos de aquellos tiempos que se registran *entre* dos grupos. Matemáticamente, P es un punto crítico que también es un punto de inflexión. Suponga estas dos condiciones y demuestre que (a) $a = -B/(3A)$ y (b) $B^2 = 3AC$.

56. Penetración de mercado En un modelo implementado para introducir un producto nuevo a un mercado, las ventas S del producto en el tiempo t están dadas por[18]

$$S = g(t) = \frac{m(p+q)^2}{p} \left[\frac{e^{-(p+q)t}}{\left(\dfrac{q}{p} e^{-(p+q)t} + 1 \right)^2} \right]$$

donde p, q y m son constantes diferentes de 0.
(a) Demuestre que

$$\frac{dS}{dt} = \frac{\dfrac{m}{p}(p+q)^3 e^{-(p+q)t} \left[\dfrac{q}{p} e^{-(p+q)t} - 1 \right]}{\left(\dfrac{q}{p} e^{-(p+q)t} + 1 \right)^3}$$

(b) Determine el valor de t para el cual se tiene la venta máxima. Puede suponer que S alcanza un máximo cuando $dS/dt = 0$.

En los problemas del 57 al 60, redondee sus respuestas a dos decimales cuando sea apropiado.

57. En la gráfica de $y = 4x^3 + 5.3x^2 - 7x + 3$, encuentre las coordenadas de todos los extremos relativos.
58. En la gráfica de $f(x) = x^4 - 2x^3 + 3x - 1$, determine los extremos absolutos de f en el intervalo $[-1, 1]$.

59. La gráfica de una función f tiene exactamente un punto de inflexión. Si

$$f''(x) = \frac{x^3 + 3x + 2}{5x^2 - 2x + 4}$$

use la gráfica de f'' para determinar el valor x del punto de inflexión de f.

60. Grafique $y = \dfrac{5x^2 + 2x}{x^3 + 2x + 1}$. Con base en la gráfica, localice las asíntotas horizontales o verticales.

61. Maximización de la producción Un fabricante determina que m empleados en cierta línea de producción producen q unidades por mes, donde

$$q = 80m^2 - 0.1m^4$$

Para obtener una producción mensual máxima, ¿cuántos empleados deben asignarse a la línea de producción?

62. Ingreso La función de demanda para el producto de un fabricante está dada por $p = 100e^{-0.1q}$. ¿Para qué valor de q maximiza el fabricante su ingreso total?

63. Ingreso La función de demanda para el producto de un monopolista es

$$p = \sqrt{500 - q}$$

Si el monopolista quiere producir por lo menos 100 unidades, pero no más de 200, ¿cuántas unidades debe producir para maximizar el ingreso total?

64. Costo promedio Si $c = 0.01q^2 + 5q + 100$ es una función de costo, encuentre la función de costo promedio. ¿A qué nivel de producción q se presenta un costo promedio mínimo?

65. Utilidad La función de demanda para el producto de un monopolista es

$$p = 700 - 2q$$

y el costo promedio por unidad para producir q unidades es

$$\bar{c} = q + 100 + \frac{1000}{q}$$

donde p y $\bar{c}$ representan el costo por unidad. Encuentre la utilidad máxima que el monopolista puede lograr.
66. Diseño de un recipiente Una caja rectangular va a fabricarse recortando cuadrados iguales de cada esquina de una lámina de cartón de 10 por 16 pulgadas y doblando luego los lados hacia arriba. ¿Cuál debe ser la longitud por lado del cuadrado a recortar para que el volumen de la caja sea máximo?
67. Cercado Un terreno rectangular va a cercarse y dividirse en tres partes iguales por dos cercas paralelas a un par de los lados. Si se van a usar un total de 800 pies de cerca, encuentre las dimensiones que maximizarán el área cercada.
68. Diseño de un cartel Un cartel rectangular con área de 500 pulg² debe tener un margen de 4 pulgadas a cada lado y en la parte

[17]A. Graesser y G. Mandler, "Limited Processing Capacity Constrains the Storage of Unrelated Sets of Words and Retrieval from Natural Categories", *Human Learning and Memory*, 4, núm. 1 (1978), pp. 86-100.
[18]A. P. Hurter, Jr., A. H. Rubenstein *et al.*, "Market Penetration by New Innovations: The Technological Literature", *Technological Forecasting and Social Change*, vol. 11 (1978), pp. 197-221.

inferior y un margen de 6 pulgadas en la parte superior. El resto del cartel es para el material impreso. Encuentre las dimensiones del cartel de modo que el área de la zona impresa sea máxima.

69. Costo   Una empresa fabrica estantes para computadoras personales. Para cierto modelo, el costo total (en miles) cuando se producen q *cientos* de estantes está dado por

$$c = 2q^3 - 9q^2 + 12q + 20$$

(a) La empresa tiene actualmente capacidad para producir entre 75 y 600 estantes (inclusive) por semana. Determine el número de estantes que debe producir por semana para minimizar el costo total y encuentre el correspondiente costo promedio por estante.

(b) Suponga que deben producirse entre 300 y 600 estantes. ¿Cuántos deberían producirse ahora para minimizar el costo total?

70. Bacterias   En un laboratorio se aplica un agente antibacterial experimental a una población de 100 bacterias. Los datos indican que el número de bacterias presentes en t horas después de introducir el agente está dado por

$$N = \frac{12\,100 + 110t + 100t^2}{121 + t^2}$$

¿Para qué valor de t se presenta el número máximo de bacterias en la población? ¿Cuál es este número máximo?

◯ EXPLORE Y AMPLÍE   Cambio de la población a lo largo del tiempo

Ahora que sabemos cómo encontrar la derivada de una función, podríamos preguntarnos si existe una forma de realizar el proceso en forma inversa: encontrar una función, dada su derivada. Finalmente, esto es de lo que trata la integración (capítulos 14 y 15). Sin embargo, por lo pronto, puede usarse la derivada de una función para encontrar la función de manera *aproximada* aún sin saber cómo se realiza la integración.

A manera de ilustración, suponga que se desea describir cómo varía en número la población a través del tiempo para un pequeño pueblo situado en un área fronteriza. Imagine que las cosas que se saben acerca del pueblo son todos los hechos de cómo su población, P, cambia a través del tiempo, t, donde la población se mide en número de personas y el tiempo en años.

1. Los nacimientos superan a las muertes, de manera que en el curso de un año existe un incremento del 25% antes de que se tomen en cuenta otros factores. Así, el cambio anual debido a la diferencia nacimientos/muertes es $0.25P$.

2. Cada año, de los viajeros que pasan por ahí, 10 deciden detenerse y establecerse. Esto contribuye con una constante de 10 al cambio anual.

3. La soledad ocasiona que algunas personas se vayan cuando el pueblo resulta demasiado pequeño para ellas. En el extremo, 99% de las personas se irían en el curso de un año si estuviera solas (población = 1). Cuando la población es de 100, 10% de los residentes se van cada año debido a la soledad.

Si se supone una relación exponencial, es posible escribir la probabilidad de que una persona dada se vaya en un año debido a la soledad como Ae^{-kP}, donde A y k son constantes positivas. Los números indican que $Ae^{-k\cdot1} = 0.99$ y $Ae^{-k\cdot100} = 0.10$. Al despejar A y k de este par de ecuaciones se obtiene

$$k = \frac{\ln 9.9}{99} \approx 0.02316$$

y

$$A = 0.99e^{(\ln 9.9)/99} \approx 1.01319$$

Y si Ae^{-kP} es la probabilidad de que una sola persona se vaya, el cambio de población por año debido a la soledad es $-P$ veces esa ecuación, a saber $-1.01319Pe^{-0.02316P}$. (El signo negativo se debe al hecho de que el cambio es hacia abajo).

4. La aglomeración ocasiona que algunas personas se vayan cuando el pueblo es demasiado grande para ellas. Nadie tiene un problema de aglomeración cuando está solo (población = 1), pero cuando la población es de 100, 10% de los residentes se van cada año debido a la aglomeración.

De nuevo, suponiendo una relación exponencial, se escribe la probabilidad de que una persona dada se vaya en el transcurso de un año debido a la aglomeración como $1 - Ae^{-kP}$. Esta vez, los números indican que $1 - Ae^{-k\cdot1} = 0$ y $1 - Ae^{-k\cdot100} = 0.10$. Al despejar A y k de este par de ecuaciones se tiene

$$k = -\frac{\ln 0.9}{99} \approx 0.001064$$

y

$$A = e^{-(\ln 0.9)/99} \approx 1.001065$$

Si $1 - Ae^{-kP}$ es la probabilidad de que una sola persona se vaya, la población cambia cada año debido a que la aglomeración es $-P$ veces esa ecuación, a saber $-P(1 - 1.001065e^{-0.001064P})$.

Ahora, la razón global de cambio en la población es el efecto neto de todos esos factores juntos. En forma de ecuación,

$$\frac{dP}{dt} = 0.25P + 10 - 1.01319Pe^{-0.02316P}$$
$$-P(1 - 1.001065e^{-0.001064P})$$

Antes de tratar de reconstruir la función $P(t)$, se graficará la derivada. En una calculadora gráfica, se ve como en la figura 13.73. Observe que $\frac{dP}{dt}$ se presenta como una función de P. Ésta es una gráfica diferente de la que se obtendría si se conociera a P como una función de t, se obtuviera su derivada y se graficara en la forma estándar, a saber, como una función de t. Sin embargo, esta gráfica revela algunos hechos significativos. Primero, la derivada es positiva desde $P = 0$ hasta $P = 311$; esto significa que la población tendrá un crecimiento positivo en todo ese intervalo y se puede esperar que aumente de la nada hasta ser una comunidad importante.

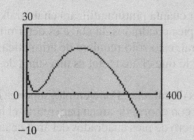

FIGURA 13.73 $\frac{dP}{dt}$ como una función de P.

El crecimiento cae a cerca de cero alrededor de $P = 30$. Aparentemente, las partidas debido a la soledad casi llevan a detener el crecimiento cuando la población aún es pequeña. Pero una vez que el pueblo supera esa fase, su tamaño aumenta de manera estable, sumando en un punto (alrededor de $P = 170$) 21 personas por año.

En algún momento, las salidas debido a la aglomeración comienzan a influir. Arriba de 312 la derivada es negativa. Lo cual significa que si la población siempre fluctúa por encima de 312, las pérdidas de población la reducirán de nuevo a ese nivel. En resumen, la población de este pueblo se estabiliza en 311 o 312 —no es exactamente una ciudad pero, después de todo, este es un entorno fronterizo.

Si ahora se desea graficar la población del pueblo como una función del tiempo, a continuación se presenta la forma de hacerlo: se aproxima la gráfica mediante una serie de segmentos de recta, cada uno de los cuales tiene una pendiente dada por la expresión que se obtuvo para dP/dt. Se comienza con un tiempo conocido y una población conocida y se calcula la pendiente inicial. Se considerará que el pueblo comienza a crecer de la nada, haciendo $t = 0$ y $P = 0$. Entonces $\frac{dP}{dt} = 10$. Ahora se avanza en el tiempo durante un intervalo

conveniente —por ejemplo un año— y como la pendiente en $(0, 0)$ es igual a 10, la población se incrementa de 0 a 10. Los nuevos valores para t y P son 1 y 10, respectivamente, entonces se dibuja un segmento de recta de $(0, 0)$ a $(1, 10)$. Ahora, con $t = 1$ y $P = 10$, de nuevo se calcula la pendiente y de nuevo se realizan los mismos pasos, este proceso se repite hasta haber dibujado la porción de la curva que se desee ver.

Desde luego, esto resultaría extremadamente tedioso de hacerse a mano. Sin embargo, en una calculadora gráfica se pueden usar las funciones de programación y trazado de líneas. En una TI-83 Plus, el siguiente programa hace el trabajo muy bien después de introducir la expresión para $\frac{dP}{dt}$ como Y_1 (manteniendo a P como la variable):

```
PROGRAM:POPLTN
:Input "P?",P
:Input "T?", T
:ClrDraw
:T → S
:For(I, S + 1, S + 55)
:Line(T,P,I,P + Y₁)
:I → T
:(P + Y₁) → P
:End
```

Quite la selección de la función Y_1. Configure la ventana gráfica para representar el plano coordenado desde 0 hasta 55 de manera horizontal y de 0 a 350 en forma vertical. Después ejecute el programa y, en el apuntador, dé valores iniciales para P y t. El programa dibujará 55 segmentos de línea, suficientes para llevar a la población a su tamaño final, a partir de $P = 0$, $t = 0$. El resultado se muestra en la figura 13.74.

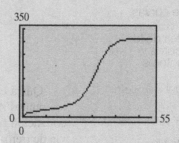

FIGURA 13.74 P como una función de t.

Problemas

1. ¿Qué información aporta la figura 13.74 que no es evidente en la figura 13.73?

2. ¿Qué pasa cuando se selecciona un valor inicial de 450 para P? (La pantalla debe ajustarse para ir desde 0 hasta 500 de manera vertical). ¿Es esto correcto?

3. ¿Por qué este procedimiento para obtener una gráfica de $P(t)$ sólo es aproximado? ¿Cómo se puede mejorar la aproximación?

14

Integración

🔍 EXPLORE Y AMPLÍE

Precio de envío

Cualquier persona que haya tenido un negocio conoce la necesidad de estimar costos con precisión. Cuando los trabajos se contratan de manera individual, la determinación de cuánto cuesta el trabajo, por lo general, es el primer paso para decidir cuánto pedir.

Por ejemplo, un pintor debe determinar cuánta pintura utilizará en un trabajo. Como un galón de pintura cubrirá cierto número de pies cuadrados, la clave es determinar el área de la superficie que será pintada. Por lo general, esto sólo requiere de aritmética simple —las paredes y los techos son rectangulares, por lo que el área total es una suma de productos de base por altura.

Pero no todas las áreas son tan sencillas de calcular. Por ejemplo, suponga que el puente que se muestra a continuación debe pulirse con chorro de arena para retirar el hollín acumulado. ¿Cómo calcularía el contratista el número de pies cuadrados del área de la cara vertical de cada lado del puente?

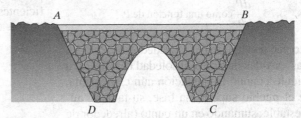

Quizá el área podría estimarse como tres cuartos del área del trapezoide formado por los puntos A, B, C y D. Pero un cálculo más preciso —que podría ser más adecuado si la cotización fuese para una docena de puentes del mismo tamaño (situados a lo largo de una vía de tren)— requeriría un enfoque más refinado.

Si la forma del arco del puente puede describirse matemáticamente por medio de una función, el contratista podría utilizar el método introducido en este capítulo: integración. La integración tiene muchas aplicaciones, de las cuales la más simple es la determinación de áreas de regiones acotadas por curvas. Otras aplicaciones incluyen el cálculo de la deflexión total de una viga debido a un esfuerzo de flexión, el cálculo de la distancia recorrida bajo el mar por un submarino y el cálculo del pago de electricidad por una compañía que consume energía a diferentes tasas en el transcurso de un mes. Los capítulos del 11 al 13 trataron el cálculo diferencial. Se diferenció una función y se obtuvo otra función que es su derivada. El *cálculo integral* se ocupa del proceso inverso: dada la derivada de una función, se debe encontrar la función original. La necesidad de hacer esto surge de manera natural. Por ejemplo, es posible tener una función de ingreso marginal y querer encontrar la función de ingreso a partir de ella. El cálculo integral también involucra un concepto que permite determinar el límite de un tipo especial de suma cuando el número de términos presentes en la suma tiende a infinito. Ésta es la verdadera fuerza del cálculo integral. Con esta noción, es posible calcular el área de una región que no puede encontrarse mediante ningún otro método conveniente.

Objetivo

Definir la diferencial, interpretarla de manera geométrica y usarla en aproximaciones. Asimismo, establecer de nuevo las relaciones de reciprocidad entre dx/dy y dy/dx.

14.1 Diferenciales

Pronto se dará una razón para usar el símbolo dy/dx para denotar la derivada de y con respecto a x. Para hacerlo, se introducirá la noción de la *diferencial* de una función.

Definición

Sea $y = f(x)$ una función diferenciable de x y sea Δx un cambio en x, donde Δx puede ser cualquier número real. Entonces la ***diferencial*** de y, que se denota como dy o $d(f(x))$, está dada por

$$dy = f'(x)\Delta x$$

PARA REPASAR las funciones de varias variables, consulte la sección 2.8.

Observe que dy depende de dos variables, a saber, x y Δx. De hecho, dy es una función de dos variables.

EJEMPLO 1   Cálculo de una diferencial

Encuentre la diferencial de $y = x^3 - 2x^2 + 3x - 4$ y evalúela cuando $x = 1$ y $\Delta x = 0.04$.

Solución: La diferencial es

$$dy = \frac{d}{dx}(x^3 - 2x^2 + 3x - 4)\,\Delta x$$
$$= (3x^2 - 4x + 3)\,\Delta x$$

Cuando $x = 1$ y $\Delta x = 0.04$,

$$dy = [3(1)^2 - 4(1) + 3](0.04) = 0.08$$

Ahora resuelva el problema 1 ◁

Si $y = x$, entonces $dy = d(x) = 1\Delta x = \Delta x$. Por lo tanto, la diferencial de x es Δx. Se abrevia $d(x)$ con dx. Así, $dx = \Delta x$. De ahora en adelante, en este texto siempre se escribirá dx en vez de Δx cuando se busque una diferencial. Por ejemplo,

$$d(x^2 + 5) = \frac{d}{dx}(x^2 + 5)\,dx = 2x\,dx$$

En resumen, se dice que si $y = f(x)$ define una función diferenciable de x, entonces

$$dy = f'(x)\,dx$$

donde dx es cualquier número real. Siempre y cuando $dx \neq 0$, es posible dividir ambos lados de la ecuación entre dx:

$$\frac{dy}{dx} = f'(x)$$

Esto es, dy/dx puede interpretarse como el cociente de dos diferenciales, a saber, dy dividido entre dx, o como un símbolo para la derivada de f en x. Es por esto que se introdujo el símbolo dy/dx para denotar la derivada.

EJEMPLO 2   Determinación de una diferencial en términos de dx

a. Si $f(x) = \sqrt{x}$, entonces

$$d(\sqrt{x}) = \frac{d}{dx}(\sqrt{x})\,dx = \frac{1}{2}x^{-1/2}dx = \frac{1}{2\sqrt{x}}dx$$

b. Si $u = (x^2 + 3)^5$, entonces $du = 5(x^2 + 3)^4(2x)dx = 10x(x^2 + 3)^4dx$.

Ahora resuelva el problema 3 ◁

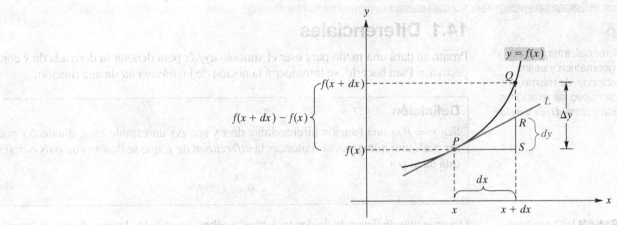

FIGURA 14.1 Interpretación geométrica de dy y Δx.

La diferencial puede interpretarse de manera geométrica. En la figura 14.1, el punto $P(x, f(x))$ está sobre la curva $y = f(x)$. Suponga que x cambia en dx, un número real, al nuevo valor $x + dx$. Entonces, el valor de la nueva función es $f(x + dx)$ y el punto correspondiente sobre la curva es $Q(x + dx, f(x + dx))$. Por P y Q pasan rectas horizontales y verticales, respectivamente, que se intersecan en S. Una recta L tangente a la curva de P interseca el segmento QS en R, formando el triángulo rectángulo PRS. Observe que la gráfica de f cerca de P es aproximada mediante la recta tangente en P. La pendiente de L es $f'(x)$, pero también está dada por $\overline{SR}/\overline{PS}$, de manera que

$$f'(x) = \frac{\overline{SR}}{\overline{PS}}$$

Como $dy = f'(x)dx$ y $dx = \overline{PS}$,

$$dy = f'(x)\,dx = \frac{\overline{SR}}{\overline{PS}} \cdot \overline{PS} = \overline{SR}$$

Por ende, si dx es un cambio de x en P, entonces dy es el cambio vertical correspondiente a lo largo de la **recta tangente** en P. Observe que para la misma dx, el cambio vertical a lo largo de la **curva** es $\Delta y = \overline{SQ} = f(x + dx) - f(x)$. No confunda Δy con dy. Sin embargo, a partir de la figura 14.1, es claro que:

Cuando dx es cercana a 0, dy es una aproximación a Δy. Por lo tanto,

$$\Delta y \approx dy$$

Este hecho es útil al estimar Δy, un cambio en y, como se verá en el ejemplo 3.

EJEMPLO 3 **Uso de la diferencial para estimar un cambio en una cantidad**

Un centro de salud del gobierno examinó las historias clínicas de un grupo de individuos que fueron hospitalizados por una enfermedad particular. Se encontró que la proporción total P que es dada de alta al final de t días está dada por

$$P = P(t) = 1 - \left(\frac{300}{300 + t}\right)^3$$

Use diferenciales para estimar el cambio en la proporción dada de alta si t cambia de 300 a 305.

Solución: El cambio en t de 300 a 305 es $\Delta t = dt = 305 - 300 = 5$. El cambio en P es $\Delta P = P(305) - P(300)$. Se aproxima ΔP mediante dP:

$$\Delta P \approx dP = P'(t)\,dt = -3\left(\frac{300}{300 + t}\right)^2 \left(-\frac{300}{(300 + t)^2}\right)dt = 3\frac{300^3}{(300 + t)^4}\,dt$$

Cuando $t = 300$ y $dt = 5$,

$$dP = 3\frac{300^3}{600^4}5 = \frac{15}{2^3 600} = \frac{1}{2^3 40} = \frac{1}{320} \approx 0.0031$$

Como comparación, el valor verdadero de ΔP es

$$P(305) - P(300) = 0.87807 - 0.87500 = 0.00307$$

(con cinco decimales).

Ahora resuelva el problema 11 ◁

Se dijo que si $y = f(x)$, entonces $\Delta y \approx dy$ si dx es cercana a 0. Así,

$$\Delta y = f(x + dx) - f(x) \approx dy$$

> La fórmula (1) se usa para aproximar el valor de una función, mientras que la fórmula $\Delta y \approx dy$ se usa para aproximar un cambio en los valores de la función.

de manera que

$$\boxed{f(x + dx) \approx f(x) + dy} \tag{1}$$

Esta fórmula proporciona una forma de estimar el valor de una función $f(x + dx)$. Por ejemplo, suponga que se quiere estimar $\ln(1.06)$. Si $y = f(x) = \ln x$, es necesario estimar $f(1.06)$. Como $d(\ln x) = (1/x)dx$, a partir de la fórmula (1) se tiene,

$$f(x + dx) \approx f(x) + dy$$

$$\ln(x + dx) \approx \ln x + \frac{1}{x}dx$$

Se conoce el valor exacto de $\ln 1$, por lo que se hará $x = 1$ y $dx = 0.06$. Entonces, $x + dx = 1.06$ y dx es cercana a 0. Por lo tanto,

$$\ln(1 + 0.06) \approx \ln(1) + \frac{1}{1}(0.06)$$

$$\ln(1.06) \approx 0 + 0.06 = 0.06$$

El valor verdadero de $\ln(1.06)$ con cinco decimales es 0.05827.

EJEMPLO 4   Uso de la diferencial para estimar el valor de una función

La función de demanda para un producto está dada por

$$p = f(q) = 20 - \sqrt{q}$$

donde p es el precio por unidad para q unidades. Por medio de diferenciales, estime el precio cuando se demandan 99 unidades.

Solución: Se desea estimar $f(99)$. Por medio de la fórmula (1),

$$f(q + dq) \approx f(q) + dp$$

donde

$$dp = -\frac{1}{2\sqrt{q}}dq \qquad \frac{dp}{dq} = -\frac{1}{2}q^{-1/2}$$

Elegimos $q = 100$ y $dq = -1$ porque $q + dq = 99$, dq es pequeña y es fácil calcular $f(100) = 20 - \sqrt{100} = 10$. Así, se tiene

$$f(99) = f[100 + (-1)] \approx f(100) - \frac{1}{2\sqrt{100}}(-1)$$

$$f(99) \approx 10 + 0.05 = 10.05$$

Por consiguiente, el precio aproximado por unidad cuando se demandan 99 unidades es de $10.05.

Ahora resuelva el problema 17 ◁

La ecuación $y = x^3 + 4x + 5$ define a y como una función de x. Es posible escribir $f(x) = x^3 + 4x + 5$. Sin embargo, la ecuación también define a x implícitamente como una función de y. De hecho, si se restringe el dominio de f a algún conjunto de números reales x de manera que $y = f(x)$ sea una función uno a uno, entonces en principio es posible despejar x en términos de y y obtener $x = f^{-1}(y)$. [En realidad, aquí no es necesario imponer ninguna restricción al dominio. Como $f'(x) = 3x^2 + 4 > 0$, para toda x, se observa que f es estrictamente creciente sobre $(-\infty, \infty)$ y, por lo tanto, es uno a uno sobre $(-\infty, \infty)$]. Tal como se hizo en la sección 12.2, es posible considerar la derivada de x con respecto a y, dx/dy, y ya se ha visto que está dada por

$$\frac{dx}{dy} = \frac{1}{\dfrac{dy}{dx}} \qquad \text{siempre que } dy/dx \neq 0$$

Como dx/dy puede considerarse un cociente de diferenciales, ahora se ve que es el recíproco del cociente de diferenciales dy/dx. Así

$$\frac{dx}{dy} = \frac{1}{3x^2 + 4}$$

Es importante entender que no es necesario tener la capacidad de despejar x de $y = x^3 + 4x + 5$ en términos de y y que la ecuación $\dfrac{dx}{dy} = \dfrac{1}{3x^2 + 4}$ es válida para toda x.

EJEMPLO 5   Determinación de dp/dq a partir de dq/dp

Encuentre $\dfrac{dp}{dq}$ si $q = \sqrt{2500 - p^2}$.

Solución:

> **Estrategia**   Hay varias maneras de encontrar dp/dq. Una es despejar p de la ecuación dada en términos de q y luego diferenciar en forma directa. Otro método para encontrar dp/dq es usar la diferenciación implícita. Sin embargo, ya que q está dada explícitamente como función de p, se puede encontrar fácilmente dq/dp y luego usar la relación recíproca anterior para encontrar dp/dq. Se usará este último procedimiento.

Se tiene

$$\frac{dq}{dp} = \frac{1}{2}(2500 - p^2)^{-1/2}(-2p) = -\frac{p}{\sqrt{2500 - p^2}}$$

Por lo tanto,

$$\frac{dp}{dq} = \frac{1}{\dfrac{dq}{dp}} = -\frac{\sqrt{2500 - p^2}}{p}$$

Ahora resuelva el problema 27 ◁

PROBLEMAS 14.1

En los problemas del 1 al 10, encuentre la diferencial de la función en términos de x y dx.

1. $y = ax + b$

2. $y = 2$

3. $f(x) = \sqrt{x^4 - 9}$

4. $f(x) = (4x^2 - 5x + 2)^3$

5. $u = \dfrac{1}{x^2}$

6. $u = \sqrt{x}$

7. $p = \ln(x^2 + 7)$

8. $p = e^{x^3 + 2x - 5}$

9. $y = (9x + 3)e^{2x^2 + 3}$

10. $y = \ln\sqrt{x^2 + 12}$

En los problemas del 11 al 16, encuentre Δy y dy para los valores dados de x y dx.

11. $y = ax + b$; para cualesquiera x y dy.

12. $y = 5x^2$; $x = -1$, $dx = -0.02$

13. $y = 2x^2 + 5x - 7$; $x = -2$, $dx = 0.1$

14. $y = (3x + 2)^2$; $x = -1$, $dx = -0.03$

15. $y = \sqrt{32 - x^2}$; $x = 4$, $dx = -0.05$ Redondee su respuesta a tres decimales.

16. $y = \ln x$; $x = 1$, $dx = 0.01$

17. Sea $f(x) = \dfrac{x + 5}{x + 1}$.

(a) Evalúe $f'(1)$.

(b) Use diferenciales para estimar el valor de $f(1.1)$.

18. Sea $f(x) = x^{3x}$.

(a) Evalúe $f'(1)$.

(b) Use diferenciales para estimar el valor de $f(0.98)$.

En los problemas del 19 al 26, aproxime cada expresión por medio de diferenciales.

19. $\sqrt{288}$ (*Sugerencia:* $17^2 = 289$).   **20.** $\sqrt{122}$

21. $\sqrt[3]{9}$ **22.** $\sqrt[4]{16.3}$

23. $\ln 0.97$ **24.** $\ln 1.01$

25. $e^{0.001}$ **26.** $e^{-0.002}$

En los problemas del 27 al 32, encuentre dx/dy o dp/dq.

27. $y = 2x - 1$ **28.** $y = 5x^2 + 3x + 2$

29. $q = (p^2 + 5)^3$ **30.** $q = \sqrt{p + 5}$

31. $q = \dfrac{1}{p^2}$ **32.** $q = e^{4-2p}$

33. Si $y = 7x^2 - 6x + 3$, encuentre el valor de dx/dy cuando $x = 3$.

34. Si $y = \ln x^2$, encuentre el valor de dx/dy cuando $x = 3$.

En los problemas 35 y 36, encuentre la razón de cambio de q con respecto a p para el valor indicado de q.

35. $p = \dfrac{500}{q+2}; q = 18$ **36.** $p = 60 - \sqrt{2q}; q = 50$

37. Utilidad Suponga que la utilidad obtenida al producir q unidades de cierto artículo es

$$P = 397q - 2.3q^2 - 400$$

Por medio de diferenciales, encuentre el cambio aproximado en la utilidad si el nivel de producción cambia de $q = 90$ a $q = 91$. Encuentre el cambio verdadero.

38. Ingreso Dada la función de ingreso

$$r = 250q + 45q^2 - q^3$$

use diferenciales para encontrar el cambio aproximado en el ingreso si el número de unidades se incrementa de $q = 40$ a $q = 41$. Encuentre el cambio verdadero.

39. Demanda La ecuación de demanda para un producto es

$$p = \frac{10}{\sqrt{q}}$$

Por medio de diferenciales, estime el precio cuando se demandan 24 unidades.

40. Demanda Dada la función de demanda

$$p = \frac{200}{\sqrt{q+8}}$$

use diferenciales para estimar el precio por unidad cuando se demandan 40 unidades.

41. Si $y = f(x)$, entonces el *cambio proporcional en y* se define como $\Delta y/y$, que puede aproximarse con diferenciales por medio de dy/y. Use esta última forma para estimar el cambio proporcional en la función de costo

$$c = f(q) = \frac{q^2}{2} + 5q + 300$$

cuando $q = 10$ y $dq = 2$. Redondee su respuesta a un decimal.

42. Estatus e ingreso Suponga que S es un valor numérico de la condición social basada en el ingreso anual, I (en miles), de una persona. Para cierta población, suponga que $S = 20\sqrt{I}$. Use diferenciales para aproximar el cambio en S cuando el ingreso anual disminuye de \$45 000 a \$44 500.

43. Biología El volumen de una célula esférica está dado por $V = \frac{4}{3}\pi r^3$, donde r es el radio. Estime el cambio en el volumen cuando el radio cambia de 6.5×10^{-4} cm a 6.6×10^{-4} cm.

44. Contracción muscular La ecuación

$$(P + a)(v + b) = k$$

se llama "ecuación fundamental de la contracción muscular".[1] Aquí, P es la carga impuesta al músculo, v es la velocidad de contracción de las fibras del músculo y a, b y k son constantes positivas. Encuentre P en términos de v y luego use diferenciales para estimar el cambio en P debido a un pequeño cambio en v.

45. Demanda La demanda, q, para el producto de un monopolista está relacionada con el precio por unidad, p, según la ecuación

$$2 + \frac{q^2}{200} = \frac{4000}{p^2}$$

(a) Verifique si se demandarán 40 unidades cuando el precio por unidad sea de \$20.

(b) Demuestre que $\dfrac{dq}{dp} = -2.5$ cuando el precio por unidad es de \$20.

(c) Use diferenciales y los resultados de los incisos (a) y (b) para estimar el número de unidades que se demandarán si el precio por unidad se reduce a \$19.20.

46. Utilidad La ecuación de demanda para el producto de un monopolista es

$$p = \frac{1}{2}q^2 - 66q + 7000$$

y la función de costo promedio es

$$\bar{c} = 500 - q + \frac{80\,000}{2q}$$

(a) Encuentre la utilidad cuando se demandan 100 unidades.

(b) Use diferenciales y el resultado del inciso (a) para estimar la utilidad cuando se demandan 101 unidades.

Objetivo

Definir la antiderivada y la integral indefinida y aplicar las fórmulas básicas de integración.

14.2 Integral indefinida

Dada una función f, si F es una función tal que

$$F'(x) = f(x) \tag{1}$$

entonces F se llama *antiderivada* de f. Así,

> Una antiderivada de f es simplemente una función cuya derivada es f.

---

[1] R. W. Stacy *et al.*, *Essentials of Biological and Medical Physics* (Nueva York: McGraw-Hill Book Company, 1955).

Si se multiplican ambos lados de la ecuación (1) por la diferencial dx, resulta $F'(x)dx = f(x)dx$. Sin embargo, como $F'(x)dx$ es la diferencial de F, se tiene que $dF = f(x)dx$. De modo que se puede considerar a una antiderivada de f como una función cuya diferencial es $f(x)dx$.

Definición

Una **antiderivada** de una función f es una función F tal que

$$F'(x) = f(x)$$

De manera equivalente, en notación diferencial

$$dF = f(x)dx$$

Por ejemplo, como la derivada de x^2 es $2x$, x^2 es una antiderivada de $2x$. Sin embargo, no es la única antiderivada de $2x$: puesto que

$$\frac{d}{dx}(x^2 + 1) = 2x \qquad y \qquad \frac{d}{dx}(x^2 - 5) = 2x$$

tanto $x^2 + 1$ como $x^2 - 5$ también son antiderivadas de $2x$. De hecho, es claro que como la derivada de una constante es 0, $x^2 + C$ es también una antiderivada de $2x$ para *cualquier* constante C. Así, $2x$ tiene un número infinito de antiderivadas. Lo más importante es que *todas* las antiderivadas de $2x$ deben ser funciones de la forma $x^2 + C$, debido al siguiente hecho:

> Dos antiderivadas cualesquiera de una función difieren sólo en una constante.

Como $x^2 + C$ describe todas las antiderivadas de $2x$, se puede hacer referencia a esta función como la *antiderivada más general* de $2x$, denotada por $\int 2x \, dx$, la cual se lee como "la *integral indefinida* de $2x$ con respecto a x". Así, se escribe

$$\int 2x \, dx = x^2 + C$$

El símbolo $\int$ se llama **signo de integración**, $2x$ es el **integrando** y C es la **constante de integración**. La dx forma parte de la notación integral e indica la variable implicada. Aquí, x es la **variable de integración**.

De manera más general, la **integral indefinida** de cualquier función f con respecto a x se escribe como $\int f(x)dx$ y denota la antiderivada más general de f. Como todas las antiderivadas de f difieren sólo en una constante, si F es cualquier antiderivada de f, entonces

$$\int f(x) \, dx = F(x) + C, \quad \text{donde } C \text{ es una constante}$$

Integrar f significa encontrar $\int f(x)dx$. En resumen,

$$\int f(x) \, dx = F(x) + C \qquad \text{si y sólo si} \qquad F'(x) = f(x)$$

Así, se tiene

$$\frac{d}{dx}\left(\int f(x) \, dx\right) = f(x) \qquad y \qquad \int \frac{d}{dx}(F(x)) \, dx = F(x) + C$$

con lo que se muestra la extensión hasta la cual la diferenciación y la integración indefinida constituyen procedimientos inversos.

APLÍQUELO ▶

1. Si el costo marginal para una compañía es $f(q) = 28.3$, encuentre $\int 28.3 \, dq$ que proporciona la forma de la función de costo.

¡ADVERTENCIA!

Un error común consiste en omitir C, la constante de integración.

EJEMPLO 1   Determinación de una integral indefinida

Encuentre $\int 5 \, dx$.

Solución:

Estrategia   Primero se debe encontrar (tal vez una palabra más apropiada sería *inferir*) una función cuya derivada sea 5. Luego se añadirá la constante de integración.

Como se sabe que la derivada de $5x$ es 5, $5x$ es una antiderivada de 5. Por lo tanto,

$$\int 5 \, dx = 5x + C$$

Ahora resuelva el problema 1 ◁

Tabla 14.1 Fórmulas básicas de integración

1. $\int k \, dx = kx + C$	k es una constante
2. $\int x^a \, dx = \dfrac{x^{a+1}}{a+1} + C$	$a \neq -1$
3. $\int x^{-1} \, dx = \int \dfrac{1}{x} \, dx = \int \dfrac{dx}{x} = \ln x + C$	para $x > 0$
4. $\int e^x \, dx = e^x + C$	
5. $\int k f(x) \, dx = k \int f(x) \, dx$	k es una constante
6. $\int (f(x) \pm g(x)) \, dx = \int f(x) \, dx \pm \int g(x) \, dx$	

Mediante el uso de las fórmulas de diferenciación analizadas en los capítulos 11 y 12, en la tabla 14.1 se recopila una lista de fórmulas básicas de integración. Estas fórmulas son fáciles de verificar. Por ejemplo, la fórmula (2) es cierta porque la derivada de $x^{a+1}/(a + 1)$ es x^a para $a \neq -1$. (Se debe tener $a \neq -1$ porque el denominador es 0 cuando $a = -1$). La fórmula (2) establece que la integral indefinida de una potencia de x, excepto x^{-1}, se obtiene al incrementar el exponente de x en 1, al dividir esto entre el nuevo exponente y al sumarle la constante de integración. La integral indefinida de x^{-1} se analizará en la sección 14.4.

Para verificar la fórmula (5), se debe comprobar que la derivada de $k \int f(x) \, dx$ es $kf(x)$. Como la derivada de $k \int f(x)dx$ es simplemente k veces la derivada de $\int f(x)dx$, y ésta es $f(x)$, la fórmula (5) queda verificada. El lector debe verificar las otras fórmulas. La fórmula (6) puede ampliarse a cualquier número de términos.

EJEMPLO 2   Integrales indefinidas de una constante y de una potencia de x

a. Encuentre $\int 1 \, dx$.

Solución: Por la fórmula (1) con $k = 1$

$$\int 1 \, dx = 1x + C = x + C$$

Por lo general, se escribe $\int 1 \, dx$ como $\int dx$. Así, $\int dx = x + C$.

b. Encuentre $\int x^5 \, dx$.

Solución: Por la fórmula (2) con $n = 5$,

$$\int x^5 \, dx = \frac{x^{5+1}}{5+1} + C = \frac{x^6}{6} + C$$

Ahora resuelva el problema 3 ◁

APLÍQUELO ▶

2. Si la razón de cambio de los ingresos de una compañía puede modelarse mediante $\frac{dR}{dt} = 0.12t^2$, entonces encuentre $\int 0.12t^2 \, dt$, que proporciona la función de ingresos de la compañía.

¡ADVERTENCIA!

Sólo un factor *constante* del integrando puede "sacarse" del signo de integral.

EJEMPLO 3   **Integral indefinida de una constante por una función**

Encuentre $\int 7x \, dx$.

Solución: Por la fórmula (5), con $k = 7$ y $f(x) = x$,

$$\int 7x \, dx = 7 \int x \, dx$$

Como x es x^1, por la fórmula (2) se tiene

$$\int x^1 \, dx = \frac{x^{1+1}}{1+1} + C_1 = \frac{x^2}{2} + C_1$$

donde C_1 es la constante de integración. Por lo tanto,

$$\int 7x \, dx = 7 \int x \, dx = 7 \left(\frac{x^2}{2} + C_1 \right) = \frac{7}{2}x^2 + 7C_1$$

Como $7C_1$ sólo es una constante arbitraria, por simplicidad se reemplazará por C. Así,

$$\int 7x \, dx = \frac{7}{2}x^2 + C$$

No es necesario escribir todos los pasos intermedios al integrar. De manera más sencilla, se escribe

$$\int 7x \, dx = (7)\frac{x^2}{2} + C = \frac{7}{2}x^2 + C$$

Ahora resuelva el problema 5 ◁

EJEMPLO 4   **Integral indefinida de una constante por una función**

Encuentre $\int -\frac{3}{5}e^x \, dx$.

Solución:

$$\int -\frac{3}{5}e^x \, dx = -\frac{3}{5} \int e^x \, dx \qquad \text{Fórmula (5)}$$

$$= -\frac{3}{5}e^x + C \qquad \text{Fórmula (4)}$$

Ahora resuelva el problema 21 ◁

APLÍQUELO ▶

3. Debido a un competidor nuevo, el número de suscriptores a cierta revista está disminuyendo a una tasa de $\frac{dS}{dt} = -\frac{480}{t^3}$ suscripciones por mes, donde t es el número de meses desde que el competidor entró al mercado. Encuentre la forma de la ecuación apropiada para representar el número de suscriptores a la revista.

EJEMPLO 5   **Determinación de integrales indefinidas**

a. Encuentre $\int \frac{1}{\sqrt{t}} \, dt$.

Solución: Aquí, t es la variable de integración. Se escribe de nuevo el integrando de manera que se pueda usar una fórmula básica. Como $1/\sqrt{t} = t^{-1/2}$, al aplicar la fórmula (2) se obtiene

$$\int \frac{1}{\sqrt{t}} \, dt = \int t^{-1/2} \, dt = \frac{t^{(-1/2)+1}}{-\frac{1}{2}+1} + C = \frac{t^{1/2}}{\frac{1}{2}} + C = 2\sqrt{t} + C$$

b. Encuentre $\displaystyle\int \frac{1}{6x^3}\,dx$.

Solución:

$$\int \frac{1}{6x^3}\,dx = \frac{1}{6}\int x^{-3}\,dx = \left(\frac{1}{6}\right)\frac{x^{-3+1}}{-3+1} + C$$

$$= -\frac{x^{-2}}{12} + C = -\frac{1}{12x^2} + C$$

Ahora resuelva el problema 9 ◁

APLÍQUELO ▶

4. La tasa de crecimiento de la población de una nueva ciudad se estima utilizando $\dfrac{dN}{dt} = 500 + 300\sqrt{t}$, donde t está en años. Encuentre

$$\int (500 + 300\sqrt{t})\,dt$$

EJEMPLO 6   **Integral indefinida de una suma**

Encuentre $\displaystyle\int (x^2 + 2x)\,dx$.

Solución: Por la fórmula (6),

$$\int (x^2 + 2x)\,dx = \int x^2\,dx + \int 2x\,dx$$

Ahora,

$$\int x^2\,dx = \frac{x^{2+1}}{2+1} + C_1 = \frac{x^3}{3} + C_1$$

y

$$\int 2x\,dx = 2\int x\,dx = (2)\frac{x^{1+1}}{1+1} + C_2 = x^2 + C_2$$

Así,

$$\int (x^2 + 2x)\,dx = \frac{x^3}{3} + x^2 + C_1 + C_2$$

Cuando la integración de una expresión incluye más de un término, sólo se necesita una constante de integración.

Por conveniencia, se reemplazará la constante $C_1 + C_2$ por C. Entonces se tiene

$$\int (x^2 + 2x)\,dx = \frac{x^3}{3} + x^2 + C$$

Omitiendo los pasos intermedios, simplemente se integra término por término y se escribe

$$\int (x^2 + 2x)\,dx = \frac{x^3}{3} + (2)\frac{x^2}{2} + C = \frac{x^3}{3} + x^2 + C$$

Ahora resuelva el problema 11 ◁

APLÍQUELO ▶

5. Suponga que la tasa de ahorro en Estados Unidos está dada por $\dfrac{dS}{dt} = 2.1t^2 - 65.4t + 491.6$, donde t es el tiempo en años y S es la cantidad de dinero ahorrado en miles de millones. Encuentre la forma de la ecuación que representa la cantidad de dinero ahorrado.

EJEMPLO 7   **Integral indefinida de una suma y una diferencia**

Encuentre $\displaystyle\int (2\sqrt[5]{x^4} - 7x^3 + 10e^x - 1)\,dx$.

Solución:

$$\int (2\sqrt[5]{x^4} - 7x^3 + 10e^x - 1)\,dx$$

$$= 2\int x^{4/5}\,dx - 7\int x^3\,dx + 10\int e^x\,dx - \int 1\,dx \quad \text{Fórmulas (5) y (6)}$$

$$= (2)\frac{x^{9/5}}{\frac{9}{5}} - (7)\frac{x^4}{4} + 10e^x - x + C \quad \text{Fórmulas (1), (2) y (4)}$$

$$= \frac{10}{9}x^{9/5} - \frac{7}{4}x^4 + 10e^x - x + C$$

Ahora resuelva el problema 15 ◁

A veces, para aplicar las fórmulas básicas de integración, es necesario realizar primero operaciones algebraicas en el integrando como se muestra en el ejemplo 8.

> **EJEMPLO 8**   **Uso de manipulaciones algebraicas para encontrar una integral indefinida**

Encuentre $\int y^2 \left(y + \frac{2}{3} \right) dy$.

Solución: El integrando no concuerda con ninguna forma familiar de integración. Sin embargo, al multiplicar los factores del integrando se obtiene

$$\int y^2 \left(y + \frac{2}{3} \right) dy = \int \left(y^3 + \frac{2}{3} y^2 \right) dy$$

$$= \frac{y^4}{4} + \left(\frac{2}{3} \right) \frac{y^3}{3} + C = \frac{y^4}{4} + \frac{2y^3}{9} + C$$

Ahora resuelva el problema 41 ◁

¡ADVERTENCIA!

En el ejemplo 8, primero se multiplican los factores del integrando. La respuesta no hubiera podido encontrarse simplemente en términos de $\int y^2 \, dy$ y $\int (y + \frac{2}{3}) \, dy$. No existe una fórmula para calcular la integral de un producto general de funciones.

> **EJEMPLO 9**   **Uso de manipulaciones algebraicas para encontrar una integral indefinida**

a. Encuentre $\int \frac{(2x - 1)(x + 3)}{6} dx$.

Solución: Al factorizar la constante $\frac{1}{6}$ y multiplicar los binomios, se obtiene

$$\int \frac{(2x - 1)(x + 3)}{6} dx = \frac{1}{6} \int (2x^2 + 5x - 3) \, dx$$

$$= \frac{1}{6} \left((2)\frac{x^3}{3} + (5)\frac{x^2}{2} - 3x \right) + C$$

$$= \frac{x^3}{9} + \frac{5x^2}{12} - \frac{x}{2} + C$$

Otro enfoque algebraico para el inciso (b) es

$$\int \frac{x^3 - 1}{x^2} dx = \int (x^3 - 1)x^{-2} \, dx$$

$$= \int (x - x^{-2}) \, dx$$

y así sucesivamente.

b. Encuentre $\int \frac{x^3 - 1}{x^2} dx$.

Solución: Es posible descomponer el integrando en fracciones al dividir cada término del numerador entre el denominador:

$$\int \frac{x^3 - 1}{x^2} dx = \int \left(\frac{x^3}{x^2} - \frac{1}{x^2} \right) dx = \int (x - x^{-2}) \, dx$$

$$= \frac{x^2}{2} - \frac{x^{-1}}{-1} + C = \frac{x^2}{2} + \frac{1}{x} + C$$

Ahora resuelva el problema 49 ◁

PROBLEMAS 14.2

En los problemas del 1 al 52, encuentre las integrales indefinidas.

1. $\int 7 \, dx$

2. $\int \frac{1}{x} \, dx$

3. $\int x^8 \, dx$

4. $\int 5x^{24} \, dx$

5. $\int 5x^{-7} \, dx$

6. $\int \frac{z^{-3}}{3} \, dz$

7. $\int \frac{5}{x^7} \, dx$

8. $\int \frac{7}{x^4} \, dx$

9. $\int \frac{1}{t^{7/4}} \, dt$

10. $\int \frac{7}{2x^{9/4}} \, dx$

11. $\int (4 + t) \, dt$

12. $\int (7r^5 + 4r^2 + 1) \, dr$

13. $\int (y^5 - 5y) \, dy$

14. $\int (5 - 2w - 6w^2) \, dw$

15. $\int (3t^2 - 4t + 5) \, dt$

16. $\int (1 + t^2 + t^4 + t^6) \, dt$

17. $\int (\sqrt{2} + e)\, dx$

18. $\int (5 - 2^{-1})\, dx$

39. $\int \left(-\frac{\sqrt[3]{x^2}}{5} - \frac{7}{2\sqrt{x}} + 6x \right) dx$

19. $\int \left(\frac{x}{7} - \frac{3}{4}x^4 \right) dx$

20. $\int \left(\frac{2x^2}{7} - \frac{8}{3}x^4 \right) dx$

40. $\int \left(\sqrt[3]{u} + \frac{1}{\sqrt{u}} \right) du$

41. $\int (x^2 + 5)(x - 3)\, dx$

21. $\int \pi e^x\, dx$

22. $\int (e^x + 3x^2 + 2x)\, dx$

42. $\int x^3(x^2 + 5x + 2)\, dx$

43. $\int \sqrt{x}(x + 3)\, dx$

23. $\int (x^{8.3} - 9x^6 + 3x^{-4} + x^{-3})\, dx$

44. $\int (z + 2)^2\, dz$

45. $\int (3u + 2)^3\, du$

24. $\int (0.7y^3 + 10 + 2y^{-3})\, dy$

46. $\int \left(\frac{2}{\sqrt[5]{x}} - 1 \right)^2 dx$

47. $\int x^{-2}(3x^4 + 4x^2 - 5)\, dx$

25. $\int \frac{-2\sqrt{x}}{3}\, dx$

26. $\int dz$

48. $\int (6e^u - u^3(\sqrt{u} + 1))\, du$

49. $\int \frac{z^4 + 10z^3}{2z^2}\, dz$

27. $\int \frac{5}{3\sqrt[3]{x^2}}\, dx$

28. $\int \frac{-4}{(3x)^3}\, dx$

50. $\int \frac{x^4 - 5x^2 + 2x}{5x^2}\, dx$

51. $\int \frac{e^x + e^{2x}}{e^x}\, dx$

29. $\int \left(\frac{x^3}{3} - \frac{3}{x^3} \right) dx$

30. $\int \left(\frac{1}{2x^3} - \frac{1}{x^4} \right) dx$

52. $\int \frac{(x^2 + 1)^3}{x}\, dx$

31. $\int \left(\frac{3w^2}{2} - \frac{2}{3w^2} \right) dw$

32. $\int 7e^{-s}\, ds$

53. Si $F(x)$ y $G(x)$ son tales que $F'(x) = G'(x)$, ¿es cierto que $F(x) - G(x)$ debe ser 0?

33. $\int \frac{3u - 4}{5}\, du$

34. $\int \frac{1}{12}\left(\frac{1}{3}e^x \right) dx$

54. **(a)** Encuentre una función F tal que $\int F(x)dx = xe^x + C$.
(b) ¿Hay sólo una función F que satisface la ecuación dada en el inciso (a) o existen muchas funciones con esta característica?

35. $\int (u^e + e^u)\, du$

36. $\int \left(3y^3 - 2y^2 + \frac{e^y}{6} \right) dy$

37. $\int \left(\frac{3}{\sqrt{x}} - 12\sqrt[3]{x} \right) dx$

38. $\int 0\, dt$

55. Encuentre $\int \frac{d}{dx}\left(\frac{1}{\sqrt{x^2 + 1}} \right) dx$.

Objetivo

Encontrar una antiderivada particular de una función que satisface ciertas condiciones. Esto implica la evaluación de constantes de integración.

14.3 Integración con condiciones iniciales

Si se conoce la razón de cambio, f', de la función f, entonces la propia función f es una antiderivada de f' (puesto que la derivada de f es f'). Por supuesto, hay muchas antiderivadas de f' y la más general se denota mediante la integral indefinida. Por ejemplo, si

$$f'(x) = 2x$$

entonces

$$f(x) = \int f'(x)\, dx = \int 2x\, dx = x^2 + C \tag{1}$$

Esto es, *cualquier* función de la forma $f(x) = x^2 + C$ tiene su derivada igual a $2x$. Note que debido a la constante de integración, no se conoce $f(x)$ específicamente. Sin embargo, si f debe asumir cierto valor funcional para un valor particular de x, entonces es posible determinar el valor de C y así determinar específicamente $f(x)$. Por ejemplo, si $f(1) = 4$, con base en la ecuación (1),

$$f(1) = 1^2 + C$$
$$4 = 1 + C$$
$$C = 3$$

Así,

$$f(x) = x^2 + 3$$

Es decir, ahora ya se conoce la función particular $f(x)$ para la cual $f'(x) = 2x$ y $f(1) = 4$. La condición $f(1) = 4$, que da un valor de f para un valor específico de x, se llama *condición inicial*.

APLÍQUELO ▶

6. La tasa de crecimiento de una especie de bacterias se estima por medio de $\dfrac{dN}{dt} = 800 + 200e^t$, donde N es el número de bacterias (en miles) después de t horas. Si $N(5) = 40\,000$, encuentre $N(t)$.

EJEMPLO 1 **Problema con condición inicial**

Si y es una función de x tal que $y' = 8x - 4$ y $y(2) = 5$, encuentre y. [*Nota:* $y(2) = 5$ significa que $y = 5$ cuando $x = 2$]. Encuentre también $y(4)$.

Solución: Aquí, $y(2) = 5$ es la condición inicial. Como $y' = 8x - 4$, y es una antiderivada de $8x - 4$:

$$y = \int (8x - 4)\, dx = 8 \cdot \frac{x^2}{2} - 4x + C = 4x^2 - 4x + C \tag{2}$$

Es posible determinar el valor de C por medio de la condición inicial. Debido a que $y = 5$ cuando $x = 2$, a partir de la ecuación (2), se tiene

$$5 = 4(2)^2 - 4(2) + C$$
$$5 = 16 - 8 + C$$
$$C = -3$$

Al reemplazar C por -3 en la ecuación (2) se obtiene la función deseada:

$$y = 4x^2 - 4x - 3 \tag{3}$$

Para encontrar $y(4)$, se hace $x = 4$ en la ecuación (3):

$$y(4) = 4(4)^2 - 4(4) - 3 = 64 - 16 - 3 = 45$$

Ahora resuelva el problema 1 ◁

APLÍQUELO ▶

7. La aceleración de un objeto después de t segundos está dada por $y'' = 84t + 24$, la velocidad a los 8 segundos está dada por $y'(8) = 2891$ pies/s y la posición a los dos segundos está dada por $y(2) = 185$ pies. Encuentre $y(t)$.

EJEMPLO 2 **Problema con condición inicial que implica a y''**

Dado que $y'' = x^2 - 6$, $y'(0) = 2$ y $y(1) = -1$, encuentre y.

Solución:

Estrategia Para pasar de y'' a y, son necesarias dos integraciones: la primera lleva de y'' a y' y la segunda de y' a y. Por lo tanto, se tendrán dos constantes de integración que se denotarán como C_1 y C_2.

Como $y'' = \dfrac{d}{dx}(y') = x^2 - 6$, y' es una antiderivada de $x^2 - 6$. Así que,

$$y' = \int (x^2 - 6)\, dx = \frac{x^3}{3} - 6x + C_1 \tag{4}$$

Ahora, $y'(0) = 2$ significa que $y' = 2$ cuando $x = 0$; por lo tanto, a partir de la ecuación (4), se tiene

$$2 = \frac{0^3}{3} - 6(0) + C_1$$

Así, $C_1 = 2$, de modo que

$$y' = \frac{x^3}{3} - 6x + 2$$

Por integración, es posible encontrar y:

$$y = \int \left(\frac{x^3}{3} - 6x + 2 \right) dx$$
$$= \left(\frac{1}{3} \right) \frac{x^4}{4} - (6)\frac{x^2}{2} + 2x + C_2$$

así

$$y = \frac{x^4}{12} - 3x^2 + 2x + C_2 \tag{5}$$

Ahora, como $y = -1$ cuando $x = 1$, a partir de la ecuación (5), se tiene

$$-1 = \frac{1^4}{12} - 3(1)^2 + 2(1) + C_2$$

Así, $C_2 = -\frac{1}{12}$, por lo que

$$y = \frac{x^4}{12} - 3x^2 + 2x - \frac{1}{12}$$

Ahora resuelva el problema 5 ◁

La integración con condiciones iniciales es útil en muchos casos prácticos, tal como ilustran los ejemplos siguientes.

EJEMPLO 3   **Ingreso y educación**

Para un grupo urbano particular, algunos sociólogos estudiaron el ingreso anual prome- dio actual y que una persona con x años de educación puede esperar recibir al buscar un empleo ordinario. Estimaron que la razón a la que el ingreso cambia con respecto a la educación está dada por

$$\frac{dy}{dx} = 100x^{3/2} \quad 4 \le x \le 16$$

donde $y = 28\,720$ cuando $x = 9$. Encuentre y.

Solución: Aquí y es una antiderivada de $100x^{3/2}$. Entonces,

$$y = \int 100x^{3/2}\,dx = 100 \int x^{3/2}\,dx$$

$$= (100)\frac{x^{5/2}}{\frac{5}{2}} + C$$

$$y = 40x^{5/2} + C \tag{6}$$

La condición inicial es que $y = 28\,720$ cuando $x = 9$. Al sustituir estos valores en la ecua- ción (6), es posible determinar el valor de C:

$$28\,720 = 40(9)^{5/2} + C$$

$$= 40(243) + C$$

$$28\,720 = 9720 + C$$

Por lo tanto, $C = 19\,000$ y

$$y = 40x^{5/2} + 19\,000$$

Ahora resuelva el problema 17 ◁

EJEMPLO 4   **Determinación de la función de demanda a partir del ingreso marginal**

Si la función de ingreso marginal para el producto de un fabricante es

$$\frac{dr}{dq} = 2000 - 20q - 3q^2$$

encuentre la función de demanda.

Solución:

Estrategia Al integrar dr/dq y usar una condición inicial, se puede encontrar la función de ingreso r. Pero el ingreso está dado también por la relación general $r = pq$, donde p es el precio por unidad. Así, $p = r/q$. Al reemplazar a r en esta ecuación por la función de ingreso se obtiene la función de demanda.

Como dr/dq es la derivada del ingreso total r,

$$r = \int (2000 - 20q - 3q^2)\, dq$$

$$= 2000q - (20)\frac{q^2}{2} - (3)\frac{q^3}{3} + C$$

de manera que

$$r = 2000q - 10q^2 - q^3 + C \tag{7}$$

El ingreso es 0 cuando q es 0.

Se supone que **cuando no se ha vendido ninguna unidad, no hay ingreso**; es decir, $r = 0$ cuando $q = 0$. Ésta es la condición inicial. Al sustituir estos valores en la ecuación (7) resulta

$$0 = 2000(0) - 10(0)^2 - 0^3 + C$$

Por lo tanto, $C = 0$, y

Aunque $q = 0$ da $C = 0$, por lo general esto no es cierto. Ocurre en esta sección porque las funciones de ingreso son polinomiales. En secciones posteriores, la evaluación en $q = 0$ puede producir un valor distinto de 0 para C.

$$r = 2000q - 10q^2 - q^3$$

Para encontrar la función de demanda, se usa el hecho de que $p = r/q$ y se sustituye el valor de r:

$$p = \frac{r}{q} = \frac{2000q - 10q^2 - q^3}{q}$$

$$p = 2000 - 10q - q^2$$

Ahora resuelva el problema 11 ◁

EJEMPLO 5	**Determinación del costo a partir del costo marginal**

En la manufactura de un producto, los costos fijos por semana son de \$4000. (Los costos fijos son costos como la renta y los seguros y permanecen constantes a todos los niveles de producción en un periodo dado). Si la función de costo marginal es

$$\frac{dc}{dq} = 0.000001(0.002q^2 - 25q) + 0.2$$

donde c es el costo total de producir q libras de producto por semana, encuentre el costo de producir 10 000 lb en una semana.

Solución: Como dc/dq es la derivada del costo total c,

$$c(q) = \int [0.000001(0.002q^2 - 25q) + 0.2]\, dq$$

$$= 0.000001 \int (0.002q^2 - 25q)\, dq + \int 0.2\, dq$$

$$c(q) = 0.000001 \left(\frac{0.002q^3}{3} - \frac{25q^2}{2} \right) + 0.2q + C$$

Cuando q es 0, el costo total es igual al costo fijo.

Los costos fijos son constantes sin importar el nivel de producción. Por lo tanto, cuando $q = 0$, $c = 4000$, lo cual representa la condición inicial. Al sustituir $c(0) = 4000$ en la última ecuación, se encuentra que $C = 4000$, por lo que

Aunque $q = 0$ le da a C un valor igual al costo fijo, esto no es cierto en general. Ocurre en esta sección porque las funciones de costo son polinomiales. En secciones posteriores, la evaluación en $q = 0$ puede producir un valor para C que es diferente al costo fijo.

$$c(q) = 0.000001 \left(\frac{0.002q^3}{3} - \frac{25q^2}{2} \right) + 0.2q + 4000 \tag{8}$$

A partir de la ecuación (8), se tiene $c(10\,000) = 5416\frac{2}{3}$. Así, el costo total de producir 10 000 libras de producto en una semana es de \$5416.67.

Ahora resuelva el problema 15 ◁

PROBLEMAS 14.3

En los problemas 1 y 2, encuentre y sujeta a las condiciones dadas.

1. $dy/dx = 3x - 4;$ $y(-1) = \frac{13}{2}$

2. $dy/dx = x^2 - x;$ $y(3) = \frac{19}{2}$

En los problemas 3 y 4, si y satisface las condiciones dadas, encuentre y(x) para el valor dado de x.

3. $y' = \dfrac{9}{8\sqrt{x}}, y(16) = 10;$ $x = 9$

4. $y' = -x^2 + 2x,\ y(2) = 1;$ $x = 1$

En los problemas del 5 al 8, encuentre y sujeta a las condiciones dadas.

5. $y'' = -3x^2 + 4x;$ $y'(1) = 2,\ y(1) = 3$

6. $y'' = x + 1;$ $y'(0) = 0,\ y(0) = 5$

7. $y''' = 2x;$ $y''(-1) = 3,\ y'(3) = 10,\ y(0) = 13$

8. $y''' = 2e^{-x} + 3;$ $y''(0) = 7,\ y'(0) = 5,\ y(0) = 1$

En los problemas del 9 al 12, dr/dq es una función de ingreso marginal. Encuentre la función de demanda.

9. $dr/dq = 0.7$

10. $dr/dq = 10 - \dfrac{1}{16}q$

11. $dr/dq = 275 - q - 0.3q^2$ **12.** $dr/dq = 5\,000 - 3(2q + 2q^3)$

En los problemas del 13 al 16, dc/dq es una función de costo marginal y los costos fijos están indicados entre llaves. Para los problemas 13 y 14, encuentre la función de costo total. En los problemas 15 y 16, encuentre el costo total para el valor indicado de q.

13. $dc/dq = 2.47;$ {159}   **14.** $dc/dq = 2q + 75;$ {2000}

15. $dc/dq = 0.08q^2 - 1.6q + 6.5;$ {8000}; $q = 25$

16. $dc/dq = 0.000204q^2 - 0.046q + 6;$ {15 000}; $q = 200$

17. Dieta para ratas   Un grupo de biólogos estudió los efectos nutricionales en ratas a las que se alimentó con una dieta en la que 10% era proteína.[2] La proteína consistió en levadura y harina de maíz.

En cierto periodo, el grupo encontró que la razón de cambio (aproximada) del aumento promedio de peso *G* (en gramos) de una rata con respecto al porcentaje *P* de levadura contenida en la mezcla proteínica fue

$$\frac{dG}{dP} = -\frac{P}{25} + 2 \qquad 0 \le P \le 100$$

Si $G = 38$ cuando $P = 10$, encuentre G.

18. Polilla de invierno   Se llevó a cabo un estudio acerca de la polilla de invierno en Nueva Escocia.[3] Las larvas de la polilla caen al suelo de los árboles huésped. Se encontró que la razón (aproximada) con que la densidad *y* (el número de larvas por pie cuadrado de suelo) cambia con respecto a la distancia *x* (en pies) desde la base de un árbol huésped es

$$\frac{dy}{dx} = -1.5 - x \quad 1 \le x \le 9$$

Si $y = 59.6$ cuando $x = 1$, encuentre y.

19. Flujo de un fluido   En el estudio del flujo de un fluido en un tubo de radio constante *R*, como la sangre en ciertas partes del cuerpo, puede considerarse que el tubo consiste en tubos concéntricos de radio *r*, donde $0 \le r \le R$. La velocidad *v* del fluido es una función de *r* y está dada por[4]

$$v = \int -\frac{(P_1 - P_2)r}{2l\eta}\, dr$$

donde P_1 y P_2 son las presiones registradas en los extremos del tubo, η (letra griega "eta") es la viscosidad del fluido y *l* es la longitud del tubo. Si $v = 0$ cuando $r = R$, demuestre que

$$v = \frac{(P_1 - P_2)(R^2 - r^2)}{4l\eta}$$

20. Elasticidad de la demanda   El único productor de un artículo ha determinado que la función de ingreso marginal es

$$\frac{dr}{dq} = 100 - 3q^2$$

Determine la elasticidad puntual de la demanda para el producto cuando $q = 5$. (*Sugerencia*: Encuentre primero la función de demanda).

21. Costo promedio   Un fabricante ha determinado que la función de costo marginal es

$$\frac{dc}{dq} = 0.003q^2 - 0.4q + 40$$

donde *q* es el número de unidades producidas. Si el costo marginal es de \$27.50 cuando $q = 50$ y los costos fijos son de \$5000, ¿cuál es el costo *promedio* de producir 100 unidades?

22. Si $f''(x) = 30x^4 + 12x$ y $f'(1) = 10$, evalúe

$$f(965.335245) - f(-965.335245)$$

Objetivo

Aprender y aplicar las fórmulas para $\int u^a\, du,\ \int e^u\, du$ y $\int \dfrac{1}{u}\, du.$

14.4 Más fórmulas de integración
Regla de la potencia para la integración

La fórmula

$$\int x^a\, dx = \frac{x^{a+1}}{n+1} + C \qquad \text{si } a \ne -1$$

[2] Adaptado de R. Bressani, "The Use of Yeast in Human Foods", en *Single-Cell Protein*; R. I. Mateles y S. R. Tannenbaum, eds. (Cambridge, Mass.: MIT Press, 1968).

[3] Adaptado de D. G. Embree. "The Population Dynamics of the Winter Moth in Nova Scotia, 1954-1962", *Memoirs of the Entomological Society of Canada*, núm. 46 (1965).

[4] R. W. Stacy *et al.*, *Essentials of Biological and Medical Physics* (Nueva York: McGraw-Hill, 1955).

que se aplica a una potencia de x, puede generalizarse para manejar una potencia de una *función* de x. Sea u una función diferenciable de x. Por la regla de la potencia para la diferenciación, si $a \neq -1$, entonces

$$\frac{d}{dx}\left(\frac{(u(x))^{a+1}}{a+1}\right) = \frac{(a+1)(u(x))^a \cdot u'(x)}{a+1} = (u(x))^a \cdot u'(x)$$

Así,

$$\int (u(x))^a \cdot u'(x)\, dx = \frac{(u(x))^{a+1}}{a+1} + C \quad a \neq -1$$

A esta expresión se le llama *regla de la potencia para la integración*. Observe que $u'(x)dx$ es la diferencial de u, es decir du. Mediante un atajo matemático, es posible reemplazar $u(x)$ por u y $u'(x)dx$ por du:

Regla de la potencia para la integración

Si u es diferenciable, entonces

$$\int u^a\, du = \frac{u^{a+1}}{a+1} + C \qquad \text{si } a \neq -1 \tag{1}$$

Es importante darse cuenta de la diferencia entre la regla de la potencia para la integración y la fórmula para $\int x^a\, dx$. En la regla de la potencia, u representa una función, mientras que en $\int x^a\, dx$, x es una variable.

EJEMPLO 1   **Aplicación de la regla de la potencia para la integración**

a. Encuentre $\displaystyle\int (x+1)^{20}\, dx$.

Solución: Como el integrando es una potencia de la función $x + 1$, se hará $u = x + 1$. Entonces $du = dx$ y $\int (x+1)^{20}\, dx$ tiene la forma $\int u^{20}\, du$. Por la regla de la potencia para la integración,

$$\int (x+1)^{20}\, dx = \int u^{20}\, du = \frac{u^{21}}{21} + C = \frac{(x+1)^{21}}{21} + C$$

Observe que no se da la respuesta en términos de u, sino explícitamente en términos de x.

b. Determine $\displaystyle\int 3x^2(x^3 + 7)^3\, dx$.

Solución: Se observa que el integrando contiene una potencia de la función $x^3 + 7$. Sea $u = x^3 + 7$. Entonces $du = 3x^2\, dx$. Por fortuna, $3x^2$ aparece como un factor en el integrando y se tiene

$$\int 3x^2(x^3 + 7)^3\, dx = \int (x^3 + 7)^3[3x^2\, dx] = \int u^3\, du$$

$$= \frac{u^4}{4} + C = \frac{(x^3 + 7)^4}{4} + C$$

> Después de la integración, usted podría desear saber lo que sucedió con $3x^2$. Observe de nuevo que $du = 3x^2\, dx$.

Ahora resuelva el problema 3 ◁

Con el propósito de aplicar la regla de la potencia para la integración, algunas veces resulta necesario hacer un ajuste con el fin de obtener du en el integrando, como lo ilustra el ejemplo 2.

EJEMPLO 2   **Ajuste para du**

Encuentre $\displaystyle\int x\sqrt{x^2 + 5}\, dx$.

Solución: Esto se puede escribir como $\int x(x^2 + 5)^{1/2}\, dx$. Observe que el integrando contiene una potencia de la función $x^2 + 5$. Si $u = x^2 + 5$, entonces $du = 2x\, dx$. Como el factor *constante* 2 en du *no* aparece en el integrando, esta integral no tiene la forma $\int u^n\, du$. Sin embargo, a partir de $du = 2x\,dx$ es posible escribir $x\,dx = \dfrac{du}{2}$ de manera que la integral se convierta en

$$\int x(x^2+5)^{1/2}\,dx = \int (x^2+5)^{1/2}[x\,dx] = \int u^{1/2}\frac{du}{2}$$

Moviendo el factor *constante* $\frac{1}{2}$ al frente del signo de integral, se tiene

$$\int x(x^2+5)^{1/2}\,dx = \frac{1}{2}\int u^{1/2}\,du = \frac{1}{2}\left(\frac{u^{3/2}}{\frac{3}{2}}\right)+C = \frac{1}{3}u^{3/2}+C$$

que en términos de x (como se requiere) da

$$\int x\sqrt{x^2+5}\,dx = \frac{(x^2+5)^{3/2}}{3}+C$$

La respuesta a un problema de integración debe expresarse en términos de la variable original.

Ahora resuelva el problema 15 ◁

En el ejemplo 2, el integrando $x\sqrt{x^2+5}$ no tenía la forma $(u(x))^{1/2}u'(x)$ por el *factor constante* de 2. En general, si se tiene $\displaystyle\int (u(x))^a\frac{u'(x)}{k}\,dx$, donde k es una constante diferente de 0, se puede escribir

$$\int (u(x))^a\frac{u'(x)}{k}\,dx = \int u^a\,\frac{du}{k} = \frac{1}{k}\int u^a\,du$$

¡ADVERTENCIA!

Es posible ajustar los factores constantes, pero no los variables.

para simplificar la integral, pero tales *ajustes* del integrando *no son posibles para factores variables*.

Cuando se use la forma $\int u^a\,du$, no se debe descuidar a du. Por ejemplo,

$$\int (4x+1)^2\,dx \neq \frac{(4x+1)^3}{3}+C$$

La forma correcta de resolver este problema es la siguiente. Sea $u = 4x+1$, a partir de lo cual se deduce que $du = 4\,dx$. Así, $dx = \dfrac{du}{4}$ y

$$\int (4x+1)^2\,dx = \int u^2\left[\frac{du}{4}\right] = \frac{1}{4}\int u^2\,du = \frac{1}{4}\cdot\frac{u^3}{3}+C = \frac{(4x+1)^3}{12}+C$$

EJEMPLO 3   Aplicación de la regla de la potencia para la integración

a. Encuentre $\displaystyle\int \sqrt[3]{6y}\,dy$.

Solución: El integrando es $(6y)^{1/3}$, una potencia de una función. Sin embargo, en este caso la sustitución obvia $u = 6y$ puede evitarse. De manera más simple, se tiene

$$\int \sqrt[3]{6y}\,dy = \int 6^{1/3}y^{1/3}\,dy = \sqrt[3]{6}\int y^{1/3}\,dy = \sqrt[3]{6}\frac{y^{4/3}}{\frac{4}{3}}+C = \frac{3\sqrt[3]{6}}{4}y^{4/3}+C$$

b. Encuentre $\displaystyle\int \frac{2x^3+3x}{(x^4+3x^2+7)^4}\,dx$.

Solución: Esto se puede escribir como $\int (x^4+3x^2+7)^{-4}(2x^3+3x)\,dx$. Se tratará de utilizar la regla de la potencia para integración. Si $u = x^4+3x^2+7$, entonces $du = (4x^3+6x)\,dx$, que es dos veces la cantidad $(2x^3+3x)\,dx$ en la integral. Así, $(2x^3+3x)\,dx = \dfrac{du}{2}$ y de nuevo se ilustra la técnica de *ajuste*:

$$\int (x^4+3x^2+7)^{-4}[(2x^3+3x)\,dx] = \int u^{-4}\left[\frac{du}{2}\right] = \frac{1}{2}\int u^{-4}\,du$$

$$= \frac{1}{2}\cdot\frac{u^{-3}}{-3}+C = -\frac{1}{6u^3}+C = -\frac{1}{6(x^4+3x^2+7)^3}+C$$

Ahora resuelva el problema 5 ◁

Al utilizar la regla de la potencia para integración, tenga cuidado cuando haga su elección de *u*. En el ejemplo 3(b), no puede adelantar mucho si elige $u = 2x^3 + 3x$. En ocasiones puede ser necesario que elija muchas opciones diferentes. A veces una elección equivocada puede dar una sugerencia de algo que puede funcionar. **El dominio de la integración sólo se alcanza después de muchas horas de práctica y estudio concienzudo.**

EJEMPLO 4 Una integral a la que no se le aplica la regla de la potencia

Encuentre $\int 4x^2(x^4 + 1)^2\, dx$.

Solución: Si se establece $u = x^4 + 1$, entonces $du = 4x^3\, dx$. Para obtener *du* en la integral, se necesita un factor adicional de la *variable x*. Sin embargo, sólo se pueden ajustar factores **constantes**. Así, no es posible utilizar la regla de la potencia. En lugar de eso, para encontrar la integral, primero se debe desarrollar $(x^4 + 1)^2$:

$$\int 4x^2(x^4+1)^2\,dx = 4\int x^2(x^8 + 2x^4 + 1)\,dx$$
$$= 4\int (x^{10} + 2x^6 + x^2)\,dx$$
$$= 4\left(\frac{x^{11}}{11} + \frac{2x^7}{7} + \frac{x^3}{3}\right) + C$$

Ahora resuelva el problema 67 ◁

Integración de funciones exponenciales naturales

Ahora se prestará atención a la integración de funciones exponenciales. Si *u* es una función diferenciable de *x*, entonces

$$\frac{d}{dx}(e^u) = e^u\frac{du}{dx}$$

¡ADVERTENCIA!

No aplique la fórmula de la regla de la potencia para $\int u^a\, du$ a $\int e^u\, du$.

La fórmula de integración correspondiente a esta fórmula de diferenciación es

$$\int e^u\frac{du}{dx}\,dx = e^u + C$$

Pero $\frac{du}{dx}\,dx$ es la diferencial de *u*, es decir, *du*. Así,

$$\boxed{\int e^u\,du = e^u + C} \tag{2}$$

APLÍQUELO ▶

8. Cuando un objeto se mueve de un entorno a otro, su temperatura *T* cambia a una razón dada por $\frac{dT}{dt} = kCe^{kt}$, donde *t* es el tiempo (en horas) después de haber cambiado de entorno, *C* es la diferencia de temperaturas (original menos nueva) entre los entornos y *k* es una constante. Si el entorno original tiene una temperatura de 70°, el nuevo una de 60° y $k = -0.5$, encuentre la forma general de $T(t)$.

EJEMPLO 5 Integrales que incluyen funciones exponenciales

a. Encuentre $\int 2xe^{x^2}\,dx$.

Solución: Sea $u = x^2$. Entonces $du = 2x\,dx$ y, por la ecuación (2),

$$\int 2xe^{x^2}\,dx = \int e^{x^2}[2x\,dx] = \int e^u\,du$$
$$= e^u + C = e^{x^2} + C$$

b. Encuentre $\int (x^2 + 1)e^{x^3+3x}\, dx$.

Solución: Si $u = x^3 + 3x$, entonces $du = (3x^2 + 3)dx = 3(x^2 + 1)\, dx$. Si el integrando tuviese un factor de 3, la integral tendría la forma $\int e^u\, du$. Así, se puede escribir

$$\int (x^2 + 1)e^{x^3+3x}\, dx = \int e^{x^3+3x}[(x^2 + 1)\, dx]$$

$$= \frac{1}{3}\int e^u\, du = \frac{1}{3}e^u + C$$

$$= \frac{1}{3}e^{x^3+3x} + C$$

donde se reemplazó $(x^2 + 1)\, dx$ en el segundo paso por $\frac{1}{3}du$ pero se escribió $\frac{1}{3}$ fuera de la integral.

Ahora resuelva el problema 41 ◁

Integrales que incluyen funciones logarítmicas

Como usted sabe, la fórmula de la potencia $\int u^a\, du = u^{a+1}/(a + 1) + C$ no se aplica cuando $a = -1$. Para manejar esa situación, a saber, $\int u^{-1}\, du = \int \frac{1}{u}\, du$, primero se debe recordar de la sección 12.1 que

$$\frac{d}{dx}(\ln|u|) = \frac{1}{u}\frac{du}{dx} \quad \text{para } u \neq 0$$

que proporciona la fórmula de integración

$$\int \frac{1}{u}\, du = \ln|u| + C \quad \text{para } u \neq 0 \tag{3}$$

En particular, si $u = x$, entonces $du = dx$, y

$$\int \frac{1}{x}\, dx = \ln|x| + C \quad \text{para } x \neq 0 \tag{4}$$

EJEMPLO 6   Integrales que incluyen a $\frac{1}{u}\, du$

a. Encuentre $\int \frac{7}{x}\, dx$.

Solución: De la ecuación (4),

$$\int \frac{7}{x}\, dx = 7\int \frac{1}{x}\, dx = 7\ln|x| + C$$

Utilizando las propiedades de los logaritmos, se puede escribir esta respuesta en otra forma:

$$\int \frac{7}{x}\, dx = \ln|x^7| + C$$

b. Encuentre $\int \frac{2x}{x^2 + 5}\, dx$.

Solución: Sea $u = x^2 + 5$. Entonces $du = 2x\, dx$. De la ecuación (3),

$$\int \frac{2x}{x^2 + 5}\, dx = \int \frac{1}{x^2 + 5}[2x\, dx] = \int \frac{1}{u}\, du$$

$$= \ln|u| + C = \ln|x^2 + 5| + C$$

Como $x^2 + 5$ siempre es positiva, es posible omitir las barras de valor absoluto:

$$\int \frac{2x}{x^2 + 5}\, dx = \ln(x^2 + 5) + C$$

Ahora resuelva el problema 31 ◁

EJEMPLO 7 **Una integral que incluye $\frac{1}{u}\,du$**

Encuentre $\displaystyle\int \frac{(2x^3 + 3x)\,dx}{x^4 + 3x^2 + 7}$.

Solución: Si $u = x^4 + 3x^2 + 7$, entonces $du = (4x^3 + 6x)\,dx$, que es dos veces el numerador, de modo que $(2x^3 + 3x)dx = \dfrac{du}{2}$. Para aplicar la ecuación (3), se escribe

$$\int \frac{2x^3 + 3x}{x^4 + 3x^2 + 7}\,dx = \frac{1}{2}\int \frac{1}{u}\,du$$

$$= \frac{1}{2}\ln|u| + C$$

$$= \frac{1}{2}\ln|x^4 + 3x^2 + 7| + C \qquad \text{Reescriba } u \text{ en términos de } x.$$

$$= \frac{1}{2}\ln(x^4 + 3x^2 + 7) + C \qquad x^4 + 3x^2 + 7 > 0 \quad \text{para toda } x$$

Ahora resuelva el problema 51 ◁

EJEMPLO 8 **Una integral que incluye dos formas**

Encuentre $\displaystyle\int \left(\frac{1}{(1-w)^2} + \frac{1}{w-1}\right) dw$.

Solución:

$$\int \left(\frac{1}{(1-w)^2} + \frac{1}{w-1}\right) dw = \int (1-w)^{-2}dw + \int \frac{1}{w-1}dw$$

$$= -1\int (1-w)^{-2}[-dw] + \int \frac{1}{w-1}dw$$

La primera integral tiene la forma $\int u^{-2}\,du$ y la segunda tiene la forma $\displaystyle\int \frac{1}{v}\,dv$. Así,

$$\int \left(\frac{1}{(1-w)^2} + \frac{1}{w-1}\right) dw = -\frac{(1-w)^{-1}}{-1} + \ln|w-1| + C$$

$$= \frac{1}{1-w} + \ln|w-1| + C$$

◁

PROBLEMAS 14.4

En los problemas del 1 al 80, encuentre las integrales indefinidas.

1. $\displaystyle\int (x+5)^7\,dx$

2. $\displaystyle\int 15(x+2)^4\,dx$

3. $\displaystyle\int 2x(x^2+3)^5\,dx$

4. $\displaystyle\int (4x+3)(2x^2+3x+1)\,dx$

5. $\displaystyle\int (3y^2+6y)(y^3+3y^2+1)^{2/3}\,dy$

6. $\displaystyle\int (15t^2-6t+1)(5t^3-3t^2+t)^{17}\,dt$

7. $\displaystyle\int \frac{5}{(3x-1)^3}\,dx$

8. $\displaystyle\int \frac{4x}{(2x^2-7)^{10}}\,dx$

9. $\displaystyle\int \sqrt{7x+3}\,dx$

10. $\displaystyle\int \frac{1}{\sqrt{x-5}}\,dx$

11. $\displaystyle\int (7x-6)^4\,dx$

12. $\displaystyle\int x^2(3x^3+7)^3\,dx$

13. $\displaystyle\int u(5u^2-9)^{14}\,du$

14. $\displaystyle\int x\sqrt{3+5x^2}\,dx$

15. $\displaystyle\int 4x^4(27+x^5)^{1/3}\,dx$

16. $\displaystyle\int (4-5x)^9\,dx$

17. $\displaystyle\int 3e^{3x}\,dx$

18. $\displaystyle\int 5e^{3t+7}\,dt$

19. $\displaystyle\int (3t+1)e^{3t^2+2t+1}\,dt$

20. $\displaystyle\int -3w^2 e^{-w^3}\,dw$

21. $\displaystyle\int xe^{7x^2}\,dx$

22. $\displaystyle\int x^3 e^{4x^4}\,dx$

23. $\displaystyle\int 4e^{-3x}\,dx$

24. $\displaystyle\int 24x^5 e^{-2x^6+7}\,dx$

25. $\displaystyle\int \frac{1}{x+5}\,dx$

26. $\displaystyle\int \frac{12x^2+4x+2}{x+x^2+2x^3}\,dx$

27. $\displaystyle\int \frac{3x^2+4x^3}{x^3+x^4}\,dx$

28. $\displaystyle\int \frac{6x^2-6x}{1-3x^2+2x^3}\,dx$

29. $\displaystyle\int \frac{8z}{(z^2-5)^7}\,dz$

30. $\displaystyle\int \frac{3}{(5v-1)^4}\,dv$

31. $\displaystyle\int \frac{4}{x}\, dx$

32. $\displaystyle\int \frac{3}{1+2y}\, dy$

33. $\displaystyle\int \frac{s^2}{s^3+5}\, ds$

34. $\displaystyle\int \frac{32x^3}{4x^4+9}\, dx$

35. $\displaystyle\int \frac{5}{4-2x}\, dx$

36. $\displaystyle\int \frac{7t}{5t^2-6}\, dt$

37. $\displaystyle\int \sqrt{5x}\, dx$

38. $\displaystyle\int \frac{1}{(3x)^6}\, dx$

39. $\displaystyle\int \frac{x}{\sqrt{ax^2+b}}\, dx$

40. $\displaystyle\int \frac{9}{1-3x}\, dx$

41. $\displaystyle\int 2y^3 e^{y^4+1}\, dy$

42. $\displaystyle\int 2\sqrt{2x-1}\, dx$

43. $\displaystyle\int v^2 e^{-2v^3+1}\, dv$

44. $\displaystyle\int \frac{x^2+x+1}{\sqrt[3]{x^3+\frac{3}{2}x^2+3x}}\, dx$

45. $\displaystyle\int (e^{-5x}+2e^x)\, dx$

46. $\displaystyle\int 4\sqrt[3]{y+1}\, dy$

47. $\displaystyle\int (8x+10)(7-2x^2-5x)^3\, dx$

48. $\displaystyle\int 2ye^{3y^2}\, dy$

49. $\displaystyle\int \frac{6x^2+8}{x^3+4x}\, dx$

50. $\displaystyle\int (e^x+2e^{-3x}-e^{5x})\, dx$

51. $\displaystyle\int \frac{16s-4}{3-2s+4s^2}\, ds$

52. $\displaystyle\int (6t^2+4t)(t^3+t^2+1)^6\, dt$

53. $\displaystyle\int x(2x^2+1)^{-1}\, dx$

54. $\displaystyle\int (45w^4+18w^2+12)(3w^5+2w^3+4)^{-4}\, dw$

55. $\displaystyle\int -(x^2-2x^5)(x^3-x^6)^{-10}\, dx$

56. $\displaystyle\int \frac{3}{5}(v-2)e^{2-4v+v^2}\, dv$

57. $\displaystyle\int (2x^3+x)(x^4+x^2)\, dx$

58. $\displaystyle\int (e^{3.1})^2\, dx$

59. $\displaystyle\int \frac{9+18x}{(5-x-x^2)^4}\, dx$

60. $\displaystyle\int (e^x-e^{-x})^2\, dx$

61. $\displaystyle\int x(2x+1)e^{4x^3+3x^2-4}\, dx$

62. $\displaystyle\int (u^3-ue^{6-3u^2})\, du$

63. $\displaystyle\int x\sqrt{(8-5x^2)^3}\, dx$

64. $\displaystyle\int e^{ax}\, dx$

65. $\displaystyle\int \left(\sqrt{2x}-\frac{1}{\sqrt{2x}}\right)\, dx$

66. $\displaystyle\int 3\frac{x^4}{e^{x^5}}\, dx$

67. $\displaystyle\int (x^2+1)^2\, dx$

68. $\displaystyle\int \left[x(x^2-16)^2-\frac{1}{2x+5}\right]\, dx$

69. $\displaystyle\int \left(\frac{x}{x^2+1}+\frac{x}{(x^2+1)^2}\right)\, dx$ **70.** $\displaystyle\int \left[\frac{3}{x-1}+\frac{1}{(x-1)^2}\right]\, dx$

71. $\displaystyle\int \left[\frac{2}{4x+1}-(4x^2-8x^5)(x^3-x^6)^{-8}\right]\, dx$

72. $\displaystyle\int (r^3+5)^2\, dr$

73. $\displaystyle\int \left[\sqrt{3x+1}-\frac{x}{x^2+3}\right]\, dx$

74. $\displaystyle\int \left(\frac{x}{7x^2+2}-\frac{x^2}{(x^3+2)^4}\right)\, dx$

75. $\displaystyle\int \frac{e^{\sqrt{x}}}{\sqrt{x}}\, dx$

76. $\displaystyle\int (e^5-3^e)\, dx$

77. $\displaystyle\int \frac{1+e^{2x}}{4e^x}\, dx$

78. $\displaystyle\int \frac{2}{t^2}\sqrt{\frac{1}{t}+9}\, dt$

79. $\displaystyle\int \frac{4x+3}{2x^2+3x}\ln(2x^2+3x)\, dx$

80. $\displaystyle\int \sqrt[3]{x}e^{\sqrt[3]{8x^4}}\, dx$

En los problemas del 81 al 84, encuentre y sujeta a las condiciones dadas.

81. $y'=(3-2x)^2$; $\quad y(0)=1$ **82.** $y'=\dfrac{x}{x^2+6}$; $\quad y(1)=0$

83. $y''=\dfrac{1}{x^2}$; $\quad y'(-2)=3, y(1)=2$

84. $y''=(x+1)^{1/2}$; $\quad y'(8)=19, y(24)=\frac{2572}{3}$

85. Bienes raíces La tasa de cambio del valor de una casa cuya construcción costó \$350 000 puede modelarse mediante $\dfrac{dV}{dt}=8e^{0.05t}$, donde t es el tiempo en años desde que la casa fue construida y V es el valor (en miles) de la casa. Encuentre $V(t)$.

86. Esperanza de vida Si la tasa de cambio de la esperanza de vida l al nacer para las personas que nacen en Estados Unidos puede modelarse mediante $\dfrac{dl}{dt}=\dfrac{12}{2t+50}$, donde t es el número de años a partir de 1940 y la esperanza de vida era de 63 años en 1940, encuentre la esperanza de vida para personas que nacieron en 1998.

87. Oxígeno en los vasos capilares En un análisis de la difusión del oxígeno en los vasos capilares,[5] se usan cilindros concéntricos de radio r como modelos de un vaso capilar. La concentración C de oxígeno en el capilar está dada por

$$C=\int \left(\frac{Rr}{2K}+\frac{B_1}{r}\right)\, dr$$

donde R es la razón constante con la que el oxígeno se difunde en el vaso capilar y K y B_1 son constantes. Encuentre C. (Escriba la constante de integración como B_2).

88. Encuentre $f(2)$ si $f\left(\frac{1}{3}\right)=2$ y $f'(x)=e^{3x+2}-3x$.

Objetivo

Analizar técnicas para el manejo de problemas de integración más complejos, a saber, por manipulación algebraica y por ajuste del integrando a una forma conocida. Integrar una función exponencial con una base diferente a e y determinar la función de consumo, dada la propensión marginal al consumo.

14.5 Técnicas de integración

Ahora se considerará la resolución de problemas de integración más difíciles.

Cuando se deben integrar fracciones, a veces es necesario realizar una división preliminar para obtener formas de integración familiares, como lo muestra el ejemplo siguiente.

---

[5] W. Simon, *Mathematical Techniques for Physiology and Medicine* (Nueva York: Academic Press. Inc., 1972).

EJEMPLO 1 **División preliminar antes de la integración**

a. Encuentre $\int \dfrac{x^3 + x}{x^2}\,dx$.

Aquí, el integrando se divide.

Solución: En este caso, no es evidente una forma familiar de integración. Sin embargo, es posible descomponer el integrando en dos fracciones al dividir cada término del numerador entre el denominador. Entonces se tiene

$$\int \frac{x^3 + x}{x^2}\,dx = \int \left(\frac{x^3}{x^2} + \frac{x}{x^2} \right)\,dx = \int \left(x + \frac{1}{x} \right)\,dx$$

$$= \frac{x^2}{2} + \ln |x| + C$$

b. Encuentre $\int \dfrac{2x^3 + 3x^2 + x + 1}{2x + 1}\,dx$.

Solución: Aquí el integrando es un cociente de polinomios donde el grado del numerador es mayor o igual que el del denominador. En tal caso, primero se usa la división larga. Recuerde que si f y g son polinomios, con el grado de f mayor o igual al grado de g, entonces la división larga permite encontrar (solamente) los polinomios q y r, donde r es el polinomio cero o bien el grado de r es estrictamente menor que el grado de g, lo que satisface

$$\frac{f}{g} = q + \frac{r}{g}$$

Al utilizar una notación abreviada obvia, se ve que

$$\int \frac{f}{g} = \int \left(q + \frac{r}{g} \right) = \int q + \int \frac{r}{g}$$

Como la integración de un polinomio es fácil, se observa que la integración de funciones racionales se reduce a la tarea de integrar *funciones racionales propias* —aquellas para las que el grado del numerador es estrictamente menor que el grado del denominador—. En este caso se obtiene

Aquí se usó la división larga para reescribir el integrando.

$$\int \frac{2x^3 + 3x^2 + x + 1}{2x + 1}\,dx = \int \left(x^2 + x + \frac{1}{2x + 1} \right)\,dx$$

$$= \frac{x^3}{3} + \frac{x^2}{2} + \int \frac{1}{2x + 1}\,dx$$

$$= \frac{x^3}{3} + \frac{x^2}{2} + \frac{1}{2} \int \frac{1}{2x + 1}\,d(2x + 1)$$

$$= \frac{x^3}{3} + \frac{x^2}{2} + \frac{1}{2} \ln |2x + 1| + C$$

Ahora resuelva el problema 1 ◁

EJEMPLO 2 **Integrales indefinidas**

a. Encuentre $\int \dfrac{1}{\sqrt{x}(\sqrt{x} - 2)^3}\,dx$.

Solución: Esta integral puede escribirse como $\int \dfrac{(\sqrt{x} - 2)^{-3}}{\sqrt{x}}\,dx$. Considere la regla de la potencia para la integración con $u = \sqrt{x} - 2$. Entonces $du = \dfrac{1}{2\sqrt{x}}dx$, de manera que $\dfrac{dx}{\sqrt{x}} = 2\,du$ y

Aquí la integral se ajusta a una forma en la que pueda aplicarse la regla de la potencia para la integración.

$$\int \frac{(\sqrt{x} - 2)^{-3}}{\sqrt{x}}\,dx = \int (\sqrt{x} - 2)^{-3} \left[\frac{dx}{\sqrt{x}} \right]$$

$$= 2 \int u^{-3}\,du = 2 \left(\frac{u^{-2}}{-2} \right) + C$$

$$= -\frac{1}{u^2} + C = -\frac{1}{(\sqrt{x} - 2)^2} + C$$

b. Encuentre $\displaystyle\int \frac{1}{x \ln x}\, dx$.

Solución: Si $u = \ln x$, entonces $du = \dfrac{1}{x}\, dx$, y

Aquí la integral se ajusta a la forma conocida $\displaystyle\int \frac{1}{u}\, du$.

$$\int \frac{1}{x \ln x}\, dx = \int \frac{1}{\ln x}\left(\frac{1}{x}\, dx\right) = \int \frac{1}{u}\, du$$

$$= \ln |u| + C = \ln |\ln x| + C$$

c. Encuentre $\displaystyle\int \frac{5}{w(\ln w)^{3/2}}\, dw$.

Solución: Si $u = \ln w$, entonces $du = \dfrac{1}{w}\, dw$. Al aplicar la regla de la potencia para la integración, se tiene

Aquí la integral se ajusta a una forma en la que se pueda aplicar la regla de la potencia para la integración.

$$\int \frac{5}{w(\ln w)^{3/2}}\, dw = 5 \int (\ln w)^{-3/2}\left[\frac{1}{w}\, dw\right]$$

$$= 5 \int u^{-3/2}\, du = 5 \cdot \frac{u^{-1/2}}{-\frac{1}{2}} + C$$

$$= \frac{-10}{u^{1/2}} + C = -\frac{10}{(\ln w)^{1/2}} + C$$

Ahora resuelva el problema 23 ◁

Integración de b^u

En la sección 14.4, se integró una función exponencial con base e:

$$\int e^u\, du = e^u + C$$

Ahora se considerará la integral de una función exponencial con una base arbitraria b:

$$\int b^u\, du$$

Para encontrar esta integral, primero se convierte a la base e usando

$$b^u = e^{(\ln b)u} \tag{1}$$

(tal como ya se hizo en muchos ejemplos de diferenciación). El ejemplo 3 ilustrará este procedimiento.

> **EJEMPLO 3**   **Una integral que incluye b^u**

Encuentre $\displaystyle\int 2^{3-x}\, dx$.

Solución:

> **Estrategia**   Se desea integrar una función exponencial con base 2. Para hacerlo, primero se convierte de base 2 a base e usando la ecuación (1).

$$\int 2^{3-x}\, dx = \int e^{(\ln 2)(3-x)}\, dx$$

El integrando de la segunda integral tiene la forma e^u, donde $u = (\ln 2)(3 - x)$. Como $du = -\ln 2\, dx$, se puede despejar dx y escribir

$$\int e^{(\ln 2)(3-x)}\, dx = -\frac{1}{\ln 2} \int e^u\, du$$

$$= -\frac{1}{\ln 2} e^u + C = -\frac{1}{\ln 2} e^{(\ln 2)(3-x)} + C = -\frac{1}{\ln 2} 2^{3-x} + C$$

Así,

$$\int 2^{3-x}\,dx = -\frac{1}{\ln 2} 2^{3-x} + C$$

Note que la respuesta se expresó en términos de una función exponencial con base 2, que es la base del integrando original.

Ahora resuelva el problema 27 ◁

Generalizando el procedimiento descrito en el ejemplo 3, es posible obtener una fórmula para integrar b^u:

$$\int b^u\,du = \int e^{(\ln b)u}\,du$$

$$= \frac{1}{\ln b}\int e^{(\ln b)u}\,d((\ln b)u) \qquad \ln b \text{ es una constante}$$

$$= \frac{1}{\ln b}e^{(\ln b)u} + C$$

$$= \frac{1}{\ln b}b^u + C$$

De aquí, se tiene

$$\int b^u\,du = \frac{1}{\ln b}b^u + C$$

Al aplicar esta fórmula a la integral del ejemplo 3 resulta

$$\int 2^{3-x}\,dx \qquad\qquad b = 2, u = 3 - x$$

$$= -\int 2^{3-x}\,d(3 - x) \qquad -d(3 - x) = dx$$

$$= -\frac{1}{\ln 2} 2^{3-x} + C$$

que es el mismo resultado obtenido antes.

Aplicación de la integración

Ahora se considerará una aplicación de la integración que relaciona una función de consumo con la propensión marginal al consumo.

EJEMPLO 4 **Determinación de una función de consumo a partir de la propensión marginal al consumo**

Para cierto país, la propensión marginal al consumo está dada por

$$\frac{dC}{dI} = \frac{3}{4} - \frac{1}{2\sqrt{3I}}$$

donde el consumo C es una función del ingreso nacional I. Aquí, I se expresa en grandes denominaciones de dinero. Determine la función de consumo para el país si es sabido que el consumo es de 10 ($C = 10$) cuando $I = 12$.

Solución: Como la propensión marginal al consumo es la derivada de C, se tiene

$$C = C(I) = \int\left(\frac{3}{4} - \frac{1}{2\sqrt{3I}}\right)dI = \int \frac{3}{4}\,dI - \frac{1}{2}\int (3I)^{-1/2}\,dI$$

$$= \frac{3}{4}I - \frac{1}{2}\int (3I)^{-1/2}\,dI$$

Si hacemos $u = 3I$, entonces $du = 3\,dI = d(3I)$ y

$$C = \frac{3}{4}I - \left(\frac{1}{2}\right)\frac{1}{3}\int (3I)^{-1/2}\,d(3I)$$

$$= \frac{3}{4}I - \frac{1}{6}\frac{(3I)^{1/2}}{\frac{1}{2}} + K$$

$$C = \frac{3}{4}I - \frac{\sqrt{3I}}{3} + K$$

Éste es un ejemplo de un problema con valor inicial.

Cuando $I = 12$, $C = 10$, por lo que

$$10 = \frac{3}{4}(12) - \frac{\sqrt{3(12)}}{3} + K$$

$$10 = 9 - 2 + K$$

Así, $K = 3$ y la función de consumo es

$$C = \frac{3}{4}I - \frac{\sqrt{3I}}{3} + 3$$

Ahora resuelva el problema 61 ◁

PROBLEMAS 14.5

En los problemas del 1 al 56, determine las integrales indefinidas.

1. $\displaystyle\int \frac{2x^6 + 8x^4 - 4x}{2x^2}\,dx$

2. $\displaystyle\int \frac{9x^2 + 5}{3x}\,dx$

3. $\displaystyle\int (3x^2 + 2)\sqrt{2x^3 + 4x + 1}\,dx$

4. $\displaystyle\int \frac{x}{\sqrt[4]{x^2 + 1}}\,dx$

5. $\displaystyle\int \frac{3}{\sqrt{4 - 5x}}\,dx$

6. $\displaystyle\int \frac{2xe^{x^2}\,dx}{e^{x^2} - 2}$

7. $\displaystyle\int 4^{7x}\,dx$

8. $\displaystyle\int 5^t\,dt$

9. $\displaystyle\int 2x(7 - e^{x^2/4})\,dx$

10. $\displaystyle\int \frac{e^x + 1}{e^x}\,dx$

11. $\displaystyle\int \frac{6x^2 - 11x + 5}{3x - 1}\,dx$

12. $\displaystyle\int \frac{(3x + 2)(x - 4)}{x - 3}\,dx$

13. $\displaystyle\int \frac{5e^{2x}}{7e^{2x} + 4}\,dx$

14. $\displaystyle\int 6(e^{4-3x})^2\,dx$

15. $\displaystyle\int \frac{5e^{13/x}}{x^2}\,dx$

16. $\displaystyle\int \frac{2x^4 - 6x^3 + x - 2}{x - 2}\,dx$

17. $\displaystyle\int \frac{5x^3}{x^2 + 9}\,dx$

18. $\displaystyle\int \frac{5 - 4x^2}{3 + 2x}\,dx$

19. $\displaystyle\int \frac{(\sqrt{x} + 2)^2}{3\sqrt{x}}\,dx$

20. $\displaystyle\int \frac{5e^s}{1 + 3e^s}\,ds$

21. $\displaystyle\int \frac{5(x^{1/3} + 2)^4}{\sqrt[3]{x^2}}\,dx$

22. $\displaystyle\int \frac{\sqrt{1 + \sqrt{x}}}{\sqrt{x}}\,dx$

23. $\displaystyle\int \frac{\ln x}{x}\,dx$

24. $\displaystyle\int \sqrt{t}(3 - t\sqrt{t})^{0.6}\,dt$

25. $\displaystyle\int \frac{r\sqrt{\ln(r^2 + 1)}}{r^2 + 1}\,dr$

26. $\displaystyle\int \frac{9x^5 - 6x^4 - ex^3}{7x^2}\,dx$

27. $\displaystyle\int \frac{3^{\ln x}}{x}\,dx$

28. $\displaystyle\int \frac{4}{x\ln(2x^2)}\,dx$

29. $\displaystyle\int x^2\sqrt{e^{x^3} + 1}\,dx$

30. $\displaystyle\int \frac{ax + b}{cx + d}\,dx \quad c \neq 0$

31. $\displaystyle\int \frac{8}{(x + 3)\ln(x + 3)}\,dx$

32. $\displaystyle\int (e^{e^2} + x^e - 2x)\,dx$

33. $\displaystyle\int \frac{x^3 + x^2 - x - 3}{x^2 - 3}\,dx$

34. $\displaystyle\int \frac{4x\ln\sqrt{1 + x^2}}{1 + x^2}\,dx$

35. $\displaystyle\int \frac{12x^3\sqrt{\ln(x^4 + 1)^3}}{x^4 + 1}\,dx$

36. $\displaystyle\int 3(x^2 + 2)^{-1/2}xe^{\sqrt{x^2 + 2}}\,dx$

37. $\displaystyle\int \left(\frac{x^3 - 1}{\sqrt{x^4 - 4x}} - \ln 7\right)dx$

38. $\displaystyle\int \frac{x - x^{-2}}{x^2 + 2x^{-1}}\,dx$

39. $\displaystyle\int \frac{2x^4 - 8x^3 - 6x^2 + 4}{x^3}\,dx$

40. $\displaystyle\int \frac{e^x - e^{-x}}{e^x + e^{-x}}\,dx$

41. $\displaystyle\int \frac{x}{x + 1}\,dx$

42. $\displaystyle\int \frac{2x}{(x^2 + 1)\ln(x^2 + 1)}\,dx$

43. $\displaystyle\int \frac{xe^x}{\sqrt{e^{x^2} + 2}}\,dx$

44. $\displaystyle\int \frac{5}{(3x + 1)[1 + \ln(3x + 1)]^2}\,dx$

45. $\displaystyle\int \frac{(e^{-x} + 5)^3}{e^x}\,dx$

46. $\displaystyle\int \left[\frac{1}{8x + 1} - \frac{1}{e^x(8 + e^{-x})^2}\right]dx$

47. $\displaystyle\int (x^3 + ex)\sqrt{x^2 + e}\,dx$

48. $\displaystyle\int 3^{x\ln x}(1 + \ln x)\,dx$ *[Sugerencia:* $\dfrac{d}{dx}(x\ln x) = 1 + \ln x$*]*

49. $\displaystyle\int \sqrt{x}\sqrt{(8x)^{3/2} + 3}\,dx$

50. $\displaystyle\int \frac{7}{x(\ln x)^{\pi}}\,dx$

51. $\displaystyle\int \frac{\sqrt{s}}{e^{\sqrt{s^3}}}\,ds$

52. $\displaystyle\int \frac{\ln^3 x}{3x}\,dx$

53. $\displaystyle\int e^{\ln(x^2 + 1)}\,dx$

54. $\displaystyle\int dx$

55. $\displaystyle\int \frac{\ln\left(\frac{e^x}{x}\right)}{x}\,dx$

56. $\displaystyle\int e^{f(x)+\ln(f'(x))}\,dx$ se supone que $f' > 0$

En los problemas 57 y 58, dr/dq es una función de ingreso marginal. Encuentre la función de demanda.

57. $\dfrac{dr}{dq} = \dfrac{200}{(q+2)^2}$ **58.** $\dfrac{dr}{dq} = \dfrac{900}{(2q+3)^3}$

En los problemas 59 y 60, dc/dq es una función de costo marginal. Encuentre la función de costo total si en cada caso los costos fijos son de 2000.

59. $\dfrac{dc}{dq} = \dfrac{20}{q+5}$ **60.** $\dfrac{dc}{dq} = 4e^{0.005q}$

En los problemas del 61 al 63, dC/dI representa la propensión marginal al consumo. Encuentre la función de consumo sujeta a la condición dada.

61. $\dfrac{dC}{dI} = \dfrac{1}{\sqrt{I}}$; $C(9) = 8$

62. $\dfrac{dC}{dI} = \dfrac{1}{2} - \dfrac{1}{2\sqrt{2I}}$; $C(2) = \dfrac{3}{4}$

63. $\dfrac{dC}{dI} = \dfrac{3}{4} - \dfrac{1}{6\sqrt{I}}$; $C(25) = 23$

64. Función de costo   La función de costo marginal para el producto de un fabricante está dada por

$$\frac{dc}{dq} = 10 - \frac{100}{q+10}$$

donde c es el costo total cuando se producen q unidades. Si se producen 100 unidades, el costo promedio es de $50 por unidad. Al entero más cercano, determine el costo fijo del fabricante.

65. Función de costo   Suponga que la función de costo marginal para el producto de un fabricante está dada por

$$\frac{dc}{dq} = \frac{100q^2 - 3998q + 60}{q^2 - 40q + 1}$$

donde c es el costo total cuando se producen q unidades.

(a) Determine el costo marginal cuando se producen 40 unidades.
(b) Si los costos fijos son de $10 000, encuentre el costo total de producir 40 unidades.
(c) Use diferenciales y los resultados de los incisos (a) y (b) para aproximar el costo total de producir 42 unidades.

66. Función de costo   La función de costo marginal para el producto de un fabricante está dada por

$$\frac{dc}{dq} = \frac{9}{10}\sqrt{q}\sqrt{0.04q^{3/4}+4}$$

donde c es el costo total cuando se producen q unidades. Los costos fijos son de $360.

(a) Determine el costo marginal cuando se producen 25 unidades.
(b) Encuentre el costo total de producir 25 unidades.
(c) Use diferenciales y los resultados de los incisos (a) y (b) para estimar el costo total de producir 23 unidades.

67. Valor de la tierra   Se estima que en t años, contados a partir de ahora, el valor V de un acre de tierra cerca del pueblo fantasma de Cherokee, California, estará creciendo a una tasa de

$$\frac{8t^3}{\sqrt{0.2t^4 + 8000}}$$ dólares por año. Si el valor actual de la tierra es

de $500 por acre, ¿cuánto costará dentro de 10 años? Exprese su resultado al entero más cercano.

68. Función de ingreso   La función de ingreso marginal para el producto de un fabricante tiene la forma

$$\frac{dr}{dq} = \frac{a}{e^q + b}$$

para las constantes a y b, donde r es el ingreso total recibido cuando se producen y venden q unidades. Encuentre la función de demanda y exprésela en la forma $p = f(q)$. (*Sugerencia*: Reescriba dr/dq al multiplicar tanto el numerador como el denominador por e^{-q}).

69. Ahorro   La propensión marginal al ahorro en cierto país está dada por

$$\frac{dS}{dI} = \frac{5}{(I+2)^2}$$

donde S e I representan el ahorro y el ingreso totales nacionales, respectivamente, y se miden en miles de millones. Si el consumo total nacional es de $7.5 mil millones cuando el ingreso total nacional es de $8 mil millones, ¿para qué valor o valores de I el ahorro total nacional es igual a 0?

70. Función de consumo   La propensión marginal al ahorro en cierto país está dada por

$$\frac{dS}{dI} = \frac{2}{5} - \frac{1.6}{\sqrt[3]{2I^2}}$$

donde S e I representan el ahorro y el ingreso totales nacionales, respectivamente, y se miden en miles de millones.

(a) Determine la propensión marginal al consumo cuando el ingreso total nacional es de $16 mil millones.
(b) Determine la función de consumo si el ahorro es de $10 mil millones cuando el ingreso total nacional es de $54 mil millones.
(c) Use el resultado del inciso (b) para mostrar que el consumo es de $\$\frac{82}{5} = 16.4$ mil millones cuando el ingreso total nacional es de $16 mil millones (una situación de déficit).
(d) Use diferenciales y los resultados de los incisos (a) y (c) para aproximar el consumo cuando el ingreso total nacional es de $18 mil millones.

Objetivo

Explicar, por medio del concepto de área, la integral definida como un límite de una suma especial; evaluar integrales definidas sencillas mediante el proceso de límite.

14.6 Integral definida

En la figura 14.2 se muestra la región R limitada por las líneas $y = f(x) = 2x$, $y = 0$ (el eje x) y $x = 1$. La región es simplemente un triángulo rectángulo. Si b y h son las longitudes de la base y de la altura, respectivamente, entonces, a partir de la geometría, el área del triángulo es $A = \frac{1}{2}bh = \frac{1}{2}(1)(2) = 1$ unidad cuadrada. (De aquí en adelante, se tratarán las áreas como números puros y se escribirá *unidades cuadradas* sólo cuando sea necesario para hacer énfasis en ello). Ahora se encontrará esta área mediante otro método, el cual, como se verá más adelante, se aplica a regiones más complejas. Este método implica la suma de áreas de rectángulos.

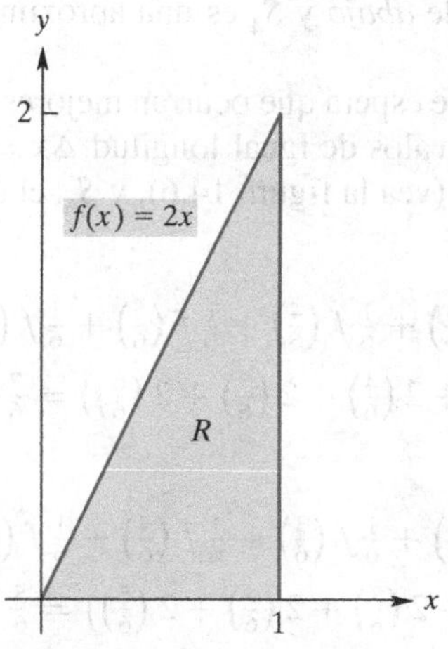

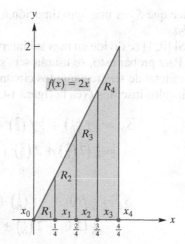

FIGURA 14.2 Región acotada por $f(x) = 2x$, $y = 0$ y $x = 1$.

FIGURA 14.3 Cuatro subregiones de R.

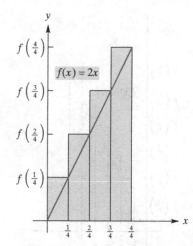

FIGURA 14.4 Cuatro rectángulos circunscritos.

Se dividirá el intervalo $[0, 1]$ localizado sobre el eje x en cuatro subintervalos de igual longitud por medio de puntos igualmente separados $x_0 = 0$, $x_1 = \frac{1}{4}$, $x_2 = \frac{2}{4}$, $x_3 = \frac{3}{4}$ y $x_4 = \frac{4}{4} = 1$. (Vea la figura 14.3). Cada subintervalo tiene longitud de $\Delta x = \frac{1}{4}$. Estos subintervalos determinan cuatro subregiones de R: R_1, R_2, R_3 y R_4, como se indica.

Con cada subregión se puede asociar un rectángulo *circunscrito* (figura 14.4) —esto es, un rectángulo cuya base es el correspondiente subintervalo y cuya altura es el valor *máximo* de $f(x)$ en cada subintervalo—. Como f es una función creciente, el valor máximo de $f(x)$ en cada subintervalo ocurre cuando x es el extremo derecho del subintervalo. Así, las áreas de los rectángulos circunscritos asociados con las regiones R_1, R_2, R_3 y R_4 son $\frac{1}{4}f(\frac{1}{4})$, $\frac{1}{4}f(\frac{2}{4})$, $\frac{1}{4}f(\frac{3}{4})$ y $\frac{1}{4}f(\frac{4}{4})$, respectivamente. El área de cada rectángulo es una aproximación al área de su correspondiente subregión. Así, la suma de las áreas de estos rectángulos, denotada por $\overline{S}_4$ (se lee como "S barra superior sub 4" o "la cuarta suma superior"), aproxima el área A del triángulo. Se tiene

$$\overline{S}_4 = \tfrac{1}{4} f\left(\tfrac{1}{4}\right) + \tfrac{1}{4} f\left(\tfrac{2}{4}\right) + \tfrac{1}{4} f\left(\tfrac{3}{4}\right) + \tfrac{1}{4} f\left(\tfrac{4}{4}\right)$$
$$= \tfrac{1}{4}\left(2\left(\tfrac{1}{4}\right) + 2\left(\tfrac{2}{4}\right) + 2\left(\tfrac{3}{4}\right) + 2\left(\tfrac{4}{4}\right)\right) = \tfrac{5}{4}$$

Usted puede verificar que $\overline{S}_4 = \sum_{i=1}^{4} f(x_i)\Delta x$. El hecho de que $\overline{S}_4$ sea mayor que el área real del triángulo era de esperarse, puesto que $\overline{S}_4$ incluye áreas de regiones sombreadas que no pertenecen al triángulo. (Vea la figura 14.4).

Por otra parte, con cada subregión también se puede asociar un rectángulo *inscrito* (figura 14.5) —esto es, un rectángulo cuya base es el subintervalo correspondiente pero cuya altura es el valor *mínimo* de $f(x)$ en ese subintervalo—. Como f es una función creciente, el valor mínimo de $f(x)$ en cada subintervalo ocurrirá cuando x sea el extremo izquierdo del subintervalo. Así, las áreas de los cuatro rectángulos inscritos asociados con R_1, R_2, R_3 y R_4 son $\frac{1}{4}f(0)$, $\frac{1}{4}f(\frac{1}{4})$, $\frac{1}{4}f(\frac{2}{4})$ y $\frac{1}{4}f(\frac{3}{4})$, respectivamente. Su suma, denotada por $\underline{S}_4$ (se lee "S barra inferior sub 4" o "la cuarta suma inferior"), también es una aproximación al área A del triángulo. Se tiene

$$\underline{S}_4 = \tfrac{1}{4} f(0) + \tfrac{1}{4} f\left(\tfrac{1}{4}\right) + \tfrac{1}{4} f\left(\tfrac{2}{4}\right) + \tfrac{1}{4} f\left(\tfrac{3}{4}\right)$$
$$= \tfrac{1}{4}\left(2(0) + 2\left(\tfrac{1}{4}\right) + 2\left(\tfrac{2}{4}\right) + 2\left(\tfrac{3}{4}\right)\right) = \tfrac{3}{4}$$

Usando la notación sigma, se puede escribir $\underline{S}_4 = \sum_{i=0}^{3} f(x_i)\Delta x$. Observe que $\underline{S}_4$ es menor que el área del triángulo porque los rectángulos no toman en cuenta aquella porción del triángulo que no está sombreada en la figura 14.5.

Como

FIGURA 14.5 Cuatro rectángulos inscritos.

$$\frac{3}{4} = \underline{S}_4 \leq A \leq \overline{S}_4 = \frac{5}{4}$$

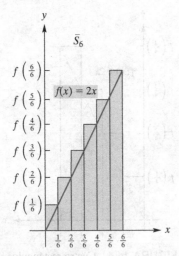

FIGURA 14.6 Seis rectángulos circunscritos.

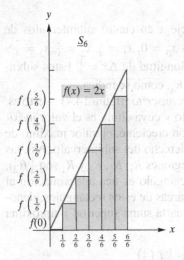

FIGURA 14.7 Seis rectángulos inscritos.

PARA REPASAR la notación sigma consulte la sección 1.5

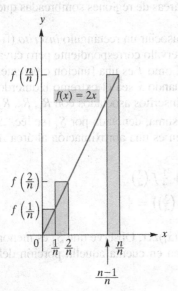

FIGURA 14.8 n rectángulos circunscritos.

se dice que $\underline{S}_4$ es una aproximación a A desde *abajo* y $\overline{S}_4$ es una aproximación a A desde *arriba*.

Si $[0, 1]$ se divide en más subintervalos, se espera que ocurran mejores aproximaciones a A. Para probar esto, se usarán seis subintervalos de igual longitud $\Delta x = \frac{1}{6}$. Entonces $\overline{S}_6$, el área total de seis rectángulos circunscritos (vea la figura 14.6), y $\underline{S}_6$, el área total de seis rectángulos inscritos (vea la figura 14.7), son

$$\overline{S}_6 = \frac{1}{6} f\left(\frac{1}{6}\right) + \frac{1}{6} f\left(\frac{2}{6}\right) + \frac{1}{6} f\left(\frac{3}{6}\right) + \frac{1}{6} f\left(\frac{4}{6}\right) + \frac{1}{6} f\left(\frac{5}{6}\right) + \frac{1}{6} f\left(\frac{6}{6}\right)$$

$$= \frac{1}{6}\left(2\left(\frac{1}{6}\right) + 2\left(\frac{2}{6}\right) + 2\left(\frac{3}{6}\right) + 2\left(\frac{4}{6}\right) + 2\left(\frac{5}{6}\right) + 2\left(\frac{6}{6}\right)\right) = \frac{7}{6}$$

y

$$\underline{S}_6 = \frac{1}{6} f(0) + \frac{1}{6} f\left(\frac{1}{6}\right) + \frac{1}{6} f\left(\frac{2}{6}\right) + \frac{1}{6} f\left(\frac{3}{6}\right) + \frac{1}{6} f\left(\frac{4}{6}\right) + \frac{1}{6} f\left(\frac{5}{6}\right)$$

$$= \frac{1}{6}\left(2(0) + 2\left(\frac{1}{6}\right) + 2\left(\frac{2}{6}\right) + 2\left(\frac{3}{6}\right) + 2\left(\frac{4}{6}\right) + 2\left(\frac{5}{6}\right)\right) = \frac{5}{6}$$

Observe que $\underline{S}_6 \leq A \leq \overline{S}_6$, y, con la notación apropiada, tanto $\overline{S}_6$ como $\underline{S}_6$ serán de la forma $\Sigma f(x)\Delta x$. Es claro que usando seis subintervalos se obtuvo una mejor aproximación al área que con cuatro subintervalos, como era de esperarse.

De manera más general, al dividir $[0, 1]$ en n subintervalos de igual longitud Δx, entonces $\Delta x = 1/n$ y los puntos extremos de los subintervalos son $x = 0, 1/n, 2/n, ..., (n-1)/n$ y $n/n = 1$. (Vea la figura 14.8). Los extremos del k-ésimo subintervalo para $k = 1, ..., n$, son $(k-1)/n$ y k/n y el valor máximo de f ocurre en el extremo derecho k/n. De aquí se deduce que el área del k-ésimo rectángulo circunscrito es $1/n \cdot f(k/n) = 1/n \cdot 2(k/n) = 2k/n^2$, para $k = 1, ..., n$. El área total de n rectángulos *circunscritos* es

$$\overline{S}_n = \sum_{k=1}^{n} f(k/n)\Delta x = \sum_{k=1}^{n} \frac{2k}{n^2} \tag{1}$$

$$= \frac{2}{n^2} \sum_{k=1}^{n} k \qquad \text{al factorizar } \frac{2}{n^2} \text{ en cada término}$$

$$= \frac{2}{n^2} \cdot \frac{n(n+1)}{2} \qquad \text{de la sección 1.5}$$

$$= \frac{n+1}{n}$$

(Se debe recordar que $\sum_{k=1}^{n} k = 1 + 2 + \cdots + n$ es la suma de los n primeros enteros positivos y la fórmula que se acaba de usar se obtuvo en la sección 1.5 anticipando su aplicación aquí).

Para rectángulos *inscritos*, se observa que el valor mínimo de f ocurre en el extremo izquierdo, $(k-1)/n$, de $[(k-1)/n, k/n]$, de manera que el área del k-ésimo rectángulo inscrito es $1/n \cdot f(k-1/n) = 1/n \cdot 2((k-1)/n) = 2(k-1)/n^2$, para $k = 1, ..., n$. El área total determinada por *todos los n rectángulos inscritos* (vea la figura 14.9) es

$$\underline{S}_n = \sum_{k=1}^{n} f((k-1)/n)\,\Delta x = \sum_{k=1}^{n} \frac{2(k-1)}{n^2} \tag{2}$$

$$= \frac{2}{n^2} \sum_{k=1}^{n} k - 1 \qquad \text{factorizando } \frac{2}{n^2} \text{ en cada término}$$

$$= \frac{2}{n^2} \sum_{k=0}^{n-1} k \qquad \text{ajustando la notación sigma}$$

$$= \frac{2}{n^2} \cdot \frac{(n-1)n}{2} \qquad \text{adaptado de la sección 1.5}$$

$$= \frac{n-1}{n}$$

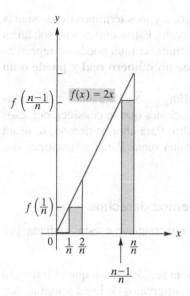

FIGURA 14.9 n rectángulos inscritos.

A partir de las ecuaciones (1) y (2), se observa nuevamente que $\overline{S}_n$ y $\underline{S}_n$ son sumas de la forma $\sum f(x)\Delta x$, a saber, $\overline{S}_n = \sum_{k=1}^{n} f\left(\dfrac{k}{n}\right)\Delta x$ y $\underline{S}_n = \sum_{k=1}^{n} f\left(\dfrac{k-1}{n}\right)\Delta x$.

Por la naturaleza de $\overline{S}_n$ y $\underline{S}_n$, parece razonable —y de hecho es cierto— que

$$\underline{S}_n \le A \le \overline{S}_n$$

Conforme n aumenta, $\underline{S}_n$ y $\overline{S}_n$ resultan ser mejores aproximaciones para A. De hecho, se tomarán los límites de $\underline{S}_n$ y $\overline{S}_n$, cuando n tienda a ∞ a través de valores enteros positivos:

$$\lim_{n\to\infty} \underline{S}_n = \lim_{n\to\infty} \frac{n-1}{n} = \lim_{n\to\infty}\left(1 - \frac{1}{n}\right) = 1$$

$$\lim_{n\to\infty} \overline{S}_n = \lim_{n\to\infty} \frac{n+1}{n} = \lim_{n\to\infty}\left(1 + \frac{1}{n}\right) = 1$$

Como $\overline{S}_n$ y $\underline{S}_n$ tienen el mismo límite común, a saber,

$$\lim_{n\to\infty} \overline{S}_n = \lim_{n\to\infty} \underline{S}_n = 1 \tag{3}$$

y como

$$\underline{S}_n \le A \le \overline{S}_n$$

se deberá considerar este límite como el área del triángulo. Así, $A = 1$, lo cual concuerda con el valor obtenido anteriormente. Es importante entender que aquí se desarrolló una *definición de la noción de área* que es aplicable a muchas regiones diferentes.

Al límite común de $\overline{S}_n$ y $\underline{S}_n$, es decir a 1, se le llama *integral definida* de $f(x) = 2x$ en el intervalo de $x = 0$ a $x = 1$, y esta cantidad se denota al escribir

$$\int_{0}^{1} 2x\, dx = 1 \tag{4}$$

La razón para usar el término *integral definida* y el simbolismo de la ecuación (4) será evidente en la siguiente sección. Los números 0 y 1 que aparecen con el signo de integral $\int$ en la ecuación (4) se llaman *límites de integración*; 0 es el *límite inferior* y 1 es el *límite superior*.

En general, para una función f definida en el intervalo desde $x = a$ hasta $x = b$, donde $a < b$, se pueden formar las sumas $\overline{S}_n$ y $\underline{S}_n$ que se obtienen considerando los valores máximo y mínimo, respectivamente, localizados en cada uno de n subintervalos de igual longitud Δx.[6] Ahora se puede establecer lo siguiente:

Al límite común de $\overline{S}_n$ y $\underline{S}_n$ cuando $n \to \infty$, si existe, se le llama **integral definida** de f sobre $[a, b]$ y se escribe como

$$\int_{a}^{b} f(x)\, dx$$

Los números a y b se llaman **límites de integración**; a es el **límite inferior** y b es el **límite superior**. El símbolo x se llama **variable de integración** y $f(x)$ es el **integrando**.

En términos de un proceso de límites, se tiene

$$\sum f(x)\, \Delta x \to \int_{a}^{b} f(x)\, dx$$

La integral definida es el límite de las sumas que tienen la forma $\sum f(x)\Delta x$. Esta definición será útil en secciones posteriores.

Es necesario aclarar dos puntos acerca de la integral definida. Primero, la integral definida es el límite de una suma de la forma $\Sigma f(x)\Delta x$. De hecho, se puede pensar en el signo de integral como una "*S*" alargada, que es la primera letra de "suma". Segundo, para una función f arbitraria definida en un intervalo, se pueden calcular las sumas $\overline{S}_n$ y $\underline{S}_n$ y deter-

---

[6] Aquí se supone que los valores máximo y mínimo existen.

minar su límite común en caso de que exista. Sin embargo, algunos términos de las sumas pueden ser negativos si $f(x)$ es negativa en puntos del intervalo. Estos términos no son áreas de rectángulos (un área nunca es negativa), por lo que el límite común puede no representar un área. Así, **la integral definida no es otra cosa que un número real y puede o no representar un área**.

Como se vio en la ecuación (3) $\lim_{n \to \infty} \underline{S}_n$ es igual a $\lim_{n \to \infty} \overline{S}_n$. Para una función arbitraria esto no siempre es cierto. Sin embargo, para las funciones que se considerarán, esos límites serán iguales y la integral definida siempre existirá. Para ahorrar tiempo, se usará sólo el **extremo derecho** de cada subintervalo al calcular una suma. Para las funciones vistas en esta sección, esta suma se denotará como S_n.

APLÍQUELO ▶

10. Una compañía ha determinado que su función de ingreso marginal esta dada por $R'(x) = 600 - 0.5x$, donde R es el ingreso recibido cuando se venden x unidades. Encuentre el ingreso total recibido por la venta de 10 unidades determinando el área acotada en el primer cuadrante por $y = R'(x) = 600 - 0.5x$ y las rectas $y = 0$, $x = 0$ y $x = 10$.

En general, en $[a, b]$, se tiene

$$\Delta x = \frac{b - a}{n}$$

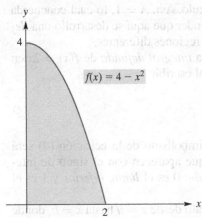

FIGURA 14.10 Región del ejemplo 1.

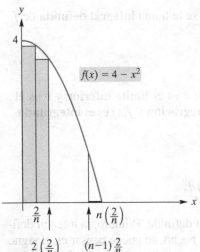

FIGURA 14.11 n subintervalos y los rectángulos correspondientes para el ejemplo 1.

EJEMPLO 1 Cálculo de un área usando extremos derechos

Encuentre el área de la región ubicada en el primer cuadrante que está limitada por $f(x) = 4 - x^2$ y las rectas $x = 0$ y $y = 0$.

Solución: En la figura 14.10 se presenta el bosquejo de la región. Se ve que el intervalo en el cual varía x es $[0, 2]$, el cual se subdividió en n subintervalos de igual longitud Δx. Como la longitud de $[0, 2]$ es 2, se toma $\Delta x = 2/n$. Los extremos de los subintervalos son $x = 0, 2/n, 2(2/n), \ldots, (n - 1)(2/n)$ y $n(2/n) = 2$, los que se muestran en la figura 14.11. El diagrama también muestra los correspondientes rectángulos obtenidos usando el extremo derecho de cada subintervalo. El área del k-ésimo rectángulo para $k = 1, \ldots, n$, es el producto de su ancho, $(2/n)$, y su altura, $f(k(2/n)) = 4 - (2k/n)^2$, que es el valor de la función en el extremo derecho de su base. Al sumar estas áreas, se obtiene

$$S_n = \sum_{k=1}^{n} f\left(k \cdot \left(\frac{2}{n}\right)\right) \Delta x = \sum_{k=1}^{n} \left(4 - \left(\frac{2k}{n}\right)^2\right) \frac{2}{n}$$

$$= \sum_{k=1}^{n} \left(\frac{8}{n} - \frac{8k^2}{n^3}\right) = \sum_{k=1}^{n} \frac{8}{n} - \sum_{k=1}^{n} \frac{8k^2}{n^3} = \frac{8}{n} \sum_{k=1}^{n} 1 - \frac{8}{n^3} \sum_{k=1}^{n} k^2$$

$$= \frac{8}{n} n - \frac{8}{n^3} \frac{n(n+1)(2n+1)}{6}$$

$$= 8 - \frac{4}{3} \left(\frac{(n+1)(2n+1)}{n^2}\right)$$

En la segunda línea de los cálculos anteriores se usan manipulaciones básicas de la notación sigma tal como se analizaron en la sección 1.5. En la tercera línea se utilizan dos fórmulas específicas de notación sigma, también de la sección 1.5: la suma de n copias de 1 es n y la suma de los primeros n cuadrados es $\frac{n(n+1)(2n+1)}{6}$.

Por último, se considera el límite de S_n cuando $n \to \infty$:

$$\lim_{n \to \infty} S_n = \lim_{n \to \infty} \left(8 - \frac{4}{3}\left(\frac{(n+1)(2n+1)}{n^2}\right)\right)$$

$$= 8 - \frac{4}{3} \lim_{n \to \infty} \left(\frac{2n^2 + 3n + 1}{n^2}\right)$$

$$= 8 - \frac{4}{3} \lim_{n \to \infty} \left(2 + \frac{3}{n} + \frac{1}{n^2}\right)$$

$$= 8 - \frac{8}{3} = \frac{16}{3}$$

Por lo tanto, el área de la región es $\frac{16}{3}$.

Ahora resuelva el problema 7 ◁

EJEMPLO 2   Evaluación de una integral definida

Evalúe $\displaystyle\int_0^2 (4 - x^2)\,dx$.

Solución: Se desea encontrar la integral definida de $f(x) = 4 - x^2$ en el intervalo $[0, 2]$. Así, se debe calcular $\lim_{n\to\infty} S_n$. Pero este límite es precisamente el límite $\dfrac{16}{3}$ encontrado en el ejemplo 1, por lo tanto se concluye que

$$\int_0^2 (4 - x^2)\,dx = \frac{16}{3}$$

No se anexan unidades a la respuesta porque una integral definida es simplemente un número.

Ahora resuelva el problema 19 ◁

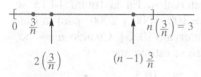

FIGURA 14.12 División de $[0, 3]$ en n subintervalos.

EJEMPLO 3   Integración de una función sobre un intervalo

Integre $f(x) = x - 5$ desde $x = 0$ hasta $x = 3$; es decir, evalúe $\int_0^3 (x - 5)\,dx$.

Solución: Primero se divide $[0, 3]$ en n subintervalos de igual longitud $\Delta x = 3/n$. Los puntos extremos son $0, 3/n, 2(3/n), \ldots, (n - 1)(3/n), n(3/n) = 3$. (Vea la figura 14.12). Usando los extremos derechos se forma la suma y se simplifica

$$S_n = \sum_{k=1}^n f\left(k\frac{3}{n}\right)\frac{3}{n}$$

$$= \sum_{k=1}^n \left(\left(k\frac{3}{n} - 5\right)\frac{3}{n}\right) = \sum_{k=1}^n \left(\frac{9}{n^2}k - \frac{15}{n}\right) = \frac{9}{n^2}\sum_{k=1}^n k - \frac{15}{n}\sum_{k=1}^n 1$$

$$= \frac{9}{n^2}\left(\frac{n(n+1)}{2}\right) - \frac{15}{n}(n)$$

$$= \frac{9}{2}\frac{n+1}{n} - 15 = \frac{9}{2}\left(1 + \frac{1}{n}\right) - 15$$

Al tomar el límite, se obtiene

$$\lim_{n\to\infty} S_n = \lim_{n\to\infty}\left(\frac{9}{2}\left(1 + \frac{1}{n}\right) - 15\right) = \frac{9}{2} - 15 = -\frac{21}{2}$$

Por lo tanto,

$$\int_0^3 (x - 5)\,dx = -\frac{21}{2}$$

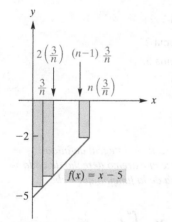

FIGURA 14.13 $f(x)$ es negativa en cada extremo derecho.

Observe que la integral definida en este caso es un número *negativo*. La razón es clara a partir de la gráfica de $f(x) = x - 5$ en el intervalo $[0, 3]$. (Vea la figura 14.13). Como el valor de $f(x)$ es negativo en cada extremo derecho, cada término incluido en S_n también debe ser negativo. Por lo tanto, $\lim_{n\to\infty} S_n$, que es la integral definida, tiene valor negativo.

Geométricamente, cada término en S_n es el valor negativo del área de un rectángulo. (Vea de nuevo la figura 14.13). Aunque la integral definida es sólo un número, aquí se puede interpretar como la representación del valor negativo del área de la región limitada por $f(x) = x - 5$, $x = 0$, $x = 3$ y el eje x $(y = 0)$.

Ahora resuelva el problema 17 ◁

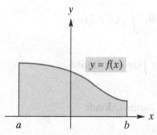

FIGURA 14.14 Si f es continua y $f(x) \ge 0$ en $[a, b]$, entonces $\int_a^b f(x)\,dx$ representa el área bajo la curva.

En el ejemplo 3, se demostró que la *integral definida no tiene que representar un área*. De hecho, ahí la integral definida fue negativa. Sin embargo, si f es continua y $f(x) \ge 0$ en $[a, b]$, entonces $S_n \ge 0$ para todos los valores de n. Por lo tanto, $\lim_{n\to\infty} S_n \ge 0$, así que $\int_a^b f(x)\,dx \ge 0$. Además, esta integral definida da el área de la región limitada por $y = f(x)$, $y = 0$, $x = a$ y $x = b$. (Vea la figura 14.14).

Aunque el procedimiento que se usó para analizar la integral definida es suficiente para los fines de este libro, no es riguroso. **Sólo es importante recordar que la integral definida es el límite de una suma especial.**

TECNOLOGÍA ▐▐▐▐ ▪▪▪

Aquí se presenta un programa para la calculadora gráfica TI-83 Plus que estimará el límite de S_n cuando $n \to \infty$ para una función f definida en $[a, b]$.

PROGRAM:RIGHTSUM
Lbl 1
Input "SUBINTV",N
$(B - A)/N \to H$
$\emptyset \to S$
$A + H \to X$
$1 \to I$
Lbl 2
$Y_1 + S \to S$
$X + H \to X$
$I + 1 \to I$
If $I \leq N$
Goto 2
$H*S \to S$
Disp S
Pause
Goto 1

RIGHTSUM calculará S_n para un número dado n de subintervalos. Antes de ejecutar el programa, almacene $f(x)$, a y b como Y_1, A y B, respectivamente. Durante la ejecución del programa se le pedirá indicar el número de subintervalos. Después, el programa procederá a mostrar el valor

FIGURA 14.15 Valores de S_n para $f(x) = x - 5$ en $[0, 3]$.

de S_n. Cada vez que oprima ENTER, el programa se repetirá. De esta manera, pueden obtenerse los valores de S_n para diferentes números de subintervalos. En la figura 14.15 se muestran valores de $S_n (n = 100, 1000$ y $2000)$ para la función $f(x) = x - 5$ en el intervalo $[0, 3]$. Cuando $n \to \infty$, parece que $S_n \to -10.5$. Así, se estima que

$$\lim_{n \to \infty} S_n \approx -10.5$$

De manera equivalente,

$$\int_0^3 (x - 5)\, dx \approx -10.5$$

lo cual concuerda con el resultado obtenido en el ejemplo 3.

Es interesante notar que el tiempo requerido por una calculadora más antigua para calcular S_{200} en la figura 14.15 fue mayor de 1.5 minutos. El tiempo necesario para la TI-84 Plus es de menos de 1 minuto.

PROBLEMAS 14.6 ▐▐▐▬▬▬▬▬▬

En los problemas del 1 al 4, bosqueje la región del primer cuadrante que está limitada por las curvas dadas. Aproxime el área de la región por medio de la suma indicada. Use el extremo derecho de cada subintervalo.

1. $f(x) = x + 1, y = 0, x = 0, x = 1;$ S_4

2. $f(x) = 3x, y = 0, x = 1;$ S_5

3. $f(x) = x^2, y = 0, x = 1;$ S_4

4. $f(x) = x^2 + 1, y = 0, x = 0, x = 1;$ S_2

En los problemas 5 y 6, divida el intervalo indicado en n subintervalos de igual longitud y encuentre S_n para la función dada. Use el extremo derecho de cada subintervalo. No encuentre el $\lim_{n \to \infty} S_n$.

5. $f(x) = 4x;$ $[0, 1]$ **6.** $f(x) = 2x + 1;$ $[0, 2]$

En los problemas 7 y 8, (a) simplifique S_n y (b) encuentre $\lim_{n \to \infty} S_n$.

7. $S_n = \dfrac{1}{n}\left[\left(\dfrac{1}{n} + 1\right) + \left(\dfrac{2}{n} + 1\right) + \cdots + \left(\dfrac{n}{n} + 1\right)\right]$

8. $S_n = \dfrac{2}{n}\left[\left(\dfrac{2}{n}\right)^2 + \left(2 \cdot \dfrac{2}{n}\right)^2 + \cdots + \left(n \cdot \dfrac{2}{n}\right)^2\right]$

En los problemas del 9 al 14, bosqueje la región del primer cuadrante que está limitada por las curvas dadas. Determine el área exacta de la región considerando el límite de S_n cuando $n \to \infty$. Use el extremo derecho de cada subintervalo.

9. Región descrita en el problema 1.

10. Región descrita en el problema 2.

11. Región descrita en el problema 3.

12. $y = x^2, y = 0, x = 1, x = 2$

13. $f(x) = 3x^2, y = 0, x = 1$

14. $f(x) = 9 - x^2, y = 0, x = 0$

En los problemas del 15 al 20, evalúe la integral definida dada tomando el límite de S_n. Use el extremo derecho de cada subintervalo. Bosqueje la gráfica de la función que debe integrarse en el intervalo dado.

15. $\displaystyle\int_1^3 5x\, dx$ **16.** $\displaystyle\int_0^a b\, dx$

17. $\displaystyle\int_0^3 -4x\, dx$ **18.** $\displaystyle\int_1^4 (2x + 1)\, dx$

19. $\displaystyle\int_0^1 (x^2 + x)\, dx$ **20.** $\displaystyle\int_1^2 (x + 2)\, dx$

21. Encuentre $\dfrac{d}{dx}\left(\displaystyle\int_0^1 \sqrt{1 - x^2}\, dx\right)$ sin usar límites.

22. Encuentre $\displaystyle\int_0^3 f(x)\, dx$ sin usar límites, donde

$$f(x) = \begin{cases} 2 & \text{si } 0 \leq x < 1 \\ 4 - 2x & \text{si } 1 \leq x < 2 \\ 5x - 10 & \text{si } 2 \leq x \leq 3 \end{cases}$$

23. Encuentre $\displaystyle\int_{-1}^{3} f(x)\,dx$ sin usar límites, donde

$$f(x) = \begin{cases} 1 & \text{si } x \leq 1 \\ 2 - x & \text{si } 1 \leq x \leq 2 \\ -1 + \dfrac{x}{2} & \text{si } x > 2 \end{cases}$$

En los problemas del 24 al 26, use un programa como el RIGHTSUM para estimar el área de la región del primer cuadrante que está limitada por las curvas dadas. Redondee sus respuestas a un decimal.

24. $f(x) = x^3 + 1,\ y = 0,\ x = 2,\ x = 3.7$

25. $f(x) = 4 - \sqrt{x},\ y = 0,\ x = 1,\ x = 9$

26. $f(x) = \ln x,\ y = 0,\ x = 1,\ x = 2$

En los problemas del 27 al 30, use un programa como el RIGHTSUM para estimar el valor de la integral definida. Redondee sus respuestas a un decimal.

27. $\displaystyle\int_{2}^{5} \frac{x+1}{x+2}\,dx$

28. $\displaystyle\int_{-3}^{-1} \frac{1}{x^2}\,dx$

29. $\displaystyle\int_{-1}^{2} (4x^2 + x - 13)\,dx$

30. $\displaystyle\int_{1}^{2} \ln x\,dx$

Objetivo

Desarrollar informalmente el teorema fundamental del cálculo integral y utilizarlo para obtener integrales definidas.

14.7 Teorema fundamental del cálculo integral

Teorema fundamental

Hasta aquí, se han considerado por separado los procesos de límite de la derivada y de la integral definida. Ahora se reunirán esas ideas fundamentales para desarrollar la importante relación que existe entre ellas. Como resultado, las integrales definidas se podrán evaluar en forma un tanto más eficiente.

En la figura 14.16 se muestra la gráfica de una función f. Suponga que f es continua en el intervalo $[a, b]$ y que su gráfica no cae debajo del eje x. Esto es, $f(x) \geq 0$. De la sección anterior, tenemos que el área de la región situada debajo de la gráfica y arriba del eje x desde $x = a$ hasta $x = b$ está dada por $\int_{a}^{b} f(x)\,dx$. A continuación se considerará otra manera de determinar esta área.

Suponga que existe una función $A = A(x)$, a la cual se hará referencia como una función de área, que proporciona el área de la región ubicada debajo de la gráfica de f y arriba del eje x, desde a hasta x, donde $a \leq x \leq b$. Esta región aparece sombreada en la figura 14.17. No confunda $A(x)$, que es un área, con $f(x)$, que es la altura de la gráfica en x.

Con base en su definición, se pueden establecer inmediatamente dos propiedades de A:

1. $A(a) = 0$, puesto que no hay "área" desde a hasta a
2. $A(b)$ es el área desde a hasta b; esto es,

$$A(b) = \int_{a}^{b} f(x)\,dx$$

Si x se incrementa en h unidades, entonces $A(x + h)$ es el área de la región sombreada en la figura 14.18. Por lo tanto, $A(x + h) - A(x)$ es la diferencia de las áreas mostradas en las figuras 14.18 y 14.17, a saber, el área de la región sombreada en la figura 14.19. Para una h lo suficientemente cercana a 0, el área de la región es la misma que la de un rectángulo (figura 14.20) cuya base sea h y su altura algún valor $\bar{y}$ entre $f(x)$ y $f(x + h)$. Aquí $\bar{y}$ es una función de h. Así, por una parte, el área del rectángulo es $A(x + h) - A(x)$ y, por otra, es $h\bar{y}$, por lo que

$$A(x + h) - A(x) = h\bar{y}$$

De manera equivalente,

$$\frac{A(x + h) - A(x)}{h} = \bar{y} \quad \text{al dividir entre } h$$

Como $\bar{y}$ está entre $f(x)$ y $f(x + h)$, se deduce que como $h \to 0$, $\bar{y}$ se aproxima al número $f(x)$, por lo que

$$\lim_{h \to 0} \frac{A(x + h) - A(x)}{h} = f(x) \tag{1}$$

Pero el lado izquierdo es simplemente la derivada de A. Así, la ecuación (1) se convierte en

$$A'(x) = f(x)$$

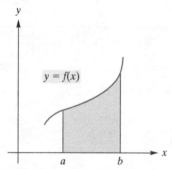

FIGURA 14.16   En $[a, b]$, f es continua y $f(x) \geq 0$.

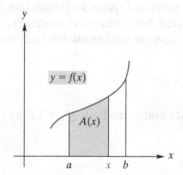

FIGURA 14.17 $A(x)$ es una función de área.

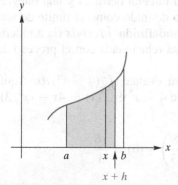

FIGURA 14.18 $A(x + h)$ proporciona el área de la región sombreada.

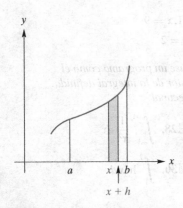

FIGURA 14.19 El área de la región sombreada es $A(x + h) - A(x)$.

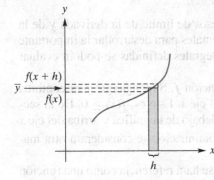

FIGURA 14.20 El área del rectángulo es la misma que el área de la región sombreada en la figura 14.19.

La integral definida es un número y una integral indefinida es una función.

Se concluye que la función de área A tiene la propiedad adicional de que su derivada A' es f. Esto es, A es una antiderivada de f. Ahora, suponga que F es *cualquier* antiderivada de f. Entonces, como A y F son antiderivadas de la misma función, difieren cuando mucho en una constante C

$$A(x) = F(x) + C \qquad (2)$$

Recuerde que $A(a) = 0$. Así, al evaluar ambos lados de la ecuación (2) para $x = a$ resulta

$$0 = F(a) + C$$

de manera que

$$C = -F(a)$$

Así, la ecuación (2) se convierte en

$$A(x) = F(x) - F(a) \qquad (3)$$

Si $x = b$, entonces, a partir de la ecuación (3),

$$A(b) = F(b) - F(a) \qquad (4)$$

Pero recuerde que

$$A(b) = \int_a^b f(x)\, dx \qquad (5)$$

De las ecuaciones (4) y (5), se obtiene

$$\int_a^b f(x)\, dx = F(b) - F(a)$$

Una relación entre una integral definida y la antidiferenciación ahora se vuelve clara. Para encontrar $\int_a^b f(x)\, dx$, basta encontrar una antiderivada de f, por ejemplo F, y restar el valor de F en el límite inferior a de su valor en el límite superior b. Aquí se supuso que f era continua y $f(x) \geq 0$ para poder usar el concepto de un área. Sin embargo, el resultado es cierto para cualquier función continua[7] y se conoce como *teorema fundamental del cálculo integral.*

> **Teorema fundamental del cálculo integral**
>
> Si f es continua en el intervalo $[a, b]$ y F es cualquier antiderivada de f en $[a, b]$, entonces
>
> $$\int_a^b f(x)\, dx = F(b) - F(a)$$

Es importante que se entienda la diferencia entre una integral definida y una integral indefinida. La **integral definida** $\int_a^b f(x)\, dx$ es un **número** definido como el límite de una suma. El teorema fundamental establece que la **integral indefinida** $\int f(x)\, dx$ (la antiderivada más general de f), la cual es una **función** de x y está relacionada con el proceso de diferenciación, puede usarse para determinar este límite.

Suponga que se aplica el teorema fundamental para evaluar $\int_0^2 (4 - x^2)\, dx$. Aquí, $f(x) = 4 - x^2$, $a = 0$ y $b = 2$. Como una antiderivada de $4 - x^2$ es $F(x) = 4x - (x^3/3)$, resulta que

$$\int_0^2 (4 - x^2)\, dx = F(2) - F(0) = \left(8 - \frac{8}{3}\right) - (0) = \frac{16}{3}$$

---

[7] Si f es continua en $[a, b]$, puede demostrarse que $\int_a^b f(x)\, dx$ en efecto existe.

Esto confirma el resultado del ejemplo 2 de la sección 14.6. De haber seleccionado a $F(x)$ como $4x - (x^3/3) + C$, entonces se tendría

$$F(2) - F(0) = \left[\left(8 - \frac{8}{3}\right) + C\right] - [0 + C] = \frac{16}{3}$$

igual que antes. Como el valor seleccionado para C es irrelevante, por conveniencia, siempre se hará igual a 0, tal como se hizo originalmente. Por lo general, $F(b) - F(a)$ se abrevia escribiendo

$$F(b) - F(a) = F(x)\Big|_a^b$$

Como en el teorema fundamental del cálculo F es *cualqu*ier antiderivada de f y $\int f(x)\,dx$ es la antiderivada más general de f, surge la notación para escribir

$$\int_a^b f(x)\,dx = \left(\int f(x)\,dx\right)\Big|_a^b$$

Usando la notación $\Big|_a^b$, se tiene

$$\int_0^2 (4 - x^2)\,dx = \left(4x - \frac{x^3}{3}\right)\Big|_0^2 = \left(8 - \frac{8}{3}\right) - 0 = \frac{16}{3}$$

EJEMPLO 1   Aplicación del teorema fundamental

Encuentre $\displaystyle\int_{-1}^{3} (3x^2 - x + 6)\,dx$.

Solución: Una antiderivada de $3x^2 - x + 6$ es

$$x^3 - \frac{x^2}{2} + 6x$$

Así,

$$\int_{-1}^{3} (3x^2 - x + 6)\,dx$$

$$= \left(x^3 - \frac{x^2}{2} + 6x\right)\Big|_{-1}^{3}$$

$$= \left[3^3 - \frac{3^2}{2} + 6(3)\right] - \left[(-1)^3 - \frac{(-1)^2}{2} + 6(-1)\right]$$

$$= \left(\frac{81}{2}\right) - \left(-\frac{15}{2}\right) = 48$$

Ahora resuelva el problema 1 ◁

Ahora resuelva el problema 1 ◁

APLÍQUELO ▶

11. El ingreso de una cadena de comida rápida está aumentando a una tasa de $f(t) = 10\,000e^{0.02t}$, donde t está en años. Encuentre $\int_3^6 10\,000e^{0.02t}\,dt$, la cual proporciona el ingreso total para la cadena entre el tercero y sexto años.

Propiedades de la integral definida

Para $\int_a^b f(x)\,dx$, se ha supuesto que $a < b$. Ahora se definen los casos en que $a > b$ o $a = b$. Primero,

$$\text{Si } a > b, \quad \text{entonces} \quad \int_a^b f(x)\,dx = -\int_b^a f(x)\,dx.$$

Esto es, al intercambiar los límites de integración se cambia el signo de la integral. Por ejemplo,

$$\int_2^0 (4 - x^2)\,dx = -\int_0^2 (4 - x^2)\,dx$$

Si los límites de integración son iguales, se tiene

$$\int_a^a f(x)\,dx = 0$$

Algunas propiedades de la integral definida ameritan ser mencionadas. La primera propiedad replantea más formalmente el comentario realizado en la sección anterior en relación con el área.

Propiedades de la integral definida

1. Si f es continua y $f(x) \geq 0$ en $[a, b]$, entonces $\int_a^b f(x)\,dx$ puede interpretarse como el área de la región limitada por la curva $y = f(x)$, el eje x y las rectas $x = a$ y $x = b$.

2. $\int_a^b kf(x)\,dx = k\int_a^b f(x)\,dx$,   donde k es una constante

3. $\int_a^b [f(x) \pm g(x)]\,dx = \int_a^b f(x)\,dx \pm \int_a^b g(x)\,dx$

Las propiedades 2 y 3 son similares a las reglas establecidas para las integrales indefinidas porque una integral definida puede evaluarse mediante el teorema fundamental en términos de una antiderivada. A continuación se incluyen dos propiedades más de las integrales definidas.

---

4. $\int_a^b f(x)\,dx = \int_a^b f(t)\,dt$

La variable de integración es una "variable ficticia" en el sentido de que cualquier otra variable produce el mismo resultado; esto es, el mismo número.

Para ilustrar la propiedad 4, usted puede verificar, por ejemplo, que

$$\int_0^2 x^2\,dx = \int_0^2 t^2\,dt$$

---

5. Si f es continua en un intervalo I y a, b y c están en I, entonces

$$\int_a^c f(x)\,dx = \int_a^b f(x)\,dx + \int_b^c f(x)\,dx$$

La propiedad 5 significa que la integral definida en un intervalo puede expresarse en términos de integrales definidas en subintervalos. Así,

$$\int_0^2 (4 - x^2)\,dx = \int_0^1 (4 - x^2)\,dx + \int_1^2 (4 - x^2)\,dx$$

Ahora se verán ejemplos de integración definida y en la sección 14.9 se calcularán algunas áreas.

EJEMPLO 2   **Uso del teorema fundamental**

Encuentre $\displaystyle\int_0^1 \frac{x^3}{\sqrt{1 + x^4}}\,dx$.

Solución: Para encontrar una antiderivada del integrando, aplicaremos la regla de la potencia para la integración:

$$\int_0^1 \frac{x^3}{\sqrt{1 + x^4}}\,dx = \int_0^1 x^3(1 + x^4)^{-1/2}\,dx$$

$$= \frac{1}{4}\int_0^1 (1 + x^4)^{-1/2}\,d(1 + x^4) = \left(\frac{1}{4}\right)\frac{(1 + x^4)^{1/2}}{\frac{1}{2}}\Bigg|_0^1$$

¡ADVERTENCIA!

En el ejemplo 2, el valor de la antiderivada $\frac{1}{2}(1 + x^4)^{1/2}$ en el límite inferior 0 es $\frac{1}{2}(1)^{1/2}$. **No** suponga que una evaluación en el límite cero dará como resultado un 0.

$$= \frac{1}{2}(1+x^4)^{1/2}\Big|_0^1 = \frac{1}{2}\left((2)^{1/2} - (1)^{1/2}\right)$$

$$= \frac{1}{2}(\sqrt{2} - 1)$$

Ahora resuelva el problema 13 ◁

EJEMPLO 3   **Evaluación de integrales definidas**

a. Encuentre $\displaystyle\int_1^2 [4t^{1/3} + t(t^2+1)^3]\,dt.$

Solución:

$$\int_1^2 [4t^{1/3} + t(t^2+1)^3]\,dt = 4\int_1^2 t^{1/3}\,dt + \frac{1}{2}\int_1^2 (t^2+1)^3\,d(t^2+1)$$

$$= (4)\frac{t^{4/3}}{\frac{4}{3}}\Big|_1^2 + \left(\frac{1}{2}\right)\frac{(t^2+1)^4}{4}\Big|_1^2$$

$$= 3(2^{4/3} - 1) + \frac{1}{8}(5^4 - 2^4)$$

$$= 3 \cdot 2^{4/3} - 3 + \frac{609}{8}$$

$$= 6\sqrt[3]{2} + \frac{585}{8}$$

b. Encuentre $\displaystyle\int_0^1 e^{3t}\,dt.$

Solución:

$$\int_0^1 e^{3t}\,dt = \frac{1}{3}\int_0^1 e^{3t}\,d(3t)$$

$$= \left(\frac{1}{3}\right)e^{3t}\Big|_0^1 = \frac{1}{3}(e^3 - e^0) = \frac{1}{3}(e^3 - 1)$$

Ahora resuelva el problema 15 ◁

EJEMPLO 4   **Determinación e interpretación de una integral definida**

Evalúe $\displaystyle\int_{-2}^1 x^3\,dx.$

Solución:

$$\int_{-2}^1 x^3\,dx = \frac{x^4}{4}\Big|_{-2}^1 = \frac{1^4}{4} - \frac{(-2)^4}{4} = \frac{1}{4} - \frac{16}{4} = -\frac{15}{4}$$

La razón por la que el resultado es negativo es clara en la gráfica de $y = x^3$ en el intervalo $[-2, 1]$. (Vea la figura 14.21). Para $-2 \leq x < 0$, $f(x)$ es negativa. Como una integral definida es el límite de una suma de la forma $\Sigma f(x)\,\Delta x$, se deduce que $\int_{-2}^0 x^3\,dx$ no es sólo un número negativo, sino también el negativo del área de la región sombreada en el tercer cuadrante. Por otra parte, $\int_0^1 x^3\,dx$ es el área de la región sombreada en el primer cuadrante, dado que $f(x) \geq 0$ en $[0, 1]$. La integral definida en todo el intervalo $[-2, 1]$ es la suma *algebraica* de estos números, ya que, por la propiedad 5,

$$\int_{-2}^1 x^3\,dx = \int_{-2}^0 x^3\,dx + \int_0^1 x^3\,dx$$

Así, $\int_{-2}^1 x^3\,dx$ no representa el área situada entre la curva y el eje x. Sin embargo, cuando se desea conocer el área, ésta puede darse como

$$\left|\int_{-2}^0 x^3\,dx\right| + \int_0^1 x^3\,dx$$

Ahora resuelva el problema 25 ◁

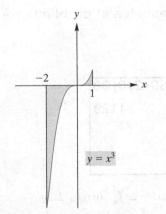

FIGURA 14.21   Gráfica de $y = x^3$ en el intervalo $[-2, 1]$.

¡ADVERTENCIA!

Recuerde que $\int_a^b f(x)\,dx$ es un límite de una suma. En algunos casos este límite representa un área y en otros no. Cuando $f(x) \geq 0$ en $[a, b]$, la integral representa el área situada entre la gráfica de f y el eje x desde $x = a$ hasta $x = b$.

La integral definida de una derivada

Como una función f es una antiderivada de f', por el teorema fundamental se tiene

$$\int_a^b f'(x)\,dx = f(b) - f(a) \tag{6}$$

Pero $f'(x)$ es la razón de cambio de f con respecto a x. De modo que si se conoce la razón de cambio de f y es necesario encontrar la diferencia entre los valores funcionales $f(b) - f(a)$, es suficiente para evaluar $\int_a^b f'(x)\,dx$.

APLÍQUELO ▶

12. Un servicio administrativo determina que la tasa de incremento del costo de mantenimiento (por año) para un complejo privado de departamentos está dada por $M'(x) = 90x^2 + 5000$, donde x es la edad del complejo de departamentos en años y $M(x)$ es el costo total (acumulado) del mantenimiento en x años. Encuentre el costo para los primeros cinco años.

EJEMPLO 5   **Determinación de un cambio en los valores funcionales por medio de la integración definida**

La función de costo marginal de un fabricante es

$$\frac{dc}{dq} = 0.6q + 2$$

Si la producción actual es $q = 80$ unidades por semana, ¿cuánto más costará incrementar la producción a 100 unidades por semana?

Solución: La función de costo total es $c = c(q)$ y se desea encontrar la diferencia $c(100) - c(80)$. La razón de cambio de c es dc/dq, entonces, por la ecuación (6),

$$c(100) - c(80) = \int_{80}^{100} \frac{dc}{dq}\,dq = \int_{80}^{100} (0.6q + 2)\,dq$$

$$= \left[\frac{0.6q^2}{2} + 2q\right]\Bigg|_{80}^{100} = [0.3q^2 + 2q]\Big|_{80}^{100}$$

$$= [0.3(100)^2 + 2(100)] - [0.3(80)^2 + 2(80)]$$

$$= 3200 - 2080 = 1120$$

Si c es el valor monetario, entonces el costo por incrementar la producción de 80 a 100 unidades es de \$1120.

Ahora resuelva el problema 59 ◁

TECNOLOGÍA ▮▮▮▯▮

Muchas calculadoras gráficas tienen la capacidad de estimar el valor de una integral definida. En una TI-83 Plus, para estimar

$$\int_{80}^{100} (0.6q + 2)\,dq$$

se usa el comando "fnInt(", como se indica en la figura 14.22. Los cuatro parámetros que deben introducirse con este comando son:

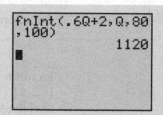

FIGURA 14.22 Estimación de $\int_{80}^{100}(0.6q+2)\,dq$.

función que será integrada	variable de integración	límite inferior	límite superior

Se observa que el valor de esta integral definida es aproximadamente de 1120, lo que concuerda con el resultado del ejemplo 5.

De manera similar, para estimar

$$\int_{-2}^{1} x^3\,dx$$

se introduce

$$\text{fnInt}(X^3, X, -2, 1)$$

o, en forma alterna, si primero se almacena x^3 como Y_1, se puede introducir

$$\text{fnInt}(Y_1, X, -2, 1)$$

En cada caso se obtiene -3.75, lo cual concuerda con el resultado del ejemplo 4.

PROBLEMAS 14.7

En los problemas del 1 al 43, evalúe la integral definida.

1. $\displaystyle\int_0^3 5\,dx$

2. $\displaystyle\int_1^5 (e + 3e)\,dx$

3. $\displaystyle\int_1^2 5x\,dx$

4. $\displaystyle\int_2^8 -5x\,dx$

5. $\displaystyle\int_{-3}^1 (2x - 3)\,dx$

6. $\displaystyle\int_{-1}^1 (4 - 9y)\,dy$

7. $\displaystyle\int_1^4 (y^2 + 4y + 4)\,dy$

8. $\displaystyle\int_4^1 (2t - 3t^2)\,dt$

9. $\displaystyle\int_{-2}^{-1} (3w^2 - w - 1)\,dw$

10. $\displaystyle\int_8^9 dt$

11. $\displaystyle\int_1^3 3t^{-3}\,dt$

12. $\displaystyle\int_2^3 \frac{3}{x^2}\,dx$

13. $\displaystyle\int_{-8}^8 \sqrt[3]{x^4}\,dx$

14. $\displaystyle\int_{1/2}^{3/2} (x^2 + x + 1)\,dx$

15. $\displaystyle\int_{1/2}^3 \frac{1}{x^2}\,dx$

16. $\displaystyle\int_9^{36} (\sqrt{x} - 2)\,dx$

17. $\displaystyle\int_{-2}^2 (z + 1)^4\,dz$

18. $\displaystyle\int_1^8 (x^{1/3} - x^{-1/3})\,dx$

19. $\displaystyle\int_0^1 2x^2(x^3 - 1)^3\,dx$

20. $\displaystyle\int_2^3 (x + 2)^3\,dx$

21. $\displaystyle\int_1^8 \frac{4}{y}\,dy$

22. $\displaystyle\int_{-e^\pi}^{-1} \frac{2}{x}\,dx$

23. $\displaystyle\int_0^1 e^5\,dx$

24. $\displaystyle\int_2^{e+1} \frac{1}{x - 1}\,dx$

25. $\displaystyle\int_0^1 5x^2 e^{x^3}\,dx$

26. $\displaystyle\int_0^1 (3x^2 + 4x)(x^3 + 2x^2)^4\,dx$

27. $\displaystyle\int_3^4 \frac{3}{(x + 3)^2}\,dx$

28. $\displaystyle\int_{-1/3}^{20/3} \sqrt{3x + 5}\,dx$

29. $\displaystyle\int_{1/3}^2 \sqrt{10 - 3p}\,dp$

30. $\displaystyle\int_{-1}^1 q\sqrt{q^2 + 3}\,dq$

31. $\displaystyle\int_0^1 x^2\sqrt[3]{7x^3 + 1}\,dx$

32. $\displaystyle\int_0^{\sqrt{2}} \left(2x - \frac{x}{(x^2 + 1)^{2/3}}\right)\,dx$

33. $\displaystyle\int_0^1 \frac{2x^3 + x}{x^2 + x^4 + 1}\,dx$

34. $\displaystyle\int_a^b (m + ny)\,dy$

35. $\displaystyle\int_0^1 \frac{e^x - e^{-x}}{2}\,dx$

36. $\displaystyle\int_{-2}^3 8|x|\,dx$

37. $\displaystyle\int_e^{\sqrt{2}} 3(x^{-2} + x^{-3} - x^{-4})\,dx$

38. $\displaystyle\int_1^2 \left(6\sqrt{x} - \frac{1}{\sqrt{2x}}\right)\,dx$

39. $\displaystyle\int_1^3 (x + 1)e^{x^2 + 2x}\,dx$

40. $\displaystyle\int_1^{95} \frac{x}{\ln e^x}\,dx$

41. $\displaystyle\int_0^2 \frac{x^6 + 6x^4 + x^3 + 8x^2 + x + 5}{x^3 + 5x + 1}\,dx$

42. $\displaystyle\int_1^2 \frac{1}{1 + e^x}\,dx$ (*Sugerencia:* Multiplique el integrando por $\frac{e^{-x}}{e^{-x}}$).

43. $\displaystyle\int_0^2 f(x)\,dx$ donde $f(x) = \begin{cases} 4x^2 & \text{si } 0 \le x < \frac{1}{2} \\ 2x & \text{si } \frac{1}{2} \le x \le 2 \end{cases}$

44. Evalúe $\displaystyle\left(\int_1^3 x\,dx\right)^3 - \int_1^3 x^3\,dx$.

45. Suponga que $\displaystyle f(x) = \int_1^x 3\frac{1}{t^2}\,dt$. Evalúe $\displaystyle\int_e^1 f(x)\,dx$.

46. Evalúe $\displaystyle\int_7^7 e^{x^2}\,dx + \int_0^{\sqrt{2}} \frac{1}{3\sqrt{2}}\,dx$.

47. Si $\displaystyle\int_1^2 f(x)\,dx = 5$ y $\displaystyle\int_3^1 f(x)\,dx = 2$, encuentre $\displaystyle\int_2^3 f(x)\,dx$.

48. Si $\displaystyle\int_1^4 f(x)\,dx = 6$, $\displaystyle\int_2^4 f(x)\,dx = 5$ y $\displaystyle\int_1^3 f(x)\,dx = 2$, encuentre $\displaystyle\int_2^3 f(x)\,dx$.

49. Evalúe $\displaystyle\int_2^3 \left(\frac{d}{dx}\int_2^3 e^{x^3}\,dx\right)\,dx$.

(*Sugerencia:* No es necesario determinar $\int_2^3 e^{x^3}\,dx$).

50. Suponga que $\displaystyle f(x) = \int_e^x \frac{e^t - e^{-t}}{e^t + e^{-t}}\,dt$, donde $x > e$. Encuentre $f'(x)$.

51. Índice de severidad   En un análisis de la seguridad en el tráfico, Shonle[8] considera cuánta aceleración puede tolerar una persona en un choque sin que presente lesiones serias. El *índice de severidad* se define como

$$\text{I.S.} = \int_0^T \alpha^{5/2}\,dt$$

donde α (letra griega "alfa") se considera como una constante implicada en una aceleración media ponderada y T es la duración del choque. Encuentre el índice de severidad.

52. Estadística   En estadística, la media μ (letra griega "mu") de la función f de densidad de probabilidad continua, definida en el intervalo $[a, b]$, está dada por

$$\mu = \int_a^b xf(x)\,dx$$

y la varianza σ^2 (letra griega "sigma") está dada por

$$\sigma^2 = \int_a^b (x - \mu)^2 f(x)\,dx$$

Calcule μ y después σ^2 si $a = 0$, $b = 1$ y $f(x) = 6(x - x^2)$.

53. Distribución de ingresos   El economista Pareto[9] ha establecido una ley empírica de distribución de ingresos superiores que proporciona el número N de personas que reciben x o más dinero. Si

$$\frac{dN}{dx} = -Ax^{-B}$$

[8] J. I. Shonle, *Environmental Applications of General Physics* (Reading, Mass.: Addison-Wesley Publishing Company, Inc., 1975).

[9] G. Tintner, *Methodology of Mathematical Economics and Econometrics* (Chicago: University of Chicago Press, 1967), p. 16.

donde A y B son constantes, obtenga una integral definida que dé el número total de personas con ingresos de entre a y b, donde $a < b$.

54. Biología   En un estudio sobre mutación genética[10] aparece la integral siguiente:

$$\int_0^{10^{-4}} x^{-1/2} \, dx$$

Evalúe esta integral.

55. Flujo continuo de ingreso   El valor presente de un flujo continuo de ingreso de $2000 al año durante 5 años al 6% compuesto continuamente está dado por

$$\int_0^5 2000 e^{-0.06t} \, dt$$

Evalúe el valor presente al entero más cercano.

56. Biología   En biología, con frecuencia surgen problemas que implican la transferencia de una sustancia entre compartimentos. Un ejemplo sería la transferencia del flujo sanguíneo hacia los tejidos. Evalúe la siguiente integral que se presenta en un problema de difusión entre dos compartimentos:[11]

$$\int_0^t (e^{-a\tau} - e^{-b\tau}) \, d\tau$$

aquí, τ (se lee "tau") es una letra griega; a y b representan constantes.

57. Demografía   Para cierta población pequeña, suponga que l es una función tal que $l(x)$ es el número de personas que alcanzan la edad x en cualquier año. Esta función se llama *función de la tabla de vida*. Bajo condiciones apropiadas, la integral

$$\int_a^b l(t) \, dt$$

proporciona el número esperado de personas incluidas en la población que tiene exactamente entre a y b años, inclusive. Si

$$l(x) = 1000\sqrt{110 - x} \quad \text{para} \quad 0 \le x \le 110$$

determine el número de personas que tienen exactamente entre 10 y 29 años, inclusive. Redondee su respuesta al entero más cercano, ya que una respuesta fraccionaria no tendría sentido. ¿Cuál es el tamaño de la población?

58. Consumo de mineral   Si C es el consumo anual de un mineral en el tiempo $t = 0$, entonces, bajo consumo continuo, la cantidad total de mineral usado en el intervalo $[0, t]$ es

$$\int_0^t C e^{k\tau} \, d\tau$$

donde k es la razón de consumo. Para un mineral de tierras raras, se ha determinado que $C = 3000$ unidades y $k = 0.05$. Evalúe la integral para estos datos.

59. Costo marginal   La función de costo marginal de un fabricante es

$$\frac{dc}{dq} = 0.2q + 8$$

Si c es el valor monetario, determine el costo de incrementar la producción de 65 a 75 unidades.

60. Costo marginal   Repita el problema 59 si

$$\frac{dc}{dq} = 0.004q^2 - 0.5q + 50$$

y la producción aumenta de 90 a 180 unidades.

61. Ingreso marginal   La función de ingreso marginal de un fabricante es

$$\frac{dr}{dq} = \frac{2000}{\sqrt{300q}}$$

Si r es el valor monetario, encuentre el cambio en el ingreso total del fabricante si la producción aumenta de 500 a 800 unidades.

62. Ingreso marginal   Repita el problema 61 si

$$\frac{dr}{dq} = 100 + 50q - 3q^2$$

y la producción aumenta de 5 a 10 unidades.

63. Tasa delictiva   Una socióloga está estudiando la tasa de delitos cometidos en cierta ciudad. Estima que t meses después del principio del próximo año, el número total de delitos cometidos se incrementará a razón de $8t + 10$ delitos por mes. Determine el número total de delitos que puede esperarse para el próximo año. ¿Cuántos delitos puede esperarse que se cometan durante los últimos seis meses de ese año?

64. Altas de hospital   Para un grupo de individuos hospitalizados, suponga que la razón de altas está dada por

$$f(t) = \frac{81 \times 10^6}{(300 + t)^4}$$

donde $f(t)$ es la proporción del grupo dado de alta por día al final de t días. ¿Qué proporción habrá sido dada de alta al final de 700 días?

65. Producción   Imagine un país unidimensional de longitud $2R$. (Vea la figura 14.23).[12] Suponga que en este país la producción de bienes está distribuida en forma continua de frontera a frontera. Si la cantidad producida cada año por unidad de distancia es $f(x)$, entonces la producción total del país está dada por

$$G = \int_{-R}^{R} f(x) \, dx$$

Evalúe G si $f(x) = i$, donde i es una constante.

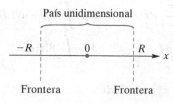

País unidimensional

Frontera   Frontera

FIGURA 14.23

66. Exportaciones   Para el país unidimensional del problema 65, bajo ciertas condiciones, la cantidad de exportaciones está dada por

$$E = \int_{-R}^{R} \frac{i}{2} [e^{-k(R-x)} + e^{-k(R+x)}] \, dx$$

donde i y k son constantes ($k \ne 0$). Evalúe E.

[10] W. J. Ewens, *Population Genetics* (Londres: Methuen & Company Ltd., 1969).

[11] W. Simon, *Mathematical Techniques for Physiology and Medicine* (Nueva York: Academic Press, Inc., 1972).

[12] R. Taagepera, "Why the Trade/GNP Ratio Decrease with Country Size", *Social Science Research*, 5 (1976), pp. 385-404.

67. Precio promedio de entrega En un análisis del precio de entrega de un artículo desde la fábrica hasta el cliente, DeCanio[13] afirma que el precio promedio de entrega pagado por los consumidores está dado por

$$A = \frac{\int_0^R (m + x)[1 - (m + x)]\, dx}{\int_0^R [1 - (m + x)]\, dx}$$

donde m es el precio en la fábrica y x la distancia máxima al punto de venta. DeCanio determina que

$$A = \frac{m + \dfrac{R}{2} - m^2 - mR - \dfrac{R^2}{3}}{1 - m - \dfrac{R}{2}}$$

Verifíquelo.

En los problemas del 68 al 70, use el teorema fundamental del cálculo integral para determinar el valor de la integral definida. Verifique los resultados con su calculadora.

68. $\displaystyle\int_{2.5}^{3.5} (1 + 2x + 3x^2)\, dx$ **69.** $\displaystyle\int_0^4 \frac{1}{(4x + 4)^2}\, dx$

70. $\displaystyle\int_0^1 e^{3t}\, dt$. Redondee su respuesta a dos decimales.

En los problemas del 71 al 74, estime el valor de la integral definida. Redondee sus respuestas a dos decimales.

71. $\displaystyle\int_{-1}^5 \frac{x^2 + 1}{x^2 + 4}\, dx$ **72.** $\displaystyle\int_3^4 \frac{1}{x \ln x}\, dx$

73. $\displaystyle\int_0^3 2\sqrt{t^2 + 3}\, dt$ **74.** $\displaystyle\int_{-1}^1 \frac{6\sqrt{q + 1}}{q + 3}\, dq$

Objetivo

Estimar el valor de una integral definida usando la regla del trapecio o la regla de Simpson.

14.8 Integración aproximada

Regla del trapecio

Cualquier función f construida con polinomios, exponenciales y logaritmos puede diferenciarse mediante el uso de operaciones y composiciones algebraicas y la función resultante f' de nuevo es del mismo tipo —una función que puede construirse a partir de polinomios, exponenciales y logaritmos usando operaciones y composiciones algebraicas—. Tales funciones pueden llamarse *elementales* (aunque el término tiene usualmente un significado un poco diferente). En esta terminología, la derivada de una función elemental también es elemental. La integración es más complicada. Si una función elemental f tiene a F como una antiderivada, F puede no ser elemental. Dicho de otra manera, incluso para una función f que luce muy simple, algunas veces resulta imposible encontrar $\int f(x)\, dx$ en términos de las funciones consideradas en este libro. Por ejemplo, no existe una función elemental cuya derivada sea e^{x^2}, de manera que no se puede esperar "hacer" la integral $\int e^{x^2}\, dx$.

Por otra parte, considere una función f que es continua en un intervalo cerrado $[a, b]$ con $f(x) \geq 0$ para toda x en $[a, b]$. Entonces $\int_a^b f(x)\, dx$ es simplemente el *número* que proporciona el área de la región limitada por las curvas $y = f(x)$, $y = 0$, $x = a$ y $x = b$. Resulta insatisfactorio, y quizá impráctico, no decir nada acerca del número $\int_a^b f(x)\, dx$ por la incapacidad de "hacer" la integral $\int f(x)\, dx$. Esto se aplica también cuando la integral $\int f(x)\, dx$ es demasiado difícil para la persona que desea encontrar el número $\int_a^b f(x)\, dx$.

Debido a que $\int_a^b f(x)\, dx$ se define como un límite de sumas de la forma $\sum f(x)\, \Delta x$, cualquier suma particular bien constituida en la forma $\sum f(x)\, \Delta x$ puede verse como una aproximación de $\int_a^b f(x)\, dx$. Al menos para una f no negativa, tal suma puede verse como la suma de áreas de rectángulos delgados. Por ejemplo, considere la figura 14.11 de la sección 14.6, en la que se muestran dos rectángulos de manera explícita. Resulta claro que el error que surge de dichos rectángulos se asocia con el pequeño lado superior. El error podría reducirse al reemplazar los rectángulos con formas que tuvieran un lado superior más parecido a la forma de la curva. Se considerarán dos posibilidades: el uso de trapecios delgados en lugar de rectángulos, *regla del trapecio*, y el uso de regiones con lado superior en forma de arcos parabólicos, *regla de Simpson*. En cada caso, únicamente debe conocerse una cantidad finita de valores numéricos de $f(x)$ y los cálculos involucrados son especialmente adecuados para computadoras o calculadoras. En ambos casos se supondrá que f es continua sobre $[a, b]$.

Al desarrollar la regla del trapecio, por conveniencia se supondrá también que $f(x) \geq 0$ en $[a, b]$, para poder pensar en términos de áreas. Básicamente, esta regla implica aproximar la gráfica de f por medio de segmentos de recta.

---

[13] S. J. DeCanio, "Delivered Pricing and Multiple Basing Point Equationilibria: A Reevaluation", *The Quartely Journal of Economics*, XCIX, núm. 2 (1984), pp. 329-349.

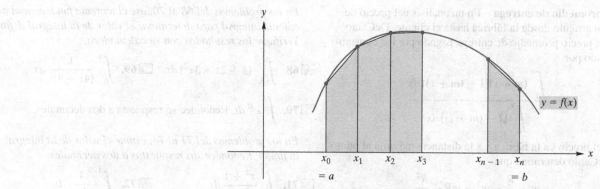

FIGURA 14.24 Aproximación de un área por medio de trapecios.

En la figura 14.24, el intervalo $[a, b]$ está dividido en n subintervalos de igual longitud por los puntos $a = x_0, x_1, x_2, \ldots,$ y $x_n = b$. Como la longitud de $[a, b]$ es $b - a$, la longitud de cada subintervalo es $(b - a)/n$, a la cual se llamará h.

Es claro que,

$$x_1 = a + h, x_2 = a + 2h, \ldots, x_n = a + nh = b$$

Es posible asociar un trapecio (una figura de cuatro lados que tiene dos lados paralelos) con cada subintervalo. El área A de la región limitada por la curva, el eje x y las rectas $x = a$ y $x = b$ constituyen $\int_a^b f(x)\, dx$, la cual puede aproximarse mediante la suma de las áreas de los trapecios determinados por los subintervalos.

Consideremos el primer trapecio, que se dibujó de nuevo en la figura 14.25. Como el área de un trapecio es igual a la mitad de su base multiplicada por la suma de los lados paralelos, este trapecio tiene un área de

$$\tfrac{1}{2}h[f(a) + f(a + h)]$$

En forma similar, el segundo trapecio tiene área

$$\tfrac{1}{2}h[f(a + h) + f(a + 2h)]$$

El área A bajo la curva se aproxima mediante la suma de las áreas de n trapecios:

$$A \approx \tfrac{1}{2}h[f(a) + f(a + h)] + \tfrac{1}{2}h[f(a + h) + f(a + 2h)]$$
$$+ \tfrac{1}{2}h[f(a + 2h) + f(a + 3h)] + \cdots + \tfrac{1}{2}h[f(a + (n - 1)h) + f(b)]$$

Como $A = \int_a^b f(x)\, dx$, al simplificar la fórmula anterior se obtiene la regla del trapecio:

Regla del trapecio

$$\int_a^b f(x)\, dx \approx \frac{h}{2}[f(a) + 2f(a + h) + 2f(a + 2h) + \cdots + 2f(a + (n - 1)h) + f(b)]$$

donde $h = (b - a)/n$.

El patrón de los coeficientes que están dentro de las llaves es 1, 2, 2, ..., 2, 1. Por lo general, entre más subintervalos se consideren, mejor será la aproximación. En este desarrollo, se supuso por conveniencia que $f(x) \geq 0$ en $[a, b]$. Sin embargo, la regla del trapecio es válida sin esta restricción.

EJEMPLO 1   Regla del trapecio

Use la regla del trapecio para estimar el valor de

$$\int_0^1 \frac{1}{1 + x^2}\, dx$$

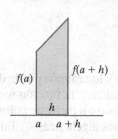

$f(a)$ $f(a + h)$

h

$a \quad a + h$

FIGURA 14.25 Primer trapecio.

APLÍQUELO ▶

13. Un tanque derrama aceite a una velocidad de $R'(t) = \dfrac{60}{\sqrt{t^2 + 9}}$, donde t es el tiempo en minutos y $R(t)$ es el radio de la mancha de aceite en pies. Use la regla del trapecio con $n = 5$ para aproximar $\displaystyle\int_0^5 \dfrac{60}{\sqrt{t^2 + 9}}\, dt$, el tamaño del radio después de cinco segundos.

para $n = 5$. Calcule cada término con cuatro decimales y redondee su respuesta a tres decimales.

Solución: Aquí $f(x) = 1/(1 + x^2)$, $n = 5$, $a = 0$ y $b = 1$. Entonces,

$$h = \frac{b - a}{n} = \frac{1 - 0}{5} = \frac{1}{5} = 0.2$$

Los términos a sumar son

$$
\begin{aligned}
f(a) &= f(0) &= 1.0000 \\
2f(a + h) &= 2f(0.2) &= 1.9231 \\
2f(a + 2h) &= 2f(0.4) &= 1.7241 \\
2f(a + 3h) &= 2f(0.6) &= 1.4706 \\
2f(a + 4h) &= 2f(0.8) &= 1.2195 \\
f(b) &= f(1) &= \underline{0.5000} \qquad a + nh = b \\
& & 7.8373 = \text{suma}
\end{aligned}
$$

Por lo tanto, la estimación de la integral es

$$\int_0^1 \frac{1}{1 + x^2}\, dx \approx \frac{0.2}{2}(7.8373) \approx 0.784$$

El valor real de la integral es aproximadamente 0.785.

Ahora resuelva el problema 1 ◁

Regla de Simpson

Otro método para estimar $\int_a^b f(x)\, dx$ está dado por la regla de Simpson, la cual implica aproximar la gráfica de f por medio de segmentos parabólicos. Se omitirá su deducción.

Regla de Simpson

$$\int_a^b f(x)\, dx \approx \frac{h}{3}[f(a) + 4f(a + h) + 2f(a + 2h) + \cdots + 4f(a + (n - 1)h) + f(b)]$$

donde $h = (b - a)/n$ y n es un número par.

El patrón de coeficientes incluidos dentro de las llaves es 1, 4, 2, 4, 2, ..., 2, 4, 1, lo cual requiere que n **sea par**. Se usará esta regla para evaluar la integral del ejemplo 1.

APLÍQUELO ▶

14. Un cultivo de levadura está creciendo a la velocidad de $A'(t) = 0.3e^{0.2t^2}$, donde t es el tiempo en horas y $A(t)$ es la cantidad en gramos. Use la regla de Simpson con $n = 8$ para aproximar $\int_0^4 0.3e^{0.2t^2}\, dt$, la cantidad que creció el cultivo durante las primeras cuatro horas.

EJEMPLO 2   Regla de Simpson

Use la regla de Simpson para estimar el valor de $\displaystyle\int_0^1 \dfrac{1}{1 + x^2}\, dx$ para $n = 4$. Calcule cada término con cuatro decimales y redondee la respuesta a tres decimales.

Solución: Aquí $f(x) = 1/(1 + x^2)$, $n = 4$, $a = 0$ y $b = 1$. Así, $h = (b - a)/n = 1/4 = 0.25$. Los términos por sumar son:

$$
\begin{aligned}
f(a) &= f(0) &= 1.0000 \\
4f(a + h) &= 4f(0.25) &= 3.7647 \\
2f(a + 2h) &= 2f(0.5) &= 1.6000 \\
4f(a + 3h) &= 4f(0.75) &= 2.5600 \\
f(b) &= f(1) &= \underline{0.5000} \\
& & 9.4247 = \text{suma}
\end{aligned}
$$

Por lo tanto, mediante la regla de Simpson,

$$\int_0^1 \frac{1}{1 + x^2}\, dx \approx \frac{0.25}{3}(9.4247) \approx 0.785$$

Esta es una mejor aproximación que la obtenida en el ejemplo 1 usando la regla del trapecio.

Ahora resuelva el problema 5 ◁

Tanto la regla de Simpson como la regla del trapecio pueden usarse si sólo se conoce $f(a)$, $f(a + h)$, etc.; no es necesario conocer $f(x)$ para toda x presente en $[a, b]$. En el ejemplo 3 se ilustrará lo anterior.

EJEMPLO 3   Demografía

En el ejemplo 3 se estima una integral definida a partir de puntos de datos; la función no es conocida.

Una función usada a menudo en demografía (el estudio de nacimientos, matrimonios, mortalidad, etc., en una comunidad) es la **función de la tabla de vida**, denotada por l. En una población con 100 000 nacimientos en cualquier año, $l(x)$ representa el número de personas que alcanzan la edad x en cualquier año. Por ejemplo, si $l(20) = 98\ 857$, entonces el número de personas que llegan a los 20 años en cualquier año es 98 857. Suponga que la función l se aplica a todas las personas nacidas en un largo intervalo de tiempo. Puede demostrarse que en cualquier tiempo, el número esperado de personas presentes en la población que tienen exactamente entre x y $x + m$ años, inclusive, está dado por

$$\int_x^{x+m} l(t)\, dt$$

La tabla siguiente proporciona valores de $l(x)$ para hombres y mujeres de Estados Unidos.[14] Aproxime el número de mujeres ubicadas en el grupo de 20 a 35 años de edad usando la regla del trapecio con $n = 3$.

Tabla de vida

Edad = x	$l(x)$ Hombres	$l(x)$ Mujeres	Edad = x	$l(x)$ Hombres	$l(x)$ Mujeres
0	100 000	100 000	45	93 717	96 582
5	99 066	99 220	50	91 616	95 392
10	98 967	99 144	55	88 646	93 562
15	98 834	99 059	60	84 188	90 700
20	98 346	98 857	65	77 547	86 288
25	97 648	98 627	70	68 375	79 926
30	96 970	98 350	75	56 288	70 761
35	96 184	97 964	80	42 127	58 573
40	95 163	97 398			

Solución: Se desea estimar

$$\int_{20}^{35} l(t)\, dt$$

Se tiene $h = \dfrac{b - a}{n} = \dfrac{35 - 20}{3} = 5$. Los términos que deben sumarse de acuerdo con la regla del trapecio son

$$l(20) = 98\ 857$$
$$2l(25) = 2(98\ 627) = 197\ 254$$
$$2l(30) = 2(98\ 350) = 196\ 700$$
$$l(35) = \underline{97\ 964}$$
$$590\ 775 = \text{suma}$$

Por la regla del trapecio,

$$\int_{20}^{35} l(t)\, dt \approx \frac{5}{2}(590\ 775) = 1\ 476\ 937.5$$

Ahora resuelva el problema 17 ◁

Existen fórmulas que se usan para determinar la exactitud de las respuestas obtenidas al emplear la regla del trapecio o la regla de Simpson, las cuales pueden encontrarse en textos comunes sobre análisis numérico.

---

[14] *National Vital Statistics Report*, vol. 48, núm. 18, 7 de febrero de 2001.

PROBLEMAS 14.8

En los ejercicios 1 y 2, use la regla del trapecio o la regla de Simpson (según se indique) y el valor dado de n para estimar la integral.

1. $\int_{-2}^{4} \frac{170}{1+x^2}\,dx$; regla del trapecio, $n=6$.

2. $\int_{-2}^{4} \frac{170}{1+x^2}\,dx$; regla de Simpson, $n=6$.

En los problemas del 3 al 8, use la regla del trapecio o la regla de Simpson (según se indique) y el valor dado de n para estimar la integral. Calcule cada término con cuatro decimales y redondee su respuesta a tres decimales. En los problemas del 3 al 6, evalúe también la integral por antidiferenciación (el teorema fundamental del cálculo integral).

3. $\int_{0}^{1} x^3\,dx$; regla del trapecio, $n=5$.

4. $\int_{0}^{1} x^2\,dx$; regla de Simpson, $n=4$.

5. $\int_{1}^{4} \frac{dx}{x^2}$; regla de Simpson, $n=4$.

6. $\int_{1}^{4} \frac{dx}{x}$; regla del trapecio, $n=6$.

7. $\int_{0}^{2} \frac{x\,dx}{x+1}$; regla del trapecio, $n=4$.

8. $\int_{1}^{4} \frac{dx}{x}$; regla de Simpson, $n=6$.

En los problemas 9 y 10, use la tabla de vida del ejemplo 3 para estimar las integrales dadas por medio de la regla del trapecio.

9. $\int_{45}^{70} l(t)\,dt$, hombres, $n=5$. **10.** $\int_{35}^{55} l(t)\,dt$, mujeres, $n=4$.

En los problemas 11 y 12, suponga que la gráfica de una función continua f, donde $f(x) \geq 0$, contiene los puntos dados. Use la regla de Simpson y todos los puntos dados para aproximar el área entre la gráfica y el eje x en el intervalo dado. Redondee su respuesta a un decimal.

11. $(1, 0.4), (2, 0.6), (3, 1.2), (4, 0.8), (5, 0.5)$; [1,5]

12. $(2, 0), (2.5, 6), (3, 10), (3.5, 11), (4, 14), (4.5, 15), (5, 16)$; [2,5]

13. Usando toda la información dada en la figura 14.26, estime $\int_{1}^{3} f(x)\,dx$ por medio de la regla de Simpson. Escriba su respuesta en forma fraccionaria.

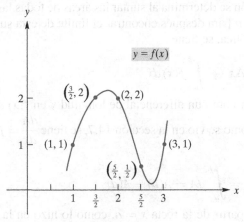

FIGURA 14.26

En los problemas 14 y 15, use la regla de Simpson y el valor dado de n para estimar la integral. Calcule cada término con cuatro decimales y redondee sus respuestas a tres decimales.

14. $\int_{1}^{3} \frac{2}{\sqrt{1+x}}\,dx$; $n=4$. Evalúe también la integral por medio del teorema fundamental del cálculo integral.

15. $\int_{0}^{1} \sqrt{1-x^2}\,dx$; $n=4$

16. Ingreso Use la regla de Simpson para aproximar el ingreso total recibido por la producción y venta de 80 unidades de un producto si los valores de la función de ingreso marginal dr/dq son los siguientes:

q (unidades)	0	10	20	30	40	50	60	70	80
$\frac{dr}{dq}$ ($ por unidad)	10	9	8.5	8	8.5	7.5	7	6.5	7

17. Área de piscina Lesley Griffith, quien ha tomado una clase de matemáticas aplicadas al comercio, quiere determinar el área de la superficie de su piscina que tiene forma irregular y curva. Hay una valla recta que rodea la piscina. Lesley marca los puntos a y b en la valla, tal como se muestra en la figura 14.27. Observa que la distancia de a a b mide 8 m y subdivide el intervalo en ocho subintervalos iguales, señalando los puntos resultantes de la cerca como $x_1, x_2, x_3, x_4, x_5, x_6$ y x_7. Lesley (L) se sitúa en el punto x_1, sostiene una cinta métrica y le pide a su amigo Chester (C) que tome el otro extremo de la cinta y lo lleve al punto P_1 situado en el lado más alejado de la piscina. Luego, Lesley pide a su amiga Willamina (W) que se sitúe en el punto Q_1 en el lado cercano de la piscina y anote la distancia que marca la cinta métrica. Vea la figura 14.27.

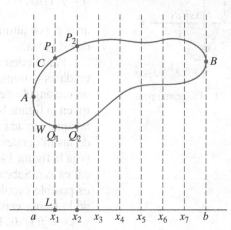

FIGURA 14.27

Después, Lesley se traslada al punto x_2 y los tres amigos repiten el procedimiento. Hacen esto para cada uno de los puntos restantes del x_3 al x_7. Lesley tabula sus mediciones en la tabla siguiente:

Distancia a lo largo de la valla (m)	0	1	2	3	4	5	6	7	8
Distancia a través de la piscina (m)	0	3	4	3	3	2	2	2	0

Lesley dice que ahora la regla de Simpson le permitirá aproximar el área de la piscina como

$$\frac{1}{3}(4(3) + 2(4) + 4(3) + 2(3) + 4(2) + 2(2) + 4(2)) = \frac{58}{3}$$

metros cuadrados. Chester dice que no es así como recuerda la regla de Simpson. Willamina piensa que faltan algunos términos, pero Chester se aburre y se va a nadar. ¿Es correcto el cálculo de Lesley? Explique su respuesta.

~ **18. Manufactura**   Un fabricante estimó el costo marginal (CM) y el ingreso marginal (IM) para varios niveles de producción (*q*). Dichas estimaciones se muestran en la tabla siguiente:

q (unidades)	0	20	40	60	80	100
CM ($ por unidad)	260	250	240	200	240	250
IM ($ por unidad)	410	350	300	250	270	250

(a) Usando la regla del trapecio, estime los costos totales variables de producción para 100 unidades.

(b) Usando la regla del trapecio, estime el ingreso total por la venta de 100 unidades.

(c) Suponiendo que la utilidad máxima ocurre cuando IM = CM (esto es, cuando $q = 100$), estime la utilidad máxima si los costos fijos son de $2000.

Objetivo

Encontrar el área de una región limitada por curvas mediante el uso de la integración sobre franjas tanto horizontales como verticales.

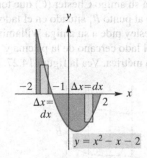

FIGURA 14.28   Diagrama para el ejemplo 1.

14.9   Área entre curvas

En las secciones 14.6 y 14.7 se vio que el área de una región limitada por las rectas $x = a$, $x = b$, $y = 0$ y la curva $y = f(x)$ con $f(x) \geq 0$ para $a \leq x \leq b$ se puede encontrar mediante la evaluación de la integral definida $\int_a^b f(x)\,dx$. De igual modo, para una función $f(x) \leq 0$ en un intervalo $[a, b]$, el área de la región limitada por $x = a$, $x = b$, $y = 0$ y $y = f(x)$ está dada por $-\int_a^b f(x)\,dx = \int_a^b -f(x)\,dx$. La mayor parte de las funciones f que se han encontrado, y se encontrarán, son continuas y tienen un número finito de raíces de $f(x) = 0$. Para tales funciones, las raíces de $f(x) = 0$ parten el dominio de f en un número finito de intervalos sobre cada uno de los cuales se tiene $f(x) \geq 0$ o bien $f(x) \leq 0$. Para una función de este tipo se puede determinar el área limitada por $y = f(x)$, $y = 0$ y *cualquier* par de rectas verticales $x = a$ y $x = b$, con a y b en el dominio de f. Sólo se deben encontrar todas las raíces $c_1 < c_2 < \cdots < c_k$ con $a < c_1$ y $c_k < b$; calcular las integrales $\int_a^{c_1} f(x)\,dx$, $\int_{c_1}^{c_2} f(x)\,dx, \cdots, \int_{c_k}^b f(x)\,dx$; anexar a cada integral el signo correcto que corresponda a un área y, por último, sumar los resultados. El ejemplo 1 proporcionará un modesto ejemplo de esta idea.

Para la determinación de un área de este tipo, un bosquejo simple de la región involucrada es extremadamente valioso. Para establecer las integrales necesarias, debe incluirse un rectángulo de muestra en el bosquejo para cada integral en particular, tal como se muestra en la figura 14.28. El área de la región es un límite de sumas de áreas de rectángulos. Un bosquejo ayuda a entender el proceso de integración y es indispensable durante la creación de las integrales para encontrar áreas de regiones complicadas. Un rectángulo de este tipo (vea la figura 14.28) se llama **franja vertical**. En el diagrama, la anchura de la franja vertical es Δx. Sabemos, a partir del trabajo realizado con diferenciales en la sección 14.1, que es posible escribir consistentemente $\Delta x = dx$ para la variable independiente x. La altura de la franja vertical es el valor y de la curva. Por lo tanto, el rectángulo tiene un área de $y\,\Delta x = f(x)\,dx$. El área de toda la región se determina al sumar las áreas de todas las franjas verticales que estén entre $x = a$ y $x = b$ para después encontrar el límite de esta suma, que es la integral definida. En forma simbólica, se tiene

$$\Sigma y \Delta x \to \int_a^b f(x)\,dx$$

Para $f(x) \geq 0$, resulta útil pensar en dx como un diferencial de longitud y en $f(x)\,dx$ como un diferencial de área dA. Entonces, como se vio en la sección 14.7, se tiene $\dfrac{dA}{dx} = f(x)$ para alguna función de área A y

$$\int_a^b f(x)\,dx = \int_a^b dA = A(b) - A(a)$$

[Si la función de área mide el área a partir de la recta $x = a$, como lo hizo en la sección 14.7, entonces $A(a) = 0$ y el área bajo f (y sobre 0) desde a hasta b es justamente $A(b)$].

Aquí, es importante entender que se necesita $f(x) \geq 0$ con el fin de pensar en $f(x)$ como una longitud y, por lo tanto, en $f(x)dx$ como un área diferencial. Pero si $f(x) \leq 0$, entonces $-f(x) \geq 0$, de manera que $-f(x)$ se convierte en una longitud y $-f(x)dx$ se convierte en un área diferencial.

> **EJEMPLO 1**   **Un área que requiere dos integrales definidas**

Encuentre el área de la región limitada por la curva

$$y = x^2 - x - 2$$

y la recta $y = 0$ (el eje x) a partir de $x = -2$ hasta $x = 2$.

Solución: En la figura 14.28 se muestra un bosquejo de la región. Note que las intersecciones con el eje x son $(-1, 0)$ y $(2, 0)$.

En el intervalo $[-2, -1]$, el área de la franja vertical es

$$y\,dx = (x^2 - x - 2)dx$$

En el intervalo $[-1, 2]$, el área de la franja vertical es

$$(-y)dx = -(x^2 - x - 2)dx$$

Así,

$$\text{área} = \int_{-2}^{-1} (x^2 - x - 2)\,dx + \int_{-1}^{2} -(x^2 - x - 2)\,dx$$

$$= \left(\frac{x^3}{3} - \frac{x^2}{2} - 2x\right)\Bigg|_{-2}^{-1} - \left(\frac{x^3}{3} - \frac{x^2}{2} - 2x\right)\Bigg|_{-1}^{2}$$

$$= \left[\left(-\frac{1}{3} - \frac{1}{2} + 2\right) - \left(-\frac{8}{3} - \frac{4}{2} + 4\right)\right]$$

$$\quad - \left[\left(\frac{8}{3} - \frac{4}{2} - 4\right) - \left(-\frac{1}{3} - \frac{1}{2} + 2\right)\right]$$

$$= \frac{19}{3}$$

Ahora resuelva el problema 22 ◁

Antes de abarcar problemas de área más complicados, se estudiará el área considerando su uso como una probabilidad en estadística.

> **EJEMPLO 2**   **Aplicación a la estadística**

En estadística, una **función de densidad** (de probabilidad) f de una variable x, donde x adopta todos los valores incluidos en el intervalo $[a, b]$, tiene las siguientes propiedades:

(i) $f(x) \geq 0$

(ii) $\int_a^b f(x)\,dx = 1$

La probabilidad de que x adopte un valor entre c y d, lo cual se escribe como $P(c \leq x \leq d)$, donde $a \leq c \leq d \leq b$, se representa mediante el área de la región limitada por la gráfica de f y el eje x entre $x = c$ y $x = d$. Por lo tanto (vea la figura 14.29),

$$P(c \leq x \leq d) = \int_c^d f(x)\,dx$$

[En la terminología de los capítulos 8 y 9, la condición $c \leq x \leq d$ define un *evento* y $P(c \leq x \leq d)$ es consistente con la notación de los capítulos anteriores. Observe también que la hipótesis **(ii)** señalada líneas arriba, asegura que $a \leq x \leq b$ es el *evento cierto*].

Para la función de densidad $f(x) = 6(x - x^2)$, donde $0 \leq x \leq 1$, encuentre cada una de las siguientes probabilidades.

¡ADVERTENCIA!

Es erróneo apresurarse y escribir que el área es $\int_{-2}^{2} y\,dx$, por la siguiente razón. Para el rectángulo izquierdo la altura es y. Sin embargo, para el rectángulo de la derecha la y es negativa, por lo que su altura es el número positivo $-y$. Esto señala la importancia de bosquejar la región.

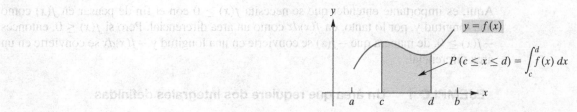

FIGURA 14.29   Probabilidad como un área.

a. $P(0 \le x \le \frac{1}{4})$

Solución: Aquí $[a, b]$ es $[0, 1]$, c es 0 y d es $\frac{1}{4}$. Se tiene

$$P\left(0 \le x \le \tfrac{1}{4}\right) = \int_0^{1/4} 6(x - x^2)\, dx = 6\int_0^{1/4} (x - x^2)\, dx$$

$$= 6\left(\frac{x^2}{2} - \frac{x^3}{3}\right)\Bigg|_0^{1/4} = (3x^2 - 2x^3)\Bigg|_0^{1/4}$$

$$= \left(3\left(\frac{1}{4}\right)^2 - 2\left(\frac{1}{4}\right)^3\right) - 0 = \frac{5}{32}$$

b. $P(x \ge \frac{1}{2})$

Solución: Como el dominio de f es $0 \le x \le 1$, decir que $x \ge \frac{1}{2}$ significa que $\frac{1}{2} \le x \le 1$. Así,

$$P\left(x \ge \frac{1}{2}\right) = \int_{1/2}^1 6(x - x^2)\, dx = 6\int_{1/2}^1 (x - x^2)\, dx$$

$$= 6\left(\frac{x^2}{2} - \frac{x^3}{3}\right)\Bigg|_{1/2}^1 = (3x^2 - 2x^3)\Bigg|_{1/2}^1 = \frac{1}{2}$$

Ahora resuelva el problema 27 ◁

Franjas verticales

Ahora se encontrará el área de una región encerrada por varias curvas. Como antes, el procedimiento consistirá en dibujar una franja muestra del área y usar la integral definida para "sumar" las áreas de todas las franjas.

Por ejemplo, considere el área de la región mostrada en la figura 14.30 que está limitada arriba y abajo por las curvas $y = f(x)$ y $y = g(x)$ y lateralmente por las rectas $x = a$ y $x = b$. El ancho de la franja vertical indicada mediante flechas es dx y la altura es el valor y de la curva superior menos el valor y de la curva inferior, lo que se escribirá como $y_{\text{superior}} - y_{\text{inferior}}$. Entonces, el área de la franja es

$$(y_{\text{superior}} - y_{\text{inferior}})\, dx$$

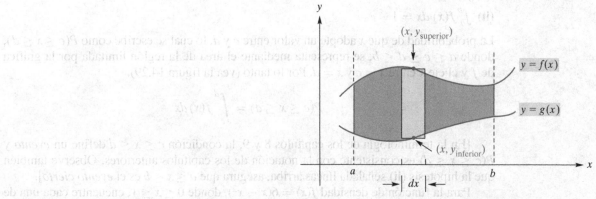

FIGURA 14.30   Región entre curvas.

que es

$$(f(x) - g(x))\, dx$$

Al sumar las áreas de todas las franjas comprendidas entre $x = a$ y $x = b$ por medio de la integral definida, se obtiene el área de la región:

$$\sum (f(x) - g(x))\, dx \rightarrow \int_a^b (f(x) - g(x))\, dx = \text{área}$$

Es necesario comentar que existe otra forma de ver este problema de área. En la figura 14.30, tanto f como g están por encima de $y = 0$ y queda claro que el área buscada también es el área sobre f menos el área debajo de g. La aproximación indica que el área requerida es

$$\int_a^b f(x)\, dx - \int_a^b g(x)\, dx = \int_a^b (f(x) - g(x))\, dx$$

Sin embargo, la primera aproximación no requiere que f o g estén por encima de 0. El uso de y_{superior} y y_{inferior} en realidad es sólo una forma de decir que $f \geq g$ en $[a, b]$. Esto es equivalente a decir que $f - g \geq 0$ en $[a, b]$ de manera que cada diferencial $(f(x) - g(x))dx$ es significativa como un área.

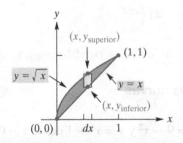

FIGURA 14.31   Diagrama para el ejemplo 3.

Debe resultar obvio que el conocimiento de los puntos de intersección es importante para determinar los límites de integración.

EJEMPLO 3   **Determinación de un área entre dos curvas**

Encuentre el área de la región limitada por las curvas $y = \sqrt{x}$ y $y = x$.

Solución: En la figura 14.31 aparece un bosquejo de la región. Para determinar dónde se intersecan las curvas, se resuelve el sistema formado por las ecuaciones $y = \sqrt{x}$ y $y = x$. Al eliminar y por sustitución, se obtiene

$$\sqrt{x} = x$$
$$x = x^2 \qquad\qquad \text{elevando al cuadrado ambos lados}$$
$$0 = x^2 - x = x(x - 1)$$
$$x = 0 \quad \text{o} \quad x = 1$$

Como se elevaron ambos lados al cuadrado, se deben verificar las soluciones encontradas con respecto a la ecuación *original*. Se puede determinar con facilidad que tanto $x = 0$ como $x = 1$ son soluciones de $\sqrt{x} = x$. Si $x = 0$, entonces $y = 0$; si $x = 1$, entonces $y = 1$. Así, las curvas se intersecan en $(0, 0)$ y $(1, 1)$. El ancho de la franja de área indicada es dx. La altura es el valor de y sobre la curva superior menos el valor de y sobre la curva inferior:

$$y_{\text{superior}} - y_{\text{inferior}} = \sqrt{x} - x$$

El área de la franja es entonces $(\sqrt{x} - x)\, dx$. Al sumar las áreas de todos estos elementos desde $x = 0$ y $x = 1$ por medio de la integral definida, se obtiene el área de toda la región:

$$\text{área} = \int_0^1 (\sqrt{x} - x)\, dx$$

$$= \int_0^1 (x^{1/2} - x)\, dx = \left(\frac{x^{3/2}}{\frac{3}{2}} - \frac{x^2}{2} \right) \Bigg|_0^1$$

$$= \left(\frac{2}{3} - \frac{1}{2} \right) - (0 - 0) = \frac{1}{6}$$

Ahora resuelva el problema 47 ◁

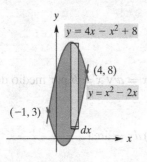

FIGURA 14.32 Diagrama para el ejemplo 4.

EJEMPLO 4 **Determinación de un área entre dos curvas**

Encuentre el área de la región limitada por las curvas $y = 4x - x^2 + 8$ y $y = x^2 - 2x$.

Solución: En la figura 14.32 aparece un bosquejo de la región. Para encontrar dónde se intersecan las curvas, se resuelve el sistema de ecuaciones $y = 4x - x^2 + 8$ y $y = x^2 - 2x$:

$$4x - x^2 + 8 = x^2 - 2x,$$
$$-2x^2 + 6x + 8 = 0,$$
$$x^2 - 3x - 4 = 0,$$
$$(x + 1)(x - 4) = 0 \qquad \text{factorizando}$$
$$x = -1 \quad \text{o} \quad x = 4$$

Cuando $x = -1$, entonces $y = 3$; cuando $x = 4$, entonces $y = 8$. Así, las curvas se intersecan en $(-1, 3)$ y $(4, 8)$. El ancho de la franja indicada es dx. La altura es el valor de y sobre la curva superior menos el valor de y sobre la curva inferior:

$$y_{\text{superior}} - y_{\text{inferior}} = (4x - x^2 + 8) - (x^2 - 2x)$$

Por lo tanto, el área de la franja es

$$[(4x - x^2 + 8) - (x^2 - 2x)]\, dx = (-2x^2 + 6x + 8)\, dx$$

Al sumar todas estas áreas desde $x = -1$ hasta $x = 4$, se tiene

$$\text{área} = \int_{-1}^{4} (-2x^2 + 6x + 8)\, dx = 41\tfrac{2}{3}$$

Ahora resuelva el problema 51 ◁

EJEMPLO 5 **Área de una región que tiene dos curvas superiores diferentes**

Encuentre el área de la región situada entre las curvas $y = 9 - x^2$ y $y = x^2 + 1$ desde $x = 0$ hasta $x = 3$.

Solución: La región se bosqueja en la figura 14.33. Las curvas se intersecan cuando

$$9 - x^2 = x^2 + 1$$
$$8 = 2x^2$$
$$4 = x^2$$
$$x = \pm 2 \qquad \text{dos soluciones}$$

Cuando $x = \pm 2$, entonces $y = 5$, por lo que los puntos de intersección son $(\pm 2, 5)$. Como se tiene interés en la región que va desde $x = 0$ hasta $x = 3$, el punto de intersección que importa es $(2, 5)$. En la figura 14.33 note que en la región ubicada a la *izquierda* del punto de intersección $(2, 5)$, una franja tiene

$$y_{\text{superior}} = 9 - x^2 \quad \text{y} \quad y_{\text{inferior}} = x^2 + 1$$

pero para una franja situada a la *derecha* de $(2, 5)$ ocurre lo contrario, a saber,

$$y_{\text{superior}} = x^2 + 1 \quad \text{y} \quad y_{\text{inferior}} = 9 - x^2$$

Entonces, desde $x = 0$ hasta $x = 2$, el área de una franja es

$$(y_{\text{superior}} - y_{\text{inferior}})\, dx = [(9 - x^2) - (x^2 + 1)]\, dx$$
$$= (8 - 2x^2)\, dx$$

pero desde $x = 2$ hasta $x = 3$, el área es

$$(y_{\text{superior}} - y_{\text{inferior}})\, dx = [(x^2 + 1) - (9 - x^2)]\, dx$$
$$= (2x^2 - 8)\, dx$$

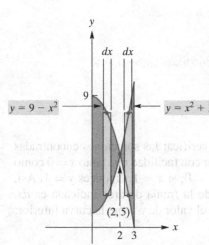

FIGURA 14.33 y_{superior} es $9 - x^2$ en $[0, 2]$ y es $x^2 + 1$ en $[2, 3]$.

Por lo tanto, para encontrar el área de toda la región se necesitan dos integrales:

$$\text{área} = \int_0^2 (8 - 2x^2)\, dx + \int_2^3 (2x^2 - 8)\, dx$$

$$= \left(8x - \frac{2x^3}{3}\right)\Big|_0^2 + \left(\frac{2x^3}{3} - 8x\right)\Big|_2^3$$

$$= \left[\left(16 - \frac{16}{3}\right) - 0\right] + \left[(18 - 24) - \left(\frac{16}{3} - 16\right)\right]$$

$$= \frac{46}{3}$$

Ahora resuelva el problema 42 ◁

Franjas horizontales

Algunas veces el área puede ser más fácil de determinar sumando áreas de franjas horizontales en lugar de franjas verticales. En el ejemplo siguiente, se determinará el área utilizando ambos métodos. En cada caso, la franja del área determina la forma de la integral.

EJEMPLO 6   Franjas verticales y franjas horizontales

Encuentre el área de la región limitada por la curva $y^2 = 4x$ y las rectas $y = 3$ y $x = 0$ (el eje y).

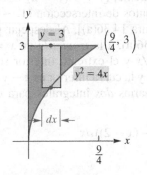

FIGURA 14.34   Franja vertical de área.

Solución: En la figura 14.34 se presenta el bosquejo de la región. Cuando las curvas $y = 3$ y $y^2 = 4x$ se intersecan, $9 = 4x$, por lo que $x = \frac{9}{4}$. Entonces, el punto de intersección es $(\frac{9}{4}, 3)$. Como el ancho de la franja vertical es dx, se integra con respecto a la variable x. De acuerdo con esto, y_{superior} y y_{inferior} deben expresarse como funciones de x. Para la curva inferior, $y^2 = 4x$, se tiene $y = \pm 2\sqrt{x}$. Pero $y \geq 0$ para la porción de esta curva que limita la región, por lo que se usa $y = 2\sqrt{x}$. La curva superior es $y = 3$. Por consiguiente, la altura de la franja es

$$y_{\text{superior}} - y_{\text{inferior}} = 3 - 2\sqrt{x}$$

Por lo tanto, la franja tiene un área de $(3 - 2\sqrt{x})\, \Delta x$ y se desea sumar todas estas áreas desde $x = 0$ hasta $x = \frac{9}{4}$. Se tiene

$$\text{área} = \int_0^{9/4} (3 - 2\sqrt{x})\, dx = \left(3x - \frac{4x^{3/2}}{3}\right)\Big|_0^{9/4}$$

$$= \left[3\left(\frac{9}{4}\right) - \frac{4}{3}\left(\frac{9}{4}\right)^{3/2}\right] - (0)$$

$$= \frac{27}{4} - \frac{4}{3}\left[\left(\frac{9}{4}\right)^{1/2}\right]^3 = \frac{27}{4} - \frac{4}{3}\left(\frac{3}{2}\right)^3 = \frac{9}{4}$$

Considere ahora este problema desde el punto de vista de una **franja horizontal** como se muestra en la figura 14.35. El ancho de la franja es dy. La longitud de la franja es *el valor x de la curva situada más a la derecha menos el valor x de la curva situada más a la izquierda*. Así, el área de la franja es

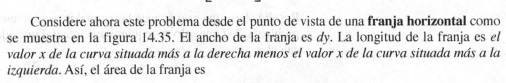

$$(x_{\text{derecha}} - x_{\text{izquierda}})\, dy$$

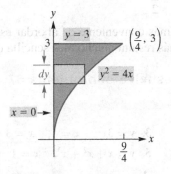

FIGURA 14.35   Franja horizontal de área.

Se desea sumar todas estas áreas desde $y = 0$ hasta $y = 3$:

$$\sum (x_{\text{derecha}} - x_{\text{izquierda}})\, dy \rightarrow \int_0^3 (x_{\text{derecha}} - x_{\text{izquierda}})\, dy$$

Como la variable de integración es y, se debe expresar $x_{\text{derecha}} - x_{\text{izquierda}}$ como funciones de y. La curva situada más a la derecha es $y^2 = 4x$, de manera que $x = y^2/4$. La curva izquierda es $x = 0$. Así,

$$\text{área} = \int_0^3 (x_{\text{derecha}} - x_{\text{izquierda}})\, dy$$

$$= \int_0^3 \left(\frac{y^2}{4} - 0\right) dy = \frac{y^3}{12}\Big|_0^3 = \frac{9}{4}$$

Note que para esta región, las franjas horizontales hacen más fácil la evaluación (y el planteamiento) de la integral definida que una integral con franjas verticales. En todo caso, recuerde que **los límites de integración son límites para la variable de integración**.

Ahora resuelva el problema 56 ◁

EJEMPLO 7 Ventajas de los elementos horizontales

Encuentre el área de la región limitada por las gráficas de $y^2 = x$ y $x - y = 2$.

Solución: En la figura 14.36 se muestra el bosquejo de la región. Las curvas se intersecan cuando $y^2 - y = 2$. Así, $y^2 - y - 2 = 0$; en forma equivalente, $(y + 1)(y - 2) = 0$, de lo cual se deduce que $y = -1$ o $y = 2$. Esto nos da los puntos de intersección $(1, -1)$ y $(4, 2)$. Consideremos franjas verticales de área. [Vea la figura 14.36(a)]. Al despejar y de $y^2 = x$ se obtiene $y = \pm\sqrt{x}$. Como se ve en la figura 14.36(a), a la *izquierda* de $x = 1$, el extremo superior de la franja se encuentra sobre $y = \sqrt{x}$ y el extremo inferior sobre $y = -\sqrt{x}$. A la *derecha* de $x = 1$, la curva superior es $y = \sqrt{x}$ y la curva inferior es $x - y = 2$ (o $y = x - 2$). Entonces, con franjas verticales son necesarias *dos* integrales para evaluar el área:

$$\text{área} = \int_0^1 (\sqrt{x} - (-\sqrt{x}))\, dx + \int_1^4 (\sqrt{x} - (x - 2))\, dx$$

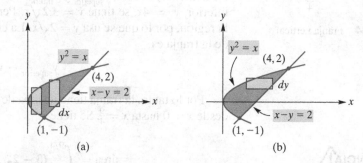

(a)   (b)

FIGURA 14.36 Región del ejemplo 7 con franjas verticales y horizontales.

Quizá el uso de franjas horizontales pueda simplificar el trabajo. En la figura 14.36(b), el ancho de la franja es Δy. La curva situada más a la derecha *siempre* es $x - y = 2$ (o $x = y + 2$) y la curva situada más a la izquierda siempre es $y^2 = x$ (o $x = y^2$). Por lo tanto, el área de la franja horizontal es $[(y + 2) - y^2]\Delta y$, así que el área total es

$$\text{área} = \int_{-1}^2 (y + 2 - y^2)\, dy = \frac{9}{2}$$

Resulta claro que usar franjas horizontales es la manera más conveniente de abordar este problema. Así que sólo se requiere una integral que además resulta mucho más sencilla de calcular.

Ahora resuelva el problema 57 ◁

PROBLEMAS 14.9

En los problemas del 1 al 24, use una integral definida para encontrar el área de la región limitada por la curva dada, el eje x y las rectas dadas. En cada caso, primero bosqueje la región. Tenga cuidado con las áreas de regiones que se encuentran por debajo del eje x.

1. $y = 5x + 2$, $x = 1$, $x = 4$

2. $y = x + 5$, $x = 2$, $x = 4$

3. $y = 3x^2$, $x = 1$, $x = 3$

4. $y = x^2$, $x = 2$, $x = 3$

5. $y = x + x^2 + x^3$, $x = 1$

6. $y = x^2 - 2x$, $x = -3$, $x = -1$

7. $y = 3x^2 - 4x$, $x = -2$, $x = -1$

8. $y = 2 - x - x^2$

9. $y = \dfrac{4}{x}$, $x = 1$, $x = 2$

10. $y = 2 - x - x^3$, $x = -3$, $x = 0$

11. $y = e^x$, $x = 1$, $x = 3$

12. $y = \dfrac{1}{(x-1)^2}$, $x = 2$, $x = 3$

13. $y = \dfrac{1}{x}$, $x = 1$, $x = e$

14. $y = \sqrt{x+9}$, $x = -9$, $x = 0$

15. $y = x^2 - 4x$, $x = 2$, $x = 6$

16. $y = \sqrt{2x-1}$, $x = 1$, $x = 5$

17. $y = x^3 + 3x^2$, $x = -2$, $x = 2$

18. $y = \sqrt[3]{x}$, $x = 2$

19. $y = e^x + 1$, $x = 0$, $x = 1$

20. $y = |x|$, $x = -2$, $x = 2$

21. $y = x + \dfrac{2}{x}$, $x = 1$, $x = 2$

22. $y = x^3$, $x = -2$, $x = 4$

23. $y = \sqrt{x-2}$, $x = 2$, $x = 6$

24. $y = x^2 + 1$, $x = 0$, $x = 4$

25. Dado que
$$f(x) = \begin{cases} 3x^2 & \text{si } 0 \le x < 2 \\ 16 - 2x & \text{si } x \ge 2 \end{cases}$$
Determine el área de la región limitada por la gráfica de $y = f(x)$, el eje x y la recta $x = 3$. Incluya un bosquejo de la región.

26. Bajo condiciones de una distribución uniforme continua (un tema de estadística), la proporción de personas con ingresos entre a y t, donde $a \le t \le b$, es el área de la región ubicada entre la curva $y = 1/(b - a)$ y el eje x desde $x = a$ hasta $x = t$. Bosqueje la gráfica de la curva y determine el área de la región dada.

27. Suponga que $f(x) = x/8$, donde $0 \le x \le 4$. Si f es una función de densidad (consulte el ejemplo 2), encuentre cada una de las siguientes probabilidades.
(a) $P(0 \le x \le 1)$
(b) $P(2 \le x \le 4)$
(c) $P(x \ge 3)$

28. Suponga que $f(x) = \frac{1}{3}(1 - x^2)$, donde $0 \le x \le 3$. Si f es una función de densidad (consulte el ejemplo 2), encuentre cada una de las siguientes probabilidades.
(a) $P(1 \le x \le 2)$
(b) $P(1 \le x \le \frac{5}{2})$
(c) $P(x \le 1)$
(d) $P(x \ge 1)$ usando su resultado del inciso (c)

29. Suponga que $f(x) = 1/x$, donde $e \le x \le e^2$. Si f es una función de densidad (consulte el ejemplo 2), encuentre cada una de las siguientes probabilidades.
(a) $P(3 \le x \le 7)$
(b) $P(x \le 5)$
(c) $P(x \ge 4)$
(d) Verifique si $P(e \le x \le e^2) = 1$.

30. (a) Sea r un número real, donde $r > 1$. Evalúe
$$\int_1^r \frac{1}{x^2}\, dx$$
(b) Su respuesta al inciso (a) puede interpretarse como el área de cierta región del plano. Bosqueje esta región.
(c) Evalúe $\displaystyle\lim_{r \to \infty} \left(\int_1^r \frac{1}{x^2}\, dx \right)$.

(d) Su respuesta al inciso (c) puede interpretarse como el área de cierta región del plano. Bosqueje esta región.

En los problemas del 31 al 34, utilice la integración definida para estimar el área de la región limitada por la curva dada, el eje x y las rectas dadas. Redondee su respuesta a dos decimales.

31. $y = \dfrac{1}{x^2 + 1}$, $x = -2$, $x = 1$

32. $y = \dfrac{x}{\sqrt{x+5}}$, $x = 2$, $x = 7$

33. $y = x^4 - 2x^3 - 2$, $x = 1$, $x = 3$

34. $y = 1 + 3x - x^4$

En los problemas del 35 al 38, exprese el área de la región sombreada en términos de una integral (o integrales). No evalúe su expresión.

35. Vea la figura 14.37.

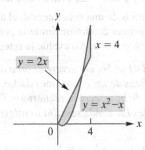

FIGURA 14.37

36. Vea la figura 14.38.

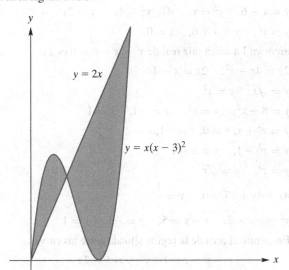

FIGURA 14.38

37. Vea la figura 14.39.

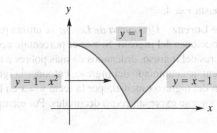

FIGURA 14.39

38. Vea la figura 14.40.

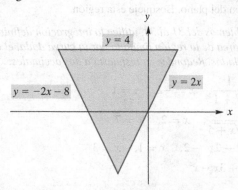

FIGURA 14.40

39. Exprese, en términos de una sola integral, el área total de la región ubicada a la izquierda de la recta $x = 1$ que se encuentra entre las curvas $y = x^2 - 5$ y $y = 7 - 2x^2$. *No* evalúe la integral.

40. Exprese, en términos de una sola integral, el área total de la región ubicada en el primer cuadrante limitada por el eje x y las gráficas de $y^2 = x$ y $2y = 3 - x$. *No* evalúe la integral.

En los problemas del 41 al 56, encuentre el área de la región limitada por las gráficas de las ecuaciones dadas. Asegúrese de encontrar los puntos de intersección requeridos. Considere si el uso de franjas horizontales hace más sencilla la integral que el uso de franjas verticales.

41. $y = x^2$, $y = 2x$ **42.** $y = x$, $y = -x + 3$, $y = 0$

43. $y = 10 - x^2$, $y = 4$ **44.** $y^2 = x + 1$, $x = 1$

45. $x = 8 + 2y$, $x = 0$, $y = -1$, $y = 3$

46. $y = x - 6$, $y^2 = x$ **47.** $y^2 = 4x$, $y = 2x - 4$

48. $y = x^3$, $y = x + 6$, $x = 0$.

(*Sugerencia*: La única raíz real de $x^3 - x - 6 = 0$ es 2).

49. $2y = 4x - x^2$, $2y = x - 4$

50. $y = \sqrt{x}$, $y = x^2$

51. $y = 8 - x^2$, $y = x^2$, $x = -1$, $x = 1$

52. $y = x^3 + x, y = 0, x = -1, x = 2$

53. $y = x^3 - 1$, $y = x - 1$

54. $y = x^3$, $y = \sqrt{x}$

55. $4x + 4y + 17 = 0$, $y = \dfrac{1}{x}$

56. $y^2 = -x - 2$, $x - y = 5$, $y = -1$, $y = 1$

57. Encuentre el área de la región situada entre las curvas

$$y = x - 1 \quad \text{y} \quad y = 5 - 2x$$

desde $x = 0$ hasta $x = 4$.

34. Encuentre el área de la región situada entre las curvas

$$y = x^2 - 4x + 4 \quad \text{y} \quad y = 10 - x^2$$

desde $x = 2$ hasta $x = 4$.

35. Curva de Lorenz Una *curva de Lorenz* se utiliza para estudiar las distribuciones del ingreso. Si x es el porcentaje acumulado de los receptores del ingreso, ordenados de más pobres a más ricos, y y es el porcentaje acumulado del ingreso, entonces la igualdad de la distribución del ingreso está dada por la recta $y = x$ en la figura 14.41, donde x y y se expresan como decimales. Por ejemplo, 10%

de la gente recibe 10% del ingreso total, 20% de la gente recibe 20% del ingreso total, etc. Suponga que la distribución real está dada por la curva de Lorenz definida por

$$y = \frac{14}{15}x^2 + \frac{1}{15}x$$

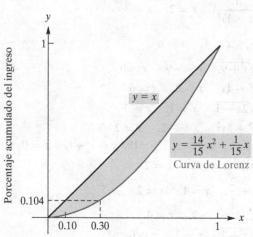

Porcentaje acumulado de receptores del ingreso

FIGURA 14.41

Observe, por ejemplo, que 30% de la gente sólo recibe 10.4% del ingreso total. El grado de desviación de la igualdad se mide por medio del *coeficiente de desigualdad*[15] para una curva de Lorenz. Este coeficiente se define cómo el área situada entre la curva y la diagonal dividida entre el área localizada bajo la diagonal:

$$\frac{\text{área entre la curva y la diagonal}}{\text{área bajo la diagonal}}$$

Por ejemplo, cuando todos los ingresos son iguales, el coeficiente de desigualdad es 0. Encuentre el coeficiente de desigualdad para la curva de Lorenz que se acaba de definir.

60. Curva de Lorenz Encuentre el coeficiente de desigualdad, como en el problema 59, para la curva de Lorenz definida por $y = \frac{11}{12}x^2 + \frac{1}{12}x$.

61. Encuentre el área de la región limitada por las gráficas de las ecuaciones $y^2 = 3x$ y $y = mx$, donde m es una constante positiva.

62. (a) Encuentre el área de la región limitada por las gráficas de $y = x^2 - 1$ y $y = 2x + 2$.

(b) ¿Qué porcentaje del área del inciso (a) se encuentra por encima del eje x?

63. La región limitada por la curva $y = x^2$ y la recta $y = 4$ está dividida en dos partes de igual área por la recta $y = k$, donde k es una constante. Encuentre el valor de k.

En los problemas del 64 al 68, estime el área de la región limitada por la gráfica de las ecuaciones dadas. Redondee sus respuestas a dos decimales.

64. $y = x^2 - 4x + 1$, $y = -\dfrac{6}{x}$

65. $y = \sqrt{25 - x^2}$, $y = 7 - 2x - x^4$

66. $y = x^3 - 8x + 1$, $y = x^2 - 5$

67. $y = x^5 - 3x^3 + 2x$, $y = 3x^2 - 4$

68. $y = x^4 - 3x^3 - 15x^2 + 19x + 30$, $y = x^3 + x^2 - 20x$

[15] G. Stigler, *The Theory of Price*, 3a. ed. (Nueva York: The Macmillan Company, 1966), pp. 293-294.

Objetivo

Desarrollar los conceptos económicos de excedente de los consumidores y excedente de los productores, los cuales se representan mediante áreas.

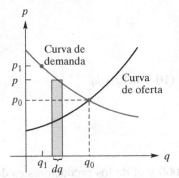

FIGURA 14.42 Curvas de oferta y demanda.

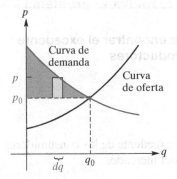

FIGURA 14.43 Beneficio para los consumidores por dq unidades.

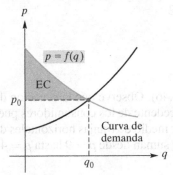

FIGURA 14.44 Excedente de los consumidores.

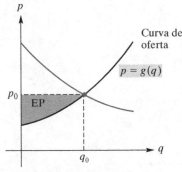

FIGURA 14.45 Excedente de los productores.

14.10 Excedentes de los consumidores y los productores

La determinación del área de una región tiene aplicaciones en economía. La figura 14.42 muestra una curva de oferta para un producto. La curva indica el precio p por unidad al que un fabricante venderá (o suministrará) q unidades. El diagrama también muestra la curva de demanda para el producto. Esta curva indica el precio por unidad al que los consumidores comprarán (o demandarán) q unidades. El punto (q_0, p_0) en el que las curvas se intersecan se llama *punto de equilibrio*. Aquí, p_0 es el precio por unidad al que los consumidores comprarán la misma cantidad q_0 de un producto que los productores desean vender a ese precio. De manera breve, p_0 es el precio en el que se presenta estabilidad en la relación productor-consumidor.

Suponga que el mercado está en equilibrio y que el precio por unidad del producto es p_0. De acuerdo con la curva de demanda, hay consumidores que estarían dispuestos a pagar *más* que p_0. Por ejemplo, al precio p_1 por unidad, los consumidores comprarían q_1 unidades. Estos consumidores están beneficiándose del menor precio, inferior al de equilibrio p_0.

La franja vertical de la figura 14.42 tiene un área de $p\,dq$. Esta expresión también puede considerarse como la cantidad total de dinero que los consumidores gastarían comprando dq unidades de producto si el precio por unidad fuese p. Como el precio es en realidad p_0, esos consumidores sólo gastan $p_0\,dq$ en esas dq unidades y se benefician así mediante la cantidad $p\,dq - p_0\,dq$. Esta expresión puede escribirse como $(p - p_0)dq$, que es el área de un rectángulo de ancho dq y altura $p - p_0$. (Vea la figura 14.43). Al sumar las áreas de todos los rectángulos desde $q = 0$ hasta $q = q_0$ mediante la integración definida, se tiene

$$\int_0^{q_0} (p - p_0)\,dq$$

Esta integral, bajo ciertas condiciones, representa la ganancia total de los consumidores que están dispuestos a pagar más que el precio de equilibrio. Esta ganancia total se llama **excedente de los consumidores** y se abrevia EC. Si la función de demanda está dada por $p = f(q)$, entonces

$$EC = \int_0^{q_0} [f(q) - p_0]\,dq$$

De manera geométrica (vea la figura 14.44), el excedente de los consumidores se representa mediante el área situada entre la recta $p = p_0$ y la curva de demanda $p = f(q)$ desde $q = 0$ hasta $q = q_0$.

Algunos de los productores también se benefician del precio de equilibrio, puesto que están dispuestos a suministrar el producto a precios *menores* que p_0. Bajo ciertas condiciones, la ganancia total de los productores se representa en forma geométrica en la figura 14.45, mediante el área situada entre la recta $p = p_0$ y la curva de oferta $p = g(q)$ desde $q = 0$ hasta $q = q_0$. Esta ganancia, llamada **excedente de los productores** y abreviada como EP, está dada por

$$EP = \int_0^{q_0} [p_0 - g(q)]\,dq$$

EJEMPLO 1 Determinación del excedente de los consumidores y de los productores

La función de demanda para un producto es

$$p = f(q) = 100 - 0.05q$$

donde p es el precio por unidad para q unidades. La función de oferta es

$$p = g(q) = 10 + 0.1q$$

Determine el excedente de los consumidores y de los productores bajo condiciones de equilibrio del mercado.

Solución: Primero se debe encontrar el punto de equilibrio (p_0, q_0) resolviendo el sistema formado por las funciones $p = 100 - 0.05q$ y $p = 10 + 0.1q$. Por consiguiente, se igualan las dos expresiones para p y se resuelve:

$$10 + 0.1q = 100 - 0.05q$$
$$0.15q = 90$$
$$q = 600$$

Cuando $q = 600$, entonces $p = 10 + 0.1(600) = 70$. Así, $q_0 = 600$ y $p_0 = 70$. El excedente de los consumidores es

$$EC = \int_0^{q_0} [f(q) - p_0]\, dq = \int_0^{600} (100 - 0.05q - 70)\, dq$$

$$= \left(30q - 0.05\frac{q^2}{2}\right)\Bigg|_0^{600} = 9000$$

El excedente de los productores es

$$EP = \int_0^{q_0} [p_0 - g(q)]\, dq = \int_0^{600} [70 - (10 + 0.1q)]\, dq$$

$$= \left(60q - 0.1\frac{q^2}{2}\right)\Bigg|_0^{600} = 18\,000$$

Por lo tanto, el excedente de los consumidores es de \$9000 y el de los productores es de \$18 000.

Ahora resuelva el problema 1 ◁

EJEMPLO 2	**Uso de franjas horizontales para encontrar el excedente de los consumidores y de los productores**

La ecuación de demanda para un producto es

$$q = f(p) = \frac{90}{p} - 2$$

y la ecuación de oferta es $q = g(p) = p - 1$. Determine el excedente de los consumidores y de los productores cuando se ha establecido el equilibrio del mercado.

Solución: Para determinar el punto de equilibrio, se tiene

$$p - 1 = \frac{90}{p} - 2$$

$$p^2 + p - 90 = 0$$

$$(p + 10)(p - 9) = 0$$

Así, $p_0 = 9$, por lo que $q_0 = 9 - 1 = 8$. (Vea la figura 14.46). Observe que la ecuación de demanda expresa a q como una función de p. Ya que el excedente de los consumidores puede considerarse como un área, ésta puede determinarse por medio de franjas horizontales de ancho dp y longitud $q = f(p)$. Las áreas de estas franjas se suman desde $p = 9$ hasta $p = 45$

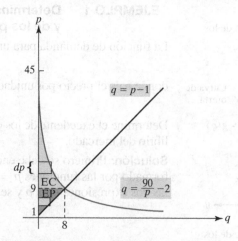

FIGURA 14.46 Diagrama para el ejemplo 2.

mediante la integración con respecto a p:

$$EC = \int_9^{45} \left(\frac{90}{p} - 2 \right) dp = (90 \ln |p| - 2p) \Big|_9^{45}$$

$$= 90 \ln 5 - 72 \approx 72.85$$

Si se utilizan franjas horizontales para calcular el excedente de los productores, se tiene

$$EP = \int_1^9 (p - 1) \, dp = \frac{(p-1)^2}{2} \Big|_1^9 = 32$$

Ahora resuelva el problema 5 ◁

PROBLEMAS 14.10

En los problemas del 1 al 6, la primera ecuación es una ecuación de demanda y la segunda es una ecuación de oferta de un producto. En cada caso, determine el excedente de los consumidores y de los productores bajo equilibrio del mercado.

1. $p = 22 - 0.8q$
$p = 6 + 1.2q$

2. $p = 2200 - q^2$
$p = 400 + q^2$

3. $p = \dfrac{50}{q + 5}$

$p = \dfrac{q}{10} + 4.5$

4. $p = 900 - q^2$
$p = 10q + 300$

5. $q = 100(10 - 2p)$
$q = 50(2p - 1)$

6. $q = \sqrt{100 - p}$

$q = \dfrac{p}{2} - 10$

7. La ecuación de demanda de un producto es

$$q = 10\sqrt{100 - p}$$

Calcule el excedente de los consumidores bajo equilibrio del mercado que ocurre a un precio de $84.

8. La ecuación de demanda de un producto es

$$q = 400 - p^2$$

y la ecuación de oferta es

$$p = \frac{q}{60} + 5$$

Encuentre el excedente de los productores y de los consumidores bajo equilibrio del mercado.

9. La ecuación de demanda para un producto es $p = 2^{10-q}$ y la ecuación de oferta es $p = 2^{q+2}$, donde p es el precio por unidad (en cientos) cuando se demandan o se ofrecen q unidades.

Determine el excedente de los consumidores, al millar de unidades más cercano, bajo equilibrio del mercado.

10. La ecuación de demanda para un producto es

$$(p + 10)(q + 20) = 1000$$

y la ecuación de oferta es

$$q - 4p + 10 = 0$$

(a) Verifique, por sustitución, que el equilibrio del mercado ocurre cuando $p = 10$ y $q = 30$.

(b) Determine el excedente de los consumidores bajo equilibrio del mercado.

11. La ecuación de demanda para un producto es

$$p = 60 - \frac{50q}{\sqrt{q^2 + 3600}}$$

y la ecuación de oferta es

$$p = 10 \ln(q + 20) - 26$$

Determine el excedente de los consumidores y de los productores bajo equilibrio del mercado. Redondee sus respuestas al entero más cercano.

12. Excedente de los productores La función de oferta para un producto está dada por la tabla siguiente, donde p es el precio por unidad en el cual se suministran q unidades al mercado:

q	0	10	20	30	40	50
p	25	49	59	71	80	94

Use la regla del trapecio para estimar el excedente de los productores si el precio de venta es de $80.

Repaso del capítulo 14

Términos y símbolos importantes   Ejemplos

Resumen

Si $y = f(x)$ es una función diferenciable de x, la diferencial dy se define mediante

$$dy = f'(x)\,dx$$

donde $dx = \Delta x$ es un cambio en x y puede ser cualquier número real. (Así que dy es una función de dos variables, a saber, x y dx). Si dx está cerca de 0, entonces dy es una aproximación a $\Delta y = f(x + dx) - f(x)$.

$$\Delta y \approx dy$$

Además, dy puede usarse para aproximar el valor de una función usando

$$f(x + dx) \approx f(x) + dy$$

Una antiderivada de una función f es una función F tal que $F'(x) = f(x)$. Dos antiderivadas cualesquiera de f difieren cuando mucho en una constante. La antiderivada más general de f se llama integral indefinida de f y se denota por $\int f(x)\,dx$. Así,

$$\int f(x)\,dx = F(x) + C$$

donde C es llamada la constante de integración si y sólo si $F' = f$.

Algunas fórmulas básicas de integración son:

$$\int k\,dx = kx + C \qquad k \text{ es una constante}$$

$$\int x^a\,dx = \frac{x^{a+1}}{a+1} + C \qquad a \neq -1$$

$$\int \frac{1}{x}\,dx = \ln x + C \qquad \text{para } x > 0$$

$$\int e^x\,dx = e^x + C$$

$$\int kf(x)\,dx = k\int f(x)\,dx \qquad k \text{ es una constante}$$

$$\int [f(x) \pm g(x)]\,dx = \int f(x)\,dx \pm \int g(x)\,dx$$

Otra fórmula es la regla de la potencia para integración:

$$\int u^a\,du = \frac{u^{a+1}}{a+1} + C, \quad \text{si } a \neq -1$$

Aquí, u representa una función diferenciable de x y du es su diferencial. Al aplicar la regla de la potencia a una integral dada, es importante que la integral sea escrita de manera que coincida en forma precisa con la de la regla de la potencia. Otras fórmulas de integración son

$$\int e^u\,du = e^u + C$$

$$\text{y} \qquad \int \frac{1}{u}\,du = \ln |u| + C \qquad u \neq 0$$

Si se conoce la razón de cambio de una función f —esto es, si f' es conocida— entonces f es una antiderivada de f'. Además, si sabemos que f satisface una condición inicial, entonces es posible encontrar la antiderivada particular. Por ejemplo, si nos es dada una función de costo marginal dc/dq, entonces podemos encontrar la forma general de c mediante la integración. Esa forma implica una constante de integración. Sin embargo, cuando también se nos dan los costos fijos (esto es, los costos implicados cuando $q = 0$), entonces podemos determinar el valor de la constante de integración y así encontrar la función particular de costo c. De manera similar, si nos dan una función de ingreso marginal dr/dq, entonces por integración y usando el hecho de que $r = 0$ cuando $q = 0$, es posible determinar la función de ingreso particular r. Una vez conocida r, puede encontrarse la correspondiente ecuación de demanda usando la ecuación $p = r/q$.

En este punto resulta útil revisar la notación sigma de la sección 1.5. Esta notación resulta particularmente útil en la determinación de áreas. Si $f(x) \geq 0$ es continua, para encontrar el área de la región limitada por $y = f(x)$, $y = 0$, $x = a$ y $x = b$, se divide el intervalo $[a, b]$ en n subintervalos de igual longitud $dx = (b - a)/n$. Si x_i es el extremo derecho de un subintervalo arbitrario, entonces el producto $f(x_i)\,dx$ es el área de un rectángulo. Si se denota la suma de todas estas áreas de rectángulos para los n subintervalos mediante S_n, entonces el límite de S_n cuando $n \to \infty$ es el área de toda la región:

$$\lim_{n \to \infty} S_n = \lim_{n \to \infty} \sum_{i=1}^{n} f(x_i)\,dx = \text{área}$$

Si se omite la restricción de que $f(x) \geq 0$, el límite anterior se define como la integral definida de f sobre $[a, b]$:

$$\lim_{n \to \infty} \sum_{i=1}^{n} f(x_i)\,dx = \int_a^b f(x)\,dx$$

En vez de evaluar integrales definidas usando límites, puede usarse el teorema fundamental del cálculo integral. De manera matemática,

$$\int_a^b f(x)\,dx = F(x)\Big|_a^b = F(b) - F(a)$$

donde F es cualquier antiderivada de f.

Algunas propiedades de la integral definida son

$$\int_a^b kf(x)\,dx = k\int_a^b f(x)\,dx \qquad k \text{ es una constante,}$$

$$\int_a^b [f(x) \pm g(x)]\,dx = \int_a^b f(x)\,dx \pm \int_a^b g(x)\,dx$$

y

$$\int_a^c f(x)\,dx = \int_a^b f(x)\,dx + \int_b^c f(x)\,dx$$

Si $f(x) \geq 0$ es continua en $[a, b]$, entonces la integral definida puede usarse para encontrar el área de la región limitada por $y = f(x)$, el eje x, $x = a$ y $x = b$. La integral definida puede usarse también para encontrar áreas de regiones más compli-

cadas. En esos casos conviene dibujar una franja de área en la región. Lo anterior permite establecer la integral definida apropiada. A este respecto, tanto las franjas verticales como las horizontales tienen sus propios usos.

Una aplicación de la determinación de áreas implica el excedente de los consumidores y de los productores. Suponga que el mercado disponible para un producto está en equilibrio y que (q_0, p_0) es el punto de equilibrio (el punto de intersección de las curvas de demanda y oferta para el producto). El excedente de los consumidores, EC, corresponde al área que va desde $q = 0$ hasta $q = q_0$, limitada desde arriba por la curva de demanda y desde abajo por la recta $p = p_0$. Así,

$$EC = \int_0^{q_0} (f(q) - p_0)\,dq$$

donde f es la función de demanda. El excedente de los productores, EP, corresponde al área comprendida desde $q = 0$ hasta $q = q_0$, limitada desde arriba por la recta $p = p_0$ y desde abajo por la curva de oferta. Por lo tanto,

$$EP = \int_0^{q_0} (p_0 - g(q))\,dq$$

donde g es la función de oferta.

Problemas de repaso

En los problemas del 1 al 40, determine las integrales.

1. $\displaystyle\int (x^3 + 2x - 7)\,dx$

2. $\displaystyle\int dx$

3. $\displaystyle\int_0^{12} (9\sqrt{3x} + 3x^2)\,dx$

4. $\displaystyle\int \frac{4}{5 - 3x}\,dx$

5. $\displaystyle\int \frac{6}{(x+5)^3}\,dx$

6. $\displaystyle\int_3^9 (y - 6)^{301}\,dy$

7. $\displaystyle\int \frac{6x^2 - 12}{x^3 - 6x + 1}\,dx$

8. $\displaystyle\int_0^3 2xe^{5-x^2}\,dx$

9. $\displaystyle\int_0^1 \sqrt[3]{3t + 8}\,dt$

10. $\displaystyle\int \frac{4 - 2x}{7}\,dx$

11. $\displaystyle\int y(y + 1)^2\,dy$

12. $\displaystyle\int_0^1 10^{-8}\,dx$

13. $\displaystyle\int \frac{\sqrt[7]{t} - \sqrt{t}}{\sqrt[3]{t}}\,dt$

14. $\displaystyle\int \frac{(0.5x - 0.1)^4}{0.4}\,dx$

15. $\displaystyle\int_1^3 \frac{2t^2}{3 + 2t^3}\,dt$

16. $\displaystyle\int \frac{4x^2 - x}{x}\,dx$

17. $\displaystyle\int x^2\sqrt{3x^3 + 2}\,dx$

18. $\displaystyle\int (6x^2 + 4x)(x^3 + x^2)^{3/2}\,dx$

19. $\displaystyle\int (e^{2y} - e^{-2y})\,dy$

20. $\displaystyle\int \frac{8x}{3\sqrt[3]{7 - 2x^2}}\,dx$

21. $\displaystyle\int \left(\frac{1}{x} + \frac{2}{x^2}\right)\,dx$

22. $\displaystyle\int_0^2 \frac{3e^{3x}}{1 + e^{3x}}\,dx$

23. $\displaystyle\int_{-2}^2 (y^4 + y^3 + y^2 + y)\,dy$

24. $\displaystyle\int_7^{70} dx$

25. $\displaystyle\int_1^2 5x\sqrt{5 - x^2}\,dx$

26. $\displaystyle\int_0^1 (2x + 1)(x^2 + x)^4\,dx$

27. $\displaystyle\int_0^1 \left[2x - \frac{1}{(x+1)^{2/3}}\right]\,dx$

28. $\displaystyle\int_0^{18} (2x - 3\sqrt{2x} + 1)\,dx$

29. $\displaystyle\int \frac{\sqrt{t} - 3}{t^2}\,dt$

30. $\displaystyle\int \frac{3z^3}{z - 1}\,dz$

31. $\displaystyle\int_{-1}^0 \frac{x^2 + 4x - 1}{x + 2}\,dx$

32. $\displaystyle\int \frac{(x^2 + 4)^2}{x^2}\,dx$

33. $\displaystyle\int \frac{e^{\sqrt{x}} + x}{2\sqrt{x}}\,dx$

34. $\displaystyle\int \frac{e^{\sqrt{5x}}}{\sqrt{3x}}\,dx$

35. $\displaystyle\int_1^e \frac{e^{\ln x}}{x^2}\,dx$

36. $\displaystyle\int \frac{6x^2 + 4}{e^{x^3 + 2x}}\,dx$

37. $\displaystyle\int \frac{(1 + e^{2x})^3}{e^{-2x}}\,dx$

38. $\displaystyle\int \frac{c}{e^{bx}(a + e^{-bx})^n}\,dx$

para $n \neq 1$ y $b \neq 0$

39. $\displaystyle\int 3\sqrt{10^{3x}}\,dx$

40. $\displaystyle\int \frac{5x^3 + 15x^2 + 37x + 3}{x^2 + 3x + 7}\,dx$

En los problemas 41 y 42, encuentre y sujeta a las condiciones dadas.

41. $y' = e^{2x} + 3$, $y(0) = -\frac{1}{2}$ **42.** $y' = \dfrac{x + 5}{x}$, $y(1) = 3$

En los problemas del 43 al 50, determine el área de la región limitada por la curva, el eje x y las rectas dadas.

43. $y = x^3$, $x = 0$, $x = 2$ **44.** $y = 4e^x$, $x = 0$, $x = 3$

45. $y = \sqrt{x + 4}$, $x = 0$

46. $y = x^2 - x - 6$, $x = -4$, $x = 3$

47. $y = 5x - x^2$

48. $y = \sqrt[3]{x}$, $x = 8$, $x = 16$

49. $y = \dfrac{1}{x} + 2$, $x = 1$, $x = 4$ **50.** $y = x^3 - 1$, $x = -1$

En los problemas del 51 al 58, encuentre el área de la región limitada por las curvas dadas.

51. $y^2 = 4x$, $x = 0$, $y = 2$ **52.** $y = 3x^2 - 5$, $x = 0$, $y = 4$

53. $y = -x(x - a)$, $y = 0$ para $0 < a$

54. $y = 2x^2$, $y = x^2 + 9$ **55.** $y = x^2 - x$, $y = 10 - x^2$

56. $y = \sqrt{x}$, $x = 0$, $y = 3$

57. $y = \ln x$, $x = 0$, $y = 0$, $y = 1$

58. $y = 3 - x$, $y = x - 4$, $y = 0$, $y = 3$

59. Ingreso marginal Si el ingreso marginal está dado por

$$\frac{dr}{dq} = 100 - \frac{3}{2}\sqrt{2q}$$

determine la ecuación de demanda correspondiente.

60. Costo marginal Si el costo marginal está dado por

$$\frac{dc}{dq} = q^2 + 7q + 6$$

y los costos fijos son de \$2500, determine el costo total de producir seis unidades.

61. Ingreso marginal La función de ingreso marginal de un fabricante es

$$\frac{dr}{dq} = 250 - q - 0.2q^2$$

Si r es el ingreso, encuentre el incremento en el ingreso total del fabricante si la producción se incrementa de 15 a 25 unidades.

62. Costo marginal La función de costo marginal de un fabricante es

$$\frac{dc}{dq} = \frac{1000}{\sqrt{3q + 70}}$$

Si c es el costo, determine el costo implicado en incrementar la producción de 10 a 33 unidades.

63. Altas hospitalarias Para un grupo de personas hospitalizadas, suponga que la razón de altas está dada por

$$f(t) = 0.007e^{-0.007t}$$

donde $f(t)$ es la proporción de altas por día al final de t días de hospitalización. ¿Qué proporción del grupo será dada de alta al término de 100 días?

64. Gastos de un negocio Los gastos totales de un negocio para los próximos cinco años están dados por

$$\int_0^5 4000e^{0.05t}\, dt$$

Evalúe los gastos.

65. Encuentre el área de la región ubicada entre las curvas $y = 9 - 2x$ y $y = x$ desde $x = 0$ hasta $x = 4$.

66. Encuentre el área de la región ubicada entre las curvas $y = 2x^2$ y $y = 2 - 5x$ desde $x = -1$ hasta $x = \frac{1}{3}$.

67. Excedentes de los consumidores y de los productores Para un producto, la ecuación de demanda es

$$p = 0.01q^2 - 1.1q + 30$$

y la ecuación de oferta es

$$p = 0.01q^2 + 8$$

Determine los excedentes de los consumidores y de los productores cuando se ha establecido el equilibrio de mercado.

68. Excedente de consumidores Para un producto, la ecuación de demanda es

$$p = (q - 4)^2$$

y la ecuación de oferta es

$$p = q^2 + q + 7$$

donde p (en miles) es el precio de 100 unidades cuando q cientos de unidades son demandadas u ofrecidas. Determine el excedente de los consumidores bajo equilibrio del mercado.

69. Biología En un estudio sobre mutación genética,[16] se tiene la ecuación

$$\int_{q_0}^{q_n} \frac{dq}{q - \widehat{q}} = -(u + v)\int_0^n dt$$

donde u y v son razones de mutación de genes, las q son frecuencias de genes y n es el número de generaciones. Suponga que todas las letras representan constantes, excepto q y t. Integre ambos lados de la ecuación y luego utilice su resultado para demostrar que

$$n = \frac{1}{u + v}\ln\left|\frac{q_0 - \widehat{q}}{q_n - \widehat{q}}\right|$$

70. Flujo de un fluido En el estudio del flujo de un fluido dentro de un tubo de radio constante, R, tal como el flujo de la sangre en ciertas partes del cuerpo, se puede pensar que el tubo consiste en tubos concéntricos de radio r, donde $0 \leq r \leq R$. La velocidad v del fluido es una función de r y está dada por[17]

$$v = \frac{(P_1 - P_2)(R^2 - r^2)}{4\eta l}$$

donde P_1 y P_2 son las presiones registradas en los extremos del tubo, η (letra griega "eta") es la viscosidad del fluido y l la longitud del tubo. La razón de volumen, Q, del fluido por todo el tubo está dada por

$$Q = \int_0^R 2\pi r v\, dr$$

Demuestre que $Q = \dfrac{\pi R^4 (P_1 - P_2)}{8\eta l}$. Observe que R aparece como un factor elevado a la cuarta potencia. Así, duplicar el radio del tubo tiene por efecto incrementar el flujo por un factor de 16. La fórmula utilizada para calcular la razón de volumen se llama *ley de Poiseuille*, en honor del fisiólogo francés Jean Poiseuille.

71. Inventario En un análisis de inventarios, Barbosa y Friedman[18] hacen referencia a la función

$$g(x) = \frac{1}{k}\int_1^{1/x} ku^r\, du$$

---

[16] W. B. Mather, *Principles of Quantitative Genetics* (Minneapolis: Burgess Publishing Company, 1964).

[17] R. W. Stacy *et al.*, *Essentials of Biological and Medical Physics* (Nueva York: McGraw-Hill Book Company, 1955).

[18] L. C. Barbosa y M. Friedman, "Deterministic Inventory Lot Size Models— a General Root Law", *Management Science*, 24, núm. 8 (1978), pp. 819-826.

donde k y r son constantes, $k > 0$, $r > -2$ y $x > 0$. Verifique la afirmación de que

$$g'(x) = -\frac{1}{x^{r+2}}$$

(*Sugerencia*: Considere dos casos: cuando $r \neq -1$ y cuando $r = -1$).

En los problemas del 72 al 74, estime el área de la región limitada por las curvas dadas. Redondee sus respuestas a dos decimales.

72. $y = x^3 + 9x^2 + 14x - 24$, $y = 0$

73. $y = x^3 + x^2 + x + 1$, $y = x^2 + 2x + 1$

74. $y = x^3 + x^2 - 5x - 3$, $y = x^2 + 2x + 3$

75. La ecuación de demanda para un producto es

$$p = \frac{200}{\sqrt{q + 20}}$$

y la ecuación de oferta es

$$p = 2\ln(q + 10) + 5$$

Determine los excedentes de los consumidores y de los productores bajo equilibrio del mercado. Redondee sus respuestas al entero más cercano.

EXPLORE Y AMPLÍE **Precio de envío**

Suponga que usted es fabricante de un producto cuyas ventas tienen lugar dentro de R millas alrededor de su fábrica. Suponga también que usted cobra a sus clientes el envío, a razón de s por milla, por cada unidad de producto vendido. Si m es el precio unitario en la fábrica, entonces el precio unitario p de entrega a un cliente situado a x millas de la fábrica será el precio de fábrica más el cargo por envío sx:

$$p = m + sx \qquad 0 \leq x \leq R \tag{1}$$

El problema es determinar el precio promedio de entrega de las unidades vendidas.

Suponga que existe una función f tal que $f(t) \geq 0$ en el intervalo $[0, R]$ y que el área bajo la gráfica de f y arriba del eje t, desde $t = 0$ hasta $t = x$, representa el número total de unidades Q vendidas a clientes ubicados dentro de un radio de x millas a partir de la fábrica. [Vea la figura 14.47(a)]. Se puede hacer referencia a f como la distribución de la demanda. Debido a que Q es una función de x y se representa mediante un área,

$$Q(x) = \int_0^x f(t)\, dt$$

En particular, el número total de unidades vendidas dentro del área de mercado es

$$Q(R) = \int_0^R f(t)\, dt$$

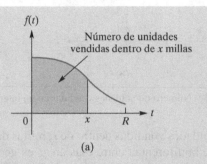

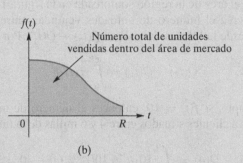

FIGURA 14.47   Número de unidades vendidas como un área.

[vea la figura 14.47(b)]. Por ejemplo, si $f(t) = 10$ y $R = 100$, entonces el número total de unidades vendidas dentro del área de mercado es

$$Q(100) = \int_0^{100} 10\, dt = 10t \big|_0^{100} = 1000 - 0 = 1000$$

El precio promedio A de envío está dado por

$$A = \frac{\text{ingreso total}}{\text{número total de unidades vendidas}}$$

Como el denominador es $Q(R)$, A puede determinarse una vez que se conoce el ingreso total.

Para encontrar el ingreso total, considere primero el número de unidades vendidas en un intervalo. Si $t_1 < t_2$ [vea la figura 14.48(a)], entonces el área bajo la gráfica de f y arriba del eje t, desde $t = 0$ hasta $t = t_1$, representa el número de unidades vendidas dentro de un radio de t_1 millas a partir de la fábrica. De manera similar, el área bajo la gráfica de f y arriba del eje t, desde $t = 0$ hasta $t = t_2$, representa

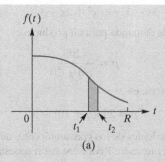

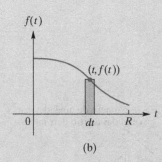

FIGURA 14.48 Número de unidades vendidas en un intervalo.

el número de unidades vendidas dentro de t_2 millas desde la fábrica. Así que la diferencia entre esas áreas es geométricamente el área de la región sombreada en la figura 14.48(a) y representa el número de unidades vendidas entre t_1 y t_2 millas desde la fábrica, lo cual es $Q(t_2) - Q(t_1)$. Por ende,

$$Q(t_2) - Q(t_1) = \int_{t_1}^{t_2} f(t)\, dt$$

Por ejemplo, si $f(t) = 10$, entonces el número de unidades vendidas a clientes situados entre 4 y 6 millas de la fábrica es

$$Q(6) - Q(4) = \int_4^6 10\, dt = 10t \Big|_4^6 = 60 - 40 = 20$$

El área de la región sombreada en la figura 14.48(a) puede aproximarse mediante el área de un rectángulo [vea la figura 14.48(b)] cuya altura es $f(t)$ y cuyo ancho es dt, donde $dt = t_2 - t_1$. Así, el número de unidades vendidas en el intervalo de longitud dt es aproximadamente igual a $f(t)dt$. Como el precio de cada una de esas unidades es aproximadamente $m + st$ [a partir de la ecuación (1)], el ingreso recibido es aproximadamente

$$(m + st)f(t)dt$$

La suma de todos estos productos desde $t = 0$ hasta $t = R$ aproxima el ingreso total. La integración definida resulta en

$$\sum (m + st)f(t)\, dt \rightarrow \int_0^R (m + st)f(t)\, dt$$

Así,

$$\text{ingreso total} = \int_0^R (m + st)f(t)\, dt$$

En consecuencia, el precio promedio A de envío está dado por

$$A = \frac{\int_0^R (m + st)f(t)\, dt}{Q(R)}$$

En forma equivalente,

$$A = \frac{\int_0^R (m + st)f(t)\, dt}{\int_0^R f(t)\, dt}$$

Por ejemplo, si $f(t) = 10$, $m = 200$, $s = 0.25$ y $R = 100$, entonces

$$\int_0^R (m + st)f(t)\, dt = \int_0^{100} (200 + 0.25t) \cdot 10\, dt$$

$$= 10 \int_0^{100} (200 + 0.25t)\, dt$$

$$= 10 \left(200t + \frac{t^2}{8} \right) \Big|_0^{100}$$

$$= 10 \left[\left(20\,000 + \frac{10\,000}{8} \right) - 0 \right]$$

$$= 212\,500$$

Como ya se calculó antes,

$$\int_0^R f(t)\, dt = \int_0^{100} 10\, dt = 1000$$

Por lo tanto, el precio promedio de envío es de $212\,500/1000 = \$212.50$.

Problemas

1. Si $f(t) = 100 - 2t$, determine el número de unidades vendidas a clientes localizados (a) dentro de un radio de 5 millas desde la fábrica y (b) entre 20 y 25 millas desde la fábrica.

2. Si $f(t) = 40 - 0.5t$, $m = 50$, $s = 0.20$ y $R = 80$, determine (a) el ingreso total, (b) el número total de unidades vendidas y (c) el precio promedio de envío.

3. Si $f(t) = 900 - t^2$, $m = 100$, $s = 1$ y $R = 30$, determine (a) el ingreso total, (b) el número total de unidades vendidas y (c) el precio promedio de envío. Si desea, utilice una calculadora gráfica.

4. En el mundo real, ¿cómo hacen los vendedores de cosas como libros o ropa para determinar los cobros por envío de un pedido? (Visite a un comerciante en línea para determinarlo). ¿Usted cómo podría calcular el precio promedio de envío de sus productos? ¿El procedimiento es fundamentalmente distinto del visto en esta aplicación práctica?

15 Métodos y aplicaciones de la integración

Q EXPLORE Y AMPLÍE

Dietas

Ahora se sabe cómo determinar la derivada de una función y, en algunos casos, se conoce cómo encontrar una función a partir de su derivada mediante la integración. Sin embargo, el proceso de integración no siempre es directo.

Suponga que se modela la desaparición gradual de una sustancia química usando las ecuaciones $M' = -0.004t$ y $M(0) = 3000$, donde la cantidad M, en gramos, es una función del tiempo t en días. Este problema de condición inicial se resuelve con facilidad por medio de integración con respecto a t e identificando la constante de integración. El resultado es $M = -0.002t^2 + 3000$. Pero, ¿qué pasa si, en lugar de esto, la desaparición de la sustancia se modelara por medio de las ecuaciones $M' = -0.004M$ y $M(0) = 3000$? El simple reemplazo de t por M en la primera ecuación cambia el carácter del problema. Aún no se ha estudiado cómo encontrar una función cuando su derivada está descrita en términos de la misma función.

En la sección Explore y amplíe del capítulo 13 fue planteada una situación similar que involucra una ecuación con P de un lado y la derivada de P en el otro. Allí se usó una aproximación para resolver el problema. En este capítulo aprenderemos un método que produce una solución exacta para algunos problemas de este tipo.

Las ecuaciones de la forma $y' = ky$, donde k es constante, son especialmente comunes. Cuando y representa la cantidad de sustancia radiactiva, $y' = ky$ puede representar la tasa de su desaparición por decaimiento radiactivo. Y si y es la temperatura de un pollo recién sacado del horno o que se acaba de meter al congelador, entonces una fórmula, conocida como ley de enfriamiento de Newton, puede utilizarse para describir el cambio en la temperatura interna del pollo a lo largo del tiempo. La ley de Newton, que se analizará en este capítulo, podría usarse para recomendar procedimientos en la cocina de un restaurante de modo que los alimentos propensos a contaminación a través de crecimiento bacterial no permanezcan mucho tiempo en una zona de temperatura peligrosa (40 a 140 °F). (A este respecto, el crecimiento bacterial también sigue una ley del tipo $y' = ky$).

Objetivo

Desarrollar y aplicar la fórmula para la integración por partes.

15.1 Integración por partes[1]

Muchas integrales no se pueden encontrar con los métodos que se han estudiado hasta ahora. Sin embargo, hay modos de cambiar ciertas integrales a formas más fáciles de integrar. Se analizarán dos de estos métodos: la *integración por partes* y (en la sección 15.2), la *integración mediante fracciones parciales*.

Si u y v son funciones diferenciables de x, por la regla del producto, se tiene

$$(uv)' = uv' + vu'$$

Al reordenar los términos resulta

$$uv' = (uv)' - vu'$$

Integrando ambos lados con respecto a x, se obtiene

$$\int uv' \, dx = \int (uv)' \, dx - \int vu' \, dx \tag{1}$$

Para $\int (uv)' \, dx$, debe encontrarse una función cuya derivada con respecto a x sea $(uv)'$. Queda claro que uv es esa función. Por lo tanto, $\int (uv)' \, dx = uv + C_1$ y la ecuación (1) se convierte en

$$\int uv' \, dx = uv + C_1 - \int vu' \, dx$$

Al absorber a C_1 en la constante de integración para $\int vu' \, dx$ y reemplazar $v' dx$ por dv y $u' dx$ por du, se obtiene la *fórmula para la integración por partes*:

Fórmula para la integración por partes

$$\int u \, dv = uv - \int v \, du \tag{2}$$

Esta fórmula expresa una integral, $\int u \, dv$ en términos de otra integral, $\int v \, du$, que puede ser más fácil de encontrar.

Para aplicar la fórmula a una integral dada $\int f(x)dx$, se debe escribir $f(x)dx$ como el producto de dos factores (o *partes*) seleccionando una función u y una diferencial dv tales que $f(x)dx = u \, dv$. Sin embargo, para que la fórmula sea útil, se debe tener la capacidad de integrar la parte seleccionada como dv. Para ilustrar esto, considere

$$\int xe^x \, dx$$

Esta integral no puede determinarse mediante las fórmulas de integración previas. Una manera de escribir $xe^x \, dx$ en la forma $u \, dv$ es haciendo

$$u = x \quad \text{y} \quad dv = e^x \, dx$$

Para aplicar la fórmula de la integración por partes, se deben encontrar du y v:

$$du = dx \quad \text{y} \quad v = \int e^x \, dx = e^x + C_1$$

Así,

$$\int xe^x \, dx = \int u \, dv$$

$$= uv - \int v \, du$$

$$= x(e^x + C_1) - \int (e^x + C_1) \, dx$$

$$= xe^x + C_1 x - e^x - C_1 x + C$$

$$= xe^x - e^x + C$$

$$= e^x(x - 1) + C$$

---

[1]Esta sección puede omitirse sin pérdida de continuidad.

La primera constante, C_1, no aparece en la respuesta final. Es fácil probar que la constante involucrada al encontrar v a partir de dv siempre se separará, por ello, a partir de ahora esta constante no se escribirá al determinar v.

Cuando se usa la fórmula de integración por partes, algunas veces la *mejor selección* de u y dv puede no ser obvia. En algunos casos, una selección puede ser tan buena como la otra; en otros, sólo una selección puede ser la adecuada. El discernimiento para hacer una buena selección (si ésta existe) se adquiere con la práctica y, desde luego, mediante prueba y error.

APLÍQUELO ▶

1. Se estima que las ventas mensuales de un teclado para computadora disminuyen a una tasa de $S'(t) = -4te^{0.1t}$ teclados por mes, donde t es el tiempo en meses y $S(t)$ es el número de teclados vendidos cada mes. Si ahora se venden 5000 teclados ($S(0) = 5000$), encuentre $S(t)$.

EJEMPLO 1   Integración por partes

Encuentre $\displaystyle\int \frac{\ln x}{\sqrt{x}}\, dx$ mediante integración por partes.

Solución: Se prueba

$$u = \ln x \quad \text{y} \quad dv = \frac{1}{\sqrt{x}}\, dx$$

Entonces

$$du = \frac{1}{x}\, dx \quad \text{y} \quad v = \int x^{-1/2}\, dx = 2x^{1/2}$$

Así,

$$\int \ln x \left(\frac{1}{\sqrt{x}}\, dx\right) = \int u\, dv = uv - \int v\, du$$

$$= (\ln x)(2\sqrt{x}) - \int (2x^{1/2})\left(\frac{1}{x}\, dx\right)$$

$$= 2\sqrt{x}\ln x - 2\int x^{-1/2}\, dx$$

$$= 2\sqrt{x}\ln x - 2(2\sqrt{x}) + C \qquad x^{1/2} = \sqrt{x}$$

$$= 2\sqrt{x}[\ln(x) - 2] + C$$

Ahora resuelva el problema 3 ◁

En el ejemplo 2 se muestra cómo puede hacerse una mala elección de u y dv. Si una elección no funciona, puede haber otra que sí lo haga.

EJEMPLO 2   Integración por partes

Evalúe $\displaystyle\int_1^2 x \ln x\, dx$.

Solución: Como la integral no se ajusta a una forma conocida, se intentará la integración por partes. Sea $u = x$ y $dv = \ln x\, dx$. Entonces $du = dx$, pero $v = \int \ln x\, dx$ no es evidente por inspección. Así que se hará una selección diferente para u y dv. Sean

$$u = \ln x \quad \text{y} \quad dv = x\, dx$$

Entonces

$$du = \frac{1}{x}\, dx \quad \text{y} \quad v = \int x\, dx = \frac{x^2}{2}$$

Por lo tanto,

$$\int_1^2 x \ln x\, dx = (\ln x)\left(\frac{x^2}{2}\right)\Big|_1^2 - \int_1^2 \left(\frac{x^2}{2}\right)\frac{1}{x}\, dx$$

$$= (\ln x)\left(\frac{x^2}{2}\right)\Big|_1^2 - \frac{1}{2}\int_1^2 x\, dx$$

$$= \frac{x^2 \ln x}{2}\Big|_1^2 - \frac{1}{2}\left(\frac{x^2}{2}\right)\Big|_1^2$$

$$= (2\ln 2 - 0) - \left(1 - \tfrac{1}{4}\right) = 2\ln 2 - \frac{3}{4}$$

Ahora resuelva el problema 5 ◁

EJEMPLO 3 **Integración por partes donde u es el integrando completo**

Determine $\int \ln y \, dy$.

Solución: No es posible integrar $\ln y$ con los métodos previos, por lo que se tratará de integrar por partes. Sea $u = \ln y$ y $dv = dy$. Entonces $du = (1/y)dy$ y $v = y$. Así, se tiene

$$\int \ln y \, dy = (\ln y)(y) - \int y \left(\frac{1}{y} \, dy \right)$$

$$= y \ln y - \int dy = y \ln y - y + C$$

$$= y[\ln(y) - 1] + C$$

Ahora resuelva el problema 37 ◁

Antes de intentar la integración por partes, se debe ver si este procedimiento es realmente necesario. En ocasiones la integral puede resolverse mediante una técnica básica, como se ilustra en el ejemplo 4.

EJEMPLO 4 **Forma de integración básica**

Determine $\int x e^{x^2} \, dx$.

¡ADVERTENCIA!

Recuerde también las formas de integración más simples. Aquí no es necesaria la integración por partes.

Solución: Esta integral puede ajustarse a la forma $\int e^u \, du$.

$$\int x e^{x^2} \, dx = \frac{1}{2} \int e^{x^2} (2x \, dx)$$

$$= \frac{1}{2} \int e^u \, du \qquad \text{donde } u = x^2$$

$$= \frac{1}{2} e^u + C = \frac{1}{2} e^{x^2} + C$$

Ahora resuelva el problema 17 ◁

En ocasiones la integración por partes debe usarse más de una vez, como se muestra en el ejemplo siguiente.

APLÍQUELO ▶

2. Suponga que una población de bacterias crece a una tasa de

$$P'(t) = 0.1t(\ln t)^2$$

Encuentre la forma general de $P(t)$.

EJEMPLO 5 **Aplicación de la integración por partes dos veces**

Determine $\int x^2 e^{2x+1} \, dx$.

Solución: Sea $u = x^2$ y $dv = e^{2x+1} \, dx$. Entonces $du = 2x \, dx$ y $v = e^{2x+1}/2$.

$$\int x^2 e^{2x+1} \, dx = \frac{x^2 e^{2x+1}}{2} - \int \frac{e^{2x+1}}{2} (2x \, dx)$$

$$= \frac{x^2 e^{2x+1}}{2} - \int x e^{2x+1} \, dx$$

Para encontrar $\int x e^{2x+1} \, dx$, se usará de nuevo la integración por partes. Aquí, sea $u = x$ y $dv = e^{2x+1} \, dx$. Entonces $du = dx$ y $v = e^{2x+1}/2$ y se tiene

$$\int x e^{2x+1} \, dx = \frac{x e^{2x+1}}{2} - \int \frac{e^{2x+1}}{2} \, dx$$

$$= \frac{x e^{2x+1}}{2} - \frac{e^{2x+1}}{4} + C_1$$

Así,

$$\int x^2 e^{2x+1} \, dx = \frac{x^2 e^{2x+1}}{2} - \frac{xe^{2x+1}}{2} + \frac{e^{2x+1}}{4} + C \qquad \text{donde } C = -C_1$$

$$= \frac{e^{2x+1}}{2} \left(x^2 - x + \frac{1}{2} \right) + C$$

Ahora resuelva el problema 23 ◁

PROBLEMAS 15.1

1. Al aplicar la integración por partes a

$$\int f(x) \, dx$$

un estudiante encontró que $u = x$, $du = dx$, $dv = (x + 5)^{1/2}$ y $v = \frac{2}{3}(x + 5)^{3/2}$. Use esta información para encontrar $\int f(x) \, dx$.

2. Use la integración por partes para encontrar

$$\int xe^{3x+1} \, dx$$

mediante la selección de $u = x$ y $dv = e^{3x+1} \, dx$.

En los problemas del 3 al 29, encuentre las integrales.

3. $\displaystyle\int xe^{-x} \, dx$

4. $\displaystyle\int xe^{ax} \, dx \quad \text{for } a \neq 0$

5. $\displaystyle\int y^3 \ln y \, dy$

6. $\displaystyle\int x^2 \ln x \, dx$

7. $\displaystyle\int \ln(4x) \, dx$

8. $\displaystyle\int \frac{t}{e^t} \, dt$

9. $\displaystyle\int x\sqrt{ax + b} \, dx$

10. $\displaystyle\int \frac{12x}{\sqrt{1 + 4x}} \, dx$

11. $\displaystyle\int \frac{x}{(5x + 2)^3} \, dx$

12. $\displaystyle\int \frac{\ln(x + 1)}{2(x + 1)} \, dx$

13. $\displaystyle\int \frac{\ln x}{x^2} \, dx$

14. $\displaystyle\int \frac{2x + 7}{e^{3x}} \, dx$

15. $\displaystyle\int_1^2 4xe^{2x} \, dx$

16. $\displaystyle\int_1^2 2xe^{-3x} \, dx$

17. $\displaystyle\int_0^1 xe^{-x^2} \, dx$

18. $\displaystyle\int \frac{3x^3}{\sqrt{4 - x^2}} \, dx$

19. $\displaystyle\int_5^8 \frac{4x}{\sqrt{9 - x}} \, dx$

20. $\displaystyle\int (\ln x)^2 \, dx$

21. $\displaystyle\int 3(2x - 2) \ln(x - 2) \, dx$

22. $\displaystyle\int \frac{xe^x}{(x + 1)^2} \, dx$

23. $\displaystyle\int x^2 e^x \, dx$

24. $\displaystyle\int_1^4 \sqrt{x} \ln(x^9) \, dx$

25. $\displaystyle\int (x - e^{-x})^2 \, dx$

26. $\displaystyle\int x^2 e^{3x} \, dx$

27. $\displaystyle\int x^3 e^{x^2} \, dx$

28. $\displaystyle\int x^5 e^{x^2} \, dx$

29. $\displaystyle\int (e^x + x)^2 \, dx$

30. Encuentre $\int \ln(x + \sqrt{x^2 + 1}) \, dx$. *Sugerencia*: Muestre que

$$\frac{d}{dx}[\ln(x + \sqrt{x^2 + 1})] = \frac{1}{\sqrt{x^2 \quad 1}}$$

31. Encuentre el área de la región limitada por el eje x, la curva $y = \ln x$ y la recta $x = e^3$.

32. Encuentre el área de la región limitada por el eje x y la curva $y = x^2 e^x$ entre $x = 0$ y $x = 1$.

33. Encuentre el área de la región limitada por el eje x y la curva $y = x^2 \ln x$ entre $x = 1$ y $x = 2$.

34. Excedente de los consumidores Suponga que la ecuación de demanda para el producto de un fabricante está dada por

$$p = 5(q + 5)e^{-(q+5)/5}$$

donde p es el precio por unidad cuando se demandan q unidades. Suponga que el equilibrio de mercado ocurre cuando $q = 7$. Determine el excedente de los consumidores bajo equilibrio del mercado.

35. Ingreso Suponga que el ingreso total r y el precio por unidad p son funciones diferenciables de la función de producción q.

(a) Use integración por partes para demostrar que

$$\int p \, dq = r - \int q \frac{dp}{dq} \, dq$$

(b) Utilice el inciso (a) para demostrar que

$$r = \int \left(p + q \frac{dp}{dq} \right) dq$$

(c) Utilice el inciso (b) para demostrar que

$$r(q_0) = \int_0^{q_0} \left(p + q \frac{dp}{dq} \right) dq$$

(Sugerencia: Revise la sección 14.7).

36. Suponga que f es una función diferenciable. Aplique la integración por partes a $\int f(x)e^x \, dx$ para demostrar que

$$\int f(x)e^x \, dx + \int f'(x)e^x \, dx = f(x)e^x + C$$

$$\left(\text{Por consiguiente}, \int [f(x) + f'(x)]e^x \, dx = f(x)e^x + C \right)$$

37. Suponga que f tiene una inversa y que $F' = f$. Use la integración por partes para desarrollar una fórmula útil para $\int f^{-1}(x) \, dx$ en términos de F y f^{-1}. [*Sugerencia*: Revise el ejemplo 3. Ahí se utilizó la idea que se requiere ahora, para el caso especial de $f(x) = e^x$]. Si $f^{-1}(a) = c$ y $f^{-1}(b) = d$, demuestre que

$$\int_a^b f^{-1}(x) \, dx = bd - ac - \int_c^d f(x) \, dx$$

Para $0 < a < b$ y $f^{-1} > 0$ en $[a, b]$, dibuje un diagrama que ilustre la última ecuación.

Objetivo

Mostrar cómo se integra una función racional propia expresándola primero como una suma de sus fracciones parciales.

15.2 Integración mediante fracciones parciales[2]

Recuerde que una *función racional* es un cociente de polinomios $N(x)/D(x)$ y que es *propia* si N y D no tienen un factor polinomial común y el grado del numerador N es menor que el grado del denominador D. Si N/D no es una función racional propia, entonces podemos usar la división larga para dividir $N(x)$ entre $D(x)$:

$$D(x)\overline{\smash{\big)}N(x)}\ \dfrac{Q(x)}{\ }\quad \text{entonces}\quad \frac{N(x)}{D(x)} = Q(x) + \frac{R(x)}{D(x)}$$

$$\vdots$$
$$\overline{R(x)}$$

Aquí el cociente $Q(x)$ y el residuo $R(x)$ también son polinomios y $R(x)$ es el polinomio 0 constante o bien el grado de $R(x)$ es menor que el de $D(x)$. Por lo tanto, R/D es una función racional propia. Como

$$\int \frac{N(x)}{D(x)}\, dx = \int \left(Q(x) + \frac{R(x)}{D(x)} \right) dx = \int Q(x)\, dx + \int \frac{R(x)}{D(x)}\, dx$$

y ya se sabe cómo integrar un polinomio, deducimos que la tarea de integrar funciones racionales se reduce a integrar funciones racionales *propias*. Es necesario enfatizar que la técnica a describir aquí requiere de una función racional propia, de manera que el paso de la división larga no es opcional. Por ejemplo,

$$\int \frac{2x^4 - 3x^3 - 4x^2 - 17x - 6}{x^3 - 2x^2 - 3x}\, dx = \int \left(2x + 1 + \frac{4x^2 - 14x - 6}{x^3 - 2x^2 - 3x} \right) dx$$

$$= x^2 + x + \int \frac{4x^2 - 14x - 6}{x^3 - 2x^2 - 3x}\, dx$$

Factores lineales distintos

Ahora se considera

$$\int \frac{4x^2 - 14x - 6}{x^3 - 2x^2 - 3x}\, dx$$

Es indispensable que el denominador se exprese en forma factorizada:

$$\int \frac{4x^2 - 14x - 6}{x(x+1)(x-3)}\, dx$$

Observe que en este ejemplo el denominador consiste sólo en **factores lineales** y que cada factor se presenta exactamente una vez. Puede demostrarse que a cada factor $x - a$ le corresponde una *fracción parcial* de la forma

$$\frac{A}{x - a} \qquad A \text{ es una constante}$$

tal que el integrando es la suma de las fracciones parciales. Si se tienen n factores lineales *distintos*, se tendrán n fracciones parciales, cada una de las cuales resulta fácilmente integrable. Aplicando estos hechos, se puede escribir

$$\frac{4x^2 - 14x - 6}{x(x+1)(x-3)} = \frac{A}{x} + \frac{B}{x+1} + \frac{C}{x-3} \tag{1}$$

Para determinar las constantes A, B y C, primero se combinan los términos en el lado derecho:

$$\frac{4x^2 - 14x - 6}{x(x+1)(x-3)} = \frac{A(x+1)(x-3) + Bx(x-3) + Cx(x+1)}{x(x+1)(x-3)}$$

---

[2]Esta sección puede omitirse sin pérdida de continuidad.

Como los denominadores de ambos lados son iguales, sus numeradores se pueden igualar:

$$4x^2 - 14x - 6 = A(x+1)(x-3) + Bx(x-3) + Cx(x+1) \qquad (2)$$

Aunque la ecuación (1) no está definida para $x = 0$, $x = -1$ y $x = 3$, se desea encontrar valores para A, B y C que hagan verdadera la ecuación (2) para todos los valores de x, de manera que los dos lados de la ecuación proporcionen ecuaciones iguales. Al hacer sucesivamente a x igual a tres números cualesquiera diferentes en la ecuación (2), se obtiene un sistema de ecuaciones del que se puede despejar A, B y C. En particular, el trabajo puede simplificarse dándole a x los valores de las raíces de $D(x) = 0$; en este caso, $x = 0$, $x = -1$ y $x = 3$. Usando la ecuación (2) se tiene, para $x = 0$,

$$-6 = A(1)(-3) + B(0) + C(0) = -3A, \quad \text{por lo que } A = 2$$

Si $x = -1$,

$$12 = A(0) + B(-1)(-4) + C(0) = 4B, \quad \text{por lo que } B = 3$$

Si $x = 3$,

$$-12 = A(0) + B(0) + C(3)(4) = 12C, \quad \text{por lo que } C = -1$$

Entonces, la ecuación (1) se convierte en

$$\frac{4x^2 - 14x - 6}{x(x+1)(x-3)} = \frac{2}{x} + \frac{3}{x+1} - \frac{1}{x-3}$$

Por consiguiente,

$$\int \frac{4x^2 - 14x - 6}{x(x+1)(x-3)}\, dx = \int \left(\frac{2}{x} + \frac{3}{x+1} - \frac{1}{x-3} \right) dx$$

$$= 2\int \frac{dx}{x} + 3\int \frac{dx}{x+1} - \int \frac{dx}{x-3}$$

$$= 2\ln|x| + 3\ln|x+1| - \ln|x-3| + C$$

Para la integral original, ahora se puede establecer que

$$\int \frac{2x^4 - 3x^3 - 4x^2 - 17x - 6}{x^3 - 2x^2 - 3x}\, dx = x^2 + x + 2\ln|x| + 3\ln|x+1| - \ln|x-3| + C$$

Un método alternativo para determinar A, B y C implica desarrollar el lado derecho de la ecuación (2) y agrupar términos semejantes:

$$4x^2 - 14x - 6 = A(x^2 - 2x - 3) + B(x^2 - 3x) + C(x^2 + x)$$

$$= Ax^2 - 2Ax - 3A + Bx^2 - 3Bx + Cx^2 + Cx$$

$$4x^2 - 14x - 6 = (A + B + C)x^2 + (-2A - 3B + C)x + (-3A)$$

Para que esta última ecuación exprese una igualdad de funciones, los coeficientes de las potencias correspondientes de x deben ser iguales en ambos lados de la ecuación:

$$\begin{cases} 4 = A + B + C \\ -14 = -2A - 3B + C \\ -6 = -3A \end{cases}$$

Resolviendo el sistema, se tiene que $A = 2$, $B = 3$ y $C = -1$, igual que antes.

APLÍQUELO ▶

3. El ingreso marginal para una compañía que fabrica q radios por semana esta dado por $r'(q) = \dfrac{5(q+4)}{q^2 + 4q + 3}$ donde $r(q)$ es el ingreso en miles. Encuentre la ecuación para $r(q)$.

EJEMPLO 1   Factores lineales distintos

Determine $\displaystyle\int \frac{2x+1}{3x^2-27}$ usando fracciones parciales.

Solución: Como el grado del numerador es menor que el grado del denominador, no es necesaria la división larga. La integral puede escribirse como

$$\frac{1}{3}\int \frac{2x+1}{x^2-9}\,dx$$

Al expresar $(2x+1)/(x^2-9)$ como una suma de fracciones parciales, se tiene

$$\frac{2x+1}{x^2-9} = \frac{2x+1}{(x+3)(x-3)} = \frac{A}{x+3} + \frac{B}{x-3}$$

Combinando términos e igualando los numeradores resulta

$$2x+1 = A(x-3) + B(x+3)$$

Si $x=3$, entonces

$$7 = 6B, \quad \text{por lo que } B = \frac{7}{6}$$

Si $x=-3$, entonces

$$-5 = -6A, \quad \text{por lo que } A = \frac{5}{6}$$

Así,

$$\int \frac{2x+1}{3x^2-27}\,dx = \frac{1}{3}\left(\int \frac{\frac{5}{6}\,dx}{x+3} + \int \frac{\frac{7}{6}\,dx}{x-3}\right)$$

$$= \frac{1}{3}\left(\frac{5}{6}\ln|x+3| + \frac{7}{6}\ln|x-3|\right) + C$$

Ahora resuelva el problema 1 ◁

Factores lineales repetidos

Si el denominador de $N(x)/D(x)$ sólo contiene factores lineales, algunos de los cuales están repetidos, entonces a cada factor $(x-a)^k$, donde k es el número máximo de veces que se presenta $x-a$ como factor, le corresponderá la suma de k fracciones parciales:

$$\frac{A}{x-a} + \frac{B}{(x-a)^2} + \cdots + \frac{K}{(x-a)^k}$$

EJEMPLO 2   Factores lineales repetidos

Determine $\displaystyle\int \frac{6x^2+13x+6}{(x+2)(x+1)^2}\,dx$ usando fracciones parciales.

Solución: Como el grado del numerador, a saber, 2, es menor que el denominador, 3, no es necesaria la división larga. En el denominador, el factor lineal $x+2$ aparece una vez y el factor lineal $x+1$ aparece dos veces. Se deberán determinar entonces tres fracciones parciales y tres constantes, así que se tiene

$$\frac{6x^2+13x+6}{(x+2)(x+1)^2} = \frac{A}{x+2} + \frac{B}{x+1} + \frac{C}{(x+1)^2}$$

$$6x^2+13x+6 = A(x+1)^2 + B(x+2)(x+1) + C(x+2)$$

Seleccionamos $x=-2$, $x=-1$ y, por conveniencia, $x=0$. Para $x=-2$ se tiene

$$4 = A$$

Si $x=-1$, entonces

$$-1 = C$$

Si $x = 0$, entonces

$$6 = A + 2B + 2C = 4 + 2B - 2 = 2 + 2B$$

$$4 = 2B$$

$$2 = B$$

Por lo tanto,

$$\int \frac{6x^2 + 13x + 6}{(x+2)(x+1)^2} \, dx = 4 \int \frac{dx}{x+2} + 2 \int \frac{dx}{x+1} - \int \frac{dx}{(x+1)^2}$$

$$= 4 \ln |x+2| + 2 \ln |x+1| + \frac{1}{x+1} + C$$

$$= \ln [(x+2)^4 (x+1)^2] + \frac{1}{x+1} + C$$

La última línea de la ecuación anterior es de alguna forma opcional (dependiendo de para qué se requiera la integral). Solamente ilustra que en problemas de este tipo, con frecuencia los logaritmos pueden combinarse.

Ahora resuelva el problema 5 ◁

Factores cuadráticos irreducibles distintos

Suponga que un factor cuadrático $x^2 + bx + c$ ocurre en $D(x)$ y que no puede expresarse como un producto de dos factores lineales con coeficientes reales. Se dice que tal factor es un factor *cuadrático irreducible en los números reales*. A cada factor cuadrático irreducible distinto que ocurre sólo una vez en $D(x)$, le corresponderá una fracción parcial de la forma

$$\frac{Ax + B}{x^2 + bx + c}$$

Observe que incluso después de haber expresado una función racional en términos de fracciones parciales, todavía puede resultar imposible integrar utilizando solamente las funciones básicas que se estudian en este libro. Por ejemplo, un factor cuadrático irreducible muy simple es $x^2 + 1$ y aún así

$$\int \frac{1}{x^2 + 1} \, dx = \int \frac{dx}{x^2 + 1} = \tan^{-1} x + C$$

donde $\tan^{-1}$ es la inversa de la función trigonométrica tan cuando tan se restringe a $(-\pi/2, \pi/2)$. En este libro no se analizan las funciones trigonométricas, pero cualquier buena calculadora tiene una tecla para calcular $\tan^{-1}$, tal como usted mismo puede comprobar.

EJEMPLO 3 **Integral con un factor cuadrático irreducible distinto**

Determine $\displaystyle\int \frac{-2x - 4}{x^3 + x^2 + x} \, dx$ usando fracciones parciales.

Solución: Como $x^3 + x^2 + x = x(x^2 + x + 1)$, se tiene el factor lineal x y el factor cuadrático $x^2 + x + 1$, que no parece factorizable a simple vista. Si fuera factorizable en $(x - r_1)(x - r_2)$, con r_1 y r_2 reales, entonces r_1 y r_2 serían las raíces de la ecuación $x^2 + x + 1 = 0$. Por medio de la fórmula cuadrática, las raíces son

$$x = \frac{-1 \pm \sqrt{1 - 4}}{2}$$

Como no se tienen raíces reales, se concluye que $x^2 + x + 1$ es irreducible. Así, habrá dos fracciones parciales y *tres* constantes que determinar. Se tiene

$$\frac{-2x - 4}{x(x^2 + x + 1)} = \frac{A}{x} + \frac{Bx + C}{x^2 + x + 1}$$

$$-2x - 4 = A(x^2 + x + 1) + (Bx + C)x$$

$$= Ax^2 + Ax + A + Bx^2 + Cx$$

$$0x^2 - 2x - 4 = (A + B)x^2 + (A + C)x + A$$

Al igualar los coeficientes de potencias iguales de x, se obtiene

$$\begin{cases} 0 = A + B \\ -2 = A + C \\ -4 = A \end{cases}$$

Al resolver el sistema se obtiene $A = -4$, $B = 4$ y $C = 2$. Por consiguiente,

$$\int \frac{-2x - 4}{x(x^2 + x + 1)}\, dx = \int \left(\frac{-4}{x} + \frac{4x + 2}{x^2 + x + 1} \right) dx$$

$$= -4 \int \frac{dx}{x} + 2 \int \frac{2x + 1}{x^2 + x + 1}\, dx$$

Ambas integrales tienen la forma $\int \dfrac{du}{u}$, por lo que

$$\int \frac{-2x - 4}{x(x^2 + x + 1)}\, dx = -4 \ln |x| + 2 \ln |x^2 + x + 1| + C$$

$$= \ln \left[\frac{(x^2 + x + 1)^2}{x^4} \right] + C$$

Ahora resuelva el problema 7 ◁

Factores cuadráticos irreducibles repetidos

Suponga que $D(x)$ contiene factores de la forma $(x^2 + bx + c)^k$, donde k es el número máximo de veces que ocurre el factor irreducible $x^2 + bx + c$. Entonces, a cada uno de tales factores le corresponde una suma de k fracciones parciales de la forma

$$\frac{A + Bx}{x^2 + bx + c} + \frac{C + Dx}{(x^2 + bx + c)^2} + \cdots + \frac{M + Nx}{(x^2 + bx + c)^k}$$

EJEMPLO 4 **Factores cuadráticos irreducibles repetidos**

Determine $\displaystyle\int \frac{x^5}{(x^2 + 4)^2}\, dx$ usando fracciones parciales.

Solución: Como el numerador tiene grado 5 y el denominador grado 4, primero se utiliza la división larga, lo que resulta en

$$\frac{x^5}{x^4 + 8x^2 + 16} = x - \frac{8x^3 + 16x}{(x^2 + 4)^2}$$

El factor cuadrático $x^2 + 4$ presente en el denominador de $(8x^3 + 16x)/(x^2 + 4)^2$ es irreducible y ocurre dos veces como factor. Así, a $(x^2 + 4)^2$ le corresponden dos fracciones parciales y se deben determinar *cuatro* coeficientes. De acuerdo con esto, se establece

$$\frac{8x^3 + 16x}{(x^2 + 4)^2} = \frac{Ax + B}{x^2 + 4} + \frac{Cx + D}{(x^2 + 4)^2}$$

y se obtiene

$$8x^3 + 16x = (Ax + B)(x^2 + 4) + Cx + D$$

$$8x^3 + 0x^2 + 16x + 0 = Ax^3 + Bx^2 + (4A + C)x + 4B + D$$

Al igualar los coeficientes de las potencias iguales de x, se obtiene

$$\begin{cases} 8 = A \\ 0 = B \\ 16 = 4A + C \\ 0 = 4B + D \end{cases}$$

Al resolver el sistema tenemos que $A = 8, B = 0, C = -16$ y $D = 0$. Por lo tanto,

$$\int \frac{x^5}{(x^2+4)^2}\, dx = \int \left(x - \left(\frac{8x}{x^2+4} - \frac{16x}{(x^2+4)^2} \right) \right) dx$$

$$= \int x\, dx - 4 \int \frac{2x}{x^2+4}\, dx + 8 \int \frac{2x}{(x^2+4)^2}\, dx$$

En la línea precedente, la segunda integral tiene la forma $\int \dfrac{du}{u}$ y la tercera integral tiene la forma $\int \dfrac{du}{u^2}$. De modo que

$$\int \frac{x^5}{(x^2+4)^2} = \frac{x^2}{2} - 4\ln(x^2+4) - \frac{8}{x^2+4} + C$$

Ahora resuelva el problema 27 ◁

A partir de los ejemplos resueltos, usted debe haber deducido que el número de constantes necesarias para expresar $N(x)/D(x)$ por medio de fracciones parciales es igual al grado de $D(x)$, si asume que $N(x)/D(x)$ define una función racional propia. Ciertamente, éste es el caso. Observe también que la representación de una función racional propia por medio de fracciones parciales es única; esto es, sólo hay una posible opción para las constantes. Además, independientemente de la complejidad del polinomio $D(x)$, éste siempre puede expresarse (teóricamente) como un producto de factores lineales y cuadráticos irreducibles con coeficientes reales.

¡ADVERTENCIA! ⚠

También busque las soluciones simples.

APLÍQUELO ▶

4. La tasa de cambio con respecto al tiempo t (en años) de la población que vota en una ciudad se estima como $V'(t) = \dfrac{300t^3}{t^2+6}$. Encuentre la forma general de $V(t)$.

EJEMPLO 5   Una integral que no requiere fracciones parciales

Encuentre $\displaystyle\int \frac{2x+3}{x^2+3x+1}\, dx$.

Solución: Esta integral tiene la forma $\displaystyle\int \frac{1}{u}\, du$. Así,

$$\int \frac{2x+3}{x^2+3x+1}\, dx = \ln|x^2+3x+1| + C$$

Ahora resuelva el problema 17 ◁

PROBLEMAS 15.2

En los problemas del 1 al 8, exprese la función racional dada en términos de fracciones parciales. Tome en cuenta cualquier división preliminar que sea necesaria.

1. $f(x) = \dfrac{10x}{x^2+7x+6}$

2. $f(x) = \dfrac{x+5}{x^2-1}$

3. $f(x) = \dfrac{2x^2}{x^2+5x+6}$

4. $f(x) = \dfrac{2x^2-15}{x^2+5x}$

5. $f(x) = \dfrac{3x-1}{x^2-2x+1}$

6. $f(x) = \dfrac{2x+3}{x^2(x-1)}$

7. $f(x) = \dfrac{x^2+3}{x^3+x}$

8. $f(x) = \dfrac{3x^2+5}{(x^2+4)^2}$

En los problemas del 9 al 30, determine las integrales.

9. $\displaystyle\int \frac{5x-2}{x^2-x}\, dx$

10. $\displaystyle\int \frac{15x+5}{x^2+5x}\, dx$

11. $\displaystyle\int \frac{x+10}{x^2-x-2}\, dx$

12. $\displaystyle\int \frac{2x-1}{x^2-x-12}\, dx$

13. $\displaystyle\int \frac{3x^3-3x+4}{4x^2-4}\, dx$

14. $\displaystyle\int \frac{7(4-x^2)}{(x-4)(x-2)(x+3)}\, dx$

15. $\displaystyle\int \frac{19x^2-5x-36}{2x^3-2x^2-12x}\, dx$

16. $\displaystyle\int \frac{4-x}{x^4-x^2}\, dx$

17. $\displaystyle\int \frac{2(3x^5+4x^3-x)}{x^6+2x^4-x^2-2}\, dx$

18. $\displaystyle\int \frac{x^4-2x^3+6x^2-11x+2}{x^3-3x^2+2x}\, dx$

19. $\displaystyle\int \frac{2x^2-5x-2}{(x-2)^2(x-1)}\, dx$

20. $\displaystyle\int \frac{5x^3+x^2+x-3}{x^4-x^3}\, dx$

21. $\displaystyle\int \frac{2(x^2+8)}{x^3+4x}\, dx$

22. $\displaystyle\int \frac{4x^3-3x^2+2x-3}{(x^2+3)(x+1)(x-2)}\, dx$

23. $\displaystyle\int \frac{-x^3+8x^2-9x+2}{(x^2+1)(x-3)^2}\, dx$

24. $\displaystyle\int \frac{5x^4+9x^2+3}{x(x^2+1)^2}\, dx$

25. $\displaystyle\int \frac{7x^3+24x}{(x^2+3)(x^2+4)}\, dx$

26. $\displaystyle\int \frac{12x^3+20x^2+28x+4}{3(x^2+2x+3)(x^2+1)}\, dx$

27. $\displaystyle\int \frac{3x^3+8x}{(x^2+2)^2}\, dx$

28. $\displaystyle\int \frac{3x^2-8x+4}{x^3-4x^2+4x-6}\, dx$

29. $\displaystyle\int_0^1 \frac{2-2x}{x^2+7x+12}\,dx$ **30.** $\displaystyle\int_0^1 \frac{x^2+5x+5}{x^2+3x+2}\,dx$

31. Encuentre el área de la región limitada por la gráfica de

$$y = \frac{6(x^2+1)}{(x+2)^2}$$

y el eje x desde $x=0$ hasta $x=1$.

32. Excedente de los consumidores La ecuación de demanda para el producto de un fabricante está dada por

$$p = \frac{200(q+3)}{q^2+7q+6}$$

donde p es el precio por unidad cuando se demandan q unidades. Suponga que el equilibrio de mercado ocurre en el punto $(q, p) = (10\,325/22)$. Determine el excedente de los consumidores bajo equilibrio de mercado.

Objetivo

Ilustrar el uso de la tabla de integrales del apéndice B.

15.3 Integración por medio de tablas

Ciertas formas de integrales que se presentan con frecuencia pueden encontrarse en tablas estándar de fórmulas de integración.[3] En el apéndice B aparece una tabla corta cuyo uso se ilustrará en esta sección.

Una integral dada puede tener que transformarse a una forma equivalente para que se ajuste a una fórmula de la tabla. La forma equivalente debe concordar exactamente con la fórmula. En consecuencia, los pasos que se realicen para obtener la forma equivalente deben escribirse con cuidado en vez de hacerlos mentalmente. Antes de proseguir con los ejercicios que requieran de tablas, se recomienda estudiar cuidadosamente los ejemplos de esta sección.

En los ejemplos siguientes, los números de las fórmulas se refieren a los de la tabla de integrales seleccionadas que se proporciona en el apéndice B.

EJEMPLO 1 **Integración por medio de tablas**

Encuentre $\displaystyle\int \frac{x\,dx}{(2+3x)^2}$

Solución: Al revisar la tabla, se identifica el integrando con la fórmula (7):

$$\int \frac{u\,du}{(a+bu)^2} = \frac{1}{b^2}\left(\ln|a+bu| + \frac{a}{a+bu}\right) + C$$

Ahora veamos si es posible hacer coincidir de manera exacta el integrando dado con el de la fórmula. Si se reemplaza x por u, 2 por a y 3 por b, entonces $du = dx$ y, por sustitución, se tiene

$$\int \frac{x\,dx}{(2+3x)^2} = \int \frac{u\,du}{(a+bu)^2} = \frac{1}{b^2}\left(\ln|a+bu| + \frac{a}{a+bu}\right) + C$$

Volviendo a la variable x y reemplazando a por 2 y b por 3, se obtiene

$$\int \frac{x\,dx}{(2+3x)^2} = \frac{1}{9}\left(\ln|2+3x| + \frac{2}{2+3x}\right) + C$$

Note que la respuesta debe darse en términos de x, que es la variable *original* de integración.

Ahora resuelva el problema 5 ◁

EJEMPLO 2 **Integración por medio de tablas**

Encuentre $\displaystyle\int x^2\sqrt{x^2-1}\,dx$.

Solución: Esta integral se identifica con la fórmula (24):

$$\int u^2\sqrt{u^2 \pm a^2}\,du = \frac{u}{8}(2u^2 \pm a^2)\sqrt{u^2 \pm a^2} - \frac{a^4}{8}\ln|u + \sqrt{u^2 \pm a^2}| + C$$

En la fórmula anterior, si usamos el signo inferior del símbolo dual "$\pm$" en el lado izquierdo, entonces deberá usarse también el signo inferior de los símbolos duales en el lado derecho.

---

[3]Vea, por ejemplo, W. H. Beyer (ed.), *CRC Standard Mathematical Tables and Formulae*, 30a. ed. (Boca Ratón, Florida: CRC Press, 1996).

En la integral original, se hace $u = x$ y $a = 1$. Entonces $du = dx$ y, por sustitución, la integral se convierte en

$$\int x^2\sqrt{x^2 - 1}\, dx = \int u^2\sqrt{u^2 - a^2}\, du$$

$$= \frac{u}{8}(2u^2 - a^2)\sqrt{u^2 - a^2} - \frac{a^4}{8}\ln|u + \sqrt{u^2 - a^2}| + C$$

Como $u = x$ y $a = 1$,

$$\int x^2\sqrt{x^2 - 1}\, dx = \frac{x}{8}(2x^2 - 1)\sqrt{x^2 - 1} - \frac{1}{8}\ln|x + \sqrt{x^2 - 1}| + C$$

Ahora resuelva el problema 17 ◁

Este ejemplo, así como los ejemplos 4, 5 y 7, muestra cómo ajustar una integral de modo que se adecue a una de la tabla.

EJEMPLO 3   Integración por medio de tablas

Encuentre $\displaystyle\int \frac{dx}{x\sqrt{16x^2 + 3}}$.

Solución: El integrando puede identificarse con la fórmula (28):

$$\int \frac{du}{u\sqrt{u^2 + a^2}} = \frac{1}{a}\ln\left|\frac{\sqrt{u^2 + a^2} - a}{u}\right| + C$$

Al hacer $u = 4x$ y $a = \sqrt{3}$, resulta que $du = 4\, dx$. Observe con cuidado cómo, al insertar 4 en el numerador y en el denominador, se transforma la integral dada a una forma equivalente que coincide con la fórmula (28):

$$\int \frac{dx}{x\sqrt{16x^2 + 3}} = \int \frac{(4\, dx)}{(4x)\sqrt{(4x)^2 + (\sqrt{3})^2}} = \int \frac{du}{u\sqrt{u^2 + a^2}}$$

$$= \frac{1}{a}\ln\left|\frac{\sqrt{u^2 + a^2} - a}{u}\right| + C$$

$$= \frac{1}{\sqrt{3}}\ln\left|\frac{\sqrt{16x^2 + 3} - \sqrt{3}}{4x}\right| + C$$

Ahora resuelva el problema 7 ◁

EJEMPLO 4   Integración por medio de tablas

Encuentre $\displaystyle\int \frac{dx}{x^2(2 - 3x^2)^{1/2}}$.

Solución: El integrando se identifica con la fórmula (21):

$$\int \frac{du}{u^2\sqrt{a^2 - u^2}} = -\frac{\sqrt{a^2 - u^2}}{a^2 u} + C$$

Haciendo $u = \sqrt{3}x$ y $a^2 = 2$, se tiene $du = \sqrt{3}\, dx$. De modo que al insertar dos factores de $\sqrt{3}$ en el numerador y el denominador de la integral original, se tiene

$$\int \frac{dx}{x^2(2 - 3x^2)^{1/2}} = \sqrt{3}\int \frac{(\sqrt{3}\, dx)}{(\sqrt{3}x)^2[2 - (\sqrt{3}x)^2]^{1/2}} = \sqrt{3}\int \frac{du}{u^2(a^2 - u^2)^{1/2}}$$

$$= \sqrt{3}\left[-\frac{\sqrt{a^2 - u^2}}{a^2 u}\right] + C = \sqrt{3}\left[-\frac{\sqrt{2 - 3x^2}}{2(\sqrt{3}x)}\right] + C$$

$$= -\frac{\sqrt{2 - 3x^2}}{2x} + C$$

Ahora resuelva el problema 35 ◁

EJEMPLO 5 **Integración por medio de tablas**

Encuentre $\int 7x^2 \ln{(4x)} \, dx$.

Solución: Esto es similar a la fórmula (42) con $n = 2$:

$$\int u^n \ln{u} \, du = \frac{u^{n+1} \ln{u}}{n+1} - \frac{u^{n+1}}{(n+1)^2} + C$$

Si hacemos $u = 4x$, entonces $du = 4 \, dx$. Por consiguiente,

$$\int 7x^2 \ln{(4x)} \, dx = \frac{7}{4^3} \int (4x)^2 \ln{(4x)}(4 \, dx)$$

$$= \frac{7}{64} \int u^2 \ln{u} \, du = \frac{7}{64} \left(\frac{u^3 \ln{u}}{3} - \frac{u^3}{9} \right) + C$$

$$= \frac{7}{64} \left(\frac{(4x)^3 \ln{(4x)}}{3} - \frac{(4x)^3}{9} \right) + C$$

$$= 7x^3 \left(\frac{\ln{(4x)}}{3} - \frac{1}{9} \right) + C$$

$$= \frac{7x^3}{9} (3 \ln{(4x)} - 1) + C$$

Ahora resuelva el problema 45 ◁

EJEMPLO 6 **Integral en la que no se necesita la tabla**

Encuentre $\int \frac{e^{2x} \, dx}{7 + e^{2x}}$.

Solución: A primera vista, el integrando no se identifica con ninguna forma incluida en la tabla. Tal vez sea de ayuda escribir de nuevo la integral. Sea $u = 7 + e^{2x}$, entonces $du = 2e^{2x} \, dx$. De modo que

$$\int \frac{e^{2x} \, dx}{7 + e^{2x}} = \frac{1}{2} \int \frac{(2e^{2x} \, dx)}{7 + e^{2x}} = \frac{1}{2} \int \frac{du}{u} = \frac{1}{2} \ln{|u|} + C$$

$$= \frac{1}{2} \ln{|7 + e^{2x}|} + C = \frac{1}{2} \ln{(7 + e^{2x})} + C$$

Así, únicamente se tuvo que usar el conocimiento de las formas básicas de integración. [En realidad, esta forma aparece como la fórmula (2) en la tabla, con $a = 0$ y $b = 1$].

Ahora resuelva el problema 39 ◁

EJEMPLO 7 **Determinación de una integral definida mediante el uso de tablas**

Evalúe $\int_1^4 \frac{dx}{(4x^2 + 2)^{3/2}}$.

Solución: Se usará la fórmula (32) para obtener primero la integral indefinida:

$$\int \frac{du}{(u^2 \pm a^2)^{3/2}} = \frac{\pm u}{a^2 \sqrt{u^2 \pm a^2}} + C$$

Haciendo $u = 2x$ y $a^2 = 2$, se tiene $du = 2 \, dx$. Entonces,

$$\int \frac{dx}{(4x^2 + 2)^{3/2}} = \frac{1}{2} \int \frac{(2 \, dx)}{((2x)^2 + 2)^{3/2}} = \frac{1}{2} \int \frac{du}{(u^2 + 2)^{3/2}}$$

$$= \frac{1}{2} \left(\frac{u}{2\sqrt{u^2 + 2}} \right) + C$$

Aquí se determinan los límites de integración con respecto a u.

En vez de sustituir los valores de x y evaluar la integral desde $x = 1$ hasta $x = 4$, es posible determinar los límites de integración correspondientes con respecto a u y luego evaluar la última expresión ubicada entre esos límites. Como $u = 2x$, cuando $x = 1$ se tiene $u = 2$; cuando $x = 4$, se tiene $u = 8$. Por consiguiente,

$$\int_1^4 \frac{dx}{(4x^2 + 2)^{3/2}} = \frac{1}{2} \int_2^8 \frac{du}{(u^2 + 2)^{3/2}}$$

$$= \frac{1}{2} \left(\frac{u}{2\sqrt{u^2 + 2}} \right) \Big|_2^8 = \frac{2}{\sqrt{66}} - \frac{1}{2\sqrt{6}}$$

Ahora resuelva el problema 15 ◁

Integración aplicada a anualidades

Las tablas de integrales son útiles al manejar integrales asociadas con anualidades. Suponga que usted debe pagar $100 (dólares estadounidenses) al final de cada año durante los siguientes dos años. Del capítulo 5, recuerde que una serie de pagos sobre un periodo, como en este caso, se denomina *anualidad*. Si usted debiera liquidar la deuda ahora, en vez de en anualidades, pagaría el valor presente de los $100 que vencen al final del primer año más el valor presente de los $100 que vencen al final del segundo año. La suma de esos valores presentes es el valor presente de la anualidad (el valor presente de una anualidad se vio en la sección 5.4). Ahora se considerará el valor presente de pagos hechos de manera continua en el intervalo de tiempo que va de $t = 0$ a $t = T$, con t en años, cuando el interés se compone de manera continua a una tasa anual de r.

Suponga que se hace un pago en el tiempo t de manera que, según una base anual, este pago es $f(t)$. Si se divide el intervalo $[0, T]$ en subintervalos $[t_{i-1}, t_i]$ de longitud dt (donde dt es pequeña), entonces la cantidad total de todos los pagos comprendidos en tal intervalo es aproximadamente igual a $f(t_i)dt$. [Por ejemplo, si $f(t) = 2000$ y dt fuese de un día, la cantidad total de los pagos sería $2000 \left(\frac{1}{365}\right)$]. El valor presente de esos pagos es de aproximadamente $e^{-rt_i} f(t_i) \, dt$. (Vea la sección 5.3). En el intervalo $[0, T]$, el total de todos los valores presentes es

$$\sum e^{-rt_i} f(t_i) \, dt$$

Esta suma aproxima el valor presente A de la anualidad. Entre menor sea dt, mejor será la aproximación. Esto es, cuando $dt \to 0$, el límite de la suma es el valor presente. Sin embargo, este límite es también una integral definida. Esto es,

$$A = \int_0^T f(t) e^{-rt} \, dt \tag{1}$$

donde A es el **valor presente de una anualidad continua** a la tasa anual r (compuesta de manera continua) durante T años si un pago en el tiempo t es a la tasa de $f(t)$ por año.

Se dice que la ecuación (1) da el **valor presente de un flujo continuo de ingreso**. La ecuación (1) puede usarse también para encontrar el valor presente de la utilidad futura de un negocio. En esta situación, $f(t)$ es la tasa anual de utilidad en el tiempo t.

También se puede considerar el valor *futuro* de una anualidad en vez de su valor presente. Si se hace un pago en el tiempo t, entonces el pago tiene cierto valor al *final* del periodo de la anualidad —esto es, $T - t$ años después—. Este valor es

$$\left(\begin{array}{c} \text{monto} \\ \text{del pago} \end{array} \right) + \left(\begin{array}{c} \text{interés sobre este pago} \\ \text{durante } T - t \text{ años} \end{array} \right)$$

Si S es el total de esos valores para todos los pagos, entonces a S se le denomina *monto acumulado de una anualidad continua* y está dado por la fórmula:

$$S = \int_0^T f(t) e^{r(T-t)} \, dt$$

donde S es el **monto acumulado de una anualidad continua** al final de T años a la tasa anual r (compuesta de manera continua) cuando un pago en el tiempo t es a la tasa $f(t)$ por año.

EJEMPLO 8 **Valor presente de una anualidad continua**

Encuentre el valor presente (al entero más cercano) de una anualidad continua a una tasa anual de 8% durante 10 años si el pago en el tiempo t es a razón de t^2 por año.

Solución: El valor presente está dado por

$$A = \int_0^T f(t)e^{-rt}\, dt = \int_0^{10} t^2 e^{-0.08t}\, dt$$

Se usará la fórmula (39),

$$\int u^n e^{au}\, du = \frac{u^n e^{au}}{a} - \frac{n}{a}\int u^{n-1} e^{au}\, du$$

Esta expresión se llama *fórmula de reducción*, puesto que reduce una integral a una expresión que contiene una integral más fácil de determinar. Si $u = t, n = 2$ y $a = -0.08$, entonces $du = dt$ y se tiene

$$A = \frac{t^2 e^{-0.08t}}{-0.08}\bigg|_0^{10} - \frac{2}{-0.08}\int_0^{10} t e^{-0.08t}\, dt$$

En la nueva integral, el exponente de t se ha reducido a 1. Es posible identificar esta integral con la de la fórmula (38),

$$\int u e^{au}\, du = \frac{e^{au}}{a^2}(au - 1) + C$$

haciendo $u = t$ y $a = -0.08$. Entonces $du = dt$ y

$$A = \int_0^{10} t^2 e^{-0.08t}\, dt = \frac{t^2 e^{-0.08t}}{-0.08}\bigg|_0^{10} - \frac{2}{-0.08}\left(\frac{e^{-0.08t}}{(-0.08)^2}(-0.08t - 1)\right)\bigg|_0^{10}$$

$$= \frac{100 e^{-0.8}}{-0.08} - \frac{2}{-0.08}\left(\frac{e^{-0.8}}{(-0.08)^2}(-0.8 - 1) - \frac{1}{(-0.08)^2}(-1)\right)$$

$$\approx 185$$

El valor presente es de $185.

Ahora resuelva el problema 59 ◁

PROBLEMAS 15.3

En los problemas 1 y 2, use la fórmula (19) del apéndice B para determinar las integrales.

1. $\displaystyle\int \frac{dx}{(6 - x^2)^{3/2}}$

2. $\displaystyle\int \frac{dx}{(25 - 4x^2)^{3/2}}$

En los problemas 3 y 4, use la fórmula (30) del apéndice B para determinar las integrales.

3. $\displaystyle\int \frac{dx}{x^2\sqrt{16x^2 + 3}}$

4. $\displaystyle\int \frac{3\, dx}{x^3\sqrt{x^4 - 9}}$

En los problemas del 5 al 38, encuentre las integrales usando la tabla del apéndice B.

5. $\displaystyle\int \frac{dx}{x(6 + 7x)}$

6. $\displaystyle\int \frac{5x^2\, dx}{(2 + 3x)^2}$

7. $\displaystyle\int \frac{dx}{x\sqrt{x^2 + 9}}$

8. $\displaystyle\int \frac{dx}{(x^2 + 7)^{3/2}}$

9. $\displaystyle\int \frac{x\, dx}{(2 + 3x)(4 + 5x)}$

10. $\displaystyle\int 2^{5x}\, dx$

11. $\displaystyle\int \frac{dx}{1 + 2e^{3x}}$

12. $\displaystyle\int x^2\sqrt{1 + x}\, dx$

13. $\displaystyle\int \frac{7\, dx}{x(5 + 2x)^2}$

14. $\displaystyle\int \frac{dx}{x\sqrt{5 - 11x^2}}$

15. $\displaystyle\int_0^1 \frac{x\, dx}{2 + x}$

16. $\displaystyle\int \frac{-3x^2\, dx}{2 - 5x}$

17. $\displaystyle\int \sqrt{x^2 - 3}\, dx$

18. $\displaystyle\int \frac{dx}{(1 + 5x)(2x + 3)}$

19. $\displaystyle\int_0^{1/12} x e^{12x}\, dx$

20. $\displaystyle\int \sqrt{\frac{2 + 3x}{5 + 3x}}\, dx$

21. $\displaystyle\int x^3 e^x\, dx$

22. $\displaystyle\int_1^2 \frac{4\, dx}{x^2(1 + x)}$

23. $\displaystyle\int \frac{\sqrt{5x^2 + 1}}{2x^2}\, dx$

24. $\displaystyle\int \frac{dx}{x\sqrt{2 - x}}$

25. $\displaystyle\int \frac{x\, dx}{(1 + 3x)^2}$

26. $\displaystyle\int \frac{2\, dx}{\sqrt{(1 + 2x)(3 + 2x)}}$

27. $\displaystyle\int \frac{dx}{7 - 5x^2}$

28. $\displaystyle\int 7x^2\sqrt{3x^2 - 6}\, dx$

29. $\displaystyle\int 36x^5 \ln(3x)\, dx$

30. $\displaystyle\int \frac{5\, dx}{x^2(3 + 2x)^2}$

31. $\int 5x\sqrt{1+2x}\,dx$

32. $\int 9x^2 \ln x\,dx$

33. $\int \dfrac{dx}{\sqrt{4x^2-13}}$

34. $\int \dfrac{dx}{x\ln(2x)}$

35. $\int \dfrac{2\,dx}{x^2\sqrt{16-9x^2}}$

36. $\int \dfrac{\sqrt{3-x^2}}{x}\,dx$

37. $\int \dfrac{dx}{\sqrt{x}(\pi+7e^{4\sqrt{x}})}$

38. $\int_0^1 \dfrac{3x^2\,dx}{1+2x^3}$

En los problemas del 39 al 56, encuentre las integrales por cualquier método.

39. $\int \dfrac{x\,dx}{x^2+1}$

40. $\int 3x\sqrt{x}e^{x^{5^2}}\,dx$

41. $\int \dfrac{(\ln x)^3}{x}\,dx$

42. $\int \dfrac{5x^3-\sqrt{x}}{2x}\,dx$

43. $\int \dfrac{dx}{x^2-5x+6}$

44. $\int \dfrac{e^{2x}}{\sqrt{e^{2x}+3}}\,dx$

45. $\int x^3 \ln x\,dx$

46. $\int (9x-6)e^{-30x+20}\,dx$

47. $\int 4x^3 e^{3x^2}\,dx$

48. $\int_1^2 35x^2\sqrt{3+2x}\,dx$

49. $\int \ln^2 x\,dx$

50. $\int_1^e 3x\ln x^2\,dx$

51. $\int_{-2}^1 \dfrac{x\,dx}{\sqrt{3+x}}$

52. $\int_2^3 x\sqrt{2+3x}\,dx$

53. $\int_0^1 \dfrac{2x\,dx}{\sqrt{8-x^2}}$

54. $\int_0^{\ln 2} x^2 e^{3x}\,dx$

55. $\int_1^2 x\ln(2x)\,dx$

56. $\int_3^5 dA$

57. Biología   En un análisis sobre frecuencia genética,[4] aparece la integral

$$\int_{q_0}^{q_n} \dfrac{dq}{q(1-q)}$$

donde las q representan frecuencias genéticas. Evalúe esta integral.

58. Biología   Bajo ciertas condiciones, el número n de generaciones requeridas para cambiar la frecuencia de un gen de 0.3 a 0.1 está dado por[5]

$$n = -\dfrac{1}{0.4}\int_{0.3}^{0.1} \dfrac{dq}{q^2(1-q)}$$

Encuentre n (al entero más cercano).

59. Anualidad continua   Encuentre el valor presente, al entero más cercano, de una anualidad continua con una tasa de interés anual de r durante T años si el pago en el tiempo t es a la tasa anual de $f(t)$, dado que

(a) $r = 0.04$ $T = 9$ $f(t) = 1000$
(b) $r = 0.06$ $T = 10$ $f(t) = 500t$

60. Si $f(t) = k$, donde k es una constante positiva, demuestre que el valor de la integral mostrada en la ecuación (1) de esta sección es

$$k\left(\dfrac{1-e^{-rT}}{r}\right)$$

61. Anualidad continua   Encuentre el monto acumulado, al entero más cercano, de una anualidad continua a una tasa anual de r durante T años si el pago en el tiempo t es a una tasa anual de $f(t)$, dado que

(a) $r = 0.02$ $T = 10$ $f(t) = 100$
(b) $r = 0.01$ $T = 10$ $f(t) = 200$

62. Valor de un negocio   Durante los próximos cinco años, las utilidades de un negocio en el tiempo t se estiman igual a \$50 000t por año. El negocio se va a vender a un precio igual al valor presente de esas futuras utilidades. A la decena más cercana, ¿a qué precio debe venderse el negocio si el interés se compone continuamente a una tasa anual del 7 por ciento?

Objetivo

Desarrollar el concepto del valor promedio de una función.

15.4 Valor promedio de una función

Para los tres números 1, 2 y 9, su valor promedio o *media* es su suma dividida entre 3. Al denotar esta media por $\bar{y}$, se tiene

$$\bar{y} = \dfrac{1+2+9}{3} = 4$$

En forma similar, suponga que se da una función f definida en el intervalo $[a, b]$ y que los puntos $x_1, x_2, \dots, x_n$ están en el intervalo. Entonces, el valor promedio de los n valores correspondientes de la función $f(x_1), f(x_2), \dots, f(x_n)$ es

$$\bar{y} = \dfrac{f(x_1)+f(x_2)+\cdots+f(x_n)}{n} = \dfrac{\displaystyle\sum_{i=1}^n f(x_i)}{n} \tag{1}$$

Se puede ir un paso más adelante. Se dividirá el intervalo $[a, b]$ en n subintervalos de igual longitud. Seleccionamos x_i como el extremo derecho del i-ésimo subintervalo. Como $[a, b]$

---

[4]W. B. Mather, *Principles of Quantitative Genetics* (Minneapolis: Burges Publishing Company, 1964).
[5]E. O. Wilson y W. H. Bossert, *A Primer of Population Biology* (Stamford, Conn.: Sinauer Associates, Inc., 1971).

tiene longitud $b - a$, cada subintervalo tiene longitud $\dfrac{b-a}{n}$, la cual se llamará dx. Por ende, la ecuación (1) puede escribirse como

$$\bar{y} = \frac{\displaystyle\sum_{i=1}^{n} f(x_i)\left(\dfrac{dx}{dx}\right)}{n} = \frac{\dfrac{1}{dx}\displaystyle\sum_{i=1}^{n} f(x_i)\,dx}{n} = \frac{1}{n\,dx}\sum_{i=1}^{n} f(x_i)\,dx \tag{2}$$

Como $dx = \dfrac{b-a}{n}$, se deduce que $n\,dx = b - a$. De modo que la expresión $\dfrac{1}{n\,dx}$ incluida en la ecuación (2) puede reemplazarse con $\dfrac{1}{b-a}$. Además, cuando $n \to \infty$, el número de valores de la función usados para calcular $\bar{y}$ se incrementa y se obtiene el *valor promedio de la función f*, denotado por $\bar{f}$:

$$\bar{f} = \lim_{n\to\infty}\left[\frac{1}{b-a}\sum_{i=1}^{n} f(x_i)\,dx\right] = \frac{1}{b-a}\lim_{n\to\infty}\sum_{i=1}^{n} f(x_i)\,dx$$

Pero el límite de la derecha es precisamente la integral definida $\int_a^b f(x)\,dx$. Esto da pie a la siguiente definición.

Definición

El *valor promedio de una función* $f(x)$ en el intervalo $[a, b]$ se denota con $\bar{f}$ y está dado por

$$\bar{f} = \frac{1}{b-a}\int_a^b f(x)\,dx$$

EJEMPLO 1 Valor promedio de una función

Encuentre el valor promedio de la función $f(x) = x^2$ en el intervalo $[1, 2]$.

Solución:

$$\bar{f} = \frac{1}{b-a}\int_a^b f(x)\,dx$$

$$= \frac{1}{2-1}\int_1^2 x^2\,dx = \left.\frac{x^3}{3}\right|_1^2 = \frac{7}{3}$$

Ahora resuelva el problema 1 ◁

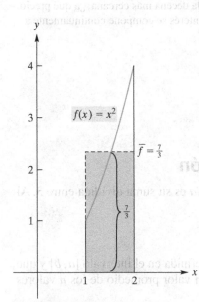

FIGURA 15.1 Interpretación geométrica del valor promedio de una función.

En el ejemplo 1 se encontró que el valor promedio de $y = f(x) = x^2$ en el intervalo $[1, 2]$ es $\frac{7}{3}$. Este valor puede interpretarse de manera geométrica. Como

$$\frac{1}{2-1}\int_1^2 x^2\,dx = \frac{7}{3}$$

al despejar la integral se tiene

$$\int_1^2 x^2\,dx = \frac{7}{3}(2-1)$$

Sin embargo, esta integral da el área de la región limitada por $f(x) = x^2$ y el eje x desde $x = 1$ hasta $x = 2$. (Vea la figura 15.1). De la ecuación anterior, esta área es $\left(\frac{7}{3}\right)(2-1)$, la cual corresponde al área de un rectángulo cuya altura es el valor promedio $\bar{f} = \frac{7}{3}$ y cuyo ancho es $b - a = 2 - 1 = 1$.

EJEMPLO 2 Flujo promedio de sangre

Suponga que el flujo de sangre en el tiempo t en cierto sistema está dado por

$$F(t) = \frac{F_1}{(1+\alpha t)^2} \qquad 0 \le t \le T$$

donde F_1 y α (letra griega "alfa") son constantes.[6] Encuentre el flujo promedio $\overline{F}$ en el intervalo $[0, T]$.

Solución:

$$\overline{F} = \frac{1}{T - 0} \int_0^T F(t)\,dt$$

$$= \frac{1}{T} \int_0^T \frac{F_1}{(1 + \alpha t)^2}\,dt = \frac{F_1}{\alpha T} \int_0^T (1 + \alpha t)^{-2}(\alpha\,dt)$$

$$= \frac{F_1}{\alpha T} \left(\frac{(1 + \alpha t)^{-1}}{-1} \right)\Bigg|_0^T = \frac{F_1}{\alpha T} \left(-\frac{1}{1 + \alpha T} + 1 \right)$$

$$= \frac{F_1}{\alpha T} \left(\frac{-1 + 1 + \alpha T}{1 + \alpha T} \right) = \frac{F_1}{\alpha T} \left(\frac{\alpha T}{1 + \alpha T} \right) = \frac{F_1}{1 + \alpha T}$$

Ahora resuelva el problema 11 ◁

PROBLEMAS 15.4

En los problemas del 1 al 8, encuentre el valor promedio de la función en el intervalo dado.

1. $f(x) = x^2$; $[-1, 3]$
2. $f(x) = 2x + 1$; $[0, 1]$
3. $f(x) = 2 - 3x^2$; $[-1, 2]$
4. $f(x) = x^2 + x + 1$; $[1, 3]$
5. $f(t) = 2t^5$; $[-3, 3]$
6. $f(t) = t\sqrt{t^2 + 9}$; $[0, 4]$
7. $f(x) = \sqrt{x}$; $[0, 1]$
8. $f(x) = 5/x^2$; $[1, 3]$

9. **Utilidad** La utilidad de un negocio está dada por

$$P = P(q) = 369q - 2.1q^2 - 400$$

donde q es el número de unidades del producto vendido. Encuentre la utilidad promedio en el intervalo de $q = 0$ a $q = 100$.

10. **Costo** Suponga que el costo de producir q unidades de cierto artículo está dado por

$$c = 4000 + 10q + 0.1q^2$$

Encuentre el costo promedio en el intervalo de $q = 100$ a $q = 500$.

11. **Inversión** Una inversión de \$3000 gana interés a una tasa anual de 5% compuesto continuamente. Después de t años, su valor

S está dado por $S = 3000e^{0.05t}$. Encuentre el valor promedio de una inversión a dos años.

12. **Medicina** Suponga que se inyecta un tinte en la corriente sanguínea a una razón constante R. En el tiempo t, sea

$$C(t) = \frac{R}{F(t)}$$

la concentración de tinte en un punto situado a cierta distancia (distal) desde el punto de inyección, donde $F(t)$ está dada en el ejemplo 2. Demuestre que la concentración promedio en $[0, T]$ es

$$\overline{C} = \frac{R\left(1 + \alpha T + \frac{1}{3}\alpha^2 T^2\right)}{F_1}$$

13. **Ingreso** Suponga que un fabricante recibe un ingreso r por la venta de q unidades de cierto producto. Demuestre que el valor promedio de la función de ingreso marginal en el intervalo $[0, q_0]$ es el precio por unidad cuando se han vendido q_0 unidades.

14. Encuentre el valor promedio de $f(x) = \dfrac{1}{x^2 - 4x + 5}$ en el intervalo $[0, 1]$ mediante una técnica de integración aproximada. Redondee su respuesta a dos decimales.

Objetivo

Resolver una ecuación diferencial por medio del método de separación de variables. Analizar soluciones particulares y soluciones generales. Desarrollar el concepto de interés compuesto continuamente en términos de una ecuación diferencial. Estudiar el crecimiento y el decaimiento exponenciales.

15.5 Ecuaciones diferenciales

En algunas ocasiones, usted tendrá que resolver una ecuación que contenga la derivada de una función desconocida. Tal ecuación se llama **ecuación diferencial**. Un ejemplo es

$$y' = xy^2 \tag{1}$$

Con mayor precisión, la ecuación (1) se llama **ecuación diferencial de primer orden**, puesto que incluye una derivada de primer orden y ninguna de orden superior. Una solución de la ecuación (1) es cualquier función $y = f(x)$ que esté definida en un intervalo y satisfaga la ecuación para toda x incluida en el intervalo.

---

[6]W. Simon, *Mathematical Techniques for Physiology and Medicine* (Nueva York: Academic Press, Inc., 1972).

Para resolver $y' = xy^2$, o de manera equivalente,

$$\frac{dy}{dx} = xy^2 \tag{2}$$

se piensa en dy/dx como un cociente de diferenciales y "se separan variables" algebraicamente al escribir de nuevo la ecuación de manera que cada miembro contenga sólo una variable y no aparezcan diferenciales en ningún denominador:

$$\frac{dy}{y^2} = x\, dx$$

Al integrar ambos lados y combinar las constantes de integración, se obtiene

$$\int \frac{1}{y^2}\, dy = \int x\, dx$$

$$-\frac{1}{y} = \frac{x^2}{2} + C_1$$

$$-\frac{1}{y} = \frac{x^2 + 2C_1}{2}$$

Como $2C_1$ es una constante arbitraria, se reemplaza por C.

$$-\frac{1}{y} = \frac{x^2 + C}{2} \tag{3}$$

Despejando y de la ecuación (3), se tiene

$$y = -\frac{2}{x^2 + C} \tag{4}$$

Es posible verificar por sustitución que y es una solución de la ecuación diferencial (2):
Si y está dada por la ecuación (4), entonces

$$\frac{dy}{dx} = \frac{4x}{(x^2 + C)^2}$$

aunque también

$$xy^2 = x\left[-\frac{2}{x^2 + C}\right]^2 = \frac{4x}{(x^2 + C)^2}$$

con lo cual se muestra que y satisface a (2). Observe que en la ecuación (4), para *cada* valor de C se obtuvo una solución diferente. A la ecuación (4) se le llama **solución general** de la ecuación diferencial. El método que se usa para encontrarla se llama **separación de variables**.

En el ejemplo anterior, suponga que se tiene la condición de que $y = -\frac{2}{3}$ cuando $x = 1$; esto es, $y(1) = -\frac{2}{3}$. Entonces la función *particular* que satisface a la ecuación (2) y a esta condición puede encontrarse por sustitución de los valores $x = 1$ y $y = -\frac{2}{3}$ en la ecuación (4) y despejando C:

$$-\frac{2}{3} = -\frac{2}{1^2 + C}$$

$$C = 2$$

Por lo tanto, la solución para una $dy/dx = xy^2$ tal que $y(1) = -\frac{2}{3}$ es

$$y = -\frac{2}{x^2 + 2} \tag{5}$$

A la ecuación (5) se le llama **solución particular** de la ecuación diferencial.

APLÍQUELO ▶

5. Para un líquido claro, la intensidad de la luz disminuye a una razón de $\frac{dI}{dx} = -kI$, dónde I es la intensidad de la luz y x es el número de pies por debajo de la superficie del líquido. Si $k = 0.0085$ e $I = I_0$ cuando $x = 0$, encuentre I como una función de x.

EJEMPLO 1   Separación de variables

Resuelva $y' = -\dfrac{y}{x}$ si $x, y > 0$.

Solución: Al escribir y' como dy/dx, separar variables e integrar, se tiene

$$\frac{dy}{dx} = -\frac{y}{x}$$

$$\frac{dy}{y} = -\frac{dx}{x}$$

$$\int \frac{1}{y}\, dy = -\int \frac{1}{x}\, dx$$

$$\ln|y| = C_1 - \ln|x|$$

Como $x, y > 0$, se pueden omitir las barras de valor absoluto:

$$\ln y = C_1 - \ln x \tag{6}$$

Para despejar y, se convierte la ecuación (6) a su forma exponencial:

$$y = e^{C_1 - \ln x}$$

Por lo que,

$$y = e^{C_1} e^{-\ln x} = \frac{e^{C_1}}{e^{\ln x}}$$

Si se reemplaza e^{C_1} por C, donde $C > 0$, y se reescribe $e^{\ln x}$ como x, resulta

$$y = \frac{C}{x} \qquad C, x > 0$$

Ahora resuelva el problema 1 ◁

En el ejemplo 1, observe que la ecuación (6) expresa la solución de manera implícita, mientras que la ecuación final ($y = C/x$) proporciona la solución para y en forma explícita en términos de x. Las soluciones de ciertas ecuaciones diferenciales suelen expresarse en forma implícita por conveniencia (o por necesidad cuando se dificulta obtener una forma explícita).

Crecimiento y decaimiento exponenciales

En la sección 5.3 se desarrolló el concepto del interés compuesto en forma continua. Ahora se abordará este tema desde un punto de vista diferente que involucra una ecuación diferencial. Suponga una inversión de P valor a una tasa anual r compuesta n veces por año. Sea la función $S = S(t)$ la cantidad compuesta S (o la cantidad total presente) después de t años contados desde la fecha de inversión inicial. Entonces el capital inicial es $S(0) = P$. Además, como se tienen n periodos de interés por año, cada periodo tiene una duración de $1/n$ años, lo que se denotará por dt. Al final del primer periodo, el interés acumulado se suma al capital y la suma actúa como el capital para el segundo periodo, y así sucesivamente. Por lo tanto, si el principio de un periodo de interés ocurre en el tiempo t, entonces el incremento en la cantidad presente al final de un periodo dt es $S(t + dt) - S(t)$, que se escribe como ΔS. Este incremento, ΔS, es también el interés ganado en el periodo. De manera equivalente, el interés ganado es el capital multiplicado por la tasa y por el tiempo:

$$\Delta S = S \cdot r \cdot dt$$

Al dividir ambos lados entre dt, se obtiene

$$\frac{\Delta S}{dt} = rS \tag{7}$$

Cuando $dt \to 0$, entonces $n = \dfrac{1}{dt} \to \infty$ y, en consecuencia, el interés está siendo *compuesto continuamente*; esto es, el capital está sometido a un crecimiento continuo en cada instante. Sin embargo, cuando $dt \to 0$, entonces $\Delta S/dt \to dS/dt$ y la ecuación (7) toma la forma

$$\frac{dS}{dt} = rS \tag{8}$$

Esta ecuación diferencial significa que *cuando el interés es compuesto en forma continua, la razón de cambio de la cantidad de dinero presente en el tiempo t es proporcional a la cantidad presente en el tiempo t*. La constante de proporcionalidad es r.

Para determinar la función S, se resuelve la ecuación diferencial (8) por el método de separación de variables:

$$\frac{dS}{dt} = rS$$

$$\frac{dS}{S} = r\, dt$$

$$\int \frac{1}{S}\, dS = \int r\, dt$$

$$\ln |S| = rt + C_1$$

Se supone que $S > 0$, por lo que $\ln|S| = \ln S$. Entonces,

$$\ln S = rt + C_1$$

Para obtener una forma explícita, se puede despejar S convirtiendo la ecuación a su forma exponencial.

$$S = e^{rt+C_1} = e^{C_1} e^{rt}$$

Por simplicidad, e^{C_1} puede reemplazarse por C (y entonces necesariamente $C > 0$) para obtener la solución general

$$S = Ce^{rt}$$

La condición $S(0) = P$ nos permite encontrar el valor de C:

$$P = Ce^{r(0)} = C \cdot 1$$

Por consiguiente, $C = P$, entonces

$$S = Pe^{rt} \tag{9}$$

La ecuación (9) da el valor total después de t años de una inversión inicial de valor P compuesta continuamente a una tasa anual r. (Vea la figura 15.2).

En el análisis previo sobre interés compuesto, vimos en la ecuación (8) que la razón de cambio en la cantidad presente era proporcional a la cantidad presente. Hay muchas cantidades naturales, como la población, cuya tasa de crecimiento o decaimiento en cualquier tiempo se considera proporcional a la magnitud de la cantidad presente. Si N denota la magnitud de tal cantidad en el tiempo t, entonces esta razón de crecimiento significa que

$$\frac{dN}{dt} = kN$$

donde k es una constante. Al separar variables y despejar N, como se hizo para la ecuación (8), se obtiene

$$N = N_0 e^{kt} \tag{10}$$

donde N_0 es una constante. En particular, si $t = 0$, entonces $N = N_0 e^0 = N_0 \cdot 1 = N_0$. Así, la constante N_0 es simplemente $N(0)$. Debido a la forma de la ecuación (10), se dice que la cantidad sigue una **ley de crecimiento exponencial** si k es positiva y una **ley de decaimiento exponencial** si k es negativa.

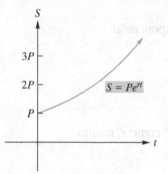

FIGURA 15.2   Composición en forma continua.

EJEMPLO 2   **Crecimiento de la población**

En cierta ciudad, la razón a la que la población crece en cualquier tiempo es proporcional al tamaño de la población. Si la población era de 125 000 en 1970 y de 140 000 en 1990, ¿cuál es la población esperada para el año 2010? (No se consideran muertes por enfermedades ni otras variables).

Solución: Sea N el tamaño de la población en el tiempo t. Como la ley de crecimiento exponencial es aplicable,

$$N = N_0 e^{kt}$$

Para encontrar la cantidad de población que habrá en 2010, primero debe encontrarse la ley de crecimiento particular implicada mediante la determinación de los valores de N_0 y k. Sea el año 1970 el correspondiente a $t = 0$. Entonces $t = 20$ en 1990 y $t = 40$ en 2010. Se tiene,

$$N_0 = N(0) = 125\,000$$

Así,

$$N = 125\,000e^{kt}$$

Para encontrar k, se usa la condición de que $N = 140\,000$ cuando $t = 20$:

$$140\,000 = 125\,000e^{20k}$$

Entonces,

$$e^{20k} = \frac{140\,000}{125\,000} = 1.12$$

Por lo tanto, la ley de crecimiento es

$$N = 125\,000e^{kt}$$
$$= 125\,000(e^{20k})^{t/20}$$
$$= 125\,000(1.12)^{t/20}$$

Al hacer $t = 40$, resulta la población esperada para 2010:

$$N = N(40) = 125\,000(1.12)^2 = 156\,800$$

Se observa que a partir de $e^{20k} = 1.12$ se tiene $20k = \ln(1.12)$ y, por consiguiente, $k = \dfrac{\ln(1.12)}{20} \approx 0.0057$, lo cual puede colocarse en $N = 125\,000e^{kt}$ para obtener

$$N \approx 125\,000e^{0.0057t} \tag{12}$$

Ahora resuelva el problema 23 ◁

En el capítulo 4 se analizó el decaimiento radiactivo. Aquí se considerará este tema desde el punto de vista de una ecuación diferencial. Se sabe que la razón a la que un elemento radiactivo decae en un tiempo cualquiera es proporcional a la cantidad presente de ese elemento. Si N es la cantidad de sustancia radiactiva en el tiempo t, entonces la tasa de decaimiento está dada por

$$\frac{dN}{dt} = -\lambda N \tag{13}$$

La constante positiva λ (letra griega "lambda") se llama **constante de decaimiento** y el signo menos indica que N disminuye cuando t aumenta. Por lo tanto, se tiene un decaimiento exponencial. A partir de la ecuación (10), la solución de esta ecuación diferencial es

$$N = N_0 e^{-\lambda t} \tag{14}$$

Si $t = 0$, entonces $N = N_0 \cdot 1 = N_0$, por lo que N_0 representa la cantidad de sustancia radiactiva presente cuando $t = 0$.

El tiempo requerido para que una sustancia radiactiva se reduzca a la mitad se llama **vida media** de la sustancia. En la sección 4.2 se demostró que la vida media está dada por

$$\text{vida media} = \frac{\ln 2}{\lambda} \approx \frac{0.69315}{\lambda} \tag{15}$$

Observe que la vida media depende de λ. En el capítulo 4, la figura 4.13 muestra la gráfica del decaimiento radiactivo.

EJEMPLO 3   Determinación de la constante de decaimiento y de la vida media

Si después de 50 días queda el 60% de una sustancia radiactiva, encuentre la constante de decaimiento y la vida media del elemento.

Solución: De la ecuación (14),

$$N = N_0 e^{-\cdot t}$$

donde N_0 es la cantidad del elemento presente en $t = 0$. Cuando $t = 50$, entonces $N = 0.67N_0$ y se tiene

$$0.6N_0 = N_0 e^{-50\lambda}$$

$$0.6 = e^{-50\lambda}$$

$$-50\lambda = \ln(0.6) \qquad \text{forma logarítmica}$$

$$\lambda = -\frac{\ln(0.6)}{50} \approx 0.01022$$

Así, $N \approx N_0 e^{-0.01022t}$. La vida media, a partir de la ecuación (15), es

$$\frac{\ln 2}{\lambda} \approx 67.82 \text{ días}$$

Ahora resuelva el problema 27 ◁

La radiactividad es útil en el fechado de restos de plantas fósiles y restos arqueológicos de origen orgánico. Las plantas y otros organismos vivos contienen una pequeña cantidad de carbono 14 radiactivo (^{14}C) además del carbono ordinario (^{12}C). Los átomos de ^{12}C son estables, pero los de ^{14}C decaen exponencialmente. Sin embargo, el ^{14}C se forma en la atmósfera debido al efecto de los rayos cósmicos. Este ^{14}C es absorbido por las plantas durante el proceso de fotosíntesis y reemplaza al que ha decaído. En consecuencia, se considera que la razón de átomos de ^{14}C a ^{12}C es constante en los tejidos vivos durante un periodo largo. Cuando una planta muere, deja de absorber ^{14}C y los átomos restantes de ^{14}C decaen. Comparando la proporción de ^{14}C a ^{12}C presente en una planta fósil con la de las plantas de la actualidad, se puede estimar la edad del fósil. La vida media del ^{14}C es aproximadamente de 5730 años. Así, por ejemplo, si se encuentra que un fósil tiene una relación ^{14}C a ^{12}C que es la mitad de la de una sustancia similar que existe en la actualidad, se estimaría que el fósil tiene 5730 años de antigüedad.

EJEMPLO 4   Determinación de la edad de una herramienta antigua

Se encontró que una herramienta de madera hallada en una excavación en Medio Oriente tiene una relación de ^{14}C a ^{12}C igual a 0.6 de la relación correspondiente a la de un árbol actual. Estime la edad de la herramienta al ciento de años más cercano.

Solución: Sea N la cantidad de ^{14}C presente en la madera t años después de que se fabricó la herramienta. Entonces $N = N_0 e^{-\lambda t}$, donde N_0 es la cantidad de ^{14}C cuando $t = 0$. Como la relación de ^{14}C a ^{12}C es igual a 0.6 de la relación correspondiente a la de un árbol actual, esto significa que debe encontrarse el valor de t para el cual $N = 0.6N_0$. Así, se tiene

$$0.6N_0 = N_0 e^{-\lambda t}$$

$$0.6 = e^{-\lambda t}$$

$$-\lambda t = \ln(0.6) \qquad \text{forma logarítmica}$$

$$t = -\frac{1}{\lambda} \ln(0.6)$$

De la ecuación (15), la vida media es $(\ln 2)/\lambda$, que es igual a 5730, por lo que $\lambda = (\ln 2)/5730$. En consecuencia,

$$t = -\frac{1}{(\ln 2)/5730} \ln(0.6)$$

$$= -\frac{5730 \ln(0.6)}{\ln 2}$$

$$\approx 4200 \text{ años}$$

Ahora resuelva el problema 29 ◁

PROBLEMAS 15.5

En los problemas del 1 al 8, resuelva las ecuaciones diferenciales.

1. $y' = 2xy^2$

2. $y' = x^2y^2$

3. $\dfrac{dy}{dx} - 2x \ln(x^2 + 1) = 0$

4. $\dfrac{dy}{dx} = \dfrac{x}{y}$

5. $\dfrac{dy}{dx} = y, \; y > 0$

6. $y' = e^x y^3$

7. $y' = \dfrac{y}{x}, x, y > 0$

8. $\dfrac{dy}{dx} - x \ln x = 0$

En los problemas del 9 al 18, resuelva cada una de las ecuaciones diferenciales sujetas a las condiciones dadas.

9. $y' = \dfrac{1}{y^2}; \; y(1) = 1$

10. $y' = e^{x-y}; \; y(0) = 0$ (*Sugerencia:* $e^{x-y} = e^x/e^y$).

11. $e^y y' - x^2 = 0; \quad y = 0$ cuando $x = 0$

12. $x^2 y' + \dfrac{1}{y^2} = 0; \quad y(1) = 2$

13. $(3x^2 + 2)^3 y' - xy^2 = 0; \quad y(0) = 2$

14. $y' + x^3 y = 0; \quad y = e$ cuando $x = 0$

15. $\dfrac{dy}{dx} = \dfrac{3x\sqrt{1 + y^2}}{y}; \quad y > 0, y(1) = \sqrt{8}$

16. $2y(x^3 + 2x + 1)\dfrac{dy}{dx} = \dfrac{3x^2 + 2}{\sqrt{y^2 + 9}}; \quad y(0) = 0$

17. $2\dfrac{dy}{dx} = \dfrac{xe^{-y}}{\sqrt{x^2 + 3}}; \quad y(1) = 0$

18. $dy = 2xye^{x^2}\,dx, \quad y > 0; \quad y(0) = e$

19. Costo   Encuentre la función de costo $c = f(q)$ de un fabricante, dado que

$$(q + 1)^2 \dfrac{dc}{dq} = cq$$

y el costo fijo es e.

20. Encuentre $f(2)$, dado que $f(1) = 0$ y que $y = f(x)$ satisface la ecuación diferencial

$$\dfrac{dy}{dx} = xe^{x-y}$$

21. Circulación de dinero   Un país tiene 1000 millones de papel moneda en circulación. Cada semana, 25 millones se llevan a depositar a los bancos y la misma cantidad se paga. El gobierno decide reimprimir papel moneda nuevo; siempre que el papel moneda viejo llega a los bancos, se destruye y se reemplaza por nuevo. Sea y la cantidad de papel viejo (en millones) en circulación en el tiempo t (en semanas). Entonces y satisface la ecuación diferencial

$$\dfrac{dy}{dt} = -0.025y$$

¿Cuánto tiempo será necesario para que 95% del papel moneda en circulación quede reemplazado por papel nuevo? Redondee su respuesta a la semana más cercana. (*Sugerencia*: Si 95% del papel es nuevo, entonces y es 5% de 1000).

22. Ingreso marginal y demanda   Suponga que la función de ingreso marginal de un monopolista está dada por la ecuación diferencial

$$\dfrac{dr}{dq} = (50 - 4q)e^{-r/5}$$

Encuentre la ecuación de demanda para el producto del monopolista.

23. Crecimiento de la población   En cierta ciudad, la población cambia en cualquier tiempo a una razón proporcional a la población existente. Si en 1990 la población era de 60 000 habitantes y en 2000 de 64 000, encuentre una ecuación apropiada para describir la población en el tiempo t, donde t es el número de años después de 1990. ¿Cuánta es la población esperada en 2010?

24. Crecimiento de la población   La población de un pueblo se incrementa por crecimiento natural a una razón proporcional al número N de personas presentes. Si en el tiempo $t = 0$ la población es de 50 000, encuentre dos expresiones para la población N, t años después, si la población se duplica en 50 años. Suponga que $\ln 2 = 0.69$. Asimismo, encuentre N para $t = 100$.

25. Crecimiento de la población   Suponga que en 1930 la población del mundo era de 2000 millones y que en 1960 era de 3000 millones. Al suponer una ley de crecimiento exponencial, ¿cuál es la población esperada en 2015? Escriba su respuesta en términos de e.

26. Crecimiento de la población   Suponiendo un crecimiento exponencial, ¿en cuántos años aproximadamente se duplicará una población si se triplica en 100 años? (*Sugerencia*: Sea N_0 la población en $t = 0$).

27. Radiactividad   Si después de 100 segundos queda 30% de la cantidad inicial de una muestra radiactiva, encuentre la constante de decaimiento y la vida media del elemento.

28. Radiactividad   Si después de 100 segundos ha *decaído* 20% de la cantidad inicial de una muestra radiactiva, encuentre la constante de decaimiento y la vida media del elemento.

29. Fechado con carbono   Se encontró que un rollo de papiro egipcio tiene una relación ^{14}C a ^{12}C igual a 0.7 de la relación correspondiente a la de un material similar de la actualidad. Estime la edad del rollo al ciento de años más cercano.

30. Fechado con carbono   Un espécimen arqueológico recientemente descubierto tiene una relación ^{14}C a ^{12}C igual a 0.1 de la relación correspondiente a la de un material orgánico similar en la actualidad. Estime la edad del espécimen al ciento de años más cercano.

31. Crecimiento de la población   Suponga que una población tiene un crecimiento exponencial dado por $dN/dt = kN$ para $t \geq t_0$. Suponga también que $N = N_0$ cuando $t = t_0$. Encuentre N, el tamaño de la población en el tiempo t.

32. Radiactividad   El polonio 210 tiene vida media aproximada de 140 días. (a) Encuentre la constante de decaimiento en términos de $\ln 2$. (b) ¿Qué fracción de la cantidad original de una muestra de polonio 210 queda después de un año?

33. Radiactividad   Los isótopos radiactivos se usan en los diagnósticos médicos como indicadores para determinar las anormalidades que puedan existir en un órgano. Por ejemplo, si se ingiere yodo radiactivo, éste es absorbido después de cierto tiempo por la glándula tiroides. Con el uso de un detector, puede medirse la razón a la que el yodo se absorbe y determinarse si ésta es la razón normal. Suponga que el tecnecio-99m radiactivo, que tiene vida media de seis horas, se va a usar en un estudio de cerebro dentro de dos horas. ¿Cuál debe ser su actividad ahora si cuando sea usado su actividad deberá ser de 12 unidades? Redondee su respuesta a un decimal. [*Sugerencia*: En la ecuación (14), haga $N = $ actividad dentro de t horas y $N_0 = $ actividad actual].

34. Radiactividad   Una sustancia radiactiva que tiene vida media de ocho días se va a implantar de manera temporal en un paciente de hospital hasta que queden tres quintas partes de la cantidad originalmente presente. ¿Cuánto tiempo permanecerá la sustancia implantada en el paciente?

35. Ecología   En un bosque ocurre el depósito natural de basura, tal como hojas y ramas caídas, animales muertos, etc.[7] Sea $A = A(t)$ la cantidad de basura presente en el tiempo t, donde $A(t)$ se expresa en gramos por metro cuadrado y t está en años. Suponga que no hay basura en $t = 0$. Así, $A(0) = 0$. Suponga que:

(a) La basura cae al suelo continuamente a razón constante de 200 gramos por metro cuadrado cada año.

(b) La basura acumulada se descompone continuamente a razón del 50% de la cantidad presente por año (que es $0.50A$).

La diferencia de las dos tasas es la razón de cambio de la cantidad presente de basura con respecto al tiempo:

$$\begin{pmatrix} \text{tasa de cambio de} \\ \text{la basura presente} \end{pmatrix} = \begin{pmatrix} \text{tasa de} \\ \text{caída al suelo} \end{pmatrix} - \begin{pmatrix} \text{tasa de} \\ \text{descomposición} \end{pmatrix}$$

Por lo tanto,

$$\frac{dA}{dt} = 200 - 0.50A$$

Despeje A. Al gramo más cercano, determine la cantidad de basura acumulada por metro cuadrado después de un año.

36. Utilidad y publicidad   Cierta compañía determina que la razón de cambio de la utilidad neta mensual P, como una función del gasto publicitario mensual x, es proporcional a la diferencia entre una cantidad fija, \$150 000 y $2P$; esto es, dP/dx es proporcional a \$150 000 $- 2P$. Además, si no se gasta dinero en publicidad mensual, la utilidad neta mensual es de \$15 000; cuando se gastan \$1000 en publicidad mensual, la utilidad neta mensual es de \$70 000. ¿Cuál sería la utilidad neta mensual si se gastaran \$2000 en publicidad cada mes?

37. Valor de una máquina   El valor de cierta máquina se deprecia 25% en el primer año después de su compra. La razón de la depreciación posterior es proporcional a su valor. Suponga que dicha máquina se compró nueva el 1 de julio de 1995 en \$80 000 y se valuó en \$38 900 el 1 de enero de 2006.

(a) Determine una fórmula que exprese el valor V de la máquina en términos de t, el número de años después del 1 de julio de 1996.

(b) Use la fórmula del inciso (a) para determinar el año y el mes en que la máquina tiene un valor de exactamente \$14 000.

Objetivo

Desarrollar la función logística como una solución de una ecuación diferencial. Modelar el esparcimiento de un rumor. Analizar y aplicar la ley de enfriamiento de Newton.

15.6 Más aplicaciones de ecuaciones diferenciales

Crecimiento logístico

En la sección anterior se encontró que si el número N de individuos presentes en una población en el tiempo t sigue una ley de crecimiento exponencial, entonces $N = N_0 e^{kt}$, donde $k > 0$ y N_0 es la población cuando $t = 0$. Esta ley supone que en el tiempo t la razón de crecimiento, dN/dt, de la población es proporcional al número de individuos que hay en la población. Esto es, $dN/dt = kN$.

Bajo crecimiento exponencial, una población llegaría a ser infinitamente grande con el paso del tiempo. Sin embargo, en realidad, cuando una población llega a ser lo suficientemente grande, factores ambientales vuelven más lenta la razón de crecimiento. Ejemplos de tales factores son la disponibilidad de alimentos, los depredadores, la sobrepoblación, etc. Estos factores ocasionan que en algún momento dN/dt comience a disminuir. Es razonable suponer que el tamaño de la población está limitado a cierto número máximo M, donde $0 < N < M$, y que cuando $N \to M$, $dN/dt \to 0$ y el tamaño de la población tiende a ser estable.

En resumen, se busca un modelo de población que tenga un crecimiento inicial exponencial pero que también incluya los efectos de la resistencia ambiental a grandes crecimientos de la población. Tal modelo se obtiene multiplicando el lado derecho de $dN/dt = kN$ por el factor $(M - N)/M$:

$$\frac{dN}{dt} = kN \left(\frac{M - N}{M} \right)$$

Observe que si N es pequeña, entonces $(M - N)/M$ es cercano a 1 y se tiene un crecimiento que es aproximadamente exponencial. Cuando $N \to M$, entonces $M - N \to 0$ y $dN/dt \to 0$, como en el modelo que se busca. Debido a que k/M es una constante, ésta puede reemplazarse por K. Así,

$$\frac{dN}{dt} = KN(M - N) \tag{1}$$

Lo cual establece que la razón de crecimiento es proporcional al producto del tamaño de la población y la diferencia entre el tamaño máximo y el tamaño real de la población. Ahora es posible determinar N en la ecuación diferencial (1) utilizando el método de separación

---

[7]R. W. Poole, *An Introduction to Quantitative Ecology* (Nueva York: McGraw-Hill Book Company, 1974).

de variables:

$$\frac{dN}{N(M - N)} = K\,dt$$

$$\int \frac{1}{N(M - N)}\,dN = \int K\,dt \tag{2}$$

La integral que aparece en el lado izquierdo puede encontrarse usando la fórmula (5) de la tabla de integrales del apéndice B. Así, la ecuación (2) se convierte en

$$\frac{1}{M} \ln\left|\frac{N}{M - N}\right| = Kt + C$$

entonces

$$\ln\left|\frac{N}{M - N}\right| = MKt + MC$$

Como $N > 0$ y $M - N > 0$, es posible escribir

$$\ln\frac{N}{M - N} = MKt + MC$$

En forma exponencial, se tiene

$$\frac{N}{M - N} = e^{MKt + MC} = e^{MKt}\,e^{MC}$$

Al reemplazar la constante positiva e^{MC} por A y despejar N se obtiene

$$\frac{N}{M - N} = Ae^{MKt}$$

$$N = (M - N)Ae^{MKt}$$

$$N = MAe^{MKt} - NAe^{MKt}$$

$$NAe^{MKt} + N = MAe^{MKt}$$

$$N(Ae^{MKt} + 1) = MAe^{MKt}$$

$$N = \frac{MAe^{MKt}}{Ae^{MKt} + 1}$$

Al dividir el numerador y el denominador entre Ae^{MKt}, resulta

$$N = \frac{M}{1 + \frac{1}{Ae^{MKt}}} = \frac{M}{1 + \frac{1}{A}e^{-MKt}}$$

Al reemplazar $1/A$ por b y MK por c se obtiene la llamada *función logística*:

Función logística

La función definida por

$$N = \frac{M}{1 + be^{-ct}} \tag{3}$$

se llama **función logística** o **función logística de Verhulst-Pearl**.

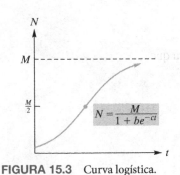

FIGURA 15.3   Curva logística.

La gráfica de la ecuación (3), llamada *curva logística*, tiene forma de S, tal como se muestra en la figura 15.3. Observe que la recta $N = M$ es una asíntota horizontal; esto es,

$$\lim_{t \to \infty} \frac{M}{1 + be^{-ct}} = \frac{M}{1 + b(0)} = M$$

Además, a partir de la ecuación (1), la tasa de crecimiento es

$$KN(M - N)$$

que puede considerarse como una función de N. Para encontrar cuándo ocurre la máxima razón de crecimiento, se despeja N de $\frac{d}{dN}[KN(M-N)] = 0$:

$$\frac{d}{dN}[KN(M-N)] = \frac{d}{dN}[K(MN - N^2)]$$
$$= K[M - 2N] = 0$$

Así, $N = M/2$. En otras palabras, la razón de crecimiento aumenta hasta que el tamaño de la población es $M/2$ y después disminuye. La razón máxima de crecimiento ocurre cuando $N = M/2$ y corresponde a un punto de inflexión en la gráfica de N. Para encontrar el valor de t en el que ocurre esto, se sustituye $M/2$ por N en la ecuación (3) y se despeja t:

$$\frac{M}{2} = \frac{M}{1 + be^{-ct}}$$
$$1 + be^{-ct} = 2$$
$$e^{-ct} = \frac{1}{b}$$
$$e^{ct} = b$$
$$ct = \ln b \qquad \text{forma logarítmica}$$
$$t = \frac{\ln b}{c}$$

Por lo tanto, la razón máxima de crecimiento ocurre en el punto $((\ln b)/c, M/2)$.

Se observa que es posible reemplazar e^{-c} por C en la ecuación (3) y entonces la función logística tiene la siguiente forma:

> **Forma alternativa de la función logística**
>
> $$N = \frac{M}{1 + bC^t}$$

EJEMPLO 1 Crecimiento logístico de la membresía de un club

Suponga que el número máximo de socios en un club nuevo será de 800 personas debido a las limitaciones de espacio. Hace un año, el número inicial de socios era de 50 personas, pero ahora es de 200. Si el número de socios aumenta como una función logística, ¿cuántos socios habrá dentro de tres años?

Solución: Sea N el número de socios inscritos t años después de la formación del club. Entonces, a partir de la ecuación (3),

$$N = \frac{M}{1 + be^{-ct}}$$

Aquí, $M = 800$ y cuando $t = 0$, se tiene $N = 50$. De manera que

$$50 = \frac{800}{1 + b}$$
$$1 + b = \frac{800}{50} = 16$$
$$b = 15$$

Así,

$$N = \frac{800}{1 + 15e^{-ct}} \tag{4}$$

Cuando $t = 1$, entonces $N = 200$, así que se tiene

$$200 = \frac{800}{1 + 15e^{-c}}$$

$$1 + 15e^{-c} = \frac{800}{200} = 4$$

$$e^{-c} = \frac{3}{15} = \frac{1}{5}$$

Por consiguiente, $c = -\ln\frac{1}{5} = \ln 5$. En vez de sustituir este valor de c en la ecuación (4), es más conveniente sustituir el valor de e^{-c} ahí:

$$N = \frac{800}{1 + 15\left(\frac{1}{5}\right)^t}$$

Dentro de tres años, t será 4. Por lo tanto,

$$N = \frac{800}{1 + 15\left(\frac{1}{5}\right)^4} \approx 781$$

Ahora resuelva el problema 5 ◁

Modelado de la difusión de un rumor

Ahora se considerará un modelo simplificado[8] de cómo se difunde un rumor en una población de tamaño M. Una situación similar sería la difusión de una epidemia o de una nueva moda.

Sea $N = N(t)$ el número de personas que conocen el rumor en el tiempo t. Se supondrá que quienes conocen el rumor lo difunden en forma aleatoria entre la población y que quienes lo oyen se convierten en difusores del rumor. Además, se supondrá que cada conocedor del rumor lo comunica a k individuos por unidad de tiempo. (Algunos de estos k individuos pueden conocer ya el rumor). Se busca una expresión para describir la razón de crecimiento de conocedores del rumor. En una unidad de tiempo, casi cada una de N personas comunicarán el rumor a k personas. Así, el número total de personas que oyen el rumor en un tiempo unitario es (aproximadamente) Nk. Sin embargo, se tiene interés sólo en los *nuevos* conocedores. La proporción de la población que no conoce el rumor es $(M - N)/M$. De modo que el número total de nuevos conocedores del rumor es

$$Nk\left(\frac{M - N}{M}\right)$$

que puede escribirse como $(k/M)N(M - N)$. Por lo tanto,

$$\frac{dN}{dt} = \frac{k}{M}N(M - N)$$

$$= KN(M - N), \qquad \text{donde } K = \frac{k}{M}$$

Esta ecuación diferencial tiene la forma de la ecuación (1), por lo que su solución, a partir de la ecuación (3), es una *función logística*:

$$N = \frac{M}{1 + be^{-ct}}$$

EJEMPLO 2   Rumor en un campus

En una gran universidad de 45 000 estudiantes, una estudiante de sociología está investigando la difusión de un rumor en el campus. Cuando comienza su investigación, determina que 300 estudiantes conocen el rumor. Después de una semana, determina que 900 lo conocen. Suponiendo un crecimiento logístico, estime el número de estudiantes que conocen el rumor después de cuatro semanas de comenzada la investigación. Redondee la respuesta al millar más cercano.

Solución: Sea N el número de estudiantes que conocen el rumor t semanas después de que comienza la investigación. Entonces,

$$N = \frac{M}{1 + be^{-ct}}$$

---

[8]Es decir, más simplificado que el modelo descrito en la sección Explore y amplíe del capítulo 8.

Aquí M, el tamaño de la población, es de 45 000 y cuando $t = 0$, $N = 300$. Así, se tiene

$$300 = \frac{45\ 000}{1 + b}$$

$$1 + b = \frac{45\ 000}{300} = 150$$

$$b = 149$$

Por lo tanto,

$$N = \frac{45\ 000}{1 + 149e^{-ct}}$$

Cuando $t = 1$, entonces $N = 900$. Por consiguiente,

$$900 = \frac{45\ 000}{1 + 149e^{-c}}$$

$$1 + 149e^{-c} = \frac{45\ 000}{900} = 50$$

Por lo tanto, $e^{-c} = \frac{49}{149}$, entonces

$$N = \frac{45\ 000}{1 + 149\left(\frac{49}{149}\right)^t}$$

Cuando $t = 4$,

$$N = \frac{45\ 000}{1 + 149\left(\frac{49}{149}\right)^4} \approx 16\ 000$$

Después de cuatro semanas, aproximadamente 16 000 estudiantes conocerán el rumor.

Ahora resuelva el problema 3 ◁

Ley de enfriamiento de Newton

Esta sección concluye con una interesante aplicación de una ecuación diferencial. En un homicidio, la temperatura del cuerpo de la víctima disminuirá gradualmente de 37 °C (temperatura normal del cuerpo) a la temperatura del entorno (temperatura ambiente). En general, la temperatura de un cuerpo en proceso de enfriamiento cambia a una razón proporcional a la diferencia entre la temperatura del cuerpo y la temperatura ambiente. Este enunciado se conoce como **ley de enfriamiento de Newton**. Así, si $T(t)$ es la temperatura del cuerpo en el tiempo t y la del medio ambiente es a, entonces

$$\frac{dT}{dt} = k(T - a)$$

donde k es una constante de proporcionalidad. Por lo tanto, la ley de enfriamiento de Newton es una ecuación diferencial. Puede aplicarse para determinar el momento en que se cometió un homicidio, tal como ilustra el siguiente ejemplo.

EJEMPLO 3 **Momento del asesinato**

Un rico industrial fue encontrado asesinado en su casa. La policía llegó a la escena del crimen a las 11:00 p.m. La temperatura del cadáver era de 31 °C en ese momento y una hora después era de 30 °C. La temperatura de la habitación en que se encontró el cadáver era de 22 °C. Estime la hora en que ocurrió el asesinato.

Solución: Sean t el número de horas después de que fue descubierto el cadáver y $T(t)$ la temperatura (en grados Celsius) de éste en el tiempo t. Se desea encontrar el valor de t para el cual $T = 37$ (temperatura normal del cuerpo). Este valor de t será, por supuesto, negativo. Por la ley de enfriamiento de Newton,

$$\frac{dT}{dt} = k(T - a)$$

donde k es una constante y a (la temperatura ambiente) es 22. Así,

$$\frac{dT}{dt} = k(T - 22)$$

Separando variables, se tiene

$$\frac{dT}{T - 22} = k\,dt$$

$$\int \frac{dT}{T - 22} = \int k\,dt$$

$$\ln|T - 22| = kt + C$$

Debido a que $T - 22 > 0$,

$$\ln(T - 22) = kt + C$$

Cuando $t = 0$, entonces $T = 31$. Por lo tanto,

$$\ln(31 - 22) = k \cdot 0 + C$$

$$C = \ln 9$$

Por consiguiente,

$$\ln(T - 22) = kt + \ln 9$$

$$\ln(T - 22) - \ln 9 = kt$$

$$\ln\frac{T - 22}{9} = kt \qquad \ln a - \ln b = \ln\frac{a}{b}$$

Cuando $t = 1$, entonces $T = 30$, por lo que

$$\ln\frac{30 - 22}{9} = k \cdot 1$$

$$k = \ln\frac{8}{9}$$

Por lo tanto,

$$\ln\frac{T - 22}{9} = t\ln\frac{8}{9}$$

Ahora encuentre t cuando $T = 37$:

$$\ln\frac{37 - 22}{9} = t\ln\frac{8}{9}$$

$$t = \frac{\ln(15/9)}{\ln(8/9)} \approx -4.34$$

De acuerdo con esto, el crimen ocurrió aproximadamente 4.34 horas *antes* del tiempo en que fue descubierto el cadáver (11:00 p.m.). Como 4.34 horas son (aproximadamente) 4 horas 20 minutos, el industrial fue asesinado alrededor de las 6:40 p.m.

Ahora resuelva el problema 9 ◁

PROBLEMAS 15.6

1. Población   La población de una ciudad sigue un crecimiento logístico y está limitada a 100 000 individuos. Si en 1995 la población era de 50 000 y en 2000 de 60 000, ¿cuánta población había en 2005? Redondee su respuesta a la centena más cercana.

2. Producción   Una compañía cree que la producción de cierto artículo con sus instalaciones actuales tendrá un crecimiento logístico. En la actualidad se producen 200 unidades diarias y esta cantidad crecerá a 300 por día en un año. Si la producción se limita a 500 unidades por día, ¿cuál es la producción diaria prevista para dentro de dos años? Redondee su respuesta a la unidad más cercana.

3. Difusión de un rumor   En una universidad de 40 000 estudiantes, la administración sostiene reuniones para analizar la idea de llevar una importante banda de rock para el fin de semana siguiente al regreso a clases. Antes de anunciar oficialmente los planes, el concejo administrativo difunde la información acerca del evento

como un rumor. Al final de una semana, 100 personas conocen el rumor. Suponiendo un crecimiento logístico, ¿cuánta gente conocerá el rumor después de dos semanas? Redondee su respuesta a la centena más cercana.

4. Propagación de una moda   En una universidad con 50 000 estudiantes, se cree que el número de estudiantes con un tono de timbre especial en sus teléfonos móviles está siguiendo un patrón de crecimiento logístico. El periódico estudiantil investiga cuándo revela una encuesta que 500 estudiantes tienen el tono de llamada. Una semana después, una encuesta similar publica que 1500 estudiantes lo tienen. El periódico escribe una historia sobre esto e incluye una fórmula para predecir el número $N = N(t)$ de los estudiantes que tendrá el tono de llamada t semanas después de la primera encuesta. ¿Cuál es la fórmula que publica el periódico?

5. Brote de gripe En una ciudad de 100 000 habitantes ocurre un brote de gripe. Cuando el departamento de salud comienza a registrar casos, hay sólo 500 personas infectadas. Una semana después hay 1000 infectados. Suponiendo un crecimiento logístico, estime el número de personas infectadas dos semanas después de que comenzó el registro.

6. Función sigmoide Un caso muy especial de la función logística definida por la ecuación (3) es la *función sigmoide*, obtenida al tomar $M = b = c = 1$ de manera que se tiene

$$N(t) = \frac{1}{1 + e^{-t}}$$

(a) Muestre de manera directa que la función sigmoide es la solución de la ecuación diferencial

$$\frac{dN}{dt} = N(1 - N)$$

y la condición inicial $N(0) = 1/2$

(b) Muestre que $(0, 1/2)$ es un punto de inflexión de la gráfica de la función sigmoide.

(c) Muestre que la función

$$f(t) = \frac{1}{1 + e^{-t}} - \frac{1}{2}$$

es simétrica con respecto al origen.

(d) Explique cómo el inciso (c) anterior demuestra que la función sigmoide es *simétrica con respecto al punto* $(0, 1/2)$ y, al mismo tiempo, explique lo que esto significa.

(e) Bosqueje la gráfica de la función sigmoide.

7. Biología En un experimento,[9] cinco *Paramecia* se colocaron en un tubo de ensayo que contenía un medio nutritivo. El número N de *Paramecia* presente en el tubo al final de t días está dado, aproximadamente, por

$$N = \frac{375}{1 + e^{5.2 - 2.3t}}$$

(a) Demuestre que esta ecuación se puede escribir como

$$N = \frac{375}{1 + 181.27e^{-2.3t}}$$

por lo que es una función logística.

(b) Encuentre $\lim_{t \to \infty} N$.

8. Biología En un estudio del crecimiento de una colonia de organismos unicelulares,[10] se obtuvo la siguiente ecuación

$$N = \frac{0.2524}{e^{-2.128x} + 0.005125} \qquad 0 \le x \le 5$$

donde N es el área estimada del crecimiento en centímetros cuadrados y x es la edad de la colonia en días después de la primera observación.

(a) Escriba esta ecuación en la forma de una función logística.

(b) Encuentre el área cuando la edad de la colonia es 0.

9. Tiempo de un asesinato Se cometió un homicidio en un almacén abandonado y la policía descubrió el cuerpo de la víctima a las 3:17 a.m. En ese momento la temperatura del cadáver era de 27 °C y la temperatura del almacén era de −5 °C. Una hora después la temperatura del cadáver era de 19 °C y no había cambiado la tempe-

ratura del almacén. La matemática forense de la policía realiza sus cálculos utilizando la ley de enfriamiento de Newton. ¿A qué hora reportará que ocurrió el asesinato?

10. Formación de enzimas Una enzima es una proteína que actúa como catalizador para incrementar la velocidad de una reacción que ocurre en las células. En cierta reacción, una enzima A se convierte en otra enzima B. La enzima B actúa como catalizador en su propia formación. Sean p la cantidad de enzima B en el tiempo t e I la cantidad total de ambas enzimas cuando $t = 0$. Suponga que la razón de formación de B es proporcional a $p(I - p)$. Sin usar el cálculo en forma directa, encuentre el valor de p para el cual la razón de formación será un máximo.

11. Recolección de fondos Un pueblo pequeño decide realizar una colecta para comprar un camión de bomberos que cuesta $200 000. La cantidad inicial en la colecta es de $50 000. Con base en colectas anteriores, se determinó que t meses después del inicio de esta colecta, la razón dx/dt con la que se recibe dinero es proporcional a la diferencia entre la cantidad deseada de $200 000 y la cantidad total x que haya en el fondo en ese momento. Después de un mes se tiene un total de $100 000 en el fondo. ¿Cuánto se tendrá después de tres meses?

12. Tasa de nacimientos En un análisis de las propiedades inesperadas de modelos matemáticos de población, Bailey[11] considera el caso en que la tasa de nacimientos por *individuo* es proporcional al tamaño N de la población en el tiempo t. Como la tasa de crecimiento por individuo es $\dfrac{1}{N}\dfrac{dN}{dt}$, esto significa que

$$\frac{1}{N}\frac{dN}{dt} = kN$$

de manera que

$$\frac{dN}{dt} = kN^2 \qquad \text{sujeta a } N = N_0 \text{ en } t = 0$$

donde $k > 0$. Demuestre que

$$N = \frac{N_0}{1 - kN_0 t}$$

Use este resultado para demostrar que

$$\lim N = \infty \qquad \text{como} \quad t \to \left(\frac{1}{kN_0}\right)^{-}$$

Esto significa que en un intervalo finito de tiempo hay una cantidad infinita de crecimiento. Tal modelo sólo podría ser útil para calcular un crecimiento rápido en un intervalo corto de tiempo.

13. Población Suponga que la razón de crecimiento de una población es proporcional a la diferencia entre algún tamaño máximo M y el número N de individuos presentes en la población en el tiempo t. Suponga también que cuando $t = 0$, el tamaño de la población es N_0. Encuentre una fórmula para N.

[9]G. F. Gause, *The Struggle for Existence* (Nueva York: Hafner Publishing Co., 1964).

[10]A. J. Lotka, *Elements of Mathematical Biology* (Nueva York: Dover Publications, Inc., 1956).

[11]N. T. J. Bailey, *The Mathematical Approach to Biology and Medicine* (Nueva York: John Wiley & Sons, Inc., 1967).

Objetivo

Definir y evaluar integrales impropias.

15.7 Integrales impropias[12]

Suponga que $f(x)$ es continua y no negativa para $a \le x < \infty$. (Vea la figura 15.4). Se sabe que la integral $\int_a^b f(x)\,dx$ es el área de la región ubicada entre la curva $y = f(x)$ y el eje x desde $x = a$ hasta $x = b$. Cuando $b \to \infty$, se puede pensar en

$$\lim_{b \to \infty} \int_a^b f(x)\,dx$$

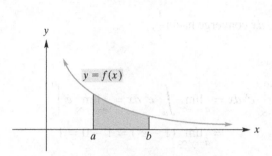

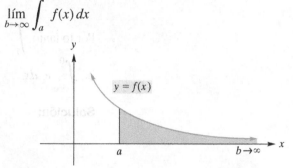

FIGURA 15.4   Área desde a hasta b.   **FIGURA 15.5**   Área desde a hasta b cuando $b \to \infty$.

como en el área de la región no acotada y que aparece sombreada en la figura 15.5. Este límite, que se abrevia como

$$\int_a^\infty f(x)\,dx \tag{1}$$

se llama **integral impropia**. (Este tipo de integrales se llaman *integrales impropias de primera especie*. Existen las *integrales impropias de segunda especie*, pero no se tratan en este libro). Si este límite existe, se dice que $\int_a^\infty f(x)\,dx$ es **convergente** y que la integral impropia *converge* hacia ese límite. En este caso, se considera que la región no acotada tiene un área finita y esta área se representa mediante $\int_a^\infty f(x)\,dx$. Si el límite no existe, se dice que la integral impropia es **divergente** y la región no tiene un área finita.

Podemos eliminar la restricción de que $f(x) \ge 0$. En general, la integral impropia $\int_a^\infty f(x)\,dx$ está definida por

$$\int_a^\infty f(x)\,dx = \lim_{b \to \infty} \int_a^b f(x)\,dx$$

Otros tipos de integrales impropias son

$$\int_{-\infty}^b f(x)\,dx \tag{2}$$

y

$$\int_{-\infty}^\infty f(x)\,dx \tag{3}$$

En cada uno de los tres tipos de integrales impropias [(1), (2) y (3)], el intervalo sobre el que se evalúa la integral tiene longitud infinita. La integral impropia descrita en (2) se define como

$$\int_{-\infty}^b f(x)\,dx = \lim_{a \to -\infty} \int_a^b f(x)\,dx$$

Si este límite existe, se dice que $\int_{-\infty}^b f(x)\,dx$ es convergente. En caso contrario, es divergente. La integral impropia descrita en (3) se definirá después del ejemplo siguiente.

EJEMPLO 1   Integrales impropias de la forma $\int_a^\infty f(x)\,dx$ y $\int_{-\infty}^b f(x)\,dx$

Determine si las siguientes integrales impropias son convergentes o divergentes. Para las integrales que sean convergentes, calcule su valor.

APLÍQUELO ▶

6. La razón a la que el cuerpo humano elimina cierto medicamento de su sistema se puede aproximar por medio de $R(t) = 3e^{-0.1t} - 3e^{-0.3t}$, donde $R(t)$ está en mililitros por minuto y t es el tiempo en minutos desde que se toma la medicina. Determine $\int_0^\infty (3e^{-0.1t} - 3e^{-0.3t})\,dt$, la cantidad total de medicamento que se elimina.

---

[12]En caso de que no se vaya a cubrir el capítulo 16, esta sección puede omitirse.

a. $\displaystyle\int_{1}^{\infty} \frac{1}{x^3}\, dx$

Solución: $\displaystyle\int_{1}^{\infty} \frac{1}{x^3}\, dx = \lim_{b\to\infty} \int_{1}^{b} x^{-3}\, dx = \lim_{b\to\infty} \left. -\frac{x^{-2}}{2}\right|_{1}^{b}$

$$= \lim_{b\to\infty} \left[-\frac{1}{2b^2} + \frac{1}{2} \right] = -0 + \frac{1}{2} = \frac{1}{2}$$

Por lo tanto, $\displaystyle\int_{1}^{\infty} \frac{1}{x^3}\, dx$ converge hacia $\dfrac{1}{2}$.

b. $\displaystyle\int_{-\infty}^{0} e^x\, dx$

Solución: $\displaystyle\int_{-\infty}^{0} e^x\, dx = \lim_{a\to -\infty} \int_{a}^{0} e^x\, dx = \lim_{a\to -\infty} \left. e^x \right|_{a}^{0}$

$$= \lim_{a\to -\infty} (1 - e^a) = 1 - 0 = 1 \qquad e^0 = 1$$

(Aquí se usa el hecho de que cuando $a \to -\infty$, la gráfica de $y = e^a$ se aproxima al eje a, por lo que $e^a \to 0$). Por lo tanto, $\int_{-\infty}^{0} e^x\, dx$ converge hacia 1.

c. $\displaystyle\int_{1}^{\infty} \frac{1}{\sqrt{x}}\, dx$

Solución: $\displaystyle\int_{1}^{\infty} \frac{1}{\sqrt{x}}\, dx = \lim_{b\to\infty} \int_{1}^{b} x^{-1/2}\, dx = \lim_{b\to\infty} \left. 2x^{1/2} \right|_{1}^{b}$

$$= \lim_{b\to\infty} 2(\sqrt{b} - 1) = \infty$$

Por lo tanto, la integral impropia diverge.

Ahora resuelva el problema 3 ◁

La integral impropia $\int_{-\infty}^{\infty} f(x)\, dx$ se define en términos de integrales impropias de las formas (1) y (2):

$$\int_{-\infty}^{\infty} e^x\, dx = \int_{-\infty}^{0} e^x\, dx + \int_{0}^{\infty} e^x\, dx \qquad (4)$$

Si *ambas* integrales del lado derecho de la ecuación (4) son convergentes, entonces se dice que $\int_{-\infty}^{\infty} f(x)\, dx$ es convergente; en caso contrario, es divergente.

EJEMPLO 2 Integral impropia de la forma $\int_{-\infty}^{\infty} f(x)\, dx$

Determine si $\displaystyle\int_{-\infty}^{\infty} e^x\, dx$ es convergente o divergente.

Solución: $\displaystyle\int_{-\infty}^{\infty} e^x\, dx = \int_{-\infty}^{0} e^x\, dx + \int_{0}^{\infty} e^x\, dx$

Por el ejemplo 1(b), $\displaystyle\int_{-\infty}^{0} e^x\, dx = 1$. Por otra parte,

$$\int_{0}^{\infty} e^x\, dx = \lim_{b\to\infty} \int_{0}^{b} e^x\, dx = \lim_{b\to\infty} \left. e^x \right|_{0}^{b} = \lim_{b\to\infty} (e^b - 1) = \infty$$

Como $\int_{0}^{\infty} e^x\, dx$ es divergente, $\int_{-\infty}^{\infty} e^x\, dx$ también es divergente.

Ahora resuelva el problema 11 ◁

EJEMPLO 3   **Función de densidad**

En estadística, una función f se llama función de densidad si $f(x) \geq 0$ y

$$\int_{-\infty}^{\infty} f(x)\, dx = 1$$

Suponga que

$$f(x) = \begin{cases} ke^{-x} & \text{para } x \geq 0 \\ 0 & \text{en otro caso} \end{cases}$$

es una función de densidad. Encuentre k.

Solución: La ecuación $\int_{-\infty}^{\infty} f(x)\, dx = 1$ se escribe como

$$\int_{-\infty}^{0} f(x)\, dx + \int_{0}^{\infty} f(x)\, dx = 1$$

Debido a que $f(x) = 0$ para $x < 0$, $\int_{-\infty}^{0} f(x)\, dx = 0$. Así,

$$\int_{0}^{\infty} ke^{-x}\, dx = 1$$

$$\lim_{b \to \infty} \int_{0}^{b} ke^{-x}\, dx = 1$$

$$\lim_{b \to \infty} -ke^{-x} \Big|_{0}^{b} = 1$$

$$\lim_{b \to \infty} (-ke^{-b} + k) = 1$$

$$0 + k = 1 \qquad \lim_{b \to \infty} e^{-b} = 0$$

$$k = 1$$

Ahora resuelva el problema 13 ◁

PROBLEMAS 15.7

En los problemas del 1 al 12, determine las integrales en caso de que existan. Indique cuáles son divergentes.

1. $\int_{3}^{\infty} \dfrac{1}{x^3}\, dx$

2. $\int_{1}^{\infty} \dfrac{1}{(3x-1)^2}\, dx$

3. $\int_{1}^{\infty} \dfrac{1}{x}\, dx$

4. $\int_{2}^{\infty} \dfrac{1}{\sqrt[3]{(x+2)^2}}\, dx$

5. $\int_{37}^{\infty} e^{-x}\, dx$

6. $\int_{0}^{\infty} (5 + e^{-x})\, dx$

7. $\int_{1}^{\infty} \dfrac{1}{\sqrt{x}}\, dx$

8. $\int_{4}^{\infty} \dfrac{x\, dx}{\sqrt{(x^2+9)^3}}$

9. $\int_{-\infty}^{-3} \dfrac{1}{(x+1)^2}\, dx$

10. $\int_{1}^{\infty} \dfrac{1}{\sqrt[3]{x-1}}\, dx$

11. $\int_{-\infty}^{\infty} 2xe^{-x^2}\, dx$

12. $\int_{-\infty}^{\infty} (5-3x)\, dx$

13. Función de densidad   La función de densidad para la vida x, en horas, de un componente electrónico en un medidor de radiación está dada por

$$f(x) = \begin{cases} \dfrac{k}{x^2} & \text{para } x \geq 800 \\ 0 & \text{para } x < 800 \end{cases}$$

(a) Si k satisface la condición de que $\int_{800}^{\infty} f(x)\, dx = 1$, encuentre k.

(b) La probabilidad de que el componente dure por lo menos 1200 horas está dada por $\int_{1200}^{\infty} f(x)\, dx$. Evalúe esta integral.

14. Función de densidad   Dada la función de densidad

$$f(x) = \begin{cases} ke^{-2x} & \text{para } x \geq 1 \\ 0 & \text{en caso contrario} \end{cases}$$

encuentre k. (*Sugerencia*: Vea el ejemplo 3).

15. Utilidades futuras   Para un negocio, el valor presente de todas las utilidades futuras a un interés anual r compuesto continuamente está dado por

$$\int_{0}^{\infty} p(t)e^{-rt}\, dt$$

donde $p(t)$ es la utilidad anual en el tiempo t. Con $p(t) = 500\,000$ y $r = 0.02$, evalúe esta integral.

16. Psicología   En un modelo psicológico para la detección de señales,[13] la probabilidad α de reportar una señal cuando no hay presencia de ninguna señal está dada por

$$\alpha = \int_{x_c}^{\infty} e^{-x}\, dx \quad x \geq 0$$

---

[13]D. Laming, *Mathematical Psychology* (Nueva York: Academic Press, Inc., 1973).

La probabilidad β (letra griega "beta") de detectar una señal cuando ésta se encuentra presente es

$$\beta = \int_{x_c}^{\infty} ke^{-kx}\,dx \quad x \geq 0$$

En ambas integrales, x_c es una constante (llamada valor de criterio en este modelo). Encuentre α y β si $k = \frac{1}{8}$.

17. Encuentre el área de la región ubicada en el tercer cuadrante y limitada por la curva $y = e^{3x}$ y el eje x.

18. Economía En el análisis de la entrada de una empresa a una industria, Stigler[14] utiliza la ecuación

$$V = \pi_0 \int_0^{\infty} e^{\theta t} e^{-\rho t}\,dt$$

donde π_0, θ (letra griega "teta") y ρ (letra griega "ro") son constantes. Demuestre que $V = \pi_0/(\rho - \theta)$ si $\theta < \rho$.

19. Población La razón de crecimiento anual predicha para la población de cierta ciudad pequeña está dada por

$$\frac{40\,000}{(t + 2)^2}$$

donde t es el número de años contados a partir de ahora. A largo plazo (es decir, cuando $t \to \infty$), ¿cuál es el cambio esperado en la población a partir del nivel actual?

Repaso del capítulo 15

Términos y símbolos importantes

Ejemplos

Resumen

En ocasiones, es posible determinar con facilidad una integral cuya forma es $\int u\,dv$, donde u y v son funciones de la misma variable, aplicando la fórmula de integración por partes:

$$\int u\,dv = uv - \int v\,du$$

Una función racional propia puede integrarse al aplicar la técnica de las fracciones parciales (aunque *algunas* de las fracciones parciales que pueden resultar tienen integrales que están fuera del alcance de este libro). Aquí la función racional se

expresa como una suma de fracciones, cada una de las cuales es más fácil de integrar que la función original.

Para determinar una integral que no tiene una forma conocida, a veces es posible hacerla coincidir con una fórmula de una tabla de integrales. Sin embargo, puede ser necesario transformarla en una forma equivalente antes de que pueda existir coincidencia.

Una anualidad es una serie de pagos efectuados en determinado periodo. Suponga que los pagos se hacen continuamente durante T años, de manera que un pago en el tiempo t es a la tasa de $f(t)$ por año. Si la tasa anual de interés es r

---

[14]G. Stigler, *The Theory of Price*, 3a. ed. (Nueva York: Macmillan Publishing Company, 1966), p. 344.

compuesta de manera continua, entonces el valor presente de la anualidad continua está dado por

$$A = \int_0^T f(t)e^{-rt}\,dt$$

y el monto acumulado está dado por

$$S = \int_0^T f(t)e^{r(T-t)}\,dt$$

El valor promedio $\bar{f}$ de una función f en el intervalo $[a, b]$ está dado por

$$\bar{f} = \frac{1}{b-a}\int_a^b f(x)\,dx$$

Una ecuación que involucra la derivada de una función desconocida se llama ecuación diferencial. Si la derivada de mayor orden que se tiene es la primera, la ecuación se llama ecuación diferencial de primer orden. Algunas ecuaciones diferenciales de primer orden pueden resolverse por el método de separación de variables. En ese método, considerando la derivada como un cociente de diferenciales, se escribe la ecuación de manera que cada lado contenga sólo una variable y una sola diferencial en el numerador. Integrando ambos lados de la ecuación resultante se obtiene la solución. Esta solución incluye una constante de integración y se llama solución general de la ecuación diferencial. Si la función desconocida debe satisfacer la condición de que tenga un valor específico para un valor dado de la variable independiente, entonces puede encontrarse una solución particular.

Las ecuaciones diferenciales surgen cuando se conoce una relación que implica la razón de cambio de una función. Por ejemplo, si una cantidad N en el tiempo t es tal que cambia a una razón proporcional a la cantidad presente, entonces

$$\frac{dN}{dt} = kN, \quad \text{donde } k \text{ es una constante}$$

La solución de esta ecuación diferencial es

$$N = N_0 e^{kt}$$

donde N_0 es la cantidad presente en $t = 0$. El valor de k puede determinarse cuando se conoce el valor de N para un valor dado de t diferente de $t = 0$. Si k es positiva, entonces N sigue una ley exponencial de crecimiento; si k es negativa, N sigue una ley exponencial de decaimiento. Si N representa una cantidad de un elemento radiactivo, entonces

$$\frac{dN}{dt} = -\lambda N, \quad \text{donde } \lambda \text{ es una constante positiva.}$$

Así, N sigue una ley exponencial de decaimiento y, por consiguiente,

$$N = N_0 e^{-\lambda t}$$

La constante λ se llama constante de decaimiento. El tiempo necesario para que la mitad del elemento decaiga representa la vida media del elemento:

$$\text{vida media} = \frac{\ln 2}{\lambda} \approx \frac{0.69315}{\lambda}$$

Una cantidad N puede seguir una razón de crecimiento dada por

$$\frac{dN}{dt} = KN(M - N), \quad \text{donde } K \text{ y } M \text{ son constantes}$$

Al resolver esta ecuación diferencial se obtiene una función de la forma

$$N = \frac{M}{1 + be^{-ct}}, \quad \text{donde } b \text{ y } c \text{ son constantes}$$

que se llama función logística. Muchos tamaños de poblaciones pueden describirse por medio de una función logística. En este caso, M representa el límite del tamaño de la población. Una función logística se usa también en el análisis de la difusión de un rumor.

La ley de enfriamiento de Newton establece que la temperatura T de un cuerpo que se enfría en el tiempo t cambia a una razón que es proporcional a la diferencia $T - a$, donde a es la temperatura del medio ambiente. Así,

$$\frac{dT}{dt} = k(T - a), \quad \text{donde } k \text{ es una constante}$$

La solución de esta ecuación diferencial puede usarse para determinar, por ejemplo, la hora a la que se cometió un homicidio.

Una integral de la forma

$$\int_a^\infty f(x)\,dx \qquad \int_{-\infty}^b f(x)\,dx \qquad \text{o bien} \qquad \int_{-\infty}^\infty f(x)\,dx$$

se llama integral impropia. Las primeras dos integrales se definen de la manera siguiente:

$$\int_a^\infty f(x)\,dx = \lim_{b\to\infty}\int_a^b f(x)\,dx$$

y

$$\int_{-\infty}^b f(x)\,dx = \lim_{a\to-\infty}\int_a^b f(x)\,dx$$

Si $\int_a^\infty f(x)\,dx$ [o $\int_{-\infty}^b f(x)\,dx$] es un número finito, se dice que la integral es convergente, de otra manera, que es divergente. La integral impropia $\int_{-\infty}^\infty f(x)\,dx$ está definida por

$$\int_{-\infty}^\infty f(x)\,dx = \int_{-\infty}^0 f(x)\,dx + \int_0^\infty f(x)\,dx$$

Si ambas integrales incluidas en el lado derecho son convergentes, se dice que $\int_{-\infty}^\infty f(x)\,dx$ es convergente, de otra manera, es divergente.

Problemas de repaso

En los problemas del 1 al 22, determine las integrales.

1. $\displaystyle\int x^2 \ln x\,dx$

2. $\displaystyle\int \frac{1}{\sqrt{4x^2+1}}\,dx$

3. $\displaystyle\int_0^2 \sqrt{9x^2+16}\,dx$

4. $\displaystyle\int \frac{16x}{3-4x}\,dx$

5. $\displaystyle\int \frac{15x-2}{(3x+1)(x-2)}\,dx$

6. $\displaystyle\int_{e^a}^{e^b} \frac{1}{x\ln x}\,dx$

7. $\displaystyle\int \frac{dx}{x(x+2)^2}$

8. $\displaystyle\int \frac{dx}{x^2-1}$

9. $\int \dfrac{dx}{x^2\sqrt{9-16x^2}}$

10. $\int x^3 \ln x^2 \, dx$

11. $\int \dfrac{dx}{x^2 - a^2}$

12. $\int \dfrac{x}{\sqrt{2+5x}} \, dx$

13. $\int 49xe^{7x} \, dx$

14. $\int \dfrac{dx}{2+3e^{4x}}$

15. $\int \dfrac{dx}{2x\ln x^2}$

16. $\int \dfrac{dx}{x(x+a)}$

17. $\int \dfrac{2x}{3+2x} \, dx$

18. $\int \dfrac{dx}{x^2\sqrt{4x^2-9}}$

[15]19. $\int \dfrac{5x^2+2}{x^3+x} \, dx$

[15]20. $\int \dfrac{3x^3+5x^2+4x+3}{x^4+x^3+x^2} \, dx$

[16]21. $\int \ln(x+1)\sqrt{x+1} \, dx$

[16]22. $\int x^2 e^x \, dx$

23. Encuentre el valor promedio de $f(x) = 3x^2 + 2x$ en el intervalo $[2, 4]$.

24. Encuentre el valor promedio de $f(t) = t^2 e^t$ en el intervalo $[0, 1]$.

En los problemas 25 y 26, resuelva las ecuaciones diferenciales.

25. $y' = 3x^2 y + 2xy$ $y > 0$

26. $y' - f'(x)e^{f(x)-y} = 0$ $y(0) = f(0)$

En los problemas del 27 al 30, determine las integrales impropias, en caso de que existan.[17] Indique cuáles son divergentes.

27. $\int_1^{\infty} \dfrac{1}{x^{2.5}} \, dx$

28. $\int_{-\infty}^{0} e^{2x} \, dx$

29. $\int_1^{\infty} \dfrac{1}{2x} \, dx$

30. $\int_{-\infty}^{\infty} xe^{1-x^2} \, dx$

31. Población La población de una ciudad de rápido crecimiento era de 500 000 habitantes en 1980 y de 1 000 000 en 2000. Suponiendo un crecimiento exponencial, proyecte la población para 2020.

32. Población La población de una ciudad se duplica cada 10 años debido a un crecimiento exponencial. En cierto tiempo, la población es de 40 000 habitantes. Encuentre una expresión para el número N de personas t años después. Escriba su respuesta en términos de $\ln 2$.

33. Radiactividad Si después de 100 años queda 95% de una sustancia radiactiva, encuentre la constante de decaimiento y, al punto porcentual más cercano, calcule el porcentaje de la cantidad original presente después de 200 años.

34. Medicina Suponga que q es la cantidad de penicilina presente en el cuerpo en el tiempo t y sea q_0 la cantidad en $t = 0$. Suponga también que la razón de cambio de q con respecto a t es proporcional a q y que q disminuye cuando t aumenta. Entonces se tiene $dq/dt = -kq$, donde $k > 0$. Despeje q. ¿Qué porcentaje de la cantidad original se tiene cuando $t = 7/k$?

35. Biología Dos organismos se colocan inicialmente en un medio y empiezan a multiplicarse. El número N de organismos presentes después de t días se registra en una gráfica cuyo eje horizontal es el eje t y el eje vertical es el eje N. Se observa que los puntos caen en una curva logística. El número de organismos presentes después de seis días es de 300 y después de 10 días tiende a un límite de 450. Encuentre la ecuación logística.

36. Inscripciones a la universidad Una universidad cree que la matrícula sigue un crecimiento logístico. El año pasado, la matrícula fue de 10 000 y este año es de 11 000. Si la universidad puede recibir un máximo de 20 000 estudiantes, ¿cuál es la matrícula esperada para el año próximo?

37. Hora de un asesinato Un médico forense es llamado a un caso de homicidio. Llega a las 6:00 p.m. y encuentra que la temperatura de la víctima es de 35 °C. Una hora después, la temperatura del cadáver es de 34 °C. La temperatura en la habitación es de 25 °C. Aproximadamente, ¿a qué hora se cometió el crimen? (Suponga que la temperatura normal del cuerpo humano es de 37 °C).

38. Anualidad Encuentre el valor presente, al entero más cercano, de una anualidad continua con tasa anual de 6% durante 12 años si el pago en el tiempo t es a una razón anual de $f(t) = 10t$.

[18]39. Altas de hospital Para un grupo de individuos hospitalizados, suponga que la proporción de altas al término de t días está dada por

$$\int_0^t f(x) \, dx$$

donde $f(x) = 0.007e^{-0.01x} + 0.00005e^{-0.0002x}$. Evalúe

$$\int_0^{\infty} f(x) \, dx$$

[18]40. Consumo de un producto Suponga que $A(t)$ es la cantidad de un producto que se consume en el tiempo t y que A sigue una ley de crecimiento exponencial. Si $t_1 < t_2$ y en el tiempo t_2 la cantidad consumida $A(t_2)$ es el doble de la cantidad consumida en el tiempo t_1, $A(t_1)$, entonces $t_2 - t_1$ se llama periodo de duplicación. En un análisis de crecimiento exponencial, Shonle[19] establece que en condiciones de crecimiento exponencial, "la cantidad de un producto consumido durante un periodo de duplicación es igual al total utilizado en todo el tiempo hasta el principio del periodo de duplicación". Para justificar esta afirmación, reproduzca la argumentación de Shonle de la manera siguiente. La cantidad del producto consumido hasta el tiempo t_1 está dada por

$$\int_{-\infty}^{t_1} A_0 e^{kt} \, dt \quad k > 0$$

donde A_0 es la cantidad cuando $t = 0$. Demuestre que esto es igual a $(A_0/k)e^{kt_1}$. Enseguida, la cantidad consumida durante el intervalo que va de t_1 a t_2 es

$$\int_{t_1}^{t_2} A_0 e^{kt} \, dt$$

Demuestre que esto es igual a

$$\frac{A_0}{k} e^{kt_1} [e^{k(t_2-t_1)} - 1] \tag{5}$$

Si el intervalo $[t_1, t_2]$ es un periodo de duplicación, entonces

$$A_0 e^{kt_2} = 2A_0 e^{kt_1}$$

Demuestre que esta relación implica que $e^{k(t_2-t_1)} = 2$. Sustituya este valor en la ecuación (5); su resultado debe ser el mismo que el total usado durante todo el tiempo hasta t_1, a saber, $(A_0/k)e^{kt_1}$.

---

[15]Los problemas 19 y 20 se refieren a la sección 15.2.
[16]Los problemas 21 y 22 se refieren a la sección 15.1.
[17]Los problemas del 27 al 30 se refieren a la sección 15.7.

[18]Los problemas 39 y 40 se refieren a la sección 15.7.
[19]J. I. Shonle, *Environmental Applications of General Physics* (Reading, Mass.: Addison-Wesley Publishing Company, Inc., 1975).

41. Ingreso, costo y utilidad La tabla siguiente muestra los valores de las funciones de ingreso marginal (IM) y de costo marginal (CM) de una empresa:

q	0	3	6	9	12	15	18
IM	25	22	18	13	7	3	0
CM	15	14	12	10	7	4	2

El costo fijo de la compañía es 25. Suponga que la utilidad es máxima cuando IM = CM y que esto ocurre cuando $q = 12$. Además,

suponga que la producción de la empresa se elige de tal forma que maximice la utilidad. Use la regla del trapecio y la regla de Simpson para resolver cada uno de los siguientes incisos.

(a) Estime el ingreso total usando tantos datos como sea posible.

(b) Estime el costo total usando la menor cantidad posible de datos.

(c) Determine cómo está relacionada la utilidad máxima con el área encerrada por la línea $q = 0$ y las curvas IM y CM, use esta relación para estimar la utilidad máxima tan exactamente como sea posible.

⌕ EXPLORE Y AMPLÍE   Dietas

En la actualidad existe un gran interés en las dietas y la pérdida de peso. Algunas personas quieren perder peso para "verse bien", otras por razones de salud o condición física. De hecho, algunas lo hacen por presión de las amistades. Con frecuencia aparecen anuncios publicitarios en televisión, periódicos y revistas sobre programas para control de peso. En muchas librerías, secciones enteras se dedican a las dietas y al control de peso.

Suponga que se quiere determinar un modelo matemático para saber el peso de una persona sometida a una dieta baja en calorías.[20] El peso de una persona depende tanto de la tasa diaria de energía ingerida, digamos C calorías diarias, como de la tasa diaria de energía consumida, que típicamente tiene un valor de entre 15 y 20 calorías por día por cada libra de peso del cuerpo. El consumo depende de la edad, el sexo, la razón metabólica, etc. Para un valor promedio de 17.5 calorías por libra y por día, una persona que pese w libras consume $17.5w$ calorías por día. Si $C = 17.5w$, entonces su peso permanece constante; de otra manera, se tiene ganancia o pérdida de peso según si C es mayor o menor que $17.5w$.

¿Qué tan rápido ocurrirá la ganancia o pérdida de peso? La hipótesis fisiológica más plausible es que dw/dt es proporcional al exceso neto (o déficit) $C - 17.5w$ en el número de calorías por día. Esto es,

$$\frac{dw}{dt} = K(C - 17.5w) \tag{1}$$

donde K es una constante. El miembro izquierdo de la ecuación tiene unidades de libras por día y $C - 17.5w$ tiene unidades de calorías por día. De modo que las unidades de K son libras por caloría. Por lo tanto, se requiere conocer cuántas libras, por cada exceso o déficit de calorías, se agregan o quitan al peso. El factor de conversión dietético que generalmente se usa es que 3500 calorías es el equivalente de una libra. Así, $K = 1/3500$ libras por caloría.

Ahora, la ecuación diferencial que modela la ganancia o pérdida de peso es

$$\frac{dw}{dt} = \frac{1}{3500}(C - 17.5w) \tag{2}$$

Si C es constante, la ecuación es separable y su solución es

$$w(t) = \frac{C}{17.5} + \left(w_0 - \frac{C}{17.5}\right)e^{-0.005t} \tag{3}$$

donde w_0 es el peso inicial y t está en días. A largo plazo, note que el peso de equilibrio (esto es, el peso cuando $t \to \infty$) es $w_{eq} = C/17.5$.

[20]Adaptado de A. C. Segal, "A Linear Diet Model", *The College Mathematics Journal*, 18, núm. 1 (1987), pp. 44-45. Con autorización de la Mathematical Association of America.

Por ejemplo, si alguien que pese inicialmente 180 lb adopta una dieta de 2500 calorías por día, entonces se tiene $w_{eq} = 2500/17.5 \approx 143$ libras y la función del peso es

$$w(t) \approx 143 + (180 - 143)e^{-0.005t}$$
$$= 143 + 37e^{-0.005t}$$

En la figura 15.6 se muestra la gráfica de $w(t)$. Observe cuánto tiempo toma estar cerca del peso de equilibrio de 143 libras. La vida media para el proceso es $(\ln 2)/0.005 \approx 138.6$ días, alrededor de 20 semanas (tomaría casi 584 días, u 83 semanas, llegar a las 145 libras). Esto pudiera ser la causa por la que muchas personas abandonan la dieta por frustración.

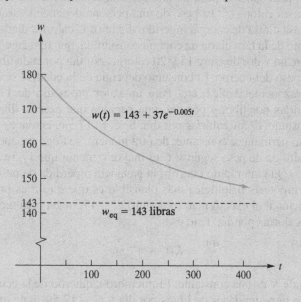

FIGURA 15.6 Peso como una función del tiempo.

Problemas

1. Si una persona que pesa 200 lb adopta una dieta de 2000 calorías por día, determine a la libra más cercana el peso de equilibrio w_{eq}. Al día más cercano, ¿después de cuántos días esta persona tendrá un peso de 175 libras? Obtenga la respuesta de manera algebraica o usando una calculadora gráfica.

2. Demuestre que la solución de la ecuación (2) está dada por la ecuación (3).

3. El peso de una persona sometida a una dieta restringida en calorías está dado, en el tiempo t, por $w(t)$. [Vea la ecuación (3)]. La diferencia entre este peso y el peso de equilibrio w_{eq} es $w(t) - w_{eq}$. Suponga que se requieren d días para que la persona pierda la mitad de esta diferencia de peso. Entonces

$$w(t + d) = w(t) - \tfrac{1}{2}[w(t) - w_{eq}]$$

Despeje d de esta ecuación y demuestre que $d = \dfrac{\ln 2}{0.005}$.

4. En forma ideal, la meta de la pérdida de peso debe establecerse en una consulta con un médico. Sin embargo, en general, un peso ideal está relacionado con la altura de la persona por el índice de masa corporal (IMC), que es igual al peso en kilogramos dividido entre la altura, en metros, al cuadrado. El rango óptimo de IMC es de 18.5 a 24.9.

¿Cuántas libras necesitaría perder una mujer de 5 pies 8 pulgadas de altura y 190 libras de peso para estar en el rango ideal de IMC? (Sea cuidadoso con las unidades cuando calcule la respuesta). Al día más cercano, ¿cuánto tardaría esa mujer en perder este exceso de peso con una dieta de 2200 calorías por día?

Se puede encontrar más información sobre peso y dietas en www.consumer.gov/weightloss/setgoals.htm.

5. ¿Cuáles son los pros y los contras de adoptar una dieta "de choque" que tiene como base cambios drásticos en los hábitos alimenticios para lograr una pérdida de peso rápida?

16 Variables aleatorias continuas

Suponga que usted está diseñando una red telefónica celular para una gran área urbana. En forma ideal, el sistema siempre tendría capacidad suficiente para satisfacer la demanda. Sin embargo, usted sabe que la demanda fluctúa. Algunos periodos de alta demanda pueden pronosticarse, como los días festivos, cuando muchas personas llaman a su familia. Pero otras veces estos periodos no son predecibles, como después de la ocurrencia de un terremoto u otro desastre natural, cuando muchas personas pueden llamar a los servicios de emergencia o tratar de comunicarse con amigos y parientes. La construcción y operación de un sistema telefónico con capacidad suficiente para manejar cualquier elevación repentina en la demanda, sin importar qué tan grande sea ésta, podrían resultar muy caras. ¿Cómo se puede lograr un equilibrio entre la meta de servir a los clientes y la necesidad de limitar los costos?

Un método sensato sería diseñar un sistema capaz de manejar la carga de tráfico telefónico bajo condiciones de ocupación normales y aceptar el hecho de que, en raras ocasiones, el tráfico pesado conducirá a sobrecargas. No siempre puede predecirse cuándo se presentarán sobrecargas, puesto que desastres como lo terremotos ocurren sin previo aviso. Sin embargo, a usted le podría bastar con algunas buenas predicciones *probabilísticas* del volumen de tráfico futuro. Por ejemplo, podría construir un sistema que satisfaga la demanda 99.4% del tiempo. El restante 0.6% del tiempo, los clientes tendrían que sufrir retrasos intermitentes en el servicio.

Una descripción probabilística del tráfico que se presenta en una red telefónica es ejemplo de una función de densidad de probabilidad. Tales funciones se estudiarán en este capítulo. Tienen una gran variedad de aplicaciones —no sólo en el cálculo de la frecuencia con la que un sistema estará sobrecargado, por ejemplo, sino también para calcular su carga promedio—. Lo anterior permite realizar la predicción de cosas como el consumo de energía promedio y el volumen promedio de la actividad de mantenimiento en un sistema.

16.1 Variables aleatorias continuas

Funciones de densidad

En el capítulo 9, las variables aleatorias que se consideraron fueron primordialmente discretas. Ahora se estudiarán las **variables aleatorias *continuas***. Una variable aleatoria es continua si puede tomar cualquier valor comprendido en algún intervalo o intervalos. Por lo general, una variable aleatoria continua representa datos que se han *medido*, como alturas, pesos, distancias y periodos. En contraste, las variables aleatorias discretas del capítulo 9 casi siempre representan datos que se *cuentan*.

Por ejemplo, el número de horas de vida de una batería de calculadora es una variable aleatoria continua X. Si la vida máxima posible es de 1000 horas, entonces X puede tomar cualquier valor comprendido en el intervalo $[0, 1000]$. En un sentido práctico, la posibilidad de que X tome un solo valor específico, como 764.1238, es extremadamente remota. Resulta más significativo considerar la probabilidad de que X pertenezca a un *intervalo*, como el que va desde 764 hasta 765, es decir, $764 < X < 765$. (A este respecto, la naturaleza de la medición de cantidades físicas, como el tiempo, indica que un enunciado como $X = 764.1238$ en realidad tiene la forma $764.123750 < X < 764.123849$). En general, *con una variable aleatoria continua, el interés está en la posibilidad de que pertenezca a un intervalo y no en que asuma un valor particular.*

Como otro ejemplo, considere un experimento en el que un número X es elegido de manera aleatoria del intervalo $[0, 2]$. Entonces X es una variable aleatoria continua. ¿Cuál es la probabilidad de que X pertenezca al intervalo $[0, 1]$? Debido a que se puede pensar vagamente en $[0, 1]$ como en la "mitad" del intervalo $[0, 2]$, una respuesta razonable (y correcta, es $\frac{1}{2}$. De manera similar, si se piensa en el intervalo $[0, \frac{1}{2}]$ como en "un cuarto" de $[0, 2]$, entonces $P(0 \le X \le \frac{1}{2}) = \frac{1}{4}$. En realidad, cada una de estas probabilidades es simplemente la longitud del intervalo dado dividido entre la longitud de $[0, 2]$. Por ejemplo,

$$P\left(0 \le X \le \frac{1}{2}\right) = \frac{\text{longitud de } [0, \frac{1}{2}]}{\text{longitud de } [0, 2]} = \frac{\frac{1}{2}}{2} = \frac{1}{4}$$

Ahora considere un experimento similar en el que X denota un número que se elige de manera aleatoria del intervalo $[0, 1]$. Como podría esperarse, la probabilidad de que X tome cualquier valor en algún intervalo dado dentro de $[0, 1]$ es igual a la longitud del intervalo dado dividido entre la longitud de $[0, 1]$. Como $[0, 1]$ tiene longitud 1, se puede decir simplemente que la probabilidad de que X pertenezca a un intervalo es la longitud del intervalo. Por ejemplo,

$$P(0.2 \le X \le 0.5) = 0.5 - 0.2 = 0.3$$

y $P(0.2 \le X \le 0.2001) = 0.0001$. Es claro que, cuando la longitud de un intervalo tiende a 0, la probabilidad de que X tome un valor en ese intervalo también tiende a 0. Con esto en mente, se puede considerar a un solo valor, por ejemplo 0.2, como el caso limitante de un intervalo cuando la longitud del intervalo tiende a 0. (Piense en $[0.2, 0.2 + x]$ cuando $x \to 0$). Así, $P(X = 0.2) = 0$. En general, *la probabilidad de que una variable aleatoria continua X tome un valor particular es* 0. Como un resultado, **la probabilidad de que X pertenezca a algún intervalo no se ve afectada si uno o los dos extremos del intervalo se incluyen o se excluyen**. Por ejemplo,

$$P(X \le 0.4) = P(X < 0.4) + P(X = 0.4)$$
$$= P(X < 0.4) + 0$$
$$= P(X < 0.4)$$

De manera similar, $P(0.2 \le X \le 0.5) = P(0.2 < X < 0.5)$.

Las probabilidades asociadas con una variable aleatoria continua X pueden representarse de manera geométrica. Lo anterior se hace mediante la gráfica de una función $y = f(x)$ tal que el área situada bajo esta gráfica (y por encima del eje x) entre las rectas $x = a$ y $x = b$

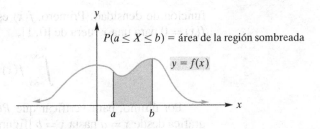

FIGURA 16.1 Función de densidad de probabilidad.

representa la probabilidad de que X asuma un valor entre a y b. (Vea la figura 16.1). Como esta área está dada por la integral definida $\int_a^b f(x)\,dx$, se tiene

$$P(a \le X \le b) = \int_a^b f(x)\,dx$$

A la función f se le llama *función de densidad de probabilidad* para X (o simplemente *función de densidad* para X) y se dice que se define la *distribución de X*. Como las probabilidades siempre son no negativas, siempre es cierto que $f(x) \ge 0$. Asimismo, como debe ocurrir el evento $-\infty < X < \infty$, el área total bajo la curva de la función de densidad debe ser 1. Es decir, $\int_{-\infty}^{\infty} f(x)\,dx = 1$. En resumen, se tiene la siguiente definición.

Definición

Si X es una variable aleatoria continua, entonces una función $y = f(x)$ se llama *función de densidad (de probabilidad)* para X si y sólo si tiene las siguientes propiedades:

1. $f(x) \ge 0$
2. $\int_{-\infty}^{\infty} f(x)\,dx = 1$

Entonces se define

3. $P(a \le X \le b) = \int_a^b f(x)\,dx$

Para ilustrar una función de densidad, considere de nuevo el experimento previo en el que se selecciona de manera aleatoria un número X del intervalo $[0, 1]$. Recuerde que

$$P(a \le X \le b) = \text{longitud de } [a, b] = b - a \tag{1}$$

donde a y b están en $[0, 1]$. Se mostrará que la función

$$f(x) = \begin{cases} 1 & \text{si } 0 \le x \le 1 \\ 0 & \text{en otro caso} \end{cases} \tag{2}$$

cuya gráfica aparece en la figura 16.2(a), es una función de densidad para X. Para hacerlo, hay que verificar si $f(x)$ satisface las tres condiciones establecidas en la definición de una

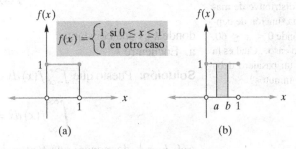

FIGURA 16.2 Función de densidad de probabilidad.

función de densidad. Primero, $f(x)$ es 0 o 1, por lo que $f(x) \geq 0$. Enseguida, puesto que $f(x) = 0$ para una x fuera de $[0, 1]$,

$$\int_{-\infty}^{\infty} f(x)\,dx = \int_{0}^{1} 1\,dx = x\Big|_{0}^{1} = 1$$

Por último, para verificar que $P(a \leq X \leq b) = \int_{a}^{b} f(x)\,dx$, se calcula el área bajo la gráfica desde $x = a$ hasta $x = b$ [figura 16.2(b)]. Se tiene

$$\int_{a}^{b} f(x)\,dx = \int_{a}^{b} 1\,dx = x\Big|_{a}^{b} = b - a$$

que, como se estableció en la ecuación (1), es $P(a \leq X \leq b)$.

A la función incluida en la ecuación (2) se le llama **función de densidad uniforme** sobre $[0, 1]$ y se dice que X tiene una **distribución uniforme**. La palabra *uniforme* es significativa en el sentido de que la gráfica de la función de densidad es horizontal, o "plana", sobre $[0, 1]$. Como resultado, X tiene la misma probabilidad de asumir un valor en un intervalo dentro de $[0, 1]$ que en cualquier otro intervalo de igual longitud. En el ejemplo 1 se da una distribución uniforme más general.

EJEMPLO 1 Función de densidad uniforme

La función de densidad uniforme sobre $[a, b]$ para la variable aleatoria X está dada por

$$f(x) = \begin{cases} \dfrac{1}{b - a} & \text{si } a \leq x \leq b \\ 0 & \text{en otro caso} \end{cases}$$

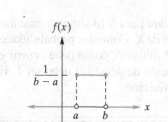

$f(x)$

$\dfrac{1}{b-a}$

a b x

FIGURA 16.3 Función de densidad uniforme sobre $[a, b]$.

(Vea la figura 16.3). Observe que sobre $[a, b]$, la región bajo la gráfica es un rectángulo con altura $1/(b - a)$ y ancho $b - a$. Así, su área está dada por $(1/(b-a))(b - a) = 1$ de manera que $\int_{-\infty}^{\infty} f(x)\,dx = 1$, como debe ser el caso para una función de densidad. Si $[c, d]$ es cualquier intervalo dentro de $[a, b]$, entonces

$$P(c \leq X \leq d) = \int_{c}^{d} f(x)\,dx = \int_{c}^{d} \frac{1}{b - a}\,dx$$

$$= \frac{x}{b - a}\Big|_{c}^{d} = \frac{d - c}{b - a}$$

Por ejemplo, suponga que X se distribuye uniformemente sobre el intervalo $[1, 4]$ y es necesario encontrar $P(2 < X < 3)$. Entonces $a = 1$, $b = 4$, $c = 2$ y $d = 3$. Por lo tanto,

$$P(2 < X < 3) = \frac{3 - 2}{4 - 1} = \frac{1}{3}$$

Ahora resuelva el problema 3 incisos (a) a (g) ◁

EJEMPLO 2 Función de densidad

La función de densidad para una variable aleatoria X está dada por

$$f(x) = \begin{cases} kx & \text{si } 0 \leq x \leq 2 \\ 0 & \text{en otro caso} \end{cases}$$

donde k es una constante
a. Encuentre k.

Solución: Puesto que $\int_{-\infty}^{\infty} f(x)\,dx$ debe ser 1 y $f(x) = 0$ fuera de $[0, 2]$, se tiene

$$\int_{-\infty}^{\infty} f(x)\,dx = \int_{0}^{2} kx\,dx = \frac{kx^2}{2}\Big|_{0}^{2} = 2k = 1$$

Así, $k = \frac{1}{2}$, de manera que $f(x) = \frac{1}{2}x$ en $[0, 2]$.

b. Encuentre $P(\frac{1}{2} < X < 1)$.

Solución:
$$P\left(\frac{1}{2} < X < 1\right) = \int_{1/2}^{1} \frac{1}{2}x\,dx = \left.\frac{x^2}{4}\right|_{1/2}^{1} = \frac{1}{4} - \frac{1}{16} = \frac{3}{16}$$

c. Encuentre $P(X < 1)$.

Solución: Como $f(x) = 0$ para $x < 0$, sólo es necesario calcular el área situada bajo la función de densidad entre 0 y 1. Por lo tanto,

$$P(x < 1) = \int_{0}^{1} \frac{1}{2}x\,dx = \left.\frac{x^2}{4}\right|_{0}^{1} = \frac{1}{4}$$

Ahora resuelva el problema 9 incisos (a) a (d), (g) y (h) ◁

EJEMPLO 3 **Función de densidad exponencial**

La **función de densidad exponencial** está definida por

$$f(x) = \begin{cases} ke^{-kx} & \text{si } x \geq 0 \\ 0 & \text{si } x < 0 \end{cases}$$

donde k es una constante positiva, llamada un **parámetro**, cuyo valor depende del experimento en consideración. Si X es una variable aleatoria con esta función de densidad, entonces se dice que X tiene una **distribución exponencial**. El caso de $k = 1$ se muestra en la figura 16.4.

a. Verifique si f es una función de densidad.

Solución:

Por definición, $f \geq 0$ sobre $(-\infty, \infty)$ y puesto que $f = 0$ sobre $(-\infty, 0)$, se tiene que, para cualquier k positiva,

$$\int_{-\infty}^{\infty} f(x)\,dx = \int_{0}^{\infty} ke^{-kx}\,dx$$
$$= \lim_{b \to \infty} \int_{0}^{b} ke^{-kx}\,dx$$
$$= \lim_{b \to \infty} \left. -e^{-kx}\right|_{0}^{b}$$
$$= \lim_{b \to \infty} ((-e^{-kb}) - (-e^{0}))$$
$$= (0) - (-1)$$
$$= 1$$

b. Para $k = 1$, encuentre $P(2 < X < 3)$.

Solución:
$$P(2 < X < 3) = \int_{2}^{3} e^{-x}\,dx = \left. -e^{-x}\right|_{2}^{3}$$
$$= -e^{-3} - (-e^{-2}) = e^{-2} - e^{-3} \approx 0.086$$

c. Para $k = 1$, encuentre $P(X > 4)$.

Solución:
$$P(X > 4) = \int_{4}^{\infty} e^{-x}\,dx = \lim_{b \to \infty} \int_{4}^{b} e^{-x}\,dx$$
$$= \lim_{b \to \infty} \left. -e^{-x}\right|_{4}^{b} = \lim_{b \to \infty} (-e^{-b} + e^{-4})$$
$$= 0 + e^{-4}$$
$$\approx 0.018$$

APLÍQUELO ▶

2. La esperanza de vida (en años) de ciertos frenos de automóvil se distribuye de manera exponencial con $k = \frac{1}{10}$. Si la garantía de los frenos dura 5 años, ¿cuál es la probabilidad de que se rompan después del periodo de garantía?

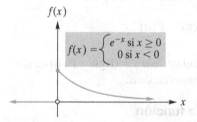

$$f(x) = \begin{cases} e^{-x} & \text{si } x \geq 0 \\ 0 & \text{si } x < 0 \end{cases}$$

FIGURA 16.4 Función de densidad exponencial.

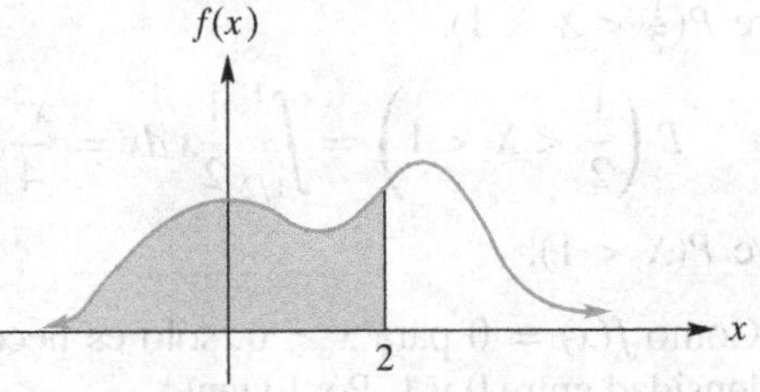

$f(x)$

$f(x)$

FIGURA 16.5 $F(2) = P(X \leq 2) = $ área de la región sombreada.

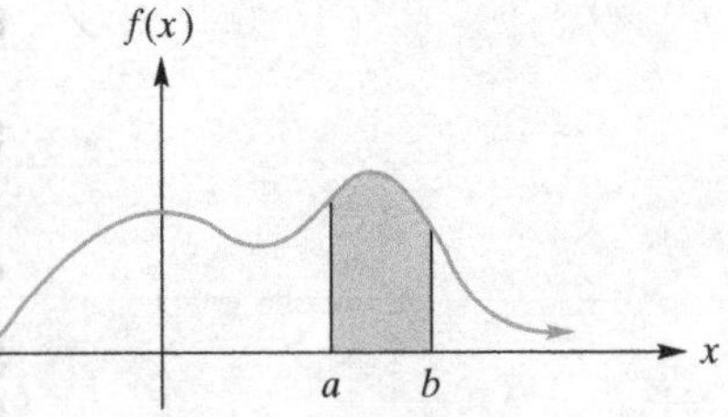

FIGURA 16.6 $P(a < X < b)$.

De manera alternativa, se puede evitar una integral impropia porque

$$P(X > 4) = 1 - P(X \leq 4) = 1 - \int_0^4 e^{-x}\, dx$$

Ahora resuelva el problema 7 incisos (a), (b), (c) y (e) ◁

La **función de distribución acumulada** F para la variable aleatoria continua X con función de densidad f está definida por

$$F(x) = P(X \leq x) = \int_{-\infty}^x f(t)\, dt$$

Por ejemplo, $F(2)$ representa toda el área bajo la curva de densidad que está a la izquierda de la recta $x = 2$ (figura 16.5). Cuando $f(x)$ es continua, se puede demostrar que

$$F'(x) = f(x)$$

Es decir, la derivada de la función de distribución acumulada es la función de densidad. Así, F es una antiderivada de f y, por el teorema fundamental del cálculo integral,

$$P(a < X < b) = \int_a^b f(x)\, dx = F(b) - F(a) \tag{3}$$

Esto significa que el área situada bajo la curva de densidad entre a y b (figura 16.6) es simplemente el área a la izquierda de b menos el área a la izquierda de a.

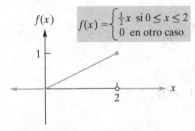

$f(x)$

$$f(x) = \begin{cases} \frac{1}{2}x & \text{si } 0 \leq x \leq 2 \\ 0 & \text{en otro caso} \end{cases}$$

FIGURA 16.7 Función de densidad para el ejemplo 4.

EJEMPLO 4   **Determinación y aplicación de la función de distribución acumulada**

Suponga que X es una variable aleatoria con una función de densidad dada por

$$f(x) = \begin{cases} \frac{1}{2}x & \text{si } 0 \leq x \leq 2 \\ 0 & \text{en otro caso} \end{cases}$$

como se muestra en la figura 16.7.

a. Determine y bosqueje la función de distribución acumulada.

Solución: Como $f(x) = 0$ si $x < 0$, el área situada bajo la curva de densidad a la izquierda de $x = 0$ es 0. Por consiguiente, $F(x) = 0$ si $x < 0$. Si $0 \leq x \leq 2$, entonces

$$F(x) = \int_{-\infty}^x f(t)\, dt = \int_0^x \frac{1}{2}t\, dt = \frac{t^2}{4}\Big|_0^x = \frac{x^2}{4}$$

Como f es una función de densidad y $f(x) = 0$ para $x < 0$ y también para $x > 2$, el área bajo la curva de densidad desde $x = 0$ hasta $x = 2$ es 1. Así, si $x > 2$, el área a la izquierda de x es 1, de modo que $F(x) = 1$. Por lo tanto, la función de distribución acumulada es

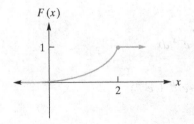

$F(x)$

$$F(x) = \begin{cases} 0 & \text{si } x < 0 \\ \dfrac{x^2}{4} & \text{si } 0 \leq x \leq 2 \\ 1 & \text{si } x > 2 \end{cases}$$

FIGURA 16.8 Función de distribución acumulada para el ejemplo 4.

la cual se muestra en la figura 16.8.

b. Encuentre $P(X < 1)$ y $P(1 < X < 1.1)$.

Solución: Usando los resultados del inciso (a), se tiene

$$P(X < 1) = F(1) = \frac{1^2}{4} = \frac{1}{4}$$

A partir de la ecuación (3),

$$P(1 < X < 1.1) = F(1.1) - F(1) = \frac{1.1^2}{4} - \frac{1}{4} = 0.0525$$

Ahora resuelva el problema 1 ◁

Media, varianza y desviación estándar

Para una variable aleatoria X con función de densidad f, la **media** μ [también llamada **valor esperado** de X, $E(X)$] está dada por

$$\mu = E(X) = \int_{-\infty}^{\infty} x f(x)\, dx$$

si la integral es convergente y puede pensarse en ella como en el valor promedio de X a largo plazo. La **varianza** σ^2 [que también se escribe Var(X)] está dada por

$$\sigma^2 = \text{Var}(X) = \int_{-\infty}^{\infty} (x - \mu)^2 f(x)\, dx$$

si la integral es convergente. Usted debe haberse dado cuenta que estas fórmulas son similares a las correspondientes del capítulo 9 para una variable aleatoria discreta. Es fácil mostrar que una fórmula alternativa para la varianza es

$$\sigma^2 = \text{Var}(X) = \int_{-\infty}^{\infty} x^2 f(x)\, dx - \mu^2$$

La **desviación estándar** es

$$\sigma = \sqrt{\text{Var}(X)}$$

Por ejemplo, puede demostrarse que si X se distribuye de manera exponencial (vea el ejemplo 3), entonces $\mu = 1/k$ y $\sigma = 1/k$. Tal como sucede con una variable aleatoria discreta, la desviación estándar de una variable aleatoria continua X es pequeña si es probable que X adopte valores cercanos a la media pero poco posible que tome valores lejanos a la media. La desviación estándar es grande si lo opuesto es verdadero.

APLÍQUELO ▶

3. La esperanza de vida (en años) de algunos pacientes después de haber contraído cierta enfermedad se distribuye de manera exponencial con $k = 0.2$. Use la información dada en el párrafo que precede al ejemplo 5 para encontrar la esperanza de vida media y la desviación estándar.

EJEMPLO 5   Determinación de la media y la desviación estándar

Si X es una variable aleatoria con una función de densidad dada por

$$f(x) = \begin{cases} \frac{1}{2}x & \text{si } 0 \leq x \leq 2 \\ 0 & \text{en otro caso} \end{cases}$$

encuentre su media y su desviación estándar.

Solución: La media está dada simplemente por

$$\mu = \int_{-\infty}^{\infty} x f(x)\, dx = \int_{0}^{2} x \cdot \frac{1}{2}x\, dx = \frac{x^3}{6} \Big|_{0}^{2} = \frac{4}{3}$$

Por medio de la fórmula alternativa para la varianza, se tiene

$$\sigma^2 = \int_{-\infty}^{\infty} x^2 f(x)\, dx - \mu^2 = \int_{0}^{2} x^2 \cdot \frac{1}{2}x\, dx - \left(\frac{4}{3}\right)^2$$

$$= \frac{x^4}{8} \Big|_{0}^{2} - \frac{16}{9} = 2 - \frac{16}{9} = \frac{2}{9}$$

Así, la desviación estándar es

$$\sigma = \sqrt{\frac{2}{9}} = \frac{\sqrt{2}}{3}$$

Ahora resuelva el problema 5 ◁

Esta sección concluye enfatizando que una función de densidad para una variable aleatoria continua no debe confundirse con una función de distribución de probabilidad para una variable aleatoria discreta. La evaluación de esta última función de distribución de probabilidad en un *punto* proporciona una probabilidad, pero la evaluación de una función de densidad en un punto no produce lo mismo. En lugar de ello, se interpreta como una probabilidad el *área* situada bajo la curva de la función de densidad a lo largo de un *intervalo*. Es decir, las probabilidades asociadas con una variable aleatoria continua están dadas por integrales.

PROBLEMAS 16.1

1. Suponga que X es una variable aleatoria continua con función de densidad dada por

$$f(x) = \begin{cases} \frac{1}{6}(x+1) & \text{si } 1 < x < 3 \\ 0 & \text{en otro caso} \end{cases}$$

(a) Encuentre $P(1 < X < 2)$. **(b)** Encuentre $P(X < 2.5)$.

(c) Encuentre $P(X \geq \frac{3}{2})$.

(d) Encuentre c tal que $P(X < c) = \frac{1}{2}$. Escriba su respuesta en forma radical.

2. Suponga que X es una variable aleatoria continua con función de densidad dada por

$$f(x) = \begin{cases} \dfrac{1000}{x^2} & \text{si } x > 1000 \\ 0 & \text{en otro caso} \end{cases}$$

(a) Encuentre $P(1000 < X < 2000)$. **(b)** Encuentre $P(X > 5000)$.

3. Suponga que X es una variable aleatoria continua que se distribuye de manera uniforme en $[1, 4]$.

(a) ¿Cuál es la fórmula de la función de densidad para X? Bosqueje su gráfica.

(b) Encuentre $P\left(\frac{3}{2} < X < \frac{7}{2}\right)$. **(c)** Encuentre $P(0 < X < 1)$.

(d) Encuentre $P(X \leq 3.5)$. **(e)** Encuentre $P(X > 3)$.

(f) Encuentre $P(X = 2)$. **(g)** Encuentre $P(X < 5)$.

(h) Encuentre μ. **(i)** Encuentre σ.

(j) Encuentre la función de distribución acumulada F y bosqueje su gráfica. Use F para encontrar $P(X < 2)$ y $P(1 < X < 3)$.

4. Suponga que X es una variable aleatoria continua que se distribuye de manera uniforme en $[0, 5]$.

(a) ¿Cuál es la fórmula de la función de densidad para X? Bosqueje su gráfica.

(b) Encuentre $P(1 < X < 3)$. **(c)** Encuentre $P(4.5 \leq X < 5)$.

(d) Encuentre $P(X = 4)$. **(e)** Encuentre $P(X > 2)$.

(f) Encuentre $P(X < 5)$. **(g)** Encuentre $P(X > 5)$.

(h) Encuentre μ. **(i)** Encuentre σ.

(j) Encuentre la función de distribución acumulada F y bosqueje su gráfica. Use F para encontrar $P(1 < X < 3.5)$.

5. Suponga que X se distribuye de manera uniforme en $[a, b]$.

(a) ¿Cuál es la función de densidad para X?

(b) Encuentre μ. **(c)** Encuentre σ.

6. Suponga que X es una variable aleatoria continua con función de densidad dada por

$$f(x) = \begin{cases} k & \text{si } a \leq x \leq b \\ 0 & \text{en otro caso} \end{cases}$$

(a) Demuestre que $k = \dfrac{1}{b-a}$ y por lo tanto X se distribuye de manera uniforme.

(b) Encuentre la función de distribución acumulada F.

7. Suponga que la variable aleatoria X se distribuye de manera uniforme con $k = 2$.

(a) Encuentre $P(1 < X < 2)$. **(b)** Encuentre $P(X < 3)$.

(c) Encuentre $P(X > 5)$.

(d) Encuentre $P(\mu - 2\sigma < X < \mu + 2\sigma)$.

(e) Encuentre la función de distribución acumulada F.

8. Suponga que la variable aleatoria X se distribuye de manera exponencial con $k = 0.5$.

(a) Encuentre $P(X > 4)$. **(b)** Encuentre $P(0.5 < X < 2.6)$.

(c) Encuentre $P(X < 5)$. **(d)** Encuentre $P(X = 4)$.

(e) Encuentre c tal que $P(0 < X < c) = \frac{1}{2}$.

9. La función de densidad para una variable aleatoria X está dada por

$$f(x) = \begin{cases} k & \text{si } a \leq x \leq b \\ 0 & \text{en otro caso} \end{cases}$$

(a) Encuentre k. **(b)** Encuentre $P(2 < X < 3)$.

(c) Encuentre $P(X > 2.5)$. **(d)** Encuentre $P(X > 0)$.

(e) Encuentre μ. **(f)** Encuentre σ.

(g) Encuentre c tal que $P(X < c) = \frac{1}{2}$.

(h) Encuentre $P(3 < X < 5)$.

10. La función de densidad para una variable aleatoria X está dada por

$$f(x) = \begin{cases} \frac{1}{2}x + k & \text{si } 2 \leq x \leq 4 \\ 0 & \text{en otro caso} \end{cases}$$

(a) Encuentre k. **(b)** Encuentre $P(X \geq 2.5)$.

(c) Encuentre μ. **(d)** Encuentre $P(2 < X < \mu)$.

11. Tiempo de espera En una parada de autobús, el tiempo X (en minutos) que una persona que llega de manera aleatoria debe esperar por el autobús se distribuye de manera uniforme con una función de densidad $f(x) = \frac{1}{10}$, donde $0 \leq x \leq 10$ y $f(x) = 0$ en otro caso. ¿Cuál es la probabilidad de que una persona deba esperar cuando mucho siete minutos? ¿Cuál es el tiempo promedio que debe esperar una persona?

12. Dispensador de refrescos Un dispensador automático de refrescos en un restaurante de comida rápida sirve X onzas de bebida

de cola en un recipiente de 12 onzas. Si X se distribuye uniformemente en el intervalo [11.92, 12.08], ¿cuál es la probabilidad de que
se sirvan menos de 12 onzas? ¿Cuál es la probabilidad de que se sirvan exactamente 12 onzas? ¿Cuál es la cantidad promedio servida?

13. Llegada a la sala de emergencias En un hospital particular,
la longitud de tiempo X (en horas) entre llegadas sucesivas a la sala
de emergencias se distribuye de manera exponencial con $k = 3$.

¿Cuál es la probabilidad de que pase más de una hora sin ninguna
llegada?

14. Vida de un componente electrónico La vida útil X (en años)
de un componente de computadora tiene una distribución exponencial con $k = \frac{2}{5}$. ¿Cuál es la probabilidad de que dicho componente
falle en el transcurso de tres años de uso? ¿Cuál es la probabilidad
de que dure más de cinco años?

Objetivo

Analizar la distribución normal, las
unidades estándar y la tabla de
áreas bajo la curva normal estándar
(apéndice C).

16.2 Distribución normal

Con mucha frecuencia, los datos medidos en la naturaleza —como la altura de los individuos de una población— se representan por medio de una variable aleatoria cuya función de
densidad puede aproximarse mediante la curva en forma de campana mostrada en la figura
16.9. La curva se extiende de manera indefinida hacia la derecha y la izquierda y nunca toca
al eje x. Esta curva, llamada **curva normal**, es la gráfica de la más importante de todas las
funciones de densidad: la *función de densidad normal*.

> **Definición**
>
> Una variable aleatoria continua X es una ***variable aleatoria normal***, de manera equi-
> valente tiene una ***distribución normal*** (también llamada gaussiana[1]), si la función de
> densidad está dada por
> $$f(x) = \frac{1}{\sigma\sqrt{2\pi}} e^{-(1/2)[(x-\mu)/\sigma]^2} \qquad -\infty < x < \infty$$
> llamada ***función de densidad normal***. Los parámetros μ y σ son, respectivamente, la
> media y la desviación estándar de X.

Observe en la figura 16.9 que $f(x) \to 0$ cuando $x \to \pm\infty$. Esto es, la curva normal tiene
al eje x como una asíntota horizontal. También observe que la curva normal es simétrica con
respecto a la recta vertical $x = \mu$. Es decir, la altura de un punto sobre la curva localizado d
unidades a la derecha de $x = \mu$ es la misma que la altura del punto sobre la curva que está
d unidades a la izquierda de $x = \mu$. Debido a esta simetría y al hecho de que el área bajo la
curva normal es 1, el área a la derecha (o izquierda) de la media debe ser $\frac{1}{2}$.

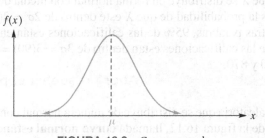

FIGURA 16.9 Curva normal.

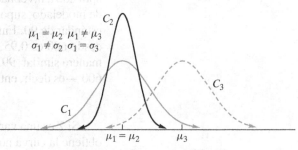

$\mu_1 = \mu_2 \quad \mu_1 \neq \mu_3$
$\sigma_1 \neq \sigma_2 \quad \sigma_1 = \sigma_3$

FIGURA 16.10 Curvas normales.

Cada elección de valores para μ y σ determina una curva normal diferente. El valor
de μ determina dónde está "centrada" la curva y σ determina cómo se "dispersa" la curva.
Entre más pequeño sea el valor de σ, menos dispersa está el área cercana a μ. Por ejemplo,
en la figura 16.10 se muestran las curvas normales C_1, C_2 y C_3, donde C_1 tiene la media μ_1
y la desviación estándar σ_1, C_2 tiene la media μ_2 y así sucesivamente. Aquí, C_1 y C_2 tienen
la misma media pero desviaciones estándar diferentes: $\sigma_1 > \sigma_2$. C_1 y C_3 tienen la misma
desviación estándar pero medias diferentes: $\mu_1 < \mu_3$. Las curvas C_2 y C_3 tienen medias
diferentes y desviaciones estándar distintas.

---

[1]En honor al matemático alemán Carl Friedrich Gauss (1777-1855).

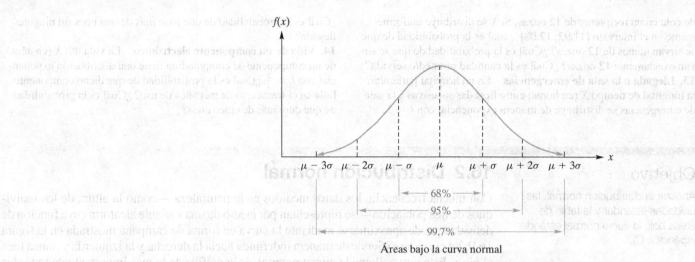

Áreas bajo la curva normal

FIGURA 16.10 Probabilidad y número de desviaciones estándar desde μ.

La desviación estándar tiene un papel significativo en la descripción de probabilidades asociadas con una variable aleatoria normal X. De manera más precisa, la probabilidad de que X caiga dentro de una desviación estándar desde la media es de aproximadamente 0.68:

$$P(\mu - \sigma < X < \mu + \sigma) = 0.68$$

En otras palabras, aproximadamente 68% del área situada bajo una curva normal está dentro de una desviación estándar desde la media (figura 16.11). Entre $\mu \pm 2\sigma$ está alrededor del 95% del área y entre $\mu \pm 3\sigma$ está alrededor del 99.7%:

$$P(\mu - 2\sigma < X < \mu + 2\sigma) = 0.95$$

$$P(\mu - 3\sigma < X < \mu + 3\sigma) = 0.997$$

Se recomienda al lector familiarizarse con los porcentajes de la figura 16.11.

Así, es muy probable que X se encuentre dentro de tres desviaciones estándar desde la media.

EJEMPLO 1 **Análisis de calificaciones de exámenes**

Sea X una variable aleatoria cuyos valores son las calificaciones obtenidas en un examen aplicado a nivel nacional a alumnos de último año de la escuela secundaria. Para propósitos de modelado, suponga que X se distribuye en forma normal con media de 600 y desviación estándar de 90. Entonces la probabilidad de que X esté dentro de $2\sigma = 2(90) = 180$ puntos desde 600 es 0.95. En otras palabras, 95% de las calificaciones están entre 420 y 780. De manera similar, 99.7% de las calificaciones están dentro de $3\sigma = 3(90) = 270$ puntos desde 600 —es decir, entre 330 y 870.

Ahora resuelva el problema 17 ◁

Si Z es una variable aleatoria que se distribuye de manera normal con $\mu = 0$ y $\sigma = 1$, se obtiene la curva normal de la figura 16.12, llamada **curva normal estándar**.

> **Definición**
>
> Una variable aleatoria continua Z es una ***variable aleatoria normal estándar*** (o tiene una ***distribución normal estándar***) si su función de densidad está dada por
>
> $$f(z) = \frac{1}{\sqrt{2\pi}} e^{-z^2/2}$$
>
> llamada ***función de densidad normal estándar***. La variable Z tiene media 0 y desviación estándar 1.

Como una variable aleatoria normal estándar Z tiene media 0 y desviación estándar 1, sus valores están en unidades de desviaciones estándar desde la media, las cuales se llaman **unidades estándar**. Por ejemplo, si $0 < Z < 2.54$, entonces Z está dentro de 2.54

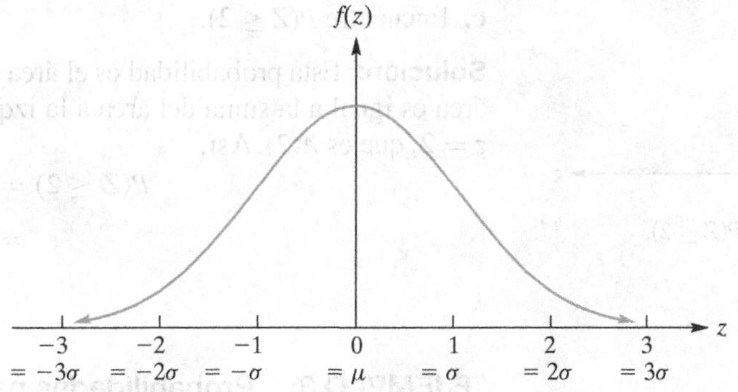

$$f(z)$$

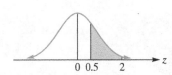

FIGURA 16.12   Curva normal estándar; $\mu = 0$, $\sigma = 1$.

desviaciones estándar a la derecha de 0, que es la media. Esto es, $0 < Z < 2.54\sigma$. Para encontrar la probabilidad $P(0 < Z < 2.54)$, se tiene

$$P(0 < Z < 2.54) = \int_0^{2.54} \frac{e^{-z^2/2}}{\sqrt{2\pi}}\, dz$$

La integral de la derecha no puede evaluarse mediante funciones elementales. Sin embargo, para las integrales de este tipo, los valores se han aproximado y colocado en forma de tabla.

En el apéndice C se proporciona una de estas tablas. La tabla da el área localizada bajo una curva normal estándar entre $z = 0$ y $z = z_0$, donde $z_0 \geq 0$. Esta área se presenta sombreada en la figura 16.13 y se denota por medio de $A(z_0)$. En las columnas de la izquierda de la tabla están los valores de z a la décima más cercana. Los números anotados en la parte superior son los valores de las centésimas. Por ejemplo, la entrada en el renglón para 2.5 y la columna bajo 0.04 corresponde a $z = 2.54$ y es 0.4945. Así, el área situada bajo una curva normal estándar entre $z = 0$ y $z = 2.54$ es (aproximadamente) 0.4945:

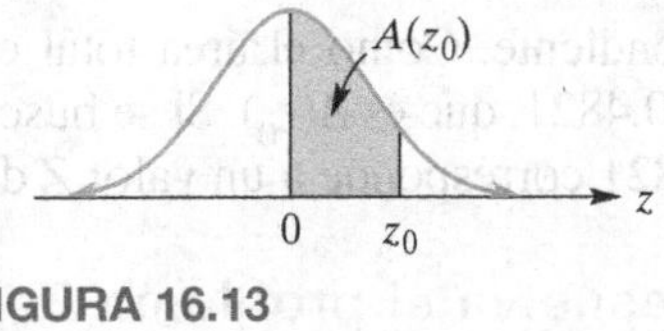

$$P(0 < Z < 2.54) = A(2.54) \approx 0.4945$$

Los números incluidos en la tabla son necesariamente aproximados, pero para el balance de este capítulo se escribirá $A(2.54) = 0.4945$ con la intención de mejorar la legibilidad. De manera similar, usted debe verificar que $A(2) = 0.4772$ y $A(0.33) = 0.1293$.

Usando simetría, se calcula un área a la izquierda de $z = 0$ al calcular el área correspondiente a la derecha de $z = 0$. Por ejemplo,

$$P(-z_0 < Z < 0) = P(0 < Z < z_0) = A(z_0)$$

como se muestra en la figura 16.14. Por lo tanto, $P(-2.54 < Z < 0) = A(2.54) = 0.4945$.

Cuando se calculan probabilidades para una variable normal estándar, puede haber necesidad de sumar y restar áreas. Una ayuda útil para hacerlo de manera apropiada es trazar un bosquejo de una curva normal estándar en la que se sombree toda el área que desea encontrar, como lo muestra el ejemplo 2.

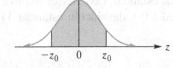

FIGURA 16.13
$A(z_0) = P(0 < Z < z_0)$.

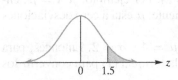

FIGURA 16.14 $P(-z_0 < Z < 0) =$
$P(0 < Z < z_0)$.

EJEMPLO 2   **Probabilidades para la variable normal estándar** Z

a. Encuentre $P(Z > 1.5)$.

Solución: Esta probabilidad es el área situada a la derecha de $z = 1.5$ (figura 16.15). Esa área es igual a la diferencia entre el área total a la derecha de $z = 0$, que es 0.5, y el área entre $z = 0$ y $z = 1.5$, que es $A(1.5)$. Así,

$$P(Z > 1.5) = 0.5 - A(1.5)$$
$$= 0.5 - 0.4332 = 0.0668 \qquad \text{del apéndice } C$$

FIGURA 16.15 $P(Z > 1.5)$.

b. Encuentre $P(0.5 < Z < 2)$.

Solución: Esta probabilidad es el área localizada entre $z = 0.5$ y $z = 2$ (figura 16.16). Dicha área es la diferencia de dos áreas. Es el área entre $z = 0$ y $z = 2$, que es $A(2)$, menos el área entre $z = 0$ y $z = 0.5$, que es $A(0.5)$. Así,

$$P(0.5 < Z < 2) = A(2) - A(0.5)$$
$$= 0.4772 - 0.1915 = 0.2857$$

FIGURA 16.16 $P(0.5 < Z < 2)$.

c. Encuentre $P(Z \le 2)$.

Solución: Esta probabilidad es el área situada a la izquierda de $z = 2$ (figura 16.17). Dicha área es igual a la suma del área a la izquierda de $z = 0$, que es 0.5, y el área entre $z = 0$ y $z = 2$, que es $A(2)$. Así,

$$P(Z \le 2) = 0.5 + A(2)$$
$$= 0.5 + 0.4772 = 0.9772$$

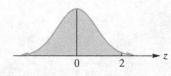

FIGURA 16.17 $P(Z \le 2)$.

Ahora resuelva el problema 1 ◁

EJEMPLO 3 **Probabilidades para la variable normal estándar Z**

a. Encuentre $P(-2 < Z < -0.5)$.

Solución: Esta probabilidad es el área entre $z = -2$ y $z = -0.5$ (figura 16.18). Por simetría, tal área es igual al área situada entre $z = 0.5$ y $z = 2$, la cual se calculó en el ejemplo 2(b). Se tiene

$$P(-2 < Z < -0.5) = P(0.5 < Z < 2)$$
$$= A(2) - A(0.5) = 0.2857$$

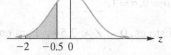

FIGURA 16.18 $P(-2 < Z < -0.5)$.

b. Encuentre z_0 tal que $P(-z_0 < Z < z_0) = 0.9642$.

Solución: En la figura 16.19 se muestra el área correspondiente. Como el área total es 0.9642, por simetría, el área entre $z = 0$ y z_0 es $\frac{1}{2}(0.9642) = 0.4821$, que es $A(z_0)$. Si se busca en el cuerpo de la tabla del apéndice C, se observa que 0.4821 corresponde a un valor Z de 2.1. Así, $z_0 = 2.1$.

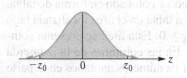

FIGURA 16.19
$P(-z_0 < Z < z_0) = 0.9642$.

Ahora resuelva el problema 3 ◁

Transformación a una variable normal estándar z

Si X se distribuye de manera normal con media μ y desviación estándar σ, podría pensarse que es necesaria una tabla para cada par de valores de μ y σ. Por fortuna, esto no es cierto. Aquí todavía se puede seguir usando el apéndice C, pero primero debe expresarse el área de una región dada como un área igual bajo una curva normal estándar. Lo anterior implica la transformación de X en una variable estándar Z (con media 0 y desviación estándar 1) usando la siguiente fórmula para el cambio de variable:

$$Z = \frac{X - \mu}{\sigma} \tag{1}$$

Aquí se convierte una variable normal en una variable normal estándar.

En el lado derecho, al restar μ de X se obtiene la distancia desde μ hasta X. Al dividir entre σ se expresa esta distancia en términos de unidades de desviación estándar. Así, Z es el número de desviaciones estándar a las que X se sitúa a partir de μ. Es decir, la fórmula (1) convierte unidades de X en unidades estándar (valores de Z). Por ejemplo, si $X = \mu$, entonces al usar la fórmula (1) se obtiene $Z = 0$. Por consiguiente, μ está a cero desviaciones estándar de μ.

Suponga que X se distribuye de manera normal con $\mu = 4$ y $\sigma = 2$. Entonces, para encontrar —por ejemplo— $P(0 < X < 6)$, primero se usa la fórmula (1) para convertir los valores 0 y 6 de X en valores de Z (unidades estándar):

$$z_1 = \frac{x_1 - \mu}{\sigma} = \frac{0 - 4}{2} = -2$$

$$z_2 = \frac{x_2 - \mu}{\sigma} = \frac{6 - 4}{2} = 1$$

Puede demostrarse que

$$P(0 < X < 6) = P(-2 < Z < 1)$$

Esto significa que el área localizada bajo una curva normal con $\mu = 4$ y $\sigma = 2$ entre $x = 0$ y $x = 6$ es igual al área bajo una curva normal entre $z = -2$ y $z = 1$ (figura 16.20). Tal área es la suma del área A_1 entre $z = -2$ y $z = 0$ y el área A_2 entre $z = 0$ y $z = 1$. Usando simetría para A_1, se tiene

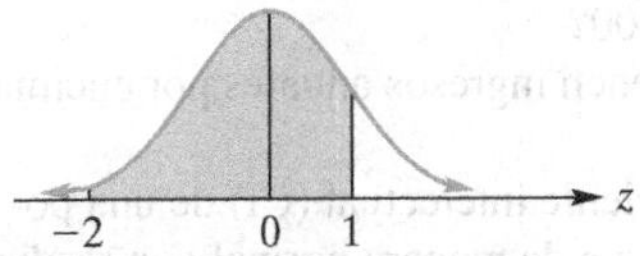

$$P(-2 < Z < 1) = A_1 + A_2 = A(2) + A(1)$$
$$= 0.4772 + 0.3413 = 0.8185$$

FIGURA 16.20 $P(-2 < Z < 1)$.

EJEMPLO 4 Salarios de empleados

Se supone que los salarios semanales de 5000 empleados de una gran compañía se distribuyen de manera normal con media de $640 (dólares estadounidenses) y desviación estándar de $56. ¿Cuántos empleados ganan menos de $570 por semana?

Solución: Al convertir a unidades estándar, se tiene

$$P(X < 570) = P\left(Z < \frac{570 - 640}{56}\right) = P(Z < -1.25)$$

Esta probabilidad es el área que se muestra en la figura 16.21(a). Por simetría, tal área es igual al área de la figura 16.21(b) que corresponde a $P(Z > 1.25)$. Esta área es la diferencia entre el área total a la derecha de $z = 0$, que es 0.5, y el área entre $z = 0$ y $z = 1.25$, que es $A(1.25)$. Así,

$$P(X < 570) = P(Z < -1.25) = P(Z > 1.25)$$
$$= 0.5 - A(1.25) = 0.5 - 0.3944 = 0.1056$$

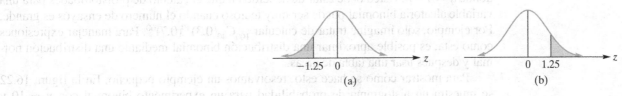

(a)   (b)

FIGURA 16.21 Diagrama para el ejemplo 4.

Esto es, 10.56% de los empleados tienen salarios menores a $570. Lo anterior corresponde a $0.1056(5000) = 528$ empleados.

Ahora resuelva el problema 21 ◁

PROBLEMAS 16.2

1. Si Z es una variable aleatoria normal estándar, encuentre cada una de las siguientes probabilidades.

(a) $P(0 < Z < 1.7)$ **(b)** $P(0.43 < Z < 2.89)$
(c) $P(Z > -1.23)$ **(d)** $P(Z \le 2.91)$
(e) $P(-2.51 < Z \le 1.3)$ **(f)** $P(Z > 0.03)$

2. Si Z es una variable aleatoria normal estándar, encuentre lo siguiente.

(a) $P(-1.96 < Z < 1.96)$ **(b)** $P(-2.11 < Z < -1.35)$
(c) $P(Z < -1.05)$ **(d)** $P(Z > 3\sigma)$
(e) $P(|Z| > 2)$ **(f)** $P(|Z| < \frac{1}{2})$

En los problemas del 3 al 8, encuentre z_0 tal que la afirmación dada sea cierta. Suponga que Z es una variable aleatoria normal estándar.

3. $P(Z < z_0) = 0.6368$ **4.** $P(Z < z_0) = 0.0668$
5. $P(Z > z_0) = 0.8599$ **6.** $P(Z > z_0) = 0.4129$
7. $P(-z_0 < Z < z_0) = 0.2662$ **8.** $P(|Z| > z_0) = 0.0456$

9. Si X se distribuye de manera normal con $\mu = 16$ y $\sigma = 4$, encuentre cada una de las siguientes probabilidades.

(a) $P(X < 27)$ **(b)** $P(X < 10)$
(c) $P(10.8 < X < 12.4)$

10. Si X se distribuye de manera normal con $\mu = 200$ y $\sigma = 40$, encuentre cada una de las siguientes probabilidades.

(a) $P(X > 150)$ **(b)** $P(210 < X < 250)$

11. Si X se distribuye de manera normal con $\mu = -3$ y $\sigma = 2$, encuentre $P(X > -2)$.
12. Si X se distribuye de manera normal con $\mu = 0$ y $\sigma = 1.5$, encuentre $P(X < 3)$.
13. Si X se distribuye de manera normal con $\mu = 60$ y $\sigma^2 = 100$, encuentre $P(50 < X \le 75)$.
14. Si X se distribuye de manera normal con $\mu = 8$ y $\sigma = 1$, encuentre $P(X > \mu - \sigma)$.
15. Si X se distribuye de manera normal de tal forma que $\mu = 40$ y $P(X > 54) = 0.0401$, encuentre σ.
16. Si X se distribuye de manera normal con $\mu = 16$ y $\sigma = 2.25$, encuentre x_0 tal que la probabilidad de que X esté entre x_0 y 16 sea 0.4641.

17. Calificaciones en un examen Las calificaciones de un examen nacional de aprovechamiento se distribuyen de manera normal con media 500 y desviación estándar 100. ¿Qué porcentaje de quienes realizaron el examen tienen una calificación entre 300 y 700?

18. Calificaciones en un examen   En un examen realizado a un grupo grande de personas, las calificaciones se distribuyeron de manera normal con media 55 y desviación estándar 10. ¿Cuál es la mayor calificación entera que una persona pudo obtener para situarse entre el 10% de las calificaciones más bajas?

19. Altura de adultos   La altura (en pulgadas) de los adultos contados en una población grande se distribuye de manera normal con $\mu = 68$ y $\sigma = 3$. ¿Qué porcentaje del grupo está por debajo de 6 pies de alto?

20. Ingreso   El ingreso anual para un grupo de 10 000 personas profesionistas se distribuye de manera normal con $\mu = \$60\,000$ y $\sigma = \$5000$.

(a) ¿Cuál es la probabilidad de que una persona de este grupo tenga un ingreso anual menor que $46\,000?

(b) ¿Cuántas de estas personas tienen ingresos anuales por encima de $75\,000?

21. Cociente intelectual   El cociente intelectual (CI) de una población grande de niños se distribuye de manera normal con media de 100.4 y desviación estándar de 11.6.

(a) ¿Qué porcentaje de los niños tiene un CI mayor que 125.

(b) Alrededor del 90% de los niños tiene un CI más alto que, ¿cuál valor?

22. Suponga que X es una variable aleatoria con $\mu = 10$ y $\sigma = 2$. Si $P(4 < X < 16) = 0.25$, ¿puede X estar normalmente distribuida?

Objetivo

Mostrar la técnica para estimar la distribución binomial usando la distribución normal.

16.3 Aproximación normal a la distribución binomial

Este capítulo termina conjuntando las nociones de una variable aleatoria discreta y una variable aleatoria continua. Recuerde del capítulo 9 que si X es una variable aleatoria binomial (que es discreta), y si la probabilidad de éxito de cualquier ensayo es p, entonces, para n ensayos independientes, la probabilidad de x éxitos está dada por

$$P(X = x) = {}_nC_x p^x q^{n-x}$$

donde $q = 1 - p$. Usted debe estar de acuerdo en que el cálculo de probabilidades para una variable aleatoria binomial puede ser muy tedioso cuando el número de ensayos es grande. Por ejemplo, sólo imagine tratar de calcular ${}_{100}C_{40}(0.3)^{40}(0.7)^{60}$. Para manejar expresiones como esta, es posible aproximar una distribución binomial mediante una distribución normal y después usar una tabla de áreas.

Para mostrar cómo se hace esto, resolvamos un ejemplo pequeño. En la figura 16.22 se muestra un histograma de probabilidad para un experimento binomial con $n = 10$ y $p = 0.5$. Los rectángulos centrados en $x = 0$ y $x = 10$ no se muestran porque sus alturas son muy cercanas a 0. Sobre el histograma puede verse una curva normal superpuesta que se aproxima a éste. La aproximación sería aún mejor si n fuera más grande. Es decir, cuando n se hace más grande, el ancho de cada intervalo unitario aparenta ser más pequeño y el contorno del histograma tiende a tomar la apariencia de una curva suave. De hecho, *no es inusual pensar en una curva de densidad como el caso limitante de un histograma de probabilidad*. A pesar de que, en este caso, n sólo es 10, la aproximación mostrada no parece muy mala. La pregunta que surge ahora es: "¿Cuál distribución normal se aproxima a la distribución binomial?" Como la media y la desviación estándar son medidas de tendencia central y dispersión de una variable aleatoria, se elige una distribución normal de aproximación que tenga la misma media y la misma desviación estándar que la distribución binomial. Para esta elección, pueden estimarse las áreas de los rectángulos incluidos en el histograma (es decir, las probabilidades binomiales) al determinar el área correspondiente bajo la curva normal. En resumen, se tiene lo siguiente:

> Si X es una variable aleatoria binomial y n es lo suficientemente grande, entonces la distribución de X puede aproximarse mediante una variable aleatoria normal cuya media y desviación estándar sean las mismas que para X, las cuales son np y $\sqrt{npq}$, respectivamente.

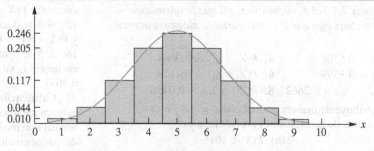

FIGURA 16.22   Aproximación normal a una distribución binomial.

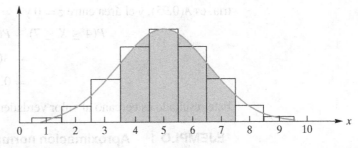

FIGURA 16.23   Aproximación normal a $P(4 \le X \le 7)$.

Quizá la frase "*n* es lo suficientemente grande" requiera una explicación apropiada. En general, una aproximación normal a una distribución binomial no es buena si *n* es pequeña y *p* es cercana a 0 o a 1, ya que mucha del área comprendida en el histograma binomial estaría concentrada en un extremo de la distribución (es decir, en 0 o *n*). Así, la distribución no sería muy simétrica, no se "ajustaría" bien a una curva normal. Una regla general que puede seguirse es que la aproximación normal a la distribución binomial es razonable si *np* y *nq* son al menos iguales a 5. Éste es el caso en el presente ejemplo: $np = 10(0.5) = 5$ y $nq = 10(0.5) = 5$.

Ahora se usará la aproximación normal para estimar una probabilidad binomial para $n = 10$ y $p = 0.5$. Si *X* denota el número de éxitos, entonces su media es

$$np = 10(0.5) = 5$$

y su desviación estándar es

$$\sqrt{npq} = \sqrt{10(0.5)(0.5)} = \sqrt{2.5} \approx 1.58$$

La función de probabilidad para *X* está dada por

$$f(x) = {}_{10}C_x(0.5)^x(0.5)^{10-x}$$

Esta distribución se aproxima mediante la distribución normal con $\mu = 5$ y $\sigma = \sqrt{2.5}$.

Suponga que se estima la probabilidad de que haya entre 4 y 7 éxitos, inclusive, lo cual está dado por

$$P(4 \le X \le 7) = P(X = 4) + P(X = 5) + P(X = 6) + P(X = 7)$$

$$= \sum_{x=4}^{7} {}_{10}C_x(0.5)^x(0.5)^{10-x}$$

Esta probabilidad es la suma de las áreas de los *rectángulos* para $X = 4, 5, 6$ y 7 en la figura 16.23. Bajo la curva normal, se ha sombreado el área correspondiente que se calculará como una aproximación a esta probabilidad. Observe que el sombreado no se extiende desde 4 hasta 7 sino desde $4 - \frac{1}{2}$ hasta $7 + \frac{1}{2}$; es decir, de 3.5 a 7.5. Esta "corrección de continuidad" de 0.5 en cada extremo del intervalo permite incluir en la aproximación la mayor parte del área de los rectángulos apropiados y *tal corrección debe hacerse siempre*. La frase *corrección de continuidad* se usa porque *X* se trata como si fuera una variable aleatoria continua. Ahora se convertirán los valores 3.5 y 7.5 de *X* en valores de *Z*:

$$z_1 = \frac{3.5 - 5}{\sqrt{2.5}} \approx -0.95$$

$$z_2 = \frac{7.5 - 5}{\sqrt{2.5}} \approx 1.58$$

Así,

$$P(4 \le X \le 7) \approx P(-0.95 \le Z \le 1.58)$$

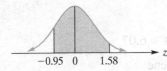

FIGURA 16.24
$P(-0.95 \le Z \le 1.58)$.

lo cual corresponde al área situada bajo una curva normal estándar entre $z = -0.95$ y $z = 1.58$ (figura 16.24). Esta área es la suma del área entre $z = -0.95$ y $z = 0$, la cual, por simetría, es $A(0.95)$, y el área entre $z = 0$ y $z = 1.58$, que es $A(1.58)$. Por consiguiente,

$$P(4 \leq X \leq 7) \approx P(-0.95 \leq Z \leq 1.58)$$

$$= A(0.95) + A(1.58)$$

$$= 0.3289 + 0.4429 = 0.7718$$

Este resultado es cercano al valor verdadero, 0.7734 (con cuatro decimales).

EJEMPLO 1   **Aproximación normal a una distribución binomial**

Suponga que X es una variable aleatoria binomial con $n = 100$ y $p = 0.3$. Estime $P(X = 40)$ usando la aproximación normal.

Solución: Se tiene

$$P(X = 40) = {}_{100}C_{40}(0.3)^{40}(0.7)^{60}$$

utilizando la fórmula que se mencionó al comienzo de esta sección. Se usa una distribución normal con

$$\mu = np = 100(0.3) = 30$$

y

$$\sigma = \sqrt{npq} = \sqrt{100(0.3)(0.7)} = \sqrt{21} \approx 4.58$$

Al convertir los valores corregidos 39.5 y 40.5 de X en valores de Z se obtiene

$$z_1 = \frac{39.5 - 30}{\sqrt{21}} \approx 2.07$$

$$z_2 = \frac{40.5 - 30}{\sqrt{21}} \approx 2.29$$

Por lo tanto,

$$P(X = 40) \approx P(2.07 \leq Z \leq 2.29)$$

Esta probabilidad es el área bajo una curva normal estándar entre $z = 2.07$ y $z = 2.29$ (figura 16.25). Tal área es la diferencia del área entre $z = 0$ y $z = 2.29$, que es $A(2.29)$, y el área entre $z = 0$ y $z = 2.07$, que es $A(2.07)$. Así,

$$P(X = 40) \approx P(2.07 \leq Z \leq 2.29)$$

$$= A(2.29) - A(2.07)$$

$$= 0.4890 - 0.4808 = 0.0082 \qquad \text{del apéndice C}$$

Ahora resuelva el problema 3 ◁

EJEMPLO 2   **Control de calidad**

En un experimento de control de calidad, se toma una muestra de 500 artículos de una línea de ensamblado. Por lo general, 8% de los artículos producidos están defectuosos. ¿Cuál es la probabilidad de que aparezcan más de 50 artículos defectuosos en la muestra?

Solución: Si X es el número de artículos defectuosos incluidos en la muestra, entonces se considerará que X es binomial con $n = 500$ y $p = 0.08$. Para encontrar $P(X \geq 51)$, se usa la aproximación normal a la distribución binomial con

$$\mu = np = 500(0.08) = 40$$

y

$$\sigma = \sqrt{npq} = \sqrt{500(0.08)(0.92)} = \sqrt{36.8} \approx 6.07$$

Al convertir el valor corregido 50.5 en un valor de Z se obtiene

$$z = \frac{50.5 - 40}{\sqrt{36.8}} \approx 1.73$$

APLÍQUELO ▶

4. En un programa de juegos, el gran premio se encuentra oculto detrás de una de cuatro puertas. Suponga que la probabilidad de seleccionar el gran premio es $p = \frac{1}{4}$. Hubo 20 ganadores entre los 60 concursantes. Suponga que X es el número de concursantes que ganan el gran premio y que X es binomial con $n = 60$. Aproxime $P(X = 20)$ usando la aproximación normal.

¡ADVERTENCIA!

Recuerde la corrección de continuidad.

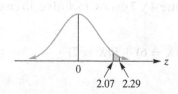

FIGURA 16.25 $P(2.07 \leq Z \leq 2.29)$.

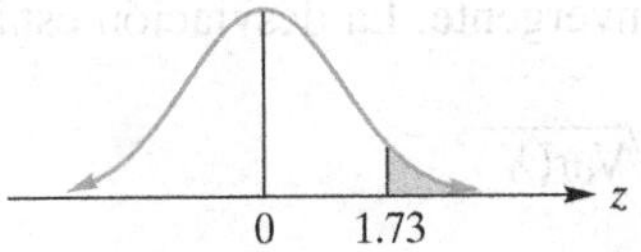

FIGURA 16.26 $P(Z \geq 1.73)$.

Así,

$$P(X \geq 51) \approx P(Z \geq 1.73)$$

Esta probabilidad es el área bajo una curva normal estándar a la derecha de $z = 1.73$ (figura 16.26). Tal área es la diferencia del área a la derecha de $z = 0$, que es 0.5, y el área entre $z = 0$ y $z = 1.73$, que es $A(1.73)$. Por consiguiente,

$$P(X \geq 51) \approx P(Z \geq 1.73)$$

$$= 0.5 - A(1.73) = 0.5 - 0.4582 = 0.0418$$

Ahora resuelva el problema 7 ◁

PROBLEMAS 16.3

En los problemas del 1 al 4, X es una variable aleatoria binomial con los valores dados de n y p. Calcule las probabilidades indicadas usando la aproximación normal.

1. $n = 150, p = 0.4;$ $P(X \geq 52), P(X \geq 74)$

2. $n = 50, p = 0.3;$ $P(X = 19), P(X \leq 18)$

3. $n = 200, p = 0.6;$ $P(X = 125), P(110 \leq X \leq 135)$

4. $n = 50, p = 0.20;$ $P(X \geq 10)$

5. Lanzamiento de un dado   Suponga que un dado legal se lanza 300 veces. ¿Cuál es la probabilidad de obtener un 5 entre 45 y 60 veces inclusive?

6. Lanzamiento de moneda   Para una moneda sesgada, $P(C) = 0.4$ y $P(X) = 0.6$. Si la moneda se lanza 200 veces, ¿cuál es la probabilidad de obtener entre 90 y 100 caras inclusive?

7. Descompostura de camión   Un servicio de entrega tiene una flotilla de 60 camiones. En cualquier momento dado, la probabilidad de que un camión esté fuera de uso debido a factores como descomposturas y mantenimiento es 0.1. ¿Cuál es la probabilidad de que 7 o más camiones estén fuera de servicio en cualquier momento?

8. Control de calidad   En una planta manufacturera, se toma una muestra de 200 artículos de la línea de ensamblado. Para cada artículo de la muestra, la probabilidad de que resulte defectuoso es 0.05. ¿Cuál es la probabilidad de que haya 7 o más artículos defectuosos en la muestra?

9. Examen de verdadero o falso   En un examen con 50 preguntas de verdadero o falso, ¿cuál es la probabilidad de obtener al menos 25 respuestas correctas si se trata de adivinar la respuesta a cada una de las preguntas? Si hay 100 preguntas en lugar de 50, ¿cuál es la probabilidad de obtener al menos 50 respuestas correctas?

10. Examen de opción múltiple   En un examen de opción múltiple con 50 preguntas, cada pregunta tiene cuatro respuestas, sólo una de las cuales es correcta. Si un estudiante trata de adivinar la respuesta correcta de las últimas 20 preguntas, ¿cuál es la probabilidad de obtener al menos la mitad de ellas correctas?

11. Pókar   En un juego de pókar, la probabilidad de recibir una mano consistente en tres cartas de un tipo y dos cartas de otro tipo (en cualquier orden) es de alrededor de 0.1. Si se reparten 100 manos, ¿cuál es la probabilidad de que 16 o más sean justo como se acaba de describir?

12. Prueba de sabor   Una compañía importante de bebidas de cola patrocina una prueba nacional de sabor, en la cual las personas prueban la bebida de la compañía así como otra marca competidora. Ninguna de las bebidas se puede identificar por su marca. Después se pide a las personas que elijan la bebida con mejor sabor. Si cada una de las 35 personas encuestadas en un supermercado no tienen preferencia y eligen arbitrariamente una de las bebidas, ¿cuál es la probabilidad de que 25 o más personas elijan la bebida de la compañía patrocinadora?

Repaso del capítulo 16

Términos y símbolos importantes

Ejemplos

Sección 16.1	**Variables aleatorias continuas**	
	variable aleatoria continua función de densidad uniforme	Ej. 1, p. 732
	función de densidad exponencial distribución exponencial	Ej. 3, p. 733
	función de distribución acumulada	Ej. 4, p. 734
	media, μ varianza, σ^2 desviación estándar, σ	Ej. 5, p. 735
Sección 16.2	**Distribución normal**	
	distribución normal función de densidad normal	Ej. 1, p. 738
	curva normal estándar variable aleatoria normal estándar	Ej. 2, p. 739
	distribución normal estándar función de densidad normal estándar	Ej. 4, p. 741
Sección 16.3	**Aproximación normal a la distribución binomial**	
	corrección de continuidad	Ej. 1, p. 744

Resumen

Una variable aleatoria continua X puede tomar cualquier valor en un intervalo o intervalos. Una función de densidad para X es una función que tiene las siguientes propiedades:

1. $f(x) \geq 0$ **2.** $\displaystyle\int_{-\infty}^{\infty} f(x)\, dx = 1$

Para una función de densidad, se define

$$P(a \leq X \leq b) = \int_{a}^{b} f(x)\, dx$$

lo cual significa que la probabilidad de que X asuma un valor en el intervalo $[a, b]$ está dada por el área bajo la gráfica de f y por encima del eje x desde $x = a$ hasta $x = b$. La probabilidad de que X tome un valor particular es 0.

La variable aleatoria continua X tiene una distribución uniforme sobre $[a, b]$ si su función de densidad está dada por

$$f(x) = \begin{cases} \dfrac{1}{b-a} & \text{si } a \le x \le b \\ 0 & \text{en otro caso} \end{cases}$$

X tiene una función de densidad exponencial f si

$$f(x) = \begin{cases} ke^{-kx} & \text{si } x \ge 0 \\ 0 & \text{si } x < 0 \end{cases}$$

donde k es una constante positiva.

La función de distribución acumulada F para la variable aleatoria continua X con función de densidad f está dada por

$$F(x) = P(X \le x) = \int_{-\infty}^{x} f(t)\, dt$$

En forma geométrica, $F(x)$ representa el área situada bajo la curva de densidad a la izquierda de x. Al usar F, se tiene la capacidad de encontrar $P(a \le x \le b)$:

$$P(a \le x \le b) = F(b) - F(a)$$

La media μ de X [también llamada valor esperado de X, $E(X)$] está dada por

$$\mu = E(X) = \int_{-\infty}^{\infty} x f(x)\, dx$$

siempre y cuando la integral sea convergente. La varianza está dada por

$$\sigma^2 = \text{Var}(X) = \int_{-\infty}^{\infty} (x - \mu)^2 f(x)\, dx$$

$$= \int_{-\infty}^{\infty} x^2 f(x)\, dx - \mu^2$$

siempre que la integral sea convergente. La desviación estándar está dada por

$$\sigma = \sqrt{\text{Var}(X)}$$

La gráfica de la función de densidad normal

$$f(x) = \frac{1}{\sigma\sqrt{2\pi}}\, e^{-(1/2)((x-\mu)/\sigma)^2}$$

se llama curva normal y tiene forma de campana. Si X tiene una distribución normal, entonces la probabilidad de que X se encuentre dentro de una desviación estándar desde la media μ es de (aproximadamente) 0.68; dentro de dos desviaciones estándar, la probabilidad es 0.95 y, dentro de tres desviaciones estándar, es 0.997. Si Z es una variable aleatoria normal con $\mu = 0$ y $\sigma = 1$, entonces Z se llama variable aleatoria normal estándar. La probabilidad $P(0 < Z < z_0)$ es el área localizada bajo la gráfica de la curva normal estándar desde $z = 0$ hasta $z = z_0$ y se denota por $A(z_0)$. Los valores de $A(z_0)$ se presentan en el apéndice C.

Si X se distribuye de manera normal con media μ y desviación estándar σ, entonces X puede transformarse en una variable aleatoria normal estándar mediante la fórmula de cambio de variable

$$Z = \frac{X - \mu}{\sigma}$$

Con esta fórmula, pueden encontrarse probabilidades para X mediante el uso de áreas bajo la curva normal estándar.

Si X es una variable aleatoria binomial y el número n de ensayos independientes es grande, entonces la distribución de X puede aproximarse mediante el uso de una variable aleatoria normal con media np y desviación estándar $\sqrt{npq}$, donde p es la probabilidad de éxito en cualquier ensayo y $q = 1 - p$. Cuando se estimen probabilidades binomiales por medio de una variable aleatoria normal, es importante considerar correcciones de continuidad.

Problemas de repaso

1. Suponga que X es una variable aleatoria continua con función de densidad dada por

$$f(x) = \begin{cases} \tfrac{1}{3} + kx^2 & \text{si } 0 \le x \le 1 \\ 0 & \text{en otro caso} \end{cases}$$

(a) Encuentre k.   **(b)** Encuentre $P(\tfrac{1}{2} < X < \tfrac{3}{4})$.
(c) Encuentre $P(X \ge \tfrac{1}{2})$.   **(d)** Encuentre la función de distribución acumulada.

2. Suponga que X se distribuye de manera exponencial con $k = \tfrac{1}{3}$. Encuentre $P(X > 2)$.

3. Suponga que X es una variable aleatoria con función de densidad dada por

$$f(x) = \begin{cases} \tfrac{2}{25}x & \text{si } 0 \le x \le 5 \\ 0 & \text{en otro caso} \end{cases}$$

(a) Encuentre μ.   **(b)** Encuentre σ.

4. Considere que X se distribuye de manera uniforme en el intervalo $[2, 6]$. Encuentre $P(X < 5)$.

Considere que X se distribuye de manera normal con media 20 y desviación estándar 4. En los problemas del 5 al 10, determine las probabilidades dadas.

5. $P(X > 25)$ **6.** $P(X < 21)$ **7.** $P(14 < X < 18)$
8. $P(X > 10)$ **9.** $P(X < 23)$ **10.** $P(21 < X < 31)$

En los problemas 11 y 12, X es una variable aleatoria binomial con $n = 100$ y $p = 0.35$. Encuentre las probabilidades dadas usando la aproximación normal.

11. $P(25 \le X \le 47)$ **12.** $P(X = 48)$

13. Altura de individuos   La altura (en pulgadas) de los individuos de cierto grupo se distribuye de manera normal con media 68 y desviación estándar 2. Encuentre la probabilidad de que un individuo de este grupo sea más alto que 6 pies.

14. Lanzamiento de moneda   Si una moneda legal se lanza 500 veces, use la aproximación normal a la distribución binomial para estimar la probabilidad de que aparezca una cara al menos 215 veces.

Q EXPLORE Y AMPLÍE Distribución acumulada de datos

Lo que se dice en la sección 16.3 acerca de los histogramas de variables aleatorias discretas es incluso cierto para las variables aleatorias continuas: puede pensarse en la curva de densidad de probabilidad como en el caso limitante de un histograma de probabilidad. Este hecho se usa con frecuencia para explicar la idea de una función de densidad de probabilidad.

Con las variables continuas, un histograma divide el rango de valores posibles en una serie de intervalos, llamados cajas. Encima de cada caja se encuentra una barra cuya altura indica qué parte del conjunto de datos cae en esa caja. Esto se ilustra en la figura 16.27. La caja que se encuentra más a la derecha es el intervalo desde 8 hasta 10. Como un quinto de los datos caen en esa caja, la barra cubre un quinto del área de todas las barras en conjunto.

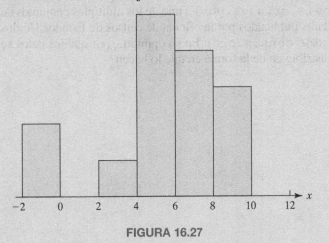

FIGURA 16.27

Una curva de densidad de probabilidad es el límite del contorno de un histograma cuando el conjunto de datos es muy grande y el tamaño de la caja se hace muy pequeño. En la figura 16.28 se ilustra un conjunto de datos más grande y un tamaño de caja más pequeño.

Por desgracia, normalmente se necesitan docenas de datos para que el contorno de un histograma comience a suavizarse. Como un aspecto práctico, se podría desear "hacer trampa" y darse una idea de la función de densidad de probabilidad

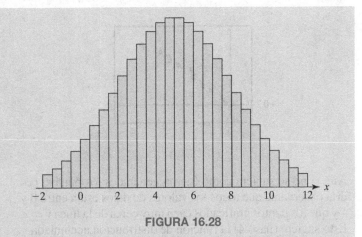

FIGURA 16.28

usando menos valores de datos —y sin tener que dibujar un histograma.

He aquí una forma de hacerlo: primero, use los valores de los datos para graficar puntos que revelen la curva de *distribución acumulada*, después use esta curva para inferir la forma de la curva de densidad de probabilidad. Los pasos son como sigue:

Paso 1: Determine n, el tamaño de muestra.

Paso 2: Disponga los valores de datos en orden ascendente. El menor valor de los datos es $v(1)$, el siguiente más pequeño es $v(2)$, y así sucesivamente.

Paso 3: En un conjunto de ejes coordenados, grafique n puntos con coordenadas $\left(v(i), \dfrac{i - \frac{1}{2}}{n} \right)$ para una i que va de 1 a n.

Paso 4: Determine cuál es la función de distribución acumulada que sugiere la gráfica.

Paso 5: Encuentre la función de densidad de probabilidad como la derivada de la función de distribución acumulada.

En el paso 3, se grafica cada valor de datos $v(i)$ contra la probabilidad experimental, con base en los datos, de que un nuevo valor sería menor que $v(i)$. Esta probabilidad se calcula tomando el número de valores por debajo de $v(i)$, a saber $i - 1$; sumando un término de ½ para dividir el i-ésimo punto de datos en dos, y contar la mitad de éste como "debajo de $v(i)$", y dividiendo el resultado entre n, el número total de valores.

Ahora se verá cómo funciona esto con valores generados usando una función de densidad de probabilidad conocida. En una calculadora gráfica, se usa el comando *rand* o su equivalente para generar 15 valores (paso 1) usando la función de densidad uniforme que sea igual a 1 en el intervalo que va desde 0 hasta 1 y es igual a 0 en cualquier otra parte. Una corrida de este tipo produce los siguientes valores (ordenados del menor al mayor y redondeados a tres decimales): 0.043, 0.074, 0.093, 0.198, 0.293, 0.311, 0.399, 0.400, 0.409, 0.566, 0.654, 0.665, 0.760, 0.919, 0.967 (paso 2).

Cuando se grafican las probabilidades correspondientes (paso 3), el resultado es como se muestra en la figura 16.29.

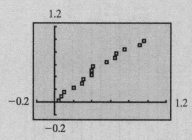

FIGURA 16.29

Aún si no se supiera cómo fueron generados los puntos, podría observarse que todos los valores de datos están entre 0 y 1 y que los puntos graficados caen muy cerca de la línea $y = x$. Esto sugiere (paso 4) la función de distribución acumulada

$$F(x) = \begin{cases} 0 & x < 0 \\ x & 0 \leq x \leq 1 \\ 1 & x > 1 \end{cases}$$

La derivada de esta función con respecto a x (paso 5) es

$$P(x) = \begin{cases} 0 & x < 0 \\ 1 & 0 < x < 1 \\ 0 & x > 1 \end{cases}$$

que es exactamente la función que se usó para generar los valores de datos.[2] El método funciona.

Sin embargo, debe tomarse la siguiente precaución. Por naturaleza, las funciones de distribución acumuladas son crecientes de izquierda a derecha y, por lo tanto, todas tienen una forma general parecida. Por ejemplo, la gráfica de la figura 16.29 podría interpretarse como el reflejo de la función de distribución acumulada

$$F_2(x) = \begin{cases} 0 & x < 0 \\ 1 - e^{-2x} & 0 \leq x \end{cases}$$

El ajuste no sería tan bueno como para $F(x)$, pero tampoco estaría completamente fuera de lugar. Por consiguiente el método descrito aquí para identificar una posible función de distribución acumulada y su derivada, la función de densidad de probabilidad, es mejor si se complementa con otra información, como el conocimiento del proceso utilizado para producir los datos.

Problemas

1. Genere su propia corrida de 15 valores usando una función de densidad uniforme y grafique los resultados para obtener una visión de la función de distribución acumulada. ¿Qué tan bien se ajustan sus resultados a la función de distribución conocida?

2. Repita el problema 1 para una función de densidad normal. (En la TI-83 Plus, use el comando *randNorm*). En el paso 4, realice una regresión logística. Aunque la función de distribución acumulada para una función de densidad normal *no* es realmente una función logística, tiene una forma muy similar, de manera que puede usarse una función logística como una aproximación. Después, si su calculadora tiene la capacidad, grafique la derivada de la función logística. En caso contrario, observe dónde es máxima la pendiente de la función logística y qué le pasa a la pendiente en los extremos de la curva. ¿Cómo es el comportamiento de la derivada en comparación con el comportamiento de la función de densidad normal usada para generar los valores de datos?

3. Visite un sitio web con una tabla de valores de datos y vea si puede determinar la naturaleza de la función de densidad de probabilidad. Puede intentarlo con la lista de terremotos cercana al tiempo real del U.S. Geological Survey (www.neic.cr.usgs.gov) o uno de los múltiples conjuntos de datos publicados por la oficina de censos de Estados Unidos (www.census.org). En su opinión, ¿por qué los datos se distribuyen de la forma en que lo hacen?

---

[2]Observe que $P(i)$ no está definida para $x = 0$ y $x = 1$. Esto no tiene importancia.

17 Cálculo de varias variables

EXPLORE Y AMPLÍE

Análisis de datos para modelar el enfriamiento

Se sabe (del capítulo 13) cómo maximizar la utilidad de una compañía cuando tanto los ingresos como los costos están escritos como funciones de una sola cantidad, a saber, el número de unidades producidas. Pero, por supuesto, el nivel de producción en sí está determinado por otros factores —y, en general, ninguna variable puede representarlos por sí sola.

Por ejemplo, la cantidad de petróleo que se bombea cada semana desde un campo petrolero depende del número de bombas y del número de horas que las bombas están funcionando. El número de bombas instaladas en el campo dependerá de la cantidad de capital disponible originalmente para construirlas y del tamaño y la forma del campo. El número de horas que las bombas pueden ser operadas depende de la mano de obra disponible para hacerlas funcionar y darles mantenimiento. Además, la cantidad de petróleo que el propietario del campo deseará bombear desde el yacimiento petrolero dependerá de la demanda de petróleo en tiempo real —que está relacionada con el precio del petróleo.

La maximización de la utilidad semanal de un campo petrolero requerirá de cierto equilibrio entre el número de bombas y la cantidad de tiempo que cada bomba pueda ser operada. La utilidad máxima no se alcanzará construyendo más bombas de las que puedan ser operadas ni poniendo a trabajar pocas bombas a tiempo completo.

Éste es un ejemplo del problema general de maximización de utilidades cuando la producción depende de varios factores. La solución implica un análisis de la función de producción, la cual relaciona la producción con la asignación de recursos. Como por lo general son necesarias varias variables para describir la asignación de recursos, la asignación que proporciona mayor utilidad no puede encontrarse por medio de la derivación con respecto a una sola variable, como en los capítulos anteriores. En este capítulo se estudiarán las técnicas avanzadas necesarias para realizar la tarea.

17.1 Derivadas parciales

A lo largo de este libro se han presentado muchos ejemplos de funciones con varias variables. De la sección 2.8, recuerde que la gráfica de una función de dos variables es una superficie. En la figura 17.1 se muestra la superficie $z = f(x, y)$ y un plano paralelo al plano x,z que pasa por el punto $(a, b, f(a, b))$ sobre la superficie. La ecuación de este plano es $y = b$. Por lo tanto, cualquier punto en la curva que sea la intersección de la superficie $z = f(x, y)$ con el plano $y = b$ debe tener la forma $(x, b, f(x, b))$. Así, la curva puede describirse por medio de la ecuación $z = f(x, b)$. Como b es constante, $z = f(x, b)$ puede considerarse como una función de una variable, x. Cuando se evalúa la derivada de esta función en a, se obtiene la pendiente de la recta tangente a esta curva en el punto $(a, b, f(a, b))$. (Vea la figura 17.1). A esta pendiente se le llama *derivada parcial de f con respecto a x* en (a, b) y se denota con $f_x(a, b)$. En términos de límites,

PARA REPASAR las funciones de varias variables, consulte la sección 2.8.

$$f_y(a, b) = \lim_{h \to 0} \frac{f(a, b + h) - f(a, b)}{h} \tag{1}$$

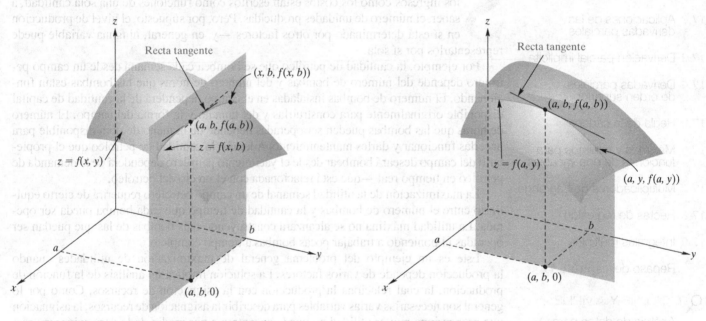

FIGURA 17.1 Interpretación geométrica de $f_x(a, b)$. **FIGURA 17.2** Interpretación geométrica de $f_Y(a, b)$.

Por otra parte, en la figura 17.2 el plano $x = a$ es paralelo al plano y,z y corta la superficie $z = f(x, y)$ en una curva dada por $z = f(a, y)$, que es una función de y. Cuando se evalúa la derivada de esta función en b, se obtiene la pendiente de la recta tangente a esta curva en el punto $(a, b, f(a, b))$. A esta pendiente se le llama *derivada parcial de f con respecto a y* en (a, b) y se denota con $f_y(a, b)$. En términos de límites,

$$f_y(a, b) = \lim_{h \to 0} \frac{f(a, b + h) - f(a, b)}{h} \tag{2}$$

Esto proporciona una interpretación geométrica de una derivada parcial.

Se dice que $f_x(a, b)$ es la pendiente de la recta tangente a la gráfica de f en $(a, b, f(a, b))$ *en la dirección x*; de manera similar, $f_y(a, b)$ es la pendiente de la recta tangente en dicho punto *en la dirección y*.

Por lo general, al reemplazar a y b en las ecuaciones (1) y (2) por x y y, respectivamente, se obtiene la siguiente definición.

Definición

Si $z = f(x, y)$, la ***derivada parcial de f con respecto a x***, que se denota mediante f_x, es la función de dos variables dada por

$$f_x(x, y) = \lim_{h \to 0} \frac{f(x+h, y) - f(x, y)}{h}$$

siempre que el límite exista.

La ***derivada parcial de f con respecto a*** y, que se denota mediante f_y, es la función de dos variables dada por

$$f_y(x, y) = \lim_{h \to 0} \frac{f(x, y+h) - f(x, y)}{h}$$

siempre que el límite exista.

Al analizar la definición anterior, es posible establecer el siguiente procedimiento para determinar f_x y f_y:

Esto proporciona un algoritmo para encontrar derivadas parciales.

Procedimiento para encontrar $f_x(x, y)$ y $f_y(x, y)$

Para encontrar f_x, trate a y como una constante y derive f con respecto a x de la manera usual.

Para encontrar f_y, trate a x como una constante y derive f con respecto a y de la manera usual.

EJEMPLO 1   Obtención de derivadas parciales

Si $f(x, y) = xy^2 + x^2y$, encuentre $f_x(x, y)$ y $f_y(x, y)$. Encuentre también $f_x(3, 4)$ y $f_y(3, 4)$.

Solución: Para encontrar $f_x(x, y)$, se trata a y como una constante y se deriva a f con respecto a x:

$$f_x(x, y) = (1)y^2 + (2x)y = y^2 + 2xy$$

Para encontrar $f_y(x, y)$, se trata a x como una constante y se deriva con respecto a y:

$$f_y(x, y) = x(2y) + x^2(1) = 2xy + x^2$$

Observe que $f_x(x, y)$ y $f_y(x, y)$ son cada una funciones de las dos variables x y y. Para encontrar $f_x(3, 4)$, se evalúa $f_x(x, y)$ cuando $x = 3$ y $y = 4$:

$$f_x(3, 4) = 4^2 + 2(3)(4) = 40$$

De manera similar,

$$f_y(3, 4) = 2(3)(4) + 3^2 = 33$$

Ahora resuelva el problema 1 ◁

En la tabla 17.1 se proporcionan las notaciones para las derivadas parciales de $z = f(x, y)$. En la tabla 17.2 se dan las notaciones para las derivadas parciales evaluadas en (a, b). Observe que el símbolo ∂ (no d) se usa para denotar una derivada parcial. El símbolo $\partial z/\partial x$ se lee "derivada parcial de z con respecto a x".

EJEMPLO 2   Obtención de derivadas parciales

a. Si $z = 3x^3y^3 - 9x^2y + xy^2 + 4y$, encuentre $\dfrac{\partial z}{\partial x}, \dfrac{\partial z}{\partial y}, \dfrac{\partial z}{\partial x}\bigg|_{(1,0)}$ y $\dfrac{\partial z}{\partial y}\bigg|_{(1,0)}$.

Solución: Para encontrar $\partial z/\partial x$, se deriva z con respecto a x tratando a y como una constante:

$$\frac{\partial z}{\partial x} = 3(3x^2)y^3 - 9(2x)y + (1)y^2 + 0$$

$$= 9x^2y^3 - 18xy + y^2$$

Tabla 17.1

Derivada parcial de f (o z) con respecto a x	Derivada parcial de f (o z) con respecto a y
$f_x(x, y)$	$f_y(x, y)$
$\dfrac{\partial}{\partial x}(f(x, y))$	$\dfrac{\partial}{\partial y}(f(x, y))$
$\dfrac{\partial z}{\partial x}$	$\dfrac{\partial z}{\partial y}$

Tabla 17.2

Derivada parcial de f (o z) con respecto a x. Evaluada en (a, b)	Derivada parcial de f (o z) con respecto a y. Evaluada en (a, b)
$f_x(a, b)$	$f_y(a, b)$
$\left.\dfrac{\partial f}{\partial x}\right|_{(a,b)}$	$\left.\dfrac{\partial f}{\partial y}\right|_{(a,b)}$
$\left.\dfrac{\partial z}{\partial x}\right|_{\substack{x=a\\y=b}}$	$\left.\dfrac{\partial z}{\partial y}\right|_{\substack{x=a\\y=b}}$

Al evaluar la última ecuación en $(1, 0)$ se obtiene

$$\left.\frac{\partial z}{\partial x}\right|_{(1,0)} = 9(1)^2(0)^3 - 18(1)(0) + 0^2 = 0$$

Para encontrar $\partial z/\partial y$, se deriva z con respecto a y tratando a x como una constante:

$$\frac{\partial z}{\partial y} = 3x^3(3y^2) - 9x^2(1) + x(2y) + 4(1)$$

$$= 9x^3 y^2 - 9x^2 + 2xy + 4$$

Así,

$$\left.\frac{\partial z}{\partial y}\right|_{(1,0)} = 9(1)^3(0)^2 - 9(1)^2 + 2(1)(0) + 4 = -5$$

b. Si $w = x^2 e^{2x+3y}$, encuentre $\partial w/\partial x$ y $\partial w/\partial y$.

Solución: Para encontrar $\partial w/\partial x$, se trata a y como una constante y se deriva con respecto a x. Como $x^2 e^{2x+3y}$ es un producto de dos funciones, cada una de las cuales incluye a x, se usa la regla del producto:

$$\frac{\partial w}{\partial x} = x^2 \frac{\partial}{\partial x}(e^{2x+3y}) + e^{2x+3y}\frac{\partial}{\partial x}(x^2)$$

$$= x^2(2e^{2x+3y}) + e^{2x+3y}(2x)$$

$$= 2x(x+1)e^{2x+3y}$$

Para encontrar $\partial w/\partial y$, se trata a x como una constante y se deriva con respecto a y:

$$\frac{\partial w}{\partial y} = x^2 \frac{\partial}{\partial y}(e^{2x+3y}) = 3x^2 e^{2x+3y}$$

Ahora resuelva el problema 27 ◁

Se ha visto que para una función de dos variables pueden considerarse dos derivadas parciales. En realidad, el concepto de derivadas parciales puede ampliarse para resolver funciones de más de dos variables. Por ejemplo, con $w = f(x, y, z)$ se tienen tres derivadas parciales:

la parcial con respecto a x, denotada como $f_x(x, y, z)$, $\partial w/\partial x$, etcétera;
la parcial con respecto a y, denotada como $f_y(x, y, z)$, $\partial w/\partial y$, etcétera;

y

la parcial con respecto a z, denotada como $f_z(x, y, z)$, $\partial w/\partial z$, etcétera.

Para determinar $\partial w/\partial x$, se trata a y y z como constantes y se deriva w con respecto a x. Para $\partial w/\partial y$, se trata a x y z como constantes y se deriva con respecto a y. Para $\partial w/\partial z$, se trata a x y y como constantes y se deriva con respecto a z. Para una función de n variables, se tienen n derivadas parciales que se determinan de manera análoga.

EJEMPLO 3   **Derivadas parciales de una función de tres variables**

Si $f(x, y, z) = x^2 + y^2z + z^3$, encuentre $f_x(x, y, z), f_y(x, y, z)$ y $f_z(x, y, z)$.

Solución: Para encontrar $f_x(x, y, z)$ se trata a y y z como constantes y se deriva f con respecto a x:

$$f_x(x, y, z) = 2x$$

Si se trata a x y z como constantes y se deriva con respecto a y, resulta

$$f_y(x, y, z) = 2yz$$

Si se trata a x y y como constantes y se deriva con respecto a z, resulta

$$f_z(x, y, z) = y^2 + 3z^2$$

Ahora resuelva el problema 23 ◁

EJEMPLO 4   **Derivadas parciales de una función de cuatro variables**

Si $p = g(r, s, t, u) = \dfrac{rsu}{rt^2} \dfrac{}{s^2t}$, encuentre $\dfrac{\partial p}{\partial s}, \dfrac{\partial p}{\partial t}$ y $\left.\dfrac{\partial p}{\partial t}\right|_{(0,1,1,1)}$.

Solución: Para encontrar $\partial p/\partial s$, primero observe que p es un cociente de dos funciones y que cada función incluye a la variable s. Así, se aplica la regla del cociente y se trata a r, t y u como constantes:

$$\frac{\partial p}{\partial s} = \frac{(rt^2 + s^2t)\dfrac{\partial}{\partial s}(rsu) - rsu\dfrac{\partial}{\partial s}(rt^2 + s^2t)}{(rt^2 + s^2t)^2}$$

$$= \frac{(rt^2 + s^2t)(ru) - (rsu)(2st)}{(rt^2 + s^2t)^2}$$

Al simplificar se obtiene

$$\frac{\partial p}{\partial s} = \frac{ru(rt - s^2)}{t(rt\ s^2)^2} \qquad \text{se cancela un factor de } t$$

Para encontrar $\partial p/\partial t$, se puede escribir primero a p como

$$p = rsu(rt^2 + s^2t)^{-1}$$

A continuación, se usa la regla de la potencia y se trata a r, s y u como constantes:

$$\frac{\partial p}{\partial t} = rsu(-1)(rt^2 + s^2t)^{-2}\frac{\partial}{\partial t}(rt^2 + s^2t)$$

$$= -rsu(rt^2 + s^2t)^{-2}(2rt + s^2)$$

de modo que

$$\frac{\partial p}{\partial s} = -\frac{rsu(2rt + s^2)}{(rt^2\ s^2t)^2}$$

Al hacer $r = 0, s = 1, t = 1$ y $u = 1$ se obtiene

$$\left.\frac{\partial p}{\partial t}\right|_{(0,1,1,1)} = -\frac{0(1)(1)(2(0)(1) + (1)^2)}{(0(1)^2 + (1)^2(1))^2} = 0$$

Ahora resuelva el problema 31 ◁

PROBLEMAS 17.1

En los problemas del 1 al 26, se da una función de dos o más variables. Encuentre la derivada parcial de la función con respecto a cada una de las variables.

1. $f(x, y) = 2x^2 + 3xy + 4y^2 + 5x + 6y - 7$

2. $f(x, y) = 2x^2 + 3xy$

3. $f(x, y) = 2y + 1$ **4.** $f(x, y) = \ln 2$

5. $g(x, y) = 3x^4y + 2xy^2 - 5xy + 8x - 9y$

6. $g(x, y) = (x^2 + 1)^2 + (y^3 - 3)^3 + 5xy^3 - 2x^2y^2$

7. $g(p,q) = \sqrt{pq}$

8. $g(w,z) = \sqrt[3]{w^2 + z^2}$

9. $h(s,t) = \dfrac{s^2 + 4}{t - 3}$

10. $h(u,v) = \dfrac{8uv^2}{u^2 + v^2}$

11. $u(q_1, q_2) = \ln \sqrt{q_1 + 2} + \ln \sqrt[3]{q_2 + 5}$

12. $Q(l,k) = 2l^{0.38}k^{1.79} - 3l^{1.03} + 2k^{0.13}$

13. $h(x,y) = \dfrac{x^2 + 3xy + y^2}{\sqrt{x^2 + y^2}}$

14. $h(x,y) = \dfrac{\sqrt{x+9}}{x^2y + y^2x}$

15. $z = e^{5xy}$

16. $z = (x^3 + y^3)e^{xy + 3x + 3y}$

17. $z = 5x \ln(x^2 + y)$

18. $z = \ln(5x^3y^2 + 2y^4)^4$

19. $f(r,s) = \sqrt{r + 2s}(r^3 - 2rs + s^2)$

20. $f(r,s) = \sqrt{rs}\, e^{2+r}$

21. $f(r,s) = e^{3-r} \ln(7 - s)$

22. $f(r,s) = (5r^2 + 3s^3)(2r - 5s)$

23. $g(x,y,z) = 2x^3y^2 + 2xy^3z + 4z^2$

24. $g(x,y,z) = 2xy^2z^6 - 4x^2y^3z^2 + 3xyz$

25. $g(r,s,t) = e^{s+t}(r^2 + 7s^3)$

26. $g(r,s,t,u) = rs \ln(t)e^u$

En los problemas del 27 al 34, evalúe las derivadas parciales dadas.

27. $f(x,y) = x^3y + 7x^2y^2$; $f_x(1,-2)$

28. $z = \sqrt{2x^3 + 5xy + 2y^2}$; $\left. \dfrac{\partial z}{\partial x} \right|_{\substack{x=0 \\ y=1}}$

29. $g(x,y,z) = e^x \sqrt{y + 2z}$; $g_z(0,6,4)$

30. $g(x,y,z) = \dfrac{3x^2y^2 + 2xy + x - y}{xy - yz + xz}$, $g_y(1,1,5)$

31. $h(r,s,t,u) = (rst^2u) \ln(1 + rstu)$; $h_t(1,1,0,1)$

32. $h(r,s,t,u) = \dfrac{7r + 3s^2u^2}{s}$; $h_t(4,3,2,1)$

33. $f(r,s,t) = rst(r^2 + s^3 + t^4)$; $f_s(1,-1,2)$

34. $z = \dfrac{x^2 + y^2}{e^{x^2 + y^2}}$; $\left. \dfrac{\partial z}{\partial x} \right|_{\substack{x=0 \\ y=0}}$, $\left. \dfrac{\partial z}{\partial y} \right|_{\substack{x=1 \\ y=1}}$

35. Si $z = xe^{x-y} + ye^{y-x}$, demuestre que

$$\frac{\partial z}{\partial x} + \frac{\partial z}{\partial y} = e^{x-y} + e^{y-x}$$

36. Precio de acciones de un ciclo de dividendos   En un análisis de los precios de un ciclo de dividendos, Palmon y Yaari[1] consideran

la función f dada por

$$u = f(t,r,z) = \frac{(1+r)^{1-z}\ln(1+r)}{(1+r)^{1-z} - t}$$

donde u es la tasa instantánea de la apreciación del precio solicitado, r es una tasa de rendimiento anual de oportunidad, z es la fracción de un ciclo de dividendos sobre el cual una porción de las acciones es controlada por un vendedor de medio ciclo y t es la tasa efectiva del impuesto por ganancias de capital. Palmon y Yaari afirman que

$$\frac{\partial u}{\partial z} = \frac{t(1+r)^{1-z}\ln^2(1+r)}{[(1+r)^{1-z} - t]^2}$$

Verifique esto.

37. Demanda de dinero   En un análisis de la teoría de inventarios sobre la demanda de dinero, Swanson[2] considera la función

$$F(b,C,T,i) = \frac{bT}{C} + \frac{iC}{2}$$

y determina que $\dfrac{\partial F}{\partial C} = -\dfrac{bT}{C^2} + \dfrac{i}{2}$. Verifique esta derivada parcial.

38. Desregulación de la tasa de interés   En un artículo sobre desregulación de la tasa de interés, Christofi y Agapos[3] obtienen la ecuación

$$r_L = r + D\frac{\partial r}{\partial D} + \frac{dC}{dD} \tag{3}$$

donde r es la tasa de interés por depósitos pagados por los bancos comerciales, r_L es la tasa del interés ganado por esos bancos, C es el costo administrativo por transformar los depósitos en activos productivos y D es el nivel de los depósitos por ahorros. Christofi y Agapos establecen que

$$r_L = r\left[\frac{1 + \eta}{\eta}\right] + \frac{dC}{dD} \tag{4}$$

donde $\eta = \dfrac{r/D}{\partial r/\partial D}$ es la elasticidad del depósito con respecto al interés del depósito. Exprese la ecuación (3) en términos de η para verificar la ecuación (4).

39. Publicidad y rentabilidad   En un análisis sobre publicidad y rentabilidad, Swales[4] considera una función f dada por

$$R = f(r,a,n) = \frac{r}{1 + a\left(\dfrac{n-1}{2}\right)}$$

donde R es la tasa ajustada de utilidad, r la tasa contable de utilidad, a es una medida de los gastos publicitarios y n es el número de años en que la publicidad se deprecia por completo. En el análisis, Swales determina $\partial R/\partial n$. Encuentre esta derivada parcial.

Objetivo

Desarrollar las nociones de costo marginal parcial, productividad marginal y productos competitivos y complementarios.

17.2 Aplicaciones de las derivadas parciales

De la sección 17.1 se sabe que si $z = f(x,y)$, entonces $\partial z/\partial x$ y $\partial z/\partial y$ pueden interpretarse geométricamente como las pendientes de las rectas tangentes a la superficie $z = f(x,y)$ en las direcciones x y y, respectivamente. Existen otras interpretaciones: puesto que $\partial z/\partial x$ es la

---

[1]D. Palmon y U. Yaari, "Taxation of Capital Gains and the Behavior of Stock Prices over the Dividend Cycle", *The American Economist*, XXVII, núm. 1 (1983), pp. 13-22.

[2]P. E. Swanson, "Integer Constraints on the Inventory Theory of Money Demand", *Quarterly Journal of Business and Economics*, 23, núm. 1 (1984), pp. 32-37.

[3]A. Christofi y A. Agapos, "Interest Rate Deregulation: An Empirical Justification", *Review of Business and Economic Research*, XX (1984), pp. 39-49.

[4]J. K. Swales, "Advertising as an Intangible Asset: Profitability and Entry Barriers: A Comment on Reekie and Bhoyrub", *Applied Economics*, 17, núm. 4 (1985), pp. 603-617.

derivada de z con respecto a x cuando y se mantiene fija, y como una derivada es una razón de cambio, se tiene

Aquí se tienen las interpretaciones de las derivadas parciales como "tasa de cambio".

$\dfrac{\partial z}{\partial x}$ es la razón de cambio de z con respecto a x cuando y se mantiene fija.

De modo similar,

$\dfrac{\partial z}{\partial y}$ es la razón de cambio de z con respecto a y cuando x se mantiene fija.

Ahora se verán algunas aplicaciones en las que la noción "razón de cambio" de una derivada parcial resulta muy útil.

Suponga que un fabricante produce x unidades del producto X y y unidades del producto Y. Entonces, el costo total c de esas unidades es una función de x y y, la cual se denomina **función de costos conjuntos**. Si una función de este tipo es $c = f(x, y)$, entonces $\partial c/\partial x$ se llama **costo marginal (parcial) con respecto a** x y es la razón de cambio de c con respecto a x cuando y se mantiene fija. De manera similar, $\partial c/\partial y$ es el **costo marginal (parcial) con respecto a** y y es la razón de cambio de c con respecto a y cuando x se mantiene fija. También se deduce que $\partial c/\partial x(x, y)$ es aproximadamente el costo de producir una unidad más de X cuando se producen x unidades de X y y unidades de Y. De igual modo, $\partial c/\partial y(x, y)$ es aproximadamente el costo de producir una unidad más de Y cuando se producen x unidades de X y y unidades de Y.

Por ejemplo, si c se expresa en dólares y $\partial c/\partial y = 2$, entonces el costo de producir una unidad adicional de Y cuando el nivel de producción de X es fijo, es aproximadamente de 2 dólares.

Si un fabricante produce n artículos, la función de costos conjuntos es una función de n variables y habrá n funciones de costo marginal (parcial).

EJEMPLO 1   **Costos marginales**

Una compañía fabrica dos tipos de esquís, los modelos Ligero y Alpino. Suponga que la función de costos conjuntos de producir x pares del modelo Ligero y y pares del modelo Alpino por semana es

$$c = f(x, y) = 0.07x^2 + 75x + 85y + 6000$$

donde c se expresa en dólares. Determine los costos marginales de $\partial c/\partial x$ y $\partial c/\partial y$ cuando $x = 100$ y $y = 50$ e interprete los resultados.

Solución: Los costos marginales son

$$\frac{\partial c}{\partial x} = 0.14x + 75 \quad \text{y} \quad \frac{\partial c}{\partial y} = 85$$

Así,

$$\left.\frac{\partial c}{\partial x}\right|_{(100,50)} = 0.14(100) + 75 = 89 \tag{1}$$

y

$$\left.\frac{\partial c}{\partial y}\right|_{(100,50)} = 85 \tag{2}$$

La ecuación (1) implica que al aumentar la producción del modelo Ligero de 100 a 101, mientras se mantiene en 50 la producción del modelo Alpino, los costos aumentan aproximadamente en \$89 (dólares estadounidenses). La ecuación (2) implica que al aumentar la producción del modelo Alpino de 50 a 51, mientras se mantiene en 100 la producción del modelo Ligero, los costos aumentan aproximadamente en \$85. De hecho, como $\partial c/\partial y$ es una función constante, el costo marginal con respecto a y es de \$85 en todos los niveles de producción.

Ahora resuelva el problema 1 ◁

EJEMPLO 2 Pérdida de calor en un cuerpo

En un día frío, una persona puede sentir más frío cuando hay viento que cuando no lo hay porque la razón de pérdida de calor es una función de la temperatura y de la velocidad del viento. La ecuación

$$H = (10.45 + 10\sqrt{w} - w)(33 - t)$$

indica la razón de pérdida de calor H (en kilocalorías por metro cuadrado por hora) cuando la temperatura del aire es t (en grados Celsius) y la velocidad del viento w (en metros por segundo). Para $H = 2000$, la piel expuesta se congelará en un minuto.[5]

a. Evalúe H cuando $t = 0$ y $w = 4$.

Solución: Cuando $t = 0$ y $w = 4$,

$$H = (10.45 + 10\sqrt{4} - 4)(33 - 0) = 872.85$$

b. Evalúe $\partial H/\partial w$ y $\partial H/\partial t$ cuando $t = 0$ y $w = 4$ e interprete los resultados.

Solución:
$$\frac{\partial H}{\partial w} = \left(\frac{5}{\sqrt{w}} - 1\right)(33 - t), \quad \frac{\partial H}{\partial w}\bigg|_{\substack{t=0 \\ w=4}} = 49.5$$

$$\frac{\partial H}{\partial t} = (10.45 + 10\sqrt{w} - w)(-1), \quad \frac{\partial H}{\partial t}\bigg|_{\substack{t=0 \\ w=4}} = -26.45$$

Estas ecuaciones significan que cuando $t = 0$ y $w = 4$, al incrementar w por una pequeña cantidad mientras se mantiene fijo t, H aumentará alrededor de 49.5 veces lo que aumente w. Al incrementar t por una pequeña cantidad mientras se mantiene fijo w, H *disminuirá* alrededor de 26.45 veces lo que aumente t.

c. Cuando $t = 0$ y $w = 4$, ¿qué tiene más influencia en H: un cambio en la velocidad del viento de 1 m/s o un cambio en la temperatura de 1 °C?

Solución: Como la derivada parcial de H con respecto a w es mayor en magnitud que la parcial con respecto a t cuando $t = 0$ y $w = 4$, un cambio en la velocidad del viento de 1 m/s tendrá mayor efecto sobre H.

Ahora resuelva el problema 13 ◁

La fabricación de un producto depende de muchos factores de producción. Entre éstos se encuentran la mano de obra, el capital, el terreno, la maquinaria, etc. Por simplicidad, se supondrá que la producción sólo depende del trabajo y del capital. Si la función $P = f(l, k)$ proporciona la producción P cuando el productor emplea l unidades de trabajo y k unidades de capital, entonces esta función se llama **función de producción**. Se define la **productividad marginal con respecto a** l como $\partial P/\partial l$. Ésta es la razón de cambio de P con respecto a l cuando k se mantiene fija. Asimismo, la **productividad marginal con respecto a** k es $\partial P/\partial k$ y es la razón de cambio de P con respecto a k cuando l se mantiene fija.

EJEMPLO 3 Productividad marginal

Un fabricante de un juguete popular ha determinado que su función de producción es $P = \sqrt{lk}$, donde l es el número de horas de trabajo por semana y k es el capital (expresado en cientos de dólares por semana) requerido para la producción semanal de P gruesas del juguete (una gruesa se compone de 144 unidades). Determine las funciones de productividad marginal y evalúelas cuando $l = 400$ y $k = 16$. Interprete los resultados.

---

[5]G. E. Folk, Jr., *Textbook of Environmental Physiology*, 2a. ed. (Filadelfia: Lea & Febiger, 1974).

Solución: Como $P = (lk)^{1/2}$,

$$\frac{\partial P}{\partial l} = \frac{1}{2}(lk)^{-1/2}k = \frac{k}{2\sqrt{lk}}$$

y

$$\frac{\partial P}{\partial k} = \frac{1}{2}(lk)^{-1/2}l = \frac{l}{2\sqrt{lk}}$$

Si se evalúan estas ecuaciones cuando $l = 400$ y $k = 16$, se obtiene

$$\left.\frac{\partial P}{\partial l}\right|_{\substack{l=400\\k=16}} = \frac{16}{2\sqrt{400(16)}} = \frac{1}{10}$$

y

$$\left.\frac{\partial P}{\partial k}\right|_{\substack{l=400\\k=16}} = \frac{400}{2\sqrt{400(16)}} = \frac{5}{2}$$

Así, si $l = 400$ y $k = 16$, al incrementar l a 401 y mantener k en 16, la producción aumentará en aproximadamente $\frac{1}{10}$ de gruesa. Pero si k se incrementa a 17 y l se mantiene en 400, la producción aumenta en alrededor de $\frac{5}{2}$ gruesas.

Ahora resuelva el problema 5 ◁

Productos competitivos y complementarios

Algunas veces dos productos pueden estar relacionados de modo que los cambios en el precio de uno afecten la demanda del otro. Un ejemplo representativo es el caso de la mantequilla y la margarina. Si tal relación existe entre los productos A y B, entonces la demanda de cada producto depende del precio de ambos. Suponga que q_A y q_B son las cantidades demandadas de A y B, respectivamente, y que p_A y p_B son sus respectivos precios. Entonces q_A y q_B son funciones de p_A y p_B:

$$q_A = f(p_A, p_B) \qquad \text{función de demanda para A}$$
$$q_B = g(p_A, p_B) \qquad \text{función de demanda para B}$$

Se pueden encontrar cuatro derivadas parciales:

$$\frac{\partial q_A}{\partial p_A} \quad \textit{la demanda marginal para } A \textit{ con respecto a } p_A$$

$$\frac{\partial q_A}{\partial p_B} \quad \textit{la demanda marginal para } A \textit{ con respecto a } p_B$$

$$\frac{\partial q_B}{\partial p_A} \quad \textit{la demanda marginal para } B \textit{ con respecto a } p_A$$

$$\frac{\partial q_B}{\partial p_B} \quad \textit{la demanda marginal para } B \textit{ con respecto a } p_B$$

Bajo condiciones típicas, si el precio de B está fijo y el de A aumenta, la cantidad demandada de A disminuirá. Así, $\partial q_A/\partial p_A < 0$. De manera similar, $\partial q_B/\partial p_B < 0$. Sin embargo, $\partial q_A/\partial p_B$ y $\partial q_B/\partial p_A$ pueden ser positivas o negativas. Si

$$\frac{\partial q_A}{\partial p_B} > 0 \quad \text{y} \quad \frac{\partial q_B}{\partial p_A} > 0$$

entonces se dice que A y B son **productos competitivos** o **sustitutos**. En esta situación, un incremento en el precio de B ocasiona un incremento en la demanda de A, si suponemos que el precio de A no cambia. En forma similar, un incremento en el precio de A ocasiona un incremento en la demanda de B cuando el precio de B se mantiene fijo. La mantequilla y la margarina son ejemplos de sustitutos.

Ahora se considerará una situación diferente, se dice que si

$$\frac{\partial q_A}{\partial p_B} < 0 \quad \text{y} \quad \frac{\partial q_B}{\partial p_A} < 0$$

entonces A y B son **productos complementarios**. En este caso, un incremento en el precio de B ocasiona una disminución en la demanda de A, si el precio de A no cambia. De manera similar, un incremento en el precio de A causa una disminución en la demanda de B cuando el precio de B se mantiene fijo. Por ejemplo, los automóviles y la gasolina son productos complementarios. Un incremento en el precio de la gasolina hará más caro el conducir un automóvil. Por consiguiente, la demanda de automóviles disminuirá. Y un incremento en el precio de los automóviles reducirá la demanda de gasolina.

> **EJEMPLO 4**   **Determinación de productos o competitivos o complementarios**

Las funciones de demanda para los productos A y B son, cada una, una función de los precios de A y B y están dadas por

$$q_A = \frac{50\sqrt[3]{p_B}}{\sqrt{p_A}} \quad \text{y} \quad q_B = \frac{75p_A}{\sqrt[3]{p_B^2}}$$

respectivamente. Encuentre las cuatro funciones de demanda marginal y determine si A y B son productos competitivos, productos complementarios o de ninguno de los dos tipos.

Solución: Si se escribe $q_A = 50p_A^{-1/2}p_B^{1/3}$ y $q_B = 75p_A p_B^{-2/3}$, se tiene

$$\frac{\partial q_A}{\partial p_A} = 50\left(-\frac{1}{2}\right)p_A^{-3/2}p_B^{1/3} = -25p_A^{-3/2}p_B^{1/3}$$

$$\frac{\partial q_A}{\partial p_B} = 50p_A^{-1/2}\left(\frac{1}{3}\right)p_B^{-2/3} = \frac{50}{3}p_A^{-1/2}p_B^{-2/3}$$

$$\frac{\partial q_B}{\partial p_A} = 75(1)p_B^{-2/3} = 75p_B^{-2/3}$$

$$\frac{\partial q_B}{\partial p_B} = 75p_A\left(-\frac{2}{3}\right)p_B^{-5/3} = -50p_A p_B^{-5/3}$$

Como p_A y p_B representan precios, ambos son positivos. Por lo tanto, $\partial q_A/\partial p_B > 0$ y $\partial q_B/\partial p_A > 0$. Se concluye que A y B son productos competitivos.

Ahora resuelva el problema 19 ◁

PROBLEMAS 17.2

Para las funciones de costos conjuntos dadas en los problemas del 1 al 3, encuentre el costo marginal indicado al nivel de producción dado.

1. $c = 7x + 0.3y^2 + 2y + 900$; $\dfrac{\partial c}{\partial y}, x = 20, y = 30$

2. $c = 2x\sqrt{x+y} + 6000$; $\dfrac{\partial c}{\partial x}, x = 70, y = 74$

3. $c = 0.03(x+y)^3 - 0.6(x+y)^2 + 9.5(x+y) + 7700$; $\dfrac{\partial c}{\partial x}, x = 50, y = 80$

Para las funciones de producción dadas en los problemas 4 y 5, encuentre las funciones de producción marginal $\partial P/\partial k$ y $\partial P/\partial l$.

4. $P = 15lk - 3l^2 + 5k^2 + 500$

5. $P = 2.314l^{0.357}k^{0.643}$

6. Función de producción de Cobb-Douglas   En economía, una función de producción de Cobb-Douglas tiene la forma

$P = Al^\alpha k^\beta$, donde A, α y β son constantes y $\alpha + \beta = 1$. Para tal función, demuestre que

(a) $\partial P/\partial l = \alpha P/l$ **(b)** $\partial P/\partial k = \beta P/k$

(c) $l\dfrac{\partial P}{\partial l} + k\dfrac{\partial P}{\partial k} = P$. Esto significa que al sumar los productos de la productividad marginal de cada factor y la cantidad de ese factor, se obtiene la producción total P.

En los problemas del 7 al 9, q_A y q_B son funciones de demanda para los productos A y B, respectivamente. En cada caso, encuentre $\partial q_A/\partial p_A$, $\partial q_A/\partial p_B$, $\partial q_B/\partial p_A$, $\partial q_B/\partial p_B$ y determine si A y B son competitivos, complementarios o de ninguno de estos tipos.

7. $q_A = 1500 - 40p_A + 3p_B$; $q_B = 900 + 5p_A - 20p_B$

8. $q_A = 20 - p_A - 2p_B$; $q_B = 50 - 2p_A - 3p_B$

9. $q_A = \dfrac{100}{p_A\sqrt{p_B}}$; $q_B = \dfrac{500}{p_B\sqrt[3]{p_A}}$

10. Manufactura canadiense En 1927, la función de producción para las industrias manufactureras canadienses se estimó como[6] $P = 33.0l^{0.46}k^{0.52}$, donde P representa la producción, l el trabajo y k el capital. Determine las productividades marginales para la mano de obra y el capital y evalúelas cuando $l = 1$ y $k = 1$.

11. Granja lechera Una estimación de la función de producción para las granjas lecheras de Iowa (1939) está dado por[7]

$$P = A^{0.27}B^{0.01}C^{0.01}D^{0.23}E^{0.09}F^{0.27}$$

donde P representa la producción, A el terreno, B la mano de obra, C son mejoras, D activos líquidos, E activos de trabajo y F gastos de operación en efectivo. Encuentre las productividades marginales para el trabajo y las mejoras.

12. Función de producción Suponga que una función de producción está dada por $P = \dfrac{kl}{3k + 5l}$.

(a) Determine las funciones de productividad marginal.

(b) Demuestre que cuando $k = l$, la suma de las productividades marginales es $\frac{1}{8}$.

13. Compensación a MAE En un estudio sobre el éxito alcanzado por jóvenes graduados con maestría en administración de empresas (MAE), se estimó que para gerentes (contadores, analistas, etc.) la compensación anual actual estaba dada por

$$z = 43\,960 + 4480x + 3492y$$

donde x y y son el número de años de experiencia en el trabajo antes y después de recibir su grado de MAE, respectivamente.[8] Encuentre $\partial z/\partial x$ e interprete su resultado.

14. Estatus Se cree que el estatus general S_g de una persona es una función atribuible a la educación S_e y al ingreso S_i, donde S_g, S_e y S_i se representan en forma numérica. Si

$$S_g = 7\sqrt[3]{S_e}\sqrt{S_i}$$

determine $\partial S_g/\partial S_e$ y $\partial S_g/\partial S_i$ cuando $S_e = 125$ y $S_i = 100$; asimismo, interprete sus resultados.[9]

15. Facilidad de lectura En ocasiones se desea evaluar el grado de legibilidad de un documento escrito. Rudolf Flesch[10] desarrolló una función de dos variables que hace esto, a saber,

$$R = f(w, s) = 206.835 - (1.015w + 0.846s)$$

donde a R se le llama *calificación de facilidad de lectura*, w es el número promedio de palabras por oración encontradas en muestras de 100 palabras y s es el número promedio de sílabas incluidas en tales muestras. Flesch afirma que un artículo para el cual $R = 0$ es "prácticamente ilegible", pero que uno con $R = 100$ es "fácil de leer para cualquier persona alfabeta". **(a)** Encuentre $\partial R/\partial w$ y $\partial R/\partial s$.

(b) ¿Qué es "más fácil" de leer: un artículo para el cual $w = w_0$ y $s = s_0$ u otro para el cual $w = w_0 + 1$ y $s = s_0$?

16. Modelo para voz El estudio de las frecuencias de las vibraciones de un alambre tenso es útil al considerar la voz de un individuo. Suponga

$$\omega = \frac{1}{bL}\sqrt{\frac{\tau}{\pi\rho}}$$

donde ω (letra griega "omega") representa la frecuencia, b el diámetro, L la longitud, ρ (letra griega "ro") la densidad y τ (letra griega "tau") es la tensión.[11] Encuentre $\partial\omega/\partial b$, $\partial\omega/\partial L$, $\partial\omega/\partial\rho$ y $\partial\omega/\partial\tau$.

17. Flujo de tránsito Considere la siguiente situación de tránsito. En una autopista con dos carriles en cada dirección, se encuentra un vehículo de mantenimiento bloqueando el carril izquierdo. (Vea la figura 17.3). Dos vehículos (*anterior* y *posterior*) están en el carril derecho con cierta distancia entre ellos. El vehículo *sujeto* puede escoger llenar o no el espacio entre los vehículos anterior y posterior. Esa decisión puede basarse no sólo en la distancia x mostrada en el diagrama, sino en otros factores (como la velocidad del vehículo *anterior*). En el análisis de tal decisión, se ha usado un índice de espacio, g.[12, 13] Entre mayor es el valor de g, mayor es la propensión del vehículo sujeto a ocupar el espacio. Suponga que

$$g = \frac{x}{V_F} - \left(0.75 + \frac{V_F - V_S}{19.2}\right)$$

donde x (en pies) es el espacio, V_F la velocidad del vehículo *anterior* (en pies por segundo) y V_S la velocidad del vehículo sujeto (en pies por segundo). A partir del diagrama, parece razonable suponer que si V_F y V_S son fijas y x aumenta, entonces g también debería aumentar. Demuestre que esto es cierto aplicando cálculo a la función g. Suponga que x, V_F y V_S son positivas.

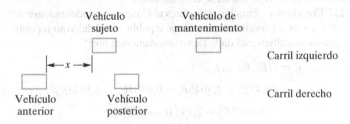

FIGURA 17.3

18. Demanda Suponga que las ecuaciones de demanda para los productos relacionados A y B son

$$q_A = e^{-(p_A + p_B)} \quad \text{y} \quad q_B = \frac{16}{p_A^2 p_B^2}$$

[6]P. Daly y P. Douglas, "The Production Function for Canadian Manufactures", *Journal of the American Statistical Association*, 38 (1943), pp. 178-186.

[7]G. Tintner y O. H. Brownlee, "Production Functions Derived from Farm Records", *American Journal of Agricultural Economics*, 26 (1944), pp. 566-571.

[8]Adaptado de A. G. Weinstein y V. Srinivasen, "Predicting Managerial Success of Master of Business Administration (M.B.A.) Graduates", *Journal of Applied Psychology*, 59, núm. 2 (1974), pp. 207-212.

[9]Adaptado de R. K. Leik y B. F. Meeker, *Mathematical Sociology* (Englewood Cliffs, NJ: Prentice-Hall, Inc., 1975).

[10]R. Flesch, *The Art of Readable Writing* (Nueva York: Harper & Row Publishers, Inc., 1949).

[11]R. M. Thrall, J. A. Mortimer, K. R. Rebman y R. F. Baum, eds., *Some Mathematical Models in Biology*, edición revisada, reporte núm. 40241-R-7. Preparado en la Universidad de Michigan, 1967.

[12]P. M. Hurst, K. Perchonok y E. L. Seguin. "Vehicle Kinematics and Gap Acceptance", *Journal of Applied Psycholoy*, 52, núm. 4 (1968), pp. 321-324.

[13]K. Perchonok y P. M. Hurst, "Effect of Lane-Closure Signals upon Driver Decision Making and Traffic Flow", *Journal of Applied Psychology*, 52, núm. 5 (1968), pp. 410-413.

donde q_A y q_B son los números de unidades demandadas de A y B cuando los precios unitarios (en miles) son p_A y p_B, respectivamente.

(a) Clasifique A y B como competitivos, complementarios o de ninguno de los dos tipos.

(b) Si los precios unitarios de A y B son $1000 y $2000, respectivamente, estime el cambio en la demanda de A cuando el precio de B disminuye $20 y el precio de A se mantiene constante.

19. Demanda Las ecuaciones de demanda para los productos relacionados A y B están dadas por

$$q_A = 10\sqrt{\frac{p_B}{p_A}} \quad y \quad q_B = 3\sqrt[3]{\frac{p_A}{p_B}}$$

donde q_A y q_B son las cantidades demandadas de A y de B y p_A y p_B son los precios correspondientes por unidad.

(a) Encuentre los valores de las dos demandas marginales para el producto A cuando $p_A = 9$ y $p_B = 16$.

(b) Si p_B se reduce de 14 a 16, con p_A fijo en 9, use el inciso (a) para estimar el cambio correspondiente en la demanda para el producto A.

20. Función de costos conjuntos La función de costos conjuntos para fabricar q_A unidades del producto A y q_B unidades del producto B está dada por

$$c = \frac{q_A^2(q_B^3 + q_A)^{1/2}}{17} + q_A q_B^{1/3} + 600$$

donde c está en dólares.

(a) Encuentre las funciones de costo marginal con respecto a q_A y q_B.

(b) Evalúe la función de costo marginal con respecto a q_A cuando $q_A = 17$ y $q_B = 8$. Redondee su respuesta a dos decimales.

(c) Use su respuesta al inciso (a) para estimar el cambio en el costo si la producción de A disminuye de 17 a 16 unidades mientras la producción de B se mantiene en 8 unidades.

21. Elecciones Para las elecciones al Congreso estadounidense de 1974, en cierto distrito, el porcentaje republicano R del voto republicano-democrático está dado (aproximadamente) por[14]

$$R = f(E_r, E_d, I_r, I_d, N)$$

$$= 15.4725 + 2.5945E_r - 0.0804E_r^2 - 2.3648E_d$$

$$+ 0.0687E_d^2 + 2.1914I_r - 0.0912I_r^2$$

$$- 0.8096I_d + 0.0081I_d^2 - 0.0277E_rI_r$$

$$+ 0.0493E_dI_d + 0.8579N - 0.0061N^2$$

Aquí, E_r y E_d son los gastos de campaña (en unidades de $10 000) de republicanos y demócratas, respectivamente; I_r e I_d representan el

número de periodos en los que han estado en el Congreso, *más uno*, los candidatos republicano y demócrata, respectivamente, y N es el porcentaje del voto presidencial de los dos partidos que Richard Nixon obtuvo en el distrito en 1968. La variable N proporciona una medida de la fuerza de los republicanos en ese distrito.

(a) En la Ley de 1974 de la Campaña Federal de Elecciones, el Congreso estableció un límite de $188 000 para los gastos de campaña. Analizando $\partial R/\partial E_r$, ¿habría aconsejado usted a un candidato republicano con nueve periodos en el Congreso gastar $188 000 en su campaña?

(b) Encuentre el porcentaje por encima del cual el voto de Nixon tuvo un efecto negativo sobre R; esto es, encuentre N cuándo $\partial R/\partial N < 0$. Redondee su respuesta al porcentaje entero más cercano.

22. Ventas Después que un nuevo producto se ha lanzado al mercado, su volumen de ventas (en miles de unidades) está dado por

$$S = \frac{AT + 450}{\sqrt{A + T^2}}$$

donde T representa el tiempo (en meses) transcurrido desde que el producto se introdujo por primera vez y A es la cantidad (en cientos) gastada cada mes en publicidad.

(a) Verifique si la derivada parcial del volumen de ventas con respecto al tiempo está dada por

$$\frac{\partial S}{\partial T} = \frac{A^2 - 450T}{(A + T^2)^{3/2}}$$

(b) Use el resultado del inciso (a) para predecir el número de meses que transcurrirán antes de que el volumen de ventas empiece a descender si la cantidad destinada a publicidad se mantiene fija en $9000 por mes.

Sea f una función de demanda para el producto A y $q_A = f(p_A, p_B)$, donde q_A es la cantidad demandada de A cuando su precio por unidad es p_A y el precio por unidad del producto B es p_B. La elasticidad parcial de la demanda de A con respecto a p_A, denotada por η_{p_A}, se define como $\eta_{p_A} = (p_A/q_A)(\partial q_A/\partial p_A)$. La elasticidad parcial de la demanda de A con respecto a p_B, denotada por η_{p_B}, se define como $\eta_{p_B} = (p_B/q_A)(\partial q_A/\partial p_B)$. Hablando de manera informal, η_{p_A} es la razón de un cambio porcentual en la cantidad demandada de A con respecto a un cambio porcentual en el precio de A cuando el precio de B es fijo. De manera similar, η_{p_B} puede interpretarse como la razón de un cambio porcentual en la cantidad demandada de A hacia un cambio porcentual en el precio de B cuando el precio de A se mantiene fijo. En los problemas del 23 al 25, encuentre η_{p_A} y η_{p_B} para los valores dados de p_A y p_B.

23. $q_A = 1000 - 50p_A + 2p_B$; $p_A = 2, p_B = 10$

24. $q_A = 60 - 3p_A - 2p_B$; $p_A = 5, p_B = 3$

25. $q_A = 100/(p_A\sqrt{p_B})$; $p_A = 1, p_B = 4$

Objetivo

Determinar derivadas parciales de una función definida de manera implícita.

17.3 Derivación parcial implícita[15]

Una ecuación en x, y y z no necesariamente define a z como función de x y y. Por ejemplo, en la ecuación

$$z^2 - x^2 - y^2 = 0 \tag{1}$$

---

[14]J. Silberman y G. Yochum, "The Role of Money in Determining Election Outcomes", *Social Science Quarterly*, 58, núm. 4 (1978), pp. 671-682.
[15]Esta sección puede omitirse sin pérdida de continuidad.

si $x = 1$ y $y = 1$, entonces $z^2 - 1 - 1 = 0$, por lo que $z = \pm\sqrt{2}$. Así, la ecuación (1) no define a z como función de x y y. Sin embargo, al despejar z de la ecuación (1) se obtiene

$$z = \sqrt{x^2 + y^2} \quad \text{o} \quad z = -\sqrt{x^2 + y^2}$$

cada una de las cuales define a z como función de x y de y. Aunque la ecuación (1) no expresa de manera explícita a z como función de x y y, puede considerarse que expresa a z *implícitamente* como una de dos funciones diferentes de x y y. Observe que la ecuación $z^2 - x^2 - y^2 = 0$ tiene la forma $F(x, y, z) = 0$, donde F es una función de tres variables. Cualquier ecuación de la forma $F(x, y, z) = 0$ puede considerarse que expresa a z de manera implícita como un conjunto de posibles funciones de x y y. Además, es posible encontrar $\partial z/\partial x$ y $\partial z/\partial y$ directamente a partir de la forma $F(x, y, z) = 0$.

Con el fin de encontrar $\partial z/\partial x$ para

$$z^2 - x^2 - y^2 = 0 \tag{2}$$

primero se derivan ambos lados de la ecuación (2) con respecto a x tratando a z como función de x y y y tratando a y como una constante:

$$\frac{\partial}{\partial x}(z^2 - x^2 - y^2) = \frac{\partial}{\partial x}(0)$$

$$\frac{\partial}{\partial x}(z^2) - \frac{\partial}{\partial x}(x^2) - \frac{\partial}{\partial x}(y^2) = 0$$

Debido a que y se trata como una constante, $\dfrac{\partial y}{\partial x} = 0$.

$$2z\frac{\partial z}{\partial x} - 2x - 0 = 0$$

Al despejar $\partial z/\partial x$, se obtiene

$$2z\frac{\partial z}{\partial x} = 2x$$

$$\frac{\partial z}{\partial x} = \frac{x}{z}$$

Para encontrar $\partial z/\partial y$ se derivan ambos lados de la ecuación (2) con respecto a y tratando a z como función de x y y y manteniendo a x constante:

$$\frac{\partial}{\partial y}(z^2 - x^2 - y^2) = \frac{\partial}{\partial y}(0)$$

$$2z\frac{\partial z}{\partial y} - 0 - 2y = 0 \qquad\qquad \frac{\partial x}{\partial y} = 0$$

$$2z\frac{\partial z}{\partial y} = 2y$$

Por consiguiente,

$$\frac{\partial z}{\partial y} = \frac{y}{z}$$

El método que se usa para encontrar $\partial z/\partial x$ y $\partial z/\partial y$ se llama *derivación parcial implícita*.

EJEMPLO 1 **Derivación parcial implícita**

Si $\dfrac{xz^2}{x + y} + y^2 = 0$, evalúe $\dfrac{\partial z}{\partial x}$ cuando $x = -1$, $y = 2$ y $z = 2$.

Solución: Se tratará a z como una función de x y y y se derivarán ambos lados de la ecuación con respecto a x:

$$\frac{\partial}{\partial x}\left(\frac{xz^2}{x + y}\right) + \frac{\partial}{\partial x}(y^2) = \frac{\partial}{\partial x}(0)$$

Si se usa la regla del cociente para el primer término de la izquierda, se tiene

$$\frac{(x+y)\frac{\partial}{\partial x}(xz^2) - xz^2\frac{\partial}{\partial x}(x+y)}{(x+y)^2} + 0 = 0$$

Usando la regla del producto para $\frac{\partial}{\partial x}(xz^2)$ resulta

$$\frac{(x+y)\left[x\left(2z\frac{\partial z}{\partial x}\right) + z^2(1)\right] - xz^2(1)}{(x+y)^2} = 0$$

Al despejar $\partial z/\partial x$, se obtiene

$$2xz(x+y)\frac{\partial z}{\partial x} + z^2(x+y) - xz^2 = 0$$

$$\frac{\partial z}{\partial x} = \frac{xz^2 - z^2(x+y)}{2xz(x+y)} = -\frac{yz}{2x(x+y)} \qquad z \neq 0$$

Así,

$$\left.\frac{\partial z}{\partial x}\right|_{(-1,2,2)} = 2$$

Ahora resuelva el problema 13 ◁

EJEMPLO 2   Derivación parcial implícita

Si $se^{r^2+u^2} = u\ln(t^2+1)$, determine $\partial t/\partial u$.

Solución: Se considera a t como una función de r, s y u. Al derivar ambos lados con respecto a u mientras se mantienen constantes r y s, se obtiene

$$\frac{\partial}{\partial u}(se^{r^2+u^2}) = \frac{\partial}{\partial u}(u\ln(t^2+1))$$

$$2sue^{r^2+u^2} = u\frac{\partial}{\partial u}(\ln(t^2+1)) + \ln(t^2+1)\frac{\partial}{\partial u}(u) \qquad \text{regla del producto}$$

$$2sue^{r^2+u^2} = u\frac{2t}{t^2\ 1}\frac{\partial t}{\partial u} + \ln(t^2+1)$$

Por lo tanto,

$$\frac{\partial t}{\partial u} = \frac{(t^2+1)(2sue^{r^2+u^2} - \ln(t^2+1))}{2ut}$$

Ahora resuelva el problema 1 ◁

PROBLEMAS 17.3

En los problemas del 1 al 11, encuentre las derivadas parciales indicadas por el método de derivación parcial implícita.

1. $2x^2 + 3y^2 + 5z^2 = 900$; $\partial z/\partial x$
2. $z^2 - 5x^2 + y^2 = 0$; $\partial z/\partial x$
3. $3z^2 - 5x^2 - 7y^2 = 0$; $\partial z/\partial y$
4. $3x^2 + y^2 + 2z^3 = 9$; $\partial z/\partial y$
5. $x^2 - 2y - z^2 + x^2yz^2 = 20$; $\partial z/\partial x$
6. $z^3 + 2x^2z^2 - xy = 0$; $\partial z/\partial x$
7. $e^x + e^y + e^z = 10$; $\partial z/\partial y$
8. $xyz + xy^2z^3 - \ln z^4 = 0$; $\partial z/\partial y$
9. $\ln(z) + 9z - xy = 1$; $\partial z/\partial x$
10. $\ln x + \ln y - \ln z = e^y$; $\partial z/\partial x$
11. $(z^2 + 6xy)\sqrt{x^3 + 5} = 2$; $\partial z/\partial y$

En los problemas del 12 al 20, evalúe las derivadas parciales indicadas para los valores dados de las variables.

12. $xz + xyz - 5 = 0$; $\partial z/\partial x, x = 1, y = 4, z = 1$
13. $xz^2 + yz^2 - x^2y = 1$; $\partial z/\partial x, x = 1, y = 0, z = 1$
14. $e^{zx} = xyz$; $\partial z/\partial y, x = 1, y = -e^{-1}, z = -1$
15. $e^{yz} = -xyz$; $\partial z/\partial x, x = -e^2/2, y = 1, z = 2$
16. $\sqrt{xz + y^2} - xy = 0$; $\partial z/\partial y, x = 2, y = 2, z = 6$
17. $\ln z = 4x + y$; $\partial z/\partial x, x = 5, y = -20, z = 1$
18. $\dfrac{r^2s^2}{s^2 + t^2} = \dfrac{t^2}{2}$; $\partial r/\partial t, r = 1, s = 1, t = 1$
19. $\dfrac{s^2 + t^2}{rs} = 10$; $\partial t/\partial r, r = 1, s = 2, t = 4$
20. $\ln(x + y + z) + xyz = ze^{x+y+z}$; $\partial z/\partial x, x = 0, y = 1, z = 0$

21. Función de costos conjuntos Una función de costos conjuntos se define en forma implícita mediante la ecuación

$$c + \sqrt{c} = 12 + q_A\sqrt{9 + q_B^2}$$

donde c denota el costo total de producir q_A unidades del producto A y q_B unidades del producto B.

(a) Si $q_A = 6$ y $q_B = 4$, encuentre el correspondiente valor de c.

(b) Determine los costos marginales con respecto a q_A y q_B cuando $q_A = 6$ y $q_B = 4$.

17.4 Derivadas parciales de orden superior

Si $z = f(x, y)$, entonces no sólo z es una función de x y y, también lo son f_x y f_y, las cuales pueden tener derivadas parciales. Si f_x y f_y pueden derivarse, se obtienen **derivadas parciales de segundo orden** de f. En forma simbólica,

$$f_{xx} \text{ significa } (f_x)_x \quad f_{xy} \text{ significa } (f_x)_y$$

$$f_{yx} \text{ significa } (f_y)_x \quad f_{yy} \text{ significa } (f_y)_y$$

En términos de la notación ∂,

$$\frac{\partial^2 z}{\partial x^2} \text{ significa } \frac{\partial}{\partial x}\left(\frac{\partial z}{\partial x}\right) \quad \frac{\partial^2 z}{\partial y\, \partial x} \text{ significa } \frac{\partial}{\partial y}\left(\frac{\partial z}{\partial x}\right)$$

$$\frac{\partial^2 z}{\partial x\, \partial y} \text{ significa } \frac{\partial}{\partial x}\left(\frac{\partial z}{\partial y}\right) \quad \frac{\partial^2 z}{\partial y^2} \text{ significa } \frac{\partial}{\partial y}\left(\frac{\partial z}{\partial y}\right)$$

¡ADVERTENCIA!

Para $z = f(x, y)$, $f_{xy} = \partial^2 z/\partial y\, \partial x$.

Observe que para encontrar f_{xy}, primero se deriva f con respecto a x. Para $\partial^2 z/\partial x\, \partial y$, primero se deriva con respecto a y.

Es posible ampliar la notación más allá de las derivadas parciales de segundo orden. Por ejemplo, $f_{xxy}(= \partial^3 z/\partial y\, \partial x^2)$ es una derivada parcial de tercer orden de f, esto es, la derivada parcial de $f_{xx}(= \partial^2 z/\partial x^2)$ con respecto a y. Una generalización a derivadas parciales de orden superior con funciones de más de dos variables debería ser obvia.

EJEMPLO 1 Derivadas parciales de segundo orden

Encuentre las cuatro derivadas parciales de segundo orden de $f(x, y) = x^2 y + x^2 y^2$.

Solución: Puesto que

$$f_x(x, y) = 2xy + 2xy^2$$

se tiene

$$f_{xx}(x, y) = \frac{\partial}{\partial x}(2xy + 2xy^2) = 2y + 2y^2$$

y

$$f_{xy}(x, y) = \frac{\partial}{\partial y}(2xy + 2xy^2) = 2x + 4xy$$

También, como

$$f_y(x, y) = x^2 + 2x^2 y$$

se tiene

$$f_{yy}(x, y) = \frac{\partial}{\partial y}(x^2 + 2x^2 y) = 2x^2$$

y

$$f_{yx}(x, y) = \frac{\partial}{\partial x}(x^2 + 2x^2 y) = 2x + 4xy$$

Ahora resuelva el problema 1 ◁

Las derivadas f_{xy} y f_{yx} se llaman **derivadas parciales mixtas**. Observe en el ejemplo 1 que $f_{xy}(x, y) = f_{yx}(x, y)$. Bajo las condiciones apropiadas, las derivadas parciales mixtas de una función son iguales; esto es, el orden de derivación no tiene importancia. Puede suponerse que éste es el caso para todas las funciones que se consideren.

EJEMPLO 2   Derivada parcial mixta

Encuentre el valor de $\dfrac{\partial^3 w}{\partial z\,\partial y\,\partial x}\Big|_{(1,2,3)}$ si $w = (2x + 3y + 4z)^3$.

Solución:

$$\frac{\partial w}{\partial x} = 3(2x + 3y + 4z)^2 \frac{\partial}{\partial x}(2x + 3y + 4z)$$

$$= 6(2x + 3y + 4z)^2$$

$$\frac{\partial^2 w}{\partial y\,\partial x} = 6 \cdot 2(2x + 3y + 4z)\frac{\partial}{\partial y}(2x + 3y + 4z)$$

$$= 36(2x + 3y + 4z)$$

$$\frac{\partial^3 w}{\partial z\,\partial y\,\partial x} = 36 \cdot 4 = 144$$

Así,

$$\frac{\partial^3 w}{\partial z\,\partial y\,\partial x}\Big|_{(1,2,3)} = 144$$

Ahora resuelva el problema 3 ◁

EJEMPLO 3   Derivada parcial de segundo orden de una función implícita[16]

Determine $\dfrac{\partial^2 z}{\partial x^2}$ si $z^2 = xy$.

Solución: Por medio de la derivación implícita se determina primero $\partial z/\partial x$:

$$\frac{\partial}{\partial x}(z^2) = \frac{\partial}{\partial x}(xy)$$

$$2z\frac{\partial z}{\partial x} = y$$

$$\frac{\partial z}{\partial x} = \frac{y}{2z} \qquad z \neq 0$$

Al derivar ambos lados con respecto a x, se obtiene

$$\frac{\partial}{\partial x}\left(\frac{\partial z}{\partial x}\right) = \frac{\partial}{\partial x}\left(\frac{1}{2}yz^{-1}\right)$$

$$\frac{\partial^2 z}{\partial x^2} = -\frac{1}{2}yz^{-2}\frac{\partial z}{\partial x}$$

Al sustituir $y/(2z)$ por $\partial z/\partial x$, se tiene

$$\frac{\partial^2 z}{\partial x^2} = -\frac{1}{2}yz^{-2}\left(\frac{y}{2z}\right) = -\frac{y^2}{4z^3} \qquad z \neq 0$$

Ahora resuelva el problema 23 ◁

PROBLEMAS 17.4

En los problemas del 1 al 10, encuentre las derivadas parciales indicadas.

1. $f(x,y) = 6xy^2$; $f_x(x,y), f_{xy}(x,y), f_{yx}(x,y)$

2. $f(x,y) = 2x^3y^2 + 6x^2y^3 - 3xy$; $f_x(x,y), f_{xx}(x,y)$

3. $f(x,y) = 7x^2 + 3y$; $f_y(x,y), f_{yy}(x,y), f_{yyx}(x,y)$

4. $f(x,y) = (x^2 + xy + y^2)(xy + x + y)$; $f_x(x,y), f_{xy}(x,y)$

5. $f(x,y) = 9e^{2xy}$; $f_y(x,y), f_{yx}(x,y), f_{yxy}(x,y)$

6. $f(x,y) = \ln(x^2 + y^2) + 2$; $f_x(x,y), f_{xx}(x,y), f_{xy}(x,y)$

7. $f(x,y) = (x + y)^2(xy)$; $f_x(x,y), f_y(x,y), f_{xx}(x,y), f_{yy}(x,y)$

8. $f(x,y,z) = x^2y^3z^4$; $f_x(x,y,z), f_{xz}(x,y,z), f_{zx}(x,y,z)$

9. $z = \ln\sqrt{x^2 + y^2}$; $\dfrac{\partial z}{\partial y}, \dfrac{\partial^2 z}{\partial y^2}$

10. $z = \dfrac{\ln(x^2 + 5)}{y}$; $\dfrac{\partial z}{\partial x}, \dfrac{\partial^2 z}{\partial y\,\partial x}$

En los problemas del 11 al 16, encuentre el valor indicado.

11. Si $f(x,y,z) = 7$, encuentre $f_{yxx}(4,3,-2)$.

12. Si $f(x,y,z) = z^2(3x^2 - 4xy^3)$, encuentre $f_{xyz}(1,2,3)$.

---

[16]Omítase si no se estudió la sección 17.3.

13. Si $f(l, k) = 3l^3k^6 - 2l^2k^7$, encuentre $f_{k\,lk}(2, 1)$.

14. Si $f(x, y) = x^3y^2 + x^2y - x^2y^2$, encuentre $f_{xxy}(2, 3)$ y $f_{xyx}(2, 3)$.

15. Si $f(x, y) = y^2e^x + \ln(xy)$, encuentre $f_{xyy}(1, 1)$.

16. Si $f(x, y) = x^3 - 6xy^2 + x^2 - y^3$, encuentre $f_{xy}(1, -1)$.

17. Función de costo   Suponga que el costo c de producir q_A unidades del producto A y q_B unidades del producto B está dado por

$$c = (3q_A^2 + q_B^3 + 4)^{1/3}$$

que las funciones de demanda acopladas para los productos están dadas por

$$q_A = 10 - p_A + p_B^2$$

y que

$$q_B = 20 + p_A - 11p_B$$

Encuentre el valor de

$$\frac{\partial^2 c}{\partial q_A\,\partial q_B}$$

cuando $p_A = 25$ y $p_B = 4$.

18. Para $f(x, y) = x^4y^4 + 3x^3y^2 - 7x + 4$, muestre que

$$f_{xyx}(x, y) = f_{xxy}(x, y)$$

19. Para $f(x, y) = e^{x^2+xy+y^2}$, muestre que

$$f_{xy}(x, y) = f_{yx}(x, y)$$

20. Para $f(x, y) = e^{xy}$, muestre que

$$f_{xx}(x, y) + f_{xy}(x, y) + f_{yx}(x, y) + f_{yy}(x, y)$$
$$= f(x, y)((x + y)^2 + 2)$$

21. Para $z = \ln(x^2 + y^2)$, muestre que $\dfrac{\partial^2 z}{\partial x^2} + \dfrac{\partial^2 z}{\partial y^2} = 0$.

[17]**22.** Si $z^3 - x^3 - x^2y - xy^2 - y^3 = 0$, encuentre $\dfrac{\partial^2 z}{\partial x^2}$.

[17]**23.** Si $z^2 - 3x^2 + y^2 = 0$, encuentre $\dfrac{\partial^2 z}{\partial y^2}$.

[17]**24.** Si $2z^2 = x^2 + 2xy + xz$, encuentre $\dfrac{\partial^2 z}{\partial x\,\partial y}$.

Objetivo

Mostrar cómo se encuentran las derivadas parciales de una función compuesta mediante el uso de la regla de la cadena.

17.5 Regla de la cadena[18]

Suponga que un fabricante de dos productos relacionados A y B tiene una función de costos conjuntos dada por

$$c = f(q_A, q_B)$$

donde c es el costo total de producir las cantidades q_A y q_B de A y B, respectivamente. Además, suponga que las funciones de demanda para los productos son

$$q_A = g(p_A, p_B) \qquad \text{y} \qquad q_B = h(p_A, p_B)$$

donde p_A y p_B son los precios por unidad de A y B, respectivamente. Como c es una función de q_A y q_B, y puesto que éstos son a su vez funciones de p_A y p_B, entonces c puede verse como una función de p_A y p_B. (De manera apropiada, las variables q_A y q_B se llaman *variables intermedias* de c). En consecuencia, se debería tener la posibilidad de determinar $\partial c/\partial p_A$, que es la razón de cambio del costo total con respecto al precio de A. Una manera de hacer esto consiste en sustituir las expresiones $g(p_A, p_B)$ y $h(p_A, p_B)$ por q_A y q_B, respectivamente, en $c = f(q_A, q_B)$. Entonces c es una función de p_A y p_B y se puede derivar c con respecto a p_A directamente. Este procedimiento tiene algunas desventajas —especialmente cuando f, g o h están dadas por una expresión complicada—. Otra manera de atender el problema sería por medio de la regla de la cadena (en realidad, *una* regla de la cadena), que ahora se establece sin demostrarla.

Regla de la cadena

Sea $z = f(x, y)$, donde tanto x como y son funciones de r y s dadas por $x = x(r, s)$ y $y = y(r, s)$. Si f, x y y tienen derivadas parciales continuas, entonces z es una función de r y s, y

$$\frac{\partial z}{\partial r} = \frac{\partial z}{\partial x}\frac{\partial x}{\partial r} + \frac{\partial z}{\partial y}\frac{\partial y}{\partial r}$$

y

$$\frac{\partial z}{\partial s} = \frac{\partial z}{\partial x}\frac{\partial x}{\partial s} + \frac{\partial z}{\partial y}\frac{\partial y}{\partial s}$$

---

[17]Omítase si no se estudió la sección 17.3.

[18]Esta sección puede omitirse sin pérdida de continuidad.

Observe que en la regla de la cadena, el número de variables intermedias de z (dos) es el mismo que el número de términos que componen a $\partial z/\partial r$ y $\partial z/\partial s$.

De regreso a la situación original en lo que concierne al fabricante de A y B, se advierte que si f, q_A y q_B tienen derivadas parciales continuas, entonces, por la regla de la cadena,

$$\frac{\partial c}{\partial p_A} = \frac{\partial c}{\partial q_A}\frac{\partial q_A}{\partial p_A} + \frac{\partial c}{\partial q_B}\frac{\partial q_B}{\partial p_A}$$

EJEMPLO 1 **Tasa de cambio del costo**

Para un fabricante de cámaras y películas, el costo total c de producir q_C cámaras y q_F rollos de película está dado por

$$c = 30q_C + 0.015q_Cq_F + q_F + 900$$

Las funciones de demanda para las cámaras y los rollos fotográficos están dadas por

$$q_C = \frac{9000}{p_C\sqrt{p_F}} \quad \text{y} \quad q_F = 2000 - p_C - 400p_F$$

donde p_C es el precio por cámara y p_F el precio por rollo de película. Encuentre la tasa de cambio del costo total con respecto al precio de la cámara cuando $p_C = 50$ y $p_F = 2$.

Solución: Primero se debe determinar $\partial c/\partial p_C$. Por la regla de la cadena,

$$\frac{\partial c}{\partial p_C} = \frac{\partial c}{\partial q_C}\frac{\partial q_C}{\partial p_C} + \frac{\partial c}{\partial q_F}\frac{\partial q_F}{\partial p_C}$$

$$= (30 + 0.015q_F)\left[\frac{-9000}{p_C^2\sqrt{p_F}}\right] + (0.015q_C + 1)(-1)$$

Cuando $p_C = 50$ y $p_F = 2$, entonces $q_C = 90\sqrt{2}$ y $q_F = 1150$. Al sustituir esos valores en $\partial c/\partial p_C$ y simplificar, se tiene

$$\left.\frac{\partial c}{\partial p_C}\right|_{\substack{p_C=50 \\ p_F=2}} \approx -123.2$$

Ahora resuelva el problema 1 ◁

La regla de la cadena puede ampliarse. Por ejemplo, suponga que $z = f(v, w, x, y)$ y que v, w, x y y son todas funciones de r, s y t. Entonces, suponiendo ciertas condiciones de continuidad, puede considerarse a z como una función de r, s y t, por lo que se tiene

$$\frac{\partial z}{\partial r} = \frac{\partial z}{\partial v}\frac{\partial v}{\partial r} + \frac{\partial z}{\partial w}\frac{\partial w}{\partial r} + \frac{\partial z}{\partial x}\frac{\partial x}{\partial r} + \frac{\partial z}{\partial y}\frac{\partial y}{\partial r}$$

$$\frac{\partial z}{\partial s} = \frac{\partial z}{\partial v}\frac{\partial v}{\partial s} + \frac{\partial z}{\partial w}\frac{\partial w}{\partial s} + \frac{\partial z}{\partial x}\frac{\partial x}{\partial s} + \frac{\partial z}{\partial y}\frac{\partial y}{\partial s}$$

y

$$\frac{\partial z}{\partial t} = \frac{\partial z}{\partial v}\frac{\partial v}{\partial t} + \frac{\partial z}{\partial w}\frac{\partial w}{\partial t} + \frac{\partial z}{\partial x}\frac{\partial x}{\partial t} + \frac{\partial z}{\partial y}\frac{\partial y}{\partial t}$$

Observe que el número de variables intermedias de z (cuatro) es el mismo que el número de términos que forman a $\partial z/\partial r$, $\partial z/\partial s$ y $\partial z/\partial t$.

Ahora considere la situación en la que $z = f(x, y)$ tal que $x = x(t)$ y $y = y(t)$. Entonces

$$\frac{dz}{dt} = \frac{\partial z}{\partial x}\frac{dx}{dt} + \frac{\partial z}{\partial y}\frac{dy}{dt}$$

Use los símbolos de las derivadas parciales y los símbolos de la derivada ordinaria en forma apropiada.

Aquí se usa el símbolo dz/dt en vez de $\partial z/\partial t$, puesto que z puede considerarse como una función de una sola variable t. Asimismo, los símbolos dx/dt y dy/dt se usan en vez de $\partial x/\partial t$ y $\partial y/\partial t$. Como es común, el número de términos que componen dz/dt es igual al número de variables intermedias de z. Existen otras situaciones que se tratarán de manera similar.

EJEMPLO 2 **Regla de la cadena**

a. Si $w = f(x, y, z) = 3x^2y + xyz - 4y^2z^3$, donde

$$x = 2r - 3s \quad y = 6r + s \quad z = r - s$$

determine $\partial w/\partial r$ y $\partial w/\partial s$.

Solución: Como x, y y z son funciones de r y s, entonces, por la regla de la cadena,

$$\frac{\partial w}{\partial r} = \frac{\partial w}{\partial x}\frac{\partial x}{\partial r} + \frac{\partial w}{\partial y}\frac{\partial y}{\partial r} + \frac{\partial w}{\partial z}\frac{\partial z}{\partial r}$$

$$= (6xy + yz)(2) + (3x^2 + xz - 8yz^3)(6) + (xy - 12y^2z^2)(1)$$

$$= x(18x + 13y + 6z) + 2yz(1 - 24z^2 - 6yz)$$

También,

$$\frac{\partial w}{\partial s} = \frac{\partial w}{\partial x}\frac{\partial x}{\partial s} + \frac{\partial w}{\partial y}\frac{\partial y}{\partial s} + \frac{\partial w}{\partial z}\frac{\partial z}{\partial s}$$

$$= (6xy + yz)(-3) + (3x^2 + xz - 8yz^3)(1) + (xy - 12y^2z^2)(-1)$$

$$= x(3x - 19y + z) - yz(3 + 8z^2 - 12yz)$$

b. Si $z = \dfrac{x + e^y}{y}$, donde $x = rs + se^{rt}$ y $y = 9 + rt$, evalúe $\partial z/\partial s$ cuando $r = -2, s = 5$ y $t = 4$.

Solución: Como x y y son funciones de r, s y t (observe que es posible escribir $y = 9 + rt + 0 \cdot s$), por la regla de la cadena,

$$\frac{\partial z}{\partial s} = \frac{\partial z}{\partial x}\frac{\partial x}{\partial s} + \frac{\partial z}{\partial y}\frac{\partial y}{\partial s}$$

$$= \left(\frac{1}{y}\right)(r + e^{rt}) + \frac{\partial z}{\partial y} \cdot (0) = \frac{r + e^{rt}}{y}$$

Si $r = -2, s = 5$ y $t = 4$, entonces $y = 1$. Así,

$$\left.\frac{\partial z}{\partial s}\right|_{\substack{r=-2 \\ s=5 \\ t=4}} = \frac{-2 + e^{-8}}{1} = -2 + e^{-8}$$

Ahora resuelva el problema 13 ◁

EJEMPLO 3 **Regla de la cadena**

a. Determine $\partial y/\partial r$ si $y = x^2 \ln(x^4 + 6)$ y $x = (r + 3s)^6$.

Solución: Por la regla de la cadena,

$$\frac{\partial y}{\partial r} = \frac{dy}{dx}\frac{\partial x}{\partial r}$$

$$= \left[x^2 \cdot \frac{4x^3}{x^4 + 6} + 2x \cdot \ln(x^4 + 6)\right][6(r + 3s)^5]$$

$$= 12x(r + 3s)^5 \left[\frac{2x^4}{x^4 + 6} + \ln(x^4 + 6)\right]$$

b. Dado que $z = e^{xy}$, $x = r - 4s$ y $y = r - s$, encuentre $\partial z / \partial r$ en términos de r y s.

Solución:

$$\frac{\partial z}{\partial r} = \frac{\partial z}{\partial x}\frac{\partial x}{\partial r} + \frac{\partial z}{\partial y}\frac{\partial y}{\partial r}$$

$$= (ye^{xy})(1) + (xe^{xy})(1)$$

$$= (x + y)e^{xy}$$

Como $x = r - 4s$ y $y = r - s$,

$$\frac{\partial z}{\partial r} = [(r - 4s) + (r - s)]e^{(r-4s)(r-s)}$$

$$= (2r - 5s)e^{r^2 - 5rs + 4s^2}$$

Ahora resuelva el problema 15 ◁

PROBLEMAS 17.5

En los problemas del 1 al 12, encuentre las derivadas indicadas usando la regla de la cadena.

1. $z = 5x + 3y$, $x = 2r + 3s$, $y = r - 2s$; $\partial z / \partial r$, $\partial z / \partial s$

2. $z = 2x^2 + 3xy + 2y^2$, $x = r^2 - s^2$, $y = r^2 + s^2$; $\partial z / \partial r$, $\partial z / \partial s$

3. $z = e^{x+y}$, $x = t^2 + 3$, $y = \sqrt{t^3}$; dz/dt

4. $z = \sqrt{8x + y}$, $x = t^2 + 3t + 4$, $y = t^3 + 4$; dz/dt

5. $w = x^2yz + xy^2z + xyz^2$, $x = e^t$, $y = te^t$, $z = t^2e^t$; dw/dt

6. $w = \ln(x^2 + y^2 + z^2)$, $x = 2 - 3t$, $y = t^2 + 3$, $z = 4 - t$; dw/dt

7. $z = (x^2 + xy^2)^3$, $x = r + s + t$, $y = 2r - 3s + 8t$; $\partial z / \partial t$

8. $z = \sqrt{x^2 + y^2}$, $x = r^2 + s - t$, $y = r - s + t$; $\partial z / \partial r$

9. $w = x^2 + xyz + z^2$, $x = r^2 - s^2$, $y = rs$, $z = r^2 + s^2$; $\partial w / \partial s$

10. $w = \ln(xyz)$, $x = r^2s$, $y = rs$, $z = rs^2$; $\partial w / \partial r$

11. $y = x^2 - 7x + 5$, $x = 19rs + 2s^2t^2$; $\partial y / \partial r$

12. $y = 4 - x^2$, $x = 2r + 3s - 4t$; $\partial y / \partial t$

13. Si $z = (4x + 3y)^3$, donde $x = r^2s$ y $y = r - 2s$, evalúe $\partial z / \partial r$ cuando $r = 0$ y $s = 1$.

14. Si $z = \sqrt{2x + 3y}$, donde $x = 3t + 5$ y $y = t^2 + 2t + 1$, evalúe dz/dt cuando $t = 1$.

15. Si $w = e^{x+y+z}(x^2 + y^2 + z^2)$, donde $x = (r - s)^2$, $y = (r + s)^2$ y $z = (s - r)^2$, evalúe $\partial w / \partial s$ cuando $r = 1$ y $s = 1$.

16. Si $y = x/(x - 5)$, donde $x = 2t^2 - 3rs - r^2t$, evalúe $\partial y / \partial t$ cuando $r = 0$, $s = 2$ y $t = -1$.

17. Función de costo Suponga que el costo c de producir q_A unidades del producto A y q_B unidades del producto B está dado por

$$c = (3q_A^2 + q_B^3 + 4)^{1/3}$$

y que las funciones de demanda acopladas para los productos están dadas por

$$q_A = 10 - p_A + p_B^2$$

y

$$q_B = 20 + p_A - 11p_B$$

Use la regla de la cadena para evaluar $\dfrac{\partial c}{\partial p_A}$ y $\dfrac{\partial c}{\partial p_B}$ cuando $p_A = 25$ y $p_B = 4$.

18. Suponga que $w = f(x, y)$, donde $x = g(t)$ y $y = h(t)$.

(a) Establezca una regla de la cadena que proporcione dw/dt.

(b) Suponga que $h(t) = t$, de modo que $w = f(x, t)$, donde $x = g(t)$. Use el inciso (a) para encontrar dw/dt y simplifique su respuesta.

19. (a) Suponga que w es una función de x y y, donde tanto x como y son funciones de s y t. Establezca una regla de la cadena que exprese $\partial w / \partial t$ en términos de derivadas de estas funciones.

(b) Sea $w = 2x^2 \ln|3x - 5y|$, donde $x = s\sqrt{t^2 + 2}$ y $y = t - 3e^{2-s}$. Use el inciso (a) para evaluar $\partial w / \partial t$ cuando $s = 1$ y $t = 0$.

20. Función de producción Al considerar una función de producción $P = f(l, k)$, donde l es el trabajo y k el capital inicial, Fon, Boulier y Goldfarb[19] suponen que $l = Lg(h)$, donde L es el número de trabajadores, h es el número de horas por día por trabajador y $g(h)$ es una función de la eficiencia de la mano de obra. Al maximizar la ganancia p dada por

$$p = aP - whL$$

donde a es el precio por unidad de producción y w es el salario por hora por trabajador. Fon, Boulier y Goldfarb determinan $\partial p / \partial L$ y $\partial p / \partial h$. Suponga que k es independiente de L y h y determine estas derivadas parciales.

Objetivo

Analizar máximos y mínimos relativos, para determinar puntos críticos, y aplicar la prueba de la segunda derivada para una función de dos variables.

17.6 Máximos y mínimos para funciones de dos variables

Ahora se ampliará la noción de máximos y mínimos relativos (o extremos relativos) a funciones de dos variables.

---

[19]V. Fon, B. L. Boulier y R. S. Goldfarb, "The Firm's Demand for Daily Hours of Work: Some Implications", *Atlantic Economic Journal*, XIII, núm. 1 (1985), pp. 36-42.

Definición

Se dice que una función $z = f(x, y)$ tiene un ***máximo relativo*** en el punto (a, b) si, para todos los puntos (x, y) en el plano que están lo suficientemente cerca de (a, b), se tiene

$$f(a, b) \geq f(x, y) \tag{1}$$

Para un ***mínimo relativo***, se reemplaza $\geq$ por $\leq$ en la ecuación (1).

Decir que $z = f(x, y)$ tiene un máximo relativo en (a, b) significa, en forma geométrica, que el punto $(a, b, f(a, b))$ ubicado sobre la gráfica de f es mayor que (o tan grande como) todos los otros puntos localizados sobre la superficie que son "cercanos" a $(a, b, f(a, b))$. En la figura 17.4(a), f tiene un máximo relativo en (a, b). En forma similar, en la figura 17.4(b) la función f tiene un mínimo relativo cuando $x = y = 0$, el cual corresponde a un punto *bajo* en la superficie.

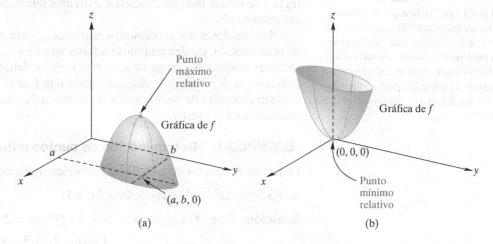

FIGURA 17.4   Extremos relativos.

Recuerde que para localizar los extremos de una función $y = f(x)$ de una variable, se examinan aquellos valores de x ubicados en el dominio de f para los cuales $f'(x) = 0$ o $f'(x)$ no existe. Para funciones de dos (o más) variables, se sigue un procedimiento similar. Sin embargo, para las funciones que nos interesan, los extremos no se presentarán donde una derivada no exista y tales situaciones no las tomaremos en consideración.

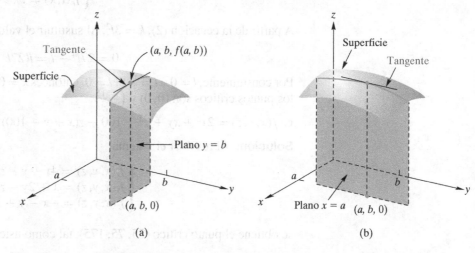

FIGURA 17.5   En el extremo relativo, $f_x(x, y) = 0$ y $f_y(x, y) = 0$.

Suponga que $z = f(x, y)$ tiene un máximo relativo en (a, b), como se indica en la figura 17.5(a). Entonces la curva donde el plano $y = b$ interseca la superficie debe tener un máximo relativo cuando $x = a$. Por consiguiente, la pendiente de la recta tangente a la superficie en la dirección x debe ser 0 en (a, b). De manera equivalente, $f_x(x, y) = 0$ en (a, b). En forma similar, sobre la curva en la que el plano $x = a$ interseca la superficie [figura 17.5(b)], debe haber un máximo relativo cuando $y = b$. Así, en la dirección y, la pendiente de la tangente a la superficie debe ser 0 en (a, b). De manera equivalente, $f_y(x, y) = 0$ en (a, b). Puesto que es posible hacer un análisis similar para un mínimo relativo, estos resultados pueden combinarse como sigue:

Regla 1

Si $z = f(x, y)$ tiene un máximo o un mínimo relativo en (a, b), y si f_x y f_y están definidas para todo punto cercano a (a, b), es necesario que (a, b) sea una solución del sistema

$$\begin{cases} f_x(x, y) = 0 \\ f_y(x, y) = 0 \end{cases}$$

¡ADVERTENCIA!

La regla 1 no implica que un extremo deba ser punto crítico. Así como en el caso de las funciones de una variable, un punto crítico puede resultar ser un máximo relativo, un mínimo relativo o ninguno de éstos. Un punto crítico sólo es un *candidato* a constituirse en extremo relativo.

Un punto (a, b) para el cual $f_x(a, b) = f_y(a, b) = 0$ se llama **punto crítico** de f. Así, de la regla 1 se infiere que, para localizar extremos relativos de una función, se deben examinar sus puntos críticos.

Se consideran dos comentarios adicionales: primero, la regla 1, así como el concepto de punto crítico, pueden ampliarse a funciones de más de dos variables. Por ejemplo, para localizar posibles extremos de $w = f(x, y, z)$, se deben examinar aquellos puntos para los cuales $w_x = w_y = w_z = 0$. Segundo, para una función cuyo dominio está restringido, un examen completo de los extremos absolutos *debe incluir la consideración de los puntos ubicados en la frontera.*

EJEMPLO 1 Determinación de puntos críticos

Encuentre los puntos críticos de las funciones siguientes.

a. $f(x, y) = 2x^2 + y^2 - 2xy + 5x - 3y + 1$.

Solución: Como $f_x(x, y) = 4x - 2y + 5$ y $f_y(x, y) = 2y - 2x - 3$, se resuelve el sistema

$$\begin{cases} 4x - 2y + 5 = 0 \\ -2x + 2y - 3 = 0 \end{cases}$$

Esto proporciona $x = -1$ y $y = \frac{1}{2}$. Así, $\left(-1, \frac{1}{2}\right)$ es el único punto crítico.

b. $f(l, k) = l^3 + k^3 - lk$.

Solución:

$$\begin{cases} f_l(l, k) = 3l^2 - k = 0 & (2) \\ f_k(l, k) = 3k^2 - l = 0 & (3) \end{cases}$$

A partir de la ecuación (2), $k = 3l^2$. Al sustituir el valor de k en la ecuación (3), resulta

$$0 = 27l^4 - l = l(27l^3 - 1)$$

Por consiguiente, $l = 0$ o $l = \frac{1}{3}$. Si $l = 0$, entonces $k = 0$; si $l = \frac{1}{3}$, entonces $k = \frac{1}{3}$. Por lo tanto, los puntos críticos son $(0, 0)$ y $\left(\frac{1}{3}, \frac{1}{3}\right)$.

c. $f(x, y, z) = 2x^2 + xy + y^2 + 100 - z(x + y - 100)$.

Solución: Al resolver el sistema

$$\begin{cases} f_x(x, y, z) = 4x + y - z = 0 \\ f_y(x, y, z) = x + 2y - z = 0 \\ f_z(x, y, z) = -x - y + 100 = 0 \end{cases}$$

se obtiene el punto crítico $(25, 75, 175)$, tal como usted lo puede verificar.

Ahora resuelva el problema 1 ◁

EJEMPLO 2 Determinación de puntos críticos

Encuentre los puntos críticos de

$$f(x, y) = x^2 - 4x + 2y^2 + 4y + 7$$

Solución: Se tiene $f_x(x, y) = 2x - 4$ y $f_y(x, y) = 4y + 4$. El sistema

$$\begin{cases} 2x - 4 = 0 \\ 4y + 4 = 0 \end{cases}$$

proporciona el punto crítico $(2, -1)$. Observe que es posible escribir la función dada como

$$f(x, y) = x^2 - 4x + 4 + 2(y^2 + 2y + 1) + 1$$
$$= (x - 2)^2 + 2(y + 1)^2 + 1$$

y $f(2, -1) = 1$. Es claro que, si $(x, y) \neq (2, -1)$, entonces $f(x, y) > 1$. Por consiguiente, se tiene un mínimo relativo en $(2, -1)$. Además, se tiene un *mínimo absoluto* en $(2, -1)$, puesto que $f(x, y) > f(2, -1)$ para *toda* $(x, y) \neq (2, -1)$.

Ahora resuelva el problema 3 ◁

Aunque en el ejemplo 2 se pudo mostrar que el punto crítico da lugar a un extremo relativo, en muchos casos no es fácil hacer esto. Sin embargo, existe una prueba con la segunda derivada que proporciona las condiciones para las cuales un punto crítico será un máximo o un mínimo relativo. A continuación se enuncia esta regla sin demostrarla.

Regla 2   Prueba de la segunda derivada para funciones de dos variables

Suponga que $z = f(x, y)$ tiene derivadas parciales continuas f_{xx}, f_{yy} y f_{xy} en todo punto (x, y) cercano al punto crítico (a, b). Sea D la función definida por

$$D(x, y) = f_{xx}(x, y)f_{yy}(x, y) - (f_{xy}(x, y))^2$$

Entonces

1. si $D(a, b) > 0$ y $f_{xx}(a, b) < 0$, entonces f tiene un máximo relativo en (a, b);
2. si $D(a, b) > 0$ y $f_{xx}(a, b) > 0$, entonces f tiene un mínimo relativo en (a, b);
3. si $D(a, b) < 0$, entonces f tiene un *punto silla* en (a, b) (vea el ejemplo 4);
4. si $D(a, b) = 0$, no puede obtenerse ninguna conclusión con respecto a extremos en (a, b) y es necesario hacer un análisis adicional.

Es importante observar que cuando $D(a, b) > 0$, el signo de $f_{xx}(a, b)$ es necesariamente el mismo que el signo de $f_{yy}(a, b)$. Por lo tanto, cuando $D(a, b) > 0$, se puede probar a $f_{xx}(a, b)$ o bien $f_{yy}(a, b)$, el que resulte más sencillo, para hacer la determinación requerida en las partes 1 y 2 de la prueba de la segunda derivada.

EJEMPLO 3   Aplicación de la prueba de la segunda derivada

Examine $f(x, y) = x^3 + y^3 - xy$ con respecto a máximos y mínimos relativos usando la prueba de la segunda derivada.

Solución: Primero se encontrarán los puntos críticos:

$$f_x(x, y) = 3x^2 - y \quad f_y(x, y) = 3y^2 - x$$

De igual manera que en el ejemplo 1(b), al resolver $f_x(x, y) = f_y(x, y) = 0$ se obtienen los puntos críticos $(0, 0)$ y $\left(\frac{1}{3}, \frac{1}{3}\right)$. Ahora,

$$f_{xx}(x, y) = 6x \qquad f_{yy}(x, y) = 6y \qquad f_{xy}(x, y) = -1$$

Por lo tanto,

$$D(x, y) = (6x)(6y) - (-1)^2 = 36xy - 1$$

Como $D(0, 0) = 36(0)(0) - 1 = -1 < 0$, no hay ningún extremo relativo en $(0, 0)$. Además, como $D\left(\frac{1}{3}, \frac{1}{3}\right) = 36\left(\frac{1}{3}\right)\left(\frac{1}{3}\right) - 1 = 3 > 0$ y $f_{xx}\left(\frac{1}{3}, \frac{1}{3}\right) = 6\left(\frac{1}{3}\right) = 2 > 0$, existe un mínimo relativo en $\left(\frac{1}{3}, \frac{1}{3}\right)$. En este punto, el valor de la función es

$$f\left(\tfrac{1}{3}, \tfrac{1}{3}\right) = \left(\tfrac{1}{3}\right)^3 + \left(\tfrac{1}{3}\right)^3 - \left(\tfrac{1}{3}\right)\left(\tfrac{1}{3}\right) = -\tfrac{1}{27}$$

Ahora resuelva el problema 7 ◁

EJEMPLO 4   Un punto silla

Examine $f(x, y) = y^2 - x^2$ en relación con sus extremos relativos.

La superficie de la figura 17.6 se denomina paraboloide hiperbólico.

Solución: Al resolver

$$f_x(x, y) = -2x = 0 \quad \text{y} \quad f_y(x, y) = 2y = 0$$

se obtiene el punto crítico $(0, 0)$. Ahora se aplica la prueba de la segunda derivada. En $(0, 0)$ y, de hecho, en cualquier punto,

$$f_{xx}(x, y) = -2 \quad f_{yy}(x, y) = 2 \quad f_{xy}(x, y) = 0$$

Como $D(0, 0) = (-2)(2) - (0)^2 = -4 < 0$, no existe un extremo relativo en $(0, 0)$. En la figura 17.6 se presenta un bosquejo de $z = f(x, y) = y^2 - x^2$. Observe que para la curva que resulta de cortar la superficie con el plano $y = 0$, existe un *máximo* en $(0, 0)$; pero para la curva que resulta de cortar la superficie con el plano $x = 0$, existe un *mínimo* en $(0, 0)$. Así, sobre la *superficie* no puede existir ningún extremo relativo en el origen, aunque $(0, 0)$ sea un punto crítico. Alrededor del origen la superficie tiene la forma de una silla de montar y a $(0, 0)$ se le llama *punto silla* de f.

Ahora resuelva el problema 11 ◁

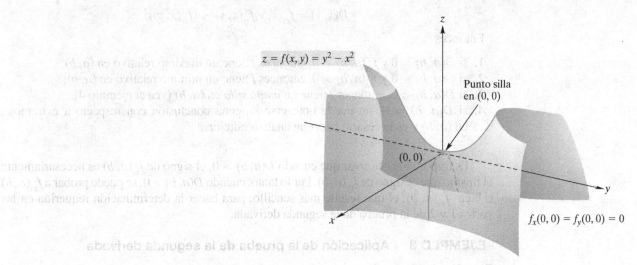

$z = f(x, y) = y^2 - x^2$

Punto silla
en $(0, 0)$

$(0, 0)$

$f_x(0, 0) = f_y(0, 0) = 0$

FIGURA 17.6 Punto silla.

EJEMPLO 5   Determinación de extremos relativos

Examine $f(x, y) = x^4 + (x - y)^4$ en relación con sus extremos relativos.

Solución: Al establecer

$$f_x(x, y) = 4x^3 + 4(x - y)^3 = 0 \tag{4}$$

y

$$f_y(x, y) = -4(x - y)^3 = 0 \tag{5}$$

entonces, a partir de la ecuación (5), se tiene $x - y = 0$ o $x = y$. Al sustituir en la ecuación (4) resulta $4x^3 = 0$ o $x = 0$. Así, $x = y = 0$ y $(0, 0)$ es el único punto crítico. En $(0, 0)$,

$$f_{xx}(x, y) = 12x^2 + 12(x - y)^2 = 0$$

$$f_{yy}(x, y) = 12(x - y)^2 = 0$$

y

$$f_{xy}(x, y) = -12(x - y)^2 = 0$$

Por consiguiente, $D(0, 0) = 0$ y la prueba de la segunda derivada no proporciona información. Sin embargo, para toda $(x, y) \neq (0, 0)$, se tiene $f(x, y) > 0$, mientras que $f(0, 0) = 0$. Por lo tanto, en $(0, 0)$ la gráfica de f tiene un punto bajo y se concluye que f tiene un mínimo relativo (y absoluto) en $(0, 0)$.

Ahora resuelva el problema 13 ◁

Aplicaciones

En muchas situaciones que involucran funciones de dos variables, y en especial en sus aplicaciones, la naturaleza del problema dado es un indicador de si un punto crítico es realmente un máximo relativo (o absoluto) o un mínimo relativo (o absoluto). En tales casos, la prueba de la segunda derivada no es necesaria. A menudo, en estudios matemáticos de problemas de aplicación, se supone que las condiciones apropiadas de segundo orden se satisfacen.

EJEMPLO 6   Maximización de la producción

Sea P una función de producción dada por

$$P = f(l, k) = 0.54l^2 - 0.02l^3 + 1.89k^2 - 0.09k^3$$

donde l y k son las cantidades de mano de obra y capital, respectivamente, y P es la cantidad producida. Encuentre los valores de l y k que maximizan P.

Solución: Para encontrar los puntos críticos se resuelve el sistema $P_l = 0$ y $P_k = 0$:

$$
\begin{aligned}
P_l &= 1.08l - 0.06l^2 & P_k &= 3.78k - 0.27k^2 \\
&= 0.06l(18 - l) = 0 & &= 0.27k(14 - k) = 0 \\
l &= 0, l = 18 & k &= 0, k = 14
\end{aligned}
$$

Hay cuatro puntos críticos: $(0, 0), (0, 14), (18, 0)$ y $(18, 14)$.

Ahora se aplica la prueba de la segunda derivada a cada punto crítico. Se tiene

$$P_{ll} = 1.08 - 0.12l \qquad P_{kk} = 3.78 - 0.54k \qquad P_{lk} = 0$$

Así,

$$D(l, k) = P_{ll}P_{kk} - [P_{lk}]^2$$

$$= (1.08 - 0.12l)(3.78 - 0.54k)$$

En $(0, 0)$,

$$D(0, 0) = 1.08(3.78) > 0$$

Como $D(0, 0) > 0$ y $P_{ll} = 1.08 > 0$, existe un mínimo relativo en $(0, 0)$. En $(0, 14)$,

$$D(0, 14) = 1.08(-3.78) < 0$$

Puesto que $D(0, 14) < 0$, no existe ningún extremo relativo en $(0, 14)$. En $(18, 0)$,

$$D(18, 0) = (-1.08)(3.78) < 0$$

Como $D(18, 0) < 0$, no existe ningún extremo relativo en $(18, 0)$. En $(18, 14)$,

$$D(18, 14) = (-1.08)(-3.78) > 0$$

Puesto que $D(18, 14) > 0$ y $P_{ll} = -1.08 < 0$, se tiene un máximo relativo en $(18, 14)$. Por lo tanto, la producción máxima se obtiene cuando $l = 18$ y $k = 14$.

Ahora resuelva el problema 21 ◁

EJEMPLO 7 Maximización de la utilidad

Una empresa produce dos tipos de dulces, A y B, para los cuales los costos promedio de producción son constantes de \$2 y \$3 por libra, respectivamente. Las cantidades q_A y q_B (en libras) de A y B que pueden venderse cada semana están dadas por las funciones de demanda conjunta

$$q_A = 400(p_B - p_A)$$

y

$$q_B = 400(9 + p_A - 2p_B)$$

donde p_A y p_B son los precios de venta (por libra) de A y B, respectivamente. Determine los precios de venta que maximizan la utilidad P de la compañía.

Solución: La utilidad total está dada por

$$P = \begin{pmatrix} \text{utilidad} \\ \text{por libra} \\ \text{de A} \end{pmatrix} \begin{pmatrix} \text{libras} \\ \text{de A} \\ \text{vendidas} \end{pmatrix} + \begin{pmatrix} \text{utilidad} \\ \text{por libra} \\ \text{de B} \end{pmatrix} \begin{pmatrix} \text{libras} \\ \text{de B} \\ \text{vendidas} \end{pmatrix}$$

Para A y B, la utilidad por libra es $p_A - 2$ y $p_B - 3$, respectivamente. Así,

$$P = (p_A - 2)q_A + (p_B - 3)q_B$$
$$= (p_A - 2)[400(p_B - p_A)] + (p_B - 3)[400(9 + p_A - 2p_B)]$$

Observe que P se expresa como una función de dos variables, p_A y p_B. Para maximizar P, sus derivadas parciales se igualan a 0:

$$\frac{\partial P}{\partial p_A} = (p_A - 2)[400(-1)] + [400(p_B - p_A)](1) + (p_B - 3)[400(1)]$$
$$= 0$$

$$\frac{\partial P}{\partial p_B} = (p_A - 2)[400(1)] + (p_B - 3)[400(-2)] + 400(9 + p_A - 2p_B)](1)$$
$$= 0$$

Al simplificar las dos ecuaciones anteriores resulta

$$\begin{cases} -2p_A + 2p_B - 1 = 0 \\ 2p_A - 4p_B + 13 = 0 \end{cases}$$

cuya solución es $p_A = 5.5$ y $p_B = 6$. Además, se encuentra que

$$\frac{\partial^2 P}{\partial p_A^2} = -800 \quad \frac{\partial^2 P}{\partial p_B^2} = -1600 \quad \frac{\partial^2 P}{\partial p_B \partial p_A} = 800$$

Por lo tanto,

$$D(5.5, 6) = (-800)(-1600) - (800)^2 > 0$$

Puesto que $\partial^2 P / \partial p_A^2 < 0$, se tiene un máximo y la empresa debería vender el dulce A a \$5.50 por libra y el B a \$6.00 por libra.

Ahora resuelva el problema 23 ◁

EJEMPLO 8 Maximización de la utilidad de un monopolista[20]

Suponga que un monopolista practica discriminación de precios al vender el mismo producto a un precio diferente en dos mercados separados. Sea q_A el número de unidades vendidas

---

[20]Omítase si no se estudió la sección 17.5.

en el mercado A, donde la función de demanda es $p_A = f(q_A)$, y sea q_B el número de unidades vendidas en el mercado B, donde la función de demanda es $p_B = g(q_B)$. Entonces las funciones de ingreso para los dos mercados son

$$r_A = q_A f(q_A) \quad \text{y} \quad r_B = q_B g(q_B)$$

Suponga que todas las unidades se producen en una planta y que la función de costo por producir $q = q_A + q_B$ unidades es $c = c(q)$. Tenga presente que r_A es una función de q_A y r_B es una función de q_B. La utilidad P del monopolista es

$$P = r_A + r_B - c$$

Para maximizar P con respecto a las producciones q_A y q_B, sus derivadas parciales se igualan a 0. Se iniciará con,

$$\frac{\partial P}{\partial q_A} = \frac{dr_A}{dq_A} + 0 - \frac{\partial c}{\partial q_A}$$

$$= \frac{dr_A}{dq_A} - \frac{dc}{dq}\frac{\partial q}{\partial q_A} = 0 \qquad \text{regla de la cadena}$$

Puesto que

$$\frac{\partial q}{\partial q_A} = \frac{\partial}{\partial q_A}(q_A + q_B) = 1$$

se tiene

$$\frac{\partial P}{\partial q_A} = \frac{dr_A}{dq_A} - \frac{dc}{dq} = 0 \qquad (6)$$

De manera similar,

$$\frac{\partial P}{\partial q_B} = \frac{dr_B}{dq_B} - \frac{dc}{dq} = 0 \qquad (7)$$

A partir de las ecuaciones (6) y (7), se obtiene

$$\frac{dr_A}{dq_A} = \frac{dc}{dq} = \frac{dr_B}{dq_B}$$

Pero dr_A/dq_A y dr_B/dq_B son los ingresos marginales y dc/dq es el costo marginal. Por lo tanto, para maximizar la utilidad, es necesario establecer los precios (y distribuir la producción) de manera que los ingresos marginales en ambos mercados sean los mismos y, hablando en términos simples, también sean iguales al costo de la última unidad producida en la planta.

Ahora resuelva el problema 25 ◁

PROBLEMAS 17.6

En los problemas del 1 al 6, encuentre los puntos críticos de las funciones.

1. $f(x,y) = x^2 - 3y^2 - 8x + 9y + 3xy$

2. $f(x,y) = x^2 + 4y^2 - 6x + 16y$

3. $f(x,y) = \frac{5}{3}x^3 + \frac{2}{3}y^3 - \frac{15}{2}x^2 + y^2 - 4y + 7$

4. $f(x,y) = xy - x + y$

5. $f(x,y,z) = 2x^2 + xy + y^2 + 100 - z(x + y - 200)$

6. $f(x,y,z,w) = x^2 + y^2 + z^2 + w(x + y + z - 3)$

En los problemas del 7 al 20, encuentre los puntos de las funciones. Para cada punto crítico determine, por medio de la prueba de la segunda derivada, si corresponde a un máximo relativo, a un mínimo relativo, a ninguno de los dos o si la prueba no da información.

7. $f(x,y) = x^2 + 3y^2 + 4x - 9y + 3$

8. $f(x,y) = -2x^2 + 8x - 3y^2 + 24y + 7$

9. $f(x,y) = y - y^2 - 3x - 6x^2$

10. $f(x,y) = 2x^2 + \frac{3}{2}y^2 + 3xy - 10x - 9y + 2$

11. $f(x,y) = x^2 + 3xy + y^2 - 9x - 11y + 3$

12. $f(x,y) = \frac{x^3}{3} + y^2 - 2x + 2y - 2xy$

13. $f(x,y) = \frac{1}{3}(x^3 + 8y^3) - 2(x^2 + y^2) + 1$

14. $f(x,y) = x^2 + y^2 - xy + x^3$

15. $f(l,k) = \frac{l^2}{2} + 2lk + 3k^2 - 69l - 164k + 17$

16. $f(l,k) = l^2 + 4k^2 - 4lk$ 17. $f(p,q) = pq - \frac{1}{p} - \frac{1}{q}$

18. $f(x,y) = (x - 3)(y - 3)(x + y - 3)$

19. $f(x,y) = (y^2 - 4)(e^x - 1)$

20. $f(x,y) = \ln(xy) + 2x^2 - xy - 6x$

21. Maximización de la producción   Suponga que

$$P = f(l, k) = 2.18l^2 - 0.021l^3 + 1.97k^2 - 0.03k^3$$

es una función de producción para una compañía. Encuentre las cantidades de entrada l y k que maximizan la producción P.

22. Maximización de la producción   En cierta oficina, las computadoras C y D se utilizan c y d horas, respectivamente. Si la producción diaria Q es una función de c y d, a saber,

$$Q = 18c + 20d - 2c^2 - 4d^2 - cd$$

encuentre los valores de c y d que maximizan a Q.

En los problemas del 23 al 35, a menos que se indique otra cosa, las variables p_A y p_B denotan los precios de venta de los productos A y B, respectivamente. En forma similar, q_A y q_B denotan las cantidades de A y B producidas y vendidas durante algún periodo. En todos los casos se supondrá que las variables usadas son unidades de producción, insumos, dinero, etcétera.

23. Utilidad   Una compañía produce dos variedades de dulces, A y B, para los cuales los costos promedio de producción son constantes de 60 y 70 (centavos por libra), respectivamente. Las funciones de demanda para A y B están dadas por

$$q_A = 5(p_B - p_A) \quad y \quad q_B = 500 + 5(p_A - 2p_B)$$

Encuentre los precios de venta p_A y p_B que maximicen la utilidad de la compañía.

24. Utilidad   Repita el problema 23 si los costos constantes de producción de A y B son a y b (centavos por libra), respectivamente.

25. Discriminación de precios   Suponga que un monopolista practica la discriminación de precios en la venta de un producto, cobrando diferente precio en dos mercados diferentes. En el mercado A la función de demanda es

$$p_A = 100 - q_A$$

y en B es

$$p_B = 84 - q_B$$

donde q_A y q_B son las cantidades vendidas por semana de A y de B y p_A y p_B son los precios respectivos por unidad. Si la función de costo del monopolista es

$$c = 600 + 4(q_A + q_B)$$

¿cuánto debe venderse en cada mercado para maximizar la utilidad? ¿Qué precios de venta dan la utilidad máxima? Encuentre la utilidad máxima.

26. Utilidad   Un monopolista vende dos productos competitivos, A y B, para los cuales las funciones de demanda son

$$q_A = 16 - p_A + p_B \quad y \quad q_B = 24 + 2p_A - 4p_B$$

Si el costo promedio constante de producir una unidad de A es 2 y para una unidad de B es 4, ¿cuántas unidades de A y de B deben venderse para maximizar la utilidad del monopolista?

27. Utilidad   Para los productos A y B, la función de costos conjuntos de un fabricante es

$$c = \frac{3}{2}q_A^2 + 3q_B^2$$

y las funciones de demanda son $p_A = 60 - q_A^2$ y $p_B = 72 - 2q_B^2$. Encuentre el nivel de producción que maximiza la utilidad.

28. Utilidad   Para los productos A y B de un monopolista, la función de costos conjuntos es $c = 2(q_A + q_B + q_A q_B)$ y las funciones de demanda son $q_A = 20 - 2p_A$ y $q_B = 10 - p_B$. Encuentre los valo-

res de p_A y p_B que maximizan la utilidad. ¿Cuáles son las cantidades de A y B que corresponden a esos precios? ¿Cuál es la utilidad total?

29. Costo   Una caja rectangular sin tapa debe tener un volumen de 6 pies³. El costo por pie cuadrado de material es de \$3 para el fondo, de \$1 para el frente y la parte de atrás y de \$0.50 para los otros dos lados. Encuentre las dimensiones de la caja de manera que el costo de los materiales sea mínimo. (Vea la figura 17.7).

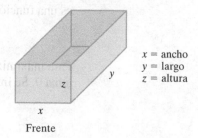

$x = $ ancho
$y = $ largo
$z = $ altura

Frente

FIGURA 17.7

30. Colusión   Suponga que A y B son las únicas dos empresas en el mercado que venden el mismo producto. (Se dice que son *duopolistas*). La función de demanda industrial para el producto está dada por

$$p = 92 - q_A - q_B$$

donde q_A y q_B denotan la producción y venta de A y B, respectivamente. Para A, la función de costo es $c_A = 10q_A$; para B, es $c_B = 0.5q_B^2$. Suponga que las compañías deciden entrar en un acuerdo sobre el control de precios y producción para actuar en conjunto como un monopolio. En este caso, se dice que entran en *colusión*. Demuestre que la función de utilidad para el monopolio está dada por

$$P = pq_A - c_A + pq_B - c_B$$

Exprese P en función de q_A y q_B y determine cómo debe distribuirse la producción para maximizar la utilidad del monopolio.

31.   Suponga que $f(x, y) = x^2 + 3y^2 + 9$, donde x y y deben satisfacer la ecuación $x + y = 2$. Encuentre los extremos relativos de f sujetos a la condición dada de x y y, despejando primero a y (o x) de la segunda ecuación. Sustituya el resultado en la primera ecuación. Así, f se expresa como función de una variable. Ahora encuentre dónde ocurren los extremos relativos de f.

32.   Repita el problema 31 si $f(x, y) = x^2 + 4y^2 + 6$ sujeta a la condición de que $2x - 8y = 20$.

33.   Suponga que la función de costos conjuntos

$$c = q_A^2 + 3q_B^2 + 2q_A q_B + aq_A + bq_B + d$$

tiene un valor mínimo relativo de 15 cuando $q_A = 3$ y $q_B = 1$. Determine los valores de las constantes a, b y d.

34.   Suponga que la función $f(x, y)$ tiene derivadas parciales continuas f_{xx}, f_{yy} y f_{xy} en todos los puntos (x, y) cercanos a un punto crítico (a, b). Sea $D(x, y) = f_{xx}(x, y)f_{yy}(x, y) - (f_{xy}(x, y))^2$ y suponga que $D(a, b) > 0$.
(a) Muestre que $f_{xx}(a, b) < 0$ si y sólo si $f_{yy}(a, b) < 0$.
(b) Muestre que $f_{xx}(a, b) > 0$ si y sólo si $f_{yy}(a, b) > 0$.

35. Utilidad de productos competitivos   Un monopolista vende dos productos competitivos, A y B, cuyas ecuaciones de demanda son

$$p_A = 35 - 2q_A^2 + q_B$$

y

$$p_B = 20 - q_B + q_A$$

La función de costos conjuntos es

$$c = -8 - 2q_A^3 + 3q_A q_B + 30q_A + 12q_B + \frac{1}{2}q_A^2$$

(a) ¿Cuántas unidades de A y B deben venderse para que el monopolista obtenga una utilidad máxima relativa? Use la prueba de la segunda derivada para justificar su respuesta.

(b) Determine los precios de venta necesarios para obtener la utilidad máxima relativa. Encuentre también esta utilidad máxima relativa.

36. Utilidad y publicidad Un detallista ha determinado que el número de aparatos de televisión que puede vender por semana es

$$\frac{7x}{2+x} + \frac{4y}{5+y}$$

donde x y y representan sus gastos semanales por publicidad en periódicos y radio, respectivamente. La utilidad es de $300 por venta menos el costo de la publicidad, de modo que su utilidad semanal está dada por la fórmula

$$P = 300\left(\frac{7x}{2+x} + \frac{4y}{5+y}\right) - x - y$$

Encuentre los valores de x y y para los cuales la utilidad es un máximo relativo. Use la prueba de la segunda derivada para verificar que su respuesta corresponde a una utilidad máxima relativa.

37. Utilidad de una cosecha de tomates El rendimiento (por metro cuadrado de terreno) obtenido en la venta de una cosecha de tomates cultivados artificialmente en un invernadero está dado por

$$r = 5T(1 - e^{-x})$$

donde T es la temperatura (en °C) mantenida en el invernadero y x es la cantidad de fertilizante aplicado por metro cuadrado. El costo del fertilizante es de $20x$ por metro cuadrado y el costo del calentamiento está dado por $0.1T^2$ por metro cuadrado.

(a) Encuentre una expresión, en términos de T y x, para la utilidad por metro cuadrado que se obtiene por la venta de la cosecha de tomates.

(b) Verifique si las parejas

$$(T, x) = (20, \ln 5) \quad \text{y} \quad (T, x) = (5, \ln \tfrac{5}{4})$$

son puntos críticos de la función de utilidad calculada en el inciso (a). (*Nota*: No es necesario obtener los pares).

(c) Los puntos dados en el inciso (b) son los únicos puntos críticos de la función de utilidad del inciso (a). Use la prueba de la segunda derivada para determinar si cualquiera de esos puntos corresponde a una utilidad máxima relativa por metro cuadrado.

17.7 Multiplicadores de Lagrange

Objetivo

Determinar puntos críticos, para una función sujeta a restricciones, aplicando el método de los multiplicadores de Lagrange.

En esta sección se encontrarán los máximos y mínimos relativos de una función a la cual se imponen ciertas *restricciones*. Tal situación podría surgir si un fabricante desea minimizar una función de costos conjuntos y obtener un nivel particular de producción.

Suponga que se desea encontrar los extremos relativos de la función

$$w = x^2 + y^2 + z^2 \tag{1}$$

sujeta a la restricción de que x, y y z deben satisfacer

$$x - y + 2z = 6 \tag{2}$$

Es posible transformar w, que es una función de tres variables, en una función de dos variables tal que la nueva función refleje la restricción (2). Al despejar x de la ecuación (2), se obtiene

$$x = y - 2z + 6 \tag{3}$$

que, al sustituirla por x en la ecuación (1), resulta en

$$w = (y - 2z + 6)^2 + y^2 + z^2 \tag{4}$$

Como ahora w se expresa en función de dos variables, para encontrar los extremos relativos se sigue el procedimiento usual de igualar a 0 sus derivadas parciales:

$$\frac{\partial w}{\partial y} = 2(y - 2z + 6) + 2y = 4y - 4z + 12 = 0 \tag{5}$$

$$\frac{\partial w}{\partial z} = -4(y - 2z + 6) + 2z = -4y + 10z - 24 = 0 \tag{6}$$

Al resolver simultáneamente las ecuaciones (5) y (6), se obtiene $y = -1$ y $z = 2$. Al sustituir en la ecuación (3), resulta $x = 1$. Por lo tanto, el único punto crítico de la ecuación (1) sujeta a la restricción representada por la ecuación (2) es $(1, -1, 2)$. Aplicando la prueba de la segunda derivada en (4) cuando $y = -1$ y $z = 2$, se tiene

$$\frac{\partial^2 w}{\partial y^2} = 4 \quad \frac{\partial^2 w}{\partial z^2} = 10 \quad \frac{\partial^2 w}{\partial z \, \partial y} = -4$$

$$D(-1, 2) = 4(10) - (-4)^2 = 24 > 0$$

Así w, sujeta a la restricción, tiene un mínimo relativo en $(1, -1, 2)$.

Esta solución se encontró usando la restricción para expresar una de las variables en la función original en términos de las otras variables. Con frecuencia esto no resulta práctico y en ocasiones es imposible expresar una de las variables de la restricción en función de las otras variables, pero existe otro procedimiento, llamado método de los **multiplicadores de Lagrange**,[21] que evita este paso y permite, no obstante, encontrar los puntos críticos.

El método es como sigue. Suponga que se tiene una función $f(x, y, z)$ sujeta a la restricción $g(x, y, z) = 0$. Se construye entonces una función nueva F de *cuatro* variables definidas por la siguiente expresión (donde λ es la letra griega "lambda"):

$$F(x, y, z, \lambda) = f(x, y, z) - \lambda g(x, y, z)$$

Puede demostrarse que si (a, b, c) es un punto crítico de f sujeta a la restricción $g(x, y, z) = 0$, existe un valor de λ, por ejemplo λ_0, tal que (a, b, c, λ_0) es un punto crítico de F. El número λ_0 se llama **multiplicador de Lagrange**. Además, si (a, b, c, λ_0) es un punto crítico de F, entonces (a, b, c) es un punto crítico de f, sujeta a la restricción. Así, para encontrar los puntos críticos de f, sujeta a $g(x, y, z) = 0$, se buscan los puntos críticos de F. Éstos se obtienen resolviendo las ecuaciones simultáneas

$$\begin{cases} F_x(x, y, z, \lambda) = 0 \\ F_y(x, y, z, \lambda) = 0 \\ F_z(x, y, z, \lambda) = 0 \\ F_\lambda(x, y, z, \lambda) = 0 \end{cases}$$

En ocasiones, debe usarse el ingenio para hacer esto. Una vez que se obtiene un punto crítico (a, b, c, λ_0) de F, se puede concluir que (a, b, c) es un punto crítico de f, sujeta a la restricción $g(x, y, z) = 0$. Aunque f y g son funciones de tres variables, el método de los multiplicadores de Lagrange puede ampliarse a n variables.

Ahora se ilustrará el método de los multiplicadores de Lagrange para el caso original, a saber,

$$f(x, y, z) = x^2 + y^2 + z^2 \quad \text{sujeta a} \quad x - y + 2z = 6$$

Primero, se escribe la restricción como $g(x, y, z) = x - y + 2z - 6 = 0$. Segundo, se forma la función

$$\begin{aligned} F(x, y, z, \lambda) &= f(x, y, z) - \lambda g(x, y, z) \\ &= x^2 + y^2 + z^2 - \lambda(x - y + 2z - 6) \end{aligned}$$

A continuación, cada derivada parcial de F se iguala a 0. Por conveniencia, se escribirá $F_x(x, y, z, \lambda)$ como F_x y así sucesivamente:

$$\begin{cases} F_x = 2x - \lambda = 0 & \text{(7)} \\ F_y = 2y + \lambda = 0 & \text{(8)} \\ F_z = 2z - 2\lambda = 0 & \text{(9)} \\ F_\lambda = -x + y - 2z + 6 = 0 & \text{(10)} \end{cases}$$

Con base en las ecuaciones de la (7) a la (9), de inmediato se ve que

$$x = \frac{\lambda}{2} \qquad y = -\frac{\lambda}{2} \qquad z = \lambda \tag{11}$$

Al sustituir estos valores en la ecuación (10), se obtiene

$$-\frac{\lambda}{2} - \frac{\lambda}{2} - 2\lambda + 6 = 0$$

$$-3\lambda + 6 = 0$$

$$\lambda = 2$$

Así, de la ecuación (11),

$$x = 1 \quad y = -1 \quad z = 2$$

---

[21]En honor del matemático francés Joseph-Louis Lagrange (1736-1813).

Por lo tanto, el único punto crítico de f, sujeto a la restricción, es $(1, -1, 2)$, donde puede existir un máximo relativo, un mínimo relativo o ninguno de éstos. El método de los multiplicadores de Lagrange no indica directamente cuál de estas posibilidades se presentará, aunque a partir del trabajo previo se sabe que $(1, -1, 2)$ es, de hecho, un mínimo relativo. En los problemas de aplicación, la naturaleza del problema puede dar una idea sobre cómo considerar un punto crítico. Con frecuencia, se supone la existencia ya sea de un mínimo relativo o de un máximo relativo y un punto crítico se trata de acuerdo con ello. En realidad, se dispone de condiciones de segundo orden suficientes para tratar los extremos relativos, pero no se considerarán en este libro.

EJEMPLO 1   Método de los multiplicadores de Lagrange

Encuentre los puntos críticos para $z = f(x, y) = 3x - y + 6$ sujeta a la restricción $x^2 + y^2 = 4$.

Solución: La restricción se escribe como $g(x, y) = x^2 + y^2 - 4 = 0$ y se construye la función

$$F(x, y, \lambda) = f(x, y) - \lambda g(x, y) = 3x - y + 6 - \lambda(x^2 + y^2 - 4)$$

Al hacer $F_x = F_y = F_\lambda = 0$, resulta:

$$\begin{cases} 3 - 2x\lambda = 0 & (12) \\ -1 - 2y\lambda = 0 & (13) \\ -x^2 - y^2 + 4 = 0 & (14) \end{cases}$$

A partir de las ecuaciones (12) y (13), es posible expresar x y y en términos de λ. Después se sustituyen los valores de x y y en la ecuación (14) y se despeja λ. Al conocer λ, es posible encontrar x y y. Para comenzar, a partir de las ecuaciones (12) y (13), se tiene

$$x = \frac{3}{2\lambda} \quad y \quad y = -\frac{1}{2\lambda}$$

Al sustituir en la ecuación (14), se obtiene

$$-\frac{9}{4\lambda^2} - \frac{1}{4\lambda^2} + 4 = 0$$

$$-\frac{10}{4\lambda^2} + 4 = 0$$

$$\lambda = \pm\frac{\sqrt{10}}{4}$$

Con estos valores de λ, se puede encontrar a x y y. Si $\lambda = \sqrt{10}/4$, entonces

$$x = \frac{3}{2\left(\frac{\sqrt{10}}{4}\right)} = \frac{3\sqrt{10}}{5} \quad y = -\frac{1}{2\left(\frac{\sqrt{10}}{4}\right)} = -\frac{\sqrt{10}}{5}$$

De modo similar, si $\lambda = -\sqrt{10}/4$,

$$x = -\frac{3\sqrt{10}}{5} \qquad y = \frac{\sqrt{10}}{5}$$

Así, los puntos críticos de f, sujetos a la restricción, son $(3\sqrt{10}/5, -\sqrt{10}/5)$ y $(-3\sqrt{10}/5, \sqrt{10}/5)$. Observe que los valores de λ no aparecen en la respuesta; son sólo un medio para obtener la solución.

Ahora resuelva el problema 1 ◁

EJEMPLO 2   Método de los multiplicadores de Lagrange

Encuentre los puntos críticos para $f(x, y, z) = xyz$, donde $xyz \neq 0$, sujeta a la restricción $x + 2y + 3z = 36$.

Solución: Se tiene

$$F(x, y, z, \lambda) = xyz - \lambda(x + 2y + 3z - 36)$$

Al establecer $F_x = F_y = F_z = F_\lambda = 0$ resulta, respectivamente,

$$\begin{cases} yz - \lambda = 0 \\ xz - 2\lambda = 0 \\ xy - 3\lambda = 0 \\ -x - 2y - 3z + 36 = 0 \end{cases}$$

Puesto que no es posible expresar directamente a x, y y z sólo en términos de λ, no se puede seguir el procedimiento usado en el ejemplo 1. Sin embargo, observe que los productos yz, xz y xy pueden expresarse como múltiplos de λ. Esto sugiere que, por observación de los cocientes de las ecuaciones, es posible obtener una relación entre dos variables que no contengan a λ. (Las λ se cancelarán). Para hacerlo, el sistema anterior se escribe como:

$$\begin{cases} yz = \lambda & \text{(15)} \\ xz = 2\lambda & \text{(16)} \\ xy = 3\lambda & \text{(17)} \\ x + 2y + 3z - 36 = 0 & \text{(18)} \end{cases}$$

Al dividir cada lado de la ecuación (15) entre el lado correspondiente de la ecuación (16), resulta

$$\frac{yz}{xz} = \frac{\lambda}{2\lambda} \quad \text{por lo que} \quad y = \frac{x}{2}$$

Esta división es válida puesto que $xyz \neq 0$. De manera similar, a partir de las ecuaciones (15) y (17), se obtiene

$$\frac{yz}{xy} = \frac{\lambda}{3\lambda} \quad \text{por lo que} \quad z = \frac{x}{3}$$

Ahora que se ha expresado a y y z sólo en términos de x, se puede sustituir en la ecuación (18) y despejar x:

$$x + 2\left(\frac{x}{2}\right) + 3\left(\frac{x}{3}\right) - 36 = 0$$

$$x = 12$$

Así, $y = 6$ y $z = 4$. Por consiguiente, $(12, 6, 4)$ es el único punto crítico que satisface las condiciones dadas. Note que, en este caso, es posible encontrar el punto crítico sin tener que calcular el valor de λ.

Ahora resuelva el problema 7 ◁

EJEMPLO 3 **Minimización de costos**

Suponga que una empresa ha recibido un pedido por 200 unidades de su producto y desea distribuir su fabricación entre dos de sus plantas, planta 1 y planta 2. Sean q_1 y q_2 las producciones de las plantas 1 y 2, respectivamente, y suponga que la función de costo total está dada por $c = f(q_1, q_2) = 2q_1^2 + q_1q_2 + q_2^2 + 200$. ¿Cómo debe distribuirse la producción para minimizar los costos?

Solución: Se minimiza $c = f(q_1, q_2)$, dada la restricción $q_1 + q_2 = 200$. Se tiene

$$F(q_1, q_2, \lambda) = 2q_1^2 + q_1q_2 + q_2^2 + 200 - \lambda(q_1 + q_2 - 200)$$

$$\begin{cases} \dfrac{\partial F}{\partial q_1} = 4q_1 + q_2 - \lambda = 0 & \text{(19)} \\[2mm] \dfrac{\partial F}{\partial q_2} = q_1 + 2q_2 - \lambda = 0 & \text{(20)} \\[2mm] \dfrac{\partial F}{\partial \lambda} = -q_1 - q_2 + 200 = 0 & \text{(21)} \end{cases}$$

Es posible eliminar λ de las ecuaciones (19) y (20) y obtener una relación entre q_1 y q_2. Después, al despejar q_2 en términos de q_1 y sustituir en la ecuación (21), se puede encontrar q_1. Se inicia restando la ecuación (20) de la (19), lo que resulta en

$$3q_1 - q_2 = 0 \quad \text{por lo que} \quad q_2 = 3q_1$$

Al sustituir en la ecuación (21), se tiene

$$-q_1 - 3q_1 + 200 = 0$$
$$-4q_1 = -200$$
$$q_1 = 50$$

Así, $q_2 = 150$. En concordancia, la planta 1 debe producir 50 unidades y la planta 2 debe producir 150 unidades para minimizar los costos.

Ahora resuelva el problema 13 ◁

Puede hacerse una observación interesante con respecto al ejemplo 3. A partir de la ecuación (19), $\lambda = 4q_1 + q_2 = \partial c / \partial q_1$, que es el costo marginal de la planta 1. De la ecuación (20), $\lambda = q_1 + 2q_2 = \partial c / \partial q_2$, que es el costo marginal de la planta 2. Por consiguiente, $\partial c / \partial q_1 = \partial c / \partial q_2$, y se concluye que para minimizar el costo es necesario que los costos marginales de cada planta sean iguales entre sí.

> **EJEMPLO 4**   **Combinación de entradas para el costo mínimo**

Suponga que una empresa debe producir una cantidad dada, P_0, de un producto de la manera más barata posible. Si se tienen dos factores de entrada, l y k, y sus precios por unidad se fijan en p_l y p_k, respectivamente, analice el significado económico de combinar las entradas para lograr el menor costo. Esto es, describa la combinación de entradas para el costo mínimo.

Solución: Sea $P = f(l, k)$ la función de producción. Entonces se debe minimizar la función de costo

$$c = lp_l + kp_k$$

sujeta a

$$P_0 = f(l, k)$$

Se construye

$$F(l, k, \lambda) = lp_l + kp_k - \lambda[f(l, k) - P_0]$$

Se tiene

$$
\begin{cases}
\dfrac{\partial F}{\partial l} = p_l - \lambda \dfrac{\partial}{\partial l}[f(l, k)] = 0 & (22) \\[2ex]
\dfrac{\partial F}{\partial k} = p_k - \lambda \dfrac{\partial}{\partial k}[f(l, k)] = 0 & (23) \\[2ex]
\dfrac{\partial F}{\partial \lambda} = -f(l, k) + P_0 = 0 &
\end{cases}
$$

De las ecuaciones (22) y (23),

$$\lambda = \frac{p_l}{\dfrac{\partial}{\partial l}[f(l, k)]} = \frac{p_k}{\dfrac{\partial}{\partial k}[f(l, k)]} \qquad (24)$$

Por consiguiente,

$$\frac{p_l}{p_k} = \frac{\dfrac{\partial}{\partial l}[f(l, k)]}{\dfrac{\partial}{\partial k}[f(l, k)]}$$

Se concluye que cuando se usa la combinación de factores para costo mínimo, la razón de las productividades marginales de los factores de entrada debe ser igual a la de sus precios unitarios correspondientes.

Ahora resuelva el problema 15 ◁

Restricciones múltiples

El método de los multiplicadores de Lagrange no está limitado a problemas que involucran una sola restricción. Por ejemplo, suponga que $f(x, y, z, w)$ está sujeta a las restricciones $g_1(x, y, z, w) = 0$ y $g_2(x, y, z, w) = 0$. Entonces se tienen dos lambdas, λ_1 y λ_2 (una para cada restricción), y se construye la función $F = f - \lambda_1 g_1 - \lambda_2 g_2$. Así que se resolverá el sistema

$$F_x = F_y = F_z = F_w = F_{\lambda_1} = F_{\lambda_2} = 0$$

EJEMPLO 5 **Método de los multiplicadores de Lagrange con dos restricciones**

Encuentre los puntos críticos para $f(x, y, z) = xy + yz$, sujeta a las restricciones $x^2 + y^2 = 8$ y $yz = 8$.

Solución: Sea

$$F(x, y, z, \lambda_1, \lambda_2) = xy + yz - \lambda_1(x^2 + y^2 - 8) - \lambda_2(yz - 8)$$

Entonces

$$\begin{cases} F_x = y - 2x\lambda_1 = 0 & (25) \\ F_y = x + z - 2y\lambda_1 - z\lambda_2 = 0 & (26) \\ F_z = y - y\lambda_2 = 0 & (27) \\ F_{\lambda_1} = -x^2 - y^2 + 8 = 0 & (28) \\ F_{\lambda_2} = -yz + 8 = 0 & (29) \end{cases}$$

Éste parece ser un sistema difícil de resolver. Es necesario poner en juego un poco de ingenio. A continuación se muestra una secuencia de operaciones que permitirá encontrar los puntos críticos. El sistema se puede escribir como

$$\begin{cases} \dfrac{y}{2x} = \lambda_1 & (30) \\ x + z - 2y\lambda_1 - z\lambda_2 = 0 & (31) \\ \lambda_2 = 1 & (32) \\ x^2 + y^2 = 8 & (33) \\ z = \dfrac{8}{y} & (34) \end{cases}$$

Al derivar la ecuación (30) se supuso $x \neq 0$. Esto es permisible porque si $x = 0$, entonces por la ecuación (25) también se tiene $y = 0$, lo cual es imposible porque la segunda restricción, $yz = 8$, proporciona $y \neq 0$. También se utilizó $y \neq 0$ para derivar las ecuaciones (32) y (34).

Al sustituir $\lambda_2 = 1$ a partir de la ecuación (32) en la ecuación (31) y simplificar se obtiene la ecuación $x - 2y\lambda_1 = 0$, por lo que

$$\lambda_1 = \frac{x}{2y}$$

Al sustituir en la ecuación (30) se obtiene

$$\frac{y}{2x} = \frac{x}{2y}$$

$$y^2 = x^2 \qquad (35)$$

Por sustitución en la ecuación (33), resulta $x^2 + x^2 = 8$, de lo cual se deduce que $x = \pm 2$. Si $x = 2$, entonces, de la ecuación (35), se tiene $y = \pm 2$. De manera similar, si $x = -2$, entonces $y = \pm 2$. Por ende, si $x = 2$ y $y = 2$, entonces, de la ecuación (34), se obtiene $z = 4$. Procediendo en la misma forma, se obtienen cuatro puntos críticos:

$$(2, 2, 4) \quad (2, -2, -4) \quad (-2, 2, 4) \quad (-2, -2, -4)$$

Ahora resuelva el problema 9 ◁

PROBLEMAS 17.7

En los problemas del 1 al 12 encuentre, por el método de los multiplicadores de Lagrange, los puntos críticos de las funciones sujetas a las restricciones indicadas.

1. $f(x, y) = x^2 + 4y^2 + 6$; $\quad 2x - 8y = 20$

2. $f(x, y) = 3x^2 - 2y^2 + 9$; $\quad x + y = 1$

3. $f(x, y, z) = x^2 + y^2 + z^2$; $\quad 2x + y - z = 9$

4. $f(x, y, z) = x + y + z$; $\quad xyz = 8$

5. $f(x, y, z) = 2x^2 + xy + y^2 + z$; $\quad x + 2y + 4z = 3$

6. $f(x, y, z) = xyz^2$; $\quad x - y + z = 20 \ (xyz^2 \neq 0)$

7. $f(x, y, z) = xyz$; $\quad x + y + z = 1 \ (xyz \neq 0)$

8. $f(x, y, z) = x^2 + y^2 + z^2$; $\quad x + y + z = 3$

9. $f(x, y, z) = x^2 + 2y - z^2$; $\quad 2x - y = 0, \ y + z = 0$

10. $f(x, y, z) = x^2 + y^2 + z^2$; $\quad x + y + z = 4, \ x - y + z = 4$

11. $f(x, y, z) = xy^2z$; $\quad x + y + z = 1, \ x - y + z = 0 \ (xyz \neq 0)$

12. $f(x, y, z, w) = x^2 + 2y^2 + 3z^2 - w^2$; $\quad 4x + 3y + 2z + w = 10$

13. **Asignación de producción** Para surtir una orden de 100 unidades de su producto, una empresa desea distribuir la producción entre sus dos plantas, planta 1 y planta 2. La función de costo total está dada por

$$c = f(q_1, q_2) = 0.1q_1^2 + 7q_1 + 15q_2 + 1000$$

donde q_1 y q_2 son los números de unidades producidas en las plantas 1 y 2, respectivamente. ¿Cómo debe distribuirse la producción para minimizar los costos? (Puede suponerse que el punto crítico obtenido corresponde al costo mínimo).

14. **Asignación de producción** Repita el problema 13 si la función de costo es

$$c = 3q_1^2 + q_1q_2 + 2q_2^2$$

y deben producirse un total de 200 unidades.

15. **Maximización de la producción** La función de producción de una compañía es

$$f(l, k) = 12l + 20k - l^2 - 2k^2$$

El costo de l y k para la compañía es de 4 y 8 por unidad, respectivamente. Si la compañía quiere que el costo total de entrada sea 88, encuentre la producción máxima posible sujeta a esta restricción de presupuesto. (Puede suponerse que el punto crítico obtenido corresponde a una producción máxima).

16. **Maximización de la producción** Repita el problema 15, dado que

$$f(l, k) = 20l + 25k - l^2 - 3k^2$$

y que la restricción de presupuesto es $2l + 4k = 50$.

17. **Presupuesto para publicidad** Una compañía de computadoras tiene un presupuesto mensual para publicidad de $20 000. Su departamento de marketing estima que si cada mes se gastan x en publicidad en periódicos y y mensuales en publicidad por televisión, entonces las ventas mensuales estarán dadas por $S = 80x^{1/4}y^{3/4}$. Si

la utilidad es el 10% de las ventas, menos el costo de la publicidad, determine cómo asignar el presupuesto publicitario para maximizar la utilidad mensual. (Puede suponerse que el punto crítico obtenido corresponde a una utilidad máxima).

18. **Maximización de la producción** Cuando se invierten l unidades de mano de obra y k unidades de capital, la producción total q de un fabricante está dada por la función Cobb-Douglas de producción $q = 6l^{2/5}k^{3/5}$. Cada unidad de mano de obra cuesta $25 y cada unidad de capital $69. Si se van a gastar exactamente $25 875 en la producción, determine las unidades de mano de obra y de capital que deben invertirse para maximizar la producción. (Suponga que el máximo se presenta en el punto crítico obtenido).

19. **Publicidad política** La publicidad de los partidos políticos en los periódicos siempre tiene algunos efectos negativos. El partido que fue electo recientemente, supuso que los tres temas más importantes, X, Y y Z, para la elección, debían mencionarse cada uno en un anuncio publicitario con espacios de x, y y z unidades, respectivamente. El efecto adverso combinado de esta publicidad fue estimado por el equipo de campaña como

$$B(x, y, z) = x^2 + y^2 + 2z^2$$

Las consideraciones estéticas determinaron que el espacio total para X y Y juntos debía ser 20, y las consideraciones de realismo sugirieron que el espacio total asignado a Y y Z en conjunto debía ser también de 20 unidades. ¿Qué valores de x, y y z en cada anuncio producirían el menor efecto negativo? (Suponga que cualquier punto crítico obtenido representa el efecto mínimo).

20. **Maximización de la utilidad** Suponga que la función de producción de un fabricante está dada por

$$16q = 65 - 4(l - 4)^2 - 2(k - 5)^2$$

y que el costo para el fabricantes es de $8 por unidad de mano de obra y de $16 por unidad de capital, de manera que el costo total es $8l + 16k$. El precio de venta del producto es de $64 por unidad.

(a) Exprese la utilidad en función del l y k. Escriba su respuesta en forma desarrollada.

(b) Encuentre todos los puntos críticos de la función de utilidad obtenida en el inciso (a). Aplique la prueba de la segunda derivada en cada punto crítico. Si la utilidad es un máximo relativo en un punto crítico, calcule la utilidad máxima relativa correspondiente.

(c) La utilidad puede considerarse como una función de l, k y q (esto es, $P = 64q - 8l - 16k$) sujeta a la restricción

$$16q = 65 - 4(l - 4)^2 - 2(k - 5)^2$$

Utilice el método de los multiplicadores de Lagrange para encontrar todos los puntos críticos de $P = 64q - 8l - 16k$, sujeta a la restricción.

Los problemas del 21 al 24 se refieren a la definición siguiente. Una función de satisfacción es una función que asocia una medida a la satisfacción que obtiene un cliente a partir del consumo de productos por unidad de tiempo. Suponga que $U = f(x, y)$ es una función de este tipo, donde x y y son las cantidades de dos productos, X y Y. La utilidad marginal de X es $\partial U / \partial x$ y representa, *en forma aproximada, el cambio en la utilidad total que resulta al cambiar en una unidad el consumo del producto X por unidad de tiempo. Se define la utilidad marginal de Y de manera similar. Si los precios de X y Y son p_X y p_Y, respectivamente, y el consumidor tiene un ingreso o presupuesto de I para gastar, entonces la restricción por el presupuesto es*

$$xp_X + yp_Y = I$$

En los problemas del 21 al 23, encuentre las cantidades de cada producto que el consumidor deberá comprar, sujeto al presupuesto, para que le den una satisfacción máxima. Esto es, en los problemas 21 y 22, encuentre valores de x y y que maximicen U = f(x, y), sujeta a $xp_X + yp_Y = I$. En el problema 23, lleve a cabo un procedimiento similar. Suponga que tal máximo existe.

21. $U = x^3y^3$; $\quad p_X = 2, p_Y = 3, I = 48$ ($x^3y^3 \neq 0$)

22. $U = 40x - 8x^2 + 2y - y^2$; $p_X = 4, p_Y = 6, I = 100$

23. $U = f(x, y, z) = xyz$; $\quad p_X = p_Y = p_Z = 1, I = 100$ ($xyz \neq 0$)

24. Sea $U = f(x, y)$ una función de satisfacción sujeta a la restricción presupuestaria $xp_X + yp_Y = I$, donde p_X, p_Y e I son constantes. Demuestre que para maximizar la satisfacción es necesario que

$$\lambda = \frac{f_x(x, y)}{p_X} = \frac{f_y(x, y)}{p_Y}$$

donde $f_x(x, y)$ y $f_y(x, y)$ son las utilidades marginales de X y Y, respectivamente. Demuestre que $f_x(x, y)/p_X$ es la utilidad marginal del valor de un dólar de X. Por consiguiente, la satisfacción máxima se obtiene cuando el consumidor ajusta su presupuesto de manera que la utilidad marginal de un dólar de X sea igual a la utilidad marginal por dólar de Y. Realice el mismo procedimiento que utilizó para $U = f(x, y)$ con el fin de verificar si esto es cierto para $U = f(x, y, z, w)$, sujeta a la correspondiente ecuación presupuestaria. En cada caso, λ se llama *utilidad marginal del ingreso*.

Objetivo

Desarrollar el método de mínimos cuadrados e introducir los números índice.

Tabla 17.3

Gastos x	2	3	4.5	5.5	7
Ingresos y	3	6	8	10	11

17.8 Rectas de regresión[22]

Para estudiar la influencia de la publicidad en las ventas, una empresa recopiló los datos que se muestran en la tabla 17.3. La variable x denota los gastos de publicidad, en cientos, y la variable y denota el ingreso por ventas, en miles. Si se gráfica cada pareja (x, y) de datos, el resultado se llama **diagrama de dispersión** (vea la figura 17.8(a)].

A partir de la observación de la distribución de los puntos, es razonable suponer que existe una relación aproximadamente lineal entre x y y. Con base en esto, es posible ajustar "a simple vista" una recta que aproxime los datos dados [figura 17.8(b)] y predecir un valor de y para un valor dado de x. Esta recta parece ser consistente con la tendencia de los datos, aunque igualmente podrían dibujarse otras rectas. Por desgracia, la determinación de una recta "a simple vista" no es un procedimiento muy objetivo. Se desea utilizar criterios que especifiquen lo que se llamará la recta de "mejor ajuste". Una técnica usada con frecuencia es el **método de mínimos cuadrados**.

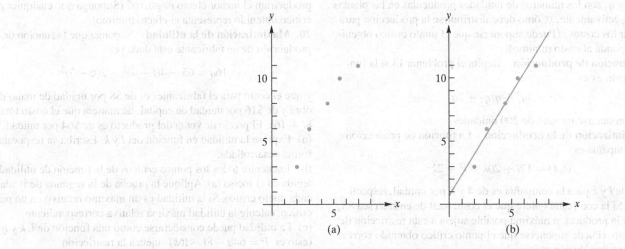

FIGURA 17.8 Diagrama de dispersión y la línea recta que aproxima los puntos de datos.

Para aplicar el método de mínimos cuadrados a los datos de la tabla 17.3, primero se supone que x y y se relacionan en una forma casi lineal y que pueden ajustarse a una línea recta

$$\widehat{y} = a + bx \tag{1}$$

---

[22]Esta sección puede omitirse sin pérdida de continuidad.

que aproxima los puntos dados si las constantes a y b se eligen adecuadamente. Para un valor dado de x en la ecuación (1), $\widehat{y}$ es el valor correspondiente predicho para y y $(x, \widehat{y})$ estará sobre la recta. El objetivo es que $\widehat{y}$ esté cerca de y.

Cuando $x = 2$, el valor observado de y es 3. El valor predicho para y se obtiene sustituyendo $x = 2$ en la ecuación (1), lo que resulta en $\widehat{y} = a + 2b$. El error de estimación, o desviación vertical del punto $(2, 3)$ con respecto a la recta, es $\widehat{y} - y$, lo cual es

$$a + 2b - 3$$

Esta desviación vertical se indica (aunque exagerada para mayor claridad) en la figura 17.9. De manera similar, la desviación vertical de $(3, 6)$ con respecto a la recta es $a + 3b - 6$, como también se ilustra. Para evitar posibles dificultades asociadas con las desviaciones positivas y negativas, se considerarán los cuadrados de las desviaciones y se formará la suma S de todos esos cuadrados para los datos dados:

$$S = (a + 2b - 3)^2 + (a + 3b - 6)^2 + (a + 4.5b - 8)^2$$
$$+ (a + 5.5b - 10)^2 + (a + 7b - 11)^2$$

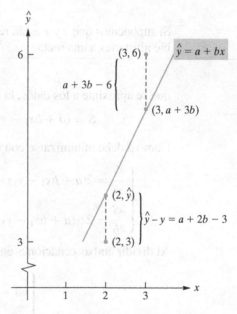

FIGURA 17.9   Desviación vertical de los puntos de datos con respecto a la recta de aproximación.

El método de mínimos cuadrados requiere que, como línea de "mejor ajuste", se elija la obtenida al seleccionar a y b de manera que minimicen S. Es posible minimizar S con respecto a a y b al resolver el sistema

$$\begin{cases} \dfrac{\partial S}{\partial a} = 0 \\ \dfrac{\partial S}{\partial b} = 0 \end{cases}$$

Se tiene

$$\frac{\partial S}{\partial a} = 2(a + 2b - 3) + 2(a + 3b - 6) + 2(a + 4.5b - 8)$$
$$+ 2(a + 5.5b - 10) + 2(a + 7b - 11) = 0$$
$$\frac{\partial S}{\partial b} = 4(a + 2b - 3) + 6(a + 3b - 6) + 9(a + 4.5b - 8)$$
$$+ 11(a + 5.5b - 10) + 14(a + 7b - 11) = 0$$

que, cuando se simplifica, resulta en

$$\begin{cases} 10a + 44b = 76 \\ 44a + 225b = 384 \end{cases}$$

Al despejar a y b, se obtiene

$$a = \frac{102}{157} \approx 0.65 \quad b = \frac{248}{157} \approx 1.58$$

A partir de los cálculos realizados para $\partial S / \partial a$ y $\partial S / \partial b$, se observa que $S_{aa} = 10 > 0$, $S_{bb} = 225$ y $S_{ab} = 44$. Así, $D = S_{aa}S_{bb} - (S_{ab})^2 = 10 \cdot 225 - 44^2 = 314 > 0$. A partir de la prueba de la segunda derivada de la sección 17.6, se deduce que S tiene un valor mínimo en el punto crítico. Por lo tanto, desde el punto de vista de mínimos cuadrados, la línea de mejor ajuste $\widehat{y} = a + bx$ es

$$\widehat{y} = 0.65 + 1.58x \tag{2}$$

Ésta es, de hecho, la recta que se muestra en la figura 17.8(b). Se llama **recta de mínimos cuadrados de y sobre x** o **recta de regresión lineal de y sobre x**. Las constantes a y b se llaman **coeficientes de regresión lineal**. Con la ecuación (2), es posible predecir que cuando $x = 5$, el valor correspondiente de y es $\widehat{y} = 0.65 + 1.58(5) = 8.55$.

De manera más general, suponga que se dan los siguientes n pares de observaciones:

$$(x_1, y_1), (x_2, y_2), \ldots, (x_n, y_n)$$

Si suponemos que x y y están relacionadas en forma aproximadamente lineal y que es posible ajustarlas a una recta

$$\widehat{y} = a + bx$$

que se aproxime a los datos, la suma de los cuadrados de los errores $\widehat{y} - y$ es

$$S = (a + bx_1 - y_1)^2 + (a + bx_2 - y_2)^2 + \cdots + (a + bx_n - y_n)^2$$

Como S debe minimizarse con respecto a a y b,

$$\begin{cases} \dfrac{\partial S}{\partial a} = 2(a + bx_1 - y_1) + 2(a + bx_2 - y_2) + \cdots + 2(a + bx_n - y_n) = 0 \\[2mm] \dfrac{\partial S}{\partial b} = 2x_1(a + bx_1 - y_1) + 2x_2(a + bx_2 - y_2) + \cdots + 2x_n(a + bx_n - y_n) = 0 \end{cases}$$

Al dividir ambas ecuaciones entre 2 y usando la notación sigma, se tiene

$$\begin{cases} na + \left(\displaystyle\sum_{i=1}^{n} x_i \right) b - \displaystyle\sum_{i=1}^{n} y_i = 0 \\[4mm] \left(\displaystyle\sum_{i=1}^{n} x_i \right) a + \left(\displaystyle\sum_{i=1}^{n} x_i^2 \right) b - \displaystyle\sum_{i=1}^{n} x_i y_i = 0 \end{cases}$$

el cual es un sistema de dos ecuaciones lineales en a y b, que se llaman *ecuaciones normales*:

$$\begin{cases} na + \left(\displaystyle\sum_{i=1}^{n} x_i \right) b = \displaystyle\sum_{i=1}^{n} y_i \\[4mm] \left(\displaystyle\sum_{i=1}^{n} x_i \right) a + \left(\displaystyle\sum_{i=1}^{n} x_i^2 \right) b = \displaystyle\sum_{i=1}^{n} x_i y_i \end{cases}$$

Por supuesto, los coeficientes no son más que simples sumas de valores obtenidos a partir de los datos observados. La solución se obtiene con facilidad usando las técnicas de la sección 3.4.

$$a = \frac{\left(\displaystyle\sum_{i=1}^{n} x_i^2 \right) \left(\displaystyle\sum_{i=1}^{n} y_i \right) - \left(\displaystyle\sum_{i=1}^{n} x_i \right) \left(\displaystyle\sum_{i=1}^{n} x_i y_i \right)}{n \displaystyle\sum_{i=1}^{n} x_i^2 - \left(\displaystyle\sum_{i=1}^{n} x_i \right)^2} \tag{3}$$

$$b = \frac{n \sum\limits_{i=1}^{n} x_i y_i - \left(\sum\limits_{i=1}^{n} x_i\right)\left(\sum\limits_{i=1}^{n} y_i\right)}{n \sum\limits_{i=1}^{n} x_i^2 - \left(\sum\limits_{i=1}^{n} x_i\right)^2} \tag{4}$$

Ahora se tiene $S_{aa} = 2n > 0$ y $D = S_{aa}S_{bb} - (S_{ab})^2 = (2n)(2 \sum x_i^2) - (2 \sum x_i)^2$, independientes de (a, b). Puede demostrarse que para x_i distintas y $n \geq 2$, $D > 0$ de manera que a y b, dadas por las ecuaciones (3) y (4), realmente minimizan S. [Por ejemplo, cuando $n = 2$, $D > 0$ es equivalente a $(x_1 - x_2)^2 > 0$, lo cual es cierto para x_1 y x_2 distintas].

Si se calculan los coeficientes de regresión lineal a y b mediante las fórmulas de las ecuaciones (3) y (4), se obtiene la recta de regresión lineal de y sobre x, a saber, $\widehat{y} = a + bx$ la cual puede usarse con el propósito de estimar y para un valor dado de x.

En el siguiente ejemplo, así como en los problemas, usted encontrará **números índice**. Éstos se usan para relacionar una variable incluida en un periodo con la misma variable incluida en otro periodo, llamado *periodo base*. Un número índice es un número *relativo* para describir datos que cambian con el tiempo. Tales datos se denominan *series de tiempo*.

Por ejemplo, considere los datos de la serie de tiempo trazada a partir de la producción total de dispositivos electrónicos en Estados Unidos, de 2002 a 2006, que se muestran en la tabla 17.4. Si elegimos 2003 como el año base y le asignamos el número índice 100, entonces los otros números se obtienen dividiendo cada producción anual entre la producción de 2003, que fue de 900, y multiplicando el resultado por 100. Por ejemplo, puede interpretarse el índice 106 para 2006 como el significado de que la producción en ese año fue de 106% con respecto a la de 2003.

Tabla 17.4

Año	Producción (en miles)	Índice (con base en 2003)
2002	828	92
2003	900	100
2004	936	104
2005	891	99
2006	954	106

En los análisis de series de tiempo, los números índice son obviamente de gran utilidad cuando los datos implican números muy grandes. Pero sin importar la magnitud de los datos, los números índice simplifican la tarea de comparar cambios en los datos a lo largo de periodos de tiempo.

EJEMPLO 1   Determinación de una recta de regresión

Por medio de la recta de regresión lineal, use los datos de la tabla siguiente para representar la tendencia del índice del total de ingresos del gobierno de Estados Unidos desde 1995 hasta 2000 ($1995 = 100$).

Año	1995	1996	1997	1998	1999	2000
Índice	100	107	117	127	135	150

Fuente: Reporte Económico del Presidente, 2001, Oficina de Prensa del Gobierno de Estados Unidos, Washington, DC, 2001.

Solución: Se denotará con x el tiempo, con y el índice y se tratará a y como una función lineal de x. Además, se designará 1995 con $x = 1$, 1996 con $x = 2$, y así sucesivamente. Hay

$n = 6$ pares de mediciones. Para determinar los coeficientes de regresión lineal usando las ecuaciones (3) y (4), se realizan primero las siguientes operaciones aritméticas:

Año	x_i	y_i	x_iy_i	x_i^2
1995	1	100	100	1
1996	2	107	214	4
1997	3	117	351	9
1998	4	127	508	16
1999	5	135	675	25
2000	6	150	900	36
Total	21	736	2748	91
	$= \displaystyle\sum_{i=1}^{6} x_i$	$= \displaystyle\sum_{i=1}^{6} y_i$	$= \displaystyle\sum_{i=1}^{6} x_iy_i$	$= \displaystyle\sum_{i=1}^{6} x_i^2$

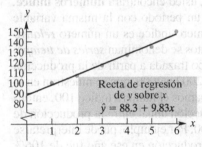

FIGURA 17.10 Recta de regresión lineal para el ingreso del gobierno.

Entonces, por la ecuación (3),

$$a = \frac{91(736) - 21(2748)}{6(91) - (21)^2} \approx 88.3$$

y, por la ecuación (4),

$$b = \frac{6(2748) - 21(736)}{6(91) - (21)^2} \approx 9.83$$

Así, la recta de regresión de y sobre x es

$$\widehat{y} = 88.3 + 9.83x$$

cuya gráfica, así como un diagrama de dispersión, se muestra en la figura 17.10.

Ahora resuelva el problema 1 ◁

TECNOLOGÍA ▮▮▮▮▮

La calculadora TI-83 tiene una función que calcula la ecuación de la recta de mínimos cuadrados para un conjunto de datos. Se ilustrará proporcionando el procedimiento para los seis puntos dados (x_i, y_i) del ejemplo 1. Después de oprimir STAT y ENTER, se introducen todos los valores de x y y. (Vea la figura 17.11).

A continuación, se oprime STAT y se desplaza hacia CALC. Por último, se presionan 8 y ENTER para obtener los resultados que se muestran en la figura 17.12. (El número $r \approx 0.99448$ se llama *coeficiente de correlación* y es una medida del grado en que se relacionan linealmente los datos dados).

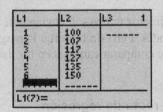

FIGURA 17.11 Datos del ejemplo 1.

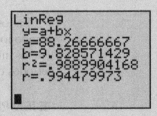

FIGURA 17.12 Ecuación de la recta de mínimos cuadrados.

PROBLEMAS 17.8 ▬▬▬▬

En esta serie de problemas, utilice una calculadora gráfica si se lo permite su profesor.

En los problemas del 1 al 4, encuentre una ecuación de la recta de regresión lineal por mínimos cuadrados de y sobre x para los datos dados y bosqueje la recta y los datos. Prediga el valor de y correspondiente a x = 3.5.

1.

x	1	2	3	4	5	6
y	1.5	2.3	2.6	3.7	4.0	4.5

2.

x	1	2	3	4	5	6	7
y	1	1.8	2	4	4.5	7	9

3.

x	2	3	4.5	5.5	7
y	3	5	8	10	11

4.

x	2	3	4	5	6	7
y	2.4	2.9	3.3	3.8	4.3	4.9

5. Demanda Una compañía encuentra que cuando el precio unitario de su producto es p, el número de unidades vendidas es q, tal como se indica en la tabla siguiente:

Precio, p	10	20	40	50	60	70
Demanda, q	75	65	56	50	42	34

Encuentre una ecuación de la recta de regresión de q sobre p.

6. Agua y rendimiento de una cosecha En una granja, un ingeniero agrónomo determina que la cantidad de agua aplicada (en pulgadas) y el rendimiento correspondiente de cierta cosecha (en toneladas por acre) son como se indica en la tabla siguiente:

Agua, x	8	16	24	32
Rendimiento, y	5.2	5.7	6.3	6.7

Encuentre una ecuación de la recta de regresión de y sobre x. Prediga y cuando x = 20.

7. Virus Un conejo fue inoculado con un virus y x horas después de que fue aplicada la inyección, se midió su temperatura y (en grados Fahrenheit).[23] Los datos están en la tabla siguiente:

Tiempo transcurrido, x	24	32	48	56
Temperatura, y	102.8	104.5	106.5	107.0

Encuentre una ecuación de la recta de regresión de y sobre x y estime la temperatura del conejo 40 horas después de la inyección.

8. Psicología En un experimento psicológico, cuatro personas se sometieron a un estímulo. Antes y después del estímulo, se midió su presión sanguínea sistólica (en milímetros de mercurio). Los datos se proporcionan en la tabla siguiente:

	Presión sanguínea			
Antes del estímulo, x	131	132	135	141
Después del estímulo, y	139	139	142	149

Encuentre una ecuación de la recta de regresión de y sobre x, donde x y y se definen en la tabla.

Para las series de tiempo de los problemas 9 y 10, ajuste una recta de regresión lineal por medio de mínimos cuadrados; esto es, encuentre una ecuación de la recta de regresión de y sobre x. En cada caso, haga corresponder el primer año de la tabla con x = 1.

9.

Producción del producto A, 2002-2006 (en miles de unidades)	
Año	**Producción**
2002	10
2003	15
2004	16
2005	18
2006	21

10. Producción industrial En la tabla siguiente, considere que x = 1 corresponde a 1975, x = 3 a 1977, y así sucesivamente:

Índice de Producción Industrial: maquinaria eléctrica (basado en 1997)	
Año	**Índice**
1975	77
1977	100
1979	126
1981	134

Fuente: Reporte Económico del Presidente, 1988, Oficina de Prensa del Gobierno de Estados Unidos, Washington, DC, 1988.

11. Embarque de computadoras
(a) Encuentre una ecuación de la recta de mínimos cuadrados de y sobre x para los siguientes datos (considere 2002 como x = 1, y así sucesivamente):

Envíos al extranjero de computadoras de la compañía de computadoras Acme (en miles)	
Año	**Cantidad**
2002	35
2003	31
2004	26
2005	24
2006	26

(b) Para los datos del inciso (a), considere 2002 como el año x = −2, 2003 como el año x = −1, 2004 como el año x = 0, y así sucesivamente. Entonces $\sum_{i=1}^{5} x_i = 0$. Ajuste una recta de mínimos cuadrados y observe cómo se simplifica el cálculo.

12. Atención médica Para la siguiente serie de tiempo, encuentre una ecuación de la recta de regresión que ajuste mejor los datos (considere a 1983 como el año x = −2, 1984 como el año x = −1, y así sucesivamente):

Índice de Precios al Consumidor: atención médica, 1983-1987 (basado en 1967)	
Año	**Índice**
1983	357
1984	380
1985	403
1986	434
1987	462

Fuente: Reporte Económico del Presidente, 1988, Oficina de Prensa del Gobierno de Estados Unidos, Washington, DC, 1988.

17.9 Integrales múltiples

Objetivo

Calcular integrales dobles y triples.

Recuerde que la integral definida de una función de una variable tiene que ver con integración sobre un *intervalo*. Existen también integrales definidas de funciones con dos variables, llamadas **integrales dobles** (definidas). Éstas involucran la integración sobre una *región* en el plano.

---

[23]R. R. Sokal y F. J. Rohlf, *Introduction to Biostatistics* (San Francisco: W. H. Freeman & Company, Publishers, 1973).

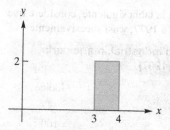

FIGURA 17.13 Región sobre la cual se evalúa $\int_0^2 \int_3^4 xy\,dx\,dy$.

Por ejemplo, el símbolo

$$\int_0^2 \int_3^4 xy\,dx\,dy = \int_0^2 \left(\int_3^4 xy\,dx \right) dy$$

es la integral doble de $f(x, y) = xy$ sobre una región determinada por los límites de integración. La región consiste en todos los puntos (x, y) incluidos en el plano xy tales que $3 \leq x \leq 4$ y $0 \leq y \leq 2$. (Vea la figura 17.13).

Una integral doble es el límite de una suma de la forma $\sum f(x, y)\,dx\,dy$, donde, en este ejemplo, los puntos (x, y) están en la región sombreada. Posteriormente se dará una interpretación geométrica de una integral doble.

Para evaluar

$$\int_0^2 \int_3^4 xy\,dx\,dy = \int_0^2 \left(\int_3^4 xy\,dx \right) dy$$

se usan integraciones sucesivas comenzando con la integral interna. Primero se evalúa

$$\int_3^4 xy\,dx$$

tratando a y como una constante e integrando con respecto a x entre los límites 3 y 4:

$$\int_3^4 xy\,dx = \left. \frac{x^2 y}{2} \right|_3^4$$

Al sustituir los límites para la variable x, se tiene

$$\frac{4^2 \cdot y}{2} - \frac{3^2 \cdot y}{2} = \frac{16y}{2} - \frac{9y}{2} = \frac{7}{2}y$$

Ahora se integra este resultado con respecto a y entre los límites 0 y 2:

$$\int_0^2 \frac{7}{2}y\,dy = \left. \frac{7y^2}{4} \right|_0^2 = \frac{7 \cdot 2^2}{4} - 0 = 7$$

Así,

$$\int_0^2 \int_3^4 xy\,dx\,dy = 7$$

Ahora se considera la integral doble

$$\int_0^1 \int_{x^3}^{x^2} (x^3 - xy)\,dy\,dx = \int_0^1 \left(\int_{x^3}^{x^2} (x^3 - xy)\,dy \right) dx$$

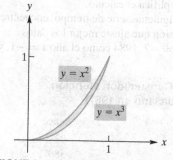

FIGURA 17.14 Región sobre la cual se evalúa $\int_0^1 \int_{x^3}^{x^2} (x^3 - xy)\,dy\,dx$.

Aquí se integra primero con respecto a y y luego con respecto a x. La región sobre la que tiene lugar la integración está constituida por todos los puntos (x, y) para los cuales $x^3 \leq y \leq x^2$ y $0 \leq x \leq 1$. (Vea la figura 17.14). Esta integral doble se evalúa tratando primero a x como constante e integrando $x^3 - xy$ con respecto a y entre x^3 y x^2, y luego se integra el resultado con respecto a x entre 0 y 1:

$$\int_0^1 \int_{x^3}^{x^2} (x^3 - xy)\,dy\,dx = \int_0^1 \left(\int_{x^3}^{x^2} (x^3 - xy)\,dy \right) dx = \int_0^1 \left. \left(x^3 y - \frac{xy^2}{2} \right) \right|_{x^3}^{x^2} dx$$

$$= \int_0^1 \left[\left(x^3(x^2) - \frac{x(x^2)^2}{2} \right) - \left(x^3(x^3) - \frac{x(x^3)^2}{2} \right) \right] dx$$

$$= \int_0^1 \left(x^5 - \frac{x^5}{2} - x^6 + \frac{x^7}{2} \right) dx = \int_0^1 \left(\frac{x^5}{2} - x^6 + \frac{x^7}{2} \right) dx$$

$$= \left. \left(\frac{x^6}{12} - \frac{x^7}{7} + \frac{x^8}{16} \right) \right|_0^1 = \left(\frac{1}{12} - \frac{1}{7} + \frac{1}{16} \right) - 0 = \frac{1}{336}$$

EJEMPLO 1   Evaluación de una integral doble

Encuentre $\displaystyle\int_{-1}^{1}\int_{0}^{1-x}(2x+1)\,dy\,dx$.

Solución: Aquí se integra primero con respecto a y y luego se integra el resultado con respecto a x:

$$\int_{-1}^{1}\int_{0}^{1-x}(2x+1)\,dy\,dx=\int_{-1}^{1}\left(\int_{0}^{1-x}(2x+1)\,dy\right)dx$$

$$=\int_{-1}^{1}(2xy+y)\Big|_{0}^{1-x}dx=\int_{-1}^{1}((2x(1-x)+(1-x))-0)\,dx$$

$$=\int_{-1}^{1}(-2x^{2}+x+1)\,dx=\left(-\frac{2x^{3}}{3}+\frac{x^{2}}{2}+x\right)\Big|_{-1}^{1}$$

$$=\left(-\frac{2}{3}+\frac{1}{2}+1\right)-\left(\frac{2}{3}+\frac{1}{2}-1\right)=\frac{2}{3}$$

Ahora resuelva el problema 9 ◁

EJEMPLO 2   Evaluación de una integral doble

Encuentre $\displaystyle\int_{1}^{\ln 2}\int_{e^{y}}^{2}dx\,dy$.

Solución: Aquí se integra primero con respecto a x y luego se integra el resultado con respecto a y:

$$\int_{1}^{\ln 2}\int_{e^{y}}^{2}dx\,dy=\int_{1}^{\ln 2}\left(\int_{e^{y}}^{2}dx\right)dy=\int_{1}^{\ln 2}x\Big|_{e^{y}}^{2}dy$$

$$=\int_{1}^{\ln 2}(2-e^{y})\,dy=(2y-e^{y})\Big|_{1}^{\ln 2}$$

$$=(2\ln 2-2)-(2-e)=2\ln 2-4+e$$

$$=\ln 4-4+e$$

Ahora resuelva el problema 13 ◁

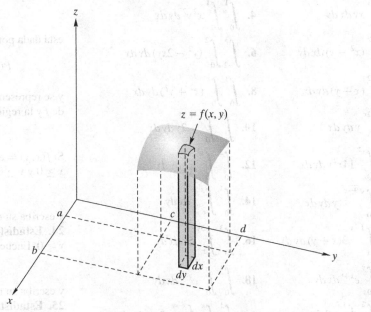

FIGURA 17.15   Interpretación de $\int_{a}^{b}\int_{c}^{d}f(x,y)\,dy\,dx$ en términos del volumen, donde $f(x,y)\geq 0$.

Una integral doble puede interpretarse en términos del volumen de una región entre el plano xy y una superficie $z=f(x,y)$ si $z\geq 0$. En la figura 17.15 aparece una región cuyo volumen será considerado. El elemento de volumen para esta región es una columna vertical con una altura aproximada de $z = f(x, y)$ y el área de su base es $dy\,dx$. Así, su volumen es aproximadamente $f(x, y)\,dy\,dx$. El volumen de toda la región puede encontrarse sumando los volúmenes de todos los elementos de este tipo para $a \leq x \leq b$ y $c \leq y \leq d$ por medio de una integral doble:

$$\text{volumen} = \int_a^b \int_c^d f(x, y)\,dy\,dx$$

Las **integrales triples** se resuelven evaluando, de manera sucesiva, tres integrales, como se muestra en el ejemplo siguiente.

EJEMPLO 3   **Evaluación de una integral triple**

Encuentre $\displaystyle\int_0^1 \int_0^x \int_0^{x-y} x\,dz\,dy\,dx$.

Solución:
$$\int_0^1 \int_0^x \int_0^{x-y} x\,dz\,dy\,dx = \int_0^1 \int_0^x \left(\int_0^{x-y} x\,dz \right) dy\,dx$$

$$= \int_0^1 \int_0^x (xz)\Big|_0^{x-y} dy\,dx = \int_0^1 \int_0^x (x(x-y) - 0)\,dy\,dx$$

$$= \int_0^1 \int_0^x (x^2 - xy)\,dy\,dx = \int_0^1 \left(\int_0^x (x^2 - xy)\,dy \right) dx$$

$$= \int_0^1 \left(x^2 y - \frac{xy^2}{2} \right)\Big|_0^x dx = \int_0^1 \left[\left(x^3 - \frac{x^3}{2} \right) - 0 \right] dx$$

$$= \int_0^1 \frac{x^3}{2}\,dx = \frac{x^4}{8}\Big|_0^1 = \frac{1}{8}$$

Ahora resuelva el problema 21 ◁

PROBLEMAS 17.9

En los problemas del 1 al 22, evalúe las integrales múltiples.

1. $\displaystyle\int_0^3 \int_0^4 x\,dy\,dx$

2. $\displaystyle\int_1^4 \int_0^3 y\,dy\,dx$

3. $\displaystyle\int_0^1 \int_0^1 xy\,dx\,dy$

4. $\displaystyle\int_0^1 \int_0^1 x^2 y^2\,dy\,dx$

5. $\displaystyle\int_1^3 \int_1^2 (x^2 - y)\,dx\,dy$

6. $\displaystyle\int_{-2}^3 \int_0^2 (y^2 - 2xy)\,dy\,dx$

7. $\displaystyle\int_0^1 \int_0^2 (x + y)\,dy\,dx$

8. $\displaystyle\int_0^3 \int_0^x (x^2 + y^2)\,dy\,dx$

9. $\displaystyle\int_2^3 \int_0^{2x} y\,dy\,dx$

10. $\displaystyle\int_1^2 \int_0^{x-1} 2y\,dy\,dx$

11. $\displaystyle\int_0^1 \int_{3x}^{x^2} 14x^2 y\,dy\,dx$

12. $\displaystyle\int_0^2 \int_0^{x^2} xy\,dy\,dx$

13. $\displaystyle\int_0^3 \int_0^{\sqrt{9-x^2}} y\,dy\,dx$

14. $\displaystyle\int_0^1 \int_{y^2}^y x\,dx\,dy$

15. $\displaystyle\int_{-1}^1 \int_x^{1-x} 3(x + y)\,dy\,dx$

16. $\displaystyle\int_0^3 \int_{y^2}^{3y} 5x\,dx\,dy$

17. $\displaystyle\int_0^1 \int_0^y e^{x+y}\,dx\,dy$

18. $\displaystyle\int_0^1 \int_0^1 e^{y-x}\,dx\,dy$

19. $\displaystyle\int_0^1 \int_0^2 \int_0^3 xy^2 z^3\,dx\,dy\,dz$

20. $\displaystyle\int_0^1 \int_0^x \int_0^{x+y} x^2\,dz\,dy\,dx$

21. $\displaystyle\int_0^1 \int_{x^2}^x \int_0^{xy} dz\,dy\,dx$

22. $\displaystyle\int_1^e \int_{\ln x}^x \int_0^y dz\,dy\,dx$

23. Estadística   En el estudio de la estadística, una función de densidad conjunta $z = f(x, y)$ definida sobre una región del plano x, y se representa mediante una superficie en el espacio. La probabilidad de que

$$a \leq x \leq b \quad \text{y} \quad c \leq y \leq d$$

está dada por

$$P(a \leq x \leq b, c \leq y \leq d) = \int_c^d \int_a^b f(x, y)\,dx\,dy$$

y se representa mediante el volumen localizado entre la gráfica de f y la región rectangular dada por

$$a \leq x \leq b \quad \text{y} \quad c \leq y \leq d$$

Si $f(x, y) = e^{-(x+y)}$ es una función de densidad conjunta, donde $x \geq 0$ y $y \geq 0$, encuentre

$$P(0 \leq x \leq 2, 1 \leq y \leq 2)$$

y escriba su respuesta en términos de e.

24. Estadística   En el problema 23, sea $f(x, y) = 6e^{-(2x+3y)}$ para x, $y \geq 0$. Encuentre

$$P(1 \leq x \leq 3, 2 \leq y \leq 4)$$

y escriba su respuesta en términos de e.

25. Estadística   En el problema 23, sea $f(x, y) = 1$, donde $0 \leq x \leq 1$ y $0 \leq y \leq 1$. Encuentre $P(x \geq 1/2, y \geq 1/3)$.

26. Estadística   En el problema 23, sea f la función de densidad uniforme $f(x, y) = 1/8$ definida en el rectángulo $0 \leq x \leq 4$, $0 \leq y \leq 2$. Determine la probabilidad de que $0 \leq x \leq 1$ y $0 \leq y \leq 1$.

Repaso del capítulo 17

Términos y símbolos importantes

Ejemplos

Resumen

Para una función de n variables, es posible considerar n derivadas parciales. Por ejemplo, si $w = f(x, y, z)$, se tienen las derivadas parciales de f con respecto a x, con respecto a y y con respecto a z, denotadas como f_x, f_y y f_z o $\partial w/\partial x$, $\partial w/\partial y$ y $\partial w/\partial z$, respectivamente. Para encontrar $f_x(x, y, z)$, se trata a y y z como constantes y se deriva a f con respecto a x de la manera usual. Las otras derivadas parciales se encuentran de manera similar. Se puede interpretar $f_x(x, y, z)$ como el cambio aproximado en w que resulta al cambiar x en una unidad mientras y y z se mantienen fijas. Existen interpretaciones similares para las otras derivadas parciales. Una función de varias variables puede estar definida implícitamente. En este caso, sus derivadas parciales se encuentran por derivación parcial implícita.

Las funciones de varias variables aparecen con frecuencia en análisis económicos y de negocios tanto como en otras áreas de estudio. Si un fabricante produce x unidades del artículo X y y unidades del artículo Y, entonces el costo total c de estas unidades es una función de x y de y denominada función de costos conjuntos. Las derivadas parciales $\partial c/\partial x$ y $\partial c/\partial y$ se llaman costos marginales con respecto a x y a y, respectivamente. Por ejemplo, puede interpretarse $\partial c/\partial x$ como el costo aproximado de producir una unidad adicional de X mientras se mantiene fijo el nivel de producción de Y.

Si se usan l unidades de mano de obra y k unidades de capital para producir P unidades de un artículo, la función $P = f(l, k)$ se llama función de producción. Las derivadas parciales de P se llaman funciones de productividad marginal.

Suponga que dos productos, A y B, son tales que la cantidad demandada de cada uno es dependiente de los precios de ambos. Si q_A y q_B son cantidades de A y B demandadas cuando los precios de A y B son p_A y p_B, respectivamente, entonces q_A y q_B son cada una funciones de p_A y p_B. Cuando $\partial q_A/\partial p_B > 0$ y $\partial q_B/\partial p_A > 0$, entonces A y B se llaman productos competitivos (o sustitutos). Cuando $\partial q_A/\partial p_B < 0$ y $\partial q_B/\partial p_A < 0$, entonces A y B se llaman productos complementarios.

Si $z = f(x, y)$, donde $x = x(r, s)$ y $y = y(r, s)$, entonces z puede considerarse como una función de r y s. Por ejemplo, para encontrar $\partial z/\partial r$, puede usarse una regla de la cadena:

$$\frac{\partial z}{\partial r} = \frac{\partial z}{\partial x}\frac{\partial x}{\partial r} + \frac{\partial z}{\partial y}\frac{\partial y}{\partial r}$$

Una derivada parcial de una función de n variables es en sí misma una función de n variables. Al tomar derivadas parciales sucesivas de derivadas parciales, se obtienen derivadas parciales de orden superior. Por ejemplo, si f es una función de x y y, entonces f_{xy} denota la derivada parcial de f_x con respecto a y; f_{xy} se llama segunda derivada parcial de f, primero con respecto a x y luego con respecto a y.

Si la función $f(x, y)$ tiene un extremo relativo en (a, b), entonces (a, b) debe ser una solución del sistema

$$\begin{cases} f_x(x, y) = 0 \\ f_y(x, y) = 0 \end{cases}$$

Cualquier solución de este sistema se llama punto crítico de f. Así, los puntos críticos son aquellos candidatos en los cuales un extremo relativo puede presentarse. La prueba de la segunda derivada para funciones de dos variables proporciona las condiciones bajo las cuales un punto crítico corresponde a un máximo relativo o a un mínimo relativo. La prueba establece que si (a, b) es un punto crítico de f y

$$D(x, y) = f_{xx}(x, y)f_{yy}(x, y) - [f_{xy}(x, y)]^2$$

entonces

1. Si $D(a, b) > 0$ y $f_{xx}(a, b) < 0$, entonces f tiene un máximo relativo en (a, b);
2. si $D(a, b) > 0$ y $f_{xx}(a, b) > 0$, entonces f tiene un mínimo relativo en (a, b);
3. si $D(a, b) < 0$, entonces f tiene un punto silla en (a, b);
4. si $D(a, b) = 0$, no puede obtenerse ninguna conclusión sobre los extremos en (a, b) y entonces se requiere de un análisis adicional.

Para encontrar los puntos críticos de una función de varias variables sujetas a una restricción, es posible usar el método de los multiplicadores de Lagrange. Por ejemplo, para encontrar los puntos críticos de $f(x, y, z)$ sujeta a la restricción $g(x, y, z) = 0$, primero se forma la función

$$F(x, y, z, \lambda) = f(x, y, z) - \lambda g(x, y, z)$$

Al resolver el sistema

$$\begin{cases} F_x = 0 \\ F_y = 0 \\ F_z = 0 \\ F_\lambda = 0 \end{cases}$$

se obtienen los puntos críticos de F. Si (a, b, c, λ_0) es uno de esos puntos críticos, entonces (a, b, c) es un punto crítico de f sujeta a la restricción. Es importante escribir la restricción en la forma $g(x, y, z) = 0$. Por ejemplo, si la restricción es $2x + 3y - z = 4$, entonces $g(x, y, z) = 2x + 3y - z - 4$. Si $f(x, y, z)$ está sujeta a dos restricciones, $g_1(x, y, z) = 0$ y $g_2(x, y, z) = 0$, entonces se forma la función $F = f - \lambda_1 g_1 - \lambda_2 g_2$ y se resuelve el sistema

$$\begin{cases} F_x = 0 \\ F_y = 0 \\ F_z = 0 \\ F_{\lambda_1} = 0 \\ F_{\lambda_2} = 0 \end{cases}$$

Algunas veces los datos de muestra obtenidos para dos variables, digamos x y y, pueden estar relacionados de manera que la relación sea aproximadamente lineal. Cuando se dan los puntos (x_i, y_i), donde $i = 1, 2, 3, \ldots, n$, éstos pueden ajustarse a una línea recta que los aproxime. Tal línea es la recta de regresión lineal de y sobre x, la cual está dada por

$$\widehat{y} = a + bx$$

donde

$$a = \frac{\left(\sum_{i=1}^{n} x_i^2\right)\left(\sum_{i=1}^{n} y_i\right) - \left(\sum_{i=1}^{n} x_i\right)\left(\sum_{i=1}^{n} x_i y_i\right)}{n\sum_{i=1}^{n} x_i^2 - \left(\sum_{i=1}^{n} x_i\right)^2}$$

y

$$b = \frac{n\sum_{i=1}^{n} x_i y_i - \left(\sum_{i=1}^{n} x_i\right)\left(\sum_{i=1}^{n} y_i\right)}{n\sum_{i=1}^{n} x_i^2 - \left(\sum_{i=1}^{n} x_i\right)^2}$$

Los valores $\widehat{y}$ pueden usarse con el propósito de predecir los valores de y para valores dados de x.

Al trabajar con funciones de varias variables es posible considerar sus integrales múltiples. Éstas se determinan por integración sucesiva. Por ejemplo, la integral doble

$$\int_1^2 \int_0^y (x + y)\,dx\,dy$$

se determina tratando primero a y como una constante e integrando $x + y$ con respecto a x. Después de evaluarla entre los límites 0 y y, se integra ese resultado con respecto a y entre $y = 1$ y $y = 2$. Así,

$$\int_1^2 \int_0^y (x + y)\,dx\,dy = \int_1^2 \left(\int_0^y (x + y)\,dx\right) dy$$

Las integrales triples implican funciones de tres variables y también se evalúan por integración sucesiva.

Problemas de repaso

En los problemas del 1 al 12, encuentre las derivadas parciales indicadas.

1. $f(x, y) = \ln(x^2 + y^2)$; $f_x(x, y), f_y(x, y)$

2. $P = l^3 + k^3 - lk$; $\partial P/\partial l, \partial P/\partial k$

3. $z = \dfrac{x}{x + y}$; $\dfrac{\partial z}{\partial x}, \dfrac{\partial z}{\partial y}$

4. $f(p_A, p_B) = 4(p_A - 10) + 5(p_B - 15)$; $f_{p_B}(p_A, p_B)$

5. $f(x, y) = \ln\sqrt{x^2 + y^2}$; $\dfrac{\partial}{\partial y}[f(x, y)]$

6. $w = \sqrt{x^2 + y^2}$; $\dfrac{\partial w}{\partial y}$ **7.** $w = e^{x^2 yz}$; $w_{xy}(x, y, z)$

8. $f(x, y) = xy \ln(xy); \quad f_{xy}(x, y)$

9. $f(x, y, z) = (x + y + z)(x^2 + y^2 + z^2); \quad \dfrac{\partial^2}{\partial z^2}(f(x, y, z))$

10. $z = (x^2 - y)(y^2 - 2xy); \quad \partial^2 z/\partial y^2$

11. $w = e^{x+y+z} \ln(xyz); \quad \partial^3 w/\partial z \partial y \partial x$

12. $P = 100 l^{0.11} k^{0.89}; \quad \partial^2 P/\partial k \partial l$

13. Si $f(x, y, z) = \dfrac{x + y}{xz}$, encuentre $f_{xyz}(2, 7, 4)$

14. Si $f(x, y, z) = (6x + 1)e^{y^2 \ln(z+1)}$, encuentre $f_{xyz}(0, 1, 0)$

15. Si $w = x^2 + 2xy + 3y^2, x = e^r$ y $y = \ln(r + s)$, encuentre $\partial w/\partial r$ y $\partial w/\partial s$.

16. Si $z = \ln(x/y), x = r^2 + s^2$ y $y = (r + s)^2$, encuentre $\partial z/\partial r - \partial z/\partial s$.

17. Si $x^2 + 2xy - 2z^2 + xz + 2 = 0$, encuentre $\partial z/\partial x$.

18. Si $z^2 + \ln(yz) + \ln z + x + z = 0$, encuentre $\partial z/\partial y$.

[24]**19. Función de producción**   Si la función de producción de un fabricante está definida por $P = 20 l^{0.7} k^{0.3}$, determine las funciones de productividad marginal.

[24]**20. Función de costos conjuntos**   El costo de un fabricante por producir x unidades del artículo X y y unidades del artículo Y está dado por

$$c = 3x + 0.05xy + 9y + 500$$

Determine el costo marginal (parcial) con respecto a x cuando $x = 50$ y $y = 100$.

[24]**21. Productos competitivos/complementarios**   Si $q_A = 100 - p_A + 2p_B$ y $q_B = 150 - 3p_A - 2p_B$, donde q_A y q_B son las unidades demandadas de los productos A y B, respectivamente, y p_A y p_B son sus precios por unidad respectivos, determine si A y B son productos competitivos, productos complementarios o de ninguno de los dos tipos.

[24]**22. Innovación**   Para la industria, el modelo siguiente describe la tasa α (letra griega "alfa") a la que una innovación sustituye un proceso establecido:[25]

$$\alpha = Z + 0.530P - 0.027S$$

Aquí, Z es una constante que depende de la industria particular considerada, P un índice de rentabilidad de la innovación y S un índice de la magnitud de la inversión necesaria para hacer uso de la innovación. Encuentre $\partial\alpha/\partial P$ y $\partial\alpha/\partial S$.

23. Analice $f(x, y) = x^2 + 2y^2 - 2xy - 4y + 3$ en relación con sus extremos relativos.

24. Analice $f(w, z) = 2w^3 + 2z^3 - 6wz + 7$ en relación con sus extremos relativos.

25. Minimización de material   Una caja rectangular de cartón, sin tapa, debe tener un volumen de 32 pies cúbicos. Encuentre las dimensiones de la caja de manera que la cantidad de cartón usada sea mínima.

26. La función

$$f(x, y) = ax^2 + by^2 + cxy - x + y$$

tiene un punto crítico en $(x, y) = (0, 1)$ y la prueba de la segunda derivada no es concluyente en este punto. Determine los valores de las constantes a, b y c.

27. Maximización de la utilidad   Una granja produce dos tipos de queso, A y B, a un costo promedio constante de 50 y 60 centavos por libra, respectivamente. Cuando el precio de venta por libra de A es p_A centavos y el de B es p_B centavos, las demandas respectivas (en libras) para A y B son

$$q_A = 250(p_B - p_A)$$

y

$$q_B = 32\,000 + 250(p_A - 2p_B)$$

Encuentre los precios de venta que dan una utilidad máxima relativa. Verifique si la utilidad tiene un máximo relativo con esos precios.

28. Encuentre todos los puntos críticos de $f(x, y, z) = xy^2 z$, sujeta a la condición de que

$$x + y + z - 1 = 0 \quad (xyz \neq 0)$$

29. Encuentre todos los puntos críticos de $f(x, y, z) = x^2 + y^2 + z^2$, con la restricción de que $3x + 2y + z = 14$.

30. Sobrevivencia a una infección   En un experimento,[26] un grupo de peces fueron inoculados con bacterias vivas. De aquellos peces que se mantuvieron a 28 °C, el porcentaje p de los que sobrevivieron a la infección t horas después de inyectados se da en la tabla siguiente:

t	8	10	18	20	48
p	82	79	78	78	64

Encuentre la recta de regresión lineal de p sobre t.

31. Gastos en equipo   Encuentre la recta de regresión lineal por mínimos cuadrados de y sobre x para los datos dados en la tabla siguiente (considere 1993 como el año $x = 1$, etcétera):

Gastos en equipo de una compañía de computadoras, 1993-1998 (en millones)	
Año	Gastos
1993	15
1994	22
1995	21
1996	26
1997	27
1998	34

En los problemas del 32 al 35, evalúe las integrales dobles.

32. $\displaystyle\int_1^2 \int_0^y x^2 y^2 \, dx \, dy$ **33.** $\displaystyle\int_0^1 \int_0^{y^2} xy \, dx \, dy$

34. $\displaystyle\int_1^4 \int_{x^2}^{2x} y \, dy \, dx$ **35.** $\displaystyle\int_0^1 \int_{\sqrt{x}}^{x^2} 7(x^2 + 2xy - 3y^2) \, dy \, dx$

---

[24]Los problemas del 19 al 22 se refieren a las secciones 17.3 o 17.5.

[25]A. P. Hurter, Jr., A. H. Rubenstein *et al.*, "Market Penetration by New Innovations: The Technological Literature", *Technological Forecasting and Social Change*, 11 (1978), pp. 197-221.

[26]J. B. Covert y W. W. Reynolds, "Survival Value of Fever in Fish", *Nature*, 267, núm. 5606 (1977), pp. 43-45.

EXPLORE Y AMPLÍE   Análisis de datos para modelar el enfriamiento[27]

En el capítulo 15 se trabajó con la ley de Newton para el enfriamiento, la cual puede usarse para describir la temperatura de un cuerpo al enfriarse en función del tiempo. Aquí se determinará esa relación de manera empírica por medio del análisis de datos. Esto ilustrará cómo se diseñan los modelos matemáticos en muchas situaciones reales.

Suponga que usted quiere crear un modelo matemático acerca del enfriamiento de té caliente después de ponerlo en un refrigerador. Para ello, coloca una jarra de té caliente y un termómetro en un refrigerador y, en forma periódica, lee y registra la temperatura del té. La tabla 17.5 proporciona los datos obtenidos, donde T es la temperatura en grados Fahrenheit t minutos después de que se colocó la jarra en el refrigerador. En un inicio, esto es, en $t = 0$, la temperatura es de 124 °F; cuando $t = 391$, $T = 47$ °F. Después de haber estado en el refrigerador toda la noche, la temperatura es de 45 °F. En la figura 17.16, se presenta una gráfica de los puntos de datos (t, T) desde $t = 0$ hasta $t = 391$.

Tabla 17.5

Tiempo t	Temperatura T	Tiempo t	Temperatura T
0 min	124 °F	128 min	64 °F
5	118	144	62
10	114	178	59
16	109	208	55
20	106	244	51
35	97	299	50
50	89	331	49
65	82	391	47
85	74	Toda la noche	45

El patrón de estos puntos sugiere fuertemente que se encuentran muy cerca de la gráfica de una función exponencial decreciente, como la que se muestra en la figura 17.16. En particular, dado que la temperatura después de una noche es de 45 °F, esta función exponencial debería tener $T = 45$ como asíntota horizontal. Tal función tiene la forma

$$\widehat{T} = Ce^{at} + 45 \qquad (1)$$

donde $\widehat{T}$ da la temperatura predicha en el tiempo t y C y a son constantes con $a < 0$. (Observe que como $a < 0$, entonces cuando $t \to \infty$, se tiene $Ce^{at} \to 0$, por lo que $Ce^{at} + 45 \to 45$).

Ahora el problema es encontrar los valores de C y a tales que la curva dada por la ecuación (1) se ajuste a los datos de la mejor manera. Al escribir la ecuación (1) como

$$\widehat{T} - 45 = Ce^{at}$$

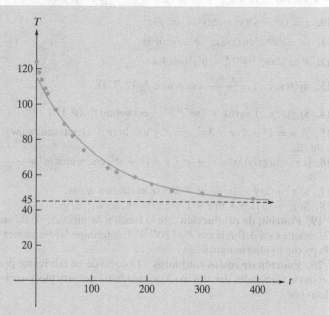

FIGURA 17.16   Puntos de datos y aproximación exponencial.

y al obtener después los logaritmos naturales en ambos lados, resulta una forma lineal:

$$\ln(\widehat{T} - 45) = \ln(Ce^{at})$$
$$\ln(\widehat{T} - 45) = \ln C + \ln e^{at}$$
$$\ln(\widehat{T} - 45) = \ln C + at \qquad (2)$$

Al hacer $\widehat{T}_l = \ln(\widehat{T} - 45)$, la ecuación (2) se convierte en

$$\widehat{T}_l = at + \ln C \qquad (3)$$

Como a y $\ln C$ son constantes, la ecuación (3) es una ecuación lineal en $\widehat{T}_l$ y t. Esto significa que para los datos originales, si se grafican los puntos $(t, \ln(T - 45))$, deberán estar cerca de una línea recta. Esos puntos se muestran en la figura 17.17, donde T_l representa $\ln(T - 45)$. Así, para la recta dada por la ecuación (3) que predice $T_l = \ln(T - 45)$, se puede suponer que es la recta de regresión lineal de T_l sobre t. Esto es, a y $\ln C$ son los coeficientes de la regresión lineal. Si se utilizan las fórmulas para esos coeficientes y una calculadora, es posible determinar que

$$a = \frac{17\left(\sum_{i=1}^{17} t_i T_{l_i}\right) - \left(\sum_{i=1}^{17} t_i\right)\left(\sum_{i=1}^{17} T_{l_i}\right)}{17\left(\sum_{i=1}^{17} t_i^2\right) - \left(\sum_{i=1}^{17} t_i\right)^2} \approx -0.00921$$

---

[27]Adaptado de Gloria Barrett, Dot Doyle y Dan Teague, "Using Data Analysis in Precalculus to Model Cooling", *The Mathematics Teacher*, 81, núm. 8 (noviembre de 1988), pp. 680-684. Con autorización del National Council of Teachers of Mathematics.

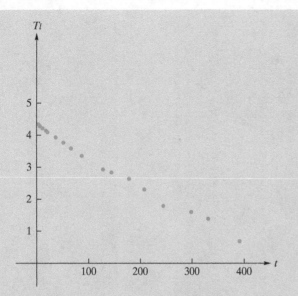

FIGURA 17.17   Los puntos (t, T_l), donde $T_l = \ln (T - 45)$, se encuentran aproximadamente sobre una línea recta.

y

$$\ln C = \frac{\left(\sum_{i=1}^{17} t_i^2\right)\left(\sum_{i=1}^{17} T_{l_i}\right) - \left(\sum_{i=1}^{17} t_i\right)\left(\sum_{i=1}^{17} t_i T_{l_i}\right)}{17\left(\sum_{i=1}^{17} t_i^2\right) - \left(\sum_{i=1}^{17} t_i\right)^2}$$

$$\approx 4.260074$$

Como $\ln C \approx 4.260074$, entonces $C \approx e^{4.260074} \approx 70.82$. Así, de la ecuación (1),

$$\widehat{T} = 70.82 e^{-0.00921t} + 45$$

el cual es un modelo que predice la temperatura de enfriamiento del té. La gráfica de esta función es la curva que se muestra en la figura 17.16.

Problemas

1. Grafique los siguientes puntos de datos sobre un plano coordenado xy:

x	0	1	4	7	10
y	15	12	9	7	6

Suponga que esos puntos se encuentran aproximadamente sobre la gráfica de una función exponencial decreciente con asíntota horizontal $y = 5$. Use el procedimiento analizado en esta sección de Explore y amplíe para determinar la función.

2. Suponga que ciertos datos observados siguen una relación dada por $y = C/x^r$, donde $x, y, C > 0$. Tome logaritmos naturales en ambos lados de la ecuación y demuestre que $\ln x$ y $\ln y$ están relacionados de manera lineal. Así, los puntos $(\ln x, \ln y)$ se encuentran sobre una línea recta.

3. Use la ley de enfriamiento de Newton (vea la sección 15.6) y los puntos $(0, 124)$ y $(128, 64)$ para determinar la temperatura T del té estudiada en esta sección de Explore y amplíe en el tiempo t. Suponga que la temperatura del medio ambiente es de 45 °F.

4. Trate de obtener la ecuación final de regresión obtenida en esta sección de Explore y amplíe usando la función de regresión de una calculadora gráfica. Primero utilice regresión lineal. ¿Cómo es su resultado comparado con el de esta sección? Después trate de omitir la transformación a la forma lineal y realice una regresión exponencial. ¿Qué dificultades encuentra, en caso de tenerlas? ¿Cómo superaría tales dificultades?

APÉNDICE A

Tablas de interés compuesto

		$r = 0.005$		
n	$(1+r)^n$	$(1+r)^{-n}$	$a_{\overline{n}|r}$	$s_{\overline{n}|r}$
1	1.005000	0.995025	0.995025	1.000000
2	1.010025	0.990075	1.985099	2.005000
3	1.015075	0.985149	2.970248	3.015025
4	1.020151	0.980248	3.950496	4.030100
5	1.025251	0.975371	4.925866	5.050251
6	1.030378	0.970518	5.896384	6.075502
7	1.035529	0.965690	6.862074	7.105879
8	1.040707	0.960885	7.822959	8.141409
9	1.045911	0.956105	8.779064	9.182116
10	1.051140	0.951348	9.730412	10.228026
11	1.056396	0.946615	10.677027	11.279167
12	1.061678	0.941905	11.618932	12.335562
13	1.066986	0.937219	12.556151	13.397240
14	1.072321	0.932556	13.488708	14.464226
15	1.077683	0.927917	14.416625	15.536548
16	1.083071	0.923300	15.339925	16.614230
17	1.088487	0.918707	16.258632	17.697301
18	1.093929	0.914136	17.172768	18.785788
19	1.099399	0.909588	18.082356	19.879717
20	1.104896	0.905063	18.987419	20.979115
21	1.110420	0.900560	19.887979	22.084011
22	1.115972	0.896080	20.784059	23.194431
23	1.121552	0.891622	21.675681	24.310403
24	1.127160	0.887186	22.562866	25.431955
25	1.132796	0.882772	23.445638	26.559115
26	1.138460	0.878380	24.324018	27.691911
27	1.144152	0.874010	25.198028	28.830370
28	1.149873	0.869662	26.067689	29.974522
29	1.155622	0.865335	26.933024	31.124395
30	1.161400	0.861030	27.794054	32.280017
31	1.167207	0.856746	28.650800	33.441417
32	1.173043	0.852484	29.503284	34.608624
33	1.178908	0.848242	30.351526	35.781667
34	1.184803	0.844022	31.195548	36.960575
35	1.190727	0.839823	32.035371	38.145378
36	1.196681	0.835645	32.871016	39.336105
37	1.202664	0.831487	33.702504	40.532785
38	1.208677	0.827351	34.529854	41.735449
39	1.214721	0.823235	35.353089	42.944127
40	1.220794	0.819139	36.172228	44.158847
41	1.226898	0.815064	36.987291	45.379642
42	1.233033	0.811009	37.798300	46.606540
43	1.239198	0.806974	38.605274	47.839572
44	1.245394	0.802959	39.408232	49.078770
45	1.251621	0.798964	40.207196	50.324164
46	1.257879	0.794989	41.002185	51.575785
47	1.264168	0.791034	41.793219	52.833664
48	1.270489	0.787098	42.580318	54.097832
49	1.276842	0.783182	43.363500	55.368321
50	1.283226	0.779286	44.142786	56.645163

		$r = 0.0075$		
n	$(1+r)^n$	$(1+r)^{-n}$	$a_{\overline{n}|r}$	$s_{\overline{n}|r}$
1	1.007500	0.992556	0.992556	1.000000
2	1.015056	0.985167	1.977723	2.007500
3	1.022669	0.977833	2.955556	3.022556
4	1.030339	0.970554	3.926110	4.045225
5	1.038067	0.963329	4.889440	5.075565
6	1.045852	0.956158	5.845598	6.113631
7	1.053696	0.949040	6.794638	7.159484
8	1.061599	0.941975	7.736613	8.213180
9	1.069561	0.934963	8.671576	9.274779
10	1.077583	0.928003	9.599580	10.344339
11	1.085664	0.921095	10.520675	11.421922
12	1.093807	0.914238	11.434913	12.507586
13	1.102010	0.907432	12.342345	13.601393
14	1.110276	0.900677	13.243022	14.703404
15	1.118603	0.893973	14.136995	15.813679
16	1.126992	0.887318	15.024313	16.932282
17	1.135445	0.880712	15.905025	18.059274
18	1.143960	0.874156	16.779181	19.194718
19	1.152540	0.867649	17.646830	20.338679
20	1.161184	0.861190	18.508020	21.491219
21	1.169893	0.854779	19.362799	22.652403
22	1.178667	0.848416	20.211215	23.822296
23	1.187507	0.842100	21.053315	25.000963
24	1.196414	0.835831	21.889146	26.188471
25	1.205387	0.829609	22.718755	27.384884
26	1.214427	0.823434	23.542189	28.590271
27	1.223535	0.817304	24.359493	29.804698
28	1.232712	0.811220	25.170713	31.028233
29	1.241957	0.805181	25.975893	32.260945
30	1.251272	0.799187	26.775080	33.502902
31	1.260656	0.793238	27.568318	34.754174
32	1.270111	0.787333	28.355650	36.014830
33	1.279637	0.781472	29.137122	37.284941
34	1.289234	0.775654	29.912776	38.564578
35	1.298904	0.769880	30.682656	39.853813
36	1.308645	0.764149	31.446805	41.152716
37	1.318460	0.758461	32.205266	42.461361
38	1.328349	0.752814	32.958080	43.779822
39	1.338311	0.747210	33.705290	45.108170
40	1.348349	0.741648	34.446938	46.446482
41	1.358461	0.736127	35.183065	47.794830
42	1.368650	0.730647	35.913713	49.153291
43	1.378915	0.725208	36.638921	50.521941
44	1.389256	0.719810	37.358730	51.900856
45	1.399676	0.714451	38.073181	53.290112
46	1.410173	0.709133	38.782314	54.689788
47	1.420750	0.703854	39.486168	56.099961
48	1.431405	0.698614	40.184782	57.520711
49	1.442141	0.693414	40.878195	58.952116
50	1.452957	0.688252	41.566447	60.394257

		$r = 0.01$		
n	$(1+r)^n$	$(1+r)^{-n}$	$a_{\overline{n}|r}$	$s_{\overline{n}|r}$
1	1.010000	0.990099	0.990099	1.000000
2	1.020100	0.980296	1.970395	2.010000
3	1.030301	0.970590	2.940985	3.030100
4	1.040604	0.960980	3.901966	4.060401
5	1.051010	0.951466	4.853431	5.101005
6	1.061520	0.942045	5.795476	6.152015
7	1.072135	0.932718	6.728195	7.213535
8	1.082857	0.923483	7.651678	8.285671
9	1.093685	0.914340	8.566018	9.368527
10	1.104622	0.905287	9.471305	10.462213
11	1.115668	0.896324	10.367628	11.566835
12	1.126825	0.887449	11.255077	12.682503
13	1.138093	0.878663	12.133740	13.809328
14	1.149474	0.869963	13.003703	14.947421
15	1.160969	0.861349	13.865053	16.096896
16	1.172579	0.852821	14.717874	17.257864
17	1.184304	0.844377	15.562251	18.430443
18	1.196147	0.836017	16.398269	19.614748
19	1.208109	0.827740	17.226008	20.810895
20	1.220190	0.819544	18.045553	22.019004
21	1.232392	0.811430	18.856983	23.239194
22	1.244716	0.803396	19.660379	24.471586
23	1.257163	0.795442	20.455821	25.716302
24	1.269735	0.787566	21.243387	26.973465
25	1.282432	0.779768	22.023156	28.243200
26	1.295256	0.772048	22.795204	29.525631
27	1.308209	0.764404	23.559608	30.820888
28	1.321291	0.756836	24.316443	32.129097
29	1.334504	0.749342	25.065785	33.450388
30	1.347849	0.741923	25.807708	34.784892
31	1.361327	0.734577	26.542285	36.132740
32	1.374941	0.727304	27.269589	37.494068
33	1.388690	0.720103	27.989693	38.869009
34	1.402577	0.712973	28.702666	40.257699
35	1.416603	0.705914	29.408580	41.660276
36	1.430769	0.698925	30.107505	43.076878
37	1.445076	0.692005	30.799510	44.507647
38	1.459527	0.685153	31.484663	45.952724
39	1.474123	0.678370	32.163033	47.412251
40	1.488864	0.671653	32.834686	48.886373
41	1.503752	0.665003	33.499689	50.375237
42	1.518790	0.658419	34.158108	51.878989
43	1.533978	0.651900	34.810008	53.397779
44	1.549318	0.645445	35.455454	54.931757
45	1.564811	0.639055	36.094508	56.481075
46	1.580459	0.632728	36.727236	58.045885
47	1.596263	0.626463	37.353699	59.626344
48	1.612226	0.620260	37.973959	61.222608
49	1.628348	0.614119	38.588079	62.834834
50	1.644632	0.608039	39.196118	64.463182

		$r = 0.0125$		
n	$(1+r)^n$	$(1+r)^{-n}$	$a_{\overline{n}|r}$	$s_{\overline{n}|r}$
1	1.012500	0.987654	0.987654	1.000000
2	1.025156	0.975461	1.963115	2.012500
3	1.037971	0.963418	2.926534	3.037656
4	1.050945	0.951524	3.878058	4.075627
5	1.064082	0.939777	4.817835	5.126572
6	1.077383	0.928175	5.746010	6.190654
7	1.090850	0.916716	6.662726	7.268038
8	1.104486	0.905398	7.568124	8.358888
9	1.118292	0.894221	8.462345	9.463374
10	1.132271	0.883181	9.345526	10.581666
11	1.146424	0.872277	10.217803	11.713937
12	1.160755	0.861509	11.079312	12.860361
13	1.175264	0.850873	11.930185	14.021116
14	1.189955	0.840368	12.770553	15.196380
15	1.204829	0.829993	13.600546	16.386335
16	1.219890	0.819746	14.420292	17.591164
17	1.235138	0.809626	15.229918	18.811053
18	1.250577	0.799631	16.029549	20.046192
19	1.266210	0.789759	16.819308	21.296769
20	1.282037	0.780009	17.599316	22.562979
21	1.298063	0.770379	18.369695	23.845016
22	1.314288	0.760868	19.130563	25.143078
23	1.330717	0.751475	19.882037	26.457367
24	1.347351	0.742197	20.624235	27.788084
25	1.364193	0.733034	21.357269	29.135435
26	1.381245	0.723984	22.081253	30.499628
27	1.398511	0.715046	22.796299	31.880873
28	1.415992	0.706219	23.502518	33.279384
29	1.433692	0.697500	24.200018	34.695377
30	1.451613	0.688889	24.888906	36.129069
31	1.469759	0.680384	25.569290	37.580682
32	1.488131	0.671984	26.241274	39.050441
33	1.506732	0.663688	26.904962	40.538571
34	1.525566	0.655494	27.560456	42.045303
35	1.544636	0.647402	28.207858	43.570870
36	1.563944	0.639409	28.847267	45.115505
37	1.583493	0.631515	29.478783	46.679449
38	1.603287	0.623719	30.102501	48.262942
39	1.623328	0.616019	30.718520	49.866229
40	1.643619	0.608413	31.326933	51.489557
41	1.664165	0.600902	31.927835	53.133177
42	1.684967	0.593484	32.521319	54.797341
43	1.706029	0.586157	33.107475	56.482308
44	1.727354	0.578920	33.686395	58.188337
45	1.748946	0.571773	34.258168	59.915691
46	1.770808	0.564714	34.822882	61.664637
47	1.792943	0.557742	35.380624	63.435445
48	1.815355	0.550856	35.931481	65.228388
49	1.838047	0.544056	36.475537	67.043743
50	1.861022	0.537339	37.012876	68.881790

		$r = 0.015$		
n	$(1+r)^n$	$(1+r)^{-n}$	$a_{\overline{n}|r}$	$s_{\overline{n}|r}$
1	1.015000	0.985222	0.985222	1.000000
2	1.030225	0.970662	1.955883	2.015000
3	1.045678	0.956317	2.912200	3.045225
4	1.061364	0.942184	3.854385	4.090903
5	1.077284	0.928260	4.782645	5.152267
6	1.093443	0.914542	5.697187	6.229551
7	1.109845	0.901027	6.598214	7.322994
8	1.126493	0.887711	7.485925	8.432839
9	1.143390	0.874592	8.360517	9.559332
10	1.160541	0.861667	9.222185	10.702722
11	1.177949	0.848933	10.071118	11.863262
12	1.195618	0.836387	10.907505	13.041211
13	1.213552	0.824027	11.731532	14.236830
14	1.231756	0.811849	12.543382	15.450382
15	1.250232	0.799852	13.343233	16.682138
16	1.268986	0.788031	14.131264	17.932370
17	1.288020	0.776385	14.907649	19.201355
18	1.307341	0.764912	15.672561	20.489376
19	1.326951	0.753607	16.426168	21.796716
20	1.346855	0.742470	17.168639	23.123667
21	1.367058	0.731498	17.900137	24.470522
22	1.387564	0.720688	18.620824	25.837580
23	1.408377	0.710037	19.330861	27.225144
24	1.429503	0.699544	20.030405	28.633521
25	1.450945	0.689206	20.719611	30.063024
26	1.472710	0.679021	21.398632	31.513969
27	1.494800	0.668986	22.067617	32.986678
28	1.517222	0.659099	22.726717	34.481479
29	1.539981	0.649359	23.376076	35.998701
30	1.563080	0.639762	24.015838	37.538681
31	1.586526	0.630308	24.646146	39.101762
32	1.610324	0.620993	25.267139	40.688288
33	1.634479	0.611816	25.878954	42.298612
34	1.658996	0.602774	26.481728	43.933092
35	1.683881	0.593866	27.075595	45.592088
36	1.709140	0.585090	27.660684	47.275969
37	1.734777	0.576443	28.237127	48.985109
38	1.760798	0.567924	28.805052	50.719885
39	1.787210	0.559531	29.364583	52.480684
40	1.814018	0.551262	29.915845	54.267894
41	1.841229	0.543116	30.458961	56.081912
42	1.868847	0.535089	30.994050	57.923141
43	1.896880	0.527182	31.521232	59.791988
44	1.925333	0.519391	32.040622	61.688868
45	1.954213	0.511715	32.552337	63.614201
46	1.983526	0.504153	33.056490	65.568414
47	2.013279	0.496702	33.553192	67.551940
48	2.043478	0.489362	34.042554	69.565219
49	2.074130	0.482130	34.524683	71.608698
50	2.105242	0.475005	34.999688	73.682828

		$r = 0.02$		
n	$(1+r)^n$	$(1+r)^{-n}$	$a_{\overline{n}|r}$	$s_{\overline{n}|r}$
1	1.020000	0.980392	0.980392	1.000000
2	1.040400	0.961169	1.941561	2.020000
3	1.061208	0.942322	2.883883	3.060400
4	1.082432	0.923845	3.807729	4.121608
5	1.104081	0.905731	4.713460	5.204040
6	1.126162	0.887971	5.601431	6.308121
7	1.148686	0.870560	6.471991	7.434283
8	1.171659	0.853490	7.325481	8.582969
9	1.195093	0.836755	8.162237	9.754628
10	1.218994	0.820348	8.982585	10.949721
11	1.243374	0.804263	9.786848	12.168715
12	1.268242	0.788493	10.575341	13.412090
13	1.293607	0.773033	11.348374	14.680332
14	1.319479	0.757875	12.106249	15.973938
15	1.345868	0.743015	12.849264	17.293417
16	1.372786	0.728446	13.577709	18.639285
17	1.400241	0.714163	14.291872	20.012071
18	1.428246	0.700159	14.992031	21.412312
19	1.456811	0.686431	15.678462	22.840559
20	1.485947	0.672971	16.351433	24.297370
21	1.515666	0.659776	17.011209	25.783317
22	1.545980	0.646839	17.658048	27.298984
23	1.576899	0.634156	18.292204	28.844963
24	1.608437	0.621721	18.913926	30.421862
25	1.640606	0.609531	19.523456	32.030300
26	1.673418	0.597579	20.121036	33.670906
27	1.706886	0.585862	20.706898	35.344324
28	1.741024	0.574375	21.281272	37.051210
29	1.775845	0.563112	21.844385	38.792235
30	1.811362	0.552071	22.396456	40.568079
31	1.847589	0.541246	22.937702	42.379441
32	1.884541	0.530633	23.468335	44.227030
33	1.922231	0.520229	23.988564	46.111570
34	1.960676	0.510028	24.498592	48.033802
35	1.999890	0.500028	24.998619	49.994478
36	2.039887	0.490223	25.488842	51.994367
37	2.080685	0.480611	25.969453	54.034255
38	2.122299	0.471187	26.440641	56.114940
39	2.164745	0.461948	26.902589	58.237238
40	2.208040	0.452890	27.355479	60.401983
41	2.252200	0.444010	27.799489	62.610023
42	2.297244	0.435304	28.234794	64.862223
43	2.343189	0.426769	28.661562	67.159468
44	2.390053	0.418401	29.079963	69.502657
45	2.437854	0.410197	29.490160	71.892710
46	2.486611	0.402154	29.892314	74.330564
47	2.536344	0.394268	30.286582	76.817176
48	2.587070	0.386538	30.673120	79.353519
49	2.638812	0.378958	31.052078	81.940590
50	2.691588	0.371528	31.423606	84.579401

		$r = 0.025$		
n	$(1+r)^n$	$(1+r)^{-n}$	$a_{\overline{n}|r}$	$s_{\overline{n}|r}$
1	1.025000	0.975610	0.975610	1.000000
2	1.050625	0.951814	1.927424	2.025000
3	1.076891	0.928599	2.856024	3.075625
4	1.103813	0.905951	3.761974	4.152516
5	1.131408	0.883854	4.645828	5.256329
6	1.159693	0.862297	5.508125	6.387737
7	1.188686	0.841265	6.349391	7.547430
8	1.218403	0.820747	7.170137	8.736116
9	1.248863	0.800728	7.970866	9.954519
10	1.280085	0.781198	8.752064	11.203382
11	1.312087	0.762145	9.514209	12.483466
12	1.344889	0.743556	10.257765	13.795553
13	1.378511	0.725420	10.983185	15.140442
14	1.412974	0.707727	11.690912	16.518953
15	1.448298	0.690466	12.381378	17.931927
16	1.484506	0.673625	13.055003	19.380225
17	1.521618	0.657195	13.712198	20.864730
18	1.559659	0.641166	14.353364	22.386349
19	1.598650	0.625528	14.978891	23.946007
20	1.638616	0.610271	15.589162	25.544658
21	1.679582	0.595386	16.184549	27.183274
22	1.721571	0.580865	16.765413	28.862856
23	1.764611	0.566697	17.332110	30.584427
24	1.808726	0.552875	17.884986	32.349038
25	1.853944	0.539391	18.424376	34.157764
26	1.900293	0.526235	18.950611	36.011708
27	1.947800	0.513400	19.464011	37.912001
28	1.996495	0.500878	19.964889	39.859801
29	2.046407	0.488661	20.453550	41.856296
30	2.097568	0.476743	20.930293	43.902703
31	2.150007	0.465115	21.395407	46.000271
32	2.203757	0.453771	21.849178	48.150278
33	2.258851	0.442703	22.291881	50.354034
34	2.315322	0.431905	22.723786	52.612885
35	2.373205	0.421371	23.145157	54.928207
36	2.432535	0.411094	23.556251	57.301413
37	2.493349	0.401067	23.957318	59.733948
38	2.555682	0.391285	24.348603	62.227297
39	2.619574	0.381741	24.730344	64.782979
40	2.685064	0.372431	25.102775	67.402554
41	2.752190	0.363347	25.466122	70.087617
42	2.820995	0.354485	25.820607	72.839808
43	2.891520	0.345839	26.166446	75.660803
44	2.963808	0.337404	26.503849	78.552323
45	3.037903	0.329174	26.833024	81.516131
46	3.113851	0.321146	27.154170	84.554034
47	3.191697	0.313313	27.467483	87.667885
48	3.271490	0.305671	27.773154	90.859582
49	3.353277	0.298216	28.071369	94.131072
50	3.437109	0.290942	28.362312	97.484349

		$r = 0.03$		
n	$(1+r)^n$	$(1+r)^{-n}$	$a_{\overline{n}|r}$	$s_{\overline{n}|r}$
1	1.030000	0.970874	0.970874	1.000000
2	1.060900	0.942596	1.913470	2.030000
3	1.092727	0.915142	2.828611	3.090900
4	1.125509	0.888487	3.717098	4.183627
5	1.159274	0.862609	4.579707	5.309136
6	1.194052	0.837484	5.417191	6.468410
7	1.229874	0.813092	6.230283	7.662462
8	1.266770	0.789409	7.019692	8.892336
9	1.304773	0.766417	7.786109	10.159106
10	1.343916	0.744094	8.530203	11.463879
11	1.384234	0.722421	9.252624	12.807796
12	1.425761	0.701380	9.954004	14.192030
13	1.468534	0.680951	10.634955	15.617790
14	1.512590	0.661118	11.296073	17.086324
15	1.557967	0.641862	11.937935	18.598914
16	1.604706	0.623167	12.561102	20.156881
17	1.652848	0.605016	13.166118	21.761588
18	1.702433	0.587395	13.753513	23.414435
19	1.753506	0.570286	14.323799	25.116868
20	1.806111	0.553676	14.877475	26.870374
21	1.860295	0.537549	15.415024	28.676486
22	1.916103	0.521893	15.936917	30.536780
23	1.973587	0.506692	16.443608	32.452884
24	2.032794	0.491934	16.935542	34.426470
25	2.093778	0.477606	17.413148	36.459264
26	2.156591	0.463695	17.876842	38.553042
27	2.221289	0.450189	18.327031	40.709634
28	2.287928	0.437077	18.764108	42.930923
29	2.356566	0.424346	19.188455	45.218850
30	2.427262	0.411987	19.600441	47.575416
31	2.500080	0.399987	20.000428	50.002678
32	2.575083	0.388337	20.388766	52.502759
33	2.652335	0.377026	20.765792	55.077841
34	2.731905	0.366045	21.131837	57.730177
35	2.813862	0.355383	21.487220	60.462082
36	2.898278	0.345032	21.832252	63.275944
37	2.985227	0.334983	22.167235	66.174223
38	3.074783	0.325226	22.492462	69.159449
39	3.167027	0.315754	22.808215	72.234233
40	3.262038	0.306557	23.114772	75.401260
41	3.359899	0.297628	23.412400	78.663298
42	3.460696	0.288959	23.701359	82.023196
43	3.564517	0.280543	23.981902	85.483892
44	3.671452	0.272372	24.254274	89.048409
45	3.781596	0.264439	24.518713	92.719861
46	3.895044	0.256737	24.775449	96.501457
47	4.011895	0.249259	25.024708	100.396501
48	4.132252	0.241999	25.266707	104.408396
49	4.256219	0.234950	25.501657	108.540648
50	4.383906	0.228107	25.729764	112.796867

		$r = 0.035$		
n	$(1+r)^n$	$(1+r)^{-n}$	$a_{\overline{n}|r}$	$s_{\overline{n}|r}$
1	1.035000	0.966184	0.966184	1.000000
2	1.071225	0.933511	1.899694	2.035000
3	1.108718	0.901943	2.801637	3.106225
4	1.147523	0.871442	3.673079	4.214943
5	1.187686	0.841973	4.515052	5.362466
6	1.229255	0.813501	5.328553	6.550152
7	1.272279	0.785991	6.114544	7.779408
8	1.316809	0.759412	6.873956	9.051687
9	1.362897	0.733731	7.607687	10.368496
10	1.410599	0.708919	8.316605	11.731393
11	1.459970	0.684946	9.001551	13.141992
12	1.511069	0.661783	9.663334	14.601962
13	1.563956	0.639404	10.302738	16.113030
14	1.618695	0.617782	10.920520	17.676986
15	1.675349	0.596891	11.517411	19.295681
16	1.733986	0.576706	12.094117	20.971030
17	1.794676	0.557204	12.651321	22.705016
18	1.857489	0.538361	13.189682	24.499691
19	1.922501	0.520156	13.709837	26.357180
20	1.989789	0.502566	14.212403	28.279682
21	2.059431	0.485571	14.697974	30.269471
22	2.131512	0.469151	15.167125	32.328902
23	2.206114	0.453286	15.620410	34.460414
24	2.283328	0.437957	16.058368	36.666528
25	2.363245	0.423147	16.481515	38.949857
26	2.445959	0.408838	16.890352	41.313102
27	2.531567	0.395012	17.285365	43.759060
28	2.620172	0.381654	17.667019	46.290627
29	2.711878	0.368748	18.035767	48.910799
30	2.806794	0.356278	18.392045	51.622677
31	2.905031	0.344230	18.736276	54.429471
32	3.006708	0.332590	19.068865	57.334502
33	3.111942	0.321343	19.390208	60.341210
34	3.220860	0.310476	19.700684	63.453152
35	3.333590	0.299977	20.000661	66.674013
36	3.450266	0.289833	20.290494	70.007603
37	3.571025	0.280032	20.570525	73.457869
38	3.696011	0.270562	20.841087	77.028895
39	3.825372	0.261413	21.102500	80.724906
40	3.959260	0.252572	21.355072	84.550278
41	4.097834	0.244031	21.599104	88.509537
42	4.241258	0.235779	21.834883	92.607371
43	4.389702	0.227806	22.062689	96.848629
44	4.543342	0.220102	22.282791	101.238331
45	4.702359	0.212659	22.495450	105.781673
46	4.866941	0.205468	22.700918	110.484031
47	5.037284	0.198520	22.899438	115.350973
48	5.213589	0.191806	23.091244	120.388257
49	5.396065	0.185320	23.276564	125.601846
50	5.584927	0.179053	23.455618	130.997910

		$r = 0.04$		
n	$(1+r)^n$	$(1+r)^{-n}$	$a_{\overline{n}|r}$	$s_{\overline{n}|r}$
1	1.040000	0.961538	0.961538	1.000000
2	1.081600	0.924556	1.886095	2.040000
3	1.124864	0.888996	2.775091	3.121600
4	1.169859	0.854804	3.629895	4.246464
5	1.216653	0.821927	4.451822	5.416323
6	1.265319	0.790315	5.242137	6.632975
7	1.315932	0.759918	6.002055	7.898294
8	1.368569	0.730690	6.732745	9.214226
9	1.423312	0.702587	7.435332	10.582795
10	1.480244	0.675564	8.110896	12.006107
11	1.539454	0.649581	8.760477	13.486351
12	1.601032	0.624597	9.385074	15.025805
13	1.665074	0.600574	9.985648	16.626838
14	1.731676	0.577475	10.563123	18.291911
15	1.800944	0.555265	11.118387	20.023588
16	1.872981	0.533908	11.652296	21.824531
17	1.947900	0.513373	12.165669	23.697512
18	2.025817	0.493628	12.659297	25.645413
19	2.106849	0.474642	13.133939	27.671229
20	2.191123	0.456387	13.590326	29.778079
21	2.278768	0.438834	14.029160	31.969202
22	2.369919	0.421955	14.451115	34.247970
23	2.464716	0.405726	14.856842	36.617889
24	2.563304	0.390121	15.246963	39.082604
25	2.665836	0.375117	15.622080	41.645908
26	2.772470	0.360689	15.982769	44.311745
27	2.883369	0.346817	16.329586	47.084214
28	2.998703	0.333477	16.663063	49.967583
29	3.118651	0.320651	16.983715	52.966286
30	3.243398	0.308319	17.292033	56.084938
31	3.373133	0.296460	17.588494	59.328335
32	3.508059	0.285058	17.873551	62.701469
33	3.648381	0.274094	18.147646	66.209527
34	3.794316	0.263552	18.411198	69.857909
35	3.946089	0.253415	18.664613	73.652225
36	4.103933	0.243669	18.908282	77.598314
37	4.268090	0.234297	19.142579	81.702246
38	4.438813	0.225285	19.367864	85.970336
39	4.616366	0.216621	19.584485	90.409150
40	4.801021	0.208289	19.792774	95.025516
41	4.993061	0.200278	19.993052	99.826536
42	5.192784	0.192575	20.185627	104.819598
43	5.400495	0.185168	20.370795	110.012382
44	5.616515	0.178046	20.548841	115.412877
45	5.841176	0.171198	20.720040	121.029392
46	6.074823	0.164614	20.884654	126.870568
47	6.317816	0.158283	21.042936	132.945390
48	6.570528	0.152195	21.195131	139.263206
49	6.833349	0.146341	21.341472	145.833734
50	7.106683	0.140713	21.482185	152.667084

	$r = 0.05$					$r = 0.06$			
n	$(1+r)^n$	$(1+r)^{-n}$	$a_{\overline{n}|r}$	$s_{\overline{n}|r}$	n	$(1+r)^n$	$(1+r)^{-n}$	$a_{\overline{n}|r}$	$s_{\overline{n}|r}$
1	1.050000	0.952381	0.952381	1.000000	1	1.060000	0.943396	0.943396	1.000000
2	1.102500	0.907029	1.859410	2.050000	2	1.123600	0.889996	1.833393	2.060000
3	1.157625	0.863838	2.723248	3.152500	3	1.191016	0.839619	2.673012	3.183600
4	1.215506	0.822702	3.545951	4.310125	4	1.262477	0.792094	3.465106	4.374616
5	1.276282	0.783526	4.329477	5.525631	5	1.338226	0.747258	4.212364	5.637093
6	1.340096	0.746215	5.075692	6.801913	6	1.418519	0.704961	4.917324	6.975319
7	1.407100	0.710681	5.786373	8.142008	7	1.503630	0.665057	5.582381	8.393838
8	1.477455	0.676839	6.463213	9.549109	8	1.593848	0.627412	6.209794	9.897468
9	1.551328	0.644609	7.107822	11.026564	9	1.689479	0.591898	6.801692	11.491316
10	1.628895	0.613913	7.721735	12.577893	10	1.790848	0.558395	7.360087	13.180795
11	1.710339	0.584679	8.306414	14.206787	11	1.898299	0.526788	7.886875	14.971643
12	1.795856	0.556837	8.863252	15.917127	12	2.012196	0.496969	8.383844	16.869941
13	1.885649	0.530321	9.393573	17.712983	13	2.132928	0.468839	8.852683	18.882138
14	1.979932	0.505068	9.898641	19.598632	14	2.260904	0.442301	9.294984	21.015066
15	2.078928	0.481017	10.379658	21.578564	15	2.396558	0.417265	9.712249	23.275970
16	2.182875	0.458112	10.837770	23.657492	16	2.540352	0.393646	10.105895	25.672528
17	2.292018	0.436297	11.274066	25.840366	17	2.692773	0.371364	10.477260	28.212880
18	2.406619	0.415521	11.689587	28.132385	18	2.854339	0.350344	10.827603	30.905653
19	2.526950	0.395734	12.085321	30.539004	19	3.025600	0.330513	11.158116	33.759992
20	2.653298	0.376889	12.462210	33.065954	20	3.207135	0.311805	11.469921	36.785591
21	2.785963	0.358942	12.821153	35.719252	21	3.399564	0.294155	11.764077	39.992727
22	2.925261	0.341850	13.163003	38.505214	22	3.603537	0.277505	12.041582	43.392290
23	3.071524	0.325571	13.488574	41.430475	23	3.819750	0.261797	12.303379	46.995828
24	3.225100	0.310068	13.798642	44.501999	24	4.048935	0.246979	12.550358	50.815577
25	3.386355	0.295303	14.093945	47.727099	25	4.291871	0.232999	12.783356	54.864512
26	3.555673	0.281241	14.375185	51.113454	26	4.549383	0.219810	13.003166	59.156383
27	3.733456	0.267848	14.643034	54.669126	27	4.822346	0.207368	13.210534	63.705766
28	3.920129	0.255094	14.898127	58.402583	28	5.111687	0.195630	13.406164	68.528112
29	4.116136	0.242946	15.141074	62.322712	29	5.418388	0.184557	13.590721	73.639798
30	4.321942	0.231377	15.372451	66.438848	30	5.743491	0.174110	13.764831	79.058186
31	4.538039	0.220359	15.592811	70.760790	31	6.088101	0.164255	13.929086	84.801677
32	4.764941	0.209866	15.802677	75.298829	32	6.453387	0.154957	14.084043	90.889778
33	5.003189	0.199873	16.002549	80.063771	33	6.840590	0.146186	14.230230	97.343165
34	5.253348	0.190355	16.192904	85.066959	34	7.251025	0.137912	14.368141	104.183755
35	5.516015	0.181290	16.374194	90.320307	35	7.686087	0.130105	14.498246	111.434780
36	5.791816	0.172657	16.546852	95.836323	36	8.147252	0.122741	14.620987	119.120867
37	6.081407	0.164436	16.711287	101.628139	37	8.636087	0.115793	14.736780	127.268119
38	6.385477	0.156605	16.867893	107.709546	38	9.154252	0.109239	14.846019	135.904206
39	6.704751	0.149148	17.017041	114.095023	39	9.703507	0.103056	14.949075	145.058458
40	7.039989	0.142046	17.159086	120.799774	40	10.285718	0.097222	15.046297	154.761966
41	7.391988	0.135282	17.294368	127.839763	41	10.902861	0.091719	15.138016	165.047684
42	7.761588	0.128840	17.423208	135.231751	42	11.557033	0.086527	15.224543	175.950545
43	8.149667	0.122704	17.545912	142.993339	43	12.250455	0.081630	15.306173	187.507577
44	8.557150	0.116861	17.662773	151.143006	44	12.985482	0.077009	15.383182	199.758032
45	8.985008	0.111297	17.774070	159.700156	45	13.764611	0.072650	15.455832	212.743514
46	9.434258	0.105997	17.880066	168.685164	46	14.590487	0.068538	15.524370	226.508125
47	9.905971	0.100949	17.981016	178.119422	47	15.465917	0.064658	15.589028	241.098612
48	10.401270	0.096142	18.077158	188.025393	48	16.393872	0.060998	15.650027	256.564529
49	10.921333	0.091564	18.168722	198.426663	49	17.377504	0.057546	15.707572	272.958401
50	11.467400	0.087204	18.255925	209.347996	50	18.420154	0.054288	15.761861	290.335905

		$r = 0.07$					$r = 0.08$		
n	$(1+r)^n$	$(1+r)^{-n}$	$a_{\overline{n}|r}$	$s_{\overline{n}|r}$	n	$(1+r)^n$	$(1+r)^{-n}$	$a_{\overline{n}|r}$	$s_{\overline{n}|r}$
1	1.070000	0.934579	0.934579	1.000000	1	1.080000	0.925926	0.925926	1.000000
2	1.144900	0.873439	1.808018	2.070000	2	1.166400	0.857339	1.783265	2.080000
3	1.225043	0.816298	2.624316	3.214900	3	1.259712	0.793832	2.577097	3.246400
4	1.310796	0.762895	3.387211	4.439943	4	1.360489	0.735030	3.312127	4.506112
5	1.402552	0.712986	4.100197	5.750739	5	1.469328	0.680583	3.992710	5.866601
6	1.500730	0.666342	4.766540	7.153291	6	1.586874	0.630170	4.622880	7.335929
7	1.605781	0.622750	5.389289	8.654021	7	1.713824	0.583490	5.206370	8.922803
8	1.718186	0.582009	5.971299	10.259803	8	1.850930	0.540269	5.746639	10.636628
9	1.838459	0.543934	6.515232	11.977989	9	1.999005	0.500249	6.246888	12.487558
10	1.967151	0.508349	7.023582	13.816448	10	2.158925	0.463193	6.710081	14.486562
11	2.104852	0.475093	7.498674	15.783599	11	2.331639	0.428883	7.138964	16.645487
12	2.252192	0.444012	7.942686	17.888451	12	2.518170	0.397114	7.536078	18.977126
13	2.409845	0.414964	8.357651	20.140643	13	2.719624	0.367698	7.903776	21.495297
14	2.578534	0.387817	8.745468	22.550488	14	2.937194	0.340461	8.244237	24.214920
15	2.759032	0.362446	9.107914	25.129022	15	3.172169	0.315242	8.559479	27.152114
16	2.952164	0.338735	9.446649	27.888054	16	3.425943	0.291890	8.851369	30.324283
17	3.158815	0.316574	9.763223	30.840217	17	3.700018	0.270269	9.121638	33.750226
18	3.379932	0.295864	10.059087	33.999033	18	3.996019	0.250249	9.371887	37.450244
19	3.616528	0.276508	10.335595	37.378965	19	4.315701	0.231712	9.603599	41.446263
20	3.869684	0.258419	10.594014	40.995492	20	4.660957	0.214548	9.818147	45.761964
21	4.140562	0.241513	10.835527	44.865177	21	5.033834	0.198656	10.016803	50.422921
22	4.430402	0.225713	11.061240	49.005739	22	5.436540	0.183941	10.200744	55.456755
23	4.740530	0.210947	11.272187	53.436141	23	5.871464	0.170315	10.371059	60.893296
24	5.072367	0.197147	11.469334	58.176671	24	6.341181	0.157699	10.528758	66.764759
25	5.427433	0.184249	11.653583	63.249038	25	6.848475	0.146018	10.674776	73.105940
26	5.807353	0.172195	11.825779	68.676470	26	7.396353	0.135202	10.809978	79.954415
27	6.213868	0.160930	11.986709	74.483823	27	7.988061	0.125187	10.935165	87.350768
28	6.648838	0.150402	12.137111	80.697691	28	8.627106	0.115914	11.051078	95.338830
29	7.114257	0.140563	12.277674	87.346529	29	9.317275	0.107328	11.158406	103.965936
30	7.612255	0.131367	12.409041	94.460786	30	10.062657	0.099377	11.257783	113.283211
31	8.145113	0.122773	12.531814	102.073041	31	10.867669	0.092016	11.349799	123.345868
32	8.715271	0.114741	12.646555	110.218154	32	11.737083	0.085200	11.434999	134.213537
33	9.325340	0.107235	12.753790	118.933425	33	12.676050	0.078889	11.513888	145.950620
34	9.978114	0.100219	12.854009	128.258765	34	13.690134	0.073045	11.586934	158.626670
35	10.676581	0.093663	12.947672	138.236878	35	14.785344	0.067635	11.654568	172.316804
36	11.423942	0.087535	13.035208	148.913460	36	15.968172	0.062625	11.717193	187.102148
37	12.223618	0.081809	13.117017	160.337402	37	17.245626	0.057986	11.775179	203.070320
38	13.079271	0.076457	13.193473	172.561020	38	18.625276	0.053690	11.828869	220.315945
39	13.994820	0.071455	13.264928	185.640292	39	20.115298	0.049713	11.878582	238.941221
40	14.974458	0.066780	13.331709	199.635112	40	21.724521	0.046031	11.924613	259.056519
41	16.022670	0.062412	13.394120	214.609570	41	23.462483	0.042621	11.967235	280.781040
42	17.144257	0.058329	13.452449	230.632240	42	25.339482	0.039464	12.006699	304.243523
43	18.344355	0.054513	13.506962	247.776496	43	27.366640	0.036541	12.043240	329.583005
44	19.628460	0.050946	13.557908	266.120851	44	29.555972	0.033834	12.077074	356.949646
45	21.002452	0.047613	13.605522	285.749311	45	31.920449	0.031328	12.108402	386.505617
46	22.472623	0.044499	13.650020	306.751763	46	34.474085	0.029007	12.137409	418.426067
47	24.045707	0.041587	13.691608	329.224386	47	37.232012	0.026859	12.164267	452.900152
48	25.728907	0.038867	13.730474	353.270093	48	40.210573	0.024869	12.189136	490.132164
49	27.529930	0.036324	13.766799	378.999000	49	43.427419	0.023027	12.212163	530.342737
50	29.457025	0.033948	13.800746	406.528929	50	46.901613	0.021321	12.233485	573.770156

Tablas de integrales seleccionadas

Formas racionales que contienen $(a + bu)$

1. $\displaystyle \int u^n\, du = \frac{u^{n+1}}{n+1} + C, \quad n \neq -1$

2. $\displaystyle \int \frac{du}{a + bu} = \frac{1}{b} \ln|a + bu| + C$

3. $\displaystyle \int \frac{u\, du}{a + bu} = \frac{u}{b} - \frac{a}{b^2} \ln|a + bu| + C$

4. $\displaystyle \int \frac{u^2\, du}{a + bu} = \frac{u^2}{2b} - \frac{au}{b^2} + \frac{a^2}{b^3} \ln|a + bu| + C$

5. $\displaystyle \int \frac{du}{u(a + bu)} = \frac{1}{a} \ln\left|\frac{u}{a + bu}\right| + C$

6. $\displaystyle \int \frac{du}{u^2(a + bu)} = -\frac{1}{au} + \frac{b}{a^2} \ln\left|\frac{a + bu}{u}\right| + C$

7. $\displaystyle \int \frac{u\, du}{(a + bu)^2} = \frac{1}{b^2}\left(\ln|a + bu| + \frac{a}{a + bu} \right) + C$

8. $\displaystyle \int \frac{u^2\, du}{(a + bu)^2} = \frac{u}{b^2} - \frac{a^2}{b^3(a + bu)} - \frac{2a}{b^3} \ln|a + bu| + C$

9. $\displaystyle \int \frac{du}{u(a + bu)^2} = \frac{1}{a(a + bu)} + \frac{1}{a^2} \ln\left|\frac{u}{a + bu}\right| + C$

10. $\displaystyle \int \frac{du}{u^2(a + bu)^2} = -\frac{a + 2bu}{a^2 u(a + bu)} + \frac{2b}{a^3} \ln\left|\frac{a + bu}{u}\right| + C$

11. $\displaystyle \int \frac{du}{(a + bu)(c + ku)} = \frac{1}{bc - ak} \ln\left|\frac{a + bu}{c + ku}\right| + C$

12. $\displaystyle \int \frac{u\, du}{(a + bu)(c + ku)} = \frac{1}{bc - ak}\left[\frac{c}{k} \ln|c + ku| - \frac{a}{b} \ln|a + bu| \right] + C$

Formas que contienen $\sqrt{a + bu}$

13. $\displaystyle \int u\sqrt{a + bu}\, du = \frac{2(3bu - 2a)(a + bu)^{3/2}}{15b^2} + C$

14. $\displaystyle \int u^2\sqrt{a + bu}\, du = \frac{2(8a^2 - 12abu + 15b^2u^2)(a + bu)^{3/2}}{105b^3} + C$

15. $\displaystyle \int \frac{u\, du}{\sqrt{a + bu}} = \frac{2(bu - 2a)\sqrt{a + bu}}{3b^2} + C$

16. $\displaystyle \int \frac{u^2\, du}{\sqrt{a + bu}} = \frac{2(3b^2u^2 - 4abu + 8a^2)\sqrt{a + bu}}{15b^3} + C$

17. $\int \dfrac{du}{u\sqrt{a+bu}} = \dfrac{1}{\sqrt{a}} \ln \left| \dfrac{\sqrt{a+bu}-\sqrt{a}}{\sqrt{a+bu}+\sqrt{a}} \right| + C, \quad a > 0$

18. $\int \dfrac{\sqrt{a+bu}\,du}{u} = 2\sqrt{a+bu} + a \int \dfrac{du}{u\sqrt{a+bu}}$

Formas que contienen $\sqrt{a^2 - u^2}$

19. $\int \dfrac{du}{(a^2 - u^2)^{3/2}} = \dfrac{u}{a^2\sqrt{a^2 - u^2}} + C$

20. $\int \dfrac{du}{u\sqrt{a^2 - u^2}} = -\dfrac{1}{a} \ln \left| \dfrac{a + \sqrt{a^2 - u^2}}{u} \right| + C$

21. $\int \dfrac{du}{u^2\sqrt{a^2 - u^2}} = -\dfrac{\sqrt{a^2 - u^2}}{a^2 u} + C$

22. $\int \dfrac{\sqrt{a^2 - u^2}\,du}{u} = \sqrt{a^2 - u^2} - a \ln \left| \dfrac{a + \sqrt{a^2 - u^2}}{u} \right| + C, \quad a > 0$

Formas que contienen $\sqrt{u^2 \pm a^2}$

23. $\int \sqrt{u^2 \pm a^2}\,du = \dfrac{1}{2}\left(u\sqrt{u^2 \pm a^2} \pm a^2 \ln \left| u + \sqrt{u^2 \pm a^2} \right| \right) + C$

24. $\int u^2\sqrt{u^2 \pm a^2}\,du = \dfrac{u}{8}(2u^2 \pm a^2)\sqrt{u^2 \pm a^2} - \dfrac{a^4}{8} \ln \left| u + \sqrt{u^2 \pm a^2} \right| + C$

25. $\int \dfrac{\sqrt{u^2 + a^2}\,du}{u} = \sqrt{u^2 + a^2} - a \ln \left| \dfrac{a + \sqrt{u^2 + a^2}}{u} \right| + C$

26. $\int \dfrac{\sqrt{u^2 \pm a^2}\,du}{u^2} = -\dfrac{\sqrt{u^2 \pm a^2}}{u} + \ln \left| u + \sqrt{u^2 \pm a^2} \right| + C$

27. $\int \dfrac{du}{\sqrt{u^2 \pm a^2}} = \ln \left| u + \sqrt{u^2 \pm a^2} \right| + C$

28. $\int \dfrac{du}{u\sqrt{u^2 + a^2}} = \dfrac{1}{a} \ln \left| \dfrac{\sqrt{u^2 + a^2} - a}{u} \right| + C$

29. $\int \dfrac{u^2\,du}{\sqrt{u^2 \pm a^2}} = \dfrac{1}{2}\left(u\sqrt{u^2 \pm a^2} \mp a^2 \ln \left| u + \sqrt{u^2 \pm a^2} \right| \right) + C$

30. $\int \dfrac{du}{u^2\sqrt{u^2 \pm a^2}} = -\dfrac{\pm\sqrt{u^2 \pm a^2}}{a^2 u} + C$

31. $\int (u^2 \pm a^2)^{3/2}\,du = \dfrac{u}{8}(2u^2 \pm 5a^2)\sqrt{u^2 \pm a^2} + \dfrac{3a^4}{8} \ln \left| u + \sqrt{u^2 \pm a^2} \right| + C$

32. $\int \dfrac{du}{(u^2 \pm a^2)^{3/2}} = \dfrac{\pm u}{a^2\sqrt{u^2 \pm a^2}} + C$

33. $\int \dfrac{u^2\,du}{(u^2 \pm a^2)^{3/2}} = \dfrac{-u}{\sqrt{u^2 \pm a^2}} + \ln \left| u + \sqrt{u^2 \pm a^2} \right| + C$

Formas racionales que contienen $a^2 - u^2$ y $u^2 - a^2$

34. $\int \dfrac{du}{a^2 - u^2} = \dfrac{1}{2a} \ln \left| \dfrac{a + u}{a - u} \right| + C$

35. $\int \dfrac{du}{u^2 - a^2} = \dfrac{1}{2a} \ln \left| \dfrac{u - a}{u + a} \right| + C$

Formas exponenciales y logarítmicas

36. $\int e^u du = e^u + C$

37. $\int a^u du = \dfrac{a^u}{\ln a} + C, \quad a > 0, a \neq 1$

38. $\int u e^{au} du = \dfrac{e^{au}}{a^2}(au - 1) + C$

39. $\int u^n e^{au} du = \dfrac{u^n e^{au}}{a} - \dfrac{n}{a}\int u^{n-1} e^{au}\, du$

40. $\int \dfrac{e^{au} du}{u^n} = -\dfrac{e^{au}}{(n-1)u^{n-1}} + \dfrac{a}{n-1}\int \dfrac{e^{au} du}{u^{n-1}}, \quad n \neq 1$

41. $\int \ln u\, du = u \ln u - u + C$

42. $\int u^n \ln u\, du = \dfrac{u^{n+1} \ln u}{n+1} - \dfrac{u^{n+1}}{(n+1)^2} + C, \quad n \neq -1$

43. $\int u^n \ln^m u\, du = \dfrac{u^{n+1}}{n+1}\ln^m u - \dfrac{m}{n+1}\int u^n \ln^{m-1} u\, du, \quad m, n \neq -1$

44. $\int \dfrac{du}{u \ln u} = \ln\left|\ln u\right| + C$

45. $\int \dfrac{du}{a + be^{cu}} = \dfrac{1}{ac}\left(cu - \ln\left|a + be^{cu}\right|\right) + C$

Formas diversas

46. $\int \sqrt{\dfrac{a+u}{b+u}}\, du = \sqrt{(a+u)(b+u)} + (a-b)\ln\left(\sqrt{a+u} + \sqrt{b+u}\right) + C$

47. $\int \dfrac{du}{\sqrt{(a+u)(b+u)}} = \ln\left|\dfrac{a+b}{2} + u + \sqrt{(a+u)(b+u)}\right| + C$

48. $\int \sqrt{a + bu + cu^2}\, du = \dfrac{2cu + b}{4c}\sqrt{a + bu + cu^2}$
$$- \dfrac{b^2 - 4ac}{8c^{3/2}}\ln\left|2cu + b + 2\sqrt{c}\sqrt{a + bu + cu^2}\right| + C, \quad c > 0$$

Áreas bajo la curva normal estándar

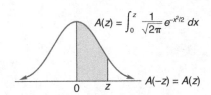

$$A(z) = \int_0^z \frac{1}{\sqrt{2\pi}} e^{-x^2/2}\, dx$$

$$A(-z) = A(z)$$

z	.00	.01	.02	.03	.04	.05	.06	.07	.08	.09
0.0	.0000	.0040	.0080	.0120	.0160	.0199	.0239	.0279	.0319	.0359
0.1	.0398	.0438	.0478	.0517	.0557	.0596	.0636	.0675	.0714	.0753
0.2	.0793	.0832	.0871	.0910	.0948	.0987	.1026	.1064	.1103	.1141
0.3	.1179	.1217	.1255	.1293	.1331	.1368	.1406	.1443	.1480	.1517
0.4	.1554	.1591	.1628	.1664	.1700	.1736	.1772	.1808	.1844	.1879
0.5	.1915	.1950	.1985	.2019	.2054	.2088	.2123	.2157	.2190	.2224
0.6	.2257	.2291	.2324	.2357	.2389	.2422	.2454	.2486	.2517	.2549
0.7	.2580	.2611	.2642	.2673	.2704	.2734	.2764	.2794	.2823	.2852
0.8	.2881	.2910	.2939	.2967	.2995	.3023	.3051	.3078	.3106	.3133
0.9	.3159	.3186	.3212	.3238	.3264	.3289	.3315	.3340	.3365	.3389
1.0	.3413	.3438	.3461	.3485	.3508	.3531	.3554	.3577	.3599	.3621
1.1	.3643	.3665	.3686	.3708	.3729	.3749	.3770	.3790	.3810	.3830
1.2	.3849	.3869	.3888	.3907	.3925	.3944	.3962	.3980	.3997	.4015
1.3	.4032	.4049	.4066	.4082	.4099	.4115	.4131	.4147	.4162	.4177
1.4	.4192	.4207	.4222	.4236	.4251	.4265	.4279	.4292	.4306	.4319
1.5	.4332	.4345	.4357	.4370	.4382	.4394	.4406	.4418	.4429	.4441
1.6	.4452	.4463	.4474	.4484	.4495	.4505	.4515	.4525	.4535	.4545
1.7	.4554	.4564	.4573	.4582	.4591	.4599	.4608	.4616	.4625	.4633
1.8	.4641	.4649	.4656	.4664	.4671	.4678	.4686	.4693	.4699	.4706
1.9	.4713	.4719	.4726	.4732	.4738	.4744	.4750	.4756	.4761	.4767
2.0	.4772	.4778	.4783	.4788	.4793	.4798	.4803	.4808	.4812	.4817
2.1	.4821	.4826	.4830	.4834	.4838	.4842	.4846	.4850	.4854	.4857
2.2	.4861	.4864	.4868	.4871	.4875	.4878	.4881	.4884	.4887	.4890
2.3	.4893	.4896	.4898	.4901	.4904	.4906	.4909	.4911	.4913	.4916
2.4	.4918	.4920	.4922	.4925	.4927	.4929	.4931	.4932	.4934	.4936
2.5	.4938	.4940	.4941	.4943	.4945	.4946	.4948	.4949	.4951	.4952
2.6	.4953	.4955	.4956	.4957	.4959	.4960	.4961	.4962	.4963	.4964
2.7	.4965	.4966	.4967	.4968	.4969	.4970	.4971	.4972	.4973	.4974
2.8	.4974	.4975	.4976	.4977	.4977	.4978	.4979	.4979	.4980	.4981
2.9	.4981	.4982	.4982	.4983	.4984	.4984	.4985	.4985	.4986	.4986
3.0	.4987	.4987	.4987	.4988	.4988	.4989	.4989	.4989	.4990	.4990
3.1	.4990	.4991	.4991	.4991	.4992	.4992	.4992	.4992	.4993	.4993
3.2	.4993	.4993	.4994	.4994	.4994	.4994	.4994	.4995	.4995	.4995
3.3	.4995	.4995	.4995	.4996	.4996	.4996	.4996	.4996	.4996	.4997
3.4	.4997	.4997	.4997	.4997	.4997	.4997	.4997	.4997	.4997	.4998
3.5	.4998	.4998	.4998	.4998	.4998	.4998	.4998	.4998	.4998	.4998

Respuestas a los problemas con número impar

Problemas 0.1 (página 3)

1. Verdadero.

3. Falso; los números naturales son 1, 2, 3, etcétera.

5. Falso; $\sqrt{3}$ no es racional.

7. Falso; $\sqrt{25} = 5$, es un entero positivo.

9. Falso; no es posible dividir entre 0.

11. Verdadero.

Problemas 0.2 (página 8)

1. Falso. **3.** Falso. **5.** Falso. **7.** Verdadero. **9.** Falso.

11. Distributiva. **13.** Asociativa.

15. Conmutativa y distributiva. **17.** Definición de resta.

19. Distributiva y conmutativa. **29.** $b - a$

31. 5 **33.** 8 **35.** -18 **37.** 24 **39.** a

41. $-7x$ **43.** $6 + y$ **45.** $\dfrac{1}{3}$ **47.** -8 **49.** $-ab$

51. X **53.** $20 + 4x$ **55.** 0 **57.** 5 **59.** $-x$

61. $\dfrac{3ab}{c}$ **63.** $\dfrac{by}{x}$ **65.** $\dfrac{10}{xy}$ **67.** $\dfrac{7}{6}$ **69.** $\dfrac{a+c}{b}$

71. $\dfrac{17}{12}$ **73.** $\dfrac{6y}{x}$ **75.** $-\dfrac{x^2}{yz}$ **77.** 0

Problemas 0.3 (página 13)

1. $2^5 (=32)$ **3.** a^7 **5.** $\dfrac{x^8}{y^{14}}$ **7.** $\dfrac{a^{21}}{b^{20}}$ **9.** $8x^6 y^9$

11. x^4 **13.** 1 **15.** 5 **17.** -2 **19.** $\dfrac{1}{2}$

21. 7 **23.** 9 **25.** $\dfrac{1}{4}$ **27.** $\dfrac{1}{16}$ **29.** $5\sqrt{2}$

31. $x\sqrt[3]{2}$ **33.** $5y^3$ **35.** $4\sqrt{2} - 15\sqrt{3} + 4\sqrt[3]{2}$

37. $3z^2$ **39.** $\dfrac{9t^2}{4}$ **41.** $\dfrac{a^5}{b^3 c^2}$ **43.** $\dfrac{2}{ab^3}$ **45.** $\dfrac{1}{9t^2}$

47. $5^{1/5} x^{2/5}$ **49.** $x^{1/2} - y^{1/2}$ **51.** $\dfrac{x^{9/4} z^{3/4}}{y^{1/2}}$ **53.** $\sqrt[3]{(a+b-c)^2}$

55. $\dfrac{1}{\sqrt[5]{x^4}}$ **57.** $\dfrac{3}{\sqrt[5]{w^3}} - \dfrac{1}{\sqrt[5]{27w^3}}$ **59.** $\dfrac{6\sqrt{5}}{5}$ **61.** $\dfrac{2\sqrt{2x}}{x}$

63. $\dfrac{\sqrt[3]{4a^2}}{2a}$ **65.** 2 **67.** $\dfrac{\sqrt[20]{16a^{10}b^{15}}}{ab}$ **69.** $\dfrac{2x^6}{y^3}$

71. 9 **73.** $\dfrac{(3y)^6 x^{1/3}}{x}$ **75.** xyz **77.** $\dfrac{9}{4}$ **79.** $\dfrac{4y^4}{x^2}$

81. $x^2 y^{5/2}$ **83.** $\dfrac{a^7 c^{14}}{b^{15}}$ **85.** x^8 **87.** $-\dfrac{4}{s^5}$ **89.** $\dfrac{81x^{12}z^{12}}{16}$

Problemas 0.4 (página 18)

1. $11x - 2y - 3$ **3.** $6t^2 - 2s^2 + 6$ **5.** $\sqrt{a} + 5\sqrt{3b} - \sqrt{c}$

7. $7x^2 + 7xy - 2z$ **9.** $\sqrt{2y} - \sqrt{3z}$ **11.** $-15x + 15y - 27$

13. $2x^2 - 33y^2 - 7xy$ **15.** $6x^2 + 96$

17. $-12u^3 - 8u^2 + 8u - 20$ **19.** $x^2 + 9x + 20$

21. $w^2 - 3w - 10$ **23.** $10x^2 + 19x + 6$ **25.** $X^2 + 4XY + 4Y^2$

27. $49 - 14X + X^2$ **29.** $3x + 10\sqrt{3x} + 25$ **31.** $4s^2 - 1$

33. $x^3 + 4x^2 - 3x - 12$ **35.** $3x^4 + 2x^3 - 13x^2 - 8x + 4$

37. $18t^3 - 111t^2 - 24t$ **39.** $3x^2 + 2y^2 + 5xy + 2x - 8$

41. $8a^3 + 36a^2 + 54a + 27$ **43.** $8x^3 - 36x^2 + 54x - 27$

45. $z - 18$ **47.** $2u^3 + 3u - \dfrac{1}{3u^2}$ **49.** $x + \dfrac{-3}{x+5}$

51. $3x^2 - 8x + 17 + \dfrac{-37}{x+2}$ **53.** $x^2 - 2x + 4 - \dfrac{8}{x+2}$

55. $x - 2 + \dfrac{7}{3x+2}$

Problemas 0.5 (página 20)

1. $5b(x+1)$ **3.** $5x(2y+z)$

5. $4bc(2a^3 - 3ab^2 d + b^3 cd^2)$ **7.** $(z+7)(z-7)$

9. $(p+3)(p+1)$ **11.** $(5y+2)(5y-2)$ **13.** $(a+7)(a+5)$

15. $(x+3)^2$ **17.** $5(x+3)(x+2)$ **19.** $3(x+1)(x-1)$

21. $(5x+1)(x+3)$ **23.** $2s(3s+4)(2s-1)$

25. $u^{3/5} v(u+2v)(u-2v)$ **27.** $2x(x+3)(x-2)$

29. $4(2x+1)^2$ **31.** $x(xy-8)^2$ **33.** $(x+2)(x-2)^2$

35. $(y+4)^2 (y+1)(y-1)$ **37.** $(b+4)(b^2 - 4b + 16)$

39. $(x+1)(x^2 - x + 1)(x-1)(x^2 + x + 1)$

41. $2(x+4)^2 (x+1)(x-2)$ **43.** $P(1+r)^2$

45. $(x^2 + 4)(x+2)(x-2)$ **47.** $(y^4 + 1)(y^2 + 1)(y+1)(y-1)$

49. $(X^2 + 5)(X+1)(X-1)$ **51.** $(a+2)^2 (a-2)^2 b$

Problemas 0.6 (página 25)

1. $\dfrac{a+3}{a}$ **3.** $\dfrac{x-5}{x+5}$ **5.** $\dfrac{5x+2}{x+7}$ para $x \neq \dfrac{1}{3}$

7. $-\dfrac{y^2}{(y-3)(y+2)}$ **9.** $\dfrac{b-ax}{ax+b}$ **11.** $\dfrac{2(x+4)}{(x-4)(x+2)}$

13. $\dfrac{X}{2}$ **15.** $5v$ para $u, v \neq 0$ **17.** $\dfrac{2}{3}$

19. $-27x^2$ **21.** 1 **23.** $\dfrac{2x^2}{x-1}$

25. 1 para $x \neq -6, -3, -2, 5$ **27.** $-\dfrac{(2x+3)(1+x)}{x+4}$ **29.** $x+2$

31. $\dfrac{7}{3t}$ **33.** $\dfrac{1}{1-x^3}$ **35.** $\dfrac{3x^2 + 1}{(x+1)(3x-1)}$

37. $\dfrac{2(x+2)}{(x-3)(x+1)(x+3)}$ **39.** $\dfrac{35-8x}{(x-1)(x+5)}$ **41.** $\dfrac{x^2+2x+1}{x^2}$

43. $\dfrac{x}{1-xy}$ **45.** $\dfrac{5x+2}{3x}$ **47.** $\dfrac{(x+2)(6x-1)}{2x^2(x+3)}$

49. $\dfrac{3(\sqrt[3]{x}-\sqrt[3]{x+h})}{\sqrt[3]{x+h}\,\sqrt[3]{x}}$ **51.** $2-\sqrt{3}$ **53.** $-\dfrac{\sqrt{6}+2\sqrt{3}}{3}$

55. $\sqrt{15}-3$ **57.** $\dfrac{3t-3\sqrt{7}}{t^2-7}$ **59.** $4\sqrt{2}-5\sqrt{3}+14$

Problemas 0.7 (página 33)

1. 0 **3.** $\dfrac{17}{4}$ **5.** -2

7. Sumando 5; se garantiza la equivalencia.

9. Elevando a la cuarta potencia; la equivalencia no se garantiza.

11. Dividiendo entre x; la equivalencia no se garantiza.

13. Multiplicando por $x-1$; la equivalencia no se garantiza.

15. Multiplicando por $(2x-3)/2x$; la equivalencia no se garantiza.

17. $\dfrac{5}{2}$ **19.** $y=0$ **21.** 1 **23.** $\dfrac{12}{5}$ **25.** -1

27. $-\dfrac{27}{4}$ **29.** $x=-\dfrac{7}{4}$ **31.** 126 **33.** 15 **35.** $-\dfrac{26}{9}$

37. $-\dfrac{37}{18}$ **39.** $t=9$ **41.** $\dfrac{14}{3}$ **43.** 3 **45.** $\dfrac{25}{52}$

47. $\dfrac{1}{5}$ **49.** $\varnothing$ **51.** $\dfrac{29}{14}$ **53.** 2 **55.** 0

57. $\dfrac{7}{2}$ **59.** $t=-\dfrac{7}{4}$ **61.** 3 **63.** $\dfrac{43}{16}$ **65.** $\varnothing$

67. 11 **69.** $x=\dfrac{13}{2}$ **71.** $-\dfrac{10}{9}$ **73.** 2 **75.** 86

77. $\dfrac{49}{36}$ **79.** $a=-2$ **81.** $r=\dfrac{I}{Pt}$ **83.** $q=\dfrac{p+1}{8}$ **85.** $r=\dfrac{S-P}{Pt}$

87. $R=\dfrac{Ai}{1-(1+i)^{-n}}$ **89.** $r=\sqrt[n]{\dfrac{S}{P}}-1$ **91.** $n=\dfrac{2mI}{rB}-1$

93. 170 m **95.** $c=x+0.0825x=1.0825x$ **97.** 3 años.

99. $\dfrac{2172}{47}\approx 46.2$ horas **101.** 20

103. $t=\dfrac{d}{r-c}; c=r-\dfrac{d}{t}$ **105.** ≈ 84 pies **107.** 13%

Problemas 0.8 (página 40)

1. 2 **3.** t en $\{2,4\}$ **5.** $3,-1$ **7.** $4,9$ **9.** ± 2

11. $0,5$ **13.** x en $\left\{-\dfrac{2}{3}\right\}$ **15.** $1,\dfrac{2}{3}$ **17.** $5,-2$ **19.** $0,\dfrac{3}{2}$

21. $0,1,-4$ **23.** s en $\{-4,0,4\}$ **25.** $0,\dfrac{1}{2},-\dfrac{4}{3}$ **27.** $3,\pm 2$

29. $3,4$ **31.** $4,-6$ **33.** x en $\left\{\dfrac{5}{4}\right\}$ **35.** $1\pm 2\sqrt{2}$

37. Sin raíces reales. **39.** $\dfrac{-5\pm\sqrt{57}}{8}$ **41.** $40,-25$

43. x en $\left\{\dfrac{-1\pm\sqrt{19}}{3}\right\}$ **45.** $\pm\sqrt{3},\pm\sqrt{2}$ **47.** $3,\dfrac{1}{2}$

49. $\pm\dfrac{\sqrt{5}}{5},\pm\dfrac{1}{2}$ **51.** $3,0$ **53.** x en $\left\{\dfrac{13}{3},\dfrac{17}{4}\right\}$

55. $\dfrac{3}{2},-1$ **57.** $6,-2$ **59.** $-\dfrac{1}{2},1$

61. $5,-2$ **63.** t en $\{5/2,3\}$ **65.** -2

67. 6 **69.** $4,8$ **71.** $\dfrac{5-\sqrt{21}}{2}$

73. x en $\{0,1\}$ **75.** 1 **77.** $\approx 64.15, 3.35$

79. 6 pulgadas por 8 pulgadas.

83. 1 año y 10 años; edad 23; nunca.

85. **(a)** 8 s **(b)** 5.4 s o 2.6 s

Problemas 1.1 (página 48)

1. 120 pies. **3.** $64\dfrac{4}{9}$ onzas de A, $80\dfrac{5}{9}$ onzas de B.

5. $5\dfrac{1}{3}$ onzas. **7.** $w=5-\sqrt{60/\pi}\approx 0.63$ m.

9. $\approx 13\,077$ toneladas **11.** \$4000 en 6%, \$16 000 en $7\dfrac{1}{2}$%

13. \$4.25 **15.** 4% **17.** 90 **19.** \$8000

21. 1209 para quedar aproximadamente a la par.

23. \$116.25 **25.** 40 **27.** 90 000

29. Ya sea \$440 o \$460 **31.** \$100

33. 42 **35.** 80 pies por 140 pies.

37. 11.51 cm de largo, 6.51 cm de ancho.

39. \$232 000; $\dfrac{100E}{100-p}$ **41.** 60 acres.

43. 125 de A y 100 de B, o bien 150 de A y 125 de B.

Aplíquelo 1.2

1. 5375

2. $150-x_4\geq 0; 3x_4-210\geq 0; x_4+60\geq 0; x_4\geq 0$

Problemas 1.2 (página 54)

1. $(3,\infty)$ **3.** $(-\infty,4]$ **5.** $\left(-\infty,-\dfrac{1}{2}\right]$

7. $\left(-\infty,\dfrac{2}{7}\right)$ **9.** $(0,\infty)$ **11.** $[2,\infty)$

13. $\left(-\dfrac{2}{7},\infty\right)$ **15.** $\varnothing$ **17.** $\left(-\infty,\dfrac{\sqrt{3}-2}{2}\right)$

19. $(-\infty,48)$ **21.** $[2,\infty]$ **23.** $(-\infty,\infty)$

25. $\left(\dfrac{17}{9},\infty\right)$ **27.** $[-12,\infty)$ **29.** $(0,\infty)$

31. $(-\infty,0)$ **33.** $(-\infty,-2]$ **35.** $600<S<1800$

37. $x<70$ grados.

Problemas 1.3 (página 57)

1. 120 001   **3.** 17 000   **5.** 214 286

7. $25 714.29   **9.** 1000   **11.** $t > 36.7$

13. Al menos $67 400

Aplíquelo 1.4

3. $|w - 22| \leq 0.3$

Problemas 1.4 (página 61)

1. 13   **3.** 6   **5.** 7

7. $-4 < x < 4$ **9.** $\sqrt{10} - 3$

11. (a) $|x - 7| < 3$ (b) $|x - 2| < 3$ (c) $|x - 7| \leq 5$
   (d) $|x - 7| = 4$ (e) $|x + 4| < 2$ (f) $|x| < 3$
   (g) $|x| > 6$ (h) $|x - 105| < 3$ (i) $|x - 850| < 100$

13. $|p_1 - p_2| \leq 9$ **15.** ± 7 **17.** ± 35

19. $\{-4, 14\}$ **21.** $\dfrac{2}{5}$ **23.** $\left\{\dfrac{1}{2}, 3\right\}$

25. $(-M, M)$ **27.** $(-\infty, -8) \cup (8, \infty)$

29. $(-10, -4)$ **31.** $(-\infty, 0) \cup (1, \infty)$

33. $\left[\dfrac{1}{2}, \dfrac{3}{4}\right]$ **35.** $(-\infty, 0] \cup \left[\dfrac{16}{3}, \infty\right)$

37. $|d - 35.2| \leq 0.2$

39. $(-\infty, \mu - h\sigma) \cup (\mu + h\sigma, \infty)$

Problemas 1.5 (página 66)

1. $12, 17, t$ **3.** 45   **5.** 532   **7.** $\sum_{i=36}^{60} i$

9. $\sum_{j=3}^{8} 5^j$ **11.** $\sum_{i=1}^{8} 2^i$ **13.** 8 750   **15.** 5

17. 37 750   **19.** 14 980   **21.** 295 425   **23.** $\dfrac{483}{200}$

25. $15 - \dfrac{9(n + 1)(2n + 1)}{2n^2}$

Aplíquelo 1.6

4. 183, 201, 219, 237, 255, 273

5. $(9.57(1.06)^{k-1})_{k=1}^{4}$

6. 1225, 1213, 1201, 1189, 1177, 1165, 1153

7. 21620, 19890, 18299, 16835

8. 220.5M$

9. $44 865.18

Problemas 1.6 (página 74)

1. 2.3   **3.** 81   **5.** 71   **7.** 9

9. $(-1 + (k - 1)3)_{k=1}^{4}$ **11.** $((-1)^{k+1}2^k)_{k=1}^{4}$

13. No, el primer término de la primera es 64; el de la segunda es -26.

15. No, el primer término de la primera es π; el de la segunda es $\pi/2$.

17. 256   **19.** $\dfrac{1}{120}$

21. 22.5, 23.4, 24.3, 25.2, 26.1

23. 96, 94.5, 93, 91.5, 90

25. $-2, 1, -0.5, 0.25, -0.125$

27. 100, 105, 110.25, 115.7625, 121.550625

29. 55   **31.** 1024   **33.** 98   **35.** 21.3

37. ≈ 199.80 **39.** $\dfrac{50(1 - (1.07)^{-10})}{1 - (1.07)^{-1}}$ **41.** 6

43. No es posible, $|r| = 17 > 1$.   **45.** 1050

47. 33   **49.** $80

51. $50\,000(1.08)^{11} \approx 116\,582$

53. $\dfrac{8}{2}(12\,000 + 19\,000) = 124\,000$

55. $\dfrac{100(1 - (1.005)^{72})}{1 - (1.005)}$ **57.** $\dfrac{500(1.05)^{-1}}{1 - (1.05)^{-1}} = 10\,000$

59. No, las diferencias no son comunes.

61. (a) $2, 4, 6, 8, 10, \ldots$
   (b) $2, 4, 8, 16, 32, \ldots$
   (c) $2, 4, 16, 256, 65\,536, \ldots$
   (d) $2, 4, 16, 65\,536, 2^{65,536}, \ldots$

Problemas de repaso — Capítulo 1 (página 77)

1. $(-5, \infty)$ **3.** $\left(\dfrac{2}{3}, \infty\right)$ **5.** $\emptyset$ **7.** $\left(-\infty, \dfrac{5}{2}\right]$

9. $(-\infty, \infty)$ **11.** $\left\{-\dfrac{5}{3}, \dfrac{13}{3}\right\}$ **13.** $(-1, 4)$

15. $\left(-\infty, -\dfrac{1}{2}\right] \cup \left[\dfrac{7}{2}, \infty\right)$ **17.** 4320

19. 542   **21.** 6000   **23.** $c < 212\,814$

25. 100, 102, 104.04, 106.1208, 108.243216

27. $\dfrac{100(1 - (1.02)^5)}{-0.02} \approx 520.40$

Explore y amplíe — Capítulo 1 (página 78)

1. 1 hr   **3.** $2M - 240$ min   **5.** 600; 310

7. $t = \dfrac{R(mr - M)}{r - R}$

Aplíquelo 2.1

1. (a) $a(r) = \pi r^2$ (b) $(-\infty, \infty)$ (c) $r \geq 0$

2. (a) $t(r) = \dfrac{300}{r}$ (b) $(-\infty, \infty) - \{0\}$ (c) $r > 0$

   (d) $t(x) = \dfrac{300}{x}; t\left(\dfrac{x}{2}\right) = \dfrac{600}{x}; t\left(\dfrac{x}{4}\right) = \dfrac{1200}{x}$

   (e) Tiempo escalado por un factor de c; $t\left(\dfrac{x}{c}\right) = \dfrac{300c}{x}$

3. (a) 300   (b) $21.00 por pizza   (c) $16.00 por pizza

4. 5500; 8400; 11 900; 16 000

Problemas 2.1 (página 86)

1. $f \neq g$ **3.** $h \neq k$

5. $(-\infty, \infty) - \{1\}$ **7.** $(-\infty, \infty) - \{3\}$

9. $(-\infty, \infty)$ **11.** $(-\infty, \infty) - \left\{\dfrac{7}{2}\right\}$

13. $(-\infty, \infty) - \{2\}$ **15.** $(-\infty, \infty) - \left\{-\dfrac{1}{3}, 2\right\}$

17. $1, 7, -7$ **19.** $-62, 2 - u^2, 2 - u^4$

21. $10, 8v^2 - 2v, 2x^2 + 4ax + 2a^2 - x - a$

23. $4, 0, x^2 + 2xh + h^2 + 2x + 2h + 1$

25. $0, \dfrac{2x - 5}{4x^2 + 1}, \dfrac{x + h - 5}{x^2 + 2xh + h^2 + 1}$ **27.** $0, 256, \dfrac{1}{16}$

29. (a) $4x + 4h - 5$ (b) 4

31. (a) $x^2 + 2hx + h^2 + 2x + 2h$ (b) $2x + h + 2$

33. (a) $3 - 2x - 2h + 4x^2 + 8xh + 4h^2$ (b) $-2 + 8x + 4h$

35. (a) $\dfrac{1}{x+h-1}$ (b) $\dfrac{-1}{(x-1)(x+h-1)}$ para $h \neq 0$

37. 5

39. y es una función de x; x es una función de y.

41. y es una función de x; x no es una función de y.

43. Sí.   **45.** $V(t) = 50\,000 + (2300)t$ **47.** Sí; P; q

49. 402.72; 935.52; la oferta aumenta conforme el precio se incrementa.

51. (a) 4   (b) $8\sqrt[3]{2}$ (c) $f(2I_0) = 2\sqrt[3]{2}f(I_0)$; al duplicar la intensidad, la respuesta se incrementa en un factor de $2\sqrt[3]{2}$

53. (a) 3000, 2900, 2300, 2000; 12, 10
   (b) 10, 12, 17, 20; 3000, 2300

55. (a) -5.13 (b) 2.64   (c) -17.43

57. (a) 7.89   (b) 63.85   (c) 1.21

Aplíquelo 2.2

5. (a) $p(n) = \$125$;   (b) Las primas no cambian
   (c) Función constante

6. (a) Función cuadrática   (b) 2   (c) 3

7. $c(n) = \begin{cases} 3.50n & \text{si } n \leq 5 \\ 3.00n & \text{si } 5 < n \leq 10 \\ 2.75n & \text{si } n > 10 \end{cases}$

8. $7! = 5040$

Problemas 2.2 (página 90)

1. Sí.   **3.** No.   **5.** Sí.   **7.** No.

9. $(-\infty, \infty)$ **11.** $(-\infty, \infty)$ **13.** (a) 3   (b) 7

15. (a) 7   (b) 1   **17.** 8, 8, 8   **19.** 2, -1, 0, 2

21. 7, 2, 2, 2   **23.** 720   **25.** 2   **27.** n

29. $f(I) = 2.50$, donde I es el ingreso; función constante.

31. (a) $C = 850 + 3q$ (b) 250

33. $c(n) = \begin{cases} 9.50n & \text{si } n < 12 \\ 8.75n & \text{si } n \geq 12 \end{cases}$ **35.** $\dfrac{9}{64}$

37. (a) Toda T tal que $30 \leq T \leq 39$ (b) 4, $\dfrac{17}{4}$, $\dfrac{33}{4}$

39. (a) 1182.74   (b) 4985.27   (c) 252.15

41. (a) 2.21   (b) 9.98   (c) -14.52

Aplíquelo 2.3

9. $c(s(x)) = c(x+3) = 2(x+3) = 2x + 6$

10. Sea la longitud de un lado $l(x) = x + 3$; sea el área de un cuadrado con lados de longitud x representado por $a(x) = x^2$; entonces $g(x) = (x+3)^2 = (l(x))^2 = a(l(x))$.

Problemas 2.3 (página 95)

1. (a) $2x + 8$ (b) 8   (c) -2 (d) $x^2 + 8x + 15$
   (e) 3   (f) $\dfrac{x+3}{x+5}$ (g) $x + 8$ (h) 11   (i) $x + 8$ (j) 11

3. (a) $2x^2 + x - 1$ (b) $-x - 1$ (c) $-\dfrac{1}{2}$ (d) $x^4 + x^3 - x^2 - x$
   (e) $\dfrac{x-1}{x}$ para $x \neq -1$ (f) 3   (g) $x^4 + 2x^3 + x^2 - 1$
   (h) $x^4 - x^2$ (i) 72

5. 6; -32 **7.** $\dfrac{4}{(t-1)^2} + \dfrac{14}{t-1} + 1$; $\dfrac{2}{t^2 + 7t}$

9. $\dfrac{1}{v+3}$; $\sqrt{\dfrac{2v^2+3}{v^2+1}}$ **11.** $f(x) = x - 7$, $g(x) = 11x$

13. $g(x) = x^2 + x + 1$, $f(x) = \dfrac{3}{x}$ es *una* posibilidad.

$g(x) = x^2 + x$ $f(x) = \dfrac{3}{x+1}$ es otra.

15. $f(x) = \sqrt[4]{x}$, $g(x) = \dfrac{x^2-1}{x+3}$

17. (a) $r(x) = 9.75x$ (b) $e(x) = 4.25x + 4500$
   (c) $(r - e)(x) = 5.5x - 4500$

19. $400m - 10m^2$; ingreso por la producción de m empleados.

21. (a) 14.05   (b) 1169.64   **23.** (a) 194.47   (b) 0.29

Problemas 2.4 (página 98)

1. $f^{-1}(x) = \dfrac{x}{3} - \dfrac{7}{3}$ **3.** $F^{-1}(x) = 2x + 14$

5. $r(A) = \sqrt{\dfrac{A}{\pi}}$

7. No es uno a uno; por ejemplo $g\left(-\dfrac{1}{3}\right) = 9 = g\left(-\dfrac{7}{3}\right)$

9. $h(x) = (5x + 12)^2$, para $x \geq -\dfrac{5}{12}$ es uno a uno

11. $x = \dfrac{\sqrt{23}}{4} + \dfrac{5}{4}$ **13.** $q = s\dfrac{1\,200\,000}{p}$, $p > 0$

15. Sí, es uno a uno.

Aplíquelo 2.5

11. $y = -600x + 7250$; intersección $x\left(\dfrac{145}{12}, 0\right)$; intersección y (0, 7250).

12. $y = 24.95$; recta horizontal; no hay intersección con el eje x; intersección con el eje y (0, 24.95).

13.

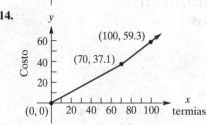

14.

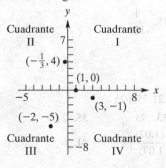

Problemas 2.5 (página 106)

1. $3°$, $4°$, $2°$, ninguno.

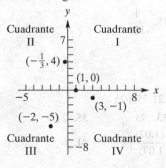

3. **(a)** $1, 2, 3, 0$ **(b)** $(-\infty, \infty)$ **(c)** $(-\infty, \infty)$ **(d)** -2

5. **(a)** $0, 1, 1$ **(b)** $(-\infty, \infty)$ **(c)** $[0, \infty)$ **(d)** 0

7. $(0, 0)$; función; uno a uno; $(-\infty, \infty)$; $(-\infty, \infty)$

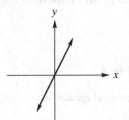

9. $(0, -5)$, $\left(\dfrac{5}{3}, 0\right)$; función; uno a uno; $(-\infty, \infty)$; $(-\infty, \infty)$

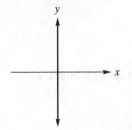

11. $(0, 0)$; y es una función de x; uno a uno; $(-\infty, \infty)$; $(-\infty, \infty)$

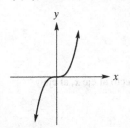

13. Todo punto en el eje y, no es función de x.

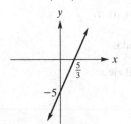

15. $(0, 0)$; función; uno a uno; $(-\infty, \infty)$; $(-\infty, \infty)$

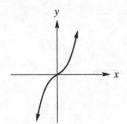

17. $(0, 0)$; no es una función de x.

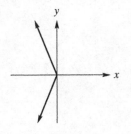

19. $(0, 2)$, $(1, 0)$; función; uno a uno; $(-\infty, \infty)$; $(-\infty, \infty)$

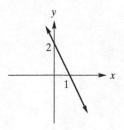

21. $(0, 2)$; $(-\infty, \infty)$; $[2, \infty)$

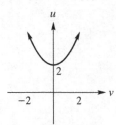

23. $(-\infty, \infty)$; 3; $(0, 3)$

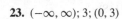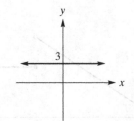

25. $(-\infty, \infty)$; $[-3, \infty)$; $(0, 1)$, $(2 \pm \sqrt{3}, 0)$

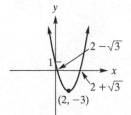

27. $(-\infty, \infty)$; $(-\infty, \infty)$; $(0, 0)$

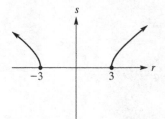

29. $(-\infty, -3] \cup [-3, \infty)$; $[0, \infty)$; $(-3, 0)$, $(3, 0)$

31. $(-\infty, \infty)$; $[0, \infty)$; $\left(-\dfrac{2}{3}, 0\right)$, $(0, 2)$

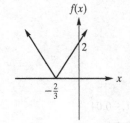

33. $(-\infty, \infty) - \{0\}$; $(0, \infty)$; no hay intersecciones.

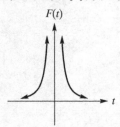

35. $[0, \infty)$; $[1, 8)$

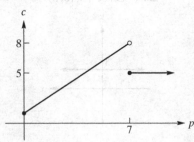

37. $(-\infty, \infty)$; $[0, \infty)$

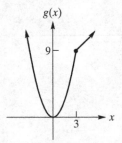

39. (a), (b), (d)

41. $y = 9200 - 325x$; la intersección y es $(0, 9200)$, \$9200 es la cantidad que se debía antes de cualquier pago; la intersección x es $\approx (28.31, 0)$, la deuda se pagará después de 29 meses.

43. Cuando el precio aumenta, la cantidad aumenta; p es una función de q.

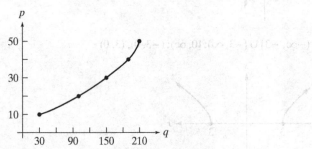

45.

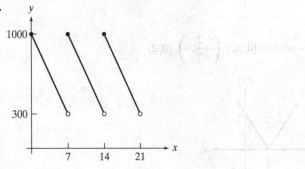

47. 0.39

49. $-0.61, -0.04$

51. -1.12

53. $-1.70, 0$

55. (a) 19.60   (b) -10.86 **57.** (a) 5   (b) 4

59. (a) 28   (b) $(-\infty, 28]$ (c) $-4.02, 0.60$

61. (a) 34.21   (b) 18.68   (c) $[18.68, 34.21]$ (d) Ninguna

Problemas 2.6 (página 113)

1. $(0, 0)$; simétrica con respecto al origen.

3. $(\pm 2, 0)$, $(0, 8)$; simétrica con respecto al eje y.

5. $\left(\pm \dfrac{13}{5}, 0\right)$; $\left(0, \pm \dfrac{13}{12}\right)$ simétrica con respecto al eje x, al eje y y el origen no es simétrico con respecto a $y = x$.

7. $(-2, 0)$; simétrica con respecto al eje x.

9. Simétrica con respecto al eje x.

11. $(-21, 0), (0, -7), (0, 3)$ **13.** $(1, 0), (0, 0)$

15. $\left(0, \dfrac{2}{27}\right)$; no es simétrica de los tipos dados.

17. $(3, 0), (0, \pm 3)$; simétrica con respecto al eje x.

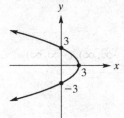

19. $(\pm 2, 0), (0, 0)$; simétrica con respecto al origen.

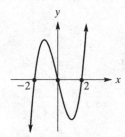

21. $(0, 0)$; simétrica con respecto al eje x, al eje y y al origen, $y = x$.

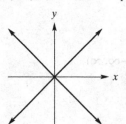

23. $\left(\pm \dfrac{5}{3}, 0\right)$, $\left(0, \pm \dfrac{5}{2}\right)$; simétrica con respecto al eje x, al eje y y al origen.

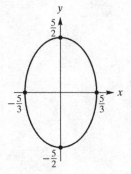

25. (a) $(\pm 0.99, 0), (0, 5)$ (b) 5 (c) $(-\infty, 5]$

27.

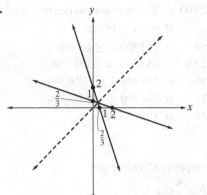

Problemas 2.7 (página 115)

1.

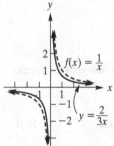

3.

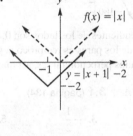

5.

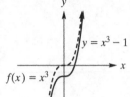

7.

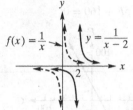

9. Desplazar $y = x^3$ tres unidades a la izquierda y dos unidades hacia arriba.

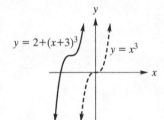

11.

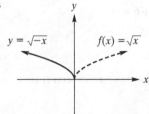

13. Trasladar 3 unidades hacia la izquierda, estirar verticalmente alejándose del eje x por un factor de 2, reflejar con respecto al eje x y desplazar 2 unidades hacia arriba.

15. Reflejar con respecto al eje y y trasladar 5 unidades hacia abajo.

Aplíquelo 2.8

15. (a) $\$3260$ (b) $\$4410$

Problemas 2.8 (página 122)

1. 3 **3.** -6 **5.** -1 **7.** 88 **9.** 3

11. $a^2 + 2ab + b^2 + 2ah + 2bh + h^2$

13. 800 **15.** $y = 2$ **17.** $z = 6$

19.

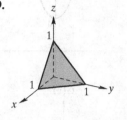

21.

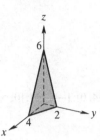

23.

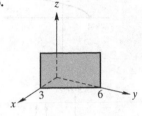

25.

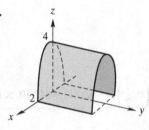

27.

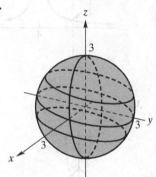

29.

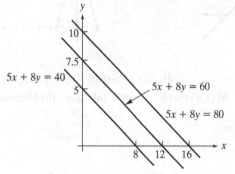

Problemas de repaso—Capítulo 2 (página 124)

1. $(-\infty, \infty) - \{1, 5\}$ **3.** $(-\infty, \infty)$

5. $[0, \infty) - \{1\}$ **7.** $5, 19, 40, 2\pi^2 - 3\pi + 5$

9. $0, 2, \sqrt[4]{t-2}, \sqrt[4]{x^3 - 3}$ **11.** $\dfrac{3}{5}, 0, \dfrac{\sqrt{x+4}}{x}, \dfrac{\sqrt{u}}{u-4}$

13. $20, -3, -3$, indefinido.   **15.** (a) $3 - 7x - 7h$.   (b) $-7h \neq 0$.

17. (a) $3(x+h)^2 + (x+h) - 2$ (b) $6x + 1 + 3h$ para $h \neq 0$

19. (a) $5x + 2$ (b) 22 (c) $x - 4$ (d) $6x^2 + 7x - 3$ (e) 10

   (f) $\dfrac{3x-1}{2x+3}$ (g) $6x + 8$ (h) 38 (i) $6x + 1$

21. $\dfrac{1}{(x+1)^2}, \dfrac{1}{x^2} + 1 = \dfrac{1+x^2}{x^2}$ **23.** $\sqrt{x^3 + 2}, (x+2)^{3/2}$

25. $(0,0)$, $(\pm\sqrt{3},0)$; simétrica con respecto al origen.

27. $(0,4)$ única intersección, simétrica con respecto al eje y.

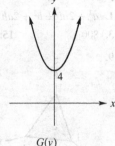

29. $(0,2)$, $(-4,0)$; $[-4,\infty)$; $[0,\infty)$

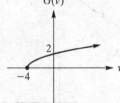

31. $\left(0,\dfrac{1}{2}\right)$; $(-\infty,\infty) - \{4\}$; $[0,\infty)$

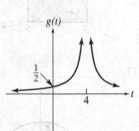

33. $(-\infty,\infty)$; $(-\infty,2]$

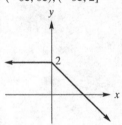

35.

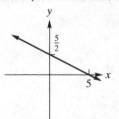

37. (a) y (c)

39. $-0.67, 0.34, 1.73$ **41.** $-1.50, -0.88, -0.11, 1.09, 1.40$

43. (a) $(-\infty,\infty)$ (b) $(1.92,0)$, $(0,7)$ **45.** (a) $0,2,4$ (b) Ninguna

47.

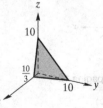

49.

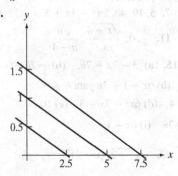

Explore y amplíe—Capítulo 2 (página 126)

1. \$3247.50   **3.** \$94 229.00   **5.** Las respuestas pueden variar.

7. $g(x) = \begin{cases} 0.90x & \text{si } 0 \le x \le 16\,050 \\ 0.85x + 802.50 & \text{si } 16\,050 < x \le 65\,100 \\ 0.75x + 7\,312.50 & \text{si } 65\,100 < x \le 131\,450 \\ 0.72x + 11\,256 & \text{si } 131\,450 < x \le 200\,300 \\ 0.67x + 21\,271 & \text{si } 200\,300 < x \le 357\,700 \\ 0.65x + 28\,425 & \text{si } x > 357\,700 \end{cases}$

Aplíquelo 3.1

1. -2000; el automóvil se deprecia \$2000 por año.

2. $S = 14T + 8$ **3.** $F = \dfrac{9}{5}C + 32$

4. Pendiente $= \dfrac{125}{3}$; intersección $y = \dfrac{125}{3}$

5. $9C - 5F + 160 = 0$

6.

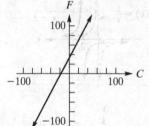

7. Las pendientes de los lados son $0, 7$ y 1.
Ninguno de los pares es recíproco negativo.
No hay lados perpendiculares, así que no es un triángulo rectángulo.

Problemas 3.1 (página 134)

1. 2 **3.** $-\dfrac{1}{2}$ **5.** Indefinida.   **7.** 0

9. $5x + y - 2 = 0$

11. $x + 2y - 5 = 0$

13. $3x - 7y + 25 = 0$ **15.** $4x + y + 16 = 0$

17. $2x - y + 4 = 0$ **19.** $x + 2y + 6 = 0$

21. $y + 5 = 0$ **23.** $x - 2 = 0$

25. $4; -6$ **27.** $-\dfrac{3}{5}; \dfrac{9}{5}$

29. La pendiente no está definida; no hay intersección con el eje y.

31. $-2; 0$ **33.** $0; 3$

35. $2x + 3y - 5 = 0$; $y = -\dfrac{2}{3}x + \dfrac{5}{3}$

37. $4x + 9y - 5 = 0$; $y = \dfrac{4}{9}x + \dfrac{5}{9}$

39. $6x - 8y - 57 = 0$; $y = \dfrac{3}{4}x - \dfrac{57}{8}$

41. Paralelas.   **43.** Paralelas.   **45.** Ninguna.

47. Perpendiculares.   **49.** Perpendiculares.   **51.** $y = 4x - 5$

53. $y = 1$ **55.** $y = \dfrac{1}{3}x + 5$ **57.** $x = 5$

59. $y = -\dfrac{2}{3}x - \dfrac{29}{3}$ **61.** $\left(3, \dfrac{2}{5}\right)$

63. -2.9; el precio de la acción cae un promedio de \$2.90 por año.

65. $y = 28\,000x - 100\,000$ **67.** $-t + d - 184 = 0$

71. $C = 59.82T + 769.58$ **75.** La pendiente es 7.1.

Aplíquelo 3.2

8. $x =$ número de esquís; $y =$ número de botas; $8x + 14y = 1000$.

9. $p = \dfrac{3}{8}q + 1025$

10. Las respuestas pueden variar, pero dos posibilidades son $(0, 60)$ y $(2, 140)$.

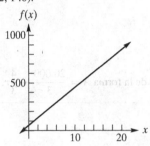

11. $f(t) = 2.3t + 32.2$ **12.** $f(x) = 70x + 150$

Problemas 3.2 (página 140)

1. $-4; 0$ **3.** $5; -7$

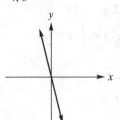   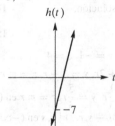

5. $-\dfrac{1}{3}; \dfrac{5}{3}$

7. $f(x) = 4x$ **9.** $f(x) = -2x + 4$

11. $f(x) = -\dfrac{2}{3}x - \dfrac{10}{9}$ **13.** $f(x) = x + 1$

15. $p = -\dfrac{4}{25}q + 24.90$; \$18.50

17. $p = \dfrac{1}{4}q + 190$ **19.** $c = 3q + 10$; \$115

21. $f(x) = 0.125x + 4.15$

23. $v = -180t + 1800$; pendiente $= -180$.

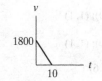

25. $y = 53x + 865$

27. $f(x) = 64x + 95$

29. $x + 10y = 100$

31. (a) $y = \dfrac{35}{44}x + \dfrac{225}{11}$ (b) 52.2

33. (a) $p = 0.059t + 0.025$ (b) 0.556

35. (a) $t = \dfrac{1}{4}c + 37$ (b) Sume 37 al número de chirridos en 15 segundos

Aplíquelo 3.3

13. Vértice: $(1, 400)$; intersecciones: $(0, 399)$, $(-19, 0)$, $(21, 0)$.

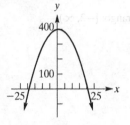

14. Vértice: $(1, 24)$; intersecciones: $(0, 8)$, $\left(1 \pm \dfrac{\sqrt{6}}{2}, 0\right)$

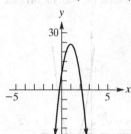
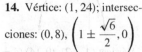

15. 1000 unidades; \$3000 de ingreso máximo.

Problemas 3.3 (página 147)

1. Cuadrática.   **3.** No es cuadrática.

5. Cuadrática.   **7.** Cuadrática.

9. (a) $\left(-\dfrac{5}{6}, \dfrac{13}{12}\right)$ (b) Punto más bajo

11. (a) -6 (b) $-3, 2$ (c) $\left(-\dfrac{1}{2}, -\dfrac{25}{4}\right)$

13. Vértice: $(3, -4)$; $(1, 0)$, $(5, 0)$, $(0, 5)$; rango: $[-4, \infty)$

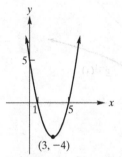

15. Vértice: $\left(-\dfrac{3}{2}, \dfrac{9}{2}\right)$; $(0, 0)$, $(-3, 0)$; rango: $\left(-\infty, \dfrac{9}{2}\right]$

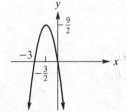

17. Vértice: $(-3, 0)$; $(-3, 0)$, $(0, 9)$; rango: $[0, \infty)$

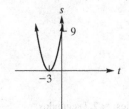
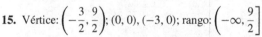

19. Vértice: $\left(\dfrac{1}{2}, -\dfrac{17}{4}\right)$; $(0,-5)$; rango $\left(-\infty, -\dfrac{17}{4}\right]$

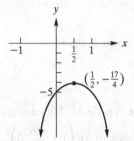

21. Vértice: $(4, -2)$; $(0, 14)$ $(4 \pm \sqrt{2}, 0)$; rango: $[-2, \infty)$

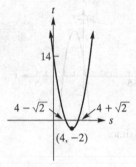

23. Mínimo; $\dfrac{808}{49}$ **25.** Máximo; -10

27. $g^{-1}(x) = 1 + \sqrt{x - 3}, x \geq 3$

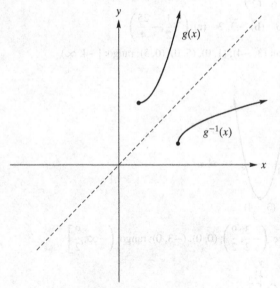

29. Ingreso máximo $250 cuando $q = 5$.

31. 200 unidades; ingreso máximo $240 000

33. Vértice: $(9, 225)$; $(0, 144)$; $(-6, 0)$, $(24, 0)$

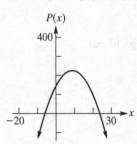

35. 70 gramos.   **37.** ≈ 134.86 pies; ≈ 2.7 segundos.

39. Vértice: $\left(\dfrac{45}{16}, \dfrac{2249}{16}\right)$; intersección h: $(0, 14)$; para $t \geq 0$,

intersección t: $\left(\dfrac{45 + \sqrt{13 \cdot 173}}{16}, 0\right)$.

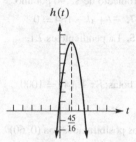

41. 125×250 pies.

Aplíquelo 3.4

16. $120 000 al 9% y $80 000 al 8%

17. 500 especies A y 1000 especies B.

18. Un número infinito de soluciones de la forma $A = \dfrac{20\,000}{3} - \dfrac{4}{3}r$,

$B = r$, donde $0 \leq r \leq 5000$.

19. $\dfrac{1}{6}$ lb de A; $\dfrac{1}{3}$ lb de B; $\dfrac{1}{2}$ lb de C.

Problemas 3.4 (página 157)

1. $x = -1, y = 1$ **3.** $(2, -1)$

5. $u = 6, v = -1$ **7.** $x = -3, y = 2$

9. No hay solución.   **11.** $x = 12, y = -12$

13. $\emptyset$ **15.** $x = \dfrac{1}{2}, y = \dfrac{1}{2}, z = \dfrac{1}{4}$

17. $x = 2, y = -1, z = 4$

19. $x = 1 + 2r, y = 3 - r, z = r$; r en $(-\infty, \infty)$

21. $x = -\dfrac{1}{3}r, y = \dfrac{5}{3}r, z = r$; r en $(-\infty, \infty)$

23. $\{(5 + 3r - s, r, s) \mid r, s \text{ en } (-\infty, \infty)\}$

25. $533\dfrac{1}{3}$ galones de solución al 20%, $266\dfrac{2}{3}$ galones de solución al 35%

27. 0.5 lb de algodón; 0.25 lb de poliéster; 0.25 lb de nailon.

29. ≈ 285 mi/h (velocidad del avión en aire en calma),
≈ 23.2 mi/h (velocidad del viento).

31. 240 unidades (Americano antiguo), 200 unidades (Contemporáneo).

33. 550 en Exton, 450 en Whyton.

35. 4% sobre los primeros $100 000, 6% sobre el resto.

37. 190 cajas, 760 contenedores.

39. 100 sillas, 100 mecedoras y 200 sillones reclinables.

41. 10 trabajadores semicalificados, 5 trabajadores calificados
y 55 empleados de envíos.

Problemas 3.5 (página 160)

1. $(1 \pm \sqrt{13}, 5 \mp 2\sqrt{13})$ **3.** $(-3, -4)$; $(2, 1)$

5. $(0, 0)$; $(1, 1)$ **7.** $\left(\dfrac{1 \pm \sqrt{7}}{2}, \dfrac{6 \pm \sqrt{7}}{2}\right)$

9. $(0, 0)$; $(1, 1)$ **11.** $(\pm \sqrt{17}, 2)$; $(\pm \sqrt{14}, -1)$

13. $(7, 6)$ **15.** En $(10, 8.1)$ y $(-10, 7.9)$

17. Dos.   **19.** $(-1.3, 5.1)$

21. $x = 1.76$ **23.** $x = -1.46$

Problemas 3.6 (página 166)

1. $(160, 6.2)$

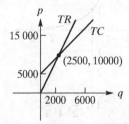

3. $(5, 212.50)$

5. $(9, 38)$

7. $(15, 5)$

9. El punto de equilibrio está en 2500 unidades.

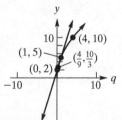

11. No puede tener punto de equilibrio.

13. No puede tener punto de equilibrio.

15. (a) $12   (b) $12.18

17. 5840 unidades; 840 unidades; 1840 unidades.

19. $4

21. (a) Punto de equilibrio en $q = \dfrac{4}{9}$ y en $q = 1$.

(b)

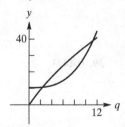

(c) Utilidad máxima para p en el intervalo $\left(\dfrac{4}{9}, 1\right)$

23. Disminuye en $0.70

25. $P_A = 8$; $P_B = 10$

27. 2.4 y 11.3

Problemas de repaso—Capítulo 3 (página 169)

1. 9

3. $y = -2x - 1$; $2x + y + 1 = 0$

5. $y = 3x - 21$; $3x - y - 21 = 0$

7. $y = 4$; $y - 4 = 0$

9. $y = \dfrac{2}{5}x - 3$; $2x - 5y - 15 = 0$

11. Perpendiculares.

13. Ninguna.

15. Paralelas, ambas rectas tienen una pendiente de 5.

17. $y = \dfrac{3}{2}x - 2$; $\dfrac{3}{2}$

19. $y = \dfrac{4}{3}$; 0

21. -5; $(0, 17)$

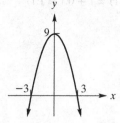

23. $(3, 0), (-3, 0), (0, 9)$; $(0, 9)$

25. Intersección $(0, 3)$; vértice $(-1, 2)$

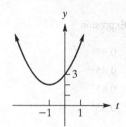

27. -7; $(0, 0)$

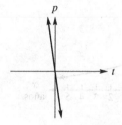

29. $(0, -3)$; $(-1, -2)$

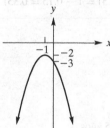

31. $\left(\dfrac{17}{7}, -\dfrac{8}{7}\right)$

33. $\left(2, -\dfrac{9}{5}\right)$

35. $(4, 0)$

37. $(0, 1, 0)$

39. $\left(\dfrac{-5 \pm \sqrt{65}}{4}, \dfrac{-21 \pm 5\sqrt{65}}{8}\right)$

41. $(-2 - 2r, 7 + r, r)$; r en $(-\infty, \infty)$

43. $(r, r, 0)$; r en $(-\infty, \infty)$

45. $2a + 3b + 9 = 0$; $a = -9$

47. $f(x) = -\dfrac{4}{3}x + \dfrac{19}{3}$

49. 50 unidades; $5000

51. ≈ 6.55

53. 1250 unidades; $20\,000

55. 2.36 toneladas por km cuadrado.

57. $x = 7.29$, $y = -0.78$

59. $x = 0.75$, $y = 1.43$

Explore y amplíe—Capítulo 3 (página 172)

1. $345.45

2. Uso entre 494.44 y 950 minutos.

3. Uso entre 950 y 1407.14 minutos.

Aplíquelo 4.1

1. La forma de las gráficas es la misma.
El valor de A escala la segunda coordenada en A.

2.

Año	Incremento multiplicativo	Expresión
0	1	1.1^0
1	1.1	1.1^1
2	1.21	1.1^2
3	1.33	1.1^3
4	1.46	1.1^4

1.1; la inversión aumenta en 10% cada año;
$(1 + 1(0.1) = 1 + 0.1 = 1.1)$

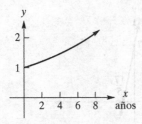

Entre 7 y 8 años.

Año	Disminución multiplicativa	Expresión
0	1	0.85^0
1	0.85	0.85^1
2	0.72	0.85^2
3	0.61	0.85^3

0.85; el automóvil se deprecia en 15% cada año;
$(1 - 1(0.15) = 1 - 0.15 = 0.85)$

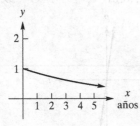

Entre 4 y 5 años.

4. $y = 1.08^{t-3}$; recorra la gráfica 3 unidades hacia la derecha.

5. $3684.87; $1684.87   **6.** 117 empleados.

7.

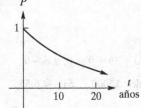

Problemas 4.1 (página 184)

1.

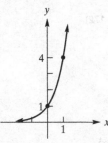

3.

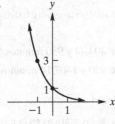

5.

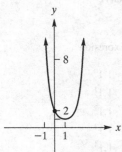

7.

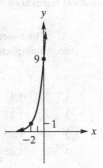

9.

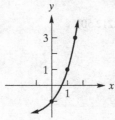

11.

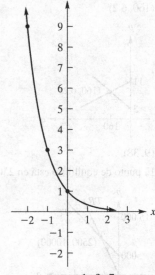

13. B **15.** 138 750   **17.** $\frac{1}{2}, \frac{3}{4}, \frac{7}{8}$

19. (a) ≈$2318.55   (b) ≈$318.55

21. (a) $1964.76   (b) $1264.76

23. (a) $11 983.37   (b) $8983.37

25. (a) $6256.36   (b) $1256.36   **27.** (a) $9649.69   (b) $1649.69

29. ≈$6900.91   **31.** (a) $N = 400(1.05)^t$ (b) 420   (c) 486

33.

Año	Disminución multiplicativa	Expresión
0	1	1.3^0
1	1.3	1.3^1
2	1.69	1.3^2
3	2.20	1.3^3

1.3; el reciclaje aumenta en 30% cada año;
$(1 + 1(0.3) = 1 + 0.3 = 1.3)$

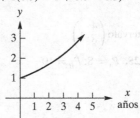

Entre 4 y 5 años.

35. 334 485   **37.** 4.4817   **39.** 0.4493

41.

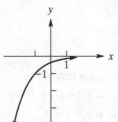

43. 0.2240   **45.** $(e^k)^t$, donde $b = e^k$

47. (a) 12   (b) 8.8   (c) 3.1   (d) 22 horas

49. 27 años.   **51.** 0.1465   **55.** 3.17

57. 4.2 min   **59.** 8 años.

Aplíquelo 4.2

8. $t = \log_2 16$; $t = $ número de veces que la cantidad de bacterias se ha duplicado.

9. $\dfrac{I}{I_0} = 10^{8.3}$ **10.**

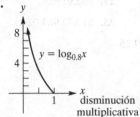

11.

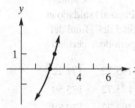

12. $\approx 13.9\%$ **13.** $\approx 9.2\%$

Problemas 4.2 (página 191)

1. $\log 10\,000 = 4$ **3.** $2^{10} = 1024$
5. $\ln 20.0855 = 3$ **7.** $e^{1.09861} = 3$

9.   **11.**

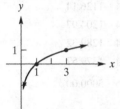

13.   **15.**

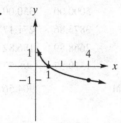

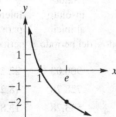

17. 2   **19.** 3   **21.** 1   **23.** -4 **25.** 0   **27.** -3
29. 81   **31.** 125   **33.** $\dfrac{1}{1000}$ **35.** e^{-3} **37.** 2   **39.** 6
41. $\dfrac{1}{27}$ **43.** 3   **45.** $\dfrac{5}{3}$ **47.** 4   **49.** $\dfrac{\ln 2}{3}$ **51.** $\dfrac{5 + \ln 3}{2}$
53. 2.39790   **55.** 2.00013   **57.** $y = \log_{1.10} x$ **59.** 3
61. **(a)** $2N_0$ **(b)** k es el tiempo necesario para que la población se duplique
63. ≈ 72.2 minutos.   **65.** $z = y^{3/2}$
67. **(a)** $(0, 1)$ **(b)** $[-0.37, \infty)$ **69.** 1.10   **71.** 1.41; 3.06

Aplíquelo 4.3

14. $\log(900\,000) - \log(9000) = \log\left(\dfrac{900\,000}{9000}\right) = \log(100) = 2$

15. $\log(10\,000) = \log(10^4) = 4$

Problemas 4.3 (página 197)

1. $a + b + c$ **3.** $a - b$ **5.** $3a - b$ **7.** $2(a + c)$
9. $\dfrac{b}{a}$ **11.** 48   **13.** -7 **15.** 5.01

17. $-\dfrac{1}{2}$ **19.** 2
21. $\ln x + 2\ln(x + 1)$ **23.** $2\ln x - 3\ln(x + 1)$
25. $4[\ln(x + 1) + \ln(x + 2)]$ **27.** $\ln x + \ln(x + 1) - \ln(x + 2)$
29. $\dfrac{1}{2}\ln x - 2\ln(x + 1) - 3\ln(x + 2)$
31. $\dfrac{2}{5}\ln x - \dfrac{1}{5}\ln(x + 1) - \ln(x + 2)$
33. $\log 24$ **35.** $\log_2 \dfrac{2x}{x + 1}$ **37.** $\log_3(5^7 \cdot 17^4)$
39. $\log(100(1.05)^{10})$ **41.** $\dfrac{81}{64}$ **43.** 1   **45.** $\dfrac{5}{2}$
47. $\{-3, 1\}$ **49.** $\dfrac{\ln(2x + 1)}{\ln 2}$ **51.** $\dfrac{\ln(x^2 + 1)}{\ln 3}$ **53.** $y = \ln\left(\dfrac{z}{7}\right)$
55. $C = B\left(1 + \dfrac{E}{B}\right)$ entonces $\ln C = \ln B + \ln\left(1 + \dfrac{E}{B}\right)$
57.

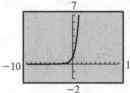

59. $\log x = \dfrac{\ln x}{\ln 10}$ **61.** $\ln 3$

Aplíquelo 4.4

16. 18   **17.** Día 20
18. 67.5 veces más intenso.

Problemas 4.4 (página 201)

1. 1   **3.** 2.75   **5.** -3 **7.** 2
9. 0.125   **11.** $\dfrac{\ln 7}{5} \approx 0.389$ **13.** 0.028   **15.** 5.140
17. -0.073 **19.** 2.322   **21.** $\dfrac{1}{7}\left(\dfrac{\ln 2}{\ln 5} - 5\right) \approx -0.653$ **23.** 0.483
25. 2.496   **27.** 1003   **29.** 2.222   **31.** $\dfrac{3 + \sqrt{9 + 8(2 + e^5)}}{4} \approx 9.45$
33. 1.353   **35.** 0.5   **37.** $S = 12.4A^{0.26}$ **39.** **(a)** 100   **(b)** 46
41. $\dfrac{\ln 4 - \ln 3}{\ln(1.03)} \approx 9.7$ **43.** $p = \dfrac{\log(80 - q)}{\log 2}$; 4.32   **49.** 3.33

Problemas de repaso—Capítulo 4 (página 203)

1. $\log_3 243 = 5$ **3.** $81^{1/4} = 3$ **5.** $\ln 1096.63 \approx 7$
7. 3   **9.** -4 **11.** -2 **13.** 4   **15.** $\dfrac{1}{1024}$
17. -1 **19.** $3(a + 1)$ **21.** $\log\left(\dfrac{7^3}{5^2}\right)$ **23.** $\ln\left(\dfrac{x^2 y}{z^3}\right)$
25. $\ln\left(\dfrac{x^{19/3}}{(x - 1)^2(x - 2)^3}\right)$ **27.** $3\ln x + 2\ln y + 5\ln z$
29. $\dfrac{1}{3}(\ln x + \ln y + \ln z)$ **31.** $\dfrac{1}{2}(\ln y - \ln z) - \ln x$
33. $\dfrac{\ln(x + 5)}{\ln 3}$ **35.** $\approx \dfrac{5.20945}{2.80735} \approx 1.85565$ n
37. $2y + \dfrac{1}{2}x$ **39.** $2x + 1$ **41.** $y = e^{x^2 + 2}$

43.

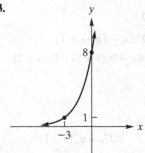

45. 4 **47.** 1 **49.** 10 **51.** $\dfrac{1}{3e^2}$ **53.** 0.880

55. $\ln 8 - 2 \approx 0.07944$ **57.** -1.596

59. (a) \$3829.04 (b) \$1229.04 **61.** 14%

63. (a) $P = 6000(0.995)^t$ (b) ≈ 5707

65. (a) 10 (b) $10e^{-0.41} \approx 6.6$ (c) $10e^{-0.41(5)} \approx 1.3$
(d) $\dfrac{\ln 2}{0.41} \approx 1.7$ (e) $\dfrac{\ln(100)}{0.41} \approx 11.2$

67. (a) 6 (b) 28

71. $(-\infty, 0.37]$ **73.** 2.53 **75.** $g(x) = \dfrac{1}{x}$

Explore y amplíe—Capítulo 4 (página 207)

1. (a) $P = \dfrac{T(e^{kI} - 1)}{1 - e^{-dkI}}$ (b) $d = \dfrac{1}{kI} \ln\left(\dfrac{P}{P - T(e^{kI} - 1)}\right)$

3. (a) 156 (b) 65

Aplíquelo 5.1

1. 4.9% **2.** 7 años, 16 días. **3.** 7.7208%

4. 11.25% compuesto trimestralmente es la mejor tasa. La inversión de \$10 000 es mejor si se hace a 20 años.

Problemas 5.1 (página 212)

1. (a) \$11 105.58 (b) \$5105.58
3. 3.023% **5.** $\approx 3.562\%$
7. (a) 10% (b) 10.25% (c) 10.381%
(d) 10.471% (e) 10.516%
9. 8.08% **11.** 8.0 años. **13.** \$10 282.95
15. \$30448.33 **17.** (a) 18% (b) \$19.56%
19. \$3198.54 **21.** 8% compuesto anualmente.
23. (a) 4.93% (b) 4.86% **25.** 10.757% **27.** 6.29%

Problemas 5.2 (página 216)

1. \$2261.34 **3.** \$1751.83 **5.** \$5821.55
7. \$4862.31 **9.** \$4303.61 **11.** \$11 381.89
13. \$14 091.10 **15.** \$1238.58 **17.** \$3244.63
19. (a) \$9669.40 (b) Sí **21.** Cuenta de ahorros.
23. \$226.25 **25.** 9.55%

Problemas 5.3 (página 219)

1. \$5819.97; \$1819.97 **3.** \$2217.30 **5.** 4.08%
7. 3.05% **9.** \$109.42 **11.** \$778 800.78
13. (a) \$43 248.06 (b) \$20 737.68
15. 4.88% **17.** 16 años.
19. (a) \$1072.51 (b) \$1093.30 (c) \$1072.18
21. (a) \$9458.51 (b) Esta estrategia es mejor por \$26.90

Aplíquelo 5.4

5. 6.20% **6.** \$101 925; \$121 925 **7.** \$723.03
8. \$13 962.01 **9.** \$45 502.06 **10.** \$48 095.67

Problemas 5.4 (página 227)

1. 18.664613 **3.** 8.213180 **5.** \$2950.39
7. \$29 984.06 **9.** \$9887.08 **11.** \$90 231.01
13. \$204 977.46 **15.** \$24 594.36 **17.** \$5106.27
19. \$1332.73 **21.** (a) \$3048.85 (b) \$648.85
23. \$3474.12 **25.** \$1725 **27.** 102.91305
29. 10 475.72 **31.** \$131.34 **33.** \$1 872 984.02
35. \$205 073; \$142 146 **37.** \$181 269.25

Problemas 5.5 (página 231)

1. \$428.73 **3.** \$502.84
5. (a) \$221.43 (b) \$25 (c) \$196.43

7.

Periodo	Saldo insoluto al inicio del periodo	Interés para el periodo	Pago al final del periodo	Capital saldado al final del periodo
1	5000.00	350.00	1476.14	1126.14
2	3873.86	271.17	1476.14	1204.97
3	2668.89	186.82	1476.14	1289.32
4	1379.57	96.57	1476.14	1379.57
Total		904.56	5904.56	5000.00

9.

Periodo	Saldo insoluto al inicio del periodo	Interés para el periodo	Pago al final del periodo	Capital saldado al final del periodo
1	900.00	22.50	193.72	171.22
2	728.78	18.22	193.72	175.50
3	553.28	13.83	193.72	179.89
4	373.39	9.33	193.72	184.39
5	189.00	4.73	193.73	189.00
Total		68.61	968.61	900.00

11. 13 **13.** \$1606
15. (a) \$2089.69 (b) \$1878.33 (c) \$211.36 (d) \$381 907
17. 23 **19.** \$113 302 **21.** \$25.64

Problemas 5.6 (página 235)

1. \$4000 **3.** \$750 000 **5.** \$4800 **7.** 1 **9.** e^2

Problemas de repaso—Capítulo 5 (página 237)

1. $\dfrac{\ln 2}{\ln(1 + r)}$ **3.** 8.5% compuesto anualmente.
5. \$1005.41 **7.** (a) \$1997.13 (b) \$3325.37
9. \$2506.59 **11.** \$886.98 **13.** \$314.00

15.

Periodo	Saldo insoluto al inicio del periodo	Interés para el periodo	Pago al final del periodo	Capital saldado al final del periodo
1	15 000.00	112.50	3067.84	2955.34
2	12 044.66	90.33	3067.84	2977.51
3	9067.15	68.00	3067.84	2999.84
4	6067.31	45.50	3067.84	3022.34
5	3044.97	22.84	3067.81	3044.97
Total		339.17	15 339.17	15 000.00

17. $1279.36.

Explore y amplíe—Capítulo 5 (página 239)

1. $26 102.13

3. Cuando se espera una caída en las tasas de interés, las inversiones a largo plazo se vuelven más atractivas.

Aplíquelo 6.1

1. 3×2 o 2×3

2. $\begin{bmatrix} 1 & 2 & 4 & 8 & 16 \\ 1 & 2 & 4 & 8 & 16 \\ 1 & 2 & 4 & 8 & 16 \end{bmatrix}$

Problemas 6.1 (página 245)

1. (a) 2×3; 3×3; 3×2; 2×2; 4×4; 1×2; 3×1; 3×3; 1×1

(b) B, D, E, H, J

(c) H, J triangulares superiores; D, J triangulares inferiores

(d) $F; J$ (e) $G; J$

3. 6   **5.** 4   **7.** 0   **9.** 5 4 1 0

11. (a) $A = \begin{bmatrix} 1 & 3 & 5 \\ 0 & 2 & 4 \end{bmatrix}$ (b) $C = \begin{bmatrix} 4 & 9 & 16 & 25 \\ 9 & 16 & 25 & 36 \end{bmatrix}$

13. 120 entradas, 1, 0, 1, 0

15. (a) $\begin{bmatrix} 0 & 0 & 0 & 0 \\ 0 & 0 & 0 & 0 \\ 0 & 0 & 0 & 0 \\ 0 & 0 & 0 & 0 \end{bmatrix}$ (b) $\begin{bmatrix} 0 & 0 & 0 & 0 & 0 & 0 \\ 0 & 0 & 0 & 0 & 0 & 0 \\ 0 & 0 & 0 & 0 & 0 & 0 \\ 0 & 0 & 0 & 0 & 0 & 0 \\ 0 & 0 & 0 & 0 & 0 & 0 \\ 0 & 0 & 0 & 0 & 0 & 0 \end{bmatrix}$

17. $\begin{bmatrix} 6 & 2 \\ -3 & 4 \end{bmatrix}$ **19.** $\begin{bmatrix} 2 & 0 & 7 \\ 5 & 3 & 8 \\ -3 & 6 & -2 \\ 0 & 2 & 1 \end{bmatrix}$

21. (a) A y C (b) Todas

25. $x = 6, y = \dfrac{2}{3}, z = \dfrac{7}{2}$ **27.** $x = 0, y = 0$

29. (a) 4 (b) 4 (c) Febrero (d) Ninguna
(e) Enero (f) Enero (g) 37

31. -2001 **33.** $\begin{bmatrix} 3 & 1 & 1 \\ 1 & 7 & 4 \\ 4 & 3 & 1 \\ 2 & 6 & 2 \end{bmatrix}$

Aplíquelo 6.2

3. $\begin{bmatrix} 230 & 220 \\ 190 & 255 \end{bmatrix}$ **4.** $x_1 = 670, x_2 = 835, x_3 = 1405$

Problemas 6.2 (página 251)

1. $\begin{bmatrix} 4 & -3 & 1 \\ -2 & 10 & 5 \\ 10 & 5 & 3 \end{bmatrix}$ **3.** $\begin{bmatrix} -3 & -4 \\ -4 & -9 \\ -2 & 6 \end{bmatrix}$ **5.** $[-4 \quad -2 \quad 10]$

7. No definida.   **9.** $\begin{bmatrix} -12 & 36 & -42 & -6 \\ -42 & -6 & -36 & 12 \end{bmatrix}$

11. $\begin{bmatrix} 3 & -5 & 6 \\ -2 & 8 & 0 \\ 5 & 10 & 15 \end{bmatrix}$ **13.** $\begin{bmatrix} 4 & 2 \\ 6 & -6 \end{bmatrix}$ **15.** 0

17. $\begin{bmatrix} 66 & 51 \\ 0 & 9 \end{bmatrix}$ **19.** No definida. **21.** $\begin{bmatrix} -22 & -15 \\ -11 & 9 \end{bmatrix}$

23. $\begin{bmatrix} -\dfrac{196}{3} & -\dfrac{134}{3} \\ -32 & 26 \end{bmatrix}$ **29.** $\begin{bmatrix} 4 & 7 \\ 2 & -3 \\ 20 & 2 \end{bmatrix}$

31. $\begin{bmatrix} -1 & 5 \\ 6 & -8 \end{bmatrix}$ **33.** No definida.

35. $x = \dfrac{90}{29}, y = -\dfrac{24}{29}$ **37.** $x = 6, y = \dfrac{4}{3}$

39. $x = -6, y = -14, z = 1$ **41.** $\begin{bmatrix} 45 & 75 \\ 1760 & 1520 \\ 35 & 35 \end{bmatrix}$

43. 1.16 **45.** $\begin{bmatrix} 15 & -4 & 26 \\ 4 & 7 & 30 \end{bmatrix}$ **47.** $\begin{bmatrix} -10 & 22 & 12 \\ 24 & 36 & -44 \end{bmatrix}$

Aplíquelo 6.3

5. $5780   **6.** $22 843.75

7. $\begin{bmatrix} 1 & \dfrac{8}{5} \\ 1 & \dfrac{1}{3} \end{bmatrix} \begin{bmatrix} y \\ x \end{bmatrix} = \begin{bmatrix} \dfrac{8}{5} \\ \dfrac{5}{3} \end{bmatrix}$

Problemas 6.3 (página 262)

1. -12 **3.** 19   **5.** 1   **7.** $2 \times 1; 2$

9. $3 \times 5; 15$ **11.** $2 \times 1; 2$ **13.** $3 \times 1; 3$ **15.** $3 \times 1; 3$

17. $\begin{bmatrix} 1 & 0 & 0 & 0 & 0 \\ 0 & 1 & 0 & 0 & 0 \\ 0 & 0 & 1 & 0 & 0 \\ 0 & 0 & 0 & 1 & 0 \\ 0 & 0 & 0 & 0 & 1 \end{bmatrix}$ **19.** $\begin{bmatrix} 12 & -12 \\ 10 & 6 \end{bmatrix}$ **21.** $\begin{bmatrix} 23 \\ 50 \end{bmatrix}$

23. $\begin{bmatrix} 1 & -4 & 2 \\ 2 & 2 & 4 \\ -3 & -2 & 3 \end{bmatrix}$ **25.** $[-4 \quad 5 \quad -1 \quad -18]$

27. $\begin{bmatrix} 0 & 1 & -3 \\ 0 & 4 & -12 \\ 0 & -2 & 6 \end{bmatrix}$ **29.** $\begin{bmatrix} 78 & 84 \\ -21 & -12 \end{bmatrix}$ **31.** $\begin{bmatrix} -5 & -8 \\ -5 & -20 \end{bmatrix}$

33. $\begin{bmatrix} z \\ y \\ x \end{bmatrix}$ **35.** $\begin{bmatrix} 2x_1 + x_2 + 3x_3 \\ 4x_1 + 9x_2 + 7x_3 \end{bmatrix}$ **37.** $\begin{bmatrix} -\dfrac{1}{6} & 0 & 0 \\ 0 & -\dfrac{1}{3} & -\dfrac{1}{2} \\ -\dfrac{1}{2} & -1 & -\dfrac{1}{6} \end{bmatrix}$

39. $\begin{bmatrix} -1 & -20 \\ -2 & 23 \end{bmatrix}$ **41.** $\begin{bmatrix} \frac{7}{3} & 0 & 0 \\ 0 & \frac{7}{3} & 0 \\ 0 & 0 & \frac{7}{3} \end{bmatrix}$ **43.** $\begin{bmatrix} -1 & 5 \\ 2 & 17 \\ 1 & 31 \end{bmatrix}$

45. No definida. **47.** $\begin{bmatrix} 0 & 0 & -8 \\ -2 & 1 & -6 \\ 0 & 0 & 16 \end{bmatrix}$ **49.** $\begin{bmatrix} -1 & 2 \\ 1 & 0 \end{bmatrix}$

51. $\begin{bmatrix} 0 & 3 & 0 \\ -1 & -1 & 2 \end{bmatrix}$ **53.** $\begin{bmatrix} 2 & 0 & 0 \\ 0 & 2 & 0 \\ 0 & 0 & 2 \end{bmatrix}$ **55.** $\begin{bmatrix} 1 & -1 & 0 \\ 0 & 1 & 1 \end{bmatrix}$

57. $\begin{bmatrix} 2 & -2 \\ -2 & 4 \end{bmatrix}$ **59.** $\begin{bmatrix} 3 & 1 \\ 2 & -9 \end{bmatrix}\begin{bmatrix} x \\ y \end{bmatrix} = \begin{bmatrix} 6 \\ 5 \end{bmatrix}$

61. $\begin{bmatrix} 2 & -1 & 3 \\ 5 & -1 & 2 \\ 3 & -2 & 2 \end{bmatrix}\begin{bmatrix} r \\ s \\ t \end{bmatrix} = \begin{bmatrix} 9 \\ 5 \\ 11 \end{bmatrix}$

63. \$2075 **65.** \$828 950

67. (a) \$180 000; \$520 000; \$400 000; \$270 000; \$380 000; \$640 000
(b) \$390 000; \$100 000; \$800 000 (c) \$2 390 000
(d) $\dfrac{110}{239}; \dfrac{129}{239}$

71. $\begin{bmatrix} 72.82 & -9.8 \\ 51.32 & -36.32 \end{bmatrix}$ **73.** $\begin{bmatrix} 15.606 & 64.08 \\ -739.428 & 373.056 \end{bmatrix}$

Aplíquelo 6.4

8. 5 bloques de A; 2 bloques de B; 1 bloque de C.

9. 3 de X; 4 de Y; 2 de Z.

10. A = 3D; B = 1000 − 2D; C = 500 − D; D = cualquier cantidad entre 0 y 500.

Problemas 6.4 (página 272)

1. No reducida. **3.** Reducida. **5.** No reducida.

7. $\begin{bmatrix} 1 & 0 \\ 0 & 1 \end{bmatrix}$ **9.** $\begin{bmatrix} 1 & 2 & 3 \\ 0 & 0 & 0 \\ 0 & 0 & 0 \end{bmatrix}$ **11.** $\begin{bmatrix} 1 & 0 & 0 & 0 \\ 0 & 1 & 0 & 0 \\ 0 & 0 & 1 & 0 \\ 0 & 0 & 0 & 1 \end{bmatrix}$

13. $x = \dfrac{220}{13}, y = -\dfrac{30}{13}$ **15.** No hay solución.

17. $x = -\dfrac{2}{3}r + \dfrac{5}{3}, y = -\dfrac{1}{6}r + \dfrac{7}{6}, z = r$, para toda r en $(-\infty, \infty)$.

19. No hay solución. **21.** $X = \begin{bmatrix} 2 \\ 0 \\ 3 \end{bmatrix}$

23. $x = 2, y = -5, z = -1$

25. $x_1 = r, x_2 = 0, x_3 = 0, x_4 = 0, x_5 = r$, para toda r en $(-\infty, \infty)$.

27. Federal, \$72 000; estatal, \$24 000.

29. A, 2000; B, 4000; C, 5000

31. (a) 3 de X, 4 de Z; 2 de X, 1 de Y, 5 de Z; 1 de X, 2 de Y, 6 de Z; 3 de Y, 7 de Z (b) 3 de X, 4 de Z (c) 3 de X, 4 de Z; 3 de Y, 7 de Z

33. (a) Sean s, d, g el número de unidades de S, D y G, respectivamente. Existen seis posibilidades:

s	5	4	3	2	1	0
d	8	7	6	5	4	3
g	0	1	2	3	4	5

(b) $s = 0, d = 3, g = 5$

Aplíquelo 6.5

11. Un número infinito de soluciones:

$$\left\{ r\begin{bmatrix} -\frac{1}{2} \\ \frac{1}{2} \\ -\frac{1}{2} \\ 1 \end{bmatrix} \;\middle|\; r \text{ en } (-\infty, \infty) \right\}$$

Problemas 6.5 (página 277)

1. $\left\{ \begin{bmatrix} -1 \\ 2 \\ 4 \\ 0 \end{bmatrix} + r\begin{bmatrix} 7 \\ -5 \\ -7 \\ 1 \end{bmatrix} \;\middle|\; r \text{ en } (-\infty, \infty) \right\}$

3. $\left\{ \begin{bmatrix} 0 \\ 2 \\ 0 \\ 0 \end{bmatrix} + r\begin{bmatrix} 0 \\ -3 \\ 1 \\ 0 \end{bmatrix} + s\begin{bmatrix} -1 \\ -4 \\ 0 \\ 1 \end{bmatrix} \;\middle|\; r, s \text{ en } (-\infty, \infty) \right\}$

5. $\left\{ \begin{bmatrix} 3 \\ 0 \\ 2 \\ 0 \end{bmatrix} + r\begin{bmatrix} 3 \\ 1 \\ 0 \\ 0 \end{bmatrix} + s\begin{bmatrix} -1 \\ 0 \\ 2 \\ 1 \end{bmatrix} \;\middle|\; r, s \text{ en } (-\infty, \infty) \right\}$

7. $\left\{ \begin{bmatrix} 1 \\ 4 \\ 0 \\ 0 \\ 0 \end{bmatrix} + r\begin{bmatrix} -2 \\ -1 \\ 1 \\ 0 \\ 0 \end{bmatrix} + s\begin{bmatrix} 1 \\ -2 \\ 0 \\ 1 \\ 0 \end{bmatrix} + t\begin{bmatrix} -2 \\ 1 \\ 0 \\ 0 \\ 1 \end{bmatrix} \;\middle|\; r, s, t \text{ en } (-\infty, \infty) \right\}$

9. Un número infinito de soluciones. **11.** Sólo solución trivial.

13. Un número infinito de soluciones. **15.** $\begin{bmatrix} 0 \\ 0 \end{bmatrix}$

17. $\left\{ r\begin{bmatrix} -\frac{6}{5} \\ -\frac{8}{15} \\ 1 \end{bmatrix} \;\middle|\; r \text{ en } (-\infty, \infty) \right\}$

19. $\begin{bmatrix} 0 \\ 0 \end{bmatrix}$ **21.** $\left\{ r\begin{bmatrix} 1 \\ -2 \\ 1 \end{bmatrix} \;\middle|\; r \text{ en } (-\infty, \infty) \right\}$

23. $\left\{ r\begin{bmatrix} -2 \\ -3 \\ 1 \\ 1 \end{bmatrix} \;\middle|\; r \text{ en } (-\infty, \infty) \right\}$

Aplíquelo 6.6

12. Sí. **13.** ENCUENTRO EL VIERNES A MEDIO DÍA

14. $E^{-1} = \begin{bmatrix} \frac{2}{3} & -\frac{1}{6} & -\frac{1}{3} \\ -\frac{1}{3} & \frac{5}{6} & -\frac{1}{3} \\ -\frac{1}{3} & -\frac{1}{6} & \frac{2}{3} \end{bmatrix}$; F no es invertible.

15. A: 5000 acciones; B: 2500 acciones; C: 2500 acciones.

Problemas 6.6 (página 283)

1. $\begin{bmatrix} -1 & 1 \\ 7 & -6 \end{bmatrix}$ **3.** No es invertible. **5.** $\begin{bmatrix} 1 & 0 & 0 \\ 0 & -\frac{1}{3} & 0 \\ 0 & 0 & \frac{1}{4} \end{bmatrix}$

7. No es invertible. **9.** No es invertible.

11. $\begin{bmatrix} 1 & -2 & 1 \\ 0 & 1 & -2 \\ 0 & 0 & 1 \end{bmatrix}$

13. $\begin{bmatrix} 1 & 0 & 2 \\ 0 & 1 & 0 \\ 3 & 0 & 7 \end{bmatrix}$

15. $\begin{bmatrix} 1 & -\dfrac{2}{3} & \dfrac{5}{3} \\ -1 & \dfrac{4}{3} & -\dfrac{10}{3} \\ -1 & 1 & -2 \end{bmatrix}$

17. $\begin{bmatrix} \dfrac{11}{3} & -3 & \dfrac{1}{3} \\ -\dfrac{7}{3} & 3 & -\dfrac{2}{3} \\ \dfrac{2}{3} & -1 & \dfrac{1}{3} \end{bmatrix}$

19. $X = \begin{bmatrix} 27 \\ 38 \end{bmatrix}$

21. $X = \begin{bmatrix} 17 \\ -20 \end{bmatrix}$

23. $X = \begin{bmatrix} 2 \\ 1 \end{bmatrix}$

25. $\left\{ \begin{bmatrix} 1 \\ 0 \end{bmatrix} + r \begin{bmatrix} -3 \\ 1 \end{bmatrix} \mid r \text{ en } (-\infty, \infty) \right\}$

27. $X = \begin{bmatrix} 0 \\ 1 \\ 2 \end{bmatrix}$

29. $X = \dfrac{1}{2} \begin{bmatrix} 8 \\ -1 \\ -1 \end{bmatrix}$

31. No hay solución. **33.** $X = \begin{bmatrix} 1 \\ 3 \\ -2 \\ 7 \end{bmatrix}$

35. $\begin{bmatrix} -\dfrac{1}{6} & -\dfrac{1}{3} \\ \dfrac{1}{6} & -\dfrac{2}{3} \end{bmatrix}$

37. (a) 40 del modelo A, 60 del modelo B

(b) 45 del modelo A, 50 del modelo B

39. (b) $(AB)^{-1} = \begin{bmatrix} 1 & 1 \\ 1 & 5 \end{bmatrix} \begin{bmatrix} 1 & 3 \\ 2 & 4 \end{bmatrix} = \begin{bmatrix} 3 & 7 \\ 11 & 23 \end{bmatrix}$

41. Sí.

43. D: 5000 acciones; E: 1000 acciones; F: 4000 acciones.

Problemas 6.7 (página 289)

1. $X \approx \begin{bmatrix} 1408.70 \\ 852.17 \end{bmatrix}$

3. Reducir $\left[\begin{array}{ccc|c} 680 & -135 & -48 & 28\,800 \\ -80 & 540 & -240 & 21\,600 \\ -80 & -135 & 600 & 0 \end{array} \right]$

5. (a) $X = \begin{bmatrix} 812.5 \\ 1125 \end{bmatrix}$ (b) $X = \begin{bmatrix} 220 \\ 280 \end{bmatrix}$

7. $X = \begin{bmatrix} 1559.81 \\ 1112.44 \\ 1738.04 \end{bmatrix}$

9. $X = \begin{bmatrix} 1073 \\ 1016 \\ 952 \end{bmatrix}$

Problemas de repaso—Capítulo 6 (página 291)

1. $\begin{bmatrix} 3 & 8 \\ -16 & -10 \end{bmatrix}$

3. $\begin{bmatrix} 1 & 42 & 5 \\ 2 & -18 & -7 \\ 1 & 0 & -2 \end{bmatrix}$

5. $\begin{bmatrix} 11 & -4 \\ 8 & 11 \end{bmatrix}$

7. $\begin{bmatrix} 36 \\ 66 \end{bmatrix}$

9. $\begin{bmatrix} -1 & -2 \\ 2 & 1 \end{bmatrix}$

11. $\begin{bmatrix} 2 & 0 \\ 0 & 9 \end{bmatrix}$

13. $X = \begin{bmatrix} 3 \\ 21 \end{bmatrix}$

15. $\begin{bmatrix} 1 & 0 \\ 0 & 1 \end{bmatrix}$

17. $\begin{bmatrix} 1 & 0 & 0 \\ 0 & 1 & 0 \\ 0 & 0 & 1 \end{bmatrix}$

19. $X = \begin{bmatrix} 0 \\ 0 \end{bmatrix}$

21. No hay solución.

23. $\begin{bmatrix} -\dfrac{3}{2} & \dfrac{5}{6} \\ \dfrac{1}{2} & -\dfrac{1}{6} \end{bmatrix}$

25. No existe la inversa.

27. $X = \begin{bmatrix} 1 & -1 & -1 \\ \dfrac{1}{2} & -1 & \dfrac{1}{2} \\ -\dfrac{1}{2} & 1 & \dfrac{1}{2} \end{bmatrix} \begin{bmatrix} 2 \\ 1 \\ 4 \end{bmatrix} = \begin{bmatrix} -3 \\ 2 \\ 2 \end{bmatrix}$

29. $A^2 = \begin{bmatrix} 0 & 0 & 1 \\ 0 & 0 & 0 \\ 0 & 0 & 0 \end{bmatrix}$, $A^3 = 0$, $A^{1000} = 0$, no tiene inversa.

31. (a) Sean x, y, z las dosis de cápsulas semanales de las marcas I, II, III, respectivamente. Existen cuatro posibilidades:

x	4	3	2	1
y	9	6	3	0
z	0	1	2	3

(b) $x = 1, y = 0, z = 3$

33. $\begin{bmatrix} 215 & 87 \\ 89 & 141 \end{bmatrix}$

35. $\begin{bmatrix} 39.7 \\ 35.1 \end{bmatrix}$

Explore y amplíe—Capítulo 6 (página 293)

1. $151.40

3. No es posible.

Aplíquelo 7.1

1. $y > -1.375x + 62.5$

2. $x + y \geq 50, x \geq 2y, y \geq 0$

Problemas 7.1 (página 298)

1.
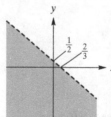

3.
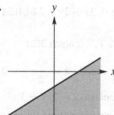

5.
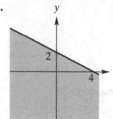

7.
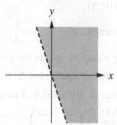

9.
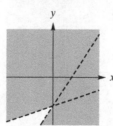

11.
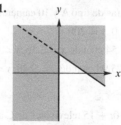

13.
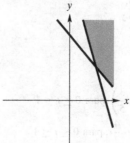

15.
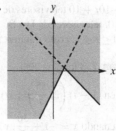

17.

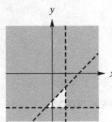

19.

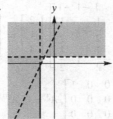

21.

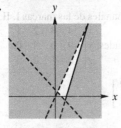

23.

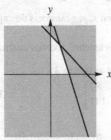

25.

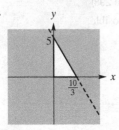

27.

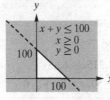

$$x + y \leq 100$$
$$x \geq 0$$
$$y \geq 0$$

x: número de libras de A
y: número de libras de B

29. $x \geq 0, y \geq 0, 3x + 2y \leq 240, 0.5x + y \leq 80$

Problemas 7.2 (página 305)

1. $P = 112\frac{1}{2}$ cuando $x = \frac{45}{2}, y = 0$

3. $Z = -10$ cuando $x = 2, y = 3$

5. No tiene solución óptima (la región factible es vacía).

7. $C = 1$ en $(0, 1)$

9. $C = \frac{23}{3}$ cuando $x = \frac{7}{3}, y = \frac{1}{3}$

11. No tiene solución óptima (no acotado).

13. 10 camiones, 20 perinolas; $110

15. 4 unidades de alimento A, 4 unidades de alimento B; $8

17. $C = \frac{6500}{3}$ en $\left(\frac{25}{3}, \frac{125}{6}\right)$

19. 6 cámaras de tipo A y 10 cámaras de tipo B.

21. (c) $x = 0, y = 200$

23. $Z = 15.54$ cuando $x = 2.56, y = 6.74$

25. $Z = -75.98$ cuando $x = 9.48, y = 16.67$

Aplíquelo 7.3

3. Enviar $10t + 15$ televisores de C a A,
$-10t + 30$ televisores de C a B,
$-10t + 10$ televisores de D a A y
$10t$ televisores de D a B,
para $0 \leq t \leq 1$; costo mínimo $780.

Problemas 7.3 (página 309)

1. $Z = 42$ en $(1 - t)\left(2, \frac{15}{7}\right) + (t)\left(\frac{28}{5}, \frac{3}{5}\right)$ para $0 \leq t \leq 1$

3. $Z = 84$ cuando $x = \frac{6}{7}t + \frac{36}{7}, y = \frac{4}{7} - \frac{4}{7}t$, para $0 \leq t \leq 1$

Aplíquelo 7.4

1. 0 del tipo 1, 72 del tipo 2, 12 del tipo 3; $20 400

Problemas 7.4 (página 320)

1. $Z = 8$ cuando $x_1 = 0, x_2 = 4$

3. $Z = 2$ cuando $x_1 = 0, x_2 = 1$

5. $Z = 7$ en $\left(\frac{8}{3}, \frac{5}{3}\right)$

7. $Z = 20$ cuando $x_1 = 0, x_2 = 5, x_3 = 0$

9. $Z = 2$ cuando $x_1 = 1, x_2 = 0, x_3 = 0$

11. $Z = \frac{72}{13}$ en $x_1 = \frac{22}{13}, x_2 = \frac{50}{13}$

13. $W = 13$ cuando $x_1 = 1, x_2 = 0, x_3 = 3$

15. $Z = 310$ en $(3, 0, 2, 0)$

17. 0 de A, 2400 de B; $1200

19. 0 sillas, 300 mecedoras, 100 sillones; $10 800

Apíquelo 7.5

5. $35 - 7t$ de 1, $6t$ de 2, 0 de 3, para $0 \leq t \leq 1$

Problemas 7.5 (página 327)

1. Sí; x_2 es la variable que entra y los cocientes $\frac{6}{2}$ y $\frac{3}{1}$ empatan.

3. No existe solución óptima (no acotado).

5. $Z = 16$ cuando $x_1 = \frac{8}{7}t, x_2 = 2 + \frac{4}{7}t$ para $0 \leq t \leq 1$

7. No tiene solución óptima (no acotado).

9. $Z = 17$ en $(1 - t)(1, 6, 0) + t\left(0, 8, \frac{1}{2}\right)$ para $0 \leq t \leq 1$

11. $15 200$; $(100 - 100t, 100 + 150t, 200 - 50t)$ para $0 \leq t \leq 1$

Apíquelo 7.6

6. Planta I: 500 estándar, 700 de lujo;
planta II: 500 estándar, 100 de lujo;
utilidad máxima $89 500.

Problemas 7.6 (página 337)

1. $Z = 7$ en $(1, 5)$ **3.** $Z = \frac{23}{3}$ en $\left(\frac{8}{3}, 0, \frac{5}{3}\right)$

5. $Z = 28$ en $(8, 2, 0)$ **7.** $Z = -17$ en $(3, 2)$

9. No tiene solución óptima (región factible vacía).

11. $Z = 2$ en $(6, 10)$ **13.** $Z = 8000$ en $(200, 0)$

15. 30% en A, 0% en AA, 70% en AAA; 6.6%

Problemas 7.7 (página 341)

1. $Z = 14$ cuando $x_1 = 7, x_2 = 0$

3. $Z = 216$ cuando $x_1 = 18, x_2 = 0, x_3 = 0$

5. $Z = 4$ cuando $x_1 = 0, x_2 = 0, x_3 = 4$

7. $Z = 0$ en $(0, 1, 3)$

9. $Z = 28$ cuando $x_1 = 3, x_2 = 0, x_3 = 5$

11. Instalar A en los hornos produce 700 000 barriles anualmente y el dispositivo B en los hornos produce 2 600 000 barriles al año.

13. A Columbus, 150 de Akron y 0 de Springfield; a Dayton, 0 de Akron y 150 de Springfield; $1050

15. (a) Columna 3: 1, 3, 3; columna 4: 0, 4, 8
(b) $x_1 = 10, x_2 = 0, x_3 = 20, x_4 = 0$ **(c)** 90 pulgadas

Aplíquelo 7.8

7. Minimizar $W = 60\,000y_1 + 2000y_2 + 120y_3$

sujeta a $\begin{cases} 300y_1 + 20y_2 + 3y_3 \geq 300 \\ 220y_1 + 40y_2 + y_3 \geq 200 \\ 180y_1 + 20y_2 + 2y_3 \geq 200 \end{cases}$

y $y_1, y_2, y_3 \geq 0$

8. Maximizar $W = 98y_1 + 80y_2$

sujeta a $\begin{cases} 20y_1 + 8y_2 \leq 6 \\ 6y_1 + 16y_2 \leq 2 \end{cases}$

y $y_1, y_2 \geq 0$

9. 5 dispositivos 1; 0 dispositivos 2; 15 dispositivos 3

Problemas 7.8 (página 350)

1. Minimizar $W = 4y_1 + 5y_2$ sujeta a

$$3y_1 + 2y_2 \geq 2$$
$$-y_1 + 3y_2 \geq 3$$
$$y_1, y_2 \geq 0$$

3. Maximizar $W = 8y_1 + 2y_2$ sujeta a

$$y_1 - y_2 \leq 1$$
$$y_1 + 2y_2 \leq 8$$
$$y_1 + y_2 \leq 5$$
$$y_1, y_2 \geq 0$$

5. Minimizar $W = 13y_1 - 3y_2 - 11y_3$ sujeta a

$$-y_1 + y_2 - y_3 \geq 1$$
$$2y_1 - y_2 - y_3 \geq -1$$
$$y_1, y_2, y_3 \geq 0$$

7. Maximizar $W = -3y_1 + 3y_2$ sujeta a

$$-y_1 + y_2 \leq 4$$
$$y_1 - y_2 \leq 4$$
$$y_1 + y_2 \leq 6$$
$$y_1, y_2 \geq 0$$

9. $Z = \dfrac{43}{5}$ en $\left(0, \dfrac{4}{5}, \dfrac{7}{5}\right)$

11. $Z = 15$ en $(3, 0)$

13. $Z = 14$ cuando $x_1 = 1, x_2 = 2$

15. $250 en periódicos, $1400 en radio; $1650

17. 20 aprendices de embarque, 40 trabajadores de embarque, 90 trabajadores semicalificados, 0 trabajadores calificados; $1200

Problemas de repaso—Capítulo 7 (página 353)

1.

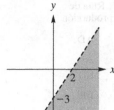

3.

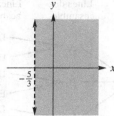

5.

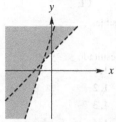

7.

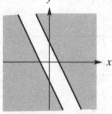

9.

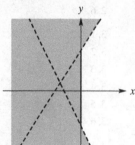

11. $Z = 3$ cuando $x = 3, y = 0$

13. $Z = -2$ cuando $x = 0, y = 2$ **15.** $Z = \dfrac{70}{9}$ en $\left(\dfrac{20}{9}, \dfrac{10}{9}\right)$

17. $Z = 32$ en $(1 - t)(0, 4) + t(2, 3)$ para $0 \leq t \leq 1$

19. $Z = 32$ cuando $x_1 = 8, x_2 = 0$

21. $Z = \dfrac{5}{3}$ en $\left(0, 0, \dfrac{5}{3}\right)$

23. $Z = 24$ cuando $x_1 = 0, x_2 = 12$

25. $Z = \dfrac{7}{2}$ cuando $x_1 = \dfrac{5}{4}, x_2 = 0, x_3 = \dfrac{9}{4}$

27. No tiene solución (Z no tiene límite superior).

29. $Z = 70$ cuando $x_1 = 35, x_2 = 0, x_3 = 0$

31. 0 unidades de X, 6 unidades de Y, 14 unidades de Z; $398

33. 500 000 galones de A a D, 100 000 galones de A a C, 400 000 galones de B a C; $19 000

35. Sólo 10 kg del alimento A.

37. $Z = 129.83$ cuando $x = 9.38, y = 1.63$

Explore y amplíe—Capítulo 7 (página 356)

1. 2 minutos de radiación.

3. Las respuestas pueden variar.

Problemas 8.1 (página 363)

1.

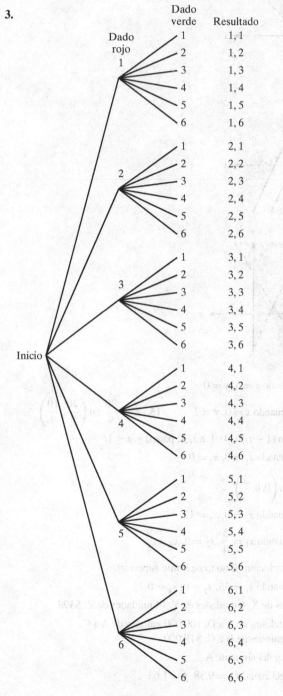

Línea de ensamble	Línea de acabado	Ruta de producción
A	D	AD
A	E	AE
B	D	BD
B	E	BE
C	D	CD
C	E	CE

Inicio

6 rutas de producción posibles

3.

Dado rojo	Dado verde	Resultado
1	1	1, 1
1	2	1, 2
1	3	1, 3
1	4	1, 4
1	5	1, 5
1	6	1, 6
2	1	2, 1
2	2	2, 2
2	3	2, 3
2	4	2, 4
2	5	2, 5
2	6	2, 6
3	1	3, 1
3	2	3, 2
3	3	3, 3
3	4	3, 4
3	5	3, 5
3	6	3, 6
4	1	4, 1
4	2	4, 2
4	3	4, 3
4	4	4, 4
4	5	4, 5
4	6	4, 6
5	1	5, 1
5	2	5, 2
5	3	5, 3
5	4	5, 4
5	5	5, 5
5	6	5, 6
6	1	6, 1
6	2	6, 2
6	3	6, 3
6	4	6, 4
6	5	6, 5
6	6	6, 6

Inicio

36 resultados posibles

5. 60 **7.** 96 **9.** 1024 **11.** 120 **13.** 720 **15.** 2880

17. 1000; se despliega mensaje de error. **19.** 6 **21.** 336 **23.** 1296

25. 5040 **27.** 360 **29.** 720 **31.** 2520; 5040 **33.** 624

35. 720 **37.** (a) 11 880 (b) 19 008 **39.** 48 **41.** 4320

Problemas 8.2 (página 373)

1. 15 **3.** 1 **5.** 360 **9.** 11 628

11. 715 **13.** $\dfrac{74!}{10! \cdot 64!}$ **15.** 56 **17.** 415 800

19. 15 **21.** 720 **23.** 1680 **25.** 252

27. 756 756 **29.** 4083; 4 **31.** 17 325

33. (a) 1 (b) 1 (c) 18 **35.** 3744 **37.** 5 250 960

Aplíquelo 8.3 (página 376)

1. 10 586 800

Problemas 8.3 (página 381)

1. {9D, 9H, 9C, 9S}

3. {1CC, 1CX, 1XC, 1XX, 2CC, 2CX, 2XC, 2XX, 3CC, 3CX, 3XC, 3XX, 4CC, 4CX, 4XC, 4XX, 5CC, 5CX, 5XC, 5XX, 6CC, 6CX, 6XC, 6XX}

5. {64, 69, 60, 61, 46, 49, 40, 41, 96, 94, 90, 91, 06, 04, 09, 01, 16, 14, 19, 10}

7. (a) {RR, RB, RA, BR, BB, BA, AR, AB, AA}
(b) {RB, RA, BR, BA, AR, AB}

9. Conjunto de séxtuplas ordenadas de los elementos {C, X}; 64

11. {(c, i)|c es una carta, i = 1, 2, 3, 4, 5, 6}; 312

13. Combinaciones de 52 cartas tomadas 4 a la vez; 270 725

15. {1, 3, 5, 7, 9} **17.** {7, 9}

19. {1, 2, 4, 6, 8, 10} **21.** S

23. E_1 y E_4, E_2 y E_3, E_2 y E_4, E_3 y E_4
25. E y G, F e I, G y H, G e I

27. (a) {CCC, CCX, CXC, CXX, XCC, XCX, XXC, XXX}
(b) {CCC, CCX, CXC, CXX, XCC, XCX, XXC} (c) {CCX, CXC, CXX, XCC, XCX, XXC, XXX} (d) S (e) {CCX, CXC, CXX, XCC, XCX, XXC} (f) Ø (g) {CCC, TTT}

29. (a) {ABC, ACB, BAC, BCA, CAB, CBA} (b) {ABC, ACB}
(c) {BAC, BCA, CAB, CBA}

Problemas 8.4 (página 393)

1. 500 **3.** (a) 0.8 (b) 0.4 **5.** No.

7. (a) $\dfrac{5}{36}$ (b) $\dfrac{1}{12}$ (c) $\dfrac{1}{4}$ (d) $\dfrac{1}{36}$ (e) $\dfrac{1}{2}$ (f) $\dfrac{1}{2}$ (g) $\dfrac{5}{6}$

9. (a) $\dfrac{1}{52}$ (b) $\dfrac{1}{4}$ (c) $\dfrac{1}{13}$ (d) $\dfrac{1}{2}$ (e) $\dfrac{1}{2}$ (f) $\dfrac{1}{52}$ (g) $\dfrac{4}{13}$

(h) $\dfrac{1}{26}$ (i) 0

11. (a) $\dfrac{1}{624}$ (b) $\dfrac{1}{156}$ (c) $\dfrac{1}{78}$ (d) $\dfrac{1}{16}$

13. (a) $\dfrac{4 \cdot 3 \cdot 2}{132\,600} = \dfrac{1}{5525}$ (b) $\dfrac{13 \cdot 12 \cdot 11}{132\,600} = \dfrac{11}{850}$

15. (a) $\dfrac{1}{8}$ (b) $\dfrac{3}{8}$ (c) $\dfrac{1}{8}$ (d) $\dfrac{7}{8}$ **17.** (a) $\dfrac{4}{5}$ (b) $\dfrac{1}{5}$

19. (a) 0.1 (b) 0.35 (c) 0.7 (d) 0.95 (e) 0.1, 0.35, 0.7, 0.95

21. $\dfrac{1}{7}$ **23.** (a) $\dfrac{1}{2^{10}} = \dfrac{1}{1024}$ (b) $\dfrac{11}{1024}$

25. $\dfrac{13 \cdot {}_4C_4 \cdot 12 \cdot {}_4C_1}{{}_{52}C_5} = \dfrac{13 \cdot 12 \cdot 4}{{}_{52}C_5}$

27. (a) $\dfrac{6545}{161\,700} \approx 0.040$ (b) $\dfrac{4140}{161\,700} \approx 0.026$

29. \$19.34 **31.** $\dfrac{1}{12}$

33. (a) 0.51 (b) 0.44 (c) 0.03 **35.** 4:1

37. 7:3 **39.** $\dfrac{7}{12}$ **41.** $\dfrac{3}{10}$ **43.** 3:1 **45.** $\approx 56.9\%$

Problemas 8.5 (página 404)

1. (a) $\dfrac{1}{5}$ (b) $\dfrac{4}{5}$ (c) $\dfrac{1}{4}$ (d) $\dfrac{1}{2}$ (e) 0

3. 1 **5.** 0.38 **7.** (a) $\dfrac{1}{2}$ (b) $\dfrac{2}{3}$

9. (a) $\dfrac{2}{3}$ (b) $\dfrac{1}{2}$ (c) $\dfrac{1}{3}$ (d) $\dfrac{1}{6}$

11. (a) $\dfrac{5}{8}$ (b) $\dfrac{35}{58}$ (c) $\dfrac{11}{39}$ (d) $\dfrac{8}{25}$ (e) $\dfrac{10}{47}$ (f) $\dfrac{25}{86}$

13. (a) $\dfrac{1}{2}$ (b) $\dfrac{4}{9}$ **15.** $\dfrac{2}{3}$

17. (a) $\dfrac{1}{2}$ (b) $\dfrac{1}{4}$ **19.** $\dfrac{2}{3}$

21. $\dfrac{1}{11}$ **23.** $\dfrac{1}{6}$ **25.** $\dfrac{5}{12}$ **27.** $\dfrac{1}{13}$

29. $\dfrac{40}{51}$ **31.** $\dfrac{8}{16\,575}$ **33.** $\dfrac{1}{5525}$ **35.** $\dfrac{1}{51}$

37. (a) $\dfrac{47}{100}$ (b) $\dfrac{27}{47}$ **39.** (a) $\dfrac{3}{4}$ (b) $\dfrac{3}{5}$ **41.** $\dfrac{9}{20}$

43. $\dfrac{1}{4}$ **45.** $\dfrac{11}{800} \approx 1.4\%$ **47.** 0.049

49. (a) 0.06 (b) 0.155 **51.** $\dfrac{4}{31}$

Problemas 8.6 (página 414)

1. (a) $\dfrac{1}{4}$ (b) $\dfrac{5}{6}$ (c) $\dfrac{1}{3}$ (d) $\dfrac{2}{3}$ (e) $\dfrac{1}{12}$ (f) $\dfrac{1}{2}$ (g) $\dfrac{1}{3}$

3. $\dfrac{7}{18}$ **5.** Independientes. **7.** Independientes.

9. Dependientes. **11.** Dependientes.

13. (a) Independientes (b) dependientes (c) dependientes (d) no

15. Dependientes. **17.** $\dfrac{1}{18}$ **19.** $\dfrac{1}{16}$ **21.** $\dfrac{3}{676}$

23. (a) $\dfrac{3}{10}$ (b) $\dfrac{1}{40}$ (c) $\dfrac{1}{10}$

25. (a) $\dfrac{2}{5}$ (b) $\dfrac{1}{5}$ (c) $\dfrac{7}{15}$ (d) $\dfrac{13}{15}$ (e) $\dfrac{2}{15}$

27. (a) $\dfrac{7}{54}$ (b) $\dfrac{35}{162}$ **29.** $\dfrac{3}{11}$ **31.** $\dfrac{3}{200}$

33. (a) $\dfrac{1}{1728}$ (b) $\dfrac{3}{8}$ **35.** (a) $\dfrac{15}{1024}$ (b) $\dfrac{1}{64}$ (c) $\dfrac{53}{512}$ **37.** 0.0106

Problemas 8.7 (página 422)

1. $P(E \mid D) = \dfrac{1}{4}, P(F \mid D') = \dfrac{4}{7}$ **3.** $\approx 48\%$

5. (a) $\dfrac{258}{937} \approx 0.275$ (b) $\dfrac{14}{3021} \approx 0.005$

7. $\dfrac{5}{8}$ **9.** $\dfrac{6}{31}$ **11.** $\dfrac{114}{119} \approx 0.958$ **13.** $\dfrac{27}{62}$

15. $\dfrac{3}{4}$ **17.** $\dfrac{24}{29} \approx 0.828$ **19.** $\dfrac{4}{5}$ **21.** $\dfrac{14}{15} \approx 0.933$

23. (a) $\dfrac{23}{80}$ (b) $\dfrac{17}{23}$ (c) $\dfrac{9}{80}$

25. (a) 0.18 (b) 0.23 (c) 0.59 (d) alta calidad

27. $\dfrac{7}{9} \approx 0.78$

Problemas de repaso—Capítulo 8 (página 427)

1. 336 **3.** 36 **5.** 17 576 000

7. 64 **9.** 210 **11.** 462

13. (a) 2024 (b) 253 **15.** 34 650 **17.** 36 036

19. (a) $\{1, 2, 3, 4, 5, 6, 7\}$ (b) $\{4, 5, 6\}$ (c) $\{4, 5, 6, 7, 8\}$
(d) $\emptyset$ (e) $\{4, 5, 6, 7, 8\}$ (f) no

21. (a) $\{R_1R_2R_3, R_1R_2G_3, R_1G_2R_3, R_1G_2G_3, G_1R_2R_3, G_1R_2G_3,$
$G_1G_2R_3, G_1G_2G_3\}$
(b) $\{R_1R_2G_3, R_1G_2R_3, G_1R_2R_3\}$
(c) $\{R_1R_2R_3, G_1G_2G_3\}$

23. 0.2 **25.** $\dfrac{45}{512}$

27. (a) $\dfrac{25}{144}$ (b) $\dfrac{{}_5C_2}{{}_{12}C_2} = \dfrac{5}{33}$ **29.** (a) $\dfrac{1}{8}$ (b) $\dfrac{3}{16}$

31. 3 : 5 **33.** $\dfrac{6}{7}$ **35.** $\dfrac{10}{13}$ **37.** 0.52

39. (a) $\dfrac{2}{11}$ (b) $\dfrac{1}{18}$ **41.** $\dfrac{1}{4}$

43. (a) $\dfrac{1}{3}$ (b) independientes **45.** Dependientes.

47. (a) 0.32768 (b) 0.2048 (c) 0.94208

49. $\dfrac{22}{45}$ **51.** $\dfrac{1}{4}$

53. (a) 0.01625 (b) $\dfrac{3}{13} \approx 0.23$

Explore y amplíe—Capítulo 8 (página 431)

1. ≈ 0.645

Problemas 9.1 (página 438)

1. $\mu = 1.5;\ \mathrm{Var}(X) = 1.05;\ \sigma \approx 1.02$

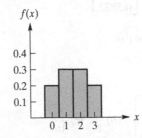

3. $\mu = \dfrac{9}{4} = 2.25;\ \mathrm{Var}(X) = \dfrac{11}{16} = 0.6875;\ \sigma \approx 0.83$

5. (a) 0.1 (b) 5.8 (c) 1.56

7. $E(X) = \dfrac{3}{2} = 1.5;\ \sigma^2 = \dfrac{3}{4} = 0.75;\ \sigma \approx 0.87$

9. $E(X) = \dfrac{6}{5} = 1.2;\ \sigma^2 = \dfrac{9}{25} = 0.36;\ \sigma = \dfrac{3}{5} = 0.6$

11. $f(0) = \dfrac{3}{28};\ f(1) = \dfrac{15}{28};\ f(2) = \dfrac{10}{28}$

13. (a) $-\$1.38$ (b) $-\$2.75$

15. \$101.43 **17.** \$3.00

19. \$410 **21.** $-\$0.50, \$2.00$

Aplíquelo 9.2 (página 442)

1.

x	$P(x)$
0	$\dfrac{2401}{10\,000}$
1	$\dfrac{4116}{10\,000}$
2	$\dfrac{2646}{10\,000}$
3	$\dfrac{756}{10\,000}$
4	$\dfrac{81}{10\,000}$

Problemas 9.2 (página 444)

1. $f(0) = \dfrac{16}{25}; f(1) = \dfrac{8}{25}; f(2) = \dfrac{1}{25}; \quad \mu = \dfrac{2}{5}; \sigma = \dfrac{2\sqrt{2}}{5}$

3. $f(0) = \dfrac{1}{27}; f(1) = \dfrac{2}{9}; f(2) = \dfrac{4}{9}; f(3) = \dfrac{8}{27}; \quad \mu = 2; \sigma = \dfrac{\sqrt{6}}{3}$

5. $\dfrac{2^3}{3^4}$ **7.** $\dfrac{96}{625}$ **9.** $\dfrac{3}{16}$ **11.** $\dfrac{165}{2048}$

13. $\dfrac{1225}{3456}$ **15.** $\dfrac{3^3 \cdot 97^2}{2^9 \cdot 5^9}$ **17.** (a) $\dfrac{9}{64}$ (b) $\dfrac{5}{32}$ **19.** $\dfrac{2048}{3125}$

21. 0.7599   **23.** $\dfrac{13}{16}$ **25.** $\dfrac{3^6 \cdot 7}{2^{14}}$

Problemas 9.3 (página 452)

1. No.   **3.** No.   **5.** Sí.   **7.** $a = \dfrac{1}{3}; b = \dfrac{3}{4}$

9. $a = 0.7; b = 0.1; c = 0.2$ **11.** Sí.   **13.** No.

15. $X_1 = \begin{bmatrix} \frac{11}{12} \\ \frac{1}{12} \end{bmatrix}; X_2 = \begin{bmatrix} \frac{25}{36} \\ \frac{11}{36} \end{bmatrix}; X_3 = \begin{bmatrix} \frac{83}{108} \\ \frac{25}{108} \end{bmatrix}$

17. $X_1 = \begin{bmatrix} 0.42 \\ 0.58 \end{bmatrix}; X_2 = \begin{bmatrix} 0.416 \\ 0.584 \end{bmatrix}; X_3 = \begin{bmatrix} 0.4168 \\ 0.5832 \end{bmatrix}$

19. $\dfrac{1}{100}[\,33\ 21\ 46\,]^T; \dfrac{1}{1000}[\,271\ 230\ 499\,]^T;$

$\dfrac{1}{10000}[\,2768\ 2419\ 4813\,]^T$

21. (a) $T^2 = \begin{bmatrix} \frac{5}{8} & \frac{3}{8} \\ \frac{3}{8} & \frac{5}{8} \end{bmatrix}; T^3 = \begin{bmatrix} \frac{7}{16} & \frac{9}{16} \\ \frac{9}{16} & \frac{7}{16} \end{bmatrix}$ (b) $\dfrac{3}{8}$ (c) $\dfrac{9}{16}$

23. (a) $T^2 = \begin{bmatrix} 0.50 & 0.23 & 0.27 \\ 0.40 & 0.69 & 0.54 \\ 0.10 & 0.08 & 0.19 \end{bmatrix}; T^3 = \begin{bmatrix} 0.230 & 0.369 & 0.327 \\ 0.690 & 0.530 & 0.543 \\ 0.080 & 0.101 & 0.130 \end{bmatrix}$

(b) 0.40   (c) 0.369

25. $\begin{bmatrix} \frac{4}{7} \\ \frac{3}{7} \end{bmatrix}$ **27.** $\begin{bmatrix} \frac{3}{7} \\ \frac{4}{7} \end{bmatrix}$ **29.** $\dfrac{1}{81}[\,22\ 20\ 39\,]^T$

31. (a)

	Gripe	Sin gripe
Gripe	0.1	0.2
Sin gripe	0.9	0.8

(b) 37; 36

33. (a)

	A	B
A	0.7	0.4
B	0.3	0.6

(b) 0.61

35. (a)

	D	R	O
D	0.8	0.1	0.3
R	0.1	0.8	0.2
O	0.1	0.1	0.5

(b) 0.19   (c) 40%

37. (a)

	A	Comp
A	0.8	0.3
Comp	0.2	0.7

(b) 65%   (c) 60%

39. (a) $\begin{bmatrix} \frac{3}{5} & \frac{3}{5} \\ \frac{2}{5} & \frac{2}{5} \end{bmatrix}$ (b) $[\,0.6\ 0.4\,]^T$ (c) $[\,0.6\ 0.4\,]^T$

41. (a) $\begin{bmatrix} \frac{2}{3} \\ \frac{1}{3} \end{bmatrix}$ (b) $33\frac{1}{3}\%$

Problemas de repaso—Capítulo 9 (página 455)

1. $\mu = 1.5, \mathrm{Var}(X) = 0.65, \sigma \approx 0.81$

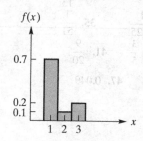

3. (a) $f(1) = \dfrac{1}{12} = f(7); f(2) = f(3) = f(4) = f(5) = f(6) = \dfrac{1}{6}$
(b) $E(X) = 4$

5. $-\$0.10$ **7.** (a) $\$176$ (b) $\$704\,000$

9. $f(0) = 0.522; f(1) = 0.368; f(2) = 0.098;$
$f(3) = 0.011, f(4) = 0.0005; \quad \mu = 0.6; \sigma \approx 0.71$

11. $\dfrac{1}{64}$ **13.** $\dfrac{5^3}{2^4 \cdot 3^5}$ **15.** $\dfrac{2072}{3125}$

17. $a = 0.3; b = 0.2; c = 0.5$

19. $X_1 = \begin{bmatrix} 0.10 \\ 0.15 \\ 0.75 \end{bmatrix}; X_2 = \begin{bmatrix} 0.130 \\ 0.155 \\ 0.715 \end{bmatrix}; X_3 = \begin{bmatrix} 0.1310 \\ 0.1595 \\ 0.7095 \end{bmatrix}$

21. (a) $T^2 = \begin{bmatrix} \frac{19}{49} & \frac{15}{49} \\ \frac{30}{49} & \frac{34}{49} \end{bmatrix}; T^3 = \begin{bmatrix} \frac{109}{343} & \frac{117}{343} \\ \frac{234}{343} & \frac{226}{343} \end{bmatrix}$ (b) $\dfrac{15}{49}$ (c) $\dfrac{234}{343}$

23. $Q = \dfrac{1}{13}[\,4\ 9\,]^T$

25. (a) 76%   (b) 74.4% japonés, 25.6% no japonés
(c) 75% japonés, 25% no japonés

Explore y amplíe—Capítulo 9 (página 458)

1. 7

3. Contra Siempre desertar: $\begin{bmatrix} 0 & 0 & 0 & 0 \\ 1 & 0.1 & 1 & 0.1 \\ 0 & 0 & 0 & 0 \\ 0 & 0.9 & 0 & 0.9 \end{bmatrix}$

Contra Siempre cooperar:
$$\begin{bmatrix} 1 & 0.1 & 1 & 0.1 \\ 0 & 0 & 0 & 0 \\ 0 & 0.9 & 0 & 0.9 \\ 0 & 0 & 0 & 0 \end{bmatrix}$$

Contra Esto por eso regular:
$$\begin{bmatrix} 1 & 0.1 & 0 & 0 \\ 0 & 0 & 1 & 0.1 \\ 0 & 0.9 & 0 & 0 \\ 0 & 0 & 0 & 0.9 \end{bmatrix}$$

Aplíquelo 10.1

1. Existe si y sólo si a no es un entero.

2. $\dfrac{4}{3}\pi$ **3.** 3616   **4.** 20   **5.** 2

Problemas 10.1 (página 467)

1. (a) 1   **(b)** 0   **(c)** 1

3. (a) 1   **(b)** no existe   **(c)** 3

5. $f(-0.9) = -3.7; f(-0.99) = -3.97;$
$f(-0.999) = -3.997; f(-1.001) = -4.003;$
$f(-1.01) = -4.03; f(-1.1) = -4.3; -4$

7. $f(-0.00001) \approx 0.99988; f(0.00001) \approx 0.99988;$
$f(0.0001) \approx 0.99908; f(0.001) \approx 0.99312;$
$f(0.01) \approx 0.95499; f(0.1) \approx 0.79433; 1$

9. 16   **11.** 20   **13.** -47 **15.** $-\dfrac{5}{2}$ **17.** 0

19. 5   **21.** -2 **23.** 3   **25.** 5   **27.** $-\dfrac{1}{8}$

29. $-\dfrac{1}{5}$ **31.** $\dfrac{11}{9}$ **33.** 4   **35.** $2x$ **37.** 2

39. $2x$ **41.** $3x^2 - 8x$ **43.** $\dfrac{1}{4}$ **45. (a)** 1   **(b)** 0

47. $\dfrac{20}{3}$ **49.** 4.00   **51.** No existe.

Aplíquelo 10.2

6. $\lim_{x\to\infty} p(x) = 0$; la gráfica desciende rápidamente hacia 0; la demanda es una función decreciente del precio.

7. $\lim_{x\to\infty} y(x) = 500$; incluso con publicidad ilimitada las ventas están acotadas por \$500 000.

8. $\lim_{x\to\infty} C(x) = \infty$; el costo aumenta sin cota conforme la producción se incrementa en forma ilimitada.

9. No existe; \$250.

Problemas 10.2 (página 475)

1. (a) ∞ **(b)** ∞ **(c)** $-\infty$ **(d)** no existe   **(e)** 0   **(f)** 0   **(g)** 0
     (h) 1   **(i)** 2   **(j)** no existe   **(k)** 2

3. 1   **5.** $-\infty$ **7.** $-\infty$ **9.** ∞ **11.** 0

13. ∞ **15.** 0   **17.** ∞ **19.** 0   **21.** $\dfrac{1}{2}$

23. 0   **25.** ∞ **27.** 0   **29.** $\dfrac{2}{5}$ **31.** ∞

33. $\dfrac{2}{5}$ **35.** $-\infty$ **37.** $\dfrac{16}{3}$ **39.** $\dfrac{1}{2}$ **41.** ∞

43. ∞ **45.** ∞ **47.** No existe.   **49.** ∞

51. 0   **53.** 1

55. (a) 1   **(b)** 2   **(c)** no existe   **(d)** 1   **(e)** 2

57. (a) 0   **(b)** 0   **(c)** 0   **(d)** $-\infty$ **(e)** $-\infty$

59. 6

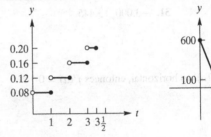
$\lim_{q\to\infty} \bar{c} = 6$

61. 40 000   **63.** 20

65. 1, 0.5, 0.525, 0.631, 0.912, 0.986, 0.998; 1

67. 0   **69. (a)** 11   **(b)** 9   **(c)** no existe

Problemas 10.3 (página 481)

7. Continua en -2 y 0.   **9.** Discontinua en ± 3.

11. Continua en 2 y 0.   **13.** f es una función polinomial.

15. Compuesta de funciones continuas.

17. Ninguna.   **19.** $x = -4$ **21.** Ninguna.   **23.** $x = -5, 3$

25. $0, \pm 3$ **27.** Ninguna.   **29.** $x = 0$ **31.** Ninguna.   **33.** $x = 2$

35. 1, 2, 3   **37.** Sí, no, no.

Aplíquelo 10.4

10. $0 < x < 4$

Problemas 10.4 (página 486)

1. $(-\infty, -1) \cup (4, \infty)$ **3.** $[-2, 5]$ **5.** $\left(\dfrac{7}{2}, -2\right)$

7. No hay solución.   **9.** $(-\infty, -7] \cup [-1, 2]$

11. $(-\infty, -4) \cup (0, 5)$ **13.** $[0, \infty)$

15. $(-\infty, -5] \cup [-3, 0]$ **17.** $(-\infty, -3) \cup (0, 3)$

19. $(-1, \infty)$ **21.** $(-\infty, -5) \cup [-2, 1) \cup [3, \infty)$

23. $(-5, -1)$ **25.** $(-\infty, -1-\sqrt{3}] \cup [-1+\sqrt{3}, \infty)$

27. Enteros en $[37, 103]$ **29.** 14 pulgadas por 14 pulgadas.

31. $(-\infty, -7.72]$ **33.** $(-\infty, -0.5) \cup (0.667, \infty)$

Problemas de repaso—Capítulo 10 (página 488)

1. -5 **3.** 2   **5.** x **7.** $-\dfrac{8}{3}$ **9.** 0

11. $\dfrac{2}{7}$ **13.** No existe.   **15.** -1 **17.** $\dfrac{1}{9}$

19. $-\infty$ **21.** ∞ **23.** $-\infty$ **25.** 1   **27.** $-\infty$ **29.** 8   **31.** 23

35. Continua en todas partes; f es una función polinomial.

37. $x = -3$ **39.** Ninguna.   **41.** $x = -4, 1$ **43.** $x = 2$

45. $(-\infty, -6) \cup (2, \infty)$ **47.** $(-\infty, 7]$

49. $(-\infty, -5) \cup (-1, 1)$ **51.** $(-\infty, -4) \cup [-3, 0] \cup (2, \infty)$

53. 1.00   **55.** 0   **57.** $[2.00, \infty)$

Explore y amplíe—Capítulo 10 (página 490)

1. 11.3%

Aplíquelo 11.1

1. $\dfrac{dH}{dt} = 40 - 32t$

Problemas 11.1 (página 499)

1. (a)

Valor x de Q	-3	-2.5	-2.2	-2.1	-2.01	-2.001
m_{PQ}	19	15.25	13.24	12.61	12.0601	12.0060

(b) Se estima que $m_{tan} = 12$

3. 1   **5.** 3   **7.** -2 **9.** 0

11. $2x + 4$ **13.** $6q + 2$ **15.** $\dfrac{6}{x^2}$ **17.** $\dfrac{1}{\sqrt{2x}}$

19. -4 **21.** 0   **23.** $y = x + 4$

25. $y = 4x + 2$ **27.** $y - 1 = -\dfrac{1}{4}(x - 3)$

29. $\dfrac{r}{r_L - r - \dfrac{dC}{dD}}$ **31.** $-3.000, 13.445$

33. $-5.120, 0.038$

35. Si la tangente en $(a, f(a))$ es horizontal, entonces $f'(a) = 0$

37. $20x^4 - 9x^2$

Aplíquelo 11.2

2. $50 - 0.6q$

Problemas 11.2 (página 507)

1. 0   **3.** $6x^5$ **5.** $80x^{79}$ **7.** $18x$

9. $56w^6$ **11.** $\dfrac{18}{5}x^5$ **13.** $\dfrac{7}{25}t^6$ **15.** 1

17. $8x - 2$ **19.** $4p^3 - 9p^2$ **21.** $4x^3 - \dfrac{1}{3}x^{-2/3}$

23. $-39x^2 + 28x - 2$ **25.** $-8x^3$ **27.** $\dfrac{4}{3}x^3$

29. $16x^3 + 3x^2 - 9x + 8$ **31.** $\dfrac{45}{7}x^8 + \dfrac{21}{5}x^6$

33. $\dfrac{3}{5}x^{-2/5}$ **35.** $\dfrac{3}{4}x^{-1/4} + \dfrac{10}{3}x^{2/3}$ **37.** $\dfrac{11}{2}x^{-1/2}$

39. $2r^{-2/3}$ **41.** $-6x^{-7}$ **43.** $-3x^{-4} - 5x^{-6} + 12x^{-7}$

45. $-x^{-2}$ **47.** $-40x^{-6}$ **49.** $-4x^{-4}$ **51.** $\dfrac{-9}{5t^4}$

53. $\dfrac{1}{7} - 7x^{-2}$ **55.** $-3x^{-2/3} - 2x^{-7/5}$

57. $-\dfrac{1}{3}x^{-5/3}$ **59.** $-x^{-3/2}$ **61.** $\dfrac{10}{3}x^{7/3}$

63. $9x^2 - 20x + 7$ **65.** $45x^4$ **67.** $\dfrac{1}{3}x^{-2/3} - \dfrac{10}{3}x^{-5/3}$

69. $3 + \dfrac{2}{q^2}$ **71.** $2x + 1$ **73.** 1   **75.** $4, 16, -14$

77. $0, 0, 0$ **79.** $y = 13x + 2$

81. $y - \dfrac{1}{4} = -\dfrac{1}{4}(x - 2)$ **83.** $y = x + 3$

85. $(0, 0), \left(\dfrac{5}{3}, \dfrac{125}{54}\right)$ **87.** $(3, -7)$

89. 0   **91.** $y = x - 1$

Aplíquelo 11.3

3. 2.5 unidades.

4. $\dfrac{dy}{dt} = 16 - 32t$; $\left.\dfrac{dy}{dt}\right|_{t=0.5} = 0$;

cuando $t = 0.5$, el objeto alcanza su altura máxima.

5. 1.2 y 120%

Problemas 11.3 (página 515)

1.

Δt	1	0.5	0.2	0.1	0.01	0.001
$\Delta s/\Delta t$	9	8	7.4	7.2	7.02	7.002

Se estiman y se confirman 7 m/s

3. (a) 70 m   **(b)** 25 m/s   **(c)** 24 m/s

5. (a) 32   **(b)** 18.1505   **(c)** 18

7. (a) 2 m   **(b)** 10.261 m/s   **(c)** 9 m/s

9. $\dfrac{dy}{dx} = \dfrac{25}{2}x^{3/2}$; 337.50

11. 0.27   **13.** $dc/dq = 10$; 10

15. $dc/dq = (0.4)q + 4$; 8

17. $dc/dq = 2q + 50$; 80, 82, 84

19. $dc/dq = 0.02q + 5$; 6, 7

21. $dc/dq = 0.00006q^2 - 0.02q + 6$; 4.6, 11

23. $dr/dq = 0.8$; 0.8, 0.8, 0.8

25. $dr/dq = 240 + 80q - 6q^2$; 440; 90; -560

27. $dc/dq = 6.750 - 0.000656q$; 5.438;

$\bar{c} = \dfrac{-10\,484.69}{q} + 6.750 - 0.000328q$; 0.851655

29. $P = 5\,000\,000R^{-0.93}$; $dP/dR = -4\,650\,000R^{-1.93}$

31. (a) -7.5 **(b)** 4.5

33. (a) 1   **(b)** $\dfrac{1}{x + 4}$ **(c)** 1   **(d)** $\dfrac{1}{9}$ **(e)** 11.1%

35. (a) $4x$ **(b)** $\dfrac{4x}{2x^2 + 5}$ **(c)** 40   **(d)** $\dfrac{40}{205}$ **(e)** 19.51%

37. (a) $-3x^2$ **(b)** $-\dfrac{3x^2}{8 - x^3}$ **(c)** -3 **(d)** $-\dfrac{3}{7}$ **(e)** -42.9%

39. 9.5; 12.8%

41. (a) $dr/dq = 30 - 0.6q$ **(b)** $\dfrac{4}{45}$ **(c)** 9%

43. $\dfrac{0.432}{t}$ **45.** \$4150   **47.** \$5.07/unidad

Aplíquelo 11.4

6. $\dfrac{dR}{dx} = 6.25 - 6x$

7. $T'(x) = 2x - x^2$; $T'(1) = 1$

Problemas 11.4 (página 525)

1. $(4x + 1)(6) + (6x + 3)(4) = 48x + 18 = 6(8x + 3)$

3. $(5 - 3t)(3t^2 - 4t) + (t^3 - 2t^2)(-3) = -12t^3 + 33t^2 - 20t$

5. $(3r^2 - 4)(2r - 5) + (r^2 - 5r + 1)(6r) = 12r^3 - 45r^2 - 2r + 20$

7. $8x^3 - 10x$

9. $(2x + 5)(6x^2 - 5x + 4) + (x^2 + 5x - 7)(12x - 5)$

11. $(w^2 + 3w - 7)(6w^2) + (2w^3 - 4)(2w + 3)$

13. $(x^2 - 1)(9x^2 - 6) + (3x^3 - 6x + 5)(2x) - 4(8x + 2)$

15. $\dfrac{3}{2}\left[(5p^{1/2}-2)(3)+(3p-1)\left(\dfrac{5}{2}p^{-1/2}\right)\right]$

17. 0

19. $(5)(2x-5)(7x+9)+(5x+3)(2)(7x+9)+(5x+3)(2x-5)(7)$

21. $\dfrac{(x-1)(5)-(5x)(1)}{(x-1)^2}$ **23.** $\dfrac{65}{3x^6}$

25. $\dfrac{(x-1)(1)-(x+2)(1)}{(x-1)^2}$ **27.** $\dfrac{(z^2-4)(-2)-(6-2z)(2z)}{(z^2-4)^2}$

29. $\dfrac{(3x^2-2x+1)(8x+3)-(4x^2+3x+2)(6x-2)}{(3x^2-2x+1)^2}$

31. $\dfrac{(2x^2-3x+2)(2x-4)-(x^2-4x+3)(4x-3)}{(2x^2-3x+2)^2}$

33. $-\dfrac{100x^{99}}{(x^{100}+7)^2}$ **35.** $2v+\dfrac{8}{v^2}$

37. $\dfrac{15x^2-2x+1}{3x^{4/3}}$ **39.** $\dfrac{10}{(2x+5)^2}+\dfrac{(3x+1)(2)-(2x)(3)}{(3x+1)^2}$

41. $\dfrac{[(x+2)(x-4)](1)-(x-5)(2x-2)}{[(x+2)(x-4)]^2}$

43. $\dfrac{[(t^2-1)(t^3+7)](2t+3)-(t^2+3t)(5t^4-3t^2+14t)}{[(t^2-1)(t^3+7)]^2}$

45. $3-\dfrac{2x^3+3x^2-12x+4}{[x(x-1)(x-2)]^2}$ **47.** $\dfrac{2a}{(a-x)^2}$ **49.** 25

51. $y=-\dfrac{3}{2}x+\dfrac{15}{2}$ **53.** $y=16x+24$ **55.** 1.5

57. 1 m, -1.5 m/s   **59.** $80-0.04q$ **61.** $\dfrac{216}{(q+2)^2}-3$

63. $\dfrac{dC}{dI}=0.672$ **65.** $\dfrac{7}{6};-\dfrac{1}{6}$ **67.** 0.615; 0.385

69. (a) 0.23   (b) 0.028   **71.** $\dfrac{dc}{dq}=\dfrac{6q(q+4)}{(q+2)^2}$

73. $\dfrac{9}{10}$ **75.** $\dfrac{0.7355}{(1+0.02744x)^2}$ **77.** $-\dfrac{1}{120}$

Aplíquelo 11.5

8. $288t$

Problemas 11.5 (página 532)

1. $4x^3-6x^2-2x+2$ **3.** $\dfrac{-3}{(3x-5)^2}$

5. 0   **7.** 0   **9.** $18(3x+2)^5$

11. $30x^2(3+2x^3)^4$

13. $500(x^3-3x^2+2x)^{99}(3x^2-6x+2)$

15. $-6x(x^2-2)^{-4}$

17. $-\dfrac{10}{7}(2x+5)(x^2+5x-2)^{-12/7}$

19. $\dfrac{1}{2}(10x-1)(5x^2-x)^{-1/2}$

21. $\dfrac{1}{2}(2x-1)^{-3/4}$ **23.** $\dfrac{12}{7}(x^2+1)^{-4/7}(2x)$

25. $-6(4x-1)(2x^2-x+1)^{-2}$

27. $-2(2x-3)(x^2-3x)^{-3}$

29. $-36x(9x^2+1)^{-3/2}$

31. $\dfrac{7}{3}(7x)^{-2/3}+\sqrt[3]{7}$

33. $3x^2(2x+3)^7+x^3(7)(2x+3)^6(2)$

35. $10x^2(5x+1)^{-1/2}+8x\sqrt{5x+1}$

37. $5(x^2+2x-1)^2(7x^2+8x-1)$

39. $16(8x-1)^2(2x+1)^3(7x+1)$

41. $\dfrac{60(x-3)^{11}}{(x+2)^{13}}$ **43.** $\dfrac{1}{2}\left(\dfrac{x+1}{x-5}\right)^{-1/2}\dfrac{-6}{(x-5)^2}$

45. $\dfrac{-2(5x^2-15x-4)}{(x^2+4)^4}$ **47.** $\dfrac{(8x-1)^4(48x-31)}{(3x-1)^4}$

49. $12x(x^4+5)^{-1/2}(10x^4+2x^2+25)$

51. $15-8t+\dfrac{5}{(t+4)^2}$

53. $\dfrac{\begin{array}{c}(x^2-7)^3((3)(3x+2)^2(3)(x+1)^4+(3x+2)^3(4)(x+1)^3)\\-(3x+2)^3(x+1)^4(3)(x^2-7)^2(2x)\end{array}}{(x^2-7)^6}$

55. 0   **57.** 0   **59.** $y=4x-11$

61. $y=-\dfrac{1}{6}x+\dfrac{5}{3}$ **63.** 400%   **65.** 130

67. ≈ 13.99

69. (a) $-\dfrac{q}{\sqrt{q^2+20}}$ (b) $-\dfrac{q}{100\sqrt{q^2+20}-q^2-20}$

(c) $100-\dfrac{q^2}{\sqrt{q^2+20}}-\sqrt{q^2+20}$

71. -481.5 **73.** $\dfrac{4q^3+16q}{(q^2+2)^{3/2}}$ **75.** $48\pi(10)^{-19}$

77. (a) $-0.001416x^3+0.01356x^2+1.696x-34.9, -256.238$
(b) $-0.016; -1.578\%$

79. -4 **81.** 40   **83.** 94.03

Problemas de repaso—Capítulo 11 (página 535)

1. $-2x$ **3.** $\dfrac{\sqrt{3}}{2\sqrt{x}}$ **5.** 0

7. $4\pi x^3-3\sqrt{2}x^2+4x$ **9.** $4s^3+4s=4s(s^2+1)$

11. $\dfrac{2x}{5}$

13. $6x^5+30x^4-28x^3+15x^2+70x$

15. $400(x+1)(2x^2+4x)^{99}$ **17.** $-\dfrac{ca}{(ax+b)^2}$

19. $2(x^2+1)^3(9x^2+32x+1)$ **21.** $\dfrac{10z}{(z^2+4)^2}$

23. $\dfrac{4}{3}(4x-1)^{-2/3}$ **25.** $x(1-x^2)^{-3/2}$

27. $ma(ax+b)^{m-1}(cx+d)^n+nc(ax+b)^m(cx+d)^{n-1}$

29. $\dfrac{34}{(x+6)^2}$ **31.** $-\dfrac{3}{4}(1+2^{-11/8})x^{-11/8}$

33. $\dfrac{x(x^2+4)}{(x^2+5)^{3/2}}$ **35.** $\dfrac{9}{5}x(x+4)(x^3+6x^2+9)^{-2/5}$

37. $-3(z-2)^3-9z(z-2)^2$ **39.** $y=-4x+3$

41. $y=\dfrac{1}{12}x+\dfrac{4}{3}$ **43.** $\dfrac{5}{7}\approx 0.714; 71.4\%$

45. $dr/dq=20-0.2q$ **47.** 0.68; 0.32

49. $dr/dq=500-0.2q$

51. $dc/dq=0.125+0.00878q; 0.7396$

53. 84 huevos/mm   **55.** (a) $\dfrac{4}{3}$ (b) $\dfrac{1}{24}$ **57.** 2π

59. $4q-\dfrac{10\,000}{q^2}$

61. (a) -315.456 (b) -0.00025 (c) no, $dr/dm|_{m=240}<0$

63. 0.305   **65.** -0.32

Explore y amplíe—Capítulo 11 (página 538)

1. La pendiente es mayor; más gasto, menos ahorro.

3. Gasto $705, ahorro $295

5. Las respuestas pueden variar.

Aplíquelo 12.1

1. $\dfrac{dq}{dp} = \dfrac{12p}{3p^2 + 4}$ **2.** $\dfrac{dR}{dI} = \dfrac{1}{I \ln 10}$

Problemas 12.1 (página 544)

1. $\dfrac{a}{x}$ **3.** $\dfrac{3}{3x - 7}$ **5.** $\dfrac{2}{x}$ **7.** $-\dfrac{2x}{1 - x^2}$ **9.** $\dfrac{3(4X^3 + 1)}{X(2X^3 + 1)}$

11. $\ln t$ **13.** $\dfrac{2x^3}{2x + 5} + 3x^2 \ln(2x + 5)$ **15.** $\dfrac{8}{(\ln 3)(8x - 1)}$

17. $2x\left[1 + \dfrac{1}{(\ln 2)(x^2 + 4)}\right]$ **19.** $\dfrac{1 - \ln z}{z^2}$

21. $\dfrac{(\ln x)(4x^3 + 6x + 1) - (x^3 + 3x + 1)}{(\ln x)^2}$

23. $\dfrac{6(x + 2)}{x^2 + 4x + 5}$ **25.** $\dfrac{9x}{1 + x^2}$ **27.** $\dfrac{2}{1 - l^2}$ **29.** $\dfrac{x}{1 - x^4}$

31. $\dfrac{p(2ax + b)}{ax^2 + bx + c} + \dfrac{q(2hx + k)}{hx^2 + kx + l}$ **33.** $\dfrac{26}{x} + \dfrac{65}{3(5x + 2)}$

35. $\dfrac{2(x^2 + 1)}{2x + 1} + 2x \ln(2x + 1)$ **37.** $\dfrac{3(1 + \ln^2 x)}{x}$ **39.** $\dfrac{4 \ln^3(ax)}{x}$

41. $\dfrac{f'(x)}{2f(x)}$ **43.** $\dfrac{3}{2x\sqrt{4 + 3\ln x}}$ **45.** $y = 5x - 20$

47. $\dfrac{\ln(3) - 1}{\ln^2 3}$ **49.** $\dfrac{25}{7}$ **51.** $\dfrac{22}{2p + 1}$

53. $\dfrac{6a}{(T - a^2 + aT)(a - T)}$ **57.** $-1.65, 1.65$

Aplíquelo 12.2

3. $\dfrac{dT}{dt} = Cke^{kt}$

Problemas 12.2 (página 549)

1. $5e^x$ **3.** $4xe^{2x^2 + 3}$ **5.** $-5e^{9 - 5x}$

7. $(12r^2 + 10r + 2)e^{4r^3 + 5r^2 + 2r + 6}$ **9.** $x(e^x) + e^x(1) = e^x(x + 1)$

11. $2xe^{-x^2}(1 - x^2)$ **13.** $\dfrac{e^x - e^{-x}}{3}$ **15.** $(6x^2)5^{2x^3} \ln 5$

17. $\dfrac{(w^2 + w + 1)ae^{aw} - e^{aw}(2w + 1)}{(w^2 + w + 1)^2}$

19. $\dfrac{e^{1 + \sqrt{x}}}{2\sqrt{x}}$ **21.** $5x^4 - 5^x \ln 5$

23. $\dfrac{2e^x}{(e^x + 1)^2}$ **25.** 1 **27.** $x^x(\ln x + 1)$ **29.** $-e$

31. $y = e^{-2}x + 3e^{-2}$

33. $dp/dq = -0.015e^{-0.001q}; -0.015e^{-0.5}$

35. $dc/dq = 10e^{q/700}; 10e^{0.5}; 10e$

37. $-12e^9$ **39.** e **41.** $100e^{-2}$ **47.** $-b(10^{A - bM}) \ln 10$

51. 0.0036 **53.** $-0.89, 0.56$

Problemas 12.3 (página 554)

1. -3, elástica. **3.** -1, elasticidad unitaria. **5.** $-\dfrac{53}{52}$ elástica.

7. $-\left(\dfrac{150}{e} - 1\right)$, elástica. **9.** -1, elasticidad unitaria.

11. -2, elástica. **13.** $-\dfrac{1}{2}$, inelástica.

15. $\eta(10) = -\dfrac{10}{3}; \eta(3) = -\dfrac{3}{10}; \eta(6.5) = -1$

17. -1.2, disminución de 0.6%

23. (a) $\eta = -\dfrac{cp^2}{b - cp^2}$ (b) $\left(\sqrt{\dfrac{b}{2c}}, \sqrt{\dfrac{b}{c}}\right]$ (c) $\sqrt{\dfrac{b}{2c}}$

25. (a) $\eta = -\dfrac{207}{15}$, elástica (b) 27.6%

(c) aumento, puesto que la demanda es elástica

27. $\eta = -1.6; \dfrac{dr}{dq} = 30$

29. Máximo en $q = 5$; mínimo en $q = 95$

Aplíquelo 12.4

4. $\dfrac{dP}{dt} = 0.5(P - P^2)$

5. $\dfrac{dV}{dt} = 4\pi r^2 \dfrac{dr}{dt}$ $\left.\dfrac{dV}{dt}\right|_{r=12} = 2880\pi$ pulgadas^3/min

6. $\dfrac{9}{4}$ pies/segundo

Problemas 12.4 (página 560)

1. $-\dfrac{x}{4y}$ **3.** $\dfrac{7x}{3y^2}$ **5.** $-\dfrac{\sqrt[3]{y^2}}{\sqrt[3]{x^2}}$ **7.** $-\dfrac{y^{1/4}}{x^{1/4}}$

9. $-\dfrac{y}{x}$ para $x \neq 0$ **11.** $\dfrac{11 - y}{x - 1}$ **13.** $\dfrac{4y - 2x^2}{y^2 - 4x}$ **15.** $\dfrac{4y^{3/4}}{2y^{1/4} + 1}$

17. $\dfrac{1 - 15x^2 y^4}{20x^5 y^3 + 2y}$ **19.** $\dfrac{1/x - ye^{xy}}{1/y - xe^{xy}}$ para $1/y - xe^{xy} \neq 0$

21. $-\dfrac{e^y}{xe^y + 1}$ **23.** $6e^{3x}(1 + e^{3x})(x + y) - 1$ **25.** $-\dfrac{3}{5}$

27. $0; -\dfrac{4x_0}{9y_0}$

29. $y + 1 = -(x + 1); y = 3(x + 1); y - 1 = -2(x + 1)$

31. $\dfrac{dq}{dp} = -\dfrac{1}{2q}$ **33.** $\dfrac{dq}{dp} = -\dfrac{(q + 5)^3}{40}$

35. $-\lambda I$ **37.** $-\dfrac{f}{\lambda}$ **39.** $\dfrac{3}{8}$

Problemas 12.5 (página 564)

1. $(x + 1)^2(x - 2)(x^2 + 3)\left[\dfrac{2}{x + 1} + \dfrac{1}{x - 2} + \dfrac{2x}{x^2 + 3}\right]$

3. $(3x^3 - 1)^2(2x + 5)^3\left[\dfrac{18x^2}{3x^3 - 1} + \dfrac{6}{2x + 5}\right]$

5. $\dfrac{1}{2}\sqrt{x + 1}\sqrt{x - 1}\sqrt{x^2 + 1}\left(\dfrac{1}{x + 1} + \dfrac{1}{x - 1} + \dfrac{2x}{x^2 + 1}\right)$

7. $\dfrac{\sqrt{1 - x^2}}{1 - 2x}\left[\dfrac{x}{x^2 - 1} + \dfrac{2}{1 - 2x}\right]$

9. $\dfrac{(2x^2 + 2)^2}{(x + 1)^2(3x + 2)}\left[\dfrac{4x}{x^2 + 1} - \dfrac{2}{x + 1} - \dfrac{3}{3x + 2}\right]$

11. $\dfrac{1}{2}\sqrt{\dfrac{(x+3)(x-2)}{2x-1}}\left[\dfrac{1}{x+3}+\dfrac{1}{x-2}-\dfrac{2}{2x-1}\right]$

13. $x^{x^2+1}\left(\dfrac{x^2+1}{x}+2x\ln x\right)$ **15.** $x^{\sqrt{x}}\left(\dfrac{2+\ln x}{2\sqrt{x}}\right)$

17. $2(3x+1)^{2x}\left[\dfrac{3x}{3x+1}+\ln(3x+1)\right]$

19. $4e^x x^{3x}(4+3\ln x)$ **21.** 12

23. $y=96x+36$ **25.** $y-e^e=2e^e(x-e)$

27. $\dfrac{1}{3e^{1.3}}$ **29.** Disminución de 0.1%

Aplíquelo 12.6

7. 43; 1958

Problemas 12.6 (página 567)

1. ≈ 0.2016 **3.** 1.32472 **5.** -0.68233 **7.** 0.33767

9. 1.90785 **11.** 4.179 **13.** -4.99 y 1.94

15. 13.33 **17.** 2.880 **19.** 3.45

Aplíquelo 12.7

8. $\dfrac{d^2h}{dt^2}=-32$ pies/s² **9.** $c''(3)=14$ dólares/unidad²

Problemas 12.7 (página 571)

1. 24 **3.** 0 **5.** e^x **7.** $6\ln x+11$

9. $-\dfrac{60}{q^7}$ **11.** $-\dfrac{1}{4(9-r)^{3/2}}$ **13.** $\dfrac{8}{(2x+3)^3}$ **15.** $\dfrac{4}{(x-1)^3}$

17. $-\left(\dfrac{1}{x^2}+\dfrac{1}{(x+a)^2}\right)$ **19.** $e^z(z^2+4z+2)$ **21.** 275

23. $-\dfrac{1}{y^3}$ **25.** $-\dfrac{4}{y^3}$ **27.** $\dfrac{a}{b}\sqrt{\dfrac{y}{x}}$

29. $\dfrac{2(y-1)}{(1+x)^2}$ **31.** $\dfrac{y}{(1-y)^3}$ **33.** $\dfrac{25}{32}$

35. $300(5x-3)^2$ **37.** 0.04 **39.** ± 1 **41.** -4.99; 1.94

Problemas de repaso—Capítulo 12 (página 573)

1. $3e^x+2xe^{x^2}+e^2x^{e^2-1}$ **3.** $\dfrac{14r+4}{7r^2+4r+5}$ **5.** $2(x+2)e^{x^2+4x+5}$

7. $e^x(x^2+2x+2)$

9. $\dfrac{\sqrt{(x-6)(x+5)(9-x)}}{2}\left[\dfrac{1}{x-6}+\dfrac{1}{x+5}+\dfrac{1}{x-9}\right]$

11. $\dfrac{1-x\ln x}{xe^x}$ **13.** $\dfrac{m}{x+a}+\dfrac{n}{x+b}$ **15.** $(4x+2)(\ln 2)2^{2x^2+2x-5}$

17. $\dfrac{4e^{2x+1}(2x-1)}{x^2}$ **19.** $\dfrac{16}{(8x+5)\ln 2}$ **21.** $\dfrac{1+2l+3l^2}{1+l+l^2+l^3}$

23. $(x^2+1)^{x+1}\left(\ln(x^2+1)+\dfrac{2x(x+1)}{x^2+1}\right)$ **25.** $\dfrac{1}{t}-\dfrac{t}{4-t^2}$

27. $y\left[\dfrac{x}{x^2+1}+\dfrac{2x}{3(x^2+2)}-\dfrac{6(x^2+1)}{5(x^3+3x)}\right]$ **29.** $(x^x)^x(x+2x\ln x)$

31. 4 **33.** $-2e^{-e}$ **35.** $y=6x+6-\ln 64$ **37.** $(0,4\ln 2)$

39. 2 **41.** 2 **43.** -1 **45.** $\dfrac{xy^2-y}{2x-x^2y}$ **47.** $\dfrac{4}{9}$

49. $\dfrac{dy}{dx}=\dfrac{y+1}{y}$; $\dfrac{d^2y}{dx^2}=-\dfrac{y+1}{y^3}$

51. $f'(t)=0.008e^{-0.01t}+0.00004e^{-0.0002t}$

53. 0.02 **55.** $\eta=-1$, elasticidad unitaria. **57.** $\eta=-0.5$, inelástica.

59. $-\dfrac{9}{16}$; $\dfrac{3}{8}$ de aumento. **61.** 1.7693

Explore y amplíe—Capítulo 12 (página 575)

1. 305 unidades. **3.** Las respuestas pueden variar.

Aplíquelo 13.1

1. Máximo relativo en $q=2$; mínimo relativo en $q=5$
2. 2 horas después de la inyección.

Problemas 13.1 (página 586)

1. Decreciente en $(-\infty,-1)$, $(3,\infty)$; creciente en $(-1,3)$; mínimo relativo $(-1,-1)$; máximo relativo $(3,4)$
3. Decreciente en $(-\infty,-2)$, $(0,2)$; creciente en $(-2,0)$, $(2,\infty)$; mínimo relativo $(-2,1)$ y $(2,1)$; no hay máximo relativo.
5. Creciente en $(-3,1)$, $(2,\infty)$; decreciente en $(-\infty,-3)$, $(1,2)$; máximo relativo cuando $x=1$; mínimo relativo en $x=-3$, $x=2$
7. Decreciente en $(-\infty,-1)$; creciente en $(-1,3)$, $(3,\infty)$; mínimo relativo en $x=-1$
9. Decreciente en $(-\infty,0)$, $(0,\infty)$; no hay extremo relativo.
11. Creciente en $\left(-\infty,\dfrac{1}{2}\right)$; decreciente en $\left(\dfrac{1}{2},\infty\right)$; máximo relativo en $x=\dfrac{1}{2}$
13. Decreciente en $(-\infty,-5)$, $(1,\infty)$; creciente en $(-5,1)$; mínimo relativo en $x=-5$; máximo relativo en $x=1$
15. Decreciente en $(-\infty,-1)$, $(0,1)$; creciente en $(-1,0)$, $(1,\infty)$; máximo relativo en $x=0$; mínimo relativo cuando $x=\pm 1$
17. Creciente en $\left(-\infty,\dfrac{1}{3}\right)$, $(2,\infty)$; decreciente en $\left(\dfrac{1}{3},2\right)$; máximo relativo en $x=\dfrac{1}{3}$; mínimo relativo en $x=2$
19. Creciente en $\left(-\infty,\dfrac{2}{3}\right)$, $\left(\dfrac{5}{2},\infty\right)$; decreciente en $\left(\dfrac{2}{3},\dfrac{5}{2}\right)$; máximo relativo en $x=\dfrac{2}{3}$; mínimo relativo en $x=\dfrac{5}{2}$
21. Creciente en $(-\infty,5-\sqrt{3})$, $(5+\sqrt{3},\infty)$; decreciente en $(5-\sqrt{3},5+\sqrt{3})$; máximo relativo en $x=5-\sqrt{3}$; mínimo relativo en $x=5+\sqrt{3}$
23. Creciente en $(-\infty,-1)$, $(1,\infty)$; decreciente en $(-1,0)$, $(0,1)$; máximo relativo en $x=-1$; mínimo relativo en $x=1$
25. Decreciente en $(-\infty,-4)$, $(0,\infty)$; creciente en $(-4,0)$; mínimo relativo en $x=-4$; máximo relativo en $x=0$
27. Creciente en $(-\infty,-\sqrt{2})$, $(0,\sqrt{2})$; decreciente en $(-\sqrt{2},0)$, $(\sqrt{2},\infty)$; máximo relativo en $x=\pm\sqrt{2}$; mínimo relativo en $x=0$
29. Creciente en $(-2,0)$, $(2,\infty)$; decreciente en $(-\infty,-2)$, $(0,2)$; máximo relativo en $x=0$; mínimo relativo en $x=\pm 2$
31. Decreciente en $(-\infty,1)$ y $(1,\infty)$; no tiene extremos relativos.
33. Decreciente en $(0,\infty)$; no tiene extremos relativos.
35. Decreciente en $(-\infty,0)$, $(4,\infty)$; creciente en $(0,2)$, $(2,4)$; mínimo relativo en $x=0$; máximo relativo en $x=4$
37. Creciente en $(-\infty,-3)$, $(-1,\infty)$; decreciente en $(-3,-2)$, $(-2,-1)$; máximo relativo en $x=-3$; mínimo relativo en $x=-1$
39. (a) Creciente en $\left(0,\sqrt{-\dfrac{d}{c}}\right)$, $\left(\sqrt{-\dfrac{d}{c}},\infty\right)$; decreciente en $\left(-\infty,-\sqrt{-\dfrac{d}{c}}\right)$, $\left(-\sqrt{-\dfrac{d}{c}},0\right)$; mínimo relativo en $x=0$;

(b) Igual que el inciso (a) pero con "creciente" y "decreciente" intercambiados; "mínimo" se sustituye por "máximo"

41. Creciente en $(1, \infty)$; decreciente en $(-\infty, 1)$; mínimo relativo en $x = 1$

43. Creciente en $(-\infty, 0)$, $\left(0, \dfrac{18}{7}\right)$, $(6, \infty)$; decreciente en $\left(\dfrac{18}{7}, 6\right)$;

máximo relativo en $x = \dfrac{18}{7}$; mínimo relativo en $x = 6$

45. Decreciente en $(-\infty; \infty)$; no tiene extremos relativos.

47. Decreciente en $\left(0, \dfrac{3\sqrt{2}}{2}\right)$; creciente en $\left(\dfrac{3\sqrt{2}}{2}, \infty\right)$;

mínimo relativo en $x = \dfrac{3\sqrt{2}}{2}$

49. Creciente en $(-\infty, \infty)$; no existen extremos relativos.

51. Decreciente en $(0, 1)$; creciente en $(1, \infty)$; mínimo relativo en $x = 1$

53. Decreciente en $\left(-\infty, \dfrac{3}{2}\right)$; creciente en $\left(\dfrac{3}{2}, \infty\right)$; mínimo relativo

en $x = \dfrac{3}{2}$; intersecciones: $(-2, 0), (5, 0), (0, -10)$

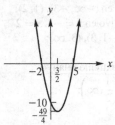

55. Decreciente en $(-\infty, -1)$, $(1, \infty)$; creciente en $(-1, 1)$; mínimo relativo en $x = -1$; máximo relativo en $x = 1$; simétrica con respecto al origen; intersecciones: $(\pm\sqrt{3}, 0), (0, 0)$

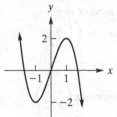

57. Creciente en $(-\infty, 1)$, $(2, \infty)$; decreciente en $(1, 2)$; máximo relativo en $x = 1$; mínimo relativo en $x = 2$; intersección: $(0, 0)$

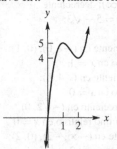

59. Creciente en $(-1, 0)$, $(1, \infty)$; decreciente en $(-\infty, -1)$, $(0, 1)$; mínimo absoluto en $x = \pm 1$; máximo relativo en $x = 0$; simétrica con respecto a $x = 0$; intersecciones: $(-\sqrt{2}, 0), (0, 0), (\sqrt{2}, 0)$

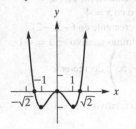

61. Decreciente en $(-\infty, -2)$, $\left(-\dfrac{1}{2}, 1\right)$; creciente en $\left(-2, -\dfrac{1}{2}\right)$, $(1, \infty)$; mínimo relativo en $x = -2$, $x = 1$; máximo relativo en $x = -\dfrac{1}{2}$; intersecciones: $(1, 0), (-2, 0), (0, 4)$

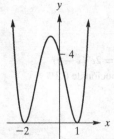

63. Decreciente en $(1, \infty)$; creciente en $(0, 1)$; máximo relativo en $x = 1$; intersecciones: $(0, 0), (4, 0)$

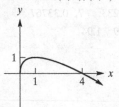

65.

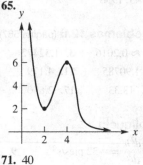

69. $q < 50$ **71.** 40

75. (a) 25 300   **(b)** 4   **(c)** 17 200

77. Mínimo relativo: $(-3.83, 0.69)$

79. Máximo relativo: $(2.74, 3.74)$; mínimo relativo: $(-2.74, -3.74)$

81. Mínimo relativo: 0, 1.50, 2.00; máximo relativo: 0.57, 1.77

83. (a) $f'(x) = 4 - 6x - 3x^2$ **(c)** Decreciente en $(-\infty, -2.53)$, $(0.53, \infty)$; creciente en $(-2.53, 0.53)$

Problemas 13.2 (página 590)

1. máx $(3, 6)$; mín $(1, 2)$ **3.** máx $\left(-1, \dfrac{19}{6}\right)$; mín $(0, 1)$

5. máx $(0, 50)$; mín $(4, 2)$ **7.** máx $(-2, 56)$; mín $(-1, -2)$

9. máx $(\sqrt{2}, 4)$; mín $(2, -16)$

11. máx $(0, 2)$, $(3, 2)$; mín $\left(\dfrac{3\sqrt{2}}{2}, -\dfrac{73}{4}\right)$

13. máx $(-26, 9)$, $(28, 9)$; mín $(1, 0)$

15. (a) $-3.22, -0.78$ **(b)** 2.75   **(c)** 9   **(d)** 14 283

Problemas 13.3 (página 596)

1. Cóncava hacia arriba $\left(-\infty, -\dfrac{1}{2}\right)$, $(2, \infty)$; cóncava hacia abajo $\left(-\dfrac{1}{2}, 2\right)$; puntos de inflexión en $x = -\dfrac{1}{2}$, $x = 2$

3. Cóncava hacia arriba $(-\infty, 1)$, $(1, 7)$; cóncava hacia abajo $(7, \infty)$; punto de inflexión en $x = 7$

5. Cóncava hacia arriba $(-\infty, -\sqrt{2})$, $(\sqrt{2}, \infty)$; cóncava hacia abajo $(-\sqrt{2}, \sqrt{2})$; no tiene puntos de inflexión.

7. Cóncava hacia abajo $(-\infty, \infty)$

9. Cóncava hacia abajo $(-\infty, -1)$; cóncava hacia arriba $(-1, \infty)$; punto de inflexión en $x = -1$

11. Cóncava hacia arriba [abajo] $\left(-\dfrac{b}{3a}, \infty\right)$; cóncava hacia abajo [arriba] $\left(-\infty, \dfrac{b}{3a}\right)$ para $a > 0$ $[a < 0]$; punto de inflexión en $x = \dfrac{b}{3a}$

13. Cóncava hacia arriba $(-\infty, -2)$, $(2, \infty)$; cóncava hacia abajo $(-2, 2)$; punto de inflexión en $x = \pm 2$

15. Cóncava hacia arriba $(-\infty, 0)$; cóncava hacia abajo $(0, \infty)$; punto de inflexión en $x = 0$

17. Cóncava hacia arriba $\left(-\infty, -\dfrac{7}{2}\right)$, $\left(\dfrac{1}{3}, \infty\right)$; cóncava hacia abajo $\left(-\dfrac{7}{2}, \dfrac{1}{3}\right)$; puntos de inflexión en $x = -\dfrac{7}{2}$, $x = \dfrac{1}{3}$

19. Cóncava hacia abajo $(-\infty, 0)$, $\left(\dfrac{3-\sqrt{5}}{2}, \dfrac{3+\sqrt{5}}{2}\right)$; cóncava hacia arriba $\left(0, \dfrac{3-\sqrt{5}}{2}\right)$, $\left(\dfrac{3+\sqrt{5}}{2}, \infty\right)$; puntos de inflexión en $x = 0$, $x = \dfrac{3 \pm \sqrt{5}}{2}$

21. Cóncava hacia arriba $(-\infty, -2)$, $(-\sqrt{3}, \sqrt{3})$, $(2, \infty)$; cóncava hacia abajo $(-2, -\sqrt{3})$, $(\sqrt{3}, 2)$; puntos de inflexión en $x = -2$, $x = -\sqrt{3}$, $x = \sqrt{3}$, $x = 2$

23. Cóncava hacia abajo $(-\infty, 1)$; cóncava hacia arriba $(1, \infty)$

25. Cóncava hacia abajo $(-\infty, -1/\sqrt{3})$, $(1/\sqrt{3}, \infty)$; cóncava hacia arriba $(-1/\sqrt{3}, 1/\sqrt{3})$; punto de inflexión en $x = \pm 1/\sqrt{3}$

27. Cóncava hacia abajo $(-\infty, -3)$, $\left(-3, \dfrac{2}{7}\right)$; cóncava hacia arriba $\left(\dfrac{2}{7}, \infty\right)$; punto de inflexión en $x = \dfrac{2}{7}$

29. Cóncava hacia arriba $(-\infty, \infty)$

31. Cóncava hacia abajo $(-\infty, -2)$; cóncava hacia arriba [abajo] en $(-2, \infty)$ para $a > 0$ $[a < 0]$; punto de inflexión en $x = -2$

33. Cóncava hacia abajo $(0, e^{3/2})$; cóncava hacia arriba $(e^{3/2}, \infty)$; punto de inflexión en $x = e^{3/2}$

35. Intersecciones: $(-2, 0)$, $(3, 0)$, $(0, -6)$; decreciente en $\left(-\infty, \dfrac{1}{2}\right)$; creciente en $\left(\dfrac{1}{2}, \infty\right)$; mínimo relativo en $x = \dfrac{1}{2}$; cóncava hacia arriba $(-\infty, \infty)$

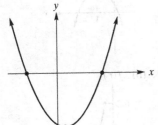

37. Intersecciones: $\left(\dfrac{5}{2}, 0\right)$; creciente en $\left(-\infty, \dfrac{5}{4}\right)$; decreciente en $\left(\dfrac{5}{4}, \infty\right)$; máximo relativo en $x = \dfrac{5}{4}$; cóncava hacia abajo $(-\infty, \infty)$

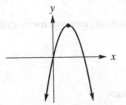

39. Intersección $(0, -19)$; creciente en $(-\infty, 2)$, $(4, \infty)$; decreciente en $(2, 4)$; máximo relativo en $x = 2$; mínimo relativo en $x = 4$; cóncava hacia abajo $(-\infty, 3)$; cóncava hacia arriba $(3, \infty)$; punto de inflexión en $x = 3$

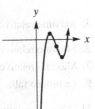

41. Creciente en $(-\infty, -\sqrt{5})$, $(\sqrt{5}, \infty)$; decreciente en $(-\sqrt{5}, \sqrt{5})$; cóncava hacia abajo $(-\infty, 0)$; cóncava hacia arriba $(0, \infty)$; máximo relativo en $\left(-\sqrt{5}, \dfrac{10}{3}(\sqrt{5})\right)$; mínimo relativo en $\left(\sqrt{5}, -\dfrac{10}{3}(\sqrt{5})\right)$; punto de inflexión en $(0, 0)$; simétrica con respecto a $(0, 0)$; intersecciones: $(\pm\sqrt{15}, 0)$, $(0, 0)$

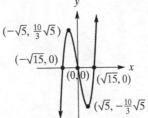

43. Intersección $(0, -3)$; creciente en $(-\infty, 1)$, $(1, \infty)$; no tiene extremos relativos; cóncava hacia abajo $(-\infty, 1)$; cóncava hacia arriba $(1, \infty)$; punto de inflexión en $x = 1$

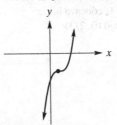

45. Intersecciones: $(0, 0)$, $(4/3, 0)$; creciente en $(-\infty, 0)$, $(0, 1)$; decreciente en $(1, \infty)$; máximo relativo en $x = 1$; cóncava hacia arriba $(0, 2/3)$; cóncava hacia abajo $(-\infty, 0)$, $(2/3, \infty)$; puntos de inflexión en $x = 0$, $x = 2/3$

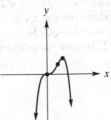

47. Intersección $(0, -2)$; decreciente en $(-\infty, -2)$, $(2, \infty)$; creciente en $(-2, 2)$; mínimo relativo en $x = -2$; máximo relativo en $x = 2$; cóncava hacia arriba $(-\infty, 0)$; cóncava hacia abajo $(0, \infty)$; punto de inflexión en $x = 0$

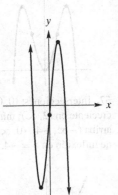

49. Intersecciones: $(0, -2)$, $(1, 0)$; creciente en $(-\infty, 1)$, $(1, \infty)$; cóncava hacia abajo $(-\infty, 1)$; cóncava hacia arriba $(1, \infty)$; punto de inflexión en $x = 1$

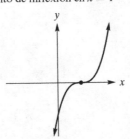

51. Decreciente en $\left(-\infty, -\dfrac{2}{\sqrt[4]{5}}\right)$, $\left(\dfrac{2}{\sqrt[4]{5}}, \infty\right)$; creciente en $\left(-\dfrac{2}{\sqrt[4]{5}}, \dfrac{2}{\sqrt[4]{5}}\right)$;

cóncava hacia arriba en $(-\infty, 0)$; cóncava hacia abajo en $(0, \infty)$; mínimo

relativo en $\left(-\dfrac{2}{\sqrt[4]{5}}, -\dfrac{128}{25}(5)^{3/4}\right)$; máximo relativo en $\left(\dfrac{2}{\sqrt[4]{5}}, \dfrac{128}{25}(5)^{3/4}\right)$;

punto de inflexión en $(0, 0)$; simétrica con respecto a $(0, 0)$; intersecciones:
$(\pm 2, 0)$, $(0, 0)$

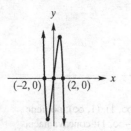

53. Intersecciones: $(0, 1)$, $(1, 0)$; decreciente en $(-\infty, 0)$, $(0, 1)$;
creciente en $(1, \infty)$; mínimo relativo en $x = 1$; cóncava hacia
arriba $(-\infty, 0)$, $(2/3, \infty)$; cóncava hacia abajo $(0, 2/3)$;
puntos de inflexión en $x = 0$, $x = 2/3$

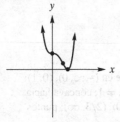

55. Intersecciones: $(0, 0)$, $(\pm 2, 0)$; creciente en $(-\infty, -\sqrt{2})$, $(0, \sqrt{2})$;
decreciente en $(-\sqrt{2}, 0)$, $(\sqrt{2}, \infty)$; máximo relativo en $x = \pm\sqrt{2}$;
mínimo relativo en $x = 0$; cóncava hacia abajo $(-\infty, -\sqrt{2/3})$,
$(\sqrt{2/3}, \infty)$; cóncava hacia arriba $(-\sqrt{2/3}, \sqrt{2/3})$; punto de inflexión
en $x = \pm\sqrt{2/3}$; simétrica con respecto al eje y.

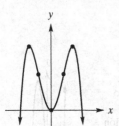

57. Intersecciones: $(0, 0)$, $(8, 0)$; decreciente en $(-\infty, 0)$, $(0, 2)$;
creciente en $(2, \infty)$; mínimo relativo en $x = 2$; cóncava hacia
arriba $(-\infty, -4)$, $(0, \infty)$; cóncava hacia abajo $(-4, 0)$; puntos
de inflexión en $x = -4$, $x = 0$

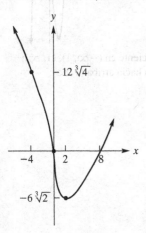

59. Intersecciones: $(0, 0)$, $(-4, 0)$; decreciente en $(-\infty, -1)$;
creciente en $(-1, 0)$, $(0, \infty)$; mínimo relativo en $x = -1$; cóncava
hacia arriba $(-\infty, 0)$, $(2, \infty)$; cóncava hacia abajo $(0, 2)$; puntos
de inflexión en $x = 0$, $x = 2$

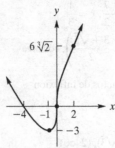

61. Decreciente en $(-\infty, 0)$, $\left(\dfrac{64}{27}, \infty\right)$; creciente en $\left(0, \dfrac{64}{27}\right)$;
cóncava hacia abajo $(-\infty, 0)$, $(0, \infty)$; mínimo relativo $(0, 0)$;
máximo relativo $\left(\dfrac{64}{27}, \dfrac{32}{27}\right)$; no tiene puntos de inflexión;
tangente vertical en $(0, 0)$; sin simetría, $(0, 0)$, $(8, 0)$

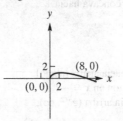

63. 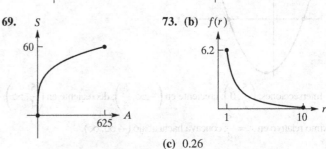 **65.**

69. **73. (b)**

(c) 0.26

75. Dos.   **77.** Arriba de la recta tangente; cóncava hacia arriba.

79. -2.61, -0.26

Problemas 13.4 (página 599)

1. Mínimo relativo en $x = \dfrac{5}{2}$; mínimo absoluto.

3. Máximo relativo en $x = \dfrac{1}{4}$; máximo absoluto.

5. Máximo relativo en $x = -5$; mínimo relativo en $x = 1$

7. Máximo relativo en $x = -2$; mínimo relativo en $x = 3$

9. La prueba falla, en $x = 0$ hay un máximo relativo.

11. Máximo relativo en $x = -\dfrac{1}{3}$; mínimo relativo en $x = \dfrac{1}{3}$

13. Mínimos relativos en $x = -5$, $x = -2$; máximo relativo en $x = -\dfrac{7}{2}$

Problemas 13.5 (página 608)

1. $x = 1; y = 1$

3. $x = \dfrac{-7}{2}; y = \dfrac{1}{2}$

5. $x = 0; y = 0$

7. $y = 0; x = 1, x = -1$

9. Ninguna.

11. $y = 2; x = 2, x = -3$

13. $x = -\sqrt{7}, x = \sqrt{7}; y = 15$

15. $y = 5; x = 3$

17. $y = -x + 1; x = 0, x = -1$

19. $y = \dfrac{1}{4}; x = -\dfrac{1}{2}$

21. $y = \dfrac{1}{2}; x = -\dfrac{4}{3}$

23. $y = -2$

25. Decreciente en $(-\infty, 0)$, $(0, \infty)$; cóncava hacia abajo $(-\infty, 0)$; cóncava hacia arriba $(0, \infty)$; simétrica con respecto a $(0, 0)$; asíntotas $x = 0$, $y = 0$

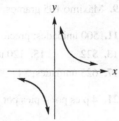

27. Intersección $(0, 0)$; decreciente en $(-\infty, 1)$, $(1, \infty)$; cóncava hacia arriba $(1, \infty)$; cóncava hacia abajo $(-\infty, 1)$; asíntotas $x = 1$, $y = 1$

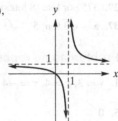

29. Decreciente en $(-\infty, -1)$, $(0, 1)$; creciente en $(-1, 0)$, $(1, \infty)$; mínimo relativo en $x = \pm 1$; cóncava hacia arriba $(-\infty, 0)$, $(0, \infty)$; simétrica con respecto a $x = 0$; asíntota $x = 0$

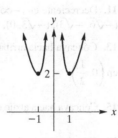

31. Intersección $(0, -1)$; creciente en $(-\infty, -1)$, $(-1, 0)$; decreciente en $(0, 1)$, $(1, \infty)$; máximo relativo en $x = 0$; cóncava hacia arriba $(-\infty, -1)$, $(1, \infty)$; cóncava hacia abajo $(-1, 1)$; asíntotas $x = 1$, $x = -1$, $y = 0$; simétrica con respecto al eje y.

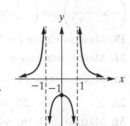

33. Asíntotas $x = 3$, $y = 1$; intersecciones: $\left(0, \dfrac{2}{3}\right)$, $(-2, 0)$; creciente en $(-\infty, 3)$, $(3, \infty)$; cóncava hacia arriba en $(-\infty, 3)$; cóncava hacia abajo en $(3, \infty)$

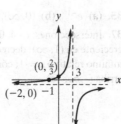

35. Intersección $(0, 0)$; creciente en $\left(-\infty, -\dfrac{8}{7}\right)$, $(0, \infty)$; decreciente en $\left(-\dfrac{8}{7}, -\dfrac{4}{7}\right)$, $\left(-\dfrac{4}{7}, 0\right)$; máximo relativo en $x = -\dfrac{8}{7}$; mínimo relativo en $x = 0$; cóncava hacia abajo $\left(-\infty, -\dfrac{4}{7}\right)$; cóncava hacia arriba $\left(-\dfrac{4}{7}, \infty\right)$; asíntotas $x = -\dfrac{4}{7}$; $y = \dfrac{1}{7}x - \dfrac{4}{49}$

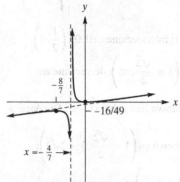

37. Intersección $\left(0, -\dfrac{9}{8}\right)$; creciente en $\left(-\infty, -\dfrac{2}{3}\right)$, $\left(-\dfrac{2}{3}, \dfrac{1}{3}\right)$; decreciente en $\left(\dfrac{1}{3}, \dfrac{4}{3}\right)$, $\left(\dfrac{4}{3}, \infty\right)$; máximo relativo en $x = \dfrac{1}{3}$; cóncava hacia arriba $\left(-\infty, -\dfrac{2}{3}\right)$, $\left(\dfrac{4}{3}, \infty\right)$; cóncava hacia abajo $\left(-\dfrac{2}{3}, \dfrac{4}{3}\right)$; asíntotas $y = 0$, $x = -\dfrac{2}{3}$, $x = \dfrac{4}{3}$

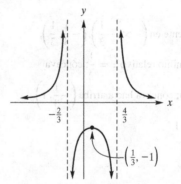

39. Intersecciones: $\left(-\dfrac{1}{3}, 0\right)$, $\left(0, \dfrac{1}{4}\right)$; decreciente en $\left(-\infty, -\dfrac{4}{3}\right)$, $\left(\dfrac{2}{3}, \infty\right)$; creciente en $\left(-\dfrac{4}{3}, \dfrac{2}{3}\right)$; mínimo relativo $x = -\dfrac{4}{3}$; cóncava hacia abajo $\left(-\infty, -\dfrac{7}{3}\right)$; cóncava hacia arriba $\left(-\dfrac{7}{3}, \dfrac{2}{3}\right)$, $\left(\dfrac{2}{3}, \infty\right)$; punto de inflexión en $x = -\dfrac{7}{3}$; asíntotas $x = \dfrac{2}{3}$, $y = 0$

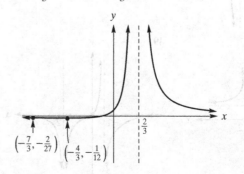

41. Intersecciones: $(-1, 0), (1, 0)$;
creciente en $(-\sqrt{3}, 0), (0, \sqrt{3})$;
decreciente en $(-\infty, -\sqrt{3}), (\sqrt{3}, \infty)$;
máximo relativo en $x = \sqrt{3}$; mínimo
relativo en $x = -\sqrt{3}$; cóncava hacia
abajo $(-\infty, -\sqrt{6}), (0, \sqrt{6})$; cóncava
hacia arriba $(-\sqrt{6}, 0), (\sqrt{6}, \infty)$;
punto de inflexión en $x = \pm\sqrt{6}$;
asíntotas $x = 0, y = 0$; simétrica con
respecto al origen.

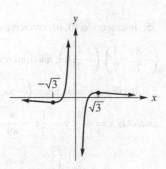

43. Asíntotas $x = 1, y = 2x + 1$; intersecciones: $(0, 0), \left(\frac{1}{2}, 0\right)$;

creciente en $\left(-\infty, 1 - \frac{\sqrt{2}}{2}\right), \left(1 + \frac{\sqrt{2}}{2}, \infty\right)$; decreciente en

$\left(1 - \frac{\sqrt{2}}{2}, 1\right), \left(1, 1 + \frac{\sqrt{2}}{2}\right)$; cóncava hacia abajo $(-\infty, 1)$; cóncava

hacia arriba $(1, \infty)$; máximo relativo en $\left(1 - \frac{\sqrt{2}}{2}, 3 - 2\sqrt{2}\right)$;

mínimo relativo en $\left(1 + \frac{\sqrt{2}}{2}, 3 + 2\sqrt{2}\right)$; simétrica a $(1, 3)$,

concepto no cubierto.

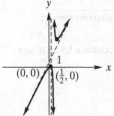

45. Intersección $(0, 5)$; decreciente en $\left(-\infty, -\frac{1}{3}\right), \left(-\frac{1}{3}, \frac{1}{3}\right)$;

creciente en $\left(\frac{1}{3}, 1\right), (1, \infty)$; mínimo relativo $x = \frac{1}{3}$; cóncava

hacia abajo $\left(-\infty, -\frac{1}{3}\right), (1, \infty)$; cóncava hacia arriba $\left(-\frac{1}{3}, 1\right)$;

asíntotas $x = -\frac{1}{3}, x = 1, y = -1$.

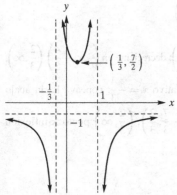

47.
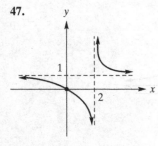

49.
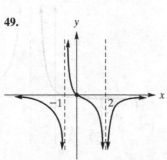

51. $x = -\dfrac{a}{b}; y = \dfrac{1}{b}$

53. $\lim_{t \to \infty} 250 - 83e^{-t} = 250$ puesto que $\lim_{t \to \infty} e^{-t} = 0$

55. $x \approx \pm 2.45, x \approx 0.67, y = 2$

57. $\dot{y} \approx 0.48$

Problemas 13.6 (página 616)

1. 41 y 41   **3.** 300 pies por 250 pies

5. 100 unidades   **7.** \$15

9. Máximo 105 gramos; mínimo $\dfrac{1290}{23} \approx 56.1$

11. 500 unidades; precio $= \$60$; utilidad $= \$11\,900$

13. \$22   **15.** 120 unidades; \$86 000

17. 625 unidades; \$4   **19.** \$22; \$154 880

21. 4 pies por 4 pies por 2 pies   **23.** $\dfrac{L}{6}$ pulgadas; $\dfrac{2L^3}{27}$ pulgadas^3

27. 130 unidades, $p = \$340, P = \$36\,980$; 125 unidades, $p = \$350$, $P = \$34\,175$

29. 375 por lote (8 lotes);   **31.** 35   **33.** 60 mi/h   **35.** 8; \$3400

37. $5 - \sqrt{3}$ ton; $5 - \sqrt{3}$ ton   **41.** 10 cajas; \$50.55

Problemas de repaso—Capítulo 13 (página 621)

1. $y = 3, x = 4, x = -4$ **3.** $y = \dfrac{5}{9}, x = -\dfrac{2}{3}$

5. 0   **7.** $x = -\dfrac{15}{8}, x = -1$

9. Creciente en $(-1, 7)$; decreciente en $(-\infty, -1), (7, \infty)$

11. Decreciente en $(-\infty, -\sqrt{6}), (0, \sqrt{3}), (\sqrt{3}, \sqrt{6})$; creciente en $(-\sqrt{6}, -\sqrt{3}), (-\sqrt{3}, 0), (\sqrt{6}, \infty)$

13. Cóncava hacia arriba en $(-\infty, 0), \left(\frac{1}{2}, \infty\right)$; cóncava hacia abajo en $\left(0, \frac{1}{2}\right)$

15. Cóncava hacia abajo en $\left(\infty, -\frac{2}{3}\right)$; cóncava hacia arriba en $\left(-\frac{2}{3}, \infty\right)$

17. Cóncava hacia abajo en $\left(-\frac{7}{12}, -\frac{1}{2}\right)$; cóncava hacia arriba en $\left(-\infty, -\frac{7}{12}\right)$ y en $\left(-\frac{1}{2}, \infty\right)$

19. Máximo relativo $x = 1$; mínimo relativo $x = 2$

21. Mínimo relativo $x = -1$

23. Máximo relativo $x = -\dfrac{2}{5}$; mínimo relativo $x = 0$

25. 2   **27.** 1   **29.** $0, 3 \pm \sqrt{3}$

31. Máximo en $(2, 16)$; mínimo en $(1, -1)$

33. Máximo en $(0, 0)$; mínimo en $\left(-\dfrac{6}{5}, -\dfrac{1}{120}\right)$

35. (a) e^{-1} (b) $(0, \infty)$, ninguno

37. Intersecciones: $(-4, 0), (6, 0), (0, -24)$;
creciente en $(1, \infty)$; decreciente en $(-\infty, 1)$;
mínimo relativo $x = 1$; cóncava hacia
arriba $(-\infty, \infty)$

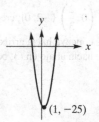

39. Intersección $(0, 20)$; creciente en $(-\infty, -2)$, $(2, \infty)$; decreciente en $(-2, 2)$; máximo relativo en $x = -2$; mínimo relativo en $x = 2$; cóncava hacia arriba $(0, \infty)$; cóncava hacia abajo $(-\infty, 0)$; punto de inflexión cuando $x = 0$

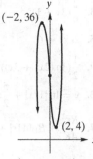

41. Intersecciones: $(0, 0)$, $(-1, 0)$, $(1, 0)$; creciente en $\left(-\infty, -\dfrac{\sqrt{3}}{3}\right)$, $\left(\dfrac{\sqrt{3}}{3}, \infty\right)$; decreciente en $\left(-\dfrac{\sqrt{3}}{3}, \dfrac{\sqrt{3}}{3}\right)$; cóncava hacia abajo $(-\infty, 0)$; cóncava hacia arriba $(0, \infty)$; punto de inflexión en $x = 0$; simétrica con respecto al origen.

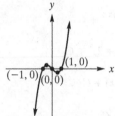

43. Intersección $(-5, 0)$; creciente en $(-10, 0)$; decreciente en $(-\infty, -10)$, $(0, \infty)$; mínimo relativo en $x = -10$; cóncava hacia arriba $(-15, 0)$, $(0, \infty)$; cóncava hacia abajo $(-\infty, -15)$; punto de inflexión en $x = -15$; asíntotas $y = 0$, $x = 0$

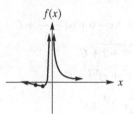

45. Creciente en $\left(\infty, -\dfrac{1}{2}\right)$; decreciente en $\left(-\dfrac{1}{2}, 1\right)$, $(1, \infty)$; cóncava hacia arriba $(-\infty, -1)$, $(1, \infty)$; cóncava hacia abajo $(-1, 1)$; máximo relativo en $\left(-\dfrac{1}{2}, \dfrac{4}{27}\right)$; punto de inflexión $\left(-1, \dfrac{1}{8}\right)$; asíntotas $y = 0$, $x = 1$; sin simetría; intersección $(0, 0)$

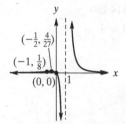

47. Intersección $(0, 1)$; creciente en $(0, \infty)$; decreciente en $(-\infty, 0)$; mínimo relativo en $x = 0$; cóncava hacia arriba $(-\infty, \infty)$; simétrica con respecto al eje y.

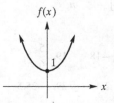

49. (a) Falso **(b)** Falso **(c)** Verdadero **(d)** Falso **(e)** Falso

51. $q > 2$

57. Máximo relativo $(-1.32, 12.28)$; mínimo relativo $(0.44, 1.29)$

59. $x \approx -0.60$ **61.** 20 **63.** 200

65. \$29 000 **67.** 100 pies por 200 pies.

69. (a) 200 estantes a \$120 por estante **(b)** 300 estantes

Explore y amplíe—Capítulo 13 (página 625)

1. La población alcanza su tamaño final en ≈ 45 días.

3. La recta tangente no coincidirá de manera exacta con la curva. El error podría reducirse usando lapsos de tiempo más pequeños.

Problemas 14.1 (página 630)

1. $a\,dx$ **3.** $\dfrac{2x^3}{\sqrt{x^4 - 9}}\,dx$ **5.** $-\dfrac{2}{x^3}\,dx$

7. $\dfrac{2x}{x^2 + 7}\,dx$ **9.** $3e^{2x^2 + 3}(12x^2 + 4x + 3)\,dx$

11. $\Delta y = a\,dx = dy$ **13.** $\Delta y = -0.28, dy = -0.3$

15. $\Delta y \approx 0.049, dy = 0.050$ **17. (a)** -1 **(b)** 2.9

19. $\dfrac{577}{34} \approx 16.97$ **21.** $\dfrac{25}{12}$ **23.** -0.03

25. 1.001 **27.** $\dfrac{1}{2}$ **29.** $\dfrac{1}{6p(p^2 + 5)^2}$

31. $-\dfrac{p^3}{2}$ **33.** $\dfrac{1}{36}$ **35.** $-\dfrac{4}{5}$

37. $-17; -19.3$ **39.** 2.04 **41.** $\dfrac{3}{40} \approx 0.1$

43. $(1.69 \times 10^{-11})\pi\ \text{cm}^3$ **45. (c)** 42 unidades

Aplíquelo 14.2

1. $\int 28.3\,dq = 28.3q + C$ **2.** $\int 0.12t^2\,dt = 0.04t^3 + C$

3. $\int -\dfrac{480}{t^3}\,dt = \dfrac{240}{t^2} + C$

4. $\int (500 + 300\sqrt{t})dt = 500t + 200t^{3/2} + C$

5. $S(t) = 0.7t^3 - 32.7t^2 + 491.6t + C$

Problemas 14.2 (página 636)

1. $7x + C$ **3.** $\dfrac{x^9}{9} + C$ **5.** $-\dfrac{5}{6x^6} + C$

7. $-\dfrac{5}{6x^6} + C$ **9.** $-\dfrac{4}{3t^{3/4}} + C$ **11.** $4t + \dfrac{t^2}{2} + C$

13. $\dfrac{y^6}{6} - \dfrac{5y^2}{2} + C$ **15.** $t^3 - 2t^2 + 5t + C$

17. $(\sqrt{2} + e)x + C$ **19.** $\dfrac{x^2}{14} - \dfrac{3x^5}{20} + C$

21. $\pi e^x + C$ **23.** $\dfrac{x^{9.3}}{9.3} - \dfrac{9x^7}{7} - \dfrac{1}{x^3} - \dfrac{1}{2x^2} + C$

25. $-\dfrac{4x^{3/2}}{9} + C$ **27.** $5\sqrt[3]{x} + C$ **29.** $\dfrac{x^4}{12} + \dfrac{3}{2x^2} + C$

31. $\dfrac{w^3}{2} + \dfrac{2}{3w} + C$ **33.** $\dfrac{3}{10}u^2 - \dfrac{4}{5}u + C$

35. $\dfrac{u^{e+1}}{e + 1} + e^u + C$ **37.** $6\sqrt{x} - 9\sqrt[3]{x^4} + C$

39. $-\dfrac{3x^{5/3}}{25} - 7x^{1/2} + 3x^2 + C$ **41.** $\dfrac{x^4}{4} - x^3 + \dfrac{5x^2}{2} - 15x + C$

43. $\dfrac{2x^{5/2}}{5} + 2x^{3/2} + C$ **45.** $\dfrac{27}{4}u^4 + 18u^3 + 18u^2 + 8u + C$

47. $x^3 + 4x + \dfrac{5}{x} + C$

49. $\dfrac{z^3}{6} + \dfrac{5z^2}{2} + C$

51. $x + e^x + C$

53. No, es posible que $F(x) - G(x) \neq 0$

55. $\dfrac{1}{\sqrt{x^2 + 1}} + C$

Aplíquelo 14.3 (página 638)

6. $N(t) = 800t + 200e^t + 6317.37$

7. $y(t) = 14t^3 + 12t^2 + 11t + 3$

Problemas 14.3 (página 641)

1. $y = \dfrac{3x^2}{2} - 4x + 1$

3. $\dfrac{31}{4}$

5. $y = -\dfrac{x^4}{4} + \dfrac{2x^3}{3} + x + \dfrac{19}{12}$

7. $y = \dfrac{x^4}{12} + x^2 - 5x + 13$

9. $p = 0.7$

11. $p = 275 - 0.5q - 0.1q^2$

13. $2.47q + 159$

15. \$8079.17

17. $G = -\dfrac{P^2}{50} + 2P + 20$

21. \$80 ($dc/dq|_{q=50} = 27.50$ no es relevante)

Aplíquelo 14.4

8. $T(t) = 10e^{-0.5t} + C$

9. $35 \ln |t + 1| + C$

Problemas 14.4 (página 646)

1. $\dfrac{(x + 5)^8}{8} + C$

3. $\dfrac{(x^2 + 3)^6}{6} + C$

5. $\dfrac{3}{5}(y^3 + 3y^2 + 1)^{5/3} + C$

7. $-\dfrac{5(3x - 1)^{-2}}{6} + C$

9. $\dfrac{2}{21}(7x + 3)^{3/2} + C$

11. $\dfrac{(7x - 6)^5}{35} + C$

13. $\dfrac{(5u^2 - 9)^{15}}{150} + C$

15. $\dfrac{3}{5}(27 + x^5)^{4/3} + C$

17. $e^{3x} + C$

19. $\dfrac{1}{2}e^{3t^2 + 2t + 1} + C$

21. $\dfrac{1}{14}e^{7x^2} + C$

23. $-\dfrac{4}{3}e^{-3x} + C$

25. $\ln |x + 5| + C$

27. $\ln |x^3 + x^4| + C$

29. $-\dfrac{2}{3(z^2 - 5)^6} + C$

31. $4 \ln |x| + C$

33. $\dfrac{1}{3} \ln |s^3 + 5| + C$

35. $-\dfrac{5}{2} \ln |4 - 2x| + C$

37. $\dfrac{2}{15}(5x)^{3/2} + C = \dfrac{2\sqrt{5}}{3}x^{3/2} + C$

39. $\dfrac{1}{a}\sqrt{ax^2 + b} + C$

41. $\dfrac{1}{2}e^{y^4 + 1} + C$

43. $-\dfrac{1}{6}e^{-2v^3 + 1} + C$

45. $-\dfrac{1}{5}e^{-5x} + 2e^x + C$

47. $-\dfrac{1}{2}(7 - 2x^2 - 5x)^4 + C$

49. $2 \ln |x^3 + 4x| + C$

51. $2 \ln |3 - 2s + 4s^2| + C$

53. $\dfrac{1}{4} \ln (2x^2 + 1) + C$

55. $\dfrac{1}{27}(x^3 - x^6)^{-9} + C$

57. $\dfrac{1}{4}(x^4 + x^2)^2 + C$

59. $3(5 - x - x^2)^{-3} + C$

61. $\dfrac{1}{6}e^{4x^3 + 3x^2 - 4} + C$

63. $-\dfrac{1}{25}(8 - 5x^2)^{5/2} + C$

65. $\dfrac{2\sqrt{2}}{3}x^{3/2} - \sqrt{2}x^{1/2} + C$

67. $\dfrac{x^5}{5} + \dfrac{2x^3}{3} + x + C$

69. $\dfrac{1}{2}(\ln (x^2 + 1) - (x^2 + 1)^{-1} + C$

71. $\dfrac{1}{2} \ln |4x + 1| + \dfrac{4}{21}(x^3 - x^6)^{-7} + C$

73. $\dfrac{2}{9}(3x + 1)^{3/2} - \dfrac{1}{2} \ln (x^2 + 3) + C$

75. $2e^{\sqrt{x}} + C$

77. $-\dfrac{1}{4}e^{-x} + \dfrac{1}{4}e^x + C$

79. $\dfrac{1}{2}(\ln (2x^2 + 3x))^2 + C$

81. $y = -\dfrac{1}{6}(3 - 2x)^3 + \dfrac{11}{2}$

83. $y = \ln |1/x| + \dfrac{5}{2}x - \dfrac{1}{2}$

85. $160e^{0.05t} + 190$

87. $\dfrac{Rr^2}{4K} + B_1 \ln |r| + B_2$

Problemas 14.5 (página 651)

1. $\dfrac{1}{5}x^5 + \dfrac{4}{3}x^3 - 2 \ln |x| + C$

3. $\dfrac{1}{3}(2x^3 + 4x + 1)^{3/2} + C$

5. $-\dfrac{6}{5}\sqrt{4 - 5x} + C$

7. $\dfrac{4^{7x}}{7 \ln 4} + C$

9. $7x^2 - 4e^{(1/4)x^2} + C$

11. $x^2 - 3x + \dfrac{2}{3} \ln |3x - 1| + C$

13. $\dfrac{5}{14} \ln (7e^{2x} + 4) + C$

15. $-\dfrac{5}{13}e^{13/x} + C$

17. $\dfrac{5}{2}x^2 - \dfrac{45}{2} \ln |x^2 + 9| + C$

19. $\dfrac{2}{9}(\sqrt{x} + 2)^3 + C$

21. $3(x^{1/3} + 2)^5 + C$

23. $\dfrac{1}{2}(\ln^2 x) + C$

25. $\dfrac{1}{3}(\ln (r^2 + 1))^{3/2} + C$

27. $\dfrac{3^{\ln x}}{\ln 3} + C$

29. $\dfrac{2}{3}e^{(x^3 + 1)/2} + C$

31. $8 \ln |\ln (x + 3)| + C$

33. $\dfrac{x^2}{2} + x + \ln |x^2 - 3| + C$

35. $\dfrac{2}{3}(\ln (x^4 + 1)^3)^{3/2} + C$

37. $\dfrac{\sqrt{x^4 - 4x}}{2} - (\ln 7)x + C$

39. $x^2 - 8x - 6 \ln |x| - \dfrac{2}{x^2} + C$

41. $x - \ln |x + 1| + C$

43. $\sqrt{e^{x^2} + 2} + C$

45. $-\dfrac{1}{4}(e^{-x} + 5)^4 + C$

47. $\dfrac{1}{5}(x^2 + e)^{5/2} + C$

49. $\dfrac{1}{36\sqrt{2}}[(8x)^{3/2} + 3]^{3/2} + C$

51. $-\dfrac{2}{3}e^{-\sqrt{s^3}} + C$

53. $\dfrac{x^3}{3} + x + C$

55. $x - \dfrac{1}{2}(\ln x)^2 + C$

57. $p = -\dfrac{200}{q(q + 2)}$

59. $c = 20 \ln |(q + 5)/5| + 2000$

61. $C = 2(\sqrt{I} + 1)$

63. $C = \dfrac{3}{4}I - \dfrac{1}{3}\sqrt{I} + \dfrac{71}{12}$

65. (a) 140 por unidad   **(b)** \$14 000   **(c)** \$14 280

67. $2500 - 800\sqrt{5} \approx$ \$711 por acre   **69.** $I = 3$

Aplíquelo 14.6 (página 656)

10. \$5975

Problemas 14.6 (página 658)

1. $\dfrac{13}{8}$

3. $\dfrac{15}{32}$

5. $S_n = \dfrac{1}{n}\left[4\left(\dfrac{1}{n}\right) + 4\left(\dfrac{2}{n}\right) + \cdots + 4\left(\dfrac{n}{n}\right)\right] = \dfrac{2(n + 1)}{n}$

7. (a) $S_n = \dfrac{n + 1}{2n} + 1$ **(b)** $\dfrac{3}{2}$ **9.** $\dfrac{3}{2}$

11. $\dfrac{1}{3}$ **13.** 1   **15.** 20   **17.** -18 **19.** $\dfrac{5}{6}$

21. 0   **23.** $\dfrac{11}{4}$ **25.** 14.7   **27.** 2.4   **29.** -25.5

Aplíquelo 14.7

11. \$32 830 **12.** \$28 750

Problemas 14.7 (página 665)

1. 15 **3.** $\dfrac{15}{2}$ **5.** -20 **7.** 63

9. $\dfrac{15}{2}$ **11.** $\dfrac{4}{3}$ **13.** $\dfrac{768}{7}$ **15.** $\dfrac{5}{3}$

17. $\dfrac{244}{5}$ **19.** $-\dfrac{1}{6}$ **21.** $4\ln 8$ **23.** e^5

25. $\dfrac{5}{3}(e-1)$ **27.** $\dfrac{1}{14}$ **29.** $\dfrac{38}{9}$ **31.** $\dfrac{15}{28}$

33. $\dfrac{1}{2}\ln 3$ **35.** $\dfrac{1}{2}\left(e+\dfrac{1}{e}-2\right)$

37. $-\dfrac{5\sqrt{2}+3}{4}+\dfrac{3}{e}+\dfrac{3}{2e^2}-\dfrac{1}{e^3}$

39. $\dfrac{e^3}{2}(e^{12}-1)$ **41.** $6+\ln 19$ **43.** $\dfrac{47}{12}$

45. $6-3e$ **47.** -7 **49.** 0 **51.** $\alpha^{5/2}T$

53. $\int_a^b(-Ax^{-B})dx$ **55.** \$8639 **57.** $180,667; 769,126$

59. \$220 **61.** \$1367.99 **63.** $696; 492$ **65.** $2Ri$

69. 0.05 **71.** 3.52 **73.** 14.34

Aplíquelo 14.8 (página 669)

13. 76.90 pies. **14.** 5.77 gramos.

Problemas 14.8 (página 671)

1. 413 **3.** $0.26; \dfrac{1}{4}$ **5.** $\approx 0.767; 0.750$

7. $0.883; 2-\ln 3 \approx 0.901$ **9.** $2,115,215$

11. 3.0 **13.** $\dfrac{8}{3}$ **15.** 0.771 **17.** Sí

Problemas 14.9 (página 678)

1. $\dfrac{87}{2}$ **3.** 26 **7.** 13 **9.** $\ln 16$

11. e^3-e **13.** 1 **15.** 16 **17.** 16

19. e **21.** $\dfrac{3}{2}+2\ln 2 = \dfrac{3}{2}+\ln 4$ **23.** $\dfrac{16}{3}$

25. 19 **27.** (a) $\dfrac{1}{16}$ (b) $\dfrac{3}{4}$ (c) $\dfrac{7}{16}$

29. (a) $\ln\dfrac{7}{3}$ (b) $\ln 5-1$ (c) $2-\ln 4$

31. 1.89 **33.** 11.41

35. $\int_0^3(2x-(x^2-x))dx + \int_3^4((x^2-x)-2x)\,dx$

37. $\int_0^1((y+1)-\sqrt{1-y})\,dy$

39. $\int_1^2((7-2x^2)-(x^2-5))\,dx$

41. $\dfrac{4}{3}$ **43.** $8\sqrt{6}$ **45.** 40 **47.** 9

49. $\dfrac{125}{12}$ **51.** $\dfrac{44}{3}$ **53.** $\dfrac{1}{2}$

55. $\dfrac{255}{32}-4\ln 2$ **57.** 12 **59.** $\dfrac{14}{45}$

61. $\dfrac{3}{2m^3}$ **63.** $2^{4/3}$ **65.** 4.76 **67.** 6.17

Problemas 14.10 (página 683)

1. EC = 25.6; EP = 38.4 **3.** EC = $50\ln 2 - 25$; EP = 1.25

5. EC = 225; EP = 450 **7.** \$426.67

9. $(q_0, p_0) = (4, 64)$; EC = $64\left(\dfrac{15}{\ln 2}-4\right)$ (\$100) $\approx$ \$113 000

11. EC $\approx$ 1197; EP $\approx$ 477

Problemas de repaso—Capítulo 14 (página 685)

1. $\dfrac{x^4}{4}+x^2-7x+C$ **3.** 2160 **5.** $-3(x+5)^{-2}+C$

7. $2\ln|x^3-6x+1|+C$ **9.** $\dfrac{11\sqrt[3]{11}}{4}-4$

11. $\dfrac{y^4}{4}+\dfrac{2y^3}{3}+\dfrac{y^2}{2}+C$ **13.** $\dfrac{21}{17}t^{17/21}-\dfrac{6}{7}t^{7/6}+C$

15. $\dfrac{1}{3}\ln\dfrac{57}{5}$ **17.** $\dfrac{2}{27}(3x^3+2)^{3/2}+C$

19. $\dfrac{1}{2}(e^{2y}+e^{-2y})+C$ **21.** $\ln|x|-\dfrac{2}{x}+C$ **23.** $\dfrac{272}{15}$

25. $\dfrac{35}{3}$ **27.** $4-3\sqrt[3]{2}$ **29.** $\dfrac{3}{t}-\dfrac{2}{\sqrt{t}}+C$

31. $\dfrac{3}{2}-5\ln 2$ **33.** $e^{\sqrt{x}}+\dfrac{1}{3}x\sqrt{x}+C$ **35.** 1

37. $\dfrac{(1+e^{2x})^4}{8}+C$ **39.** $\dfrac{2\sqrt{10^{3x}}}{\ln 10}+C$

41. $y=\dfrac{1}{2}e^{2x}+3x-1$ **43.** 4 **45.** $\dfrac{16}{3}$

47. $\dfrac{125}{6}$ **49.** $6+\ln 4$ **51.** $\dfrac{2}{3}$

53. $\dfrac{a^3}{6}$ **55.** $\dfrac{243}{8}$ **57.** $e-1$

59. $p=100-\sqrt{2q}$ **61.** \$1483.33

63. $1-e^{-0.7}\approx 0.5034$ **65.** 15

67. EC = $166\dfrac{2}{3}$, EP = $53\dfrac{1}{3}$ **73.** $\dfrac{1}{2}$

75. EC $\approx$ 1148, EP $\approx$ 251

Explore y amplíe—Capítulo 14 (página 688)

1. (a) 475 (b) 275

3. (a) \$2 002 500 (b) 18 000 (c) \$111.25

Aplíquelo 15.1

1. $S(t) = -40te^{0.1t}+400e^{0.1t}+4600$

2. $P(t) = 0.025t^2 - 0.05t^2\ln t + 0.05t^2(\ln t)^2+C$

Problemas 15.1 (página 693)

1. $\dfrac{2}{3}x(x+5)^{3/2}-\dfrac{4}{15}(x+5)^{5/2}+C$

3. $-e^{-x}(x+1)+C$ **5.** $\dfrac{y^4}{4}\left[\ln(y)-\dfrac{1}{4}\right]+C$

7. $x[\ln(4x)-1]+C$

9. $\dfrac{2}{3a}x(ax+b)^{3/2}-\dfrac{4}{15a^2}(ax+b)^{5/2}+C$

11. $-\dfrac{x}{10(5x+2)^2}-\dfrac{1}{50(5x+2)}+C$

13. $-\dfrac{1}{x}(1+\ln x)+C$ **15.** $e^2(3e^2-1)$

17. $\dfrac{1}{2}(1-e^{-1})$, no se necesita integración por partes **19.** $\dfrac{160}{3}$

21. $3x(x-2)\ln(x-2)-\dfrac{3}{2}x^2+C$

23. $e^x(x^2 - 2x + 2) + C$

25. $\dfrac{x^3}{3} + 2e^{-x}(x+1) - \dfrac{e^{-2x}}{2} + C$ **27.** $\dfrac{e^{x^2}}{2}(x^2 - 1) + C$

29. $\dfrac{1}{2}e^{2x} + 2e^x(x-1) + \dfrac{1}{3}x^3 + C$

31. $2e^3 + 1$ **33.** $\left[\dfrac{8}{3}\ln(2) - \dfrac{7}{9}\right]$

37. $\int f^{-1}(x)\,dx = xf^{-1}(x) - F(f^{-1}(x)) + C$

Aplíquelo 15.2

3. $r(q) = \dfrac{5}{2}\ln\left|\dfrac{3(q+1)^3}{q+3}\right|$

4. $V(t) = 150t^2 - 900\ln(t^2 + 6) + C$

Problemas 15.2 (página 699)

1. $\dfrac{12}{x+6} - \dfrac{2}{x+1}$ **3.** $2 + \dfrac{8}{x+2} - \dfrac{18}{x+3}$

5. $\dfrac{3}{x-1} + \dfrac{2}{(x-1)^2}$ **7.** $\dfrac{3}{x} - \dfrac{2x}{x^2+1}$

9. $2\ln|x| + 3\ln|x - 1| + C$

11. $-3\ln|x+1| + 4\ln|x-2| + C$

13. $\dfrac{1}{4}\left(\dfrac{3x^2}{2} + 2\ln|x-1| - 2\ln|x+1|\right)$

15. $3\ln|x| + \dfrac{5}{2}\ln|x+2| + 4\ln|x-3| + C$

17. $\ln|x^6 + 2x^4 - x^2 - 2| + C$, no se necesitan fracciones parciales.

19. $\dfrac{4}{x-2} - 5\ln|x-1| + 7\ln|x-2| + C$

21. $4\ln|x| - \ln(x^2 + 4) + C$ **23.** $-\dfrac{1}{2}\ln(x^2 + 1) - \dfrac{2}{x-3} + C$

25. $\dfrac{3}{2}\ln(x^2 + 3) + 2\ln(x^2 + 4)$ **27.** $\dfrac{3}{2}\ln(x^2 + 2) - \dfrac{1}{x^2 + 2} + C$

29. $18\ln(4) - 10\ln(5) - 8\ln(3)$ **31.** $11 + 24\ln\dfrac{2}{3}$

Problemas 15.3 (página 704)

1. $\dfrac{x}{6\sqrt{6-x^2}} + C$ **3.** $-\dfrac{\sqrt{16x^2 + 3}}{3x} + C$

5. $\dfrac{1}{6}\ln\left|\dfrac{x}{6+7x}\right| + C$ **7.** $\dfrac{1}{3}\ln\left|\dfrac{\sqrt{x^2+9} - 3}{x}\right| + C$

9. $\dfrac{1}{2}\left(\dfrac{4}{5}\ln|4+5x| - \dfrac{2}{3}\ln|2+3x|\right) + C$

11. $\dfrac{1}{3}(3x - \ln|1 + 2e^{3x}|) + C$

13. $7\left(\dfrac{1}{5(5+2x)} + \dfrac{1}{25}\ln\left|\dfrac{x}{5+2x}\right|\right) + C$ **15.** $1 + \ln\dfrac{4}{9}$

17. $\dfrac{1}{2}\left(x\sqrt{x^2-3} - 3\ln\left|x + \sqrt{x^2-3}\right|\right) + C$

19. $\dfrac{1}{144}$ **21.** $x^3e^x - 3x^2e^x + 6xe^x - 6e^x + C$

23. $\dfrac{\sqrt{5}}{2}\left(-\dfrac{\sqrt{5x^2+1}}{\sqrt{5}x} + \ln\left|\sqrt{5}x + \sqrt{5x^2+1}\right|\right) + C$

25. $\dfrac{1}{9}\left(\ln|1+3x| + \dfrac{1}{1+3x}\right) + C$

27. $\dfrac{1}{\sqrt{5}}\left(\dfrac{1}{2\sqrt{7}}\ln\left|\dfrac{\sqrt{7}+\sqrt{5}x}{\sqrt{7}-\sqrt{5}x}\right|\right) + C$

29. $x^6(6\ln(3x) - 1) + C$ **31.** $\dfrac{1}{3}(3x-1)(1+2x)^{3/2} + C$

33. $\dfrac{1}{2}\ln\left|2x + \sqrt{4x^2 - 13}\right| + C$ **35.** $-\dfrac{\sqrt{16 - 9x^2}}{8x} + C$

37. $\dfrac{1}{2\pi}(4\sqrt{x} - \ln|\pi + 7e^{4\sqrt{x}}|) + C$

39. $\dfrac{1}{2}\ln(x^2 + 1) + C$ **41.** $\dfrac{1}{4}(\ln x)^4 + C$

43. $\ln\left|\dfrac{x-3}{x-2}\right| + C$ **45.** $\dfrac{x^4}{4}\left[\ln(x) - \dfrac{1}{4}\right] + C$

47. $\dfrac{2}{9}e^{3x^2}(3x^2 - 1) + C$ **49.** $x(\ln x)^2 - 2x\ln(x) + 2x + C$

51. $-\dfrac{4}{3}$ **53.** $2(2\sqrt{2} - \sqrt{7})$ **55.** $\dfrac{7}{2}\ln(2) - \dfrac{3}{4}$

57. $\ln\left|\dfrac{q_n(1-q_0)}{q_0(1-q_n)}\right|$ **59.** (a) \$7558.09 (b) \$16,930.75

61. (a) \$1107.01 (b) \$2103.42

Problemas 15.4 (página 707)

1. $\dfrac{7}{3}$ **3.** -1 **5.** 0 **7.** $\dfrac{2}{3}$ **9.** \$11 050 **11.** \$3155.13

Aplíquelo 15.5 (página 709)

5. $I = I_0 e^{-0.0085x}$

Problemas 15.5 (página 713)

1. $y = -\dfrac{1}{x^2 + C}$

3. $y = (x^2 + 1)\ln(x^2 + 1) - (x^2 + 1) + C$

5. $y = Ce^x, C > 0$ **7.** $y = Cx, C > 0$

9. $y = \sqrt[3]{3x - 2}$ **11.** $y = \ln\dfrac{x^3 + 3}{3}$

13. $y = \dfrac{48(3x^2 + 2)^2}{4 + 23(3x^2 + 2)^2}$ **15.** $y = \sqrt{\left(\dfrac{3x^2}{2} + \dfrac{3}{2}\right)^2 - 1}$

17. $y = \ln\left(\dfrac{1}{2}\sqrt{x^2 + 3}\right)$ **19.** $c = (q+1)e^{1/(q+1)}$

21. 120 semanas. **23.** $P(t) = 60\,000e^{\frac{1}{10}(4\ln 2 - \ln 3 - \ln 5)t}$; 68 266

25. $2e^{1.14882}$ mil millones. **27.** 0.01204; 57.57 seg

29. 2900 años. **31.** $N = N_0 e^{k(t-t_0)}, t \geq t_0$

33. $12(2^{1/3}) \approx 15.1$ **35.** $A = 400(1 - e^{-t/2})$; 157 g/m²

37. (a) $V = 60\,000\,e^{\frac{t}{9.5}\ln(389/600)}$ (b) Junio 2028.

Problemas 15.6 (página 719)

1. 69 200 **3.** 500 **5.** 1990 **7.** (b) 375

9. 2:20 A.M. **11.** \$155 555.56 **13.** $N = M - (M - N_0)e^{-kt}$

Aplíquelo 15.7 (página 721)

6. 20 ml

Problemas 15.7 (página 723)

1. $\dfrac{1}{18}$ **3.** Divergente **5.** e^{-37} **7.** Divergente **9.** $\dfrac{1}{2}$ **11.** 0

13. (a) 800 (b) $\dfrac{2}{3}$ **15.** 25 000 000

17. $\dfrac{1}{3}$ **19.** Aumento de 20 000

Problemas de repaso—Capítulo 15 (página 725)

1. $\dfrac{1}{3}x^3\left(\ln x - \dfrac{1}{3}\right)$
3. $2\sqrt{13} + \dfrac{8}{3}\ln\left(\dfrac{3+\sqrt{13}}{2}\right)$

5. $\ln|3x+1| + 4\ln|x-2| + C$

7. $\dfrac{1}{2(x+2)} + \dfrac{1}{4}\ln\left|\dfrac{x}{x+2}\right| + C$ **9.** $-\dfrac{\sqrt{9-16x^2}}{9x} + C$

11. $\dfrac{1}{2a}(\ln|x-a| - \ln|x+a|) + C$

13. $e^{7x}(7x - 1) + C$ **15.** $\dfrac{1}{4}\ln|\ln x^2| + C$

17. $x - \dfrac{3}{2}\ln|3+2x| + C$ **19.** $2\ln|x| + \dfrac{3}{2}\ln(x^2+1) + C$

21. $\dfrac{2}{3}(x+1)^{3/2}\left(\ln(x+1) - \dfrac{2}{3}\right) + C$

23. 34   **25.** $y = Ce^{x^3+x^2}, C > 0$ **27.** $\dfrac{2}{3}$

29. Divergente.   **31.** 2 000 000   **33.** 0.0005; 90%

35. $N = \dfrac{450}{1 + 224e^{-1.02t}}$ **37.** 4:16 p. m.   **39.** 0.95

41. (a) 207, 208   (b) 157, 165   (c) 41, 41

Explore y amplíe—Capítulo 15 (página 728)

1. 114; 69   **5.** Las respuestas pueden variar.

Aplíquelo 16.1

1. $\dfrac{1}{3}$ **2.** 0.607

3. Media 5 años, desviación estándar 5 años.

Problemas 16.1 (página 736)

1. (a) $\dfrac{5}{12}$ (b) $\dfrac{11}{16} = 0.6875$ (c) $\dfrac{13}{16} = 0.8125$ (d) $-1 + \sqrt{10}$

3. (a) $f(x) = \begin{cases} \dfrac{1}{3} & \text{si } 1 \le x \le 4 \\ 0 & \text{en otro caso} \end{cases}$

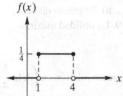

(b) $\dfrac{2}{3}$ (c) 0   (d) $\dfrac{5}{6}$ (e) $\dfrac{1}{3}$ (f) 0   (g) 1   (h) $\dfrac{5}{2}$ (i) $\dfrac{\sqrt{3}}{2}$

(j) $F(x) = \begin{cases} 0 & \text{si } x < 1 \\ \dfrac{1}{3}(x-1) & \text{si } 1 \le x \le 4 \\ 1 & \text{si } x > 4 \end{cases}$

$P(X < 2) = \dfrac{1}{3}; P(1 < X < 3) = \dfrac{2}{3}$

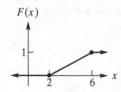

5. (a) $f(x) = \begin{cases} \dfrac{1}{b-a} & \text{si } a \le x \le b \\ 0 & \text{en otro caso} \end{cases}$ (b) $\dfrac{a+b}{2}$ (c) $\sigma = \dfrac{b-a}{\sqrt{12}}$

7. (a) $e^{-2} - e^{-4} \approx 0.11702$ (b) $1 - e^{-6} \approx 0.99752$

(c) $e^{-10} \approx 0.00005$ (d) $1 - e^{-3} \approx 0.95021$

(e) $F(x) = \begin{cases} 0 & \text{si } x < 0 \\ 1 - e^{-2x} & \text{si } x \ge 0 \end{cases}$

9. (a) $\dfrac{1}{8}$ (b) $\dfrac{5}{16}$ (c) $\dfrac{39}{64} \approx 0.609$ (d) 1   (e) $\dfrac{8}{3}$ (f) $\dfrac{2\sqrt{2}}{3}$

(g) $2\sqrt{2}$ (h) $\dfrac{7}{16}$

11. $\dfrac{7}{10}$; 5 min   **13.** $e^{-3} \approx 0.050$

Problemas 16.2 (página 741)

1. (a) 0.4554   (b) 0.3317   (c) 0.8907   (d) 0.9982
(e) 0.8972   (f) 0.4880

3. 0.35   **5.** −1.08   **7.** 0.34

9. (a) 0.9970   (b) 0.0668   (c) 0.0873

11. 0.3085   **13.** 0.8351   **15.** 8   **17.** 95%

19. 90.82%   **21.** (a) 1.7%   (b) 85.6

Aplíquelo 16.3 (página 744)

4. 0.0396

Problemas 16.3 (página 745)

1. 0.9207; 0.0122   **3.** 0.0430; 0.9232

5. 0.7507   **7.** 0.4129

9. 0.5557; 0.5398   **11.** 0.0336

Problemas de repaso—Capítulo 16 (página 746)

1. (a) 2   (b) $\dfrac{9}{32}$ (c) $\dfrac{3}{4}$ (d) $F(x) = \begin{cases} 0 & \text{si } x < 0 \\ \dfrac{1}{3}x + \dfrac{2}{3}x^3 & \text{si } 0 \le x \le 1 \\ 1 & \text{si } x > 1 \end{cases}$

3. (a) $\dfrac{10}{3}$ (b) $\sqrt{\dfrac{25}{18}} \approx 1.18$ **5.** 0.1056   **7.** 0.2417

9. 0.7734   **11.** 0.9817   **13.** 0.0228

Explore y amplíe—Capítulo 16 (página 748)

1. Debe corresponder a la función de distribución conocida.

3. Las respuestas pueden variar.

Problemas 17.1 (página 753)

1. $f_x(x,y) = 4x + 3y + 5; f_y(x,y) = 3x + 8y + 6$

3. $f_x(x,y) = 0; f_y(x,y) = 2$

5. $g_x(x,y) = 12x^3y + 2y^2 - 5y + 8;$
$g_y(x,y) = 3x^4 + 4xy - 5x - 9$

7. $g_p(p,q) = \dfrac{q}{2\sqrt{pq}}; g_q(p,q) = \dfrac{p}{2\sqrt{pq}}$

9. $h_s(s,t) = \dfrac{2s}{t-3}; h_t(s,t) = \dfrac{s^2+4}{(t-3)^2}$

11. $\dfrac{\partial u}{\partial q_1} = \dfrac{1}{2(q_1+2)}; \dfrac{\partial u}{\partial q_2} = \dfrac{1}{3(q_2+5)}$

13. $h_x(x,y) = (x^3 + xy^2 + 3y^3)(x^2 + y^2)^{-3/2};$
$h_y(x,y) = (3x^3 + x^2y + y^3)(x^2 + y^2)^{-3/2}$

15. $\dfrac{\partial z}{\partial x} = 5ye^{5xy}; \dfrac{\partial z}{\partial y} = 5xe^{5xy}$

17. $\dfrac{\partial z}{\partial x} = 5\dfrac{2x^2}{x^2+y} + \ln(x^2+y); \dfrac{\partial z}{\partial y} = \dfrac{5x}{x^2+y}$

19. $f_r(r,s) = \sqrt{r+2s}\,(3r^2 - 2s) + \dfrac{r^3 - 2rs + s^2}{2\sqrt{r+2s}}$;

$f_s(r,s) = 2(s-r)\sqrt{r+2s} + \dfrac{r^3 - 2rs + s^2}{\sqrt{r+2s}}$

21. $\dfrac{\partial f}{\partial r} = -e^{3-r}\ln(7-s)$; $\dfrac{\partial f}{\partial s} = -\dfrac{e^{3-r}}{7-s}$;

23. $g_x(x,y,z) = 6x^2y^2 + 2y^3z$; $g_y(x,y,z) = 4x^3y + 6xy^2z$;
$g_z(x,y,z) = 2xy^3 + 8z$

25. $g_r(r,s,t) = 2re^{s+t}$; $g_s(r,s,t) = (7s^3 + 21s^2 + r^2)e^{s+t}$;
$g_t(r,s,t) = e^{s+t}(r^2 + 7s^3)$

27. 50 **29.** $\dfrac{1}{\sqrt{14}}$ **31.** 0 **33.** 26

39. $-\dfrac{ra}{2(1 + a(n-1)/2)^2}$

Problemas 17.2 (página 758)

1. 20 **3.** 1374.5

5. $\dfrac{\partial P}{\partial k} = 1.487902\left(\dfrac{l}{k}\right)^{0.357}$; $\dfrac{\partial P}{\partial l} = 0.826098\left(\dfrac{k}{l}\right)^{0.643}$

7. $\partial q_A/\partial p_A = -40$; $\partial q_A/\partial p_B = 3$; $\partial q_B/\partial p_A = 5$; $\partial q_B/\partial p_B = -20$;
competitivo

9. $\dfrac{\partial q_A}{\partial p_A} = -\dfrac{100}{p_A^2 p_B^{1/2}}$; $\dfrac{\partial q_A}{\partial p_B} = -\dfrac{50}{p_A p_B^{3/2}}$; $\dfrac{\partial q_B}{\partial p_A} = -\dfrac{500}{3 p_B p_A^{4/3}}$;

$\dfrac{\partial q_B}{\partial p_B} = -\dfrac{500}{p_B^2 p_A^{1/3}}$; complementarios

11. $\dfrac{\partial P}{\partial B} = 0.01 A^{0.27} B^{-0.99} C^{0.01} D^{0.23} E^{0.09} F^{0.27}$;

$\dfrac{\partial P}{\partial C} = 0.01 A^{0.27} B^{0.01} C^{-0.99} D^{0.23} E^{0.09} F^{0.27}$

13. 4480

15. (a) -1.015; -0.846 (b) uno con $w = w_0$ y $s = s_0$

17. $\dfrac{\partial g}{\partial x} = \dfrac{1}{V_F} > 0$ para $V_F > 0$; si V_F y V_s son fijas y x aumenta,

entonces g se incrementa.

19. (a) $\dfrac{\partial q_A}{\partial p_A}\Big|_{p_A=9, p_B=16} = -\dfrac{20}{27}$; $\dfrac{\partial q_A}{\partial p_B}\Big|_{p_A=9, p_B=16} = \dfrac{5}{12}$

(b) La demanda de A disminuye en $\approx \dfrac{5}{6}$

21. (a) no (b) 70%

23. $\eta_{p_A} = -\dfrac{5}{46}, \eta_{p_B} = \dfrac{1}{46}$ **25.** $\eta_{p_A} = -1, \eta_{p_B} = -\dfrac{1}{2}$

Problemas 17.3 (página 762)

1. $-\dfrac{2x}{5z}$ **3.** $\dfrac{7y}{3z}$ para $z \neq 0$ **5.** $\dfrac{x(yz^2 + 1)}{z(1 - x^2y)}$ **7.** $-e^{y-z}$

9. $\dfrac{yz}{1 + 9z}$ **11.** $-\dfrac{3x}{z}$ **13.** $-\dfrac{1}{2}$ **15.** $-\dfrac{4}{e^2}$ **17.** 4

19. $\dfrac{5}{2}$ **21.** (a) 36 (b) $c_{q_A} = \dfrac{60}{13}, c_{q_B} = \dfrac{288}{65}$

Problemas 17.4 (página 764)

1. $6y^2$; $12y$; $12y$ **3.** 3; 0; 0

5. $18xe^{2xy}$; $18e^{2xy}(2xy + 1)$; $72x(1 + xy)e^{2xy}$

7. $3x^2y + 4xy^2 + y^3$; $3xy^2 + 4x^2y + x^3$; $6xy + 4y^2$; $6xy + 4x^2$

9. $\partial z/\partial y = \dfrac{y}{x^2 + y^2}$; $\partial^2 z/\partial y^2 = \dfrac{x^2 - y^2}{(x^2 + y^2)^2}$

11. 0 **13.** 744 **15.** $2e$ **17.** $-\dfrac{1}{8}$

23. $-\dfrac{y^2 + z^2}{z^3} = -\dfrac{3x^2}{z^3}$

Problemas 17.5 (página 768)

1. $\dfrac{\partial z}{\partial r} = 13$; $\dfrac{\partial z}{\partial s} = 9$ **3.** $\left(2t + \dfrac{3\sqrt{t}}{2}\right)e^{x+y}$

5. $(2xyz + y^2z + yz^2)(e^t) + (x^2z + 2xyz + xz^2)(e^t + te^t) + (x^2y + xy^2 + 2xyz)(2te^t + t^2e^t)$

7. $3(x^2 + xy^2)^2(2x + y^2 + 16xy)$

9. $-2s(2x + yz) + r(xz) + 2s(xy + 2z)$

11. $19s(2x - 7)$ **13.** 324 **15.** $96e^4$

17. $\dfrac{\partial c}{\partial p_A}\Big|_{p_A=25, p_B=4} = -\dfrac{1}{4}, \dfrac{\partial c}{\partial p_B}\Big|_{p_A=25, p_B=4} = \dfrac{5}{4}$

19. (a) $\dfrac{\partial w}{\partial t} = \dfrac{\partial w}{\partial x}\dfrac{\partial x}{\partial t} + \dfrac{\partial w}{\partial y}\dfrac{\partial y}{\partial t}$ (b) $-\dfrac{20}{3\sqrt{2} + 15e}$

Problemas 17.6 (página 775)

1. $(1, 2)$ **3.** $(0, -2), (0, 1), (3, -2), (3, 1)$

5. $(50, 150, 350)$ **7.** $\left(-2, \dfrac{3}{2}\right)$, mínimo relativo.

9. $\left(-\dfrac{1}{4}, \dfrac{1}{2}\right)$, máximo relativo.

11. $(3, 1)$; $D(3, 1) < 0$ sin extremos relativos.

13. $(0, 0)$, máximo relativo; $\left(4, \dfrac{1}{2}\right)$,

mínimo relativo; $\left(0, \dfrac{1}{2}\right)$, $(4, 0)$, ninguno.

15. $(43, 13)$, mínimo relativo.

17. $(-1, -1)$, mínimo relativo.

19. $(0, -2), (0, 2)$, ninguno. **21.** $l = 72.67, k = 43.78$

23. $p_A = 80, p_B = 85$

25. $q_A = 48, q_B = 40, p_A = 52, p_B = 44$, utilidad $= 3304$

27. $q_A = 4, q_B = 3$ **29.** 1 pie por 2 pies por 3 pies.

31. $\left(\dfrac{3}{2}, \dfrac{1}{2}\right)$, mínimo relativo. **33.** $a = -8, b = -12, d = 33$

35. (a) 2 unidades de A y 3 unidades de B (b) El precio de venta para A es 30 y el precio de venta para B es 19. La utilidad máxima relativa es 25

37. (a) $P = 5T(1 - e^{-x}) - 20x - 0.1T^2$

(c) Máximo relativo en $(20, \ln 5)$; no hay extremo relativo en $\left(5, \ln\dfrac{5}{4}\right)$

Problemas 17.7 (página 783)

1. $(2, -2)$ **3.** $\left(3, \dfrac{3}{2}, -\dfrac{3}{2}\right)$ **5.** $\left(0, \dfrac{1}{4}, \dfrac{5}{8}\right)$ **7.** $\left(\dfrac{1}{3}, \dfrac{1}{3}, \dfrac{1}{3}\right)$

9. $\left(\dfrac{2}{3}, \dfrac{4}{3}, -\dfrac{4}{3}\right)$ **11.** $\left(\dfrac{1}{4}, \dfrac{1}{2}, \dfrac{1}{4}\right)$ **13.** Planta 1, 40; planta 2, 60

15. 74 cuando $l = 8, k = 7$

17. $x = 5\,000$ en periódico, $y = 15\,000$ en televisión

19. $x = 5, y = 15, z = 5$ **21.** $x = 12, y = 8$

23. $x = \dfrac{100}{3}, y = \dfrac{100}{3}, z = \dfrac{100}{3}$

Problemas 17.8 (página 788)

1. $\hat{y} = 0.98 + 0.61x$; 3.12 **3.** $\hat{y} = 0.057 + 1.67x$; 5.90

5. $\hat{q} = 80.5 - 0.643p$ **7.** $\hat{y} = 100 + 0.13x$; 105.2

9. $\hat{y} = 8.5 + 2.5x$

11. (a) $\hat{y} = 35.9 - 2.5x$ (b) $\hat{y} = 28.4 - 2.5x$

Problemas 17.9 (página 792)

1. 18   **3.** $\dfrac{1}{4}$ **5.** $\dfrac{2}{3}$ **7.** 3   **9.** $\dfrac{38}{3}$

11. $-\dfrac{58}{5}$ **13.** 9   **15.** -1 **17.** $\dfrac{e^2}{2} - e + \dfrac{1}{2}$

19. 3   **21.** $\dfrac{1}{24}$ **23.** $e^{-4} - e^{-2} - e^{-3} + e^{-1}$ **25.** $\dfrac{1}{3}$

Problemas de repaso—Capítulo 17 (página 794)

1. $f_x = \dfrac{2x}{x^2 + y^2}; f_y = \dfrac{2y}{x^2 + y^2}$ **3.** $\dfrac{y}{(x+y)^2}; -\dfrac{x}{(x+y)^2}$

5. $\dfrac{y}{x^2 + y^2}$ **7.** $2xze^{x^2yz}(1 + x^2yz)$

9. $2x + 2y + 6z$ **11.** $e^{x+y+z}(\ln(xyz) + 1/x + 1/y + 1/z)$

13. $\dfrac{1}{64}$ **15.** $2(x+y)e^r + 2\left(\dfrac{x+3y}{r+s}\right); 2\left(\dfrac{x+3y}{r+s}\right)$

17. $\dfrac{2x + 2y + z}{4z - x}$

19. $\dfrac{\partial P}{\partial l} = 14l^{-0.3}k^{0.3}; \dfrac{\partial P}{\partial k} = 6l^{0.7}k^{-0.7}$

21. Ninguno.

23. $(2, 2)$ mínimo relativo.

25. 4 pies por 4 pies por 2 pies.

27. A, 89 centavos por libra; B, 94 centavos por libra.

29. $(3, 2, 1)$ **31.** $\hat{y} = 12.67 + 3.29x$ **33.** $\dfrac{1}{12}$ **35.** $\dfrac{1}{30}$

Explore y amplíe—Capítulo 17 (página 797)

1. $y = 9.50e^{-0.22399x} + 5$ **3.** $T = 79e^{-0.01113t} + 45$

Índice

Créditos de fotografías

Créditos de fotografías

Capítulo 1, página 2: Shutterstock.
Capítulo 2, página 126: Peter A./a/Shutterstock.
Capítulo 4, página 206: Corbis/SuperStock.
Capítulo 7, página 3 ... Olly/Shutterstock.
Capítulo 10, página 484: Bobcia Mathews/AP/WideWorld Photos.
Capítulo 12, página 574: Getty Images, Inc.
Capítulo 13, página 624: Grant wood, American 1891-42, "American Gothic", de 1930.
Óleo sobre tabla, 30 13/16 pulg × 25 11/16 pulg (78 × 65.3 cm); Simmental and Friends
of American Art Collection, 1930.934, The Art Institute of Chicago. Fotografía © The
Art Institute of Chicago; todos los derechos reservados por el Estate of Nan Captain
Wood con licencia de VAGA, Nueva York.
Capítulo 14, página 680: Michael Greco/Getty Images, Inc. Image Bank.
Capítulo 15, página 722: © Corbis Premium RF/Alamy.
Capítulo 16, página 742: Reuter/Rick William/CORBIS-NY.